KB196761

개정증보판 **TAX AFFAIRS**

비영리법인 회계와 세무 실무

삼일회계법인 비영리전문팀 저

SAMIL | 삼일인포마인

2025년 개정증보판을 내면서

2007년 1월 첫 출판 이후 격년 주기로 개정 증보 원고를 써온 지 18년이 되었습니다. 지난 18년 동안 국내 비영리법인을 둘러싼 회계와 세무 환경의 변화 과정을 함께한 것에 대한 감회가 새롭습니다.

- 2008년 공익법인 결산서류 공시의무, 전용계좌 개설·사용 의무 신설
- 2017년 법인세법에 열거된 지정기부금단체 대부분을 기획재정부장관에게 지정받도록 개정
- 2018년 공익법인회계기준 도입, 성실공익법인 의무지출제 도입
- 2020년 결산서류 공시의무 대상 공익법인 전체로 확대, 외부회계감사 대상 공익법인 범위 확대
- 2021년 지정기부금단체 추천 업무를 주무관청에서 국세청장으로 변경, 성실공익법인 신고제 전환, 의무지출제 대상 공익법인 확대
- 2022년 자산 1천억 원 이상 공익법인 지정감사인 제도 시행

이번 개정은 2022년 개정보다는 변화의 속도가 조금 완화된 것 같습니다. 대신 보다 깊이 있는 해석과 판례들이 다수 형성되었기에 이를 반영하였고 최근 개정된 세법과 회계에 대한 내용을 반영하였습니다.

최근 공익법인들은 이러한 사회적 변화에 부응하기 위하여 투명성을 위해 노력하고 있습니다. 또한 기존 기부를 통한 교육, 장학, 복지사업에 머무르지 않고 스스로 수익을 창출하면서 창업, 환경, 인권, 동물보호, 다문화 등 다양한 영역의 신사회문제를 해결하기 위한 사업들을 영위하고 있습니다. 이제 비영리법인의 세제뿐만 아니라 비영리 영역에 대한 정부의 체계적 관리·감독과 효율적인 투명성 개선방안을 고민할 시기인 것 같습니다. 이러한 과정에 저희 삼일회계법인 비영리전문팀과 동 책자가 힘을 보탤 수 있도록 노력하겠습니다.

비영리법인의 지속 가능한 발전과 회계투명성을 위해 새로운 방향성을 제시하고 관심과 지원을 아끼지 않으시는 삼일회계법인 윤훈수 CEO님과 홍준기 대표님께 깊은 감사의 말씀을 올립니다.

2024년 11월
삼일회계법인
비영리전문팀

출간에 즈음하여

영리법인이 그간 경제발전을 위한 중추역할을 하여 왔다면 비영리법인은 사회균형발전을 위한 지지대 역할을 하여 왔습니다.

현재 비영리법인은 과거와 달리 교육, 의료, 사회복지, 구성원의 권익보호 등 고유목적사업을 위하여 조직을 확대하고 재원마련을 위한 각종 수익사업을 전개하는 등 양적·질적 성장을 이루어가고 있습니다. 이에 따라 비영리법인에게도 경영의 투명성 요구, 성과평가의 도입, 다양한 수익사업의 전개, 구조조정 등 대내외적 환경의 변화가 일기 시작하고 있습니다.

삼일회계법인은 30년 이상 공공기관, 의료법인, 학교법인, 사회복지법인 등 비영리조직의 경영, 회계, 세무에 대한 다양한 실무적 경험과 연구를 통하여 비영리조직의 차별성과 특수성에 대한 축적된 Know-how를 보유하고 있으며, 이를 바탕으로 본서를 집필하게 되었습니다. 이 작은 시도가 사회균형발전에 조그마한 보탬이 되었으면 하는 바람입니다.

본서를 준비하면서 특히 역점을 둔 사항은 다음과 같습니다.

첫째, 일반적인 세법 체계에 따른 서술적 구조가 아니라 비영리법인에게 빈번히 발생되는 제반 조세 문제를 주제별로 정리하여 누구나 당면 문제에 대한 해결방안에 쉽게 접근할 수 있도록 하였습니다.

- 비영리법인의 설립
- 계산서
- 구분경리
- 과세표준과 그 계산
- 신고와 납부
- 비영리법인의 구조조정
- 수익사업과 비수익사업의 구분
- 기부금
- 고유목적사업준비금
- 세액의 계산
- 중간예납

둘째, 비영리법인의 회계와 세무에 대한 일반론뿐만 아니라 비영리법인의 유형별 서술을 통하여 비영리법인 유형별로 발생되는 문제점 및 특징을 쉽게 찾아볼 수 있도록 구성하였습니다.

- 정부 및 공기업
- 학교법인
- 의료법인
- 사회복지법인
- 종교법인
- 법인격 없는 사단 · 재단
- 조합
- 우리사주조합
- 사내근로복지기금
- 종중
- 입주자대표회의

셋째, 급변하는 비영리법인의 회계 · 세무환경의 변화를 반영할 수 있도록 최신 행정해석과 판례 및 국세청 현직 조사관의 심도 있는 해설을 담았습니다.

본서는 국세청 현직 조사관과 삼일회계법인 전문가들의 공동역작으로서 비영리법인 및 단체의 회계 · 세무담당자를 비롯하여 회계 · 세무 전문가에 이르는 다양한 독자에게 최고의 지침서가 될 것임을 의심치 않습니다.

끝으로, 독자 여러분의 기탄 없는 질책과 조언을 당부 드리며, 지속적인 품질개선과 자기혁신의 모습으로 성원에 보답할 것을 약속드립니다.

2007년 1월

삼일회계법인

대표이사 安炅晳

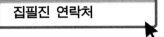

집필진 연락처

	대표 이메일
삼일회계법인 비영리전문팀	kr_samilnpo@pwc.com

차례

제1장 비영리법인 총론

차 례

차 례

제3장 부가가치세법

차 례

제4장 상속세 및 증여세법

제5장 지방세법, 지방세특례제한법

차례

제8장 학교법인과 산학협력단의 회계와 세무

제 1 절 학교법인의 회계 / 1285

제 2 절 학교법인의 세무 / 1354

제9장 의료법인의 회계와 세무

제12장 기타 비영리법인의 세무

제 **1** 장

비영리법인 총론

1 법인의 정의

법인(法人)이란 사람 또는 재산으로 구성되는 구성물로, 법률에 의하여 자연인처럼 권리와 의무의 주체가 되고(법인의 권리능력), 권리 주체로서 그 기관(이사, 주주총회 등)을 통하여 자기의 이름으로 법률행위를 할 수 있도록 한 것(행위능력)을 말한다.[1]

현행법상 일정한 목적과 조직하에 결합한 사람의 집단[社團]과 일정한 목적에 바쳐진 재산의 집단[財團]이라는 실체에 대하여 법인격이 부여되는 때에 법인이 된다. 법인격이 부여된 사단을 사단법인(社團法人)이라고 하고, 법인격이 부여된 재산을 재단법인(財團法人)이라고 한다. 법인 제도는 궁극적으로 단체의 재산에 관한 법률관계를 간편하게 처리하기 위한 제도이므로 법인의 법인격이 이 목적에 위배되거나 악용되면 그 범위 내에서 법인격은 부정된다.

2 법인격의 부여 근거[2]

자연인 이외의 단체나 재산의 집합에 대하여 권리능력을 인정하는 법적·사상적 근거가 무엇인가에 대해서는 19세기 서구의 학자들 사이에서 논쟁의 대상이 되었다.

2-1. 법인의제설(法人擬制設)

원래 자연인만이 권리·의무의 주체가 될 수 있다는 개인의사(個人意思) 절대(絶對)의 법

---

1) 지원림, 『민법강의』(서울, 홍문사, 2005), p.89.
2) 지원림, 『민법강의』(서울, 홍문사, 2005), pp.90~92., 김형배, 『민법학 강의』(서울, 신조사, 2003), pp.57~58.을 요약·발췌한 것임.

리를 전제로 자연인이 법인을 통하여 사적 자치를 더욱 효율적으로 실현할 수 있다는 점에 기인하여 일정한 단체에 권리 주체성을 부여한 경우에, 이것은 '순전히 의제에 의하여 인위적으로 인정되는 주체, 즉 의제된 자연인'에 불과하다고 한다. 즉, 법인은 자연인에 의제하여 만들어진 가상적 존재이다.

2-2. 법인실재설(法人實在說)

법인은 자연인과 동일하게 사회적 실체로 실재하고 있는 것을 법인으로 단지 '승인(承認)'한 것이라고 본다. 이 학설은 법인을 사회적 유기체로 보는 견해이다.

2-3. 논의의 실익(實益)

의제설과 실재설은 ① 법인이 자연인과 마찬가지로 권리 주체라는 점, ② 법인으로 되기 위하여 법질서에 의하여 권리능력이 인정되어야 한다는 점, ③ 법인은 구성원으로부터 독립한 권리·의무의 주체라는 점에서 공통된다. 따라서 법인의 본질에 관한 논의는 주로 법인의 불법행위능력과 관련하여 실익을 가진다. 즉, 의제설에 따르면 원칙적으로 법인의 불법행위능력이 부정되고 가해행위를 한 대표기관 개인의 책임만이 문제되는 반면, 실재설에 의하면 당연히 법인의 불법행위능력이 인정되고 대표기관 개인의 책임이 당연히 긍정되지는 않는다.

3 법인의 종류

구분 기준	종류	내 용
국가 공권력의 작용	공법인	국가, 지방공공단체
	사법인	사단법인, 재단법인, 각종 회사
영리성 유무	영리법인	상사회사, 민사회사
	비영리법인	학술·종교·자선·예술·사교 등의 사업을 목적으로 하는 민법상 법인
존재 형태	사단법인	영리법인, 비영리법인
	재단법인	비영리법인

3-1. 공법인과 사법인의 구별

공법인(公法人)은 사적 자치의 원칙이 적용되지 않는 법인으로서 국가에 의해 설립되고, 법인의 조직 등이 법률로 정하여지며 기관 및 구성원에 대하여 국가가 관여하고 해산의 자유가 제한된다. 반면에 사법인(私法人)은 사적 자치의 원칙이 적용되는 법인이다.

그 구별의 실익은 다음과 같다. 즉, ① 공법인에 대한 쟁송은 행정소송, 사법인은 민사소송에 의한다. ② 공법인은 세법상의 강제 징수절차에 의하여 세금을 징수하고, 사법인은 민사소송상의 강제집행절차에 의한다. ③ 공법인은 「국가배상법」상의 배상책임을 지고, 사법인은 「민법」상의 불법행위책임을 진다. ④ 문서위조에 관하여 공법인은 공문서위조죄, 사법인은 사문서위조죄가 적용된다.

3-2. 영리법인과 비영리법인의 구별

사법인(私法人)은 영리를 목적으로 하는 영리법인과 그렇지 않은 비영리법인으로 나뉜다. 영리법인과 비영리법인을 어떠한 기준에 따라 구분할 것인가에 대하여 민법은 영리법인과 비영리법인의 구별기준에 대한 특별한 언급 없이 제32조에서 학술, 종교, 자선, 기예, 사교, 기타 영리아닌 사업을 목적으로 하는 사단 또는 재단을 비영리법인으로 하고 제39조에서는 영리를 목적으로 하는 사단을 영리법인이라 한다고 규정하고 있다. 우리나라의 통설은 법인사업에서 발생한 이익을 구성원에게 분배함을 목적으로 하느냐 그렇지 않느냐에 따라 영리법인과 비영리법인으로 나눈다(이익분배목적설). 그에 따라 교통, 통신, 보도, 출판 등의 공공사업을 목적으로 하더라도 구성원의 이익을 목적으로 하는 것은 영리법인이고 반대로 법인의 경제활동을 통하여 발생한 이익이 발생하더라도 구성원에게 이익분배를 목적으로 하지 않는다면 비영리법인이며 재단법인의 경우는 이익을 분배할 구성원이 없으므로 영리법인이 될 수 없다.[3]

영리법인은 전부가 사단법인으로 그 중 전형적인 것은 주식회사로 「상법」의 규율을 받는다. 반면 비영리법인은 영리를 목적으로 하지 않는 사단법인 또는 재단법인이고, 「민법」의 규율을 받는다. 비영리법인 중에서 공익적 사업을 목적으로 하는 법인을 위하여 특별법인 「공익법인의 설립·운영에 관한 법률」이 있다.

---

3) 김용덕, 『주석민법』(한국사법행정학회, 2019), p.573. 요약 발췌

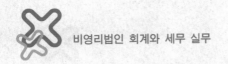

3-3. 사단법인과 재단법인의 구별4)

(1) 사단법인

사단법인이란 일정한 목적을 위하여 결합한 사람들의 단체에 법인격을 인정한 것을 말한다. 사단법인은 구성원으로 이루어진 총회가 자기 의사를 결정하고 집행기관이 이를 대내외적으로 집행하는 등 자율적으로 활동한다. 사단법인은 자치법규(정관)를 가지고 있어야 하며 대내적인 문제는 우선적으로 정관에 따라 해결한다.

사단법인에는 회사와 같이 「상법」의 적용을 받는 영리법인과 학술·종교·사교 등 비영리 사업을 목적으로 하고 「민법」의 적용을 받는 비영리법인이 있다. 이 중 비영리사단법인은 비영리를 목적으로 수익사업을 하여도 좋으나 이익을 관계자에게 분배할 수 없고, 정관을 작성하여 주무관청의 허가를 얻어야 한다. 설립은 각 사무소의 소재지에서 등기하여야 한다.

특히 주된 사무소의 소재지에서 등기하지 않으면 법인의 설립을 주장할 수 없다. 사단법인은 기관에 의하여 행위하지만 최고 필수의 의사결정기관은 사원총회이며 이사는 적어도 매년 1회 이상 통상총회(민법 제69조), 기타 필요에 따라 특히 총사원 5분의 1 이상의 청구가 있을 때에는 임시총회를 소집한다(민법 제70조). 또 법인의 내부적 사무를 집행하고 대외적으로 대표하는 상설 필수 기관은 이사이다. 법인의 재산 상태나 이사의 업무 집행을 조사·감독하는 감사가 있으나 필수 기관은 아니다(민법 제66조).

또한, 사람의 결합체로 사단(社團) 외에 조합(組合)이 있다. 단체법의 법리에 따른 사단에서는 구성원의 개인성이 뒤로 물러나고 구성원으로부터 독립된 단체만이 전면에 나서는 반면, 계약법리에 기한 조합에서는 단체로서의 단일성보다는 구성원의 개인성이 중시된다.

(2) 재단법인

일정한 목적을 위하여 출연한 재산에 법인격을 인정한 단체이다. 재단법인에는 구성원이 없고 설립자가 제정한 정관이 재단법인의 일반적 의사이다. 또 재단법인은 스스로 의사를 형성·발전시키지 못하므로 사단법인에 비하여 타율적·고정적 성격을 가진다. 따라서 사단법인과는 달리 사원이나 사원총회는 없고 출연행위5)에 따라 이사가 의사 결정, 업무

---

4) 『법률용어사전』(서울, 현암사, 2006)

5) 보통 '출연(出捐)'이라 함은 금품을 내어 원조한다는 뜻으로, 「민법」에서 출연행위를 한다고 함은 당사자의 한쪽이 자기의 의사에 따라 재산상의 손실을 입고 다른 당사자(보통 재단이 된다)에게 이득을 주는 기부행위의 일종이다. 출연은 상대방 없는 단독행위로, 이것이 처분행위인지 단순한

집행, 대외 대표 등의 일을 한다. 재단법인은 종교·자선·학술·기예, 기타의 영리 아닌 사업을 목적으로 하는 것에 한하여 인정되므로 언제나 비영리법인이다.

재단법인의 설립은 비영리를 목적으로 재산을 출연하는 동시에 근본 원칙인 정관을 작성하여 주무관청의 허가를 얻어 설립한다.

상기의 법인 종류를 재단법인과 사단법인의 관점에서 구분하여 보면 다음과 같다.

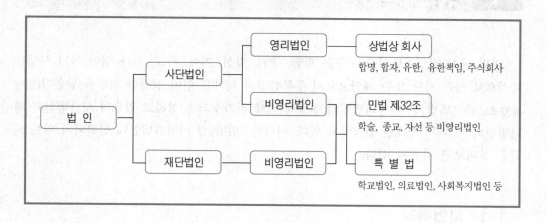

의무부담행위인지는 명백하지 않다(다수설은 처분행위로 봄). 출연행위는 법기술적으로는 후에 성립할 법인에 대한 증여(당사자 일방이 무상으로 재산을 상대방에게 수여하는 의사표시를 하고, 상대방이 이를 승낙함으로써 성립하는 계약)나 유증(유언자가 유언에 의하여 재산을 수증자에게 무상으로 증여하는 단독행위)과 비슷한 구조를 가지므로 이에 대한 규정을 준용한다.

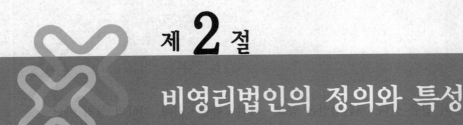

제 2 절
비영리법인의 정의와 특성

1 민법에서의 정의

「민법」에서 비영리법인이라 함은 학술, 종교, 자선, 기예, 사교, 기타 영리 아닌 사업을 목적으로 하는 사단 또는 재단으로서 주무관청의 허가를 얻어 설립한 법인을 말한다(민법 제32조). 즉 「민법」은 비영리법인의 설립에 대해 허가주의를 취하고 있으며 사단법인과 재단법인의 두 가지 형태만 인정하고 있다. 이러한 「민법」상 비영리법인이 설립되기 위한 요건을 살펴보면 다음과 같다.

1-1. 사업목적

학술, 종교, 자선, 기예, 사교, 기타 영리 아닌 사업을 목적으로 하여야 한다. 이는 특정한 개인 또는 법인이 자기의 이익추구를 목적으로 비영리법인을 설립 및 운영하는 것을 방지하여 일반 대중에게 그 혜택을 돌리고자 함이다. 다만, 반드시 사회 일반의 이익을 목적으로 할 필요는 없다.

또한 비영리법인의 목적을 달성하기 위하여 필요한 한도에서 그의 본질에 반하지 않는 정도의 영리행위인 수익사업을 하는 것도 허용한다. 오히려 주무관청은 비영리법인의 설립을 허가하는 요건으로 비영리법인의 재정적 자립을 위하여 수익사업에 대한 사업계획을 요구하는 경우가 일반적이라 할 것이다. 그러나 영리행위를 하였을 경우에 그 수익은 고유목적사업의 수행에 충당되어야 하며 구성원에게 분배되어서는 안 된다.

1-2. 법에 의한 권리능력

자연인과 달리 법인은 법률이 정한 일정요건에 따라 권리의무의 주체가 된다. 즉, 정관 작성 등 설립행위를 하고(민법 제40조, 제43조) 법인이 목적으로 하는 사업을 주관하는 주무 관청의 허가를 받아야 한다(민법 제32조).

그 후 주무관청의 설립허가가 있는 때부터 3주 내에 그 주된 사무소 소재지에서 설립등 기를 하여야 한다(민법 제49조 제1항). 이 등기는 권리능력을 취득하여 법인이 되기 위한 성 립 요건이다. 이렇게 법인격을 부여하는 이유는 법률관계를 구성원 전부의 이름 대신 법인 명의로 단순화하여 처리하고 단체의 재산과 구성원 또는 업무집행자의 재산을 구별하기 위함이다.

1-3. 사단성 또는 재단성

사단성은 고유목적사업의 수행에 뜻을 같이한 구성원인 회원의 결합체가 존재하여야 한 다는 것이고, 재단성은 고유목적사업의 수행에 사용할 목적으로 소유하고 있는 특정재산 의 결합체가 있어야 한다는 의미이다.

재단법인은 그 본질상 영리법인이 있을 수 없고 사단법인은 영리법인인 경우와 비영리 법인인 경우로 나누어진다. 사단법인과 재단법인의 정의는 '제1절 3-3. 사단법인과 재단 법인의 구별'에서 살펴볼 수 있다.

2 세법에서의 정의

2-1. 법인세법상 비영리법인

법인은 본점이나 주사무소 또는 사업의 실질적 관리장소의 소재지에 따라 내국법인과 외국법인으로 구분되며 다시 다음과 같이 영리법인과 비영리법인으로 구분된다. 「법인세 법」상 법인의 유형을 구분하면 다음과 같다(법인세법 제2조).

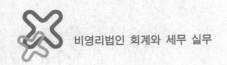

법인의 종류		범 위
내국법인	영리법인	• 상법상의 영리회사 • 특별법상의 영리법인 (민법 제32조의 규정에 의한 법인과 유사한 설립목적을 가진 법인 제외)
	비영리법인	• 민법 제32조에 의한 법인 • 사립학교법, 기타 특별법에 의한 법인으로서 민법 제32조와 유사한 목적을 가진 법인 • 법인세법 시행령 제2조 제1항에서 정하는 조합법인 등(이외의 주주, 사원, 출자자에게 이익을 배당할 수 있는 법인 제외) • 국세기본법 제13조 제4항에 의하여 법인으로 보는 법인격 없는 단체
	국가·지방자치단체	• 비과세법인
외국법인	영리법인	• 외국에 본점 또는 주사무소(국내에 사업의 실질적 관리 장소6)가 소재하지 아니하는 경우에 한함)를 두고 다음의 기준에 해당하는 법인 1. 설립된 국가의 법에 따라 법인격이 부여된 단체 2. 구성원이 유한책임사원으로만 구성된 단체 3. 그 밖에 해당 외국단체와 동종 또는 유사한 국내의 단체가 「상법」 등 국내의 법률에 따른 법인인 경우의 그 외국단체
	비영리법인	• 외국법인 중 외국의 정부·지방자치단체 및 영리를 목적으로 하지 아니하는 법인(법인으로 보는 단체를 포함)

법인세법상 비영리내국법인의 범위는 다음과 같이 4가지로 구분하고 있다(법인세법 제2조).

(1) 민법 제32조에 의한 법인

「민법」 제32조에 의하여 주무관청의 허가를 얻어 설립된 사단 또는 재단으로서 학술, 종교, 자선, 기예, 사교, 기타 영리 아닌 사업을 목적으로 하는 법인이다.

---

6) '사업의 실질적 관리장소'는 법인이 사업을 수행함에 있어 중요한 관리 또는 상업적 의사결정이 실질적으로 이루어지는 장소를 의미함(서면2팀 – 1989, 2006.10.2.).

(2) 「사립학교법」이나 그 밖의 특별법에 따라 설립된 법인으로서 「민법」 제32조에 규정된 목적과 유사한 목적을 가진 법인(단, 그 주주(株主)·사원 또는 출자자(出資者)에게 이익을 배당할 수 있는 법인은 제외)

「민법」이나 「상법」 등과 같은 일반법이 아닌 특정한 개별법에 설립근거를 둔 법인을 말하며 특별법에 의하여 설립한 법인이라 하더라도 「민법」 제32조의 규정에 의한 법인과 유사한 설립목적을 가진 경우에만 이를 비영리내국법인으로 본다. 즉, 영리 아닌 사업을 목적으로 하는 특별법인이 이에 해당하는 바, 국가적으로 공익성이 광범위하게 미치는 사업을 수행하는 법인으로서, 대표적으로 「사립학교법」에 의하여 설립되는 학교법인, 「사회복지사업법」에 의한 사회복지법인, 「의료법」에 의한 의료법인 등이 있다.

그러나 주주·사원 또는 출자자에게 이익을 배당할 수 있는 법인이라면 특별법에 의하여 설립된 법인으로서 「민법」 제32조에 규정된 목적과 유사한 목적을 가진 법인이라도 「법인세법 시행령」 제2조 제1항의 조합법인 등이 아닌 경우에는 비영리법인에서 제외하여야 할 것이다. 이때 '주주·사원 또는 출자자에게 이익을 배당할 수 있는 법인'의 의미는 주식 또는 출자지분으로 구성된 자본금 또는 출자금이 있고, 경영성과를 출자비율에 따라 출자자 등에게 분배가 가능한 법인이다. 구성원의 탈퇴시 출자금 외에 출자비율에 따라 잉여금 등 그 동안의 경영성과를 반환하는 것도 이익배당에 포함된다(법인세법 기본통칙 2-0…3).

(3) 대통령령이 정하는 조합법인 등

다음에 해당하는 조합법인 등은 주주·사원 또는 출자자 등에 대한 배당 여부에 불구하고 비영리법인으로 보아 「법인세법」을 적용한다(법인세법 시행령 제2조 제1항).

① 「농업협동조합법」에 따라 설립된 조합(조합공동사업법인을 포함한다)과 그 중앙회
② 「소비자생활협동조합법」에 따라 설립된 조합과 그 연합회 및 전국연합회
③ 「수산업협동조합법」에 따라 설립된 조합(어촌계 및 조합공동사업법인을 포함한다)과 그 중앙회
④ 「산림조합법」에 따라 설립된 산림조합(산림계를 포함한다)과 그 중앙회
⑤ 「엽연초생산협동조합법」에 따라 설립된 엽연초생산협동조합과 그 중앙회
⑥ 「중소기업협동조합법」에 따라 설립된 조합과 그 연합회 및 중앙회
⑦ 「신용협동조합법」에 따라 설립된 신용협동조합과 그 연합회 및 중앙회
⑧ 「새마을금고법」에 따라 설립된 새마을금고와 그 연합회

⑨ 「엽업조합법」에 따라 설립된 대한엽업조합

(4) 법인으로 보는 단체

「국세기본법」 제13조 제4항 규정에 의한 법인으로 보는 법인 아닌 단체도 「법인세법」상 비영리법인으로 본다. 이는 단지 법인격을 갖지 않을 뿐 그 실체는 법인인 사단이나 재단 등과 아무런 차이가 없다는 점에서 이를 그 구성원으로부터 독립한 납세주체로서의 지위를 인정하고자 함이다. 법인으로 보는 단체에 대한 자세한 설명은 제13장 제1절을 참고하기 바란다.

「국세기본법」상 법인으로 보는 법인 아닌 단체는 「법인세법」상 비영리법인으로 취급되지만 「국세기본법」상 법인으로 보는 법인 아닌 단체가 되기 위하여 별도로 비영리성의 요건을 갖추어야 하는 것은 아니다(대법 2003두2656, 2005.6.10.).

① 당연 법인으로 보는 단체

법인이 아닌 사단·재단 기타 단체 가운데 다음 중 어느 하나에 해당하는 경우로서 수익을 구성원에게 분배하지 아니하는 단체는 비영리법인으로 보아 법인세법을 적용받으며, 여타의 단체는 소득세법의 적용을 받게 된다.

㉠ 주무관청의 허가 또는 인가를 받아 설립되거나 법령에 따라 주무관청에 등록한 사단, 재단, 그 밖의 단체로서 등기되지 아니한 것

㉡ 공익을 목적으로 출연된 기본재산이 있는 재단으로서 등기되지 아니한 것

② 신청·승인에 의해 법인으로 보는 단체

국세기본법 제13조 제2항에서는 법인으로 보는 사단·재단 기타 단체 이외의 법인 아닌 단체 중 다음 요건을 모두 갖춘 것으로서 관할세무서장에게 신청하여 승인을 얻은 단체에 대하여 이를 법인으로 보며, 승인을 얻은 날이 속하는 과세기간과 그 후 3년간은 거주자 또는 비거주자로 볼 수 없도록 규정하고 있다.

㉠ 사단, 재단, 그 밖의 단체의 조직과 운영에 관한 규정을 가지고 대표자 또는 관리인을 선임하고 있을 것

㉡ 사단, 재단, 그 밖의 단체 자신의 계산과 명의로 수익과 재산을 독립적으로 소유·관리할 것

㉢ 사단, 재단, 그 밖의 단체의 수익을 구성원에게 분배하지 아니할 것

즉, 법인으로 보는 단체의 요건에 해당될 경우에는 선택에 의하여 개인으로 납세의무를 이행하거나 관할세무서장의 승인을 받아 법인으로 납세의무를 이행할 수 있다.

법인으로 보는 단체와 관련하여 유의해야 할 것은 '법인 아닌 기타 단체'이다.

사람의 단체는 사단과 조합의 두 유형이 있는데 조합은 사단과 달리 단체로서의 단일성보다는 구성원의 개성이 강하게 표면에 나타나고 있으며 민법은 조합을 법인으로 하지 않고 구성원 사이의 일종의 계약관계로 규정하고 있다. 따라서 조합은 법인세법의 적용을 받는 단체가 아니고 소득세법의 적용대상이 된다. 다만, 노동조합, 협동조합 등과 같은 단체들은 명칭만 조합이지 실제로는 특례법에 의하여 설립하는 사단으로서의 실체를 가지는 것이다.

국세기본법 집행기준 13-0-1【법인으로 보는 단체 등】

① 법인으로 보는 법인 아닌 단체는 당연히 법인으로 보는 단체와 신청과 승인에 의하여 법인으로 보는 단체로 구분된다.

구 분	요 건
당연히 법인으로 보는 단체 (법 제13조 제1항)	법인이 아닌 사단, 재단, 그 밖의 단체 중 다음의 어느 하나에 해당하는 것으로서 수익을 구성원에게 분배하지 아니하는 것은 법인으로 보아 이 법과 세법을 적용한다. 1. 주무관청의 허가 또는 인가를 받아 설립되거나 법령에 따라 주무관청에 등록한 사단, 재단, 그 밖의 단체로서 등기되지 아니한 것 2. 공익을 목적으로 출연(出捐)된 기본재산이 있는 재단으로서 등기되지 아니한 것
신청과 승인에 의하여 법인으로 보는 단체 (법 제13조 제2항)	당연히 법인으로 보는 사단, 재단, 그 밖의 단체 외의 법인 아닌 단체 중 다음의 요건을 모두 갖춘 것으로서 대표자나 관리인이 관할 세무서장에게 신청하여 승인을 받은 것도 법인으로 보아 이 법과 세법을 적용한다. 이 경우 해당 사단, 재단, 그 밖의 단체의 계속성과 동질성이 유지되는 것으로 본다. 1. 사단, 재단, 그 밖의 단체의 조직과 운영에 관한 규정(規定)을 가지고 대표자나 관리인을 선임하고 있을 것 2. 사단, 재단, 그 밖의 단체 자신의 계산과 명의로 수익과 재산을 독립적으로 소유·관리할 것 3. 사단, 재단, 그 밖의 단체의 수익을 구성원에게 분배하지 아니할 것

② 신청과 승인에 의해 법인으로 보는 단체는 그 신청에 대하여 관할 세무서장의 승인을 받은 날이 속하는 과세기간과 그 과세기간이 끝난 날부터 3년이 되는 날이 속하는 과세기간까지는 「소득세법」에 따른 거주자 또는 비거주자로 변경할 수 없다. 다만, 법 제13조 제2항 각 호의 요건을 갖추지 못하게 되어 승인취소를 받는 경우에는 그

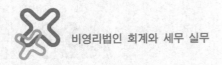

러하지 아니하다.

③ 법인으로 보는 법인 아닌 단체의 국세에 관한 의무는 그 대표자나 관리인이 이행하여야 한다.

국세기본법 집행기준 13-0-2【법인으로 보는 단체의 사례】

법인으로 보는 단체로 인정한 사례	법인으로 보는 단체로 인정하지 않은 사례
① 공동주택 입주자대표회의(공동주택 관리기구)	① 「영유아보육법」의 규정에 의한 보육시설
② 「근로자의 주거안정과 목돈마련지원에 관한 법률」 제12조에 의하여 설치된 주택금융신용보증기금	② 「변호사법」에 의하여 설립된 법무조합(재조세-715, 2007.6.22.)
③ 「사회간접자본시설에 대한 민간투자법」 제30조에 의하여 설치된 산업기반신용보증기금과 「근로자의 주거안정과 목돈마련지원에 관한 법률」 제12조에 의하여 설치된 ○○기금	③ 「산업발전법」에 의한 기업구조조정조합
	④ 「근로기준법」에 의해 설립된 우리사주조합
	⑤ 시 교육청에 등록된 학교형태의 평생교육시설인 골프학교
④ 「중소기업창업지원법」 규정에 의하여 결성된 조합	⑥ 「여신전문금융업법」에 의거 신기술사업금융회사가 업무집행조합원으로서 운영하는 '신기술사업투자조합'
⑤ 설립 후 설립신고만을 필하고 법인 설립등기하지 아니한 노동조합	⑦ 「부동산등기법」 제49조 및 「법인 아닌 사단·재단 및 외국인의 부동산등기용등록번호 부여 절차에 관한 규정」 제5조에 따라 법인 아닌 사단이나 재단이 시장·군수·구청장으로부터 부동산등기용등록번호를 부여받은 경우(조세법령운용과-1397, 2018.10.22.)

2-2. 상속세 및 증여세법상 공익법인등

비영리법인이 출연받은 재산은 상속세 및 증여세의 납세의무가 있으나 종교·자선·학술, 기타 공익을 목적으로 하는 사업을 영위하는 공익법인등에 출연한 재산에 대하여는 상속세 및 증여세의 과세가액에 산입하지 아니한다.

이렇게 「상속세 및 증여세법 시행령」 제12조에 열거한 공익법인등은 「법인세법」에서 규정한 비영리내국법인의 범위보다 좁아서 종교사업, 자선사업, 학술사업, 기타 공익사업을 영위하는 것으로 한정하여 규정하고 있다. 그 구체적인 범위는 '제4장 상속세 및 증여세법'을 참조하기 바란다. 여기서 공익사업을 영위하는 자에는 공익사업을 영위하는 법인은 물론이고 법인이 아닌 단체도 포함된다.

2-3. 부가가치세법상 비영리법인

사업 목적이 영리이든 비영리이든 관계없이 사업상 독립적으로 재화 또는 용역을 공급하는 자(사업자)는 부가가치세를 납부할 의무가 있다(부가가치세법 제2조). 위 사업자의 개념에는 개인·법인(국가·지방자치단체와 지방자치단체조합을 포함한다)과 법인격 없는 사단·재단, 그 밖의 단체가 포함된다(부가가치세법 제3조).

한편 공익목적단체가 공급하는 재화와 용역은 그 공익성을 인정하여 의료보건용역, 교육용역, 도서·신문·잡지·관보·통신 및 방송, 예술창작품·예술행사, 문화행사와 비직업 운동경기, 도서관·과학관·박물관·미술관·동물원·식물원에의 입장, 종교·자선·학술·구호, 기타 공익을 목적으로 하는 단체가 공급하는 재화 또는 용역 등에 대하여 면세대상으로 규정하고 있다(부가가치세법 제26조).

또 정부업무대행단체 등이 공급하는 재화 또는 용역에 대하여 면세대상으로 규정하고 있다(조세특례제한법 제106조).

2-4. 지방세법상 비영리법인

「지방세특례제한법」에서는 공익 등의 사유로 인하여 과세감면규정을 정하여 공익 부분에 대한 원칙적인 조세 우대를 규정하고 있다. 농어업, 사회복지, 교육 및 과학기술·문화 및 관광을 지원하기 위해 관련 사업을 하는 비영리사업자에 대하여 각종 지방세를 감면하고 있다.

3 비영리조직의 특징

비영리조직의 특징을 알아보려면 영리조직과의 비교를 통하여 쉽게 파악할 수 있을 것이다. 일반적으로 영리법인과 비영리법인을 법인의 존립목적 즉 영리추구 여부로 쉽게 구분될 수 있다고 판단하지만 실무적으로 영리법인과 비영리법인을 구분하는 문제는 그리 간단한 문제가 아니다.

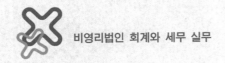

3-1. 사업목적

민법은 영리법인과 비영리법인의 구별기준에 대한 특별한 언급없이 제32조에서 '학술, 종교, 자선, 기예, 사교 기타 영리 아닌 사업을 목적으로 하는 사단 또는 재단'을 비영리법 인이라 하고, 제39조에서 '영리를 목적으로 하는 사단'을 영리법인이라고 규정하고 있다. 이렇게 영리법인과 비영리법인은 사업의 목적에서 차이가 발생한다.

3-2. 이익분배 여부

영리법인과 비영리법인을 구분하는 가장 근본적인 판단기준이라면 이익의 분배 여부일 것이다. 즉 사업에서 발생한 이익을 구성원에게 분배할 수 있느냐 할 수 없느냐로 구분하 는 것이다.[7]

영리법인은 이익을 구성원의 지분율에 따라 분배하게 되지만 비영리법인은 구성원의 지 분권이 인정되지 않고 이익도 그 구성원에게 분배 또는 배당하는 것이 아니라 목적사업에 충당함을 가장 큰 특징으로 하고 있다. 다만 비영리법인이더라도 고유목적을 달성하기 위 하여 필요한 한도 내에서 그 본질에 반하지 아니하는 정도의 영리행위를 할 수 있으나, 이 러한 영리행위를 하였을 경우에도 그 수익은 반드시 고유목적사업에 충당되어야 하며 어 떠한 형식으로든지 구성원에게 분배 또는 배당되어서는 안 된다.

법인세법상 비영리내국법인에 대한 범위를 살펴보면 「민법」 제32조에 따라 설립된 법인 과 「사립학교법」이나 그 밖의 특별법에 따라 설립된 법인으로서 「민법」 제32조에 규정된 목적과 유사한 목적을 가진 법인으로 규정하면서 그 주주(株主)·사원 또는 출자자(出資者) 에게 이익을 배당할 수 있는 법인은 제외하도록 하고 있다.

주주·사원 또는 출자자에게 이익을 배당할 수 있는 법인이라 함은 자본금 또는 출자금 이 있고 그 자본금 또는 출자금이 주식 또는 출자지분으로 구성되어 있으며, 경영성과를 출자비율에 따라 출자자 등에게 분배가 가능한 법인을 의미하는 것으로서 이익배당에는 구성 원의 탈퇴 시 출자금 외에 출자비율에 따라 잉여금 등 그 동안의 경영성과를 반환할 수 있는 경우를 포함한다.

---

7) 재단법인은 구조적으로 이익을 분배할 구성원이 존재하지 않으므로 영리법인이 될 수 없다.

판례에서도 조합이 영리사업으로 얻은 잉여금을 배당하지는 못하나 누적된 잉여금을 포함한 전 재산에 대하여 각 조합원이 지분권을 가지며 종국적으로 이 잉여금도 조합원에게 분배될 성질인 점을 고려하여 비영리내국법인이라고 볼 수는 없다고 판시하고 있다. 다만 특별법에 따라 설립된 법인으로서 출자금 전액을 국가에서 출자한 법인이 이월결손금 보전 및 이익준비금 적립 후의 잉여금 잔액을 국고에 납입하는 경우에는 비영리내국법인에 해당한다고 해석하고 있다.

3-3. 설립근거법

영리법인과 비영리법인은 법인격을 취득하기 위한 설립근거법이 다르다. 현행법상 어떤 단체가 영리를 추구하는 법인을 설립하고자 한다면 사단법인으로만 설립이 가능하고 상사회사에 관한 규정이 준용되므로 「상법」상 인정되는 5종의 회사(합명회사, 합자회사, 유한책임회사, 주식회사, 유한회사) 중 한 형태의 법인으로만 설립이 가능하다.

반면 그 비영리를 추구하는 법인을 설립하고자 한다면 사단법인 혹은 재단법인의 형태를 취하고 「민법」의 규정에 따라 법인으로 설립할 수 있다. 이와 함께 그 소속 주무관청마다 규정하고 있는 「○○○○부 및 그 소속청 소관 비영리법인의 설립 및 감독에 관한 규칙」을 적용받게 된다.

특히 비영리법인 중 학자금·장학금 또는 연구비의 보조나 지급, 학술, 자선(慈善)에 관한 사업을 목적으로 하는 법인은 「공익법인의 설립·운영에 관한 법률」에 따라 설립하게 되며 이외에도 의료법인은 「의료법」, 사회복지법인은 「사회복지사업법」, 특수법인은 각 특수법인의 설립을 규정한 법률이 존재한다. 예를 들면 한국장학재단은 「한국장학재단 설립 등에 관한 법률」, 한국연구재단은 「한국연구재단법」에 의하여 설립되었다. 이러한 점은 준칙주의에 따라 상법에 의한 설립이 인정되는 회사와는 크게 다른 점이라 할 수 있다.

3-4. 법인설립허가 여부

영리법인은 주무관청의 관리·감독이 없이 준칙주의에 따라 법률이 미리 정한 법인설립에 관한 일정한 요건을 갖추고 본점소재지에 설립등기를 함으로써 법인이 성립(상법 제172조8))된다. 반면, 비영리법인은 주무관청의 허가에 의하여 설립되고 관리·감독 권한도 주무관청에 있다. 이때 비영리법인의 주무관청 허가는 행정관청의 자유재량에 속하므로 불허가처분에 대하여 행정소송으로 다투지 못한다.

예를 들어 보건복지부 산하 비영리법인의 설립 시 적용되는 규칙인 「보건복지부 소관 비영리법인의 설립 및 감독에 관한 규칙」을 살펴보면, 제1조에서 비영리법인의 설립 및 감독에 관하여 필요한 사항을 규정함을 목적으로 하고 있으며, 제2조에서 비영리법인의 설립허가, 법인사무의 검사 및 감독 등을 적용범위로 하고 있으며, 제6조에서 정관변경의 허가를, 제7조에서 사업실적 및 사업계획 등을 매 사업연도 종료 후 2개월 이내에 주무관청에 제출하여야 하며, 제8조에서 법인사무의 검사·감독을 위하여 불가피한 경우에는 법인에게 관계서류·장부 또는 그 밖의 참고자료 제출을 명하거나 소속 공무원으로 하여금 법인의 사무 및 재산상황을 검사하게 할 수 있도록 하고 있으며, 제9조에서 법인의 설립허가를 취소, 제10조에서 해산신고, 제11조에서 잔여재산처분의 허가신청을, 제12조에서 청산종결의 신고서를 주무관청에 제출하도록 하고 있다.

이처럼 동 규칙에 의하면 비영리법인의 설립부터 운영, 해산, 청산에 이르기까지 모든 관리·감독 권한이 주무관청에 주어지고 있다.

3-5. 잔여재산의 분배 여부

영리법인은 해산결의 후 청산절차를 진행하여 잔여재산이 있는 경우 주주들에게 배분하는 것이 원칙이다. 그러나 비영리법인은 정관으로 지정한 자 또는 유사한 목적을 가진 비영리법인 또는 국고에 귀속됨을 원칙으로 하여 그 구성원에게 배분되지 못하도록 하고 있다(민법 제80조9)).

---

8) 상법 제172조(회사의 성립) 회사는 본점소재지에서 설립등기를 함으로써 성립한다.
9) 민법 제80조(잔여재산의 귀속) ① 해산한 법인의 재산은 정관으로 지정한 자에게 귀속한다.
　② 정관으로 귀속권리자를 지정하지 아니하거나 이를 지정하는 방법을 정하지 아니한 때에는 이사 또는 청산인은 주무관청의 허가를 얻어 그 법인의 목적에 유사한 목적을 위하여 그 재산을 처분할 수 있다. 그러나 사단법인에 있어서는 총회의 결의가 있어야 한다.
　③ 전2항의 규정에 의하여 처분되지 아니한 재산은 국고에 귀속한다.

4. 비영리단체의 다양한 형태

이하에서는 비영리조직을 명명하는 다양한 용어들과 형태에 대하여 알아보기로 한다.

(1) 비영리법인

일반적으로 비영리법인이라 함은 민법 제32조에 따라 학술, 종교, 자선, 기예, 사교 기타 영리 아닌 사업을 목적으로 하는 사단 또는 재단으로서 주무관청의 허가를 얻은 법인을 의미한다. 상법이 주식회사 등 영리법인의 법률관계를 규율하고 있는 반면 민법은 영리 아닌 사업을 목적으로 하는 비영리사단법인과 비영리재단법인을 규율하고 있다. 민법에서는 비영리법인의 설립요건으로 목적의 비영리성, 설립행위, 주무관청의 허가, 설립등기 등 네 가지 요건을 규정하고 있다.

(2) 비영리사단법인과 비영리재단법인[10]

단체를 구성하는 요소가 무엇이냐에 따라서 사단과 재단으로 나누어지는데, 민법도 그에 따라 사단법인과 재단법인을 구별하고 있다. 사단법인이란 일정한 목적을 위하여 결합된 인적결합체(즉 사단)를 그 실체로 하는 법인이고, 재단법인은 일정한 목적을 위하여 바쳐진 재산의 집합(즉 재단)이 그 실체를 이루는 법인이다.

사단법인과 재단법인은 구성요소의 상이성으로 말미암아 다음과 같은 차이를 나타낸다. 첫째, 인적기초의 유무이다. 사단법인의 경우에는 성질상 사단을 구성하는 사원이 반드시 존재하여야 하나, 재단법인의 경우에는 사원이라는 것이 없고, 다만 재단의 활동을 수행하는 기관이 존재할 뿐이다. 이러한 차이점은 특히 법인격부인(혹은 실체파악)의 법리에서 두드러지는데, 사단법인의 경우는 법인의 '배후에 존재하는 사원'에 대해서 책임을 물을 수 있는 구조로 이루어져있지만, 재단법인의 경우는 배후에 존재하는 사원이라는 것이 없으므로 실체파악법리가 적용되지 않는다.

둘째, 사적자치의 원칙이 운용되는 범위에서 차이가 있다. 사단법인의 경우에는 사원들에 의해서 단체의 설립, 법인의 형태, 조직의 구성 및 정관의 작성 등 사단자치가 폭넓게 이루어진다. 그에 반해 재단법인에 있어서 사적자치의 원칙은 단지 재산출연행위에 한해

---

10) 송호영, 법인론, pp.41~42.

서 의미를 가질 뿐이다. 특히 이러한 차이는 법인의 의사형성에서 차이가 있는데, 사단법인의 경우는 사원들이 사원총회를 통하여 법인의 단체의사를 자율적으로 형성하는데 반하여, 재단법인의 경우는 기관이 설립자의 의사에 의하여 타율적으로 구속되는 법인의사를 형성함에 그친다. 이러한 차이로부터 사단법인과 재단법인은 설립행위·목적·정관의 변경·의사결정기관·해산사유 등에서 차이를 나타낸다.

(3) 비영리민간단체

「비영리민간단체지원법」은 비영리민간단체의 자발적인 활동을 보장하고 건전한 민간단체로의 성장을 지원함으로써 비영리민간단체의 공익활동증진과 민주사회발전에 기여하고자 제정되었다.

'비영리민간단체'란 「비영리민간단체지원법」 제2조에 정의된 단체로 '영리가 아닌 공익활동을 수행하는 것을 주된 목적으로 하는 민간단체'로서 다음의 요건을 갖춘 단체를 말한다.

① 사업의 직접 수혜자가 불특정 다수일 것
② 구성원 상호간에 이익분배를 하지 아니할 것
③ 사실상 특정정당 또는 선출직 후보를 지지·지원할 것을 주된 목적으로 하거나, 특정 종교의 교리전파를 주된 목적으로 설립·운영되지 아니할 것
④ 상시 구성원수가 100인 이상일 것
⑤ 최근 1년 이상 공익활동실적이 있을 것
⑥ 법인이 아닌 단체일 경우에는 대표자 또는 관리인이 있을 것

비영리민간단체 등록을 원하는 단체는 그의 주된 공익활동을 주관하는 중앙행정기관의 장이나 시·도지사에게 등록을 신청한다(비영리민간단체지원법 제4조). 또 주무부장관 또는 시·도지사는 등록된 비영리민간단체의 공익 사업 소요경비를 지원할 수 있도록 하고(비영리민간단체지원법 제6조), 국가 또는 지방자치단체는 등록된 비영리민간단체에 대하여 조세감면과 우편요금 보조 등을 할 수 있도록 한다(비영리민간단체지원법 제10조 및 제11조).

(4) 공공기관

공공기관은 「공공기관의 운영에 관한 법률」에 의하여 일정한 요건에 따라 매년 지정되는 기관으로서 비영리 또는 영리법인으로 구성되어 있다. 「공공기관의 운영에 관한 법률」은 공공기관의 자율책임경영체제 확립을 통해 공공기관의 대국민 서비스 증진에 기여할

수 있도록 하기 위하여 공공기관의 범위 설정과 유형구분 및 평가·감독 시스템 등 공공기관의 운영에 관하여 필요한 사항을 정하고 있다.

(5) 특수법인

비영리법인 중에서 민법 제32조의 규정에 의하지 않고 각종 개별법에 근거하여 설립된 법인을 통칭하며, 사립학교법에 의한 학교법인, 사회복지사업법에 의한 사회복지법인, 의료법에 의한 의료법인, 각종 조합 및 연합회 등이 이에 해당된다.

(6) 일반기부금단체(구 법인세법 제24조 제3항에 따른 공익법인 또는 구 지정기부금단체)

일반기부금단체는 법인세법 제24조 제3항, 동법 시행령 제39조에서 공익성이 있는 비영리법인을 열거하여 개인 또는 법인기부자에게 세액공제 또는 손금산입의 혜택을 주고자 마련한 세법상 제도이다. 대표적인 일반기부금단체로서「민법」제32조에 따라 주무관청의 허가를 받아 설립된 비영리법인이 일정 요건을 모두 충족하고 국세청장(주사무소 및 본점소재지 관할 세무서장을 포함한다)의 추천을 받아 기획재정부장관으로부터 분기별로 지정하여 고시되는 일반기부금단체가 있다.

(7) 특례기부금단체(구 법인세법 제24조 제2항에 따른 공익법인 또는 구 법정기부금단체)

특례기부금단체는 법인세법 제24조 제2항, 동법 시행령 제38조에서 기부금단체로 열거하고 있으며 특례기부금단체는 일반기부금단체보다 공익성이 높아 개인 또는 법인기부자에게 보다 높은 세액공제 또는 손금산입의 세제 혜택을 주고자 마련한 세법상 제도이다. 대표적인 예로 국가나 지방자치단체에 무상 기증하는 금품의 가액, 국방헌금과 국군장병 위문금품의 가액, 천재지변으로 생기는 이재민을 위한 구호금품의 가액 등이 있다.

(8) 공익단체(구 기부금대상민간단체)

기부금대상민간단체는 소득세법 시행령 제80조에서 지정기부금단체 중 하나로 규정하고 있으며「비영리민간단체지원법」에 따라 등록된 단체 중 일정요건을 충족하고 행정안전부장관의 추천을 받아 기획재정부로부터 반기별로 기부금대상민간단체로 지정받은 경우

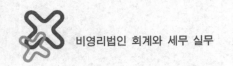

이 단체에 기부하는 개인에게 세액공제 혜택을 주고자 마련한 세법상 제도이다.

(9) 사회적협동조합

재화 또는 용역의 구매·생산·판매·제공 등을 협동으로 영위함으로써 조합원의 권익을 향상하고 지역 사회에 공헌하고자 하는 사업조직인 「협동조합기본법」상 협동조합 중 지역주민들의 권익·복리 증진과 관련된 사업을 수행하거나 취약계층에게 사회서비스 또는 일자리를 제공하는 등 영리를 목적으로 하지 아니하는 협동조합을 사회적협동조합이라 한다(협동조합기본법 제2조).

사회적협동조합은 다음의 사업 중 하나 이상을 주 사업으로 하여야 한다(협동조합기본법 제93조).

① 지역사회의 재생, 지역 경제의 활성화, 지역 주민들의 권익·복리 증진 및 그 밖에 지역 사회가 당면한 문제 해결에 기여하는 사업
② 취약계층에 복지·의료·환경 등의 분야에서 사회서비스를 제공하는 사업
③ 취약계층에 일자리를 제공하는 사업
④ 국가·지방자치단체로부터 위탁받은 사업
⑤ 그 밖에 공익증진에 이바지 하는 사업

사회적협동조합은 기획재정부로부터 인가를 받아야 설립이 가능하다(협동조합기본법 제85조).

(10) 사회적기업

사회적기업이란 취약계층에게 사회서비스 또는 일자리를 제공하거나 지역사회에 공헌함으로써 지역주민의 삶의 질을 높이는 등의 사회적 목적을 추구하면서 재화 및 서비스의 생산·판매 등 영업활동을 하는 기업으로서 다음의 요건을 갖추어 고용노동부장관의 인증을 받은 자를 말한다(사회적기업육성법 제2조). 아래 요건에서 보듯이 사회적기업은 영리법인일수도 있고 비영리법인일수도 있다.

① 「민법」에 따른 법인·조합, 「상법」에 따른 회사·합자조합, 특별법에 따라 설립된 법인 또는 비영리민간단체 등 대통령령으로 정하는 조직 형태를 갖출 것
② 유급근로자를 고용하여 재화와 서비스의 생산·판매 등 영업활동을 할 것

③ 취약계층에게 사회서비스 또는 일자리를 제공하거나 지역사회에 공헌함으로써 지역 주민의 삶의 질을 높이는 등 사회적 목적의 실현을 조직의 주된 목적으로 할 것. 이 경우 그 구체적인 판단기준은 대통령령으로 정한다.

④ 서비스 수혜자, 근로자 등 이해관계자가 참여하는 의사결정 구조를 갖출 것

⑤ 영업활동을 통하여 얻는 수입이 대통령령으로 정하는 기준 이상일 것

⑥ 제9조에 따른 정관이나 규약 등을 갖출 것

⑦ 회계연도별로 배분 가능한 이윤이 발생한 경우에는 이윤의 3분의 2 이상을 사회적 목적을 위하여 사용할 것(「상법」에 따른 회사·합자조합인 경우만 해당한다)

⑧ 그 밖에 운영기준에 관하여 대통령령으로 정하는 사항을 갖출 것

 │ 중요 예규 및 판례 │

기준 - 2022 - 법규기본 - 0207, 2024.6.21.
당초 「국세기본법」 제13조 제2항에 따른 법인으로 보는 단체 승인을 받은 주택법상 주택조합에 대하여 관할 과세관청이 해당 주택조합의 규약 등에서 조합원들에 대한 수익 분배를 규정하는 것으로 보아 법인으로 보는 단체 승인을 취소하는 경우, 해당 주택조합이 사업실패로 인해 조합의 수익을 개별 조합원에게 분배한 사실이 없다 할지라도 과세관청은 법인으로 보는 단체 승인을 취소할 수 있는 것임.

대법원 - 2024 - 두 - 31956, 2024.4.25.
원고는 조합사에게 출자금의 규모에 따라 이 사건 반환공제료를 지급하였을 뿐, 원고의 매출액에 대한 기여도와는 전혀 상관없는 금액을 지급하였으므로 매출에누리 내지 판매장려금에 해당한다고 볼 수 없고, 원고는 출자자에 대하여 이익을 배당할 수 있는 영리법인이며 실제로 이익을 분배하였으므로 비영리법인으로 볼 수 없음.

서울행정법원 - 2023 - 구합 - 59964, 2024.3.28.
자치단체장의 어린이집 설치 인가는 법인의 설립이나 단체의 결성에 대한 인가로 볼 수 없고, 어린이집이 설치·운영자인 원고로부터 독립하여 조직을 갖추고 단체로서의 주요 사항이 확정되어 있는 등 그 자체가 존속하여 법인 아닌 단체로서의 실체를 가진다고 보기 어려워 '법인으로 보는 단체'로 볼 수 없으므로 그와 같은 전제의 양도소득세 경정거부처분은 적법함.

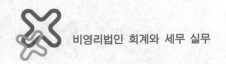

청주지방법원 2023구합52180, 2024.1.18.

부동산 양도 당시 원고가 관할 세무서장에게 법인으로 보는 단체로 신청하여 승인받은 사실이 없으므로 국세기본법상 법인으로 보는 단체에 해당하지 않아 1거주자로 보아 양도소득세의 부과처분은 정당함.

서면 – 2022 – 징세 – 4590, 2023.12.21.

법률에 따라 설치되는 비영리단체로서 국세기본법상 법인으로 보는 단체의 경우 국가 등이 설치·운영하는 단체이지 국가 등에 해당되지 않으므로 원천징수 납부지연가산세 면제규정의 적용 대상이 아님.

서울행정법원 2023구단51239, 2023.11.1.

원고가 법인 아닌 단체 중 법인으로 보는 단체 신청과 관할세무서장의 승인을 받지 않은 이상 법인으로 보는 단체로 볼 수 없고, 이러한 요건을 충족하지 못한 이상 원고를 법인으로 보는 단체가 아닌 거주자로 보아 양도소득세를 부과한 처분은 실질과세 원칙에 위배되지 아니함.

사전 – 2023 – 법규기본 – 0085, 2023.5.9.

「국세기본법」 제13조 제2항에 따라 법인으로 보는 단체 승인을 얻은 종중이 해당 종중 규약에 따라 그 일부 구성원들에게 사회통념상 인정되는 목적 및 범위 내에서 장학금, 경조사비, 경로위로금 등을 지급하는 경우는 「국세기본법」 제13조 제3항 단서 및 같은 영 제8조 제4항에서 정하는 법인으로 보는 단체 승인 취소 사유인 '수익금의 분배'에 해당하지 않는 것이나, 종중 회장 및 임원들에게 종중 선산 양도 기여에 따른 포상금 명목으로 사회통념상 과다한 금원을 지급하는 경우는 '수익금의 분배'에 해당하는 것임.

기준 – 2023 – 법무기본 – 0016, 2023.2.16.

질 의

○ 납세자 A는 국세를 체납하고 있는 의료법인 ○○의료재단의 지분 100%를 국세청 전산망상 소유하고 있는 출연자임.

  – 처분청은 ○○의료재단의 '14년 귀속 증여세 및 '19년 귀속 종합부동산세를 징수할 수 없다고 보고, 납세자 A를 ○○의료재단의 제2차 납세의무자로 지정하여 납부고지하였고 납세자는 이에 이의신청을 제기함.

○ 의료재단법인의 출연자를 국세기본법 제39조에서 규정하고 있는 출자자의 제2차 납세의무자로 지정할 수 있는지 여부

귀 법령해석자문에 따른 의료재단법인의 출연자는 주주 또는 사원 등으로서 소유주식 합계 또는 출자액 합계가 해당 법인의 발행 주식 총수 또는 출자총액의 100분의 50을 초과하면서 그 법인의 경영에 대하여 지배적인 영향력을 행사하는 자들(과점주주)에 해당하지 않으므로 국세기본법 제39조에서 규정하고 있는 출자자의 제2차 납세의무자로 지정할 수 없는 것임.

대법원 2019두60226, 2022.5.26.

영어조합법인의 출자자를 상법상 '주주'나 '유한책임사원'으로 볼 수는 없고, 농어업경영체법 제16조 제8항에 따르면 영어조합법인에 관하여 위 법에서 규정한 사항 외에는 민법 중 조합에 관한 규정이 준용될 뿐이고, 영어조합법인의 출자자는 국세기본법 제39조에 따라 제2차 납세의무를 지는 과점주주가 될 수 없음.

서면 - 2022 - 징세 - 1127, 2022.4.19.

「국세기본법」 제13조 제2항에 따른 법인으로 보는 단체가 총회에서 구성원에게 배당할 것을 결의한 경우 국세기본법 위반인지 여부

기존해석례 서면 - 2017 - 법령해석기본 - 1257(2017.6.30.)를 참조하기 바라며, 단체가 수익의 전부 또는 일부를 구성원에게 분배하는 경우 「국세기본법」 제13조 제2항에 의한 법인으로 보는 단체에 해당하지 않음.

서면 - 2018 - 법령해석기본 - 1900, 2019.5.21.

주택조합이 상가분양에서 발생한 수익금을 단체의 구성원이 부담하여야 할 주택건축비에 충당하는 것은 수익을 구성원에게 분배하는 것으로, 이 경우 해당 조합은 「국세기본법」 제13조 법인으로 보는 단체에 해당하지 아니하는 것임.

대법 2016두47574, 2016.11.9.

아파트 입주자대표회의의 재활용품 판매수익 등은 면세되는 의료보건 용역에 해당하지 않으며, 입주자대표회의는 주무관청의 허가 또는 인가를 받아 설립되지도 않았고, 법령에 따라 주무관청에 등록하지도 않았으므로 법인으로 보는 단체에 해당하지 않음.

광주고법 2016누3788, 2016.10.13.

부동산 등기용 등록번호 부여절차에 관한 규정에 의하여 등록한 단체라는 사실만으로

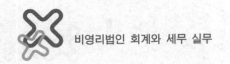
주무관청에 허가를 받아 설립되거나 단체로서 등록된 것이 아니므로 국세기본법 제13조 제1항에 따른 법인으로 보는 단체에 해당하지 않음.

서울행법 2015구합62415, 2016.4.8.(대법 2017두52306, 2017.10.31. 확정)

부실채권정리기금은 「국세기본법」 제13조 제1항 제2호의 공익을 목적으로 기본재산이 있는 재단으로서 등기되지 아니한 것에 해당되어 법인세법상 비영리내국법인에 해당함.

법인 - 658, 2011.9.8.

질 의

〔사실관계〕

• 선주상호보험조합법에 의하여 설립된 한국선주상호보험조합은 선박소유자등이 선박을 운항함으로써 발생하는 책임 등에 관한 상호보험인 손해보험조합을 실시함.

    – 선주상호보험조합법이 개정(2010.4.5.)되어 선주상호보험조합을 비영리법인으로 규정하고 잉여금 처분 및 잔여재산 배분규정을 삭제

    – 선주상호보험조합의 조합원은 출자좌수에 관계없이 동일한 의결권을 가지며, 지분의 양도·상속에 의하여 승계가 가능하며, 해산 후 잔여재산을 처분할 수 있음.

〔질의요지〕

1) 한국선주상호보험조합이 비영리내국법인에 해당하는지 여부

2) 한국선주상호보험조합이 비영리내국법인인 경우 공제사업의 수익사업 여부

회 신

귀 서면질의의 경우, 기획재정부의 해석(재법인 - 849, 2011.9.1.)을 참조하기 바람.

〔참조 : 재법인 - 849, 2011.9.1.〕

「선주상호보험조합법」에 따라 설립된 한국선주상호보험조합은 그 변경된 정관의 인가일(2011.3.4.) 이후부터 「법인세법」 제1조 제2호 나목에 따른 비영리법인에 해당하는 것임. 위 한국선주상호보험조합이 영위하는 사업의 분류는 「법인세법 시행령」 제2조 제1항에 따라 통계청장이 고시하는 한국표준산업분류에 의하여 판단하는 것임.

수원지방법원 2010구합15750, 2011.5.18.

'출자'는 법인에 대하여 그 구성원이 자본적 가치가 있는 지출을 하는 것이고 그 출자에 따라 구성원은 법인의 활동으로 생긴 이익을 분배할 권리와 손실이나 위험을 분담할 의무를 가지게 되므로 출자로 자본을 구성하는 법인은 당연히 영리법인에 한하는데, 재단법인의 설립 행위인 '출연'은 설립자가 자신의 재산상 손실로 재단법인의 재산을 구성하도록 할 뿐 그 출연행위에 대하여 법인으로부터 재산적 가치 있는 이득을 얻는 것이 아니므로,

'출자'와 '출연'은 각각 영리법인과 비영리법인(특히 재단법인)의 구성에서 본질적인 차이를 나타내는 것으로 보임.

법인 - 174, 2011.3.9.

「국세기본법」 제13조 제2항에 따른 법인으로 보는 단체는 비영리내국법인에 해당하는 것이며, 비영리내국법인이 「노인장기요양보험법」에 따른 장기요양기관을 운영하는 경우 「법인세법 시행령」 제2조 제1항 제4호에 따라 수익사업에 해당되지 않는 것으로 장기요양기관의 법인으로 보는 단체 승인 여부는 국세기본법 제13조 제2항 각 호의 요건 충족여부에 따라 관할 세무서장이 판단할 사항임.

법인 - 1070, 2009.9.30.

[질의]

〔질의내용〕
- 지방공사에 적용되는 손익금 처리규정(이익배당규정, 지방공기업법 제67조)을 준용하지 않는 질의공단이 법인세법상 비영리내국법인 해당 여부

〔갑설〕 설치운영조례 및 공단 정관에 의하면 매 사업연도 잉여금이 발생한 경우 이월결손금 보전하고 남은 잔액을 시흥시에 납입하도록 규정하여, ○○시 일반회계에의 납입은 이익배당에 해당됨.

〔을설〕 질의공단은 특별법에 의해 설립된 「민법」 제32조 규정된 목적과 유사한 목적을 가진 법인으로, 특히 지방공기업법상 이익배당을 할 수 없는 법인이므로 비영리내국법인에 해당됨.

[회신]

「지방공기업법」 제76조 및 지방자치단체 조례에 의거하여 ○○시가 단독으로 출자하여 설립된 ○○시시설관리공단은 「법인세법」 제1조 제2호에 의한 비영리내국법인에 해당되는 것임.

서면2팀 - 1066, 2007.6.1.

[질의]

〔사실관계〕
- 질의 공사는 특별법에 의하여 설립된 법인으로 국가가 100% 출자함.
- 공사의 정관에 '이익잉여금을 국가에 납입'하는 내용으로 개정하고자 함.

〔질의요지〕
특별법에 의하여 설립된 공사의 정관에 이익잉여금을 출자자인 국가에 납입한다는 내용

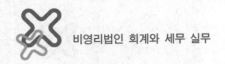

으로 정관을 변경하는 경우 비영리법인에서 제외되는지 여부

〔회신〕

「방송법」 제43조에 의해 설립된 한국방송공사가 정관을 변경하여 이월결손금 보전 및 이익준비금 적립 후의 잉여금 잔액을 국고에 납입하는 경우 「법인세법」 제1조 제2호의 규정에 의한 비영리내국법인에 해당하는 것임(재법인-373, 2007.5.22.).

재법인 - 373, 2007.5.22.

〔질의〕

비영리내국법인(*)인 한국방송공사(KBS) 정관에 '이익잉여금 국고납입' 조항을 신설하는 경우 당해 이익잉여금 국고납입을 이익배당으로 보아 KBS를 영리법인으로 볼지 여부

(*) 주주·사원 또는 출자자에게 이익을 배당할 수 있는 법인 제외

〔갑설〕 비영리법인에 해당됨.

국가를 일반투자자로 볼 수 없고 이익금 잔액의 국고납입은 국가의 일반 재정수입에 편입되는 것

〔을설〕 영리법인에 해당됨.

이익금 잔액의 국고납입은 이익배당에 해당함.

〔회신〕

KBS의 비영리법인 해당 여부에 관하여는 '갑설'이 타당함.

서면2팀 - 859, 2006.5.16.

거주자로 보던 법인격 없는 단체가 「국세기본법」 제13조 제2항의 규정에 의하여 관할세무서장으로부터 법인으로 승인을 받은 경우, 동 단체의 최초사업연도 개시일은 「법인세법 시행령」 제3조 제1항 라목의 규정에 의하여 법인으로 승인받은 날이므로, 승인일 전일까지는 「소득세법」을 적용하고, 승인일 이후부터는 「법인세법」에 의한 납세의무가 있는 것임. 또한, 비영리내국법인이 수익사업을 개시하는 때에는 「법인세법」 제111조의 규정에 의하여 사업자등록을 하여야 하며, 같은법 제3조의 규정에 의하여 '각 사업연도의 소득에 대한 법인세'가 과세되는 것임.

서면2팀 - 133, 2006.1.17.

〔질의〕

당 법인은 1999.12.29. 「민법」 제32조에 근거하여 환경부로부터 비영리법인으로 설립 허가되어, 현재까지 비영리법인으로 고유목적사업에 지출하기 위하여 고유목적사업준비금을 손금으로 계상하여 일정범위 안에서 당해 사업연도의 소득금액 계산상 손금에 산

입하고 있는 조합법인으로 2005.1.1. 「건설폐기물의 재활용의 출진에 관한 법률」에 의하여 조합의 설립근거의 변경 및 설립목적이 추가되고, 2005.3.25. 환경부로부터 정관의 개정이 인가되었는바, 해당 개정내용에 의하면 "이익금의 출자금에 비례하여 조합원사에게 배당을 할 수 있다"라고 하여 배당금을 지급할 수 있는 규정이 제정되었음.

해당 신설된 규정에 의하여 출자에 대한 지분율이 주어지고 배당을 할 수 있는 법인이 된 경우 「법인세법」 제1조 제2호 및 같은법 시행령 제1조에서 규정하고 있는 비영리 내국법인의 범위에 포함되지 않으므로 질의조합이 비영리법인이 아닌 영리법인으로서 사업자 전환이 되어야 하는지.

회신

「법인세법 시행령」 제1조에서 규정하는 조합법인 등이 아닌 법인으로서 그 주주·사원 또는 출자자에게 이익을 배당할 수 있는 법인은 「법인세법」 제1조 제2호의 규정에 의한 비영리내국법인에 해당하지 않는 것임.

대법 2003두2656, 2005.6.10.

「국세기본법」상 법인으로 보는 법인격이 없는 단체는 법인세법상 비영리법인으로 취급되는 것이지만 국세기본법상 법인으로 보는 법인격이 없는 단체가 되기 위하여 별도로 비영리성의 요건을 갖추어야 하는 것은 아님.

서면인터넷방문상담1팀 - 212, 2005.2.17.

의료재단법인의 대표자가 과점주주로서 발행주식총수의 51% 이상의 주식에 관한 권리를 실질적으로 행사하는 자 등에 해당되지 아니하는 경우는 제2차 납세의무를 지정할 수 없음.

서면2팀 - 2218, 2004.11.2.

국립대학이 「산업교육진흥 및 산학협력촉진에 관한 법률」에 의하여 별도로 설립한 산학협력단은 「법인세법」 제1조 제2호 규정에 의한 비영리법인에 해당하는 것이므로, 당해 법인이 영위하는 수익사업에서 생기는 소득에 대하여는 법인세가 과세되는 것임.

서면2팀 - 913, 2004.4.29.

주한외국대사관은 「법인세법」 제1조 제4호의 규정에 의하여 비영리외국법인으로 보는 것임.

서면2팀 - 206, 2004.2.13.

「수산업협동조합법 시행령」 제3조의 규정에 의하여 설립된 법인어촌계는 비영리내국법인에 해당하는 것으로 「법인세법」 제3조 제1항 단서의 규정에 의하여 청산소득에 대한 법인세 납세의무가

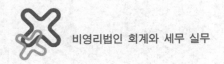

없는 것임.

법인 46012-3426, 1996.12.11.

「농어촌발전특별조치법」에 의하여 설립된 화성군 참다래영농조합법인은 출자자에게 이익배당을 목적으로 설립되었으므로 영리 아닌 사업을 목적으로 하는 「법인세법」상 비영리법인에 해당하지 않음.

법인 46012-2263, 1996.8.12.

「지방공기업법」에 의하여 설립된 지방공사가 출자자에게 이익배당을 할 수 없도록 당해 지방자치단체의 조례로 규정한 경우 동 지방공사는 「조세감면규제법」 제60조 제1항의 규정에 의하여 「법인세법」상 비영리법인에 해당되는 것임.

법인 46012-2031, 1996.7.18.

「지방공기업법」 및 시·도 조례에 의하여 설립된 지방공사 경상남도 ○○의료원이 동 법인의 설립에 관한 법률에 의하여 주주 또는 출자자에게 이익배당을 할 수 없도록 명시된 법인인 경우에는 비영리내국법인으로 보는 것임.

대법원 93누19146, 1994.8.26.

'출자자'라 함은 법인과의 거래 당시에 법인에 출자지분을 가지고 있는 주주나 사원 등과 같이 법인과의 사이에 법률상 일정한 관계를 유지하고 있는 자를 가리키는 것으로 해석되어야 할 것인데, 재단법인의 출연자는 출연에 의하여 재산을 재단법인에 귀속시킨 사실이 있을 뿐 그것만으로 법인과의 사이에 무슨 관계를 유지하는 지위에 있게 되는 것이 아니므로 법인세법 시행령 제46조 제1항 소정의 특수관계자인 출자자에 해당한다고 할 수 없음.

대법 77누91, 1977.12.13.

> 요 약

수산업협동조합은 비영리내국법인에 해당하지 아니함.

〔판결이유〕

「수산업협동조합법」 제65조에 의하면 조합은 그 목적을 달성하기 위하여 구매사업·보관판매사업·신용사업·운송사업 등 수익사업을 할 수 있고 또 제67조는 조합은 조합원의 공동이익을 위하여 어업 및 그에 부수하는 사업을 경영할 수 있도록 규정하고 제142조에서는 조합의 회계연도에 있어서의 손실을 보전하고 법정적립금 사업준비금 및 이월금을 공제하고 잉여금이 있으면 정관이 정하는 바에 의하여 년 10분을 초과하지 아니하는 범위 안에서 납입출자에 따라 이를 조합원에 배당하고 그러고도 잉여가 있을 때에는 조합원의 사업이용분량의 비율에 의하여 이를 배당한다하고 제77조에는 조합해산의 경우 잉여재산이 있을 때에는 정관이 정하는 바에 의하여 처분하도록 규정한 점을 볼 때 조합은 동법이 규정한 외의 영리 또는 투기사업을 할 수 없다고 해석될 뿐 아니라 정관 제2조의 2(봉사의 원칙) 제5조(사업의 종류)에 위 법 제6조 및 제65조와 거의 유사한 규정을 두고 있는 점을 아울러 고찰할 때 원고조합이 법인세법 제1조에서 말하는 "특별법에 의하여 설립된 법인으로서「민법」제32조의 규정에 의한 법인과 유사한 설립목적을 가진 법인"(동 세법에서는 비영리내국법인이라 한다)에 해당한다고 할 수 없다고 할 것이다. 조세감면규제법에서 수산업협동조합에 대한 법인세와 영업세를 감면(제4조)하고 있다하여 조합이 위「법인세법」에 규정된 비영리내국법인이라고 단정할 근거로는 삼을 수 없고「법인세법」제22조가 공개법인에 대한 법인세율을 경감하고 있으나 이는 주식공개를 권장하는 정책적 의도에서 한 조치라 할 것이니 이런 결과로 조합과의 세율에 불균형을 초래한다 하여 조합을 비영리내국법인이라고 해석할 수도 없음.

대법 74누252, 1975. 1. 14.

요 약

건설공제조합은 비영리내국법인에 해당하지 아니함.

〔판결이유〕

원고(건설공제조합)가「법인세법」제1조 제1항 단서에서 규정한 비영리내국법인에 해당하는지를 살펴보면, 첫째로 건설공제조합법에 의하면 원고조합원의 자격을 면허받은 건설업자로 국한하고 있고, 둘째로 설립목적이 조합원들의 자주적인 경제활동과 경제적 지위향상에 있으며, 셋째로 조합이 영리사업으로 얻은 잉여금을 배당하지는 못하나 누적된 잉여금을 포함한 전재산에 대하여 각 조합원이 지분권을 가지며 종국적으로 이 잉여금도 조합원에게 분배될 성질인 점, 넷째로 조합을 이용하는 자로부터 수수료를 징수할 수 있기 때문에 이러한 모든 점을 종합해보면, 원고조합이 특별법에 의하여 설립된 법인이기는 하지만「민법」제32조에 규정한 법인과 유사한 설립목적을 가진 법인은 아니므로 비영리내국법인이라고 볼 수는 없는 것임.

제 3 절

비영리법인의 세무

1 비영리법인의 납세의무

비영리법인은 본질적으로 세금에 대한 납세의무가 없다고 생각하여 법인세, 부가가치세, 상속세 및 증여세 등의 납세의무 및 각종 세법상 의무사항에 대하여 간과하는 경우가 가끔 존재한다. 그러나 비영리법인도 법인의 지위에서 과세소득에 대하여는 법인세의 납세의무가, 사업상 독립적으로 공급된 재화나 용역의 공급에 대하여는 부가가치세의 납세의무가, 무상으로 받은 상속 및 증여재산에 대하여는 상속세 및 증여세의 납부의무가 각각 존재한다. 또한 비영리법인이 부동산 등을 취득하는 경우에도 원칙적으로 영리법인과 마찬가지로 취득세, 등록세 등의 지방세가 과세된다.

다음의 그림은 비영리법인의 수입, 지출, 취득거래 등에서 적용되는 조세와 납세의무를 간략히 보여 주고 있다.

그러나 비영리법인에게 영리법인과 동일하게 납세의무가 부과된다면 비영리법인의 고유목적사업을 수행함에 있어서 금전상 많은 제약이 발생하게 된다. 따라서 「법인세법」, 「조세특례제한법」, 「부가가치세법」, 「상속세 및 증여세법」, 「지방세법」, 「지방세특례제한법」 등에서 비영리법인에게 여러 가지 세제상 혜택을 주고 있다.

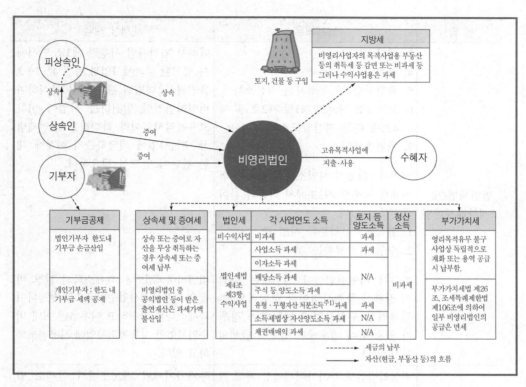

주1) 처분일 현재 고유목적사업에 3년 이상 계속하여 직접 사용된 것 제외

2 비영리법인의 각 세목별 납세의무와 혜택

비영리법인의 각 세목별 납세의무와 세제상의 혜택에 대하여 간략히 살펴보고 보다 자세한 내용은 제2장부터 제5장을 참조하기 바란다.

세 법	납세의무	세제상 혜택
법인세법 및 조세특례제한법	비영리내국법인의 법인세법상 수익사업은 법인세법 제4조 제3항에서 열거하고 있으며, 동 열거된 소득에 대하여만 납세의무가 발생한다. 1. 사업소득 2. 이자소득	법인세법 제4조 제3항에 열거된 과세소득 외의 소득은 법인세법상 과세소득에 해당하지 않는다. 그러나 비영리법인의 소득은 제1호의 수익사업소득에 해당되어 과세되는 경우가 많다.

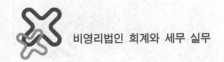

세 법	납세의무	세제상 혜택
법인세법 및 조세특례제한법	3. 배당소득 4. 주식 등 양도소득 5. 유형자산 및 무형자산 처분소득 6. 소득세법 제94조 제1항 제2호 및 제4호에 따른 자산양도소득 7. 채권매매익 여기서 제1호의 사업소득의 범위는 법인세법 시행령 제3조에서 다음과 같이 규정하고 있다. 1. 한국표준산업분류 사업 중 2. 수입이 발생하는 것 따라서 비영리법인이 영위하는 사업이 정관상 목적사업이라 하더라도 법인세법상 수익사업에 해당하는 경우가 있으며 이 경우에는 법인세 납세의무가 있다.[주1]	따라서 법인세법 시행령 제3조 단서에서 열거된 비과세사업과 통칙 4-3…3, 유권해석, 대법원 판례 등을 분석하여 비영리법인이 영위하는 사업이 비록 고유목적사업이라 하더라도 법인세법상 수익사업에 해당하는지 여부에 대한 판단이 반드시 필요하다.[주1] 비영리내국법인은 과세소득의 일정 비율을 고유목적사업준비금으로 설정하여 과세소득을 감면하고 이후 5년 이내 비수익사업인 고유목적사업에 사용하도록 하고 있다.
부가가치세법	비영리법인도 부가가치세법상 과세 거래를 하는 경우에는 부가가치세법상 사업자등록, 신고·납부의무가 발생한다. 그러나 면세사업만을 영위할 경우에는 부가가치세법상 사업자등록을 할 필요가 없고 법인세법상 법인설립신고서를 제출하여 고유번호(면세사업이 수익사업이면 사업자번호)를 부여받음으로써 세적이 관리된다. 부가가치세는 영리목적 유무에 불구하고 사업상 독립적으로 재화 또는 용역을 공급하게 되는 경우 납세의무가 발생한다.	부가가치세법 제26조에서 면세로 열거된 것에 대하여 부가가치세를 면제한다.[주2] 다음은 비영리법인에서 주로 발생되는 면세항목을 열거한 것이다. 1. 의료보건용역 2. 교육용역 3. 예술창작품·예술행사·문화행사와 비직업 운동경기 4. 도서관·과학관·박물관·미술관·동물원 또는 식물원에의 입장 5. 종교·자선·학술·구호·기타 공익을 목적으로 하는 단체가 공급하는 재화 또는 용역
상속세 및 증여세법	비영리법인이 대가관계 없이 무상으로 받은 상속 및 증여재산가액은 상속세 및 증여세의 납부의무가 발생한다. 물론 법인세가 과세되었다면 증여세는 면제된다.	상속세 및 증여세가 면제되는 재산은 과세가액 불산입 재산과 비과세 재산으로 구분된다. 과세가액 불산입 재산이란 상증세 과세대상 재산 중에서 일정요건에 해당되면 과세가액에 산입하지 아니하는 것인데 반하여 비과세재산

세 법	납세의무	세제상 혜택
상속세 및 증여세법		이란 상증세의 과세를 원천적으로 배제하는 것이다. 즉, 공익법인 등이 출연받은 재산은 3년 내에 직접 공익목적사업에 사용하여야 하는 등 각종 사후관리규정 적용을 조건으로 과세가액 불산입 재산이 되고, 정부·지방자치단체 등으로부터 받은 재산 등은 비과세 재산에 해당한다.[주3]
지방세법	비영리사업자도 원칙적으로 취득세, 등록면허세, 주민세, 재산세, 사업소세 등의 지방세 납세의무가 존재한다.	비영리사업자의 목적사업을 위한 취득·보유 등에 대하여는 감면 등의 과세특례 규정을 두어 목적사업에 세제혜택을 주고 있다.[주4]

주1) 「법인세법」상 수익사업과 비수익사업의 구분은 '제2장 제1절 수익사업의 범위'를 참고하기 바란다.
주2) 「부가가치세법」상 면세 관련 자세한 사항은 '제3장 부가가치세법'을 참조하기 바란다.
주3) 「상속세 및 증여세법」상 공익법인 등에 대한 혜택은 '제4장 상속세 및 증여세법'을 참조하기 바란다.
주4) 「지방세특례제한법」상 감면 등의 혜택은 '제5장 지방세법, 지방세특례제한법'을 참조하기 바란다.

3. 법인의 유형별 법인세법상 과세소득의 범위

일반적으로 법인세의 과세대상 소득은 법인의 영업활동으로 얻어지는 '각 사업연도의 소득'과 해산(합병 또는 분할에 의한 해산은 제외)으로 인하여 발생하는 '청산소득', '토지 등 양도소득에 대한 법인세'로 구분된다. '토지 등 양도소득에 대한 법인세'란 지가급등지역에 소재하는 부동산의 양도소득, 주택 양도소득, 비사업용 토지의 양도소득 및 조합입주권 등 주택을 취득하기 위한 권리의 양도소득에 대하여 일반적인 법인세 외에 추가로 과세할 수 있는 제도를 말한다.

납세의무자인 법인의 유형에 따라 다음과 같이 그 과세소득의 범위를 상이하게 규정하고 있다(법인세법 제4조).

법인의 종류		각 사업연도의 소득	토지 등 양도소득	청산소득
내국법인	영리법인	국내외 원천의 모든 소득	○	○
	비영리법인	국내외 원천소득 중 수익사업에서 발생한 소득	○	×
	국가·지방자치단체(지방자치단체조합을 포함)	납세의무 없음.		
외국법인	영리법인	국내 원천소득	○	×
	비영리법인	국내 원천소득 중 수익사업에서 발생한 소득	○	×

3-1. 영리내국법인의 납세의무 및 과세소득

영리내국법인은 「법인세법」 제4조에서 규정하는 각 사업연도의 소득, 청산소득 및 제55조의 2에 따른 토지등 양도소득에 대하여 납세의무를 부담한다. 즉, 영리내국법인은 국내외에서 발생되는 모든 소득에 대하여 납세의무가 발생한다. 그러므로 「법인세법」은 제한된 범위 내에서만 납세의무를 부담하는 비영리내국법인이나 외국법인의 납세의무의 범위만을 규정하고, 영리내국법인에 관하여는 구체적인 과세범위를 두지 않고 있다(법인세법 제4조 제1항).

3-2. 비영리내국법인의 납세의무 및 과세소득

비영리내국법인도 영리내국법인과 마찬가지로 법인세법상 과세소득에 대하여 신고 및 납부의무가 존재한다. 그러나 비영리법인은 청산소득에 대하여 법인세를 부과하지 아니한다. 비영리법인은 해산 시 그 잔여재산을 정관으로 지정한 자에게 귀속시키거나, 정관에 지정한 자가 없거나 그 지정 방법을 정하지 아니한 때에는 당해 법인과 유사한 목적을 가진 비영리법인에게 인도하거나 국가에 귀속시켜서 결국 해산에 따른 잔여재산을 당해 법인의 구성원에게 분배하지 않고 유사사업을 영속하게 된다(민법 제80조). 따라서, 비영리법인의 청산소득에 대하여 법인세를 과세하게 되면 법인의 기본재산을 위축시킬 뿐 아니라 비영리사업의 계속 추진을 저해할 우려가 있으므로 비영리법인의 청산소득에 대하여는 법인세를 과세하지 않는다(법인세법 제4조 제1항).

단, 비영리내국법인이 해산한 경우에도 그 청산기간 중 수익사업에서 생긴 소득은 청산소득이 아닌 각 사업연도의 소득으로 보아 과세소득의 범위에 포함된다(법인세법 기본통칙 4－0…11).

민법 제80조 【잔여재산의 귀속】
① 해산한 법인의 재산은 정관으로 지정한 자에게 귀속한다.
② 정관으로 귀속권리자를 지정하지 아니하거나 이를 지정하는 방법을 정하지 아니한 때에는 이사 또는 청산인은 주무관청의 허가를 얻어 그 법인의 목적에 유사한 목적을 위하여 그 재산을 처분할 수 있다. 그러나 사단법인에 있어서는 총회의 결의가 있어야 한다.
③ 전2항의 규정에 의하여 처분되지 아니한 재산은 국고에 귀속한다.

법인세법 기본통칙 4－0…11 【해산한 비영리내국법인의 납세의무】
비영리내국법인이 해산한 경우에도 그 청산기간 중 수익사업 또는 수입에서 생긴 소득에 대하여 법인세를 납부할 의무가 있다.

비영리법인은 고유목적사업에 대하여 법인세 납세의무가 없다. 그러나 비영리법인이 영리법인과 유사한 수익사업을 하는 경우에 영리법인에게는 법인세를 부과하고 비영리법인에게는 법인세를 부과시키지 않게 된다면 공정한 경쟁관계가 형성되지 않고 이를 악용하는 조세회피 현상이 발생할 가능성이 있다.

따라서 「법인세법」에서는 열거한 특정 사업 또는 수입에서 생긴 소득(수익사업소득)에 한하여 비영리법인에게도 법인세 납세의무를 부담시키고 있다(법인세법 제4조 제1항 및 제3항).

그러나 비영리법인의 공익성 등을 감안하여 수익사업에서 발생한 소득을 고유목적에 지출하기 위하여 고유목적사업준비금을 손금으로 계상한 경우에는 일정범위 내에서 손금으로 산입하게 하여 과세될 금액을 유보시키는 세제상 혜택을 부여하고 있다(법인세법 제29조).

3-3. 외국법인의 납세의무

외국법인이라 함은 외국에 본점 또는 주사무소를 둔 법인(국내에 사업의 실질적 관리장소가 소재하지 아니하는 경우)을 말하며 외국법인은 「법인세법」 제93조에서 규정하는 국내원천소득(國內源泉所得)과 제95조의 2에 따른 토지등 양도소득에 대하여 법인세를 납부할 의무

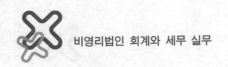

가 있다(법인세법 제3조 제1항, 제4조 제4항). 단, 청산소득에 대한 납부의무는 없다.

한편, 외국법인 중 외국의 정부·지방자치단체 및 영리를 목적으로 하지 아니하는 법인(법인으로 보는 단체를 포함한다)인 비영리외국법인의 경우에는 국내원천소득 중 수익사업에서 생기는 소득에만 법인세를 납부할 의무가 있다(법인세법 제4조 제5항).

 | 중요 예규 및 판례 |

서면 - 2017 - 국제세원 - 1677, 2018.2.2.

질의

주한 △△△ 대사관이 국내에 소유하고 있는 부동산 중 공관이 아닌 직원 숙소용 주택을 양도하여 양도소득이 발생하는 경우 국내 과세 여부

회신

1. 귀 질의에 대해서는 기존 회신내용(재정경제부 국제조세제도과 - 525, 2007.8.29.)을 참고하기 바람.
2. 아울러, 법인세법 제3조 제3항 제5호 및 같은 법 시행령 제2조 제2항에 따라 해당 고정자산을 처분일 현재 3년 이상 계속하여 법령 또는 정관에 규정된 고유목적사업에 직접 사용하는 경우에는 과세되지 않지만, 고유목적사업에 직접 사용하였는지 여부는 사실판단 할 사항임.

재정경제부 국제조세제도과 - 525, 2007.8.29.

주한 프랑스대사관의 직원 숙소용 주택을 양도하는 경우 당해 주택이 「외교관계에 관한 비엔나협약」 제1조 (i)에서 규정하는 "공관지역"에 해당하지 않는 한 그 양도소득에 대하여 한·프랑스 조세조약 제13조 제1항과 법인세법 제1조 제4호 및 제3조 제3항에 의하여 법인세가 과세됨. 다만, 주택의 사택제공기간 또는 무상제공기간이 10년 이상이 아닌 경우에는 동법 제95조의 2, 제55조의 2 및 동법 시행령 제92조의 2 제2항 제2호에 의하여 양도소득에 100분의 10(미등기 주택의 경우에는 100분의 40)을 곱하여 산출한 세액이 법인세법 제55조의 규정에 의한 세율을 적용하여 계산한 법인세액에 추가로 과세됨.

서면법규과 - 203, 2014.3.7.

비영리외국법인인 주한터키대사관이 대사관 건물 및 부속 토지를 양도하여 「법인세법」 제93조 제7호 및 「한·터키 조세조약」 제13조에 따른 국내원천 양도소득이 발생되는 경우, 동 소득에 대해서는 「외교관계에 관한 비엔나협약」 제23조에 따라 국내에서 과세가 면제되는 것임.

서면법규과 - 451, 2013.4.19.

주한일본대사관이 총영사관저 신축목적으로 취득한 국내 소재 토지를 장기간 사용하지 아니하다가 양도하여 양도소득이 발생하는 경우, 동 소득은 「법인세법」 제93조 제7호 및 「한·일조세조약」 제13조에 따른 국내원천 양도소득으로 국내에서 법인세가 과세되는 것임.

국제세원 - 312, 2009.2.11.

1. 귀 질의 1과 관련하여 비영리외국법인이 국내에서 수익사업을 영위하는 경우에는 「법인세법」 제110조에 따라 수익사업 개시신고를 하여야 하며, 같은 법 제111조에 따라 사업자등록도 하여야 함.

2. 귀 질의 2와 관련하여 비영리외국법인이 국내에서 수익사업을 영위하는 경우 「법인세법」 제2조, 제3조에 따라 국내원천소득 중 수익사업에서 생기는 소득에 대하여는 법인세를 납부할 의무가 있는 것이며, 「부가가치세법」 제2조에 따라 부가가치세를 납부할 의무가 있는 것임.

3. 귀 질의 3과 관련하여 법인세 납세의무가 있는 비영리외국법인인 경우 각 사업연도의 소득금액이 없거나 결손금이 있는 경우에도 법인세 신고를 하여야 하며, 부가가치세 신고의 경우 「부가가치세법 시행령」 제49조의 2 【부동산임대용역에 대한 과세표준계산의 특례】를 적용하여 신고·납부하여야 함.

4. 귀 질의 4와 관련하여 국내에서 수익사업을 영위하는 비영리외국법인의 경우 「법인세법」 제112조 【장부의 비치 기장】 및 제113조 【구분경리】 등을 준수하여야 함.

5. 귀 질의 5와 관련하여 비영리외국법인이 국내에서 수익사업을 영위하는 경우 「법인세법」 제111조에 따른 사업자등록을 하고 사업자등록번호를 부여받는 것이며, 사업자등록번호를 교부받지 아니하는 비영리외국법인은 같은 법 시행령 제154조에 따라 고유번호를 부여받는 것임.

심사부가 2007 - 0089, 2007.5.15.

중국한어수평고시의 국내 실시를 위하여 주관하는 중국단체를 지원 협조하는 역할을 수행하며 실비변상적인 명목으로 수령한 응시수수료는 공익법인의 비수익사업에 해당되고 동 시험의 주체는 중국법인으로 국내원천소득 원천징수 할 수 없음.

서면2팀 - 913, 2004.4.29.

주한외국대사관은 「법인세법」 제1조 제4호의 규정에 의하여 비영리외국법인으로 보는 것이며, 여행사업을 영위하는 법인이 동 대사관에 지급하는 비자 비용에 대하여는 대사관의 수익사업과 관련된 부분을 제외하고 「법인세법」 제116조 및 동법 시행령 제158조 제1항 제1호 가목의 규정에 의하여 지출증빙서류의 수취 및 보관 의무가 없는 것임.

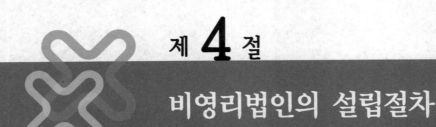
 비영리법인을 설립하고자 하는 자는 법이 정한 소정의 절차를 거쳐야 하는 바, 학교법인을 설립하고자 하는 자는 일정한 재산을 출연하고 정관을 작성하여 교육부장관의 허가를 받아야 하며(사립학교법 제10조), 의료법인을 설립하고자 하는 자는 정관, 기타 서류를 갖추어 당해 법인의 주된 사무소의 소재지를 관할하는 시·도지사의 허가를 받아야 한다(의료법 제48조). 또한 특별법에 의하여 설립하는 비영리법인의 경우에 주무관청의 허가를 받아야 하며, 그 밖의 학술, 종교, 자선, 기예, 사교, 기타 영리 아닌 사업을 목적으로 하는 사단 또는 재단도 주무관청의 허가를 얻어 이를 법인으로 할 수 있다(민법 제32조).

 「민법」 제32조 또는 특별법에 의하여 설립하는 비영리법인 등 비영리법인에 공통으로 적용되는 설립절차는 다음과 같이 이루어진다.

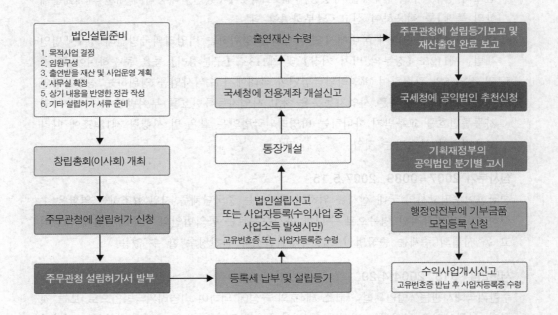

정관의 작성(재단법인은 재산의 출연 포함)

재단법인인 비영리법인은 일정한 목적을 위하여 제공된 재산이라고 하는 실체에 대하여 법인격을 부여받은 것이고 사단법인인 비영리법인은 일정한 목적을 위하여 집합한 사람들의 단체에 법인격을 부여받은 것이다.

재단법인의 경우에는 사단법인과 달리 법인설립을 위하여 우선적으로 재산을 출연하고 정관을 작성하여야 한다.

1-1. 정관의 작성

사단법인을 설립하려면 2인 이상의 설립자가 법인의 근본 규칙을 정하여 이를 서면에 기재하고 기명날인하여야 한다(민법 제40조). 이 서면을 정관이라고 한다.

정관에는 반드시 기재하여야 하는 사항인 '필요적 기재 사항'과 그렇지 않은 '임의적 기재 사항'이 있다. 「민법」상 사단법인의 경우에는 목적·명칭·사무소의 소재지·자산에 관한 규정·이사의 임면규정·사원자격의 득실규정·존립시기나 해산사유를 정하는 때에는 그 시기나 사유를 반드시 기재하여야 한다. 정관의 작성에는 설립자들이 반드시 기명날인하여야 하며 기명날인이 없는 정관은 효력이 없다. 정관의 변경은 정관에 정한 바에 따르며 정함이 없는 때에는 총사원 3분의 2 이상의 동의에 따라 주무관청의 허가를 얻어야 한다(민법 제42조).

사단의 성질상 설립자(발기인)는 반드시 복수이어야 하나 「민법」은 그 수를 정하고 있지 아니하므로 2인 이상이면 상관없다. 이와 같이 2인 이상의 설립자가 사단법인의 근본 규칙을 정하는 행위인 정관의 작성이 사단법인의 설립행위이다. 다만, 재단법인의 경우에는 정관의 작성 외에 재산을 출연하여야 하는 점에서 사단법인의 설립행위와 근본적으로 구별된다.

1-2. 재산의 출연

보통 '출연'이라 함은 금품을 내어 원조한다는 뜻으로 「민법」에서 출연행위를 한다고 함은 당사자의 한쪽이 자기의 의사에 따라 재산상의 손실을 입고 다른 당사자(보통 재단)에게 이들을 주는 기부행위의 일종이다.

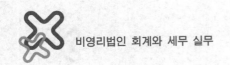

　재단법인의 설립자는 일정한 재산을 출연하고 정관을 작성하여야 한다(민법 제43조). 정관의 작성 외에 재산을 출연하여야 하는 점에서 재단법인 설립행위는 사단법인의 설립행위와 근본적으로 다르다. 재단법인의 설립행위는 생전 행위로써 할 수 있음은 물론이나 유언으로도 할 수 있다. 재단법인의 설립자는 일정한 재산을 출연하여야 하며 재산의 종류는 묻지 않으며 확실한 것이면 채권도 가능하다.

　「민법」 제48조 제1항은 '생전처분으로 재단법인을 설립하는 때에는 출연재산은 법인이 성립된 때로부터 법인의 재산이 된다'고 규정하고, 제2항은 '유언으로 재단법인을 설립하는 때에는 출연재산은 유언의 효력이 발생한 때로부터 법인에 귀속한 것으로 본다'고 정하고 있다.

　즉, 재단법인이 성립하는 시기는 설립등기를 한 때이고(민법 제33조) 유언의 효력이 발생하는 시기는 유언자가 사망한 때이므로(민법 제1073조 제1항) 결국 생전처분으로 출연된 재산은 법인의 설립등기를 하였을 때부터 법인에 귀속하는 것이 되고 유언으로 재단법인을 설립하는 때에는 유언자가 사망한 때에 소급하여 법인에게 귀속하는 것으로 보는 것이 된다.

　유언에 의한 설립의 경우에 소급하여 법인에게 귀속한 것으로 보는 것은 유언자의 사망 후 법인이 설립할 때까지 출연재산이 상속재산으로서 상속인에게 귀속하는 불합리를 제거하기 위한 것이다.

2 　주무관청의 설립허가

　「민법」 제32조의 규정에 의하여 비영리법인의 설립허가를 받고자 하는 자는 주무관청의 '비영리법인의 설립 및 감독에 관한 규칙'에 따라 법인설립허가신청서를 주무관청에 제출하여야 한다. 주무관청은 법인이 목적으로 하는 사업을 주관하는 행정관청을 말하며 법인설립허가신청의 내용이 다음의 기준에 적합한 경우에 한하여 이를 허가한다.

① 법인설립의 필요성 : 법인의 설립목적과 활동사업의 독자성, 전문성, 비영리성, 합법성 등을 종합적으로 고려
② 법인의 목적과 사업의 실현가능성 : 법인설립의 주된 목적이 막연하거나 추상적이지 않은지, 구체적이고 실현가능한 목적인지를 검토
③ 법인 명칭의 유사성 : 법인의 명칭이 기존법인의 명칭과 동일한 지 여부 검토
④ 재정적 기초의 확보 가능성 : 사원의 수와 자격, 연회비 액수의 적정성, 회비 징수방법 등을 검토하여 법인운영의 재정적 기초의 확보가능여부를 확인, 법인에 출연된 재산의 평가가 적절성, 부동산의 경우 등기하여 재산권을 확보할 수 있는지를 검토

그러나 특별법에 의하여 설립된 비영리법인, 예를 들면 의료법인, 학교법인, 사회복지법인 등은 각 특별법에서 규정된 설립 관련 규정을 적용하여야 할 것이다.

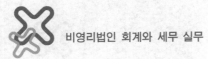

보건복지부 및 질병관리청 소관 비영리법인의 설립 및 감독에 관한 규칙
(시행 2020.12.28. 보건복지부령 제770호, 2020.12.28. 일부개정)

제1조【목적】이 규칙은 「민법」에 따라 보건복지부장관 또는 질병관리청장이 주무관청이
　　되는 비영리법인의 설립 및 감독에 필요한 사항을 규정함을 목적으로 한다. <개정
　　2013.3.23., 2020.12.28.>
　　[전문개정 2011.9.1.]

제2조【적용 범위】제1조에 따른 비영리법인(이하 "법인"이라 한다)의 설립허가, 법인 사무
　　의 검사 및 감독 등에 관하여는 다른 법령에 특별한 규정이 있는 경우를 제외하고는
　　이 규칙에서 정하는 바에 따른다.
　　[전문개정 2011.9.1.]

제3조【설립허가의 신청】「민법」제32조에 따라 법인의 설립허가를 받으려는 자(이하 "설
　　립발기인"이라 한다)는 별지 제1호서식의 법인 설립허가 신청서(전자문서를 포함한다)에
　　다음 각 호의 서류(전자문서를 포함한다)를 첨부하여 보건복지부장관 또는 질병관리청장
　　(이하 "주무관청"이라 한다)에게 제출해야 한다. <개정 2013.3.23., 2015.12.31., 2020.12.28.>

　　1. 설립발기인의 성명·생년월일·주소·약력을 적은 서류(설립발기인이 법인인 경우
　　　에는 그 명칭, 주된 사무소의 소재지, 대표자의 성명·생년월일·주소와 정관을 적은 서류)
　　　1부
　　2. 정관 1부
　　3. 재산목록(재단법인의 경우에는 기본재산과 운영재산으로 구분하여 적어야 한다) 및 그
　　　증명서류와 출연(出捐) 신청이 있는 경우에는 그 사실을 증명하는 서류 각 1부
　　4. 해당 사업연도분의 사업계획 및 수입·지출 예산을 적은 서류 1부
　　5. 임원 취임 예정자의 성명·생년월일·주소·약력을 적은 서류 및 취임승낙서 각
　　　1부
　　6. 창립총회 회의록(설립발기인이 법인인 경우에는 법인 설립에 관한 의사 결정을 증명하는
　　　서류) 1부
　　　[전문개정 2011.9.1.]

제4조【설립허가】① 주무관청은 법인 설립허가 신청의 내용이 다음 각 호의 기준에 맞는
　　경우에만 그 설립을 허가할 수 있다.

1. 법인의 목적과 사업이 실현 가능할 것
2. 목적하는 사업을 할 수 있는 충분한 능력이 있고, 재정적 기초가 확립되어 있거나 확립될 수 있을 것
3. 다른 법인과 같은 명칭이 아닐 것

② 주무관청은 법인 설립허가 신청을 받았을 때에는 특별한 사유가 없으면 20일 이내에 심사하여 허가 또는 불허가 처분을 하고, 그 결과를 서면으로 신청인에게 통지하여야 한다. 이 경우 허가를 할 때에는 별지 제2호서식의 법인 설립허가증을 신청인에게 발급하고, 법인 설립허가대장에 필요한 사항을 적어야 한다.

③ 주무관청은 법인의 설립허가를 할 때에는 필요한 조건을 붙일 수 있다.

[전문개정 2011.9.1.]

제5조【설립 관련 보고】① 법인의 설립허가를 받은 자는 그 허가를 받은 후 지체 없이 제3조 제3호의 재산을 법인에 이전(移轉)하고 1개월 이내에 그 이전을 증명하는 등기소 또는 금융회사 등의 증명서를 주무관청에 제출하여야 한다.

② 법인은 「민법」 제49조부터 제52조까지의 규정에 따라 법인 설립 등의 등기를 하였을 때에는 10일 이내에 그 등기 사실을 주무관청에 서면으로 보고하거나 법인 등기사항증명서 1부를 제출하여야 한다. 이 경우 서면 보고를 받은 주무관청은 「전자정부법」 제36조 제1항에 따른 행정정보의 공동이용을 통하여 법인 등기사항증명서를 확인하여야 한다.

[전문개정 2011.9.1.]

제6조【정관 변경의 허가 신청】「민법」 제42조 제2항, 제45조 제3항 또는 제46조에 따른 정관 변경의 허가를 받으려는 법인은 별지 제3호서식의 법인 정관 변경허가 신청서에 다음 각 호의 서류를 첨부하여 주무관청에 제출하여야 한다.

1. 정관 변경 사유서 1부
2. 개정될 정관(신·구조문대비표를 첨부한다) 1부
3. 정관 변경과 관계있는 총회 또는 이사회의 회의록 사본 1부
4. 기본재산의 처분에 따른 정관 변경의 경우에는 처분 사유, 처분재산의 목록, 처분 방법 등을 적은 서류 1부

[전문개정 2011.9.1.]

제7조【사업실적 및 사업계획 등의 보고】법인은 매 사업연도가 끝난 후 2개월 이내에 다음 각 호의 서류를 주무관청에 제출하여야 한다.

1. 다음 사업연도의 사업계획 및 수입·지출 예산서 1부

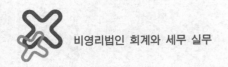

2. 해당 사업연도의 사업실적 및 수입 · 지출 결산서 1부

3. 해당 사업연도 말 현재의 재산목록 1부

[전문개정 2011.9.1.]

제8조【법인 사무의 검사 · 감독】① 주무관청은 「민법」 제37조에 따른 법인 사무의 검사 및 감독을 위하여 불가피한 경우에는 법인에 관계 서류 · 장부 또는 그 밖의 참고자료 제출을 명하거나 소속 공무원으로 하여금 법인의 사무 및 재산 상황을 검사하게 할 수 있다.

② 제1항에 따라 법인 사무를 검사하는 공무원은 그 자격을 증명하는 증표를 관계인에게 보여 주어야 한다.

[전문개정 2011.9.1.]

제9조【설립허가의 취소】주무관청은 「민법」 제38조에 따라 법인의 설립허가를 취소하려면 청문을 하여야 한다.

[전문개정 2011.9.1.]

제10조【해산신고】법인이 해산(파산으로 인한 해산은 제외한다)하였을 때에는 그 청산인은 「민법」 제85조 제1항에 따라 해산등기를 마친 후 지체 없이 별지 제4호서식의 법인 해산 신고서에 다음 각 호의 서류를 첨부하여 주무관청에 제출하여야 한다.

1. 해산 당시의 재산목록 1부

2. 잔여재산 처분방법의 개요를 적은 서류 1부

3. 해산 당시의 정관 1부

4. 사단법인이 총회의 결의에 의하여 해산한 경우에는 그 결의를 한 총회의 회의록 사본 1부

5. 재단법인의 해산 시 이사회가 해산을 결의하였을 때에는 그 결의를 한 이사회의 회의록 사본 1부

[전문개정 2011.9.1.]

제11조【잔여재산 처분의 허가】법인의 이사 또는 청산인은 「민법」 제80조 제2항에 따라 잔여재산의 처분에 대한 허가를 받으려면 별지 제5호서식의 잔여재산 처분허가 신청서에 다음 각 호의 서류를 첨부하여 주무관청에 제출하여야 한다.

1. 해산 당시의 정관 1부(해산신고 시 제출한 정관과의 확인이 필요한 경우만 해당한다)

2. 총회의 회의록 1부(사단법인으로서 해산신고 시에 제출한 서류로써 확인이 되지 않을 경우만 해당한다)

[전문개정 2011.9.1.]

제12조【청산 종결의 신고】청산인은 법인의 청산이 종결되었을 때에는「민법」제94조에 따라 등기를 한 후, 별지 제6호서식의 청산종결 신고서를 주무관청에 제출하여야 한 다. 이 경우 주무관청은「전자정부법」제36조 제1항에 따른 행정정보의 공동이용을 통하여 법인 등기사항증명서를 확인하여야 한다.

[전문개정 2011.9.1.]

부 칙 〈제770호, 2020.12.28.〉

제1조【시행일】이 규칙은 공포한 날부터 시행한다.

제2조【업무이관에 따른 법인 설립허가 등에 관한 경과조치】① 이 규칙 시행 당시 종전의 규정에 따라 설립허가를 받은 법인으로서 보건복지부에서 질병관리청으로의 업무이 관에 따라 질병관리청장이 주무관청이 되는 법인은 제4조에 따라 질병관리청장의 설 립허가를 받은 것으로 본다.

② 보건복지부에서 질병관리청으로의 업무이관에 따라 질병관리청장이 주무관청이 되는 법인이 이 규칙 시행 당시 종전의 규정에 따라 보건복지부장관에게 법인의 설 립허가, 정관 변경의 허가 또는 잔여재산 처분의 허가를 신청한 경우에는 제3조, 제6 조 또는 제11조에 따라 질병관리청장에게 법인의 설립허가, 정관 변경의 허가 또는 잔여재산 처분의 허가를 신청한 것으로 본다.

제3조【서식에 관한 경과조치】이 규칙 시행 당시 종전의 서식에 따라 제출된 서류는 이 규칙의 개정서식에 따라 제출된 것으로 본다.

제4조【다른 법령의 개정】생명윤리 및 안전에 관한 법률 시행규칙 일부를 다음과 같이 개 정한다.

제48조 제2항 제3호 중 "「보건복지부 소관 비영리법인의 설립 및 감독에 관한 규칙」" 을 "「보건복지부 및 질병관리청 소관 비영리법인의 설립 및 감독에 관한 규칙」"으로 한다.

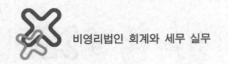

〔별지 제1호 서식〕(2020.12.28. 개정)

법인 설립허가 신청서

접수번호		접수일	처리일	처리기간	20일
신청인	성명			생년월일 (외국인등록번호)	
	주소			전화번호	
법 인	명칭			전화번호	
	소재지				
대표자	성명			생년월일 (외국인등록번호)	
	주소			전화번호	

「민법」 제32조 및 「보건복지부 및 질병관리청 소관 비영리법인의 설립 및 감독에 관한 규칙」 제3조에 따라 위와 같이 법인 설립허가를 신청합니다.

년   월   일

신청인 (서명 또는 인)

보 건 복 지 부 장 관
질 병 관 리 청 장   귀하

신청(신고)인 제출서류	1. 설립발기인의 성명·생년월일·주소·약력을 적은 서류(설립발기인이 법인인 경우에는 그 명칭, 주된 사무소의 소재지, 대표자의 성명·생년월일·주소와 정관을 적은 서류) 1부 2. 정관 1부 3. 재산목록(재단법인의 경우에는 기본재산과 운영재산으로 구분하여 적어야 합니다) 및 그 증명서류와 출연 신청이 있는 경우에는 그 사실을 증명하는 서류 각 1부 4. 해당 사업연도분의 사업계획 및 수입·지출 예산을 적은 서류 1부 5. 임원 취임 예정자의 성명·생년월일·주소·약력을 적은 서류 및 취임승낙서 각 1부 6. 창립총회 회의록(설립발기인이 법인인 경우에는 법인 설립에 관한 의사 결정을 증명하는 서류) 1부 ※ 제3호의 서류 중 담당 공무원 확인사항인 증명 서류는 제출하지 않아도 됩니다.	수수료 없 음
담당 공무원 확인사항	재산목록에 적힌 재산의 토지(건물) 등기부	

처리절차

신청서 작성	→	접 수	→	확 인	→	결 재	→	허가증 작성	→	허가증 발급
신청인		보건복지부·질병관리청(비영리법인의 설립 및 감독 업무 담당부서)								

210mm×297mm[일반용지 60g/㎡(재활용품)]

제 호

법인 설립허가증

1. 법인명칭:

2. 소 재 지:

3. 대 표 자

가. 성   명:

나. 생년월일:

다. 주   소:

4. 사업 내용:

5. 허가 조건:

「민법」 제32조 및 「보건복지부 및 질병관리청 소관 비영리법인의 설립 및 감독에 관한 규칙」 제4조에 따라 위와 같이 법인 설립을 허가합니다.

년   월   일

보 건 복 지 부 장 관
질 병 관 리 청 장 | 직인 |

210mm×297mm[일반용지 60g/㎡(재활용품)]

(뒤쪽)

준수사항

1. 「민법」 및 「보건복지부 및 질병관리청 소관 비영리법인의 설립 및 감독에 관한 규칙」 등 관련 법령과 정관에서 정한 내용을 준수해야 합니다.
2. 정관에서 정하는 목적사업 중 다른 법률에 따른 허가·인가·등록·신고의 대상이 되는 사업을 하려는 경우에는 관련 법령에 따른 절차를 거쳐야 합니다.
3. 매 사업연도 종료 후 2개월 이내에 다음의 서류를 주무관청의 소관 부서에 제출해야 합니다.
   가. 다음 사업연도의 사업계획 및 수입·지출 예산서 1부
   나. 해당 사업연도의 사업실적 및 수입·지출 결산서 1부
   다. 해당 사업연도 말 현재의 재산목록 1부
4. 다음의 어느 하나에 해당되는 경우에는 「민법」 제38조에 따라 법인의 설립허가를 취소할 수 있습니다.
   가. 설립 목적 외의 사업을 하였을 때
   나. 설립허가의 조건을 위반하였을 때
   다. 공익을 해치는 행위를 하였을 때
5. 법인이 해산(파산으로 인한 해산은 제외합니다)하였을 때에는 해산등기를 마친 후 지체 없이 주무관청에 해산신고를 해야 합니다.
6. 법인의 청산이 종결되었을 때에는 등기를 한 후 주무관청의 소관 부서에 신고해야 합니다.

< 변 경 사 항 >		
변경일	내　　용	확인

210mm×297mm[일반용지 60g/㎡(재활용품)]

정관 변경허가 신청서

접수번호		접수일	처리일	처리기간	7일
신청인	성명			생년월일 (외국인등록번호)	
	주소			전화번호	
법 인	명칭			전화번호	
	소재지				
	설립허가일			설립허가번호	
대표자	성명			생년월일 (외국인등록번호)	
	주소			전화번호	

「민법」제42조 제2항·제45조 제3항·제46조 및 「보건복지부 및 질병관리청 소관 비영리법인의 설립 및 감독에 관한 규칙」제6조에 따라 위와 같이 정관의 변경허가를 신청합니다.

년   월   일

신청인   (서명 또는 인)

보 건 복 지 부 장 관
질 병 관 리 청 장   귀하

신청인 제출서류	1. 정관 변경 사유서 1부 2. 개정될 정관(신·구조문대비표를 첨부합니다) 1부 3. 정관 변경과 관계있는 총회 또는 이사회의 회의록 1부 4. 기본재산의 처분에 따른 정관 변경의 경우에는 처분 사유, 처분재산의 목록, 처분 방법 등을 적은 서류 1부	수수료 없 음

처리절차

신청서 작성	→	접 수	→	서류 확인 및 검토	→	결 재	→	결과 통지
신청인		보건복지부·질병관리청(비영리법인의 설립 및 감독 업무 담당부서)						

210mm×297mm[일반용지 60g/㎡(재활용품)]

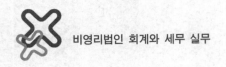
[별지 제4호 서식] (2020.12.28. 개정)

법인 해산 신고서

접수번호		접수일		처리일		처리기간	10일
청산인	성명					생년월일 (외국인등록번호)	
	주소					전화번호	
청산법인	명칭					전화번호	
	소재지						
해산 연월일							
해산 사유							

「민법」 제86조 제1항 및 「보건복지부 및 질병관리청 소관 비영리법인의 설립 및 감독에 관한 규칙」 제10조에 따라 위와 같이 법인 해산을 신고합니다.

년　　　　월　　　　일

신고인　　　　　　　　　　　　　　　　　　

(서명 또는 인)

보건복지부장관
질 병 관 리 청 장　　　귀하

신고인 제출서류	1. 해산 당시의 재산목록 1부 2. 잔여재산 처분방법의 개요를 적은 서류 1부 3. 해산 당시의 정관 1부 4. 사단법인이 총회 결의에 의하여 해산하였을 때에는 그 결의를 한 총회의 회의록 사본 1부 5. 재단법인의 해산 시 이사회가 해산을 결의하였을 때에는 그 결의를 한 이사회의 회의록 사본 1부	수수료 없 음
담당 공무원 확인사항	법인 등기사항증명서	

처리절차

신고서 작성	→	접 수	→	검토 및 확인	→	결재
신고인		보건복지부·질병관리청(비영리법인의 설립 및 감독 업무 담당부서)				

210mm×297mm[일반용지 60g/㎡(재활용품)]

〔별지 제5호 서식〕 (2020.12.28. 개정)

잔여재산 처분허가 신청서

접수번호		접수일		처리일		처리기간	10일

신청법인	명칭			전화번호	
	소재지				

대 표 자 (이사· 청산인)	성명			생년월일 (외국인등록번호)	
	주소			전화번호	

처분재산	종류 및 수량	
	금액	
	처분방법	

처분사유

「민법」 제80조 제2항 및 「보건복지부 및 질병관리청 소관 비영리법인의 설립 및 감독에 관한 규칙」 제11조에 따라 위와 같이 잔여재산 처분허가를 신청합니다.

년   월   일

신청인   (서명 또는 인)

보 건 복 지 부 장 관
질 병 관 리 청 장   귀하

신청인 제출서류	1. 해산 당시의 정관 1부(해산신고 시 제출한 정관과의 확인이 필요한 경우에만 제출합니다) 2. 총회의 회의록 1부(사단법인으로서 해산신고 시에 제출한 서류로써 확인이 되지 않을 경우에만 제출합니다)	수수료 없음

처리절차

신청서 작성	→	접 수	→	확 인	→	결 재	→	결과 통지
신청인		보건복지부·질병관리청(비영리법인의 설립 및 감독 업무 담당부서)						

210mm×297mm[일반용지 60g/㎡(재활용품)]

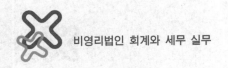

〔별지 제6호 서식〕 (2020.12.28. 개정)

청산종결 신고서

접수번호		접수일	처리일	처리기간	즉시
청 산 인	성명			생년월일 (외국인등록번호)	
	주소			전화번호	
청산법인	명칭			전화번호	
	소재지				

청산 연월일

청산 취지

「민법」 제94조 및 「보건복지부 및 질병관리청 소관 비영리법인의 설립 및 감독에 관한 규칙」
제12조에 따라 위와 같이 청산 종결을 신고합니다.

년　　　월　　　일

신고인(청산인)　　　　　　　　　　　　　　　(서명 또는 인)

보 건 복 지 부 장 관
질 병 관 리 청 장　　　귀하

신고인(청산인) 제출서류	없 음	수수료 없 음
담당 공무원 확인사항	법인 등기사항증명서	

210mm×297mm[일반용지 60g/㎡ (재활용품)]

3 설립등기

법인은 그 주된 사무소의 소재지에서 설립등기를 함으로써 성립하므로(민법 제33조) 법인 설립의 허가가 있는 때에는 3주간 내에 주된 사무소 소재지에서 「민법」 제49조 소정의 설립등기를 하여야 한다. 즉, 설립등기는 사단 또는 재단법인의 성립요건이다.

4 법인의 설립신고

내국법인은 그 설립등기일(사업의 실질적 관리장소를 두게 되는 경우에는 그 실질적 관리장소를 두게 된 날을 말하며, 법인과세 신탁재산의 경우에는 설립일)부터 2개월 이내에 다음의 사항을 첨부하여 납세지 관할세무서장에게 신고하여야 한다. 이 경우 「법인세법」 제111조의 규정에 의한 사업자등록을 한 때에는 법인설립신고를 한 것으로 본다(법인세법 제109조, 동법 시행령 제152조).

① 법인설립신고서(별지 제73호 서식)
  • 법인의 명칭과 대표자의 성명[법인과세 신탁재산의 경우에는 법인과세 수탁자(둘 이상의 수탁자가 있는 경우 대표수탁자 및 그 외의 모든 수탁자를 말한다)의 명칭과 대표자의 성명]
  • 본점이나 주사무소 또는 사업의 실질적 관리장소의 소재지(법인과세 신탁재산의 경우 법인과세 수탁자의 본점이나 주사무소 또는 사업의 실질적 관리장소의 소재지)
  • 사업목적
  • 설립일
② 주주 등의 명세서
③ 부가가치세법 시행령 제11조 제3항의 표 및 같은 조 제4항의 서류

2012년 2월 2일 시행령 개정시, 내국법인의 설립신고시 제출하여야 할 서류 중에 정관을 제외하고, 주주 등의 명세서는 실제소유자를 기준으로 작성하도록 하였으며, 2013년 2월 15일 개정시 부가가치세법상의 서류를 추가하였다.

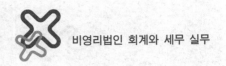
〔별지 제73호 서식〕(2023.3.20. 개정)

홈택스(www.hometax.go.kr)에서도 신고 할 수 있습니다. (앞쪽)

접수번호	[　] 법인설립신고 및 사업자등록신청서 [　] 국내사업장설치신고서(외국법인)	처리기간 2일 (보정기간은 불산입)

귀 법인의 사업자등록신청서상의 내용은 사업내용을 정확하게 파악하여 근거과세의 실현 및 사업자등록 관리업무의 효율화를 위한 자료로 활용됩니다. 아래의 사항에 대하여 사실대로 작성하시기 바라며 신청서에 서명 또는 인감(직인)날인하시기 바랍니다.

1. 인적사항

법 인 명(단체명)		승인법인고유번호 (폐업당시 사업자등록번호)	
대 표 자		주민등록번호	－
사업장(단체)소재지		층　　　호	
전 화 번 호	(사업장)	(휴대전화)	

2. 법인현황

법인등록번호	－	자본금	원	사업연도	월 일~ 월 일

법 인 성 격 (해당란에 ○표)

내 국 법 인							외 국 법 인				지점(내국법인의 경우)		분할신설법인		
영리 일반	영리 외투	신탁 재산	비 영리	국가 지방 자치	법인으로 보는 단체		지점 (국내사업장)	연 락 사무소	기타	여	부	본점 사업자 등록번호	분할전 사업자 등록번호	분할연월일
					승인법인	기타								

조합법인 해당 여부		사업자 단위 과세 여부		법인과세 신탁재산		공 익 법 인				외국 · 외투 법인	국 적	투자비율
여	부	여	부	여	부	해당여부	사업유형	주무부처명	출연자산여부			
						여　　부			여　　부			

3. 법인과세 신탁재산의 수탁자(법인과세 신탁재산의 설립에 한함)

법 인 명(상호)		사 업 자 등 록 번 호	
대 표 자		주 민 등 록 번 호	
사 업 장 소 재 지			

4. 외국법인 내용 및 관리책임자 (외국법인에 한함)

외 국 법 인 내 용

본점	상 호	대 표 자	설 치 년 월 일	소 재 지

관 리 책 임 자

성 명 (상 호)	주민등록번호 (사업자등록번호)	주 소 (사업장소재지)	전 화 번 호

5. 사업장현황

사 업 의 종 류						사업(수익사업) 개 시 일
주업태	주 종 목	주업종코드	부업태	부 종 목	부업종코드	년 월 일

사이버몰 명칭		사이버몰 도메인	

사업장 구분 및 면적		도면첨부		사업장을 빌려준 사람(임대인)			
자가	타가	여 부	성 명(법인명)	사업자등록번호	주민(법인)등록번호	전화번호
㎡	㎡					

임 대 차 계 약 기 간	(전세)보증금	월 세(부가세 포함)
20 . . ~ 20 . .	원	원

개 별 소 비 세				주 류 면 허		부가가치세 과세사업		인·허가 사업 여부			
제조	판매	장소	유흥	면 허 번 호	면 허 신 청	여	부	신고	등록	인·허가	기타
					여　　부						

설립등기일 현재 기본 재무상황 등

자산 계	유동자산	비유동자산	부채 계	유동부채	비유동부채	종업원수
천원	천원	천원	천원	천원	천원	명

전자우편주소		국세청이 제공하는 국세정보 수신동의 여부	[　] 문자(SMS) 수신에 동의함(선택) [　] 이메일 수신에 동의함(선택)

210mm×297mm[백상지 80g/㎡ 또는 중질지 80g/㎡]

6. 사업자등록신청 및 사업 시 유의사항(아래 사항을 반드시 읽고 확인하시기 바랍니다)

가. 사업자등록 명의를 빌려주는 경우 해당 법인에게 부과되는 각종 세금과 과세자료에 대하여 소명 등을 해야 하며, 부과된 세금의 체납 시 소유재산의 압류·공매처분, 체납내역 금융회사 통보, 여권발급제한, 출국규제 등의 불이익을 받을 수 있습니다.

나. 내국법인은 주주(사원)명부를 작성하여 비치해야 합니다. 주주(사원)명부는 사업자등록신청 및 법인세 신고 시 제출되어 지속적으로 관리되므로 사실대로 작성해야 하며, 주주명의를 대여하는 경우에는 **양도소득세 또는 증여세**가 과세될 수 있습니다.

다. 사업자등록 후 정당한 사유 없이 **6개월이 경과할 때까지 사업을 개시하지 아니하거나 부가가치세 및 법인세를 신고하지 아니하거나 사업장을 무단 이전하여 실지사업여부의 확인이 어려울 경우**에는 **사업자등록이 직권으로 말소**될 수 있습니다.

라. 실물거래 없이 세금계산서 또는 계산서를 발급하거나 수취하는 경우「조세범처벌법」제10조 제3항 또는 제4항에 따라 해당 법인 및 대표자 또는 관련인은 3년 이하의 징역 또는 공급가액 및 그 부가가치세액의 3배 이하에 상당하는 벌금에 처하는 처벌을 받을 수 있습니다.

마. 신용카드 가맹 및 이용은 반드시 사업자 본인 명의로 해야 하며 **사업상 결제목적 이외의 용도로 신용카드를 이용할 경우**「여신전문금융업법」제70조 제2항에 따라 3년 이하의 징역 또는 2천만원 이하의 벌금에 처하는 처벌을 받을 수 있습니다.

바. 공익법인의 경우 공익법인에 해당하게 된 날부터 **3개월 이내에 전용계좌를 개설**하여 신고해야 하며, **공익목적사업과 관련한 수입과 지출금액은 반드시 신고한 전용계좌를 사용**해야 합니다.(미이행시 가산세가 부과될 수 있습니다.)

사.「정보통신망 이용촉진 및 정보보호 등에 관한 법률」제2조 제1항 제1호에 따른 정보통신망을 이용하여 가상의 업무공간에서 사업을 수행하는 사업자의 경우 그 법인의 등기부에 따른 본점이나 주사무소의 소재지(국내에 본점 또는 주사무소가 있지 않은 경우에는 사업을 실질적으로 관리하는 장소의 소재지)를 "사업장(단체)소재지"란에 기재할 수 있습니다.

신청인의 위임을 받아 대리인이 사업자등록신청을 하는 경우 아래 사항을 적어 주시기 바랍니다.

대 리 인 인적사항	성 명		주민등록번호	
	주 소 지			
	전화 번호		신청인과의 관계	
신청 구분	[ ] 사업자등록만 신청 [ ] 사업자등록신청과 확정일자를 동시에 신청			
	[ ] 확정일자를 이미 받은 자로서 사업자등록신청 (확정일자 번호:)			

신청서에 적은 내용과 실제 사업내용이 일치함을 확인하고,「법인세법」제75조의 12 제3항·제109조·제111조, 같은 법 시행령 제152조부터 제154조까지, 같은 법 시행규칙 제82조 제7항 제11호 및「상가건물 임대차보호법」제5조 제2항에 따라 법인설립 및 국내사업장설치 신고와 사업자등록 및 확정일자를 신청합니다.

년   월   일

신 청 인

(인)

위 대 리 인

(서명 또는 인)

세무서장 귀하

첨부 서류	1. 정관 1부(외국법인만 해당합니다) 2. 임대차계약서 사본(사업장을 임차한 경우만 해당합니다) 1부 3.「상가건물 임대차보호법」의 적용을 받는 상가건물의 일부를 임차한 경우에는 해당 부분의 도면 1부 4. 주주 또는 출자자명세서 1부 5. 사업허가·등록·신고필증 사본(해당 법인만 해당합니다) 또는 설립허가증사본(비영리법인만 해당합니다) 1부 6. 현물출자명세서(현물출자법인의 경우만 해당합니다) 1부 7. 자금출처명세서(금지금 도·소매업, 액체·기체연료 도·소매업, 재생용 재료 수집 및 판매업, 과세유흥장소에서 영업을 하려는 경우에만 제출합니다) 1부 8. 본점 등의 등기에 관한 서류(외국법인만 해당합니다) 1부 9. 국내사업장의 사업영위내용을 입증할 수 있는 서류(외국법인만 해당하며, 담당 공무원 확인사항에 의하여 확인할 수 없는 경우만 해당합니다) 1부 10. 신탁 계약서(법인과세 신탁재산의 경우만 해당합니다) 1부 11. 사업자단위과세 적용 신고자의 종된 사업장 명세서(법인사업자용)(사업자단위과세 적용을 신청한 경우만 해당합니다) 1부

작성방법

사업장을 임차한 경우「상가건물 임대차보호법」의 적용을 받기 위해서는 사업장 소재지를 임대차계약서 및 건축물관리대장 등 공부상의 소재지와 일치되도록 구체적으로 적어야 합니다.

(작성 예) ○○동 ○○○○번지 ○○호 ○○상가(빌딩) ○○동 ○○층 ○○○○호

210mm×297mm[백상지 80g/㎡ 또는 중질지 80g/㎡]

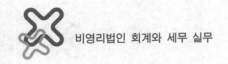

5 수익사업의 개시신고방법 및 신고시기

비영리내국법인과 비영리외국법인(국내사업장을 가지고 있는 외국법인에 한한다)이 「법인세법」 제4조 제3항 제1호 및 제7호에 규정하는 수익사업(계속 반복적인 사업소득만을 말하므로 이자, 배당, 주식 등 양도소득, 유형자산 및 무형자산 처분 소득만 있는 경우에는 수익사업 개시신고를 하지 않아도 된다)에 한하여 이를 개시하는 경우에는 그 수익사업 개시일로부터 2개월 이내에 다음의 사항을 기재한 신고서와 그 사업개시일 현재의 그 수익사업에 관련된 대차대조표, 기타 관련 서류를 관할세무서에 제출하여야 한다(법인세법 제110조).

① 법인의 명칭
② 본점이나 주사무소 또는 사업의 실질적 관리장소의 소재지
③ 대표자의 성명과 경영 또는 관리 책임자의 성명
④ 고유목적사업
⑤ 수익사업의 종류
⑥ 수익사업 개시일
⑦ 수익사업의 사업장

수익사업 개시신고의 대상이 되는 수익사업(법인세법 제4조 제3항 제1호 및 제7호)을 새로 개시하는 때에는 「법인세법」 제111조의 규정에 의한 사업자등록(부가가치세 과세사업을 영위하는 경우에는 부가가치세법 제8조에 의한 사업자등록)을 하여야 하며, 장부를 비치하고 복식부기에 의하여 이를 기장하여야 하며 장부와 관계있는 중요한 증빙서류를 비치·보존하여야 한다(법인세법 제112조, 제116조). 또한, 비영리법인이라도 재화 또는 용역을 공급하는 때에는 부가가치세법 시행령 제68조 제5항에 따른 전자적인 방법에 따라 계산서 또는 세금계산서를 교부하여야 한다(법인세법 제121조).

| 중요 예규 및 판례 |

법인세과 - 560, 2013.10.15.

【질의】

(사실관계)

질의법인은 아파트입주자대표회의로서 중계기 사용료·재활용품 수거료·알뜰장 수입·임대료 수입이 발생하고 있으며, 고유번호증을 발급받은 바 있음.

(질의요지)

• 비영리단체임에도 불구하고 수익성 사업(중계기사용료, 재활용품 수거료, 알뜰장, 임대료)에 대하여 법인세 신고를 하여야 하는지 여부

• 신고 대상에 해당하는 경우 고유번호 증 외 사업자등록증을 추가 발급받아야 하는지 또는 고유번호증을 사업자등록증으로 변경 발급받아야 하는지.

【회신】

비영리내국법인은 「법인세법」 제3조 제3항에 따른 수익사업에 대하여 같은 법 제2조 제1항 및 제3조 제1항에 따라 각 사업연도 소득에 대한 법인세를 납부할 의무가 있는 것이며,「국세기본법」 제13조 제2항에 따른 법인으로 보는 단체가 부가가치세 과세대상인 수익사업을 새로 시작한 경우에는 납세지 관할 세무서장에게 「법인세법」 제110조에 따른 수익사업 개시신고 및 「부가가치세법」 제8조에 따른 사업자등록을 신청하여야 하며, 이 경우 기존에 발급받은 고유번호증을 납세지 관할 세무서장에게 반납하여야 하는 것임.

서면2팀 - 2109, 2007.11.20.

법인의 최초 사업연도의 개시일은 설립등기일이나, 최초 사업연도 개시일 전에 생긴 손익을 사실상 그 법인에게 귀속시킨 것이 있는 경우 개시일은 당초 손익이 발생한 날임.

서면2팀 - 1688, 2005.10.21.

【질의】

「사내근로복지기금법」에 의한 사내근로복지기금이 정관상의 복지사업으로 근로자에게 융자금 대부사업을 영위하는 경우 당해 융자금에서 발생하는 이자수입은 「법인세법」 제3조 제2항 제1호의 규정에 의한 수익사업에서 생기는 소득에 해당하는 바, 이 경우 「법인세법」 제110조에 의한 수익사업개시신고를 적용받는지 여부

【회신】

비영리내국법인이 「법인세법」 제3조 제2항 제1호에 규정하는 수익사업을 새로 개시한

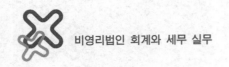
때에는 같은 법 제110조의 규정에 따라 수익사업개시신고를 하는 것임.

서면2팀 - 1946, 2004.9.20.
비영리내국법인이 새로 수익사업(「법인세법」 제3조 제2항 제1호 및 제6호에 규정하는 수익사업에 한한다. 이하 같다)을 개시하는 때에는 「법인세법」 제110조 및 제111조의 규정에 의하여 수익사업 개시신고 및 사업자등록(부가가치세 과세사업을 영위하는 경우에는 「부가가치세법」 제5조의 규정에 따라 사업자등록)을 하여야 하며, 이 경우 「법인세법」 제112조 및 동법 제116조의 규정에 따라 복식부기에 의하여 장부를 비치·기장하고 관련 지출증빙 서류를 수취·보관하여야 하는 것임.

서면2팀 - 261, 2004.2.23.
비영리법인이 수익사업을 개시하는 때에는 수익사업 개시신고 및 사업자등록(VAT 과세사업을 영위하는 경우 부가가치세법에 따른 사업자등록)을 해야 하며, 비영리내국법인의 수익사업에서 발생한 소득에 대하여는 각 사업연도 소득에 대한 법인세가 과세됨.

6 사업자등록

신규로 사업을 개시하는 법인은 사업장마다 당해 사업의 개시일로부터 20일 내에 관할세무서장에게 사업자등록신청서를 제출하여야 하는데, 이에 대하여는 「부가가치세법」 제8조 및 동법 시행령 제11조 내지 제17조의 규정을 준용한다(법인세법 제111조). 「부가가치세법」 상 사업자등록에 대하여는 '제3장 부가가치세법'을 참조하기 바란다.

또한 「법인세법」 제109조의 규정에 의하여 법인설립신고를 한 경우에는 본 조 규정에 의한 사업자등록신청을 한 것으로 보는 한편, 본 조 규정에 의한 사업자등록을 한 경우에도 법인설립신고를 한 것으로 본다.

이 과정에서 국세청장은 사업자등록번호를 교부하지 아니하는 법인, 즉 수익사업을 영위하지 않는 비영리법인에 대하여는 과세자료의 효율적 처리를 위하여 고유번호를 부여하여야 한다(법인세법 시행령 제154조 제3항).

「부가가치세법」상 사업자등록은 「부가가치세법」상의 납세의무자에게만 의무가 있는 것이므로 면세사업자에 해당하는 법인은 「부가가치세법」에 의한 사업자등록의 의무가 없다. 그러나 부가가치세의 납세의무가 없는 법인도 「법인세법」에 의한 사업자등록을 하여야 한다.

그러나 「부가가치세법」에 의하여 사업자등록을 한 사업자는 「법인세법」에 의하여 등록을 한 것으로 보도록 규정하고 있으므로 별도로 「법인세법」상 사업자등록을 할 필요는 없다.

법인설립신고, 수익사업 개시신고, 「법인세법」상 사업자등록, 「부가가치세법」상 사업자등록에 대한 관계를 정리하면 다음과 같다.

구 분	비영리법인의 사업구분			
법인세	비수익사업		수익사업	
부가가치세	과세사업	면세사업	과세사업	면세사업
법인설립신고 ＝법인세법상 사업자등록	○	○ 고유번호 부여	○	○ 사업자등록번호 부여
수익사업개시신고	×	×	○	○
부가가치세법상 사업자등록	○ 사업자등록번호 부여	×	○ 사업자등록번호 부여	×

법인세법 기본통칙 111−154…2 【사업자등록증의 교부 대상】
「법인세법」 제111조에 따른 사업자등록증은 법인세 납세의무가 있는 영리법인(지점 및 사업장을 포함한다)과 수익사업을 영위하는 비영리법인에 한하여 발급할 수 있다.

법인세법 기본통칙 111−154…3 【고유번호의 부여】
사업자등록증의 발급대상이 되지 아니하는 법인에 대하여는 「부가가치세법 시행령」 제12조 제2항에 따른 고유번호를 부여할 수 있다.
➡ '부여하여야 한다'로 시행령 제154조 제3항에 반영됨.

 | 중요 예규 및 판례 |

서면−2023−법인−1206, 2023.5.18.
귀 질의의 경우 기존 해석사례(서일 46011−10048, 2001.8.30., 제도 46011−10499, 2001.4.9.)를 참고하기 바란다.
○ 서일 46011-10048, 2001.8.30.
  공동주택의 관리업무만을 취급하는 주택관리업자는 동 주택관리기구의 대표권이 없으므로 주택관리업체의 직원인 관리소장 명의의 고유번호는 부여받을 수 없으며 입주자대표회의 회장명의로 고유번호를 신청하여 부여받아야 하는 것임. 그리고 자치관리의 경우 관리소장은 입주자대표회의가 임명하는 것으로 입주자대표회의 회장 또는 관리소장 명의의 고유번호를 부여할 수 있는 것임.

○ 제도 46011-10499, 2001.4.9.

관리소장명의로 개인 고유번호가 지정된 경우 기교부한 고유번호는 이번 고유번호 정비대상이며, 임대아파트는 사업주체(건설시공사), 임대사업자, 주택관리업체의 사업자등록번호를 그대로 사용하는 것으로, 신규입주분양아파트의 고유번호신청은 입주자대표회의가 구성될 때까지 사업주체(건설시공사)의 사업자등록번호를 그대로 사용하는 것이나, 사업주체가 위탁관리회사에 위탁한 경우에는 위탁관리회사의 사업자등록번호를 그대로 사용하는 것임.

서울행정법원 2016구합1745, 2016.7.7.

원고가 고유번호증을 교부받은 것만으로는 부가가치세법 제8조에서 정한 사업자등록을 한 것이라고 볼 수 없으므로, 고유번호증을 교부받은 기간 중에 발생한 매입세액은 부가가치세법 제39조 제1항 제8호 소정의 '제8조에 따른 사업자등록을 신청하기 전의 매입세액'에 해당하여 이를 매출세액에서 공제할 수 없다 할 것임.

법인-36, 2012.1.11.

「국세기본법」 제13조 제2항에 따른 법인으로 보는 단체가 부가가치세 과세대상인 수익사업을 새로 시작한 경우에는 납세지 관할 세무서장에게 「법인세법」 제110조에 따른 수익사업 개시신고 및 「부가가치세법」 제5조에 따른 사업자등록을 신청하여야 하며, 이 경우 기존에 발급받은 고유번호증을 납세지 관할 세무서장에게 반납하여야 하는 것임.

법인-357, 2009.3.27.

사업자등록번호는 사업장마다 관할세무서장이 부여하는 것으로 고유번호증을 발급받은 비영리법인 내에 특별회계로 운영되고 있는 "협회기금"은 별도의 고유번호를 부여하지 않는 것임.

서이 46013-11065, 2003.5.28.

「공무원연금법」 제74조에 따라 공무원연금관리공단이 관리·운용하는 공무원연금기금이 「국세기본법」 제13조(관할세무서장의 승인에 의하여 법인으로 보는 단체)에 해당하는 경우, 동 기금에서 발생하는 이자소득(채권 등 이자소득 제외)에 대하여 원천징수를 면제받기 위해서는 관할세무서장으로부터 기금 명의의 고유번호를 부여받아야 함.

한편, 법률에 따라 기금의 관리운용 주체가 당해 기금의 관리·운용만을 목적으로 설립되고, 실제로 당해 기금의 관리·운용 사업만을 하는 경우에는 동 기금과 관리운용 주체가 동일하다고 볼 수 있으므로 기왕에 관리운영 주체에 부여된 사업자등록번호 또는 고유번호를 기금에게 부여된 고유번호로 보는 것임.

심사부가 2002 - 2204, 2003.2.14.

부가가치세 면제사업자가 「법인세법」상 법인설립신고하고 사업자등록증을 교부받은 것은 '「부가가치세법」상 사업자등록'한 것으로 볼 수 없어, 과세사업 관련 매입세액을 공제받은 경우에는 '등록 전 매입세액'으로 불공제함은 정당함.

➡ 부가가치세 과세사업을 하기 위해서는 반드시 「부가가치세법」상 사업자등록을 하여야 한다. 이 경우에는 「법인세법」상 사업자등록을 한 것으로 본다. 또한 부가가치세 과세사업을 하지 않더라도 「법인세법」상 사업자등록을 하여야 한다.

서이 46017 - 10721, 2001.12.11.

1. 외국의 지방자치단체가 국내에서 수익을 발생시키는 영업활동을 영위하지 않는 연락사무소를 설치하고 국내 기업과의 관광 정보 등의 수집 등에 국한한 예비적·보조적 활동만을 수행하는 경우, 동 장소는 「법인세법」 제94조 제4항에 의거 국내사업장에 해당하지 않으므로 「법인세법」 제111조 및 동법 시행령 제154조의 규정에 따라 연락사무소에 대한 고유번호를 부여받아 소득세 등의 납세의무를 이행하는 것이며,

2. 이 경우 당해 외국자치단체가 고유번호 신청시 관련 서류를 제출함에 있어 등기부등본이나 정관이 없어 동 서류를 제출할 수 없는 경우 이에 준하는 서류로서 당해 사무소의 실체, 명칭, 소재지, 대표자 및 주된 업무내용 등의 기본적인 자료에 대한 본점 소재지국의 공증자료 등을 기타 서류(외국정부기관 등의 증명서류 및 위임장, 대표자 임명장 및 여권 사본, 임대차계약서 사본, 외국기업국내지사 설치신고서 사본 등)와 함께 제출하여 납세지 관할세무서장으로부터 고유번호를 부여받을 수 있는 것임.

감심 2001 - 20, 2001.3.13.

법인으로 보는 단체의 대표자가 확정되지 않아 사업자등록신청을 거부함은 정당함.

법인 46012 - 306, 1994.1.29.

의료재단 산하에 여러 개의 병원이 있는 경우 사업자등록은 각 병원별로 함.

➡ 신규로 사업을 개시하는 법인은 사업장마다 사업자등록을 하여야 하며, 내국법인의 납세지는 법인등기부상에 기재된 본점 또는 주사무소의 소재지로 한다.

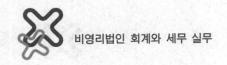

7 공익법인(구 '지정기부금단체')[11] 지정

기부금을 모집하여야 하는 비영리법인이 공익법인으로 지정을 받아 고시되면 기부자에게 기부금의 일정한도 내에서 손금으로 인정되는 혜택을 줄 수 있을 뿐만 아니라 상속세 및 증여세법상 공익법인에 해당하여 증여세 과세가액 불산입의 혜택을 받을 수 있다. 따라서 다음의 요건을 모두 충족하고 국세청장(주사무소 및 본점소재지 관할 세무서장을 포함)의 추천을 받아 기획재정부장관의 지정ㆍ고시를 받는 것이 유리하다(법인세법 시행령 제39조 제1항 제1호 바목).

① 다음의 구분에 따른 요건을 만족할 것

　㉠ 「민법」상 비영리법인 또는 비영리외국법인 : 정관의 내용상 수입을 회원의 이익이 아닌 공익을 위하여 사용하고 사업의 직접 수혜자가 불특정 다수일 것(비영리외국법인의 경우 추가적으로 「재외동포의 출입국과 법적 지위에 관한 법률」 제2조에 따른 재외동포의 협력ㆍ지원, 한국의 홍보 또는 국제교류ㆍ협력을 목적으로 하는 것일 것). 다만, 주무부장관이 기획재정부장관과 협의하여 따로 수혜자의 범위를 정하여 이를 공익법인의 설립 또는 정관변경의 허가조건으로 한 경우(상속세 및 증여세법 시행령 제38조 제8항 제2호 단서)에는 해당 요건을 갖춘 것으로 봄.

　㉡ 사회적협동조합 : 정관의 내용상 「협동조합 기본법」 제93조 제1항 제1호부터 제3호까지의 사업 중 어느 하나의 사업을 수행하는 것일 것

　㉢ 공공기관 또는 법률에 따라 직접 설립 또는 등록된 기관 : 설립목적이 사회복지ㆍ자선ㆍ문화ㆍ예술ㆍ교육ㆍ학술ㆍ장학 등 공익목적 활동을 수행하는 것일 것

② 해산을 하면 잔여재산을 국가ㆍ지방자치단체 또는 유사한 목적을 가진 다른 비영리법인에 귀속하도록 한다는 내용이 정관에 포함되어 있을 것

③ 인터넷 홈페이지가 개설되어 있고, 인터넷 홈페이지를 통해 연간 기부금 모금액 및 활용실적을 공개한다는 내용이 정관에 포함되어 있으며, 법인의 공익위반 사항을 국민권익위원회, 국세청 또는 주무관청 등 공익위반사항을 관리ㆍ감독할 수 있는 기관(이하 "공익위반사항 관리ㆍ감독 기관"이라 함) 중 1개 이상의 곳에 제보가 가능하도록 공익위반사항 관리ㆍ감독기관이 개설한 인터넷 홈페이지와 해당 법인이 개설한 홈페

---

11) 2021년 2월 17일 시행령 개정시 법인세법상 기부금단체 명칭을 '법정ㆍ지정기부금단체'에서 '공익법인'으로 통일하고 2021년 1월 1일 이후 개시하는 사업연도 분부터 적용함.

이지가 연결되어 있을 것

④ 비영리법인으로 지정·고시된 날이 속하는 연도와 그 직전연도에 해당 비영리법인의 명의 또는 그 대표자의 명의로 특정 정당 또는 특정인에 대한 「공직선거법」 제58조 제1항에 따른 선거운동을 한 사실이 없을 것

⑤ 국세청장의 요청에 따라 지정이 취소된 경우에는 그 취소된 날부터 3년, 국세청장의 요청에 따라 재지정 추천을 받지 않은 경우에는 그 지정기간의 종료일부터 3년이 지 났을 것. 다만, 위의 ①, ②, ③의 의무를 위반한 사유만으로 지정이 취소되거나 추천 을 받지 못한 경우에는 그러하지 아니하다.

2020년 2월 11일 시행령 개정시 지정기부금단체 등의 지정체계 개선 및 지정요건 강화 를 위하여 지정 추천기관을 주무관청에서 국세청장으로 변경하였으며, 지정기부금단체 등 의 공익위반 사항에 대한 공익제보가 가능하도록 해당 단체 등의 인터넷 홈페이지가 국민 권익위원회·주무관청·국세청 등의 인터넷 홈페이지에 연결되도록 하였다. 동 개정사항 은 2021년 1월 1일 이후 지정기부금단체등을 지정하는 경우부터 적용하며 보다 자세한 내 용은 제2장 법인세법을 참조하기 바란다.

2018년 2월 13일 시행령 개정시 기부금단체에 대한 관리의 실효성을 제고하기 위하여 종전에는 정부로부터 설립 허가 또는 인가를 받기만 하면 지정기부금단체로 인정되던 학 술·장학·기술진흥, 문화예술, 환경보호운동단체 등에 대하여도 심사를 거쳐 기획재정부 장관이 지정·고시(법인세법 시행령 제39조 제1항 제1호 바목)하도록 하였다. 보다 자세한 내 용은 제2장 법인세법을 참조하기 바란다.

이하는 기획재정부의 공익법인등의 추천신청 방법 안내다. 특히 2021년부터는 기부금단 체 추천 업무가 주무관청에서 국세청(관할세무서)으로 이관되고, 기부금단체 추천 신청 서 류가 추가(의무이행서약서 등)되는 등 추천신청 방법이 개정되었는 바, 2021년 1월 1일 이후 부터 공익법인 등의 지정(재지정) 추천신청시 주의가 필요하다.

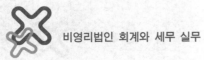

「공익법인」(구, 지정기부금단체) 지정추천 신청
(법인세법 시행령 제39조 제1항 제1호 바목)

신규 지정(재지정) 신청시

1. 지정추천 절차

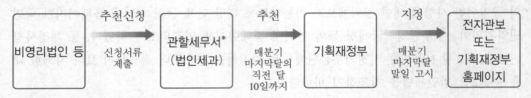

* 2021.1.1. 이후 지정하는 분부터 지정추천 업무 이관 (주무관청→국세청)

〈분기별 신청기간〉

구 분	분기별 신청기간	국세청 추천기한	기재부 지정일
1분기	전년도 10/11~당해연도1/10	2/10	3/31
2분기	당해연도 1/11~4/10	5/10	6/30
3분기	당해연도 4/11~7/10	8/10	9/30
4분기	당해연도 7/11~10/10	11/10	12/31

2. 신청 대상법인

다음 요건을 모두 충족한 민법상 비영리법인·비영리외국법인·사회적협동조합·공공기관(공기업 제외) 또는 법률에 따라 직접 설립된 기관

①	가)「민법」상 비영리법인 또는 비영리외국법인의 경우 : 정관의 내용상 수입을 회원의 이익이 아닌 공익을 위하여 사용하고 사업의 직접 수혜자가 불특정 다수일 것* (비영리외국법인의 경우 추가적으로「재외동포의 출입국과 법적 지위에 관한 법률」제2조에 따른 재외동포의 협력·지원, 한국의 홍보 또는 국제 교류·협력을 목적으로 하는 것일 것) 　* 사업의 수혜자가 불특정 다수일 것의 취지는 사업의 직접 수혜자가 회원 및 소수의 특정 인만을 위해 한정되는 것을 방지하기 위한 것임 나) 사회적협동조합의 경우 : 정관의 내용상「협동조합 기본법」제93조 제1항 제1호부터 제3호까지의 사업 중 어느 하나의 사업을 수행하는 것일 것 다) 공공기관 또는 법률에 따라 직접 설립된 기관의 경우 : 설립목적이 사회 복지·자선·문화·예술·교육·학술·장학 등 공익목적 활동을 수행하는 것일 것 ※ 1. 공익목적이 아닌 회원 또는 회원사의 이익을 대변하는 단체이거나 친목도모 성격의 단체는 지정대상에서 배제됨 　2. 단체명에 생존하는 특정인의 이름을 사용하는 경우에는 특별한 경우를 제외하고 지정기부금단체 지정에서 제외되는 등의 불이익이 있을 수 있음
②	• 정관에 해산시 잔여재산을 국가, 지방자치단체 또는 유사한 목적을 가진 다른 비영리법인*에 귀속하도록 한다는 내용이 기재될 것 　* [잘못된 사례] 유사한 다른 비영리단체, 유사한 다른 법인, 유사법인 또는 유사한 다른 단체 (∴ 가능한 정관에 상기 문구를 그대로 인용하여 규정) 　** 다만, 사회적협동조합이「협동조합 기본법」제104조에 따라 해산시 잔여재산의 처리를정관에 규정한 경우 인정
③	• 인터넷 홈페이지(블로그, 카페는 원칙적으로 인정하지 않으나, ① 포털사이트검색이 가능하고, ② 연중 자료열람에 제한이 없는 등 홈페이지의 기능을 하는 경우 예외적으로 허용)가 개설[1]되어 있고, 홈페이지를 통해 연간 기부금모금액 및 활용실적을 공개[2]한다는 내용이 정관에 기재되어 있을 것 　1) 홈페이지 주소를 추천 신청서에 기재하고, 반드시 불특정다수가 공익목적을 확인할 수 있도록 공익법인 명의의 독립된 한글 홈페이지가 개설되어 있을 것 　2) 기부금 모금액이 없는 경우에도 기부금 모금액 및 활용실적을 공개해야 함 • 법인의 공익위반사항을 관리·감독할 수 있는 기관(국민권익위원회, 국세청 또는 주무관청 등) 중 1개 이상의 곳에 제보가 가능하도록 공익위반사항관리·감독기관이 개설한 인터넷 홈페이지와 해당 법인이 개설한 홈페이지가 연결되어 있을 것 ※ 재지정신청의 경우 매년 기부금 모금액 및 활용실적을 해당 비영리법인 및 국세청 홈페이지에 각각 공개하였을 것
④	• 지정일이 속하는 연도와 그 직전 연도에 해당 비영리법인의 명의 또는 그 대표자의 명의로 특정 정당 또는 특정인에 대한「공직선거법」제58조 제1항에 따른 선거운동*을 한 사실이 없을 것 　* 당선되게 하거나 되지 않게 하기 위한 행위

⑤	• 지정이 취소되거나 재지정이 제한된 경우에는 지정 취소를 받은 날 또는 지정기간 종료일부터 3년이 경과하였을 것 * 지정요건(①~③)을 지키지 못하여 지정취소(재지정제한)된 경우에는 ⑤의 규정을 적용받지 않음

※ 신청 대상 유의사항

○ 그동안 법령 등에 의해 기부금단체로 인정되었던 아래의 단체는 2021년부터 지정추천 절차를 통해 기획재정부로부터 지정을 받아야 법인세법상 공익법인등(기부금단체)의 지위를 유지할 수 있음

신규 신청	• 2018.2.13. 전에 인·허가받은 학술연구·장학·기술진흥·문화예술·환경단체
재지정 신청	• 2018.2.13. 전에 (구)법인세법 시행규칙 별표 6의 2로 지정됐던 기부금단체 • 2018.1.1. 전에 (구)법인세법 시행규칙 별표 6의 7로 지정됐던 단체 중 지정기한이 만료되는 단체

○ 법인세법에서 별도 규정된 기부금단체*에 해당하는 경우, 지정추천 신청을 받지 않아도 관련규정에 따라 기부금영수증을 발급할 수 있음

> * 「법인세법」 제24조 제2항 제1호(특례기부금), 「법인세법 시행령」 제39조 제1항 제1호 가목~마목 (구. 당연 일반기부금단체), 「법인세법 시행령」 제39조 제1항 제2호 다목(공익목적 기부금 범위)을 적용받는 경우

3. 신청시 구비서류

① 공익법인등 추천 신청서(별지 제63호의 5 서식)

② 법인의 설립을 증명할 수 있는 다음의 서류

구 분	제출서류
민법상 사단·재단 법인, 공공기관 또는 법률에 따라 직접 설립된 기관	법인설립허가서
사회적 협동조합	사회적협동조합 설립인가증
비영리외국법인	외국의 정부가 발행한 해당법인의 설립에 관해 증명할 수 있는 서류(영문서류는 한글 번역서류도 포함하여 제출)

③ 정관

④ 최근 3년간(2021년~2023년) 결산서 및 해당 사업연도(2024년) 예산서

* 제출일 현재 법인 설립기간이 3년이 경과하지 아니한 경우에는 (i) 제출가능한 사업연도의 결산서, (ii) 해당 사업연도 예산서, (iii) 추천을 신청하는 날이 속하는 달의 직전 월까지의 월별 수입·지출 내역서를 제출

⑤ 지정일이 속하는 사업연도부터 향후 3년(2024년~2026년)*동안 기부금을 통한 사업계획서

   * 재지정 신청의 경우 5년(2024년~2028년)

⑥ 법인 대표자의 공익법인 등 의무이행준수 서약서(별지 제63호의 6 서식)

⑦ 기부금 모금 및 지출을 통한 공익활동보고서

   ※ 신규신청시 : ①~⑥, ⑧ 제출 / 재지정 신청시 : ①~⑤, ⑦, ⑧ 제출

⑧ 선거운동 사실여부 확인서(임의서식이나 선거운동 여부 확인을 위해 제출)

4. 신청방법

① (홈택스) 국세청 홈택스(www.hometax.go.kr)를 통한 전자 접수

   * 택스(공인인증서 로그인) > 지급명세서·자료제출·공익법인 > 공익법인 보고서 제출/공시 > 공익법인 지정 신청 > 공익법인[(구) 지정기부금단체] 지정 추천 신청

② (우편/방문) 주사무소 및 본점 소재지 관할세무서*에 구비서류 접수

   * 신청서 서식 : 국세청 누리집(www.nts.go.kr) > 국세신고안내 > 법인신고안내 > 공익법인 > 공익법인(구'지정기부금단체') 지정추천 신청

5. 지정기간 등

1 지정기간

○ (신규) 지정일이 속하는 연도의 1월 1일부터 3년간('24.1.1.~'26.12.31.)

○ (재지정) 지정기간이 끝난 후 2년 이내 재지정되는 경우 재지정일이 속하는 연도의 1월 1일부터 6년간('24.1.1.~'29.12.31.)

2 기부자에 대한 세제혜택

○ (법인) 지출하는 기부금은 소득금액의 10% 한도 내에서 전액 손비인정

○ (개인) 지출하는 기부금에 대하여는 소득금액의 30%(종교단체 10%)를 한도로 기부금의 15%(1천만원 초과분은 30%)를 세액공제

   단, 개인사업자의 기부금은 한도 내 금액을 필요경비로 인정

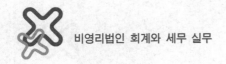

6. 법인세법상 의무사항

① 공익법인 의무이행 사항

○ 기획재정부장관이 지정·고시한 공익법인등은 지정기간 동안 다음의 의무를 이행해야 하며, 매 사업연도마다 의무이행 여부를 「공익법인등 의무이행여부 점검결과 보고서(별지 제63호의 10 서식)」에 의해 사업연도 종료일로부터 4개월 이내 '국세청'에 제출

☞ 아래의 의무를 미이행하거나, 미보고시 공익법인등 지정취소 사유가 됨

① 지정요건 ❶∼❸을 모두 충족할 것

> ❶ 정관의 내용상 수입을 공익을 위하여 사용하고, 수혜자가 불특정 다수일 것 등
> ❷ 해산시 잔여재산을 국가, 지자체, 유사한 목적 비영리법인에 귀속한다는 내용이 정관에 포함
> ❸ 홈페이지가 개설되어 있고, 홈페이지를 통해 「연간 기부금 모금액 및 활용실적」을 공개한다는 내용이 정관에 포함되어 있으며, 공익위반제보가 가능하도록 국민권익위원회, 국세청 또는 주무관청 등의 홈페이지 중 1개 이상이 해당법인의 홈페이지에 연결되어 있을 것

② 수입을 공익을 위하여 사용하고 수혜자가 불특정 다수일 것 등

③ 매년 「연간 기부금 모금액 및 활용실적」을 사업연도 종료일로부터 4개월 이내에 단체 및 국세청 홈페이지*에 각각 공개할 것(지정일이 속하는 사업연도를 포함하여 기부금 모금액이 없는 경우에도 공개) 단, 결산서류 등을 표준서식에 따라 공시한 경우 기부금 모금액 및 활용실적 명세서 공개 의무를 이행한 것으로 인정
   * 홈택스 > 지급명세서·자료제출·공익법인 > 공익법인 보고서 제출/공시 > 기부금 모금액 및 활용실적 공개

④ 공익법인등 또는 그 대표자 명의로 공직선거법에 따른 선거운동을 한 사실이 없을 것

⑤ 각 사업연도의 지출액(수익사업 지출 제외)의 80% 이상을 직접 고유목적사업에 지출할 것

⑥ 사업연도 종료일 기준 최근 2년 동안 고유목적사업의 지출내역이 있을 것
   * '21.1.1. 이후 개시하는 사업연도 분부터 적용

⑦ 공익목적사업용 전용계좌를 개설하여 사용할 것

⑧ 결산서류 등을 사업연도 종료일부터 4개월 이내에 공익법인등 및 국세청 홈페이지에 각각 공시할 것

⑨ 공익법인 회계기준에 따라 외부 회계감사를 받을 것

② **공익법인 지정취소 사유**

① 상증세법상 의무위반으로 사업연도별로 1천만원 이상(가산세 포함) 추징된 경우
② 다음의 어느 하나에 해당하는 경우
　가. 법인이 목적 외 사업을 하거나 설립허가의 조건에 위반하는 등 공익목적을 위반한 경우
　나. 위 법인세법상 지정요건 및 의무사항을 위반한 경우(전용계좌 개설·사용, 결산서류 등 공시, 외부 회계감사의무 제외*)
　다. 의무의 이행 여부에 대한 주무관청의 보고요구에도 불구하고 이를 보고하지 아니한 경우
③ 불성실기부금수령단체로 명단이 공개된 경우
④ 법인의 대표자, 임원, 직원 또는 그 밖의 종업원이 「기부금품의 모집 및 사용에 관한 법률」을 위반하여 징역 또는 벌금형이 확정된 경우
　* '21.1.1. 이후 의무사항 요건을 위반하는 경우부터 적용
⑤ 법인이 해산한 경우

③ **재지정 배제사유**

○ 공익법인 지정기간이 끝난 후에 지정기간 중 위 "공익법인 지정취소 사유"중 어느 하나에 해당하는 사실이 있었음을 알게 된 경우에는 지정기간 종료 후 3년간 그 법인에 대하여 재지정 배제

④ **기부금영수증 관련 의무사항**

○ 「기부금영수증」을 발급하는 경우에는 「법인세법 시행규칙」 별지 제63호의 3 서식(또는 소득세법 시행규칙 별지 제45호의 2 서식)으로 발급
○ 기부금영수증을 발급하는 경우에는 「기부자별 발급명세」를 작성하여 5년간 보관(「법인세법 시행규칙」 별지 제75호의 2 서식, 「소득세법 시행규칙」 별지 제29호의 7 서식(1))
　* 전자기부금영수증을 발급하는 경우에는 제외
　－ 해당 사업연도의 기부금영수증 총 발급건수 및 금액을 기재한 「기부금 영수증 발급합계표」를 사업연도 종료일부터 6개월 이내에 관할세무서에 제출*(「법인세법 시행규칙」 별지 제75호의 3 서식)
　　* 홈택스(www.hometax.go.kr) > 지급명세서·자료제출·공익법인 > 과세자료 제출 > 소득·

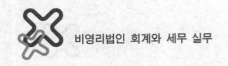

법 인세 관련 자료 제출 > 기부금영수증 발급합계표 제출/내역조회
** 전자기부금영수증을 발급하는 경우에는 제외

7. 상속세 및 증여세법상 의무사항

기획재정부장관이 지정한 공익법인등의 경우 「상속세 및 증여세법 시행령」 제12조 제9
호에 따른 공익법인에 해당하므로 다음의 의무사항을 이행해야 함

☞ 아래의 의무를 미이행하는 경우 지정취소 되거나, 증여세 또는 가산세가 부과될 수
있음

① 국세청에 제출·신고해야 하는 서류

구 분		내 용
① 전용계좌 개설 신고	• 대상	모든 공익법인(종교단체 제외)
	• 신고기한	최초로 공익법인에 해당하게 된 날부터 3개월 이내
② 출연재산 보고 서 제출	• 대상	출연재산이 있는 공익법인
	• 제출기한	사업연도 종료일부터 3개월 이내
③ 결산서류 공시	• 대상	모든 공익법인(종교단체 제외) 다만, 총자산가액 5억원 미만이면서 수입금액과 출연재산의 합계액이 3억원 미만인 공익법인은 간편서식으로 공시 가능
	• 공시기한	사업연도 종료일부터 4개월 이내
④ 외부전문가 세 무확인서 제출	• 대상	총자산가액 5억원 이상이거나, 수입금액과 출연재산의 합계액이 3억원 이상인 공익법인
	• 제출기한	사업연도 종료일부터 4개월 이내
⑤ 외부 회계감사 보고서 제출	• 대상	직전 사업연도 총자산가액 100억원 이상 또는 수입금액과 출연재산 가액 합계액이 50억원 이상 또는 출연재산가액이 20억원 이상인 공익법인(종교·학교법인 제외)
	• 제출기한	사업연도 종료일부터 4개월 이내

② **공익법인 운영시 지켜야 하는 의무**

구 분		내 용
① 장부의 작성·비치		사업연도별로 출연받은 재산 및 공익사업 운용내용 등에 대한 장부작성(10년간 보존)
② 전용계좌 사용		전용계좌 사용의무 대상거래에 대해서 전용계좌 사용
③ 출연재산 등을 직접 공익 목적에 사용	출연재산	출연받은 재산을 3년 이내에 직접 공익목적사업에 사용
	매각대금	1년 내 30%, 2년 내 60%, 3년 내 90% 이상 공익목적사업에 사용
	운용소득	1년 내 80% 이상 직접 공익목적사업에 사용
④ 주식 취득·보유	출연받거나, 취득하는 경우	의결권 있는 내국법인 주식의 일정 비율* 초과 보유 금지 * 10%(자선·장학·사회복지를 목적으로 하고 출연받은 주식의 의결권을 행사하지 않는 경우 20%), 상호출자제한기업집단과 특수관계에 있거나 「상속세 및 증여세법」 제48조 제11항 요건을 불충족한 경우 5%
	계열기업의 주식보유	특수관계 있는 내국법인의 주식가액이 총재산가액의 30% (외부감사 등 예외적인 경우 50%) 초과보유 금지
⑤ 이사구성 등 제한		출연자 등이 이사의 1/5 초과 금지 또는 임직원 취임 금지
⑥ 공익법인 회계기준 적용		외부 회계감사의무 공익법인, 결산서류 공시 대상 공익법인(의료법상 의료법인, 사립학교법상 학교법인 제외)
⑦ 기타		특정기업의 광고 등 행위 금지, 자기내부거래 금지, 특정계층에만 공익사업 혜택 제공 금지 등

법인 명칭을 변경하는 경우

○ 이미 공익법인등으로 지정받은 비영리법인 등이 당해 법인의 명칭을 변경하는 경우 아래의 서류와 함께 관할세무서(또는 홈택스)로 공익법인 등 명칭변경 신청(지정추천 신청기간과 동일)
  - 구비서류 : ① 공익법인 등 명칭변경 신청서(별지 제63호의 5 서식)
               ② 정관(구 정관, 신 정관, 신구 대비표 첨부)
○ 해당 법인이 명칭변경 후에도 지정요건을 충족하는 경우 관할세무서에서 기획재정부로 명칭변경 의뢰하고 기획재정부에서 매분기 종료일까지 그 사실을 관보 및 홈페이지에 고시

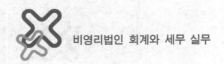

개정사항 안내

○ 지정추천 신청 관련('21.1.1. 이후 지정하는 분부터 적용)

현 행	개 정
• (지정신청) 비영리법인 등 → 주무관청	• (지정신청) 비영리법인 등 → 국세청(소재지 관할세무서)
• (지정추천) 주무관청 → 기획재정부	• (지정추천) 국세청 → 기획재정부

• (지정기간) → 6년	• (지정기간) 이원화
	 – 신규지정 : 3년
	 – 재지정 : 6년*
	  * 신규지정 후 사후관리 결과 공익성이 부
	   합되는 단체만 재지정

○ 의무이행 보고기관('21.1.1. 이후 개시하는 사업연도 분부터 적용)

현 행	개 정
• 지정기부금단체 사후관리 절차 기부금단체 (의무이행여부 보고) → 주무관청(점검 및 결과 통보) → 국세청	• 사후관리 절차 변경 기부금단체(의무이행여 부 보고) → 국세청(소재지 관할세무서)

○ 기부금단체 명칭통일('21.1.1. 부터 시행)

현 행	개 정
• (법인세법) 법정기부금단체, 지정기부금단체	• (법인세법) 공익법인
• (소득세법) 기부금대상 민간단체	• (소득세법) 공익단체

○ 의무이행 보고기한 연장('21.1.1. 당시 사업연도 종료일부터 3개월이 지나지 않은 경우부터 적용)

현 행	개 정
• 의무이행 여부 보고기한 : 사업연도 종료일부터 3개월 이내	• 보고기한 연장 : 3개월 → 4개월 이내

○ 기부금 모금액 등 공개기한 연장('21.1.1. 이후 공개·공시 분부터 적용)

현 행	개 정
• 매년 기부금 모금액 및 활용실적을 사업연도 종료일로부터 3개월 이내에 해당 법인 및 국세청 홈페이지에 각각 공개	• 공개기한 연장 : 3개월 → 4개월 이내
<단서 추가>	− 상증법에 따라 결산서류 등을 공시*한 경우 동 의무를 이행한 것으로 인정 * 상증칙 §25 ⑥에 따른 표준서식으로 공시한 경우에 한함

○ 기부금단체 명칭 변경('23.1.1. 부터 시행)

현 행	개 정
• 법법 §24 ②에 따른 기부금 • 법법 §24 ③에 따른 기부금	• 특례기부금 • 일반기부금

○ 공익법인 등 지정요건 중 정치활동 금지요건 명확화(법인령 §39 ① (1) 바목)
  − 지정요건 중 해당 법인의 명의 또는 대표자 명의로 '선거운동을 한 것으로 권한 있는 기관이 확인한 사실이 없을 것'을 '선거운동한 사실이 없을 것'으로 변경
○ 기부금 모금액이 없는 어린이집 및 유치원의 의무이행보고 대상 제외(법인령 §39 ⑥)
  − 해당 사업연도에 기부금 모금액이 없는 어린이집 및 유치원을 의무이행보고 대상에서 제외함

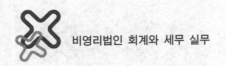
공익법인 지정추천 신청 (홈택스 접근경로)

■ 국세청 홈택스(www.hometax.go.kr)에서 법인 공인인증서로 로그인 후 신청가능

　* 홈택스 > 지급명세서 · 자료제출 · 공익법인 > 공익법인 보고서 제출/공시 > 공익법인 지정 신청
　　 > 공익법인[(구) 지정기부금단체] 지정 추천 신청

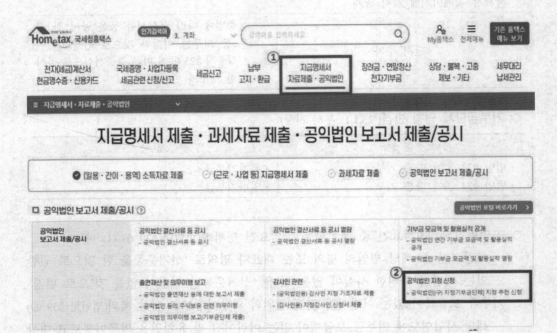

지정결과 조회 〔홈택스 접근경로〕

■ 홈택스(www.hometax.go.kr) > 지급명세서·자료제출·공익법인 > 공익법인 포털 바로가기 > ② 공시/공개 열람 > 기부금단체 간편조회(기획재정부 장관 지정)

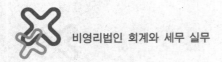
사업계획서 (예시)

사 업 계 획 서(자율양식)

※ 제시된 내용을 포함하되 목차 및 양식을 자유롭게 재구성·활용할 수 있습니다.

Ⅰ. 주요사업 목표
1.
2.
3.

Ⅱ. 세부사업 내용
1. (제1사업명)
   가. 목   적 :
   나. 사업내용 :
       (1) 사업기간 :
       (2) 장   소 :
       (3) 수혜대상 :
   다. 기부금 모금 목표액 :
   라. 기부금 관리방법 :
   마. 세부추진계획 :
   바. 소요예산 : 금○○○원
       (1) 인건비 :
       (2) 운영비 :
       (3) 기   타 :

2. (제2사업명)

3. (제3사업명)

공익법인 등의 대표(이사장)   (서명 또는 인)

공익활동 보고서〔예시〕

공익활동보고서(자율양식)

※ 제시된 내용을 포함하되 목차 및 양식을 자유롭게 재구성·활용할 수 있습니다.

Ⅰ. 주요 공익활동 실적

1.
2.
3.

Ⅱ. 공익활동 실적

1. (제1공익활동)

　가. 목　　표 :

　나. 활동내용 :

　　(1) 활동기간 :

　　(2) 장　　소 :

　　(3) 수혜대상 :

　다. 기부금 지출액 : 금○○○원

　　(1) 인건비 :

　　(2) 운영비 :

　　(3) 기　타 :

　라. 당초 사업계획 달성 여/부 :

　마. 기타사항 :

2. (제2공익활동)

3. (제3공익활동)

※ 첨부 : 공익활동 행사사진, 홍보책자, 기타 유인물 등 다양한 자료 첨부

공익법인 등의 대표(이사장)　　　(서명 또는 인)

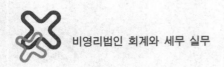

〔별지 제63호의 5 서식〕(2023.3.20. 개정)

공익법인등 〔 〕 추천 신청서
〔 〕 명칭변경

※ 뒷면의 작성방법을 읽고 작성하시기 바라며, [ ]에는 해당되는 곳에 √표를 합니다. (앞쪽)

접수번호		접수일시	
① 신청대상 법인의 구분	[ ] 민법상 비영리법인 [ ] 사회적협동조합 [ ] 공공기관등 [ ] 비영리외국법인		
② 신청대상법인의 신청 구분	[ ] 추천 신청(지정기간 3년): 최초 지정신청 또는 지정기간 종료 후 2년 경과 후 지정신청의 경우 [ ] 추천 신청(지정기간 6년): 지정기간 종료 후 2년 이내 재지정신청의 경우 [ ] 명칭변경 신청		

신청대상법인 인적사항	법인(단체)명		사업자등록번호(고유번호)
	법인등록번호		
	대표자		설립일
	연락처		홈페이지주소
	본점 및 주사무소 소재지		
	주무관청명		주무관청 부서명
	사업내용		

기부금 모집내역	기부금 모집 목적			
	기부금 모집기간 및 목표액 [지정일이 속하는 사업연도부터 3년(재지정은 5년)간] (단위: 백만원)			
	년	년		년
	년	년	합 계	
	기부금 관리방법			

명칭변경 사항	변경 전 법인(단체)명	변경 후 법인(단체)명

대리인이 지정기부금단체 신청을 하는 경우에는 **아래의 위임장을 작성하시기 바랍니다.**			
위 임 장	본인은 공익법인등 추천 및 명칭변경 신청과 관련한 모든 사항을 아래의 대리인에게 위임합니다. 본 인: (서명 또는 인)		
대리인 인적사항	성명	생년월일	전화번호	신청인과의 관계

「법인세법 시행규칙」 제18조의 3 제2항 및 제6항에 따라 공익법인등 추천신청서류 및 명칭변경서류를 제출합니다.

년   월   일

신청인: (서명 또는 인)

위 대리인: (서명 또는 인)

국세청장
세무서장 귀하

첨부서류	뒤쪽 참조

210mm×297mm[백상지 80g/㎡ 또는 중질지 80g/㎡]

| 추천신청서류 | 1. 법인 등의 설립 또는 등록에 관한 다음의 서류
(1) 민법상 비영리법인, 공공기관등의 경우: 법인설립허가서
(2) 사회적협동조합의 경우: 사회적협동조합 설립인가증
(3) 비영리외국법인의 경우: 외국의 정부가 발행한 해당 법인의 설립에 관한 사항을 증명할 수 있는 서류
2. 정관
3. 최근 3년간의 결산서 및 해당 사업연도 예산서(예시: 해당 사업연도가 2023년인 경우 2020년~2022년 결산서 및 2023년도 예산서, 2022년 결산 전인 경우 2019년~2021년 결산서 및 2023년 예산서). 다만, 제출일 현재 법인 등의 설립기간이 3년이 경과하지 않은 경우에는 (i) 제출 가능한 사업연도의 결산서 (ii) 해당 사업연도 예산서 (iii) 국세청장에 추천을 신청하는 날이 속하는 달의 직전 월까지의 월별 수입·지출 내역서를 제출합니다.
4. 지정일이 속하는 사업연도부터 3년(지정기간이 6년인 경우에는 5년)이 경과하는 날이 속하는 사업연도까지의 기부금 모집을 통한 사업계획서
5. 법인 대표자의 [별지 제63호의6서식]의 공익법인등 의무이행준수 서약서(지정기간이 3년인 경우에만 제출합니다)
6. 기부금 모금 및 지출을 통한 공익활동보고서(지정기간이 6년인 경우에만 제출합니다) |
| 명칭변경
신청서류 | 1. 외국의 정부가 발행한 해당 법인의 설립에 관한 사항을 증명할 수 있는 서류(비영리외국법인의 경우에만 제출합니다)
2. 정관(구 정관, 신 정관, 신구 대비표 첨부) |

작 성 방 법

1. ①란은 아래를 확인하시고 해당되는 곳에 "√"표시를 합니다.
   - 민법상 비영리법인: 「민법」 제32조에 따른 사단·재단 법인
   - 사회적협동조합: 「협동조합기본법」 제85조에 따른 사회적협동조합
   - 공공기관등: 「공공기관의 운영에 관한 법률」 제4조에 따른 공공기관(같은 법 제5조 제3항 제1호에 따른 공기업은 추천대상단체가 아닙니다) 또는 법률에 따라 직접 설립 또는 등록된 기관
   - 비영리외국법인: 「재외동포의 출입국과 법적 지위에 관한 법률」 제2조에 따른 재외동포의 협력·지원, 한국의 홍보 또는 국제교류·협력을 목적으로 하는 비영리외국법인
2. ②란은 아래를 확인하시고 해당되는 곳에 "√"표시를 합니다.
   - 최초로 지정신청을 하는 경우 또는 지정기간이 종료된 후 2년이 경과된 법인이 지정신청을 하는 경우: 지정일이 속하는 연도의 1월 1일부터 3년간 공익법인등으로 인정
   - 지정기간이 종료된 후 2년 이내인 법인이 재지정신청을 하는 경우: 재지정일이 속하는 사업연도의 1월 1일부터 6년간 공익법인등으로 인정
3. '명칭변경 사항'은 명칭변경 신청 시에만 작성합니다(명칭변경 신청 시 '기부금 모집내역'은 작성하지 않습니다).

210mm×297mm[백상지(80g/㎡) 또는 중질지(80g/㎡)]

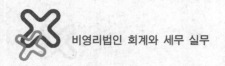

〔별지 제63호의 6 서식〕(2023.3.20. 개정)

공익법인등 의무이행준수 서약서

○ 법인·단체명 또는 기관명:

○ 본인은 위 법인·단체 또는 기관의 대표자로서 해당 법인 등이 「법인세법 시행령」 제39조 제1항 제1호 바목에 따른 공익법인등으로 지정되는 경우 그 지정기간 동안 같은 조 제5항에 따른 의무이행 사항을 충실하게 준수할 것을 서약합니다.

년   월   일

위 법인·단체 또는 기관의 대표자   (서명 또는 인)

국세청장
세무서장   귀하

유의사항
위 법인·단체 또는 기관의 주사무소 및 본점 소재지 관할 세무서장 또는 국세청장에게 제출합니다.

210mm×297mm[백상지 80g/㎡]

공익법인등 의무이행 여부 보고서

1. 단체 기본사항

		사업연도	. . ~ . . .
① 법인(단체)명		② 사업자등록번호(고유번호)	
③ 대표자 성명		④ 공익법인등 지정 및 만료일	지정일 : 만료일 :
⑤ 소재지		⑥ 인터넷 홈페이지 주소	

2. 의무이행 여부

	⑨ 의무		⑩ 의무 이행 여부
⑦ 「법인세법 시행령」 제39조 제1항 제1호 바목의 공익법인등	(가)	정관의 내용상 수입을 회원의 이익이 아닌 공익을 위하여 사용하도록 되어 있고, 사업의 직접 수혜자가 불특정 다수일 것	
	(나)	정관의 내용상 해산 시 잔여재산을 국가 · 지방자치단체 또는 유사한 목적을 가진 다른 비영리 법인에 귀속하도록 되어 있을 것	
	(다)	인터넷 홈페이지가 개설되어 있고, 인터넷 홈페이지를 통하여 연간 기부금 모금액 및 활용 실적을 공개한다는 내용이 정관에 포함되어 있으며, 공익위반사항 관리 · 감독기관이 개설한 인터넷 홈페이지와 해당 법인이 개설한 인터넷 홈페이지가 연결되어 있을 것	
⑧ 「법인세법 시행령」 제39조 제1항 제1호 가목부터 라목까지 및 바목의 공익법인등	(라)	공익법인등이 실제운영상 (가) 의무를 이행할 것	
	(마)	기부금 모금액 및 활용실적을 기부금단체와 국세청의 인터넷 홈페이지에 매년 사업연도 종료일부터 4개월 이내에 각각 공개할 것 (다만, 「상속세 및 증여세법」 제50조의 3 제1항 제2호에 따른 사항을 같은 법 시행령 제43조의 3 제4항에 따른 표준서식에 따라 공시하는 경우에는 기부금 모금액 및 활용실적을 공개한 것으로 봄)	
	(바)	해당 공익법인등의 명의 또는 그 대표자의 명의로 특정 정당 또는 특정인에 대한 「공직선 거법」 제58조 제1항에 따른 선거운동을 한 것으로 권한 있는 기관이 확인한 사실이 없을 것	
	(사)	수익사업의 지출을 제외한 지출액의 100분의 80 이상을 직접 고유목적사업에 지출할 것	
	(아)	사업연도 종료일을 기준으로 최근 2년 동안 고유목적사업의 지출내역이 있을 것	
	(자)	「상속세 및 증여세법」 제50조의 2 제1항에 따른 전용계좌를 개설하여 사용할 것	
	(차)	「상속세 및 증여세법」 제50조의 3 제1항 제1호부터 제4호까지의 서류등을 해당 공익 법인등과 국세청의 인터넷 홈페이지를 통하여 공시할 것(「상속세 및 증여세법 시행령」 제43 조의 3 제2항에 따른 공익법인등은 제외)	
	(카)	「상속세 및 증여세법」 제50조의 4에 따른 공익법인등에 적용되는 회계기준에 따라 「주식회 사 등의 외부감사에 관한 법률」 제2조 제7호에 따른 감사인에게 회계감사를 받을 것(「상속 세 및 증여세법 시행령」 제43조 제3항 및 제4항에 따른 공익법인등은 제외)	

「법인세법 시행령」 제39조 제6항 및 「법인세법 시행규칙」 제19조의 2 제1항에 따라 공익법인등 의무이행 여부 보고서를 제출합니다.

년   월   일

제출인 :

(단체의 직인) [인]

국세청장   귀하

작성 방법

1. 이 서식은 「법인세법 시행령」 제39조 제6항에 따른 공익법인등이 같은 조 제5항에 따른 의무이행 여부를 자체점검하고 그 결과를 국세청에 제출할 때 작성하는 서식입니다.
2. ④란은 「법인세법 시행령」 제39조에 따라 기획재정부장관이 지정한 공익법인등의 경우 지정일이 속하는 연도의 1월 1일부터 3년간(지정받은 기간이 끝난 후 2년 이내에 재지정되는 경우에는 재지정일이 속하는 사업연도의 1월 1일부터 6년간)을 지정기간으로 합니다.

210mm×297mm[백상지 80g/㎡ 또는 중질지 80g/㎡]

[별지 제63호의 10 서식 부표] (2023.3.20. 신설)

의무이행 여부 보고서 일괄제출 종합표

1. 일괄제출자 인적사항

학교법인(단체)명		대표자 성명		사업연도	
사업자등록번호(고유번호)		소재지			

2. 각 학교별 의무이행 여부 등 명세

연번	학교명	사업자등록번호(고유번호)	대표자 성명	소재지	인터넷 홈페이지 주소	의무이행 여부	비고

작성방법

1. 이 서식은 「법인세법 시행령」 제39조 제1항 제1호 다목에 따른 학교를 설치·경영하는 「사립학교법」에 따른 사립학교법인 또는 사립학교경영자가 해당 학교에 대한 별지 제63호의 10 서식의 공익법인등 의무이행 여부 보고서를 취합해 일괄제출하려는 경우 작성합니다.
2. "의무이행 여부"란에는 해당 학교가 별지 제63호의 10 서식 제3조에 따른 의무를 모두 이행한 경우에는 '여'로, 의무를 하나라도 미이행한 경우에는 '부'로 적고, 그 미이행 항목((가)~(가))을 "비고"란에 표시합니다.

제 2 장

법인세법

비영리법인은 영리법인과 상이한 「법인세법」상 납세의무 및 각종 납세협력사항이 존재한다. 이와 관련하여 비영리법인에서 발생하는 중요 쟁점 사항은 다음과 같다.

쟁점 사항	목차	개 요
수익사업의 범위	1	비영리법인의 수익사업의 범위는 영리법인과 달리 법인세법 제4조 제3항에서 열거하고 있는 바, 비영리법인의 수익사업과 비수익사업의 구분기준 및 구분 사례를 살펴본다.
기부금	2	기부금의 정의, 기부금의 범위, 손금산입한도, 기부금 영수증의 수취, 출연받은 재산의 취득가액 등과 관련된 내용을 살펴본다.
구분경리	3	비영리법인이 수익사업과 비수익사업을 영위할 때 반드시 구분경리에 의하여 회계를 구분하여야 한다. 법인세법상 구분경리방법에 대하여 살펴보고 과세소득산출을 위한 구분계산의 방법 및 기준을 살펴본다. 이후 관련 사례를 풀어본다.
고유목적사업준비금	4	수익사업을 영위하는 비영리내국법인에게 주는 법인세법상 혜택으로 고유목적사업준비금의 설정요건 및 사용기준을 살펴본다.
과세표준과 그 계산	5	비영리법인의 과세소득의 범위, 수익사업을 영위하는 비영리법인이 주의하여야 할 소득금액 산출을 위한 세무조정, 손익의 귀속시기, 자산의 취득가액, 자산·부채의 평가, 부당행위계산 부인 등의 내용을 살펴본다.
세액의 계산	6	산출세액의 계산을 위한 세율, 감면, 세액공제 등의 내용과 토지 등 양도소득에 대한 법인세에 대하여 살펴본다.
신고 및 납부	7	비영리법인의 이자소득 신고특례, 양도소득에 대한 신고특례, 납부에 대한 내용을 살펴본다.
중간예납	8	비영리법인의 중간예납의 특이성에 대하여 살펴본다.
원천징수	9	비영리법인에게 발생되는 원천징수와 관련한 문제에 대하여 살펴본다.
계산서	10	비영리법인의 계산서 교부대상과 교부방법, 작성방법, 매출·매입처별계산서합계표 작성방법, 미제출에 따른 가산세 등을 살펴본다.
지출증빙	11	비영리법인의 지출증빙 수취 및 보관의무 및 예외 사항에 대하여 살펴본다.
이자소득 등만 있는 비영리법인의 법인세 신고요령	12	이자소득 등만 있는 비영리내국법인의 간편한 법인세 신고방법에 대하여 살펴본다.
비영리법인의 구조조정	13	비영리법인에서 발생하는 합병, 분할, 해산, 사업양수도 등 각종 구조조정과 관련된 세무상 처리방법에 대하여 살펴본다.

다음은 비영리법인과 관련하여 발생하는 상기의 쟁점 사항을 중심으로 서술하고자 한다. 따라서 영리법인과 다를 것이 없는 일반적인 세무사항은 '법인세 조정과 신고 실무'를 참고하기 바란다.

제1절

수익사업의 범위

1 **각 사업연도의 소득 범위와 규정방식**

1-1. 의 의

법인세는 법인이 얻은 소득을 대상으로 하여 그 법인에게 부과되는 조세이다. 법인의 소득이라는 개념은 법조문상에 정의가 명문화되어 있지 않지만 법인세의 과세대상이며 과세의 범위를 결정하기 때문에 조세목적상으로 중요한 개념이며 법인세에 관한 각종 제반 문제와 관련이 깊다.

조세목적상의 소득 개념을 규정하려는 학설로서 순자산증가설(純資産增加說)과 소득원천설(所得源泉說)이 있다. 순자산증가설이란 과세소득을 포괄적으로 파악하려고 하는 학설로서 소득의 원천에 관계없이 일정기간 동안의 자산 증가분에서 자산의 감소액을 차감한 잔액, 즉 순자산 증가액을 소득으로 보는 학설이다. 순자산증가설에 따르면 계속적 · 주기적으로 발생하는 소득뿐만 아니라 우발적 · 일시적으로 발생하는 소득이라도 순자산을 증가시키는 소득이라면 모두 과세소득에 포함된다. 그렇기 때문에 소득의 개념을 규정할 뿐, 구체적인 범위나 종류를 법에 열거할 필요가 없다(포괄주의).

반면에 소득원천설이란 일정한 소득의 원천에 따라 계속적 · 주기적으로 발생하는 소득만을 과세소득에 포함시키고, 우발적 · 일시적으로 발생하는 소득은 과세소득에 포함시키지 않는 학설이다. 소득원천설에 따르면 과세소득을 발생원천별로 구분하며 그 소득의 범위와 종류를 법에 열거하여야만 한다. 그렇기 때문에 법에 열거되지 아니한 것은 과세되지 않는다(열거주의).

우리나라 「법인세법」의 입장을 살펴보면 순자산증가설을 채택하고 있어 포괄주의 과세방법을 따라 법인의 과세소득을 산정한다. 하지만, 비영리법인에 있어서는 소득원천설을 채택하여 열거주의 과세방법을 사용하여 과세소득을 산정한다.

1-2. 영리법인의 각 사업연도의 소득 범위와 규정방식

우리나라 「법인세법」의 과세원칙은 순자산증가설(純資産增加設)에 기반하고 있기 때문에 과세소득을 일정기간 동안의 자산 증가분을 포괄적으로 파악하여 과세한다. 「법인세법」 제14조 제1항[1]에서 정의에 따르면 순자산증가분이란 각 사업연도의 소득으로서 그 사업연도에 속하는 익금(益金)의 총액에서 그 사업연도에 속하는 손금(損金)의 총액을 뺀 금액으로 정의하고 있다. 제15조 제1항[2]에서는 익금에 대해 정의하고, 제19조 제1항·제2항[3]에서는 손금에 대해서 정의하고 있다.

영리법인의 경우 우리나라 「법인세법」이 채택하고 있는 순자산증가설에 따른 포괄주의 과세방법에 의해 앞에서도 설명한 바와 같이 과세소득을 일일이 열거하여 설명하고 있지는 않고 법인의 순자산을 증가시키는 항목이라면 「법인세법 시행령」 제11조(수익의 범위)와 제19조(손비의 범위)에서 예시한 항목 외의 것들도 익금이나 손금에 포함된다.

---

1) 제14조【각 사업연도의 소득】
   ① 내국법인의 각 사업연도의 소득은 그 사업연도에 속하는 익금(益金)의 총액에서 그 사업연도에 속하는 손금(損金)의 총액을 뺀 금액으로 한다.
2) 제15조【익금의 범위】
   ① 익금은 자본 또는 출자의 납입 및 이 법에서 규정하는 것은 제외하고 해당 법인의 순자산(純資産)을 증가시키는 거래로 인하여 발생하는 이익 또는 수입[이하 "수익"(收益)이라 한다]의 금액으로 한다.
3) 제19조【손금의 범위】
   ① 손금은 자본 또는 출자의 환급, 잉여금의 처분 및 이 법에서 규정하는 것은 제외하고 해당 법인의 순자산을 감소시키는 거래로 인하여 발생하는 손실 또는 비용[이하 "손비"(損費)라 한다]의 금액으로 한다.
   ② 손비는 이 법 및 다른 법률에서 달리 정하고 있는 것을 제외하고는 그 법인의 사업과 관련하여 발생하거나 지출된 손실 또는 비용으로서 일반적으로 인정되는 통상적인 것이거나 수익과 직접 관련된 것으로 한다.

1-3. 비영리법인의 각 사업연도의 소득의 범위와 규정방식

1-3-1. 일반론적 개념

비영리법인에 대한 과세원칙은 소득원천설(所得源泉說)에 의한 열거주의 과세방식이기 때문에 「법인세법」에서는 비영리법인의 수익사업의 범위에 대해서 제한적으로 열거하고 있다. 비영리법인은 주된 재원인 기부금·회비·헌금 등 외에도 비영리사업의 고유목적을 달성하기 위해 필요한 한도 내에서 그 본질에 반하지 아니하는 정도의 영리행위를 하기도 한다. 이러한 수익사업에 대하여 법인세를 과세한다(법인세법 제4조 제3항).

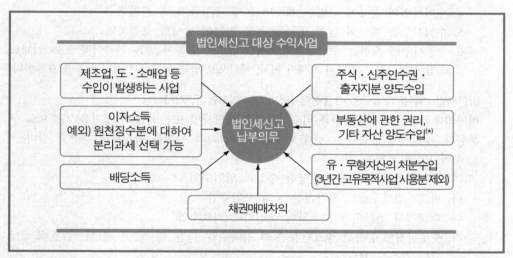

(*) • 사업소득이 발생하는 법인 외의 비영리법인은 「소득세법」을 준용하여 양도소득 과세표준예정신고 및 자진납부함으로써 고정자산 처분수입에 대하여 과세표준을 신고하지 아니할 수 있다[법인세법 제62조의 2(비영리내국법인의 자산양도소득에 대한 과세특례)].
• 토지 등 양도소득에 대한 법인세
법인이 일정기준의 토지 등을 양도한 경우 법인세 납부 여부와 관계없이 '토지 등 양도소득에 대한 법인세'를 신고·납부하여야 한다[법인세법 제55조의 2(토지 등 양도소득에 대한 과세특례), 2001.12.31. 신설].

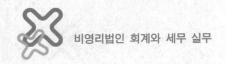

법인세법 기본통칙 4−3…1【수익사업에서 생긴 소득의 범위】

① 법 제4조 제3항의 수익사업에서 생긴 소득이라 함은 해당 사업에서 생긴 주된 수입금액 및 이와 직접 관련하여 생긴 부수수익의 합계액에서 해당 사업수익에 대응하는 손비를 공제한 소득을 말한다.

② 제1항에서 "부수수익"이라 함은 수익사업과 관련하여 부수적으로 발생하는 수익으로서 예시하면 다음과 같다.

1. 부산물, 작업폐물 등의 매출액 및 역무제공에 의한 수입 등과 같이 기업회계관행상 영업수입금액에 포함하는 금액
2. 수익사업과 관련하여 발생하는 채무면제익, 외환차익, 매입할인, 원가차익 및 상각채권추심이익 등
3. 수익사업과 관련하여 지출한 손금 중 환입된 금액
4. 수익사업의 손금에 산입한 제준비금 및 충당금 등의 환입액
5. 수익사업용 자산의 멸실 또는 손괴로 인하여 발생한 보험차익
6. 수익사업에 속하는 수입금액의 회수지연으로 인하여 받은 연체이자 또는 연체료 수입(수익사업과 관련된 계약의 위약, 해약으로 받는 위약금과 배상금 등을 포함한다)

법인세법 기본통칙 4−3…3【수익사업과 비수익사업의 구분】

비영리내국법인의 수익사업과 비수익사업은 해당사업 또는 수입의 성질을 기준으로 구분한다. 수익사업에 속하는 것과 비수익사업에 속하는 것을 예시하면 다음과 같다.

1. 수익사업에 속하는 것

가. 학교법인의 임야에서 발생한 수입과 임업수입
나. 학교부설연구소의 원가계산 등의 용역수입
다. 학교에서 전문의를 고용하여 운영하는 의료수입
라. 주무관청에 등록된 종교단체 등의 임대수입. 다만, 영 제2조 제1항 제7호에 해당되는 경우는 제외한다.
마. 전답을 대여 또는 이용하게 함으로써 생긴 소득
바. 정기간행물 발간사업. 다만, 특별히 정해진 법률상의 자격을 가진 자를 회원으로 하는 법인이 그 대부분을 소속회원에게 배포하기 위하여 주로 회원의 소식, 기타 이에 준하는 내용을 기사로 하는 회보 또는 회원명부(이하 "회보 등"이라 한다) 발간사업과 학술, 종교의 보급, 자선, 기타 공익을 목적으로 하는 법인이 그 고유목적을 달성하기 위하여 회보 등을 발간하고 이를 회원 또는 불특정 다수인에게 무상으로 배포하는 것으로서 통상 상품으로 판매되지 아니하는 것은 제외한다.
사. 광고수입
아. 회원에게 실비제공하는 구내식당 운영수입
자. 급수시설에 의한 용역대가로 받는 수입
차. 운동경기의 중계료, 입장료

카. 회원에게 대부한 융자금의 이자수입

타. 유가증권대여로 인한 수수료수입

파. 조합공판장 판매수수료수입

하. 교육훈련에 따른 수수료수입

2. 비수익사업에 속하는 것

가. 징발보상금

나. 일시적인 저작권의 사용료로 받은 인세수입

다. 회원으로부터 받는 회비 또는 추천수수료(간행물 등의 대가가 포함된 경우에는 그 대가상당액을 제외한다)

라. 외국원조수입 또는 구호기금수입

마. 업무와 직접 관계없이 타인으로부터 무상으로 받은 자산의 가액

법인세법 집행기준 4-3-2【수익사업과 비수익사업의 구분】

비영리내국법인의 수익사업과 비수익사업은 해당사업 또는 수입의 성질을 기준으로 구분하며, 수익사업에 속하는 것과 비수익사업에 속하는 것을 예시하면 다음과 같다.

수익사업에 속하는 것	비수익사업에 속하는 것
1. 학교법인의 임야에서 발생한 수입과 임업수입 2. 학교부설연구소의 원가계산 등의 용역수입 3. 학교에서 전문의를 고용하여 운영하는 의료수입 4. 주무관청에 등록된 종교단체 등의 임대수입(「부가가치세법」 제26조 제1항 제18호에 따라 부가가치세가 면제되는 경우 제외) 5. 전답을 대여 또는 이용하게 함으로써 생긴 소득 6. 정기간행물 발간사업* 7. 광고수입 8. 회원에게 실비제공하는 구내식당 운영수입 9. 급수시설에 의한 용역대가로 받는 수입 10. 운동경기의 중계료, 입장료 11. 회원에게 대부한 융자금의 이자수입 12. 유가증권대여로 인한 수수료수입 13. 조합공판장 판매수수료수입 14. 교육훈련에 따른 수수료수입 15. 「평생교육법」에 의한 학교부설 평생교육기관인 전산정보교육원 등의 운영수입 16. 금융결제원이 금융공동망, 어음교환, 지로,	1. 징발보상금 2. 일시적인 저작권의 사용료로 받은 인세수입 3. 회원으로부터 받는 회비 또는 추천수수료(간행물 등의 대가가 포함된 경우에는 그 대가상당액 제외) 4. 외국원조수입 또는 구호기금수입 5. 업무와 직접 관계없이 타인으로부터 무상으로 받은 자산의 가액 6. 소액신용대출사업을 영위하는 비영리법인이 소액신용대출사업에 사용할 자금을 금융기관에 일시적으로 예치함에 따라 발생하는 이자수입 7. 비영리법인인 아파트 입주자대표회의가 1차량을 초과하여 주차하는 세대에 아파트 관리비 외 주차장 유지·보수 등 관리 목적으로 별도 징수하는 주차료

수익사업에 속하는 것	비수익사업에 속하는 것
공동전산업무를 수행하고 소요경비를 그 이용자(사원·준사원 및 참가기관)로부터 받아 회비로 충당하는 경우 그 회비	

* 정기간행물 발간사업에는 특별히 정해진 법률상의 자격을 가진 자를 회원으로 하는 법인이 그 대부분을 소속회원에게 배포하기 위하여 주로 회원의 소식, 기타 이에 준하는 내용을 기사로 하는 회보 또는 회원명부 발간사업과 학술, 종교의 보급, 자선, 기타 공익을 목적으로 하는 법인이 그 고유목적을 달성하기 위하여 회보 등을 발간하고 이를 회원 또는 불특정 다수인에게 무상으로 배포하는 것으로서 통상 상품으로 판매되지 아니하는 것은 제외한다.

법인세법 집행기준 4-3-3【간행물 등의 대가를 회비명목으로 징수하는 경우 수입금액계산】
① 비영리내국법인이 간행물 등을 발간하여 직접적인 대가를 받지 아니하고 회비 등의 명목으로 그 대가를 징수하는 경우에는 다음과 같이 수입금액을 계산한다.
  1. 회원으로부터 그 대가를 받지 아니하고 별도의 회비를 징수하는 경우에는 그 회비 중 해당 간행물 등의 대가상당액을 수입금액으로 한다.
  2. 회원 이외의 자로부터 그 대가를 받지 아니하고 회비 등의 명목으로 금전을 수수하는 경우에는 그 수수하는 금액을 수입금액으로 한다.
② 회비 등의 명목으로 그 대가를 징수하는 경우란 다음의 것으로 한다.
  1. 회원에게 배포한 간행물 등이 독립된 상품적 가치가 있다고 인정되는 것으로서 그 대가상당액을 별도의 회비 명목으로 징수하는 경우
  2. 건전한 사회통념에 비추어 보아 소속회원에게 봉사하는 정도를 넘는 회비를 징수하고 간행물 등을 배포하는 경우

법인세법 집행기준 4-3-4【회보발간에 관련된 광고수입에 대응하는 손금의 계산】
비영리내국법인이 수익사업으로 보지 아니하는 회보 등을 발간함에 있어서 동 회보에 광고를 게재하는 경우 회보발간비는 광고수입에 대응하는 손금으로 한다. 이 경우 광고수입을 초과하는 회보발간비는 비수익사업에 속하는 것으로 한다.

1-3-2. 수익사업의 범위

(1) 사업소득

사업소득이란 「법인세법」 제4조 제3항에서 정하는 바와 같이 제조업, 건설업, 도·소매업, 소비자용품수리업, 부동산·임대 및 사업서비스업 등 「통계법」 제22조에 따라 통계청장이 고시하는 한국표준산업분류에 따른 각 사업 중 수입이 발생하는 것을 말한다(법인세법

시행령 제3조 제1항). 2013년 2월 15일 시행령 개정시 비영리법인의 수익사업을 '이익'이 발생하는 사업으로 오인할 수 있음에 따라 '수익'을 '수입'으로 변경하여 수익사업의 정의를 명확히 하였다.

반면 법원 판례는 한국표준산업분류에서 정한 사업에 해당하더라도 그 사업이 수익사업에 해당하려면 사업 자체가 수익성을 가지거나 수익을 목적으로 영위한 것이어야만 법인세 과세대상에 포함시킬 수 있다는 입장이다(대법 2003두12455, 2005.9.9.).

 | 중요 예규 및 판례 |

대법 2003두12455, 2005.9.9.
비영리내국법인에 대하여는 소득이 있더라도 그 소득이 수익사업으로 인한 것이 아닌 이상 법인세를 부과할 수 없는 것이고, 어느 사업이 수익사업에 해당하는지의 여부를 가림에 있어 그 사업에서 얻는 수익이 당해 법인의 고유목적을 달성하기 위한 것인지의 여부 등 목적사업과의 관련성을 고려할 것은 아니나 그 사업이 수익사업에 해당하려면 적어도 그 사업 자체가 수익성을 가진 것이거나 수익을 목적으로 영위한 것이어야 할 것이다.

대법 95누14435, 1996.6.14.
비영리법인에 대하여는 소득이 있더라도 그 소득이 수익사업으로 인한 것이 아닌 이상 법인세를 부과할 수 없는 것이고, 어느 사업이 수익사업에 해당하는지의 여부를 가림에 있어 그 사업에서 얻는 수익이 당해 법인의 고유목적을 달성하기 위한 것인지의 여부 등 목적사업과의 관련성을 고려할 것은 아니나 그 사업이 수익사업에 해당하려면 적어도 그 사업 자체가 수익성을 가진 것이거나 수익을 목적으로 영위한 것이어야 한다.

여기서 사업이란 그 사업 활동이 각 사업연도의 전 기간 동안 계속하는 사업 외에 상당 기간 동안 계속하거나 정기적 또는 부정기적으로 수차례에 걸쳐 하는 사업을 포함하며(법인세법 시행규칙 제2조) 상당 기간 동안 계속하거나 정기적 또는 부정기적으로 수차례에 걸쳐 하는 사업은 하절기에 있어서만 행하여지는 해수욕장에 있어서의 장소 임대수입이나 큰 행사에 있어서의 물품판매 등을 예시로 들 수 있다(법인세법 기본통칙 4-3…2).

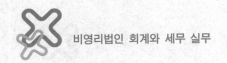

법인세법 기본통칙 4－3…2【수익사업의 범위】
규칙 제2조 규정의 "상당 기간 동안 계속하거나 정기적 또는 부정기적으로 수차례에 걸쳐 하는 사업"을 예시하면 다음 각 호와 같다.
1. 하절기에 있어서만 행하여지는 해수욕장에 있어서의 장소 임대수입
2. 큰 행사에 있어서의 물품판매

| 중요 예규 및 판례 |

조심－2023－부－0299, 2023.10.6.
쟁점불상은 일반 유골함과 형태만 달리할 뿐 그 목적과 용도는 사실상 동일한 것으로 보이는 점, 청구법인은 쟁점불상의 대가는 실비에 해당한다고 주장하나 실제 제사비용 등이 얼마나 드는지에 대하여 구체적인 증빙이 제시되지 아니한 점 등에 비추어 볼 때, 쟁점불상의 안치는 종교활동의 일환으로 신도들에게 봉안의 용역을 제공하는 경우와 상이한 것으로 보이므로, 쟁점불상의 대가는 수익사업에서 생기는 소득에 해당하지 아니한다는 청구주장은 받아들이기 어려운 것으로 판단됨.

서면－2023－법인－0156, 2023.8.18.
비영리법인인 아파트입주자대표회의가 시행사인 주택조합으로부터 입주민들만이 이용할 수 있는 부동산(입주민 체육시설)을 증여받은 경우, 수익사업과 관계없이 무상으로 받은 자산이므로 비수익사업에 해당되어 법인세 과세소득의 범위에 포함되지 아니하는 것임.

서면－2022－법인－5232, 2023.7.17.
비영리내국법인이 국가의 불법행위로 재산권에 손해를 입게 되어 이를 원상회복하여 줄 것을 요구하는 소송을 제기하였으나 원상회복이 불가하여 「국가배상법」 제2조 제1항에 따라 받은 손해배상금과 그에 따른 지연이자는 「법인세법」 제4조 제3항 및 같은 법 시행령 제3조 제1항에 따른 수익사업에 해당하지 아니하는 것임.

수원고등법원 2022누13042, 2023.6.21.
비영리내국법인의 '각 사업연도의 소득'은 '수익사업에서 생기는 소득'으로 한정하고 있으므로 비영리내국법인이 타인으로부터 무상으로 수익사업의 원본이 되는 자산을 증여받은 경우 법인세 과세대상이 아님.

서면－2023－국제세원－1128, 2023.6.16.
비영리외국법인의 외환차익 등이 수익사업의 범위에 포함되는지 여부는 법인세법 기본

통칙 4-3…1에 따라 법인세법 제4조 제3항에 규정하고 있는 수익사업에 부수하여 발생하는지를 기준으로 판단하는 것임.

조심-2021-서-2441, 2022.9.22.
청구법인은 DVD를 제작하기 전 사전 수요조사 후 제작하고 배포한 과정이 일반적 상거래의 과정과 유사하므로 쟁점후원금이 DVD의 판매대가로 보여지는 점, 청구법인 내부 전산자료에 DVD 대금을 "판매수익금"으로 기재하고 있어 판매대금으로 인식하고 있는 것으로 보이고, 쟁점후원금의 액수도 자발적 금액으로 보기 어려운 ○○○원 또는 ○○○원의 정액으로 책정·공지되어 있는 점, 청구법인의 쟁점DVD 판매 이익률이 약 90%에 달하여 실비변상적 행위가 아닌 높은 수익성을 가진 계속·반복적 행위에 해당하는 점 등에 비추어 처분청이 쟁점후원금을 DVD 판매에 대한 거래대가로 보아 청구법인에게 법인세 및 부가가치세, 법인지방소득세를 부과한 처분은 달리 잘못이 없다고 판단됨.

서면-2021-법규법인-7334, 2022.1.25.
「수도권매립지관리공사의 설립 및 운영 등에 관한 법률」에 따른 법인이 폐기물을 자원화하기 위한 목적으로 폐기물을 처리하는 과정에서 발생한 부산물을 이용하여 생산한 바이오가스 및 고형연료를 판매하는 사업은 「법인세법」 제4조 제3항에 따른 수익사업에 해당하는 것임.

서면-2021-법규법인-6712, 2022.11.10.
토지의 임대를 수익사업으로 영위하는 비영리법인이 해당 토지에 정착된 건물의 새로운 소유자(이하 '건물 소유자')에게 임대차계약의 체결 및 해당 토지에 대한 사용대가를 요청하였으나 건물소유자가 이에 불응함에 따라 부당이득금반환청구소송을 제기한 경우, 해당 소송의 판결에 의하여 부당이득금의 명칭으로 지급받은 대가는 수익사업에서 생기는 소득에 해당하는 것임.

서면-2022-법인-0596, 2022.6.16.
비영리내국법인이 학술대회를 개최하면서 발생하는 광고수입 및 부스 임대수입은 「법인세법」 제4조 제3항 및 같은 법 시행령 제3조 제1항에 따라 수익사업에서 생기는 소득에 해당하는 것임.

서면-2021-법규법인-1137, 2022.1.17.
비영리법인(사립학교의 신축·증축, 시설확충, 그 밖에 교육환경 개선을 목적으로 설립된 법인에 한함)이 외국인학교의 운영자에게 외국인 교사가 거주하는 사택을 무상으로 제공하는 경우 「법인세법」 제4조 제3항에 따른 수익사업에 해당하지 않는 것임.

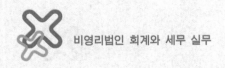
사전 - 2018 - 법령해석법인 - 0257, 2018.6.7.
비영리법인인 협회가 대한민국을 대표하는 선수를 선발하여 국제축구연맹(FIFA)이 주
관하는 세계선수권대회에 참여한 후 해당 대회의 경기 결과에 따라 FIFA로부터 수령하
는 상금은 「법인세법」 제3조 제3항 및 같은 법 시행령 제2조 제1항에 따른 수익사업 소
득에 해당하지 아니하는 것임.

서면 - 2016 - 법인 - 3731, 2016.7.20.
비영리내국법인이 「저작권법」에 근거하여 사용료를 1회성이 아닌 사업연도의 상당기간
에 걸쳐 계속적, 정기적, 부정기적이나 상당회수에 걸쳐 받는 경우 당해 법인의 법령 또
는 정관에 규정된 고유목적사업 여부와 관련 없이, 해당 사용료수입사업은 「법인세법」
제3조 제3항 및 같은 법 시행령 제2조 제1항의 규정에 따라 수익사업에 해당하는 것임.

서이 46012 - 11713, 2002.9.13.
비영리내국법인이 일시적인 저작권의 사용료로 받은 인세수입은 수익사업에 속하는 것
으로 보지 아니하는 것이나, 해당 인세수입이 일시적인 것인지에 대하여는 구체적으로
사실판단할 사항임.

다만, 「법인세법 시행령」 제3조 제1항에 열거되어 있는 사업은 수익사업의 범위에서 제
외하는데 이는 다음과 같다.
① 축산업(축산관련 서비스업을 포함한다) 외의 농업

 │ 중요 예규 및 판례 │

서면 - 2021 - 법규법인 - 6718, 2022.1.20.
비영리내국법인이 영위하는 축산업은 「법인세법」 제4조 제3항 및 같은 법 시행령 제3조
제1항에 따라 수익사업에 해당하는 것임.

② 연구개발업(계약 등에 의하여 그 대가를 받고 연구 및 개발용역을 제공하는 사업을 제외한다)
　　행정해석에서는 비영리법인이 국가 등과 계약을 맺어 대가를 수취하고 용역을 수행
하는 사업은 수익사업에 해당한다고 해석(서면2팀 - 2097, 2005.12.20.)하고 있고 「정부
출연연구기관 등의 설립운영 및 육성에 관한 법률」 등에 의하여 설립된 정부출연연

구기관이 「국가연구개발사업의 관리 등에 관한 규정」 제2조 제1호의 규정에 의한 국가연구개발사업을 국가와 협약을 맺어 수행하면서 동 연구개발비를 국가로부터 출연금의 형태로 지급받는 경우는 「법인세법시행령」 제2조 제1항 제2호 괄호에서 규정하는 "계약 등에 의하여 그 대가를 받고 연구 및 개발용역을 제공하는 사업"의 범위에 포함되지 아니하여 수익사업에 해당하지 않는 것이다(재법인 46012-121, 2002.7.2.)라고 해석하고 있다.

비영리내국법인이 계약 등에 의하여 그 대가를 받고 연구 및 개발용역을 제공하는 사업의 경우, 그 사업이 인문 및 사회과학 연구개발업에 해당되는지 또는 자연과학 연구개발업에 해당되는지 여부에 관계없이 이를 비영리내국법인의 수익사업의 범위에 포함하는 것이다(법인 46012-707, 2001.5.15.).

③ 비영리내국법인이 외국에서 영위하는 선급검사용역에 대하여 당해 외국이 법인세를 부과하지 아니하는 경우로서 당해 외국에 본점 또는 주사무소가 있는 비영리외국법인(국내에 사업의 실질적 관리장소가 소재하지 아니하는 경우에 한한다)이 국내에서 영위하는 선급검사용역은 수익사업에서 제외되었으나 2022년 1월 1일 이후 개시하는 사업연도분부터는 상호주의와 상관없이 선급검사를 통한 기술개발을 지원하기 위해 선급검사용역을 제공하는 사업은 수익사업에서 제외된다.

④ 「유아교육법」에 따른 유치원, 「초·중등교육법」 및 「고등교육법」에 따른 학교, 「경제자유구역 및 제주국제자유도시의 외국교육기관 설립·운영에 관한 특별법」에 따른 외국교육기관(장관 등에 따라 잉여금을 국외 본교로 송금할 수 있거나 실제로 송금하는 경우는 제외한다), 「제주특별자치도 설치 및 국제자유도시 조성을 위한 특별법」에 따라 설립된 비영리법인이 운영하는 국제학교와 「평생교육법」 제31조 제4항에 따른 전공대학 형태의 평생교육시설 및 같은 법 제33조 제3항에 따른 원격대학 형태의 평생교육시설에서 해당 법률에 따른 교육과정에 따라 제공하는 교육서비스업

 | 중요 예규 및 판례 |

서면-2017-법인-1032, 2017.9.14.
「평생교육법」 제36조에 의해 설치된 시민사회단체 부설 평생교육시설이 제공하는 교육용역은 「법인세법 시행령」 제2조 제1항 제3호에서 열거하고 있는 수익사업에서 제외되는 교육서비스업의 범위에 해당되지 아니하는 것임.

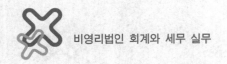
⑤ 보건업 및 사회복지 서비스업 중 다음의 어느 하나에 해당하는 사회복지시설에서 제공하는 사회복지사업

가. 「사회복지사업법」 제34조에 따른 사회복지시설 중 사회복지관, 부랑인 · 노숙인 시설 및 결핵 · 한센인 시설

나. 「국민기초생활보장법」 제15조의 2 제1항 및 제16조 제1항에 따른 중앙자활센터 및 지역자활센터

다. 「아동복지법」 제52조 제1항에 따른 아동복지시설

라. 「노인복지법」 제31조에 따른 노인복지시설(노인전문병원은 제외한다)

마. 「노인장기요양보험법」 제2조 제4호에 따른 장기요양기관

바. 「장애인복지법」 제58조 제1항에 따른 장애인복지시설 및 같은 법 제63조 제1항에 따른 장애인복지단체가 운영하는 「중증장애인생산품 우선구매 특별법」 제2조 제2항에 따른 중증장애인생산품 생산시설

사. 「한부모가족지원법」 제19조 제1항에 따른 한부모가족복지시설

아. 「영유아보육법」 제10조에 따른 어린이집

자. 「성매매방지 및 피해자보호 등에 관한 법률」 제9조 제1항, 제15조 제2항 및 제17조 제2항에 따른 지원시설 및 성매매피해상담소

차. 「정신건강증진 및 정신질환자 복지서비스 지원에 관한 법률」 제3조 제6호 및 제7호에 따른 정신요양시설 및 정신재활시설

카. 「성폭력방지 및 피해자보호 등에 관한 법률」 제10조 제2항 및 제12조 제2항에 따른 성폭력피해상담소 및 성폭력피해자보호시설

타. 「입양특례법」 제20조 제1항에 따른 입양기관

파. 「가정폭력방지 및 피해자보호 등에 관한 법률」 제5조 제2항 및 제7조 제2항에 따른 가정폭력 관련 상담소 및 보호시설

하. 「다문화가족지원법」 제12조 제1항에 따른 다문화가족지원센터

거. 「건강가정기본법」 제35조 제1항에 따른 건강가정지원센터 (2021.2.17. 신설)

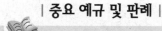
| 중요 예규 및 판례 |

서면 – 2023 – 법규법인 – 0954, 2023.6.21.

공익법인이 「장애인복지법」 제58조 제1항에 따른 장애인복지시설로서 같은 법 시행규칙 별표4에 열거된 시설을 운영하는 경우, 해당 사업은 「법인세법 시행령」 제3조 제1항 제4호에 따라 수익사업에 해당하지 아니하므로, 공익법인에 대한 외부전문가의 세무확인대상을 판단함에 있어 해당 사업에서 발생한 수입은 「상속세 및 증여세법 시행령」 제43조 제2항 제1호 단서의 '수익사업과 관련된 수입금액'에 해당하지 않는 것임. 다만, 귀 법인이 「장애인복지법」 제58조 제1항에 따른 장애인복지시설 및 같은 법 시행규칙 별표4에 해당하는지 여부는 귀 법인의 구체적인 사업내용과 사업목적 및 시설현황 등을 종합적으로 고려하여 판단할 사항임.

서면 – 2021 – 법규법인 – 7756, 2022.12.2.

사회적협동조합(주된 사무소)이 다수의 지역아동센터(지사무소, 이하 "지역아동센터")를 설치·운영하던 중, 별도의 지사무소를 설치하여 해당 지사무소에서 보조금(지역아동센터가 지자체로부터 교부받은 것을 말함)을 재원으로 지역아동센터의 아동에게 급식용역을 제공하는 경우 「법인세법」 제4조 제3항에 따른 수익사업에 해당하지 않는 것임.

서면 – 2022 – 법인 – 1841, 2022.5.27.

「국민기초생활보장법」 제15조의 2 제1항 및 제16조 제1항에 따른 중앙자활센터 및 지역자활센터가 제공하는 사회복지사업은 비영리내국법인의 수익사업에 해당되지 않으며, 귀 질의법인이 운영하는 사업이 「국민기초생활보장법 시행령」 제22조의 사업에 해당되는지 여부는 사실판단할 사항임.

서면 – 2020 – 법인 – 4670, 2020.12.15.

비영리내국법인이 「장애인복지법」 제58조 제1항에 따른 장애인복지시설로서 같은 법 시행규칙 별표4에 열거하고 있는 장애인 근로사업장을 운영하는 경우 및 같은 법 제63조 제1항에 따른 장애인복지단체로서 「중증장애인생산품 우선구매 특별법」 제2조 제2항에 따른 중증장애인생산품 생산시설을 운영하는 경우 해당 복지사업은 「법인세법 시행령」 제3조 제1항 제4호에 따라 수익사업에 해당하지 아니하는 것임.

서면 – 2019 – 법인 – 3620, 2020.5.26.

비영리법인이 장애인 취업지원을 위한 교육용역을 제공하고 교육생과 응시자로부터 교육비 및 자격시험 응시수수료를 수령하는 경우에는 이익발생여부에 관계없이 「법인세법」 제4조 제3항 제1호 및 같은 법 시행령 제3조 제1항에 따라 수익사업에 해당하는 것임.

서면 - 2017 - 법인 - 0827, 2017.4.27.

비영리내국법인이 「장애인복지법」 제58조 제1항에 따른 장애인복지시설로서 같은 법 시행규칙 별표 4에 열거하고 있는 장애인 보호작업장을 운영하는 경우, 해당 사회복지사업은 「법인세법 시행령」 제2조 제1항 제4호에 해당하여 수익사업에 해당하지 아니함.

서면 - 2015 - 법인 - 2061, 2016.4.18.

지방자치단체로부터 위탁받은 노인전문병원의 의료사업은 법인세법 시행령 제2조 제1항의 수익사업에 해당하여 법인세 신고의무가 있음.

법인 - 1381, 2009.12.4.

「노인복지법」에 따른 방문요양서비스 및 「장애인복지법」에 따른 활동보조서비스 사업은 사회복지사업에 해당되어 비영리법인의 수익사업에 해당되지 아니함.

질의

〔사실관계 및 질의요지〕

• 질의법인은 자원봉사활동사업 및 복지시설의 운영 또는 지원을 목적으로 설립하고 장애인 활동보조사업 및 재가노인복지시설사업을 목적사업으로 한 사회복지법인임.

① 목적사업 일환으로 「노인복지법」 제38조(재가노인복지시설)에 의하여 장기요양보호사를 파견하여 방문요양 서비스를 제공하고 그 대가로 국민건강보험공단으로부터 수령하는 금액이 수익사업 해당 여부

② 사회복지법인이 「장애인복지법」 제55조 제1항에 의하여 활동보조인 서비스사업 지원을 위하여 활동보조인을 파견하고 서비스 대가로 보건복지가족부로부터 수령하는 금액이 수익사업 해당 여부

회신

비영리내국법인이 「사회복지사업법」 제2조 제1호에 의한 사회복지사업에서 생기는 소득은 법인세 과세소득 범위에서 제외되므로, 「노인복지법」 제38조 제1항 제1호에 따른 방문요양서비스 및 「장애인복지법」 제55조에 따른 활동보조서비스 사업은 「사회복지사업법」 제2조 제1호에 따른 사회복지사업에 해당되어 비영리법인의 수익사업에 해당되지 않는 것임.

서면2팀 - 1805, 2007.10.9.

비영리내국법인이 「노인복지법」 제34조 제1항 제3호의 규정에 의한 유료노인요양시설을 설치하고 노인을 입소시켜 급식·요양 기타 일상생활에 필요한 편의를 제공하고 이에 소요되는 일체의 비용을 입소한 자로부터 수납하는 경우, 당해 노인복지시설 운영사

업에서 발생한 소득은 「법인세법 시행령」 제2조 제1항 제4호의 규정에 의해 비영리내국 법인의 수익사업소득에서 제외되는 것임.

⑥ 연금업 및 공제업 중 다음의 사업
　가. 「국민연금법」에 의한 국민연금사업
　나. 특별법에 의하거나 정부로부터 인가 또는 허가를 받아 설립된 단체가 영위하는 사업(기금조성 및 급여사업에 한한다)
　다. 「근로자퇴직급여보장법」에 의한 중소기업 퇴직연금기금제도사업(기금운용에 따른 수익에 한한다). 동 내용은 2022년 4월 14일(근로자퇴직급여보장법 법률 제18038호 시행일)부터 시행한다.

⑦ 사회보장보험업 중 「국민건강보험법」에 의한 의료보험사업과 「산업재해보상보험법」 에 의한 산업재해보상보험사업

⑧ 주무관청에 등록된 종교단체(그 소속단체를 포함한다)가 공급하는 용역 중 「부가가치세 법」 제26조 제1항 제18호에 따라 부가가치세가 면제되는 용역을 공급하는 사업

 | 중요 예규 및 판례 |

수원지방법원 2022구합70613, 2024.6.26.
① 매점 수입금액은 원고에게 귀속되고, 원고는 장부의 거짓기장이나 소득 은폐하는 적 극적 부정행위를 통해 매점 관련 법인세·부가세 포탈하였고, ② 후원금을 받고 신도들 에게 DVD를 계속적·반복적으로 판매하여 수익을 얻었던바, DVD 판매는 법인세법상 수익사업에 해당하여 부가세 과세대상임.

서면-2018-법인-3526, 2019.1.10.
주무관청에 등록된 종교단체인 비영리법인이 자체 수입조성을 위하여 복합문화예술공 연장을 종교단체 및 그 밖의 기업·단체 등에게 대관하고 대관료를 수취하는 경우, 해당 사업은 「법인세법」 제3조 제3항 및 같은 법 시행령 제2조 제1항에 따라 수익사업에 해 당하는 것임.
다만, 해당 비영리법인이 공급하는 용역 중 「부가가치세법」 제26조 제1항 제18호에 해 당되어 부가가치세가 면제되는 경우에는 「법인세법 시행령」 제2조 제1항 제7호에 따라 수익사업에서 제외하는 것으로 이에 해당하는지 여부는 사실판단할 사항임.

법규법인 2012-168, 2012.5.30.

주무관청에 등록된 종교단체로서 청소년육성사업을 그 고유의 목적사업으로 하는 비영
리법인이 청소년육성사업을 수행하기 위하여 중·고등학교 학생을 대상으로 한 청소년
수련시설을 설치·운영하면서 학생들의 인성교육을 실시하고 해당학교로부터 그 대가
를 실비로 받는 경우로서「부가가치세법」제12조 제1항 제17호에 따라 부가가치세가 면
제되는 경우, 해당사업은「법인세법 시행령」제2조 제1항 제7호에 따라 수익사업에서
제외하는 것이며, 실비 이상의 대가를 받는 경우에는 수익사업에 해당하는 것임.

재법인 46012-169, 2001.9.25.

종교단체가 납골시설을 설치·운영하면서 실비로 받는 대가는 부가가치세가 면제되므
로 수익사업에서 제외하나, 실비 이상의 대가를 받는 경우는 수익사업으로 봄.

⑨ 금융 및 보험 관련 서비스업 중 다음의 사업

　　가.「예금자보호법」에 의한 예금보험기금 및 예금보험기금채권상환기금을 통한 예금
　　　　보험 및 이와 관련된 자금지원·채무정리 등 예금보험제도를 운영하는 사업

　　나.「농업협동조합의 구조개선에 관한 법률」및「수산업협동조합법」에 의한 상호금융
　　　　예금자보호기금을 통한 예금보험 및 자금지원 등 예금보험제도를 운영하는 사업

　　다.「새마을금고법」에 의한 예금자보호준비금을 통한 예금보험 및 자금지원 등 예금
　　　　보험제도를 운영하는 사업

　　라.「금융회사부실자산 등의 효율적 처리 및 한국자산관리공사의 설립에 관한 법률」
　　　　에 따른 구조조정기금을 통한 부실자산 등의 인수 및 정리와 관련한 사업

　　마.「신용협동조합법」에 의한 신용협동조합예금자보호기금을 통한 예금보험 및 자금
　　　　지원 등 예금보험제도를 운영하는 사업

　　바.「산림조합법」에 의한 상호금융예금자보호기금을 통한 예금보험 및 자금지원 등
　　　　예금보험제도를 운영하는 사업

⑩「혈액관리법」제6조 제3항에 따라 보건복지부장관으로부터 혈액원 개설 허가를 받은
　　자가 행하는 혈액사업

　　과거「대한적십자사 조직법」에 의한 대한적십자사가 행하는 혈액사업만 비수익사업으
로 열거하였으나 2023년 1월 1일 개시하는 사업연도부터「의료법」에 따른 의료기관이 행
하는 혈액사업도 포함하도록 개정되었다.

① 혈액관리업무는 다음 각 호의 어느 하나에 해당하는 자만이 할 수 있다. 다만, 제3호에 해당하는 자는 혈액관리업무 중 채혈을 할 수 없다.

　　1. 「의료법」에 따른 의료기관(이하 "의료기관"이라 한다)

　　2. 「대한적십자사 조직법」에 따른 대한적십자사(이하 "대한적십자사"라 한다)

　　3. 보건복지부령으로 정하는 혈액제제 제조업자

② 제1항 제1호 및 제2호에 따라 혈액관리업무를 하는 자는 보건복지부령으로 정하는 기준에 적합한 시설·장비를 갖추어야 한다.

③ 제1항 제1호 또는 제2호에 해당하는 자로서 혈액원을 개설하려는 자는 보건복지부령으로 정하는 바에 따라 보건복지부장관의 허가를 받아야 한다. 허가받은 사항 중 보건복지부령으로 정하는 중요한 사항을 변경하려는 경우에도 또한 같다.

④ 혈액관리업무를 하려는 자는 「약사법」 제31조에 따라 의약품 제조업의 허가를 받아야 하며, 품목별로 품목허가를 받거나 품목신고를 하여야 한다.

⑪ 「한국주택금융공사법」에 따른 주택담보노후연금보증계정을 통하여 주택담보노후연금보증제도를 운영하는 사업(보증사업과 주택담보노후연금을 지급하는 사업에 한한다)

⑫ 「국민기초생활 보장법」 제2조에 따른 수급권자·차상위계층 등 기획재정부령으로 정하는 자에게 창업비 등의 용도로 대출하는 사업으로서 기획재정부령으로 정하는 요건을 갖춘 사업

⑬ 비영리법인(사립학교의 신축·증축, 시설확충, 그 밖에 교육환경 개선을 목적으로 설립된 법인에 한한다)이 외국인학교의 운영자에게 학교시설을 제공하는 사업

⑭ 「국민체육진흥법」 제33조에 따른 대한체육회에 가맹한 경기단체 및 「태권도 진흥 및 태권도공원조성에 관한 법률」에 따른 국기원의 승단·승급·승품 심사사업

⑮ 「수도권매립지관리공사의 설립 및 운영 등에 관한 법률」에 따른 수도권매립지관리공사가 행하는 폐기물처리와 관련한 사업

⑯ 「한국장학재단 설립 등에 관한 법률」에 따른 한국장학재단이 같은 법 제24조의 2에 따른 학자금대출계정을 통하여 운영하는 학자금 대출사업

⑰ 위 ①부터 ⑯까지와 비슷한 사업으로서 기획재정부령으로 정하는 사업

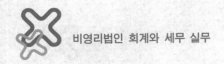

(2) 이자소득

「소득세법」 제16조 제1항에 따른 이자소득은 수익사업소득에 해당한다.

| **소득세법 제16조 제1항 【이자소득】** |

① 이자소득은 해당 과세기간에 발생한 다음 각 호의 소득으로 한다.

1. 국가나 지방자치단체가 발행한 채권 또는 증권의 이자와 할인액
2. 내국법인이 발행한 채권 또는 증권의 이자와 할인액

2의 2. 국내 또는 국외에서 받는 대통령령으로 정하는 파생결합사채로부터의 이익

3. 국내에서 받는 예금(적금·부금·예탁금 및 우편대체를 포함한다. 이하 같다)의 이자
4. 「상호저축은행법」에 따른 신용계(信用契) 또는 신용부금으로 인한 이익
5. 외국법인의 국내지점 또는 국내영업소에서 발행한 채권 또는 증권의 이자와 할인액
6. 외국법인이 발행한 채권 또는 증권의 이자와 할인액
7. 국외에서 받는 예금의 이자
8. 대통령령으로 정하는 채권 또는 증권의 환매조건부 매매차익
9. 대통령령으로 정하는 저축성보험의 보험차익. 다만, 다음 각 목의 어느 하나에 해당하는 보험의 보험차익은 제외한다.
   가. 최초로 보험료를 납입한 날부터 만기일 또는 중도해지일까지의 기간이 10년 이상으로서 대통령령으로 정하는 요건을 갖춘 보험
   나. 대통령령으로 정하는 요건을 갖춘 종신형 연금보험
10. 대통령령으로 정하는 직장공제회 초과반환금
11. 비영업대금(非營業貸金)의 이익
12. 제1호, 제2호, 제2호의 2 및 제3호부터 제11호까지의 소득과 유사한 소득으로서 금전 사용에 따른 대가로서의 성격이 있는 것
13. 제1호, 제2호, 제2호의 2 및 제3호부터 제12호까지의 규정 중 어느 하나에 해당하는 소득을 발생시키는 거래 또는 행위와 「자본시장과 금융투자업에 관한 법률」 제5조에 따른 파생상품(이하 "파생상품"이라 한다)이 대통령령으로 정하는 바에 따라 결합된 경우 해당 파생상품의 거래 또는 행위로부터의 이익

(3) 배당소득

소득세법 제17조 제1항에 따른 배당소득은 수익사업소득에 해당한다.

| **소득세법 제17조 제1항 【배당소득】** |

① 배당소득은 해당 과세기간에 발생한 다음 각 호의 소득으로 한다.

1. 내국법인으로부터 받는 이익이나 잉여금의 배당 또는 분배금

2. 법인으로 보는 단체로부터 받는 배당금 또는 분배금

2의 2. 「법인세법」 제5조 제2항에 따라 내국법인으로 보는 신탁재산(이하 "법인과세 신탁재산"이라 한다)으로부터 받는 배당금 또는 분배금

3. 의제배당(擬制配當)

4. 「법인세법」에 따라 배당으로 처분된 금액

5. 국내 또는 국외에서 받는 대통령령으로 정하는 집합투자기구로부터의 이익. 다만, 제87조의 6 제1항 제4호의 적격집합투자기구로부터의 이익은 집합투자기구의 이익금에 대한 소득의 구분을 고려하여 대통령령으로 정하는 이익으로 한정한다.

6. 외국법인으로부터 받는 이익이나 잉여금의 배당 또는 분배금

7. 「국제조세조정에 관한 법률」 제27조에 따라 배당받은 것으로 간주된 금액

8. 제43조에 따른 공동사업에서 발생한 소득금액 중 같은 조 제1항에 따른 출자공동사업자의 손익분배비율에 해당하는 금액

9. 제1호, 제2호, 제2호의 2 및 제3호부터 제7호까지의 규정에 따른 소득과 유사한 소득으로서 수익분배의 성격이 있는 것

10. 제1호, 제2호, 제2호의 2 및 제3호부터 제9호까지의 규정 중 어느 하나에 해당하는 소득을 발생시키는 거래 또는 행위와 파생상품이 대통령령으로 정하는 바에 따라 결합된 경우 해당 파생상품의 거래 또는 행위로부터의 이익

---

(4) 주식 등의 양도소득

비영리법인이 주식·신주인수권 또는 출자지분의 양도로 인하여 생기는 수입은 수익사업소득에 해당한다.

(5) 유형자산 및 무형자산 처분소득

비영리법인의 유형자산 및 무형자산 처분소득은 사업소득에 포함하여 과세하지만, 해당 자산의 처분일(「지방자치분권 및 지역균형발전에 관한 특별법」 제25조에 따라 이전하는 공공기관의 경우에는 공공기관 이전일) 현재 3년 이상 계속하여 법령 또는 정관에 규정된 고유목적사업(법인세법에 따른 수익사업은 제외)에 직접 사용한 자산의 처분으로 인한 수입은 사업소득에 포함하지 않는다. 이 경우 해당 자산의 유지·관리 등을 위한 관람료·입장료수입 등 부수수익이 있는 경우에도 이를 고유목적사업에 직접 사용한 자산으로 보며, 비영리법인이 수익사업에 속하는 유형자산 및 무형자산을 고유목적사업에 전입한 후 처분하는 경우에는 전입 시 시가로 평가한 가액을 그 자산의 취득가액으로 하여 처분으로 인하여 생기는 수입을 계산한다.

① 원래부터 고유목적사업에 사용하던 유형자산 및 무형자산

: 3년 이상 고유목적사업에 직접 사용 시 처분수입 전액 비과세

> 비과세 처분수입 = 양도가액 - 최초 취득 시 취득가액

② 수익사업에서 고유목적사업으로 전출한 유형자산 및 무형자산

: 3년 이상 고유목적사업에 직접 사용 시 전출 이후 발생한 처분수입만 비과세

> 비과세 처분수입 = 양도가액 - 고유목적사업 전출 시 시가

2018년 2월 13일 시행령 개정시 비영리법인이 유형자산 및 무형자산을 수익사업에서 고유목적사업으로 전입 후 처분하는 경우 비과세되는 유형자산 및 무형자산 처분수입의 범위를 고유목적사업으로 전입 이후 발생한 처분수입만 비과세하도록 개정하였다.

이때 3년 이상 계속하여 사용한다는 것이라 함은 자산을 취득한 비영리법인이 자신의 고유목적사업을 위해 3년 이상 사용하여야 한다는 것을 의미하며, 다른 비영리법인의 고유목적사업에 해당 자산을 사용한다면 그 자산의 처분수입은 수익사업소득에 해당하여 과세됨을 말한다. 또한 3년 사용을 말할 때는 실질적인 사용이 아닌 형식적인 절차(등기)에 의한 재산권의 주장이 필요하며 법인격 없는 단체가 법인으로 승인받기 이전에 취득하여 처분일에 3년 이상 계속 사용하여 처분하였다면 승인받기 전 고유목적에 사용한 시점부터 기산일을 적용한다. 또한 고유목적사업에 3년 이상 사용하였는지 여부를 판단함에 있어 정당한 사유 여부는 고려대상이 아니다.

| 중요 예규 및 판례 |

사전 - 2023 - 법규법인 - 0887, 2024.3.27.

1. 「국세기본법」 제13조에 따라 법인으로 보는 단체로 승인받은 종중(이하 "종중")이 선산으로 사용하던 임야를 처분(수용)하는 경우로서 처분일 이전부터 선산으로서의 기능을 상실하게 된 경우 해당 임야의 처분(수용)으로 생기는 소득은 고유목적사업에 사용하지 아니한 정당한 사유 여부에 불구하고 「법인세법」 제4조 제3항 제5호에 따라 수익사업에서 생기는 소득에 해당하나

해당 임야가 처분일 현재 3년 이상 계속하여 법령 또는 정관에 규정된 고유목적사업(수익사업은 제외)에 직접 사용된 경우에는 수익사업에서 생기는 소득에 해당하지 않

는 것으로 해당 임야가 이에 해당하는지 여부는 이용현황 등을 종합적으로 고려하여 사실판단할 사항임.

2. 종중이 선산에 설치된 둘레석, 묘비석 등 유형자산을 철거함에 따라 보상금을 지급받는 경우로서 철거일까지 3년 이상 계속하여 법령 또는 정관에 규정된 고유목적사업(수익사업은 제외)에 직접 사용한 경우 해당 보상금 수입은 「법인세법」 제4조 제3항 제5호 단서 및 같은 법 시행령 제3조 제2항에 따라 수익사업에서 생기는 소득에서 제외되는 것이나 해당 유형자산이 이에 해당하는지 여부는 이용현황 등을 종합적으로 고려하여 사실판단할 사항임.

3. 종중이 묘지 등을 이전함에 따라 이전 보조비 등 보조금 명목으로 지급받는 금원은 「법인세법」 제4조 제3항에 따른 수익사업에서 생기는 소득에 해당하지 않는 것임.

서면-2023-법인-3294, 2023.12.12.

비영리내국법인이 고유목적사업에 3년 이상 계속하여 직접 사용한 토지를 다른 법인의 토지와 교환하면서 지급받은 보상금은 「법인세법」 제4조 제3항에 따른 수익사업에서 생기는 소득에 해당하지 않는 것임.

서울행정법원 2023구단51239, 2023.11.1.

원고가 법인 아닌 단체 중 법인으로 보는 단체 신청과 관할세무서장의 승인을 받지 않은 이상 법인으로 보는 단체로 볼 수 없고, 이러한 요건을 충족하지 못한 이상 원고를 법인으로 보는 단체가 아닌 거주자로 보아 양도소득세를 부과한 처분은 실질과세 원칙에 위배되지 아니함.

서면-2022-법인-1606, 2023.9.5.

비영리내국법인이 「법인세법」 제4조 제3항 제5호에 따라 유형자산 처분으로 인한 수입이 발생하여 같은 조 제1항 제1호에서 규정하는 각 사업연도의 소득을 계산하는 경우 유형자산의 양도가액에서 차감하는 금액에는 유형자산의 장부가액과 양도를 위해 직접 지출하는 비용이 포함되는 것으로,
귀 질의의 "중개수수료 명목의 비용"이 유형자산의 양도가액에서 차감하는 "양도를 위해 직접 지출한 비용"에 해당하는 지는 계약의 내용, 실제 용역제공 여부, 지급하는 금액, 효과 등을 종합적으로 고려하여 사실 판단할 사항임.

서면-2022-법인-4722, 2023.8.10.

비영리내국법인이 고유목적사업에 3년 이상 계속하여 직접 사용한 고정자산(민법 제245조 제1항에 따라 취득한 부동산 포함)을 처분하여 발생한 수입은 법인세법 제4조 제3항

제5호 및 같은 법 시행령 제3조 제2항에 따라 비영리내국법인의 법인세 과세소득에서 제외하는 것임.

다만, 귀 질의의 사실관계가 「민법」 제245조 제1항에 따른 점유 취득시효 완성으로 인한 부동산 취득에 해당되는지 여부는 사실판단할 사항임.

조심 – 2023 – 서 – 3082, 2023.6.27.

고정자산을 고유목적사업에 3년 이상 계속하여 사용하였는지 여부는 현재 시점을 기준으로 하여 그 이전 3년 이상을 계속하여 사용하는 자산으로 해석함이 문리해석상 타당하다고 할 것이고, 과거 종중이 3년 이상을 계속하여 고유목적사업에 사용하였다고 하더라도 그 후 오랜 기간 고유목적사업에 사용하지 아니한 경우까지 비과세를 적용하는 것으로 보기 어려운 점, 청구법인은 쟁점토지를 처분일부터 직전 3년 이상 계속하여 고유목적사업에 직접 사용하지 아니한 것으로 보이므로 쟁점토지의 처분수입에 대하여 비과세를 적용하기는 어렵다 하겠음.

서면 – 2022 – 법인 – 3796, 2023.4.18.

「법인세법 시행령」 제3조 제2항을 적용함에 있어 비영리내국법인에 해당하는 학교법인이 법령 또는 정관에 규정된 고유목적사업을 수행하기 위하여 해당 법인에 소속된 교사에게 사택으로 제공한 부동산은 "고유목적사업에 직접 사용한 유형자산"에 해당하는 것이며, 귀 질의 해당 부동산이 처분일 현재 3년 이상 계속하여 법령 또는 정관에 규정된 고유목적사업에 직접 사용되었는지 여부는 사용현황 등 제반사항을 고려하여 사실판단할 사항임.

사전 – 2022 – 법규법인 – 1250, 2023.3.29.

비영리내국법인이 토지 및 건물(이하 "쟁점부동산")을 취득한 후 고유목적사업에 사용하다가 수익사업에 전입하여 일정기간 임대업에 사용한 후, 또 다시 고유목적사업에 전입하여 3년 이상 고유목적사업에 직접 사용 후 처분하는 경우 쟁점부동산의 처분수입 중 쟁점부동산을 취득한 이후부터 수익사업에 전입하기 전까지의 기간동안 발생한 처분수입은 「법인세법」 제4조 제3항 제5호 단서에 따른 비과세대상에 해당하지 않는 것임.

연번	기 간	사용 현황	사용 구분	비고
①	'10.**.**. ~ '16.**.**.	교회교육관	고유목적사업	(질의) 비과세 여부
②	'16.**.**. ~ '18.**.**.	임대사업	수익사업	–
③	'18.**.**. ~ '22.**.**.	교회교육관	고유목적사업	–

서면-2022-법인-2591, 2023.3.2.

해당 질의의 경우 아래 회신사례를 참고하기 바람.

○ 법인세과-50, 2010.1.15.

　　비영리내국법인이 고정자산을 처분하여 생기는 수입은 수익사업에 해당하는 것이나, 당해 고정자산의 처분일 현재 3년 이상 계속하여 법령 또는 정관에 규정된 고유목적사업(수익사업은 제외)에 직접 사용한 것은 수익사업에 해당되지 않는 것임.

　　위에서 "3년 이상 계속하여 고유목적사업에 직접 사용"이라 함은 처분일로부터 소급하여 3년 이상 중단 없이 계속하여 고유목적사업에 직접 사용한 경우를 말하는 것이므로, 보유기간 중 고유목적사업에 직접 사용하지 못한 부득이한 사유발생은 동 규정 적용의 고려요소가 아님.

서면-2022-법인-4425, 2022.12.19.

비영리내국법인이 유형자산 및 무형자산을 처분하는 경우로서 해당자산을 처분일로부터 소급하여 3년 이상 중단 없이 고유목적사업에 직접 사용하지 않은 경우 해당자산의 처분손익은 「법인세법」 제4조 제3항 제5호에 따라 법인세가 과세되는 비영리내국법인의 수익사업에서 생기는 소득에 해당하는 것임.

서면-2022-법인-3400, 2022.10.19.

비영리내국법인이 고유목적사업과 수익사업에 사용되는 부동산을 양도하는 경우에는 「법인세법 시행령」 제3조 제2항에 따라 처분일 현재 3년 이상 계속하여 법령 또는 정관에 규정된 고유목적사업에 직접 사용한 유형자산의 처분으로 인하여 생기는 수입은 과세소득에서 제외되는 것이며, 그 외 부분에 대한 양도소득은 같은 법 제29조 제1항 제2호에 따라 100분의 50 범위에서 고유목적사업준비금으로 계상하여 손금에 산입할 수 있는 것임. 비영리내국법인이 「법인세법」 제55조의 2 제2항 제4호 가목 및 나목에 따른 재산세 비과세ㆍ별도합산과세대상 토지를 양도하는 경우에는 토지 등 양도소득 과세특례가 적용되지 않는 것임.

사전-2021-법규법인-1039, 2022.4.25.

1. 귀 사전답변 신청의 사실관계와 같이, 비영리내국법인이 처분일 현재 3년 이상 계속하여 정관에 규정된 고유목적사업에 직접 사용하던 상가를 처분하여 수입이 발생한 경우로서 그 상가가 처분 전 관리처분계획인가로 상가에 대한 조합원입주권으로 전환된 경우 해당 처분으로 발생하는 수입은 「법인세법」 제4조 제3항 제5호 및 같은 법 시행령 제3조 제2항에 따라 각 사업연도 소득에 대한 법인세가 과세되지 않는 것이나,

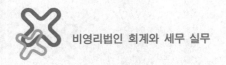

그 상가가 처분일 현재까지 실제 해당 교회의 고유목적사업에 직접 사용되었는지 여부는 사실판단할 사항임.

2. 공익법인등이 출연받은 재산을 매각하고 그 매각대금을 운용기간이 6개월 이상인 정기예금으로 예치한 경우에는 「상속세 및 증여세법」 제48조 제2항 제4호 및 같은 법 시행령 제38조 제4항에 따른 그 매각대금을 직접 공익목적사업에 사용한 실적에 포함하는 것임.

광주지방법원 - 2021 - 구합 - 12565, 2022.4.7.
비영리법인인 종중의 고유목적사업에 직접 사용한 고정자산은 선조 묘역의 관리, 제사 봉행 등을 수행할 목적으로 설치된 시설물 및 그 시설물을 위하여 사용하는 부지로 한정하여야 함.

서면 - 2022 - 법인 - 1052, 2022.4.1.
귀 서면질의의 경우 아래 질의 회신(서면 - 2018 - 법인 - 1532, 2018.6.21.)을 참조하기 바람.
○ 서면 - 2018 - 법인 - 1532, 2018.6.21.
　비영리내국법인이 수익사업과 3년 이상 고유목적사업에 공통으로 사용하던 고정자산을 처분하여 발생하는 양도차익은 「법인세법 시행규칙」 제76조 제6항에 따라 수익사업과 고유목적사업의 수입금액 또는 매출액에 비례하여 안분 계산하는 것이며
　다만, 이를 적용할 수 없거나 적용하는 것이 불합리한 경우에는 공통익금의 수입항목에 따라 국세청장이 정하는 작업시간·사용시간·사용면적 등의 기준에 따라 안분 계산하여 수익사업 부문에 해당하는 금액을 익금에 산입하는 것임.

서면 - 2021 - 법인 - 2038, 2022.1.25.
「법인세법」 제4조 제3항 제5호 단서 및 같은 법 시행령 제3조 제2항의 규정은 비영리내국법인이 유형자산 및 무형자산의 처분일로부터 소급하여 3년 이상 계속하여 해당 유형자산 및 무형자산을 고유목적사업에 직접 사용한 경우에 적용되는 것이며, 종중이 2005년 12월 31일 이전에 취득한 임야는 같은 법 제55조의 2 제2항 제2호 다목 및 같은 법 시행령 제92조의 6 제4항 제6호에 따라 비사업용 토지로 보지 아니하는 것임.

사전 - 2020 - 법령해석법인 - 0549, 2020.7.16.
유형자산을 고유목적사업에 직접 사용하였는지 여부는 공부상 용도가 아닌 실제 사용용도에 따라 판단하되, 실제로 고유목적사업에 직접 사용하였는지 여부는 사실판단할 사항임.

대법 2020두31866, 2020.4.29.

환지 전·후 토지를 3년 이상 계속하여 고유목적사업에 직접 사용하지 아니한 이상 그 원인이 부득이한 사정 때문이라고 해서 구 법인세법상의 비과세대상에 해당한다고 할 수는 없음.

서면 – 2018 – 법인 – 3528, 2019.6.5.

비영리내국법인이 3년 이상 계속하여 고유목적사업에 직접 사용한 고정자산을 양도한 경우에는 법인세를 과세하지 아니하는 것이며, 공부상 등기가 법인의 명의로 되어 있지 아니하더라도 사실상 당해 법인이 취득하였음이 확인되는 경우에는 이를 법인의 자산으로 보는 것임.

사전 – 2018 – 법령해석법인 – 0436, 2018.8.23.

「국세기본법」 제13조에 따라 법인으로 보는 단체로 승인받은 종중이 법인으로 승인받기 전에 종중 소유의 부동산을 양도한 경우, 해당 양도손익을 사실상 법인에 귀속시킨 것이 확인되며, 조세포탈의 우려가 없는 때에는 최초 사업연도의 기간이 1년을 초과하지 아니하는 범위 내에서 법인의 최초 사업연도의 손익에 해당 양도손익을 산입하여 법인세법에 따라 과세표준과 세액을 신고할 수 있는 것임. 다만, 종중이 법인세법에 따라 과세표준과 세액을 신고할 경우 해당 부동산이 실제 종중의 고유목적사업에 직접 사용되었는지 여부는 제반 상황을 고려하여 사실판단할 사항임.

대법 2016두64722, 2017.7.11.

'양도한 자산의 양도당시의 장부가액'이란 취득 당시 매입가액 등을 기초로 하되, 기업회계에 따른 장부가액이 아니라 세무회계에 따른 장부가액을 의미하고(대법원 2013.5.23. 선고, 2010두28601 판결 참조), 자산의 취득 후 기업회계상 평가차익이 발생하였더라도 이를 '자산의 장부가액'에 반영할 수 없다. 이러한 법리는 비영리사업회계에 속하는 자산이 수익사업회계에 전입된 때 비영리사업과 수익사업의 구분경리에 관한 법인세법 시행규칙 제76조 제4항에 의하여 기업회계에 따른 장부가액이 당초 매입가액에 평가차익이 추가된 시가로 계상되었더라도 마찬가지이다.

원심은 같은 취지에서, 법인세법 시행규칙 제76조는 비영리법인이 수익사업을 하는 경우 자산·부채 및 손익을 그 수익사업에 속하는 것과 비영리사업에 속하는 것을 각각 다른 회계로 구분하기 위한 구분경리에 관한 것일 뿐이어서 법인의 '고정자산의 처분으로 인하여 생긴 수입'을 산정할 때 영향을 미칠 수 없으므로, 과거 비영리사업에 사용한 기간 동안의 평가차익 부분을 양도 시점에서의 손금으로 반영하여 공제할 수 없다는 이유를 들어, '이 사건 토지의 양도 시 손비로 인정되는 양도한 자산의 양도당시의 장부가

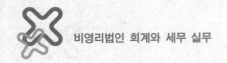

액은 1992.12.9. 토지 취득 당시의 매입가액 등이 아니라 2006.1.9. 이 사건 토지가 비영리사업회계에서 수익사업회계로 전입될 당시의 시가로 보아야 한다'는 원고의 주장을 배척하였다.

앞서 본 규정과 법리에 따라 기록을 살펴보면, 원심의 이러한 판단은 정당하다. 거기에 장부가액의 의미, 조세공평의 원칙에 대한 법리오해, 판단누락 등의 잘못이 없다.

서면 - 2016 - 법인 - 5775, 2017.3.28.

"3년 이상 계속하여 고유목적사업에 직접 사용"이라 함은 처분일로부터 소급하여 3년 이상 중단 없이 계속하여 고유목적사업에 직접 사용한 경우를 말하는 것이므로, 보유기간 중 고유목적사업에 직접 사용하지 못한 부득이한 사유발생은 동 규정 적용의 고려 요소가 아님.

조심 2016부3315, 2016.12.16.

청구종중은 「국세기본법」 제13조의 법인으로 보는 단체에 해당하므로 거주자로 보아야 한다고 주장하나, 청구종중은 쟁점임야 양도일로부터 1년이 경과한 시점에 처분청으로부터 법인으로 보는 단체로 승인받은 사실이 확인되므로, 처분청이 쟁점임야의 양도에 대하여 청구종중을 거주자로 보아 양도소득세를 과세한 이 건 처분은 잘못이 없음.

서면 - 2016 - 법인 - 4471, 2016.8.24.

법인으로 승인받기 전에 취득하여 처분일 현재 3년 이상 고유목적사업에 직접 사용한 고정자산을 양도하는 경우 당해 고정자산처분으로 발생한 소득은 수익사업에서 생기는 소득에서 제외되는 것임.

대법 2013두19479, 2014.1.15.

부동산 양도손익을 최초사업연도 기간이 1년을 초과되지 아니한 범위에서 사실상 법인에게 귀속시키고, 조세포탈의 우려가 있다고 볼 수 없을 경우 구 「법인세법 시행령」 제3조 제2항의 요건을 모두 충족한 것으로 보아 양도소득세 납세의무가 없으며, 처분일 현재 3년 이상 계속하여 고유목적사업에 직접 사용하여 비영리내국법인의 과세소득의 범위에서 제외됨.

법규법인 2014 - 434, 2014.9.29.

비영리내국법인이 본사를 혁신도시로 이전하면서 본사사옥(이하 "종전부동산")을 처분함에 있어 처분일 현재 3년 이상 계속하여 법령 또는 정관에 규정된 고유목적사업(수익사업 제외)에 직접 사용한 경우에는 「법인세법」 제3조 제3항에 따른 수익사업에 해당하지 않는 것이나, 종전부동산 처분일 현재 고유 목적사업에 직접 사용하지 않은 경우에는 수익사업에 해당하는 것임.

법규법인 2014 - 198, 2014.6.25.

「법인세법」 제3조 제3항 제1호의 수익사업을 영위하는 비영리내국법인이 고유목적사업에 사용하지 아니하고 주차장으로 임대하던 토지를 양도하여 발생한 처분수입(이하 "자산양도소득"이라 함)은 같은 법 제3조 제3항 제5호에 따라 수익사업에서 생기는 소득에 해당하는 것으로, 해당 자산양도소득에 대하여는 같은 법 제62조의 2의 '비영리내국법인의 자산양도소득에 대한 과세특례'를 적용받을 수 없는 것임.

또한, 주차장으로 임대하다 양도한 해당 토지는 같은 법 제55조의 2 제2항 제4호에 따른 비사업용 토지로서, 해당 토지의 양도소득에 대해서는 '토지 등 양도소득에 대한 법인세'를 추가로 납부하여야 하는 것임.

법규법인 2013 - 172, 2013.5.27.

「국세기본법」 제13조에 따라 법인으로 보는 단체로 승인받은 종중이 법인으로 승인받기 전에 취득하여 처분일 현재 3년 이상 계속하여 정관에 규정된 고유목적사업에 직접 사용하던 토지를 양도하는 경우, 해당 양도차익은 「법인세법」 제3조 제3항 제5호 및 같은 법 시행령 제2조 제2항에 따라 수익사업에서 생기는 소득에서 제외되는 것이며, 해당 종중에게 「법인세법」 제3조에 따른 과세소득이 발생하지 않은 경우 법인세 신고의무는 없는 것임. 다만, 귀 종중이 해당토지를 실제 고유목적에 사용하였는지 여부와 「법인세법」 제3조에 따른 각 사업연도의 소득과 같은 법 제55조의 2에 따른 토지등 양도소득이 발생하였는지 여부는 사실판단할 사항임.

대법 2013두1829, 2013.5.23.

고정자산의 처분일 현재 3년 이상 계속하여 고유목적사업에 직접 사용한 경우 비영리법인의 과세소득에서 제외되는 것이나, 원고는 이 사건 토지 처분 당시 3년 이상 계속 고유목적사업에 직접 사용하지 않았으므로 그 처분으로 생긴 수입을 비과세소득으로 볼 수 없음.

법규법인 2013 - 9, 2013.3.12.

종중이 조상의 봉묘로 사용하던 선산에서 도로의 개통으로 분리되어 도시관리계획상 제1종 지구단위계획구역에 포함된 임야를 처분함에 따라 발생한 수입은 고유목적사업에 직접 사용하지 아니한 정당한 사유 여부에 불구하고 「법인세법」 제3조 제3항 제5호에 따라 수익사업에 생기는 소득에 해당되어 법인세 과세대상이나, 해당 고정자산이 처분일 현재 3년 이상 계속하여 법령 또는 정관에 규정된 고유목적사업(수익사업은 제외)에 직접 사용한 경우에는 법인세 과세대상이 되지 않는 것으로 해당 임야가 고유목적사업에 직접 사용되었는지는 도로현황, 토지용도지정 여부, 임대차 여부, 분묘 존재 여부 등 제반상황을 고려하여 사실판단할 사항임.

법인 – 463, 2012.7.18.

법인으로 보는 단체로 승인받은 개별교회가 실질적으로 종교의 보급, 교육 및 사회봉사를 고유목적사업으로 수행하면서, 사회봉사의 목적으로 「영유아보육법」에 따른 어린이집을 설치하여 3년 이상 계속하여 운영하다가 양도함에 따라 발생된 소득은 「법인세법」 제3조 제3항 제5호 및 같은 법 시행령 제2조 제2항에 따라 법인세 과세대상 소득에서 제외하는 것이나, 이 경우 해당 부동산이 고유목적사업에 직접 사용된 현황 등 사실관계를 종합적으로 검토하여 판단할 사항임(법규과–796, 2012.7.13.).

법인 – 971, 2010.10.25.

비영리내국법인이 처분한 고정자산이 고유목적사업 및 수익사업에 각각 구분되어 사용된 고정자산 처분일 현재 3년 이상 계속하여 법령 또는 정관에 규정된 고유목적사업(수익사업 제외)에 직접 사용한 부문에서 발생한 수입에 한하여 각 사업연도 소득에 대한 법인세가 과세되지 않는 것으로, 귀 질의의 주택이 담임목사 주거용으로 사용한 것이 고유목적사업에 직접 사용한 것으로 볼 수 있는지 여부는 동 주택이 교회업무에 전업적으로 사용하였는지 여부에 따라 사실판단할 사항임.

재법인 – 586, 2010.7.7.

비영리법인이 도시 및 주거환경정비법 제43조 제2항에 따른 환지 방법으로 취득한 고정자산을 고유목적사업에 사용하다가 처분한 경우에, 법인세법 시행령 제2조 제2항에서 규정된 고유목적사업에 사용한 기간을 산정함에 있어서 당해 고정자산의 재건축기간은 제외하나 재건축 이전의 소유한 고정자산을 고유목적사업에 사용한 기간은 포함하는 것임.

서면2팀 – 1434, 2007.8.1.

종교재단이 토지와 건물을 특수관계자가 아닌 대학법인에 무상임대하여 의과대학 부속병원으로 활용토록 한 경우 고유목적사업에 직접 사용한 고정자산에 해당하지 아니함.

서면2팀 – 1357, 2005.8.23.

비영리법인이 고유목적사업의 필요에 의하여 교회건물의 일부를 증축하여 처분하는 경우 사용기간계산은 증축 전후의 기간을 통산하는 것임.

(6) 부동산에 관한 권리 및 기타자산의 양도수입

「소득세법」 제94조 제1항 제2호 및 제4호에 따른 자산의 양도로 생긴 수입은 수익사업소득에 해당한다.

| 소득세법 제94조 제1항 제2호, 제4호【양도소득의 범위】 |

2. 다음 각 목의 어느 하나에 해당하는 부동산에 관한 권리의 양도로 발생하는 소득
   가. 부동산을 취득할 수 있는 권리(건물이 완성되는 때에 그 건물과 이에 딸린 토지를 취득할 수 있는 권리를 포함한다)
   나. 지상권
   다. 전세권과 등기된 부동산임차권

4. 다음 각 목의 어느 하나에 해당하는 자산(이하 이 장에서 "기타자산"이라 한다)의 양도로 발생하는 소득
   가. 사업용 고정자산(제1호 및 제2호의 자산을 말한다)과 함께 양도하는 영업권(영업권을 별도로 평가하지 아니하였으나 사회통념상 자산에 포함되어 함께 양도된 것으로 인정되는 영업권과 행정관청으로부터 인가·허가·면허 등을 받음으로써 얻는 경제적 이익을 포함한다)
   나. 이용권·회원권, 그 밖에 그 명칭과 관계없이 시설물을 배타적으로 이용하거나 일반이용자보다 유리한 조건으로 이용할 수 있도록 약정한 단체의 구성원이 된 자에게 부여되는 시설물 이용권(법인의 주식 등을 소유하는 것만으로 시설물을 배타적으로 이용하거나 일반이용자보다 유리한 조건으로 시설물 이용권을 부여받게 되는 경우 그 주식 등을 포함한다)
   다. 법인의 자산총액 중 다음의 합계액이 차지하는 비율이 100분의 50 이상인 법인의 과점주주(소유 주식등의 비율을 고려하여 대통령령으로 정하는 주주를 말하며, 이하 이 장에서 "과점주주"라 한다)가 그 법인의 주식등의 100분의 50 이상을 해당 과점주주 외의 자에게 양도하는 경우(과점주주가 다른 과점주주에게 양도한 후 양수한 과점주주가 과점주주 외의 자에게 다시 양도하는 경우로서 대통령령으로 정하는 경우를 포함한다)에 해당 주식등
      1) 제1호 및 제2호에 따른 자산(이하 이 조에서 "부동산등"이라 한다)의 가액
      2) 해당 법인이 직접 또는 간접으로 보유한 다른 법인의 주식가액에 그 다른 법인의 부동산등 보유비율을 곱하여 산출한 가액. 이 경우 다른 법인의 범위 및 부동산등 보유비율의 계산방법 등은 대통령령으로 정한다.
   라. 대통령령으로 정하는 사업을 하는 법인으로서 자산총액 중 다목 1) 및 2)의 합계액이 차지하는 비율이 100분의 80 이상인 법인의 주식등
   마. 제1호의 자산과 함께 양도하는 「개발제한구역의 지정 및 관리에 관한 특별조치법」 제12조 제1항 제2호 및 제3호의 2에 따른 이축을 할 수 있는 권리(이하 "이축권"이라 한다). 다만, 해당 이축권 가액을 대통령령으로 정하는 방법에 따라 별도로 평가하여 신고하는 경우는 제외한다.

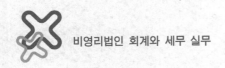
| 중요 예규 및 판례 |

법인 – 271, 2010.3.23.
비영리내국법인이 증여받은 골프회원권을 양도하는 경우 고유목적사업에 직접 사용 여부에 관계없이 당해 회원권의 양도로 생기는 수입은 「법인세법」 제3조 제3항 제6호에 따라 수익사업에 해당되어 법인세 과세대상이 되는 것임.

법인 – 854, 2009.7.23.
비영리내국법인이 부동산을 취득할 수 있는 권리를 양도한 경우 수익사업에 해당되는 것임.

(7) 대가를 얻는 계속적 행위로 인하여 생기는 수입

「소득세법」 제46조 제1항에 따른 채권 등(그 이자소득에 대하여 법인세가 비과세되는 것은 제외한다)을 매도함에 따른 매매익(채권 등의 매각익에서 채권 등의 매각손을 차감한 금액을 말한다)을 말한다. 다만, 법인세법 시행령 제3조 제1항 제8호에 따른 사업에 귀속되는 채권 등의 매매익을 제외한다(법인세법 시행령 제3조 제3항).

2 수익사업 · 비수익사업 쟁점 사례별 분석

2-1. 고유목적사업과 수익사업의 관계

비영리법인의 사업을 수익사업과 비수익사업으로 구분하는 데에는 정관상 고유목적사업 여부와 상관없이 사업 그 자체 내용으로 판단하여야 한다. 현행 「법인세법」상 「민법」 등에 의해 설립된 비영리법인이라 하더라도 「법인세법」 제4조 및 동법 시행령 제3조에 따른 수익사업 또는 수입에서 발생한 소득에 대해서는 법인세 납세의무를 지게 되는 것이며, 이 경우 법인세 과세여부는 당해 비영리법인의 정관상 고유목적사업 여하에 불문하고 사업 그 자체가 「법인세법」 제4조 또는 동법 시행령 제3조의 사업 또는 수입에 해당되는지의 여부에 따라 판단하는 것이다(소득 22601 – 884, 1985.8.24.).

│ 중요 예규 및 판례 │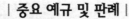

대법 2019두40529, 2019.8.30.(심리불속행 기각)
대구고법 2018누4657, 2019.4.12.

3) 이 사건 융자사업의 성격과 손금산입 허용 여부

다음과 같은 사정을 종합하면, 이 사건 융자사업은 법인세법 시행령 제2조 제1항의 규정에 해당하는 수익사업 즉 '한국표준산업분류에 의한 각 사업 중 수입이 발생하는 것(구 법인세법 시행령 제2조 제1항 각 호가 정한 사업은 제외)'에 해당하므로, 이 사건 융자사업에 지출하기 위하여 적립한 준비금은 손금에 산입할 수 없어 원고의 위 2. 나항 기재 주장 역시 이유 없다.

① 이 사건 융자사업으로부터 얻은 이자소득은 소득세법 제16조 제1항 제11호 소정의 '비영업대금(非營業貸金)의 이익' 또는 제12호의 '금전 사용에 따른 대가로서의 성격이 있는 것'에 해당하므로, 그 사업에서 수입이 발생하였다고 봄이 타당하다.

② 원고는 이 사건 융자사업을 통해 얻은 이자소득을 다시 융자사업을 위한 재원으로 편입하여 운용해왔고 원고가 과세기간 동안 사학기관을 상대로 융자사업을 영위한 방법, 내역, 규모 등에 비추어 보면, 이 사건 융자사업은 '보험 또는 연금목적 이외의 자금을 조성하고 이를 재분배, 공급 및 중개하는 산업활동'으로서 구 한국표준산업분류 중 금융업에 속하고, 사업활동으로서 요구되는 계속성과 반복성도 갖추고 있다.

③ 원고가 법령이나 정관의 규정에 의하여 공익적 목적을 달성한다거나 관할 관청의 관리·감독을 받아야 하는 사정은, 정부가 원고에 대한 출연자로서의 권리를 행사하는 데에 따른 결과이거나 수익사업과 비수익사업을 불문하고 비영리법인의 공공성을 유지·확보하기 위한 주무관청의 관리감독에 불과하므로 원고가 수행하는 사업이 '법인세법 시행령 제2조 제1항의 규정에 해당하는 수익사업'인지 여부를 판단하는 기준이 될 수 없다.

④ 원고가 2011년도부터 2015년도까지 법인세를 신고하면서 이 사건 융자사업의 이자소득을 고유목적사업준비금 명목으로 손금으로 계상한 점에 비추어 원고 역시 이 사건 융자사업이 '수입이 발생하는 사업'에 해당한다고 이해하였던 것으로 보인다.

⑤ 원고가 손금산입의 근거로 들고 있는 대법원 2005.9.9. 선고, 2003두12455 판결은, 비영리법인이 융자사업을 하였더라도 대출금리가 조달금리보다 현저히 낮아 매년 이차손실이 발생한 경우에 대한 것이므로, 이차손실이 전혀 발생하지 않은 이 사건의 융자사업과는 사실관계가 다르다.

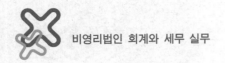

다. 소결

　따라서 이 사건 처분이 원고 주장의 준비금에 대하여 손금을 부인하여 이를 과세대
　상으로 인정한 것은 적법하므로, 원고의 주장은 이유 없다.

법인세과 - 322, 2014.7.16.

비영리내국법인이 수행하는 사업이 당해 법인의 법령 또는 정관에 규정된 고유목적사업
여부와 관련 없이 「법인세법」 제3조 제3항 및 같은 법 시행령 제2조 제1항의 규정에 의
한 수익사업에 해당하는 경우에는 이를 수익사업으로 보는 것임.

서면2팀 - 1209, 2006.6.26.

비영리법인의 목적사업을 위하여 유료로 입장권을 판매하고 얻는 수익의 경우 「법인세
법」 제3조에 의한 수익사업에 해당하는 때에는 수익사업으로 보는 것임.

> **질의**

본 단체는 시민정신 활성화를 목적으로 설립된 비영리단체(사단법인으로 등록됨)로서 통
상 이에 대한 교육 및 홍보 등의 사업을 계속적으로 진행하고 있음.

이를 위해 년 1~2회 정도 불특정하게 예술콘서트(음악공연, 미술전시회 등을 통하여 사
업목적 실현)를 본 단체 주관으로 진행하고 있는바, 이에 대해 본 단체가 행한 상기 사업
이 비영리법인의 수익사업에 해당되는지 여부

※ 모든 공연행사는 본 단체가 주관하여 입장권을 회원 및 비회원에게 판매하고 있으며,
　이에 대한 수익(총수입 중 행사관련 비용을 차감한 잔액)은 모두 단체의 목적사업에 충
　당하고 있음.

> **회신**

귀 질의의 경우와 같이 법인의 목적사업을 위하여 유료로 입장권을 판매하고 얻는 수익
의 경우 비영리 내국법인이 수행하는 사업이 당해 비영리법인의 법령 또는 정관에 규정
된 고유목적 사업이라 하더라도 「법인세법」 제3조 및 같은 법 시행령 제2조 제1항에 규
정한 수익사업에 해당하는 경우 이를 수익사업으로 보는 것임.

서면2팀 - 1416, 2005.9.5.

장학금 지급과 도서관운영을 목적사업으로 하는 비영리 공익법인이 감독관청의 승인을
얻어 시설이용자로부터 받는 입관료 수입은 수익사업에 해당함.

> **질의**

장학금 지급과 도서관 운영을 목적사업으로 하는 비영리 공익법인이 감독관청인 서울특
별시 교육위원회의 승인을 얻어 실비인 1인당 1,000원의 입관료를 받는 수입이 「법인세

법」 제3조 제2항에 의한 수익사업에 해당하는지 여부

회 신

장학금 지급과 도서관 운영을 목적사업으로 하는 비영리 공익법인이 감독관청인 서울특별시 교육위원회의 승인을 얻어 시설이용자로부터 받는 입관료 수입은 「법인세법」 제3조 제2항에 의한 수익사업에 해당하는 것임.

대법 95누14435, 1996.6.14.

한국음악저작권협회가 회원들에게 음악저작권 신탁관리용역을 제공하면서 수수료를 받은 것이 서비스업에 해당되더라도 사업자체가 수익성이 있거나 수익을 목적으로 한 것 아니므로 수익사업에 해당 안 됨.

〔판결요지〕

비영리법인에 대하여는 소득이 있더라도 그 소득이 수익사업으로 인한 것이 아닌 이상 법인세를 부과할 수 없는 것이고, 어느 사업이 수익사업에 해당하는지의 여부를 가림에 있어 그 사업에서 얻는 수익이 당해 법인의 고유목적을 달성하기 위한 것인지의 여부 등 목적사업과의 관련성을 고려할 것은 아니나 그 사업이 수익사업에 해당하려면 적어도 그 사업자체가 수익성을 가진 것이거나 수익을 목적으로 영위한 것이어야 한다.

2-2. 실비변상적 수입의 수익사업소득 여부

비영리법인이 고유목적사업을 수행하면서 사업수행의 대가로 실비에 상응하는 수입만을 수취하는 경우에도 이것이 수익사업에 속하느냐의 문제가 대두될 수 있다.

행정해석을 살펴보면 비영리법인이 운영하는 사업이 한국표준산업분류에 의한 각 사업으로 인해 수입이 발생하는 것은 사업의 대가로 실비변상적인 금액만을 수취하였다고 하더라도 수익사업에 해당한다고 해석하고 있다. 이러한 해석은 2013년 2월 15일 시행령 개정시 비영리법인의 수익사업을 '이익'이 발생하는 사업으로 오인할 수 있음에 따라 '수익'을 '수입'으로 변경하여 수익사업의 정의를 명확히 한 세법 개정취지 이후 생성된 행정해석에서 적극적으로 살펴볼 수 있다.

그러나 수익사업에 속한다고 해서 무조건 법인세를 부담하게 된다고 생각할 필요는 없다. 왜냐하면 수익사업에 속하더라도 수취하는 대가가 실비변상적인 경우가 많고 계상하

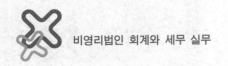
는 수익만큼 비용도 부담하기 때문에 실제 과세소득이 미미하거나 발생하지 않을 것이 대부분이다. 그러나 비영리법인이 영위하는 사업이 수익사업에 해당된다면 「법인세법」 제75조의 5에 따른 지출증빙불비가산세나 계산서 관련 규정을 적용받게 되고 수익사업과 비수익사업이 동시에 존재한다고 하면 구분경리를 수행해야 하므로 이에 따른 부담을 안게 된다.

 | 중요 예규 및 판례 |

서면 – 2022 – 법인 – 1584, 2022.7.26.,
서면 – 2019 – 법령해석법인 – 4328, 2020.11.4.
「집합건물의 소유 및 관리에 관한 법률」에 따라 설립된 집합건물 관리단이 건물 내의 주차장을 운영·관리하면서 주차장의 유지·보수 등 관리목적으로 입주민으로부터 실비상당액의 주차비를 징수하는 경우 해당 주차비수입은 「법인세법」 제4조 제3항 및 같은 법 시행령 제3조의 수익사업에서 생기는 소득에 해당하지 않는 것이며 집합건물 관리단의 주차장운영이 이에 해당하는지 여부는 사실판단할 사항임.

서면 – 2017 – 법인 – 1776, 2017.10.23.
비영리내국법인이 기숙사를 운영하면서 이용자로부터 징수하는 사생비 및 식비, 카페 임대료 등 수입이 발생하는 것은 「법인세법 시행령」 제2조 제1항에 의하여 수익사업에 해당하는 것임.

법규법인 2014 – 5, 2014.3.27.
비영리내국법인이 고유목적사업 중 하나인 교육·지원사업을 영위하기 위해 연수원을 조성하고 국가보조금을 지급받아 무상교육을 실시하거나, 위탁기관으로부터 수탁교육비 또는 교육생으로부터 실비상당액을 받고 교육을 실시하는 경우, 연수원 취득·조성 및 운영사업은 법인세법 제3조 제3항 및 같은 법 시행령 제2조 제1항에 따라 수익사업에 해당하는 것임.

법인세과 – 607, 2013.10.31.
실비정산 명목으로 지급받는 운영비가 위탁 업무의 대가로서 한국표준산업분류표에 의한 사업에서 발생하는 수입인 경우에는 해당 사업을 수익사업으로 보는 것임.

법인 – 300, 2010.3.26.
×××세계대회를 주관하면서 학술대회 부문에서 발생하는 참가비 수입(참가비 수입은 실비변상적 금액이며 당해 법인 고유목적사업에 사용)·전시부문에서 발생하는 부스임대 수

입·설치비 수입·입장료 수입 및 광고수입은 수익사업에 해당되어 법인세가 과세됨.

법인 – 1391, 2009.12.10.

비영리내국법인이 운영하는 한국표준산업분류에 의한 각 사업 중 수익이 발생하는 것은 「법인세법 시행령」 제2조 제1항에 의하여 수익사업에 해당되는 것이므로 비영리내국법인인 장학재단이 일정요건을 갖춘 학생들에게 장기간 숙박용역을 제공하고 그 대가를 받는 경우 수익사업에 해당되는 것임.

서이 46012 – 10551, 2002.3.20.

전액 정부출자로 설립된 비영리특수법인인 근로복지공단이 담보능력이 미약한 근로자에게 신용보증을 제공하고 근로자로부터 보증료 등을 받는 사업은 그 보증료 등이 실비 변상적인 금액을 초과하는지 여부와 관계없이 수익사업에 해당하는 것임.

서이 46012 – 10058, 2001.8.30.

비영리법인이 목적사업수행상, 연수원에 입소한 피교육생으로부터 실비상당액의 교육을 받는 경우, '수익사업'에 해당함.

법인 46012 – 707, 2001.5.15.

비영리법인이 정부(건설교통부)에 지진관련 연구용역을 제공하고 대가(연구수당)를 실비로 받는 경우에도 수익사업에 해당됨.

대법 96누14845, 1997.2.28.

어느 사업이 수익사업에 해당하는지의 여부는 그 사업이 수익성을 가진 것이거나 수익을 목적으로 하면서 그 규모, 횟수, 태양 등에 비추어 사업활동으로 볼 수 있는 정도의 계속성과 반복성이 있는지의 여부 등을 고려하여 사회통념에 따라 합리적으로 판단하여야 하는 것이다(당원 1994.4.15. 선고, 93누22263 판결 참조). 사실관계가 원심이 확정한 바와 같이 이 사건 수영장의 이용대상이 장애인 이외에 일반인을 포함하여 아무런 제한이 없으며 운영시간 또한 일반 영리목적의 수영장과 조금도 다름이 없을 뿐만 아니라, 일반인이용자(92.6%)를 포함한 대부분의 이용자들(99.2%)이 이용료를 부담하고 있는데다가 그 이용요금 또한 인근 수영장의 50~68%에 달하는 것이라면 이 사건 수영장의 운영은 수익성이 있거나 수익을 목적으로 하는 것이라고 봄이 상당하다.

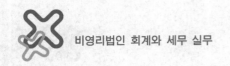

2-3. 정부출연금·국고보조금 수입 등의 수익사업소득 여부

비영리법인은 고유목적사업을 영위할 때 정부로부터 출연금 또는 국가보조금을 수령하게 된다. 보조금이란 국가 외의 자가 수행하는 사무 또는 사업에 대하여 국가(국가재정법 별표 2에 규정된 법률에 따라 설치된 기금을 관리·운용하는 자를 포함한다)가 이를 조성하거나 재정상의 원조를 하기 위하여 교부하는 보조금(지방자치단체에 교부하는 것과 그 밖에 법인·단체 또는 개인의 시설자금이나 운영자금으로 교부하는 것만 해당한다), 부담금(국제조약에 따른 부담금은 제외한다), 그 밖에 상당한 반대급부를 받지 아니하고 교부하는 급부금으로서 대통령령으로 정하는 것을 말한다(보조금 관리에 관한 법률 제2조 제1항).

정부로부터 국고보조금 등을 수취한다면 이것 역시 수익사업소득인지에 대해 논란이 있을 수 있다. 기존 예규와 판례를 살펴보면 정부출연금이나 국고보조금을 비영리법인이 수령하였을 때 이를 수익사업소득에 속하는 것인지 아닌지에 대해서 사례별로 일관된 관점이 존재하지 않는 것처럼 보였다. 그러나 최근에는 예규를 정비하여 정부출연금이나 국고보조금에 대하여는 수익사업소득으로 보지 않고 이를 재원으로 수익사업에 지출한 금액은 수익사업의 손금으로 인정하고 있다.

> **│ 중요 예규 및 판례 │**
>
> **조심 2024전2610, 2024.6.26**
> 기획재정부는 쟁점보상금에 대해 「법인세법」상 수익사업에서 발생한 소득에 해당하지 않는 것으로 유권해석(법인세제과－343, 2022.8.29.)하여 청구법인은 위 유권해석에 따라 쟁점보상금을 수익사업에서 발생한 수입금액에서 제외하여 2022사업연도 법인세를 신고하였고, 또한 기획재정부는 공통손금은 「법인세법 시행규칙」 제76조 제6항 제2호에 따라 수입금액에 비례하여 안분하여 소득금액을 계산하는 것으로 유권해석(법인세제과－586, 2023.10.12.)한바,
> 청구법인이 비수익사업을 영위하지 않으므로, 공통손금을 안분계산 할 수 없다는 주장은 타당하지 않은 점, 「법인세법」 제113조는 비영리법인이 수익사업을 영위하는 경우에는 자산·부채 및 손익을 당해 수익사업에 속하는 것과 수익사업이 아닌 그 밖의 사업에 속하는 것을 각각 별개의 회계로 구분하여 경리하도록 규정하고 있고, 같은 법 시행규칙 제76조에 따르면 공통되는 손금은 익금에 대응하는 것에 한하는 것으로 규정되어 있는바, 청구법인이 법인세 신고 시 「법인세법」 제4조 제3항에 따른 수익사업에서 생긴

소득에 해당하지 않는 것으로 보아 익금불산입으로 세무조정한 쟁점보상금의 경우, 그에 대응하는 개별손금은 직접 손금불산입하여야 하고, 특정한 비용이 수익사업 또는 비수익사업 중 어디에서 발생하였는지가 불분명한 경우에는 공통손금으로서 위 규정에 따른 구분계산의 방법에 따라 수익사업과 비수익사업으로 안분계산되어야 하는 점 등에 비추어, 청구주장은 받아들이기 어렵다고 판단됨.

기획재정부 법인세제과 – 586, 2023.10.12.

(쟁점1) 비영리법인의 수익사업과 비수익사업이 있는 경우 개별손금은 수익사업과 비수익사업에 각각 귀속시키고 공통손금은 「법인세법 시행규칙」 제76조 제6항 제2호에 따라 수익사업과 비수익사업이 동일한 업종이면 수입금액에 비례하여 안분하여 소득금액을 계산하는 것임. 또한 같은 조 제6항에 따라 수입금액에 비례하여 구분하는 것이 불합리한 경우에는 국세청장이 정하는 작업시간, 사용시간, 사용면적 등의 기준에 의하여 안분계산 할 수 있는 것임.

(쟁점2) 고유목적사업준비금은 「법인세법」 제29조 제1항에 따라 비영리법인이 각 사업연도의 결산을 확정할 때 고유목적사업준비금을 손금에 계상한 경우 그 계상한 고유목적사업준비금을 같은 조 제1항 각호의 구분에 따른 금액의 합계액의 범위에서 손금에 산입하는 것임. 또한 같은 조 제2항에 따라 감사인의 회계감사를 받는 비영리내국법인은 고유목적사업준비금으로 적립한 경우 그 금액을 결산을 확정할 때 손비로 계상한 것으로 보는 것임.

(쟁점3) 「국세기본법」 제48조 제1항 제2호에 따라 납세자에게 가산세가 감면되는 정당한 사유가 있는지는 구체적인 사안에 대해 사실판단할 사항임.

기획재정부 법인세제과 – 282, 2023.5.8.

의료업을 영위하는 비영리내국법인이 「감염병의 예방 및 관리에 관한 법률」 제70조에 따라 감염병관리기관의 지정 또는 격리소 등의 설치·운영으로 발생한 손실 등을 보상하기 위해 지급받은 손실보상금을 원천으로 지출한 비용의 손금산입 여부

(제1안) 손금산입 가능

(제2안) 손금산입 불가능

귀 질의의 경우 제2안이 타당함.

기획재정부 법인세제과 – 343, 2022.8.29.

의료업을 영위하는 비영리내국법인에 대하여 「감염병의 예방 및 관리에 관한 법률」 제70조에 따라 감염병관리기관의 지정 또는 격리소 등의 설치·운영으로 발생한 손실 등을 보상하기 위해 지급한 손실보상금은 「법인세법」 제4조 제3항에 따른 '수입사업에서

생기는 소득'에 해당하지 않는 것임.

서면 – 2020 – 법령해석법인 – 1667, 2021.1.18.

「낙농진흥법」 제5조에 따라 설립된 낙농진흥회가 원유와 유제품의 수급 및 가격 안정을 위하여 정부로부터 원유수급조절자금 및 가공원료유지원금(이하 '출연금')을 지급받아 목적사업에 사용한 후 남은 금액을 정부에 반납해야 하는 경우 해당 출연금은 「법인세법」 제4조 제3항 제1호에서 규정하는 '수익사업에서 생기는 소득'에 해당하지 아니하는 것이며, 원유수급조절자금을 매출원가에서 차감하고, 같은 금액을 생산차액보전비로 비용처리한 경우 생산차액보전비는 각 사업연도 소득금액을 계산할 때 손금에 산입하는 것임.

사전 – 2020 – 법령해석법인 – 1182, 2020.12.30.

비영리내국법인이 「국가연구개발사업의 관리 등에 관한 규정」 제2조 제1호에 따른 국가연구개발사업에 참여하여 연구개발을 수행하고 소요된 연구개발비를 용역제공에 대한 대가관계 없이 국가 등으로부터 실비변상적 성격의 국고보조금으로 지원받는 경우, 해당 비영리내국법인이 수령한 국고보조금은 「법인세법」 제4조 제3항에 따른 "수익사업에서 생기는 소득"에 해당하지 않는 것임.

서면 – 2019 – 법인 – 4609, 2020.7.21.

비영리내국법인이 정부의 사업을 공단으로부터 재위탁받아 공단을 통해 정부지원금을 수령하고, 해당 사업에 소요된 경비를 충당한 후 매년 정산하여 잔액을 공단에 반환함에 따라 최종적으로 해당 사업의 손익이 국가에 귀속되는 경우 비영리내국법인이 공단으로부터 수령한 정부지원금은 수익사업에서 생기는 소득에 해당하지 아니하는 것임.

사전 – 2019 – 법령해석법인 – 0125, 2019.4.3.

의료업을 영위하는 비영리내국법인이 지방자치단체로부터 부채상환, 결손보전 등에 사용할 목적으로 수령한 국고보조금은 「법인세법」 제3조 제3항 제1호(2018.12.24. 법률 제16008호로 개정되기 전의 것)에 따른 "수익사업에서 생기는 소득"에 해당하지 아니하는 것임.

서면 – 2018 – 법인 – 1781〔법인세과 – 2490〕, 2018.9.13.

정부의 허가를 받아 설립된 비영리내국법인이 국가연구개발사업인 백신글로벌 산업화 기반구축사업을 위해 국가 또는 지방자치단체로부터 무상으로 받는 국고보조금은 「법인세법」 제3조 제3항 제1호에서 규정하는 '수익사업에서 생기는 소득'에 해당하지 아니하는 것이며, 이 경우 국고보조금을 수익사업에 지출 또는 전입한 경우에는 「법인세법 시행규칙」 제76조 제3항에 따라 자본의 원입으로 처리하는 것으로 해당 자금을 원천으로 하여 지출한 운영비(인건비 등) 및 취득한 기반시설 등의 고정자산에 대해 「법인세법」 제23조에 따라 계상한 감가상각비는 손금에 산입하는 것임.

서면 – 2017 – 법령해석법인 – 3527, 2018.7.18.

「중소기업진흥에 관한 법률」 제68조의 규정에 의해 설립된 중소기업진흥공단이 같은 법 제67조에 따라 중소기업의 창업촉진 및 경영기반 확충 등에 필요한 자금지원을 위하여 주무관청이 승인하는 대출금리로 중소기업에 대한 자금지원사업을 수행함으로 인하여 발생한 손실을 정부로부터 직접 보전받는 이차보전출연금은 「법인세법」 제3조 제3항에 따른 수익사업소득에 해당하지 않는 것임.

서면 – 2017 – 법인 – 3129, 2018.5.17.

비영리법인인 산학협력단이 재화 또는 용역제공 등에 대한 대가관계 없이 한국산업기술진흥원으로부터 무상으로 지원받은 정부출연금은 「법인세법」 제3조 제3항의 수익사업에서 생긴 소득에 해당하지 아니하는 것임.

서면 – 2016 – 법령해석법인 – 6066, 2017.10.19.

의료업을 영위하는 비영리내국법인이 국가 또는 지방자치단체로부터 병원 건물 또는 의료기기 등을 취득할 목적으로 수령한 국고보조금은 「법인세법」 제3조 제3항 제1호에서 규정하는 "수익사업에서 생기는 소득"에 해당하지 아니하는 것이며, 해당 국고보조금을 수익사업에 지출 또는 전입한 경우에는 「법인세법 시행규칙」 제76조 제3항에 따라 자본의 원입으로 처리하고, 해당 자금을 원천으로 하여 취득한 병원 건물 또는 의료기기 등 고정자산에 대한 감가상각비는 「법인세법」 제23조에 따라 손금에 산입하는 것임.

서면법령법인 – 3046, 2016.4.19.

비영리법인인 (재)○○○가 "○○○○대회"를 개최하면서 국가 등으로부터 용역제공 등에 대한 대가관계 없이 지원받은 국고보조금 및 지원금은 「법인세법」 제3조 제3항 및 같은 법 시행령 제2조 제1항에 따른 수익사업(이하 "수익사업"이라 함)에 해당하지 아니하는 것이며, 휘장사용대가로 받는 후원금, 방송권 판매수입, 광고대행료, 선수단숙식비, 선수단수송비는 수익사업에 해당하는 것임.

아울러 비영리법인이 수익사업을 하는 경우 발생한 비용은 수익사업과 기타의 사업의 비용을 구분경리하여야 하는 것으로 종업원에 대한 급여는 근로의 제공내용을 기준으로 구분계산하는 등 수익사업과 기타의 사업에 공통되는 비용은 「법인세법 시행규칙」 제76조 제6항에 따라 처리하는 것임.

법인 - 300, 2010.3.26.

×××세계대회의 성공적 개최를 위하여 국토해양부 등으로부터 대가관계 없이 국고보조금 및 지원금을 지원받는 경우 국고보조금 등은 수익사업소득에 해당하지 아니함.

서면2팀 - 629, 2008.4.7.

비영리법인이 국가 등으로부터 「보조금의 예산 및 관리에 관한 법률」에 따라 지원받은 보조금을 고유목적사업에 사용하고 잔액을 반납하는 경우 보조금은 수익사업에 해당하지 않음.

서면2팀 - 194, 2008.1.29.

비영리내국법인이 「보조금의 예산 및 관리에 관한 법률」에 의한 보조금을 노동부에서 지급받고 직업능력개발훈련을 위탁받아 실시하면서, 훈련생에게 교육비·훈련수당·교통비·식비·기숙사비 등을 전액 무료로 지원하고 별도의 수탁료 없이 동 사업을 시행한 후 잔액을 정산하여 반환하는 경우에는 「법인세법」 제3조 제2항의 수익사업에서 생기는 소득에 해당하지 아니하는 것임.

서면2팀 - 28, 2007.1.5.

비영리법인이 노동부로부터 국고보조금을 받아 교육·훈련사업을 시행하고 잔액을 반환하는 경우 수익사업에서 생기는 소득에 해당하지 않음.

서면2팀 - 995, 2006.5.30.

「신문의 자유와 기능보장에 관한 법률」에 의한 비영리법인이 동법에 따라 국가로부터 지원받는 보조금을 수익사업에 해당하지 않는 고유목적사업에 사용한 경우 동 보조금은 수익사업소득이 아님.

서면2팀 - 920, 2006.5.23.

지방자치단체 산하 재단법인이 용역제공 등에 대한 대가관계 없이 지방자치단체나 정통부 산하인 한국소프트웨어진흥원 등으로부터 보조금 및 출연금을 지원받는 수입은 「법인세법」 제3조에 규정한 수익사업소득에 해당하지 아니하는 것임.

서면2팀 - 472, 2006.3.7.

당해 비영리법인이 「보조금의 예산 및 관리에 관한 법률」의 규정에 의하여 '응급의료기관 지원비' 등의 명목으로 국가 등으로부터 지원받는 국고보조금은 동 비영리법인의 회계에 속하는 자금으로서 「법인세법 시행령」 제2조의 규정에 의한 수익사업에서 발생된 소득에 해당하지 아니하는 것임.

서면2팀 - 1770, 2005.11.4.

비영리법인에 해당하는 ○○연구소가 「산업기술기반조성에 관한 법률」의 규정에 의하여 산업자원부장관과 광기술지원을 목적으로 협약을 맺고 기술기반조성사업을 실시하는데 소요되는 비용을 용역제공 등에 대한 대가관계 없이 보조받는 경우 동 보조금(또는 출연금)은 당해 비영리법인의 수익사업소득에 해당되지 아니하는 것이나, 다만 계약 등에 의하여 그 대가를 받고 연구 및 개발용역을 제공하는 경우에는 「법인세법 시행령」 제2조 제1항 제2호의 규정에 의하여 과세되는 수익사업의 범위에 해당되는 것임.

재법인 - 667, 2004.12.10.

비영리법인이 법인세법시행령 제2조 제1항 제2호의 규정에 의한 연구 및 개발업을 수행하면서 용역대가 없이 정부로부터 출연받은 경우 동 출연금은 법인세법 제3조 제2항의 규정에 의한 수익사업에 해당되지 아니하는 것이며, 비영리법인이 동 출연금으로 취득한 기계장치(시험용 설비)를 동법시행규칙 제76조 제3항의 규정에 따라 수익사업으로 전입하고 동 자산가액을 자본의 원입으로 경리한 경우에는 당해 기계장치에 대하여 동 법시행령 제26조의 규정에 의해 계산한 감가상각비를 손금에 산입하는 것임.

서면2팀 - 1076, 2004.5.24., 법인 46012 - 2890, 1996.10.18., 법인 22601 - 2850, 1986.9.20.

비영리법인이 고유목적사업과 관련하여, 국가 또는 지방자치단체로부터 용역제공 등에 대한 대가관계 없이 지원받은 보조금은 수익사업소득이 아님.

서이 46012 - 11507, 2003.8.19.

비영리법인인 재단법인 한국화학시험연구원이 「국가연구개발사업의 관리 등에 관한 규정」에 의하여 중소기업청과 중소기업생산현장직무기피요인해소사업에 대한 개발협약을 체결하고 연구개발에 소요되는 비용을 용역제공 등에 대한 대가관계 없이 국가로부터 출연금의 형태로 지급받는 경우 동 출연금에 대하여는 「법인세법」 제121조의 규정에 의한 계산서 작성·교부의무가 없는 것임.

서이 46012 - 10360, 2003.2.19.

비영리법인에 해당하는 재단법인 한국○○시험연구원이 「산업기술기반조성에 관한 법률」 제5조 제2항의 규정에 의하여 산업자원부장관과 유해성시험평가 지원센터 기술기반조성사업에 대한 협약을 맺고 동법 동조 제3항의 규정에 의하여 동 기술기반조성사업을 실시하는데 소요되는 비용을 용역제공 등에 대한 대가관계 없이 출연받는 경우 동 출연금은 당해 비영리법인의 수익사업소득에 해당되지 아니하는 것임.

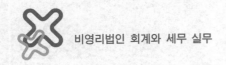

> **재법인 46012 - 121, 2002.7.2.**
> 「정부출연연구기관 등의 설립운영 및 육성에 관한 법률」 등에 의하여 설립된 정부출연연구기관이 「국가연구개발사업의 관리 등에 관한 규정」 제2조 제1호의 규정에 의한 국가연구개발사업을 국가와 협약을 맺어 수행하면서 동 연구개발비를 국가로부터 출연금의 형태로 지급받는 경우는 「법인세법 시행령」 제2조 제1항 제2호 괄호에서 규정하는 "계약 등에 의하여 그 대가를 받고 연구 및 개발용역을 제공하는 사업"의 범위에 포함되지 아니하여 수익사업에 해당하지 아니함.
>
> **법인 46012 - 2890, 1996.10.18.**
> 비수익사업(장애인 치료사업)과 수익사업(비장애인 치료사업)을 고유목적으로 영위하는 사회복지법인이 국가로부터 무상으로 받는 보조금은 법인세의 과세대상소득이 아님.

2-4. 출연받은 재산의 법인세 과세 여부

업무와 직접 관계없이 타인으로부터 무상으로 받은 자산의 가액은 법인세법상 수익사업소득이 아니다(법인세법 기본통칙 4 - 3…3). 또 비영리법인에게는 잔여재산에 대하여 사적 배분 없이 모두 국가나 지방자치단체 등으로 귀속된다는 점에서 자본의 개념은 없다고 보아야 할 것이다.

따라서 비영리법인은 설립 시점인지 또는 설립 이후 시점인지 여부와 관계없이 업무와 직접 관계없이 타인으로부터 무상으로 받은 자산의 가액은 법인세가 아니라 「상속세 및 증여세법」상 증여재산에 속하여 증여세 부과 대상에 해당한다(상속세 및 증여세법 제4조). 다만, 상속세 및 증여세법상 공익법인등에 해당하면 증여받은 재산에 대하여 과세가액불산입의 혜택이 주어지고 사후관리의무가 발생하게 된다(상속세 및 증여세법 제48조). 반면 공익법인등이 아닌 비영리법인이 업무와 직접 관계없이 타인으로부터 무상으로 받은 자산의 가액은 법인세가 아니라 증여세가 부과된다. 이에 대하여는 '제4장 상속세 및 증여세법'에서 설명하고자 한다.

기획재정부 법인세제과 - 283, 2022.8.16.

질 의

수익사업을 영위하는 비영리법인이 금전출납 및 자금관리 등에 관한 사무를 대행할 주거래 은행을 공개경쟁방법으로 선정하면서, 주거래은행으로 선정되는 금융회사로부터 해당 비영리법인 발전기여금 명목으로 출연받는 금고협력금의 법인세법상 수익사업 소득 해당 여부

(제1안) 전액 수익사업 소득에 해당

(제2안) 본연의 수익사업과 관련된 금액만 수익사업 소득에 해당

(제3안) 수익사업 소득에 해당하지 않음.

회 신

귀 질의의 경우 제2안이 타당함.

서면 - 2020 - 법인 - 3408, 2021.3.3.

질 의

(질의1) 비영리법인이 「긴급재난기부금 모집 및 사용에 관한 특별법」에 따라 수령한 기부금에 대해 법인세 과세되는지 여부

(질의2) 비영리법인이 「긴급재난기부금 모집 및 사용에 관한 특별법」에 따라 수령한 기부금을 수익사업에 사용하는 경우 해당 기부금에 대해 법인세 과세되는지 여부

회 신

질의1의 경우 기존 회신사례(법인 - 1143, 2010.12.7.)를 참고하기 바람.

※ 법인, 법인세과 - 1143, 2010.12.7.

비영리내국법인이 업무와 직접 관계없이 타인으로부터 무상으로 받은 자산의 가액은 비수익사업에 속하므로 법인세 과세대상이 되지 아니하는 것임.

질의2의 경우 기존 회신사례(사전법령법인 - 151, 2016.2.17.)를 참고하기 바람.

※ 법인, 사전 - 2015 - 법령해석법인 - 0151, 2016.2.17.

위 사전답변 신청의 사실관계와 같이, 비영리내국법인인 학교법인이 업무와 직접 관계없이 타인으로부터 무상으로 받은 자산을 수익사업에 사용하는 경우 해당 자산의 가액은 법인세 과세대상에 해당하지 아니하는 것임.

사전 - 2015 - 법령해석법인 - 0151, 2016.2.17.

비영리내국법인인 학교법인이 업무와 직접 관계없이 타인으로부터 무상으로 받은 자산을 수익사업에 사용하는 경우 해당 자산의 가액은 법인세 과세대상에 해당하지 아니하는 것임.

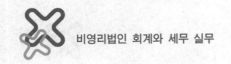

2-5. 각종 회비 명목 징수액의 수익사업소득 여부

비영리법인이 고유목적사업을 수행함에 있어 회원들에게 회비를 수령하는 것은 수익사업에 해당하지 아니한다(법인세법 기본통칙 4-3…3). 하지만 그것이 용역제공 등과 관련한 대가이거나 회비를 수령하고 비영리법인의 사업관련 정보 등이 담긴 정기간행물 등을 발행하는 경우 수익사업소득으로 보아야 할지에 다툼이 생길 수 있다. 명목상으로는 회비이기는 하지만 실질적으로 회원에게 재화나 용역의 제공이 이루어지는 경우에는 수익사업소득으로 볼 수 있다.

> **법인세법 기본통칙 4-3…4【간행물 등의 대가를 회비명목으로 징수하는 경우의 수입금액 계산】**
> ① 비영리내국법인이 간행물 등을 발간하여 직접적인 대가를 받지 아니하고 회비 등의 명목으로 그 대가를 징수하는 경우에는 다음 각호에 따라 수입금액을 계산한다.
>   1. 회원으로부터 그 대가를 받지 아니하고 별도의 회비를 징수하는 경우에는 그 회비 중 당해 간행물 등의 대가상당액을 수입금액으로 본다.
>   2. 회원 이외의 자로부터 그 대가를 받지 아니하고 회비 등의 명목으로 금전을 수수하는 경우에는 그 수수하는 금액을 수입금액으로 본다.
> ② 제1항에서 "회비 등의 명목으로 그 대가를 징수하는 경우"라 함은 다음 각호에 게기하는 것으로 한다.
>   1. 회원에게 배포한 간행물 등이 독립된 상품적 가치가 있다고 인정되는 것으로서 그 대가상당액을 별도의 회비 명목으로 징수하는 경우
>   2. 건전한 사회통념에 비추어 보아 소속회원에게 봉사하는 정도를 넘는 회비를 징수하고 간행물 등을 배포하는 경우
>
> **법인세법 기본통칙 4-3…5【수익사업으로 보지 아니하는 회보발간에 관련된 광고수입에 대응하는 손금의 계산】**
> 비영리내국법인이 수익사업으로 보지 아니하는 회보 등을 발간함에 있어서 동 회보에 광고를 게재하는 경우 회보발간비는 광고수입에 대응하는 손금으로 한다. 이 경우 광고수입을 초과하는 회보발간비는 비수익사업에 속하는 것으로 한다. (2003.5.10. 후단개정)

서면 - 2018 - 법령해석법인 - 2733, 2019.12.26.
비영리법인이 산업통상자원부가 원전수출 증진을 위하여 해외에서 실시하는 특정사업을 대행하면서 그 사업에 소요되는 비용을 사업에 참여하는 특정 회원사들로부터 특수목적회비로 수령하는 경우, 해당 비영리법인이 수령하는 특수목적회비는 「법인세법」 제4조 제3항에 따른 수익사업 소득에 해당하는 것임.

조심 2019서1852, 2019.9.18.
교육지원서비스업을 영위하는 비영리법인인 청구법인은 ○○○로부터 ○○○을 구매하여 회원들에게 공급하고 kg당 일정액을 일반회비로 수령하였고 그 거래의 실질을 보면 청구법인은 이러한 ○○○의 유통과정에서 회원들로부터 거래이익을 얻은 것이므로 청구법인은 도매업을 영위한 것으로 볼 수 있는바, 도매업은 「법인세법」 제3조 제3항 제1호에 규정하고 있는 수익사업인 점, 청구법인이 회원사들에게 ○○○을 공급하고 ○○○의 공급량(kg)에 따라 회원사들로부터 일반회비를 수령하였는바, 거래상대방이 비록 회원들이라고 하더라도 청구법인은 소속 회원들과는 독립된 별개의 법인체로서 일반회비가 회원들이 아닌 청구법인에게 직접 귀속되는 것이고 청구법인이 사업상 독립하여 재화 등을 공급한 것으로 볼 수 있는 점, 이 건 일반회비는 일반적인 형태와는 달리 공급량에 비례하여 징수되므로 동 회비가 실비변상에 불과한 규모라고 하더라도 ○○○의 공급과 일반회비와는 경제적 대가관계가 없다고 볼 수 없고, 처분청에 따르면 처분청은 청구법인이 부과하는 대인회비○○○에 대해서는 별도로 익금에 산입하지 않은 점 등에 비추어 처분청이 청구법인이 ○○○로부터 ○○○을 매입하여 회원사에게 공급한 것을 수익사업으로 보아 법인세를 과세한 이 건 처분은 달리 잘못이 없는 것으로 판단됨.

조심 2016부4366, 2017.7.19.
청구법인의 명상수련원 사업을 「법인세법」상 비영리법인이 영위하는 수익사업에 해당되고, 회원들로부터 지급받은 수행참가비를 「부가가치세법」상 부가가치세 과세대상에 해당되는 것으로 보아 법인세 및 부가가치세를 과세한 처분은 잘못이 없고, 입회비의 경우에도 청구법인이 제공하는 명상수련법 전수 프로그램 운영 대가의 일부로서 지급받는 수행참가비와 그 지급방법만 상이할 뿐 사실상 동일한 성격이므로 이 건 처분은 잘못 없음.

조심 2012서4403, 2014.8.11.
청구법인이 사원 등에게 제공한 계좌이체 등을 위한 금융공동망업무, 지로업무, 어음교환업무 등의 쟁점업무는 수익사업이 아닌 청구법인의 고유목적사업으로 보는 것이 타당한바, 이에 소요되는 경비에 충당하기 위하여 징수하는 기본회비와 업무별회비를 수익

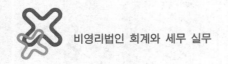
사업의 대가에 해당하는 것으로 보아 과세한 처분은 잘못된 것임.

조심 2010서3340, 2011.4.28.

- 설립배경 : 1943년경부터 ○○○사업에 종사하여온 ○○○가 1993년 6월 설립한 ○○○을 전신으로 하는 비영리 봉사단체로서, ○○○의 연구·민간보급 및 봉사단체인 청구법인의 설립목적 달성을 위한 인력양성을 목적으로 1999년 2월부터 ○○○을 설치하여 ○○○요법을 전수함.

- 주요 과정 :

  교육과정으로 기본지식을 전수하는 기본과정(3개월)

  신체경혈에 대한 실습과 세부분야의 깊이 있는 학습을 진행하는 본과정(3개월)

  실제 진단과 처분을 다루는 전문과정(6개월)

  이 중 전문과정에 진입한 자는 청구법인의 일반회원 자격을 취득함과 동시에 ○○○의 봉사원으로서 무료봉사활동에 참가함.

- 청구법인이 운영하는 고급과정은 교육기간이 6개월로 회비(수강료)가 1,000,000원(현재는 1,200,000원)으로 획일적으로 책정되어 있었으며, 수강 취소시 수업회수·임상횟수를 계산하여 환불하면서 직원가족 등 특별한 경우에는 할인을 해주고 있음.

  (가) 청구법인이 개설한 정규교육과정의 구성내용을 보면, 청구법인이 제공하고 있는 고급과정은 청구법인이 주관하는 사설자격증인 ○○○시험을 응시하기 위한 최종과정으로 일련의 교육과정 중 하나로서의 성격을 가지며, 그 과정에서 하는 봉사활동도 진단과 처방을 위주로 이론과 실습교육 병행하는 과정의 일부분으로 소개되었으며, 청구법인의 회계처리 등을 보더라도 청구법인 스스로도 수익사업으로 인정한 중급과정과의 차이점이 명확하지 아니하고, 고급과정 수강생은 청구법인의 일반회원이 되기는 하지만, 일반회원은 정회원과는 달리 회원으로서의 선거권과 피선거권 및 결의권을 갖지 못하고 봉사활동 등에만 참여하여 회원이라기보다는 교육과정의 수강생이라고 보는 것이 실질에 근접한 것으로 보이는바,

  (나) 전문과정 '회원회비'는 청구법인이 개설한 비인가교육인 ○○○의 교육에 대한 대가(국심 2003서2136, 2004.2.16. 같은 뜻임)로 보는 것이 그 실질에 부합한다고 할 것이므로, 이를 부가가치세 과세표준에 포함하고, 법인소득금액 계산상 익금에 산입하여 부가가치세와 법인세를 과세한 처분은 달리 잘못이 없다고 판단함.

법인 – 1198, 2010.12.27.

비영리내국법인이 그 회원으로부터 받는 회비는 수익사업에서 생기는 소득에 해당되지 아니하는 것이나 그 회비의 실질이 용역제공 등과 관련한 대가인 경우에는 수익사업에서 생긴 소득으로 봄.

2-6. 정부로부터 위탁 또는 대행사업시 수익사업소득의 범위

비영리법인이 정부로부터 사업을 위탁받거나 대행으로 사업을 수행하고 위탁자로부터 대가를 수령할 때 비영리법인의 수익사업에 해당하는지 여부와 수익사업에 해당한다면 수입 전체를 수익사업소득에 포함시켜야 할 지 아니면 그 사업 수행에 대한 수수료만을 수익사업소득에 포함시켜야 할지가 쟁점이 된다.

「행정권한의 위임 및 위탁에 관한 규정」에서는 행정능률의 향상, 행정사무의 간소화와 행정기관의 권한 및 책임의 일치를 위하여 법률에 규정된 행정기관의 권한 중 그 보조기관 또는 하급행정기관의 장에게 위임하거나 다른 행정기관의 장 또는 지방자치단체의 장에게 위임 또는 위탁할 권한을 정하고, 「정부조직법」 제6조 제3항 및 그 밖의 법령에 따라 행정간여(干與)의 범위를 축소하여 민간의 자율적인 행정 참여의 기회를 확대하기 위하여 법률에 규정된 행정기관의 소관 사무 중 지방자치단체가 아닌 법인·단체 또는 그 기관이나 개인에게 위탁할 사무를 정함을 목적으로 비영리법인이 수행하는 사업에 대해서 정하고 있다.

┃ 행정권한의 위임 및 위탁에 관한 규정 ┃

제2조【정의】이 영에서 사용하는 용어의 뜻은 다음과 같다.
1. "위임"이란 법률에 규정된 행정기관의 장의 권한 중 일부를 그 보조기관 또는 하급행정기관의 장이나 지방자치단체의 장에게 맡겨 그의 권한과 책임 아래 행사하도록 하는 것을 말한다.
2. "위탁"이란 법률에 규정된 행정기관의 장의 권한 중 일부를 다른 행정기관의 장에게 맡겨 그의 권한과 책임 아래 행사하도록 하는 것을 말한다.
3. "민간위탁"이란 법률에 규정된 행정기관의 사무 중 일부를 지방자치단체가 아닌 법인·단체 또는 그 기관이나 개인에게 맡겨 그의 명의로 그의 책임 아래 행사하도록 하는 것을 말한다.
4. "위임기관"이란 자기의 권한을 위임한 해당 행정기관의 장을 말하고, "수임기관"이란 행정기관의 장의 권한을 위임받은 하급행정기관의 장 및 지방자치단체의 장을 말한다.
5. "위탁기관"이란 자기의 권한을 위탁한 해당 행정기관의 장을 말하고, "수탁기관"이란 행정기관의 권한을 위탁받은 다른 행정기관의 장과 사무를 위탁받은 지방자치단체가 아닌 법인·단체 또는 그 기관이나 개인을 말한다.

제8조【책임의 소재 및 명의 표시】
① 수임 및 수탁사무의 처리에 관한 책임은 수임 및 수탁기관에 있으며, 위임 및 위탁기관의 장은 그에 대한 감독책임을 진다.
② 수임 및 수탁사무에 관한 권한을 행사할 때에는 수임 및 수탁기관의 명의로 하여야 한다.

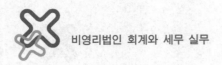
제13조【계약의 체결 등】
① 행정기관은 민간수탁기관이 선정되면 민간수탁기관과 위탁에 관한 계약을 체결하여야 한다.
② 행정기관은 민간수탁기관과 위탁에 관한 계약을 체결할 때에는 계약 내용에 민간위탁의 목적, 위탁 수수료 또는 비용, 위탁기간, 민간수탁기관의 의무, 계약 위반 시의 책임과 그 밖에 필요한 사항을 포함하여야 한다.

「행정권한의 위임 및 위탁에 관한 규정」에서는 '민간위탁'이라는 용어를 행정기관의 사무 중 일부를 지방자치단체가 아닌 법인·단체 또는 그 기관이나 개인에게 맡겨 그의 명의로 그의 책임 아래 행사하도록 하는 것으로 정의하고 있다. 하지만 현재 정부 각 부처별로 민간법인과 사업을 진행하기 위해 계약을 맺으면서 위탁인지 대행계약인지 명확히 구분하여 사용하지 않고 있는 것 같다. 납세자 입장에서는 위탁계약과 대행계약의 구분의 모호함이 (세금)계산서의 교부 문제라든지 지출증빙을 수령해야 하는 점 등의 문제를 일으킬 수 있어 혼란을 준다. 일반적으로 위탁계약은 사업 전체를 비영리법인에게 정부가 위임하여 사업수행이 수탁자의 명의나 행위로 이루어지고 대행계약은 사업의 권한이나 명의는 정부가 가지고 비영리법인은 사업 대행에 대해서만 수행하여 그 수수료만을 수취한다. 그렇기 때문에 수익사업소득을 구분함에 있어서 대행계약의 경우는 대행수수료에 대해서만 수익사업소득에 포함시키고 위탁계약의 경우에는 수익전부를 수익사업소득에 포함시키고 사업 수행 시 발생하는 비용 등을 손금으로 계상하여 차감하는 것이 타당할 것이다. 그러나 이러한 판단은 각 계약별로 사업의 성격에 따라 개별적으로 검토되어야 할 것이다.

 | 중요 예규 및 판례 |

사전 – 2024 – 법규법인 – 0215, 2024.7.11.

(질의)

비영리법인이 지자체로부터 위탁받아 관리·운영 중인 병원에서 발생하는 수익과 비용의 전부가 지자체에 귀속되는 경우
– 해당 병원에서 발생하는 소득에 대한 법인세 신고·납부의무

(회신)

귀 세법해석 사전답변 신청의 경우, 기존의 해석사례(사전법령법인 – 1197, 2020.12.24.)를

참고하기 바람.

○ 사전 – 2020 – 법령해석법인 – 1197, 2020.12.24.

귀 세법해석 사전답변 신청의 사실관계와 같이, 국토교통부가 AA병원을 설치한 후 관리·운영을 비영리의료법인에게 위탁하고, 해당 병원에서 발생하는 수익과 비용이 국토교통부에 귀속되는 경우 AA병원에서 발생한 소득에 대해서는 「법인세법」 제3조 제2항에 따라 법인세를 납부할 의무가 없는 것임.

서면 – 2023 – 법인 – 2788, 2023.9.27.

귀 서면질의의 경우, 아래의 질의 회신 사례(서면법령법인 – 5039, 2017.5.29.)를 참조하기 바람.

○ 서면 – 2016 – 법령해석법인 – 5039, 2017.5.29.

비영리내국법인이 국가로부터 위탁받은 사업을 수행하면서 사업집행자금을 지급받고, 사업 종료 후 사업집행자금의 미집행잔액 및 사업기간 중 발생한 이자 등을 포함한 일체의 손익을 정산하여 국가에 반납함으로써 해당 사업의 손익이 전부 국가에 귀속되는 경우 해당 사업은 수익사업에 해당하지 아니하는 것이나, 그 손익의 전부 또는 일부가 비영리내국법인에 귀속되는 경우 해당 사업은 수익사업에 해당하는 것임.

서면 – 2022 – 법인 – 4501, 2023.6.9.

1. 사실관계

○ 사회복지법인 AA(이하 '질의법인')는 장애인복지시설운영을 목적으로 「사회복지사업법」에 근거하여 설립된 사회복지법인임.

○ '21.2월부터 질의법인은 국가로부터 「장애인활동 지원에 관한 법률」 제20조 제2항에 따라 활동지원기관으로 지정되어 운영하고 있음.

  – 활동지원기관은 활동지원인력을 통해 장애인에 대한 활동보조, 방문목욕, 방문간호를 수행

  – 질의법인은 국가로부터 해당 사업을 위탁받아 운영함으로써 운영비 및 인건비 등을 포함하여 일정액의 사업비를 제공받고 있으며 위탁사업 수행으로 발생하는 일체의 수익금은 질의법인에 귀속

2. 질의내용

○ 비영리내국법인이 국가로부터 위탁받은 사업을 수행하는 경우 그 수행하는 사업이 법인세법상 수익사업에 해당하는지 여부

3. 답변

귀 서면질의의 경우, 아래의 질의 회신 사례(서면 – 2016 – 법령해석법인 – 5039, 2017.5.29.)를 참조하기 바람.

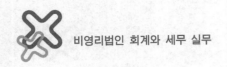

○ 서면 – 2016 – 법령해석법인 – 5039, 2017.5.29.

　비영리내국법인이 국가로부터 위탁받은 사업을 수행하면서 사업집행자금을 지급받고, 사업 종료 후 사업집행자금의 미집행잔액 및 사업기간 중 발생한 이자 등을 포함한 일체의 손익을 정산하여 국가에 반납함으로써 해당 사업의 손익이 전부 국가에 귀속되는 경우 해당 사업은 수익사업에 해당하지 아니하는 것이나, 그 손익의 전부 또는 일부가 비영리내국법인에 귀속되는 경우 해당 사업은 수익사업에 해당하는 것임.

서면 – 2022 – 법인 – 2584, 2022.6.28.

1. 사실관계

○ (사)○○○○○○협회(이하 '질의법인'이라 함)는 「민법」 제32조에 따라 중소벤처기업부의 허가로 설립된 비영리내국법인에 해당('12.9월 설립)

　* 질의법인은 법령 §39①(1)바목에 따라 기획재정부 장관이 지정·고시하는 공익법인에 해당

○ 질의법인은 중소벤처기업부로부터 '2021년 벤처 캐피탈 선진화 사업'을 위탁받아 수행(협약금액 총 1,154백만원)

　– 위탁사업인 '엔젤투자 활성화 및 지역엔젤투자허브 운영*'은 질의법인의 정관에서 정하는 고유목적사업에 해당

　　* 중소벤처기업의 투자 활성화를 위해 펀드 운영 및 투자관련 네트워크 구축 등

　　(정관의 목적사업) 엔젤투자자 및 엔젤투자기관을 위한 각종 투자설명회 개최 및 지원, 엔젤투자자 및 엔젤투자기관 간의 국내외 네트워킹 및 협력에 관한 사업, 엔젤투자 시장의 육성 및 확대사업 등

　– 위탁사업 수행으로 발생되는 일체의 수익금(사업비 집행잔액 및 이자)을 중소벤처기업부에 반납하고, 사업비는 실 소유 경비*에만 사용

　　* 정규직 직원보수, 사무용품비, 인쇄비 등으로 사용되는 내역을 사업 예산표에서 확인

2. 질의내용

○ 비영리내국법인이 국가로부터 위탁받은 사업을 수행하는 경우 그 수행하는 사업이 법인세법상 수익사업에 해당하는지 여부

3. 답변

귀 서면질의의 경우, 아래의 질의 회신 사례(서면 – 2016 – 법령해석법인 – 5039, 2017.5.29.)를 참조하기 바람.

○ 서면 – 2016 – 법령해석법인 – 5039, 2017.5.29.

　비영리내국법인이 국가로부터 위탁받은 사업을 수행하면서 사업집행자금을 지급받고, 사업 종료 후 사업집행자금의 미집행잔액 및 사업기간 중 발생한 이자 등을 포함한 일체의 손익을 정산하여 국가에 반납함으로써 해당 사업의 손익이 전부 국가에 귀속되는 경우 해당 사업은 수익사업에 해당하지 아니하는 것이나, 그 손익의 전부 또는

일부가 비영리내국법인에 귀속되는 경우 해당 사업은 수익사업에 해당하는 것임.

사전 – 2022 – 법규법인 – 0533, 2022.5.30.

「자원의 절약과 재활용촉진에 관한 법률」 제15조의 6에 따라 환경부의 허가를 받아 설립된 ○○○○○○○○센터가 1회용 컵의 회수 등을 촉진하기 위하여 자원순환보증금을 관리 및 반환하는 등의 사업(위·변조방지용 보안요소가 포함된 특수인쇄물('라벨')을 공급하는 업무 포함)을 수행하는 경우, 해당 사업이 「법인세법」 제4조 제3항에 따른 수익사업에 해당하는지 여부는 ○○○○○○○○센터의 설립목적, 수입금의 실비변상 여부, 경쟁업체 유무, 수입금의 목적사업 사용 강제 여부 및 독자적 이익창출 가능 여부 등을 종합적으로 고려하여 사실판단할 사항임.

사전 – 2020 – 법령해석법인 – 0377, 2020.11.16.

비영리법인이 「노인복지법」 제23조의 2에 따라 지방자치단체로부터 위탁받은 노인 일자리사업을 수행하고 해당사업에서 발생하는 손익이 실질적으로 지방자치단체에 귀속되는 경우, 해당 사업에서 발생한 소득은 「법인세법」 제3조 제2항에 따라 법인세 과세대상에 해당하지 아니하는 것임.

서면 – 2019 – 법인 – 4609, 2020.7.21.

비영리내국법인이 정부의 사업을 공단으로부터 재위탁받아 공단을 통해 정부지원금을 수령하고, 해당 사업에 소요된 경비를 충당한 후 매년 정산하여 잔액을 공단에 반환함에 따라 최종적으로 해당 사업의 손익이 국가에 귀속되는 경우 비영리내국법인이 공단으로부터 수령한 정부지원금은 수익사업에서 생기는 소득에 해당하지 아니하는 것임.

서면 – 2018 – 법인 – 2750, 2019.1.3.

공단이 산업통상자원부장관으로부터 자금의 관리·운용에 관한 사무를 위탁받아 관리·운용하면서 이에 소요되는 경비를 자금에서 집행하고 매년 정산하여 잔액은 다시 반환하는 경우 해당 사업은 수익사업에 해당하지 아니하는 것임.

서면 – 2016 – 법령해석법인 – 5039, 2017.5.29.

비영리내국법인이 국가로부터 위탁받은 사업을 수행하면서 사업집행자금을 지급받고, 사업 종료 후 일체의 손익을 정산하여 국가에 반납함으로써 해당 사업의 손익이 전부 국가에 귀속되는 경우 수익사업에 해당하지 아니하나, 그 손익의 전부 또는 일부가 비영리내국법인에 귀속되는 경우 수익사업에 해당함.

서면법규과 – 777, 2014.7.22.

비영리법인이 지방자치단체로부터 위탁받은 청소년수련관 운영사업(이하 "해당사업")을

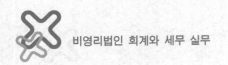

영위하면서 위·수탁협약에 따라 해당사업에서 발생한 손익이 실질적으로 지방자치단체에 귀속될 경우, 해당사업에 대해서는 법인세법 제2조 제3항에 따라 법인세가 과세되지 아니하는 것임.

재법인-429, 2010.6.3.

근로복지공단이 「고용보험법 시행령」 제37조의 2에 의한 고용유지자금 대부사업을 위탁받아 이를 수행하기 위하여 수령하는 정부출연금은 「고용보험법 시행령」 제107조 제4항에 따라 연도 내에 출연금의 목적사업에 사용되지 않고 남으면 정부에 반납해야 하므로 「법인세법」 제3조 제1항의 수익사업에 해당하지 않는 것임.

법인-784, 2009.7.13.

「산업재해보상보험법」에 의하여 설립된 근로복지공단이 노동부로부터 고용유지자금 대부사업을 위탁받아 고용유지에 필요한 자금을 중소기업 사업주에게 대부하고 상환받은 대부원금 및 이자가 노동부로 귀속되는 경우 고용유지자금 대부사업의 관련 손익은 「법인세법」 제2조 제3항에 의하여 법인세 납세의무가 없는 것이나, 고용유지자금 대부사업의 대행에 따른 대가로 노동부로부터 출연금을 지급받는 경우 당해 출연금은 법인세 과세대상이 되는 것임.

법인-1600, 2008.7.16.

비영리법인인 신용회복위원회가 국민연금관리공단으로부터 신용회복 지원을 위한 대여사업을 수탁받아 관련 사업을 수행하고 이에 대한 대가를 수수하는 경우에는 수익사업에 해당하는 것임.

서면2팀-1651, 2007.9.7.

(사)○○○이 한국교통연구원으로부터 자전거 이용시설에 대한 조사를 위탁받아 당해 용역을 제공하고 받은 대가는 비영리법인의 수익사업에 해당하는 것임.

서면2팀-28, 2007.1.5.

비영리내국법인이 「보조금의 예산 및 관리에 관한 법률」에 의한 보조금을 노동부에서 지급받고 직업능력개발훈련을 위탁받아 실시하면서, 훈련생에게 교육비·훈련수당·교통비·식비·기숙사비 등을 전액 무료로 지원하고 별도의 수탁료 없이 동 사업을 시행한 후 잔액을 정산하여 반환하는 경우에는 「법인세법」 제3조 제2항의 수익사업에서 생기는 소득에 해당하지 아니하는 것임.

제 2 절

기 부 금

1 기부금이란?

1-1. 정 의

기부금이란 내국법인이 사업과 직접 관계없이 무상으로 지출하는 금액을 말한다(법인세법 제24조). 이때 기부금을 수령하는 단체의 구분에 따라서 특례기부금(구 법정기부금), 일반기부금(구 지정기부금), 그 밖의 기부금으로 구분하여 세무처리를 하게 된다.

1-2. 의제기부금

기부금에는 지정기부금뿐만 아니라 법인이 「법인세법」 제2조 제12호에 따른 특수관계인 외의 자에게 정당한 사유 없이 자산을 정상가액보다 낮은 가액으로 양도하거나 특수관계인 외의 자로부터 정상가액보다 높은 가액으로 매입함으로써 그 차액 중 실질적으로 증여한 것으로 인정되는 금액을 포함한다. 이 경우 정상가액은 시가에 시가의 100분의 30을 더하거나 뺀 범위의 가액으로 한다(법인세법 시행령 제35조).

2 기부금의 범위

「법인세법」상 기부금은 손금산입의 내용에 따라 다음과 같이 분류할 수 있다(법인세법 제24조 제2항).

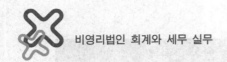
기부금 구분	손금산입 한도액
특례기부금(구 법정기부금)	(해당 사업연도 소득금액 – 이월결손금*) × 50%
일반기부금(구 지정기부금)	(해당 사업연도 소득금액 – 이월결손금* – 특례기부금 손금산입액) × 10%**
그 밖의 기부금	전액 손금불산입

* 법인세법 제13조 제1항 각 호 외의 부분 단서에 따라 각 사업연도 소득의 80%를 한도로 이월결손금 공제를 적용받는 법인은 기준소득금액의 80%를 한도로 함.
** 「사회적기업 육성법」에 따른 사회적기업은 20%

2020년 12월 22일 법 개정시 기부금을 법정기부금과 지정기부금으로 분류하던 용어를 삭제하였다. 이후 기부금 제도에 대한 납세자의 이해도 제고를 위해 2023년 1월 1일 이후 개시하는 사업연도 분부터는 법인세법 제24조 제2항 제1호에 따른 기부금(구 법정기부금)은 '특례기부금'으로, 법인세법 제24조 제3항 제1호에 따른 기부금(구 지정기부금)은 '일반기부금'으로 명칭을 변경하였다.

2023년 1월 1일 이후 개시하는 사업연도 분부터 이월결손금 공제 한도가 60%에서 80%로 상향되었다.

고유목적사업준비금을 설정할 수 있는 비영리법인이 제24조 제3항 제1호에 따른 기부금을 지출하는 경우에는 지정기부금이 아니라 고유목적사업준비금의 지출로 본다(법인세법 제29조).

법인세법 기본통칙 24−0…1 【기부금과 기업업무추진비 등의 구분】
사업과 직접 관계있는 자에게 금전 또는 물품을 기증한 경우에 그 금품의 가액은 기업업무추진비로 구분하며, 사업과 직접 관계가 없는 자에게 금전 또는 물품 등을 기증한 경우에 그 물품의 가액은 거래실태별로 다음 각호의 기준에 따라 기업업무추진비 또는 기부금으로 구분한다. (2003.5.10. 단서삭제)
1. 업무와 관련하여 지출한 금품 …………기업업무추진비
2. 전1호에 해당되지 아니하는 금품………기부금

법인세법 기본통칙 24−39…4 【특수관계있는 단체등에 지출한 지정기부금의 처리】
영 제39조에 따른 단체 등과 특수관계 있는 법인이 동 단체 등에 같은 조에 규정하는 각종 시설비, 교육비 또는 연구비 등으로 지출한 기부금이나 장학금은 이를 지정기부금으로 본다. (2001.11.1. 개정)

2024년 1월 1일 이후 개시하는 과세연도 분부터 기업의 통상적 업무활동인 점을 감안하여 '접대비'의 명칭이 '기업업무추진비'로 변경되었다. 부칙(2022.12.31. 법률 제19193호) 제17조에 따라 2024년 1월 1일 전에 지출한 접대비는 제25조의 개정규정에 따른 기업업무추진비로 본다.

 | 중요 예규 및 판례 |

서면 - 2020 - 법인 - 1296, 2020.6.8.
경제자유구역의 개발사업 시행자인 내국법인이 「경제자유구역의 지정 및 운영에 관한 특별법」 제9조에 따라 승인받은 경제자유구역개발사업 실시계획에 의해 조성한 국제학교 부지와 그 부지에 건축된 학교 시설물 등을 처분함에 있어, 동 실시계획에서 규정하고 있는 처분대상자 및 매매가액 산정방법에 따라 요건을 충족하는 특수관계인 외의 외국학교법인 등에게 시·도지사와 협의하여 결정된 조성원가 이하의 금액으로 공급하는 경우 「법인세법 시행령」 제35조의 의제기부금 규정이 적용되지 않는 것임.

서면 - 2017 - 법인 - 0108, 2017.5.17.
내국법인이 특수관계인인 지정기부금 단체 등에 부동산을 무상 임대하고 당해 단체에서 고유목적사업에 사용하는 경우 임대료 시가 상당액을 지정기부금으로 보는 것이나, 특수관계인인 지정기부금 단체 등에 기부금 지출로 인해 법인의 소득에 대한 조세의 부담을 부당히 감소시킨 것으로 인정되는 경우에는 그러하지 아니하는 것임.

서면 - 2016 - 법인 - 5435, 2016.12.15.
내국법인이 특수관계에 있는 「사립학교법」에 따른 사립학교에 시설비·교육비·장학금 또는 연구비로 지출하는 금액은 「법인세법」 제24조 제2항에 따라 손금에 산입할 수 있는 것으로 「법인세법」 제52조의 부당행위계산 부인 대상에 해당하지 아니하는 것임.

법인 - 1200, 2010.12.30.
비영리내국법인이 각 사업연도에 고유목적사업 또는 지정기부금에 지출하기 위하여 고유목적사업준비금을 손금으로 계상한 경우 「법인세법」 제29조 제1항 각 호의 금액을 합한 금액의 범위 안에서 손금에 산입하는 것임.

법인 - 1033, 2009.9.21.
고유목적사업준비금을 손금으로 계상한 비영리내국법인이 지정기부금을 지출하는 경우에는 먼저 계상한 사업연도의 고유목적사업준비금에서 순차로 상계하여야 하며 지정기부금 시부인 규정은 적용하지 아니함.

3 특례기부금(구 법정기부금)

3-1. 특례기부금 범위

특례기부금(법 제24조 제2항 제1호에 따른 기부금)은 국가나 지방자치단체에 무상으로 기증하는 금품의 가액(다만, 기부금품의 모집 및 사용에 관한 법률의 적용을 받는 기부금품은 같은 법 제5조 제2항4)에 따라 접수하는 것만 해당한다), 국방헌금과 국군장병 위문금품, 천재지변으로 생기는 이재민을 위한 구호금품의 가액, 사립학교 등에 시설비·교육비·장학금 또는 연구비로 지출하는 기부금, 국립대학병원 등에 시설비·교육비 또는 연구비로 지출하는 기부금, 일정요건을 갖춘 전문모금기관 등에 지출하는 기부금으로 소득금액에서 이월결손금을 뺀 금액에 100분의 50을 곱하여 산출한 금액만을 손금으로 인정해준다.

법인세법 제24조 제2항 제1호

1. 국가나 지방자치단체에 무상으로 기증하는 금품의 가액. 다만, 「기부금품의 모집 및 사용에 관한 법률」의 적용을 받는 기부금품은 같은 법 제5조 제2항에 따라 접수하는 것만 해당한다.
  국가 또는 지방자치단체에 무상으로 기증하는 금품의 가액에는 법인이 개인 또는 다른 법인에게 자산을 기증하고 이를 기증받은 자가 지체없이 다시 국가 또는 지방자치단체에 기증한 금품의 가액과 「한국은행법」에 따른 한국은행이 「국제금융기구에의 가입조치에 관한 법률」 제2조 제2항에 따라 출연한 금품의 가액을 포함
2. 국방헌금과 국군장병 위문금품의 가액
  국방헌금에는 「예비군법」에 따라 설치된 예비군에 직접 지출하거나 국방부장관의 승인을 받은 기관 또는 단체를 통하여 지출하는 기부금을 포함

---

4) 「기부금품의 모집 및 사용에 관한 법률」 제5조 【국가 등 기부금품 모집·접수 제한 등】
  ② 국가 또는 지방자치단체 및 그 소속 기관·공무원과 국가 또는 지방자치단체에서 출자·출연하여 설립된 법인·단체는 자발적으로 기탁하는 금품이라도 법령에 다른 규정이 있는 경우 외에는 이를 접수할 수 없다. 다만, 다음 각 호의 어느 하나에 해당하면 이를 접수할 수 있다.
    1. 대통령령으로 정하는 바에 따라 사용용도와 목적을 지정하여 자발적으로 기탁하는 경우로서 기부심사위원회의 심의를 거친 경우
    2. 모집자의 의뢰에 의하여 단순히 기부금품을 접수하여 모집자에게 전달하는 경우
    3. 제1항 단서에 따른 대통령령으로 정하는 국가 또는 지방자치단체에서 출자·출연하여 설립한 법인·단체가 기부금품을 접수하는 경우

3. 천재지변으로 생기는 이재민을 위한 구호금품의 가액

천재지변에는 「재난 및 안전관리 기본법」 제60조에 따라 특별재난지역으로 선포된 경우 그 선포의 사유가 된 재난을 포함

4. 다음의 기관(병원은 제외한다)에 시설비·교육비·장학금 또는 연구비로 지출하는 기부금

가. 「사립학교법」에 따른 사립학교

나. 비영리 교육재단(국립·공립·사립학교의 시설비, 교육비, 장학금 또는 연구비 지급을 목적으로 설립된 비영리 재단법인으로 한정한다)

다. 「근로자직업능력 개발법」에 따른 기능대학

라. 「평생교육법」에 따른 전공대학의 명칭을 사용할 수 있는 평생교육시설 및 원격대학 형태의 평생교육시설

마. 「경제자유구역 및 제주국제자유도시의 외국교육기관 설립·운영에 관한 특별법」에 따라 설립된 외국교육기관 및 「제주특별자치도 설치 및 국제자유도시 조성을 위한 특별법」에 따라 설립된 비영리법인이 운영하는 국제학교

바. 「산업교육진흥 및 산학연협력촉진에 관한 법률」에 따른 산학협력단

사. 「한국과학기술원법」에 따른 한국과학기술원, 「광주과학기술원법」에 따른 광주과학기술원, 「대구경북과학기술원법」에 따른 대구경북과학기술원 및 「울산과학기술원법」에 따른 울산과학기술원

아. 「국립대학법인 서울대학교 설립·운영에 관한 법률」에 따른 국립대학법인 서울대학교, 「국립대학법인 인천대학교 설립·운영에 관한 법률」에 따른 국립대학법인 인천대학교 및 이와 유사한 학교로서 대통령령으로 정하는 학교

이때 "대통령령으로 정하는 학교"란 다음 각 호의 어느 하나에 해당하는 것을 말한다.

1. 「정부출연연구기관 등의 설립·운영 및 육성에 관한 법률」에 따라 설립된 한국개발연구원에 설치된 국제대학원

2. 「한국학중앙연구원 육성법」에 따라 설립된 한국학중앙연구원에 설치된 대학원

3. 「과학기술분야 정부출연연구기관 등의 설립·운영 및 육성에 관한 법률」 제33조에 따라 설립된 대학원대학

자. 「재외국민의 교육지원 등에 관한 법률」 제2조 제3호에 따른 한국학교(대통령령으로 정하는 요건을 충족하는 학교만 해당한다)로서 대통령령으로 정하는 바에 따라 기획재정부장관이 지정·고시하는 학교

2024년 3분기까지 지정 고시된 한국학교의 범위(법인세법 시행령 제38조 제6항)

번호	공익법인	지정기간
1	리야드한국학교	
2	싱가포르한국국제학교	
3	옌타이한국국제학교	2019.1.1. ~ 2024.12.31.
4	타이뻬이한국학교	
5	까오슝한국국제학교	

번호	공익법인	지정기간
6	필리핀한국국제학교	
7	소주한국학교	2020.1.1. ~ 2025.12.31.
8	광저우한국학교	2021.1.1. ~ 2026.12.31.
9	프놈펜한국국제학교	2022.1.1. ~ 2027.12.31.
10	말레이시아한국국제학교	
11	건국한국학교	
12	교토국제중학고등학교	
13	대련한국국제학교	
14	동경한국학교	
15	무석한국학교	
16	북경한국국제학교	
17	상해한국학교	2023.1.1. ~ 2028.12.31.
18	선양한국국제학교	
19	아르헨티나한국학교	
20	오사카금강학교	
21	자카르타한국국제학교	
22	젯다한국학교	
23	천진한국국제학교	
24	테헤란한국학교	

　　차. 「한국장학재단 설립 등에 관한 법률」에 따른 한국장학재단[5]

5. 다음 각 목의 병원에 시설비·교육비 또는 연구비로 지출하는 기부금

　　가. 「국립대학병원 설치법」에 따른 국립대학병원

　　나. 「국립대학치과병원 설치법」에 따른 국립대학치과병원

　　다. 「서울대학교병원 설치법」에 따른 서울대학교병원

　　라. 「서울대학교치과병원 설치법」에 따른 서울대학교치과병원

　　마. 「사립학교법」에 따른 사립학교가 운영하는 병원

　　바. 「암관리법」에 따른 국립암센터

　　사. 「지방의료원의 설립 및 운영에 관한 법률」에 따른 지방의료원

　　아. 「국립중앙의료원의 설립 및 운영에 관한 법률」에 따른 국립중앙의료원

　　자. 「대한적십자사 조직법」에 따른 대한적십자사가 운영하는 병원

---

5) 2023년 1월 1일 이후 개시하는 사업연도부터 일반기부금에서 특례기부금으로 이관

차. 「한국보훈복지의료공단법」에 따른 한국보훈복지의료공단이 운영하는 병원

카. 「방사선 및 방사성동위원소 이용진흥법」 제13조의 2에 따른 한국원자력의학원

타. 「국민건강보험법」에 따른 국민건강보험공단이 운영하는 병원

파. 「산업재해보상보험법」 제43조 제1항 제1호에 따른 의료기관

6. 사회복지사업, 그 밖의 사회복지활동의 지원에 필요한 재원을 모집·배분하는 것을 주된 목적으로 하는 비영리법인(대통령령으로 정하는 요건을 충족하는 법인만 해당한다)으로서 대통령령으로 정하는 바에 따라 기획재정부장관이 지정·고시하는 법인6)에 지출하는 기부금

7. 삭제 <2017.12.19.>7)

 │ 중요 예규 및 판례 │

서면 - 2023 - 법인 - 1679, 2023.9.7.

「재해구호법」에 따른 이재민 구호지원기관인 질의법인이 이재민을 위한 긴급구호용품을 마련하기 위하여 지원받는 기부금은 천재지변이 발생하기 전에 받는 경우에도 「법인세법」 제24조 제2항 제1호 다목의 "천재지변으로 생기는 이재민을 위한 구호금품의 가액"에 해당하는 것임.

서면 - 2021 - 법규법인 - 4607, 2022.10.31.,
기획재정부 법인세제과 - 447, 2022.10.26.

내국법인이 사립학교의 시설비·교육비·장학금 또는 연구비로 사용목적을 한정하여 「사립학교법」 제2조 제2호에 따른 학교법인에 지출한 기부금이 실제 사립학교의 시설비·교육비·장학금 또는 연구비로 사용된 경우는 「법인세법」 제24조 제2항 제1호 라목에 따른 기부금에 해당하는 것임. 이 경우, 학교법인이 캠퍼스 건축비 및 캠퍼스 정보시스템 건축비로 사용한 금액은 사립학교의 시설비·교육비·장학금 또는 연구비로 사용된 경우에 해당하는 것임. 다만, 학교법인이 「대학설립·운영규정」 제7조 제1항에 따른 수익용기본재산을 확보하는데 사용한 금액 및 학교법인의 인건비·관리운영비 등으로 사용한 금액은 사립학교의 시설비·교육비·장학금 또는 연구비로 사용된 경우에 해당하지 않는 것임.

---

6) 사회복지법인 사회복지공동모금회와 재단법인 바보의나눔(지정기간 : 2023.1.1.~2028.12.31.)

7) 2017년 12월 19일 법 개정시 공공기관 또는 법률에 따라 직접 설립된 기관을 법정기부금 대상단체에서 지정기부금단체로 이관하였음. 동 개정규정은 2018년 1월 1일 이후 최초로 지출하는 기부금부터 적용하되, 동 개정규정에도 불구하고 2017년 12월 31일 이전에 종전의 규정에 따라 지정된 기관에 지출하는 기부금에 대해서는 지정기간까지는 법정기부금으로 봄.

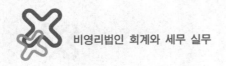

서면 - 2020 - 법인 - 2411, 2020.11.6.

내국법인이 코로나19 퇴치를 위하여 「법인세법」 제24조 제3항 제5호에 따른 병원에 지출하는 기부금은 법정기부금에 해당하는 것이며, 이 때 당해 병원이 기부받은 금액으로 코로나19 극복 영상제작 및 원내 사진 전시회 행사에 지출하는 경우 해당 지출 비용이 코로나19 퇴치 목적에 해당하는지 여부는 영상 제작 및 전시회 행사 목적 등을 종합적으로 감안하여 사실 판단할 사항임.

사전 - 2020 - 법령해석법인 - 0582, 2020.8.28.

내국법인이 우즈베키스탄의 코로나19 피해와 관련하여 주한우즈베키스탄 대사관에 현물기부금으로 환자용 수송침대를 기증하고 대사관에서 기부자의 성명, 기부금액, 기부목적, 기부금 지급일 등을 기재하여 임의로 작성한 기부금영수증을 받은 경우, 해당 기부금은 「법인세법」 제24조 제3항 제3호에 따른 법정기부금에 해당하는 것임.

기획재정부 법인세제과 - 324, 2020.3.24.

(질 의)

(질의1) 「법인세법」 제24조 제3항 제3호 및 같은 법 시행령 제38조 제1항에 따르면 "특별재난지역 선포의 사유가 된 재난으로 생기는 이재민 구호금품 가액"은 법정기부금에 해당하는바, 특별재난지역 선포일 전에 지출한 기부금에 대하여도 법정기부금으로 볼 수 있는지 여부

(질의2) 코로나19 관련 기부금품을 수령하여 자원봉사자 및 의사·간호사의 숙식비, 인건비, 각종 진료소모품 구입비 등으로 사용하는 경우에도 해당 기부금품을 이재민을 위한 구호금품 가액으로 볼 수 있는지 여부

(질의3) 특별재난지역으로 선포된 지역 외 지역의 코로나19 퇴치를 위하여 지출하는 기부금의 경우에도 법정기부금으로 볼 수 있는지 여부

(회 신)

귀 질의의 경우 질의1, 질의2, 질의3 모두 법정기부금에 해당하는 것임.

서면 - 2015 - 법령해석법인 - 1617, 2016.2.23.

지진피해로 어려움을 겪고 있는 네팔협동조합의 조합원을 구호하기 위해 국제협동조합연맹(ICA)을 통해 구호금품을 기부하는 경우로서 해당 기부금의 사용내역이 객관적으로 확인되는 경우 동 기부금은 「법인세법」 제24조 제2항 제3호에 따른 법정기부금에 해당하는 것임.

3-2. 특례기부금에 따른 기부금 한도초과액의 사후처리

특례기부금을 합한 금액이 해당 사업연도의 소득금액에서 제13조 제1항 제1호의 결손금(법인세법 제13조 제1항 각 호 외의 부분 단서8)에 따라 각 사업연도 소득의 80%를 한도로 이월결손금 공제를 적용받는 법인은 기준소득금액의 80%를 한도로 함)을 뺀 후의 금액에 100분의 50을 곱하여 산출한 금액(이하 "특례기부금의 손금산입한도액"이라 한다)을 초과하는 경우 그 초과하는 금액은 그 사업연도의 소득금액을 계산할 때 손금에 산입하지 아니한다. 이때 손금에 산입하지 아니한 특례기부금의 손금산입한도액 초과금액은 해당 사업연도의 다음 사업연도 개시일부터 10년(2019.1.1. 이후 과세표준을 신고하는 분부터 적용함) 이내에 끝나는 각 사업연도에 이월하여 그 이월된 사업연도의 소득금액을 계산할 때 특례기부금의 손금산입한도액 범위에서 손금에 산입한다. 이와 같이 이월된 금액은 해당 사업연도에 지출한 기부금보다 먼저 손금에 산입하며 이 경우 이월된 금액은 먼저 발생한 이월금액부터 손금에 산입한다.

2019년 12월 31일 법 개정시, 이월공제 기간 내에 안정적으로 기부금 공제를 받을 수 있도록 기부금 손금산입한도액을 초과하여 이월된 기부금을 해당 사업연도에 지출한 기부금보다 먼저 손금에 산입하도록 하였으며 동 개정규정은 이 법 시행 이후 과세표준을 신고하는 분부터 적용하되, 과세표준 신고 시 이월공제가 가능한 기부금에 대해서도 적용한다.

2020년 12월 22일 법 개정시, 기부금 손금산입한도액 계산 시 차감하는 이월결손금의 한도를 정하였으며 동 개정규정은 이 법 시행 이후 개시하는 사업연도에 기부금을 지출하는 분부터 적용하되, 이 법 시행 전에 개시한 사업연도에 기부금을 지출한 분에 대해서는 동 개정규정에도 불구하고 종전의 규정에 따른다.

---

8) 제13조【과세표준】
　① 내국법인의 각 사업연도의 소득에 대한 법인세의 과세표준은 각 사업연도의 소득의 범위에서 다음 각 호의 금액과 소득을 차례로 공제한 금액으로 한다. 다만, 제1호의 금액에 대한 공제는 각 사업연도 소득의 100분의 80[「조세특례제한법」 제6조 제1항에 따른 중소기업(이하 "중소기업"이라 한다)과 회생계획을 이행 중인 기업 등 대통령령으로 정하는 법인의 경우는 100분의 100]을 한도로 한다.
　1. 제14조 제3항의 이월결손금 중 다음 각 목의 요건을 모두 갖춘 금액
　　가. 각 사업연도의 개시일 전 15년 이내에 개시한 사업연도에서 발생한 결손금일 것
　　나. 제60조에 따라 신고하거나 제66조에 따라 결정·경정되거나 「국세기본법」 제45조에 따라 수정신고한 과세표준에 포함된 결손금일 것
　2. 이 법과 다른 법률에 따른 비과세소득
　3. 이 법과 다른 법률에 따른 소득공제액

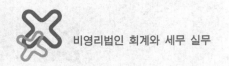

3-3. 개인(거주자)의 기부금

앞서 설명하였던 법인의 경우와 달리 개인(거주자)이 지출하는 소득세법 제34조 제2항 제1호에 따른 기부금(소득세법상 구 법정기부금)에는 상기 법인세법 제24조 제2항 제1호 이외에도 「재난 및 안전관리 기본법」에 따른 특별재난지역을 복구하기 위하여 자원봉사를 한 경우 그 용역의 가액이 포함된다. 개인의 경우 개인이 사업자로서 기부금을 사업소득의 필요경비에 산입하고자 하는 경우 소득세법 제34조 제2항 제1호에 따른 기부금의 합계액이 해당 과세기간의 소득금액에서 이월결손금을 뺀 금액을 초과하는 경우 그 초과하는 금액은 해당 과세기간의 소득금액을 계산할 때 필요경비에 산입하지 아니한다. 이후 해당 과세기간의 다음 과세기간 개시일부터 10년 이내에 끝나는 과세기간에 이월하여 필요경비에 산입할 수 있다(2019.1.1. 이후 과세표준을 신고하거나 연말정산하는 분부터 적용함)(소득세법 제34조).

개인(거주자)이 「정치자금법」에 따라 정당(같은 법에 따른 후원회 및 선거관리위원회를 포함한다)에 기부한 정치자금은 이를 지출한 해당 과세연도의 소득금액에서 10만원까지는 그 기부금액의 110분의 100을 세액공제하고, 10만원을 초과한 금액에 대해서는 100분의 15(해당금액이 3천만원을 초과하는 경우 그 초과분에 대해서는 100분의 25)에 해당하는 금액을 종합소득 산출세액에서 공제한다. 다만, 사업자인 거주자가 정치자금을 기부한 경우 10만원을 초과한 금액에 대해서는 이월결손금을 뺀 후의 소득금액의 범위에서 손금에 산입한다(조세특례제한법 제76조).

4 일반기부금(구 지정기부금)

4-1. 일반기부금의 범위

일반기부금(법 제24조 제3항 제1호에 따른 기부금)은 내국법인이 각 사업연도에 지출한 기부금 중 사회복지 · 문화 · 예술 · 교육 · 종교 · 자선 · 학술 등 공익성을 지닌 사업에 지출하는 기부금으로서 「법인세법 시행령」 제39조에서 한정적으로 열거하고 있는 기부금을 말한다. 열거사항이기 때문에 동조에 규정되어 있지 않은 단체에 지출하는 기부금이나 동조에 규정되어 있는 단체에 대한 기부금이라 하더라도 열거된 목적이 아닌 다른 목적으로 사용된 기부금이라면 일반기부금으로 보지 않으므로 한도여부와 상관없이 전액 손금불산입한다. 일반기부금의 내용으로는 법인세법 시행령 제39조 제1항 제1호에 따른 공익법인등의 고유목적사업비로 지출하는 기부금, 세법상 규정한 특정용도로 지출하는 기부금, 사회복지시설에 지출하는 기부금, 국제기구에 지출하는 기부금, 법인으로 보는 단체의 고유목적사업비 지출액이 있다.

4-2. 법인세법 시행령 제39조 제1항 제1호에 따른 공익법인등의 고유목적사업비로 지출하는 기부금

법인이 다음의 비영리법인(단체 및 비영리외국법인을 포함하며, 이하 "공익법인등"이라 한다)에 대하여 당해 공익법인등의 고유목적사업비로 지출하는 기부금[단, 법인세법 시행령 제39조 제1항 제1호 바목에 따라 지정·고시된 법인에 지출하는 기부금은 지정일이 속하는 연도의 1월 1일부터 3년간(지정받은 기간이 끝난 후 2년 이내에 재지정되는 경우에는 재지정일이 속하는 사업연도의 1월 1일부터 6년간으로 함. 이하 "지정기간"이라 함) 지출하는 기부금에 한정함]은 일반기부금에 포함한다(법인세법 시행령 제39조 제1항).

여기서 '고유목적사업비'라 함은 당해 비영리법인 또는 단체에 관한 법령 또는 정관에 규정된 설립목적을 수행하는 사업으로서 제3조 제1항의 규정에 해당하는 수익사업(보건업 및 사회복지 서비스업 중 보건업은 제외한다) 외의 사업에 사용하기 위한 금액을 말한다(법인세법 시행령 제39조 제3항).

2020년 2월 11일 시행령 개정시, 지정기부금단체 등의 지정단계를 보완하기 위하여 바목에 따른 지정기부금단체 등의 지정기간을 6년에서 3년(지정받은 기간이 끝난 후 2년 이내에 재지정되는 경우에는 6년)으로 조정하였으며, 동 개정규정은 2021년 1월 1일 이후 지정기부금단체등을 지정하는 경우부터 적용하되, 2021년 1월 1일 전에 지정된 지정기부금단체등의 경우에는 동 개정규정에도 불구하고 종전의 규정에 따르도록 하였다. 이 경우 지정기부금단체등은 종전의 규정에 따라 지정받은 기간이 끝날 때까지는 법인세법 시행령 제39조 제1항 바목 3)의 개정규정에 따른 지정요건을 갖춘 것으로 본다.

│ 법인세법 시행령 제39조 제1항 제1호 │

가. 「사회복지사업법」에 의한 사회복지법인

나. 「영유아보육법」에 따른 어린이집

다. 「유아교육법」에 따른 유치원, 「초·중등교육법」 및 「고등교육법」에 따른 학교, 「근로자직업능력 개발법」에 따른 기능대학, 「평생교육법」 제31조 제4항에 따른 전공대학 형태의 평생교육시설 및 같은 법 제33조 제3항에 따른 원격대학 형태의 평생교육시설

라. 「의료법」에 따른 의료법인

마. 종교의 보급, 그 밖에 교화를 목적으로 「민법」 제32조에 따라 문화체육관광부장관 또는 지방자치단체의 장의 허가를 받아 설립한 비영리법인(그 소속 단체를 포함한다)

바. 「민법」 제32조에 따라 주무관청의 허가를 받아 설립된 비영리법인(이하 이 조에서 "「민법」상 비영리법인"이라 한다), 비영리외국법인, 「협동조합 기본법」 제85조에 따라 설립된 사회적협동조합(이하 이 조에서 "사회적협동조합"이라 한다), 「공공기관의 운영에 관한 법률」 제4조에 따른 공공기관(같은 법 제5조 제4항 제1호에 따른 공기업은 제외한다. 이하 이 조에서 "공공기관"이라 한다) 또는 법률에 따라 직접 설립 또는 등록된 기관 중 다음의 요건을 모두 충족한 것으로서 국세청장(주사무소 및 본점소재지 관할 세무서장을 포함한다. 이하 이 조에서 같다)의 추천을 받아 기획재정부장관이 지정하여 고시한 법인. 이 경우 국세청장은 해당 법인의 신청을 받아 기획재정부장관에게 추천해야 한다.

1) 다음의 구분에 따른 요건

가) 「민법」상 비영리법인 또는 비영리외국법인의 경우: 정관의 내용상 수입을 회원의 이익이 아닌 공익을 위하여 사용하고 사업의 직접 수혜자가 불특정 다수일 것(비영리외국법인의 경우 추가적으로 「재외동포의 출입국과 법적 지위에 관한 법률」 제2조에 따른 재외동포의 협력·지원, 한국의 홍보 또는 국제교류·협력을 목적으로 하는 것일 것). 다만, 「상속세 및 증여세법 시행령」 제38조 제8항 제2호 각 목 외의 부분 단서에 해당하는 경우에는 해당 요건을 갖춘 것으로 본다.

나) 사회적협동조합의 경우: 정관의 내용상 「협동조합 기본법」 제93조 제1항 제1호부터 제3호까지의 사업 중 어느 하나의 사업을 수행하는 것일 것

다) 공공기관 또는 법률에 따라 직접 설립 또는 등록된 기관의 경우: 설립목적이 사회복지·자선·문화·예술·교육·학술·장학 등 공익목적 활동을 수행하는 것일 것

2) 해산하는 경우 잔여재산을 국가·지방자치단체 또는 유사한 목적을 가진 다른 비영리법인에 귀속하도록 한다는 내용이 정관에 포함되어 있을 것

3) 인터넷 홈페이지가 개설되어 있고, 인터넷 홈페이지를 통해 연간 기부금 모금액 및 활용실적을 공개한다는 내용이 정관에 포함되어 있으며, 법인의 공익위반 사항을 국민권익위원회, 국세청 또는 주무관청 등 공익위반사항을 관리·감독할 수 있는 기관(이하 "공익위반사항 관리·감독 기관"이라 한다) 중 1개 이상의 곳에 제보가 가능하도록 공익위반사항 관리·감독기관이 개설한 인터넷 홈페이지와 해당 법인이 개설한 홈페이지가 연결되어 있을 것

4) 비영리법인으로 지정·고시된 날이 속하는 연도와 그 직전 연도에 해당 비영리법인의 명의 또는 그 대표자의 명의로 특정 정당 또는 특정인에 대한 「공직선거법」 제58조 제

1항에 따른 선거운동을 한 사실이 없을 것

　5) 제12항에 따라 지정이 취소된 경우에는 그 취소된 날부터 3년, 제9항에 따라 추천을 받지 않은 경우에는 그 지정기간의 종료일부터 3년이 지났을 것. 다만, 제5항 제1호에 따른 의무를 위반한 사유만으로 지정이 취소되거나 추천을 받지 못한 경우에는 그렇지 않다.

　2021년 2월 17일 시행령 개정시 납세자의 이해도 제고를 위하여 법인세법상 기부금단체 명칭을 '법정·지정기부금단체'에서 '공익법인'으로 통일하여 2021년 1월 1일 이후 개시하는 사업연도 분부터 적용하도록 하는 한편, 특정 계층에 혜택을 제공하는 경우에도 주무부 장관이 기획재정부장관과 협의하여 따로 수혜자 범위를 정하는 등 「상속세 및 증여세법」에 따라 증여세 추징이 면제되는 사유에 해당하는 경우에는 예외적으로 공익법인으로 지정될 수 있도록 공익법인의 지정요건을 보완하여 2021년 1월 1일 이후 지정·고시하는 법인부터 적용하도록 하였다.

　2020년 2월 11일 시행령 개정시 지정기부금단체 등의 공익성 및 투명성 제고를 위해 지정기부금단체 등의 지정단계를 보완하고자 지정기부금단체 등의 지정 추천기관을 주무관청에서 국세청장으로 변경하고, 지정기부금단체 등의 공익위반 사항에 대한 공익제보가 가능하도록 해당 단체 등의 인터넷 홈페이지가 국민권익위원회·주무관청·국세청 등의 인터넷 홈페이지에 연결되도록 하였으며, 동 개정사항은 2021년 1월 1일 이후 지정기부금단체등을 지정하는 경우부터 적용한다.

　2017년 12월 19일 법 및 2018년 2월 13일 시행령 개정시 지정기부금단체와 형평성을 제고하기 위해 공공기관 등을 법정기부금단체에서 지정기부금단체로 이관하고 기획재정부장관이 지정·고시하도록 하는 한편, 기부금단체에 대한 관리의 실효성을 제고하기 위하여 종전에는 정부로부터 설립 허가 또는 인가를 받기만 하면 지정기부금단체로 인정되던 학술·장학·문화예술 단체 등에 대하여도 심사를 거쳐 기획재정부장관이 지정·고시하도록 하였다. 또한 '기타 지정기부금단체 등과 유사한 단체'를 기획재정부령이 정하는 지정기부금단체(시행규칙 별표 6의 2)에서 기획재정부장관이 지정·고시하는 단체(법인세법 시행령 제39조 제1항 제1호 바목)로 변경하였다. 2018.2.13. 이후 지정하는 분부터 적용하며, 영 시행일 이전에 허가받은 학술연구 장학단체 등과 시행규칙 별표 6의 2에 열거된 단체는 2020.12.31.까지 지정기부금단체로 인정된다.

　구체적인 지정절차 등은 '제1장 제4절 7. 공익법인(구 지정기부금단체) 지정'을 참조하기 바란다.

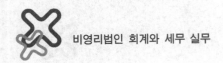

구, 법인세법 시행령 제36조 제1항 제1호 아목의 기획재정부령이 정하는 단체, 동법 시행규칙 제18조 제1항 별표 6의 2

※ 2020.12.31.까지 지정기부금단체로 인정, 2021.1.1. 이후 재지정신청 필요

1. 「국민건강보험법」에 따른 국민건강보험공단
2. 삭제 <2016.3.7.>
3. 재일본대한민국민단 또는 주무관청의 장의 추천을 받아 기획재정부장관이 지정한 한일친선협회 및 한일협력위원회
4. 「새마을운동조직육성법」의 적용을 받는 새마을운동중앙본부(그 산하조직을 포함한다)
5. 어린이육영사업을 목적으로 설립된 비영리법인 중 「공익법인의 설립·운영에 관한 법률」의 적용을 받는 법인
6. 「한국보훈복지의료공단법」에 따른 한국보훈복지의료공단
7. 「보호관찰 등에 관한 법률」에 따른 한국법무보호복지공단
8. 「대한민국재향경우회법」에 따른 대한민국재향경우회
9. 「정부출연연구기관 등의 설립·운영 및 육성에 관한 법률」에 따른 한국보건사회연구원, 한국여성정책연구원, 한국개발연구원, 대외경제정책연구원 및 「조세특례제한법 시행령」 제16조 제1항 제2호의 2 각 목의 어느 하나에 해당하는 법인
10. 「한국해양소년단연맹육성에관한법률」의 적용을 받는 한국해양소년단연맹
11. 「결핵예방법」에 따른 대한결핵협회
12. 「법률구조법」에 따른 대한법률구조공단
13. 「법률구조법」에 따른 법률구조법인 중 「공익법인의 설립·운영에 관한 법률」의 적용을 받는 법인
14. 「청소년기본법」에 따른 한국청소년단체협의회(그 회원단체를 포함한다) 및 정부로부터 인가 또는 허가를 받은 단체로서 「청소년기본법」 제3조 제8호에 따른 청소년단체
15. 「한국연구재단법」에 따른 한국연구재단
16. 「근로자직업능력 개발법」에 따른 직업능력개발훈련법인
17. 「도서관법」에 의하여 등록하거나 신고된 도서관 또는 작은도서관
18. 「바르게살기운동조직육성법」에 따른 바르게살기운동중앙협의회(그 산하조직을 포함한다)
19. 「장애인복지법」에 따른 한국장애인개발원
20. 「한국사학진흥재단법」에 따른 사학진흥재단
21. 「환경정책기본법」에 따른 환경보전협회, 주무관청의 장의 추천을 받아 기획재정부장관이 지정한 환경보전범국민운동추진협의회 및 환경운동연합
22. 「박물관 및 미술관 진흥법」에 따라 등록한 박물관 또는 미술관
23. 「과학관의 설립·운영 및 육성에 관한 법률」에 따라 등록한 과학관
24. 「에너지이용 합리화법」에 따른 에너지관리공단
25. 「시설물의 안전관리에 관한 특별법」에 따른 한국시설안전공단
26. 「국가유공자 등 단체설립에 관한 법률」에 따라 설립한 각 단체
27. 주무부장관이 추천하는 외국의 국제문화친선단체
28. 「정신보건법」에 따른 정신보건시설법인
29. 「모자보건법」에 따른 인구보건복지협회

30. 「산업재해보상보험법」에 따른 근로복지공단
31. 「북한이탈주민의 보호 및 정착지원에 관한 법률」에 따른 북한이탈주민지원재단
32. 「지역신용보증재단법」에 따른 신용보증재단 및 신용보증재단중앙회
33. 「서울대학교병원 설치법」에 따른 서울대학교병원
34. 「국립대학병원 설치법」에 따른 국립대학병원
35. 「스카우트활동 육성에 관한 법률」에 따른 스카우트주관단체
36. 「한국청소년연맹 육성에 관한 법률」에 따른 한국청소년연맹
37. 「한국자유총연맹육성에 관한 법률」의 적용을 받는 사단법인 한국자유총연맹
38. 「대한민국재향군인회법」에 따른 대한민국재향군인회
39. 「중소기업기술혁신 촉진법」에 따른 중소기업기술정보진흥원
40. 「재외동포재단법」에 따른 재외동포재단
41. 「산업교육진흥 및 산학협력촉진에 관한 법률」에 따른 산학협력단
42. 「서울대학교치과병원 설치법」에 따른 서울대학교치과병원
43. 「민주화운동기념사업회법」에 따른 민주화운동기념사업회
44. 「산지관리법」에 따른 한국산지보전협회
45. 「자연공원법」에 따른 국립공원관리공단
46. 「신용보증기금법」에 따른 신용보증기금
47. 「기술신용보증기금법」에 따른 기술신용보증기금
48. 「대·중소기업 상생협력 촉진에 관한 법률」에 따른 대·중소기업협력재단
49. 「국민체육진흥법」에 따른 대한장애인체육회
50. 「근로복지기금법」에 따른 사내근로복지기금
51. 삭제 <2016.3.7.>
52. 「한국교육방송공사법」에 따른 한국교육방송공사
53. 「암관리법」에 따른 국립암센터
54. 「장애인고용촉진 및 직업재활법」에 따른 한국장애인고용공단
55. 「한국국제보건의료재단법」에 따른 한국국제보건의료재단
56. 「환경기술 및 환경산업 지원법」에 따른 한국환경산업기술원(종전의 친환경상품진흥원의 업무로 한정한다)
57. 「소방기본법」에 따른 한국소방안전협회
58. 「항만운송사업법」에 따른 교육훈련기관
59. 「범죄피해자 보호법」에 따른 범죄피해자 지원법인
60. 「공탁법」에 따라 설립된 공탁금관리위원회
61. 「산업기술의 유출방지 및 보호에 관한 법률」에 따라 설립된 산업기술보호협회
62. 「특수임무유공자 예우 및 단체설립에 관한 법률」에 따라 설립된 대한민국특수임무유공자회
63. 「고엽제후유의증 등 환자지원 및 단체설립에 관한 법률」에 따라 설립된 대한민국고엽제전우회
64. 「겨레말큰사전남북공동편찬사업회법」에 따른 겨레말큰사전남북공동편찬사업회
65. 삭제 <2016.3.7.>

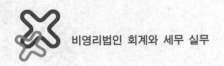

66. 「지역균형개발 및 지방중소기업 육성에 관한 법률 시행령」에 따른 중소기업종합지원센터
67. 「태권도 진흥 및 태권도 공원 조성 등에 관한 법률」에 따른 태권도진흥재단
68. 「재해구호법」에 따른 전국 재해구호협회
69. 「소기업 및 소상공인 지원을 위한 특별조치법」에 따른 소상공인시장진흥공단
70. 「산림문화・휴양에 관한 법률」에 따른 한국등산지원센터
71. 「도서관법」에 따라 설립된 도서관협회
72. 「국민연금법」에 따른 국민연금공단
73. 「대한민국과 동남아시아국가연합 회원국간의 한－아세안센터 설립에 관한 양해각서」에 따라 설립된 한－아세안센터
74. 「사방사업법」에 따른 사방협회
75. 삭제 <2014.3.14.>
76. 「재외국민의 교육지원 등에 관한 법률」에 따른 한국학교
77. 「독도의용수비대 지원법」에 따른 독도의용수비대기념사업회
78. 「참전유공자예우 및 단체설립에 관한 법률」에 따른 대한민국6・25참전유공자회
79. 「산업표준화법」에 따른 한국표준협회
80. 「태권도 진흥 및 태권도공원 조성 등에 관한 법률」에 따른 국기원
81. 「학교안전사고 예방 및 보상에 관한 법률」에 따른 학교안전공제회 및 학교안전공제중앙회
82. 「지방문화원진흥법」에 따른 지방문화원 및 한국문화원연합회
83. 「국립대학치과병원 설치법」에 따른 국립대학치과병원
84. 「참전유공자예우 및 단체설립에 관한 법률」에 따른 대한민국월남전참전자회
85. 「군사정전에 관한 협정 체결 이후 납북피해자의 보상 및 지원에 관한 법률」에 따른 전후 납북자피해가족연합회
86. 「영유아보육법」에 따른 어린이집 안전공제회
87. 「대한민국재향소방동우회법」에 따른 대한민국재향소방동우회
88. 「유네스코 활동에 관한 법률」에 따른 유네스코한국위원회
89. 삭제 <2016.3.7.>
90. 「국민건강증진법」에 따른 한국건강증진개발원
91. 「입양특례법」에 따른 재단법인 중앙입양원
92. 「창조경제 민관협의회 등의 설치 및 운영에 관한 규정」에 따라 지정된 창조경제혁신센터
93. 「조세특례제한법」 제8조의 3 제1항 제1호에 따른 협력중소기업의 사내근로복지기금
94. 「근로복지기본법」 제86조의 2에 따른 공동근로복지기금
95. 「신문등의 진흥에 관한 법률」 제29조에 따른 한국언론진흥재단
96. 「공간정보산업진흥법」 제23조에 따른 공간정보산업진흥원
97. 「대한민국재향교정동우회법」 제2조에 따른 대한민국재향교정동우회

그러나, 기획재정부는 법인세법 시행령 제39조 제14항을 신설하여 2021년말까지 지정고시를 받지 않은 다음에 해당하는 단체로서 기획재정부장관이 2023년 3월 31일까지 법인세

법 시행령 제39조 제1항 제1호 바목에 따라 지정하여 고시하는 공익법인등에 지출하는 기부금에 대해서는 2021년 12월 31일이 속하는 연도에 지출한 기부금을 법 제24조 제3항에 따른 기부금으로 보도록 하였다.

① 종전의 「법인세법 시행령」(2018.2.13., 대통령령 제28640호로 개정되기 전의 것을 말한다) 제36조 제1항 제1호 다목 및 라목에 따라 정부로부터 허가 또는 인가를 받은 학술연구단체, 장학단체, 기술진흥단체와 문화·예술단체(「문화예술진흥법」에 따라 지정을 받은 문화·예술법인 및 전문예술단체를 포함한다) 및 환경보호운동단체

② 종전의 「법인세법 시행령」(2018.2.13., 대통령령 제28640호로 개정되기 전의 것을 말한다) 제36조 제1항 제1호 아목에 따른 지정기부금단체

상기에 해당하는 공익법인등에 지출하는 기부금은 지정일이 속하는 연도의 1월 1일부터 2년간(지정받은 기간이 끝난 후 2년 이내에 재지정되는 경우에는 재지정일이 속하는 사업연도의 1월 1일부터 5년간으로 한다) 지출하는 기부금으로 한정하여 손금으로 인정한다.

한편 2023년 9월 26일 다시 법인세법 시행령 제39조 제14항을 개정하여 종전의 「법인세법 시행령」(대통령령 제28640호로 개정되기 전의 것을 말한다) 제36조 제1항 제1호 다목·라목 또는 아목에 따른 지정기부금단체등이 2021년 1월 1일부터 10월 12일까지 제1항 제1호 바목 후단에 따른 신청을 하지 않은 경우에도 기획재정부장관이 정하여 고시하는 바에 따라 해당 지정기부금단체등의 추천 신청을 받아 2023년 12월 31일까지 공익법인등으로 지정·고시되면 2021년 1월 1일부터 3년간 공익법인등의 지위를 인정하는 특례를 마련하여 그 기간 동안 해당 단체 등에 지출한 기부금에 대해 손금산입 등 세제혜택을 부여하였다.

│ 법인세법 시행규칙 제18조의 3 제2항(추천신청서류) │

1. 공익법인등 추천신청서(별지 제63호의 5 서식)
2. 법인 등의 설립 또는 등록에 관한 다음의 서류
   가. 민법 제32조에 따라 주무관청의 허가를 받아 설립된 비영리법인, 공공기관의 운영에 관한 법률 제4조에 따른 공공기관(같은 법 제5조 제4항 제1호에 다른 공기업은 제외함) 또는 법률에 따라 직접 설립 또는 등록된 기관의 경우 : 법인설립허가서
   나. 협동조합 기본법 제85조에 따라 설립된 사회적협동조합(이하 "사회적협동조합"이라 함)의 경우 : 사회적협동조합 설립인가증
   다. 비영리외국법인의 경우 : 외국의 정부가 발행한 해당 법인의 설립에 관한 사항을 증명할 수 있는 서류
3. 정관

4. 최근 3년간의 결산서 및 해당 사업연도 예산서. 다만, 제출일 현재 법인 등의 설립기간이 3년이 경과하지 아니한 경우에는 다음의 서류
   가. 제출 가능한 사업연도의 결산서
   나. 해당 사업연도 예산서
   다. 국세청장에 추천을 신청하는 날이 속하는 달의 직전 월까지의 월별 수입·지출 내역서
5. 지정일이 속하는 사업연도부터 3년(영 제39조 제1항 제1호 각 목 외의 부분 단서에 따른 지정기간이 6년인 경우에는 5년으로 한다)이 경과하는 날이 속하는 사업연도까지의 기부금 모집을 통한 사업계획서
6. 법인 대표자의 별지 제63호의 6 서식의 공익법인등 의무이행준수 서약서(영 제39조 제1항 제1호 각 목 외의 부분 단서에 따른 지정기간이 3년인 경우에 한정한다)
7. 기부금모금 및 지출을 통한 공익활동보고서(영 제39조 제1항 제1호 각 목 외의 부분 단서에 따른 지정기간이 6년인 경우에 한정한다)

법인세법 시행령 제39조 제1항 제1호에 따른 공익법인 등(종교단체등은 제외)은 지정기간 (아래 '④'의 경우에는 지정일이 속하는 연도의 직전 연도를 포함함)동안 다음의 의무를 이행하여야 한다(법인세법 시행령 제39조 제5항).

① 법인세법 시행령 제39조 제1항 제1호 바목 1)부터 3)까지의 요건을 모두 충족할 것(제1항 제1호 바목에 따른 법인만 해당한다)

② 다음의 구분에 따른 의무를 이행할 것
   ㉠ 「민법」상 비영리법인 또는 비영리외국법인의 경우: 수입을 회원의 이익이 아닌 공익을 위하여 사용하고 사업의 직접 수혜자가 불특정 다수일 것(비영리외국법인의 경우 추가적으로 「재외동포의 출입국과 법적 지위에 관한 법률」 제2조에 따른 재외동포의 협력·지원, 한국의 홍보 또는 국제교류·협력을 목적으로 하는 사업을 수행할 것). 다만, 「상속세 및 증여세법 시행령」 제38조 제8항 제2호 각 목 외의 부분 단서에 해당하는 경우에는 해당 의무를 이행한 것으로 본다.
   ㉡ 사회적협동조합의 경우: 「협동조합 기본법」 제93조 제1항 제1호부터 제3호까지의 사업 중 어느 하나의 사업을 수행할 것
   ㉢ 공공기관 또는 법률에 따라 직접 설립 또는 등록된 기관의 경우: 사회복지·자선·문화·예술·교육·학술·장학 등 공익목적 활동을 수행할 것

③ 기부금 모금액 및 활용실적을 매년 사업연도 종료일부터 4개월 이내에 다음에 따라 공개할 것. 다만, 「상속세 및 증여세법」 제50조의 3 제1항 제2호에 따른 사항을 같은 법 시행령 제43조의 3 제4항에 따른 표준서식에 따라 공시하는 경우에는 다음의 공개를 모두 한 것으로 본다.

㉠ 해당 공익법인등의 인터넷 홈페이지에 공개할 것

　　㉡ 국세청의 인터넷 홈페이지에 공개할 것. 이 경우 기획재정부령으로 정하는 기부금
　　　모금액 및 활용실적 명세서에 따라 공개해야 한다.

④ 해당 공익법인등의 명의 또는 그 대표자의 명의로 특정 정당 또는 특정인에 대한 「공
　직선거법」 제58조 제1항에 따른 선거운동을 한 사실이 없을 것

⑤ 각 사업연도의 수익사업의 지출을 제외한 지출액의 100분의 80 이상을 직접 고유목
　적사업에 지출할 것

⑥ 사업연도 종료일을 기준으로 최근 2년 동안 고유목적사업의 지출내역이 있을 것

⑦ 「상속세 및 증여세법」 제50조의 2 제1항에 따른 전용계좌를 개설하여 사용할 것

⑧ 「상속세 및 증여세법」 제50조의 3 제1항 제1호부터 제4호까지의 서류 등을 사업연도
　종료일로부터 4개월 이내에 해당 공익법인등과 국세청의 인터넷 홈페이지를 통하여
　공시할 것. 다만, 「상속세 및 증여세법 시행령」 제43조의 3 제2항에 따른 공익법인등
　은 제외한다.

⑨ 「상속세 및 증여세법」 제50조의 4에 따른 공익법인등에 적용되는 회계기준에 따라
　「주식회사 등의 외부감사에 관한 법률」 제2조 제7호에 따른 감사인에게 회계감사를
　받을 것. 다만, 「상속세 및 증여세법 시행령」 제43조 제3항 및 제4항에 따른 공익법인
　등은 제외한다.

법인세법 시행령 제39조 제1항 제1호에 따른 공익법인등(다음 각 호에 해당하는 공익법인
은 제외, 2023.2.28. 전에 보고 의무가 발생한 경우에도 적용)은 위 ①부터 ⑨에 따른 의무이행
여부를 사업연도 종료일부터 4개월 이내(이하 "보고기한"이라 한다)에 국세청장에게 보고하
여야 한다. 이 경우 해당 법인이 의무이행여부를 보고하지 아니하면 국세청장은 보고기한
으로부터 2개월 이내에 의무이행 여부등을 보고하도록 지체 없이 요구하여야 한다(법인세
법 시행령 제39조 제6항).

1. 「영유아보육법」에 따른 어린이집과 「유아교육법」에 따른 유치원(해당 사업연도에 기부
　금 모금액이 없는 경우로 한정한다)

2. 종교의 보급, 그 밖에 교화를 목적으로 「민법」 제32조에 따라 문화체육관광부장관 또
　는 지방자치단체의 장의 허가를 받아 설립한 비영리법인(그 소속 단체를 포함한다)

국세청장은 보고받은 내용을 점검해야 하며, 그 점검결과 ③에 따른 기부금 모금액 및
활용실적을 공개하지 않거나 그 공개 내용에 오류가 있는 경우에는 기부금 지출 내역에
대한 세부내용을 제출할 것을 해당 공익법인등에 요구할 수 있다. 이 경우 공익법인등은

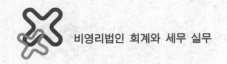

해당 요구를 받은 날부터 1개월 이내에 기부금 지출 내역에 대한 세부내용을 제출해야 한다(법인세법 시행령 제39조 제7항).

| **법인세법 시행규칙 제19조의 2 【공익법인등의 의무이행 여부등 보고기한 등】** |

① 영 제39조 제6항에 따른 공익법인등은 같은 조 제5항에 따른 의무이행 여부(이하 이 조에서 "의무이행 여부"라 한다)를 사업연도 종료일부터 4개월 이내에 국세청장에게 보고해야 한다.

② 국세청장은 제1항의 보고기한까지 의무이행 여부를 보고하지 않은 공익법인등에 대해서는 제1항의 보고기한으로부터 2개월 이내에 의무이행 여부를 보고하도록 지체 없이 요구해야 한다.

③ 제1항에 따라 공익법인등이 보고하는 서식은 별지 제63호의 10 서식에 따른다.

④ 영 제39조 제5항 제3호 나목 후단에서 "기획재정부령으로 정하는 기부금 모금액 및 활용실적 명세서"란 별지 제63호의 7 서식을 말한다.

⑤ 국세청장은 영 제39조 제8항 및 제9항에 따라 공익법인등의 지정을 취소하는 경우에는 다음 각 호의 구분에 따라 해당 기한까지 기획재정부장관에게 이를 요청해야 한다.

1. 영 제39조 제8항에 해당하는 경우: 11월 30일

2. 영 제39조 제9항에 해당하는 경우: 해당 사유를 알게 된 날부터 5개월이 되는 날

⑥ 국세청장은 제5항에 따라 지정을 취소할 것을 기획재정부장관에게 요청할 때에는 다음 각 호의 사항을 적은 문서로 해야 한다.

1. 지정 취소대상 공익법인등의 명칭

2. 주무관청

3. 지정 취소사유

4. 그 밖에 지정 취소에 필요한 사항

2021년 2월 17일 시행령 개정시 공익법인의 납세협력 부담을 완화하고, 「상속세 및 증여세법」에 따른 공익법인의 공시의무와 기부금 모금액 등의 공개의무가 중복되는 문제를 최소화하기 위하여 기부금 모금액 및 활용실적의 공개기한을 종전 "사업연도 종료일부터 3개월 이내"에서 "사업연도 종료일부터 4개월 이내"로 연장하고 2021년 1월 1일 당시 사업연도 종료일부터 3개월이 지나지 않은 공익법인등부터 적용하도록 하였다(단, 2021년 1월 1일 전에 사업연도 종료일부터 3개월이 지난 공익법인등의 경우에는 동 개정규정에도 불구하고 종전의 규정에 따름). 또한, 「상속세 및 증여세법」에 따라 결산서류 등을 표준서식에 따라 공시하는 경우에는 기부금 모금액 및 활용실적의 공개 의무를 이행한 것으로 인정하도록 하여 2021년 1월 1일 이후 공시하는 경우부터 적용하도록 하였다.

2020년 2월 11일 시행령 개정시 지정기부금단체 등의 공익성 및 투명성을 제고하기 위하여 지정기부금단체 등의 의무사항으로 사업연도 종료일을 기준으로 최근 2년 동안 고유목적사업의 지출내역이 있을 것을 추가하고, 지정기부금단체 등이 의무이행 여부를 국세청장에게 직접 보고하도록 하며, 기부금모금액 및 활용실적을 공개하지 않거나 그 내용에 오류가 있는 경우 국세청장이 해당 지정기부금단체 등에 기부금 지출 세부내역의 제출을 요구할 수 있도록 하는 등 지정기부금단체 등의 사후관리절차를 보완하였다. 동 개정사항은 2021년 1월 1일 이후 개시하는 사업연도 분부터 적용한다.

국세청장은 법인세법 시행령 제39조 제1항 제1호 바목에 따른 공익법인이 다음의 어느 하나에 해당하는 경우에는 그 지정의 취소를 기획재정부장관에게 요청하여야 한다. 또한 국세청장은 법인세법 시행령 제39조 제1항 제1호 바목에 따른 공익법인등의 지정기간이 끝난 후에 그 공익법인등의 지정기간 중 다음의 어느 하나에 해당하는 사실이 있었음을 알게 된 경우에는 그 공익법인등에 대하여 지정기간 종료 후 3년간 공익법인등에 대한 추천을 하지 않아야 하며, 이미 재지정된 경우에는 그 지정을 취소할 것을 기획재정부장관에게 요청해야 한다(법인세법 시행령 제39조 제8항, 제9항).

① 법인이 「상속세 및 증여세법」 제48조 제2항 및 제3항, 제8항부터 제11항까지, 제78조 제5항 제3호, 같은 조 제10항 및 제11항에 따라 사업연도별로 1천만원 이상의 상속세(가산세 포함) 또는 증여세(가산세 포함)를 추징당한 경우
② 공익법인등이 목적 외 사업을 하거나 설립허가의 조건에 위반하는 등 공익목적을 위반한 사실, 이행 의무를 위반한 사실 또는 의무이행 여부에 대한 보고 요구에도 불구하고 의무이행 여부를 보고하지 않은 사실이 있는 경우
③ 「국세기본법」 제85조의 5에 따라 불성실기부금수령단체로 명단이 공개된 경우
④ 공익법인등의 대표자, 임원, 대리인, 직원 또는 그 밖의 종업원이 「기부금품의 모집 · 사용 및 기부문화 활성화에 관한 법률」을 위반하여 같은 법 제16조에 따라 공익법인등 또는 개인에게 징역 또는 벌금형이 확정된 경우
⑤ 공익법인등이 해산한 경우

국세청장은 기획재정부장관에게 취소를 요청하기 전에 주무관청에 해당 공익법인등에 지정취소 대상에 해당한다는 사실, 그 사유 및 법적근거를 통지해야 하며, 그 통지를 받은 공익법인등은 그 통지 내용에 이의가 있는 경우 통지를 받은 날부터 1개월 이내에 국세청장에게 의견을 제출할 수 있다(법인세법 시행령 제39조 제10항, 제11항).

국세청장으로부터 지정취소의 요청을 받은 기획재정부장관은 해당 공익법인등의 지정

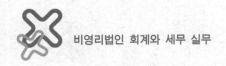
을 취소할 수 있다(법인세법 시행령 제39조 제12항).

또한, 국세청장은 법인세법 시행령 제39조 제1항 제1호 바목에 따른 공익법인등이 지정되거나 지정이 취소된 경우에는 주무관청에 그 사실을 통지해야 하며, 주무관청은 같은 목에 따른 공익법인등이 목적 외 사업을 하거나 설립허가의 조건을 위반하는 등 지정취소사유 중 어느 하나에 해당하는 사실이 있는 경우에는 그 사실을 국세청장에게 통지해야 한다(법인세법 시행령 제39조 제13항).

2020년 2월 11일 시행령 개정시, 국세청장과 지정기부금단체 등은 지정취소 예고 통지와 이에 대한 이의신청을 주무관청을 통하지 않고 직접 할 수 있도록 하고, 지정기부금단체등의 지정·취소, 설립허가 위반 등 관련 정보를 국세청과 주무관청이 공유하도록 지정기부금단체등의 지정취소단계를 보완하였으며, 동 개정규정은 2021년 1월 1일 이후 개시하는 사업연도 분부터 적용하되, 법인세법 시행령 제39조 제13항의 개정규정은 2021년 1월 1일 이후 지정기부금단체등으로 지정하거나 취소하는 경우 또는 지정기부금단체등이 지정취소사유 중 어느 하나에 해당하는 사실을 적발하는 경우부터 적용한다.

| 중요 예규 및 판례 |

서울고등법원 2023누57540, 2024.2.2.
지정기부금의 손금산입과 관련하여 기부금세액공제의 규정은 엄격해석에 따라야 하므로, 이 사건 법인이 공익법인으로 지정된 날이 속한 연도 전에 원고가 이 사건 법인에 출연한 기부금은 지정기부금에 해당하지 않으므로 특별세액공제 대상에 해당하지 아니함.

서면 - 2022 - 법인 - 2987, 2023.7.4.
의약품을 생산하는 내국법인이 동 의약품을 특수관계에 있는 공익법인의 고유목적사업에 사용하도록 지출하는 경우 「법인세법」 제24조 제3항 제1호에 따른 일반기부금에 해당하는 것임.

기획재정부 법인세제과 - 375, 2022.9.14.
법인세법 시행령 제39조 제1항 제1호 바목에 따른 공익법인등이 상속세 및 증여세법 제50조의 2 제3항에 따른 전용계좌의 개설·신고를 하지 않는 등의 사유로 세무서장 등으로부터 가산세를 부과받기 전에 가산세를 신고하여 납부한 경우는 법인세법 시행령 제39조 제8항 제1호에 따른 '상속세(그 가산세를 포함함) 또는 증여세(그 가산세를 포함함)를 추징당한 경우'에 해당하지 않는 것임.

기획재정부 법인세제과-280, 2022.7.22.

「법인세법 시행령」 제39조 제1항 제1호 다목에 따른 공익법인등을 설립·경영하는 학교법인은 「법인세법 시행령」 제39조 제6항에 따른 동 공익법인등의 "의무이행 여부"를 일괄 보고할 수 있는 것임. 이 경우 학교법인은 설립·경영하는 공익법인등의 의무 불이행이 있는 경우 의무를 불이행한 공익법인등을 구분하여 기재해야 하는 것임.

서면-2021-법인-7555, 2022.4.22.

장학재단이 출연법인과 기부계약을 체결하면서 목적사업 일부의 수혜자를 출연법인의 근로자로 한정하는 경우, 「법인세법 시행령」 제39조 제5항 제2호에 따른 '사업의 직접 수혜자가 불특정 다수일 것'이라는 의무이행 항목을 충족한 것으로 볼 수 없는 것임.

사전-2021-법규법인-1813, 2022.1.27.

1. 사실관계
- A법인은 아래의 사업을 영위할 목적으로 「민법」 제32조 및 「문화체육관광부 및 문화재청 소관 비영리법인의 설립 및 감독에 관한 규칙」 제4조에 따라 지방자치단체의 장의 허가를 받아 설립된 비영리법인임.
  ※ 사업내용
     - 국내외 교회, 기관, 단체들의 목회, 선교, 학술 교류 및 네트워크 사업
     - 기독교문화, 교육, 복지 등 사회적 지원사업(카페사업 포함)
     - 목회자, 선교사들을 위한 정보교류 및 플랫폼 사업
     - 다음 세대를 위한 장학 및 인재육성 지원 사업(대안학교 사업)
     - 소외계층 및 취약계층 나눔 및 지원 사업
     - 기타 본회의 목적 달성에 필요한 사업

2. 질의내용
- 종교의 보급, 그 밖에 교화를 목적으로 지방자치단체의 장의 허가를 받아 설립된 비영리법인이
  - (질의1) 「법인세법 시행령」 제39조 제1항 제1호 마목에 따른 공익법인등에 해당하는지 여부
  - (질의2) 「상속세 및 증여세법 시행령」 제12조에 따른 공익법인에 해당하는지 여부

3. 답변내용

종교의 보급, 그 밖에 교화를 목적으로 「민법」 제32조에 따라 문화체육관광부장관 또는 지방자치단체의 장의 허가를 받아 설립한 비영리법인은 「법인세법 시행령」 제39조 제1항 제1호 마목에 따른 비영리법인에 해당하는 것이며, 해당 비영리법인이 「상속세 및 증여세법 시행령」 제12조 제1호 또는 제9호에서 규정한 사업을 하는 경우 「상속세 및

증여세법」제16조 제1항에 따른 공익법인에 해당하는 것임. 다만, 귀 법인이 이에 해당하는지는 설립목적 및 운영사업, 설립근거법률, 설립허가권자 등을 고려하여 사실판단할 사항임.

서면 – 2021 – 법규법인 – 5867, 2022.1.25.

1. 사실관계

- 학교법인 **학원은 19**년 *월 「사립학교법」에 따라 교육부장관의 허가를 받아 설립된 비영리법인으로, 대학교, 중·고등학교 및 유치원을 설치·경영하고 있음.

2. 질의요지

- 학교법인이 법인령 §39 ① 1호 바목에 따른 '법률에 따라 등록된 기관'에 해당하는지 여부
  * '법률에 따라 등록된 기관' 중 일정 요건을 충족한 것으로서 국세청장의 추천 및 기재부장관이 지정 고시한 단체는 10% 손금산입 한도 기부금단체에 해당

3. 답변내용

학교법인은 「법인세법 시행령」 제39조 제1항 제1호 바목에 따른 '법률에 따라 등록된 기관'에 해당하지 않는 것임.

서면 – 2021 – 법령해석법인 – 2970, 2021.10.22.

질의

〔사실관계〕

- A법인은 「지방문화원진흥법」에 따라 설립된 비영리법인으로 舊 「법인세법 시행령」 제36조 제1항 아목(2018.2.13. 대통령령 제28640호로 개정되기 전)에 따른 기획재정부령이 정하는 지정기부금단체로서
  – 같은 영 제5항에 따르면 A법인은 의무이행 대상 지정기부금 단체에 해당하지 않았음.
- A법인은 2018.2.13. 「법인세법 시행령」 개정으로 지정기부금 단체의 범위에서 삭제되었으나
  – 부칙 제16조 제2항에 따라 2020년 12월 31일까지는 지정기부금단체로 보며, 2021년부터는 국세청장의 추천을 받아 기획재정부에서 지정·고시하여야만 지정기부금단체로 인정됨.

〔질의내용〕

- 舊 「법인세법 시행령」 제36조 제1항 아목(2018.2.13. 대통령령 제28640호로 개정되기 전)에 따른 기획재정부령이 정하는 지정기부금단체가 「법인세법 시행령」 개정으로 지정기부금단체의 범위에서 제외되었으나, 부칙의 경과 규정에 따라 2020년 12월 31일까지는 지정기부금단체로 보는 경우

- 해당 지정기부금단체가 「법인세법 시행령」(2018.2.13. 대통령령 제28640호로 개정된 것) 제36조 제5항 각 호의 의무이행을 하여야 하는지 여부 및 의무이행 대상일 경우 의무이행의 대상이 되는 사업연도는 언제인지

(회신)

「법인세법 시행령」 제36조 제1항 제1호 아목(2018.2.13. 대통령령 제28640호로 개정되기 전, 이하 '종전시행령')에 따른 기획재정부령이 정하는 지정기부금단체가 종전시행령의 개정으로 인하여 지정기부금단체의 범위에서 제외되었으나 「법인세법 시행령」(2018.2.13. 대통령령 제28640호로 개정된 것, 이하 '개정시행령') 부칙 제16조 제2항에 따라 2020년 12월 31일까지 지정기부금단체로 보는 경우, 해당 지정기부금단체는 개정시행령 제36조 제5항 각 호의 의무 이행 대상에 해당하지 않는 것이며, 2021년 1월 1일 이후 개정시행령 제36조 제1항 제1호 바목에 따른 "기획재정부장관이 지정하여 고시한 법인"에 해당하는 경우에 한하여 지정기간 동안 개정시행령 제36조 제5항 각 호의 의무를 이행하여야 하는 것임.

사전 – 2021 – 법령해석법인 – 0743, 2021.6.11.

(질의)

내국법인이 4개의 사업부로 조직되어 있고, 그 중 하나의 사업부가 「고등교육법」에 따른 학교인 경우 해당 내국법인을 지정기부금 단체로 볼 수 있는지 여부

(회신)

귀 사전답변 신청의 사실관계와 같이, 내국법인이 4개의 사업부로 조직되어 있고, 그 중 하나의 사업부가 '「고등교육법」에 따른 학교'라 하더라도 해당 내국법인은 「법인세법 시행령」 제39조 제1항 제1호 다목의 '「고등교육법」에 따른 학교'로 볼 수 없는 것임.

서면 – 2020 – 법인 – 5270, 2021.3.15.

회사의 근로자가 용역 · 파견 노동자의 근로조건 개선 등에 사용하도록 지정기부금단체에 기부하면서 그 수혜자를 해당 회사와 계약을 체결한 용역 · 파견업체에 고용된 자로 한정하는 경우, 법인세법 시행령 제39조 제1항 제1호 바목 1) 가)에 따른 '사업의 직접 수혜자가 불특정 다수일 것'의 요건을 충족하지 못하는 것임.

다만, 2021년 1월 1일 이후 지정 · 고시하는 법인부터는 상속세 및 증여세법 시행령 제38조 제8항 제2호 각 목 외의 부분 단서에 해당하는 경우 위 요건을 갖춘 것으로 보는 것임.

서면 – 2020 – 법인 – 3700, 2020.11.26.

「법인세법 시행령」 제39조 제1항 제1호 바목 1) 가)의 요건을 적용함에 있어 수혜자가 특정 대학이나 병원 등에 한정되는 경우에는 '수혜자가 불특정 다수일 것'을 충족하지

못한 것임. 다만, 귀 질의의 경우가 이에 해당하는지 여부는 정관상 목적사업과 실질 운영내용에 따라 사실판단할 사항임.

서면 - 2019 - 법인 - 0993, 2020.6.1.

질 의

〔사실관계〕

• 질의법인은 초, 중, 고등, 대학교를 설치·경영하는 학교법인이며, 학교법인과 설치학교는 각각 사업자등록이 되어 있음.
  - 회계는 법인의 업무에 속하는 법인회계와 학교에 속하는 교비회계로 구분되어 있음.
• 학교가 아닌 학교법인에 직접 현금을 기부하고자 상담을 요청한 기부자가 있어 소득공제와 관련된 기부금영수증 발급에 관해 정확하게 안내하고 기부금 모집을 적극 추진하고자 함.

〔질의내용〕

(질의1) 학교법인의 수익용기본재산에 편입할 목적으로 기부금을 수령할 경우 기부금 구분(코드)은.

(질의2) 학교법인의 운영비(회의비, 법률용역비, 집기구입비, 급여 등)에 사용할 목적으로 기부금을 수령할 경우 기부금 구분(코드)은.

(질의3) 학교교육에 사용할 목적의 기부금을 학교법인이 수령할 경우 기부금영수증은 학교법인이 아닌 기부금을 전입받은 학교의 사업자등록번호로 발급하는 것인지.

회 신

귀 질의 1, 2의 경우 학교법인은 「법인세법」 제24조 제3항 제4호 가목 및 같은 법 시행령 제39조 제1항 제1호 다목에 해당되지 않는 것임.

귀 질의 3의 경우 학교법인이 사립학교에 '시설비·교육비·장학금 또는 연구비' 및 '고유목적사업비'로 사용되는 기부금을 수령하는 경우 기부금영수증(「법인세법 시행규칙」[별지 제63호의 3 서식]) '② 기부금 단체'란의 사업자등록번호는 학교의 사업자등록번호를 기재하는 것임.

4-3. 특정용도로 지출하는 기부금

| 법인세법 시행령 제39조 제1항 제2호 |

가. 「유아교육법」에 따른 유치원의 장·「초·중등교육법」 및 「고등교육법」에 의한 학교의 장, 「국민 평생 직업능력 개발법」에 의한 기능대학의 장, 「평생교육법」 제31조 제4항에 따른 전공대학 형태의 평생교육시설 및 같은 법 제33조 제3항에 따른 원격대학 형태의 평생교육시설의 장이 추천하는 개인에게 교육비·연구비 또는 장학금으로 지출하는 기부금
나. 「상속세 및 증여세법 시행령」 제14조 각호의 요건을 갖춘 공익신탁으로 신탁하는 기부금
다. 사회복지·문화·예술·교육·종교·자선·학술 등 공익목적으로 지출하는 기부금으로서 기획재정부장관이 지정하여 고시하는 기부금

위 '4-2. 법인세법 시행령 제39조 제1항 제1호에 따른 공익법인 등의 고유목적사업비로 지출하는 기부금'에서 설명하고 있는 단체에 지출하는 기부금은 고유목적사업비로 지출되면 별다른 조건 없이 일반기부금으로 인정되지만 위 표에서 열거하는 단체에 지출한 기부금은 그 단체의 특정 용도로만 지출되어야 일반기부금으로 인정된다.

특히 위의 다.에서 기획재정부장관이 지정하여 고시하는 기부금이란 다음과 같은 기부금을 말하는데 2024년 9월 30일까지 누적 고시된 내용은 다음과 같다.

| 법인세법 시행령 제39조 제1항 제2호 다목에 따른 지정기부금의 범위 |

번호	기 부 금
1	삭제 <2018.3.30.>
2	삭제 <2018.3.30.>
3	보건복지가족부장관이 인정하는 의료취약지역에서 비영리법인이 행하는 의료사업의 사업비·시설비·운영비로 지출하는 기부금
4	「국민체육진흥법」에 따른 국민체육진흥기금으로 출연하는 기부금
5	「전쟁기념사업회법」에 따른 전쟁기념사업회에 전쟁기념관 또는 기념탑의 건립비용으로 지출하는 기부금
6	「중소기업협동조합법」에 따른 중소기업공제사업기금 또는 소기업·소상공인공제에 출연하는 기부금
7	「중소기업협동조합법」에 따른 중소기업중앙회에 중소기업연수원 및 중소기업제품전시장의 건립비와 운영비로 지출하는 기부금
8	「중소기업협동조합법」에 따른 중소기업중앙회에 중소기업글로벌지원센터(중소기업이 공동으로 이용하는 중소기업 지원시설만 해당한다)의 건립비로 지출하는 기부금

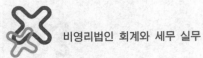

번호	기 부 금
9	「중소기업협동조합법」에 따른 중소기업중앙회에 중소기업의 정보자원(정보 및 설비, 기술, 인력 등 정보화에 필요한 자원을 말한다) 도입을 무상으로 지원하기 위한 사업비로 지출하는 기부금
10	「산림조합법」에 따른 산림조합중앙회에 산림자원 조성기금으로 출연하는 기부금
11	「근로복지기본법」에 따른 근로복지진흥기금으로 출연하는 기부금
12	「발명진흥법」에 따른 발명진흥기금으로 출연하는 기부금
13	「과학기술기본법」에 따른 과학기술진흥기금으로 출연하는 기부금
14	「여성기업지원에 관한 법률」에 따른 한국여성경제인협회에 여성경제인박람회개최비 또는 연수원 및 여성기업종합지원센터의 건립비로 지출하는 기부금
15	「방송법」에 따라 종교방송을 하는 방송법인에 방송을 위한 건물(방송에 직접 사용되는 부분으로 한정한다)의 신축비로 지출하는 기부금
16	「보호관찰 등에 관한 법률」에 따른 범죄예방자원봉사위원지역협의회 및 그 전국연합회에 청소년 선도보호와 범법자 재범방지활동을 위하여 지출하는 기부금
17	「한국은행법」에 따른 한국은행, 그 밖의 금융기관이 「금융위원회의 설치 등에 관한 법률」 제46조 제2호 및 제3호에 따라 금융감독원에 지출하는 출연금
18	국제체육대회 또는 세계선수권대회의 경기종목에 속하는 경기와 씨름·국궁 및 택견의 기능향상을 위하여 지방자치단체나 대한체육회(시도체육회, 시·군·구체육회 및 대한체육회 회원종목단체, 시도체육회 회원종목단체, 시·군·구 회원종목단체를 포함한다. 이하 이 호에서 같다)가 추천하는 자에게 지출하거나 대한체육회에 운동선수양성, 단체 경기비용, 생활체육진흥 등을 위하여 지출하는 기부금
19	국제기능올림픽대회에 참가할 선수의 파견비용으로 국제기능올림픽대회한국위원회에 지출하는 기부금
20	「국가정보화 기본법」에 따른 한국정보화진흥원에 지출하는 기부금(정보통신기기 및 소프트웨어로 기부하는 것으로 한정한다)
21	「근로자직업능력 개발법 시행령」 제2조에 따른 공공단체에 근로자훈련사업비로 지출하는 기부금
22	「숙련기술장려법」 제6조에 따라 한국산업인력공단에 숙련기술장려적립금으로 출연하는 기부금
23	「국민기초생활 보장법」 제15조의 2 제1항에 따른 중앙자활센터와 같은 법 제16조 제1항에 따른 지역자활센터에 각각 같은 법 제15조의 2 제1항 및 제16조 제1항 각 호에 따른 사업을 위하여 지출하는 기부금
24	「한국교통안전공단법」에 따른 교통안전공단에 자동차손해배상보장사업비로 지출하는 기부금
25	사단법인 한국중화총상회에 국내에서 개최되는 세계화상대회 개최비로 지출하는 기부금
26	「협동조합 기본법」에 따른 사회적협동조합 및 「사회적기업 육성법」에 따른 사회적기업(비영리법인으로 한정한다)의 사회서비스 또는 일자리를 제공하는 사업을 위하여 지출

번호	기 부 금
	하는 기부금
27	「농어업경영체 육성 및 지원에 관한 법률」에 따른 농어업경영체에 대한 교육사업을 위하여 사단법인 한국농수식품씨이오연합회에 지출하는 기부금
28	「대한소방공제회법」에 따른 대한소방공제회에 직무수행 중 순직한 소방공무원의 유가족 또는 상이를 입은 소방공무원의 지원을 위하여 지출하는 기부금
29	「장애인기업활동 촉진법」에 따른 한국장애경제인협회에 장애경제인에 대한 교육훈련비, 장애경제인 창업지원사업비, 장애경제인협회 회관·연수원 건립비, 장애경제인대회 개최비 및 장애인기업종합지원센터의 설치·운영비로 지출하는 기부금
30	「대한민국헌정회 육성법」에 따른 대한민국헌정회에 정책연구비 및 헌정기념에 관한 사업비로 지출하는 기부금
31	사단법인 한국회계기준원에 국제회계기준위원회재단 재정지원을 위하여 지출하는 기부금
32	저소득층의 생활 안정 및 복지 향상을 위한 신용대출사업으로서 「법인세법 시행령」 제2조 제1항 제11호에 따른 사업을 수행하고 있는 비영리법인에 그 사업을 위한 비용으로 지출하는 기부금
33	「건설근로자의 고용개선 등에 관한 법률」에 따른 건설근로자공제회에 건설근로자의 복지증진 사업을 위하여 지출하는 기부금
34	「문화예술진흥법」 제7조에 따른 전문예술단체에 문화예술진흥사업 및 활동을 지원하기 위하여 지출하는 기부금
35	「중소기업진흥 및 제품구매촉진에 관한 법률」에 의한 중소기업진흥공단에 같은 법 제74조 제1항 제20호에 따른 사업을 위하여 지출하는 기부금
36	「여신전문금융업법」 제62조에 따른 여신전문금융업협회에 금융사고를 예방하기 위하여 같은 법 시행령 제6조의 13 제1항에 따른 영세한 중소신용카드가맹점의 신용카드 단말기 교체를 지원하기 위하여 지출하는 기부금
37	「정보통신기반 보호법」 제16조에 따른 정보공유·분석센터에 금융 분야의 주요 정보통신기반시설에 대한 침해사고 예방, 취약점의 분석·평가 등 정보통신기반시설 보호사업을 위하여 지출하는 기부금
38	「상공회의소법」에 의한 대한상공회의소에 「근로자직업능력 개발법」에 따른 직업능력개발사업 및 「유통산업발전법」 제2조 제1호에 따른 유통산업 지원 사업을 위하여 지출하는 기부금
39	「보험업법」 제175조에 따른 보험협회에 생명보험 사회공헌사업 추진을 위한 협약에 따라 사회공헌기금 등을 통하여 수행하는 사회공헌사업을 위하여 지출하는 기부금
40	「노동조합 및 노동관계조정법」 제10조 제2항에 따른 총연합단체인 노동조합이 시행하는 노사상생협력증진에 관한 교육·상담 사업, 그 밖에 선진 노사문화 정착과 노사 공동의 이익증진을 위한 사업으로서 고용노동부장관이 정하는 사업을 위하여 지출하는 기부금
41	해외난민을 위하여 지출하는 기부금
42	「법인세법」 제24조 제3항 제5호 각 목의 병원에 자선의료비로 지출하는 기부금

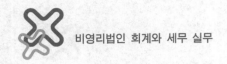

번호	기 부 금
43	「도서관법」에 따라 등록된 작은도서관에 사업비, 시설비, 운영비로 지출하는 기부금
44	「신용보증기금법」에 따른 신용보증기금의 보증·보험사업을 위해 기업이 출연하는 기부금
45	「기술보증기금법」에 따른 기술보증기금의 보증사업을 위해 기업이 출연하는 기부금
46	「근로복지기본법」에 따른 사내근로복지기금 또는 공동근로복지기금으로 출연하는 기부금 (사업자 외의 개인이 출연하는 것으로 한정한다)
47	「지역신용보증재단법」에 따른 신용보증재단 및 신용보증재단중앙회의 보증사업을 위해 기업이 출연하는 기부금
48	「여신전문금융업법」 제62조에 따른 여신전문금융업협회에 기획재정부에서 시행하는 상생소비지원금 사업의 통합서버 구축·운영비로 지출하는 기부금
49	「중소기업협동조합법」 제106조 제8항에 따른 중소기업중앙회 공동사업지원자금에 출연하는 기부금
50	「새마을금고법」에 따라 설립된 새마을금고에 「사랑의 좀도리운동」을 위하여 지출하는 기부금

4-4. 특별회비 및 임의로 조직된 조합·협회에 지급한 회비

영업자가 조직한 단체로서 법인이거나 주무관청에 등록된 조합 또는 협회에 지급한 회비는 손비로 처리하지만(법인세법 시행령 제19조 제11호) 이들에게 지급한 회비 중 특별회비와 위의 조합 또는 협회 외의 임의로 조직된 조합 또는 협회에 지급한 회비는 과거 지정기부금으로 보았다. 그러나 동 규정은 2018.2.13. 삭제되어 더 이상 지정기부금에 해당하지 않고 손금불산입된다(법인세법 시행령 제39조 제1항 제3호). 이렇게 개정한 취지는 특별회비를 받는 협회 등은 대부분 상속세 및 증여세법상 공익법인이 아니므로 특별회비에 대하여 증여세가 부과되는 반면, 기부자에게는 지정기부금으로 보아 세제상 혜택을 주고 있었기 때문이다. 따라서 개정세법에서 증여세 과세대상인 특별회비를 더 이상 지정기부금으로도 보지 않고 손금에도 산입하지 않겠다는 취지이다. 그러나 최근 나온 행정해석을 살펴보면 입법취지와는 달리 해석하고 있는 것으로 보인다.

여기서 "특별회비"라 함은 조합 또는 협회가 법령 또는 정관이 정하는 바에 따라 경상경비를 충당할 목적으로 조합원 또는 회원에게 정기적으로 부과하는 회비 외의 회비를 말한다. 다만, 정기적으로 부과하는 회비로 경상경비에 충당한 결과 부족액이 발생한 경우 그 부족액을 보전하기 위하여 정상적인 회비징수방식에 의하여 추가로 부과하는 회비는 이를 특별회비로 보지 아니한다(구 법인세법 시행규칙 제18조 제3항).

 | 중요 예규 및 판례 |

조심 2022서6602, 2023.11.1.

쟁점회비는 매년 연속적으로 반복 지출되어 일반적으로 용인되는 통상적인 비용 즉, 경상경비에 충당할 목적으로 정기적으로 부과되는 회비 내지 정기회비로 충당할 수 없는 경상경비 부족액을 보전하기 위하여 정상적인 회비징수방식에 의해 추가로 부과된 회비에 해당한다고 볼 수 없으므로 법인세법령상 특별회비에 해당하는 점 등에 비추어 위 청구주장은 받아들이기 어려움. 다만, 회비 영수증에서 청구법인이 쟁점회비를 납부한 사실 및 그 목적 등이 확인되는 한편, 청구법인이 이 건 과세예고통지 이후 전경련에 적격 기부금영수증의 발급을 요청하였으나 거부되어 이를 구비하지 못하다가 이 건 심판청구과정에서 비로소 쟁점회비에 대한 적격 기부금영수증을 발급받아 제출한 점 등에 비추어, 쟁점회비 전액을 손금불산입하여 청구법인에게 법인세를 부과한 이 건 처분은 잘못이 있음.

조심 2022서5376, 2023.6.28.

청구법인은 일부회원사에게 쟁점사업을 위하여 추가회비인 쟁점자금 납부를 요청하여 지급받았고 쟁점자금은 경상경비가 아닌 특별회비로 보이므로, 공익법인이 아닌 비영리법인인 청구법인이 지급받은 쟁점자금은 증여세 과세대상임.

서면 – 2023 – 법인 – 0624, 2023.4.21.

영업자가 조직한 단체로서 법인이거나 주무관청에 등록된 조합 또는 협회에 해당하는 법인이 법령 또는 정관이 정하는 바에 따라 정상적인 회비징수 방식에 의하여 경상경비 충당 등을 목적으로 조합원 또는 회원에게 부과하는 회비 또는 특별회비는 「법인세법 시행령」 제19조 제11호에 따른 손금에 해당하는 것임.

서면 – 2022 – 법인 – 2985, 2022.7.28.

 질 의

소속회원(내국법인)이 ○○○○ 회의소에 납부하는 특별회비가 「법인세법 시행령」 제19조 제11호에 따른 손금에 해당되는지 여부

영업자가 조직한 단체로서 법인이거나 주무관청에 등록된 조합 또는 협회에 지급한 회비 중 법령 또는 정관이 정하는 바에 따라 정상적인 회비징수 방식에 의하여 경상경비 충당 등을 목적으로 조합원 또는 회원에게 부과하는 회비는 「법인세법 시행령」 제19조 제11호에 따른 손금에 해당하는 것임.

사전 - 2018 - 법령해석법인 - 0795, 2018.12.26.

귀 사전답변신청의 경우, 「민법」 제32조 및 「의료법」 제28조에 의해 설립된 사단법인 대한◇◇협회가 정관이 정하는 바에 따라 회관신축을 위해 회원에게 부과하는 '회관신축기금'은 2018.2.13. 대통령령 제28640호로 개정되기 전의 「법인세법 시행령」 제36조에 따라 지정기부금에 해당하는 것이나, 해당 시행령 개정 이후 지출분에 대해서는 지정기부금에 해당하지 않는 것이며, 「법인세법 시행규칙」(2018.3.21. 기획재정부령 제671호로 개정된 것) 제10조 제2항에 따른 회비에 해당하여 같은 법 시행령 제19조 제11호에 따른 손금에 해당하는 것임.

서면 - 2018 - 법령해석법인 - 1291, 2018.6.28.

〔사실관계〕
• 대구상공회의소는 「상공회의소법」 제14조 제2항에 따라 산업통상자원부장관이 승인하는 금액의 범위 내에서 정관에 규정한 범위를 한도로 회원에게 회비를 부과하고 있으며 대구상공회의소 정관에는 의원총회에 따라 특별회비를 회원에게 부과할 수 있도록 규정하고 있음.

〔질의내용〕
• 상공회의소 정관에 따라 경상경비 충당 등을 목적으로 회원에게 부과되는 특별회비가 손금에 해당되는지 여부

영업자가 조직한 단체로서 법인이거나 주무관청에 등록된 조합 또는 협회에 지급한 회비 중 법령 또는 정관이 정하는 바에 따라 경상경비 충당 등을 목적으로 조합원 또는 회원에게 정기적 또는 부정기적으로 부과하는 것은 「법인세법 시행령」(2018.2.13. 대통령령 제28640호로 개정된 것) 제19조 제11호에 따른 손금에 해당하는 것임.

4-5. 사회복지시설에 지출하는 기부금

법인세법 시행령 제39조 제1항 제4호에 해당하는 사회복지시설 또는 기관 중 무료 또는
실비로 이용할 수 있는 시설 또는 기관에 기부하는 금품의 가액은 일반기부금으로 본다.
다만, 나목 1)에 따른 노인주거복지시설 중 양로시설을 설치한 자가 해당 시설의 설치·운
영에 필요한 비용을 부담하는 경우 그 부담금 중 해당 시설의 운영으로 발생한 손실금(기업
회계기준에 따라 계산한 해당 과세기간의 결손금을 말한다)이 있는 경우에는 그 금액을 포함한
다(법인세법 시행령 제39조 제1항 제4호).

| 법인세법 시행령 제39조 제1항 제4호 |

가. 「아동복지법」 제52조 제1항에 따른 아동복지시설
나. 「노인복지법」 제31조에 따른 노인복지시설 중 다음의 시설을 제외한 시설
　　1) 「노인복지법」 제32조 제1항에 따른 노인주거복지시설 중 입소자 본인이 입소비용의 전
　　　부를 부담하는 양로시설·노인공동생활가정 및 노인복지주택
　　2) 「노인복지법」 제34조 제1항에 따른 노인의료복지시설 중 입소자 본인이 입소비용의 전
　　　부를 부담하는 노인요양시설·노인요양공동생활가정 및 노인전문병원
　　3) 「노인복지법」 제38조에 따른 재가노인복지시설 중 이용자 본인이 재가복지서비스에
　　　대한 이용대가를 전부 부담하는 시설
다. 「장애인복지법」 제58조 제1항에 따른 장애인복지시설. 다만, 다음 각 목의 시설은 제외한다.
　　1) 비영리법인(「사회복지사업법」 제16조 제1항에 따라 설립된 사회복지법인을 포함한다)
　　　외의 자가 운영하는 장애인 공동생활가정
　　2) 「장애인복지법 시행령」 제36조에 따른 장애인생산품 판매시설
　　3) 장애인 유료복지시설
라. 「한부모가족지원법」 제19조 제1항에 따른 한부모가족복지시설
마. 「정신보건법」 제3조 제4호 및 제5호에 따른 정신질환자사회복귀시설 및 정신요양시설
바. 「성매매방지 및 피해자보호 등에 관한 법률」 제6조 제2항 및 제10조 제2항에 따른 지원시
　　설 및 성매매피해상담소
사. 「가정폭력방지 및 피해자보호 등에 관한 법률」 제5조 제2항 및 제7조 제2항에 따른 가정
　　폭력 관련 상담소 및 보호시설
아. 「성폭력방지 및 피해자보호 등에 관한 법률」 제10조 제2항 및 제12조 제2항에 따른 성폭
　　력피해상담소 및 성폭력피해자보호시설
자. 「사회복지사업법」 제34조에 따른 사회복지시설 중 사회복지관과 부랑인·노숙인 시설
차. 「노인장기요양보험법」 제32조에 따른 재가장기요양기관
카. 「다문화가족지원법」 제12조에 따른 다문화가족지원센터
타. 「건강가정기본법」 제35조 제1항에 따른 건강가정지원센터

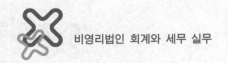

파. 「청소년 복지지원법」 제31조에 따른 청소년복지시설

4-6. 국제기구에 지출하는 기부금

다음의 요건을 모두 갖춘 국제기구로서 기획재정부장관이 지정하여 고시하는 국제기구에 지출하는 기부금은 일반기부금에 해당한다(법인세법 시행령 제39조 제1항 제6호).

┃ 법인세법 시행령 제39조 제1항 제6호 ┃

가. 사회복지, 문화, 예술, 교육, 종교, 자선, 학술 등 공익을 위한 사업을 수행할 것
나. 우리나라가 회원국으로 가입하였을 것

┃ 국제기구의 범위 ┃

번호	국 제 기 구
1	유엔난민기구(United Nations High Commissioner for Refugees, UNHCR)
2	세계식량계획(World Food Programme, WFP)
3	국제이주기구(International Organization for Migration, IOM)
4	글로벌녹색성장연구소(Global Green Growth Institute, GGGI)
5	녹색기후기금(Green Climate Fund, GCF)
6	유엔개발계획(United Nations Development Programme)
7	아시아산림협력기구(Asian Forest Cooperation Organization)
8	재한유엔기념공원(UN Memorial Cemetery in Korea, UNMCK)
9	유엔여성기구(UN Women, UNW)
10	국제백신연구소(International Vaccine Institute, IVI)
11	감염병혁신연합(Coalition for Epidemic Preparedness Innovations, CEPI)
12	유네스코(United Nations Educational, Scientific and Cultural Organization, UNESCO)

4-7. 법인으로 보는 단체의 고유목적사업비 지출액

법인으로 보는 단체 중 고유목적사업준비금을 설정할 수 있는 다음의 단체를 제외한 단체는 고유목적사업준비금을 설정할 수 없으므로 수익사업에서 발생한 소득을 고유목적사업비로 지출하는 금액은 이를 일반기부금으로 본다(법인세법 시행령 제39조 제2항).

① 법인세법 시행령 제39조 제1항 제1호에 해당하는 단체
② 법령에 의하여 설치된 기금
③「공동주택관리법」제2조 제1항 제1호 가목에 따른 공동주택의 입주자대표회의·임차인대표회의 또는 이와 유사한 관리기구

4-8. 소득세법상 기부금의 범위

법인이 아닌 개인 또는 사업자가 기부금을 지출하는 경우에 세제혜택을 받을 수 있는 기부금의 범위는「소득세법 시행령」제80조 제1항에서 규정하고 있으며 다음과 같다.

┃ 소득세법 시행령 제80조 제1항 ┣

1. 「법인세법 시행령」 제39조 제1항 각 호의 것
2. 다음 각 목의 어느 하나에 해당하는 회비
   가. 「노동조합 및 노동관계조정법」, 「교원의 노동조합 설립 및 운영 등에 관한 법률」 또는 「공무원의 노동조합 설립 및 운영 등에 관한 법률」에 따라 설립된 단위노동조합 또는 해당 단위노동조합의 규약에서 정하고 있는 산하조직(이하 이 조에서 "단위노동조합 등"이라 한다)으로서 다음의 요건을 모두 갖춘 단위노동조합등에 가입한 사람(이하 이 조에서 "조합원"이라 한다)이 해당 단위노동조합등에 납부한 조합비 (2023.9.26. 개정)
   * 동 개정 규정은 2023.10.1. 이후 노동조합에 납부하는 조합비부터 적용함(영 부칙(2023.9. 26.) 2조 1항)
   * 2023.10.1. 전에 노동조합에 납부한 회비에 관하여는 영 80조 1항 2호의 개정규정에도 불구하고 종전의 규정에 따름(영 부칙(2023.9.26.) 2조 2항)
   1) 해당 과세기간에 단위노동조합등의 회계연도 결산결과가 「노동조합 및 노동관계조정법 시행령」 제11조의 9 제2항부터 제5항까지의 규정 또는 대통령령 제33758호 노동조합 및 노동관계조정법 시행령 일부개정령 부칙 제2조에 따라 공표되었을 것. 이 경우 단위노동조합등의 직전 과세기간 종료일 현재 조합원 수가 1천명 미만인 경우에는 전단의 요건을 갖춘 것으로 본다. (2023.9.26. 개정)
   2) 1)에 따른 단위노동조합등으로부터 해당 단위노동조합등의 조합비를 재원으로 하여 노동조합의 규약에 따라 일정 금액을 교부받은 연합단체인 노동조합이나 다른 단위노동조합등이 있는 경우에는 해당 과세기간에 그 연합단체인 노동조합과 다른 단위노동조합등의 회계연도 결산결과도 「노동조합 및 노동관계조정법 시행령」 제11조의 9 제2항부터 제5항까지의 규정 또는 대통령령 제33758호 노동조합 및 노동관계조정법 시행령 일부개정령 부칙 제2조에 따라 공표되었을 것. 이 경우 그 교부받은 다른 단위노동조합등의 직전 과세기간 종료일 현재 조합원 수가 1천명 미만인 경우에는 전단의 요건을 갖춘 것으로 본다. (2023.9.26. 개정)
   나. 「교육기본법」 제15조에 따른 교원단체에 가입한 사람이 납부한 회비
   다. 「공무원직장협의회의 설립·운영에 관한 법률」에 따라 설립된 공무원 직장협의회에 가입한 사람이 납부한 회비
3. 위탁자의 신탁재산이 위탁자의 사망 또는 약정한 신탁계약 기간의 종료로 인하여 「상속세 및 증여세법」 제16조 제1항에 따른 공익법인등에 기부될 것을 조건으로 거주자가 설정한 신탁으로서 다음 각 목의 요건을 모두 갖춘 신탁에 신탁한 금액
   가. 위탁자가 사망하거나 약정한 신탁계약기간이 위탁자의 사망 전에 종료하는 경우 신탁재산이 「상속세 및 증여세법」 제16조 제1항에 따른 공익법인등에 기부될 것을 조건으로 거주자가 설정할 것
   나. 신탁설정 후에는 계약을 해지하거나 원금 일부를 반환할 수 없음을 약관에 명시할 것
   다. 위탁자 및 그와 「국세기본법 시행령」 제1조의 2 제1항의 친족관계에 있는 사람(이하 이 목에서 "위탁자등"이라 한다)이 가목의 공익법인등(위탁자등이 해당 공익법인등의 발행주식총수 또는 출자총액의 100분의 20 이상을 소유하거나 출자한 경우로 한정한

다)과 다음의 관계에 해당하지 않을 것
     1) 위탁자등 중 1명이 공익법인등의 설립자인 관계
     2) 위탁자등이 공익법인등의 이사의 과반수를 차지하는 관계
  라. 금전으로 신탁할 것
4. 삭제 <2010.2.18.>
5. 「비영리민간단체 지원법」에 따라 등록된 단체 중 다음 각 목의 요건을 모두 충족한 것으로서 행정안전부장관의 추천을 받아 기획재정부장관이 지정한 단체(이하 이 조에서 "공익단체"라 한다)에 지출하는 기부금. 다만, 공익단체에 지출하는 기부금은 지정일이 속하는 과세기간의 1월 1일부터 3년간(지정받은 기간이 끝난 후 2년 이내에 재지정되는 경우에는 재지정일이 속하는 과세기간의 1월 1일부터 6년간) 지출하는 기부금만 해당한다.
  가. 해산시 잔여재산을 국가·지방자치단체 또는 유사한 목적을 가진 비영리단체에 귀속하도록 한다는 내용이 정관에 포함되어 있을 것
  나. 수입 중 개인의 회비·후원금이 차지하는 비율이 기획재정부령으로 정하는 비율(100분의 50)을 초과할 것. 다만, 2022년 1월 1일 이후 공익단체를 지정하는 분부터는 다음의 금액은 수입에서 제외한다.
   ① 국가 또는 지방자치단체로부터 받는 보조금
   ② 상속세 및 증여세법 제16조 제1항에 따른 공익법인등으로부터 받는 지원금
  다. 정관의 내용상 수입을 친목 등 회원의 이익이 아닌 공익을 위하여 사용하고 사업의 직접 수혜자가 불특정 다수일 것. 다만, 「상속세 및 증여세법 시행령」 제38조 제8항 제2호 단서에 해당하는 경우에는 해당 요건을 갖춘 것으로 본다.
  라. 지정을 받으려는 과세기간의 직전 과세기간 종료일부터 소급하여 1년 이상 비영리민간단체 명의의 통장으로 회비 및 후원금 등의 수입을 관리할 것
  마. 삭제 <2021.2.17.>
  바. 기부금 모금액 및 활용실적 공개 등과 관련하여 다음의 요건을 모두 갖추고 있을 것. 다만, 「상속세 및 증여세법」 제50조의 3 제1항 제2호에 따른 사항을 같은 법 시행령 제43조의 3 제4항에 따른 표준서식에 따라 공시하는 경우에는 기부금 모금액 및 활용실적을 공개한 것으로 본다.
   1) 행정안전부장관의 추천일 현재 인터넷 홈페이지가 개설되어 있을 것
   2) 1)에 따라 개설된 인터넷 홈페이지와 국세청의 인터넷 홈페이지를 통하여 연간 기부금 모금액 및 활용실적을 매년 4월 30일까지 공개한다는 내용이 정관에 포함되어 있을 것
   3) 재지정의 경우에는 매년 4월 30일까지 1)에 따라 개설된 인터넷 홈페이지와 국세청의 인터넷 홈페이지에 연간 기부금 모금액 및 활용실적을 공개했을 것
  사. 지정을 받으려는 과세기간 또는 그 직전 과세기간에 공익단체 또는 그 대표자의 명의로 특정 정당 또는 특정인에 대한 「공직선거법」 제58조 제1항에 따른 선거운동을 한 사실이 없을 것

국세청장은 공익단체(구 기부금대상민간단체)가 다음의 어느 하나에 해당하는 경우에는 해당 공익단체에 미리 의견을 제출할 기회를 준 후 기획재정부장관에게 그 지정의 취소를 요청할 수 있다. 이 경우 그 요청을 받은 기획재정부장관은 해당 공익단체의 지정을 취소할 수 있다(소득세법 시행령 제80조 제2항).

① 공익단체가 「상속세 및 증여세법」 제48조 제2항, 제3항, 제8항부터 제11항까지, 제78조 제5항 제3호, 같은 조 제10항 및 제11항에 따라 1천만원 이상의 상속세(그 가산세를 포함한다) 또는 증여세(그 가산세를 포함한다)를 추징당한 경우
② 공익단체가 목적 외 사업을 하거나 설립허가의 조건에 위반하는 등 공익목적에 위반한 사실을 주무관청의 장(행정안전부장관을 포함한다)이 국세청장에게 통보한 경우
③ 「국세기본법」 제85조의 5에 따른 불성실기부금수령단체에 해당되어 명단이 공개되는 경우
④ 「소득세법 시행령」 제80조 제1항 제5호 각 목의 요건을 위반하거나 실제 경영하는 사업이 해당 요건과 다른 경우
⑤ 공익단체가 해산한 경우
⑥ 공익단체의 대표자, 임원, 대리인 또는 그 밖의 종업원이 「기부금품의 모집·사용 및 기부문화 활성화에 관한 법률」을 위반하여 같은 법 제16조에 따라 공익단체 또는 개인에게 징역 또는 벌금형이 확정된 경우
⑦ 공익단체가 소득세법 시행령 제80조 제3항 후단에 따른 요구에도 불구하고 제3항에 따른 결산보고서를 제출하지 않은 경우
⑧ 공익단체가 소득세법 시행령 제80조 제5항 후단에 따른 요구에도 불구하고 제5항에 따른 수입명세서를 제출하지 않은 경우

공익단체는 해당 과세기간의 결산보고서를 해당 과세기간의 종료일부터 4개월 이내에 행정안전부장관에게 제출해야 한다. 이 경우 해당 공익단체가 해당 과세기간의 결산보고서를 제출기한까지 제출하지 않으면 행정안전부장관은 기획재정부령으로 정하는 바에 따라 제출하도록 요구해야 한다. 행정안전부장관은 결산보고서를 제출받은 때에는 전체 수입 중 개인의 회비 및 후원금이 차지하는 비율과 기부금의 총액 및 건수와 그 사용명세서를 공개할 수 있다. 공익단체는 기획재정부령으로 정하는 수입명세서를 해당 과세기간의 종료일부터 4개월 이내에 관할 세무서장에게 제출해야 하며, 이 경우 해당 공익단체가 기획재정부령으로 정하는 수입명세서를 제출기한까지 제출하지 않으면 관할 세무서장은 기획재정부령으로 정하는 바에 따라 제출하도록 요구해야 한다. 공익단체가 기획재정부장관

에 의해 지정이 취소된 경우에는 취소된 날부터 3년이 지나야 재지정할 수 있다(소득세법 시행령 제80조 제3항부터 제6항).

2023년 10월 1일부터 고용노동부장관은 소득세법 시행령 제80조 제1항 제2호 가목 1) 및 2)에 따른 결산결과의 공표가 「노동조합 및 노동관계조정법 시행령」 제11조의 9 제2항부터 제5항까지의 규정 또는 대통령령 제33758호 노동조합 및 노동관계조정법 시행령 일부개정령 부칙 제2조에 따라 이루어졌는지를 확인한 후 매년 12월 31일까지 다음의 조치를 해야 한다.

1. 해당 확인 결과를 조합원 및 원천징수의무자가 열람할 수 있도록 「노동조합 및 노동관계조정법 시행령」 제11조의 9 제1항에 따른 공시시스템에 등록
2. 해당 확인 결과를 별지 제33호의 5 서식의 노동조합 회계공시 결과확인서를 국세청장에게 송부

4-9. 일반기부금 손금산입 한도

일반기부금의 손금산입 한도액은 해당 사업연도의 소득금액에서 이월결손금(법인세법 제13조 제1항 각 호 외의 부분 단서에 따라 각 사업연도 소득의 80%를 한도로 이월결손금 공제를 적용받는 법인은 기준소득금액의 80%를 한도로 함)을 차감한 후 특례기부금 손금산입액을 차감한 금액에 10%를 곱하여 산출되는 금액으로 한다(법인세법 제24조 제3항 제2호). 일반기부금 손금산입한도 초과금액은 해당 사업연도의 다음 사업연도 개시일부터 10년 이내에 끝나는 각 사업연도에 이월하여 그 이월된 사업연도의 소득금액을 계산할 때 일반기부금의 손금산입한도액 범위에서 손금에 산입한다. 2018.12.24.에 이월공제기간이 5년에서 10년으로 연장되었고 2019.1.1. 이후 과세표준을 신고하는 분부터 적용한다(법인세법 제24조 제5항). 이와 같이 이월된 금액은 해당 사업연도에 지출한 기부금보다 먼저 손금에 산입하며 이 경우 이월된 금액은 먼저 발생한 이월금액부터 손금에 산입한다.

2019년 12월 31일 법 개정시, 이월공제 기간 내에 안정적으로 기부금 공제를 받을 수 있도록 기부금 손금산입한도액을 초과하여 이월된 기부금을 해당 사업연도에 지출한 기부금보다 먼저 손금에 산입하도록 하였으며 동 개정규정은 이 법 시행 이후 과세표준을 신고하는 분부터 적용하되, 과세표준 신고 시 이월공제가 가능한 기부금에 대해서도 적용한다.

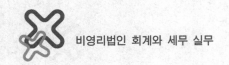

2020년 12월 22일 법 개정시, 기부금 손금산입한도액 계산 시 차감하는 이월결손금의 한도를 정하였으며 동 개정규정은 이 법 시행 이후 개시하는 사업연도에 기부금을 지출하는 분부터 적용하되, 이 법 시행 전에 개시한 사업연도에 기부금을 지출한 분에 대해서는 동 개정규정에도 불구하고 종전의 규정에 따른다.

개인(거주자)도 필요경비 산입한도액을 초과하여 필요경비에 산입하지 아니한 소득세법 제34조 제3항 제1호에 따른 기부금의 금액(소득세법 제59조의 4 제4항에 따라 종합소득세 신고 시 세액공제를 적용받은 금액은 제외한다)은 해당 과세기간의 다음 과세기간 개시일부터 10년 기간 이내에 끝나는 각 과세기간에 이월하여 필요경비에 산입할 수 있다. 2018.12.31.에 이월공제기간이 5년에서 10년으로 연장되었고 2019.1.1. 이후 과세표준을 신고하거나 연말정산하는 분부터 적용한다(소득세법 제34조 제5항).

소득세법 제34조 제3항 제1호에 따른 개인기부금의 손금산입액 한도는 다음과 같다.

(1) 종교단체에 기부한 금액이 있는 경우

> 필요경비 산입한도액 = [{해당 과세기간의 소득금액*－(소득세법 제34조 제2항에 따라 필요경비에 산입하는 기부금＋이월결손금)} × 100분의 10]＋[{해당 과세기간의 소득금액－(소득세법 제34조 제2항에 따라 필요경비에 산입하는 기부금＋이월결손금)} × 100분의 20과 종교단체 외에 지급한 금액 중 적은 금액]

* 기부금을 필요경비에 산입하기 전의 소득금액

(2) 종교단체 외의 경우

> 필요경비 산입한도액 = [(해당 과세기간의 소득금액－(소득세법 제34조 제2항에 따라 필요경비에 산입하는 기부금＋이월결손금)) × 100분의 30

5   그 밖의 기부금

그 밖의 기부금이란 법인세법 제24조 및 소득세법 제34조에서 규정하고 있는 기부금외
의 기부금을 말한다. 세법에서 손금으로 인정하는 기부금으로 열거하고 있지 아니한 기부
금은 원칙적으로 손금에 산입하지 아니한다.

그 밖의 기부금의 예로는 각종 동창회·종친회·향우회 기부금 등을 들 수 있다.

그 밖의 기부금은 그 전액을 손금불산입하고 그 기부받은 자의 구분에 따라 소득처분을
한다(법인세법 기본통칙 67 - 106…6).

1. 주주(임원 또는 직원인 주주 제외) : 배당
2. 직원(임원 포함) : 상여
3. 법인 또는 사업을 영위하는 개인 : 기타사외유출
4. 위 1~3 외의 자 : 기타소득

6   기부금 계산의 특례

6-1. 기부금의 귀속시기

기부금은 그 지출한 날이 속하는 사업연도에 손금으로 산입한다. 그러므로 미지급금으
로 계상한 경우 실제로 이를 지출할 때까지는 당해 사업연도의 소득금액계산에 있어서 이
를 기부금으로 보지 아니하고 가지급금 등으로 이연계상한 경우에는 이를 그 지출한 사업
연도의 기부금으로 하고, 그 후의 사업연도에 있어서는 이를 기부금으로 보지 아니한다(법
인세법 시행령 제36조 제2항, 제3항). 법인이 기부금의 지출을 위하여 어음을 발행(배서를 포함
한다)한 경우에는 그 어음이 실제로 결제된 날에 지출한 것으로 보며, 수표를 발행한 경우
에는 당해 수표를 교부한 날에 지출한 것으로 본다.

미지급 기부금	비용 계상한 사업연도		실제 지출된 사업연도	
	손금불산입(유보)	시부인 대상에서 제외	손금산입(△유보)	시부인 대상에 포함
가지급 기부금	자산 계상한 사업연도		비용 계상한 사업연도	
	손금산입(△유보)	시부인 대상에 포함	손금불산입(유보)	시부인 대상에서 제외

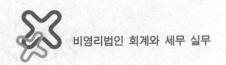
 | 중요 예규 및 판례 |

서면 - 2017 - 법인 - 3230, 2018.1.19.

(질 의)

〔사실관계〕
- 질의법인은 후원인으로부터 기부를 받고 있음.
- 후원인으로부터 신용카드, CMS납부 등의 방법으로 기부금을 수령하는 경우 2017.12. 31. 기부(기부행위)를 받았으나 실제 결제되어 질의법인 통장에 입금되는 일자는 2018.1월임.
  - 이에 대하여 기부금영수증 발급일자가 후원인이 기부한 일자인지 신용카드 등이 결제되어 질의법인의 통장으로 입금되는 일자인지를 질의함.
〔질의내용〕
- 기부자가 법인에게 신용카드 등의 방법으로 기부금을 기부한 경우 기부금영수증 발급 일자는 기부자가 기부한 일자인지 신용카드 등이 결제되어 법인이 실제 수령한 일자 인지 여부

(회 신)

기부금영수증을 발급하는 법인이 「법인세법 시행규칙」 별지 제63호의 3 서식에 의한 기 부금영수증을 발급하는 경우 실제 기부금을 수령한 일자로 하여 발급하는 것임.

6-2. 금전 외 제공한 기부자산가액

법인이 기부금을 금전 외의 자산으로 제공한 경우 해당 자산의 가액은 다음의 구분에 따라 산정한다(법인세법 시행령 제36조 제1항).
① 특례기부금 : 기부했을 때의 장부가액
② 특수관계인이 아닌 자에게 기부한 일반기부금의 경우 : 기부했을 때의 장부가액
③ ① 및 ② 외의 경우 : 기부했을 때의 장부가액과 시가 중 큰 금액

반면 사업자 또는 개인이 기부금을 금전 외의 자산으로 제공하는 경우에는 해당 자산의 가액은 이를 제공한 때의 시가(시가가 장부가액보다 낮은 경우에는 장부가액)에 따른다. 다만, 「박물관 및 미술관 진흥법」 제3조에 따른 국립 박물관 및 국립 미술관에 제공하는 기부금

에 대해서는 기증유물의 감정평가를 위하여 문화체육관광부에 두는 위원회에서 산정한 금액으로 할 수 있다(소득세법 시행령 제81조 제3항).

동 규정은 2020년 2월 11일 시행령 개정을 통하여 사업자 또는 개인이 현물로 기부하는 경우 구 법정기부금의 가액을 종전 장부가액으로 평가하던 것을 앞으로는 시가와 장부가액 중 큰 것을 적용하도록 개정하였으며 2020년 2월 11일 이후 연말정산하거나 종합소득 과세표준을 확정신고하는 분부터 적용하되, 해당 과세기간 전에 발생하여 이월된 기부금에 대해서는 같은 개정규정에도 불구하고 종전의 규정에 따르도록 하였다.

> 법인세법 집행기준 24-36-1 【기부금의 가액】
> ① 기부금을 금전 외의 자산으로 제공한 경우 해당 자산의 가액은 다음 각 호의 구분에 따라 산정한다.
> 　1. 법정기부금 : 기부했을 때의 장부가액
> 　2. 특수관계인이 아닌 자에 대한 지정기부금 : 기부했을 때의 장부가액
> 　3. 그 외의 경우 : 기부했을 때의 장부가액과 시가 중 큰 금액
> ② 기부금품의 시가 또는 장부가액의 적용기준은 기부를 하는 내국법인의 장부가액 또는 기부 당시의 법에서 정한 시가를 기준으로 한다.
> ③ 시가가 불분명한 비상장주식을 기부하는 경우 해당 주식의 시가는 「상속세 및 증여세법」을 준용한 평가액에 의하며, 이 경우 최대주주 등의 할증평가 규정이 적용된다.

 | 중요 예규 및 판례 |

> **서면-2021-법인-5037, 2022.1.6.**
> 〔질의내용〕
> 사회복지법인이 전자출판물을 1년 구독권 형태로 기부받는 경우 기부금영수증 발행 여부 및 발행 방법
> 〔답변내용〕
> 내국법인이 「법인세법」 제24조 제3항 제1호에 따른 지정기부금을 특수관계인이 아닌 자에게 금전 외의 자산으로 제공하는 경우에는 해당 자산의 가액은 장부가액으로 하는 것이며, 이 때 해당 기부금을 수령하는 지정기부금단체는 해당 장부가액을 기부금가액으로 기부금을 지출한 법인에게 기부금영수증을 발급하여야 하는 것임.

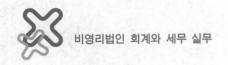
기획재정부 법인세제과 - 1778, 2020.12.4.

근저당이 설정된 부동산 출연 시 소득세법상 부담부증여 규정을 준용하여 유상양도에 해당하는 채무승계분과 무상증여분을 구분한 후 현물기부금 가액을 산정함.

서면 - 2018 - 법인 - 3670, 2020.7.27.

지정기부금단체가 호텔업을 영위하는 내국법인으로부터 해당 내국법인이 제공한 무료 식권에 따라 음식용역을 무상으로 제공받으면서 재료비 상당액도 함께 제공받는 경우에는 해당 재료비에 대해 「법인세법 시행령」 제36조 제1항에 따라 기부금액을 산정하여 기부금영수증 발급이 가능한 것임.

서면 - 2018 - 법인 - 2192, 2019.9.6.

지정기부금단체가 개인사업자로부터 의료용역을 제공받으면서 해당 의료행위에 소요되는 재료비 상당액도 함께 제공받은 경우에는 그 재료비의 시가(시가가 장부가액보다 낮은 경우에는 장부가액)에 대하여 기부금영수증 발행이 가능한 것임.

서면 - 2017 - 법인 - 0108, 2017.5.17.

내국법인이 특수관계인인 지정기부금 단체 등에 부동산을 무상 임대하고 당해 단체에서 고유목적사업에 사용하는 경우 임대료 시가 상당액을 지정기부금으로 보는 것임.

서면 - 2016 - 법인 - 4592, 2016.10.25.

내국법인이 국가, 지방자치단체에 무상으로 기증하는 금품의 가액은 법정기부금에 해당되며, 그 법정기부금을 금전 외의 자산으로 제공한 경우 해당 자산의 가액은 제공한 때의 장부가액에 의하는 것임.

서면 - 2014 - 법인 - 21066, 2015.5.26.

지정기부금단체가 상장주식을 기부받은 경우 해당 주식의 취득가액은 「법인세법 시행령」 제72조 제2항 제5호의 3 내지 제6호에 따른 가액으로 하되, 기부금영수증상 기부금액은 기부자가 법인인 경우에는 「법인세법 시행령」 제37조 제1항에 따른 가액으로 하는 것이며, 시가에 의하는 경우에는 「법인세법 시행령」 제89조에 따른 시가를 적용하는 것임.

6-3. 기부받은 자산의 취득가액

비영리법인이 기부에 의하여 자산을 취득하는 경우 법인세법상 취득가액은 다음과 같다

(법인세법 시행령 제72조 제2항).

「상속세 및 증여세법 시행령」 제12조에 따른 공익법인등이 기부받은 자산 중 특수관계인 외의 자로부터 기부받은 일반기부금에 해당하는 자산(금전 외의 자산만 해당)은 기부한 자의 기부 당시 장부가액[사업소득과 관련이 없는 자산(개인인 경우만 해당)의 경우에는 취득 당시의 소득세법 시행령 제89조에 따른 취득가액을 말함]을 취득가액으로 한다. 다만, 「상속세 및 증여세법」에 따라 증여세 과세가액에 산입되지 않은 출연재산이 그 후에 과세요인이 발생하여 그 과세가액에 산입되지 않은 출연재산에 대하여 증여세의 전액이 부과되는 경우에는 기부 당시의 시가를 취득가액으로 한다(법인세법 시행령 제72조 제2항 제5호의 3). 2011년 3월 31일 시행령 개정시 공익법인 등이 기부받은 자산의 취득가액에 대한 특례를 신설하였으며, 동 개정규정은 2011년 3월 31일 이후 최초로 기부받는 자산부터 적용한다.

이때 유의할 것은 「상속세 및 증여세법」상 공익법인등이 기부받는 자산의 '취득가액'은 기부하는 자와 기부받는 공익법인 간의 특수관계 성립 여부에 따라 달라지게 되며 또 기부하는 입장에서는 기부 당사자가 법인인지 개인인지 여부에 따라 '기부자산가액'이 달라진다는 것이다.

이를 정리해 보면 다음과 같다.

구 분		기부하는 자의 기부자산가액		기부받는 공익법인의 취득가액
		법인	개인9)	
구 지정기부금	특수관계 있는 경우	기부했을 때의 장부가액과 시가 중 큰 금액	기부했을 때의 장부가액과 시가 중 큰 금액	취득당시 시가
	특수관계 없는 경우	장부가액	기부했을 때의 장부가액과 시가 중 큰 금액	기부자의 기부당시 장부가액 (개인의 경우 최초 취득가액)
구 법정기부금		장부가액	기부했을 때의 장부가액과 시가 중 큰 금액	취득당시 시가

상기에서 살펴본 바와 같이 개인이 구 지정기부금을 기부하는 경우 기부자산가액은 시

---

9) 소득세법 시행령 제81조 제3항에 따르면 사업자가 동법 제34조 규정에 의한 기부금을 금전 외의 자산으로 제공한 경우 당해 자산의 가액은 이를 제공한 때의 시가(시가가 장부가액보다 낮은 경우에는 장부가액을 말한다)에 의한다.

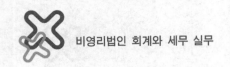

가가 상승하는 자산을 가정한다면 특수관계 여부와 무관하게 시가로 평가하지만 기부받는 법인의 자산가액은 각각 시가와 기부자의 최초 취득가액으로 서로 일치하지 아니하게 된다. 결과적으로 개인이든 법인이든 특수관계가 있는 공익법인에 기부하는 경우에는 공익법인은 시가로 취득가액을 인식하므로 취득 이후 시가 상승분에 대하여만 과세가 이루어지는 반면 오히려 특수관계가 없는 경우에는 개인의 최초 취득가액을 공익법인의 취득가액으로 인식함에 따라 추후 처분시점에 기부자가 보유당시 시가 증분에 대한 과세가 공익법인에서 한꺼번에 과세가 이루어지는 문제점을 가지게 된다.

┃ 법인세법 시행령 제72조【자산의 취득가액 등】┃

5의 3. 「상속세 및 증여세법 시행령」 제12조에 따른 공익법인 등이 기부받은 자산 : 특수관계인 외의 자로부터 기부받은 법 제24조 제3항 제1호에 따른 기부금에 해당하는 자산(제36조 제1항에 따른 금전 외의 자산만 해당한다)은 기부한 자의 기부 당시 장부가액[사업소득과 관련이 없는 자산(개인인 경우만 해당한다)의 경우에는 취득 당시의 「소득세법 시행령」 제89조에 따른 취득가액을 말한다]. 다만, 「상속세 및 증여세법」에 따라 증여세 과세가액에 산입되지 않은 출연재산이 그 후에 과세요인이 발생하여 그 과세가액에 산입되지 않은 출연재산에 대하여 증여세의 전액이 부과되는 경우에는 기부 당시의 시가로 한다.

8. 그 밖의 방법으로 취득한 자산 : 취득당시의 시가

┃ 법인세법 제2조 ┃

12. "특수관계인"이란 법인과 경제적 연관관계 또는 경영지배관계 등 대통령령으로 정하는 관계에 있는 자를 말한다. 이 경우 본인도 그 특수관계인의 특수관계인으로 본다.

┃ 시가의 범위 ┃

1. 「법인세법 시행령」 제89조 제1항에 의한 시가
   해당 거래와 유사한 상황에서 해당 법인이 특수관계인 외의 불특정다수인과 계속적으로 거래한 가격 또는 특수관계인이 아닌 제3자 간에 일반적으로 거래된 가격이 있는 경우에는 그 가격에 따른다. 다만, 주권상장법인이 발행한 주식을 다음 각 호의 어느 하나에 해당하는 방법으로 거래한 경우 해당 주식의 시가는 그 거래일의 「자본시장과 금융투자업에 관한 법률」 제8조의 2 제2항에 따른 거래소(이하 "거래소"라 한다) 최종시세가액(거래소 휴장 중에 거래한 경우에는 그 거래일의 직전 최종시세가액)으로 하며, 기획재정부령으로 정하는 바에 따라 사실상 경영권의 이전이 수반되는 경우(해당 주식이 「상속세 및 증여세법 시행령」 제53조 제8항 각 호의 어느 하나에 해당하는 주식인 경우는 제외)에는 그 가액의 100분의 20을 가산한다.

1. 「자본시장과 금융투자업에 관한 법률」 제8조의 2 제4항 제1호에 따른 증권시장 외에서 거래하는 방법
2. 대량매매 등 기획재정부령으로 정하는 방법
2. 제2항 각 호의 규정
  ① 「감정평가 및 감정평가사에 관한 법률」에 따른 감정평가법인등이 감정한 가액이 있는 경우 그 가액(감정한 가액이 2 이상인 경우에는 그 감정한 가액의 평균액). 다만, 주식 등 및 가상자산은 제외한다.
  ② 「상속세 및 증여세법」 제38조·제39조·제39조의 2·제39조의 3, 제61조부터 제66조까지의 규정을 준용하여 평가한 가액. 이 경우 「상속세 및 증여세법」 제63조 제1항 제1호 나목 및 같은 법 시행령 제54조에 따라 비상장주식을 평가할 때 해당 비상장주식을 발행한 법인이 보유한 주식(주권상장법인이 발행한 주식으로 한정한다)의 평가금액은 평가기준일의 거래소 최종시세가액으로 하며, 「상속세 및 증여세법」 제63조 제2항 제1호·제2호 및 같은 법 시행령 제57조 제1항·제2항을 준용할 때 "직전 6개월(증여세가 부과되는 주식 등의 경우에는 3개월로 한다)"은 각각 "직전 6개월"로 본다.

 | 중요 예규 및 판례 |

서면 - 2022 - 법규법인 - 1059, 2023.5.30.,
서면 - 2022 - 법규법인 - 3344, 2023.5.18.
「사립학교법」에 따른 사립학교가 「법인세법」 제24조 제2항 제1호 라목에 따른 기부금을 금전외의 자산으로 받는 경우 해당 자산의 취득가액은 「법인세법 시행령」 제72조 제2항 제7호에 따라 취득당시 시가로 하는 것임.

조심 - 2022 - 서 - 0030, 2022.5.31.
법인세법 시행규칙 별지 제63호의 3 서식 기부금 영수증 작성방법에 개인이 사업소득과 관련 없는 자산을 기부한 경우 개인의 최초 취득가액이라고 기재되어 있는 점 등을 종합하여 고려하면, 청구법인이 개인의 사업소득과 관련이 없는 자산을 기부받은 경우, 그 취득가액을 기부받은 당시의 시가로 보아야 한다는 청구주장은 받아들이기 어려운 것으로 판단됨.

사전 - 2021 - 법령해석법인 - 0388, 2021.12.28.
「상속세 및 증여세법 시행령」 제12조에 따른 공익법인등이 특수관계 없는 사업자 아닌 개인으로부터 「법인세법」 제24조 제3항 제1호에 따른 기부금에 해당하는 금전 외의 자산을 기부받은 경우 해당자산의 취득가액은 기부한 자의 취득당시의 「소득세법 시행령」

제89조에 따른 취득가액으로 하는 것이며, 이때, 기부금영수증상 기부가액은 「소득세법 시행령」 제118조의 7 제1항 및 같은 영 제81조 제3항에 따라 해당 자산을 기부받은 때의 시가로서 「법인세법 시행령」 제89조 제1항 및 제2항의 규정을 준용하여 산정한 금액을 말하는 것임.

기획재정부 법인세제과 – 366, 2021.8.10.

질 의

공익법인등이 사업소득과 관련이 없는 현물자산을 특수관계 없는 개인으로부터 기부받는 경우, 공익법인등이 장부에 기재하는 해당 현물기부자산의 취득가액
〈제1안〉 공익법인등이 기부받는 당시 해당 현물기부자산의 시가
〈제2안〉 기부자가 당초 현물기부자산을 취득한 최초의 취득가액

회 신

귀 질의의 경우 (제2안)이 타당함.

서면 – 2020 – 법령해석법인 – 4136, 2021.6.29.

질 의

〔사실관계〕
• A재단은 장학사업 및 학술양성을 위한 재단법인으로서 지정기부금단체(공익법인)에 해당하며
 – A재단은 이사장이 보유한 B법인의 상장주식 일부를 기부*받음.
  * 2021.2.17. 법인세법 시행령 개정전 기부임.
• 이사장은 B법인의 최대주주(17% 보유)이며, 이사장과 그의 특수관계인이 함께 보유한 B법인의 주식은 총 53%임.
• A재단은 기부받은 B상장주식을 장내에서 매각하여, 그 매각대금을 장학금 지급 및 문화예술 사업에 사용할 계획임.
 → 질의당시 0.5%의 지분을 기부받았고 이후 추가로 기부받아 최고 2.5%까지 취득하였으나 수시처분하여 현재 0.5% 보유중임.
〔질의요지〕
• 지정기부금단체가 2021.2.17. 법인세법 시행령 개정 전에 재단 이사장으로부터 상장주식을 기부받는 경우 기부받은 상장주식의 취득가액 산정방법

회 신

귀 서면질의 신청의 사실관계와 같이 공익법인이 특수관계인으로부터 주권상장법인의 주

식을 기부받은 경우로서 「법인세법 시행령」(2021.2.17. 대통령령 제31443호로 개정되기 전의 것) 제72조 제2항 제7호 및 제89조를 적용함에 있어 해당 주식거래가 경영권의 이전이 수반되는 거래에 해당하지 않는 경우에는 그 기부받은 날의 한국거래소의 최종시세가액을 취득가액으로 보는 것이며, 이때, 경영권 이전이 수반되는 거래에 해당하는지 여부는 사실판단할 사항임.

서면 – 2019 – 법인 – 1756, 2020.2.20.
내국법인이 「법인세법」 제24조 제3항 제1호에 따른 법정기부금을 금전외의 자산으로 제공하는 경우(「기부금품의 모집 및 사용에 관한 법률」의 적용을 받는 기부금품은 같은 법 제5조 제2항에 따라 접수하는 것에 한함) 기부금품을 수령한 국가 또는 지방자치단체는 해당자산의 장부가액을 기부금가액으로 하여 기부한 법인에게 기부금영수증을 발급하여야 하는 것임.

서면 – 2018 – 법인 – 2241, 2018.11.27.
법인이 대표자로부터 판매용이 아닌 유물을 취득하는 경우 해당 유물의 취득가액이 특수관계인이 아닌 자간의 정상적인 거래에서 적용되거나 적용될 것으로 판단되는 가격인 경우에는 「법인세법」 제52조 제2항 및 같은 법 시행령 제89조 제1항의 규정에 의한 시가로 인정되는 것이며,
그 시가가 불분명한 경우에는 감정평가법인의 감정가액과 「상속세 및 증여세법」의 규정을 준용하여 평가한 가액을 순차적으로 적용하여 계산한 금액으로 하는 것임.

사전 – 2018 – 법령해석법인 – 0116, 2018.5.30.
공익법인이 출연받아 3년 이내에 공익목적사업에 사용하지 아니하여 증여세가 과세된 토지의 취득가액은 증여세가 과세된 시점의 시가를 취득가액으로 함.

서면 – 2016 – 법인 – 4592, 2016.10.25.
내국법인이 국가, 지방자치단체에 무상으로 기증하는 금품의 가액은 법정기부금에 해당되며, 그 법정기부금을 금전 외의 자산으로 제공한 경우 해당 자산의 가액은 제공한 때의 장부가액에 의하는 것임.

사전 – 2015 – 법령해석법인 – 0451, 2016.1.4.
「상속세 및 증여세법 시행령」 제12조에 따른 공익법인에 해당하는 비영리법인이 「법인세법 시행령」 제87조 제1항 제3호에 따른 특수관계인인 이사장으로부터 「법인세법」 제24조 제1항에 따른 지정기부금에 해당하는 자산을 기부받는 경우 해당 자산의 취득가액은 「법인세법 시행령」 제72조 제2항 제7호에 따라 취득당시의 시가로 하는 것임.

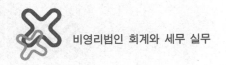

법인 – 650, 2009.5.29.

비영리내국법인인 교회가 토지를 증여받은 경우 당해 증여받은 토지의 취득가액은 증여일 현재의 시가로 하는 것이며, 시가가 불분명한 경우에는 「법인세법 시행령」 제89조 제2항 각 호의 규정을 순차적으로 적용하여 계산한 금액으로 하는 것임.

서면2팀 – 1936, 2007.11.1., 서면2팀 – 833, 2007.5.2.

비영리법인이 고정자산을 처분시 취득가액은 법률 제5581호 제8조 제2항의 개정규정은 개정 부칙 법률 제7838호(2005.12.31.)에 따라 「법인세법」 제3조 제2항 제5호의 개정규정을 적용함에 있어서 1990년 12월 31일 이전에 취득한 토지 및 건물(부속시설물과 구축물을 포함한다)의 취득가액은 장부가액과 1991년 1월 1일 현재 「상속세 및 증여세법」 제60조 및 같은 법 제61조 제1항 내지 제3항의 가액으로 평가한 가액 중 큰 금액으로 할 수 있는 것임.

서면2팀 – 1732, 2007.9.20., 서면2팀 – 326, 2006.2.10.

`질의`

A법인은 「민법」 제32조에 의거 설립된 비영리사단법인(지정기부금단체 및 공익법인에 해당하지 아니한다)으로서 부동산(토지, 건물)을 소유하고 있으며, 동 부동산은 2000년도에 자산재평가를 실시하였음. A법인이 동일한 형태의 B법인에게 소유하던 부동산(토지, 건물)을 증여할 경우 B법인이 무상으로 증여받은 부동산(토지, 건물)의 취득가액 산정방법에 대하여 질의함.

`회신`

법인이 증여에 의해 자산을 취득하는 경우, 동 자산의 취득가액은 「법인세법 시행령」 제72조 제1항 제5호의 규정에 의하여 취득당시의 시가로 하는 것이며, 이 경우 시가는 동법 시행령 제89조 제1항에 의하되, 시가가 불분명한 경우에는 동조 제2항 각 호의 규정을 순차로 적용하여 계산한 금액을 시가로 하는 것임.

➡ 2006년 2월 9일 「법인세법 시행령」 제37조 제1항의 개정으로 기부금을 금전 외의 자산으로 제공한 경우 당해 자산의 가액은 이를 제공한 때의 시가가 장부가액보다 낮은 경우에는 장부가액에 의하도록 개정되었다. 동 규정은 2006년 2월 9일 이후 최초로 지출하는 분부터 적용한다[영 부칙(2006.2.9.) 제7조].

서면2팀 – 880, 2005.6.21.

`질의`

질의법인은 이웃돕기를 위해 민간의 자발적인 모금과 민간의 공정하고 투명한 기금 운영과 배분을 위해 제정된 「사회복지공동모금회법」에 의하여 설립된 사회복지공동모금회로서 사회복지법인임.

기부금품 모집시 현물기부에 대한 가액 산정기준이 100% 소득공제가 되는 기부의 경우 장부가액으로, 그 외의 경우에는 시가를 적용하도록 되어 있는 바, 질의단체에 대한 현물기부시 개인이 기부하는 경우에는 「소득세법」 제34조 제2항 제4호의 규정에 의하여 100% 소득공제가 되고 기부가액은 동법 시행령 제81조 제3항의 규정에 의하여 장부가액으로 적용하며, 법인이 기부하는 경우에는 「조세특례제한법」 제73조 제1항 제9호의 규정에 따라 50%의 소득공제가 적용되며 기부가액은 시가를 적용하도록 되어 있는 바, 위와 같이 동일한 물품을 기부하는 경우에도 기부자에 따라 그 기부금품의 가액을 달리 적용하여야 하는지와 동일한 기부금품 가액을 적용할 수 있는지, 또한 기부받는 단체에서 상기의 기준을 마련하여 적용할 수 있는지의 여부에 대하여 질의함.

(회 신)

「법인세법」 및 「소득세법」 등에서 내국인이 기부금을 금전 외의 자산으로 지출한 경우 기부금 손금산입 범위는 기부를 받는 상대방에 따라 손금산입 범위를 달리하는 것이나, 기부금품의 시가 또는 장부가액의 적용 기준은 기부를 하는 내국인의 장부가액 또는 기부당시의 「법인세법」 또는 「소득세법」에서 정한 시가를 기준으로 하여야 하는 것임.

법인 46012 - 1685, 1994.6.8.

(질 의)

의류 도소매업을 영위하는 법인이 계절이 지난 재고상품을 사회복지단체에 기부하는 경우 기부금으로 손금계상할 금액은 취득원가인지, 판매가액인지, 아니면 기부당시의 시가평가액인지에 대하여 질의함.

(회 신)

법인이 시장성이 없는 재고자산을 사회복지단체에 기부하는 경우 동 기부자산의 가액은 기부당시에 실제 판매할 수 있는 통상 거래가액으로 하는 것이나, 시장성이 없는 자산에 해당되는지는 기부한 자산의 내용 등에 따라 개별적으로 판단할 사항임.

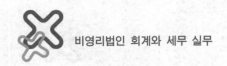

6-4. 설립 인가 중인 공익법인 및 단체 등에 대한 기부금

정부로부터 인·허가를 받기 이전의 설립중인 공익법인 및 단체 등에 기부금을 지출하는 경우에는 그 법인 및 단체가 정부로부터 인가 또는 허가를 받은 날이 속하는 사업연도의 지정기부금으로 한다.

> **법인세법 기본통칙 24-39…2 【설립중인 공익법인 등에 지출한 기부금의 처리】**
> 정부로부터 인·허가를 받는 경우 일반기부금단체로 인정되는 사회복지법인, 의료법인 등에게 인·허가를 받기 이전 설립중에 영 제39조에 해당하는 기부금을 지출하는 경우에는 그 법인 및 단체가 정부로부터 인가 또는 허가를 받은 날이 속하는 사업연도의 일반기부금으로 한다. (2024.3.15. 개정)

또 법인세법 시행령 제39조 제1항 제1호 바목에 따라 지정·고시된 법인에 지출하는 기부금은 지정일이 속하는 연도의 1월 1일부터 3년간(또는 지정받은 기간이 끝난 후 2년 이내에 재지정되는 경우에는 재지정일이 속하는 사업연도의 1월 1일부터 6년간) 지출하는 기부금을 손금으로 인정한다.

 | 중요 예규 및 판례 |

> **사전-2021-법령해석법인-0661, 2021.6.21.**
>
> (질의)
>
> 〔사실관계〕
> • A법인은 2020.11.6.「민법」제32조에 따라 주무관청의 허가를 받아 해외 교육환경 개선 및 장학사업 등을 목적사업으로 하여 법인설립등기를 하였으며
> - 갑은 근로소득이 있는 거주자로서 2020.11.25. A법인에 5억원을 출연하였음.
> • A법인은 2021.1.14. 관할 세무서에 공익법인(舊 지정기부금단체) 추천신청을 하였으며 2021.3.31. 공익법인으로 지정을 받음(기획재정부 고시 제2021-3호).
>
> 〔질의내용〕
> • 2021년에 공익법인으로 지정을 받은 재단법인이 2020년에 수령한 기부금에 대하여 기부금 영수증을 발급할 수 있는지 여부

「민법」 제32조에 따라 주무관청의 허가를 받아 설립된 재단법인에 대하여 기획재정부장관이 2021년 3월 31일 공익법인으로 지정하여 고시한 경우, 해당 재단법인은 「법인세법 시행령」 제39조 제1항 제1호 단서에 따라 공익법인으로 인정되는 기간인 2021년 1월 1일부터 3년간(지정받은 기간이 끝난 후 2년 이내에 재지정되는 경우에는 재지정일이 속하는 사업연도의 1월 1일부터 6년간) 기부금 영수증을 발급할 수 있는 것이므로 2020년에 수령한 기부금에 대하여는 기부금 영수증을 발급할 수 없는 것임.

법인 - 1309, 2009.11.26.

영리법인이 설립 중인 장학단체 출연금을 지출하고 설립된 장학단체가 출연금을 수익사업에 사용하고 발생된 수익을 고유목적사업에 지출한 경우 장학단체의 인가일 또는 허가일에 지정기부금으로 봄.

〔사실관계〕
• 정부로부터 허가 또는 인가를 받은 장학단체를 설립하여 운영함에 있어 영리법인이 설립허가 받기 전의 장학단체에 부동산을 출연금으로 지출함(출연받은 부동산은 장학단체의 부동산임대업에 사용함).
• 설립허가받은 장학단체는 출연금을 수익사업(임대업)에 사용하여 발생된 수익을 고유목적사업(장학금 지급)에 사용함.

〔질의요지〕
• 영리법인이 설립 중인 장학단체 출연금을 지출하고 설립된 장학단체가 출연금을 수익사업에 사용하고 이에 따라 발생된 수익을 고유목적사업에 지출한 경우 영리법인의 출연금이 지정기부금에 해당되는지 여부

〔갑설〕 지정기부금에 해당됨.
• 출연금이 「공익법인의 설립・운영에 관한 법률」 제11조에 규정된 기본재산으로 출연되고 출연재산의 운용을 통해 발생된 소득이 고유목적사업(장학금 지급)에 사용되므로 지정기부금 해당됨.

〔을설〕 지정기부금에 해당되지 아니함.
• 출연금이 장학단체 고유목적사업비에 사용되지 아니하였으므로(수익사업에 사용) 지정기부금에 해당되지 아니함.

내국법인이 정부로부터 인가 또는 허가받기 이전의 설립 중인 장학단체에 부동산을 출

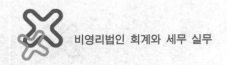
연하고 동 장학단체는 출연받은 부동산을 수익사업에 사용하여 그 소득으로 장학단체의
고유목적사업비에 지출하는 경우 내국법인이 장학단체에 당초 출연한 부동산의 가액은
장학단체가 정부로부터 인가 또는 허가를 받은 날이 속하는 사업연도의 지정기부금으로
보는 것임.

7 기부금 관련 증빙

기부금을 지출한 법인이 손금산입을 하고자 하는 경우에는 기부금영수증(별지 제63호의
3 서식)을 받아서 보관하여야 한다. 또한, 법인이 법 제24조에 따라 기부금을 지출한 때에는
특례기부금과 같은 조 제3항 제1호에 따른 기부금을 구분하여 작성한 기부금명세서를 법
인세 과세표준 신고와 함께 납세지 관할세무서장에게 제출해야 한다(법인세법 시행령 제37
조 제3항).

기부금영수증을 발급하는 법인은 기부자별 발급명세를 작성하여 발급한 날부터 5년간
보관하여야 한다(다만, 전자기부금영수증10)을 발급한 경우에는 그러하지 아니함)(법인세법 제112
조의 2 제1항).

이때, "기부자별 발급명세"란 다음의 내용이 모두 포함된 것을 말한다.
① 기부자의 성명, 주민등록번호 및 주소(기부자가 법인인 경우에는 상호, 사업자등록번호와
   본점 등의 소재지)
② 기부금액
③ 기부금 기부일자
④ 기부금영수증 발급일자

기부금영수증을 발급하는 자는 기부자별 발급명세를 국세청장, 지방국세청장 또는 납세
지 관할 세무서장이 요청하는 경우 이를 제출하여야 한다(다만, 전자기부금영수증을 발급한
경우에는 그러하지 아니함)(법인세법 제112조의 2 제2항).

---

10) 전자기부금영수증이란 국세청장이 구축한 전자기부금영수증 발급 시스템을 이용하는 방법으
   로 발급한 기부금영수증을 의미함(법인세법 시행령 제155조의 2 제1항).

또한, 기부금영수증을 발급하는 자는 해당 사업연도의 기부금영수증 총 발급 건수 및 금액 등이 적힌 기부금영수증 발급명세서를 해당 사업연도의 종료일이 속하는 달의 말일부터 6개월 이내에 관할 세무서장에게 제출하여야 한다(다만, 전자기부금영수증을 발급한 경우에는 그러하지 아니함)(법인세법 제112조의 2 제3항).

2020년 12월 22일 법 개정시, 기부금영수증의 범위에 전자기부금영수증을 포함하고 전자기부금영수증을 발급한 경우에는 기부자별 발급명세 보관·작성 및 기부금영수증 발급명세서 제출 의무를 면제하였으며, 동 개정규정은 2021년 7월 1일 이후 전자기부금영수증을 발급하는 분부터 적용한다.

한편, 기부금영수증을 발급하는 내국법인이 다음 중 어느 하나에 해당하는 경우에는 다음의 구분에 따른 금액을 가산세로 해당 사업연도의 법인세액에 더하여 납부하여야 한다.
① 기부금영수증을 사실과 다르게 적어 발급(기부금액 또는 기부자의 인적사항 등 주요사항을 적지 아니하고 발급하는 경우를 포함함)한 경우
　㉠ 기부금액을 사실과 다르게 적어 발급한 경우 : 사실과 다르게 발급된 금액[영수증에 실제 적힌 금액(영수증에 금액이 적혀 있지 아니한 경우에는 기부금영수증을 발급받은 자가 기부금을 손금 또는 필요경비에 산입하거나 기부금세액공제를 받은 해당 금액으로 한다)과 건별로 발급하여야 할 금액과의 차액을 말한다]의 100분의 5
　㉡ 기부자의 인적사항 등을 사실과 다르게 적어 발급하는 등 ㉠ 외의 경우 : 영수증에 적힌 금액의 100분의 5
② 기부자별 발급명세를 법인세법 제112조의 2 제1항에 따라 작성·보관하지 아니한 경우 : 작성·보관하지 아니한 금액의 1천분의 2

2019년 12월 31일 법 개정시, 기부금영수증을 발급하는 내국법인이 기부금영수증을 사실과 다르게 적어 발급한 경우에 대한 가산세율을 사실과 다르게 발급된 금액 등의 100분의 2에서 100분의 5로 인상하였으며, 동 개정규정은 2020년 1월 1일부터 시행하되 이 법 시행 전에 기부금영수증을 발급한 분에 대해서는 동 개정규정에도 불구하고 종전의 규정에 따른다.

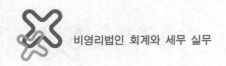

 | 중요 예규 및 판례 |

서면 - 2022 - 법규소득 - 3011, 2023.9.4.

질 의

〔사실관계〕
- 질의법인은 유가증권의 매매·중개 등 증권업을 영위하고 있는 자로서 소득령 §80①(3)에 규정된 요건을 충족하는 신탁상품을 고객에게 판매할 예정임.

〔질의내용〕
- 위탁자의 신탁재산이 위탁자의 사망 또는 계약기간 종료로 공익법인 등에 기부될 것을 조건으로 설정한 신탁에 신탁함으로서 인정되는 기부금(소득령 §80①(3), "쟁점기부금")과 관련하여
  - (쟁점1) 쟁점기부금의 기부금영수증 발급주체
    <제1안> 신탁업자
    <제2안> 공익법인 등
  - (쟁점2) 신탁재산의 운용이익을 위탁자가 인출하는 경우에도 쟁점기부금으로 인정될 수 있는지.
    <제1안> 쟁점기부금으로 인정
    <제2안> 쟁점기부금에 해당되지 않음.
  - (쟁점3) 신탁재산의 운용 결과 손실이 발생한 경우, 그 손실액만큼 공제액을 추징하여야 하는지.
    <제1안> 운용 결과에 관계없음.
    <제2안> 손실 발생시 사후관리

회 신

귀 서면질의의 경우, 기존의 기획재정부 해석(재소득 - 777, 2023.8.31.)을 참고하기 바람.
※ 기획재정부 소득세제과 - 777, 2023.8.31.
  1. 「소득세법 시행령」 제80조 제1항 제3호에 해당하는 기부금(이하 "쟁점기부금")의 경우 신탁재산을 기부받는 공익법인등이 기부금영수증을 발급하는 것임.
  2. 신탁재산의 운용이익을 기부자(위탁자)가 인출하는 경우 또는 신탁재산의 운용결과 손실이 발생한 경우에도 「소득세법 시행령」 제80조 제1항 제3호 각목의 요건을 모두 충족하는 신탁에 신탁한 금액은 쟁점기부금에 해당하는 것임.

서면 - 2022 - 법인 - 5233, 2023.8.10.
기부금영수증을 발급하는 법인이 법인세법 제112조의 2에 따라 해당 사업연도의 기부금

영수증 발급합계표를 해당 사업연도의 종료일이 속하는 달의 말일로부터 6개월 이내에 관할 세무서장에게 제출한 후, 기부자의 요청에 따라 기부금영수증을 추가로 발급하여 이미 제출한 기부금영수증 합계표의 기재사항(총 발급건수 및 금액)을 수정할 필요가 있는 경우 기부금영수증 발급합계표를 다시 작성하여 제출할 수 있는 것임.

이 경우 법인세법 제75조의 4에 따른 기부금영수증 발급·작성·보관 불성실 가산세 적용 대상에 해당하지 않는 것임.

사전 – 2023 – 법규법인 – 0277, 2023.7.21.

학교법인이 사립학교에 시설비·교육비·장학금 또는 연구비로 사용되는 기부금을 수령하는 경우 기부금 영수증(「법인세법 시행규칙」[별지 제63호의3서식])의 '❷기부금 단체'는 사립학교가 되고 '기부금 수령인'은 학교법인이 되며, '❸기부금 모집처(언론기관 등)'는 적지 않는 것임.

서면 – 2022 – 법규법인 – 4422, 2023.7.11.

1. 사실관계

   질의법인은 사회복지사업 등을 영위하는 비영리법인임. 기부자는 본인을 피보험자 및 계약자로, 질의법인을 수익자로 하는 기부보험에 가입하였고, 쟁점보험의 약관에 따라 보험사고(기부자 사망) 발생 시 지급되는 사망보험금은 질의법인에게 지급되고, 중도 해지 시 지급되는 해약환급금은 기부자에 지급됨.

   질의법인은, 기부자가 납입하는 보험료에 대해 기부금영수증을 발급하지 않고 있으며, 별도의 회계처리도 하지 않고 있음.

2. 질의내용

   아래의 내용을 약관으로 하는 기부보험의 경우, 기부자가 매월 납부하는 보험료에 대해 기부금영수증을 발급할 수 있는지 여부

   * 보험계약자는 기부자(피보험자), 수익자는 질의법인, 기부자의 사망 시 사망보험금은 수익자에게 지급되고 중도 해지 시 해약환급금은 기부자에게 지급

3. 답변내용

   사회복지사업 등을 영위하는 비영리법인(이하 '기부금단체')과 기부금 약정을 체결한 자(이하 '기부자')가 기부자를 피보험자 및 보험계약자로 하고 보험수익자는 기부금단체로 하며, 보험계약의 유지 및 중도해지, 수익자 변경, 해약환급금 수령 등의 권한이 기부자에게 있는 보험에 가입한 경우, 기부자가 해당 보험에 납입하는 보험료는 기부금영수증 발급대상에 해당하지 않는 것임.

서면 – 2022 – 법인 – 4410, 2023.3.20.

「법인세법 시행령」제39조 제1항 제1호에 따른 공익법인등이 같은 법 제24조에 따른 기

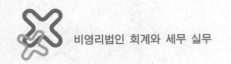
부금을 내국법인으로부터 금전 외의 자산으로 기부받은 경우 그 자산을 기부한 내국법인에게 기부금영수증을 발급하는 것이며, 해당 공익법인등이 기부받은 금전 외의 자산을 경매를 통해 처분한 후 낙찰받은 내국법인으로부터 경매대금(현금)을 수령하는 경우 그 낙찰받은 내국법인에게는 기부금영수증을 발급할 수 없는 것임.

낙찰받은 내국법인이 경매대금을 지급하고, 공익법인등에게 해당 경매물품을 기부한 경우에는 공익법인등은 해당 경매물품을 낙찰받은 내국법인에게 기부금영수증을 발급하는 것임.

서면 - 2023 - 법인 - 0324, 2023.6.21.

「법인세법 시행령」 제39조 제1항 제1호에 해당하는 공익법인등이 의료업을 영위하는 특수관계인이 아닌 내국법인으로부터 의료용역을 무상으로 제공받으면서 해당 의료행위에 소요되는 재료비 상당액도 함께 제공받는 경우에는 그 재료비에 대해 「법인세법 시행령」 제36조 제1항 제2호에 따라 기부했을 때의 기부한 법인의 장부가액을 기부금가액으로 산정하여 기부금영수증을 발급하는 것임.

서면 - 2022 - 법인 - 0347, 2023.2.3.

「법인세법시행령」 제39조 제1항 제1호에 해당하는 공익법인등이 MO(Mobile Originated) 서비스를 이용하여 같은 법 제24조 제3항 제1호에 해당하는 기부금을 모금하는 경우 동 공익법인등이 수취하는 금액(MO서비스 수수료를 제외한 금액)에 대해 기부금영수증을 발급할 수 있는 것임.

서면 - 2021 - 법규법인 - 6602, 2022.4.28.

「조세특례제한법」 제75조 제2항에 따른 기부장려금단체가 같은법 같은조 제4항에 따른 기부장려금을 지급받는 경우에는 기부금영수증 발급대상에 해당하지 않는 것임.

서면 - 2021 - 법인 - 3197, 2021.9.8.

질의

〔사실관계〕
- 질의법인은 「민법」 제32조에 따라 주무관청의 허가를 받아 설립된 비영리법인으로
  - 기획재정부장관으로부터 지정기부금단체로 지정받았음.
- 질의법인은 전국에 다수의 분사무소(이하 지점, 지회, 지부 등 포함)를 개설하여 운영하고 있으며
  - 현재 결산서류 등의 공시, 출연재산보고서 제출, 회계처리 등은 분사무소 내용을 포함하여 주사무소에서 일괄적으로 처리함.

〔질의내용〕
• 지정기부금단체의 분사무소가 기부금 수령시 분사무소 명의로 기부금영수증을 발급
할 수 있는지

회신

귀 사전답변 신청의 경우 기획재정부의 해석(재법인－326, 2021.7.9.)을 참조하기 바람.
※ 기획재정부 법인세제과－326, 2021.7.9.
〔질의〕
(질의1) 기부금 단체의 분사무소 명의로 기부금영수증 발급가능 여부
〈제1안〉 발급할 수 있음.
〈제2안〉 발급할 수 없음.
(질의2) 분사무소 명의로 발급된 기부금영수증에 대한 「법인세법」 제75조의 4 제1항
제1호 나목(기부금영수증 발급불성실 가산세) 적용 여부
〈제1안〉 적용됨.
〈제2안〉 적용되지 않음.
(질의3) 당해 신규 해석의 적용 시기
〈제1안〉 신규 해석 회신일 이후 신고분(결정·경정 포함)부터 적용
〈제2안〉 신규 해석 회신일 이후 기부금영수증 발급분부터 적용

〔회신〕
(질의1)의 경우 제2안이, (질의2)의 경우 제1안이, (질의3)의 경우 제2안이 각각 타당함.

사전－2018－법령해석소득－0709, 2018.12.10.

민간단체가 기부금을 받은 경우로서 대표자 및 주소지가 특정교회와 동일한 경우라도
「소득세법 시행령」 제80조 제1항 제5호의 지정기부금단체에 해당하지 않으면 해당 단체
명의로 기부금영수증을 발급할 수 없는 것임.

서면－2018－법인－0328, 2018.3.15.

기부금영수증을 발급하는 법인이 기부자 인적사항 등을 사실과 다르게 적어 기부금영수
증을 발급하는 경우에는 「법인세법」 제76조 제10항에 따른 가산세를 적용하는 것이나
귀 질의가 이에 해당하는지 여부는 사실 판단할 사항임.

서면－2017－법인－3230, 2018.1.19.

기부금영수증을 발급하는 법인이 「법인세법 시행규칙」 별지 제63호의 3 서식에 의한 기
부금영수증을 발급하는 경우 실제 기부금을 수령한 일자로 하여 발급하는 것임.

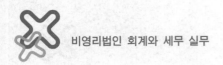

기부금 관련 중요 통칙 및 집행기준

통칙 24－0…1【기부금과 기업업무추진비 등의 구분】
사업과 직접 관계있는 자에게 금전 또는 물품을 기증한 경우에 그 금품의 가액은 기업업무추진비로 구분하며, 사업과 직접 관계가 없는 자에게 금전 또는 물품 등을 기증한 경우에 그 물품의 가액은 거래실태별로 다음 각호의 기준에 따라 기업업무추진비 또는 기부금으로 구분한다. (2024.3.15. 개정)
1. 업무와 관련하여 지출한 금품 …………기업업무추진비 (2024.3.15. 개정)
2. 전1호에 해당되지 아니하는 금품………기부금

통칙 24－0…2【국·공립학교 후원회 등에 대한 기부금의 처리】
국·공립학교가「기부금품의 모집 및 사용에 관한 법률」제2조 제1호 라목에 따라 후원회 등을 통하여 받는 기부금은 동법상의 기부심사위원회의 심의대상이 아니므로 동 법에 의한 심의절차를 거치지 아니한 경우에도 법 제24조 제2항 제1호의 기부금에 해당한다. (2019.12.23. 개정)

통칙 24－0…3【이재민이 부담할 공사비를 부담한 경우의 처리】
재해복구공사를 시공하는 법인이 공사대금 중 이재민이 부담하여야 할 공사대금 상당액을 이재민을 위하여 부담하였을 경우에는 법 제24조 제2항 제1호 다목에 따른 기부금의 범위에 포함하는 것으로 한다. (2024.3.15. 개정)

통칙 24－0…4【국외난민돕기 성금의 처리】
법 제24조 제2항 제1호 다목의 기부금에는 해외의 천재·지변 등으로 생긴 이재민을 위한 구호금품의 가액을 포함하는 것으로 한다. (2024.3.15. 개정)

통칙 24－35…1【부동산을 무상 또는 저가임대시기부금 의제】
법인이 법 제2조 제12호에 따른 특수관계인 외의 자에게 해당 법인의 사업과 직접 관계 없이 부동산을 무상으로 임대하거나 정당한 사유없이 정상가액보다 낮은 가액으로 임대하는 경우에는 영 제35조의 규정이 적용된다. (2024.3.15. 개정)

통칙 24－39…1【준비금과 일반기부금한도액 계산순서】 (2024.3.15. 제목·번호개정)
법 제24조에 따른 일반기부금의 손금산입 한도액은 각종 준비금을 먼저 손금에 산입한 후의 소득금액을 기준으로 하여 계산한다. (2024.3.15. 개정)

통칙 24－39…2【설립중인 공익법인등에 지출한 기부금의 처리】 (2019.12.23. 번호개정)
정부로부터 인·허가를 받는 경우 일반기부금단체로 인정되는 사회복지법인, 의료법인

등에게 인·허가를 받기 이전 설립중에 영 제39조에 해당하는 기부금을 지출하는 경우에는 그 법인 및 단체가 정부로부터 인가 또는 허가를 받은날이 속하는 사업연도의 일반기부금으로 한다. (2024.3.15. 개정)

통칙 24-39…3【기증후 법률의 제한등으로 목적에 사용되지 않는 기부자산의 처리】(2019. 12.23. 번호개정)
영 제39조 각 호에 따른 단체가 자산을 기증받은 후「국토의 계획 및 이용에 관한 법률」등에 따른 공용제한 등으로 사용하지 못한 경우에도 당초 기증받은 목적에 사용하려고 소유하고 있는 때에는 영 제39조의 일반기부금으로 본다. (2024.3.15. 개정)

통칙 24-39…4【특수관계있는 단체등에 지출한 일반기부금의 처리】(2024.3.15. 제목개정)
영 제39조에 따른 단체 등과 특수관계 있는 법인이 동 단체 등에 같은 조에 규정하는 각종 시설비, 교육비 또는 연구비 등으로 지출한 기부금이나 장학금은 이를 일반기부금으로 본다. (2024.3.15. 개정)

집행기준 24-39-2【지정기부금의 범위】
① 법인으로 보는 단체 중 지정기부금단체와 법령에 따라 설치된 기금을 제외한 단체의 수익사업에서 발생한 소득을 고유목적사업비로 지출하는 금액은 이를 지정기부금으로 본다.
② 지정기부금단체가 자산을 기증받은 후「국토의 계획 및 이용에 관한 법률」등에 따른 공용제한 등으로 사용하지 못한 경우에도 당초 기증받은 목적에 사용하려고 소유하고 있는 때에는 지정기부금으로 본다.
③ 지정기부금단체와 특수관계 있는 법인이 동 단체에 각종 시설비, 교육비 또는 연구비 등으로 지출한 기부금이나 장학금은 이를 지정기부금으로 본다.
④ 메달획득자에게 지급하는 연금은 경기력 향상을 위한 운동선수의 양성에 그 목적이 있는 것이므로 대한체육회에 동 연금의 지급을 위한 기금으로 지출한 금액은 지정기부금으로 본다.

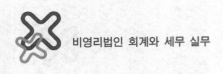

〔별지 제63호의 3 서식〕(2023.3.20. 개정)

| 일련번호 | | 기 부 금 영 수 증 |

※ 뒤쪽의 작성방법을 읽고 작성하여 주시기 바랍니다.
(앞쪽)

❶ 기부자

성명(법인명)		주민등록번호 (사업자등록번호)	
주소(소재지)			

❷ 기부금 단체

단 체 명		사업자등록번호(고유번호)	
(지 점 명*)		(지점 사업자등록번호 등)	
소 재 지		기부금공제대상 공익법인등 근거법령	
(지점 소재지)			

* 기부금 단체의 지점(분사무소)이 기부받은 경우, 지점명 등을 추가로 기재할 수 있습니다.

❸ 기부금 모집처(언론기관 등)

단 체 명		사업자등록번호	
소 재 지			

❹ 기부내용

코 드	구 분 (금전 또는 현물)	연월일	내 용			금 액
			품명	수량	단가	

「소득세법」 제34조, 「조세특례제한법」 제58조·제76조·제88조의 4 및 「법인세법」 제24조에 따른 기부금을 위와 같이 기부하였음을 증명하여 주시기 바랍니다.

년 월 일

신청인
(서명 또는 인)

위와 같이 기부금을 기부받았음을 증명합니다.

년 월 일

기부금 수령인
(서명 또는 인)

210mm×297mm[백상지 80g/㎡ 또는 중질지 80g/㎡]

작 성 방 법

1. ❷ 기부금 대상 공익법인등은 해당 단체를 기부금 공제대상 공익법인등, 공익단체로 규정하고 있는 「소득세법」 또는 「법인세법」 등 관련 법령을 적어 기부금영수증을 발행해야 합니다.

기부금공제대상 기부금단체 근거법령	코드
「법인세법」 제24조 제2항 제1호 가목(국가·지방자치단체), 나목(국방헌금과 국군장병 위문금품)	101
「법인세법」 제24조 제2항 제1호 다목(천재지변으로 생기는 이재민을 위한 구호금품)	102
「법인세법」 제24조 제2항 제1호 라목(같은 목에 열거된 사립학교, 비영리 교육재단, 산학협력단 등의 기관(병원은 제외한다)에 시설비·교육비·장학금 또는 연구비로 지출하는 기부금)	103
「법인세법」 제24조 제2항 제1호 마목(같은 목에 열거된 병원에 시설비·교육비 또는 연구비로 지출하는 기부금)	104
「법인세법」 제24조 제2항 제1호 바목[사회복지사업, 그 밖의 사회복지활동의 지원에 필요한 재원을 모집·배분하는 것을 주된 목적으로 하는 비영리법인(일정 요건을 충족하는 법인만 해당)으로서 기획재정부장관이 지정·고시하는 법인]	105
「소득세법」 제34조 제2항 제1호 나목(「재난 및 안전관리 기본법」에 따른 특별재난지역을 복구하기 위하여 자원봉사를 한 경우 그 용역의 가액에 대해 기부금영수증을 발급하는 단체)	116
「정치자금법」에 따른 정당(후원회, 선거관리위원회 포함)	201
「법인세법 시행령」 제39조 제1항 제1호 가목(「사회복지사업법」에 따른 사회복지법인)	401
「법인세법 시행령」 제39조 제1항 제1호 나목(「영유아보육법」에 따른 어린이집)	402
「법인세법 시행령」 제39조 제1항 제1호 다목(「유아교육법」에 따른 유치원, 「초·중등교육법」 및 「고등교육법」에 따른 학교, 「국민 평생 직업능력 개발법」에 따른 기능대학, 「평생교육법」 제31조 제4항에 따른 전공대학 형태의 평생교육시설 및 같은 법 제33조 제3항에 따른 원격대학 형태의 평생교육시설)	403
「법인세법 시행령」 제39조 제1항 제1호 라목(「의료법」에 따른 의료법인)	404
「법인세법 시행령」 제39조 제1항 제1호 마목[[종교의 보급, 그 밖에 교화를 목적으로 「민법」 제32조에 따라 문화체육관광부장관 또는 지방자치단체의 장의 허가를 받아 설립한 비영리법인(그 소속 단체를 포함한다)]	405
「법인세법 시행령」 제39조 제1항 제1호 바목(기획재정부장관이 지정하여 고시한 법인)	406
「법인세법 시행령」 제39조 제1항 제2호 가목(「유아교육법」에 따른 유치원의 장 등이 추천하는 개인에게 교육비·연구비·장학금으로 지출하는 기부금)	407
「법인세법 시행령」 제39조 제1항 제2호 나목(공익신탁으로 신탁하는 기부금)	408
「법인세법 시행령」 제39조 제1항 제2호 다목(기획재정부장관이 지정하여 고시하는 기부금)	409
「법인세법 시행령」 제39조 제1항 제4호(같은 호 각 목에 열거된 사회복지시설 또는 기관 중 무료 또는 실비로 이용할 수 있는 시설 또는 기관)	410
「법인세법 시행령」 제39조 제1항 제6호(기획재정부장관이 지정하여 고시하는 국제기구)	411
「소득세법 시행령」 제80조 제1항 제2호(노동조합 등의 회비)	421
「소득세법 시행령」 제80조 제1항 제5호(공익단체)	422
「조세특례제한법」 제88조의 4(우리사주조합)	461
「조세특례제한법」 제58조(고향사랑기부금)	462

2. ❸기부금 모집처(언론기관 등)는 방송사, 신문사, 통신회사 등 기부금을 대신 접수하여 기부금 단체에 전달하는 기관을 말하며, 기부금 대상 공익법인등에게 직접 기부한 경우에는 적지 않습니다.

3. ❹기부내용의 코드는 다음 구분에 따라 적습니다.

기부금 구분	코드
「소득세법」 제34조 제2항 제1호, 「법인세법」 제24조 제2항 제1호에 따른 기부금	10
「조세특례제한법」 제76조에 따른 기부금	20
「소득세법」 제34조 제3항 제1호(종교단체 기부금 제외), 「법인세법」 제24조 제3항 제1호에 따른 기부금	40
「소득세법」 제34조 제3항 제1호에 따른 기부금 중 종교단체기부금	41
「조세특례제한법」 제88조의 4에 따른 기부금	42
「조세특례제한법」 제58조에 따른 기부금	43
필요경비(손금) 및 세액공제 금액대상에 해당되지 않는 기부금	50

4. ❹기부내용의 구분란에는 "금전기부"의 경우에는 "금전", "현물기부"의 경우에는 "현물"로 적고, 내용란은 현물기부의 경우에만 적습니다. "현물기부"시 "단가"란은 아래 표와 같이 기부자, 특수관계여부 등에 따라 장부가액 또는 시가를 적습니다.

구 분	기부자	
	법인	개인
특례기부금	장부가액	
특수관계인이 아닌 자에게 기부한 일반기부금	장부가액	Max(장부가액, 시가)
그 밖의 기부금	Max(장부가액, 시가)	

5. (유의사항) 2021년 7월 1일 이후 전자기부금영수증(「법인세법」 제75조의 4 제2항 및 제112조의 2에 따른 전자기부금영수증을 말함)을 발급한 경우에는 기부금영수증을 중복발행하지 않도록 유의하시기 바랍니다.

210mm×297mm[백상지 80g/㎡ 또는 중질지 80g/㎡]

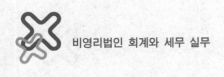

〔별지 제63호의 7 서식〕 (2023.3.20. 개정)

연간 기부금 모금액 및 활용실적 명세서

(앞쪽)

1. 기본사항

① 법인명		② 사업자등록번호(고유번호)	
③ 대표자 성명		④ 공익법인등 구분	
⑤ 전자우편주소		⑥ 사업연도	
⑦ 전화번호		⑧ 공익법인등 지정일	
⑨ 소재지			

2. 기부금의 수입·지출 명세

(단위: 원)

⑩ 월별	⑪ 수입	⑫ 지출	⑬ 잔액	월별	수입	지출	잔액
전기이월	–	–		8월			
1월				9월			
2월				10월			
3월				11월			
4월				12월			
5월				합계			
6월				차기이월	–	–	
7월							

3. 기부금 지출 명세서(국내사업)

(단위: 원)

⑭ 지출월	⑮ 지급목적	⑯ 지급건수	⑰ 대표 지급처명 (단체명/개인)	⑱ 금액

⑲ 연도별	⑳ 지급목적	㉑ 수혜인원	㉒ 대표 지급처명 (단체명/개인)	㉓ 금액
합 계				

4. 기부금 지출 명세서(국외사업)

(단위: 원)

㉔ 지출월	㉕ 국가명	㉖ 지급목적	㉗ 지급건수	㉘ 대표 지급처명 (단체명/개인)	㉙ 금액

㉚ 연도별	㉛ 국가명	㉜ 지급목적	㉝ 수혜인원	㉞ 대표 지급처명 (단체명/개인)	㉟ 금액
합 계					

「법인세법 시행령」 제38조 제8항 또는 제39조 제5항에 따라 연간 기부금 모금액 및 활용실적을 공개합니다.

년 월 일

제출인: (공익법인등의 직인) [인]

210mm×297mm[백상지 80g/㎡ 또는 중질지 80g/㎡]

작 성 방 법

1. 기본사항 : ① ~ ⑨란에는 공익법인등의 기본사항을 적으며, ④ 공익법인등의 구분은 한국학교, 전문모금기관, 사회복지법인, 어린이집, 학교(유치원), 의료법인, 「민법」상 비영리법인, 비영리외국법인, 사회적협동조합, 공공기관등으로 구분하여 적습니다.

한국학교	「법인세법」 제24조 제2항 제1호 라목9)에 해당하는 한국학교를 말합니다.
전문모금기관	「법인세법」 제24조 제2항 제1호 바목에 해당하는 비영리법인을 말합니다.
사회복지법인	「법인세법 시행령」 제39조 제1항 제1호 가목에 해당하는 비영리법인을 말합니다.
어린이집	「법인세법 시행령」 제39조 제1항 제1호 나목에 해당하는 비영리법인(단체 포함)을 말합니다.
학교(유치원)	「법인세법 시행령」 제39조 제1항 제1호 다목에 해당하는 비영리법인(단체 포함)를 말합니다.
의료법인	「법인세법 시행령」 제39조 제1항 제1호 라목에 해당하는 비영리법인을 말합니다.
「민법」상 비영리법인	「법인세법 시행령」 제39조 제1항 제1호 바목에 해당하는 「민법」상 비영리법인으로서 기획재정부장관이 지정·고시한 법인을 말합니다.
비영리외국법인	「법인세법 시행령」 제39조 제1항 제1호 바목에 해당하는 비영리외국법인으로서 기획재정부장관이 지정·고시한 법인 말합니다.
사회적협동조합	「법인세법 시행령」 제39조 제1항 제1호 바목에 해당하는 사회적협동조합으로서 기획재정부장관이 지정·고시한 법인 말합니다.
공공기관등	「법인세법 시행령」 제39조 제1항 제1호 바목에 해당하는 공공기관 또는 법률에 따라 직접 설립된 기관으로서 기획재정부장관이 지정·고시한 법인을 말합니다.

2. 기부금의 수입·지출 명세
- ⑩란에는 사업연도 개시월부터 사업연도 종료월까지를 차례대로 적습니다(앞쪽의 ⑩란은 사업연도가(1월~12월) 법인 예시)
- ⑪란과 ⑫란은 월 누계액을 적습니다.
- 합계란은 사업연도 개시일부터 종료일까지의 전체 수입 및 지출 금액을 적습니다.

3. 기부금 지출 명세서(국내사업)
- 국내사업 관련 ○○지원사업(장학금지급 등), 일반관리비, 기금조성비(정기예금 또는 적금 등), 그 밖의 비용(구체적인 내용 기재) 등 지출월별, 지급목적별로 지출명세서를 작성합니다. 다만, 해당 연도에 매월 같은 목적으로 동일한 사람에게 유사한 금액을 지급한 비용은 ⑭ 지출월란에 적지 않고 ⑲ 연도별란에 적을 수 있습니다.
- ⑲란은 연간 지급목적별 지출명세를 작성합니다. 다만, 1개 단체에 연간 1백만원 이상 지급한 경우 해당 단체명, 지급목적, 수혜인원, 금액을 별도로 적습니다.
- ㉑란 수혜인원은 연간 지급한 실제 인원을 적습니다. 예시) 10명에게 10만원씩 2회 장학금을 지급한 경우 수혜인원은 10명으로 적습니다.
- ※ 예시(장학금 지급: 10명에게 10만원씩 1월, 2월에 각각 지급, 복지단체 지원: A 복지단체에 2월에 1,000만원, 1회 지원(수혜인원 50명))

지출월	지급목적	지급건수	대표 지급처명 (단체명/개인)	금액
1월	장학금 지급	10	김우수 외	1,000,000
2월	장학금 지급	10	김우수 외	1,000,000
2월	복지단체 지원	1	A복지단체	10,000,000
⋮	⋮	⋮	⋮	⋮
연간	지급목적	수혜인원	대표 지급처명 (단체명/개인)	금액
2013년	장학금 지급	10	김우수 외	2,000,000
	복지단체 지원	50	A복지단체	10,000,000
합 계		63		12,000,000

- 내용이 많은 경우에는 별지로 작성합니다.
- 대표 지급처명은 지출월별, 지급목적별로 구분된 지급처 중 가장 큰 대표 지급처를 적으며, 확인이 사실상 불가능한 경우에는 빈칸으로 두되, 그 지급금액과 지급목적은 반드시 적어야 합니다.

4. 기부금 지출 명세서(국외사업)
- 국외사업이 있는 공익법인등은 국가별 지출명세를 지출월별, 지급목적별로 지출명세서를 작성합니다.
- ㉚란은 해당 연도의 국가별, 지급목적별 지출명세를 작성합니다. 다만, 1개 단체에 연간 1백만원 이상 지급한 경우 해당 단체명, 지급목적, 국가명, 수혜인원, 금액을 별도로 적습니다.
- 내용이 많은 경우에는 별지로 작성합니다.

210mm×297mm[백상지 80g/㎡ 또는 중질지 80g/㎡]

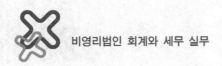

〔별지 제75호의 2 서식〕(2023.3.20 개정)

사업 연도	· · · ~ · · ·	기부자별 발급명세서			법인명	
					사업자등록번호	

일련 번호	기부일	기부자 성명 (상호)	주민등록번호 (사업자등록번호)	기부명세			발급명세	
		주 소 (본점 소재지)		내 용	코 드	금 액	발급 번호	발급일

작 성 방 법

※ 코드란에는 「법인세법」 제24조 제2항 제1호에 따른 특례기부금(종전 법정기부금, 예 국가, 지방자치단체 등 기부금)은 (10)으로, 「법인세법」 제24조 제3항 제1호에 따른 일반기부금(종전 지정기부금, 예 사회복지, 문화, 교육, 종교 등 기부금)은 (40)으로 구분하여 작성합니다.

210mm×297mm[백상지 80g/㎡ 또는 중질지 80g/㎡]

〔별지 제75호의 3 서식〕 (2023.3.20. 개정)

기부금영수증 발급합계표

사업연도 (과세기간)	. . ～ . .

1. 기부금 영수증 발급자 (공익법인등)	① 법인명(단체명)		② 대 표 자	
	③ 사업자등록번호 (고유번호)		④ 전화번호	
	⑤ 소 재 지			
	⑥ 유 형 (해당란에 √)	□ 정부등 공공 □ 교육 □ 종교 □ 사회복지 □ 자선 □ 의료 □ 문화 □ 학술 □ 기타		

2. 해당 사업연도(과세기간)의 기부금영수증 발급현황

(단위 : 원)

⑦ 구 분 ⑪ 기부자	⑧ 합 계		⑨ 「법인세법」 제24조 제2항 제1호에 따른 특례기부금 (종전 법정기부금)		⑩ 「법인세법」 제24조 제3항 제1호에 따른 일반기부금 (종전 지정기부금)	
	건수	금액	건수	금액	건수	금액
법 인						
개 인						
합 계						

「법인세법」 제112조의 2 제3항에 따른 기부금영수증 발급합계표를 제출합니다.

년 월 일

제출인 (서명 또는 인)

세무서장 귀하

작 성 방 법

1. 이 서식은 기부금영수증을 발급하는 자가 해당 사업연도(과세기간)의 종료일이 속하는 달의 말일부터 6개월 이내에 관할세무서장에게 제출해야 합니다.
2. ⑥ 유형란: 기부금 영수증 발급자(공익법인등)에 해당하는 유형을 선택합니다.
3. ⑧ ~ ⑩ 란: 해당 사업연도의 해당 기부금영수증 총 발급건수 및 총 발급금액을 적습니다.
4. 2021년 7월 1일 이후 전자기부금영수증(「법인세법」 제75조의 4 제2항 및 제112조의 2에 규정되어 있습니다)을 발급하는 분부터는 본 서식을 제출할 의무가 없습니다.

210mm×297mm[백상지 80g/㎡ 또는 중질지 80g/㎡]

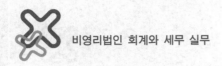

〔별지 제63호의 2 서식〕(2023.3.20. 개정)

공익법인등 추천서

1. 추천대상단체의 추천구분

[　] 전문모금기관　[　] 한국학교　[　] 민법상 비영리법인　[　] 사회적협동조합　[　] 공공기관등
[　] 비영리외국법인　[　] 기타

2. 추천대상단체의 인적사항

① 법인(단체)명	② 사업자등록번호(고유번호)
③ 대표자	④ 설립일
⑤ 소재지	⑥ 전화번호
⑦ 사업내용	

3. 기부금 관련

가. 기부금 모집의 목적

나. 기부금 모집기간 및 목표액 [지정일이 속하는 사업연도부터 3년(재지정은 5년)간]

(단위 : 백만원)

년		년		년	
년		년		합 계	

다. 기부금의 관리방법 (홈페이지 주소 :　　　　　　　　　　　　)

　　위 단체의 신청내용을 검토한 결과 기부금 대상 공익법인등으로서 적정하다고 판단되므로 「법인세법 시행령」 제38조 제6항 또는 제39조 제1항 제1호 바목 및 「법인세법 시행규칙」 제18조의 2 제3항 또는 제18조의 3 제3항에 따라 추천서를 제출합니다.

년　　　월　　　일

(주무관청의 장 또는 국세청장)　　　　　　　　　　　[직인]

기획재정부장관 귀하

작 성 방 법

※ "1.추천대상단체의 추천구분"란 작성 방법
　(1) 전문모금기관: 사회복지사업, 그 밖의 사회복지활동의 지원에 필요한 재원을 모집·배분하는 것을 주된 목적으로 하는 비영리법인
　(2) 한국학교:「재외국민의 교육지원 등에 관한 법률」제2조 제3호에 따른 한국학교
　(3) 민법상 비영리법인:「민법」제32조에 따른 사단·재단 법인
　(4) 사회적협동조합:「협동조합기본법」제85조에 따른 사회적협동조합
　(5) 공공기관등:「공공기관의 운영에 관한 법률」제4조에 따른 공공기관(같은 법 제5조 제3항 제1호에 따른 공기업은 추천대상단체가 아님) 또는 법률에 따라 직접 설립 또는 등록된 기관
　(6) 비영리외국법인:「재외동포의 출입국과 법적 지위에 관한 법률」제2조에 따른 재외동포의 협력·지원, 한국의 홍보 또는 국제교류·협력을 목적으로 하는 비영리외국법인
　(7) 기타: (1)부터 (6)까지에 속하지 않는 법인

210mm×297mm[백상지 80g/㎡ 또는 중질지 80g/㎡]

제3절

구분경리

1 비영리법인의 장부 비치·기장의무

　납세의무 있는 법인은 장부를 비치하고 복식부기에 의하여 이를 기장하여야 하며 중요 증빙서류를 비치·보존하여야 한다. 다만, 비영리법인은 제조업·부동산업 등 수익사업을 영위하거나 계속적으로 채권 등을 매매함에 따라 매매익이 발생하는 경우에 한하여 장부 등을 비치·보존하여야 한다(비영리외국법인의 경우 해당 수익사업 중 국내원천소득이 발생하는 경우만 해당함) (법인세법 제112조). 여기서 복식부기에 의한 기장이라 함은 법인의 재산과 자본의 변동을 빠짐없이 이중기록하여 계산하는 정규의 부기형식에 의하여 기장하는 것을 말한다(법인세법 시행령 제155조). 다만, 비영리내국법인에 대하여는 불이행에 따른 가산세는 적용되지 않는다(법인세법 제75조의 3).

> **법인세법 기본통칙 112-155…1【전표식 또는 카드식에 의한 장부와 전산조직에 의한 장부의 효력】**
> 전표식 또는 카드식에 의한 장부와 전산조직에 의한 장부 등 그 명칭이나 형식에 불구하고 대차평균의 원리에 따라 이중기록함으로써 자산과 부채의 증감, 변동 및 손익을 계산할 수 있는 정도의 것은 「법인세법」 제112조에 따른 적법한 장부로 본다.

 │ 중요 예규 및 판례 │

서면2팀 - 1946, 2004.9.20.

1. 비영리내국법인이 「법인세법」 제3조 제2항 각 호의 규정에 의한 수익사업에서 발생한 소득이 있는 경우에는 각 사업연도 소득금액에 대한 법인세 납세의무가 있는 것으로, 이 경우 당해 법인은 동법 제60조 제1항의 규정에 의하여 각 사업연도의 종료일부터 3월 이내에 법인세 과세표준과 세액을 납세지 관할세무서장에게 신고하여야 하는 것이며, 다만 원천징수된 이자소득에 대하여는 동법 제62조의 규정에 의하여 그 과세

표준 신고대상에서 제외할 수 있는 것임.

2. 아울러, 비영리내국법인이 새로 수익사업(법인세법 제3조 제2항 제1호 및 제6호에 규정하는 수익사업에 한한다. 이하 같다)을 개시하는 때에는 동법 제110조 및 제111조의 규정에 의하여 수익사업개시신고 및 사업자등록(부가가치세 과세사업을 영위하는 경우에는 부가가치세법 제5조의 규정에 따라 사업자등록)을 하여야 하며, 이 경우 「법인세법」 제112조 및 동법 제116조의 규정에 따라 복식부기에 의하여 장부를 비치·기장하고 관련 지출증빙서류를 수취·보관하여야 하는 것임.

법인 46012 - 528, 1997.2.20.

이자소득만 있는 비영리법인은 「법인세법」 제62조 단서의 규정에 의거 복식부기에 의한 장부의 비치·기장의무가 없으며, 당해 비영리법인이 이자소득에 대하여 고유목적사업준비금을 계상하여 법인세과세표준을 신고하고자 하는 경우에는 대차대조표 및 손익계산서를 첨부하지 아니하고 동법 시행규칙 제45조 제8항 및 제10항에 규정하는 서류만 첨부하여 신고할 수 있는 것임.

2 구분경리의 의의

비영리법인은 고유목적사업뿐만 아니라 고유목적사업의 원활한 유지를 위하여 부동산임대사업 등 수익사업을 영위하는 경우가 일반적이라 할 것이다. 이 경우 비영리법인은 자산·부채 및 손익을 당해 수익사업에 속하는 것과 수익사업이 아닌 그 밖의 사업에 속하는 것을 각각 다른 회계로 구분하여 기록하여야 한다. 이때 수익과 비용에 관한 경리뿐만 아니라 자산과 부채에 관한 경리를 포함하여 수익사업과 비수익사업으로 구분하여 기록하여야 한다(법인세법 제113조 제1항, 동법 기본통칙 113 - 156…4).

구분경리는 구분하여야 할 사업별로 자산·부채 및 손익을 법인의 장부상 각각 독립된 계정과목에 의하여 구분기장하여야 한다. 다만, 구분경리를 하고 난 후 필수적으로 각 사업별로 구분할 수 없는 공통되는 익금과 손금이 수반되는 바, 이 경우에는 과세표준의 산출을 위하여 각 사업별로 구분할 수 없는 공통되는 익금과 손금을 「법인세법 시행규칙」 제76조 제6항에서 정한 안분기준에 따라 안분계산하는 구분계산을 하여야 한다(법인세법 시행령 제156조, 동법 시행규칙 제75조).

「법인세법」에서 규정하고 있는 구분경리는 수익사업의 과세소득을 산정하기 위한 것이 목적이지만 비영리법인의 설립근거법이나 관련 규칙 등에서도 다음과 같이 내부관리 및 외부보고의 목적으로 구분경리(회계)를 할 것을 요구하고 있다. 다음은 각 설립근거법 등에서 규정하고 있는 구분회계 기준이다.

법 인	관련 법규	규정 내용		
학교법인	사립학교법 제29조	학교회계	교비회계	
			부속병원회계	
		법인회계	일반업무회계	
			수익사업회계	
사회복지법인	사회복지법인 재무·회계규칙 제6조	법인회계		
		시설회계		
		수익사업회계		
공익법인	공익법인회계기준 제10조	공익목적사업		
		기타사업		

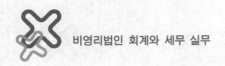

3 구분경리 및 구분계산의 과정

수익사업과 기타의 사업을 영위하는 비영리법인의 구분경리와 구분계산에 따른 과세소득 산출과정은 다음과 같다.

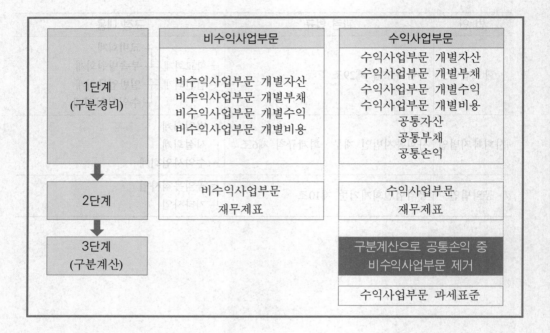

(1) 1단계(구분경리)

수익사업부문과 비수익사업부문으로 개별자산, 개별부채, 개별수익, 개별비용을 구분하고 공통자산, 공통부채, 공통손익은 수익사업부문으로 우선 구분경리한다.

(2) 2단계

1단계 구분경리를 통하여 수익사업부문과 비수익사업부문의 재무제표를 완성한다.

(3) 3단계(구분계산)

수익사업부문에서 구분계산을 통하여 공통손익 중 비수익사업부문의 손익을 제거한다. 순수 수익사업부문의 소득으로 과세표준을 산출한다.

4 일반적인 구분경리 회계처리

4-1. 용어의 정의

다음의 용어는 공익법인회계기준과 본 저서에서 정의하는 계정과목 명칭을 사용하였다.

(1) 기본순자산

'기본순자산'이란 사용이나 처분에 '영구적 제약' 즉 법령, 정관 등에 의해 사용이나 처분시 주무관청 등의 허가가 필요한 순자산을 말한다(공익법인회계기준 제20조).

(2) 수익사업출자금

비영리법인이 비수익사업부문에서 수익사업부문으로 자산을 전입 및 지출하는 경우, 비수익사업부문이 수익사업부문에 대하여 갖는 자본원입분은 '수익사업출자금'이라는 계정과목으로 회계처리한다. 즉, '수익사업출자금'은 비수익사업부문의 수익사업부문에 대한 투자자산의 성격을 갖는다.

(3) 출연금

비영리법인이 비수익사업부문에서 수익사업부문으로 자산을 전입 및 지출하는 경우 자본의 원입(元入)으로 보아 경리하는데, 이때 수익사업부문에서 계상하는 과목은 '출연금'이라는 계정과목으로 회계처리한다. 즉, '출연금'은 수익사업부문 재무상태표의 자본항목으로 표시되고 비수익사업부문에서의 '수익사업출자금'과 대응되는 계정과목이다.

비수익사업부문		수익사업부문
수익사업출자금 계상	자산의 지출·전입 →	출연금 계상
(투자자산)		(자본계정)

4-2. 비영리법인 설립시 회계처리

비수익사업

차변)		대변)	
현금(또는 자산)	×××	기본순자산	×××

수익사업

회계처리 없음.

비영리법인 설립시에는 수익사업을 개시한 상태가 아니므로 위와 같이 비수익사업의 기본순자산을 관리하기 위한 회계처리를 하고, 수익사업에서는 달리 회계처리를 할 필요가 없다.

4-3. 수익사업 개시시 회계처리

비영리법인이 수익사업을 개시하기 위하여 비수익사업부문에서 수익사업부문으로 자산 등을 이전하는 경우에는 수익사업에 대하여 자본을 원입(元入)하는 것으로 처리한다. 이때 수익사업부문의 자산계상액은 당해 자산의 시가에 의한다(법인세법 시행규칙 제76조 제3항).

여기서 시가가 불분명할 경우의 시가는 「법인세법 시행령」 제89조 제2항의 규정을 준용하여 평가한 가액으로 한다(법인세법 기본통칙 113 – 156…2).

비수익사업

차변)		대변)	
수익사업출자금	×××	자산(①)	×××
		자산평가이익(②)	×××

수익사업

차변)		대변)	
자산(③)	×××	출연금	×××
(③=①+②=시가)			

4-4. 유형자산 및 무형자산 처분손익

비영리법인이 처분일 현재 고유목적사업에 3년 이상 직접 사용한 유형자산 및 무형자산을 처분하여 발생하는 자산처분이익에 대해서는 법인세를 과세하지 아니한다(법인세법 제4조 제3항 제5호, 동법 시행령 제3조 제2항).

고유목적사업에 직접 사용한 자산을 처분하는 경우 다음과 같이 회계처리한다.

비수익사업

차변)		대변)	
현금	×××	자산	×××
		자산처분이익	×××

수익사업

회계처리 없음.

5   자산·부채 및 자본의 구분경리

5-1. 개 요

구분경리 대상 사업에 귀속되는 자산·부채가 개별적으로 파악이 가능한 경우에는 각각 독립된 계정과목에 의하여 수익사업과 비수익사업으로 구분기장하여야 하나, 자산·부채의 귀속이 불분명한 경우 또는 수익사업과 비수익사업 간의 상호대체거래가 발생하는 경우에는 다음과 같은 방법에 의하여 구분경리하여야 한다.

구 분	방 법
1. 공통 자산·부채	수익사업에 속하는 것으로 함. (법인세법 시행규칙 제76조 제1항)
2. 수익사업의 자본금	[수익사업의 자산 합계액 − 부채(충당금 포함) 합계액] (법인세법 시행규칙 제76조 제2항)

구 분	방 법
3. 기타사업에 속하는 자산을 수익사업에 지출 또는 전입한 경우 (수익사업 자본증가)	그 자산가액을 자본의 원입으로 경리함. 이 경우 자산가액은 시가에 의하며 시가가 불분명한 경우에는 법인세법 시행령 제89조 제2항의 규정을 준용하여 평가한 가액에 의함. (법인세법 시행규칙 제76조 제2항, 동법 기본통칙 113 - 156…2)
4. 수익사업에 속하는 자산을 기타사업에 지출한 경우 (수익사업 자본감소)	수익사업에 속하는 자산을 비영리사업에 지출한 때에는 당해 자산가액을 다음에 규정하는 순서대로 상계처리하여야 함. (법인세법 시행규칙 제76조 제4항, 동법 기본통칙 113 - 156…3) ① 고유목적사업준비금(법인세법 제29조) 중 손금산입된 금액(직전 사업연도 종료일 현재 고유목적사업준비금의 잔액을 초과하여 당해 사업연도에 고유목적사업 등에 지출한 금액도 당해 사업연도에 고유목적사업준비금을 설정하여 지출한 것으로 보므로 포함) ② 고유목적사업준비금 중 손금부인된 금액 ③ 법인세 과세 후의 수익사업소득금액(잉여금 포함) ④ 자본의 원입액(=자본원입액의 반환) 〈잉여금〉 이미 법인세가 과세된 소득(법인세법 및 조세특례제한법에 의하여 비과세되거나 익금불산입된 금액 포함)으로서 수익사업부문에 유보되어 있는 금액

5-2. 수익사업(회계)과 비수익사업(회계) 간의 전출입 유형

비영리법인이 수익사업과 비수익사업을 겸영하는 경우 비수익사업, 공통사업, 수익사업 간에 자산을 전출·전입시키는 경우가 발생할 수 있는데 다음과 같이 3가지 유형으로 나누어 볼 수 있다.

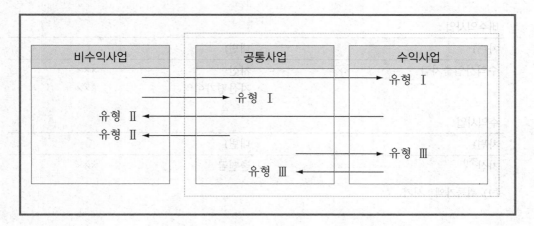

(1) 유형 Ⅰ

① 비수익사업 자산을 수익사업에 지출 또는 전입하는 경우
② 비수익사업 자산을 공통사업에 지출 또는 전입하는 경우

(2) 유형 Ⅱ

① 수익사업 자산을 비수익사업에 지출하는 경우
② 공통사업 자산을 비수익사업에 지출하는 경우

(3) 유형 Ⅲ

수익사업과 공통사업간 자산의 전출입

5-3. 유형별 회계처리방법

(1) 유형 Ⅰ : 자본의 원입으로 회계처리

비수익사업 자산이 수익사업 또는 공통사업에 지출 또는 전입되는 경우 모두 수익사업에 속하는 것으로 보는 것(법인세법 시행규칙 제76조 제1항)이므로 다음과 같이 회계처리하여야 한다.

비수익사업			
차변)		대변)	
수익사업출자금	×××	자산	×××
		자산평가이익	×××

수익사업			
차변)		대변)	
자산[주1]	×××	출연금	×××

주1) 취득가액 : 시가

　비수익사업 자산을 수익사업으로 전입하는 경우 전입하는 자산의 취득가액은 시가에 의한다(법인세법 시행규칙 제76조 제3항). 이때 시가가 불분명한 경우에는 「법인세법 시행령」 제89조 제2항의 규정을 준용하여 평가한 가액에 의한다(법인세법 기본통칙 113 - 156…2).

　반면, 수익사업 자산을 비수익사업으로 전입하는 유형 Ⅱ의 경우 전입 시 시가로 평가한 가액을 비수익사업 자산의 취득가액으로 하고 이후 처분으로 인하여 생기는 수입을 계산한다(법인세법 시행령 제3조 제2항). 비수익사업으로의 전출당시 당해 자산에 대한 감가상각 부인액(유보)이 있는 경우 동 부인액은 그 전출일이 속하는 사업연도의 소득금액계산시 손금에 산입(△유보)하도록 하고 있다(서면2팀 - 1376, 2006.7.20., 서이 46012 - 10843, 2003.4.22.).

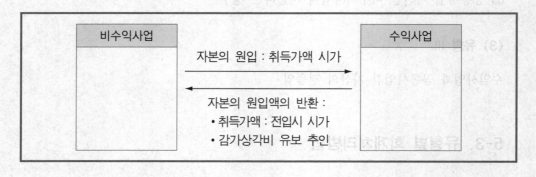

(2) 유형 Ⅱ : 고유목적사업준비금의 사용으로 회계처리

　수익사업에 사용하던 자산을 비수익사업에 지출하는 경우에는 다음과 같이 회계처리하여야 한다. 단, 계정과목명은 반드시 동일할 필요는 없으며 각 비영리법인에서 사용되는 유사한 의미의 과목명을 사용하여도 무방할 것이다.

비수익사업

차변)		대변)	
자 산	×××	고유목적사업준비금수입[주3]	×××
		기 부 금 수 입[주4]	×××
		수 익 사 업 출 자 금	×××

수익사업

차변)		대변)	
고유목적사업준비금[주1]	×××	자 산	×××
이 익 잉 여 금[주2]	×××		
출 자 금	×××		

주1) 상계순서

수익사업용 자산을 비수익사업으로 지출하는 경우에는 다음의 순서에 따라 상계처리하여야 한다
(법인세법 기본통칙 113 – 156…3).

① 손금산입된 고유목적사업준비금(직전 사업연도 종료일 현재 고유목적사업준비금의 잔액을 초
  과하여 당해 사업연도에 고유목적사업 등에 지출한 금액을 포함한다)

② 손금부인된 고유목적사업준비금

③ 법인세 과세 후의 수익사업소득금액(잉여금을 포함한다)

④ 자본의 원입액

이와 같은 상계처리 순서를 두는 것은 다음과 같은 이유 때문이다.

첫째, 조세상 혜택(고유목적사업준비금의 손금산입)에 대한 의무를 조속히 이행하도록 유도하고
이러한 의무이행 상황을 회계처리로 나타내 주기 위함이다. 만약 이와 같은 순서에 의하지 않고
회사가 임의로 이익잉여금을 먼저 차기하는 경우 회계처리만으로 이것이 고유목적사업에 자산을
지출한 것인지 여부가 분명히 나타나지 않기 때문이다.

둘째, 당기에 고유목적사업준비금을 설정하지 아니하였거나 전기 말 고유목적사업준비금 잔액을
초과하여 지출이 이루어진 경우 비수익사업부문에 전입되는 가액은 우선적으로 기부금수입으로
처리될 것이다. 따라서 이 경우에는 수익사업부문의 비용증가와 비수익사업부문의 수입증가로 이
익잉여금 상계효과를 가져오게 될 것이므로 고유목적사업준비금의 설정이 없거나 초과한 경우 자
본의 감소가 발생하기 전에 이익잉여금을 먼저 감소시키는 것이 합리적인 것이다.

주2) 잉여금

법인세 과세 후의 수익사업소득금액(잉여금을 포함한다)을 의미한다. 만약 사업연도 중에 수익사
업에서 비수익사업으로 자산을 전입 또는 지출하는 경우에는 당해 사업연도의 수익사업소득금액
이 아직 결정되지 아니하였으므로 실제로 차기(借記)되는 금액은 직전 사업연도 말 이익잉여금이
될 것이다.

주3) 고유목적사업준비금수입

수익사업에서 고유목적사업준비금으로 손금에 산입된 금액만 비수익사업부문에서 고유목적사업
준비금수입으로 처리한다.

주4) 기부금수입

수익사업에서 고유목적사업준비금이 아닌 이익잉여금으로 상계처리된 금액에 대한 비수익사업에

서의 회계처리 규정은 명시되어 있지 않다. 그러나 이는 고유목적사업준비금의 사용이 아니고 당기 중 발생한 비수익사업부문의 수입이므로 기부금수입으로 회계처리하는 방안이 타당할 것으로 보인다.

다만, 일반 영리법인의 경우 이익잉여금 및 출자금(자본금)은 주주총회의 의결을 거쳐야만 처분할 수 있는 것이지만 비영리법인의 수익사업 이익잉여금과 출자금은 실제 법인의 자본항목이 아니라 구분경리를 함에 따라 발생하는 과목이라는 점에서 일반 영리법인의 출연금 및 이익잉여금과는 그 성질이 다르다 할 것이다. 즉, 수익사업에서 이익잉여금이 감소한다 하더라도 비수익사업에서 동 금액만큼 이익잉여금(기부금수입)이 증가하므로 법인 전체의 이익잉여금은 변동이 없게 되는 것이며, 출자금은 수익사업출자금과 상계처리되므로 통합 재무제표에는 영향을 미치지 아니한다.

(3) 유형 Ⅲ : 회계처리 없음

수익사업 자산을 비수익사업과 공통으로 사용하게 되는 경우 또는 수익사업 자산을 공통으로 사용한 후 다시 수익사업 자산이 되는 경우에는 별도의 회계처리가 필요 없다. 왜냐하면 공통자산 및 공통부채는 수익사업에 속하는 것으로 규정하고 있기 때문이다. 다만, 공통자산에서 발생하는 공통손익 중 비수익사업으로 안분되는 금액은 수익사업 세무조정시 수익사업부문에서 제외시켜야 한다.

6 손익의 구분경리 및 구분계산

손익의 구분경리는 개별적으로 구분할 수 있는 사업별로 각각 독립된 계정과목에 의하여 구분기장하여야 하며, 부수하여 발생하는 부수수익 및 부대비용도 역시 개별손익의 귀속에 따라야 한다.

그러나 구분이 불분명한 공통되는 수익과 비용은 사업연도 중에는 이를 사업별로 구분하지 아니하고 하나의 계정과목으로 기장하였다가 결산시 다음과 같이 구분계산방법에 따라 수익사업과 기타사업으로 각각 귀속시켜야 한다. 이때 공통익금은 법인세 과세표준이 되는 것에 한하며, 공통손금은 익금에 대응하는 것에 한한다(법인세법 시행규칙 제76조 제7항).

따라서, 과세표준 계산상 공제대상인 이월결손금, 비과세소득 및 소득공제액 등도 발생원천에 따라 수익사업과 기타사업으로 구분경리하여야 하고, 수익사업에서 발생한 이월결손금, 비과세소득 및 소득공제액에 대해서만 법인세 과세표준금액 계산상 각 사업연도의 소득금액에서 공제하여야 한다.

특히, 구분계산의 대상이 되는 익금과 손금은 개별 또는 공통을 불문하고 모두 세무조정을 마친 후의 금액을 대상으로 하여야 한다는 점에 유의하여야 한다.

구분계산의 방법을 살펴보면 다음과 같다.

구 분	구분계산방법
1. 공통익금	수익사업과 기타사업의 수입금액 또는 매출액에 비례하여 안분계산(법인세법 시행규칙 제76조 제6항 제1호)
2. 공통손금	① 수익사업과 기타사업의 업종이 동일한 경우 : 수입금액 또는 매출액에 비례하여 안분계산(법인세법 시행규칙 제76조 제6항 제2호) ② 업종이 다른 경우 : 개별손금액(공통손금 외의 손금의 합계액)에 비례하여 안분계산(법인세법 시행규칙 제76조 제6항 제3호) 〈업종의 구분〉 한국표준산업분류에 의한 소분류에 의하되, 소분류에 해당 업종이 없는 경우에는 중분류에 의함(법인세법 시행규칙 제75조 제2항).
3. 개별손금(공통손금 외의 손금의 합계액)이 없거나 기타의 사유로 상기 1, 2의 안분계산방법을 적용할 수 없거나 불합리한 경우	공통익금의 수입항목 또는 공통손금의 비용항목에 따라 국세청장이 정하는 작업시간 · 사용시간 · 사용면적 등의 기준에 의하여 안분계산(법인세법 시행규칙 제76조 제6항 단서). 현재 국세청장이 정하는 기준은 없음.
4. 수익사업과 비영리사업을 겸영하는 종업원에 대한 급여상당액(복리후생비, 퇴직금 및 퇴직급여충당금전입액을 포함)	주된 근로의 제공 내용을 기준으로 구분함. 즉, 근로의 제공이 주로 수익사업에 관련된 것인 때에는 수익사업의 비용으로 하고 근로의 제공이 주로 비영리사업에 관련된 것인 때에는 이를 비영리사업에 속한 비용으로 함(법인세법 기본통칙 113 – 156…1).
5. 수개의 업종을 겸영하고 있는 법인의 공통손익	먼저 업종별로 안분계산하고, 다음에 동일업종 내의 공통손익을 안분계산함(법인세법 기본통칙 113 – 156…5).

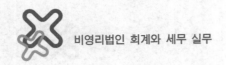

7 고유목적사업준비금의 구분경리

7-1. 고유목적사업준비금의 전입

(1) 전입시 회계처리

고유목적사업준비금은 수익사업에서 발생되는 소득 중 일부를 사내유보하였다가 고유목적사업에 충당하기 위하여 설정하는 것으로서 설정된 고유목적사업준비금에 대하여 법인세를 이연하는 효과가 있는데, 회계처리상 수익사업부문에서 준비금(부채)으로 전입하며 비수익사업부문으로 전출시점에 비수익사업부문에서 준비금을 환입하는 것을 원칙으로 한다. 이하에서는 고유목적사업준비금을 결산조정하는 경우 구분경리 회계처리방법에 대하여 서술하도록 한다.

고유목적사업준비금에 대한 「법인세법」상 내용은 '제4절 고유목적사업준비금'을 참조하기 바란다.

고유목적사업준비금을 전입할 때의 회계처리는 다음과 같다.

비수익사업

회계처리 없음.

수익사업

차변)	대변)
고유목적사업준비금전입 ×××	고유목적사업준비금 ×××
(비용계정)	(부채)

(2) 고유목적사업준비금 한도초과시 회계처리

결산상 비용으로 계상된 고유목적사업준비금으로서 각 사업연도의 소득금액 계산시 손금불산입된 금액(고유목적사업준비금 한도초과액)이 있는 경우에는 그 이후의 사업연도에서 이를 손금으로 추인할 수 없다. 다만, 동 금액을 환입하여 수익으로 계상한 경우에는 이를 이월익금으로 보아 익금에 산입하지 아니한다(법인세법 기본통칙 29-56…3).

따라서, 고유목적사업준비금 한도초과액을 자산과 상계처리한 경우 그 한도초과액을 고유목적사업준비금의 사용액으로 보아 추인할 수는 없으므로 세무상 불이익이 없도록 하기 위해서는 동 준비금 한도초과액을 환입하여 당해 사업연도 수익으로 계상하고 세무조정시 이월익금으로 보아 익금불산입하는 것이 타당하다고 하겠다.

비수익사업
회계처리 없음.

수익사업		
차변)	대변)	
고유목적사업준비금 ××× (고정부채)	고유목적사업준비금수입 ××× (수익계정) 〈세무조정〉 익금불산입 ×××	

7-2. 고유목적사업준비금의 환입

(1) 고유목적사업에 지출시 회계처리

수익사업부문에서 비수익사업부문으로 자산을 지출하는 경우 당해 지출액만큼 수익사업부문에서 먼저 계상한 사업연도의 고유목적사업준비금부터 차례로 상계(相計)하여야 하며, 직전 사업연도 종료일 현재의 고유목적사업준비금의 잔액을 초과하여 당해 사업연도의 고유목적사업 등에 지출한 금액이 있는 경우에는 그 초과지출금액을 당해 사업연도에 계상할 고유목적사업준비금에서 지출한 것으로 본다(법인세법 제29조 제3항).

비수익사업	
차변)	대변)
자산 ×××	고유목적사업준비금수입 ×××

수익사업	
차변)	대변)
고유목적사업준비금[주1] ×××	자산 ×××

주1) 고유목적사업준비금을 초과하여 수익사업 자산을 비수익사업으로 지출하는 경우에는 다음의 순서로 상계처리한다(5-3 참조).

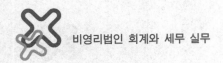

① 손금산입된 고유목적사업준비금(직전 사업연도 종료일 현재 고유목적사업준비금의 잔액을 초과하여 당해 사업연도에 고유목적사업 등에 지출한 금액을 포함한다)
② 손금부인된 고유목적사업준비금
③ 법인세 과세 후의 수익사업소득금액(잉여금을 포함한다)
④ 자본의 원입액

(2) 고유목적사업에 미사용시 회계처리

고유목적사업준비금을 손금에 산입하고 손금으로 계상한 사업연도의 종료일 이후 5년이 되는 날까지 고유목적사업 등에 사용하지 아니한 경우(5년 내 사용하지 아니한 잔액에 한한다) 익금에 산입하여야 한다. 또 손금에 산입한 고유목적사업준비금을 5년 이내에 그 잔액 중 일부를 감소시켜 익금에 산입할 수 있는데 이 경우 먼저 손금에 산입한 사업연도의 잔액부터 차례로 감소시킨 것으로 본다.

고유목적사업에 사용하지 않은 고유목적사업준비금은 수익사업부문에서 환입하여야 한다. 이 경우 미사용분에 대한 법인세의 이자상당액을 당해 사업연도의 법인세에 가산하여 납부하여야 한다(법인세법 제29조 제5항, 제6항, 제7항).

이자상당가산액은 다음과 같이 ①의 금액에 ②의 율을 곱하여 계산한다.

① 당해 고유목적사업준비금의 잔액을 손금에 산입한 사업연도에 그 잔액을 손금에 산입함에 따라 발생한 법인세액의 차액
② 손금에 산입한 사업연도의 다음 사업연도의 개시일부터 익금에 산입한 사업연도의 종료일까지의 기간에 대하여 1일 10만분의 22의 율

비수익사업

회계처리 없음.

수익사업

차변)		대변)	
고유목적사업준비금	×××	고유목적사업준비금환입	×××

조심 2024전2610, 2024.6.26

기획재정부는 쟁점보상금에 대해 「법인세법」상 수익사업에서 발생한 소득에 해당하지 않는 것으로 유권해석(법인세제과 - 343, 2022.8.29.)하여 청구법인은 위 유권해석에 따라 쟁점보상금을 수익사업에서 발생한 수입금액에서 제외하여 2022사업연도 법인세를 신고하였고, 또한 기획재정부는 공통손금은 「법인세법 시행규칙」 제76조 제6항 제2호에 따라 수입금액에 비례하여 안분하여 소득금액을 계산하는 것으로 유권해석(법인세제과 - 586, 2023.10.12.)한바,

청구법인이 비수익사업을 영위하지 않으므로, 공통손금을 안분계산 할 수 없다는 주장은 타당하지 않은 점, 「법인세법」 제113조는 비영리법인이 수익사업을 영위하는 경우에는 자산·부채 및 손익을 당해 수익사업에 속하는 것과 수익사업이 아닌 그 밖의 사업에 속하는 것을 각각 별개의 회계로 구분하여 경리하도록 규정하고 있고, 같은 법 시행규칙 제76조에 따르면 공통되는 손금은 익금에 대응하는 것에 한하는 것으로 규정되어 있는바, 청구법인이 법인세 신고 시 「법인세법」 제4조 제3항에 따른 수익사업에서 생긴 소득에 해당하지 않는 것으로 보아 익금불산입으로 세무조정한 쟁점보상금의 경우, 그에 대응하는 개별손금은 직접 손금불산입하여야 하고, 특정한 비용이 수익사업 또는 비수익사업 중 어디에서 발생하였는지가 불분명한 경우에는 공통손금으로서 위 규정에 따른 구분계산의 방법에 따라 수익사업과 비수익사업으로 안분계산되어야 하는 점 등에 비추어, 청구주장은 받아들이기 어렵다고 판단됨.

조심 - 2022 - 인 - 5697, 2023.10.4.

고유목적사업과 수익사업이 유기적으로 결합된 청구법인의 방송사업 특성상 쟁점사옥에 설치된 방송시설 등을 전적으로 고유목적사업에만 사용하였다고 단정하기 어렵고, 수익사업이 고유목적사업인 교육방송 없이 독립적으로 운영될 수 없으며, 고유목적사업인 교육방송은 수익사업의 매출에 기여하고 있으므로 고정자산 처분이익의 사업구분이 불분명한 경우로 보아 그 처분이익을 공통익금으로 하여 구분계산의 방법인 매출액의 비율대로 안분계산하는 것이 관련 법령에 비추어 합리적인 점, 청구법인이 방송사업과 출판·문화콘텐츠사업 등 부대사업의 공통손금으로 계상하여 온 점 등에 비추어 처분청이 쟁점사옥의 처분이익을 공통익금으로 보아 고유목적사업과 수익사업의 매출액 비율로 안분계산하여 이 건 법인세를 부과한 처분은 달리 잘못이 없다고 판단됨.

조심 - 2022 - 중 - 6378, 2023.4.24.

위탁병원 진료사업은 국가보훈처를 대신해서 단순히 위탁병원 진료비의 정산지급만을

대행하는 것으로서 수익사업과 비수익사업 어디에도 포함되지 않으므로 본사 공동손금 배부비율 계산시 제외되어야 한다는 청구주장의 당부

「법인세법」은 비영리법인의 사업을 고유목적사업과 수익사업으로 나누고 이 중 수익사업에서 생긴 소득을 과세대상으로 삼고 있는 점, 쟁점사업은 국가보훈처장으로부터 위탁받은 사업으로서 청구법인의 고유목적사업에 해당하는 점, 청구법인은 쟁점사업 외에 보훈재활체육, 보훈연수원 운영, 주거복지사업 등을 국가보훈처 수탁사업으로 수행하고 있으며 모두 비수익사업으로 구분경리하고 있는 점 등에 비추어, 청구주장은 받아들이기 어렵다고 판단됨.

사전 - 2021 - 법령해석법인 - 0890, 2021.8.31.

수익사업과 기타의 사업에 대한 토지조성비, 설계비 등 공통손금을 「법인세법 시행규칙」 제76조 제6항 각 호 외의 부분 단서 규정에 따라 사용면적 기준에 의하여 안분계산하는 경우 도로, 공원 등 공공시설용지는 수익사업과 기타의 사업에 공통적으로 사용된 것으로 보아 해당 공공시설용지를 제외한 수익사업과 기타의 사업의 사용면적비율에 따라 공통손금을 안분계산하는 것이며, 「도시개발법」 제66조 제1항에 따라 도시개발사업조합에 무상으로 귀속되는 국유지 수증이익은 수익사업과 기타의 사업의 공통익금으로 보아 「법인세법 시행규칙」 제76조 제6항에 따라 안분계산하는 것임.

서면 - 2020 - 법인 - 5071, 2020.12.15.

질의

아파트형 공장 관리단이 입주사의 편의 도모를 위하여 셔틀버스를 운영하고 관련비용은 수익사업에서 발생하는 수입금(주차장수입)에서 충당하는 경우 해당비용이 수익사업 관련비용에 해당하는지 여부

회신

수익사업(주차장사업)을 영위하고 있는 비영리내국법인은 손익을 수익사업에 속하는 것과 기타의 사업(집합건물 관리사업)에 속하는 것을 각각 다른 회계로 구분하여 경리하여야 하고, 수익사업과 기타의 사업에 공통되는 익금과 손금은 「법인세법 시행규칙」 제76조 제6항에 따라 구분 계산하여야 하는 것으로, 귀 질의의 입주민 편의를 위해 셔틀버스를 운영함에 따라 발생하는 비용은 수익사업인 주차장사업과 직접 관련된 비용이 아니므로 수익사업의 손금에 해당하지 않는 것임.

서면 - 2018 - 법인 - 1532, 2018.6.21.

비영리내국법인이 수익사업과 3년 이상 고유목적사업에 공통으로 사용하던 고정자산을 처분하여 발생하는 양도차익은 「법인세법 시행규칙」 제76조 제6항에 따라 수익사업과

고유목적사업의 수입금액 또는 매출액에 비례하여 안분계산하는 것이며 다만, 이를 적용할 수 없거나 적용하는 것이 불합리한 경우에는 공통익금의 수입항목에 따라 국세청장이 정하는 작업시간·사용시간·사용면적등의 기준에 따라 안분계산하여 수익사업 부문에 해당하는 금액을 익금에 산입하는 것임.

서면 - 2016 - 법인 - 3265, 2016.6.13.

비영리법인이 국가로부터 위탁받은 위험물 검사용역 사업을 영위하면서 위·수탁협약에 따라 해당 사업에서 발생한 손익이 실질적으로 국가에 귀속될 경우, 해당 사업에 대해서는 「법인세법」 제2조 제3항에 따라 법인세가 과세되지 아니하는 것으로 해당 법인은 같은 법 제113조의 규정에 따라 자산·부채 및 손익을 그 수익사업에 속하는 것과 수익사업이 아닌 그 밖의 사업에 속하는 것을 각각 다른 회계로 구분하여 기록하여야 하는 것임.

사전 - 2015 - 법령해석법인 - 22499, 2015.9.11.

위 사전답변 신청의 경우, 「법인세법」 제29조의 규정에 의하여 고유목적사업준비금을 손금산입한 비영리내국법인이 사옥(토지·건물)을 신축하여 고유목적사업과 수익사업에 사용하는 경우 고유목적사업에 직접 사용하는 사옥(토지·건물)의 취득가액은 사용면적을 기준으로 안분하는 것이며, 공통으로 사용되는 면적은 「법인세법 시행규칙」 제76조 제1항의 규정에 의하여 수익사업에 속하는 것으로, 이때 공통으로 사용되는 면적에 해당하는지 여부는 사용자가 임의로 이동시킬 수 없는 벽체 등에 의해 구분된 공간의 면적을 기준으로 판단하는 것임.

조심 2009부1652, 2009.6.29.

청구법인의 목적사업은 회원사들에게 기업경영과 관련한 여러 가지 서비스를 제공하는 것으로 목적사업을 수행하고 회원사들로부터 회비와 협찬금을 수령하는 업종과 고용·산재보험사무지원업의 용역을 제공하고 용역의 대가를 지급받는 것을 같은 업종으로 보기는 어렵고, 「법인세법 시행규칙」 제75조 제2항에서 수익사업과 기타 사업의 업종구분은 한국표준산업분류에 의한 소분류에 의한다고 규정되어 있는 바, 청구인의 고유목적사업(기타 사업)은 소분류상 산업 및 전문가 단체(911)에 해당하고, 고용·산재보험사무지원업은 사회보장행정(765)으로 분류되어 있어 수익사업과 기타 사업은 업종이 다른 경우에 해당한다. 그렇다면 「법인세법 시행규칙」 제76조 제6항 제3호에 의하여 수익사업과 기타 사업의 업종이 다른 경우인 청구법인의 2001~2003사업연도 공통손금은 수익사업과 기타 사업의 개별손금액에 비례하여 안분계산하는 것이 타당하다고 판단됨.

법인 - 553, 2009.5.12.

수익사업과 비영리사업을 겸영하는 경우 종업원에 대한 급여의 안분계산 여부는 비영리

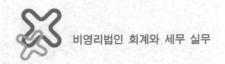

법인이 수익사업과 비영리사업을 겸영하는 경우 종업원에 대한 급여상당액(복리후생비, 퇴직금 및 퇴직급여충당금전입액 포함)은 근로의 제공내용을 기준으로 구분하되 근로의 제공이 주로 수익사업에 관련된 것인 때에는 이를 수익사업의 비용으로 하고 근로의 제공이 주로 비영리사업에 관련된 것인 때에는 이를 비영리사업에 속한 비용으로 함.

대법 2005두5130, 2006.12.7.

원고가 이 사건 대손충당금을 면제사업과 과세사업에 공통으로 계상한 후, 공통손금으로서 관련 법령에 따라 각 사업의 매출액 비율로 안분하여 법인세를 신고한 사실을 인정한 다음, 원고가 제출한 증거만으로는 위 대손충당금이 모두 과세사업에만 관련된 개별손금이라고 단정할 수 없다고 판단하였는 바, 위와 같은 원심판단은 법인세 면제사업과 과세사업을 겸영하는 법인이 구분경리 없이 대손충당금을 공통으로 계상한 경우에는 특별한 사정이 없는 한 공통손금으로 처리하여야 한다는 법리와 관계 법령 및 기록에 비추어 정당하고 심리미진, 채증법칙 위반으로 인한 사실오인, 이유모순, 입증책임 및 요건사실에 관한 법리오해 등의 잘못이 없음.

서면2팀 - 1376, 2006.7.20.

수익사업과 수익사업이 아닌 사회복지사업을 영위하는 비영리법인이 수익사업에 사용하던 자산을 사회복지사업에 전출하는 경우에는 당해 자산의 시가상당액을 기준으로 「법인세법 기본통칙」 113 - 156…3 제2항에 따라 상계처리하는 것이며, 수익사업에서 발생한 이익금 중 일부를 복지기금으로 지출하고자 하는 경우 세금계산서 교부 대상이 아님.

서면2팀 - 508, 2006.3.16.

비영리법인이 고정자산의 처분일 현재 3년 이상 계속하여 고유목적사업에 직접 사용한 고정자산의 처분으로 생기는 수입을 수익사업의 손익계산서에 영업외수익으로 계상한 경우 당해 소득은 수익사업소득에서 제외하는 것으로 법인세 신고시 소득구분계산서 별지 제48호 서식에 비수익사업소득으로 구분·기재하여 신고하는 것임.

국심 2005부4085, 2006.3.8.

비영리법인의 지출액 중 개별손금으로 볼 수 있는 금액이 일부 포함되어 있으나 구체적인 금액을 확인하기 어려우므로 총지출액을 전액 공통손금으로 보아 수입금액에 비례하여 안분하는 것이 타당함.

서면2팀 - 1128, 2005.7.19.

재건축조합이 공통공사원가를 수익사업(일반 분양)과 비수익사업(조합원 분양분)으로 구분하는 경우 「법인세법 시행규칙」 제76조 제6항 제2호에 수익사업과 기타의 사업의 업종이 동일한 경우의 공통손금은 수익사업과 기타의 사업의 수입금액 또는 매출액에 비례하여 안분계산하는 것임.

서면2팀 - 1113, 2005.7.18.

비영리법인이 법인세의 과세표준과 세액을 신고시 수익사업의 재무제표만 신고하지 아니하고 법인 전체의 재무제표를 함께 신고한 경우 이는 「법인세법」 제76조 제1항 제1호의 무신고가산세를 적용하지 아니하는 것임.

서면2팀 - 217, 2005.2.1.

[질의]

다음 사례의 경우 회계처리 및 세무조정방법에 대하여 질의함.

〔사례〕 직전 사업연도 종료일 현재 대차대조표상 금액

- 고유목적사업준비금 5,000원
- 이익잉여금 10,000원
- 자본금 50,000원

➡ 당해 사업연도 7월 1일 고유목적사업에 지출하기 위하여 수익사업에서 18,000원을 지출한 경우

[회신]

귀 질의의 경우 비영리내국법인이 직전 사업연도 종료일 현재의 고유목적사업준비금의 잔액을 초과하여 당해 사업연도의 고유목적사업비로 지출하는 경우에 「법인세법 기본통칙」 113 - 156…3(비영리법인의 잉여금의 범위) 제2항에 따라 처리함에 있어서, 그 회계처리 등에 대하여는 아래의 예시를 참고바람.

※ 회계처리 등 예시   (단위 : 원)

구 분	수익사업회계		비영리회계	
18,000 고유목적 사업비 지출시	(차) 고유목적 사업준비금 5,000 잉여금 10,000 출연금(자본원입) 3,000	(대) 현금 18,000	(차) 현금 18,000	(대) 고유목적 사업준비금 수입 5,000 출연금 3,000 잉여금 10,000
			(차) 고유목적 사업비 18,000	(대) 현금 18,000
결산시 (18,000 전입 가정)	(차) 고유목적 사업준비금 전입 18,000	(대) 고유목적 사업준비금 18,000		

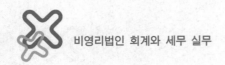

구 분	수익사업회계		비영리회계	
	(차) 고유목적 사업준비금 13,000	(대) 잉여금 10,000 출연금(자본 원입) 3,000	(차) 출연금 3,000 잉여금 10,000	(대) 고유목적 사업준비금 수입 13,000

재법인 – 667, 2004.12.10., 법인 46012 – 1976, 1998.7.16.

비영리법인이 「법인세법 시행령」 제2조 제1항 제2호의 규정에 의한 연구 및 개발업을 수행하면서 용역대가 없이 정부로부터 출연받은 경우 동 출연금은 「법인세법」 제3조 제2항의 규정에 의한 수익사업에 해당되지 아니하는 것이며, 비영리법인이 동 출연금으로 취득한 기계장치(시험용 설비)를 동법 시행규칙 제76조 제3항의 규정에 따라 수익사업으로 전입하고 동 자산가액을 자본의 원입으로 경리한 경우에는 당해 기계장치에 대하여 동법 시행령 제26조의 규정에 의해 계산한 감가상각비를 손금에 산입하는 것임.

서이 46012 – 11786, 2003.10.16.

질의 1의 경우 「장애인복지법」에 의하여 설립된 비영리법인이 동 법률의 규정에 따라 정부로부터 지급받는 경상경비 보조금을 수익사업과 비영리사업에 공통으로 사용하는 자산의 시설유지비로 사용하는 경우에는 수익사업에 속하는 것으로 보는 것이며, 동 보조금 중 수익사업과 비영리사업의 업무를 겸직하는 종업원의 인건비로 지출한 금액의 경우 「법인세법 기본통칙」 113 – 156…1의 규정에 따라 근로의 제공내용을 기준으로 수익사업 또는 비영리사업 관련 여부를 판단하시기 바라며, 질의 2, 4의 경우 수익사업을 위하여 고용한 장애인에 대하여 노동부로부터 지급받는 「장애인 고용촉진 및 직업재활법」의 규정에 의한 장애인 고용장려금은 수익사업에 속하는 것이나, 일반인으로부터 당해 비영리법인의 설립 목적에 맞게 사용하도록 후원받는 금액은 비영리사업에 속하는 것임.

질의 3, 5의 경우 장애인 재활시설 및 복지공장 등 수익사업용 시설을 증설하기 위하여 기계장치, 비품 등 고정자산을 구입하거나, 수익사업에서 발생한 이익을 시설운영기금 조성 등 수익사업을 위하여 정기예금 또는 신탁수익에 가입하는 것은 고유목적사업에 사용한 것으로 볼 수 없는 것임.

서이 46012 – 11056, 2003.5.27.

1. 비영리법인의 수익(비수익)사업업무(이하 '종전업무'라 한다)를 수행하던 임직원이 당해 법인의 비수익(수익)사업업무(이하 '신규업무'라 한다)를 수행하게 된 경우에는 당해 임직원의 퇴직금추계액을 기준으로 안분한 퇴직급여충당금(업무변경일이 속하는 사업연도의 직전 사업연도 종료일 현재의 퇴직급여충당금 손금산입 한도 내의 금액을 대상으로 안분한 금액에 한한다)을 업무변경일이 속하는 사업연도에 관한 종전업무분야의 퇴직급

여충당금 잔액에서 차감하여 신규업무분야의 퇴직급여충당금 기초잔액에 가산하는 것임.

2. 위 1의 방법에 의하여 안분한 비수익사업분야의 퇴직급여충당금을 수익사업분야의 기초 퇴직급여충당금 잔액에 가산함에 있어 그 가산한 금액은 수익사업분야의 익금에 해당하지 아니하는 것임.

서이 46012 – 10843, 2003.4.22.

공단조성사업을 목적으로 설립된 비영리법인이 수익사업 및 비수익사업을 구분경리함에 있어 당해 자산에 감가상각부인액이 다음과 같은 경우

〈자산의 취득가액 및 상각부인액〉

• 취득가액 : 10,000원
• 감가상각누계액 : 5,000원
• 시가 : 5,200원
• 상각부인액 : 100원

【질의】

질의 1. 수익사업에 속하는 자산을 비수익사업으로 지출하는 경우 자산가액을 장부가액으로 하는지 아니면 시가로 하는지 여부

질의 2. 수익사업에 속하는 자산을 비수익사업으로 지출하는 경우 상각부인액의 처리에 대하여 질의함.

【회신】

1. 귀 질의의 경우 수익사업과 수익사업이 아닌 기타의 사업(이하 '비수익사업'이라 한다)을 영위하는 비영리법인이 수익사업에 사용하던 자산을 비수익사업에 전출하는 경우에는 당해 자산의 시가상당액을 기준으로 「법인세법 기본통칙」 113 – 156…3 제2항의 규정을 적용하는 것이며, 비수익사업으로의 전출당시 당해 자산에 대한 감가상각부인액(유보)이 있는 경우 동 부인액은 그 전출일이 속하는 사업연도의 소득금액계산시 손금에 산입(△유보)하는 것임.

2. 참고로, 비수익사업부분의 장부상 계상할 자산의 가액에 대하여는 「법인세법」이 적용되지 아니하는 것임.

서이 46012 – 10298, 2003.2.10.

【질의】

공단조성사업을 목적으로 설립된 비영리법인이 수익사업 및 비수익사업 관련하여 각 부서별로 발생되는 공통손금(통신비, 출장비, 홍보비, 도서인쇄비, 소모품비, 교육훈련비 등)을

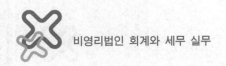

구분경리함에 있어서, 당해 업무를 수행하는 부서의 업무성격에 따라 구분경리하여도 「법인세법 시행규칙」 제76조 제6항 단서조항을 적용한 것으로 볼 수 있는지에 대하여 질의함.

회신

귀 질의의 경우와 같이 수익사업과 기타의 사업에 공통으로 발생되는 손금을 업무부서의 성격에 따라 구분계산하는 것은 「법인세법 시행규칙」 제76조 제6항의 규정에 따른 구분경리에 해당하지 아니하는 것임.

서이 46012 - 10249, 2003.2.4.

질의

〔상황〕 산업자원부장관의 허가를 받아 설립된 비영리법인인 당사는 자가사용(비수익사업)과 임대(수익사업)업에 사용하고 있는 건물의 자가사용분 중 비수익사업에만 사용하는 부분과 수익 및 비수익사업에 공통으로 사용되는 부분에 대한 감가상각비를 구분경리함에 있어 구분계산 절차를 다음과 같이 하고자 하는 바,

- 1단계(배부기준)

  수익사업, 비수익사업 및 공통사용자산의 사용면적과 개별손금으로 배부기준을 구분함.
- 2단계(1차 안분계산)

  수익사업, 비수익사업, 공통사용의 면적을 기준으로 하여 감가상각비를 배부
- 3단계(2차 안분계산)

  2단계에서 사용면적기준으로 배부된 감가상각비 중 공통 감가상각비를 사업별로 구분 집계된 개별손금과 면적기준에 의하여 배부된 금액(1차 배부액)의 합계액을 기준으로 최종배부

질의 1. 상기 사실관계에서 기술되고 있는 구분계산 절차 1단계 기준의 타당성

  〔갑설〕 사용면적비율로 수익사업, 비수익사업, 공통사업으로 감가상각비를 배부해야 함.

  〔을설〕 개별손금비율로 공통 감가상각비를 배부해야 함.

질의 2. 질의 1)의 경우 갑설이 타당하다는 가정하에 3단계의 배부기준의 타당성

  〔갑설〕 개별손금비율로 안분해야 함.

  〔을설〕 사용면적비율로 수익사업과 비수익사업부문으로 배부해야 함.

질의 3. 상기 사실관계의 구분계산절차 1단계에서 자가사용분에 대한 사용면적 중 비수익사업 해당분이 확인되지 않을 경우 자가사용분의 감가상각비의 배부

  〔갑설〕 개별손금비율로 안분해야 함.

  〔을설〕 감가상각비 전액을 수익부문의 손금을 해야 함.

회신

비영리법인이 수익사업을 영위하는 경우에는 자산·부채 및 손익을 당해 수익사업에 속하는 것과 수익사업이 아닌 기타의 사업에 속하는 것을 각각 별개의 회계로 구분하여 경리하여야 하는 것이며 수익사업과 기타의 사업에 공통으로 사용되는 자산의 감가상각비는 공통손금에 해당하는 것으로서 공통손금은 같은 법 시행규칙 제76조 제6항의 규정에 따라 구분경리하는 것임.

서이 46012 - 10231, 2003.1.30.

비영리법인이 수익사업을 영위하는 경우에는 자산·부채 및 손익을 당해 수익사업에 속하는 것과 수익사업이 아닌 기타의 사업에 속하는 것을 각각 별개의 회계로 구분하여 경리하여야 하는 것으로, 이 경우 대차대조표의 작성은 기업회계기준에 의하는 것이며, 수익사업과 기타의 사업에 공통으로 사용되는 자산의 처분으로 인하여 생기는 손익은 수익사업의 개별손익으로 하는 것임.

국심 2001서1053, 2002.5.24.

비영리법인이 수익사업회계에서 '고유목적사업전출'로 비용처리하고, 비영리회계에서 수입계정처리하고 동 자금의 별도관리위해 '부채'로 계상했다가 '자본'으로 대체처리한 경우, 수익사업에 환입한 것으로 보아 익금산입하는 것임.

서이 46012 - 10529, 2002.3.19.

「사립학교법」 제29조 제2항에 규정된 법인일반업무회계에서 발생하는 비용이 당해 법인의 수익사업에 속하는 경우에는 수익사업의 소득금액계산상 손금에 산입하는 것이며, 수익사업이 아닌 기타의 사업에 속하는 경우에는 「법인세법」 제29조 제2항 규정의 고유목적사업 등에 지출하는 것으로 하는 것임.

재법인 46012 - 100, 2001.5.18.

비영리법인이 고유목적사업의 재원으로 사용하기 위하여 차입한 차입금을 수익사업에 사용한 경우에는 그 차입금에 대한 지급이자를 수익사업에 대한 각 사업연도 소득금액 계산상 손금으로 산입할 수 있으나 비영리법인의 고유목적사업의 재원으로 사용된 차입금의 지급이자는 손금으로 산입할 수 없는 것으로, 이 경우 차입금이 수익사업에 사용되었는지 여부는 사실판단하여야 할 사항임.

재법인 46012 - 115, 2000.7.19.

비영리법인이 수익사업용 임대부동산과 관련해 사용인의 귀책사유로 발생한 손실은 당

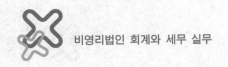

해 수익사업의 대손금으로 손금산입됨.

법인 46012 – 4281, 1999.12.13.

수익사업과 기타의 사업에 공통으로 사용되는 자산에 대한 감가상각비는 공통손금에 해당되나 당해 자산의 처분으로 인하여 생기는 손익은 수익사업의 개별손익으로 하는 것으로서, 공통손금은 「법인세법 시행규칙」 제76조 제6항의 규정에 따라 구분경리하는 것임.

법인 46012 – 938, 1999.3.16.

비영리법인이 자금을 차입하여 건설한 자산을 국가에 기부채납하고 동 자산의 사용권을 무상으로 대부받아 사용수익하는 경우로서, 동 자산으로부터 발생하는 수입이 「법인세법」 제3조 제2항에서 규정하는 수익사업에 해당하는 경우에는, 당해 자산의 건설에 사용된 차입금은 수익사업에 속하는 부채에 해당되므로 동 차입금이자 등(건설자금이자 제외)은 수익사업에 속하는 손금으로 경리하는 것임.

법인 46012 – 828, 1999.3.6.

1. 비영리내국법인이 수익사업으로 보지 아니하는 회보 등을 발간함에 있어서 동 회보에 광고를 게재함으로써 생기는 광고수입은 수익사업의 수입금액으로 보는 것이며, 그 회보발간비는 광고수입에 대응하는 손금으로 하고 광고수입을 초과하는 회보발간비는 비영리사업에 속하는 것으로 하는 것임.

2. 이 경우 '수익사업으로 보지 아니하는 회보'라 함은 학술, 종교의 보급, 자선, 기타 공익을 목적으로 하는 법인이 그 고유목적을 달성하기 위하여 회보 등을 발간하고 이를 회원 또는 불특정 다수인에게 무상으로 배포하는 것으로서 통상 상품으로 판매되지 아니하는 것을 말함.

법인 46012 – 1976, 1998.7.16., 서이 46012 – 11931, 2003.11.7.

비영리법인이 「보조금의 예산 및 관리에 관한 법률」의 규정에 의거 고정자산을 취득하기 위해 정부로부터 지급받는 보조금은 「법인세법」 제2조 제1항 단서 규정의 수익사업 또는 수입에서 생긴 소득에 해당하지 아니하는 것이며, 이 경우 비영리법인이 보조금으로 취득한 고정자산을 「법인세법 시행규칙」 제1조 제2항의 규정에 따라 수익사업에 전입하고 그 자산가액을 자본의 원입으로 경리한 경우에는 당해 고정자산에 대하여 동법 시행령 제48조 제1항의 규정에 의해 계산한 감가상각비를 손금에 산입하는 것임.

법인 46012 – 1280, 1998.5.16.

비영리법인의 업종이 다른 수익사업과 기타의 사업을 영위하는 경우 익금에 대응되는 공통손금은 당해 수익사업 또는 기타사업의 개별손금액에 비례하여 각각 안분계산하는 것으로, 이 경우 개별손금액이라 함은 매출원가와 판매관리비 및 영업외비용 등 모든 개별 손금의 합계액을 말하는 것임.

법인 46012 - 3104, 1997.12.2.

비영리법인의 수익사업에 해당하는 업무에 종사하는 종업원이 비영리사업에 해당하는 업무를 담당하게 된 경우에는 그 종업원에 대한 퇴직급여충당금과 퇴직전환금 상당액을 비영리사업에 속하는 것으로 구분경리하는 것이며, 이 경우의 회계처리는 기업회계기준 또는 관행에 따라 처리하는 것임.

법인 46012 - 2983, 1997.11.19.

비영리법인이 지정기부금 지출액을 「법인세법」 제12조의 2의 규정에 의하여 손금산입한 고유목적사업준비금과 상계하는 것은 동법 시행규칙 제25조 제1항 제3호에 규정하는 공통손금의 구분기준이 되는 개별손금액에 포함하지 아니하는 것임.

법인 46012 - 400, 1997.2.26.

비영리법인이 수익사업에 속하는 자산을 비영리사업에 지출 또는 전입한 때에는 그 자산가 액 중 수익사업의 소득금액(잉여금을 포함한다)에 속하는 부분의 금액은 고유목적사업준비금 으로 전출한 것으로 하고 그 소득금액을 초과하는 금액은 자본원입액의 반환으로 하는 것임.

법인 46012 - 4500, 1995.12.8.

비영리법인이 수익사업을 영위하는 경우에는 자산·부채 및 손익을 수익사업에 속하는 것과 비영리사업에 속하는 것을 각각 독립된 계정과목에 의하여 구분기장하되, 각 사업 에 공통되는 익금과 손금은 「법인세법 시행규칙」 제25조의 규정을 준용하여 구분계산하 는 것이며, 임대사업 수입금액에 대응하는 시설관리비의 경우 비영리사업과 수익사업부문 각각의 사용면적 비율로 안분계산하는 것임.

법인 22061 - 716, 1985.3.7.

비영리법인이 비영리사업과 관련하여 기부받은 기부금으로 자산을 취득하여 수익사업에 전입하는 경우에는 그 자산가액을 수익사업의 자본의 원입으로 처리하는 것임.

법인 1234.21 - 2789, 1976.10.8.

비영리사업을 목적으로 출연한 기본재산이라 할지라도 「법인세법」상의 수익사업소득인 배당금의 원천이 되는 주식은 수익사업자산으로 보아야 함.

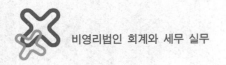
8 재무제표의 표시방법

구분경리된 자산·부채, 손익금을 재무제표에 표시하는 방법은 다음과 같다.

자산·부채	재무상태표 표시방법
1. 구분이 명확한 자산·부채	1. 계정별 잔액에 대한 건별 검토를 통해 수익과 비수익으로 구분함.
2. 토지, 건물 등 고정자산	2. 수익면적과 비수익면적 및 공통면적 비율 등 합리적인 방법에 의하여 취득가액 및 감가상각누계액을 안분하고, 공통자산은 수익자산에 표시함.
3. 퇴직급여충당금 (퇴직보험예치금 포함)	3. 비수익관련 퇴직급여충당금은 비수익으로 구분경리하고 이외 금액은 전액 수익관련 퇴직급여충당금으로 구분함.
손익금	**손익계산서 표시방법**
4. 구분이 명확한 개별손익금	4. 수익사업 및 비수익사업 손익계산서에 각각 표시함.
5. 공통익금	5. 수익사업 손익계산서에 표시하되, 개별 익금비율로 안분계산함.
6. 공통손금	6. 수익사업 손익계산서에 표시하고, 비수익사업으로 안분계산된 금액은 고유목적 사업준비금 사용액으로 봄.

9-1. 가 정

수익과 비수익사업의 구분된 기초 재무제표가 이미 존재하고 현금 및 비품과 일반관리비 등 기중 거래가 각각 구분경리가 가능함을 가정한다.

다만, 퇴직급여충당금에 관한 분개만 통합적으로 회계처리한 후 비수익사업부문을 구분해 내는 것을 가정한다. 이는 퇴직급여충당금 관련 분개를 연말 결산반영 사항으로 가정한 것으로 만약 기중 결산을 통하여 퇴직급여충당금 관련 분개가 발생한다면 구분경리를 통하여 수익·비수익으로 각각 회계처리를 하면 될 것이다.

공통손금의 구분계산은 수익사업과 비수익사업의 업종이 다른 것을 가정하여 개별손금비율로 안분함을 가정한다.

❗ 전기 재무상태표

① 통합 재무상태표

(단위 : 원)

현 금	90,000	기 본 재 산	10,000
비 품	20,000	이 익 잉 여 금	100,000
계	110,000	계	110,000

② 수익 재무상태표

(단위 : 원)

현 금	90,000	자 본 금	20,000
		이 익 잉 여 금	70,000
계	90,000	계	90,000

③ 비수익 재무상태표

(단위 : 원)

수익사업출자금	20,000	기 본 재 산	10,000
비 품	20,000	이 익 잉 여 금	30,000
계	40,000	계	40,000

전기 잉여금은 수익 및 비수익사업에서 각각 70,000원과 30,000원이 발생하였는데 수익사업에 있어서는 현금 수취 70,000원이 발생함에 따른 것이고, 비수익사업은 기본재산

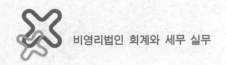

10,000원이 설립시 입금되었고 추가적으로 기부금 수입 30,000원이 입금되고 비품 취득으로 20,000원, 수익사업출자금으로 20,000원을 사용하였음을 가정한다.

❶ 기중거래 및 세무조정사항   (단위 : 원)

기중 비품 취득	400,000 (수익 – 200,000, 공통 – 100,000, 비수익 – 100,000)		
감가상각비 한도 (내용연수 5년 및 정액법 가정)	수 익	40,000	
	공 통	20,000	
	비수익	24,000	(기초 4,000 + 기중 20,000)
퇴직급여충당금 한도	수 익	60,000	
	공 통	120,000	
	비수익	80,000	
기업업무추진비 손금한도	40,000		

전기 및 당기 미수이자는 없음.

❶ 당기 손익계산서   (단위 : 원)

구 분	수 익	공 통	소 계	비수익	합 계
매 출 액	3,000,000		3,000,000		3,000,000
매 출 원 가	1,500,000		1,500,000		1,500,000
매 출 총 이 익	1,500,000		1,500,000		1,500,000
일 반 관 리 비	380,000	680,000	1,060,000	520,000	1,580,000
인 건 비	200,000	500,000	700,000	300,000	1,000,000
퇴 직 급 여	80,000	150,000	230,000	100,000	330,000
기 업 업 무 추 진 비	50,000		50,000		50,000
감 가 상 각 비	50,000	30,000	80,000	120,000	200,000
영 업 손 익	1,120,000	(680,000)	440,000	(520,000)	(80,000)
이 자 수 익	1,000,000		1,000,000		1,000,000
경 상 손 익	2,120,000	(680,000)	1,440,000	(520,000)	920,000
고유목적사업준비금 환입액			0	500,000	500,000
고유목적사업준비금 전입액	1,000,000		1,000,000		1,000,000
법 인 세 차 감 전 순 손 익	1,120,000	(680,000)	440,000	(20,000)	420,000
법 인 세 비 용	132,000		132,000		132,000
당 기 순 손 익	988,000	(680,000)	308,000	(20,000)	288,000

• 고유목적사업준비금 설정은 이자수익 금액의 100%인 1,000,000원만을 설정하기로 하고 수익사업소득에 대하여는 준비금설정을 하지 않는 것을 가정함. 이 중 비수익사업으로 지출된 500,000원은 당기계상할 준비금에서 지출한 것으로 본다.

• 비수익사업으로 전출된 고유목적사업준비금의 계산

(단위 : 원)

① 일반관리비		400,000
	(인건비	300,000)
	(퇴직급여	100,000)
② 비품 취득		100,000
계		500,000

9-2. 회계처리

(1) 당기 중 비수익사업의 회계처리

① 비수익사업의 비품취득

차) 준비금전입액 (수)[주1]	100,000	대) 현 금 (수)	100,000
현 금 (비)	100,000	준비금수입 (비)	100,000
비 품 (비)	100,000	현 금 (비)	100,000

② 인건비 지급

차) 준비금전입액 (수)[주1]	300,000	대) 현 금 (수)	300,000
현 금 (비)	300,000	준비금수입 (비)	300,000

③ 퇴직급여충당금 전입

차) 퇴 충 (수)	100,000	대) 퇴 충 (비)	100,000
준비금전입액 (수)[주1]	100,000	현 금 (수)	100,000
현 금 (비)	100,000	준비금수입 (비)	100,000

주1) 전기 준비금 잔액을 초과하여 지출되는 금액은 당기 계상할 준비금에서 지출한 것으로 본다.

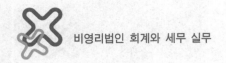

(2) 비수익사업과 수익사업(공통사업 포함) 간의 대체

회계처리의 이해를 돕고자 사업부 간의 대체가 없음을 가정하였으나, 만약 당기 중 다음과 같은 자산의 이동이 있었다면 회계처리는 다음과 같다.

① 수익사업에서 취득한 비품 중 일부(취득가액 50,000원, 감가누계액 10,000원)가 비수익사업으로 사용되어진다면, 아래와 같은 분개가 발생하여야 할 것이다.

차) 준 비 금 (수)	40,000		대) 비 품 (수)	50,000
감 가 누 계 액 (수)	10,000			
차) 비 품 (비)	50,000		대) 준 비 금 수 입 (비)	40,000
			감 가 누 계 액 (비)	10,000

② 비수익사업에서 사용된 자산 일부(취득가액 50,000원, 감가누계액 10,000원)가 수익사업으로 전용된 경우

차) 비 품 (수)	50,000		대) 비 품 (비)	50,000
감 가 누 계 액 (비)	10,000		감 가 누 계 액 (수)	10,000

상기 회계처리와 관련하여 비수익사업에서 수익사업으로 자산의 이동시에는 세무상 공정가액으로 하도록 하고 있는 바, 본 사례에서는 공정가액과 장부가액이 동일함을 가정하였으며, 비수익사업에서의 사용(즉, 고유목적사업준비금의 사용)으로 보았던 자산을 다시 수익사업으로 전출하는 경우 이는 고유목적사업준비금의 사용액으로 보지 않을 수 있는 세무상 위험이 발생하게 됨을 주의하여야 한다.

❶ 당기말 통합 재무상태표

(단위 : 원)

현 금	1,140,000	퇴 직 급 여 충 당 금	330,000
비 품	420,000	미 지 급 법 인 세	132,000
감 가 상 각 누 계 액	(200,000)	기 본 재 산	10,000
		고 유 목 적 사 업 준 비 금	500,000
		이 익 잉 여 금	388,000
계	1,360,000	계	1,360,000

9-3. 구분 재무제표의 작성

상기 (2)의 회계처리는 발생하지 아니한 것으로 가정하여 재무제표를 작성하면 다음과 같다.

(1) 수익 재무제표

① 재무상태표

(단위 : 원)

현　　　　　금	1,040,000	퇴 직 급 여 충 당 금	230,000
비　　　　　품	300,000	미 지 급 법 인 세	132,000
감 가 상 각 누 계 액	(80,000)	고유목적사업준비금	500,000
		자　　본　　금	20,000
		이 익 잉 여 금	378,000
계	1,260,000	계	1,260,000

② 잉여금처분계산서

(단위 : 원)

Ⅰ. 처분 전 이익잉여금	378,000
1. 전기이월이익잉여금	70,000
2. 당기순이익	308,000
Ⅱ. 이익잉여금 처분액	0
Ⅲ. 차기이월이익잉여금	378,000

(2) 비수익 재무제표

① 재무상태표

(단위 : 원)

현　　　　　금	100,000	퇴 직 급 여 충 당 금	100,000
비　　　　　품	120,000	기　본　재　산	10,000
감 가 상 각 누 계 액	(120,000)	이 익 잉 여 금	10,000
수 익 사 업 출 자 금	20,000		
계	120,000	계	120,000

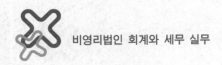
② 잉여금처분계산서

(단위 : 원)

Ⅰ. 처분 전 이익잉여금	10,000
1. 전기이월이익잉여금	30,000
2. 당기순손실	(20,000)
Ⅱ. 이익잉여금 처분액	0
Ⅲ. 차기이월이익잉여금	10,000

9-4. 세무조정

(1) 개별손금 및 공통손금 관련 세무조정

(단위 : 원)

항 목	수 익	비수익	공 통
퇴직급여충당금 한도초과	20,000	20,000	30,000
기업업무추진비 한도초과	10,000	―	―
감가상각비 한도초과	10,000	96,000	10,000
계	40,000	116,000	40,000

(2) 개별손금비율 계산

(단위 : 원)

항 목	수 익	비수익
매출원가	1,500,000	
일반관리비	380,000	520,000
준비금 전입액	1,000,000	
세무조정 금액	△40,000	△116,000
개별손금액	2,840,000	404,000
개별손금비율	87.5%	12.5%

(3) 공통손금 안분

(단위 : 원)

항 목	금 액	수익 배분	비수익 배분	계
일반관리비(공통)	680,000	595,000	85,000	680,000
퇴직급여충당금 한도초과	△30,000	△26,250	△3,750	△30,000
감가상각비 한도초과	△10,000	△8,750	△1,250	△10,000
계	640,000	560,000	80,000	640,000
분배비율	100.0%	87.5%	12.5%	

(4) 세무조정

(단위 : 원)

익금산입·손금불산입			손금산입·익금불산입		
항 목	금 액	처 분	항 목	금 액	처 분
법인세비용	132,000	기타사외유출			
기업업무추진비(수)	10,000	기타사외유출			
감가상각비한도초과(수)	10,000	유보			
퇴직급여충당금한도초과(수)	20,000	유보			
퇴직급여충당금한도초과(공통)	26,250	유보			
감가상각비한도초과(공통)	8,750	유보			
비수익 공통손금 배부액	85,000	기타			
계	292,000		계		

(5) 산출세액의 계산

(단위 : 원)

당기순이익	308,000
익금산입	292,000
손금산입	
소득금액	600,000
세율(22% 가정)	22%
산출세액	132,000

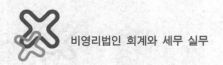
(6) 고유목적사업준비금 사용액

(단위 : 원)

비품취득	100,000
일반관리비(– 감가상각비)	400,000
공통손금 배부액	85,000
계	585,000

제 **4** 절
고유목적사업준비금

1 고유목적사업준비금의 성격

KEY POINT

1. 설정대상(법인세법 제29조 제1항 본문, 동법 시행령 제56조 제1항)
   - 비영리내국법인
   - 법인으로 보는 단체 중 「법인세법 시행령」 제39조 제1항 제1호에 해당하는 단체
   - 법인으로 보는 단체 중 법령에 의하여 설치된 기금
   - 법인으로 보는 단체 중 「공동주택관리법」 제2조 제1항 제1호 가목에 따른 공동주택의 입주자대표회의·임차인 대표회의 또는 이와 유사한 관리기구

2. 손금산입한도(법인세법 제29조 제1항, 동법 시행령 제56조 제2항·제3항)
   (이자·배당소득 등 특정 소득금액 × 100%) + (기타수익사업소득금액 * × 50%)
   * 기타수익사업소득이 결손인 경우에는 이자·배당소득 등 특정 소득금액에서 결손금을 차감한 금액을 한도로 함.

3. 사용(법인세법 제29조 제3항, 동법 시행령 제56조 제5항·제6항)
   - 손금으로 계상한 사업연도의 종료일 이후 5년 이내 고유목적사업 또는 일반기부금에 사용해야 함.
   - 사용한 금액은 먼저 계상한 고유목적사업준비금부터 사용한 것으로 봄.
   - 직전 사업연도 종료일 현재의 잔액을 초과하여 지출한 금액은 당해 사업연도에 계상하여 지출한 것으로 봄.

4. 승계(법인세법 제29조 제4항)
   고유목적사업준비금을 손금에 산입한 법인이 사업에 관한 모든 권리와 의무를 다른 비영리내국법인에게 포괄적으로 양도하고 해산하는 경우에는 해산등기일 현재의 고유목적사업준비금 잔액은 그 다른 비영리내국법인이 승계할 수 있음.

5. 환입 등(법인세법 제29조 제5항, 제6항 동법 시행령 제56조 제7항)
   - 환입사유
   ① 해산한 경우(고유목적사업준비금을 손금에 산입한 법인이 사업에 관한 모든 권리와 의무를 다른 비영리내국법인에게 포괄적으로 양도하고 해산하는 경우에는 해산등기

일 현재의 고유목적사업준비금 잔액은 그 다른 비영리내국법인이 승계한 경우 제외)

② 고유목적사업을 전부 폐지한 때

③ 법인으로 보는 단체가 「국세기본법」 제13조 제3항의 규정에 의하여 승인이 취소되거나 거주자로 변경된 때

④ 고유목적사업준비금을 손금에 계상한 사업연도의 종료일 이후 5년이 되는 날까지 고유목적사업 등에 사용하지 아니한 때(5년 내에 사용하지 아니한 잔액으로 한정한다)

⑤ 고유목적사업준비금을 고유목적사업 등이 아닌 용도에 사용한 경우

⑥ 고유목적사업준비금을 손금에 산입한 사업연도의 종료일 이후 5년 이내에 그 잔액 중 일부를 감소시켜 익금에 산입한 경우(먼저 손금에 산입한 사업연도의 잔액부터 차례로 감소시킨 것으로 봄)

- 이자상당액의 납부 : 위 ④, ⑤, ⑥에 해당하는 사유 발생시 다음 산식에 의한 이자상당액을 납부해야 함.

이자상당액 = 고유목적사업준비금의 잔액을 손금에 산입한 사업연도에 그 잔액을 손금에 산입함에 따라 발생한 법인세액의 차액 × 손금에 산입한 사업연도의 다음 사업연도의 개시일부터 익금에 산입한 사업연도의 종료일까지의 기간(일수)

$$\times \frac{22}{100,000}$$

6. 중복적용 배제(법인세법 제29조 제8항, 동법 시행령 제56조 제8항)

비영리내국법인 등이 수익사업에서 발생한 소득에 대하여 「법인세법」 또는 「조세특례제한법」에 따른 비과세·면제, 준비금의 손금산입, 소득공제 또는 세액감면(세액공제는 제외)을 적용받는 경우 중복적용 배제. 단, 고유목적사업준비금만을 적용받는 것으로 수정신고한 경우는 제외

※ 고유목적사업준비금과 다른 감면 등 중에서 선택해야 함.

7. 손금산입 절차(법인세법 제29조 제2항)

- 결산조정이 원칙이지만, 외부회계감사 대상 비영리내국법인은 잉여금처분에 의한 신고조정이 가능함.
- 법인세 과세표준신고와 함께 고유목적사업준비금 조정명세서를 제출해야 함.

비영리내국법인도 원칙적으로 수익사업에서 발생한 소득에 대하여 영리법인과 동일하게 법인세 납세의무를 가진다. 그러나 비영리내국법인의 수익사업소득에 대하여 영리법인과 동일하게 법인세를 과세한다면 공익을 추구하는 비영리내국법인이 고유목적사업에 사용할 재원의 일부가 우선적으로 국가에 귀속되어 고유목적사업을 수행하는 데 있어 제한이 될 수 있을 것이다.

따라서 비영리내국법인(대통령령이 정하는 법인으로 보는 단체 포함)이 각 사업연도의 결산을 확정할 때 그 법인의 고유목적사업 또는 일반기부금에 지출하기 위하여 일정한도 내에서 고유목

적사업준비금을 손금으로 산입하여 과세가 되지 않도록 하였다. 다만, 손금으로 계상한 사업연도의 종료일 이후 5년 내 이를 사용하지 않을 경우에는 5년이 되는 날이 속하는 사업연도에 익금산입함과 동시에 미사용잔액에 해당하는 법인세 상당액에 대해 이자상당액을 납부하여야 한다.

고유목적사업준비금은 비영리법인이 지출 또는 지출할 예정인 기부금으로서 「조세특례제한법」상의 준비금과 일반기부금의 성격을 동시에 지니고 있다. 이는 고유목적사업준비금의 연혁을 살펴보면 더욱 확실히 알 수 있다. 고유목적사업준비금은 고유목적사업에 사용하지 않게 되면 「조세특례제한법」상의 준비금처럼 일정목적으로 사용되기 전에 미리 손금을 인정하여 과세를 하지 않고 이후 실제 사용되지 않는 시점에 손금을 부인하여 과세가 되도록 하는 과세이연의 효과가 발생한다. 반면 목적사업에 사용하게 되면 기부금처럼 일정한도 내에서 손금으로 인정된다. 즉, 고유목적사업준비금은 이월손금이 인정되지 않는 특례기부금의 성격을 지니고 있다.

영리법인이 지출하는 일반기부금이 10% 손금한도와 이후 10년간 이월하여 손금인정하는 것과 달리 비영리법인이 지출하는 기부금 또는 고유목적사업비는 과세소득의 50% 한도 내에서 미리 손금을 인정하고 50%를 초과하여 전입된 준비금은 비록 이후에 고유목적사업에 지출하더라도 손금으로 추인되지 않으며 이월손금산입도 인정되지 않는다. 따라서 고유목적사업준비금 중 일반기부금으로 지출된 금액은 전기 고유목적사업준비금의 사용액 또는 당기 고유목적사업준비금의 전입액으로 보도록 하고 있다(법인세법 제29조 제1항). 또한 준비금 한도액 계산도 일반기부금 한도액 계산과 동일하게 특례기부금 한도를 먼저 산정하고 이후에 준비금 한도와 일반기부금 한도를 동시에 계산하여야 법체계와 취지에 맞게 된다.

그러나 최근 대법원은 이러한 법연혁과 취지와는 달리 조세법률주의 원칙을 엄격히 적용하여 고유목적사업준비금 손금산입한도액의 전제가 되는 '수익사업에서 발생한 소득'의 계산에 관한 구 법인세법 시행령 제56조 제3항 괄호 밖의 부분에서 말하는 '특례기부금(구 법정기부금)'은 구 법인세법 제24조 제2항에 따라 손금에 산입되는 기부금인 '법정기부금의 손금산입한도액'이 아니라 '비영리내국법인이 법정기부금으로 지출한 금액'을 의미하는 것으로 보아야 한다고 판시(대법원 2018두37472, 2019.12.27.)하여 추후 그 계산순서와 범위에 대한 지속적인 논란의 소지가 남아있다.

특례기부금 한도 계산 및 고유목적사업준비금 한도 계산 산식을 간략하게 나타내면 다음과 같다.

1. 특례기부금 한도 시부인 계산

　　　당기순이익
+) 익금산입
-) 손금산입
+) 법인세법 §24 ② 1호에 따른 기부금 총액
+) 법인세법 §24 ③ 1호에 따른 기부금 총액
　　　소득금액
-) 이월결손금
　　　차가감 소득금액
×) 50/100
　　　법인세법 §24 ② 1호에 따른 기부금 손금한도액
-) 법인세법 §24 ② 1호에 따른 기부금
　　　손금부인액

2. 고유목적사업준비금 한도 시부인 계산

　　　당기순이익
+) 익금산입
-) 손금산입
+) 당기계상 고유목적사업준비금 및 법인세법 §24 ③ 1호에 따른 기부금[주1]
+) 법인세법 §24 ② 1호에 따른 기부금[주2]
　　　당해 사업연도 소득금액
-) 이자소득(비영업대금의 이익 제외), 배당소득 등
-) 결손금
-) 법인세법 §24 ② 1호에 따른 기부금[주2]
　　　기타사업 소득금액
×) 50/100(80/100)(100/100)
　　　고유목적사업준비금 기타사업 손금산입 한도액
+) 이자·배당소득금액
-) 당기계상 고유목적사업준비금
　　　손금부인액(신고조정인 경우 손금산입)

주1) 일반기부금으로 지출된 금액을 고유목적사업준비금의 전입액으로 봄.
주2) 대법원은 법인세법 시행령 제56조 제3항에 따른 고유목적사업준비금한도 계산시 전단부의 기부금과 후단부의 기부금은 동일하게 '특례기부금으로 지출한 금액'을 의미한다고 판시함.

한편, 고유목적사업준비금과 관련하여 「법인세법」상 고유목적사업으로의 지출은 이자나 배당소득이 아닌 경우 수익사업소득금액의 50% 한도 내에서만 손금이 인정되는 반면, 「상

속세 및 증여세법」상 공익법인등은 수익사업에서 발생한 운용소득을 80% 이상 사용하여야 하는 의무가 있다.[11] 따라서, 「상속세 및 증여세법」상 공익법인이 수익사업에서 발생한 소득을 「상속세 및 증여세법」에 따라 그 다음 해에 80% 이상을 사용한다고 하더라도 50%를 초과하여 사용한 고유목적사업비에 대하여는 법인세법상 손금으로 인정되지 않는다.

2 고유목적사업준비금의 설정대상

비영리내국법인 중 고유목적사업준비금 설정대상 및 고유목적사업비 지출시 회계처리 방법은 다음과 같다.

구 분		고유목적사업준비금 설정	고유목적사업비 지출시
법인격 있는 비영리내국법인		설정 가능	고유목적사업준비금 사용
법인으로 보는 단체	법인세법 시행령 제39조 제1항 제1호에 따른 공익법인, 법령에 의한 기금 또는 입주자대표회의·임차인대표회의 등	설정 가능	고유목적사업준비금 사용
	기타 단체	설정 제외	일반기부금 처리 (법인세법 시행령 제39조 제2항)

주1) 입주자 대표회의는 국민의 주거생활안정에 기여하는 등 공동주택 입주자 대표회의 등의 공익적 성격을 감안하여 2010년 2월 18일 이후 최초로 개시하는 사업연도분부터 적용한다.

---

11) 2021년 2월 17일 상속세 및 증여세법 시행령 개정시 공익법인의 공익활동을 강화하고자 일반공익법인과 성실공익법인의 구분을 폐지하고 공익법인 운용소득 1년내 의무사용비율을 70%에서 80%로 상향하여 일원화 하였다. 동 개정규정은 2022년 1월 1일 이후 개시하는 사업연도분부터 적용되므로 그 이전에 개시하는 사업연도까지는 종전의 규정에 따라 일반공익법인의 경우 70%, 성실공익법인의 경우 80%의 의무사용비율이 적용된다.

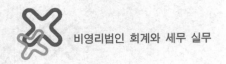

2-1. 설정대상법인

고유목적사업준비금을 설정할 수 있는 법인과 법인으로 보는 단체는 다음과 같다.

① 비영리내국법인 → 특별한 요건 없이 고유목적사업준비금 설정이 가능하다(법인세법 제29조 제1항).
② 법인으로 보는 단체 → 「법인세법 시행령」 제39조 제1항 제1호에서 열거하는 공익법 인등, 법령에 의하여 설치된 기금, 공동주택12)의 입주자대표회의·임차인대표회의 등 (또는 이와 유사한 관리기구)에 한하여 고유목적사업준비금 설정이 가능하다(법인세법 시 행령 제56조 제1항).

2-2. 설정제외법인

(1) 법인으로 보는 단체 중 지정기부금단체, 기금 및 공동주택 입주자 대표회의 · 임차 인대표회의 등 외의 단체

법인으로 보는 단체의 경우에는 본 절 '2-1. 설정대상법인'의 ②에서 규정하는 단체와 기금 등에 한하여 고유목적사업준비금을 설정할 수 있는 것이므로 동창회 등과 같이 공익 성이 없는 단체의 경우에는 고유목적사업준비금을 설정할 수 없다.

이때, 법인으로 보는 단체 중 고유목적사업준비금을 설정할 수 없는 단체의 수익사업에 서 발생한 소득을 고유목적사업비로 지출하는 금액은 이를 일반기부금으로 보아 각 사업연 도 소득금액을 계산한다(법인세법 시행령 제39조 제2항).

(2) 당기순이익 과세법인

「조세특례제한법」 제72조 제1항에 따라 당기순이익과세를 적용받는 조합법인은 고유목 적사업준비금을 손금산입할 수 없다(법인세법 기본통칙 29-56…1).

---

12) 주택법 제2조 제3호 : 공동주택이란 건축물의 벽·복도·계단이나 그 밖의 설비 등의 전부 또는 일부를 공동으로 사용하는 각 세대가 하나의 건축물 안에서 각각 독립된 주거생활을 할 수 있는 구조로 된 주택

(3) 청산 중인 비영리법인

청산 중에 있는 비영리내국법인은 「법인세법」 제29조의 고유목적사업준비금을 손금에 산입할 수 없다(법인세법 기본통칙 29 – 56…1).

(4) 과세표준 신고특례 적용을 받는 이자소득만 있는 비영리법인

「법인세법」 제62조에 의하여 과세표준 신고특례를 적용받는 이자소득만 있는 비영리내국법인으로서 동 규정에 의하여 분리과세 신고방법으로 납세의무를 종결하는 경우에는 고유목적사업준비금을 손금에 산입할 수 없다.

| 중요 예규 및 판례 |

사전 – 2021 – 법규법인 – 1320, 2022.1.19.
상가, 오피스텔, 아파트로 구성된 주상복합건물 중 아파트부분이 공동주택관리법 제2조 제1항 제1호 가목의 주택법 제2조 제3호에 따른 공동주택인 경우 해당 아파트부분의 입주자대표회의로서 국세기본법 제13조에 따른 법인으로 보는 단체는 법인세법 제29조 제1항 및 같은 법 시행령 제56조 제1항 제4호에 따라 고유목적사업준비금을 손금에 산입할 수 있는 것임.

서면 – 2021 – 법령해석법인 – 5038, 2021.9.29.
「집합건물의 소유 및 관리에 관한 법률」의 적용을 받는 오피스텔 관리단은 「법인세법 시행령」 제56조 제1항 제4호에 해당하지 않는 것임.

서면 – 2020 – 법인 – 3409, 2021.1.21.
주상복합건물*의 입주자대표회의가 「국세기본법」 제13조에 따른 법인으로 보는 단체로서 「법인세법 시행령」 제56조 제1항 제4호에 따라 공동주택의 입주자대표회의에 해당하는 경우 공동주택에서 기여한 수입에 대하여 「법인세법」 제29조에 따라 고유목적사업준비금을 손금에 산입할 수 있음.
 * 주택 외의 시설과 주택을 동일 건축물로 건축하는 경우

법규법인 2012 – 122, 2012.5.11.
산학협력단의 부설단체로서, 법인으로 보는 단체로 승인받아 해당 산학협력단과는 별개로 운영되는 창업보육센터는 고유목적사업준비금 손금산입 대상에 해당하지 아니함.

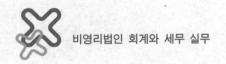

법인 - 541, 2010.6.10.

질의

〔사실관계 및 질의요지〕

- 「국가표준기본법」 개정(2010.4.5. 개정)으로 관련 비영리법인들이 통폐합(해산)되었으며, 통폐합되는 비영리법인들은 신설비영리법인에게 자산·부채 및 권리·의무를 포괄 승계함.
- 통폐합(해산)되는 비영리법인의 고유목적사업준비금이 승계가능한지 여부

회신

비영리내국법인이 관련 법률의 개정으로 해산하고 해산되는 비영리내국법인의 모든 재산과 법률상의 권리·의무를 신설되는 비영리내국법인에게 포괄 승계하는 경우에는 조직변경으로 보는 것이므로 해산되는 비영리내국법인의 고유목적사업준비금 잔액은 신설되는 비영리내국법인에게 승계되는 것임.

법규법인 2009 - 443, 2009.12.31.

각 사업연도의 소득금액 계산에 있어서 고유목적사업준비금을 손금으로 계상할 수 있는 법인은 「법인세법」 제29조 제1항에 따라 비영리내국법인이어야 하나, 영리내국법인이 「박물관 및 미술관 진흥법」에 따라 지방자치단체에 등록하여 미술관을 운영하는 경우에는 「법인세법」 제29조 및 「조세특례제한법」 제74조에 따른 고유목적사업준비금의 손금 산입 특례를 적용받을 수 없는 것임.

법인 - 1312, 2009.11.27.

법인으로 보는 단체로 승인받은 개별교회는 「법인세법」 제3조 제3항 제2호의 규정에 따른 이자소득으로서 같은 법 제73조에 따라 원천징수된 이자소득에 대하여는 법인세 과세표준과 세액을 관할 세무서장에게 신고할 수 있는 것이며, 동 개별교회가 같은 법 시행령 제36조 제1항 제1호의 단체에 해당하는 때에는 2009.1.1. 이후 개시하는 사업연도부터 같은 법 제29조에 따라 고유목적사업준비금을 손금에 산입할 수 있는 것임.

법인 - 571, 2009.5.13.

법인으로 보는 단체로 승인을 얻은 개별교회가 「법인세법 시행령」 제36조 제1항 제1호 마목의 비영리법인의 소속단체인 경우 고유목적사업준비금을 손금으로 계상할 수 있음.

서면2팀 - 1444, 2007.8.1.

질의

〔사실관계〕
- 질의 법인은 종교 보급 및 교화를 목적으로 설립한 비영리법인으로 보는 단체이며,
- 서울시 재개발 지역 내 종교 부지를 분양받아 대금을 완납하였는데, 규모가 작아 모든 교인을 수용할 수 없어 교회건물을 신축하지 못하고 부득이 처분하고자 함.
- 처분하여 다른 장소에서 교회건물을 신축하는 데 자금이 사용됨.

〔질의요지〕
법인으로 보는 단체(교회)가 종교 부지를 처분하여 교회건물을 신축하는 데 자금이 사용된 경우, 처분이익에 대하여 법인세 과세 여부

회신

1. 귀 질의의 경우, 「법인세법」 제3조 제2항 제5호의 규정에 의해 비영리내국법인의 고정자산(고유목적사업에 직접 사용하는 고정자산으로서 같은 법 시행령 제2조 제2항이 정하는 것을 제외) 처분으로 인하여 생기는 수입은 수익사업에 해당되어 같은 법 제60조의 규정에 따라 법인세를 신고하여야 하는 것이며, 법인이 비사업용 토지를 양도하는 경우에는 같은 법 제55조의 2 제1항 제3호의 규정에 따라 토지 등의 양도소득에 30/100(미등기 토지는 40/100)을 곱하여 산출한 세액을 법인세액에 추가하여 납부하여야 하는 것으로, 처분한 고정자산이 비사업용 토지에 해당되는지 여부는 관련 법령에 따라 사실 판단할 사항임.

2. 법인으로 보는 단체에 해당하는 비영리내국법인이 「법인세법 시행령」 제56조 제1항에 규정하는 단체에 해당하는 경우에는 같은 법 제29조에 따라 고유목적사업준비금의 손금산입 규정을 적용받는 것이며, 종교의 보급, 기타 교화를 목적으로 설립된 비영리내국법인이 손금으로 계상한 고유목적사업준비금을 같은 법 시행령 제56조의 규정에 의한 고유목적사업에 직접 사용하는 고정자산의 교회를 신축하기 위하여 지출하는 경우에는 고유목적사업에 지출한 것으로 보는 것임.

서면2팀 - 917, 2006.5.23., 재법인 - 279, 2006.4.11.

법인으로 보는 단체에 해당하는 비영리내국법인의 경우 「법인세법 시행령」 제56조 제1항에 규정하는 단체에 한하여 고유목적사업준비금의 손금산입 규정을 적용받는 것임.

서면2팀 - 786, 2006.5.9.

의료업을 영위하는 비영리내국법인(법인세법 시행령 제56조 제6항 제3호)의 범위에는 「사립학교법」에 의해 설립된 학교법인이 운영하는 대학병원이 포함됨.

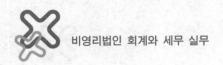

재법인 46012 - 156, 2001.9.14.
대한의사협회 산하단체인 '대한산부인과학회'는 지정기부금 대상단체로 볼 수 없어 고
유목적사업준비금을 손금산입할 수 없음.

법인 46012 - 2063, 2000.10.7., 법인 46012 - 934, 1999.3.15.
비영리내국법인인 법인으로 등기된 노동조합 외에 세무서장으로부터 법인으로 보는 단체
로 승인받은 노동조합은 수익사업에서 발생한 소득금액을 「법인세법」 제29조에 의해 고유
목적사업준비금을 설정하여 손금에 계상할 수 없는 것이나, 이 수익사업에서 발생한 소득
을 고유목적사업비로 지출하는 금액은 「법인세법 시행령」 제36조 제2항에 의하여 이를 지
정기부금으로 보아 각 사업연도 소득금액을 계산하는 것임.

법인 46012 - 818, 2000.3.29.
환경보호를 위한 비영리사업을 영위할 목적으로 「산림법」 제104조의 규정에 의하여 설
치·운용되는 '산림환경기능증진자금(녹색자금)'은 「법인세법」 제29조 제1항 및 동법 시
행령 제56조 제1항 제2호의 규정에 의하여 고유목적사업준비금을 손금에 계상할 수 있
는 것임.

법인 46012 - 4051, 1999.11.22.
귀 질의의 경우 「법인세법」 제29조 제1항의 규정에 의하여 손금에 산입한 고유목적사업
준비금의 잔액이 있는 비영리내국법인이 해산한 경우에 그 잔액은 같은 법 같은 조 제3
항의 규정에 의하여 그 해산일이 속하는 사업연도의 소득금액계산에 있어서 이를 익금
에 산입하는 것으로서, 청산 중에 있는 비영리내국법인은 고유목적사업준비금을 손금에
산입할 수 없는 것임.

법인 46012 - 2172, 1999.6.8.
'한국공인회계사회'와 '대한변호사협회'는 고유목적사업준비금을 손금에 산입할 수 있음.

국일 46017 - 543, 1997.8.20.
국내사업장 없는 비영리외국법인이 수취하는 이자소득은 조세조약의 제한세율로 원천징
수하여 고유목적사업준비금을 설정할 수 없음.

3 고유목적사업준비금의 손금산입한도

고유목적사업준비금의 손금산입 비율은 비영리법인의 사업내용에 따라 다르게 적용된다. '3-1. 일반 비영리법인'에서는 일반 비영리법인에 대하여, '3-2. 손금산입특례'에서는 「조세특례제한법」상 특례가 적용되는 비영리법인에 대하여 서술하고자 한다.

3-1. 일반 비영리법인

일반 비영리내국법인의 고유목적사업준비금 손금산입범위는 다음과 같다.

> (1) 이자소득금액
> (+) (2) 배당소득금액
> (+) (3) 특별법에 의하여 설립된 비영리내국법인이 당해 법률에 의한 복지사업으로서 그 회원 또는 조합원에게 대출한 융자금에서 발생한 이자금액
> (+) (4) 상기 외의 수익사업에서 발생한 소득에 100분의 50(공익법인의 설립·운영에 관한 법률에 의하여 설립된 법인으로서 고유목적사업 등에 대한 지출액 중 100분의 50 이상의 금액을 장학금으로 지출하는 법인의 경우에는 100분의 80)을 곱하여 산출한 금액

과거(2016년 사업연도 이전) 고유목적사업준비금의 손금산입 한도를 구하는 경우 각 소득별로 계산한 금액 중 음수(-)가 있는 경우 그 소득은 없는 것(0)으로 보아 한도를 계산했다. 따라서 이자소득이 100이 발생하였고, 기타수익사업소득에서 10의 결손이 발생한 비영리법인의 경우 과거에는 기타수익사업소득에서 발생한 결손 10을 0으로 보고 이자소득에 대해 100% 고유목적사업준비금을 설정하여 100의 고유목적사업준비금을 손금산입 할 수 있었다. 하지만 2015년 세법이 개정(법률 제13555호, 2015.12.15.)되면서 고유목적사업준비금의 손금산입 한도를 계산하는 경우 이자·배당소득외의 수익사업소득에서 결손이 발생한 경우 그 결손금을 이자·배당소득에서 차감한 금액을 한도로 해서 고유목적사업준비금 손금산입 한도를 설정하도록 개정되었다. 따라서, 위의 사례의 경우 2016년 1월 1일 이후 개시하는 사업연도부터는 이자소득 100에서 결손 10을 차감한 90이 고유목적사업준비금 손금산입 한도가 된다.

이때 「법인세법」 제29조 제1항 본문 괄호 안의 '제2호에 따른 수익사업에서 결손금이 발생한 경우'에서 결손금은 같은 법 제29조 제1항 제1호에 규정된 것 외의 수익사업에서

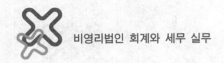

당해 사업연도 손금의 총액이 익금의 총액을 초과하는 경우에 그 초과하는 금액을 의미하는 것이다(사전 - 2016 - 법령해석법인 - 0560, 2017.2.13.).

┃ 사례분석 ┃

비영리법인으로 비영리사업과 부동산임대업을 함께 하고 있는 경우 고유목적사업준비금 손금산입 범위액은?

구 분	고유목적사업	부동산임대업
1. 수입이자	100	100
2. 기타수익		200
3. 비용		220
4. 당기순이익	100	80

고유목적사업준비금 손금산입 범위 한도액은 다음과 같다.
① 「소득세법」 제16조 제1항 제1호 내지 제11호의 이자소득금액 (200)
② 배당소득금액
③ 특별법 설립법인의 융자금 이자소득금액

---

④ (①+②+③) × 100%   (200)
⑤ 기타 수익사업소득   (△20)
   * 기타 수익사업소득 : (400 - 220) - (200) = (△20)
   (수익사업소득 - (이자소득 등 + 결손금 + 법정 기부금))

---

⑥ 고유목적사업준비금 손금산입 범위액(④+⑤)   (180)

위 사례의 경우 고유목적사업준비금 설정범위액은 180이 된다.

┃ 중요 예규 및 판례 ┃

대법 2016두65756, 2017.4.13.
한번 고유목적사업준비금을 손금에 산입한 비영리내국법인이 당해 준비금을 5년 이내에 고유목적사업 또는 지정기부금에 사용하지 아니하고 남은 잔액이 있어 5년 후에 이를 영업외수익으로 계상하는 경우 이를 5년 후 '당해 사업연도의 수익사업에서 발생한 소득'에 포함된다고 보아 다시 구 법인세법 제29조 제1항에 따라 고유목적사업준비금으로 설정하여 손금에 산입할 수는 없음.

사전 - 2016 - 법령해석법인 - 0560, 2017.2.13.

「법인세법」 제29조 제1항(2015.12.15. 법률 제13555호로 개정된 것) 본문 괄호 안의 '제4호에 따른 수익사업에서 결손금이 발생한 경우'에서 결손금은 같은 법 제29조 제1항 제1호부터 제3호까지에 규정된 것 외의 수익사업에서 당해 사업연도 손금의 총액이 익금의 총액을 초과하는 경우에 그 초과하는 금액을 의미하는 것임.

법인 - 1200, 2010.12.30.

질의

〔사실관계 및 질의요지〕
• 비영리내국법인이 「법인세법」상 고유목적사업준비금 손금산입 범위와 「상속세 및 증여세법」상 운용소득의 사용기준이 달라 업무에 혼선이 있음.
– 장학재단의 고유목적사업준비금 설정범위

회신

비영리내국법인이 각 사업연도에 고유목적사업 또는 지정기부금에 지출하기 위하여 고유목적사업준비금을 손금으로 계상한 경우에는 「법인세법」 제29조 제1항 각 호의 금액을 합한 금액의 범위 안에서 당해 법인의 각 사업연도 소득금액계산에 있어서 이를 손금에 산입하는 것임.

법인 - 1033, 2009.9.21.

「법인세법」 제29조 제1항에 따라 고유목적사업준비금을 손금으로 계상한 비영리내국법인이 지정기부금을 지출하는 경우에는 같은 조 제2항에 의하여 먼저 계상한 사업연도의 고유목적사업준비금에서 순차로 상계하여야 하며, 이 경우 같은 법 제24조 규정에 의한 지정기부금 시부인 규정은 적용하지 않는 것임.

법인 - 855, 2009.7.23.

의료업을 영위하는 비영리내국법인이 각 사업연도에 그 법인의 고유목적사업 또는 지정기부금에 지출하기 위하여 고유목적사업준비금을 손금으로 계상한 경우 「법인세법」 제29조 제1항 각 호의 금액을 합한 금액의 범위 안에서 당해 사업연도 소득금액계산에 있어서 고유목적사업준비금을 손금에 산입하는 것임.

이 경우 '고유목적사업'이란 당해 비영리내국법인의 법령 또는 정관에 규정된 설립목적을 직접 수행하는 사업으로서 「법인세법 시행령」 제2조 제1항의 규정에 해당하는 수익사업 외의 사업을 말하는 것임.

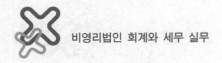

법인 - 494, 2009.4.24.

각 사업연도의 소득금액 계산에 있어서 고유목적사업준비금을 세무조정계산서에 손금으로 계상하지 아니하였거나 과소 계상한 경우에는 그 이후 경정 등의 청구에 의해 손금에 산입할 수 없는 것임.

서면2팀 - 1034, 2007.5.29., 재법인 46012 - 151, 2003.9.19.

비영리내국법인이 3년 이상 계속하여 법령 또는 정관에 규정된 고유목적사업에 직접 사용하지 아니한 토지를 처분하는 경우 정당한 사유 여부에 불구하고 당해 토지의 처분으로 인하여 생기는 수입에 대해서는 법인세가 과세되는 것임. 다만, 동 금액에 대해서는 「법인세법」 제29조의 규정에 의하여 소득금액의 50%까지 고유목적사업준비금을 손금으로 계상한 경우에는 당해 사업연도의 소득금액 계산에 있어서 이를 손금에 산입이 가능하나 손금으로 계상한 고유목적사업준비금에 대해서는 5년 이내에 고유목적사업에 사용하도록 하고 있음.

3-1-1. 이자소득금액

「소득세법」 제16조 제1항 각 호(제11호에 따른 비영리대금의 이익은 제외)에 따른 이자소득금액은 전액 고유목적사업준비금으로 설정할 수 있는 바, 이자소득의 범위를 열거하면 다음과 같다.

1. 국가나 지방자치단체가 발행한 채권 또는 증권의 이자와 할인액
2. 내국법인이 발행한 채권 또는 증권의 이자와 할인액
3. 국내 또는 국외에서 받는 대통령령으로 정하는 파생결합사채로부터의 이익
4. 국내에서 받는 예금(적금·부금·예탁금과 우편대체를 포함한다)의 이자
5. 「상호저축은행법」에 의한 신용계 또는 신용부금으로 인한 이익
6. 외국법인의 국내지점 또는 국내영업소에서 발행한 채권이나 증권의 이자와 할인액
7. 외국법인이 발행한 채권 또는 증권의 이자와 할인액
8. 국외에서 받는 예금의 이자
9. 「소득세법 시행령」 제24조에서 정하는 채권 또는 증권의 환매조건부매매차익
10. 「소득세법 시행령」 제25조에서 정하는 저축성보험의 보험차익
11. 「소득세법 시행령」 제26조에서 정하는 직장공제회 초과반환금
(12. 제외)
13. 상기의 소득과 유사한 소득으로서 금전 사용에 따른 대가로서의 성격이 있는 것

14. 상기 어느 하나에 해당하는 소득을 발생시키는 거래 또는 행위와 「자본시장과 금융투자업에 관한 법률」 제5조에 따른 파생상품이 「소득세법 시행령」 제26조에서 정하는 바에 따라 결합된 경우 해당 파생상품의 거래 또는 행위로부터의 이익

2007 개정세법에서는 2007년 1월 1일 이후 설정되는 투자신탁분부터는 투자신탁의 이익(2007년 이전에는 신탁자산 중 이자소득이 발생하는 자산이 50% 이상이면 이자소득, 배당소득이 발생하는 자산이 50% 이상이면 배당소득)을 신탁에 편입된 자산비중에 관계없이 배당소득으로 단일화하기로 하였다. 그러나 그 이전에 설정된 투자신탁에서 발생된 이자소득에 대하여는 개정규정에 불구하고 종전의 규정에 따른다.

금융보험업을 영위하는 법인의 이자수입은 사업소득으로 보고, 이자소득으로 보지 아니하는 것이나 금융보험업을 영위하는 비영리내국법인이 한국표준산업분류상 금융 및 보험업을 영위하는 법인의 계약기간이 3개월 이하인 금융상품(계약기간이 없는 요구불예금을 포함함)에 자금을 예치함에 따라 발생하는 이자소득은 사업소득으로 보지 아니하고 이자소득으로 본다(법인세법 시행령 제56조 제2항 제1호).

또한, 「법인세법 시행령」 제3조 제1항 제5호 나목에 따른 사업을 영위하는 자가 자금을 운용함에 따라 발생하는 이자소득도 포함한다(법인세법 시행령 제56조 제2항 제2호). 즉, 2006년 2월 9일 시행령 개정시 연금업 및 공제업 중 특별법에 의하거나 정부로부터 인가 또는 허가를 받아 설립된 단체가 영위하는 기금조성 및 급여사업에서 자금을 운용함에 따라 발생되는 이자소득은 전액 고유목적사업준비금을 설정할 수 있도록 하였다.

「한국주택금융공사법」에 따른 주택금융신용보증기금이 동법 제43조의 8 제1항 및 제2항에 따른 보증료의 수입을 운용함에 따라 발생하는 이자소득금액도 전액 고유목적사업준비금을 설정할 수 있다(법인세법 시행령 제56조 제2항 제3호).

2011 개정세법에서는 2012년 1월 1일부터 전액 고유목적사업준비금으로 설정할 수 있는 이자소득의 범위를 확대하였는바, 「소득세법」 제16조 제1항 제11호에 따른 비영업대금의 이익을 제외한 이자소득과 유사한 소득은 전액 고유목적사업준비금으로 설정할 수 있다. 따라서 개정 전 고유목적사업준비금 한도계산시 기타의 수익사업으로 보아 50% 한도율을 적용받았던 동법 제16조 제1항 제12호나 제13호에 따른 포괄적 이자수익은 동 개정으로 전액 고유목적사업준비금을 설정할 수 있게 되었다.

2020년 2월 11일 시행령 개정시, 고유목적사업준비금 손금산입한도 합리화를 위하여 금융보험업을 영위하는 비영리내국법인의 이자소득금액에 포함되는 "일시적" 자금예치의

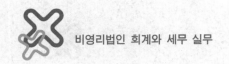

의미를 "3개월 이하 자금예치"로 구체적으로 규정하였으며, 동 개정규정은 2020년 2월 11일 이후 과세표준을 신고하는 분부터 적용한다.

비영리내국법인의 이자소득에 대한 과세방법을 보면, 이자소득을 다른 수익사업소득에 합산하여 과세표준을 신고하지 아니하고 원천징수로써 과세가 종결되는 분리과세방법과 당해 이자소득을 다른 수익사업소득에 합산하고 원천납부세액을 공제하여 과세표준을 신고하는 종합과세방법을 선택하여 적용할 수 있다(법인세법 제62조). 따라서, 이자소득에 대하여 종합과세방법을 선택하여야만 고유목적사업준비금을 설정할 수 있다. 이와 관련하여서는 '제7절 신고 및 납부'를 참조하기 바란다.

> **▌사 례▐**
>
> 비영리법인이 이자수익금액에 대하여는 일부는 분리과세방법을, 일부는 종합과세방법을 선택하여 적용할 수 있으므로, 분리과세 선택부분은 고유목적사업준비금 한도액 계산시 이자소득금액에서 제외하여야 한다.
>
> 손익계산서상 이자수익금액 = 3,000원
> 당기 이자수익금액 중 분리과세 신청분 = 1,000원인 경우
> 고유목적사업준비금 한도액 계산 위한 이자소득금액 = 3,000원 - 1,000원 = 2,000원

고유목적사업준비금 설정한도액 계산시 이자소득금액은 「법인세법」상 이자소득금액인 바, 「법인세법」상 귀속시기가 도래한 이자소득금액에 대하여만 고유목적사업준비금을 설정할 수 있음을 유의하여야 한다. 즉, 비영리법인이 정기예금·적금으로부터 발생한 미수이자를 기업회계기준에 의하여 계상할 경우에 당해 미수이자는 「법인세법」상 손익귀속시기가 미도래하였으므로 고유목적사업준비금 설정한도액 계산시 손익계산서상 이자수익에서 차감하여야 하며, 전기로부터 이월된 미수이자 중 당기에 「법인세법」상 귀속시기가 도래한 금액은 가산하여야 한다.

> **▌사 례▐**
>
> 손익계산서상 이자수익금액 = 2,000원
> 자본금과 적립금조정명세서상 전기 미수이자관련 유보금액 = 300원
> 당기 미수이자금액 = 500원인 경우
> 고유목적사업준비금 한도액 계산 위한 이자소득금액 = 2,000원 - 500원 + 300원 = 1,800원

| 중요 예규 및 판례 |

사전 - 2020 - 법령해석법인 - 1034, 2020.12.2.
금융보험업을 영위하는 비영리내국법인이 한국표준산업분류상 금융보험업을 영위하는
법인으로부터 채권 매수일과 환매일 사이의 기간이 3개월 이하인 환매조건부 채권을 매
수하여 환매시점에 원금과 이자의 합계액을 수령한 경우, 해당 환매조건부채권 매매차
익은 「법인세법 시행령」 제56조 제2항 제1호에 따른 이자소득에 해당하는 것임.

조심 2019서3408, 2020.11.27.
한국표준산업분류상 금융보험업을 영위하는 청구법인의 경우 중앙회로서 회원 조합을
대상으로 한 여수신 활동 등 금융업과 관련된 사업활동에 의하여 조성된 소득은 원칙적으로
사업소득에 해당한다고 보아야 할 것이다. 다만, 고유목적사업준비금의 손금산입과 관련된
「법인세법」 제29조 제1항을 적용함에 있어서는 쟁점규정(같은 법 시행령 제56조 제2항
제1호)에서 "금융보험업을 영위하는 비영리내국법인이 한국표준산업분류상 금융보험업
을 영위하는 법인에 일시적으로 자금을 예치함에 따라 발생하는 이자소득금액"은 "「소
득세법」 제16조 제1항에 따른 이자소득으로 본다."고 규정하고 있는바, 쟁점이자가 발생
한 금융상품 중 보통예금의 경우 입출금에 어떠한 제약도 받지 아니하며, 이자도 거의 없거나
매우 낮은 사실 등에 비추어 일시적인 자금 예치의 목적에 부합한다고 볼 수 있다. 따라서 쟁점
이자 전체를 「소득세법」 제16조 제1항에 따른 이자소득으로 보기는 어려우나, 쟁점이자
중 보통예금의 이자소득금액은 동 규정에 따른 이자소득으로 보아 100%의 한도율을 적용하여
야 할 것이다.
다음으로 쟁점②에 대하여 살펴건대, 청구법인은 최근에 개정된 쟁점규정의 개정 취지
에 따라 적어도 '3개월 이하의 금융상품(계약기간이 없는 요구불예금을 포함)에의 자금
예치에 따른 이자'에 대하여는 100%의 고유목적사업준비금 설정이 가능한 것으로 보아
야 한다고 주장한다. 그러나, 2020.2.11. 개정된 쟁점규정의 부칙에서 동 규정은 "이 영 시행
이후 과세표준을 신고하는 분부터 적용한다."고 명시하고 있고, 그 외 별도의 경과규정도 보이지
아니하는바, 동 규정은 창설적 효력을 가진 규정으로 보아야 할 것이므로 청구주장을 받아
들이기는 어렵다고 판단된다.

법인 - 558, 2012.9.14.
특별법에 의하거나 정부로부터 인가 또는 허가를 받아 설립된 단체가 영위하는 사업을
영위하는 자가 프로젝트 파이낸싱(PF ; Project Financing)에 투자하여 발생한 이자소득의
금액의 경우에는 고유목적사업준비금 설정대상인 이자소득에 해당함.

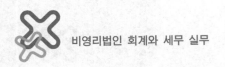

법인 - 907, 2011.11.11.

「법인세법」 제29조 제1항 제4호 및 「조세특례제한법」 제74조 제1항에 의한 '수익사업에서 발생한 소득'에는 해당 사업연도에 세무조정으로 익금산입한 인정이자 상당액이 포함되는 것임.

법인 - 615, 2011.8.25.

시설관리공단이 지방자치단체로부터 수수한 대행사업비를 금융회사에 예치함에 따라 발생한 이자소득이 지방자치단체에 귀속되는 경우 해당 소득의 실질귀속자가 지방자치단체임을 확인할 수 있는 서류를 원천징수의무자에게 제시하여 원천징수세액을 환급청구 할 수 있음.

조심 2009중3518, 2010.3.18.

비영리법인이 과세표준신고를 하지 아니한 이자소득에 대하여는 수정신고 또는 경정 등에 의하여 이를 과세표준에 포함시킬 수 없음.

법인 - 3316, 2008.11.7.

비영리내국법인이 3년 이상 계속하여 법령 또는 정관에서 규정된 고유목적사업에 직접 사용한 고정자산을 처분하는 경우, 당해 고정자산의 처분으로 인하여 생기는 수입에 대해서는 법인세가 과세되지 않는 것이나, 그 외의 고정자산 처분으로 인하여 생기는 수입 (이하 '동 금액'이라 함)에 대해서는 법인세가 과세되는 것임.

아울러 동 금액에 대해서는 「법인세법」 제29조 규정에 의하여 소득금액의 50%까지 '고유목적사업준비금'을 손금으로 계상한 경우 당해 사업연도 소득금액 계산에 있어서 이를 손금으로 산입할 수 있으며, 손금으로 계상한 '고유목적사업준비금'에 대해서는 5년 이내에 고유목적사업에 사용하여야 하는 것임.

법인 - 3078, 2008.10.24.

질의

현재 PF(project financing)대출을 하고 있음.

대출조건은

- '대출이자'로 CD이율 + 1~2%를 받기로 하였고,
- PF에 참여한 것만으로 '참여수수료'란 명목으로 일정률의 수수료를 일시로 받으며,
- 그리고 대출금액에 대한 '미인출수수료'란 명목으로 일정률의 수수료를 받기로 하였음.

고유목적사업준비금 설정과 관련하여 다음과 같은 의견이 있으니 검토바람.

〔갑설〕 대출금에 대한 '대출이자', '참여수수료', '미인출수수료'는 PF대출과 관련된 이자로 보아 고유목적사업준비금 설정시 「소득세법」 제16조 제1항에 해당하는 이

자소득에 해당함으로 100% 설정이 가능하다는 의견

〔을설〕대출금에 대한 '대출이자'는 100% 설정이 가능하고, '참여수수료' 및 '미인출수
　　　수료'는 부수적으로 발생하는 소득이므로 50% 설정이 가능하다는 의견

〔병설〕대출금에 대한 '대출이자'는 100% 설정, '미인출수수료'도 기회비용에 대한 보상
　　　임으로 100% 설정이 가능하며, '참여수수료'만 50% 설정이 가능하다는 의견

〔용어설명〕
- 참여수수료 : PF대출 약정을 함으로써 발생하는 수수료로써 참여만 하면 일정률에 해
당하는 금액을 일시로 수령함.
- 미인출수수료(약정수수료) : 예를 들어 100억 원을 대출한 경우 해당 사업체가 일정
기간 내에 100억 원을 다 사용하지 못한 경우 그 잔액에 대한 기회비용으로 일정률을
대출자에게 지급하는 수수료

회신

「사립학교교직원연금법」에 의해 설립된 사립학교교직원연금관리공단이 자금을 운용함에
따라 발생하는 이자소득금액은 「법인세법」 제29조 제1항 제1호의 규정이 적용되는 것임.

서면2팀 - 1572, 2005.9.30., 재법인 - 270, 2005.4.25.
「한국교직원공제회법」에 의한 한국교직원공제회가 동법에 의한 기금을 금융상품에 투
자하여 발생하는 이자소득금액은 고유목적사업준비금 설정대상인 이자소득에 해당함.

국심 99서1394, 2000.7.8.
고유목적사업준비금 설정대상인 '이자소득'에 해당하는 '채권 등의 이자상당액'이란 그
표면이자율과 발행시 할인율을 더하고 할증률을 차감한 율을 적용해 계산한 금액이며,
채권 등의 매매시 이자율 변동에 따른 가격차이로 인한 것은 '채권매매차익'에 해당함.

법인 46012 - 1004, 2000.4.22.
「법인세법」 제62조의 규정에 의거 이자소득에 대하여 원천징수방법을 선택함에 따라 각 사
업연도의 소득금액 계산에 있어서 포함되지 아니한 이자소득에 대하여는 고유목적사업준
비금을 손금에 계상할 수 없으므로 한도액 계산시 이를 제외하여야 함.

국심 99서744, 1999.10.1.
채권의 발행가액과 매입가액의 차액은 유가증권상환이익에 해당되는 것이어서 지급준
비금설정대상이 되는 이자소득으로 볼 수 없음.

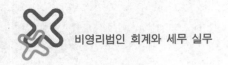

> **법인 46012 - 108, 1997.1.14.**
> 비영리법인이 직전 사업연도 종료일 현재의 고유목적사업준비금 잔액을 초과하여 당해
> 사업연도의 고유목적사업 등에 지출한 것으로 보는 것이고, 법인세 과세표준 및 세액을
> 법정기한 내에 신고하면서 각 사업연도 소득금액계산에서 제외한 이자소득금액에 대하여
> 는 고유목적사업준비금을 손금산입할 수 없는 것이며, 이때 각 사업연도 소득금액계산에
> 서 제외한 이자소득금액은 원천징수방법에 의하여 과세하는 것이므로 추후 경정청구의
> 대상이 될 수 없는 것임.

3-1-2. 배당소득금액

「소득세법」 제17조 제1항 각 호의 배당소득금액은 전액 고유목적사업준비금을 설정할
수 있다. 다만, 「상속세 및 증여세법」 제16조 또는 같은 법 제48조의 규정에 의하여 상속세
또는 증여세 과세가액에 산입되거나 증여세가 부과되는 주식 등으로부터 발생한 배당소득
금액은 제외한다.

① 내국법인으로부터 받는 이익이나 잉여금의 배당 또는 분배금
② 법인으로 보는 단체로부터 받는 배당 또는 분배금
③ 「법인세법」 제5조 제2항에 따라 내국법인으로 보는 신탁재산(이하 "법인과세 신탁재산"
　이라 함)으로부터 받는 배당금 또는 분배금
④ 의제배당
⑤ 「법인세법」에 따라 배당으로 처분된 금액
⑥ 국내 또는 국외에서 받는 소득세법 시행령 제26조의 2에서 정하는 집합투자기구로부
　터의 이익
⑦ 국내 또는 국외에서 받는 소득세법 시행령 제26조의 3에서 정하는 파생결합증권 또
　는 파생결합사채로부터의 이익
⑧ 외국법인으로부터 받는 이익이나 잉여금의 배당 또는 분배금
⑨ 「국제조세조정에 관한 법률」 제27조에 따라 배당받은 것으로 간주된 금액
⑩ 「소득세법」 제43조에 따른 공동사업에서 발생한 소득금액 중 같은 조 제1항에 따른
　출자공동사업자의 손익분배비율에 해당하는 금액
⑪ 상기의 소득과 유사한 소득으로서 수익분배의 성격이 있는 것

⑫ 상기 어느 하나에 해당하는 소득을 발생시키는 거래 또는 행위와 파생상품이 「소득세법 시행령」 제26조의 3에서 정하는 바에 따라 결합된 경우 해당 파생상품의 거래 또는 행위로부터의 이익

상기의 규정은 2011년 12월 31일 법 개정시 비영리법인의 납세편의를 제고하기 위하여 「소득세법」 제17조 제1항 각 호의 배당소득금액에 대해 전액 고유목적사업준비금을 설정할 수 있도록 한 것으로 2012년 1월 1일 이후 최초로 개시하는 사업연도에 손금산입하는 분부터 적용한다. 한편, 2020년 12월 29일 소득세법 개정시 "국내 또는 국외에서 받는 「소득세법 시행령」 제26조의 3에서 정하는 파생결합증권 또는 파생결합사채로부터의 이익"을 배당소득의 범위에서 삭제하였으며, 동 개정규정은 2023년 1월 1일부터 시행하되 2023년 1월 1일 전에 발생한 소득분에 대해서는 동 개정규정에도 불구하고 종전의 규정에 따르도록 하였다.

| 중요 예규 및 판례 |

조심 2019중0867, 2019.9.17.
2007.12.31. 개정된 「법인세법」 제18조의 3 및 2009.2.4. 개정된 「법인세법 시행령」 제17조의 3 제4항의 개정취지는 고유목적사업준비금을 손금에 산입할 수 없는 비영리법인의 수입배당금에 대해서는 이중과세 조정을 적용하려는 것인바, 배당금의 일부라도 고유목적사업준비금을 설정한 비영리법인의 경우 수입배당금 익금불산입이 적용되지 아니한다고 봄이 타당함.

기획재정부 법인세제과 - 1241, 2017.9.25.
비영리내국법인이 배당소득 중 일부 금액에 대해 「법인세법」 제29조에 따라 고유목적사업준비금 설정으로 손금 산입하는 경우에는 같은 법 제18조의 3에 따른 수입배당금액 익금불산입의 적용이 배제되는 것임.

조심 2010서1476, 2011.6.30.
2007년 말 개정된 「법인세법」 제18조의 3(수입배당금 익금불산입) 제1항에서 비영리내국법인을 적용대상에서 제외하였으나, 법 개정 전에 비영리내국법인이 받은 배당은 고유목적사업준비금으로 손금산입한 경우에도 다시 익금불산입할 수 있음.

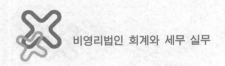

법인 - 1220, 2010.12.31.
비영리내국법인이 고유목적사업준비금을 설정함에 있어 「소득세법」 제17조 제1항 제3호에 따른 의제배당금액은 「법인세법」 제29조 제1항 제4호에 의하여 고유목적사업준비금을 설정하는 것임.

재법인 - 33, 2009.1.16.
수입배당금 익금불산입을 배제하는 비영리내국법인은 「법인세법」 제29조에 따라 고유목적사업준비금을 손금에 산입하는 비영리내국법인을 말함.

재법인 - 715, 2007.9.5.

[질의]

고유목적사업준비금을 설정할 수 있는 비영리법인이 수익용 자산을 직접 운용하지 않고 「간접투자자산 운용업법」에 따른 투자자문회사와 투자일임계약을 체결하여 운용을 위탁한 경우, 위탁운용의 결과 당해 비영리법인에게 귀속되는 투자수익에 대해 고유목적사업준비금을 설정할 때, 그 투자수익의 법적인 성격(즉, 소득종류의 구분)을 어떻게 보아 세법을 적용할 것인지 여부

〔갑설〕 투자수익의 소득구분은 비영리법인이 투자일임계약에 의하지 않고 자산을 직접 운용하였을 경우에 인식하게 될 소득의 종류와 동일하여야 함. 따라서, 투자수익의 발생원천별로 소득을 구분하여야 하며, 그 발생원천이 이자, 배당에 해당되면 그 부분에 대해서는 고유목적사업준비금을 100% 설정할 수 있으며, 나머지 투자수익에 대해서는 50%만 설정 가능함.

〔을설〕 「간접투자자산 운용업법」에서 규정하는 투자일임계약에 의해 발생된 것이므로 투자신탁수익의 분배금과 동일한 소득으로 봄. 따라서, 투자수익 전액에 대해 고유목적사업준비금을 100% 설정할 수 있음.

〔병설〕 투자일임계약에 따라 투자된 자산으로부터 발생하는 소득은 신탁계약에 의한 것이 아니므로 투자신탁수익의 분배금에 해당되지 않을 뿐만 아니라, 투자자가 운용과정에 직접적으로 관여하지 않으므로 그 구성을 발생원천별로 구분해서 위탁자에게 귀속시킬 수 없음. 따라서, 고유목적사업준비금은 투자수익 전액에 대해 일괄적으로 50%만 설정할 수 있음.

[회신]

귀 질의하신 투자일임계약자산 소득에 대한 고유목적사업준비금 설정 관련 질의에 대하여는 "갑설"이 타당함.
➡ 과거 행정해석(서면2팀-2211, 2006.10.31., 서이 46012-10350, 2002.2.28.)에 의

하면 투자일임계약을 체결하여 발생한 소득은 이자나 배당소득으로 보지 않았으나 동 예규에 의하면 각각의 소득발생원천별로 구분하여 고유목적사업준비금을 설정하도록 하였다.

서면2팀 - 1462, 2007.8.3.

비영리내국법인이 성실공익법인에 해당되어 5%를 초과 보유한 내국법인의 주식에 대하여 상속세 또는 증여세가 부과되지 아니한 경우 동 주식에서 발생한 배당소득에 대해 고유목적사업준비금을 설정할 수 있음.

서면2팀 - 938, 2007.5.15.

비영리내국법인의 고유목적사업준비금 설정대상 배당소득금액은 수입배당금의 익금불산입액을 차감한 후의 금액을 한도로 손금산입함.

서면2팀 - 2211, 2006.10.31.

법인이 「증권거래법」에 의한 투자일임업을 영위하는 투자자문회사와 투자일임계약을 체결하여 해당 계약재산에서 발생하는 소득은 투자자문회사가 투자일임계약재산을 세분하여 운용하였는지의 여부에 불구하고 「법인세법」 제29조 제1항 제1호 또는 제2호의 규정에 해당하는 소득으로 보지 아니하는 것임.

서면2팀 - 620, 2005.4.29.

1. 공익법인이 그 출연한 재산으로 간접금융상품의 일종인 뮤추얼펀드 및 ELS에 투자하여 분배받는 운용수익으로 고유목적사업을 수행할 때, 그 분배금을 내국법인에게 지급하는 자(원천징수의무자)가 그 금액을 지급하고 원천징수하는 때에는 「법인세법」 제29조 제1항 제2호 및 「소득세법」 제17조 제1항 제5호의 '투자신탁수익의 분배금'으로 보는 것이며, 원천징수하지 않는 경우에는 「소득세법」 제17조 제1항 제7호의 수익분배의 성격이 있는 '배당소득'으로 보는 것임.

2. 이때 비영리내국법인(공익법인 포함한다)의 고유목적사업준비금의 손금산입계산시 「법인세법」 제29조 제1항 제2호의 '투자신탁수익의 분배금'과 이자소득 등 특정 소득금액은 100%, 기타의 수익사업에서 발생한 소득금액은 50%로 한도액 계산하는 것이며,

3. 「증권투자신탁업법」 및 「증권투자회사법」이 폐지되고 사회기반시설에 대한 민간투자사업의 활성화를 위해 「간접투자자산 운용업법」이 제정(2003.10.4. 법률 제6987호)된 것임. 또한 공익법인이 「간접투자자산 운용업법」 제2조에서 규정하는 간접투자의 일종인 뮤추얼펀드 및 ELS에 가입하는 연도에 따라 고유목적사업준비금의 손금산입 한도액 계산을 구분하지는 않는 것임.

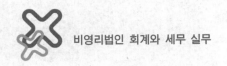

> **서이 46012 - 10350, 2002.2.28.**
> 비영리법인이 「증권거래법」에 의해 투자일임업을 영위하는 투자자문회사와 투자일임계약을 체결하여 자산을 운용하는 경우, 그 투자일임계약재산에서 발생하는 소득은 고유목적사업준비금 설정대상인 '증권투자신탁수익의 분배금'에 해당하지 않음.

3-1-3. 특별법에 따라 설립된 비영리내국법인의 복지사업 융자금의 이자소득

특별법에 따라 설립된 비영리내국법인이 해당 법률에 규정된 복지사업으로서 회원이나 조합원에게 대출한 융자금에서 발생한 이자소득은 전액 고유목적사업준비금을 설정하여 손금에 산입할 수 있다. 가장 대표적인 사례가 「사내근로복지기금법」에 의하여 설립된 사내근로복지기금의 근로자융자사업에서 발생한 이자소득으로, 사업소득으로 보지 않고 전액 고유목적사업준비금을 설정할 수 있다.

| 중요 예규 및 판례 |

> **서면2팀 - 219, 2005.2.1.**
> 「사내근로복지기금법」에 의하여 설립된 사내근로복지기금이 주택구입자금, 생활안정자금 등으로서 종업원에게 대출한 융자금에서 발생한 이자금액(연체이자 포함)은 「법인세법」 제29조 제1항 제3호의 금액으로 보아 고유목적사업준비금 손금산입 범위액에 계산하는 것임.

> **서이 46012 - 10418, 2003.3.4.**
> 「사내근로복지기금법」에 의하여 설립된 사내근로복지기금이 동법에 의한 복지사업으로서 근로자에게 대출한 융자금에서 발생한 이자금액은 「법인세법」 제29조 제1항 제3호의 금액으로 보아 고유목적사업준비금 손금산입 범위액을 계산하는 것임.

3-1-4. 기타의 수익사업에서 발생한 소득

기타의 수익사업에서 발생한 소득에 대하여는 그 소득에 50%를 곱하여 산출한 금액의 범위 내에서 고유목적사업준비금을 설정할 수 있다. 단, 「공익법인의 설립·운영에 관한 법률」에 따라 설립된 법인으로서 고유목적사업 등에 대한 지출액 중 50% 이상의 금액을 장학금으로 지출하는 법인의 경우는 80%를 곱하여 산출한다.

여기서 '수익사업'이라 함은 「법인세법」 제4조 제3항에서 열거된 다음의 사업 또는 수입에서 「법인세법」 제29조 제1항 제1호 규정에 의한 이자, 배당 등을 제외한 것을 말한다.

1. 제조업, 건설업, 도매 및 소매업 등 「통계법」 제22조에 따라 통계청장이 작성·고시하는 한국표준산업분류에 따른 사업으로서 「법인세법 시행령」 제3조 제1항에서 정하는 것
2. 「소득세법」 제16조 제1항 각 호의 규정에 의한 이자·할인액 및 이익
3. 「소득세법」 제17조 제1항 각 호의 규정에 의한 배당 또는 분배금
4. 주식·신주인수권 또는 출자지분의 양도로 인하여 생기는 수입
5. 유형자산 및 무형자산의 처분으로 인한 수입. 다만, 고유목적사업에 직접 사용하는 자산의 처분으로 인한 대통령령으로 정하는 수입은 제외한다.
6. 「소득세법」 제94조 제1항 제2호 및 제4호에 따른 자산의 양도로 생기는 수입
7. 「소득세법」 제46조 제1항의 규정에 의한 채권 등(그 이자소득에 대하여 법인세가 비과세되는 것을 제외)을 매도함에 따른 매매익(채권 등의 매각익에서 채권 등의 매각손을 차감한 금액)을 말한다. 다만, 「법인세법 시행령」 제2조 제1항 제8호에 따른 사업(금융 및 보험 관련 서비스업)에 귀속되는 채권 등의 매매익을 제외한다.

기타의 수익사업에서 발생한 소득금액은 다음과 같이 계산한다(법인세법 시행령 제56조 제3항).

해당 사업연도의 수익사업에서 발생한 소득금액
(⇐ 고유목적사업준비금과 특례기부금을 손금산입하기 전의 소득금액에서 법인세법 제66조 제2항에 따른 경정으로 증가된 소득금액 중 법인세법 제106조에 따라 해당 법인의 특수관계인에게 상여 및 기타소득으로 처분된 금액은 제외함)
(−) 「법인세법」 제29조 제1항 제1호에 따른 금액
(−) 「법인세법」 제13조 제1항 제1호에 따른 결손금(같은 항 각 호 외의 부분 단서에 따라 각 사업연도 소득의 80%를 이월결손금 공제한도로 적용받는 법인은 공제한도 적용으로 인해 공제받지 못하고 이월된 결손금을 차감한 금액을 말함)
(−) 특례기부금

종전에는 통칙 29 − 56…2(삭제, 2009.11.10.)에서 고유목적사업준비금 설정을 위한 '기타

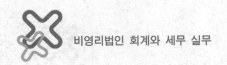

의 수익사업에서 발생한 소득'을 계산함에 있어서 손금에 산입한 고유목적사업준비금을 손금으로 계상한 사업연도의 종료일 이후 5년이 되는 날까지 고유목적사업 또는 지정기부금에 사용하지 아니함으로써 익금에 산입한 금액(이하 "미사용 고유목적사업준비금의 익금환입액"이라 함)을 가산하도록 하였었다.

그러나 2007년 3월 30일 시행규칙 개정시, 별지 제27호 서식(갑)에서 미사용 고유목적사업준비금의 익금환입액(개정 전 별지 제27호 서식상 '②당기 익금산입액'란)을 삭제함으로써 미사용 고유목적사업준비금의 익금환입액은 고유목적사업준비금 설정대상이 아님을 명확히 하였으며, 본 개정규정은 2007년 1월 1일 이후 최초로 개시하는 사업연도분부터 적용한다.

2010년 12월 30일 시행령 개정시, 「조세특례제한법」에서 특례기부금 조항(조세특례제한법 제73조)이 삭제된 것을 반영하여 기타의 수익사업 소득 계산에 있어서도 특례기부금 조항을 삭제하였으며, 동 개정규정은 2011년 7월 1일 이후 지출하는 기부금부터 적용한다.

2020년 2월 11일 시행령 개정시, 비영리법인 자산의 사적유용을 방지하기 위하여 고유목적사업준비금 손금산입한도 계산시 수익사업소득금액에서 경정으로 증가된 소득금액 중 해당 법인의 특수관계인에게 상여 및 기타소득으로 처분된 금액은 제외하도록 하였으며, 동 개정규정은 2020년 1월 1일 이후 개시하는 사업연도분부터 적용한다.

한편, 상기 산식에서 보는 바와 같이 고유목적사업준비금의 한도액 계산시 전단부와 후단부에서 특례기부금을 각각 가산하였다가 차감하도록 규정하고 있는데, 전단부에서 가산하는 특례기부금과 후단부에서 차감하는 특례기부금을 동일한 금액으로 볼 것인지에 대한 논란이 있어왔다. 이와 관련하여 해당 법의 연혁 및 취지를 고려했을 때 전단부에서 가산하는 금액은 '특례기부금으로 지출한 금액'을, 후단부에서 차감하는 금액은 '특례기부금의 손금산입한도액'을 의미하는 것으로 보는 것이 합리적이라는 판결(서울고등법원 2017누 75967, 2018.1.25., 서울행정법원 2016구합85040, 2017.9.15.)이 있었으나, 최근 대법원은 위와 같은 전심의 판결들과는 달리 조세법률주의 원칙을 엄격히 적용하여 전단부와 후단부 모두 '비영리내국법인이 특례기부금으로 지출한 금액'을 의미하는 것으로 보아야 한다고 판시(대법원 2018두37472, 2019.12.27.)하였다.

서면 - 2023 - 법인 - 1819, 2023.6.28.

장학사업을 목적으로 하는 비영리내국법인이 지방대학생의 주거지원을 위해 기숙사를 무상으로 제공하는 경우 해당 기숙사의 매입비용, 시설운영비 등은 「법인세법」 제29조 제1항 제2호 본문 괄호안의 '「공익법인의 설립·운영에 관한 법률」에 따라 설립된 법인으로서 고유목적사업 등에 대한 지출액 중 100분의 50 이상의 금액을 장학금으로 지출하는 법인' 및 「조세특례제한법」 제74조 제1항 제8호의 '공익법인으로서 해당 과세연도의 고유목적사업이나 일반기부금에 대한 지출액 중 100분의 80 이상의 금액을 장학금으로 지출한 법인'에서 정한 '장학금'에 해당하지 아니하는 것임.

서면 - 2022 - 법인 - 4055, 2023.4.28.

1. 사실관계

(재)AA(이하 "질의법인")은 「공익법인의 설립·운영에 관한 법률」(이하 '공익법인법') 제2조에 의한 공익법인임.

－질의법인은 사회일반의 이익에 공여하기 위하여 각종 장학사업 및 불우 소외계층지원 등을 통하여 교육 및 사회복지 발전에 기여함을 목적으로 함.

〈목적사업〉

1) 장학사업 저소득층 청소년 및 학업우수생 장학금, 교육비, 학비지원
2) 국내·외 연수 및 수련회 등 지원
3) 장학관련 학교지원(발전기금)사업
　(이하생략)

질의법인은 「사립학교법」 제2조 제1호에 따른 사립학교(이하 '학교')로부터 장학금 요청을 받아 승인하는 형식으로 일정 금액(이하 '쟁점 금액')을 지출함.

－학교는 쟁점금액으로 직접 장학생을 선발하여 장학금을 지급하고 쟁점 금액*에 대해 질의법인에게 특례기부금영수증을 발급

　* 학교는 질의법인으로부터 받은 쟁점금액을 반드시 장학금으로 지출하지 않을 수 있음.

－학교는 장학금 지급 후 장학생 명단 및 내역을 질의법인에 제출

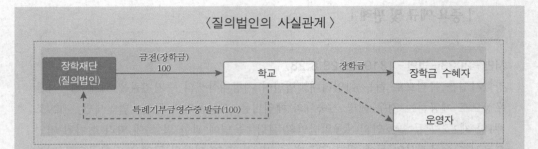

〈 질의법인의 사실관계 〉

2. 질의내용
「법인세법」 제29조 제1항 제2호의 "장학금" 범위에 장학재단이 학교에 장학금 명목으로 지급한 쟁점 금액이 포함되는지 여부

3. 답변 내용
장학사업을 목적으로 하는 비영리내국법인이 「사립학교법」에 따른 사립학교에 장학금으로 지출하는 기부금은 「법인세법」 제24조 제2항 제1호에 따른 특례기부금에 해당하는 것이며, 특례기부금은 같은 법 제29조 제1항 제2호에 따른 그 밖의 수익사업에서 발생한 소득에 대한 고유목적사업준비금 한도액 계산 시 '장학금'에 포함되지 않는 것임.

대법 2018두37472, 2019.12.27.
구 법인세법 제24조 제1항 제1호와 제2호에서 '법 제24조 제2항에 따른 기부금'과 '법 제24조 제2항에 따라 손금에 산입되는 기부금'을 구분하고 있는 점 및 조세법률주의의 원칙상 과세요건이거나 비과세요건 또는 조세감면요건을 막론하고 조세법규의 해석은 특별한 사정이 없는 한 법문대로 해석하여야 하는 점(대법원 2017.9.7. 선고, 2016두35083 판결 등 참조) 등을 종합하면, 고유목적사업준비금 손금산입한도액의 전제가 되는 '수익사업에서 발생한 소득'의 계산에 관한 구 법인세법 시행령 제56조 제3항 괄호 밖의 부분에서 말하는 '법 제24조 제2항에 따른 기부금'은 구 법인세법 제24조 제2항에 따라 손금에 산입되는 기부금인 '법정기부금의 손금산입한도액'이 아니라 '비영리내국법인이 법정기부금으로 지출한 금액'을 의미하는 것으로 보아야 함.

서울고법 2017누75967, 2018.1.25.
법인세법 시행령 제56조 제3항은 전단부의 기부금과 후단부의 기부금을 동일하게 해석한다면 그 문언상 같은 금액을 가산하였다가 다시 차감하는 것이어서 사실상 그 규정이 무의미하기에 후단을 법정기부금손금산입한도액으로 보아야 함.
또한 법인세법 시행령 제56조 3항은 "법 제29조 제1항 제4호에서 '수익사업에서 발생한 소득'이란 해당 사업연도의 수익사업에서 발생한 소득금액(고유목적사업준비금과 법 제

24조 제2항에 따른 기부금을 손금에 산입하기 전의 소득금액을 말한다)에서 … 법 제24조 제2항에 따른 기부금을 뺀 금액을 말한다."고 규정하고 있는데, 전단부의 기부금과 후단부의 기부금을 동일하게 해석한다면 그 문언상 같은 금액을 가산하였다가 다시 차감하는 것이어서 사실상 그 규정이 무의미해지는바, 이와 같은 규정을 해석함에 있어서 문언상 해석에 더하여 고유목적사업준비금에 관하여 손금산입한도액을 정하고 있는 취지 등을 종합적으로 고려하여야 할 것이다. 그리고 국세청이 발간한 2016 법인세 신고안내(참고자료1)에서도 '법인세법에 따른 법정기부금 손금산입액'을 차감하는 것으로 기재되어 있음.

사전 - 2016 - 법령해석법인 - 0560, 2017.2.13.
고유목적사업준비금 한도 계산시 기타수익사업에서 발생한 결손금은 기타수익사업의 당해 사업연도 손금의 총액이 익금을 초과하는 경우 그 초과하는 금액을 의미함.

조심 2009서4066, 2010.12.22.
청구법인은 「근로자직업훈련촉진법」에 의하여 설립된 법인으로서 직업교육을 목적으로 한다는 측면에서 「고등교육법」이나 「평생교육법」 등에 의한 학교 및 평생교육시설과 유사한 기능을 수행하는 부분이 있다 하더라도 조세법률주의 원칙상 「고등교육법」에 의한 학교로 볼 수는 없으며, 청구법인의 교육과정도 직업능력개발훈련사업과 학력인정사업에 한정되어 있으므로 일반적인 학원 등 학교 외의 교육을 담당하는 교육기관과 비교하여 차별화할 필요가 있다고 보여지지도 아니하므로 조세의 형평성 측면에서 청구법인이 운영하는 직업훈련사업을 수익사업에서 제외하여야 한다는 청구법인의 주장은 인정할 수 없다 하겠음.
「법인세법」 제29조 제1항에서 비영리내국법인이 그 법인의 고유목적사업에 지출하기 위하여 수익사업에서 발생하는 소득의 100분의 50을 고유목적사업준비금으로 계상하는 경우 해당 금액을 당해 사업연도의 손금에 산입할 수 있도록 규정하고 있고, 같은 법 시행령 제56조 제5항에서 '고유목적사업'이라 함은 당해 비영리내국법인의 법령 또는 정관에 규정된 설립목적을 직접 수행하는 사업으로서 제2조 제1항의 규정에 해당하는 수익사업 외의 사업을 말한다고 규정하고 있으며, 청구법인의 법인등기부상 목적사업은 직업능력개발훈련사업, 정부와 기업체의 직업능력개발훈련에 관한 위탁교육사업, 기타 국내외 인력개발 및 기술개발에 관한 교육사업, 직업능력개발훈련 유료교육사업 등으로 이러한 사업은 모두 「법인세법 시행령」 제2조 제1항에 규정한 수익사업에 해당함.

법인 - 670, 2009.6.4.
「사립학교법」에 의한 학교법인이 1990.12.31. 이전에 취득한 토지를 2006년 11월 양도하

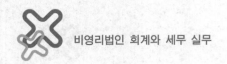
고 고정자산 처분으로 인한 소득금액 산정시 「법인세법」 부칙(법률 제5581호, 1998. 12.28.) 제8조 제2항의 의제취득가액을 적용한 경우 의제취득가액에 의하여 산정된 소득금액에 대하여 「법인세법」 제29조 또는 「조세특례제한법」 제74조에 의한 고유목적사업준비금을 설정하는 것임.

서면2팀 – 860, 2006.5.16.(구법)

질 의

〔사실관계〕

당 법인은 1.1.～12.31. 사업연도인 (재)○○장학회로서 「법인세법」 제29조 제1항의 규정에 의하여 아래 내용에 따라 2000사업연도의 고유목적사업준비금 계상액 중 5년 내에 고유목적사업 등에 미사용한 금액을 익금산입하고 2005사업연도에 고유목적사업준비금을 손금에 계상할 예정임.

—아 래—

2005사업연도 당기순이익 100원

• 이자배당소득 50
• 임대소득 20
• 2000사업연도 고유목적사업준비금 미사용액 익금산입 30

〔질의내용〕

고유목적사업준비금 미사용금액의 익금산입 여부

〔갑설〕 이자배당소득 50(100%) + 임대소득 16(80%) + 준비금미사용익금산입 24(80%)
＝고유목적사업준비금전입액 90

〔을설〕 이자배당소득 50(100%) + 임대소득 16(80%) = 고유목적사업준비금전입액 66(준비금미사용 고유목적사업준비금 환입은 당해 수익사업소득이 아님)

회 신

고유목적사업준비금을 손금에 산입한 비영리내국법인이 사업연도 종료일 이후 5년이 되는 날까지 고유목적사업 등에 미사용한 해당 준비금은 '수익사업에서 발생한 소득'으로 보아 「법인세법」 제29조 제3항 제4호의 규정에 의하여 당해 사유가 발생한 날이 속하는 사업연도에 익금산입하는 것임.

서면2팀 – 2196, 2005.12.28.

질 의

고유목적사업준비금 한도액 계산을 위한 질의와 관련하여 기존의 해석(서이 – 794, 2005.6.10.)에서 법정기부금을 손금에 산입하기 전의 소득금액은 「조세특례제한법」 제73

조의 규정에 의한 기부금(문화예술진흥기부금 제외)이 포함되지 아니한 소득금액의 의미에 대해 이견이 있어 질의함.

〔갑설〕 「조세특례제한법」 제73조의 규정에 의한 기부금(문화예술진흥기부금 제외)을 손금에 산입하기 이전의 소득금액인지 여부

〔을설〕 「조세특례제한법」 제73조의 규정에 의한 기부금(문화예술진흥기부금 제외)을 손금(한도액 계산 이전의 기부금)에 산입한 이후의 소득금액인지 여부

참고로 고유목적사업준비금조정명세서(갑)의 작성요령에 의하면 소득금액은 법인세과세표준 및 조정명세서(별지 제3호 서식)상의 (104)란의 차감소득금액을 기입토록 규정하고 있어 기부금한도액 계산 이전의 기부금을 비용으로 계산한 후의 소득금액으로 하도록 하고 있음.

회신

1. 귀 질의의 경우 기 질의회신문(서면2팀 - 794, 2005.6.10.) 관련하여 「조세특례제한법」 제73조의 규정에 의한 기부금(문화예술진흥기부금 제외)이 포함되지 아니한 소득금액이라 함은 동 기부금을 손금에 산입하지 않는 소득금액을 의미하는 것임.

2. 귀 질의와 관련된 기 질의회신문(서면2팀 - 844, 2004.4.22. ; 재법인 - 193, 2005.3.24.)을 참고하기 바람.

서면2팀 - 794, 2005.6.10.

「법인세법 시행령」 제56조 제3항의 내용 중 "「법인세법」 제24조 제2항의 규정에 의한 기부금을 손금에 산입하기 전의 소득금액"의 의미는 해당 법정기부금 한도액의 계산순서가 「법인세법 시행령」 제38조 제3항의 규정에 따라 「조세특례제한법」 제73조의 규정에 의한 기부금(문화예술진흥기부금을 제외한다) 한도액 계산을 하기 이전에 계산하여야 하는 것이므로, 법정기부금을 손금에 산입하기 전의 소득금액은 「조세특례제한법」 제73조의 규정에 의한 기부금(문화예술진흥기부금을 제외한다)이 포함되지 않은 소득금액을 의미하는 것임.

재법인 46012 - 115, 2001.6.12.

비영리내국법인이 '손금산입특례' 적용대상 기부금을 지출하는 경우, '고유목적사업준비금'과 별도로 손금에 산입할 수 있음.

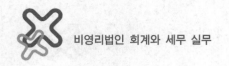

3-2. 손금산입특례(조세특례제한법 제74조)

3-2-1. 학교법인 등

다음에 열거한 법인에 대하여는 2025년 12월 31일 이전에 끝나는 사업연도까지 「법인세법」 제29조의 규정을 적용함에 있어서 같은 조 제1항 제2호에도 불구하고 해당 법인의 수익사업(④와 ⑤의 경우에는 해당 사업과 해당 사업시설에서 그 시설을 이용하는 자를 대상으로 하는 수익사업만 해당하고, 제6호의 체육단체의 경우에는 국가대표의 활동과 관련된 수익사업만 해당한다)에서 발생한 소득 전액을 고유목적사업준비금으로 손금에 산입할 수 있다(조세특례제한법 제74조 제1항).

① 「사립학교법」에 의한 학교법인, 「산업교육진흥 및 산학협력촉진에 관한 법률」에 의한 산학협력단 및 「평생교육법」에 의한 원격대학 형태의 평생교육시설을 운영하는 「민법」 제32조에 의한 비영리법인, 「국립대학법인 서울대학교 설립·운영에 관한 법률」에 따른 국립대학법인 서울대학교 및 발전기금, 「국립대학법인 인천대학교 설립·운영에 관한 법률」에 따른 국립대학법인 인천대학교 및 발전기금

② 「사회복지사업법」에 따른 사회복지법인

③ 「국립대학병원설치법」에 의한 국립대학병원 및 「국립대학치과병원설치법」에 따른 국립대학치과병원, 「서울대학교병원설치법」에 의한 서울대학교병원, 「서울대학교치과병원설치법」에 의한 서울대학교치과병원 및 「국립암센터법」에 의한 국립암센터, 「지방의료원의 설립 및 운영에 관한 법률」에 따른 지방의료원, 「대한적십자사 조직법」에 따른 대한적십자사가 운영하는 병원, 「국립중앙의료원의 설립 및 운영에 관한 법률」에 따른 국립중앙의료원

④ 「도서관법」에 따라 등록한 도서관을 운영하는 법인

⑤ 「박물관 및 미술관진흥법」에 따라 등록한 박물관 또는 미술관을 운영하는 법인

⑥ 정부로부터 허가 또는 인가를 받은 문화예술단체 및 체육단체로서 다음의 어느 하나에 해당하는 법인(조세특례제한법 시행령 제70조 제1항, 동법 시행규칙 제29조의 2) 이때 체육단체는 2023. 1. 1. 이후 최초로 신고하는 분부터 적용함.

  ㉠ 「지방문화원진흥법」에 의하여 주무부장관의 인가를 받아 설립된 지방문화원

  ㉡ 「문화예술진흥법」 제23조의 2의 규정에 의한 예술의 전당

  ㉢ 「국민체육진흥법」 제33조 및 제34조에 따른 대한체육회 및 대한장애인체육회

  ㉣ 그 밖의 문화예술단체 또는 체육단체로서 다음의 어느 하나에 해당하는 법인 또

는 단체로서 기획재정부장관이 문화체육관광부장관과 협의하여 고시하는 법인 또는 단체

- 「문화예술진흥법」 제7조에 따라 지정된 전문예술법인 및 전문예술단체
- 「국민체육진흥법」 제33조 또는 제34조에 따른 대한체육회 또는 대한장애인체육회에 가맹된 체육단체

❗ 2001.7.31. 재정경제부고시 제2001 - 11호에 의한 문화예술단체

법인명	대표자	문화관광부지정번호
(재)국립발레단	최태지	제2001 - 2호
(재)국립오페라단	박수길	제2001 - 3호
(재)국립합창단	염진섭	제2001 - 4호
(재)정동극장	박형식	제2001 - 5호
(재)서울예술단	신선희	제2001 - 6호
(재)코리안심포니오케스트라	이영조	제2001 - 7호

⑦ 「국제경기대회 지원법」에 따라 설립된 조직위원회로서 기획재정부장관이 효율적인 준비와 운영을 위하여 필요하다고 인정하여 고시한 조직위원회

⑧ 「공익법인의 설립·운영에 관한 법률」에 따라 설립된 법인으로서 해당 과세연도의 고유목적사업이나 「법인세법」 제24조 제3항 제1호에 따른 일반기부금에 대한 지출액 중 100분의 80 이상의 금액을 장학금으로 지출한 법인

⑨ 다음의 어느 하나에 해당하는 법인
  ㉠ 「공무원연금법」에 따른 공무원연금공단
  ㉡ 「사립학교교직원연금법」에 따른 사립학교교직원연금공단

3-2-2. 지방 시·군 소재 의료법인

수도권 과밀억제권역 및 광역시를 제외하고 인구 등을 고려하여 다음에서 정하는 지역에 「의료법」 제3조 제2항 제1호 또는 제3호의 의료기관을 개설하여 의료업을 영위하는 비영리내국법인(법 제74조 제1항이 적용되는 비영리내국법인은 제외)에 대하여는 2025년 12월 31일 이전에 끝나는 사업연도까지 「법인세법」 제29조를 적용하는 경우 그 법인의 수익사업에서 발생한 소득 전액을 고유목적사업준비금으로 손금에 산입할 수 있다(조세특례제한법 제74조 제4항, 동법 시행령 제70조 제4항).

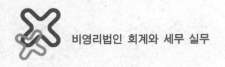

다음의 요건을 모두 갖춘 지역으로서 기획재정부령으로 정하는 별표 8의 6에 따른 지역을 말한다.

① 인구수가 30만명 이하인 시(「제주특별자치도 설치 및 국제자유도시 조성을 위한 특별법」제10조 제2항에 따라 제주특별자치도에 두는 행정시를 포함)·군 지역
② 「국립대학병원 설치법」에 따른 국립대학병원 또는 「사립학교법」에 따른 사립학교가 운영하는 병원이 소재하고 있지 아니한 지역

【별표 8의 6】 고유목적사업준비금 손금산입 특례를 적용받는 비영리의료법인 소재 지역의 범위

경기도	동두천시, 오산시, 이천시, 안성시, 김포시, 광주시, 양주시, 포천시, 여주군, 연천군, 가평군, 양평군
강원도	강릉시, 동해시, 태백시, 속초시, 삼척시, 홍천군, 횡성군, 영월군, 평창군, 정선군, 철원군, 화천군, 양구군, 인제군, 고성군, 양양군
충청북도	제천시, 청원군, 보은군, 옥천군, 영동군, 증평군, 진천군, 괴산군, 음성군, 단양군
충청남도	공주시, 보령시, 아산시, 서산시, 논산시, 계룡시, 금산군, 연기군, 부여군, 서천군, 청양군, 홍성군, 예산군, 태안군, 당진군
전라북도	군산시, 정읍시, 남원시, 김제시, 완주군, 진안군, 무주군, 장수군, 임실군, 순창군, 고창군, 부안군
전라남도	목포시, 여수시, 순천시, 나주시, 광양시, 담양군, 곡성군, 구례군, 고흥군, 보성군, 장흥군, 강진군, 해남군, 영암군, 무안군, 함평군, 영광군, 장성군, 완도군, 진도군, 신안군
경상북도	김천시, 안동시, 영주시, 상주시, 문경시, 경산시, 군위군, 의성군, 청송군, 영양군, 영덕군, 청도군, 고령군, 성주군, 칠곡군, 예천군, 봉화군, 울진군, 울릉군
경상남도	진해시, 통영시, 사천시, 밀양시, 거제시, 의령군, 함안군, 창녕군, 고성군, 남해군, 하동군, 산청군, 함양군, 거창군, 합천군
제주도	서귀포시

서면 – 2023 – 법인 – 1575, 2023.7.25.

1. 법인세법 제55조의 2에 따른 토지등 양도소득에 대한 법인세 추가과세 대상 여부 판정 시 「수도법」에 따른 상수원보호구역 안의 임야는 법인세법 시행령 제92조의 6에 따라 비사업용 토지에서 제외하는 것임.

2. 법인세법 제29조 제1항 제2호에 따른 "그 밖의 수익사업에서 발생한 소득"은 조세특례제한법 제74조 제1항에 따라 고유목적사업준비금으로 손금에 산입하는 것이며, 이 경우 "그 밖의 수익사업에서 발생한 소득"은 법인세법 시행령 제56조 제3항에 따라 법 제29조 제1항 제1호에 따른 이자·배당 등 금액, 법 제13조 제1항 제1호에 따른 결손금 및 법 제24조 제2항 제1호에 따른 기부금을 뺀 금액으로 하는 것임.

기준 – 2022 – 법무법인 – 0212, 2023.7.12.

귀 과세기준자문의 경우, 기획재정부 해석(기획재정부 법인세제과 – 376, 2023.6.30.)을 참조하기 바람.

○ 기획재정부 법인세제과 – 376, 2023.6.30.

「조세특례제한법」 제74조 제1항에 따라 수익사업에서 발생한 소득을 고유목적사업준비금으로 손금에 산입하는 경우, 「법인세법」 제29조 제1항 제2호에 따른 수익사업에서 발생한 소득에 대해서는 「법인세법 시행령」 제56조 제3항에 따라 계산한 금액을 손금에 산입하는 것임.

○ 법인세법 시행령 제56조【고유목적사업준비금의 손금산입】

③ 법 제29조 제1항 제4호에서 "수익사업에서 발생한 소득"이란 해당 사업연도의 수익사업에서 발생한 소득금액(고유목적사업준비금과 법 제24조 제2항에 따른 기부금을 손금에 산입하기 전의 소득금액을 말한다)에서 법 제29조 제1항 제1호부터 제3호까지의 규정에 따른 금액 및 법 제13조 제1호에 따른 결손금과 법 제24조 제2항에 따른 기부금을 뺀 금액을 말한다.

서면 – 2017 – 법인 – 2097, 2019.8.1.

비영리내국법인이 「조세특례제한법 시행령」 제70조 제5항에서 정하는 특례대상 지역과 그 외 지역에 각각 의료기관을 개설하여 의료업을 영위하는 경우 특례대상 지역의 의료기관에서 발생하는 의료업 수익사업소득에 한해 「조세특례제한법」 제74조 제4항에 따라 전액 고유목적사업준비금으로 손금에 산입할 수 있고, 특례대상지역 이외의 지역에서 발생하는 의료업 수익사업소득은 100분의 50을 고유목적사업준비금으로 손금에 산입하는 것임.

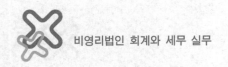

서면 – 2018 – 법령해석법인 – 0972, 2019.5.15.

종교보급과 교화사업을 고유목적사업으로 하는 비영리법인인 종교단체가 수익사업인 출판업과 「조세특례제한법」 제74조 제4항에 따른 특례 대상 의료업을 함께 영위하는 경우 해당 종교단체는 의료업에서 발생한 수익사업소득의 전액과 출판업에서 발생한 수익 사업소득의 100분의 50을 고유목적사업준비금으로 손금에 산입할 수 있으며,

해당 종교단체가 의료업 수익사업소득의 전액에 대하여 고유목적사업준비금을 설정한 경우, 해당 수익사업소득의 100분의 50에 해당하는 고유목적사업준비금은 본래의 고유 목적사업인 종교보급 및 교화사업과 「법인세법 시행령」 제56조 제6항 제3호에 따른 의 료기기 취득 등의 고유목적사업(이하 "의료목적사업")이나 지정기부금 지출에 제한 없 이 사용할 수 있으나, 의료업 수익사업소득의 100분의 50을 초과하는 금액에 상당하는 고유목 적사업준비금은 의료목적사업이나 지정기부금 지출에만 사용할 수 있는 것임.

4　손금산입액의 범위와 한도초과액의 처리

고유목적사업준비금 설정가능 한도를 초과하여 손금계상한 고유목적사업준비금은 손금 불산입하여야 한다. 이때 손금으로 계상한 고유목적사업준비금의 범위는 다음과 같다.

> 손금계상한 고유목적사업준비금 = 고유목적사업준비금 전입액 + 수익사업소득에서 직접 고유
> 목적사업에 지출한 금액 + 일반기부금 계상액

즉, 단순히 고유목적사업준비금 전입액으로 비용계상한 것뿐만 아니라 수익사업소득에서 직접 고유목적사업에 지출한 비용과 일반기부금으로 지출한 비용을 전부 고유목적사업 준비금의 손금계상액으로 보는 것에 유의한다.

고유목적사업준비금 한도초과액은 그 이후의 사업연도에 설정가능 한도를 미달하게 설정한 경우에도 손금으로 추인할 수 없다. 다만, 법인이 한도초과되어 손금불산입된 고유목적사업준 비금을 환입하여 수익회계의 익금으로 계상한 경우에는 이월익금으로 보아 이를 익금불산입 하여야 한다(법인세법 기본통칙 29–56…3). 따라서 고유목적사업준비금의 한도초과액이 발생 한 경우에는 이후 사업연도에 수익회계 결산상 고유목적사업준비금환입액으로 익금계상하고

세무조정에서 익금불산입 처리하여야 한다. 회계처리는 '제3절 구분경리'를 참조하기 바란다.

> **법인세법 기본통칙 29-56…3【고유목적사업준비금 한도초과액의 처리】**
> 법 제29조 제1항에 따른 범위액을 초과하여 손금으로 계상한 고유목적사업준비금으로
> 서 각 사업연도의 소득금액 계산시 손금불산입된 금액은 그 이후의 사업연도에 있어서
> 이를 손금으로 추인할 수 없다. 다만, 동 금액을 환입하여 수익으로 계상한 경우에는
> 이를 이월익금으로 보아 익금에 산입하지 아니한다.

 | 중요 예규 및 판례 |

사전-2021-법령해석법인-0189, 2021.11.4.
「주식회사 등의 외부감사에 관한 법률」 제2조 제7호 및 제9조에 따른 감사인의 회계감
사를 받는 비영리내국법인이 법인세 신고 시 고유목적사업준비금을 세무조정계산서에 계
상하고 해당 사업연도의 이익처분을 할 때 그 금액 상당액을 공동주택 관리규약에 따라 고
유목적사업에 지출할 목적으로 '장기수선충당금', '관리비차감적립금'등으로 적립하는 경우
해당금액은 「법인세법」 제29조 제1항을 적용할 때 결산 확정 시 손비로 계상한 것으로 보는
것임.

기준-2021-법령해석법인-0132, 2021.10.12.
(질의1) 귀 과세기준자문 신청의 사실관계와 같이, 외부감사대상이 아닌 비영리내국법
　　　　인이 고유목적사업준비금을 결산서에 손비로 계상하고 손금산입 한도초과액
　　　　은 손금불산입으로 세무조정하고 있는 경우로서 과세관청의 세무조사 결과 해
　　　　당 사업연도의 소득금액이 증가함에 따라 고유목적사업준비금의 손금산입 한도
　　　　액도 증가하는 경우 증가한 손금산입 한도액의 범위 내에서 당초 세무조정에 의
　　　　해 손금불산입한 금액을 손금에 산입할 수 있는 것임.
(질의2) 귀 과세기준자문 신청의 사실관계와 같이, 외부감사대상이 아닌 비영리내국법
　　　　인이 고유목적사업준비금을 결산서에 손비로 계상하고 손금산입 한도초과액은
　　　　손금불산입으로 세무조정하고 있는 경우로서 해당 비영리내국법인이 과세관청
　　　　의 세무조사 결과 손금 부인된 종전 사업연도의 업무무관부동산 관련 비용에
　　　　대한 법인세액을 「법인세법 시행규칙」 제27조에 따라 양도한 날이 속하는 사업
　　　　연도의 법인세에 가산하여 납부하는 경우 해당 업무무관부동산을 양도한 날이 속
　　　　하는 사업연도의 고유목적사업준비금 손금산입한도가 증가하지 않는 것이므로 당

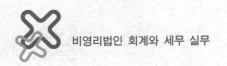
초 세무조정에 의해 손금불산입한 금액을 추가로 손금에 산입할 수 없는 것임.

기획재정부 법인세제과 - 104, 2020.1.23.

조세특례제한법 제121조의 23 제6항 각 호의 금액을 합한 금액을 한도로 고유목적사업준비금을 손금에 산입한 농업협동조합중앙회가 「법인세법」 제66조 제2항에 따른 경정으로 고유목적사업준비금의 손금산입 한도가 증가한 경우, 증가한 한도의 범위내에서 당초 손금에 산입하지 않은 조세특례제한법 제121조의 23 제7항에 따라 지출한 배당금액을 경정청구 등을 통해 추가로 세무조정계산서에 계상하면 해당 금액은 손금에 산입할 수 있는 것임.

법인 - 494, 2009.4.24.

각 사업연도의 소득금액 계산에 있어서 고유목적사업준비금을 세무조정계산서에 손금으로 계상하지 아니하였거나 과소계상한 경우에는 그 이후 경정 등의 청구에 의해 손금에 산입할 수 없는 것임.

재법인 - 716, 2007.9.5.

[질 의]

전년도에 설정된 고유목적사업준비금이 없어 당해 사업연도 소득으로 고유목적사업비를 지출한 경우 당해 사업연도 고유목적사업준비금 한도액 산정방법

〔사례〕 당해 사업연도 수익(50% 설정한도) 1억 원 중 9천만 원을 고유목적사업비로 지출한 경우 고유목적사업준비금 한도액
　① 1억 원(수익) × 50%
　② 1천만 원(수익 1억 원 - 고유목적사업 지출 0.9억 원) × 50%

[회 신]

귀 질의에 대하여는 우리부 예규(재법인 46012 - 82, 2003.5.12.)를 참고바람.
※ 재법인 46012 - 82, 2003.5.12.
　비영리 내국법인이 당해 법인의 고유목적사업에 지출하거나 지정기부금으로 지출하는 금액은 법인세법 제29조 제1항의 규정에 의해 손금으로 계상한 고유목적사업준비금에서 먼저 상계하는 것이며 직전 사업연도 종료일 현재 고유목적사업준비금의 잔액을 초과하여 지출하는 경우에는 당해 사업연도에 계상할 고유목적사업준비금에서 지출한 것으로 보는 것이므로, 같은 법 같은 조의 규정에 의한 고유목적사업준비금의 한도액을 초과하여 지출하는 금액은 손금에 산입하지 아니하는 것임.

국심 2005중1612, 2007.5.15.

가) 고유목적사업준비금은 반드시 회계처리를 통하여 손금으로 산입한 경우에 한하여 손금인정하는 결산조정사항으로 누적적 관리대상이 아니며, 「법인세법 시행규칙」 (서식)이 1999.5.24. 개정되기 전까지, 즉 1998사업연도까지는 비영리법인이 손금으로 계상한 고유목적사업준비금이 「법인세법」상 준비금한도액을 초과하는 경우 동 금액을 손금불산입하되, 동 규칙 별지 제57호 서식에 의거 차기 이후 사업연도에 고유목적사업준비금 설정액이 한도액에 미달하는 경우 그 미달분에 상당하는 전기 부인액을 손금으로 추인할 수 있도록 하였으나, 동 규칙이 1999.5.24. 개정됨에 따라 별지 제27호 서식에 의거 당기 설정액이 한도액에 미달해도 전기 부인액을 추인하지 아니하도록 명백히 규정한 것으로 보임.

나) 국세청의 고유목적사업준비금 한도초과액의 처리와 관련한 기본통칙에서도 「법인세법」 제29조 제1항 규정의 범위액을 초과하여 손금으로 계상한 고유목적사업준비금으로서 각 사업연도의 소득금액계산시 손금불산입된 금액은 그 이후의 사업연도에 있어서 이를 손금으로 추인할 수 없음. 다만, 동 금액을 환입하여 수익으로 계상한 경우에는 이를 이월익금으로 보아 익금에 산입하지 아니한다(법인세법 기본통칙 29-56…3, 2001.11.1. 같은 뜻임)고 해석하고 있음.

다) 또한, 1999.5.24. 개정 「법인세법 시행규칙」 부칙 제10조에서 개정서식 중 각 사업연도 소득에 대한 법인세의 신고 및 납부와 관련한 서식은 1999.1.1. 이후 최초로 개시하는 사업연도에 대한 법인세를 신고하는 분부터 적용하고, 동 부칙 제16조에는 1998년 12월 개정 전 「법인세법」 및 「법인세법 시행령」에 의하여 법인세과세표준을 계산하거나 신고·납부하는 경우에는 종전의 각 서식에 의하도록 규정하고 있으나, 1998사업연도 후 고유목적사업준비금 설정액이 한도액에 미달되어 1998사업연도 이전의 고유목적사업준비금 한도초과액을 손금추인할 수 있는지는 1999사업연도 이후의 과세표준과 관련된 것으로 위 경과규정을 적용할 수 없다고 할 것인바, 1999사업연도 이후의 고유목적사업준비금 설정액이 한도액에 미달되더라도 1998사업연도 이전의 손금한도초과액을 손금으로 추인할 수는 없다고 판단됨(국심 2002서844, 2002.10.18. 같은 뜻임).

서면2팀-717, 2007.4.24.

(질 의)

〔사실관계〕

비영리법인이 「법인세법」 제29조 제1항 제4호의 수익사업에서 1억 원의 소득이 발생함 (전액 고유목적사업부문에 전출처리). 당해 사업연도 고유목적사업에 실지 지출한 금액이 9천만 원, 직전 사업연도 계상한 고유목적사업준비금의 잔액은 없으며 당해 사업연도의

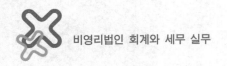

고유목적사업준비금의 계상액은 없음.

〔질의요지〕

당해 사업연도의 비영리법인이 고유목적사업준비금을 미계상한 경우 당해 사업연도의 고유목적사업준비금의 시부인계산시 회사가 손금계상한 고유목적사업준비금을 목적사업에 전출한 소득금액 1억 원으로 하는 것인지, 1억 원에서 고유목적사업에 실지 지출한 9천만 원을 차감한 잔액 1천만 원인지 여부를 질의

회신

귀 질의의 경우, 비영리내국법인이 「법인세법」 제29조 제1항의 규정에 의한 고유목적사업준비금을 손금으로 계상하지 아니하고 수익사업에서 생긴 소득을 당해 법인의 고유목적사업 등에 직접 지출한 경우에 그 금액은 고유목적사업준비금을 계상하여 지출한 것으로 보는 것이므로, 같은 법의 규정에 의한 고유목적사업준비금 한도액을 초과하여 지출한 금액은 손금에 산입하지 아니하는 것임.

서면2팀 - 2790, 2004.12.30.

「사내근로복지기금법」에 의거 설립된 동 기금이 「법인세법」 제29조 및 동법 시행령 제56조 제6항의 규정에 의거 고유목적사업준비금을 기금에 전입한 경우 고유목적사업에 지출 또는 사용한 것으로 인정받기 위한 요건이 있는지 여부에 대하여 「사내근로복지기금법」과 사내복지기금설치운영준칙에 의한 근로자의 복지증진을 위한 용도로 기금에 전입하여야 하고 감독관청의 승인을 받아야 하며, 또한 당해 비영리법인의 고유목적사업에 지출하거나 지정기부금으로 지출하는 경우 고유목적사업준비금 잔액을 초과해 지출하는 금액으로서 당해 사업연도에 계상할 고유목적사업준비금의 한도액을 초과하는 금액은 손금에 산입하지 아니하는 것임.

재법인 46012 - 82, 2003.5.12.

질의

1. 관련규정 : 본 법인은 장학사업을 영위하고 있으며, 「상속세 및 증여세법」 제49조 제1항 단서에서 규정하고 있는 '성실공익법인'으로서, 「상속세 및 증여세법 시행령」 제42조 제1항에 의하면 '성실공익법인은 운용소득의 100분의 90 이상을 직접 공익목적사업에 사용해야 한다'고 되어 있으며, 이때 운용소득은 당해 사업연도의 수익사업에서 발생한 소득금액(고유목적사업준비금과 당해 사업연도 중 고유목적사업비로 지출된 금액으로서 손금에 산입된 금액을 포함)에서 당해 소득에 대한 법인세 또는 소득세, 농어촌특별세, 주민세 및 이월결손금을 차감한 금액을 말함. 또한 「법인세법」 제29조에서는 비영리법인이 고유목적사업에 지출하기 위하여 고유목적사업준비금을

손금으로 계상하는 데 있어 이자소득금액은 전액을 기타 수익금액에서 발생한 소득금액은 50% 범위 내에서 계상하도록 하고 있음.

2. 상황 : 본 법인의 수입금액은 이자소득과 부동산임대소득으로 구성되어 있고, 2001년까지 손금으로 계상한 고유목적사업준비금을 모두 고유목적사업에 지출하여 2002년 당기에 지출한 고유목적사업비의 경우, 당기에 설정하는 고유목적사업준비금(이자소득금액 전액, 부동산임대소득금액의 50%)에서 지출한 것으로 보아 손금산입해야 하는 상황임.

   당해연도 이자소득금액을 1,000, 부동산임대소득을 1,000이라고 가정해 보겠음.

   이때, 고유목적사업준비금으로 설정할 수 있는 한도는 1,500임.

   (이자소득금액의 100%, 부동산임대소득금액의 50%)

   (전기까지 설정한 고유목적사업준비금은 전액 고유목적사업에 지출하여 잔액이 0인 상태임)

3. 문제점 : 그러나 성실공익법인의 요건을 충족하려면 운용소득인 2,000의 90%인 1,800을 공익목적사업에 사용해야 하는 바, 1,800과 1,500의 차액인 300만큼은 고유목적사업준비금이 설정되지 않은 금액이므로 공익목적에 사용하고서도 손금으로 인정받지 못하는 불합리한 결과가 발생하게 됨.

   일반공익법인의 경우 운용소득의 70% 이상을 공익사업에 사용하면 되나, 성실공익법인은 운용소득의 90% 이상을 공익사업에 사용하도록 한 것은 공익성을 제고하기 위해 운용소득의 사용의무비율을 상향 조정한 것으로 판단되나, 위와 같은 상황인 경우 공익목적에 사용하고서도 손금불산입된다면 이는 성실공익법인 규정을 제정한 당초 취지와 어긋난 것으로 보여짐.

4. 질의사항 : 따라서 본 법인과 같이 고유목적사업준비금을 초과하여 고유목적사업에 지출하는 경우 이를 '고유목적사업비' 등의 명목으로 당해 사업연도 소득금액 계산 시 비용으로 처리할 수 있는지를 질의함.

회신

비영리내국법인이 당해 법인의 고유목적사업에 지출하거나 지정기부금으로 지출하는 금액은 「법인세법」 제29조 제1항의 규정에 의해 손금으로 계상한 고유목적사업준비금에서 먼저 상계하는 것이며 직전 사업연도 종료일 현재 고유목적사업준비금의 잔액을 초과하여 지출하는 경우에는 당해 사업연도에 계상할 고유목적사업준비금에서 지출한 것으로 보는 것이므로, 같은 법 같은 조의 규정에 의한 고유목적사업준비금의 한도액을 초과하여 지출하는 금액은 손금에 산입하지 아니하는 것임.

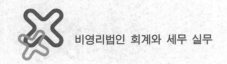

제도 46012 - 11329, 2001.6.4.
「법인세법」 제29조의 규정에 의한 고유목적사업준비금은 비영리내국법인이 동 준비금을 동조 제1항 및 제2항의 규정에 의하여 손금으로 계상한 경우에 한하여 적용하는 것으로 구 「법인세법」(1998.12.28. 법률 제5581호로 개정되기 전의 것) 제12조의 2 규정에 의하여 고유목적사업준비금 한도초과액을 손금에 산입하지 아니한 비영리내국법인이 1999.1.1. 이후 개시하는 사업연도에 고유목적사업준비금을 한도액보다 과소 설정한 경우에도 동 부인액은 손금으로 추인하지 아니하는 것임.

심사법인 98 - 383, 1999.2.5.
수익사업에서 발생한 수익을 고유목적사업에 사용했음이 확인되는 경우는 고유목적사업준비금의 설정 여부에 관계없이 고유목적사업준비금 설정한도액만큼은 손금으로 인정됨.

5 고유목적사업준비금의 사용

5-1. 개 요

고유목적사업준비금은 손금으로 계상한 사업연도의 종료일 이후 5년 이내 고유목적사업 및 일반기부금의 지출에 사용하여야 한다. 이 경우 고유목적사업 또는 일반기부금에 사용한 금액은 먼저 계상한 고유목적사업준비금부터 차례로 상계하여야 한다(법인세법 제29조 제3항).

또한, 직전 사업연도 종료일 현재의 고유목적사업준비금 잔액을 초과하여 지출한 금액은 해당 사업연도에 계상할 고유목적사업준비금에서 지출한 것으로 본다(법인세법 제29조 제3항).

따라서 해당 사업연도의 고유목적사업준비금의 손금산입 범위를 초과하여 지출하는 금액은 손금에 산입하지 아니하고(법인세법 기본통칙 29 - 56…7) 5년 이내에 사용하지 못하고 남은 잔액은 5년이 되는 날이 속하는 사업연도의 소득금액 계산시 익금에 산입하고 이자상당액을 납부하여야 한다(법인세법 제29조 제5항, 제7항).

5-2. 고유목적사업에의 사용

5-2-1. 고유목적사업의 정의

손금으로 계상한 고유목적사업준비금은 고유목적사업에 지출되어야 하는 바, '고유목적사업'이라 함은 당해 비영리내국법인의 법령 또는 정관에 규정된 설립목적을 직접 수행하는 사업으로서 「법인세법 시행령」 제3조 제1항의 규정에 해당하는 수익사업 외의 사업을 말한다(법인세법 시행령 제56조 제5항).

여기서 주의할 점은 「법인세법」상 고유목적사업준비금의 사용범위와 「상속세 및 증여세법」상 공익법인 등의 과세가액 불산입된 출연재산의 직접공익목적사업 등에 사용한 범위가 상이하다는 것이다.

5-2-2. 고유목적사업에의 지출 또는 사용

다음의 경우 고유목적사업에 지출 또는 사용한 것으로 본다. 다만, 비영리내국법인이 유형자산 및 무형자산 취득 후 법령 또는 정관에 규정된 고유목적사업이나 보건업[보건업을 영위하는 비영리내국법인(이하 "의료법인")에 한정함]에 3년 이상 자산을 직접 사용하지 아니하고 처분하는 경우에는 다음의 ① 또는 ③의 금액을 고유목적사업에 지출 또는 사용한 금액으로 보지 않는다(법인세법 시행령 제56조 제6항).

또한 수익사업을 위하여 지출하거나 고유목적사업의 기본재산으로 편입하는 것은 고유목적사업에 사용한 것으로 보지 않는다.

고유목적사업의 수행에 직접 소요되는 인건비에 대하여는 고유목적사업에 지출된 금액으로 본다. 그러나 해당 사업연도에 다음 중 어느 하나에 해당하는 법인의 임원 및 직원이 지급받는 「소득세법」 제20조 제1항 각 호의 소득의 금액의 합계액(총급여액 : 해당 사업연도의 근로기간이 1년 미만인 경우에는 총급여액을 근로기간의 월수로 나눈 금액에 12를 곱하여 계산한 금액, 이 경우 개월 수는 태양력에 따라 계산하되, 1개월 미만의 일수는 1개월로 한다)이 8천만원을 초과하는 경우 그 초과하는 금액은 고유목적사업에 지출된 인건비로 보지 아니한다. 다만, 해당 법인이 해당 사업연도의 과세표준을 신고하기 전에 해당 임원 및 종업원의 인건비 지급규정에 대하여 주무관청으로부터 승인받은 경우에는 그러하지 아니하다(법인세법 시행령 제56조 제11항).

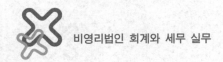
① 법 제29조 제1항 제2호에 따라 수익사업에서 발생한 소득에 대하여 100분의 50을 곱한 금액을 초과하여 고유목적사업준비금으로 손금산입하는 비영리내국법인

② 「조세특례제한법」 제74조 제1항 제2호 및 제8호에 해당하여 수익사업에서 발생한 소득에 대하여 100분의 50을 곱한 금액을 초과하여 고유목적사업준비금으로 손금산입하는 비영리내국법인

승인을 요청받은 주무관청은 해당 인건비 지급규정이 사회통념상 타당하다고 인정되는 경우 이를 승인하여야 하며, 3년이 지날 때마다 다시 승인을 받아야 한다. 다만, 그 기간 내에 인건비 지급규정이 변경되는 경우에는 그 사유가 발생한 날이 속하는 사업연도 과세 표준 신고기한까지 다시 승인을 받아야 한다. 과세표준 신고시점에 인건비 지급규정 및 주무관청의 승인사실을 확인할 수 있는 서류를 납세지 관할세무서장에게 제출하여야 한다.

기 준	내 용
① 고유목적사업의 수행에 직접 소요되는 유·무형자산 취득비용 및 인건비 등 필요경비로 사용하는 금액	고유목적사업의 수행에 직접 소요되는 유형자산 및 무형자산 취득비용(자본적 지출 포함) 및 인건비 등 필요경비로 사용하는 금액 또한 여기서 '지출한다'함은 목적달성을 위하여 실제로 지출됨을 의미하므로 고유목적사업준비금에 상당하는 금액을 단순히 수익사업에서 비수익사업으로 전출하여 구분경리하고 있는 상태만을 의미하지는 않는다.
② 특별법에 따라 설립된 법인(해당 법인에 설치되어 운영되는 기금 중 법인으로 보는 단체를 포함)으로서 건강보험·연금관리·공제사업 및 법인세법 시행령 제3조 제1항 제8호에 따른 사업을 영위하는 비영리내국법인이 손금으로 계상한 고유목적사업준비금을 법령에 의하여 기금 또는 준비금으로 적립한 금액	특별법에 의하여 설립된 법인(당해 법인에 설치되어 운영되는 기금 중 국세기본법 제13조의 규정에 의하여 법인으로 보는 단체 포함)으로서 다음의 사업을 영위하는 비영리내국법인이 손금으로 계상한 고유목적사업준비금을 법령에 의하여 기금 또는 준비금으로 적립한 금액은 고유목적사업에 사용한 것으로 본다. • 건강보험·연금관리·공제사업 • 법인세법 시행령 제3조 제1항 제8호에서 규정된 금융 및 보험 관련 서비스업 중 다음의 사업 ㉮ 예금자보호법에 의한 예금보험기금 및 예금보험기금채권상환기금을 통한 예금보험 및 이와 관련된 자금지원·채무정리 등 예금보험제도를 운영하는 사업 ㉯ 농업협동조합의 구조개선에 관한 법률 및 수산업협동조합법에 의한 상호금융예금자보호기금을 통한 예금보험 및 자금지원 등 예금보험제도를 운영하는 사업 ㉰ 새마을금고법에 의한 예금자보호준비금을 통한 예금보험 및 자금지원 등 예금보험제도를 운영하는 사업 ㉱ 「한국자산관리공사 설립 등에 관한 법률」 제43조의 2에 따른 구조조정기금을 통한 부실자산 등의 인수 및 정리와 관련한 사업

기 준	내 용
	㉱ 신용협동조합법에 의한 신용협동조합예금자보호기금을 통한 예금보험 및 자금지원 등 예금보험제도를 운영하는 사업 ㉲ 산림조합법에 의한 상호금융예금자보호기금을 통한 예금보험 및 자금지원 등 예금보험제도를 운영하는 사업
③ 의료법인이 의료기기 등 자산을 취득하기 위하여 지출하는 금액, 의료 해외진출을 위하여 지출하는 금액과 연구개발사업을 위하여 지출하는 금액	비영리내국법인의 경우 그 수행하는 사업이 당해 비영리법인의 법령 또는 정관에 규정된 고유목적사업이라 하더라도 수익사업에 해당하는 경우에는 동 수익사업을 위하여 지출하는 금액은 고유목적사업에 사용한 것으로 보지 않는다. 그러나 의료법인의 의료업이 수익사업에 해당하더라도 다음의 금액에 대하여는 고유목적사업준비금 상당액을 의료발전회계(고유목적사업준비금의 적립 및 지출에 관하여 다른 회계와 구분하여 독립적으로 경리하는 회계)로 구분하여 경리한 경우에 고유목적사업에 지출 또는 사용한 것으로 본다. 단, 이는 법인의 선택에 따라 고유목적사업준비금을 사용한 것으로 경리할 수 있다(법인세법 시행령 제56조 제10항, 동법 시행규칙 제29조의 2, 동법 기본통칙 29-56…6). ① 다음의 자산을 취득하기 위하여 지출하는 금액 • 병원 건물 및 부속토지 • 의료기기법에 따른 의료기기 • 보건의료기본법에 따른 보건의료정보의 관리를 위한 정보시스템 설비 • 산부인과 병원·의원 또는 조산원을 운영하는 의료법인이 취득하는 모자보건법 제2조 제10호에 따른 산후조리원 건물 및 부속토지(2023.3.20. 이후 지출하는 경우부터 적용함) ② 의료 해외진출 및 외국인환자 유치 지원에 관 한 법률 제2조 제1호에 따른 의료 해외진출을 위하여 다음의 용도로 지출하는 금액 • 병원 건물 및 부속토지를 임차하거나 인테리어 하는 경우 • 의료기기 또는 정보시스템 설비를 임차하는 경우 ③ 다음의 연구개발사업을 위하여 지출하는 금액 • 자체연구개발사업(조특령 별표 6의 1호 가목) • 위탁 및 공동연구개발사업(조특령 별표 6의 1호 나목) 이러한 제도는 의료법인이 비영리법인에 해당하여 고유목적사업준비금을 적립할 수 있음에도 불구하고 의료업 자체가 세법상 수익사업에 해당함에 따라 고유목적사업준비금을 적립하고도 의료기기 시설투자 등 의료발전에 사용할 수 없는 문제점이 발생하는 바, 이를 해소하고자 의료기기 등 자산을 취득한 경우 등을 예외적으로 고유목적사업에 사용한 것으로 보도록 한 것이다.

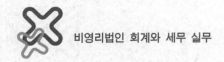

기 준	내 용
	의료발전회계 및 고유목적사업준비금 관련 자세한 내용은 '제10장 의료법인의 회계와 세무'를 참고하기 바란다.
④ 농업협동조합법에 따른 농업협동조합중앙회가 잉여금처분에 의한 신고조정방식으로 계상한 고유목적사업준비금을 회원에게 무상으로 대여하는 금액	농업협동조합법에 의한 농업협동조합중앙회가 회원조합을 지원하기 위하여 무이자로 자금을 대여한 경우 고유목적사업에 지출한 것으로 간주한다.
⑤ 각종 조합중앙회 등이 법률에 의하여 기금 또는 준비금에 출연하는 금액	• 농업협동조합법에 의한 농업협동조합중앙회가 농업협동조합의 구조개선에 관한 법률에 의한 상호금융예금자보호기금에 출연하는 금액 • 수산업협동조합법에 의한 수산업협동조합중앙회가 수산업협동조합의 부실예방 및 구조개선에 관한 법률에 의한 상호금융예금자보호기금에 출연하는 금액 • 신용협동조합법에 의한 신용협동조합중앙회가 동법에 의한 신용협동조합예금자보호기금에 출연하는 금액 • 새마을금고법에 의한 새마을금고중앙회가 동법에 의한 예금자보호준비금에 출연하는 금액 • 산림조합법에 의한 산림조합중앙회가 동법에 의한 상호금융예금자보호기금에 출연하는 금액 • 「제주특별자치도 설치 및 국제자유도시 조성을 위한 특별법」 제261조에 따라 설립된 제주국제자유도시개발센터가 같은 법 제265조 제1항 제1호, 같은 항 제2호 라목·마목(관련 토지의 취득·비축을 포함한다) 및 같은 항 제3호의 업무에 지출하는 금액

5-2-3. 비현금성 비용의 고유목적사업준비금 사용 여부

감가상각비 및 퇴직급여충당금전입액 등 비현금성 비용의 경우 이를 고유목적사업에 사용한 것으로 볼 수 있는지에 대하여는 다음과 같이 정리해 볼 수 있다.

구 분	고유목적사업준비금 사용 여부
퇴직급여충당금전입액	국심 96중4116, 1997.5.1., 법인 4601-1655, 1996.6.10., 법인 46012-2312, 1996.11.28. 등에서 퇴직급여충당금전입액을 법인세법상 손금한도 내에서 고유목적사업준비금의 사용으로 인정하고 있음.
감가상각비	법인세법 시행령 제56조 제6항 제1호에서 고정자산 취득비용을 고유목적사업에 지출 또는 사용한 금액으로 보므로 동일 자산에 대한 감가상각비도 고유목적사업비의 사용액으로 본다면 동일한 자산에 대하여 이중으로 사용액이 발생되므로 동 자산의 감가상각비는 고유목적사업준비금의 사용액으로 보아서는 안 된다.

5-2-4. 고유목적사업에의 지출 순서

비영리법인이 수익사업회계에서 고유목적사업준비금을 설정하고 이를 목적사업회계로 전출한 후에 5년 이내에 목적사업회계에서 목적사업비로 지출하게 되는 경우 동 지출금액의 합계액을 준비금 사용액으로 보아 이자상당액의 가산세가 부과되지 않는다. 이때 목적사업에서 자체적으로 발생되는 기부금수입이나 정부보조금 등의 수입이 존재하는 경우 목적사업의 자체수입액과 수익사업회계에서 전출된 준비금수입액(환입액) 중에 어느 것을 먼저 목적사업에 사용한 것으로 볼 것인지에 대한 문제가 발생할 수 있다.

일반적으로 비영리법인은 이 두 가지 수입을 구분하지 않고 총 수입에서 목적사업비를 지출하고 있다. 따라서 회계담당자는 자체수입액을 다 사용하고 이후 고유목적사업준비금을 지출한 것으로 보아야 할지 고유목적사업준비금을 자체수입액보다 먼저 사용한 것으로 보아야 할지에 대하여 고민하게 된다. 그러나 현재까지 행정해석에서는 어느 것을 우선 적용할지에 대한 명확한 답변은 없다. 따라서 준비금의 5년 내 사용액이 충분하지 않은 비영리법인은 이러한 문제점에 대하여 각별히 주의를 기울여야 할 것이다.

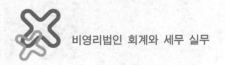

| 중요 예규 및 판례 |

기획재정부 법인세제과 - 268, 2024.5.14.

(질의)

사회복지법인이 수익사업에서 발생한 소득의 50%를 고유목적사업준비금으로 손금산입한 경우, 해당 사회복지법인이 지급하는 인건비에 대해 법인령 §56 ⑪('인건비 제한규정')이 적용되는지

> (1안) 수익사업소득의 50% 이하를 손금에 산입하였으므로 적용되지 아니함
> (2안) 사회복지법인에 대해서는 고유목적사업준비금 설정률과 관계없이 적용됨

(회신)

귀 질의의 경우 제1안이 타당함.

서면 - 2023 - 법인 - 1619, 2023.11.20.

「법인세법」 제29조 제1항에 의하여 고유목적사업 준비금을 손금산입한 비영리내국법인이 「법인세법 시행령」 제56조 제5항에 따른 고유목적사업에 전적으로 사용하는 사옥을 신축하기 위하여 대출받은 차입금 및 이자를 고유목적사업 준비금에서 지급한 금액은 「법인세법 시행령」 제56조 제6항 제1호에 따라 고유목적사업에 지출 또는 사용한 것으로 보는 것임.

서면 - 2023 - 법인 - 0681, 2023.5.8.

(질의)

의료법 상 병원이 아닌 경우에도, 의료업에 사용하기 위해 지출한 건물·토지의 취득금액을 고유목적사업에 지출한 것으로 볼 수 있는지
* 영 제56조 제6항 제3호, 규칙 제29조의 2 제1항 제1호에 따라 의료법인이 병원 건물 및 부속토지를 취득하기 위하여 지출하는 금액을 고유목적사업에 지출한 것으로 봄.

(회신)

「법인세법 시행령」 제56조 제6항을 적용함에 있어 의료법인이 고유목적사업인 검체검사사업에 사용할 목적으로 건물 및 부속토지를 취득하기 위하여 지출한 금액은 같은 항 제3호 및 같은 법 시행규칙 제29조의 2 제1항 제1호에 따라 고유목적사업에 지출 또는 사용한 금액으로 보는 것이며, 이 경우 의료법인에는 「의료법」 제3조의 규정에 의한 병원 및 의원이 모두 해당되는 것임.

조심 - 2021 - 인 - 2375, 2022.9.14.

「법인세법」 제29조의 입법취지에 비추어 「법인세법 시행규칙」 제76조에서 "수익사업회계에 속하는 자산을 비영리사업회계에 전입한 경우 이를 비영리사업에 지출한 것으로 한다"고 규정하고 있더라도 해당 규정에 의하여 '법인세를 면제받은 고유목적사업준비금을 고유목적사업에 사용하지 아니한 경우 그에 관한 법인세 면제를 철회하고 다시 그에 관하여 법인세를 부과'하도록 규정한 「법인세법」 제29조의 적용을 배제하고 실제 고유목적사업에 사용하였는지 여부에 관계없이 전출시점에 해당자산을 고유목적사업에 사용한 것으로 의제하여 영구적으로 법인세 부담을 면제하는 취지로 해석하기는 어려워 보임(대법원 2013.3.28. 선고 2012두690 판결, 대법원 2017.8.18. 선고 2017두48611 선고 판결, 참조).

사전 - 2022 - 법규법인 - 0492, 2022.5.13.

비영리내국법인인 △△△△상공회의소가 해당 법인의 고유목적사업이나 「법인세법」 제24조 제3항 제1호에 따른 기부금에 지출한 금액은 같은 법 제29조에 따라 손금에 산입한 고유목적사업준비금을 고유목적사업등에 지출한 것으로 보는 것이나, 해당 법인이 아닌 △△△△상공회의소 등 다른 비영리내국법인의 고유목적사업을 위한 사업비 명목으로 지급한 금원은 고유목적사업등에 지출한 것으로 보지 않는 것으로 귀 질의가 이에 해당하는지 여부는 사실판단할 사항임.

서면 - 2021 - 법규법인 - 5960, 2022.5.13.

1. 보건업을 영위하는 비영리내국법인(이하 '의료법인')이 병원 건물과 그 부속토지를 취득하기 위하여 지출한 금액은 「법인세법 시행규칙」 제29조의 2 제1항 제1호의 규정에 의하여 이를 고유목적사업에 지출 또는 사용한 금액으로 보는 것이나, 귀 질의의 토지가 병원 건물의 부속토지에 해당하는지 여부는 사실판단할 사항임.

2. 「법인세법 시행규칙」 제29조의 2 제1항 제1호의 규정에 따른 병원 건물의 부속토지 면적을 산정함에 있어 동일경계안의 토지 위에 병원 건물과 그 외의 건물이 있고 해당 토지가 병원 건물과 그 외의 건물의 효용과 편익을 위하여 공통으로 사용되는 경우 병원건물의 부속토지면적은 각 건물의 바닥면적에 의하여 안분계산하는 것임.

3. 의료법인이 병원 건물 등을 신축하면서 허가조건으로 당해 법인의 토지에 도로를 개설하여 이를 관할지방자치단체에 기부채납하기로 한 경우 도로부지 취득비용 및 공사원가는 잔존토지의 자본적 지출로 하는 것이며, 「법인세법 시행규칙」 제29조의 2 제1항 제1호의 규정에 따른 병원 건물의 부속토지를 취득하기 위하여 지출하는 금액에는 병원 건물의 부속토지에 대한 자본적 지출액을 포함하는 것임.

4. 고유목적사업준비금을 손금으로 계상한 의료법인이 병원 건물을 신축하기 위하여 지

출한 비용은 지출시점에 고유목적사업에 지출 또는 사용한 것으로 보는 것이며, 병원 건물 신축용 토지를 취득하기 위해 지출한 금액의 고유목적사업 사용일에 대하여는 기존 해석사례(법인세과 – 498, 2009.4.24.)를 참고하기 바람.

〔참고 : 법인세과 – 498, 2009.4.24.〕

병원 건물 신축(증축)용 토지 및 주차장용 토지를 취득하기 위해 지출하는 금액은 고유목적사업에 지출 또는 사용한 금액으로 보지 않는 것이며, 병원 건물의 건축공사에 착공하기 위해 병원회계로 당해 토지를 전입하는 때에는 그 전입하는 시점에서 고유목적사업에 지출 또는 사용한 금액으로 보는 것임.

기획재정부 법인세제과 – 261, 2021.5.17.

「방사성폐기물 관리법」에 따라 설립된 비영리내국법인이 「법인세법」 제29조 제1항에 따라 수익사업에서 발생한 소득을 고유목적사업준비금으로 손금에 산입한 후, 감사원 및 기획재정부의 권고사항에 따라 수익사업에서 발생한 소득을 방사성폐기물관리기금에 반납하는 금액은 「법인세법 시행령」 제56조 제6항에서 규정한 고유목적사업에 지출 또는 사용한 것으로 볼 수 없는 것임.

서면 – 2020 – 법인 – 2108, 2020.11.24.

「법인세법 시행령」 제3조 제1항 제5호 나목에 의한 급여사업의 일환으로 회원의 복지후생 및 퇴직급여 수급권 증진 차원에서 복지적립금을 적립하고 회원이 퇴직 또는 탈퇴 시 해당 적립금을 퇴직급여 및 반환금에 가산하여 추가로 지급하는 경우 그 금액은 고유목적사업준비금의 사용에 해당하는 것임.

서면 – 2017 – 법인 – 1815, 2018.11.27.

「제주특별자치도 설치 및 국제자유도시 조성을 위한 특별법」 제166조에 따라 설립된 비영리내국법인이 수익사업을 영위하는 경우로서 「법인세법 시행령」 제56조 제6항 제10호에서 규정한 업무에 지출하는 금액은 당해 법인의 선택에 의하여 「법인세법」 제29조의 규정에 따라 고유목적사업준비금 잔액을 사용한 것으로 볼 수 있음.

다만, 해당 비영리내국법인이 수행하는 업무가 수익사업에 해당하는지는 사실판단 할 사항임.

조심 2017구1124, 2017.7.25.

「법인세법 시행령」 제56조 제5항에서 "손금산입 가능한 고유목적사업"이라 함은 당해 비영리내국법인의 법령 또는 정관에 규정된 설립목적을 직접 수행하는 것으로서 수익사업 외의 사업으로 규정하고 있는 점 등에 비추어 처분청이 쟁점이자소득을 고유목적사업에 지출 또는 사용한 금액에 해당하지 아니한다고 보아 고유목적사업준비금을 손금불산입하여 법인세를 과세한 처분은 잘못이 없다고 판단됨.

대법 2016두36154, 2016.7.7.
학교법인의 고정자산처분익으로 수익사업용 부동산을 취득하는 것은 고유목적사업준비금의 사용범위에 포함되지 않는 것으로 규정되어 있는 점 등으로 보아 이 건 처분은 달리 잘못이 없는 것으로 판단됨.

대법 2012두690, 2013.3.28.
학교법인이 수익사업회계에 속하던 자산을 비영리사업회계로 전출할 당시부터 자산을 수익사업에 사용할 목적이었고, 그 후 실제 자산을 수익사업에 사용한 경우에는 구「법인세법」제29조의 입법취지에 비추어 볼 때 수익사업회계에 속하던 자산을 비영리사업회계로 전출하였다는 이유만으로는 이를 손금에 산입할 수 없음.

법규법인 2013-82, 2013.3.27.
신설되는 산학협력단(B)의 설립 및 운영 지원을 고유목적사업 중 하나로 하는 산학협력단(A)이 수익사업에서 발생한 소득을 산학협력단(B)에 출연하는 경우 해당 출연금액은 「법인세법」제29조에 따라 손금에 산입한 고유목적사업준비금을 고유목적사업 등에 지출한 것으로 보는 것임.

법인-753, 2010.8.9.
「법인세법」제29조에 따라 고유목적사업준비금을 손금에 산입하고 이를 의료발전회계로 구분하여 경리하는 의료법인이 병원 건물을 취득하기 위하여 지출하는 금액은 「법인세법 시행령」제56조 제6항 제3호에 따라 고유목적사업에 지출 또는 사용한 금액으로 보는 것이며, 이 경우 '기획재정부령이 정하는 고정자산의 취득'에는 병원건물에 대한 자본적 지출액을 포함하는 것임.

법인-215, 2010.3.11.
비영리내국법인이 「법인세법」제29조에 의하여 고유목적사업준비금을 설정하고 동 준비금을 당해 법인의 법령 또는 정관에 규정된 설립목적을 직접 수행하는 사업(수익사업 제외)에 소요되는 고정자산 취득비용으로 지출하는 경우 같은 법 시행령 제56조 제6항에 의하여 고유목적사업의 지출 또는 사용한 금액으로 보는 것으로, 같은 법 제113조의 구분경리에 의하여 수익사업이 아닌 기타사업에 속하는 자산을 고유목적사업에 지출 또는 사용하는 경우 상기 규정이 적용되지 않는 것임.

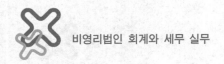

법인 – 24, 2010.1.12.

질 의

〔사실관계〕

• 사립대학이 교육과학기술부령인「사학기관 재무 회계규칙에 대한 특례규칙」에 의한 연구·건축·장학 퇴직 등 각종 적립금을 은행에 예치하여 이자 배당수입 등이 발생

〔질의내용〕

• 적립금에서 발생된 이자 배당수입 등을 다시 적립금으로 적립한 경우 고유목적사업준비금을 사용한 것으로 볼 수 있는지 여부

회 신

「사립학교법」에 의하여 설립된 학교법인이「사학기관 재무 회계규칙에 대한 특례규칙」제26조에 따라 연구적립금 등을 적립하고 그 적립금에서 발생된 이자수익 등을 비영리사업회계인 기금회계로 전입한 경우에는 고유목적사업에 사용한 것으로 보는 것임.

법인 – 855, 2009.7.23.

질 의

〔사실관계〕

• 국민들의 식생활 변화로 신장질환자가 증가하고 있으며, 신장질환으로 인하여 투석치료를 장기간 할 경우 재정적인 어려움으로 인하여 진료를 받지 못하는 경우가 있음.

〔질의요지〕

1. 의료법인에서 신장질환자들의 생계유지를 위하여 생활지원금을 지원할 경우 손비처리 여부

2. 의료법인이 공익법인 설립을 위하여 약 10억 원 규모의 재산을 무상으로 출연할 경우 세법상 문제가 없는지

3. 정관에 규정된 설립목적을 직접 수행하는 사업으로 법인의 정관내용에 사회복지법인 설립을 위한 출연금과 신설된 법인지원을 위한 지원금의 손금여부

회 신

의료업을 영위하는 비영리내국법인이 각 사업연도에 그 법인의 고유목적사업 또는 지정기부금에 지출하기 위하여 고유목적사업준비금을 손금으로 계상한 경우「법인세법」제29조 제1항 각 호의 금액을 합한 금액의 범위 안에서 당해 사업연도 소득금액계산에 있어서 고유목적사업준비금을 손금에 산입하는 것임.

이 경우 ‘고유목적사업’이란 당해 비영리내국법인의 법령 또는 정관에 규정된 설립목적을 직접 수행하는 사업으로서「법인세법 시행령」제2조 제1항의 규정에 해당하는 수익

사업외의 사업을 말하는 것임.

법인 - 800, 2009.7.14.

의료법인이 노인의료복지시설 중 노인요양시설 공사를 위하여 지출한 금액을 의료업에서 기 설정하고 있는 고유목적사업준비금의 사용으로 볼 수 없음.

서면2팀 - 526, 2008.3.25.

의료법인이 취득한 병원건물 내 진료실을 건강검진센터 및 영안실로 용도변경을 위해 지출한 공사비는 「법인세법 시행령」 제56조 제6항 제3호에 의해 같은 법 시행규칙 제29조의 2 제1항 각 호의 고정자산 취득을 위하여 지출한 금액에 해당되지 않는 것임.

서면2팀 - 225, 2008.2.1.

[질의]

고유목적사업을 수행하는 직원의 거주용 사택 취득비용이 고유목적사업의 수행에 직접 소요되는 고정자산 취득비용에 해당하는지 여부

〔갑설〕 고유목적사업준비금의 사용 또는 지출에 해당됨.

기본통칙 29 - 56…4에 의해 고유목적사업에 직접 사용하는 고정자산 취득에 지출하는 비용은 고유목적사업에 지출 또는 사용한 것으로 보며, 관련예규(재법인 - 197, 2003.12.10.)에서 고유목적사업에 종사하는 직원의 주거용 사택은 고유목적사업에 직접 사용한 것으로 보고 있음. 따라서, 질의의 경우 고유목적사업에 직접 사용하는 사택이므로 당해 사택의 취득에 소요된 비용은 「법인세법 시행령」 제56조 제6항에 의해 고유목적사업의 지출 또는 사용에 해당되는 것임.

〔을설〕 고유목적사업준비금의 사용 또는 지출에 해당되지 아니함.

고유목적사업에 지출 또는 사용으로 볼 수 있는 고정자산의 취득비용을 「법인세법 시행령」 제56조 제6항 제1호에서 당해 고유목적사업의 수행에 직접 소요되는 고정자산으로 규정하고 있음. 질의의 경우 분재원 및 박물관을 고유목적사업으로 운영하고 있으나 사택 자체는 상기 고유목적사업의 수행에 직접 소요되는 자산으로 볼 수 없음. 따라서, 직원거주용 사택의 취득에 소요된 비용은 고유목적사업의 지출 또는 사용으로 볼 수 없는 것임.

[회신]

귀 질의의 경우, 책 박물관 및 분재원 운영을 정관상 고유목적사업으로 규정한 비영리내국법인이 그 고유목적사업(비수익사업)을 수행하는 직원(학예연구원 및 조경기사)의 주거용도로 사용하기 위하여 취득한 사택의 취득비용은 「법인세법」 제29조 및 같은 법 시행령 제56조 제6항의 규정에 의한 '고유목적사업에 지출 또는 사용한 금액'에 해당하는 것임.

서면2팀 - 1223, 2007.6.26.

질의

〔사실관계〕

• 질의법인은 비영리법인으로서, 1개의 법인에 여러 개의 수익사업체가 있음.

• 수익사업체별로 출연재산처분자금을 포함한 고유목적사업준비금을 손금계상하여 법인세 조정신고를 하였음.

〔질의요지〕

1. 1개의 법인에 여러 개의 수익사업체가 있는 경우 고유목적사업준비금 사용금액의 상계방법

2. 비영리법인의 비영리사업회계에서도 고정자산을 취득할 수 있는지 여부

3. 사립학교법에 의한 학교법인 등도 「법인세법」 제55조의 2를 적용받는지 여부

회신

1. 귀 질의 1)의 경우, 비영리내국법인이 「법인세법」 제29조 제1항의 규정에 의하여 손금으로 계상한 고유목적사업준비금을 고유목적사업 등에 지출하는 경우에는 법인 전체금액에서 그 금액을 먼저 계상한 사업연도의 고유목적사업준비금으로부터 순차로 상계하여야 하며, 이 경우 직전 사업연도 종료일 현재의 고유목적사업준비금의 잔액을 초과하여 당해 사업연도의 고유목적사업 등에 지출한 금액이 있는 경우 그 금액은 이를 당해 사업연도에 계상할 고유목적사업준비금에서 지출한 것으로 보는 것임.

2. 귀 질의 2)의 경우, 비영리법인의 수익사업회계가 아닌 비영리사업회계에서도 고정자산을 취득할 수 있음.

3. 귀 질의 3)의 경우, 「조세특례제한법」 제74조 제1항 제1호의 규정을 적용 받는 법인도 「법인세법」 제55조의 2(토지 등 양도소득에 대한 과세특례)의 규정이 적용되는 것임.

서면2팀 - 957, 2007.5.17.

1. 의료업을 영위하는 비영리내국법인이 병원 건물의 부속토지로 사용 중인 타인 명의 토지를 토지 소유자로부터 단계적으로 분할 취득하는 경우에는 동 토지를 취득하는 시점마다 고유목적사업에 지출 또는 사용한 금액으로 보는 것임.

2. 의료업을 영위 중인 비영리내국법인이 기타의 수익사업(주차장)에 사용하던 토지를 병원 건물의 착공을 위해 병원회계로 당해 토지를 전입하는 때에는 그 전입하는 시점에서 고유목적사업에 지출 또는 사용한 금액으로 보는 것임.

서면2팀 - 122, 2007.1.16.

질 의

〔사실관계〕

질의법인은 2002년에 수익용 부동산의 양도차익을 고유목적사업에 사용하기 위해 법 제29조에 의해 동 양도차익을 고유목적사업준비금으로 손금산입함. 이후 법인은 수익사업에서 발생한 소득금액과 기부금 및 교육청보조금으로 고유목적사업에 사용했지만, 손금산입한 고유목적사업준비금을 고유목적수행과 무관한 고정자산의 취득에 사용한 관계로 고유목적사업에 사용될 자금이 부족하여 금융기관에서 차입하여 고유목적사업에 사용함. 이 경우 법인이 차입 후 고유목적사업에 사용하고 차입금을 상환시 해당 금액을 고유목적사업에 지출 또는 상환한 금액으로 볼 수 있는지 여부

〔질의요지〕

차입금을 고유목적사업에 사용 후 상환시 고유목적사업에 지출한 것으로 볼 수 있는지 여부

회 신

비영리내국법인이 「법인세법」 제29조 및 「법인세법 시행령」 제56조의 고유목적사업준비금의 손금산입 규정을 적용하는 경우에 당해 법인의 수익사업의 회계에 속하는 차입금을 상환하는 금액은 이를 고유목적사업에 지출 또는 사용한 것으로 보지 아니하는 것임.

서면2팀 - 811, 2006.5.11.

1. 「법인세법」 제3조 제2항 제1호의 수익사업을 영위하는 비영리내국법인이 3년 이상 계속하여 법령 또는 정관에 규정된 고유목적사업에 직접 사용하지 아니한 토지를 처분하는 경우 정당한 사유 여부에 불구하고 당해 토지의 처분으로 인하여 생기는 수입에 대해서는 법인세가 과세되는 것이며, 다만 동 금액에 대해서는 「법인세법」 제29조의 규정에 의하여 소득금액의 50%(공익법인의 설립운영에 관한 법률에 의하여 설립된 법인으로서 고유목적사업 등에 대한 지출액 중 100분의 50 이상의 금액을 장학금으로 지출하는 법인의 경우에는 100분의 80)까지 고유목적사업준비금을 손금으로 계상한 경우에는 당해 사업연도의 소득금액 계산에 있어서 이를 손금에 산입이 가능하나 손금으로 계상한 고유목적사업준비금에 대해서는 5년 이내에 고유목적사업에 사용하여야 하는 것임.

2. 장학사업을 고유목적사업으로 하는 비영리내국법인이 수익사업에 사용하던 임대용 부동산의 처분으로 인하여 발생한 수입을 「법인세법」 제29조 제1항의 규정에 의하여 고유목적사업준비금을 손금으로 계상한 후 이를 다시 고유목적사업의 기본재산으로 편입한 경우에는 손금에 산입한 고유목적사업준비금을 고유목적사업에 사용한 것으로 볼

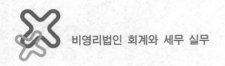

수 없는 것임.

재법인 - 242, 2006.3.27.

「사내근로복지기금법」에 의한 사내근로복지기금이 근로자에 대한 대부사업을 영위하는 경우 당해 사업은 「법인세법」 제3조 제2항 제1호의 규정에 의한 수익사업에 해당하며, 당해 대부 사업에서 발생한 대손금을 손금에 산입하는 것은 고유목적사업에 사용한 것으로 보지 아니함.

서면2팀 - 103, 2006.1.12.

장학사업을 고유목적사업으로 하는 비영리내국법인이 주식양도차익에 대하여 고유목적 사업준비금을 설정하고 당해 소득을 기본재산에 편입한 경우 고유목적사업에 사용한 것으로 볼 수 없음.

서면2팀 - 2071, 2005.12.15.

「사립학교법」에 의한 학교법인이 수익사업회계(건설업)에서 설정한 고유목적사업준비금을 동법 시행령 제13조의 규정에 의하여 일반업무회계로 전출하고 이를 부속병원회계에서 전입받아 「법인세법 시행규칙」 제29조의 2에서 규정하는 의료기기 등 고정자산을 취득한 금액은 「법인세법 시행령」 제56조 제6항의 규정에 의하여 고유목적사업준비금을 사용 또는 지출한 것으로 보는 것이며, 이 경우 당해 의료기기 등의 취득금액은 「법인세법 시행령」 제56조 제9항의 규정에 의하여 의료발전회계로 구분경리하여야 하는 것임.

서면2팀 - 1469, 2005.9.12.

질의

「사립학교법」에 의한 학교법인으로서 학교에 속하는 회계(교비회계와 부속병원회계), 법인의 업무에 속하는 회계(일반업무회계)로 구분경리하고 있으며 법인이 부속병원의 설립을 위하여 차입금이 발생하였는 바, 부속병원 설립시 법인회계에 차입금을 계상하고 부속병원회계에 자산을 출자하는 형태로써 부속병원에서 자금을 전출받아 법인회계에서 차입금을 상환하는 경우와 부속병원 설립시 부속병원회계에 자산과 부채를 모두 출자하는 형태로써 부속병원에서 차입금을 상환하는 경우 등 각각의 경우에 동 차입금의 상환이 고유목적사업준비금의 사용에 해당하는지 여부에 대하여 질의함.

회신

귀 질의의 경우 비영리내국법인이 「법인세법」 제29조 및 「법인세법 시행령」 제56조의 고유목적사업준비금의 손금산입 규정을 적용하는 경우에 당해 법인의 수익사업의 회계에 속하는 차입금을 상환하는 금액은 이를 고유목적사업에 지출 또는 사용한 것으로 보지 아니하는 것임.

비영리내국법인이 수익사업의 회계에 속하는 차입금을 상환하는 금액은 고유목적사업에 지출 또는 사용한 것으로 보지 아니함.

서면2팀 - 1115, 2005.7.18.

비영리내국법인이 고유목적사업에 직접 사용하기 위해 사무실을 임차하고 지급한 임차보증금은 고유목적사업에 지출 또는 사용한 금액에 해당하는 것임.

서면2팀 - 950, 2005.6.28.

처분으로 인하여 발생한 수입을 「법인세법」 제29조 제1항의 규정에 의하여 고유목적사업준비금을 손금으로 계상한 후 이를 다시 고유목적사업의 기본재산으로 편입한 경우에는 손금에 산입한 고유목적사업준비금을 고유목적사업에 사용한 것으로 볼 수 없는 것임.

제도 46012 - 11605, 2005.6.20.

「법인세법 시행령」 제56조 제6항 제3호에서 규정하는 의료업을 영위하는 비영리내국법인의 범위에 「사립학교법」에 의하여 설립된 학교법인이 운영하는 대학병원이 포함되는 것임.

서면2팀 - 763, 2005.6.3.

'직장공제회 초과반환금의 손금산입 여부'에 대한 귀 질의에 경우, 같은 사안으로 우리 청에서 기 회신한 바 있는 기 질의회신문(법인 46012 - 1473, 1999.4.20.)을 참고하기 바람.
〔참고 : 법인 46012 - 1473, 1999.4.20.〕

1. 「민법」 제32조에 의해 설립된 비영리법인인 직장공제회가 회원으로부터 받은 공제회비를 금융기관 등에 예치하거나 회원에게 대여하는 방법으로 운용하고 회원들이 퇴직 또는 탈퇴시 납입한 금액에 일정금액을 가산하여 지급(이하 가산하여 지급하는 금액을 초과반환금이라 함)하는 경우, 금융기관으로부터 받은 수입이자와 회원으로부터 받은 대여금 이자는 「법인세법」 제3조 제2항에서 규정한 수익사업에서 생긴 소득에 해당하는 것임.

2. 이 경우 비영리법인은 「법인세법」 제29조 제1항의 규정에 따라 고유목적사업준비금을 손금산입할 수 있으며, 고유목적사업준비금을 초과반환금 지출에 사용한 경우에는 그 금액을 고유목적사업준비금과 상계하는 것이나, 당해 사업연도 종료일 현재 전 회원이 탈퇴하는 경우 지급해야 할 초과반환금 상당액을 부채로 계상하여 수익사업의 손금에 산입하거나 고유목적사업준비금과 상계할 수는 없는 것임.

서면2팀 - 721, 2005.5.26.

고유목적사업에 사용할 목적으로 건물을 임차하고 지급한 임차보증금은 고정자산의 성격으로 임대차 계약기간 만료시 다시 고유목적사업준비금에 환입되는 것이므로, 그 지

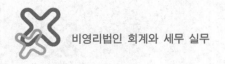

출금액은 「법인세법」 제29조 제2항 및 동법 시행령 제56조 제6항의 규정에 의한 '고유목적사업에 지출 또는 사용한 금액'으로 보는 것임.

서면2팀 – 279, 2005.2.11.

의료업을 영위하는 비영리내국법인이 금융리스로 취득한 「법인세법 시행규칙」 제29조의2의 규정에 의한 의료기기 등 고정자산의 가액 전액을 자산으로 계상하고 이를 사업에 사용하는 경우에는 그 의료기기 등 고정자산 가액에 계상한 금액을 동법 시행령 제56조 제6항 제3호의 규정에 의한 고유목적사업에 지출 또는 사용한 금액으로 보는 것임.

서면2팀 – 217, 2005.2.1.

비영리내국법인이 직전 사업연도 종료일 현재의 고유목적사업준비금의 잔액을 초과하여 당해 사업연도에 지출한 경우 당해 사업연도에 계상할 고유목적사업에서 지출한 것으로 봄.

재법인 – 81, 2005.1.30.

〔질 의〕

영리법인이 「사립학교법」에 의한 학교법인의 소유 토지에 기숙사용 건물을 신축하고 일정기간(30년) 무상사용하는 조건으로 학교법인에 기부하는 경우 학교법인은 기부받은 자산가액상당액을 토지의 선수임대료로 보아 사용수익기간 동안 안분계산한 금액을 수익계상하고 동 수익에 대해 고유목적사업준비금을 손금산입한 경우 동 준비금을 고유목적사업용 고정자산(당해 기숙사)의 취득에 사용한 것으로 볼 수 있는지에 대해 질의함.
→ 답변 [갑설]

〔회 신〕

〔갑설〕 고유목적사업준비금의 사용으로 볼 수 없음.
〔이유〕 학교법인은 사용수익기간 동안 안분한 금액을 임대수입으로 하여 고유목적사업 준비금을 설정할 수 있으나 동 준비금으로 고정자산(기숙사)을 취득한 것이 아 닐 뿐만 아니라 기숙사는 사용수익기간 동안 수익사업용 자산에 해당하므로 고 유목적사업용 고정자산을 취득한 것이 아니기 때문임.

서면2팀 – 2549, 2004.12.7.

「사내근로복지기금법」에 의한 사내근로복지기금이 같은 법 제23조의 6의 규정 등에 의 하여 종업원수를 기준으로 존속하는 기금과 신설하는 기금으로 분할하면서 신설되는 법 인에 인계하는 기금의 고유목적사업준비금 상당액(미사용잔액)도 함께 인계하는 경우,

새로이 신설되는 사내근로복지기금이 인수한 고유목적사업준비금은 인계하는 사내근로 복지기금이 손금산입한 사업연도에 당해 고유목적사업준비금을 손금산입한 것으로 보 아「법인세법」제29조 제3항 제4호의 규정을 적용하는 것임.

이 경우 인수한 고유목적사업준비금의 손금산입 연도별 금액은 인계하는 사내근로복지기 금의 손금산입 연도별 미사용잔액을 분할기준에 따라 계산한 금액으로 하는 것임.

서면2팀 - 2072, 2004.10.11.

학교법인이 기존 병원의 매각과 관련하여 지급받은 선수금을 신축병원의 건축비로 지출 한 금액은 의료발전회계로 구분경리하면 고유목적사업에 지출 또는 사용한 것으로 봄.

서면2팀 - 1992, 2004.9.23.

［질의］

당해 국민연금관리공단의 경우 2003년도까지는 공단의 일반회계 수익사업의 수익에 대 하여「법인세법」제29조 제1항에 규정된 고유목적사업준비금을 설정하고 이를 일반회 계의 고유목적사업에 사용하였으나 2004년도부터는 국회승인을 받은 예산체계가 변경 되어 일반회계의 수익사업 수입은 전액 기금회계로 전출함으로써 고유목적사업준비금을 전액 국민연금기금으로 전출하여야 하는 바, 이와 같이 수익사업에 계상한 고유목적사업 준비금을 국민연금기금으로 전출한 경우 같은 법 시행령 제56조 제6항 제2호의 규정에 의하여 고유목적사업에 지출 또는 사용한 금액으로 볼 수 있는지 여부

［회신］

귀 질의의 경우 연금관리사업을 영위하는「국민연금법」제22조에 의하여 설립된 국민연 금관리공단이 손금으로 계상한 고유목적사업준비금을 예산편성구조의 변경으로 인하여 국민연금기금으로 전출한 경우에는 고유목적사업에 지출 또는 사용한 금액으로 보는 것이 나, 동 준비금이 법령에 의하여 기금으로 적립되었는지 여부는 실질내용에 따라 사실판 단할 사항임.

서면2팀 - 1135, 2004.6.2.

［질의］

학교법인이 출연받은 수익용 부동산을 매각한 후 매매차익을 고유목적사업준비금으로 손 금산입하고, 금융권에 예치한 후 예치기간 중 발생된 금융이자를 고유목적사업에 사용시 예치원금에 대해서도 고유목적사업에 사용한 것으로 보는지 여부에 대하여 질의함.

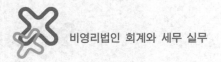

회신

귀 질의의 경우 「사립학교법」에 의하여 설립된 학교법인이 수익사업에 대한 각 사업연도 소득금액계산시 「법인세법」 제29조의 규정에 의하여 손금으로 계상한 고유목적사업준비금을 비영리사업회계에 전출하는 경우에는 전출시점에서 고유목적사업에 사용한 것으로 보는 것임.

서면2팀 - 898, 2004.4.27.

의료업을 영위하는 비영리내국법인이 "의료기기 등 「법인세법 시행규칙」 제29조의 2의 규정에 의한 고정자산"을 취득하기 위하여 지출하는 금액은 고유목적사업준비금에서 지출한 금액으로 보는 것이나, 동 규정에 의한 자산 외의 자산을 취득하기 위하여 지출하는 금액은 그러하지 아니하는 것임.

서면2팀 - 706, 2004.4.6.

1. 「법인세법」 제29조 제1항의 규정에 의하여 고유목적사업준비금을 손금산입한 비영리내국법인이 해산하기 전에 동 준비금 잔액을 지정기부금으로 지출한 경우 고유목적사업에 지출한 것으로 보아 동 준비금과 상계하는 것이므로 같은 법 제24조 규정에 의한 지정기부금 시부인 규정을 적용하지 않는 것임.

2. 「법인세법」 제29조 제1항의 규정에 의하여 손금산입한 고유목적사업준비금의 잔액이 있는 비영리내국법인이 해산한 때에는 그 잔액을 같은 법 제29조 제3항의 규정에 의하여 해산일이 속하는 사업연도의 소득금액계산상 이를 익금산입하는 것이며, 이 경우 해산일이라 함은 해산등기일을 말하는 것임.

서이 46012 - 11786, 2003.10.16.

장애인 재활시설 및 복지공장 등 수익사업용 시설을 증설하기 위하여 기계장치, 비품 등 고정자산을 구입하거나, 수익사업에서 발생한 이익을 시설운영기금조성 등 수익사업을 위하여 정기예금 또는 신탁수익에 가입하는 것은 고유목적사업에 사용한 것으로 볼 수 없는 것임.

서이 46012 - 11591, 2003.9.2.

「사립학교법」에 의한 학교법인이 직전 사업연도 말 현재 고유목적사업준비금 잔액이 없어 당해 사업연도 중에 고유목적사업준비금에서 차감하지 아니하고 직접 고유목적사업 등에 지출한 금액이 있는 경우에는 그 금액은 이를 당해 사업연도에 계상할 고유목적사업준비금에서 지출한 것으로 보아 「법인세법 시행규칙」 별지 제27호 서식의 고유목적사업준비금조정명세서상 ③, ⑫의 당기계상 고유목적사업준비금란에 포함하여 기입하는 것임.

서이 46012 - 11592, 2003.9.2.

「사내근로복지기금법」에 의하여 설립된 사내근로복지기금이 동 법령 등에 의한 고유목적사업의 일환으로 근로자의 근로 제공으로 인한 재해·사망 등을 보험금 지급사유로 하고 만기에 일정금액을 환급받는 단체보장성보험에 대한 보험료를 지출하는 경우 그 지출금액은 「법인세법」 제29조 제2항 및 동법 시행령 제56조 제6항의 규정에 의한 고유목적사업에 지출 또는 사용한 금액으로 보는 것임.

서이 46012 - 11572, 2003.9.1.

(질 의)

특별법에 의하여 설립된 비영리내국법인이 일부 수익사업을 사업을 영위하고 있는 경우로서 본사 사옥을 취득하고 사옥취득을 위하여 지출한 금액을 고유목적사업준비금과 상계하려고 하는 바, 수익사업을 영위하는 비영리법인이 건물을 취득한 경우 고유목적사업에 사용한 금액으로 보는 기준이 「법인세법」에 정하여져 있지 아니하므로 이에 대한 안분계산방법

(회 신)

1. 「법인세법」 제29조의 규정에 의하여 고유목적사업준비금을 손금산입한 비영리내국법인이 사옥을 취득하여 고유목적사업과 수익사업에 사용하는 경우 고유목적사업에 직접 사용하는 사옥(토지·건물)의 취득가액은 사용면적을 기준으로 안분계산하는 것이며, 공통으로 사용되는 면적은 같은 법 시행규칙 제76조 제1항의 규정에 의하여 수익사업에 속하는 것으로 하는 것임.
2. 이 경우 토지와 건물의 취득에 소요된 가액의 구분이 불분명한 때에는 「부가가치세법 시행령」 제48조의 2 제4항 단서의 규정을 준용하여 계산한 가액으로 하는 것임.

서이 46012 - 11600, 2003.9.3.

(질 의)

「사립학교법」에 의한 학교법인이 제조업, 임대업, 부속대학병원에서 발생한 수익사업소득을 「조세특례제한법」 제74조의 규정에 의하여 전액 고유목적사업준비금으로 손금산입하고, 「법인세법 시행규칙」 제29조의 2에 규정된 의료용 고정자산을 취득하기 위하여 지출한 금액을 의료발전회계로 구분경리하여 고유목적사업준비금을 사용한 것으로 처리함에 있어서, 다음의 사례의 경우 그 사용금액으로 인정될 수 있는 금액에 대하여 질의함.

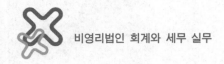
〈수익사업에서 발생한 소득금액〉 (단위 : 원)

업 종	사례 1	사례 2
제조업	2,000,000,000	-2,000,000,000
임대업	500,000,000	500,000,000
부속대학병원	-1,000,000,000	3,000,000,000
합 계	1,500,000,000	1,500,000,000

회신

「사립학교법」에 의한 학교법인이 의료업 및 기타 수익사업을 함께 영위하는 경우 「조세특례제한법」 제74조의 규정에 의하여 수익에서 발생한 소득을 고유목적사업준비금으로 손금에 산입할 수 있는 것으로 당해 학교법인이 「법인세법 시행령」 제56조 제6항 및 제9항의 규정에 의하여 부속병원에 속하는 고정자산을 취득하기 위하여 지출하는 금액은 그 손금산입된 고유목적사업준비금에서 지출 또는 사용하는 것으로 볼 수 있는 것임.

〔해설〕

1. 「사립학교법」에 의한 학교법인의 고유목적사업준비금 설정

➡ 수익사업소득금액의 100%

「사립학교법」에 의한 학교법인은 「사립학교법」 제29조의 규정에 의하여 학교에 속하는 회계(교비회계와 부속병원회계)와 법인의 업무에 속하는 회계(일반업무회계와 수익사업회계)로 구분경리하나, 「법인세법」상 비영리법인의 회계는 수익사업과 비수익사업으로 구분경리하여 수익사업에서 발생한 소득에 대하여 법인세 신고함(법인세법 제113조 제1항).

➡ 즉, 수개의 수익사업 중 일부 사업은 결손이, 일부 사업은 이익이 발생한 경우 이를 가감한 금액으로 소득금액이 계산되며, 그 가감된 수익사업소득금액(고유목적사업준비금 및 기부금 손금산입 전 소득금액 - 이월결손금 - 법정기부금)에 대하여 고유목적사업준비금을 설정하는 것으로(법인세법 시행령 제56조 제3항),

➡ 본 질의의 경우 의료업 및 기타 수익사업을 영위하는 학교법인은 수익사업소득금액(일부 수익사업은 결손, 일부 수익사업은 이익이 발생한 경우 이를 가감한 순소득금액)에 대하여 100% 고유목적사업준비금을 설정할 수 있음.

➡ 참고 : 법인 46012-4230, 1999.12.8.
학교법인이 「사립학교법」 제29조의 규정에 의하여 각 회계별로 구분경리하여 결산서를 별도로 작성하는 경우로서 고유목적사업준비금을 각 회계별 결산서에 각각 계상한 경우에도 이를 합산하여 법인세 신고하는 것임.

2. 「사립학교법」에 의한 학교법인의 고유목적사업준비금 사용기준

학교법인의 경우 일반 비영리법인의 경우와 달리 고유목적사업비의 지출시점이 아닌, 비영리사업회계(일반업무회계)로의 전출시점에서 고유목적사업준비금을 사용한 것으로 보며(법인세법 시행규칙 제76조 제4항), 다만 비영리사업회계로의 전출행위가 명목뿐인 경우로서 전출한 자산을 계속하여 수익사업에 사용하거나, 전출 후 수익사업과 비영리사업에 공통으로 사용하는 경우에는 그 전출이 없는 것으로 간주함(같은 뜻 : 법인 46012－4050, 1999.11.22.).

※ 재법인 46012－125, 2000.8.18.의 사례에서와 같이 학교법인의 병원회계의 수익을 고유목적사업준비금으로 설정하고, 일반업무회계로 전출한 후 일반업무회계에서 대학병원의 의료시설에 재투자하는 경우 고유목적사업준비금의 적법한 사용에 해당하는지의 여부에 대하여 비영리사업회계로의 전출행위가 명목뿐인 경우로 볼 것인지는 의료행위 자체가 비영리법인의 고유목적사업으로서 이를 명목상 전출하였다고 보기 어려울 것이며, 다만 일반업무 수익사업(임대업 등) 회계에서 비수익회계로 전출한 후, 다시 일반업무의 수익회계(임대업 등)에서 사용하는 경우에는 사실 관계에 따라 명목상 전출로 보는 것이 타당함.

※ 의료업을 영위하는 비영리법인이 「법인세법 시행규칙」 제29조의 2에 규정한 의료기기를 취득하여 지출하는 금액은 의료발전회계로 구분경리함으로써 고유목적사업준비금에 지출 또는 사용한 것으로 경리할 수 있는 것으로(법인세법 시행령 제56조 제6항 제3호, 제9항, 동법 기본통칙 29－56…6)

➡ 본 질의의 경우 「사립학교법」에 의한 학교법인이 부속병원의 고정자산을 취득하기 위하여 그 취득자금을 다른 수익사업회계에서 일반업무회계로 전출한 후 이를 병원회계로 다시 전출하여 병원의 고정자산을 취득하고, 이를 의료발전회계로 구분경리하는 경우{수익사업회계에서 바로 병원회계로 전출되지 아니함(사립학교법 시행령 제13조 제3항 제2호)} 그 취득금액은 일반업무회계(비영리사업회계)로 전출하는 시점에서 기 설정된 고유목적사업준비금(업종구분 없이 수익사업 소득금액의 100%)에서 지출처리 가능함.

법인 46012－4230, 1999.12.8.
학교법인이 고유목적사업인 교비회계와 법인회계를 각각 구분경리하고 결산서를 별도로 작성하는 경우로서 「법인세법」 제29조의 고유목적사업준비금은 교비회계와 법인회계의 결산서에 각각 계상할 수 있으나 법인세 과세표준신고시에는 이를 합산하여 신고하여야 하는 것이며, 직전 사업연도 종료일 현재 고유목적사업준비금 잔액이 있는 학교법인이 당해 사업연도의 교비회계에서 발생한 이자소득 등의 금액을 고유목

적사업에 직접 지출한 경우에도 당해 사업연도에 고유목적사업준비금을 계상하여 지출한 것으로 보아 당해 준비금을 손금에 산입할 수 있는 것임.

법인 46012-1542, 1998.6.12.
「사립학교법」에 의하여 설립된 학교법인이 수익사업에 대한 각 사업연도 소득금액계산시 「법인세법」 제12조의 2 제1항의 규정에 의하여 손금으로 계상한 고유목적사업준비금을 비영리사업회계에 전출하는 경우에는 동법 시행규칙 제1조 제3항 후단의 규정에 의하여 전출시점에 고유목적사업에 사용한 것으로 보는 것임.

법인 46012-4050, 1999.11.22.
「사립학교법」에 의한 학교법인이 수익사업회계에 속하는 자산을 비영리사업회계에 전출한 경우에는 이를 비영리사업에 지출한 것으로 보아 「법인세법」 제29조 제2항의 규정을 적용하는 것임.
다만, 당해 전출의 행위가 명목뿐인 경우로서 당해 재산을 계속하여 수익사업에 사용하거나, 동 자산이 전출 후에도 수익사업과 비영리사업에 공통되는 경우에는 그 전출이 없는 것으로 보는 것임.

재법인 46012-125, 2000.8.18.
학교법인의 병원회계의 수익을 고유목적사업준비금으로 설정하고 일반업무회계로 전출한 후 일반업무회계에서 대학병원의 의료시설에 재투자하는 것이 「법인세법」 제29조와 동법 시행령 제56조 및 동법 시행규칙 제76조에 의한 고유목적사업준비금의 적법한 사용에 해당하는지의 여부는 의료시설의 재투자가 학교법인의 정관·「사립학교법」 및 「사학기관재무회계 특례규칙」 등의 규정상 학교법인의 고유목적사업(비영리사업회계)에 속하는지의 여부에 따라 사실판단할 사항임.

법인 46012-518, 2003.8.28.
고유목적사업준비금을 손금산입한 비영리내국법인이 사옥을 취득하여 고유목적사업과 수익사업에 사용하는 경우 고유목적사업에 직접 사용하는 사옥(토지·건물)의 취득가액은 사용면적을 기준으로 안분계산하는 것이며, 공통으로 사용되는 면적은 「법인세법 시행규칙」 제76조 제1항의 규정에 의하여 수익사업에 속하는 것으로 하는 것임. 이 경우 토지와 건물의 취득에 소요된 가액의 구분이 불분명한 때에는 「부가가치세법 시행령」 제48조의 2 제4항의 단서의 규정을 준용하여 계산한 가액으로 하는 것임.

재법인 46012-82, 2003.5.12.
비영리내국법인이 당해 법인의 고유목적사업에 지출하거나 지정기부금으로 지출하는 금액은 「법인세법」 제29조 제1항의 규정에 의해 손금으로 계상한 고유목적사업준비금에서 먼저 상계하는 것이며 직전 사업연도 종료일 현재 고유목적사업준비금의 잔액을 초과하여 지출하는 경우에는 당해 사업연도에 계상할 고유목적사업준비금에서 지출한 것으로 보는 것이므로, 동법 동조의 규정에 의한 고유목적사업준비금의 한도액을 초과하여 지출하는 금액은 손금에 산입하지 아니하는 것임.

서이 46012 - 12182, 2002.12.5.
비영리내국법인이 「사내근로복지기금법」 및 정관에 의하여 고유목적사업으로 근로자 생활안정자금 대부사업을 수행하는 과정에서 대부금을 회수할 수 없어 대손상각하는 경우 당해 대부금의 대손처리액은 고유목적사업준비금에서 직접 사용하거나 지출하는 것에 해당되지 아니함.

재법인 46012 - 105, 2002.5.28.
의료업 영위 비영리내국법인이 의료기기 등 고정자산 취득위해 지출하는 금액은 '2001년 1월 1일 이후 개시하는 사업연도'에 고유목적사업준비금을 손금산입하는 분부터 의료발전회계로 구분경리시, 고유목적사업에 지출 또는 사용한 금액으로 봄.

국심 2001서1053, 2002.5.24.
비영리법인이 수익사업회계에서 '고유목적사업전출'로 비용처리하고, 비영리회계에서 수입계정처리하고 동 자금의 별도관리 위해 '부채'로 계상했다가 '자본'으로 대체처리한 경우, 수익사업에 환입한 것으로 보아 익금산입하는 것임.

서이 46012 - 10969, 2002.5.7.
비영리내국법인이 수행하는 사업이 당해 비영리법인의 법령 또는 정관에 규정된 고유목적사업이라 하더라도 「법인세법 시행령」 제2조 제1항에 규정한 수익사업에 해당하는 경우에는 고정자산의 취득 등 동 수익사업을 위하여 지출하는 금액(의료법인의 의료기기 취득은 제외)은 고유목적사업에 사용한 것으로 보지 아니하는 것임.

법인 46012 - 117, 2002.2.27.
의료업을 영위하는 비영리내국법인이 「법인세법 시행규칙」 제29조의 2에 규정된 의료기기 등을 취득하기 위하여 지출하는 금액은 당해 법인의 선택에 의하여 동법 제29조의 규정에 의한 고유목적사업준비금 잔액을 사용하는 것으로 보아 의료발전준비금의 적립을 통한 의료발전회계로서 구분경리할 수 있는 것이며, 동 규정에 따라 고유목적사업준비금 잔액을 사용한 것으로 하여 의료기기를 취득한 법인이 동 의료기기에 대하여 「법인세법」 제23조의 규정에 의한 감가상각비를 각 사업연도의 손금으로 계상한 경우에는

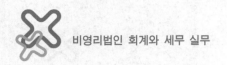
감가상각비 상당액을 의료발전준비금의 환입액으로 하여 익금액에 산입하는 것임.

1. 반드시 고유목적사업준비금의 사용으로 보아야 하는지? ➡ 선택

　　의료법인의 의료기기를 취득하는 경우 고유목적사업준비금을 사용한 것으로 볼 수 있도록 하여 의료업 시설투자를 촉진하기 위하는 것이 입법취지로서 의료법인에 대한 일종의 혜택이므로 고유목적준비금을 사용한 것으로 보는 것의 여부는 당해 의료법인의 선택에 의하도록 하는 것이 합리적임.

　　또한 「법인세법 시행령」 제56조 제9항에서도 동 규정을 적용받고자 하는 법인은 재정경제부령이 정하는 의료발전회계로 구분경리해야 한다고 규정하고 있으므로 동 규정을 적용받지 않고자 하는 경우에는 구분경리가 필요 없고 반대로 구분경리가 없으면 동 규정을 적용하지 않겠다는 의미이므로 의료기기를 취득하였다고 하여 강제적으로 고유목적사업준비금을 상계할 필요가 없는 것임.

2. 5년째 취득하는 의료기기도 동 규정을 적용할 수 있는지? ➡ 가능

　　고유목적사업준비금은 설정 후 5년 이내에 사용해야 하고, 의료발전회계의 규정도 고유목적사업준비금에 대한 규정이므로 5년 이내에 취득하면 동 규정에 의하여 준비금을 사용한 것으로 보아야 함.

3. 병원건물의 의료발전준비금도 감가상각기간 동안에 환입하는지? ➡ 가능

　　병원건물도 「법인세법 시행규칙」 제29조의 2에 규정된 의료기기에 해당하므로 의료발전회계에 관한 처리방법을 적용할 수 있는 것으로 병원건물에 대하여 감가상각비를 계상할 경우에는 이에 상당하는 금액을 의료발전준비금의 환입으로 익금산입해야 함. 의료발전준비금의 환입은 감가상각을 통한 이중비용계상을 해소하기 위한 것이므로 감가상각 여부에 따라 의료발전준비금을 환입함.

서이 46012 - 10596, 2001.11.23.

「사내근로복지기금법」에 의하여 설립된 사내근로복지기금이 동 법령 등에 규정된 고유목적사업인 근로자를 위한 휴양콘도미니엄을 구입하기 위하여 지출한 금액은 당해 자산의 이용이 「법인세법 시행령」 제2조 제1항의 수익사업에 해당되는 경우를 제외하고는 같은령 제56조 제6항의 규정에 의한 고유목적사업 등에 지출한 금액으로 보는 것이며, 당해 취득한 콘도미니엄을 3년 이상 계속하여 고유목적사업(법인세법 시행령 제2조 제1항의 수익사업을 제외함)에 직접사용하고 처분함에 따라 생기는 수입은 「법인세법」 제29조 제1항 제4호의 고유목적사업준비금의 설정대상 금액에 해당하지 아니하는 것임.

서이 46012 - 10557, 2001.11.17.

비영리내국법인이 당해 고유목적사업의 수행상 그 사업의 일부를 외부의 용역업체에 대행

하게 하고 지출하는 비용의 경우에도 고유목적사업에 지출 또는 사용한 금액으로 보는 것임.

법인 46012 - 372, 2000.2.9.
귀 질의의 경우 비영리내국법인이 「법인세법」 제29조 및 동법 시행령 제56조의 '고유목적사업준비금의 손금산입' 규정을 적용하는 경우에 당해 법인의 수익사업의 회계에 속하는 차입금을 상환하는 금액은 이를 고유목적사업에 지출 또는 사용한 것으로 보지 아니하는 것임.

법인 46012 - 2543, 1999.7.6.
「사립학교법」에 의한 학교법인이 고유목적사업인 교사를 신축하기 위하여 대출받은 차입금의 이자를 고유목적사업준비금에서 지급한 금액은 고유목적사업에 지출 또는 사용한 것으로 보는 것임.

5-3. 기부금의 지출과 고유목적사업준비금 사용액과의 관계

5-3-1. 일반기부금(구 지정기부금)의 지출

고유목적사업준비금을 설정한 비영리내국법인은 일반기부금을 고유목적사업준비금에서 지출하여야 한다. 따라서, 수익사업을 영위하는 비영리내국법인이 일반기부금을 수익사업에서 지출한 경우에는 기 적립된 고유목적사업준비금에서 지출된 것으로 보아 이를 상계처리하여야 한다. 또한 직전 사업연도 종료일 현재의 고유목적사업준비금의 잔액을 초과하여 해당 사업연도에 일반기부금을 지출한 경우에는 해당 사업연도에 계상할 고유목적사업준비금에서 지출한 것으로 보아 동 비용계상액과 해당 사업연도에 설정한 고유목적사업준비금을 합하여 손금산입범위 내에서 손금산입하여야 한다(법인세법 기본통칙 29 - 56…7).

법인으로 보는 단체 중 고유목적사업준비금을 설정할 수 없는 비영리내국법인이 고유목적사업비를 지출하는 경우에는 일반기부금으로 보아 「법인세법」 제24조 제3항에서 규정하는 범위 내에서 손금산입하여야 한다.

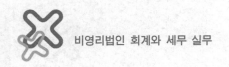
5-3-2. 특례기부금(구 법정기부금)의 지출

최근 대법원 판례(대법원 2018두37472, 2019.12.27.)에 의하면 법정기부금과 고유목적사업
준비금이 동시에 발생하는 경우에는 준비금을 먼저 세무조정하고 그 이후에 법정기부금을
세무조정하도록 최종 판결하였다.

| 중요 예규 및 판례 |

대법원-2023-두-31133, 2023.4.13.
비영리법인에게만 적용되는 구 법인세법 제29조의 고유목적사업비에 해당하는 지출에
대하여는, 설사 그 지출이 법정기부금의 성격 역시 가지고 있다고 하더라도 그 수익사업
의 소득 중 일부를 특정하여 법정기부금으로 사용하였음이 객관적으로 인정되는 등의
특별한 사정이 없는 한, 영리법인 및 비영리법인 모두에 일반적으로 적용되는 구 법인세
법 제24조 제2항의 법정기부금에 대한 손금산입에 관한 규정을 적용할 수 없음.

대법 2018두37472, 2019.12.27.
구 법인세법 제24조 제1항은 제1호에서 '해당 사업연도의 소득금액(제44조, 제46조 및 제
46조의 5에 따른 양도손익은 제외하고 제2항에 따른 기부금과 지정기부금을 손금에 산입하
기 전의 소득금액을 말한다. 이하 이 조에서 같다)'을 규정하고, 같은 조 제2항은 법정기부
금의 손금산입한도액을 해당 사업연도의 소득금액에서 제13조 제1호에 따른 결손금을
뺀 후의 금액에 100분의 50을 곱하여 산출하도록 정하고 있음.
원심(서울고법 2017누75967, 2018.1.25.)은 그 판시와 같은 이유를 들어, 법정기부금 손금
산입한도액 계산의 기초가 되는 '해당 사업연도의 소득금액'은 법정기부금과 지정기부
금만을 손금에 산입하기 전의 소득금액을 의미하고, 법정기부금과 지정기부금 외에 고
유목적사업준비금까지 손금에 산입하기 전의 소득금액으로 해석할 수는 없다고 판단하
였음.
앞서 본 규정의 문언과 조세법규에 대한 엄격해석의 원칙 등을 종합적으로 고려하면,
원심의 이러한 판단에 상고이유 주장과 같이 해당 사업연도의 소득금액의 해석 등에 관
한 법리를 오해한 잘못이 있다고 할 수 없음.

서울고법 2017누75967, 2018.1.25.
법인세법 시행령 제56조 제3항은 전단부의 기부금과 후단부의 기부금을 동일하게 해석
한다면 그 문언상 같은 금액을 가산하였다가 다시 차감하는 것이어서 사실상 그 규정이

무의미하기에 후단을 법정기부금손금산입한도액으로 보아야 함.

또한 법인세법 시행령 제56조 제3항은 "법 제29조 제1항 제4호에서 '수익사업에서 발생한 소득'이란 해당 사업연도의 수익사업에서 발생한 소득금액(고유목적사업준비금과 법 제24조 제2항에 따른 기부금을 손금에 산입하기 전의 소득금액을 말한다)에서 … 법 제24조 제2항에 따른 기부금을 뺀 금액을 말한다."고 규정하고 있는데, 전단부의 기부금과 후단부의 기부금을 동일하게 해석한다면 그 문언상 같은 금액을 가산하였다가 다시 차감하는 것이어서 사실상 그 규정이 무의미해지는바, 이와 같은 규정을 해석함에 있어서 문언상 해석에 더하여 고유목적사업준비금에 관하여 손금산입한도액을 정하고 있는 취지 등을 종합적으로 고려하여야 할 것이다. 그리고 국세청이 발간한 2016 법인세 신고안내(참고자료 1)에서도 '법인세법에 따른 법정기부금 손금산입액'을 차감하는 것으로 기재되어 있음.

법인 – 214, 2010.3.11.

고유목적사업준비금을 설정할 수 없는 법인으로 보는 단체가 수익사업에서 발생한 소득을 고유목적사업비로 지출하는 금액은 「법인세법 시행령」 재36조 제2항에 의하여 지정기부금으로 보는 것임.

법인 – 1033, 2009.9.21.

「법인세법」 제29조 제1항에 따라 고유목적사업준비금을 손금으로 계상한 비영리내국법인이 지정기부금을 지출하는 경우에는 같은 조 제2항에 의하여 먼저 계상한 사업연도의 고유목적사업준비금에서 순차로 상계하여야 하며, 이 경우 같은 법 제24조 규정에 의한 지정기부금 시부인 규정은 적용하지 않는 것임.

법인 – 138, 2009.1.12.

비영리내국법인이 고유목적사업준비금을 손금산입한 후 지정기부금으로 지출하는 금액은 고유목적사업준비금을 사용한 것으로 보는 것이나, 국립대학 및 「사립학교법」에 의한 사립학교에 장학금으로 지출한 기부금은 고유목적사업준비금에서 상계처리하지 아니하고 「법인세법」 제24조 제2항에 따라 법정기부금의 손금산입한도액 내에서 손금에 산입하는 것임.

서면2팀 – 825, 2006.5.12.

비영리법인이 고유목적사업준비금을 손금산입한 후 지정기부금으로 지출하는 금액은 고유목적사업준비금을 사용한 것으로 보는 것이나 국가 또는 지방자치단체에 지출한 기부금은 고유목적사업준비금에서 사용하지 아니하고 「법인세법」 제24조 제2항의 규정에 의한 기부금에 해당되므로 당해 사업연도의 소득금액에서 동법 제13조 제1호의 이월결손금을

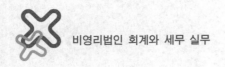

차감한 금액의 범위 안에서 손금에 산입하는 것이며, 「법인세법」 제29조 제1항의 규정에 의하여 손금산입한 고유목적사업준비금의 미사용 잔액이 있는 비영리내국법인이 해산한 때에는 그 미사용 잔액은 동법 제29조 제3항의 규정에 의하여 해산일이 속하는 사업연도의 소득금액계산상 이를 익금산입하는 것임.

서면2팀 – 254, 2006.2.1.
고유목적사업준비금을 지정기부금에 지출한 것은 고유목적사업 등에 지출한 것에 해당하는 것임.

재법인 46012 – 115, 2001.6.12.
비영리내국법인이 「조세특례제한법」 제73조 제1항 각 호에 해당하는 기부금을 지출하는 경우 「법인세법」 제29조의 규정에 의한 고유목적사업준비금과 별도로 손금에 산입할 수 있는 것임.

6 고유목적사업준비금의 승계

고유목적사업준비금을 손금에 산입한 법인이 사업에 관한 모든 권리와 의무를 다른 비영리내국법인에게 포괄적으로 양도하고 해산하는 경우에는 해산등기일 현재의 고유목적사업준비금 잔액은 그 다른 비영리내국법인이 승계할 수 있다. 2010년 12월 31일 법 개정 시 비영리법인이 사업을 포괄적으로 출연하면서 해산하는 때에는 해당 사업의 계속성이 유지되므로 출연받은 법인이 준비금을 승계받을 수 있도록 개정하였다. 본 개정규정은 2011년 1월 1일 이후 해산등기하는 분부터 적용한다(법인세법 제29조 제4항).

| 중요 예규 및 판례 |

법규법인 2013 – 250, 2013.9.2.
의료업을 영위하는 재단법인이 해산등기 후에 잔여재산을 청산하는 과정에서 특정병원에 속하는 자산과 부채를 주무관청의 허가를 받아 다른 비영리내국법인에 포괄적으로 출연하는 경우
1. 출연가액 중 부담부증여에 해당하는 채무액에 상당하는 부분은 그 자산이 유상으로

사실상 이전된 것으로서 이로 인해 발생하는 양도소득은 청산소득에 해당하는 것이나, 비영리내국법인은 「법인세법」 제3조 제1항에 따라 청산소득에 대한 법인세 납세의무가 없는 것임. 다만, 비영리내국법인의 경우에도 「법인세법」 제55조의 2 제1항에 따른 부동산의 양도소득에 대해서는 법인세를 납부하여야 하는 것임.

2. 비영리내국법인이 2011년 1월 1일 이후 그 사업에 관한 모든 권리와 의무를 다른 비영리내국법인에게 포괄적으로 출연하고 해산하는 경우에는 해산등기일 현재의 고유목적사업준비금 및 의료발전준비금의 잔액을 「법인세법」 제29조 제3항에 따라 그 다른 비영리내국법인에게 승계할 수 있으며, 같은 조 제4항 제1호 괄호규정에 따라 익금에 산입하지 아니하는 것임.

법인세과 – 406, 2013.7.30.

고유목적사업준비금을 손금에 산입한 법인이 사업에 관한 모든 권리와 의무를 다른 비영리내국법인에게 포괄적으로 양도하고 해산하는 경우에는 법인세법 제29조 제3항에 따라 그 다른 비영리내국법인이 고유목적사업준비금 잔액을 승계할 수 있는 것이며, 상기와 같이 해산한 비영리법인의 고유목적사업준비금 잔액은 같은 법 제29조 제4항 제1호에 따라 익금산입대상에서 제외되는 것임.

---

7 고유목적사업준비금의 환입 및 이자상당액

7-1. 고유목적사업준비금의 환입

비영리내국법인이 다음에 해당하게 된 경우 고유목적사업준비금의 잔액은 당해 사유가 발생한 날이 속하는 사업연도의 소득금액계산에 있어서 이를 익금에 산입하여야 한다(법인세법 제29조 제5항, 제6항).

① 해산한 경우(고유목적사업준비금을 손금에 산입한 법인이 사업에 관한 모든 권리와 의무를 다른 비영리내국법인에게 포괄적으로 양도하고 해산하는 경우에 해산등기일 현재의 고유목적사업준비금 잔액을 그 다른 비영리내국법인이 승계한 경우는 제외한다)
② 고유목적사업을 전부 폐지한 때

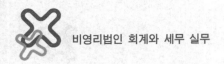

③ 법인으로 보는 단체가 「국세기본법」 제13조 제3항의 규정에 의하여 승인이 취소되거나 거주자로 변경된 때
④ 고유목적사업준비금을 손금에 계상한 사업연도의 종료일 이후 5년이 되는 날까지 고유목적사업 등에 사용하지 아니한 때(5년 내 사용하지 아니한 잔액에 한한다)
⑤ 고유목적사업준비금을 고유목적사업 등이 아닌 용도에 사용한 경우
⑥ 고유목적사업준비금을 손금에 산입한 사업연도의 종료일 이후 5년 이내에 그 잔액 중 일부를 감소시켜 익금에 산입한 경우(먼저 손금에 산입한 사업연도의 잔액부터 차례로 감소시킨 것으로 본다)

7-2. 이자상당액의 납부

고유목적사업준비금을 손금에 산입한 법인이 상기 ④, ⑤와 ⑥의 규정에 의하여 고유목적사업준비금의 잔액을 익금에 산입하는 경우에는 다음에 규정하는 이자상당액을 납부하여야 한다(법인세법 제29조 제7항, 동법 시행령 제56조 제7항).

> 이자상당액 = ① 법인세액의 차액 × ② 기간 × ③ 가산율

① 법인세액의 차액
[(고유목적사업준비금 손금산입 사업연도 법인세 과세표준금액 + 5년 내 미사용·임의환입한 고유목적사업준비금) × 고유목적사업준비금 손금산입 사업연도 법인세율] −고유목적사업준비금 손금산입 사업연도의 종전 법인세 산출세액
② 기 간
손금에 산입한 사업연도의 다음 사업연도의 개시일부터 익금에 산입한 사업연도의 종료일까지의 일수
③ 가산율
10만분의 22

2022.2.15. 전에 납부기한이 지났거나 환급받은 경우로서 2022.2.15. 이후 납부 또는 부과하는 경우 그 납부기한 또는 환급받은 날의 다음날부터 이 영 시행일 전일까지의 기간에

대한 이자율은 종전의 규정(10만분의 25)을 적용한다.

2019.2.12. 전에 납부기한이 지났거나 환급받은 경우로서 2019.2.12. 이후 납부 또는 부과하는 경우 그 납부기한 또는 환급받은 날의 다음 날부터 2019.2.12. 전일까지의 기간에 대한 이자율은 영 제56조 제7항 제2호의 개정규정에도 불구하고 종전의 규정(3/10,000)에 따른다(영 부칙(2019.2.12.) 17조).

 | 중요 예규 및 판례 |

조심 2024인2132, 2024.8.7.
청구법인이 쟁점규정에 따라 쟁점준비금을 비영리사업회계(정기예금 예치)로 전출한 사실은 있으나 「법인세법」 제29조의 전반적인 입법취지를 감안해 볼 때 그 전출한 사실만으로는 전출금이 향후 고유목적사업에 사용하는지 불문하고 영구적으로 법인세 부담이 면제된다고 보기는 어려울 뿐만 아니라 쟁점준비금을 손금으로 산입해 주는 것 역시 전출금을 한정된 용도에 사용하지 않거나 용도 외에 사용할 경우에는 해제조건으로 하고 있다고 봄이 상당하므로, 쟁점준비금으로 계상되었다가 비영리사업회계로 전출된 현금성 자산은 쟁점규정에도 불구하고 향후 고유목적사업에 사용되어야 하는 것으로 그 용도가 한정되어 있다고 보아야 하는 점 등에 비추어 청구법인이 쟁점준비금을 정기예금으로 예치하고 비영리사업회계로 전출한 것이 설령 명목상 전입이 아니라고 하더라도 「법인세법」 제29조 및 같은 법 시행령 제56조에서 규정한 제한적 용도로 사용되지 아니한 사실이 명백한 이상 고유목적사업에 사용한 것으로 보기는 어렵다 할 것임.

대법 2017두48611, 2017.8.18.
고유목적사업준비금은 실제 고유목적사업에 사용하도록 강제하는데 그 취지가 있는 것으로 고유목적사업준비금을 고유목적이 아닌 수익사업에 전용하여 더 이상 고유목적사업에 사용할 수 없음이 분명해진 이상, 수익사업에 전용한 사업연도의 익금에 산입한 것은 정당함.

대법 2016두59249, 2017.3.9.
원고가 이 사건 토지 매각대금으로 이 사건 아파트를 매입하여 고유목적사업이 아닌 임대사업에 사용한 이상, 그때 이미 이 사건 토지 매각대금은 고유목적사업에 지출할 수 없다는 점이 분명해졌다고 할 것이므로 그 사유가 발생한 2007 사업연도의 익금에 산입할 수 있다고 보아야 함.

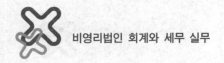

> **대법 2015두52784, 2016.4.15.**
> 원고가 2009 사업연도에 이 사건 전출금을 정기예금에 예치한 것이 명목뿐인 것이라면 이
> 를 2009 사업연도의 손금에 산입할 수 없다고 보고, 2009 사업연도가 지나기 전에 이
> 사건 전출금이 수익사업용 대체자산 취득에 사용되어 고유목적사업에 사용될 수 없음이
> 명백하여졌으므로, 이 사건 전출금 상당액을 2009 사업연도의 익금에 산입하여 원고에게
> 법인세를 부과한 이 사건 처분은 적법함.

8 손금산입 방법 및 회계처리

8-1. 손금산입 방법

(1) 결산조정 및 신고조정

고유목적사업준비금은 결산서에 비용으로 계상한 경우에 손금에 산입되는 것(결산조정)
이나 「주식회사 등의 외부감사에 관한 법률」 제2조 제7호 및 제9조의 규정에 의한 감사인
(회계법인, 감사반)의 회계감사를 받는 비영리내국법인은 기업회계기준상 고유목적사업준비
금의 설정이 인정되지 아니하므로 예외적으로 고유목적사업준비금을 세무조정계산서에
계상하고 그 금액 상당액을 해당 사업연도의 이익처분을 할 때 고유목적사업준비금으로
적립한 경우에는 손비로 계상한 것(신고조정)으로 본다(법인세법 제29조 제1항, 제2항).

이때, 외부감사 대상법인에 해당하지 아니하나 외부감사인의 회계감사를 받는 경우에도
잉여금처분에 의한 신고조정을 할 수 있다(서이 46012 – 11844, 2003.10.23.).

신고조정에 의하여 손금에 산입한 준비금이 다음에 해당하는 경우에는 적립하여야 할
금액에 미달하게 적립한 적립금 또는 처분하여야 할 금액을 초과하여 처분한 적립금에 상
당하는 준비금을 당해 준비금을 손금 계상한 사업연도에 손금불산입한다. 이 경우 적립금
에는 기업회계기준에 따라 당해 사업연도에 세무조정계산서에 손금으로 산입한 준비금으
로 인한 법인세 효과를 고정부채인 이연법인세대로 계상한 금액을 포함한다(법인세법 기본
통칙 61 – 98…1).

① 당해 준비금을 손금산입한 사업연도의 이익처분에 있어서 당해 준비금에 상당하는 적립금을 적립하지 아니하거나 일부만을 적립하는 경우. 다만, 당해 사업연도의 처분 가능이익이 없거나 부족한 경우에는 처분가능이익을 한도로 적립할 수 있으며 그 부족 액은 다음 사업연도 이후에 추가 적립하여야 한다.

② 당해 준비금을 익금에 산입하는 사업연도의 이익처분에 있어서 익금산입에 상당하는 적립금을 초과하여 처분하는 경우

(2) 경정청구에 의한 설정가능 여부

고유목적사업준비금은 원칙적으로 결산상 손금으로 계상한 경우에 한하여 손금으로 인정되는 것으로 결산시 동 준비금을 한도미달하게 계상하였거나 전혀 계상하지 아니한 경우에는 「국세기본법」 제45조의 2에 의한 경정청구에 의하여 과소계상한 준비금 상당액을 손금에 산입할 수 없다(재법인 – 24, 2016.1.4., 국세청 법인 – 101, 2014.3.5. 외). 그러나 외부감사를 받아 신고조정을 하는 경우에도 잉여금처분을 통하여 경정청구가 가능한 지에 대해서는 여러 견해가 존재한다.

8-2. 회계처리

(1) 결산조정시 회계처리

고유목적사업준비금을 결산조정에 의해 손금산입하는 경우 그 회계처리를 예시하면 다음과 같다.

구 분	수익사업회계		비수익사업회계	
	차 변	대 변	차 변	대 변
준비금 전입시	고유목적사업준 비금전입 ×××	고유목적사업준 비금(부채) ×××		
수익회계에서 비수익 회계로 전출시	고유목적사업준 비금(부채) ×××	현금 ×××	현금 ×××	고유목적사업준 비금수입 ×××
고유목적사업비 지출시			고유목적사업비 ×××	현금 ×××

만약, 직전 사업연도 종료일 현재의 고유목적사업준비금의 잔액을 초과하여 당해 사업연도의 고유목적사업비로 지출하는 경우에 「법인세법 기본통칙」 113-156…3 제2항에 따라 처리하며 이때의 회계처리 사례는 다음과 같다.

> **│ 사 례 │**
>
> 직전 사업연도 종료일 현재 수익사업회계의 대차대조표상 금액
> • 고유목적사업준비금   5,000원
> • 이익잉여금   10,000원
> • 자본금   50,000원
> 당해 사업연도 중 수익사업에서 18,000원을 비수익사업회계로 전출시켰으며, 동 금액을 전액 고유목적사업에 지출하고 결산시 준비금 20,000원을 전입함을 가정한다.

(단위 : 원)

구 분	수익사업회계		비수익사업회계	
	차 변	대 변	차 변	대 변
18,000을 비수익회계로 전출시[주1]	고유목적사업 준비금 5,000 잉여금 10,000 출연금(자본원입) 3,000	현금 18,000	현금 18,000	고유목적사업 준비금수입 5,000 출연금 3,000 잉여금 10,000
고유목적사업비 지출시			고유목적사업비 18,000	현금 18,000
결산시 준비금 20,000 전입[주2]	고유목적사업 준비금전입 20,000 고유목적사업 준비금 13,000	고유목적사업 준비금 20,000 잉여금 10,000 출연금(자본원입) 3,000	출연금 3,000 잉여금 10,000	고유목적사업 준비금수입 13,000

주1) 당해 연도 준비금설정액 및 잉여금 등이 미확정 상태이므로 고유목적사업비 지출당시에는 직전 연도 기준의 준비금 잔액과 과세 후 소득금액(잉여금 포함)을 상계처리하여야 한다.

주2) 「법인세법」 제29조 제2항 후단규정의 금액(직전 연도 말 현재 고유목적사업준비금 잔액을 초과하여 고유목적사업 등에 지출한 금액은 당해 사업연도에 계상할 준비금에서 지출한 것으로 봄)은 결산시 준비금을 설정하면서 반대분개를 통하여 정리한다.

(2) 잉여금 처분에 의한 신고조정시 회계처리

수익사업회계에서 비수익사업회계로 고유목적사업비를 전출시키는 시점에 차변 계정과 목을 무엇을 사용하는지에 따라 다음과 같이 2가지 회계처리 및 세무조정이 가능하다.

① 비용계정을 쓰는 경우

구 분	수익사업회계		비수익사업회계	
	차 변	대 변	차 변	대 변
사업연도 종료일	회계처리 없음.		회계처리 없음.	
잉여금 처분시	처분전이익잉여금 ×××	고유목적사업준비금(잉여금) ×××		
세무조정	(손금산입) 고유목적사업준비금 ×××(△유보)			
비수익회계로 전출시	지정기부금(비용계정) ×××	현금 ×××	현금 ×××	고유목적사업준비금수입 ×××
고유목적사업비 지출시			고유목적사업비 ×××	현금 ×××
사용금액 만큼 잉여금 환입시	고유목적사업준비금(잉여금) ×××	처분전이익잉여금 ×××		
세무조정	(손금불산입) 고유목적사업준비금 ×××(유보)			

② 준비금(잉여금)계정을 쓰는 경우

구 분	수익사업회계		비수익사업회계	
	차 변	대 변	차 변	대 변
사업연도 종료일	회계처리 없음.		회계처리 없음.	
잉여금 처분시	처분전이익잉여금 ×××	고유목적사업준비금(잉여금) ×××		
세무조정	(손금산입) 고유목적사업준비금 ×××(△유보)			

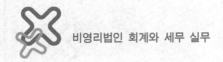

구 분	수익사업회계		비수익사업회계	
	차 변	대 변	차 변	대 변
비수익회계로 전출시	고유목적사업준비금(잉여금) ×××	현금 ×××	현금 ×××	고유목적사업준비금수입 ×××
고유목적사업비 지출시			고유목적사업비 ×××	현금 ×××
세무조정	(손금불산입) 고유목적사업준비금 ×××(유보) (손금산입) 고유목적사업비 ×××(기타)			

중요 예규 및 판례

기획재정부 법인세제과 – 54, 2021.1.28.

[질의]

고유목적사업지출액을 경정청구를 통해 손금산입할 수 있는지 여부

[회신]

비영리내국법인이 「사립학교교직원 연금법」에 따라 해당 사업연도 수익을 고유목적사업에 지출한 금액 상당액은 「법인세법」 제29조 제3항 규정에 따라 그 사업연도에 계상할 고유목적사업준비금에서 지출한 것으로 보아 같은 법 제29조 제1항의 규정을 적용하는 것임.

사전 – 2019 – 법령해석법인 – 0741, 2020.1.17.

비영리내국법인이 신고조정으로 고유목적사업준비금을 손금에 산입하는 경우 그 금액 상당액을 해당 사업연도의 이익처분을 할 때 고유목적사업준비금으로 적립하여야 하는 것이나, 해당 사업연도의 처분가능이익이 없거나 부족하여 손금으로 계상한 고유목적사업준비금 전액을 적립금으로 적립할 수 없을 때에는 해당 사업연도의 처분가능이익을 한도로 적립할 수 있으며, 이 경우 그 부족액은 다음 사업연도 이후에 추가로 적립하여야 하는 것이고, 다음 사업연도 이후에 처분가능이익이 발생하였음에도 이를 적립하지 아니하거나 처분가능이익이 없어 적립하지 아니하는 경우에는 그 금액 상당액을 손금불산입 세무조정 하여야 하는 것임.

조심 2016서3759, 2017.6.16.

청구법인은 당초 법인세 신고시 세무조정계산서 등에 고유목적사업준비금을 계상하지 않은 것으로 나타나는 점, 청구법인은 고유목적사업준비금을 설정할 처분가능이익이 존재하였지만 이익처분에 의한 적립금이 설정되지 않은 것으로 나타나는 점 등에 비추어 이 건 법인세 경정결정시 고유목적사업준비금 한도액 상당을 손금으로 산입하여 달라는 청구주장을 받아들이기 어려움.

법인 - 840, 2009.7.22.

「주식회사의 외부감사에 관한 법률」 제3조의 규정에 의한 감사인의 회계감사를 받는 비영리내국법인이 「법인세법」 제29조의 규정에 의한 고유목적사업준비금을 세무조정계산서에 계상한 경우로서 그 금액상당액이 당해 사업연도의 이익처분에 있어서 당해 준비금의 적립금으로 적립되어 있는 경우 같은 법 제61조의 규정에 의하여 그 금액을 손금으로 계상한 것으로 보는 것이며, 이 경우 이익처분은 같은 법 제113조의 구분경리에 의하여 산정된 수익사업에서 발생된 잉여금을 대상으로 하는 것임.

서면2팀 - 1497, 2007.8.10.

질 의

〔사실관계〕

• ○○○○기금을 관리 운용하는 공단(비영리법인)으로 수익사업소득에 대하여 법인세를 신고납부

• 수익사업소득에 대하여 「법인세법」 제29조에 따라 고유목적사업준비금을 설정하면서 외부감사인에 의하여 회계감사를 받고 있는 관계로 고유목적사업 준비금을 「법인세법」 제61조의 특례규정에 따라 신고조정에 의하여 손금산입하고 이익잉여금을 처분하여 적립금을 적립

〔질의요지〕

질의 1. 고유목적사업준비금을 신고조정시 손금산입한 준비금이 당해 사업연도 처분 가능 이익이 없는 경우 또는 부족하여 일부만 적립한 경우 당해연도 손금불산입 여부

질의 2. 손금에 산입한 준비금 고유목적사업준비금과 관련하여 적립한 금액에 대하여 적립금 처분시 「법인세법 시행령」 제98조의 규정에 의하여 익금산입하여야 하는지 여부

회 신

1. 질의 1.의 경우, 「법인세법」 제61조 제1항의 규정에 의하여 손금에 산입한 준비금이 「법인세법 기본통칙」 61 - 98…1 제1호 단서규정을 제외하고 손금산입한 사업연도의

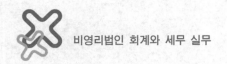

이익처분에 있어서 당해 준비금에 상당하는 적립금을 적립하지 아니하거나 일부만을 적립하는 경우에는 적립하여야 할 금액에 미달하게 적립한 적립금에 상당하는 준비금을 당해 준비금을 손금 계상한 사업연도에 손금불산입하는 것임.

2. 질의 2.의 경우, 「법인세법」 제61조 제1항의 규정에 의하여 손금에 산입한 준비금은 당해 준비금을 익금에 산입할 때 그 적립금을 처분하여야 하며, 이 경우 당해 준비금을 익금에 산입하기 전에 그 적립금을 처분한 경우에는 손금으로 계산하는 것으로 보지 아니하는 것임.

서면2팀 - 1957, 2005.11.30.

고유목적사업준비금을 신고조정으로 손금에 산입한 외부회계감사대상인 비영리내국법인이 처분가능이익이 없어 당해 준비금을 적립하지 못하여 환입 계상하는 경우에는 「법인세법」 제29조 제3항 및 동법 기본통칙 29 - 56…5의 규정에 의하여 환입한 사업연도의 익금에 산입하고, 이자상당액은 동법 동조 제4항에 의하여 당해 사업연도의 법인세에 가산하여 납부하여야 하는 것임.

서면2팀 - 1730, 2005.10.31.

산림환경기능증진자금이 손금산입한 고유목적사업준비금을 해당 자금의 관리운용주체가 관계법령의 개정으로 동 준비금을 이전하는 경우 익금산입 대상에 해당하지 않음.

서면2팀 - 1687, 2005.10.21.

고유목적사업준비금을 불가피하게 사용하지 못한 경우에 대하여는 별도의 예외규정을 두고 있지 않으므로 질의와 같은 경우에도 이자상당가산액을 포함하여 법인세를 납부하여야 하는 것임.

서면2팀 - 706, 2004.4.6.

1. 「법인세법」 제29조 제1항의 규정에 의하여 고유목적사업준비금을 손금산입한 비영리내국법인이 해산하기 전에 동 준비금 잔액을 지정기부금으로 지출한 경우 고유목적사업에 지출한 것으로 보아 동 준비금과 상계하는 것이므로 동법 제24조 규정에 의한 지정기부금 시부인 규정을 적용하지 않는 것임.

2. 「법인세법」 제29조 제1항의 규정에 의하여 손금산입한 고유목적사업준비금의 잔액이 있는 비영리내국법인이 해산한 때에는 그 잔액을 동법 동조 제3항의 규정에 의하여 해산일이 속하는 사업연도의 소득금액계산상 이를 익금산입하는 것이며, 이 경우 해산일이라 함은 해산등기일을 말하는 것임.

서이 46012 - 10761, 2003.4.11.

(질 의)

비영리내국법인이 2001년 사업연도 이전에는 고유목적사업준비금을 결산조정에 의하여
손금으로 산입하였으나, 2002년 사업연도부터 외부회계감사대상법인에 해당됨에 따라
부채로 계상되어 있던 위 준비금을 전액 전기오류수정이익으로 대체하고 당해 사업연도의
이익처분에 있어서 적립금을 적립하는 경우 동 준비금을 임의환입으로 보는지 여부

(회 신)

귀 질의의 경우 준비금의 손금계상 특례규정의 적용과 관련된 우리청의 기 질의회신사
례(법인 22601 - 932, 1988.3.31.)를 참고하기 바람.

법인 46012 - 4182, 1998.12.31.

재단법인 ○○○○○소년단이 정부의 산하단체 경영혁신계획에 따라 ○○○○○기념재
단과 통·폐합함에 있어 사업에 관한 모든 자산과 부채 및 권리와 의무를 ○○○○○기
념재단에 모든 자산과 부채 및 권리와 의무를 포괄승계시키면서 고유목적사업준비금도
함께 인계하는 경우, '익금산입사유'에 해당하지 않음.

법인 22601 - 932, 1988.3.31.

외부회계감사대상법인이 되기 이전 사업연도에 이미 결산서상 손금에 산입한 「조세감
면규제법」상의 준비금을 준비금 등의 손금계상특례규정에 의한 회계처리로 수정하기
위하여 동 준비금상당액을 단순히 전기손익수정이익으로 대체하고 이익처분에 있어서 적
립금으로 적립한 경우에는 동 준비금상당액은 임의환입으로 보지 아니하는 것임.

9 기 타

9-1. 중복적용 배제

비영리내국법인의 수익사업에서 발생한 소득에 대하여 「법인세법」 또는 「조세특례제한
법」에 따른 비과세·면제, 준비금의 손금산입, 소득공제 또는 세액감면(세액공제는 제외)을 적
용받는 경우에는 고유목적사업준비금을 손금에 산입할 수 없다. 다만, 수익사업에서 발생한

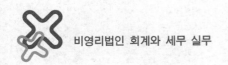

소득에 대하여 고유목적사업준비금의 손금산입규정과 「조세특례제한법」 등의 세액감면규정 등을 동시에 적용받은 후 이를 수정하기 위하여 고유목적사업준비금만을 적용받는 것으로 수정신고하는 경우에는 당해 수정신고를 적법한 것으로 보아 고유목적사업준비금을 손금에 산입할 수 있다(법인세법 제29조 제8항, 동법 시행령 제56조 제8항).

9-2. 명세서의 제출의무

고유목적사업준비금을 손금에 산입하고자 하는 비영리내국법인은 법인세 과세표준 및 세액신고시 고유목적사업준비금조정명세서(갑)(을)(별지 제27호 서식)을 납세지 관할세무서장에게 제출하여야 한다(법인세법 시행령 제56조 제9항, 동법 시행규칙 제82조 제1항 제27호).

| 중요 예규 및 판례 |

사전 - 2024 - 법규법인 - 0003, 2024.4.11.
2022사업연도에 「조세특례제한법」 제7조에 따른 중소기업에 대한 특별세액감면을 적용받은 비영리내국법인이 2023사업연도에 해당 세액감면을 적용하지 않고 고유목적사업 등에 지출하기 위하여 고유목적사업준비금을 손비로 계상한 경우에는 「법인세법」 제29조 제1항에 따른 고유목적사업준비금의 손금산입 규정을 적용받을 수 있는 것임.

법인 - 1317, 2009.11.27.
[질의]
〔사실관계〕
• 질의 법인은 의료업을 영위하는 비영리내국법인임.
• 비영리내국법인은 「법인세법」 및 「조세특례제한법」에 따른 감면 등을 적용받는 경우에는 고유목적사업준비금을 손금산입할 수 없음.
• 의료법인은 고유목적사업준비금을 의료발전준비금으로 계상한 후, 감가상각 또는 처분시점에 환입하도록 규정하여 감면효과가 없음.
〔질의내용〕
• 의료법인이 고유목적사업준비금 손금산입과 중소기업특별세액감면을 동시에 적용받을 수 있는지 여부

회신

비영리내국법인의 수익사업에서 발생한 소득에 대하여 「법인세법」 또는 「조세특례제한법」에 따른 비과세·면제, 준비금의 손금산입, 소득공제 또는 세액감면(세액공제를 제외함)을 적용받는 경우에는 「법인세법」 제29조【고유목적사업준비금의 손금산입】규정을 적용하지 아니하는 것으로, 귀 질의와 같이 의료업을 영위하는 비영리내국법인이 「조세특례제한법」 제7조【중소기업에 대한 특별세액감면】을 적용받는 경우에는 고유목적사업준비금을 손금에 산입하지 아니하는 것임.

서면2팀 - 1171, 2006.6.21.

「법인세법」 제29조의 규정에 의하여 고유목적사업준비금을 손금에 산입하고자 하는 비영리내국법인이 당해 준비금의 계상 및 지출에 관한 명세서는 「법인세법 시행규칙」 제82조 제27호의 고유목적사업준비금조정명세서(을)지의 같은 법 시행규칙 [별지 제27호 서식(을)]을 작성하는 것이며, 해당 서식의 '③ 지출처'란에는 당해 법인이 실제 지출하여 최종지급을 받는 자의 인적사항을 기재하는 것임.

서면2팀 - 1162, 2006.6.20.

「법인세법 시행규칙」 별지 제27호 서식(갑)의 '고유목적사업준비금조정명세서(갑)' 서식 중 '⑯ 직전연도까지 고유목적사업 지출액'란에는 고유목적사업에 실제 지출한 금액을 기입하는 것으로, 먼저 손금에 계상한 사업연도의 준비금부터 순차로 사용한 것으로 보아 기입하며 이 경우 직전연도 이전에 설정한 준비금이 없거나 준비금 잔액이 해당 사업연도 지출액보다 적은 경우에는 해당 사업연도에 설정한 준비금에서 지출한 금액도 기입하는 것이며, 비영리법인이 당해 고유목적사업의 수행에 직접 소요되는 인건비는 「법인세법 시행령」 제56조 제6항 제1호의 규정에 의하여 상기 서식의 '⑰ 해당 사업연도 고유목적사업지출액'을 기재하는 것임.

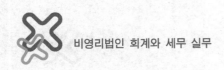

〔별지 제27호 서식(갑)〕(2021.3.16. 개정) (앞쪽)

사 업 연 도	. . ~ . .	고유목적사업준비금 조정명세서(갑)	법 인 명	
			사업자등록번호	

1. 손금산입액 조정

① 소득금액	② 당기 계상 고유목적사업 준비금	③ 「법인세법」 제24조 제2항 제1호에 따른 기부금	④ 해당 사업연도 소득금액 (①+②+③)	⑤ 「법인세법」 제29조 제1항 제1호 각 목에 따른 금액	⑥-1 「법인세법」 제13조 제1항 제1호에 따른 결손금 중 공제대상액 (=㉔)	⑥-2 「법인세법」 제29조 제1항 제2호에 따른 수익사업에서 발생한 결손금

⑦ 「법인세법」 제24조 제2항 제1호에 따른 기부금	⑧ 「조세특례제한법」 제121조의 23 및 제121조의 25에 따른 금액	⑨ 수익사업 소득금액 [④-⑤-(⑥-1) -⑦-⑧]	⑩ 손금산입률	⑪ 손금산입한도액 (⑤+⑧+⑨×⑩) 또는 [⑤+⑧-(⑥-2)]	⑫ 손금부인액 [((②-⑪)>0]
			$\dfrac{50(80,100)}{100}$		

2. 고유목적사업준비금 명세서

⑬ 사업연도	⑭ 손금산입액	⑮ 직전 사업연도까지 고유목적사업 지출액	⑯ 해당 사업연도 고유목적 사업 지출액	⑰ 익금 산입액	⑱ 잔 액 (⑭-⑮-⑯-⑰)	
					⑲ 5년 이내분	⑳ 5년 경과분
(당 기)						
계						

3. 공제대상 이월결손금 명세서

㉑ 사업연도	㉒ 「법인세법」 제13조 제1항 제1호의 결손금	㉓공제한도 적용으로 공제받지 못하고 이월된 금액(누적분)	㉔공제 대상 이월결손금 (㉒-㉓)	㉕기 타 수익 사업 소득 금액 [④-⑤-⑦-⑧]	㉖「법인세법」 제13조 제1 항에 따라 공제받는 이월결손금	㉗공제한도 적용으 로 공제받지 못한 이월결손금(당기 발생분) [Min(㉔,㉕)-㉖]

210mm×297mm[백상지 80g/㎡ 또는 중질지 80g/㎡]

작 성 방 법

1. ① 소득금액란: "법인세 과세표준 및 세액조정계산서(별지 제3호 서식)"의 ⑩란의 차가감소득금액을 적습니다. 다만, 해당 서식 ⑩ 익금산입란, ⑱ 손금산입란에 고유목적사업준비금 중 손금부인된 금액 또는 5년 내 미사용하여 익금에 산입한 금액이 포함되어 있는 경우에는 ⑩란의 차가감소득금액에 손금부인된 금액과 5년 내 미사용하여 익금에 산입한 금액을 더하거나 빼고 적습니다.

2. ② 당기 계상 고유목적사업 준비금란: 직전 사업연도 종료일 현재의 고유목적사업준비금의 잔액을 초과하여 해당 사업연도의 고유목적사업 등에 지출한 금액이 있는 경우 그 금액을 포함하여 적습니다.

3. ⑤ 「법인세법」 제29조 제1항 제1호 각 목에 따른 금액란: 「조세특례제한법」 제121조의 23 제6항 제2호 및 제121조의 25 제4항 제2호를 적용받는 법인의 경우에는 「법인세법」 제29조 제1항 제1호 가목 및 나목에 따른 금액을 적습니다.

4. ⑥-1란은 「법인세법」 제13조 제1항 제1호에 따른 결손금 중 공제대상액을 적으며, ㉔ 공제대상이월결손금란의 값과 일치해야 합니다.

5. ⑧ 「조세특례제한법」 제121조의 23 및 제121조의 25에 따른 금액란: 「조세특례제한법」 제121조의 23 제6항 제2호 및 제121조의 25 제4항 제2호에 해당하는 금액을 적습니다.

6. ⑨ 수익사업소득금액란: 금액이 음수(-)인 경우에는 "0"으로 적되, 경정으로 증가된 소득금액 중 해당법인의 특수관계인에게 상여 및 기타소득으로 처분된 소득금액을 차감한 금액을 적습니다.

7. ⑩ 손금산입률란: 일반 비영리내국법인은 100분의 50(「공익법인의 설립·운영에 관한 법률」에 따라 설립된 법인으로서 고유목 적사업 등에 대한 지출 중 100분의 50 이상의 금액을 장학금으로 지출하는 법인의 경우에는 100분의 80)을, 「조세특례제한법」 제74조 제1항 또는 제4항을 적용받는 법인은 100분의 100 또는 100분의 80을, 「조세특례제한법」 제121조의 23 제3항을 적용 받는 법인은 100분의 50을 적습니다.

8. ⑪ 손금산입한도액: 수익사업에서 결손금이 발생한 경우에는 '⑤「법인세법」 제29조 제1항 제1호 각 목에 따른 금액의 합계액'에서 '⑥-2「법인세법」 제29조 제1항 제2호에 따른 수익사업에서 발생한 결손금'을 차감한 금액을 적습니다.

9. ⑫ 손금부인액과 ⑳ 5년 경과분란의 금액은 익금에 산입합니다.

10. ⑭ 손금산입액란: 해당 사업연도종료일 전 5사업연도에 세법상 손금산입된 고유목적사업준비금을 손금산입 사업연도 순차로 적되, 각 사업연도별로(②-⑫)의 금액을 적습니다.

11. ⑮ 직전 사업연도까지 고유목적사업지출액란: 직전 사업연도까지 고유목적사업에 실제 지출한 금액을 적으며, 먼저 손비에 계상한 사업연도의 준비금부터 순차로 사용한 것으로 보아 적습니다.

12. ⑯ 해당 사업연도 고유목적사업지출액란: 해당 사업연도에 고유목적사업에 실제 지출한 금액을 적으며, 먼저 손비에 계상한 사업연도의 준비금부터 순차로 사용한 것으로 보아 적습니다. 이 경우 직전 사업연도 이전에 설정한 준비금이 없거나 준비금 잔액이 해당 사업연도 지출액보다 적은 경우에는 해당 사업연도에 계상할 준비금에서 지출한 것으로 보아 적습니다.

13. ⑰ 익금산입액란: 「법인세법」 제29조 제5항에 따라 익금에 산입한 금액을 적습니다.

14. ⑱ 잔액란: 손금에 산입한 준비금 중 고유목적사업에 지출하고 남은 잔액을 5년 이내분과 5년 경과분으로 구분하여 적습니다. 이 경우 ⑱ 5년 이내분란에는 해당 사업연도에 설정한 준비금 중 사용하고 남은 잔액도 포함되며, ⑲ 5년 경과분란에는 처음 손금에 산입한 사업연도의 종료일부터 해당 사업연도 종료일까지 5년 이상된 준비금미사용액을 적습니다.

15. ⑳ 5년 경과분란의 익금산입액에 대해서는 "추가납부세액계산서(별지 제8호 서식 부표6)"에 따라 「법인세법」 제29조 제7항 및 같은 법 시행령 제56조 제7항에 따라 계산한 이자상당가산액을 법인세에 가산하여 납부해야 합니다.

16. ㉓ 각 사업연도 소득의 100분의 80을 이월결손금 공제한도로 적용받는 경우 공제한도 적용으로 인해 직전 사업연도까지 공제 받지 못하고 이월된 결손금(누적금액)을 적습니다.

17. ㉕ 기타 수익사업 소득금액란: 금액이 음수(-)인 경우에는 "0"으로 적습니다.

18. ㉖ 「법인세법」 제13조 제1항에 따라 공제받는 이월결손금란 : "법인세 과세표준 및 세액조정계산서(별지 제3호 서식)"의 (109) 란의 이월결손금을 적습니다.

19. ㉗ 공제한도 적용으로 공제받지 못한 이월결손금(당기발생분)란: 금액이 음수(-)인 경우에는 "0"으로 적습니다.

210mm×297mm[백상지 80g/㎡ 또는 중질지 80g/㎡]

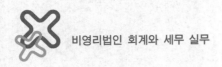

〔별지 제27호 서식(을)〕(2021.3.16. 개정)

사 업 연 도	· · · ~ · · ·	고유목적사업준비금 조정명세서(을)	법 인 명	
			사업자등록번호	

지출내역				④ 금액	⑤ 비고
① 구분	② 적요	③ 지출처			
		상호(성명)	사업자등록번호 (주민등록번호)		
Ⅰ. 「법인세법」 제24조 제3항 제1호에 따른 기부금					
Ⅱ. 고유목적 사업비					
Ⅲ. 고유목적 사업관련 운영경비					
Ⅳ. 기 타					
⑥ 계					

작 성 방 법

1. 「법인세법」 제29조, 「조세특례제한법」 제74조 및 제121조의 23 제6항에 따른 고유목적사업준비금을 해당 사업연도에 고유목적사업에 지출한 비영리법인 및 단체가 작성합니다.
2. ② 적요란은 고유목적사업에 지출한 상세 항목을 적습니다.
   예) 장학금 지급, 부동산(토지와 건물을 구분하여 기재)취득, 의료기기 취득, 인건비(임원과 직원의 급여를 구분하여 기재), 임차료, 전기료, 전화료 등
3. 비영리법인인 장학재단의 경우에는 ③지출처란에 장학금을 지급받는 자의 인적사항을 적습니다.
4. 금액란은 현금의 경우에는 현금지출액을, 현금 외의 기타의 경우에는 시가를 적고 시가가 불분명한 경우에는 「법인세법 시행령」 제89조의 가액을 시가로 합니다.
5. ⑥ 계란은 "고유목적사업준비금조정명세서(갑)[별지 제27호 서식(갑)]"의 ⑯란의 계와 일치해야 합니다.

210mm×297mm[백상지 80g/㎡ 또는 중질지 80g/㎡]

제 5 절

과세표준과 그 계산

본 절에서는 비영리법인의 법인세 과세표준 계산에 있어 영리법인과 달리 적용되는 특이사항에 한정하여 서술하고자 한다. 특히 비영리법인의 법인세법에 있어 비중이 큰 구분경리와 고유목적사업준비금에 대하여는 '제3절 구분경리', '제4절 고유목적사업준비금'에서 설명하고 영리법인과 다를 것이 없는 일반적인 세무조정에 대하여는 삼일회계법인의 '법인세 조정과 신고 실무'를 참고하기 바란다.

다음은 비영리법인의 각 사업연도 소득금액과 과세표준 산출과정을 영리법인과 비교한 것으로 항목별 자세한 내용은 참조 번호에서 기술되는 내용을 참고하기 바란다.

구 분 계산구조	영리법인	비영리법인	
		수익사업	비수익사업
당기순이익(1. 참조)	순자산증가설에 의하여 모든 소득이 과세됨(법인세법 제14조).	1. 사업소득 2. 이자소득 3. 배당소득 4. 주식양도수입 5. 유·무형자산 처분 수입 6. 부동산에 관한 권리 등 양도수입 7. 채권 등 매매익	해당 사항 없음.
(+)익금, 손금불산입	세무조정(1. 참조)	세무조정 유의사항 (2. 참조)	해당 사항 없음.
(−)손금, 익금불산입			
각 사업연도 소득금액 (1. 참조)		세무조정된 1~7까지의 소득 합산	해당 사항 없음.
(−)이월결손금		수익사업에서 발생된	해당 사항 없음.
(−)비과세소득		수익사업에서 발생된	해당 사항 없음.
(−)소득공제		수익사업에서 발생된	해당 사항 없음.
과세표준(3. 참조)			해당 사항 없음.

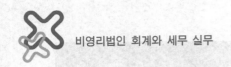

1 비영리법인의 각 사업연도 소득금액

1-1. 비영리법인의 과세소득의 범위

순자산증가설은 내국법인의 법인세 과세소득계산에 있어서 기본원칙이다(법인세법 제14조). 그러나 「법인세법」 제2장 '내국법인의 각 사업연도의 소득' 중 제14조 '각 사업연도의 소득'의 규정이 비영리법인에게도 적용되는지 여부에 대하여는 의문이 발생한다. 즉, 비영리내국법인에게 순자산증가설을 규정한 「법인세법」 제14조의 규정이 직접 적용되는지, 적용된다면 어떻게 적용되는지의 여부이다. 마치 비영리내국법인의 과세소득이 「법인세법」 제14조에 의한 순자산증가설에 의한다는 것과 제4조에 열거된 소득에 한한다는 규정과 상충이 일어나는 것처럼 보이기 때문이다. 이에 대하여는 다음 두 가지 해석이 가능하다.

첫째, 「법인세법」 제14조는 제4조에서 열거된 사업 또는 수입에 한하여 각각 원천별로 순자산증가설에 의하여 소득금액을 산출하는 것으로 해석하는 것이다. 예를 들면, 「법인세법」 제4조 제3항 제1호의 사업소득을 산출할 때 사업에서 발생되는 경상손익만이 아니라 순자산증가설에 의하여 사업으로 발생되는 모든 소득에 대하여 과세되어야 한다는 관점이다.

둘째, 비영리법인의 과세소득은 법에서 열거된 수익사업소득만 과세하는 것은 동일하나 각 소득금액의 산출방법에 있어 순자산증가를 가져오는 모든 소득이 아니라 각 사업연도마다 반복·규칙적으로 발생되는 경상손익만을 의미한다고 본다. 따라서 반복·규칙적으로 생기지 않는 자산의 양도소득(주식, 고정자산은 별도의 호에서 과세), 무상으로 받은 자산의 가액 등의 소득은 법인세를 부과할 수 없다고 보는 관점이다.

상기 두 견해에 따르면 비영리법인의 사업소득에서 발생되는 비경상 손익의 과세문제에 있어 많은 차이가 발생하게 된다.

예를 들면, 국고보조금과 같이 비반복적으로 발생되는 자산수증이익이 비영리법인의 사업소득으로 과세되어야 하는지 여부이다.

과세관청의 입장을 살펴보면 「법인세법」 제4조 제3항에서 열거되지 않은 수입에 대하여는 과세가 되지 않는 반면, 과거 제1호의 사업소득에서 발생된 수입은 순자산증가설에 의하여 과세가 된다고 판단하였다가 최근 예규에서는 수익사업에서 발생된 국고보조금, 자산수증이익, 채무면제이익 등을 대가성 없는 출연재산으로 보아 과세하지 않는 경우가 많다. 보다 자세한 내용은 '제1절 수익사업의 범위'를 참조하기 바란다.

상기의 내용을 정리하면 다음과 같다.

구 분	소득구분	영리법인	비영리법인	
			해석 1	해석 2
수익사업	1. 사업소득^{주1)}	순자산증가설 (전부 과세)	순자산증가설	경상이익만 과세
	2. 이자소득		순자산증가설	경상이익만 과세
	3. 배당소득		순자산증가설	경상이익만 과세
	4. 주식양도수입		순자산증가설	경상이익만 과세
	5. 유·무형자산 처분 수입		순자산증가설	경상이익만 과세
	6. 부동산에 관한 권리 등 양도수입		순자산증가설	경상이익만 과세
	7. 채권 등 매매익		순자산증가설	경상이익만 과세
비수익사업	사업소득^{주3)}		비과세	비과세^{주2)}

주1) 사업소득에서 발생되는 특별손익의 과세 여부가 가장 큰 차이

주2) 해석 2에 따르면 비경상적인 자산수증이익 등은 비수익사업에 속하여 과세되지 않는다.

주3) 법인세가 비과세된 비수익사업에서 발생한 자산수증이익, 기부금수입 등은 「상속세 및 증여세법」 상 증여세가 과세된다.

법인세법 기본통칙 4-3…3 【수익사업과 비수익사업의 구분】

비영리내국법인의 수익사업과 비수익사업은 해당사업 또는 수입의 성질을 기준으로 구분한다. 수익사업에 속하는 것과 비수익사업에 속하는 것을 예시하면 다음과 같다. (2003.5.10. 개정)

1. 수익사업에 속하는 것

   가. 학교법인의 임야에서 발생한 수입과 임업수입 (1997.4.1. 개정)

   나. 학교부설연구소의 원가계산 등의 용역수입

   다. 학교에서 전문의를 고용하여 운영하는 의료수입

   라. 주무관청에 등록된 종교단체 등의 임대수입. 다만, 영 제2조 제1항 제7호에 해당되는 경우는 제외한다. (2001.11.1. 개정)

   마. 전답을 대여 또는 이용하게 함으로써 생긴 소득

   바. 정기간행물 발간사업. 다만, 특별히 정해진 법률상의 자격을 가진 자를 회원으로 하는 법인이 그 대부분을 소속회원에게 배포하기 위하여 주로 회원의 소식, 그 밖에 이에 준하는 내용을 기사로 하는 회보 또는 회원명부(이하 "회보 등"이라 한다) 발간사업과 학술, 종교의 보급, 자선, 그 밖에 공익을 목적으로 하는 법인이 그 고유목적을 달성하기 위하여 회보 등을 발간하고 이를 회원 또는 불특정 다수인에게 무상으로 배포하는 것으로서 통상 상품으로 판매되지 아니하는 것은 제외한다.

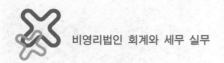
    사. 광고수입

    아. 회원에게 실비제공하는 구내식당 운영수입

    자. 급수시설에 의한 용역대가로 받는 수입

    차. 운동경기의 중계료, 입장료

    카. 회원에게 대부한 융자금의 이자수입

    타. 유가증권대여로 인한 수수료수입 (1985.1.1. 신설)

    파. 조합공판장 판매수수료수입 (1985.1.1. 신설)

    하. 교육훈련에 따른 수수료수입 (1997.4.1. 개정)

2. 비수익사업에 속하는 것 (2003.5.10. 개정)

    가. 징발보상금

    나. 일시적인 저작권의 사용료로 받은 인세수입 (1997.4.1. 개정)

    다. 회원으로부터 받는 회비 또는 추천수수료(간행물 등의 대가가 포함된 경우에는 그 대가상당액을 제외한다)

    라. 외국원조수입 또는 구호기금수입

    마. 업무와 직접 관계없이 타인으로부터 무상으로 받은 자산의 가액 (1997.4.1. 개정)

| 중요 예규 및 판례 |

서면 - 2020 - 법인 - 3408, 2021.3.3.

(질 의)

(질의1) 비영리법인이 「긴급재난기부금 모집 및 사용에 관한 특별법」에 따라 수령한 기부금에 대해 법인세 과세되는지 여부

(질의2) 비영리법인이 「긴급재난기부금 모집 및 사용에 관한 특별법」에 따라 수령한 기부금을 수익사업에 사용하는 경우 해당 기부금에 대해 법인세 과세되는지 여부

(회 신)

질의1의 경우 기존 회신사례(법인 - 1143, 2010.12.7.)를 참고하기 바람.

※ 법인, 법인세과 - 1143, 2010.12.7.

    비영리내국법인이 업무와 직접 관계없이 타인으로부터 무상으로 받은 자산의 가액은 비수익사업에 속하므로 법인세 과세대상이 되지 아니하는 것임.

질의2의 경우 기존 회신사례(사전법령법인-151, 2016.2.17.)를 참고하기 바람.

※ 법인, 사전-2015-법령해석법인-0151, 2016.2.17.

위 사전답변 신청의 사실관계와 같이, 비영리내국법인인 학교법인이 업무와 직접 관계없이 타인으로부터 무상으로 받은 자산을 수익사업에 사용하는 경우 해당 자산의 가액은 법인세 과세대상에 해당하지 아니하는 것임.

서면-2016-법인-3855, 2016.8.11.

비영리내국법인이 업무와 직접 관계없이 타인으로부터 무상으로 받은 자산(부동산)의 가액은 비수익사업에 속하므로 법인세 과세대상이 되지 아니하는 것임.

법인-1143, 2010.12.7.

질의

〔사실관계〕

학교법인이 설치·경영하는 대학교의 학생들에 대한 장학금 지급을 목적으로 증여자로부터 다가구주택을 증여받아 임대업에 사용함.

〔질의요지〕

학교법인이 증여받은 재산에 대하여 법인세 과세 여부

회신

비영리내국법인이 업무와 직접 관계없이 타인으로부터 무상으로 받은 자산의 가액은 비수익사업에 속하므로 법인세 과세대상이 되지 아니하는 것임.

재법인-429, 2010.6.3.

질의

근로복지공단은 고용유지자금 대부사업을 위탁수행하기 위하여 정부출연금을 수령하고 있으며 미사용 잔액이 있으면 정부에 반납하고 있음.

동 위탁수행사업의 수익사업 해당 여부

〔갑설〕 정부로부터 받은 대가는 수익사업에 해당함.

〔을설〕 수익이 발생하지 않으므로 수익사업에 해당하지 않음.

회신

근로복지공단이 「고용보험법 시행령」 제37조의 2에 의한 고용유지자금 대부사업을 위탁받아 이를 수행하기 위하여 수령하는 정부출연금은 「고용보험법 시행령」 제107조 제4항에 따라 연도 내에 출연금의 목적사업에 사용되지 않고 남으면 정부에 반납해야 하므

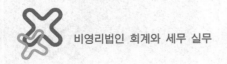

로 「법인세법」 제3조 제1항의 수익사업에 해당하지 않는 것임.

법인 - 1443, 2009.12.30.

(질 의)

〔사실관계 및 질의요지〕
공익법인이 자선사업가로부터 업무와 관련 없이 토지를 증여받아 임대용으로 사용하는
경우 자산수증이익에 의한 법인세 과세대상인지.

(회 신)

「법인세법 시행령」 제36조 제1항 제1호에 의한 지정기부금단체가 업무와 직접 관계없이
타인으로부터 무상으로 받은 자산을 수익사업에 사용하는 경우 동 자산의 가액은 비수
익사업에 속하는 것임.

1-2. 세무조정

기업회계는 경제적 의사결정을 함에 있어서 경제 실체에 관한 유용한 재무적 정보를 주
주·채권자·투자자 등의 이해관계자에게 제공하는 기능을 수행하며 그 준거기준으로 '일
반적으로 공정·타당하다고 인정하는 회계원칙(GAAP)'이 존재한다. 반면, 세무회계는 공
평한 조세부담과 과세소득 계산의 통일성을 위하여 세법의 규정에 따라 과세소득과 세액
에 관한 정보를 이해관계자에게 전달하는 기능을 수행한다.

이러한 기업회계와 세무회계의 목적의 차이 때문에 기업회계의 이익은 수익·비용 대응
의 원칙을 토대로 하여 비용은 발생주의에 의하고 수익은 실현주의에 의하여 인식하는 반
면, 세무회계상 과세소득은 권리·의무확정주의에 의하여 기간과세소득을 계산하는 것을
특징으로 한다. 따라서 「법인세법」상 과세소득금액을 계산하기 위해서는 기업회계상 이익
을 세법상 인정하는 각 사업연도의 소득금액으로 변환하는 절차가 필요하며, 이를 세무조
정이라 한다.

이러한 세무조정 과정을 간략히 요약하면 다음과 같다.

기업회계	세무조정	법인세법
당기순이익	(+) 익금산입·손금불산입 (-) 손금산입·익금불산입	각 사업연도 소득

1-3. 익금

익금은 자본 또는 출자의 납입 및 법인세법에서 규정하는 것(1-3-2., 1-3-3. 참조)을 제외하고 당해 법인의 순자산을 증가시키는 거래로 인하여 발생하는 수익의 금액(1-3-1. 참조)으로 한다(법인세법 제15조).

1-3-1. 수익의 범위

순자산을 증가시키는 거래를 익금으로 규정한 것은 「법인세법」이 세법상의 소득개념 중 포괄적 소득개념을 택하고 있다는 것을 말한다. 즉, 순자산을 증가시키는 거래이면 증여, 상속, 유증, 보험금 및 투기이익을 포함한 모든 거래를 익금으로 한다는 것이다. 수익의 범위에 대하여 「법인세법 시행령」 제11조에서 예시하고 있다.

비영리내국법인의 경우에는 「법인세법」 제4조 제3항의 7가지 열거된 사업 또는 수입에 한하여 소득금액을 산출한다.

> **법인세법 기본통칙 13-0…1 【수익과 손비의 정의】**
> '수익'과 '손비'는 법 및 이 통칙에서 달리 정한 경우를 제외하고는 다음 각 호에 의한다.
> 1. 수익 : 타인에게 재화 또는 용역을 제공하고 획득한 수입금액과 기타 당해 법인에게 귀속되는 일체의 경제적 이익
> 2. 손비 : 수익을 획득하기 위하여 소요된 모든 비용과 기타 당해 법인에게 귀속되는 일체의 경제적 손실

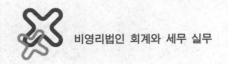

1-3-2. 익금산입 항목

수익의 범위에 포함되지 않고 당해 법인의 순자산을 증가시키지 아니하나 다음의 경우에는 조세정책적인 목적에서 익금에 산입한다. 보다 자세한 내용은 '법인세 조정과 신고 실무' 책자를 참고하기 바란다.

① 특수관계인인 개인으로부터 유가증권을 시가에 미달하는 가액으로 매입하는 경우 시가와 당해 매입가액의 차액에 상당하는 금액(법인세법 제15조 제2항 제1호)
② 외국자회사로부터 받은 수입배당금액에 대한 외국법인세액(세액공제된 경우만 해당한다)에 상당하는 금액(법인세법 제15조 제2항 제2호)
③ 「조세특례제한법」 제100조의 18 제1항에 따라 배분받은 소득금액
④ 부동산 임대보증금에 대한 간주익금
⑤ 배당금 또는 분배금의 의제(법인세법 제16조)
⑥ 부당행위계산의 부인(법인세법 제52조)

1-3-3. 익금불산입 항목

법인의 순자산을 증가시키는 거래임에도 불구하고 법의 목적에 비추어 익금으로 인정하지 않는 금액을 말하며, 구체적인 항목들을 열거하면 다음과 같다. 보다 자세한 내용은 '법인세 조정과 신고 실무' 책자를 참고하기 바란다.

① 자본거래로 인한 수익의 익금불산입(법인세법 제17조)
② 평가차익 등의 익금불산입(법인세법 제18조)
③ 내국법인 수입배당금액의 익금불산입(법인세법 제18조의 2)
④ 지주회사의 수입배당금액의 익금불산입 특례(법인세법 제18조의 3)

1-4. 손 금

손금은 익금과 더불어 세법상의 고유개념으로서 자본 또는 출자의 환급(1-4-1. 참조), 잉여금의 처분(1-4-2. 참조) 및 법인세법에서 달리 규정하는 것(1-4-3. 참조)을 제외하고

당해 법인의 순자산을 감소시키는 거래로 인하여 발생하는 손비의 금액(1-4-4. 참조)을 말한다(법인세법 제19조).

1-4-1. 자본 또는 출자의 환급

주주, 사원, 출자자가 법인설립시와 자본증가시에 납입한 금액을 반환하는 것으로 손금이 아니다. 비영리법인에게는 자본이나 주주지분의 개념이 없고 해산시 잔여재산은 국가 등으로 귀속되므로 해당 사항이 없다.

1-4-2. 잉여금의 처분

잉여금이란 법인의 순자산가액이 전술한 자본금을 초과하는 금액으로서 자본거래에서 발생한 자본잉여금과 영업활동에서 발생한 이익잉여금을 모두 포함하는 개념이다. 잉여금의 처분을 손금으로 인정하지 않는 이유는 이익의 처분이란 본래 그 사업연도까지 발생한 이익을 법인이 법령 및 정관의 규정에 따라 처분하는 것으로 이익은 이미 과세가 되었고 처분은 그 이후의 문제로서 이익을 결정하는 요소가 아니기 때문이다.

1-4-3. 법에서 규정하는 것

법에서 달리 규정하는 것을 제외한다 함은 다음의 두 가지의 의미를 내포하고 있다.

① 순자산을 감소시키는 거래이나 조세정책상 손금불산입항목으로 규정하는 것

조 문	내 용
법인세법 제20조	【자본거래 등으로 인한 손비의 손금불산입】
법인세법 제21조	【세금과 공과금의 손금불산입】
법인세법 제21조의 2	【징벌적 목적의 손해배상금 등에 대한 손금불산입】
법인세법 제22조	【자산의 평가손실의 손금불산입】
법인세법 제23조	【감가상각비의 손금불산입】
법인세법 제24조	【기부금의 손금불산입】
법인세법 제25조	【기업업무추진비의 손금불산입】

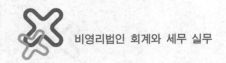
조 문	내 용
법인세법 제26조	【과다경비 등의 손금불산입】
법인세법 제27조	【업무와 관련 없는 비용의 손금불산입】
법인세법 제27조의 2	【업무용 승용차 관련비용의 손금불산입 등 특례】
법인세법 제28조	【지급이자의 손금불산입】

② 순자산을 감소시키는 거래는 아니나 손금산입항목으로 규정하는 것

권리·의무가 아직 확정되지 않아 법인의 순자산이 감소하였다고는 볼 수 없으나 「법인세법」 및 기타 세법의 규정에 의해 특별히 손금으로 인정되는 금액을 말한다. 이 밖에도 「조세특례제한법」에 규정되어 있는 손금산입 항목들이 있다.

조 문	내 용
법인세법 제29조	【비영리내국법인의 고유목적사업준비금의 손금산입】
법인세법 제30조	【책임준비금 등의 손금산입】
법인세법 제33조	【퇴직급여충당금의 손금산입】
법인세법 제34조	【대손충당금 등의 손금산입】
법인세법 제35조	【구상채권상각충당금의 손금산입】
법인세법 제36조	【국고보조금 등으로 취득한 사업용자산가액의 손금산입】
법인세법 제37조	【공사부담금으로 취득한 사업용자산가액의 손금산입】
법인세법 제38조	【보험차익으로 취득한 자산가액의 손금산입】
법인세법 제50조	【교환으로 인한 자산양도차익 상당액의 손금산입】

1-4-4. 손 비

「법인세법」상 손비란 수익을 획득하기 위하여 소요된 모든 비용과 기타 당해 법인에게 귀속되는 일체의 경제적 손실을 의미한다(법인세법 기본통칙 13-0…1).

또한 손비는 「법인세법」 및 다른 법률에서 달리 정하고 있는 것을 제외하고는 그 법인의 사업과 관련하여 발생하거나 지출된 손실 또는 비용으로서 일반적으로 인정되는 통상적인 것이거나 수익과 직접 관련된 것으로 한다(법인세법 제19조 제2항).

세법상 손금에 산입할 수 있는 손비의 종류와 범위에 대하여는 「법인세법 시행령」 제19조에서 구체적으로 열거하고 있다. 그러나 이는 각 거래 유형별로 대표적인 손비를 예시적으로 나열한 것에 불과하다. 따라서, 동 시행령에서 구체적으로 열거되지 않은 것이라도 해당 법인의 사업과 관련하여 발생하거나 지출된 손비는 원칙적으로 모두 손금에 해당한다.

이때 비영리법인이 주의하여야 할 것은 수익사업에서 발생한 손비만 손금으로 반영된다는 것이고 비수익사업의 비용이나 공통비용 중 비수익사업에 안분된 금액은 손금에 산입할 수 없다.

2 비영리법인이 주의할 세무조정

2-1. 중소기업의 적용 여부

비영리법인의 경우에도 중소기업의 요건을 갖춘 경우에 해당되면 중소기업과 관련한 조세법상의 혜택을 받을 수 있다. 중소기업의 특례사항에 대한 보다 자세한 사항은 '법인세 조정과 신고 실무' 책자를 참조하기 바란다.

 │ 중요 예규 및 판례 │

서면 - 2020 - 원천 - 1316, 2020.3.25.
비영리기업이 「조세특례제한법 시행령」 제27조 제3항에 열거된 사업을 주된 사업(「통계법」 제22조에 따라 통계청장이 고시하는 한국표준산업분류)으로 영위하고, 「중소기업기본법 시행령」 제3조 제1항의 중소기업 요건을 충족하는 경우 「조세특례제한법」 제30조에 따른 중소기업 취업자에 대한 소득세 감면 적용이 가능함.

법인 - 1206, 2010.12.30.
보유자산 총액이 5천억 원 이상인 지방자치단체가 100% 출자한 비영리법인(지방공사)은 「조세특례제한법 시행령」 제2조 제1항 제2호에서 규정한 실질적인 독립성이 적합한 것으로 보는 것임.

서이 46012 - 10228, 2003.1.30.
비영리법인이 계약 등에 의하여 내국법인 등으로부터 받은 연구 및 개발용역소득이 한국표준산업분류표상 연구 및 개발업(73)에 해당하고 중소기업의 요건을 갖추고 있는 경

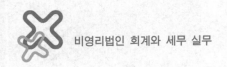

우에는 「조세특례제한법」 제7조 제1항의 규정에 의한 감면을 적용받을 수 있는 것임.

법인 46012-762, 2000.3.23.

「법인세법」 제3조 제2항의 규정에 의한 수익사업을 영위함으로써 법인세 납세의무가 있는 비영리내국법인은 당해 수익사업이 「조세특례제한법 시행령」 제2조 제1항의 요건을 충족하는 경우에는 동법에 의한 중소기업으로 보는 것임.

2-2. 비수익사업손익의 세무조정

비수익사업의 손익은 「법인세법」상 과세대상이 아니므로 익금 또는 손금에 해당하지 않는 비과세 영역이다. 비영리법인이 구분경리를 통하여 수익사업과 비수익사업의 손익을 구분한 경우에는 수익사업의 당기순이익에서 시작하여 수익사업부문만 세무조정하는 방법을 택하거나, 구분경리가 제대로 되어 있지 않은 경우에는 비수익사업에서 발생된 수익과 비용을 통합한 전체 당기순이익에서 비수익사업의 수익과 비용을 익금불산입 기타, 손금불산입 기타처분을 하여 수익사업의 과세소득을 산출하는 방법을 선택하기도 한다.

 | **중요 예규 및 판례** |

서면-2019-법령해석법인-2127, 2021.7.16.

질의

주택재개발 정비사업조합이 수익사업의 손금으로 계상한 비수익사업의 손비를 손금불산입하는 경우
- 해당 비수익사업의 손비에 대한 소득처분의 유형
〈제1안〉 조합원에 대한 배당소득으로 소득처분함.
〈제2안〉 기타 사외유출로 소득처분함.

회신

귀 서면질의의 경우, 기획재정부 해석(재법인-319, 2021.7.8.)을 참고하기 바람.
※ 기획재정부 법인세제과-319, 2021.7.8.
　귀 질의의 경우 소득처분은 '기타'로 하는 것이 타당함.

서면 - 2020 - 법인 - 1535, 2020.7.28.

공익법인이 기존에 보유하고 있는 의결권 있는 내국법인의 주식을 출연받는 경우로써, 그 내국법인의 의결권 있는 발행주식총수 또는 출자총액의 100분의 5를 초과 보유하게 되어 「상속세 및 증여세법」 제16조 제2항에 따라 납부한 상속세는 해당 공익법인의 수익사업에 직접 대응되는 비용이 아니므로 수익사업의 손금에 산입하지 않는 것임.

서면 - 2016 - 법인 - 5433, 2017.2.22.

비영리외국법인이 법인세법 시행령 제2조 제1항 각 호에 해당하는 비수익사업을 영위하고 수익사업과 비수익사업 부문을 구분경리하는 경우에 비수익사업의 개별손금에 해당하는 업무용승용차 관련비용은 법인세법 제27조의 2 규정 적용 대상에 해당하지 않음.

대법 2013두12645, 2013.11.28.

비영리내국법인에 대하여는 소득이 있더라도 그 소득이 수익사업으로 인한 것이 아닌 이상 법인세를 부과할 수 없는 점(대법원 2005.9.9. 선고, 2003두12455 판결 등 참조), 비영리법인이 고유목적사업에 지출하기 위하여 고유목적사업준비금을 계상한 경우에 한하여 일정한 범위 안에서만 손금에 산입하도록 하고 있으나, 고유목적사업준비금을 계상하지 않고 고유목적사업에 지출한 경우에는 비영리내국법인의 수익사업에 속하는 잉여금 및 자본원입액에서 상계할 수밖에 없는 점, 법인세법 제52조가 정한 부당행위계산부인이란 법인이 특수관계에 있는 자와의 거래에 있어 정상적인 경제인의 합리적인 방법에 의하지 아니하고 부당한 거래형태를 빙자하여 남용함으로써 조세부담을 부당하게 회피하거나 경감시킨 경우에 과세권자가 이를 부인하고 법령에 정한 방법에 의하여 객관적이고 타당하다고 보이는 소득이 있는 것으로 의제하는 제도인 점(대법원 2010.10.28. 선고, 2008두15541 판결 등 참조), 법인세법 제28조 제1항 제4호 (나)목이 업무무관 가지급금을 손금에 산입하지 않도록 규정한 입법목적은 차입금을 보유하고 있는 법인이 특수관계자에게 업무와 관련없이 가지급금 등을 지급한 경우에는 이에 상당하는 차입금의 지급이자를 손금불산입하도록 하는 조세상의 불이익을 주어, 차입금을 생산적인 부분에 사용하지 아니하고 특수관계자에게 대여하는 비정상적인 행위를 제한함으로써 타인자본에 의존한 무리한 기업확장으로 기업의 재무구조가 악화되는 것을 방지하고, 기업자금의 생산적 운용을 통한 기업의 건전한 경제활동을 유도하는 데에 있는 점(대법원 2007.9.20. 선고, 2006두1647 판결 등 참조) 등을 종합하여 보면, 법인세법 제52조 소정의 부당행위계산부인이나 법인세법 제28조 제1항 제4호 (나)목 소정의 업무무관 가지급금의 손금불산입 관련 규정은 비영리법인의 경우 법인세의 납세의무가 있는 수익사업에 관한 거래에 대하여만 적용되고, 비영리법인이 고유목적사업에 사용하기 위하여 수익사업에 속하는 차입금을 특수관계자에게 무상으로 대여한 경우에는 그것을 수익사업에 관한 거래로 보

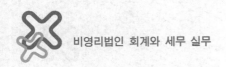
기 어려우므로 이에 대하여는 부당행위계산부인이나 업무무관 가지급금의 손금불산입 관련 규정을 적용할 수 없다.

2-3. 비수익사업용 자산을 수익사업에 전용하는 경우 감가상각 내용연수

비수익사업용 자산을 취득 후 기준내용연수의 100분의 50 이상이 경과된 중고자산을 수익사업에 전용하는 경우에는 그 자산의 기준내용연수의 100분의 50에 상당하는 연수와 기준내용연수의 범위 내에서 내용연수를 선택하여 납세지 관할세무서장에게 신고한 수정내용연수를 내용연수로 할 수 있다.

 │ 중요 예규 및 판례 │

법인 46012-2055, 1998.7.23.
「국립대학교병원설치법」에 의하여 설립된 국립대학교병원이 종전의 국립대학교부속병원으로 있을 당시에 사용하던 고정자산 중 부동산은 국가와 무상임대계약에 의해 사용하고 진료장비 등의 물품은 「물품관리법」 제38조의 규정에 따라 국가로부터 무상양여받아 수익사업에 사용한 경우에 당해 물품은 무상으로 받은 자산에 해당되는 것으로, 당해 자산에 대한 감가상각범위액을 계산함에 있어서 감가상각 기초가액(취득가액)은 당해 자산을 양여받을 당시 타인으로부터 매입할 경우에 소요될 시가상당액(시가가 불분명한 경우에는 법인세법 시행규칙 제16조의 2에 의한 가액)으로 하는 것이고 이때 감가상각 내용연수는 무상양여에 의한 취득을 중고자산의 취득으로 보아 「법인세법 시행령」 제59조 제1항의 규정에 따라 수정한 내용연수를 적용하는 것임.

법인 46012-2807, 1996.10.9.
비영리법인이 수익사업을 개시하고 자산을 고유목적사업과 겸용하면 중고자산취득으로 보아 내용연수를 법인세 신고기한 내 신고하여야 함.

2-4. 이자·배당소득만 있는 경우 인건비 및 일반관리비의 손금인정 여부

비수익사업에서 발생한 인건비 및 일반관리비는 수익사업소득에 대한 손비로 인정받을 수 없다. 그러나 비수익사업을 하면서 필연적으로 발생되는 의사결정과 업무집행을 하는 인원의 인건비나 일반관리비가 수익사업인 이자소득과 배당소득에 대한 손금으로 인정될 수 있는지에 대하여 의문이 있을 수 있으나 현행 예규에 의하면 이자나 배당소득의 손금으로 인정하지 않고 있다.

 | 중요 예규 및 판례 |

법인 46012 - 1899, 1996.7.3.
1. 고유목적사업에 속하는 사업비와 일반관리비는 수익사업(이자소득)의 비용으로 계상할 수 없는 것이며, 비영리법인의 이자소득금액을 그 법인의 고유목적사업에 지출하기 위하여 고유목적사업준비금을 손금으로 계상한 경우에는 이를 손금에 산입하는 것이고,
2. 직전 사업연도 종료일 현재 설정된 고유목적사업준비금이 없는 경우에도 당해 사업연도의 고유목적사업 등에 지출한 금액은 이를 당해 사업연도의 고유목적사업준비금으로 계상하여 지출한 것으로 보는 것임.

법인 46012 - 2930, 1994.10.21.

질의
• 현금 및 유가증권(주식)을 출연받아 고유목적사업인 박물관운영업을 영위하기 위한 목적으로 설립된 비영리법인임.
• 고유목적사업인 박물관운영업을 영위하기 위하여 업무추진 중에 있음. 박물관운영업을 영위하기 위한 제반 업무추진 중에 지출된 인건비 및 일반관리비를 출연재산의 운용소득(배당금)에 대응하는 손금으로 처리할 수 있는지 여부에 대하여 질의함.

회신
귀 질의의 경우 이자소득과 배당소득만이 있는 비영리법인이 지출한 인건비 및 일반관리비는 손금에 산입할 수 없는 것임.

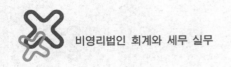
2-5. 정부출자기관 등의 기업업무추진비 한도

'제8장 공공기관의 회계와 세무'를 참조하기 바란다.

3   과세표준

「법인세법」 제4조에서 규정하는 수익사업에서 발생한 소득이 있는 비영리법인은 영리법인과 마찬가지로 수익사업소득에 대하여 「법인세법」 제60조의 규정에 의한 과세표준신고를 하여야 한다. 과세표준은 각 사업연도소득의 범위에서 다음의 규정에 의한 금액과 소득을 차례로 공제한 금액으로 한다(법인세법 제13조).

① 법인세법 제14조 제3항의 이월결손금 중 다음의 요건을 모두 갖춘 금액
　㉮ 각 사업연도의 개시일 전 15년 이내에 개시한 사업연도에서 발생한 결손금일 것
　㉯ 법인세법 제60조에 따라 신고하거나 같은법 제66조에 따라 결정·경정되거나 「국세기본법」 제45조에 따라 수정신고한 과세표준에 포함된 결손금일 것
② 비과세소득
③ 소득공제액

3-1. 이월결손금

이월결손금의 공제는 각 사업연도 소득의 100분의 80[중소기업과 회생계획을 이행 중인 기업 등 대통령령으로 정하는 법인의 경우는 100분의 100]을 한도로 한다. 여기서 대통령령으로 정하는 법인에 「조세특례제한법」 제74조 제1항(제4호부터 제6호까지는 제외) 또는 제4항에 따라 법인의 수익사업에서 발생한 소득 전액을 고유목적사업준비금으로 손금에 산입할 수 있는 비영리내국법인을 포함하도록 개정되었으며 2024.1.1. 이후 개시하는 사업연도의 과세표준을 신고하는 경우부터 적용된다(법인세법 시행령 제10조 제1항 제7호)(영 부칙(2024.2.29.) 2조).
① 「사립학교법」에 따른 학교법인
② 「산업교육진흥 및 산학연협력촉진에 관한 법률」에 따른 산학협력단

③ 「평생교육법」에 따른 원격대학 형태의 평생교육시설을 운영하는 「민법」 제32조에 따른 비영리법인

④ 「국립대학법인 서울대학교 설립·운영에 관한 법률」에 따른 국립대학법인 서울대학교 및 발전기금

⑤ 「국립대학법인 인천대학교 설립·운영에 관한 법률」에 따른 국립대학법인 인천대학교 및 발전기금

⑥ 「사회복지사업법」에 따른 사회복지법인

⑦ 「국립대학병원 설치법」에 따른 국립대학병원 및 「국립대학치과병원 설치법」에 따른 국립대학치과병원

⑧ 「서울대학교병원 설치법」에 따른 서울대학교병원

⑨ 「서울대학교치과병원 설치법」에 따른 서울대학교치과병원

⑩ 「국립암센터법」에 따른 국립암센터

⑪ 「지방의료원의 설립 및 운영에 관한 법률」에 따른 지방의료원

⑫ 「대한적십자사 조직법」에 따른 대한적십자사가 운영하는 병원

⑬ 「국립중앙의료원의 설립 및 운영에 관한 법률」에 따른 국립중앙의료원

⑭ 「국제경기대회 지원법」에 따라 설립된 조직위원회로서 기획재정부장관이 효율적인 준비와 운영을 위하여 필요하다고 인정하여 고시한 조직위원회

⑮ 「공익법인의 설립·운영에 관한 법률」에 따라 설립된 법인으로서 해당 과세연도의 고유목적사업이나 「법인세법」 제24조 제3항 제1호에 따른 일반기부금에 대한 지출액 중 100분의 80 이상의 금액을 장학금으로 지출한 법인

⑯ 「공무원연금법」에 따른 공무원연금공단

⑰ 「사립학교교직원연금법」에 따른 사립학교교직원연금공단

⑱ 수도권 과밀억제권역 및 광역시를 제외하고 인구 등을 고려하여 대통령령으로 정하는 지역에 「의료법」 제3조 제2항 제1호 또는 제3호의 의료기관을 개설하여 의료업을 영위하는 비영리내국법인

2020년 12월 22일 법 개정시, 기업의 세부담을 경감하기 위하여 이월결손금의 공제기간을 10년에서 15년으로 확대하였으며, 동 개정규정은 2020년 1월 1일 이후 개시하는 사업연도에 발생한 결손금부터 적용하되, 2020년 1월 1일 전에 개시한 사업연도에 발생한 결손금에 대해서는 동 개정규정에도 불구하고 종전의 규정에 따른다.

비영리법인의 경우 수익사업의 소득금액을 각 사업연도의 소득금액으로 하며, 이월결손금도 수익사업에서 생긴 이월결손금만을 차감한다. 따라서 비수익사업인 고유목적사업에서 생긴 이월결손금이 수익사업의 법인세 과세표준금액을 계산할 때 공제되지 않도록 주의한다(법인세법 시행규칙 제4조 제1항).

3-2. 비과세소득

비과세소득이란 공익상 또는 정책상의 이유로 과세하지 않는 것이 바람직하다고 생각하여 과세권을 포기한 소득이다. 따라서 비과세 적용을 위한 특별한 절차나 사후관리를 요하지 않고 법인세를 면제하게 된다. 동 비과세소득은 각 사업연도의 소득금액에서 이월결손금을 공제한 잔액의 범위 내에서 공제하며 미공제된 잔액은 차기로 이월되지 않고 소멸한다(법인세법 제13조 제2항).

내국법인의 각 사업연도 소득 중 「공익신탁법」에 따른 공익신탁13)의 신탁재산에서 생기는

---

13) 공익신탁법 제2조 (정의) 이 법에서 사용하는 용어의 뜻은 다음과 같다.
　1. "공익사업"이란 다음 각 목의 사업을 말한다.
　　가. 학문·과학기술·문화·예술의 증진을 목적으로 하는 사업
　　나. 장애인·노인, 재정이나 건강 문제로 생활이 어려운 사람의 지원 또는 복지 증진을 목적으로 하는 사업
　　다. 아동·청소년의 건전한 육성을 목적으로 하는 사업
　　라. 근로자의 고용 촉진 및 생활 향상을 목적으로 하는 사업
　　마. 사고·재해 또는 범죄 예방을 목적으로 하거나 이로 인한 피해자 지원을 목적으로 하는 사업
　　바. 수용자 교육과 교화(敎化)를 목적으로 하는 사업
　　사. 교육·스포츠 등을 통한 심신의 건전한 발달 및 풍부한 인성 함양을 목적으로 하는 사업
　　아. 인종·성별, 그 밖의 사유로 인한 부당한 차별 및 편견 예방과 평등사회의 증진을 목적으로 하는 사업
　　자. 사상·양심·종교·표현의 자유 증진 및 옹호를 목적으로 하는 사업
　　차. 남북통일, 평화구축, 국제 상호이해 증진 또는 개발도상국에 대한 경제협력을 목적으로 하는 사업
　　카. 환경 보호와 정비를 목적으로 하거나 공중 위생 또는 안전의 증진을 목적으로 하는 사업
　　타. 지역사회의 건전한 발전을 목적으로 하는 사업
　　파. 공정하고 자유로운 경제활동이나 소비자의 이익 증진을 목적으로 하는 사업
　　하. 그 밖에 공익 증진을 목적으로 하는 사업으로서 대통령령으로 정하는 사업

소득에 대하여는 각 사업연도의 소득에 대한 법인세를 과세하지 아니한다(법인세법 제51조).

신탁은 그 목적이 사익이냐 공익이냐에 따라 사익신탁과 공익신탁으로 나눌 수 있으며 과거 우리나라에서는 공익신탁이 거의 활성화 되지 않아 별도의 법률을 두고 있지 않았으나, 나눔과 기부문화 활성화를 위해 공익사업의 범위를 명확히 하는 한편, 허가제였던 공익신탁을 인가제로의 전환을 담고 있는 「공익신탁법」을 2014년 3월 18일 제정하여 2015년 3월 19일부터 시행하고 있다.

공익신탁이란 공익사업을 목적으로 하는 「신탁법」에 따른 신탁으로서 법무부장관의 인가를 받은 신탁을 말한다(공익신탁법 제2조). 이때 공익신탁에 공한 신탁재산의 관리, 처분, 멸실, 훼손, 기타의 사유로 발생하는 소득은 본래의 신탁재산에 속하며 이러한 신탁소득에 대하여는 법인세가 비과세된다. 즉, 「법인세법」 제5조에서 규정하는 바와 같이 신탁재산에 귀속되는 소득은 그 신탁의 이익을 받을 수익자(수익자가 특정되지 아니하거나 존재하지 아니하는 경우에는 그 신탁의 위탁자 또는 그 상속인)가 그 신탁재산을 가진 것으로 보고 「법인세법」을 적용하여야 하므로 법인이 불특정다수인의 공익을 위하여 공익신탁을 설정하고 그 신탁재산을 출재하여 이로 인하여 신탁소득이 발생한 경우에는 비과세 규정이 적용된다.

3-3. 소득공제액

소득공제란 과세대상이 되는 소득 중에서 특정소득에 대하여 일정액 또는 일정률을 과세표준에서 공제함으로써 세부담을 경감시켜 주는 조세지원정책으로 현행법상 비영리법인에 해당하는 사항은 없다.

---

2. "공익신탁"이란 공익사업을 목적으로 하는 「신탁법」에 따른 신탁으로서 제3조에 따라 법무부장관의 인가를 받은 신탁을 말한다.

3. "수익사업"이란 공익신탁의 수탁자(受託者)가 신탁재산의 계산으로 신탁의 목적 달성을 위하여 필요한 범위에서 수행하는 공익사업 외의 사업을 말한다.

4. "보수등"이란 보수, 상여금, 각종 수당, 급여 등 어떠한 명칭으로든지 업무 수행의 대가로 지급되는 재산상 이익을 말한다.

| 중요 예규 및 판례 |

서면2팀 - 1436, 2004.7.12., 재법인 - 349, 2004.6.16.

(질의)

법인이 「법인세법 시행령」 제36조 제1항 제2호 나목의 공익신탁기부금의 지정기부금 규정을 적용함에 있어서 손금귀속시기 등

질의 1. 공익신탁 원본(또는 공익신탁 이익)의 기부(손금귀속)시기

〔갑설〕 공익법인 등에게 실제 집행하는 시기가 기부시기임.

〔이유〕 공익신탁이란 통상의 법률관계도 「신탁법」을 적용받는 것으로, 위탁자가 신탁을 설정한 뒤에도 「신탁법」상 계속하여 특별 이해관계인으로서 신탁관리인의 선임신청(신탁법 제18조 제1항), 신탁재산에 대한 집행의 이의신청(동법 제21조 제2항), 신탁재산관리방법의 변경신청(동법 제36조), 수탁자의 해임신청(동법 제15조) 등을 행사할 수 있어 공익신탁 원본 등이 그 법률상의 귀속 자체가 공익법인 등 수익자에게 신탁시점에서 바로 귀속되었다고 보기 어렵고, 신탁시점에서 「상속세 및 증여세법 시행령」 제14조 제1호의 규정에 의한 공익법인 등에게 신탁재산이 바로 수익되었다고 보기 어려우므로 법률상의 귀속이 종료되는 자금 집행시점이 기부시기임.

〔을설〕 공익신탁으로 신탁하는 시점이 기부(손금)시기임.

〔이유〕 「법인세법 시행령」 제36조 제1항 제2호 나목은 '「상속세 및 증여세법 시행령」 제14조 각 호의 요건을 갖춘 공익신탁으로 신탁하는 기부금'으로, 법률상의 귀속이 공익법인 등에게 신탁시점에서 수익되지 아니한 경우라도 「상속세 및 증여세법」상의 공익신탁의 범위를 충족하는 것을 조건으로 공익신탁한 경우라면 기부금으로 인정하는 것이 타당하고, 실무상 신탁시점과 은행이 실제 공익법인 등에게 기부하는 시점이 다르므로 그 집행 시점을 일일이 신탁시기와 비교하여 관리하기 어려우므로 신탁시점이 기부(손금)시기임.

질의 2. 공익신탁 이익의 지정기부금 해당 여부

〔갑설〕 공익신탁 기부금으로 보아 지정기부금에 해당함.

〔이유〕 공익신탁 이익의 경우에도 원금의 발생이자를 신탁한 것이므로 지정기부금에 해당함.

〔을설〕 지정기부금에 해당하지 아니함.

〔이유〕 공익신탁으로 생긴 소득은 비과세소득에 해당하는 것으로, 지정기부금으로 손금인정하고, 동시에 비과세소득으로 할 경우 추가로 손금만 인정하여 주는 형태가 되고, 지정기부금의 범위에 특별히 정하여져 있지 아니함.

「법인세법 시행령」 제36조 제1항 제2호 나목의 기부금은 공익신탁으로 신탁하는 날이 속하는 사업연도의 손금에 산입하는 것이며, 공익신탁의 경우 신탁재산에서 생기는 소득에 대하여는 「법인세법」 제51조의 규정에 따라 법인세를 과세하지 아니하는 것임.

➡ 공익신탁 기부시 손금산입시기는 신탁시점에 손금산입함.

국심 94서5569, 1995.2.8.

➡ 대법 95누14435, 1996.6.14.에서 수익사업이 아닌 것으로 판결난 사항이나 상기의 심판례를 살펴보면 과세관청의 논리를 살펴볼 수 있다.

1. 청구법인은 「저작권법」에 의하여 음악 저작권자의 권리를 옹호관리하고 음악저작물의 제반사용승낙 및 그 권리를 '대행'하여(정관 제4조) 음악저작물의 저작권에 관한 신탁관리 등을 업으로 하고 있고(정관 제5조),

2. 저작권 신탁계약 약관 제9조(관리경비의 징수)에 의하면 청구법인은 저작권의 관리에서 얻어진 저작물 사용료 중에서 주무관청의 허가를 얻어 정하여진 '관리수수료'를 사용료 분배시 공제하고 위 관리수수료와 별도규정이 없는 기타수입 등을 청구법인의 업무수행경비로 충당한다고 규정되어 있으며,

3. 청구법인의 회원은 1993년 7월 20일 현재 총 1,732명으로 한정되어 있는 바,

4. 「법인세법 시행령」 제2조 제1항의 규정에 의하면 「의료보험법」과 「공무원 및 사립학교교직원의료보험법」에 의한 의료보험사업과 주무관청에 등록된 '종교단체'가 공급하는 용역 중 「부가가치세법」 제12조 제1항 제16호의 규정에 의하여 부가가치세가 면제되는 용역을 공급하는 사업만 비수익사업으로 한정규정하고 있고,

5. 공익사업으로 나열하고 있는 「상속세법 시행령」 제3조의 2 제2항 제1호에서 제16호를 종합할 때 '공익'이란 특정집단의 이익을 추구하지 아니하고 불특정다수인을 위하여 순수하게 '공익'만을 목적으로 하는 것을 의미한다고 할 것이므로,

6. 청구법인이 특정회원인 작곡가, 작사자들로부터 저작권을 신탁받아 권리행사의 대행, 사용료 징수, 배분 등의 업무를 수행하고 그 대가로 받는 관리수수료를 공익신탁재산에서 생기는 비과세대상 소득이라고 보기에는 어려움(재무부 부가 46015-76, 1994.3.30., 국심 94서3555, 1994.10.15. 같은 의견).

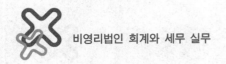

3-4. 조합법인 등에 대한 법인세 과세특례

3-4-1. 개 요

다음에 해당하는 법인의 각 사업연도소득에 대한 법인세는 2025년 12월 31일 이전에 끝나는 사업연도까지 당해 법인의 결산재무제표상 당기순이익(법인세 등을 공제하지 아니한 당기순이익)에 채무보증으로 인하여 발생한 구상채권과 업무무관가지급금에 대한 대손금, 기부금, 기업업무추진비, 과다경비 등, 업무와 관련없는 비용, 업무용 승용차 관련비용, 지급이자, 퇴직급여충당금, 대손충당금의 손금불산입액(해당 법인의 수익사업과 관련된 것만 해당한다)을 합한 금액에 100분의 9(20억 초과분은 100분의 12)의 세율을 적용하여 과세(이하 '당기순이익과세'라 한다)한다(조세특례제한법 제72조 및 시행령 제69조 제1항).

① 「신용협동조합법」에 따라 설립된 신용협동조합
② 「새마을금고법」에 따라 설립된 새마을금고
③ 「농업협동조합법」에 따라 설립된 조합 및 조합공동사업법인
④ 「수산업협동조합법」에 따라 설립된 조합(어촌계를 포함한다) 및 조합공동사업법인
⑤ 「중소기업협동조합법」에 따라 설립된 협동조합·사업협동조합 및 협동조합연합회
⑥ 「산림조합법」에 따라 설립된 산림조합(산림계를 포함한다) 및 조합공동사업법인
⑦ 「엽연초생산협동조합법」에 따라 설립된 엽연초생산협동조합
⑧ 「소비자생활협동조합법」에 따라 설립된 소비자생활협동조합

④ 및 ⑥에 따른 조합이 2010년 12월 31일까지 「수산업협동조합의 부실예방 및 구조개선에 관한 법률」 제7조 제1항 제3호 및 「산림조합의 구조개선에 관한 법률」 제7조 제1항 제3호에 따라 재무구조개선을 위한 자금을 지원(자금을 각 법에 따른 상호금융예금자보호기금으로부터 무이자로 대출받아 수산업협동조합중앙회 또는 산림조합중앙회에 예치하고 정기적으로 이자를 받은 후 상환하는 방식의 지원을 말한다)받은 경우로서 그 자금을 수산업협동조합중앙회에 예치함에 따라 발생하는 이자 및 그 이자금액의 지출에 관하여 다른 회계와 구분하여 독립적으로 구분하여 경리하는 경우에는 해당 자금을 예치함에 따라 발생하는 이자를 당기순이익을 계산할 때 수익으로 보지 아니할 수 있다. 이 경우 그 이자금액을 지출하고 비용으로 계상(자산취득에 지출한 경우에는 감가상각비 또는 처분당시 장부가액으로 계상하는 것을 말한다)한 경우에는 이를 비용으로 보지 아니한다.

신용협동조합 및 새마을금고 중 「신용협동조합법」 제86조의 4 제2항 및 「새마을금고법」 제80조의 2 제2항에 따른 인수조합 및 인수금고가 2015년 12월 31일까지 「신용협동조합법」 제86조의 4 제3항 및 「새마을금고법」 제80조의 2 제3항에 따라 계약이전의 이행을 위하여 자금을 지원(자금을 각 법에 따른 예금자보호기금 및 예금자보호준비금으로부터 무이자로 대출받아 신용협동조합중앙회 또는 새마을금고중앙회에 예치하고 정기적으로 이자를 받은 후 상환하는 방식의 지원을 말한다)받은 경우로서 그 자금을 계약이전의 이행을 위한 자금을 신용협동조합 중앙회 또는 새마을금고중앙회에 예치함에 따라 발생하는 이자 및 그 이자금액의 지출에 관하여 다른 회계와 구분하여 독립적으로 경리하는 경우에는 해당 자금을 예치함에 따라 발생하는 이자를 당기순이익을 계산할 때 수익으로 보지 아니할 수 있다. 이 경우 해당 인수조합등이 그 이자금액을 지출하고 비용으로 계상(자산 취득에 지출한 경우에는 감가상각비 또는 처분 당시 장부가액으로 계상하는 것을 말한다)한 경우에는 그 이자금액을 비용으로 보지 아니한다.

당기순이익 과세를 하는 경우에는 「법인세법」 제52조의 규정에 의한 부당행위계산의 부인규정을 적용하지 아니하며, 기부금손금불산입액을 계산함에 있어 법인세법상 전기 기부금한도초과액의 이월공제 규정은 적용되지 아니한다(조세특례제한법 기본통칙 72 - 0…2).

3-4-2. 결산재무제표상 당기순이익

결산재무제표상의 당기순이익이란 법인세 등을 공제하지 아니한 것으로서 기업회계기준에 의하여 작성한 손익계산서상 법인세 등 차감 전 순이익으로 수익사업뿐 아니라 비수익사업의 당기순이익도 과세대상이 된다(조세특례제한법 기본통칙 72 - 0…1). 또한 당기순이익 과세법인의 이월결손금은 과세표준에서 공제되지 않으며(법인 22601 - 877, 1986.3.17.) 고유목적사업준비금도 설정할 수 없다(법인세법 기본통칙 29 - 56…1).

> 조세특례제한법 기본통칙 72 - 0…1 【결산재무제표상 당기순이익의 범위】
> ① 법 제72조 제1항에서 "결산재무제표상 당기순이익"이라 함은 「법인세법 시행령」 제79조에 따른 기업회계기준 또는 관행에 의하여 작성한 결산재무제표상 법인세비용 차감 전 순이익을 말한다. 이 경우 당해 법인이 수익사업과 비수익사업을 구분경리한 경우에는 각 사업의 당기순손익을 합산한 금액을 과세표준으로 한다.
> ② 제1항을 적용함에 있어서 당해 조합법인등이 법인세추가납부세액을 영업외비용으로

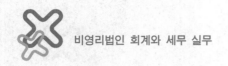

> 계상한 경우 이를 결산재무제표상 법인세비용차감 전 순이익에 가산한다.
> ③ 제1항에 따른 과세표준에는 「법인세법」 제4조 제3항 제5호 및 같은 법 시행령 제3조 제2항에 따른 3년 이상 고유목적사업에 직접 사용하던 고정자산의 처분익을 포함한다.
> ④ 기업회계기준상 당기순손익을 과소계상한 조합법인이 그 다음 사업연도 결산시 당해 과소계상상당액을 전기오류수정손익으로 이익잉여금처분계산서에 계상한 경우 법인세 과세표준계산은 「국세기본법」상 수정신고 또는 경정청구를 통해 과소계상한 사업연도의 과세표준을 조정하여야 한다.
>
> 법인세법 기본통칙 29−56…1【조합법인 등의 고유목적사업준비금 손금산입】
> 「조세특례제한법」 제72조 제1항에 따라 당기순이익과세를 적용받는 조합법인과 청산 중에 있는 비영리내국법인은 「법인세법」 제29조의 고유목적사업준비금을 손금에 산입할 수 없다.

 │ 중요 예규 및 판례 │

> **서면 − 2016 − 법령해석법인 − 4380, 2017.6.28.**
> 당기순이익 과세특례 적용을 받는 내국법인은 「법인세법 시행령」 제44조의 2에 따라 확정급여형 퇴직연금의 부담금(퇴직연금충당금)에 대하여 손금산입 가능
>
> **법인 − 779, 2011.10.21.**
> 【질의】
> 당기순이익 과세를 적용하는 조합법인이 결산 시 법인의 사업과 관련없이 지출하는 금액을 비용처리하였을 때 손금산입 여부
>
> 【회신】
> 「조세특례제한법」 제72조의 제1항 각 호에 해당하는 법인이 같은 법의 당기순이익과세를 적용하는 경우 해당 법인의 결산재무제표상 당기순이익은 같은 법 통칙 72−0…1에 따라 「법인세법 시행령」 제79조의 규정에 의한 기업회계기준 또는 관행에 의하여 작성한 결산재무제표상 법인세비용차감전순이익을 말하는 것임.
>
> **법인 − 2144, 2008.8.26.**
> 「새마을금고법」에 의해 설립된 새마을금고는 「조세특례제한법」 제72조에 의해 당기순이익법인에 해당되어 결산재무제표상 당기순이익에 기부금 및 접대비 손금불산입액을 합한 금액의 100분의 12의 세율을 적용하여 과세하는 것이나, 당해 법인이 당기순이익과세를

포기한 경우에는 그러하지 아니하여, 내국법인이 「의료법」에 의한 의료법인의 고유목적사업비로 지출하는 기부금은 지정기부금에 해당되는 것이나, 당해 기부금이 「조세특례제한법」 제73조에 의한 특례기부금에 해당되는 경우에는 당해 과세연도 소득금액에서 이월결손금을 차감한 후의 소득금액에 100분의 50을 곱하여 산출한 금액을 한도로 손금산입되는 것임.

서면2팀 - 1806, 2007.10.9.
당기순이익 과세법인의 기부금 손금불산입액을 계산함에 있어 「법인세법」상 전기 기부금한도초과액의 이월공제 규정은 적용되지 아니함.

서면2팀 - 324, 2006.2.10.
「소비자생활협동조합법」에 의하여 설립된 의료소비자협동조합은 「조세특례제한법」 제72조의 【조합법인 등에 대한 법인세 과세특례】를 적용받을 수 있으며, 당기순이익 과세가 되는 조합법인에 대하여는 수익사업과 비수익사업의 구분 없이 기업회계기준에 의하여 작성한 결산재무제표상 당기순이익을 과세표준으로 하여 법인세가 과세되는 것으로 고유목적사업준비금을 설정할 수 없는 것임.

서면2팀 - 274, 2006.2.3.
당기순이익 과세법인이 당기순이익과세 포기 등의 사유로 당기순이익 과세법인에서 제외된 경우 제외된 사업연도 이후에 발생한 결손금에 대하여만 공제가 가능함.

서면2팀 - 473, 2005.3.31.
「조세특례제한법」 제72조(당기순이익 과세법인)의 「농어촌특별세법」 제5조 제2항의 감면세액을 계산함에 있어 과세표준금액은 「조세특례제한법」 제72조 제1항에 규정하는 금액임.

서면2팀 - 1006, 2004.5.12.
「조세특례제한법」 제72조 제1항의 규정에 의한 조합법인인 비영리법인의 경우에도 「법인세법」 제3조 제2항 제1호의 수익사업을 영위하는 경우에는 당해 수익사업과 관련한 기부금과 접대비의 손금불산입액의 계산에 관한 세무조정계산서를 「법인세법 시행령」 제97조 제7항의 규정에 의하여 세무사가 작성하여야 하는 것임.

서면2팀 - 731, 2004.4.8.
당기순이익 과세법인에 해당하는지 여부는 각 사업연도 종료일을 기준으로 판단하는 것이고, 당기순이익 과세법인이 당기순이익과세 포기 등의 사유로 당기순이익 과세법인에서 제외된 경우 당기순이익 과세법인에서 제외된 사업연도 이후에 발생한 결손금에 대

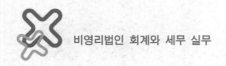

하여만 이월결손금공제를 적용함.

국심 2003구1833, 2003.11.4., 재법인 46012-80, 1999.5.28.
당기순이익 과세가 적용되는 공공법인의 과세표준에는 3년 이상 고유목적사업에 직접 사용하는 고정자산처분이익이 포함됨.

재법인 46012-154, 2003.9.26.
조합법인 등 당기순이익 과세법인이 전기오류수정손익을 이월이익잉여금으로 계상한 경우, 2001년 3월 11일 이후 납세의무 성립분부터 수정신고 또는 경정청구 대상임.

3-4-3. 손금불산입액 계산특례

조합법인의 당해 수익사업과 관련한 채무보증으로 인하여 발생한 구상채권과 업무무관 가지급금에 대한 대손금, 기부금, 기업업무추진비, 과다경비 등, 업무와 관련없는 비용, 업무용 승용차 관련비용, 지급이자, 퇴직급여충당금, 대손충당금이 관련 법인세법 규정에 의하여 손금불산입이 되는 경우 이를 결산재무제표상 당기순이익에 가산한 금액을 과세표준으로 한다. 이 중 기부금, 기업업무추진비, 과다경비 등 및 퇴직급여충당금의 손금불산입액 계산에 대하여는 다음과 같이 소정의 특례를 규정하고 있다.

① 기부금 : 기부금의 손금불산입액을 계산할 때 당해 조합법인등의 설립에 관한 법령 또는 정관(당해 법령 또는 정관의 위임을 받아 제정된 규정을 포함한다)에 규정된 설립목 적을 직접 수행하는 사업(법인세법 시행령 제3조 제1항의 규정에 의한 수익사업 외의 사업에 한한다)을 위하여 지출하는 금액은 시부인 대상이 되는 기부금으로 보지 아니하며, 조합법인 등의 기부금의 손금불산입액을 계산함에 있어서 기부금 한도를 구하기 위한 소득금액은 다음의 금액으로 한다(조세특례제한법 시행령 제69조 제3항, 제4항). 또한 전기 기부금한도초과액의 이월공제도 적용되지 아니한다(서면2팀-1806, 2007.10.9.).

> 당해 조합법인 등의 결산재무제표상 당기순이익 +
> 법인세법 제24조 제3항에 따른 법정기부금 + 제2항 제1호에 따른 기부금 +
> 법인세법 제24조 제3항 제1호에 따른 기부금 + 제4항에 따른 지정기부금 +
> 조세특례제한법 제76조에 따른 기부금

② 기업업무추진비 : 기업업무추진비 손금불산입액을 계산할 때 당해 조합법인 등의 설립에 관한 법령 또는 정관(당해 법령 또는 정관의 위임을 받아 제정된 규정을 포함한다)에 규정된 설립목적을 직접 수행하는 사업(법인세법 시행령 제3조 제1항의 규정에 의한 수익사업 외의 사업에 한한다)을 위하여 지출하는 금액은 시부인 대상이 되는 기업업무추진비로 보지 아니하며, 당해 조합법인 등에 출자한 조합원 또는 회원과의 거래에서 발생한 수입금액은 특수관계인과의 거래로 인한 수입금액(법인세법 제25조 제14항 제2호 단서)으로 보지 않는다(조세특례제한법 시행령 제69조 제3항).

③ 과다경비 등 : 과다경비 등의 손금불산입액을 계산할 때 법인세법 시행령 제44조의 2 제4항에 따라 계산한 퇴직연금 부담금 중 확정기여형 퇴직연금등의 부담금을 제외한 부담금의 손금산입 한도액이 음수인 경우 영으로 한다(조세특례제한법 시행규칙 제29조 제1항).

④ 퇴직급여충당금 : 퇴직급여충당금설정액의 손금불산입액을 계산할 때 2012년 12월 31일이 속하는 사업연도 종료일 현재 결산재무제표상 퇴직급여충당금의 누적액은 법인세법 시행령 제60조 제2항에 따라 손금에 산입한 것으로 보아 같은 조 제3항을 적용한다. 즉, 2012년 12월 31일이 속하는 사업연도까지 기적립한 퇴직급여충당금은 이후 한도가 축소되더라도 익금에 환입하지 않고 향후 추가 적립분에 대하여만 세무조정한다(조세특례제한법 시행규칙 제29조 제2항).

3-4-4. 과세표준 신고서류

과세표준 신고시 첨부서류에 관해서는 「법인세법」 제60조 제2항을 참조한다.

법인세법 집행기준 60-97-5 【조합법인 등의 신고】
「조세특례제한법」 제72조 제1항에 따른 조합법인 등(당기순이익과세 포기법인을 제외)은 법인세 과세특례 규정에 따른 채무보증으로 인하여 발생한 구상채권과 업무무관가지급금에 대한 대손금, 기부금, 기업업무추진비, 과다경비 등, 업무와 관련없는 비용, 지급이자, 퇴직급여충당금, 대손충당금의 손금불산입액의 계산 외에는 각 사업연도의 소득에 대한 세무조정을 할 수 없다. 따라서 각 사업연도의 소득에 대한 법인세 과세표준 신고시 기부금 및 기업업무추진비의 손금불산입에 관한 세무조정계산서 외의 세무조정계산서를 제출하지 아니한 경우에도 적법한 신고로 본다.

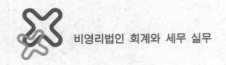

3-4-5. 당기순이익과세의 포기

당기순이익과세를 포기하고자 하는 법인은(조세특례제한법 시행령 제69조 제2항)

① 당기순이익과세를 적용받지 아니하고자 하는 사업연도의 직전 사업연도 종료일(신설
  법인의 경우에는 사업자등록증교부신청일)까지
② 당기순이익과세포기에 관한 신청서(별지 제53호 서식 : 규칙 제61조 제1항 제54호)를
③ 납세지 관할세무서장에게 제출(국세정보통신망에 의한 제출을 포함)

하여야 한다.

이 경우 당기순이익과세를 포기한 이후의 사업연도에 대하여 당기순이익과세를 하지 아
니한다.

3-4-6. 조합법인에 대한 조세특례 적용배제

당기순이익과세 조합법인(당기순이익과세를 포기한 법인을 제외)에 대하여는 다음의 조세
특례를 적용하지 아니한다.

> 법 제5조의 2 중소기업 정보화지원사업에 대한 과세특례
> 법 제6조 창업중소기업 등에 대한 세액감면
> 법 제7조 중소기업에 대한 특별세액감면
> 법 제7조의 2 기업의 어음제도개선을 위한 세액감면
> 법 제7조의 4 상생결제 지급금액에 대한 세액공제
> 법 제8조 중소기업지원설비에 대한 손금산입의 특례 등
> 법 제8조의 2 상생협력 중소기업으로부터 받은 수입배당금의 익금불산입
> 법 제8조의 3 대·중소기업 상생협력을 위한 기금 출연 시 세액공제
> 법 제10조 연구 및 인력개발비에 대한 세액공제
> 법 제10조의 2 연구개발 관련 출연금 등의 과세특례
> 법 제12조 기술이전 및 기술취득 등에 대한 과세특례
> 법 제12조의 2 연구개발특구에 입주하는 첨단기술기업 등에 대한 법인세 등의 감면
> 법 제12조의 3 기술혁신형 합병에 대한 세액공제
> 법 제12조의 4 기술혁신형 주식취득에 대한 세액공제
> 법 제13조 중소기업창업투자회사 등의 주식양도차익 등에 대한 비과세
> 법 제14조 창업자 등에의 출자에 대한 과세특례
> 법 제19조 성과공유 중소기업의 경영성과급에 대한 세액공제 등

법 제22조 해외자원개발투자배당소득에 대한 법인세의 면제
법 제24조 생산성향상시설투자에 대한 세액공제
법 제25조의 6 영상콘텐츠 제작비용에 대한 세액공제
법 제26조 고용창출투자세액공제
법 제28조 서비스업 감가상각비의 손금산입특례
법 제28조의 3 설비투자자산의 감가상각비 손금산입 특례
법 제29조의 2 산업수요맞춤형고등학교 등 졸업자를 병역 이행 후 복직시킨 중소기업에 대한 세액공제
법 제29조의 3 경력단절 여성 재고용 중소기업에 대한 세액공제
법 제29조의 4 근로소득을 증대시킨 기업에 대한 세액공제
법 제29조의 8 통합고용세액공제 제3항 · 제4항
법 제30조의 4 중소기업 고용증가 인원에 대한 사회보험료 세액공제
법 제31조 중소기업 간의 통합에 대한 양도소득세 등의 이월과세 제4항부터 제6항
법 제32조 법인전환에 대한 양도소득세의 이월과세 제4항
법 제33조 사업전환 무역조정지원기업에 대한 과세특례
법 제63조 수도권 밖으로 공장을 이전하는 기업에 대한 세액감면 등
법 제63조의 2 수도권 밖으로 본사를 이전하는 법인에 대한 세액감면 등
법 제64조 농공단지 입주기업 등에 대한 세액감면
법 제66조 영농조합법인 등에 대한 법인세의 면제 등
법 제67조 영어조합법인 등에 대한 법인세의 면제 등
법 제68조 농업회사법인에 대한 법인세의 면제 등
법 제99조의 9 위기지역 창업기업에 대한 법인세 등의 감면
법 제102조 산림개발소득에 대한 세액감면
법 제104조의 14 제3자물류비용에 대한 세액공제
법 제104조의 15 해외자원개발투자에 대한 과세특례

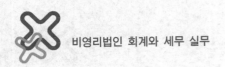

〔별지 제53호 서식〕 (2015.3.13. 개정)

당기순이익과세 포기신청서

접수번호		접수일자		처리기간	
신청인	법인명			사업자등록번호	
	대표자 성명			생년월일	
	본점 소재지		(전화번호:)		

당기순이익과세를 적용받지 않으려는 사업연도 개시일	년 월 일

「조세특례제한법 시행령」 제69조 제2항에 따라 위와 같이 당기순이익과세 포기신청서를 제출합니다.

년 월 일

신청인 　　　　　　　　　　　　　　　　　　(서명 또는 인)

세무서장 　귀하

210mm× 297mm[백상지 80g/㎡ 또는 중질지 80g/㎡]

4   손익의 귀속시기

내국법인의 각 사업연도의 익금과 손금의 귀속사업연도는 그 익금과 손금이 확정된 날이 속하는 사업연도로 한다(법인세법 제40조). 구체적인 거래형태별 손익의 귀속시기는 「법인세법 시행령」 제68조부터 제71조를 참조하기 바란다.

5   자산의 취득가액

자산을 취득하는 방법은 매입·제작·교환 및 증여 등 여러 가지가 존재한다. 특히 비영리법인은 증여에 의하여 자산을 취득하는 경우가 많다. 이 경우 장부에 계상되는 자산의 취득원가를 결정하는 문제는 아주 중요하다.

5-1. 일반적인 취득가액

매입·제작·교환 및 증여 등에 의하여 취득한 자산의 취득가액과 취득가액에 포함되거나 불포함되어야 할 사항은 다음과 같다(법인세법 제41조, 동법 시행령 제72조).

구 분	취득가액
타인으로부터 매입한 자산	매입가액 + 취득세(농어촌특별세, 지방교육세 포함)·등록면허세, 기타 부대비용
자기가 제조·생산 또는 건설, 기타 이에 준하는 방법에 의하여 취득한 자산	제작원가 + 부대비용 즉, 원재료비·노무비·운임·하역비·보험료·수수료·공과금(취득세와 등록면허세를 포함)·설치비, 기타 부대비용의 합계액
공익법인등이 기부받은 자산	기부한 자의 기부당시 장부가액. 다만, 증여세 과세가액이 포함되지 아니한 출연재산이 그 후 과세요건이 발생하여 증여세의 전액이 부과되는 경우에는 기부당시의 시가

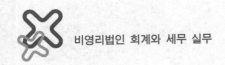

구 분	취득가액
그 밖의 방법으로 취득한 자산(증여 등)	취득당시의 시가 시가는 영 제89조 제1항에 의하되, 시가가 불분명한 경우에는 동조 제2항 각 호의 규정을 순차로 적용하여 계산한 금액을 적용

취득가액에 포함(집행기준 41-72-2)	취득가액에 불포함(집행기준 41-72-3)
1. 특수관계인인 개인으로부터 유가증권을 시가에 미달하는 가액으로 매입하는 경우 시가와 당해 매입가액의 차액에 상당하는 금액을 익금에 산입한 금액 2. 건설자금에 충당한 차입금의 이자 및 일반차입금 이자 중 사업용 유형자산 및 무형자산 취득에 사용되었다고 인정되는 일정 금액 3. 유형자산의 취득과 함께 국·공채를 매입하는 경우 기업회계기준에 따라 그 국·공채의 매입가액과 현재가치의 차액을 당해 유형자산의 취득가액으로 계상한 금액	1. 자산을 장기할부조건 등으로 취득하는 경우 발생한 채무를 기업회계기준이 정하는 바에 따라 현재가치로 평가하여 현재가치할인차금으로 계상한 경우의 해당 현재가치할인차금 2. 연지급수입에 있어서 취득가액과 구분하여 지급이자로 계상한 금액 3. 특수관계인으로부터 고가매입하거나 불균등 증자시 신주를 시가보다 높은 가액으로 인수한 경우의 시가초과액

5-2. 기부받은 자산의 취득가액

이와 관련하여 '제2절 기부금 6-3. 기부받은 자산의 취득가액'을 참조하기 바란다.

5-3. 토지와 건물의 일괄매입

일괄매입이란 두 종류 이상의 자산을 한 가격으로 구입하는 것을 말한다. 즉, 토지, 건물, 기계장치 등을 각각의 개별가액의 구분 없이 전체 금액을 지불함으로써 생기는 거래를 말한다.

여러 종류의 자산을 일괄매입할 경우, 취득원가총액을 각 개별자산별로 분배하여야 하는데, 기업회계기준서상 개별자산의 취득원가는 취득원가총액을 각 자산의 공정가액에 비례하여 안분계산하여야 한다. 이는 자산의 취득원가와 자산의 공정가액이 비례한다는 점에 근거를 두고 있다.

「법인세법」상 여러 종류의 자산을 일괄매입할 경우 각 개별자산의 취득가액은 개별자산의 시가가 분명한 경우 그 시가에 따라 안분계산한다. 여기서 말하는 시가라 함은 당해 거래와 유사한 상황에서 특수관계인 외의 불특정다수인과 계속적으로 거래한 가격 또는 특수관계인이 아닌 제3자 간에 일반적으로 거래된 가격을 말한다.

그러나 각 개별자산의 시가가 불분명한 경우에는 위와 같은 방법을 적용할 수 없기 때문에 일괄매입자산의 취득가액 산정방법에 대한 규정이 필요한데, 이 경우 「법인세법 시행령」 제89조 제2항의 규정을 순차적으로 적용한 시가를 기준으로 취득가액을 안분계산하는 방법과 「부가가치세법 시행령」 제64조 단서의 규정에 의하여 안분하는 방법이 있을 수 있으나 명확하게 규정된 바는 없다.

 | 중요 예규 및 판례 |

재법인 - 116, 2010.3.2.

[질의]

법인이 토지와 건물을 일괄로 매입함에 있어서, 매매계약서상에 자산별로 매매가액을 구분하지 아니하고 총매매가액만 기재하여 거래함으로써 자산별 가액의 구분이 불분명한 경우, 각 자산별 취득가액의 안분계산 방법

〔갑설〕 「부가가치세법 시행령」 제48조의 2 제4항 단서규정을 준용하여 계산

〔을설〕 「법인세법」 제52조 제1항에 따른 시가로 안분하고, 시가를 알 수 없는 경우에는 「법인세법 시행령」 제89조 제2항 각 호를 순차적으로 적용하여 계산한 금액을 기준으로 안분계산

[회신]

법인이 토지와 건물 등을 일괄취득하여 각 자산별 취득가액이 구분되지 않는 경우, 「법인세법 시행령」 제89조 제1항에 규정한 시가를 기준으로 안분계산하는 것이나, 그 시가가 불분명한 경우에는 「법인세법 시행령」 제89조 제2항에 규정한 금액을 기준으로 안분계산하는 것임.

〔관련 예규〕

• 토지와 건물 등을 일괄매입함에 따라 각 자산별 매매가액이 불분명한 경우에는 「법인세법 시행령」 제89조 제2항의 규정을 순차적으로 적용한 시가를 기준으로 취득가액을 안분계산함(서면2팀 - 1618, 2005.10.10.).

• 법인이 항만공사를 실시하여 취득한 토지와 건물 및 기타 구축물 등의 취득가액은 각 개별자산의 취득 비용을 합산하여 계산하되, 동 비용의 구분이 불분명한 경우 「부가가치세법 시행령」 제48조의 2 제4항 단서의 규정을 준용하여 계산한 가액으로 하는

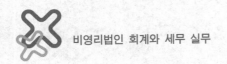

것임(서이 46012 - 10291, 2003.2.10.).

서면2팀 - 1618, 2005.10.10., 서이 46012 - 10645, 2002.3.27.

질 의

〔사실관계〕 법인이 토지와 건물, 기계장치 등을 일괄로 매입함에 있어서, 매매계약서상에 자산별로 매매가액을 구분하지 아니하고 총매매가액만 기재하여 거래함으로써 자산별 가액의 구분이 불분명한 경우,

〔질의내용〕 각 자산별 취득가액의 안분계산은 어떻게 하는지에 대하여 질의함.

〔갑설〕 「법인세법 시행령」 제89조 제2항 각 호의 규정을 순차적으로 적용하여 계산한 금액을 기준으로 안분계산함.

〔을설〕 「부가가치세법 시행령」 제48조의 2 제4항 단서의 규정을 준용하여 계산한 가액으로 함.

〔병설〕 위 [갑설]과 [을설]에 의한 방법을 모두 인정함.

〔정설〕 외부로부터 일괄구입한 자산은 위 [갑설]에 따르고, 자가건설한 자산은 위 [을설]에 의한 방법을 따름.

회 신

법인이 토지와 건물, 기계장치 등을 일괄매입하여 매매계약서상 해당 개별자산별로 매매가액이 구분되지 않아 자산별 취득가액이 불분명한 경우에는 「법인세법 시행령」 제89조 제2항 각 호의 규정을 순차적으로 적용하여 계산한 시가를 기준으로 취득가액을 안분계산함.

법인 46012 - 518, 2003.8.28.

고유목적사업준비금을 손금산입한 비영리내국법인이 사옥을 취득하여 고유목적사업과 수익사업에 사용하는 경우 고유목적사업에 직접 사용하는 사옥(토지·건물)의 취득가액은 사용면적을 기준으로 안분계산하는 것이며, 공통으로 사용되는 면적은 「법인세법 시행규칙」 제76조 제1항의 규정에 의하여 수익사업에 속하는 것으로 하는 것임. 이 경우 토지와 건물의 취득에 소요된 가액의 구분이 불분명한 때에는 「부가가치세법 시행령」 제48조의 2 제4항의 단서의 규정을 준용하여 계산한 가액으로 하는 것임.

서이 46012 - 10291, 2003.2.10.

법인이 「항만법」에 의한 비관리청의 항만공사를 실시하여 취득한 토지와 건물 및 기타 구축물 등의 취득가액은 각 개별자산의 취득에 소요된 비용을 합산하여 계산하는 것이나 그 비용의 구분이 불분명한 경우에는 「부가가치세법 시행령」 제48조의 2 제4항 단서의 규정을 준용하여 계산한 가액으로 하는 것임.

6 자산·부채의 평가

6-1. 개 요

내국법인이 보유하는 자산 및 부채의 장부가액을 증액 또는 감액(감가상각을 제외)한 경우에는 그 평가일이 속하는 사업연도 및 그 후의 각 사업연도의 소득금액계산에 있어서 당해 자산 및 부채의 장부가액은 그 평가하기 전의 가액으로 한다(법인세법 제42조).

다만, 다음의 자산들은 평가가 가능하며(법인세법 시행령 제73조) 평가방법은 「법인세법 시행령」 제74조부터 제78조를 참조하기 바란다.

① 「보험업법」 및 기타 법률에 의한 고정자산의 평가(증액에 한한다)
② 재고자산(제품 및 상품, 반제품 및 재공품, 원재료, 저장품)
③ 유가증권(주식 등, 채권, 「자본시장과 금융투자업에 관한 법률」 제9조 제20항에 따른 집합투자재산, 「보험업법」 제108조 제1항 제3호의 특별 계정에 속하는 자산)
④ 기업회계기준에 따른 화폐성 외화자산과 부채
⑤ 금융회사 등이 보유하는 통화 관련 파생상품 중 기획재정부령으로 정하는 통화선도, 통화스왑 및 환변동보험
⑥ 금융회사 등 외의 법인이 화폐성외화자산·부채의 환위험을 회피하기 위하여 보유하는 통화선도 등
⑦ 「특정 금융거래정보의 보고 및 이용 등에 관한 법률」 제2조 제3호에 따른 가상자산[14]

6-2. 비영리법인의 유가증권평가손익

비영리법인은 '주식·신주인수권 또는 출자지분의 양도로 생기는 수입'을 과세소득으로 열거하고 있으나(법인세법 제4조 제3항 제4호) 유가증권의 평가손익은 과세소득으로 규정하고 있지 않다. 따라서 비영리법인의 유가증권 평가손익은 양도거래가 일어나 손익이 실현되지 않는 한 법인세 과세대상이 아니다.

---

14) 평가가능 자산의 범위에 포함되는 가상자산은 2022년 1월 1일 이후 거래하는 분부터 적용함[영 부칙(2021.2.17. 대통령령 제31443호) 제10조].

7 기업회계기준과 관행의 적용

내국법인의 각 사업연도의 소득금액계산에 있어서 당해 법인이 익금과 손금의 귀속사업
연도와 자산·부채의 취득 및 평가에 관하여 일반적으로 공정·타당하다고 인정되는 기업
회계의 기준을 적용하거나 관행을 계속적으로 적용하여 온 경우에는 「법인세법」 및 「조세
특례제한법」에서 달리 규정하고 있는 경우를 제외하고는 당해 기업회계기준 또는 관행에
따른다.

즉, 손익의 귀속사업연도와 자산·부채의 취득 및 평가에 관하여는 세법을 우선 적용하고,
세법에서 정하여지지 않은 내용에 대해서만 기업회계기준 및 관행을 적용한다(법인세법 제
43조).

여기서 기업회계기준 또는 관행은 다음에 해당하는 회계기준(당해 회계기준에 배치되지 아
니하는 것으로서 일반적으로 공정·타당하다고 인정되는 관행을 포함한다)으로 한다(법인세법 시
행령 제79조).

① 한국채택국제회계기준
② 「주식회사 등의 외부감사에 관한 법률」 제5조 제1항 제2호 및 같은 조 제4항에 따라
   한국회계기준원이 정한 회계처리기준
③ 증권선물위원회가 정한 업종별회계처리준칙
④ 「공공기관의 운영에 관한 법률」에 따라 제정된 공기업·준정부기관 회계규칙
⑤ 「상법 시행령」 제15조 제3호에 따른 회계기준(중소기업회계기준)
⑥ 기타 법령에 의하여 제정된 회계처리기준으로서 기획재정부장관의 승인을 받은 것

8 부당행위계산부인

8-1. 개 요

납세지 관할세무서장 또는 관할지방국세청장은 내국법인의 행위 또는 소득금액의 계산
이 특수관계인과 거래로 인하여 경제적 합리성을 무시함으로써 당해 법인의 소득에 대한

조세의 부담을 부당히 감소시킨 것으로 인정되는 경우에는 그 법인의 행위 또는 소득금액의 계산에 관계없이 객관적으로 타당한 소득이 있었던 것으로 보아 그 소득금액을 다시 계산하여 과세할 수 있다(법인세법 제52조). 이를 부당행위계산부인이라 하며, 부당행위계산부인의 유형은 「법인세법 시행령」 제88조를 참조하기 바란다.

부당행위계산부인 규정을 적용하기 위해서는 다음의 요건을 모두 충족하여야 한다.

① 당해 법인과 특수관계에 있는 자와의 거래일 것
② 거래로 인하여 법인의 소득에 대한 조세의 부담을 부당히 감소시킨 것으로 인정되는 경우일 것

8-2. 비영리법인의 적용

부당행위계산부인은 비영리법인의 수익사업에 대하여 적용된다. 그러나 비수익사업에서 발생되는 부당행위에 대하여도 과세가 적용되는지는 논란이 있을 수 있다.

예를 들면, 비수익사업용 자산을 특수관계인에게 시가보다 높은 가액으로 매입 또는 저가로 매각하거나 비수익사업을 위한 용역 등을 시가보다 높은 요율로 제공받을 경우, 비수익사업부문에 종사하는 직원에 대한 저가의 대여 등이 부당행위계산부인의 대상이 되느냐는 것이다. 저자의 견해로는 부당행위계산부인은 부당행위로 인하여 각 사업연도 소득금액을 재계산하는 것이므로 각 사업연도소득을 구성하는 수익사업소득에 대하여만 부당행위가 인정되고 각 사업연도소득 자체를 구성하지 않는 비수익사업에서 발생되는 부당행위는 과세가 되지 않는다고 판단된다. 그러나 동 소득의 수증자는 소득의 성격에 따라 「상속세 및 증여세법」에 의하여 증여세가 과세되거나 직원에 대한 근로소득 등으로 과세가 되어야 할 것이다.

물론, 3년 미만 사용한 비수익사업용 유형자산 및 무형자산을 특수관계인에게 저가로 매각하는 경우에는 자산처분소득이 과세소득이므로 부당행위계산부인규정이 적용될 것이다.

8-3. 특수관계인의 범위

「법인세법」상 특수관계인의 범위는 법인과 다음의 관계에 있는 자로 한정하고 있다(법인세법 제2조, 동법시행령 제2조). 이때 특수관계인에 해당하는지에 대한 판정은 그 행위당시를

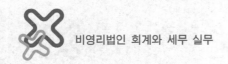
기준으로 하는 것이며, 특수관계가 성립되기 전이나 특수관계가 소멸된 후에 발생된 거래에 대하여는 적용할 수 없다.

│ 법인세법 제2조 │

12. "특수관계인"이란 법인과 경제적 연관관계 또는 경영지배관계 등 대통령령으로 정하는 관계에 있는 자를 말한다. 이 경우 본인도 그 특수관계인의 특수관계인으로 본다.

│ 법인세법시행령 제2조 제8항 │

⑧ 법 제2조 제12호에서 "경제적 연관관계 또는 경영지배관계 등 대통령령으로 정하는 관계에 있는 자"란 다음 각 호의 어느 하나에 해당하는 관계에 있는 자를 말한다.
1. 임원(제40조 제1항에 따른 임원을 말한다. 이하 이 항, 제10조, 제19조, 제38조 및 제39조에서 같다)의 임면권의 행사, 사업방침의 결정 등 해당 법인의 경영에 대해 사실상 영향력을 행사하고 있다고 인정되는 자(「상법」 제401조의 2 제1항에 따라 이사로 보는 자를 포함한다)와 그 친족(「국세기본법 시행령」 제1조의 2 제1항에 따른 자를 말한다. 이하 같다)
2. 제50조 제2항에 따른 소액주주등이 아닌 주주 또는 출자자(이하 "비소액주주등"이라 한다)와 그 친족
3. 다음 각 목의 어느 하나에 해당하는 자 및 이들과 생계를 함께하는 친족
   가. 법인의 임원·직원 또는 비소액주주등의 직원(비소액주주등이 영리법인인 경우에는 그 임원을, 비영리법인인 경우에는 그 이사 및 설립자를 말한다)
   나. 법인 또는 비소액주주등의 금전이나 그 밖의 자산에 의해 생계를 유지하는 자
4. 해당 법인이 직접 또는 그와 제1호부터 제3호까지의 관계에 있는 자를 통해 어느 법인의 경영에 대해 「국세기본법 시행령」 제1조의 2 제4항에 따른 지배적인 영향력을 행사하고 있는 경우 그 법인
5. 해당 법인이 직접 또는 그와 제1호부터 제4호까지의 관계에 있는 자를 통해 어느 법인의 경영에 대해 「국세기본법 시행령」 제1조의 2 제4항에 따른 지배적인 영향력을 행사하고 있는 경우 그 법인
6. 해당 법인에 100분의 30 이상을 출자하고 있는 법인에 100분의 30 이상을 출자하고 있는 법인이나 개인
7. 해당 법인이 「독점규제 및 공정거래에 관한 법률」에 따른 기업집단에 속하는 법인인 경우에는 그 기업집단에 소속된 다른 계열회사 및 그 계열회사의 임원

특수관계에 있는 자란 그 쌍방관계를 각각 특수관계에 있는 자로 한다(법인세법 기본통칙 52-0…1). 즉, 일방을 기준으로 할 때 특수관계에 해당되지 않더라도 타방을 기준으로 하면 특수관계에 해당되는 경우에는 이들 모두가 특수관계에 있는 자가 된다.

8-4. 시가의 산정

부당행위계산부인을 적용함에 있어서는 건전한 사회통념 및 상관행과 특수관계인이 아닌 자 간의 정상적인 거래에서 적용되거나 적용될 것으로 판단되는 가격(요율·이자율·임대료 및 교환비율, 기타 이에 준하는 것을 포함하며, 이하 '시가'라 한다)을 기준으로 한다. 시가의 범위는 「법인세법 시행령」 제89조를 참조하기 바란다.

| 중요 예규 및 판례 |

법인 - 1051, 2010.11.10.

비영리내국법인이 증여받은 수익사업용 부동산의 처분에 따른 처분손익을 산정함에 있어 취득가액은 증여당시 「법인세법 시행령」 제89조에 따른 시가로 하는 것이며, 고유목적사업준비금을 설정함에 있어 부동산임대소득 및 고정자산 처분소득이 있는 경우 각 소득금액을 합한 금액의 범위 내에서 같은 법 제29조 제1항 제4호에 따라 고유목적사업준비금을 설정하는 것임.

서이 46012 - 11623, 2002.8.30.

비영리법인이 출연자로부터 당해 비영리법인과 특수관계에 있는 법인에 대한 채권(대여금)을 무이자로 상환받는 조건으로 출연받는 경우 법인세가 과세되지 아니하는 것이나, 동 채권을 당해 비영리법인과 특수관계에 있는 자에게 무상대여하는 경우에는 당해 법인의 고유목적사업 회계처리 여부에 불구하고 「법인세법」 제52조 규정에 의하여 부당행위계산부인 거래에 해당하는 것임.

➡ 무상대여이나 비영업대금의 이익인 수익사업소득에 해당하므로 부당행위계산부인 규정 적용됨.

법인 46012 - 1595, 2000.7.18.

[질의]

법인이 시가보다 낮은 가액으로 증자시 주주인 영리법인이 신주인수를 포기하고 이를 특수관계에 있는 비영리법인이 인수한 경우

1. 이익을 분여받은 비영리법인에 대하여 : 부당행위계산의 부인규정을 적용하는지 아니면 증여의제과세규정을 적용하는지의 여부
2. 이익을 분여한 영리법인 주주에 대하여 : 이익을 분여받은 비영리법인이 지정기부금 인정 단체에 해당하면 분여된 동 금액을 지정기부금으로 볼 수 있는지의 여부에 대하여 질의함.

회신

기존주주인 영리법인이 신주를 배정받을 수 있는 권리의 전부 또는 일부를 포기함으로써 발생한 실권주를 그와 특수관계에 있는 비영리법인이 재배정받은 경우 당해 신주를 실권한 영리법인에 대하여는 「법인세법」 제52조 및 동법 시행령 제88조 제1항 제8호 나목의 규정에 의하여 부당행위의 계산 부인규정을 적용하는 것이나 신주를 재배정받은 비영리법인에 대하여는 그러하지 아니하는 것이며, 이와 같은 규정에 의하여 위 영리법인이 당해 비영리법인에게 분여한 이익에 대하여는 동법 제24조 제1항 및 동법 시행령 제36조의 규정에 의한 지정기부금으로 보지 아니하는 것임.

심사법인 99-63, 1999.5.7.

비영리 종교법인이 수익사업인 병원을 운영하면서 특수관계 없는 법인에게 병원주차장 운영권을 무상사용하게 하여 수익을 얻게 한 경우로서 '적정임대료' 상당액을 '비지정기부금'으로 보아 과세함은 정당함.

대법 94누6673, 1994.8.23.

〔판결이유〕

… 출자자라 함은 법인과의 거래당시에 당해 법인에 출자지분을 가지고 있는 주주나 사원 등과 같이 당해 법인과의 사이에 법률상 일정한 관계를 유지하고 있는 자를 가리키는 것으로 해석되어야 할 것이다. 재단법인의 출자자는 그 출연에 의하여 재산을 재단법인에 귀속시킨 사실이 있을 뿐 그것만으로 법인과의 사이에 무슨 관계를 유지하는 지위에 있게 되는 것이 아니므로 위의 특수관계자인 출자자에 해당한다고 할 수 없다. …

➡ 재단법인의 출연자라는 사유만으로 특수관계자가 아님(법인세법 시행령 제87조 제1항 제8호 참조).

제 **6** 절

세액의 계산

1 산출세액

내국법인의 각 사업연도의 소득에 대한 법인세는 과세표준에 다음의 세율을 적용하여 계산한 금액(이하 '산출세액'이라 한다)과 「법인세법」 제55조의 2의 규정에 의한 토지 등 양도소득에 대한 법인세액이 있는 경우에는 이를 합한 금액을 그 세액으로 한다(법인세법 제55조).

과세표준	세 율
2억 원 이하	과세표준의 100분의 9
2억 원 초과 200억 원 이하	1천 800만 원 + (2억 원을 초과하는 금액의 100분의 19)
200억 원 초과 3천억 원 이하	37억 8천만 원 + (200억 원을 초과하는 금액의 100분의 21)
3천억 원 초과	625억 8천만 원 + (3천억 원을 초과하는 금액의 100분의 24)

법인세 부담을 경감하기 위해 과세표준 2억 원 이하는 10%에서 9%로, 2억 원 초과 200억 원 이하는 20%에서 19%로, 200억 원 초과 3천억 원 이하는 22%에서 21%로, 3천억 원 초과는 25%에서 24%로 세율을 인하하였다. 개정된 세율은 2023년 1월 1일부터 적용하되이 법 시행전에 개시한 사업연도의 소득에 대한 법인세의 세율은 종전의 규정에 따른다[법부칙(2022.12.31. 법률 제19193호) 제18조].

2017년 12월 19일 법 개정시 200억 원 이상 과표구간을 나누어 200억 원 초과 3,000억원 이하 과표구간은 종전과 같이 22%의 법인세율을 부과하고, 3,000억 원 초과 과표구간에는 3% 인상된 25%의 최고세율을 부과하도록 하였다. 동 개정규정은 2018년 1월 1일 이후개시하는 사업연도 분부터 적용한다.

사업연도가 1년 미만인 내국법인의 각 사업연도의 소득에 대한 법인세는 그 사업연도의제13조의 규정을 적용하여 계산한 금액을 1년으로 환산한 금액을 그 사업연도의 과세표준으로 하여 상기의 세율을 적용하고 그 금액을 다시 당해 사업연도의 산출세액으로 환산한

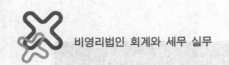

다. 이 경우 월수는 역에 따라 계산하되, 1월 미만의 일수는 1월로 한다(법인세법 시행령 제92조, 동법 시행규칙 제45조). 이를 산식으로 표현하면 다음과 같다.

$$산출세액 = \left(과세표준 \times \frac{12}{사업연도의 월수}\right) \times 세율 \times \frac{사업연도의 월수}{12}$$

2 토지 등 양도소득에 대한 법인세액

2-1. 의 의

특별부가세 제도가 폐지(2001.12.31.)됨에 따라 이와 상응하는 부동산투기 재발방지 및 부동산가격안정을 위하여 부동산가격이 급등하거나 급등할 우려가 있는 지역에 소재하는 토지 및 건물(건물에 부속된 시설물 및 구축물을 포함한다), 국내에 소재하는 주택 및 주택을 취득하기 위한 권리로서 「소득세법」 제88조 제9호에 따른 조합원입주권 및 같은 조 제10호에 따른 분양권을 법인이 양도하는 경우 일반 법인세 이외에 추가로 토지 등 양도소득에 대한 법인세를 각 사업연도 소득금액에 대한 법인세액에 추가하여 납부하여야 한다(법인세법 제55조의 2 제1항).

비영리내국법인도 「법인세법」 제55조의 2의 규정에 의한 토지 등 양도소득이 있는 때에는 법인세를 납부하여야 한다(법인세법 제4조 제1항).

따라서 비영리법인이 고유목적사업에 3년 이상 사용한 토지를 양도하는 경우 각 사업연도의 소득금액에는 제외되더라도 토지 등 양도소득에 대한 법인세 납부의무는 존재한다. 또한 비영리법인의 양도소득과세특례가 적용되어 법인세 대신 양도소득세를 신고납부하는 경우에도 토지 등 양도소득에 대한 법인세 납부의무는 존재한다.

2-2. 과세대상 및 세율

토지 등 양도소득에 대한 법인세의 과세대상, 양도소득 산출방법 및 세율은 다음과 같다.

하나의 자산이 다음 각 과세대상 중 2 이상에 해당하는 때에는 그 중 가장 높은 세액을 적용한다.

토지 등 양도소득에 대한 법인세액은 토지 등의 양도금액에서 양도당시의 장부가액을 차감한 잔액에 세율을 곱하여 계산한다.

> 토지 등 양도소득에 대한 산출세액 = (양도금액 − 장부가액) × 세율

양도시기	2009.3.15. 이전	2009.3.16.~ 2012.12.31.		2013.1.1.~ 12.31.	2014.1.1.~ 2020.12.31.	2021.1.1. 이후~
① 특정지역 소재 부동산	10% (미등기 20%)	10%				
② 주택	30% (미등기 40%)	투기지역	10%	30% (미등기 40%)	10% (미등기 40%) [중소기업은 2016.1.1. 이후 적용 (미등기 토지등은 적용유예 제외)]	20% (미등기 40%)
		비투기 지역	과세 제외			
③ 비사업용 토지	30% (미등기 40%)	투기지역	10%	30% (미등기 40%)	10% (미등기 40%) [중소기업은 2016.1.1. 이후 적용 (미등기 토지등은 적용유예 제외)]	10% (미등기 40%)
		비투기 지역	과세 제외			
④ 주택취득 권리						20%

〈2009년 5월 21일 법 개정 전〉

① 특정지역 소재 부동산과 ② 주택 및 ③ 비사업용 토지를 토지 등 양도소득에 대한 법인세의 과세대상으로 한다. 다만, 특정지역은 현재까지 지정된 바가 없다.

〈2009년 5월 21일 법 개정 이후〉

② 주택 및 ③ 비사업용 토지를 토지 등 양도소득세의 과세대상으로 하되, 2009년 3월 16일부터 2010년 12월 31일까지 양도함으로써 발생하는 소득과 2009년 3월 16일부터 2010년 12월 31일까지 취득한 자산을 양도함으로써 발생하는 소득에 대하여는 법 제55조의 2 제1항 제2호 및 제3호를 적용하지 아니하되, 동 기간 중에 양도하는 주택 또는 비사업용 토지가 투기지역(소득세법 제104조의 2 제2항)에 소재하는 경우에만 10%의 세율로 과세한다[법 부칙(2009.5.21.) 제2조, 제4조].

〈2010년 12월 30일 법 개정 이후〉

토지 등을 양도함으로써 발생하는 소득에 대한 법인세의 중과 유예 기한을 2010년 12월 31일에서 2012년 12월 31일로 2년 연장하고 2009년 3월 16일부터 2012년 12월 31일까지 취득한 자산을 양도함으로써 발생하는 소득에 대하여는 법 제55조의 2 제1항 제2호 및 제3호를 적용하지 아니한다[법 부칙(2010.12.30. 법률 제10423호) 제13조].

〈2013년 1월 1일 법 개정 이후〉

2012년 12월 31일까지 추가과세 유예가 일몰종료되면서 법인이 주택과 비사업용 토지를 양도하는 경우 다음과 같이 법인세를 추가과세하였다.

- 주택 : 30%(미등기시 40%)
- 비사업용토지 : 30%(미등기시 40%)

〈2014년 1월 1일 법 개정 이후〉

주택과 비사업용 토지에 대한 법인세 추가과세 세율을 종전 30%에서 10%(미등기시 40%)로 인하하였으며, 중소기업에 대해서는 1년 동안 추가과세를 유예(미등기 토지 등은 제외)하여 2015년 1월 1일 이후 양도하는 분부터 적용하였다.

〈2014년 12월 23일 법 개정 이후〉

중소기업에 대해서는 1년 동안 추가과세를 유예하여 2016년 1월 1일 이후 양도하는 분부터 추가과세를 적용하였다.

〈2020년 8월 18일 법 개정 이후〉

2020년 6월 17일 발표된 「주택시장 안정을 위한 관리방안」의 후속조치로서 다주택자가 법인을 통해 주택을 분산 보유함으로써 조세 부담을 회피하는 것을 방지하고 개인과 법인 간의 과세형평을 제고하기 위하여 법인의 주택·별장 양도소득에 대한 추가 법인세율을 현행 100분의 10에서 100분의 20으로 상향 조정하고, 주택을 취득할 수 있는 권리로서 조합원입주권 및 분양권을 양도하는 경우에도 추가 법인세를 부과하도록 하였으며, 2021년 1월 1일 이후 양도하는 분부터 적용하였다.

　토지의 취득 후 법령의 규정으로 인한 사용의 금지 그 밖에 다음에서 정하는 부득이한 사유가 있어 비사업용 토지에 해당하는 경우에는 비사업용 토지로 보지 아니할 수 있다(법인세법 제55조의 2 제3항, 동법 시행령 제92조의 11 제3항, 동법 시행규칙 제46조의 2).

① 토지를 취득한 날부터 3년 이내에 법인의 합병 또는 분할로 인하여 양도되는 토지
② 「공익사업을 위한 토지 등의 취득 및 보상에 관한 법률」 및 그 밖의 법률에 따라 협의매수 또는 수용되는 토지로서 다음 중 어느 하나에 해당하는 토지
　㉠ 사업인정고시일이 2006년 12월 31일 이전인 토지
　㉡ 취득일이 사업인정고시일부터 5년 이전인 토지
③ 법 제55조의 2 제2항 제1호 나목에 해당하는 농지로서 종중이 소유한 농지(2005년 12월 31일 이전에 취득한 것에 한한다)
④ 「사립학교법」에 따른 학교법인이 기부(출연을 포함한다)받은 토지
⑤ 그 밖에 공익, 기업의 구조조정 또는 불가피한 사유로 인한 법령상 제한, 토지의 현황·취득사유 또는 이용상황 등을 고려하여 기획재정부령으로 정하는 부득이한 사유에 해당되는 토지

 | 중요 예규 및 판례 |

사전 - 2016 - 법령해석법인 - 0589, 2016.12.23.
종교단체가 정관에 규정된 고유목적사업을 수행하기 위하여 당해 단체에 소속되어 종교의 보급 기타 교화업무를 전업으로 하는 선교사에게 사택으로 제공한 부동산을 처분하는 경우 해당 주택(부수토지 포함)의 양도소득에 대해 「법인세법」 제55조의 2 제1항 제2호에 따라 양도소득에 100분의 10(미등기 양도의 경우 100분의 40)을 곱하여 산출한 세액을 법인세로 납부하여야 함.

법인 - 76, 2012.1.19.

질 의

〔사실관계〕

학교법인 지산학원은 수익사업용 임대아파트*을 매각하여 그 매각대금의 운영수익을 학교운영 경비로 사용하고자 함.

　*서울 ×××구 ×××동 소재 ××아파트 1 - 301(1984.11.7. 매입, 취득가액 불명)

〔질의요지〕

상기 수익사업용 임대 아파트를 매각할 경우 법인세 과세 여부

회 신

1. 비영리내국법인이 고정자산[처분일 현재 3년 이상 계속하여 법령 또는 정관에 규정된 고유목적사업(수익사업 제외)에 직접 사용한 것을 제외]을 처분하여 발생한 수입에서 생기는 소득에 대하여는 법인세를 부과하는 것임.

2. 법인이 「법인세법」 제55조의 2 제1항 각 호에서 규정한 토지 및 건물(건물에 부속된 시설물과 구축물을 포함하며 이하 '토지 등'이라 함)을 양도한 경우에는 각 사업연도 소득에 대한 법인세 납부 여부와 별도로 "토지 등 양도소득에 대한 법인세"를 추가로 신고·납부하여야 하나, 2009.3.16.부터 2012.12.31.까지 양도한 토지 등과 2009.3.16.부터 2012.12.31. 사이에 취득한 토지 등을 양도함으로 인하여 발생하는 소득은 한시적으로 적용이 배제되는 것(강남, 서초, 송파구 소재 주택은 제외)임.

법인 - 1358, 2009.12.3.

내국법인이 「소득세법」 제104조의 2 제2항의 지정지역 이외의 비사업용 토지(미등기 토지 포함)를 2009.3.16.부터 2010.12.31.까지 양도하는 경우 「법인세법」 제55조의 2 제1항 제3호를 적용하지 아니함.

3　납부할 세액의 계산

　법인이 각 사업연도에 납부하여야 할 법인세액은 산출세액에서 면제소득에 대한 면제세액과 감면소득에 대한 감면세액 및 세액공제액을 차감하고 가산세액을 가산하여 계산한다. 즉, 각 사업연도 소득은 면제 또는 감면소득을 포함하고, 각 사업연도 소득에서 이월결손

금, 비과세소득, 소득공제액을 공제한 과세표준금액에 세율을 적용하여 산출세액을 계산하므로, 산출세액에는 면제 또는 감면소득에 대한 세액이 포함되어 있다. 따라서 산출세액에 포함되어 있는 면제세액 또는 감면세액을 산출세액에서 공제한다.

물론 세액감면이나 면제는 비영리법인의 수익사업과 관련한 경우에만 대상이 된다.

> 납부할 법인세액 = 산출세액 − (면제세액 + 감면세액 + 세액공제) + 가산세액

3-1. 면제세액

법인세가 면제되는 소득을 면제소득이라 하고 면제소득에 상당하는 법인세를 면제세액이라 한다. 면제소득과 「법인세법」 제51조에서 규정하고 있는 비과세소득은 양자 모두 법인세의 감소효과를 가져오는 점에서 유사하지만 다음과 같은 차이가 있다.

구 분	비과세소득	면제소득
① 법상 규정	법인세를 부과하지 아니한다.	법인세를 면제한다.
② 과세표준 산입 여부	각 사업연도 소득에서 공제하며, 과세표준에 불산입	특별한 규정이 없는 한 과세표준에 포함하여 산출세액 계산 후 세액공제 형식을 취함.
③ 신청	비과세신청이 불필요	일반적으로 면제신청 필요

현행 「법인세법」상 면제소득은 없으며, 「조세특례제한법」에서 면제소득만이 존재한다. 이와 관련하여서는 「조세특례제한법」의 각 해당 조문을 참조하기 바란다.

> ① 국제금융거래에 따른 이자소득 등에 대한 법인세 등의 면제(제21조)
> ② 해외자원개발투자 배당소득에 대한 법인세의 면제(제22조)
> ③ 영농·영어조합법인 등에 대한 법인세 면제(제66조 및 제67조)
> ④ 농업회사법인에 대한 법인세의 면제 등(제68조)

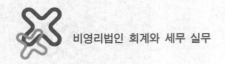

3-2. 감면세액

법인세의 감면이란 특정사업에서 생긴 소득에 대하여 일정률에 상당하는 법인세를 감면하는 것을 말한다. 이와 같이 법인세가 감면되는 소득을 감면소득이라 하고 감면소득에 상당하는 법인세를 감면세액이라고 한다.

면제소득과 감면소득의 세액계산에 미치는 효과는 동일하다. 다만, 면제소득은 특정소득을 대상으로 하여 전액을 면제하고 있는 반면, 감면소득은 특정사업에서 발생하는 소득을 대상으로 하여 전액 또는 일정률에 상당하는 금액을 배제하고 있다는 점이 다를 뿐이다. 따라서 감면소득이 전체 소득에서 차지하는 비율에 감면율을 곱하여 산출하여야 하므로 세액감면을 위해서는 별지 제48호 서식에 의한 소득구분계산서가 필요하다.

현행 「법인세법」상 감면소득은 없으며, 「조세특례제한법」에서 규정하고 있는 감면소득은 다음과 같다. 이와 관련하여서는 「조세특례제한법」의 각 해당 조문을 참조하기 바란다.

① 창업중소기업 등에 대한 세액감면(제6조)
② 중소기업에 대한 특별세액 감면(제7조)
③ 연구개발특구에 입주하는 첨단기술기업 등에 대한 법인세 등의 감면(제12조의 2)
④ 공공차관도입에 따른 과세특례(제20조)
⑤ 수도권 밖으로 공장을 이전하는 기업에 대한 세액감면 등(제63조)
⑥ 수도권 밖으로 본사를 이전하는 법인에 대한 세액감면 등(제63조의 2)
⑦ 농공단지 입주기업 등에 대한 세액감면(제64조)
⑧ 사회적기업 및 장애인 표준사업장에 대한 법인세 등의 감면(제85조의 6)
⑨ 위기지역 창업기업에 대한 법인세 등의 감면(제99조의 9)
⑩ 감염병 피해에 따른 특별재난지역의 중소기업에 대한 법인세 등의 감면(제99조의 11)
⑪ 산림개발소득에 대한 세액감면(제102조)
⑫ 해외진출기업의 국내복귀에 대한 세액감면(제104조의 24)
⑬ 외국인투자에 대한 조세 감면(제121조의 2)
⑭ 제주첨단과학기술단지 입주기업에 대한 법인세 등의 감면(제121조의 8)
⑮ 제주투자진흥지구 또는 제주자유무역지역 입주기업에 대한 법인세 등의 감면(제121조의 9)
⑯ 기업도시개발구역 등의 창업기업 등에 대한 법인세 등의 감면(제121조의 17)
⑰ 아시아문화중심도시 투자진흥지구 입주기업 등에 대한 법인세 등의 감면 등(제121조의 20)
⑱ 금융중심지 창업기업 등에 대한 법인세 등의 감면 등(제121조의 21)
⑲ 첨단의료복합단지 및 국가식품클러스터 입주기업에 대한 법인세 등의 감면(제121조의 22)

3-3. 세액공제

세액공제는 「법인세법」과 「조세특례제한법」에 규정되어 있다. 세액공제도 비영리법인의 수익사업과 관련한 경우에만 대상이 된다.

3-3-1. 법인세법상 세액공제

① 외국납부세액공제(제57조, 제57조의 2)
② 재해손실세액공제(제58조)
③ 사실과 다른 회계처리에 기인한 경정에 따른 세액공제(제58조의 3) : 수익을 과다계상하는 등 사실과 다른 회계처리로 인하여 경고·주의 등의 조치를 받은 내국법인이 경정을 받은 때에는, 이를 즉시 환급하지 아니하고 당해 경정일이 속하는 사업연도의 개시일부터 5년 이내에 종료하는 각 사업연도의 법인세액에서 과다납부한 세액을 순차적으로 공제한다. 다만, 내국법인이 당해 사실과 다른 회계처리와 관련하여 그 경정일이 속하는 사업연도 이전의 사업연도에 수정신고를 하여 납부할 세액이 있는 경우에는 그 납부할 세액에서 경정으로 인한 과다납부한 세액을 먼저 공제하여야 한다.

3-3-2. 조세특례제한법상 세액공제

① 기업의 어음제도개선을 위한 세액공제(제7조의 2)
② 상생결제 지급금액에 대한 세액공제(제7조의 4)
③ 상생협력을 위한 기금 출연 등에 대한 세액공제(제8조의 3)
④ 연구·인력개발비에 대한 세액공제(제10조)
⑤ 기술혁신형 합병에 대한 세액공제(제12조의 3)
⑥ 기술혁신형 주식취득에 대한 세액공제(제12조의 4)
⑦ 성과공유 중소기업의 경영성과급에 대한 세액공제 등(제19조)
⑧ 통합투자세액공제(제24조)
⑨ 영상콘텐츠 제작비용에 대한 세액공제(제25조의 6)
⑩ 고용창출투자세액공제(제26조)
⑪ 산업수요맞춤형고등학교등 졸업자를 병역 이행 후 복직시킨 기업에 대한 세액공제(제29조의 2)
⑫ 경력단절 여성 고용 기업 등에 대한 세액공제(제29조의 3)

⑬ 근로소득을 증대시킨 기업에 대한 세액공제(제29조의 4)
⑭ 청년고용을 증대시킨 기업에 대한 세액공제(제29조의 5)
⑮ 고용을 증대시킨 기업에 대한 세액공제(제29조의 7)
⑯ 중소기업 사회보험료 세액공제(제30조의 4)
⑰ 상가임대료를 인하한 임대사업자에 대한 세액공제(제96조의 3)
⑱ 선결제 금액에 대한 세액공제(제99조의 12)
⑲ 전자신고에 대한 세액공제(제104조의 8)
⑳ 제3자 물류비용에 대한 세액공제(제104조의 14)
㉑ 석유제품 전자상거래에 대한 세액공제(제104조의 25)
㉒ 우수 선화주기업 인증을 받은 화주 기업에 대한 세액공제(제104조의 30)
㉓ 금사업자와 스크랩등사업자의 수입금액의 증가 등에 대한 세액공제(제122조의 4)
㉔ 성실신고 확인비용에 대한 세액공제(제126조의 6)

 | **중요 예규 및 판례** |

기준 – 2022 – 법무법인 – 0180, 2023.2.9.
수익사업(소비성 서비스업 제외)과 비영리사업을 겸영하는 비영리내국법인이 「조세특례
제한법」 제29조의 7의 고용증대세액공제 규정에 따른 상시 근로자 수를 계산함에 있어
근로 범위, 업무량 등을 고려하여 근로의 제공이 주로 수익사업에 관련된 것인 때에는
수익사업에 속한 상시 근로자로 하고, 근로의 제공이 주로 비영리사업에 관련된 것인
때에는 비영리사업에 속한 상시 근로자로 하는 것임.

사 업 연 도	. . . ~ . . .	소득구분계산서				법 인 명						
						사업자등록번호						

① 과　목	②구 분	코드	③합계	감면분 또는 합병 승계사업해당분등						기 타 분		비 고
				④ 금액	⑤ 비율	④ 금액	⑤ 비율	④ 금액	⑤ 비율	⑥ 금액	⑦ 비율	
(1) 매　출　액		01										
(2) 매　출　원　가		02										
(3) 매 출 총 손 익 {(1)－(2)}		03										
(4) 판매비와 관리비	개별분	04										
	공통분	05										
	계	06										
(5) 영 업 손 익 {(3)－(4)}		07										
(6) 영 업 외 수 익	개별분	08										
	공통분	09										
	계	10										
(7) 영 업 외 비 용	개별분	11										
	공통분	12										
	계	13										
(8) 각 사업연도 소득 또는 설정전 소득 {(5)+(6)-(7)}		21										
(9) 이 월 결 손 금		22										
(10) 비 과 세 소 득		23										
(11) 소 득 공 제 액		24										
(12) 과 세 표 준 {(8)－(9)－(10)－(11)}		25										

210mm×297mm(신문용지 54g/m²(재활용품))

(뒤쪽)

작 성 방 법

1. 소득공제, 세액공제 또는 감면(감면율이 다른 경우 포함) 및 피합병법인의 이월결손공제 등에 있어서 구분 손익계산이 필요한 법인은 이 표를 작성합니다.

2. 해당 과목별로 세무조정사항을 가감하여 작성하여야 합니다.

3. 공통익금은 수입금액 또는 매출액에 비례하여 안분계산합니다.

4. 공통손금은 동일업종의 경우는 수입금액 또는 매출액에 비례하여 안분계산하고 업종이 다른 경우에는 개별손금에 비례하여 안분계산합니다.

5. 감면분 또는 합병승계사업 해당분란 아래 빈칸에는 구분해야 할 사업장·사업·감면율 등을 적습니다.

6. 비고란에는 배분기준, 계산근거 등을 적습니다. 다만, 필요시에는 구체적인 계산명세서를 첨부합니다.

제 7 절

신고 및 납부

---

1 **비영리내국법인의 과세표준 신고**

1-1. 신고방법 및 제출서류

법인세는 신고납세제도를 채택하고 있다. 즉, 납세의무가 있는 내국법인은 각 사업연도 종료일로부터 3개월 이내에 법인세의 과세표준과 세액을 다음의 서류를 첨부하여 납세지 관할세무서장에게 신고·납부하여야 한다(법인세법 제60조). 이때 내국법인으로서 각 사업연도의 소득금액이 없거나 결손금이 있는 법인의 경우에도 신고를 하여야 한다.

법인세 신고에 있어서 다음 제1호 및 제2호의 서류를 첨부하지 아니한 경우에는 이를 적법한 신고로 보지 아니한다. 다만, 비영리법인은 「법인세법」제4조 제3항 제1호 및 제7호에서 규정한 수익사업(사업소득 및 계속적 행위로 인한 수입)을 영위하는 경우에 한하여 장부비치 및 복식부기에 의한 기장의무가 있으므로 이러한 수익사업을 영위하지 아니하는 비영리법인은 재무상태표 등의 부속서류를 제출하지 아니할 수 있으며, 이 경우에는 동법 시행규칙 별지 제57호 서식(비영리법인의 수익사업수입명세서)을 첨부하여야 한다(법인세법 제60조 제5항, 제112조, 동법 시행규칙 제82조 제1항 제55호).

> 1. 기업회계기준을 준용하여 작성한 개별 내국법인의 재무상태표, 포괄손익계산서 및 이익잉여금처분계산서(또는 결손금처리계산서)
> 2. 세무조정계산서(법인세법 시행규칙 제82조에 의한 법인세 과세표준 및 세액신고서 및 조정계산서)
> 3. 세무조정계산서 부속서류 및 기업회계기준에 의하여 작성한 현금흐름표(주식회사 등의 외부감사에 관한 법률 제4조에 의하여 외부감사의 대상이 되는 법인에 한한다)

재무제표, 기능통화재무제표, 원화재무제표 및 표시통화재무제표의 제출은 「국세기본법」 제2조 제19호의 규정에 의한 국세정보통신망을 이용하여 기획재정부령이 정하는 표준재무상태표·표준손익계산서 및 표준손익계산서부속명세서를 제출하는 것으로 갈음할 수 있다. 다만, 국제회계기준을 적용하는 법인은 표준재무제표를 제출하여야 한다(법인세법 시행령 제97조 제11항).

1-2. 외부조정계산서

기업회계와 세무회계의 정확한 조정 또는 성실한 납세를 위하여 필요하다고 인정하여 기획재정부령으로 정하는 법인의 경우 세무조정계산서는 세무사(세무사법 제20조의 2에 따라 등록한 세무사인 공인회계사 및 변호사를 포함한다)가 작성하여야 한다(법인세법 제60조 제9항).

| 외부세무조정계산서 작성대상 법인(법인세법 시행령 제97조의 2) |

1. 직전 사업연도의 수입금액이 70억 원 이상인 법인 및 「주식회사 등의 외부감사에 관한 법률」 제4조에 따라 외부의 감사인에게 회계감사를 받아야 하는 법인
2. 직전 사업연도의 수입금액이 3억 원 이상인 법인으로서 법 제29조부터 제31조까지, 제45조 또는 「조세특례제한법」에 따른 조세특례(같은 법 제104조의 8에 따른 조세특례는 제외한다)를 적용받는 법인
3. 직전 사업연도의 수입금액이 3억 원 이상인 법인으로서 해당 사업연도 종료일 현재 법 및 「조세특례제한법」에 따른 준비금 잔액이 3억 원 이상인 법인
4. 해당 사업연도 종료일부터 2년 이내에 설립된 법인으로서 해당 사업연도 수입금액이 3억 원 이상인 법인
5. 직전 사업연도의 법인세 과세표준과 세액에 대하여 법 제66조 제3항 단서에 따라 결정 또는 경정받은 법인
6. 해당 사업연도 종료일부터 소급하여 3년 이내에 합병 또는 분할한 합병법인, 분할법인, 분할신설법인 및 분할합병의 상대방 법인
7. 국외에 사업장을 가지고 있거나 법 제57조 제5항에 따른 외국자회사를 가지고 있는 법인

| 중요 예규 및 판례 |

서면 - 2020 - 법인 - 4133, 2020.10.19.

법인세 납세의무가 있는 「국세기본법」 제13조 제2항에 따라 법인으로 보는 단체로 승인을 받은 문중은 각 사업연도의 종료일이 속하는 달의 말일부터 3개월 이내에 그 사업연도의 소득에 대한 법인세의 과세표준과 세액을 납세지 관할 세무서장에게 신고하여야 함.

법인 - 606, 2009.5.25.

비영리내국법인은 각 사업연도의 소득과 「법인세법」 제55조의 2에 따른 토지 등 양도소득에 대하여 법인세의 납세의무가 있는 것으로, 비영리내국법인이 같은 법 제3조 제3항 각 호 및 같은 법 시행령 제2조 제1항의 수익사업을 영위하는 경우에는 당해 수익사업에서 발생하는 각 사업연도의 소득에 대하여 같은 법 제60조에 따라 법인세의 과세표준과 세액을 납세지 관할 세무서장에게 신고하여야 하는 것임.

서면2팀 - 1664, 2006.8.30.

수익사업을 영위하는 비영리내국법인이 2005년 12월 31일 이후에 부동산을 양도하는 경우로서 1990년 12월 31일 이전에 취득한 토지의 취득가액은 장부가액과 1991년 1월 1일 현재 「상속세 및 증여세법」 제60조 및 동법 제61조 제1항 내지 제3항의 가액으로 평가한 가액 중 큰 금액으로 할 수 있으며, 토지의 공시지가는 평가기준일 현재 고시된 가액으로 하는 것이며, 이 경우 법인세 과세표준 등의 신고는 「법인세법」 제60조의 규정에 의하는 것임.

서면2팀 - 988, 2006.5.30.

〔현황〕

(재)○○장학재단은 공익법인으로서 2002년 특수관계법인의 상장주식을 취득하여 주식배당금으로 목적사업에 사용할 재원을 마련해 왔음. 위 주식의 매각시에 발생할 수 있는 세금납부에 관한 질의임.

(질의)

질의 1. 매각대금으로 정기예금(만기 1년 이상)에 가입하여 그 이자수익으로 고유목적사업에 필요한 재원을 마련하고자 한다면, 이는 「상속세 및 증여세법」 제48조 제2항의 직접공익목적에 사용하는 것으로 볼 수 있는지 여부

질의 2. 주식매각에 따른 양도차익은 「법인세법」 제3조 제2항의 소득에 해당되어 법인세 납부의무가 있는지(공익법인이 3년 이상 고유목적사업에 사용한 고정자산의 처분수입은 법인세법 시행령 제2조 제2항에 비과세 조항이 있는데, 주식 처분수입

은 이에 해당하지 않는지) 여부

질의 3. 질의 2의 양도차익에 대하여 「법인세법」 제62조 제2항의 자산양도소득에 대한 법인세과세특례로 신고할 수 있는지에 대하여 질의함.

[회신]

1. 수익용 재산을 매각한 경우에는 「상속세 및 증여세법」 제48조 제2항 제4호·제4호의 2 및 동법 시행령 제38조 제4항·제7항의 규정에 의한 매각대금의 사후관리규정이 적용되는 것임. 귀 질의와 같이 수익용 재산인 상장주식을 매각한 경우 그 매각대금에 대해서는 출연재산 매각대금의 사후관리규정에 따라 직접 공익목적사업에 사용하여야 하는 것이며, 이 경우 당해 매각대금으로 수익용 또는 수익사업용 재산의 취득 및 운용에 사용하는 경우에는 직접 공익목적사업에 사용한 것으로 보는 것임. 다만, 그 매각대금으로 취득한 수익용 또는 수익사업용 재산으로서 그 운용기간이 6월 미만인 재산인 경우에는 그러하지 아니함.

2. 「법인세법」 제62조의 2 규정에 의거 동법 제3조 제1항 제1호의 규정에 의한 사업소득이 없는 비영리내국법인이 동법 동조 제2항 제4호와 제5호의 수입이 있는 경우에는 「법인세법」 제60조 제1항의 규정에 의하여 신고납부하는 방법과 「소득세법」 제92조의 규정에 의하여 계산한 과세표준에 동법 제104조 제1항 각 호의 양도소득세율을 적용하여 신고·납부하는 방법 중 법인이 선택에 따라 적용받을 수 있으며 자산의 양도소득에 대한 과세특례는 자산의 양도일이 속하는 각 사업연도 단위별로 적용하는 것임.

서면2팀 - 2469, 2004.11.29.

「법인세법」 제3조 제2항 제1호의 수익사업을 영위하는 비영리법인이 법인세과세표준 및 세액을 신고할 때에는 국세청고시 제2002 - 29호(2002.12.6.)에 의하여 외부조정계산서작성 대상법인에 해당되므로 법 소정의 관련 세무조정계산서 등을 첨부하여 신고하는 것임.

[별지 제57호 서식] (2020.3.13. 개정)

사 업 연 도	・ ・ ・ ~ ・ ・ ・	비영리법인의 수익사업수입명세서 (배당・주식 처분익 및 유형자산 처분익만 있는 비영리법인신고용)	법 인 명	
			사업자등록 번 호	

1. 배당명세

①배당지금 ・법 인 명	②소 유 주식수	③ 배당결의일	배당구분 및 배당금액			
			④ 현금・주식	⑤ 의제배당	⑥기 타	⑦계

2. 주식처분익명세서

⑧취 득 일	⑨취득가액	⑩양 도 일	⑪양도가액	⑫양도차익

3. 고유목적사업에 직접 사용하지 않는 부동산처분익명세서

⑬부동산소재지	⑭면 적	⑮취득일	⑯취득가액	⑰양도일	⑱양도가액	⑲양도차익

210mm×297mm[백상지 80g/㎡ 또는 중질지 80g/㎡]

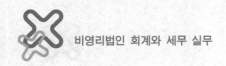

2 비영리내국법인의 이자소득에 대한 과세표준 신고특례

2-1. 과세방법의 선택

신고방법	수익사업소득		비수익사업 소득
	이자소득	기타 수익사업소득	
분리과세 선택시	원천징수 분리과세	분리과세한 이자소득분을 제외한 수익사업소득에 대하여 부분종합과세	비과세
종합과세 선택시	모든 소득과세		비과세

비영리내국법인의 이자소득에 대한 과세방법은 원천징수된 이자소득을 수익사업소득에 합산하고 원천징수세액을 공제하여 과세표준신고를 하는 방법(종합과세방법)과 수익사업소득에 합산하지 아니하고 원천징수로써 과세절차를 종결하는 방법(분리과세방법)이 존재한다(법인세법 제62조).

이 두 가지 과세방법 중 선택 권한은 전적으로 비영리내국법인이 가지며 이러한 선택자체를 정부에 신고하거나 나타내는 절차는 없다. 따라서 법인세 신고기한까지 신고를 하면 종합과세방법을 선택한 것이 되고, 신고를 하지 않으면 분리과세방법을 선택한 것이 된다. 또한, 종합과세방법과 분리과세방법의 선택은 매 사업연도마다 다르게 선택할 수 있다(서이 46012 - 10574, 2002.3.21.). 즉, 한 사업연도에는 종합과세방법을 선택하고 그 다음 사업연도에는 분리과세방법을 선택할 수 있다.

2-2. 신고특례 대상소득

수익사업에서 생긴 소득 중에서 「법인세법」 제4조 제3항 제2호의 규정에 의한 이자소득(비영업대금의 이익을 제외하고 투자신탁의 이익을 포함한다)으로서 원천징수된 다음의 이자소득에 대하여는 과세표준신고를 하지 아니하고 과세절차를 종결할 수 있다. 이 경우 과세표준의 신고를 하지 아니한 이자소득은 각 사업연도의 소득금액계산에 있어서 이를 포함하지 아니한다.

① 국가나 지방자치단체가 발행한 채권 또는 증권의 이자와 할인액

② 내국법인이 발행한 채권 또는 증권의 이자와 할인액

③ 국내 또는 국외에서 받는 「소득세법 시행령」 제23조에서 정하는 파생결합사채로부터의 이익

④ 국내에서 받는 예금(적금·부금·예탁금 및 우편대체를 포함한다)의 이자

⑤ 「상호저축은행법」에 따른 신용계 또는 신용부금으로 인한 이익

⑥ 외국법인의 국내지점 또는 국내영업소에서 발행한 채권 또는 증권의 이자와 할인액

⑦ 외국법인이 발행한 채권 또는 증권의 이자와 할인액

⑧ 국외에서 받는 예금의 이자

⑨ 「소득세법 시행령」 제24조에서 규정하는 채권 또는 증권의 환매조건부매매차익

⑩ 「소득세법 시행령」 제25조에서 규정하는 저축성보험의 보험차익. 다만, 다음 각 목의 어느 하나에 해당하는 보험의 보험차익은 제외

　　가. 최초로 보험료를 납입한 날부터 만기일 또는 중도해지일까지의 기간이 10년 이상으로서 「소득세법 시행령」 제25조 제3항에서 정하는 요건을 갖춘 보험

　　나. 「소득세법 시행령」 제25조 제4항에서 정하는 요건을 갖춘 종신형 연금보험

⑪ 「소득세법 시행령」 제26조에서 규정하는 직장공제회 초과반환금

⑫ ① 내지 ⑪의 소득과 유사한 소득으로서 금전 사용에 따른 대가로서의 성격이 있는 것

⑬ ① 내지 ⑫까지의 규정 중 어느 하나에 해당하는 소득을 발생시키는 거래 또는 행위와 「자본시장과 금융투자업에 관한 법률」 제5조에 따른 파생상품(이하 "파생상품")이 「소득세법 시행령」 제26조에서 정하는 바에 따라 결합된 경우 해당 파생상품의 거래 또는 행위로부터의 이익

⑭ 투자신탁의 이익

┃신고특례 대상소득 산정시 주의하여야 할 사항┃

① 비영업대금의 이익에 대해서는 원천징수분리과세방법이 인정되지 아니한다(법인세법 제62조 제1항).

② 원천징수대상이 아닌 이자소득(법인세법 시행령 제111조 제1항 및 제2항)은 과세표준신고에 포함시켜야 한다.

③ 금융 및 보험업을 영위하는 자의 이자소득은 사업소득을 구성하므로 과세표준 신고특례가 적용되지 않는다(서면2팀 - 1269, 2005.8.5., 서이 46012 - 10574, 2002.3.21.).

④ 원천징수된 이자소득 중 일부는 신고·납부하고 나머지는 원천분리과세를 받을 수 있다(법인세법 시행령 제99조 제1항, 서이 46012 - 10574, 2002.3.21.).

⑤ 원천분리과세방법을 통하여 과세표준에서 제외된 이자소득은 기한 후 신고, 수정신고 또는 경정 등에 의하여 이를 과세표준에 포함시킬 수 없다(법인세법 시행령 제99조 제2항).

2-3. 분리과세방법을 선택하는 경우

비영리내국법인이 법인세가 원천징수된 이자소득에 대하여 과세표준신고를 하지 아니하는 경우에는 당해 이자소득에 대하여 14%의 원천징수세율(2004년 12월 31일 이전 소득발생분은 15%)로 원천징수됨으로써 신고의무가 종결된다.

이 경우, 과세표준신고를 하지 아니한 이자소득에 대하여는 기한 후 신고, 수정신고 또는 경정 등에 의하여 이를 과세표준에 포함시킬 수도 없고(법인세법 시행령 제99조 제2항) 과세표준에 산입한 이자소득에 대하여 수정신고 또는 경정 등에 의하여 원천징수방법으로 과세방법을 변경할 수도 없다(서면2팀-351, 2006.2.15., 법인 46012-638, 1998.3.14. 외 다수).

2-4. 신고납부방법을 선택하는 경우

비영리내국법인이 원천징수된 이자소득을 수익사업소득에 합산하여 과세표준을 신고하는 경우에는 「법인세법」 제29조에서 규정하고 있는 고유목적사업준비금('제4절 고유목적사업준비금' 참조) 설정에 따른 혜택을 받을 수 있다.

즉, 이자소득에 대하여 법인세 과세표준신고를 하고 이에 대하여 전액 고유목적사업준비금을 설정하는 경우에는, 당해 이자소득에 상응하는 고유목적사업준비금을 손금으로 인정받게 되므로 원천징수된 세액을 환급받을 수 있다. 그러나 법인세 과세표준신고를 하지 아니하면 원천징수된 세액을 부담하고 과세절차가 종결되기 때문에 고유목적사업준비금 설정에 따른 혜택이 없어지므로, 고유목적사업준비금 설정이 가능한 비영리법인의 경우에는 신고방법을 신중하게 선택하여야 한다.

| 중요 예규 및 판례 |

조심 2019서3775, 2020.12.21.

청구법인이 일반신고서식이 아닌 간편신고서식에 의해 법인세 신고를 하였더라도 배당수입금액을 이자수입금액에 포함하여 신고하는 등 누락신고한 수입금액이나 탈루세액이 없고, 처분청은 청구법인이 상증법 시행령 제41조에 따라 법정기한 내에 제출한 "공익법인 출연재산 등에 보고서"를 통해 청구법인의 배당수입금액을 알 수 있었던 점 등에 비추어, 청구법인이 법인세 신고시 일반신고서식이 아닌 간편신고서식으로 하였다하여 처분청이 이를 법인세를 신고하지 아니한 것으로 보아 청구법인에게 법인세를 부과한 이 건 처분은 잘못이 있음.

기준 - 2020 - 법령해석법인 - 0072, 2020.5.29.

이자소득과 비사업용 토지 양도소득이 있는 비영리내국법인이 이자소득만 「법인세법 시행규칙」 별지 제56호 서식에 기재하여 법인세 과세표준과 세액을 신고한 경우에는 법정신고기한까지 「법인세법」 제60조에 따른 과세표준 등의 신고를 하지 않은 것으로 보아 「국세기본법」 제26조의 2 제2항 제1호에 따라 해당 국세를 부과할 수 있는 날부터 7년의 부과제척기간을 적용하는 것임.

조심 2014광1256, 2014.4.29.

청구법인이 신고기한 내에 과세표준신고서를 제출하지 아니함에 따라 처분청이 법정신고기한 내에 과세표준신고를 하지 아니한 청구법인의 이자소득에 대하여 기한 후 신고에 의한 환급청구를 거부한 처분은 잘못이 없다고 판단됨.

조심 2010서851, 2011.4.14.

비영리법인의 원천징수 이자소득에 대해 신고기한 내에 과표를 미신고한 경우 원천징수과세방식을 선택한 것으로 보아 과세절차가 종결되는 것이고, 과표를 미신고한 이자소득에 대해 기한 후 신고로 과세표준에 포함시킬 수 없는 것임.

서면1팀 - 1230, 2007.9.5.

원천징수된 이자소득만 있는 비영리법인이 기한 후 신고에 의해 법인세를 신고한 경우 이자소득에 대한 원천세액을 환급받을 수 없음.

서면2팀 - 425, 2006.2.27.

 질의

○○아파트 입주자대표회의는 비영리사업자로서 고유번호는 219 - 82 - 00000으로 입주

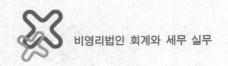
민들의 자금인 장기수선충당금, 퇴직충당금, 잡수입 등의 자금을 은행에 예치시키면 이 자수익이 연간 2억 원 정도 발생하는데, 법인세 14%를 은행에서 원천징수하고 있으나 아파트 관리에 따른 제비용은 연간 30억 원 정도로 익금(2억 원), 손금(30억 원)이므로 대차합계를 하면 손금이 27억 원 정도 발생하므로 수익이 없는 바, 법인세 신고를 통하여 원천징수된 법인세를 환급받을 수 있는지에 대하여 질의함.

회신

비영리법인의 경우 「법인세법」 제3조 제2항의 규정에 의한 수익사업에 대하여 「법인세법」 제60조의 규정에 따라 과세표준을 신고하여 법인세를 납부하거나 환급받을 수 있는 것으로, 귀 질의의 경우 수익사업부분과 관련된 비용의 구분은 별도로 사실판단하여야 하며, 다만 이자소득만 있는 비영리법인의 경우 「법인세법」 제62조의 규정에 의하여 과세표준신고를 하지 않을 수 있음.

서면2팀 - 351, 2006.2.15.

비영리법인이 이자소득에 대해 고유목적사업준비금을 손금산입해 법인세 과세표준 신고기한 내에 신고하지 않은 경우, 당해 이자소득에 대한 원천징수세액은 원천징수방법으로 종결되므로 수정신고나 경정청구를 통하여 당해 고유목적사업준비금을 손금산입할 수 없는 것임.

서면2팀 - 1269, 2005.8.5.

「신용협동조합법」에 의한 신용협동조합예금자보호기금을 통한 예금보험 및 자금지원 등 예금보험제도를 운영하는 사업은 「법인세법」 제2조 제1항 제8호에 규정한 금융 및 보험 관련 서비스업에 해당하며, 금융 및 보험업은 채권이자소득을 사업소득으로 과세하므로 「법인세법」 제62조에 규정한 비영리 내국법인의 과세표준신고 특례를 적용하지 아니하는 것임.

국심 2002광580, 2002.5.22. 외 다수

비영리법인이 이자소득에 대해 고유목적사업준비금을 손금산입해 법인세신고기한 내에 신고하지 않은 경우, 이자소득에 대한 원천징수세액은 원천징수방법으로 종결되므로 환급대상 아님.

국심 1999구2217, 2000.3.29. 외 다수

비영리내국법인이 이자소득을 과세표준에 포함해 법인세 신고납부한 후, 경정청구에 의해 이자소득의 분리과세를 요구할 수 없음.

서이 46012 - 10574, 2002.3.21.

1. 비영리내국법인이 「법인세법」 제62조 규정에 의한 과세표준신고 특례를 적용함에 있어서 이자소득에 대한 분리과세 원천징수방법은 매사업연도마다 법인이 선택하여 적용할 수 있는 것이며, 이 경우 이자소득 중 일부에 대하여도 과세표준신고를 하지 아니할 수 있는 것이나 당초 과세표준에 포함하여 신고한 이자소득에 대하여는 수정신고 및 경정청구에 의하여 분리과세 원천징수방법으로 변경할 수 없는 것임.

2. 금융보험업을 영위하는 비영리법인의 이자수입 등은 사업소득에 해당하는 것이므로 동법 제62조의 규정이 적용되지 아니하는 것임.

심사법인 2000 - 153, 2001.3.9.

비영리법인의 이자소득수입금액이 요약재무제표상 누락되었으나 장부상 고유목적사업준비금으로 계상해 사용한 사실 등으로 보아 분리과세방식을 선택한 것이 아니므로 그 원천납부세액은 기납부세액으로서 환급대상임.

3 | 비영리내국법인의 자산양도소득에 대한 과세특례

3-1. 과세특례의 의의 및 방법

비영리법인이 수익사업을 영위하지 않는 경우에는 법인세 신고의무가 없으나 수익사업을 영위하는 경우에는 당해 수익사업에서 발생한 소득금액에 대하여 법인세를 신고납부하여야 한다. 이때 계속 반복적인 사업소득이 없는 비영리내국법인이라 하더라도 일시적으로 자산양도소득이 발생하게 되면 일반법인과 같이 법인세의 제반 납세절차를 이행하여야 하는 것이 원칙이다.

그러나 사업소득이 없는 비영리법인의 자산양도소득에 대하여는 각 사업연도 소득에 대한 법인세 대신 「소득세법」상의 양도소득세 상당액을 부담할 수 있게 함으로써 납세절차를 간소화하고 있다(법인세법 제62조의 2).

본 조의 규정에 의하여 과세표준 신고를 하지 아니한 자산양도소득에 대해서는 소득세법 중 양도소득세의 규정을 준용하여 산출한 과세표준에 양도소득세율을 적용하여 계산한 금액(이하 '양도소득세 상당액'이라 한다)을 법인세로 납부하여야 한다.

즉, 사업소득이 없는 비영리법인은 자산양도소득에 대하여 ① 「법인세법」의 규정에 의한 각 사업연도 소득에 대한 법인세를 신고납부하는 방법과 ② 「소득세법」의 규정에 의한 양도소득세 상당액을 법인세로 납부하는 방법 중 하나를 선택하여 적용받을 수 있다.

■ 과세특례시 주의하여야 할 사항 ■

① 유·무형자산 처분일 현재 3년 이상 계속하여 법령 또는 정관에 규정된 고유목적사업(수익사업 제외)에 직접 사용한 고정자산의 처분으로 인하여 생기는 수입에 대하여는 법인세가 원천적으로 과세되지 않음. 그러나 수익사업에서 전입된 자산을 처분하는 경우에는 전입시 시가를 취득가액으로 처분손익 계산함에 유의한다(법인세법 시행령 제3조 제2항).

② 동일한 사업연도의 양도자산 중 일부 자산은 「법인세법」의 규정을 따르고 일부 자산만 본 조의 특례규정을 적용받을 수 없다. 즉, 자산의 양도일이 속하는 각 사업연도 단위별로 양도한 자산 전부에 대해 특례규정을 적용받거나 아니면 전부 각 사업연도 소득금액에 포함시켜 법인세 납부의무를 부담하여야 한다(법인세법 시행령 제99조의 2 제2항).

③ 의료법인은 수익사업 영위 비영리내국법인이므로 비영리내국법인의 자산양도소득에 대한 과세특례를 적용할 수 없는 것임(서이 46012 - 10683, 2003.4.1.).

④ 소득세 예정신고기간이 경과된 자산이 있는 경우 「법인세법」 제60조 제1항의 규정에 의하여 신고를 하여야 하며 「소득세법」 제105조 규정에 의하여 신고·납부한 세액은 기납부세액으로 공제하는 것임(서면2팀 - 1805, 2005.11.9.).

⑤ 비영리내국법인이 「법인세법」 제62조의 2의 규정에 의해 자산양도소득을 「소득세법」 제92조의 규정을 준용하여 계산한 과세표준에 「소득세법」 제104조 제4항의 규정에 의하여 가중된 세율을 적용하는 경우에는 「법인세법」 제55조의 2를 적용하지 아니함(법인세법 제62조의 2 제2항, 서면2팀 - 994, 2006.5.30.). 따라서 자산양도소득에 대하여 소득세를 준용하여 신고납부하는 경우에도 원칙적으로 「법인세법」 제55조의 2에 해당하는 토지 등 양도소득 법인세를 추가로 납부하여야 한다.

3-2. 과세특례 대상 자산

과세특례를 적용받기 위해서는 「법인세법」 제4조 제3항 제4호부터 제6호까지의 수입으로서 다음의 자산을 양도하는 경우이어야 한다(법인세법 시행령 제99조의 2 제1항).

(1) 「소득세법」 제94조 제1항 제3호에 해당하는 주식등과 「소득세법」 제94조 제1항 제4호 나목(주식등에 한함) 및 동법 시행령 제158조 제1항 제1호·제5호에 규정된 자산

동 규정은 2022년 1월 1일 삭제되었고 2025.1.1.부터 시행된다(법 부칙(2021.12.21.) 1조 단서). 그래서 2025.1.1. 전에 주식등을 양도하는 경우에는 동 개정규정에도 불구하고 종전의 규정에 따른다(법 부칙(2021.12.21.) 10조).

(2) 토지 또는 건물(건물에 부속된 시설물과 구축물 포함)

(3) 「소득세법」 제94조 제1항 제2호 및 제4호의 자산

① 다음의 어느 하나에 해당하는 부동산에 관한 권리
　가. 부동산을 취득할 수 있는 권리(건물이 완성되는 때에 그 건물과 이에 딸린 토지를 취득할 수 있는 권리를 포함)
　나. 지상권
　다. 전세권과 등기된 부동산임차권
② 다음의 어느 하나에 해당하는 자산
　가. 사업용 고정자산과 함께 양도하는 영업권(영업권을 별도로 평가하지 아니하였으나 사회통념상 자산에 포함되어 함께 양도된 것으로 인정되는 영업권과 행정관청으로부터 인가·허가·면허 등을 받음으로써 얻는 경제적 이익을 포함)
　나. 이용권·회원권, 그 밖에 그 명칭과 관계없이 시설물을 배타적으로 이용하거나 일반이용자보다 유리한 조건으로 이용할 수 있도록 약정한 단체의 구성원이 된 자에게 부여되는 시설물 이용권

3-3. 양도소득세 상당액의 계산

과세특례에 의하여 과세표준신고를 하지 아니한 자산양도소득에 대한 과세표준은 「소득세법」 제101조 및 제102조를 준용하고, 자산양도소득에 대한 세액계산에 관하여는 같은 법 제92조를 준용한다. 따라서, 과세표준은 자산의 양도로 인하여 발생한 총수입금액(양도가액)에서 필요경비를 공제하고, 공제한 후의 금액(양도차익)에서 장기보유특별공제 및 양도

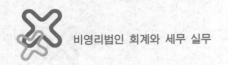

소득 기본공제를 한 금액으로 한다.

양도소득세 산정에 대한 자세한 내용은 양도소득세 실무책을 참조하기 바란다.

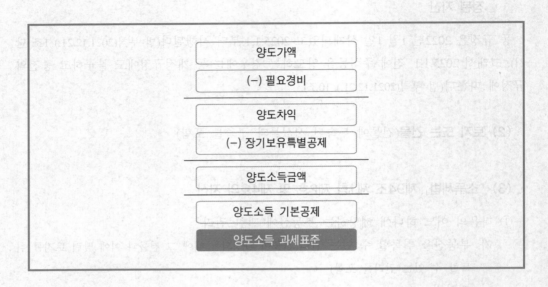

비영리법인의 자산양도소득 과세표준과 세액의 계산, 예정신고 및 자진납부 등에 있어서는 대부분 「소득세법」의 관련규정을 준용하도록 하고 있다.

 │ 중요 예규 및 판례 │

서울행정법원 - 2021 - 구합 - 78909, 2022.5.27.
원고가 법인세법 시행규칙 별지 제56호의 서식으로 법인세를 신고한 것은 구 법인세법 제60조 제1항에 따라 과세표준을 신고한 것에 해당하는 것이므로 신고 자체를 하지 않았다고 볼 수 없음.

서면 - 2020 - 법인 - 2292, 2020.8.31.
「국세기본법」 제13조 제2항에 따라 승인받은 법인으로 보는 단체가 부동산을 취득한 이후 3년 이상 계속하여 정관에 규정된 고유목적사업(「법인세법 시행령」 제3조 제1항에 따른 수익사업 제외)에 직접 사용하다가 처분하는 경우, 그 처분으로 발생하는 수입은 「법인세법」 제4조 제3항 제5호 및 같은 법 시행령 제3조 제2항에 따라 수익사업에서 생기는 소득에서 제외되어 각 사업연도의 소득에 대한 법인세가 과세되지 않는 것이므로 같은 법 제62조의 2에 따라 계산된 법인세를 별도로 납부할 필요가 없는 것임.

대법 2017두57523, 2017.11.29.

비영리내국법인의 자산양도소득에 대한 과세표준 신고에 대하여 소득세법 92조를 준용하여 계산하도록 한 것은, 납세절차를 간소화하고 조기성실신고를 유도하기 위한 것으로, 위 법인세가 개인에게 부과되는 양도소득세에 해당하게 되는 것이 아니며, 개인에게 한정하여 규정된 자경농지감면이 적용될 수 없음.

법규법인 2014-92, 2014.7.11.

비영리내국법인이 비사업용토지를 양도하고 법인세법 제62조의 2에 따라 자산양도 소득을 신고하는 경우로서 소득세법 제104조 제4항에 규정된 가중된 세율이 적용되지 않은 경우에는 법인세법 제55조의 2 제1항 제3호에 따라 토지 등 양도소득에 대한 추가납부 규정이 적용되는 것임.

조심 2010구2894, 2011.5.17.

청구법인은 비영리법인이 수익사업에 사용하지 아니한 자산의 양도소득 과소신고액 등은 상여처분 대상이 아니라고 주장하나, 청구법인이 수익사업인 의료업을 영위하기 위하여 쟁점부동산을 취득하고 쟁점부동산 소재지에 의료업을 위한 지점 사업자등록을 하였으며, 쟁점부동산을 처분일 현재 3년 이상 계속하여 법령 또는 정관에 규정된 고유목적사업에 직접 사용하지 아니하였을 뿐만 아니라, 쟁점부동산의 취득 및 양도에 대해 수익사업이 아닌 기타의 사업에 속하는 것으로 구분경리한 것으로도 확인되지 않는 점 등으로 보아 쟁점부동산의 양도소득은 「법인세법」 제3조 제2항 제5호에 규정된 소득으로 보이고, 「법인세법」 제67조(소득처분)에서 각 사업연도의 소득에 대한 법인세 과세표준을 신고하거나 제66조 또는 제69조의 규정에 의하여 법인세의 과세표준을 결정 또는 경정함에 있어서 익금에 산입한 금액이 사외유출된 경우 그 귀속자에게 소득처분하도록 규정하고 있는바, 청구법인이 공익법인이라 하여 사외유출된 금액을 달리 볼 것은 아니라 할 것이므로 ○○○ 쟁점금액이 상여처분 대상이 아니라는 청구법인의 주장은 받아들이기 어려운 것으로 보임. 따라서 처분청이 쟁점금액을 청구법인 이사장인 서○○이 사용하였다 하여 그 귀속자에게 상여로 소득처분하여 2010.6.16. 청구법인에게 소득금액변동통지한 처분은 잘못이 없는 것으로 판단됨. 따라서 법인세의 과세표준을 결정 또는 경정함에 있어서 익금에 산입한 금액이 사외유출된 경우 공익법인이라 하더라도 귀속자에게 상여로 처분하는 것임.

조심 2011서654, 2011.5.16.

처분일 현재 3년 이상 고유목적사업에 직접 사용되었다고 인정하기 어려우므로 당해 부동산의 처분수입을 수익사업에서 생긴 것으로 보아 과세한 것은 정당함.

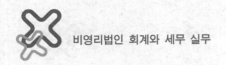

법인 - 602, 2009.5.21.

수익사업을 영위하지 않는 비영리내국법인이 자산을 양도하고 「법인세법」 제62조의 2의 비영리내국법인의 자산양도소득에 대한 과세특례 규정에 따라 법인세를 신고하는 경우 「조세특례제한법」 제69조의 자경 농지에 대한 양도소득세의 감면규정이 적용되지 않는 것이나, 같은 법 제77조의 공익사업용토지 등에 대한 양도소득세의 감면규정은 적용 가능한 것임.

법인 - 3202, 2008.11.3.

비영리법인이 고유목적사업이 아닌 자산을 처분한 사업연도에 최초의 수익사업이 발생한 경우 비영리법인의 자산양도차익에 대한 과세특례를 적용받을 수 없음.

서면2팀 - 564, 2008.3.27.

수익사업을 영위하지 아니하는 비영리법인이 부동산을 종교단체의 고유목적사업으로 사용하지 아니하고 3년 이내에 양도하는 경우의 「법인세법」 제60조 및 제62조의 2를 선택하여 적용할 수 있음.

서면2팀 - 102, 2008.1.16.

「법인세법」 제62조의 2 제2항에 의해 비영리내국법인이 자산양도소득을 산정함에 있어 같은 조 제4항 단서조항 및 같은 법 시행령 제99조의 2 제3항에 의해 출연받은 날로부터 3년 이내 자산을 양도하는 경우에 있어서는 당해 자산을 출연한 출연자의 취득가액을 당해 법인의 취득가액으로 하는 것이나, 같은 법 시행령 제99조의 2 제5항에 의해 상속세 과세가액 또는 증여세 과세가액에 산입되지 아니한 출연재산이 그 후에 과세요인이 발생하여 그 과세가액에 산입되지 아니한 상속세 또는 증여세의 전액 상당액이 부과되는 경우에는 같은 법 시행령 제99조의 2 제3항의 규정이 적용되지 아니하는 것임.

서면2팀 - 2590, 2006.12.14.

비영리내국법인이 고유목적사업에 사용하지 아니한 토지를 양도하여 「법인세법」 제3조 제2항 제5호의 자산양도소득이 발생한 경우로서, 그 양도일이 속하는 사업연도에 같은 조 항 제1호의 수익사업을 개시하여 관련 사업소득이 발생한 경우 당해 자산양도소득에 대하여는 「법인세법」 제62조의 2의 '비영리내국법인의 자산양도소득에 대한 과세특례'규정을 적용받을 수 없는 것임.

서면2팀 - 1894, 2006.9.25.

「법인세법」 제3조 제2항 제1호 및 제6호의 규정에 의한 수익사업을 영위하지 아니하는 「사립학교법」에 의해 설립된 학교법인이 수익사업에 해당하는 자산양도소득만 있는 경우 같은 법 제62조의 2 규정에 의하여 각 사업연도 소득에 대한 법인세로 신고하는 방법과 「소득세법」을 준용하여 양도소득세 예정신고하는 방법 중 선택하여 신고할 수 있으며, 각 사업연도 소득에 대한 법인세로 신고하는 경우 「소득세법」을 준용하여 납부한 세액은 기납부세액으로 공제하는 것임.

서면2팀 - 1399, 2006.7.27.

1. 「법인세법」 제3조 제2항 제1호에서 규정하는 수익사업을 영위하는 비영리내국법인이 보유하고 있는 비수익사업용 토지를 양도하는 경우, 당해 토지에 대하여는 같은 법 제62조의 2에 의한 비영리내국법인의 자산양도소득에 대한 과세특례규정이 적용되지 아니하는 것임.

2. 비영리내국법인이 당해 토지를 양도하는 경우 1990.12.31. 이전에 취득한 토지의 취득가액은 장부가액과 1991.1.1. 현재 「상속세 및 증여세법」 제60조 및 같은 법 제61조 제1항 내지 제3항의 가액으로 평가한 가액 중 큰 금액으로 할 수 있는 것으로써, 이때 공시지가는 평가기준일 현재 고시된 가액에 의하는 것임.

서면2팀 - 1009, 2006.6.5.

「국세기본법」 제13조 규정에 의한 법인으로 보는 단체인 종교단체(교회)가 종교의 보급 기타 교화업무를 전업으로 하는 교회의 담임목사가 처분일 현재까지 계속하여 3년 이상 사용하는 사택을 양도하는 경우 수익사업소득에서 제외되는 것이며, 또한 「법인세법」 제3조 제2항 제1호에서 규정하는 수익사업을 영위하지 아니하는 비영리법인인 종교단체는 「법인세법」 제62조의 2【비영리내국법인의 자산양도소득에 대한 과세특례】의 규정을 적용받을 수 있는 것임.

서면2팀 - 994, 2006.5.30.

「법인세법」 제55조의 2의 규정은 비영리내국법인도 적용되는 것이며, 다만 비영리내국법인이 「법인세법」 제62조의 2의 규정에 의해 자산양도소득을 「소득세법」 제92조의 규정을 준용하여 계산한 과세표준에 「소득세법」 제104조 제4항의 규정에 의하여 가중된 세율을 적용하는 경우에는 「법인세법」 제55조의 2를 적용하지 아니함. 아울러, 「법인세법」 제55조의 2에서 양도소득이란 토지 등의 양도금액에서 양도당시의 장부가액을 차감한 금액을 말함.

서면2팀 - 503, 2006.3.16., 서이 46012 - 12114, 2003.12.15.

「법인세법」 제3조 제2항 제1호에서 규정하는 수익사업을 영위하는 비영리내국법인이 보유하고 있는 비수익사업용 토지를 양도하는 경우, 당해 토지에 대하여는 동법 제62조의 2에 의한 비영리내국법인의 자산양도소득에 대한 과세특례규정이 적용되지 아니하는 것임.

서면2팀 - 178, 2006.1.23., 서면2팀 - 1180, 2004.6.10., 서면2팀 - 698, 2004.4.2.

「국세기본법」 제13조 제2항의 법인으로 보는 단체로 승인받은 비영리법인인 종중이 「법인세법」 제3조 제2항 각 호에 의한 수익사업을 영위하지 아니하면서 보유 중인 부동산을 양도하는 경우에는 동법 제60조 및 제62조의 2의 규정을 선택하여 적용할 수 있는 것이나, 고정자산 처분일 현재 3년 이상 계속하여 법령 또는 정관에 규정된 고유목적사업에 직접 사용한 고정자산의 처분으로 인하여 생기는 수입에 대하여는 법인세가 과세되지 않는 것임.

서면2팀 - 1943, 2005.11.29.

수익사업을 영위하지 않는 법인으로 보는 단체인 교회가 개인으로부터 증여받은 부동산을 종교단체의 고유목적으로 사용하던 중 해당 부동산을 3년 이내에 양도하는 경우에는 「법인세법」 제60조 및 제62조의 2의 규정을 선택하여 적용할 수 있는 것이며, 해당 자산의 양도시 취득가액은 취득당시(증여일 현재)의 시가이며, 시가산정은 「법인세법 시행령」 제89조 제2항 제2호의 규정을 적용할 수 있는 것임.

서면2팀 - 1805, 2005.11.9.

예정신고기간이 경과된 자산이 있는 경우 「법인세법」 제60조 제1항의 규정에 의하여 신고를 하여야 하며 「소득세법」 제105조 규정에 의하여 신고·납부한 세액은 기납부세액으로 공제하는 것임.

서면4팀 - 2044, 2005.11.3.

비영리내국법인이 「법인세법」 제3조 제2항 제5호에서 규정하는 고정자산의 처분으로 생기는 수입은 동법 제62조의 2에 의한 과세특례가 적용되는 것이나, 개인이 운영하는 유치원의 토지 및 건물을 양도할 경우에는 「소득세법」 제4조 제1항 제3호의 양도소득에 해당하는 것이며, 이 경우 양도소득세가 과세되는 것임.

서이 46012 - 10683, 2003.4.1.

'의료법인'은 수익사업 영위 비영리내국법인이므로 비영리내국법인의 자산양도소득에 대한 과세특례를 적용할 수 없는 것임.

서이 46012 - 10327, 2002.2.26.

비영리내국법인에 해당하는 종교법인이 「법인세법」 제55조의 2의 규정에 의한 토지 등의 양도소득이 있는 경우에는 토지 등의 양도에 대한 법인세를 동법 제60조의 규정에 의하여 신고·납부하여야 하는 것이며, 동 법인이 동법 제3조 제2항 제1호에서 규정하는 수익사업을 영위하지 아니하는 경우에는 동법 제62조의 2의 규정에 의하여 자산양도소득에 대한 과세특례규정을 적용할 수 있는 것임.

※ 뒤쪽의 작성방법을 읽고 작성하여 주시기 바랍니다.　　　　　　　　　　　　　　　　　　　　(앞쪽)

비영리내국법인의 양도소득과세표준예정신고서

관리번호	-

① 신 고 인 (양도인)	법 인 명		사업자등록번호		대표자 성명	
	대 표 자 생 년 월 일		사 업 연 도		전 화 번 호	
	소 재 지				전자우편주소	

② 양 수 인	성명(상호)	주민등록번호 (사업자등록번호)	양도자산 소재지	지 분	양도인과의 관계

③ 세율구분	코　　　드	합 계	국내분 소계	-	-	-	국외분 소계
④ 양 도 소 득 금 액							
⑤ 기신고·결정·경정된 양도 　소 득 금 액 합 계							
⑥ 소득감면대상 소득금액							
⑦ 양 도 소 득 기 본 공 제							
⑧ 과 세 표 준 　(④+⑤-⑥-⑦)							
⑨ 세 율							
⑩ 산 출 세 액							
⑪ 감 면 세 액							
⑫ 외 국 납 부 세 액 공 제							
⑬ 예 정 신 고 납 부 세 액 공 제							
⑭ 원 천 징 수 세 액 공 제							

⑮ 가산세	신 고 불 성 실	(대상금액, 세율)	(대상금액, 세율)	(대상금액, 세율)	(대상금액, 세율)	(대상금액, 세율)
	납 부 지 연	(대상금액, 일수)	(대상금액, 일수)	(대상금액, 일수)	(대상금액, 일수)	(대상금액, 일수)
	기장불성실 등	(대상금액, 세율)	(대상금액, 세율)	(대상금액, 세율)	(대상금액, 세율)	(대상금액, 세율)
	계					

⑯ 기신고·결정·경정세액							
⑰ 자 진 납 부 할 세 액 　(⑩-⑪-⑫-⑬-⑭+⑮-⑯)							
⑱ 분 납(물납)할 세 액							
⑲ 자 진 납 부 세 액							
⑳ 환 급 세 액							

농어촌특별세 자진납부계산서

㉑ 법 인 세 감 면 세 액	
㉒ 세 율	
㉓ 산 출 세 액	
㉔ 수 정 신 고 가 산 세 등	(대상금액, 일수)
㉕ 기신고·결정·경정세액	
㉖ 자 진 납 부 할 세 액	
㉗ 분 납 할 세 액	
㉘ 자 진 납 부 세 액	
㉙ 환 급 세 액	

환급금 계좌신고
㉟ 금 융 기 관 명	
㊱ 계 좌 번 호	

신고인은 「법인세법」 제62조의 2, 「국세기본법」 제45조, 「농어촌특별세법」 제7조에 따라 위 내용을 (예정·수정)신고하며, 위 내용을 충분히 검토하였고 신고인이 알고 있는 사실 그대로를 정확하게 기재하였음을 확인합니다.

　　　　　　　　　　　　　년　　월　　일
신고인(대표자)　　　　　　　(서명 또는 인)

세무대리인은 조세전문자격자로서 위 신고서를 성실하고 공정하게 작성하였음을 확인합니다.
세무대리인　　　　　　　　(성명 또는 인)

세무서장 귀하

첨부서류	1. 양도소득금액계산명세서(「법인세법 시행규칙」 별지 제57호의2서식 부표1 또는 부표2) 1부 2. 매매계약서 1부 3. 필요경비에 관한 증빙서류 및 부표3 각1부 4. 감면신청서 1부 5. 그 밖에 양도소득세 계산에 필요한 서류 1부	접수일자 인
담당공무원 확인사항	1. 토지 및 건물등기사항증명서 2. 토지 및 건축물대장등본	

210mm×297mm[백상지 80g/㎡ 또는 중질지 80g/㎡]

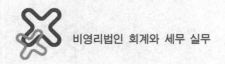

비영리법인 회계와 세무 실무

작 성 방 법

1. 관리번호는 작성자가 적지 않습니다.

2. 이 서식은 사업연도 단위별로 사업소득(「법인세법」제4조 제3항 제1호 및 「법인세법 시행령」제3조 제1항 각 호의 수익사업을 말합니다) 외의 이자, 배당, 주식, 유형자산 및 무형자산처분이익 및 채권매매이익만 있는 비영리내국법인이 토지·건물 및 주식(출자지분 포함)을 양도한 경우에 사용합니다.

3. 이 서식에 의하여 토지·건물 및 주식(출자지분 포함)의 양도에 따른 양도소득과세표준예정신고를 한 비영리내국법인은 「법인세법」제60조 제1항에 따른 법인세 신고를 하지 않을 수 있습니다.

4. ①신고인(양도인)란: 신고인의 인적사항을 빠짐없이 기재하되, 사업자등록번호 또는 고유번호가 없는 경우에는 대표자 성명과 생년월일을 반드시 적어야 합니다.

5. ③세율구분란: 양도소득금액계산명세서의 세율구분코드가 동일한 자산을 합산하여 적되, 주식의 경우에는 주식 양도소득금액 계산명세서(별지 제57호의 2 서식 부표 2)의 ③주식종류코드란의 세율이 동일한 자산(기타자산 주식 및 국외주식은 제외합니다)을 합산하여 적습니다

6. ⑥소득감면대상 소득금액란: 양도소득세액의 감면을 「소득세법」제90조 제2항(소득금액 차감방식)을 적용하여 계산하는 경우 양도자산의 감면소득금액을 적습니다.

7. ⑦양도소득기본공제란: 해당 연도 중 먼저 양도하는 자산의 양도소득금액에서부터 차례대로 공제하며, 미등기양도자산의 경우에는 공제하지 아니합니다(부동산 등과 주식은 각각 연 250만원을 공제합니다)

8. ⑩산출세액·⑪감면세액·⑫외국납부세액공제 및 ⑬예정신고납부세액공제란: 해당 신고분까지 누계금액을 적습니다.
   ※ ⑪감면세액란은 「소득세법」제90조 제1항(세액감면방식)에 의해 계산한 세액을 적습니다.

9. ⑬예정신고납부세액공제란: (직전까지 예정신고납부세액공제 누계액)+(금회 예정신고세액 중 기한 내 납부할 세액× 공제율)의 방법으로 계산한 금액을 적습니다.

10. ⑭원천징수세액공제란: 비거주자의 양도소득에 대하여 양수인이 원천징수한 세액 등을 적습니다.

11. ⑮가산세란: 산출세액에 기한내 신고·납부 불이행에 따른 신고불성실(무신고 10~20%, 과소신고 10%, 부당과소 40%)·납부지연가산세(1일 2.2/10,000을 적용하되, 2019년 2월 11일까지의 기간에 대해서는 3/10,000을, 2019년 2월 12일부터 2022년 2월 14일까지의 기간에 대해서는 2.5/10,000를 적용한다)·기장불성실가산세 등을 계산한 금액을 적습니다.

12. ⑯기신고·결정·경정세액란은 기신고세액(누계금액으로서 납부할 세액을 포함합니다), 무신고결정·경정 결정된 경우 총결정세액(누계금액을 말합니다)을 적습니다.

13. ⑰자진납부할세액란부터 ⑳환급세액란까지: 금회 신고납부할 세액 등을 적습니다.

14. 환급금 계좌신고(㉟·㊱)란: 송금받을 본인의 예금계좌를 적습니다. 다만, 환급세액이 5,000만원 이상인 경우에는 「국세기본법 시행규칙」에 따른 계좌개설(변경)신고서(별지 제22호 서식)에 통장사본을 첨부하여 신고하여야 합니다.

15. 과세대상자산은 「법인세법」제62조의 2 제1항 각 호 및 같은 법 시행령 제99조의 2 제1항에 따른 자산을 「소득세법」제92조를 준용하여 계산한 과세표준에 같은 법 제104조 제1항 각 호의 세율을 적용하여 계산합니다.

210mm×297mm[백상지 80g/㎡ 또는 중질지 80g/㎡]

〔별지 제57호의 2 서식 부표 1〕 (2022.3.18. 개정)
※ 뒤쪽의 작성방법을 읽고 작성하여 주시기 바랍니다. (앞쪽)

양도소득금액 계산명세서

| 관리번호 | | - | |

※ 관리번호는 적지 마십시오.

□ 양도자산 및 거래일자

		합 계	(-)	(-)	(-)
① 세 율 구 분 (코 드)					
② 소 재 지					
③ 자 산 종 류 (코 드)			( )	( )	( )
거래일자	④ 양 도 일 자 (원 인)		( )	( )	( )
(거래원인)	⑤ 취 득 일 자 (원 인)		( )	( )	( )
거래자산 면적(㎡)	⑥ 총 면 적 토 지		(/)	(/)	(/)
	(양도지분) 건 물		(/)	(/)	(/)
	⑦ 양 도 면 적 토 지				
	건 물				
	⑧ 취 득 면 적 토 지				
	건 물				

□ 양도소득금액 계산

거래금액	⑨ 양 도 가 액				
	⑩ 취 득 가 액				
	취 득 가 액 종 류				
⑪ 기 납 부 토 지 초 과 이 득 세					
⑫ 기 타 필 요 경 비					
양도차익	전 체 양 도 차 익				
	비 과 세 양 도 차 익				
	⑬ 과 세 대 상 양 도 차 익				
⑭ 장 기 보 유 특 별 공 제					
⑮ 양 도 소 득 금 액					
감면소득금액	⑯ 세 액 감 면 대 상				
	⑰ 소 득 금 액 감 면 대 상				
⑱ 감 면 종 류 감 면 율					

□ 기준시가 (기준시가 신고 또는 취득가액을 환산가로 신고하는 경우에만 적습니다)

양도시 기준 시가	⑲건물	일 반 건 물			
		오피스텔·상업용			
		개 별 · 공 동 주 택			
	⑳ 토 지				
	합 계				
취득시 기준 시가	㉑건물	일 반 건 물			
		오피스텔·상업용			
		개 별 · 공 동 주 택			
	㉒ 토 지				
	합 계				

210mm×297mm[백상지 80g/㎡ 또는 중질지 80g/㎡]

(뒤쪽)

작 성 방 법

1. ①세율구분란: 다음의 세율구분내용과 소재지 및 세율구분코드를 적습니다.

소재지구분	소재지		세율구분	토지·건물							부동산에 관한권리			기타자산 (주식외)	비사업용 토지 과다보유 법인주식	
	국내	국외		2년 이상	1년 이상 2년 미만	1년 미만	1세대 2주택 (부수 토지 포함)	1주택과 1조합원 입주권을 보유한 경우 1주택	1세대3 주택이상 의 주택 (부수토지 포함)	주택과 조합원 입주권수 3이상인 경우주택	비사업용 토지	미등기	지정 지역 10% 가산	2 년 이 상	1년 이상 2년 미만	1 년 미 만
									A	B	A	B	A	B				A	B
코드	1	2	코드	10	15	20	10	10	25	10	28	10	26	10	30	11	10	15	20	10	27	10

※ A: '09.1.1.~'09.3.15. 취득 및 양도분, B: '09.3.16.~'13.12.31. 양도분

2. ③자산종류란: 다음의 자산종류 및 코드를 적습니다.

자산 종류	토지·건물				부동산에 관한 권리				기타자산			
	토지	고가 주택	일반 주택	기타 건물	지상권	전세권	등기된 부동산 임차권	부동산을 취득 할 수 있는 권리	특정 주식	영업권	시설물 이용권	부동산과다보유 법인주식
코드	1	2	3	4	5	6	7	8	14	15	16	17

3. 거래원인: 매매, 수용, 협의매수, 교환, 공매, 경매, 상속, 증여, 신축, 분양, 기타 등을 적습니다.

4. ⑥총면적란: 양도자산의 전체면적을 적고, 양도지분을 별도로 적습니다.

5. ⑦양도면적란: ⑥총면적 × 양도지분으로 산정한 면적을 적습니다.

6. ⑩취득가액란: 아래와 같이 적습니다.[상속·증여받은 자산은 상속개시일 및 증여일 현재의 아래의 나, 다에 따른 가액 또는 기준시가 중 확인되는 가액을 적습니다]

가. 실지거래가액으로 하는 경우: 취득에 실지 소요된 가액

나. 매매사례가액에 의하는 경우: 취득일 전후 3개월 이내의 매매사례가액을 적음

다. 감정가액에 의하는 경우: 취득일 전후 3개월 이내의 감정평가법인의 감정가액 2개 이상의 평균가액을 적음

라. 환산가액에 의하는 경우: 양도가액(⑨) × [취득시기준시가(⑳+㉑)/양도시기준시가(⑱+⑲)]로 환산한 가액을 적음

※ 취득가액 종류란: 실지거래가액, 매매사례가액, 감정가액, 환산취득가액, 기준시가로 구분하여 적음

7. ⑪기납부 토지초과이득세란: 해당 양도토지에 대하여 기납부한 토지초과이득세가 있는 경우 기납부한 토지초과이득세를 적습니다.

8. ⑫기타 필요경비란: 취득당시 가액을 실가에 의하는 경우에는 자본적지출액 등을 적고, 취득당시 가액을 매매사례가액·감정가액·환산가액 또는 기준시가에 의하는 경우에는 「소득세법 시행령」 제163조 제6항을 참조하여 적습니다.

9. ⑭장기보유특별공제란: 토지·건물의 ⑬양도차익에 다음의 보유기간에 따른 공제율을 곱하여 계산합니다.

1세대1주택	21.1.1. 이후 양도한 경우에는 3년 이상 보유 시 12%부터 매년 4%씩 추가 공제하며 10년 이상은 40% 한도로 공제하고, 3년 이상 거주 시 12%(다만 보유기간 3년 이상자 중 2년 이상 거주는 8%)부터 매년 4%씩 추가 공제하며 10년 이상은 40% 한도로 공제 (「소득세법」 제95조 제2항 표2) 20.12.31.까지 양도한 경우에는 3년 이상 보유 시 24%부터 매년 8%씩 추가 공제하며 10년 이상은 80% 한도로 공제
1세대1주택외	19.1.1. 이후 양도한 경우에는 3년 이상 보유 시 6%부터 매년 2%씩 추가공제 하며 15년 이상은 30% 한도로 공제 (「소득세법」 제95조 제2항 표1) 18.12.31.까지 양도한 경우에는 3년 이상 보유 시 10%, 4년 이상 보유 시 12%부터 매년 3%씩 추가공제 하며 10년 이상은 30% 한도로 공제

10. ⑯세액감면대상란: 양도소득세액의 감면을 「소득세법」 제90조 제1항(세액감면방식)을 적용하여 계산하는 경우 양도자산의 감면소득금액을 적습니다.

⑰소득금액감면대상란: 양도소득세액의 감면을 「소득세법」 제90조 제2항(소득금액 차감방식)을 적용하여 계산하는 경우 양도자산의 감면소득금액을 적습니다.

11. ⑱감면종류 및 감면율란: 양도소득세 감면규정 및 감면율을 적습니다(감면신청서는 별도로 작성하여 제출하여야 합니다).

12. ⑲건물란: 다음의 구분에 따라 양도당시 금액을 적습니다.

가. 일반건물: 국세청장이 고시한 금액(건물 ㎡당 가액)에 건물면적(전용+공용)을 곱하여 계산한 금액

나. 상업용·오피스텔: 국세청장이 고시한 금액(토지+건물)에 건물면적(전용+공용)을 곱하여 계산한 금액

다. 개별·공동주택: 국토교통부장관이 고시한 금액(토지+건물)

13. ⑳토지란: 양도 시 개별공시지가에 면적을 곱하여 계산한 금액을 적습니다.

14. ㉑건물란: ⑲건물란의 작성방법에 따라 취득당시 금액을 적습니다(최초 고시일 전에 취득한 경우에는 최초 고시금액을 취득시로 환산한 가액).

15. ㉒토지란: 취득 시 개별공시지가에 면적을 곱하여 계산한 금액을 적습니다(취득일이 '90.8.29. 이전인 경우에는 '90.1.1. 기준 개별공시지가를 토지등급에 의해 취득시로 환산한 가액).

210mm×297mm[백상지 80g/㎡ 또는 중질지 80g/㎡]

4-1. 차감납부할 세액의 계산

내국법인은 각 사업연도의 소득에 대한 법인세의 산출세액에서 다음 산식의 법인세액 (가산세 제외한다)을 공제한 금액을 각 사업연도의 소득에 대한 법인세로서 「법인세법」 제60조의 규정에 의한 신고기한 내에 납세지 관할세무서 또는 「국세징수법」에 의한 납부서에 의하여 한국은행(그 대리점을 포함한다) 또는 체신관서에 납부하여야 한다(법인세법 제64조, 동법 시행령 제101조).

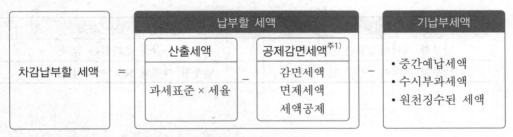

차감납부할 세액	=	납부할 세액		−	기납부세액
		산출세액	공제감면세액[주1]		• 중간예납세액
		과세표준 × 세율	감면세액 면제세액 세액공제		• 수시부과세액 • 원천징수된 세액

주1) 공제감면세액은 '제6절 세액의 계산'을 참조하기 바란다.

(1) 중간예납세액

'제8절 중간예납'을 참조하기 바란다.

(2) 수시부과세액

관할세무서장이나 지방국세청장은 내국법인이 다음과 같은 사유로 인하여 법인세포탈의 우려가 있다고 인정되는 경우에는 수시로 당해 법인에 대한 법인세를 부과할 수 있다. 이처럼 수시부과를 한 경우에도 법인세 정기신고는 하여야 하며, 수시부과시에는 가산세의 규정은 적용하지 아니한다(법인세법 제69조, 동법 시행령 제108조).

① 신고를 하지 아니하고 본점 또는 주사무소를 이전한 경우
② 사업부진 기타의 사유로 인하여 휴업 또는 폐업 상태에 있는 경우
③ 기타 조세를 포탈할 우려가 있다고 인정되는 상당한 이유가 있는 경우

(3) 원천징수된 세액

'제9절 원천징수'를 참조하기 바란다.

4-2. 분 납

신고납부세액이 1천만 원을 초과하는 경우에는 다음과 같이 납부할 세액의 일부를 납부 기한이 경과한 날부터 1개월(중소기업의 경우에는 2개월) 이내에 분납할 수 있다(법인세법 시 행령 제101조). 다만, 가산세와 감면분 추가납부세액은 분납대상 세액에 포함하지 아니한다 (집행기준 64 - 101 - 1).

구 분	분납할 수 있는 세액
납부할 세액이 2천만 원 이하	1천만 원을 초과하는 금액
납부할 세액이 2천만 원 초과	납부할 세액의 50% 이하의 금액

제 8 절 중간예납

1 의의

중간예납이란 과세기간 중간에 세액의 일부를 선납하는 제도로서 납세의무자의 입장에서는 다음 해 초에 집중되는 조세부담을 분산시키고 향후 납부하게 될 세액에 대한 추정을 통해 자금계획을 세울 수 있는 반면 과세관청의 입장에서는 조세수입을 조기에 확보할 수 있다.

중간예납세액은 각 사업연도의 기간이 6월을 초과하는 내국법인이 당해 사업연도 개시일부터 6월간을 중간예납기간으로 하여 직전 사업연도의 법인세로 확정된 산출세액(가산세를 포함, 토지 등 양도소득에 대한 법인세 제외)에 의한 방법과 당해 중간예납기간의 가결산에 의한 방법 중 선택하여 그 중간예납기간이 경과한 날부터 2개월 이내에 납부하여야 한다(법인세법 제63조, 제63조의 2).

다만, 다음의 경우에는 반드시 가결산에 의한 방법에 의하여 납부하여야 한다.

① 직전 사업연도의 법인세로서 확정된 산출세액이 없는 경우
② 중간예납기간 만료일까지 직전 사업연도의 법인세액이 확정되지 아니한 경우
③ 분할신설법인 및 분할합병의 상대방법인의 분할 후 최초 사업연도

다음은 주로 비영리법인의 중간예납과 관련하여 발생하는 쟁점사항을 중심으로 서술하고 기타 중간예납에 대한 상세한 설명은 '법인세 조정과 신고 실무' 책자를 참고하기 바란다.

2 중간예납 대상법인

각 사업연도의 기간이 6월을 초과하는 내국법인은 반드시 중간예납세액을 계산하여 납부하여야 한다. 단, 다음의 경우에는 각 사업연도의 기간이 6월을 초과하더라도 중간예납 의무가 없다(법인세법 제63조 제1항).

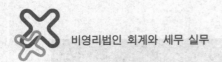

① 신설법인의 최초 사업연도

합병 또는 분할에 의하지 아니하고 새로 설립된 법인인 경우에는 설립 후 최초의 사업연도가 6월을 초과하더라도 중간예납에서 제외된다.

② 청산법인

청산법인은 중간예납 대상법인이 아니다(법인세법 기본통칙 63의 2-0…1). 단, 법인이 청산기간 중에 해산 전의 사업을 계속하여 영위하는 경우로서 해당 사업에서 사업수입금액이 발생하는 경우에는 중간예납세액의 납부의무가 있다.

③ 중간예납기간에 사업수입금액이 없는 법인

납세지 관할세무서장은 중간예납기간 중 휴업 등의 사유로 사업수입금액이 없는 법인에 대하여 그 사실이 확인된 경우에는 당해 중간예납기간에 대한 법인세를 징수하지 아니한다(법인세법 제63조의 2 제5항).

④ 이자소득만 있는 비영리법인

이자소득만 있는 비영리법인은 중간예납을 하지 않을 수 있다. 그러나 사내근로복지기금의 대부이자소득은 「법인세법」 제4조 제3항 제2호의 이자소득이 아니라 제1호 규정에 의한 사업소득으로 보아 중간예납의무가 있다(서면2팀-1326, 2005.8.18.).

또한 중간예납기간 중에 이자소득 이외의 다른 수익사업이 최초로 발생한 경우에는 최초 사업연도가 아니므로 중간예납의무가 있다(법인 1264.21-2347, 1982.7.13.).

⑤ 다음 어느 하나에 해당하는 법인
- 「고등교육법」 제3조에 따른 사립학교를 경영하는 학교법인
- 「국립대학법인 서울대학교 설립·운영에 관한 법률」에 따른 국립대학법인 서울대학교
- 「국립대학법인 인천대학교 설립·운영에 관한 법률」에 따른 국립대학법인 인천대학교
- 「산업교육진흥 및 산학연협력촉진에 관한 법률」에 따른 산학협력단
- 「초·중등교육법」 제3조 제3호에 따른 사립학교를 경영하는 학교법인

⑥ 직전 사업연도의 중소기업으로서 직전 사업연도의 산출세액 기준으로 계산한 금액이 50만원 미만인 내국법인

2020년 12월 22일 법 개정시, 초·중·고등학교를 경영하는 학교법인의 납세편의를 제고하기 위하여 중간예납의무 면제대상에 「초·중등교육법」에 따른 사립학교를 경영하는 학교법인을 추가하였으며, 동 개정규정은 2021년 1월 1일 이후 개시하는 사업연도분부터 적용한다.

 | 중요 예규 및 판례 |

서면2팀-1326, 2005.8.18.
「사내근로복지기금법」에 의한 사내근로복지기금이 예금이자소득과 정관상 복지사업으로 근로자에게 융자금을 대부하여 발생하는 대부이자소득이 있는 경우 「법인세법」 제3조 제2항 제1호 규정에 의한 수익사업에서 생기는 소득에 해당하므로 동법 제63조 규정에 의한 중간예납의무가 있는 것이며, 직전 사업연도 실적으로 신고하는 경우, 동법 제63조 제1항 각 호의 세액공제 후 중간예납세액이 발생하지 않더라도 「법인세법 시행규칙」 별지 제58호 서식에 의하여 신고하는 것임.

서면2팀-1293, 2005.8.16.
법인이 「법인세법」 제63조 규정에 따라 중간예납 신고를 함에 있어 직전 사업연도 법인세로 확정된 산출세액은 있으나 동법 제63조 제1항 각 호 금액을 공제한 금액이 '0'인 법인은 직전 사업연도 산출세액이 있는 법인에 해당하여 「법인세법」 제63조 제1항 규정에 따라 직전 연도 실적에 따라 중간예납 계산하여 납부할 수 있는 것임.

서면2팀-1593, 2004.7.29.
법인이 청산기간 중에 해산 전의 사업을 계속하여 영위하는 경우로서, 당해 사업에서 수입금액이 발생하는 경우에는 「법인세법」 제63조의 규정에 의한 중간예납의 납세의무가 있는 것이며, 동 규정에 의한 법인세를 납부하지 아니하였거나, 납부하여야 할 세액에 미달하게 납부한 경우에는 동법 제76조 제1항 제3호의 규정에 의한 가산세가 적용되는 것임.

법인 22601-3168, 1989.8.26.
「법인세법」 제1조 제1항 제3호 규정의 이자소득만 있는 비영리법인은 「법인세법」 제30조 규정에 의한 중간예납을 하지 않을 수 있는 것이며, 비영리법인이 중간예납세액을 신고 납부하는 경우에는 「법인세법 시행규칙」 제45조 제7항 제2호의 별지 제16호 서식에 의하는 것임.

법인 1264.21-2347, 1982.7.13.
「법인세법」 제30조 규정에서 '새로 설립된 법인의 설립 후 최초 사업연도'라 함은 설립

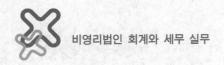

등기일을 개시일로 하는 사업연도로서 고유목적사업만을 영위하던 법인이 최초로 수익사업을 개시한 경우에는 중간예납의무가 있음.

3 중간예납기간

각 사업연도의 기간이 6월을 초과하는 법인은 당해 사업연도 개시일부터 6개월간을 중간예납기간으로 한다(법인세법 제63조 제2항). 이때 사업연도를 변경한 경우 변경 후 사업연도의 중간예납기간은 변경한 사업연도의 개시일로부터 6월이 되는 날까지로 한다(법인세법 기본통칙 63 - 0···1).

4 중간예납의 방법

4-1. 직전 사업연도의 산출세액을 기준으로 하는 방법

$$중간예납세액 = (A - B - C - D) \times \frac{6}{E}$$

A: 해당 사업연도의 직전 사업연도에 대한 법인세로서 확정된 산출세액(가산세를 포함, 「법인세법」 제55조의 2에 따른 토지등 양도소득에 대한 법인세액 및 「조세특례제한법」 제100조의 32에 따른 투자·상생협력 촉진을 위한 과세특례를 적용하여 계산한 법인세액은 제외)

B: 해당 사업연도의 직전 사업연도에 감면된 법인세액(소득공제금액 제외)

C: 해당 사업연도의 직전 사업연도에 법인세로서 납부한 원천징수세액

D: 해당 사업연도의 직전 사업연도에 법인세로서 납부한 수시부과세액

E: 직전 사업연도 개월 수. 이 경우 개월 수는 역에 따라 계산하되, 1개월 미만의 일수는 1개월로 한다.

직전 사업연도 법인세 산출세액은 당해 중간예납기간 중에 적용되는 세율이 변동되는 경우에도 직전 사업연도의 법인세로서 확정된 산출금액(가산세액을 포함하고 토지 등 양도소득에 대한 법인세와 조세특례제한법 제100조의 32에 따른 투자·상생협력 촉진을 위한 과세특례를 적용하여 계산한 법인세 제외)을 기준으로 한다. 다만, 법에서 세율적용에 관하여 특례규정을 둔 경우에는 그러하지 아니한다(법인세법 기본통칙 63의 2-0…1). 또한 직전 사업연도 법인세 산출세액은 중간예납기간 종료일까지 신고(국세기본법에 의한 수정신고를 포함) 또는 결정·경정에 의하여 확정된 세액을 말한다. 다만 중간예납세액의 납부기한까지 직전 사업연도의 법인세가 경정된 경우에는 그 경정으로 인하여 감소된 세액을 차감하여 계산한다(법인세법 기본통칙 63-0…3).

중간예납기간 중에 고용창출투자세액공제 규정이 적용되는 투자를 한 경우에는 당해 중간예납세액에서 동 투자분에 해당하는 고용창출투자세액공제액을 차감하여 중간예납할 수 있는데, 이를 위해서는 중간예납세액 납부시 납세지 관할세무서장에게 세액공제신청서를 제출하여야 한다(조세특례제한법 제26조 제2항). 다만, 고용창출투자세액공제액을 차감한 후의 중간예납세액이 직전 사업연도 최저한세의 50% 상당액(직전 사업연도에 최저한세를 실제 적용받았는지와는 무관함)에 미달하는 경우에는 그 미달하는 세액에 상당하는 고용창출투자세액공제액은 차감하지 않는다(조세특례제한법 제26조 제5항).

4-2. 해당 중간예납기간의 법인세액을 기준으로 하는 방법

중간예납세액 = (A - B - C - D)

A: 해당 중간예납기간을 1사업연도로 보고 계산한 과세표준에 「법인세법」 제55조를 적용하여 산출한 법인세액=(중간예납기간의 과세표준 × 그 사업연도의 월수/6 × 세율 × 6/그 사업연도의 월수)
B: 해당 중간예납기간에 감면된 법인세액(소득공제금액 제외)
C: 해당 중간예납기간에 법인세로서 납부한 원천징수세액
D: 해당 중간예납기간에 법인세로서 부과한 수시부과세액

직전 사업연도의 법인세 산출세액은 있으나 중간예납세액·원천징수세액 및 수시부과세액이 산출세액을 초과함으로써 납부한 세액이 없는 경우에는 직전 사업연도의 법인세액

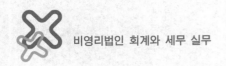

이 없는 경우로 보지 아니하므로 직전 사업연도의 법인세로 산출하는 방법과 가결산에 의한 방법 중 선택할 수 있다(법인세법 시행규칙 제51조 제2항).

결손 등으로 인하여 직전 사업연도의 법인세 산출세액이 없지만 가산세로서 확정된 세액이 있는 법인의 경우에는 가결산에 의하여 당해 중간예납세액을 계산하여 납부하여야 한다(법인세법 시행규칙 제51조 제3항).

4-3. 고유목적사업준비금의 잉여금처분 여부

가결산에 의하여 중간예납을 하는 경우에도 고유목적사업준비금을 손금으로 인정받기 위해서는 반드시 결산에 반영되어야 한다. 다만, 잉여금처분에 의한 신고조정에 의하여 손금산입이 가능한 비영리법인의 경우(법인세법 제61조 제1항)에는 중간예납시에도 동 준비금 상당액을 당해 중간예납기간의 잉여금처분으로 반드시 적립하여야 하는지가 문제가 될 수 있다. 제도 46012－10953, 2001.5.3.에 의하면「조세특례제한법」상 준비금은 중간예납시 잉여금처분을 하지 않아도 손금산입이 된다고 해석하고 있고, 서면2팀－1638, 2006.8.28.에 의하면「법인세법」상 고유목적사업준비금의 손금산입규정 적용에 대해서는 제도 46012－10953, 2001.5.3.을 참고하라고 하고 있으므로「법인세법」상 준비금인 고유목적사업준비금의 경우에도 이에 준하여 처리가 가능할 것으로 판단되나 아직 명확한 행정해석이 존재하지는 않는다(법인세법 기본통칙 63의 2-0…3).

법인세법 기본통칙 63의 2-0…3【중간예납기간의 과세표준 계산】
법 제63조의 2 제1항 제2호에 따라 중간예납세액을 계산하는 경우의 과세표준 금액은 해당 중간예납기간의 소득금액에서 다음 각 호의 금액을 가감하여 계산한다.
1. 중간예납기간 개시일 전 10년 이내에 개시한 사업연도에서 발생한 결손금으로서 그 후의 각 사업연도의 과세표준 계산에 있어서 공제되지 아니한 금액을 공제한다.
2. 제준비금(충당금을 포함한다)의 손금산입
   제준비금의 손금산입은 이를 결산에 반영한 경우에 한하여 손금산입한다. 다만,「조세특례제한법」에 의한 준비금 및 영 또는「조세특례제한법 시행령」에 의한 일시상각충당금 또는 압축기장충당금은 법 제61조에 따라 손금에 산입할 수 있다.
3. 제준비금 등의 환입
   가. 손금계상연도의 다음 사업연도에 일시환입을 요하는 준비금 및 충당금은 해당 중

간예납기간에 전액을 익금으로 환입계상한다.

나. 일정기간 거치후 상계잔액을 일시에 환입해야 하는 준비금은 해당 중간예납기간 이 속하는 사업연도에 환입해야 할 준비금에 $\dfrac{해당중간예납기간의 월수}{해당사업연도의 월수}$ 를 곱하여 산출한 금액을 환입계상한다.

다. 일정기간 거치후 사용분과 미사용분으로 구분하여 균분 또는 일시 환입되는 준비금은 해당 중간예납기간이 속하는 사업연도 종료일까지 전액을 사용하는 것으로 보고 균분 $\dfrac{해당중간예납기간의 월수}{환입대상기간월수}$ 환입계상한다.

라. 기타의 준비금은 법 소정의 규정에 따라 월할 균분 환입계상한다.

마. 제준비금 등의 환입계상은 결산에 반영함이 없이 세무조정 신고로 갈음할 수 있다. (1985.1.1. 개정)

4. 감가상각비 등의 손금산입

가. 감가상각비는 해당 중간예납기간의 상각범위액을 한도로 결산에 반영한 경우에 손금에 산입한다. (정상상각률 × $\dfrac{해당월수}{12}$ 를 적용함)

나. 기타 각종비용에 대하여도 법에 특별한 규정이 있는 경우를 제외하고는 결산에 반영된 경우에 한하여 해당 중간예납기간의 손비로 본다.

5. 공제감면세액의 계산

가. 해당 사업연도에 적용될 감면범위에 의하여 계산한 감면세액 상당액을 공제한다.

나. 신청을 요건으로 하는 감면세액 등은 중간예납 신고납부계산서에 해당금액을 계상하고 소정의 산출명세서를 제출하여야 하며 이 경우도 확정신고시 제출을 면제하지 아니한다.

6. 최저한세의 적용 각종준비금·특별상각·소득공제·세액공제 및 감면 등에 대하여는 중간예납세액을 계산함에 있어서도 「조세특례제한법」 제132조의 규정에 의한 최저한세를 적용한다.

| 중요 예규 및 판례 |

제도 46012-10953, 2001.5.3.
법인이 「법인세법」 제63조 제4항의 규정을 적용함에 있어서 각 사업연도에 대한 소득금액을 계산하는 때에 「조세특례제한법」에서 규정한 준비금을 손금으로 인정받기 위해서는 결산에 반영하여야 하는 것이나, 동 준비금을 결산에 직접 손금으로 반영하지 아니하고 세무조정계산서에 계상한 경우 당해 중간예납기간의 이익처분에 있어 동 준비금 상당액을 적립하지 아니하여도 손금산입할 수 있는 것임.

서면2팀 - 1638, 2006.8.28.

질 의

[사실관계]

2005년부터 외부감사 대상으로 외부감사인의 회계감사를 받는 비영리내국법인으로 2005년도 법인세 과세표준시 신고조정에 의하여 고유목적사업준비금을 손금에 산입하였고, 2006년도 이후에도 감사인의 회계감사를 받을 예정이나 아직 2006년도의 회계감사계약을 체결하지는 아니한 상태임.

[질의내용]

당해 사업연도의 중간예납기간의 실적을 기준(6월)으로 중간예납시에 2006년도 외부감사계약이 체결되지 아니한 상태에서 신고조정에 의하여 고유목적사업준비금을 손금산입할 수 있는지 여부

회 신

귀 질의의 경우 「주식회사의 외부감사에 관한 법률」 제3조 규정에 따른 감사인의 회계감사를 받는 비영리법인이 「법인세법」 제63조의 규정에 의한 법인세 중간예납시 같은 법 제29조 [고유목적사업준비금의 손금산입] 규정의 적용에 대하여는 기존 예규(제도 46012 - 10953, 2001.5.3.)를 참고하기 바람.

5 신고 및 납부

중간예납세액의 신고·납부는 중간예납기간이 경과한 날로부터 2월 이내에 하여야 한다. 이때, 납부에 대하여는 「법인세법 시행령」 제101조 제1항 및 제2항의 규정을 준용한다(법인세법 시행령 제100조 제3항).

중간예납에는 「국세기본법」에 의한 수정신고 또는 경정 등의 청구가 적용되지 아니한다(법인세법 기본통칙 63-0…7). 중간예납세액을 납부하지 않거나 미달하게 납부하는 경우에는 미납부가산세를 징수한다(국세기본법 제47조의 4).

제 9 절
원천징수

1 원천징수의 의의

「소득세법」제16조 제1항에 따른 이자소득금액(금융보험업을 하는 법인의 수입금액을 포함)과 「소득세법」제17조 제1항 제5호에 따른 집합투자기구로부터의 이익 중 「자본시장과 금융투자업에 관한 법률」에 따른 투자신탁의 이익의 금액을 내국법인에 지급하는 자(이하 '원천징수의무자'라 한다)가 그 금액을 지급하는 때에는 그 지급하는 금액에 다음의 세율을 적용하여 계산한 법인세(1천원 이상인 경우만 해당)를 원천징수하여 그 징수일이 속하는 달의 다음 달 10일까지 이를 납세지 관할 세무서 등에 납부하여야 한다(법인세법 제73조 제1항).

구 분	세 율
① 이자소득금액	100분의 14
② 소득세법 제16조 제1항 제11호의 비영업대금의 이익	100분의 25
③ 투자신탁의 이익	100분의 14

원천징수의무자가 원천징수의무를 대리 또는 위임한 경우에는 그 대리인 또는 위임받은 자가 수권 또는 위임받은 범위에서 원천징수의무자가 되며, 본인 또는 위임한 자는 원천징수의 의무가 배제된다.

원천징수의무자는 지급명세서를 그 지급일이 속하는 과세기간의 다음 연도 2월 말일(휴업 또는 폐업한 경우에는 휴업일 또는 폐업일이 속하는 달의 다음다음 달 말일)까지 관할세무서장 등에게 제출하여야 한다. 다만, 법인세가 과세되지 아니하거나 면제되는 소득에 대하여는 지급명세서를 제출하지 아니할 수 있다(법인세법 시행령 제162조).

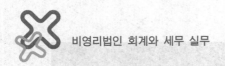
2 원천징수대상에서 제외되는 소득

2-1. 금융보험업의 수입금액에서 제외되는 소득

원천징수대상인 이자소득금액 중 금융보험업의 수입금액이라 함은 금융보험업을 영위하는 법인이 지급받는 이자소득금액을 말한다. 다만, 다음 각 호의 어느 하나에 해당하는 법인이 지급받는 이자소득[「법인세법」 제73조의 2 제1항 전단에 따른 원천징수대상채권등(「주식·사채 등의 전자등록에 관한 법률」 제59조 각 호 외의 부분 전단에 따른 단기사채등 중 같은 법 제2조 제1호 나목에 해당하는 것으로서 만기 1개월 이내의 것은 제외함)의 이자등을 「자본시장과 금융투자업에 관한 법률」에 따른 투자회사 및 제16호의 자본확충목적회사가 아닌 법인에 지급하는 경우는 제외]은 제외한다(법인세법 시행령 제111조 제1항).

1. 「법인세법」 제61조 제2항 제1호부터 제28호까지의 법인
2. 「한국은행법」에 의한 한국은행
3. 「자본시장과 금융투자업에 관한 법률」에 따른 집합투자업자
4. 「자본시장과 금융투자업에 관한 법률」에 따른 투자회사, 투자목적회사, 투자유한회사 및 투자합자회사(같은 법 제9조 제19항 제1호에 따른 기관전용 사모집합투자기구는 제외한다)
5. 「농업협동조합법」에 의한 조합
6. 「수산업협동조합법」에 따른 조합
7. 「산림조합법」에 따른 조합
8. 「신용협동조합법」에 따른 조합 및 신용협동조합중앙회
9. 「새마을금고법」에 따른 금고
10. 「자본시장과 금융투자업에 관한 법률」에 따른 증권금융회사
11. 거래소(위약손해공동기금으로 한정한다)
12. 「자본시장과 금융투자업에 관한 법률」에 따른 한국예탁결제원
13. 「한국투자공사법」에 따른 한국투자공사
14. 「국가재정법」의 적용을 받는 기금(법인 또는 법인으로 보는 단체에 한정)
15. 법률에 따라 자금대부사업을 주된 목적으로 하는 법인 또는 기금(다른 사업과 구분 경리되는 것에 한정)
16. 「조세특례제한법」 제104조의 3 제1항에 따른 자본확충목적회사
17. 「산업재해보상보험법」 제10조에 따른 근로복지공단(「근로자퇴직급여보장법」에 따른 중소기업퇴직연금기금제도의 기금으로 한정)
18. 그 밖에 기획재정부령으로 정하는 금융보험업을 영위하는 법인

2-2. 원천징수대상에서 제외되는 소득

원천징수대상인 이자소득금액 및 투자신탁의 이익에서 다음의 소득은 제외한다(법인세법 시행령 제111조 제2항).

┃ 원천징수 제외소득 ┃

1. 법인세가 부과되지 아니하거나 면제되는 소득
2. 신탁회사의 신탁재산에 귀속되는 소득(단, 신탁재산을 내국법인으로 보아 원천징수하는 채권 등의 이자와 할인액 제외) (삭제, 2009.2.4.)
3. 신고한 과세표준에 이미 산입된 미지급소득
4. 법령 또는 정관에 의하여 비영리법인이 회원 또는 조합원에게 대부한 융자금과 비영리법인이 당해 비영리법인의 연합회 또는 중앙회에 예탁한 예탁금에 대한 이자수입
5. 법률에 따라 설립된 기금을 관리·운용하는 법인으로서 기획재정부령으로 정하는 법인(기금운용법인)과 법률에 따라 공제사업을 영위하는 법인으로서 기획재정부령으로 정하는 법인 중 건강보험·연금관리 및 공제사업을 영위하는 비영리내국법인(기금운용법인의 경우에는 해당 기금사업에 한정)이 「국채법」 또는 「공사채등록법」에 따라 등록한 다음의 국공채 등을 발행일부터 이자지급일 또는 상환일까지 계속하여 등록·보유함으로써 발생한 이자 및 할인액
   가. 국가 또는 지방자치단체가 발행한 채권 또는 증권
   나. 「한국은행 통화안정증권법」에 의하여 한국은행이 발행한 통화안정증권
   다. 규칙 제57조에 의한 다음의 채권 또는 증권
   - 한국산업은행이 발행하는 산업금융채권
   - 중소기업은행이 발행하는 중소기업금융채권
   - 한국수출입은행이 발행하는 수출입금융채권
   - 국민은행이 발행하는 국민은행채권(1998년 12월 31일 은행법에 의한 국민은행과 장기신용은행법에 의한 장기신용은행이 합병되기 전의 장기신용은행이 발행한 장기신용채권의 상환을 위하여 발행하는 채권에 한한다)
   - 주택저당채권유동화회사가 발행하는 주택저당증권 및 주택저당채권담보부채권
   - 한국주택금융공사가 발행하는 주택저당채권담보부채권·주택저당증권·학자금대출증권 및 사채
6. 아래 조합의 조합원인 법인(금융보험업을 영위하는 법인을 제외한다)이 해당 조합의 규약에 따라 조합원 공동으로 예탁한 자금에 대한 이자수입
   가. 상장유가증권에의 투자를 통한 증권시장의 안정을 목적으로 설립된 조합으로서 기획재정부령으로 정하는 조합
   나. 채권시장의 안정을 목적으로 설립된 조합으로서 기획재정부령이 정하는 조합
7. 한국토지주택공사가 「주택법」 제61조 제2항의 규정에 의하여 국민주택기금에 예탁한

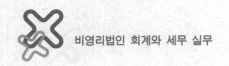
자금(국민연금법에 의한 국민연금 및 우체국예금·보험에 관한 법률에 의한 우체국예금
으로부터 사채발행을 통하여 조성한 자금을 예탁한 것으로서 이자소득 지급당시 국민연
금 및 우체국예금이 그 사채를 계속 보유하고 있는 경우에 한한다)에 대한 이자수입

① 기금을 관리·운용하는 법인(법인세법 시행규칙 제56조의 2 제1항)

구 분	법 인
1	「공무원연금법」에 따른 공무원연금관리공단
2	「사립학교교직원 연금법」에 따른 사립학교교직원연금관리공단
3	「국민체육진흥법」에 따른 서울올림픽기념국민체육진흥공단
4	「신용보증기금법」에 따른 신용보증기금
5	「기술보증기금법」에 따른 기술보증기금
6	「무역보험법」에 따른 한국무역보험공사
7	「중소기업협동조합법」에 따른 중소기업중앙회
8	「농림수산업자신용보증법」에 따른 농림수산업자신용보증기금을 관리·운용하는 농업협동조합중앙회
9	「한국주택금융공사법」에 따른 한국주택금융공사
10	「문화예술진흥법」에 따른 한국문화예술위원회

② 공제사업을 영위하는 법인(법인세법 시행규칙 제56조의 2 제2항)

구 분	법 인
1	「한국교직원공제회법」에 따른 한국교직원공제회
2	「군인공제회법」에 따른 군인공제회
3	「신용협동조합법」에 따른 신용협동조합중앙회(공제사업에 한한다)
4	「건설산업기본법」에 따라 설립된 건설공제조합 및 전문건설공제조합
5	「전기공사공제조합법」에 따른 전기공사공제조합
6	「정보통신공사업법」에 따른 정보통신공제조합
7	「대한지방행정공제회법」에 따른 대한지방행정공제회
8	「새마을금고법」에 따른 새마을금고중앙회(공제사업에 한한다)
9	「과학기술인공제회법」에 따른 과학기술인공제회
10	「소방산업의 진흥에 관한 법률」 제23조 제1항에 따른 소방산업공제조합
11	「건축사법」 제38조의 3 제1항에 따른 건축사공제조합

3 원천징수의 시기

원천징수의 시기는 원천징수대상소득을 지급하는 경우이며 다음 각 호의 날을 '지급하는 경우'로 본다(법인세법 기본통칙 73 - 0…2).

1. 이자소득금액을 어음으로 지급한 때에는 해당 어음이 결제된 날
2. 이자소득금액으로 지급할 금액을 채권과 상계하거나 면제받은 때에는 상계한 날 또는 면제받은 날
3. 이자소득금액을 대물변제한 날
4. 이자소득금액을 당사자간의 합의에 의하여 소비대차로 전환한 때에는 그 전환한 날
5. 이자소득금액을 법원의 전부명령에 의하여 그 소득의 귀속자가 아닌 제3자에게 지급하는 경우에는 그 제3자에게 지급하는 날
6. 예금주가 일정한 계약기간 동안 매월 정한 날에 임의의 금액을 예입하고 금융기관은 매월 발생되는 이자를 실제로 지급하지 아니하고, 해당 예금의 예입금액으로 자동대체하여 만기에 원금과 복리로 계산한 이자를 함께 지급하는 정기예금의 경우에, 그 예입금액에 대체한 이자소득금액에 대하여는 저축기간이 만료되는 날

4 원천징수 등 납부지연가산세

원천징수의무자가 원천징수하였거나 원천징수하여야 할 세액을 납부기한 내에 납부하지 아니하거나 미달하게 납부하는 경우에는 미납세액 또는 과소납부분 세액의 50%(②의 금액과 ①의 미납기간 중 법정납부기한의 다음 날부터 납세고지일까지의 기간에 해당하는 금액을 합한 금액은 10%)를 한도로 하여 다음 ①과 ②의 금액을 합한 금액을 원천징수 납부지연가산세로 납부하여야 한다. 다만, 원천징수의무자가 국가, 지방자치단체 또는 지방자치단체 조합인 경우에는 동 가산세를 적용하지 아니한다(국세기본법 제47조의 5).

① 미납세액 또는 과소납부세액 × 미납기간* × 22/100,000**
② 미납세액 또는 과소납부세액 × 3%

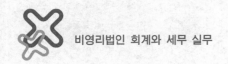

* 미납기간은 법정납부기한의 다음 날부터 납부일까지의 기간(납부고지일부터 납부고지서에 따른 납부기한까지의 기간은 제외)을 말함.
** 2022.2.15. 시행령 전에 납부기한이 지났거나 환급받은 경우로서 이 영 시행 이후 납부 또는 부과하는 경우 그 납부기한 또는 환급받은 날의 다음 날부터 이 영 시행일 전일까지의 기간에 대한 이자율은 제27조의 4의 개정규정에도 종전의 규정(25/100,000)에 따름.

원천징수납부지연가산세는 「국세징수법」 제13조에 따라 지정납부기한과 독촉장에서 정하는 기한을 연장한 경우에는 그 연장기간은 제외하고 5년의 기간까지만 적용되고, 위 ①의 가산세는 체납된 국세의 납부고지서별 · 세목별 세액이 150만원 이상인 경우에만 적용된다(국세기본법 제47조의 5 제4항, 제5항).

2019년 12월 31일 법 개정시 가산금 제도가 폐지되는 2020년 이후에도 원천징수의무자가 징수하여 납부하여야 할 세액을 납부할 때까지 납부불이행에 대한 제재가 이루어질 수 있도록 원천징수납부 등 불성실가산세의 산정방법 및 한도를 조정하는 한편, 체납된 국세의 납세고지서별 · 세목별 세액이 100만원 미만인 경우에는 미납기간에 대한 가산세(국세기본법 제47조의 5 제1항 제2호)를 적용배제 하였다. 동 개정규정은 2020년 1월 1일부터 시행하되, 2019년 12월 31일 이전에 납세의무가 성립된 분에 대해서는 개정규정에도 불구하고 종전의 규정에 따르며, 2019년 12월 31일 이전에 종전의 「국세기본법」 제38조부터 제41조까지의 규정에 따른 주된 납세자의 납세의무가 성립한 경우의 제2차 납세의무자에 대해서도 또한 같다.

 | 중요 예규 및 판례 |

재법인 - 822, 2011.8.24.
「조세특례제한법」 제100조의 14에 따른 동업기업에 해당하는 사모투자전문회사에 이자소득을 지급하는 자는 그 지급하는 때에 「법인세법」 제73조에 따라 원천징수를 하는 것이며, 이 경우 해당 이자소득 중 같은 조 및 같은 법 시행령 제111조에 따라 원천징수가 면제되는 국민연금기금에 배분되는 소득은 원천징수대상에서 제외되는 것임.

법규소득 2010 - 248, 2010.9.2.
시설공단이 광역시로부터 위탁사업과 관련하여 지급받은 위탁사업비를 별도의 위탁사업비 예금계좌에 예치하고 해당 예금계좌에서 발생하여 광역시에 귀속되는 이자소득은 원천징수대상소득에 해당하지 아니하는 것임.

법규소득 2009 - 20. 2009.2.11.

「법인세법 시행령」 제111조 제2항 각 호에 열거된 금융보험업 법인에 해당하지 않는 ○○ 공제회가 공제기금의 재원 마련을 위하여 PF(Project Financing)투자활동에 참여하여 자금 대여사업을 하고 얻은 이익은 금융업의 사업수입금액에 해당하여 원천징수대상 이자소득 금액에 해당함.

서면2팀 - 125. 2005.1.18.

질의

「국세기본법」 제13조 제1항 제1호의 규정에 의하여 법인으로 보는 단체인 교회로서 관할세무서에 고유번호신청을 하였는바, '×××－89－×××××'를 부여받았음. 이에 '89'코드로 은행예금에 대한 이자가 발생하여 원천징수당하였고, 법인세 신고과정에서 '89'가 개인으로 보는 임의단체임이 발견되어 이를 관할세무서에 당연 법인인데 잘못 교부하였으므로 정정교부를 요구하였는 바

• 담당자가 정정교부는 안 되고, 신규신청으로 하여 다시 교부를 요청하면 법인으로 보는 단체로서 '82'코드로 재교부를 해주겠다고 하여 그리하였는 바

• 기왕에 '89'코드로 잘못 부여되어 원천징수된 세액에 대하여 당연법인으로 보는 단체인 교회에서 기납부세액으로 할 수 없는 것인지에 대하여 질의함.

회신

「국세기본법」 제13조 제1항 제1호의 당연법인으로 보는 단체인 비영리내국법인이 관할세무서의 고유번호 부여 착오로 거주자로 보는 임의단체인 고유번호로 부여받아 원천징수된 세액의 경우에도 당해 부여받은 고유번호가 거주자로 착오 교부되었음이 확인되는 경우에는 비영리내국법인의 법인세신고시 이를 원천징수된 세액으로 보아 법인으로 보는 단체의 기납부세액으로 공제할 수 있는 것이나, 귀 질의의 교회가 법인으로 보는 단체인지 여부는 사실판단하는 것임.

서이 46013 - 11094. 2003.6.3.

중소기업진흥공단이 산업자원부로부터 농공단지진흥자금의 관리·운용을 위탁받아 금융기관에 예치함으로써 발생되는 이자소득이 국가에 귀속되는 경우, 동 이자소득에 대하여는 「법인세법」 제2조 제3항 및 동법 시행령 제111조 제1항 제1호의 규정에 따라 원천징수하지 않는 것이며, 중소기업진흥공단이 국가로부터 위탁받아 운용하는 것이 아니고 신용보증기금 등으로부터 대출받아 운용하는 신용보증재원자금을 금융기관에 예치함으로써 발생하는 이자는 「법인세법」 제73조에 따라 원천징수해야 하는 것임.

서이 46013 - 11065, 2003.5.28.

[질의]

우리공단에서 관리·운영하는 공무원연금기금을 금융기관과의 금융거래시 법인명의 이자소득(채권이자 제외)이 발생할 때 「법인세법 시행령」 제111조 제2항에 의한 원천징수 면제대상 여부에 대하여 질의함.

〔갑설〕 공무원연금기금 관리를 위하여 설립된 공무원연금관리공단에서 관리·운영하는 공무원연금기금은 「기금관리기본법」의 적용을 받고 있는 바, '법인으로 보는 단체'의 고유번호를 부여받지 않더라도 법인 명의로 금융거래된 모든 이자소득(채권이자 제외)은 원천징수 면제가 됨.

〔을설〕 공무원연금기금이 「기금관리기본법」의 적용을 받고 있는 기금이라도 모든 이자소득(채권이자 제외)에 대한 원천징수 면제는 '법인으로 보는 단체'의 고유번호를 부여받은 경우에 한함.

[회신]

「공무원연금법」 제74조에 따라 공무원연금관리공단이 관리·운용하는 공무원연금기금이 「국세기본법」 제13조 '관할세무서장의 승인에 의하여 법인으로 보는 단체'에 해당하는 경우, 동 기금에서 발생하는 이자소득(채권 등 이자소득 제외)에 대하여 원천징수를 면제받기 위해서는 관할세무서장으로부터 기금명의의 고유번호를 부여받아야 함.

한편, 법률에 따라 기금의 관리운용 주체가 당해 기금의 관리·운용만을 목적으로 설립되고, 실제로 당해 기금의 관리·운용사업만을 하는 경우에는 동 기금과 관리운용주체가 동일하다고 볼 수 있으므로 기왕에 관리운영주체에 부여된 사업자등록번호 또는 고유번호를 기금에게 부여된 고유번호로 보는 것임.

서이 46013 - 10955, 2003.5.13.

[질의]

「사내근로복지기금법」에 의하여 설립된 사내근로복지기금이 「법인세법 시행령」 제111조 제2항 제12호의 「기금관리기본법」의 적용을 받는 기금(법인 또는 국세기본법 제13조의 규정에 의하여 법인으로 보는 단체에 한한다)에 해당되어 이자소득(채권 등의 이자 제외)에 대하여 원천징수가 면제되는지에 대하여 질의함.

[회신]

「사내근로복지기금법」에 따라 사업주가 출연하여 설치하는 사내근로복지기금은 「기금관리기본법」의 적용을 받지 않는 기금으로 「법인세법 시행령」 제111조 제2항 단서 조항이 적용되지 않는 것임.

서이 46013 - 10958, 2003.5.13.

1. 「사내근로복지기금법」에 따라 사업주가 출연하여 설치하는 사내근로복지기금은 「기금관리기본법」의 적용을 받지 않는 기금으로 「법인세법 시행령」 제111조 제2항 단서 조항이 적용되지 않는 것이며,

2. 「중소기업진흥 및 제품구매촉진에 관한 법률」 제45조에 따라 중소기업진흥공단이 운용·관리하는 중소기업진흥 및 산업기반기금이 「국세기본법」 제13조에 따라 관할세무서장의 승인에 의하여 '법인으로 보는 단체'에 해당하는 경우, 동 기금에 대한 이자소득(채권 등 이자소득 제외)에 대하여 원천징수를 면제받기 위해서는 관할세무서장으로부터 기금명의의 고유번호를 부여받아야 하는 것임.

서이 46013 - 10673, 2003.4.1.

사립학교교직원연금기금이 「국세기본법」 제13조에 따라 관할세무서장의 승인에 의하여 '법인으로 보는 단체'에 해당하는 경우

1. 동 기금에 대한 이자소득(채권 등 이자소득 제외)에 대하여 원천징수를 면제받기 위해서는 관할세무서장으로부터 별도의 고유번호, 즉 기금명의의 고유번호를 부여 받아야 하나,

2. 동 기금과 관리운영주체인 사립학교교직원연금관리공단이 동일한 경우(사립학교교직원연금관리공단이 동 기금의 관리운영만을 하기 위하여 설립된 경우를 말한다)에는 기왕에 관리운영주체에 부여된 사업자등록번호 또는 고유번호를 기금에게 부여된 고유번호로 보는 것임.

서이 46013 - 10505, 2003.3.13.

전력산업기반기금은 「전기사업법」 제48조에 따라 정부가 설치하고 당해 기금의 운용·관리 주체는 「전기사업법」 제52조에 따라 산업자원부장관이므로(전기사업법에 따라 한국전력공사 전력연구원장에게 업무의 일부를 위탁한 경우 포함한다) 당해 기금의 운용소득은 국가에 귀속되는 것으로 보아야 할 것임.

따라서, 동 기금은 국가에 대하여 법인세를 부과하지 않도록 한 「법인세법」 제2조 제3항의 규정에 따라 법인세가 과세되지 아니하므로 원천징수대상이 되지 아니하는 것임.

서이 46013 - 11851, 2002.10.9.

서울특별시립직업전문학교설치 및 운영에 관한 조례에 의하여 재단법인 한국□□개발원이 수탁·운영하는 서울특별시립○○직업전문학교가 서울특별시로부터 받은 운영비 등을 은행에 예치하여 발생하는 이자소득이 서울특별시 세입에 귀속되는 경우에는 당해 이자소득에 대하여 「법인세법」 제2조 제3항의 규정에 따라 법인세를 부과하지 아니하는 것이며, 동법 시행령 제111조 제1항 제1호의 규정에 의하여 원천징수대상 이자소득에

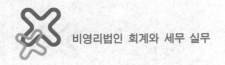
포함하지 아니하는 것임.

서이 46013 - 11694, 2002.9.11.

「법인세법 시행령」 제17조 제1항 제5호에 규정하는 공제사업을 영위하는 비영리내국법인이 「국채법」의 규정에 의하여 등록한 국채를 발행일부터 이자지급일 또는 상환일까지 계속하여 등록·보유함으로써 발생한 이자 등은 「법인세법 시행령」 제111조 제1항 제5호의 규정에 의하여 원천징수 대상소득에 포함되지 아니하는 것이나, 당해 비영리내국법인이 「국채법」의 규정에 의하여 등록하지 아니한 국채를 보유함으로써 발생한 이자 등은 그러하지 아니하는 것임.

재법인 46012 - 146, 2002.9.9.

「지방공기업법」 제76조에 의하여 설립된 시설관리공단이 지방자치단체로부터 수령하는 대행사업비는 「법인세법」 제15조에 의하여 직접관리비와 간접관리비의 구분에 관계없이 모두 과세대상이 되는 것이며 지방자치단체의 대행사업비를 관리하면서 발생되는 이자가 지방자치단체에 귀속되는 경우에 동 이자는 예수금에 해당되어 과세가 되지 않는 것이나, 동 이자가 시설관리공단 명의의 예금에서 발생되면 원천징수 대상이 되는 것임.

법인 46013 - 1553, 1999.4.26.

법률의 규정에 의하여 국가로부터 관리를 위탁받아, 별도로 구분하여 경리하는 자금에 귀속되는 이자소득은 「법인세법 시행령」 제111조의 규정에 의하여 원천징수대상 소득에 포함되지 아니하는 것임.

법인 46013 - 227, 1999.1.19.

1. 「대전엑스포기념재단법」 폐지에 의해 대전엑스포기념재단(이하 '재단'이라 한다)이 해산하고, 해산과 동시에 재단의 재산이 대전광역시로 포괄승계되는 경우에 재단의 해산일 이전에 발생한 이자소득에 대하여는 재단을 소득자로 하여 원천징수하는 것이며, 해산일 후에 발생한 이자소득에 대하여는 대전광역시에 귀속하므로 원천징수를 하지 아니하는 것임.
2. 또한, 재단의 원천징수대상 당해 이자소득은 해산일이 속하는 사업연도 법인세 과세표준에 포함하여 신고하는 것임.

국심 96중3430, 1997.2.6.

거주자에 해당하던 종중이 신청에 의해 법인으로 전환된 경우 종전의 종중대표자 개인 명의로 원천징수된 이자소득세를 법인의 기납부세액으로 공제하여 환급함.

법인 46012 - 501, 1996.2.13.

법인으로 설립등기되기 전의 거주자로 보는 사내근로복지기금이 「소득세법」에 의하여 원천징수당한 소득세는 법인인 사내근로복지기금이 납부할 법인세액에서 기납부세액으로 공제 또는 환급받을 수 없는 것임.

법인 22601 - 529, 1992.3.5.

거주자로 보는 사내근로복지기금이 「소득세법」에 의하여 원천징수당한 소득세는 법인인 사내근로복지기금이 납부할 법인세에서 공제받을 수 없는 것임.

법인 22601 - 3058, 1985.10.14.

질 의

비영리내국법인의 수익사업에 속하지 아니하는 수입(법인세법 기본통칙 1 - 1 - 8 … 1 제2호 (아)에 해당하는 위약배상금)이 있는 경우 당해 법인이 원천징수의무자에게 그 사실을 통보하지 못하며 원천징수의무자가 법인세를 원천징수하였을 때 당해 원천징수세액의 환급에 관하여는 「법인세법 시행령」 제100조 제1항을 준용하여 각 사업연도의 산출세액에서 공제할 수 있는지에 대하여 질의함.

회 신

착오로 납부한 원천징수세액에 대하여는 별도의 환급절차에 따라 당해 원천징수의무자의 관할세무서장이 환급하여야 하는 것임.

제 10 절
계산서

1-1. 의 의

법인이 재화 또는 용역을 공급하는 때에는 거래상대방과의 거래내용을 알 수 있는 사항을 기재한 계산서 또는 영수증(이하 "계산서 등"이라 한다)을 공급받는 자에게 작성·발급하여야 한다. 이 경우 계산서는 전자적 방법으로 작성한 계산서(전자계산서)를 발급하여야 한다(법인세법 제121조).

계산서는 사업자가 재화 또는 용역의 공급시 거래금액이 표시된 증명서인 송장으로서 그 재화 또는 용역을 공급받는 자에게 발급하는 영수증 역할을 한다. 일반적으로 계산서는 「소득세법」 및 「법인세법」에서 규정하는 계산서를 말하는 것이며, 「부가가치세법」에서 규정하는 세금계산서를 발급한 경우에는 계산서를 발급한 것으로 보므로 세금계산서는 계산서의 범위에 포함된다고 볼 수 있다.

이러한 계산서 제도는 거래사실을 확인하는 과세자료로 활용하여 거래의 정상화 및 과세표준 양성화를 기하고 그에 따른 탈세의 원천적 예방으로 성실납세풍토 조성 및 근거과세 구현을 위한 제도이다. 다만, 계산서 발급이 사실상 어려운 업종에 대하여는 발급을 면제하거나 영수증을 발급할 수 있도록 하고 있다.

비영리법인의 계산서 작성·발급과 관련하여서는 「소득세법 시행령」 제211조 내지 제212조의 2의 규정을 준용한다(법인세법 시행령 제164조 제1항). 또한, 계산서의 작성·발급 및 매출·매입처별 계산서합계표의 제출에 관하여 특별한 규정이 있는 경우를 제외하고는 「부가가치세법」 제32조 및 제54조와 동법 시행령 제67조 내지 제72조, 제97조, 제98조 및 제99조의 규정을 준용한다. 따라서, 「부가가치세법」상 세금계산서의 발급시기 및 발급특례, 세금계산서의 작성, 거래형태별 세금계산서 발급방법, 수정세금계산서, 세금계산서의 발급불이행 등에 대한 제재 등과 관련한 규정을 이해하여야 한다.

1-2. 계산서 교부 대상거래

비영리법인은 수익사업과 관련하여 제공하는 재화 또는 용역 거래에 대하여 계산서를 교부해야 하는 반면 비수익사업소득에 해당하는 기부금, 보조금, 회비 등은 계산서를 교부하지 아니한다.

계산서 교부대상이 되는 거래의 범위에 대하여는 '제1절 수익사업의 범위' 중 '1 - 3 - 2. 수익사업의 범위'를 참고하도록 한다.

 | 중요 예규 및 판례 |

사전 - 2023 - 법규법인 - 0346, 2024.5.27.
법인이 비영리내국법인인 'A대학'과 해당 대학이 개최하는 축제 관련 스폰서십 계약을 체결하고 광고 및 홍보대가로 A대학에 지급한 금액은 A대학의 수익사업에서 생기는 소득에 해당하는 것이므로, 해당 법인은 「법인세법」 제116조 제2항 및 같은 법 시행령 제158조 제1항 제1호 가목 괄호에 따라 같은 법 제116조 제2항 각 호의 어느 하나에 해당하는 증명서류를 받아 보관하여야 하는 것임.

서면 - 2020 - 법령해석법인 - 2534, 2021.6.1.
비영리법인이 국가 및 지방자치단체와 사업 위·수탁 계약을 체결하여 국가 및 지방자치단체로부터 위탁수수료를 포함한 사업비를 지급받아 국가 및 지방자치단체의 책임과 계산으로 사업 위·수탁 계약에 따른 업무를 수행하고, 비영리법인이 해당 사업을 수행함에 따라 발생하는 유·무형의 성과물 및 시설물은 국가 및 지방자치단체에 귀속되며, 사업시행 완료 후 비영리법인이 국가 및 지방자치단체에 사업비를 정산하여 사업비 잔액(발생이자 포함)을 전액 반납하는 경우 비영리법인이 국가 및 지방자치단체로부터 지급받는 사업비 중 위탁수수료를 제외한 금액에 대해서는 국가 및 지방자치단체에 계산서를 발급하여야 할 의무가 없는 것임.

법인 - 850, 2010.9.7.
질의
• 지식경제부가 연구용역 발주하고 대학교과 기업이 컨소시엄을 구성하여 대학교를 주관기관, 기업을 참여기관으로 하여 연구과제를 수행하고 있음.
• 연구과제의 결과물 소유권은 주관기관, 참여기관, 주관기관·참여기관 공동소유로 나

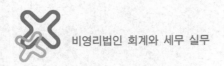
누어 가짐.

상기와 같이 기업이 대학교와 컨소시엄을 구성하여 국가출연금으로 국책연구과제를 수행하는 경우 계산서를 교부하여야 하는지 여부

회신

기업의 연구기관 등이 국가연구개발사업에 참여하여 정부로부터 출연금을 직접 수령하지 않고 해당 연구의 주관연구기관으로부터 수령하는 경우 출연금이 재화 또는 용역 제공에 대한 대가에 해당되지 않는 경우에는 계산서를 교부하지 아니함.

국책연구과제 수행이 계산서 교부대상인지 기존 회신사례(법인-1152, 2009.10.16.)를 참고하기 바람.

〔참고 : 법인-1152, 2009.10.16.〕

기업의 연구기관 등이 국가연구개발 사업에 참여하여 정부로부터 출연금 또는 국고보조금을 직접 수령하지 않고 해당 연구의 주관연구기관으로부터 수령하는 경우 해당 출연금 또는 국고보조금이 연구관련 재화 또는 용역 제공에 대한 대가에 해당되지 않는 경우에는 계산서를 교부하지 아니하는 것이며, 이 경우 출연금 또는 국고보조금이 재화 또는 용역 제공의 대가인지 여부는 협약 내용에 따라 연구개발 결과물의 소유권을 출연금 또는 국고보조금의 제공자가 취득하는지 여부 등을 고려하여 사실판단할 사항임.

법인-38, 2010.1.12.

질의

〔사실관계 및 질의요지〕

• 정부출연기관인 ○○○이 환경부와 대행역무계약을 체결하여 해외 환경프로젝트 타당성조사 지원사업을 진행 중임.

• ○○○과 기업은 지원금액과 기간이 명시된 협약을 체결하며, 기업은 중간보고서와 최종보고서 제출의무가 있음.

• 사업종료시 정산을 실시하며, 최종보고서는 ○○○에서 특정용도로 활용하지 않음.

• ○○○이 국가로부터 지원사업비 수령시 계산서를 수취하여야 하는지.

회신

○○○이 국가와 역무계약에 의하여 사업비를 지원받아 기업에 해외 환경프로젝트 타당성조사 사업비를 지출하는 경우 계산서 교부 여부에 대하여는 기 회신사례(서면2팀-1976, 2005.12.5. ; 법인-1152, 2009.10.16.)를 참고하여 처리하기 바람.

〔참고 : 서면2팀-1976, 2005.12.5.〕

비영리법인이 국가연구개발사업의 관리 등에 관한 규정에 의하여 정부 또는 국가기관과 연구 개발협약을 체결하고 연구개발에 소요되는 비용을 주관연구기관의 자격으로 국가로부터 출연금의 형태로 지급받아 이를 세부연구 기관에 용역제공 등에 대한 대가관계 없이 지급하는 경우 동 출연금에 대하여는 「법인세법」 제121조의 규정에 의한 계산서 작성·교부의무가 없는 것이므로, 귀 질의의 경우가 연구용역의 대가관계에 의하여 지급되는 것인지 위의 경우에 해당하는 것인지에 대하여는 사실판단하여야 하는 것임.

법인 - 787, 2009.7.14.
산학협력단이 받은 출연금이 연구개발사업의 소요경비를 용역제공에 대한 대가관계 없이 출연금 형태로 지급받는 경우 수익사업에 해당하지 아니하며 계산서 작성·교부의무가 없음.

서면2팀 - 1908, 2005.11.24.
비영리법인이 수익사업과 관련하여 재화 및 용역을 공급하는 경우 거래상대방에게 세금계산서 등 지출증빙서류를 교부하여야 하는 것임.

서면2팀 - 1438, 2005.9.8.
법인이 계산서를 작성·교부하는 경우는 「법인세법」 제121조의 규정에 의하여 부가가치세가 과세되지 않는 재화 또는 용역을 공급하는 경우이므로, 귀 질의의 경우와 같이 비영리법인이 기부금을 받은 경우에는 계산서 교부대상에 해당하지 않는 것으로, 「법인세법 시행령」 제36조 제4항에 의한 별지 제63호의 3 서식의 기부금 영수증을 발행하여야 하는 것임.

서면2팀 - 2547, 2004.12.7.
비영리내국법인이 고유목적사업과 관련하여 지방자치단체 등으로부터 용역제공 등에 대한 대가관계 없이 무상으로 지원받은 금액은 「법인세법」 제3조 제2항의 '수익사업에서 생긴 소득'에 해당하지 아니하는 것이며, 이 경우 동 지원금에 대하여는 「법인세법」 제121조의 규정에 의한 계산서 작성·교부의무가 없는 것임.

서일 46011 - 10049, 2001.8.30.
비영리내국법이 고유목적사업에 사용하기 위하여 당해 법인의 회원으로부터 재화 또는 용역의 공급대가에 해당되지 아니하는 후원회비를 수령하는 경우에는 「법인세법」 제121조에 규정하는 계산서의 작성 및 교부의무가 없는 것임.

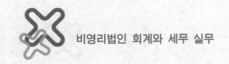

1-3. 계산서의 교부방법(소득세법 시행령 제211조)

(1) 비영리법인이 재화 또는 용역을 공급하는 때에는 다음의 사항이 기재된 계산서 2매를 작성하여 그 중 1매를 공급받는 자에게 교부하여야 한다.

① 공급하는 사업자의 등록번호와 성명 또는 명칭
② 공급받는 자의 등록번호와 성명 또는 명칭. 다만, 공급받는 자가 사업자가 아니거나 등록한 사업자가 아닌 경우에는 고유번호 또는 공급받는 자의 주민등록번호로 한다.
③ 공급가액
④ 작성연월일
⑤ 기타 참고사항

(2) 다음 중 하나에 해당하는 사업을 영위하는 자가 재화 또는 용역을 공급하는 때에는 영수증을 교부할 수 있다. 다만, 재화 또는 용역을 공급받은 사업자가 사업자등록증을 제시하고 제1항의 규정에 의한 계산서의 교부를 요구하는 때에는 계산서를 교부하여야 한다.

① 「부가가치세법」 제36조 제1항 제1호 「부가가치세법 시행령」 제73조 제1항 및 제2항의 규정을 적용받는 사업
② 「부가가치세법」 제36조 제1항 제1호 「부가가치세법 시행령」 제73조 제1항 및 제2항에 규정된 사업으로서 부가가치세가 면제되는 사업
③ 주로 사업자가 아닌 소비자에게 재화 또는 용역을 공급하는 사업으로서 기획재정부령이 정하는 사업
④ 토지 및 건축물을 공급하는 경우

| 부가가치세법 시행령 제73조 【영수증 등】 |

① 법 제36조 제1항 제1호에서 "대통령령으로 정하는 사업자"란 다음 각 호의 사업을 하는 사업자를 말한다.
　1. 소매업
　2. 음식점업(다과점업을 포함한다)
　3. 숙박업
　4. 미용, 욕탕 및 유사 서비스업

5. 여객운송업
6. 입장권을 발행하여 경영하는 사업
7. 제109조 제2항 제7호[15]에 따른 사업 및 행정사업(법 제3조 및 「소득세법」 제160조의 2 제2항[16]에 따른 사업자에게 공급하는 것은 제외한다)
8. 「우정사업 운영에 관한 특례법」에 따른 우정사업조직이 「우편법」 제15조 제1항에 따른 선택적 우편업무 중 소포우편물을 방문접수하여 배달하는 용역을 공급하는 사업
9. 제35조 제1호 단서의 용역을 공급하는 사업
10. 제35조 제5호 단서에 해당하지 아니하는 것으로서 수의사가 제공하는 동물의 진료용역
11. 제36조 제2항 제1호 및 제2호의 용역을 공급하는 사업
12. 제71조 제1항 제7호에 따라 공인인증서를 발급하는 사업
13. 법 제53조의 2 제1항 및 제2항에 따라 간편사업자등록을 한 사업자가 국내에 전자적 용역을 공급하는 사업
14. 주로 사업자가 아닌 소비자에게 재화 또는 용역을 공급하는 사업으로서 기획재정부 령[17]으로 정하는 사업

---

15) 「부가가치세법 시행령」 제109조【간이과세의 적용 범위】
16) 「소득세법」 제160조의 2【경비 등의 지출증명 수취 및 보관】
　② 제1항의 경우 사업소득이 있는 자가 사업과 관련하여 사업자(법인을 포함한다)로부터 재화 또는 용역을 공급받고 그 대가를 지출하는 경우에는 다음 각 호의 어느 하나에 해당하는 증 명서류를 받아야 한다. 다만, 대통령령으로 정하는 경우에는 그러하지 아니다.
　　1. 제163조 및 「법인세법」 제121조에 따른 계산서
　　2. 「부가가치세법」 제32조에 따른 세금계산서
　　3. 「여신전문금융업법」에 따른 신용카드매출전표(신용카드와 유사한 것으로서 대통령령으 로 정하는 것을 사용하여 거래하는 경우 그 증명서류를 포함한다)
　　4. 제162조의 3 제1항에 따라 현금영수증가맹점으로 가입한 사업자가 재화나 용역을 공급하 고 그 대금을 현금으로 받은 경우 그 재화나 용역을 공급받는 자에게 현금영수증 발급장 치에 의하여 발급하는 것으로서 거래일시·금액 등 결제내역이 기재된 영수증(이하 "현 금영수증"이라 한다)
17) 「부가가치세법 시행규칙」 제53조【영수증을 발급하는 소비자 대상 사업의 범위】
　영 제73조 제1항 제13호에서 "기획재정부령으로 정하는 사업"이란 다음 각 호의 사업을 말한다.
　1. 도정업과 떡류 제조업 중 떡방앗간
　2. 양복점업, 양장점업 및 양화점업
　3. 주거용 건물공급업(주거용 건물을 자영건설하는 경우를 포함한다)
　4. 운수업과 주차장 운영업
　5. 부동산중개업
　6. 예술, 스포츠 및 여가 관련 서비스업, 수리 및 기타 개인서비스업
　7. 가구내 고용활동
　8. 도로 및 관련시설 운영업
　9. 자동차 제조업 및 자동차 판매업

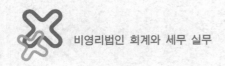
② 법 제36조 제2항에서 "「전기사업법」 제2조 제2호에 따른 전기사업자가 산업용이 아닌 전력을 공급하는 경우 등 대통령령으로 정하는 경우"란 다음 각 호의 어느 하나에 해당하는 경우를 말한다.

　1. 제10조에 따른 임시사업장을 개설한 사업자가 그 임시사업장에서 사업자가 아닌 소비자에게 재화 또는 용역을 공급하는 경우

　2. 「전기사업법」에 따른 전기사업자가 산업용이 아닌 전력을 공급하는 경우

　3. 「전기통신사업법」에 따른 전기통신사업자가 전기통신역무를 제공하는 경우. 다만, 부가통신사업자가 통신판매업자에게 「전기통신사업법」 제5조 제3항에 따른 부가통신역무를 제공하는 경우는 제외한다.

　4. 「도시가스사업법」에 따른 도시가스사업자가 산업용이 아닌 도시가스를 공급하는 경우

　5. 「집단에너지사업법」에 따라 집단에너지를 공급하는 사업자가 산업용이 아닌 열 또는 산업용이 아닌 전기를 공급하는 경우

　6. 「방송법」 제2조 제3호에 따른 방송사업자가 사업자가 아닌 자에게 방송용역을 제공하는 경우

　7. 「인터넷 멀티미디어 방송사업법」 제2조 제5호 가목에 따른 인터넷 멀티미디어 방송 제공사업자가 사업자가 아닌 자에게 방송용역을 제공하는 경우

---

(3) 「부가가치세법」 제61조의 규정을 적용받는 사업자(간이과세자)가 부가가치세가 과세되는 재화 또는 용역을 공급하는 때에는 제1항 및 제2항 단서의 규정에 불구하고 계산서를 교부할 수 없으며, 영수증을 교부하여야 한다.

(4) 계산서 등 발급의무 면제

다음의 재화 또는 용역의 공급에 대하여는 계산서 또는 영수증을 발급하지 아니할 수 있다.

① 노점상인·행상인 또는 무인판매기 등을 이용하여 사업을 하는 자가 공급하는 재화 또는 용역

② 시내버스에 의한 여객운송용역

③ 국내사업장이 없는 비거주자 또는 외국법인과 거래되는 재화 또는 용역

④ 「부가가치세법」 제36조 제1항 제1호 「부가가치세법 시행령」 제71조 및 제73조의 규정에 의하여 세금계산서 또는 영수증의 발급이 면제되는 재화 또는 용역

---

　10. 주거용 건물 수리·보수 및 개량업

　11. 그 밖에 제1호부터 제10호까지와 유사한 사업으로서 세금계산서를 발급할 수 없거나 발급하는 것이 현저히 곤란한 사업

영 제71조 제1항 제1호에서 "기획재정부령으로 정하는 사업자"란 다음 각 호의 사업자를 말한다.

1. 무인자동판매기를 이용하여 재화나 용역을 공급하는 자
2. 전력이나 도시가스를 실제로 소비하는 자(사업자가 아닌 자로 한정한다)를 위하여 「전기사업법」에 따른 전기사업자 또는 「도시가스사업법」에 따른 도시가스사업자로부터 전력이나 도시가스를 공급받는 명의자
3. 도로 및 관련시설 운영용역을 공급하는 자. 다만, 공급받는 자로부터 세금계산서 발급을 요구받은 경우는 제외한다.

(5) 계산서 교부 간주

비영리법인이 용역을 공급받는 자로부터 원천징수영수증을 발급받는 것에 대하여는 계산서를 교부한 것으로 본다. 그리고 비영리법인은 계산서에 관한 기재사항과 기타 필요하다고 인정되는 사항 및 국세청장에게 신고한 계산서임을 기재한 계산서를 국세청장에게 신고한 후 교부할 수 있다. 이 경우 그 계산서는 정상적으로 계산서를 교부한 것으로 보고 있다. 또한, 비영리법인이 다음에서 정한 방법에 따라 계산서를 전송하고 그 자료를 보관하는 경우에도 계산서를 교부한 것으로 본다(소득세법 시행령 제211조 제5항, 제6항 및 제211조의 2 제1항).

① 「조세특례제한법」 제5조의 2 제1호에 따른 전사적(全社的) 기업자원 관리설비로서 「전자문서 및 전자거래 기본법」 제18조, 제23조 및 제24조에 따른 표준인증을 받은 설비를 이용하는 방법

② 「전자문서 및 전자거래 기본법」 제18조, 제23조 및 제24조에 따른 표준인증을 받은 실거래 사업자를 대신하여 전자세금계산서 발급업무를 대행하는 사업자의 전자세금계산서 발급 시스템을 이용하는 방법

③ 국세청장이 구축한 전자세금계산서 발급 시스템을 이용하는 방법

④ 전자세금계산서 발급이 가능한 현금영수증 발급장치 및 그 밖에 국세청장이 지정하는 전자세금계산서 발급 시스템을 이용하는 방법

「부가가치세법」에서는 재화와 용역을 공급하는 사업자가 세금계산서 및 영수증을 발급하도록 규정하고 있는바, 이러한 것들을 작성·발급 및 매출·매입처별세금계산서합계표를 제출하면 법에 의한 계산서를 작성·발급 및 제출한 것으로 보는 것이다.

현행 법체계상 「소득세법」 및 「법인세법」상의 계산서는 「부가가치세법」의 세금계산서 규정을 원용하고 있으며 부가가치세가 과세되는 거래에 대하여는 세금계산서를, 그렇지

않은 거래에 대하여는 계산서를 규정하고 있는바, 작성양식에 있어서도 부가가치세를 기재하는 난 이외에는 기본요건에 있어서 큰 차이는 없다. 이 밖에도 양자 모두가 거래의 객관적 증빙과 거래에 관련된 자들의 소득 및 수입원을 파악한다는 기본목적하에 규정되고 있으므로 어떤 형식 및 근거법이든 한 가지만 작성·발급 및 제출되면 소기의 과세목적을 달성하게 되는 것이다.

결론적으로 사업자가 「부가가치세법」의 규정에 의하여 세금계산서 또는 영수증을 작성·발급 또는 매출·매입처별세금계산서합계표를 제출한 경우에는 「소득세법」상의 계산서 등을 작성·발급 또는 매출·매입처별계산서합계표를 제출한 것으로 보며, 따라서 계산서 등의 작성·발급 및 제출에 관해서는 그 성질에 반하지 않는 한 세금계산서에 관한 「부가가치세법」의 규정이 준용된다.

(6) 수입계산서

수입하는 재화에 대해서는 세관장이 계산서를 수입자인 비영리법인에게 발급하여야 한다. 이때 교부하는 계산서는 위의 계산서 교부방법을 준용하여 관세청장이 정하여 고시하는 바에 의하도록 하고 있다.

1-4. 계산서 등의 작성방법

(1) 계산서

계산서의 작성·발급에 관하여는 「소득세법 시행령」 제211조 내지 제212조의 2의 규정을 준용한다. 공급받는 자가 사업자가 아닌 경우에는 사업자등록번호 대신 부여받은 고유번호 또는 공급받는 자의 주소·성명 및 주민등록번호를 기재한다. 수정사항에 따른 수정계산서 작성의 경우 수정계산서의 작성일자는 「부가가치세법 시행령」 제70조를 준용하여 기재한다(법인세법 기본통칙 121－164…3).

│ 부가가치세법 시행령 제70조 【수정세금계산서 발급사유 및 발급절차】│

① 법 제32조 제7항에 따른 수정세금계산서 또는 수정전자세금계산서는 다음 각 호의 구분에 따른 사유 및 절차에 따라 발급할 수 있다.

  1. 처음 공급한 재화가 환입(還入)된 경우: 재화가 환입된 날을 작성일로 적고 비고란에 처음 세금계산서 작성일을 덧붙여 적은 후 붉은색 글씨로 쓰거나 음(陰)의 표시를 하여 발급

2. 계약의 해제로 재화 또는 용역이 공급되지 아니한 경우: 계약이 해제된 때에 그 작성일은 계약해제일로 적고 비고란에 처음 세금계산서 작성일을 덧붙여 적은 후 붉은색 글씨로 쓰거나 음(陰)의 표시를 하여 발급

3. 계약의 해지 등에 따라 공급가액에 추가되거나 차감되는 금액이 발생한 경우: 증감 사유가 발생한 날을 작성일로 적고 추가되는 금액은 검은색 글씨로 쓰고, 차감되는 금액은 붉은색 글씨로 쓰거나 음(陰)의 표시를 하여 발급

4. 재화 또는 용역을 공급한 후 공급시기가 속하는 과세기간 종료 후 25일(과세기간 종료 후 25일이 되는 날이 「국세기본법」 제5조 제1항 각 호에 해당하는 날에는 바로 다음 영업일을 말한다) 이내에 내국신용장이 개설되었거나 구매확인서가 발급된 경우: 내국신용장 등이 개설된 때에 그 작성일은 처음 세금계산서 작성일을 적고 비고란에 내국신용장 개설일 등을 덧붙여 적어 영세율 적용분은 검은색 글씨로 세금계산서를 작성하여 발급하고, 추가하여 처음에 발급한 세금계산서의 내용대로 세금계산서를 붉은색 글씨로 또는 음(陰)의 표시를 하여 작성하고 발급

5. 재화 또는 용역을 공급한 후 공급시기가 속하는 과세기간 종료 후 25일(과세기간 종료 후 25일이 되는 날이 공휴일 또는 토요일인 경우에는 바로 다음 영업일을 말한다) 이내에 내국신용장이 개설되었거나 구매확인서가 발급된 경우: 내국신용장 등이 개설된 때에 그 작성일은 처음 세금계산서 작성일을 적고 비고란에 내국신용장 개설일 등을 덧붙여 적어 영세율 적용분은 검은색 글씨로 세금계산서를 작성하여 발급하고, 추가하여 처음에 발급한 세금계산서의 내용대로 세금계산서를 붉은색 글씨로 또는 음(陰)의 표시를 하여 작성하고 발급

가. 세무조사의 통지를 받은 경우
나. 세무공무원이 과세자료의 수집 또는 민원 등을 처리하기 위하여 현지출장이나 확인 업무에 착수한 경우
다. 세무서장으로부터 과세자료 해명안내 통지를 받은 경우
라. 그 밖에 가목부터 다목까지의 규정에 따른 사항과 유사한 경우

6. 필요적 기재사항 등이 착오 외의 사유로 잘못 적힌 경우(제5호 각 목의 어느 하나에 해당하는 경우로서 과세표준 또는 세액을 경정할 것을 미리 알고 있는 경우는 제외한다): 재화나 용역의 공급일이 속하는 과세기간에 대한 확정신고기한 다음 날부터 1년 이내에 세금계산서를 작성하되 세금계산서를 작성하되, 처음에 발급한 세금계산서의 내용대로 세금계산서를 붉은색 글씨로 쓰거나 음(陰)의 표시를 하여 발급하고, 수정하여 발급하는 세금계산서는 검은색 글씨로 작성하여 발급

7. 착오로 전자세금계산서를 이중으로 발급한 경우: 처음에 발급한 세금계산서의 내용대로 음(陰)의 표시를 하여 발급

8. 면세 등 발급대상이 아닌 거래 등에 대하여 발급한 경우: 처음에 발급한 세금계산서의 내용대로 붉은색 글씨로 쓰거나 음(陰)의 표시를 하여 발급

9. 세율을 잘못 적용하여 발급한 경우(제5호 각 목의 어느 하나에 해당하는 경우로서 과세표준 또는 세액을 경정할 것을 미리 알고 있는 경우는 제외한다): 처음에 발급한 세금계산서의 내용대로 세금계산서를 붉은색 글씨로 쓰거나 음(陰)의 표시를 하여 발급하고, 수정하여 발급하는 세금계산서는 검은색 글씨로 작성하여 발급

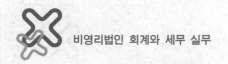

② 일반과세자에서 간이과세자로 과세유형이 전환된 후 과세유형전환 전에 공급한 재화 또는 용역에 제1항 제1호부터 제3호까지의 사유가 발생한 경우에는 제1항 제1호부터 제3호까지의 절차에도 불구하고 처음에 발급한 세금계산서 작성일을 수정세금계산서 또는 수정전자세금계산서의 작성일로 적고, 비고란에 사유 발생일을 덧붙여 적은 후 추가되는 금액은 검은색 글씨로 쓰고 차감되는 금액은 붉은색 글씨로 쓰거나 음(陰)의 표시를 하여 수정세금계산서나 수정전자세금계산서를 발급할 수 있다.

(2) 영수증

영수증은 재화를 구입하거나 용역을 제공받는 거래상대방과 부가가치세액을 따로 기재하지 않는 계산서를 말한다. 일반적으로 계산서는 사업자 간에 있어서 발급되는 것이며, 사업자가 최종소비자에게 재화나 용역을 공급하는 경우에는 영수증을 발급하도록 하고 있다.

이와 같이 계산서와는 별도로 영수증제도를 두고 있는 이유는 주로 최종소비자와 거래하는 사업자인 경우에는 거래상대방을 일일이 확인할 수 없고, 또한 그 실익이 없기 때문이다.

영수증의 형식에 대해서는 특별한 규정이 없는 바, 각 사업의 관행에 따라 작성·발급하는 영수증 또는 계산서로서 사업자등록번호, 상호, 성명, 공급가액 및 작성연월일 등이 기재되면 되며, 다음의 영수증·청구서 및 계산서 등은 법에서 규정하는 영수증에 갈음되는 것으로 본다(소득세법 기본통칙 163－211…1).

① 금전등록기영수증
② 신문통신대금 구독료영수증
③ 법령이나 조례·규칙 등에서 정한 영수증
④ 금융·보험업자가 발급한 영수증
⑤ 기타 위와 유사한 영수증

2 매출·매입처별계산서합계표의 제출

(1) 법인세법(법인세법 시행령 제164조 제4항, 제6항, 제7항)

법인은 재화와 용역의 거래와 관련하여 발급하였거나 발급받은 계산서의 매출·매입처별합계표(이하 '매출·매입처별 계산서합계표')를 매년 2월 10일(단, 외국법인의 경우에는 매년 2월 19일)까지 납세지 관할세무서장에게 제출하여야 하며, 이때는 법에 별도의 규정이 있는 경우를 제외하고 「소득세법 시행령」 제212조(매출·매입처별 계산서합계표의 제출)의 규정을 준용한다.

> **┃ 매출·매입처별 계산서합계표 제출기한의 연장 ┃**
>
> 2012년 2월 2일 시행령 개정시, 재화와 용역의 거래와 관련하여 발급하였거나 발급받은 계산서의 매출·매입처별 계산서합계표를 제출하여야 할 기한을 종전 '매년 1월 31일'에서 '매년 2월 10일'로 개정하였으며, 동 개정규정은 2012년 2월 2일 이후 최초로 매출·매입처별 계산서합계표를 제출하는 분부터 적용한다.

(2) 부가가치세법(부가가치세법 제54조)

「부가가치세법」에 의하여 과세사업자로 등록한 비영리법인은 세금계산서 또는 수입세금계산서를 발급하였거나 발급받은 경우에는 다음의 사항을 적은 매출처별 세금계산서합계표와 매입처별 세금계산서합계표를 해당 예정신고 또는 확정신고를 할 때 함께 제출하여야 한다.

① 공급하는 사업자 및 공급받는 사업자의 등록번호와 성명 또는 명칭
② 거래기간
③ 작성일자
④ 거래기간의 공급가액의 합계액 및 세액의 합계액
⑤ 거래처별 세금계산서 발행매수

또한, 세금계산서를 발급받은 국가, 지방자치단체, 지방자치단체조합, 그 밖에 대통령령으로 정하는 자는 부가가치세의 납세의무가 없는 경우에도 매입처별 세금계산서합계표를 해당 과세기간이 끝난 후 25일 이내에 사업장 관할 세무서장에게 제출하여야 한다. 대통령

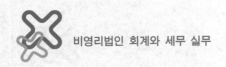
령으로 정하는 자는 다음과 같다.

① 부가가치세가 면제되는 사업자 중 소득세 또는 법인세의 납세의무가 있는 자(「조세특
　례제한법」에 의하여 소득세 또는 법인세가 면제되는 자를 포함한다)
② 「민법」 제32조의 규정에 의하여 설립된 법인 ☞ 학술, 종교, 자선, 기예, 사교 기타
　영리 아닌 사업을 목적으로 하는 사단 또는 재단
③ 특별법에 의하여 설립된 법인
④ 각급학교 기성회·후원회 또는 이와 유사한 단체
⑤ 「법인세법」 제94조의 2에 따른 외국법인연락사무소

| 중요 예규 및 판례 |

서면3팀 - 161, 2004.2.3.
비영리법인에게 재화를 공급하는 사업자는 세금계산서를 교부하여야 하는 것이며 이를
교부받은 당해 비영리법인은 매입처별 세금계산서합계표를 제출하여야 하는 것임.

서삼 46015 - 10839, 2002.5.21.
수익사업을 영위하지 않는 비영리사단법인이 물품구입 등의 매입세금계산서만 발생시,
매입세액공제대상 아니며 매입세금계산서합계표는 제출해야 함.

3　비영리법인의 계산서 관련 가산세의 적용

　「법인세법」상 계산서·계산서합계표·매입처별 세금계산서합계표불성실가산세는 다음
에 해당하는 법인을 제외한 모든 법인이 그 대상이므로, 「법인세법 시행령」 제3조 제1항(사
업소득)이 발생하는 비영리법인은 가산세 적용을 받는다(법인세법 시행령 제120조 제3항).

① 국가 및 지방자치단체
② 비영리법인(법인세법 시행령 제3조 제1항의 수익사업과 관련된 부분은 제외)

또한, 「국세기본법」에 명시된 가산세는 모든 국세의 의무를 위반한 자에게 부과되는 것이므로 소득세, 법인세, 부가가치세 등 국세를 적용하는 비영리법인도 그 대상이 된다.

❶ 가산세의 종류

세법명	가산세 종류	적용요건	가산세액
국세 기본법	무신고가산세	법정신고기한 내에 법인세과세표준 신고서를 제출하지 아니한 경우(무기장가산세가 적용되는 경우에는 그 중 큰 금액적용)	• 일반무신고가산세 Max[산출세액(토지 등 양도소득에 대한 법인세 포함 & 기납부세액차감)의 20%, 수입금액 × 0.07%][주1] • 부정무신고가산세 Max[산출세액(토지 등 양도소득에 대한 법인세 포함)의 40%, 수입금액 × 0.14%] 주1) 「부가가치세법」에 따른 사업자(간이과세자 포함)가 예정신고나 확정신고를 하지 아니한 경우로서 영세율과세표준이 있는 경우 : 납부세액의 20% + 영세율과세표준의 0.5%
	과소신고・초과환급신고가산세	법정신고기한 내에 신고한 과세표준이 신고하여야 할 법인세 과세표준에 미달한 경우(무기장가산세가 적용되는 경우에는 그 중 큰 금액 적용)	• 일반과소(초과환급)신고가산세 (과소신고한 납부세액 + 초과신고한 환급세액) × 10%[주2] • 부정과소신고가산세 Max[부정과소신고납부세액의 40%, 수입금액 × 0.14%] 주2) 「부가가치세법」에 따른 사업자(간이과세자 포함)가 예정신고나 확정신고시 영세율과세표준 신고를 아니하거나 과소신고한 경우 : 납부세액의 10% + 영세율과세표준의 0.5%
	납부지연가산세	법정납부기한까지 법인세를 납부하지 아니하거나 과소납부 또는 초과환급받은 경우(원천징수불성실가산세 부과시에는 제외)	• 납부불성실 (미납부 또는 과소납부세액 × 미납부기간 × 1일 0.022% 상당액) + (미납부 또는 과소납부세액 × 3%) • 환급불성실 초과환급세액 × 초과환급기간 × 1일 0.022% 상당액
	원천징수 등 납부지연가산세	원천징수세액을 납부기한 내 납부하지 아니하거나 과소납부하는 경우	다음 ①과 ②의 합계액[미납부세액 등의 50%(②의 금액과 ① 중 법정납부기한의 다음 날부터 납부고지일까지의 기간에 해당하는 금액을 합한 금액은 10%) 한도] ① 미납부 또는 과소납부세액 × 미납부기간 × 1일 0.022% 상당액

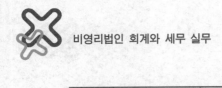
세법명	가산세 종류	적용요건	가산세액
			② 미납부세액 등의 3% 상당액
법인세법	장부의 기록·보관 불성실 가산세	법 제112조 규정에 의한 장부를 비치·기장하지 아니한 경우 (비영리법인의 경우 법인세법 제4조 제3항 제1호 및 제7호의 수익사업을 영위하는 경우만 해당)	Max(①, ②) ① 정부가 결정한 산출세액(토지 등 양도소득에 대한 법인세 제외) × 20/100 ② 수입금액 × 7/10,000
	증명서류 수취 불성실 가산세	법인이 사업과 관련하여 사업자로부터 재화나 용역을 공급받고 신용카드매출전표 등의 증명서류를 수취하지 아니하거나 사실과 다른 증명서류를 수취한 경우. 단, 지출증빙특례를 적용받는 경우는 제외	신용카드매출전표, 현금영수증, 계산서 또는 세금계산서를 수취하지 아니하거나 사실과 다르게 받은 금액으로 손금에 산입하는 것이 인정되는 금액 × 2%
	주식 등 변동상황명세서제출 불성실가산세	사업연도 중에 주식 등의 변동사항이 있을 때 법 제119조에 따라 주식 등 변동상황명세서 제출대상법인이 신고기한 내에 제출하지 아니하거나 변동상황을 누락하여 제출한 경우와 불분명하게 제출한 경우	미제출 또는 누락제출 및 불분명하게 제출한 주식 등의 액면금액 또는 출자가액 × 1%
	지급명세서제출 불성실가산세	지급명세서를 소득세법 제164조 제1항·제164조의 2 제1항에 따른 기한 내에 제출하지 아니한 경우와 제출된 지급명세서가 불분명한 경우	미제출한 지급명세서의 지급금액과 불분명한 지급금액 × 1%(단, 제출기한 경과 후 3개월 내에 제출하는 경우 0.5%)
	계산서 등 제출 불성실 가산세	① 매입처별 세금계산서합계표를 미제출하거나 필요적 기재사항의 미기재 또는 부실기재한 경우. 아래 ④에 해당되는 경우는 제외 ② 법 제121조에 따라 계산서 등의 필요적 기재사항을 미기재 또는 부실기재한 경우. 아래 ③에 해당되는 경우는 제외 ③ 매입·매출처별 계산서합계표를 미제출하거나 필요적 기재사항의 미기재 또는 부실기재한 경우. 아래 ④에 해당되는 경우는 제외 ④ 계산서 등을 미발급하거나 가공 및 위장수수한 경우	미제출, 미발급, 가공·위장수수 및 불분명한 공급가액[1] × 아래의 가산세율 [2] ①,③의 경우 0.5%, ②의 경우 1%, ④의 경우 2%(단, 전자계산서를 미발급하였으나 전자계산서 외의 계산서를 발급한 경우와 계산서 발급시기가 지난 후 해당 재화·용역의 공급시기가 속하는 사업연도 말의 다음달 25일까지 계산서를 발급한 경우는 1%) 주1) 부가가치세법 제22조 제2항부터 제5항까지의 규정에 의하여 가산세가 부과되는 부분은 제외 주2) 제출기한 경과 후 1개월 내에 제출하는 경우 미제출가산세의 50% 경감
	기부금영수증 발급·작성·보관 불성실 가산세	기부금영수증을 발급하는 자가 기부금영수증을 사실과 다르게 발급하거나 기부법인별 발급내역을 작성·보관하지 아니한 경우	다음 ①과 ②의 합계액 ① 사실과 다르게 발급된(인적사항 등을 사실과 다르게 적어 발급하는 경우 포함) 기부금영수증 금액 × 5%

세법명	가산세 종류	적용요건	가산세액
법인세법			② 기부법인별 발급내역 중 작성·보관하지 않은 금액 × 2/1,000 (단, 상속세 및 증여세법 제78조 제3항에 의한 보고서 미제출 또는 동조 제5항의 규정에 의한 출연받은 재산에 대한 장부 작성·비치 의무 미이행으로 가산세가 부과되는 경우, 상기 ②를 적용하지 아니함)
	신용카드매출전표 발급 불성실가산세	신용카드가맹점이 신용카드에 의한 거래를 거부하거나 신용카드 매출전표를 사실과 다르게 발급한 경우	건별 거부금액 또는 건별로 발급하여야 할 금액과의 차액 × 5%(건별로 계산한 금액이 5천원에 미달하는 경우는 5천원으로 함)
	현금영수증발급 불성실가산세	① 현금영수증가맹점으로 가입하여야 할 법인이 이를 이행하지 아니한 경우 ② 현금영수증가맹점이 건당 5천원 이상의 거래금액에 대하여 현금영수증 발급을 거부하거나 사실과 다르게 발급한 경우	가맹하지 아니한 사업연도의 수입금액 × 1% × 미가맹일수 / 사업연도 일수 건별 발급거부금액 또는 건별로 발급하여야 할 금액과의 차액 × 5%(건별로 계산한 금액이 5천원에 미달하는 경우는 5천원으로 함)
	주주 등 명세서제출 불성실가산세	① 명세서를 미제출한 경우 ② 명세서에 주주 등의 명세의 전부 또는 일부를 누락하여 제출한 경우 ③ 제출한 명세서가 불분명한 경우	미제출 또는 누락제출 및 불분명하게 제출한 주주 등의 보유주식 액면금액 또는 출자가액[주3] × 0.5% 주3) 무액면주식인 경우 그 주식 발행법인의 자본금을 발행주식총수로 나누어 계산한 금액

※ 참고 : 「법인세법」상 가산세의 경우 법인세 산출세액이 없는 경우에도 징수함.

 | 중요 예규 및 판례 |

서면 – 2019 – 법인 – 3575, 2020.6.19.

내국법인이 「국세기본법」 제13조에 따라 법인으로 보는 단체로 승인을 받은 아파트 입주자대표회의에 「법인세법 시행령」 제3조 제1항의 수익사업과 관련이 없는 아파트 관리비를 지급하고 계산서를 수취하여 매입처별계산서합계표로 제출한 경우 같은 법 제75조의 5 '증명서류 수취 불성실 가산세' 및 제75조의 8 '계산서 등 제출 불성실 가산세'가 적용되지 않는 것임.

법인 – 20, 2011.1.6.

종교단체가 기부금을 수령하는 경우 기부금을 수령하는 단체 명의로 기부금영수증을 발급하여야 하는 것이며, 동 기부금영수증을 사실과 다르게 발급하는 경우에는 사실과 다

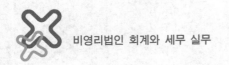

르게 발급한 금액의 2%를 가산세로 부과하는 것임.

법규법인 2010 - 336, 2010.12.9.
비영리법인이 수익사업과 관련된 부분이 아닌 부분에 대하여 계산서를 교부받지 않은 경우 가산세가 적용되지 아니함.

법인 - 615, 2010.6.29.
법인이 사업자로부터 재화 또는 용역을 공급받고 「법인세법」 제116조 제2항 각 호의 어느 하나에 해당하는 증빙서류를 받지 아니한 경우에는 같은 법 제76조 제5항에 의한 가산세가 적용되는 것이나, 비영리내국법인이 수익사업에 해당하지 않는 고유목적사업과 관련하여 재화 또는 용역을 공급받은 경우에는 그러하지 아니하는 것임.

법인 - 211, 2010.3.11.
법인이 부가가치세가 면제되는 용역을 공급하면서 계산서를 교부하여야 하나 착오로 세금계산서를 교부한 경우에는 계산서불성실가산세가 적용되는 것임.

법인 - 303, 2009.3.20.
법인이 부가가치세가 면제되는 용역을 공급하면서 계산서를 교부하여야 하나 착오로 세금계산서를 교부한 경우에는 「법인세법」 제76조 제9항의 규정에 의한 가산세가 적용되는 것임.

법인 - 1358, 2009.12.3.
비영리내국법인이 별도 사업장에서 수익사업인 주택임대사업을 영위하면서 당해 사업장에서 사업자등록을 하지 않고 고유번호로 계산서를 교부하는 경우 「법인세법」 제76조 제9항의 가산세가 적용됨.

제 11 절

지출증빙서류 수취·보관의무

1 의 의

법인은 지출의 투명성과 거래상대방 사업자의 과표 양성화를 도모하기 위하여 각 사업연도에 그 사업과 관련된 모든 거래에 관한 증빙서류를 작성 또는 수취하여 법인세 과세표준 신고기한이 경과한 날부터 5년간 이를 보관하여야 한다. 과세는 증빙에 근거하여 객관성 있게 이루어져야 하는 바, 근거과세를 구현하기 위하여 납세의무자에게 부여된 협력의무로서 증빙서류의 수취 및 보관 의무를 명문화한 것으로 보인다. 다만, 각 사업연도 개시일 전 5년이 되는 날 이전에 개시한 사업연도에서 발생한 결손금을 각 사업연도의 소득에서 공제하려는 법인은 해당 결손금이 발생한 사업연도의 증명서류를 공제되는 소득의 귀속사업연도의 신고기한부터 1년이 되는 날까지 보관하여야 한다(법인세법 제116조).

「법인세법 시행령」제158조에 따르면 국가 및 지방자치단체 등을 제외한 법인은 지출증빙서류의 수취 및 보관의 의무가 있다. 이 경우, 수익사업을 영위하고 있는 비영리법인은 동 법령에 따른 의무가 있으며, 이를 위반할 경우 증빙불비가산세(증빙미수취 또는 사실과 다른 금액의 증명서류 금액의 2%)를 납부하여야 한다.

다만, 공공기관이나 기부금 또는 보조금을 받는 비영리법인 등은 「법인세법」상 적용되는 가산세의 부과 여부와는 별개로 출연기관의 방침에 따라 지출증빙 등을 보관하여야 한다. 이때 각 적용 법률 및 방침에 따른 증빙을 구비하도록 하며, 그 기준이 모호할 경우 「법인세법」에서 정하고 있는 규정을 준용하여 구비하는 것이 바람직하다.

2 수익사업과 관련한 지출증빙 수취 및 보관

「법인세법」에 명시된 수익사업을 영위하는 비영리법인은 영리법인과 동일하게 지출증빙수취 및 보관의무가 있다. 그러므로 비영리법인일지라도 수익사업과 관련한 지출증빙에 대하여는 「법인세법」 제116조와 동법 시행령 제158조를 준용하여 관련 증빙을 수취·보관하여야 한다.

위의 「법인세법」 규정에 따른 지출증빙을 "정규지출증명서류"라 하며 다음과 같은 증빙서류를 말한다.

> - 신용카드매출전표[18](직불카드등을 사용하여 거래하는 경우에는 그 증명서류 포함)
> - 현금영수증
> - 세금계산서(매입자발행세금계산서 포함)
> - 계산서

한편, 기업의 거래 현실을 비추어볼 때 정규지출증명서류 수취·보관 의무를 준수하기 위하여 방대한 양의 신용카드매출전표를 5년간 보관하여야 하는 것이 부담스러울 수 있다. 이에 따라, 다음에 해당하는 증빙을 보관하고 있는 경우에는 신용카드매출전표를 수취하여 보관하고 있는 것으로 간주한다(법인세법 시행령 제158조 제4항).

① 「여신전문금융업법」에 의한 신용카드업자로부터 교부받은 신용카드 및 직불카드 등의 월별이용대금명세서

② 「여신전문금융업법」에 의한 신용카드업자로부터 전송받아 전사적 자원관리 시스템에 보관하고 있는 신용카드 및 직불카드 등의 거래정보(국세기본법 시행령 제65조의 7[19]의 규정에 의한 요건을 충족하는 경우에 한함)

---

18) 신용카드매출전표에는 「여신전문금융업법」에 의한 직불카드, 외국에서 발행된 신용카드 및 「조세특례제한법」 제126조의 2 제1항 제4호에 따른 기명식선불카드, 직불전자지급수단, 기명식선불전자지급수단 또는 기명식전자화폐를 포함한다.

19) 「국세기본법 시행령」 제65조의 7 【장부 등의 비치와 보존】

① 법 제85조의 3 제3항에서 "대통령령으로 정하는 기준"이란 다음 각 호의 요건을 말한다. (2010.2.18. 개정)

1. 자료를 저장하거나 저장된 자료를 수정·추가 또는 삭제하는 절차·방법 등 정보보존 장치의 생산과 이용에 관련된 전자계산조직의 개발과 운영에 관한 기록을 보관할 것

2. 정보보존 장치에 저장된 자료의 내용을 쉽게 확인할 수 있도록 하거나 이를 문서화할 수 있는 장치와 절차가 마련되어 있어야 하며, 필요시 다른 정보보존 장치에 복제가 가능하도록 되어 있을 것

3. 정보보존 장치가 거래 내용 및 변동사항을 포괄하고 있어야 하며, 과세표준과 세액을 결정할 수 있도록 검색과 이용이 가능한 형태로 보존되어 있을 것

비영리법인이 수익사업과 관련하여 지출하는 기업업무추진비의 경우, 영리법인과 동일하게 건당 3만원[20]을 초과하는 기업업무추진비를 사용하고 정규지출서류를 수취하지 아니한 것에 대하여는 손금으로 인정하지 아니한다.

3 수익사업과 관련한 지출증빙 수취 및 보관의 예외

원칙적으로 법인은 재화나 용역을 공급받고 그 대가를 지급하는 경우 「법인세법」 제116조에 따른 지출증명서류를 수취 및 보관의 의무가 있다. 다만, 다음에 해당하는 법인과의 거래시에는 그러하지 아니하다.

- 비영리법인(법인세법 시행령 제3조 제1항의 규정에 해당하는 수익사업 관련부분 제외)
- 국가 및 지방자치단체
- 금융보험업을 영위하는 법인(소득세법 시행령 제208조의 2 제1항 제3호의 규정에 의한 금융·보험용역을 제공하는 경우에 한함)
- 국내사업장이 없는 외국법인
- 읍·면지역에 소재하는 「부가가치세법」 제61조의 규정에 의한 간이과세자로서 「여신전문금융업법」에 의한 신용카드가맹점 또는 「조세특례제한법」 제126조의 3에 따른 현금영수증가맹점이 아닌 사업자
- 「소득세법」 제120조의 규정에 의한 국내사업장이 없는 비거주자

또한, 비영리법인이 정규지출증빙서류 수취대상 거래상대방과 거래를 하더라도 다음의 경우에는 정규지출증빙서류를 수취 및 보관할 의무가 없다(법인세법 시행령 제158조 제2항). 다만, 이는 정규지출증빙서류를 수취 및 보관하지 않더라도 증빙불비가산세가 부과되지 않는다는 것이지 기타의 증빙서류도 수취 및 보관하지 않아도 된다는 예외인정사유가 아니므로 거래사실을 객관적으로 입증할 수 있는 증빙서류는 필요하다.

---

20) 「법인세법 시행령」 제41조 제1항 【기업업무추진비의 신용카드 등의 사용】
다음의 금액을 초과하는 기업업무추진비로서 정규지출증빙서류를 수취하지 못한 건에 대하여 손금불산입한다.
1. 경조금의 경우 : 20만원
2. 제1호 외의 경우 : 3만원

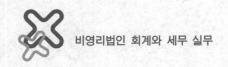

(1) 공급받은 재화 또는 용역의 건당 거래금액이 일정금액 이하인 경우

법인이 사업자로부터 공급받은 재화 또는 용역의 건당 거래금액(부가가치세 포함)이 3만원(2004.1.1. 이후 개시 사업연도부터 2007.12.31.까지 지출분은 5만원) 이하인 경우에는 정규지출증빙서류를 수취·보관하지 아니하여도 증빙불비가산세를 부과하지 아니한다.

(2) 농·어민으로부터 재화 또는 용역을 직접 공급받은 경우

법인이 한국표준산업분류에 의한 농업 중 작물생산업·축산업·복합농업, 임업 또는 어업에 종사하는 농·어민(법인 제외)로부터 재화 또는 용역을 직접 공급받고 그 대가를 지급하는 경우에는 정규지출증빙서류를 수취·보관하지 않아도 증빙불비가산세를 부담하지 않는다.

(3) 원천징수대상 사업소득자로부터 용역을 공급받은 경우

의료보건용역(수의사의 용역을 포함)으로서 「부가가치세법 시행령」 제35조에서 규정하는 용역(법소정의 의약품조 제용역은 제외)·혈액과 「부가가치세법 시행령」 제42조에서 규정된 인적용역(접대부·댄서와 이와 유사한 용역 제외)을 제공하는 사업소득자로부터 용역을 공급받은 경우에는 「소득세법」 제129조 제1항 제3호의 규정에 의하여 당해 사업소득에 대한 수입금액에 3.3%(지방소득세 소득분 포함)를 적용하여 계산한 금액을 당해 소득을 지급하는 자가 원천징수하여야 하며, 「소득세법」 제144조 제2항의 규정에 의해 원천징수영수증을 용역제공자에게 교부하여야 한다. 따라서, 원천징수영수증에 의해 그 거래사실이 명확하게 나타나기 때문에 이에 대하여는 정규지출증빙서류의 수취 및 보관의무를 적용하지 아니한다.

(4) 항만공사로부터 공급받는 화물료 징수용역

「항만공사법」에 의한 항만공사로부터 공급받는 동법 시행령 제13조 제1항 제1호 나목에서 규정하고 있는 화물료 징수용역은 2005년 1월 1일 이후 개시하는 사업연도에 제출하는 매출·매입처별계산서합계표상의 거래기간에 거래된 분부터 정규지출증빙서류의 수취 및 보관의무 대상에서 제외한다.

(5) 기 타

다음에 해당하는 경우에는 정규지출증빙서류 수취·보관의무를 적용하지 않는다[법인세법 시행규칙 제79조, 국세청고시 제2009 - 101호(2009.9.30.)].

① 「부가가치세법」 제10조의 규정에 의하여 재화의 공급으로 보지 아니하는 사업의 양도에 의하여 재화를 공급받은 경우

② 「부가가치세법」 제26조 제1항 제8호에 따른 방송용역을 제공받은 경우

③ 「전기통신사업법」에 따른 전기통신사업자로부터 전기통신용역을 공급받은 경우. 다만, 「전자상거래 등에서의 소비자보호에 관한 법률」에 따른 통신판매업자가 「전기통신사업법」에 따른 부가통신사업자로부터 부가통신역무를 제공받는 경우를 제외함(단서의 규정은 2007년 7월 1일 이후 최초로 지급하는 분부터 적용).

④ 국외에서 재화 또는 용역을 공급받은 경우(세관장이 세금계산서 또는 계산서를 교부한 경우 제외)

⑤ 공매·경매 또는 수용에 의하여 재화를 공급받은 경우

⑥ 토지 또는 주택을 구입하거나 주택의 임대업을 영위하는 자(법인 제외)로부터 주택임대용역을 공급받은 경우

⑦ 택시운송용역을 제공받은 경우

⑧ 건물(토지를 함께 공급받은 경우에는 당해 토지를 포함하며, 주택을 제외함)을 구입하는 경우로서 거래내용이 확인되는 매매계약서 사본을 법 제60조의 규정에 의한 법인세과세표준신고서에 첨부하여 납세지 관할세무서장에게 제출하는 경우

⑨ 「소득세법 시행령」 제208조의 2 제1항 제3호의 규정에 의한 금융·보험용역을 제공받은 경우

⑩ 삭제 <2020.3.13.>

⑪ 항공기의 항행용역을 제공받은 경우

⑫ 부동산임대용역을 제공받은 경우로서 「부가가치세법 시행령」 제65조 제1항의 규정을 적용받는 전세금 또는 임대보증금에 대한 부가가치세액을 임차인이 부담하는 경우

⑬ 재화공급계약·용역제공계약 등에 의하여 확정된 대가의 지급지연으로 인하여 연체이자를 지급하는 경우

⑭ 「한국철도공사법」에 의한 한국철도공사로부터 철도의 여객운송용역을 공급받는 경우

⑮ 다음에 해당하는 경우로서 공급받은 재화 또는 용역의 거래금액을 「금융실명거래 및 비밀보장에 관한 법률」에 의한 금융기관을 통하여 지급한 경우로서 법 제60조에 따른 법인세과세표준신고서에 송금사실을 기재한 경비 등의 송금명세서를 첨부하여 납세지 관할세무서장에게 제출하는 경우

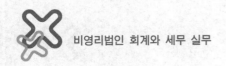

- 「부가가치세법」 제61조의 규정을 적용받는 사업자로부터 부동산임대용역을 제공받은 경우
- 임가공용역을 제공받은 경우(법인과의 거래 제외)
- 운수업을 영위하는 자(부가가치세법 제61조의 규정을 적용받는 사업자에 한함)가 제공하는 운송용역을 공급받은 경우(택시운송용역을 제공받은 경우 제외)
- 「부가가치세법」 제61조의 규정을 적용받는 사업자로부터 「조세특례제한법 시행령」 제110조 제4항 각 호에 따른 재활용폐자원 등이나 「자원의 절약과 재활용촉진에 관한 법률」 제2조 제2호에 따른 재활용가능자원(같은 법 시행규칙 별표 1 제1호부터 제9호까지의 규정에 열거된 것에 한함)을 공급받은 경우
- 「항공법」에 의한 상업서류 송달용역을 제공받는 경우
- 「공인중개사의 업무 및 부동산 거래신고에 관한 법률」에 따른 중개업자에게 수수료를 지급하는 경우
- 「복권 및 복권기금법」에 의한 복권사업자가 복권을 판매하는 자에게 수수료를 지급하는 경우
- 「전자상거래 등에서의 소비자보호에 관한 법률」 제2조 제2호 본문에 따른 통신판매에 따라 재화 또는 용역을 공급받은 경우
- 인터넷, PC통신 및 TV홈쇼핑을 통하여 재화 또는 용역을 공급받는 경우
- 우편송달에 의한 주문판매를 통하여 재화를 공급받는 경우

⑯ 「유료도로법」에 따른 유료도로를 이용하고 통행료를 지급하는 경우

〔참고〕 지출증빙서류의 수취특례거래

2022.2.1. 국세청고시 제2022-2호

법인 또는 개인사업자가 다른 사업자로부터 재화 또는 용역을 공급받는 경우로서 「소득세법 시행규칙」 제95조의 3 제9호 자목 및 「법인세법 시행규칙」 제79조 제10호 자목의 규정에 의하여 지출증빙서류 수취특례가 인정되는 거래를 다음과 같이 고시합니다.

제1조【지출증빙서류의 수취특례거래】
지출증빙서류의 수취특례가 인정되는 거래는 거래대금을 「금융실명거래 및 비밀보장에 관한 법률」에 따른 금융기관을 통하여 지급하고 소득세 확정신고서 또는 법인세 과세표준 신고서에 송금사실을 기재한 별지 1호 서식의 『경비 등의 송금명세서』를 첨부하여 납세지관할 세무서장에게 제출하는 다음 각 호의 어느 하나에 해당하는 경우를 말한다.
1. 인터넷, PC통신 및 TV홈쇼핑을 통하여 재화 또는 용역을 공급받는 경우
2. 우편송달에 의한 주문판매를 통하여 재화를 공급받는 경우

제2조 【재검토기한】

「훈령·예규 등의 발령 및 관리에 관한 규정」(대통령훈령 제431호)에 따라 이 고시를 발령한 후의 법령이나 현실 여건의 변화 등을 검토하여 이 고시의 폐지, 개정 등의 조치를 하여야 하는 기한은 2025년 1월 31일까지로 한다.

부칙 (2022.2.1. 국세청고시 제2022-2호)

제1조 【시행일】

이 고시는 2022년 2월 1일부터 시행한다.

제2조 【종전 고시의 폐지】

종전의 「지출증빙서류의 수취특례거래 고시」(국세청고시 제2019-1호)는 이를 폐지한다.

법인세법 기본통칙 116-158…1 【지출증명서류의 범위】

다음 각 호에 해당하는 경우에는 법 제116조 제2항에 따른 증명서류로 보지 아니한다.

1. 실제 거래처와 다른 사업자 명의로 발급된 세금계산서·계산서 또는 신용카드매출전표
2. 부가가치세법상 미등록사업자로부터 재화 또는 용역을 공급받고 발급받은 세금계산서 또는 계산서
3. 부가가치세법상 간이과세자로부터 재화 또는 용역을 공급받고 발급받은 세금계산서

법인세법 집행기준 116-158-2 【사업자가 아닌 자 등과의 거래에 대한 증빙보관】

법인이 상품권유통법인으로부터 상품권을 구입하는 경우와 같이 재화 또는 용역의 공급대가에 해당하지 않는 거래 또는 사업자가 아닌 자 등과의 거래로 인하여 '지출증빙서류의 수취관련 가산세'가 적용되지 아니하는 경우에도 해당 거래와 관련된 증빙서류를 작성 또는 수취하여 법인세 신고기한이 경과한 날부터 5년간 이를 보관하여야 한다.

 | 중요 예규 및 판례 |

사전-2023-법규법인-0346, 2024.5.27.

법인이 비영리내국법인인 'A대학'과 해당 대학이 개최하는 축제 관련 스폰서십 계약을 체결하고 광고 및 홍보대가로 A대학에 지급한 금액은 A대학의 수익사업에서 생기는 소득에 해당하는 것이므로, 해당 법인은 「법인세법」 제116조 제2항 및 같은 법 시행령 제158조 제1항 제1호 가목 괄호에 따라 같은 법 제116조 제2항 각 호의 어느 하나에 해당하는 증명서류를 받아 보관하여야 하는 것임.

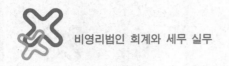
서면 - 2021 - 법인 - 7839, 2023.5.22.

「상속세 및 증여세법」 제16조 제1항에 따른 공익법인이 출연받은 기부금을 해당 공익법인의 고유목적사업에 해당하는 소아암, 희귀난치질환 연구를 효과적으로 수행하기 위해 다른 비영리법인에게 의뢰하여 연구를 진행하고 그 대가를 지출하는 경우 해당 공익법인은 「법인세법」 제116조 제2항에 따른 세금계산서 또는 계산서를 수취하는 것임.

서면 - 2017 - 상속증여 - 0005, 2017.2.8.

수익사업을 영위하는 공익법인이 법인세법 제112조 단서에 따라 작성·비치하여야 하는 장부와 중요한 증명서류는 상속세 및 증여세법 제51조 제1호에 따라 작성·비치하여야 하는 장부와 중요한 증명서류로 보는 것이며, 이 경우 보관방법은 법인세법 시행령 제158조 제4항 및 제5항에 따라 보관할 수 있는 것임.

서면2팀 - 1714, 2006.9.8.

　질 의　

수영, 헬스 등 「부가가치세법 시행령」 제38조의 기타운동시설운영업을 운영 중인 ○○구시설관리공단이 부담한 매입세액의 환급을 위해 과세사업에 대한 자금집행은 "관리공단"에서 하되, 자금집행액에 대한 매입세금계산서의 공급받는 자를 "○○구청과세사업"으로 하여 부가세 신고시 환급을 받고 ○○구청과세사업명의 매입세금계산서 사본을 관리공단 자금집행 서류에 첨부할 경우 "○○구청과세사업"명의 매입세금계산서 사본이 "관리공단"의 자금집행에 대한 적격증빙인지 여부

　회 신　

비영리내국법인이 「법인세법」 제3조 제2항 제1호 및 제6호의 수익사업을 영위하는 경우에는 각 사업연도 소득금액에 대한 법인세 납세의무가 있는 것으로, 수익사업과 관련된 지출증빙은 「법인세법」 제112조 및 같은 법 제116조의 규정에 따라 복식부기에 의하여 장부를 비치·기장하고 관련 지출증빙서류를 수취·보관하여야 하는 것임.

서면2팀 - 1734, 2005.10.31.

비수익사업과 관련하여 기부하는 법인은 지출증빙수취규정을 적용하지 아니하는 것임.

제 12 절
이자소득 등만 있는 비영리내국법인의 법인세 신고요령

---

1 법인세 신고

이자소득만 있는 비영리법인은

① 별도로 법인세 과세표준 신고를 하지 아니하고도 이자소득을 수령할 때마다 원천징
 수된 법인세로 법인세 납세의무가 종결되거나(분리과세 원천징수방법)
② 사업연도 중에 수입한 이자를 합계하여 별도로 신고하는 방법(종합과세 신고·납부방법)

을 선택할 수 있다.

이때 종합과세 신고·납부방식을 선택한 이자소득 등만 있는 비영리내국법인(법인세법 제4
조 제2항 제1호 및 제7호에 따른 수익사업을 영위하지 아니하는 비영리내국법인)은 별지 제56호
서식에 의하여 간편하게 법인세 신고를 할 수 있으며, 이 경우 재무상태표·포괄손익계산
서·이익잉여금처분계산서·세무조정계산서를 첨부하지 아니하여도 된다(법인세법 제60조
제5항 단서, 동법 시행규칙 제82조 제1항 제54호). 여기서 주의할 점은 비영업대금의 이자수입은
동조의 규정이 적용되지 않고 「법인세법」 제60조 제1항에 의한 법인세 신고 대상에 해당한다.

종합과세 신고·납부방식을 선택한 비영리내국법인은 연간 지급받은 이자를 합계하여 사
업연도 종료일로부터 3월 이내에 다음의 서식을 작성하여 신고한다. 그러나 법인세 신고 시
'이자소득만 있는 비영리법인 신고용 신고서'에 기재하여 신고하고 과세표준 신고기간이 경
과된 후에 누락된 수익사업 부분의 과세표준을 추가적으로 신고하는 경우에는 「국세기본법」
제47조의 2에 따른 무신고가산세가 부과되므로 동 서식을 사용할 때는 신중하여야 한다.

> **이자소득 등만 있는 비영리법인의 법인세 신고시 제출서류**
> ① 별지 제56호 서식 : 법인세·농어촌특별세 과세표준 및 세액신고서
> ② 별지 제27호 서식 : 고유목적사업준비금조정명세서(갑)(을)
> ③ 별지 제10호 서식 : 원천납부세액명세서(갑)(을)

한편 이자소득만 있는 비영리법인이 별지 제56호 서식에 의하여 신고를 할 때 반드시 결산상(외부감사를 받는 경우에는 잉여금처분에 의한 신고조정) 고유목적사업준비금을 손금한도 범위까지 계상하고 이자소득에 대하여 원천징수당한 법인세를 예납적 원천징수로 보아 법인세 신고시에 산출세액에서 공제하도록 한다.

고유목적사업준비금에 대한 보다 자세한 사항은 '제4절 고유목적사업준비금'을 참조하기 바란다.

만약, 이자소득만 있는 비영리법인이 회계상 계상한 이자소득의 미수수익에 대한 세무조정이 필요한 경우에는 다음의 양식을 추가하여 작성한다. 그러나 국세청 전자신고시에는 아래의 양식신고가 되지 않으므로 제56호 서식이 아닌 제1호·제3호 서식으로 신고되어야 한다.

① 소득금액조정합계표(별지 제15호 서식)
② 과목별소득금액조정명세서(별지 제15호 서식 부표 1, 2)
③ 자본금과 적립금조정명세서(갑)(을)(별지 제50호 서식(갑)(을))

| 중요 예규 및 판례 |

기준 - 2018 - 법령해석법인 - 0235, 2018.10.23.
이자소득과 다른 과세소득이 있는 비영리법인은 이자소득만 있는 비영리법인 신고용 과세표준 신고서를 제출할 수 없음.

서면법령기본 - 22236, 2015.12.29.

질의

〔사실관계〕

• "재단법인 ☆☆☆☆"(이하 "비영리법인"이라 함)은 2007사업연도(2007.1.1.~2007.12.31.)의 이자소득에 대하여 "법인세·농어촌특별세 과세표준(조정계산) 및 세액신고서(이자소득만 있는 비영리법인 신고용 신고서)"를 이용하여 법인세 신고를 하였으며
  – 이자소득금액을 전액 고유목적사업준비금을 설정하여 이자소득금액에 대한 원천징수세액을 전액 환급받음.
• 추후 비영리법인은 2007사업연도 귀속 수익사업에서 발생한 소득이 법인세 신고 시 누락된 것을 확인함.

〔질의내용〕

• 비영리법인이 이자소득에 대하여 "법인세·농어촌특별세 과세표준(조정계산) 및 세액 신고서(이자소득만 있는 비영리법인 신고용 신고서)"를 통하여 법인세 신고 후 누락된 수익사업 부분의 수익금액에 대한 법인세를 신고하는 경우 무신고가산세를 적용하여야 하는지 여부

회신

수익사업을 영위하는 비영리내국법인이 법인세 신고 시 이자소득만 "법인세·농어촌특별세 과세표준(조정계산) 및 세액신고서(이자소득만 있는 비영리법인 신고용 신고서)"에 기재하여 신고하고 과세표준신고기간이 경과된 후에 누락된 수익사업 부분의 과세표준을 추가적으로 신고하는 경우에는 「국세기본법」 제47조의 2에 따른 무신고가산세가 부과되는 것임.

2 중간예납

이자소득만 있는 비영리법인은 중간예납을 하지 않을 수 있다(법인 22601-3168, 1989. 8.26.). 그러나 사내근로복지기금의 대부이자소득은 「법인세법」 제4조 제3항 제2호의 이자소득이 아니라 제1호 규정에 의한 사업소득으로 보아 중간예납의무가 있다(서면2팀-1326, 2005.8.18.).

또한 중간예납기간 중에 이자소득 이외의 다른 수익사업이 최초로 발생한 경우에는 최초 사업연도가 아니므로 중간예납의무가 있다(법인 1264.21-2347, 1982.7.13.).

| 중요 예규 및 판례 |

서면2팀-1326, 2005.8.18.

질의

〔사실관계〕

「사내근로복지기금법」에 의거 설립된 사내근로복지기금이 회사에서 출연된 출연금을 운용하여 발생한 이자소득과 정관상 복지사업으로 근로자에게 융자금을 대부 후 발생한

대부이자소득이 있음.

이자소득 및 대부이자소득은 「법인세법」 제29조 제1항 제1호 내지 제3호에 의거 동 소득 전액을 고유목적사업준비금으로 설정하게 되며 원천징수세액을 공제하여 중간예납세액은 발생하지 않음.

〔질의내용〕

1. 이자소득 및 대부이자소득만 있는 사내근로복지기금은 법인세 중간예납신고 의무 여부
2. 법인세 중간예납신고 의무가 있다면 신고시 사용하는 서식은?

회신

「사내근로복지기금법」에 의한 사내근로복지기금이 예금이자 소득과 정관상 복지사업으로 근로자에게 융자금을 대부하여 발생하는 대부이자소득이 있는 경우 「법인세법」 제3조 제2항 제1호 규정에 의한 수익사업에서 생기는 소득에 해당하므로 같은 법 제63조 규정에 의한 【중간예납】 의무가 있는 것이며, 직전 사업연도 실적으로 신고하는 경우, 같은 법 제63조 제1항 각 호의 세액공제 후 중간예납세액이 발생하지 않더라도 「법인세법 시행규칙」 [별지 제58호 서식]에 의하여 신고하는 것임.

서면2팀 - 163. 2005.1.25.

「사내근로복지기금법」에 의한 사내근로복지기금이 은행예금이자수입과 동법에 의하여 근로자에게 대출한 융자금에 대한 이자수입이 있는 경우, 「법인세법 시행규칙」 별지 제1호 서식(법인세과세표준 및 세액신고서)에 의하여 법인세를 신고하는 것임.

➡ 사내근로복지기금의 근로자 융자금에 대한 이자수입은 사업소득이므로 이자소득만 있는 경우로 보지 않으므로 주의

서이 46012 - 12182. 2002.12.5.

이자소득만 있는 비영리법인의 중간예납의무에 대한 기존 질의회신(법인 22601 - 3168, 1989.8.26.)을 참고하기 바람.

법인 22601 - 3168. 1989.8.26.

「법인세법」 제1조 제1항 제3호 규정의 이자소득만 있는 비영리법인은 「법인세법」 제30조 규정에 의한 중간예납을 하지 않을 수 있는 것이며, 비영리법인이 중간예납세액을 신고 납부하는 경우에는 「법인세법 시행규칙」 제45조 제7항 제2호의 별지 제16호 서식에 의하는 것임.

3 신고서 작성사례

HJ장학재단은 이자소득 외 수익사업이 없으며 2024년 중 이자소득 및 지출내역은 다음과 같다. HJ장학재단은 분리과세방법이 아닌 종합과세방법에 의하여 법인세를 신고하고자 한다. 별지 제56호 서식에 의하여 법인세 신고서를 작성하시오(미수수익 세무조정관련 서식은 생략).

① 이자소득 내역(은행 예금이자임)

(단위 : 원)

이자수익		원천납부액	실수령액
당기수령액	80,000,000	11,200,000	68,800,000
미수수익계상액	20,000,000	–	–
총 계	100,000,000		

② 고유목적사업준비금 내역

(단위 : 원)

설정연도	설정액	직전연도까지 고유목적사업지출액	잔 액
2023년	50,000,000	37,000,000	13,000,000

③ 당기 중 고유목적사업인 장학사업 지출액 : 70,000,000원

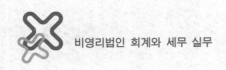

〔별지 제56호 서식〕(2023.3.20. 개정)

법인세 · 농어촌특별세 과세표준(조정계산) 및 세액신고서

(이자소득만 있는 비영리법인 신고용)

※ 뒤쪽의 작성방법을 읽고 작성하여 주시기 바랍니다. (앞쪽)

①소 재 지		②전자우편주소		
③법 인 명	HJ장학재단	④대표자성명		
⑤사업자등록번호		⑥사업연도		⑦전화번호

구 분		법 인 세	농 어 촌 특 별 세
과세표준 계산	⑧이 자 소 득 금 액 계	80,000,000	회계상(발생주의) 이자수익은 1억 원이나 세법상 이자수익은 원천징수대상 이자의 미수수익이 세무조정되어 제외되므로 8천만 원임.
	⑨준 비 금 손 금 산 입 액	80,000,000	
	⑩기 부 금 손 금 산 입 액		
	⑪기부금한도초과 이월액 손금산입		
	⑫각 사 업 연 도 소 득 금 액 (⑧-⑨-⑩-⑪)		
	⑬비 과 세 소 득		이자소득에 대하여 100% 고유목적사업준비금 설정 가능함.
	⑭과 세 표 준(⑫-⑬)		
세액의 계산	⑮세 율		
	⑯산 출 세 액		
	⑰납부지연 가 산 세 액 (미납세액, 미납일수, 세율)		(, , 2.2/10,000)
	⑱가 감 계(⑯+⑰)		
	기 납부 세액 ⑲중 간 예 납 세 액		
	⑳원 천 납 부 세 액	11,200,000	
	㉑( )세 액		
	㉒계(⑲+⑳+㉑)	11,200,000	
	㉓추 가 납 부 세 액 (세액, 미납일수, 세율)	(, , 2.2/10,000)	
	㉔차 감 납 부 할 세 액 (⑱-㉒+㉓)	△11,200,000	
	㉕분 납 할 세 액		
	㉖차감납부할세액(㉔-㉕)	△11,200,000	

국세환급금 계좌신고	㉗예 입 처	은행	(본)지점
	㉘예금종류	예금	
	㉙계좌번호		

신고인은 「법인세법」 제60조에 따라 위의 내용을 신고하며, 위 내용을 충분히 검토하였고 신고인이 알고 있는 사실 그대로를 정확하게 적었음을 확인합니다.

신고인(대표자) (서명 또는 인)

세무대리인은 조세전문자격자로서 위 신고서를 성실하고 공정하게 작성하였음을 확인합니다.

년 월 일

세무대리인 (서명 또는 인)

세무서장 귀하

210mm×297mm[백상지 80g/㎡ 또는 중질지 80g/㎡]

작 성 방 법

1. ⑧이자소득금액계란: 해당 사업연도 중에 수입된 「법인세법」 제4조 제3항 제2호에 따른 이자할인액 및 이익과 「소득세법」 제17조 제1항 제5호에 따른 증권투자신탁수익의 분배금 및 고유목적사업준비금 중 5년 이내 미사용하여 익금에 산입한 금액[고유목적사업준비금조정명세서(갑)(별지 제27호 서식(갑))상의 ⑲란의 금액]을 더하여 적습니다.

2. ⑨준비금손금산입액란: 당기 계상 고유목적사업준비금 중 손금산입한도내 금액{고유목적사업준비금조정명세서(갑)[별지 제27호 서식(갑)]상의 ⑪손금산입한도액란의 금액과 ②당기계상 고유목적사업 준비금란의 금액 중 적은 금액}을 적습니다.

3. ⑩기부금손금산입액란: 고유목적사업준비금을 설정할 수 없는 비영리법인이 수익사업에서 발생한 소득을 고유목적사업비로 지출한 금액 또는 고유목적사업준비금 설정 가능한 비영리법인이 고유목적사업준비금을 설정하는 것과 별도로 기부금을 지출하는 경우 손금산입 한도내의 금액 등[기부금 조정명세서(별지 제21호 서식)상의 ㉜란의 금액]을 적습니다.

4. ⑪기부금한도초과 이월액 손금산입란: 전기 이월된 한도초과액 잔액 중 해당연도에 손금 산입되는 금액{기부금 조정명세서[별지 제21호 서식]상의 ㉔란의 합계금액}을 적습니다.

5. ⑭ㆍ⑯란 중 농어촌특별세란: 농어촌특별세 과세표준 및 세액조정계산서(별지 제12호 서식)상의 ⑧소계란 중 ②과세표준금액 및 ③세액을 각각 적습니다.

6. ⑮세율란: 법인세의 경우 「법인세법」 제55조 또는 「조세특례제한법」 제72조 제1항 중 최고세율을 적고, 농어촌특별세의 경우 「농어촌특별세법」 제5조에 따른 세율 중 최고세율을 적습니다.

7. ⑰납부지연가산세액란: 법인세의 경우 "가산세액계산서(별지 제56호 서식 부표)"의 가산세 합계액을 적습니다.

8. ㉓추가납부세액란: 고유목적사업준비금 중 5년 내 미사용하여 익금에 산입한 금액{고유목적사업준비금조정명세서(갑)[별지 제27호 서식(갑)]상의 ⑲란의 금액}이 있는 경우에 「법인세법」 제29조 제7항에 따른 이자상당가산액을 계산하여 적습니다.

9. ㉕분납할세액란: 「법인세법」 제64조 제2항 및 같은 법 시행령 제101조 제2항과 「농어촌특별세법」 제9조 및 같은 법 시행령 제8조에 따른 분납할 세액을 적습니다.

10. 음영으로 표시된 란은 적지 않습니다.

210mm×297mm[백상지 80g/㎡ 또는 중질지 80g/㎡]

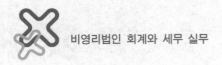
〔별지 제27호 서식(갑)〕 (2024.3.22. 개정)

(앞쪽)

사업 연도	· · ~ · · ·	고유목적사업준비금 조정명세서(갑)	법 인 명	HJ장학재단
			사업자등록번호	

1. 손금산입액 조정

① 소득금액	② 당기 계상 고유목적 사업 준비금	③「법인세법」 제24조 제2항 제1호에 따른 기부금	④ 해당 사업연 도 소득금액 (①+②+③)	⑤「법인세법」 제29조 제1항 제1호 각 목에 따른 금액	⑥-1「법인세법」 제13조 제1항 제1호에 따른 결손금 중 공제대상액 (=⑭)	⑥-2「법인세법」 제29조 제1항 제2호에 따른 수익사업에서 발생한 결손금
	80,000,000		80,000,000	80,000,000		

⑦「법인세법」 제24조 제2항 제1호에 따른 기부금	⑧「조세특례제한법」 제121조의 23 및 제121조의 25에 따른 금액	⑨ 수익사업 소득금액 [④-⑤-(⑥-1)-⑦-⑧]	⑩ 손금산입률	⑪ 손금산입한도액 (⑤+⑧+⑨×⑩) 또는 [⑤+⑧-(⑥-2)]	⑫ 손금부인액 [(②-⑪)>0]
			$\frac{50(80\ 100)}{100}$	80,000,000	0

2. 고유목적사업준비금 명세서

⑬ 사업연도	⑭ 손금산입액	⑮ 직전 사업연도까지 고유목적사업 지출액	⑯ 해당 사업연도 고유목적사업 지출액	⑰ 익금 산입액	⑱ 잔 액 (⑭-⑮-⑯-⑰)	
					⑲ 5년 이내분	⑳ 5년 경과분
2023	50,000,000	37,000,000	13,000,000			
(당 기)	80,000,000		57,000,000		23,000,000	
계	130,000,000	37,000,000	70,000,000		23,000,000	

3. 공제대상 이월결손금 명세서

㉑ 사업연도	㉒「법인세법」 제13조 제1항 제1호의 결손금	㉓공제한도 적 용으로 공제받지 못 하고 이월된 금액 (누적분)	㉔공제 대상 이월결손금 (㉒-㉓)	㉕기타 수익사업 소득금액 [④-⑤- ⑦-⑧]	㉖「법인세법」 제13조 제1항에 따라 공제받는 이월결손금	㉗공제한도 적용으 로 공제받지 못한 이월결손금(당기 발생분) [Min(㉔,㉕)-㉖]

210mm×297mm[백상지 80g/㎡ 또는 중질지 80g/㎡]

작 성 방 법

1. ① 소득금액란: "법인세 과세표준 및 세액조정계산서(별지 제3호 서식)"의 ⑩란의 차가감소득금액을 적습니다. 다만, 해당 서식 ⑩ 익금산입란, ⑩ 손금산입란에 고유목적사업준비금 중 손금부인된 금액 또는 5년 내 미사용하여 익금에 산입한 금액이 포함되어 있는 경우에는 ⑩란의 차가감소득금액에 손금부인된 금액과 5년 내 미사용하여 익금에 산입한 금액을 더하거나 빼고 적습니다.

2. ② 당기 계상 고유목적사업 준비금란: 직전 사업연도 종료일 현재의 고유목적사업준비금의 잔액을 초과하여 해당 사업연도의 고유목적사업 등에 지출한 금액이 있는 경우 그 금액을 포함하여 적습니다.

3. ⑤「법인세법」제29조 제1항 제1호 각 목에 따른 금액란:「조세특례제한법」제121조의 23 제6항 제2호 및 제121조의 25 제4항 제2호를 적용받는 법인의 경우에는「법인세법」제29조 제1항 제1호 가목 및 나목에 따른 금액을 적습니다.

4. ⑥-1란은「법인세법」제13조 제1항 제1호에 따른 결손금 중 공제대상액을 적으며, ㉔ 공제대상이월결손금란의 값과 일치해야 합니다.

5. ⑧「조세특례제한법」제121조의 23 및 제121조의 25에 따른 금액란:「조세특례제한법」제121조의 23 제6항 제2호 및 제121조의 25 제4항 제2호에 해당하는 금액을 적습니다.

6. ⑨ 수익사업소득금액란: 금액이 음수(-)인 경우에는 "0"으로 적되, 경정으로 증가된 소득금액 중 해당법인의 특수관계인에게 상여 및 기타소득으로 처분된 소득금액을 차감한 금액을 적습니다.

7. ⑩ 손금산입률란: 일반 비영리내국법인은 100분의 50(「공익법인의 설립·운영에 관한 법률」에 따라 설립된 법인으로서 고유목적사업 등에 대한 지출액 중 100분의 50 이상의 금액을 장학금으로 지출하는 법인의 경우에는 100분의 80)을,「조세특례제한법」제74조 제1항 또는 제4항을 적용받는 법인은 100분의 100 또는 100분의 80을,「조세특례제한법」제121조의 23 제3항을 적용받는 법인은 100분의 50을 적습니다.

8. ⑪ 손금산입한도액: 수익사업에서 결손금이 발생한 경우에는 '⑤「법인세법」제29조 제1항 제1호 각 목에 따른 금액의 합계액'에서 '⑥-2「법인세법」제29조 제1항 제2호에 따른 수익사업에서 발생한 결손금'을 차감한 금액을 적습니다.

9. ⑫ 손금부인액과 ⑳ 5년 경과분란의 금액은 익금에 산입합니다.

10. ⑭ 손금산입액란: 해당 사업연도종료일 전 5사업연도에 세법상 손금산입된 고유목적사업준비금을 손금산입 사업연도 순차로 적되, 각 사업연도별로(②-⑫)의 금액을 적습니다.

11. ⑮ 직전 사업연도까지 고유목적사업지출액란: 직전 사업연도까지 고유목적사업에 실제 지출한 금액을 적으며, 먼저 손비에 계상한 사업연도의 준비금부터 순차로 사용한 것으로 보아 적습니다.

12. ⑯ 해당 사업연도 고유목적사업지출액란: 해당 사업연도에 고유목적사업에 실제 지출한 금액을 적으며, 먼저 손비에 계상한 사업연도의 준비금부터 순차로 사용한 것으로 보아 적습니다. 이 경우 직전 사업연도 이전에 설정한 준비금이 없거나 준비금 잔액이 해당 사업연도 지출액보다 적은 경우에는 해당 사업연도에 계상할 준비금에서 지출한 것으로 보아 적습니다.

13. ⑰ 익금산입액란:「법인세법」제29조 제5항에 따라 익금에 산입한 금액을 적습니다.

14. ⑱ 잔액란: 손금에 산입한 준비금 중 고유목적사업에 지출하고 남은 잔액을 5년 이내분과 5년 경과분으로 구분하여 적습니다. 이 경우 ⑱ 5년 이내분란에는 해당 사업연도에 설정한 준비금 중 사용하고 남은 잔액도 포함되며, ⑲ 5년 경과분란에는 처음 손금에 산입한 사업연도의 종료일부터 해당 사업연도 종료일까지 5년 이상된 준비금미사용액을 적습니다.

15. ⑳ 5년 경과분란의 익금산입액에 대해서는 "추가납부세액계산서(별지 제8호서식 부표6)"에 따라「법인세법」제29조 제7항 및 같은 법 시행령 제56조 제7항에 따라 계산한 이자상당가산액을 법인세에 가산하여 납부해야 합니다.

16. ㉓ 각 사업연도 소득의 100분의 80을 이월결손금 공제한도로 적용받는 경우 공제한도 적용으로 인해 직전 사업연도까지 공제받지 못하고 이월된 결손금(누적금액)을 적습니다.

17. ㉕ 기타 수익사업 소득금액란: 금액이 음수(-)인 경우에는 "0"으로 적습니다.

18. ㉖「법인세법」제13조 제1항에 따라 공제받는 이월결손금란 : "법인세 과세표준 및 세액조정계산서(별지 제3호서식)"의 (109)란의 이월결손금을 적습니다.

19. ㉗ 공제한도 적용으로 공제받지 못한 이월결손금(당기발생분)란: 금액이 음수(-)인 경우에는 "0"으로 적습니다.

210mm×297mm[백상지 80g/㎡ 또는 중질지 80g/㎡]

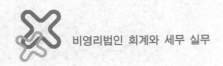

[별지 제27호 서식(을)] (2021.3.16. 개정)

사 업 연 도	· · · ~ · · ·	고유목적사업준비금 조정명세서(을)		법 인 명	HJ장학재단
				사업자등록번호	

지출내역				④ 금액	⑤ 비고
① 구분	② 적요	③ 지출처			
		상호(성명)	사업자등록번호 (주민등록번호)		
Ⅰ. 「법인세법」 제24조 제3항 제1호에 따른 기부금					
Ⅱ. 고유목적 사업비	장학금	AAA	△△△△	20,000,000	현금
	장학금	BBB	◇◇◇◇	20,000,000	현금
	장학금	CCC	○○○○	20,000,000	현금
Ⅲ. 고유목적 사업 관련 운영경비	인건비			10,000,000	
Ⅳ. 기 타					
⑥ 계				70,000,000	

고유목적사업준비금조정명세서
(갑) ⑯란의 계와 일치하여야 함.

작 성 방 법

1. 「법인세법」 제29조, 「조세특례제한법」 제74조 및 제121조의 23 제6항에 따른 고유목적사업준비금을 해당 사업연도에 고유목적사업에 지출한 비영리법인 및 단체가 작성합니다.
2. ② 적요란은 고유목적사업에 지출한 상세 항목을 적습니다.
   예) 장학금 지급, 부동산(토지와 건물을 구분하여 기재)취득, 의료기기 취득, 인건비(임원과 직원의 급여를 구분하여 기재), 임차료, 전기료, 전화료 등
3. 비영리법인인 장학재단의 경우에는 ③지출처란에 장학금을 지급받는 자의 인적사항을 적습니다.
4. ④ 금액란은 현금의 경우에는 현금지출액을, 현금 외의 기타의 경우에는 시가를 적고 시가가 불분명한 경우에는 「법인세법 시행령」 제89조의 가액을 시가로 합니다.
5. ⑥ 계란은 "고유목적사업준비금조정명세서(갑)[별지 제27호 서식(갑)]"의 ⑯란의 계와 일치해야 합니다.

210mm×297mm[백상지 80g/㎡ 또는 중질지 80g/㎡]

사 업 연 도	. . . ~ . . .	원천납부세액명세서(갑)		법 인 명	HJ장학재단
				사업자등록번호	

원천징수 명세내용

① 적요	구분 [내국인, 외국인]	② 원천징수의무자		③ 원천 징수일	④ 이자· 배당금액	⑤ 세율	⑥ 법인세
		사업자등록번호 (주민등록번호)	상 호(성명)				
정기예금 이자	내국인	○○○○	○○은행	5월 28일	50,000,000	14%	7,000,000
정기예금 이자	내국인	○○○○	○○은행	9월 29일	30,000,000	14%	4,200,000
합계					80,000,000		11,200,000

210mm×297mm[백상지 80g/㎡ 또는 중질지 80g/㎡]

제 13 절

비영리법인의 구조조정

최근에는 영리법인뿐만 아니라 비영리법인에게도 목적사업의 효율적 달성을 위하여 타 비영리법인과의 합병(통합), 사업부의 분할 및 분할합병, 해산 및 청산 등의 다양한 유형의 구조조정이 발생하고 있다. 이러한 구조조정을 위해서는 구조조정 자체의 사업타당성 분석과 함께 파생되는 회계·세무상 문제점은 없는지에 대한 검토가 반드시 병행되어야 한다.

다음은 이러한 구조조정의 유형별로 발생될 수 있는 세무상 쟁점을 중심으로 정리하고자 한다.

1 포괄적 조직변경

1-1. 법인세법

「민법」에 의하여 설립된 비영리법인은 설립, 해산, 청산 등의 중요한 의사결정을 할 경우 '○○○○부 그 소속청 소관 비영리법인의 설립 및 감독에 관한 규칙'에 따라서 주무관청에 해산신고, 잔여재산처분의 허가, 청산종결의 신고를 하여야 한다. 또 설립근거법이 별도로 존재하는 비영리법인의 경우에도 대부분 조직변경에 대한 중요 의사결정은 주무관청에 신고 또는 허가 사항이므로 사전에 관련 법규를 점검하여야 할 것이다.

이러한 조직변경은 비영리법인이 자율적으로 하는 경우도 존재하지만 관련법에 의하여 강제적으로 이루어지는 경우도 많이 존재한다. 이렇게 관계법령에 의한 포괄적 조직변경, 즉 비영리법인의 모든 재산·권리 및 의무를 별도의 대가 없이 포괄승계하여 계속 영위하는 경우에는 조직변경 전의 이월결손금 및 세무조정시 사내유보로 처분된 금액은 조직변경 후의 법인에 승계되며, 고유목적사업준비금을 손금에 산입한 법인이 사업에 관한 모든 권리와 의무를 다른 비영리내국법인에게 포괄적으로 양도하고 해산하는 경우에도 해산등기일 현재의 고유목적사업준비금 잔액은 그 다른 비영리내국법인이 승계할 수 있다(법인세법

제29조 제4항). 조직변경 전의 법인해산등기 또는 조직변경 후의 법인설립등기에 관계없이 당해 법인의 사업연도는 조직변경 전 사업연도가 계속된다(법인세법 기본통칙 6-0…1, 서면2팀-75, 2006.1.10., 서면2팀-1730, 2005.10.31., 법인 46012-1698, 2000.8.7.).

> 법인세법 기본통칙 6-0…1 【법인의 조직을 변경한 경우의 사업연도】
> 「상법」·기타 법령에 따라 그 조직을 변경한 경우에도 조직변경 전의 법인해산등기 또는 조직변경 후의 법인설립등기에 관계없이 당해 법인의 사업연도는 조직변경 전 사업연도가 계속되는 것으로 한다. (2008.7.25. 개정)

 | 중요 예규 및 판례 |

서면-2023-법규법인-0396, 2023.6.27.
1. 「조직변경 여부」에 관하여는 기획재정부 회신(기획재정부 법인세제과-350, 2023.6.22.)을 참조하기 바람.
   「여수세계박람회 기념 및 사후활용에 관한 특별법」의 개정에 따라 2012여수세계박람회재단의 모든 권리와 의무를 동 개정법률에 따른 여수광양항만공사가 포괄승계하는 경우 법인세법 제78조에 따른 조직변경에 해당하는 것임.
2. 더불어, 「여수세계박람회 기념 및 사후활용에 관한 특별법」의 개정으로 인하여 2012여수세계박람회재단(이하 "재단")이 여수광양항만공사(이하 "공사")로 조직변경하는 경우 재단의 자산·부채가액과 이월결손금 등은 공사에 그대로 승계되는 것임.

기획재정부 법인세제과-350, 2023.6.22
「여수세계박람회 기념 및 사후활용에 관한 특별법」의 개정에 따라 2012여수세계박람회재단의 모든 권리와 의무를 동 개정법률에 따른 여수광양항만공사가 포괄승계하는 경우 법인세법 제78조에 따른 조직변경에 해당하는 것임.

서면-2020-법인-2781, 2020.11.30.
한국기초과학지원연구원의 지점법인으로 등록된 "한국기초과학지원연구원 부설 국가핵융합연구소"가 「과학기술분야 정부출연연구기관 등의 설립·운영 및 육성에 관한 법률」의 개정에 따라 독립법인인 "한국핵융합에너지연구원"으로 승격되어 새로운 법인으로 설립되는 경우 「법인세법」제8조 제3항에 따른 '조직변경 전의 사업연도가 계속되는 것'으로 볼 수 없는 것임.

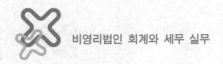
서면 - 2020 - 법인 - 1284, 2020.4.9.

「법인세법 시행령」 제39조 제1항 제1호 각목에 의하여 지정기부금 단체에 해당하는 비영리법인(이하 '해산법인'이라 함)이 관련 법률의 개정으로 해산하고 해산법인의 모든 소관업무, 권리·의무 및 재산, 행위 등이 동 법률의 규정에 따라 신설된 비영리법인(이하 '신설법인'이라 함)에게 승계되는 경우 신설법인은 기획재정부장관이 해산법인에 대해 지정기부금단체로 지정·고시한 지정기간의 종료일까지 해산법인의 지정기부금단체 지위를 승계하는 것임.

사전 - 2018 - 법령해석법인 - 0564, 2018.11.8.

의료업을 영위하는 비영리내국법인이 해산등기 후 청산기간 중에 해산 전의 사업을 계속 영위하면서 지정기부금 단체에 해당하는 다른 비영리법인에 해산등기일 현재의 자산을 무상으로 이전하는 것은 청산소득의 계산과 관련된 것이나, 비영리내국법인은 「법인세법」 제3조 제1항에 따라 청산소득에 대한 법인세 납세의무가 없는 것임.

서면 - 2015 - 법인 - 0102, 2015.6.12.

상법·기타 법령의 규정에 의하여 그 조직을 변경한 경우도 조직변경 전의 법인해산등기 또는 조직변경 후의 법인설립등기에 관계없이 당해 법인의 사업연도는 조직변경 전 사업연도가 계속되는 것으로 하는 것임.

법인 - 541, 2010.6.10.

질 의

〔사실관계〕

「국가표준기본법」 개정(2010.4.5. 개정)으로 관련 비영리법인들이 통폐합(해산)되었으며, 통폐합되는 비영리법인들은 신설비영리법인에게 자산·부채 및 권리·의무를 포괄 승계함.

〔질의요지〕

통폐합(해산)되는 비영리법인의 고유목적사업준비금이 승계가능한지 여부

회 신

비영리내국법인이 관련 법률의 개정으로 해산하고 해산되는 비영리내국법인의 모든 재산과 법률상의 권리·의무를 신설되는 비영리내국법인에게 포괄 승계하는 경우에는 조직변경으로 보는 것이므로 해산되는 비영리내국법인의 고유목적사업준비금 잔액은 신설되는 비영리내국법인에게 승계되는 것임.

법인 - 254, 2010.3.18.

비영리법인이 관련 법률의 개정으로 해산하고 해산법인의 모든 재산과 법률상 권리·의무가 신설된 법인으로 포괄 승계되는 조직변경의 경우 고유목적사업의 직접 사용기간은 조직변경 전의 사용기간을 포함하는 것임.

법인 - 123, 2010.2.9.

질의

〔사실관계〕

• 「농어업경영체 육성 및 지원에 관한 법률」이 제정되어 기존의 「농업·농촌 식품산업 기본법」에 따라 설립된 영농조합법인이 조합원의 합의에 따라 「상법」상 합자회사 또는 합명회사로 조직변경이 가능

〔질의내용〕

• 특별법에 의해 설립된 법인이 당해 특별법의 개정 등으로 인해 「상법」상의 회사로 조직변경하는 경우 사업연도 계속 여부 및 청산소득에 대한 과세특례 적용 여부

회신

특별법에 의하여 설립된 당해 특별법의 개정으로 인하여 「상법」상의 합자회사 또는 합명회사로 조직변경하는 경우 청산소득에 대한 법인세는 과세하지 아니하는 것이며, 이 경우 조직변경 전의 법인해산등기 또는 조직변경 후의 법인설립등기에 관계없이 당해 법인의 사업연도는 조직변경 전 사업연도가 계속되는 것임.

법인 - 1039, 2009.9.23.

질의

〔사실관계 및 질의요지〕

• 동일 출연자가 사업목적이 유사한 비영리재단법인 A와 B를 운영하던 중 관리의 효율성을 위하여 문화체육관광부장관의 승인을 받아 A의 잔여재산을 B로 출연하고자 함.
• 재산출연 후 B의 상호를 A로 변경시 법인세가 과세되는지.

회신

비영리법인이 해산하면서 주무관청의 승인을 받아 잔여재산을 다른 비영리법인에 출연한 후 그 잔여재산을 출연받은 비영리법인의 상호를 해산한 비영리법인의 상호로 변경한 사유만으로는 출연받은 재산에 대하여 법인세가 과세되지 않는 것임.

법인 - 936, 2009.8.27.

AA공사법에 의해 설립된 "AA공사"와 BB공단법에 의해 설립된 "BB공단"이 2010.1.1.

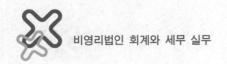

CC공단법의 시행으로 해산됨에 따라 해산법인의 모든 재산과 법률상의 권리·의무가 포괄승계되어 "CC공단"으로 그 조직이 변경되는 경우 조직변경 전의 법인해산등기 또는 조직변경 후의 법인설립등기에 관계없이 당해 법인의 사업연도는 조직변경 전 사업연도가 계속되는 것으로 보는 것이며, 이 경우 통합일 이전의 2009.1.1.~2009.12.31. 사업연도의 소득에 대한 법인세의 과세표준과 세액은 통합 전의 법인이 각각 납세지 관할세무서장에게 신고하여야 하는 것임.

법인 - 548, 2009.5.11.

질 의

〔사실관계〕

- 「산업기술혁신촉진법」의 개정에 따라 한국산업기술평가원, 한국산업기술재단, 한국기술거래소, 한국부품·소재산업진흥원이 해산하고,
- 비영리재단법인인 한국산업기술진흥원과 한국산업기술평가관리원이 설립되어 해산되는 비영리재단법인의 모든 재산과 권리·의무를 포괄승계할 예정이며,
- 해산되는 비영리법인은 「민법」의 법인 해산 및 청산에 관한 규정에도 불구하고 해산된 것으로 보며, 해산법인의 해산 전 법률행위는 새로이 설립되는 법인이 행한 행위로 봄.
- 해산법인은 해산 전까지 발생한 이자소득에 대해 미수이자로 계상한 후, 동 수입이자를 세무조정하여 익금불산입 유보처분함.

〔질의요지〕

- 신설된 비영리법인이 해산법인이 익금불산입한 수입이자를 승계가능 여부 및 승계금액의 세무처리 방법

회 신

법인이 「상법」·기타 법령의 규정에 의하여 그 조직을 변경한 경우 조직변경 전의 법인해산등기 또는 조직변경 후의 법인설립등기에 관계없이 당해 법인의 사업연도는 조직변경 전 사업연도가 계속되는 것으로, 비영리내국법인이 관련 법률의 개정으로 해산하고 해산법인의 모든 재산과 법률상의 권리·의무가 신설된 비영리법인으로 포괄 승계되어 조직변경되는 경우, 해산된 비영리법인이 계상한 수입이자로서 손익 귀속사업연도의 미도래로 세무상 익금불산입한 금액은 그 귀속사업연도에 따라 신설된 비영리법인에게 승계되는 것임.

법인 - 491, 2009.4.24.

법인이 「상법」·기타 법령의 규정에 의하여 그 조직을 변경한 경우 조직변경 전의 법인해산등기 또는 조직변경 후의 법인설립등기에 관계없이 당해 법인의 사업연도는 조직변

경 전 사업연도가 계속되는 것으로, 「dd법률」에 의해 설립된 비영리법인으로 수익사업을 영위하는 "00진흥원"과 「ee법률」에 의해 설립된 비영리법인으로 수익사업을 영위하지 않는 "aa진흥원"이 「dd법률」의 개정으로 해산됨에 따라 해산법인의 모든 재산과 법률상의 권리·의무가 포괄 승계되어 "cc기술원"으로 조직변경되는 경우 "aa진흥원"의 고유번호증을 반납하고 "00진흥원"의 사업자등록증은 기존의 신고사항 중 법인명·대표자 등 변경된 사항에 대하여 정정신고를 할 수 있는 것임.

서면2팀 - 1001, 2008.5.22.

질 의

〔사실관계〕

• 당사는 「산업재해보상보험법」 일부 개정법률에 의해 2008.7.1.자로 (재)산재의료관리원(이하 '관리원'이라 함)의 재산, 권리 및 의무를 한국산재의료원(이하 '의료원'이라 함)이 포괄승계받음.

• 2007사업연도 말 현재 수익사업에서 발생한 미공제 이월결손금, 법인세 세무조정계산서상 유보액, 조세특례제한법에 의한 투자세액공제 미공제 이월액이 존재함.

• 또한 관리원은 면세사업인 의료보건용역(병원 등)과 과세사업인 임대업(장례식장 등)을 함께 영위하고 있음.

〔질의요지〕

• 이 경우 관리원이 법률의 개정에 의해 해산하고 의료원이 설립되는 것을 조직변경으로 보아 조직변경 전의 「법인세법」 제13조 제1항의 규정에 의한 이월결손금 및 세무조정시 사내유보로 처분된 금액은 조직변경 후의 법인에 승계할 수 있는지 여부 및 조직변경 전 「조세특례제한법」 제144조의 규정에 의한 이월공제세액은 조직변경 후의 법인의 조직변경 전 법인의 공제가능과세연도까지 공제받을 수 있는지 여부

• 이 경우 당초 투자금액을 2008년 귀속 결산시 투자손실로 처리해야 하는지 대손금으로 처리해야 하는지.

회 신

법인이 「상법」 기타 법령의 규정에 의하여 그 조직을 변경하고 사업을 계속하는 때에는 조직변경 전 법인의 「법인세법」 제13조 제1항의 규정에 의한 이월결손금 및 세무조정시 사내유보로 처분된 금액은 조직변경 후의 법인에 승계되는 것이며, 조직변경 후의 법인은 조직변경 전의 법인의 「조세특례제한법」 제144조의 규정에 의한 이월공제세액을 조직변경 전 법인의 공제가능 과세연도까지 공제받을 수 있는 것임.

서면2팀 - 2141, 2007.11.23.

질의

〔사실관계〕

질의법인은 2007.9월 시행된 「학교안전사고 예방 및 보상에 관한 법률」(법률 제8267호) 제28조의 규정에 의하여 교육인적자원부장관이 설립한 법인으로, 동법 제15조 및 제29조의 규정에 의하여 교육감이 설립한 16개 시도학교안전공제회의 업무를 지원하는데 필요한 사업을 수행하는 기관임. 「민법」 제32조 규정에 의해 설립·운영되던 (구)사단법인 학교안전공제회의 모든 권리·의무는 「학교안전사고 예방 및 보상에 관한 법률」 부칙 제4조 규정에 의해 학교안전공제회가 포괄승계하도록 되어 있으며, (구)사단법인 학교안전공제회는 청산절차 없이 이사회 해산의결만으로 해산함.

〔질의요지〕

(구)사단법인 학교안전공제회에서 가입한 은행예금 이자소득의 법인세 환급주체가 (구)사단법인 학교안전공제회인지 동법에 의해 설립된 특수법인 학교안전공제회인지 여부

회신

귀 질의의 경우 「민법」 제32조 규정에 의해 설립된 사단법인 학교안전공제회가 「학교안전사고 예방 및 보상에 관한 법률」의 규정에 의한 학교안전공제회로 조직을 변경한 경우 조직변경 전의 법인해산등기 또는 조직변경 후의 법인설립등기에 관계없이 당해 법인의 사업연도는 「법인세법 기본통칙」 6-0…1에 의해 조직변경 전 사업연도가 계속되는 것이며, 「학교안전사고 예방 및 보상에 관한 법률」에 의해 설립된 학교안전공제회에서 이자소득에 대한 법인세 과세표준을 신고함에 있어 동일한 사업연도 내 사단법인 학교안전공제회에서 발생한 이자소득을 포함하여 신고하는 것임.

서면2팀 - 1150, 2006.6.19.

질의

「전파법」 제66조, 「정보통신부 소관 비영리법인의 설립 및 감독에 관한 규칙」 제3조의 규정에 의하여 설립된 정보통신부 산하 재단법인 한국무선국관리사업단은 2005.12.30. 법률 제7815호에 의거 「전파법」이 개정됨에 따라 2006.7.1.부로 정관을 작성하여 정보통신부장관의 승인을 얻어 한국전파진흥원의 설립등기를 하여야 하고, 진흥원의 설립등기가 완료된 때에는 「민법」 중 법인의 해산 및 청산에 관한 규정에 불구하고 사업단은 해산된 것으로 보며, 정관 승인을 얻은 경우 사업단의 재산과 권리·의무의 포괄승계에 관하여 이사회의 의결을 거쳐 정보통신부장관의 승인을 얻은 때에는 진흥원의 설립등기일에 사업단의 재산과 권리·의무는 진흥원이 이를 포괄승계함(전파법 부칙 제4조). 이러

한 경우 한국전파진흥원이 신설법인으로 사업자등록을 하여야 하는지 기존 사항 중 변경사항만 신고하는 것인지 여부에 대하여 질의함.

회신

귀 질의의 경우와 같이 「상법」·기타법령의 규정에 의하여 그 조직을 변경한 경우에도 조직변경 전의 법인해산등기에 또는 조직변경 후의 법인설립등기에 관계없이 당해 법인의 사업연도는 조직변경 전 사업연도가 계속되는 것으로 보는 것이며, 법인설립신고 및 사업자등록은 기존 신고사항 중 변경된 사항에 대하여 정정신고를 하는 것임.

서면2팀 - 966, 2006.5.30.

질의

「석탄산업법」에 의해 설립된 석탄산업합리화사업단이 「석탄산업법」 제31조가 삭제되고 「광산피해의 방지 및 복구에 관한 법률」 제정으로 새로 광해방지사업단이 설립되면서 광해방지법에 기존 사업단의 모든 권리·의무 및 재산이 광해방지사업단으로 포괄승계하도록 규정되어 있는 경우 「법인세법 기본통칙」 6 - 0···1 규정에 의해 조직변경 전 사업연도가 계속되는지 여부

회신

귀 질의의 경우 「석탄산업법」에 의해 설립된 석탄산업합리화사업단이 「광산피해의 방지 및 복구에 관한 법률」의 규정에 의하여 광해방지사업단으로 조직을 변경한 경우 조직변경 전의 법인해산등기 또는 조직변경 후의 법인설립등기에 관계없이 당해 법인의 사업연도의 조직변경 전 사업연도가 계속되는 것으로 보는 것임.

서면2팀 - 75, 2006.1.10.

질의

2005년 3월 31일 「전기용품안전관리법」 개정에 따라 사단법인 한국전기제품안전진흥원이 한국전기제품안전협회로 변경되었음. 상기 개정된 법률에 따라 한국전기제품안전협회는 2005년 10월 1일 산업자원부장관의 법인설립허가를 받아 2005년 10월 7일 법인설립등기를 마치고 2005년 10월 13일 사업자등록을 하였으며 한국전기제품안전진흥원은 폐업신고를 하였음. 또한 산업자원부장관으로부터 한국전기안전협회가 한국전기안전진흥원의 모든 재산·권리 및 의무를 포괄승계하도록 한 이사회 의결내용 및 정관을 승인받았음. 이와 같은 상황에서

질의 1. 특별법에 의하여 포괄승계된 경우에 비영리법인의 수익사업부분에 대한 법인결산신고시 이월결손금 승계가 가능한지 여부

질의 2. 조직변경 후 법인의 사업연도를 조직변경 전 법인의 사업연도의 계속으로 보아

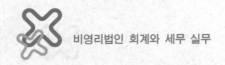

조직변경 전 법인의 폐업신고에 따른 법인결산신고를 하지 않고 조직변경 후 법인의 사업연도로 법인세 신고를 할 수 있는지에 대하여 질의함.

회신

비영리법인이 「상법」 또는 설립근거법률의 개정에 따라 새로운 법인으로 조직변경되면서 종전의 수익사업부분을 별도의 대가 없이 승계하여 계속 영위하는 경우 조직변경 전의 「법인세법」 제13조 제1항의 규정에 의한 이월결손금 및 세무조정시 사내유보로 처분된 금액은 조직변경 후의 법인에 승계되는 것이며, 조직변경 전의 법인해산등기 또는 조직변경 후의 법인설립등기에 관계없이 당해 법인의 사업연도는 조직변경 전 사업연도가 계속되는 것임.

서면2팀 - 1730, 2005.10.31.

질의

산림환경기능증진자금(이하 '녹색자금'이라 한다)은 「산림법」 제104조의 규정에 의하여 산림환경기능증진에 소요되는 시설비용 기타 경비를 지원하기 위하여 설치되었으며, 산림조합중앙회(이하 '중앙회'라 한다)가 독립된 회계로 운용·관리하도록 하고 있는 바, 중앙회는 녹색자금을 중앙회와는 별도의 비영리단체로 운영하고 있음. 또한 녹색자금은 「법인세법」의 규정에 의하여 고유목적사업준비금을 손금에 산입할 수 있는 비영리내국법인임.

녹색자금은 설립 후 2004년 3월 31일까지는 녹색자금을 조성하기 위하여 녹색복권을 발행하였는 바, 녹색복권의 발행은 복권발행회계에서 회계처리하고 조성된 자금은 녹색자금회계로 전출시켜 녹색자금운용심의회의 심의에 의거 녹색자금을 고유목적에 사용하고 있었음.

그런데 2004년 4월 1일 「복권 및 복권기금법」 시행으로 전체 복권발행이 국무총리 소속 복권위원회로 통합됨에 따라 녹색복권의 발행기능도 녹색자금에서 복권위원회로 이관되었음. 이에 따라 녹색자금은 발행회계를 폐지하고, 복권위원회로부터의 녹색복권의 발행과 관련한 위탁업무는 신설된 위탁사업회계에서 수행하고 있음. 또한 녹색자금의 고유업무인 산림환경기능증진에 소요되는 시설비용 기타 경비를 지원하기 위한 자금은 복권위원회로부터 직접 출연(보조금의 예산 및 관리에 관한 법률에 의하여 지급받는 국고보조금임)받아 녹색자금회계에서 처리하고 있음.

2005년 8월 4일에 「산림자원의 조성 및 관리에 관한 법률」이 제정되어 공포된 바, 동 법률은 공포 후 1년이 지난 2006년 8월 5일부터 시행하도록 되어 있음. 이 법률은 기존의 「산림법」을 대체하는 법률로서 녹색자금과 관련하여 현재의 녹색자금의 운용 관리주체를 중앙회에서 국가기관인 산림청으로 변경하도록 하고 있으며 동 법률의 시행 전까지 녹색자금이 산림청으로 이관되어야 함(위탁사업회계는 존속).

위 같은 상황에서의 고유목적사업준비금 사용과 관련하여 녹색자금회계가 2006년 8월 5일에 산림청으로 이관되면 이관시까지 고유목적사업준비금이 손금산입된 지 5년이 경과되지 아니하여 고유목적사업준비금 미사용액이 남아 있는 경우 이의 세무상 처리방법에 대하여 질의함.

회신

1. 귀 질의의 경우와 같이 산림조합중앙회가 독립된 회계로 운용관리하는 비영리법인인 산림환경기능증진자금이 손금산입한 고유목적사업준비금을 해당 자금의 관리운용주체가 관련법령의 개정으로 인하여 산림청장으로 변경됨에 따라 사용하지 않은 고유목적사업준비금을 산림청장 소관으로 이관하는 경우 해당 미사용 고유목적사업준비금은 익금산입 대상에 해당하지 않는 것임.
2. 귀 질의와 관련된 기질의회신문(서면2팀 – 706, 2004.4.6. ; 서면2팀 – 1992, 2004.9.23.)을 참고하기 바람.

서면2팀 – 1410, 2004.7.6.

질의

재단법인 한국인터넷정보센터는 1999.6.29. 「민법」 제32조 및 「정보통신부 소관 비영리법인의 설립 및 감독에 관한 규칙」 제6조에 근거하여 설립된 비영리법인으로서 2004. 1.29. 「인터넷주소자원에 관한 법률」이 공포되어 동법 제9조에 의하여 설립되는 한국인터넷진흥원에게 모든 재산과 권리 및 의무를 승계하고 해산하는 경우, 조직변경 전 사업연도가 계속되는 것인지 여부

회신

귀 질의의 경우 「민법」 제32조의 규정에 의하여 설립된 재단법인 한국인터넷정보센터가 「인터넷주소자원에 관한 법률」의 규정에 의하여 한국인터넷진흥원으로 조직을 변경한 경우 조직변경 전의 법인해산등기 또는 조직변경 후의 법인설립등기에 관계없이 당해 법인의 사업연도는 조직변경 전 사업연도가 계속되는 것으로 보는 것임.

서이 46012 – 10911, 2002.4.30.

질의

「한국공항공사법」에 의거 2002.3.2. 설립된 ○○공사는 설립과 동시에 국가로부터 부동산, 시설관리권 등을 현물출자받았으며 ○○공단으로부터 재산과 권리·의무를 동법 부칙 제5조의 규정에 의하여 포괄승계받은 경우로서, ○○공단이 국가로부터 무상사용수익허가를 받아 사용하던 무상수익기부자산을 출자받은 ○○공사가 당해 자산의 잔존가

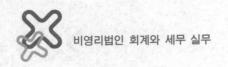

액을 일시상각하여 손금산입이 가능한지 여부 및 ○○공단으로부터 권리·의무를 포괄적으로 승계받은 경우 당해 자산에 대하여 「법인세법」 제78조에 규정된 '조직변경으로 인한 청산소득에 대한 과세특례'규정이 적용되는지 여부

회신

귀 질의의 경우 「한국공항공단법」에 의해 설립된 ○○공단이 동법의 폐지에 따라 「한국공항공사법」에 의해 설립된 ○○공사에게 모든 재산과 권리·의무를 포괄승계하는 경우에는 「법인세법」 제78조 규정에 의한 조직변경으로 보아 청산소득에 대한 법인세를 과세하지 아니하는 것이며, ○○공사가 국가로부터 부동산 및 공항시설관리권 등을 현물출자받은 경우 당해 현물출자자산 중에 ○○공단으로부터 포괄승계받은 사용수익기부자산의 잔존가액이 포함된 경우 동 사용수익기부자산의 잔존가액은 일시상각하여 손금산입한 후 동 금액을 익금산입(기타사외유출)하는 것임.

국심 2000전1340, 2000.11.17.

「임업협동조합법」과 청구법인의 정관에 의하면 청구법인이 산림조합의 권리·의무 일체를 승계하도록 되어 있고 산림조합의 재산을 단순히 명의만 변경하도록 규정하고 있으며, 전시한 양도당시 시행되던 「법인세법」 제59조의 2 제2항 단서에서 법인의 합병 또는 조직변경으로 인하여 소유권이 이전되는 경우에는 양도로 보지 아니한다는 규정에 비추어 볼 때, 쟁점부동산의 취득일은 산림조합에서 청구법인으로 명의를 변경한 날이 아니라 산림조합이 당초 쟁점부동산을 취득한 날로 보는 것이 타당하다고 판단되므로 처분청이 쟁점부동산의 취득일을 당초 산림조합의 취득일(쟁점①부동산은 의제취득일 1977.1.1.)로 보아 이 건 과세한 처분은 달리 잘못이 없다고 판단됨.

법인 46012-1698, 2000.8.7.

〔상황〕 당사는 2000년 3월 13일자로 시행된 「한국교육방송공사법」에 따라 한국교육방송원에서 한국교육방송공사(EBS)로 다음과 같이 전환되었음.

1999.12.31.　한국교육방송원의 정기 법인세신고서의 주요 내역 :
- 수익사업발생 미공제 이월결손금 약 ×××억 원
- 세무조정 유보액 합계 약 ×××억 원
- 임시투자세액공제 미공제이월액 약 ×억 원

2000.1.12.　「한국교육방송공사법」 공포

2000.3.13.　「한국교육방송공사법」 시행, 「한국교육방송원법」 폐지, 자본금결정 결산시행

2000.6.21.　재정경제부에서 자본금액 승인(×××억 원)
　　　　　　공시정관 제38조에 따라 잉여금을 자본금으로 전입

2000.6.22.　　법인등기 변경
2000.6.26.　　사업자등록증 정정

질의

질의 1. 한국교육방송원(이하 '방송원'이라 한다) 당시인 1999년 12월 31일로 종료되는 회계연도 법인세신고시에 수익사업과 관련하여 발생한 이월결손금 ×××억 원을 한국교육방송공사(이하 '방송공사'라 한다)의 법인세신고시에 수익사업소득에서 공제할 수 있는지 여부

질의 2. 방송원 당시인 1999년 12월 31일로 종료되는 회계연도 법인세신고시에 자본금과 적립금명세서(을)의 소득처분 유보사항은 2000년 1월 1일 이후 방송공사 법인세신고시에도 유효한 소득처분을 적용할 수 있는지 여부

질의 3. 방송원 당시인 1999년 12월 31일로 종료되는 회계연도 법인세신고시에 임시투자세액공제액 중 미공제된 이월액은 방송공사 법인세신고시에도 잔여기간에 걸쳐 공제받을 수 있는지 여부에 대하여 질의함.

회신

귀 질의의 경우 법인이 「상법」, 기타 법령의 규정에 의하여 그 조직을 변경하고 사업을 계속하는 때에는 조직변경 전의 「법인세법」 제13조 제1항의 규정에 의한 이월결손금 및 세무조정시 사내유보로 소득처분된 금액은 조직변경 후의 법인에 승계되는 것이며, 조직변경 전 법인의 「조세특례제한법」 제144조의 규정에 의한 이월공제세액은 조직변경 후의 법인의 조직변경 전 법인의 공제가능 과세연도까지 공제받을 수 있는 것임.

법인 46012 - 559, 2000.2.28.

질의

본원은 정부출연기관인 한국교육방송원(비영리법인)으로, 앞으로 「한국교육방송공사법」에 의하여 종전의 정부출연기관에서 정부투자기관으로 전환될 예정임.

이 경우 한국교육방송원이 특별법에 의한 한국교육방송공사로 전환하는 경우 「법인세법」상 조직의 변경으로 볼 수 있는지의 여부에 대해 질의함.

회신

「한국교육방송원법」에 의해 설립된 한국교육방송원이 동법의 폐지로 「한국교육방송공사법」에 의해 설립한 한국교육방송공사에게 동법 부칙 규정에 따라 한국교육방송원이 소유하는 시설과 재산에 관한 모든 권리와 의무를 한국교육방송공사에게 포괄승계하는 경우에는 「법인세법」 제78조의 규정에 의한 법인의 조직변경으로 보아 청산소득에 대한 법인세를 과세하지 아니하는 것임.

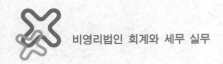

법인 46012 – 36, 2000.1.7.

질 의

1. 「신용협동조합법」에 의하여 설립된 당 법인은 현재 청산절차를 진행 중에 있으며, 당 법인의 경우 「법인세법 시행령」 제1조 제9호에 의거 비영리내국법인에 해당된다고 생각됨. 「법인세법」 제3조 제1항에서는 비영리내국법인에 대해 청산소득에 대한 법인세 납세의무가 없다고 규정하고 있음.

   그 이유로는 비영리내국법인이 해산에 의하여 청산하는 경우에도 그 잔여재산에 대해서는 정관이 정하는 바에 의하여 국가 등에 귀속하는 것이 일반적이기 때문에(공익법인의 설립에 관한 법률 13) 잔여재산을 분배할 주주 등이 없으므로 청산소득에 대한 법인세를 부과하지 않는 것으로 알고 있음.

2. 그런데 당 법인의 정관에서는 청산종결시 잔여재산을 국가 등에 귀속시키는 것이 아니라 조합원들에게 분배하도록 규정하고 있음.

   이와 같은 경우 신용협동조합인 당 법인의 청산소득에 대한 법인세 납세의무가 있는지 여부에 대해 질의함.

회 신

귀 질의의 경우 「신용협동조합법」에 의하여 설립된 신용협동조합은 「법인세법」 제78조의 규정에 의한 청산소득에 대한 법인세의 납세의무가 없으나, 당해 조합의 해산으로 인하여 발생한 「소득세법」 제17조 제2항 제3호의 규정에 의한 의제배당소득에 대한 소득세를 원천징수하여 납부하여야 하는 것임.

법인 46012 – 732, 1998.3.25.

신용관리기금이 「신용관리기금법」의 규정에 의하여 구분경리하고 있는 출연금운용회계사업의 모든 자산과 부채 및 권리와 의무를 「예금자보호법」(1997.12.31. 개정 법률 제5492호)에 의해 신설된 예금보험공사로 이관하는 경우에는 이관일 현재의 고유목적사업준비금상당액을 예금보험공사가 인수하고 「법인세법」 제12조의 2 규정에 의한 고유목적사업준비금을 손금계상하여 법인세의 과세표준과 세액을 신고할 수 있는 것임.

법인 46012 – 2586, 1997.10.9.

질 의

질의 1. 설립근거법률에 따라 「상법」상 해산 및 청산절차 없이 포괄승계할 경우 '청산소득' 과세 여부

질의 2. 포괄승계하는 재산이 '특별부가세과세대상자산' 여부

질의 3. 조직변경에 따른 설립등기비용 등을 정관에 기재해야만 인정될 수 있는지 여부

「한국산업은행법」제53조의 3의 규정에 의하여 설립한 성업공사가 "금융기관부실자산 등의 효율적 처리 및 성업공사의 설립에 관한 법률(법률 제5371호, 1997.8.22.)" 제5조의 규정에 의하여 설립한 성업공사에게 동법 부칙의 규정에 따라 모든 재산과 권리·의무를 포괄승계한 경우에는 조직변경으로 보아 특별부가세 및 청산소득에 대한 법인세를 부과하지 아니하는 것이며, 법인이 관계법률에 따라 조직을 변경하는 과정에서 소요된 설립등기 비용 등은 각 사업연도 소득금액 계산시 손금에 산입할 수 있는 것임.

법인 22601 - 2489, 1987.9.12.

「공업발전법」제16조 규정에 의하여 설립된 법인(특별법인)이 재단법인의 모든 권리와 의무를 승계한 경우 「법인세법 기본통칙」1-3-3…5(법인의 조직변경을 한 경우의 사업연도)를 적용할 수 없음.

주) 1986년 7월 1일 「공업발전법」제16조의 규정에 의하여 설립된 법인(특별법인)이 동법 부칙 제3조의 규정에 의하여 유사한 설립목적을 가지고 1957년 8월 28일 설립되었던 재단법인의 모든 권리와 의무를 승계한 경우 A와 B는 특별법인과 재단법인으로 설립근거법이 다르므로 단순한 조직변경으로 간주될 수 없다. 따라서 A와 B 각각 별도로 납세의무가 성립 확정되고, A는 B의 납세의무를 승계하는 것도 아니며, 「법인세법」제5조 및 동법 시행령 제5조 및 동법 제6조의 규정에 의하여 A는 「법인세법」제60조의 규정에 의한 법인설립신고 등을 하여야 하며, A·B는 각각 「법인세법」제26조의 규정에 의한 신고 등도 하여야 함.

법인 1264.21 - 4082, 1984.12.20.

사단법인이 사회복지법인으로 조직변경시 자산의 임의평가증한 금액은 취득가액에 포함되지 않음.

1-2. 상속세 및 증여세법

관계법령에 의한 포괄적 조직변경은 변경 전후의 조직이 동일하다고 보아 사업연도, 이월결손금, 고유목적사업준비금, 세무조정 사항 등이 그대로 이전되어 「법인세법」상 과세문제는 발생하지 않음을 설명하였다.

그러나 자산의 무상 수증에 따른 증여세의 과세문제가 발생될 수 있다. 이에 대하여 과거 행정해석에 의하면 주무관청의 허가를 받아 사용하던 자산과 부채를 다른 공익법인에

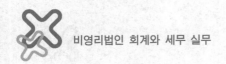

게 포괄적으로 이전하거나 법에 의한 조직변경 과정에서 단순히 소유자 명의만 변경하는 경우에는 증여세가 과세되지 않는다고 해석하고 있다(재산-1116, 2009.12.24. 외). 또 2016년 12월 20일 상속세 및 증여세법 제46조 제10호를 신설하여 '비영리법인의 설립근거가 되는 법령의 변경으로 비영리법인이 해산되거나 업무가 변경됨에 따라 해당 비영리법인의 재산과 권리·의무를 다른 비영리법인이 승계받은 경우 승계받은 해당 재산의 가액'을 비과세되는 증여재산으로 열거하고 있다.

따라서 조직변경에 따른 단순 명의변경을 제외하고는 수증자는 자산수증 이전에 「상속세 및 증여세법」상 공익법인 여부를 확인하여야 하며 증여세 과세가액 불산입 후에는 사후관리가 필요하다는 것에 유의하여야 할 것이다.

 | 중요 예규 및 판례 |

서면-2017-법령해석재산-2445, 2017.12.26.

〔질의〕

〔사실관계〕

- (사)○○협회는 민법 제32조 및 '○○부 및 그 소속청 소관 비영리법인의 설립 및 감독에 관한 규칙'에 따라 설립됨.
- 협회를 해산하고 '○○○ 법률'에 따라 특별법에 의한 특수법인인 ○○협회를 설립함.
- ○○협회로 새롭게 설립되면서 기존 협회의 재산 및 고용 등 승계가 이루어짐.

〔질의내용〕

- 민법에 의해 설립된 (사)○○협회가 해산하고 「○○○ 법률」에 따라 법인이 설립되면서 재산을 승계하는 경우 증여세 비과세 대상에 해당하는지 여부

〔회신〕

공익법인 등에 해당하지 않는 비영리법인이 다른 비영리법인으로부터 재산을 증여받는 경우로서 설립근거가 되는 법령에서 비영리법인의 재산과 권리·의무를 신설되는 비영리법인이 승계받도록 규정하지 않은 경우에는 「상속세 및 증여세법」(2016.12.20. 법률 제14388호로 개정된 것) 제46조 제10항에 규정된 비과세 대상에 해당하지 않는 것임.

재산-1116, 2009.12.24.

〔사실관계〕

• A법인(「민법」 제32조, 주무관청인 문화체육관광부의 인가를 받은 문화예술단체, 「법인세법 시행령」 제36조 제1항 제1호 각목 중 "사"목의 규정에 의한 공익성기부금단체임)

• B법인(「민법」 제32조, 주무관청인 문화체육관광부의 인가를 받은 문화예술단체, 「법인세법 시행령」 제36조 제1항 제1호 각목 중 "라"목의 규정에 의한 지정기부금단체)

• 위 A, B 두 법인을 통폐합하거나 신설법인에 출연하는 경우임.

• 신설하고자 하는 C법인은 「민법」 제32조에 의해 주무관청의 인가를 받은 문화예술단체이며

• 또한, 주무관청인 문화체육부장관의 추천으로 재경부 공익성기부금단체로 지정을 받을 것임.

〔질의내용〕

1. A, B 두 법인이 각각 해산한 후 신설하는 C법인에 재산을 출연하는 경우로서, C법인이 「법인세법 시행령」 제36조 제1항 제1호 "라목"에 해당되는 것으로 보아 증여세가 과세되지 않는지.

2. 아니면 「상속세 및 증여세법 시행령」 제12조 제6호 규정에 따라 관계행정기관의 장의 추천을 받아 재정경제부장관이 지정하는 사업으로서 재정경제부장관으로부터 지정받기 전에 출연받는 경우에는 출연된 재산에 대하여 증여세가 과세되는지 여부

3. 또는, B법인을 해산한 후 A법인에 출연재산을 기부하는 경우 증여세가 과세되는지 여부

1. 「상속세 및 증여세법 시행령」 제12조 제9호의 규정에 의하여 「법인세법 시행령」 제36조 제1항 제1호 각 목의 규정에 의한 지정기부금단체 등이 운영하는 공익성 있는 고유목적사업을 영위하는 자는 공익법인 등에 해당하는 것으로서, 「법인세법 시행령」 제36조 제1항 제1호 라목에 따라 정부로부터 허가 또는 인가를 받은 문화·예술단체(「문화예술진흥법」에 의하여 지정을 받은 전문예술법인 및 전문예술단체를 포함한다)는 공익법인 등에 해당하는 것임.

2. 「상속세 및 증여세법」 제48조 제2항 제5호 및 같은 법 시행령 제38조 제8항 제1호의 규정에 의하여 공익법인 등이 사업을 종료한 때의 잔여재산을 당해 공익법인 등과 동일하거나 유사한 공익법인 등에 귀속시키거나, 잔여재산을 주무부장관의 허가를 받아 다른 공익법인 등에 귀속시키는 경우에는 증여세가 과세되지 아니하는 것임.

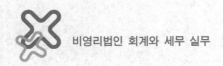

재산 - 840, 2009.11.24.

〔질 의〕

〔사실관계〕

· A의료법인은 뜻한 바가 있어 주무관청의 허가를 얻은 후 B학교법인(종합대학교)으로 전환하고자 함.

· 이에 따라 A의료법인 소유의 재산일체(종합병원, 현금, 예금 등)를 새로운 비영리법인인 B학교법인으로 소유권을 이전하고자 함.

〔질의내용〕

· 위와 같은 경우 A의료법인 및 B학교법인에 대하여 증여세가 과세되는지 여부를 질의함.

〔회 신〕

귀 질의의 경우는 유사질의회신사례(서일 46014 - 10399, 2001.11.2.)를 참고하기 바람.

〔참고 : 서일 46014 - 10399, 2001.11.2.〕

귀 질의와 같이 공익법인 등이 사업을 종료한 때의 잔여재산을 주무부장관의 허가를 받아 다른 공익법인 등에 귀속시키는 경우 증여세가 과세되지 아니하는 것임.

재산 - 6, 2009.8.25.

공익법인 등이 출연받은 재산을 「상속세 및 증여세법 시행령」 제38조 제2항 단서에 규정한 요건을 갖추지 아니하고 다른 공익법인 등에게 출연하는 경우에는 증여세가 과세됨.

재산 - 669, 2009.3.30.

「상속세 및 증여세법」 제48조 제2항 제5호 및 같은 법 시행령 제38조 제8항 제1호의 규정에 의하여 공익법인 등이 사업을 종료한 때의 잔여재산을 당해 공익법인 등과 동일하거나 유사한 공익법인 등에 귀속시킨 때에는 그 잔여재산에 대하여 증여세가 과세되지 아니하는 것이며, 그 잔여재산은 당해 공익법인 등과 동일하거나 유사한 공익법인 등의 새로운 출연재산이 되는 것임.

서면2팀 - 1656, 2005.10.17.

〔질 의〕

국립대학교 부설 나노기술직접센터로 나노기술개발을 목적으로 산업자원부 국고보조금과 지방자치단체 지원금을 받아 국책사업을 수행하고 있으며 예산은 국립대학과 별도로 집행하고 있음.

산업자원부에서는 공장 및 시설장비가 완공되기 전까지(5년 정도 걸림)는 법인설립을 허가해 주지 않도록 되어 있으며 수익사업은 5년 후에 개시할 예정임.

산업자원부로부터 법인설립허가 후 자산을 포괄양도양수하는 조건으로 신설법인에 이전할 경우 증여세 과세 여부에 대하여 질의함.

〔회신〕

비영리법인이 다른 비영리법인으로부터 무상으로 취득하는 재산은 「상속세 및 증여세법」 제2조 및 제4조의 규정에 의하여 증여세 과세대상이 되는 것임. 다만, 「국세기본법」 제13조 제2항의 규정에 의한 법인으로 보는 단체가 주무관청의 허가 또는 인가를 받아 설립된 법인으로 조직을 변경하는 과정에서 단순히 그 소유자의 명의만 변경하는 경우에는 증여세가 과세되지 아니하는 것이며 귀 질의가 이에 해당하는지 여부는 구체적인 사실을 확인하여 판단하는 것임.

서면4팀 – 402, 2005.3.18.

〔질의〕

A, B사업을 영위하던 공익법인이 주무관청의 허가를 받아 다른 공익법인에 A사업과 관련된 자산·부채를 포괄적으로 승계시키는 경우, 승계시킨 자산을 양도로 보아 당사에 증여세가 과세되는지 여부에 대하여 질의함.

〔회신〕

「상속세 및 증여세법 시행령」 제38조 제2항 단서의 규정에 의하여 공익법인이 출연받은 재산을 직접 공익목적사업에 효율적으로 사용하기 위하여 주무관청의 허가를 받아 다른 공익법인에게 출연하는 경우 직접 공익목적사업에 사용하는 것으로 보는 것이며, 귀 질의의 경우 공익법인이 수익사업에 사용하던 자산과 부채를 주무관청의 허가를 받아 다른 공익법인에게 포괄적으로 이전하는 경우 증여세가 과세되지 않는 것임.

재산상속 46014 – 41, 2000.1.13.

〔질의〕

〔상황〕

1. 개인병원에서 비영리공익법인인 의료법인으로 전환위해 개인의료기관의 전재산을 무상으로 공익법인인 의료법인에 출연하고자 함.
   - 총자산규모 : 약 100억 원
   - 부채규모 : 약 60억 원
   - 순자산 : 약 40억 원
2. 상기 부채는 의료기관 건립(병원신축에 따른 정부융자금 및 기타금융기관 차입금)을 하기 위한 부채 및 의료기관을 운영하면서 발생한 부채(의료장비구입에 따른 부채, 구급

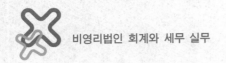
차량, 약품외상매입금, 비품구입비에 따른 부채)이며, 법인전환시점에서는 개인병원에서 운영하던 모든 자산 및 부채를 장부가액을 기준으로 하여 개인병원의 모든 권리를 법인에서 포괄양도양수계약에 따라 그간 근무하던 직원의 퇴직급여충당금 등 제반 미지급금에 따른 부채 및 의료비미수금 등 모든 자산을 승계할 예정임.

〔질의사항〕

이상과 같을 경우

1. 출연한 자산 100억 원에 대한 부채 60억 원을 포괄양도양수계약에 따라 승계할 경우 부채에 대하여 양도세의 과세대상이 되는지 여부

2. 비영리공익법인에 무상으로 출연하였을 경우 부담부증여가 관계가 성립되는 것인지 여부

회신

공익법인에 출연하는 재산의 경우에도 「상속세 및 증여세법」 제47조 제1항의 규정에 의한 부담부증여가 성립하는 것이며, 개인의료기관을 운영하는 자가 의료기관의 전재산을 무상으로 출연하여 의료법인을 설립하는 경우 같은 법 제48조의 규정에 의하여 증여세가 과세되지 아니하는 것이나, 출연재산 중 양도소득세 과세대상 재산에 담보된 채무를 의료법인이 인수하는 경우 당해 채무액에 상당하는 부분은 「소득세법」 제88조의 규정에 의하여 양도소득세가 과세되는 것임.

2 사업양수도

2-1. 양도자(증여자)

비영리법인의 수익사업부문 또는 수익사업용 자산의 일부를 유상으로 양도하는 경우에는 일반 영리법인과 동일하게 양도차익에 대하여 과세된다. 이때 고유목적사업준비금을 설정하여 과세소득을 일부 이연시킬 수 있다.

그러나 이를 무상으로 타 비영리법인에 출연하는 경우에는 제공한 때의 시가(시가가 장부가액보다 낮은 경우는 장부가액)를 기부금으로 보도록 하고 있다. 이때 시가가 장부가액보다

높은 경우 그 자산의 시가와 장부가액과의 차액은 각 사업연도의 익금으로 하고 동시에 기부금품으로 보아 「법인세법」 제24조 또는 제29조의 규정을 적용하여야 한다. 다만, 일반 기부금(법인세법 제2조 제12호에 해당하는 특수관계인에게 기부한 일반기부금은 제외)과 특례기부금은 장부가액으로 한다(법인세법 시행령 제36조 제1항). 한편, 비수익사업용 자산을 3년 이상 목적사업에 사용한 후 양도하거나 출연하는 경우에는 법인세가 과세되지 않는다.

이때 전 재산을 타 비영리법인에 출연하고 해산하는 경우에는 자산의 평가차손익과 순자산 감소액은 청산소득으로 보아 과세하지 않아야 할 것이다.

2-2. 양수자(수증자)

양수자 또는 수증자는 인수할 자산 부채가액을 확정하여야 한다. 유상으로 취득한 자산은 취득가액으로 무상 수증자산은 공정가액(시가)으로 계상한다.

만약 비영리법인이 법인세법 시행령 제39조 제1항 제1호에 따른 공익법인인 경우, 기부받는 입장에서의 자산의 취득가액은 기부하는 자와 기부받는 공익법인 간의 특수관계 성립 여부에 따라 기부받는 자산의 취득가액이 달라지게 되므로 주의하여야 한다(법인세법 시행령 제72조 제2항 제5호의 3). 이에 대한 자세한 내용은 '제1절 수익사업의 범위'와 '제5절 과세표준과 그 계산'을 참조하기 바란다.

또 사업의 포괄양수이더라도 무상 양수하는 경우에는 영업권을 계상할 수 없다(법인세법 시행규칙 제12조 제1항 제1호). 또한 「부가가치세법」상 사업의 포괄양수도인 경우에는 재화의 공급으로 보지 않아 부가가치세가 면제된다(부가가치세법 제10조 제9항 제2호).

동시에 무상출연(증여)에 따른 증여세 과세문제가 발생할 수 있는데, 이미 동 증여재산에 대하여 법인세가 과세된 경우에는 증여세는 비과세(상속세 및 증여세법 제4조의 2 제3항)되나 법인세가 비과세된 경우에는 공익법인(상속세 및 증여세법 시행령 제12조)만 과세가액 불산입 후 사후관리규정으로 적용받는다. 따라서 반드시 「상속세 및 증여세법」상 의무사항(상속세 및 증여세법 제48조)을 숙지하기 바라며 보다 자세한 내용은 '제4장 상속세 및 증여세법'을 참조하기 바란다.

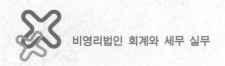

| 중요 예규 및 판례 |

광주고등법원(전주) - 2023 - 누 - 2055, 2024.4.24.

사회복지법인의 운영자가 사회복지법인어린이집의 운영권을 양도한다는 것은 사회복지법인어린이집을 운영할 수 있는 지위를 양도하는 것이고 해당 양도를 통해 받은 대가는 운영자 지위를 물려주고 필요한 절차를 밟아준 것에 대한 사례의 뜻으로 지급받은 것임.

사전 - 2016 - 법령해석법인 - 0245, 2016.12.30.

비영리법인이 해산하는 다른 비영리법인의 수익사업과 비수익사업에 속하던 자산·부채를 무상으로 승계받는 경우, 해당 법인이 승계받은 순자산가액은 각 사업연도의 소득에 해당하지 아니하는 것임.

법인 - 27, 2012.1.9.

「상속세 및 증여세법 시행령」 제12조에 따른 공익법인 등이 「법인세법 시행령」 제87조 제1항 각 호의 특수관계자 외의 자로부터 기부받은 지정기부금에 해당하는 금전 외 자산의 취득가액은 기부한 자의 기부 당시 장부가액(개인의 사업소득과 관련이 없는 자산은 취득 당시 「소득세법 시행령」 제89조에 따른 취득가액을 말함)으로 하되, 「상속세 및 증여세법」에 따라 증여세 과세가액에 산입되지 아니한 출연재산이 그 후 과세요인이 발생하여 그 과세가액에 산입되지 아니한 출연재산에 대하여 증여세의 전액이 부과되는 경우에는 기부 당시의 시가로 하는 것임.

법인 - 632, 2009.5.28.

〔질의〕

〔사실관계〕
- 당 연합회는 「교육기본법」 제15조 및 「민법」 제32조에 따라 설립
- 당 연합회는 사이버대학 설립한 후, 고유목적사업 및 임대수익사업에 사용 중인 토지 및 건물을 재평가하여 사립학교에 출연할 예정
- 1~5층 고유목적사업, 5~12층 임대사업에 사용하고 있으며, 출연예정 부동산의 취득가액은 10억 원이나 감정가액은 50억 원임.

〔질의요지〕
- 비영리법인이 고유목적사업과 수익사업에 공통으로 사용하던 토지 및 건물을 재평가하여 출연하는 경우 이를 고정자산의 처분으로 인해 생기는 수입으로 보아야 하는지.
- 부동산 출연행위에 대해 「법인세법」상 기부금 관련 규정의 적용 여부

비영리내국법인이 수익사업을 영위하는 경우에는 자산·부채 및 손익을 당해 수익사업에 속하는 것과 수익사업이 아닌 기타의 사업에 속하는 것을 각각 별개의 회계로 구분하여 경리하여야 하는 것이며, 고유목적사업과 수익사업에 사용되는 토지 및 건물을 재평가하여 「사립학교법」에 의한 사립학교에 시설비·교육비·장학금 또는 연구비에 충당할 목적으로 출연하는 경우에는 수익사업에 속하는 토지 및 건물의 재평가하기 전의 장부가액을 「법인세법」 제24조 제2항 제4호에 규정된 법정기부금으로 보는 것임.

법인 – 574, 2009.5.13.

의료업을 영위하는 비영리법인이 해산등기 후 잔여재산을 청산하는 과정에서 자산과 부채를 다른 비영리내국법인에 출연함으로써 발생하는 양도소득은 청산소득에 해당하는 것이나, 비영리내국법인은 「법인세법」 제3조 제1항에 따라 청산소득에 대한 법인세 납세의무가 없는 것임. 다만, 비영리내국법인의 경우에도 같은 법 제55조의 2 제1항에서 규정하는 부동산 양도에 대하여는 토지 등 양도소득에 대한 법인세를 납부하여야 하는 것임.

법인 – 549, 2009.5.11.

〔사실관계〕

• 개인 병원의 토지 및 건물을 출연하여 의료법인을 설립하면서, 의료법인 설립허가를 위해 설립등기 3개월 전에 당해 토지 및 건물을 감정평가함.

〔질의요지〕

• 토지 및 건물의 취득가액을 의료법인 설립등기 3개월 전에 감정평가한 가액으로 할 수 있는지 여부

의료업을 영위하는 개인사업자로부터 토지 및 건물을 출연받아 설립된 비영리 의료법인의 경우 출연받은 토지 및 건물의 취득가액은 출연일 현재의 시가로 하는 것이며, 시가가 불분명한 경우에는 「법인세법 시행령」 제89조 제2항 각호의 규정을 순차적으로 적용하여 계산한 금액으로 하는 것임.

서이 46012 – 10049, 2003.1.8.

〔상황〕 「산업기술기반조성사업에 관한 법률」에 의하여 동 운용요령(산업자원부고시)의 주관기관이 성공확정 이후 변경되는 경우(한국전기제품안전진흥원 → 전자파장애 공동연구소)

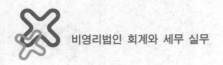

- 정부출연금으로 조성된 시험·연구물과
- 민간부담금으로 조성된 부동산 및 한국전기제품안전진흥원이 자체 자금으로 조성한 건물이(근저당 설정된 부채 포함)

〔질의〕

주관기관 변경으로 인하여 전자파장애공동연구소로 이관되거나 연구소가 유상으로 취득하는 경우 이관 당사자들의 법인세 과세 여부에 대하여 질의함.

〔회신〕

1. 귀 질의의 경우 한국전기제품안전진흥원 및 전자파장해공동연구소가 비영리내국법인인지 등은 불분명하나, 법인이 자산을 양도하는 경우 그 양도금액과 무상으로 받은 자산의 가액은 「법인세법 시행령」 제11조 제2호 및 제5호의 규정에 의하여 익금에 해당하는 것이며, 양도한 자산의 양도당시의 장부가액은 동법 시행령 제19조 제2호의 규정에 의하여 손금에 해당하는 것임.

2. 비영리내국법인의 경우에도 수익사업에서 생긴 소득에 대한 법인세를 납부할 의무가 있는 것이며, 「법인세법」 제55조의 2 '토지 등 양도소득에 대한 과세특례'의 규정이 적용되는 것임.

서이 46012 - 11084, 2002.5.24.

비영리내국법인이 금전 외 수익사업용 자산을 특수관계 없는 다른 비영리내국법인에게 출연하는 경우에는 그 자산의 시가와 장부가액과의 차액을 각 사업연도의 익금으로 하는 것이며 그 비영리내국법인에 출연하는 자산의 가액을 기부금품으로 보아 「법인세법」 제24조의 규정을 적용하는 것이나, 비수익사업용 자산에 대하여는 그러하지 아니하는 것임.

재법인 46012 - 196, 2000.11.30.

〔질의〕

국내에서 기술용역사업을 영위하는 비영리외국법인(A)이 국내지점을 폐쇄하고 자회사(B)를 설립하면서 B사는 폐쇄한 국내지점의 자산과 부채를 포괄양수하면서 기술용역사업에 대한 초과수익력에 대한 대가를 지급한 경우 이를 영업권으로 보아 B사가 감가상각할 수 있는지의 여부와 A사가 받은 당해 대가가 법인세 비과세대상에 포함되는지의 여부와 관련하여 질의함.

질의 1. B사가 A사에게 기술용역사업에 대한 초과수익력으로 지급한 대가를 영업권으로 계상할 수 있는지 여부

〔갑설〕 영업권으로 계상할 수 없음.

〔이유〕 위 비영리외국법인이 국내에서 영위하는 기술용역사업의 경우 1999.12.

31. 개정 전 「법인세법 시행령」 제2조 제1항 제2호의 규정에 의하여 수익사업에서 제외되는 바, 비수익사업에서 발생한 초과수익력을 영업권으로 보기는 어려움.

〔을설〕 영업권으로 계상할 수 있음.

〔이유〕 비영리외국법인이 국내에서 영위하는 기술용역사업을 수익사업에서 제외토록 한 것은 조세정책목적상 비롯된 것으로 영리법인이 영리·비영리 또는 내·외국법인 누구로부터 취득하건 사업양수자산과는 별도로 영업상 이익 등을 감안하여 적절한 평가방법에 따라 유상으로 취득한 금액에 해당하는 경우에는 영업권으로 계상할 수 있는 것임.

질의 2. A사가 위 기술용역사업을 2000.12.31. 이전에 B사에게 포괄양도하면서 지급받은 초과수익력의 대가에 대하여 기술용역사업 또는 3년 이상 고유목적사업에 사용한 고정자산의 처분으로 보아 법인세 비과세적용을 받을 수 있는지 여부

〔갑설〕 법인세 과세대상임.

〔이유〕 동 규정에 의하여 수익사업에서 제외하는 것은 기술용역사업에 한정되는 것으로 당해 사업에 대한 초과수익력을 평가하여 받은 금액은 당해 기술용역사업에 해당하지 아니하고 "질의 1"에서 당해 초과수익력을 영업권으로 보아 고정자산의 처분으로 인한 수입으로 본다 하여도 3년 이상 고유목적사업에 사용되지 않았으므로 법인세 과세대상임.

〔을설〕 법인세 비과세대상임.

〔이유〕 「법인세법 시행규칙」 제12조 제1항 제1호에서 영업상 이점 등을 영업권으로 하여 고정자산으로 보고 있는 바 동 영업권은 자산으로 계상되지 아니하였을 뿐 그 속성상 영업이 수행되는 과정에서 계속적으로 직접 사용되어온 고정자산으로 보는 것이 타당함.

회신

귀 질의의 경우 "질의 1"은 "을설"이 타당하나 초과수익력에 대한 대가의 지급이 조세의 부담을 부당히 감소시키기 위한 경우라면 그러하지 아니하며, "질의 2"는 "을설"이 타당함.

3 합병

비영리법인 간의 합병은 더 이상 새로운 이슈가 아니다. 비영리법인의 효율성 향상, 구조적 문제점에 대한 해결책으로 합병이나 분할이 이미 많은 비영리 분야에서 시도되고 있기 때문이다. 대학을 중심으로 과거 많은 합병이나 통합이 이루어졌으며 최근에는 의료법인간의 합병, 분할이 활발히 진행되고 있다.

그러나 이러한 비영리법인의 합병에 대한 성격은 영리법인의 합병과 비교할 때 개념적으로 많은 차이가 난다. 「상법」상 합병은 회사(합명회사, 합자회사, 주식회사, 유한회사)를 대상으로 하고 있기 때문에 「민법」상 재단법인이나 사단법인 형태인 비영리법인의 합병은 「상법」상의 합병과는 다른 형태를 지니고 있다. 또 비영리법인의 합병은 주무관청의 허가사항이다.

일부 「사립학교법」이나 「사회복지사업법」 등 설립관계법에서 합병이라는 용어를 사용하고 있고 그 의미도 영리법인간의 신설합병이나 흡수합병 등을 의미하는 것으로 판단된다. 그러나 동법에서는 합병의 방식과 절차에 대하여 보다 명확하게 설명하고 있지 않다.

비영리법인의 합병은 「상법」이나 세제상 혜택을 주고 있는 세법상의 적격합병과는 차이가 발생한다. 저자의 의견으로는 비영리법인의 합병은 포괄적 조직변경 또는 포괄적 사업양수도의 변형된 형태로 보는 것이 보다 타당할 것이다. 따라서 합병으로 인한 회계·세무적 문제점은 '1. 포괄적 조직변경'이나 '2. 사업양수도'에서 설명된 것과 유사할 것이다.

3-1. 학교법인

합병 및 해산에 관련된 「사립학교법」 규정(제5절 제34조~제42조)을 살펴보면 다음과 같다.

① 학교법인이 다른 학교법인과 합병하고자 할 때에는 이사정수의 3분의 2 이상의 동의가 있어야 하고, 교육부장관의 인가를 받아야 한다(제36조).
② 합병에 의하여 학교법인을 설립할 경우에는 정관 그 밖에 학교법인의 설립에 관한 사무는 각 학교법인이 선임한 자가 공동으로 행하여야 한다(제39조).
③ 합병 후 존속하는 학교법인 또는 합병으로 설립된 학교법인은 합병으로 소멸된 학교법인의 권리·의무(그 학교법인이 그가 경영하는 사업에 관하여 교육부장관의 인가나 그 밖의 처분으로 인하여 가지는 권리·의무를 포함한다)를 승계한다(제40조).

④ 학교법인의 합병은 합병 후 존속하는 학교법인 또는 합병으로 설립되는 학교법인의 주된 사무소의 소재지에 등기함으로써 그 효력이 생긴다(제41조).

⑤ 학교법인은 정관으로 정한 해산사유의 발생, 목적달성의 불가능, 다른 학교법인과의 합병, 파산 그리고 교육부장관의 해산 명령이 있은 때 해산한다(제34조).

⑥ 해산한 학교법인의 잔여재산은 합병 및 파산의 경우를 제외하고는 교육부장관에게 청산 종결을 신고한 때에 정관으로 지정한 자에게 귀속된다(제35조 제2항).

⑦ 학교법인의 해산에 의하여 처분되지 아니한 재산은 대학교육기관을 설치·경영하는 학교법인의 재산은 국고에 귀속되고, 고등학교 이하의 학교를 설치·경영하는 학교법인의 재산은 해당 지방자치단체에 각각 귀속된다(제35조 제4항).

⑧ 국고 또는 지방자치단체에 귀속된 학교법인의 잔여재산은 사립학교 교육의 지원을 위하여 다른 학교법인에 양여·무상대부 또는 보조금으로 지급하거나 그 밖의 교육사업에 사용한다(제35조 제5항).

⑨ 고등학교 이하 각급 학교를 설치·경영하는 학교법인은 학생수가 크게 감소하여 그 목적을 달성하기 곤란한 경우에는 「사립학교법」 제34조 제1항의 해산사유에 불구하고 시·도 교육감의 인가를 받아 해산할 수 있다(제35조의 2 제1항).

⑩ ⑨에 의한 학교법인 해산의 경우는 해산인가신청서에 이사정수의 3분의 2 이상의 동의를 얻은 잔여재산처분계획서를 첨부하여 시·도 교육감에게 제출하여야 하고, 시·도 교육감은 사학정비심사위원회에서 그 처분계획서를 심사한다(제35조의 2 제2항, 제3항, 제5항).

⑪ ⑨에 의한 학교법인 해산의 경우 학교법인은 그 잔여재산의 전부 또는 일부를 「사립학교법」 제35조 제1항(정관에 해산시 잔여재산의 귀속자에 대한 규정을 두고자 할 때에는 그 귀속자는 학교법인이나 기타 교육사업을 경영하는 자 중에서 선정)의 규정에 불구하고 잔여재산처분계획서에서 정한 자(예를 들면, 학교설립재산출연자 등)에게 귀속시키거나, 「공익법인의 설립·운영에 관한 법률」 제2조의 규정에의 공익법인의 설립을 위한 재산으로 출연할 수 있다(제35조의 2 제7항).

학교법인의 합병은 양측의 학교법인을 모두 해산하고 새로운 학교법인을 설립하는 신설합병과 한편의 학교법인만 해산하고 다른 학교법인은 존속시키는 흡수합병이 있다. 학교법인을 해산하는 경우 잔여재산에 대한 당해 학교법인의 처분권(매도 또는 양여)을 일체 불인정하되, 고등학교 이하 학교를 경영하는 학교법인 중 학생수 격감으로 목적달성이 곤란하여 해산하는 경우에는 당해 학교법인이 수립한 잔여재산처분계획서에서 정한 자 또는 공익법인 설립재산으로 출연할 수 있는 권리를 인정하고 있다.

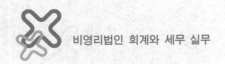
3-2. 의료법인

의료법인의 설립근거법인 「의료법」에는 현재까지 합병에 관한 별도 조항이 존재하지 않는다. 그러나 현재 의료법인 간에 합병, 분할등 유사한 구조조정의 문제가 발생하고 있는 바, 이의 근거가 될 수 있는 의료법인의 합병등에 대한 규정이 조속한 시일 내에 마련되어야 할 것이다.

3-3. 사회복지법인

사회복지법인의 설립근거법인 「사회복지사업법」에서 다음과 같은 조항을 살펴볼 수 있다.

제27조【남은 재산의 처리】
① 해산한 법인의 남은 재산은 정관으로 정하는 바에 따라 국가 또는 지방자치단체에 귀속된다.
② 제1항에 따라 국가 또는 지방자치단체에 귀속된 재산은 사회복지사업에 사용하거나 유사한 목적을 가진 법인에 무상으로 대여하거나 무상으로 사용·수익하게 할 수 있다. 다만, 해산한 법인의 이사 본인 및 그와 대통령령으로 정하는 특별한 관계에 있는 사람이 이사로 있는 법인에 대하여는 그러하지 아니하다.

제30조【합병】
① 법인은 시·도지사의 허가를 받아 이 법에 따른 다른 법인과 합병할 수 있다. 다만, 주된 사무소가 서로 다른 특별시·광역시·특별자치시·도·특별자치도(이하 "시·도"라 한다)에 소재한 법인 간의 합병의 경우에는 보건복지부장관의 허가를 받아야 한다.
② 제1항에 따라 법인이 합병하는 경우 합병 후 존속하는 법인이나 합병으로 설립된 법인은 합병으로 소멸된 법인의 지위를 승계한다.

---

4 분 할

분할은 기업의 구조조정을 지원하기 위하여 합병과 달리 주식회사에 한하여 회사를 나눌 수 있도록 「상법」상 도입된 제도이다. 「상법」상 분할은 합병과 대칭되는 개념으로 어느 한 회사의 자산이 분리되어 적어도 하나 이상의 신설 또는 기존의 회사에 포괄승계되고 그 대가로 기존 회사의 주식이 원칙적으로 분할되는 회사의 주주에게 부여되는 제도이다.

비영리법인에게는 이러한 「상법」상의 분할이 적용되지 않는다. 따라서 기존의 비영리법인의 분할은 앞에서 설명된 바와 같이 포괄적 사업양수도의 변형된 형태로 보아야 할 것이다. 즉, 비영리법인의 일정 사업부를 포괄적으로 다른 비영리법인에 양도하거나 무상 이전하는 것을 분할이라는 단어를 사용한 것으로 파악된다. 또한 비영리법인의 설립근거법에서도 분할이라는 단어를 별도로 규정하고 있지 않다.

2010년 1월 1일 공공기관의 민영화 등 구조개편을 위하여 「조세특례제한법」 제45조의 2에서 분할특례규정을 신설하였다.

조세특례제한법 제45조의 2【공공기관의 구조개편을 위한 분할에 대한 과세특례】

「공공기관의 운영에 관한 법률」 제4조에 따라 공공기관으로 지정된 내국법인(이하 "공공기관"이라 한다)이 민영화 등의 구조개편을 위하여 2010년 12월 31일까지 「상법」 제530조의 2부터 제530조의 11까지의 규정에 따라 대통령령으로 정하는 분할을 하는 경우로서 그 분할이 대통령령으로 정하는 요건을 갖춘 경우에는 「법인세법」 제46조 제1항 각 호의 요건을 갖춘 분할로 보아 이 법과 「법인세법」 및 「부가가치세법」의 분할에 관한 규정을 적용한다. (2010.1.1. 신설)

조세특례제한법 시행령 제42조의 2【공기업 민영화에 따른 분할에 대한 과세특례】

① 법 제45조의 2에서 "대통령령으로 정하는 분할"이란 다음 각 호의 어느 하나에 해당하는 분할을 말한다. (2010.2.18. 신설)

1. 삭제 <2014.12.30.>
2. 그 밖에 민영화 등의 구조개편을 위한 공공기관의 분할로서 기획재정부령으로 정하는 분할 (2010.2.18. 신설)

② 법 제45조의 2에서 "대통령령으로 정하는 요건"이란 다음 각 호의 요건을 말한다. (2010.2.18. 신설)

1. 「법인세법」 제46조 제1항 제2호 및 제3호에 해당할 것 (2010.2.18. 신설)
2. 분할등기일 현재 5년 이상 사업을 계속하던 내국법인이 「법인세법 시행령」 제82조 제3항 제3호 및 제4호의 요건을 갖추어 분할하는 것일 것 (2010.2.18. 신설)

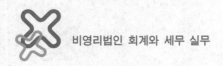

| 중요 예규 및 판례 |

기획재정부 법인세제과 – 346, 2023.6.15., 사전 – 2022 – 법규법인 – 0394, 2022.12.2.

1. 「방위산업 발전 및 지원에 관한 법률」(2020.2.4. 법률 제16929호로 개정된 것) 부칙에 따라 법인의 보증사업을 분리하여 방위산업공제조합을 신설하는 것은 「법인세법」 제78조에 따른 조직변경에 해당하지 아니하는 것임.

2. 「민법」 제32조에 따른 비영리법인이 수익사업부문을 분리하여 영리법인을 신설하는 경우에는 「법인세법」상 분할에 관한 규정이 적용되지 아니하는 것임.

지방세특례제도과 – 2174, 2021.9.30.

질의

〔질의요지〕

• 「지방세특례제한법」 제57조의 2 제3항 제2호에서는 "「법인세법」 제46조 제2항 각 호의 요건을 갖춘 분할로 인하여 취득하는 재산"에 대해서 취득세의 75%를 경감한다고 규정하고 있는바,

 – 특별법에 따라 설립된 "○○○○○교육원"이 "○○○○○대학교 부속 고용노동연수원"의 재산·권리·의무를 승계하는 경우, 「법인세법」 제46조 제2항 각 호의 요건을 갖춘 적격분할로 보아 취득세 감면대상에 해당하는지 여부

회신

가. 「지방세특례제한법(법률 제16865호, 2020.2.15. 개정된 것)」 제57조의 2 제3항에서 '다음 각 호의 어느 하나에 해당하는 재산을 2021년 12월 31일까지 취득하는 경우에는 취득세의 100분의 75를 경감한다'고, 제2호에서는 '「법인세법」 제46조 제2항 각 호(물적분할의 경우에는 같은 법 제47조 제1항을 말한다)의 요건을 갖춘 분할로 인하여 취득하는 재산'을 규정하고 있으며,

 – 「법인세법」은 "인적분할"의 경우 제46조 제2항을, "물적 분할"의 경우 제47조 제1항에서 분할법인에 대한 과세특례를 규정하면서 '제1항을 적용할 때 다음 각 호의 요건을 모두 갖춘 분할(이하 "적격분할"이라 한다)의 경우에는 분할신설법인으로 받은 양도가액을 분할법인등의 분할등기일 현재의 순자산 장부가액 만큼을 사업연도의 소득금액을 계산할 때 손금에 산입할 수 있다'고,

 – 같은 법 제46조 제2항에서 제1항을 적용할 때 다음 각 호의 모든 요건을 모두 갖춘 분할(적격분할)을 규정하면서 제2호에서 '분할법인등의 주주가 분할신설법인등으로부터 받은 분할대가의 전액이 주식인 경우 그 주식이 분할법인등의 주주가 소

유하던 주식의 비율에 따라 배정되고 대통령령으로 정하는 분할법인등의 주주가 분할등기일이 속하는 사업연도의 종료일까지 그 주식을 보유할 것'으로 규정하고 있음.

나. 「지방세특례제한법」 제57조의 2 제3항 제2호에서는 "법인분할"에 대한 용어의 정의나 구체적 범위에 대하여 별도의 규정을 두지 않고, 취득세 경감대상의 범위를 「법인세법」에 위임하고 있고,

　－「법인세법」에서는 신설법인이 분할에 따라 취득하는 재산이 감면대상이 되려면 그 분할법인이 법 제46조 제2항 각 호 및 제47조 제1항의 요건을 모두 갖춘 "적격분할"에 해당되는 경우를 감면요건으로 규정하고 있음.

다. 「○○○○○교육원법」에 따라 설립된 "○○○○○교육원"은 "노사갈등을 예방하고 건전한 노사관계를 정립하는 데 기여하는 것을 목적"으로 설립되어 출연금과 그 밖의 수익금으로 운영되는 비영리법인으로, 같은 법 제22조에서 "이 법과 「공공기관의 운영에 관한 법률」에 정한 것 외에는 「민법」 중 재단법인에 관한 규정을 준용한다"고,

　－「민법」 제47조 제1항에서 "재단법인의 설립은 증여의 규정을 준용한다"고 명시하고 있는바, 재단법인의 설립절차는 설립자가 일정 재산을 출연(증여)하고 정관을 작성하여 등기함으로써 완성되며, 「상법」 규정에 따라 발기인이 정관을 작성하고 주식을 발행하여 신설하거나 법인합병·분할 또는 현물출자 방식으로 회사를 설립하는 주식회사와는 법인 설립목적, 주식발행 여부, 운영방식 등에서 법인격이 구분된다 할 것임.

라. 「법인세법」에 따라 분할하는 법인에 대한 법인세 과세특례 및 「지방세특례제한법」에 따라 신설된 분할법인이 취득하는 재산에 대해 취득세 경감혜택을 부여하는 것은 해당 부동산이 계속 사업용 재산으로 제공되어 사업의 동일성이 유지되는 것을 전제로 하는 것이며,

　－「법인세법」에서는 사업의 동일성이 유지되는 것으로 판단하기 위하여 법 제46조 제2항 각 호의 모든 요건을 충족하여야 함을 규정하면서 제2호에서 분할법인등의 주주가 분할신설법인등으로부터 배정된 주식을 분할등기일이 속하는 사업연도의 종료일까지 그 주식을 보유할 것을 감면요건으로 규정하고 있어, 금전이나 물건을 출연하고 재단법인을 준용하여 설립되는 비영리법인의 경우 「법인세법」에서 규정하는 적격분할의 주체에 해당하지 않는다 할 것임.

마. 따라서, "○○○○○교육원"이 ○○○○○대학교 부속 고용노동연수원에서 수행하던 사업과 이와 관련된 재산·권리·의무를 모두 승계한다 하더라도 이는 「법인세법」 제46조 제2항 각 호의 요건을 갖춘 적격분할에 해당하지 않고, 「○○○○○교육원법」에 따라 설립된 "○○○○○교육원"이 ○○○○○대학교로부터 취득한 이 건 부동산은 출연행위

인 증여로서 취득한 것에 해당하므로 「지방세특례제한법」 제57조의 2 제3항에서 규정하는 기업분할 등에 대한 취득세 경감대상에 해당하지 않는다 판단됨.

바. 다만, 이는 질의 당시 서면 및 사실관계를 바탕으로 판단한 해석으로서 추가사실확인 등 변동이 있을 시는 당해 과세권자가 면밀한 조사를 통해 결정할 사안임.

재법인 - 69, 2010.2.4.

> **질 의**

〔사실관계〕

□ 「자본시장과 금융투자업에 관한 법률」이 제정(2007.8.3.)

- 동 법률(제283조 제1항)에 따라 한국증권업협회, 선물협회, 자산운용협회를 통합(합병)하여 한국금융투자협회를 설립(2009.2.4.)

  ➡ 상기 협회들은 모두 비영리법인이며, 신설협회는 자통법에서 특별히 정한 것을 제외하고는 「민법」 중 사단법인 규정을 준용

- 합병 후 피합병법인(합병대상협회)의 기존회원은 합병법인(신설협회)의 회원이 되며, 기존 회원들은 회원으로서의 지위만 유지하고 별도의 합병대가·지분을 받지 않음.

□ 합병 과정에서 「기업인수·합병 등에 관한 회계처리준칙」을 준용해서 매수법에 따라 자산을 공정가액으로 평가

  ➡ 피합병법인 간 보유자산가액 차이가 커서 지분법을 적용하지 못함.

- 이 과정에서 합병대상협회의 순자산가액이 약 1,477억 원 평가증됨(비상장주식 370억 원, 건물 등 부동산 1,107억 원).

  ➡ 비영리법인의 경우 기업회계기준, 합병준칙 등이 적용되지 않으며, 매수법에 따라 평가할 의무는 없음.

〔질의요지〕

비영리법인이 합병하는 과정에서 자산을 공정가액으로 평가하여 승계한 경우

해당 자산의 「법인세법」상 장부가액(취득가액)은

〔갑설〕 평가 이전의 가액(장부가액)

〔을설〕 합병하면서 계상한 가액(평가증된 가액)

➡ 갑설·을설 모두 합병평가차익은 과세되지 않음을 전제로 함.

> **회 신**

비영리법인 간 합병에서 합병법인이 피합병법인의 자산을 평가하여 승계하는 경우, 「법인세법」 제17조 제1항 제3호 단서에 따른 합병평가차익을 익금에 산입할 수 없고 이에 따라 승계한 자산의 취득가액은 평가하기 이전의 가액으로 하는 것임.

서면2팀 - 1262, 2007.7.2.

질의

〔사실관계〕

• 학교법인 A학원은 대학교, 중·고등학교를 운영 중 교육부의 승인(대학교와 중·고등학교 분할)을 받아 학교법인 A학원(대학교 부문)은 존속하고, 중·고등학교에 해당되는 고유목적사업용으로 사용하던 부동산(토지·건축물 등)과 수익사업용 예금을 특수관계가 없는 학교법인 B(A학원에서 분리 신설)에 기부출연함.

• 학교법인 A학원은「법인세법」제29조 규정에 의거 고유목적사업준비금을 설정하여 손금계상하고 미사용 잔액이 있음.

• 따라서 A학교법인이 B학교법인에 고유목적사업용 부동산(토지 및 건축물 등)의 장부가액 20억 원(시가 100억 원)과 수익사업용 재산(예금) 30억 원 상당액을 기부출연하였을 경우(법인세법 제29조 규정에 의한 고유목적사업준비금 손금산입 상당액(미사용잔액)의 인계 포함),

•「법인세법 시행령」제56조 제5항 비영리 '내국법인이 법령 또는 정관에 규정한 설립목적을 직접 수행하는 사업'에 해당되어, 즉 학교법인으로서 설립목적이 동일한 학교법인에게 지급한 경우로서 고유목적사업준비금의 사용한 것으로 볼 수 있는지 여부

〔갑설〕고유목적사업준비금의 사용으로 봄.

〔을설〕수익용 재산가액은 고유목적사업준비금의 사용으로 볼 수 없음.

〔질의요지〕

학교법인 A가 교육부의 승인에 따라 학교법인 A와 학교법인 B로 분할되면서 고유목적사업에 사용(중·고등학교분)하던 토지·건물과 수익사업용 재산(예금) 30억 원 상당액을 기부출연한 경우에 학교법인 A가「법인세법」제29조 규정에 의한 고유목적사업준비금의 고유목적사업에 직접사용에 해당하는지 여부

회신

대학과 중·고등학교를 운영하던 학교법인 A가 주무관청의 승인을 받아 중·고등학교를 분리하여 학교법인 B를 설립하면서 중·고등학교의 고유목적사업용으로 사용하던 자산(토지·건축물 등)과 수익사업용 자산(예금)을 학교법인 B로 출연하는 경우, 학교법인 A가 고유목적사업용으로 사용하던 토지·건축물 등을 학교법인 B로 출연하는 것은「법인세법」제29조 제2항의 규정에 의한 고유목적사업준비금의 사용으로 보지 아니하는 것이나, 수익사업용 예금을 학교법인 B의 고유목적사업비로 출연하는 것은 고유목적사업준비금의 사용으로 보는 것임.

제**3**장

부가가치세법

제1절

과세대상

1 과세대상의 범위

부가가치세는 다음의 거래에 대하여 과세한다(부가가치세법 제4조).
① 사업자가 행하는 재화 또는 용역의 공급
② 재화의 수입

재화란 재산 가치가 있는 물건과 권리를 말한다. 여기서 물건이란 상품, 제품, 원료, 기계, 건물 등 모든 유체물과 전기, 가스, 열 등 관리할 수 있는 자연력을 말한다. 따라서 재산가치가 없는 것은 재화의 범위에 포함하지 아니한다(부가가치세법 기본통칙 2-2…1). 권리란 광업권, 특허권, 저작권 등 물건 외에 재산적 가치가 있는 모든 것으로 한다(부가가치세법 제2조, 동법 시행령 제2조). 재화를 공급하는 사업의 구분은 통계청장이 고시하는 당해 과세기간 개시일 현재의 한국표준산업분류에 따른다.

용역이라 함은 재화 외의 재산 가치가 있는 모든 역무(役務)와 그 밖의 행위를 말한다. 건설업, 숙박 및 음식점업, 운수업, 방송통신 및 정보서비스업, 금융 및 보험업, 부동산업 및 임대업(전·답·과수원·목장용지·임야 또는 염전 임대업 제외), 사업서비스업 등의 사업에 해당하는 모든 역무 및 그 밖의 행위를 말한다. 용역을 공급하는 사업의 구분은 통계청장이 고시하는 당해 과세기간 개시일 현재의 한국표준산업분류에 의하되, 상기의 사업과 유사한 사업은 한국표준산업분류에 불구하고 용역을 공급하는 사업에 포함되는 것으로 본다.

반면 협회 등 단체가 재화의 공급 또는 용역의 제공에 따른 대가관계 없이 회원으로부터 받는 협회비·찬조비 및 특별회비 등은 과세대상이 아니다(부가가치세법 기본통칙 4-0…2).

| 중요 예규 및 판례 |

사전 - 2023 - 법규부가 - 0214, 2023.5.4.
공단이 국가로부터 「의료법」에 따라 비급여진료비용 등의 보고 및 현황조사 업무를 위탁받으면서 지급받은 보조금을 비급여진료비용 등을 보고한 의료기관에 지급하는 경우 국가로부터 지급받는 해당 보조금은 용역의 공급과 직접 관련되지 아니하므로 공급가액에서 제외됨.

사전 - 2021 - 법령해석부가 - 0452, 2021.4.9.
「수산자원관리법」에 따라 설립된 한국수산자원공단이 같은 법 제55조의 2 제3항에 따른 사업을 국가 · 지방자치단체(이하 "국가등")로부터 위탁받아 대행하는 경우 「조세특례제한법」 제106조 제1항 제6호 및 같은 법 시행령 제106조에 따라 2021.4.1. 이후 공급분부터 부가가치세가 면제되는 것이나 「수산자원관리법」 제55조의 2 제3항 외의 사업을 위탁받아 대행하는 경우에는 부가가치세가 과세되는 것이며 이 경우 한국수산자원공단이 사업을 대행하고 그 대가로 국가등으로부터 지급받은 위탁수수료와 사업비를 공급가액으로 하여 과세사업인 경우 「부가가치세법」 제32조에 따른 세금계산서를, 면세사업인 경우 「법인세법」 제121조에 따른 계산서를 각각 발급하는 것임.

사전 - 2020 - 법령해석부가 - 1144, 2020.12.14.
「민법」에 따라 지방자치단체의 허가를 받아 설립된 비영리 재단법인(이하 "법인")이 지방자치단체와 체결한 '청년정책 지원시스템 운영 업무대행 협약'에 따라 시스템 운영비, 인건비, 위탁수수료 등을 사업비로 지급받고 관련 업무를 수행하는 경우 해당 사업비는 업무대행 용역의 대가로서 「부가가치세법」 제11조에 따라 부가가치세가 과세되는 것이며 업무대행에 대한 대가를 사업종료 후 정산을 통하여 확정하기로 한 경우 같은 법 제16조 및 같은 법 시행령 제29조 제2항 제1호에 따라 역무의 제공이 완료되고 그 공급가액이 확정되는 때를 공급시기로 하여 법인이 같은 법 제32조에 따라 지방자치단체에 세금계산서를 발급하는 것임.

서면 - 2018 - 법령해석부가 - 3766, 2019.6.25.
한국어촌어항공단(이하 "공단")이 국가와 체결한 「국가어항관리사업 업무 위탁계약」에 따라 해당 사업계획과 사업비에 대하여 국가로부터 사전승인을 받고 사업시행 완료 후 사업비 잔액(이자 등)을 반납하는 등 공단이 국가의 책임과 계산으로 국가어항관리업무를 대행하고 총 지출금액의 10% 이내의 위탁수수료를 포함한 사업비를 받는 경우 「부가가치세법」 제29조 제1항에 따라 해당 위탁수수료가 공단이 국가에 제공하는 국가어항

관리업무 대행용역대가에 해당하는 것임.

사전 - 2017 - 법령해석부가 - 0719, 2017.12.6.
연구개발과 관련하여 재화 또는 용역과 직접 관련없이 정부 또는 그 위임을 받은 자로부터 지원받는 정부출연금은 「부가가치세법」 제29조 제5항 제4호에 따라 부가가치세 과세표준에 포함하지 아니하는 것이며, 「민군기술협력사업 공동시행규정」(산업통상자원부 훈령 제89호 2016.1.27., 방위사업청 훈령 제357호 2016.4.28.) 제132조에 따라 전담기관에 납부하는 기술료의 부가가치세 과세 여부는 실시권의 대가인지 여부, 지급받는 기관 등 기술료의 구체적인 성격에 따르는 것임.

사전 - 2017 - 법령해석부가 - 0559, 2017.9.19.
재단이 지자체로부터 쟁점공사를 포괄적으로 위탁받아 자기의 책임과 계산 하에 수행하는 경우에는 「부가가치세법」 제29조에 따라 해당 사업비 전체금액에 대하여 부가가치세가 과세되는 것임.
귀 질의의 경우, 재단이 지자체로부터 쟁점공사를 포괄적으로 위탁받아 자기의 책임과 계산 하에 수행하는 것인지 여부는 공사계약의 구체적인 내용 및 실제 거래형태 등을 종합적으로 고려하여 사실판단할 사항임.

조심 2016부4366, 2017.7.19.
청구법인의 명상수련원 사업을 「법인세법」상 비영리법인이 영위하는 수익사업에 해당되고, 회원들로부터 지급받은 수행참가비를 「부가가치세법」상 부가가치세 과세대상에 해당되는 것으로 보아 법인세 및 부가가치세를 과세한 처분은 잘못이 없고, 입회비의 경우에도 청구법인이 제공하는 명상수련법 전수 프로그램 운영 대가의 일부로서 지급받는 수행참가비와 그 지급방법만 상이할 뿐 사실상 동일한 성격이므로 이 건 처분은 잘못 없음.

서면 - 2016 - 법령해석부가 - 2814, 2016.2.18.
지방공사가 자기의 책임과 계산으로 환경기초시설, 하수관거, 문화스포츠관련시설 등의 운영 및 유지·관리용역을 제공하면서 지방자치단체로부터 정산하여 지급받는 「지방공기업법」 제71조에 따른 대행사업비 및 대행수수료는 「부가가치세법」 제11조에 따른 용역의 공급대가에 해당하므로 해당 대가 전액을 부가가치세 공급가액에 포함하는 것이나, 지방자치단체의 책임과 계산으로 해당 시설을 운영 및 유지·관리하면서 지방공사는 단순히 그 지출만을 대행하고 거래 상대방으로부터 세금계산서에 공급받는 자를 지방자치단체장으로 기재하거나 「부가가치세법 시행령」 제69조에 따라 세금계산서를 수

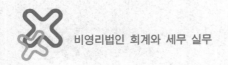
수한 경우에는 지방자치단체로부터 받는 대행사업비 및 대행수수료에서 해당 세금계산서의 공급가액을 제외한 가액을 지방공사의 부가가치세 공급가액으로 하는 것임.

다만, 귀 질의의 경우 단순히 지출만을 대행한 것인지 여부는 거래형태, 계약관계 등 사실관계를 종합적으로 판단하여 결정할 사항임.

2 부수재화 및 용역의 범위

주된 재화 또는 용역의 공급에 부수되어 공급되는 것으로서 다음의 어느 하나에 해당하는 재화 또는 용역의 공급은 주된 재화 또는 용역의 공급에 포함되는 것으로 본다(부가가치세법 제14조).

① 해당 대가가 주된 재화 또는 용역의 공급에 대한 대가에 통상적으로 포함되어 공급되는 재화 또는 용역

② 거래의 관행으로 보아 통상적으로 주된 재화 또는 용역의 공급에 부수하여 공급되는 것으로 인정되는 재화 또는 용역

주된 사업에 부수되는 다음의 어느 하나에 해당하는 재화 또는 용역의 공급은 별도의 공급으로 보되, 과세 및 면세 여부 등은 주된 사업의 과세 및 면세 여부 등을 따른다.

① 주된 사업과 관련하여 우연히 또는 일시적으로 공급되는 재화 또는 용역

② 주된 사업과 관련하여 주된 재화의 생산 과정이나 용역의 제공 과정에서 필연적으로 생기는 재화

제 2 절

납세의무자

1 사업자의 요건

부가가치세의 납세의무자는
① 사업목적이 영리이든 비영리이든 관계없이
② 사업상
③ 독립적으로
재화 또는 용역을 공급하는 자(이하 '사업자')로서 개인·법인(국가·지방자치단체와 지방자치단체조합을 포함)과 법인격 없는 사단·재단·그 밖의 단체를 포함한다(부가가치세법 제2조, 제3조).

1-1. 영리목적의 유무

부가가치세법상 납세의무자는 사업목적의 영리목적 유무를 불구한다. 이는 간접세로서 부가가치세를 최종소비자에게 부담을 지도록 하기 위한 것이다. 즉, 영리를 목적으로 하지 아니하는 사업자가 제공하는 과세대상 재화 또는 용역의 공급이라 하더라도 영리를 목적으로 하는 다른 사업자와 동일하게 부가가치세를 납부하도록 함으로써 궁극적으로는 재화 또는 용역을 공급받는 최종소비자에게 부가가치세를 부담하도록 하기 위함이다. 나아가 영리를 목적으로 하는 다른 사업자와의 관계에 있어서도 조세의 중립성을 유지할 수 있게 된다.

다만, 영리를 목적으로 하지 않는 사업자라면 중간마진인 부가가치가 발생하지 않고 판매금액과 구입금액이 동일하게 될 것이고 따라서 매출세액과 매입세액도 동일하게 되어 결국은 납부세액은 없게 될 것이다. 그러나 납부세액이 없다 하더라도 부가가치세 납세의무자로서의 의무인 사업자등록, 부가가치세의 신고, 세금계산서의 교부 등의 의무는 모두 이행하여야 한다.

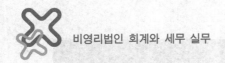

1-2. 사업의 범위

부가가치세 과세대상 여부를 판단하기 위해서는 재화 또는 용역이 공급된 경우 그 공급이 사업상 공급된 것인지의 여부를 판단하여야 할 것이다.

「부가가치세법」에서는 사업의 정의에 대하여 구체적으로 언급하지 않고 있으며, 「법인세법 시행규칙」 제2조에서 사업은 그 사업활동이 각 사업연도의 전 기간동안 계속하는 사업 외에 상당기간동안 계속하거나 정기적 또는 부정기적으로 수차례에 걸쳐 하는 사업을 포함하는 것이라고 정의하고 있다.

부동산의 매매 또는 그 중개를 사업 목적으로 나타내어 부동산을 판매하거나 또는 사업상의 목적으로 1 과세기간 중에 1회 이상 부동산을 취득하고 2회 이상 판매한 경우에 해당되면 재화를 공급하는 부동산매매업을 영위하는 것으로 본다(부가가치세법 시행규칙 제2조 제2항).

또한, 부동산의 매매가 과세사업자의 주된 사업과 관련하여 우발적 또는 일시적으로 부동산을 공급한 것인 때에는 「부가가치세법」 제14조 제2항의 규정에 의하여 주된 거래인 재화 또는 용역의 공급에 필수적으로 부수되는 재화의 공급에 해당되므로 과세대상에 해당하게 된다.

따라서 면세사업자인 비영리법인이 주된 목적사업과 관련하여 우발적 또는 일시적으로 부동산을 공급하는 때에는 「부가가치세법」 제14조 제2항의 규정에 의해 면세에 해당한다 할 것이다. 그러나 정관 등에 부동산매매업을 사업 목적으로 명시하지 않더라도 「부가가치세법 시행규칙」 제2조 제2항의 부동산매매업 요건에 해당하는 경우에는 부가가치세를 납부하여야 할 것이다.

1-3. 독립적의 의미

사업과 관련하여 다른 사업자에게 종속 또는 고용되어 있지 아니하거나 주된 사업에 부수되지 아니하고 대외적으로 독립하여 재화 또는 용역을 공급하는 것을 말한다. 예를 들면, 종업원이 재화 또는 용역을 공급하는 경우 그에 대한 납세의무는 당해 종업원에게 있는 것이 아니라 그 종업원을 고용한 사업자에게 있게 된다.

납세의무자인 사업자에는 개인·국가·지방자치단체와 지방자치단체조합을 포함한 모든 법인과 법인격 없는 사단·재단·기타 단체를 포함한다. 그러나 국가 및 지방자치단체와 지방자치단체조합의 경우에는 당해 법인이 공급하는 재화 또는 용역에 대하여 「부가가치세법 시행령」 제46조에서 규정하는 것을 제외하고는 모두 면세로 규정하고 있다.

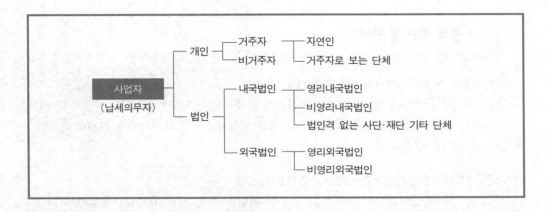

부가가치세법 기본통칙 3-0…1【납세의무자】
① 부가가치를 창출해 낼 수 있는 정도의 사업형태를 갖추고 계속적·반복적으로 재화 또는 용역을 공급하는 자는 사업자로 본다.
② 사업자가 부가가치세가 과세되는 재화를 공급하거나 용역을 제공하는 경우에는 해당 사업자의 사업자등록 여부 및 공급 시 부가가치세의 거래징수 여부에 불구하고 해당 재화의 공급 또는 용역의 제공에 대하여 부가가치세를 신고·납부할 의무가 있다.
③ 재화를 수입하는 자는 사업자 해당 여부 또는 사용목적 등에 관계없이 부가가치세를 납부할 의무가 있다.

부가가치세법 기본통칙 3-0…2【명의자와 사실상 귀속자가 서로 다른 경우의 납세의무】
과세의 대상이 되는 행위 또는 거래의 귀속이 명의일 뿐이고 사실상 귀속되는 자가 따로 있는 경우에는 사실상 귀속되는 자에 대하여 「부가가치세법」을 적용한다.

부가가치세법 기본통칙 3-0…4【새마을금고 및 입주자대표회의의 납세의무】
1. 「새마을금고법」에 따라 설립된 새마을금고가 사업상 독립적으로 부가가치세가 과세되는 재화를 공급하는 경우에는 납세의무가 있다.

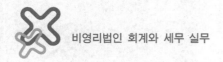

2. 공동주택의 입주자대표회의가 단지 내 주차장 등 부대시설을 운영·관리하면서 입주자들로부터 실비상당의 이용료를 받는 경우 부가가치세 납세의무가 없다. 다만, 외부인으로부터 이용료를 받는 경우에는 해당 외부인의 이용료에 대하여는 부가가치세 납세의무가 있다.

부가가치세법 기본통칙 3-0…6 【농민이 일시적으로 재화를 공급하는 경우의 납세의무】
농민이 자기 농지의 확장 또는 농지개량작업에서 생긴 토사석을 일시적으로 판매하는 경우에는 납세의무가 없다.

| 중요 예규 및 판례 |

기획재정부 부가가치세제과-757, 2018.12.13.
해외 조선해양 기자재 수출 및 A/S 거점기지 구축사업을 영위하는 경우, 산업통상자원부로부터 해당 사업의 운영을 위하여 지급받은 국고보조금은 부가가치세 과세대상 공급가액에 해당하지 아니하는 것임.

기준-2018-법령해석부가-0206, 2018.10.23.
사업자(이하 "주관기관")가 정부 또는 정부의 위임을 받은 전문기관과 관계법령에 따라 연구개발과제협약을 체결하여 국책연구과제를 수행한 후 그 연구개발의 결과물(무형적 및 유형적)을 주관기관에 귀속시키기로 하고, 해당 연구개발과 관련하여 재화 또는 용역과 직접 관련없이 정부 또는 정부의 위임을 받은 자로부터 정부출연금을 지원받은 경우 해당 출연금은 「부가가치세법」 제29조 제5항 제4호에 따라 부가가치세 과세표준에 포함하지 아니하는 것임.

서울고법 2016누1020, 2017.8.17.
부가가치세법 제2조에서는 사업목적이 영리이든 비영리이든 관계없이 사업상 독립적으로 재화 또는 용역을 공급하는 자를 '사업자'라고 규정하고 있으므로 영업신고를 하지 못한 경우라 해도 실지 사업을 한 사실이 확인되면 사업자라고 할 수 있음.

서면-2015-부가-22233, 2016.2.29.
지방자치단체가 「학교급식법」에 따라 학교급식지원센터를 설립하여 관내 학교를 대신하여 식재료를 학교에 공급함에 있어 해당 센터의 운영비 중 일부는 물품대금에 가산하여 학교로부터 징수하고 나머지는 지방자치단체의 예산으로 충당하며 잔액 발생시 학교에 식재료비로 재배부하는 경우 사업자 및 납세의무자에 해당하지 아니함.

대법 2010두12699, 2010.10.14.

부가가치세의 과세원리, 공공보조금의 성격, 과세표준에서 제외되는 다른 것들의 성격 등에 비추어 보면, 공공단체에 필요하거나 유익한 산업 또는 사회공공사업 등과 관련한 재화 또는 용역을 공급하는 사업자에게 사업의 조성 또는 재정상의 원조 등을 목적으로 공공보조금이 지급되는 경우(이 경우 사업자가 보조금수혜자가 되고 사업자로부터 재화 또는 용역을 공급받는 자가 간접적으로 지원을 받게 된다) 사업자의 재화 또는 용역의 공급에 따른 부가가치세 과세표준에 위 공공보조금 상당액을 포함시키지 않는다는 것이고, 나아가 공공보조금이 보조금수혜자를 통하여 사업자에게 재화 또는 용역의 공급에 대한 대가로 지급되거나 보조금수혜자를 통하지 않고 직접 사업자에게 재화 또는 용역의 공급에 대한 대가로 지급되는 등, 재화 또는 용역의 공급과 직접 관련하여 지급되는 경우에는 그 재원이 공공보조금이라 하더라도 사업자의 재화 또는 용역의 공급에 따른 부가가치세 과세표준에 포함되는 것으로 해석된다.

서면3팀 - 592, 2008.3.20.

「부가가치세법」 제13조 제2항 제4호의 규정에 의해 과세표준에 포함하지 아니하는 국고보조금과 공공보조금은 재화 또는 용역의 공급과 직접 관련되지 아니하는 국고보조금과 공공보조금으로 하는 것으로서, 귀 질의의 경우 이에 해당하는지 여부는 사업수행에 대한 계약관계, 국고보조금의 교부대상이 되는 보조사업의 수행자에 해당하는지 등을 종합적으로 고려하여 판단할 사항임.

서면3팀 - 2030, 2007.7.23.

사업자가 「보조금의 예산 및 관리에 관한 법률」에 의해 보조금의 교부대상이 되는 보조사업 수행자로서 당해 보조사업을 수행하고 부가가치세법 제13조 제2항 제4호에 규정하는 국고보조금을 지급받는 경우 동 국고보조금은 부가가치세 과세표준에 포함되지 아니하는 것으로, 귀 질의의 경우 국고보조금 교부대상이 되는 보조사업인지, 보조사업 수행자에 해당되는지 등을 종합적으로 고려하여 사실판단할 사항임.

서면3팀 - 1333, 2007.5.3., 재부가 - 306, 2007.4.25.

지방자치단체가 복지센터를 설치하고 주민자치위원회에 무상으로 임차하여 실비로 문화여가프로그램을 운영하는 경우 주민자치위원회는 부가가치세의 납세의무자에 해당하지 아니함.

서면3팀 - 494, 2007.2.12.

영리목적의 유무에 불구하고 사업상 독립적으로 재화 또는 용역을 공급하는 자는 「부가가치세법」 제2조의 규정에 의하여 부가가치세를 납부할 의무가 있는 것이며, 이 경우에 같은 법 제5조의 규정에 의하여 사업자등록을 하여야 하는 것이며, 이 경우 납세의 무자로 등록한 사업자가 재화 또는 용역을 공급하는 때에는 「부가가치세법」 제16조 제1항의 규정에 의한 세금계산서를 당해 재화 또는 용역을 공급받는 자에게 교부하여야 하는 것임.

서면2팀 - 1320, 2006.7.12.

재단법인이 사업상 독립적으로 재화 또는 용역을 공급하는 경우에는 영리목적 유무에 불구하고 부가가치세를 거래징수하여 납부할 의무가 있는 것이며, 과세사업과 관련된 매입세액은 「부가가치세법」 제17조의 규정에 의거 공제받을 수 있는 것임.

서면3팀 - 1092, 2006.6.13.

영리목적의 유무에 불구하고 사업상 독립적으로 재화 또는 용역을 공급하는 자는 「부가가 치세법」 제2조 규정에 의하여 부가가치세를 납부할 의무가 있는 것이며 이 경우 납세의 무자에는 개인·법인과 법인격 없는 사단·재단·기타 단체를 포함하는 것으로, 아파트 의결기구인 입주자대표회의에서 아파트복리시설(스포츠센터)을 설치하여 이를 입주민에 게 이용하게 하고 그 이용자로부터 회비 명목의 금전을 받는 경우 당해 입주자대표회의 는 부가가치세를 납부할 의무가 있는 것임.

서면3팀 - 35, 2006.1.5.

비영리법인이 건물을 양도하는 경우에는 당해 법인이 사업 형태를 갖추고 사업상 계속 적·반복적으로 재화 또는 용역을 공급한 것에 해당하는지 여부에 따라 사실 판단하여야 할 사항임.

서면3팀 - 1838, 2005.10.21.

협회 등 단체가 용역을 무상으로 제공하거나 재화의 공급 또는 용역의 제공에 따른 대가관 계 없이 회원으로부터 받는 협회비·찬조비 및 특별회비 등은 부가가치세 과세대상에 해당하지 아니하는 것이나, 이에 해당하는지 여부는 해당 단체의 회칙, 협회비의 징수 및 지출내역 등 거래 또는 행위의 실질 내용을 종합하여 사실판단할 사항임.

제 3 절

사업자등록

1 사업자등록의 의의

사업자등록이란 부가가치세의 납세자 및 세원을 파악하고 납세의무자의 상호, 성명, 주소, 주민등록번호 및 사업장소재지와 사업의 종류 등의 인적사항과 사업의 개시일, 기타 과세자료를 과세관청의 대장에 등재 및 수록하는 것을 말한다. 이러한 등록제도는 사업자의 협력의무로서 과세관청으로 하여금 부가가치세의 납세의무자를 파악하게 하고 그 과세자료를 확인하도록 하는 데 입법취지가 있다.

따라서 신규로 사업을 개시하는 자 중 사업자단위과세사업자1)가 아닌 자는 사업장마다 세무서장(관할 또는 그 밖의 세무서장 중 어느 한 세무서장)에게, 사업자단위과세사업자는 당해 사업자의 본점 또는 주사무소 관할 세무서장에게 다음의 사업자등록신청서와 관련 서류를 사업개시일2)부터 20일 이내에 제출하여야 한다. 다만, 신규로 사업을 개시하려는 자는 사업개시일 전이라도 등록할 수 있다(부가가치세법 제8조, 동법 시행령 제11조).

---

1) 「부가가치세법」 제8조 제3항 사업자등록

　사업장이 둘 이상인 사업자(사업장이 하나이나 추가로 사업장을 개설하려는 사업자를 포함한다)는 사업자 단위로 해당 사업자의 본점 또는 주사무소 관할 세무서장에게 등록을 신청할 수 있다. 이 경우 등록한 사업자를 사업자단위과세사업자라 한다.

2) 「부가가치세법 시행령」 제6조 【사업 개시일의 기준】

　법 제5조 제2항에 따른 사업 개시일은 다음 각 호의 구분에 따른다. 다만, 해당 사업이 법령 개정 등으로 면세사업에서 과세사업으로 전환되는 경우에는 그 과세 전환일을 사업개시일로 한다.

　1. 제조업 : 제조장별로 재화의 제조를 시작하는 날

　2. 광업 : 사업장별로 광물의 채취·채광을 시작하는 날

　3. 제1호와 제2호 외의 사업 : 재화나 용역의 공급을 시작하는 날

1. 사업자등록신청서 : 사업자의 인적사항, 사업자등록 신청사유, 사업개시 연월일 또는 사업장설치 착수연월일, 그 밖의 참고 사항
2. 법령에 따라 허가를 받거나 등록 또는 신고를 하여야 하는 사업의 경우 : 사업허가증 사본·사업등록증 사본 또는 신고확인증 사본
3. 사업장을 임차한 경우 : 임대차계약서 사본
4. 「상가건물 임대차보호법」 제2조 제1항의 규정에 의한 상가건물을 임차한 경우 : 해당 부분의 도면(상가건물의 일부분을 임차하는 경우에 한한다)
5. 사업자금 내역 또는 재무상황 등을 확인할 수 있는 자금출처명세서(별지 제4호의 3 서식)(「조세특례제한법」 제106조의 3 제1항에 따른 금지금 도·소매업 및 「개별소비세법」 제1조 제4항에 따른 과세유흥장소에의 영업을 경영하려는 경우 및 액체연료 및 관련제품 도매업, 기체연료 및 관련제품도매업, 차량용주유소 운영업, 차량용가스충전업, 가정용액체연료 소매업과 가정용 가스연료소매업, 재생용 재료 수집 및 판매업의 경우에 해당)
6. 사업자단위로 등록하려는 사업자 : 사업자단위과세적용사업장 외의 사업장에 대한 제2호부터 제5호까지의 규정에 따른 서류 및 사업장 소재지·업태·종목 등 기획재정부령으로 정하는 서류
7. 액체연료 및 관련제품 도매업, 기체연료 및 관련제품 도매업, 차량용 주유소 운영업, 차량용 가스 충전업, 가정용 액체연료 소매업과 가정용 가스연료 소매업 : 사업자금 명세 또는 재무상황 등을 확인할 수 있는 서류로서 기획재정부령으로 정하는 서류
8. 재생용 재료 수집 및 판매업 : 사업자금 명세 또는 재무상황 등을 확인할 수 있는 서류로서 기획재정부령으로 정하는 서류

신규로 사업을 개시하고자 하는 자로서 당해 법인의 설립등기 전 또는 사업의 허가·등록이나 신고 전에 등록을 하는 때에는 법인설립을 위한 사업허가신청서 사본, 사업등록신청서 사본, 사업신고서 사본이나 사업계획서로 관련 서류에 갈음할 수 있다.

세무서장은 사업자등록증을 신청일부터 2일(토요일 및 일요일, 「공휴일에 관한 법률」에 따른 공휴일 및 대체공휴일, 「근로자의 날 제정에 관한 법률」에 따른 근로의 날은 산정에서 제외) 이내에 신청자에게 발급하여야 한다. 다만, 사업장시설이나 사업현황을 확인하기 위하여 국세청장이 필요하다고 인정하는 경우에는 발급기한을 5일 이내에서 연장하고 조사한 사실에 따라 사업자등록증을 발급할 수 있다.

｜ 사업자등록번호 식별방법 ｜

사업자등록번호는 10자리(×××－××－××××－×)로 구성된다.
　　　　　　　　　　① 　②　 ③　 ④

① 청·서 코드(3자리) : 순수한 신규개업자(폐업 후 재개업이 아닌 자)에게만 사업자등록번
　호 최초 부여관서의 청·서 코드를 부여하며 관서간 세적이전, 관할구역 변경의 경우에는
　청·서 코드를 변경하지 아니한다.
② 개인·법인 구분 코드(2자리)
　1. 개인구분 코드
　　(1) 개인과세사업자 : 01∼79
　　(2) 개인면세사업자 : 90∼99
　　(3) 「소득세법」 제2조 제3항에 해당하는 법인이 아닌 종교 단체 : 89
　　(4) 「소득세법」 제2조 제3항에 해당하는 자로서 '(3)' 이외의 자(아파트관리사무소 등)
　　　 및 영 제7조 제6항의 규정에 의하여 등록한 다단계판매원 : 80
　2. 법인성격 코드 : 법인에 대하여는 성격별 코드를 구분하여 사용한다.
　　(1) 영리법인의 본점 : 81, 86, 87
　　(2) 비영리법인의 본점 및 지점(법인격 없는 사단, 재단, 기타 단체 중 법인으로 보는
　　　 단체를 포함) : 82
　　(3) 국가, 지방자치단체, 지방자치단체조합 : 83
　　(4) 외국법인의 본·지점 및 연락사무소 : 84
　　(5) 영리법인의 지점 : 85
③ 일련번호 코드(4자리) : 과세사업자(일반과세자·간이과세자), 면세사업자, 법인사업자별
　로 등록 또는 지정일자순으로 사용 가능한 번호를 0001∼9999로 부여한다. 다만, 비영리
　법인의 본·지점은 등록 또는 지정일자순으로 0001∼5999로 부여하고, 국세기본법 제13
　조 제2항의 규정에 의하여 법인으로 보는 단체는 6000∼9999로 부여한다.
④ 검증번호(1위) : 전산시스템에 의하여 사업자등록번호의 오류 여부를 검증하기 위하여 1
　위의 검증번호를 부여한다.

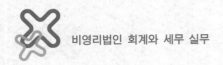
 | 중요 예규 및 판례 |

사전 - 2023 - 법규부가 - 0410, 2023.8.17.
의료보건용역을 공급하는 사업자가 임상시험센터를 건립하고 임상시험센터에서 사업자 또는 그 사용인이 상시 주재하여 임상시험 용역 등 거래의 전부 또는 일부를 제공하는 경우 해당 임상시험센터를 사업장으로 보아 「부가가치세법」 제8조 및 같은 법 시행령 제8조에 따라 사업자등록을 하여야 하는 것임.

법인세과 - 560, 2013.10.15.
비영리내국법인은 「법인세법」 제3조 제3항에 따른 수익사업에 대하여 같은 법 제2조 제1항 및 제3조 제1항에 따라 각 사업연도 소득에 대한 법인세를 납부할 의무가 있는 것이며, 「국세기본법」 제13조 제2항에 따른 법인으로 보는 단체가 부가가치세 과세대상인 수익사업을 새로 시작한 경우에는 납세지 관할 세무서장에게 「법인세법」 제110조에 따른 수익사업 개시신고 및 「부가가치세법」 제8조에 따른 사업자등록을 신청하여야 하며, 이 경우 기존에 발급받은 고유번호증을 납세지 관할 세무서장에게 반납하여야 하는 것임.

법인 - 701, 2009.6.11.
수익사업을 영위하는 비영리 내국법인이 지점에 대한 사업자등록은 당해 지점의 등기 여부와는 관계없이 사업자등록신청서에 당해 법인의 법인등기부등본 및 지점설치 사실을 확인할 수 있는 이사회의사록을 첨부하여 지점관할 세무서장에게 신청할 수 있는 것임. 또한, 본점의 대표이사와 지점의 대표이사는 달리 선임하여 등록할 수 있는 것임.

2 면세사업자의 등록

사업자등록은 「부가가치세법」상의 납세의무자에게만 등록의무가 있으므로 부가가치세 납세의무 자체가 없는 면세사업자는 부가가치세의 납세의무 자체가 배제되고 그에 따른 의무도 배제되므로 「부가가치세법」에 의한 사업자등록의무도 없다.

그러나 「소득세법」 제168조와 「법인세법」 제111조는 소득세 및 법인세의 납세의무자의 지위에서 사업자등록을 하도록 규정하고 있으므로 면세사업자도 결국은 사업자등록을 하여야 한다. 또한 「부가가치세법」상 사업자등록을 하게 되면 「소득세법」 및 「법인세법」상의 사업자등록을 한 것으로 본다(법인세법 제111조 제2항, 소득세법 제168조 제2항).

「소득세법」 제168조 및 「법인세법」 제111조의 규정에 의하여 등록한 자로서 면세사업을 영위하는 자가 추가로 과세사업을 영위하고자 하는 경우에 「부가가치세법 시행령」 제14조 제1항의 규정을 준용하여 사업자등록정정신고서를 제출하게 되면 등록신청을 한 것으로 본다(부가가치세법 시행령 제11조 제10항).

3 **고유번호와 매입처별세금계산서합계표의 제출**

관할세무서장은 과세자료를 효율적으로 처리하기 위하여 부가가치세의 납세의무가 없는 다음의 자에게도 등록번호에 준하는 고유번호를 부여할 수 있다(부가가치세법 시행령 제12조 제2항). 또한 이들은 부가가치세의 납세의무가 없는 경우에도 매입처별세금계산서합계표를 당해 과세기간 종료 후 25일 이내에 사업장 관할세무서장에게 제출하여야 한다(부가가치세법 제54조 제5항, 동법 시행령 제99조). 그러나 이를 이행하지 않더라도 매입처별세금계산서합계표 불성실가산세는 적용되지 않는다(부가가치세법 제60조 제7항). 보다 자세한 내용은 제2장 법인세법 제10절 계산서를 참고하기 바란다.

매입처별 세금계산서합계표 제출의무자의 범위

1. 세금계산서를 발급받은 국가 · 지방자치단체 · 지방자치단체조합
2. 부가가치세가 면제되는 사업자 중 소득세 또는 법인세의 납세의무가 있는 자(조세특례제한법에 의하여 소득세 또는 법인세가 면제되는 자를 포함한다)
3. 「민법」 제32조의 규정에 의하여 설립된 법인
4. 특별법에 의하여 설립된 법인
5. 각급학교 기성회 · 후원회 또는 이와 유사한 단체
6. 「법인세법」 제94조의 2에 따른 외국법인연락사무소

 | 중요 예규 및 판례 |

서면 - 2019 - 법인 - 3575, 2020.6.19.
내국법인이 「국세기본법」 제13조에 따라 법인으로 보는 단체로 승인을 받은 아파트 입주자대표회의에 「법인세법 시행령」 제3조 제1항의 수익사업과 관련이 없는 아파트 관리비를 지급하고 계산서를 수취하여 매입처별계산서합계표로 제출한 경우 같은 법 제75조

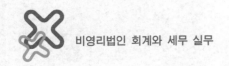

의 5 '증명서류 수취 불성실 가산세' 및 제75조의 8 '계산서 등 제출 불성실 가산세'가
적용되지 않는 것임.

사전 - 2017 - 법령해석소득 - 0046, 2017.3.28.

아파트입주자대표회의 고유번호 신청은 해당 단체의 적법한 권한 있는 대표자가 첨부서
류와 함께 단체의 소재지 관할 세무서장에게 신청하는 것으로 고유번호증에는 단체의
대표자가 표기되는 것이며, 아파트입주자대표회의 고유번호와 별도로 아파트 관리 및
운영을 위탁받은 자는 「소득세법」 제168조 또는 「부가가치세법」 제8조에 따라 사업자등
록을 하여야 하는 것임.

부가 - 320, 2010.3.18.

비영리법인이 수익사업 관련 재화를 공급받으면서 사업자등록번호가 아닌 비영리법인의
고유번호로 세금계산서를 교부받은 경우 당해 세금계산서의 매입세액은 공제되지 아니하는
것임.

법규부가 2008 - 36, 2008.12.18.

「사립학교법」에 의해 설립된 (학)△△교육재단이 「법인세법 시행령」 제2조 제1항의 규
정에 해당하는 수익사업을 영위하지 아니하는 비영리법인에 해당하고, 부가가치세의 납
세의무가 없는 경우, 당해 비영리법인이 고유목적사업과 관련하여 사업자로부터 재화
또는 용역을 공급받고 세금계산서를 수취한 때에는 「법인세법」 제120조의 3 및 「부가가
치세법」 제20조에 따라 매입처별세금계산서합계표를 동 규정에서 정한 기한 이내에 납
세지 관할세무서장에게 제출하여야 하는 것임. 이 경우 당해 비영리법인이 수취·보관한
세금계산서의 기재사항 중 일부 오류가 있거나, 동 세금계산서합계표를 제출기한까지 제출
하지 못한 경우 「법인세법」 제76조 및 「부가가치세법」 제22조에 따른 가산세는 적용되지 아
니하는 것임.

4 등록 전 매입세액

사업자등록을 신청하기 전의 매입세액은 불공제된다. 다만, 공급시기가 속하는 과세기간
이 끝난 후 20일 이내에 등록을 신청한 경우 등록신청일부터 공급시기가 속하는 과세기간
기산일까지 역산한 기간 내의 것은 제외한다(부가가치세법 제39조 제1항 제8호).

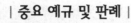

서울행정법원 2016구합1745, 2016.7.7.

원고가 고유번호증을 교부받은 것만으로는 부가가치세법 제8조에서 정한 사업자등록을 한 것이라고 볼 수 없으므로, 고유번호증을 교부받은 기간 중에 발생한 매입세액은 위 조항 소정의 '제8조에 따른 사업자등록을 신청하기 전의 매입세액'에 해당하여 이를 매출세액에서 공제할 수 없다 할 것임.

의정부지법 2010구합3270, 2011.7.5.

부가가치세의 면세사업자가 사업자 등록신청을 하여 면세사업자용이라고 기재된 사업자등록증을 교부받았다고 하더라도 「부가가치세법」 제5조 제1항에서 정한 사업자등록을 한 것이라고는 볼 수 없음.

조심 2011부36, 2011.3.2.

고유번호를 부여받은 후 수익사업개시신고 등 별도의 사업자등록을 하지 아니한 상태에서는 「부가가치세법」 제17조 제2항 제5호에서 규정한 사업자등록을 하기 전의 매입세액에 해당함.

서면3팀 – 1538, 2007.5.21.

「부가가치세법」 제5조 제1항의 규정에 의하여 등록을 하고자 하는 자가 사업자가 사업장을 임차한 경우 임대차계약서 사본을 첨부하여야 하는 것이나, 임대차계약서 사본을 첨부하지 아니하고 사업자등록신청서를 제출한 경우 당해 사업장에서 사실상 사업을 영위하는 때는 실지 사업내용대로 사업자등록증을 교부할 수 있는 것임.

서면3팀 – 858, 2007.3.21.

사업개시일로부터 20일이 되는 날이 공휴일·토요일인 관계로 그 익일에 사업자등록을 신청한 경우, 그 신청일로부터 역산하여 21일 이내에 수취한 세금계산서상 매입세액은 공제대상임.

서면3팀 – 2600, 2004.12.21., 서면3팀 – 1887, 2004.9.14. 외 다수

사업자가 사업자등록신청일부터 역산하여 20일을 초과하여 재화나 용역을 공급받으면서 수취한 세금계산서상의 매입세액을 매출세액에서 공제하여 부가가치세를 환급세액으로 신고한 경우 당해 매입세액은 「부가가치세법」 제17조 제2항 제5호 및 동법 시행령 제60조 제9항의 규정에 의하여 불공제하는 것이며, 이 경우 매입세액이 전액 불공제되어 실제환급세액이 '0'이 되는 경우에도 신고불성실가산세가 적용되는 것임.

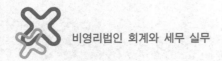
> **대법 2002두5146, 2004.3.12.**
> 면세사업자로 사업자등록을 하고 있던 기간 중에 발생한 매입세액은 사업자등록을 하기 전의 매입세액에 해당하여 매출세액에서 공제할 수 없음.
>
> **심사부가 2002-2204, 2003.2.14.**
> 부가가치세 면제사업자가 「법인세법」상 법인설립신고하고 사업자등록증을 교부받은 것은 '「부가가치세법」상 사업자등록'한 것으로 볼 수 없어, 과세사업 관련 매입세액을 공제받은 경우에는 '등록 전 매입세액'으로 불공제함은 정당함.

홈택스(www.hometax.go.kr)에서도 신청할 수 있습니다.

사업자등록 신청서(개인사업자용)
(법인이 아닌 단체의 고유번호 신청서)

※ 사업자등록의 신청 내용은 영구히 관리되며, 납세 성실도를 검증하는 기초자료로 활용됩니다.
　아래 해당 사항을 사실대로 작성하시기 바라며, 신청서에 본인이 자필로 서명해 주시기 바랍니다.
※ [　]에는 해당하는 곳에 √표를 합니다.

(앞쪽)

접수번호		처리기간	2일(보정 기간은 불산입)

1. 인적사항

상호(단체명)		연락처	(사업장 전화번호)
성명(대표자)			(주소지 전화번호)
주민등록번호			(휴대전화번호)
(단체)부동산등기용등록번호			(FAX 번호)
사업장(단체) 소재지			층　　　호
사업장이 주소지인 경우 주소지 이전 시 사업장 소재지 자동 정정 신청			([　]여, [　]부)

2. 사업장 현황

업 종	주업태		주종목		주생산요소		주업종 코드		개업일	종업원 수
	부업태		부종목		부생산요소		부업종 코드			

사이버몰 명칭		사이버몰 도메인	

사업장 구분	자가면적	타가면적	사업장을 빌려준 사람(임대인)			임대차 명세		
			성명(법인명)	사업자등록번호	주민(법인)등록번호	임대차계약기간	(전세)보증금	월세(차임)
	㎡	㎡				~ ．．．	원	원

허 가 등 사업 여부	[　]신고　　[　]등록 [　]허가　　[　]해당 없음	주류면허	면허번호	면허신청
				[　]여 [　]부

개별소비세 해당 여부	[　]제조　　[　]판매 [　]입장　　[　]유흥	사업자 단위 과세 적용 신고 여부	[　]여　　[　]부

사업자금 명세 (전세보증금 포함)	자기자금	원	타인자금	원

간이과세 적용 신고 여부	[　]여　　[　]부	간이과세 포기 신고 여부	[　]여　　[　]부

전자우편주소		국세청이 제공하는 국세정보 수신동의	[　]문자(SMS) 수신에 동의함(선택)
			[　]전자우편 수신에 동의함(선택)

그 밖의 신청사항	확정일자 신청 여부	공동사업자 신청 여부	사업장소 외 송달장소 신청 여부	양도자의 사업자등록번호 (사업양수의 경우에만 해당함)
	[　]여 [　]부	[　]여 [　]부	[　]여 [　]부	

신탁재산 여부	[　]여 [　]부	신탁재산의 등기부상 소재지 또는 등록부상 등록지	

210mm×297mm[백상지(80g/㎡) 또는 중질지(80g/㎡)]

3. 사업자등록 신청 및 사업 시 유의사항 (아래 사항을 반드시 읽고 확인하시기 바랍니다)

가. 다른 사람에게 사업자명의를 빌려주는 경우 사업과 관련된 각종 세금이 명의를 빌려준 사람에게 나오게 되어 다음과 같은 불이익이 있을 수 있습니다.

　1) 조세의 회피 및 강제집행의 면탈을 목적으로 자신의 성명을 사용하여 타인에게 사업자등록을 할 것을 허락하거나 자신 명의의 사업자등록을 타인이 이용하여 사업을 영위하도록 한 자는 「조세범 처벌법」 제11조 제2항에 따라 1년 이하의 징역 또는 1천만원 이하의 벌금에 처해집니다.

　2) 소득이 늘어나 국민연금과 건강보험료를 더 낼 수 있습니다.

　3) 명의를 빌려간 사람이 세금을 못 내게 되면 체납자가 되어 소유재산의 압류·공매처분, 체납명세의 금융회사 등 통보, 출국규제 등의 불이익을 받을 수 있습니다.

나. 다른 사람의 명의로 사업자등록을 하고 실제 사업을 하는 것으로 확인되는 경우 다음과 같은 불이익이 있을 수 있습니다.

　1) 조세의 회피 또는 강제집행의 면탈을 목적으로 타인의 성명을 사용하여 사업자등록을 하거나 타인 명의의 사업자등록을 이용하여 사업을 영위한 자는 「조세범 처벌법」 제11조 제1항에 따라 2년 이하의 징역 또는 2천만원 이하의 벌금에 처해집니다.

　2) 「부가가치세법」 제60조 제1항 제2호에 따라 사업 개시일부터 실제 사업을 하는 것으로 확인되는 날의 직전일까지의 공급가액 합계액의 1%에 해당하는 금액을 납부세액에 더하여 납부해야 합니다.

　3) 「주민등록법」 제37조 제10호에 따라 다른 사람의 주민등록번호를 부정하게 사용한 자는 3년 이하의 징역 또는 3천만원 이하의 벌금에 처해집니다.

다. 귀하가 재화 또는 용역을 공급하지 않거나 공급받지 않고 세금계산서 또는 계산서를 발급하거나 발급받은 경우 또는 이와 같은 행위를 알선·중개한 경우에는 「조세범 처벌법」 제10조 제3항 또는 제4항에 따라 3년 이하의 징역 또는 공급가액에 부가가치세의 세율을 적용하여 계산한 세액의 3배 이하에 상당하는 벌금에 처해집니다.

라. 신용카드 가맹 및 이용은 반드시 사업자 본인 명의로 해야 하며 사업상 결제목적 외의 용도로 신용카드를 이용할 경우 「여신전문금융업법」 제70조 제3항 제2호부터 제6호까지의 규정에 따라 3년 이하의 징역 또는 2천만원 이하의 벌금에 처해집니다.

창업자 멘토링 서비스	신청 여부	[ ]여 [ ]부

※ 세무대리인을 선임하지 못한 경우 신청 가능하며, 서비스 제공 요건을 충족하지 못한 경우 서비스가 제공되지 않을 수 있음

대리인이 사업자등록신청을 하는 경우에는 아래의 위임장을 작성하시기 바랍니다.

위　임　장	본인은 사업자등록 신청과 관련한 모든 사항을 아래의 대리인에게 위임합니다. 본　인: (서명 또는 인)		
대리인 인적사항	성명	주민등록번호	전화번호	신청인과의 관계

위에서 작성한 내용과 실제 사업자 및 사업내용 등이 일치함을 확인하며, 「부가가치세법」 제8조 제1항·제3항, 제61조 제3항, 같은 법 시행령 제11조 제1항·제2항, 제109조 제4항, 같은 법 시행규칙 제9조 제1항·제2항 및 「상가건물 임대차보호법」 제5조 제2항에 따라 사업자등록 ([ ]일반과세자 [ ]간이과세자 [ ]면세사업자 [ ]그 밖의 단체) 및 확정일자를 신청합니다.

년　　　　월　　　　일

신청인:　　　　　　　(서명 또는 인)

위 대리인:　　　　　　(서명 또는 인)

세무서장　귀하

신고인 제출서류	1. 사업허가증 사본, 사업등록증 사본 또는 신고확인증 사본 중 1부(법령에 따라 허가를 받거나 등록 또는 신고를 해야 하는 사업의 경우에만 제출합니다) 2. 임대차계약서 사본 1부(사업장을 임차한 경우에만 제출합니다) 3. 「상가건물 임대차보호법」이 적용되는 상가건물의 일부분을 임차한 경우에는 해당 부분의 도면 1부 4. 자금출처명세서 1부(금지금 도매·소매업, 과세유흥장소에서의 영업, 액체연료 및 관련제품 도매업, 기체연료 및 관련제품 도매업, 차량용 주유소 운영업, 차량용 가스 충전업, 가정용 액체연료 소매업, 가정용 가스연료 소매업, 재생용 재료 수집 및 판매업을 하려는 경우에만 제출합니다) 5. 신탁계약서 1부 6. 주택임대사업을 하려는 경우 「소득세법 시행규칙」별지 제106호서식의 임대주택 명세서 1부 또는 임대주택 명세서를 갈음하여 「민간임대주택에 관한 특별법 시행령」 제4조 제5항에 따른 임대사업자 등록증 사본 1부	수수료 없음

유의사항

사업자등록을 신청할 때 다음 각 호의 사유에 해당하는 경우에는 붙임의 서식 부표에 추가로 적습니다.

　1. 공동사업자가 있는 경우

　2. 사업장 외의 장소에서 서류를 송달받으려는 경우

　3. 사업자 단위 과세 적용을 신청하려는 경우(2010년 이후부터 적용)

210mm×297mm[백상지(80g/㎡) 또는 중질지(80g/㎡)]

〔별지 제73호 서식〕(2023.3.20. 개정)

홈택스(www.hometax.go.kr)에서도 신고 할 수 있습니다. (앞쪽)

접수번호	〔 〕 **법인설립신고 및 사업자등록신청서** 〔 〕 **국내사업장설치신고서(외국법인)**	처리기간
		2일 (보정기간은 불산입)

귀 법인의 사업자등록신청서상의 내용은 사업내용을 정확하게 파악하여 근거과세의 실현 및 사업자등록 관리업무의 효율화를 위한 자료로 활용됩니다. 아래의 사항에 대하여 사실대로 작성하시기 바라며 신청서에 서명 또는 인감(직인) 날인하시기 바랍니다

1. 인적사항

법 인 명(단체명)		승인법인고유번호 (폐업당시 사업자등록번호)	
대 표 자		주민등록번호	–
사업장(단체) 소재지		층 호	
전 화 번 호 (사업장)		(휴대전화)	

2. 법인현황

법인등록번호	–	자본금	원	사업연도	월 일 ~ 월 일

법 인 성 격 (해당란에 ○표)

내 국 법 인					외 국 법 인			지점(내국법인의 경우)		분할신설법인		
영리 일반	영리 외투	신탁 재산	비영 리	국가 지방 자치	법인으로 보는 단체		지점 (국내사업장)	연락 사무소	기타	여	부	본점 사업자 등록번호	분할전 사 업자등록 번호	분할연월일
					승인법인	기타								

조합법인 해당 여부		사업자 단위 과세 여부		법인과세 신탁재산		공 익 법 인					외국 · 외투 법인	국 적	투자비율
여	부	여	부	여	부	해당여부	사업유형	주무부처명	출연자산여부				
									여	부			

3. 법인과세 신탁재산의 수탁자(법인과세 신탁재산의 설립에 한함)

법 인 명(상호)		사 업 자 등 록 번 호	
대 표 자		주 민 등 록 번 호	
사 업 장 소 재 지			

4. 외국법인 내용 및 관리책임자 (외국법인에 한함)

외 국 법 인 내 용

본점	상 호	대 표 자	설 치 년 월 일	소 재 지

관 리 책 임 자

성 명 (상 호)	주민등록번호 (사업자등록번호)	주 소 (사업장소재지)	전 화 번 호

5. 사업장현황

사 업 의 종 류						사업(수익사업) 개시일
주업태	주 종 목	주업종코드	부업태	부 종 목	부업종코드	
						년 월 일

사이버몰 명칭		사이버몰 도메인	

사업장 구분 및 면적		도면첨부		사업장을 빌려준 사람(임대인)			
자가	타가	여	부	성 명(법인명)	사업자등록번호	주민(법인)등록번호	전화번호
㎡	㎡						

임 대 차 계 약 기 간	(전세)보증금	월 세(부가세 포함)
20 . . . ~ 20 . . .	원	원

개 별 소 비 세				주 류 면 허		부가가치세 과세사업		인 · 허가 사업 여부			
제 조	판 매	장 소	유흥	면 허 번 호	면 허 신 청	여	부	신고	등록	인·허가	기타
					여 부						

설립등기일 현재 기본 재무상황 등

자산 계	유동자산	비유동자산	부채 계	유동부채	비유동부채	종업원수
천원	천원	천원	천원	천원	천원	명

전자우편주소		국세청이 제공하는 국세정보 수신동의 여부	〔 〕 문자(SMS) 수신에 동의함(선택) 〔 〕 이메일 수신에 동의함(선택)

210mm×297mm[백상지 80g/㎡ 또는 중질지 80g/㎡]

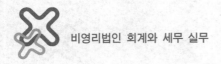

(뒤쪽)

6. 사업자등록신청 및 사업 시 유의사항(아래 사항을 반드시 읽고 확인하시기 바랍니다)

가. 사업자등록 명의를 빌려주는 경우 해당 법인에게 부과되는 각종 세금과 과세자료에 대하여 소명 등을 해야 하며, 부과된 세금의 체납 시 소유재산의 압류·공매처분, 체납내역 금융회사 통보, 여권발급제한, 출국규제 등의 불이익을 받을 수 있습니다.

나. 내국법인은 주주(사원)명부를 작성하여 비치해야 합니다. 주주(사원)명부는 사업자등록신청 및 법인세 신고 시 제출되어 지속적으로 관리되므로 사실대로 작성해야 하며, 주주명의를 대여하는 경우에는 양도소득세 또는 증여세가 과세될 수 있습니다.

다. 사업자등록 후 정당한 사유 없이 6개월이 경과할 때까지 사업을 개시하지 아니하거나 부가가치세 및 법인세를 신고하지 아니하거나 사업장을 무단 이전하여 실지사업여부의 확인이 어려울 경우에는 사업자등록이 직권으로 말소될 수 있습니다.

라. 실물거래 없이 세금계산서 또는 계산서를 발급하거나 수취하는 경우 「조세범처벌법」 제10조 제3항 또는 제4항에 따라 해당 법인 및 대표자 또는 관련인은 3년 이하의 징역 또는 공급가액 및 그 부가가치세액의 3배 이하에 상당하는 벌금에 처하는 처벌을 받을 수 있습니다.

마. 신용카드 가맹 및 이용은 반드시 사업자 본인 명의로 해야 하며 사업상 결제목적 이외의 용도로 신용카드를 이용할 경우 「여신전문금융업법」 제70조 제2항에 따라 3년 이하의 징역 또는 2천만원 이하의 벌금에 처하는 처벌을 받을 수 있습니다.

바. 공익법인의 경우 공익법인에 해당하게 된 날부터 3개월 이내에 전용계좌를 개설하여 신고해야 하며, 공익목적사업과 관련한 수입과 지출금액은 반드시 신고한 전용계좌를 사용해야 합니다.(미이행시 가산세가 부과될 수 있습니다.)

사. 「정보통신망 이용촉진 및 정보보호 등에 관한 법률」 제2조 제1항 제1호에 따른 정보통신망을 이용하여 가상의 업무공간에서 사업을 수행하는 사업자의 경우 그 법인의 등기부에 따른 본점이나 주사무소의 소재지(국내에 본점 또는 주사무소가 있지 않은 경우에는 사업을 실질적으로 관리하는 장소의 소재지)를 "사업장(단체)소재지"란에 기재할 수 있습니다.

신청인의 위임을 받아 대리인이 사업자등록신청을 하는 경우 아래 사항을 적어 주시기 바랍니다.

대 리 인 인적사항	성 명		주민등록번호	
	주 소 지			
	전화 번호		신청인과의 관계	
신청 구분	[ ] 사업자등록만 신청　　[ ] 사업자등록신청과 확정일자를 동시에 신청			
	[ ] 확정일자를 이미 받은 자로서 사업자등록신청 (확정일자 번호:　　　　　)			

　　신청서에 적은 내용과 실제 사업내용이 일치함을 확인하고, 「법인세법」 제75조의 12 제3항·제109조·제111조, 같은 법 시행령 제152조부터 제154조까지, 같은 법 시행규칙 제82조 제7항 제11호 및 「상가건물 임대차보호법」 제5조 제2항에 따라 법인설립 및 국내사업장설치 신고와 사업자등록 및 확정일자를 신청합니다.

년　　월　　일

신 청 인

(인)

위 대 리 인

(서명 또는 인)

세 무 서 장 귀하

첨부 서류	1. 정관 1부(외국법인만 해당합니다) 2. 임대차계약서 사본(사업장을 임차한 경우만 해당합니다) 1부 3.「상가건물 임대차보호법」의 적용을 받는 상가건물의 일부를 임차한 경우에는 해당 부분의 도면 1부 4. 주주 또는 출자자명세서 1부 5. 사업허가·등록·신고필증 사본(해당 법인만 해당합니다) 또는 설립허가증사본(비영리법인만 해당합니다) 1부 6. 현물출자명세서(현물출자법인의 경우만 해당합니다) 1부 7. 자금출처명세서(금지금 도·소매업, 액체·기체연료 도·소매업, 재생용 재료 수집 및 판매업, 과세유흥장소에서 영업을 하려는 경우에만 제출합니다) 1부 8. 본점 등의 등기에 관한 서류(외국법인만 해당합니다) 1부 9. 국내사업장의 사업영위내용을 입증할 수 있는 서류(외국법인만 해당하며, 담당 공무원 확인사항에 의하여 확인할 수 없는 경우만 해당합니다) 1부 10. 신탁 계약서(법인과세 신탁재산의 경우만 해당합니다) 1부 11. 사업자단위과세 적용 신고자의 종된 사업장 명세서(법인사업자용)(사업자단위과세 적용을 신청한 경우만 해당합니다) 1부

작 성 방 법

사업장을 임차한 경우 「상가건물 임대차보호법」의 적용을 받기 위해서는 사업장 소재지를 임대차계약서 및 건축물관리대장 등 공부상의 소재지와 일치되도록 구체적으로 적어야 합니다.
(작성 예) ○○동 ○○○○번지 ○○호 ○○상가(빌딩) ○○동 ○○층 ○○○○호

210mm×297mm[백상지 80g/㎡ 또는 중질지 80g/㎡]

사업자등록증
( )

      등록번호 :

① 상 호 :   ② 성 명 :

③ 개 업 연 월 일 :   년   월   일   ④ 생년월일 :

⑤ 사업장 소재지 :

⑥ 사 업 의 종 류 : | 업태 | | 종목 | | 생산요소 |

⑦ 발 급 사 유 :

⑧ 공 동 사 업 자 :

⑨ 주류판매신고번호 :

⑩ 사업자 단위 과세 적용사업자 여부 : 여( ) 부( )

⑪ 전자세금계산서 전용 전자우편주소 :

                                  년   월   일

                      ○○세무서장 | 직인 |

210mm×297mm[백상지 120g/㎡]

국세상담이 필요할 땐 ☎ 126

제 **4** 절

면 세

1 면세의 의의

부가가치세는 재화와 용역의 공급 및 재화의 수입에 대하여 부과되는 소비형 간접세이다. 즉, 창출된 가치가 최종소비자에게서 소비되는 것을 바탕으로 과세되는 소비세이므로 결국 부가가치세는 사업자가 아니라 소비자가 부담하게 된다.

그러나 이러한 과세원칙에 대한 예외로서 소비세로서의 역진성을 완화하거나 또는 사회·문화·공익 및 정책목적상 특정한 성격이나 요건을 갖춘 재화나 용역의 공급과 재화의 수입에 대하여 부가가치세를 면제하고 있다. 이를 면세라고 한다.

면세는 부가가치세 과세원칙에 대한 예외이므로 「부가가치세법」 제26조와 「조세특례제한법」 제106조에 의하여 제한적으로 열거하고 있다. 이 밖에 「관세법」에서 특별히 혜택을 줄 필요가 있는 재화의 수입에 대하여도 부가가치세를 면제하거나 감면하고 있다.

또한 주된 재화나 용역의 공급에 필수적으로 부수되는 재화나 용역도 당해 주된 공급의 분류에 따르도록 하고 있다. 따라서 주된 재화 및 용역이 면세라면 이에 필수적으로 부수되는 재화 및 용역도 면세가 되며 주된 공급이 과세되면 필수적으로 부수되는 공급도 과세된다(부가가치세법 제14조 제1항, 제2항).

2 면세의 포기

면세제도란 당해 재화 및 용역의 소비자에게 혜택을 주어 결국 당해 공급자에게도 이익이 돌아가도록 하는 제도이지만 경우에 따라서 면세를 적용받는 것보다 과세를 적용받음으로써 최종소비자나 공급자가 유리할 수 있는데, 이런 경우에는 면세를 포기할 수도 있다.

그러나 면세재화나 용역을 공급하는 사업자 중에서 다음의 경우에만 면세포기를 할 수 있고 다른 공급자는 면세포기를 할 수 없다(부가가치세법 제28조 제1항).

① 영세율 적용의 대상이 되는 것
② 「부가가치세법」 제26조 제1항 제12호 : 주택과 이에 부수되는 토지의 임대용역으로서 동법 시행령 제41조에 의한 것
③ 「부가가치세법」 제26조 제1항 제15호 : 저술가·작곡가 기타 동법 시행령 제42조에 의한 자가 직업상 제공하는 인적용역
④ 「부가가치세법」 제26조 제1항 제18호 : 종교·자선·학술·구호·기타 공익을 목적으로 하는 단체가 공급하는 재화 또는 용역으로서 동법 시행령 제45조에 의한 것

면세포기 신고절차는 「부가가치세법 시행령」 제57조에서 규정하고 있으며, 「부가가치세법」 제21조부터 제24조에 의한 영세율 적용의 대상이 되는 재화 및 용역과 「부가가치세법 시행령」 제45조 제2호에 규정하는 학술연구단체 및 기술연구단체가 공급하는 재화 및 용역만을 면세포기 신고대상으로 정하고 있다.

면세포기는 신고일부터 유효하며 신고일부터 3년간은 면세포기한 재화와 용역에 대해 무조건 과세로 공급하여야 한다. 이후 면세포기 신고를 한 사업자가 3년 기간 경과 후 부가가치세의 면제를 받고자 하는 때에는 면세적용신고서를 사업자등록증과 함께 제출하여야 하며, 면세적용신고서를 제출하지 아니한 경우에는 계속하여 면세를 포기한 것으로 본다.

3   매입세액불공제

부가가치세가 면제되는 재화 또는 용역을 공급하는 사업에 관련된 매입세액(투자에 관련된 매입세액을 포함)은 매출세액에서 공제되지 아니한다(부가가치세법 제39조 제1항 제7호). 따라서 그 매입세액은 당해 면세사업자가 부담하여야 하며 이때의 매입세액은 당해 재화 또는 용역의 부대비용으로 처리하여야 한다. 즉, 고정자산의 취득과 관련된 매입세액은 당해 고정자산의 취득원가로 계상하여야 하며, 비용의 지출과 관련된 매입세액은 당해 비용에 가산하여야 한다.

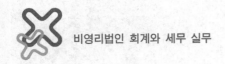

 | 중요 예규 및 판례 |

조심 2020서1594, 2021.11.8.
개정된 「부가가치세법 시행령」 제61조 제1항에서 공통매입세액의 안분계산시 면세사업에 "비과세사업"을 포함하고 있고, 그 개정취지에 "국고보조금 등 부가가치세가 과세되지 않는 부분도 매입세액 공제에 대하여 면세사업과 동일한 기준을 적용하기 위한 것"이라고 명시되어 있어 공통매입세액 안분계산시 위 비과세사업을 영위하고 지급받은 대가를 면세공급가액에 포함하여야 하고, 청구법인의 경우 과세사업에 관련된 매입세액을 별도로 제시하지 아니하여 쟁점매입세액을 전액 공통매입세액으로 볼 수밖에 없다 할 것임.

서면 - 2021 - 법령해석부가 - 1344, 2021.4.1.
「한국과학기술원법」에 따라 설립된 한국과학기술원이 나노기술의 발전을 위하여 「나노기술개발 촉진법」에 따라 나노종합기술원을 부설기관(지점)으로 설립하여 정부출연금을 재원으로 나노장비를 취득한 후 고유의 목적사업을 위하여 장비를 임대하고 실비 상당의 사용료를 받는 경우 「부가가치세법」 제26조 제1항 제18호에 따라 부가가치세가 면제되므로 장비 취득 관련 매입세액은 같은 법 제39조 제1항 제7호에 따라 불공제되는 것이며, 이 경우 장비 사용료가 실비인지 여부는 사실판단할 사항임.

조심 2020전0834, 2020.9.8.
이 건 국가출연금은 「부가가치세법」 제29조 제5항 제4호에 따라 부가가치세 과세표준에서 제외되는 국고보조금에 해당하고, 그 결과 이 건 국가출연금에 상응하는 유지보수비 관련 매입세액은 「부가가치세법」 제39조 제1항 제4호 또는 제7호에서 규정하는 사업과 직접 관련이 없는 지출 또는 면세사업 등에 관련된 매입세액에 해당하여 공제할 수 없다고 판단됨.

서면 - 2018 - 법령해석부가 - 1888, 2018.10.5.
고유목적사업과 수익사업을 영위하는 비영리재단법인이 고유목적사업을 위하여 후원자들로부터 재화 또는 용역의 공급과 직접 관련되지 않는 기부금을 수취하는 경우 해당 기부금은 「부가가치세법 시행령」 제81조 제1항에 따른 공통매입세액 안분계산 시 총공급가액 및 면세공급가액에 포함하지 아니하는 것임.

서면 - 2016 - 부가 - 2956, 2016.2.15.
비영리단체가 조합원의 복리증진 일환으로 물품을 구입하여 조합원에게 무상 지급하는 경우 해당 매입세액은 매출세액에서 공제하지 아니하는 것임.

4 면세대상 재화 및 용역의 공급

「부가가치세법」 제26조에 따르면 다음과 같은 재화나 용역의 공급은 부가가치세가 면제된다. 이때 면세되는 재화 또는 용역의 공급에 통상적으로 부수되는 재화 또는 용역의 공급은 그 면세되는 재화 또는 용역의 공급에 포함되는 것으로 본다.

1. 가공되지 아니한 식료품[식용(食用)으로 제공되는 농산물, 축산물, 수산물과 임산물을 포함한다] 및 우리나라에서 생산되어 식용으로 제공되지 아니하는 농산물, 축산물, 수산물과 임산물로서 대통령령으로 정하는 것
2. 수돗물
3. 연탄과 무연탄
4. 여성용 생리 처리 위생용품
5. 의료보건 용역(수의사의 용역을 포함한다)으로서 대통령령으로 정하는 것과 혈액
6. 교육 용역으로서 대통령령으로 정하는 것
7. 여객운송 용역. 다만, 다음의 어느 하나에 해당하는 여객운송 용역으로서 대통령령으로 정하는 것은 제외한다.
    가. 항공기, 고속버스, 전세버스, 택시, 특수자동차, 특종선박(特種船舶) 또는 고속철도에 의한 여객운송 용역
    나. 삭도, 유람선 등 관광 또는 유흥 목적의 운송수단에 의한 여객운송 용역
8. 도서(도서대여 용역 및 실내 도서열람 용역을 포함한다), 신문, 잡지, 관보(官報), 「뉴스통신 진흥에 관한 법률」에 따른 뉴스통신 및 방송으로서 대통령령으로 정하는 것. 다만, 광

고는 제외한다.

9. 우표(수집용 우표는 제외한다), 인지(印紙), 증지(證紙), 복권 및 공중전화

10. 「담배사업법」 제2조에 따른 담배로서 다음의 어느 하나에 해당하는 것

　가. 「담배사업법」 제18조 제1항에 따른 판매가격이 대통령령으로 정하는 금액 이하인 것

　나. 「담배사업법」 제19조에 따른 특수용담배로서 대통령령으로 정하는 것

11. 금융·보험 용역으로서 대통령령으로 정하는 것

12. 주택과 이에 부수되는 토지의 임대 용역으로서 대통령령으로 정하는 것

13. 「공동주택관리법」 제18조 제2항에 따른 관리규약에 따라 같은 법 제2조 제1항 제10호에 따른 관리주체 또는 같은 법 제2조 제1항 제8호에 따른 입주자대표회의가 제공하는 「주택법」 제2조 제14호에 따른 복리시설인 공동주택 어린이집의 임대 용역

14. 토지

15. 저술가·작곡가나 그 밖의 자가 직업상 제공하는 인적(人的) 용역으로서 대통령령으로 정하는 것

16. 예술창작품, 예술행사, 문화행사 또는 아마추어 운동경기로서 대통령령으로 정하는 것

17. 도서관, 과학관, 박물관, 미술관, 동물원, 식물원, 그 밖에 대통령령으로 정하는 곳에 입장하게 하는 것

18. 종교, 자선, 학술, 구호(救護), 그 밖의 공익을 목적으로 하는 단체가 공급하는 재화 또는 용역으로서 대통령령으로 정하는 것

19. 국가, 지방자치단체 또는 지방자치단체조합이 공급하는 재화 또는 용역으로서 대통령령으로 정하는 것

20. 국가, 지방자치단체, 지방자치단체조합 또는 대통령령으로 정하는 공익단체에 무상(無償)으로 공급하는 재화 또는 용역

「부가가치세법」상 면세제도는 공급되거나 수입되는 재화와 용역에 대해 「부가가치세법」상의 제반의무가 면제되고 특히 부가가치세를 거래징수하지 않기 때문에, 면세되는 분야에 대해 명확하고 엄밀한 정의가 중요하다.

「부가가치세법」 제26조는 특정 재화 또는 용역의 공급과 특정 재화의 수입에 대하여만 면세한다고 열거하고 있고, 면세대상도 특정사업자 등의 사업주체 개념뿐만 아니라 거래되는 재화와 용역의 공급 등과 같이 사업객체의 개념을 정하고 있기 때문에 일반적으로 조세법상의 열거주의에 의한 다른 조문과 같이 엄격하고 제한적으로 해석하여야 한다.

즉, 전체적인 배경으로 보아 열거된 항목에 포함되거나 유사하다 하더라도 「부가가치세

법」제26조 각 호의 규정에서 정한 범위 및 척도에 의거 엄밀히 해석하여 면세에 해당하지 않는다는 사실판단이라면 일반적으로 면세에 해당할 수 있다는 인식이 있더라도 면세대상이 아니라고 해석하여 본법을 적용하여야 한다.

본서에서는 「부가가치세법」제26조에 열거된 면세대상 재화 및 용역 중 비영리법인이 주로 공급하는 재화 및 용역을 대상으로 서술하기로 한다.

4-1. 의료보건용역

의료보건용역(수의사의 용역을 포함)이나 혈액 등은 국민의 생존을 위해 최종소비자가 아무런 중간단계를 거치지 않고 직접 소비하는 용역이므로 면세로 보호하고 있다(부가가치세법 제26조 제1항 제5호, 동법 시행령 제35조).

면세되는 의료보건용역의 범위는 다음과 같고 이에는 「의료법」 또는 「수의사법」의 규정에 의하여 의료기관 또는 동물병원을 개설한 자가 제공하는 용역을 포함한다. 이때 의사 등의 자격을 가진 자가 제공하는 모든 용역이 면세되는 것이 아니라 의사 등의 자격에 따른 범위 내의 용역과 이에 필수적으로 부수되는 재화·용역만이 면세된다.

---

1. 「의료법」에 따른 의사, 치과의사, 한의사, 조산사 또는 간호사가 제공하는 용역. 다만, 「국민건강보험법」제41조 제4항에 따라 요양급여의 대상에서 제외되는 다음 각 목의 진료용역은 제외한다.
   가. 쌍꺼풀수술, 코성형수술, 유방확대·축소술(유방암 수술에 따른 유방 재건술은 제외한다), 지방흡인술, 주름살제거술, 안면윤곽술, 치아성형(치아미백, 라미네이트와 잇몸성형술을 말한다) 등 성형수술(성형수술로 인한 후유증 치료, 선천성 기형의 재건수술과 종양 제거에 따른 재건수술은 제외한다)과 악안면 교정술(치아교정치료가 선행되는 악안면 교정술은 제외한다)
   나. 색소모반·주근깨·흑색점·기미 치료술, 여드름 치료술, 제모술, 탈모치료술, 모발이식술, 문신술 및 문신제거술, 피어싱, 지방융해술, 피부재생술, 피부미백술, 항노화치료술 및 모공축소술
2. 「의료법」에 따른 접골사(接骨士), 침사(鍼士), 구사(灸士) 또는 안마사가 제공하는 용역
3. 「의료기사 등에 관한 법률」에 따른 임상병리사, 방사선사, 물리치료사, 작업치료사, 치과기공사 또는 치과위생사가 제공하는 용역
4. 「약사법」에 따른 약사가 제공하는 의약품의 조 제용역

5. 「수의사법」에 따른 수의사가 제공하는 용역. 다만, 동물의 진료용역은 다음 각 목의 어느 하나에 해당하는 진료용역으로 한정한다.
　가. 「축산물 위생관리법」에 따른 가축에 대한 진료용역
　나. 「수산생물질병 관리법」에 따른 수산동물에 대한 진료용역
　다. 「장애인복지법」 제40조 제2항에 따른 장애인 보조견표지를 발급받은 장애인 보조견에 대한 진료용역
　라. 「국민기초생활 보장법」 제2조 제2호에 따른 수급자가 기르는 동물의 진료용역
　마. 가목부터 라목까지의 규정에 따른 진료용역 외에 질병 예방 및 치료를 목적으로 하는 동물의 진료용역으로서 농림축산식품부장관 또는 해양수산부장관이 기획재정부장관과 협의하여 고시하는 용역
6. 장의업자가 제공하는 장의용역
7. 「장사 등에 관한 법률」 제14조, 제15조 및 제16조에 따라 사설묘지, 사설화장시설, 사설봉안시설 또는 사설자연장지를 설치·관리 또는 조성하는 자가 제공하는 묘지분양, 화장, 유골 안치, 자연장지분양 및 관리업 관련 용역
8. 지방자치단체로부터 「장사 등에 관한 법률」 제13조 제1항에 따른 공설묘지, 공설화장시설, 공설봉안시설 또는 공설자연장지의 관리를 위탁받은 자가 제공하는 묘지분양, 화장, 유골 안치, 자연장지분양 및 관리업 관련 용역
9. 「응급의료에 관한 법률」 제2조 제8호에 따른 응급환자이송업자가 제공하는 응급환자이송 용역
10. 「하수도법」 제45조에 따른 분뇨수집·운반업의 허가를 받은 사업자와 「가축분뇨의 관리 및 이용에 관한 법률」 제28조에 따른 가축분뇨수집·운반업 또는 가축분뇨처리업의 허가를 받은 사업자가 공급하는 용역
11. 「감염병의 예방 및 관리에 관한 법률」 제52조에 따라 소독업의 신고를 한 사업자가 공급하는 소독용역
12. 「폐기물관리법」 제25조에 따라 생활폐기물 또는 의료폐기물의 폐기물처리업 허가를 받은 사업자가 공급하는 생활폐기물 또는 의료폐기물의 수집·운반 및 처리용역과 같은 법 제29조에 따라 폐기물처리시설의 설치승인을 받거나 그 설치의 신고를 한 사업자가 공급하는 생활폐기물의 재활용용역
13. 「산업안전보건법」 제21조에 따라 보건관리전문기관으로 지정된 자가 공급하는 보건관리 용역 및 같은 법 제126조에 따른 작업환경측정기관이 공급하는 작업환경측정용역
14. 「노인장기요양보험법」 제2조 제4호에 따른 장기요양기관이 같은 법에 따라 장기요양인 정을 받은 자에게 제공하는 신체활동·가사활동의 지원 또는 간병 등의 용역
15. 「사회복지사업법」 제5조의 2 제2항에 따라 보호대상자에게 지급되는 사회복지서비스 이 용권을 대가로 국가 및 지방자치단체 외의 자가 공급하는 용역
16. 「모자보건법」에 따른 산후조리원에서 분만 직후의 임산부나 영유아에게 제공하는 급식·요양 등의 용역
17. 「사회적기업 육성법」 제7조에 따라 인증받은 사회적기업 또는 「협동조합기본법」 제85조 제1항에 따라 설립인가를 받은 사회적협동조합이 직접 제공하는 간병·산후조리·보육 용역

18. 「정신건강증진 및 정신질환자 복지서비스 지원에 관한 법률」 제15조 제6항 및 그 밖에 기획재정부령으로 정하는 법령에 따라 국가 및 지방자치단체로부터 의료보건 용역을 위탁받은 자가 제공하는 의료보건 용역

부가가치세법 기본통칙 26-35…2 【의약품 조제용역의 정의】
「부가가치세법 시행령」 제35조 제4호에서 규정하는 '의약품 조제용역' 중 '조제'란 일정한 처방에 따라서 두 가지 이상의 의약품을 배합하거나 한 가지의 의약품을 그대로 일정한 분량으로 나누어서 특정한 용법에 따라 특정인의 특정된 질병을 치료하거나 예방하는 등의 목적으로 사용되도록 약제를 만드는 것을 말한다.

 │ 중요 예규 및 판례 │

조심-2022-구-5970, 2023.9.12.
비영리법인으로 주무관청에 등록된 단체인 청구법인이 산모에게 제공한 쟁점용역은 청구법인 소속의 산후도우미가 산모의 집에 방문하여 출장산후조리 서비스를 제공하는 과정에서 바우처 방식의 서비스 외에 산모의 자유로운 의사에 따라 추가로 선택하여 구매할 수 있으므로, 이는 바우처 방식의 산모·신생아돌보미파견 용역에 거래관행이나 통상적으로 부수하여 포함된다거나 우연히 또는 일시적으로 공급된 것이라 보기는 어려운 점, … 중략 … 산모가 본인부담금을 지급하고 공급받는 쟁점용역과 같은 성질의 용역을 실비정산의 성격이 아닌 독자적인 수익사업으로 설정하고 있다고 파악되는 점, 청구법인 정관상 수익사업을 할 수 있다는 내용이 기재되어 있을 뿐만 아니라, 청구법인의 거래내역 리스트에 쟁점용역을 수익사업으로 기재한 점 등에 비추어 청구주장을 받아들이기는 어렵다고 판단됨.

조심 2019서3421, 2020.7.30.
부가가치세 납세의무가 면제되는 의료보건용역의 범위에 대해 구 「부가가치세법」 제12조 및 같은 법 시행령 제29조 제1항은 「의료법」에 규정하는 의사·치과의사·한의사·조산사 또는 간호사가 제공하는 용역이라고 규정하고 있으므로, 의료인이 아닌 청구인이 의사를 고용하여 자기의 책임과 계산 하에 공급한 의료보건용역은 부가가치세가 면제되는 의료보건용역에 해당하지 아니한 점 등에 비추어 처분청이 청구인에게 한 이 건 부가가치세 과세 처분은 달리 잘못이 없다고 판단됨.

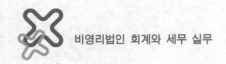

사전 - 2020 - 법령해석부가 - 0409, 2020.5.13.

사업자가 보건복지부장관으로부터 「정신건강증진 및 정신질환자 복지서비스 지원에 관한 법률」 제12조 제5항에 따른 중앙정신건강복지사업지원단 운영을 위탁받아 정신건강증진사업등에 관한 자문·지원 및 정신건강 관련 사업을 수행하는 경우 「부가가치세법」 제26조 제1항 제5호에 따른 의료보건 용역에 해당하지 아니하는 것임.

서면 - 2016 - 법령해석부가 - 4125, 2016.9.22.

약사가 의사의 처방전에 따라 「의료기기법」상 의료기기에 해당하는 당뇨병 소모성 재료를 판매하는 경우는 「부가가치세법」 제26조 제1항 제5호의 부가가치세가 면제되는 의약품의 조 제용역에 해당하지 아니하는 것임.

기획재정부 부가가치세제과 - 236, 2014.3.17.

약사법 제34조의 2에 따른 임상시험실시기관이 같은 법 제2조 제15호에 따른 임상시험용역을 의약품 제조업자 등에게 공급하는 경우 부가가치세법 제26조 제1항 제5호 및 같은 법 시행령 제35조에 따른 의료보건용역의 공급에 해당하지 않으며, 같은 법 시행령 제42조 제2호 및 같은 법 시행규칙 제32조에 따른 새로운 이론·방법·공법 또는 공식 등에 관한 연구용역의 공급에 해당하지 아니함.

기획재정부 부가가치세제과 - 341, 2014.5.13.

의료기관이 제약사에 공급하는 임상시험용역이 부가가치세가 면제되는 의료보건용역 및 학술(기술)연구용역에 해당하지 아니한다는 질의회신은 회신일인 2014.3.17. 이후 최초로 임상시험용역계약을 체결하여 공급하는 분부터 적용하는 것임.

부가 - 1072, 2011.9.8.

국가기관에 해당하는 국립대학교 부설 동물병원에서 반려동물에 대한 진료용역을 제공하는 경우, 해당 진료용역은 과세되는 의료보건용역에 해당하는 것임.

부가 - 835, 2011.7.26.

「축산물 위생관리법」에 따른 '가축'에 해당하지 아니하는 애완동물(토끼를 포함)에 대한 수의사의 진료용역은 「부가가치세법」 제12조에 따른 부가가치세 면제를 적용하지 아니하는 것임.

부가 - 692, 2011.6.30.

2011년 7월 1일부터 「부가가치세법 시행령」 제29조 제1호 단서에 따라 과세되는 각 호의 진료용역에는 직접적인 수술비용뿐만 아니라 그 수술에 관련된 진찰료, 입원료, 처치료, 검사료, 진단료, 식대 등 모든 비용에 대한 용역이 포함되는 것임. 의료보건용역을 제공하는 사업자가 환자에게 진료용역을 제공하면서 면세용역과 과세용역으로 명확히 구분되는 것과 구분되지 아니하는 것을 함께 제공하고 그 대가를 받는 경우, 과세분과 면세분에 대한 공급가액은 실지귀속에 따라 계산하되, 그 실지귀속을 구분할 수 없는 때에는 공급 당시 구분되는 과세공급가액과 면세공급가액의 비율에 따라 산정된 가액으로 하여 각각 계산하는 것임. 또한, 의료보건용역을 제공하는 사업자가 과세되는 진료용역을 제공하고 그 대가를 받은 경우에는 「부가가치세법」 제32조 제1항 및 같은 법 시행령 제79조의 2 제1항 제7호에 따라 공급을 받은 자에게 영수증을 발급하는 것이나, 그 공급받은 사업자가 사업자등록증을 제시하고 같은 법 제16조 제1항 및 제2항에 따른 세금계산서의 발급을 요구하는 때에는 해당 규정에 따른 세금계산서를 발급하여야 하는 것임.

부가 - 397. 2011.4.14.

보톡스, 필러 시술 등 주름살을 완화하는 약물투여 시술이 「국민건강보험법」 제39조 제3항에 따라 요양급여의 대상에서 제외되는 미용목적 성형수술(주름살제거술 등)에 해당되는 경우에는 「부가가치세법 시행령」 제29조 제1항 마목에 따라 2011.7.1. 이후 공급하는 분부터 부가가치세 면세대상에서 제외되는 것임.

법규부가 2009 - 456. 2010.1.19.

석제품 제조업과 장의업을 영위하는 신청인이 종친회에 종중묘지를 조성하기 위한 석물공사용역과 조성된 종중묘지에 종친회의 분묘를 이장하는 공사용역을 제공하는 경우 해당 석물공사용역은 「부가가치세법」 제7조에 따라 부가가치세를 과세하는 것이나, 해당 이장공사용역은 같은 법 제12조 제1항 제4호와 같은 법 시행령 제29조 제6호에 따라 부가가치세를 면제하는 것임.

조심 2008서3330. 2009.11.10.

피부관리사가 제공하는 피부관리용역은 비록 피부과의사의 지도·감독하에서 이루어진 행위라 하여도 「의료법」상 의료인이 아닌 피부관리사가 주로 제공한 용역으로서 그 주된 목적이 질병의 치료나 예방에 있기보다는 피부의 탄력이나 미백 등 미용적인 효과를 추구하는 피부관리로 보아야 할 것이며, 「의료법」상 의사 등이 제공하는 치료로서 의료보건용역으로 볼 성질의 것은 아니므로, 「부가가치세법」 제12조 제1항 또는 제3항에서 부가가치세 면제용역으로 규정한 의료보건용역이나 그 용역의 공급에 필수적으로 부수되는 용역의 공급으로 보기 어렵다(국심 2007서3899, 2007.12.3. 같은 뜻임).

부가 - 1034. 2009.7.21.

한의원이 원외 탕전실을 설치하고, 그 원외 탕전실이 다른 한의원의 처방전에 의하여

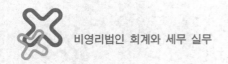
그 다른 한의원에게 조 제용역을 공급하고 대가를 받는 경우 당해 원외 탕전실은 「부가가치세법 시행령」 제4조 제1항 제2호의 규정에 따라 사업장에 해당하는 것이며, 그 조 제용역의 공급은 동법 시행령 제29조 제1항 제4호의 규정에 따라 부가가치세가 면제되는 것임.

조심 2009서105, 2009.3.18.

「의료법」상 의료인 자격이 없는 자가 제공한 산후조리용역은 면세대상 의료보건용역에 해당하지 않음.

재부가 - 206, 2009.3.10.

병원 내에 병상 등 각종설비를 갖추고 병원에서 출산한 산모와 아기를 입실시켜 침식을 제공하고 의사와 간호사 등이 산모와 아기의 건강관리 등 산후조리용역을 제공한 경우 부가가치세가 과세됨.

재부가 - 289, 2008.8.7.

장례식장이 제공하는 제례음식은 「부가가치세법」 제12조 제1항 제4호 및 같은 법 시행령 제29조의 규정에 의하여 면세되는 장의용역의 공급에 필수적으로 부수되는 용역의 범위에 포함되지 않으므로 부가가치세가 과세되는 것임.

서면3팀 - 669, 2008.3.31., 제도 46015 - 12267, 2001.7.20.

한약사가 한의사의 처방전에 의하여 한약을 조 제하는 것(보건복지부장관이 정하는 한약 처방의 종류 및 조 제방법에 따라 조 제하는 경우를 포함)은 「부가가치세법」 제12조 제1항 제4호 및 같은 법 시행령 제29조 제4호의 규정에 의하여 부가가치세가 면제되는 것임.

국심 2007서3899, 2007.12.3.

피부과 의사의 지도·감독하에서 이루어진 행위라 하여도 「의료법」상 의료인이 아닌 피부관리사가 주로 제공한 용역으로서 의료보건용역이나 그 용역에 필수적으로 부수되는 용역의 공급이 아님.

서면3팀 - 3143, 2007.11.19., 서면3팀 - 1622, 2007.5.30., 부가 46015 - 112, 2001.1.16.

공동주택(아파트)에 제공되는 청소용역은 「부가가치세법」 제1조의 규정에 의하여 부가가치세가 과세되고, 「전염병예방법」에 의하여 소독업의 신고를 한 사업자가 공동주택(아파트)에 제공하는 소독용역은 「부가가치세법」 제12조 제1항 및 동법 시행규칙 제11조의 2 제3호(2001년 1월 1일부터 동법 시행령 제29조로 이관)의 규정에 의하여 부가가치세가 면제되는 것이며, 귀 질의의 경우 부가가치세 과세 여부는 계약명칭과 내용에 관계없이 제공되는 용역의 실질에 따라 판단할 사항임.

서면3팀 – 3064, 2007.11.9., 서면3팀 – 994, 2006.5.30.,
재소비 – 576, 2005.12.13., 부가 46015 – 3541, 2000.10.20.
「의료법」의 규정에 의하여 의료기관을 개설한 자가 당해 의료기관 내에 산모의 산후관리를 위한 시설을 갖추고 산모에게 침식을 제공하며 각종 시설을 이용하게 하고 건강상담, 신생아 관리 등의 용역을 제공하는 산후조리원을 운영하는 경우에 당해 용역은 「부가가치세법」 제12조 제1항 제4호 및 동법 시행령 제29조에 규정하는 의료보건용역에 해당되지 아니하는 것이며, 의료기관이 제공하는 의료보건용역에 필수적으로 부수되는 용역에 해당되지 아니하므로 부가가치세가 과세되는 것임.

➡ 산후조리원의 면세 여부는 조세심판원의 심판례와 국세청의 행정해석이 서로 차이를 보이고 있다.

국심 2007부2648, 2007.9.21., 국심 2002구3386, 2003.3.28.
산부인과 병원 내에 산후조리원을 설치하고 산부인과 의사 및 동일 병원 건물 내의 소아과 의사가 입실한 산모에게 회진을 하면서 진찰 및 진료를 수행하고, 산부인과의 간호사 등이 일반 환자의 입원실에서 제공하는 용역과 동일한 용역을 산후조리원에서 제공하였다면 이는 의료보건용역에 해당함.

서면3팀 – 1955, 2007.7.11., 서면3팀 – 25, 2006.1.4.,
부가 46015 – 463, 2000.3.4.
장의업을 영위하는 법인이 장의용역(빈소설치임대, 장의차량임대, 시신의 보관 및 염습 등)과 이에 필수적으로 부수되는 장의용품(관, 수의, 상복 등)을 함께 제공하고 받는 대가에 대하여는 「부가가치세법」 제12조 제1항 제4호 및 동법 시행령 제29조 제6호의 규정과 동법 동조 제3항의 규정에 의하여 부가가치세가 면제되는 것이나, 이 경우 장의용역 제공과는 관계없이 장의용품만을 별도로 판매하고 그 대가를 받는 경우에는 부가가치세가 과세되는 것임.

국심 2007부355, 2007.5.11.
「폐기물관리법」상 감염성폐기물 수집·운반·처리업을 주무관청으로부터 허가를 받지 않은 사업자가 공급한 감염성폐기물의 수집·운반·처리용역은 「부가가치세법 시행령」 제29조 제11호의 부가가치세 면세대상 용역에 해당하지 아니함.

서면3팀 - 38, 2006.1.6.

사업자가 「노인복지법」 제34조 제1항 제5호에 규정하는 유료노인전문요양시설을 설치하고 치매, 중풍 등 중증환자들을 입소시켜 급식, 요양, 재활치료, 기타 일상생활에 필요한 편의를 제공하고 그 대가로 일정액의 이용료를 받는 경우에는 「부가가치세법」 제7조제1항의 규정에 의하여 부가가치세가 과세되는 것이며, 입소자들로부터 받은 계약기간만료 후 반환하기로 한 입소보증금은 부가가치세 과세표준에 포함하지 아니하는 것임. 다만, 중증환자에 대한 재활치료 등의 용역을 제공하는 유료노인전문요양시설을 설치한사업자가 「의료법」에 의한 의료기관에 해당하여 의료보건용역을 제공하는 경우에는 「부가가치세법」 제12조 제1항 제4호의 규정에 의하여 부가가치세가 면제되는 것임.

서면3팀 - 446, 2004.3.8.

「의료법」에 의하여 설립된 의료기관이 제대혈을 채취하여 일정기간 동안 초저온 상태로냉동보관하여 주고 그 대가를 받는 경우 「부가가치세법」 제12조 제1항 제4호 및 동법시행령 제29조 규정의 의료보건용역에 해당되지 아니하여 부가가치세가 과세되는 것임.

서삼 46015 - 10656, 2002.4.22., 재소비 46015 - 80, 1999.10.28.

「가정의례에 관한 법률」 제5조의 규정에 의하여 신고한 장례식장업자가 장례식장을 방문한 문상객에게 음식용역을 제공하는 경우에는 「부가가치세법 시행령」 제29조 제6호에규정하는 장의용역에 해당하지 아니하여 동법 제1조 제1항의 규정에 의하여 부가가치세가 과세되는 것임.

국심 2001부916, 2001.7.26.

의료기관 내 구내식당을 임차해 소속 직원 및 입원환자에게 음식용역을 제공하고 당해의료기관으로부터 그 대가를 수령하는 경우, 독립적인 사업자로서 과세됨.

제도 46012 - 12183, 2001.7.18.

의료업을 영위하는 법인(이하 '개방병원'이라 한다)이 주변의 소규모 의원들과 약정을 맺고 「의료법」 제32조의 3의 규정에 의거 개방병원의 시설·장비 및 인력 등을 이용하게하되 그 수입과 지출은 모두 개방병원의 청구와 거래로서 확정되고 그 수입금액의 일부를 소규모 의원에게 분배하는 경우 그 수입과 분배하는 금액은 각각 「법인세법」 제15조및 제19조의 규정에 의한 개방병원의 익금과 손금에 해당하는 것이며, 이 경우 「의료법」에규정하는 소규모 의원이 의료용역의 대가로서 분배받은 금액은 「부가가치세법」 제12조의규정에 의한 면세용역에 해당하는 것임.

재소비 46015 - 52, 2001.2.24.

주된 거래인 용역의 공급에 필수적으로 부수되는 재화의 공급은「부가가치세법」제1조의
규정에 의하여 주된 거래인 용역의 공급에 포함되는 것이므로「부가가치세법 시행령」제
29조 제4호에 규정하는 부가가치세가 면세되는 의약품 조 제용역에는 조 제에 필수적으로
부수되는 의약품의 가격이 포함되는 것임.

부가 46015 - 1626, 2000.7.10.

「부가가치세법」제12조 제1항 제4호에 규정하는 의료보건용역을 공급하는 사업자가 환
자에게 직접 공급(직영 구내식당)하는 음식물은 의료보건용역에 필수적으로 부수되는 것으
로 부가가치세가 면제되는 것이나, 외래환자 및 환자의 보호자에게 제공하는 음식물은 부
가가치세가 과세되는 것임.

➡ 병원에서 처방에 따라 공급하는 의약품 및 환자에게 제공하는 식사 등은 부수재화로서 면세되
  나 처방전에 의하지 않은 의약품판매 및 보호자에 대한 식사 등은 필수적으로 부수되는 것이
  아니므로 면세하지 아니한다.

부가 46015 - 715, 2000.4.3.

「의료법」의 규정에 의하여 의료기관을 개설한 자가 의사의 처방 없이 영양제나 빈혈약
등 의약품을 단순히 판매하는 경우에는「부가가치세법」제12조 제1항 제4호 및 동법 시
행령 제29조의 규정에 의하여 부가가치세가 면제되지 아니하는 것임.

부가 46015 - 4186, 1999.10.15.

대학부속병원에서 장례식장을 직영하면서 제공하는 장의용역에 필수적으로 부수되는 장의
용품을 함께 공급하는 경우「부가가치세법」제12조 제1항 제4호 및 동법 시행령 제3조
의 규정에 의하여 부가가치세가 면제되는 것임.

부가 46015 - 1744, 1994.8.26.

종합병원 및 종합대학교에서 부설주차장을 설치·운영하고 주차료를 징수하는 경우, 동
주차료는「부가가치세법」제12조 제3항에서 규정한 면세되는 의료용역 및 교육용역에
필수적으로 부수되는 용역에 해당되지 아니하므로 동법 제1조 제1항 및 제7조 제1항의
규정에 의하여 부가가치세가 과세되는 것임.

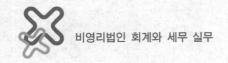

4-2. 교육용역

면세가 되는 교육용역의 범위는 다음의 어느 하나에 해당하는 시설 등에서 학생, 수강생, 훈련생, 교습생 또는 청강생에게 지식, 기술 등을 가르치는 것으로 한다(부가가치세법 시행령 제36조 제1항).

① 주무관청의 허가 또는 인가를 받거나 주무관청에 등록되거나 신고된 학교, 어린이집 (영유아보육법 제10조에 따른 어린이집을 말하며, 같은 법 제24조 제2항 및 제3항에 따라 국 공립어린이집이나 직장어린이집 운영을 위탁받은 자가 제공하는 경우를 포함한다), 학원, 강 습소, 훈련원, 교습소 또는 그 밖의 비영리단체

② 「청소년활동진흥법」 제10조 제1호에 따른 청소년수련시설

③ 「산업교육진흥 및 산학연협력촉진에 관한 법률」 제25조에 따른 산학협력단

④ 「사회적기업 육성법」 제7조에 따라 인증받은 사회적기업

⑤ 「과학관의 설립·운영 및 육성에 관한 법률」 제6조에 따라 등록한 과학관

⑥ 「박물관 및 미술관 진흥법」 제16조에 따라 등록한 박물관 및 미술관

⑦ 「협동조합기본법」 제85조 제1항에 따라 설립인가를 받은 사회적 협동조합

그러나 다음의 어느 하나에 해당하는 학원에서 가르치는 것은 면세가 되는 교육용역에서 제외한다(부가가치세법 시행령 제36조 제2항).

① 「체육시설의 설치·이용에 관한 법률」 제10조 제1항 제2호의 무도학원

② 「도로교통법」 제2조 제32호의 자동차운전학원

「학원의 설립·운영에 관한 법률」 등의 개정으로 허가제가 등록신고제로 변경됨에 따라 2000년 8월 1일 기본통칙 개정 이후 교육용역의 면세는 정부의 허가·인가를 얻어 설립한 것뿐만 아니라 주무관청에 등록 또는 신고한 것이면 면세에 해당한다. 따라서 일반적으로 '관인', '지정' 등의 형태의 학원은 모두 면세된다고 하겠다.

이때 그 지식 또는 기술의 내용은 불문하며 부가가치세가 면제되는 교육용역의 공급에 필수적으로 부수되는 용역의 공급도 면세용역의 공급에 포함된다. 또한 교육용역 제공시 필요한 교재·실습자재·기타 교육용구의 대가를 수강료 등에 포함하여 받거나, 별도로 받는 때에도 주된 용역인 교육용역에 부수되는 재화 또는 용역으로서 면세한다. 다만, 2011년 2월 1일 기본통칙 개정시 청소년 수련시설에서 학생 등이 아닌 일반 이용자에게 교육용역과 관계없이 음식·숙박용역을 제공하거나 실내수영장 등의 체육활동시설을 이용하게 하

고 대가를 받는 경우에는 교육용역의 제공에 필수적으로 부수되는 것이 아니므로 부가가치세를 과세하도록 규정하여 종전에 법령해석으로 운용되고 있는 사항을 기본통칙으로 명확화하였다(부가가치세법 기본통칙 26-36…1).

최근 대법원 판례에 의하면 주무관청의 허가를 받아 설립한 비영리법인이더라도 교육시설관련법에 따른 허가나 인가를 받지 않은 이상 면세대상 교육용역으로 보지 않는다는 것에 유념하여야 한다.

부가가치세법 기본통칙 26-36…1【교육용역의 면세 범위】

① 면세하는 교육용역은 주무관청의 허가·인가 또는 승인을 얻어 설립하거나 주무관청에 등록 또는 신고한 학원·강습소 등 및 「청소년활동진흥법」 제10조 제1호에 따른 청소년수련시설에서 지식·기술 등을 가르치는 것을 말하며, 그 지식 또는 기술의 내용은 관계없다. 이 경우 부가가치세가 면제되는 교육용역의 공급에 통상적으로 부수되는 용역의 공급은 면세용역의 공급에 포함된다.

② 교육용역 제공시 필요한 교재·실습자재 그 밖의 교육용구의 대가를 수강료 등에 포함하여 받거나, 별도로 받는 때에는 주된 용역인 교육용역에 부수되는 재화 또는 용역으로서 면세한다.

③ 「청소년활동진흥법」 제10조 제1호에 따른 청소년 수련시설에서 학생·수강생·훈련생 등이 아닌 일반 이용자에게 해당 교육용역과 관계없이 음식·숙박용역만을 제공하거나 실내수영장 등의 체육활동 시설을 이용하게 하고 대가를 받는 때에는 면세되지 아니한다.

| 중요 예규 및 판례 |

사전-2024-법규부가-0508, 2024.8.22.
「행정사법」 제26조에 따라 설립된 비영리법인이 지방자치단체와 체결한 용역계약에 따라 지방자치단체에 '2024년 경로당 방문 회계교육' 용역을 공급하고 지방자치단체로부터 운영비, 인건비 등을 지급받는 경우 「부가가치세법」 제11조에 따라 부가가치세가 과세되는 것임.

심사-부가-2022-0066, 2023.1.11.
청구법인이 인터넷 온라인 강의(설교 동영상) 시청 서비스를 제공하고 수취한 대가로 봄이 타당하고, 시설관련법에 따른 허가나 인가를 받지 아니한 청구법인이 제공하는 쟁점용

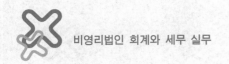
역이 「부가가치세법」상 열거된 면세대상 교육용역에 해당한다고 보기도 어려움. 따라서 처분청이 쟁점금액을 부가가치세 과세대상 용역의 제공 대가로 보아 부가가치세를 과세한 처분은 달리 잘못이 없는 것으로 판단됨.

조심 – 2022 – 인 – 5604, 2022.10.20.
청구인이 제출한 증빙자료(사진, 수업확인서, 카카오톡 대화내용 등)에 따르면 쟁점사업장은 유치원과 어린이집에서 원아를 대상으로 목공에 대한 체험활동 프로그램 등을 제공하면서 쟁점용역을 공급한 것으로 나타나고, 기관 관리자들과 협의를 통해 교육일정을 확정하고 그 기관 내에서 수업을 진행한 것으로 나타나 기관장의 책임하에 쟁점용역을 제공한 것으로 보이는 점 등에 비추어 이 건 처분은 잘못이 있는 것으로 판단됨.

조심 2021중3171, 2021.8.23.
청구법인은 「협동조합기본법」에 따라 설립된 사회적협동조합으로 어린이와 청소년들이 숲 속 교육을 통해 미래의 국가와 민족을 위한 사람으로 성장할 수 있도록 운영하는 것 등을 설립목적으로 하는 비영리법인임. 청구법인은 교육시설관련법에 따른 인·허가나 신고 또는 등록을 하여 설립된 비영리단체에 해당하지 않는 점, 청구법인의 정관 상 설립목적은 평생교육을 주된 목적으로 하여 설립되었다고 보기는 어려운 점 등에 비추어 청구법인이 제공한 쟁점교육용역이 부가가치세가 면제되는 교육용역에 해당한다는 청구주장을 받아들이기는 어렵다고 판단됨.

서면 – 2020 – 부가 – 6079, 2021.1.8.
「체육시설의 설치·이용에 관한 법률」 제20조에 따라 주무관청에 신고된 체육교습소에서 13세 미만의 어린이들에게 이론·지식·기술 등 교육을 주된 용역으로 공급하면서 체육시설을 부수적으로 이용하게 하고 그 대가를 받는 경우에는 「부가가치세법」 제26조 제1항 제6호 및 같은 법 시행령 제36조 제1항 제1호에 따라 부가가치세가 면제되는 것임.

대법 2019두63546, 2020.4.9.
미인가 대안학교는 주무관청에 허가, 인가, 등록, 신고 중 어느 하나를 충족한 비영리단체로 볼 수 없어 미인가 대안학교가 제공하는 교육용역은 면세에 해당하지 않음.

서면 – 2018 – 법령해석부가 – 4101, 2020.1.31.
「근로자직업능력 개발법」에 따라 고용노동부장관으로부터 직업능력개발 원격훈련시설로 인정받은 사업자(이하 "사업자")가 보건복지부 위탁교육기관으로 선정되어 보육교직원을 대상으로 온라인 직무교육을 실시하고 교육비를 지급받는 경우 「부가가치세법」 제26조 제1항 제6호에 따라 부가가치세가 면제되는 것이나 사업자가 해당 교육을 수행하기 위하여 제휴협약을 체결한 다른 사업자(이하 "제휴업체")로부터 교육 콘텐츠 사용권 및 홍보·마케팅 용역, 위탁사업 심사기준이나 교육과정 인정에 필요한 지원용역 등을 공급받고 그 대가를 지급하는 경우 제휴업체가 사업자에게 공급하는 용역은 「부가가치세법」 제11조에 따라 부가가치세가 과세되는 것임.

사전 – 2019 – 법령해석부가 – 0727, 2019.12.20.
주무관청의 허가를 받은 스포츠클럽이 스포츠 강습용역을 제공하고 강습비 등을 받는 경우로서 관련법에 시설기준을 정하고 있지 않으며 교육용역에 대하여 허가·인가등 받은 사실이 없거나 신고·등록하여 관련 법에 따라 지휘·감독 받은 사실이 없는 경우 해당 교육용역은 면세대상 아님.

사전 – 2019 – 법령해석부가 – 0244, 2019.5.31.
「평생교육법」 제33조 제2항 및 같은 법 시행령 제49조에 따라 원격평생교육시설을 갖추고 해당 시설의 운영규칙을 첨부하여 교육감에게 신고한 사업자가 해당 운영규칙에 따라 온라인 강의 등의 교육용역을 제공하는 경우 「부가가치세법」 제26조 제1항 제6호에 따라 부가가치세가 면제되는 것이며 해당 온라인 강의 등과 이를 수강할 수 있는 단말기를 하나의 공급단위로 하여 함께 공급하는 경우로서 해당 단말기를 독립적으로 활용이 가능한 경우에는 온라인 강의등(교육용역)은 면세, 단말기는 같은 법 제9조에 따라 부가가치세가 과세되는 것임.

조심 2017전4361, 2018.7.18.
청구법인은 교육과 관련된 구체적 시설 및 설비 등의 기준을 정한 교육시설 관련법에 따라 주무관청으로부터 허가·인가 또는 승인을 받거나 또는 그 용역에 대하여 주무관청에 등록·신고를 한 사실이 없는 점 등에 비추어 청구법인이 제공한 용역은 「부가가치세법」 제26조 제1항 제6호에서 규정한 부가가치세 면제대상인 교육용역으로 보기 어려움.

대법 2010두18444, 2010.12.23.
교육시설관련법에 의하여 허가나 인가를 받은 단체가 아니라 그 목적이나 설립취지가 전혀 다른 「청소년기본법」 및 「청소년활동진흥법」에 의하여 관련 부처의 인가를 받아 설립된 단체이므로 「부가가치세법 시행령」 제30조의 교육기관이나 교육관련 시설이라고는 볼 수 없음.
➡ 판단 : 「부가가치세법」 제12조 제1항 제5호, 같은 법 시행령 제30조에서 면세대상 교육용역의 요건으로 '정부의 허가나 인가'를 요구하고 있는 이유는 정부가 당해 학교나 학원 등의 교육기관을 지도·감독하겠다는 것인 점, 위 시행령 제30조가 '기타 비영리단체'를 학원·강습

소·훈련원·교습소와 병렬적으로 나열하고 있는 점 등을 종합하면, '기타 비영리단체'라 함은 정부의 허가나 인가를 받아 설립된 모든 비영리단체를 의미하는 것이 아니라,「초·중등교육법」,「고등교육법」,「영유아보육법」,「유아교육법」,「학원의 설립·운영 및 과외교습에 관한 법률」,「체육시설법」,「평생교육법」등(이하 '교육시설관련법'이라 한다)과 같이 학교나 학원 등에 대한 구체적 시설 및 설비의 기준을 정한 법률에 따른 허가나 인가를 받아 설립된 비영리 단체를 의미한다.

부가 - 82, 2010.1.25.

부가가치세가 면제되는 교육용역은 정부의 허가 또는 인가를 받은 학교·학원·강습소·훈련원·교습소·기타 비영리단체 및「청소년활동진흥법」에 의한 청소년수련시설에서 학생·수강생·훈련생·교습생 또는 청강생에게 지식·기술 등을 가르치는 것을 말하는 것이므로 정부로부터 허가 또는 인가를 받지 아니한 경우의 교육용역은 부가가치세가 과세되는 것임. 다만, 구「정보화촉진기본법」, 구「정보격차해소에 관한 법률」에 따라 지방자치단체로부터 정보화교육에 관한 위탁교육업체로 지정되어 지역주민과 공무원에게 교육용역을 제공하는 경우에는「부가가치세법 시행령」제30조에 의하여 부가가치세가 면제되는 것임.

대법 2007두23255, 2008.6.12.

주무관청의 허가를 받아 설립된 비영리법인이더라도 교육시설관련법에 따른 허가나 인가를 받지 않은 이상 면세대상 교육용역에 해당하지 아니함.

서면3팀 - 1000, 2008.5.19.

외국대학이 국내대학과 고등교육과정을 공동 운영하면서 국내대학으로부터 지급받는 운영대가는 부가가치세 면세대상 교육용역에 해당함.

서면3팀 - 554, 2008.3.13., 서면3팀 - 3079, 2007.11.12.

면세하는 교육용역은 주무관청의 허가·인가 또는 승인을 얻어 설립하거나 주무관청에 등록 또는 신고한 학원·강습소 등 및「청소년기본법」에 의한 청소년 수련시설에서 지식·기술 등을 가르치는 것을 말하는 것으로, 주무관청에 등록 또는 신고하지 아니한 학원·강습소 등에서 지식·기술 등을 가르치고 받는 대가는「부가가치세법 시행령」제30조의 규정에 의한 부가가치세가 면제되는 교육용역에 해당되지 아니함.

서면3팀 - 3333, 2007.12.14., 서면3팀 - 2012, 2007.7.19., 서면3팀 - 1212, 2007.4.25.

「평생교육법」규정에 의하여 원격평생교육시설을 갖추고 신고를 필한 후 관련 규정 및 주무관청의 운영규칙 등에 따라 교육용역을 제공하고 받는 대가는 부가가치세가 면제되는 것이나, 같은 법에 의하여 신고하지 아니하거나 같은 법 규정에 의한 요건을 충족하지 아니하는 경우에는 부가가치세가 과세되는 것임.

서면3팀 - 2493, 2007.9.4.

「부가가치세법 시행령」 제30조의 규정에 의하여 「청소년활동진흥법」 제10조 제1호의 규정에 의한 청소년수련시설에서 훈련생 등에게 지식·기술 등을 가르치는 교육용역과 당해 교육용역에 필수적으로 부수하여 제공되는 숙박·음식용역 등은 부가가치세가 면제되는 것이나, 위 교육용역과 관계없이 공급하는 숙박·음식용역 등에 대하여는 부가가치세가 과세되는 것임.

서면3팀 - 729, 2007.3.7., 서면3팀 - 1804, 2005.10.18.

부가가치세가 면제되는 학원을 운영하는 자가 독립된 사업으로서 다른 학원운영업자에게 자기의 상호, 상표 등의 사용 및 자체 개발한 교육프로그램, 학원경영 노하우 등을 제공하고 가맹비 및 월 회비를 받는 경우에 부가가치세가 과세되는 것임.

서면3팀 - 1819, 2006.8.17.

「부가가치세법」 제12조 제1항 제5호에 규정하는 부가가치세가 면제되는 교육용역은 정부의 허가 또는 인가를 받은 학교·학원·강습소·훈련원·교습소, 기타 비영리법인단체 및 「청소년기본법」에 의한 청소년 수련시설에서 학생·수강생·훈련생·교습생 또는 청강생에게 지식·기술 등을 가르치는 것을 말하는 것이며, 여기서 '정부의 허가 또는 인가'라 함은 관계 법령에 의하여 시설·교습과정·정원 등에 관한 일정한 요건을 갖추어 주무관청으로부터 설립이 허용되는 것을 말하는 것임.

서면3팀 - 1587, 2006.7.26., 부가 46015 - 809, 2001.5.31.

주무관청에 원격평생교육시설을 신고하지 아니한 자가 원격평생교육시설을 신고한 자와 계약체결에 의하여 교육 및 자료, 기술 등을 지원받아 교육용역을 제공하고 그 대가를 받는 경우에는 부가가치세가 과세되는 것임.

서면3팀 - 518, 2006.3.17., 부가 46015 - 3710, 2000.11.6.

'정부의 허가 또는 인가'라 함은 관계 법령에 의하여 시설·교습과정·정원 등에 관한 일정한 요건을 갖추어 주무관청으로부터 설립이 허용되는 것을 말하는 것으로, 귀 질의의 경우 유아스포츠단에서 제공하는 교육용역은 부가가치세가 면제되는 교육용역에 해당되지 아니하여 부가가치세가 과세되는 것임.

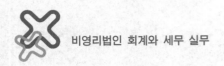
서면3팀 - 1851. 2005.10.26.

사업자가 정부의 허가 또는 인가를 받은 학교 내에서 당해 학교의 학생을 대상으로 학교
장의 책임하에 시설·수입금액관리·교육과정·정원 등에 관한 일정한 요건을 갖추어 제공
하는 교육용역에 대하여는 「부가가치세법 시행령」 제30조의 규정에 의한 교육용역의 범
위에 포함되어 부가가치세가 면제되는 것임.

서면3팀 - 1704. 2005.10.6.

「영유아보육법」에 의한 보육시설을 주무관청으로부터 설립허가 등을 받아 보육용역을
제공하는 경우에는 「부가가치세법」 제12조 제1항 제5호 및 동법 시행령 제30조 규정에
의해 부가가치세가 면제되는 것이며, 이 경우 당해 사업과 관련된 매입세액은 동법 제17
조 제2항 제4호의 규정에 의해 공제되지 아니하는 것임.

서면3팀 - 613. 2005.5.6.

수영장을 영위하는 사업자가 회원 또는 비회원들에게 수영교습용역을 제공하고 대가를
받는 경우에는 「부가가치세법」 제12조 제1항 제5호 및 동법 시행령 제30조에서 규정하
는 부가가치세가 면제되는 교육용역에 해당하지 아니하는 것임.

서면3팀 - 498. 2005.4.14.

정부의 허가 또는 인가를 받은 비영리단체에서 고유업무의 수행을 위하여 소속회원 등에
게 지식·기술 등을 가르치는 용역은 「부가가치세법 시행령」 제30조에 규정하는 교육용
역의 범위에 포함되어 부가가치세가 면제되는 것임.

4-3. 예술창작품·예술행사·문화행사와 비직업운동경기

부가가치세가 면세되는 예술창작품·예술행사·문화행사와 아마추어운동경기의 범위
는 다음과 같다(부가가치세법 제26조 제1항 제16호, 동법 시행령 제43조).

면세대상	내 용
예술창작품	미술·음악 또는 사진에 속하는 창작품. 다만, 골동품(관세율표번호 제9706호의 것)은 제외. 사업자가 미술품 등의 창작품을 모방하여 대량으로 제작하는 작품은 예술창작품으로 보지 아니한다(부가가치세법 기본통칙 26 - 43…1).

면세대상	내 용
예술행사	영리를 목적으로 하지 아니하는 발표회·연구회·경연대회 또는 그 밖에 이와 유사한 행사. 행사주최에 관계없이 영리를 목적으로 하지 아니하는 문학·미술·음악·연극 및 문화 등의 발표회·연주회·연구회·경연대회 등(부가가치세법 기본통칙 26-43…2)
문화행사	영리를 목적으로 하지 아니하는 전시회·박람회·공공행사 또는 그 밖에 이와 유사한 행사. 행사주최에 관계없이 영리를 목적으로 하지 아니하는 문학·미술·음악·연극 및 문화 등의 발표회·연주회·연구회·경연대회 등(부가가치세법 기본통칙 26-43…2)
아마추어 운동경기	대한체육회 및 그 산하 단체와 「태권도 진흥 및 태권도공원 조성 등에 관한 법률」에 따른 국기원이 주최, 주관 또는 후원하는 운동경기나 승단·승급·승품 심사로서 영리를 목적으로 하지 아니하는 것

> **영리를 목적으로 하지 않은 행사의 판단기준**
>
> 다음 각 호의 1에 해당하는 것일 것(부가가치세법 기본통칙 26-43…2)
> ① 사전 행사계획서에 의해 이익금을 이익배당 또는 잔여재산의 분배 등의 형식을 통해 주체자에게 귀속시키는 것이 아닐 것
> ② 정부 또는 지방자치단체 등 공공단체가 공식 후원하거나 협찬하는 행사
> ③ 사전 행사계획서에 의해 입장료 수입이 실비변상적이거나 부족한 경비를 협찬에 의존하는 행사
> ④ 자선목적의 예술행사로서 사전계획서에 의해 이익금의 전액을 공익단체에 기부하는 행사
> ⑤ 비영리단체가 공익목적으로 개최하는 행사
> ⑥ 그 밖의 이와 유사한 행사로서 영리성이 없는 행사

| 중요 예규 및 판례 |

서면3팀-1295, 2008.6.26.
주한외교관의 세대에 속하는 가족이 국내에서 영리를 목적으로 공예품의 전시회를 개최하면서 받은 입장료, 참가비와 예술창작품에 해당하지 않은 작품의 판매대가는 부가세가 과세됨.

서면3팀-3311, 2007.12.11.
사업자가 영리를 목적으로 하지 아니하는 전시회·박람회·공공행사 등 문화행사를 개

최하면서 받는 입장료 · 관람료 등에 대하여는 「부가가치세법」 제12조 제1항 제14호 및 동법 시행령 제36조 제3항의 규정에 의하여 부가가치세가 면제되는 것이나, 동 문화행사의 명칭 · 취장 등을 사용하게 하거나 행사장 내에 광고물 등을 설치하도록 하고 받는 대가 또는 행사장 내 매점 · 식당 · 주차장 등 시설을 임대하거나 운영하고 받는 대가에 대하여는 「부가가치세법」 제1조의 규정에 의하여 부가가치세가 과세되는 것임.

서면3팀 - 2861, 2007.10.19.

부가가치세가 면제되는 예술창작품은 미술 · 음악 또는 사진에 속하는 창작품을 말하는 것으로, 당해 예술창작품을 공급하는 경우에는 공급자가 누구인지 여부를 불문하고 부가가치세가 면제되는 것임.

서면3팀 - 1929, 2006.8.28.

「부가가치세법」 제12조 제1항 제14호의 규정에 의하여 부가가치세가 면제되는 예술창작품은 미술 · 음악 또는 사진에 속하는 창작품으로 하는 것임. 다만, 뮤지컬 공연용역이 예술창작품에 해당되는지 여부는 뮤지컬의 기획내용 등을 종합적으로 검토하여 사실판단하기 바람.

서면3팀 - 655, 2006.4.5., 서면3팀 - 1944, 2005.11.3.

박람회가 부가가치세가 면제되는 예술행사 · 문화행사에 해당하는지 여부는 사업계획서 및 박람회의 실질운영내역을 종합하여 판단하는 것임.

서면3팀 - 1657, 2005.9.30.

1. 사업자가 정부 또는 지방자치단체 등 공공단체가 공식 후원하거나 협찬하는 등 영리를 목적으로 하지 아니하는 예술행사를 개최하는 데 있어서 사전계획에 의한 개최비용에 소요되는 정도의 광고협찬금을 받는 경우에는 「부가가치세법」 제12조 제1항 제14호 및 동법 시행령 제36조 제3항의 규정에 의하여 부가가치세가 면제되는 것이나, 귀 질의가 이에 해당하는지는 관련 사실을 종합하여 사실판단할 사항임.

2. 과세사업과 면세사업에 공통으로 사용되어 실지귀속을 구분할 수 없는 매입세액은 「부가가치세법 시행령」 제61조 제1항의 규정에 의하여 공통매입세액에 관련된 당해 과세기간의 과세사업에 대학 공급가액과 면세사업에 대한 수입금액을 기준으로 안분계산하는 것임.

3. 「부가가치세법」 제12조 제1항 제16호의 규정에 의하여 부가가치세가 면세되는, 공익단체가 공급하는 재화 또는 용역은 동법 제12조 제4항의 규정에 의하여 면세포기를 할 수 있는 것임.

서면3팀 – 2502, 2004.12.9.

예술적 가치가 있는 작품을 독창적으로 제작한 조형물의 경우에는 부가가치세가 면제되나, 예술창작품을 모방하여 대량으로 제작하는 제품은 그러하지 아니함.

국심 2004서1144, 2004.10.29.

비영리법인이 주최하지만 영리를 목적으로 하는 예술행사라면, 공연을 주관한 법인이 공연주최자인 비영리법인으로부터 받는 금액은 부가가치세 과세대상임.

서면3팀 – 428, 2004.3.8.

1. 사업자가 광고용역을 제공하고 협찬금 명목으로 대가를 받는 경우에는 「부가가치세법」 제7조 제1항의 규정에 의하여 부가가치세가 과세되는 것임.
2. 영리를 목적으로 하지 아니하는 문화·예술행사는 「부가가치세법」 제12조 제1항 제14호의 규정에 의하여 부가가치세가 면제되는 것이며, 당해 행사가 영리를 목적으로 하지 아니하였는지 여부에 대하여는 「부가가치세법 기본통칙」 12 – 35…7을 참고하여 사실판단할 사항임.

부가 46015 – 709, 2001.4.30.

질의 내용이 불분명하여 명확한 답변을 하기 어려우나 대한체육회 및 그 산하단체가 영리를 목적으로 하지 아니하는 비직업운동경기를 주관·주최하면서 받는 입장료·관람료 등에 대하여는 「부가가치세법」 제12조 제1항 제14호 및 동법 시행령 제36조 제4항의 규정에 의하여 부가가치세가 면제되는 것이나 행사장 내 광고물 등을 설치하도록 하고 받는 대가 또는 행사장 내 매점·식당·주차장 등 시설을 임대하거나 운영하고 받는 대가 등에 대하여는 「부가가치세법」 제1조의 규정에 의하여 부가가치세가 과세되는 것임.

제도 46015 – 10448, 2001.4.7.

○○○국제꽃박람회조직위원회가 영리를 목적으로 하지 아니하는 ○○○국제꽃박람회를 개최하면서 받는 입장료·관람료는 「부가가치세법」 제12조 제1항 제14호 및 동법 시행령 제36조 제3항의 규정에 의하여 부가가치세가 면제되는 것이나, 박람회 참가신청자로부터 받는 전시참가비(전시장임대료·관리비 및 조립식부스 사용료)를 받는 경우 당해 참가비는 동법 제7조 제1항의 규정에 의하여 부가가치세가 과세되는 것임.

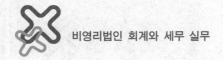

4-4. 도서관 등에의 입장

도서관·과학관·박물관·미술관·동물원 또는 식물원에의 입장은 부가가치세를 면세한다(부가가치세법 제26조 제1항 제17호). 이들 시설의 용역공급은 일반국민들이 당해 시설내부의 자료 및 자원들을 열람·관람하기 위한 입장에 대한 입장료에 대해서만 면세하는 것으로 이들 시설이 공급하는 재화나 입장 이외의 다른 용역은 특별히 면세로 규정되지 않으면 면세되지 않는 것이 원칙이다.

면세 여부는 운영주체나 영리목적 여부, 공공시설 여부 등과 관계없이 면세되나, 오락 및 유흥시설이 있는 경우에는 면세되지 않는다.

면세되는 박물관에는 「문화재보호법」의 규정에 의하여 지정을 받은 문화재로서 민속문화자원에 해당하는 것을 소개하는 장소·고분·사찰 및 「전쟁기념사업회법」에 의한 전쟁기념관을 포함하며(부가가치세법 시행령 제44조, 동법 기본통칙 26 − 0⋯5), 면세되는 동물원·식물원에는 지식의 보급 및 연구에 그 목적이 있는 해양수족관 등을 포함하나, 오락 및 유흥시설과 함께 있는 동물원·식물원 및 해양수족관을 포함하지 아니한다(부가가치세법 기본통칙 26 − 0⋯5).

 │ 중요 예규 및 판례 │

서면3팀 − 227, 2008.1.29.
「박물관 및 미술관 진흥법」 제16조 및 같은 법 시행령 제8조의 규정에 의하여 지방자치단체에 등록된 박물관을 운영하는 사업자가 방학기간을 이용하여 일시적으로 다른 장소를 임차하여 당해 박물관의 전시물을 그대로 전시하고 입장료를 받는 경우 당해 입장료에 대하여는 「부가가치세법」 제12조 제1항 제15호의 규정에 따라 부가가치세가 면제되는 것임.

서면3팀 − 2725, 2007.10.1.
「박물관 및 미술관 진흥법」 제18조의 규정에 의하여 지방자치단체의 승인을 받아 사립박물관을 설립·운영하는 자가 지방자치단체의 승인 내용에 따라 박물관 내에 공방체험교실을 운영하면서 입장료와는 별도의 대가를 받는 경우 「부가가치세법 시행령」 제30조의 규정에 의하여 부가가치세가 면제되며, 당해 면세사업과 관련된 매입세액은 같은 법 제17조 제4항의 규정에 의하여 매출세액에서 공제되지 않는 것임.

4-5. 종교·자선 등 공익단체의 공급

종교·자선·학술·구호 그 밖의 공익을 목적으로 하는 단체가 공급하는 재화 또는 용역으로서 다음에 해당하는 것은 부가가치세를 면세한다(부가가치세법 제26조 제1항 제18호, 동법 시행령 제45조).

1. 주무관청의 허가 또는 인가를 받거나 주무관청에 등록된 단체(종교단체의 경우에는 그 소속단체를 포함한다)로서 다음의 사업을 하는 단체가 그 고유의 사업 목적을 위하여 일시적으로 공급하거나 실비 또는 무상으로 공급하는 재화 및 용역
   ① 「상속세 및 증여세법」상 공익법인 등이 영위하는 사업(상속세 및 증여세법 시행령 제12조)
   ② 비영리법인의 사업으로서 종교·자선·학술·구호·사회복지·교육·문화·예술 등 공익을 목적으로 하는 사업(부가가치세법 시행규칙 제34조)
2. 학술 및 기술 발전을 위하여 학술 및 기술의 연구와 발표를 주된 목적으로 하는 단체(이하 "학술 등 연구단체"라 한다)가 그 연구와 관련하여 실비 또는 무상으로 공급하는 재화 또는 용역
3. 「문화유산의 보존 및 활용에 관한 법률」에 따른 지정문화유산 또는 「자연유산의 보존 및 활용에 관한 법률」에 따른 천연기념물등을 소유하거나 관리하고 있는 종교단체(주무관청에 등록된 종교단체로 한정하되, 그 소속단체를 포함한다)의 경내지(境內地) 및 경내지 안의 건물과 공작물의 임대용역

4. 공익을 목적으로 기숙사를 운영하는 다음의 자가 학생 또는 근로자를 위하여 실비 또는 무상으로 공급하는 용역(음식 및 숙박용역에 한한다)(부가가치세법 시행규칙 제34조 제2항)

① 교육부장관이나 교육부장관이 지정하는 자의 추천을 받은 자로서 학생을 위하여 기숙사를 운영하는 자

② 고용노동부장관이나 고용노동부장관이 지정하는 자의 추천을 받은 자로서 근로자를 위하여 기숙사를 운영하는 자

5. 「저작권법」 제105조 제1항에 따라 문화체육관광부장관의 허가를 받아 설립된 저작권 위탁관리업자로서 다음의 사업자가 저작권자를 위하여 실비 또는 무상으로 공급하는 신탁관리용역(부가가치세법 시행규칙 제34조 제3항)

① 사단법인 한국음악저작권협회

② 사단법인 한국문예학술저작권협회

③ 사단법인 한국방송작가협회

④ 사단법인 한국음악실연자연합회

⑤ 사단법인 한국음반산업협회

⑥ 사단법인 한국복제전송저작권협회(삭제, 2022.3.18.)

⑦ 사단법인 한국시나리오작가협회

⑧ 사단법인 한국방송실연자권리협회

⑨ 재단법인 한국문화정보원

⑩ 사단법인 한국영화배급협회

⑪ 재단법인 한국언론진흥재단

⑫ 사단법인 함께하는음악저작인협회

⑬ 사단법인 한국영화제작가협회

6. 「저작권법」 제25조 제7항(같은 법 제31조 제6항, 제75조 제2항, 제76조 제2항, 제76조의 2 제2항, 제82조 제2항, 제83조 제2항 및 제83조의 2 제2항에 따라 준용되는 경우를 포함한다)에 따라 문화체육관광부장관이 지정한 보상금수령단체로서 기획재정부령으로 정하는 단체인 다음의 사업자가 저작권자를 위하여 실비 또는 무상으로 공급하는 보상금 수령 관련 용역

1. 사단법인 한국음악실연자연합회

2. 사단법인 한국문학예술저작권협회

3. 사단법인 한국연예제작자협회

7. 「법인세법」 제24조 제2항 제1호 라목 2)에 따른 비영리 교육재단이 「초·중등교육법」 제60조의 2 제1항에 따른 외국인학교의 설립·경영 사업을 하는 자에게 제공하는 학교시설 이용 등 교육환경 개선과 관련된 용역

부가가치세법 기본통칙 26-45…1 【공익단체 등이 일시적으로 공급하는 재화 또는 용역의 범위】
주무관청에 등록된 종교·자선·학술·구호·기타 공익을 목적으로 하는 단체가 그 고유의 사업 목적을 위하여 일시적으로 공급하거나 실비 또는 무상으로 공급하는 것으로서 다음에 예시하는 재화 또는 용역에 대하여는 면세한다.
1. 한국반공연맹 등이 주관하는 바자(bazaar)회 또는 의연금모집자선회에서 공급하는 재화
2. 마을문고 본부에서 실비로 공급하는 책장 등 재화

 | 중요 예규 및 판례 |

서면 - 2023 - 법규부가 - 1226, 2023.6.27.
「수산자원관리법」 제55조의 2에 따라 설립된 비영리법인이 출연기관 및 협력재단과 체결한 '◎◎기금 사업 수행 협약'에 따라 협력재단에 용역을 제공하면서 협력재단으로부터 사업수행에 필요한 사업비를 지급받고 남은 금액을 반납하는 경우 해당 용역은 「부가가치세법」 제26조 제1항 제18호 및 같은 법 시행령 제45조 제1호에 따라 부가가치세가 면제되는 것임.

사전 - 2023 - 법규부가 - 0233, 2023.4.26.
「민법」 제32조 및 「식품의약품안전처 소관 비영리법인의 설립 및 감독에 관한 규칙」 제4조에 따라 식품의약품안전처장으로부터 법인설립허가를 받은 단체가 「약사법」 제90조의 2에 따른 백신 세포주의 구축, 유지 및 분양관리 업무 등을 위하여 「약사법 시행령」 제37조의 3에서 규정하는 사업 등 고유목적사업을 함에 있어 민간사업자 등에 백신 세포주를 분양하면서 세포주 구축비용 상당의 수수료를 받는 경우 해당 재화 또는 용역이 그 고유의 사업목적을 위하여 실비로 공급하는 재화 또는 용역에 해당하는 때에는 「부가가치세법」 제26조 제1항 제18호 및 같은 법 시행령 제45조에 따라 부가가치세가 면제되는 것임.

사전 - 2023 - 법규부가 - 0129, 2023.4.26.
「민법」 제32조에 따라 설립되어 중소벤처기업부에 등록된 비영리법인이 「벤처기업 육성에 관한 특별조치법」 제27조 및 같은 법 시행령 제19조에 따라 '벤처기업 실태조사 용역'을 수행하면서 중소벤처기업부와 체결한 관련 위·수탁 협약에 따라 운영비, 인건비, 위탁수수료 등을 사업비로 지급받는 경우 해당 용역은 「부가가치세법」 제11조에 따라 부가가치세가 과세되는 것임.

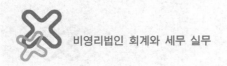
사전 - 2022 - 법규부가 - 1174, 2023.2.9.

「박물관 및 미술관 진흥법」 제16조에 따라 주무관청에 등록된 비영리법인이 사업자와 업무협약을 체결하고, 사업장 내 전시체험관을 설치하면서 이와 관련한 시설장치 및 관련 용역을 공급받고 이에 대한 반대급부로서 광고용역을 공급하는 경우에

1. 해당 거래는 「부가가치세법 시행령」 제18조 제1항 제3호에 따른 재화와 용역의 교환 거래로서 「부가가치세법」 제9조에 따른 재화의 공급에 해당하나, 비영리법인이 광고용 역을 그 고유의 사업목적을 위하여 실비로 공급하는 경우 같은 법 제26조 제1항 제18호 및 같은 법 시행령 제45조에 따라 부가가치세가 면제되는 것임. 다만, 해당 광고용역을 실비로 공급하는지 여부는 사실판단할 사항임.

2. 해당 광고용역이 부가가치세가 과세되는 용역에 해당하는 경우 과세표준은 「부가가 치세법」 제29조 제3항 제2호에 따라 자기가 공급한 용역의 시가가 되는 것이며, 시가 에 대한 기준은 「부가가치세법 시행령」 제62조에 따르는 것임.

사전 - 2022 - 법규부가 - 0568, 2022.6.20.

「중소기업창업 지원법」 제39조에 따라 설립된 비영리법인이 그 고유목적사업을 위하여 중소벤처기업부와 「벤처투자 촉진에 관한 법률」에 따른 수탁사업에 대한 위·수탁협약 을 체결하고 수탁받은 업무수행을 위해 민간위탁금 예산을 교부받아 운영비 등으로 지 출한 후 남은 금액을 반환하는 경우 「부가가치세법」 제26조 제1항 제18호 및 같은 법 시행령 제45조 제1호에 따라 부가가치세가 면제되는 것임.

사전 - 2022 - 법규부가 - 0532, 2022.5.30.

「민법」 제32조 및 「환경부 및 기상청 소관 비영리법인의 설립 및 감독에 관한 규칙」 제4 조에 따라 환경부장관으로부터 법인설립허가를 받은 단체가 「자원의 절약과 재활용 촉 진에 관한 법률」 제15조의 6에 따른 자원순환보증금 반환 및 취급수수료, 처리지원금 지급 및 관리, 그 밖에 용기등의 회수, 재사용 또는 재활용 촉진 등을 위하여 환경부령으 로 정하는 사업 등 고유목적사업을 함에 있어 보증금대상사업자에게 한국조폐공사로부 터 공급받은 것과 동일한 가액으로 1회용 컵 보증금 라벨을 공급하고 보증금 및 라벨비 를 부과하는 경우 해당 재화 또는 용역이 그 고유의 사업목적을 위하여 실비로 공급하는 재화 또는 용역에 해당하는 때에는 「부가가치세법」 제26조 제1항 제18호 및 같은 법 시행령 제45조에 따라 부가가치세가 면제되는 것임.

다만, 해당 재화 또는 용역이 같은 법 시행령 제45조에 따른 실비로 공급하는지 여부는 관련 사실을 종합적으로 고려하여 판단할 사항임.

대법원 – 2017 – 두 – 69908, 2022.3.17.

사업에 관한 재화 또는 용역이 실비로 공급되어 부가가치세 면세대상에 해당하는지 여부는 개별 재화 또는 용역을 기준으로 판단하여야 하고, 각 사업분야 전체를 기준으로 판단할 수 없음.

사전 – 2022 – 법규부가 – 0077, 2022.2.15.

「국가유공자 등 단체 설립에 관한 법률」에 따라 설립된 A법인이 조달청과의 계약에 따라 일본인 명의로 의심되는 은닉재산의 국가 귀속을 위해 은닉재산 조사연구용역(이하 "연구용역")을 공급하는 경우로서

1. 연구용역이 새로운 학술 또는 기술 개발을 위하여 수행하는 새로운 이론·방법·공법 또는 공식 등에 관한 연구용역에 해당하는 경우 「부가가치세법」 제26조 제1항 제15호 및 같은 법 시행령 제42조 제2호에 따라 부가가치세가 면제되는 것이며, 귀 질의의 연구용역이 이에 해당하는지 여부는 사실판단할 사항임.

2. 연구용역이 A법인의 고유목적사업에 해당하지 않는 경우 연구용역 대가를 실비로 받더라도 「부가가치세법」 제26조 제1항 제18호 및 같은 법 시행령 제45조 제1호의 규정을 적용할 수 없는 것임.

사전 – 2021 – 법령해석부가 – 1134, 2021.9.14.

「민법」 제32조 및 「금융위원회 소관 비영리법인의 설립 및 감독에 관한 규칙」 제5조에 따라 금융위원회로부터 법인설립허가를 받은 단체가 「금융소비자 보호에 관한 법률」 제65조 제1항에 따라 금융상품판매대리·중개업자(이하 "대출모집인")의 등록업무를 위탁받아 대출모집인 등록심사 및 관리용역을 제공하고 수수료를 받는 경우 해당 용역이 그 단체 고유의 사업목적을 위하여 실비로 공급하는 용역에 해당하는 경우에는 「부가가치세법」 제26조 제1항 제18호에 따라 부가가치세가 면제되는 것임.

다만, 해당 단체가 「부가가치세법 시행규칙」 제34조 제1항에 따른 사업을 하는 단체에 해당하는지, 실비로 공급하는지 여부는 사실판단할 사항임.

서면 – 2020 – 법령해석법인 – 2534, 2021.6.1.

〔질의〕

비영리법인이 국가 및 지방자치단체와 사업 위·수탁 계약을 체결하여 위탁사업을 수행함에 따른 위탁수수료를 받고,

– 사업 수행에 따른 유·무형의 성과물은 국가 및 지방자치단체에 귀속되며, 위탁사업 완료 후 국가 및 지방자치단체에 사업비를 정산하여 잔액을 전액 반납하는 경우

– 국가 및 지방자치단체로부터 지급받는 사업비 중 위탁수수료를 제외한 금액에 대하여

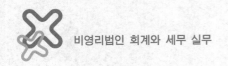

국가 및 지방자치단체에 계산서를 발급할 의무가 있는지 여부

회신

귀 서면질의의 사실관계와 같이, 비영리법인이 국가 및 지방자치단체와 사업 위·수탁 계약을 체결하여 국가 및 지방자치단체로부터 위탁수수료를 포함한 사업비를 지급받아 국가 및 지방자치단체의 책임과 계산으로 사업 위·수탁 계약에 따른 업무를 수행하고, 비영리법인이 해당 사업을 수행함에 따라 발생하는 유·무형의 성과물 및 시설물은 국가 및 지방자치단체에 귀속되며, 사업시행 완료 후 비영리법인이 국가 및 지방자치단체에 사업비를 정산하여 사업비 잔액(발생이자 포함)을 전액 반납하는 경우 비영리법인이 국가 및 지방자치단체로부터 지급받는 사업비 중 위탁수수료를 제외한 금액에 대해서는 국가 및 지방자치단체에 계산서를 발급하여야 할 의무가 없는 것임.

사전 – 2020 – 법령해석부가 – 0396, 2020.5.26.

「민법」제32조 및 「중소기업진흥에 관한 법률」제68조에 따라 설립된 비영리법인인 중소벤처기업진흥공단이 그 고유목적사업을 위하여 중소벤처기업부와 '2020성과공유 확산사업'에 대한 위·수탁계약을 체결하고 수탁받은 업무수행을 위한 사업비를 지급받아 용역비 등으로 지출한 후 남은 금액을 반환하는 경우 「부가가치세법」제26조 제1항 제18호 및 같은 법 시행령 제45조 제1호에 따라 부가가치세가 면제되는 것이나, 본건 용역의 공급시기에 「상속세 및 증여세법 시행령」제12조에 따른 공익법인등에 해당하지 아니한 경우에는 부가가치세가 면제되지 아니하는 것임.

사전 – 2017 – 법령해석부가 – 0837, 2018.1.16.

근로복지공단은 「의료법」에 따른 의료기관이나 「조세특례제한법 시행령」제106조 제7항의 정부업무대행단체에 해당하지 아니하므로 「부가가치세법」제26조 제1항 제5호 및 「조세특례제한법」제106조 제1항 제6호에 따른 부가가치세 면제대상에 해당하지 아니하는 것임.

다만, 근로복지공단이 자기 고유의 사업목적을 위하여 해당 석면 건강영향조사 용역을 일시적으로 공급하거나 실비로 공급하는 경우에는 「부가가치세법」제26조 제1항 제18호 및 같은 법 시행령 제45조 제1호에 따라 부가가치세가 면제되는 것이나, 해당 용역이 근로복지공단 고유의 사업목적에 해당하는지, 일시적인 공급이거나 실비에 해당하는지 여부는 관련사실을 종합적으로 고려하여 사실판단할 사항임.

서면 – 2016 – 부가 – 3633, 2016.4.27.

대한의사협회가 의료감정용역을 제공하고 그 대가를 받는 경우 해당 의료감정용역의 공급은 부가가치세가 과세되는 것임. 다만, 대한의사협회가 공익단체로서 그 고유목적사업과 관련하여 실비로 공급하는 경우 부가가치세가 면제되는 것으로 공익단체 해당 여부, 고유목적사업을 위한 공급, 실비의 공급인지 여부는 사실판단할 사항임.

서면 - 2016 - 법령해석부가 - 3241, 2016.4.8.
「민법」 및 「문화체육관광부 및 문화재청 소관 비영리법인의 설립 및 감독에 관한 규칙」에 따라 설립허가를 받고 「법인세법 시행령」 제36조 제1항 제1호에 따라 지정기부금단체로 지정된 단체가 고유목적사업인 '국제 동계스포츠 대회'를 개최하면서 휘장사용, 방송권, 광고대행, 선수단 숙식·수송 등의 재화 또는 용역을 소요비용에 미치지 못하는 실비로 공급하는 경우에는 「부가가치세법」 제26조 제1항 제18호에 따라 부가가치세가 면제되는 것임.

서면 - 2015 - 법령해석부가 - 0379, 2015.8.31.
주무관청의 허가를 받아 설립된 사회복지법인이 장애인직업재활시설로 주무관청에 신고된 장애인보호사업장을 운영하면서 직업재활훈련프로그램의 일환으로 재화 또는 용역을 공급하고 그 대가를 실비로 받는 경우에는 「부가가치세법」 제26조 제1항 제18호 및 같은 법 시행령 제45조 제1호의 규정에 따라 부가가치세가 면제되는 것임.

부가가치세과 - 961, 2015.6.30.
한국관광공사가 문화체육관광부 및 지방자치단체와 올해의 관광도시 TV광고, 지역 관광서비스 종사자 교육, 홍보단 운영 등의 사업대행 위탁계약을 체결하여 해당 사업을 수행하는 것은 「부가가치세법」 제11조에 따른 용역의 공급에 해당하므로 해당 용역을 제공하고 받는 보조금 등의 대가는 부가가치세 공급가액에 포함되는 것임.

기획재정부 부가가치세제과 - 236, 2014.3.17.
약사법 제34조의 2에 따른 임상시험실시기관이 같은 법 제2조 제15호에 따른 임상시험 용역을 의약품 제조업자 등에게 공급하는 경우 부가가치세법 제26조 제1항 제5호 및 같은 법 시행령 제35조에 따른 의료보건용역의 공급에 해당하지 않으며, 같은 법 시행령 제42조 제2호 및 같은 법 시행규칙 제32조에 따른 새로운 이론·방법·공법 또는 공식 등에 관한 연구용역의 공급에 해당하지 아니함.

기획재정부 부가가치세제과 - 341, 2014.5.13.
의료기관이 제약사에 공급하는 임상시험용역이 부가가치세가 면제되는 의료보건용역 및 학술(기술)연구용역에 해당하지 아니한다는 질의회신은 회신일인 2014.3.17. 이후 최초로 임상시험용역계약을 체결하여 공급하는 분부터 적용하는 것임.

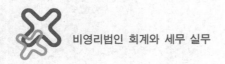

부가가치세과 - 125, 2014.2.17.

주무관청의 허가를 받아 설립된 사회복지사업을 영위하는 비영리법인이 그 고유의 사업목적을 위하여 노인전문병원 등에 간병용역을 제공하고 그 대가를 실비로 지급받는 경우에는 「부가가치세법」 제26조 제1항 제18호 및 같은 법 시행령 제45조 제1호의 규정에 따라 부가가치세가 면제되는 것임.

덧붙여, 같은 규정에서 면세요건으로 정한 "실비로 공급하는 용역"이란 용역의 제공에 실지로 드는 재료비, 인건비, 감가상각비 등의 비용 또는 그 이하의 금액만을 대가로 받고 공급하는 용역을 말하는 것임.

서울고법 2010누19937, 2011.1.18.

〔제목〕

학술연구단체라 하더라도 단지 연구개발된 결과인 검사기법 등을 응용 또는 이용하는 것에 불과한 용역까지도 부가가치세를 면제하려고 한 것은 아님(국승).

〔판단〕

「부가가치세법」 제12조 제1항 제16호, 「부가가치세법 시행령」 제37조 제1호가 '학술연구단체가 학술연구와 관련하여 공급하는 용역'에 대하여 부가가치세를 면제하는 이유는 학술연구단체가 새로운 학술 또는 기술을 개발하기 위하여 행하는 새로운 이론·방법·공법 또는 공식 등에 관한 연구용역을 장려하기 위하여 세금 부담을 경감시키기 위한 것이고, 학술연구단체라 하더라도 단지 연구개발된 결과인 검사기법 등을 응용 또는 이용하는 것에 불과한 용역까지도 부가가치세를 면제하려고 한 것은 아닌 것으로 보이는 점, 학술연구단체가 새로운 이론 등의 연구용역과 관련되지 아니한 수익활동을 하는 경우 부가가치세를 면제한다면 학술연구단체가 영위하는 동일한 수익활동을 하는 납세의무자에 대하여는 불평등하게 부가가치세를 부과하게 되는 결과가 발생하는 점, 학술연구용역이라 함은 새로운 이론·방법·공법 또는 공식 등을 연구하는 용역을 의미하고, 기존의 연구결과를 응용 또는 이용하는 것까지 포함한다고 보기 어렵고, 따라서 「부가가치세법」 제11조의 3 제3항의 규정은 확인적 의미에 불과한 점 등을 종합하면, 「부가가치세법」 제12조 제1항 제16호, 「부가가치세법 시행령」 제37조 제1호의 '학술연구단체가 학술연구와 관련하여 공급하는 용역'의 경우에도 새로운 학술 또는 기술을 개발하기 위하여 행하는 새로운 이론·방법·공법 또는 공식 등을 연구하는 용역에 해당한다고 봄이 상당한바, 이 사건 용역은 앞서 본 바와 같이 이에 해당하지 아니하므로, 원고의 항소를 기각함.

부가 - 1400, 2009.9.29.

「△△공제회법」에 따라 설립된 비영리내국법인인 △△공제회가 고유목적사업과 관련하여 매입한 콘도를 회원에게만 무상사용하게 하는 경우, 당해 콘도관련 매입세액은 「부가가치세법」 제17조 제2항 제2호에 따라 매출세액에서 공제하지 아니하는 것이며, 당해 콘도를 양도하는 경우에는 부가가치세가 과세되지 아니하는 것임.

부가 - 564, 2009.4.21.

「법인세법 시행령」 제36조 제1항 제1호 마목의 비영리법인에 해당하는 종단에 소속되고, 「국세기본법」 제13조 제2항에 따라 법인으로 보는 단체로 승인을 받은 개별사찰이 고유의 사업목적을 위하여 실비로 공급하는 재화 또는 용역은 「부가가치세법 시행령」 제37조 제1호에 따라 부가가치세가 면제되는 것이나, 공급하는 재화 또는 용역이 동 사찰의 고유의 사업목적을 위한 것인지 그 대가가 실비에 해당하는지 여부는 관련 사실을 종합적으로 고려하여 판단할 사항임.

서면3팀 - 19, 2008.1.3.

주무관청의 허가 또는 인가를 받거나 주무관청에 등록된 단체로서 종교·자선·학술·구호·사회복지 등 공익을 목적으로 하는 사업을 하는 단체가 그 고유의 목적사업을 위하여 일시적으로 공급하거나 실비 또는 무상으로 공급하는 재화 또는 용역의 「부가가치세법 시행령」 제37조 제1호의 규정에 의하여 부가가치세가 면제되는 것으로, 주무관청의 허가 또는 인가되지 아니하거나 주무관청에 등록되지 아니한 회원학회는 동 규정이 적용되지 아니함.

재부가 - 869, 2007.12.20.

문화재 지표·발굴조사용역은 「부가가치세법 시행령」 제37조 제1호에 따라 주무관청의 허가 또는 인가를 받거나 주무관청에 등록된 단체로서 「상속세 및 증여세법 시행령」 제12조 각 호의 1에 규정하는 사업 또는 재정경제부령이 정하는 사업을 하는 단체가 그 고유의 사업목적을 위하여 일시적으로 공급하거나 실비 또는 무상으로 공급하는 용역에 해당하는 경우 부가가치세 면세대상임. 다만, 실비 또는 무상 공급의 여부는 사실판단할 사항임.

국심 2006구3652, 2007.9.5.

종교단체의 지정문화재 경내지 안 건물임대용역으로서 비영리법인의 수익사업에서 제외되는 수입금액은 부가가치세가 면제되는 경내지 내의 임대소득에 해당함.

서면3팀 - 1838, 2007.6.28.

동업자가 조직한 조합 또는 이와 유사한 단체가 조합원에게 용역(면세용역 제외)을 제공하고 대가를 받는 경우에, 당해 조합이 「부가가치세법 시행령」 제37조 제1호에서 규정하는 종교·자선·학술·구호·기타 공익을 목적으로 하는 단체에 해당하고 그 용역의 제공이 당해 단체의 고유의 사업목적에 해당하는 경우로서 그 대가가 실비에 해당하는 경우에는 당해 규정에 의하여 부가가치세가 면제되는 것으로, 이에 해당하는지는 구체적인 관련사실을 종합하여 사실판단할 사항임.

서면3팀 - 1814, 2007.6.26.
「초·중등교육법」 및 「고등교육법」에 의하여 설립된 사립학교가 학교시설(교실 등)을 각종 시험장소로 사용하게 하고 사용료를 실비로 받는 경우 동법 시행령 제37조 제1호의 규정이 적용되는 경우 부가가치세가 면제되는 것이나 일시적 공급 여부 및 실비에 해당하는지 여부는 구체적 사실에 따라 판단할 사항임.

서면3팀 - 1881, 2006.8.24.
「사립학교법」 제10조의 규정에 의하여 설립된 학교법인이 사업자로부터 「사회기반기설에 대한 민간투자법」 제4조 제1호의 방식을 준용하여 건설된 학교시설의 소유권을 이전받고 그 대가로 당해 사업자에게 일정기간 동안 동 시설의 관리운영권을 부여하는 경우 「부가가치세법」 제7조 제1항의 규정에 의하여 부가가치세가 과세되는 것임.

국심 2005서3130, 2006.6.2.
공익법인 소유의 체육시설(수영장, 헬스, 에어로빅 등)을 일반인에게도 이용하게 하고 받는 대가는 부가가치세 과세대상임.

서면3팀 - 792, 2006.4.28.
한국지리정보산업협동조합이 조합원에게 납품실적증명서를 발급하여 주고받은 대가는 공익단체 해당 여부, 고유사업 목적인지 여부 및 실비에 해당하는지 여부 등에 따라 과세 여부가 결정됨.

서면3팀 - 401, 2006.3.3.
학술연구단체가 새로운 학술을 개발하기 위하여 행하는 새로운 이론·방법·공법 또는 공식 등에 관한 연구용역과 관련하여 공급하는 재화 또는 용역은 「부가가치세법 시행령」 제37조 제1호의 규정에 의하여 부가가치세가 면제되는 것임.

서면3팀 - 2387, 2005.12.29.
주무관청에 등록된 종교·자선·학술·구호, 기타 공익을 목적으로 하는 단체에 해당하여 그 고유의 사업 목적을 위하여 일시적으로 공급하거나 실비 또는 무상으로 공급하는 재화 및 용역은 「부가가치세법」 제12조 제1항 제16호 및 동법 시행령 제37조 제1호의 규정에 의하여 부가가치세가 면제되는 것이나, 당해 공익단체가 계속적으로 운영관리하는 수익사업과 관련하여 공급하는 재화 또는 용역에 대하여는 부가가치세가 면제되지 아니하는 것임.

서면3팀 – 2317, 2005.12.19.

학술 및 기술의 연구결과를 단순히 응용 또는 이용하여 제공하는 용역에 대하여는 「부가가치세법」 제7조 제1항의 규정에 의하여 부가가치세가 과세되는 것이나, 귀 질의 경우가 어느 경우에 해당하는지는 사실판단할 사항임.

서면3팀 – 808, 2005.6.13.

자선과 공익을 목적으로 하는 단체가 무상으로 기증받은 중고물품을 그 고유의 사업 목적을 위하여 실비 또는 무상으로 공급하는 재화는 부가가치세가 면제됨.

서면3팀 – 1987, 2004.9.24.

북한으로 반출되는 재화에 대하여는 「남북교류협력에 관한 법률 시행령」 제51조 제3항의 규정에 의하여 수출품목으로 보아 「부가가치세법」을 준용하는 것이므로 공익을 목적으로 하는 단체가 그 고유의 사업 목적을 위하여 무상으로 반출되는 재화에 대하여 「부가가치세법」 제12조 제4항 및 동법 시행령 제47조의 규정에 의하여 면세포기신고를 하고 부가가치세 영의 세율을 적용받는 경우에는 부가가치세신고를 통하여 당해 무상 반출하는 재화와 관련된 매입세액은 공제받을 수 있는 것임.

서삼 46015 – 10177, 2003.1.30.

중소기업진흥공단이 중소기업 및 예비창업자를 대상으로 정보기술과 관련된 교육 등을 수행하고 그 대가를 받는 경우 당해 공단이 수행하는 용역은 「부가가치세법」 제7조 제1항의 규정에 의하여 부가가치세가 과세되는 것임.

재법인 46012 – 169, 2001.9.25.

주무관청에 등록된 종교단체가 납골시설을 설치·운영하고 그 시설이용자에게 실비로 대가를 받은 경우에는 「부가가치세법」 제12조 제1항 제16호의 규정에 의하여 부가가치세가 면세되므로 「법인세법 시행령」 제2조 제1항 제7호의 규정에 의하여 수익사업에서 제외하는 것이나, 실비 이상의 대가를 받는 경우는 수익사업으로 보아야 함.

재소비 46015 – 249, 2001.9.21.

1. 「부가가치세법」 제12조 제1항 제17호의 규정에 의해 지방자치단체가 공급하는 재화 또는 용역을 부가가치세가 면제되는 바, 서울산업진흥재단이 서울특별시로부터 위탁받아 관리하는 서울산업지원센터의 경우 서울특별시가 당해 센터의 관리·운영 전반을 위탁하고 있으며 위탁한 사무와 관련된 사용료 등을 징수할 권한을 서울산업진흥

재단에 부여하고 있는 점 등을 볼 때 서울산업진흥재단이 공급하는 재화나 용역은 동조의 규정이 적용되지 아니하는 것임.
2. 서울산업진흥재단이 「부가가치세법 시행령」 제37조 제1호의 규정에 해당되는 경우에는 부가가치세가 면세되는 것이나, 서울특별시로부터 위탁받아 운영하는 서울산업지원센터의 관리·운영 사업이 고유의 사업 목적을 위한 것인지, 동 센터의 입주자 등으로부터 징수하는 임대료, 시설사용료, 주차료 등이 실비에 해당되는지 여부에 대해서는 사실판단할 사항임.

4-6. 국가 등이 공급하는 재화와 용역

국가·지방자치단체·지방자치단체조합이 공급하는 재화 또는 용역은 공익적 목적에서 제한 없이 면세되나, 민간업체와 경쟁관계에 있는 다음의 용역에 대하여는 공정경쟁을 위하여 과세한다(부가가치세법 제26조 제1항 제19호, 동법 시행령 제46조).

1. 「우정사업 운영에 관한 특례법」에 따른 우정사업조직이 제공하는 다음의 용역
① 「우편법」 제1조의 2 제3호의 소포우편물을 방문접수하여 배달하는 용역
② 「우편법」 제15조 제1항에 따른 선택적 우편역무 중 기획재정부령으로 정하는 우편주문판매를 대행하는 용역
2. 「철도의 건설 및 철도시설 유지관리에 관한 법률」에 따른 고속철도에 의한 여객운송용역
3. 부동산임대업, 도매 및 소매업, 음식점업·숙박업, 골프장 및 스키장 운영업, 기타 스포츠시설 운영업. 다만, 다음의 어느 하나에 해당하는 경우는 제외한다.
① 국방부 또는 「국군조직법」에 따른 국군이 「군인사법」 제2조에 따른 군인, 「군무원인사법」 제3조 제1항에 따른 일반군무원, 그 밖에 이들의 직계존속·비속 등 기획재정부령으로 정하는 사람에게 제공하는 소매업, 음식점업·숙박업, 기타 스포츠시설 운영업(골프연습장 운영업은 제외한다) 관련 재화 또는 용역
② 국가, 지방자치단체 또는 지방자치단체조합이 그 소속 직원의 복리후생을 위하여 구내에서 식당을 직접 경영하여 음식을 공급하는 용역
③ 국가 또는 지방자치단체가 「사회기반시설에 대한 민간투자법」에 따른 사업시행자로부터 같은 법 제4조 제1호 및 제2호의 방식에 따라 사회기반시설 또는 사회기반시설의 건설용역을 기부채납받고 그 대가로 부여하는 시설관리운영권
4. 다음의 어느 하나에 해당하는 의료보건 용역

① 「국민건강보험법」 제41조 제4항에 따라 요양급여의 대상에서 제외되는 다음의 진료 용역

가. 쌍꺼풀수술, 코성형수술, 유방확대·축소술(유방암 수술에 따른 유방 재건술은 제 외한다), 지방흡인술, 주름살제거술, 안면윤곽술, 치아성형(치아미백, 라미네이트와 잇몸성형술을 말한다) 등 성형수술(성형수술로 인한 후유증 치료, 선천성 기형의 재건수술과 종양 제거에 따른 재건수술은 제외한다)과 악안면 교정술(치아교정치 료가 선행되는 악안면 교정술은 제외한다)

나. 색소모반·주근깨·흑색점·기미 치료술, 여드름 치료술, 제모술, 탈모치료술, 모 발이식술, 문신술 및 문신제거술, 피어싱, 지방융해술, 피부재생술, 피부미백술, 항 노화치료술 및 모공축소술

② 부가가치세법 시행령 제35조 제5호에 해당하지 아니하는 동물의 진료용역

국가·지방자치단체 또는 지방자치단체조합이 공급하는 위 3.의 사업에 있어서 사업장 은 그 사업에 관한 업무를 총괄하는 장소로 하며, 다만 위임·위탁 또는 대리에 의하여 재 화 또는 용역을 공급하는 경우에는 수임자·수탁자 또는 대리인이 그 업무를 총괄하는 장 소를 사업장으로 본다(부가가치세법 시행령 제8조 제1항 제13호).

정부업무대행단체가 공급하는 재화와 용역에 대한 면세규정은 1998년 12월 31일 법 개 정시 「조세특례제한법」 제106조로 이관되었다. 따라서 이에 대한 사항은 본 절의 '6. 조세 특례제한법상 면세'를 참고하기 바란다.

> 부가가치세법 기본통칙 26−0···6 【지방자치단체 등으로부터 위탁을 받은 시설의 관리운영】
> 국가·지방자치단체가 직접 관리 또는 운영하는 공원의 이용자로부터 받는 입장료에 대 하여는 면세하나 동 공원 안의 시설물인 유희시설이나 수영장 등의 관리를 위임받은 사 업자가 그 시설의 이용자로부터 받는 입장료 및 사용료에 대하여는 면세하지 아니한다.

 | 중요 예규 및 판례 |

서면−2019−법령해석부가−3354, 2020.11.20.
국가가 부가가치세가 과세되는 사업과 관련 없이 보유하고 있던 자산 중 불용 결정된 조형물을 양도하는 경우 「부가가치세법」 제26조 제1항 제19호에 따라 부가가치세가 면 제되는 것임.

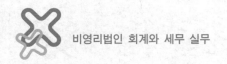
사전 – 2020 – 법령해석부가 – 0452, 2020.5.28.

지방자치단체가 「해수욕장의 이용 및 관리에 관한 법률」 제2조 제2호에 따른 해수욕장 내에 이용자 편의시설로서 샤워 및 탈의시설을 조성하여 운영하며 이용객들로부터 시설 사용료를 징수하는 경우 한국표준산업분류상 해수욕장 운영업에 해당되므로 「부가가치세법」 제26조 제1항 제19호에 따라 부가가치세가 면제되는 것임.

대법 2018두59151, 2019.1.31.

지방자치단체의 준설토 매매 거래는 한국표준산업분류상의 도매업에 해당한다고 볼 수 없으므로, 이 사건 각 거래에 대하여는 부가가치세법 제26조 제1항 제19호에 따라 부가가치세가 면제되는 것임.

서면 – 2018 – 법령해석부가 – 2849, 2018.11.1.

한국환경공단이 국가로부터 사업을 위탁받아 수행하며 이용자로부터 이용수수료를 받는 경우로서 해당 이용수수료 전액을 국가의 수입으로 하고 사업에 필요한 예산을 국가의 예산으로 하는 등 해당 사업이 국가의 명의와 계산으로 수행되는 것으로 볼 수 있는 경우에는 부가가치세가 면제되는 것임.

기획재정부 부가가치세제과 – 501, 2017.10.12.

국가, 지방자치단체가 「사회기반시설에 대한 민간투자법」 제2조 제7호에 따른 사업시행자로부터 같은 법 제4조 제2호의 규정에 따른 방식으로 같은 법에 따른 사회기반시설을 기부채납 받고 그 대가로 시설관리운영권을 부여하는 것은 「부가가치세법 시행령」 제46조 제3호에 따라 부가가치세가 과세되는 부동산임대업에 해당하지 아니하는 것임.

부가 – 1471, 2009.10.12.

도로점용료를 징수하는 지방자치단체는 2007.1.1.부터 부가가치세가 과세되는 사업자에 해당하므로 도로점용료 중 일시적·비정기적 도로점용료도 부가가치세의 과세대상에 포함됨.

부가 – 4622, 2008.12.4.

재화 또는 용역의 공급과 직접 관련되지 아니하는 국고보조금과 공공보조금은 「부가가치세법」 제13조 제2항 제4호 및 같은 법 시행령 제48조 제10항의 규정에 의해 부가가치세 과세표준에 포함하지 아니하는 것이나, 사업자가 부가가치세가 과세되는 재화 또는 용역을 공급하고 재화 또는 용역을 공급받는 자가 지급받은 국고보조금을 재원으로 그 대가를 받는 경우에는 부가가치세 과세표준에 포함하는 것임.

부가 - 4621, 2008.12.4.

지방자치단체가 신용카드회사와의 「가족사랑 카드 전자카드화를 위한 업무제휴 협약서」
에 따라 신용카드회원 모집대행용역을 제공하고 신용카드회사로부터 회원 모집수수료를
받는 경우 당해 용역은 「부가가치세법 시행령」 제38조 제3호에서 규정하는 부가가치세
가 과세되는 재화 또는 용역에 해당하지 아니하므로 부가가치세가 면제되는 것임.

서면3팀 - 679, 2008.3.31., 서면3팀 - 589, 2008.3.20.,
서면3팀 - 332, 2008.2.14.

국가, 지방자치단체 등이 국·공유재산 중 부동산을 임대하는 경우에는 「부가가치세법
시행령」 제38조 제3호의 규정에 의하여 2007.1.1. 이후 계약을 체결(최초 계약 및 수정,
변경, 갱신을 포함)하여 공급하는 분부터 부가가치세가 과세되는 것임.

서면3팀 - 596, 2008.3.21., 서면3팀 - 1318, 2007.5.2., 재부가 - 186, 2007.3.22.

지방자치단체로부터 그 시설의 관리 및 운영에 관하여 위탁을 받은 수탁자가 수탁자의
책임과 계산으로 용역을 공급하는 경우 당해 용역의 공급에 대하여는 수탁자가 납세의
무자가 되는 것이며, 수탁자가 자기의 책임과 계산으로 하지 아니하고 지방자치단체의
책임과 계산으로 용역을 공급하는 경우에는 당해 용역의 공급에 대하여는 위탁자인 지
방자치단체가 납세의무자가 되는 것임.

서면3팀 - 3078, 2007.11.12., 서면3팀 - 2685, 2007.9.28.

지방자치단체가 「공유재산 및 물품관리법」 제4조의 규정에 의한 부동산을 비영리법인
(단체)에게 사용하게 하고 비영리법인(단체)이 그 사용료를 당해 지방자치단체로부터 받
은 보조금을 재원으로 지급하는 경우 당해 부동산의 임대용역에 대하여는 「부가가치세
법 시행령」 제38조 제3호의 규정에 의하여 부가가치세가 과세되는 것임.

재부가 - 794, 2007.11.8.

공연법에 따라 공연시설로 등록되어 있는 공연시설을 지방자치단체가 공연시설운영업
의 목적에 적합하도록 직접 운영·관리하는 경우 동 공연시설을 일시 대여한 대가로 지
급받는 대관료는 면세임.

서면3팀 - 2965, 2007.11.1.

국가 또는 지방자치단체가 「부가가치세법」 제12조 제1항 제17호에서 규정하는 재화 또
는 용역을 공급하는 경우 부가가치세가 면제되는 것이나, 국가 또는 지방자치단체로부
터 시설의 관리 및 운영을 위임받은 사업자가 자기의 명의와 계산으로 재화 또는 용역
을 공급하는 경우에는 부가가치세가 면제되지 아니하는 것임.

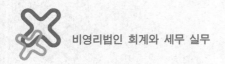
서면3팀 - 2644, 2007.9.20., 서면3팀 - 1067, 2006.6.9.

「지방공기업법」 제76조 규정에 의하여 설립된 지방공단이 국가 또는 지방자치단체로부터 그 시설의 관리 및 운영에 관하여 위탁을 받아 국가 또는 지방자치단체의 명의와 계산으로 사업을 하는 경우 그 사업은 국가 또는 지방자치단체가 공급하는 것에 해당하여 「부가가치세법」 제12조 제1항 제17호 및 「부가가치세법 시행령」 제38조의 규정이 적용되는 것임.

서면3팀 - 1468, 2007.5.14.

지방자치단체가 「청소년활동 진흥법」 제13조의 규정에 의하여 등록한 청소년수련시설을 관리 운영함에 있어 동 시설에 포함된 식당 및 매점을 공개입찰 등의 방법으로 일반인에게 사용하게 하고 그 대가를 받는 경우에는 「부가가치세법 시행령」 제38조 제3호의 규정에 의하여 부가가치세가 과세되는 것이나, 동 시설에 포함된 체육시설, 공연장, 강의실 및 교육실을 청소년 수련활동에 사용하지 않는 시간에 일반인에게 사용하게 하고 그 대가를 받는 경우에는 「부가가치세법」 제12조 제1항 제17조의 규정에 의하여 부가가치세가 면제되는 것임.

재부가 - 306, 2007.4.25.

국가, 지방자치단체 등이 「부가가치세법 시행령」 제38조 제3호에 규정하는 부가가치세가 과세되는 사업을 영위하는 경우 당해 사업과 관련된 매입세액 공제, 사업용 자산의 매각, 같은 법 시행령 제63조의 규정에 따른 매입세액공제에 있어서는 일반사업자와 동일하게 「부가가치세법」이 적용되는 것임.

서면3팀 - 926, 2007.3.28.

국·공립학교가 「산업교육진흥 및 산학협력촉진에 관한 법률」 제36조의 규정에 의하여 학생 및 교원의 현장실습교육과 연구에 활용하고, 산업체 등으로의 기술이전 등을 촉진하기 위하여 특정의 학과 또는 교육과정과 연계하여 물품의 제조·가공·수선·판매, 용역의 제공 등을 행하는 부서(학교기업)를 직접 운영하는 경우로서, 당해 산업활동이 제조업에 해당되는 경우에는 「부가가치세법」 제12조 제1항 제17호의 규정에 의하여 부가가치세가 면제되는 것임.

재부가 - 186, 2007.3.22.

국가 또는 지방자치단체 소유의 문화복지센터, 문예회관, 여성회관 등 주민편익시설의 일부인 대강당, 소강당, 전시실 등을 극장, 음악당 및 기타 실연극을 공연하는 공연장으로 계속·반복적으로 대여하고 사용료를 받는 경우는 부가가치세가 과세되는 것임. 귀 질의의 경우 구체적인 공연장의 구조, 인·허가 사항, 운영형태 등을 종합하여 사실판단하기 바람.

서면3팀 - 865, 2007.3.22.

지방자치단체(지방자치단체의 위임을 받아 지하도상가를 대행관리하는 지방공단 포함)가 지하도상가(지방자치단체 소유)로 연결되는 지하통로가 개설됨으로써 발생되는 지방자치단체의 임대료 수입감소 및 장래에 발생할 지하도상가 관리비용 증가에 따른 손실보상금을 지하통로 개설자로부터 지급받는 경우 당해 손실보상금은 「부가가치세법」 제1조의 규정에 의한 부가가치세 과세대상에 해당하지 아니하는 것이며, 당해 지하통로 개설과정에서 제공되는 공공행정 서비스용역은 「부가가치세법」 제12조 제1항 제17호의 규정에 의하여 부가가치세가 면제되는 것임.

서면3팀 - 1073, 2006.6.12.

국가·지방자치단체가 도·소매업, 음식·숙박업(귀 질의의 구내식당, 매점 포함)을 운영하면서 재화 또는 용역을 공급하는 경우에는 개정된 「부가가치세법 시행령」 제38조 제3호의 규정에 의하여 2007년 1월 1일 이후 공급하는 분부터 부가가치세가 면제되지 아니하는 것이며, 동 규정에 따라 과세사업으로 전환되는 사업자는 2007년 1월 1일 이후 20일 이내에 관할세무서장에게 동법 시행령 제7조 제8항의 규정에 따라 등록신청을 하여야 하는 것임.

서면3팀 - 988, 2006.5.30.

「지방공기업법」 제76조의 규정에 의하여 설립된 지방공단이 국가 또는 지방자치단체로부터 그 시설의 관리 및 운영에 관하여 위탁을 받아 국가 또는 지방자치단체의 명의와 계산으로 사업을 하는 경우, 그 사업은 국가 또는 지방자치단체가 공급하는 것에 해당하여 「부가가치세법」 제12조 제1항 제17호 및 동법 시행령 제38조의 규정이 적용되는 것이며, 「조세특례제한법 시행령」 제106조 제7항 제22호 및 동법 시행규칙 별표 10(정부업무대행단체의 면세사업) 제22호의 규정에 의한 부가가치세 면제는 「지방공기업법」 제76조의 규정에 의하여 설립된 지방공단이 「지방공기업법」 제71조 제1항 및 제76조 제2항의 규정에 의하여 국가 또는 지방자치단체의 사업을 대행하는 경우에 한하는 것임.

서면2팀 - 653, 2006.4.24.

1. 국가 및 지방자치단체가 직접 운영하여 얻은 인터넷 쇼핑몰(통신판매) 수익에 대하여는 「법인세법」 제2조 제3항의 규정에 의거 법인세가 과세되지 아니함.

2. 또한 국가 및 지방자치단체 또는 지방자치단체조합이 공급하는 재화 또는 용역은 「부

가가치세법」 제12조 제1항 제17호의 규정에 의하여 부가가치세가 면제되는 것이며, 다만 동법 시행령 제38조 각 호에 규정된 용역은 부가가치세가 면제되지 아니하는 것으로 동 시행령 동조 제3호 규정은 2007년 1월 1일 이후 최초로 공급하거나 공급받는 분 또는 수입신고하는 분부터 적용하는 것임.

서면3팀 - 476, 2006.3.13.

「부가가치세법」 제12조 제1항 제17호의 규정에 의해 지방자치단체가 공급하는 재화 또는 용역은 부가가치세가 면제되는 것이나, (재)대구광역시북구청소년회관이 국가 또는 지방자치단체로부터 시설의 관리 및 운영을 포괄적으로 위탁받아 수탁자인 자기의 명의와 계산으로 재화 또는 용역을 공급하는 경우에는 동법 동조의 규정이 적용되지 아니하는 것이며, 또한 당해 재단법인이 「부가가치세법 시행령」 제37조의 규정에 의한 공익을 목적으로 하는 단체에 해당하는 경우로서 당해 청소년회관의 체육시설을 자체기금을 조성하기 위하여 계속적으로 일반인에게 이용하게 하고 그 이용요금을 받는 경우에는 동법 제7조 제1항의 규정에 의하여 부가가치세가 과세되는 것임.

서면3팀 - 1673, 2005.9.30.

국립대학에 별도 법인으로 설립된 산학협력단은 국가에 해당하지 아니함.

서면3팀 - 824, 2005.6.15., 서면3팀 - 448, 2005.3.31.

사업자가 국가 또는 지방자치단체로부터 그 시설의 관리 및 운영에 관하여 위탁을 받아 수탁자(사업자)의 명의와 계산으로 사업을 하는 경우에는 부가가치세가 면제되지 아니하나 수탁자(사업자)의 명의와 계산으로 하지 아니하고 국가 또는 지방자치단체의 명의와 계산으로 하는 경우에는 「부가가치세법」 제12조 제1항 제17호의 규정에 의하여 부가가치세가 면제되는 것이며 당해 사업과 관련된 매입세액은 공제되지 아니하는 것임.

서삼 46015 - 10372, 2002.3.7.

국립대학교의 기초과학연구소에서 제공하는 용역은 부가가치세 면제대상임.

재소비 46015 - 249, 2001.9.21.

1. 「부가가치세법」 제12조 제1항 제17호의 규정에 의해 지방자치단체가 공급하는 재화 또는 용역은 부가가치세가 면제되는 바, 서울산업진흥재단이 서울특별시로부터 위탁받아 관리하는 서울산업지원센터의 경우 서울특별시가 당해 센터의 관리·운영 전반을 위탁하고 있으며 위탁한 사무와 관련된 사용료 등을 징수할 권한을 서울산업진흥재단에 부여하고 있는 점 등을 볼 때 서울산업진흥재단이 공급하는 재화나 용역은 동조의 규정이 적용되지 아니하는 것임.

2. 서울산업진흥재단이 「부가가치세법 시행령」 제37조 제1호의 규정에 해당되는 경우에는 부가가치세가 면세되는 것이나, 서울특별시로부터 위탁받아 운영하는 서울산업지원센터의 관리·운영 사업이 고유의 사업 목적을 위한 것인지, 동 센터의 입주자 등으로부터 징수하는 임대료, 시설사용료, 주차료 등이 실비에 해당되는지 여부에 대해서는 사실판단할 사항임.

4-7. 국가 등에 무상으로 공급하는 재화 또는 용역

국가·지방자치단체·지방자치단체조합 또는 주무관청의 허가 또는 인가를 받거나 주무관청에 등록된 단체로서 「상속세 및 증여세법 시행령」 제12조에 해당하는 사업을 하는 단체에 무상으로 공급하는 재화 또는 용역은 사회 일반의 이익을 위한 조직에 공급되는 것이기 때문에 부가가치세를 면세한다(부가가치세법 제26조 제1항 제20호, 동법 시행령 제47조).

국가·지방자치단체·지방자치단체조합 등의 국가조직 또는 공익단체에 무상으로 공급하는 재화 및 용역은 면세하는데 사회일반의 이익을 위한 조직에 공급되는 것이기 때문에 면세할 이유가 있는 것이다. 이 밖에 공익을 위해 활동하는 이들은 당해 재화 및 용역에 대해 생산자라기보다는 최종소비자의 입장에 있어 매입세액공제라는 절차도 없기 때문에 면세하여야 할 필요가 더욱 있는 것이다. 국가조직 등에 대한 무상공급이라는 두 가지 요건이 동시에 충족되어야 면세된다.

(1) 공급받는 자

국가·지방자치단체·지방자치단체조합에 대하여는 '4-6. 국가 등이 공급하는 재화와 용역'에서 설명한 내용을 준용하면 된다. 여기에 부가하여 규정된 공익단체는 종교·자선·학술 및 기타의 공익사업 등과 같이 사회일반의 이익을 위한 단체로서 허가 또는 인가를 받거나 주무관청에 등록된 「상속세 및 증여세법」상 공익단체를 말한다. 따라서 주무관청의 허가를 받지 못한 단체라면 무상공급되는 재화 및 용역이라도 정상시가로 평가하여 과세한다(부가가치세법 시행령 제47조). 즉, 공익단체는 주무관청의 허가 또는 인가를 받거나 주무관청에 등록된 「상속세 및 증여세법」상 공익사업을 하는 단체와 공익사업을 위하여 주무관청의 승인을 얻어 금품을 모집하는 단체의 2가지가 있다.

공익단체의 가장 중요한 요점인 공익사업의 범위에 대하여는 「상속세 및 증여세법 시행령」 제12조에 규정되어 있다. 「상속세 및 증여세법 시행령」 제12조에 열거된 사업을 하는 단체인 한 개인이건 법인이건 법인격 없는 사회단체이건 혹은 외국인이건 상관없고 적절한 요건을 갖추어 주무관청의 인가를 받아 설립된 단체이기만 하면 된다.

「민법」 제32조는 학술·종교·자선·기예·사교 기타 영리 아닌 사업을 목적으로 하는 사단이나 재단은 주무관청의 허가를 얻어 법인으로 할 수 있다고 규정하고 있는 바, 공익단체는 사단법인 또는 재단법인 등의 법인으로 설립되어야 보건복지부 등 주무부장관의 설립인가를 받을 수 있는 것이 일반관행이다. 이렇게 설립된 법인을 「민법」상으로는 비영리법인이라고 하며, 이 중 공익을 목적으로 하면 일반적으로 공익법인이라 하고 공익법인이 해산되는 경우의 잔여재산은 국가조직에 귀속되기 때문에 공익을 사업목적으로 한다면 광의로 보아 국가조직 등의 일원으로 볼 수도 있어 이에 대한 무상공급도 면세되도록 하는 것이다.

「상속세 및 증여세법 시행령」 제12조에 규정된 공익사업을 목적으로 주무관청의 승인을 얻어 금품을 모집하는 시행령 제47조 제2항에 의한 단체는 아직 설립되지 않았거나 주무관청의 인가를 받지 않고 설립되었다 하더라도 주무관청의 승인만 얻은 경우라면 공익단체로 보도록 하여 무상으로 공급받는 경우 면세하도록 하고 있다. 이는 아직 주무관청 인가요건이나 단체로서의 설립요건 등을 갖추지 못한 상태라 하더라도 공익사업을 목적으로 하는 자가 당해 사업목적을 위한 재원조달 등을 용이하게 하여 궁극적으로 주무관청의 인가를 받고 설립되는 공익단체가 되도록 도와주는 규정이다. 결국 공익사업을 하는 주무관청의 인가를 받고 설립된 공익단체에 대한 무상공급시의 면세라는 시행령 제47조 제1항과 동일한 목적을 추구하기 위한 과정상의 규정이다. 이 밖에 신문사 등에서 이재민구호금품 등을 모집하는 경우도 공익단체로 보아 면세되도록 한다.

(2) 무상공급

무상으로 공급함이란 공급하는 자가 공급받는 자에게 아무런 반대급부를 받거나 기대하지 않고 공급하는 것을 말한다. 여기서 반대급부란 상업적인 의미에서 객관적인 효용가치가 있는 것을 말하는 바, 예를 들어 화폐·실물가치·권리(소유권·사용권·수익권·우선권 등)가 전혀 없는 경우라야 무상이라는 개념이 성립된다. 그러나 공급하는 자가 주관적으로 느끼는 만족감·성취감·광고효과의 기대 및 공급받는 자가 주관적으로 느끼는 감사 및 고마움 등은 반대급부가 없는 것이다. 무상이란 객관적인 화폐적 대가가 전혀 없는 것을 말하므로 실비로 혹은 저가 등으로 공급하는 것은 유상이므로 과세된다. 이 밖에 과세되는 유상공급의 예는 다음과 같다.

㉮ 기부채납으로 인한 무상점유기간의 연장(국심 88서122, 1988.4.27.)

㉯ 기부채납에 따른 관리운영권의 위탁(국심 88서83, 1988.5.13.)

㉰ 기부채납에 따른 사용수익권의 허가(국심 88서1263, 1989.1.14.)

공급의 목적은 기부채납이건 검사용이건(간세 1235-2156, 1977.7.21.) 징발 혹은 몰수 등 어떤 용도나 목적하라도 관계없고 국가조직 등에 직접적으로 무상으로 공급되는 것만 면세이지(간세 1235-4263, 1977.11.23.) 그러한 사업운영자 자체가 면세는 아니다(부가 1235-3911, 1978.11.1.).

 | 중요 예규 및 판례 |

사전-2019-법령해석부가-0361, 2019.8.28.

사업자가 부가가치세 과세사업에 사용할 글로벌비즈니스센터를 신축하기 위하여 지방자치단체에 공공시설을 기부채납하는 조건으로 인허가(건축법상 용적률의 상향조정 등)를 받는 경우로서 기부채납에 상응하는 대가를 받지 아니한 경우 해당 기부채납에 대하여는 「부가가치세법」 제26조 제1항 제20호에 따라 부가가치세가 면제되며, 해당 공공시설의 건설과 관련된 매입세액은 같은 법 제38조 제1항에 따라 자기의 매출세액에서 공제되는 것임. 다만, 공공시설의 건설과 관련하여 토지의 조성 등을 위한 자본적 지출과 관련된 매입세액은 자기의 매출세액에서 공제하지 아니하는 것임.

서면-2018-법령해석부가-2282, 2018.11.6.

사업자가 구 철도민자역사(이하 "구역사")에 대한 점용허가기간이 만료되어 점용허가기간 연장을 신청하였으나, 구 「국유철도의 운영에 관한 특례법」 제30조 및 본건 점용(변경)허가조건 제17조 제2항에 따른 원상회복의무 면제로 해당 영업시설이 국가에 무상귀속됨에 따라 구역사를 감정평가하여 세금계산서를 발급하고 구역사를 임대하는 국가는 매입세액을 공제받지 아니한 경우로서 구역사의 기부채납이 경제적 또는 실질적 대가관계없는 무상이전에 해당하는 경우, 구역사의 기부채납은 「부가가치세법」 제26조 제1항 제20호에 따라 부가가치세가 면제되는 것임.

사전-2018-법령해석부가-0083, 2018.2.28.

본사 사옥 신축사업과 관련하여 국토법 제65조에 따라 신설 공공시설을 농림부로 무상귀속하기로 하고 농림부 소유의 기존 공공시설을 무상양도받는 경우 신설 공공시설을 무상으로 공급한 것으로 보아 부가가치세를 면제할 수 있는 것임.

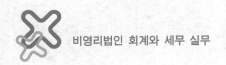

부가 - 1335, 2009.9.18.

지방자치단체가 기타 스포츠 시설운영업에 해당되는 스포츠시설을 설치하고 당해 시설을 이용(스포츠 시설물의 이용에 부수하여 제공되는 교습용역을 포함)하게 하고 받는 대가는 부가가치세가 과세됨.

부가 - 1035, 2009.7.21.

계열사들이 공동부담으로 기숙사를 신축하여 공립학교에 무상기부하는 경우에는 부가가치세가 면세되는 것이며 관련매입세액은 불공제됨.

서면3팀 - 1042, 2008.5.26.

사업자가 특정 건축물을 신축하여 국가에 기부채납하고 그에 대한 대가를 저가로 받는 조건으로 사업계획승인을 받은 경우 당해 특정 건축물에 대하여는 부가세가 과세됨.

국심 2006서1981, 2007.4.20.

지방자치단체로부터 공공보조금을 지원받아 건립한 건물(오픈 세트장)을 지방자치단체에 기부채납하기 전에 당해 건물의 독점적·배타적 사용권을 가지고 영화를 촬영하고 그 저작권을 소유하고 있는 것은 기부채납에 대한 대가성이 있다고 보여지므로 이는 「부가가치세법」 제12조 제1항 제18호에서 규정하는 무상공급에 해당하지 아니함.

서면3팀 - 3078, 2006.12.8., 부가 46015 - 1726, 1997.7.25.

사업자가 「부가가치세법 시행령」 제39조에서 규정하는 공익단체에 재화 또는 용역을 무상으로 공급하는 경우 「부가가치세법」 제12조 제1항 제18호 규정에 의거 부가가치세가 면제되는 것이며, 이 경우 자기의 사업과 관련하여 당해 공익단체에 무상으로 공급한 재화의 매입세액은 매출세액에서 공제하는 것임.

서면3팀 - 554, 2006.3.23.

[질의]

무상사용·수익허가한 김해공항 전방향표지시설(항행안전시설)의 기부채납의 경우 경제적 실질이 향후 국가에서 출자할 때까지 임시적으로 관리·운영하는 반대급부가 없는 기부채납으로 볼 수 있는지에 대하여 질의함.

[회신]

귀 질의의 경우에는 거래 또는 행위의 사실관계가 불분명하여 답변하기 어려우나, 사업자가 건물 및 시설물 등을 국가 또는 지방자치단체에 무상으로 사용할 것을 조건으로 기부채납하는 것은 현행 「부가가치세법」 제6조 제1항에 의하여 부가가치세 과세되는 것이며, 당해 건물 및 시설물 등을 대가 없이 국가 또는 지방자치단체에 무상으로 공급하는 경우에는 동법 제12조 제1항 제18호의 규정에 의하여 부가가치세가 면제되는 것으로써, 귀 질의의 경우가 어느 경우에 해당하는지 여부는 구체적인 관련 사실에 따라 판단할 사항임.

서면3팀 – 459, 2006.3.10.

1. 사업자가 「부가가치세법 시행령」 제39조에 규정하는 공익단체에 무상으로 공급하는 재화 또는 용역에 대하여는 부가가치세를 면제하는 것임.

2. 귀 질의의 '「비영리단체지원법」에 의한 비영리민간단체'가 공익사업을 위하여 주무관청의 승인을 얻어 금품을 모집하는 단체인 경우에는 공익단체로 보는 것이나 이에 해당하는 지는 사실판단할 사항이며, '「아동복지법」에 의한 아동복지시설'은 공익단체에 포함되는 것임.

서면3팀 – 1895, 2007.7.3., 서면3팀 – 708, 2005.5.21.

사업자가 재화 또는 용역을 국가 또는 지방자치단체에 기부채납하고 무상사용권 등 그 대가를 받는 경우에는 「부가가치세법」 제6조 규정의 재화의 공급에 해당되어 부가가치세가 과세되는 것이며, 기부채납이 완료된 이후 동 사업자가 당초 사용수익기간의 연장이나 별도의 대가 없이 국가 또는 지방자치단체에 무상으로 공급하는 재화 또는 용역은 동법 제12조 제1항 제18호의 규정에 의하여 부가가치세가 면제되는 것이나, 귀 질의의 경우가 이에 해당하는지 여부는 구체적인 관련 사실에 따라 판단할 사항임.

서면3팀 – 1291, 2004.7.6.

[질 의]

북한의 용천역 폭발사고와 관련하여 사업자가 조달청(대한적십자사의 중계기관)과 계약에 의하여 시멘트를 유무상(유상 50%, 무상 50%)으로 대한적십자사 주관(당사의 책임과 계산이 아님)하에 북한에 반출하여 '북한 용천역 폭발사고' 재건에 사용함에 있어,

질의 1. 부가가치세 영세율이 적용되는지 아니면 「부가가치세법」 제6조 제1항의 규정에 의하여 과세되는지 여부

질의 2. 무상으로 반출하는 재화에 대하여 이재민 구호물품으로 보아 법정기부금에 해당하는지 여부에 대하여 질의함.

[회 신]

1. 귀 질의 1.의 경우 사업자가 과세재화를 국가 또는 공익단체에 무상으로 공급하는 경우 「부가가치세법」 제12조 제1항 제18호의 규정에 의하여 부가가치세가 면제되는 것이나, 유상으로 공급하는 경우에는 동법 제6조 제1항의 규정에 의하여 부가가치세가

과세되는 것임.

2. 귀 질의 2.의 경우 시멘트 제조업 법인이 대한적십자사에 업무와 관련 없이 시멘트를 기부하는지, 아니면 조달청에 매출할인(에누리) 성격으로 납품하는지 구분이 불분명하여 정확히 회신하기 어려우나, 법인이 업무와 관련 없이 대한적십자사에 기부하는 제품은 「법인세법 시행령」 제36조의 규정에 의한 지정기부금으로 보는 것임.

서삼 46015 - 11668, 2003.10.25.

골프장을 주업으로 하는 내국법인이 골프장의 운영과 직접 관련 없는 복지회관을 건설하여 지방자치단체에 반대급부 없이 무상으로 공급하는 경우 「부가가치세법」 제12조 제1항 제18호의 규정에 의하여 부가가치세가 면제되는 것이며, 동 복지회관의 건설과 관련된 매입세액은 동법 제17조 제2항 제2호의 규정에 의하여 매출세액에서 공제되지 아니하는 것임.

제도 46015 - 12194, 2001.7.18.

사업자가 자기사업과 관련 없이 취득한 재화를 국가에 무상으로 기부하기로 하고 준공 즉시 기부채납하는 경우, 당해 조건 없는 무상기부채납은 「부가가치세법」 제12조 제1항 제18호의 규정에 의하여 부가가치세가 면제되는 것으로서 기부채납과 관련하여 교부받은 세금계산서의 매입세액은 매출세액에서 공제되지 아니하는 것임.

제도 46015 - 10129, 2001.3.20.

학교급식공급업자가 급식시설을 신축하여 학교에 무상으로 사용할 조건으로 기부채납하는 것은 재화의 공급에 해당하므로 「부가가치세법」 제6조 제1항의 규정에 의하여 부가가치세가 과세되는 것임.

부가 46015 - 3814, 2000.11.24.

사업자가 부가가치세 과세사업 목적으로 건물을 신축하던 중에 당해 신축 중인 건물을 준공하여 지방자치단체에 무상으로 기부(증여)하기로 결정하여 준공 즉시 기부채납하는 경우에 당해 무상 기부채납은 「부가가치세법」 제12조 제1항 제18호의 규정에 의하여 부가가치세가 면제되는 것으로서 당해 사업자의 과세사업과 관련하여 교부받은 세금계산서의 매입세액(당초 과세사업 목적을 변경하여 무상으로 기부하기로 결정된 날 이전에 공급받은 분)은 「부가가치세법」 제17조 제1항 제1호의 규정에 의하여 매출세액에서 공제하는 것이나, 자기의 과세사업과 관련 없이 교부받은 세금계산서의 매입세액은 그러하지 아니함. 이 경우 자기의 과세사업과 관련 없이 교부받은 세금계산서의 매입세액을 매출세액에서 공제하여 부가가치세 신고한 경우에는 「국세기본법」 제45조의 규정에 의하여 수정신고를 할 수 있는 것이나, 「부가가치세법」 제22조에 규정하는 가산세를 적용하는 것임. 다만, 귀 질의의 경우 당해 건물을 과세사업 목적으로 신축하던 중에 기부결정을 한 것인지 또는 당초부터 기부할 목적으로 신축하였는지는 사실판단할 사항임.

재소비 46015 - 267, 1998.10.13.
「사회간접자본시설에 대한 민간자본유치촉진법」 제2조 제12호의 규정에 의한 사업시행자가 동법 제22조의 규정에 의하여 사회간접자본시설 중 제1종시설을 준공과 동시에 국가 또는 지방자치단체에 귀속시키고 그 대가로 일정기간 무상사용 수익권을 취득하는 경우 동기부채납행위는 부가가치세가 과세되는 것이므로 「부가가치세법」 제16조의 규정에 의하여 세금계산서를 교부하여야 하며, 동 시설공사와 관련한 매입세액은 공제되는 것임.

5 면세대상 재화의 수입

재화의 수입은 외국으로부터 국내로 재화가 공급되는 것으로 그 자체를 부가가치가 창출되는 경우로 보거나 동시에 국내에서 생산된 경우와 동일한 세부담이 되도록 하기 위하여 부가가치세를 과세하고 있다. 그러나 특별한 재화의 수입에 대하여는 면세하도록 규정하고 있는 바, 이러한 재화의 수입에 대하여는 세관장이 부가가치세를 징수하지 않는다.

재화의 수입의 경우에 있어서는 「부가가치세법」 제3조에서 납세의무자를 사업자로만 규정하고 있지 아니하고 「부가가치세법」 제58조에서 재화의 수입에 대한 부가가치세는 세관장이 관세법에 따라 징수하도록 함으로써 사업자가 수입하는 경우뿐만 아니라, 비사업자인 일반인이 재화를 수입하는 경우에도 부가가치세를 징수당하게 된다.

단지, 용역의 수입에 대하여는 과세대상으로 규정하고 있지 아니하고 있는데, 용역은 재화의 경우와 달리 대부분이 세관을 통하여 수입되는 것이 아니라 국내에서 직접 제공되며 세관을 통하여 수입되는 경우에도 그 가격의 평가에 어려움이 있으므로 용역의 수입에 대하여는 재화의 수입의 경우와는 달리 과세대상으로 할 수 없다. 다만, 이 경우에는 그 용역을 공급받는 자가 「부가가치세법」 제52조의 규정에 의한 대리납부를 하도록 함으로써 국내사업자로부터 용역을 공급받거나 또는 국외사업자로부터 용역을 공급받거나 간에 동일한 세부담이 되도록 하고 있다.

5-1. 과학 · 교육 · 문화용 수입재화

학술연구단체 · 교육기관 및 한국교육방송공사 또는 문화단체가 과학 · 교육 · 문화용으로 수입하는 재화로서 다음에 해당하는 것은 부가가치세를 면세한다(부가가치세법 제27조 제3호, 동법 시행령 제51조, 동법 시행규칙 제39조, 제40조, 제41조).

제1호 내지 제5호의 재화는 관세가 감면되는 것에 한하여 적용하되, 관세가 경감되는 경우에는 경감되는 분에 한하여 이를 적용한다.

---

1. 학교(「서울대학교병원 설치법」에 따라 설립된 서울대학교병원, 「국립대학병원 설치법」에 따라 설립된 국립대학병원, 「서울대학교치과병원 설치법」에 따라 설립된 서울대학교치과병원 및 「국립대학치과병원 설치법」에 따라 설립된 국립대학치과병원을 포함한다), 박물관 또는 다음의 시설에서 진열하는 표본 및 참고품 · 교육용의 촬영된 필름, 슬라이드, 레코드, 테이프 또는 그 밖에 이와 유사한 매개체와 이러한 시설에서 사용되는 물품 또는 동 시설에서 사용하기 위하여 소관 중앙행정기관의 장이 수입하는 것을 포함한다.
   ① 「정부조직법」 제4조 또는 지방자치단체의 조례에 따라 설치된 기관이 운영하는 시험소, 연구소, 공공직업훈련원, 공공도서관, 동물원, 식물원 및 전시관
   ② 「대한무역투자진흥공사법」에 따른 대한무역투자진흥공사의 전시관
   ③ 「산업집적활성화 및 공장설립에 관한 법률」 제31조 제2항에 따라 설립된 산업단지관리공단의 전시관
   ④ 「정부출연연구기관 등의 설립 · 운영 및 육성에 관한 법률」에 따라 설립된 산업연구원과 「과학기술분야 정부출연연구기관 등의 설립 · 운영 및 육성에 관한 법률」에 따라 설립된 한국생산기술연구원 및 한국과학기술정보연구원
   ⑤ 수출조합의 전시관. 다만, 산업통상자원부장관이 면세를 추천한 부분으로 한정한다.
   ⑥ 「중소기업진흥에 관한 법률」에 따라 설립된 중소기업진흥공단이 개설한 전시관 및 연수원
   ⑦ 「소비자기본법」에 따른 한국소비자원
   ⑧ 디자인 및 포장에 관한 연구개발사업을 추진하기 위하여 비영리법인이 개설한 전시관
   ⑨ 「과학관의 설립 · 운영 및 육성에 관한 법률」에 따른 과학관(사립과학관의 경우에는 같은 법에 따라 등록한 것으로 한정한다)
2. 연구원, 연구기관 등 기획재정부령으로 정하는 과학기술 연구개발 시설에서 과학기술의 연구개발에 제공하기 위하여 수입하는 물품
   ① 「특정연구기관 육성법」 제2조에 따른 연구기관
   ② 「산업기술혁신 촉진법」 제42조에 따라 산업통상자원부장관의 허가를 받아 설립된 연구소
   ③ 「산업교육진흥 및 산학연협력촉진에 관한 법률」 제25조에 따라 설립된 산학협력단

---

④ 「산업기술연구조합 육성법」에 따라 설립된 산업기술연구조합(기술개발을 위한 공동연구시설을 갖추고 자연계분야의 학사 이상의 학위를 가진 연구전담요원 3인 이상을 상시 확보하고 있음을 과학기술정보통신부장관이 확인한 산업기술연구조합으로 한정한다)

⑤ 「과학기술분야 정부출연연구기관 등의 설립·운영 및 육성에 관한 법률」 제8조에 따라 설립된 연구기관

⑥ 「국방과학연구소법」에 따라 설립된 국방과학연구소

⑦ 「한국해양과학기술원법」에 따라 설립된 한국해양과학기술원

⑧ 산업기술연구를 목적으로 「민법」 제32조 및 「협동조합 기본법」에 따라 설립된 비영리법인으로서 독립된 연구시설을 갖추고 있는 법인임을 산업통상자원부장관, 과학기술정보통신부장관 또는 기획재정부장관이 확인·추천하는 기관

3. 과학기술의 연구개발을 지원하는 단체에서 수입하는 과학기술의 연구개발에 사용되는 시약류

4. 「정부출연연구기관 등의 설립·운영 및 육성에 관한 법률」 제8조에 따라 설립된 한국교육개발원이 학술연구를 위하여 수입하는 물품

5. 「한국교육방송공사법」에 따른 한국교육방송공사가 교육방송을 위하여 수입하는 물품

6. 외국으로부터 기획재정부령으로 정하는 영상 관련 공익단체에 기증되는 재화로서 그 단체가 직접 사용하는 것

① 「방송통신위원회의 설치 및 운영에 관한 법률」에 따른 방송통신위원회

② 「영화 및 비디오물의 진흥에 관한 법률」 제4조에 따른 영화진흥위원회

③ 「영화 및 비디오물의 진흥에 관한 법률」 제71조에 따른 영상물등급위원회

④ 「민법」 제32조에 따라 설립된 재단법인 한국영상자료원, 재단법인 한국방송진흥원 및 사단법인 한국영상미디어협회

| 중요 예규 및 판례 |

기획재정부 부가가치세제과-474, 2017.9.19.

「지방자치법」 제114조에 따라 설치된 사업소는 「부가가치세법 시행규칙」 제39조 제1항 제1호에 따른 '「정부조직법」 제4조 또는 지방자치단체 조례에 따라 설치된 기관'에 해당하지 아니함.

부가-891, 2009.3.6.

「정부조직법」 제4조 및 환경부와 그 소속기관 직제에 의하여 설립되고 「근로자직업능력개발법」 제2조 및 제27조에 의하여 공공직업훈련시설로 운영되고 있는 국립환경인력개발원이 교육실습용 및 시험검증용으로 측정장비를 수입하는 경우에는 「부가가치세법」 제12조 제2항 제3호, 「부가가치세법 시행령」 제41조 제1호 및 「부가가치세법 시행규칙」 제12조의

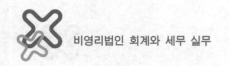

2 제1항 제1호의 규정에 따라 부가가치세가 면제되는 것임.

서면3팀 - 2817, 2006.11.15.

지방자치단체가 수질시험 및 연구를 수행하는 시험소 또는 연구소로 직제된 기관을 별도로 두지 아니하고, 동 업무를 직접 관장하는 부서에서 시험연구장비를 갖추어 실제 시험·연구를 수행하는 경우 당해 업무와 관련하여 지방자치단체가 직접 수입하는 과학용 기자재는 「부가가치세법」 제12조 제2항 제3호의 규정에 의하여 부가가치세가 면제되는 것임.

서면3팀 - 1072, 2005.7.11., 부가 46015 - 4003, 2000.12.12., 부가 46015 - 317, 2000.2.3.

「정부조직법」 제4조 및 지방자치단체의 조례에 의하여 설치된 기관이 운영하는 시험소·연구소 등이 과학용으로 수입하는 재화는 「부가가치세법」 제12조 제2항 제3호 및 동법 시행령 제41조 제1호, 동법 시행규칙 제12조 제2항 제1호의 규정에 의하여 부가가치세가 면제되는 것이며, 귀 질의의 고양시 상수도사업소가 「정부조직법」 제4조 지방자치단체의 조례에 의하여 설치된 기관이 운영하는 시험소·연구소에 해당하는지 여부 및 당해 수입재화의 사용용도는 당해 관련법 등에 의하는 것이며 수입의 주체가 어느 기관인지 여부에 따라 판단하여야 할 것임.

재소비 46015 - 153, 2001.6.22.

1995년 9월 15일 개정된 「정부출연연구기관 등의 설립·운영 및 육성에 관한 법률 시행령」 부칙 제5조에 의해 1999년 1월 29일부터 소급적용된 15개 연구기관은 「부가가치세법 시행규칙」 제12조의 2 제2항 제1호의 규정에 의한 부가가치세 감면대상기관에 해당하는 것임.

재소비 46015 - 300, 2000.10.2., 재소비 46015 - 102, 2000.3.13.

과학·교육·문화용으로 수입하는 재화가 관세 감면대상인 때에는 실행관세율이 무세인 경우도 부가가치세가 감면됨.

부가 46015 - 523, 2000.3.8.

지방자치단체의 조례에 의하여 설치된 연구소에서 학술연구 및 실험용으로 사용할 기자재를 수입함에 있어 당해 기자재의 관세협정세율이 무세인 경우에도 당해 기자재의 수입시 「관세법」 제28조의 5 규정에 의하여 관세의 감면(경감)대상에 해당되는 경우에는 「부가가치세법」 제12조 제2항 제3호 및 동법 시행령 제41조의 규정에 의하여 관세의 감면대상에 해당하는 분에 한하여 부가가치세가 면제되는 것임.

재소비 46015 - 12, 2000.1.7.

「정부조직법」 제4조 및 지방자치단체 조례에 의하여 설립·운영되는 기관은 '국가 또는 지방자치단체에서 직영하는 기관'으로 보아야 하며 국가 또는 지방자치단체에서 직영하는 시험소·연구소의 의미는 기관의 명칭이 시험소·연구소로 직제되어 있는 기관뿐만 아니라, 시험소·연구소로 직제되어 있지 않더라도 직무 및 소관사무에 시험·연구를 관장하게 되어 있으며 시험연구장비를 갖추어 실제 시험·연구를 수행하고 있으면 「부가가치세법 시행규칙」에서 규정하는 시험소·연구소에 해당하므로 부가가치세가 면제되는 것임.

5-2. 종교·자선·구호단체에의 기증재화

종교의식, 자선, 구호, 그 밖의 공익을 목적으로 외국으로부터 종교단체·자선단체 또는 구호단체에 기증되는 재화로서 다음에 해당하는 것은 부가가치세를 면세한다(부가가치세법 제27조 제4호, 동법 시행령 제52조).

1. 사원이나 그 밖의 종교단체에 기증되는 물품으로서 관세가 면제되는 것
2. 자선이나 구호의 목적으로 기증되는 급여품으로서 관세가 면제되는 것
3. 구호시설 및 사회복리시설에 기증되는 구호 또는 사회복리용에 직접 제공하는 물품으로서 관세가 면제되는 것

5-3. 국가조직 등에의 기증재화

외국으로부터 국가·지방자치단체 또는 지방자치단체조합에 기증되는 재화는 부가가치세를 면세한다(부가가치세법 제27조 제5호).

| 중요 예규 및 판례 |

대법 98두10158, 2001.1.19.
내국법인이 외국에서 구입해 우리나라에 도착된 물품이 수입 전에 지방자치단체에 기증된 후 그 지자체 명의로 수입된 경우, 관세 면제대상이나 부가가치세는 면제대상이 아님.

조법 1265.2 - 960, 1983.9.12.

(질의)

사업자가 본인 명의로 수입허가를 받아 외국에서 동물을 수입하여 보세구역 내에서 지방자치단체에 기증하고 지방자치단체 명의로 수입면장을 발급받았을 시 부가가치세 과세에 대하여 질의함.

〔갑설〕 부가가치세가 과세된다.

〔이유〕 「부가가치세법」 제12조 제2항 제5호의 "외국으로부터……"의 외국은 대한민국의 주권이 미치지 아니하는 지역을 말하기 때문이다.

〔을설〕 부가가치세가 면세된다.

〔이유〕 동 규정의 외국은 대한민국의 주권이 미치지 아니하는 지역뿐 아니라 「관세법」상 보세구역도 외국으로 보기 때문이다.

〔당청의견〕 '갑설'이 타당함.

(회신)

귀 질의는 '갑설'이 타당함.

5-4. 박람회 · 전시회 · 품평회 · 영화제 등의 행사출품용 재화

국내에서 개최되는 박람회 · 전시회 · 품평회 · 영화제 또는 이와 유사한 행사에 출품하기 위하여 무상으로 수입하는 물품으로서 관세가 면제되는 재화는 부가가치세를 면세한다 (부가가치세법 제27조 제10호).

부가 46015 - 1823, 1996.9.4.
우리나라에서 개최되는 국제영화제에 출품하기 위해 무상으로 수입하는 물품으로서 관세가 면제되는 재화에 대하여는 「부가가치세법」 제12조 제2항 제10호 규정에 의해 부가가치세가 면제되는 것임.

5-5. 조약·국제관습 등에 의하여 관세가 면제되는 재화

조약·국제법규 또는 국제관습에 의하여 관세가 면제되는 재화로서 다음에 해당하는 것은 부가가치세를 면세한다(부가가치세법 제27조 제11호, 동법 시행령 제53조).

1. 대한민국을 방문하는 외국의 원수와 그 가족 및 수행원이 사용하는 물품
2. 국내에 있는 외국의 대사관·공사관, 그 밖에 이에 준하는 기관의 업무용품
3. 국내에 주재하는 외국의 대사·공사, 그 밖에 이에 준하는 사절 및 그 가족이 사용하는 물품
4. 국내에 있는 외국의 영사관, 그 밖에 이에 준하는 기관의 업무 용품
5. 국내에 있는 외국의 대사관·공사관·영사관, 그 밖에 이에 준하는 기관의 직원과 그 가족이 사용하는 물품
6. 정부와의 사업계약을 수행하기 위하여 외국계약자가 계약조건에 따라 수입하는 업무 용품
7. 국제기구나 외국정부로부터 정부에 파견된 고문관·기술단원, 그 밖에 이에 준하는 자가 직접 사용할 물품

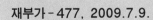

재부가 - 477, 2009.7.9.
수입자동차 판매회사가 해외로부터 자기의 책임과 계산으로 보세구역 내 창고로 자동차를 반입하고, 이에 대한 선하증권을 양도받은 주한외교관이 동 자동차를 자가용품으로 사용하기 위하여 자기의 책임과 계산으로 보세구역에서 국내로 통관함에 있어 수입

자동차 판매회사가 실무적인 통관절차의 이행을 대행한 경우, 동 수입자동차는 「부가가치세법」 제12조 제2항 제11호 및 「개별소비세법」 제16조 제1항 제2호에 따라 부가가치세 및 개별소비세가 면세되는 재화로서 세관장은 외교관에게 자동차 수입가격에 대한 수입계산서를 교부하는 것이며, 수입자동차 판매회사는 외교관에게 동 통관절차에서 제공한 대행용역의 수수료에 대한 세금계산서를 교부하여야 할 것임.

국심 82서1671, 1982.12.3.
외교관 전용매점의 공관공용품, 외교관자용품인 사실이 입증되면 외교관 전용매점은 면세됨.

6 조세특례제한법상 면세

「조세특례제한법」 제106조에서는 부가가치세를 면세하는 재화 또는 용역의 공급 및 재화의 수입을 규정하고 있는 바, 이 중 비영리사업자와 관련한 내용을 살펴보면 다음과 같다.

> 1. 학교구내식당 및 위탁급식에 의하여 공급하는 음식용역
> 2. 정부업무를 대행하는 단체가 제공하는 재화 또는 용역
> 3. 학교시설을 이용하여 제공하는 재화 또는 용역

위의 1호는 2026년 12월 31일까지 공급한 분에 한하여 이를 적용하고, 3호는 2014년 12월 31일까지 실시협약이 체결된 분에 한하여 적용한다.

6-1. 학교구내식당 및 위탁급식에 의하여 공급하는 음식용역

「초·중등교육법」 제2조 및 「고등교육법」 제2조에 따른 학교의 경영자가 학생의 복리후생을 목적으로 해당 학교의 구내에서 식당을 직접 경영하여 공급하거나 「학교급식법」 제4조 각 호의 어느 하나에 해당하는 학교의 장의 위탁을 받은 학교급식공급업자가 같은 법 제15조에 따른 위탁급식의 방법으로 해당 학교에 직접 공급하는 음식용역(식사류에 한정)에 대하여는 부가가치세를 면세한다(조세특례제한법 제106조 제1항 제2호). 보다 자세한 내용은 '제9장 제2절 학교법인의 세무'를 참조하기 바란다.

6-2. 정부업무를 대행하는 단체가 제공하는 재화 또는 용역

정부업무를 대행하는 단체가 공급하는 일부의 재화 또는 용역에 대하여는 부가가치세를 면제한다(조세특례제한법 제106조 제1항 제6호, 동법 시행령 제106조 제7항·제8항, 동법 시행규칙 제48조).

(1) 정부업무를 대행하는 단체

> 1. 「별정우체국법」에 의한 별정우체국
> 2. 「우체국창구업무의 위탁에 관한 법률」에 의하여 우체국창구업무를 위탁받은 자
> 3. 삭제 <2000.1.10>
> 4. 「한국농어촌공사 및 농지관리기금법」에 따른 한국농어촌공사
> 5. 「농업협동조합법」에 의한 조합, 조합공동사업법인 및 중앙회(같은 법에 따라 설립된 농협경제지주회사 및 그 자회사를 포함한다)
> 6. 「수산업협동조합법」에 따른 수산업협동조합·중앙회, 조합공동사업법인 및 어촌계
> 7. 「엽연초생산협동조합법」에 의한 엽연초생산협동조합 및 중앙회
> 8. 삭제 <2000.1.10>
> 9. 「인삼산업법」에 의한 백삼 및 태극삼의 지정검사기관
> 10. 「한국토지주택공사법」에 따른 한국토지주택공사
> 11. 「한국도로공사법」에 의한 한국도로공사
> 12. 「한국산업인력공단법」에 의한 한국산업인력공단
> 13. 삭제 <2010.2.18>
> 14. 「한국조폐공사법」에 의한 한국조폐공사

15. 「산림조합법」에 의한 조합·중앙회 및 산림계

16. 삭제 <2000.1.10>

17. 삭제 <2002.12.30>

18. 삭제 <2000.12.29>

19. 삭제 <2010.2.18>

20. 「농수산물유통 및 가격안정에 관한 법률」에 따라 농수산물도매시장의 개설자로부터 지정을 받은 도매시장법인, 시장도매인, 비상장품목 취급 중도매인 및 대금정산조직

21. 「지방공기업법」에 의하여 농수산물도매시장사업을 수행하기 위하여 지방자치단체가 설립한 지방공사

22. 「지방공기업법」 제76조의 규정에 의하여 설립된 지방공단

22의 2. 다음 각 목의 요건을 모두 갖춘 「지방공기업법」 제49조에 따라 설립된 지방공사
   가. 시·군 또는 자치구인 지방자치단체가 설립하였을 것
   나. 제21호에 따른 지방공사를 제외할 경우 해당 지방자치단체가 설립한 유일한 지방공사일 것
   다. 해당 지방자치단체에 제22호에 따른 지방공단이 없을 것

23. 「한국농수산식품유통공사법」에 따른 한국농수산식품유통공사

24. 「한국해양교통안전공단법」에 따라 설립된 한국해양교통안전공단

25. 삭제 <2010.2.18>

26. 삭제 <2010.2.18>

27. 「전파법」 제66조에 따른 한국방송통신전파진흥원

28. 「한국산업안전보건공단법」에 따른 한국산업안전보건공단

29. 삭제 <2003.12.30>

30. 삭제 <2003.12.30>

31. 삭제 <2000.1.10>

32. 「집행관법」에 의하여 집행관의 업무를 수행하는 자

33. 「공증인법」에 의한 공증인의 업무를 수행하는 자

34. 삭제 <2003.12.30>

35. 삭제 <2006.2.9>

36. 「상공회의소법」에 따른 대한상공회의소, 「원자력안전기술원법」에 따른 한국원자력기술원, 「영화 및 비디오물의 진흥에 관한 법률」에 따른 영화진흥위원회, 「문화산업진흥 기본법」에 따른 한국콘텐츠진흥원 및 「광산피해의 방지 및 복구에 관한 법률」에 따른 한국광해관리공단

37. 「한국수자원공사법」에 의한 한국수자원공사

38. 삭제 <2009.9.21>

39. 「항만공사법」 제4조 제2항의 규정에 의하여 설립된 항만공사

40. 「사회기반시설에 대한 민간투자법」 제2조 제10호의 규정에 의한 공공부문중 도로의 건설이나 운영에 대한 전문성을 보유한 법인과 장기적 투자자금을 제공하는 재무적 투자자가 각각 100분의 40 이상을 공동으로 출자하여 설립된 동조 제7호의 사업시행자

41. 「중소기업협동조합법」에 따른 중소기업중앙회

42. 삭제 <2012.2.2>
43. 「국세징수법」 제12조 제1항 제3호 각 목 외의 부분에 따른 국세납부대행기관
44. 「국제경기대회 지원법」에 따라 설립된 조직위원회로서 기획재정부장관이 효율적인 준비 와 운영을 위하여 필요하다고 인정하여 고시하는 조직위원회
45. 삭제 <2018.2.13.>
46. 「건설산업기본법」 제50조에 따라 설립된 건설사업자단체인 대한건설협회
47. 「한국환경공단법」에 따른 한국환경공단
48. 「도로교통법」 제120조에 따른 도로교통공단
49. 「지방회계법 시행령」 제62조 제3호에 해당하는 자
50. 삭제 <2013.2.15>
51. 삭제 <2014.2.21>
52. 「2018 평창 동계올림픽대회 및 장애인동계올림픽대회 지원 등에 관한 특별법」 제5조에 따른 2018 평창 동계올림픽대회 및 동계패럴림픽대회 조직위원회
53. 「포뮬러원 국제자동차경주대회 지원법」 제4조에 따른 포뮬러원국제자동차경주대회조직 위원회
54. 「2015세계물포럼 지원 특별법」 제3조에 따른 2015세계물포럼조직위원회
55. 「2015경북문경세계군인체육대회 지원법」 제3조에 따른 2015경북문경세계군인체육대회 조직위원회
56. 「수입인지에 관한 법률」 제9조 제2항에 따라 전자수입인지의 관리와 판매계약의 체결 등에 관한 업무를 위탁받은 전문기관
57. 「산업재해보상보험법」 제10조에 따른 근로복지공단
58. 「수산자원관리법」 제55조의 2에 따른 한국수산자원공단
59. 「어촌 · 어항법」 제57조에 따른 한국어촌어항공단
60. 「중소기업진흥에 관한 법률 시행령」 제71조 제1항에 따른 중소기업유통센터
61. 「해양환경관리법」 제96조에 따른 해양환경공단
62. 「교통약자의 이동편의 증진법」 제16조 제11항에 따라 같은 조 제2항에 따른 이동지원센 터 및 같은 조 제3항에 따른 광역이동지원센터의 운영을 위탁받은 기관 또는 단체

(2) 면세되는 재화 및 용역의 범위

정부업무를 대행하는 상기의 단체가 고유목적사업으로서 별표 10의 정부업무대행단체 의 면세사업을 위하여 공급하는 재화 또는 용역에 대하여 부가가치세를 면세한다. 다만, 다음 각 호의 어느 하나에 해당하는 사업을 제외한다. 특히, 제7호의 규정은 일시적으로 공급하거나 실비 또는 무상으로 공급되더라도(부가가치세법 시행령 제45조 제1호의 규정에 불구하고) 면세에서 제외된다.

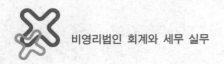
1. 소매업·음식점업·숙박업·욕탕업 및 예식장업
2. 「부가가치세법 시행령」 제3조 제2항에 규정된 사업
3. 부동산임대업
4. 골프장·스키장 및 기타 운동시설 운영업
5. 수상오락서비스업
6. 유원지·테마파크운영업
7. 주차장운영업 및 자동차견인업

[별표 10] **정부업무대행단체의 면세사업**(조세특례제한법 시행규칙 제48조 제2항 관련) (2024.3.22. 개정)

단체명	면세사업
1. 「별정우체국법」에 따른 별정우체국	「별정우체국법」에 따른 체신업무. 다만, 「부가가치세법 시행령」 제46조 제1호에 따른 용역을 제공하는 업무를 제외한다.
2. 「우체국창구업무의 위탁에 관한 법률」에 따라 우체국창구업무를 위탁받은 자	「우체국창구업무의 위탁에 관한 법률」에 따라 미래창조과학부장관으로부터 위탁받은 우체국창구업무. 다만, 「부가가치세법 시행령」 제46조 제1호에 따른 용역을 제공하는 업무를 제외한다.
3. 「한국농어촌공사 및 농지관리기금법」에 따른 한국농어촌공사	「한국농어촌공사 및 농지관리기금법」 제10조에 따른 사업. 다만, 농업기반시설의 임대사업, 지하수자원 개발사업, 저수지와 그 주변 준설사업 및 「폐기물관리법」 제30조 제1항에 따른 폐기물처리시설 검사업무, 신재생에너지사업은 제외한다.
4. <삭 제>	
5. 「농업협동조합법」에 따른 조합·조합공동사업법인 및 중앙회(같은 법에 따라 설립된 농협경제지주회사 및 그 자회사를 포함한다)	「농업협동조합법」 제57조(제1항 제2호 마목 및 자목을 제외한다)·제106조(제2호 마목을 제외한다)·제111조·제112조의 8 및 제134조(제1항 제1호카목을 제외한다)에 따른 사업. 다만, 식품가공사업(「식품위생법 시행령」에 따른 식품제조·가공업 및 식품첨가물제조업을 말한다), 인삼제조업(백삼제조업을 제외한다), 인삼·홍삼제품제조업, 사료제조사업, 사료포장재사업, 도축업(「농수산물유통 및 가격안정에 관한 법률」에 따른 수탁판매를 위한 도축업을 제외한다), 농업용자재제조업(농업용필름·골판지포장상자·폴

단체명	면세사업
	리프로필렌포대·종이포대 제조업을 말한다), 도매업(농산물수탁판매업 및 그 부수업무를 제외한다) 및 상품권 발행사업, 보관사업(「농업·농촌 및 식품산업 기본법」에 따른 농업인과 「농업협동조합법」에 따른 조합·중앙회·조합원·준조합원에게 제공하는 보관사업, 「농수산물유통 및 가격안정에 관한 법률」 제13조 제4항에 따라 농림축산식품부장관의 위탁을 받아 수행하는 농수산물비축사업 및 같은 법 제2조 제9호에 따른 중도매인에게 제공하는 보관사업은 제외한다), 보호예수 업무와 「부가가치세법 시행령」 제40조 제4항 제1호부터 제5호까지에 따른 용역을 제공하는 사업은 제외한다.
6. 「수산업협동조합법」에 따른 수산업협동조합·중앙회, 조합공동사업법인 및 어촌계	「수산업협동조합법」 제60조(제1항 제1호 자목을 제외한다)·제107조(제1항 제1호 자목을 제외한다)·제112조·제113조의 8·제138조 및 같은 법 시행령 제7조에 따른 사업. 다만, 보관사업(「수산업협동조합법」에 따른 어업인·조합·조합공동사업법인·중앙회·조합원·준조합원에게 제공하는 보관사업, 「농수산물유통 및 가격안정에 관한 법률」 제13조 제4항에 따라 해양수산부장관의 위탁을 받아 수행하는 농수산물비축사업 및 같은 법 제2조 제9호에 따른 중도매인에게 제공하는 보관사업은 제외한다), 보호예수 업무와 「부가가치세법 시행령」 제40조 제4항 제1호부터 제5호까지의 규정에 따른 용역을 제공하는 사업은 제외한다.
7. 「엽연초생산협동조합법」에 의한 엽연초생산협동조합 및 중앙회	「엽연초생산협동조합법」 제14조 및 제32조에 규정된 사업
8. <삭 제>	
9. 「인삼산업법」에 의한 백삼 및 태극삼의 지정검사기관	「인삼산업법」에 의한 백삼 및 태극삼의 검사업무 및 그 부대사업
10. 「한국토지주택공사법」에 따른 한국토지주택공사	「한국토지주택공사법」 제8조 제1항 제2호 라목에 따른 매립사업 중 국가 또는 지방자치단체에 공급하는 매립사업

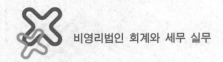

단체명	면세사업
11. 「한국도로공사법」에 의한 한국도로공사	「한국도로공사법」 제12조 제1호부터 제13호까지에 따른 사업. 다만, 국가나 지방자치단체 외의 자와 위수탁계약을 맺어 수탁받은 사업은 제외한다.
12. 「한국산업인력공단법」에 의한 한국산업인력공단	「한국산업인력공단법」 제6조에 규정된 사업
13. 삭　제 <2010.4.20>	
14. 「한국조폐공사법」에 따른 한국조폐공사	「한국조폐공사법」 제11조에 규정된 사업. 다만, 특수압인물(메달류·유통주화세트 및 게임용코인에 한한다)의 제조·판매업과 그 밖의 부대업무를 제외한다.
15. 「산림조합법」에 따른 조합·중앙회 및 산림계	「산림조합법」 제46조(제1항 제2호 마목을 제외한다) 및 제108조에 따른 사업과 산림계가 영위하는 사업. 다만 인삼제조업(백삼제조업을 제외한다) 및 인삼·홍삼제품제조업, 산림도로시공업, 휴양림조성업, 삼림욕장·수목원의 조성·관리사업, 보관사업(「산림조합법」에 따른 임업인·조합·중앙회·조합원·준조합원에게　제공하는 보관사업은 제외한다), 법 제106조 제1항 제12호에 해당하지 아니하는 목재펠릿을 공급하는 사업, 보호예수 업무와 「부가가치세법 시행령」 제40조 제4항 제1호부터 제5호까지의 규정에 따른 용역을 제공하는 사업은 제외한다.
16. 내지 18. <삭　제>	
19. 삭　제 <2010.4.20>	
20. 「농수산물유통 및 가격안정에 관한 법률」에 의하여 농수산물도매시장의 개설자로부터 지정을 받은 도매시장법인 또는 시장도매인, 비상장품목 취급 중도매인 및 대금정산조직	「농수산물유통 및 가격안정에 관한 법률」에 따른 수탁판매업 및 그 부수업무(중개업무를 제외한다), 대금정산조직의 출하·판매대금 정산 용역
21. 「지방공기업법」에 의하여 농수산물도매시장사업을 수행하기 위하여 지방자치단체가 설립한 지방공사 및 지방공단	「지방공기업법」에 의한 도매시장관리사업 및 그 부대사업(「지방공기업법」 제78조 및 제78조의 2 규정에 따른 안전행정부장관의 경영개선명령에 따라 지방공단이 지방공사로 합병되어 지방공단 업무가 지방공사로 이전 되는 경우 기존 지방공단의 면세사업 포함)

단체명	면세사업
22. 「지방공기업법」 제76조의 규정에 의하여 설립된 지방공단	「지방공기업법」 제71조 제1항 및 제76조 제2항의 규정에 의하여 국가 또는 지방자치단체의 사업을 대행하는 경우 그 사업
22의 2. 다음 각 목의 요건을 모두 갖춘 「지방공기업법」 제49조에 따라 설립된 지방공사 가. 시·군 또는 자치구인 지방자치단체가 설립하였을 것 나. 제21호에 따른 지방공사를 제외할 경우 해당 지방자치단체가 설립한 유일한 지방공사일 것 다. 해당 지방자치단체에 제22호에 따른 지방공단이 없을 것	「지방공기업법」 제71조 제1항 및 제76조 제2항의 규정에 의하여 국가 또는 지방자치단체의 사업을 대행하는 경우 그 사업
23. 「농수산물유통공사법」에 따른 농수산물유통공사	「농수산물유통 및 가격안정에 관한 법률」에 따라 농림축산식품부장관의 위탁을 받아 수행하는 농수산물비축사업·유통조성사업 및 화훼류 수탁판매사업
24. 「선박안전법」에 따른 선박안전기술공단	「선박안전법」 제46조 제5호의 2에 규정된 「해운업법」에 따른 여객선의 안전운항관리업무
25. 삭 제 <2010.4.20>	
26. 삭 제 <2010.4.20>	
27. 「전파법」에 따른 한국방송통신전파진흥원	「방송법 시행령」 제68조 제2항, 「전파법 시행령」 제123조 제3항 및 「국가기술자격법 시행령」 제29조 제3항에 따라 정부로부터 위탁을 받아 수행하는 업무
28. 「한국산업안전공단법」에 의한 한국산업안전공단	「산업안전보건법 시행령」 제47조의 규정에 의하여 정부로부터 위탁을 받아 수행하는 업무
29. 내지 31. <삭 제>	
32. 「집행관법」에 의하여 집행관 사무를 수행하는 자	「집행관법」 제2조의 규정에 의한 사무
33. 「공증인법」에 의하여 공증인의 사무를 수행하는 자	「공증인법」 제2조의 규정에 의한 공증인의 사무(「변호사법」 제49조 및 같은 법 제58조의 30에 따라 법무법인 등이 행하는 「공증인법」에 의한 공증인의 사무에 속하는 업무를 포함한다)
34. <삭 제>	

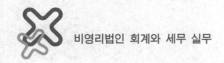

단체명	면세사업
35. 삭 제 <2009.4.7>	
36. 「상공회의소법」에 따른 대한상공회의소, 「한국원자력안전기술원법」에 따른 한국원자력안전기술원, 「영화 및 비디오물의 진흥에 관한 법률」에 따른 영화진흥위원회, 「문화산업진흥 기본법」에 따른 한국콘텐츠진흥원 및 「광산피해의 방지 및 복구에 관한 법률」에 따른 한국광해관리공단	「국가기술자격법 시행령」 제29조 제3항에 따라 정부로부터 위탁을 받아 수행하는 업무
37. 「한국수자원공사법」에 의한 한국수자원공사	「한국수자원공사법」 제9조 제1항 제7호에 따라 공유수면의 매립용역을 국가 또는 지방자치단체에 공급하는 사업과 같은 법 제9조 제1항 제12호 및 「수도법」 제23조 제1항에 따라 국가 또는 지방자치단체의 위탁을 받아 수행하는 노후 지방상수도의 개량·관리·정비사업 및 「수도법 시행령」 제67조 제5항에 따라 국가의 위탁을 받아 수행하는 사업
38. 삭 제 <2010.4.20>	
39. 「항만공사법」 제4조 제2항의 규정에 의하여 설립된 항만공사	「항만공사법 시행령」 제13조 제1항 제1호 나목에 의한 화물료 징수업무
40. 「사회기반시설에 대한 민간투자법」 제2조 제10호의 규정에 의한 공공부문 중 도로의 건설이나 운영에 전문성을 보유한 법인과 장기적 투자자금을 제공하는 재무적 투자자가 각각 100분의 40 이상을 공동으로 출자하여 설립된 동법 제2조 제7호의 규정에 의한 사업시행자	「사회기반시설에 대한 민간투자법」 제2조 제1호 가목의 규정에 의한 도로 및 도로부속물의 운영 및 유지관리사업
41. 「중소기업협동조합법」에 따른 중소기업중앙회	「외국인근로자의 고용 등에 관한 법률 시행령」 제31조 제3항에 따라 정부로부터 위탁받아 수행하는 업무 및 「중소기업제품 구매촉진 및 판로지원에 관한 법률 시행령」 제27조 제1항 제2호에 따라 정부로부터 위탁받아 수행하는 업무
42. 삭 제 <2012.2.28>	
43. 「국세징수법」 제12조 제1항 제3호 각 목 외의 부분에 따른 국세납부대행기관	「국세징수법 시행령」 제9조 제5항에 따른 국세납부대행사업

단체명	면세사업
44. 「국제경기대회 지원법」에 따라 설립된 조직위원회로서 기획재정부장관이 효율적인 준비와 운영을 위하여 필요하다고 인정하여 고시하는 조직위원회	각 조직위원회의 목적을 달성하기 위한 사업
45. 삭　제 <2012.2.28.>	
46. 「건설산업기본법」 제50조에 따라 설립된 건설업자단체인 대한건설협회	「외국인근로자의 고용 등에 관한 법률 시행령」 제31조 제3항에 따라 정부로부터 위탁받아 수행하는 업무
47. 「한국환경공단법」에 따른 한국환경공단	「한국환경공단법」 제17조에 따른 사업 중 국가 또는 지방자치단체의 업무를 대행하거나 그 위탁을 받아 수행하는 사업. 다만, 시험·분석·검사·진단사업, 폐비닐처리사업, 압수폐기물 자원화사업 및 슬레이트 처리사업은 제외한다.
48. 「도로교통법」 제120조에 따른 도로교통공단	「도로교통법」 제123조 제11호·제12호 및 제147조 제5항·제6항에 따른 사업
49. 「지방재정법 시행령」 제103조의 2 제3호에 해당하는 자	「지방재정법 시행령」 제103조의 2에 따라 수행하는 세입금통합수납처리시스템의 구축·운영사업
50. 삭　제 <2013.2.23>	
51. 삭　제 <2014.3.14>	
52. 「2018 평창 동계올림픽대회 및 장애인동계올림픽대회 지원 등에 관한 특별법」 제5조에 따른 2018 평창 동계올림픽대회 및 장애인동계올림픽대회 조직위원회	2018 평창 동계올림픽대회 및 장애인동계올림픽대회 조직위원회의 목적을 달성하기 위한 사업
53. 「포뮬러원 국제자동차경주대회 지원법」 제4조에 따른 포뮬러원국제자동차경주대회조직위원회	포뮬러원국제자동차경주대회조직위원회의 목적을 달성하기 위한 사업
54. 「2015세계물포럼 지원 특별법」 제3조에 따른 2015세계물포럼조직위원회	2015세계물포럼조직위원회의 목적을 달성하기 위한 사업
55. 「2015경북문경세계군인체육대회 지원법」 제3조에 따른 2015경북문경세계군인체육대회 조직위원회	2015경북문경세계군인체육대회조직위원회의 목적을 달성하기 위한 사업
56. 「수입인지에 관한 법률」 제9조 제2항에 따라 전자수입인지의 관리와 판매계약의 체결 등에 관한 업무를 위탁받은 전문기관	「수입인지에 관한 법률」 제9조 제2항에 따라 기획재정부장관으로부터 위탁받은 전자수입인지의 관리와 판매계약의 체결 등에 관한 업무

단체명	면세사업
57. 「산업재해보상보험법」 제10조에 따른 근로복지공단	「고용정책 기본법」 제29조 및 같은 법 시행규칙 제3조의 2에 따른 일자리안정자금 사업 중 고용노동부장관으로부터 위탁받아 수행하는 일자리안정자금 사업
58. 「수산자원관리법」 제55조의 2에 따른 한국수산자원공단	「수산자원관리법」 제55조의 2 제3항에 따른 사업 중 국가 또는 지방자치단체의 업무를 대행하거나 그 위탁을 받아 수행하는 사업. 다만, 「수산업법」 제45조 제3항에 따른 연구어업 및 교습어업은 제외한다.
59. 「어촌·어항법」 제57조에 따른 한국어촌어항공단	「어촌·어항법」 제58조 제1항에 따른 사업 중 국가 또는 지방자치단체의 업무를 대행하거나 그 위탁을 받아 수행하는 사업. 다만, 어항구역의 준설사업, 「수산업법」 제45조 제3항에 따른 연구어업 및 교습어업은 제외한다.
60. 「중소기업진흥에 관한 법률 시행령」 제71조 제1항에 따른 중소기업유통센터	「중소기업제품 구매촉진 및 판로지원에 관한 법률 시행령」 제27조 제1항 제2호에 따라 정부로부터 위탁받아 수행하는 업무
61. 「해양환경관리법」 제96조에 따른 해양환경공단	「해양환경관리법」 제97조 제1항 각 호의 사업 중 국가 또는 지방자치단체의 업무를 대행하거나 그 위탁을 받아 수행하는 사업. 다만, 오염물질 수거·처리사업, 성능시험 및 폐기물 측정 업무, 해양오염영향조사 및 해역이용영향평가서 작성 대행 업무는 제외한다.
62. 「교통약자의 이동편의 증진법」 제16조 제11항에 따라 같은 조 제2항에 따른 이동지원센터 및 같은 조 제3항에 따른 광역이동지원센터의 운영을 위탁받은 기관 또는 단체	「교통약자의 이동편의 증진법」 제16조 제2항에 따른 이동지원센터 및 같은 조 제3항에 따른 광역이동지원센터의 운영 업무

사전 - 2023 - 법규부가 - 0806, 2023.11.30.

서울지하철 7호선 연장구간 중 특정구간을 관할하는 지방자치단체(이하 "위탁기관")가 「지방공기업법」 제49조에 따라 설립된 지방공사(이하 "공사")들과 서울지하철 7호선 연장구간 중 특정구간에 대한 열차의 운행관리, 차량의 정비 및 기타 제반 업무(이하 "쟁점업무①") 및 여객운송·운임의 징수관리, 도시철도시설의 유지보수·관리, 부대사업 및 기타 제반 업무(이하 "쟁점업무②", 쟁점업무①,②를 합쳐 "쟁점업무"라 칭함)를 각각 위탁 운영하는 협약을 체결하고, 공사가 자기 책임과 계산으로 쟁점업무 용역을 위탁기관에 제공하는 경우 「부가가치세법」 제11조에 따른 용역의 공급에 해당하는 것으로서 공사가 쟁점업무 용역을 제공하고 받는 보조금은 용역의 공급과 직접 관련되는 대가로 「부가가치세법」 제29조에 따라 부가가치세 공급가액에 포함하는 것이며, 해당 공사가 「지방공기업법」 제71조에 따라 위탁기관으로부터 정산하여 지급받는 대행사업비는 용역의 공급대가에 해당하므로 대행사업비 전액을 부가가치세 공급가액에 포함하는 것임.

서면 - 2020 - 법령해석부가 - 3811, 2020.11.2.

농협경제지주회사의 자회사가 그 고유의 목적사업으로서 「농업협동조합법」 제161조의4 제1항 및 같은 법 시행령 제45조의4에 따라 유통사업 관련 전산용역을 같은 법 제115조의 회원에게 공급하는 경우 「조세특례제한법」 제106조 제1항 제6호, 같은 법 시행령 제106조 제7항 제5호 및 같은 법 시행규칙 별표10 제5호에 따라 부가가치세가 면제되는 것임.

서면 - 2019 - 법령해석부가 - 3532, 2020.10.27.

「조세특례제한법」 제106조 및 같은 법 시행령 제106조 제7항 제22호의 2에 따른 지방공사가 그 고유의 목적사업으로서 「하수도법」 제19조의 2 및 「하수도법 시행령」 제15조의 3에 따라 지방자치단체로부터 공공하수도 관리대행 사업을 위탁받아 용역을 제공하는 경우, 해당 용역의 제공은 「조세특례제한법」 제106조 제1항 제6호에 따라 부가가치세가 면제되는 것임.

사전 - 2019 - 법령해석부가 - 0716, 2019.12.24.

한국조폐공사가 행정안전부로부터 지방자치단체 상품권의 구매·유통경로 등을 실시간 확인하여 부정유통을 사전에 차단할 수 있는 지역사랑상품권 통합관리시스템 업무를 위탁받아 해당 시스템을 구축하고 그 대가로 시스템사용수수료 등을 지방자치단체로부터 받는 경우 지역사랑상품권 통합관리시스템 업무는 「한국조폐공사법」 제11조에 규정한 해당 공사의 고유업무에 해당하는 것으로서 「조세특례제한법」 제106조 제1항 제6호 및 같은 법 시행령 제106조 제7항 제14호에 따라 부가가치세가 면제되는 것임.

사전 - 2017 - 법령해석부가 - 0421, 2017.6.27.
농협경제지주(주)가 그 고유의 목적사업으로서 수행하는 용역 등이 「농업협동조합법」 제134조에 규정된 사업(제1항 제1호 카목 제외)을 위하여 공급하는 재화 또는 용역에 해당하는 경우에는 부가가치세가 면제되는 것임.

부가 - 1569, 2010.11.30.
「산림조합법」에 의한 산림조합중앙회가 「여신전문금융업법」상의 신용카드업자와 업무제휴계약을 체결하여 신용카드 회원모집 용역을 제공하고 그 대가로 대행수수료를 받는 경우, 동 대행업무는 「조세특례제한법」 제106조 제1항 제6호 및 같은 법 시행령 제106조 제7항에 따라 부가가치세가 면제되는 것임.

부가 - 1522, 2009.10.19.
「조세특례제한법」 제106조 제1항 제6호의 규정에 따라 정부업무를 대행하는 환경시설공단이 앞으로 관리하게 될 환경기초시설에 대한 시운전용역을 일시적 또는 우발적으로 공급하는 경우에는 「부가가치세법」 제1조 제4항 및 같은 법 시행령 제3조 제3호의 규정에 따라 부가가치세가 면제되는 것임. 다만, 일시적 또는 우발적인지 여부는 사실판단할 사항임.

서면3팀 - 3235, 2007.11.30.
「조세특례제한법 시행령」 제106조 제7항 제22호 및 「조세특례제한법 시행규칙」 별표 10 (정부업무대행단체의 면세사업) 제22호의 규정에 의하여, 「지방공기업법」 제76조의 규정에 의하여 설립된 지방공단이 「지방공기업법」 제71조 제1항 및 제76조 제2항의 규정에 의하여 국가 또는 지방자치단체의 사업을 대행하는 경우에는 부가가치세가 면제되는 것임.

재부가 - 422, 2007.6.1.
「농업협동조합법」에 의한 지역농협이 차도선형여객선으로 차량이나 화물을 운송하는 용역을 조합원에게 공급하고 그 대가를 받는 경우 「조세특례제한법」 제106조 제1항 제6호의 규정에 의하여 부가가치세를 면제하는 것이나, 비조합원의 경우에는 동 규정을 적용하지 아니하는 것임.

서면3팀 - 288, 2007.1.26., 서면3팀 - 1067, 2006.6.9.
「지방공기업법」 제76조 규정에 의하여 설립된 지방공단이 국가 또는 지방자치단체로부터 그 시설의 관리 및 운영에 관하여 위탁을 받아 국가 또는 지방자치단체의 명의와 계산으로 사업을 하는 경우 그 사업은 국가 또는 지방자치단체가 공급하는 것에 해당하여 「부가가치세법」 제12조 제1항 제17호 및 동법 시행령 제38조의 규정이 적용되는 것이며, 「조세특례제한법 시행령」 제106조 제7항 제22호 및 동법 시행규칙 별표 10(정부업무대행단체의 면세사업) 제22호의 규정에 의한 부가가치세 면제는 「지방공기업법」 제76조의 규정에 의하여 설립된 지방공단이 동법 제71조 제1항 및 제76조 제2항의 규정에 의하여 국가 또는 지방자치단체의 사업을 대행하는 경우에 한하는 것임.

서면3팀 - 628, 2007.2.23., 서면3팀 - 448, 2005.3.31.

「지방공기업법」 제76조의 규정에 의하여 설립된 지방공단이 지방자치단체로부터 거주자우선주차와 공영주차장사업의 운영·관리를 위탁받아 당해 지방공단이 자기의 명의와 계산으로 당해 사업을 영위하면서 그 수입금액을 자기의 수입금액으로 계상하는 경우 당해 거주자우선주차와 공영주차장사업은 지방자치단체가 공급하는 용역에 해당하지 아니하는 것이나, 당해 지방공단은 단순히 주차요금의 징수업무를 대행하고 거주자우선주차와 공영주차장사업은 지방자치단체의 명의와 계산으로 하는 경우 당해 거주자우선주차와 공영주차장사업은 지방자치단체가 공급하는 용역에 해당하여 「부가가치세법」 제12조 제1항 제17호의 규정에 의하여 부가가치세를 면제하는 것이며, 이 경우 지방공단이 공급하는 대행용역은 「조세특례제한법」 제106조 제1항 제6호의 규정에 의하여 부가가치를 면제하는 것임.

서면3팀 - 1388, 2005.8.26.

1. 「지방공기업법」에 의하여 농수산물 도매시장사업을 수행하기 위하여 지방자치단체가 설립한 지방공사가 「지방공기업법」에 의한 도매시장 관리사업 및 그 부대사업은 「조세특례제한법」 제106조 제1항 제6호 및 동법 시행령 제106조 제7항 제21호, 동법 시행규칙 제48조 제1항 별표 10의 제21호 규정에 의하여 부가가치세가 면제되는 것이나,
2. 수산업협동조합중앙회가 소유하고 있는 수산물 도매시장의 전체 시설물을 자회사인 ○○○수산(주)에 일괄제공하는 경우에는 「조세특례제한법 시행령」 제106조 제8항 단서 및 동법 시행규칙 제48조 제1항 별표 10의 제6호 단서규정에 의하여 면세하는 사업범위에 포함하지 아니하는 것임.

재소비 - 1488, 2004.12.31.

「조세특례제한법 시행령」 제106조 제7항 제22호 및 동법 시행규칙 별표 10(정부업무대행단체의 면세사업) 제22호의 규정에 의한 부가가치세 면제는 「지방공기업법」 제76조의 규정에 의하여 설립된 지방공단이 동법 제71조 제1항 및 제76조 제2항의 규정에 의하여 국가 또는 지방자치단체의 사업을 대행하는 경우에 한하는 것이며, 지방공단이 주차장

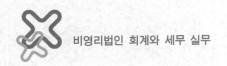
운영에 따른 수입금액을 동 공단의 수입금액으로 계상하고 매월 임차료 성격의 도로점용료 상당액을 국가 또는 지방자치단체에 지급하는 경우에는 동 사업은 부가가치세가 면제되는 정부업무대행사업에 해당하지 아니하는 것임.

서삼 46015 - 10627, 2003.4.15.
정부업무대행단체인 공무원연금관리공단이 신용카드회사와 신용카드 발급에 관한 약정을 체결하여 공무원 및 연금수급권자를 대상으로 제휴카드를 발급받을 수 있도록 신청자를 유치하여 주고 그 대가로 유치수당 및 일정액의 수수료 받는 경우, 동 업무는 「공무원연금법」 제16조 및 동법 시행령 제74조에 규정된 동 공단의 사업(고유업무)에 해당하는 것이므로 「조세특례제한법」 제106조 제1항 제6호 및 동법 시행령 제106조 제6항, 제7항의 규정에 의하여 부가가치세가 면제되는 것임.

서삼 46015 - 10120, 2003.1.22.
사업자가 지방자치단체로부터 공영주차장에 대한 포괄적인 관리를 위탁받아 자기계산과 책임하에 받는 주차료는 부가가치세가 과세됨.

부가 46015 - 1524, 2000.6.30.
「민법」 제32조의 규정에 의하여 설립된 재단법인이 주유소의 토양오염도 검사용역을 공급하고 그 대가를 받는 경우에는 「조세특례제한법 시행규칙」 제48조 제1항에서 규정하는 별표 10의 정부업무대행 단체의 면세사업에 해당하지 아니하는 것으로서 「부가가치세법」 제7조 제1항의 규정에 의하여 부가가치세가 과세되는 것임.

6-3. 학교시설을 이용하여 제공하는 재화 또는 용역

교육부장관 또는 교육부장관이 지정하는 자의 추천을 받은 자가 「사회기반시설에 대한 민간투자법」 제4조 제1호의 방식을 준용하여 건설한 학교시설(「고등교육법」 제2조의 규정에 의한 학교시설로서 「대학설립·운영규정」 제4조 제1항에 따른 별표 2 교사시설 중 교육기본시설, 지원시설, 연구시설을 말한다)에 대하여 학교가 제공하는 시설관리운영권 및 그 추천을 받은 자(이하 '사업자'라 함)가 그 학교시설을 이용하여 제공하는 용역에 대하여는 2014년 12월 31일까지 실시협약이 체결된 분에 한하여 부가가치세를 면세한다(조세특례제한법 제106조 제1항 제8호).

이는 사립대 학교시설 민자사업을 지원하고 기숙사생 비용 경감을 위해 공익적 성격이 높은 민간투자사업에 대하여 한시적으로 부가가치세를 면제하도록 2005년 12월 31일 법 개정시 신설되었다.

 | 중요 예규 및 판례 |

서면3팀 - 2413, 2007.8.29., 서면3팀 - 1440, 2006.7.13.
교육인적자원부장관의 추천을 받은 사업자가 「사회기반시설에 대한 민간투자법」 제4조 제1호의 방식을 준용하여 국내 소재 대학교의 기숙사를 건축하여 그 소유권을 당해 대학교에 귀속시키고 그 대가로 일정기간 동안 당해 건물에 대한 시설관리운영권을 취득하는 경우 당해 건물의 소유권 이전(재화공급)과 당해 학교시설(기숙사)을 이용하여 제공하는 용역에 대하여는 「조세특례제한법」 제106조 제1항 제8호의 규정에 의하여 부가가치세가 면제되는 것임.
또한, 당해 건물신축에 관련된 매입세액은 「부가가치세법」 제17조 제2항 제4호의 규정에 의하여 공제되지 아니하는 것임.
다만, 이 경우 「조세특례제한법」 제106조 제1항 제8호의 개정규정에 의하여 부가가치세 면제사업자로 전환되거나 면세사업이 추가되는 사업자가 당해 개정규정의 시행일(2006. 1.1.) 전에 취득한 재화를 부가가치세가 면제되는 당해 사업을 위하여 직접 사용하는 경우에는 같은 법 부칙 제46조의 규정에 의하여 「부가가치세법」 제6조 제2항 및 제17조 제5항의 규정을 적용하지 아니하는 것임.

재부가 - 401, 2007.5.23.
민간사업시행자가 학교법인의 명의로 건물 준공 및 기부채납(현금투자 포함) 후 학교법인으로부터 일정기간 관리운영권을 부여받는 방식은 「조세특례제한법」 제106조 제1항 제8호에서 규정하는 「사회기반시설에 대한 민간투자법」 제4조 제1호에 의한 민간투자 방식사업에 해당되며, 학교법인이 민간사업시행자가 기부채납(현금투자 포함)하는 대가로 사업시행자에게 관리운영권을 부여하는 임대용역(간주임대료)의 경우 부가가치세가 면제되는 것임.

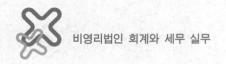
7 부수되는 재화와 용역공급

「부가가치세법」제26조 제1항에 따라 면세되는 재화 또는 용역의 공급에 필수적으로 부수되는 재화 또는 용역의 공급은 면세되는 재화 또는 용역의 공급에 포함되는 것으로 본다(부가가치세법 제26조 제2항).

영리 아닌 사업을 목적으로 하는 법인 기타 단체가 발행하는 기관지 또는 이와 유사한 출판물(불특정인에게 판매를 목적으로 하지 아니하고 그 단체의 목적이나 정신을 널리 알리기 위하여 발행하는 것으로서 그 기관의 명칭이나 별칭이 당해 출판물의 명칭에 포함되어 있는 것에 한한다)과 관련되는 용역은 부수재화 또는 용역으로 보아 면세되는 것으로 본다(부가가치세법 시행령 제48조, 동법 시행규칙 제36조).

 │ 중요 예규 및 판례 │

대법원 - 2019 - 두 - 50311, 2022.4.14.
병원의 주차용역은 의료용역의 공급에 통상적으로 부수되어 공급되거나 우연히 또는 일시적으로 공급되는 면세용역이라고 볼 수 없음.

서면 - 2021 - 법령해석부가 - 4326, 2021.9.28.
〔질 의〕
〔사실관계〕
• 비영리단체가 단체에 소속된 회원들을 대상으로 지면과 인터넷을 통해 기관지를 발행하여 무상 배포하고 있으며 해당 기관지에 광고를 게재하고 대가를 수취함.
〔질의내용〕
• 비영리단체가 무상으로 발행하는 인터넷 기관지에 광고를 게재하고 대가를 받는 경우 부가가치세 면제 여부

〔회 신〕
비영리단체가 인터넷을 통해 회원들에게 무상으로 발행하는 기관지(그 기관의 명칭·별칭이 해당 기관지의 명칭에 포함된 경우에 한정)가 「부가가치세법 시행령」제38조 제1항 및 같은 법 시행규칙 제26조에 따른 전자출판물에 해당하는 경우 그 기관지와 관련되는 용역의 공급은 같은 법 시행령 제48조에 따라 면세되는 것임.

서울고법 2019누31541, 2019.7.17.
병원의 주차용역은 의료용역의 공급에 통상적으로 부수되어 공급되거나 우연히 또는 일시적으로 공급되는 면세용역이라고 볼 수 없음.

사전 – 2018 – 법령해석부가 – 0240, 2018.4.17.
의료법인이 부가가치세가 면제되는 의료사업에 사용할 병원건축물을 준공하기 이전에 정비사업시행자에게 「공사중단 장기방치 건축물의 정비 등에 관한 특별조치법」 제11조에 따른 개별합의에 의하여 해당 미완성 병원건축물을 양도하는 경우 「부가가치세법」 제14조 제2항 제1호에 따라 부가가치세가 면제되는 것임.

서면 – 2016 – 부가 – 3080, 2016.4.17.
비영리 단체가 발행하는 기관지 또는 이와 유사한 출판물로서 판매를 목적으로 하지 않고 그 기관의 명칭이 해당 출판물의 명칭에 포함되어 있는 기관지 또는 이와 유사한 출판물의 광고용역은 「부가가치세법 시행령」 제48조에 따라 면세되는 용역의 공급에 필수적으로 부수되는 용역으로 보아 부가가치세가 면세되는 것이며, 해당 비영리 단체가 학회 및 학술 회의시 개최경비조달을 위해 광고 및 장소대여용역 등을 제공하고 대가를 받는 경우 같은 법 제11조에 따라 부가가치세가 과세되는 것임.

심사법인 2011 – 12, 2011.6.22.
〔제목〕
장의업자가 제공하는 장의용역에 필수적으로 부수되는 장의용품은 부수재화로 면세대상이나, 장의용품을 구매조건으로 장례서비스를 부여하고 그 제공대가로 수취한 것은 별도의 재화공급으로 보아 부가가치세를 과세한 것은 정당함.
〔판단〕
장의업자가 제공하는 장의용역은 「부가가치세법」 제12조 제1항 제5호 및 같은 법 시행령 제29조 제6호의 규정에 의해 부가가치세를 면제하는 것이고, 동 장의용역의 제공에 필수적으로 부수되는 장의용품을 함께 공급하는 경우 그 용품의 공급도 같은 법 제12조 제3항의 규정에 의해 부가가치세를 면제하는 것이나 장의업자가 장의용역의 제공에 필수적으로 부수되지 아니하는 장의용품을 공급하는 경우 또는 장의용품만을 별도로 공급하는 때에는 그러하지 아니함.

부가 – 370, 2010.3.26.
□□혁신촉진법에 의한 ○○진흥원이 그 고유의 사업목적을 위하여 사용하던 건물을 양도하는 경우에는 「부가가치세법」 제1조 제4항, 제12조 제3항, 같은 법 시행령 제3조 제3호의 규정에 의하여 부가가치세가 면제되는 것이나, 고유목적사업과 과세사업에 공통으

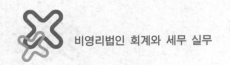

로 사용되는 건물을 양도하는 경우에는 「부가가치세법 시행령」 제48조의 2 규정에 따라 과세표준을 안분하여 부가가치세가 과세되는 것임.

서면3팀 – 391, 2008.2.22., 부가 46015 – 3514, 2000.10.18.
사업자가 도서에 부수하여 그 도서의 내용을 담은 음반·녹음테이프 또는 비디오테이프를 첨부하여 통상 하나의 공급단위로 공급하는 경우에는 「부가가치세법」 제12조 제1항 제7호 및 동법 시행령 제32조 제1항에 규정하는 도서의 범위에 포함되어 부가가치세가 면제되는 것이나, 귀 질의의 경우 캡션기(자막기), 보이스폰(무선헤드폰), 리핏맨(반복어학기)을 포함하여 공급하는 경우 당해 재화는 「부가가치세법」 제1조 제4항 및 동법 시행령 제3조에 규정하는 부수재화에 해당하지 아니하므로 부가가치세가 과세되는 것임.

서면3팀 – 1123, 2007.4.13., 부가 46015 – 1569, 1999.6.4.
수입콩(대두)을 공급하는 협동조합이 자기 조합원을 위하여 수입콩(대두)을 구입하여 주면서 그 구입용역의 제공대가를 조합운영비 명목으로 받는 경우에는 부가가치세가 과세되는 것임.

서면3팀 – 780, 2007.3.14.
정부의 허가 또는 인가를 받아 교육용역을 공급하는 학교교과교습학원이 당해 학원생에게 교육용역에 필수적으로 부수되는 숙박·음식용역을 공급하는 경우 당해 용역은 「부가가치세법」 제12조 제3항의 규정에 의하여 부가가치세가 면제되는 것이나, 당해 용역이 필수적으로 부수되는지 여부는 교과과정, 용역의 제공형태 등 관련 내용을 구체적으로 검토하여 사실판단할 사항임.

서면3팀 – 2199, 2006.9.20.

〔 질 의 〕
재단법인 천주교 부산교구 유지재단이 부산 ○○병원 신축공사에 따른 건설용역을 공급받고 그 대가의 일부를 기존에 병원으로 사용하던 토지와 건물로 대물변제하는 경우 부가가치세 면세 여부에 대하여 질의함.

〔 회 신 〕
부가가치세 면세사업자가 면세사업에 사용하던 사업용 고정자산을 양도하는 경우에는 「부가가치세법」 제12조 제3항의 규정에 의하여 부가가치세가 면제되는 것임.

서면3팀 – 1744, 2006.8.9.
면세사업자가 면세사업에 사용하던 자산을 매각할 경우에는 면세사업과 관련하여 부수되는 재화의 공급으로 「부가가치세법」 제12조 제3항의 규정에 의하여 부가가치세가 면제되는 것이며, 이 경우 대금청구는 계산서를 발행하여야 하는 것임.

서면3팀 - 895, 2006.5.17.

[질의]

「사립학교법」에 의한 대학이 학교 학생들을 위하여 토익강좌를 개설하여 외부업체가 들어와 당해 학교의 강의실을 빌려 강의를 하고 학교에서 강의실 사용료를 지급받는 경우 및 학교의 강당이나 체육관을 부정기적으로 외부 행사용으로 대여하고 대여료를 지급받는 경우 주된 용역에 부수되는 용역으로 보아 부가가치세가 면제되는지 여부에 대하여 질의함.

[회신]

「사립학교법」에 의한 사립학교가 강의실 등을 대여하고 그 사용료를 받는 경우 부가가치세가 면제되는 교육용역에 필수적으로 부수되어 일시적으로 공급되는 경우에는 「부가가치세법」 제12조 제3항의 규정에 의하여 부가가치세가 면제되는 용역의 공급에 포함하는 것이나, 부가가치세가 면제되는 교육용역에 필수적으로 부수되어 공급되는 용역이 아닌 경우에는 동법 제7조 제1항의 규정에 의하여 부가가치세가 과세되는 것으로서 귀 질의의 경우가 부가가치세가 면제되는 교육용역에 필수적으로 부수되어 공급하는지 여부는 거래사실 내용에 따라 판단하여야 할 사항임.

서면3팀 - 661, 2006.4.5.

비영리법인이 발행하는 기관지 또는 이와 유사한 출판물로서 판매를 목적으로 하지 않고 그 기관의 명칭이 당해 출판물의 명칭에 포함되어 있는 기관지 또는 이와 유사한 출판물의 광고용역은 「부가가치세법 시행령」 제46조의 2 및 동법 시행규칙 제13조의 2 규정에 의하여 면세되는 용역의 공급에 필수적으로 부수되는 용역으로 보아 부가가치세가 면세되는 것임.

다만, 인터넷 홈페이지를 운영하는 사업자가 동 인터넷 홈페이지에 광고 또는 모집공고 등을 게재해 주고 광고료 등 그 대가를 받는 경우에는 「부가가치세법」 제7조의 규정에 의하여 부가가치세가 과세되는 것임. 이와 관련된 귀 질의의 경우 질의회신사례(부가 46015 - 3672, 2000.11.1.)를 참고하기 바람.

서면3팀 - 1340, 2005.8.22.

교육용역을 제공하는 사업자가 수강생들을 대상으로 영어교육연수를 실시함에 있어 부가가치세가 면제되는 교육용역의 제공에 필수적으로 부수되는 연수비용은 「부가가치세법」 제12조 제3항의 규정에 의하여 부가가치세가 면제되는 용역의 공급에 포함하는 것이나, 당해 교육용역 제공과는 관계없이 단순히 관광 및 음식·숙박용역 등만을 제공하고 그 대가를 받는 경우에는 「부가가치세법」 제7조 제1항의 규정에 의하여 부가가치세가 과세되는 것으로 귀 질의의 연수비용 항목이 부가가치세가 면제되는 교육용역에 필수적으로 부수되는 용역의 공급에 해당하는지 여부는 각 항목별로 그 사용내역을 객관적으로 확인하여 판단할 사항임.

서면3팀 - 2410, 2004.11.29.

비영리법인 기타 단체가 출판업에 대한 사업자등록을 하고 공급하는 판매목적 회지의 광고용역은 부가가치세 면제를 적용받지 아니하는 것임.

대법 2001두4849, 2002.11.8.

병원의 의료보건용역 제공과는 별도로 병원 내 구내식당을 임차해 독립적으로 음식용역을 제공한 사업자로 보아 부가가치세 과세함은 정당한 사례임.

서삼 46015 - 11064, 2002.6.26.

부가가치세 면세대상인 장의용역의 제공 없이 장의용품을 판매하는 경우에는 부가가치세 과세됨.

서삼 46015 - 10753, 2002.5.8.

부가가치세가 면제되는 의료업을 영위하는 국립병원이 응급병동을 신축하여 준공과 동시에 국가에 귀속(기부채납)시키고 동 시설에 대한 무상사용 수익권을 얻어 면세사업에 사용하는 경우 당해 신축건물의 기부채납에 대하여는 부가가치세가 면제되는 것이며, 건물 신축시에 부담한 부가가치세 매입세액은 공제되지 아니하는 것임.

다만, 이 예규를 시행하기 이전에 면세사업자가 면세사업에 공할 기부채납 자산에 대해 이미 매입세액을 공제받은 경우에는 국가에 기부채납시 과세하나, 매입세액을 공제받지 아니한 경우에는 기부채납시 과세하지 아니하는 것임.

서삼 46015 - 10493, 2001.10.18.

「국민건강보험법」에 의한 국민건강보험공단이 그 고유의 사업 목적을 위하여 사용하던 건물을 양도하는 경우에는 「부가가치세법」 제12조 제3항의 규정에 의하여 부가가치세가 면제되는 것임. 다만, 당해 공단이 계약상의 원인으로 건물의 임대 및 관리사업을 영위하는 경우에는 계속적 수익사업에 해당하여 부가가치세가 과세되는 것이며, 부가가치세 과세사업에 사용하던 건물을 양도하는 경우 당해 건물 양도에 대하여도 부가가치세가 과세되는 것임.

부가 46015 - 3541, 2000.10.20.

의료기관이 의료기관 내에 산후조리원을 부설해 운영하는 경우, 당해 산후조리원 관련 용역은 의료보건용역의 부수용역에 해당되지 않아 과세됨.

부가 46015 - 2031, 2000.8.21.

사업자가 「청소년기본법」에 의한 청소년수련시설에서 학생·수강생·훈련생·교습생 또는 청강생에게 지식·기술 등을 가르치는 교육용역을 제공하는 경우에는 「부가가치 세법」 제12조 제1항 제5호 및 동법 시행령 제30조의 규정에 의하여 부가가치세가 면제 되는 것이며, 당해 교육용역의 제공에 필수적으로 부수되는 음식용역을 제공함에 있어서 그 제공장소가 수련시설 밖에 설치된 경우에도 당해 음식용역의 제공이 교육용역에 필수 적으로 부수되는 것으로 확인되는 경우에는 「부가가치세법」 제12조 제3항의 규정에 의 하여 부가가치세가 면제되는 교육용역에 포함되는 것으로 보는 것임.

부가 46015 - 147, 2000.1.20.

「부가가치세법」 제12조 제1항 제4호에 규정하는 의료보건용역을 공급하는 사업자가 환 자에게 직접 공급(직영 구내식당)하는 음식물은 의료보건용역에 필수적으로 부수되는 것 으로 부가가치세가 면제되는 것이나, 의료보건용역에 필수적으로 부수되지 아니하는 외 래환자 및 환자의 보호자에게 제공하는 음식물은 부가가치세가 과세되는 것임.

심사부가 99 - 15, 1999.2.26.

장의업자의 장의용역과 관련하여 장례예식장의 위치나 사업형태로 보아 그 장의용품 및 음식물제공은 면세되는 장의용역에 필수적으로 부수되는 것으로서 면세되며, 장례예식 장 신축관련 매입세액은 불공제됨.

부가 46015 - 1458, 1997.6.28.

법인인 종합병원에서 부가가치세가 면제되는 의료업과 관련하여 진료 및 병문안차 내방하 는 차량의 주차를 위해 주차장을 설치·운영하면서 일정기준에 의해 일부주차에 대하여 주차료 징수시 당해 주차장 운영수입에 대하여는 부가가치세 과세되는 것이며, 당해 주 차장 신축과 관련한 매입세액이 과세되는 주차장 운영사업과 면세되는 의료업에 공통으 로 사용되어 실지귀속을 구분할 수 없는 경우(공통매입세액에 해당하는 경우)에는 「부가 가치세법 시행령」 제61조 제1항 및 제4항의 규정에 의해 안분계산 후 정산 및 납부세액 재계산하는 것이며, 이 경우 공통매입세액 안분계산시 총공급가액은 공통매입세액에 관 련된 당해 과세기간의 과세사업에 대한 공급가액인 주차료 수입금액과 면세사업인 의료 수입금액의 합계액을 말하는 것이며, 면세공급가액은 공통매입세액에 관련된 당해 과세

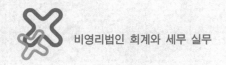

기간의 의료수입금액을 말하는 것임.

부가 46015 - 1744, 1994.8.26.
종합병원 및 종합대학교에서 부설주차장을 설치·운영하고 주차료를 징수하는 경우, 동
주차료는「부가가치세법」제12조 제3항에서 규정한 면세되는 의료용역 및 교육용역에
필수적으로 부수되는 용역에 해당되지 아니하므로 동법 제1조 제1항 및 제7조 제1항의
규정에 의하여 부가가치세가 과세되는 것임.

제 4 장

상속세 및 증여세법

제 1 절

납세의무

1 납세의무체계

비영리법인의 세법상 납세의무와 납세협력사항을 이해하기 위해서는 「상속세 및 증여세법」이 우선 검토되어야 한다. 「법인세법」은 수익사업을 영위하는 비영리법인에게만 한정되어 적용되는 세법인데 반하여 「상속세 및 증여세법」은 기부, 출연 등을 받아 목적사업을 영위하는 모든 비영리법인에게 적용되는 세법이기 때문이다. 또한 「상속세 및 증여세법」은 비영리법인의 설립을 위한 재산출연부터 납세의무를 규정하고 있으므로 비영리법인의 설립을 위한 준비시점부터 이를 숙지하여야 할 것이다.

반면 출연받은 재산에 대하여 「상속세 및 증여세법」상 '공익법인등'에 해당하게 된다면 상속세 및 증여세는 부과되지 않는다. 이에 대하여는 제2절 이하에서 자세하게 다루도록 한다.

비영리법인의 형태에 따른 「법인세법」과 「상속세 및 증여세법」의 과세체계는 다음과 같다.

구 분			법인세법	상속세 및 증여세법
영리법인			과세	비과세
비영리법인	(공익법인이 아닌) 일반비영리법인	수익사업	과세	비과세
		수익사업 외	비과세	수증재산 증여세 과세 & 사후관리 없음
	공익법인	수익사업	과세	비과세
		수익사업 외	비과세	수증재산 과세가액 불산입, 사후관리 안 되면 부과

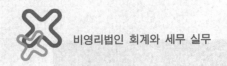
2 납세의무자

2-1. 비영리법인

상속세 및 증여세의 납세의무자에는 영리법인은 제외되지만 비영리법인은 포함된다(상속세 및 증여세법 제3조의 2 제1항, 제4조의 2 제1항). 영리법인과 달리 비영리법인은 「법인세법」 제4조 제3항에 열거된 수익사업에 대하여만 법인세를 납부하고 열거되지 않은 무상으로 받은 자산은 법인세를 과세하지 않기 때문에 상속세 및 증여세를 과세하여도 이중과세의 문제가 발생하지 않기 때문이다.

그러나, 비영리법인이 출연받은 재산에 대하여 바로 상속세 및 증여세가 과세된다면 목적사업 자체에 사용하는 금액에 상당부분 제약이 가해지므로 종교·자선·학술, 기타 공익을 목적으로 사업을 영위하는 자, 즉, 「상속세 및 증여세법」상 '공익법인등'이 당해 출연재산을 출연목적에 사용하는 경우에는 이를 과세가액에서 제외하도록 하고, 출연목적 외에 사용하는 경우에는 상속세 및 증여세를 추징하도록 하고 있다.

2-2. 법인격 없는 사단, 재단 또는 기타단체

「국세기본법」 제13조 제4항에 따른 법인격이 없는 사단·재단 또는 그 밖의 단체는 이를 비영리법인으로 보아 「상속세 및 증여세법」을 적용하고, 그 외의 경우는 거주자 또는 비거주자로 보아 이 법을 적용한다(상속세 및 증여세법 제4조의 2 제8항).

2-3. 연대납세의무자

증여자는 수증자가 주소나 거소가 분명하지 아니한 경우로서 조세채권을 확보하기 곤란한 경우 또는 증여세를 납부할 능력이 없다고 인정되는 경우로서 강제징수를 하여도 조세채권을 확보하기 곤란한 경우, 수증자가 비거주인 경우에는 수증자가 납부할 증여세에 대하여 연대하여 납부할 의무를 진다(상속세 및 증여세법 제4조의 2 제6항).

다만, 동법 제48조에 의하여 출연자가 당해 공익법인의 운영에 책임이 없는 경우에는 연대납부의 의무가 없다. 여기서 출연자가 당해 공익법인의 운영에 책임이 없는 경우라 함은 다음의 요건을 모두 갖춘 경우를 말한다(상속세 및 증여세법 시행령 제3조의 3).

> 1. 법 제48조의 규정에 의한 증여세 또는 가산세 부과사유 발생일부터 소급하여 재산출연일까지의 기간이 10년 이상일 것
> 2. 제1호의 기간 중 출연자(상속세 및 증여세법 시행령 제38조 제10항에 따른 자) 또는 그와 특수관계에 있는 자(상속세 및 증여세법 시행령 제12조의 2 제1항 각 호의 어느 하나에 해당하는 관계에 있는 자)가 당해 공익법인의 이사 또는 임직원(이사 제외)이 아니어야 하며, 이사의 선임 등 공익법인의 사업운영에 관한 중요사항을 결정할 권한을 가지지 아니할 것

 │ 중요 예규 및 판례 │

서면 - 2023 - 상속증여 - 0636, 2023.12.26.
비영리법인이 다른 비영리법인으로부터 무상으로 취득한 재산은 「상속세 및 증여세법」 제4조의 2 규정에 의하여 증여세 과세대상이 되는 것이나, 행정구역 조정에 관한 조례개정으로 기존 행정구역이 분리 조정되고, 이에 따라 기존 행정구역의 새마을회 명의 재산을 분리·신설된 행정구역의 새마을회 명의로 이전하는 경우 증여세를 과세하지 않는 것임.

서면 - 2023 - 상속증여 - 2769, 2023.11.29.
공익법인에 해당하는 종교법인이 출연받은 재산을 종교의 보급, 국내외 교육 선교 등 정관상 고유목적사업에 사용하는 경우 「상속세 및 증여세법」 제48조 제2항에 따라 직접 공익목적사업에 사용하는 것으로 보아 증여세를 과세하지 아니하나 이 때 공익법인이라 함은 주된 사무소가 국내에 소재하는 공익법인을 말하는 것임.
다만, 「상속세 및 증여세법」 제4조의 2 제1항 제2호의 규정에 따라 국외 소재의 비영리법인(종교법인)이 국내에 있는 재산을 증여받은 경우에는 증여세를 납부할 의무가 있으며, 같은 법 제4조의 2 제6항 제3호의 규정에 따라 증여자는 비거주자인 수증자가 납부할 증여세에 대하여 연대하여 납부할 의무가 있음.
[기존 해석사례 재산세과 - 72(2011.2.15.), 서면인터넷상담4팀 - 1050(2008.4.29.) 참조]

〔참고 : 재산세과-72, 2011.2.15.〕

〔요지〕

주된 사무소가 해외에 있는 종교단체는 증여세 과세가액 불산입대상 공익법인에 해당하지 않고, 외국의 비영리법인에게 국내재산을 증여하는 경우 증여자에게 연대납부의무가 있는 것임.

〔회신〕

1. 공익법인 등에 해당하는 종교단체가 출연받은 재산을 종교의 보급 기타 교화 등 고유목적사업에 사용하는 경우에는 「상속세 및 증여세법」 제48조의 규정에 의하여 출연받은 재산에 대한 증여세를 과세하지 않는 것이나, 이 경우 공익법인 등으로 보는 종교단체는 주된 사무소가 국내에 소재하는 경우를 말하는 것임.

2. 「상속세 및 증여세법」 제2조 제1항 제2호의 규정에 따라 외국에 소재하는 비영리법인이 국내에 있는 재산을 증여받은 경우에는 증여세를 납부할 의무가 있는 것이며 또한, 같은 법 제4조 제5항의 규정에 따라 증여자는 수증자가 납부할 증여세에 대하여 연대하여 납부할 의무를 지는 것이나 그 과세표준이 50만원 미만이면 증여세를 부과하지 않는 것임.

〔참고 : 서면인터넷방문상담4팀-1050, 2008.4.29.〕

〔요지〕

공익법인이 출연받은 재산에 대하여 증여세 과세가액 불산입할 때, 공익법인이라 함은 주된 사무소가 국내에 소재하는 공익법인을 말하므로 국외소재 대학은 공익법인에 해당하지 않으며, 수증자와 증여자는 증여세에 대하여 연대납부의무 있음.

〔회신〕

1. 「상속세 및 증여세법 시행령」 제12조 제2호의 규정에 의하여 「초·중등교육법」 및 「고등교육법」에 의한 학교를 설립·경영하는 사업을 영위하는 자는 공익법인에 해당하는 것이며, 이 때 공익법인은 주된 사무소가 국내에 소재하는 경우를 말하는 것임.

2. 「상속세 및 증여세법」 제16조·제48조, 같은 법 시행령 제12조 및 같은 법 시행규칙 제3조에서 규정한 공익법인 등에 해당하지 않는 비영리법인이 무상으로 취득한 재산은 같은 법 제2조 및 제4조의 규정에 의하여 증여세 과세대상임.

3. 수증자가 증여일 현재 비거주자인 경우에는 수증자가 「상속세 및 증여세법」 제4조 제4항 각 호의 1에 해당하지 아니하는 경우에도 증여자는 수증자가 납부할 증여세에 대하여 연대하여 납부할 의무를 지는 것이며, 증여자가 연대납세의무자로서 수증자의 증여세를 대신 납부하는 경우에는 재차증여세 해당하지 않는 것임.

4. 「상속세 및 증여세법」 제68조 및 제70조의 규정에 의하여 증여세 납세의무가 있는 자는 증여받은 날부터 3월 이내에 증여세 과세표준과 세액을 신고하고 납부하여야

하는 것임.

서면 - 2023 - 상속증여 - 2937, 2024.4.16.

귀 질의의 경우 기존 해석사례(서면 - 2019 - 상속증여 - 0365(상속증여세과 - 176), 2019.2.25.)를 참고하기 바람.

〔참고 : 상증, 서면 - 2019 - 상속증여 - 0365(상속증여세과 - 176), 2019.2.25.〕
대종중 명의의 부동산을 매각하고 해당 매각대금을 소종중에게 분배하는 경우로서 이전받는 매각대금이 당초부터 소종중 소유인 재산의 매각대금으로 확인되는 경우 이외에는 「상속세 및 증여세법」 제4조에 따라 증여세 과세대상에 해당하는 것임.

사전 - 2023 - 법규재산 - 0078, 2023.10.23.

귀 세법해석 사전답변 신청의 경우, 「서면 - 2017 - 상속증여 - 0640, 2017.6.16.」를 참조하기 바람.

〔참고 : 서면 - 2017 - 상속증여 - 0640, 2017.6.16.〕
1. 중종중 명의로 등기된 토지를 소종중 명의로 등기이전한 경우로서 그 이전된 토지가 당초부터 소종중의 소유임이 확인되는 경우에는 증여세가 과세되지 아니하는 것이나, 당초부터 중종중의 소유임이 확인되는 경우에는 증여세가 과세되는 것임.
2. 해당 토지가 당초부터 소종중의 소유인지 또는 중종중의 소유인지 여부는 소종중 및 중종중의 회칙(규약) 및 회의록과 재산목록 등에 의거 해당 부동산의 사실상 소유자, 소유형태 등 구체적인 사실을 확인하여 판단할 사항임.

수원고등법원 - 2022 - 누 - 13042, 2023.6.21.

비영리내국법인의 '각 사업연도의 소득'은 '수익사업에서 생기는 소득'으로 한정하고 있으므로 비영리내국법인이 타인으로부터 무상으로 수익사업의 원본이 되는 자산을 증여받은 경우 법인세 과세 대상이 아님.

서면 - 2019 - 상속증여 - 3631, 2020.2.6.

「국세기본법」 제13조에 따른 '법인으로 보는 단체'에 해당하지 않는 법인 아닌 단체가 다른 비영리법인의 해산을 원인으로 해당 비영리법인의 재산을 무상 승계받는 경우에도 「상속세 및 증여세법」 제4조의 2에 따라 증여세를 납부할 의무가 있는 것임.

재산 - 57, 2011.1.31.

비영리법인이 타인의 증여에 의하여 재산을 취득하는 경우 당해 비영리법인은 증여세를 납부할 의무가 있는 것이나, 「상속세 및 증여세법 시행령」 제12조 각 호의 어느 하나에 해당하는 사업을 영위하는 공익법인 등이 재산을 출연받아 그 출연받은 날부터 3년 이내에 직접 공익목적사업에 사용하는 경우에는 증여세가 과세되지 않을 수 있는 것으로서, 귀 질의의 경우는 당해 비영리법인이 공익법인 등에 해당하는지 여부 및 출연받는 주식의 수량 등을 확인하여 판단할 사항임.

재산 – 1029, 2009.12.17.

「상속세 및 증여세법 시행령」 제12조 규정에 의한 공익법인등에 해당하지 않는 비영리법인이 타인의 증여에 의하여 재산을 취득하는 경우에는 「상속세 및 증여세법」 제2조 및 제4조의 규정에 의하여 증여세를 납부할 의무가 있는 것임. 이 경우 「국세기본법」 제13조 제4항의 규정에 의하여 법인으로 보는 법인격 없는 사단·재단 기타 단체에 대하여는 이를 비영리법인으로 보는 것이며, 당해 비영리법인이 「상속세 및 증여세법」 제4조 제4항 각 호의 1에 해당하는 경우에는 증여자가 당해 비영리법인이 납부할 증여세에 대하여 연대하여 납부의무를 지는 것임.

재산 – 1898, 2008.7.25.

1. 「상속세 및 증여세법 시행령」 제12조 각 호의 1에 해당하는 공익법인등이 재산을 출연받아 그 출연받은 날부터 3년 이내에 직접 공익목적사업(직접 공익목적사업에 충당하기 위하여 수익용 또는 수익사업용으로 운영하는 경우를 포함)에 사용하는 경우에는 같은 법 제48조 제1항·제2항의 규정에 의하여 그 출연받은 재산의 가액은 증여세 과세가액에 산입하지 아니하는 것이나, 당해 공익법인등의 주된 사무소가 국외에 소재하고 있는 경우에는 이를 적용하지 아니하는 것임.

2. 「상속세 및 증여세법」 제2조 제1항 제2호의 규정에 의하여 외국에 소재하는 비영리법인이 국내에 있는 재산을 증여받은 경우에는 증여세를 납부할 의무가 있는 것이며 또한, 같은 법 제4조 제5항의 규정에 의하여 증여자는 수증자가 납부할 증여세에 대하여 연대하여 납부할 의무를 지는 것임.

서면4팀 – 1050, 2008.4.29.

1. 「상속세 및 증여세법 시행령」 제12조 제2호의 규정에 의하여 「초·중등교육법」 및 「고등교육법」에 의한 학교를 설립·경영하는 사업을 영위하는 자는 공익법인에 해당하는 것이며, 이 때 공익법인은 주된 사무소가 국내에 소재하는 경우를 말하는 것임.

2. 「상속세 및 증여세법」 제16조·제48조, 같은법 시행령 제12조 및 같은법 시행규칙 제3조에서 규정한 공익법인 등에 해당하지 않는 비영리법인이 무상으로 취득한 재산은 같은법 제2조 및 제4조의 규정에 의하여 증여세 과세대상이 되는 것임.

3. 수증자가 증여일 현재 비거주자인 경우에는 수증자가 「상속세 및 증여세법」 제4조

제4항 각 호의 1에 해당하지 아니하는 경우에도 증여자는 수증자가 납부할 증여세에 대하여 연대하여 납부할 의무를 지는 것이며, 증여자가 연대납세의무자로서 수증자의 증여세를 대신납부하는 경우에는 재차증여에 해당하지 않는 것임.

4. 「상속세 및 증여세법」 제68조 및 제70조의 규정에 의하여 증여세납세의무가 있는 자는 증여받은 날부터 3월 이내에 증여세 과세표준과 세액을 신고하고 납부하여야 하는 것임.

3 과세대상

3-1. 증여의 의의

「민법」에서 증여는 당사자 일방이 무상으로 재산을 상대방에게 수여하는 의사표시를 하고, 상대방이 이를 승낙함으로써 성립하는 계약을 말한다(민법 제554조). 즉, 증여자와 수증자 사이에 증여의사의 표시 및 이의 승낙에 의하여 증여계약이 성립하는 것을 의미한다.

「상속세 및 증여세법」에서는 「민법」상 증여와 구별하여 '증여'라는 것을 그 행위 또는 거래의 명칭·형식·목적 등과 관계없이 경제적 가치를 계산할 수 있는 유형·무형의 재산을 직접 또는 간접적인 방법으로 타인에게 무상으로 이전(현저히 저렴한 대가를 받고 이전하는 경우를 포함한다)하는 것 또는 기여에 의하여 타인의 재산가치를 증가시키는 것을 말한다(상속세 및 증여세법 제2조 제6호). 따라서 이는 「민법」상의 증여뿐만 아니라 재산의 직·간접적인 무상이전도 증여의 범위에 포함하여 정의하고 있다.

2003년 12월 30일 법 개정 전에는 법에서 증여세 과세대상이 되는 증여의 범위를 「민법」상의 증여와 증여로 의제하는 14개 유형 및 이와 유사한 경우로 열거하는 방식으로 규정하고 있어 그 외에 열거되지 아니한 새로운 유형으로 상속·증여세를 회피할 수 있는 문제점이 있었다. 이에 따라 동법 개정시 증여의 의미를 법률에서 구체적으로 그 유형을 규정하지 않고 모든 재산·권리 및 경제적 이익의 무상이전 행위를 모두 증여의 범위에 포함하도록 증여의 의미를 새롭게 정의한 것이다.

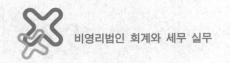

3-2. 증여재산의 범위

비영리법인이 무상으로 자산을 취득하는 경우 본점 또는 주된 사무소의 소재지가 국내에 있는 경우에는 증여세 과세대상이 되는 모든 증여재산에 대하여 상속세 및 증여세 납세의무가 있으며, 본점 또는 주된 사무소의 소재지가 외국에 있는 경우에는 증여세 과세대상이 되는 국내에 있는 모든 증여재산에 대하여만 납세의무가 있다(상속세 및 증여세법 제4조의 2 제1항).

3-3. 이중과세의 금지

증여재산에 대하여 수증자에게 「소득세법」에 의한 소득세, 「법인세법」에 의한 법인세가 부과되는 때에는 증여세를 부과하지 아니한다. 이 경우 소득세, 법인세가 「소득세법」, 「법인세법」 또는 다른 법률에 따라 비과세되거나 감면되는 경우에도 증여세를 부과하지 아니한다(상속세 및 증여세법 제4조의 2 제3항).

 │ 중요 예규 및 판례 │

서면 – 2018 – 상속증여 – 2757, 2020.2.28.

(질의)

〔사실관계〕
• ○○협회는 설립목적인 회원사의 수출을 증진하기 위하여 정부가 추진하는 특정사업의 준비를 담당하면서 회원사에게 특수목적회비를 수령하고 있음.

〔질의내용〕
• 회원사로부터 수령한 특수목적회비가 증여세 과세대상에 해당하는지 여부

(회신)

비영리법인이 회원사로부터 수령한 특수목적회비에 대하여 「법인세법」에 따른 법인세가 부과되는 경우에는 「상속세 및 증여세법」 제4조의 2 제3항에 따라 증여세를 부과하지 않는 것임.

서면-2018-상속증여-3223, 2019.2.19.
「상속세 및 증여세법」 제48조에서 규정하는 공익법인등이 출연받은 재산의 범위에 공익법인등이 채권자로부터 면제받은 채무의 가액이 포함되는 것이며, 이 경우 같은 조 제2항 및 제3항의 규정을 적용함에 있어서는 당초 그 채무를 사용한 용도를 확인하여 판단하는 것임.

서면-2016-상속증여-6000, 2017.3.31.
종중재산의 매각대금을 무상으로 종중원들에게 분배하는 경우에는 그 분배한 대금에 대하여 종중원에게 증여세가 과세되는 것임.

서면4팀-507, 2008.2.29.
타인의 증여에 의하여 재산을 취득한 자는 증여세를 납부할 의무가 있는 것이며, '증여'라 함은 그 행위 또는 거래의 명칭·형식·목적 등에 불구하고 경제적 가치를 계산할 수 있는 유형·무형의 재산을 타인에게 직접 또는 간접적인 방법에 의하여 무상으로 이전(현저히 저렴한 대가로 이전하는 경우를 포함함)하는 것 또는 기여에 의하여 타인의 재산가치를 증가시키는 것을 말하는 것임. 이 경우 그 취득한 재산에 대하여 「소득세법」에 의한 소득세가 과세(비과세, 과세미달을 포함함)되는 경우에는 「상속세 및 증여세법」 제2조 제2항의 규정에 의하여 증여세가 과세되지 아니하는 것임.

3-4. 기타 쟁점사항

3-4-1. 단순 조직 및 명의 변경으로 취득한 재산

「상속세 및 증여세법 시행령」 제12조에 열거된 공익법인등에 해당하지 않는 비영리법인이 무상으로 재산을 취득하는 경우에는 원칙적으로 증여세 납부의무가 있다. 그러나 비영리법인의 설립근거가 되는 법령의 변경으로 비영리법인이 해산되거나 업무가 변경됨에 따라 해당 비영리법인의 재산과 권리·의무를 다른 비영리법인이 승계받은 경우 승계받은 해당 재산의 가액에 대하여 증여세를 과세하지 않는다(상속세 및 증여세법 제46조 제10호).

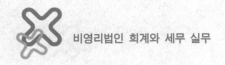
 | 중요 예규 및 판례 |

서면-2022-상속증여-5246, 2024.3.11.

비영리법인의 설립근거가 되는 법령의 변경으로 비영리법인이 해산되거나 업무가 변경됨에 따라 해당 비영리법인의 재산과 권리·의무를 다른 비영리법인이 승계받은 경우 승계받은 해당 재산의 가액은 증여세가 과세되지 않는 것으로, 귀 질의가 이에 해당하는지 여부는 구체적인 사실관계를 확인하여 판단할 사항임.

서면-2022-상속증여-5274, 2023.10.30.

귀 질의의 경우 기존 해석사례(상증, 재산세과-394, 2012.11.6)를 참고하기 바람.

[참고 : 상증, 재산세과-394, 2012.11.6.]

공익법인 등에 해당하는 외국인학교가 주무관청의 인가를 받아 설립자 명의를 변경하면서 관련 재산을 새로운 설립자 명의로 변경하는 경우 해당 재산은 새로운 출연으로 보지 않는 것임.

서면-2020-상속증여-5335, 2021.3.30.

1. 질의1의 경우 비영리법인이 다른 비영리법인으로부터 재산을 증여받는 경우로서 설립근거가 되는 법령에서 비영리법인의 재산과 권리·의무를 신설되는 비영리법인이 승계받도록 규정하지 않은 경우에는 「상속세 및 증여세법」(2016.12.20. 법률 제14388호로 개정된 것) 제46조 제10항에 규정된 비과세 대상에 해당하지 않는 것임.

2. 질의2의 경우 기존 해석사례(재산-382, 2012.10.24. 및 상속증여-134, 2013.5.23.)를 참고하기 바람.

[참고 : 재산세과-382, 2012.10.24.]

비영리법인이 타인으로부터 무상으로 재산을 취득하는 경우에는 「상속세 및 증여세법」제2조 및 제4조의 규정에 따라 증여세를 납부할 의무가 있는 것이나, 같은 법 시행령 제12조 각호의 어느 하나에 해당하는 사업을 영위하는 공익법인 등이 재산을 출연받아 그 출연받은 날부터 3년 이내에 직접 공익목적사업에 사용하는 경우에는 같은 법 제48조의 규정에 의하여 증여세 과세가액에 불산입하는 것임. 귀 질의의 경우는 국내에 설립하는 비영리법인이 공익법인 등에 해당하는지 여부에 따라 증여세 과세여부를 판단하는 것임.

[참고 : 상속증여세과-134, 2013.5.23.]

「상속세 및 증여세법 시행령」제12조 각호의 어느 하나에 해당하는 사업을 영위하는 공익법인 등이 출연받은 재산을 출연받은 날부터 3년 이내에 직접 공익목적사업에 사용하는 경우에는 같은 법 제48조의 규정에 따라 증여세과세가액에 불산입하는 것임. 귀 질의와 같이 사단법인을 설립하여 해당 법인 명의로 등기 등을 하는 경우 그 재산은 공익법인 등이 출연받은 재산에 해당하는 것임.

조심 2018서2102, 2019.1.17.

2016.12.20. 법률 제14388호로 개정된 상증세법 제46조 제10호에서 "법령 개정에 따른 비영리법인의 통합·분리과정에서의 자산이전"이 증여세 비과세 대상이라고 규정한 입법취지가 청구법인과 같이 정부정책에 의해 비영리법인의 조직이 분리·통합되는 과정에서 발생한 자산의 이전의 경우에 적용하고자 하는 것임이 관련 자료(국회회의록 등)에 의해 구체적으로 확인되는 점 등으로 보아 쟁점재산이전을 증여세 과세대상으로 보는 것이 불합리한 것으로 보이는 점, 2016.12.20. 개정된 상증세법이 시행되기 이전에 청구법인이 조기출범하게 된 사유의 긴박성(국민의 ○○○ 통합관리로 해킹 등 외부로부터의 침해에 대한 보안, 정보유출 등 내부로부터의 침해에 대한 보안, 인터넷은행이 조기에 시장에 안착할 수 있도록 적격 대출대상 확대 및 선정 등 새로운 금융환경에 적응할 수 있는 신용평가모형 개발 등 긴박함에 따라 불가피하게 조기 출범할 수밖에 없었음)이 국회회의록 등 관련 자료에 의하여 구체적으로 확인되는 점 등에 비추어 청구법인과 같은 비영리법인이 증여자와 수증자의 자발적인 합의 없이 정부정책에 의해 불가피하게 조직이 분리·통합하는 과정에서 이루어진 쟁점재산이전을 증여세 과세대상으로 보는 것은 불합리하다 하겠다.

재산-840, 2009.11.24.

[질의]

〔사실관계〕
• A의료법인은 뜻한 바가 있어 주무관청의 허가를 얻은 후 B학교법인(종합대학교)으로 전환하고자 함.
• 이에 따라 A의료법인 소유의 재산일체(종합병원, 현금, 예금 등)를 새로운 비영리법인인 B학교법인으로 소유권을 이전하고자 함.

〔질의내용〕
• 위와 같은 경우 A의료법인 및 B학교법인에 대하여 증여세가 과세되는지 여부를 질의함.

[회신]

귀 질의의 경우는 유사 질의회신사례(서일 46014-10399, 2001.11.2.)를 참고하기 바람.

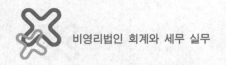

〔참고 : 서일 46014-10399, 2001.11.2.〕
공익법인등이 사업을 종료한 때의 잔여재산을 주무부장관의 허가를 받아 다른 공익법인등에 귀속시키는 경우 증여세가 과세되지 아니하는 것임.

서면4팀 - 679, 2008.3.14.
타인의 증여에 의하여 재산을 취득한 자는 「상속세 및 증여세법」 제2조 및 제4조의 규정에 의하여 증여세를 납부할 의무가 있는 것이나, 종중이 종중대표의 명의로 등기되어 있던 종중재산을 종중대표의 사망 후 관리편의를 위하여 다른 종중대표의 명의로 등기하는 경우는 증여세가 과세되지 아니하는 것임. 귀 질의의 경우 소유권이전등기가 종중대표가 소유하던 재산을 다른 종중회원에게 상속이나 증여한 것인지 또는 단순히 종중재산의 명의자만 변경한 것인지 여부는 당해 부동산의 사실상 소유자, 소유형태 등 구체적인 사실을 확인하여 판단할 사항임.

서면4팀 - 2979, 2007.10.17.
종중이 종중원으로부터 토지를 증여받은 경우 그 종중은 증여세를 납부할 의무가 있는 것이나, 종중원 명의로 등기되어 있는 종중재산을 명의신탁 해지하여 실질소유자인 종중명의로 환원하는 때에는 증여세가 과세되지 않는 것임. 귀 질의의 경우는 종중명의로 소유권을 이전하고자 하는 토지가 처음부터 종중이 소유한 재산인지 아니면 종중원 개인이 소유한 재산을 종중명의로 이전하는 것인지 여부 등 구체적인 사실을 확인하여 증여세 과세 여부를 판단할 사항임.

서면4팀 - 2596, 2007.9.6.
비영리법인이 무상으로 취득하는 재산에 대하여는 「상속세 및 증여세법」 제2조의 규정에 의하여 증여세가 과세되는 것이나, 법인격 없는 종중이 비영리법인으로 조직을 변경하는 과정에서 단순히 그 소유자 명의만이 변경되는 경우에는 증여세가 과세되지 아니하는 것으로서, 귀 질의가 이에 해당하는지 여부는 구체적인 사실관계를 확인하여 판단할 사항임.

서면4팀 - 60, 2006.1.16.
공익법인등에 해당하는 종교단체가 단순히 단체의 대표자만 변경하여 부동산 소유자를 새로운 대표자 명의로 변경하는 경우에는 새로운 출연재산으로 보지 아니함.

서면2팀 - 1656, 2005.10.17.
비영리법인이 다른 비영리법인으로부터 무상으로 취득하는 재산은 「상속세 및 증여세법」제2조 및 제4조의 규정에 의하여 증여세 과세대상이 되는 것임. 다만,「국세기본법」
제13조 제2항의 규정에 의한 법인으로 보는 단체가 주무관청의 허가 또는 인가를 받아
설립된 법인으로 조직을 변경하는 과정에서 단순히 그 소유자의 명의만 변경하는 경우에
는 증여세가 과세되지 아니하는 것이며 귀 질의가 이에 해당하는지 여부는 구체적인 사
실을 확인하여 판단하는 것임.

국심 2004서137, 2004.4.12.
교회가 분할되면서 총유재산인 교회공동재산을 구성원의 지분비율에 따라 합리적으로
분할한 것으로 보이므로 쟁점부동산이 단순히 증여를 원인으로 소유권이전등기가 되었
다 하여 증여로 보아 과세한 처분은 부당함.

서일 46014-10466, 2002.4.10.
「상속세 및 증여세법」제16조, 제48조, 동법 시행령 제12조 및 동법 시행규칙 제3조에서
규정한 공익법인등에 해당하지 않는 비영리법인이 다른 비영리법인으로부터 무상으로
취득한 재산은 동법 제2조, 제4조의 규정에 의하여 증여세 과세대상이 되는 것임.
다만, 특정 비영리법인의 설립근거가 된 법령이 개정됨에 따라 당해 비영리법인을 해산
하고 동 법인과 정관상 고유목적사업 등이 동일한 다른 비영리법인을 설립하는 경우로서
해산하는 비영리법인의 직원을 포함한 모든 잔여재산을 주무부장관의 허가를 얻어 새로 설
립하는 비영리법인에게 승계시키는 경우에는 증여세 과세대상에서 제외하는 것이 타당함.

3-4-2. 회 비

정관의 규정에 따라 회원이 납부하는 일반회비는 회원의 의무에 따라 강제된 재산의 제
공이므로 사후관리대상인 출연재산이라 할 수 없어 증여세가 과세되지 아니하나 일반회비
외에 찬조금, 특별회비 명목으로 무상으로 증여받은 경우는 증여세 과세대상에 해당한다.

소득세법 집행기준 24-51-16【법인격 없는 임의단체가 징수하는 회비에 대한 과세 여부】
1거주자에 해당하는 법인으로 보지 않는 임의단체가 사업목적이 아닌 단체의 유지·운
영을 위하여 그 구성원으로부터 징수하는 회비는「소득세법」상 과세대상 소득에 해당하
지 않는 것이나 동 임의단체가 하나의 사업자로서 해당 사업과 관련하여 무상으로 받는
자산의 가액은 총수입금액에 산입한다.

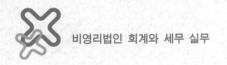

 | 중요 예규 및 판례 |

조심 - 2022 - 서 - 5376, 2023.6.28.

청구법인은 일부회원사에게 쟁점사업을 위하여 추가회비인 쟁점자금 납부를 요청하여
지급받았고 쟁점자금은 경상경비가 아닌 특별회비로 보이므로 공익법인이 아닌 비영리
법인인 청구법인이 지급받은 쟁점자금은 증여세 과세대상임.

서면 - 2017 - 상속증여 - 3183, 2020.2.28.

귀 질의의 경우 기존 해석사례(서면4팀 - 1274, 2008.5.26. ; 재산 - 852, 2010.11.17. 및 기획
재정부 재재산 - 368, 2016.5.26.)을 참고하기 바람.

〔참고 : 서면인터넷방문상담4팀 - 1274, 2008.5.26.〕

1. 「상속세 및 증여세법 시행령」 제12조 제9호의 규정에 의하여 「법인세법 시행령」 제36
   조 제1항 제1호 각목의 규정에 의한 지정기부금단체 등이 운영하는 고유목적사업을
   영위하는 자는 공익법인 등에 해당하는 것이며, 당해 공익법인 등이 재산을 출연받아
   그 출연받은 날부터 3년 이내에 직접 공익목적사업에 사용하는 경우에는 「상속세 및
   증여세법」 제48조 제1항·제2항의 규정에 의하여 그 출연받은 재산의 가액은 증여세
   과세가액에 산입하지 아니하는 것임. 이 경우 공익법인이 고유목적사업 수행을 위하
   여 그 소속회원 모두로부터 정기적으로 받는 일정금액의 회비는 출연재산에 해당하
   지 아니하는 것이나 일부회원으로부터 비정기적으로 징수하는 회비는 출연재산에 해
   당하는 것임.

2. 공익법인 등이 그 소속회원 모두로부터 정기적으로 받은 일정금액의 회비수입 외에
   일반개인이나 법인 등으로부터 출연받은 재산이 있는 경우에는 같은 법 제48조 제5항의 규정
   이 적용되는 것임.

〔참고 : 재산세과 - 852, 2010.11.17.〕

1. 「상속세 및 증여세법 시행령」 제12조 제1호의 규정에 의하여 "종교의 보급 기타 교화
   에 현저히 기여하는 사업"을 운영하는 종교단체는 공익법인 등에 해당하는 것이며,
   이 경우 종교단체가 공익법인 등에 해당하는지 여부는 법인으로 등록했는지에 관계
   없이 당해 종교단체가 수행하는 정관상 고유목적사업에 따라 판단하는 것임.

2. 공익법인에 해당하는 종교단체가 재산을 출연받아 그 출연받은 날부터 3년 이내에
   직접 공익목적사업에 사용하는 경우에는 「상속세 및 증여세법」 제48조의 규정에 의
   하여 증여세가 과세되지 아니하는 것이며, 직접 공익목적사업에 사용하는 것이란 정
   관상 고유목적사업에 사용하는 것을 말하는 것임.

〔참고 : 기획재정부 재산세제과-368, 2016.5.26.〕
종교사업에 출연하는 헌금(부동산 및 주식 또는 출자지분으로 출연하는 경우를 제외한다)
의 경우에는 「상속세 및 증여세법」 제48조 제2항 단서 및 같은 법 시행령 제38조 제1항
에 따라 사후관리대상 출연재산에서 제외하는 것임.

서면4팀-1274, 2008.5.26.

1. 공익법인이 고유목적사업 수행을 위하여 그 소속회원 모두로부터 정기적으로 받는 일
   정금액의 회비는 출연재산에 해당하지 아니하는 것이나 일부회원으로부터 비정기적으로
   징수하는 회비는 출연재산에 해당하는 것임.
2. 공익법인등이 그 소속회원 모두로부터 정기적으로 받은 일정금액의 회비수입 외에
   일반개인이나 법인 등으로부터 출연받은 재산이 있는 경우에는 같은 법 제48조 제5
   항의 규정이 적용되는 것임.

서면4팀-1496, 2004.9.22.

비영리법인이 그 회원사로부터 부동산을 출연받은 경우에는 「상속세 및 증여세법」 제2조
및 제4조의 규정에 의하여 증여세가 과세되는 것임. 다만, 그 회원사가 당해 비영리법인을
탈퇴하는 경우 정관 등에 의하여 그 출연재산에 상당하는 금액을 반환받을 수 있는 경우에는
증여세가 과세되지 아니하는 것이며, 이 경우 회원사가 출연재산에 상당하는 금액을 반환
받을 수 있는지 여부는 관할세무서장이 구체적인 사실을 조사하여 판단할 사항임.
귀 질의와 관련된 질의회신(재산상속 46014-1336, 2000.11.7., 재삼 46014-978, 1997.4.23.)
을 참고하기 바람.

➡ 참고 : 재산상속 46014-1336, 2000.11.7.
   비영리법인이 타인의 증여에 의하여 재산을 취득하는 경우에는 「상속세 및 증여세법」 제2조
   (증여세 과세대상) 및 제4조(증여세 납세의무)의 규정에 의하여 증여세를 납부할 의무가 있
   는 것이며, 국내 영리법인이 증여받은 경우에는 증여세는 과세되지 않는 것임.

➡ 참고 : 재삼 46014-978, 1997.4.23.
   비영리법인이 그 회원사로부터 받은 부정기적인 출연금은 증여세 과세대상에 해당함. 다만,
   그 회원사가 당해 비영리법인을 탈퇴하는 경우 정관 등에 의하여 그 출연금을 반환받을 수 있
   는 경우에는 구 「상속세법」(법률 제5193호, 1996.12.30. 개정 전) 제29조의 2 제1항의 규
   정에 의한 '증여에 의해 취득한 재산'에 포함하지 않는 것이며, 이 경우 회원사가 출연한 금액
   을 반환받을 수 있는 지의 여부는 사실을 조사하여 판단할 사항임.

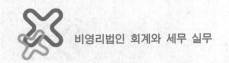
3-4-3. 수익사업에 사용된 재산의 수증

행정해석에 의하면 수증재산이 수익사업에 사용되었다 하더라도 목적사업회계에서 수증한 후 수익사업으로 사용된 경우에는 법인세 과세대상에 해당하지 않는다고 해석하고 있다. 그러나 동 재산이 법인세 과세대상은 아니더라도 「상속세 및 증여세법」상 출연받은 재산에 해당할 것이고 공익법인에 해당하면 증여세 과세가액 불산입 후 사후관리가 되어야 한다는 것에 유의하여야 한다.

 | 중요 예규 및 판례 |

법인세과 - 1443, 2009.12.30.

[질의]

〔사실관계 및 질의요지〕
공익법인이 자선사업가로부터 업무와 관련 없이 토지를 증여받아 임대용으로 사용하는 경우 자산수증이익에 의한 법인세 과세대상인지.

[회신]

「법인세법 시행령」 제36조 제1항 제1호에 의한 지정기부금단체가 업무와 직접 관계없이 타인으로부터 무상으로 받은 자산을 수익사업에 사용하는 경우 동 자산의 가액은 비수익사업에 속하는 것임.

법인 - 1723, 2008.7.24.

[질의]

〔사실관계 및 질의요지〕
「국립대학병원설치법」에 의해 특수법인으로 설립된 ○○대학교병원이 국가로부터 무상 사용 허가를 받은 토지와 건물 등을 무상양여받을 경우 법인세 과세 여부

[회신]

의료법인이 국가로부터 무상으로 받은 자산의 가액은 비수익사업에 속하는 것임.

3-4-4. 설립시 출연재산의 증여세 과세 여부

재단법인은 출연받은 재산이 있어야만 설립이 가능하다. 따라서 최초 출연재산에 대하여도 증여세가 과세되는지 여부가 문제가 될 수 있다. 재단법인의 최초 출연재산은 설립을 위한 필수요건으로 마치 영리법인의 자본금을 구성하는 자본거래와 같은 것이므로 증여세는 과세되어서는 안 된다는 의견도 있을 수 있으나 「상속세 및 증여세법」은 그 사용용도나 증여의 목적과 관계없이 증여라는 행위 자체에 과세를 하는 것이고 설립시 최초 출연재산에 대하여 증여세를 과세하지 않는다는 별도의 규정이 존재하지 않으며, 또한 공익법인이라면 설립시점에 증여를 받았든 설립 이후에 증여를 받았든 모두 증여세 과세가액에서 불산입한 후 사후관리하는 것이 보다 합목적적일 것이므로 증여세 과세대상에 해당할 것으로 판단된다.

그러나 이때 한 가지 문제점이 발생할 수 있는데 최초 설립시점에는 일부 비영리법인은 공익법인이 아닐 수도 있어 증여세가 부과되는 문제가 발생할 수 있다는 것이다. 예를 들면, 「법인세법」상 공익법인 등의 지정절차는 설립 이후 일정기간 사업실적이 발생된 이후에 지정되는 것으로 설립시점에 공익법인 등으로 지정되지 않는 상태는 「상속세 및 증여세법」상 공익법인에 해당되지 않는 것은 당연할 것이다. 따라서 공익법인이 아닌 상태에서 증여받은 재산이므로 당연히 증여세 과세대상인 것인지 아니면 이후에 「법인세법」상 공익법인 등으로 지정받아 「상속세 및 증여세법」상 공익법인이 된 경우에 설립시점 출연재산을 소급하여 과세가액 불산입되는 것인지에 대하여 의문이 발생한다.

그래서 2018.2.13. 상속세 및 증여세법 시행령 제12조의 단서를 신설하여 설립일부터 1년 이내에 「법인세법 시행령」 제39조 제1항 제1호 바목에 따른 공익법인 등으로 고시된 경우에는 그 설립일부터 공익법인등에 해당하도록 하였다.

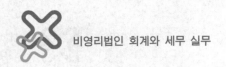

| 중요 예규 및 판례 |

기획재정부 재산세제과 – 958, 2022.8.12.

1. 「법인세법 시행령」 제39조 제1항 제2호 다목에 해당하는 기부금을 받는 자는 해당 기부금 지정·고시 시점부터 「상속세 및 증여세법」 제16조 제1항 및 같은 법 시행령 제12조에 따른 공익법인등에 해당하는 것임.

2. 「법인세법 시행령」 제39조 제1항 제2호다목에 해당하는 기부금을 받는 자가 해당 기부금을 모두 소진한 경우에도 「상속세 및 증여세법」 제16조 제1항 및 같은 법 시행령 제12조에 따른 공익법인등에서 제외되지 않는 것임.

서면 – 2021 – 상속증여 – 7726, 2022.4.14.

1. 상속세 및 증여세법 시행령 제12조 제1항에 따라 신규법인이 설립일부터 1년 이내에 「법인세법 시행령」 제39조 제1항 제1호 바목에 따른 공익법인등으로 고시된 경우에는 설립 당시 출연받은 재산에 대하여 증여세 과세가액 불산입 규정을 적용받을 수 있는 것임. [기존 회신사례(재산세과 – 615, 2009.2.23.) 참조]

2. 동일 목적사업을 영위하는 다른 공익법인에 출연하는 것을 정관상 고유목적사업에 추가하여 주무관청의 정관변경 승인을 받은 후에 정관내용대로 다른 공익법인에게 출연하는 것은 직접 공익목적사업에 사용한 것으로 볼 수 있는 것임. [기존 해석사례(법인세과 – 4565, 2020.12.30.) 참조]

서면2팀 – 95, 2008.1.15.

질 의

「법인세법 시행규칙」(제18조 제2항 제6호)에서는 공제사업의 조기정착과 대중소기업상생 차원에서 동 공제에 출연하는 기부금에 대하여 지정기부금으로 인정하고 있음. 또한 「법인세법 기본통칙」 3 – 2…3(수익사업과 비수익사업의 구분 제2호 마목)에서는 '업무와 직접 관계없이 타인으로부터 무상으로 받은 가액'은 비수익사업으로 규정하고 있음. 이와 같은 「법인세법」 체계하에서 전산개발 등 공제사업의 초기 인프라구축을 위하여 출연받은 기부금이 「법인세법」에서 정하고 있는 수익사업이나 수입에 해당하지 않고, 위 통칙에서 정하고 있는 비수익사업에 해당하는지 여부

회 신

「중소기업협동조합법」에 의하여 설립된 중소기업중앙회가 동법에 따라 영위하는 소기업·소상공인공제사업은 「법인세법 시행령」 제2조 제1항 제5호 가목의 규정에 따라 기금조성 및 급여사업에 한하여 수익사업에서 제외되는 것으로, 공제기금의 금융기관 등

예치나 가입자에 대한 대출로 발생한 이자 등은 「법인세법」 제3조 제2항의 규정에 따라 수익사업소득에 해당하는 것이며, 당해 공제사업의 초기 인프라 구축을 위하여 대기업 등으로부터 업무와 직접 관련 없이 출연받은 기부금과 일정사유에 해당하는 가입자에게 불입원금에 미달하는 금액을 공제금 및 해약환급금으로 지급하는 경우의 불입원금과 지급액과의 차액은 수익사업소득에 해당하지 아니하는 것임.

서면2팀 – 1657, 2007.9.10.
「법인세법 기본통칙」 3-2…3의 규정에 의해 비영리법인이 업무와 직접 관계없이 타인으로부터 무상으로 받은 자산의 가액은 비수익사업에 속하는 것임.

서면4팀 – 1920, 2007.6.19.
부동산을 증여받은 경우 「상속세 및 증여세법 시행령」 제23조 제1항 제1호의 규정에 의하여 소유권이전등기접수일이 그 증여재산의 취득시기가 되는 것이며, 국가 또는 지방자치단체로부터 증여받은 재산의 가액에 대하여는 「상속세 및 증여세법」 제46조 제1호의 규정에 의하여 증여세가 비과세되는 것임.

서면2팀 – 472, 2006.3.7.

[질의]

〔질의배경〕
당 법인은 「의료법」에 의해 설립된 의료법인으로서 「법인세법」 제1조 제2항의 비영리법인에 해당하며 의료법인의 의료사업은 목적사업인 동시에 「법인세법」상 수익사업에 해당되는 특성이 있음.
당 법인은 「응급의료에 관한 법률」 제15조 및 동법 시행규칙 제7조의 규정에 의거, 보건복지부와 지방자치단체로부터 국고보조금을 수령하여 보조금결정통지서에 따라 의료업에 사용되는 의료기계를 구입하거나 지정된 인건비 지급에 사용하였음.
〔질의내용〕
1. 동 국고보조금이 법인세가 과세되는 비영리법인의 수익사업소득에 해당하는지 여부
2. 동 국고보조금이 비영리법인의 과세소득이 아니라면 보조금으로 취득한 자산의 감가상각비와 보조금으로 지급한 인건비를 손금에 산입할 수 있는지 여부
3. 동 국고보조금 중 사용한 금액은 자본의 전입으로 회계처리하여야 하는지 여부

[회신]

의료업을 영위하는 비영리법인이 「응급의료에 관한 법률」 제27조의 규정에 의하여 설치된 '응급의료정보센터'를 보건복지부로부터 위탁받아 운영하면서 국가 등으로부터 같은

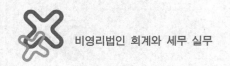

법 제15조의 규정에 따라 '정보센터 운영비'로 지급받는 보조금은 정보센터의 고유업무에 속하는 자금으로서 법인세 과세대상이 아니므로 당해 비영리법인의 수익 및 비수익사업 회계와는 별도로 구분경리하여야 하는 것임.

다만, 당해 비영리법인이 같은 법 제17조 및 「보조금의 예산 및 관리에 관한 법률」의 규정에 의하여 '응급의료기관 지원비' 등의 명목으로 국가 등으로부터 지원받는 국고보조금은 동 비영리법인의 회계에 속하는 자금으로서 「법인세법 시행령」 제2조의 규정에 의한 수익사업에서 발생된 소득에 해당하지 아니하는 것이며, 이 경우 당해 국고보조금을 수익사업 회계로 전출·사용하고 자본의 원입으로 경리한 의료기기 등 고정자산에 대하여는 「법인세법 시행령」 제26조의 규정에 의해 계산한 감가상각비를 손금에 산입할 수 있는 것임.

4 비과세 상속 및 증여재산

4-1. 비과세 상속재산

상속세 과세에서 제외되는 재산은 과세가액 불산입재산과 비과세재산으로 구분된다. 과세가액 불산입재산이란 상속세 과세대상 재산 중에서 일부를 제외시켜 과세가액에 산입하지 아니하다가 사후관리를 통하여 요건 위배시 추징하는 것인 데 반하여 비과세재산이란 상속세의 과세를 원천적으로 배제하는 것이다.

따라서 상속세 비과세는 공익목적 출연재산의 과세가액 불산입과 달리 과세가액 불산입을 위한 사후관리 없이 항상 상속세가 부과되지 않는다.

다음 각 호에 규정하는 재산에 대하여는 상속세를 부과하지 아니한다(상속세 및 증여세법 제12조, 동법 시행령 제8조).

1. 국가·지방자치단체 또는 공공단체(지방자치단체조합, 공공도서관·공공박물관 또는 이와 유사한 것으로서 기획재정부령이 정하는 것으로 아직까지 지정된 기관은 없다)에 유증(사망으로 인하여 효력이 발생하는 증여를 포함)한 재산
2. 「문화재보호법」에 따른 국가지정문화재 및 시·도지정문화재와 같은 법에 따른 보호구역에 있는 토지로서 당해 문화재 또는 문화재자료가 속하여 있는 보호구역 안의 토지(2022.12.

31. 삭제, 2023.1.1. 이후 상속이 개시되는 분부터 적용)

3. 「민법」제1008조의 3에 규정된 재산 중 제사를 주재하는 상속인(다수의 상속인이 공동으로 제사를 주재하는 경우에는 그 공동으로 주재하는 상속인 전체)을 기준으로 다음에 해당하는 재산. 다만, 다음 가, 나의 재산가액의 합계액이 2억 원을 초과하는 경우에는 2억 원을 한도로 한다.

   가. 피상속인이 제사를 주재하고 있던 선조의 분묘에 속한 9,900m² 이내의 금양임야
   나. 분묘에 속한 1,980m² 이내의 묘토인 농지
   다. 족보와 제구

4. 「정당법」에 따른 정당에 유증 등을 한 재산

5. 「근로복지기금법」에 따른 사내근로복지기금, 우리사주조합, 공동근로복지기금 및 근로복지진흥기금에 유증 등을 한 재산

6. 사회통념상 인정되는 이재구호금품, 치료비 및 그 밖에 불우한 자를 돕기 위하여 유증한 재산

7. 상속재산 중 상속인이 「상속세 및 증여세법」제67조의 규정에 의한 신고기한까지 국가·지방자치단체 또는 공공단체에 증여한 재산

4-2. 비과세 증여재산

증여세의 비과세란 특정증여가액에 대하여 과세권자인 정부가 과세권을 포기하여 원칙적으로 납세의무가 발생하지 아니하는 것을 말한다. 따라서 증여세 비과세는 공익목적 출연재산의 과세가액 불산입과 달리 과세가액 불산입을 위한 사후관리가 필요 없이 항상 증여세가 부과되지 않는다.

다음에 해당하는 금액에 대하여는 증여세를 부과하지 아니한다(상속세 및 증여세법 제46조).

1. 국가나 지방자치단체로부터 증여받은 재산의 가액
   비영리법인의 고유목적사업이 「법인세법」상 비수익사업에 해당하더라도 비영리법인이 「상속세 및 증여세법」상 공익법인등에 해당하지 않는다면 출연받은 재산은 증여세의 과세대상이 된다. 그러나 국가 또는 지방자치단체로부터 증여받은 재산의 가액은 원천적으로 공익법인이 아니더라도 증여세가 비과세되므로 공익법인 사후관리요건이나 세무확인이 불필요하다.

2. 내국법인의 종업원으로서 「근로복지기본법」 또는 「자본시장과 금융투자업에 관한 법률」에 따른 우리사주조합에 가입한 자가 해당 법인의 주식을 우리사주조합을 통하여 취득한 경우로서 그 조합원이 소액주주의 기준(100분의 1 미만 소유하면서 액면가액의 합계액이 3억 원

미만인 주주)에 해당하는 경우 그 주식의 취득가액과 시가의 차액으로 인하여 받은 이익에 상당하는 가액

3. 「정당법」에 따른 정당이 증여받은 재산의 가액
4. 「근로복지기금법」에 따른 사내근로복지기금, 우리사주조합, 공동근로복지기금 및 근로복지진흥기금이 증여받은 재산의 가액

사내근로복지기금, 우리사주조합, 근로복지진흥기금 제도를 간략히 비교하면 다음과 같다.

구 분	사내근로복지기금(법인) 또는 공동근로복지기금	우리사주조합	근로복지진흥기금
설치근거	근로복지기본법	근로복지기본법	근로복지기본법
기금조성	사업주의 사업이익금 (순이익의 5% 기준)	사업주, 대주주 등의 금품출연, 우리사주조합원이 출연금, 차입금, 배당금, 이자수입	정부출연금, 기타 출연금, 복권수익금, 차입금, 기타 수익금
관리·운용 주체	사내근로복지기금협의회, 공동근로복지기금협의회	우리사주조합	근로복지공단
기금용도	근로자의 주택구입 자금 보조, 우리사주 주식구입 지원, 자금대부, 장학금 지급	우리사주조합을 통하여 자사주를 취득·보유	근로자 주택자금, 생활안정자금, 융자·지원, 장학금지원, 공공근로복지시설 설치·운용

5. 사회통념상 인정되는 이재구호금품, 치료비, 피부양자의 생활비, 교육비 그 밖에 이와 유사한 것으로서 「상속세 및 증여세법 시행령」 제35조 제4항 각 호에 해당하는 것으로서 해당 용도에 직접 지출한 것
6. 「신용보증기금법」에 따라 설립된 신용보증기금, 「기술신용보증기금법」에 의한 기술신용보증기금, 「지역신용보증재단법」에 따른 신용보증재단 및 동법 제35조에 따른 신용보증재단중앙회, 「예금자보호법」 제24조 제1항에 따른 예금보험기금 및 동법 제26조의 3 제1항에 따른 예금보험기금채권상환기금, 「한국주택금융공사법」 제55조에 따른 주택금융신용보증기금(동법 제59조의 2에 따라 설치된 주택담보노후연금보증계정을 포함한다)이 증여받은 재산의 가액
7. 국가·지방자치단체 또는 공공단체가 증여받은 재산의 가액
8. 장애인을 보험금수령인으로 하는 보험으로 「장애인복지법」 제32조에 따라 등록한 장애인 및 「장애아동 복지지원법」에 따른 장애아동, 「국가유공자 등 예우 및 지원에 관한 법률」 제6조에 따라 등록한 상이자를 수익자로 한 보험의 보험금으로서 연간 4천만 원을 한도로 비과세한다.
9. 「국가유공자 등 예우 및 지원에 관한 법률」에 따른 국가유공자의 유족이나 「의사상자 등 예우 및 지원에 관한 법률」에 따른 의사자의 유족이 증여받은 성금 및 물품 등 재산의 가액
10. 비영리법인의 설립근거가 되는 법령의 변경으로 비영리법인이 해산되거나 업무가 변경

됨에 따라 해당 비영리법인의 재산과 권리·의무를 다른 비영리법인이 승계받은 경우 승계받은 해당 재산의 가액

(이와 관련하여 3-4-1. 단순 조직 및 명의 변경으로 취득한 재산을 참조)

| 중요 예규 및 판례 |

기획재정부 법인세제과-228, 2020.2.7.

내국법인이 현금이 아닌 자기주식을 「조세특례제한법」 제8조의 3 제1항 제1호에 따른 협력중소기업의 사내근로복지기금에 출연하는 경우에도 같은 법 제100조의 32 제2항 제1호 다목에 따른 상생협력을 위하여 지출하는 금액으로 보는 것임.

내국법인으로부터 용역 등을 위탁받은 기업이 「조세특례제한법」 제8조의 3 제1항 제1호에 따른 협력중소기업에 해당하는 경우 내국법인이 동 기업의 사내근로복지기금에 출연하는 출연금은 「조세특례제한법」 제100조의 32 제2항 제1호 다목의 상생협력을 위하여 지출하는 금액에 해당하는 것이나, 「조세특례제한법 시행령」 제100조의 32 제14항 단서의 규정에 따라 내국법인과 동 사내근로복지기금이 「법인세법 시행령」 제2조 제5항에 따른 특수관계인에 해당하는 경우에는 제외하는 것임.

서면-2018-법령해석재산-3859, 2019.12.3.

무주택근로자가 「상속세 및 증여세법 시행령」 제35조 제4항 제6호에 따라 사내근로복지기금 및 공동근로복지기금으로부터 주택취득보조금을 증여받은 경우 무주택근로자는 공부상 용도구분에 의한 주택 뿐만 아니라 사실상 주거용으로 사용하고 있는 건물을 소유하지 않은 근로자임.

서면-2017-법령해석재산-2445, 2017.12.26.

질의

민법에 의해 설립된 (사)○○협회가 해산하고 「○○○ 법률」에 따라 법인이 설립되면서 재산을 승계하는 경우 증여세 비과세 대상에 해당하는지 여부

회신

공익법인 등에 해당하지 않는 비영리법인이 다른 비영리법인으로부터 재산을 증여받는 경우로서 설립근거가 되는 법령에서 비영리법인의 재산과 권리·의무를 신설되는 비영리법인이 승계받도록 규정하지 않은 경우에는 「상속세 및 증여세법」(2016.12.20. 법률 제14388호로 개정된 것) 제46조 제10항에 규정된 비과세 대상에 해당하지 않는 것임.

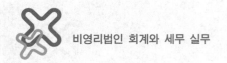
상속증여세과 - 295, 2014.8.11.

「근로복지기본법」에 따른 사내근로복지기금법인이 고용노동부장관으로부터 인가된 사내근로복지기금의 용도사업으로 사내 근로자에게 지급하는 각종 지원금이 그 근로자의 근로소득(비과세·감면 포함)에 해당되지 아니하게 되는 경우에는 증여세 과세대상이 되는 것이나, 그 지원금이 사회통념상 인정되는 치료비, 학자금, 장학금 기타 이와 유사한 금품 또는 기념품·축하금·부의금 기타 이와 유사한 금품 등 통상 필요하다고 인정되는 금품으로서 해당 용도에 직접 지출한 것은 「상속세 및 증여세법」 제46조 제5호 및 같은 법 시행령 제35조 제4항에 따라 증여세가 비과세되는 것임.

서면4팀 - 3608, 2007.12.21.

「상속세 및 증여세법」 제46조 제7호의 규정에 의하여 지방자치단체가 증여받은 재산의 가액에 대하여는 증여세가 비과세되는 것이며, 당해 비과세되는 증여재산가액은 같은 법 제13조 제3항의 규정에 의하여 상속세과세가액에 가산하는 증여재산가액에 포함되지 아니함.

서면4팀 - 1920, 2007.6.19.

부동산을 증여받은 경우 「상속세 및 증여세법 시행령」 제23조 제1항 제1호의 규정에 의하여 소유권이전등기접수일이 그 증여재산의 취득시기가 되는 것이며, 국가 또는 지방자치단체로부터 증여받은 재산의 가액에 대하여는 「상속세 및 증여세법」 제46조 제1호의 규정에 의하여 증여세가 비과세되는 것임.

서면4팀 - 1523, 2006.5.30., 서면4팀 - 2190, 2005.11.15.

상속재산 중 상속인이 「상속세 및 증여세법」 제67조의 규정에 의한 신고기한 이내에 서울특별시교육청에 증여한 재산에 대하여는 동법 제12조 제7호의 규정에 의하여 상속세가 비과세되는 것임.

서면4팀 - 514, 2005.4.4.

「상속세 및 증여세법」 제2조 제1항 제2호의 규정에 의하여 외국에 소재하는 비영리법인이 국내에 있는 재산을 증여받은 경우에는 증여세를 납부할 의무가 있는 것이나 주된 사무소가 외국에 소재하는 대학이 내국법인으로부터 장학금 명목으로 기부받은 금품을 그 기부목적대로 당해 용도에 직접 지출한 경우에는 동법 제46조 제5호 및 동법 시행령 제35조 제4항 제2호의 규정에 의하여 증여세를 비과세하는 것임.

서면인터넷방문상담4팀 - 254, 2005.2.15.

사내근로복지기금법에 의한 사내근로복지기금이 사내 근로자인 종업원에게 노동부장관으로부터 인가된 동 기금의 용도사업 수행으로 인해 지급하는 보조금은 당해 종업원의 근로소득으로 보지 아니하는 것이며, 당해 종업원의 근로소득에 해당되지 아니하는 동 보조금은 증여세 과세대상이 되는 것이나,

그 보조금이 상속세 및 증여세법 시행령 제35조 제4항 각호의 1에서 규정하는 학자금·장학금 기타 이와 유사한 금품에 해당하거나 기념품·축하금 등으로서 통상 필요하다고 인정되는 금품에 해당하는 경우에는 증여세가 비과세되는 것임.

재산 46300 - 2032, 1999.11.29.

1. 「사내근로복지기금법」의 규정에 의한 사내근로복지기금이 동법의 관련 규정에 따라 사업주 또는 제3자로부터 출연받는 기금은 「상속세 및 증여세법」 제46조 제4호의 규정에 의하여 증여세가 비과세되는 것이며, 사업주가 아닌 내국법인이 타법인의 사내근로복지기금에 출연하는 금액은 당해 내국법인의 각 사업연도 소득금액을 계산할 때 이를 손금에 산입하지 아니하는 것임.

2. 「사내근로복지기금법」에 의한 사내근로복지기금이 사내근로자인 종업원에게 노동부 장관으로부터 인가된 동 기금의 용도사업수행으로 인해 지급하는 보조금은 당해 종업원의 근로소득으로 보지 아니하는 것이며, 당해 종업원의 근로소득에 해당되지 아니하는 동 보조금은 증여세 과세대상이 되는 것이나, 그 보조금이 「상속세 및 증여세법 시행령」 제35조 각 호의 1에서 규정하는 학자금·장학금 또는 무주택근로자에게 지급하는 일정범위 내의 주택취득·임차보조금 등에 해당되는 경우에는 증여세가 비과세되는 것임.

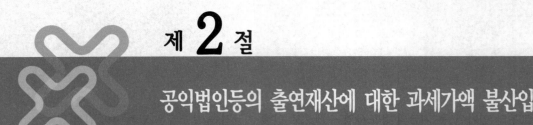

1 상속세 및 증여세 과세가액 불산입 요건

상속재산 중 피상속인이나 상속인이 종교·자선·학술 또는 그 밖의 공익을 목적으로 하는 사업을 하는 자(이하 '공익법인등'이라 한다)에게 출연한 재산의 가액으로서 상속개시일이 속하는 달의 말일부터 6개월(상속받은 재산을 출연하여 공익법인등을 설립하는 경우로서 부득이한 사유가 있는 경우에는 그 사유가 없어진 날이 속하는 달의 말일부터 6개월까지를 말한다)까지 출연한 재산의 가액은 상속세 과세가액에 산입하지 아니한다(상속세 및 증여세법 제16조 제1항).

또한 공익법인등이 출연받은 재산의 가액은 증여세 과세가액에 산입하지 아니한다(상속세 및 증여세법 제48조 제1항).

공익법인은 재단법인 또는 사단법인으로서 설립취지가 일반적인 비영리법인과 달리 사회일반의 이익에 공여하기 위하여 종교·자선·학술, 기타 공익에 관한 사업을 목적으로 하고 있으므로 정부는 그 고유목적사업을 원활히 수행할 수 있도록 공익사업에 출연한 재산에 대하여 상속세 및 증여세를 부과하지 않도록 한 것이다.

그러나 아무리 정부가 민간부문의 공익사업에의 재산출연을 장려한다고 해서 아무런 사후관리의 장치 없이 출연재산을 상속세 및 증여세의 과세대상에서 제외한다면 일부에서는 공익과 선행을 앞세워 상속세 및 증여세를 회피하는 것은 물론 오히려 출연자의 부의 증식 및 세습수단으로 악용될 우려가 없지 않은 바, 법에서는 출연재산이 공익사업에 적절하게 사용될 수 있도록 공익사업의 범위, 요건 및 사후관리기준을 규정함으로써 민간부문의 공익사업에의 재산출연을 장려함과 동시에 공익을 앞세운 상속세 및 증여세 회피행위를 규제하고 있다.

본 절에서는 상속세 및 증여세가 부과되지 않는 공익법인 및 출연의 요건에 대하여 살펴보고 사후관리방법은 '제4절 공익법인등의 출연받은 재산의 사후관리'에서 검토하기로 한다.

1-1. 공익법인의 범위와 출연의 요건

상속세 및 증여세가 부과되지 않는 '공익법인등'이 출연받는 재산의 요건은 다음과 같다.

요 건	조 항	본서의 서술
공익법인의 범위	상속세 및 증여세법 시행령 제12조	1-2.
출연의 요건 (의의, 방법, 시기, 시한)	상속세 및 증여세법 시행령 제13조 제1항, 제2항, 동법 기본통칙 16-13…2	1-3.

이하에서 각 요건의 내용을 상술한다.

1-2. 공익법인의 범위

종교·자선·학술 관련 사업 등 공익성을 고려하여 다음의 사업을 하는 자를 "공익법인등"이라 한다. 이때 공익사업이란 「상속세 및 증여세법 시행령」 제12조에서 규정하는 사업을 말한다. 동 규정은 예시규정이 아니라 열거규정이므로 「상속세 및 증여세법 시행령」 제12조에 열거되지 않은 사업은 과세가액 불산입되는 공익사업에 해당하지 않는다.

현행법상 공익사업으로 열거한 사업은 다음과 같다.

사업내용	쟁점사항
1. 종교의 보급 기타 교화에 현저히 기여하는 사업	교회 등 종교단체에 증여하는 것만으로 과세에서 제외되는 것이 아니라 종교사업에 직접 사용하여야만 과세에서 제외된다. 종교단체의 등록 여부와 무관하나 구체적인 공익사업 여부는 별도의 판단이 필요하다. 향교재산법 제5조 향교재단은 시·도 내 소재의 각 문묘의 유지, 교육, 기타 교화사업의 경영, 유교의 진흥과 문화의 발전을 기함을 목적으로 한다.
2. 초·중등교육법 및 고등교육법에 의한 학교, 유아교육법에 따른 유치원을 설립·경영하는 사업	각각의 교육법 제2조 참조 1. 유치원 2. 초등학교·공민학교 3. 중학교·고등공민학교

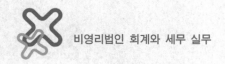

사업내용	쟁점사항
	4. 고등학교·고등기술학교 5. 특수학교 6. 대학 7. 산업대학 8. 교육대학 9. 전문대학 10. 방송대학·통신대학·방송통신대학 및 사이버대학 11. 기술대학 12. 각종학교 상속세 및 증여세법상 과세 제외되는 학교의 범위에 주의하도록 한다. 공익사업으로 열거된 학교는 동 규정뿐만 아니라 9.에서 설명되는 법인세법 시행령 제39조 제1항 제1호 다목의 규정에 의한 학교도 포함된다.
3. 사회복지사업법의 규정에 의한 사회복지법인이 운영하는 사업	사회복지사업법 제2조 보호·선도 또는 복지에 관한 사업과 사회복지상담·부랑인 및 노숙인보호·직업보도·무료숙박·지역사회복지·의료복지·재가복지·사회복지관운영·정신질환자 및 한센병력자 사회복귀에 관한 사업 등 각종 복지사업과 이와 관련된 자원봉사활동 및 복지시설의 운영 또는 지원을 목적으로 하는 사업을 말한다. 사회복지사업법 제16조 사회복지법인은 보건복지부장관의 허가를 받고 주된 사무소 소재지에서 설립등기를 하여야 한다.
4. 「의료법」에 따른 의료법인이 운영하는 사업	의료법 제48조 의료법인을 설립하고자 하는 자는 대통령령이 정하는 바에 의하여 정관, 기타 서류를 갖추어 당해 법인의 주된 사무소의 소재지를 관할하는 시·도지사의 허가를 받아야 한다.

5. 공익법인의 설립·운영에 관한 법률의 적용을 받는 공익법인이 운영하는 사업
   (2018.2.13. 삭제)

6. 예술 및 문화에 현저히 기여하는 사업 중 영리를 목적으로 하지 아니하는 사업으로서 관계 행정기관의 장의 추천을 받아 기획재정부장관이 지정하는 사업
   (2018.2.13. 삭제)

7. 공중위생 및 환경보호에 현저히 기여하는 사업으로서 영리를 목적으로 하지 아니하는 사업
   (2018.2.13. 삭제)

8. 공원, 기타 공중이 무료로 이용하는 시설을 운영하는 사업
   (2018.2.13. 삭제)

사업내용	쟁점사항
8. 법인세법 제24조 제2항 제1호에 해당하는 기부금을 받는 자가 해당 기부금으로 운영하는 사업	〈법인세법 제24조 제2항 제1호에 따른 기부금의 범위〉 1. 국가나 지방자치단체에 무상으로 기증하는 금품의 가액. 다만, 「기부금품의 모집 및 사용에 관한 법률」의 적용을 받는 기부금품은 같은 법 제5조 제2항에 따라 접수하는 것만 해당한다. 2. 국방헌금과 국군장병 위문금품의 가액 3. 천재지변으로 생기는 이재민을 위한 구호금품의 가액 4. 다음의 기관(병원은 제외)에 시설비·교육비·장학금 또는 연구비로 지출하는 기부금 가. 「사립학교법」에 따른 사립학교 나. 비영리 교육재단(국립·공립·사립학교의 시설비, 교육비, 장학금 또는 연구비 지급을 목적으로 설립된 비영리 재단법인으로 한정함) 다. 「근로자직업능력 개발법」에 따른 기능대학 라. 「평생교육법」에 따른 전공대학의 명칭을 사용할 수 있는 평생교육시설 및 원격대학 형태의 평생교육시설 마. 「경제자유구역 및 제주국제자유도시의 외국교육기관 설립·운영에 관한 특별법」에 따라 설립된 외국교육기관 및 「제주특별자치도 설치 및 국제자유도시 조성을 위한 특별법」에 따라 설립된 비영리법인이 운영하는 국제학교 바. 「산업교육진흥 및 산학연협력촉진에 관한 법률」에 따른 산학협력단 사. 「한국과학기술원법」에 따른 한국과학기술원, 「광주과학기술원법」에 따른 광주과학기술원, 「대구경북과학기술원법」에 따른 대구경북과학기술원 및 「울산과학기술원법」에 따른 울산과학기술원 아. 「국립대학법인 서울대학교 설립·운영에 관한 법률」에 따른 국립대학법인 서울대학교, 「국립대학법인 인천대학교 설립·운영에 관한 법률」에 따른 국립대학법인 인천대학교 및 이와 유사한 학교로서 대통령령으로 정하는 학교 자. 「재외국민의 교육지원 등에 관한 법률」에 따른 한국학교(대통령령으로 정하는 요건을 충족하는 학교만 해당한다)로서 대통령령으로 정하는 바에 따라 기획재정부장관이 지정·고시하는 학교 차. 「한국장학재단 설립 등에 관한 법률」에 따른 한국장학재단 5. 다음의 병원에 시설비·교육비 또는 연구비로 지출하는 기부금 가. 「국립대학병원 설치법」에 따른 국립대학병원 나. 「국립대학치과병원 설치법」에 따른 국립대학치과병원

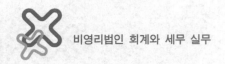
사업내용	쟁점사항
	다. 「서울대학교병원 설치법」에 따른 서울대학교병원
	라. 「서울대학교치과병원 설치법」에 따른 서울대학교치과병원
	마. 「사립학교법」에 따른 사립학교가 운영하는 병원
	바. 「암관리법」에 따른 국립암센터
	사. 「지방의료원의 설립 및 운영에 관한 법률」에 따른 지방의료원
	아. 「국립중앙의료원의 설립 및 운영에 관한 법률」에 따른 국립중앙의료원
	자. 「대한적십자사 조직법」에 따른 대한적십자사가 운영하는 병원
	차. 「한국보훈복지의료공단법」에 따른 한국보훈복지의료공단이 운영하는 병원
	카. 「방사선 및 방사성동위원소 이용진흥법」 제13조의 2에 따른 한국원자력의학원
	타. 「국민건강보험법」에 따른 국민건강보험공단이 운영하는 병원
	파. 「산업재해보상보험법」 제43조 제1항 제1호에 따른 의료기관
	6. 사회복지사업, 그 밖의 사회복지활동의 지원에 필요한 재원을 모집·배분하는 것을 주된 목적으로 하는 비영리법인(대통령령으로 정하는 요건을 충족하는 법인만 해당한다)으로서 대통령령으로 정하는 바에 따라 기획재정부장관이 지정·고시하는 법인에 지출하는 기부금
9. 법인세법 시행령 제39조 제1항 제1호 각 목에 따른 공익법인등 및 소득세법 시행령 제80조 제1항 제5호에 따른 공익단체가 운영하는 고유목적사업. 다만, 회원의 친목 또는 이익을 증진시키거나 영리를 목적으로 대가를 수수하는 등 공익성이 있다고 보기 어려운 고유목적사업은 제외한다.	〈법인세법 시행령 제39조 제1항 제1호에 따른 공익법인등의 고유목적사업비로 지출하는 기부금〉 1. 「사회복지사업법」에 의한 사회복지법인 2. 「영유아보육법」에 따른 어린이집 3. 「유아교육법」에 따른 유치원, 「초·중등교육법」 및 「고등교육법」에 따른 학교, 「근로자직업능력 개발법」에 따른 기능대학, 「평생교육법」 제31조 제4항에 따른 전공대학 형태의 평생교육시설 및 같은 법 제33조 제3항에 따른 원격대학 형태의 평생교육시설 4. 「의료법」에 따른 의료법인 5. 종교의 보급, 그 밖에 교화를 목적으로 「민법」 제32조에 따라 문화체육관광부장관 또는 지방자치단체의 장의 허가를 받아 설립한 비영리법인(그 소속 단체를 포함한다) 6. 「민법」 제32조에 따라 주무관청의 허가를 받아 설립된 비영리법인(이하 이 조에서 "「민법」상 비영리법인"이라 한다), 비영리외국

사업내용	쟁점사항
	법인, 「협동조합 기본법」 제85조에 따라 설립된 사회적협동조합 (이하 이 조에서 "사회적협동조합"이라 한다), 「공공기관의 운영에 관한 법률」 제4조에 따른 공공기관(같은 법 제5조 제4항 제1호에 따른 공기업은 제외한다. 이하 이 조에서 "공공기관"이라 한다) 또는 법률에 따라 직접 설립 또는 등록된 기관 중 다음의 요건을 모두 충족한 것으로서 국세청장(주사무소 및 본점소재지 관할 세무서장을 포함한다. 이하 이 조에서 같다)의 추천을 받아 기획재정부장관이 지정하여 고시한 법인. 이 경우 국세청장은 해당 법인의 신청을 받아 기획재정부장관에게 추천해야 한다. ※ 설립일부터 1년 이내에 「법인세법 시행령」 제39조 제1항 제1호 바목에 따른 공익법인등으로 고시된 경우에는 그 설립일부터 공익법인등에 해당하는 것으로 본다(상속세 및 증여세법 시행령 제12조 단서). 〈소득세법 시행령 제80조 제1항 제5호에 따른 공익단체〉 「비영리민간단체 지원법」에 따라 등록된 단체 중 다음 각 목의 요건을 모두 충족한 것으로서 행정안전부장관의 추천을 받아 기획재정부장관이 지정한 단체(이하 이 조에서 "공익단체"라 한다)에 지출하는 기부금. 다만, 공익단체에 지출하는 기부금은 지정일이 속하는 과세기간의 1월 1일부터 3년간(지정받은 기간이 끝난 후 2년 이내에 재지정되는 경우에는 재지정일이 속하는 과세기간의 1월 1일부터 6년간) 지출하는 기부금만 해당한다.
10. 「법인세법 시행령」 제39조 제1항 제2호 다목에 해당하는 기부금을 받는 자가 해당 기부금으로 운영하는 사업. 다만, 회원의 친목 또는 이익을 증진시키거나 영리를 목적으로 대가를 수수하는 등 공익성이 있다고 보기 어려운 고유목적사업은 제외한다.(기재부 고시 2024.9.까지 반영)	공익목적 기부금 범위(법인세법 시행령 제39조 제1항 제2호 다목) 1. 삭제 (2018.3.30.) 2. 삭제 (2018.3.30.) 3. 보건복지가족부장관이 인정하는 의료취약지역에서 비영리법인이 행하는 의료사업의 사업비·시설비·운영비로 지출하는 기부금 4. 「국민체육진흥법」에 따른 국민체육진흥기금으로 출연하는 기부금 5. 「전쟁기념사업회법」에 따른 전쟁기념사업회에 전쟁기념관 또는 기념탑의 건립비용으로 지출하는 기부금 6. 「중소기업협동조합법」에 따른 중소기업공제사업기금 또는 소기업·소상공인공제에 출연하는 기부금 7. 「중소기업협동조합법」에 따른 중소기업중앙회에 중소기업연수원 및 중소기업제품전시장의 건립비와 운영비로 지출하는 기부금

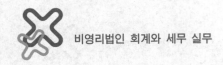
사업내용	쟁점사항
	8. 「중소기업협동조합법」에 따른 중소기업중앙회에 중소기업글로벌지원센터(중소기업이 공동으로 이용하는 중소기업 지원시설만 해당한다)의 건립비로 지출하는 기부금
	9. 「중소기업협동조합법」에 따른 중소기업중앙회에 중소기업의 정보자원(정보 및 설비, 기술, 인력 등 정보화에 필요한 자원을 말한다) 도입을 무상으로 지원하기 위한 사업비로 지출하는 기부금
	10. 「산림조합법」에 따른 산림조합중앙회에 산림자원 조성기금으로 출연하는 기부금
	11. 「근로복지기본법」에 따른 근로복지진흥기금으로 출연하는 기부금
	12. 「발명진흥법」에 따른 발명진흥기금으로 출연하는 기부금
	13. 「과학기술기본법」에 따른 과학기술진흥기금으로 출연하는 기부금
	14. 「여성기업지원에 관한 법률」에 따른 한국여성경제인협회에 여성경제인박람회개최비 또는 연수원 및 여성기업종합지원센터의 건립비로 지출하는 기부금
	15. 「방송법」에 따라 종교방송을 하는 방송법인에 방송을 위한 건물(방송에 직접 사용되는 부분으로 한정한다)의 신축비로 지출하는 기부금
	16. 「보호관찰 등에 관한 법률」에 따른 범죄예방자원봉사위원지역협의회 및 그 전국연합회에 청소년 선도보호와 범법자 재범방지활동을 위하여 지출하는 기부금
	17. 「한국은행법」에 따른 한국은행, 그 밖의 금융기관이 「금융위원회의 설치 등에 관한 법률」 제46조 제2호 및 제3호에 따라 금융감독원에 지출하는 출연금
	18. 국제체육대회 또는 세계선수권대회의 경기종목에 속하는 경기와 씨름·국궁 및 택견의 기능향상을 위하여 지방자치단체나 대한체육회(시도체육회, 시·군·구체육회 및 대한체육회 회원종목단체, 시도체육회 회원종목단체, 시·군·구 회원종목단체를 포함한다. 이하 이 호에서 같다)가 추천하는 자에게 지출하거나 대한체육회에 운동선수양성, 단체경기비용, 생활체육진흥 등을 위하여 지출하는 기부금
	19. 국제기능올림픽대회에 참가할 선수의 파견비용으로 국제기능올림픽대회한국위원회에 지출하는 기부금
	20. 「국가정보화 기본법」에 따른 한국정보화진흥원에 지출하는 기부금(정보통신기기 및 소프트웨어로 기부하는 것으로 한정

사업내용	쟁점사항
	한다)
	21. 「근로자직업능력 개발법 시행령」 제2조에 따른 공공단체에 근로자훈련사업비로 지출하는 기부금
	22. 「숙련기술장려법」 제6조에 따라 한국산업인력공단에 숙련기술장려적립금으로 출연하는 기부금
	23. 「국민기초생활 보장법」 제15조의 2 제1항에 따른 중앙자활센터와 같은 법 제16조 제1항에 따른 지역자활센터에 각각 같은 법 제15조의 2 제1항 및 제16조 제1항 각 호에 따른 사업을 위하여 지출하는 기부금
	24. 「한국교통안전공단법」에 따른 교통안전공단에 자동차손해배상보장사업비로 지출하는 기부금
	25. 사단법인 한국중화총상회에 국내에서 개최되는 세계화상대회 개최비로 지출하는 기부금
	26. 「협동조합 기본법」에 따른 사회적협동조합 및 「사회적기업 육성법」에 따른 사회적기업(비영리법인으로 한정한다)의 사회서비스 또는 일자리를 제공하는 사업을 위하여 지출하는 기부금
	27. 「농어업경영체 육성 및 지원에 관한 법률」에 따른 농어업경영체에 대한 교육사업을 위하여 사단법인 한국농수식품씨이오연합회에 지출하는 기부금
	28. 「대한소방공제회법」에 따른 대한소방공제회에 직무수행 중 순직한 소방공무원의 유가족 또는 상이를 입은 소방공무원의 지원을 위하여 지출하는 기부금
	29. 「장애인기업활동 촉진법」에 따른 한국장애경제인협회에 장애경제인에 대한 교육훈련비, 장애경제인 창업지원사업비, 장애경제인협회 회관·연수원 건립비, 장애경제인대회 개최비 및 장애인기업종합지원센터의 설치·운영비로 지출하는 기부금
	30. 「대한민국헌정회 육성법」에 따른 대한민국헌정회에 정책연구비 및 헌정기념에 관한 사업비로 지출하는 기부금
	31. 사단법인 한국회계기준원에 국제회계기준위원회재단 재정지원을 위하여 지출하는 기부금
	32. 저소득층의 생활 안정 및 복지 향상을 위한 신용대출사업으로서 「법인세법 시행령」 제2조 제1항 제11호에 따른 사업을 수행하고 있는 비영리법인에 그 사업을 위한 비용으로 지출하는 기부금
	33. 「건설근로자의 고용개선 등에 관한 법률」에 따른 건설근로자공제회에 건설근로자의 복지증진 사업을 위하여 지출하는 기

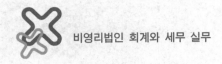
사업내용	쟁점사항
	부금
	34. 「문화예술진흥법」 제7조에 따른 전문예술단체에 문화예술진흥사업 및 활동을 지원하기 위하여 지출하는 기부금
	35. 「중소기업진흥 및 제품구매촉진에 관한 법률」에 의한 중소기업진흥공단에 같은 법 제74조 제1항 제20호에 따른 사업을 위하여 지출하는 기부금
	36. 「여신전문금융업법」 제62조에 따른 여신전문금융업협회에 금융사고를 예방하기 위하여 같은 법 시행령 제6조의 13 제1항에 따른 영세한 중소신용카드가맹점의 신용카드 단말기 교체를 지원하기 위하여 지출하는 기부금
	37. 「정보통신기반 보호법」 제16조에 따른 정보공유·분석센터에 금융 분야의 주요 정보통신기반시설에 대한 침해사고 예방, 취약점의 분석·평가 등 정보통신기반시설 보호사업을 위하여 지출하는 기부금
	38. 「상공회의소법」에 의한 대한상공회의소에 「근로자직업능력개발법」에 따른 직업능력개발사업 및 「유통산업발전법」 제2조 제1호에 따른 유통산업 지원 사업을 위하여 지출하는 기부금
	39. 「보험업법」 제175조에 따른 보험협회에 생명보험 사회공헌사업 추진을 위한 협약에 따라 사회공헌기금 등을 통하여 수행하는 사회공헌사업을 위하여 지출하는 기부금
	40. 「노동조합 및 노동관계조정법」 제10조 제2항에 따른 총연합단체인 노동조합이 시행하는 노사상생협력증진에 관한 교육·상담 사업, 그 밖에 선진 노사문화 정착과 노사 공동의 이익증진을 위한 사업으로서 고용노동부장관이 정하는 사업을 위하여 지출하는 기부금
	41. 해외난민을 위하여 지출하는 기부금
	42. 법 제24조 제3항 제5호 각 목의 병원에 자선의료비로 지출하는 기부금
	43. 「도서관법」에 따라 등록된 작은도서관에 사업비, 시설비, 운영비로 지출하는 기부금
	44. 「신용보증기금법」에 따른 신용보증기금의 보증·보험사업을 위해 기업이 출연하는 기부금
	45. 「기술보증기금법」에 따른 기술보증기금의 보증사업을 위해 기업이 출연하는 기부금
	46. 「근로복지기본법」에 따른 사내근로복지기금 또는 공동근로복지기금으로 출연하는 기부금(사업자 외의 개인이 출연하는

사업내용	쟁점사항
	것으로 한정한다)
	47. 「지역신용보증재단법」에 따른 신용보증재단 및 신용보증재단 중앙회의 보증사업을 위해 기업이 출연하는 기부금
	48. 「여신전문금융업법」 제62조에 따른 여신전문금융업협회에 기획재정부에서 시행하는 상생소비지원금 사업의 통합서버 구축·운영비로 지출하는 기부금
	49. 「중소기업협동조합법」 제106조 제8항에 따른 중소기업중앙회 공동사업지원자금에 출연하는 기부금
	50. 「새마을금고법」에 따라 설립된 새마을금고에 「사랑의 좀도리 운동」을 위하여 지출하는 기부금

2018년 2월 13일 시행령 개정시 종전에는 상속세 및 증여세법상 공익법인과 법인세법상 법정·지정기부금단체의 범위가 달라 기부시 세제지원이 일부 불일치하였던 바, 기부금단체와 공익법인간 일관성을 제고하기 위해 공익법인의 범위를 기부금단체 기준으로 정비하였다. 동 개정규정은 2019년 1월 1일 이후 상속 및 증여가 개시되는 분부터 적용하되, 2018년 12월 31일에 종전의 시행령 제12조 제5호부터 제8호까지 및 제11호에 따라 공익법인 등에 해당하는 자는 시행령 제12조의 개정규정에도 불구하고 2020년 12월 31일까지 공익법인 등에 해당하는 것으로 본다.

이렇게 2020년 12월 31일 이전에 「상속세 및 증여세법」 제16조 및 제48조에 따라 출연받은 재산의 가액을 증여세 과세가액에 산입하지 아니한 공익법인등은 같은 법 시행령 부칙(대통령령 제28638호 2018.2.13.)에 따라 2021년 1월 1일부터 공익법인등에 해당하지 않게 된 경우라도 증여세가 부과되지는 않지만 공익법인등에 적용되는 모든 의무를 준수하여야 한다(기획재정부 재산세제과-859, 2021.9.29.).

설립일부터 1년 이내에 「법인세법 시행령」 제39조 제1항 제1호 바목에 따른 공익법인등으로 고시된 경우에는 그 설립일부터 공익법인등에 해당하는 것으로 본다(상속세 및 증여세법 시행령 제12조 단서). 따라서 설립시 공익법인등이 출연받은 재산에 대하여도 설립일부터 1년 이내에 공익법인등으로 고시가 되는 경우에는 과세가액에 산입하지 아니한다.

| 중요 예규 및 판례 |

서면법규법인 - 3576, 2024.8.22.

비영리 외국법인이 A재단으로부터 국내에 있는 부동산을 출연받은 경우로서, 해당 비영리 외국법인이 「상속세 및 증여세법 시행령」 제12조 제9호 및 「법인세법 시행령」 제39조 제1항 제1호 바목에 해당하는 경우에는 「상속세 및 증여세법」 제48조 제1항에 따라 그 출연받은 재산의 가액은 증여세 과세가액에 산입하지 않는 것이며, 귀 법인이 이에 해당하는지 여부는 구체적인 사실판단사항임.

서면 - 2024 - 법인 - 0632, 2024.4.26.

1. 2018.2.13. 전에 정부로부터 허가 또는 인가를 받은 학술연구단체는 구 법인세법 시행령(2018.2.13. 대통령령 제28640호로 개정된 것) 부칙 제16조에 따라 2020.12.31.까지는 공익법인(구 지정기부금단체)에 해당하나, 2021.1.1. 이후에는 같은 영 제36조 제1항 제1호 바목(현행 법인세법 시행령 제39조 제1항 제1호 바목)에 따라 기획재정부장관이 지정 · 고시하는 경우 공익법인에 해당하는 것임.

2. 상속세 및 증여세법 시행령 제12조 제10호에 따른 공익법인은 법인세법 시행령 제39조 제1항 제2호 다목에 해당하는 기부금을 받은 자가 해당 기부금으로 운영하는 사업을 하는 자를 말하며, 이 경우 법인세법 시행령 제39조 제1항 제2호 다목에 해당하는 기부금은 기획재정부장관이 별도로 지정하여 고시하는 기부금(공익목적 기부금)을 말하는 것임.

조심 - 2023 - 중 - 0660, 2023.3.15.

상증법 제16조 제1항에 따라 상속재산을 상속세 과세가액에 불산입하기 위해서는 우선 피상속인이나 상속인이 상속재산을 공익법인 등에 출연하여야 하고, 상속인이 출연하는 경우 다른 상속인 전원의 합의에 따른 것이어야 하는 점(조심 2011부1038, 2012.1.12., 참조), 쟁점부동산은 부동산등기부상 청구인이 단독으로 유증을 받아 ○○○에 출연한 것으로 확인되고 이 과정에서 다른 상속인 전원의 합의가 있었다고 볼 증빙이 없는 점, 청구인이 제출한 일부 증빙에 피상속인의 재산출연 의사가 나타나고 피상속인이 자기의 재산을 임의로 처분할 수 있다 하더라도 이러한 피상속인 의사의 실현이 유언을 통해 나타나고, 유언은 「민법」이 정하는 방식에 따라 이루어져야 하는데, 이 건의 경우 이러한 유언 등이 확인되지 아니하므로 청구인이 쟁점부동산을 출연한 것을 사실상 피상속인의 출연으로 단정할 수는 없는 점 등에 비추어 청구인의 주장을 받아들이기 어려운 것으로 판단됨.

서면 - 2022 - 법인 - 2595, 2022.9.7.

舊「법인세법 시행령」(2018.2.13. 제28640호로 개정되기 전의 것) 제36조 제1항 제1호 다목에 해당하는 공익법인이 법인세법 시행령 개정(2018.2.13. 제28640호)에 따라 2021.1.1.부터 공익법인에 해당하지 아니하게 된 경우 2020.12.31. 이전에 「상속세 및 증여세법」 제16조 및 제48조에 따라 증여세 과세가액에 산입하지 아니한 출연받은 재산을 2021.1.1. 이후에도 계속 보유하고 있다면 공익법인등의 납세협력의무를 계속하여 이행하여야 하는 것임.

이 경우 해당 공익법인이 2021.1.1. 이후 「상속세 및 증여세법 시행령」 제38조 제2항에 따른 직접 공익목적사업에 출연재산을 전부 사용함으로써 더 이상 잔여 출연재산이 없게 된다면 잔여 출연재산이 없게 된 날이 속하는 사업연도 귀속분까지는 공익법인등의 납세협력의무를 이행하고, 그 이후 사업연도 귀속분에 대하여는 공익법인등의 납세협력의무는 이행하지 않아도 되는 것임.

또한 해당 공익법인이 출연받은 재산을 2020.12.31. 이전에 「상속세 및 증여세법 시행령」 제38조 제2항에 따른 직접 공익목적사업에 전부 사용함으로써 2020.12.31. 현재 해당 공익법인에 더 이상 잔여 출연재산이 남아있지 않은 경우에는 2020.12.31.이 속하는 사업연도에 대한 공익법인등의 납세협력의무를 이행하고, 그 이후 사업연도에 대하여는 공익법인등의 납세협력의무는 이행하지 않아도 되는 것임.

사전 - 2021 - 법규법인 - 1813, 2022.1.27.

종교의 보급, 그 밖에 교화를 목적으로 「민법」 제32조에 따라 문화체육관광부장관 또는 지방자치단체의 장의 허가를 받아 설립한 비영리법인은 「법인세법 시행령」 제39조 제1항 제1호 마목에 따른 비영리법인에 해당하는 것이며, 해당 비영리법인이 「상속세 및 증여세법 시행령」 제12조 제1호 또는 제9호에서 규정한 사업을 하는 경우 「상속세 및 증여세법」 제16조 제1항에 따른 공익법인에 해당하는 것임. 다만, 설립목적 및 운영사업, 설립근거법률, 설립허가권자 등을 고려하여 사실판단할 사항임.

서면 - 2021 - 상속증여 - 3578, 2021.6.28.

「상속세 및 증여세법 시행령」 제12조 제9호를 적용할 때 설립일부터 1년 이내에 「법인세법 시행령」 제39조 제1항 제1호 바목에 따른 공익법인등으로 고시된 경우에는 그 설립일부터 공익법인등에 해당하는 것으로 보는 것임.

서면 - 2020 - 법인 - 2185, 2020.11.30.

「공공기관의 운영에 관한 법률」에 따른 공공기관의 경우에도 「상속세 및 증여세법 시행령」 제12조 각 호 어느 하나에 해당하는 사업을 하는 경우에만 공익법인에 해당하는 것임. 정부로부터 허가 또는 인가를 받은 학술연구단체, 장학단체, 기술진흥단체와 문화·예술단체 및 환경보호운동단체(이하 '학술연구단체 등')은 舊 「법인세법 시행령」(2018.2.13. 대통령령 제28640호로 개정된 것) 부칙 제16조 및 「상속세 및 증여세법 시행령」 제12조에 따라 2020년 12월 31일까지 공익법인에 해당하는 것이나, 귀 법인이 정부로부터 허가 또는 인가를 받은 학술연구단체 등에 해당하는지 여부는 학술연구단체 등으로 허가 또는 인가 여부, 정관상 목적사업, 단체의 조직, 실제 활동상황 등에 따라 사실판단할 사항임.

1. 종교의 보급 기타 교화에 현저히 기여하는 사업

재산-274, 2011.6.7., 서면4팀-3492, 2007.12.6.

「상속세 및 증여세법 시행령」 제12조 제1호의 규정에 의하여 '종교의 보급 기타 교화에 현저히 기여하는 사업'을 운영하는 종교단체는 공익법인등에 해당하는 것이며, 이 경우 종교단체가 공익법인등에 해당하는지 여부는 법인으로 등록했는지에 관계없이 당해 종교단체가 수행하는 정관상 고유목적사업에 따라 판단하는 것임.

서면4팀-4212, 2006.12.28.

질의

〔사실관계〕

미국의 종교법인이 한국에 종교법인 지점을 설립하여 선교, 예배, 종교목적에 종사하고 있으며, 관할세무서에서 고유번호증(-82-)을 등록받았음. 경기도 소재하고 있는 개인의 토지를 한국에 있는 미국종교법인의 한국 지점에 출연하여 토지의 1/2은 종교 선교관을 건립하여 종교목적에 사용하고 1/2은 선교사 등 종교인의 주택을 신축하여 거주할 예정임.

〔질의내용〕

이 경우 출연한 재산에 대하여 증여세가 과세되는지 여부

회신

종교의 보급 기타 교화에 현저히 기여하는 사업을 영위하는 자(이하 '종교단체'라 한다)가 「상속세 및 증여세법」 제31조 제1항의 규정에 의한 재산(경제적 가치가 있는 모든 물건과 재산적 가치가 있는 법률상 또는 사실상 모든 권리를 포함한다)을 출연받은 경우 그 출연받은 재산의 가액은 같은 법 제48조 제1항의 규정에 의하여 증여세 과세가액에 산입하지 아니하는 것이며, 이 경우 당해 종교단체의 주된 사무소가 국외에 소재하고 있는 경우에는 이를 적용하지 아니하는 것임.

서면4팀-3510, 2006.10.25.

1. 납골시설을 설치·운영하는 재단법인은 「상속세 및 증여세법 시행령」 제12조 각 호에서 규정하는 공익법인등에 해당하지 아니하는 것이며, 공익법인등에 해당하지 않는 비영

리법인이 증여받은 재산에 대하여는 같은 법 제2조 및 제4조의 규정에 의하여 증여세를 납부할 의무가 있는 것임.

2. 귀 질의와 관련 있는 유사사례(서면4팀-1882, 2004.11.22., 서일 46014-10505, 2001.11.23., 서일 46014-10362, 2003.3.25.)를 참고하기 바람.

〔참고 : 서일 46014-10505, 2001.11.23.〕

납골시설을 설치·운영하는 재단법인은 공익법인에 해당하지 아니하므로 종교단체가 동 재단법인에 재산을 출연하는 것은 출연재산을 직접 공익목적사업에 사용하는 것에 해당되지 않음.

〔참고 : 서일 46014-10362, 2003.3.25.〕

귀 질의의 경우는 질의회신문(재산상속 46014-1080, 2000.9.6.)을 참고하기 바람.

〔참고 : 재산상속 46014-1080, 2000.9.6.〕

「상속세 및 증여세법」 제16조·제48조 및 같은 법 시행령 제12조의 규정을 적용할 때 '공원묘원의 운영 및 위탁관리사업'을 주로 영위하는 재단법인은 위의 규정에 의한 공익법인등에 포함하지 아니하며, 공익법인등에 해당하지 않는 비영리법인이 재산을 증여받은 경우 같은 법 제2조 및 제4조의 규정에 의하여 증여세를 납부할 의무가 있는 것임.

서면4팀-3078, 2006.9.7.

1. 「상속세 및 증여세법 시행령」 제12조 제1호의 규정에 의하여 '종교의 보급 기타 교화에 현저히 기여하는 사업'을 운영하는 종교단체는 공익법인등에 해당하는 것이며, 이 경우 종교단체가 공익법인등에 해당하는지 여부는 법인으로 등록했는지에 관계없이 당해 종교단체가 수행하는 정관상 고유목적사업에 따라 판단하는 것임.

2. 「상속세 및 증여세법」 제48조의 규정에 의하여 공익법인등이 재산을 출연받아 그 출연받은 날부터 3년 이내에 직접 공익목적사업(직접 공익목적사업에 충당하기 위하여 수익용 또는 수익사업용으로 운용하는 경우를 포함한다)에 사용하는 경우에는 증여세가 과세되지 아니하는 것임. 다만, 출연재산이 등기·등록을 요하는 재산에 해당하는 경우로서 개인명의로 등기·등록된 경우에는 공익사업에 출연한 재산으로 볼 수 없는 것임.

서면4팀-1278, 2006.5.4., 국심 2001서1041, 2001.8.14., 국심 2000중2127, 2001.1.5.

출연받은 재산을 예배당 또는 담임목사의 사택으로 사용하는 경우에는 직접 공익목적사업을 수행하기 위하여 사용하는 것으로 보는 것이나, 당해 출연받은 재산을 부목사·전도사·선교사의 사택으로 사용하는 경우에는 직접 공익목적사업에 사용하는 것으로 보지 아니하는 것임. 다만, 당해 부목사 등의 사택이 교회의 경내에 소재한 경우로서 종교의 보급 기타 교화를 목적으로도 사용하는 경우에는 이를 직접 공익목적사업을 수행하기 위하여 사용하는 것으로 볼 수 있음.

서면4팀 - 1113, 2006.4.25.

종교사업에 불특정다수인이 출연하여 출연자별로 출연받은 재산가액의 산정이 어려운 헌금(각각 교인들로부터 직접 출연받은 금전)의 경우에는 사후관리대상 출연재산에서 제외하는 것임.

서면4팀 - 71, 2005.1.10.

종교단체가 출연받은 재산을 그 종교단체의 대표자 사택으로 사용하는 경우 직접 공익목적사업에 사용한 것으로 보지 아니함.

재재산 46014 - 278, 1995.7.19.

「향교재산법」 제3조의 규정에 의하여 설립된 향교재단이 유교의 진흥을 목적으로 운영하는 사업은 「상속세법 시행령」 제3조의 2 제2항 제1호에 규정된 공익사업에 해당하는 것임.

2. 「초 · 중등교육법」 및 「고등교육법」에 의한 학교를 설립 · 경영하는 사업

서면4팀 - 2326, 2005.11.25., 재삼 46014 - 1610, 1999.8.28.,
재삼 46014 - 1455, 1998.8.3.

「교육법」(1997.12.13. 법률 제5437호로 폐지되기 전의 것)에 의하여 설립된 유치원은 위의 학교에 해당하는 것임. 이 경우 출연재산이 등기 · 등록을 요하는 재산에 해당하는 경우로서 개인명의로 등기 · 등록된 경우에는 공익사업에 출연한 재산으로 볼 수 없는 것임.

재삼 1254 - 105, 1992.1.14.

「상속세법 시행령」 제3조의 1 제2항 각 호에서 정하는 공익사업에 해당하는지 여부를 판단함에 있어서 「교육법」에 의한 교육기관은 법인이든 개인이든 관계없이 동 규정의 공익사업에 해당하는 것임.

직세 1234 - 823, 1977.4.11.

「교육법」에 의하여 인가를 받지 아니하고 설립한 외국인학교는 「교육법」에 의한 교육관계에 해당하지 아니하므로 이러한 외국인학교를 운영하는 사업은 「상속세법」상 공익사업에 해당하지 아니함.

3. 「공익법인의 설립·운영에 관한 법률」의 적용을 받는 공익법인이 운영하는 사업

서면 - 2020 - 상속증여 - 1984, 2020.6.30.

귀 질의의 경우 기존 해석사례(서면4팀 - 3584, 2007.12.18.) 및 상증세법 시행령 부칙<제28638호, 2018.2.13.> 제12조를 참고하기 바람.

〔참고 : 서면인터넷방문상담4팀 - 3584, 2007.12.18.〕
「상속세 및 증여세법 시행령」 제12조 제5호의 규정에 의하여 「공익법인의 설립·운영에 관한 법률」의 적용을 받는 공익법인이 운영하는 사업을 영위하는 자는 공익법인 등에 해당하는 것임.

〔참고 : 상속세 및 증여세법 시행령 부칙 〈제28638호, 2018.2.13.〉〕
제12조 (공익법인등의 범위에 관한 경과조치) 2018년 12월 31일에 종전의 제12조 제5호부터 제8호까지 및 제11호에 따라 공익법인등에 해당하는 자는 제12조의 개정규정에도 불구하고 2020년 12월 31일까지 공익법인등에 해당하는 것으로 본다.

4. 「법인세법 시행령」 제39조 제1항 제1호 각 목에 따른 공익법인 등이 운영하는 고유목적사업

서면 - 2020 - 법령해석법인 - 3494, 2021.10.4.

질의

〔사실관계〕
• A법인은 구 「상속세 및 증여세법 시행령」(2018.2.13. 대통령령 제28638호로 개정되기 전의 것) 제12조 제7호에 규정된 '환경보호에 현저히 기여하는 사업으로서 영리를 목적으로 하지 아니하는 사업'을 영위하여 공익법인에 해당되었으나,
  - 2018.2.13. 「상속세 및 증여세법 시행령」 개정시 제12조 제7호가 삭제됨에 따라 2020.12.31.까지만 공익법인에 해당하게 됨(2021.1.1. 이후로는 비영리법인에 해당)
  ※ 상속세 및 증여세법 시행령 부칙 <제28638호, 2018.2.13.>
    제12조 (공익법인등의 범위에 관한 경과조치) 2018년 12월 31일에 종전의 제12조 제5호부터 제8호까지 및 제11호에 따라 공익법인등에 해당하는 자는 제12조의 개정규정에도 불구하고 2020년 12월 31일까지 공익법인등에 해당하는 것으로 본다.

〔질의내용〕
• 공익법인이 「상속세 및 증여세법 시행령」 개정에 따라 공익법인에 해당하지 아니하게 되는 경우 출연받은 재산에 대하여 증여세가 부과되는지 여부

- (1안) 증여세가 부과됨.
- (2안) 증여세가 부과되지 않음.

회신

귀 서면질의의 경우, 기획재정부 해석(재재산-859, 2021.9.29.)을 참고하기 바람.

〔참고 : 기획재정부 재산세제과-859, 2021.9.29.〕

귀 질의의 경우 제2안이 타당함. 다만, 2020년 12월 31일 이전에 「상속세 및 증여세법」 제16조 및 제48조에 따라 출연받은 재산의 가액을 증여세 과세가액에 산입하지 아니한 공익법인등은 같은 법 시행령 부칙(대통령령 제28638호 2018.2.13.)에 따라 2021년 1월 1일부터 공익법인등에 해당하지 않게 된 이후에도 공익법인등에 적용되는 모든 의무를 준수하여야 하는 것임.

1-3. 출연 요건

1-3-1. 출연의 의의 및 방법

(1) 출연의 의의

보통 '출연(出捐)'이라 함은 금품을 내어 원조한다는 뜻으로, 「민법」에서 출연행위를 한다고 함은 당사자의 한쪽이 자기의 의사에 따라 재산상의 손실을 입고 다른 당사자에게 이득을 주는 기부행위의 일종이다. 출연은 상대방 없는 단독행위로, 이것이 처분행위인지 단순한 의무부담행위인지는 명백하지 않다(다수설은 처분행위로 봄). 출연행위는 법기술적으로는 후에 성립할 법인에 대한 증여나 유증과 비슷한 구조를 가지므로, 이에 대한 규정을 준용한다(민법 제47조).[1]

「상속세 및 증여세법」상 출연에 대하여 별도로 규정하고 있지 않지만 법률적 성격을 '증여'로 보는 것이 타당할 것이다.

---

1) 법률용어사전(현암사, 2006년)

(2) 출연의 방법

공익법인에 대한 출연의 방법은 다음과 같이 정리할 수 있다.

① 피상속인의 생전 증여계약에 의한 증여(증여세 면제)
② 피상속인의 공익법인 설립행위에 의한 출연(상속세 또는 증여세 면제)
③ 피상속인의 유증[2] 또는 사인증여계약[3]에 의한 출연(상속세 면제)
④ 상속인의 합의에 의한 피상속인 사후의 출연(상속세 면제)

상기의 증여·유증, 사인증여는 모두 적법한 「민법」상의 법률행위 또는 계약에 해당하여야 한다.

단, 상속재산 중 상속인이 공익법인에게 출연하는 경우(④)는 상속인의 의사(상속인이 2인 이상인 경우에는 상속인들의 합의에 의한 의사로 한다)에 따라 아래의 1-3-2.에서 설명하는 출연시한 내에 출연을 이행하여야 하며, 상속인이 공익법인등의 이사현원(5인에 미달하는 경우에는 5인으로 본다)의 5분의 1을 초과하여 이사가 되지 아니하여야 하며, 이사의 선임 등 공익법인등의 사업운영에 관한 중요사항을 결정할 권한이 없어야 한다(상속세 및 증여세법 시행령 제13조 제2항).

> 상속세 및 증여세법 기본통칙 16-13…3【이사선임 요건 등을 위배한 출연에 대한 상속세과세】
> ① 상속인이 이사 등에서 물러나 해당 공익법인 등의 이사 현원의 5분의 1을 초과하지 아니하고, 동시에 상속인이 그 공익법인 등의 사업운영에 관한 중요사항을 결정할 권한을 갖지 아니한 상태로 전환한 후 상속세 신고기한 내에 상속재산을 그 공익법인등에 출연하는 경우에도 법 제16조 제1항에 따라 출연된 재산가액은 이를 상속세 과세가액에 산입하지 아니한다.
> ② 영 제13조 제2항 제2호의 이사에는 이사회의 의결권을 갖지 아니하는 감사는 포함하지 아니한다.

---

2) 유언자가 유언에 의하여 재산을 수증자에게 무상으로 증여하는 단독행위를 말한다. 수증자에게 일정한 부담을 지우는 것(부담부유증)도 가능하다.
3) 생전에 증여계약을 체결해 두고 그 효력이 증여자의 사망시부터 발생하는 것으로 정한 증여를 말한다.

| 중요 예규 및 판례 |

재산-125, 2009.9.3.

질의

〔사실관계〕

• 성실공익법인 요건 중

• 출연자(재산출연일 현재 해당 공익법인등의 총출연재산가액의 100분의 1에 상당하는 금액과 2천만 원 중 적은 금액을 출연한 자는 제외한다) 또는 그와 특수관계에 있는 자(제19조 제2항 각 호의 어느 하나의 관계에 있는 자를 말한다. 이 경우 "주주 등 1인"은 "출연자"로 본다)가 공익법인등의 이사 현원(이사 현원이 5명에 미달하는 경우에는 5명으로 본다)의 5분의 1을 초과하지 아니하는 공익법인등 요건이 있음.

〔질의내용〕

• 위 법문 중 이사의 범위를 질의함.

〔갑설〕 정관과 법인등기부에 기재된 등재이사만을 의미함.

〔을설〕 [갑설]에서 말하는 이사뿐 아니라, 「법인세법 시행령」 제87조에 의한 임원의 임면권의 행사자, 사업방침의 결정자로서 「상법」 제401조의 2 제1항의 규정에 의하여 이사로 보는 자도 포함함(예, 특수관계에 있는 자가 이사장, 전무, 상무 등 이사직함이 아닌 관리(책임)자로서 인사발령을 받아 무보수로(급여는 출연회사에서 지급) 사회복지법인 운영에 참여할 경우 업무집행자로 보아 이사로 보는지 여부).

회신

「상속세 및 증여세법 시행령」 제13조 제3항 제2호의 이사의 범위에는 공익법인등에 상속재산을 출연한 상속인과 특수관계 있는 자로서 이사의 선임 등 당해 공익법인등의 사업운영에 관한 중요사항을 결정할 권한을 가진 자를 포함하는 것임.

국심 2004광1807, 2004.11.4.

상속인이 공익법인의 이사장으로 등재되어 있다는 사실만으로 공익법인 출연재산에 대한 상속세과세가액 불산입 요건인 '이사의 선임 등 공익법인의 사업운영에 관한 중요사항을 결정할 권한을 가진 자'에 해당한다고 볼 수 없음.

이하에서는 예규판례에서 빈번히 질의되는 과세가액 불산입 여부에 대한 내용이다.

① 수증받은 재산을 공익법인 명의가 아닌 개인명의로 등기하는 경우에는 과세가액 불산입되는 출연재산으로 보지 아니한다.

② 단순한 타인명의 등으로 등기된 재산을 명의신탁해지하여 공익법인으로 환원하는 경우는 증여로 보지 아니한다.

③ 부담부증여의 경우 공익법인이 인수한 채무인수분은 양도로 보아 양도소득세가 과세된다(소득세법 제88조 제1항). 즉, 양도소득세나 증여세를 회피하고자 공익법인에게 채무를 포함하여 재산을 출연하는 경우 증여자의 채무를 수증자가 인수하는 경우에는 증여가액 중 그 채무액에 상당하는 부분은 그 자산이 사실상 유상으로 이전되는 것으로 본다.

 | 중요 예규 및 판례 |

서면4팀 - 982, 2006.4.17., 서면4팀 - 1668, 2005.9.16.

종교단체가 명의신탁한 재산을 명의신탁 해지하여 실질소유자인 종교단체 명의로 환원하는 경우에는 이를 증여로 보지 아니하는 것임. 귀 질의의 경우 종교단체가 목사의 개인명의로 부동산을 취득한 것이 그 명의자에게 증여한 것인지 또는 명의신탁한 것인지 여부는 개인명의로 등기하게 된 경위 등 구체적인 사실관계를 확인하여 판단할 사항이며, 부동산을 타인명의로 등기하는 경우에는 「부동산실권리자 명의등기에 관한 법률」에 의하여 과징금이 부과될 수 있음.

서면4팀 - 2189, 2005.11.15., 서일 46014 - 10904, 2003.7.11.,
서면4팀 - 909, 2004.6.21.

개인명의로 등기된 재산은 공익법인등이 출연받은 재산에 해당되지 아니함.

대법 2005두3271, 2005.6.23.

자필증서, 녹음, 공정증서 등 적법한 방식을 갖춘 유언에 따라 하지 않은 장학재단의 설립에 따른 부동산의 출연은 상속세 과세가액에 포함됨.

서일 46014 - 11042, 2004.8.13.

「상속세 및 증여세법」 제48조 및 동법 시행령 제12조 제22호의 규정에 의하여 「초·중등교육법」에 의한 학교를 설립·경영하는 공익법인등이 출연받은 재산을 3년 이내에 직접 공익목적사업에 사용하는 경우 증여세가 과세되지 아니하는 것이며, 「평생교육법」에 의하여 평생교육시설로 인가를 받아 교육을 실시하고 있는 학교는 위의 학교에 해당할 수 있는 것이나, 학교가 아닌 개인명의로 증여받은 재산은 위의 공익법인등이 출연받은 재산으로 볼 수 없는 것임.

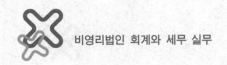

1-3-2. 출연시기 및 출연시한

「상속세 및 증여세법」상 출연재산의 출연시기 및 출연시한에 대하여는 동법 제16조 제1 항, 동법 시행령 제13조 제1항, 동법 기본통칙 16−13⋯2에서 규정하고 있다.

> 상속세 및 증여세법 기본통칙 16−13⋯2 【공익법인등에의 출연시기 및 출연시한】
> ① 법 제16조 제1항의 규정에 의하여 공익법인등에 출연한 재산의 출연시기는 동 공익 법인등이 출연재산을 취득하는 때를 말한다.
> ② 법 제16조 제1항의 규정에 의하여 공익법인등에 출연한 재산은 상속세 신고기한까지 공익법인등에 그 출연을 이행(권리의 이전이나 그 행사에 등기⋅등록 등을 요하는 출연 재산의 경우에는 등기⋅등록에 따라 소유권이 이전된 것을 말한다)하여야 한다. 다만, 법령상 또는 행정상의 정당한 사유로 인하여 설립허가 등이 지연되는 경우에는 그 사유 가 종료된 날부터 6월 이내에 그 출연을 이행하여야 한다.

(1) 출연시기

「상속세 및 증여세법」상 공익법인등이 출연재산을 취득한 때를 출연시기로 한다는 것은 「민법」상 출연재산의 귀속시기에 불구하고 공익법인등에게 출연재산이 등기 또는 인도된 때를 출연시기로 한다는 의미이다.

「민법」상 출연재산의 귀속시기에 대한 규정을 살펴보면 다음과 같다.

법조문	내 용
민법 제48조 【출연재산의 귀속시기】	① 생전처분으로 재단법인을 설립하는 때에는 출연재산은 법인이 성 립된 때로부터 법인의 재산이 된다. ② 유언으로 재단법인을 설립하는 때에는 출연재산은 유언의 효력이 발생한 때로부터 법인에 귀속한 것으로 본다.
민법 제1073조 【유언의 효력발생시기】	① 유언은 유언자가 사망한 때로부터 그 효력이 생긴다. ② 유언에 정지조건이 있는 경우에 그 조건이 유언자의 사망 후에 성 취한 때에는 그 조건성취한 때로부터 유언의 효력이 생긴다.

① 생전처분으로 재단법인을 설립하는 경우

재산의 출연, 정관작성, 주무관청의 허가, 설립등기를 함으로써 법인이 성립하므로 최 초 출연에 의하여 공익법인을 설립하는 경우에는 법인이 성립한 때가 출연시기이다.

즉, 출연시기는 등기 또는 인도일이 아닌 법인 설립일을 채택하고 있다.

② 유언에 의하여 재단법인을 설립하는 경우

유언의 효력이 발생하는 때로부터 법인에게 귀속한 것으로 본다. 유언의 효력은 사망 시점에서 효력이 발생하고, 조건이 있는 유언인 경우에는 그 조건이 사망 후에 성립하는 때에 효력이 발생한다 하여 이런 유언의 효력이 발생하는 시점이 출연시기가 된다. 이것은 출연자의 재산상속인 등이 출연자 사망 후에 출연자의 의사에 반하여 출연재산을 처분함으로써 법인재산이 일실되는 것을 방지하고자 출연자가 사망한 때로 소급하여 법인에 귀속하도록 한 것이다.

③ 기 설립된 공익법인등에 출연하는 경우

동 공익법인등이 출연재산을 취득하는 때를 출연시기로 보므로 「민법」상의 소유권이 이전된 때가 출연시기가 된다. 즉, 부동산은 등기를, 동산은 인도를, 지시채권은 배서·교부를, 무기명채권은 교부를 한 때에 재산을 취득한 것으로 본다.

(2) 출연시한

상속재산 중 피상속인 또는 상속인이 출연한 재산의 가액은 상속세 신고기한, 즉 상속개시일로부터 6개월(피상속인, 상속인이 외국에 주소를 둔 경우에는 9월) 내에 출연을 이행하여야 한다. 다만, 다음의 경우에는 그 사유가 종료된 날부터 6개월까지 출연을 이행하여야 한다 (상속세 및 증여세법 시행령 제13조 제1항).

① 법령상 또는 행정상의 사유로 출연재산의 소유권의 이전이 지연되는 경우
② 상속받은 재산을 출연하여 공익법인등을 설립하는 경우로서 법령상 또는 행정상의 사유로 공익법인등의 설립허가 등이 지연되는 경우

이렇게 출연시한을 제한하는 이유는 실질적으로 공익사업으로의 출연에 대한 이행을 촉진시키고 위장출연을 방지하기 위한 것이라 할 수 있다. 다만, 농지 등 공익법인이 취득할 수 없는 상속재산을 출연하여 설립 신청함으로써 설립허가 자체가 안 되는 경우 등과 같이 법률 등에 의한 출연재산의 요건미비로 인하여 공익법인의 설립이 불가능하거나 지연되는 경우는 출연시기의 예외가 인정되지 아니한다.

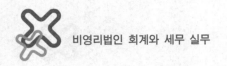

| 중요 예규 및 판례 |

재산-511, 2010.7.14.

질의

〔사실관계〕

• 상속인이 상속재산 중 주식(비상장법인의 주식으로 지분율은 5%를 초과함)을 상속세 신고기한 내에 매각하고 그 대금을 학교법인 등 공익법인에 출연하고자 함.

〔질의내용〕

• 위 사례의 경우 과세가액 불산입이 되는지 여부
• 과세가액 불산입이 된다면 불산입 금액의 산정방법

회신

귀 질의와 같이 상속재산인 비상장주식을 매각하고 그 매각대금을 상속세 신고기한 이내에 공익법인 등에 출연하는 경우에는 「상속세 및 증여세법」 제16조에 따라 해당 출연 재산가액을 상속세 과세가액에 산입하지 아니하는 것이며, 이 경우 상속세 과세가액 불산입 금액은 그 매각대금 중 출연재산가액이 차지하는 비율을 해당 상속재산의 가액에 곱하여 계산한 금액을 한도로 하는 것임.

고법 2009누11272, 2009.10.20.

부동산의 출연 당시 증여세 과세대상에서 제외되는 공익법인으로 규정하지 아니한 이상 증여세를 과세한 처분은 정당함.

국심 2005중798, 2006.1.27.

상속재산으로서 상속인들의 합의에 의한 의사에 따라 법정기한 내 공익법인등에 출연된 것으로 인정되므로 상속세 과세가액에 산입하지 아니하는 것이 타당함.

심사상속 2001-6, 2001.4.13.

피상속인의 사망 후 공익법인에 대한 출연시한을 경과해 '유증이나 사인증여'가 아닌 '증여'를 원인으로 피상속인의 부동산 소유권이 공익법인에게 이전등기된 경우, 상속인에게 상속세 과세하고 공익법인에게 증여세 과세됨.

재삼 46014-2576, 1998.12.31.

공익법인등에 출연한 재산의 출연시기는 동 공익법인등이 출연재산을 취득하는 때를 말하는 것으로서 권리의 이전이나 그 행사에 등기·등록 등을 요하는 출연재산의 경우에는 소유권이전등기·등록접수일을 말하는 것임.

재삼 46014 - 462, 1994.2.19.
최초 출연에 의하여 공익사업을 설립하는 경우 출연재산의 출연시기는 「민법」 제48조의 규정에 의하는 것이므로 유언으로 재단법인을 설립하는 경우에는 유언의 효력이 발생한 때(유언자가 사망한 때)로부터 법인에 귀속한 것으로 보는 것임.

2 공익신탁재산에 대한 상속세 및 증여세 과세가액 불산입

상속재산 중 피상속인이나 상속인이(증여재산인 경우에는 증여자가) 「공익신탁법」에 따른 공익신탁으로서 종교·자선·학술 또는 그 밖의 공익을 목적으로 하는 신탁(이하 '공익신탁'이라 한다)을 통하여 공익법인등에 출연하는 재산의 가액은 상속세(증여의 경우에는 증여세) 과세가액에 산입하지 아니한다(상속세 및 증여세법 제17조, 제52조).

상속세 또는 증여세 과세가액에 산입하지 않는 공익신탁은 다음 각 호의 요건을 갖춘 것으로 한다(상속세 및 증여세법 시행령 제14조, 제45조).

① 공익신탁의 수익자가 「상속세 및 증여세법 시행령」 제12조에 규정된 공익법인등이거나 그 공익법인등의 수혜자일 것
② 공익신탁의 만기일까지 신탁계약이 중도해지되거나 취소되지 아니할 것
③ 공익신탁의 중도해지 또는 종료시 잔여신탁재산이 국가·지방자치단체 및 다른 공익신탁에 귀속될 것

신탁의 시한은 상속세 또는 증여세 과세표준 신고기한까지 신탁을 이행하여야 하며, 다만 법령상 또는 행정상의 사유로 신탁이행이 늦어지면 그 사유가 끝나는 날이 속하는 달의 말일부터 6개월 이내에 신탁을 이행하여야 한다(상속세 및 증여세법 시행령 제14조 제2항).

「공익신탁법」의 제정과 시행

주무관청별로 나누어져 있는 공익신탁에 대한 관리·감독 권한을 법무부장관의 권한으로 일원화하여 관리·감독의 효율성과 전문성을 높이고, 공익신탁의 설정을 허가제에서 인가제로 전환하는 한편, 공익신탁의 투명성을 높이기 위한 공시제도를 도입하는 등 공익신탁제도의 전면적 개선을 통해 공익신탁제도를 쉽고 편리하게 이용할 수 있도록 함으로써 나눔과 기부문화 활성화를 위한 법적 기반을 확충하기 위해 2014.3.18. 공익신탁법을 제정하여 공포 후

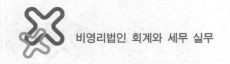

1년 후인 2015.3.19.부터 시행함에 따라 상속세 및 증여세법 역시 과거 신탁법 제106조에 따른 공익신탁에 대해 적용하던 공익신탁재산에 대한 상속세(증여세) 과세가액 불산입을 공익신탁법에 따른 공익신탁에 대해 적용하는 것으로 개정되었음.

| 중요 예규 및 판례 |

재산세과 – 85, 2013.3.19.

피상속인이나 상속인이 「신탁법」 제106조에 따른 공익신탁을 통하여 공익법인 등에 재산을 출연하고 그 재산을 해당 공익법인 등이 정관상 고유목적사업에 사용하는 경우에는 「상속세 및 증여세법」 제17조·제52조 및 제48조 제1항의 규정에 의하여 상속세 및 증여세 과세가액에 산입하지 아니하는 것임.

조심 2010서2897, 2011.6.28.

〔요약〕

증여계약은 증여자가 증여표시를 하고 수증자가 이를 수락함으로써 이루어지는 것으로 피상속인의 주식기부증서상 기부 의사표시가 있을 뿐 공익법인이 수증자로 지정되지 않은 이상 상속세 과세가액에서 공제하는 공익신탁재산이 아니라고 본 사례

〔판단〕

… 증여계약은 증여자가 증여의 의사표시를 하고 수증자가 이를 수락함으로서 이루어지는 쌍무계약이라 할 것인데, 피상속인이 작성한 각서와 주식기부증서를 보면 수증자인 ○○○가 포함되어 있지 아니한 채 피상속인이 쟁점주식의 발행법인인 ○○○에게 기부의 의사표시를 하였을 뿐이므로 당해 기부증서를 작성한 것만으로 곧바로 증여가 이루어졌다고 보기는 어렵다 하겠고, 주식 기부증서의 내용도 ○○○이 주식을 상장하는 시점에서 이를 ○○○에 기부하도록 하였으므로 이는 정지조건부 증여계약으로서 「민법」 제147조의 규정에 의하여 조건이 성취된 때 비로소 효력이 발생한다 하겠으므로 쟁점주식을 증여채무가 이행 중인 재산으로 보기는 어렵다 하겠음. 또한, ○○○가 종교를 목적으로 하는 단체이므로 「상속세 및 증여세법」 제16조의 공익법인에는 해당된다 할 것이지만, 피상속인이 사망한 날(2009.4.22.)로부터 상속세 과세표준 신고기한(6월)까지 출연을 이행하여야 할 것인데, 상속개시일로부터 6월이 경과한 2010.2.27. ○○○에 실제 증여가 이루어졌으므로 상속세 과세가액 불산입 대상에 해당되지 아니한다고 보이며, 이 건 신탁행위의 수탁자인 ○○○이 「신탁법」에 의하여 공익신탁의 허가를 받거나 공적 증거력이 인정되는 서류에 의하여 이를 확인받은 사실도 없어 이 건 신탁이 과세특례가 인정되는

「상속세 및 증여세법」 제17조의 공익신탁에 해당된다고 보기도 어려운 것으로 판단됨.

서면4팀 – 3136, 2006.9.13.

[질 의]

〔사실관계〕

내국법인이 무의결권주식(배당우선주)을 출연하여 공익법인(장학재단)을 설립하였고, 이 무의결권주식을 발행한 내국법인의 잔여 보통주식을 「상속세 및 증여세법」 제17조에 의하여 공익신탁기관(은행 등)에 공익신탁한 후 그 공익신탁기관으로부터 주식운용소득(주식배당금)을 배정받아 공익법인이 직접 장학금 지급 등의 공익사업을 하고 있음.

〔질의내용〕

공익신탁기관(은행 등)으로부터 주식운용소득(배당금)을 배정받아 직접 장학사업을 집행할 경우 「상속세 및 증여세법」 제16조 제2항 등의 발행주식총수에 합산하여 5% 초과분에 대하여 상속세·증여세 등이 과세되는지 여부

[회 신]

귀 질의와 같이 출연자가 내국법인의 의결권 있는 발행주식총수의 5%를 초과하는 주식을 「신탁법」 제65조의 규정에 의한 공익신탁에 신탁하고, 공익법인등은 당해 공익신탁재산에서 발생하는 수익을 출연받아 당해 공익법인등의 정관상 고유목적사업에 사용하는 경우에는 「상속세 및 증여세법」 제17조·제52조 및 제48조 제1항의 규정에 의하여 상속세 및 증여세 과세가액에 산입하지 아니하는 것임.

다만, 공익법인등이 공익신탁을 통하여 의결권 있는 내국법인의 주식을 발행주식총수의 5%를 초과하여 출연받은 경우 그 5%를 초과한 주식의 가액에 대하여는 같은 법 제48조 제1항 단서의 규정에 의하여 증여세가 과세되는 것임.

재법인 – 349, 2004.6.16.

법인세법 시행령 제36조 제1항 제2호 나목의 기부금은 공익신탁으로 신탁하는 날이 속하는 사업연도의 손금에 산입하는 것이며, 공익신탁의 경우 신탁재산에서 생기는 소득에 대하여는 법인세법 제51조의 규정에 따라 법인세를 과세하지 아니하는 것임.

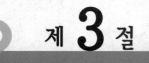

제 3 절
공익법인등의 주식취득 및 보유의 제한

1 주식출연 및 취득 비율의 제한과 예외

1-1. 주식 출연 및 취득 비율의 제한

공익법인등이 출연받는 출연재산의 범위에는 제한이 없다. 그러나 일부 기업과 대주주들이 공익법인을 설립한 후 주식을 출연하여 목적사업의 영위보다 단지 계열회사를 지배하는 수단으로만 이용할 수 있는 바, 이를 방지하기 위하여 내국법인의 의결권 있는 주식 또는 출자지분(이하 '주식 등'이라 한다)을 출연하는 경우에는 그 출연비율을 제한하고 있다.

또 공익법인이 출연받은 재산(그 재산을 수익용 또는 수익사업용으로 운용하는 경우 및 그 운용소득이 있는 경우를 포함) 및 출연받은 재산의 매각대금(매각대금에 의하여 증가한 재산을 포함하며 매각에 따라 부담하는 국세 및 지방세를 제외)으로 내국법인의 의결권 있는 주식 등을 취득하는 경우, 출연일 또는 취득일 현재 다음 각 호의 1의 주식 등을 합한 것이 당해 내국법인의 의결권 있는 발행주식총수 또는 출자총액(자기주식과 자기출자지분은 제외4), 이하 '발행주식총수 등'이라 한다)의 100분의 10(상호출자제한기업집단과 특수관계에 있는 공익법인에 출연하는 경우 및 상속세 및 증여세법 제48조 제11항 요건을 불충족한 경우에는 100분의 5, 의결권 미행사를 정관에 규정한 자선·장학·사회복지 목적 법인은 10분의 205))을 초과하는 경우에는 그 초과하는 가액을 상속세 및 증여세 과세가액에 산입(출연받을 시)하거나 즉시 증여세(출연받은

---

4) 2016년 12월 20일 법 개정시 '공익법인의 주식보유한도(5%, 성실공익법인의 경우 10%)'를 산정할 때 발행주식총수(분모)의 범위에는 자기주식을 제외하도록 개정함. 동 개정규정은 2017년 1월 1일 이후 출연하는 분부터 적용함.

5) 2020년 12월 22일 법 개정시 일반공익법인과 성실공익법인을 '공익법인'으로 명칭을 일원화함에 따라 주식보유 기본한도를 10%로 하되, 상호출자제한기업집단과 특수관계에 있는 공익법인등과 공익법인 의무이행 요건 위반시 5% 한도를 적용하도록 하였음. 동 개정규정은 2021년 1월 1일 이후 개시하는 사업연도 분부터 적용하고 2021년 1월 1일 전에 개시한 과세기간 또는 사업연도 분에 대해서는 동 개정규정에도 불구하고 종전의 규정에 따르도록 함.

재산으로 취득시)를 부과한다(상속세 및 증여세법 제16조 제2항, 제48조 제1항, 제2항 제2호, 동법 시행령 제37조).

> 1. 출연 또는 취득하는 주식 등
> 2. 출연 또는 취득할 당시 해당 공익법인등이 보유하고 있는 동일한 내국법인의 주식 등
> 3. 출연자 및 그의 특수관계인이 해당 공익법인등 외의 다른 공익법인등에 출연한 동일한 내국법인의 주식 등
> 4. 출연자 및 그의 특수관계인으로부터 재산을 출연받은 다른 공익법인등이 보유하고 있는 동일한 내국법인의 주식

다음의 요건을 모두 갖춘 공익법인등(5% 한도 적용 공익법인등은 제외함)에 출연하는 경우에는 내국법인의 의결권 있는 발행주식총수 또는 출자총액의 100분의 20까지 출연 또는 취득이 가능하다(상속세 및 증여세법 제16조 제2항 제2호 가목).

① 출연받은 주식 등의 의결권을 행사하지 아니할 것
   출연받은 주식 등의 의결권을 행사하지 아니하는지 여부는 공익법인 등의 정관에 출연받은 주식의 의결권을 행사하지 아니할 것을 규정하였는지를 기준으로 판단한다.
② 자선ㆍ장학 또는 사회복지를 목적으로 할 것
   자선ㆍ장학 또는 사회복지를 목적으로 하는지 여부는 해당 공익법인 등이 다음의 어느 하나에 해당하는지를 기준으로 판단한다.
   ㉮ 사회복지사업법 제2조 제3호에 따른 사회복지법인
   ㉯ 직전 3개 소득세 과세기간 또는 법인세 사업연도에 직접 공익목적사업에 지출한 금액의 평균액의 80% 이상을 자선ㆍ장학 또는 사회복지 활동에 지출한 공익법인 등

한편, 「독점규제 및 공정거래에 관한 법률」 제31조에 따른 상호출자제한기업집단(이하 "상호출자제한기업집단"이라 함)과 특수관계에 있는 공익법인등과 상속세 및 증여세법 제48조 제11항에서 규정하고 있는 다음의 요건을 충족하지 못하는 공익법인등은 내국법인의 의결권 있는 발행주식총수 또는 출자총액의 100분의 5까지만 출연 또는 취득이 가능하다(상속세 및 증여세법 제16조 제2항 제2호 나목 및 다목, 제48조 제11항).

다음의 요건 중 ①은 '제4절 4. 출연재산 운용소득의 사후관리'를, ②는 '제4절 6. 출연재산 의무 사용'을, ③은 '제4절 7. 출연자 등의 이사취임금지 등'을, ④는 '제4절 10. 자기내부거래 금지'를, ⑤는 '제4절 8. 특수관계기업의 광고ㆍ홍보행위 금지'를 참조하기 바란다.

① 운용소득의 80% 이상을 직접 공익목적사업에 사용할 것

② 출연재산가액의 1% 이상을 직접 공익목적사업에 사용할 것[6] (2023.12.31. 삭제)

③ 출연자(재산출연일 현재 해당 공익법인등의 총 출연재산가액의 1%에 상당하는 금액과 2천만 원 중 적은 금액 이하를 출연한 자는 제외함)·특수관계인이 공익법인등의 이사 현원(이사 현원이 5명 미만인 경우에는 5명으로 봄)의 5분의 1을 초과하지 않을 것. 다만, 다음의 사유로 출연자 또는 그의 특수관계인이 이사 현원의 5분의 1을 초과하여 이사가 된 경우로서 해당 사유가 발생한 날부터 2개월 이내에 이사를 보충하거나 교체 임명하여 출연자 또는 그의 특수관계인인 이사가 이사 현원의 5분의 1을 초과하지 않게 된 경우에는 계속하여 본문의 요건을 충족한 것으로 봄.

㉮ 이사의 사망 또는 사임

㉯ 특수관계인에 해당하지 아니하던 이사가 특수관계인에 해당하는 경우

④ 정당한 대가를 받지 않고 출연재산을 임대차 등의 방법으로 특수관계인이 사용·수익하지 않을 것

⑤ 정당한 대가를 받지 않고 특수관계기업의 광고·홍보를 하지 않을 것

이때, "「독점규제 및 공정거래에 관한 법률」 제31조에 따른 상호출자제한기업집단과 특수관계에 있는 공익법인등"이란 같은 조 제1항에 따라 지정된 상호출자제한기업집단에 속하는 법인과 같은 법 시행령 제3조 제1호 각 목 외의 부분에 따른 동일인관련자의 관계에 있는 공익법인등을 말하고, 위 ①~⑤의 요건을 모두 충족했는지 여부는 해당 과세기간 또는 사업연도 전체를 기준으로 판단한다(상속세 및 증여세법 시행령 제13조 제5항, 제41조의 2 제5항).

주식 등의 초과부분은 다음에 해당하는 날을 기준으로 하여 계산한다(상속세 및 증여세법 시행령 제37조 제1항).

① 공익법인등이 매매 또는 출연에 의하여 주식 등을 취득하는 경우에는 그 취득일

② 공익법인등이 보유하고 있는 주식 등을 발행한 내국법인이 자본 또는 출자액을 증가시키기 위하여 발행한 신주 중 공익법인등에게 배정된 신주를 유상으로 취득하는 경우에는 그 취득하는 날이 속하는 과세기간 또는 사업연도 중 「상법」 제354조의 규정에 의한 주주명부의 폐쇄일 또는 권리행사 기준일(주식회사 외의 회사의 경우에는 과세기간

---

6) 출연재산가액의 1% 상당액 이상 사용의무 요건은 2022년 1월 1일 이후 개시하는 사업연도 분부터 적용함.

또는 사업연도의 종료일로 한다)

③ 공익법인등이 보유하고 있는 주식 등을 발행한 내국법인이 자본 또는 출자액을 감소시킨 경우에는 감자를 위한 주주총회결의일이 속하는 연도의 주주명부폐쇄일(주식회사 외의 회사의 경우에는 과세기간 또는 사업연도의 종료일로 한다)

④ 공익법인등이 보유하고 있는 주식등을 발행한 내국법인이 합병을 함에 따라 그 합병법인이 발행한 주식등을 취득하는 경우에는 합병등기일이 속하는 과세기간 또는 사업연도 중 「상법」 제354조에 따른 주주명부의 폐쇄일 또는 권리행사 기준일(주식회사 외의 회사의 경우에는 과세기간 또는 사업연도의 종료일로 한다) 이 규정은 2023.2.28. 이후 합병법인의 주식등을 취득하는 경우부터 적용한다.

2020년 12월 22일 법 개정시 주식출연비율과 관련하여 종전에는 일반공익법인에 대해 5% 기본한도를 적용하고 성실공익법인 등에 대해서는 10% 한도를 적용하던 것을 성실공익법인의 용어를 삭제하고 기본한도 10%를 적용하되, 법 제48조 제11항 각 호의 요건을 충족하지 못한 공익법인의 경우에는 5% 한도를 적용하도록 하였다. 동 개정규정은 2021년 1월 1일(법 제48조 제11항 각 호의 요건 중 공익목적에 출연재산가액의 1% 사용 요건의 경우 2022년 1월 1일) 이후 개시하는 과세기간 또는 사업연도 분부터 적용하되, 2021년 1월 1일(법 제48조 제11항 각 호의 요건 중 공익목적에 출연재산가액의 1% 사용 요건의 경우 2022년 1월 1일) 전에 개시한 과세기간 또는 사업연도 분에 대해서는 개정규정에도 불구하고 종전의 규정에 따른다. 한편, 종전에 성실공익법인 요건으로 규정하고 있던 주식 5% 초과보유 가능한 공익법인 요건을 합리화하여 단순협력의무 관련 요건(외부회계감사의무, 전용계좌 개설 및 사용, 결산서류 공시, 장부 작성 및 비치)은 사후관리 의무로 전환하되, 공익지출 강화를 위한 요건(출연재산가액의 1% 상당액 이상 사용의무)을 추가하여 2022년 1월 1일 이후 개시하는 사업연도분부터 적용하도록 하였다.

그러나 2023.12.31. 다시 법을 개정하여 기본한도 10% 요건에 해당하는 제48조 제11항 중 제2호의 요건인 출연재산가액의 1% 사용 요건을 삭제하였다. 경과 규정으로 2024.1.1. 전에 상속세, 증여세 또는 가산세 부과사유가 발생한 경우에는 법 제48조 제11항 제2호의 개정규정에도 불구하고 종전의 규정에 따르도록 하고 다만, 2023.12.31.이 속하는 과세기간 또는 사업연도에 종전의 규정에 따른 상속세 또는 증여세 부과사유가 발생한 공익법인등이 원하는 경우에는 종전의 법 제48조 제11항 제2호를 적용하지 아니하되, 법 제48조 제2항 제7호 및 제78조 제9항의 개정규정을 적용하도록 하였다(법 부칙(2023.12.31.) 제4조).

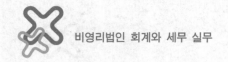
1-2. 출연자 및 그의 특수관계인의 범위

상속세 및 증여세법상 '특수관계인'이란 본인과 친족관계, 경제적 연관관계 또는 경영지배관계 등 상속세 및 증여세법 시행령 제2조의 2에서 정하는 관계에 있는 자를 말한다. 이때 본인도 특수관계인의 특수관계인으로 본다(상속세 및 증여세법 제2조 제10호).

❶ 출연자 및 그의 특수관계인의 범위(상속세 및 증여세법 시행령 제2조의 2)

범 위(번호는 시행령 제2조의 2 제1항 각 호를 의미)	내 용
1. 국세기본법 시행령 제1조의 2 제1항 제1호부터 제5호까지의 어느 하나에 해당하는 자(이하 "친족"이라 한다) 및 직계비속의 배우자의 2촌 이내의 혈족과 그 배우자	국세기본법 시행령 제1조의 2 제1항 제1호부터 제5호 1. 4촌 이내의 혈족 2. 3촌 이내의 인척 3. 배우자(사실상의 혼인관계에 있는 자를 포함한다) 4. 친생자로서 다른 사람에게 친양자 입양된 자 및 그 배우자·직계비속 5. 본인이 「민법」에 따라 인지한 혼인 외 출생자의 생부나 생모(본인의 금전이나 그 밖의 재산으로 생계를 유지하는 사람 또는 생계를 함께하는 사람으로 한정한다)
2. 사용인(출자에 의하여 지배하고 있는 법인의 사용인을 포함한다. 이하 같다)이나 사용인 외의 자로서 본인의 재산으로 생계를 유지하는 자	상속세 및 증여세법 시행령 제2조의 2 제2항 및 제3항 • "사용인"이란 임원, 상업사용인, 그 밖에 고용계약관계에 있는 자를 말한다. • "출자에 의하여 지배하고 있는 법인"이란 다음 각 호의 어느 하나에 해당하는 법인을 말한다. 　1. 시행령 제2조의 2 제1항 제6호에 해당하는 법인 　2. 시행령 제2조의 2 제1항 제7호에 해당하는 법인 　3. 시행령 제2조의 2 제1항 제1호부터 제7호까지에 해당하는 자가 발행주식총수등의 100분의 50 이상을 출자하고 있는 법인

범 위(번호는 시행령 제2조의 2 제1항 각 호를 의미)	내 용
3. 다음 각 목의 어느 하나에 해당하는 자 　가. 본인이 개인인 경우 : 본인이 직접 또는 본인과 제1호에 해당하는 관계에 있는 자가 임원에 대한 임면권의 행사 및 사업방침의 결정 등을 통하여 그 경영에 관하여 사실상의 영향력을 행사하고 있는 기획재정부령으로 정하는 기업집단의 소속 기업[해당 기업의 임원(「법인세법 시행령」 제40조 제1항에 따른 임원을 말한다. 이하 같다)과 퇴직 후 3년(해당 기업이 「독점규제 및 공정거래에 관한 법률」 제31조에 따른 공시대상기업집단에 소속된 경우는 5년)이 지나지 않은 사람(이하 "퇴직임원")을 포함한다] 　나. 본인이 법인인 경우 : 본인이 속한 기획재정부령으로 정하는 기업집단의 소속 기업(해당 기업의 임원과 퇴직임원을 포함한다)과 해당 기업의 임원에 대한 임면권의 행사 및 사업방침의 결정 등을 통하여 그 경영에 관하여 사실상의 영향력을 행사하고 있는 자 및 그와 제1호에 해당하는 관계에 있는 자	법인세법 시행령 제40조 제1항에 따른 임원 1. 법인의 회장, 사장, 부사장, 이사장, 대표이사, 전무이사 및 상무이사 등 이사회의 구성원 전원과 청산인 2. 합명회사, 합자회사 및 유한회사의 업무집행사원 또는 이사 3. 유한책임회사의 업무집행자 4. 감사 5. 그 밖에 제1호부터 제4호까지의 규정에 준하는 직무에 종사하는 자 상속세 및 증여세법 시행규칙 제2조【특수관계인의 범위】 "기획재정부령으로 정하는 기업집단의 소속 기업"이란 「독점규제 및 공정거래에 관한 법률 시행령」 제3조 각 호의 어느 하나에 해당하는 기업집단에 속하는 계열회사를 말한다.
4. 본인, 제1호부터 제3호까지의 자 또는 본인과 제1호부터 제3호까지의 자가 공동으로 재산을 출연하여 설립하거나 이사의 과반수를 차지하는 비영리법인	
5. 제3호에 해당하는 기업의 임원 또는 퇴직임원이 이사장인 비영리법인	
6. 본인, 제1호부터 제5호까지의 자 또는 본인과 제1호부터 제5호까지의 자가 공동으로 발행주식총수 또는 출자총액(이하 "발행주식총수등"이라 한다)의 100분의 30 이상을 출자하고 있는 법인	
7. 본인, 제1호부터 제6호까지의 자 또는 본인과 제1호부터 제6호까지의 자가 공동으로	

범 위(번호는 시행령 제2조의 2 제1항 각 호를 의미)	내 용
발행주식총수 등의 100분의 50 이상을 출자하고 있는 법인	
8. 본인, 제1호부터 제7호까지의 자 또는 본인과 제1호부터 제7호까지의 자가 공동으로 재산을 출연하여 설립하거나 이사의 과반수를 차지하는 비영리법인	

1-3. 구 성실공익법인 등의 요건

2020년 12월 22일 법 개정시 성실공익법인과 일반공익법인을 통합하여 공익법인 분류체계를 개선하고 종전의 관련 규정을 정비하여 2021년 1월 1일 이후 개시하는 사업연도 분부터 적용하도록 하였다. 따라서 2021년 1월 1일 이후 개시하는 사업연도 분부터는 상속세 및 증여세법에서 '성실공익법인'의 개념을 별도로 구분하여 규정하고 있지 않으나, 2021년 1월 1일 전에 개시한 과세기간 또는 사업연도 분에 대해서는 동 개정규정에도 불구하고 종전의 규정에 따르도록 하였으므로 이번 절에서 설명하는 '구 성실공익법인 등의 요건'을 참고하기 바란다.

주식 등의 출연재산이 발행주식총수의 100분의 5를 초과하여 100분의 10 또는 100분의 20까지[7] 출연이 가능한 성실공익법인 등은 다음의 요건을 모두 갖춘 공익법인 등을 말한다(구 상속세 및 증여세법 제16조 제2항 및 동법 시행령 제13조 제3항).

1. 해당 공익법인등의 운용소득(제38조 제5항에 따른 운용소득을 말한다)의 100분의 80 이상을 직접 공익목적사업에 사용할 것
2. 출연자(재산출연일 현재 해당 공익법인등의 총출연재산가액의 100분의 1에 상당하는 금액과 2천만 원 중 적은 금액을 출연한 자는 제외한다) 또는 그의 특수관계인이 공익법인

---

[7] 2016년 12월 20일 법 개정시 2017년 7월 1일 이후 출연받거나 취득하는 분부터 상호출자제한기업집단과 특수관계가 있는 성실공익법인의 주식보유한도를 10%에서 5% 하향조정하였으며, 2017년 12월 19일 법 개정시 의결권을 행사하지 않는 조건 등으로 주식 등을 출연받은 상호출자제한기업집단과 특수관계가 없는 성실공익법인의 주식보유한도는 10%에서 20%로 상향조정하였음.

등의 이사 현원(이사 현원이 5명에 미달하는 경우에는 5명으로 본다)의 5분의 1을 초과하지 아니할 것. 다만, 제38조 제12항에 따른 사유로 출연자 또는 그의 특수관계인이 이사 현원의 5분의 1을 초과하여 이사가 된 경우로서 해당 사유가 발생한 날부터 2개월 이내에 이사를 보충하거나 개임하여 출연자 또는 그의 특수관계인인 이사가 이사 현원의 5분의 1을 초과하지 아니하게 된 경우에는 계속하여 본문의 요건을 충족한 것으로 본다.
3. 「상속세 및 증여세법」 제48조 제3항에 따른 자기내부거래를 하지 아니할 것
4. 「상속세 및 증여세법」 제48조 제10항 전단에 따른 광고·홍보를 하지 아니할 것
5. 「상속세 및 증여세법」 제50조 제3항에 따른 외부감사를 이행할 것
6. 「상속세 및 증여세법」 제50조의 2에 따른 전용계좌를 개설하여 사용할 것
7. 「상속세 및 증여세법」 제50조의 3에 따른 결산서류 등을 공시할 것
8. 「상속세 및 증여세법」 제51조에 따른 장부를 작성·비치할 것

성실공익법인 등은 해당 요건을 모두 충족하였는지 여부를 주무관청을 통하여 납세지 관할 지방국세청장에게 확인받아야 하고, 이후 5년마다 재확인받아야 한다. 납세지 관할 지방국세청장은 관련 사실을 확인하여 성실공익법인 등에 해당하는지 여부를 국세청장에게 보고하여야 하고, 국세청장은 그 결과를 해당 공익법인등과 주무관청에 통보하여야 한다(구 상속세 및 증여세법 시행령 제13조 제5항).

성실공익법인을 확인받기 위해 주무관청에 제출해야 하는 서류는 다음과 같다(구 상속세 및 증여세법 시행규칙 제4조).

1. 해당 공익법인등의 설립허가서, 등기사항증명서 및 정관
2. 상속세 및 증여세법 시행령 제43조 제7항에 따른 감사보고서
3. 별지 제25호의 4 서식에 따른 운용소득 사용명세서
4. 별지 제26호의 2 서식에 따른 이사 등 선임명세서
5. 별지 제26호의 3 서식에 따른 특정기업광고 등 명세서
6. 별지 제30호 서식에 따른 전용계좌개설(변경·추가)신고서
7. 별지 제31호 서식에 따른 공익법인 결산서류 등의 공시
8. 별지 제32호 서식 부표 2에 따른 출연자 등 특수관계인 사용수익명세서
9. 별지 제32호 서식 부표 5에 따른 장부의 작성·비치 의무 불이행 등 명세서

서류를 제출받은 주무관청은 해당 서류를 매 반기 종료일 30일 이내에 관할 지방국세청장에게 송부하여야 하고 관할 지방국세청장은 성실공익법인 등 요건의 충족 여부를 확인

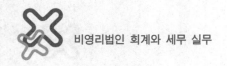

하여 그 결과를 매 반기 종료일부터 60일 이내에 주무관청 및 해당 공익법인등에게 통보하여야 한다. 필요한 경우 관할 지방국세청장은 요건 충족 여부 확인을 위하여 주무관청 및 해당 공익법인등에게 추가 자료제출을 요구할 수 있다.

성실공익법인 등이 성실공익법인 요건을 모두 충족하였는지 여부를 5년마다 재확인받으려는 경우에는 5년간의 신청서류를 모두 제출하여야 한다.

상기 공익법인의 요건 중 제1호는 '제4절 4. 출연재산 운용소득의 사후관리'를 제2호는 '제4절 7. 출연자 등의 이사취임금지 등'을, 제3호는 '제4절 10. 자기내부거래 금지'를, 제4호는 '제4절 8. 특수관계기업의 광고·홍보행위 금지'를, 제5호부터 제8호는 '제5절 공익법인등의 납세협력의무'를 참조하기 바란다.

| 중요 예규 및 판례 |

대법원 - 2019 - 두 - 56418, 2023.2.23.

- 증여세 과세가액 불산입 한도 초과 여부 판단시 성실공익법인과 일반공익법인등이 출연받은 각 주식을 단순합산하여야 함.
- 증여세 과세기액 불산입 한도 초과 여부 판단시 '출연자가 다른 공익법인등에 출연한 동일 내국법인 주식'도 합산하여야 함.
- 다수의 공익법인등이 같은 날 동일한 주식을 출연받았더라도 시간적 선후관계에 있는 경우 각 출연시점을 기준으로 합산 대상 주식을 확정하는 것이 타당함.

대법원 - 2022 - 두 - 56906, 2022.12.29.

상증세법 제49조 제1항 단서 전단에 규정된 주식 보유기준의 적용이 제외되는 성실공익법인에 해당하는지를 판단할 때 이 사건 부칙조항 문언에 따라 2008년 개정 시행령 제42조 및 제13조 제3항, 제5항에 규정된 강화된 성실공익법인 요건은 그 시행일인 2008.2.22. 이후 최초로 공익법인에 주식을 출연하거나 공익법인이 주식을 취득하는 분에 대하여 적용되므로, 그 반대해석상 위 시행일 전에 공익법인이 출연받거나 취득하여 보유하던 주식에 대하여는 적용되지 않음.

대법원 - 2022 - 두 - 49007, 2022.11.3.

2008년 개정 시행령 제42조 및 제13조 제3항, 제5항에 규정된 강화된 성실공익법인 요건은 그 시행일인 2008.2.22. 이후 최초로 공익법인에 주식을 출연하거나 공익법인이 주식을 취득하는 분에 대하여 적용됨.

조심 2022부6407, 2022.10.13.
공익법인에 대한 증여세 과세요건 등은 상증세법이 규정하고 있음에도 다른 법률을 우선적용하여야 한다고 보기 어렵고, 위 상증세법상 특수관계자 규정이 국세기본법에 우선하여 적용되는 것으로 볼 수 있으므로 청구법인이 성실공익법인 요건을 충족하지 못한 것으로 본 처분에 잘못 없음.

서면 – 2018 – 법인 – 1328, 2020.9.10.
「상속세 및 증여세법」 제16조 제2항 제2호 가목의 요건을 갖춘 성실공익법인등에 출연한 주식등의 비율이 발행주식총수 100분의 20을 초과하는 경우에는 그 초과하는 가액을 상속세 및 증여세 과세가액에 산입하는 것이며, 부칙(2017.12.19. 법률 제15224호로 개정된 것) 제1조에 따라 2018.1.1. 이후에 출연받거나 취득하는 주식등에 적용하는 것임.
성실공익법인 요건을 모두 충족하였는지 여부를 5년마다 재확인받으려는 경우 기존 회신사례(서면상속증여 – 1718, 2019.7.15.)를 참고하기 바람.
〔참고 : 서면 – 2019 – 상속증여 – 1718, 2019.7.15.〕
「상속세 및 증여세법」 제16조 제2항 제2호 각 목 외의 부분 단서에 따른 성실공익법인등은 해당 요건을 모두 충족하였는지 여부를 주무관청을 통하여 납세지 관할 지방국세청장에게 확인받아야 하고, 이후 5년마다 재확인받아야 하는 것임. 이때, 요건을 모두 충족하였는지 여부를 5년마다 재확인받으려는 경우에는 5년간의 같은법 시행규칙 제4조 제1항 각 호의 서류를 모두 제출하여야 하는 것으로, 기존 해석사례(서면법규과 – 1317, 2014.12.16.)을 참고하기 바람.
〔참고 : 서면법규과 – 1319, 2014.12.16.〕
신설 공익법인은 최초 설립한 사업연도에 성실공익법인 요건을 충족한 경우 최초 설립한 사업연도부터 성실공익법인으로 보는 것이며, 설립 이후 성실공익법인 확인 신청시까지 운용소득의 100분의 80 이상을 직접 공익목적에 사용한 것이 확인되어야 함.

조심 2019인3345, 2020.6.4.
성실공익법인 확인규정은 성실공익법인의 요건을 추가로 창설하는 규정이 아닌 행정절차 규정에 해당할 뿐만 아니라, 사실상 성실공익법인의 확인 미이행에 따른 별도의 제재규정도 없으므로 이를 상증법 제78조의 가산세 부과에서 제외되는 성실공익법인의 성립요건이라거나 효력발생요건이라고 보기는 어려움.

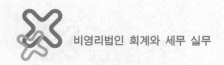
서면 - 2019 - 법령해석재산 - 2134, 2020.3.19.

질의

〔사실관계〕

• A성실공익법인은 B법인 주식을 5% 초과하여 보유하고 있었음.

• B법인(합병법인)이 2018년 중 다른 법인(피합병법인)과 합병함에 따라 그 합병일 이후 A성실공익법인의 B법인 보유주식 비율은 5% 이하로 감소되었으며, 이에 따라 2019 년에는 계속하여 5% 이하 비율을 유지 중임.

〔질의내용〕

(질의1) 5% 초과보유 여부를 판단하는 사업연도(이하 "기준사업연도")가 기준금액을 공 익목적사업에 사용하여야 할 사업연도의 ① 직전 사업연도(2018년)인지 ② 당 해 사업연도(2019년)인지.

(질의2) 5% 초과보유 여부는 기준사업연도 중 ① 1회라도 초과보유하였는지 여부로 판 정하는지, ② 사업연도 전체 또는 ③ 사업연도 말 기준으로 판단하는지.

회신

귀 서면질의의 경우, 기존 해석사례(기획재정부 재재산-264, 2020.3.13.)를 참고하기 바람.

〔참고 : 기획재정부 재산세제과-264, 2020.3.13.〕

귀 질의1{1안 : 직전 사업연도(2018년)}, 질의2(1안 : 기준사업연도 중 1회라도 초과보유하 였는지 여부로 판정)의 경우 각각 제1안이 타당함.

기획재정부 재산세제과 - 234, 2020.3.6.

성실공익법인 확인을 받지 않더라도 요건 충족시 성실공익법인에 해당하며, 「상속세 및 증여세법」 제50조의 2에 따른 전용계좌를 사용하고 해당 사업연도 종료일 이전에 해당 계좌를 신고한 경우 성실공익법인의 요건을 충족하는 것임.

기획재정부 재산세제과 - 884, 2019.12.27.

질의

〔사실관계〕

• (질의1) 2개 이상의 공익법인이 동일한 내국법인 주식을 동시에 출연받아 주식보유한 도를 초과

• (질의2) 일반공익법인이 내국법인 주식 7%를 출연받고 주식보유한도 초과분인 2%에 대해 증여세를 과세받은 후 성실공익법인이 동일한 내국법인 주식을 5% 출연받음.

〔질의요지〕

• (질의1) 2개 이상 공익법인에 주식을 동시에 출연함에 따라 주식보유한도가 초과되는

경우 각 공익법인의 한도초과분 계산방법

• (질의2) 주식보유한도를 계산할 때 旣보유주식 중 과세된 주식은 합산하지 않는 것인지.

회 신

(질의1) 여러 공익법인등이 동일한 내국법인의 주식등을 동시에 출연받은 경우 각 공익법인등이 상속세 및 증여세법(이하 "법") 제16조 제2항 및 제48조 제1항, 제2항에 따라 상속세 및 증여세 과세가액에 산입하는 금액(이하 "과세금액")은 다음과 같이 계산하는 것임.

　가. 모든 공익법인이 동시에 출연받은 주식등과 법 제16조 제1호 각 목, 제48조 제1항 각 호 또는 제48조 제2항 제2호 각 목의 주식등(이하 "기존보유주식")을 모두 합산한 것이 법 제16조 제2항 제2호에 따른 비율(이하 "주식보유한도")를 초과하는 경우 그 초과하는 주식등의 가액(이하 "한도초과분합계")을 각 공익법인이 출연받은 주식등 가액에 비례하여 안분하는 것임.

　나. 성실공익법인등과 성실공익법인등 외 공익법인등(이하 "일반공익법인")이 주식등을 동시에 출연받은 경우 주식보유한도는 성실공익법인등의 법 제16조 제2항 제2호에 따른 비율로 하여 위의 방법에 따라 계산하는 것임.

　다. 다만, 성실공익법인등과 일반공익법인이 주식등을 동시에 출연받은 경우로서 위의 방법에 따라 일반공익법인에 안분한 과세금액이 일반공익법인이 출연받은 주식등과 일반공익법인의 기존보유주식을 합산한 것이 일반공익법인의 주식보유한도를 초과하는 경우의 그 초과하는 주식등의 가액보다 작은 경우에는 그 초과하는 주식등의 가액을 해당 일반공익법인의 과세금액으로 하는 것이고, 성실공익법인등의 과세금액은 한도초과분합계에서 일반공익법인의 과세금액을 차감하여 계산하는 것임.

(질의2) 상속세 및 증여세법 제16조 제2항 및 제48조 제1항, 제2항에 따라 주식보유한도 초과여부를 계산할 때 출연받은 주식등과 합산하는 법 제16조 제1호 각 목, 제48조 제1항 각 호 또는 제48조 제2항 제2호 각 목의 주식등은 같은 법 제16조 및 제48조에 따라 증여세가 부과된 주식등을 포함하는 것임.

서면법규과 – 1167, 2014.11.6.
성실공익법인 등의 요건을 모두 충족하였는지 여부를 해당 주무관청에 확인 신청하여 기획재정부장관으로부터 성실공익법인 등으로 확인받은 경우 요건을 충족한 해당 사업연도의 개시일부터 성실공익법인으로 적용.

서면법규과 – 1319, 2014.12.16.
신설 공익법인은 최초 설립한 사업연도에 성실공익법인 요건을 충족한 경우 최초 설립

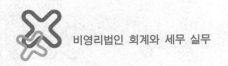
한 사업연도부터 성실공익법인으로 적용. 다만, 설립 이후 성실공익법인 확인 신청시까지 운용소득의 80% 이상을 직접 공익목적에 사용한 사실이 확인되어야 함.

1-4. 주식출연 및 취득 비율 제한의 예외

공익사업을 위한 안정적 재원조달을 위하여 주식을 보유하는 경우까지 주식출연이 제한되는 것은 바람직하지 않으므로 일정요건을 만족하는 경우에는 예외적으로 5%(상호출자제한기업집단과 특수관계에 있지 아니한 상속세 및 증여세법 제48조 제11항 요건 충족 공익법인 등은 10%, 20%) 초과소유를 허용한다.

(1) 내국법인 발행주식총수 등의 5%(10%, 20%)를 초과하여 '출연'받은 경우

다음 ①~③ 중 하나에 해당시 5%(상호출자제한기업집단과 특수관계에 있지 아니한 상속세 및 증여세법 제48조 제11항 요건 충족 공익법인 등은 10%, 20%) 주식출연 비율 제한을 두지 않는다(상속세 및 증여세법 제16조 제3항, 제48조 제1항).

① 주무관청이 인정한 경우

> 1. 상호출자제한기업집단과 특수관계에 있지 아니한
> 2. 「상속세 및 증여세법」 제48조 제11항 각 호의 요건을 충족하는 공익법인등과 국가·지방자치단체가 출연하여 설립한 공익법인등이
> 3. 그 공익법인등의 출연자와 특수관계에 있지 아니한 내국법인의 주식 등을 보유 또는 출연받는 경우로서
> 4. 주무관청이 공익법인등의 목적사업을 효율적으로 수행하기 위하여 필요하다고 인정하는 경우

요건	내용
1. 상호출자제한기업집단과 특수관계에 있지 아니하는(상속세 및 증여세법 시행령 제13조 제6항)	상호출자제한기업집단에 속하는 법인과 「독점규제 및 공정거래에 관한 법률 시행령」 제4조 제1항 제1호에 따른 동일인관련자의 관계에 있지 않은 공익법인등

요 건	내 용
2. 상속세 및 증여세법 제48조 제11항의 요건을 충족하는 공익법인등과 국가·지방자치단체가 출연하여 설립한 공익법인등이(법 제49조 제1항 각 호 외의 부분 단서에 해당하는 것)	법 제49조 제1항 각 호 외의 부분 단서(상속세 및 증여세법 시행령 제42조 제2항) 1. 상속세 및 증여세법 제48조 제11항 각 호의 요건을 충족하는 공익법인등 2. 국가·지방자치단체가 출연하여 설립한 공익법인등 3. 국가·지방자치단체가 출연하여 설립한 공익법인등이 재산을 출연하여 설립한 공익법인등 4. 공공기관의 운영에 관한 법률 제4조 제1항 제3호에 따른 공공기관이 재산을 출연하여 설립한 공익법인등 5. 제4호의 공익법인등이 재산을 출연하여 설립한 공익법인등
3. 해당 공익법인등의 출연자와 특수관계에 있지 아니한 내국법인의 주식 등을 출연하는 경우로서(상속세 및 증여세법 시행령 제13조 제7항)	특수관계에 있는 내국법인 1. 출연자(출연자가 사망한 경우에는 그 상속인) 또는 그의 특수관계인(해당 공익법인등은 제외)이 ① 주주등이거나(주주 또는 출자자) ② 임원의 현원(5인에 미달하는 경우에는 5인으로 본다) 중 5분의 1을 초과하는 내국법인으로서 출연자 및 그의 특수관계인이 보유하고 있는 주식등의 합계가 가장 많은 내국법인 2. 출연자 또는 그의 특수관계인(해당 공익법인등은 제외)이 ① 주주 등이거나 ② 임원의 현원 중 5분의 1을 초과하는 내국법인에 대하여 출연자, 그의 특수관계인 및 공익법인등 출자법인(해당 공익법인등이 발행주식총수 등의 100분의 5, 법 제48조 제11항 각 호의 요건을 모두 충족하는 공익법인등인 경우 100분의 10을 초과하여 주식 등을 보유하고 있는 내국법인)이 보유하고 있는 주식 등의 합계가 가장 많은 경우에는 해당 공익법인등 출자법인(출연자 및 그의 특수관계인이 보유하고 있는 주식 등의 합계가 가장 많은 경우에 한한다)
4. 주무관청이 해당 공익법인의 목적사업을 효율적으로 수행하기 위하여 필요하다고 인정하는 경우	① 주무부장관은 공익법인의 설립·정관변경·기본재산 처분 등 중대한 사항에 대한 인·허가권을 가지고 공익법인을 관리하고 있으므로 주무부장관이 공익법인의 목적사업을 효율적으로 수행하기 위하여 필요하다고 인정한 경우에만 예외를 인정한다. ② 주무관청 또는 주무부장관을 알 수 없는 경우에는 관할세무서장을 주무관청 또는 주무부장관으로 본다.

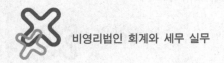
② 3년 이내 초과 보유분을 매각하는 경우

1. 상호출자제한기업집단과 특수관계에 있지 아니한(상기 ①의 요건 1. 참조)
2. 「상속세 및 증여세법」 제48조 제11항 각 호의 요건을 충족하는 공익법인등이(공익법인등이 설립일부터 3개월 이내에 주식 등을 출연받고, 설립된 사업연도가 끝난 날부터 2년 이내에 해당 요건을 충족하는 경우 포함)
3. 발행주식총수 등의 100분의 10을 초과하여 출연받은 경우로서
4. 초과 보유일로부터 3년 이내에 초과하여 출연받은 부분을 주식 등의 출연자 또는 그의 특수관계인 이외의 자에게 매각하는 경우

③ 「공익법인의 설립·운영에 관한 법률」 및 그 밖의 법령에 따라 내국법인의 주식 등을 출연하는 경우

(2) 출연재산으로 주식 등을 '취득'하는 경우

다음 ①~③ 중 하나에 해당시 5%(상호출자제한기업집단과 특수관계에 있지 아니한 상속세 및 증여세법 제48조 제11항 요건 충족 공익법인 등은 10%, 20%) 주식 취득 비율 제한을 두지 않는다(상속세 및 증여세법 제48조 제2항 제2호 단서).

① 주무관청이 인정한 경우

1. 상호출자제한기업집단과 특수관계에 있지 아니한
2. 「상속세 및 증여세법」 제48조 제11항 각 호의 요건을 충족하는 공익법인등과 국가·지방자치단체가 출연하여 설립한 공익법인 등이
3. 그 공익법인등의 출연자와 특수관계에 있지 아니한 내국법인의 주식 등을 보유 또는 취득하는 경우로서
4. 주무관청이 공익법인등의 목적사업을 효율적으로 수행하기 위하여 필요하다고 인정하는 경우

(각 항목에 대한 세부적인 내용은 상기 '(1) 내국법인 발행주식총수 등의 5%(10%, 20%)를 초과하여 출연받은 경우'의 ① 주무관청이 인정한 경우의 표를 참조)

② 「공익법인의 설립·운영에 관한 법률」 및 그 밖의 법령에 따라 내국법인의 주식 등을 출연하는 경우
③ 「산업교육진흥 및 산학연협력촉진에 관한 법률」에 따른 산학협력단이 다음 각 호의

요건을 모두 갖추어 주식 등을 취득하는 경우(상속세 및 증여세법 제48조 제2항 제2호 각 목 외의 부분 단서, 동법 시행령 제37조 제6항).

---

1. 산학협력단이 보유한 기술을 출자하여 같은 법에 따른 기술지주회사 또는 「벤처기업 육성에 관한 특별조치법」에 따른 신기술창업전문회사를 설립하고
2. 산학협력단이 출자하여 취득한 주식 등이 기술지주회사인 경우에는 발행주식총수의 100분의 50 이상(「산업교육진흥 및 산학연협력촉진에 관한 법률」 제36조의 2 제1항에 따라 각 산학협력단이 공동으로 기술지주회사를 설립하는 경우에는 각 산학협력단이 출자하여 취득한 주식등의 합계가 발행주식총수의 100분의 50 이상을 말한다), 신기술창업전문회사인 경우에는 발행주식총수의 100분의 30 이상이며
3. 기술지주회사 또는 신기술창업전문회사는 자회사 외의 주식 등을 보유하지 아니한 경우

1-5. 초과보유 요건 위배시 증여세 추징 등

(1) 주식 5% 초과 보유 요건 위배시 증여세 추징 등

공익법인등이 내국법인의 발행주식총수 등의 5%를 초과하여 주식등을 출연(출연받은 재산 및 출연받은 재산의 매각대금으로 주식등을 취득하는 경우를 포함함)받은 후 다음의 어느 하나에 해당하는 요건을 충족하지 아니하게 된 경우에는 해당 요건을 충족하지 못한 과세기간 또는 사업연도의 종료일 현재 해당 공익법인등이 초과하여 보유하고 있는 주식 등의 가액 또는 그 초과부분을 취득하는데 사용한 재산의 가액을 상속세 또는 증여세 과세가액에 산입하거나 즉시 증여세를 부과한다(상속세 및 증여세법 제48조 제11항, 동법 시행령 제40조 제1항 제2호, 제2항 제1호, 제41조의 2 제1항, 제2항, 제3항).

① 운용소득의 80% 이상을 직접 공익목적사업에 사용할 것
② 출연재산가액의 1% 이상을 직접 공익목적사업에 사용할 것[8] (2023.12.31. 삭제)
③ 출연자(재산출연일 현재 해당 공익법인등의 총 출연재산가액의 1%에 상당하는 금액과 2천만원 중 적은 금액 이하를 출연한 자는 제외함)·특수관계인이 공익법인등의 이사 현원(이사 현원이 5명 미만인 경우에는 5명으로 봄)의 5분의 1을 초과하지 않을 것. 다만, 다음의

---

[8] 출연재산가액의 1% 상당액 이상 사용의무 요건은 2022년 1월 1일 이후 개시하는 사업연도 분부터 적용함.

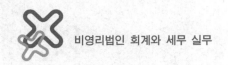

사유로 출연자 또는 그의 특수관계인이 이사 현원의 5분의 1을 초과하여 이사가 된 경우로서 해당 사유가 발생한 날부터 2개월 이내에 이사를 보충하거나 교체 임명하여 출연자 또는 그의 특수관계인인 이사가 이사 현원의 5분의 1을 초과하지 않게 된 경우에는 계속하여 본문의 요건을 충족한 것으로 봄.

㉮ 이사의 사망 또는 사임

㉯ 특수관계인에 해당하지 아니하던 이사가 특수관계인에 해당하는 경우

④ 정당한 대가를 받지 않고 출연재산을 임대차 등의 방법으로 특수관계인이 사용·수익하지 않을 것

⑤ 정당한 대가를 받지 않고 특수관계기업의 광고·홍보를 하지 않을 것

이때, ①~⑤의 요건을 모두 충족했는지 여부는 해당 과세기간 또는 사업연도 전체를 기준으로 판단한다(상속세 및 증여세법 시행령 제41조의 2 제5항).

(2) 주식출연비율 20% 한도 요건 위배시 증여세 추징 등

상호출자제한기업집단과 특수관계에 있지 아니하고 주식 5% 초과보유 요건을 충족하며 자선·장학 또는 사회복지를 목적으로 하는 공익법인등으로서 출연받은 주식 등의 의결권을 행사하지 아니할 것을 요건으로 20%의 주식출연비율 제한을 적용받은 공익법인등이 의결권을 행사한 경우에는 의결권을 행사한 날에 발행주식총수 등의 10%를 초과하여 보유하고 있는 주식 등의 가액을 공익법인등이 증여받은 것으로 보아 즉시 증여세를 부과한다(상속세 및 증여세법 제48조 제2항 제6호, 동법 시행령 제40조 제1항 제3호의 2).

자세한 내용은 '제4절 5. 주식출연비율 20% 한도 적용 공익법인 등의 의결권 행사 금지 등'을 참조하기 바란다.

(3) 주식출연비율 제한의 예외 요건 위배시 증여세 추징 등

위 '1-4. 주식출연 및 취득 비율 제한의 예외'에서 살펴본 주식출연비율 제한의 예외가 적용되는 공익법인등이 다음의 어느 하나에 해당하는 공익법인등에 해당하지 아니하게 되거나 출연자와 특수관계에 있는 내국법인의 주식등을 해당 법인의 발행주식총수 등의 100분의 5를 초과하여 보유하게 된 경우에는 해당 사유가 발생한 날 현재 해당 공익법인등이 초과하여 보유하고 있는 주식 등의 가액 또는 그 초과부분을 취득하는데 사용한 재산의 가액

을 상속세 또는 증여세 과세가액에 산입하거나 즉시 증여세를 부과한다(상속세 및 증여세법 제48조 제12항, 제49조 제1항, 시행령 제42조 제2항).

① 「상속세 및 증여세법」 제48조 제11항 각 호의 요건을 충족하는 공익법인등
② 국가·지방자치단체가 출연하여 설립한 공익법인등
③ 국가·지방자치단체가 출연하여 설립한 공익법인 등이 재산을 출연하여 설립한 공익법인등
④ 공공기관의 운영에 관한 법률 제4조 제1항 제3호에 따른 공공기관이 재산을 출연하여 설립한 공익법인 등
⑤ ④의 공익법인등이 재산을 출연하여 설립한 공익법인등

이때, "증여세를 부과해야 할 사유가 발생한 날"이란 다음 중 어느 하나에 해당하는 날을 말한다(상속세 및 증여세법 시행령 제40조 제2항).

① 「상속세 및 증여세법」 제48조 제11항 각 호의 요건을 충족하지 못하게 된 경우에는 해당 요건을 충족하지 못한 과세기간 또는 사업연도의 종료일
② 「상속세 및 증여세법」 제48조 제12항에 따른 공익법인등에 해당하지 않게 된 경우에는 해당 공익법인등에 해당하지 않는 과세기간 또는 사업연도의 종료일
③ 「상속세 및 증여세법」 제48조 제12항에 따라 해당 법인의 발행주식총수등의 100분의 5를 초과하여 보유하게 된 날

 | 중요 예규 및 판례 |

서면 - 2022 - 법규법인 - 5520, 2024.1.8.
〔사실관계〕
• 질의법인은 상증법상 공익법인으로, A투자조합의 출자지분을 취득할 예정임.
• A투자조합은 「벤처투자촉진에 관한 법률(이하 '벤처투자법')」 제12조에 따라 설립되어 중소벤처기업부에 등록된 개인투자조합으로
 – 업무집행조합원(관리인)을 두고 있고, 조합재산을 조합명의로 관리·운용하며 조합 운영비용 등 조합규약에서 정한 비용 등을 제외한 조합재산은 각 조합원의 출자좌수에 비례하여 조합원에게 배분함.

〔질의요지〕

공익법인이 「벤처투자 촉진에 관한 법률」 제2조 제8호에 따른 개인투자조합의 출자지분을 취득하는 경우, 상증법 §48②(2)의 '내국법인의 주식등을 취득한 것'에 해당하는지 여부

〔답변내용〕

공익법인 등이 출연받은 재산으로 「벤처투자 및 촉진에 관한 법률」 제2조 제8호에 따른 개인투자조합의 출자지분을 취득하는 것은, 「상속세 및 증여세법」 제48조 제2항 제2호에 따른 '내국법인의 주식 등을 취득'한 경우에 해당하지 않는 것임.

사전 – 2023 – 법규재산 – 0775, 2023.12.21.

상속개시일 당시 의결권 있는 보통주를 상속세 신고기한 내에 의결권 없는 우선주로 전환한 후에 공익법인에 출연하는 경우, 상속세 과세가액에 산입하는 「상속세 및 증여세법」 제16조 제2항의 주식등이 의결권이 있는지 여부는 상속개시일이 아닌 같은 법 같은 조 제1항에 따라 상속세 과세표준 신고기한까지 주식을 출연하는 시점을 기준으로 판단하는 것임.

사전 – 2022 – 법규법인 – 0279, 2022.11.1.

〔질의내용〕

공익법인이 「정관상 잉여금과 잔여재산을 분배할 수 없는 유한책임회사」를 단독출자로 설립한 경우 상증법 §48②(2)가 적용되는지

〔답변내용〕

공익법인이 출연받은 재산으로 유한책임회사를 단독으로 출자하여 설립하는 경우에는 「상속세 및 증여세법」 제48조 제2항 제2호가 적용되는 것임.

기획재정부 재산세제과 – 1529, 2022.12.14.

「상속세 및 증여세법」 제16조 제1항에 따른 공익법인등인 연구기관이 출연받은 재산 및 출연받은 재산의 매각대금을 「벤처기업육성에 관한 특별조치법」에 따라 해당 공익법인 등이 설립한 신기술창업전문회사의 주식을 취득하는데 사용하는 경우는 「상속세 및 증여세법」 제16조 제3항 제3호에서 규정한 「공익법인의 설립·운영에 관한 법률」 및 그 밖의 법령에 따라 내국법인의 주식등을 취득하는 경우에 해당하지 않는 것임.

심사 – 증여 – 2022 – 0012, 2022.7.6.

청구법인이 공익법인의 주식보유한도를 초과하여 신기술창업전문회사의 유상증자에 참여하여 취득한 쟁점주식은 증여세 과세대상에서 제외할 수 없음.

서면 - 2022 - 법인 - 1742, 2022.7.4.

공익법인이 「법인세법」 제46조 제2항에 따른 적격인적분할에 따라 분할 전 법인의 주식 보유비율만큼 교부받게 되는 분할신설법인의 주식은 「상속세 및 증여세법」 제48조 제2항 제2호에 따른 증여세 과세대상에 해당하지 않는 것임.

[기존 회신사례(기획재정부 재산세제과-926, 2021.10.27.) 참조]

〔참고 : 기획재정부 재산세제과-926, 2021.10.27.〕

(질의) 성실공익법인이 분할 전 법인의 주식을 출연받아 내국법인(분할 전 법인)의 발행주식총수의 10%를 초과하여 보유하던 중 분할 전 법인이 인적분할하여 동 공익법인이 내국법인(분할실설법인)의 발행주식총수의 10%를 초과하여 분할신설법인의 주식을 취득하게 된 경우, 분할신설법인의 주식 10% 초과보유분에 대해 증여세를 과세할 수 있는지 여부

(회신) 증여세를 과세할 수 없음.

사전 - 2022 - 법규법인 - 0604, 2022.6.22.

공익법인등이 내국법인의 의결권 있는 주식 등을 출연받음에 따라 「상속세 및 증여세법」 제48조 제1항을 적용하는 경우로서 해당 공익법인등이 같은법 제16조 제1항 제2호 가목에 따라 출연받은 주식등의 의결권을 행사하지 아니하고 자선 · 장학 또는 사회복지를 목적으로 하나, 같은법 제48조 제11항 각호의 요건을 충족하지 못한 경우에는 같은법 제16조 제2항 제2호 다목에 따른 비율을 초과하는 가액을 증여세 과세가액에 산입하는 것임.

사전 - 2022 - 법규법인 - 0617, 2022.5.31.

1. 사실관계

• A법인은 장학지원 및 취학계층 지원 등의 사업목적으로 200×년 ××월 인허가 받은 비영리 공익법인으로 A법인은 갑법인 주식(지분율 : 10%, 의결권 있음)과 을법인 주식(지분율 : 9.5%, 의결권 있음)을 출연받아 보유하고 있음.

• A법인은 출연받은 주식에 대한 의결권을 행사하지 않음을 정관에 명시하지 않고 있으며, 이에 따라 상속세 및 증여세법 제16조 제2항 제2호 가목에 해당하는 공익법인이 아님.

• 갑법인은 을법인을 흡수합병할 예정이며, A법인은 해당 합병으로 인해 합병 후 법인의 주식을 14.1% 보유할 예정임.

2. 질의내용

공익법인이 출연받아 보유하고 있던 주식(지분율 10% 이하)의 발행법인이 다른법인을 흡수합병함에 따라 지분율이 10%를 초과하게 된 경우 「상속세 및 증여세법」 제48조 제

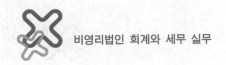
2항 제7호에 따른 출연재산가액의 의무사용비율이 1%인지 또는 3%인지 여부

3. 답변내용

「상속세 및 증여세법」 제48조 제2항 제7호를 적용함에 있어 같은 법 제16조 제2항 제2호 가목에 해당하지 않는 공익법인등이 출연재산가액의 100분의 1에 미달하여 직접 공익목적사업에 사용한 경우 같은 법 제78조 제9항에 따른 가산세가 부과되는 것임.

기획재정부 재산세제과 – 1077, 2021.12.14

[질의]

기술지주회사의 자회사 지분요건 위반 시 산학협력단에 대한 증여세 과세방법

[회신]

「상속세 및 증여세법 시행령」(2016.2.5. 대통령령 제26960호로 개정된 것) 제37조 제6항 제3호에 따른 요건 위반 이후에 산학협력단이 「상속세 및 증여세법」(2015.12.15. 법률 제13557호로 개정된 것) 제48조 제2항 제2호에 따라 내국법인의 의결권 있는 발행주식총수 등의 100분의 5(성실공익법인등에 해당하는 경우에는 100분의 10) 초과부분을 취득하는데 사용한 재산의 가액이 증여세가 과세되는 증여재산가액이 되는 것임.

사전 – 2020 – 법령해석재산 – 0174, 2021.10.29., 기획재정부 재산세제과 – 926, 2021.10.27.

[질의]

성실공익법인이 분할 전 법인의 주식을 출연받아 내국법인(분할 전 법인)의 발행주식총수의 10%를 초과하여 보유하던 중 분할 전 법인이 인적분할*하여 동 공익법인이 내국법인(분할신설법인)의 발행주식총수의 10%를 초과하여 분할신설법인의 주식을 취득하게 된 경우,

* 분할법인의 주주가 분할의 대가로 분할신설법인의 주식을 분할 전 법인의 주식보유비율 만큼 지급받음.

  – 분할신설법인의 주식 10% 초과보유분에 대해 증여세를 과세할 수 있는지 여부

    〈제1안〉 증여세를 과세할 수 있음.

    〈제2안〉 증여세를 과세할 수 없음.

[회신]

귀 질의의 경우에는 제2안이 타당함.

사전 - 2020 - 법령해석법인 - 1231, 2021.3.31.

귀 세법해석 사전답변 신청의 사실관계와 같이, 「상속세 및 증여세법」(2020.12.22. 법률 제17654호로 개정되기 전의 것) 제16조 제2항 제2호 나목을 적용받는 성실공익법인이 내국법인의 의결권 있는 발행주식총수 또는 출자총액(자기주식과 자기출자지분은 제외)의 100분의 10 이내에서 출연받는 경우로서 해당 출연받은 주식등을 '직접 공익목적사업에 충당하기 위하여 배당소득을 받는 등 수익용으로 운용하는 경우'에는 같은 법 제48조 제2항 제1호에 따른 증여세가 과세되지 않는 것임.

대법 2020두55329, 2021.3.11.

성실공익법인이 성실공익법인에 해당하지 않게 되면 요건 불충족 사업연도의 종료일을 기준하여 증여세가 부과되어야 하나, 사후관리 측면에서의 증여세 과세이므로 증여세 신고납부의무가 있다고 볼 수 없으므로 신고 및 납부가산세는 취소되어야 함.

서면 - 20 - 법령해석법인 - 5084, 2020.12.24.

「상속세 및 증여세법」(2016.12.20. 법률 제14388호로 개정된 것) 제16조 제2항 제2호 각 목 외의 부분 단서에 따른 성실공익법인이 내국법인의 의결권 있는 발행주식총수의 100분의 5를 초과하여 출연받은 경우로서 그 주식을 출연받을 당시에 「독점규제 및 공정거래에 관한 법률」 제14조에 따른 상호출자제한기업집단(이하 "상호출자제한기업집단")과 특수관계에 있지 아니하였으나, 해당 주식을 출연받은 이후 상호출자제한기업집단과 특수관계가 성립하는 경우에는 「상속세 및 증여세법」(2016.12.20. 법률 제14388호로 개정된 것) 제48조 제11항 제1호가 적용되지 않으므로 해당 주식에 대하여 증여세가 부과되지 않는 것임.

서면 - 2020 - 법인 - 5407, 2020.11.30.

「상속세 및 증여세법」 제16조 제3항 제1호를 적용함에 있어 내국법인의 주식등을 출연받는 공익법인이 목적사업을 효율적으로 수행하기 위하여 필요하다고 인정하는 주무관청이란 공익사업을 허가하거나 검사·감독하는 행정관청을 말하는 것임.

서면 - 2016 - 법령해석재산 - 3789, 2020.11.23.

질의

〔사실관계〕

• 질의법인은 공익법인으로서 출연재산이 아닌 금융회사 및 다른 단체 등으로부터 차입한 자금을 재원으로 100% 출자하여 수익사업을 영위하는 주식회사를 설립할 예정임.

〔질의내용〕

• 공익법인이 출연재산이 아닌 차입금을 재원으로 내국법인 주식을 취득하는 경우 증여세 부과대상인지 여부

공익법인이 「상속세 및 증여세법」 제48조 제1항 본문에 따른 '출연받은 재산'이 아닌 금융회사 등 차입금으로 내국법인의 주식등을 취득한 사실만으로는 같은 조 제2항 제2호에 따른 증여세 부과대상에 해당하지 않는 것임.

서면 - 2020 - 상속증여 - 3405, 2020.10.23.

귀 질의의 경우 기존 해석사례(서면4팀 - 30, 2008.1.7. 및 상속증여 - 169, 2014.5.30.)을 참고하기 바람.

〔참고 : 서면인터넷방문상담4팀 - 30, 2008.1.7.〕
공익법인 등이 당해 내국법인의 의결권있는 발행주식총수의 100분의 5를 초과하는 경우에는 주식 등을 취득하는 날 현재 그 초과부분을 취득하는 데 사용한 재산의 가액에 대하여 증여세를 부과하는 것임.

〔참고 : 상속증여세과 - 169, 2014.5.30.〕
공익법인의 동일 내국법인의 의결권 있는 주식 보유한도 5%(성실공익법인 10%) 초과여부는 취득 당시 특수관계인으로부터 재산을 출연받은 다른 공익법인 등이 보유하고 있는 주식 등을 합하여 계산하는 것임.

기획재정부 재산세제과 - 462, 2020.6.24.

〔사실관계〕
• 「산학협력법」에 따라 설립한 공익법인인 산학협력단은 특허 등의 기술을 출자하여 2008.10.30. 기술지주회사를 설립
• 기술지주회사는 12개 회사의 주식을 보유하고 있으나 모두 지분율이 20% 미만임.

〔질의요지〕
• 「상속세 및 증여세법」 제48조 제2항에 따라 내국법인 출연주식 보유상한의 예외가 인정되는 산학협력단의 경우
  - 기술지주회사의 자회사 정의와 지분보유 요건을 「산학협력법」에 따라 적용할 수 있는지 여부
  〈제1안〉 산학협력법에 따른 자회사 정의와 주식보유 기준 적용 가능
  〈제2안〉 산학협력법에 따른 자회사 정의만 적용

1안(산학협력법에 따른 자회사 정의와 주식보유 기준 적용 가능)이 타당함.

서면 - 2019 - 법령해석재산 - 2134, 2020.3.19.

성실공익법인이 직전 사업연도 중에 1회라도 주식을 5% 초과보유한 경우 「상속세 및 증여세법」 제48조 제2항 제7호의 기준금액을 직접 공익목적사업에 사용하여야 함.

서면 - 2019 - 법령해석재산 - 2135, 2019.9.2.

「상속세 및 증여세법」(2015.12.15. 법률 제13557호로 개정된 것) 제48조 제1항 각 호 외의 부분 단서에 따라 성실공익법인등이 내국법인의 의결권 있는 발행주식총수등의 100분의 10을 초과하여 출연받은 경우로서 초과보유일로부터 3년 이내에 초과하여 출연받은 부분을 매각하지 않은 경우에는 3년이 경과하는 날을 기준으로 증여세를 과세하는 것임.

기획재정부 재산세제과 - 588, 2019.5.15.

성실공익법인이 주식배당으로 주식을 취득하여 내국법인의 주식을 10% 초과 보유하는 경우 주식배당은 취득에 해당하지 않으므로 「상속세 및 증여세법」 제48조 제2항 제2호에 따른 증여세 과세 불가함.

서면 - 2018 - 법령해석재산 - 2188〔법령해석과 - 2147〕, 2018.7.27.

상속세 및 증여세법(2016.12.20. 법률 제14388호로 개정된 것) 제48조 제1항 단서 및 같은 조 제2항 제2호에서 내국법인의 의결권 있는 발행주식총수에서 자기주식을 제외하도록 한 개정 규정은 부칙 제14388호 제9조 제1항에 따라 2017.1.1. 이후 공익법인이 출연받거나 취득하는 분부터 적용하는 것이며, 2017.1.1. 이후 공익법인이 주식을 출연받거나 취득하지 않은 경우에는 주식보유비율 계산 시 주식발행법인이 보유한 자기주식을 포함하는 것임.

기획재정부 재산세제과 - 627, 2018.7.23.

성실공익법인등이 「상속세 및 증여세법」 제16조 제3항 제2호에 의해 10%를 초과하여 출연받은 주식등을 출연자 또는 출연자의 특수관계인에게 매각하는 경우에는 10%를 초과하여 출연받은 주식등 중에서 출연자 또는 출연자의 특수관계인에게 매각한 주식등에 대해서만 매각한 날을 기준으로 증여세를 과세하는 것임.

기획재정부 재산세제과 - 396, 2018.4.30.

공익법인 등이 「협동조합기본법」 제2조 제3호에 따른 사회적 협동조합에 출자한 경우는 내국법인의 의결권 있는 주식 등을 취득한 행위에 해당하지 않는 것임.

서면 - 2017 - 상속증여 - 3203〔상속증여세과 - 123〕, 2018.2.6.

공익법인 등이 출연받은 재산을 특수관계 없는 자산운용사 등에 투자하여 수익증권을 취득하고 그 자산운용사 등이 부동산(임대 및 양도 목적)을 취득하는 경우로서 자산운용 사 등의 펀드운용에 개입하지 않기로 신탁약관에 규정하고 실제로 자산운용에 개입하지 않는 경우에는 단순히 개별 수익증권을 취득한 것으로 보는 것임.

서면 - 2017 - 상속증여 - 2791〔상속증여세과 - 1184〕, 2017.11.10.
증여한 주식의 취득시기가 불분명한 경우에는 소득세법 시행령 제162조 제5항에 따라 먼저 취득한 주식을 먼저 증여한 것으로 보는 것임.

서면 - 2017 - 상속증여 - 1113, 2017.6.9.
출연받은 주식의 발행법인이 감자하는 경우 공익법인등의 주식보유비율 초과여부 판정 은 감자를 위한 주주총회결의일이 속하는 연도의 주주명부 폐쇄일로 하는 것이며, 상증 법 제48조 제2항 제7호 및 제78조 제9항의 개정규정은 2018년 1월 1일 이후 개시하는 소득세 과세기간 또는 법인세 사업연도 분부터 적용하는 것임.

서면 - 2015 - 법령해석재산 - 1394, 2016.2.5.
공익법인 등이 출연받은 내국법인의 주식등이 그 내국법인의 의결권 있는 발행주식총수 등의 100분의 5(100분의 10)를 초과하는지 여부 판단시, 공익법인등이 간접소유하는 해 당 내국법인의 주식 등의 비율은 포함하지 아니함.

재산 - 1471, 2009.7.17.

〔질 의〕
- 성실공익법인으로 판단이 되고 난 후 10% 초과 취득분에 대해서는 취득 당시 증여세 가 부과되는데, 그 후 과세연도에 성실공익법인에 해당되지 아니하는 경우 당초 10% 이하 취득분에 대해서도 증여세가 다시 과세되는지 여부
- 위의 경우에 상증법 제78조 제4항의 가산세도 부과되는지 여부

〔회 신〕
1. 「상속세 및 증여세법」 제48조 제11항 및 같은 법 시행령 제40조 제2항의 규정에 의하 여 성실공익법인 등이 내국법인의 의결권 있는 발행주식총수의 5%를 초과하여 주식 을 출연받은 후 성실공익법인 등에 해당하지 아니하게 된 경우에는 성실공익법인 등 에 해당하지 아니하는 과세기간 또는 사업연도의 종료일 현재 당해 공익법인등이 5%를 초과하여 보유하고 있는 주식의 가액은 같은 법 제48조 제1항에 따라 증여세 과세가액 에 산입하는 것임.
2. 「상속세 및 증여세법」 제78조 제4항의 가산세 규정은 공익법인등이 같은 법 제49조 제1항 각호의 1에 규정된 기한경과 후 동항의 규정에 의한 주식 등의 보유기준을 초

과하여 보유하는 경우에 적용되는 것임.

재산 – 1436, 2009.7.15.

「상속세 및 증여세법」 제49조 제1항의 규정에 의하여 공익법인등이 1996.12.31. 현재 보유하고 있는 동일한 내국법인의 주식 등이 발행주식총수 등의 100분의 5를 초과하고 100분의 20 이하인 경우로서 1999.12.31.까지 발행주식총수 등의 100분의 5를 초과하는 주식을 처분하지 아니한 경우에는 같은 법 제78조 제4항의 규정에 의한 가산세가 부과되는 것이며, 이 경우 가산세는 당해 내국법인 발행주식총수의 5%를 초과하여 보유하는 주식(무상증자 등으로 증가한 주식을 포함)에 대하여 매년 말 현재 시가의 100분의 5에 상당하는 금액을 부과하는 것임.

재산 – 524, 2009.2.16.

「상속세 및 증여세법」 제16조 제2항의 규정에 의한 성실공익법인 해당여부는 같은 법 시행령 제13조 제5항의 규정에 의하여 주식 등의 출연일 또는 취득일 현재를 기준으로 판정하는 것임. 다만, 같은 법 시행령 부칙(2009.2.4. 대통령령 제21292호로 개정된 2008.2.22. 대통령령 제20621호 일부개정령 부칙) 제3조에 의하여 2008년도에 주식 등을 출연받거나 취득한 공익법인등이 2008년도에 개시하는 과세기간 또는 사업연도에 대하여 같은 법 제50조 제3항에 따른 회계감사를 받거나 같은 법 제50조의 3에 따른 결산서류 등을 공시한 경우에는 해당 주식 등의 출연일 또는 취득일부터 같은 법 시행령 제13조 제5항 제1호 및 제3호의 개정규정에 따른 공익법인등에 포함되는 것으로 보는 것이며, 귀 질의의 경우는 2008년도에 개시하는 사업연도에 대하여 같은 법 제50조 제3항에 따른 회계감사를 받거나 같은 법 제50조의 3에 따른 결산서류 등을 공시한 경우에는 성실공익법인 등으로 보는 것이 타당함.

서면4팀 – 1247, 2008.5.23.

운용소득이 발생불가능에도 불구하고 다음 연도 말까지 운용소득의 90% 이상 사용치 않으면 전년도 사업연도 말에도 성실공익법인에 해당하지 아니함.

서면4팀 – 45, 2008.1.8.

공익법인등이 내국법인의 의결권 있는 발행주식총수의 100분의 5를 초과하여 주식을 출연받은 경우 그 5%를 초과한 주식에 대하여는 「상속세 및 증여세법」 제48조 제1항 단서의 규정에 의하여 증여세가 과세되는 것이며, 이 경우 5% 초과 여부는 ① 공익법인이 새로이 출연받는 내국법인의 주식, ② 출연자가 출연할 당시 당해 공익법인이 보유하고 있는 동일한 내국법인의 주식, ③ 출연자 및 그와 특수관계자가 당해 공익법인등 외의 다른 공익법인등에 출연한 동일한 내국법인의 주식, ④ 출연자 및 그와 특수관계자로부터 재산을 증여받은 다른 공익법인등이 보유하고 있는 동일한 내국법인의 주식을 합하여 판정하는 것임.

서면4팀 - 30, 2008.1.7.

「상속세 및 증여세법」 제48조 제2항 제2호 및 같은 법 시행령 제40조 제1항 제2호의 규정에 의하여 공익법인등이 출연받은 재산(당해 재산을 수익용 또는 수익사업용으로 운용하는 경우 및 그 운용소득이 있는 경우를 포함한다)을 내국법인의 주식 등을 취득하는데 사용하는 경우로서, 공익법인등이 새로 취득하는 내국법인의 주식과 취득할 당시 당해 공익법인등이 보유하고 있는 동일한 내국법인의 주식, 당해 내국법인과 특수관계에 있는 출연자가 당해 공익법인등 외의 다른 공익법인등에 출연한 동일한 내국법인의 주식, 출연자 및 그와 특수관계자로부터 재산을 출연받은 다른 공익법인등이 보유하고 있는 동일한 내국법인의 주식을 합하여 당해 내국법인의 의결권 있는 발행주식총수의 100분의 5를 초과하는 경우에는 주식 등을 취득하는 날 현재 그 초과부분을 취득하는데 사용한 재산의 가액에 대하여 증여세를 부과하는 것임.

서면4팀 - 3004, 2007.10.18.

공익법인등이 보유한 내국법인 발행 우선주를 보통주로 전환함으로써 그 전환한 날이 속하는 사업연도의 주주명부폐쇄일(주식회사 외의 회사의 경우에는 과세기간 또한 사업연도의 종료일로 함)을 기준으로 당해 공익법인등 보유주식이 내국법인의 의결권 있는 발행주식총수의 100분의 5를 초과하게 된 경우에는 그 초과분에 대한 전환일 현재의 시가(「상속세 및 증여세법」 제60조 내지 제66조의 규정에 의하여 평가한 가액을 말함) 상당액을 공익법인등이 증여받은 것으로 보아 증여세를 과세하는 것임.

서면4팀 - 1160, 2006.4.28.

공익법인등이 보유하고 있는 주식 등을 발행한 내국법인이 자본 또는 출자액을 감소시킨 경우 주식의 초과 보유 해당 여부는 감자를 위한 주주총회결의일이 속하는 연도의 주주명부폐쇄일(주식회사 외의 회사의 경우에는 과세기간 또는 사업연도의 종료일로 한다)을 기준으로 하여 계산하는 것임.

서면4팀 - 72, 2006.1.18., 적부 2003 - 2032, 2003.6.24.

1. 공익법인이 의결권 있는 내국법인의 발행주식총수의 100분의 5를 초과하여 출연받은 경우 그 5%를 초과한 주식에 대하여는 「상속세 및 증여세법」 제48조 제1항 단서의 규정에 의하여 증여세가 과세되는 것이며, 이 경우 5% 초과 여부는
   ① 공익법인이 새로이 출연받는 내국법인의 주식
   ② 출연자가 출연할 당시 당해 공익법인이 보유하고 있는 동일한 내국법인의 주식

③ 출연자 및 그와 특수관계자가 당해 공익법인등 외의 다른 공익법인등에 출연한 동일한 내국법인의 주식

④ 출연자 및 그와 특수관계자로부터 재산을 출연받은 다른 공익법인등이 보유하고 있는 동일한 내국법인의 주식을 합하여 판정하는 것임.

2. 공익법인등(같은 법 제49조 제1항 단서의 규정에 해당하는 공익법인등을 제외함)이 같은 법 시행령 제38조 제12항 각 호에 해당하는 자로부터 「독점규제 및 공정거래에 관한 법률」에 의한 기업집단에 속하는 계열회사의 주식을 출연받거나 또는 보유하고 있는 경우로서 매 사업연도 말 현재 동 주식가액이 총재산가액의 100분의 30을 초과하는 경우에는 「상속세 및 증여세법」 제48조 제9항 및 같은 법 제78조 제7항의 규정에 의하여 30%를 초과하여 보유하는 주식가액의 5%에 상당하는 금액을 가산세로 부과하는 것이며, 귀 질의의 경우 공익법인이 출연받거나 보유하고 있는 내국법인의 주식이 「독점규제 및 공정거래에 관한 법률」에 의한 기업집단에 속하는 계열회사의 주식에 해당되지 아니하는 경우에는 「상속세 및 증여세법」 제48조 제9항 및 같은 법 제78조 제7항의 규정을 적용하여 가산세를 부과하지는 아니함.

서면4팀 - 2382, 2005.11.30.

「상속세 및 증여세법」 제48조 제1항, 제16조 제2항 단서 및 동법 제48조 제2항 제2호의 단서의 규정을 적용함에 있어, 새로이 설립하는 공익법인등에 대한 최초 성실공익법인 등의 판정시기는 당해 공익법인등이 설립한 사업연도의 다음 사업연도의 종료일 현재를 기준으로 하여 판정하는 것이며, '당해 공익법인등의 출연자'라 함은 당해 공익법인에 주식 등을 출연한 당해 출연자(출연자가 사망한 경우에는 그 상속인을 말한다)를 말하는 것임.

재재산 - 417, 2005.10.18.

「상속세 및 증여세법」 제48조 제1항의 규정을 적용함에 있어서 '당해 내국법인의 의결권 있는 발행주식총수 등'에는 당해 내국법인이 보유하고 있는 자기주식은 의결권 있는 발행주식총수에 포함되는 것임.

※ 국세청 기존 유권해석(서면4팀 - 1544, 2005.8.31.)

「상속세 및 증여세법」 제16조 제2항 및 동법 제48조 제1항의 규정을 적용함에 있어 '당해 내국법인의 의결권 있는 발행주식총수 등'에는 당해 법인이 보유하고 있는 자기주식은 포함되지 아니함.

➡ 공익법인등 5% 초과 출연분 계산시 발행주식총수에 자기주식을 포함하도록 한 이유는 공익사업 지원을 위한 입법취지와 다음과 같은 측면을 고려한 해석으로 보인다.
첫째, 공익법인 관련 규정에서는 공익법인에 출연된 주식 자체만을 가지고 5% 초과 여부를 판단하고

둘째, 법인이 처분목적으로 자기주식을 보유한 경우 출연시점에 따라 과세 여부가 달라지는 것은 불합리하며 → 즉, 자기주식 보유 중 출연한 경우는 과세, 자기주식 처분 후 출연한 경우 과세 제외, 출연 후 자기주식 취득한 경우 과세하는 논란 방지

셋째, 법인이 소각목적으로 자기주식을 보유한 경우 출연시점에는 증여세를 면제하더라도, 소각으로 인하여 공익법인의 지분율이 5%를 초과하는 경우 증여세를 부과할 수 있는 보완규정이 있음을 감안(상속세 및 증여세법 시행령 제37조 제1항 제3호)

서면4팀 – 595, 2005.4.20., 서면4팀 – 493, 2005.3.31.

「상속세 및 증여세법」 제48조 제11항에서 규정하는 '발행주식총수 등'이라 함은 동법 제16조 제2항의 규정에 의하여 내국법인의 의결권 있는 발행주식총수를 의미하는 것임 (의결권 없는 우선주 제외).

서면4팀 – 441, 2005.3.24.

특수관계에 있는 외국법인의 주식가액이 공익법인의 총재산가액의 100분의 30을 초과하는 경우에는 초과한 주식가액의 5%의 가산세를 부과하지 않음(내국법인 주식만 해당된다).

국심 2004서690, 2004.8.19.

주무부장관이 공익법인등의 목적사업을 효율적으로 수행하기 위하여 필요하다고 인정하는 경우에는 증여세를 과세하지 아니한다고 규정하고 있으며, 동법 부칙 제4조 제1항에서는 2001.1.1. 이후 최초로 증여세를 결정하는 분부터 적용한다고 규정하고 있는 바, 교육인적자원부장관이 2004.6.3. 발급한 확인서에서 청구법인은 운용소득을 전액 교육목적사업에 사용하는 성실공익법인이며, 학교법인 목적사업의 효율적 수행을 위하여 쟁점주식을 증여받았다고 확인하고 있는 사실을 감안하면, 비록 이 건 부과처분 이후에 주무부장관이 발급한 확인서를 제출하였다 하더라도 쟁점주식은 주무부장관이 청구법인의 목적사업을 효율적으로 수행하기 위하여 필요하다고 인정하는 경우로 보아 증여세 과세대상에서 제외함이 타당하다고 판단됨.

서일 46014 – 11408, 2002.10.24.

「상속세 및 증여세법」 제48조 제9항에서 규정하는 같은 법 제49조 제1항 단서 전단의 규정에 의한 성실공익법인 등의 판정은 같은 법 시행령 제42조 제3항의 규정에 의하여 공익법인등의 사업연도의 종료일 현재를 기준으로 하는 것이며, 새로이 설립한 공익법인등에 대한 최초 성실공익법인 등의 판정시기는 당해 공익법인등이 설립한 사업연도의 다음 사업연도의 종료일 현재를 기준으로 하여 판정하는 것이 타당함.

이 경우 같은 법 시행령 제42조 제1항에서 규정하는 성실공익법인 등은 같은 법 시행령 제38조 제5항의 규정에 의한 운용소득의 90% 이상을 그 소득이 발생한 사업연도 종료일

부터 1년 이내에 직접 공익목적사업에 계속하여 사용하는 공익법인등을 말하는 것임.

[보충설명]

성실공익법인에 해당되는지 여부는 매 사업연도 종료일을 기준으로 하여 판단하므로 특정 사업연도 종료일에 성실공익법인 또는 그 외의 공익법인이라고 판정되었다면 그 판정내용은 다음 사업연도 종료일의 전일까지는 동일하게 취급하는 것이 타당하므로

• 기설립된 공익법인의 경우에는 지분율이 5%를 초과하거나 재산가액의 30%를 초과하는 주식을 출연받거나 취득한 날이 속하는 사업연도의 이전 사업연도 종료일에 성실공익법인이었으면 과세 제외하고 계속 사후관리하되, 성실공익법인이 아니었다면 출연·취득시점에서 증여세 또는 가산세를 부과해야 할 것이며,

• 최초로 설립한 사업연도에 주식을 출연받거나 취득한 공익법인의 경우에는 성실공익법인의 판정시기가 도래할 때까지는 성실공익법인으로 추정하여 출연 취득시점에서는 과세 유보하고 그 판정시기가 도래했을 때에 과세 여부를 결정하는 것이 타당할 것이고,

• 성실공익법인은 운용소득을 1년 이내에 사용한 실적이 90%인지 여부를 가지고서 판단하므로 질의사안과 같이 2002사업연도에 설립된 공익법인의 경우에 최초로 성실공익법인인지 여부는 2002사업연도에 발생한 운용소득을 2003사업연도 종료일까지 90% 이상 사용했는지 여부를 가지고 판정해야 할 것임.

서일 46014-10158, 2002.2.5.

특수관계에 있는 2개 이상의 공익법인이 보유하는 내국법인의 주식을 합산해 그 발행주식총수의 5% 초과 주식에 대해 유예기간 내에 매각하지 않아 가산세 부과시, 그 5% 초과보유주식수는 나중에 취득한 주식부터 계산하며, 이 경우 보유주식에 대해 취득시기가 불분명한 때에는 선입선출법에 의함.

재산상속 46014-849, 2000.7.11.

질의

「사립학교법」의 적용을 받는 학교법인(산하 설치학교에 종합대학교 포함)이 별도 회사를 신규 설립하려고 함(투자금액 1억 원, 학교법인 소유지분 100%). 이에 따른 「상속세 및 증여세법」 제48조~제50조에 의거 학교법인과 같은 공익법인은 내국법인 총발행주식의 5%를 초과하여 보유하지 아니하도록 되어 있는 것과 관련하여 아래와 같은 의문점이 있어 질의함.

1. 초기에는 학교법인이 100% 투자한 후 회계연도 종료 전에 그 지분율을 5% 이하로 축소 조정하였을 경우 증여세가 감면되는지 여부

2. 증여세를 1회 부담하면 학교법인이 추가적인 세금부담 없이 그 지분율 100%를 다년간 지속적으로 유지할 수 있는지 여부

3. 「상속세 및 증여세법 시행령」 제42조 주식 등의 보유기준의 적용대상에서 제외되는 공익법인등에서 성실공익법인에 대해 예외 규정을 두고 있는 바 성실공익법인 기준은 "투자하는 법인"에 해당되는지 아니면 "투자대상이 되는 회사"가 되는지 여부

회신

공익법인등이 출연받은 재산을 내국법인의 의결권있는 주식의 100분의 5를 초과하여 취득하는 데 사용하는 경우 「상속세 및 증여세법」 제48조 제2항 제2호의 규정에 의하여 증여세가 과세되는 것이며, 1997.1.1. 이후 내국법인 주식의 5%를 초과하여 취득하여 취득시점에 증여세가 부과되는 경우 같은 법 제49조(공익법인등의 주식 등의 보유기준)의 규정은 적용되지 아니하는 것임.

2 공익법인등의 주식 등의 보유기준

2-1. 보유기준

공익법인등이 특수관계에 있는 내국법인의 주식 등을 보유하는 경우로서 당해 내국법인의 주식 등의 가액이 해당 공익법인의 총재산가액의 100분의 30(회계감사, 전용계좌의 개설·사용, 결산서류등의 공시를 이행하는 공익법인등은 100분의 50)을 초과하는 때에는 가산세를 부과한다(상속세 및 증여세법 제48조 제9항).

다만, 다음의 공익법인등과 「상속세 및 증여세법」 제48조 제11항 각 호의 요건9)을 충족하는 공익법인등은 제외한다(상속세 및 증여세법 시행령 제42조).

---

9) ① 운용소득의 80% 이상을 직접 공익목적사업에 사용할 것
② 출연재산가액의 1% 이상을 직접 공익목적사업에 사용할 것 (2023.12.31. 삭제)
③ 출연자·특수관계인이 공익법인등의 이사 현원의 1/5을 초과하지 않을 것
④ 정당한 대가를 받지 않고 출연재산을 임대차 등의 방법으로 특수관계인이 사용·수익하지 않을 것
⑤ 정당한 대가를 받지 않고 특수관계기업의 광고·홍보를 하지 않을 것

1. 국가·지방자치단체가 설립한 공익법인등
2. 국가·지방자치단체가 출연하여 설립한 공익법인등이 재산을 출연하여 설립한 공익법인등
3. 「공공기관의 운영에 관한 법률」 제4조 제1항 제3호에 따른 공공기관이 재산을 출연하여 설립한 공익법인등
4. 상기 3.의 공익법인등이 재산을 출연하여 설립한 공익법인등

여기서 '특수관계에 있는 내국법인'이라 함은 다음 각 호의 어느 하나에 해당하는 자가 제1호에 해당하는 기업의 주식등을 출연하거나 보유한 경우의 해당 기업(해당 기업과 함께 제1호에 해당하는 자에 속하는 다른 기업을 포함한다)을 말한다(상속세 및 증여세법 시행령 제38조 제13항).

범 위	내 용
1. 동법 시행령 제38조 제13항 제1호에 해당하는 자	1. 「독점규제 및 공정거래에 관한 법률 시행령」 제3조 각 호의 어느 하나에 해당하는 기업집단에 속하는 계열회사(해당 기업의 임원 및 퇴직임원을 포함)과 다음 각 목의 어느 하나에 해당하는 관계에 있는 자 또는 해당 기업의 임원에 대한 임면권의 행사 및 사업방침의 결정 등을 통하여 그 경영에 관하여 사실상의 영향력을 행사하고 있다고 인정되는 자 가. 기업집단소속의 다른 기업 나. 기업집단을 사실상 지배하는 자 다. 나목의 자와 상속세 및 증여세법 시행령 제2조의 2 제1항 제1호의 관계에 있는 자
2. 동법 시행령 제38조 제13항 제2호에 해당하는 자	2. 제1호 본문에 따른 소속기업 또는 동호 가목에 따른 기업의 임원 또는 퇴직임원이 이사장인 비영리법인
3. 제1호 및 제2호에 해당하는 자가 이사의 과반수이거나 재산을 출연하여 설립한 비영리법인	

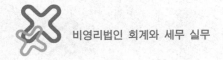
2-2. 가산세

① 초과주식 등의 가액은 각 사업연도 종료일 현재 다음 제1호의 가액에서 제2호의 가액
의 100분의 30(외부감사, 전용계좌의 개설 및 사용, 결산서류 등의 공시를 이행하는 공익법
인등에 해당하면 100분의 50)에 해당하는 금액을 차감하여 계산한 가액을 말한다(상속세
및 증여세법 시행령 제38조 제14항).

---

1. 「법인세법 시행령」 제74조 제1항 제1호 마목의 규정(이동평균법)에 의한 당해 내국법인의
   주식 등의 취득가액과 대차대조표상의 가액 중 적은 금액
2. 공익법인등의 총재산(당해 내국법인의 주식 등을 제외)에 대한 대차대조표상의 가액에 제
   1호의 가액을 가산한 가액

---

② 가산세는 매 사업연도 말 현재 그 초과하여 보유하는 주식 등의 시가의 100분의 5에
상당하는 금액을 공익법인등이 납부할 세액에 가산하여 부과한다. 이때 가산세는 나
중에 취득한 주식 등부터 부과한다(상속세 및 증여세법 제78조 제7항, 동법 시행령 제80조
제11항).

 │ 중요 예규 및 판례 │

서면 - 2023 - 법인 - 3159, 2023.10.19.

〔사실관계〕
질의법인은 '90.00.00. 설립된 연구개발 지원을 목적사업으로 하는 공익법인임.

〔질의내용〕
(질의1) 출연재산가액 1% 이상 의무사용 기준금액 계산 시 질의법인이 보유한 계열회
　　　　사 주식이 수익용 재산인지 직접 공익목적사업용 재산인지 여부
(질의2) 출연재산가액 1% 이상 의무사용 미달 가산세 부과 시 계열기업 주식보유한도
　　　　위반 가산세가 부과되는데 이중과세는 아닌지 여부

〔답변내용〕
「상속세 및 증여세법」 제48조 제2항 제7호의 '직접 공익목적사업에 사용하는 것'은 「상
속세 및 증여세법」 시행령 제38조 제2항에 따라 공익법인등의 정관상 고유목적사업에
사용하는 것을 말함.

「상속세 및 증여세법」 제48조 제11항 제2호의 요건을 충족하지 않는 공익법인은 「상속세 및 증여세법」 제48조 제9항 요건 위반 시 「상속세 및 증여세법」 제78조 제7항에 따른 가산세를 부과하는 것임.

조심 - 2022 - 서 - 2473, 2022.8.2.

특수관계 내국법인의 주식 100분의 30 초과보유분에 대하여 10년의 부과제척기간을 적용하여 증여세 가산세를 부과한 처분의 당부

청구법인은 2011~2015사업연도의 외부회계 감사보고서를 미제출하였고, 2016사업연도의 감사보고서는 지연 제출하여 성실공익법인에 해당하지 않으므로 상증법 제48조 제9항에 따른 특수관계 있는 내국법인 주식 보유한도비율(30%)을 적용받아 이에 미달한 것에 대하여 처분청이 청구법인에게 이 건 증여세 가산세를 부과한 처분은 달리 잘못이 없다고 판단됨.

서면 - 2021 - 법인 - 8411, 2022.1.26.

공익법인이 특수관계에 있는 내국법인의 주식등을 보유하는 경우 「상속세 및 증여세법」 제48조 제9항에 따른 총재산가액의 50% 한도를 적용받기 위해서는 제50조 제3항에 따른 회계감사, 제50조의 2에 따른 전용계좌 개설·사용, 제50조의 3에 따른 결산서류등의 공시를 모두 이행하여야 하는 것임.

서면 - 2018 - 법인 - 0959, 2020.9.10.

설립 당시 기부자가 각기 다른 기업집단의 소속기업으로 상속세 및 증여세법 시행령 제38조 제13항 제3호의 공익법인 이사의 과반수 요건을 충족하지 아니하거나 출연·설립자에 해당하지 아니하며, 공익법인등이 같은조 같은항 같은호에 해당하는 기업의 주식등을 출연받지 아니하거나 보유하지 아니한 경우 해당 기업은 같은조 같은항에서 규정하는 특수관계에 있는 내국법인에 해당하지 않는 것임.

서면4팀 - 3490, 2007.12.6.

1. 「상속세 및 증여세법」 제48조 제9항의 규정에 의하여 공익법인등(제49조 제1항 단서의 규정에 해당하는 공익법인등을 제외함)이 같은 법 시행령 제38조 제12항에서 규정하는 특수관계에 있는 내국법인의 주식을 보유하는 경우로서 매 사업연도 말 현재 당해 내국법인의 주식 등의 가액이 총재산가액의 100분의 30을 초과하는 경우에는 같은 법 제78조 제7항의 규정에 의하여 30%를 초과하여 보유하는 주식가액의 5%에 상당하는 금액을 가산세로 부과하는 것이며, 이 경우 특수관계에 있는 내국법인에는 같은 법 시행령 제19조 제2항 제3호 및 같은 법 시행규칙 제9조 제1항에 의하여 「독점규제

및 공정거래에 관한 법률 시행령」 제3조 각 호의 1에 해당하는 기업집단에 속하는 계열 회사를 포함하는 것임.

2. 「상속세 및 증여세법」 제48조 제9항에서 규정하는 같은 법 제49조 제1항 단서 전단의 규정에 의한 성실공익법인 등의 판정은 같은 법 시행령 제42조 제3항의 규정에 의하여 공익법인등의 사업연도의 종료일 현재를 기준으로 하는 것이며, 새로이 설립한 공익법인 등에 대한 최초 성실공익법인 등의 판정시기는 당해 공익법인등이 설립한 사업연도의 다음 사업연도의 종료일 현재를 기준으로 하여 판정하는 것이 타당하며, 이 경우 같은 법 시행 령 제42조 제1항에서 규정하는 성실공익법인 등은 같은 법 시행령 제38조 제5항의 규정 에 의한 운용소득의 90% 이상을 그 소득인 발생한 사업연도 종료일부터 1년 이내에 직 접 공익목적사업에 계속하여 사용하는 공익법인등을 말하는 것임.

3 공익법인등의 사후관리 의무이행여부 신고

3-1. 신고대상 공익법인등

「상속세 및 증여세법」 제48조 제11항 각 호의 요건10)을 모두 충족하여 주식등의 출연·취득 및 보유에 대한 증여세 및 가산세 등의 부과대상에서 제외되는 공익법인등으로서 동법 시행령 제38조 제20항에 따른 공익법인등은 과세기간 또는 사업연도의 의무이행 여부 등에 관한 사항을 납세지 관할 지방국세청장에게 신고하여야 한다(상속세 및 증여세법 제48조 제13항, 동법 시행령 제41조의 2 제6항, 동법 시행령 제38조 제20항, 시행규칙 제13조의 2 제1항).

---

10) ① 운용소득의 80% 이상을 직접 공익목적사업에 사용할 것
② 출연재산가액의 1% 이상을 직접 공익목적사업에 사용할 것 (2023.12.31. 삭제)
③ 출연자·특수관계인이 공익법인등의 이사 현원의 1/5을 초과하지 않을 것
④ 정당한 대가를 받지 않고 출연재산을 임대차 등의 방법으로 특수관계인이 사용·수익하지 않을 것
⑤ 정당한 대가를 받지 않고 특수관계기업의 광고·홍보를 하지 않을 것

1. 법 제16조 제2항 및 제48조 제1항에 따라 내국법인의 발행주식총수등의 100분의 5를 초과하여 주식등을 출연받은 공익법인등.

   다만, 다음 각 목의 어느 하나에 해당하는 경우는 제외한다.

   가. 다음의 어느 하나에 해당하는 공익법인등으로서 법 제16조 제3항 제1호에 해당하는 경우(상호출자제한기업집단과 특수관계에 있지 아니한 공익법인등에 그 공익법인등의 출연자와 특수관계에 있지 아니한 내국법인의 주식등을 출연하는 경우로서 주무관청이 공익법인등의 목적사업을 효율적으로 수행하기 위하여 필요하다고 인정하는 경우)

   1) 국가 · 지방자치단체가 출연하여 설립한 공익법인등

   2) 제42조 제2항 각 호의 어느 하나에 해당하는 공익법인등

   　1. 국가 · 지방자치단체가 출연하여 설립한 공익법인 등이 재산을 출연하여 설립한 공익법인 등

   　2. 「공공기관의 운영에 관한 법률」 제4조 제1항 제3호에 따른 공공기관이 재산을 출연하여 설립한 공익법인 등

   　3. 제2호의 공익법인 등이 재산을 출연하여 설립한 공익법인 등

   나. 「공익법인의 설립 · 운영에 관한 법률」 및 그 밖의 법령에 따라 내국법인의 주식등을 출연하는 경우

2. 법 제48조 제2항 제2호에 따라 내국법인의 발행주식총수등의 100분의 5를 초과하여 주식등을 취득한 공익법인등.

   다만, 다음 각 목의 어느 하나에 해당하는 경우는 제외한다.

   가. 공익법인등(다음의 어느 하나에 해당하는 공익법인등이 제13조 제6항에 해당하는 경우로 한정한다)이 제13조 제7항에 따른 내국법인의 주식등을 취득하는 경우로서 주무관청이 공익법인등의 목적사업을 효율적으로 수행하기 위하여 필요하다고 인정하는 경우

   1) 국가 · 지방자치단체가 출연하여 설립한 공익법인등

   2) 제42조 제2항 각 호의 어느 하나에 해당하는 공익법인등

   　1. 국가 · 지방자치단체가 출연하여 설립한 공익법인 등이 재산을 출연하여 설립한 공익법인 등

   　2. 「공공기관의 운영에 관한 법률」 제4조 제1항 제3호에 따른 공공기관이 재산을 출연하여 설립한 공익법인 등

   　3. 제2호의 공익법인 등이 재산을 출연하여 설립한 공익법인 등

   나. 「공익법인의 설립 · 운영에 관한 법률」 및 그 밖의 법령에 따라 내국법인의 주식등을 취득하는 경우

   다. 「산업교육진흥 및 산학연협력촉진에 관한 법률」 제25조에 따른 산학협력단이 주식등을 취득하는 경우로서 제37조 제6항 각 호의 요건을 모두 갖춘 경우

   － 제37조 제6항 각 호의 요건

   　1. 「산업교육진흥 및 산학연협력촉진에 관한 법률」에 따른 산학협력단(이하 "산학협력단"이라 한다)이 보유한 기술을 출자하여 같은 법에 따른 기술지주회사(이하 이 조에서 "기술지주회사"라 한다) 또는 「벤처기업육성에 관한 특별법」에 따른 신기

술창업전문회사(이하 이 조에서 "신기술창업전문회사"라 한다)를 설립할 것

2. 산학협력단이 출자하여 취득한 주식등이 기술지주회사인 경우에는 발행주식총수의 100분의 50 이상(「산업교육진흥 및 산학연협력촉진에 관한 법률」 제36조의 2 제1항에 따라 각 산학협력단이 공동으로 기술지주회사를 설립하는 경우에는 각 산학협력단이 출자하여 취득한 주식등의 합계가 발행주식총수의 100분의 50 이상을 말한다), 신기술창업전문회사인 경우에는 발행주식총수의 100분의 30 이상일 것

3. 기술지주회사 또는 신기술창업전문회사는 자회사 외의주식등을 보유하지 아니할 것

3. 법 제48조 제9항에 따른 가산세가 부과되지 않는 공익법인등이 제38조 제13항에 따른 특수관계에 있는 내국법인의 주식등을 보유하는 경우로서 같은 조 제14항에 따른 가액이 0보다 큰 공익법인등.

다만, 다음 각 목의 어느 하나에 해당하는 공익법인등은 제외한다.

가. 국가·지방자치단체가 출연하여 설립한 공익법인등

나. 제42조 제2항 각 호의 어느 하나에 해당하는 공익법인등

1. 국가·지방자치단체가 출연하여 설립한 공익법인 등이 재산을 출연하여 설립한 공익법인 등

2. 「공공기관의 운영에 관한 법률」 제4조 제1항 제3호에 따른 공공기관이 재산을 출연하여 설립한 공익법인 등

3. 제2호의 공익법인 등이 재산을 출연하여 설립한 공익법인 등

4. 법 제49조 제1항에 따라 1996년 12월 31일 현재 의결권 있는 발행주식총수등의 100분의 5를 초과하는 동일한 내국법인의 의결권 있는 주식등을 보유하고 있는 공익법인등으로서 해당 주식등을 발행주식총수등의 100분의 5를 초과하여 계속하여 보유하고 있는 공익법인등.

다만, 다음 각 목의 어느 하나에 해당하는 공익법인등은 제외한다.

가. 국가·지방자치단체가 출연하여 설립한 공익법인등

나. 제42조 제2항 각 호의 어느 하나에 해당하는 공익법인등

1. 국가·지방자치단체가 출연하여 설립한 공익법인 등이 재산을 출연하여 설립한 공익법인 등

2. 「공공기관의 운영에 관한 법률」 제4조 제1항 제3호에 따른 공공기관이 재산을 출연하여 설립한 공익법인 등

3. 제2호의 공익법인 등이 재산을 출연하여 설립한 공익법인 등

3-2. 신고방법 및 제출서류

사후관리 의무이행 여부 등에 관한 사항을 신고하려는 공익법인등은 해당 과세기간 또는 사업연도 종료일부터 4개월 이내에 다음의 신고서 및 관련 서류를 납세지 관할 지방국세청장에게 제출해야 하며, 납세지 관할 지방국세청장은 「상속세 및 증여세법」 제48조 제11항 각 호의 요건 충족 여부 확인을 위하여 해당 공익법인등 또는 주무관청에 추가 자료 제출을 요구할 수 있다(상속세 및 증여세법 제48조 제13항, 동법 시행령 제41조의 2 제7항, 동법 시행규칙 제13조의 2 제2항, 제4항).

---

1. 별지 제22호 서식에 따른 공익법인등 의무이행 신고서
2. 해당 공익법인등의 설립허가서 및 정관
3. 별지 제25호의 4 서식에 따른 운용소득 사용명세서
4. 별지 제26호의 2 서식에 따른 이사등 선임명세서
5. 별지 제26호의 3 서식에 따른 특정기업광고 등 명세서
6. 별지 제31호 서식 부표 4에 따른 출연받은 재산의 공익목적사용 현황[11]
7. 별지 제32호 서식 부표 2에 따른 출연자 등 특수관계인 사용수익명세서

3-3. 의무이행 여부 확인 및 결과의 통보

납세지 관할 지방국세청장은 신고내용을 확인하여 「상속세 및 증여세법」 제48조 제11항 각 호의 요건 충족 여부를 국세청장에게 보고해야 하고, 국세청장은 그 결과를 해당 공익법인등의 과세기간 또는 사업연도 종료일부터 9개월 이내에 해당 공익법인등과 주무관청에 통보해야 한다(상속세 및 증여세법 제48조 제13항, 동법 시행령 제41조의 2 제8항, 동법 시행규칙 제13조의 2 제5항).

의무이행여부 신고를 받은 납세지 관할 지방국세청장은 전자정부법 제36조 제1항에 따른 행정정보의 공동이용을 통하여 법인 등기사항증명서를 확인해야 한다(상속세 및 증여세법 시행규칙 제13조의 2 제3항).

---

11) 2022년 1월 1일부터 시행함[규칙 부칙(2021.3.16. 기획재정부령 제832호) 단서].

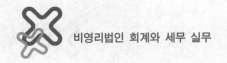

3-4. 가산세

세무서장등은 공익법인등이 의무이행 여부 등을 신고하지 아니한 경우에는 신고해야 할 과세기간 또는 사업연도의 종료일 현재 그 공익법인등의 자산총액의 0.5%에 상당하는 금액을 공익법인등이 납부할 세액에 가산하여 부과한다(상속세 및 증여세법 제78조 제14항, 동법 시행령 제80조 제18항).

2020년 12월 22일 법 개정시 공익법인의 투명성을 제고하기 위해 종전에는 특정법인의 주식을 발행주식총수의 5퍼센트를 초과하여 출연받거나 취득한 공익법인 등은 매 5년마다 사후관리 이행 여부를 지방국세청장에게 확인받도록 하던 것에서 앞으로는 매년 신고하고 신고를 이행하지 아니하는 경우 가산세를 부과하는 것으로 전환하여 2021년 1월 1일 이후 개시하는 사업연도분부터 적용하도록 하였다.

제 4 절

공익법인등의 출연받은 재산의 사후관리

공익법인등의 사후관리의무는 다음과 같다.

분 류	사후관리사항	위반시 추징사항	관계 법령
출연재산 (1)	출연받은 날로부터 3년 이내에 공익목적사업 등에 사용하여야 함.	직접 공익목적사업 등 외에 사용한 가액, 미달 사용한 가액에 증여세 부과	법 제48조 제2항 제1호
출연재산의 매각대금 (2, 3)	-매각한 날로부터 3년 이내에 100분의 90 이상을 공익목적사업 등에 사용하여야 함. -매각대금은 1년 이내에 100분의 30, 2년 이내에 100분의 60, 3년 이내에 100분의 90을 사용하여야 함.	-직접 공익목적사업 등 외에 사용한 가액, 미달 사용한 가액에 증여세 부과 -매 연도별 매각대금 사용기준 미달금액에 10% 가산세 부과	법 제48조 제2항 제4호, 제5호
출연재산의 운용소득 (4)	-운용소득을 직접 공익목적사업 외에 사용한 경우 -소득이 발생한 사업연도 종료일부터 1년 이내에 80%*) 이상을 직접 공익목적사업에 사용 *) 2022.1.1. 이후 개시하는 사업연도 분부터 적용	-당해 출연재산가액에 증여세 부과 -사용기준 미달금액에 10% 가산세 부과	법 제48조 제2항 제3호, 제5호
주식출연비율 20%한도 적용 공익법인등의 의결권 행사 (5)	출연받은 주식등의 의결권을 행사하지 아니할 것을 요건으로 20%의 주식출연비율 제한을 적용받은 공익법인등의 의결권 행사금지	10%를 초과하여 보유하고 있는 주식 등의 가액에 증여세 부과	법 제48조 제2항 제6호
출연재산 의무사용 (6)	매년 수익용 또는 수익사업용으로 운용하는 재산가액의 일정비율(1%, 주식 10%~20% 보유한 공익법인은 3%)을 직접 공익목적사업 등에 사용하여야 함.	사용기준 미달금액에 10% 가산세 부과, 주식 5% 초과 보유시 200% 가산세 부과	법 제48조 제2항 제7호
출연자 등의 이사취임 (7)	출연자와 특수관계자가 이사 현원의 5분의 1을 초과하여 이사가 되거나 임·직원이 되는 경우	그 자와 관련하여 지출된 직·간접 비용 전액을 가산세로 부과	법 제48조 제8항

분 류	사후관리사항	위반시 추징사항	관계 법령
특정기업의 광고(8)	특수관계에 있는 내국법인에게 정당한 대가를 받지 아니한 광고·홍보의 금지	당해 행위와 관련하여 직접 지출된 경비를 가산세로 부과	법 제48조 제10항
공익사업의 수혜자 (9)	사회적 지위·직업·근무처 및 출생지 등에 의하여 일부에게만 혜택을 제공할 때	당해 출연재산가액 또는 그 차액에 상당하는 출연재산가액에 증여세 부과	법 제48조 제2항 제8호
자기내부거래 금지 (10)	출연자와 특수관계자에게 재산의 임대차·소비대차 및 사용대차 등의 방법으로 사용·수익하게 하는 경우	당해 출연재산가액 또는 그 차액에 상당하는 출연재산가액에 증여세 부과	법 제48조 제3항
해산시 잔여재산 (11)	잔여재산을 국가·지방자치단체 또는 당해 공익법인과 유사한 공익법인등에 귀속시키지 아니한 때	당해 출연재산가액에 증여세 부과	법 제48조 제2항 제8호

공익법인등이 출연받은 재산에 대한 증여세 면제요건은 공익사업의 요건과 함께 당해 출연재산의 목적사업에의 사용시기 및 내용에 대한 요건도 갖추어야 한다. 즉, 공익법인등은 출연재산을 출연목적 이외에 사용하거나 일정기간 내에 사용하지 않는 등 공익사업의 운용이 정상적으로 이루어지지 않는 경우에는 증여세 또는 가산세를 부과하도록 하고 있다.

다만, 종교사업에 출연하는 헌금(부동산·주식 또는 출자지분으로 출연하는 경우 제외)은 불특정다수인으로부터 출연받아 출연자별로 출연재산가액의 산정이 곤란하고, 상속세 및 증여세의 회피수단으로 이용될 소지가 거의 없으므로 사후관리대상에서 제외된다(상속세 및 증여세법 제48조 제2항 본문 단서, 동법 시행령 제38조 제1항).

| 중요 예규 및 판례 |

서면 - 2022 - 법인 - 3069, 2022.7.26.
종교사업에 출연한 헌금에 대하여 기부금영수증을 발행하였다면 해당 헌금이 사후관리대상 출연재산에 해당하는지 여부
「상속세 및 증여세법 시행령」 제12조 제1호에 따른 종교사업에 출연하는 헌금의 경우에는 「상속세 및 증여세법」 제48조 제2항 제2호 단서 및 같은 법 시행령 제38조 제1항에 따라 사후관리대상 출연재산에서 제외되는 것임.

재산 - 56, 2009.8.28.

질의

〔사실관계〕
• ○○천주교유지재단은 현재 (주)○○신문사의 발행주식총수의 5%를 초과하여 보유하고 있으며, 금번 (주)○○신문사의 유상증자에 따라 주식을 추가 취득하고자 함(기 보유주식은 개정 전 「상속세 및 증여세법」상 성실공익법인의 취득에 해당되며 현재는 성실공익법인(외부감사 미이행 등 요건 부족)에 해당되지 않음).

〔질의내용〕
• 위와 같이 ○○천주교유지재단이 추가로 유상증자 취득하여 주식의 보유기준을 초과하는 경우라도 불특정다수인의 헌금의 범위내의 재원으로 취득하면 「상속세 및 증여세법」 제48조 제2항 본문 단서의 규정에 해당되어 증여세 과세문제는 없는 것인지 여부

회신

종교사업에 불특정다수인이 출연하여 출연자별로 출연받은 재산가액의 산정이 어려운 헌금(부동산·주식 또는 출자지분으로 출연하는 경우를 제외함)의 경우에는 「상속세 및 증여세법」 제48조 제2항 단서 및 같은 법 시행령 제38조 제1항의 규정에 의하여 사후관리 대상 출연재산에서 제외하는 것임. 다만, 출연자별로 출연받은 재산가액의 산정이 가능한 헌금의 경우에는 그러하지 아니하는 것임.

1 출연받은 재산의 사후관리

1-1. 부과요건

출연받은 재산을 직접 공익목적사업 등(직접 공익목적사업에 충당하기 위하여 수익용 또는 수익사업용으로 운용하는 경우를 포함)의 용도 외에 사용하거나, 출연받은 날부터 3년 이내에 직접 공익목적사업 등에 사용하지 아니하거나 3년 이후 직접 공익목적사업 등에 계속하여 사용하지 아니하는 경우에는 그 사유가 발생한 날에 공익법인등이 증여받은 것으로 보아 즉시 증여세를 부과한다(상속세 및 증여세법 제48조 제2항 제1호, 동법 시행령 제38조 제2항·제3항). 다만, 그 사용에 장기간을 요하는 등 법령상 또는 행정상의 부득이한 사유 등으로 사용

이 곤란한 경우로서 주무부장관(권한을 위임받은 자를 포함한다)이 인정한 경우 또는 해당 공익목적사업 등의 인가·허가 등과 관련한 소송 등으로 사용이 곤란하여 출연받은 재산을 3년 이내에 직접 공익목적사업 등에 전부 사용하거나 3년 이후 직접 공익목적사업 등에 계속하여 사용하는 것이 곤란한 경우로서 공익법인의 보고서('제5절 1. 출연재산 등에 대한 보고서 제출의무' 참조)를 제출하고 납세지 관할세무서장에게 그 사실을 보고하고, 그 사유가 없어진 날부터 1년 이내에 해당 재산을 직접 공익목적사업 등에 사용하는 경우는 제외한다.

여기서 '직접 공익목적사업 등에 사용'하는 것은 다음과 같이 세분된다. 특히 공익목적사업에 충당하기 위하여 수익용 또는 수익사업용으로 운용하는 경우를 포함한다는 것에 주의하여야 한다(상속세 및 증여세법 기본통칙 48-38…2).

① 출연재산이 현금인 경우

　가. 직접 공익목적사업용 재산을 취득하기 위하여 지출한 금액

　나. 직접 공익목적사업비로 지출한 금액

　다. 수익사업용 또는 수익용 재산을 취득하기 위하여 지출한 금액

② 출연재산이 현금 외의 재산인 경우

　가. 직접 공익목적사업에 사용하는 재산의 금액

　나. 수익사업용 또는 수익용 재산으로 사용되는 재산의 금액

　다. 해당 출연재산을 매각한 대금으로 ①의 각 목의 용도에 지출한 금액

상기에서 ① 가, 나 및 ② 가에서 의미하는 '직접 공익목적사업에 사용'하는 것이라 함은 공익법인등의 정관상 고유목적사업에 사용(다음의 어느 하나에 해당하는 경우는 제외)하거나 정관상의 고유목적사업의 수행에 직접 사용하는 자산을 취득하는 데 소요된 금액으로 한다. 또 출연받은 재산을 해당 직접 공익목적사업에 효율적으로 사용하기 위하여 주무관청의 허가를 받아 다른 공익법인등에게 출연하는 것을 포함한다(상속세 및 증여세법 시행령 제38조 제2항, 동법 기본통칙 48-38…3).

---

① 해당 공익법인등의 정관상의 고유목적사업에 직접 사용하는 시설에 소요되는 수선비·전기료·전화사용료 등의 관리비를 제외한 관리비

② 「법인세법 시행령」 제56조 제11항에 따라 고유목적에 지출한 것으로 보지 아니하는 금액 (장학법인과 사회복지법인의 경우 임직원의 급여 중 연간 8천만 원 초과 금액)

그러나 출연재산의 운용소득으로 수익용 재산을 취득한 금액은 직접 공익목적사업 사용 금액에 포함하지 아니하지만 직접 공익목적사업 외에 사용한 것으로 보지는 않으므로 이에 주의한다.

1-2. 증여세 과세가액의 계산

증여세 과세가액은 다음과 같이 계산한다(상속세 및 증여세법 시행령 제40조 제1항 제1호).

> ① 직접 공익목적사업 등 외에 사용한 경우 : 그 사용한 재산의 가액
> ② 3년 이내에 직접 공익목적사업 등에 사용하지 아니하거나 미달하게 사용한 경우 : 그 사용하지 아니하거나 미달하게 사용한 재산의 가액
> ③ 3년 이후 직접 공익목적사업 등에 계속하여 사용하지 않는 경우에는 그 사용하지 않는 재산의 가액

상기의 증여세과세가액은 과세요인 발생일 현재 「상속세 및 증여세법」 제60조 내지 제66조의 규정에 의하여 평가한 가액으로 한다.

단, 출연받은 재산 등 일부가 다음의 사유로 인하여 직접 공익목적사업에 사용할 수 없는 때에는 당해 금액을 출연받은 재산의 가액에서 차감한 금액을 기준으로 위의 규정을 적용한다(상속세 및 증여세법 시행령 제38조 제9항).

> ① 공익법인등의 이사 또는 사용인의 불법행위로 인하여 출연받은 재산이 감소된 경우. 다만, 출연자 및 그 출연자와 친족 및 직계비속의 배우자의 2촌 이내의 혈족과 그 배우자의 관계에 있는 자의 불법행위로 인한 경우를 제외한다.
> ② 출연받은 재산을 분실하거나 도난당한 경우

2020년 12월 22일 법 개정시 공익법인이 출연받은 재산의 직접 공익목적사업 등에 사용할 의무의 적용기준을 3년 이후 공익목적사업에 계속하여 사용하지 아니하는 경우로 명확하게 하여 출연재산을 공익목적에 사용하던 중 부득이한 사유없이 사용 중단하는 경우 그 사용하지 아니한 가액에 대하여 증여세가 부과되도록 하였으며, 동 개정규정은 2021년 1월 1일 이후 개시하는 사업연도 분부터 적용하되, 2021년 1월 1일 전에 개시한 과세기간 또는

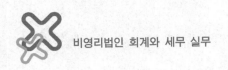

사업연도 분에 대해서는 동 개정규정에도 불구하고 종전의 규정에 따르도록 하였다.

한편, 2021년 2월 17일 시행령 개정시 '공익목적사업의 인·허가 등과 관련한 소송 진행 등'을 출연재산 공익목적 사용의 예외가 되는 부득이한 사유로 추가하여 2021년 2월 17일 이후 해당 사유가 발생하는 분부터 적용하도록 하였다.

| 중요 예규 및 판례 |

기준 – 2024 – 법규재산 – 0025, 2024.6.20.

〔사실관계〕
- A공익법인은 '18.10.16. BB소재 토지(임야, 669,755㎡)를 출연
- A공익법인은 '21.9.30. 제3자와 해당 토지 중 일부(0.1%, 784㎡)를 임차하는 임대차계약 체결
- A공익법인은 BB소재 토지를 출연받은 날부터 3년이 되는 날까지 직접 공익목적사업 등에 사용하지 않음.

〔질의내용〕
평가기준일 현재 일부만 임대된 토지의 보충적 평가 방법

〔답변내용〕
평가기준일 현재 임대된 부분과 임대되지 않은 부분의 가치가 서로 다른 한 필지의 토지를 「상속세 및 증여세법」 제61조에 따라 평가할 때, 임대된 부분과 임대되지 않은 부분을 구분하여 전자의 가액은 같은 조 제5항 및 같은 법 시행령 제50조 제7항에 따라 평가하고, 후자의 가액은 「상속세 및 증여세법」 제61조 제1항 및 같은 법 시행령 제50조 제1항 내지 제6항에 정한 방법에 의하여 평가하는 것임.

서면 – 2024 – 상속증여 – 0527, 2024.5.27.

〔사실관계〕
산학협력단이 임직원에게 일시적으로 8천만원을 초과하는 인건비를 지급하고자 함.

〔질의내용〕
산학협력단이 「법인세법 시행령」 제56조 제11항 각 호의 법인에 해당하는지 여부

〔답변내용〕
「산업교육진흥 및 산학연협력촉진에 관한 법률」에 따른 산학협력단은 「조세특례제한법」 제74조 제1항의 규정에 의해 수익사업에서 발생한 소득을 고유목적사업준비금으로 손금 산입할 수 있으며, 이 경우 「법인세법 시행령」 제56조 제11항 제1호 및 제2호의 법인에 해당하지 아니하는 것임.

서면 - 2023 - 상속증여 - 4279, 2024.5.3.

〔사실관계〕

출연재산으로 부동산을 취득한 공익법인이 해당 부동산을 직접 공익목적사업을 수행하기 위한 사무실로 사용하고자 함.

〔질의요지〕

해당 공익법인이 출연재산으로 취득한 부동산을 직접 공익목적사업 수행을 위한 사무실로 사용하는 경우 증여세 부과대상에 해당하는지 여부

〔답변내용〕

공익법인이 출연재산으로 취득한 자산을 직접 공익목적사업에 사용하는 경우 「상속세 및 증여세법」 제48조 제2항 제1호와 같은 법 시행령 제38조 제2항의 규정에 따라 증여세를 부과하지 않는 것임.

서면 - 2023 - 상속증여 - 4278, 2024.3.14., 서면 - 2023 - 상속증여 - 3222, 2023.12.14.

공익법인이 출연받은 재산을 해당 직접 공익목적사업에 효율적으로 사용하기 위하여 다른 공익법인 등에게 그 재산을 출연하는 경우에는 주무관청의 허가를 받아야 함. 이때 주무부장관 또는 주무관청을 알 수 없는 경우에는 2013.2.15. 이후 허가를 요청하는 분부터 관할세무서장을 주무부장관 또는 주무관청으로 보아 관련 규정을 적용함.

서면 - 2022 - 법규법인 - 5606, 2023.6.21.

산업재해예방기술의 연구 · 개발과 보급 등의 사업을 영위하는 법인이 청사용 건물의 매입협상이 결렬됨에 따라 매도인측이 소를 제기하여 관련비용(변호사비용 및 손해배상금을 말함)이 발생한 경우로서 출연받은 재산을 해당 관련비용에 지출한 경우 「상속세 및 증여세법」 제48조 제2항 제1호에 따른 직접 공익목적사업 등의 용도에 사용한 것으로 보지 않는 것임.

서면 - 2022 - 법인 - 2489, 2023.2.7.

「초 · 중등교육법」 및 「고등교육법」에 의한 학교, 「유아교육법」에 따른 유치원을 설립 · 경영하는 「사립학교법」 제2조에 따른 학교법인은 「상속세 및 증여세법 시행령」 제12조에 따라 공익법인등에 해당하는 것이며, 「사립학교법」에 따른 사립학교를 운영하는 학교법인이 기부금을 수령하고 사립학교에 전출처리하여 해당 학교법인의 정관상 고유목적사업에 사용하는 경우에도 「상속세 및 증여세법 시행령」 제38조 제2항에 따라 직접 공익목적사업에 사용하는 것에 해당함.

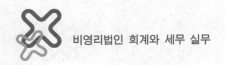

서면 - 2022 - 법인 - 4090, 2023.2.7.

〔사실관계〕

- AA교회(이하 '질의법인'이라 함)는 '18.2월에 종교의 보급, 교육 등을 위해 설립된 공익법인임.
- 정관상 고유목적사업은 종교사업, 장학사업, 부동산임대업 등이며 상가(이하 '쟁점부동산')를 장학금 용도로 출연받았음.
- 질의법인은 별도로 장학재단을 설립하지 않은 상태에서 쟁점부동산에 대한 임대수익을 장학사업에 사용 중임.

〔질의내용〕

종교법인이 아래와 같이 쟁점부동산을 사용하는 경우 출연재산을 직접 공익목적사업 등에 사용하는 것에 해당하는지

(질의1) 질의법인이 장학재단을 설립하지 아니하고 쟁점부동산에 대한 임대수익을 정관상 고유목적 사업인 장학사업에 사용하는 경우

(질의2) 질의법인이 쟁점부동산을 매각하고 그 매각대금을 6개월 이상 정기예금에 예치하여 발생한 이자수익을 장학사업에 사용하는 경우

〔답변내용〕

(질의 1)의 경우, 공익법인등이 출연받은 재산을 임대하여 발생한 임대수익을 해당 공익법인등의 정관상 고유목적사업에 사용하는 것은 「상속세 및 증여세법 시행령」 제38조 제2항에 따른 직접 공익목적사업에 사용하는 것에 해당함.

(질의 2)의 경우, 공익법인등이 출연받은 재산을 매각하고 그 매각대금을 6개월 이상인 정기예금에 예치하여 발생한 이자수익을 정관상 고유목적사업에 사용하는 경우에는 「상속세 및 증여세법 시행령」 제38조 제4항에 따른 직접 공익목적사업에 사용한 실적에 포함되는 것임.

서면 - 2022 - 법인 - 4127, 2022.10.19.

1. 공익법인이 「상속세 및 증여세법 시행령」 제38조 제2항 단서에 따라 출연받은 재산을 직접 공익목적사업에 효율적으로 사용하기 위하여 주무관청의 허가를 받아 지방자치단체에 기부하는 것은 직접 공익목적사업에 사용하는 것으로 보아 증여세를 과세하지 아니하는 것임.

2. 공익법인이 출연받은 재산을 직접 공익목적사업에 충당하기 위하여 수익용 또는 수익사업용으로 운용하는 경우에는 「상속세 및 증여세법」 제48조 제1항 제2호에 따른 직접 공익목적사업 등에 사용하는 것에 해당하고, 당초 출연목적 및 사용계획과 다르게 사용하는 경우에도 그 사용범위가 해당 공익법인의 정관상 고유목적사업에 해당

하는 경우에는 「상속세 및 증여세법 시행령」 제38조 제2항에 따른 직접 공익목적사업에 사용한 것으로 보아 증여세를 과세하지 아니하는 것임.

서면-2021-법인-7986, 2022.8.18.

「상속세 및 증여세법 시행령」 제12조에 따른 공익법인이 출연받은 재산을 출연자의 의사에 따라 정관상 고유목적사업에 3년을 초과하여 장기간에 걸쳐 사용하는 데 있어서,

1. 공익법인이 출연받은 재산을 정관상 고유목적사업에 사용하는 것은 「상속세 및 증여세법 시행령」 제38조 제2항에 따른 직접 공익목적사업에 사용하는 것에 해당함.

2. 공익법인이 출연받은 기부금을 금융기관의 정기예금에 예치한 상태에서 동 기부금을 출연일부터 3년을 초과하여 장기간에 걸쳐 정관상 고유목적사업에 사용한 경우에도 「상속세 및 증여세법」 제48조 제2항 제1호에 따라 기부금을 "직접 공익목적사업 등 (직접 공익목적사업에 충당하기 위하여 수익용 또는 수익사업용으로 운용하는 경우를 포함)"에 사용한 것으로 보아 증여세를 과세하지 아니하는 것임.

3. 공익법인이 매년 미사용한 기부금 잔액을 정기예금에 예치하여 발생한 운용소득(이자수입)을 「상속세 및 증여세법 시행령」 제38조 제5항에 규정된 기준금액 이상을 먼저 직접 공익목적사업에 사용하고, 그로 인해 동 기부금을 당초 출연자의 의사에 따른 사용계획보다 더 긴 기간동안에 걸쳐 사용하게 된 경우에도 「상속세 및 증여세법」 제48조 제2항 제1호에 따라에 따라 기부금을 "직접 공익목적사업 등(직접 공익목적사업에 충당하기 위하여 수익용 또는 수익사업용으로 운용하는 경우를 포함)"에 사용한 것으로 보는 것임.

4. 공익법인이 출연받은 재산을 당초 출연자의 의사에 따라 사용하기로 한 계획과 다르게 사용하는 경우에도 그 다르게 사용한 사업이 해당 공익법인의 정관상 고유목적사업에 해당하는 경우에는 「상속세 및 증여세법 시행령」 제38조 제2항에 따른 "직접 공익목적사업"에 사용한 것으로 보아 증여세를 과세하지 아니하는 것임.

5. 공익법인이 정관상 고유목적사업을 수행하기 위한 목적으로 연구용역을 의뢰하고 지급한 대가 등은 "직접 공익목적사업"에 사용한 것으로 보아 증여세를 과세하지 아니하는 것임.

서면-2022-법인-2732, 2022.7.26.

공익법인이 출연받은 재산을 법령상 또는 행정상 부득이한 사유 등으로 3년 이내에 직접 공익목적사업에 사용이 곤란한 경우로서 주무부장관이 인정한 경우 「상속세 및 증여세법」 제48조 제2항 제1호 단서에 따라 그 사유가 없어진 날부터 1년 이내에 해당 재산을 직접 공익목적사업 등에 사용하는 경우에는 증여세가 부과되지 않는 것임.

다만, 직접 공익목적사업과 관련하여 수입과 지출이 있는 경우에는 같은 법 제50조의

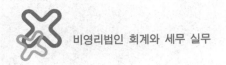
2에 따라 전용계좌를 사용하여야 함.

서면 - 2022 - 법인 - 2173, 2022.5.13.

공익법인 등이 출연받은 재산을 출연받은 날부터 3년 이내에 직접 공익목적사업 등에 사용하지 아니한 경우 「상속세 및 증여세법」 제48조 제2항 제1호에 따라 공익법인 등이 증여받은 것으로 보아 즉시 증여세를 부과하는 것이나, 출연받은 재산을 3년 이내에 법령상 또는 행정상의 부득이한 사유 등으로 직접 공익목적사업에 사용하는 것이 곤란한 경우로서 주무부장관이 인정한 경우 같은 조 제5항에 따른 보고서를 제출할 때 납세지 관할세무서장에게 그 사실을 보고하고 그 사유가 없어진 날로부터 1년 이내에 해당 재산을 직접 공익목적사업에 사용하는 경우에는 같은 조 제2항 제1호 단서에 따라 증여세를 부과하지 않는 것임. [기존 회신사례(재산세과 - 327, 2011.7.6.) 참조]

서면 - 2021 - 상속증여 - 7726, 2022.4.14.

1. 상속세 및 증여세법 시행령 제12조 제1항에 따라 신규법인이 설립일부터 1년 이내에 「법인세법 시행령」 제39조 제1항 제1호 바목에 따른 공익법인등으로 고시된 경우에는 설립 당시 출연받은 재산에 대하여 증여세 과세가액 불산입 규정을 적용받을 수 있는 것임. [기존 회신사례(재산세과 - 615, 2009.2.23.) 참조]

2. 동일 목적사업을 영위하는 다른 공익법인에 출연하는 것을 정관상 고유목적사업에 추가하여 주무관청의 정관변경 승인을 받은 후에 정관내용대로 다른 공익법인에게 출연하는 것은 직접 공익목적사업에 사용한 것으로 볼 수 있는 것임. [기존 해석사례(법인세과 - 4565, 2020.12.30.) 참조]

사전 - 2021 - 법령해석재산 - 1299, 2021.9.28.

「상속세 및 증여세법」 제48조 제2항 제1호에 따라 공익법인이 출연받은 재산을 출연일로부터 3년 이내에 직접 공익목적사업에 사용하지 아니한 경우에는 증여세가 과세되는 것이며, 이 경우 증여세과세가액은 3년이 경과하는 날을 증여시기로 하여 평가한 가액으로 하는 것임.

또한, 출연받은 이후 수증자가 대출받은 채무액은 「상속세 및 증여세법」 제47조 제1항에 따라 차감하는 채무에 해당하지 않는 것임.

조심 2021서0923, 2021.8.27.

재단법인이 출연받은 미술품 등을 일반 공중에게 공개하지 않더라도 정관상 기재되어 있는 고유목적사업 중 일부 고유목적사업 등 용도에 맞게 사용한 점, 사적 사용 및 반출 사실이 없는 점, 사립미술관으로 전시관의 일정기간 외부공개 의무가 없는 점, 기부금을 미술관 자료를 보존하는 것만으로도 공익법인 역할을 수행하고 있다 인정할 수 있는 점 등으로 볼 때 출연받은 기부금에 대해 증여세를 부과할 수 없음.

법인세과 – 4565, 2020.12.30.

1. 공익법인 등이 출연받은 재산(수익용 또는 수익사업용 재산 및 당해 수익용재산 등에서 발생하는 운용소득을 포함)을 정관상 고유목적사업에 사용하거나, 직접 공익목적사업에 효율적으로 사용하기 위하여 주무관청의 허가를 받아 다른 공익법인에게 출연하는 것은 직접 공익목적사업에 사용한 것으로 보아 증여세를 과세하지 아니하는 것임.

2. 다른 공익법인에 출연하는 것이 정관상 고유목적사업에 사용하는 경우에 해당하는 때에는 직접 공익목적사업에 사용한 것으로 보는 것으로서, 이에 해당하는지 여부는 출연 경위, 자금의 성격, 정관 등을 확인하여 판단할 사항임.

기획재정부 재산세제과 – 1074, 2020.12.11.

〔질의요지〕

• 공익법인 출연재산 사후관리 규정인 상속세 및 증여세법 제48조 제2항 제1호를 적용함에 있어 공익법인이 출연재산을 직접 공익목적사업에 충당하기 위하여 수익사업용 (임대업)으로 운용하는 경우,

(질의1) 출연받은 날부터 3년 이내에 직접 공익목적사업 등에 "사용"의 의미

　〈1안〉 3년 이내 임대사업용으로 운용 개시하고 공실 등에 따른 사용중지 없이 계속 임대운용

　〈2안〉 3년 이내 임대사업용으로 운용 개시(임대업 특성상 공실 등은 허용)

(질의2) 3년 이내에 사용을 시작하고 3년이 지난 후에도 직접 공익목적사업 등에 계속 사용해야 하는지 여부

　〈1안〉 3년이 지난 후에는 직접 공익목적사업 등에 사용하지 않을 수 있음.

　〈2안〉 3년이 지난 후에도 직접 공익목적사업 등에 계속 사용해야 함.

회신

귀 질의1, 질의2의 경우 각각 제2안이 타당함.

서면 – 2020 – 법인 – 0661, 2020.12.7.

〔질의내용〕

• 상속세 및 증여세법 시행령 제38조 제2항의 출연받은 재산을 해당 직접 공익목적사업에 효율적으로 사용하기 위하여 주무관청의 허가를 받아 다른 공익법인 등에게 출연하는 것과 관련하여

(질의1) 직접 공익목적사업에 효율적으로 사용하기 위한 목적과 주무관청의 허가 두 가지를 모두 충족해야 하는지, 주무관청의 허가만으로 판단하는지.

(질의2) 질의법인이 수행할 수 없는 재가노인복지시설 등 사업을 하는 사회복지법인을 주무관청의 승인을 받아 재출연하는 경우 직접 공익목적사업에 사용한 것으로 볼 수 있는지.

회신

귀 질의1의 경우 공익법인이 출연받은 재산을 해당 직접 공익목적사업에 효율적으로 사용하기 위하여 주무관청의 허가를 받아 다른 공익법인에게 출연하는 경우 「상속세 및 증여세법 시행령」 제38조 제2항에 따라 직접 공익목적사업에 사용하는 것에 해당하는 것임.

귀 질의2의 경우 「의료법」의 적용을 받는 의료법인인 공익법인이 「의료법」상 허용되지 않는 부대사업을 하기 위하여 당초 출연받은 재산을 다른 공익법인에게 출연하는 경우 해당 의료법인이 「상속세 및 증여세법 시행령」 제38조 제2항의 해당 직접 공익목적사업에 효율적으로 사용하기 위한 것에 해당하지 않는 것임.

기획재정부 재산세제과-801, 2020.9.14.

질의

〔사실관계〕

• 재단법인 甲은 공익법인법 및 민법에 따라 ○○시의 허가를 받아 설립된 공익법인
 - 출연받은 재산을 일부 목적사업에 사용하였으나 정관상 열거된 모든 목적사업에 사용하지는 않음.

〔질의요지〕

• 증여세 과세가액에 산입하지 아니한 공익목적 출연재산의 사후관리 요건인 "공익법인등이 출연받은 재산을 직접 공익목적사업 등에 사용하지 아니하는 경우"란
 - 정관상 열거된 모든 목적사업에 사용하지 아니한 경우를 말하는 것인지.
 - 정관상 열거된 목적사업 중 어느 하나에도 사용하지 아니하는 경우를 말하는 것인지.

회신

공익법인이 출연받은 재산을 정관상 열거된 고유목적사업에 사용하는 경우에는 정관상 모든 목적사업에 사용하지 않더라도 상속세 및 증여세법 제48조 제2항 제1호에서 "출연받은 재산을 직접 공익목적사업 등의 용도 외에 사용하거나 출연받은 날부터 3년 이내에 직접 공익목적사업 등에 사용하지 아니하는 경우"에 해당하지 아니함.

사전 - 2019 - 법령해석재산 - 0023, 2020.5.21.

〔질의내용〕

• 공익법인이 수령한 기부금을 금융기관 계좌에 적립하여 특정 교육사업 목적으로 사용하기 전까지 이자소득이 발생하는 정기예금 및 재예치시점까지 일시적으로 보통예금에 예치하여 운용하는 행위가

　－"출연재산을 직접 공익목적사업 등(직접 공익목적사업에 충당하기 위하여 수익용 또는 수익사업용으로 운용하는 경우를 포함)에 사용한 것으로 인정할 수 있는지 여부

회신

귀 질의의 경우, 기존 해석사례(서면4팀 － 1988, 2007.6.27.)을 참고하기 바람.

〔참고 : 서면인터넷방문상담4팀－1988, 2007.6.27.〕

「상속세 및 증여세법 시행령」 제12조 규정에 해당하는 공익법인이 재산을 출연받아 그 출연받은 날부터 3년 이내에 직접 공익목적사업(직접 공익목적사업에 충당하기 위하여 수익용 또는 수익사업용으로 운영하는 경우를 포함)에 사용하는 경우에는 「같은법」 제48조 제1항·제2항의 규정에 의하여 그 출연받은 재산의 가액은 증여세 과세가액에 산입하지 아니하는 것이나, 「같은법」 제48조 제2항 제3호·제4호의 2의 규정에 의하여 공익법인 등이 출연받은 재산을 수익용 또는 수익사업용으로 운용하는 경우로서 그 운용소득을 직접 공익목적사업 외에 사용하는 경우에는 증여세를 부과하는 것이며, 그 운용소득을 직접 공익목적사업에 사용한 실적이 「같은법 시행령」 제38조 제5항 및 제6항의 기준금액에 미달하는 경우에는 같은법 제78조 제9항의 규정에 의한 가산세를 부과하는 것임. 귀 질의의 경우 현금을 출연받아 금융기관에 예금하여 수입하는 이자소득으로 당해 공익법인의 정관상 고유목적사업의 수행에 직접 사용하는 경우 그 금액은 직접 공익목적사업에 사용한 것으로 보는 것임.

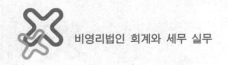
2 출연재산 매각대금의 사후관리 1

2-1. 부과요건

출연받은 재산을 매각하고 그 매각대금을(상속세 및 증여세법 제48조 제2항 제4호, 동법 시행령 제38조 제4항, 동법 시행규칙 제11조의 2)

① 공익목적사업 외에 사용하거나

② 매각한 날이 속하는 과세기간 또는 사업연도의 종료일부터 3년 이내에 매각대금(매각대금에 의하여 증가된 재산을 포함하며 자산매각에 따라 부담하는 국세 및 지방세를 제외) 중 직접 공익목적사업에 사용한 실적[매각대금으로 직접 공익목적사업용, 수익용 또는 수익사업용 재산을 취득한 경우를 포함. 「독점규제 및 공정거래에 관한 법률」 제14조에 따른 공시대상기업집단에 속하는 법인과 같은 법 시행령 제3조 제1호에 따른 동일인 관련자의 관계에 있는 공익법인등이 매각대금으로 해당 기업집단에 속하는 법인의 의결권 있는 주식등을 취득한 경우는 제외(매각대금으로 2019. 2. 12. 이후 주식등을 취득하는 경우부터 적용) 수익용 또는 수익사업용 재산으로서 그 운용기간이 6월 미만인 일시 취득재산은 제외, 예를 들면 일시적 요구불예금에 예치한 것]이 매각대금의 100분의 90에 미달하는 경우

공익목적사업 외에 사용한 금액이나 미달하게 사용한 금액을 그 사유가 발생한 날에 공익법인등이 증여받은 것으로 보아 즉시 증여세를 부과한다. 여기서 공익법인등의 과세기간 또는 사업연도는 당해 공익법인등에 관한 법률 또는 정관에 의하며, 과세기간 또는 사업연도가 따로 정하여져 있지 아니한 경우에는 매년 1월 1일부터 12월 31일까지로 한다(상속세 및 증여세법 시행규칙 제11조).

2-2. 증여세 과세가액의 계산

매각대금에 대해 증여세를 과세하는 경우에는 다음과 같이 계산한 가액을 증여세 과세가액으로 해서 증여세를 즉시 부과한다(상속세 및 증여세법 시행령 제40조 제1항 제3호).

> ① 공익목적사업 외에 사용한 분 :
>
> $$제38조 제4항의 규정에 의한 사용기준금액 \times \frac{공익목적사업 외에 사용한 금액}{제38조 제4항의 규정에 의한 매각대금}$$
>
> ② 제38조 제4항의 규정에 의한 사용기준금액에 미달하게 사용한 분 : 당해 미달사용금액

단, 출연받은 재산의 매각대금 중 일부가 「상속세 및 증여세법 시행령」 제38조 제9항의 사유(이사 또는 사용인의 불법행위로 인하여 출연받은 재산등이 감소된 경우나 출연받은 재산등을 분실하거나 도난당한 경우)로 인하여 직접 공익목적사업에 사용할 수 없는 때에는 당해 금액을 출연받은 재산의 매각대금의 가액에서 차감한 금액을 기준으로 위의 규정을 적용한다.

 | 중요 예규 및 판례 |

대법원 2021두54293, 2024.9.13.

쟁점조항의 '출연받은 재산의 매각대금'은 '출연받은 당해 재산의 매각대금'만을 의미한다고 보아야 하고, 그 문언과 달리 '출연받은 재산으로 취득한 재산의 매각대금'이나 '출연받은 재산의 매각대금으로 취득한 재산의 매각대금', '출연받은 재산의 운용소득으로 취득한 재산의 매각대금' 등까지 포함된다고 해석할 수는 없다. 구체적인 이유는 다음과 같다.

가) 헌법은 조세법률주의를 채택하여 모든 국민은 법률이 정하는 바에 의하여 납세의 의무를 지고(헌법 제38조), 조세의 종목과 세율은 법률로 정한다(헌법 제59조)고 규정하고 있는바, 이러한 조세법률주의 원칙은 과세요건 등은 국민의 대표기관인 국회가 제정한 법률로써 규정하여야 하고, 그 법률의 집행에 있어서도 이를 엄격하게 해석·적용하여야 하며, 비록 과세의 필요성이 있다 하여도 행정편의적인 확장해석이나 유추적용에 의해 이를 해결하는 것은 허용되지 않음을 의미한다(대법원 2009.4.9. 선고, 2007두26629 판결 등 참조).

나) 이 사건 처분의 근거 법령인 구 상증세법에는 쟁점조항이 정하고 있는 '출연받은 재산'에 관하여 별도의 정의규정을 두고 있지 않다. 법령상의 용어 해석에 있어 해당 법령에 규정된 정의가 없는 경우에는 원칙적으로 사전적인 정의 등 일반적으로 받아들여지는 의미를 존중하여야 한다. 사전적 의미에 따르면 '출연'은 '금품을 내어 도와줌. 또는 어떤 사람이 자기의 의사에 따라 돈을 내거나 의무를 부담함으로써 재산

상의 손실을 입고 남의 재산을 증가시키는 일'을 의미한다. 한편, 이 사건 처분 시 시행 중이던 법령은 아니지만 구 「상속세 및 증여세법 시행령」(1996.12.31. 대통령령 제15193호로 전부개정되기 전의 것) 제3조의 2 제3항은 '출연이라 함은 기부 및 증여를 포함하는 것으로 한다'고 규정하였다. 위와 같은 '출연'의 사전적 의미와 종전의 규정 내용 등을 조세법률주의의 엄격해석 원칙에 비추어 보면, 쟁점조항의 '출연받은 재산'이란 공익법인 등이 증여받은 당해 재산만을 가리킨다고 해석함이 타당하다.

다) 이와 달리 '출연받은 재산'을 출연받은 당해 재산이 아니라 '출연받은 재산으로 취득한 재산'이나 '출연받은 재산의 매각대금으로 취득한 재산', '출연받은 재산의 운용소득으로 취득한 재산'까지 포함하는 것으로 해석하는 것은 문언의 가능한 의미를 벗어난 것으로서 조세법률주의 원칙이 금지하는 확장해석이나 유추해석에 해당한다.

라) 동일한 법령에서의 용어는 법령에 다른 규정이 있는 등 특별한 사정이 없는 한 동일하게 해석·적용되어야 한다(대법원 2009.12.24. 선고, 2007두20089 판결 등 참조). 쟁점조항과 같이 '출연받은 재산'이라는 용어를 사용하고 있는 구 상증세법령의 다른 조항들을 통해 알 수 있는 다음과 같은 사정들에 비추어 보더라도, 쟁점조항의 '출연받은 재산'은 출연받은 당해 재산만을 의미하는 것으로 해석하여야 한다.

(1) 구 상증세법 제48조 제1항은 증여세 과세가액에 산입하지 않는 대상을 '출연받은 재산'의 가액으로 정하고 있는데, '출연받은 재산'의 유무와 가액은 증여일 현재를 기준으로 판단하여야 하므로 증여일 현재의 증여재산에 해당할 수 없는 '증여받은 재산으로 (사후에) 취득한 재산'이나, '증여받은 재산의 운용소득으로 (사후에) 취득한 재산'이 제1항의 '출연받은 재산'에 포함된다고 보는 것은 자연스럽지 않다.

(2) 구 상증세법 제48조 제2항 제1호는 '출연받은 재산'의 공익목적사업 등 사용의무의 기한을 '출연받은 날부터 3년 이내'로 설정하고 있는데, 이는 '출연받은 재산'의 의미를 출연받은 당해 재산으로 한정할 때에만 자연스럽게 이해될 수 있다.

(3) 구 상증세법 제48조 제2항 제2호에서는 '출연받은 재산' 바로 옆에 '그 운용소득이 있는 경우를 포함한다'는 내용의 괄호규정을 두어 '출연받은 재산'의 범위를 확장하고 있는 데 반하여, 쟁점조항에서는 '매각대금' 바로 옆에 괄호규정을 두어 '매각대금'의 범위를 '매각대금에 의하여 증가된 재산을 포함하되, 대통령령이 정하는 공과금 등을 제외한 것'으로 확장하고 있을 뿐, '출연받은 재산'의 범위를 확장하는 규정은 두고 있지 않다.

(4) 구 상증세법 제48조 제2항 제3호는 '출연받은 재산'과 '운용소득'이 서로 구분되는 개념임을 전제로 '운용소득'에 대한 추징요건을 별도로 규정하고 있으므로, '출연받은 재산의 운용소득으로 취득한 재산'도 '출연받은 재산'에 포함되지 않

는다고 해석하는 것이 규정 체계에 부합한다.

마) 한편, 쟁점조항의 '출연받은 재산'은 그 바로 뒤에 따라오는 문언에 비추어 '매각'이라는 관념을 상정할 수 있는 금전 외 현물만을 의미한다는 점에서도, 공익법인 등이 출연받은 금전을 취득자금으로 활용하여 사후에 취득한 재산은 위 '출연받은 재산'에 포함되지 않는다고 보아야 한다.

서면 - 2021 - 법인 - 3220, 2021.6.25.

공익법인이 출연받은 재산을 매각하여 그 매각대금으로 구 「상속세 및 증여세법」 (2010.1.1. 법률 제9916호로 개정되기 전의 것) 제48조 제2항 제2호 및 제3항에 따른 증여세, 같은 법 제78조 제7항에 따른 가산세, 「법인세법」 제52조에 따른 법인세를 납부하거나 해당 증여세 등을 납부하기 위한 차입금 상환에 사용하는 경우, 해당 매각대금은 「상속세 및 증여세법」 제48조 제2항 제4호 및 제5호에 따른 사후관리 대상 매각대금에서 제외하므로 증여세 또는 가산세가 재차 부과되지 않는 것임.

서면 - 2021 - 법령해석법인 - 1432, 2021.5.4.

질의

〔사실관계〕

• A법인은 1993년 12월에 설립된 성실공익법인으로 설립 당시 내국법인의 의결권 있는 발행주식총수의 15%를 출연받아 현재까지 보유하고 있음.

• A법인은 2020년에 성실공익법인 요건을 충족하지 아니하게 됨에 따라 「상속세 및 증여세법」 제78조 제4항에 따라 향후 주식의 5% 초과 보유분에 대하여 가산세를 납부하여야 하며

　－해당 가산세 납부금액의 조달방법이 없어 출연재산을 매각하여 그 매각대금으로 해당 가산세를 납부할 예정임.

〔질의내용〕

• 공익법인이 출연받은 재산을 매각하여 그 매각대금으로 「상속세 및 증여세법」 제78조 제4항에 따른 가산세를 납부하는 경우 출연재산 매각대금 사후관리 위반으로 보아 증여세를 부과하여야 하는지 여부

회신

공익법인이 출연받은 재산을 매각하여 그 매각대금으로 「상속세 및 증여세법」 제78조 제4항에 따른 가산세를 납부하는 경우, 해당 가산세 납부액에 대하여는 같은 법 제48조 제2항 제4호 및 제5호에 따른 사후관리 대상 매각대금에서 제외하므로 증여세 또는 가산세가 재차 부과되지 않는 것임.

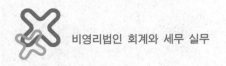
서면 - 2020 - 법령해석법인 - 5277, 2021.2.2.

「상속세 및 증여세법」(2020.12.22. 법률 제17654호로 개정되기 전의 것) 제16조 제2항 제2호 각 목 외의 부분 단서에 따른 성실공익법인이 내국법인의 의결권 있는 발행주식총수의 100분의 5를 초과하여 출연(출연받은 재산 및 출연받은 재산의 매각대금으로 주식을 취득하는 경우 포함)받은 후 성실공익법인에 해당하지 아니하게 됨에 따라 같은 법 제48조 제11항을 적용하는 경우로서 해당 보유 주식 중 출연 당시 같은 법 제16조 제2항 제2호 나목에 따른 지분 보유 한도를 초과하여 상속세가 부과된 주식이 있는 경우에는 상속세를 납부하고 출연받은 해당 주식은 상속세 또는 증여세 과세대상에 해당하지 않는 것이며, 해당 성실공익법인이 보유 중인 주식을 일부 처분한 후 성실공익법인에 해당하지 아니하게 됨에 따라 같은 법 제48조 제11항을 적용하는 경우로서 종전 보유주식 중 처분한 주식의 취득시기가 불분명한 경우에는 「소득세법 시행령」 제162조 제5항을 준용하여 먼저 취득한 주식을 먼저 처분하는 것으로 보아 상속세 또는 증여세 과세대상 주식수를 산정하는 것임.

서면 - 2019 - 법인 - 0257, 2020.8.28.

〔질의내용〕

• 공익법인등이 출연받은 재산 중 출연받은 날부터 3년 이내 공익목적사업에 사용하지 아니한 출연재산에 대하여 국세기본법에 의한 부과제척기간이 만료되어 증여세가 부과되지 아니한 경우 그 출연재산의 매각대금에 대하여는 사후관리 규정이 적용되는지 여부

회신

귀 질의의 경우 기존 회신사례(재산 - 3957, 2008.11.25.)를 참조하기 바람.

〔참고 : 재산세과 - 3957, 2008.11.25.〕

공익법인등이 「상속세 및 증여세법」 제48조 제1항의 규정에 따라 증여세과세가액에 산입하지 아니한 출연받은 토지를 출연받은 날부터 3년이 경과하여 매각한 경우 그 매각대금에 대하여는 동법 동조 제2항 제4호 및 제4호의 2의 규정이 적용되는 것임.

사전 - 2018 - 법령해석재산 - 0693, 2019.4.23.

교회(공익법인)가 출연받은 부동산을 매각하고 그 매각대금으로 공익목적사업에 사용하고 있는 교회건물을 신축하면서 금융기관으로부터 차입한 금액을 상환한 경우 직접 공익목적사업의 사용여부는 기존 예규(재재산 - 322, 2008.2.25.)를 참조하기 바람.

〔참고 : 기획재정부 재산세제과 - 322, 2008.2.25.〕

상속세 및 증여세법 제48조 제2항의 규정을 적용함에 있어 종교단체가 공익목적사업에 사용하던 부동산의 매각대금 또는 헌금을 공익목적사업에 사용된 차입금의 상환에 사용하

였다면 동 부동산의 매각대금 또는 헌금을 직접 공익목적사업에 사용한 것으로 보는 것임.

서면-2019-상속증여-0691, 2019.3.20.

귀 질의의 경우 기존 해석사례(재재산-32, 2017.1.12.)를 참고하기 바람.

〔참고 : 기획재정부 재산세제과-32, 2017.1.12.〕

「법인세법」제29조 제1항에 따라 비영리내국법인인 공익법인이 고유목적사업준비금을 손금에 산입한 후, 해당 고유목적사업준비금을 손금으로 계상한 사업연도의 종료일 이후 5년이 되는 날까지 고유목적사업등에 사용하지 아니하여 「법인세법」제29조 제4항에 따라 그 미사용잔액을 손금으로 계상한 사업연도의 종료일 이후 5년이 되는 날이 속하는 사업연도의 익금에 산입하여 부과되는 법인세 상당액은 구 「상속세 및 증여세법」 (2016.12.20. 법률 제14388호로 개정되기 전의 것) 제48조 제2항 제4호 및 같은 법 시행령 제38조 제4항에서 규정하는 공익법인등이 출연받은 재산의 매각대금에 대한 사후관리 대상에서 제외하는 것임.

구 「상속세 및 증여세법」(2016.12.20. 법률 제14388호로 개정되기 전의 것) 제48조 제2항 제3호에 따라 공익법인등이 출연받은 재산을 수익용 또는 수익사업용으로 운용하는 경우로서 그 운용소득을 직접 공익목적사업 외에 사용한 경우와 같은 법 제48조 제2항 제4호에 따라 공익법인등이 출연받은 재산을 매각하고 그 매각대금을 공익목적사업 외에 사용한 경우에는 즉시 증여세를 부과하는 것임.

공익법인등이 운용소득 및 출연받은 재산을 매각하고 그 매각대금을 공익법인등에 부과된 법인세 등의 납부에 사용한 차입금의 상환에 사용한 경우 그 차입금 상환액에 대해서는 증여세를 부과하지 않는 것임. 다만, 같은 법 시행령 제38조 제4항 및 제5항의 규정을 적용함에 있어서는 그 차입금 상환액은 직접 공익목적사업에 사용한 금액에는 포함하지 않는 것임.

서면-2017-상속증여-0343, 2018.11.29.

「상속세 및 증여세법 시행령」제12조 각호의 어느하나에 해당하는 사업을 영위하는 공익법인 등이 출연받은 재산을 매각한 경우에는 같은 법 제48조 제2항 제4호·제5호 및 같은 법 시행령 제38조 제4항·제7항의 규정에 의하여 그 매각대금(매각대금에 의하여 증가된 재산을 포함하되, 당해 자산매각에 따라 부담하는 국세 및 지방세는 제외함) 중 직접 공익목적사업에 사용한 실적이 그 매각한 날이 속하는 사업연도 종료일부터 1년 이내에 30%, 2년 이내에 60%에 미달하는 때에는 같은 법 제78조 제9항의 규정에 의하여 그 미달사용한 금액의 10%에 상당하는 금액을 가산세로 부과하는 것이며,

3년 이내에 90%에 미달하게 사용한 때에는 그 미달사용한 금액에 대하여 증여세가 부과되는 것임. 이 경우 공익법인 등이 출연받은 재산의 매각대금으로 정관상 고유목적사

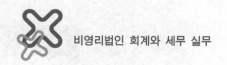
업의 수행에 직접 사용하는 재산을 취득하거나 운용기간 6월 이상인 수익용 또는 수익사업용 재산의 취득 및 운용에 사용하는 경우는 직접 공익목적사업에 사용한 것이며, 귀 질의가 이에 해당하는 지는 사실판단할 사항임.

3 출연재산 매각대금의 사후관리 2

3-1. 사용기준

출연재산의 매각대금은 직접 공익목적사업 등에 사용한 실적이 매각한 날이 속하는 과세기간 또는 사업연도 종료일부터

① 1년 이내에 매각대금의 100분의 30
② 2년 이내에 매각대금의 100분의 60

을 사용하여야 한다(상속세 및 증여세법 제48조 제2항 제5호, 동법 시행령 제38조 제7항).

3-2. 가산세

매각대금 중 직접 공익목적사업용 또는 수익사업용 재산을 취득한 가액이 매 연도별 매각대금의 사용기준에 상당하는 금액에 미달하는 경우에는 그 미달하는 금액에 10%의 가산세를 부과한다(상속세 및 증여세법 제78조 제9항, 동법 시행령 제80조 제14항).

그러나 3년차에 90%에 미달하게 사용된 부분 전체에 대하여는 증여세를 부과한다('2. 출연재산 매각대금의 사후관리 1' 참조). 단, 「상속세 및 증여세법 시행령」 제38조 제9항의 사유(이사 또는 사용인의 불법행위로 인하여 출연받은 재산등이 감소된 경우나 출연받은 재산등을 분실하거나 도난당한 경우)로 인하여 출연받은 재산의 매각대금 중 일부를 직접 공익목적사업에 사용할 수 없는 때에는 당해 금액을 차감한 금액을 기준으로 위의 규정을 적용한다.

4 출연재산 운용소득의 사후관리

4-1. 부과요건

① 출연받은 재산을 수익용 또는 수익사업용으로 운용하는 경우 그 운용소득을 직접 공익목적사업에 사용하지 아니한 경우에는 그 사유가 발생한 날에 공익법인등이 증여받은 것으로 보아 즉시 증여세를 부과한다(상속세 및 증여세법 제48조 제2항 제3호, 동법 시행령 제40조 제1항 제2호의 2, 동법 시행규칙 제13조).

② 출연받은 재산을 수익용 또는 수익사업용으로 운영하여 얻은 운용소득은 발생한 과세기간 또는 사업연도 종료일로부터 1년 이내에 직접 공익목적사업에 100분의 80(사용기준금액)[12] 이상 사용하여야 한다. 사용기준금액에 미달하게 사용한 경우에는 증여세가 아닌 가산세가 부과된다(상속세 및 증여세법 제48조 제2항 제5호, 동법 시행령 제38조 제5항·제6항, 동법 시행규칙 제11조).

운용소득은 다음과 같이 산출한다.

> 운용소득 = 각 사업연도 소득금액 - (출연재산과 관련이 없는 수익사업에서 발생한 소득금액) - (출연받은 재산 및 출연받은 재산으로 취득한 재산 중 매각한 재산의 금액) - [공익법인이 보유한 주식을 발행한 법인의 합병·분할에 따른 의제배당금액(합병·분할대가 중 주식으로 받은 부분으로 한정)으로서 해당 과세기간 또는 사업연도의 소득금액에 포함된 금액] - (법인세 등) - (이월결손금) + (고유목적사업준비금) + (당해 과세기간 또는 사업연도 중 고유목적사업비로 지출된 금액으로서 손금에 산입된 금액)

---

12) 2022년 1월 1일 이후 개시하는 사업연도 분부터 80%를 적용하며, 그 전에 개시한 사업연도 분에 대해서는 종전과 같이 70%(성실공익법인 80%)비율을 적용함.

> 상속세 및 증여세법 기본통칙 48-38…4 【수익사업용 재산의 운용소득 중 직접 공익목적사업에 사용하는 금액 기준】
> ① 사업용 고정자산이나 기타수익의 원천이 되는 재산을 처분하거나 평가함으로써 생긴 소득은 법 제48조 제2항 제3호의 규정에 의한 출연받은 재산의 운용소득에 포함하지 아니한다.
> ② 영 제38조 제5항 제1호에서 '법 제48조 제2항 제4호의 규정에 의한 출연재산 매각금액'이라 함은 공익법인등이 출연받은 재산 및 출연받은 재산으로 취득한 재산 중 매각한 재산의 금액을 말한다.
> ③ 법 제48조 제2항 제5호 및 영 제38조 제6항에서 직접 공익목적사업에 사용한 실적은 수익사업용 또는 수익용으로 사용하는 출연재산의 운용소득을 재원으로 하여 직접 공익목적사업에 사용한 금액의 합계액을 말한다.
> ④ 법 제48조 제2항의 규정을 적용함에 있어서 직접 공익목적사업에 사용한 금액이 재원별로 구분할 수 있는 경우에는 실제 구분에 의하고 구분할 수 없는 경우에는 출연재산 운용소득, 출연재산 매각금액, 출연받은 재산, 기타재산의 순서대로 사용한 것으로 본다.

이때, 운용소득의 사용은 그 소득이 발생한 과세기간 또는 사업연도 종료일부터 1년 이내에 직접 공익목적사업에 사용한 실적(해당 과세기간 또는 사업연도 중 고유목적사업비로 지출된 금액으로서 손금에 산입된 금액을 포함한다)을 말한다. 이 경우 그 실적 및 기준금액은 각각 해당 과세기간 또는 사업연도와 직전 4과세기간 또는 사업연도와의 5년간의 평균금액을 기준으로 계산할 수 있으며 사업개시 후 5년이 경과되지 아니한 경우에는 사업개시 후 5년이 경과한 때부터 이를 계산한다(상속세 및 증여세법 시행령 제38조 제6항).

한편, 직전 과세기간 또는 사업연도에서 발생한 운용소득을 사용기준금액에 미달하게 사용한 경우에는 그 미달 사용금액(가산세는 차감)을 해당 연도 운용소득에 가산한다. 단, 운용소득 중 일부가 「상속세 및 증여세법 시행령」 제38조 제9항의 사유(이사 또는 사용인의 불법행위로 인하여 출연받은 재산등이 감소된 경우나 출연받은 재산등을 분실하거나 도난당한 경우)로 인하여 직접 공익목적사업에 사용할 수 없는 때에는 당해 금액을 운용소득의 가액에서 차감한 금액을 기준으로 위의 규정을 적용한다(상속세 및 증여세법 시행령 제38조 제5항, 제9항).

4-2. 증여세 과세가액의 계산

① 출연재산의 운용수익을 직접 공익목적사업 외에 사용한 경우에는 증여세가 부과되며 과세가액은 다음과 같이 계산한다(상속세 및 증여세법 시행령 제40조 제1항 제2호의 2, 동법 시행규칙 제13조, 동법 기본통칙 48-40…8).

$$
\text{출연재산(직접 공익목적사업에 사용한 분을 제외)의 평가가액} \times \frac{\text{공익목적사업 외에 사용한 금액}}{\text{시행령 제38조 제5항의 규정에 의한 운용소득}}
$$

출연재산의 평가는 운용소득을 사용하여야 할 사업연도의 직전 사업연도 말 현재 수익용 또는 수익사업용으로 운용하는 출연재산에 대한 재무상태표상 가액으로 한다. 다만, 그 가액이 「상속세 및 증여세법」 제4장의 규정에 의하여 평가한 가액의 100분의 70 이하인 경우에는 법 제4장의 규정에 의하여 평가한 가액으로 한다. 또한 당해 재산 중 공익법인등이 1년 이상 보유한 주식 등(당해 공익법인등이 직접 공익목적사업에 사용하여야 할 사업연도의 직전 사업연도 말 현재 1년 이상 보유한 주식)에 대하여는 그 액면가액을 기준으로 계산한 금액에 의한다.

② 운용소득 중 사용기준금액에 미달하게 사용한 금액의 100분의 10을 가산세로 부과한다. 이 경우 본 가산세와 다음 '6-2'의 가산세(출연재산 의무사용 가산세)가 동시에 해당하는 경우에는 더 큰 금액으로 한다(상속세 및 증여세법 제78조 제9항).

2021년 2월 17일 시행령 개정시 공익법인의 공익활동 강화를 위하여 공익법인 운용소득을 1년내 공익목적사업에 의무적으로 지출해야 하는 비율을 70퍼센트에서 80퍼센트로 상향조정하였으며 동 개정규정은 2022년 1월 1일 이후 개시하는 과세기간 또는 사업연도 분부터 적용한다. 한편, 공익법인 등이 직접 공익목적사업에 사용해야 하는 운용소득의 금액을 산정할 때 법인의 합병 및 분할에 따른 의제배당은 실제 사용이 가능한 소득으로 보기 어려우므로 운용소득에서 제외하여 운용소득 산정방식을 합리화하고 동 개정규정을 2021년 2월 17일 이후 가산세를 결정하는 분부터 적용하도록 하였다.

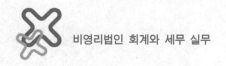

 │ 중요 예규 및 판례 │

서면 - 2023 - 법인 - 3494, 2024.1.24.

- 운용소득은 그 소득이 발생한 과세기간 또는 사업연도 종료일부터 1년 이내에 「상속세 및 증여세법 시행령」 제38조 제5항에 따른 기준금액의 80%에 상당하는 금액을 직접 공익목적사업에 사용하여야 하며, 운용소득을 정기예금으로 적립한 금액은 직접 공익목적사업 외에 사용한 것으로 보아 증여세를 부과하지는 않으나, 「상속세 및 증여세법」 제48조 제2항 제3호·제5호 및 같은 법 시행령 제38조 제5항·제6항의 규정을 적용함에 있어 직접 공익목적사업에 사용한 금액에는 포함하지 아니하는 것임.

- 공익목적사업에 사용하던 부동산의 매각대금을 공익목적사업에 사용된 차입금의 상환에 사용하였다면 동 부동산의 매각대금은 「상속세 및 증여세법 시행령」 제38조 제4항에 따른 직접 공익목적사업에 사용한 금액에 포함하는 것임.

기획재정부 조세정책과 - 2535, 2023.12.29.

공익법인이 수령하는 자본잉여금 감액배당은 「상속세 및 증여세법 시행령」 제38조 제5항에 따른 사용기준금액에 포함되지 않는 것이며, 해당 자본잉여금 감액배당에 대해서는 「상속세 및 증여세법」 제48조 제2항 제1호등을 적용하는 것임.

서면 - 2023 - 상속증여 - 3543, 2023.12.15.

공익법인이 운용소득으로 증여세를 납부하는 경우 해당 부분에 대해 증여세를 부과하지 않고, 「상속세 및 증여세법」 제48조 제2항 제5호 및 같은 법 시행령 제38조 제5항의 규정을 적용함에 있어 직접 공익목적사업에 사용한 금액에도 포함하지 않는 것으로, 기존 해석사례(기획재정부 재산세제과 - 32, 2017.1.12.)를 참고하기 바람.

〔참고 : 기획재정부 재산세제과 - 32, 2017.1.12.〕

공익법인등이 운용소득 및 출연받은 재산을 매각하고 그 매각대금을 공익법인등에 부과된 법인세 등의 납부에 사용한 차입금의 상환에 사용한 경우 그 차입금 상환액에 대해서는 증여세를 부과하지 않는 것임. 다만, 같은 법 시행령 제38조 제4항 및 제5항의 규정을 적용함에 있어서는 그 차입금 상환액은 직접 공익목적사업에 사용한 금액에는 포함하지 않는 것임.

서면 - 2022 - 법인 - 4970, 2023.9.26.

의료업을 영위하는 공익법인이 「감염병의 예방 및 관리에 관한 법률」에 따라 코로나19 관련 전담병원으로 지정되어 발생한 손실 등에 대해 수령한 손실보상금은 「상속세 및 증여세법」 제48조 제2항 제3호에 따른 운용소득에 해당하지 않는 것임.

조심 - 2021 - 서 - 6890, 2022.11.30.

관련규정에서 배당금의 귀속시기를 법인의 잉여금 처분결의일로 규정하고 있었으므로 미수배당금을 각 그 배당결의일이 속하는 사업연도의 소득금액으로 보아 운영소득 미달 사용 여부를 판단하여야 함.

서면 - 2021 - 법규법인 - 7926, 2022.10.31.

「상속세 및 증여세법 시행령」 제38조 제5항에 따른 운용소득 산정시 제2호에 따른 이월 결손금이 제1호에 따라 계산한 금액(해당 과세기간 또는 사업연도의 수익사업에서 발생한 소득금액 등)을 초과하는 경우 운용소득은 영(0)으로 보는 것임.

서면 - 2022 - 법인 - 3223, 2022.9.27.

공익법인이 「상속세 및 증여세법」 제48조 제2항 제5호 및 같은 법 시행령 제38조 제5항 과 제6항에 따른 운용소득 사용기준금액을 5년간의 평균금액으로 계산할 경우, 2021.12.31. 이전 사업연도까지는 70%의 의무사용비율을 적용하여야 하고 2022.1.1. 이후 개시하는 사업연도 분부터는 80%의 의무사용비율을 적용하여 계산하는 것임.

사전 - 2022 - 법규법인 - 0015, 2022.8.1.

「상속세 및 증여세법 시행령」 제12조 제9호에 따른 공익법인이 출연받은 현금에서 발생한 이자 소득을 정관상 목적사업인 갤러리 운영 및 작품·부대 상품 기획 판매 사업(이하 '쟁점사업')에 지출한 경우로서 쟁점사업이 영리를 목적으로 대가를 수수하는 등 공익성이 있다고 보기 어려운 고유목적사업에 해당하는 경우 「상속세 및 증여세법」 제48조 제11항 제1호의 규정을 적용할 때 해당 지출액은 '운용소득을 직접 공익목적사업에 사용한 것으로 보지 않는 것'이나, 쟁점사업이 이에 해당하는지 여부는 사업의 목적, 운영현황 등을 고려하여 사실판단할 사항임.

조심 - 2022 - 부 - 2298, 2022.7.19.

쟁점재산은 서울 소재 고가주택으로, 청구법인이 제출한 자료만으로는 이를 AA상 시상 업무에 사용하기 위해 취득하였다거나 사용한 것으로 인정하기에 부족해 보이므로 그 취득액을 청구법인의 출연재산 운용소득 사용실적에 포함하여 운용소득 미달사용액을 재계산하여야 한다는 청구주장을 받아들이기 어렵다 할 것임.

서면 - 2021 - 법령해석법인 - 1307, 2021.10.26.

공익법인이 출연받은 재산에서 이자소득이 발생하고 출연받은 재산과 관련이 없는 수익사업에서 발생한 소득금액으로 취득한 재산에서 부동산임대소득이 발생하는 경우 「상속세 및 증여세법 시행령」 제38조 제5항 제1호의 금액 계산 시 '해당 사업연도의 수익사

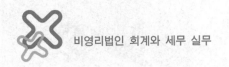

업에서 발생한 소득금액'에 「법인세법」 제29조 제1항 각 호 외의 부분에 따른 고유목적 사업준비금과 해당 사업연도 중 고유목적사업비로 지출된 금액으로서 손금에 산입된 금액(이하 '고유목적사업준비금등')을 가산하고 출연받은 재산과 관련이 없는 수익사업에서 발생한 소득금액(해당 소득금액과 관련된 고유목적사업준비금등이 포함된 금액)을 차감하는 것이며, 귀 질의에서 부동산임대소득이 출연받은 재산과 관련이 없는 수익사업에서 발생한 소득에 해당하는지는 사실판단할 사항임.

서면 – 2020 – 법령해석재산 – 1673, 2021.10.22.

학교법인이 학교건물을 신축하기 위해 운용소득 중 일부를 교비회계로 전출한 사실만으로는 「상속세 및 증여세법 시행령」 제38조 제6항에 따른 운용소득의 사용으로 보지 않는 것임. 공익법인의 운용소득에 관한 직접 공익목적사업에 사용한 시기의 판정에 관해서는 기존 해석사례(서이 46012 – 10126, 2003.1.17. ; 서일 46014 – 10050, 2001.8.31.)를 참고하기 바람.

[참고 : 서이 46012 – 10126, 2003.1.17.]

귀 질의 2의 경우는 상속세 및 증여세법 시행령 제38조 제6항 및 우리센터의 질의 회신문(서일 46014 – 10050, 2001.8.31.)을 참고하기 바람.

[참고 : 서일 46014 – 10050, 2001.8.31.]

상속세 및 증여세법 제48조 제2항 제4호의 2 및 같은법 시행령 제38조 제5항 · 제6항의 규정에 의하여 공익법인 등이 출연받은 재산을 수익용 또는 수익사업용으로 운용하여 얻은 소득은 그 소득이 발생한 과세기간 또는 사업연도 종료일로부터 1년 이내에 100분의 70 이상을 직접 공익목적사업에 사용하여야 하는 것이며, 운용소득으로 정관상 고유목적사업의 수행에 직접 사용하는 재산을 신축하는 경우 직접 공익목적사업에 사용한 시기는 공사비를 지급한 때를 말하는 것임.

사전 – 2020 – 법령해석법인 – 1112, 2021.2.26.

공익법인이 출연받은 현금을 정기예금 등 수익용으로 운용한 결과 발생한 이자소득을 다시 정기예금 등 수익용으로 운용하는 경우 당초 출연받은 현금을 운용하여 발생한 이자소득은 「상속세 및 증여세법 시행령」 제38조 제5항에 따른 운용소득에 해당하는 것이나 해당 이자소득을 다시 정기예금 등 수익용으로 운용한 결과 발생한 이자소득은 운용소득에 해당하지 않는 것임.

서면 – 2020 – 법인 – 2378, 2020.12.15.

질의

(질의1) 의료법인이 요양병원으로 사용할 건물을 출연받는 경우 직접 공익목적사업 등에 사용한 것으로 인정받을 수 있는지.

(질의2) 해당 건물이 수익사업용으로 인정되는 경우, 요양병원에서 사용되는 비용이 운용소득을 직접 공익목적에 사용한 것으로 인정받을 수 있는지.

회신

귀 질의1의 경우 「의료법」에 따른 요양병원을 운영하는 의료법인이 출연받은 재산을 정관상 고유목적사업인 요양병원의 건물로 직접 사용하는 경우 「상속세 및 증여세법」 제48조 제2항 제1호와 관련하여 직접 공익목적사업 등에 사용하는 경우에 해당하는 것임.
귀 질의2의 경우 공익법인 등의 운용소득을 직접 공익목적사업에 사용하는 것이란 「상속세 및 증여세법 시행령」 제38조 제2항에 따라 해당 공익법인 등의 정관상 고유목적사업에 사용하는 것(운용소득 산정 시 공제하였거나 공제하는 손비는 제외)을 말하는 것으로, 기존 회신사례(재재산-724, 2013.10.23. ; 재산-814, 2010.11.1.)를 참고하기 바람.

서면-2020-법인-0512, 2020.4.20.

질의

• 출연재산의 운용소득 사용기준액 계산 시, 고유목적사업준비금 환입액을 포함하여야 하는지 여부

회신

귀 질의의 경우 기존 회신사례(재산상속 46014-226, 2000.2.29.)를 참조하기 바람.

〔참고 : 재산상속 46014-226, 2000.2.29.〕
성실공익법인의 운용소득 사용기준을 계산할 때 당해 과세기간 또는 사업연도의 수익사업에서 발생한 소득금액에 전기 고유목적사업준비금 전입액 중 미사용 금액은 포함하지 아니하는 것임.

사전-2019-법령해석재산-0157, 2019.6.25.
직전 사업연도의 수익사업에서 발생한 소득금액을 기준으로 계산한 「상속세 및 증여세법 시행령」 제38조 제5항에 따른 사용기준금액이 부(△)의 금액인 경우에는 5년간의 평균금액을 기준으로 계산한 사용기준금액이 부(△)의 금액이 아닌 경우에도 같은 법 제48조 제2항 제5호에 해당하지 아니하는 것임.

【국세청 해석사례 검토내용】
• 공익법인이 출연받은 재산의 운용소득을 사용기준금액(운용소득의 70%에 상당하는 금액)에 미달하게 직접 공익목적에 사용하는 경우 가산세를 부과함(상속세 및 증여세법 제48조 제2항 제5호).
 - 상속세 및 증여세법 시행령 제38조 제6항은 운용소득의 사용은 소득이 발생한 사업

연도 종료일부터 1년 이내 직접 공익목적사업에 사용한 실적으로 판단하도록 규정하면서,

- 그 실적 및 기준금액은 해당 사업연도와 5년간의 평균금액을 기준으로 계산할 수 있다고 규정함.

• 즉, 공익법인의 개별 사정에 따라 특정연도에 출연재산의 운용소득을 적게 지출하는 경우가 발생할 수 있는바,

- 사용의무기준금액과 사용실적을 각각 1년 또는 5년 평균 기준으로 탄력적으로 운용하도록 규정한 것임.

• 따라서, A공익법인의 경우 2017년 수익사업등의 소득금액이 결손이어서 해당 사업연도 운용소득이 부(△)의 금액으로 계산된 경우

- 2017년 출연재산 운용소득은 부(△)의 금액으로 그 다음 사업연도에 적정하게 사용하였는지 여부를 판단할 운용소득이 없고,

- 2018년은 직접 공익목적의 사용실적과 무관하게 직접 공익목적 미달사용 가산세가 부과되지 않는 것임.

5 주식출연비율 20%한도 적용 공익법인등의 의결권 행사 금지 등

5-1. 부과요건

20%의 주식출연비율 제한을 적용받은 공익법인등(상속세 및 증여세법 제16조 제2항 제2호 가목)이 의결권을 행사하는 경우에는 그 사유가 발생한 날에 공익법인등이 증여받은 것으로 보아 즉시 증여세를 부과한다(상속세 및 증여세법 제48조 제2항 제6호). 법 제16조 제2항 제2호 가목에 따른 요건을 모두 충족하는 공익법인 등에 대한 자세한 내용은 '제4장 제3절 1-1. 주식출연 및 취득 비율의 제한'을 참조한다.

2017년 12월 19일 법 개정시 상호출자제한기업집단과 특수관계에 있지 아니한 성실공익법인 등으로서 자선·장학 또는 사회복지를 목적으로 하고 출연받은 주식 등의 의결권을 행사하지 아니하는 경우 주식보유한도를 10%에서 20%로 상향조정함에 따라 이에 대한 사

후관리로 출연받은 주식 등의 의결권을 행사하는 경우에는 증여세를 즉시 부과하도록 하였다. 동 개정규정은 2018년 1월 1일 이후 주식 등의 의결권을 행사하는 경우부터 적용한다.

5-2. 증여세 과세가액의 계산

20%의 주식출연비율 제한을 적용받은 성실공익법인등이 의결권을 행사하는 경우에는 출연받은 주식 등의 의결권을 행사한 날에 발행주식총수 등의 10%를 초과하여 보유하고 있는 주식 등의 가액을 증여세 과세가액으로 한다(상속세 및 증여세법 시행령 제40조 제1항 제3호의 2).

6   출연재산 의무 사용

6-1. 부과요건

다음에 열거된 공익법인 등이 출연재산가액에 1%[일정한 요건을 갖추어 20%의 주식출연비율 제한을 적용받은 공익법인등(법 제16조 제2항 제2호 가목)이 발행주식총수등의 10%를 초과하여 보유하고 있는 경우에는 3%]을 곱하여 계산한 금액에 상당하는 금액(이하 "기준금액"이라 함)에 미달하여 직접 공익목적사업(「소득세법」에 따라 소득세 과세대상이 되거나 「법인세법」에 따라 법인세 과세대상이 되는 사업은 제외함)에 사용한 경우에는 그 미달하는 부분에 대하여 가산세를 부과한다(상속세 및 증여세법 제48조 제2항 제7호, 동법 시행령 제38조 제20항).

가. 다음의 요건을 모두 갖춘 공익법인등으로서 동법 시행령 제38조 제20항에서 정하는 공익법인등
 1) 내국법인의 주식등을 출연받은 공익법인등일 것
 2) 대통령령으로 정하는 바에 따라 계산한 주식등의 보유비율이 그 내국법인의 발행 주식총수등의 100분의 5를 초과할 것

나. 가목 외의 공익법인등(자산 규모, 사업의 특성 등을 고려하여 다음의 공익법인등은 제외한다)

1) 종교의 보급 기타 교화에 현저히 기여하는 사업을 하는 공익법인등. 단, 주식 5% 초과 보유한 동법 시행령 제38조 제20항에 따른 공익법인은 제외한다.

2) 결산서류 등의 공시대상 과세기간 또는 사업연도의 종료일 현재 재무상태표상 총 자산가액(부동산인 경우 법 제60조·제61조 및 제66조에 따라 평가한 가액이 재무상태표상의 가액보다 크면 그 평가한 가액을 말함)의 합계액이 5억 원 미만인 공익법인 등. 다만, 해당 과세기간 또는 사업연도의 수입금액과 그 과세기간 또는 사업연도에 출연받은 재산가액의 합계액이 3억 원 이상인 공익법인등은 제외한다.

3) 법인세법 시행령 제39조 제1항 제1호 바목에 따른 공익법인 등 중 공공기관의 운영에 관한 법률 제4조에 따른 공공기관 또는 법률에 따라 직접 설립된 기관

2019년 12월 31일 법 및 2020년 2월 11일 시행령 개정시 종전에 성실공익법인 등에 한정하여 적용하고 있는 공익목적사업 의무지출제도를 종교법인, 공공기관 및 법률에 따라 설립된 기관 등을 제외한 기준규모 이상(자산 5억 원 또는 수입금액 3억 원 이상)의 모든 공익법인으로 확대하여 공익법인이 보유하고 있는 재산을 공익목적에 사용하도록 유도하였다. 동 개정규정은 2021년 1월 1일 이후 개시하는 과세기간 또는 사업연도 분부터 적용한다. 또한, 직접 공익목적사업의 사용 여부를 판단함에 있어 공익목적사업 중 소득세법 또는 법인세법에 따라 과세 대상이 되는 수익사업을 제외하였는 바, 동 개정규정은 2021년 1월 1일 이후 개시하는 과세기간 또는 사업연도 분부터 적용한다.

출연재산 의무사용 기준금액을 계산할 때 '출연재산가액'이란 직접 공익목적사업에 사용해야 할 과세기간 또는 사업연도의 직전 과세기간 또는 사업연도 종료일 현재 재무상태표 및 운영성과표를 기준으로 다음의 계산식에 따라 계산한 가액을 말한다.

다만, 공익법인등이 제41조의 2 제6항에 따른 공익법인등(주식 5% 초과보유하고 있는 동법 시행령 제38조 제20항에 따른 공익법인등)에 해당하거나 제43조 제3항에 따른 공익법인등(외부회계감사를 받지 않는 규모의 공익법인등)에 해당하지 않는 경우로서 재무상태표상 자산가액이 상속세 및 증여세법 제4장에 따라 평가한 가액의 100분의 70 이하인 경우에는 같은 장에 따라 평가한 가액을 기준으로 다음의 계산식에 따라 계산한 가액을 말한다(상속세 및 증여세법 시행령 제38조 제18항).

> **제43조 제3항에 따른 공익법인**
>
> "대통령령으로 정하는 규모 미만인 공익법인등"이란 회계감사를 받아야 하는 과세기간 또는 사업연도의 직전 과세기간 또는 직전 사업연도의 총자산가액 등이 다음 각 호를 모두 충족하는 공익법인등을 말한다. 다만, 제41조의 2 제6항에 해당하는 공익법인등은 제외한다.
> 1. 과세기간 또는 사업연도 종료일의 재무상태표상 총자산가액(부동산인 경우 법 제60조·제61조 및 제66조에 따라 평가한 가액이 재무상태표상의 가액보다 크면 그 평가한 가액을 말한다)의 합계액이 100억 원 미만일 것
> 2. 해당 과세기간 또는 사업연도의 수입금액과 그 과세기간 또는 사업연도에 출연받은 재산가액의 합계액이 50억 원 미만일 것
> 3. 해당 과세기간 또는 사업연도에 출연받은 재산가액이 20억 원 미만일 것

> 수익용 또는 수익사업용으로 운용하는 재산(직접 공익목적사업용 재산은 제외)의
> 〔총자산가액 − (부채가액 + 당기 순이익)〕

* 총자산가액 중 해당 공익법인등이 3년 이상 5년 미만 보유한 유가증권시장 또는 코스닥시장에 상장된 주권상장법인의 주식의 가액은 직전 3개 과세기간 또는 사업연도 종료일 현재 각 재무상태표 및 운영성과표를 기준으로 한 가액의 평균액으로 하고, 해당 공익법인등이 5년 이상 보유한 유가증권시장 또는 코스닥시장에 상장된 주권상장법인의 주식의 가액은 직전 5개 과세기간 또는 사업연도 종료일 현재 각 재무상태표 및 운영성과표를 기준으로 한 가액의 평균액으로 한다.

개정된 계산식은 5년 이상 보유한 상장주식의 경우 최근 5개 사업연도 종료일 현재 가액 평균액을 사용하도록 하였다. 이는 2024.2.29.부터 시행하되 2023.12.31.이 속하는 과세기간 또는 사업연도에 대한 출연재산가액의 계산에 관하여는 영 제38조 제18항의 개정규정에도 불구하고 종전의 규정에 따른다(영 부칙(2024.2.29.) 제5조).

2022년 1월 1일 이후 개시하는 사업연도 분부터 공익법인의 의무지출액 관련 예측가능성 확보하기 위하여 공익법인이 3년 이상 보유한 상장주식(유가증권시장 및 코스닥시장 거래주식)의 경우에는 최근 3개년도 자산가액 평균액을 사용하도록 개정하였다.

한편, 2024.2.29. 시행령 제38조 제19항을 신설하여 직접 공익목적사업에 사용한 실적은 직접 공익목적사업에 사용해야 할 과세기간 또는 사업연도 중 고유목적사업비로 지출된 금액으로서 손금에 산입한 금액을 포함하며, 직접 공익목적사업에 사용한 실적을 계산할 때 공익법인등이 해당 공익목적사업 개시 후 5년이 지난 경우에는 직접 공익목적사업에 사용해야 할 과세기간 또는 사업연도와 그 과세기간 또는 사업연도 직전 4개 과세기간 또는

사업연도의 5년간 평균금액을 기준으로 계산할 수 있도록 하였다. 동 개정규정은 2024.1.1. 이후 개시하는 과세기간 또는 사업연도에 공익법인등이 직접 공익목적사업에 사용한 실적을 계산하는 경우부터 적용한다(영 부칙(2024.2.29.) 제3조).

6-2. 가산세

기준금액에 미달하여 직접 공익목적사업에 사용한 경우 기준금액에서 직접 공익목적사업에 사용한 금액을 차감한 금액의 100분의 10(제48조 제2항 제7호 가목의 공익법인등이 이 기준금액에 미달하는 경우에는 미달 금액의 100분의 200)을 가산세로 부과한다. 이 경우 본 가산세와 상기 '4-2'의 가산세(출연재산 운용소득 사후관리 가산세)가 동시에 해당하는 경우에는 더 큰 금액으로 한다(상속세 및 증여세법 제78조 제9항).

(사용기준금액 − 직접 공익목적에 사용한 금액) × 10%(제48조 제2항 제7호 가목의 공익법인등 200%)

한편, 2020년 12월 22일 법 개정으로 2022년 1월 1일 이후 개시하는 사업연도 분부터는 주식 5% 초과보유가 가능한 공익법인의 요건(상속세 및 증여세법 제48조 제11항)으로 출연재산 의무사용 요건을 추가하였는바, 주식 5% 초과보유 공익법인의 경우 해당 요건 위배시 주식 5% 초과분에 대하여 증여세가 추가로 부과된다.

그러나 2023.12.31. 의무지출제가 주식 5% 초과보유가 가능한 공익법인의 요건(상속세 및 증여세법 제48조 제11항)에서 삭제되어 더 이상 증여세가 부과되지는 않고 가산세 200%가 부과되는 것으로 개정되었다.

경과조치로 이 법 시행 전에 상속세, 증여세 또는 가산세 부과사유가 발생한 경우에는 제48조 제2항 제7호, 같은 조 제11항 제2호 및 제78조 제9항의 개정규정에도 불구하고 종전의 규정에 따른다. 다만, 2023년 12월 31일이 속하는 과세기간 또는 사업연도에 종전의 규정에 따른 상속세 또는 증여세 부과사유가 발생한 공익법인등이 원하는 경우에는 종전의 제48조 제11항 제2호를 적용하지 아니하되, 제48조 제2항 제7호 및 제78조 제9항의 개정규정을 적용한다(부칙 2023.12.31. 법률 제19932호).

기획재정부 재산세제과-599, 2024.5.23.

「상속세 및 증여세법 시행령」 제38조 제18항에 따른 직접 공익목적사업용 재산은 공익법인의 정관상 고유목적사업에 직접적으로 사용되는 재산을 의미하며, 직접 공익목적사업에 충당하기 위하여 수익용 또는 수익사업용으로 운용하는 재산은 포함하지 않는 것임.

기획재정부 재산세제과-1434, 2023.12.27.

1. 공익법인이 보유한 계열회사 주식은 「상속세 및 증여세법」 제48조 제2항 제7호 및 「상속세 및 증여세법 시행령」 제38조 제19항에 따른 출연재산가액을 계산함에 있어 제외되는 "직접 공익목적사업용 재산"에 해당하지 않는 것임.

2. 「상속세 및 증여세법」 제48조 제11항 제2호의 요건을 충족하지 않는 공익법인이 같은 법 제48조 제9항에 해당하는 경우 같은 법 제78조 제7항에 따른 가산세를 부과하는 것이며, 같은 법 제48조 제2항 제7호에 해당하는 공익법인은 같은 법 제78조 제9항에 따른 가산세를 부과하는 것임.

서면-2023-상속증여-3431, 2023.12.6.

1. 공익법인등이 「상속세 및 증여세법」 시행령 제41조의 2 제6항에 따른 공익법인등에 해당하거나 「상속세 및 증여세법」 시행령 제43조 제3항에 따른 공익법인등에 해당하지 않는 경우로서 재무상태표상 자산가액이 「상속세 및 증여세법」 제4장에 따라 평가한 가액의 100분의 70 이하인 경우에는 「상속세 및 증여세법」 제4장에 따라 평가한 가액을 기준으로 「상속세 및 증여세법」 제48조 제2항 제7호의 "출연재산가액"을 계산하는 것임.

2. 「상속세 및 증여세법」 제78조 제7항의 '매 사업연도 말 현재 그 초과하여 보유하는 주식등의 시가의 100분의 5에 상당하는 금액'에서 '주식등의 시가'라 함은 「상속세 및 증여세법」 제4장 규정에 따른 주식등의 시가를 말함.

서면-2022-법인-0582, 2023.2.15.

1. 「상속세 및 증여세법」 제48조 제2항 제7호에 따라 공익법인등이 출연재산가액에 100분의 1을 곱하여 계산한 금액에 상당하는 금액(이하 '기준금액'이라 함)은 같은 법 시행령 제38조 제19항에서 규정한 다음의 계산식에 따라 계산하는 것으로서 이 경우 총자산가액은 공익법인회계기준(2017.12.7. 기획재정부 고시 제2017-35호로 제정된 것으로서 이하 같음)에 따른 재무상태표상 총자산가액을 의미함.

[총자산가액 - (부채가액 + 당기순이익)]

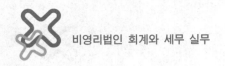

2. 「상속세 및 증여세법」 제48조 제2항 제7호에 따른 출연재산가액은 직접 공익목적사업에 사용해야 할 과세기간 또는 사업연도의 직전 과세기간 또는 사업연도 종료일 현재 재무상태표 및 운영성과표를 기준으로 계산한 가액을 말하는 것이고, 공익법인이 출연받은 부동산을 공익목적사업과 수익사업에 공통으로 사용하는 경우 그 공통자산·부채와 공통수익·비용은 공익법인회계기준 제30조 및 제39조에 따라 관련 시설면적, 사용빈도 등 합리적인 기준으로 배분하여 공익목적사업과 수익사업 회계로 구분경리하고, 그 배분기준은 일관되게 적용하여야 하는 것임.

3. 공익법인등은 「상속세 및 증여세법」 제48조 제2항 제5호에 따라 출연재산을 수익용으로 사용하여 발생한 운용소득을 재원으로 하여 운용소득 사용기준금액 이상을 직접 공익목적사업에 사용하여야 하고, 이와 별개로 같은 항 제7호의 기준금액 이상을 직접 공익목적사업에 사용하여야 하며 이 경우 운용소득 사용기준금액을 합산한 금액 이상을 사용하여야 하는 것은 아님.

4. 공익법인등이 출연받은 재산 등을 '직접 공익목적사업에 사용하는 것'은 「상속세 및 증여세법 시행령」 제38조 제2항에 따라 해당 공익법인등의 정관상 고유목적 사업에 사용하는 것을 말하고, 이 경우 해당 공익법인등의 정관상 고유목적사업에 직접 사용하는 시설에 소요되는 수선비, 전기료 및 전화사용료 등의 관리비를 제외한 관리비로 지출하는 것은 직접 공익목적사업에 사용하는 것에 해당하지 아니하나, 공익법인등이 「상속세 및 증여세법」 제50조에 따라 외부전문가의 세무확인이나 회계감사를 받는 경우의 그 비용은 직접 공익목적사업에 사용하는 것에 해당함.

서면-2022-법인-4615, 2022.11.24.

「상속세 및 증여세법」 제16조 제2항 제2호 가목에 해당하는 공익법인 등이 발행주식총수 등의 100분의 10을 초과하여 주식 등을 보유하고 있는 경우에는 「상속세 및 증여세법」 제48조 제2항 제7호 괄호의 규정에 따라 출연재산가액의 100분의 3 이상을 직접 공익목적사업에 사용해야 하는 것이며, 해당 공익법인 등이 「상속세 및 증여세법」 제48조 제11항의 "내국법인의 발행주식총수 등의 100분의 5 초과 보유요건"을 적용함에 있어서는 출연재산가액의 100분의 1 이상을 직접 공익목적사업에 사용하였는지를 기준으로 판단하는 것임.

사전-2022-법규법인-0392, 2022.5.26.

「상속세 및 증여세법 시행령」 제12조에 따른 공익법인이 「상속세 및 증여세법」 제16조 제2항에 따라 상속세 과세가액에 산입된 출연재산을 보유하고 있는 경우 해당 출연재산은 같은 법 제48조 제2항 제7호의 출연재산가액에 포함되지 않는 것임.

서면 - 2021 - 법인 - 8110, 2022.1.26.

공익법인 등이 「상속세 및 증여세법」 제48조 제2항 제5호에 따른 운용소득 사용기준금액과 같은 법 제48조 제2항 제7호의 출연재산가액 사용기준금액을 직접 공익목적사업에 사용해야 할 경우 각각 별도로 기준을 충족하면 되는 것이며, 사용기준금액을 합산한 가액 이상으로 지출해야 하는 것은 아님.

서면 - 2021 - 법규법인 - 4818, 2022.1.18.

의료법인이 출연재산가액의 1% 상당액을 정관상 고유목적사업으로서 공익목적사업이자 수익사업에 해당하는 의료사업에 사용하는 경우 해당 금액은 「상속세 및 증여세법」 제48조 제2항 제7호의 직접 공익목적사업에 사용한 것으로 볼 수 없는 것임.

서면 - 2021 - 법인 - 1628, 2021.4.19.

「상속세 및 증여세법」 제48조 제2항 7호 및 「상속세 및 증여세법 시행령」 제38조 제19항에서 규정한 다음의 계산식 중 총자산가액은 공익법인회계기준에 따른 재무상태표상 총자산가액을 의미하는 것임.

수익용 또는 수익사업용으로 운용하는 재산(직접 공익목적사업용 재산은 제외한다)의 [총자산가액 - (부채가액 + 당기순이익)]

서면 - 2020 - 법인 - 3241, 2020.12.7.

공익법인 등이 「상속세 및 증여세법」 제48조 제2항 제7호의 기준금액을 사용하는 것과 관련하여 같은 법 제48조 제2항 제5호에 따른 운용소득 사용 기준금액을 합산한 금액 이상을 직접 공익목적사업에 사용해야 하는 것은 아님.

서면 - 2020 - 법인 - 3832, 2020.9.24.

〔질 의〕

〔사실관계〕

• 재단법인 ◇◇(이하 '질의법인'이라 함)은 내국법인의 의결권 있는 주식을 9.89% 보유한 성실공익법인으로 별도의 수익사업은 없으며, 기본재산에 대한 배당금 및 보통재산에 대한 이자 등의 운용소득과 기부금 수입으로 공익목적사업을 운영하고 있음.

〔질의내용〕

• 상속세 및 증여세법 제48조 제2항 제7호에서 성실공익법인은 매년 '출연재산가액의 일정비율에 상당하는 금액'을 직접 공익목적사업에 사용하도록 규정하고 있는데, 동 지출액의 재원이 아래의 ①인지, ① 또는 ②인지 여부

〈갑설〉 ①에 의한 금액을 재원으로 함.

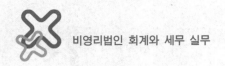
〈을설〉 ① 또는 ②에 의한 금액을 재원으로 함.

① 출연재산가액의 직접적인 사용	② 출연재산의 운영수입 사용
– 기본재산(주식 처분) – 보통재산(보통예금 인출)	– 배당금 수입 – 이자 수입 – 기부금 수입

회신

귀 질의의 경우, 내국법인의 의결권 있는 주식 등을 그 내국법인의 발행주식총수 등의 100분의 5를 초과하여 보유하고 있는 성실공익법인 등이 「상속세 및 증여세법 시행령」 제38조 제18항 및 제19항에 따라 계산한 금액 이상을 직접 공익목적사업에 사용한 경우 「상속세 및 증여세법」 제48조 제2항 제7호에 따른 의무를 이행한 것에 해당함.

7 출연자 등의 이사취임금지 등

7-1. 부과요건

출연자 또는 그의 특수관계인이 대통령령이 정하는 공익법인등의

① 이사 현원(이사 현원이 5인에 미달하는 경우에는 5인으로 본다)의 5분의 1을 초과하여 이사가 되거나(최소 1명은 취임을 허용)
② 임직원(이사는 제외)이 되는 경우

에는 가산세를 부과한다. 다만, 이사가 사망하거나 사임하는 경우와 특수관계인에 해당하지 아니하던 이사가 특수관계인에 해당하는 경우로 인해 출연자 또는 그의 특수관계인이 공익법인등의 현재 이사 수의 5분의 1을 초과하여 이사가 된 경우에는 해당 사유가 발생한 날부터 2개월 이내에 이사를 보충하거나 개임(改任)하는 경우에는 가산세를 부과하지 아니한다(상속세 및 증여세법 제48조 제8항, 제78조 제6항, 동법 시행령 제38조 제10항·제11항·제12항, 제80조 제10항).

특수관계인

'출연자 또는 그의 특수관계인'이라 함은 출연자(재산출연일 현재 당해 공익법인등의 총출연 재산가액의 100분의 1에 상당하는 금액과 2천만 원 중 적은 금액을 초과하여 출연한 자)와 「상속세 및 증여세법 시행령」 제2조의 2 제1항 각 호의 다음의 관계에 있는 자를 말한다.

범 위	내 용
1. 국세기본법 시행령 제1조의 2 제1항 제1호부터 제5호까지의 어느 하나에 해당하는 자(이하 "친족"이라 한다) 및 직계비속의 배우자의 2촌 이내의 혈족과 그 배우자	국세기본법 시행령 제1조의 2 제1항 제1호부터 제5호 1. 4촌 이내의 혈족 2. 3촌 이내의 인척 3. 배우자(사실상의 혼인관계에 있는 자를 포함한다) 4. 친생자로서 다른 사람에게 친양자 입양된 자 및 그 배우자 · 직계비속 5. 본인이 「민법」에 따라 인지한 혼인 외 출생자의 생부나 생모(본인의 금전이나 그 밖의 재산으로 생계를 유지하는 사람 또는 생계를 함께하는 사람으로 한정한다)
2. 사용인(출자에 의하여 지배하고 있는 법인의 사용인을 포함한다. 이하 같다)이나 사용인 외의 자로서 본인의 재산으로 생계를 유지하는 자	상속세 및 증여세법 시행령 제2조의 2 제2항 및 제3항 • "사용인"이란 임원, 상업사용인, 그 밖에 고용계약관계에 있는 자를 말한다. • "출자에 의하여 지배하고 있는 법인"이란 다음 각 호의 어느 하나에 해당하는 법인을 말한다. 　1. 시행령 제2조의 2 제1항 제6호에 해당하는 법인 　2. 시행령 제2조의 2 제1항 제7호에 해당하는 법인 　3. 시행령 제2조의 2 제1항 제1호부터 제7호까지에 해당하는 자가 발행주식총수 등의 100분의 50 이상을 출자하고 있는 법인
3. 다음 각 목의 어느 하나에 해당하는 자 가. 본인이 개인인 경우 : 본인이 직접 또는 본인과 제1호에 해당하는 관계에 있는 자가 임원에 대한 임면권의 행사	법인세법 시행령 제40조 제1항에 따른 임원 1. 법인의 회장, 사장, 부사장, 이사장, 대표이사, 전무이사 및 상무이사 등 이사회의 구성원 전원과 청산인

범 위	내 용
및 사업방침의 결정 등을 통하여 그 경영에 관하여 사실상의 영향력을 행사하고 있는 기획재정부령으로 정하는 기업집단의 소속 기업[해당 기업의 임원(「법인세법 시행령」 제40조 제1항에 따른 임원을 말한다. 이하 같다)과 퇴직 후 3년(해당 기업이 「독점규제 및 공정거래에 관한 법률」 제14조에 따른 공시대상기업집단에 소속된 경우는 5년)이 지나지 않은 사람(이하 "퇴직임원")을 포함한다] 나. 본인이 법인인 경우 : 본인이 속한 기획재정부령으로 정하는 기업집단의 소속 기업(해당 기업의 임원과 퇴직임원을 포함한다)과 해당 기업의 임원에 대한 임면권의 행사 및 사업방침의 결정 등을 통하여 그 경영에 관하여 사실상의 영향력을 행사하고 있는 자 및 그와 제1호에 해당하는 관계에 있는 자	2. 합명회사, 합자회사 및 유한회사의 업무집행사원 또는 이사 3. 유한책임회사의 업무집행자 4. 감사 5. 그 밖에 제1호부터 제4호까지의 규정에 준하는 직무에 종사하는 자 상속세 및 증여세법 시행규칙 제2조【특수관계인의 범위】 "기획재정부령이 정하는 기업집단의 소속기업"이란 「독점규제 및 공정거래에 관한 법률 시행령」 제3조 각 호의 어느 하나에 해당하는 기업집단에 속하는 계열회사를 말한다.
4. 본인, 제1호부터 제3호까지의 자 또는 본인과 제1호부터 제3호까지의 자가 공동으로 재산을 출연하여 설립하거나 이사의 과반수를 차지하는 비영리법인	
5. 제3호에 해당하는 기업의 임원이 이사장인 비영리법인	
6. 본인, 제1호부터 제5호까지의 자 또는 본인과 제1호부터 제5호까지의 자가 공동으로 발행주식총수 또는 출자총액(이하 "발행주식총수 등"이라 한다)의 100분의 30 이상을 출자하고 있는 법인	
7. 본인, 제1호부터 제6호까지의 자 또는 본인과 제1호부터 제6호까지의 자가 공동으로 발행주식총수 등의 100분의 50 이상을 출자하고 있는 법인	

범 위	내 용
8. 본인, 제1호부터 제7호까지의 자 또는 본인과 제1호부터 제7호까지의 자가 공동으로 재산을 출연하여 설립하거나 이사의 과반수를 차지하는 비영리법인	

> **대통령령이 정하는 공익법인**
>
> 다음 각 호의 법인(「의료법」 또는 「정신보건법」의 규정에 의한 의료법인 또는 정신의료법인이 운영하는 사업 제외)을 말한다.
> 1. 상속세 및 증여세법 시행령 제2조의 2 제1항 제3호의 자가 이사의 과반수를 차지하거나 재산을 출연하여 설립한 비영리법인
> 2. 상속세 및 증여세법 시행령 제2조의 2 제1항 제4호의 자가 재산을 출연하여 설립한 비영리법인
> 3. 상속세 및 증여세법 시행령 제2조의 2 제1항 제5호 및 제8호에 해당하는 비영리법인

7-2. 가산세

이사수를 초과하는 이사가 있거나, 임직원이 있는 경우 그 자와 관련하여 지출된 대통령령이 정하는 직접 또는 간접경비에 상당하는 금액 전액을 납부할 세액에 가산하여 부과한다. 그러나, 의료기관의 의사, 학교의 교직원(교직원 중 직원은 「사립학교법」 제29조에 따른 학교에 속하는 회계로 경비를 지급하는 직원만 해당한다), 아동복지시설의 보육사, 도서관의 사서, 박물관·미술관의 학예사, 사회복지시설의 사회복지사 자격을 가진 자, 「국가과학기술 경쟁력 강화를 위한 이공계지원 특별법」 제2조 제3호에 따른 연구기관의 연구원으로서 다음의 요건을 모두 충족하는 사람과 관련된 경비를 제외한다(상속세 및 증여세법 제78조 제6항, 동법 시행령 제80조 제10항, 동법 시행규칙 제21조).

1. 자연계·이공계·의학계 분야의 학사 학위 이상을 소지한 사람일 것. 이 경우 각 분야의 예시는 「조세특례제한법 시행규칙」 별표 1의 2와 같다.
2. 다음의 어느 하나의 기관(이하 "연구기관 등"이라 함)에서 5년(박사 학위를 소지한 사람의 경우 2년) 이상 연구개발 및 기술개발 경험이 있을 것. 이 경우 연구기관등에서 연구원으로 근무(학위 취득 기간 및 휴직 등으로 인해 실제로 연구원으로 근무하지 않은 기간은 제외함)한 경우 연구개발 및 기술개발 경험이 있는 것으로 본다.
   ㉮ 국가과학기술 경쟁력 강화를 위한 이공계지원 특별법 제2조 제3호의 연구기관
   ㉯ 외국의 대학과 그 부설연구소, 국책연구기관 및 기업부설연구소. 이 경우 연구기관등에서 근무했는지에 대해 증명하려면 「조세특례제한법 시행규칙」 제10조 제4항[13])을 준용하여 연구원의 이름 등이 포함된 증명서를 제출한다.
3. 해당 공익법인등에서 연구원(행정 사무만을 담당하는 사람은 제외. 이하 같음)으로 근무하는 사람일 것

이때, 상기 1. 및 2.의 요건을 충족했는지 여부는 공익법인등에서 근무를 시작한 시점을 기준으로 판단한다.

2021년 2월 17일 시행령 개정시 연구개발 관련 공익사업을 지원하기 위해 가산세 부과 예외 대상에 연구개발을 전담하는 연구원을 추가하였으며, 동 개정규정은 2021년 2월 17일이 속하는 과세기간 또는 사업연도에 경비를 지출하는 분부터 적용한다.

대통령령이 정하는 직접 또는 간접경비

당해 이사 또는 임·직원을 위하여 지출된 급료, 판공비, 비서실 운영경비 및 차량유지비 등을 말한다. 이 경우 이사의 취임시기가 다른 경우에는 나중에 취임한 이사에 대한 분부터, 취임시기가 동일한 경우에는 지출경비가 큰 이사에 대한 분부터 가산세를 부과한다.

---

13) 조세특례제한법 시행규칙 제10조【내국인 우수 인력의 국내복귀에 대한 소득세 감면】
   ④ 영 제16조의 3 제3항에 따른 세액감면신청서를 제출할 때 다음 각 호의 내용이 포함된 증명서를 함께 제출해야 한다. (2020.3.13. 신설)
   1. 감면신청자의 이름 (2020.3.13. 신설)
   2. 국외연구기관등의 명칭 및 주소 (2020.3.13. 신설)
   3. 국외연구기관등에서 근무한 기간, 근무부서, 연구분야 및 해당 부서 책임자의 확인 (2020.3.13. 신설)

과세에서 제외되는 임·직원의 범위에 과거에는 학교의 '교사'만을 포함하여 총장, 학장, 교장, 교감 등을 제외(서면4팀-3319, 2007.11.16., 서면4팀-1265, 2007.4.19.)하였으나, 2008년 2월 22일 「상속세 및 증여세법 시행령」을 개정하면서 교사뿐만 아니라 총장, 학장, 교장, 교감, 교직원 일부까지 그 제외범위를 확장하였다. 동 시행령은 2008년 2월 22일 이후 최초로 가산세를 결정하는 분부터 적용된다.

 │ 중요 예규 및 판례 │

기획재정부 재산세제과-913, 2023.7.27.
퇴직 당시에는 기업집단의 소속 기업이었으나, 이후 공시대상기업집단으로 지정된 경우 퇴직임원의 특수관계 적용 기간
1안) 퇴직당시 기업집단의 소속기업인 경우 이후 공시대상기업집단으로 지정되더라도 퇴직 후 3년간만 특수관계인으로 봄.
2안) 퇴직당시와 무관하게 공시대상기업집단으로 지정된 경우 퇴직 후 5년이 지나지 않은 임원은 특수관계인으로 봄.
귀 질의의 경우 1안이 타당함.

대법원-2022-두-66743, 2023.3.16.
공익법인법에 따라 적법하게 고용하고 실제 근로를 제공하여 지급한 급여라고 하더라도 공익법인의 특수관계인인 직원에게 지급한 경비는 가산세 부과 대상임.

서면-2022-법인-4697, 2022.11.24.
〔질의내용〕
가산세 부과대상에서 제외되는 임직원에 대한 상증세법 시행령 제80조 제10항 괄호 부분이 예시 규정인지 열거 규정인지 여부
〔답변내용〕
「상속세 및 증여세법」 제78조 제6항에 따라 출연자 또는 그의 특수관계인이 기준을 초과하여 이사가 되거나 임직원이 되는 경우에 해당되어 가산세를 적용함에 있어서, 임직원의 경우 「상속세 및 증여세법 시행령」 제80조 제10항 대괄호에서 명시적으로 열거하고 있는 의사, 학교의 교직원(교직원 중 직원은 「사립학교법」 제29조에 따른 학교에 속하는 회계로 경비를 지급하는 직원만 해당), 아동복지시설의 보육사, 도서관의 사서, 박물관·미술관의 학예사, 사회복지시설의 사회복지사 자격을 가진 사람, 「국가과학기술 경쟁력 강화를 위한 이공계지원 특별법」 제2조 제3호에 따른 연구기관의 연구원으로서 기획재정

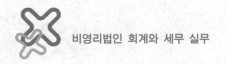
부령으로 정하는 연구원과 관련된 경비에 한하여 가산세를 부과하지 않는 것임.

서울행정법원 - 2021 - 구합 - 74310, 2022.11.15.

출연자의 특수관계자는 기업집단의 소속기업 및 그 임원과 기업집단의 소속기업과 각 목의 1의 관계에 있는 자 그리고 당해 기업의 임원에 대한 임명권의 행사와 사업방침의 결정 등을 통해 그 경영에 사실상의 영향력을 행사하고 있다고 인정되는 자 모두를 포함한다고 봄이 타당함.

서울고등법원 - 2021 - 누 - 41688, 2022.8.16.

DDD 등은 출연자의 상속인이 지배하는 기업집단의 소속기업 임원으로, 출연자와 상증세법 시행령 제19조 제2항 제3호의 관계가 있는 자로서 상증세법 시행령 제38조 제10항에 따라 구 상증세법 제48조 제8항에서 정한 특수관계인에 해당하고, 상증세법 제48조 제8항에 규정된 이사 수를 초과하는 이사 없이 임직원만 있는 경우라도 가산세 부과대상에 해당함.

조심 2020서0755, 2021.6.14.

당해 법령은 상증세법 상 공익법인의 의무사항 위반 시 제재하는 규정으로 이 건 가산세는 증여세와 직접 관련 있는 것이므로 이에 대한 부과제척기간은 상속세 및 증여세의 부과제척기간인 10년을 적용하는 것이 타당함.

기준 - 2020 - 법령해석법인 - 0256, 2021.4.8.

「상속세 및 증여세법 시행령」 제80조 제10항에서 규정하는 '박물관·미술관의 학예사'는 「박물관 및 미술관 진흥법」 제6조에 따른 '학예사 자격을 가진 자'를 말하는 것임.

서면 - 2018 - 법령해석재산 - 0394, 2020.12.17., 기획재정부 재산세제과 - 1076, 2020.12.11.

상속세 및 증여세법 제48조 제8항에 따라 출연자 및 출연자의 특수관계인이 공익법인 이사의 1/5을 초과하여 초과 이사와 관련된 지출경비에 대해 가산세를 부과할 경우 해당 이사가 임기가 끝난 후 연속하여 이사에 임명된 경우 동 이사의 취임시기는 최초취임일임. 해당 이사가 임기가 끝난 후 연속하지 않고 다시 이사에 임명된 경우에는 동 이사의 취임시기는 중임일이나, 현실적으로 퇴직한 것이 아닌 경우에는 취임시기는 최초 취임일이며, 현실적으로 퇴직하였는지 여부는 사실판단할 사항임.

서면 - 2019 - 상속증여 - 4502, 2020.6.29.

「독점규제 및 공정거래에 관한 법률 시행령」 제3조 각 호의 어느 하나에 해당하는 기업집단에 속하는 계열회사가 아닌 법인의 경우에는 퇴직한 임원과 「상속세 및 증여세법 시행령」 제2조의 2에 따른 특수관계가 성립하지 않는 것임.

서면 - 2017 - 법령해석재산 - 2963, 2019.4.24.
출연자의 특수관계인이 「상속세 및 증여세법 시행령」 제38조 제11항에 따른 공익법인등의 임원이 되는 경우에는 그 사람과 관련하여 지출된 같은 법 시행령 제80조 제10항에서 정하는 직접경비 또는 간접경비에 상당하는 금액 전액을 매년 그 공익법인등이 납부할 세액에 가산하여 부과하는 것이며, 직접경비 또는 간접경비에는 공익법인의 수익사업과 관련되어 지출된 경비도 포함되는 것임.

서면 - 2017 - 법령해석재산 - 3438, 2019.6.3.
귀 서면질의의 경우 기획재정부 예규(재재산 - 400, 2019.5.29.)를 참고하기 바람.

〔참고 : 기획재정부 재산세제과 - 400, 2019.5.29.〕
내국법인과 해당 내국법인이 속한 「상속세 및 증여세법 시행규칙」 제2조 제1항에 따른 기업집단의 소속 기업에서 퇴직 후 5년이 경과하지 아니한 임원의 친족은 같은 법 시행령 제2조의 2 제1항 제3호 나목에 따른 특수관계자에 해당하지 않는 것임.
다만, 이 경우 해당 임원이 소속 기업의 임원에 대한 임면권의 행사 및 사업방침의 결정 등을 통하여 그 경영에 관하여 사실상의 영향력을 행사하고 있는 자에 해당하는 경우 해당 임원의 친족은 특수관계자에 해당하는 것임.

8 특수관계기업의 광고 · 홍보행위금지

8-1. 부과요건

공익법인등이 특수관계에 있는 내국법인의 이익을 증가시키기 위하여 정당한 대가를 받지 아니하고 다음 각 호의 1에 해당하는 광고 · 홍보를 하는 경우에는 가산세를 부과한다 (상속세 및 증여세법 제48조 제10항, 제78조 제8항, 동법 시행령 제38조 제13항 · 제15항, 제80조 제12항).

1. 신문·잡지·텔레비전·라디오·인터넷 또는 전자광고판 등을 이용하여 내국법인을 위하여 홍보하거나 내국법인의 특정상품에 관한 정보를 제공하는 행위. 다만, 내국법인의 명칭만을 사용하는 홍보를 제외.
2. 팜플렛·입장권 등에 내국법인의 특정상품에 관한 정보를 제공하는 행위. 다만, 내국법인의 명칭만을 사용하는 홍보를 제외

여기서 '특수관계에 있는 내국법인'이라 함은 다음 각 호의 어느 하나에 해당하는 자가 제1호에 해당하는 기업의 주식등을 출연하거나 보유한 경우의 해당 기업(해당 기업과 함께 제1호에 해당하는 자에 속하는 다른 기업을 포함한다)을 말한다(상속세 및 증여세법 시행령 제38조 제13항).

범 위	내 용
1. 동법 시행령 제38조 제13항 제1호에 해당하는 자	1. 「독점규제 및 공정거래에 관한 법률 시행령」 제3조 각 호의 어느 하나에 해당하는 기업집단에 속하는 계열회사(해당 기업의 임원 및 퇴직임원을 포함)와 다음 각 목의 어느 하나에 해당하는 관계에 있는 자 또는 해당 기업의 임원에 대한 임면권의 행사 및 사업방침의 결정 등을 통하여 그 경영에 관하여 사실상의 영향력을 행사하고 있다고 인정되는 자 가. 기업집단소속의 다른 기업 나. 기업집단을 사실상 지배하는 자 다. 나목의 자와 상속세 및 증여세법 시행령 제2조의 2 제1항 제1호의 관계에 있는 자
2. 동법 시행령 제38조 제13항 제2호에 해당하는 자	2. 제1호 본문에 따른 소속기업 또는 동호 가목에 따른 기업의 임원 또는 퇴직임원이 이사장인 비영리법인
3. 제1호 및 제2호에 해당하는 자가 이사의 과반수이거나 재산을 출연하여 설립한 비영리법인	

8-2. 가산세

당해 행위와 관련하여 직접 지출된 경비에 상당하는 금액을 납부할 세액에 가산한다.

---

1. 신문·잡지·텔레비전·라디오·인터넷 또는 전자광고판 등을 이용하여 내국법인을 위하여 홍보하거나 내국법인의 특정상품에 관한 정보를 제공하는 행위 : 광고·홍보매체의 이용비용
2. 팸플릿·입장권 등에 내국법인의 특정상품에 관한 정보를 제공하는 행위 : 당해 행사비용 전액

| 중요 예규 및 판례 |

서면 - 2022 - 법인 - 3785, 2023.2.10.

1. 사실관계
- (재)AA재단은(이하 '질의법인'이라 함) '70년에 장학, 사회복지사업 등을 영위하기 위해 설립된 공익법인으로서 의약품 제조업체인 ㈜BBBB(이하 '쟁점법인'이라 함)과 특수관계에 있음.
- 질의법인은 사회복지사업의 일환으로 쟁점법인으로부터 받은 기부금품(현금 또는 의약품)을 폐암치료 등의 의료비 지원 사업에 사용하고자 함.
  - 의료비 지원방식은 현금 또는 쟁점법인의 의약품을 공급할 계획이며 쟁점법인의 의약품 구매의무 또는 광고, 홍보 계획은 없음.

2. 질의내용
- 질의법인이 쟁점법인으로부터 받은 기부금품(현금 또는 의약품)을 출연받아 사회복지사업에 사용하는 경우 특수관계 법인의 광고, 홍보 금지의무를 위반하는지 여부
  - 쟁점법인의 회사명이 기재된 의약품을 폐암환자에게 공급하는 경우 질의법인이 쟁점법인의 의약품을 광고하는 것에 해당하는지 질의함.

3. 답변내용
1. 공익법인등이 「상속세 및 증여세법」 제48조 제10항에 따라 특수관계에 있는 내국법인의 이익을 증가시키기 위하여 정당한 대가를 받지 아니하고 광고·홍보를 하는 경우에는 「상속세 및 증여세법」 제78조 제8항에 따라 가산세를 부과하는 것임.
2. 질의법인과 같이 특수관계에 있는 내국법인으로부터 현금 또는 특수관계에 있는 내

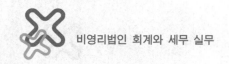
국법인이 제조한 제품을 출연받아 직접 공익목적사업에 사용하는 경우에는 「상속세 및 증여세법」 제48조 제10항 규정에 따른 가산세 적용대상에 해당하지 않는 것임.

9 공익사업의 수혜자 특정 금지

9-1. 부과요건

직접 공익목적사업에 사용하는 것이 사회적 지위·직업·근무처 및 출생지 등에 의하여 일부에게만 혜택을 제공하는 것인 때에는 그 가액에 대하여 즉시 증여세를 부과한다(상속세 및 증여세법 제48조 제2항 제8호, 동법 시행령 제38조 제8항, 제40조 제1항 제5호).

다만, 주무부장관이 기획재정부장관과 협의(「행정권한의 위임 및 위탁에 관한 규정」 제3조 부칙 제1항에 따라 공익법인 등의 설립허가 등에 관한 권한이 위임된 경우에는 해당 권한을 위임받은 기관과 해당 공익법인등의 관할세무서장의 협의를 말한다)하여 따로 수혜자의 범위를 정하여 이를 다음의 어느 하나에 해당하는 조건으로 한 경우를 제외한다.

> 1. 해당 공익법인등의 설립허가의 조건으로 붙인 경우
> 2. 정관상의 목적사업을 효율적으로 수행하기 위하여 또는 정관상의 목적사업에 새로운 사업을 추가하기 위하여 재산을 추가출연함에 따라 정관의 변경허가를 받는 경우로서 그 변경허가조건으로 붙인 경우

9-2. 증여세 과세가액

혜택을 받은 일부에게만 제공된 재산가액 또는 경제적 이익에 상당하는 가액을 증여세로 부과한다. 이때 증여세과세가액은 과세요인 발생일 현재 「상속세 및 증여세법」 제60조 내지 제66조의 규정에 의하여 평가한 가액으로 한다. 단, 동법 시행령 제38조 제9항의 사유

(이사 또는 사용인의 불법행위로 인하여 출연받은 재산등이 감소된 경우나 출연받은 재산등을 분실하거나 도난당한 경우)로 인하여 운용요건을 만족시키지 못한 경우에는 당해 금액을 차감한 금액을 기준으로 위의 규정을 적용한다.

10 자기내부거래 금지

10-1. 부과요건

출연받은 재산, 출연받은 재산을 원본으로 취득한 재산, 출연받은 재산의 매각대금 등을 다음 중 어느 하나에 해당하는 자에게 당해 재산의 임대차 · 소비대차 및 사용대차 등의 방법으로 사용 · 수익하게 하는 경우에는 일정가액을 공익법인등이 증여받은 것으로 보아 즉시 증여세를 부과한다(상속세 및 증여세법 제48조 제3항).

> 1. 출연자 및 그 친족
> 2. 출연자가 출연한 다른 공익법인등
> 3. 제1호 및 제2호와 특수관계에 있는 자

여기서 특수관계에 있는 자는 다음 각 호의 관계가 있는 자를 말하며, 제2호부터 제5호까지의 규정에 따른 출연자에는 「상속세 및 증여세법 시행령」 제2조의 2 제1항 제1호에 따른 관계가 있는 자를 포함한다(상속세 및 증여세법 시행령 제39조 제1항).

> 1. 출연자가 「민법」 제32조에 따라 설립된 법인인 경우에는 그 법인에 대한 출연자 및 그 출연자와 제2조의 2 제1항 제1호의 관계에 있는 자
> 2. 출연자가 제1호 외의 법인인 경우에는 해당 법인을 출자에 의하여 지배하고 있는 자 및 그와 제2조의 2 제1항 제1호의 관계에 있는 자
> 3. 출연자의 사용인
> 4. 출연자로부터 재산을 출연받은 다른 공익법인등의 임원
> 5. 출연자가 출자에 의하여 지배하고 있는 법인

6. 제28조 제1항 제2호[기업집단소속의 다른 기업(해당 기업의 임원과 퇴직임원을 포함)과 해당 기업의 임원에 대한 임면권의 행사 및 사업방침의 결정 등을 통하여 그 경영에 관하여 사실상의 영향력을 행사하고 있는 자 및 그와 친족 및 직계비속의 배우자의 2촌 이내의 혈족과 그 배우자에 해당하는 관계에 있는 자] 및 제3호[동일인이 임원의 임면권의 행사 또는 사업방침의 결정 등을 통하여 합병당사법인(합병으로 인하여 소멸·흡수되는 법인 또는 신설·존속하는 법인)의 경영에 대하여 영향력을 행사하고 있다고 인정되는 관계에 있는 법인]에 해당하는 관계에 있는 자

상속세 및 증여세법 기본통칙 48-39…7【공익법인등과 특별한 관계가 있는 자의 범위】
국가 또는 지방자치단체가 공익법인등에 출연하는 경우에 국가 또는 지방자치단체 및 그 소속공무원, 기타 고용관계에 있는 자는 영 제39조 제1항에서 규정하는 특수관계에 있는 자에 해당하지 아니한다.

다만, 공익법인등의 직접 공익목적사업과 관련하여 용역을 제공받고 정상적인 대가를 지급하는 등 다음과 같은 경우에는 그러하지 아니하다(상속세 및 증여세법 시행령 제39조 제2항, 동법 시행규칙 제12조).

1. 출연받은 재산을 출연받은 날부터 3개월 이내에 법 제48조 제3항 각 호의 어느 하나에 해당하는 자가 사용하는 경우
1의2. 출연자 등이 다음의 어느 하나에 해당하는 금액을 지급하고 공익법인등이 출연받은 부동산을 사용하는 경우
   ㉮ 상속세 및 증여세법 제32조 제3항에 따른 시가
   ㉯ 법인세법 제52조 제2항에 따른 시가로서 부당행위계산의 부인이 적용되지 아니하는 범위에 있는 금액
2. 「초·중등교육법」 및 「고등교육법」에 의한 학교, 「유아교육법」에 따른 유치원을 설립·경영하는 사업을 영위하는 교육기관이 연구시험용 시설 등(건물, 법인세법 시행규칙 별표 2 시험연구용 자산의 내용연수표에 규정된 시설 및 설비)을 출연받아 이를 당해 공익법인등과 출연자가 공동으로 사용하는 경우
3. 해당 공익법인등이 의뢰한 연구용역등의 대가 또는 직접 공익목적사업의 수행과 관련한 경비등을 지급하는 경우

「상속세 및 증여세법」 제16조 제4항 제1호에 의하면 공익법인에 출연함으로써 상속세 과세가액에 산입하지 아니한 재산 및 그 재산에서 생기는 이익의 전부 또는 일부가 상속인

및 그와 특수관계에 있는 자에게 귀속되는 경우에는 상속인 등이 상속받은 것으로 보아 상속세를 부과한다고 규정되어 있고, 동법 제48조 제3항에서는 증여세를 부과한다고 하여 중복 과세의 느낌이 있다. 그러나 동법 제16조 제4항 제1호의 상속인에게 귀속된다 함은 그 이익상당액이 상속인 등에게 무상으로 완전히 이전됨을 의미하는 반면 출연재산을 사용·수익한다 함은 출연재산은 당해 공익법인에 귀속되면서 단순히 그 재산에 대한 사용의 우선 및 여유 자산의 일시차입 등을 의미하는 것으로 구분하여 해석할 수 있을 것이다.

따라서 당초 출연시에 공익사업요건이 충족되지 않거나 상속인 등에게 특혜를 주기로 한 경우에는 상속세가 부과된다고 하겠으나, 일단 적법하게 출연되어 상속세가 면제된 이상 그 이후에 출연자 등에게 사용수익 등으로 인한 이익이 귀속된 경우에는 동법 제48조 제3항을 적용하여 증여세만을 과세함이 타당할 것이다.

10-2. 증여세 과세가액의 계산

① 무상으로 사용·수익하게 한 경우 : 해당 출연재산가액
② 시가보다 낮은 대가로 사용·수익하게 한 경우 : 그 차액에 상당하는 출연재산가액
(상속세 및 증여세법 시행령 제39조 제3항, 동법 기본통칙 48-39…6)

$$
\text{해당 출연재산가액} \times \frac{(\text{시가} - \text{실제 지급한 대가})}{\text{시가}}
$$

이때 시가는 상속세 및 증여세법 시행령 제32조 제3항에 따른 다음의 가액과 법인세법 제52조 제2항에 따른 시가 중 적은 금액으로 한다.

> **상속세 및 증여세법 시행령 제32조 제3항에 따른 시가**
>
> ㉠ 부동산 임대용역의 경우 : 부동산가액(법 제4장에 따라 평가한 가액을 말함) × 연간 2%
> ㉡ 부동산 임대용역 외의 경우 : 법인세법 시행령 제89조 제4항 제2호에 따라 계산한 금액

상기의 증여세과세가액은 과세요인 발생일 현재 「상속세 및 증여세법」 제60조 내지 제66조의 규정에 의하여 평가한 가액으로 한다.

| 중요 예규 및 판례 |

기준 - 2022 - 법무재산 - 0200, 2023.12.18.

1. 상속세 및 증여세법 시행령 제39조 제1항의 제3호부터 제5호까지로 규정하고 있는 출연자는 상속세 및 증여세법 제48조 제3항의 규정에 의하여 당해 공익법인 등에게 당해 재산을 출연한 자를 말하는 것으로 개인출연자와 법인출연자를 구분하지 아니함.
2. 상속세 및 증여세법 제48조 규정을 적용함에 있어서 "특수관계에 있는 자"라 함은 같은법 시행령 제39조 제1항 각 호로 규정된 자를 말하는 것이며, 단순히 출연자의 사용인이 전액 출자한 법인이라는 사실만으로는 특수관계에 해당되지 아니하는 것이나, 상속세 및 증여세법 시행령 제39조에 따라 사실판단 하여야 하는 것임.

서면 - 2019 - 상속증여 - 4480, 2020.1.9.

공익법인 등이 출연받은 기계장치 및 설비시설을 출연자에게 임대차, 소비대차 등의 방법으로 무상으로 사용·수익하는 경우에는 해당 출연재산가액을, 「상속세 및 증여세법 시행령」 제32조 제3항에 따른 시가와 「법인세법」 제52조 제2항에 따른 시가 중 적은 금액보다 낮은 대가로 사용·수익하게 한 경우에는 그 차액에 상당하는 출연재산가액을 공익법인 등이 증여받은 것으로 보아 증여세를 부과하는 것이며, 귀 질의의 경우 「법인세법 시행령」 제89조 제2항 제1호에 따라 감정한 가액으로 임대료를 지급하고 있는지 여부는 구체적인 사실관계에 따라 판단할 사항임.

11　해산시 잔여재산

11-1. 부과요건

공익법인등이 사업을 종료한 때의 잔여재산을 국가·지방자치단체 또는 당해 공익법인등과 동일하거나 유사한 공익법인등에 귀속시키지 아니한 때에는 즉시 증여세를 부과한다(상속세 및 증여세법 시행령 제38조 제8항 제1호).

11-2. 증여세 과세가액의 계산

국가·지방자치단체 또는 당해 공익법인등과 동일하거나 유사한 공익법인등에 귀속시키지 아니한 재산가액에 대하여 증여세를 부과한다. 이때 증여세과세가액은 과세요인 발생일 현재 「상속세 및 증여세법」 제60조 내지 제66조의 규정에 의하여 평가한 가액으로 한다. 단, 동법 시행령 제38조 제9항의 사유(이사 또는 사용인의 불법행위로 인하여 출연받은 재산등이 감소된 경우나 출연받은 재산등을 분실하거나 도난당한 경우)로 인하여 운용요건을 만족시키지 못한 경우에는 당해 금액을 차감한 금액을 기준으로 위의 규정을 적용한다.

 │ 중요 예규 및 판례 │

대법 2015두50696, 2017.8.18.
출연재산을 3년 이내 미사용시, 공익법인이 공익사업에 사용하지 않는 3년이 되는 때가 증여세 평가 기준일임.
〔판결이유〕
원심판결 이유와 기록에 의하면, 원고는 공익목적사업을 위해 설립된 ○○○○으로서 박○○로부터 이 사건 각 토지에 관하여 2007.5.1○.자 증여를 원인으로 하여 2007.6.○.과 같은 달 15.에 소유권이전등기를 마친 사실, 피고는 원고가 이 사건 각 토지를 출연받은 날부터 3년 이내에 직접 공익목적사업 등에 사용하지 않았음을 이유로, 상증세법 제48조 제2항 제1호 본문에 따라 이 사건 각 토지를 출연받은 날부터 3년이 경과한 날을 기준으로 과세표준을 산정하여, 2013.2.1○. 원고에게 증여세를 결정·고지한 사실(이하 '이 사건 처분'이라고 한다)을 알 수 있다.
이러한 사실관계를 앞서 본 법리에 비추어 살펴보면, 원고는 이 사건 각 토지를 출연받고도 3년 이내에 직접 공익목적사업 등에 사용하지 아니함으로써 그 때에 비로소 상증세법 제48조 제2항 제1호 본문이 정한 증여세의 과세사유가 발생하였으므로, 이 사건 각 토지에 대한 가액 역시 위 과세사유가 발생한 시점을 기준으로 평가하여야 할 것이다.

사전 - 2017 - 법령해석재산 - 0195, 2017.6.2.
「상속세 및 증여세법 시행령」 제12조 각 호의 어느 하나에 해당하는 사업을 운영하는 공익법인 등이 정관상 고유목적사업인 병원 운영의 수행과 직접 관련하여 사용인의 인건비로 지출하는 금액은 직접 공익목적사업에 사용한 것으로 보는 것임.

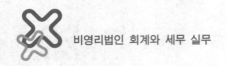

서면 - 2015 - 법령해석재산 - 1762, 2017.1.24.

기획재정부 예규(기획재정부 재산세제과 - 32, 2017.1.12.)를 참고하시기 바람.

〔참고 : 기획재정부 재산세제과 - 32, 2017.1.12.〕

「법인세법」 제29조 제1항에 따라 비영리내국법인인 공익법인이 고유목적사업준비금을 손금에 산입한 후, 해당 고유목적사업준비금을 손금으로 계상한 사업연도의 종료일 이후 5년이 되는 날까지 고유목적사업등에 사용하지 아니하여 「법인세법」 제29조 제4항에 따라 그 미사용 잔액을 손금으로 계상한 사업연도의 종료일 이후 5년이 되는 날이 속하는 사업연도의 익금에 산입하여 부과되는 법인세 상당액은 구 「상속세 및 증여세법」 (2016.12.20. 법률 제14388호로 개정되기 전의 것) 제48조 제2항 제4호 및 같은 법 시행령 제38조 제4항에서 규정하는 공익법인등이 출연받은 재산의 매각대금에 대한 사후관리 대상에서 제외하는 것임.

구 「상속세 및 증여세법」(2016.12.20. 법률 제14388호로 개정되기 전의 것) 제48조 제2항 제3호에 따라 공익법인등이 출연받은 재산을 수익용 또는 수익사업용으로 운용하는 경우로서 그 운용소득을 직접 공익목적사업 외에 사용한 경우와 같은 법 제48조 제2항 제4호에 따라 공익법인등이 출연받은 재산을 매각하고 그 매각대금을 공익목적사업 외에 사용한 경우에는 즉시 증여세를 부과하는 것임.

귀 질의의 경우 공익법인등이 운용소득 및 출연받은 재산을 매각하고 그 매각대금을 공익법인등에 부과된 법인세 등의 납부에 사용한 차입금의 상환에 사용한 경우 그 차입금 상환액에 대해서는 증여세를 부과하지 않는 것입니다. 다만, 같은 법 시행령 제38조 제4항 및 제5항의 규정을 적용함에 있어서는 그 차입금 상환액은 직접 공익목적사업에 사용한 금액에는 포함하지 않는 것임.

기획재정부 재산세제과 - 401, 2016.6.7.

공익법인등이 출연받은 재산을 매각하고 그 매각대금으로 운용기간 6개월 이상의 수익용 재산을 취득하는 경우에는 「상속세 및 증여세법」 제48조 제2항 제4호 및 동법 시행령 제38조 제4항에 따라 그 매각대금을 직접 공익목적사업에 사용한 실적에 포함하는 것임.

상속증여세과 - 00805, 2016.7.15.

종중재산의 매각대금을 무상으로 종중원에게 분배하는 경우에는 그 분배한 대금에 대하여 「상속세 및 증여세법」 제4조에 따라 종중원에게 증여세가 과세되는 것임.

사전 - 2016 - 법령해석재산 - 0050, 2016.2.25.

통합공익법인이 「민법」 제80조에 따라 주무관청의 허가받아 포괄적으로 승계(정관에 해산하는 공익법인의 설립목적 및 사업을 그대로 반영)하는 경우에는 해산하는 공익법인의

잔여재산을 해당 공익법인등과 동일하거나 유사한 공익법인등에 귀속시킨 경우에 해당

법규재산 2014-567, 2015.1.30.

「상속세 및 증여세법」 제48조를 적용함에 있어, 거주자가 공익법인의 채무를 담보하고 있는 부동산을 공익법인에 출연하고 공익법인이 출연자의 임대차계약 내용을 승계(해당 재산을 타인에게 임대하여 수령한 임대보증금을 포함하며, 이하 "임대보증금"이라 함)하여 출연받은 재산을 수익사업용으로 운용하는 경우 출연받은 재산의 가액은 임대보증금 상당액을 차감하는 것이나, 출연재산에 담보된 공익법인의 채무 상당액은 차감하지 않고 계산하는 것이며, 수익사업용으로 운용하는 해당 출연재산의 가액은 직접 공익목적사업에 사용한 금액에 포함되는 것임.

이때, 출연받은 재산을 수익사업용으로 운용하여 발생된 운용소득(같은 법 시행령 제38조 제5항에 따른 운용소득)의 100분의 70 이상을 그 소득이 발생한 과세기간 또는 사업연도 종료일부터 1년 이내에 직접 공익목적사업에 사용한 경우에는 증여세(가산세 포함)가 부과되지 않는 것임.

상속증여세과-45, 2015.1.27.

질 의

[사실관계]
- (의)○○○의료재단은 자법인 설립을 위해 자법인 설립요건인 성실공익법인으로 인정을 받는 신청을 2014년 11월에 주무관청(보건소)을 통하여 접수하였으며 현재 심사중에 있음.
- 아직 성실공익법인 확정은 받지 않았으나 보건복지부의 조건부 인정을 받아 자법인 설립을 진행
- (의)○○○의료재단이 100% 출자한 자법인이며, 의료법에 따라 자법인은 의료재단 안에 위치해야 하므로, (의)○○○의료재단과 자법인 사이에는 임대차 관계가 발생

[질문내용]
- 이때 만약 무상임대를 하게 되면 성실공익법인 요건인 "상속세 및 증여세법 제48조 제3항에 따른 자기내부거래를 하지 않을 것"에 위배되는 것인지.

회 신

「상속세 및 증여세법」 제48조 제3항 본문에 따라 공익법인등이 출연받은 재산 등을 같은 조 같은 항 각 호의 어느 하나에 해당하는 자가 임대차·소비대차 및 사용대차 등의 방법으로 사용·수익하는 경우에는 같은 법 시행령 제13조 제3항 제3호의 자기내부거래에 해당하는 것임.

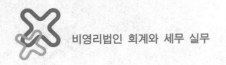

법규재산 2013-82, 2013.3.28.

「산업교육진흥 및 산학연협력 촉진에 관한 법률」에 따라 설립된 산학협력단이 출연받은 재산을 「상속세 및 증여세법 시행령」 제38조 제2항 단서에 규정한 요건을 갖추지 아니하고 다른 산학협력단에 출연하는 경우에는 같은 법 제48조 제2항 제1호의 규정에 의하여 증여세가 과세되는 것임.

상속증여세과-166, 2014.5.29.

의료법인이 출연받은 건물을 간호사 등 종업원의 숙소로 사용하는 경우, 의료법인이 해당 자산을 수익사업용으로 운용하는 경우에 해당함.

재산-196, 2012.5.21.

〔사실관계〕

공익법인의 출연재산 매각대금으로 구입한 수익용 재산을 1억 원에 매각하여 해당 매각대금을 3년 동안 90% 이상 직접 공익목적에 사용하려고 다른 수익재산을 1억 원에 취득, 당초 6월 이상 운용하려 하였으나 시장의 급격한 변동으로 6월 미만으로 운용하고 다시 매각함(매각대금 1억 500만 원).

〔질의내용〕

상기와 같이 공익법인이 출연재산 매각대금(원본 1억 원)으로 수익용재산(주식, 채권)을 취득하였으나 6개월 미만으로 운용하고 매각한 경우(원본 1억 원+매각이익 5백만 원) 출연재산 매각대금 원본 1억 원은 출연재산 매각대금 사후관리 방법에 따라 3년 이내 직접 공익목적에 사용하면 되지만 일시취득 재산의 매각이익 5백만 원은 출연재산의 매각대금과 운용소득 중 어느 쪽으로 보아 사후관리하는지 여부

[회신]

1. 귀 질의의 경우 공익법인이 당초 출연재산 매각대금으로 수익용 재산을 취득한 후 6개월 미만으로 운용하다 매각한 경우 그 일시 취득한 재산의 매각이익은 「상속세 및 증여세법」 제48조 제2항 제4호·제5호에 따른 출연재산 매각대금의 사후관리가 적용됨.

2. 이때 같은 법 시행령 제38조 제4항에 따라 당초 출연재산 매각대금 중 그 일시적인 재산 취득에 사용한 금액은 직접 공익목적사업에 사용한 실적에 해당하지 아니하며, 그 일시적인 재산 취득에 사용한 금액에 대해서는 당초 출연재산을 매각한 날이 속하는 과세기간 또는 사업연도의 종료일, 그 일시 취득 재산의 매각에 따른 매각이익에 대해서는 일시 취득 재산을 매각한 날이 속하는 과세기간 또는 사업연도의 종료일을 기준으로 각각 출연재산 매각대금의 사후관리를 적용하는 것임.

재산 - 63, 2012.2.17.

「상속세 및 증여세법」제48조 제2항 제4호·제5호 및 같은 법 시행령 제38조 제4항·제7항의 규정에 의하여 공익법인 등이 출연받은 재산(출연받은 재산으로 취득한 재산을 포함한다. 이하 같다)을 매각한 경우 그 매각대금(매각대금에 의하여 증가된 재산을 포함하되, 해당 재산 매각에 따라 부담하는 국세 및 지방세는 제외한다) 중 직접 공익목적사업에 사용한 실적이 그 매각한 날이 속하는 사업연도 종료일부터 1년 이내에 30%, 2년 이내에 60%에 미달하는 경우에는 같은 법 제78조 제9항의 규정에 의하여 그 미달사용한 금액의 10%에 상당하는 금액을 가산세로 부과하는 것이며, 3년 이내에 90%에 미달하게 사용한 경우에는 그 미달사용한 금액에 대하여는 증여세가 부과되는 것임. 이 경우 공익법인 등이 출연받은 재산의 매각대금으로 정관상 고유목적사업의 수행에 직접 사용하는 재산을 취득하거나 운용기간이 6월 이상인 수익용 또는 수익사업용 재산의 취득 및 운용에 사용하는 경우에는 직접 공익목적사업에 사용한 것으로 보는 것임.

재산 - 577, 2011.11.30.

「상속세 및 증여세법」제16조 및 제48조에서 규정하는 출연재산 및 출연받은 재산의 범위에 공익법인이 채권자로부터 면제받은 채무의 가액이 포함되는 것이며, 이 경우 당초 그 채무를 사용한 용도를 확인하여 같은 법 제48조 제2항·제3항에서 규정하는 증여세 과세여부를 판단하는 것임.

재산 - 420, 2011.9.6.

공익법인이 출연받은 재산을 3년 이내에 직접 공익목적사업에 사용하지 아니하여 증여세가 과세되는 경우 증여세 과세가액은 3년이 경과하는 날을 증여시기로 보아 평가한 가액으로 하는 것임.

재산 - 174, 2010.3.19.

[질의]

〔사실관계〕
• 당 법인은 공익법인으로서 출연받은 부동산을 임대하여 발생한 운용소득을 공익목적에 사용하기 위하여 수익사업용으로 임대
• 임대 중 발생한 임대보증금으로 임대부동산의 자본적지출에 사용하였으며 임대로 발생한 운용소득을 예금통장에 입금하거나 임대보증금 반환에 사용할 예정
〔질의내용〕
• 위의 경우 운용소득을 직접 공익목적사업에 사용한 것으로 볼 수 있는지.

> **회신**
>
> 1. 「상속세 및 증여세법」 제48조 제2항 제3호 및 제5호의 규정에 의하여 공익법인등이 출연받은 재산을 수익용 또는 수익사업용으로 운용하는 경우로서 그 운용소득을 직접 공익목적사업 외에 사용하는 경우에는 증여세를 부과하는 것이며, 그 운용소득을 직접 공익목적사업에 사용한 실적이 같은 법 시행령 제38조 제5항의 기준금액에 미달하는 경우에는 같은 법 제78조 제9항의 규정에 의한 가산세를 부과하는 것임.
> 2. 귀 질의의 경우 임대소득금액을 예금으로 적립하거나 임대보증금의 반환에 사용한 금액을 직접 공익목적사업 외에 사용한 것으로 보아 증여세를 부과하지는 않으나, 같은 법 시행령 제38조 제5항의 규정을 적용함에 있어 직접 공익목적사업에 사용한 금액에는 포함하지 아니하는 것임.

재산 - 52, 2010.1.26.

공익법인등이 「평생교육법」에 따른 원격대학형태의 평생교육시설을 사이버대학으로 전환하면서 「사이버대학 설립·운영규정」 부칙(제20796호, 2008.6.5.) 제3조에 따라 수익용 기본재산 확보를 위하여 지출한 보증보험료 및 「사립학교법」 제31조 제4항의 감사증명서를 제출하기 위하여 지출한 감사비용과 「국민건강보험법」 제67조 제1항에 따라 사용자가 부담한 보험료는 「상속세 및 증여세법」 제48조 제2항 제1호 및 같은 법 시행령 제38조 제2항의 직접 공익목적사업에 사용한 금액에 해당하는 것임.

재산 - 428, 2009.10.9.

「상속세 및 증여세법」 제48조 제2항의 규정을 적용함에 있어 공익법인등이 출연받은 재산으로 정관상 고유목적사업에 직접 사용하는 시설에 소요되는 수선비, 전기료, 전화사용료 등의 관리비를 제외한 관리비로 사용하는 경우에는 직접 공익목적사업에 사용한 것으로 보지 않는 것임.

재산 - 342, 2009.9.29.

공익법인등이 출연받은 재산(수익용 또는 수익사업용 재산 및 당해 수익용재산 등에서 발생하는 운용소득을 포함한다)을 정관상 고유목적사업에 사용하거나, 직접 공익목적사업에 효율적으로 사용하기 위하여 주무관청의 허가를 받아 다른 공익법인에게 출연하는 것은 직접 공익목적사업에 사용한 것으로 보아 증여세를 과세하지 아니하는 것임. 귀 질의의 경우 다른 공익법인에 출연하는 것이 정관상 고유목적사업에 사용하는 경우에 해당하는 때에는 직접 공익목적사업에 사용한 것으로 보는 것으로서, 이에 해당하는지 여부는 출연 경위, 자금의 성격, 정관 등을 확인하여 판단할 사항임.

재산 - 273, 2009.9.21.

공익법인등이 출연받은 재산의 운용소득에 대한 사용실적 및 기준금액을 「상속세 및 증여세법」 제48조 제2항 제4호의 2 및 같은 법 시행령 제38조 제6항에 따라 5년간 사업연도의 평균금액을 기준으로 계산하는 경우 결손이 발생한 사업연도의 소득금액은 영(0)으로 보는 것임.

재산 - 6, 2009.8.25.

질 의

〔질의내용〕

주무관청의 허가를 받아 출연재산을 다른 공익법인에게 출연하는 경우 증여세를 과세하지 않는다고 규정하고 있는데, 주무관청인 외교통상부에서는 「공익법인의 설립 및 운영에 관한 법률」에 따른 법인이 아닌 「민법」상 비영리법인으로 허가한 것이므로 재산이전에 대하여 승인을 해줄 사항이 아니라고 하는 바, 이 경우 주무관청의 허가를 받지 않고 재산을 이전해도 세법상 불이익이 없는지 및 이전 방법

회 신

공익법인등이 출연받은 재산을 「상속세 및 증여세법 시행령」 제38조 제2항 단서에 규정한 요건을 갖추지 아니하고 다른 공익법인등에게 출연하는 경우에는 같은 법 제48조 제2항 제1호의 규정에 의하여 증여세가 과세되는 것임.

조심 2008구3556, 2009.6.9.

공익법인의 설립허가가 취소되어 출연재산이 직접 공익목적사업에 사용되지 못할 것이 명백한 경우 이러한 사유가 발생한 시점에 즉시 증여세를 추징하는 것은 적법함.

재산 - 827, 2009.4.29.

종교단체가 정관에 규정된 퇴직금 지급규정에 따라 교역자 퇴직시에 금품을 지급하는 경우는 직접 공익목적사업에 사용한 것으로 보는 것으로서, 귀 질의의 경우가 이에 해당하는지 여부는 관련사실을 확인하여 판단할 사항임.

서면4팀 - 1109, 2008.5.6.

「상속세 및 증여세법」 제48조 제2항 제3호·제4호의 2 규정을 적용함에 있어 「의료법」의 규정에 의한 의료법인이 운용소득으로 정관상 고유목적사업에 직접 사용하는 의료시설 취득 및 병원확장에 사용된 차입금을 상환한 경우에는 동 운용소득을 직접 공익목적사업에 사용한 것으로 보는 것임.

서면4팀 - 665, 2008.3.14

[질의]

「상속세 및 증여세법 시행령」 제38조 제5항 소정의 사용기준금액을 어떻게 산정하여야 하는지 여부(즉, 별지 제25호의 4 서식 작성시 전년도 운용소득에 대한 당년도 사용액을 작성하는지, 아니면 당년도 운용소득에 대한 당년도 사용액을 작성하는지 여부임)

[회신]

「상속세 및 증여세법」 제48조 제2항 제4호의 2의 규정에 의하여 공익법인등이 출연받은 재산을 수익용 또는 수익사업용으로 운용하는 경우로서, 같은 법 시행령 제38조 제5항 제1호의 규정에 의하여 계산한 금액에서 같은 항 제2호의 규정에 의한 금액을 차감한 금액(이하 '운용소득'이라 함)을 그 소득이 발생한 사업연도 종료일부터 1년 이내에 직접 공익목적사업에 사용한 실적이 운용소득의 100분의 70에 상당하는 금액(이하 '사용기준금액'이라 함)에 미달하는 경우에는 같은 법 제78조 제9항의 규정에 의하여 가산세가 부과되는 것임. 이 경우 당해 사업연도 중 고유목적사업비로 지출된 금액으로서 손금에 산입된 금액은 운용소득의 사용기준금액 및 사용실적에 모두 포함시키는 것임.

서면4팀 - 581, 2008.3.7.

1. 공익법인에 해당하는 종교단체가 재산을 출연받아 그 출연받은 날부터 3년 이내에 직접 공익목적사업에 사용하는 경우 「상속세 및 증여세법」 제48조의 규정에 의하여 증여세가 과세되지 아니하는 것이며, 귀 질의와 같이 재산을 출연받은 즉시 매각하는 경우는 같은 법 제48조 제2항 제4호·제4호의 2 및 같은 법 시행령 제38조 제4항·제7항의 규정에 의하여 그 매각대금(매각대금에 의하여 증가된 재산을 포함하되, 당해 자산매각에 따라 부감하는 국세 및 지방세는 제외함) 중 직접 공익목적사업에 사용한 실적이 그 매각한 날이 속하는 사업연도 종료일부터 1년 이내에 30%, 2년 이내에 60%에 미달하는 경우는 같은 법 제78조 제9항의 규정에 의하여 그 미달사용한 금액의 10%에 상당하는 금액을 가산세로 부과하는 것이며, 3년 이내에 90%애 미달하게 사용한 경우 그 미달 사용한 금액에 대하여는 3년이 경과하는 날을 증여시기로 하여 증여세가 부과되는 것임. 이 경우 공익법인이 출연받은 재산의 매각대금으로 정관상 고유목적사업의 수행에 직접 사용하는 재산을 취득하거나 수익용 또는 수익사업용 재산의 취득 및 운용에 사용하는 경우에는 직접 공익목적사업에 사용한 것으로 보는 것임.

2. 「상속세 및 증여세법」 제48조 제2항의 규정을 적용함에 있어 종교단체가 공익목적사업에 사용하던 부동산의 매각대금을 공익목적사업에 사용된 차입금의 상환에 사용하였다면 동 부동산의 매각대금을 직접 공익목적사업에 사용한 것으로 보는 것임.

서면4팀 – 577, 2008.3.6.

종교사업에 불특정다수인이 출연하여 출연자별로 출연받은 재산가액의 산정이 어려운 헌금(부동산·주식 또는 출자지분으로 출연하는 경우를 제외함)의 경우에는 「상속세 및 증여세법」 제48조 제2항 단서 및 같은 법 시행령 제38조 제1항의 규정에 의하여 사후관리대상 출연재산에서 제외하는 것인 바, 당해 헌금에 대하여는 같은 법 제48조 제5항의 규정에 의한 출연받은 재산의 사용에 대한 계획 및 진도에 관한 보고서의 제출의무도 없는 것이며, 이 경우 '헌금'이란 종교단체가 각각 교인들로부터 직접 출연받은 금전을 말하는 것임. 다만, 출연자별로 출연받은 재산가액의 산정이 가능한 헌금의 경우에는 그러하지 아니함.

기획재정부 재산세제과 – 322, 2008.2.25.

상속세 및 증여세법 제48조 제2항의 규정을 적용함에 있어 종교단체가 공익목적사업에 사용하던 부동산의 매각대금 또는 헌금을 공익목적사업에 사용된 차입금의 상환에 사용하였다면 동 부동산의 매각대금 또는 헌금을 직접 공익목적사업에 사용한 것으로 보는 것임.

서면4팀 – 451, 2008.2.22.

질의

공익법인이 교회가 교회정관에 퇴직금 지급규정을 신설하여 담임목사, 부목사, 전도사 등에게 동 규정에 따라 퇴직금, 퇴직위로금, 퇴직공로금을 지급하는 경우 직접 공익목적사업에 사용한 것으로 볼 수 있는지 여부임.

회신

「상속세 및 증여세법」 제48조의 규정을 적용함에 있어 종교의 보급 기타 교화에 현저히 기여하는 사업을 영위하는 종교단체가 정관에 규정된 퇴직금 지급규정에 따라 교역자 퇴직시에 지급한 금품에 대하여는 증여세가 과세되지 아니하는 것임.

서면4팀 – 78, 2008.1.10.

공익법인이 출연받은 재산 또는 출연받은 재산의 매각대금으로 정관상 고유목적사업의 수행에 직접 사용하는 재산을 취득하거나 수익용 또는 수익사업용 재산의 취득 및 운용에 사용하는 경우에는 「상속세 및 증여세법」 제48조 제2항 제1호의 규정에 의하여 직접 공익목적사업에 사용한 것으로 보는 것이나, 차입금(수익사업의 회계에 속하는 차입금을 포함한다)을 상환하는 경우에는 그러하지 아니하는 것임. 다만, 주무관청의 허가를 받아 차입한 금액을 직접 공익목적사업에 사용하고 출연받은 재산 또는 출연받은 재산의 매각대금으로 당해 차입금을 상환하는 경우에는 직접 공익목적사업에 사용한 것으로 보는 것임.

서면4팀 - 63, 2008.1.9.

「상속세 및 증여세법 시행령」 제12조 제1호의 규정에 의하여 공익법인등에 해당하는 종교단체가 재산을 출연받은 경우로서 그 출연받은 재산을 출연받은 날부터 3년 이내에 직접 공익목적사업에 사용하지 아니하는 경우에는 같은 법 제48조 제2항 제1호의 규정에 의하여 증여세가 과세되는 것임. 이 경우 공익법인등에 부과되는 증여세과세가액은 3년이 경과하는 날을 증여시기로 하여 같은 법 제60조 내지 제66조의 규정에 의하여 평가한 가액으로 하는 것임.

서면4팀 - 3696, 2007.12.27.

「상속세 및 증여세법」 제48조 제2항 제4호의 규정을 적용함에 있어, 공익법인이 출연받은 재산의 매각대금으로 정관상 고유목적사업의 수행에 직접 사용하는 자산을 취득하거나 수익용 또는 수익사업용 재산의 취득 및 운용에 사용하는 경우에는 직접 공익목적사업에 사용한 것으로 보는 것이나, 귀 질의의 경우와 같이 매각대금으로 공익법인의 임·직원이 거주할 사택을 취득하는데 사용하는 경우에는 공익목적사업 외에 사용한 것으로 보아 공익법인에게 증여세를 부과하는 것임.

서면4팀 - 3534, 2007.12.11

「상속세 및 증여세법」 제46조 및 제48조의 규정을 적용함에 있어 공익법인등이 관련 법령에 따라 국가 또는 지방자치단체로부터 일정한 자금 및 업무를 단순히 위탁받아 관리한 후 잔액을 반환하는 경우 당해 자금은 공익법인등이 출연받은 재산에 해당하지 아니하는 것이며, 공익법인등이 국가 또는 지방자치단체로부터 출연받은 재산 외에 일반개인이나 법인 등으로부터 출연받은 재산이 있는 경우에는 같은 법 제48조 제5항의 규정이 적용되는 것임.

서면4팀 - 2256, 2007.7.24.

「상속세 및 증여세법」 제48조 제8항에서 '출연자 또는 그와 특수관계에 있는 자'라 함은 출연자(재산출연일 현재 당해 공익법인등의 총출연재산가액의 100분의 1에 상당하는 금액과 2천만 원 중 적은 금액을 출연한 자를 제외한다)와 같은 법 시행령 제19조 제2항 각호의 1의 관계에 있는 자를 말하는 것으로, 귀 질의의 경우 당해 공익법인이 재산을 출연한 다른 공익법인의 이사가 당해 공익법인의 이사라는 사실만으로 당해 공익법인의 출연자와 그 이사간에 특수관계가 성립되지 아니함.

서면4팀 - 1044, 2007.3.30.

학교법인이 골동품을 증여받아 그 출연받은 날로부터 3년 이내에 당해 법인이 운영하는 박물관에 전시하는 경우에는 직접 공익목적사업에 사용한 것으로 보아 증여세 과세가액에 산입하지 않음.

서면4팀 - 333, 2007.1.24.

「상속세 및 증여세법」 제48조 제8항의 규정을 적용함에 있어 출연자 또는 그와 특수관계에 있는 자가 공익법인등 이사현원의 5분의 1을 초과하는지 여부는 출연자별로 각각 판단하는 것임.

국심 2006중3063, 2006.12.28.

공익법인의 이사장이 수익사업용 재산매각대금을 횡령하였으나 세무조사가 개시되기 전에 이를 인지하고 횡령액과 이자 상당액을 회수하여 실질적으로 재산의 감소가 없었던 경우 증여세 과세대상이 아님.

서면4팀 - 2755, 2006.8.10.

(질 의)

「상속세 및 증여세법」 제48조 제2항 제4호를 해석·적용함에 있어서 다음과 같이 의문이 있음.
질의 1. 사용의무가 부여된 '매각대금'의 범위는?
　　　① 최초 출연받은 재산을 매각한 대금
　　　② 출연받은 재산의 매각대금으로 취득한 재산의 매각대금
　　　③ 수익사업 운용소득을 자금출처로 하여 취득한 재산의 매각대금
　　　④ 취득자금의 출처를 특정할 수 없는 재산의 매각대금
질의 2. 학교법인이 출연재산의 매각대금을 수익용 기본재산으로 분류하여 만기 6월 이상의 정기예금에 예입한 경우 공익목적사업에 사용한 것으로 볼 수 있는지 여부
질의 3. 질의 2에서 공익목적사업에 사용한 것으로 볼 수 있다면 정기예금을 중도해약하거나 만기인출시 출연재산의 매각대금으로 보아 3년 이내 공익목적사업에 사용하여야 하는지 여부

(회 신)

1. 출연받은 재산을 매각한 경우에는 「상속세 및 증여세법」 제48조 제2항 제4호의 규정에 의한 매각대금의 사후관리규정이 적용되는 것이며, 이 경우 출연받은 재산에는 수익용 또는 수익사업용 재산, 운용소득으로 취득한 재산 및 매각대금으로 취득한 다른 재산을 포함하는 것임.
2. 공익법인이 출연받은 재산의 매각대금으로 정관상 고유목적사업의 수행에 직접 사용하는 자산을 취득하거나 수익용 또는 수익사업용 재산의 취득 및 운용에 사용하는

경우에는 직접 공익목적사업에 사용한 것으로 보는 것임. 다만, 그 매각대금으로 취득한 수익용 또는 수익사업용 재산으로서 그 운용기간이 6월 미만인 재산인 경우에는 그러하지 아니함.

서면4팀 - 2457, 2006.7.25.

공익을 목적으로 출연된 기본재산이 있는 재단으로서 등기되지 아니한 것과 주무관청에 등록한 재단 또는 기타 단체로서 등기되지 아니한 것은 「국세기본법 시행령」 제8조에 의거 법인으로 보는 것이나, 재단법인인 종교단체와는 회계 등 모든 운영이 독립된 산하 지역의 교회는 별도의 허가를 받아 세법적용상 재단설립된 경우를 제외하고는 개인으로 보는 것으로, 교회가 개인인 경우 토지의 양도로 인하여 발생하는 소득에 대하여는 양도소득세가 과세되는 것임.

서면4팀 - 2342, 2006.7.19.

1. 「상속세 및 증여세법 시행령」 제38조 제2항 본문의 규정에 의하여 공익사업을 영위하는 공익법인이 관리비로 지출한 금액 중 정관상 고유목적사업의 수행과 직접 관련된 비용은 직접 공익목적사업에 사용한 것으로 보는 것이며, 귀 질의의 경우 사용인의 인건비로 지출한 금액에 대하여는 전액 직접 공익목적사업에 사용한 것으로 보는 것임.
2. 「상속세 및 증여세법」 제48조 제2항 제3호의 규정에 의하여 공익법인등이 출연받은 재산을 수익용 또는 수익사업용으로 운용하는 경우로서 그 운용소득을 직접 공익목적사업 외에 사용한 경우에는 증여세를 부과하는 것이나, 동법 시행령 제38조 제5항에서 정하는 사용기준금액 이상 직접 공익목적사업에 사용하고 남은 운용소득을 당해 공익법인등의 관리비로 지출한 경우에는 증여세를 부과하지 않는 것임.

서면4팀 - 1978, 2006.6.26.

공익법인이 출연받은 재산으로 차입금을 변제하는 것은 직접 공익목적사업에 사용한 것으로 볼 수 없어 증여세 과세대상이나, 주무관청의 허가를 얻어 차입한 금액을 직접 공익목적사업에 사용하고 출연재산으로 당해 차입금 상환에 사용한 경우에는 직접 공익목적사업에 사용한 것으로 보아 증여세를 과세하지 아니하는 것임.

서면4팀 - 1899, 2006.6.21.

이자소득금액을 다시 정기예금으로 적립한 금액을 직접 공익목적사업 외에 사용한 것으로 보아 증여세를 부과하지는 않으나, 「상속세 및 증여세법」 제48조 제2항 제3호, 제4호의 2 및 동법 시행령 제38조 제5항의 규정을 적용함에 있어 정기예금으로 다시 적립한 금액은 직접 공익목적사업에 사용한 금액에는 포함하지 아니하는 것임.

서면4팀 - 889, 2006.4.10.

「상속세 및 증여세법」 제48조 제2항 제4호·제4호의 2 및 동법 시행령 제38조 제4항·제7항의 규정을 적용함에 있어 공익법인이 출연받은 재산을 매각하고 그 매각대금을 매각한 날이 속하는 사업연도 종료일부터 3년 이내에 매년 30% 이상을 직접 공익목적사업에 사용하였는지 여부를 판단하는 경우, '매각한 날'은 「소득세법 시행령」 제162조 제1항의 규정에 의한 양도시기로 하는 것이 타당하며, 직접 공익목적에 사용한 실적에는 매각한 날이 속하는 사업연도 이전에 계약금과 중도금 등을 받아 직접 공익목적에 사용한 금액을 포함하는 것임.

서면4팀 - 578, 2006.3.15.

학교법인이 수익사업용 공장을 신축하기 위하여 주무부장관의 허가를 받아 금융기관으로부터 차입한 금전으로 공장을 신축한 후 수익사업에서 발생한 운용소득으로 차입금을 상환하는 경우에는 그 운용소득을 직접 공익목적사업에 사용한 것으로 보는 것임.

국심 2004구286, 2006.3.14.

양도토지가 공익법인이 출연받은 재산이 아니므로 취득당시부터 증여세 과세요건이 성립하거나 이를 면제받은 것이 아니어서 증여세의 추징사유도 발생할 수 없는 것임.

국심 2005서2438, 2006.3.13.

운용소득의 공익목적 사용비율 계산시 판정대상 과세연도의 직전 사업연도 운용소득을 기준으로 하고 공익목적 사용액을 직전 사업연도 또는 당해 사업연도 말까지 공익목적에 직접 사용한 금액을 합하여 운용소득 대비 사용액의 비율로 계산한 것은 부당함.

서면4팀 - 199, 2006.2.6.

「상속세 및 증여세법」 제48조 제2항 제3호·제4호의 2의 규정에 의하여 공익법인등의 운용소득에 대한 사후관리 규정을 적용함에 있어 운용소득은 동법 시행령 제38조 제5항 제1호의 규정에 의하여 당해 사업연도의 수익사업에서 발생한 소득금액과 출연재산을 수익의 원천에 사용함으로써 생긴 소득금액의 합계액에서 동항 제2호의 규정에 의한 법인세 등을 차감하여 계산하는 것이며, 정기예금 이자소득의 수입시기가 도래하지 않아 「법인세법」상 익금불산입된 금액을 당해 사업연도의 운용소득에 가산하지는 아니하는 것임.

서면4팀 - 174, 2006.2.1.

공익법인이 출연받은 재산을 법령 또는 행정상의 부득이한 사유로 3년 이내에 전부 사용하는 것이 곤란한 경우로서 주무부장관이 인정하고 출연재산명세서 등을 함께 제출하는 경우 증여세가 부과되지 아니함.

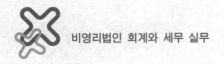

심사증여 2005 - 84, 2005.12.5.

공익법인을 최초 설립시 지출한 등록세는 그 출연받은 재산을 출연목적에 사용한 경우에 해당하고(같은 뜻 : 재삼 46014 - 4575, 1993.12.21.), 현금 등을 출연받아 정관상의 고유목적사업의 수행에 직접 사용하는 재산을 취득하거나 신축하는 비용, 공익법인이 관리비로 지출한 금액 중 정관상 고유목적사업의 수행과 직접 관련된 비용은 직접 공익목적사업 사용금액에 포함되는 것임(재산상속 46014 - 707, 2000.6.27. 외).

서면4팀 - 1527, 2005.8.26.

공익법인이 이사회에 참석한 당해 공익법인의 이사에게 지급하는 거마비는 정관상 고유목적사업을 수행하기 위한 경비에 해당되지 아니함.

서면4팀 - 1478, 2005.8.22.

질 의

「상속세 및 증여세법 기본통칙」 48 - 38…3 제3호에서 "공익법인등이 운용소득으로 수익용 재산을 취득하는 때에는 직접 공익목적사업 사용금액에 포함하지 아니한다."라는 규정을 해석함에 있어

〔갑설〕 운용소득으로 수익용 재산을 취득하는 경우 공익목적사업 외에 사용한 것으로 보아 증여세를 부과한다는 뜻인지

〔을설〕 공익목적사업 외에 사용한 것으로는 보지 아니하나 운용소득의 70% 사용실적을 계산할 때만 직접 공익목적사업 실적에는 포함하지 아니한다는 뜻인지 여부(즉, 증여세는 부과되지 아니하나 가산세는 부과된다는 의미인지)에 대하여 질의함.

회 신

「상속세 및 증여세법」 제48조 제2항 제3호·제4호의 2의 규정에 의하여 공익법인등이 출연받은 재산을 수익용 또는 수익사업용으로 운용하는 경우로서 그 운용소득을 직접 공익목적사업 외에 사용하는 경우에는 증여세를 부과하는 것이며, 그 운용소득을 직접 공익목적사업에 사용한 실적이 동법 시행령 제38조 제5항의 기준금액에 미달하는 경우에는 동법 제78조 제9항의 규정에 의한 가산세를 부과하는 것임. 귀 질의의 경우 운용소득으로 수익용 재산을 취득한 금액은 직접 공익목적사업 외에 사용한 것으로 보아 증여세를 부과하는 것은 아니지만, 직접 공익목적사업에 사용한 실적에는 포함하지 아니함.

서면4팀 - 1470, 2005.8.19., 서일 46014 - 10529, 2002.4.23.

공익법인등이 출연받은 재산을 「상속세 및 증여세법 시행령」 제38조 제2항 단서에 규정한 요건(주무관청의 허가)을 갖추지 아니하고 다른 공익법인등에게 출연하는 경우에는 동법 제

48조 제2항 제1호의 규정에 의하여 증여세가 과세되는 것이며, 이 경우 출연받은 재산에는 수익용 또는 수익사업용 재산의 운용소득으로 취득한 재산을 포함하는 것임.

서면4팀 - 1135, 2005.7.5.

공익법인이 2 이상의 수익사업을 영위하는 경우 수익사업에서 발생한 당해 공익법인의 전체 소득금액을 기준으로 운용소득을 산정하여 증여세 또는 가산세 과세 여부를 판단함이 타당함.

서면4팀 - 605, 2005.4.22.

「상속세 및 증여세법 시행령」 제38조 제2항 본문의 규정에 의하여 장학사업을 영위하는 공익법인이 관리비로 지출한 금액 중 정관상 고유목적사업의 수행과 직접 관련된 비용은 직접 공익목적사업에 사용한 것으로 보는 것이며, 귀 질의의 경우 임원 등기비와 이사회 회의비는 정관상 고유목적사업의 수행과 직접 관련된 비용으로 볼 수 있는 것임.

➡ 참고 : 재산상속 46014-200, 2001.2.22.
「상속세 및 증여세법 시행령」(2000.12.29. 대통령령 제17039호로 개정된 것) 제38조 제2항 본문의 규정에 의하여 사회복지사업을 영위하는 공익법인이 관리비로 지출한 금액은 직접 공익목적사업에 사용한 것으로 보지 아니하는 것이나, 정관상 고유목적사업의 수행과 직접 관련된 비용은 직접 공익목적사업에 사용한 것으로 보는 것이며, 사용인의 인건비로 지출한 금액은 전액 직접 공익목적사업에 사용한 것으로 보는 것임.

➡ 참고 : 서일 46014-10258, 2002.2.28.
공익법인등이 이사장에게 지급하는 거마비, 경조사비, 판공비 등은 「상속세 및 증여세법 시행령」 제38조 제2항의 규정에 의한 정관상 고유목적사업을 수행하기 위한 경비로 볼 수 없는 것임.

국심 2004중3694, 2005.4.7.

공익법인이 출연받은 재산을 사용기간 내에 고유목적사업에 사용하지 못하여 주무부장관이 그 사용기한을 연장한 경우 연장사실을 세무서장에게 보고하지 아니하였다는 이유로 증여세를 과세할 수 없음.
청구법인이 연장승인신청을 사용기간을 경과한 후라 하더라도 주무부장관이 소급하여 연장하여 준 이상 이를 달리 볼 이유는 없다 할 것이므로 주무부장관이 연장한 사용기간까지는 증여세 과세대상이 아닌 것으로 판단됨.

서면4팀 - 402, 2005.3.18.

공익법인이 수익사업에 사용하던 자산과 부채를 주무관청의 허가를 받아 다른 공익법인에게 포괄적으로 이전하는 경우 증여세가 과세되지 않는 것임.

서면4팀 - 71, 2005.1.10.

종교단체가 출연받은 재산을 그 종교단체의 대표자 사택으로 사용하는 경우 직접 공익목적사업에 사용한 것으로 보지 아니함.

서면4팀 - 2016, 2004.12.10.

1. 그 운용소득 중 관계회사 대여금 등 수익용으로 사용한 금액을 직접 공익목적사업 외에 사용한 것으로 보아 증여세를 부과하지는 않으나, 직접 공익목적사업에 사용한 실적에도 포함하지 아니하는 것임.

2. 공익법인등이 출연받은 재산 등을 출연자 및 그와 특수관계에 있는 자가 임대차 · 소비대차 및 사용대차 등의 방법으로 사용 · 수익하는 경우에는 「상속세 및 증여세법」 제48조 제3항의 규정에 의하여 당해 공익법인등이 증여받은 것으로 보아 증여세를 부과하는 것임. 다만, 정상적인 대가를 지급하고 출연재산 등을 사용 · 수익하는 경우에는 그러하지 아니하는 것임.

➡ 참고 : 재삼 46014-431, 1997.3.12.

「공익법인 설립 · 운용에 관한 법률」의 적용받는 공익법인이 현금을 출연받아 금융기관에 예입하고, 이자소득금액을 다시 정기예금으로 적립한 금액을 직접 공익목적사업 외에 사용한 것으로 보아 증여세를 부과하는 것은 아니지만, 「상속세 및 증여세법」 제48조 제2항 제3호 및 동법 시행령 제38조 제4항의 규정을 적용함에 있어서 정기예금으로 다시 적립한 금액은 직접 공익목적사업에 사용한 금액에는 포함하지 아니하는 것임.

국심 2004구2559, 2004.11.30.

출연자와 특수관계자가 공익법인의 임 · 직원이 되는 경우 지출된 직접 또는 간접경비에 상당하는 금액은 동 임 · 직원이 공익법인의 중요사항에 관한 의사결정권한을 가지는지의 여부에 관계없이 가산세를 부과함.

서면4팀 - 898, 2004.6.18.

임대사업용 건물을 소유하고 있는 공익법인이 임차인으로부터 수령한 임대보증금을 직접 공익목적사업에 사용한 후 임대사업에서 발생한 운용소득을 임대보증금 반환목적으로 예치한 경우에는 그 운용소득을 직접 공익목적사업에 사용한 것으로 보는 것이 타당함.

서면1팀 - 130, 2004.1.28.

1년 이내에 70% 이상 사용하여 할 운용소득은 수익사업에서 발생한 소득금액과 출연재산을 수익의 원천에 사용함으로써 생긴 소득금액의 합계액에서 법인세 등을 차감하여 계산하는 바, 주상복합건물 신축분양업은 「법인세법」상 수익사업에 해당되고 토지의 가액은 원가로 인식하여 분양수입금액에서 차감 후 소득금액이 계산되므로 상가분양사업에서 발생한 소득 전부를 운용소득으로 보아 사후관리규정을 적용하는 것이지 토지의 분양가액만을 별도 구분하여 출연재산의 매각대금에 대한 사후관리규정을 적용하는 것은 아님.

서일 46014 - 11519, 2003.10.24.

공익법인이 출연받은 재산을 이사장 또는 출연자 및 그와 특수관계에 있는 자 등이 유용한 경우에는 「상속세 및 증여세법」 제48조 제2항 제1호의 규정에 의하여 직접 공익목적사업 외에 사용한 것으로 보아 증여세를 부과하는 것임. 다만, 출연자 등과 친족관계가 없는 사용인이 공익법인의 출연재산을 횡령하거나 출연재산을 도난당한 경우로서 그 횡령금 및 도난물의 회수를 위하여 그 사용인과 입사시 보증인에 대해서 민·형사상 모든 법적 조치를 한 후에도 회수할 수 없다고 인정되는 경우에는 그러하지 아니함.

서일 46014 - 10965, 2002.7.24.

공익법인이 출연받은 재산을 직접 공익목적사업에 사용하는 것이란 당해 공익법인의 정관상 고유목적사업에 사용하는 것을 말하는 것이므로, 출연재산으로 차입금을 변제하는 것은 직접 공익목적사업에 사용한 것으로 볼 수 없어 증여세 과세대상임.
다만, 공익법인이 주무관청의 허가를 얻어 차입한 금액을 학교건축비 등 직접 공익목적사업에 사용하고 출연재산 또는 출연재산의 매각대금으로 당해 차입금 상환에 사용한 경우에는 직접 공익목적사업에 사용한 것으로 보아 증여세를 과세하지 않도록 하고 있음.

서일 46014 - 10257, 2002.2.28.

질의 1. 출연받은 재산을 수익용 또는 수익사업용으로 운용하는 경우에는 그 운용소득은 「상속세 및 증여세법 시행령」 제38조 제5항의 규정에 의하여 동항 제1호의 규정에 의한 수익사업에서 발생한 소득금액과 출연재산을 수익의 원천으로 사용함으로써 생긴 소득금액의 합계액에서 동항 제2호의 규정에 의한 법인세 등을 차감하여 계산하는 것임. 이 경우 공익법인이 비상장법인으로부터 현금배당과 주식배당을 받은 경우 「법인세법」 제18조의 3의 규정에 의한 익금불산입 금액에 관계없이 현금배당액과 주식배당액 전액을 동항 제1호의 규정에 의한 금액에 가산하는 것임.

질의 2·3. 공익법인이 출연받은 재산 또는 운용소득을 직접 공익목적사업 외에 사용하는 경우에는 「상속세 및 증여세법」 제48조 제2항 제1호·제3호 및 같은 법 시행령 제40조 제1항의 규정에 의하여 당해 공익법인에게 증여세를 과세하는 것이므로 공익법인이 영리법인에게 무상으로 금전을 지급하는 경우에는 증여세 과세대상에 해당됨.

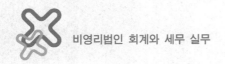

서일 46014 - 10184, 2001.9.15.

1. 공익법인이 출연받은 재산을 수익용 또는 수익사업용으로 운용하여 발생한 운용소득의 70%에 상당하는 금액(이하 '사용기준금액'이라 한다) 이상을 직접 공익목적사업에 사용하였는지 여부를 판단할 때에 당해 사업연도 중 고유목적사업비로 지출되어 손금에 산입된 금액은 운용소득의 사용기준금액 및 사용실적에 모두 포함시키는 것이 타당함.

2. 또한, 운용소득이란 공익법인이 출연받은 재산으로 수익사업을 영위하여 발생한 소득금액과 출연재산을 수익의 원천으로 사용함으로써 생긴 소득금액의 합계액을 말하는 것으로서, 공익법인인 학교법인이 등록금, 수업료 등을 관리·고유목적사업에 사용하는 중에 일시적으로 발생한 이자소득은 운용소득에 포함되지 아니하나, 출연재산을 수익의 원천에 사용하여 발생한 이자소득은 그 이자소득에 대한 법인세 신고방법에 관계없이 운용소득에 포함되는 것임.

서일 46014 - 10050, 2001.8.31., 재산상속 46014 - 767, 2000.6.27.

「상속세 및 증여세법」제48조 제1항·제2항의 규정에 의하여 공익법인등이 현금을 출연받아 그 출연받은 날로부터 3년 이내에 정관상의 고유목적사업의 수행에 직접 사용하는 자산을 취득하거나 신축하는 경우 증여세가 과세되지 아니하는 것이며, 신축하는 경우 고유목적사업에 사용한 시기는 공사비를 지급한 때를 말하는 것임.

제도 46014 - 12678, 2001.8.16.

공익법인등이 출연받은 재산을 당해 직접 공익목적사업에 효율적으로 사용하기 위해 주무관청의 허가받아 다른 공익법인등에게 출연한 경우, 직접 공익목적사업에 사용한 것으로 보아 증여세 부과하지 않음.

재산상속 46014 - 846, 2000.7.11.

장학사업 영위 공익법인이 관리비 등 명목으로 지출한 금액은 직접 공익목적사업에 사용한 것으로 보지 않으나, 정관상 고유목적사업인 장학사업 수행과 직접 관련된 비용은 그렇지 않음.

재산상속 46014 - 226, 2000.2.29.

질의

「상속세 및 증여세법 시행령」제4조 제1항 제1호의 금액을 계산하면, 당기 이자수익 10억 원, 배당수익 8억 원, 당기고유목적사업준비금 전입액 14억 원이며 법인세 등은 1억 1천만 원일 때,

소득금액	400,000,000원
＋당기고유목적사업준비금 전입액	＋1,400,000,000원
	1,800,000,000원
−법인세 등 차감	−110,000,000원
	1,690,000,000원
×90%	×90%
	1,521,000,000원

수입금액기준으로 1,521,000,000원에 상당하는 금액을 당기에 직접 공익목적사업에 지출해야 하는 것으로 해석됨. 그러나 갑법인은 전기 이전에 이미 고유목적사업준비금 전입액 중 미사용액 19억 원이 있으며 「법인세법」상 이미 적립한 부분부터 순차적으로 사용하도록 하고 있음. 이 경우 당기성실공익법인 판정시 두 가지 의견이 있음.

〔갑설〕 전기 고유목적사업준비금의 사용 여부와 관계없이 상기 1,521,000,000원 이상을 당기에 직접 고유목적사업에 사용했는지에 따라 판단함. 왜냐하면 전기 이전에 성실공익법인의 기준을 준수하지 못한 법인으로서는 이미 적립하여 사용하지 못한 고유목적사업준비금을 사용한 후에 당기에 발생한 수익의 90%를 사용해야 한다는 명백한 규정이 없기 때문임. 즉, 당기에 1,521,000,000원 이상을 직접 고유목적사업에 사용하면 됨.

〔을설〕 「법인세법」상 전기에 고유목적사업준비금 이월액이 있으면 순차적으로 사용하도록 하고 있으므로 이를 사용한 연후에 당기수익 중 실제 고유목적사업에 사용한 금액이 얼마인지 계산하여 판단함. 즉, 당기에 「상속세 및 증여세법 시행령」 제42조 제1항 제1호의 기준에 적합하려면 상기 19억 원과 1,521,000,000원을 모두 직접 고유목적사업에 사용하여야 함.

〔회신〕

「상속세 및 증여세법」 제49조 제1항 단서 및 동법 시행령 제42조 제1항 제1호의 규정에 의하여 성실공익법인의 운용소득 사용기준을 계산할 때 당해 과세기간 또는 사업연도의 수익사업에서 발생한 소득금액에 전기 고유목적사업준비금 전입액 중 미사용금액은 포함하지 아니하는 것임.

공익법인등의 납세협력의무

공익법인등의 「상속세 및 증여세법」상 납세협력의무는 다음과 같다.

1. 결산서류 및 출연재산 등에 대한 보고서 제출
2. 일정요건의 공익법인은 매년 외부전문가의 세무확인을 받고 보고서 제출
3. 일정규모의 공익법인에 대한 외부감사인에 의한 회계감사
4. 직접 공익목적사업용 전용계좌의 개설·사용
5. 공익법인등의 회계기준 적용의무
6. 결산서류를 사업연도 종료일부터 4월 이내 국세청 홈페이지에 공시
7. 출연받은 재산 및 공익사업운용명세 등에 대한 장부 및 증빙서류를 10년간 비치

1 출연재산 등에 대한 보고서 제출의무

공익법인등이 「상속세 및 증여세법」 제16조 및 제48조에 의하여 상속세 및 증여세 과세가액에 산입하지 아니한 재산을 출연받은 경우에는 결산에 관한 서류[「공익법인의 설립·운영에 관한 법률」 그 밖의 법령에 따라 공익법인등이 주무관청에 제출하는 대차대조표 및 손익계산서(손익계산서에 준하는 수지계산서 등을 포함함)에 한한다] 및 그 출연받은 재산의 사용에 대한 계획 및 진도에 관한 보고서를 사업연도 종료일부터 4개월 이내에 납세지 관할세무서장에게 제출하여야 한다(상속세 및 증여세법 제48조 제5항, 동법 시행령 제41조 제1항). 공익법인의 투명성 확보의무 관련 납세협력비용 완화를 목적으로 2021년 1월 1일 이후 의무를 이행하는 분부터 3개월 이내에 제출의무를 4개월 이내로 제출하는 것으로 개정하였다.

① 출연받은 재산의 명세
② 출연재산(출연재산의 운용소득을 포함)의 사용계획 및 진도현황
③ 출연받은 재산을 매각하는 경우에는 매각재산 및 그 사용명세
④ 운용소득의 직접 공익목적사업 사용명세
⑤ 기타 기획재정부령이 정하는 필요한 서류(상속세 및 증여세법 시행규칙 제25조 제1항)

- 별지 제23호 서식 : 공익법인 출연재산 등에 대한 보고서
- 별지 제24호 서식 : 출연재산·운용소득·매각대금의 사용계획 및 진도내역서
- 별지 제25호의 2 서식 : 출연받은 재산의 사용명세서
- 별지 제25호의 3 서식 : 출연재산 매각대금 사용명세서
- 별지 제25호의 4 서식 : 운용소득 사용명세서
- 별지 제26호 서식 : 주식(출자지분)보유명세서
- 별지 제26호의 2 서식 : 이사등선임명세서
- 별지 제26호의 3 서식 : 특정기업광고 등 명세서

상기의 보고서를 제출하지 아니하거나 제출된 보고서가 불분명한 경우, 즉 제출된 보고서에 출연재산, 운용소득 및 매각재산 등의 명세를 누락하거나 잘못 기재하여 사실을 확인할 수 없는 경우에는 그 제출하지 아니한 분 또는 불분명한 분의 금액에 상당하는 상속세액 또는 증여세액의 100분의 1에 상당하는 금액을 가산세로 징수한다(상속세 및 증여세법 제78조 제3항, 동법 시행령 제80조 제5항).

> 상속세 및 증여세법 기본통칙 78-80…1 【가산세액의 계산】
> ② 법 제78조 제3항에 따른 보고서미제출가산세은 다음 각 호의 재산가액에 법 제56조의 세율을 곱하여 산출한 금액에 대하여 100분의 1을 곱하여 계산한다. (2011.5.20. 개정)
> 1. 영 제41조 제1항 제1호 및 제2호의 서류는 해당 출연재산가액 (2011.5.20. 개정)
> 2. 영 제41조 제1항 제3호 내지 제5호의 서류는 보고서미제출 재산가액

 | 중요 예규 및 판례 |

> **서면 – 2020 – 법령해석법인 – 5900, 2021.10.6.**
> 종교사업에 출연하는 헌금(부동산 및 주식 또는 출자지분으로 출연하는 경우 제외)의 경우에는 「상속세 및 증여세법」 제48조 제5항에 따른 출연받은 재산의 사용계획 및 진도에 관한 보고서 제출의무가 없는 것임.

서면 - 2021 - 법인 - 1917, 2021.6.7

질 의

〔사실관계〕

• A사회복지관은 B사회복지법인이 ○○시 △△구로부터 위탁받아 운영하는 시설로 본점으로 고유번호증을 발급받아 사회복지 사업을 수행하고 있음.

〔질의내용〕

• 사회복지관은 사회복지사업법에 의해 비영리 법인이 위탁 운영하고 있음에도 불구하고, 해당 사회복지관 소재지에 고유번호증을 등록시 「국세기본법」 제13조에 따른 '법인으로 보는 단체'로 볼 수 있는지 여부

• 사회복지관 소재지에 '법인으로 보는 단체'로 고유번호증을 등록한 경우 납세협력의무를 운영법인이 보고하는지 여부

회 신

사회복지법인이 국가나 지방자치단체가 설치한 사회복지관을 수탁받아 운영하는 경우 해당 사회복지관 소재지에 사회복지법인의 지점으로 사업자등록하는 것이며, 사회복지법인의 본점이 「상속세 및 증여세법」 제48조 및 제50조에서 제51조까지의 납세협력의무를 이행하는 것임.

서면 - 2020 - 법인 - 1285, 2020.11.19.

질 의

〔사실관계〕

• 질의법인은 ○○시에 위치한 개인이 운영하는 아동복지시설로서 보조금과 기부금으로 운영하고 있음.

 – 사회복지사업법상 아동복지시설에 해당하고 수익사업은 없음.

〔질의내용〕

(질의1) 공익법인 등에 해당 여부

(질의2) 공익법인 출연재산 보고서 제출 의무 여부

(질의3) 지정기부금단체 의무이행 대상 여부

회 신

귀 질의1의 경우 「사회복지사업법」의 규정에 의한 사회복지법인은 「상속세 및 증여세법 시행령」 제12조에 따라 공익법인 등에 해당하는 것임.

귀 질의2의 경우 공익법인 등이 재산을 출연받은 경우에는 그 출연받은 재산의 사용계

획 및 진도에 관한 보고서를 「상속세 및 증여세법」 제48조 제5항에 따라 납세지 관할세무서장에게 제출해야 하는 것임.

귀 질의3의 경우 「법인세법 시행령」 제39조 제1항 제1호 각 목(마목은 제외)에 해당하는 단체는 같은 조 제5항에 따른 의무를 이행해야 하는 것임.

서면4팀 - 368, 2008.2.13.

공익법인등이 국가 또는 지방자치단체로부터 출연받은 재산 외에 일반개인이나 법인 등으로부터 출연받은 재산이 없는 경우, 「상속세 및 증여세법」 제48조 제5항의 규정에 의한 출연재산명세 등을 제출하지 아니하여도 되는 것임.

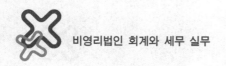
비영리법인 회계와 세무 실무

〔별지 제23호 서식〕(2023.3.20. 개정)

공익법인 출연재산 등에 대한 보고서

※ 뒤쪽의 작성방법을 읽고 작성하여 주시기 바랍니다.　　　　　　　　　　　(앞쪽)

접수번호 :	접수일자 :

1. 인적사항

①공익법인명		②사업자등록번호 (고유번호)	
③대표자		④사업연도	
⑤소재지		⑥전자우편주소	
		⑦전화번호	
⑧공익사업 유형	1.교육　2.학술·장학　3.사회복지　4.의료　5.종교　6.문화　7.기타		
⑨외부세무확인대상	1.여　　2.부	⑩수익사업 운영	1.여　　2.부
⑪회계감사이행여부	1.여　　2.부		

2. 자산보유현황

⑫총자산가액 (⑬+⑭+⑮+⑯+⑰)	⑬토지	⑭건물	⑮주식·출자 지분 등	⑯예금·적금 등 금융자산	⑰기타

3. 수익원천별 수익·비용현황

구분	⑱ 합계 (⑲+㉓+㉖+㉗ +㉘+㉙)	기타사업								㉗ 사업 외 손익	㉘고유 목적사 업준비 금환입 (전입)	㉙공익 목적 사업
		사업손익							㉖ 기타			
		금융				부동산						
		⑲ 소계	⑳ 이자	㉑ 배당	㉒ 기타 금융	㉓ 소계	㉔ 임대	㉕ 매각				
수익금액												
비용												
이익(손실)												

「상속세 및 증여세법」 제48조 제5항 및 같은 법 시행령 제41조 제1항에 따라 공익법인 출연재산 등에 대한 보고서를 제출합니다.

　　　　　　　　　　　　　　　　　　　　　　　　　　　　년　　월　　일

제출인　　　　　　　　　　　　　　　(서명 또는 인)

세무서장　귀하

| 제출서류 | 1. 「상속세법 시행규칙」 별지 제24호 서식에 따른 출연재산·운용소득·매각대금의 사용계획 및 진도내역서
2. 「상속세법 시행규칙」 별지 제25호의 2 서식에 따른 출연받은 재산의 사용명세서
3. 「상속세법 시행규칙」 별지 제25호의 3 서식에 따른 출연재산 매각대금 사용명세서
4. 「상속세법 시행규칙」 별지 제25호의 4 서식에 따른 운용소득 사용명세서
5. 「상속세법 시행규칙」 별지 제26호 서식에 따른 주식(출자지분) 보유명세서
6. 「상속세법 시행규칙」 별지 제26호의 2 서식에 따른 이사 등 선임명세서
7. 「상속세법 시행규칙」 별지 제26호의 3 서식에 따른 특정기업광고 등 명세서
8. 공익법인등의 세무확인서, 공익법인등의 세무확인 결과 집계표, 출연자 등 특수관계인 사용수익명세서, 수혜자 선정 부적정명세서, 재산의 운영 및 수익사업내역 부적정명세서, 장부의 작성·비치의무 불이행명세서, 보유부동산명세서(「상속세 및 증여세법」 제50조 제1항에 따라 외부전문가의 세무확인을 받아야 하는 경우로 한정합니다) | 수수료
없음 |

210mm×297mm[백상지 80g/㎡ 또는 중질지 80g/㎡]

작성방법

1. 인적사항(①~⑪)

가. 인적사항란(①~⑦)은 제출일 현재의 현황을 기준으로 적습니다.

나. ④사업연도란은 공익법인의 회계기간인 사업연도를 적습니다.

　　예) 결산일이 없거나 12월 31일인 경우 → 예) '21.1.1 ~ '21.12.31

　　　　결산일이 2월 말일인 경우 → 예) '21.3.1 ~ '22.2.28

다. ⑧공익사업 유형란은 주된 공익사업의 유형을 선택하여 "○"표시를 합니다.

라. ⑨외부세무확인대상란은 해당 공익법인 등이 「상속세 및 증여세법」 제50조 제1항에 따라 외부전문가의 세무확인을 받아야 하는 대상인지 여부를 표시합니다.

마. ⑩수익사업 운영란은 「법인세법 시행령」 제3조에 따른 수익사업의 운영여부를 표시합니다.

바. ⑪회계감사이행여부란은 「상속세 및 증여세법」 제50조 제3항에 따른 회계감사 이행여부를 표시합니다. 이 경우 회계감사대상에 해당하지 않더라도 회계감사를 받은 경우에는 "여"로 표시합니다.

2. 자산보유현황(⑫~⑰)

가. 사업연도 종료일 현재 재무상태표의 각 자산종류별 장부가액(고유목적사업과 수익사업 등에 사용되는 모든 자산의 장부가액)을 적습니다.

나. ⑫총자산가액란은 재무상태표상 총자산의 장부가액과 일치하여야 합니다.

다. ⑮주식·출자 지분 등란은 공익법인등이 보유한 주식(보통주, 우선주 포함)이나 출자지분의 재무상태표상 가액을 적습니다.

라. ⑯예금·적금 등 금융자산란은 공익법인등이 보유하고 있는 현금 및 현금성자산(보통예금, 당좌예금, 취득시 만기가 3개월인 금융상품 등)과 금융기관 등에 예치하고 있는 정기예금, 정기적금, 펀드상품, 저축성 보험상품 등 및 국채, 회사채 등 유가증권(⑮주식·출자 지분 등은 제외합니다)의 재무상태표상 가액을 적습니다. 정기예금 등에서 발생한 미수이자는 제외합니다.

마. ⑰기타란은 공익법인등이 가지고 있는 매출채권, 미수이자, 미수임대료, 선급금 등 ⑬부터 ⑯까지에 해당하지 않는 자산을 적습니다.

3. 수익원천별 수익·비용현황(⑱~㉙)

가. 공익법인등의 운영성과표상 공익목적사업과 금융, 부동산 등 발생 원천별 기타사업으로 구분하여 각각 수익금액, 비용, 이익(손실)을 적습니다.

나. ⑱합계란은 수익금액, 비용, 이익(손실)금액을 합한 금액을 각각 적습니다.

다. ㉒기타금융란은 주식과 채권 등의 매도에 따라 발생한 처분손익 등을 적습니다.

라. ㉖기타란은 금융, 부동산 임대·매각 수익 외의 기타사업의 사업수익, 사업비용 및 사업이익을 적습니다.

마. ㉗사업외손익란은 공익목적사업 외 기타사업에서 발생한 사업외 손익을 적습니다.

　　예) 부동산을 제외한 유형자산처분손익 등

바. ㉘고유목적사업준비금 환입(전입)란은 「법인세법」 제29조에 따라 고유목적사업이나 같은 법 제24조 제3항 제1호에 따른 일반기부금에 사용하기 위해 미리 손비로 계상한 금액을 "비용"에 적으며, 같은 법에 따라 고유목적사업준비금을 익금에 산입한 금액을 "수익"에 적습니다.

사. ㉙공익목적사업란은 공익법인등의 정관에 기재된 공익목적사업의 수익금액, 비용, 이익(손실)을 적습니다.

　　예) 회비 수입, 교비 수입, 기부금 수입(출연받은 재산) 등

[별지 제24호 서식] (2024.3.22. 개정)

출연재산·운용소득·매각대금의 사용계획 및 진도내역서

(앞쪽)

※ 뒤쪽의 작성방법을 읽고 작성하여 주시기 바랍니다.

①공익법인명

②사업연도

구분	③출연(운용소득 발생, 매각)사업연도	④재산종류 분류코드	④재산종류 과목명	⑤용도	기간 ⑥사용 시작일	기간 ⑦사용 종료일	⑧금액	⑨의무사용 기준금액	사용금액 ⑩직전 연도 까지의 사용금액	사용금액 ⑪해당 연도 사용금액	⑫계 (⑩+⑪)	⑬기준미달 사용금액 (⑨-⑫)
		사용계획										
출연재산												
운용소득												
매각대금												

364㎜×257㎜(백상지 80g/㎡(재활용품))

작성방법

1. 이 서식은 출연재산·운용소득 및 매각대금에 대하여 연도별 사용내역과 그에 따른 연도별 사용계획과 출연 또는 소득의 발생연도부터 사용이 완료되는 사업연도까지 매년 작성하여 제출해야 합니다.

   ※ 사용의무기한: 출연재산은 출연받은 날부터 3년 이내에 전액 사용하여야 합니다(「상속세 및 증여세법 시행령」 제38조 제3항에 해당하는 경우에는 해당 과세기간 또는 사업연도 종료일부터 1년 이내에 80% 이상을 사용하고, 매각대금은 해당 과세기간 또는 사업연도 종료일부터 1년 이내에 30%, 2년 이내에 60%, 3년 이내에 90% 이상을 사용해야 합니다).

2. 각 재산의 사용계획 및 사용금액은 재산별에 따라 나누어 작성 또는 운영연도별로 합산하여 적을 수 있습니다.

3. ③출연(운용소득 발생, 매각) 사업연도란은 출연재산이 속하는 출연연도를, 운용소득이 속하는 사업연도를, 매각대금이 속하는 사업연도를 적으며, 사업연도 종료일의 연월(예 : 2005.12)만 적습니다.

4. ④재산종류란은 출연재산·운용소득·매각대금의 종류를 다음 분류에 따라 선택하여 코드와 과목명을 적습니다.

코드	1	2	3	4	5	6	7	8	9	10
과목명	현금	예·적금	토지	건물	주식·출자지분	기계장치	의료장비	채권	차량운반구	기타

5. ⑤용도란은 직접 공익사업에 사용할 구체적인 내용을 적습니다.
   예) 교육사업 중 교사 신축, 도서관 신축, 학교운영비, 수익용 임대건물 등

6. ⑥사용지역」, ⑦사용종료일란은 출연재산·운용소득 또는 매각대금의 사용계획기간을 적습니다.
   예) 현금 10억 원을 '05. 3. 1 출연받아 '06. 2. 28까지 학교건물을 선택에 사용할 계획인 경우 → '05.3.1. ~ '06.2.28.

7. ⑧금액란은 출연연도일 경우 당초 출연일이 속하는 사업연도의 사용명세서(별지 제25호의 2 서식)의 ⑩기액과 일치해야 하고, 운용소득의 경우 운용소득이 속하는 재산의 출연받은 사업연도 운용연도 일치해야 하며, 매각대금의 경우 출연재산 매각대금 사용명세서(별지 제25호의 3 서식)의 ⑦매각금액과 일치해야 합니다.

8. ⑨의무사용 기준금액란은 출연재산의 경우 ⑧금액과 동일하게 적고, 운용소득의 경우 ⑧금액에 80%를 곱한 금액을 적으며, 매각대금의 경우 운용소득의 경우 ⑧금과의 3 서식)의 ⑧사용 기준금액의 합계액과 일치액해 야 합니다.

9. ⑩직전 연도까지의 사용금액, ⑪해당 연도 사용금액란은 출연재산의 출연받은 재산의 매각대금 사용금액의 각 합계액은 재산의 출연받은 재산이 일치하고, 운용소득의 경우에는 운용소득의 경우에는
   ⑩직전 연도까지의 사용금액(별지 제25호의 2 서식)와 ⑪해당 연도 매각대금 사용명세서(별지 제25호의 3 서식)의 사용내역란이 합계액과 각각 일치해야 하고, 운용소득의 경우에는
   ⑪해당 연도 사용금액란에만 해당 연도의 사용실적을 적습니다.

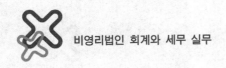

〔별지 제25호의 2 서식〕(2022.3.18. 개정)

출연받은 재산의 사용명세서

※ 뒤쪽의 작성방법을 읽고 작성하여 주시기 바랍니다.　　　　　　　　　　　　　(앞 쪽)

1. 출연재산 공익목적사용 현황

(단위 : 원)

①공익법인명				②사업연도									
③ 사업연도구분	④ 출연일	⑤출연자	출 연 재 산						⑪직전 사업연도 까지의 사용누계금액	해당 사업연도		⑭ 미사용 금액 (⑩-⑪-⑫)
			⑦ 종류		⑧ 소재지	⑨ 수량 (면적)	⑩ 가액			⑫ 사용 금액	⑬ 사용처	
		⑥ 주민등록 번호 등	코드	과목명								
⑮ 해당 사업 연도		소액계										
	합　계											
⑯ 직전 사업 연도												
	합　계											
⑰ 직전 전사 업연 도												
	합　계											

210mm×297mm[백상지 80g/㎡ 또는 중질지 80g/㎡]

(뒤 쪽)

작 성 방 법

1. 이 서식은 해당 사업연도에 출연받은 재산의 명세 및 사용명세, 그리고 직전 사업연도 종료일 현재 사용이 완료되지 아니한 출연받은 재산의 사용명세(해당 사업연도 사용분)를 작성하며, 출연재산별로 출연일이 빠른 순으로 적습니다.

2. 직전 사업연도 종료일 이전에 출연받은 재산으로서 직전사업연도 종료일 전에 사용을 완료한 경우에는 금년도 출연받은 재산의 사용명세서에 적지 않습니다.

3. 소액계의 ⑩가액란에는 1개 사업연도 중에 50만원 미만을 출연한 자(법인은 제외합니다)가 있는 경우에 소액 출연재산의 합계액을 적습니다.

4. ④출연일란은 출연재산이 공익법인에 귀속된 날짜를 적습니다.

5. ⑤출연자란은 출연자의 성명 또는 상호를 적고, ⑥주민등록번호등란에는 출연자의 주민등록번호 또는 사업자등록번호 등을 적습니다.

6. 출연재산란(⑦~⑩)은 아래의 설명에 따릅니다.

   가. ⑦종류란은 출연재산의 종류를 다음 분류에 따라 선택하여 코드와 과목명을 적습니다.

코드	1	2	3	4	5	6	7	8	9	10
과목명	현금	예·적금	토지	건물	주식· 출자지분	기계 장치	의료 장비	채권	차량 운반구	기타

   나. ⑧소재지란은 부동산의 경우에는 소재지를 적고, 주식 및 유가증권 등의 경우에는 발행회사를 적으며, 그 밖의 경우에는 적지 않습니다.

   다. ⑨수량란에는 부동산은 "㎡"단위로, 주식은 "주"단위로, 현물출연은 현물의 수량을 나타내는 기본단위(예: 기계장치의 경우 "대")로 적습니다.

   예1) 토지 1,000㎡의 경우 ⇨ 1,000 입력

   예2) 주식 500주의 경우 ⇨ 500 입력

   예3) 기계장치 30대의 경우 ⇨ 30 입력

   라. ⑩가액란은 출연당시의 시가로 적되, 시가를 산정하기 어려운 경우에는 「상속세 및 증여세법」 제61조부터 제65조까지에 따른 평가가액으로 적습니다.

7. ⑫해당 사업연도 사용금액란에는 해당 사업연도에 직접 공익목적사업에 사용한 금액을 적습니다.

8. ⑬해당 사업연도 사용처란은 해당 사업연도에 출연받은 재산을 사용한 구체적인 내용을 적습니다.

   예) 도서관 신축, 학교운영비, 수익용 임대건물 취득, 장학금 지급 등

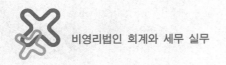

〔별지 제25호의 3 서식〕(2024.3.22. 개정)

출연재산 매각대금 사용명세서

※ 뒤쪽의 작성방법을 읽고 작성하여 주시기 바랍니다. (앞쪽)

①공익법인명		②사업연도	

1. 출연재산 매각대금의 해당 사업연도 사용실적

③ 매각 연월일	매각재산					⑧ 사용 기준금액 [⑦ × 30 (60, 90) /100]	사용명세		⑪ 미사용 금액 (⑧-⑨-⑩)
	④종류		⑤ 소재지	⑥ 수량	⑦ 매각 금액		⑨ 직전 사업 연도까지의 사용금액	⑩ 해당 사업연도 사용금액	
	코드	과목명							
⑫합계									

2. 출연재산 매각대금의 해당 사업연도 지출 명세서

⑬(대표)지급처명 (성명/상호)	⑭주민등록번호 (사업자등록번호)	⑮지출목적	⑯지출액
⑰합계			

210mm×297mm[백상지 80g/㎡ 또는 중질지 80g/㎡]

작 성 방 법

1. 이 서식은 사업연도(과세기간) 개시일부터 소급하여 3년 이내에 재산을 매각한 경우로서 매각금액을 직접 공익목적사업에 사용한 실적을 매각일이 속하는 사업연도(과세기간) 이후 3년 동안 매년 작성하여 제출합니다.
   다만, 직전 사업연도 종료일 이전에 출연재산을 매각하여 그 매각대금의 사용을 완료한 경우에는 작성하지 않습니다.
2. 출연재산 매각대금의 해당 사업연도 사용실적
   가. ④종류란은 매각한 재산의 종류를 다음 분류에 따라 선택하여 코드와 과목명을 적습니다.

코드	1	2	3	4	5	6	7	8	9	10
과목명	현금	예·적금	토지	건물	주식·출자지분	기계장치	의료장비	채권	차량운반구	기타

   나. ⑤소재지란은 부동산의 경우에는 소재지를 적고, 주식 및 유가증권 등의 경우에는 발행회사를 적으며, 그 밖의 경우에는 적지 않습니다.
   다. ⑥수량란에는 부동산은 "㎡" 단위로, 주식은 "주" 단위로, 현물출연은 현물의 수량을 나타내는 기본단위(예: 기계장치의 경우 "대")로 적습니다.
     예1) 토지 1,000㎡의 경우 ⇨ 1,000 입력
     예2) 주식 500주의 경우 ⇨ 500 입력
     예3) 기계장치 30대의 경우 ⇨ 30 입력
   라. ⑦매각금액란은 매각금액총액에서 매각에 따른 국세 및 지방세를 뺀 금액을 적습니다.
   마. ⑧사용기준금액란은 매각한 날이 속하는 과세기간 또는 사업연도의 경과연수에 따라 ⑦매각금액에 기준율(30/100, 60/100, 90/100)을 곱하여 적습니다.
     예) 매각연월일이 'X1년 4월이고 12월말 결산 법인인 경우
       1차연도('X2년 12월말) : 매각금액에 30/100을 곱하여 산출한 금액
       2차연도('X3년 12월말) : 매각금액에 60/100을 곱하여 산출한 금액
       3차연도('X4년 12월말) : 매각금액에 90/100을 곱하여 산출한 금액
   바. ⑩해당 사업연도 사용금액란은 해당 사업연도에 직접 공익목적사업에 사용한 금액을 적습니다.
   사. ⑪미사용금액란이 음수(-)인 경우에는 "0"으로 적습니다.
3. 출연재산 매각대금의 해당 사업연도 지출 명세서
   가. 수혜자(수혜단체)에게 지출하는 경우
     1) ⑬(대표)지급처명(성명/상호)란은 해당 사업연도에 수혜 받은 금액이 100만원 이상인 수혜자와 수혜단체의 경우 개별 수혜자(수혜단체)의 성명(수혜단체명)을 적고, 해당 사업연도에 수혜 받은 금액이 100만원 미만인 수혜자와 수혜단체의 경우 지출금액이 가장 큰 대표적인 수혜자의 성명(수혜단체명)을 적고 지출목적별로 합산하여 작성할 수 있습니다.
     2) ⑮지출목적란은 해당 사업연도에 매각대금을 지출한 목적을 다음 예시와 같이 작성합니다.
       예) ①미래인재개발 장학금, ②사회취약계층 자녀돌봄 및 학업지원, ③노인요양시설 의료지원 및 의약품 제공
     3) ⑯지출액은 해당 사업연도에 수혜자(수혜단체)에 지출한 금액을 적습니다.
   나. 자산 취득에 지출하는 경우
     1) ⑬(대표)지급처명(성명/상호)란은 해당 사업연도에 취득한 자산가액이 100만원 이상인 경우 자산별로 자산명을 적고, 취득가액이 100만원 미만인 경우 자산구분별(금융자산, 부동산, 미술품 등)로 합산하여 작성할 수 있습니다.
     2) ⑮지출목적란은 해당 사업연도에 매각대금을 지출한 목적을 다음 표와 같이 구분하여 적습니다.

구분	자산 취득				
	금융자산*	부동산	미술품	기계장치	기타

     * 금융자산은 현금 및 현금성자산(보통예금, 당좌예금, 취득 시 만기가 6개월 미만인 금융상품 등)을 제외한 정기예금, 정기적금, 펀드상품, 저축성 보험상품 등의 금융상품 및 국채, 회사채, 주식 및 출자지분 등 유가증권을 취득한 경우 적습니다.
     3) ⑯지출액은 해당 사업연도에 자산취득에 지출한 금액을 적습니다.
   다. 운영경비에 지출하는 경우
     1) ⑬(대표)지급처명(성명/상호)란은 지출목적별로 합산하여 작성할 수 있습니다.
     2) ⑮지출목적란은 해당 사업연도에 매각대금을 지출한 목적을 다음 표와 같이 구분하여 적습니다.

구분	각종 경비 지출								
	인건비	임차료	회의비	모금비용	연구비	세금·공과금	소모품비	지급수수료	수선비	기타

     3) ⑯지출액은 해당 사업연도에 각종 경비로 지출한 금액을 적습니다.
   라. ⑰합계란은 1.출연재산 매각대금의 해당 사업연도 사용실적의 ⑩해당 사업연도 사용금액의 합계와 일치해야 합니다.

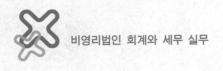

〔별지 제25호의 4 서식〕(2024.3.22. 개정)

운용소득 사용명세서

※ 뒤쪽의 작성방법을 읽고 작성하여 주시기 바랍니다.　　　　　　　　　　　　　　　　(앞쪽)

①공익법인등 명칭		②사업연도	

1. 전년도 운용소득을 해당 사업연도까지 직접 공익목적사업에 사용한 실적

구분	⑦해당 사업연도	⑧1년 전 사업연도	⑨2년 전 사업연도	⑩3년 전 사업연도	⑪4년 전 사업연도	⑫5년간의 평균 (⑦~⑪의 평균)
③ 전년도 출연재산 운용소득						
④ 사용기준액 (③ × $\frac{(\ \ )}{100}$)						
⑤ 1년 내 사용실적						
⑥ 과부족액 (⑤ - ④)						

2. 해당 사업연도 운용소득의 계산

⑬ 수익사업 등의 소득금액	가산액					차감액				
	⑭ 고유목적 사업준비금	⑮ 해당 사업연도 중 고유목적사업비로 지출된 금액으로서 손금에 산입된 금액	⑯ 기타	⑰ 소계 (⑭+⑮+⑯)	⑱ 출연재산 양도차익	⑲ 의제 배당액	⑳ 법인세 등	㉑ 이월 결손금	㉒ 소계 (⑱+⑲+ ⑳+㉑)

㉓차가감 소득 (⑬+⑰-㉒)	직전 사업연도 운용소득 미달사용액			㉗해당 사업연도 운용소득 (㉓+㉖)
	㉔ 기준미달사용액	㉕운용소득 미달사용가산세	㉖소계 (㉔-㉕)	

3. 해당 사업연도 운용소득 지출명세서

가. 1년 내 사용실적 중 해당 사업연도 지출명세

㉘(대표)지급처명 (성명/상호)	㉙주민등록번호 (사업자등록번호)	㉚지출목적	㉛지출액
	㉜합계		

나. 해당 사업연도 중 고유목적사업비 지출명세

㉝(대표)지급처명 (성명/상호)	㉞주민등록번호 (사업자등록번호)	㉟지출목적	㊱지출액
	㊲합계		

210mm×297mm[백상지 80g/ ㎡ 또는 중질지 80g/ ㎡]

작성방법

1. 전년도 운용소득을 해당 사업연도까지 직접공익목적사업에 사용한 실적
   가. "⑧"란부터 "⑫"란까지는 "⑦해당사업연도"의 사용실적이 부족한 경우["⑥과부족액"란이 음수(-)인 경우를 말합니다]에만 적습니다.
   나. "③전년도 출연재산 운용소득"란은 직전 사업연도에 대해 제출한 이 서식의 "㉗해당 사업연도 운용소득"의 금액과 일치해야 합니다.
   다. "④사용기준액"란은 "③전년도 출연재산 운용소득"란 금액에 100분의 80을 곱하여 계산한 금액을 적습니다.
   라. "⑤1년 내 사용실적"란에는 각 사업연도 중 아래사항에 대한 사용실적을 합하여 적습니다.
      1) 정관으로 정한 공익목적사업을 직접 수행하는 데 소요된 비용
      2) 정관으로 정한 공익목적사업의 수행을 위해 직접 사용되는 자산을 취득한 비용
      3) 정관으로 정한 공익목적사업 수행을 위해 사용인의 인건비 등 필요경비로 사용한 비용(수익사업에서 발생한 소득을 50%를 초과하여 고유목적사업준비금으로 손금산입한 법인 등이 8천만원을 초과하는 인건비를 지급하여 「법인세법 시행령」 제56조 제11항에 따라 그 초과하는 금액을 인건비로 보지 않는 경우 그 초과하는 금액은 제외하고 적습니다)
      4) 직전 사업연도에 대해 제출한 이 서식의 "㉗해당 사업연도 운용소득"의 금액에 "⑯해당 사업연도(과세기간) 중 고유목적사업비로 지출된 금액으로서 손금에 산입된 금액"이 포함되어 있는 경우 그 금액
      ※ 수익용 또는 수익사업용 재산 취득에 사용한 운용소득금액은 직접 공익목적 사업 사용금액에 포함하지 않습니다.

2. 해당 사업연도 운용소득의 계산
   가. "⑬수익사업 등의 소득금액"란은 출연재산을 수익사업이나 예금 등 수익의 원천으로 사용함으로써 생긴 소득금액(「법인세법」 제14조에 따른 각 사업연도 소득금액 계산방법에 따라 계산한 금액)을 적습니다.
   나. "⑭고유목적사업준비금"란은 각 사업연도 소득금액 계산 시 적용한 「법인세법」 제29조 제1항에 따른 고유목적사업준비금을 적습니다.
   다. "⑯기타"란은 출연재산을 수익의 원천에 사용하여 발생한 소득 중 "⑬수익사업 등의 소득금액"에 포함되지 않은 소득금액(예: 분리과세 예금이자소득 등)을 적습니다.
   라. "⑱출연재산 양도차익"란은 수익사업 등의 소득금액에 포함된 출연재산 양도차익을 적습니다.
   마. "⑲의제배당액"란은 공익법인이 보유한 주식을 발행한 법인의 합병·분할에 따른 의제배당액(합병·분할대가 중 주식으로 받은 부분으로 한정함)으로서 해당사업연도 운용소득에 포함된 금액을 적습니다.
   바. "⑳법인세 등"란은 해당 소득에 대한 법인세·주민세·농어촌특별세 및 토지 등 양도차익에 대한 법인세 등의 합계액을 적습니다.
   사. "㉑이월결손금"란은 「법인세법」 제13조 제1항 제1호에 따라 수익사업에서 발생한 이월결손금을 적습니다.
   아. "㉔기준미달사용액"란은 전년도 운용소득을 사용기준액에 미달하게 사용하여 "1. 전년도 운용소득을 해당 사업연도까지 직접공익목적사업에 사용한 실적"의 "⑥과부족액"란이 음수(-)["⑦해당 사업연도"와 "⑫5년간의 평균"이 모두 음수(-)]인 경우 작성하며, 이 금액은 "⑦해당 사업연도" 과부족액(-)의 절대값과 "⑫5년간의 평균" 과부족액(-)의 절대값 중 작은 금액을 적습니다.
   자. "㉕운용소득 미달사용가산세"란은 「상속세 및 증여세법」 제78조 제9항에 따라 미달하여 사용한 운용소득의 100분의 10에 상당하는 가산세를 적습니다.

3. 해당 사업연도 운용소득 지출명세서
   가. 1년 내 사용실적 중 해당 사업연도 지출명세
   "⑤1년 내 사용실적"의 "⑦해당사업연도"란의 금액 중 이 작성방법란 제1호라목1)부터 3)까지를 합한 금액에 대해 지출명세를 작성합니다.

      1) 수혜자(수혜단체)에게 지출하는 경우
      가) "㉘(대표)지급처명(성명/상호)"란은 해당 사업연도에 수혜 받은 금액이 100만원 이상인 수혜자와 수혜단체의 경우 개별 수혜자(수혜단체)의 성명(수혜단체명)을 적고, 해당 사업연도에 수혜 받은 금액이 100만원 미만인 수혜자와 수혜단체의 경우 지출금액이 가장 큰 대표적인 수혜자의 성명(수혜단체명)을 적고 지출목적별로 합산하여 작성할 수 있습니다.
      나) "㉚지출목적"란은 해당 사업연도에 운용소득을 지출한 목적을 다음 예시와 같이 작성합니다.
      예) ①미래인재개발 장학금, ②사회취약계층 자녀돌봄 및 학업지원, ③노인요양시설 의료지원 및 의약품 제공
      다) "㉛지출액"은 해당 사업연도에 수혜자(수혜단체)에 지출한 금액을 적습니다.

      2) 자산 취득에 지출하는 경우
      가) "㉘(대표)지급처명(성명/상호)"란은 해당 사업연도에 취득한 자산가액이 100만원 이상인 경우 자산별로 자산명을 적고, 취득가액이 100만원 미만인 경우 자산구분별(금융자산, 부동산, 미술품 등)로 합산하여 작성할 수 있습니다.
      나) "㉚지출목적"란은 해당 사업연도에 운용소득을 지출한 목적을 다음 표와 같이 구분하여 적습니다.

구분	자산 취득				
	금융자산*	부동산	미술품	기계장치	기타

      * 금융자산은 현금 및 현금성자산(보통예금, 당좌예금, 취득 시 만기가 3개월인 금융상품 등)을 제외한 정기예금, 정기적금, 펀드상품, 저축성 보험상품 등의 금융상품 및 국채, 회사채, 주식 및 출자지분 등 유가증권을 취득한 경우 적습니다.
      다) "㉛지출액"은 해당 사업연도에 자산취득에 지출한 금액을 적습니다.

      3) 운영경비에 지출하는 경우
      가) "㉘(대표)지급처명(성명/상호)"란은 해당 사업연도에 지급목적별로 합산하여 작성할 수 있습니다.
      나) "㉚지출목적"란은 해당 사업연도에 운용소득을 지출한 목적을 다음 표와 같이 구분하여 적습니다.

구분	각종 경비 지출									
	인건비	임차료	회의비	모금비용	연구비	세금·공과금	소모품비	지급수수료	수선비	기타

      다) "㉛지출액"은 사업연도 기간 동안 각종 경비로 지출한 금액을 적습니다.
   나. 해당 사업연도 중 고유목적사업비 지출명세
   "⑯해당 사업연도 중 고유목적사업비로 지출된 금액으로서 손금에 산입된 금액"란의 지출명세를 가목1)부터 3)까지에 따라 작성합니다.

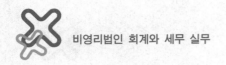
〔별지 제26호 서식〕(2023.3.20. 개정)

주식(출자지분) 보유명세서

※ 뒤쪽의 작성방법을 읽고 작성하여 주시기 바랍니다.

(앞쪽)

①법인명				②사업연도						
주식발행법인				공익법인 보유주식						
③ 법인명	④ 사업자 등록번호	⑤ 총발행 주식수	⑥ 계열법인 여부	⑦ 주식수	⑧ 지분율	⑨ 취득 구분	⑩ 취득일	⑪ 취득 가액	⑫ 장부 가액	⑬ 의결권 여부

210mm×297mm[백상지 80g/㎡]

작성방법

1. 공익법인이 보유하고 있는 주식 중 기업집단에 속하는 계열법인과 그 밖의 법인을 구분하여 따로 적고(⑥계열법인 여부란에 1. 여, 2. 부로 적습니다), 동일한 내국법인의 의결권 있는 주식과 의결권 없는 주식을 동시에 보유하고 있는 경우에는 각각 구분하여 적습니다(⑬의결권 여부란에 1. 여, 2. 부로 적습니다).

2. ③법인명란에는 보유하고 있는 주식의 발행법인의 회사명을 적고, ④사업자등록번호란에는 주식발행법인의 사업자등록번호를 적습니다.

3. ⑤총발행주식수란은 보유하고 있는 주식의 발행회사가 발행한 총주식수를 적습니다.

4. ⑧지분율란은 다음 계산식에 따른 비율을 적습니다.

$$\frac{⑦\ 주식수}{⑤\ 총발행주식수} \times 100$$

5. ⑨취득구분란은 출연·매입·유상증자·기타로 구분하여 적습니다.

6. ⑩취득일란에는 주식을 취득한 연월일을 적습니다.

7. ⑪취득가액은 「법인세법 시행령」 제74조 제1항 제1호 마목에 따라 평가한 가액을 적습니다.

8. ⑫장부가액란은 재무상태표의 가액을 적습니다.

210mm×297mm[백상지 80g/㎡]

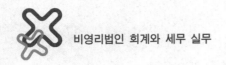
〔별지 제26호의 2 서식〕(2024.3.22. 개정)

이사 등 선임명세서

※ 뒤쪽의 작성방법을 읽고 작성하여 주시기 바랍니다. (앞쪽)

공익법인등 명칭		사업연도	

1. 이사 등 선임명세

이사 등 인적사항		③ 선임일	④ 해임일	⑤ 상임, 비상임 구분	⑥ 출연자와의 관계	⑦ 출연법인과의 관계	⑧ 다른 이사와의 관계	⑨ 직전3년(5년) 계열기업 임원 근무여부	⑩ 초과 여부	⑪ 구분
① 성명	② 주민등록번호									

2. 기준초과 이사 및 임·직원에 대한 경비 명세

⑫ 성명	⑬ 주민등록번호	⑭ 직책	⑮ 취임·근무일	해당연도 경비 명세						㉒ 구분
				⑯ 급료	⑰ 판공비	⑱ 차량유지비	⑲ 비서실운영비	⑳ 그 밖의 경비	㉑ 합계	

210mm×297mm[백상지 80g/㎡ 또는 중질지 80g/㎡]

작 성 방 법

1. 이사 등 선임명세(①~⑪)란에는 공익법인의 전체 이사 및 임원의 명세를 적습니다.
   가. "⑥출연자와의 관계" 및 "⑦출연법인과의 관계"란에는 이사 등의 구성원이 출연자, 출연법인, 다른 이사와 「상속세 및 증여세법 시행령」 제2조의 2에 따른 특수관계가 있는 경우 아래의 표를 참고하여 해당 코드를 적습니다.

코드	특수관계 설명
0	본인
1	친족*, 직계비속의 배우자의 2촌 이내의 혈족과 그 배우자 * 「국세기본법 시행령」 제1조의 2 제1항 각 호의 어느 하나에 따른 관계에 있는 자를 말합니다.
2	사용인*(출자에 의해 지배하고 있는 법인의 사용인을 포함하며, 이하 같습니다)이나 사용인 외의 자로서 본인의 재산으로 생계를 유지하는 자 * 「상속세 및 증여세법 시행령」 제2조의 2 제2항에 따른 임원, 상업사용인 및 그 밖에 고용계약 관계에 있는 자

3	다음의 어느 하나에 해당하는 자
	(1) 본인이 개인인 경우
	  - 본인이 직접 또는 본인과 [코드1]에 해당하는 관계에 있는 자가 임원에 대한 임면권의 행사, 사업방침의 결정 등을 통하여 그 경영에 대해 사실상의 영향력을 행사하고 있는 「상속세 및 증여세법 시행규칙」 제2조 제1항에 따른 기업집단의 소속기업(해당 기업의 임원*과 퇴직임원**을 포함합니다)
	  * 「법인세법 시행령」 제40조 제1항에 따른 임원
	  ** 퇴직 후 3년(해당 기업이 「독점규제 및 공정거래에 관한 법률」 제31조 제1항 전단에 따른 공시대상기업집단에 소속된 경우는 5년)이 지나지 않은 사람
	(2) 본인이 법인인 경우
	  - 본인이 속한 「상속세 및 증여세법 시행규칙」 제2조 제1항에 따른 기업집단의 소속기업(해당 기업의 임원과 퇴직임원 포함)과 해당 기업의 임원에 대한 임면권의 행사·사업방침의 결정 등을 통하여 그 경영에 관하여 사실상의 영향력을 행사하고 있는 자 및 그와 [코드1]에 해당하는 관계에 있는 자

4	본인, [코드1]부터 [코드3]까지의 자 또는 본인과 [코드1]부터 [코드3]까지의 자가 공동으로 재산을 출연하여 설립하거나 이사의 과반수를 차지하는 비영리법인
5	[코드3]에 해당하는 기업의 임원 또는 퇴직임원이 이사장인 비영리법인
6	본인, [코드1]~[코드5]의 자 또는 본인과 [코드1]~[코드5]의 자가 공동으로 발행주식총수 등의 30% 이상을 출자하고 있는 법인
7	본인, [코드1]~[코드6]의 자 또는 본인과 [코드1]~[코드6]의 자가 공동으로 발행주식총수 등의 50% 이상을 출자하고 있는 법인
8	본인, [코드1]~[코드7]의 자 또는 본인과 [코드1]~[코드7]의 자가 공동으로 재산을 출연하여 설립하거나 이사의 과반수를 차지하는 비영리법인
9	해당없음

   나. "⑨직전 3년(5년) 계열기업 임원 근무여부"란은 특수관계가 있는 기업집단 소속기업의 임원으로 퇴직 후 3년(해당 기업이 「독점규제 및 공정거래에 관한 법률」 제31조에 따른 공시대상기업집단에 소속된 경우는 5년) 이내인 경우 "여"로 적으며, 그 외의 경우에는 "부"로 적습니다.
   다. "⑪구분"란에는 이사와 임원을 구분하여 적습니다. 이사와 임원을 겸직하는 경우 이사로 적습니다.

2. 기준초과 이사 및 임직원에 대한 경비 명세는 다음과 같이 적습니다.
   가. 출연자[재산출연일 현재 해당 공익법인등의 총출연재산가액의 100분의 1에 상당하는 금액과 2천만원 중 적은 금액을 초과하여 출연한 자(「상속세 및 증여세법 시행령」 제38조 제10항)] 또는 그의 특수관계인이 이사 현원(이사 현원이 5명에 미달하는 경우에는 5명으로 봅니다)의 5분의 1을 초과하여 이사가 되는 경우에 그 초과한 이사에 대한 직접·간접 경비 명세를 적습니다.
   ※ 이사의 취임시기가 다른 경우에는 나중에 취임한 이사부터, 취임시기가 동일한 경우에는 지출경비가 큰 이사부터 그 명세를 적습니다.
   나. 임원·직원이 출연자 또는 그의 특수관계인에 해당되는 경우(「상속세 및 증여세법 시행령」 제80조 제10항에 따른 의사·교직원 등의 경우는 제외합니다)에는 그 해당 임원·직원의 경비 명세를 적습니다.
   다. "㉒구분"란에는 이사·임원·직원을 구분하여 적습니다. 이사와 임원을 겸직하는 경우 이사로 적습니다.

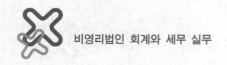
〔별지 제26호의 3 서식〕(2020.3.13. 개정)

특정기업광고 등 명세서

공익법인명				사업연도					
특정기업 (특수관계에 있는 내국법인)			④ 특정기업 소유주식수	광고·홍보행위 관련비용					
						지출처			
① 법인명	② 소재지	③사업자 등록번호		⑤ 계정 과목	⑥ 행위 내용	⑦ 사업자 등록번호	⑧ 지출처 명	⑨ 지출 금액	⑩ 비고

작 성 방 법

1. 이 서식은 공익법인이 「상속세 및 증여세법 시행령」 제38조 제13항에 따른 특수관계에 있는 내국법인의 이익을 증가시키기 위하여 정당한 대가를 받지 아니하고 광고·홍보를 한 경우에 작성합니다.
2. ④특정기업 소유주식수란에는 공익법인이 보유하고 있는 특정기업의 주식수를 적습니다.
3. 광고·홍보를 위하여 지출한 비용(⑤~⑨)란은 계정과목의 분류에도 불구하고 실제로 지출된 내역을 적되, ⑥ 행위내용란에는 다음의 코드에 따라 1·2로 구분하여 적습니다.

코드	행위내용
1	신문, 잡지, 텔레비전, 라디오, 인터넷 또는 전자광고판을 이용하여 특정기업을 위하여 홍보하거나 내국법인의 특정상품에 관한 정보를 제공하는 행위. 다만, 내국법인의 명칭만을 사용하는 홍보는 제외합니다.
2	팜플렛, 입장권 등에 내국법인의 명칭을 사용하거나 내국법인의 특정상품에 관한 정보를 제공하는 행위. 다만, 내국법인의 명칭만을 사용하는 홍보는 제외합니다.

210mm×297mm[백상지 80g/㎡]

2 　공익법인등에 대한 외부전문가의 세무확인

2-1. 세무확인 대상 공익법인

공익법인등은 과세기간별로 또는 사업연도별로 출연받은 재산의 공익목적사업 사용 여부('제4절 공익법인등의 출연받은 재산의 사후관리' 참조) 등에 대하여 공익법인등으로부터 업무수행상 독립된 2인 이상의 변호사·공인회계사 또는 세무사를 선임하여 세무확인을 받아야 한다(상속세 및 증여세법 제50조 제1항, 동법 시행령 제43조 제1항). 2008년 이전에는 2년마다 3인 이상의 외부전문가의 확인을 받아야 했으나 2007년 12월 31일 상속세 및 증여세법 개정시 과세기간별 또는 사업연도별로 독립된 2인 이상의 변호사나 공인회계사, 세무사를 선임하여 확인을 받도록 개정되었다.

다만, 다음의 경우에는 세무확인을 하지 아니한다(상속세 및 증여세법 제50조 제1항 단서, 동법 시행령 제43조 제2항).

① 세무확인을 받아야 하는 과세기간 또는 사업연도의 종료일 현재 대차대조표상 총자산가액의 합계액이 5억 원 미만인 공익법인등

　여기서 총자산가액 중 부동산은 「상속세 및 증여세법」 제60조·제61조 및 제66조의 규정에 의하여 평가한 가액이 대차대조표상의 가액보다 큰 경우에는 그 평가한 가액을 말한다. 다만, 해당 과세기간 또는 사업연도의 수입금액(해당 공익사업과 관련된 「소득세법」에 따른 수입금액 또는 「법인세법」에 따라 법인세 과세대상이 되는 수익사업과 관련된 수입금액)과 그 과세기간 또는 사업연도에 출연받은 재산가액의 합계액이 3억 원(수입금액과 출연받은 재산가액의 합계액이 3억 원 이상인지 여부를 판단함에 있어, 국가 또는 지방자치단체로부터 받은 출연금은 포함되지 않는 것임) 이상인 공익법인등은 총자산의 합계액이 5억 원 미만이라도 외부전문가의 세무확인을 받아야 한다.

② 불특정다수인으로부터 재산을 출연받은 공익법인등

　출연자 1명과 그의 특수관계인이 출연한 출연재산가액의 합계액이 공익법인등이 출연받은 총재산가액의 100분의 5에 미달하는 경우에 한한다.

③ 국가 또는 지방자치단체가 재산을 출연하여 설립한 공익법인등으로서 「감사원법」 또는 관련 법령에 따라 감사원의 회계검사를 받는 공익법인등(회계검사를 받는 연도분으로 한정한다)

여기서 주의할 것은 공익법인등이 국가나 지방자치단체로부터 출연받은 재산은 증여세가 비과세되는 재산으로 사후관리나 공익법인 세무확인대상이 되지 않는다.

2016년 12월 20일 법 개정시 외부회계감사를 받는 공익법인도 자산 규모, 사업의 특성 등을 고려하여 일정 요건을 충족하는 경우 외부전문가의 세무확인을 받도록 하였다. 동 개정규정은 2017년 1월 1일 이후 개시하는 소득세 과세기간 또는 법인세 사업연도 분부터 적용한다.

2-2. 세무확인 항목과 보고

외부전문가로부터 세무확인을 받아야 할 항목은 다음과 같다(상속세 및 증여세법 시행령 제43조 제5항, 동법 시행규칙 제14조 제1항).

---

1. 출연재산 및 그 운용에 관한 사항
   가. 출연재산의 3년 내 공익목적사업 등에 사용 여부 및 사용내역의 적정 여부
   나. 내국법인 주식을 출연받거나 취득하는 경우 주식보유기준 초과 여부
   다. 수익용 또는 수익사업용으로 운용하는 출연재산의 운용소득 중 기준금액 이상을 직접 공익목적사업에 사용하였는지 여부
   라. 출연재산을 매각하고 그 매각대금 중 각 연도별 사용의무기준금액 이상을 직접 공익목적사업에 사용하였는지 여부
   마. 공익사업 수혜자의 적정 여부
   바. 특수관계에 있는 내국법인의 주식 등의 가액이 총 재산가액의 일정비율 초과 여부

2. 자기내부거래에 관한 사항
   가. 출연재산 등을 출연자 및 그의 특수관계인에게 사용수익하게 하였는지 여부
   나. 이사장 및 이사 등에게 지급된 금액의 사용처 및 사용내역의 적정 여부
   다. 특수관계에 있는 내국법인을 위한 광고 등 행위를 위하여 지출한 금액이 있는지 여부
   라. 출연자 또는 그의 특수관계인이 공익법인등의 이사현원의 1/5을 초과하여 취임하거나, 임직원이 되는 경우 그 이사 및 임직원에 대한 경비 지출 여부

3. 기타 공익법인등의 운영에 관한 사항
   가. 장부의 작성·비치의무 준수 여부
   나. 법 제48조 제5항의 규정에 의한 보고서의 제출 여부
   다. 기타 공익법인등의 운영 등과 관련하여 공익목적에 부합되지 않는 사업 또는 행위에 대한 조치사항

공익법인등에 대한 세무확인을 한 외부전문가는 그 결과를 다음의 서식에 의하여 당해 공익법인등의 과세기간 또는 사업연도의 종료일부터 4월 이내에 당해 공익법인등을 관할하는 세무서장에게 보고하여야 한다(상속세 및 증여세법 시행령 제43조 제6항). 공익법인의 투명성 확보의무 관련 납세협력비용 완화를 목적으로 2021년 1월 1일 이후 의무를 이행하는 분부터 3개월 이내에 제출의무를 4개월 이내로 제출하는 것으로 개정하였다.

- 별지 제32호 서식 : 공익법인등의 세무확인서
- 별지 제32호 서식 부표 1 : 공익법인등의 세무확인 결과 집계표
- 별지 제32호 서식 부표 2 : 출연자 등 특수관계인 사용수익 명세서
- 별지 제32호 서식 부표 3 : 수혜자 선정 부적정 명세서
- 별지 제32호 서식 부표 4 : 재산의 운용 및 수익사업내역 부적정명세서
- 별지 제32호 서식 부표 5 : 장부의 작성·비치 의무 불이행 등 명세서
- 별지 제32호 서식 부표 6 : 보유부동산명세서

2-3. 외부전문가의 선임제한

공익법인등은 외부전문가를 선임함에 있어 다음의 어느 하나에 해당하는 자를 선임하여서는 아니 된다(상속세 및 증여세법 시행령 제43조 제1항).

1. 해당 공익법인등의 출연자(재산출연일 현재 해당 공익법인등의 총 출연재산가액의 100분의 1에 해당하는 금액과 2천만 원 중 적은 금액 이하의 금액을 출연한 사람은 제외한다), 설립자(이하 이 항에서 "출연자 등"이라 한다) 또는 임직원(퇴직 후 5년이 지나지 아니한 사람을 포함한다)인 경우
2. 출연자등과 상속세 및 증여세법 시행령 제2조의 2 제1항 제1호 또는 제2호의 관계에 있는 사람인 경우
3. 출연자등 또는 그가 경영하는 회사(해당 회사가 법인인 경우에는 출연자 등이 최대주주 등인 회사를 말한다)와 소송대리, 회계감사, 세무대리, 고문 등의 거래가 있는 사람인 경우
4. 해당 공익법인등과 채권·채무 관계에 있는 사람인 경우
5. 제1호부터 제4호까지의 사유 외에 해당 공익법인등과 이해관계가 있는 등의 사유로 그 직무의 공정한 수행을 기대하기 어렵다고 인정되는 사람인 경우
6. 제1호(임직원은 제외한다) 및 제3호부터 제5호까지의 규정에 따른 관계에 있는 법인에 소속된 사람인 경우

2-4. 외부전문가의 세무확인관련 기타 사항

2-4-1. 열 람

공익법인등으로부터 출연재산의 공익목적사업 사용 여부 등에 관련된 외부전문가의 세무확인을 보고받은 관할세무서장은 그 결과를 일반인들이 알 수 있도록 열람을 허용하여야 한다(상속세 및 증여세법 제50조 제2항).

2-4-2. 가산세

공익법인이 외부전문가의 세무확인을 받지 아니하거나 보고의무를 이행하지 아니한 경우에는 외부전문가의 세무확인을 받지 아니하거나 보고를 이행하지 아니한 과세기간 또는 사업연도의 수입금액(법인세법 제3조 제3항에 따른 수익사업에서의 수입금액을 말함. 재산-168, 2009.9.9.)과 당해 사업연도의 출연받은 재산가액[14]의 합계액에 1만분의 7을 곱하여 계산한 금액(그 금액이 100만 원 미만인 경우에는 100만 원으로 한다)을 상속세 또는 증여세로 징수한다. 다만, 세무확인이 배제되는 공익법인에 대하여는 가산세를 부과하지 아니한다(상속세 및 증여세법 제78조 제5항, 동법 시행령 제80조 제7항·제8항·제9항).

---

14) 출연받은 재산가액 : 외부전문가의 세무확인에 대한 보고를 이미 이행한 분으로서 계속 공익목적사업에 직접 사용하는 분을 차감한 가액과 회계감사를 이미 이행한 분으로서 계속 공익목적사업에 직접 사용하는 분을 차감한 가액의 합계액

기획재정부 재산세제과 – 865, 2023.7.13.

공익법인의 세무대리를 수행하는 회계사는 상속세 및 증여세법 시행령 제43조 제1항 따른 세무확인 배제대상에 해당되지 않는 것임. 공익법인의 세무대리를 수행하는 회계사가 속한 회계법인에 소속된 다른 회계사는 같은 법 시행령 제43조 제1항 따른 세무확인 배제대상에 해당되지 않는 것임.

서면 – 2022 – 상속증여 – 0019, 2022.4.19.

공익법인 외부전문가 세무확인 의무대상과 관련하여 「상속세 및 증여세법 시행령」 제43조 제2항 제1호에 따라 "해당 사업연도의 수입금액과 그 사업연도에 출연받은 재산가액의 합계액이 3억 원 이상"인지 여부를 판단함에 있어, 지방자치단체로부터 받은 출연금은 "출연받은 재산가액"에는 포함되지 않는 것임.

서면 – 2020 – 법인 – 4659, 2020.11.19.

「상속세 및 증여세법」 제50조 제1항 단서 및 같은법 시행령 제43조 제2항 제1호의 규정을 적용함에 있어서 "5억 원 미만인 공익법인 등"에 해당되는지 여부는 외부전문가의 세무확인을 받아야 하는 과세기간 또는 사업연도의 종료일 현재 대차대조표상 총자산가액(부동산의 경우 같은법 제60조, 제61조 및 제66조의 규정에 의하여 평가한 가액이 대차대조표상의 가액보다 큰 경우에는 그 평가한 가액)의 합계액을 기준으로 판단하는 것으로, "대차대조표상 총자산가액"이라 함은 당해 공익법인 등의 고유목적사업과 수익사업 등에 사용된 모든 자산의 가액(국고보조금 포함)을 말하는 것임

서면 – 2020 – 법인 – 4653, 2020.11.19.

질의

공익법인의 외부전문가 세무확인 의무가 면제되는 '불특정다수인으로부터 재산을 출연받은 공익법인' 해당 여부에 대한 판정 시기
- 공익법인 설립 당시 인지 또는 당해 사업연도말 기준인지 여부

회신

귀 질의의 경우 해당 사업연도에 공익법인이 「상속세 및 증여세법 시행령」 제43조 제2항 제2호에 해당하는 경우 외부전문가 세무확인 의무가 면제되는 것임.

서면 – 2018 – 법인 – 0941, 2020.8.13.

출연자 1인 및 그와 특수관계에 있는 자가 출연한 재산가액의 합계액이 공익법인이 출

연받은 총재산가액의 100분의 5 이상에 해당되지 아니하는 경우에는 「상속세 및 증여세법 시행령」 제43조 제2항 제2호에 따라 외부전문가의 세무확인을 받지 아니하여도 되는 것이나, 귀 질의의 경우 이에 해당하는지 여부는 사실판단할 사항임.

서면 - 2018 - 상속증여 - 0068, 2018.2.2.

[질의]

(질의1) 공익법인의 세무확인 시 회계감사를 수행하는 회계법인 또는 감사반에 속한 공인회계사가 세무확인을 병행해도 되는지.

(질의2) 세무확인과 외부감사를 병행한 회계사 외에 동일 회계법인 또는 감사반에 속한 다른 회계사가 세무확인을 해도 되는지.

[회신]

공익법인등에 대한 외부전문가의 세무확인서 제출의무에 있어 외부전문가는 변호사, 공인회계사 또는 세무사로서 「상속세 및 증여세법 시행령」 제43조 제1항의 세무확인 배제 대상 외부전문가에 해당하지 않아야 함.

재산 - 934, 2009.5.14.

학교법인이 국가 또는 지방자치단체로부터 출연받은 재산 외에 일반개인으로부터 출연받은 재산이 있는 경우에는 「상속세 및 증여세법」 제50조의 규정이 적용됨.

재산 - 622, 2009.3.25.

공익법인등이 출연자 1인 및 그와 특수관계에 있는 자로부터 출연받은 재산가액의 합계액이 당해 공익법인등이 출연받은 총재산가액의 100분의 5에 미달하는 경우에는 「상속세 및 증여세법」 제50조 제1항 단서 및 같은 법 시행령 제43조 제2항 제2호의 규정에 의하여 외부전문가의 세무확인의무가 면제되는 것임.

재산 - 63, 2009.1.8.

「고등교육법」 제2조 규정에 의한 학교와 「초·중등교육법」 제2조 규정에 의한 학교(이하 "초·중·고"라 한다) 모두를 설치·경영하는 학교법인이 '초·중·고'에 대하여 「주식회사의 외부감사에 관한 법률」 제3조에 따른 감사인에게 회계감사를 받지 아니한 경우 당해 법인은 「상속세 및 증여세법 시행령」 제13조 제5항 규정의 성실공익법인에 해당하지 아니하며, 해당 사업연도에 대하여는 「상속세 및 증여세법」 제50조 제1항의 규정에 따라 외부전문가의 세무확인을 받아야 하고, 이 경우 2007 사업연도 분은 2008 사업연도 종료일부터 2월 이내에 외부전문가의 세무확인을 받아야 하는 것임.

서면4팀 - 1406, 2008.6.12.

공익법인등이 출연자(국가 또는 지방자치단체를 제외한다) 1인 및 그와 특수관계에 있는 자로부터 출연받은 재산가액의 합계액이 당해 공익법인등이 출연받은 총재산가액의 100분의 5에 미달하는 경우에는 「상속세 및 증여세법」 제50조 제1항 단서 및 같은 법 시행령 제43조 제2항 제2호의 규정에 의하여 외부전문가의 세무확인의무가 면제되는 것이며, 귀 질의의 경우 「사회복지공동모금회」 제27조의 규정에 따라 배분받은 기부금은 사회복지공동모금회에 배분대상자를 지정하여 기부한 자(언론기관을 통하여 기부한 자를 포함한다)를 출연자로 보는 것임.

서면4팀 - 1120, 2008.5.7.

30억 원 미만인 공익법인에 해당되는지 여부는 외부전문가의 세무확인을 받아야 하는 과세기간 또는 사업연도의 종료일 현재 대차대조표상 총자산가액의 합계액을 기준으로 판단함.

서면4팀 - 3718, 2007.12.28.

출연자 1인 및 그와 「상속세 및 증여세법 시행령」 제26조 제4항에 규정된 특수관계에 있는 자가 출연한 재산가액의 합계액이 종교단체가 출연받은 총재산가액의 100분의 5 이상에 해당되지 아니하는 경우 「상속세 및 증여세법」 제50조의 규정에 의한 외부전문가의 세무확인을 받지 아니하여도 되는 것이며, 이 경우 총재산가액의 100분의 5 이상에 해당하는지 여부는 외부전문가의 세무확인을 받아야 하는 과세기간 또는 사업연도의 종료일 현재를 기준으로 판단하는 것임.

재재산 - 583, 2007.5.21.

「상속세 및 증여세법」 제50조 제1항 단서 및 같은 법 시행령 제43조 제2항 제1호의 규정을 적용함에 있어서 '30억 원 미만인 공익법인등'에 해당되는지 여부는 외부전문가의 세무확인을 받아야 하는 과세기간 또는 사업연도의 종료일 현재 대차대조표상 총자산가액(부동산의 경우 같은 법 제60조, 제61조 및 제66조의 규정에 의하여 평가한 가액이 대차대조표상의 가액보다 큰 경우에는 그 평가한 가액)의 합계액을 기준으로 판단하는 것임.

서면4팀 - 1101, 2007.4.4.

「산업기술단지지원에 관한 특례법」의 규정에 따라 사업시행자로 지정받은 재단법인이 국가 또는 지방자치단체로부터 출연받은 재산 외에 일반개인이나 법인 등으로부터 출연받은 재산이 있는 경우에는 「상속세 및 증여세법」 제48조 제5항 및 같은 법 제50조의 규정이 적용되는 것임.

서면4팀 - 2072, 2004.12.17., 서면4팀 - 1941, 2004.11.30.

「상속세 및 증여세법」 제46조 제4호의 규정에 의하여 증여받은 재산에 대하여 증여세를 비과세받는 「사내근로복지기금법」의 규정에 의한 사내근로복지기금은 동법 제50조의 규정에 의하여 외부전문가의 세무확인을 받아야 하는 공익법인등에 포함되지 아니하는 것임.

서면4팀 - 1072, 2004.7.13.

질의

공익법인이 1995년과 1996년에 출연받은 재산만이 있고 외부세무확인의무를 이행하지 아니한 1999~2000사업연도에 출연받은 재산이 없는 경우에 가산세를 부과하는 출연재산가액의 의미에 대하여 질의함.

회신

「상속세 및 증여세법」 제78조 제5항의 규정에 의하여 세무확인 불이행에 따른 가산세를 부과할 때에 '당해 사업연도의 출연받은 재산가액'은 당해 공익법인등이 외부전문가의 세무확인을 받지 아니한 사업연도 중에 출연받은 재산가액에 의하는 것이 타당함.

국심 2003서3502, 2004.4.20.

세무확인불성실가산세 계산시, 총출연재산가액의 평가액에 변동이 있을 뿐 당해 사업연도에 출연받은 재산이 없으므로 대통령령이 정하는 수입금액에 대해서만 1만분의 7을 곱하여 산정한 사례

재삼 46014 - 174, 1999.1.25.

질의

「상속세 및 증여세법」 제50조 제2항 및 동법 시행령 제43조 제4항에 의거 자산총액이 50억 원이 넘는 공익법인은 2년에 1회씩 외부전문가에 의한 세무확인을 받도록 규정되어 있으나, 국고부담 및 국민들이 납부하는 보험료 수입만으로 운영하는 우리공단의 경우에도 위 법령의 규정에 의거한 세무확인 대상 기관에 포함되는지의 여부에 대하여 질의함.

회신

「상속세 및 증여세법」 제50조(공익법인등에 대한 외부전문가의 세무확인) 및 동법 시행령 제43조의 규정에 의하여 공익법인등은 2년마다 출연받은 재산의 공익목적사업 사용여부 등에 대하여 외부전문가의 세무확인을 받아야 하는 것이나, 국가 또는 지방자치단체로부터 출연받은 재산 외에 일반개인이나 법인 등으로부터 출연받은 재산이 없는 공익법인등은 외부전문가의 세무확인을 받지 않는 공익법인등에 포함되는 것임.

재삼 46014 - 2135, 1997.9.8.

질의

「상속세법」 제50조 공익법인등에 대한 외부전문가의 세무확인에 있어서 별첨 비영리법인(대표자가 선임. 관리규약이 정하여져 있다)의 자산이 50억 원 이상으로써 종중의 고유사업(선조의 묘위관리 및 수호, 종중재산의 관리, 선조의 문헌 편집 및 홍보, 후손의 육영사업, 기타 부대사업)과 수익사업(부동산, 임대)을 영위할 경우 종중도 「상속세법」 제50조에 해당이 되는지에 대하여 질의함.

회신

「상속세 및 증여세법」(1996.12.30. 법률 제5193호로 개정) 제50조의 규정은 동법 시행령 제12조에 규정된 '공익법인등'에 적용되는 것이나, 귀 종중단체는 이에 해당하지 아니하는 것임.

재삼 46014 - 1295, 1997.5.23.

질의

질의 1. 출연재산명세서 작성 보고시 당해 연도 출연재산만을 의미하는지, 아니면 전체 출연재산의 매 사업연도마다 누적보고를 의미하는지 여부

질의 2. 외부전문가의 세무확인을 받아야 하는 공익법인에서 제외되는 공익법인은 과세기간 또는 사업연도 종료일 현재 대차대조표상 총자산가액이 50억 원 미만인 공익법인등으로 규정하고 있는 바 여기서 총자산가액은 고유목적사업과 수익사업의 자산을 합산한 가액을 의미하는지 아니면 수익사업자산가액만 의미하는지 여부에 대하여 질의함.

회신

「상속세 및 증여세법 시행령」(대통령령 제15193호, 1996.12.31. 개정된 것) 제41조 제1항 제1호의 규정에 의한 '출연받은 재산의 명세'는 당해 연도에 출연받은 재산에 대하여 작성하는 것이며, 동법 시행령 제43조 제2항 제1호의 규정을 적용함에 있어서 '대차대조표상 총자산가액'이라 함은 당해 공익법인등의 고유목적사업과 수익사업 등에 사용되는 모든 자산의 가액을 말하는 것임.

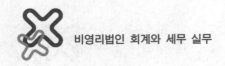

〔별지 제32호 서식〕(2024.3.22. 개정)

공익법인 등의 세무확인서

※ 뒤쪽의 작성방법을 읽고 작성하여 주시기 바랍니다. (앞쪽)

① 사 업 자 등 록 번 호		② 법 인 명	
③ 대 표 자 성 명		④ 전 화 번 호	
⑤ 소 재 지		⑥ 사 업 목 적	
⑦ 사 업 연 도		⑧ 설 립 근 거 법	

1. 자산보유현황

구 분		금 액
⑨ 총자산가액		
자 산 종류별	⑩ 토 지	
	⑪ 건 물	
	⑫ 예·적금등 금융자산	
	⑬ 주식·출자지분 등	
	⑭ 기 타	

2. 수입금액 현황

구 분		금 액
⑮ 총수입금액		
수 입 원천별	⑯ 금 융	
	⑰ 부동산	
	⑱ 기타 수익사업	
	⑲ 사업외손익	
	⑳ 고유목적사업준비금 환입	
	㉑ 공익목적사업	

3. 세무확인결과

㉒ 위 반 금 액	㉓ 외부전문가 종합의견

4. 외부전문가의 인적사항

㉔ 구 분	㉕ 성 명	㉖ 사업자등록번호

「상속세 및 증여세법」 제50조 제2항 및 같은 법 시행령 제43조 제6항에 따라 보고합니다.

년 월 일

공익법인 대표자 성명 　　　　　　　　　　　　　(서명 또는 인)

세무확인자 　　　 성명 　　　　　　　　　　　　　(서명 또는 인)

세무확인자 　　　 성명 　　　　　　　　　　　　　(서명 또는 인)

세무서장 귀하

| 제출서류 | 1. 공익법인 등의 세무확인 결과집계표(별지 제32호 서식 부표 1)
2. 출연자 등 특수관계인 사용수익명세서(별지 제32호 서식 부표 2)
3. 수혜자 선정 부적정 명세서(별지 제32호 서식 부표 3)
4. 재산의 운용 및 수익사업 부적정명세서(별지 제32호 서식 부표 4)
5. 장부의 작성·비치 의무불이행 등 명세서(별지 제32호 서식 부표 5)
6. 보유부동산 명세서(「상속세법 시행규칙」 별지 제32호 서식 부표 6)
7. 공익법인 등의 결산서(대차대조표, 손익계산서 또는 수지계산서) | 수수료
없 음 |

210mm×297mm[백상지 80g/㎡(재활용품)]

작 성 방 법

1. 자산보유현황

   가. ⑨란의 총자산가액은 외부전문가의 세무확인을 받는 세무확인 대상의 과세기간 또는 사업연도 종료일 현재 대차대조표상 총자산가액을 적습니다.

   나. ⑩란부터 ⑭란까지의 자산종류별 가액은 과세기간 또는 사업연도의 종료일 현재의 대차대조표상 해당 계정과목의 금액을 적습니다.

2. 수입금액 현황

   ⑮ 총수입금액란은 공익법인등의 운영성과표상 공익목적사업과 금융, 부동산 등 발생 원천별 기타사업으로 구분하여 각각 수익총액을 적습니다.

   ⑲ 사업외손익란은 공익목적사업 외 기타사업에서 발생한 사업외 손익을 적습니다.

   　예) 부동산을 제외한 유형자산처분손익 등

   ⑳ 고유목적사업준비금 환입란은 「법인세법」 제29조에 따라 고유목적사업준비금을 익금에 산입한 금액을 적습니다.

   ㉑ 공익목적사업란은 공익법인등의 정관에 기재된 공익목적사업의 수익금액을 적습니다.

3. 세무확인결과

   가. ㉒란은 부표 1의 ⑯ 위반금액 합계액을 적습니다.

   나. ㉓란은 세무확인 결과에 대한 외부전문가의 종합검토의견을 간략히 적습니다.

4. 외부전문가의 인적사항

   가. ㉔란의 구분은 외부전문가의 직업인 변호사·공인회계사·세무사 또는 법무법인·회계법인·세무법인 및 합동사무소 등 소속법인명을 적습니다.

   나. ㉖란의 사업자등록번호는 외부전문가의 사업자등록번호(법인소속 등의 경우 해당법인 또는 합동사무소 등의 사업자등록번호)를 적습니다.

   다. 외부전문가가 4명을 초과하는 경우에는 외부전문가의 인적사항을 별지로 적습니다.

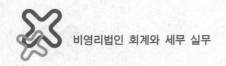

〔별지 제32호 서식 부표 1〕(2012.2.28. 신설)

공익법인 등의 세무확인 결과 집계표

| 사업연도 | | 공익법인명 | | 사업자등록번호 | |

(단위 : 원)

구분	세 무 확 인 항 목		적정여부 ⑮	위반금액 ⑯
	① 합 계			
출연재산 보고 등	②공익법인 출연재산 등에 대한 보고서	[별지 제23호 서식]		
	③출연재산운용소득·매각대금의 사용계획 및 진도내역서	[별지 제24호 서식]		
	④출연받은 재산의 사용명세서	[별지 제25호의 2 서식]		
	⑤재산 매각대금 사용명세서	[별지 제25호의 3 서식]		
	⑥운용소득의 직접 공익목적사업 사용명세서	[별지 제25호의 4 서식]		
	⑦주식(출자지분) 보유명세서	[별지 제26호 서식]		
	⑧이사 등 선임명세서	[별지 제26호의 2 서식]		
	⑨특정기업을 위한 광고 등 명세서	[별지 제26호의 3 서식]		
외부 전문가의 세무확인	⑩출연자 등 특수관계인 사용수익 명세서	[별지 제32호 서식 부표 2]		
	⑪수혜자 선정 부적정 명세서	[별지 제32호 서식 부표 3]		
	⑫재산의 운용 및 수익사업 내역 부적정 명세서	[별지 제32호 서식 부표 4]		
	⑬장부의 작성·비치 의무 불이행 명세서	[별지 제32호 서식 부표 5]		
	⑭ 보유부동산 명세서 [별지 제32호 서식 부표 6]			

세무확인자 성명 (서명 또는 인)

성명 (서명 또는 인)

작 성 방 법

가. ⑮란은 공익법인 제출서류의 관련 법 규정에 대한 위반 여부 등 세무확인 결과를 적습니다.

나. ⑯란은 「상속세 및 증여세법」 제48조에 따라 증여세가 과세되거나 가산세가 부과되는 사유에 해당하거나 같은 법 제51조를 위반한 경우 해당 출연재산의 가액 또는 운용소득금액 및 지출비용 등을 적습니다.

210mm×297mm[백상지 80g/m² 또는 중질지 80g/m²]

[별지 제32호 서식 부표 2] (2012.2.28. 신설)

출연자 등 특수관계인 사용수익명세서

(앞 쪽)

※ 뒤쪽의 작성방법을 읽고 작성하여 주시기 바랍니다.

사업연도		법인명		사업자등록번호	

(단위 : 원, m²)

① 재산종류	사 용 수 익 계 산					사 용 수 익 의 귀 속 자				⑩ 정상대가	⑪ 사용대가	⑫ 사용수익금액 (⑩-⑪)	⑬ 비고
	② 출연(취득) 일 자	③ 출연자	④ 소 재 지	⑤ 수 량 (면 적)	⑥ 가 액	⑦ 성 명	⑧ 주민등록번호 (사업자등록번호)	⑨ 출연자 등 과의 관계				
합 계												

364mm×257mm[백상지 80g/m² 또는 중질지 80g/m²]

(뒤 쪽)

작 성 방 법

※ 작성대상

「상속세 및 증여세법」 제48조 제3항에 따라 출연받은 재산 등을 출연자 및 그 친족 등에게 임대차·소비대차 및 사용대차 등의 방법으로 사용·수익하게 한 재산을 적습니다.

1. ⑥사용수익재산 가액란은 해당 재산에 대하여 「상속세 및 증여세법」 제4장의 규정에 따라 평가한 가액을 적습니다.

2. ⑨출연자등과의 관계란은 해당 공익법인 또는 출연자와의 관계를 적습니다.

3. ⑫사용수익금액란은 ⑩란의 정상대가에서 ⑪란의 실제 사용대가를 차감한 금액을 적습니다.

4. ⑬비고란은 「상속세 및 증여세법 시행령」 제39조 제2항에 따른 과세제외 사유를 적습니다.

[별지 제32호 서식 부표 3] (2012.2.28. 신설)

(앞쪽)

수혜자 선정 부적정명세서

사업연도	법인명	사업자등록번호

※ 뒤쪽의 작성방법을 읽고 작성하여 주시기 바랍니다.

(단위 : 원, m²)

① 재산 종류	공익목적사업의 사용재산			수혜자의 인적사항					⑩ 출연자등과의 관계
	② 소재지	③ 수량(면적)	④ 가액	⑤ 성명	⑥ 직업(근무처)	⑦ 직위	⑧ 주소	⑨ 주민등록번호(사업자등록번호)	
합 계									

364mm×257mm[백상지 80g/m² 또는 중질지 80g/m²]

(뒤 쪽)

작 성 방 법

※ 작성대상

「상속세 및 증여세법 시행규칙」 제14조 제1항 제3호에 따른 수혜자 선정이 부적정한 경우를 적습니다.

1. ④가액란은 부적정한 수혜자 선정으로 제공된 재산 또는 경제적 이익 등 수혜금액을 적습니다.

2. ⑩출연자등과의 관계란은 「상속세 및 증여세법」 제48조 제3항 및 같은 법 시행령 제39조 제1항에 따른 공익법인과 출연자등과의 관계를 적습니다.

* 친족의 범위는 「국세기본법 시행령」 제1조의 2 제1항 각 호에 해당하는 사람을 말합니다.

[별지 제32호 서식 부표 4] (2012.2.28. 신설)

(앞 쪽)

재산의 운용 및 수익사업내역 부적정명세서

| 사업
연도 | | 법인명 | | 사업자등록번호 | |

※ 뒤쪽의 작성방법을 읽고 작성하여 주시기 바랍니다.

(단위 : 원, m²)

출연재산				운용현황					
① 재산 종류	② 소재지	③ 수량 (면적)	④ 출연재산가액	⑤ 구분	⑥ 수익금액	⑦ 적정수익금액	오류 및 탈루금액		⑩ 적요
							⑧ 유형	⑨ 금액	
합 계									

364mm×257ml[백상지 80g/m² 또는 중질지 80g/m²]

(뒤 쪽)

작 성 방 법

※ 작성대상

「상속세 및 증여세법 시행규칙」 제14조 제1항 제1호에 따라 해당 공익법인등이 출연받은 재산을 운용 및 수익사업의 내역상 운용·수익사업 소득에 대한 탈루사항 등을 적습니다.

* 다만, 「법인세법 시행령」 제97조 및 「소득세법 시행령」 제131조에 따라 세무사가 조정계산서를 작성하여 해당 수익사업에 대한 신고를 한 것과, 출연받은 재산을 출연자 등 특수관계인의 임대차 등 사용·수익으로 그들에게 귀속되는 경제적이익 상당액을 별지 제32호서식 부표 2에 따라 작성한 것은 제외합니다.

1. ⑦적정수익금액란은 정상적인 사인간의 거래, 건전한 사회통념상 인정되는 시가를 적습니다.

2. ⑧유형란은 수익금액의 오류 또는 탈루유형을 적습니다.
   (예) 수입이자누락, 매출누락 등

3. ⑨금액란은 누락된 수익금액 및 ⑦란의 적정수익금액과 실제 수익금액이 차액을 적습니다.

4. ⑩적요란은 해당 재산의 운용 및 수익사업소득이 부적정한 내용을 간략히 적습니다.
   (예) - 출연재산을 현저히 저렴한 가액으로 매각한 경우 그 내용 등
       - 무수익자산의 취득 등 수익사업 운용상의 부적정한 내용 등

364mm×257mm[백상지 80g/m² 또는 중질지 80g/m²]

〔별지 제32호 서식 부표 5〕(2012.2.28. 신설)

장부의 작성·비치 의무 불이행 등 명세서

※ 뒤쪽의 작성방법을 읽고 작성하여 주시기 바랍니다.　　　　　　　　　　（앞 쪽）

사업연도		공익법인명		사업자등록번호	

1. 장부의 작성·비치의무 불이행 내역

① 구　　　　　　분	② 해당 과세기간의 수입금액 및 출연재산금액	③ 작성·비치 의무 불이행 장부 등	④ 비　　　　고
공익목적 사　　업			
수　익 사 업 명			

2. 출연재산 명세 보고 등 불이행 내역

⑤ 구　　　　　분	⑥ 제출 여부	⑦ 미제출분에 상당하는 재산가액	⑧ 누락 또는 오류 분에 상당하는 재산가액
공익법인 출연재산 등에 대한 보고서 [별지 제23호 서식]			
출연재산운용소득·매각대금의 사용계획 및 진도내역서 [별지 제24호 서식]			
출연받은 재산의 사용명세서 [별지 제25호의 2 서식]			
재산매각대금 사용명세서 [별지 제25호의 3 서식]			
운용소득의 직접 공익목적사업 사용명세서 [별지 제25호의 4 서식]			
주식(출자지분)보유 명세서 [별지 제26호 서식]			
이사 등 선임명세서 [별지 제26호의 2 서식]			
특정기업광고 등 명세서 [별지 제26호의 3 서식]			

210mm×297mm[백상지 80g/m² 또는 중질지 80g/m²]

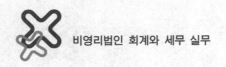
(뒤 쪽)

작 성 방 법

1. 장부의 작성·비치의무 불이행 내역

　※ 작성대상
　　「상속세 및 증여세법」 제51조에 따라 공익법인등의 출연받은 재산 및 공익사업의 운용내역, 수익사업에 대한 장부와 중요한 증빙서류의 작성·비치의무를 이행하지 아니한 것에 대하여 적습니다.

　　＊ 다만, 「법인세법 시행령」 제97조 및 「소득세법 시행령」 제131조에 따라 세무사가 조정계산서를 작성하여 해당 수익사업에 대한 신고를 한 것은 제외합니다.

　가. ①공익목적사업 및 수익사업명란은 해당 공익법인의 공익목적사업과 수익사업의 명칭을 적습니다.

　나. ②해당 과세기간의 수입금액 및 출연재산금액란은 장부의 작성·비치 의무를 불이행한 금액을 적습니다.

　다. ③작성·비치의무 불이행 장부 등란은 해당 공익목적사업 및 수익사업과 관련하여 작성·비치해야 할 복식부기형식의 장부로서 의무를 불이행한 주요 장부 또는 장부와 관련된 중요한 증명서류를 적습니다.

2. 출연재산 명세 보고 등 불이행 내역

　※ 작성대상
　　「상속세 및 증여세법」 제48조 제5항 및 같은 법 시행령 제41조 제1항에 따라 납세지 관할세무서장에게 제출하여야 할 출연 재산명세 등의 이행여부에 대한 사항을 적습니다.

[별지 제32호 서식 부표 6] (2012.2.28. 신설)

보유부동산 명세서

사업연도	법인명					사업자등록번호			
재산종류	출연일자 (취득일자)	소 재 지	수 량 (면적)	장부가액	재산종류	출연일자 (취득일자)	소 재 지	수 량 (면적)	장부가액
합 계									

364mm×257mm[백상지 80g/m² 80g/m² 또는 중질지 80g/m²]

3 공익법인등의 외부감사 의무

3-1. 공익법인의 외부 회계감사 의무

공익법인등은 과세기간별 또는 사업연도별로 「주식회사의 외부감사에 관한 법률」 제2조 제7호에 따른 감사인(회계법인, 한국공인회계사회에 등록한 감사반)에게 회계감사를 받아야 한다. 다만, 다음의 공익법인등은 제외하되, "내국법인의 발행주식총수등의 100분의 5를 초과하여 주식등을 출연받은 자 등 대통령령으로 정하는 공익법인등"이란 제38조 제20항에 따른 공익법인등('제3절 3 - 1. 신고대상 공익법인등' 참조)은 포함한다(상속세 및 증여세법 제50조 제3항, 동법 시행령 제41조의 2 제6항, 제43조 제3항 · 제4항).

1. 회계감사를 받아야 하는 과세기간 또는 사업연도의 직전 과세기간 또는 직전 사업연도의 총자산가액 등이 다음을 모두 충족하는 공익법인 등
   ① 과세기간 또는 사업연도 종료일의 재무상태표상 총자산가액(부동산인 경우 법 제60조 · 제61조 및 제66조에 따라 평가한 가액이 재무상태표상의 가액보다 크면 그 평가한 가액을 말한다)의 합계액이 100억 원 미만일 것
   ② 해당 과세기간 또는 사업연도의 수입금액과 그 과세기간 또는 사업연도에 출연받은 재산가액의 합계액이 50억 원 미만일 것
   ③ 해당 과세기간 또는 사업연도에 출연받은 재산가액이 20억 원 미만일 것
2. 종교의 보급 기타 교화에 현저히 기여하는 사업, 「초 · 중등교육법」 및 「고등교육법」에 의한 학교, 「유아교육법」에 따른 유치원을 설립 · 경영하는 사업을 영위하는 공익법인등(단, 대학을 설치 · 경영하는 학교법인의 경우에는 「사립학교법」에서 외부감사를 의무화 하고 있다. 그러나 대학이 아닌 유치원, 초, 중등학교를 설치 · 경영하는 학교법인은 사립학교법과 세법에서 외부감사를 의무화하지 않고 있다.)

| 사립학교법 제31조 【예산 및 결산의 제출】|

④ 학교법인은 제1항에 따라 결산서를 제출할 때에 그 학교법인의 감사 모두가 서명 · 날인한 감사보고서를 첨부하여야 한다. 이 경우 대학교육기관을 설치 · 경영하는 학교법인(제5항에 따른 학교법인은 제외한다)은 직접 선임한 학교법인과 독립한 외부감사인(「주식회사 등의 외부감사에 관한 법률」 제2조 제7호의 감사인을 말한다. 이하 이 조에서 같다)의 감사보고서(이하 "외부감사보고서"라 한다) 및 부속서류(제4조 제1항 제1호에 따른 학교의 교비회계 결산은 제외한다)를 첨부하여야 한다.

2019년 12월 31일 법 및 2020년 2월 11일 시행령 개정시 공익법인의 회계투명성 제고를 위하여 공익법인 등의 회계감사 대상 기준에 자산규모 뿐만 아니라 수입금액도 추가로 고려하도록 하여 종전에는 자산규모 100억 원 이상을 보유하고 있는 공익법인만 외부감사 대상에 해당되었으나, 연간 수입금액이 50억 원 이상이거나 기부금이 20억 원 이상인 경우까지 외부감사 대상을 확대하였으며 동 개정규정은 2020년 1월 1일 이후 개시하는 과세기간 또는 사업연도 분부터 적용한다.

2021년 2월 17일 시행령 개정시 외부회계감사 의무 대상에 특정법인의 주식 5%를 초과하여 출연·취득한 공익법인 등이 포함됨을 명확히 하였고, 동 개정규정은 2021년 1월 1일 이후 개시하는 과세기간 또는 사업연도부터 적용한다.

3-2. 외부 회계감사의 실시기한 및 보고기한

회계감사를 받은 공익법인등은 감사인이 작성한 감사보고서를 과세기간 또는 사업연도 종료일부터 4개월 이내에 관할세무서장에게 제출하여야 한다. 이 경우 관할세무서장은 제출받은 감사보고서를 일반인이 열람할 수 있도록 하여야 한다(상속세 및 증여세법 시행령 제43조 제7항). 공익법인의 투명성 확보의무 관련 납세협력비용 완화를 목적으로 2021년 1월 1일 이후 의무를 이행하는 분부터 3개월 이내에 제출의무를 4개월 이내로 제출하는 것으로 개정하였다.

3-3. 공익법인에 대한 주기적 감사인 지정 및 감리

3-3-1. 감사인 지정

2019년 12월 31일 법 개정시 공익법인 외부감사의 투명성 제고를 위하여 기획재정부장관이 일정 규모 이상의 공익법인에 대하여 감사인을 지정하여 회계감사를 받게 할 수 있도록 근거를 마련하였다. 동 개정규정은 2022년 1월 1일 이후 개시하는 과세기간 또는 사업연도 분부터 적용한다.

기획재정부장관은 자산 규모 등을 고려하여 지정기준일(지정회계감사의 대상이 되는 과세연도의 직전 과세연도 개시일부터 11개월 15일이 되는 날)이 속하는 과세연도의 직전 과세연도 종료일 현재 재무상태표상 총자산가액이 1,000억 원 이상인 공익법인등이 연속하는 4개 과세기간 또는 사업연도에 대하여 회계감사를 받은 경우에는 그 다음 과세기간 또는 사업연도부터 연속하는 2개 과세기간 또는 사업연도에 대하여 기획재정부장관이 지정하는 감사인에게 회계감사를 받도록 할 수 있다. 이 경우 기획재정부장관은 감사인 지정 업무의 전부 또는 일부를 국세청장에게 위임할 수 있다(상속세 및 증여세법 제50조 제4항, 동법 시행령 제43조의 2).

그럼에도 불구하고 회계처리의 신뢰성이 양호한 경우 등 다음의 공익법인등은 지정대상 공익법인에서 제외한다.

1. 지정기준일 이전 4년 이내에 법 제50조 제5항에 따른 감리를 받은 공익법인등으로서 그 감리 결과 법 제50조의 4 제1항에 따른 회계기준(다른 법령에 따라 별도의 회계기준이 적용되는 공익법인등의 경우에는 해당 회계기준을 말한다)을 위반한 사실이 발견되지 않은 공익법인등

2. 「공공기관의 운영에 관한 법률」 제4조에 따른 공공기관인 공익법인등

직전 과세연도 종료일 현재 재무상태표상 총자산가액이 1,000억 원 이상인 공익법인등은 과세연도가 시작된 후 9개월째 되는 달의 초일부터 2주 이내에 지정회계감사에 필요한 다음의 자료를 기획재정부장관(위임받은 국세청장)에게 제출해야 한다. 다만, 지정회계감사 대상인 2개 과세연도 중 두 번째 과세연도 및 그 직후 3개 과세연도에는 제출하지 않을 수 있다.

1. 별지 제35호 서식의 감사인 지정을 위한 기초자료 내역서

2. 직전 과세연도 종료일 현재 재무상태표상 총자산가액을 확인할 수 있는 자료 첨부

3. 감사인 중에서 해당 공익법인등과의 관계에서 다음의 어느 하나에 해당하는 자가 있는 경우에는 그 감사인에 대한 자료를 함께 제출

   ① 「공인회계사법」 제33조 및 그 밖의 법령에 따라 해당 공익법인등의 감사인이 될 수 없는 자

   ② 「공인회계사법」 제43조 제1항에 따른 직업윤리에 관한 규정에 위반될 우려가 있는 등 해당 공익법인등의 감사인이 되는 것이 적절하지 않은 자

기획재정부장관은 「주식회사 등의 외부감사에 관한 법률」 제2조 제7호에 따른 감사인 중에서 신청을 받아 지정감사인을 지정하되 다음의 자는 지정감사인으로 지정하지 않을 수 있다.

1. 감사보고서에 기재해야 할 사항을 기재하지 않았거나 거짓으로 기재한 혐의로 공소가 제기된 자

2. 특별한 사유 없이 제7항(제10항에 따라 준용되는 경우를 포함)에 따른 기간(지정감사인 지정 통지를 받은 공익법인등은 지정기준일부터 2주 이내에 지정감사인과 감사계약을 체결) 내에 감사계약을 체결하지 않은 자

3. 제43조의 3 제3항에 따라 회계감사기준 또는 회계기준을 위반한 것으로 주무관청, 국세청장 및 금융위원회에 통보된 자

4. 그 밖에 과도한 감사보수를 요구하는 등의 사유로 제6항에 따라 의견이 제출된 자 등 지정감사인으로 지정하는 것이 적절하지 않다고 기획재정부장관이 인정하는 자

지정감사인으로 지정받으려는 감사인은 매년 9월 1일부터 2주 이내에 별지 제36호 서식의 지정감사인 지정 신청서에 다음의 서류를 첨부하여 국세청장에게 제출해야 한다.

1. 감사인 등록증 사본
2. 다음 ① 또는 ②의 요건을 충족함을 확인할 수 있는 서류
   ① 신청서를 제출한 해의 9월 1일부터 과거 2년 이내에 3인 이상의 소속 공인회계사(「주식회사 등의 외부감사에 관한 법률」 제9조 제4항에 따른 실무수습 등을 이수한 자로 한정)가 「공인회계사법」 제41조에 따라 설립된 한국공인회계사회가 실시하는 공익법인등에 대한 감사실무교육을 이수하였을 것
   ② 신청서를 제출한 해의 9월 1일이 속하는 감사인의 사업연도의 직전 5개 사업연도 중 3개 이상의 사업연도에 법 제50조 제3항에 따른 회계감사를 수행하였을 것
3. 별표 제4호 및 제5호에 따른 지정감사인 지정 점수 산정을 위한 소속 공인회계사별 경력기간 세부 현황 자료

기획재정부장관은 지정회계감사의 대상이 되는 과세연도의 직전 과세연도 개시일부터 11개월 15일이 되는 날(지정기준일)까지 지정감사인을 지정하고 이를 지정회계감사 대상 공익법인등 및 지정감사인에게 각각 통지해야 한다.

기획재정부장관은 지정감사인을 지정하기 전에 지정회계감사 대상 공익법인등과 지정감사인으로 지정하려는 감사인에게 지정기준일 4주 전까지 지정 예정 사실을 문서로 통지해야 한다. 다만, 신속하게 지정감사인을 지정할 필요가 있는 경우에는 그 기간을 단축할 수 있다. 지정감사인 지정 통지를 받은 공익법인등은 지정기준일부터 2주 이내에 지정감사인과 감사계약을 체결해야 한다.

동 통지를 받은 공익법인등과 지정 예정 감사인은 통지를 받은 날부터 2주 이내에 기획재정부장관에게 의견을 제출할 수 있으며, 기획재정부장관은 그 의견에 상당한 이유가 있

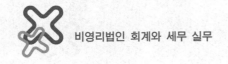

는 경우 그 의견을 반영할 수 있다.

다만, 다음의 경우에는 지정감사인을 다시 지정해 줄 것을 기획재정부장관에게 요청할 수 있다(상속세 및 증여세법 제43조의 2 제7항).

1. 지정감사인이 특별한 사유 없이 지정기준일부터 2주 이내에 감사계약을 체결하지 않은 경우

2. 지정감사인이 「공인회계사법」 제33조 및 그 밖의 법령에 따라 해당 공익법인등의 감사인이 될 수 없는 경우

기획재정부장관은 상기 요청에 상당한 이유가 있는 경우 지정감사인을 다시 지정할 수 있다. 지정감사인을 다시 지정한 경우에는 그 사실을 해당 공익법인등 및 새로 지정된 지정감사인에게 각각 통지해야 한다. 감사계약을 체결한 지정감사인은 감사계약을 체결한 날부터 2주 이내에 감사계약서 사본을 기획재정부장관에게 제출해야 한다.

기획재정부장관은 지정감사인 지정에 관한 업무를 국세청장에게 위탁한다.

국세청장은 다음의 사유로 의견이 제출된 경우에는 지정 예정 감사인을 변경할 수 있다(시행규칙 제14조의 2 제5항).

1. 지정 예정 감사인이 「공인회계사법」 제33조 및 그 밖의 법령에 따라 해당 공익법인등의 감사인이 될 수 없는 경우

2. 보수 등 감사계약의 조건에 대하여 공익법인등과 지정 예정 감사인 간의 이견이 큰 경우

3. 지정 예정 감사인이 「공인회계사법」 제43조 제1항에 따른 직업윤리에 관한 규정에 위반될 우려가 있는 등 해당 공익법인등의 감사인이 되는 것이 적절하지 않은 경우

국세청장은 지정회계감사를 받도록 하는 경우 매 과세연도마다 일정 수 이상의 공익법인등이 고르게 지정회계감사를 받을 수 있도록 공익법인등을 그 재무상태표상 총자산가액이 큰 순서에 따라 과세연도별로 안분하여 지정회계감사를 받도록 할 수 있다. 다만, 지정기준일 현재 다음의 사유가 있는 공익법인등에 대해서는 해당 호에서 정하는 바에 따라 지정회계감사를 받도록 해야 한다.

1. 법 제50조 제3항에 따른 회계감사의 감사계약이 체결되어 있는 경우로서 그 계약체결일이 속하는 과세연도의 직전 과세연도 종료일 현재 재무상태표상 총자산가액이 1,000억 원 미만이고, 그 감사계약에 따른 감사 대상 과세연도와 지정회계감사 대상이 될 과세연도가 중복되는 경우 : 중복되는 최대 2개 과세연도 직후의 과세연도에 대해

지정회계감사를 받도록 할 것

2. 법 제50조 제5항에 따라 감사보고서와 재무제표에 대하여 감리가 진행 중인 경우 : 감리가 종료된 날이 속하는 과세연도의 다음 과세연도에 지정감사인을 지정하여 그 다음 과세연도에 지정회계감사를 받도록 할 것

| 공인회계사법 제33조【직무제한】|

① 회계법인은 다음 각 호의 1에 해당하는 자에 대한 재무제표를 감사하거나 증명하는 직무를 행하지 못한다.

1. 회계법인이 주식을 소유하거나 출자하고 있는 자(회사를 포함한다. 이하 이 조에서 같다)
2. 회계법인의 사원이 제21조 제1항 각호의 1에 해당하는 관계가 있는 자
3. 제1호 및 제2호외에 회계법인이 뚜렷한 이해관계를 가지고 있거나 과거 1년 이내에 그러한 이해관계를 가지고 있었던 것으로 인정되는 자로서 대통령령이 정하는 자

| 공인회계사법 시행령 제15조의 2【회계법인의 직무제한】|

① 법 제33조 제1항 제3호에서 "대통령령이 정하는 자"라 함은 다음 각 호의 어느 하나에 해당하는 자를 말한다.

1. 과거 1년 이내에 자기의 재무제표 등에 대하여 감사 또는 증명업무를 행한 회계법인의 담당사원 또는 그 배우자가 임원이나 그에 준하는 직위(재무에 관한 사무의 책임있는 담당자를 포함한다)에 있는 자
2. 회계법인과 1억 원 이상의 채권 또는 채무관계에 있는 자. 이 경우 제14조 제1항 제2호 단서의 규정은 회계법인에 대하여 이를 준용한다.
3. 회계법인과 제14조 제1항 제3호 내지 제5호의 규정에 준하는 관계가 있는 자

| 공인회계사법 제43조 제1항 |

① 공인회계사회는 회원이 직무를 행함에 있어 지켜야 할 직업윤리에 관한 규정을 제정하여야 한다.

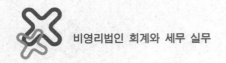

3-3-2. 감 리

2019년 12월 31일 법 개정시 공익법인 외부감사의 투명성 제고를 위하여 공익법인의 회계감사 적정성에 대한 감리제도를 도입하고, 감리 결과에 따른 조치근거 등을 마련하였다. 동 개정규정은 2022년 1월 1일 이후 개시하는 과세기간 또는 사업연도 분부터 적용한다(상속세 및 증여세법 제48조 제5항, 동법 시행령 제43조의 3, 동법 시행규칙 제14조의 3).

기획재정부장관은 다음의 사유가 있는 경우 공익법인등이 공시한 감사보고서와 그 감사보고서에 첨부된 재무제표에 대하여 감리를 실시할 수 있다.

> 1. 계량적 분석 또는 무작위 표본 추출 등의 방법에 따라 감리 대상으로 선정된 경우
> 2. 기획재정부장관이 공익법인등의 회계 관련 법령 위반사실의 확인을 위하여 감리가 필요하다고 인정하는 경우

기획재정부장관은 감리를 위하여 필요한 경우에는 해당 공익법인등 및 감사인에 대하여 자료의 제출, 의견 진술 등을 요구할 수 있다. 감리 결과 해당 감사보고서 또는 재무제표가 「주식회사 등의 외부감사에 관한 법률」 제16조에 따른 회계감사기준 또는 법 제50조의 4 제1항에 따른 공익법인회계기준(다른 법령에 따라 별도의 회계기준이 적용되는 공익법인등의 경우에는 해당 회계기준)을 위반한 것으로 인정되는 경우 해당 공익법인등과 감사인의 명단 및 위반 내용 등을 해당 공익법인등의 주무관청, 국세청장 및 금융위원회에 통보해야 한다.

통보를 받은 금융위원회는 그 통보 내용에 따라 해당 감사인에 대하여 징계 등의 조치를 하는 경우 그 내용을 기획재정부장관에게 통보해야 한다.

기획재정부장관은 감리 및 자료 제출 등의 요구 업무를 「공인회계사법」 제41조에 따른 한국공인회계사회에 위탁한다.

감리 업무를 위탁받은 한국공인회계사회는 매년 1분기 내에 감리 대상 선정 계획과 연간 감리 계획을 기획재정부장관 및 국세청장에게 보고해야 한다. 또 감사인이 해당 과세기간 또는 사업연도에 받은 감사보수의 1퍼센트 이내의 금액을 감리업무 수수료로 받을 수 있다. 이 경우 감리업무 수수료 징수에 필요한 사항은 한국공인회계사회가 정한다.

3-4. 가산세

상속세 및 증여세법 제50조 제3항 또는 제4항에 따른 회계감사를 이행하지 아니한 경우(제50조 제4항에 따라 지정받은 감사인이 아닌 다른 감사인에게 회계감사를 받은 경우를 포함)에는 회계감사를 이행하지 아니한 사업연도의 수입금액과 당해 사업연도의 출연받은 재산가액15)의 합계액에 1만분의 7을 곱하여 계산한 금액(그 금액이 100만 원 미만인 경우에는 100만 원으로 한다)을 상속세 또는 증여세로 추징한다. 다만, 상기 '3 – 1.'의 외부 회계감사대상에서 제외되는 공익법인등은 제외한다(상속세 및 증여세법 제78조 제5항, 동법 시행령 제43조 제3항 · 제4항).

이는 2017년 1월 1일부터 시행한다. 지정감사와 관련된 내용은 2023.1.1. 이후 법 제50조 제4항에 따라 감사인을 지정받는 경우부터 적용한다(법 부칙(2022.12.31.) 제5조).

 │ 중요 예규 및 판례 │

> **서면 – 2022 – 법인 – 3369, 2023.9.12.**
> 공익법인이 「상속세 및 증여세법 시행령」 제43조에 따라 출연자 및 그 특수관계인의 출연재산가액이 출연받은 총재산가액의 100분의 5 미만에 해당하는 불특정 다수로 출연받은 경우에는 외부전문가로부터 세무확인을 받을 의무가 없는 것이며, 종교의 보급 기타 교화에 현저히 기여하는 사업을 영위하면서 「상속세 및 증여세법 시행령」 제41조의 2 제6항에 해당하지 않는 경우에는 외부회계감사를 받아야 할 의무가 없는 것으로 귀 법인이 이에 해당하는지 여부는 사실판단할 사항임.
>
> **서면 – 2022 – 법인 – 4430, 2023.9.6., 서면 – 2022 – 법인 – 1073, 2022.4.26.**
> 「상속세 및 증여세법 시행령」 제43조 제3항에 따라 회계감사 의무 제외대상인 "해당 과세기간 또는 사업연도에 출연받은 재산가액 20억 원 미만"인지 여부를 판단함에 있어, 국고보조금과 지방자치단체 보조금은 출연받은 재산가액에는 포함되지 않는 것임.

---

15) 출연받은 재산가액 : 외부전문가의 세무확인에 대한 보고를 이미 이행한 분으로서 계속 공익목적사업에 직접 사용하는 분을 차감한 가액과 회계감사를 이미 이행한 분으로서 계속 공익목적사업에 직접 사용하는 분을 차감한 가액의 합계액

서면 – 2022 – 상속증여 – 3467, 2022.12.9.

공익법인 외부 회계감사 의무대상 여부와 관련하여 「상속세 및 증여세법 시행령」 제43조 제3항 제2호에 따라 "해당 사업연도의 수입금액과 그 사업연도에 출연받은 재산가액의 합계액이 50억 원 이상"인지 여부를 판단함에 있어서 의료법인이 3년 이상 의료업에 사용하던 부동산(토지·건물)을 양도하여 발생하는 유형자산 처분이익은 "해당 사업연도의 수입금액"에 포함되는 것임.

서면 – 2022 – 법인 – 0256, 2022.3.3.

「사회복지사업법」에 의해 설립된 사회복지법인이 구 「교육법」('97.12.13. 법률 제5437호로 폐지되기 전의 것)에 따라 설립을 인가받아 특수학교를 운영을 하면서 「사회복지사업법」 상 장애인 거주시설 및 재활시설 등을 추가로 운영하는 경우에는 「상속세 및 증여세법」 제50조 제3항 단서 규정에 의해 회계감사를 받지 않아도 되는 것임.

사전 – 2021 – 법령해석법인 – 0323, 2021.4.7., 서면 – 2020 – 법령해석법인 – 4657, 2021.1.20.

「사회복지사업법」에 의해 설립된 사회복지법인이 舊 「교육법」(1997.12.13. 법률 제5437호로 폐지되기 전의 것) 제85조 제1항에 따라 특수학교의 설립을 인가받아 운영하면서 그 외 「장애인복지법」 제58조에 따른 장애인 복지시설을 함께 운영하는 경우 해당 사회복지법인은 「상속세 및 증여세법」 제50조 제3항 단서 규정에 의해 회계감사를 받지 않아도 되는 것임.

서면 – 2020 – 법인 – 5536, 2020.12.30.

어린이집을 운영하는 사회복지법인은 「상속세 및 증여세법 시행령」 제12조 제3호 규정에 따라 공익법인에 해당하는 것으로, 공익법인이 「상속세 및 증여세법」 제50조 제1항에 해당하는 경우 외부전문가의 세무확인을 받아야 하는 것임.

서면 – 2017 – 상속증여 – 2968, 2018.9.7.

〔사실관계〕

• 질의 재단은 대학 내의 발전기금재단임.
• 질의 재단은 정관상 학교의 장학 및 학술 지원을 위해 설립된 공익법인이며 기본재산을 포함하여 약 200억 원의 재산을 보유하고 있음.

〔질의내용〕

• 학내 장학금 및 연구활동을 지원하는 목적으로 설립된 발전기금재단이 외부 회계감사 제외대상에 해당하는지.

「상속세 및 증여세법」 제50조 제3항에 따라 공익법인등은 과세기간별 또는 사업연도별로 「주식회사의 외부감사에 관한 법률」 제3조에 따른 감사인에게 회계감사를 받아야 합니다. 이 경우, 「상속세 및 증여세법 시행령」 제12조 제1호 및 제2호의 사업을 영위하는 공익법인등에 해당하는 경우에는 회계감사를 받지 아니하는 것임. 귀 질의의 경우, 이에 해당하지 아니하는 것임.

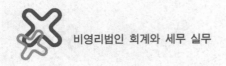
〔별지 제35호 서식〕(2022.3.18. 신설)

감사인 지정을 위한 기초자료 내역서
(공익법인등 작성용)

(앞면)

1. 기본사항

①공익법인명		②사업자등록번호 (고유번호)	
③대표자 성명		④당기 과세연도	. . . ~ . . .
⑤소재지		⑥전화번호	
		⑦전자우편주소	

2. 기초자료 명세

(단위 : 원)

⑧직전 과세연도 종료일 현재 재무상태표상 총자산가액				
⑨최근 4개 과세연도 감사인 선임방법 (자유선임, 지정, 해당없 음 중 선택)	당기	전기	2기전	3기전
⑩당기 감사인	감사인명	사업자등록번호	감사대상 과세연도	
			. . . . ~	
⑪과거 4년내 재무제표에 대한 감리여부	1. 여 ☐ 2. 부 ☐			
⑫과거 4년내 감리결과 (⑪에서 [여]인 경우만 작성)	회계처리기준 위반 여부		회계처리기준 위반 없이 감리가 종결된 일자	
	1. 여 ☐ 2. 부 ☐			

「상속세 및 증여세법 시행령」 제43조의 2 제2항 및 「상속세 및 증여세법 시행규칙」 제14조의 2 제1항에 따라 감사인 지정을 위한 기초자료 내역서를 제출합니다.

년   월   일

제출인 :   (서명 또는 인)

국세청장 귀하

첨부서류	1. 직전 과세연도 종료일 현재 총자산가액을 확인할 수 있는 서류
	   (외부회계감사를 받은 재무상태표 등)
	2. 「공인회계사법」 제33조 및 그 밖의 법령에 따라 해당 공익법인등의 감사인이 될 수 없는 감사인
	   또는 「공인회계사법」 제43조 제1항에 따른 직업윤리에 관한 규정에 위반될 우려가 있는 등 해당
	   공익법인등의 감사인이 되는 것이 적절하지 않은 감사인이 있는 경우에는 그 감사인에 대한 자료

210mm×297mm[백상지 80g/㎡ 또는 중질지 80g/㎡]

작성방법

1. 기본사항(①~⑦)

가. 기본사항란(①~⑦)은 제출일 현재의 현황을 기준으로 기재합니다.

나. ④당기 과세연도란은 제출일이 속하는 공익법인의 회계기간인 과세연도를 기재합니다.

　　예) 결산일이 없거나 12월 31일인 경우 → (예) 2021. 1. 1. ~ 2021. 12. 31.
　　　　결산일이 2월 말일인 경우 → (예) 2021. 3. 1. ~ 2022. 2. 28.

2. 기초자료 명세(⑧~⑫)

가. ⑧총자산가액란은 직전 과세연도 종료일 현재 재무상태표상 총자산의 장부가액(고유목적사업과 수익사업 등에 사용되는 모든 자산의 장부가액)을 원 단위로 기재합니다.

나. ⑨최근 4개 과세연도 감사인 선임방법란은 공익법인의 당기(지정기준일이 속하는 과세연도) 및 당기 이전 연속하는 3개 과세연도 외부감사를 "자유선임" 또는 "지정"으로 구분하여 기재하되, 자유선임인 경우 "자유선임", 기획재정부장관(국세청장)으로부터 지정받은 경우 "지정"이라고 기재합니다.(외부감사대상이 아닌 과세연도는 "해당없음"을 기재)

　　※ 지정기준일은 감사인을 지정받도록 하려는 과세연도의 직전 과세연도가 시작된 후 11개월 15일이 되는 날입니다.

　　　예) 과세연도 시작일이 1월 1일인 경우 11월 15일,
　　　　　과세연도 시작일이 3월 1일인 경우 다음 연도 1월 15일(1월 15일이 일요일인 경우 1월 16일)

다. ⑩당기 감사인란은 당기 감사계약을 체결한 감사인명과 사업자등록번호, 감사대상 과세연도를 기재합니다.

라. ⑪과거 4년내 재무제표에 대한 감리여부는 지정기준일부터 과거 4년 이내에 기획재정부장관(한국공인회계사회에 위탁)으로부터 재무제표에 대한 감리를 받았는지 여부를 기재합니다.

마. ⑫과거 4년내 감리결과란은 ⑪에서 "1.여"인 경우에만 기재합니다. 회계처리기준 위반 여부는 감리결과 회계처리기준 위반이 발견되었는지 여부를 기재합니다.

4 공익법인등의 전용계좌 개설·사용 의무

4-1. 전용계좌의 사용

공익법인등[종교의 보급 기타 교화에 현저히 기여하는 사업을 영위하는 공익법인은 제외하되, 주식 5% 초과보유 요건을 충족하여 주식 등의 출연·취득 및 보유에 대한 증여세 및 가산세 등의 부과대상에서 제외되는 일정한 공익법인등(상속세 및 증여세법 시행령 제41조의 2 제6항)은 대상에 포함함]은 해당 공익법인등의 직접 공익목적사업과 관련한 다음의 수입과 지출의 경우에는 금융기관에 개설한 직접 공익목적사업용 전용계좌를 사용하여야 한다. 이때 전용계좌는 공익법인등별로 둘 이상 개설할 수 있다(상속세 및 증여세법 제50조의 2 제1항, 동법 시행령 제43조의 2 제3항).

1. 직접 공익목적사업과 관련된 수입과 지출을 「금융실명거래 및 비밀보장에 관한 법률」 제2조 제1호에 해당하는 금융기관의 중개 또는 위탁 등을 통하여 결제하거나 결제받는 경우로서 다음의 경우를 포함한다.
   ① 송금 및 계좌 간 자금이체
   ② 「수표법」 제1조에 따른 수표로 이루어진 거래대금의 지급 및 수취
   ③ 「어음법」 제1조 및 제75조에 따른 어음으로 이루어진 거래대금의 지급 및 수취
   ④ 「여신전문금융업법」 또는 「전자금융거래법」에 따른 신용카드·선불카드(선불전자지급수단 및 전자화폐를 포함한다)·직불카드(직불전자지급수단을 포함한다)를 통하여 이루어진 거래대금의 지급 및 수취
2. 기부금·출연금 또는 회비를 지급받는 경우. 다만, 현금으로 직접 지급받은 기부금·출연금 또는 회비를 지급받는 날부터 5일(5일이 되는 날이 공휴일·토요일 또는 「근로자의 날 제정에 관한 법률」에 따른 근로자의 날에 해당하면 그 다음 날)까지 전용계좌에 입금하는 경우를 말한다. 이 경우 기부금·출연금 또는 회비의 현금수입 명세를 작성하여 보관하여야 한다.
3. 인건비·임차료를 지급하는 경우
4. 기부금·장학금·연구비·생활비 등 직접 공익목적사업비를 지출하는 경우. 다만, 100만원을 초과하는 경우로 한정한다(상속세 및 증여세법 시행령 제43조의 2 제6항).
5. 수익용 또는 수익사업용 자산의 처분대금, 그 밖의 운용소득을 고유목적사업회계에 전입(현금 등 자금의 이전이 수반되는 경우만 해당한다)하는 경우

공익법인등은 해당 과세기간 또는 사업연도별로 전용계좌를 사용하여야 할 수입과 지출, 실제 사용한 금액 및 미사용 금액을 구분하여 기록·관리하여야 한다(상속세 및 증여세법 시행령 제43조의 2 제9항).

4-2. 전용계좌 외 거래명세서의 작성

공익법인등은 직접 공익목적사업과 관련하여 위 4-1.에서 서술된 경우에 해당되지 아니하는 경우에는 전용계좌외거래명세서(별지 제29호 서식)를 별도로 작성·보관하여야 한다. 다만, 다음의 경우에는 그러하지 아니하다(상속세 및 증여세법 제50조의 2 제2항, 동법 시행령 제43조의 2 제8항).

---

1. 「소득세법」 제160조의 2 제2항 제3호 또는 제4호에 해당하는 증거서류(신용카드매출전표 또는 현금영수증 등)를 받은 지출
2. 거래건당 금액(부가가치세를 포함)이 1만 원(2008년 12월 31일까지는 3만 원) 이하인 수입과 지출
3. 그 밖에 증거서류를 받기 곤란한 거래 등으로서 「소득세법 시행령」 제208조의 2 제1항 제2호부터 제8호까지의 경우, 「소득세법 시행규칙」 제95조의 3 제2호부터 제4호까지, 제7호 및 제8호의 2부터 제8호의 6까지의 경우에 해당하는 거래에 따른 수입과 지출(상속세 및 증여세법 시행규칙 제14조의 2)

| 소득세법 시행령 제208조의 2 【경비 등의 지출증명 수취 및 보관】|

① 소득세법 시행령 제208조의 2 제1항 제2호 내지 제8호의 경우에 해당하는 거래

2. 거래상대방이 읍·면지역에 소재하는 사업자(「부가가치세법」 제61조의 규정을 적용받는 사업자에 한한다)로서 「여신전문금융업법」에 의한 신용카드가맹점이 아닌 경우
3. 금융·보험용역을 제공받은 경우
4. 국내사업장이 없는 비거주자 또는 외국법인과 거래한 경우
5. 농어민(통계청장이 고시하는 한국표준산업분류상의 농업 중 작물생산업·축산업·복합농업, 임업 또는 어업에 종사하는 자를 말하며, 법인을 제외한다)으로부터 재화 또는 용역을 직접 공급받은 경우
6. 국가·지방자치단체 또는 지방자치단체조합으로부터 재화 또는 용역을 공급받은 경우
7. 비영리법인(비영리외국법인을 포함하며, 수익사업과 관련된 부분을 제외한다)으로부터

재화 또는 용역을 공급받은 경우
8. 법 제127조 제1항 제3호에 규정하는 원천징수대상 사업소득자로부터 용역을 공급받은
경우(원천징수한 경우에 한한다)

② 소득세법 시행규칙 제95조의 3 제2호 내지 제4호, 제7호 및 제8호의 2 내지 제8호의 6의
경우에 해당하는 거래

2. 「부가가치세법」 제26조 제1항 제8호에 따른 방송용역을 공급받은 경우
3. 「전기통신사업법」에 의한 전기통신사업자로부터 전기통신역무를 제공받는 경우 다만,
「전자상거래 등에서의 소비자보호에 관한 법률」에 따른 통신판매업자가 「전기통신사업
법」에 따른 부가통신사업자로부터 동법 제4조 제4항에 따른 부가통신역무를 제공받는
경우를 제외한다.
4. 국외에서 재화 또는 용역을 공급받은 경우(세관장이 세금계산서 또는 계산서를 교부한
경우를 제외한다)
7. 택시운송용역을 공급받은 경우
8의 2. 삭제(2020.3.13.)
8의 3. 항공기의 항행용역을 제공받은 경우
8의 4. 부동산임대용역을 제공받은 경우로서 「부가가치세법 시행령」 제65조 제1항의 규정을
적용받는 전세금 또는 임대보증금에 대한 부가가치세액을 임차인이 부담하는 경우
8의 5. 재화공급계약·용역제공계약 등에 의하여 확정된 대가의 지급지연으로 인하여 연
체이자를 지급하는 경우
8의 6. 「유료도로법」 제2조 제2호에 따른 유료도로를 이용하고 통행료를 지급하는 경우

전용계좌외거래명세서에는 거래일자, 거래상대방(확인이 가능한 경우에 한함) 및 거래금액
등을 기재하여 보관하여야 한다. 이 경우 전산처리된 테이프 또는 디스크 등에 수록·보관
하여 즉시 출력할 수 있는 상태에 둔 때에는 전용계좌외거래명세서를 작성하여 보관한 것
으로 본다(상속세 및 증여세법 시행령 제43조의 2 제7항).

전용계좌외거래명세서(1)

① 공익법인명		② 사업자등록번호 (고유번호)		
③ 대 표 자		④ 주민등록번호		
⑤ 소 재 지				

거래처별·월별 내역(대금을 지급받은 거래)

(단위 : 천원)

⑥ 일련 번호	⑦ 거래 일자	공 급 받 는 자				⑫ 거래금액	⑬ 비고
		⑧ 상호	⑨ 성명	⑩ 사업장	⑪ 사업자등록번호		
계							

※ 작성방법

1. 이 서식은 「상속세 및 증여세법 시행령」 제43조의 4 제7항에 따라 공익법인등이 전용계좌를 사용하지 아니하고 거래한 경우에 그 내역을 작성하는 서식입니다.

2. 본 서식은 본점법인에서 일괄작성(각 지점분 포함)하여 본점 관할 세무서로 제출하시기 바랍니다.

3. 공급받는 자의 상호·성명 등(⑧란부터 ⑪란까지)은 거래상대방의 확인이 가능한 경우에 한하여 작성합니다.

210㎜×297㎜(신문용지 54g/㎡(재활용품))

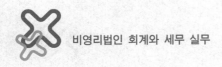
〔별지 제29호 서식〕 (2쪽)

전용계좌외거래명세서(2)

① 공익법인명		② 사업자등록번호 (고유번호)	
③ 대 표 자		④ 주민등록번호	
⑤ 소 재 지			

거래처별·월별 내역(대금을 지급한 거래)

(단위 : 천원)

⑥ 일련 번호	⑦ 거래 일자	공 급 자				⑫ 거래금액	⑬ 비고
		⑧ 상호	⑨ 성명	⑩ 사업장	⑪ 사업자등록번호		
계							

※ 작성방법
1. 이 서식은 「상속세 및 증여세법 시행령」 제43조의 4 제7항에 따라 공익법인등이 전용계좌를 사용하지 아니하고 거래한 경우에 그 내역을 작성하는 서식입니다.
2. 본 서식은 본점법인에서 일괄작성(각 지점분 포함)하여 본점 관할 세무서로 제출하시기 바랍니다.
3. 공급받는 자의 상호·성명 등(⑧란부터 ⑪란까지)은 거래상대방의 확인이 가능한 경우에 한하여 작성합니다.

4-3. 전용계좌 개설 및 변경 신고

공익법인등은 최초로 공익법인등에 해당하게 된 날부터 3개월 이내에 전용계좌를 개설하여 전용계좌개설(변경·추가)신고서(별지 제30호 서식)를 납세지 관할세무서장에게 제출하여야 한다. 다만, 2016년 1월 1일, 2017년 1월 1일 또는 2018년 1월 1일이 속하는 법인세 사업연도의 연간 수입금액과 출연받은 재산가액의 합계액이 5억 원 미만의 소규모 공익법인 등으로서 공익법인 등에 해당한 지 3개월 이내에 전용계좌를 신고하지 아니한 경우에는 2019년 6월 30일까지 전용계좌의 개설 신고를 할 수 있다(상속세 및 증여세법 제50조의 2 제3항).

또한 전용계좌를 변경하거나 추가로 개설하려는 경우에도 사유발생일부터 1개월 이내에 납세지 관할세무서장에게 신고하여야 한다(상속세 및 증여세법 제50조의 2 제4항, 동법 시행령 제43조의 2 제10항).

설립일부터 1년 이내에 「법인세법 시행령」 제39조 제1항 제1호 바목에 따라 지정·고시된 공익법인등의 경우에는 이 영 제12조 각 호 외의 부분 단서(설립일부터 1년 이내에 「법인세법 시행령」 제39조 제1항 제1호 바목에 따른 공익법인등으로 고시된 경우에는 그 설립일부터 공익법인등에 해당하는 것으로 본다)에도 불구하고 공익법인등으로 고시된 날을 공익법인등에 해당하게 된 날로 본다(상속세 및 증여세법 시행령 제43조의 4 제11항).

동 개정규정은 2023.2.28. 전에 「법인세법 시행령」 제39조 제1항 제1호 바목에 따라 지정·고시된 공익법인등의 경우에도 적용한다(영 부칙(2023.2.28.) 제5조).

4-4. 가산세

세무서장 등은 공익법인등이 다음 각 호의 어느 하나에 해당하는 경우에는 다음 각 호의 금액을 납부할 세액에 가산하여 부과한다(상속세 및 증여세법 제78조 제10항).

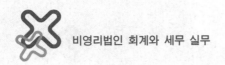

1. 전용계좌를 사용해야 하는 거래에 대해 전용계좌를 사용하지 아니한 경우 : 전용계좌를 사용하지 아니한 금액의 1천분의 5
2. 전용계좌의 개설·신고를 하지 아니한 경우 : 다음 각 목의 금액 중 큰 금액
   가. 다음 계산식에 따라 계산한 금액

$$A \times \frac{B}{C} \times 1천분의\ 5$$

   A: 해당 각 과세기간 또는 사업연도의 직접 공익목적사업과 관련한 수입금액의 총액
   B: 해당 각 과세기간 또는 사업연도 중 전용계좌를 개설·신고하지 아니한 기간으로서 신고기한의 다음 날부터 신고일 전날까지의 일수
   C: 해당 각 과세기간 또는 사업연도의 일수
   나. 전용계좌를 사용해야 하는 거래금액 합계액의 1천분의 5

| 중요 예규 및 판례 |

서울행정법원 - 2023 - 구합 - 51533, 2023.10.19.
국세기본법 제47조 제4항은 '가산세는 해당 의무가 규정된 세법의 해당 국세의 세목으로 한다'고 규정하고 있고, 공익법인의 전용계좌의 개설·신고의무는 상증세법에 규정되어 있어 그 위반에 따른 가산세의 세목은 상속세 또는 증여세임을 알 수 있으므로 이 사건 가산세의 부과제척기간은 국세기본법 제26조의 2 제1항 제4호 본문에 따라 10년이라고 봄이 타당함.

조심 - 2023 - 부 - 7248, 2023.9.7.
공익법인이 직접 공익목적사업과 관련하여 출연금을 받은 경우 전용계좌를 사용하여야 하므로, 쟁점출연금이 공공기관으로부터 받은 것이라 하여 그 적용이 배제된다고 보기 어려움.

조심 - 2021 - 서 - 6967, 2022.12.22.
상증법 제78조 제10항은 공익법인이 전용계좌를 개설·신고하지 아니한 경우를 가산세 부과사유로 규정하고 있으므로 전용계좌를 신고하지 아니한 경우에는 위 규정에 따른 가산세 부과대상이 됨.

서울고등법원 - 2021 - 누 - 68355, 2022.7.20.
구 상속세 및 증여세법 제48조 제9항에 따른 가산세 부과대상에서 제외되는 '성실공익법인 등'의 요건에 같은 법 제50조의 2 제3항에서 정한 전용계좌 '개설의무'외에 '신고

의무'의 이행은 포함되지 않는다고 할 것임.

기준 – 2021 – 법령해석법인 – 0087, 2021.8.31.

공익법인이 상장주식을 주식계좌로 출연받거나, 비상장주식을 현물로 출연받은 후 상장되어 주식계좌로 입고하여 해당 주식계좌가 수익용 계좌로 사용되고 해당 주식계좌에서 발생하는 운용수익금은 전용계좌로 이체하여 고유목적사업에 사용하고 있는 경우 해당 주식계좌는 「상속세 및 증여세법」 제50조의 2에 따른 직접 공익목적사업용 전용계좌 개설·사용의무 대상에 해당하지 않는 것임.

조심 2018서2062, 2018.10.16.

「법인세법」 제3조 제3항 제5호에서 비영리내국법인의 각 사업연도의 소득은 고정자산의 처분으로 인하여 생기는 수입으로 규정하고 있고, 상증세법 제50조의 2 제3항에 따른 전용계좌 개설·신고 대상은 같은 조 제1항에서 공익법인 등의 직접 공익목적사업과 관련하여 받거나 지급하는 수입과 지출로서 1. 금융회사 등을 통하여 결제하거나 결제받는 경우, 2. 기부금, 출연금 또는 회비를 받는 경우, 3. 인건비, 임차료를 지급하는 경우, 5. 수익용 또는 수익사업용 자산의 처분대금 등을 고유목적사업회계에 전입하는 경우로 규정되어 있고, 같은 법 시행령 제43조의 2 제4항의 전용계좌를 사용하여야 하는 거래의 범위에는 금융회사 등의 중개 또는 금융회사 등에 대한 위탁 등을 통하여 각 호의 어느 하나에 해당하는 방법으로 그 대금을 결제하는 경우를 포함하는 것으로 되어 있어 현물 재산인 부동산의 경우는 위 법 규정의 각 호에 열거되어 있지 아니하고 전용계좌를 통하여 입·출금을 할 수 있는 성질도 아니며, 같은 법 시행령에서 전용계좌를 사용하여야 하는 거래의 범위가 한정되어 있는 점에서 같은 법 제78조 제10항 각 호에 따른 공익법인 전용계좌 개설·사용의무 위반 가산세 적용은 타당하지 아니한 것으로 보인다.

서면 – 2017 – 상속증여 – 1688, 2017.12.7.

(질의)

(질의1) ☆☆대학교의 기부금 중 현물 기부인 경우에도 상속세 및 증여세법 제52조의 2에 따른 전용계좌 신고대상인지, 미 신고시 같은 법 제78조에 따른 가산세 적용 대상인지 여부

(질의2) ☆☆대학교의 기부금 중 재단법인 ☆☆대학교 발전기금을 통해서 기부받는 경우에도 상속세 및 증여세법 제52조의 2에 따른 전용계좌 신고대상인지, 미신고시 같은 법 제78조에 따른 가산세 적용 대상인지 여부

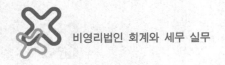

(질의 1)의 경우는 공익법인등이 상속세 및 증여세법 제50조의 2 제3항에 따른 직접 공익목적사업용 전용계좌의 개설·신고를 하지 아니하여 같은 법 제78조 제10항 제2호에 따라 가산세를 부과하는 경우 직접 공익목적사업과 관련한 수입금액의 총액에는 현물로 출연받은 재산의 가액이 포함되는 것임.

(질의 2)의 경우는 상속세 및 증여세법 제50조의 2 제3항에 따라 공익법인 등이 기부금을 받는 계좌는 전용계좌를 사용하여야 하며 전용계좌의 개설·신고를 하지 아니한 경우 같은 법 제78조 제10항 제2호에 따라 가산세가 부과되는 것임.

사전 – 2017 – 법령해석재산 – 0609, 2017.10.17.

공익법인등이 최초로 공익법인등에 해당하게 된 날부터 3개월 이내에「상속세 및 증여세법」제50조의 2 제1항에 따른 전용계좌를 개설·신고하지 않아 같은 법 제78조 제10항 제2호에 따라 가산세가 부과되는 경우 같은 호 각 목의 금액을 계산할 때 신고기간 이내의 수입금액과 거래금액도 포함하여 계산하는 것임.

서면 – 2017 – 상속증여 – 1206, 2017.6.9.

공익법인이 국가 또는 지방자치단체로부터 출연받은 재산에 대하여는 상속세 및 증여세법 제50조의 2에 따른 전용계좌 개설·사용의무가 없음.

서면 – 2016 – 상속증여 – 5115, 2016.10.5.

공익법인 등은 상증법 제16조 및 제48조에 따른 과세가액 불산입 재산의 출연여부와 관계없이 같은 법 제50조의 2【공익법인등의 전용계좌 개설·사용의무】및 제50조의 3【공익법인등의 결산서류 등의 공시의무 등】규정이 적용는 것임.

재산 – 3956, 2008.11.25.

학생들로부터 재화와 용역을 제공하고 받는 학교의 등록금은「상속세 및 증여세법」상 출연재산, 매각대금 및 운용소득이 아니기 때문에 등록금의 수입이나 교육사업비로 지출하기 위하여 사용하는 계좌는「상속세 및 증여세법」제50조의 2 제1항에서 규정하고 있는 공익법인등의 전용계좌로 보지 말아야 하는 것인지 아니면「상속세 및 증여세법」제50조의 2 제2항에서 규정하는 전용계좌외거래명세서 작성, 보관대상인지 여부 및 모두 아니라면 그 사유는.

「고등교육법」제2조에서 규정하는 학교를 경영하는 「사립학교법」제10조에 따라 설립된 학교법인이 학생들로부터 등록금을 받기 위하여 사용하는 계좌와 등록금을 교육사업비로 지출하기 위하여 사용하는 계좌는 「상속세 및 증여세법」제50조의 2 【공익법인등의 전용계좌의 개설·사용 의무】의 규정이 적용되지 아니하는 것임.

재산 - 3781, 2008.11.14.

국가출연기관인 한국기초과학지원연구원이 보유하고 있는 국가출연금 수입계좌, 국가연구개발 및 민간연구개발(수익사업 관련) 목적으로 지급받은 연구비 수입계좌, 국가출연금과 연구비의 운용을 위한 금융상품 계좌 및 지출예산을 집행하기 위한 계좌는 「상속세 및 증여세법」제50조의 2 【공익법인등의 전용계좌의 개설·사용 의무】규정의 적용대상에 해당하지 아니하는 것임.

재산 - 2789, 2008.9.11.

「상속세 및 증여세법」제50조의 2 제1항의 규정에 의하여 공익법인등이 직접 공익목적사업과 관련하여 지급받거나 지급하는 수입과 지출로서 동항 각호의 어느 하나에 해당하는 경우에는 직접 공익목적사업용 전용계좌를 사용하여야 하는 것이나, 국가 또는 지방자치단체로부터 출연받은 재산에 대하여는 그러하지 아니하는 것임. 또한, 공익법인등이 출연받은 재산을 정기예금으로 운용하는 경우 당해 정기예금계좌는 직접 공익목적사업용 전용계좌에 해당하지 아니하는 것임.

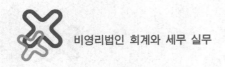

〔별지 제30호 서식〕(2022.3.18. 개정)

전용계좌개설(변경 · 추가)신고서

신 고 인	① 공익법인명		② 사업자등록번호 (고유번호)	
	③ 대 표 자		④ 주민등록번호	
	⑤ 소 재 지		(☎ :)	

⑥ 개설금융기관	⑦ 예금종류	⑧ 계좌번호	⑨ 구 분

「상속세 및 증여세법 시행령」 제43조의 4 제10항에 따라 전용계좌[□ 개설 · □ 변경 · □ 추가] 신고를 합니다.

년   월   일

신 고 인   (서명 또는 인)

세 무 서 장 귀 하

※ **첨부서류** : 개설 또는 추가하는 통장 사본 1부

※ **작성방법**
1. 이 서식은 「상속세 및 증여세법」 제50조의 2 제3항 및 제4항에 따른 전용계좌를 개설 · 변경 · 추가하는 경우에 사용하는 서식입니다.
2. 공익법인등은 최초로 공익법인등에 해당하게 된 날부터 3월 이내에 사업용계좌를 개설하여 납세지 관할 세무서장에게 신고해야 합니다.
3. 전용계좌를 변경하거나 추가하는 경우에는 사유발생일부터 1개월 이내에 신고해야 합니다.
4. 전용계좌는 1개의 계좌를 2 이상의 사업장에 대한 전용계좌로 신고할 수 있으며, 사업장별로 2개 이상의 전용계좌를 개설할 수 있습니다.
5. ⑨구분란에는 개설, 추가, 폐지 등으로 적습니다.

210mm×297mm(신문용지 54g/ ㎡ (재활용품))

5-1. 개 요

비영리공익법인은 재단법인 또는 사단법인으로서 설립취지가 사회일반의 이익에 공여하기 위하여 장학금 또는 연구비의 보조 및 지급과 학술·자선 등에 관한 사업을 목적으로 하고 있는 점을 고려하여 공익법인등에 출연한 재산에 대하여는 상속세나 증여세를 부과하지 않도록 혜택을 주는 한편, 이러한 공익법인등에 대한 투명성을 제고하기 위하여 결산서류의 공시, 외부회계감사를 받도록 규제하고 있다.

그러나 종전에는 공익법인등의 결산서류 공시, 외부회계감사 등에 적용되는 회계기준에 대하여 통일된 기준이 없어 공익법인등 마다 다른 회계기준을 적용하더라도 이를 규제할 규정이 없었다.

이에 2016년 12월 20일 법 개정시 공익법인등의 회계투명성을 제고하기 위하여 공익법인에 적용되는 회계기준을 마련하도록 하는 한편, 해당 회계기준을 적용한 결산서류를 공시하고, 외부회계감사를 받도록 하였다. 동 개정규정은 2018년 1월 1일 이후 개시하는 회계연도 분부터 적용한다.

다만, 다음에 해당하는 영세, 신설 공익법인은 2018년 1월 1일 이후 개시하는 회계연도와 그 다음회계연도에 대하여 단식부기를 적용할 수 있으며, 「공익법인회계기준」 제41조의 필수적 주석기재사항의 기재를 생략할 수 있도록 적용이 유예된다.

① 2018.1.1. 이후 최초로 개시하는 회계연도의 직전 회계연도 종료일의 총자산가액의 합계액이 20억 원 이하인 공익법인
② 2018.1.1.부터 2018.12.31.까지의 기간 중에 신설되는 공익법인

5-2. 공익법인회계기준 적용대상

공익법인등은 상속세 및 증여세법 제50조 제3항에 따른 회계감사의무 및 같은 법 제50조의 3에 따른 결산서류등의 공시의무를 이행할 때에는 공익법인회계기준 심의위원회의 심의를 거친 회계기준을 따라야 한다(상속세 및 증여세법 제50조의 4).

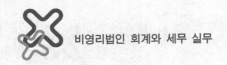
> **공익법인회계기준 적용대상**
>
> • 외부회계감사를 받는 공익법인(상속세 및 증여세법 제50조 제3항) : 직전 사업연도 종료일의 대차대조표상 총자산가액이 100억 원 이상이거나 직전 사업연도 수입금액과 출연재산가액 합계액 50억 원 이상 또는 출연재산가액 20억 원 이상인 공익법인
> • 결산서류 등을 공시하는 공익법인(상속세 및 증여세법 제50조의 3) : 모든 공익법인. 다만, 자산 5억 원 미만이고 연간 수입금액이 3억 원 미만인 법인은 간편양식 사용

그러므로 공익법인 중에서 회계감사 및 결산서류 등의 공시의무가 없는 종교법인은 공익법인회계기준 적용대상에서 제외된다.

또한, 사업의 특성을 고려하여 다음의 어느 하나에 해당하는 공익법인은 공익법인회계기준 적용대상에서 제외한다(상속세 및 증여세법 시행령 제 43조의 4 제2항, 동법 시행규칙 제14조의 4).

① 의료법에 따른 의료법인
② 사립학교법에 따른 학교법인
③ 국립대학법인 서울대학교 설립·운영에 관한 법률에 따른 국립대학법인 서울대학교
④ 국립대학법인 인천대학교 설립·운영에 관한 법률에 따른 국립대학법인 인천대학교

아울러 「공익법인회계기준」 제6조에서는 복식부기 및 발생주의 회계원칙에 관하여 다른 법령에 특별한 규정이 있는 경우 해당 회계기준을 우선 적용하도록 규정하고 있으므로 상속세 및 증여세법상 적용이 제외되는 공익법인이 아니더라도 다른 법령에서 회계기준을 두고 있는 경우에는 공익법인회계기준 적용이 제외된다.

5-3. 공익법인회계기준 심의위원회

공익법인 등에 적용되는 회계기준 등과 관련된 사항을 심의하기 위하여 기획재정부장관 소속으로 공익법인회계기준 심의위원회를 설치하고, 위원회는 위원장 1명을 포함한 15명 이내의 위원으로 구성한다.

- 위원장 : 기획재정부차관(기획재정부장관이 지명)
- 위원 : 다음의 사람 중에서 기획재정부장관이 임명 또는 위촉(위촉된 위원의 임기는 2년)
  1. 기획재정부, 국세청 등 관계 부처 3급 공무원 또는 고위공무원단에 속하는 일반직 공무원
  2. 회계업무에 관한 학식과 경험이 풍부한 사람

5-4. 구성내용

제1장 총칙
- (적용범위) 상속·증여세법에 따른 공익법인의 외부 회계감사와 결산서 등을 공시하는 경우에 적용
- (재무제표) 재무상태표, 운영성과표와 이에 대한 주석으로 구성
- (다른 법령과의 관계 등) 발생주의 회계원칙에 따른 복식부기 방식에 대해 다른 법령에 특별한 규정이 있는 경우 이를 공익법인회계기준에 우선하여 적용하고, 공익법인회계기준에 없는 내용은 일반기업회계기준에 따름.

제2장 재무상태표
- (작성기준) 회계연도말 현재 공익법인의 자산, 부채 및 순자산을 적정하게 표시

구분	내용
자산	• 유동자산 및 비유동자산으로 구분 – 유동자산 : 현금및현금성자산, 단기투자자산, 매출채권, 선급비용, 미수금 등 – 비유동자산 : 투자자산, 유형자산, 무형자산 및 기타의 비유동자산
부채	• 유동부채, 비유동부채로 구분하며 고유목적사업준비금을 부채로 인식할 수 있음. – 유동부채 : 단기차입금, 매입채무, 미지급비용, 미지급금 등 – 비유동부채 : 장기차입금, 임대보증금, 퇴직급여충당부채 등 – 고유목적사업준비금 : 법인세법에 따라 고유목적사업 등에 사용하기 위해 미리 비용 계상하면서 동일한 금액으로 인식한 부채 계정
순자산	• 기본순자산, 보통순자산, 순자산조정으로 구분 – 기본순자산 : 법령 등에 의해 사용이나 처분시 주무관청의 허가 필요 – 보통순자산 : 기본순자산 또는 순자산조정이 아닌 순자산 – 순자산조정 : 순자산 가감성격의 항목(매도가능증권평가손익 등)

제3장 운영성과표

- (사업수익) 공익법인을 하나의 작성단위로 보아 통합하여 작성하되, 공익목적사업부문과 기타사업부문으로 각각 구분하여 표시함.

구분	내용
공익목적사업수익	공익법인의 특성을 반영하여 기부금수익, 보조금수익, 회비수익 등으로 구분
기타사업수익	공익법인이 필요하다고 판단시 구분 정보를 운영성과표 본문에 표시하거나 주석으로 기재 가능

- (사업비용) 공익목적사업비용과 기타사업비용으로 구분하여 표시

구분	내용
공익목적사업비용	활동의 성격에 따라 사업수행비용*, 일반관리비용**, 모금비용***으로 구분 * 공익법인이 추구하는 본연의 임무나 목적을 달성하기 위해 수혜자, 고객, 회원 등에게 재화나 용역을 제공하는 활동에서 발생하는 비용 ** 기획, 인사, 재무, 감독 등 제반 관리활동에서 발생하는 비용 *** 모금 홍보, 모금 행사, 기부자 리스트 관리, 모금 고지서 발송 등의 모금활동에서 발생하는 비용
기타사업비용	인력비용, 시설비용, 기타비용으로 구분

제4장 자산·부채의 평가

- 자산은 원칙적으로 취득원가로 인식하되, 시장가치의 급격한 하락 등이 있는 경우 장부금액을 조정하고 손실로 처리
- 퇴직급여충당부채는 회계연도 말 현재 모든 임직원이 일시에 퇴직할 경우 지급할 금액으로 함.

제5장 주석

- 필수적 주석기재사항
 1. 공익법인의 개황 및 주요사업 내용
 2. 공익법인이 채택한 회계정책(자산·부채의 평가기준 및 수익과 비용의 인식기준을 포함한다)
 3. 사용이 제한된 현금및현금성자산의 내용
 4. 차입금 등 현금 등으로 상환하여야 하는 부채의 주요 내용
 5. 현물기부의 내용
 6. 제공한 담보·보증의 주요 내용
 7. 특수관계인(상속세 및 증여세법 제2조 제10호의 정의에 따른다)과의 중요한 거래의 내용
 8. 총자산 또는 사업수익금액의 10% 이상에 해당하는 거래에 대한 거래처명, 거래금액, 계

정과목 등 거래 내역

9. 회계연도 말 현재 진행 중인 소송 사건의 내용, 소송금액, 진행 상황 등
10. 회계정책, 회계추정의 변경 및 오류수정에 관한 사항
11. 기본순자산의 취득원가와 공정가치를 비교하는 정보에 관한 사항
12. 순자산의 변동에 관한 사항
13. 유형자산 재평가차액의 누적금액
14. 유가증권의 취득원가와 재무제표 본문에 표시된 공정가치를 비교하는 정보
15. 그 밖에 일반기업회계기준에 따라 주석기재가 요구되는 사항 중 공익법인에 관련성이
    있고 그 성격이나 금액이 중요한 사항

• 선택적 주석기재사항
필수적 주석기재사항 이외에도 재무제표의 유용성을 제고하고 공정한 표시를 위하여 필요한 정보는 재무제표 작성자의 판단과 책임하에서 자발적으로 주석 기재 가능함.

※ 공익법인회계기준 전문은 '제1장 제3절 비영리법인의 회계' 참조

 │ 중요 예규 및 판례 │

서면 - 2018 - 상속증여 - 1102, 2018.5.18.
「상속세 및 증여세법 시행령」 제44조 제1항에서 '이중으로 기록하여 계산하는 부기 형식의 장부'란 같은 법 시행령 제43조의 5에 따라 공익법인회계기준 심의위원회의 심의를 거쳐 기획재정부장관이 고시한 「공익법인회계기준」 제4조에 따라 작성된 장부를 말하는 것임.

서면 - 2018 - 상속증여 - 2617, 2018.10.17.
공익법인등은 「상속증여세법」 제50조의 4에 따라 제50조 제3항에 따른 회계감사의무 및 제50조의 3에 따른 결산서류등의 공시의무를 이행할 때 「공익법인회계기준」을 따라야 함. 다만, 사업의 특성을 고려하여 「초·중등교육법」 제2조 및 제60조의 2에 따른 외국인학교는 「공익법인회계기준」을 따라야 하는 공익법인등에서 제외하는 것임.

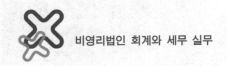

6 공익법인등의 결산서류 등의 공시의무

6-1. 내 용

공익법인등[종교의 보급 기타 교화에 현저히 기여하는 사업을 영위하는 공익법인등은 제외하되, 주식 5% 초과보유 요건을 충족하여 주식 등의 출연·취득 및 보유에 대한 증여세 및 가산세 등의 부과대상에서 제외되는 일정한 공익법인등(상속세 및 증여세법 시행령 제41조의 2 제6항)은 대상에 포함함]은 다음의 서류를 해당 공익법인등의 과세기간 또는 사업연도 종료일부터 4개월 이내에 국세청의 인터넷 홈페이지에 접속하여 표준서식(별지 제31호 서식)에 따라 작성된 결산서류 등을 직접 공시하여야 한다(상속세 및 증여세법 제50조의 3, 동법 시행령 제43조의 3).

1. 재무제표
2. 기부금 모집 및 지출 내용
3. 해당 공익법인등의 대표자·이사·출연자·소재지 및 목적사업에 관한 사항
4. 출연재산의 운용소득 사용명세
5. 「상속세 및 증여세법」 제50조 제3항에 따라 회계감사를 받을 의무가 있는 공익법인 등에 해당하는 경우에는 감사보고서와 그 감사보고서에 첨부된 재무제표
6. 주식보유 현황 등 다음의 사항(상속세 및 증여세법 제43조의 3 제3항)
   ① 공익법인등의 주식 등의 출연·취득·보유 및 처분사항
   ② 공익법인등에 주식 등을 출연한 자와 그 주식 등의 발행법인과의 관계
   ③ 주식 등의 보유로 인한 배당현황, 보유한 주식 등의 처분에 따른 수익현황 등
   ④ 내국법인의 의결권 있는 주식등을 그 내국법인의 발행주식총수 등의 5%를 초과하여 보유하고 있는 공익법인등으로서 상속세 및 증여세법 시행령 제41조의 2 제6항에 해당하는 경우에는 보유주식에 대한 의결권의 행사 결과
   ⑤ 법 제50조 제3항에 따른 외부감사를 받는 공익법인등의 경우에는 출연받은 재산의 공익목적 사용현황

다만, 다음에 모두 해당하는 공익법인 등은 간편서식(별지 제31호의 2 서식)을 사용하여 공시할 수 있다(상속세 및 증여세법 시행령 제43조의 3 제2항).

① 결산서류 등의 공시대상 과세기간 또는 사업연도의 종료일 현재 재무상태표상 총자산가액(부동산인 경우 「상속세 및 증여세법」 제60조·제61조 및 제66조에 따라 평가한 가액

이 재무상태표상의 가액보다 크면 그 평가한 가액을 말함)의 합계액이 5억 원 미만일 것

② 해당 과세기간 또는 사업연도의 수입금액과 그 과세기간 또는 사업연도에 출연받은 재산가액의 합계액이 3억 원 미만일 것

③ 주식 5% 초과보유 요건을 충족하여 주식 등의 출연·취득 및 보유에 대한 증여세 및 가산세 등의 부과대상에서 제외되는 일정한 공익법인등(상속세 및 증여세법 시행령 제41조의 2 제6항)이 아닐 것

국세청장은 국세청 인터넷 홈페이지에 공시하는 방법, 「상속세 및 증여세법 시행령」 제43조 제4항에 따른 표준서식과 간편서식의 작성방법, 공시하지 않거나 허위공시할 때의 처리 등 공익법인등의 결산서류 등의 공시에 필요한 세부적인 사항을 정할 수 있다(상속세 및 증여세법 시행령 제43조의 3 제7항).

2019년 12월 31일 법 개정시 종전에는 결산서류 등 공시의무를 종교법인을 제외한 총자산가액 5억 원 이상 또는 연간 수입금액 및 출연재산가액의 합계액 3억 원 이상인 공익법인에만 부과했던 것을 종교법인을 제외한 모든 공익법인에 부과하는 것으로 확대하되, 총자산가액이 5억 원 미만이고 연간 수입금액 및 출연재산가액의 합계액이 3억 원 미만인 공익법인은 간편한 방식으로 공시할 수 있도록 하였다. 동 개정규정은 2020년 1월 1일 이후 개시하는 과세기간 또는 사업연도분부터 적용한다. 한편, 공익법인의 투명성 제고를 위하여 재무상태표, 운영성과표 뿐만 아니라 특수관계인과의 거래 등이 기재된 주석사항을 포함한 재무제표 전체를 공시하도록 의무공시 대상 서류를 확대하였는 바, 동 개정규정은 2020년 1월 1일 이후 개시하는 과세기간 또는 사업연도분부터 적용한다.

2021년 2월 17일 시행령 개정시 결산서류 등의 공시의무 및 표준서식 작성의무 대상에 특정법인의 주식 5%를 초과하여 출연·취득한 공익법인등이 포함됨을 명확히 하였고, 동 개정규정은 2021년 2월 17일 이후 개시하는 과세기간 또는 사업연도부터 적용한다.

6-2. 의무불이행시 조치

국세청장과 납세지 관할 지방국세청장, 세무서장(납세지 관할 지방국세청장, 세무서장은 2023년 1월 1일 이후 공시·시정을 요구하는 분부터 적용)은 공익법인등이 결산서류 등을 공시하지 아니하거나 그 공시내용에 오류가 있는 경우에는 해당 공익법인등에게 1개월 이내의 기간을 정하여 공시하도록 하거나 오류를 시정하도록 요구할 수 있다. 이때에는 문서로 하

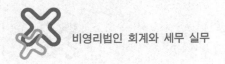
여야 한다.

요구를 이행하지 아니하는 공익법인등에 대하여는 가산세를 부과하고 해당 공익법인등의 주무부장관에게 관련 사실을 통보하여야 한다.

이때 가산세는 공시하여야 할 과세기간 또는 사업연도의 종료일 현재 해당 공익법인등의 자산총액의 1천분의 5에 상당하는 금액을 공익법인등이 납부할 세액에 가산하여 부과한다. 다만, 상기 '6-1.'에서 언급한 간편서식 공시대상 공익법인등의 2022년 12월 31일 이전에 개시하는 과세기간 또는 사업연도분의 공시에 대하여는 본문에 따른 가산세를 부과하지 아니한다(상속세 및 증여세법 제78조 제11항).

 │ 중요 예규 및 판례 │

서면-2021-법인-7308, 2022.9.16.

1. 초·중등교육법에 의한 학교를 설립·운영하는 학교법인은 주무관청에 재무제표를 제출하지 아니 하더라도 「상속세 및 증여세법」 제50조의 3에 따라 재무제표를 포함한 각 호의 서류를 작성·공시하여야 함.

2. 「사립학교법」에 따른 학교법인은 「상속세 및 증여세법」 제50조의 4 및 「상속세 및 증여세법 시행령」 제43조의 6 제2항에 따라 공익법인회계기준 적용 대상에서 제외되고, 「사립학교법」 제32조·제33조 및 제51조에 따른 「사학기관 재무회계 규칙」을 적용한 재무제표를 작성하는 것이며, 이 재무제표를 통해 「상속세 및 증여세법 시행규칙」 별지 제23호 서식에 따른 결산서류 등을 공시하는 것임.

3. 공익법인에 해당하는 학교법인은 「상속세 및 증여세법」 제50조의 3에 따라 결산서류등을 공시할 의무가 있으며, 총자산가액이 5억 원 미만이면서 해당 사업연도 수입금액과 출연재산가액의 합계액이 3억 원 미만인 경우에는 간편서식으로 공시할 수 있는 것임.

조심-2021-광-5528, 2022.5.4.

「상속세 및 증여세법」 제78조 제11항에서 공익법인등이 결산서류등을 공시하지 아니한 경우로서 국세청장의 공시 또는 시정요구를 지정된 기한까지 이행하지 아니한 경우에는 가산세를 부과한다고 규정하고 있는바, 같은 법 시행령 제12조에 따른 공익법인등에 해당하는 청구법인은 2019사업연도에 대한 결산서류등의 공시업무와 관련하여 처분청의 2차 안내에도 불구하고 공시기한까지 그 의무를 이행하지 아니한 것으로 보이므로 청구법인에게 증여세를 과세한 이 건 처분은 달리 잘못이 없는 것으로 판단됨.

서면 - 2020 - 법인 - 2801, 2020.12.15.

기획재정부장관이 지정한 기부금대상민간단체인 공익법인이 내부적으로 다수의 지역조직으로 구성된 경우에도 해당 공익법인 단위로 「상속세 및 증여세법」 제50조의 3 제1항 규정에 따른 결산서류를 공시하는 것임.

서면 - 2016 - 상속증여 - 5115, 2016.10.5.

공익법인등은 상증법 제16조 및 제48조에 따른 과세가액 불산입 재산의 출연여부와 관계없이 같은 법 제50조의 2【공익법인등의 전용계좌 개설ㆍ사용의무】및 제50조의 3【공익법인등의 결산서류 등의 공시의무 등】규정이 적용는 것임.

재산 - 1193, 2009.6.17.

공익법인등의 결산서류 등의 공시의무 규정은 「상속세 및 증여세법 시행령」 제12조 각 호의 어느 하나에 해당하는 사업을 영위하는 공익법인등의 경우에 적용되는 것임.

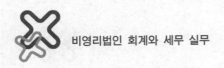

[별지 제31호 서식] (2024.3.22. 개정)

공익법인 결산서류 등의 공시_표준서식

※ 뒤쪽의 작성방법을 읽고 작성해 주시기 바랍니다.
※ [ ]에는 해당하는 곳에 √표를 합니다.

(7쪽 중 제1쪽)

1. 기본사항

사업연도(과세기간) :	년 월 일 ~ 년 월 일		[ ] 정기공시 [ ] 해산공시	
① 공익법인등 명칭		② 사업자등록번호 (고유번호)		
③ 대표자		④ 설립연월일		
⑤ 소재지		⑥ 전화번호/팩스	/	
⑦ 홈페이지 주소		⑧ 전자우편주소		
⑨ 주무관청		⑩ 기부금 유형	[ ]특례기부금 [ ]일반기부금 [ ]기타	
⑪ 설립근거법				
⑫ 설립유형	[ ]재단법인 [ ]사단법인 [ ]법인으로 보는 단체 [ ]공공기관 [ ]기타			
⑬ 공익사업유형				
⑭ 설립주체	[ ]개인 [ ]기업 [ ]개인·기업 [ ]국가 [ ]지방자치단체 [ ]기타			
⑮ 이사 수	명	⑯ 자원봉사자 연인원 수		명
⑰ 고용직원 수	명			

2. 재무현황

(단위 : 원)

구분	⑱총자산가액	⑲부채	⑳순자산			
			㉑소계	㉒기본순자산	㉓보통순자산	㉔순자산조정
ⓐ 총계 (ⓐ=ⓑ+ⓒ)						
ⓑ 공익목적사업						
ⓒ 기타사업						

3. 자산현황

(단위 : 원)

구분	㉕총자산가액	㉖토지	㉗건물	㉘주식 및 출자지분	㉙금융자산	㉚기타자산
ⓐ 총계 (ⓐ=ⓑ+ⓒ)						
ⓑ 공익목적사업						
ⓒ 기타사업						

4. 수익현황

(단위 : 원)

구분	㉛총계	㉜사업수익					㉘사업외수익	㉙고유목적사업 준비금 환입액
		㉝소계	㉞기부금	㉟보조금	㊱회비수익	㊲기타		
ⓐ 총계 (ⓐ=ⓑ+ⓒ)								
ⓑ 공익목적사업								
ⓒ 기타사업								

5. 비용현황

(단위 : 원)

구분	㊵총계	㊶사업비용					㊼사업외 비용 등 기타	㊽고유목적 사업준비금 전입액
		㊷소계	㊸사업 수행비용	㊹일반 관리비용	㊺모금 비용	㊻기타		
ⓐ 총계(ⓐ=ⓑ+ⓒ)								
ⓑ 공익목적사업								
ⓒ 기타사업								

6. 세무확인과 회계감사

㊾복식부기 여부	[ ]여 [ ]부	㊿적용회계기준	
⑤세무확인 여부	[ ]여 [ ]부	⑤외부 회계감사 여부	[ ]여 [ ]부
⑤외부 회계감사인		⑤외부 회계감사 의견	

210mm×297mm[백상지 80g/㎡ 또는 중질지 80g/㎡]

7. 재공시 사유

8. 확인란

본인은 본 결산서와 결산서에 첨부된 명세 및 보고서들을 검토했으며, 해당 정보를 진실하고 성실하게 작성했음을 확인합니다.

대표자 :   확인일자 :

「상속세 및 증여세법」 제50조의 3 제1항·제4항 및 같은 법 시행령 제43조의 5에 따라 공익법인등의 결산서류 등을 공시합니다.

년   월   일

법인명

첨부서류	1. 「상속세 및 증여세법 시행규칙」 별지 제31호 서식 부표 1에 따른 기부금품의 수입 및 지출 명세서 2. 「상속세 및 증여세법 시행규칙」 별지 제31호 서식 부표 2에 따른 주식 등의 출연·취득·보유 및 처분 명세서 3. 「상속세 및 증여세법 시행규칙」 별지 제31호 서식 부표 3에 따른 출연자 및 이사 등 주요 구성원 현황 명세서 4. 「상속세 및 증여세법 시행규칙」 별지 제31호 서식 부표 4에 따른 출연받은 재산의 공익목적사용 현황 5. 「상속세 및 증여세법 시행규칙」 별지 제31호 서식 부표 5에 따른 운용소득 사용명세서 6. 공익법인등의 재무제표 7. 감사보고서(「상속세 및 증여세법」 제50조 제3항에 따른 회계감사 대상 공익법인의 경우만 해당합니다)	수수료 없음

210mm×297mm[백상지 80g/㎡ 또는 중질지 80g/㎡]

작성방법

* 이 서식은 모든 공익법인등(종교사업을 영위하는 공익법인등은 제외합니다)이 작성하는 서식입니다.
* 이 서식을 작성할 때에는 통합 재무상태표와 운영성과표 작성을 위한 내부거래를 제외한 금액을 적습니다.

1. 기본사항

가. 해산(등기)일이 속하는 사업연도(과세기간)에 대하여 공시하는 경우 "해산공시"에, 그 외의 경우 "정기공시"에 √표를 합니다.

나. "⑨주무관청"란은 비영리법인의 설립을 허가한 주무관청 명칭을 적고, 주무관청으로부터 공익법인등을 관리, 감독 권한을 위임 받은 기관이 있는 경우에는 위임받은 기관의 명칭을 괄호에 기록합니다.
   (예시) 교육청의 관리 감독을 받는 장학재단인 경우 교육부(교육청), 서울특별시의 관리 감독을 받는 종교법인의 경우 문화체육관광부(서울특별시장), 주무관청이 없는 단체의 경우 관할세무서를 주무관청으로 기록합니다.

다. "⑩기부금 유형"란은 해당 공익법인이 사립학교, 국립대학병원 등 「법인세법」 제24조 제2항 제1호 또는 「소득세법」 제34조 제2항 제1호에 따른 기부금 대상인 경우 "특례기부금"에, 사회복지·문화·교육·종교 등 「법인세법」 제24조 제3항 제1호 또는 「소득세법」 제34조 제3항 제1호에 따른 기부금 대상인 경우 "일반기부금"에, 그 밖의 경우 "기타"에 √표를 합니다.

라. "⑪설립근거법"란은 다음 중에서 해당하는 법률 등을 선택하여 모두 적습니다.

> 1) 「민법」, 2) 「공익법인의 설립·운영에 관한 법률」, 3) 「사회복지사업법」, 4) 「사립학교법」, 5) 「의료법」,
> 6) 「협동조합 기본법」, 7) 그 밖의 법률, 8) 해당 없음

마. "⑫설립유형"란은 해당되는 단체유형에 √표를 합니다.
   – 「민법」이나 「공익법인의 설립·운영에 관한 법률」에 따라 설립된 재단법인이나 사단법인인 경우에는 각각 해당란에 √표를 합니다.
   – 「국세기본법」 제13조에 따른 법인으로 보는 단체는 "법인으로 보는 단체"에 √표를 합니다.
   – 「공공기관 운영에 관한 법률」에 따른 공공기관인 경우에는 공공기관에 √표를 합니다.
   – 위에 해당하지 않는 공익법인등은 기타에 √표를 합니다.

바. "⑬공익사업유형"란은 1) 교육, 2) 학술·장학, 3) 사회복지, 4) 의료, 5) 예술·문화, 6) 종교, 7) 그 밖의 유형 중에서 하나를 선택하여 적습니다.

사. "⑭설립주체"란은 설립주체(기본재산 출연자)에 √표를 합니다.
   ※ 설립주체
   –(개인) 개인 또는 가족이 설립한 단체, (기업) 기업이 설립한 단체, (개인·기업) 개인과 기업이 동일한 출연금으로 설립한 단체
   –(국가) 국가(정부) 및 공공기관이 설립한 단체, (지방자치단체) 지방자치단체가 설립한 단체
   –(기타) 그 밖의 주체가 설립한 단체
   –개인과 기업이 함께 출연하여 설립한 경우에는 개인출연금이 기업출연금보다 크면 "개인"을, 기업출연금이 개인출연금보다 크면 "기업"을 선택합니다.

아. "⑮이사 수"란은 사업연도말 현재 이사회 구성원(등기사항증명서상 이사)인 이사 수를 적습니다(법인이 아닌 단체는 정관의 요건을 충족한 이사 수를 적습니다.

자. "⑯자원봉사자 연인원 수"란은 자원봉사자 연인원을 적습니다.
   (예) 1명의 자원봉사자가 365일 봉사활동을 수행했을 경우, 1×365=365명

차. "⑰고용직원 수"란은 공익법인등의 연평균 상시근로자 수(공익목적사업과 기타사업을 포함한 정규직 및 비정규직의 상시 인원을 합하며, 일용직은 제외합니다)를 적습니다.
   ※ 연 평균 상시근로자 수: (매월 말 상시 고용직원 수 합계 / 사업연도 월수)

2. 재무현황

"⑱총자산가액~㉔순자산조정"란은 사업연도(과세기간) 종료일 현재 「공익법인회계기준」에 따라 작성한 재무상태표상 총자산가액 및 부채, 순자산 가액을 공익목적사업과 기타사업으로 구분하여 적습니다.
   ※ "ⓑ 공익목적사업"은 공익법인등의 정관에 기재된 공익목적사업을 말합니다(예: 문화·예술 전시사업, 연주회 등 공익목적으로 하는 사업의 입장료 수익 등은 「법인세법」에 따른 수익사업이지만 공익목적사업부문으로 구분합니다).
   ※ "ⓒ 기타사업"은 공익법인등의 정관에 기재된 공익목적사업 외의 사업을 말합니다.

> ※ 공익목적사업 부문과 기타사업 부문 구분 시 참고사항
> – 정관에 기재된 사업이어도 공익목적활동으로 볼 수 없는 사업은 기타사업부문으로 구분하며, 공익목적활동의 부수적으로 발생하는 사업이어도 기념품 판매, 카페 운영, 금융소득 창출을 위한 적극적인 금융자산 투자 등은 기타사업부문으로 구분합니다.

210mm×297mm[백상지 80g/㎡ 또는 중질지 80g/㎡]

작성방법

3. 자산현황
  가. "㉘주식 및 출자지분"란은 공익법인등이 보유한 주식(보통주, 우선주 포함)이나 출자지분의 재무상태표상 가액을 적습니다.
  나. "㉙금융자산"란은 공익법인등이 보유하고 있는 현금 및 현금성자산(보통예금, 당좌예금, 취득 시 만기가 6개월 미만인 금융상품등)과 금융기관 등에 예치하고 있는 정기예금, 정기적금, 펀드상품, 저축성 보험상품 등 및 국채, 회사채등 유가증권(㉘주식 및 출자지분은 제외합니다)의 재무상태표상 가액을 적습니다. 정기예금 등에서 발생한 미수이자는 금융자산란에서 제외합니다.
  다. "㉚기타자산"란은 공익법인등이 가지고 있는 매출채권, 미수이자, 미수임대료, 선급금 등 ㉖부터 ㉙까지에 해당하지 않는 자산을 적습니다.
4. 수익현황(해당 사업연도를 기준으로 적습니다)
  공익법인등의 운영성과표(손익계산서)상 사업수익과 사업외수익, 고유목적사업준비금 환입액을 공익목적사업과 기타사업으로 구분하여 적습니다.
  가. "㉞기부금"란은 개인이나 단체 등으로부터 수령한 현금 및 현물 등의 기부금과 출연받은 재산가액의 합계를 공익목적사업에 적습니다.
    ※ 예) oo모금회로부터 수령한 지원금, 학교 설립자가 해당 사업연도에 출연한 재산금액
  나. "㉟보조금"란은 국가 및 지방자치단체 또는 공공기관 등과 같은 보조사업자로부터 받은 보조금을 공익목적사업에 적습니다. 공익사업과 관련 없이 받은 보조금(예: 장애인 고용장려금, 장애인촉진 지원금 등)은 사업외수익에 적습니다.
    ※ 보조사업자: 「보조금 관리에 관한 법률」에 따른 보조금의 교부대상이 되는 사무 또는 사업(보조사업)을 수행하는 자
  다. "㊱회비수익"란은 공익법인등이 회원을 대상으로 받는 회비를 적습니다. 회원을 대상으로 발생하지만 일반적인 매출(재화 · 용역 제공) 거래는 회비수익이 아닙니다. 회원으로부터 받는 회비이지만 납부에 따른 혜택이 없거나, 납부가 강제되지도 않고, 기부금영수증을 발급해주는 경우에는 명목상 회비일 뿐 기부금과 동일한 성격이므로 "㉞기부금"란에 적습니다.
  다. "㊲기타"란은 기부금, 보조금, 회비수익 외의 사업수익을 적습니다.
  라. "㊳사업외수익"란은 사업수익이 아닌 수익 또는 차익으로서 운영성과표(손익계산서)에 사업외수익으로 적는 유형 · 무형 자산처분이익, 유형 · 무형자산손상차손환입, 전기오류수정이익 등의 합계액을 적습니다.
  마. "㊴고유목적사업준비금 환입액"란은 「법인세법」에 따른 고유목적사업준비금이 「법인세법」에 따라 수익사업부문에서 고유목적사업부문에 전출되어 목적사업에 사용된 금액과 미사용되어 임의 환입된 금액을 합하여 적습니다.
    ※ 공익목적사업의 수익에 대한 세부현황은 제6쪽 "10. 공익목적사업의 수익 세부현황"에 적습니다.
    ※ 기타사업의 수익에 대한 세부현황은 제6쪽 "12. 기타사업의 손익 세부현황"에 적습니다.
5. 비용현황
  공익법인등의 운영성과표(손익계산서)상의 사업비용과 사업외비용, 고유목적사업준비금 전입액을 공익목적사업과 기타사업으로 구분하여 적습니다.
  가. "㊸사업수행비용"란은 공익법인등이 추구하는 본연의 임무나 목적을 달성하기 위해 수혜자, 고객, 회원 등에게 재화나 용역을 제공하는 활동에서 발생하는 비용(제6쪽 "10. 공익목적사업의 비용 세부현황"의 사업수행비용 총 합계)을 적습니다.
  나. "㊹일반관리비용"란은 공익법인등의 기획, 인사, 재무, 감독 등 모든 관리활동에서 발생하는 비용(제6쪽 "11. 공익목적사업의 비용 세부현황"의 일반관리비용 총 합계)을 적습니다.
  다. "㊺모금비용"란은 공익법인등의 모금 홍보, 모금 행사, 기부자 리스트 관리, 모금 고지서 발송 등의 모금 활동에서 발생하는 비용(제6쪽 "11. 공익목적사업의 비용 세부현황"의 모금비용 총 합계)을 적습니다.
    ※ 공익목적사업의 비용에 대한 세부현황은 제6쪽 "11. 공익목적사업의 비용 세부현황"에 각각 적습니다.
    ※ 기타사업의 비용에 대한 세부현황은 제6쪽 "12. 기타사업의 손익 세부현황"에 적습니다.
6. 세무확인과 회계감사
  가. "㊾복식부기 여부"는 공익법인등이 복식부기 회계처리 방식을 적용한 경우 "여"에 √표를 하고, 그 외의 경우는 "부"에 √표를 합니다.
  나. "㊿적용회계기준"은 공익법인이 회계처리 시 적용한 다음의 회계기준 중 하나를 적고, 기타의 경우 적용한 해당 회계기준 명칭을 괄호 안에 적습니다.

1. 공익법인 회계기준, 2. 의료기관 회계기준 규칙, 3. 사학기관 재무회계 규칙, 4. 사학기관 재무회계 규칙에 대한 특례 규칙, 5. 기타(*****기준)

  다. "(51)세무확인 여부"란은 「상속세 및 증여세법」 제50조 제1항에 따른 외부전문가의 세무확인을 받은 경우 "여"에, 받지 않은 경우 "부"에 √표를 합니다.
  라. "(52)외부회계감사 여부"란은 「상속세 및 증여세법」 제50조 제3항에 따른 회계감사를 받은 경우 "여"에, 받지 않은 경우 "부"에 √표를 합니다.(예 : 공익법인등의 상근 혹은 비상근 내부감사에게만 회계감사를 받은 경우에는 "부"에 √표를 합니다)
  마. "(53)외부 회계감사인"란은 회계감사를 실시한 회계법인 등의 상호(성명)를 적고, "(54)외부 회계감사 의견"란에는 감사인의 재무제표에 대한 감사의견(적정의견, 한정의견, 부적정의견, 의견거절)을 적습니다.
7. 재공시 사유
  법정공시 기한 이후 당초 공시한 내용을 수정하여 재공시하는 경우 재공시하는 사유를 간략하게 적습니다.
  (예시) 기부금품 지출명세 수정, 감사보고서 첨부, 이사 및 출연자 명세 수정, 운용소득 과소신고 및 불일치 수정, 기부금 이월액 수정 등

210mm×297mm[백상지 80g/㎡ 또는 중질지 80g/㎡]

9. 공익목적사업 세부현황

① 정관에 기재된 공익목적사업 현황

② 사업내용(중복체크 가능)

[ ]문화예술(코드1100) [ ]스포츠(코드1200) [ ]기타 레크리에이션 및 봉사 클럽(코드1300)

[ ]초등 및 중등 교육(코드2100) [ ]고등교육(코드2200) [ ]기타교육(코드2300) [ ]학술연구(코드2400)

[ ]장학(코드2500) [ ]영유아보육(코드2600)

[ ]병원 및 재활시설(코드3100) [ ]요양원(코드3200) [ ]정신 건강 및 위기개입(코드3300) [ ]기타 보건 서비스(코드3400)

[ ]사회복지(코드4100) [ ]긴급상황 및 구호(코드4200) [ ]소득 지원 및 보존(코드4300)

[ ]환경(코드5100) [ ]동물(코드5200)

[ ]경제, 사회 및 지역사회개발(코드6100) [ ]주거(코드6200) [ ]고용 및 훈련(코드6300)

[ ]시민 및 옹호단체(코드7100) [ ]법률 및 법률서비스(코드7200) [ ]정치단체(코드7300)

[ ]배분(지원) 재단(코드8100) [ ]봉사증진(코드8200) [ ]모금활동(코드8300)

[ ]국제활동(코드9100)

[ ]종교단체 및 종교 관련 단체(코드10100)

[ ]비지니스연합(코드11100) [ ]전문가연합(코드11200) [ ]노동조합(코드11300)

[ ]기타(코드12100)

③ 사업대상

[ ]모두 해당, [ ]아동, [ ]청소년, [ ]노인, [ ]장애인, [ ]외국인(다문화), [ ]가족ㆍ여성, [ ]일반대중, [ ]기타

④ 국내 주요 사업지역

[ ]전국, [ ]서울, [ ]부산, [ ]인천, [ ]대전, [ ]광주, [ ]대구, [ ]울산, [ ]강원, [ ]경기, [ ]경남, [ ]경북, [ ]충남, [ ]충북, [ ]전남, [ ]전북, [ ]세종, [ ]제주, [ ]해당 없음

⑤ 국외 주요 사업지역

[ ]전세계, [ ]유럽, [ ]아시아, [ ]북아메리카, [ ]아프리카, [ ]오세아니아, [ ]남아메리카, [ ]해당 없음

⑥ 공익목적사업의 사업별 실적

1	코드		사업명		사업수행비용		원
사업내용					사업지역		
2	코드		사업명		사업수행비용		원
사업내용					사업지역		
3	코드		사업명		사업수행비용		원
사업내용					사업지역		
4	그 외 사업			개	사업수행비용		원
합 계	총 공익목적사업			개	사업수행비용 합계		원

작성방법

9. 공익목적사업 세부현황

가. "① 정관에 기재된 공익목적사업 현황"란은 공익법인등의 정관상 고유목적사업의 주요 업무, 실적 및 향후 계획 등을 적습니다.

나. "② 사업내용"은 공익법인등이 실제로 수행하고 있는 사업에 모두 √표를 합니다. 모금 후 모금액을 불특정 단체에 배분하거나 지원하는 경우는 "배분(지원) 재단(코드8100)"에 √표를 하고, 모금 후 모금액을 소수의 특정한 단체에 지원하는 경우에는 "모금활동(코드8300)"에 √표를 합니다. 사업내용은 중복체크가 가능합니다.

(예) 재단이면서 사회복지단체를 지원하는 경우, "배분(지원) 재단"과 "사회복지" 모두 √표를 합니다.

다. ③부터 ⑤까지 [ ]에는 공익법인등이 실제로 수행하는 사업의 사업대상, 국내 주요 사업지역, 국외 주요 사업지역에 해당되는 곳에 모두 √표를 합니다.

라. ⑥란은 공익목적사업의 사업별 실적(사업명, 사업수행비용, 사업내용, 사업지역)을 적습니다. 코드는 "②사업내용"에 해당하는 코드를 적습니다. 공익법인등이 수행하는 사업이 3개 이상인 경우 사업수행비용이 많은 3개 사업의 사업실적은 별도로 적고, 나머지는 "그 외 사업"에 합산하여 적습니다.

마. ⑥란의 사업수행비용 합계는 제1쪽 "5. 비용현황"의 사업수행비용 총계와 일치해야 합니다.

210mm×297mm[백상지 80g/㎡ 또는 중질지 80g/㎡]

10. 공익목적사업의 수익 세부현황

(단위: 원)

구 분	사업연도(과세기간)	
	당 기	전 기
1. 사업수익		
1) 기부금품		
① 개인기부금품		
② 영리법인기부금품		
③ 모금단체, 재단 등 다른 공익법인등의 지원금품		
④ 기타기부금품		

★ 기부물품 ①~④에 포함된 기부물품	당기	전기	

구 분	당 기	전 기
2) 보조금		
3) 회비수익		
4) 기타공익목적사업수익		
2. 사업외 수익		
3. 고유목적사업준비금 환입액		
4. 총 합계 (1+2+3)		

11. 공익목적사업의 비용 세부현황

(단위: 원)

구 분	사업연도(과세기간)				
	당 기				전 기
	합계	사업 수행비용	일반 관리비용	모금 비용	
1. 사업비용					
① 분배비용[장학금, 지원금 등 수혜자(단체)에게 직접 지급비용]					
1) 국 내					
2) 국 외					
② 인력비용					
③ 시설비용					
④ 기타비용					
2. 사업외비용					
3. 고유목적사업준비금 전입액					
4. 총 합계 (1+2+3)					

12. 기타사업의 손익 세부현황

(단위: 원)

구분	① 합계	기타사업손익									⑩ 사업외 손익	⑪고유목적사업준비금환입 (전입)
		사업손익								⑨ 기타		
		금 융				부 동 산						
		② 소계	③ 이자	④ 배당	⑤ 기타 금융	⑥ 소계	⑦ 임대	⑧ 매각				
수익금액												
비용												
이익(손실)												

210mm×297mm[백상지 80g/㎡ 또는 중질지 80g/㎡]

비영리법인 회계와 세무 실무

작성방법

10. 공익목적사업의 수익 세부현황
　가. 기부금품(①~④의 합)
　　1) "①개인기부금품"란은 개인기부자(후원회원을 포함합니다)의 기부금액(기부물품을 포함합니다)을 적습니다.
　　2) "②영리법인기부금품"란은 기업의 사회공헌으로 기업과 계약을 맺은 기부금 등 영리법인으로부터 받은 기부금액(기부물품을 포함합니다)을 적습니다.
　　※ 사회복지공동모금회 등 모금단체를 통하여 지원받은 기부금은 "③모금단체, 재단 등 다른 공익법인등의 지원금품"란에 적습니다.
　　3) "③모금단체, 재단 등 다른 공익법인등의 지원금품"란은 전문모금 및 기금배분단체(예: oo모금회 등)와 외부공모, 지원사업을 수행하고 있는 단체(예: 기업이 출연한 재단, oo협회 등) 등으로부터 지원받은 금액(지원받은 물품을 포함합니다)을 적습니다.
　　4) "④기타기부금품"란은 ①부터 ③까지 외의 기부금(기부물품을 포함합니다)을 적습니다.
　　5) "＊기부물품"란은 ①~④ 기부금 항목에 포함된 상품, 제품 등 물품(주식·채권은 제외합니다)으로 기부받은 금액을 적습니다.
　나. "보조금"란은 국가 및 지방자치단체 혹은 공공기관 등과 같은 보조사업자로부터 받은 보조금을 적습니다. 사업과 관련 없이 받은 보조금(예: 장애인 고용장려금, 장애인촉진 지원금 등)은 사업외수익에 적습니다.
　다. "회비수익"란은 기부금이 아닌 회원의 의무에 의해 회원으로부터 받은 회비 수입을 적습니다. 기부금 영수증을 발급한 수입금액은 여기에 작성하지 않습니다.
　라. "기타공익목적사업수익"란은 위 항목에서 작성하지 않은 공익목적사업수익금액(예: 학교법인의 등록금 수익, 사회복지시설의 사용자부담금 등)을 적습니다.
　마. "사업외 수익"란은 사업수익이 아닌 수익 또는 차익으로서 운영성과표(손익계산서)에 사업외수익으로 적는 유형·무형자산처분이익, 유형·무형자산손상차손환입, 전기오류수정이익 등의 합계액을 적습니다.
　바. "고유목적사업준비금 환입액"란은 「법인세법」에 따른 고유목적사업준비금이 「법인세법」에 따라 수익사업부문에서 고유목적사업부문에 전출되어 목적사업에 사용된 금액과 미사용되어 임의 환입된 금액을 합하여 적습니다.

11. 공익목적사업의 비용 세부현황
　"공익목적사업의 비용 세부현황"은 공익법인등의 정관에 기재된 공익목적사업에서 발생하는 운영성과표상 분배비용, 인력비용, 시설비용, 기타비용을 적습니다.
　가. "①분배비용[장학금, 지원금 등 수혜자(단체)에게 직접 지급비용]"란은 공익법인등이 수혜자 또는 수혜단체에 직접 지급하는 비용을 "국내"와 "국외"로 구분하여 적습니다.
　나. "②인력비용"란은 공익법인등에 고용된 인력과 관련된 비용으로서 급여, 상여금, 퇴직급여, 복리후생비, 교육훈련비 등을 포함하여 적습니다.
　다. "③시설비용"란은 공익법인등의 운영에 사용되는 토지, 건물, 구축물, 차량운반구 등 시설과 관련된 비용으로서 감가상각비, 지급임차료, 시설보험료, 시설유지관리비 등을 포함하여 적습니다.
　라. "④기타비용"란은 분배비용, 인력비용, 시설비용 외의 비용으로서 여비교통비, 소모품비, 지급수수료, 용역비, 업무추진비, 회의비, 대손상각비 등을 포함하여 적습니다.
　마. "2. 사업외비용"란은 운영성과표에 사업외비용으로 적는 유형·무형자산처분손실, 유형·무형자산손상차손, 전기오류수정손실 등의 금액을 합계에 적습니다.
　바. "3. 고유목적사업준비금 전입액"란은 「법인세법」 제29조에 따라 고유목적사업이나 같은 법 제24조 제3항 제1호에 따른 기부금에 사용하기 위해 미리 손비로 계상한 금액을 적습니다.

12. 기타사업의 손익 세부현황
　"기타사업의 손익 세부현황"란은 공익법인등의 공익목적사업이 아닌 기타사업에서 발생하는 운영성과표상 사업수익, 사업외수익의 합계와 사업비용, 사업외비용의 합계, 고유목적사업준비금전입액, 법인세비용차감전 당기운영이익(손실)을 금융, 부동산 등 발생 원천별로 구분하여 각각 수익금액, 비용, 이익(손실)에 적습니다.
　가. "① 합계"란은 "사업손익"란의 수익금액, 비용, 이익(손실)금액을 합한 금액을 각각 적습니다.
　나. "⑤ 기타금융"란은 주식과 채권 등의 매도에 따라 발생한 처분손익 등을 적습니다.
　다. "⑨ 기타"란은 금융, 부동산 임대·매각 수익 외의 기타사업의 사업수익, 사업비용 및 사업이익을 적습니다.
　라. "⑩ 사업외손익"란은 공익목적사업 외 기타사업에서 발생한 사업외 손익을 적습니다.
　　(예) 부동산을 제외한 유형자산처분손익 등
　마. "⑪ 고유목적사업준비금 환입(전입)"란은 「법인세법」 제29조에 따라 고유목적사업이나 같은 법 제24조 제3항 제1호에 따른 기부금에 사용하기 위해 미리 손비로 계상한 금액을 "비용"에 적으며, 같은 법에 따라 고유목적사업준비금을 익금에 산입한 금액을 "수익"에 적습니다.

210mm×297mm[백상지 80g/㎡ 또는 중질지 80g/㎡]

〔별지 제31호 서식 부표 1〕(2023.3.20. 개정)

기부금품의 수입 및 지출 명세서

※ 제2쪽 및 제3쪽의 작성방법을 읽고 작성해 주시기 바랍니다.

1. 기부금품의 수입·지출 명세

(단위: 원)

① 월별	② 수입	③ 지출	④ 잔액	① 월별	② 수입	③ 지출	④ 잔액
전기이월	–	–		9월			
1월				10월			
2월				11월			
3월				12월			
4월				합계			
5월				기본순자산편입액	( )	–	
6월				차가감계			
7월				차기이월	–	–	
8월							

2. 기부금품 지출 명세서 (국내사업)

가. 수혜자(수혜단체)에게 지출

(단위: 원)

①(대표)지급처명 (성명 / 단체명)	②주민등록번호 (사업자등록번호)	③지출목적	④수혜인원 (단체) 수	⑤지출액		
				⑥현금	⑦물품	⑧합계
			명/개			
			명/개			
			명/개			
⑨ 합 계						

나. 자산 취득에 지출

(단위: 원)

①(대표)지급처명 (성명 / 상호)	②주민등록번호 (사업자등록번호)	③지출목적	④지급처 수	⑤지출액		
				⑥현금	⑦물품	⑧합계
			명/개			
			명/개			
			명/개			
⑨ 합 계						

다. 운영경비에 지출

(단위: 원)

①(대표)지급처명 (성명 / 상호)	②주민등록번호 (사업자등록번호)	③지출목적	④지급처 수	⑤지출액		
				⑥현금	⑦물품	⑧합계
			명/개			
			명/개			
			명/개			
⑨ 합 계						

3. 기부금품 지출 명세서 (국외사업)

(단위: 원)

①(대표)지급처명 (성명 / 단체명)	②국가명	③지출목적	④수혜인원 (단체) 수	⑤지출액		
				⑥현금	⑦물품	⑧합계
			명/개			
			명/개			
			명/개			
합 계						

210mm×297mm[백상지 80g/㎡]

비영리법인 회계와 세무 실무

작성방법

이 서식은 「공익법인회계기준」의 기부금 수익인식 방법에 따라 작성합니다.(예: ①현금·현물을 기부 받은 경우→실제 기부 받은 시점, ②가상계좌,CMS,지로,신용카드 등 납부방법으로 기부받은 경우 → 기부 결제시점(기부금 납부,출금요청,신용카드 승인시점 등)
국가·지방자치단체 혹은 공공기관 등과 같은 보조사업자로부터 받은 보조금은 포함하지 않습니다.
「개인정보 보호법」에 따라 주민등록번호 수집이 제한되어 주민등록번호를 수집하지 못한 경우 주민등록번호는 기재를 생략할 수 있습니다.

1. 기부금품의 수입·지출명세
   가. "①월별"란은 사업연도 개시월부터 사업연도 종료월까지를 차례대로 적습니다.
      ※ 제1쪽의 "①월별란"은 사업연도 종료월이 12월인 법인을 예로 든 것입니다.
   나. "②수입란"과 "③지출란"은 월 누계액을 적습니다.
   다. "기본순자산 편입액"란은 해당 연도에 기부(출연)받은 금액 중 기부금수익으로 계상되지 않고 기본순자산의 증가로 직접 반영되는 기부금(출연금)을 적습니다(기부금품을 기본순자산으로 편입하는 경우 ③지출란 및 2.기부금품 지출명세서에서 작성하지 않습니다).
   라. 차가감계란은 사업연도(과세기간)의 전체 수입(기본순자산 편입액 차감) 및 지출금액을 적습니다.
2. 기부금품 지출명세서 (국내사업)
   가. 수혜자(수혜단체)에게 지출하는 경우
   1) "①(대표)지급처명(성명/단체명)"란은 사업연도기간 동안 수혜 받은 금액이 100만원 이상인 수혜자와 수혜단체의 경우 개별 수혜자(수혜단체)의 성명(수혜단체명)을 적고, 연간 수혜 받은 금액이 100만원 미만인 수혜자와 수혜단체의 경우 지출금액이 가장 큰 대표적인 수혜자의 성명(수혜단체명)을 적고 지출목적별로 합산하여 작성할 수 있습니다.
   2) "③지출목적"란은 해당 사업연도에 기부금을 지출한 목적을 다음 예시와 같이 작성합니다.
      예) ①미래인재개발 장학금, ②사회취약계층 자녀돌봄 및 학업지원, ③노인요양시설 의료지원 및 의약품 제공
   3) "④수혜인원(단체) 수"란은 지급된 지원금을 수혜 받은 인원 또는 단체 수를 적되, 불특정 다수에게 지급한 경우에는 인적사항 대신 지출사유를 간략히 적고, 수혜인원 추정근거를 적습니다.
   4) "⑤지출액"은 사업연도 기간 동안 수혜자(수혜단체)에 지출한 금액을 현금지급과 물품지급으로 구분하여 적습니다.
   ※ 작성예시1) 홍길동 외 100명에게 사업연도 기간 동안 개인별로 10만원씩 장학금이 지급되고, A복지시설에 노인복지를 위해 물품으로 200만을 지원한 경우 아래와 같이 적습니다(국외의 내국인에게 지급한 장학금 등 포함).

①(대표)지급처명 (성명 / 단체명)	②주민등록번호 (사업자등록번호)	③지출목적	④수혜인원 (단체) 수	⑤지출액		
				⑥현금	⑦물품	⑧합계
홍길동 외	sssss-sssssss	미래인재개발 장학사업	101명	10,100,000		10,100,000
A복지시설	111-11-11111	노인요양시설 의료지원	1개		2,000,000	2,000,000

   작성예시2) 어린이날 불특정 다수의 어린이에게 체험행사를 진행하거나 연간 무료급식을 제공하고 그 수혜자 수를 추정하여 기재하는 경우 아래와 같이 적습니다.(사례: 시간당 입장객수와 행사시간, 1일 급식인원 등을 감안하여 수혜인원 추정수를 계산)

①(대표)지급처명 (성명 / 단체명)	②주민등록번호 (사업자등록번호)	③지출목적	④수혜인원 (단체) 수	⑤지출액		
				⑥현금	⑦물품	⑧합계
어린이날 체험행사 300명(시간당 입장객 수) ×8시간(행사시간)		어린이날 무료 직업 체험행사	2,400명	20,000,000	10,000,000	30,000,000
무료급식 제공 200인(1일) ×365(1년)		사회취약계층 무료급식	73,000명	150,000,000		150,000,000

   나. 자산 취득에 지출하는 경우
   1) "①(대표)지급처명(성명/상호)"란은 사업연도 기간 동안 취득한 자산가액이 100만원 이상인 경우 자산별로 자산명을 적고, 취득가액이 100만원 미만인 경우 자산구분별(금융자산, 부동산, 미술품 등)로 합산하여 작성할 수 있습니다.
   2) "③지출목적"란은 해당 사업연도에 기부금을 지출한 목적을 다음 표와 같이 구분하여 적습니다.

구분	자산 취득				
	금융자산*	부동산	미술품	기계장치	기타

작성방법

* 금융자산은 현금 및 현금성자산(보통예금, 당좌예금, 취득 시 만기가 3개월인 금융상품 등)을 제외한 정기예금, 정기적금, 펀드상품, 저축성 보험상품 등의 금융상품 및 국채, 회사채, 주식 및 출자지분 등 유가증권을 취득한 경우 적습니다.

3) "④지급처 수"란은 사업연도 기간 동안 취득한 자산 수를 적습니다.

4) "⑤지출액"은 사업연도 기간 동안 자산취득에 지출한 금액을 현금지급과 물품지급으로 구분하여 적습니다.

※ 작성예시) 보통예금 2,000만원, 1년 만기 정기예금 5,000만원을 A은행에 예치, ㈜국세 주식 500만원(500주)을 취득하고, 갑 갤러리로부터 전시용 그림 50점(1점당 90만원) 및 단체가 운용할 부동산(토지 5억 원, 건물 3억 원)을 취득한 경우 아래와 같이 적습니다.

①(대표)지급처명 (성명 / 상호)	②주민등록번호 (사업자등록번호)	③지출목적	④지급처 수	⑤지출액		
				⑥현금	⑦물품	⑧합계
A은행 정기예금		금융자산	1개	50,000,000		50,000,000
㈜국세 주식	111-11-11111	금융자산	1개	5,000,000		5,000,000
갑 갤러리	222-22-22222	미술품	50개	45,000,000		45,000,000
토지		부동산	1개	500,000,000		500,000,000
건물		부동산	1개	300,000,000		300,000,000

* 보통예금 2,000만원은 현금성자산으로 금융자산 취득에 해당하지 않으므로 지출명세 작성대상에서 제외됩니다.

다. 운영경비에 지출하는 경우

1) "①(대표)지급처명(성명/상호)"란은 사업연도 기간 동안 지급목적별로 합산하여 작성할 수 있습니다.

2) "③지출목적"란은 해당 사업연도에 기부금을 지출한 목적을 다음 표와 같이 구분하여 적습니다.

구분	각종 경비 지출									
	인건비	임차료	회의비	모금비용	연구비	세금과공과	소모품비	지급수수료	수선비	기타

3) "④지급처 수"란은 사업연도 기간 동안 각종 경비로 지출한 거래처 수를 적습니다.

4) "⑤지출액"은 사업연도 기간 동안 각종 경비로 지출한 금액을 현금지급과 물품지급으로 구분하여 적습니다.

※ 작성예시) 월 임대료 80만원(12개월 지급), 사무직원 갑, 을, 병에게 월 급여 200만원(12개월 지급), 기증받은 1,000만원 상당의 기계장치를 연구용에 사용, 사무실 비품 등(생수 등 연 지출 90만원, 전화비 95만원, 휴대전화 70만원, 정기구독료 50만원, 수수료 60만원)을 지출한 경우 아래와 같이 적습니다.

①(대표)지급처명 (성명 / 상호)	②주민등록번호 (사업자등록번호)	③지출목적	④지급처 수	⑤지출액		
				⑥현금	⑦물품	⑧합계
AA빌딩	111-11-11111	임대료	1개	9,600,000		9,600,000
직원 갑 외 2	******-*******	인건비	3명	72,000,000		72,000,000
○○프로젝트		연구비	1개		10,000,000	10,000,000
사무실 운영비		소모품비	5개	3,650,000		3,650,000

3. 기부금품 지출명세서 (국외사업)

사업연도(과세기간) 중 동일한 목적으로 유사한 금액을 지출한 비용은 지출목적별로 작성할 수 있습니다. 다만, 연간 100만원 이상 개별 수혜자 및 수혜단체에 지출한 경우 개별 수혜자 및 수혜단체별로 작성해야 합니다. 불특정 다수에게 지급한 경우는 인적사항 대신 지출사유를 간략히 적습니다.

가. ①부터 ⑧까지란은 "2. 기부금 지출명세서 (국내사업)"의 작성방법과 동일한 방법으로 작성합니다.

나. 내용이 많은 경우에는 별지로 작성합니다.

※ 작성예시 : A국가에 소재하는 B복지시설 외 49개 단체에게 사업연도 기간 동안 아동복지 목적으로 현금 각 40만원, 물품 각 40만 원을 지급하고, B국가에 거주하는 외국인(해외동포 등)에게 장학금으로 100만원을 지급한 경우 아래와 같이 적습니다.

①(대표)지급처명 (성명 / 단체명)	②국가명	③지출목적	④수혜인원 (단체) 수	⑤지출액		
				⑥현금	⑦물품	⑧합계
B복지시설 외	A국가	아동복지	50개	20,000,000	20,000,000	40,000,000
홍길동	B국가	장학금	1명	1,000,000		1,000,000

210mm×297mm[백상지 80g/㎡]

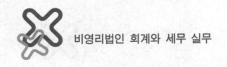

〔별지 제31호 서식 부표 2〕(2023.3.20. 개정)

주식 등의 출연·취득·보유 및 처분 명세서

※ 뒤쪽의 작성방법을 읽고 작성하여 주시기 바랍니다. (앞쪽)

1. 주식 등의 보유현황
(단위: 주식 수, 원, %)

주식발행법인			공익법인 보유 주식							
주식명	총 발행 주식 수	보유 주식 수	지분율	주식가액 (장부가액)	보유경위			배당현황	의결권 여부
					출연	유상 취득	기타		
합 계									

2. 보유주식 등 변동사항
(단위: 주식 수, 원)

일자	변동 사유	주식명	주식 수	주식가액 (장부가액)	출연자와 주식 등의 발행법인과의 관계

3. 공익법인의 총자산가액에서 특수관계에 있는 내국법인의 주식 등이 차지하는 비율
(단위 : 원, %)

①자산총액	주식 등의 가액			⑤ 비율 ④÷(①-③ +④)	비고
	②취득가액	③장부가액	④ (②,③ 중 적은 금액)		

4. 주식 등의 의결권 행사 결과

주식명	의결권 행사일	의결권 행사 주식 수	의결권 행사 주식 비율	비 고

210mm×297mm[백상지 80g/㎡ 또는 중질지 80g/㎡]

작성방법

1. 주식 등의 보유현황
   가. 사업연도말 현재 해당 공익법인이 보유하고 있는 주식 등의 장부가액을 주식 등의 발행회사별로 적습니다.
   나. 주식발행회사별 주식의 장부가액을 그 보유한 사유에 따라 구분하여 적습니다.
   　예) 1.10일 대한(주) 발행주식 1,000주(시가 100백만원)를 무상으로 출연받음
   　　　2.10일 대한(주) 발행주식 2,000주를 250백만원에 유상 취득
   　　　3.10일 대한(주)가 100% 무상증자를 실시해 무상주 3,000주 수령
   　⇒ 주식가액(장부가액) : 350백만원
   　　 보유경위(출연): 100백만원, 보유경위(유상 취득) : 250백만원, 보유경위(기타) : 0원
   　* 출연: 무상으로 받은 경우만 적습니다.
   　* 유상 취득: 출연재산, 매각대금 등을 재원으로 유상 취득하는 경우만 적습니다.
   다. 의결권 여부란은 의결권이 있는 주식은 "여", 우선주와 같이 의결권이 없는 주식은 "부"를 적습니다.
2. 보유주식 등 변동상황
   가. 사업연도 중 보유주식 변동상황을 적습니다.
   나. 변동사유란에는 보유주식이 증감하게 된 사유를 적되, 다음 구분 중에서 선택하여 적습니다.
   　- 1. 출연(무상 수증) 2. 유상 취득 3. 매각 4. 다른 공익법인에 재출연 5. 기타
   다. 주식가액(장부가액)란에는 증가의 경우에는 (+) 금액을 적고 감소의 경우에는 (-) 금액을 적습니다.
3. 공익법인의 총자산가액에서 특수관계에 있는 내국법인의 주식 등이 차지하는 비율: 사업연도말 현재 재무상태표를 기준으로 작성합니다.
4. 주식 등의 의결권 행사 결과 : 의결권 있는 주식 등을 발행주식 총수 등의 100분의 5를 초과하여 보유하고 있는 공익법인등으로서 「상속세 및 증여세법」 제48조 제11항 각 호의 요건을 충족하는 공익법인이 해당 주식의 의결권을 행사한 경우 해당 주식명, 의결권 행사일, 의결권을 행사한 주식 수 및 비율을 적습니다.

210mm×297mm[백상지 80g/㎡ 또는 중질지 80g/㎡]

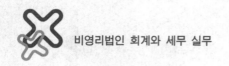

〔별지 제31호 서식 부표 3〕 (2023.3.20. 개정)

출연자 및 이사 등 주요 구성원 현황 명세서

※ 뒤쪽의 작성방법을 읽고 작성하여 주시기 바랍니다.　　　　　　　　　　　　　　　　　　(앞쪽)

1. 출연자(기부자)　　　　　　　　　　　　　　　　　　　　　　　　　　　　(단위 : 원)

가. 설립 시 출연자(기부자)

①성명 (사업자명)	②주민등록번호 (사업자등록번호)	③출연재산 종류	④출연가액	⑤비고

나. 해당 사업연도 출연자(기부자)

⑥성명 (사업자명)	⑦주민등록번호 (사업자등록번호)	⑧출연재산 종류	⑨출연가액	⑩비고

2. 이사 등 구성원 현황

⑪성명	⑫상임, 비상임 구분	⑬출연자와의 관계	⑭출연법인과 의 관계	⑮다른 이사 와의 관계	⑯직전 3년(5년) 계열기업 임원 근무여부	⑰비고

210mm×297mm[백상지 80g/㎡ 또는 중질지 80g/㎡]

작성방법

1. 출연자(기부자)

가. 이 서식의 작성대상은 설립 시와 해당 사업연도에 출연(기부)한 출연자이며, 재산출연일 현재 해당 공익법인의
   총 출연재산가액(장부가액 기준)의 1%에 상당하는 금액과 2천만원 중 적은 금액 미만을 출연한 자는 제외합니다.

나. "출연재산 종류"에는 다음 표에서 선택하여 적습니다.

코 드	1	2	3	4	5	6	7	8	9	10
재산종류	현금	예금·적금	토지	건물	주식·출자지분	기계장치	의료장비	채권	차량운반구	기타

2. 이사 등 구성원 현황

이사 등 구성원 현황(⑪~⑰)란에는 공익법인의 전체 이사 및 임원의 명세를 적습니다.

가. "⑬출연자와의 관계", "⑭출연법인과의 관계", "⑮다른 이사와의 관계"란에는 이사 등의 구성원이 출연자, 출연법인,
   다른 이사와 「상속세 및 증여세법 시행령」 제2조의 2에 따른 특수관계에 해당하는 경우 아래 표를 참고하여 해당
   코드를 적습니다.

코드	특수관계 설명
0	본인
1	친족*, 직계비속의 배우자의 2촌 이내의 혈족과 그 배우자 *「국세기본법 시행령」 제1조의 2 제1항 각 호의 어느 하나에 따른 관계에 있는 자를 말합니다.
2	사용인*(출자에 의해 지배하고 있는 법인의 사용인을 포함하며, 이하 같습니다)이나 사용인 외의 자로서 본인의 재산으로 생계를 유지하는 자 *「상속세 및 증여세법 시행령」 제2조의 2 제2항에 따른 임원, 상업사용인 및 그 밖에 고용계약 관계에 있는 자
3	다음의 어느 하나에 해당하는 자 (1) 본인이 개인인 경우 　－ 본인이 직접 또는 본인과 [코드1]에 해당하는 관계에 있는 자가 임원에 대한 임면권의 행사·사업방침의 결정 등을 통하여 그 경영에 대해 사실상의 영향력을 행사하고 있는 「상속세 및 증여세법 시행규칙」 제2조 제1항에 따른 기업집단의 소속기업(해당 기업의 임원*과 퇴직임원**을 포함합니다) 　　*「법인세법 시행령」 제40조 제1항에 따른 임원 　　** 퇴직 후 3년(해당 기업이 「독점규제 및 공정거래에 관한 법률」 제31조 제1항 전단에 따른 공시대상기업집단에 소속된 경우는 5년)이 지나지 않은 사람 (2) 본인이 법인인 경우 　－ 본인이 속한 「상속세 및 증여세법 시행규칙」 제2조 제1항에 따른 기업집단의 소속기업(해당 기업의 임원과 퇴직임원 포함)과 해당 기업의 임원에 대한 임면권의 행사·사업방침의 결정 등을 통하여 그 경영에 관하여 사실상의 영향력을 행사하고 있는 자 및 그와 [코드1]에 해당하는 관계에 있는 자
4	본인, [코드1]부터 [코드3]까지의 자 또는 본인과 [코드1]부터 [코드3]까지의 자가 공동으로 재산을 출연하여 설립하거나 이사의 과반수를 차지하는 비영리법인
5	[코드3]에 해당하는 기업의 임원 또는 퇴직임원이 이사장인 비영리법인
6	본인, [코드1]~[코드5]의 자 또는 본인과 [코드1]~[코드5]의 자가 공동으로 발행주식총수 등의 30% 이상을 출자하고 있는 법인
7	본인, [코드1]~[코드6]의 자 또는 본인과 [코드1]~[코드6]의 자가 공동으로 발행주식총수 등의 50% 이상을 출자하고 있는 법인
8	본인, [코드1]~[코드7]의 자 또는 본인과 [코드1]~[코드7]의 자가 공동으로 재산을 출연하여 설립하거나 이사의 과반수를 차지하는 비영리법인

나. "⑯직전 3년(5년) 계열기업 임원 근무여부"란은 특수관계가 있는 기업집단 소속기업의 임원으로 퇴직 후 3년(해당 기
   업이 「독점규제 및 공정거래에 관한 법률」 제31조 제1항 전단에 따른 공시대상기업집단에 소속된 경우는 5년) 이내인
   경우 "여"로 적으며, 그 외의 경우에는 "부"로 적습니다.

다. "⑰비고"란에는 이사와 임원을 구분하여 적습니다.

210mm×297mm[백상지 80g/㎡ 또는 중질지 80g/㎡]

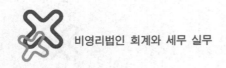

〔별지 제31호 서식 부표 4〕 (2023.3.20. 개정)

출연받은 재산의 공익목적사용 현황

※ 뒤쪽의 작성방법을 읽고 작성해 주시기 바랍니다.　　　　　　　　　　　　　　　　　(앞쪽)

1. 출연재산 공익목적사용 현황

(단위 : 원)

① 공익법인명							② 사업연도				
출연재산 명세				전기 사업연도까지 사용금액			해당 사업연도 사용금액			⑬ 미사용 금액 (⑥-⑦-⑩)	⑭ 미사용 사유 또는 사용계획
③ 출연받은 사업연도	출연재산			⑦ 합계 (⑧+⑨)	⑧ 직접 공익목적 사용금액	⑨ 수익사업 사용금액	⑩ 합계 (⑪+⑫)	⑪ 직접 공익목적 사용금액	⑫ 수익사업 사용금액		
	④ 코드	⑤ 종류	⑥ 가액								

2. 수익(사업)용 출연재산 공익목적 의무사용 현황

(단위 : 원)

수익용 또는 수익사업용으로 운용하는 재산			④ 의무사용 출연재산대상 가액 [①-(②+③)]	⑤ 사용기준금액 (④×1%, 3%)	⑥ 사용실적	⑦ 과부족액 (⑥-⑤)
① 총자산가액	② 부채가액	③ 당기순이익				

210mm×297mm[백상지 80g/ ㎡]

작 성 방 법

1. 출연재산 공익목적사용 현황
   가. 이 서식은 외부감사를 받는 공익법인등이 출연받은 재산의 공익목적사용 현황에 대하여 출연받은 사업연도부터 사용이 완료되는 사업연도까지 매년 작성합니다.

   나. "③ 출연받은 사업연도"란은 출연일이 속하는 사업연도(예: 2023. 1. ~ 2023. 12.)를 적습니다.

   다. "④ 코드", "⑤ 종류"란은 다음 분류에 따라 적습니다.

코 드	1	2	3	4	5	6	7	8	9	10
재산종류	현금	예금·적금	토지	건물	주식·출자지분	기계장치	의료장비	채권	차량운반구	기타

   라. "⑥ 가액"은 출연당시의 시가로 적되, 시가를 산정하기 어려운 경우에는 「상속세 및 증여세법」 제61조부터 제65조까지에 따른 평가가액을 적습니다.

   마. "⑧, ⑪ 직접공익목적사용금액"란은 출연재산을 공익법인 등의 정관상 고유목적사업에 사용한 금액(다만, 직접 공익목적사업에 충당하기 위해 수익용 또는 수익사업용으로 운용하기 위하여 사용한 금액과 「상속세 및 증여세법 시행령」 제38조 제2항 각 호의 금액은 제외합니다)을 적습니다.

   바. "⑨, ⑫ 수익사업사용금액"란은 출연재산을 직접 공익목적사업에 충당하기 위하여 수익용 또는 수익사업용으로 운용하기 위하여 사용한 금액을 적습니다.

   사. "⑬ 미사용금액"란은 출연재산을 해당 사업연도까지 직접공익목적사업 또는 수익사업에 사용하지 않은 금액을 적습니다.

   아. "⑭ 미사용사유 또는 사용계획"란은 출연재산을 사용하지 못한 사유가 있는 경우 그 사유, 출연재산을 이후 사업연도에 사용할 예정인 경우 그 사용계획을 적습니다.
   (예: 정관상 사용이 제한된 재산, 20xx년 전액 사용 예정)

2. 수익(사업)용 출연재산 공익목적 의무사용 현황
   가. 이 란은 다음의 1) 또는 2)에 해당하는 공익법인등이 매년 수익(사업)용 출연재산가액의 일정비율에 상당하는 금액을 직접 공익목적에 사용한 현황을 작성합니다.
   1) 총자산가액이 5억 원 이상이거나 해당 사업연도 수입금액과 출연재산가액 합계액이 3억 원 이상인 공익법인등
   2) 「상속세 및 증여세법」 제48조 제13항에 따라 주식보유 관련 의무이행 신고를 하여야 하는 공익법인등

   나. "①~④가액"란은 직접 공익목적사업에 사용하여야 할 과세기간 또는 사업연도의 직전 과세기간 또는 사업연도 종료일 현재 재무상태표 및 운영성과표를 기준으로 기재합니다. 다만, 재무상태표상 가액이 「상속세 및 증여세법」 제4장에 따라 평가한 가액의 100분의 70 이하인 경우에는 같은 법 제4장에 따라 평가한 가액을 적습니다.

   다. "⑤사용기준금액"란은 ④의무사용 출연재산대상가액에 1%를 곱한 금액을 적습니다. 다만, 의결권 미행사를 정관에 규정한 자선·장학·사회복지 목적 공익법인(「상속세 및 증여세법」 제16조 제2항 제2호 가목)이 의결권 있는 주식을 발행주식총수 등의 100분의 10을 초과하여 보유하는 경우에는 3%를 곱한 금액을 적습니다.

   라. "⑥사용실적"란은 직접 공익목적사업(「소득세법」에 따라 과세대상이 되거나 「법인세법」에 따라 법인세 과세대상이 되는 사업은 제외)에 사용한 금액을 적습니다.

210mm×297mm[백상지 80g/㎡]

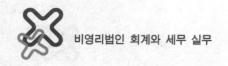

〔별지 제31호 서식 부표 5〕(2024.3.22. 개정)

운용소득 사용명세서

※ 뒤쪽의 작성방법을 읽고 작성하여 주시기 바랍니다.

(앞쪽)

①공익법인등 명칭		②사업연도	

1. 전년도 운용소득을 해당 사업연도까지 직접 공익목적사업에 사용한 실적

구분	⑦ 해당 사업연도	⑧ 1년 전 사업연도	⑨ 2년 전 사업연도	⑩ 3년 전 사업연도	⑪ 4년 전 사업연도	⑫ 5년간의 평균 (⑦~⑪의 평균)
③ 전년도 출연재산 운용소득						
④사용기준액 (③ × $\frac{(\ \ )}{100}$)						
⑤1년 내 사용실적						
⑥과부족액 (⑤-④)						

2. 해당 사업연도 운용소득의 계산

⑬ 수익사업 등의 소득금액	가산액				차감액				
	⑭ 고유목적 사업준비금	⑮ 해당 사업연도 (과세기간) 중 고유목적사업비로 지출된 금액으로서 손금에 산입된 금액	⑯ 기타	⑰ 소계 (⑭+⑮+ ⑯)	⑱ 출연재산 양도차익	⑲ 의제 배당액	⑳ 법인세 등	㉑ 이월 결손금	㉒ 소계 (⑱+⑲+ ⑳+㉑)

㉓ 차가감 소득 (⑬+⑰-㉒)	직전 사업연도 운용소득 미달사용액			㉗ 해당 사업연도 운용소득 (㉓+㉖)
	㉔ 기준미달사용액	㉕ 운용소득 미달사용가산세	㉖ 소계 (㉔-㉕)	

210mm×297mm[백상지 80g/㎡ 또는 중질지 80g/㎡]

작성방법

1. 전년도 운용소득을 해당 사업연도까지 직접공익목적사업에 사용한 실적

가. "⑧"란부터 "⑫"란까지는 "⑦해당사업연도"의 사용실적이 부족한 경우["⑥과부족액"란이 음수(-)인 경우를 말합니다]에만 적습니다.

나. "③전년도 출연재산 운용소득"란은 직전 사업연도에 대해 제출한 이 서식의 "㉗해당 사업연도 운용소득"의 금액과 일치해야 합니다.

다. "④사용기준액"란은 "③전년도 출연재산 운용소득"란 금액에 100분의 80을 곱하여 계산한 금액을 적습니다.

라. "⑤1년 내 사용실적"란에는 각 사업연도 중 아래사항에 대한 사용실적을 합하여 적습니다.

　1) 정관으로 정한 공익목적사업을 직접 수행하는 데 소요된 비용

　2) 정관으로 정한 공익목적사업의 수행을 위해 직접 사용되는 자산을 취득한 비용

　3) 정관으로 정한 공익목적사업 수행을 위해 사용인의 인건비 등 필요경비로 사용한 비용(수익사업에서 발생한 소득을 50%를 초과하여 고유목적사업준비금으로 손금산입한 법인 등이 8천만 원을 초과하는 인건비를 지급하여 「법인세법 시행령」 제56조 제11항에 따라 그 초과하는 금액을 인건비로 보지 않는 경우 그 초과하는 금액은 제외하고 적습니다)

　4) 직전 사업연도에 대해 제출한 이 서식의 "㉗해당 사업연도 운용소득"의 금액에 "⑮해당 사업연도(과세기간) 중 고유목적사업비로 지출된 금액으로서 손금에 산입된 금액"이 포함되어 있는 경우 그 금액

　※ 수익용 또는 수익사업용 재산 취득에 사용한 운용소득금액은 직접 공익목적사업 사용금액에 포함하지 않습니다.

2. 해당 사업연도 운용소득의 계산

가. "⑬수익사업 등의 소득금액"란은 출연재산을 수익사업이나 예금 등 수익의 원천으로 사용함으로써 생긴 소득금액(「법인세법」 제14조에 따른 각 사업연도 소득금액 계산방법에 따라 계산한 금액을 말합니다)을 적습니다.

나. "⑭고유목적사업준비금"란은 각 사업연도 소득금액 계산 시 적용한 「법인세법」 제29조 제1항에 따른 고유목적사업준비금을 적습니다.

다. "⑯기타"란은 출연재산을 수익의 원천에 사용하여 발생한 소득 중 "⑬수익사업 등의 소득금액"에 포함되지 않은 소득금액(예: 분리과세 예금이자소득 등)을 적습니다.

라. "⑱출연재산 양도차익"란은 수익사업 등의 소득금액에 포함된 출연재산 양도차익을 적습니다.

마. "⑲의제배당액"란은 공익법인이 보유한 주식을 발행한 법인의 합병·분할에 따른 의제배당액(합병·분할대가 중 주식으로 받은 부분으로 한정함)으로서 해당사업연도 소득금액에 포함된 금액을 적습니다.

바. "⑳법인세 등"란은 해당 소득에 대한 법인세·주민세·농어촌특별세 및 토지 등 양도차익에 대한 법인세 등의 합계액을 적습니다.

사. "㉑이월결손금"란은 「법인세법」 제13조 제1호에 따라 수익사업에서 발생한 이월결손금을 적습니다.

아. "㉔기준미달사용액"란은 전년도 운용소득을 사용기준금액에 미달하게 사용하여 "1. 전년도 운용소득을 해당 사업연도까지 직접 공익목적사업에 사용한 실적"의 "⑥과부족액"란이 음수(-)["⑦해당 사업연도"와 "⑫5년간의 평균"이 모두 음수(-)]인 경우 작성하며, 이 금액은 "⑦해당 사업연도" 과부족액(-)의 절대값과 "⑫5년간의 평균" 과부족액(-)의 절대값 중 작은 금액을 적습니다.

자. "㉕운용소득 미달사용가산세"란은 「상속세 및 증여세법」 제78조 제9항에 따라 미달하여 사용한 운용소득의 100분의 10에 상당하는 가산세를 적습니다.

210mm×297mm[백상지 80g/㎡ 또는 중질지 80g/㎡]

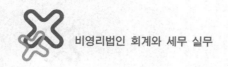

〔별지 제31호의 2 서식〕 (2024.3.22. 개정)

공익법인 결산서류 등의 공시 간편서식

※ 제2쪽 및 제3쪽의 작성방법을 읽고 작성해 주시기 바랍니다.
※ [ ]에는 해당되는 곳에 √표를 합니다.

(4쪽 중 제1쪽)

1. 기본사항

사업연도(과세기간): 년 월 일 ~ 년 월 일		[ ] 정기공시 [ ] 해산공시	
① 공익법인등 명칭		② 사업자등록번호 (고유번호)	
③ 대표자		④ 설립연월일	
⑤ 소재지		⑥ 전화번호/팩스	/
⑦ 홈페이지 주소		⑧ 전자우편주소	
⑨ 주무관청		⑩ 기부금 유형	[ ]특례기부금 [ ]일반기부금 [ ]기타
⑪ 설립근거법			
⑫ 설립유형	[ ]재단법인 [ ]사단법인 [ ]법인으로 보는 단체 [ ]공공기관 [ ]기타		
⑬ 공익사업유형			
⑭ 설립주체	[ ]개인 [ ]기업 [ ]개인·기업 [ ]국가 [ ]지방자치단체 [ ]기타		
⑮ 이사 수	명	⑯ 자원봉사자 연인원 수	명
⑰ 고용직원 수	명		

2. 자산 및 부채현황

(단위: 원)

구분	⑱자산소계	⑲토지	⑳건물	㉑주식 및 출자지분	㉒금융자산	㉓기타자산	㉔부채
ⓐ 총계 (ⓐ=ⓑ+ⓒ)							
ⓑ 공익목적사업							
ⓒ 기타사업							

3. 수익현황

(단위: 원)

구분	㉕총계	㉖사업수익					㉜사업외수익	㉝고유목적사업 준비금 환입액
		㉗소계	㉘기부금	㉙보조금	㉚회비 수익	㉛기타		
ⓐ 총계 (ⓐ=ⓑ+ⓒ)								
ⓑ 공익목적사업								
ⓒ 기타사업								

4. 비용현황

(단위: 원)

구분	㉞총계	㉟사업비용					㊶사업외 비용 등 기타	㊷고유목적 사업준비금 전입액
		㊱소계	㊲사업 수행비용	㊳일반 관리비용	㊴모금 비용	㊵기타		
ⓐ 총계(ⓐ=ⓑ+ⓒ)								
ⓑ 공익목적사업								
ⓒ 기타사업								

5. 재공시 사유

6. 확인란

본인은 본 결산서와 결산서에 첨부된 명세 및 보고서들을 검토하였으며, 해당정보를 진실하고 성실 하게 작성하였음을 확인합니다.

대표자 : 확인일자 :

「상속세 및 증여세법」 제50조의 3 제1항·제4항 및 같은 법 시행령 제43조의 5에 따라 공익법인등의 결산서류 등을 공시합니다.

년 월 일

법인명

210㎜×297㎜[백상지 80g/㎡]

작성방법

* 이 서식은 결산서류 등의 공시대상 사업연도(과세기간)의 종료일 현재 재무상태표상 총자산가액(부동산인 경우 「상속세 및 증여세법」 제60조, 제61조, 제66조에 따라 평가한 가액이 재무상태표상의 가액보다 크면 그 평가한 가액)이 5억 원 미만이면서 수입금액과 해당 사업연도에 출연받은 재산의 합계액이 3억 원 미만인 공익법인이 작성하는 서식입니다.

* 이 서식을 작성할 때는 통합 재무상태표와 운영성과표 작성을 위한 내부거래를 제거한 후의 금액을 적습니다.

1. 기본사항

가. 해산(등기)일이 속하는 사업연도(과세기간)에 대하여 공시하는 경우 "해산공시"에, 그 외의 경우 "정기공시"에 √표를 합니다.

나. "⑨주무관청"란은 비영리법인의 설립을 허가한 주무관청 명칭을 적고, 주무관청으로부터 공익법인등을 관리, 감독 권한을 위임 받은 기관이 있는 경우에는 위임 받은 기관의 명칭을 괄호에 적습니다.

　(예) 교육청의 관리 감독을 받는 장학재단인 경우 교육부(교육청), 서울특별시의 관리 감독을 받는 종교법인의 경우 문화체육관광부(서울특별시장), 주무관청이 없는 단체의 경우 관할세무서를 주무관청으로 적습니다.

다. "⑩기부금 유형"란은 해당 공익법인이 사립학교, 국립대학병원 등 「법인세법」 제24조 제2항 제1호 또는 「소득세법」 제34조 제2항 제1호에 따른 기부금 대상인 경우 "특례기부금"에, 사회복지ㆍ문화ㆍ교육ㆍ종교 등 「법인세법」 제24조 제3항 제1호 또는 「소득세법」 제34조 제3항 제1호에 따른 기부금 대상인 경우 「일반기부금」에, 그 밖의 경우 "기타"에 √표를 합니다.

라. "⑪ 설립근거법"란은 다음 중에서 해당하는 법률 등을 선택하여 모두 적습니다.

> 1) 「민법」, 2) 「공익법인의 설립ㆍ운영에 관한 법률」, 3) 「사회복지사업법」, 4) 「사립학교법」,
> 5) 「의료법」, 6) 「협동조합 기본법」, 7) 그 밖의 법률, 8) 해당 없음

마. "⑫설립유형"란은 해당되는 단체유형에 √표를 합니다.

　– 「민법」이나 「공익법인의 설립ㆍ운영에 관한 법률」에 따라 설립된 재단법인이나 사단법인인 경우에는 각각 해당란에 √표를 합니다.

　– 「국세기본법」 제13조에 따른 법인으로 보는 단체는 「법인으로 보는 단체」에 √표를 합니다.

　– 「공공기관 운영에 관한 법률」에 따른 공공기관인 경우에는 공공기관에 √표를 합니다.

　– 위에 해당하지 않는 공익법인등은 기타에 √표를 합니다.

바. "⑬공익사업유형"란은 1. 교육, 2. 학술ㆍ장학, 3. 사회복지, 4. 의료, 5. 예술ㆍ문화, 6. 종교, 7. 기타 중에서 하나를 선택하여 적습니다.

사. "⑭설립주체"란은 설립주체(기본재산 출연자)에 √표를 합니다.

　※ 설립주체

　– (개인) 개인 또는 가족이 설립한 단체, (기업) 기업이 설립한 단체, (개인ㆍ기업) 개인과 기업이 동일한 출연금으로 설립한 단체

　– (국가) 국가(정부) 및 공공기관이 설립한 단체, (지방자치단체) 지방자치단체가 설립한 단체

　– (기타) 그 밖의 주체가 설립한 단체

　– 개인과 기업이 함께 출연하여 설립한 경우에는 개인출연금이 기업출연금보다 크면 "개인"을, 기업출연금이 개인출연금보다 크면 "기업"을 선택합니다.

아. "⑮이사 수"란은 사업연도 말 현재 이사회 구성원(등기사항증명서상 이사)인 이사 수를 적고, 법인이 아닌 단체는 정관의 요건을 충족한 이사의 수를 적습니다.

자. "⑯자원봉사 연인원 수"란은 자원봉사자 연인원을 적습니다.

　(예) 1명의 자원봉사자가 365일 봉사활동을 수행했을 경우, 1×365=365명

차. "⑰고용직원 수"란은 공익법인 등의 연평균 상시근로자 수(공익목적사업과 기타사업을 포함한 정규직 및 비정규직의 상시 인원을 합하며, 일용직은 제외합니다)를 적습니다.

　※ 연 평균 상시근로자 수: (매월 말 상시 고용직원 수 합계 / 사업연도 월수)

2. 자산 및 부채현황

가. "⑱자산소계~㉔부채"란은 사업연도(과세기간) 종료일 현재 「공익법인회계기준」에 따라 작성한 재무상태표상 자산 및 부채가 액을 공익목적사업과 기타사업으로 구분하여 적습니다.

　※ "공익목적사업"은 공익법인등의 정관에 기재된 공익목적사업을 말합니다.

　　(예) 문화ㆍ예술 전시사업, 연주회 등 공익목적으로 하는 사업의 입장료 수익 등은 「법인세법」상 수익사업이지만 공익목적사업 부문으로 구분합니다.

　※ "기타사업"은 공익법인등의 정관에 기재된 공익목적사업 외의 사업을 말합니다.

> ※ 공익목적사업 부문과 기타사업 부문 구분 시 참고사항
> – 정관에 기재된 사업이어도 공익목적활동으로 볼 수 없는 사업은 기타사업부문으로 구분하며, 공익목적활동의 부수적으로 발생하는 사업이더라도 기념품 판매, 카페 운영, 금융소득 창출을 위한 적극적인 금융자산 투자 등은 기타사업부문으로 구분합니다.

210mm×297mm[백상지 80g/㎡]

작성방법

나. "㉑주식 및 출자지분"란은 공익법인등이 보유한 주식(보통주, 우선주 포함)이나 출자지분의 재무상태표상 가액을 적습니다.

다. "㉒금융자산"란은 공익법인등이 보유하고 있는 현금 및 현금성자산(보통예금, 당좌예금, 취득 시 만기가 6개월 미만인 금융상품등)과 금융기관 등에 예치하고 있는 정기예금, 정기적금, 펀드상품, 저축성 보험상품 등 및 국채, 회사채등 유가증권(㉑주식 및 출자지분 제외)의 재무상태표상 가액을 적습니다. 정기예금 등에서 발생한 미수이자는 금융자산 란에서 제외합니다.

라. "㉓기타자산"란은 공익법인등이 가지고 있는 매출채권, 미수이자, 미수임대료, 선급금 등 ⑲부터 ㉒까지에 해당하지 않는 자산을 적습니다.

3. 수익현황(해당 사업연도를 기준으로 적습니다)
 공익법인등의 운영성과표(손익계산서)상 사업수익과 사업외수익으로 구분하여 적습니다.

가. "㉘기부금"란은 개인이나 단체 등으로부터 수령한 현금 및 현물 기부금과 출연받은 재산가액의 합계를 공익목적사업에 적습니다.
 ※ (예) ㅇㅇ모금회로부터 수령한 지원금, 학교 설립자가 해당 연도에 출연한 재산금액

나. "㉙보조금"란은 국가 및 지방자치단체 또는 공공기관 등과 같은 보조사업자로부터 받은 보조금을 공익목적사업에 적습니다.

다. 공익사업과 관련 없이 받은 보조금(예 : 장애인 고용장려금, 장애인촉진 지원금 등)은 사업외수익에 적습니다.
 ※ 보조사업자 :「보조금 관리에 관한 법률」에 따른 보조금의 교부대상이 되는 사무 또는 사업(보조사업)을 수행하는 자

라. "㉚회비수익"란은 공익법인등이 회원을 대상으로 받는 회비를 적습니다. 회원을 대상으로 발생하지만 일반적인 매출(재화·용역 제공) 거래는 회비수익이 아닙니다. 회원으로부터 받는 회비이지만 납부에 따른 혜택이 없거나, 납부가 강제되지도 않고, 기부금영수증을 발급해주는 경우에는 명목상 회비일 뿐 기부금과 동일한 성격이므로 "㉘기부금"란에 적습니다.

마. "㉛기타"란은 기부금, 보조금, 회비수익 외의 사업수익을 적습니다.

바. "㉜사업외수익"란은 사업수익이 아닌 수익 또는 차익으로서 운영성과표(손익계산서)에 사업외수익으로 기재되는 유형·무형 자산처분이익, 유형·무형자산손상차손환입, 전기오류수정이익 등의 합계액을 적습니다.

사. "㉝고유목적사업준비금 환입액"란은「법인세법」에 따른 고유목적사업준비금이「법인세법」에 따라 수익사업부문에서 고유목적사업부문에 전출되어 목적사업에 사용된 금액과 미사용되어 임의 환입된 금액을 합하여 적습니다.

4. 비용현황
 공익법인등의 운영성과표상의 사업비용, 사업외비용과 고유목적사업준비금 전입액을 공익목적사업과 기타사업으로 구분하여 적습니다.

가. "㊱사업수행비용"란은 공익법인등이 추구하는 본연의 임무나 목적을 달성하기 위해 수혜자, 고객, 회원 등에게 재화나 용역을 제공하는 활동에서 발생하는 비용을 적습니다.

나. "㊲일반관리비용"란은 공익법인등의 기획, 인사, 재무, 감독 등 제반 관리활동에서 발생하는 비용을 적습니다.

다. "㊳모금비용"란은 공익법인등의 모금 홍보, 모금 행사, 기부자 리스트 관리, 모금 고지서 발송 등의 모금활동에서 발생하는 비용을 적습니다.

5. 재공시 사유
 법정공시 기한 이후 당초 공시한 내용을 수정하여 재공시하는 경우 재공시하는 사유를 간략하게 적습니다.
 (예시) 자산총계 수정, 수익 및 비용현황 수정, 고용직원 수 수정 등

210mm×297mm[백상지 80g/㎡]

7. 공익목적사업 세부현황

① 정관에 기재된 공익목적사업 현황

② 사업내용(중복체크 가능)

[ ]문화예술(코드1100) [ ]스포츠(코드1200) [ ]기타 레크리에이션 및 봉사 클럽(코드1300)

[ ]초등 및 중등 교육(코드2100) [ ]고등교육(코드2200) [ ]기타교육(코드2300) [ ]학술연구(코드2400)
[ ]장학(코드2500) [ ]영유아보육(코드2600)

[ ]병원 및 재활시설(코드3100) [ ]요양원(코드3200) [ ]정신 건강 및 위기개입(코드3300)
[ ]기타 보건서비스(코드3400)

[ ]사회복지(코드4100) [ ]긴급상황 및 구호(코드4200) [ ]소득 지원 및 보존(코드4300)

[ ]환경(코드5100) [ ]동물(코드5200)

[ ]경제, 사회 및 지역사회개발(코드6100) [ ]주거(코드6200) [ ]고용 및 훈련(코드6300)

[ ]시민 및 옹호단체(코드7100) [ ]법률 및 법률서비스(코드7200) [ ]정치단체(코드7300)

[ ]배분(지원) 재단(코드8100) [ ]봉사증진(코드8200) [ ]모금활동(코드8300)

[ ]국제활동(코드9100)

[ ]종교단체 및 종교 관련 단체(코드10100)

[ ]비지니스연합(코드11100) [ ]전문가연합(코드11200) [ ]노동조합(코드11300)

[ ]기타(코드12100)

③ 사업대상
[ ]모두 해당, [ ]아동, [ ]청소년, [ ]노인, [ ]장애인, [ ]외국인(다문화), [ ]가족ㆍ여성,
[ ]일반대중, [ ]기타

④ 국내 주요 사업지역
[ ]전국, [ ]서울, [ ]부산, [ ]인천, [ ]대전, [ ]광주, [ ]대구, [ ]울산, [ ]강원, [ ]경기,
[ ]경남, [ ]경북, [ ]충남, [ ]충북, [ ]전남, [ ]전북, [ ]세종, [ ]제주, [ ]해당 없음

⑤ 국외 주요 사업지역
[ ]전세계, [ ]유럽, [ ]아시아, [ ]북아메리카, [ ]아프리카, [ ]오세아니아, [ ]남아메리카,
[ ]해당 없음

⑥ 공익목적사업의 사업별 실적

1	코드		사업명		사업수행비용		원
사업내용					사업지역		
2	코드		사업명		사업수행비용		원
사업내용					사업지역		
3	코드		사업명		사업수행비용		원
사업내용					사업지역		
4	그 외 사업		개	사업수행비용			원
합 계	총 공익목적사업		개	사업수행비용 합계			원

작성방법

7. 공익목적사업 세부현황
  가. "①정관에 기재된 공익목적사업 현황"란은 공익법인등의 정관상 고유목적사업의 주요 업무, 실적 및 향후계획 등을 적습니다.
  나. "②사업내용"은 공익법인등이 실제로 수행하고 있는 사업에 모두 √표를 합니다. 모금 후 모금액을 불특정 단체에 배분하거나 지원하는 경우는
     "배분(지원) 재단(코드8100)"에 √표를 하고, 모금 후 모금액을 소수의 특정한 단체에 지원하는 경우에는 "모금활동(코드8300)"에 √표를 합니
     다. 사업내용은 중복체크가 가능합니다.
     (예) 재단이면서 사회복지단체를 지원하는 경우, "배분(지원) 재단"과 "사회복지" 모두 √표를 합니다.
  다. ③부터 ⑤까지 [ ]에는 공익법인등이 실제로 수행하는 사업의 사업대상, 국내 주요 사업지역, 국외 주요 사업지역에 해당되는 곳에 모두 √표를
     합니다.
  라. ⑥란은 공익목적사업의 사업별 실적(사업명, 사업수행비용, 사업내용, 사업지역)을 적습니다. 코드는 "②사업내용"에 해당하는 코드를 적습니다.
     공익법인등이 수행하는 사업이 3개 이상인 경우 사업수행비용이 많은 3개 사업의 사업실적은 별도로 적고, 나머지는 "그 외 사업"에 합산하여 적습
     니다.
  마. ⑥란의 사업수행비용 합계는 제1쪽 "4. 비용현황"의 사업수행비용 총계와 일치해야 합니다.

210mm×297mm[백상지 80g/㎡]

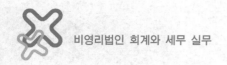

7 **장부의 작성·비치의무**

7-1. 장부와 증빙서류

「법인세법」상 비영리법인은 수익사업에 한하여 장부를 비치하고 복식부기에 의하여 기장하여야 하며, 장부와 관계있는 중요한 증빙서류를 비치·보존하도록 규정하고 있다(법인세법 제112조).

반면 「상속세 및 증여세법」상 공익법인등은 사업연도별로 출연받은 재산 및 공익사업 운용내용 등에 대한 장부를 작성하여야 하며 장부와 관계있는 중요한 증명서류를 갖추어야 하고 사업연도 종료일부터 10년간 이를 보존하도록 규정하고 있다(상속세 및 증여세법 제51조). 이 경우 당해 장부와 중요한 증빙서류에는 마이크로필름·자기테이프·디스켓 기타 정보보존장치에 의한 것을 포함한다.

7-2. 장부의 내용

장부는 출연받은 재산의 보유 및 운용상태와 수익사업의 수입 및 지출내용의 변동을 빠짐없이 이중으로 기록하여 계산하는 부기 형식의 장부이어야 하며, 중요한 증빙서류에는 수혜자에 대한 지급명세서가 포함되어야 한다(상속세 및 증여세법 시행령 제44조).

7-3. 장부를 작성·비치한 것으로 보는 경우

① 이중으로 대차평균하게 기표된 전표와 이에 대한 증빙서류가 완비되어 재산의 보유 및 운용상태와 수입 및 지출내용의 변동을 빠짐없이 기록한 경우
② 당해 수입과 지출에 대한 계산서, 세금계산서, 영수증 등에 의하여 재산의 보유 및 운용상태와 수입 및 지출내용의 변동을 빠짐없이 보관하고 있는 경우

7-4. 가산세

공익법인등이 장부의 작성·비치의무를 이행하지 아니한 경우에는 장부의 작성·비치의무를 이행하지 아니한 사업연도의 수입금액과 당해 사업연도의 출연받은 재산가액[16] 합계액에 1만분의 7을 곱하여 계산한 금액(그 금액이 100만 원 미만인 경우에는 100만 원으로 한다)을 상속세 또는 증여세로 징수한다(상속세 및 증여세법 제78조 제5항).

| 중요 예규 및 판례 |

서면4팀 - 2322, 2005.11.24.

「상속세 및 증여세법」 제51조 제1항 및 동법 시행령 제44조 제1항의 규정을 적용함에 있어 당해 수입과 지출에 대한 계산서(「부가가치세법」에 의한 세금계산서를 포함한다)와 영수증 등에 의하여 출연받은 재산의 보유 및 운용상태와 수입 및 지출내용의 변동을 빠짐없이 보관하고 있는 경우에는 「상속세 및 증여세법 시행령」 제44조 제2항 제2호의 규정에 의하여 장부를 작성·비치한 것으로 보는 것임.

8 공익법인등의 주무관청과 국세청간 업무협조

공익법인등에 대한 감독권을 행사하는 주무관청과 출연재산에 대한 사후관리를 담당하는 국세청간에는 업무협조를 통하여 공익법인에 대한 사후관리의 실효성을 제고할 수 있도록 하고 있다.

① 세무서장은 공익법인등에 대하여 상속세 및 증여세를 부과하는 경우에는 당해 공익법인등의 주무관청에 그 사실을 [별지 제27호 서식]에 의한 공익법인 과세내용 통보서를 부과한 날이 속하는 달의 다음 달 말일까지 통보하여야 한다(상속세 및 증여세법 제48조 제6항, 동법 시행령 제41조 제2항, 동법 시행규칙 제25조 제2항).

---

16) 출연받은 재산가액 : 외부전문가의 세무확인에 대한 보고를 이미 이행한 분으로서 계속 공익목적사업에 직접 사용하는 분을 차감한 가액과 회계감사를 이미 이행한 분으로서 계속 공익목적사업에 직접 사용하는 분을 차감한 가액의 합계액

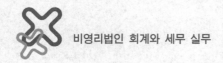

② 공익법인등의 주무관청은 공익법인등에 대해 설립허가, 설립허가취소, 시정명령, 감
독결과 상속·증여세 부과사유 발견시 [별지 제28호 서식]에 의한 공익법인설립허가
등 통보서를 설립허가 등을 한 날이 속하는 달의 다음 달 말일까지 공익법인등의 납세
지 관할세무서장에게 그 사실을 통보하여야 한다(상속세 및 증여세법 제48조 제7항, 동법
시행령 제41조 제3항, 동법 시행규칙 제25조 제3항).

국세청
National Tax Service

공익법인 과세내용 통보서

문서번호		

기 본 사 항			과 세 내 용		
① 법 인 명 (공익사업명)	② 주 소	③ 대표자 성 명	④ 세목 및 세액	⑤ 과 세 사 유	⑥ 납 부 기 한

년   월   일

세 무 서 장   [인]

주무관청의 장 귀하

210mm×297mm[백상지 80g/㎡]

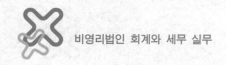

〔별지 제28호 서식〕(2020.3.13. 개정)

공익법인 설립허가등 통보서

문서번호	

1. 기본사항

① 법인명		② 법인등록번호	
③ 대표자		④ 설립연월일	
⑤ 공익사업유형		⑥ 전화번호/팩스	/
⑦ 소재지			
⑧ 홈페이지 주소		⑨ 전자우편주소	
⑩ 주무관청		⑪ 설립근거법	[ ]민법 [ ]특별법( ) [ ]기타

2. 출연자산현황

⑪ 설립허가내역

출연자 성명	출연자 주민번호	출연재산내역	출연재산가액
⑫ 시정명령· 설립허가취소	⑬ 연월일	⑭ 통보사유 구분	⑮ 사유

년   월   일

주 무 관 청 장 [인]

세무서장 귀하

210mm×297mm[백상지 80g/㎡]

제 6 절
출연재산을 반환하는 경우의 과세문제

1 증여의 무효 및 합의해제

1-1. 출연의 무효 및 취소

법률행위의 무효란 법률행위가 성립한 때부터 법률상 당연히 효력이 없는 것으로 확정된 것을 말한다. 따라서 당사자가 의도한 법률상의 효과는 발생하지 않는다. 예를 들면, 의사무능력자의 법률행위, 강행법규에 위반하거나 사회질서에 반하는 행위, 허위표시, 무권대리행위 등이 있다. 한편, 법률행위의 취소란 일단 유효하게 성립한 법률행위의 효력을 무능력이나 의사표시의 결함을 이유로 취소권자가 소멸시키는 것이다.

따라서 증여의 이행이 이루어졌다고 하더라도 당초 증여가 무효이거나 취소가 되면 원상회복의무가 발생하는 것이기 때문에 기 이행된 증여나 이의 반환은 모두 증여세 과세대상이 아니며, 기부과된 증여세 과세처분은 취소되어야 한다.

예를 들면, 증여세 과세대상이 되는 재산이 취득원인무효의 판결에 의하여 그 재산상의 권리가 말소되는 때에는 증여세를 과세하지 아니하며 과세된 증여세는 취소한다. 다만, 형식적인 재판절차만 경유한 사실이 확인되는 경우에는 그러하지 아니하다(상속세 및 증여세법 기본통칙 4-0…6).

1-2. 해제와 해제계약

해제란 일단 유효하게 성립한 계약을 소급하여 소멸시키는 일방적인 의사표시를 말한다. 그리고 이러한 일방적인 의사표시에 의하여 계약을 해소시키는 권리를 해제권이라고 한다. 해제권은 약정해제권과 법정해제권이 있고, 법정해제권은 채무불이행의 일반적인 사유인 이행지체, 이행불능, 채권자지체(다수설) 등에 의해 발생한다.

해제계약이란 당사자가 전에 맺었던 증여계약에 대하여 소급적으로 동 계약의 효력을 소멸시키는 것을 내용으로 하는 새로운 계약으로서 합의해제라고 한다. 계약의 해제는 해제권을 보유한 일방 당사자의 의사표시이지만, 해제계약은 쌍방 당사자의 합의에 의한 계약이라는 점에서 구분된다. 합의해제하게 되면 소급적으로 계약의 효력이 소멸되기 때문에 이행되지 않은 부분은 이행할 필요가 없으나, 이미 이행이 완료된 증여재산의 경우에는 이를 반환하여야 하는 문제가 발생한다. 다만, 이때 제3자의 이익을 해할 수 없다.

2 과세표준 신고기한 이내·이후에 반환하는 경우

2-1. 과세표준 신고기한 이내에 반환하는 경우

증여를 받은 후 그 증여받은 재산(금전은 제외)을 증여를 받은 자가 증여계약의 해제 등에 의하여 신고기한 이내에 반환하는 경우에는 처음부터 증여가 없었던 것으로 본다. 다만, 과세표준과 세액의 결정을 받은 경우에는 그러하지 아니하다(상속세 및 증여세법 제4조 제4항).

즉, 합의해제로 이미 이행이 완료된 증여재산(금전은 제외)을 반환하는 경우 과세표준신고기한 이내에 반환하는 것은 처음부터 증여가 없었던 것으로 보도록 하고 있다(상속세 및 증여세법 기본통칙 4-0…3).

반환재산에 대하여 처음부터 증여로 보지 않는 규정은 증여재산이 금전인 경우에는 적용되지 않는다. 즉, 당초 증여시나 반환시 모두 증여세 과세대상이 된다는 것이다. 금전은 일반적인 재화의 교환수단으로서 대상 목적물이 특정되지 아니하여 현실적으로 반환 여부가 불확실하기 때문으로 판단된다.

부동산의 경우 '반환'이라 함은 등기원인에 관계없이 당초 증여자에게 등기부상 소유권을 사실상 무상이전하는 것을 말한다(상속세 및 증여세법 기본통칙 4-0…3).

2-2. 과세표준 신고기한 이후에 반환하는 경우

수증자가 증여받은 재산(금전은 제외)을 증여세 신고기한 경과 후 3월 이내에 증여자에게 반환하거나 다시 증여하는 경우에는 당초 증여에 대하여는 과세하되, 반환 또는 재증여에 대하여는 과세하지 아니한다(상속세 및 증여세법 제4조 제4항, 동법 기본통칙 4-0…3).

합의해제에 의하여 수증자가 증여받은 재산(금전은 제외)을 과세표준 신고기한 이후에 반환하는 경우 당초의 증여에 대하여는 증여세가 과세되는 것이나, 수증재산의 반환을 새로운 증여로 보아 과세한다면 증여의 효력이 소급적으로 소멸하여 결국 증여의 이익이 없는 쌍방 당사자에게 두 번 과세하는 결과가 된다.

그러나 신고기한으로부터 3월이 경과한 이후, 즉 증여일로부터 6월이 경과한 이후에 반환하거나 다시 증여하는 재산에 대하여는 재차 증여세가 부과된다(상속세 및 증여세법 기본통칙 4-0…3).

3 공익법인의 출연재산 반환 등의 문제

공익사업에 출연한 재산을 당초 출연자에게 반환하는 경우, 그 반환행위는 「상속세 및 증여세법」 제48조 제2항에 의한 출연목적 이외에 사용하는 경우로 해석할 수 있으며, 이 경우 공익법인이 최초 출연시점에 과세가액 불산입된 증여세의 추징사유가 되거나 반환행위 자체를 공익법인이 출연자 등에게 재차 증여하는 것으로 보아 출연자 등에게 증여세를 부과하는 것이 타당할 것이다. 다만, 출연 후 과세표준 신고기한 3개월 이전의 합의해제에 의한 반환은 당초 출연의 효과를 소급적으로 해제한 것으로 보아 증여세가 부과되지 않을 것이다.

| 중요 예규 및 판례 |

서면상속증여 - 1177, 2017.11.6.
공익법인이 출연받은 기부금을 반환하는 경우 직접 공익목적사업 외에 사용한 것으로 보아 증여세가 과세되는 것이며, 반환받은 출연자는 그 반환받은 후원금에 대하여 증여세 납부의무가 있는 것임.

서면4팀 - 3119, 2007.10.31.
「상속세 및 증여세법」 제48조 제2항 제4호의 2 및 같은 법 시행령 제38조 제5항·제6항의 규정을 적용함에 있어 다른 공익법인등에 조건부 출연 후 그 조건이 성취되지 않아 반환받은 금전을 그 반환일이 속하는 사업연도 종료일부터 1년 이내에 직접 공익목적사업에 사용하는 경우에는 같은 법 제78조 제9항의 규정에 의한 가산세를 부과하지 아니하는 것임.

서면4팀 - 2999, 2007.10.18.
「상속세 및 증여세법 시행령」 제12조 제1호의 규정에 의하여 공익법인에 해당하는 종교단체가 재산을 출연받은 경우 그 출연받은 재산을 직접 공익목적사업 외에 사용하거나 출연받은 날부터 3년 이내에 직접 공익목적사업에 사용하지 아니하는 경우에는 같은 법 제48조 제2항 제1호의 규정에 의하여 증여세가 과세되는 것임. 종교단체가 출연받은 금전을 출연자에게 반환하는 경우에는 직접 공익목적사업 외에 사용한 것으로 보아 증여세가 과세되는 것이며, 반환받은 출연자는 같은 법 제31조 제5항의 규정에 의하여 그 반환받은 금전에 대하여 증여세 납부의무가 있는 것임.

서면4팀 - 1839, 2005.10.7.
종교단체가 출연받은 재산을 출연받은 날부터 6월 후에 출연자에게 반환하는 경우에는 직접 공익목적사업 외에 사용한 것으로 보아 증여세가 과세되는 것이며, 반환받은 출연자는 「상속세 및 증여세법」 제31조 제5항의 규정에 의하여 그 반환받은 재산에 대하여 증여세 납부의무가 있는 것임.

국심 2003서656, 2003.7.15.
쟁점재산의 소유권말소등기판결은 의제자백에 의한 형식적 재판에 따른 판결일 뿐만 아니라 그 판결내용도 취득원인에 대한 무효의 판결이 아닌 점 등으로 보아 청구법인이 출연받은 쟁점재산을 출연인에게 반환한 것은 출연받은 날부터 3년 이내에 직접 공익목적사업 등에 사용하지 아니한 경우에 해당한다 할 것이므로 처분청이 이 건에 대하여 증여세를 과세한 처분은 잘못이 없는 것으로 판단됨.

적부 97 - 52, 1997.10.19.

(질의)

재단법인에 출연한 재산을 재단법인의 인가취소로 당초 출연자에게 반환한 경우 재차증여 해당 여부에 대하여 질의함.

(회신)

재산출연 후 당해 법인의 설립인가 취소 등으로 법인을 청산하는 경우에는 법인의 재산은 정관내용에 따라 국가 및 공공단체 또는 유사목적의 공익법인에 기부하는 것임. 사안의 경우, 출연된 법인의 재산을 정관내용에 따라 반환함이 없이 명의신탁해지를 원인으로 인낙조서에 의하여 소유권을 반환한 것이므로 증여세를 과세함이 타당함.

재삼 46014 - 1681, 1996.7.13.

피상속인으로부터 부동산을 출연받은 자가 법원의 판결에 의하여 당해 출연부동산을 유류분 권리자에게 반환하는 경우, 그 반환한 재산의 가액은 당초부터 출연이 없었던 것으로 보는 것임. 다만, 출연받은 재산을 그대로 반환하지 아니하고 그 대가에 상당하는 현금으로 반환하는 경우에는 「소득세법」 제4조 제1항 제3호의 규정에 의한 양도소득세가 과세되는 것임. 또한 「상속세법」 제8조의 2의 규정은 증여세에 준용하는 것으로 동 규정에 따라 공익사업에 출연하는 경우에 증여세는 과세되지 아니하는 것임.

제5장

지방세법, 지방세특례제한법

제 **1** 절

납세의무

1 비영리법인의 납세의무

비영리법인도 원칙적으로 취득세, 등록면허세, 주민세, 재산세, 지방소득세, 지방소비세 등의 지방세 납세의무가 존재한다. 그러나 비영리법인의 목적사업을 위한 취득, 보유에 대하여는 비과세, 감면 또는 면제의 규정을 두어 세제혜택을 주고 있다.

지방세법 취득세에서 정의하는 비영리사업자의 범위는 다음과 같다(지방세법 시행령 제22조).

1. 종교 및 제사를 목적으로 하는 단체
2. 「초・중등교육법」 및 「고등교육법」에 따른 학교, 「경제자유구역 및 제주국제자유도시의 외국교육기관 설립・운영에 관한 특별법」 또는 「기업도시개발 특별법」에 따른 외국교육기관을 경영하는 자 및 「평생교육법」에 따른 교육시설을 운영하는 평생교육단체
3. 「사회복지사업법」에 따라 설립된 사회복지법인
4. 「지방세특례제한법」 제22조 제1항에 따른 사회복지법인등
5. 「정당법」에 따라 설립된 정당

이하에서는 비영리사업자 또는 비영리법인의 지방세특례제한법에서 정하는 지방세의 면제 및 감면 등 조세지원 내용에 대하여 간략히 살펴보고 이외 지방세법에서 정하는 일반적인 내용은 지방세법 관련한 실무해설서를 참조하기 바란다.

지방세는 2011년부터 지방세기본법, 지방세법, 지방세특례제한법의 법률로 구분하여 지방세제를 체계화하고, 2017년부터 지방세의 징수규정을 쉽게 확인할 수 있도록 지방세기본법의 징수・체납과 관련된 조문을 분리하여 지방세징수법을 제정하였다.

구 분	주요 개정 내용
지방세기본법	지방세 총칙을 지방세기본법으로 별도 분리하고, 국세의 국세기본법 내용을 대폭적으로 법문상 수용하여 지방세기본법으로서의 법체계를 갖춤. 아래와 같은 사항을 규정함. • 지방세에 관한 기본적 사항과 부과에 필요한 사항 • 위법 또는 부당한 처분에 대한 불복절차 • 지방세 법칙행위에 대한 처벌에 관한 사항
지방세징수법	지방세기본법에서 징수·체납처분 분야 분리함.
지방세법	• 취득세와 등록세 등의 유사세목을 하나의 세목으로 통합하고 영세세목(도축세, 농업소득세)을 폐지함. → 아래 표 참조. • 지방세 총칙과, 감면 등에 관한 사항을 제외하고, 지방세 각 세목의 과세요건 및 부과·징수에 관한 사항만을 규정함.
지방세특례제한법	지방세법, 조세특례제한법, 감면조례에 산재된 규정을 모두 지방세법에 통합 반영하여, 지방세 감면 및 특례에 관한 사항과 이의 제한에 관한 사항을 규정함.

과 거 : 16개 세목		현 행 : 10개 세목

구 분	현 행	세목 간소화
중복과세 통·폐합	① 취득세 ② 등록세(취득관련분) ③ 재산세 ④ 도시계획세	① 취득세 ② 재산세
유사세목 통 합	② 등록세(취득무관분) ⑤ 면허세 ⑥ 공동시설세 ⑦ 지역개발세 ⑧ 자동차세 ⑨ 주행세	③ 등록면허세 ④ 지역자원시설세 ⑤ 자동차세 ※ 주행세 → 자동차세 하위세원
현행유지	⑩ 주민세 ⑪ 사업소세 ⑫ 담배소비세 ⑬ 레저세 ⑭ 지방교육세	⑥ 주민세 ⑦ 지방소득세 ⑧ 담배소비세 ⑨ 레저세 ⑩ 지방교육세
폐지 및 신설	⑮ 도축세(폐지) ⑯ 농업소득세(폐지)	⑪ 지방소비세(신설)

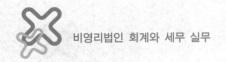
2 국가 등의 비과세

국가·지방자치단체(다른 법률에서 국가 또는 지방자치단체로 의제되는 법인은 제외)·지방자치단체조합·외국정부 및 주한국제기구의 다음에서 열거되는 지방세는 비과세된다. 다만, 대한민국 정부기관에 대하여 과세하는 외국정부에 대하여는 그러하지 아니하다.

1. 취득에 따른 취득세(지방세법 제9조)
2. 국가, 지방자치단체 도는 지방자치단체조합에 귀속 또는 기부채납(「사회기반시설에 대한 민간투자법」 제4조 제3호의 규정에 의한 방식으로 귀속되는 경우를 포함)을 조건으로 취득하는 부동산 및 사회기반시설에 대한 취득세(지방세법 제9조)
3. 국가, 지방자치단체, 지방자치단체조합, 외국정부 및 주한국제기구가 자기를 위하여 받는 등록 또는 면허에 대한 등록면허세(지방세법 제26조)
4. 주민세(지방세법 제77조). 주한외국정부기관·주한국제기구·주한외국원조단체 및 주한외국정부기관·주한국제기구에 근무하는 외국인도 비과세하나, 다만 대한민국의 정부기관·국제기구 또는 대한민국의 정부기관·국제기구에 근무하는 대한민국의 국민에게 주민세와 동일한 성격의 조세를 부과하는 국가와 그 국적을 가진 외국인 및 그 국가의 정부 또는 원조단체의 재산에 대하여는 주민세를 부과한다.
5. 재산세(지방세법 제109조). 국가, 지방자치단체 또는 지방자치단체조합이 1년 이상 공용 또는 공공용으로 사용하는 재산에 대한 재산세도 비과세 하나, 다만 유료로 사용하는 경우 또는 소유권의 유상이전을 약정한 경우로서 그 재산을 취득하기 전에 미리 사용하는 경우에는 재산세를 부과한다.
6. 자동차세(지방세법 제126조). 국가 또는 지방자치단체가 국방·경호·경비·교통순찰 또는 소방을 위하여 제공하는 자동차, 국가 또는 지방자치단체가 환자수송·청소·오물제거 또는 도로공사를 위하여 제공하는 자동차, 그 밖에 주한외교기관이 사용하는 자동차 등 대통령령으로 정하는 자동차를 소유하는 자에 대하여는 자동차세를 부과하지 아니한다.
7. 국가, 지방자치단체 및 지방자치단체조합이 직접 개발하여 이용하는 특정자원 및 특정시설과 국가, 지방자치단체 및 지방자치단체조합에 무료로 제공하는 특정자원 및 특정시설 그리고 지방세법 제109조에 따라 재산세가 비과세되는 건축물과 선박에 대해서는 소방분 지역자원시설세를 비과세한다(지방세법 제145조).

비영리사업자에 대한 조세지원

1 지방세특례제한법에 따른 지방세 면제 및 경감

「지방세법」이 2011년 1월 1일부터 대폭 개정되면서 「지방세법」 제5장에 규정되어 있던 과세면제 및 경감에 관한 규정, 각 세목의 감면성격이 강한 비과세규정 및 지방자치단체의 감면에 관한 조례 중 전국 공통으로 적용되는 감면사항을 통합한 「지방세특례제한법」이 제정되었으며, 산재되어 있던 지방세 비과세 및 감면에 대한 사항을 묶어 일괄 규정함으로써 지방세 감면에 관한 사항을 분야별로 전문화·체계화하였다.

이하에서는 「지방세특례제한법」 중 비영리사업자에 대한 지방세 비과세 및 감면 등 조세 지원에 대해 살펴본다.

1-1. 농어업, 사회복지를 위한 지원

다음의 표에서는 비영리법인 관련 법, 감면 등의 내용 및 대상 세목을 간략하게 정리한 것으로 자세한 감면관련요건 및 사후관리규정은 해당 법조문을 참조하기 바란다.

관련 법조항	감면 대상 법인 및 감면 내용	일몰기한	감면대상세목
제13조	한국농어촌공사에 대한 감면	2014년 12월 31일 까지 또는 2015년 12월 31일 까지	등록면허세
		2025년 12월 31일 까지	취득세(100%, 50%, 25%), 재산세(100%, 50%)
제14조	농업협동조합중앙회, 수산업협동조합중앙회, 산림조합중앙회 등의 농어업 관련 사업 등에	요건에 따라 2014년 12월 31일,	취득세(100%, 25%), 재산세(100%, 25%),

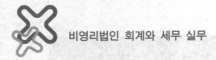
관련 법조항	감면 대상 법인 및 감면 내용	일몰기한	감면대상세목
	대한 감면	2016년 12월 31일, 2026년 12월 31일까지	주민세 사업소분(50%), 주민세 종업원분(50%)
제15조	「한국농수산식품유통공사법」에 따라 설립된 한국농수산식품유통공사와 「농수산물유통 및 가격안정에 관한 법률」 제70조 제1항에 따른 유통자회사의 농어업 관련 사업 등에 대한 감면	2025년 12월 31일까지	취득세(50%), 재산세(50%)
	「지방공기업법」에 따라 농수산물의 원활한 유통 및 적정한 가격의 유지를 목적으로 설립된 지방공사(지방농수산물공사)에 대한 감면	2025년 12월 31일까지	취득세, 등록면허세, 재산세(100%)
제18조	「장애인고용촉진 및 직업재활법」에 따른 한국장애인고용공단에 대한 감면	2025년 12월 31일까지	취득세(25%), 재산세(25%)
제19조	「영유아보육법」에 따른 어린이집 및 「유아교육법」에 따른 유치원	2024년 12월 31일	취득세(50%), 재산세(100%)
제19조의 2	「아동복지법」 제52조 제1항 제8호에 따른 지역아동센터	2026년 12월 31일	취득세(100%), 재산세(100%)
제20조	「노인복지법」 제31조에 따른 노인복지시설을 설치·운영하기 위하여 취득하는 부동산에 대한 감면	2026년 12월 31일까지	취득세(100%, 25%), 재산세(50%, 25%), 지역자원시설세(100%)
제21조	청소년단체 등에 대한 감면	2026년 12월 31일까지	취득세(75%,100%), 재산세(100%, 50%),
제22조	「사회복지사업법」 제2조 제1호에 따른 사회복지사업을 목적으로 하는 법인 또는 단체로서 지원대상 및 공익성 등을 고려하여 대통령령으로 정하는 법인 또는 단체가 해당 사업에 직접 사용하기 위하여 취득하는 부동산에 대한 지방세 면제	2025년 12월 31일까지 다만, 「사회복지사업법」에 따라 설립된 사회복지법인이 의료기관을 경영하는 경우 별도 규정	취득세, 재산세, 지역자원시설세, 등록면허세, 주민세 재산분 및 종업원분, 주민세 균등분(100%, 50%)
제22조의 4	「사회적기업 육성법」 제2조 제1호에 따른 사회적기업(「상법」에 따른 회사인 경우에는 「중소기업기본법」 제2조 제1항에 따른 중소기업으로 한정)	2024년 12월 31일까지	취득세(50%), 재산세(25%)

관련 법조항	감면 대상 법인 및 감면 내용	일몰기한	감면대상세목
제23조	「법률구조법」에 따른 법률구조법인, 「소비자기본법」에 따른 한국소비자원	2025년 12월 31일까지	취득세(25%), 재산세(25%)
제26조	「노동조합 및 노동관계조정법」에 따라 설립된 노동조합이 고유업무에 직접 사용하기 위하여 취득하는 부동산에 대한 지방세 감면	2024년 12월 31일까지	취득세, 재산세(100%)
제27조	「산업재해보상보험법」에 따른 근로복지공단이 공단의 사업에 직접 사용하기 위해 취득하는 부동산에 대한 지방세 감면	2025년 12월 31일까지	취득세(25%)
	「산업재해보상보험법」에 따른 근로복지공단이 의료사업 및 재활사업에 직접 사용하기 위해 취득하는 부동산에 대한 지방세 감면	2024년 12월 31일까지	취득세(50%, 60%), 재산세(50%, 60%)
제30조	「한국보훈복지의료공단법」에 따라 설립된 한국보훈복지의료공단에 대한 지방세 감면	2025년 12월 31일까지	취득세(25%), 재산세(25%)
	보훈병원에 대한 지방세 감면	2024년 12월 31일까지	취득세(50%, 60%), 재산세(50%, 60%)
	「독립기념관법」에 따라 설립된 독립기념관에 대한 지방세 감면	2024년 12월 31일까지	취득세, 재산세, 주민세 사업소분(100%)
제37조, 제38조 제38조의 2	공공의료기관이 고유업무에 직접 사용하기 위하여 취득하는 부동산에 대한 지방세 면제, 「의료법」 제48조에 따라 설립된 의료법인이 의료업에 직접 사용하기 위하여 취득하는 부동산에 대한 지방세 면제, 「고등교육법」 제4조에 따라 설립된 의과대학의 부속병원에 대한 지방세 감면, 종교단체(「민법」에 따라 설립된 재단법인으로 한정한다)가 「의료법」에 따른 의료기관에 대한 지방세 감면, 「지방의료원의 설립 및 운영에 관한 법률」에 따라 설립된 지방의료원이 의료업에 직접 사용하기 위하여 취득하는 부동산에 대한 지방세 감면	2024년 12월 31일까지	취득세, 재산세, 주민세 사업소분 및 종업원분
제40조	「모자보건법」에 따른 인구보건복지협회, 「감염병의 예방 및 관리에 관한 법률」에 따른 한국건강관리협회, 「결핵예방법」에 따른 대한결핵협회가 고유업무에 직접 사용하기 위하여 취득하는 부동산에 대한 지방세 면제	2024년 12월 31일까지	취득세(50%), 재산세(50%)

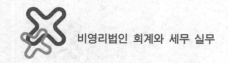

관련 법조항	감면 대상 법인 및 감면 내용	일몰기한	감면대상세목
제40조의 3	「대한적십자사 조직법」에 따른 대한적십자사가 고유업무에 직접 사용하기 위하여 취득하는 부동산에 대한 지방세 면제	2024년 12월 31일까지, 2026년 12월 31일까지	취득세, 재산세

1-2. 교육 및 과학기술, 문화 및 관광 등에 대한 지원

다음의 표에서는 비영리법인 관련 법, 감면 등의 내용 및 대상 세목을 간략하게 정리한 것으로 자세한 감면관련요건 및 사후관리규정은 해당 법조문을 참조하기 바란다.

관련 법조항	감면 대상 법인 및 감면 내용	일몰기한	감면대상세목
제41조	「초·중등교육법」 및 「고등교육법」에 따른 학교, 「경제자유구역 및 제주국제자유도시의 외국교육기관 설립·운영에 관한 특별법」 또는 「기업도시개발 특별법」에 따른 외국교육기관에 대한 지방세 면제	2024년 12월 31일까지	취득세, 재산세, 지역자원시설세, 주민세 사업소분 및 종업원분, 등록면허세(100%)
제42조	「초·중등교육법」 및 「고등교육법」에 따른 학교, 「경제자유구역 및 제주국제자유도시의 외국교육기관 설립·운영에 관한 특별법」 또는 「기업도시개발 특별법」에 따른 외국교육기관을 경영하는 자가 대통령령으로 정하는 기숙사(「한국사학진흥재단법」 제19조 제4호 및 제4호의 2에 따른 기숙사로 한정)로 사용하기 위하여 취득하는 부동산	2024년 12월 31일까지	취득세, 재산세, 주민세 사업소분
	학생들의 실험·실습용으로 사용하기 위하여 취득하는 차량·기계장비·항공기·입목(立木) 및 선박	2024년 12월 31일까지	취득세, 재산세
	산학협력단이 그 고유업무에 직접 사용하기 위하여 취득하는 부동산	2026년 12월 31일까지	취득세, 재산세
제43조	평생교육단체 등에 대한 면제	2020년 1월 1일부터 2024년 12월 31일까지	취득세, 재산세(50%)

관련 법조항	감면 대상 법인 및 감면 내용	일몰기한	감면대상세목
제44조,	「평생교육법」에 따라 인가·등록·신고·보고된 평생교육시설	2020년 1월 1일부터 2024년 12월 31일까지	취득세, 재산세 (50%)
제44조의 2	「박물관 및 미술관 진흥법」 제16조에 따라 등록된 박물관 및 미술관, 「도서관법」 제31조 또는 제40조에 따라 등록된 도서관, 「과학관의 설립·운영 및 육성에 관한 법률」 제6조에 따라 등록된 과학관에 대한 면제	2024년 12월 31일까지	취득세, 재산세 (100%)
제45조	대통령령으로 정하는 학술단체에 대한 감면	2024년 12월 31일까지	취득세, 재산세 (100%)
	「공익법인의 설립·운영에 관한 법률」에 따라 설립된 장학법인에 대한 감면		취득세(100%, 80%), 재산세 (100%, 80%)
제45조의 2	연구사업에 직접 사용하기 위하여 취득하는 부동산 1. 「과학기술분야 정부출연연구기관 등의 설립·운영 및 육성에 관한 법률」에 따른 과학기술분야 정부출연연구기관 2. 「국방과학연구소법」에 따른 국방과학연구소 3. 「국제과학비즈니스벨트 조성 및 지원에 관한 특별법」에 따른 기초과학연구원 4. 「정부출연연구기관 등의 설립·운영 및 육성에 관한 법률」에 따른 정부출연연구기관 5. 「한국국방연구원법」에 따른 한국국방연구원 6. 「한국해양과학기술원법」에 따른 한국해양과학기술원	2026년 12월 31일까지	취득세, 재산세 (50%)
제47조	한국환경공단 등에 대한 감면	2025년 12월 31일까지	취득세(25%), 재산세(25%)
제48조	국립공원관리사업에 대한 감면	2025년 12월 31일까지	취득세(25%), 재산세(25%)
제50조	종교 및 제사 단체에 대한 면제, 사찰림(寺刹林)과 「전통사찰의 보존 및 지원에 관한 법률」	없음	취득세, 재산세, 주민세 사업소분 및

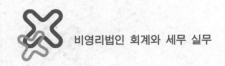
관련 법조항	감면 대상 법인 및 감면 내용	일몰기한	감면대상세목
	제2조 제1호에 따른 전통사찰이 소유하고 있는 경우의 경내지(境內地)에 대한 재산세 면제, 법인의 사업장 중 종교의식을 행하는 교회·성당·사찰·불당·향교 등에 대한 주민세 사업소분 면제		종업원분 등록면허세, 지역자원시설세 (100%)
제52조	문화예술단체 또는 체육단체에 대한 지방세 면제	2024년 12월 31일까지	취득세, 재산세 (100%)
제52조의 2	체육진흥사업 또는 문화예술사업에 직접 사용하기 위하여 취득하는 부동산 1. 「국민체육진흥법」에 따른 대한체육회, 대한장애인체육회 및 서울올림픽기념국민체육진흥공단 2. 「문화산업진흥 기본법」에 따른 한국콘텐츠진흥원 3. 「문화예술진흥법」에 따른 예술의 전당 4. 「영화 및 비디오물의 진흥에 관한 법률」에 따른 영화진흥위원회 및 한국영상자료원 5. 「태권도 진흥 및 태권도공원 조성 등에 관한 법률」에 따른 태권도진흥재단	2026년 12월 31일까지	취득세, 재산세 (50%)

1-3. 중소기업, 수송 및 교통에 대한 지원

관련 법조항	감면 대상 법인 및 감면 내용	일몰기한	감면대상세목
제59조	「중소기업진흥에 관한 법률」에 따른 중소기업진흥공단이 중소기업 전문기술인력 양성을 위하여 취득하는 교육시설용 부동산에 대한 지방세 감면	2025년 12월 31일까지	취득세(25%)
	「중소기업진흥에 관한 법률」에 따른 중소기업진흥공단이 중소기업자에게 분양 또는 임대할 목적으로 취득하는 부동산에 대한 지방세 감면	2025년 12월 31일까지	취득세(50%), 재산세 (50%)

관련 법조항	감면 대상 법인 및 감면 내용	일몰기한	감면대상세목
	「중소기업진흥에 관한 법률」 제29조에 따라 협동화실천계획의 승인을 받은 자(과밀억제권역 및 광역시는 「산업집적 활성화 및 공장설립에 관한 법률」에 따른 산업단지에서 승인을 받은 경우로 한정한다)가 해당 사업에 직접 사용하기 위하여 최초로 취득하는 공장용 부동산에 대한 지방세 감면	2025년 12월 31일까지	취득세(50%), 재산세(그 부동산에 대한 재산세의 납세의무가 최초로 성립하는 날부터 3년간 50%)
제60조	「중소기업협동조합법」에 따라 설립된 중소기업협동조합에 대한 지방세 감면	2025년 12월 31일까지	취득세(50%)
	「중소기업협동조합법」에 따라 설립된 중소기업중앙회에 대한 지방세 세율을 특례 감면	2022년 12월 31일까지	취득세(신축한 건축물의 취득에 대한 취득세를 1천분의 20을 적용)
	「중소기업창업 지원법」에 따른 창업보육센터 등에 대한 과세특례	2026년 12월 31일까지	취득세(75%, 50%), 재산세(50%, 100%)
· 제69조	「교통안전공단법」에 따라 설립된 교통안전공단이 사업을 위해 취득하는 부동산 및 「자동차관리법」 제44조에 따른 지정을 받아 자동차검사업무를 대행하는 자동차검사소용으로 취득하는 부동산에 대한 취득세 감면	2025년 12월 31일까지	취득세(25%)
제72조	「별정우체국법」 제3조에 따라 과학기술정보통신부장관의 지정을 받은 사람(같은 법 제3조의 3에 따라 별정우체국의 지정을 승계한 사람을 포함한다. 이하 "피지정인"이라 한다)에 대한 과세특례	2025년 12월 31일까지	취득세(「지방세법」 제11조 제1항의 세율에서 1천분의 20을 경감), 재산세, 주민세 재산분 및 종업원분(100%)

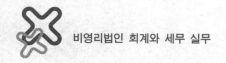

1-4. 국토 및 지역개발, 공공행정 등에 대한 지원

관련 법조항	감면 대상 법인 및 감면 내용	일몰기한	감면대상세목
제85조의 2	① 「지방공기업법」 제49조에 따라 설립된 지방공사(이하 "지방공사"라 한다)에 대해서는 다음의 지방세를 감면 1. 지방공사가 그 설립 목적과 직접 관계되는 사업(그 사업에 필수적으로 부대되는 사업을 포함한다. 이하 "목적사업"이라 한다)에 직접 사용하기 위하여 취득하는 부동산에 대해서는 취득세의 100분의 50에 대통령령으로 정하는 지방자치단체 투자비율을 곱한 금액 2. 지방공사가 과세기준일 현재 그 목적사업에 직접 사용하는 부동산에 대해서는 재산세의 100분의 50에 지방자치단체투자비율을 곱한 금액 3. 「지방공기업법」 제2조 제1항 제7호 및 제8호에 따른 사업용 부동산 중 택지개발사업지구 및 단지조성사업지구에 있는 부동산으로서 관계 법령에 따라 국가 또는 지방자치단체에 무상으로 귀속될 공공시설물 및 그 부속토지와 공공시설용지에 대한 재산세	2025년 12월 31일까지	취득세, 재산세
	② 「지방공기업법」 제76조에 따라 설립된 지방공단에 대해서는 다음의 지방세를 감면 1. 지방공단이 그 목적사업에 직접 사용하기 위하여 취득하는 부동산에 대해서는 취득세의 100분의 100 2. 지방공단이 과세기준일 현재 그 목적사업에 직접 사용하는 부동산에 대해서는 재산세의 100분의 100	2025년 12월 31일까지	취득세, 재산세
	③ 「지방자치단체 출자·출연 기관의 운영에 관한 법률」 제5조에 따라 지정·고시된 출자·출연기관에 대해서는 다음의	2025년 12월 31일까지	취득세, 재산세

관련 법조항	감면 대상 법인 및 감면 내용	일몰기한	감면대상세목
	지방세를 감면 1. 지방출자·출연기관이 그 목적사업에 직접 사용하기 위하여 취득하는 부동산에 대해서는 취득세의 100분의 50에 지방자치단체 투자비율을 곱한 금액 2. 지방출자·출연기관이 과세기준일 현재 그 목적사업에 직접 사용하는 부동산에 대해서는 재산세의 100분의 50에 지방자치단체 투자비율을 곱한 금액		
제87조	「신용협동조합법」에 따라 설립된 신용협동조합에 대한 지방세 감면, 「새마을금고법」에 따라 설립된 새마을금고에 대한 지방세 감면	2026년 12월 31일 까지	취득세(100%, 25%), 재산세(100%, 25%)

1-5. 감면신청

지방세의 감면을 받고자 하는 자는 다음에 정하는 기간 내에 지방세감면신청서(별지 제1호 서식)에 감면받을 사유를 증명하는 서류를 첨부하여 납세지를 관할하는 지방자치단체의 장에게 제출해야 한다. 다만, 지방자치단체의 장이 감면대상을 알 수 있을 때에는 직권으로 감면할 수 있다(지방세특례제한법 제183조, 동법 시행령 제126조, 동법 시행규칙 제9조).

① 납세의무자가 과세표준과 세액을 지방자치단체의 장에게 신고납부하는 지방세 : 해당 지방세의 과세표준과 세액을 신고하는 때(다만, 「지방세기본법」 제50조 제1항 및 제2항에 따라 결정 또는 경정을 청구하는 경우에는 그 결정 또는 경정을 청구하는 때)

② ① 외의 지방세 : 다음 구분에 따른 시기

㉠ 주민세 개인분, 재산세(「지방세법」 제112조에 따른 부과액을 포함) 및 소방분 지역자원시설세 : 과세기준일이 속하는 달의 말일까지

㉡ 등록면허세(「지방세법」 제35조 제2항에 따라 보통징수의 방법으로 징수하는 경우로 한정), 같은 법 제125조 제1항에 따른 자동차세 및 특정자원분 지역자원시설세(같은 법 제147조 제1항 제1호 단서에 따라 보통징수의 방법으로 징수하는 경우로 한정) : 납기

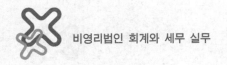
가 있는 달의 10일까지

1-6. 감면자료의 제출

지방세의 감면을 받은 자는 감면대상물건 및 감면받은 세액 등을 확인할 수 있는 자료를
[별지 제7호 서식]에 의하여 세목별로 작성하여 다음 연도 1월 31일까지 과세물건소재지를
관할하는 시장·군수·구청장에게 제출하여야 한다(지방세특례제한법 제184조, 동법 시행령
제127조, 동법 시행규칙 제10조).

┃중요 예규 및 판례┃

1. 취득세 비과세 관련

조심 2023지5002, 2024.6.25.
① 쟁점건축물의 취득 및 철거가 예배당을 신축하기 위한 것이라 하더라도 이는 예배당
신축에 간적접으로 공여된 것일 뿐, 종교행위 자체에 직접 사용된 것으로 볼 수 없으므
로, 취득 당시부터 철거가 예정된 쟁점건축물을 이 건 감면규정에 따른 취득세 면제대상
으로 보기 어려움. ② 납세자의 고의·과실은 고려되지 아니하고 법령의 부지·착오 등
은 그 의무위반을 탓할 수 없는 정당한 사유에 해당하지 아니함(대법원 2016.10.27. 선고
2016두44391 판결, 같은 뜻임).

대법원 2021두58059, 2024.5.30.
취득세 용도구분 비과세 및 감면 이후 3년 이내 해당 용도에 직접 사용하지 않은 경우에
정당한 사유로 볼수 있는지 여부
• '정당한 사유'라 함은 준비기간의 장단, 고유목적에 사용할 수 없는 법령·사실상의 장
  애사유 및 장애정도, 당해 법인이 토지를 고유업무에 사용하기 위한 진지한 노력을 다하
  였는지의 여부, 행정관청의 귀책사유가 가미되었는지 여부 등을 아울러 참작하여 구체적
  인 사안에 따라 개별적으로 판단함(대법원 2002.9.4. 선고 2001두229 판결 등 참조).
• 일반음식점 영업에 사용된 것으로 보이는 부동산은 수익사업에 사용된 토지로서 정당
  한 사유 여부와 관계없이 비과세 대상이 아니며, 도시관리계획상 학교부지에 편입되
  지 않은 부동산은 정당한 사유에 해당안됨.
• 나머지 토지는 학교부지 사용을 위한 중장기 계획에 따라 일관되게 사업을 추진하고,

피고의 각종 인·허가를 받기 위한 노력을 계속하였으며, 일부 토지의 법정분쟁으로 상당 기간을 소모한 점 등을 고려할 때, 이 사건 부동산 취득 후 3년 이내 직접 사용하지 못한 정당한 사유가 인정됨.

조심 2024지0200, 2024.5.1.
청구인이 비록 쟁점토지의 취득일부터 1년 이내에 노유자시설로의 직접 사용을 개시하지는 못하였으나 노유자시설용 건축물의 증축 등을 위한 정상적인 노력을 다하였음에도 시간이 부족하여 유예기간이 경과한 것으로서 그 정당한 사유가 인정된다 할 것이므로 처분청이 청구인에게 이 건 취득세를 부과한 처분은 잘못이 있다고 판단됨.

조심 2023지1647, 2024.2.26.
쟁점부동산의 현장사진에서 그 용도가 인성예절교육과 전통문화체험 등인 것으로 보이므로 이를 교회당·성당·불당 또는 그에 부수되는 시설(교육관 등)과 같이 종교의식에 직접적으로 사용되고 있다고 보기 어려운 점, 감면대상인 향교인 것으로도 확인되지 않는 점 등에 비추어 청구주장을 인정하기 어렵다 할 것임.

조심 2023지4340, 2024.2.16.
청구법인은 자체 출판서적 온라인몰과 6개의 직영매장을 운영하면서 수익사업으로 기독교서적 출판 및 판매업을 영위하며 약 150~200억 원의 연매출이 나타나는 반면, 실제 선교활동 등에 지출하는 금액은 이에 비하여 미미한 것으로 나타나고, 선교사업 내역, 선교사 명단, 산하 교회, 신앙교육 등 실제 종교·선교활동을 확인할 수 있는 구체적인 증빙은 제시되지 아니하므로 청구법인을 종교단체로 보기는 어렵다 할 것임.

조심 2023지0536, 2023.10.16.
취득세 등의 면제대상이 되는 것은 종교의식·예배축전·종교교육·선교 등 종교목적으로 직접 사용되는 부동산에 한하는 것으로, 쟁점학습관은 자연체험을 학습하는 장소로서 그 목적이 종교용에 해당한다고 보기는 어려운 점, 소속 신도나 일반인의 휴양·위락 등의 용도로 사용하기 위하여 대관하는 것으로 보여지는 점 등에 비추어 처분청이 이 건 취득세 등을 부과한 처분은 달리 잘못이 없다고 판단됨.

조심 2021지5662, 2023.5.9.
청구법인은 문화예술단체에 해당한다고 주장하나, 청구법인의 법인설립허가증과 정관에 의하면, 청구법인의 사업 목적은 사회적 공익사업에 있고, 청구법인은 문화예술을 직접 수행하는 단체가 아니며, 청구법인의 주된 사업인 프로젝토리 사업은 아이들의 창의성 증진 및 아이와 청년을 위한 커뮤니티 사업이지 문화예술 사업으로 보기 어려우므로

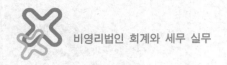

청구법인은 문화예술단체에 해당하지 아니한다고 판단됨.

조심 2021지2604, 2022.8.23.

처분청에서 숙박비를 지급하는 참가자들이 종교활동과 무관한 불특정 다수에 해당하는 사실을 구체적으로 입증하지 못하는 점 등에 비추어, 청구법인이 종교단체로서 이 건 건축물을 수익사업에 사용한다고 보기 보다는 종교활동에 사용하는 것으로 보는 것이 타당하다 하겠으므로 처분청이 이 건 취득세 등을 부과·고지한 처분은 잘못이 있다고 판단됨.

서울고등법원 2021누56086, 2022.6.15.

국토계획법과 그 관계 법령에서 지구단위계획구역을 지정하여 지구단위계획을 수립하여 그에 따라 토지를 개발하도록 하는 것은 토지를 체계적·계획적으로 관리하기 위한 것이지 개발을 금지하거나 제한하기 위한 것이 아닌 것임. 특별계획구역으로 지정되어 있어서 세부개발계획이 수립되어야 토지 개발을 할 수 있고, 그에 상당한 기간이 소요될 수밖에 없다는 사정은, 원고가 대한○○부지에 대한 세부개발계획이 수립될 수 있도록 필요한 절차를 성실하게 이행하는 등 병원을 건축하기 위해 진지하게 노력하는 한, '정당한 사유'가 있었다고 볼 만한 사정이지, 피고 주장과 같이 정당한 사유를 부정할 사유로 볼 수 없는 것임.

지방세특례제도과 - 2174, 2021.9.30.

"○○○○○교육원"이 ○○○○○대학교 부속 고용노동연수원에서 수행하던 사업과 이와 관련된 재산·권리·의무를 모두 승계한다 하더라도 이는 「법인세법」 제46조 제2항 각 호의 요건을 갖춘 적격분할에 해당하지 않고, 「○○○○○교육원법」에 따라 설립된 "○○○○○교육원"이 ○○○○○대학교로부터 취득한 이 건 부동산은 출연행위인 증여로서 취득한 것에 해당하므로 「지방세특례제한법」 제57조의 2 제3항에서 규정하는 기업분할 등에 대한 취득세 경감대상에 해당하지 않는다 판단됨.

조심 2020지0729, 2021.7.22.

「지방세특례제한법」 제41조에서 「고등교육법」에 따른 학교가 해당 사업에 직접 사용하기 위하여 취득하는 부동산에 대해서는 취득세와 재산세 및 주민세 재산분을 면제한다고 규정하고 있는바, 문언적 해석상 "해당 사업"이란 「고등교육법」에 따른 학교의 사업을 의미한다고 해석하는 것이 합리적인바, 쟁점부동산과 같은 직업훈련시설을 이에 해당한다고 보기는 어려움.

대법 2020두47878, 2020.12.24.

구 지방세특례제한법 제45조 및 같은 법 시행령 제22조는 모두 해당 부동산이 각 그 고유업무 또는 용도로 실제 사용되는 것을 전제하고 있으므로, 단순히 재단법인의 기본재산이라는 사정만으로 그 부동산에 대해 위 조항이 당연히 적용된다고 볼 수는 없음.

부동산세제과 - 2879, 2020.12.2.

의료법인이 운영하는 산후조리원이 쟁점규정의 감면대상에 해당하는지에 대해서 살펴보면,

- 산후조리원은 「의료법」상 의료업이 아닌 부대사업으로 규정하고 있으며, 「모자보건법」에서도 산후조리업을 급식·요양 등 일상생활에 필요한 편의를 제공하는 업으로 규정하고 있어, 의료법인에서 산후조리원을 운영한다 하여 이를 의료업에 직접 사용하는 범주에 포함하기는 어려워 보이는 점,
- 「의료법」상 의료업 외 부대사업에 해당하는 장례식장의 운영(행안부 세정 13407-783, 2002.8.23.), 의료나 의학에 관한 조사 연구(지방세운영-1455, 2012.5.10.), 노인복지시설(조심 2012지717, 2012.11.21.) 등으로 사용하는 경우에는 의료업에 직접 사용하는 것이 아니므로 쟁점규정의 적용 대상이 아니라고 판단하였던 점,
- 일반 산후조리원과 달리 의료법인에서 운영하는 산후조리원에 대해서만 감면을 지원할 경우 양자 간 과세 불형평이 발생하며, 양자 간 차이를 둘 합리적 이유가 없어 보이는 점 등을 종합적으로 감안할 때,
- 의료법인이 의료업과 산후조리원을 함께 운영하는 경우라 하더라도, 그 산후조리원에 대해서는 쟁점규정에 따른 의료업에 직접 사용한다고 볼 수 없으므로 감면대상에서 제외하여야 할 것임.

지방세특례제도과 - 2389, 2020.10.8.

대학교 구역 밖의 부동산의 경우 고등교육법령에서 정하고 있는 교사나 교지에 해당되지 않으며 학교 교육을 위한 필수불가결한 시설이라기 보다는 산학협력사업용도로 사용하는 것으로 보여지므로 학교의 교육사업 자체에 사용하는 부동산으로 판단하기에는 무리가 있어 보이나, 감면여부는 과세권자가 사용실태 등을 면밀히 살펴 최종 결정할 사항이라 할 것임.

지방세특례제도과 - 796, 2020.4.8.

질 의

舊 지방세특례제한법(2020.1.15. 법률 제16865호로 개정되기 이전의 것, 이하 "舊 지방세특례제한법"이라고 한다) 제22조 제1항에 따라 대통령령으로 정하는 사회복지사업을 목

적으로 하는 단체의 범위를 한정적, 열거적 규정으로 볼 것인지 예시적 규정으로 볼 것인지.

회신

2015년 시행된 舊 지방세특례제한법 제22조 제1항에서 '양로원, 보육원, 모자원, 한센병자 치료보호시설 등 대통령령으로 정하는 사회복지사업을 목적으로 하는 단체'라고 개정하면서, 舊 지방세특례제한법 시행령 제10조 제1항에서 법 제22조 제1항 각 호 외의 부분 본문에서 "양로원, 보육원, 모자원, 한센병자 치료보호시설 등 대통령령으로 정하는 사회복지사업을 목적으로 하는 단체"란 다음 각 호의 요건을 모두 갖춘 법인(「법인세법」 제1조 제1호 및 제3호에 따른 내국법인 및 외국법인을 말한다), 법인 아닌 사단·재단, 그 밖의 단체를 말한다고 규정하면서, 제1호에서 단체의 조직과 운영에 관한 규정(規程)을 가지고 대표자나 관리인을 선임하고 있을 것을, 제2호에서 단체의 계산과 명의로 수익과 재산을 독립적으로 소유·관리하고 있을 것을, 제3호에서 단체의 수익을 그 구성원에게 분배하지 아니할 것을 규정하게 되었는데,

- 위 개정 취지를 살펴보면, 사회복지단체에 관한 감면요건 규정을 신설하게 된 취지가 사회복지법인 이외의 사회복지법인을 목적으로 하는 단체에 대한 기준이 불분명하고, 해당 단체 설립 요건 등이 없어 개인 등이 임의로 단체를 구성하여 감면을 요청하는 등 사회복지사업을 목적으로 하는 단체의 인정 요건을 명확화하기 위하는데에 있었고,
- 종전부터 우리부 유권해석과 대법원 판례에서 사회복지단체가 운영할 수 있는 사회복지사업을 '양로원·보육원·모자원·한센병자 치료보호시설'을 열거적 규정이라고 명시하여 운영되었던 것을, 舊 지방세특례제한법에서 그 구체적인 범위를 대통령령으로 위임하여, 舊 지방세특례제한법 시행령 개정으로 '양로원, 보육원, 모자원, 한센병자 치료보호시설' 이외에 사회복지사업법에 따른 모든 사회복지사업으로 확대하여 예시적 규정으로 개정하겠다는 취지를 특별히 찾아볼 수 없으며,
- 2020년 지방세특례제한법 개정 시에도 '양로원, 보육원, 모자원, 한센병자 치료보호시설 등'에 대한 감면요건을 대통령령으로 위임하고 각 호에 열거함으로써 그 범위가 확대되거나 축소된 것이 아닌, 사회복지단체에 대한 기준을 명확히 한 점임을 고려해볼 때,
- 舊 지방세특례제한법에서 규정한 사회복지단체에 대한 규정은 '양로원, 보육원, 모자원, 한센병자 치료보호시설'을 열거한 규정으로 보아야 하고, 사회복지단체가 이와 유사한 사회복지시설을 운영할 때 적용하는 것이 타당하다 할 것임.

따라서 舊 지방세특례제한법 제22조 제1항에 따라 대통령령으로 정하는 사회복지사업을 목적으로 하는 단체의 범위는 한정적, 열거적 규정으로 보아야 할 것임. 다만, 이는 질의 당시 사실관계를 바탕으로 판단한 해석으로서 추가 사실 확인 등 변동이 있을 시에는 해당

과세권자가 면밀한 조사를 통해 결정할 사안임.

지방세특례제도과 – 250, 2020.2.7.

장학금에 대한 지원대상을 아동뿐만 아니라 대학생 이상에게 지원하는 경우 '장학사업'에 해당된다 하더라도 장학사업을 주된 사업으로 운영하지 않는 경우에는 '장학법인'에 해당되지 않으므로, 「지방세특례제한법」 제45조 제2항에 따른 취득세 감면대상으로 보기 어렵다 할 것임. 다만, 이에 해당하는지 여부는 구체적인 사실관계를 해당 과세관청에서 확인하여 판단하여야 할 사항임.

지방세특례제도과 – 772, 2019.3.11.

A재단이 청소년기본법에 따른 수련활동, 교육활동, 문화활동 등 다양한 형태의 청소년 활동을 주된 목적사업으로 하고 있고 해당 부동산이 동 청소년 활동에 직접 사용하기 위하여 취득한 경우라면 취득세 등 지방세 감면대상에 해당됨.

서울세제 – 3241, 2019.3.7.

지방자치단체가 주차장 부족문제를 해결하기 위해 질의 법인과 주차장 운영관리에 따른 협약 체결시 학교부설 주차장을 주간에는 학교주차장으로 사용하고 야간(19:00~익일 08:00)에는 사용되지 않는 일부 주차장에 한하여 거주자우선주차구역으로 무료로 제공한다면, 이용실태의 본질에 있어서 학교부설 주차장으로 이용되고 있다고 볼 수 있어 이를 다른 용도로 사용되거나 수익사업에 이용되고 있다고도 볼 수 없어 취득세 및 재산세 면제대상에 해당한다고 판단됨.

대법 2018두62775, 2019.2.28.

○○의료원은 원고 산하 병원들의 총괄적인 기획과 행정을 담당하면서, 주로 원고 산하 병원들의 수익사업체로서의 속성을 지원하는 기능을 한다고 보이므로, 이 사건 부동산이 ○○의료원의 주된 사무실로 이용되는 경우까지 '의료업에 직접 사용된다'고 보아 취득세를 경감하는 것은 구 지방세특례제한법 제41조의 입법취지에 부합하지 않는 것임.

조심 2018지0822, 2018.11.5.

청구인은 쟁점부동산을 대안학교로 사용한 것은 종교 교육목적이라고 주장하나, 「지방세특례제한법」 제50조 제1항에서 종교를 목적으로 하는 단체가 그 사업에 사용하기 위한 부동산이라 함은 현실적으로 당해 부동산을 종교의식 등에 직접 사용하는 것을 의미한다 할 것이므로 대안학교로 사용하는 것은 여기에 해당된다고 보기 어려움.

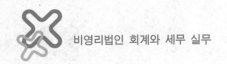

서울세제 - 14759, 2018.11.2.

「지방세특례제한법」 제2조 제1항 제2호에서 "수익사업"이란 「법인세법」 제3조 제3항에 따른 수익사업을 말한다고 규정하고 있고, 그 제8호에서 "직접사용"이란 부동산 등의 소유자가 해당부동산 등을 사업 또는 업무의 목적이나 용도에 맞게 사용하는 것을 말한다고 규정하고 있으며, 같은 법 제50조 제1항에서 종교단체 또는 향교가 종교행위 또는 제사를 목적으로 하는 사업에 직접 사용하기 위하여 취득하는 부동산에 대해서는 취득세를 면제하되, 그 제1호에서 해당 부동산을 취득한 날부터 5년 이내에 수익사업에 사용하는 경우, 그 제2호에서 정당한 사유 없이 그 취득일부터 3년이 경과할 때까지 해당 용도로 직접 사용하지 아니하는 경우, 그 제3호에서 해당 용도로 직접 사용한 기간이 2년 미만인 상태에서 매각·증여하거나 다른 용도로 사용하는 경우 그 해당 부분에 대해서는 면제된 취득세를 추징한다고 규정하고 있으며, 「법인세법」 제3조 제3항 제1호에서 비영리내국법인이 제조업, 건설업, 도매업·소매업, 소비자용품수리업, 부동산·임대 및 사업서비스업 등의 사업으로 규정하고 있음.

- 귀문 질의1 : 수익사업에 해당하는지 여부에 대하여, 「지방세특례제한법」 제2조 제1항 제2호에서 "수익사업"에 대하여 「법인세법」 제3조 제3항에 따른 수익사업이라고 규정하면서 위 규정에서 부동산·임대 사업을 포함하고 있고, 「법인세법시행령」 제2조 제1항 제7호에서 종교단체의 임대사업은 수익사업의 범위에서 제외하고 있지 아니하며, 비영리사업자가 부동산을 그 사업에 직접 사용하는 것인지 아니면 수익사업에 사용하는 것인지의 여부는 당해 비영리사업자의 사업목적과 취득목적을 고려하여 그 실제의 사용관계를 기준으로 객관적으로 판단하여야 할 것(대법원 1996.1.26. 선고, 95누13104 판결 ; 대법원 2006.1.13. 선고, 2004두9265 판결 등 참조)인바, 위와 같은 관련 법령 및 판례를 종합하면 종교단체가 감면부동산을 종교목적으로 직접 사용하지 아니하고 임대하여 임대수익이 발생하는 경우에는 수익사업에 해당하는 것으로 판단됨.
- 귀문 질의2 : 정당한 사유에 해당하는지 여부에 대하여, "정당한 사유"라 함은 입법취지, 토지의 취득목적에 비추어 그 목적사업에 사용할 수 없는 법령상·사실상의 장애사유 및 장애정도, 목적사업에 사용하기 위한 진지한 노력을 다하였는지 여부, 행정관청의 귀책사유가 가미되었는지 여부 등을 아울러 참작하여 구체적인 사안에 따라 개별적으로 판단하여야 할 것이라고 해석(대법원 2002.9.4. 선고, 2001두229 판결 등 다수 같은 뜻임)하고 있음.

여기서 「상가건물임대차보호법」 제10조에 따라 상가 임대차계약기간 갱신여부가 문제가 될 수 있겠으나, 귀문의 경우 기존 임대차계약을 그대로 승계한 것에 그치지 아니하고 새로운 임대차계약 또는 갱신계약을 체결하여 계속하여 임대하는 경우는 단순히 임대인의 지위를 승계하였다고 보기 어렵고, 부동산을 취득할 당시 직접사용에 따른 장애사유(임대차관계 및 상가건물임대차보호법상 계약 갱신문제 등 존재)가 있음을 충분히 알 수 있었으며, 설령 몰랐다고 하더라도 이는 정당한 사유1) 로 인정하기 어렵다고 판단됨.

1) 이러한 경우까지 정당한 사유로 볼 경우에 기존 임대차가 존재한 부동산을 종교단체가 종교목적으로 취득하고 감면 받은 후에 「상가건물임대차보호법」에 따라 임대차 만료 후에 임차인으로부터 갱신요구를 받고 계속하여 갱신하게 된다면 해당 부동산은 사실상 종교용도로 직접사용하지 못하고 지속적으로 임대사업에 사용할 수밖에 없어서 종교목적에 사용하는 부동산에 대한 취득세 감면 입법취지에 부합하지 아니함.

다만, 이에 해당하는지 여부는 구체적이고 객관적인 사실관계 등을 종합적으로 검토하여 과세관청에서 최종 결정할 사안임.

서울세제 – 6299, 2018.5.14.

지방세특례제한법 제50조 제1항에서 종교를 목적으로 하는 단체가 해당 사업에 사용하기 위하여 취득하는 부동산에 대하여는 취득세를 면제하되 정당한 사유 없이 그 취득일부터 3년이 경과할 때까지 해당 용도로 직접 사용하지 아니하는 경우와 해당 용도로 직접 사용한 기간이 2년 미만인 상태에서 매각·증여하거나 다른 용도로 사용하는 경우 그 해당 부분에 대해서는 면제된 취득세를 추징한다고 규정하고 있음. 따라서 종교단체가 취득하는 부동산이라 하더라도 취득세 등이 면제되는 것은 종교의식·예배·축전·종교교육·선교 등 종교목적으로 직접 사용하는 부동산에 한한다 할 것이므로, 귀 질의와 같이 종교목적으로 취득한 부동산을 지방자치단체에 무상으로 임대하여 국공립어린이집으로 사용하는 경우 이는 지방세특례제한법 제50조 제1항 제2호의"해당 용도로 직접 사용한 기간이 2년 미만인 상태에서 매각·증여하거나 다른 용도로 사용하는 경우"에 해당하므로 취득세 추징대상으로 판단됨.

다만, 이에 해당하는 지 여부는 구체적이고 객관적인 사실관계 등을 종합적으로 검토하여 과세권자가 최종 결정할 사안임.

조심 2017지0619, 2018.4.18.

처분청이 고시한 이 건 정비사업시행인가에서 쟁점토지를 공원과 도로로 변경하여 처분청에 무상으로 귀속시키도록 하였으므로 청구법인이 쟁점토지를 취득하기 전에 국가 등에 귀속시키는 것이 확정되었다고 볼 수 있다 하겠음

대법 2016두48249, 2016.11.24.

1) 각 규정에서 비영리사업자가 당해 부동산을 '그 사업에 직접 사용'한다고 함은 현실적으로 당해 부동산을 비영리사업 자체에 직접 사용하는 것을 뜻하고, '그 사업에 사용'의 범위는 당해 비영리사업자의 사업목적과 취득목적을 고려하여 그 실제의 사용

관계를 기준으로 객관적으로 판단하여야 한다(대법원 2009.6.11. 선고, 2007두20027 판결 ; 대법원 2012.5.24. 선고, 2011두15183 판결 등 참조). 나아가, 비영리사업자가 구성원에게 사택이나 숙소를 제공한 경우 그 구성원이 비영리사업자의 사업 활동에 필요 불가결한 중추적인 지위에 있어 사택이나 숙소에 체류하는 것이 직무 수행의 성격도 겸비한다면 당해 사택이나 숙소는 목적사업에 직접 사용되는 것으로 볼 수 있지만, 사택이나 숙소의 제공이 단지 구성원에 대한 편의를 도모하기 위한 것이거나 그곳에 체류하는 것이 직무 수행과 크게 관련되지 않는다면 그 사택이나 숙소는 비영리사업자의 목적사업에 직접 사용되는 것으로 볼 수 없다(대법원 2009.5.28. 선고, 2009두4708 판결 ; 대법원 2014.3.13. 선고, 2013두21953 판결 등 참조).

한편 지방교육세 등과 같이 그 과세표준이 되는 본세의 세목에 대한 납세의무가 있는 경우에 비로소 납세의무가 발생하는 경우 그 과세표준에 되는 본세의 세목이 비과세·감면된다면 그에 부가하는 지방교육세 등도 비과세·감면된다.

2) 위 인정사실에 의하면, 원고는 전도사업, 선교사업, 교육사업 등을 사업목적으로 하여 설립된 단체인 점에서 종교(선교)를 사업목적으로 하여 설립된 비영리사업자에 해당한다고 할 것이고, 드와잇 ○○ 스트론은 원고를 대표하는 지위에 있는 이사로서 이사회 회의를 주재하고, 원고의 업무를 통괄하는 업무를 수행하였으므로, 원고의 목적사업(전도, 선교, 교육, 자선, 의료 및 기타 사회복지를 위한 사업에 필요한 재산 관리 등)을 수행함에 있어서 필요불가결한 인적요소라고 할 것이다. 따라서 원고의 대표자인 드와잇 ○○ 스트론이 그 재임 중 거주한 이 사건 주택은 그 실제의 사용관계를 기준으로 객관적으로 판단할 때 원고의 비영리사업 자체에 직접 사용된 것으로 볼 수 있고, 피고가 주장하는 바와 같이 드와잇 ○○ 스트론 및 그의 배우자로서 이 사건 주택에 함께 거주한 소니아 ○○○ 스트론이 원고 외의 다른 법인의 이사로도 재직하였다거나, 대학교수로서 영어 과목 등을 강의한 사실이 있다는 것만으로 이와 달리 보기 어렵다.

결국 이 사건 주택은 구 지방세법 제186조 및 지방세특례제한법 제50조 제2항의 비과세·면제 대상이라 할 것이므로, 피고가 이와 달리 보고 한 이 사건 처분은 위법하다.

지방세특례제도과 - 2468, 2016.9.9.

• 「지방세특례제한법」 제50조(2015.12.29. 법률 제13637호로 일부개정 되기 이전의 것) 제1항에서 '종교 및 제사를 목적으로 하는 단체가 해당 사업에 사용하기 위하여 취득하는 부동산에 대하여는 취득세를 면제한다. 다만, 다음 각 호의 어느 하나에 해당하는 경우 그 해당 부분에 대해서는 면제된 취득세를 추징한다'라고 하면서, 제3호에서 '해당 용도로 직접 사용한 기간이 2년 미만인 상태에서 매각·증여하거나 다른 용도로 사용

하는 경우'라고 규정하고 있으며, 이 같은 단서규정은 비영리사업자가 해당 부동산을 2년 이상 공익사업의 용도에 직접 사용하였다면 그 후에 매각하거나 임대 등 다른 용도로 사용하더라도 단서에 규정된 부과사유에 해당하지 아니하여 감면된 취득세를 추징할 수 없다 할 것임.

• 한편, 상기 추징대상인 '매각·증여'이라 함은 유상·무상을 불문하고 취득자가 아닌 타인에게 소유권이 이전되는 모든 경우를 의미하는 것이라 할 것이며, 부동산에 대한 증여계약이 성립하면 동 계약이 무효이거나 취소되지 않는 이상 그 자체로 사실상 취득행위가 존재하게 되어 그에 대한 조세채권이 당연이 발생하는 것이므로 증여계약으로 인하여 수증자가 일단 부동산을 적법하게 취득한 다음 취득일부터 60일 이내에 계약이 해제된 사실이 서류로 입증되는 경우 이외에는 이미 성립한 조세채권에는 영향을 줄 수 없다 할 것임.

• 따라서, 위 조항의 문언과 규정 취지 등에 비추어 볼 때, 당해 부동산 증여를 통해 적법하게 취득하여 감면을 받은 경우라면 판결에 의하여 가처분에 의한 실효를 원인으로 소유권이 말소되었다 하더라도, 이미 성립된 조세채권에는 아무런 영향을 줄 수 없다 할 것이므로 종교 용도로 직접 사용한 기간이 2년 미만인 상태에서 소유권이 이전 된 경우라면 추징대상이라 판단되나, 이에 해당하는지 여부는 과세관청에서 사실관계 등을 확인하여 판단할 사안임.

지방세운영과 – 4129, 2010.9.7.

나. 위 법령을 종합해 보면, 「노인장기요양보험법」에 의한 사업은 「사회복지사업법」에 따른 사회복지사업에 포함되지 않아 「법인세법 시행령」 제2조 제4호 규정에 의한 수익사업 제외대상에 해당하지 아니하므로, 「노인장기요양보험법」에 따른 장기요양기관이 제공하는 재가급여 또는 시설급여 사업은 「법인세법」 제3조 제3항에서 규정하고 있는 수익사업에 해당한다고 할 것(기획재정부 법인 – 535, 2009.6.9. 및 국세청 법인 – 739, 2009.6.26. 참조)임.

다. 따라서, 귀문의 경우와 같이 노인복지시설을 운영하기 위하여 취득한 부동산을 「노인 장기요양보험법」 적용을 받은 시설로 사용하는 경우 이는 수익사업에 해당하는 것으로 보아야 할 것이므로 당해 부동산은 「지방세법」 제107조 규정에 따른 취득세 등 비과세 대상에 해당하지 않는다고 할 것임.

라. 다만, 위 노인복지시설의 입소자가 무료나 「노인장기요양보험법」에 따른 장기요양 급여수급자로 구성되어서 장기요양급여를 수령하여 운영하는 시설인 경우라면, 무료 노인복지시설에 해당한다고 할 것이므로 「대구시세감면조례」 제8조의 규정에 따라 취득세 등이 면제대상에 해당된다고 판단되나, 이에 해당여부는 과세관청에서 사

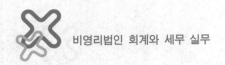
실조사 후 최종 결정할 사항이라 할 것임.

지방세심사 2008-35, 2008.1.28.
사회복지사업을 목적으로 하는 비영리사업자가 노숙인 쉼터를 신축하고자 부동산을 취득하였으나 인근 주민들의 반대로 건축허가 신청이 반려되어 목적사업에 사용하지 아니하고 매각한 경우 정당한 사유로 볼 수 없음.

지방세심사 2007-768, 2007.12.26.
종교단체가 취득한 주택을 부목사 등의 사택용으로 사용하는 경우 종교용에 직접 사용하는 것으로 볼 수 없음.

지방세심사 2007-766, 2007.12.26.
종교단체가 취득한 부동산을 사회복지법인을 설립하여 증여한 경우 종교용에 직접 사용한 것으로 볼 수 없음.

세정-4985, 2007.11.22.
「사립학교법」에 의하여 설립된 학교법인이 「노인복지법」에 의한 유료노인요양시설을 설치하는 경우라면 학교용으로 사용하기 위하여 취득하는 부동산이 아니므로 지방세 비과세대상이라 할 수 없음.

지방세심사 2007-493, 2007.10.1.
종중이 공익목적사업을 목적으로 하는 단체임을 입증하지 못하므로 취득세 등이 비과세되는 공익사업을 목적으로 하는 단체에 해당되지 아니함.

지방세심사 2007-460, 2007.8.27.
부동산이 고유업무용 부동산에 해당하는지 여부는 부동산의 취득 후의 유예기간 내의 이용현황을 고려하여 판단하는 것이 합리적임.

행법 2007구합6113, 2007.8.14.
종교용으로 취득한 부동산을 다른 비영리법인에게 증여한 것은 매각한 경우와 동일시하거나 매각에 포함된다고 볼 수 없어서 비과세의 예외로 볼 수 없음.

지방세심사 2006-1045, 2006.11.27.
학교캠퍼스를 이전하고자 부동산을 취득하였으나 관할 관청으로부터 위치이전 승인이 지연되어 교육용으로 사용하지 못한 경우 정당한 사유에 해당하지 아니함.

세정 - 2738, 2006.7.4.

기존교회의 주차공간 협소로 취득한 토지를 용도변경하여 교회부설주차장으로 사용할 수밖에 없는 상황이라면 「주차장법」 제19조 제1항 등 관련 법령의 규정에 의거 기존교회의 부설주차장이 법정규모 이하인지 여부, 교회로부터 설치할 부설주차장까지의 거리, 교회의 신도수 및 신도들의 차량보유 현황 등을 종합적으로 고려하여 교회의 집회 등 각종 종교행사를 위하여 부설주차장의 추가설치가 필수불가결한 경우라면 종교목적에 사용하는 부동산에 해당되어 당초 비과세한 취득세 등의 추징대상이 되지 않는다 할 것이나 이에 해당되는지 여부는 과세권자가 관련자료와 현황 등을 사실조사하여 판단할 사항임.

세정 - 2170, 2006.5.30.

교육인적자원부로부터 학교법인 설립인가를 받은 후 학교교사로 직접 사용하기 위하여 제3자로부터 건물을 증여받았으나 증여받은 건물에 증여 전 소유자와 건물임대차 계약을 체결한 임차자가 있는 경우 기존 임대차 계약이 만료되는 시점까지는 학교법인의 고유목적에 직접 사용하지 못한 정당한 사유가 있다 할 것이나, 기존의 임차기간의 만료 후 새로운 임대차계약을 체결하는 경우에는 고유목적에 직접 사용하지 않는 정당한 사유가 있다 할 수 없으므로 취득세 등의 비과세대상이 되지 않는다 할 것임.

세정 - 2046, 2006.5.22.

취득한 부동산이 단체명의(사랑우리장애인공동체의 집)가 아닌 개인명의로 취득등기된 경우라면 취득세 등의 비과세대상이 되기 어려움.

지방세심사 2006 - 174, 2006.4.24.

종교단체가 경내지 외의 주택을 종교용 부동산으로 취득하여 승려 및 법사의 숙소로 이용하여 기 비과세된 취득세 등을 추징함.

세정 - 1590, 2006.4.19.

사회복지법인이 법인정관상 고유목적사업인 비구니스님을 대상으로 양로시설을 운영하면서 입주보증금(평생생활비) 및 관리비 명목으로 일정금액을 받는 것은 수익사업에 해당하지 아니함.

세정 - 1511, 2006.4.14.

「향교재산법」에 의하여 유교진흥을 목적으로 설립된 향교재단(단체)은 취득세 등이 감면되는 비영리사업자에 해당된다 할 것이나, 향교 자체가 비영리사업자에 해당되는 것은 아님.

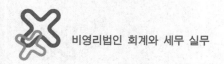

세정 - 1452, 2006.4.11.

교회가 종교목적에 사용하기 위하여 부동산 매매계약을 체결하고 잔금지급일 전에 소유권이전등기 청구권을 보전하기 위하여 가등기를 행하는 경우 이는 부동산에 대한 등기에 해당하는 것이므로 상기 규정에 의한 등록세의 비과세대상이 되는 것이 타당함.

세정 - 1242, 2006.3.27.

종교단체가 종교용에 사용하기 위하여 취득한 토지에 영유아보육시설을 건축하여 사용검사를 받은 경우 종교용에 직접 사용하는 것으로 볼 수 없어 취득세 등의 비과세대상이 아님.

지방세심사 2006 - 124, 2006.3.27.

종교단체가 종교용 부동산을 취득한 후 2년 이내에 타 종교단체에 매각한 경우 기 비과세한 취득세 등을 추징함.

세정 - 1124, 2006.3.20.

사회복지법인이 취득일부터 2년 이내에 노인복지시설로 사용하던 부동산을 같은 재단 내에 별도 설립한 사회복지법인에게 증여하여 계속 노인복지시설로 사용하는 경우 추징대상이 아님.

세정 - 1123, 2006.3.20.

양로원 · 보육원 등 사회복지사업을 목적으로 하는 단체에 해당하는 비영리사업자가 그 사업에 사용하기 위하여 취득하는 부동산에 대하여는 취득세 등을 부과하지 아니한다고 규정하고 있으므로 사회복지사업을 목적으로 하는 단체가 아닌 개인이 복지사업에 사용하기 위하여 취득하는 부동산은 상기 규정에 의한 비과세대상으로 보기 어렵다 할 것임. 또한, 개인이 사회복지시설인 지역아동센터를 운영하기 위하여 취득하는 부동산에 대한 취득세 등의 비과세 법제화 여부는 2006년 말 「지방세법」 개정시 별도로 검토할 사안임.

세정 - 992, 2006.3.14.

사회복지사업을 목적으로 하는 단체가 아닌 개인이 지역아동센터를 운영하기 위하여 취득하는 부동산은 취득세 등의 비과세대상이 되지 아니함.

지방세심사 2006 - 23, 2006.1.23.

유료노인복지시설업은 수익사업에 해당함이 명백하므로 건축물 취득에 대하여 비과세를 적용하지 아니한 것은 정당함.

지방세심사 2005 - 490, 2005.11.28.

교회가 종교용으로 취득한 부동산을 3년 이내에 소속재단에 매각하였으나 계속하여 종교용으로 사용하고 있는 경우 취득세 등 비과세대상이 되는 것임.

2. 등록면허세 비과세 관련

조심 2019지3862, 2020.1.31.

「지방세특례제한법」 제22조 제3항에서 규정하고 있는 "면허"란 특별한 사정이 없는 한 「지방세법」 제23조 제2호에서 규정한 "면허"로 보아야 하고 해당 법령에서 등록과 면허를 엄격하게 구분하고 있는 점, 「지방세특례제한법」 제22조 제3항에서 사회복지법인이 그 사업에 사용하기 위한 면허에 대하여만 등록면허세를 면제한다고 규정하고 있으므로 조세법규의 엄격해석원칙 상 그 면제 대상을 등기 등록을 위한 등록면허세까지 확장할 수는 없다고 보이는 점 등에 비추어 사회복지법인이 자본금 증자등기를 함에 따라 납세의무가 성립된 등록면허세는 면제 대상이 아니라고 보는 것이 타당하다 할 것이므로 처분청이 이 건 등록면허세 등의 경정청구를 거부한 처분은 달리 잘못이 없다고 판단됨.

지방세운영과 - 2920, 2016.11.17.

외국정부 등이 취득·소유하는 부동산에 한하여 경우에 한하여 취득세, 재산세가 비과세 되고, 외국정부 등이 자기를 위하여 받는 등록에 대해서만 등록면허세가 비과세되는 것이나, 해당 외국에서 대한민국정부기관에 대해 과세하는 경우에는 비과세되지 아니한다고 할 것임.

세정 13430 - 725, 2001.12.28.

건축허가를 받아 사용승인된 건축물을 비영리사업인 영유아보육시설에 전적으로 사용하는 경우에는 동 건축허가에 대하여 면허세가 비과세됨.

세정 13407 - 10, 2001.1.4.

당초 의료기관 개설자가 귀 법인이고 귀 법인 대표자의 단순한 명의변경에 따라 의료기관 개설자의 변경이 되는 경우라면 「지방세법」 제126조의 2 제1호 다목의 규정에 의하여 면허세가 비과세됨.

세정 13407 - 798, 1999.7.2.

「교육기본법」에 의한 학교를 경영하는 법인이 사립학교 의과대학 부속병원을 직접 경영하는 경우 「지방세법」 제163조 제1항의 규정에 의거 면허세가 비과세되나, 의과대학을 경영하는 법인과 부속병원을 경영하는 법인이 각각 다를 경우에는 지방세가 과세됨.

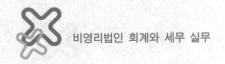

3. 재산세 비과세 관련

조심 2023지4753, 2024.6.17.
요가시설과 카페는 비록 청구법인 재학생의 일부가 요가·명상·휴게시설 등의 용도로 사용한다 하더라도 「법인세법」 제4조 제3항의 규정에 의한 수익사업용 재산으로 보는 것이 타당하므로 처분청이 쟁점상담센터에 대하여 이 건 재산세를 부과한 처분은 달리 잘못이 없다고 판단됨.

조심 2022지0735, 2023.11.22.
청구법인이 기존 안치자의 가족들로부터 일부 금원을 받았다고 하더라도 이는 합장용역 관련 실비일 뿐이고, 이후 묘지(쟁점토지)의 관리비용은 쟁점토지의 이용자와는 구분된 교회의 일반 헌금 등에서 보전하고 있는 것으로 보임. 더 나아가 청구법인이 받은 1구당 80만 원 상당의 봉헌금은 2004.9.22. 한국소비자원이 제시한 장례문화 의식 및 실태조사 결과에 따른 1회 묘지 공사비용에 소요되는 금액은 약 700만 원에 현저히 못 미치는 것임. 이와 같이 묘지 안장 관련 비용에 현저히 못 미치는 일부 비용을 받은 것을 두고 묘지 안장 관련 비용이 아닌 쟁점토지의 관리비용을 받은 것으로 평가할 수는 없음.
또한 천주교는 신도가 사망하면 장례미사를 거행하고 묘지에 매장한 후 수시로 위령미사를 실시하는데, 묘지는 이러한 장례미사 등의 종교의식이 행하여지는 장소로서 재단법인이 교회 묘지를 관리·운영하는 것은 교회 의식에 대한 장례절차의 수행 등 여러 가지 종교행사를 통하여 재단의 종교를 보다 널리 알리기 위한 전교에 그 본질적인 목적이 있는 것으로 쟁점토지는 청구법인의 고유목적사업에 사용되고 있고 수익사업으로 사용되고 있다고 볼 수 없음(대법원 2003.6.25. 선고 2003두3796 판결, 같은 뜻임). 이상의 점 등에 비추어 처분청이 묘지인 쟁점토지를 유료로 사용한 것으로 보아 재산세 등을 부과한 이 건 처분은 잘못이 있는 것으로 판단됨.

대법원 2019두55903, 2023.8.31.
유아교육법에 의한 유치원 또는 그 경영자를 초·중등교육법에 의한 학교 또는 그 경영자와 구별하여 취급하고자 하는 입법자의 의도에 따라 유아교육법에 의한 유치원을 경영하는 자를 구 지방세법령의 '비영리사업자'에 포함시키지 않은 것이고, 유치원을 경영하는 자가 소유하는 토지를 재산세 분리과세대상에서 제외한 것이 초·중·고등학교 경영자와의 형평에 반한다고 볼 수 없는 등 유아교육법에 의한 유치원을 경영하는 자가 구 지방세법 시행령 제22조에서 규정한 '비영리사업자'에 해당한다고 볼 수 없고, 쟁점토지는 재산세 분리과세 대상에 해당하지 않음.

조심 2022지0741, 2022.11.10.

전체적으로 자연림 상태의 쟁점임야에는 일부에 산책로가 조성되어 있고, 의자나 운동시설 등이 설치되어 있어 쟁점임야가 학생이나 교원들의 휴식에 이용될 수는 있다고 하더라도 이는 교육사업에 간접적으로 사용되는 정도에 불과할 뿐, 이를 이유로 쟁점임야가 교육사업 그 자체에 직접 사용되는 것이라고 보기는 어렵다 할 것임.

조심 2019지2320, 2020.3.12.

이 건 건축물의 3층은 임대 공간으로 사용되고 있고 임대 공간의 경우에는 그 목적이 벤처기업의 창업보육에 있다 하더라도 임대료를 받고 이를 제3자에게 임대하고 있는 이상, 과학기술진흥을 직접적인 목적으로 하는 공간으로 인정하기는 어렵다 할 것이므로 재산세 면제대상에 해당하지 않는다고 판단됨.

조심 2019지0834, 2019.7.4.

청구법인은 「공익법인의 설립 운영에 관한 법률」에 따라 설립된 공익법인으로 설립 당시부터 현재까지 계속하여 장학사업을 해 온 사실은 다툼이 없다고 보이는 점 등에 비추어, 장학사업과 별도로 문예진흥사업 및 학술사업을 영위하고 있다 하더라도 「지방세특례제한법」 제45조 제2항에서 규정한 장학법인에 해당한다고 보는 것이 타당하다고 판단됨. 같은 항에서 장학법인이 장학금을 지급할 목적으로 과세기준일 현재 임대용으로 사용하는 부동산에 대해 재산세 경감을 규정하고 있을 뿐 그 수입의 구조나 장학금의 지급비율 등에 대하여는 별도로 규정하지 않고 있고, 장학법인이 부동산의 임대수입으로 장학금을 지급한 경우 그 지급비율의 높고 낮음에 따라 재산세 감면 여부를 달리 판단하거나 그 지급비율을 한도로 재산세를 감면하여야 하는 것은 아니라고 보아야 하는 점 등에 비추어, 쟁점토지는 2018년도 재산세 과세기준일 현재 장학금을 지급할 목적으로 임대하고 있는 부동산에 해당된다고 보는 것이 합리적임.

지방세특례제도과 – 2615, 2018.7.27.

- 「지방세특례제한법」 제50조 제2항에서 종교단체 등이 과세기준일 현재 해당 사업에 직접 사용하는 부동산에 대해서는 재산세 등을 면제한다고 규정하고 있고,
  - 동법 제2조에서 "직접 사용"이란 부동산 등의 소유자가 해당 부동산 등을 사업 또는 업무의 목적이나 용도에 맞게 사용하는 것을 말한다고 규정하고 있으며,
  - 「지방세특례제한법 시행령」 제123조에서 재산세의 감면규정을 적용할 때 직접 사용의 범위에는 해당 감면대상 업무에 사용할 건축물을 건축 중인 경우를 포함한다고 규정하고 있음.
- 위 규정에서 종교단체가 당해 부동산을 해당 용도에 "직접사용"한다고 함은 현실적으

로 당해 부동산의 사용용도가 종교 자체에 직접 사용되는 것을 뜻하고, "해당 용도에 직접 사용"의 범위는 당해 종교단체의 사업목적과 취득목적을 고려하여 그 실제의 사용관계를 기준으로 객관적으로 판단되어야 할 것(대법원 2002.10.11. 선고, 2001두878 판결)임.

- 살피건대 쟁점토지는 재산세 과세기준일 현재 나대지 상태였던 것으로 확인되고,
  - 건축허가·신고를 한 후 착공신고서를 제출하여 터파기 공사 등 실제로 건축공사를 진행하고 있었던 것도 아니므로(기본통칙 106…103 – 1)
  - 재산세 과세기준일 현재 건축중인 경우에 해당되지 아니하는 이상 직접 사용하는 부동산으로 볼 수 없다 할 것임.
- 또한 재산세는 매년 독립적으로 과세기준일 현재의 부동산 현황에 따라 과세 여부를 판단하는 것으로서 과세기준일 현재 납세자가 직접사용하고 있는지 여부를 판단할 뿐, 사용하지 못하는 정당한 사유가 있는지 여부는 고려대상이 아니므로,
  - 과세기준일 현재 착공을 하지 못한 것에 정당한 사유가 있다 하더라도 건축 중인 건축물로는 볼 수 없다 할 것(대법원 1995.9.26. 선고, 95누7857 판결 등)임.
- 따라서 쟁점토지는 재산세 과세기준일 현재 종교목적으로 직접 사용하지 않는 경우에 해당되므로 감면대상에서 제외된다고 판단됩니다. 다만, 이에 해당하는지 여부는 과세관청에서 구체적인 사실관계 등을 확인하여 판단하여야 할 사항임.

서울세제 – 6305, 2018.5.14.

지방자치단체가 토지를 1년 이상 무상으로 임차하여 거주자우선주차장을 설치하고 이를 시설관리공단에 위탁하여 운영되는 경우에는 지방자치단체가 공용 또는 공공용으로 사용하는 재산에 해당하여 재산세가 비과세됨.

지방세심사 2008 – 10, 2008.1.28.

학교법인이 소유하고 있는 토지상에 교육시설을 설치하기 위하여 준비 중에 있고 자연학습체험장 등으로 사용하는 경우 사업에 직접 사용하는 토지에 해당되지 아니함.

지방세심사 2007 – 324, 2007.5.28.

일반인의 자유로운 통행에 공여할 목적으로 개설한 사도는 재산세 비과세대상에 해당함.

지방세심사 2007 – 225, 2007.4.30.

환자들의 치료 등을 위하여 토지를 이용하고 있다 하더라도 이를 위한 어떠한 시설을 설치한 바 없고, 이 토지를 공원으로 이용하는 것과 다름이 없다면 학교법인의 고유목적 사업에 사용한 것으로 볼 수 없음.

세정 - 2065, 2006.5.23.

대법원 판례는 「고등교육법」 등에 의한 학교를 경영하는 자가 식당 등 복지시설을 외부에 임대하더라도 그 시설을 이용하는 자가 학생 또는 교직원인 경우 수익사업이 아니라고 판시하고 있음(대법원 2006.1.13. 선고, 2004두9265 판결 참조).

귀 원이 대학원생과 교직원의 복리후생을 위해 귀 원 소유 부동산 중 일부를 외부인에게 무상임대하여 식당과 매점으로 운영하도록 하고 있다면 이는 수익을 목적으로 임대 중인 부동산이 아니라 대학원생 또는 교직원의 복지에 사용하는 부동산에 해당하므로 재산세를 비과세하는 것이 타당하다고 생각되나, 이에 해당 여부는 과세권자가 사용현황을 확인하여 판단할 사항임.

지방세심사 2006 - 171, 2006.4.24.

종교단체가 재산세 과세기준일 현재 나대지 상태로 보유하고 있는 경우 재산세가 과세됨.

세정 - 71, 2005.1.6.

종교를 목적으로 하는 단체(교회)가 소유하는 부동산으로서 당해 교회 구내에 있는 건물의 일부를 목사와 가족이 거주하거나 교회관리직원이 거주하는 것은 종교용에 직접 사용하는 것으로 보아 재산세가 비과세되는 것이라고 하겠으며, 교회 건물을 영리목적으로 임대하여 수익사업에 사용하는 경우에는 재산세가 비과세되지 않는 것이라고 하겠으나, 이에 해당하는지의 여부는 과세권자가 사실조사하여 판단할 사항임.

세정 - 4159, 2004.11.18.

종교용에 사용하기 위한 부동산을 종교단체가 아닌 담임목사 개인명의로 취득(등기)하였다면 「지방세법」 제107조 제1호에서 규정하는 취득세 등의 비과세대상에 해당되지 아니함.

세정 - 2222, 2004.7.28.

마을회 등 주민공동체 소유 부동산을 타인에게 유료로 임대하고 있는 경우라면 재산세 등 지방세의 비과세대상에 포함될 수 없을 것임.

지방세심사 2004 - 84, 2004.3.29.

교육사업에 직접 사용되고 있지 않고 직접 사용하기 위한 준비를 하고 있는 기간에는 재산세 부과대상임.

지방세심사 2004 - 20, 2004.1.29.

의과대학 부속병원 내 장례식장은 의료용 부동산으로 볼 수 없으므로 재산세와 종합토지세 부과대상임.

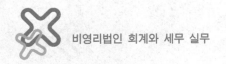
지방세심사 2003 - 136, 2003.6.30.
학교법인의 교정 내에 신축한 '동문회관'이 동문회사무실 및 회의실과 예식장 등으로 사용되는 경우, 학교용에 직접 사용하는 것으로 볼 수 없어, 재산세 등 과세대상임.

세정 13407 - 436, 2001.10.17.
성직자 개인명의로 등기되어 있는 법당 등의 부동산이라 하더라도 무료로 불교 법당 등 종교용에 직접 사용하는 경우는 재산세가 비과세됨.

세정 13407 - 150, 2001.7.28.
개인명의의 건물을 교회가 무상으로 사용시는 재산세 비과세대상임.

대법 99두10506, 2001.4.10.
'「민법」상 비영리법인'을 제외하고, '의과대학병원 · 지방공사 · 「의료법」상 의료법인'의 의료업용 부동산에 대해 재산세 · 도시계획세 등을 비과세 또는 면제함은 평등의 원칙 위반 아님.

4. 기타세목 비과세 관련

조심 2022지1338, 2024.8.8.
청구법인은 장애인복지의 종합적이고 체계적인 조사 · 연구 · 평가 및 장애인 체육활동 등 장애인정책개발 등을 위하여 필요한 정책을 강구하기 위하여 국가에 의하여 설립된 법인으로서 복지진흥은 물론 조사 · 연구 및 정책개발 등에 관한 업무를 하는 법인(「장애인복지법」 제29조 제1항, 제29조의 2 제1항)으로 오로지 직접적인 복지사업활동만을 영위하고 있다고 보기 어려움. 이상의 사정에 비추어 보면 청구법인이 지특법 제22조 및 같은 법시행령 제10조에 따른 사회복지법인이라는 청구주장은 받아들이기 어렵다고 판단됨. 다만, 청구법인의 전신인 재단법인 한국장애인복지진흥회의 질의에 위 진흥회가 「사회복지사업법」 규정에 따라 설립된 사회복지법인에 해당한다고 행정자치부가 회신하여 처분청이 청구법인에 대한 지방세를 면제하여 오다가 2021년 12월에서야 2020년 귀속 종업원분 주민세부터 신고 · 납부할 것을 안내한 점 등에 비추어 청구법인에게 종업원분 주민세를 신고 · 납부할 것을 기대하기는 어려워 보이므로 청구법인이 기한후 신고 · 납부한 2020년 1월부터 2021년 11월까지의 종업원분 주민세의 가산세에 대하여는 청구법인에게 그 의무해태를 탓할 수 있는 정당한 사유가 있다고 판단됨.

조심 2023지0553, 2024.1.26.

쟁점장애인센터는 쟁점감면규정에서 열거된 "사회복지법인", "양로시설ㆍ아동양육시설ㆍ한부모가족복지시설 또는 한센요양시설을 직접 설치ㆍ운영하는 법인 또는 단체" 및 "사단법인 한국한센복지협회"에 해당한다고 보기는 어려운 이상, 주민세(종업원분) 감면 대상인 사회복지법인 등으로 볼 수는 없음.

조심 2023지0805, 2023.8.18.

① 청구인은 「사회복지사업법」에 따라 설립된 사회복지법인 또는 사단법인 한국한센복지협회에 해당하지 아니하고, 양로시설, 아동양육시설, 모자가족복지시설ㆍ부자가족복지시설ㆍ미혼모자가족복지시설 또는 한센병요양 시설을 직접 설치ㆍ운영하는 단체에도 해당하지 아니하므로 청구인을 위 규정에 따른 주민세(종업원분) 면제 대상에 해당된다고 볼 수 없음(조심 2022지595, 2022.10.20., 같은 뜻임).

② 처분청이 청구인에 대하여 주민세를 부과하지 않는다는 취지의 공적인 견해표명을 한 사정이 달리 나타나지 아니하므로 청구주장을 받아들이기 어려운 것으로 판단됨.

조심 2023지0409, 2023.7.25.

청구법인은 「지방세특례제한법 시행령」 제10조 제1항 제2호 및 제3호에 따른 '아동양육시설ㆍ한부모가족복지시설ㆍ한센요양시설을 직접 설치ㆍ운영하는 법인' 및 '사단법인 한국한센복지협회'에도 해당하지 아니한 점 등에 비추어 청구법인을 쟁점규정에 따른 사회복지법인등으로 보기 어려움.

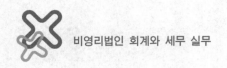

〔별지 제1호 서식〕(2020.12.31. 개정)

지방세 감면 신청서

※ 뒤쪽의 작성방법을 참고하시기 바라며, 색상이 어두운 난은 신청인이 적지 않습니다.

(앞쪽)

접수번호		접수일		처리기간	5일

신청인	성명(대표자)			주민(법인)등록번호	
	상호(법인명)			사업자등록번호	
	주소 또는 영업소				
	전자우편주소			전화번호 (휴대전화번호)	

감면대상	종류			면적(수량)	
	소재지				

감면세액	감면세목	과세연도		기분	
	과세표준액	감면구분			
	당초 산출세액	감면받으려는 세액			

감면 신청 사유	

감면 근거규정	「지방세특례제한법」 제 조 및 같은 법 시행령 제 조

관계 증명 서류	

감면 안내 방법	직접교부[ ] 등기우편[ ] 전자우편[ ]

신청인은 본 신청서의 유의사항 등을 충분히 검토했고, 향후에 신청인이 기재한 사항과 사실이 다른 경우에는 감면된 세액이 추징되며 별도의 이자상당액 및 가산세가 부과됨을 확인했습니다.

「지방세특례제한법」 제4조 및 제183조, 같은 법 시행령 제2조 제6항 및 제126조 제1항, 같은 법 시행규칙 제2조에 따라 위와 같이 지방세 감면을 신청합니다.

년   월   일

신청인   (서명 또는 인)

특별자치시장・특별자치도지사・
시장・군수・구청장 귀하

첨부서류	감면받을 사유를 증명하는 서류	수수료 없음

210mm×297mm [백상지(80/㎡) 또는 중질지(80/㎡)]

작성방법

1. 성명(대표자) : 개인은 성명, 법인은 법인 대표자의 성명을 적습니다.
2. 주민(법인)등록번호: 개인(내국인)은 주민등록번호, 법인은 법인등록번호, 외국인은 외국인등록번호를 적습니다.
3. 상호(법인명) : 개인사업자는 상호명, 법인은 법인 등기사항증명서상의 법인명을 적습니다.
4. 사업자등록번호:「부가가치세법」에 따라 등록된 사업장의 등록번호를 적고, 사업자가 아닌 개인은 빈칸으로 둡니다.
5. 주소 또는 영업소
   – 개인: 주민등록표상의 주소를 원칙으로 하되, 주소가 사실상의 거주지와 다른 경우 거주지를 적을 수 있습니다.
   – 법인 또는 개인사업자: 법인은 주사무소 소재지, 개인사업자는 주된 사업장 소재지를 적습니다. 다만, 주사무소 또는 주된 사업장 소재지와 분사무소 또는 해당 사업장의 소재지가 다를 경우 분사무소 또는 해당 사업장의 소재지를 적을 수 있습니다.
6. 전자우편주소: 수신이 가능한 전자우편주소(E-mail 주소)를 적습니다.
7. 전화번호: 연락이 가능한 일반전화와 휴대전화번호를 적습니다.
8. 감면대상: 감면신청 대상 물건의 종류, 면적(수량) 및 소재지를 적습니다.
9. 감면세액: 감면대상이 되는 세목, 연도, 기분(期分), 과세표준액 등을 적습니다.
10. 감면구분: 100% 과세면제, 50% 세액경감 등 감면비율을 적습니다.
11. 당초 산출세액: 감면 적용 전의 산출세액을 적습니다.
12. 감면받으려는 세액: 감면을 받으려는 금액을 적습니다.
13. 감면 신청 사유: 감면 신청 사유를 적습니다.
14. 감면 근거규정: 감면 신청의 근거 법령 조문을 적습니다.
15. 관계 증명 서류: 관련된 증명 서류의 제출 목록을 적습니다.
16. 감면 안내 방법: 직접교부, 등기우편, 전자우편 중 하나를 선택합니다.

처 리 절 차

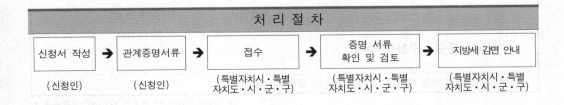

〔별지 제7호 서식〕(2010.12.23. 신설) (앞 쪽)

지방세 감면자료

제출인	① 성 명(대 표 자)		② 주 민 등 록 번 호 (법인등록번호)	
	③ 법 인 명(상 호 명)		④ 전 화 번 호 (휴대전화번호)	
	⑤ 주 소(영 업 소)			
	⑥ 사 업 종 류		⑦ 종 목	

감면 물건 명세				
⑧ 물건 종류			⑨ 물건 면적(규모)	
⑩ 물건 사용현황 또는 사용계획				

감면 내용				
⑪ 감면사유				
⑫ 감면세목			⑬ 감면 근거조항	
⑭ 감면세액 산출명세				

「지방세특례제한법」제 조, 같은 법 시행령 제 조 및 같은 법 시행규칙 제 조에 따라   년   월   일부터   년   월   일까지 감면받은 지방세에 대한 감면자료를 위와 같이 제출합니다.

년   월   일

제출인   (서명 또는 인)

시장 · 군수 · 구청장 귀하

※ 감면받은 세액 등을 확인할 수 있는 서류를 첨부해야 합니다.

210mm×297mm(일반용지 60g/m²(재활용품))

작 성 방 법

☐ **제출인**

① 성명(대표자) : 개인은 성명, 법인은 법인 대표자 성명을 적습니다.

② 주민(법인)등록번호 : 개인(내국인)은 주민등록번호, 법인은 법인등록번호, 외국인은 외국인
   등록번호를 적습니다.

③ 상호(법인명) : 개인사업자는 상호명, 법인은 법인등기부상의 법인명을 적습니다.

④ 전화번호 : 연락이 가능한 일반전화(휴대전화)번호를 적습니다.

⑤ 주소 · 거소 또는 영업소

  – 개인 : 주민등록표상의 주소를 원칙으로 하되, 주소가 사실상의 거주지와 다른 경우 거주지
    를 적을 수 있습니다.

  – 법인 또는 개인사업자 : 법인은 주사무소 소재지, 개인사업자는 주된 사업장 소재지를 적습
    니다. 다만, 주사무소 또는 주된 사업장 소재지와 분사무소 또는 해당 사업장의 소재지가
    다를 경우 분사무소 또는 해당 사업장의 소재지를 적을 수 있습니다.

⑥ 사업종류 : 법인등기부상 목적사업과 사업자등록에 따른 사업 업종을 적습니다.

⑦ 종목 : 사업자등록에 따른 종목을 적습니다.

☐ **감면 물건 명세**

⑧ 물건 종류 : 부동산, 차량, 선박 등 감면대상물건의 유형을 적습니다.

⑨ 물건 면적(규모) : 감면 대상물건의 종류 및 면적(수량)을 적습니다.

⑩ 물건 사용현황 또는 사용계획 : 물건사용현황 및 향후 사용계획을 적습니다.

☐ **감면 내용**

⑪ 감면사유 : 감면규정 및 사유를 적습니다.

⑫ 감면세목 : 감면받으려는 지방세 세목을 적습니다.

⑬ 감면 근거조항 : 「지방세특례제한법」에 따른 감면 근거 조문 등을 적습니다.

⑭ 감면세액 산출명세 : 총 산출세액에서 부과세액을 빼고 남은 감면세액을 적습니다.

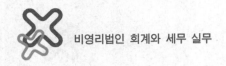
2 지방자치단체의 감면 등

'서울특별시 시세 감면 조례'에서 살펴볼 수 있는 비영리법인과 관련된 감면 내용은 다음과 같다.

조 문	감면요건 및 감면비율
제1조(목적)	이 조례는 「지방세특례제한법」에 따라 서울특별시 시세의 감면에 관한 사항을 규정하여 법령기능을 보완하고 과세의 공평을 기함으로써 지역사회의 건전한 발전에 이바지함을 목적으로 한다.
제5조(공연장에 대한 감면)	① 「공연법」 제9조에 따라 등록된 공연장을 설치·운영하기 위하여 취득하는 부동산에 대하여는 취득세를, 과세기준일 현재 공연장으로 직접 사용하는 부동산(공연장 외의 용도로 겸용하는 부분이 있는 경우, 해당 부분은 제외한다)에 대하여는 「지방세법」 제112조 제1항 제2호에 따른 재산세와 같은 법 제146조 제3항에 따른 지역자원시설세를 각각 2024년 12월 31일까지 면제한다.
제11조(사회적 협동조합에 대한 감면)	① 「협동조합 기본법」 제85조 및 제105조의 2에 따라 인가를 받은 사회적협동조합(이하 이 조에서 "사회적협동조합"이라 한다)이 그 고유업무에 직접 사용하기 위하여 취득하는 부동산에 대하여는 취득세의 100분의 50을 2024년 12월 31일까지 경감한다. ② 사회적협동조합 및 「협동조합 기본법」 제114조에 따라 인가를 받은 사회적협동조합연합회(이하 이 조에서 "사회적협동조합 등"이라 한다)에 대해서는 법인지방소득세 및 주민세 사업소분(「지방세법」 제81조 제1항 제2호에 따른 산출세액으로 한다)·종업원분 산출세액의 100분의 50을 각각 2024년 12월 31일까지 경감한다.

3 대도시지역 내 법인등기 등의 취득세 및 등록면허세 중과 예외

다음에 해당하는 취득 및 등기를 하는 때에는 비영리법인도 그 세율을 중과세한다. 다만, 「수도권정비계획법」 제6조에 따른 과밀억제권역에 설치가 불가피하다고 인정되는 업종으로서 대통령령으로 정하는 대도시 중과 제외 업종에 대하여는 중과세율을 적용하지 않는다(지방세법 제13조, 제28조).

1. 대도시 내에서의 법인의 설립(휴면법인을 인수하는 경우 포함)과 지점 또는 분사무소의 설치 및 법인의 본점·주사무소·지점 또는 분사무소를 대도시 밖에서 대도시로 전입(수도권정비계획법」 제2조에 따른 수도권의 경우에는 서울특별시 외의 지역에서 서울특별시로의 전입도 대도시로의 전입으로 본다)함에 따른 대도시의 부동산 취득(그 설립·설치·전입 이후의 부동산 취득을 포함한다)
2. 대도시(「산업집적활성화 및 공장설립에 관한 법률」의 적용을 받는 유치지역 및 「국토의 계획 및 이용에 관한 법률」의 적용을 받는 공업지역을 제외한다) 안에서의 공장의 신설 또는 증설에 따른 부동산취득
3. 대도시 안에서의 법인의 설립(설립 후 또는 휴면법인을 인수한 후 5년 이내에 자본 또는 출자액을 증가하는 경우를 포함)과 지점 또는 분사무소를 설치함에 따른 등기
4. 대도시 밖에 있는 법인의 본점이나 주사무소를 대도시로 전입(전입 후 5년 이내에 자본 또는 출자액이 증가하는 경우를 포함)함에 따른 등기. 이 경우 전입은 법인의 설립으로 보아 세율을 적용한다.

지방세법 시행령 제26조 제1항에서 정하는 대도시 중과제외 업종

1. 「사회기반시설에 대한 민간투자법」 제2조 제3호에 따른 사회기반시설사업(같은 조 제9호에 따른 부대사업을 포함한다)
2. 「한국은행법」 및 「한국수출입은행법」에 따른 은행업
3. 「해외건설촉진법」에 따라 신고된 해외건설업(해당 연도에 해외건설 실적이 있는 경우로서 해외건설에 직접 사용하는 사무실용 부동산만 해당한다) 및 「주택법」 제4조에 따라 국토교통부에 등록된 주택건설사업(주택건설용으로 취득한 후 3년 이내에 주택건설에 착공하는 부동산만 해당한다)
4. 「전기통신사업법」 제5조에 따른 전기통신사업
5. 「산업발전법」에 따라 산업통상자원부장관이 고시하는 첨단기술산업과 「산업집적활성화 및 공장설립에 관한 법률 시행령」 별표 1의 2 제2호 마목에 따른 첨단업종
6. 「유통산업발전법」에 따른 유통산업, 「농수산물유통 및 가격안정에 관한 법률」에 따른 농수산물도매시장·농수산물공판장·농수산물종합유통센터·유통자회사 및 「축산법」에 따른 가축시장.
7. 「여객자동차 운수사업법」에 따른 여객자동차운송사업 및 「화물자동차 운수사업법」에 따른 화물자동차운송사업과 「물류시설의 개발 및 운영에 관한 법률」 제2조 제3호에 따른 물류터미널사업 및 「물류정책기본법 시행령」 제3조 및 별표 1에 따른 창고업
8. 정부출자법인 또는 정부출연법인(국가나 지방자치단체가 납입자본금 또는 기본재산의 100분의 20 이상을 직접 출자 또는 출연한 법인만 해당한다)이 경영하는 사업

9. 「의료법」 제3조에 따른 의료업

10. 개인이 경영하던 제조업(「소득세법」 제19조 제1항 제3호에 따른 제조업을 말한다). 다만, 행정안전부령으로 정하는 바에 따라 법인으로 전환하는 기업만 해당하며, 법인전환에 따라 취득한 부동산의 가액(법 제4조에 따른 시가표준액을 말한다)이 법인 전환 전의 부동산 가액을 초과하는 경우에 그 초과부분과 법인으로 전환한 날 이후에 취득한 부동산은 법 제13조 제2항 각 호 외의 부분 본문을 적용한다.

11. 「산업집적활성화 및 공장설립에 관한 법률 시행령」 별표 1의 2 제3호 가목에 따른 자원 재활용업종

12. 「소프트웨어 진흥법」 제2조 제3호에 따른 소프트웨어사업 및 같은 법 제61조에 따라 설립된 소프트웨어공제조합이 소프트웨어산업을 위하여 수행하는 사업

13. 「공연법」에 따른 공연장 등 문화예술시설운영사업

14. 「방송법」 제2조 제2호·제5호·제8호·제11호 및 제13호에 따른 방송사업·중계유선방송사업·음악유선방송사업·전광판방송사업 및 전송망사업

15. 「과학관의 설립·운영 및 육성에 관한 법률」에 따른 과학관시설운영사업

16. 「산업집적활성화 및 공장설립에 관한 법률」 제28조에 따른 도시형공장을 경영하는 사업

17. 「벤처투자 촉진에 관한 법률」 제37조에 따라 등록한 벤처투자회사가 중소기업창업 지원을 위하여 수행하는 사업. 다만, 법인설립 후 1개월 이내에 같은 법에 따라 등록하는 경우만 해당한다.

18. 「광산피해의 방지 및 복구에 관한 법률」 제31조에 따라 설립된 한국광해관리공단이 석탄산업합리화를 위하여 수행하는 사업

19. 「소비자기본법」 제33조에 따라 설립된 한국소비자원이 소비자 보호를 위하여 수행하는 사업

20. 「건설산업기본법」 제54조에 따라 설립된 공제조합이 건설업을 위하여 수행하는 사업

21. 「엔지니어링산업 진흥법」 제34조에 따라 설립된 공제조합이 그 설립 목적을 위하여 수행하는 사업

22. 「주택도시기금법」에 따른 주택도시보증공사가 주택건설업을 위하여 수행하는 사업

23. 「여신전문금융업법」 제2조 제12호에 따른 할부금융업

24. 「통계법」 제22조에 따라 통계청장이 고시하는 한국표준산업분류에 따른 실내경기장·운동장 및 야구장 운영업

25. 「산업발전법」(법률 제9584호 산업발전법 전부개정법률로 개정되기 전의 것을 말한다) 제14조에 따라 등록된 기업구조조정전문회사가 그 설립 목적을 위하여 수행하는 사업. 다만, 법인 설립 후 1개월 이내에 같은 법에 따라 등록하는 경우만 해당한다.

26. 「지방세특례제한법」 제21조 제1항에 따른 청소년단체, 같은 법 제45조에 따른 학술단체·장학법인 및 같은 법 제52조에 따른 문화예술단체·체육단체가 그 설립 목적을 위하여 수행하는 사업

27. 「중소기업진흥에 관한 법률」 제69조에 따라 설립된 회사가 경영하는 사업

28. 「도시 및 주거환경정비법」 제35조 또는 「빈집 및 소규모주택 정비에 관한 특례법」 제23조에 따라 설립된 조합이 시행하는 「도시 및 주거환경정비법」 제2조 제2호의 정비사업 또

는 「빈집 및 소규모주택 정비에 관한 특례법」 제2조 제1항 제3호의 소규모주택정비사업

29. 「방문판매 등에 관한 법률」 제38조에 따라 설립된 공제조합이 경영하는 보상금지급책임의 보험사업 등 같은 법 제37조 제1항 제3호에 따른 공제사업

30. 「한국주택금융공사법」에 따라 설립된 한국주택금융공사가 같은 법 제22조에 따라 경영하는 사업

31. 「민간임대주택에 관한 특별법」 제5조에 따라 등록을 한 임대사업자 또는 「공공주택 특별법」 제4조에 따라 지정된 공공주택사업자가 경영하는 주택임대사업.

32. 「전기공사공제조합법」에 따라 설립된 전기공사공제조합이 전기공사업을 위하여 수행하는 사업

33. 「소방산업의 진흥에 관한 법률」 제23조에 따른 소방산업공제조합이 소방산업을 위하여 수행하는 사업

34. 「중소기업 기술혁신 촉진법」 제15조 및 같은 법 시행령 제13조에 따라 기술혁신형 중소기업으로 선정된 기업이 경영하는 사업. 다만, 법인의 본점·주사무소·지점·분사무소를 대도시 밖에서 대도시로 전입하는 경우는 제외한다.

35. 「주택법」에 따른 리모델링주택조합이 시행하는 같은 법 제66조 제1항 및 제2항에 따른 리모델링사업

36. 「공공주택 특별법」에 따른 공공매입임대주택(같은 법 제4조 제1항 제2호 및 제3호에 따른 공공주택사업자와 공공매입임대주택을 건설하는 사업자가 공공매입임대주택을 건설하여 양도하기로 2022년 12월 31일까지 약정을 체결하고 약정일부터 3년 이내에 건설에 착공하는 주거용 오피스텔로 한정한다)을 건설하는 사업

37. 「공공주택 특별법」 제4조 제1항에 따라 지정된 공공주택사업자가 같은 법에 따른 지분적립형 분양주택이나 이익공유형 분양주택을 공급·관리하는 사업

취득세 중과세의 경우, 상기의 업종을 영위하는 자가 당해 업종에 사용하기 위하여 취득한 재산을 취득일로부터 정당한 사유 없이 1년이 경과할 때까지 당해 업종에 직접 사용하지 아니하거나 취득일부터 1년 이내에 다른 업종이나 다른 용도에 사용 또는 겸용하는 경우 혹은 취득일부터 2년 이상 해당 업종 또는 용도에 직접 사용하지 아니하고 매각하거나 다른 업종이나 다른 용도에 사용 또는 겸용하는 경우에 그 해당 부분에 대하여는 중과세율을 적용한다(지방세법 제13조 제3항).

그리고 등록면허세 중과세의 경우에는 상기의 대도시 중과제외 업종으로 법인등기를 한 법인이 정당한 사유 없이 그 등기일로부터 2년 이내에 대도시 중과제외 업종 외의 업종으로 변경하거나 대도시 중과제외 업종 외의 업종을 추가하는 경우 그 해당 부분에 대하여는 중과세율을 적용한다(지방세법 제28조 제3항).

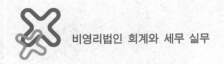
 | 중요 예규 및 판례 |

부동산세제과 - 4054, 2022.12.12.
설립에 대한 근거법률이 「민법」에서 「공익법인법」으로 변경되었으나 재단법인으로서 법인 형태가 동일하고, 종전 회사의 권리의무가 포괄적으로 승계된 점, 재단법인 ○○복지재단의 설립일을 종전의 재단법인 ○○○○○복지재단의 설립일을 기준으로 보더라도 대도시 내로의 인구집중이나 경제집중으로 인한 폐단을 방지하기 위한 대도시 내 신설법인에 대한 취득세 중과제도의 취지에 반한다고 볼 수 없는 점 등을 고려할 때 해당 사안의 경우, 종전 법인의 설립일 기준으로 중과세 여부를 판단하는 것이 타당하다고 판단됨.

서울세제 - 3210, 2020.2.25.
대도시 밖에 본점을 둔 법인이 서울시 내 임대용 부동산을 2019년 5월 취득하고 표준세율로 취득세를 신고납부한 후 2020년 3월에 본점을 서울(임대용 부동산과 별도의 부동산)로 이전하는 경우, 처분 여부와 상관없이 기존의 임대용 부동산을 법인의 본점 용도로 직접 사용하지 않거나 지점을 설치하지 아니한 경우라면 취득세 중과세율 적용대상이 아닌 것으로 판단됨.

지방세운영과 - 1992, 2019.7.2.
법인등기에 대한 등록면허세 중과세 여부를 판단할 때에는 「상법」상 조직변경(주식회사 → 유한회사)의 경우에도 형식 및 명칭과 관계없이 그 실질내용을 기준으로 새로운 설립인지 여부를 판단(대법원 2012.2.9. 선고, 2010두6731 판결 ; 지방세운영 - 1628, 2018.7.17. 참조)하도록 하고 있으므로,
- 대도시 내로의 인구집중 등을 방지하기 위한 중과세 제도 취지, 중과세를 규정하면서도 5년 이상 계속 사업을 한 법인이 분할하거나 5년 이전에 설립한 법인과 합병하는 경우 등에 대해서는 중과세 적용의 예외를 인정하고 있는 점, 법인의 조직변경에 대해 명칭 및 형식에 관계없이 법인의 실질내용에 따라 신설 여부를 판단해야 하는 점 등을 종합적으로 고려할 때, 지방공기업평가원은 종전의 경영지도법인의 업무, 재산 및 권리·의무를 포괄적으로 승계하고 그 실질내용에 있어 종전의 경영지도법인과 동일성이 인정된다고 할 것이므로,
- 「지방세법」 제13조 제2항 제1호에 따른 취득세 중과세 여부를 판단함에 있어 경영지도법인의 설립일('11.4.1.)을 기준으로 하는 것이 타당할 것으로 보임.

지방세운영과 - 2422, 2018.10.15.
가. 「지방세법」 제13조 제2항 제1호 및 같은 법 시행령 제27조 제3항에서 법인 또는 사

무소등이 설립·설치·전입 이후 5년 이내 업무용·비업무용 또는 사업용·비사업용의 모든 대도시 내의 부동산 취득에 대한 취득세는 중과하여야 하고,

- 서울특별시 외의 수도권 지역에서 서울특별시로의 전입도 대도시 내로의 전입으로 보도록 규정하고 있음.

나. 서울특별시 이외의 대도시에 속하는 도시에서 서울특별시로 이전하는 경우에는 대도시 내로의 전입으로 간주되는 바,

- 이는 대도시 중에서도 특히 서울특별시 내로의 인구집중이나 경제집중으로 인한 폐단을 방지하기 위한 조세정책적인 이유에서 인천광역시나 경기도 지역에 있는 대도시에서 서울특별시로 전입하는 경우에는 특별히 중과하겠다는 취지(대법원 2003.8.19. 선고, 2001두10974 판결)이므로,

- 서울특별시 외의 대도시내 부동산을 취득하는 경우 서울특별시 전입일 이후의 기간은 서울특별시 외의 대도시 전입 이후 기간에 포함되는 것으로 보아야 할 것임.

다. 따라서 이미 대도시 외의 지역에서 서울특별시 외의 대도시로 전입하여 5년이 경과하였다면 비록 서울특별시로 전입하였다 하더라도 서울특별시 외의 대도시 내 부동산 취득에 대해 취득세를 중과할 수 없을 것이나, 이는 과세권자가 구체적인 사실관계를 확인하여 판단할 사항임.

※ 다만, 서울특별시 전입일부터 5년 이내에 서울특별시 내의 부동산을 취득하거나 서울특별시 외의 대도시 지역에 지점을 설치하고 서울특별시 외의 대도시 지역의 부동산을 취득하는 경우에는 취득세를 중과하여야 할 것임.

서울세제 – 5885, 2018.5.3.

「지방세법」 제13조 제1항에서 수도권정비계획법 제6조에 따른 과밀억제권역에서 대통령령으로 정하는 본점이나 주사무소의 사업용 부동산을 취득하는 경우의 취득세율은 제11조 및 제12조의 세율에 중과기준세율의 100분의 200을 합한 세율을 적용한다고 규정하고 있고 같은 법 시행령 제25조에서 '대통령령으로 정하는 본점이나 주사무소의 사업용 부동산'이란 법인의 본점 또는 주사무소의 사무소로 사용하는 부동산과 그 부대시설용 부동산(기숙사, 합숙소, 사택, 연수시설, 체육시설 등 복지후생시설과 향토예비군 병기고 및 탄약고는 제외한다)을 말한다고 규정하고 있음.

지방세법상 법인이라 함은 민법상 법인, 상법상 법인, 특별법에 의하여 설립된 법인 등 영리법인과 비영리법인을 불문한 모든 법인이 해당되는 것이며, 법인격 없는 사단이나 재단, 종중 등은 여기의 법인에서 제외됨.

따라서 귀 질의와 같이 설립등기 되지 않은 법인으로 의제하는 단체는 지방세법 상 법인에 해당하지 않아 취득세 중과대상이 아니라고 판단됨.

다만, 이에 해당하는지 여부는 과세권자가 사실관계 등을 종합하여 최종 판단할 사안임.

서울세제 - 6933, 2012.6.7.

지방세특례제한법 제45조 제2항에 따르면 「공익법인의 설립·운영에 관한 법률」에 따라 설립된 장학법인이 장학금을 지급할 목적으로 취득하는 임대용 부동산에 대하여는 취득세의 100분의 80을 경감한다고 규정하고 있고, 지방세법 제13조 제2항 각호 외의 부분 단서 및 같은법 시행령 제26조 제1항 제26호에 따르면 지방세특례제한법 제45조 제1항에 따른 장학단체가 그 설립 목적을 위하여 수행하는 사업에 대하여는 취득세 중과세 예외 규정을 두고 있는바, 귀 문에서의 질의대상 법인이 공익법인의 설립·운영에 관한 법률에 따라 설립되고 지방세특례제한법 제45조 제1항에서 규정하는 장학단체로서 당해법인이 임대사업용 부동산을 취득하여 그 임대수익금으로 장학금 지급사업을 한다면 취득세의 100분의 80이 경감되고 중과세가 제외되는 것임.

지방세운영과 - 167, 2016.1.15.

과밀억제권역 안에서 법인의 본점 또는 주사무소의 사업용 부동산 취득에 대하여 취득세를 중과세하는 것은 과밀억제권역 내에서 인구유입과 산업집중을 현저하게 유발시키는 본점 또는 주사무소의 신설 및 증설을 억제하려는 것이므로, 백화점 등 유통업체의 매장이나 은행본점의 영업장 등과 같이 본점 또는 주사무소의 사무소에 영업장소가 함께 설치되는 경우라도 그 영업장소 및 부대시설 부분은 취득세 중과세 대상에 해당하지 않는다 할 것(대법원 2001.10.23. 선고, 2000두222 판결 참조)임.

조심 2009지835, 2010.8.25.

대도시 내 법인 중과세 예외업종에 해당하는 체육진흥단체라고 할지라도 정당한 사유 없이 1년이 경과할 때까지 당해 업종에 직접 사용하지 아니하거나 다른 업종에 사용 또는 겸용하는 경우 중과세하는 것이 타당함.

지방세심사 2007 - 664, 2007.11.26.

다큐멘터리 등 공익성과 공공성을 담보하는 방송프로그램의 제작 지원 등을 통하여 방송콘텐츠 진흥에 기여함을 목적으로 하는 재단법인의 설립 등기는 등록세 중과대상에 해당되지 아니함.

세정 - 4969, 2007.11.22.

공연시설 건립 및 운영사업, 지역별 차세대 복합문화센터 건립 및 운영사업, 사회적 소외계층 등의 복지향상을 위한 문화예술 진흥사업 등을 목적으로 하는 재단법인의 설립 등기는 등록세 중과대상이 아님.

세정 - 2139, 2006.5.26.

신용보증기금이 국가 또는 지방자치단체가 납입자본금의 100분의 20 이상을 직접 출자
한 정부출자법인에 해당되는 경우 지점설치 후 5년 이내에 취득하여 등기하는 부동산은
등록세의 중과세대상이 아님.

세정 - 1605, 2006.4.19.

대도시 내 설립된 장학법인이 제3자로부터 출연받은 부동산을 장학금 마련을 위해 취득
일부터 2년 이내에 매각한 경우라면 등록세 중과세 추징대상이 아님.

지방세심사 2005 - 491, 2005.11.28.

비영리사업자가 취득한 부동산을 유예기간 내에 당해 업종에 직접 사용하지 아니하여
등록세 등을 중과세한 처분은 정당함.

세정 13430 - 1252, 2000.10.31.

「지방세법 시행령」 제101조 제1항 제31호 및 「지방세법」 제290조 제1항 제18호 규정의
'학술연구단체'라 함은 학술의 연구와 발표를 그 주된 목적으로 하는 단체를 의미하며
학술의 연구와 발표가 부대사업의 하나에 불과하거나 직접 학술연구를 하지 않고 간접
적으로 학술연구를 지원하는 단체는 이에 해당하지 아니하는 것으로(고법 95구17139,
1996.5.9.), 귀 법인이 학술연구단체에 해당하는지 여부는 법령해석의 문제가 아닌 과세
권자가 사실관계를 판단하여 처리할 사항임.

세정 13407 - 아1160, 1999.12.17.

등록세 중과예외업종과 중과업종을 겸영하는 경우, 법인설립 및 증자에 따른 등기에 대한
등록세는 중과대상임.

4 지방세 감면에 대한 농어촌특별세

취득세 또는 등록에 대한 등록면허세를 면제(또는 경감)를 받은 자는 취득세 또는 등록
세 감면세액의 100분의 20을 농어촌특별세로 신고·납부하여야 한다(농어촌특별세법 제2
조, 제3조, 제5조, 제7조).

제 6 장

비영리법인의 회계

1 개 요

비영리법인은 회계투명성이 무엇보다 중요함에도 불구하고 영리법인과 달리 「일반적으로 인정된 회계기준」이 제정된 것은 그리 오래된 일이 아니다. 그 동안 일부 비영리조직인 공공기관, 의료법인, 학교법인, 사회복지법인 및 사회복지시설 등에 한하여 각 설립근거법에서 별도 제정한 회계처리기준에 따라 회계처리를 해오고 있었다. 따라서 오랜 기간 비영리법인 재무제표의 통일성과 비교가능성은 상당히 낮을 수밖에 없는 상황이었다.

이후 일반 정보이용자가 쉽게 이해할 수 있고, 서로 다른 비영리조직들 간에 비교 가능할 수 있도록 공통된 회계기준의 필요성을 인식하고 한국회계기준원에서는 2003년 '비영리법인의 회계처리준칙'과 2017년 7월 '비영리조직회계기준'을 발표하였다. 그러나 이 기준들은 법률에 의해 강제되는 규정이 아니라 임의적으로 선택할 수 있는 권고사항이었다.

이러한 문제점을 인식한 기획재정부는 2016년 12월 20일 「상속세 및 증여세법」 제50조의 4를 신설하여 공익법인이 반드시 적용하여야 하는 '공익법인회계기준'을 도입하였다. 동 기준은 2018년 1월 1일 이후 개시하는 회계연도 분부터 적용한다. 공익법인회계기준 적용대상, 범위 및 적용시기 등 관련 자세한 내용은 '제4장 제5절 5. 공익법인 등의 회계기준 적용의무'를 참조하기 바란다.

2 회계처리기준

공공기관, 의료법인, 학교법인, 사회복지법인 등 각 유형별 설립근거법과 설립근거법에서 규정하는 회계처리규정을 살펴보면 다음과 같다.

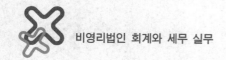

영역별	설립근거법	회계처리규정
공기업 등	정부기업예산법 공공기관의 운영에 관한 법률 공기업의 경영구조개선 및 민영화에 관한 법률 지방공기업법	공기업·준정부기관 회계사무규칙 공기업·준정부기관 회계기준(기획재정부고시)
학교법인	교육기본법 사립학교법 고등학교 이하 각급 학교 설립·운영 규정 대학 설립·운영 규정 초·중등교육법 고등교육법	사학기관 재무·회계 규칙 사학기관 재무·회계 규칙에 대한 특례규칙 국립 유치원 및 초·중등학교 회계규칙
산학협력단	산업교육진흥 및 산학협력 촉진에 관한 법률	산학협력단회계처리규칙(교육부고시) 학교기업회계처리규칙(교육부고시)
의료법인	의료법	의료기관회계기준규칙 재무제표세부작성방법(보건복지부고시)
사회복지법인	사회복지사업법	사회복지법인 및 사회복지시설 재무·회계 규칙
공익법인	공익법인 설립·운영에 관한 법률	동법 시행령에서 정한 것 외에는 기업회계원칙을 적용, 재무제표 규칙을 준용
정부출연 연구기관	정부출연연구기관 등의 설립·운영 및 육성에 관한 법률	정부가 정하는 회계원칙
과학기술분야 정부출연 연구기관	과학기술분야정부출연연 구기관 등의 설립·운영 및 육성에 관한 법률	정부가 정하는 회계원칙
종교법인 • 향교재단 • 기타	향교재산법, 시행령 없음.	규정 없음. 규정 없음.
상증법상 공익법인(주1)	다양	공익법인회계기준(상증법 제50조의 4)

(주1) 상증법상 공익법인의 범위 및 공익법인회계기준의 적용대상 공익법인의 범위는 '제4장 제5절 5. 공익법인등의 회계기준 적용의무'를 참조하기 바란다.

공익법인회계기준

[시행 2024.4.5.] [기획재정부고시 제2024-13호, 2024.4.5., 일부개정]

제1장 총칙

제1조 【목적】 공익법인회계기준(이하 '이 기준'이라 한다)은 「상속세 및 증여세법」 제50조의 4 및 같은 법 시행령 제43조의 4에 따라 같은 법 제16조 제1항에 따른 공익법인등(이하 '공익법인'이라 한다)의 회계처리 및 재무제표를 작성하는 데 적용되는 기준을 제시하는 것을 목적으로 한다.

제2조 【적용】 이 기준은 공익법인이 「상속세 및 증여세법」 제50조 제3항에 따라 회계감사를 받는 경우 및 같은 법 제50조의 3에 따라 결산서류 등을 공시하는 경우 등에 적용한다.

제3조 【보고실체】 이 기준에 따라 재무제표를 작성할 때에는 공익법인 전체를 하나의 보고실체로 하여 작성한다.

제4조 【복식부기와 발생주의】 ① 이 기준에 따라 회계처리 및 재무제표를 작성할 때는 발생주의 회계원칙에 따라 복식부기 방식으로 하여야 한다

② '복식부기'란 공익법인의 자산, 부채, 순자산의 증감 및 변화과정과 그 결과를 계정과목을 통하여 대변과 차변으로 구분하여 이중기록·계산이 되도록 하는 부기형식을 말한다.

③ '발생주의'란 현금의 수수와는 관계없이 수익은 실현되었을 때 인식하고 비용은 발생되었을 때 인식하는 개념으로서 기간손익을 계산할 때 경제가치량의 증가나 감소의 사실이 발생한 때를 기준으로 수익과 비용을 인식하는 것을 말한다.

제5조 【재무제표】 이 기준에서 재무제표는 다음 각 호의 서류로 구성된다.

1. 재무상태표
2. 운영성과표
3. 위 제1호 및 제2호의 서류에 대한 주석

제6조 【다른 법령과의 관계 등】 ① 공익법인의 회계처리 및 재무제표 작성에 관하여 이 기준에서 정하지 아니한 사항은 일반기업회계기준에 따른다

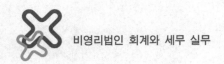

② 제4조 제2항 및 제3항에 따른 공익법인의 회계처리 및 재무제표 작성에 관하여 다른 법령에서 특별한 규정이 있는 경우 외에는 이 기준에 따른다

제7조【회계정책, 회계추정의 변경 및 오류수정】① 재무제표를 작성할 때 채택한 회계정책이나 회계추정은 비슷한 종류의 사건 또는 거래의 회계처리에도 동일하게 적용한다.

② '회계정책의 변경'이란 재무제표의 작성에 적용하던 회계정책을 다른 회계정책으로 바꾸는 것을 말한다.

③ 이 기준에서 변경을 요구하거나, 회계정책의 변경을 반영한 재무제표가 신뢰성 있고 더 목적적합한 정보를 제공하는 경우에만 회계정책을 변경할 수 있다.

④ '회계추정의 변경'이란 환경의 변화, 새로운 정보의 입수 또는 경험의 축적에 따라 회계적 추정치의 근거와 방법 등을 바꾸는 것을 말한다. 이 경우 회계추정에는 대손의 추정, 감가상각자산에 내재된 미래 경제적 효익의 예상되는 소비형태의 유의적인 변동, 감가상각자산의 내용연수 또는 잔존가치의 추정 등이 포함된다.

⑤ 변경된 회계정책은 소급하여 적용하며 소급적용에 따른 수정사항을 반영하여 비교재무제표를 재작성한다

⑥ 회계추정의 변경은 전진적으로 회계처리하여 그 효과를 당기와 그 이후의 회계연도에 반영한다.

⑦ '오류수정'이란 전기 또는 그 이전 회계연도의 재무제표에 포함된 회계적 오류를 당기에 발견하여 수정하는 것을 말한다.

⑧ 당기에 발견한 전기 또는 그 이전 회계연도의 오류는 당기 운영성과표에 사업외손익 중 전기오류수정손익으로 보고한다. 다만, 전기 또는 그 이전 회계연도에 발생한 중대한 오류의 수정은 비교재무제표를 재작성하여 반영한다 중대한 오류는 재무제표의 신뢰성을 심각하게 손상할 수 있는 매우 중요한 오류를 말한다.

제8조【재무제표의 구분·통합 표시】중요한 항목은 재무제표의 본문 또는 주석에 그 내용을 가장 잘 나타낼 수 있도록 구분하여 표시한다.

제9조【비교재무제표의 작성】① 재무제표의 기간별 비교가능성을 제고하기 위하여 전기 재무제표상의 모든 계량정보를 당기와 비교하는 형식으로 표시한다

② 전기 재무제표상의 비계량정보가 당기 재무제표를 이해하는 데 관련된 경우에는 이를 당기의 정보와 비교하여 주석으로 기재한다

제 2 장 재무상태표

제10조【재무상태표의 목적과 작성단위】① 재무상태표는 회계연도 말 현재 공익법인의 자산, 부채 및 순자산을 표시함으로써 다음 각 호의 정보를 제공하는 것을 목적으로 한다.

1. 공익법인이 정관상 목적사업을 지속적으로 수행할 수 있는 능력

2. 공익법인의 유동성 및 재무건전성

② 재무상태표의 작성은 공익법인을 하나의 작성단위로 보아 통합하여 작성하되 공익목적사업부문과 기타사업부문으로 각각 구분하여 표시한다

제11조【재무상태표 작성기준】① 재무상태표에는 회계연도 말 현재 공익법인의 모든 자산, 부채 및 순자산을 적정하게 표시한다. [별지 제1호 서식 참조]

② 재무상태표 구성요소의 정의는 다음 각 호와 같다.

1. '자산'이란 과거의 거래나 사건의 결과로 현재 공익법인에 의해 지배되고 미래에 경제적 효익을 창출할 것으로 예상되는 자원을 말한다.

2. '부채'란 과거의 거래나 사건의 결과로 현재 공익법인이 부담하고 있고 미래에 자원이 유출되거나 사용될 것으로 예상되는 의무를 말한다.

3. '순자산'이란 공익법인의 자산 총액에서 부채 총액을 차감한 잔여 금액을 말한다.

③ 자산과 부채는 각각 다음 각 호의 조건을 충족하는 경우에 재무상태표에 인식한다

1. 자산: 해당 항목에서 발생하는 미래경제적 효익이 공익법인에 유입될 가능성이 매우 높고, 그 원가를 신뢰성 있게 측정할 수 있다.

2. 부채: 해당 의무를 이행하기 위하여 경제적 자원이 유출될 가능성이 매우 높고, 의무의 이행에 소요되는 금액을 신뢰성 있게 측정할 수 있다.

④ 자산, 부채 및 순자산은 다음 각 호에 따라 구분한다.

1. 자산은 유동자산 및 비유동자산으로 구분하고, 비유동자산은 투자자산, 유형자산, 무형자산 및 기타비유동자산으로 구분한다

2. 부채는 유동부채, 비유동부채로 구분하며 고유목적사업준비금을 부채로 인식할 수 있다.

3. 순자산은 기본순자산, 보통순자산, 순자산조정으로 구분한다.

⑤ 자산과 부채는 유동성이 높은 항목부터 배열한다.

⑥ 자산과 부채는 상계하여 표시하지 않는다.

제12조【유동자산】① '유동자산은 회계연도 말부터 1년 이내에 현금화되거나 실현될 것

으로 예상되는 자산을 말한다.

② 유동자산에는 현금및현금성자산, 단기투자자산, 매출채권, 선급비용, 미수수익, 미수금, 선급금 및 재고자산 등이 포함된다.

③ 매출채권, 미수금 등에 대한 대손충당금은 해당 자산의 차감계정으로, 재고자산평가충당금은 재고자산 각 항목의 차감계정으로 재무상태표에 표시한다.

제13조【투자자산】① '투자자산'이란 장기적인 투자 등과 같은 활동의 결과로 보유하는 자산을 말한다.

② 투자자산에는 장기성예적금, 장기투자증권과 장기대여금 등이 포함된다.

제14조【유형자산】① '유형자산'이란 재화를 생산하거나 용역을 제공하기 위하여, 또는 타인에게 임대하거나 직접 사용하기 위하여 보유한 물리적 형체가 있는 자산으로 1년을 초과하여 사용할 것으로 예상되는 자산을 말한다.

② 유형자산에는 토지, 건물, 구축물, 기계장치, 차량운반구와 건설중인자산 등이 포함된다.

③ 유형자산의 감가상각누계액과 손상차손누계액은 유형자산 각 항목의 차감계정으로 재무상태표에 표시한다.

④ 유형자산을 폐기하거나 처분하는 경우 그 자산을 재무상태표에서 제거하고 처분금액과 장부금액의 차액을 유형자산처분손익으로 인식한다.

제15조【무형자산】① '무형자산'이란 재화를 생산하거나 용역을 제공하기 위하여, 또는 타인에게 임대하거나 직접 사용하기 위하여 보유한 물리적 형체가 없는 비화폐성자산을 말한다.

② 무형자산에는 지식재산권, 개발비, 컴퓨터소프트웨어, 광업권, 임차권리금 등이 포함된다.

③ 무형자산은 상각누계액과 손상차손누계액을 취득원가에서 직접 차감한 잔액으로 재무상태표에 표시한다.

④ 무형자산을 처분하는 경우 그 자산을 재무상태표에서 제거하고 처분금액과 장부금액의 차액을 무형자산처분손익으로 인식한다.

제16조【기타비유동자산】① '기타비유동자산'이란 투자자산, 유형자산 및 무형자산에 속하지 않는 비유동자산을 말한다.

② 기타비유동자산에는 임차보증금, 장기선급비용과 장기미수금 등이 포함된다.

제17조【유동부채】① '유동부채'는 회계연도 말부터 1년 이내에 상환 등을 통하여 소멸할 것으로 예상되는 부채를 말한다.

② 유동부채에는 단기차입금, 매입채무, 미지급비용, 미지급금, 선수금, 선수수익, 예수금과 유동성장기부채 등이 포함된다.

제18조【비유동부채】① '비유동부채'란 유동부채를 제외한 모든 부채를 말하며, 고유목적사업준비금을 부채로 인식하는 경우에는 유동부채와 고유목적사업준비금을 제외한 모든 부채를 말한다.

② 비유동부채에는 장기차입금, 임대보증금과 퇴직급여충당부채 등이 포함된다.

제19조【고유목적사업준비금】① 고유목적사업준비금이란 법인세법 제29조에 따라 고유목적사업이나 지정기부금에 사용하기 위해 미리 비용으로 계상하면서 동일한 금액으로 인식한 부채계정으로, 유동부채와 비유동부채로 구분하지 않고 별도로 표시한다.

② 제1항은 고유목적사업준비금을 부채로 인식하는 경우에 한하여 적용한다.

제20조【기본순자산】① '기본순자산'이란 사용이나 처분에 '영구적 제약'이 있는 순자산을 말한다.

② '영구적 제약'이란 법령, 정관 등에 의해 사용이나 처분시 주무관청 등의 허가가 필요한 경우를 말한다.

제21조【보통순자산】① '보통순자산'이란 '기본순자산'이나 '순자산조정'이 아닌 순자산을 말한다.

② '보통순자산'은 잉여금과 적립금으로 구분하고, 적립금은 미래 특정 용도로 사용하기 위하여 적립해두는 준비금이나 임의적립금 등이 해당한다.

제22조【순자산조정】'순자산조정'이란 순자산 가감성격의 항목으로서 매도가능증권평가손익, 유형자산재평가이익 등이 포함된다.

제 3 장 운영성과표

제23조【운영성과표의 목적과 작성단위】① 운영성과표는 해당 회계연도의 모든 수익과 비용을 표시함으로써 다음 각 호의 정보를 제공하는 것을 목적으로 한다.

1. 공익법인의 사업 수행 성과
2. 관리자의 책임 수행 정도

② 운영성과표의 작성은 공익법인을 하나의 작성단위로 보아 통합하여 작성하되, 공익목적사업부문과 기타사업부문으로 각각 구분하여 표시한다.

제24조【운영성과표 작성기준】① 운영성과표에는 그 회계연도에 속하는 모든 수익 및 이에 대응하는 모든 비용을 적정하게 표시한다. [별지 제2호 서식 참조]

② 운영성과표는 다음 각 호에 따라 작성한다.

1. 모든 수익과 비용은 그것이 발생한 회계연도에 배분되도록 회계처리한다. 이 경우 발생한 원가가 자산으로 인식되는 경우를 제외하고는 비용으로 인식한다.

2. 수익과 비용은 그 발생 원천에 따라 명확하게 분류하고, 수익항목과 이에 관련되는 비용항목은 대응하여 표시한다.

3. 수익과 비용은 총액으로 표시한다.

4. 운영성과표는 다음 각 목과 같이 구분하여 표시한다.

　가. 사업수익

　나. 사업비용

　다. 사업이익(손실)

　라. 사업외수익

　마. 사업외비용

　바. 고유목적사업준비금을 부채로 인식하는 경우 고유목적사업준비금전입액

　사. 고유목적사업준비금을 부채로 인식하는 경우 고유목적사업준비금환입액

　아. 법인세비용차감전 당기운영이익(손실)

　자. 법인세비용

　차. 당기운영이익(손실)

제25조【사업수익】① '사업수익'은 공익목적사업과 기타사업의 결과 경상적으로 발생하는 자산의 증가 또는 부채의 감소를 말한다.

② 사업수익은 공익목적사업수익과 기타사업수익으로 구분하여 표시한다.

③ 공익목적사업수익은 공익법인의 특성을 반영하여 기부금수익, 보조금수익, 회비수익 등으로 구분하여 표시한다.

④ 기타사업수익은 공익법인이 필요하다고 판단하는 경우에는 그 구분정보를 운영성과표 본문에 표시하거나 주석으로 기재할 수 있다.

⑤ 이자수익 또는 배당수익과 처분손익 등이 공익목적사업활동의 주된 원천이 되는 경우에는 사업수익에 포함한다.

제26조【기부금 등의 수익인식과 측정】① 현금이나 현물을 기부 받을 때에는 실제 기부를 받는 시점에 수익으로 인식한다.

② 현물을 기부 받을 때에는 수익금액을 공정가치(합리적인 판단력과 거래 의사가 있는 독립된 당사자 사이의 거래에서 자산이 교환되거나 부채가 결제될 수 있는 금액을 말한다. 이하 같다)로 측정한다.

③ 납부가 강제되는 회비 등에 대해서는 발생주의에 따라 회수가 확실해지는 시점에 수익을 인식할 수 있다.

④ 기부금 등이 기본순자산에 해당하는 경우 사업수익으로 인식하지 않고 기본순자산의 증가로 인식한다.

제27조【사업비용】① '사업비용'은 공익목적사업과 기타사업의 결과 경상적으로 발생하는 자산의 감소 또는 부채의 증가를 말한다.

② 사업비용은 공익목적사업비용과 기타사업비용으로 구분하여 표시한다.

③ 공익목적사업비용은 활동의 성격에 따라 다음 각 호와 같이 사업수행비용, 일반관리비용, 모금비용으로 구분하여 표시한다.

1. '사업수행비용'은 공익법인이 추구하는 본연의 임무나 목적을 달성하기 위해 수혜자, 고객, 회원 등에게 재화나 용역을 제공하는 활동에서 발생하는 비용을 말한다.

2. '일반관리비용'은 기획, 인사, 재무, 감독 등 제반 관리활동에서 발생하는 비용을 말한다.

3. '모금비용'은 모금 홍보, 모금 행사, 기부자 리스트 관리, 모금 고지서 발송 등의 모금활동에서 발생하는 비용을 말한다.

④ 사업수행비용은 세부사업별로 추가 구분한 정보를 운영성과표 본문에 표시하거나 주석으로 기재할 수 있다.

⑤ 사업수행비용, 일반관리비용, 모금비용에 대해서는 각각 다음 각 호와 같이 분배비용, 인력비용, 시설비용, 기타비용으로 구분하여 분석한 정보를 운영성과표 본문에 표시하거나 주석으로 기재한다. 다만, 공익법인이 필요하다고 판단하는 경우에는 더 세분화된 정보를 운영성과표 본문에 표시하거나 주석으로 기재할 수 있다.

1. '분배비용'은 공익법인이 수혜자 또는 수혜단체에 직접 지급하는 비용으로 장학금, 지원금 등을 포함한다.

2. '인력비용'은 공익법인에 고용된 인력과 관련된 비용으로서 급여, 상여금, 퇴직급여, 복리후생비, 교육훈련비 등을 포함한다.

3. '시설비용'은 공익법인의 운영에 사용되는 토지, 건물, 구축물, 차량운반구 등 시설과 관련된 비용으로서 감가상각비, 지급임차료, 시설보험료, 시설유지관리비 등을 포함한다.

4. '기타비용'은 분배비용, 인력비용, 시설비용 외의 비용으로서 여비교통비, 소모품비, 지급수수료, 용역비, 업무추진비, 회의비, 대손상각비 등을 포함한다. 이 경우 각 공익법인의 특성에 따라 금액이 중요한 기타비용 항목은 별도로 구분하여 운영

성과표 본문에 표시하거나 주석으로 기재한다

⑥ 기타사업비용을 인력비용, 시설비용, 기타비용으로 구분하여 분석한 정보는 운영성과표 본문에 표시하거나 주석으로 기재하여야 하며 그 외 공익법인이 필요하다고 판단하는 구분정보에 대해서는 운영성과표 본문에 표시하거나 주석으로 기재할 수 있다.

제28조【사업외수익】사업외수익은 사업수익이 아닌 수익 또는 차익으로서 유형·무형자산처분이익, 유형·무형자산손상차손환입, 전기오류수정이익 등으로 한다.

제29조【사업외비용】사업외비용은 사업비용이 아닌 비용 또는 차손으로서 유형·무형자산처분손실, 유형·무형자산손상차손, 유형자산재평가손실, 기타의 대손상각비, 전기오류수정손실 등으로 한다.

제30조【공통수익 및 비용의 배분】어떤 수익과 비용항목이 복수의 활동에 관련되는 경우에는 해당 수익과 비용의 성격에 따라 투입한 업무시간, 관련 시설면적, 사용빈도 등 합리적인 배분기준에 따라 활동 간에 배분하며, 그 배분기준은 일관되게 적용하여야 한다.

제31조【고유목적사업준비금 전입액과 환입액】① '고유목적사업준비금전입액'이란 공익법인이 법인세법에 따라 수익사업부문에서 발생한 소득 중 일부를 고유목적사업부문이나 지정기부금에 지출하기 위하여 적립한 금액을 말한다. 이에 상응하여 동일한 금액을 부채에 '고유목적사업준비금'이라는 과목으로 인식한다.

② '고유목적사업준비금환입액'이란 고유목적사업준비금이 법인세법에 따라 수익사업부문에서 고유목적사업부문에 전출되어 목적사업에 사용되었거나 미사용되어 임의 환입된 금액을 말한다.

③ 제1항과 제2항의 내용은 고유목적사업준비금을 부채로 인식하는 경우에 한하여 적용한다.

제32조【법인세비용】공익법인이 법인세를 부담하는 경우에는 일반기업회계기준 제22장 '법인세회계'와 제31장 '중소기업 회계처리 특례'의 법인세 회계처리를 고려하여 회계정책을 개발하여 회계처리한다.

제 4 장 자산·부채의 평가

제33조【자산의 평가기준】① 자산은 최초에 취득원가로 인식한다.

② 교환, 현물출자, 증여, 그 밖에 무상으로 취득한 자산은 공정가치를 취득원가로

한다.

③ 이 기준에서 별도로 정하는 경우를 제외하고는 자산의 진부화 및 시장가치의 급격한 하락 등으로 인하여 자산의 회수가능액이 장부금액에 중요하게 미달되는 경우에는 장부금액을 회수가능액으로 조정하고 그 차액을 손상차손으로 처리한다 이 경우 회수가능액은 다음 제1호와 제2호 중 큰 금액으로 한다.

1. 순공정가치: 합리적인 판단력과 거래 의사가 있는 독립된 당사자 사이의 거래에서 자산의 매각으로부터 수취할 수 있는 금액에서 처분부대원가를 차감한 금액

2. 사용가치: 자산에서 창출될 것으로 기대되는 미래 현금흐름의 현재가치

④ 과거 회계연도에 인식한 손상차손이 더 이상 존재하지 않거나 감소하였다면 자산의 회수가능액이 장부금액을 초과하는 금액은 손상차손환입으로 인식한다. 다만, 손상차손환입으로 증가된 장부금액은 과거에 손상차손을 인식하기 전 장부금액의 감가상각 또는 상각 후 잔액을 초과할 수 없다

제34조【미수금, 매출채권 등의 평가】 ① 원금이나 이자 등의 일부 또는 전부를 회수하지 못할 가능성이 있는 미수금, 매출채권 등은 합리적이고 객관적인 기준에 따라 대손추산액을 산출하여 대손충당금으로 설정하고, 기존 대손충당금 잔액과의 차이는 대손상각비로 인식한다.

② 미수금, 매출채권 등의 원금이나 이자 등의 일부 또는 전부를 회수할 수 없게 된 경우, 대손충당금과 상계하고, 대손충당금이 부족한 경우에는 그 부족액을 대손상각비로 인식한다.

③ 미수금과 매출채권에 대한 대손상각비는 사업비용(공익목적사업비용이나 기타사업비용 중 관련이 되는 것)의 대손상각비로, 그 밖의 채권에 대한 대손상각비는 사업외비용의 기타의대손상각비로 구분한다.

제35조【유형자산과 무형자산의 평가】 ① 유형자산과 무형자산의 취득원가는 구입가격 또는 제작원가와 자산을 가동하기 위하여 필요한 장소와 상태에 이르게 하는 데 직접 관련되는 원가를 포함한 금액을 말한다.

② 최초 인식 후에 유형자산과 무형자산의 장부금액은 다음 각 호에 따라 결정한다.

1. 유형자산: 취득원가(자본적 지출을 포함한다. 이하 이 조에서 같다)에서 감가상각누계액과 손상차손누계액을 차감한 금액

2. 무형자산: 취득원가에서 상각누계액과 손상차손누계액을 차감한 금액

③ 취득원가에서 잔존가치를 차감하여 결정되는 유형자산의 감가상각대상금액과 무형자산의 상각대상금액은 해당 자산을 사용할 수 있는 때부터 내용연수에 걸쳐 배분

하여 상각한다.

④ 유형자산과 무형자산의 내용연수는 자산의 예상 사용기간이나 생산량 등을 고려하여 합리적으로 결정한다.

⑤ 유형자산의 감가상각방법과 무형자산의 상각방법은 다음 각 호에서 자산의 경제적효익이 소멸되는 형태를 반영한 합리적인 방법을 선택하여 소멸형태가 변하지 않는 한 매기 계속 적용한다.

1. 정액법

2. 정률법

3. 연수합계법

4. 생산량비례법

⑥ 전시·교육·연구 등의 목적으로 보유중인 예술작품 및 유물과 같은 역사적 가치가 있는 유형자산은 일반적으로 시간이 경과하더라도 가치가 감소하지 않으므로 감가상각을 적용하지 아니한다.

제36조【유형자산의 재평가】 ① 최초 인식 후에 공정가치를 신뢰성 있게 측정할 수 있는 유형자산은 재평가를 할 수 있다. 이 경우 재평가일의 공정가치에서 이후의 감가상각누계액과 손상차손누계액을 차감한 재평가금액을 장부금액으로 한다.

② 유형자산을 재평가할 때, 재평가 시점의 총장부금액에서 기존의 감가상각누계액을 제거하여 자산의 순장부금액이 재평가금액이 되도록 수정한다.

③ 유형자산의 장부금액이 재평가로 인하여 증가된 경우에 그 증가액은 순자산조정으로 인식한다. 그러나 동일한 유형자산에 대하여 이전에 운영성과표에 사업외비용으로 인식한 재평가감소액이 있다면 그 금액을 한도로 재평가증가액만큼 운영성과표에 사업외수익으로 인식한다.

④ 유형자산의 장부금액이 재평가로 인하여 감소된 경우에 그 감소액은 운영성과표에 사업외비용으로 인식한다. 그러나 그 유형자산의 재평가로 인해 인식한 순자산조정의 잔액이 있다면 그 금액을 한도로 재평가감소액을 순자산조정에서 차감한다.

제37조【유가증권의 평가】 ① 유가증권은 취득한 후 만기보유증권, 단기매매증권, 그리고 매도가능증권 중의 하나로 분류한다.

② 유가증권의 평가는 일반기업회계기준에 따른다. 다만, 매도가능증권에 대한 미실현보유손익은 순자산조정으로 인식하고 당해 유가증권에 대한 순자산조정은 그 유가증권을 처분하거나 손상차손을 인식하는 시점에 일괄하여 당기손익에 반영한다.

제38조【퇴직급여충당부채의 평가】 ① 퇴직급여충당부채는 회계연도 말 현재 모든 임직원

이 일시에 퇴직할 경우 지급하여야 할 퇴직금에 상당하는 금액으로 한다

② 확정기여형퇴직연금제도를 설정한 경우에는 퇴직급여충당부채 및 관련 퇴직연금 운용자산을 인식하지 않는다. 다만 해당 회계기간에 대하여 공익법인이 납부하여야 할 부담금을 퇴직급여(비용)로 인식하고, 미납부액이 있는 경우 미지급비용(부채)으로 인식한다.

③ 확정급여형퇴직연금제도와 관련하여 별도로 운용되는 자산은 하나로 통합하여 '퇴직연금운용자산'으로 표시하고, 퇴직급여충당부채에서 차감하는 형식으로 표시한다. 퇴직연금운용자산의 구성내역은 주석으로 기재한다

제39조 【공통자산·부채의 배분】 어떤 자산 또는 부채 항목이 복수의 활동에 관련되는 경우에는 관련 시설면적, 사용빈도 등 합리적인 배분기준에 따라 활동 간에 배분하고, 그 배분기준은 일관되게 적용하여야 한다.

제 5 장 주석

제40조 【주석의 정의】 '주석'이란 재무제표 본문(재무상태표, 운영성과표를 말한다)의 전반적인 이해를 돕는 일반사항에 관한 정보, 재무제표 본문에 표시된 항목을 구체적으로 설명하거나 세분화하는 정보, 재무제표 본문에 표시할 수 없는 회계사건 및 그 밖의 사항으로 재무제표에 중요한 영향을 미치거나 재무제표의 이해를 위하여 필요하다고 판단되는 정보를 추가하여 기재하는 것을 말한다.

제41조 【필수적 주석기재사항】 ① 공익법인은 이 기준의 다른 조항에서 주석으로 기재할 것을 요구하거나 허용하는 사항 외에 다음 각 호의 사항을 주석으로 기재한다

1. 공익법인의 개황 및 주요사업 내용
2. 공익법인이 채택한 회계정책(자산·부채의 평가기준 및 수익과 비용의 인식기준을 포함한다)
3. 사용이 제한된 현금및현금성자산의 내용
4. 차입금 등 현금 등으로 상환하여야 하는 부채의 주요 내용
5. 현물기부의 내용
6. 제공한 담보·보증의 주요 내용
7. 특수관계인(상속세 및 증여세법 제2조 제10호의 정의에 따른다)과의 중요한 거래의 내용
8. 총자산 또는 사업수익금액의 10% 이상에 해당하는 거래에 대한 거래처명, 거래금액, 계정과목 등 거래 내역

9. 회계연도 말 현재 진행 중인 소송 사건의 내용, 소송금액, 진행 상황 등

10. 회계정책, 회계추정의 변경 및 오류수정에 관한 사항

11. 기본순자산의 취득원가와 공정가치를 비교하는 정보에 관한 사항

12. 순자산의 변동에 관한 사항

13. 유형자산 재평가차액의 누적금액

14. 유가증권의 취득원가와 재무제표 본문에 표시된 공정가치를 비교하는 정보

15. 그 밖에 일반기업회계기준에 따라 주석기재가 요구되는 사항 중 공익법인에 관련성이 있고 그 성격이나 금액이 중요한 사항

② 제1항에도 불구하고 「상속세 및 증여세법」 제50조 제3항 단서에 해당하는 공익법인이 결산서류 등을 공시하는 경우에는 이 기준의 다른 조항에서 주석으로 기재할 것을 요구하거나 허용하는 사항 외에 제1항 제3호부터 제7호까지, 제9호 및 제11호의 사항을 주석으로 기재한다.

제42조【선택적 주석기재사항】 이 기준과 일반기업회계기준에서 요구하는 주석기재사항 외에도 재무제표의 유용성을 제고하고 공정한 표시를 위하여 필요한 정보는 재무제표 작성자의 판단과 책임하에서 자발적으로 주석을 기재할 수 있다(예를 들어, 공익법인이 내부관리목적으로 복수의 구분된 단위로 회계를 하는 경우 각 회계단위별로 작성된 재무제표의 전부 또는 일부를 주석으로 기재할 수 있다).

제43조【주석기재방법】 주석기재는 재무제표 이용자의 이해와 편의를 도모하기 위하여 다음 각 호에 따라 체계적으로 작성한다.

1. 재무제표상의 개별항목에 대한 주석 정보는 해당 개별항목에 기호를 붙이고 별지에 동일한 기호를 표시하여 그 내용을 설명한다.

2. 하나의 주석이 재무제표상 둘 이상의 개별항목과 관련된 경우에는 해당 개별항목 모두에 주석의 기호를 표시한다.

3. 하나의 주석에 포함된 정보가 다른 주석과 관련된 경우에도 해당되는 주석 모두에 관련된 주석의 기호를 표시한다.

부 칙 〈제2024-13호, 2024.4.5.〉

제1조【시행일】 이 규칙은 발령한 날부터 시행한다.

제2조【필수적 주석기재사항에 관한 적용례】 제41조 제2항의 개정규정은 이 기준 시행 이후 결산서류 등을 공시하는 경우부터 적용한다.

〔별지 제1호 서식〕

재 무 상 태 표

제×기 20××년×월×일 현재

제×기 20××년×월×일 현재

공익법인명 (단위 : 원)

과 목	당 기			전 기		
	통합	공익목적사업	기타사업	통합	공익목적사업	기타사업
자 산						
유동자산	×××	×××	×××	×××	×××	×××
현금및현금성자산	×××	×××	×××	×××	×××	×××
단기투자자산	×××	×××	×××	×××	×××	×××
매출채권	×××	×××	×××	×××	×××	×××
(-) 대손충당금	(×××)	(×××)	(×××)	(×××)	(×××)	(×××)
선급비용	×××	×××	×××	×××	×××	×××
미수수익	×××	×××	×××	×××	×××	×××
미수금	×××	×××	×××	×××	×××	×××
(-) 대손충당금	(×××)	(×××)	(×××)	(×××)	(×××)	(×××)
선급금	×××	×××	×××	×××	×××	×××
재고자산	×××	×××	×××	×××	×××	×××
……						
비유동자산	×××	×××	×××	×××	×××	×××
투자자산	×××	×××	×××	×××	×××	×××
장기성예적금	×××	×××	×××	×××	×××	×××
장기투자증권	×××	×××	×××	×××	×××	×××
장기대여금	×××	×××	×××	×××	×××	×××
……	×××	×××	×××	×××	×××	×××
유형자산	×××	×××	×××	×××	×××	×××
토지	×××	×××	×××	×××	×××	×××
건물	×××	×××	×××	×××	×××	×××
(-) 감가상각누계액	(×××)	(×××)	(×××)	(×××)	(×××)	(×××)
구축물	×××	×××	×××	×××	×××	×××
(-) 감가상각누계액	(×××)	(×××)	(×××)	(×××)	(×××)	(×××)
기계장치	×××	×××	×××	×××	×××	×××
(-) 감가상각누계액	(×××)	(×××)	(×××)	(×××)	(×××)	(×××)
차량운반구	×××	×××	×××	×××	×××	×××
(-) 감가상각누계액	(×××)	(×××)	(×××)	(×××)	(×××)	(×××)
건설중인자산	(×××)	(×××)	(×××)	(×××)	(×××)	(×××)
……	×××	×××	×××	×××	×××	×××
무형자산	×××	×××	×××	×××	×××	×××
지식재산권	×××	×××	×××	×××	×××	×××
개발비	×××	×××	×××	×××	×××	×××
컴퓨터소프트웨어	×××	×××	×××	×××	×××	×××

과 목	당 기			전 기		
	통합	공익목적사업	기타사업	통합	공익목적사업	기타사업
광업권	×××	×××	×××	×××	×××	×××
임차권리금	×××	×××	×××	×××	×××	×××
……	×××	×××	×××	×××	×××	×××
기타비유동자산	×××	×××	×××	×××	×××	×××
임차보증금	×××	×××	×××	×××	×××	×××
장기선급비용	×××	×××	×××	×××	×××	×××
장기미수금	×××	×××	×××	×××	×××	×××
……	×××	×××	×××	×××	×××	×××
자 산 총 계	×××	×××	×××	×××	×××	×××
부 채						
유동부채	×××	×××	×××	×××	×××	×××
단기차입금	×××	×××	×××	×××	×××	×××
매입채무	×××	×××	×××	×××	×××	×××
미지급비용	×××	×××	×××	×××	×××	×××
미지급금	×××	×××	×××	×××	×××	×××
선수금	×××	×××	×××	×××	×××	×××
선수수익	×××	×××	×××	×××	×××	×××
예수금	×××	×××	×××	×××	×××	×××
유동성장기부채	×××	×××	×××	×××	×××	×××
……	×××	×××	×××	×××	×××	×××
비유동부채	×××	×××	×××	×××	×××	×××
장기차입금	×××	×××	×××	×××	×××	×××
임대보증금	×××	×××	×××	×××	×××	×××
퇴직급여충당부채	×××	×××	×××	×××	×××	×××
(−) 퇴직연금운용자산	(×××)	(×××)	(×××)	(×××)	(×××)	(×××)
……	×××	×××	×××	×××	×××	×××
고유목적사업준비금	×××	×××	×××	×××	×××	×××
부 채 총 계	×××	×××	×××	×××	×××	×××
순자산[1]						
기본순자산	×××	×××	×××	×××	×××	×××
보통순자산	×××	×××	×××	×××	×××	×××
적립금	×××	×××	×××	×××	×××	×××
잉여금	×××	×××	×××	×××	×××	×××
순자산조정	×××	×××	×××	×××	×××	×××
순 자 산 총 계	×××	×××	×××	×××	×××	×××
부 채 및 순자산 총계	×××	×××	×××	×××	×××	×××

운 영 성 과 표

제×기 20××년×월×일부터 20××년×월×일까지

제×기 20××년×월×일부터 20××년×월×일까지

공익법인명 (단위 : 원)

과 목	당 기			전 기		
	통합	공익 목적사업	기타사업	통합	공익 목적사업	기타사업
사업수익	×××	×××	×××	×××	×××	×××
기부금수익	×××	×××	−	×××	×××	−
보조금수익	×××	×××	−	×××	×××	−
회비수익	×××	×××	−	×××	×××	−
투자자산수익	×××	×××	−	×××	×××	−
매출액	×××	×××	−	×××	×××	−
……	×××	×××	−	×××	×××	−
사업비용[*2]	×××	×××	×××[*3]	×××	×××	×××[*3]
사업수행비용	×××	×××	−	×××	×××	−
○○사업수행비용	×××	×××	−	×××	×××	−
△△사업수행비용	×××	×××	−	×××	×××	−
	×××	×××	−	×××	×××	−
일반관리비용	×××	×××	−	×××	×××	−
모금비용	×××	×××	−	×××	×××	−
……	×××	−	×××	×××	−	×××
사업이익(손실)	×××	×××	×××	×××	×××	×××
사업외수익	×××	×××	×××	×××	×××	×××
유형자산손상차손환입	×××	×××	×××	×××	×××	×××
유형자산처분이익	×××	×××	×××	×××	×××	×××
무형자산손상차손환입	×××	×××	×××	×××	×××	×××
무형자산처분이익	×××	×××	×××	×××	×××	×××
전기오류수정이익	×××	×××	×××	×××	×××	×××
……	×××	×××	×××	×××	×××	×××
사업외비용	×××	×××	×××	×××	×××	×××
기타의 대손상각비	×××	×××	×××	×××	×××	×××
유형자산손상차손	×××	×××	×××	×××	×××	×××
유형자산처분손실	×××	×××	×××	×××	×××	×××
유형자산재평가손실[*4]	×××	×××	×××	×××	×××	×××
무형자산손상차손	×××	×××	×××	×××	×××	×××
무형자산처분손실	×××	×××	×××	×××	×××	×××
전기오류수정손실	×××	×××	×××	×××	×××	×××
……	×××	×××	×××	×××	×××	×××
고유목적사업준비금전입액	×××	×××	×××	×××	×××	×××
고유목적사업준비금환입액	×××	×××	×××	×××	×××	×××
법인세비용차감전 당기운영이익(손실)	×××	×××	×××	×××	×××	×××
법인세비용	×××	×××	×××	×××	×××	×××
당기운영이익(손실)	×××	×××	×××	×××	×××	×××

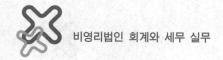
*1 순자산의 변동에 관한 사항은 아래와 같이 주석으로 기재한다

과 목	통합 기본순자산	적립금	잉여금	순자산조정	공익목적사업부문 기본순자산	적립금	잉여금	순자산조정	기타사업부문 기본순자산	적립금	잉여금	순자산조정
전기초	×××	×××	×××	×××	×××	×××	×××	×××	×××	×××	×××	×××
회계정책변경누적효과	(×××)	(×××)	(×××)	(×××)	(×××)	(×××)	(×××)	(×××)	(×××)	(×××)	(×××)	(×××)
전기오류수정	(×××)	(×××)	(×××)	(×××)	(×××)	(×××)	(×××)	(×××)	(×××)	(×××)	(×××)	(×××)
수정후 순자산	×××	×××	×××	×××	×××	×××	×××	×××	×××	×××	×××	×××
기본순자산증감	×××		(×××)		×××		(×××)		×××		(×××)	
당기운영이익(손실)			×××				×××				×××	
매도가능증권평가이익				×××				×××				×××
유형자산재평가이익				×××				×××				×××
적립금 전입		×××	(×××)			×××	(×××)			×××	(×××)	
……	×××	×××	×××	×××	×××	×××	×××	×××	×××	×××	×××	×××
전기말	×××	×××	×××	×××	×××	×××	×××	×××	×××	×××	×××	×××
당기초	×××	×××	×××	×××	×××	×××	×××	×××	×××	×××	×××	×××
회계정책변경누적효과	(×××)	(×××)	(×××)	(×××)	(×××)	(×××)	(×××)	(×××)	(×××)	(×××)	(×××)	(×××)
전기오류수정	(×××)	(×××)	(×××)	(×××)	(×××)	(×××)	(×××)	(×××)	(×××)	(×××)	(×××)	(×××)
수정후 순자산	×××	×××	×××	×××	×××	×××	×××	×××	×××	×××	×××	×××
기본순자산증감	×××		(×××)		×××		(×××)		×××		(×××)	
당기운영이익(손실)			×××				×××				×××	
매도가능증권평가이익				×××				×××				×××
유형자산재평가이익				×××				×××				×××
적립금 전입		×××	(×××)			×××	(×××)			×××	(×××)	
……	×××	×××	×××	×××	×××	×××	×××	×××	×××	×××	×××	×××
당기말	×××	×××	×××	×××	×××	×××	×××	×××	×××	×××	×××	×××

*2 사업비용의 기능별 구분과 성격별 구분에 관한 정보를 아래와 같이 주석으로 기재한다

┃ 주석기재 예시

주석 YY. 사업비용의 성격별 구분
운영성과표에는 사업비용이 기능별로 구분되어 표시되어 있습니다 이를 다시 성격별로 구분한 내용은 다음과 같습니다.

	분배비용	인력비용	시설비용	기타비용	합계
공익목적사업비용	×××	×××	×××	×××	×××
사업수행비용	×××	×××	×××	×××	×××
일반관리비용	–	×××	×××	×××	×××
모금비용	–	×××	×××	×××	×××
기타사업비용	–	×××	×××	×××	×××
합계	–	×××	×××	×××	×××

---

* 분배비용이 없는 공익법인은 해당 계정을 삭제할 수 있다.
또는 공익법인이 선택에 따라 위 정보를 운영성과표 본문에 다음과 같이 직접 표시할 수도 있다

Ⅰ. **공익목적사업비용**	(×××)
1. **사업수행비용**	(×××)
분배비용	(×××)
인력비용	(×××)
시설비용	(×××)
기타비용	(×××)
2. **일반관리비용**	(×××)
인력비용	(×××)
시설비용	(×××)
기타비용	(×××)
3. **모금비용**	(×××)
인력비용	(×××)
시설비용	(×××)
기타비용	(×××)
Ⅱ. **기타사업비용**	(×××)
인력비용	(×××)
시설비용	(×××)
기타비용	(×××)

*3 공익법인회계기준 제27조 제6항에 따라 기타사업비용을 더 상세하게 구분한 정보를 주석으로 기재할 수 있다. 예를 들어, 기타사업비용을 매출원가와 판매관리비로 구분하여 주석으로 기재할 수 있다
*4 유형자산재평가손실은 사업외비용으로 표시한다

공익법인회계기준 실무지침서
(기획재정부, 2018.12.)

표 목차

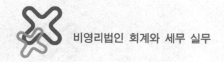

그림 목차

Ⅰ. 공익법인회계기준 제정에 대한 기본원리

1. 일반적인 목적의 재무보고

☐ 현재 공익법인이 적용하는 회계와 관련하여 「공익법인의 설립·운영에 관한 법률」과 시행령 및 「상속세 및 증여세법」에 관련 내용이 포함되어 있지만 회계처리와 재무제표 작성에 관한 내용은 미흡하다.

○ 「공익법인의 설립·운영에 관한 법률」과 시행령 상 회계원칙도 일부에 불과하며, 대상 공익법인의 범위가 좁아 일부 공익법인에만 적용되고 있다.

- 회계원칙은 발생주의와 기업회계의 원칙에 따르며, 공익법인의 회계조직은 재무제표규칙을 준용한다고 규정한다. 범위는 학자금·장학금 또는 연구비 보조나 지급, 학술 및 자선에 관한 사업을 목적으로 하는 법인으로 규정한다.

○ 「상속세 및 증여세법」 또한 공익법인의 결산서류 등에 대한 공시의무 사항만을 규정해 놓아 재무제표 작성을 요구한 것에 불과하다.

- 「상속세 및 증여세법」 상 규정되어 있는 회계기준(제50조의 4)은 공익법인회계기준을 도입하기 위해 신설(2016.12.20)된 조문이다.

☐ 비영리조직에서는 일반적인 영리기업의 '이익'과 비교할 만한 단일 성과지표가 존재하지 않아서 일반적으로 이익 외의 다른 성과지표가 요구된다.

○ 자원의 유입과 유출의 성격 및 이들의 상호관계에 관한 정보와 서비스의 희생과 성취에 관한 정보가 중요하게 된다.

○ 특히, 비영리조직은 시장의 원리에 의하여 운영되기보다는 법적인 규제와 자원의 제공자에 의해 부여된 제한이 비영리조직의 주요한 통제수단이 되며 공식적인 예산과 자원 사용에 대한 기증자의 제한과 같은 통제수단이 비영리조직의 경영자에 대한 특별한 책임을 부여하며, 비영리조직의 회계시스템은 이에 관한 정보를 제공해야 한다.

☐ 공익법인 재무보고의 목적은 통일된 회계기준에 따라 작성된 재무정보를 통해 정보이용자의 경제적 의사결정에 유용한 자료를 제공하는 것이라고 할 수 있다.

○ 자원제공자들의 의사결정에 유용한 정보

- 현재 및 미래 자원제공자들에게 공익법인이 제공하는 공익사업 내용을 평가하고 또한 계속해서 관련 사업을 운영할 수 있는 능력을 평가하는 데 도움이 되는 정보를 제공한다.

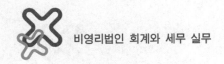

- 기부자 및 정부 등 자원제공자들로부터 제공된 자원이 당초 목적에 따라 사용되고 있는지 여부 등에 대한 자료를 통해 해당 공익법인에 대한 자원제공 여부 등 합리적인 의사결정에 유용한 정보를 제공한다.
- ○ 내부관리자에게 필요한 정보
  - 공익법인 회계시스템은 관리자들에게 공익법인의 지속가능한 사업수행능력과 공익목적사업 활동의 효과성 및 효율성에 관한 정보를 제공한다
- ○ 자산, 부채, 순자산 및 이들의 변동에 관한 정보
  - 공익법인의 자산, 부채 및 순자산의 변동에 영향을 미치는 거래 및 사건 등 다양한 정보를 제공한다.

2. 공익법인 통합재무제표

□ 다수의 공익법인은 회계단위를 구분한 재무제표를 제공하고 있다

○ 회계단위를 구분한 재무제표는 공익법인의 회계를 법인회계, 시설회계, 수익사업회계 등으로 구분하여 작성하며, 세무신고의 목적 등으로 고유목적사업과 수익사업의 구분이 필요한 경우가 있다.

○ 단일실체의 종합적인 재무보고가 아닌 사업부별 재무보고가 이루어지고 있으며, 일부 공익법인의 경우 주된 사업장을 대상으로 작성한 재무제표만 제공하고 있어 법인 전체의 재무상태와 운영성과를 파악하기 어렵다.

○ 회계단위를 구분한 재무제표는 관리목적으로 효율적인 반면 일반목적으로는 비효율적이다. 내부적으로는 공익법인의 회계단위를 구분하여 효율적인 관리를 할 수 있다는 장점이 있으나, 외부적으로는 공익법인별로 회계단위를 상이하게 구분한 재무제표를 제공할 경우 오히려 이해관계자의 혼란을 가중시킬 우려가 있다.

〈표 Ⅰ-1〉 주요 구분회계 현황

구 분		관련 법규	규정 내용
설립근거법	사회복지법인	「사회복지법인 재무·회계규칙」 제6조	• 법인회계 • 시설회계 • 수익사업회계
	학교	「사립학교법」 제29조	• 법인회계 • 학교회계

구 분		관련 법규	규정 내용
	의료기관	「의료기관 회계기준규칙」 제3조	• 법인회계 • 병원회계
법인세법		「법인세법」 제113조 (구분경리) 「법인세법 시행령」 제156조 (구분경리)	• 수익사업 • 비수익사업

□ 공익법인의 재무제표는 회계단위를 구분하지 않고 하나의 보고실체로 보고 작성해야 한다(제3조).

ㅇ 관리목적이 아닌 일반재무보고목적 하에서는 회계단위를 구분하지 않은 통합된 보고 실체에 대한 정보가 필요하다. 공익법인 전체의 재무상태 및 운영성과를 파악하기 용이하여 보다 목적적합한 재무정보 제공이 가능하다.

ㅇ 일반영리기업에서는 단일 보고단위의 재무제표를 제공하고 있다. 공익법인 역시 원칙적으로 단일 보고단위의 재무제표를 작성하여야 하며 회계단위를 구분한 부문별 정보는 병행하여 보고되며 상세내역은 주석을 통해 제공하여야 한다.

ㅇ 공익법인 통합재무제표 작성 시 주의할 사항은 지점, 지부, 사업장 등 본점 외 조직이 있는 경우 이를 하나의 보고실체로 통합해야 한다.

 − 지점, 지부, 사업장 등 본점 외 조직이어도 하나의 공익법인이라면 통합해서 재무제표를 작성할 의무가 있으며, 그 판단 기준으로는 동일한 법인등록번호를 예로 들 수 있다. 또한, 법인등록번호 이외에 하나의 보고실체라는 합리적인 판단 근거가 있는 경우 이를 감안해서 통합재무제표를 작성 할 수 있다.

제3조【보고실체】
이 기준에 따라 재무제표를 작성할 때에는 공익법인 전체를 하나의 보고실체로 하여 작성한다.

□ 공익법인을 하나의 보고실체로 보아 재무제표를 작성하되, 보다 목적적합한 정보 제공을 위하여 공익법인 재무제표를 다시 공익목적사업부문과 기타사업부문으로 각각 구분하여 재무제표를 작성한다(제10조 제2항, 제23조 제2항).

ㅇ 공익법인의 특성상 공익목적사업부문에 대한 재무정보를 구분하여 표시함으로써 정보이용자에게 보다 유용한 정보를 제공할 수 있다.

 − 기부금 수익이나 보조금 수익을 공익목적사업에만 사용하였는지 쉽게 확인할 수 있어 기부자나 감독기관에게 유용한 정보를 제공하며, 공익목적사업과 기타사업

간의 자산 이전, 기타사업을 통한 재원마련 파악 등 공익법인의 자금관리를 보다 투명하게 파악할 수 있다.

○ 공익목적사업구분과 기타사업부문의 구분은 공익법인 정관상 공익목적사업에 해당하는지 여부로 결정한다.

– 공익법인에서 여러 가지 사업활동을 수행하고 있는 경우 각 사업활동을 공익목적 사업과 기타사업으로 구분해야 하며, 이때 각 사업활동이 정관에서 규정하고 있는 공익목적사업인지 여부에 따라 결정한다.

– 예를 들어, 장학사업을 하고 있는 공익법인이 기본순자산인 건물의 임대사업을 통해 장학금의 재원마련을 하는 경우에는 장학사업은 공익목적사업부문, 임대사업은 기타사업부문으로 구분한다.

3. 발생주의 복식부기 기반의 재무보고

□ 상당수의 공익법인은 현금주의 회계원칙에 따라 단식부기 방식으로 결산을 수행하고 있다.

○ 특히, 규모가 작은 공익법인은 사용상의 편리함으로 인해 단식부기 방식을 사용하고 있다. 사회복지법인의 경우 단식부기를 원칙으로 하고 있으며, 예외적으로 복식부기를 적용한다.

○ 현금주의 회계원칙에 따른 단식부기 방식은 현금의 유·출입에 따라 거래를 인식하기 때문에 현금자산의 증감내역만을 반영한다. 따라서 유형자산 매매 등으로 인해 법인의 손익이 왜곡될 수 있으며, 정확한 손익 산출과 그 증감 원인에 대한 정보를 파악하기 어렵다. 또한 검증기능이 존재하지 않기 때문에 규모가 커지거나, 거래가 빈번해 질 경우 공익법인의 재무상태를 관리하는 데 한계가 있다. 마지막으로 경제적 실질을 제대로 반영하지 못해 자산과 부채가 인식되지 않는 등 재무상태가 왜곡될 우려가 있다.

□ 공익법인의 재무제표는 발생주의 회계원칙에 따라 복식부기 방식으로 작성되어야 한다(제4조).

○ 발생주의 회계원칙은 현금의 유·출입과 관계없이 경제적 사건이 발생한 시점에 수익과 비용을 인식하는 방법을 의미한다.

– 예를 들어, 외상매입금, 미지급이자비용, 미지급보험료 등과 같이 현금유출입이 발생하지 않았지만 경제적 효익의 유출입이 예상되는 거래의 경우 현금주의 회계원칙에서는 비용을 인식하지 않는 반면, 발생주의에서는 비용으로 인식한다. 이러한

발생주의 회계원칙은 공익법인의 과거의 성과평가와 미래의 성과예측 등의 근거자료로 활용될 수 있다.

○ 복식부기 방식은 재무상태 또는 재무성과의 변화가 일어나는 거래가 발생할 경우 차변과 대변으로 구분하여 이중으로 기록하는 방법이다

− 거래를 차변과 대변에 이중으로 기록함에 따라 차대변이 균형차변의 합계와 대변의 합계가 같은 값)을 이루게 된다. 이에 따라 복식부기는 자기검증을 가능하게 하여 오류가능성을 감소시키며, 또한 손익을 쉽게 파악할 수 있다는 장점이 있다.

4. 공익법인의 재무제표 종류

☐ 공익법인의 재무제표는 재무상태표, 운영성과표, 주석으로 구성되어야 한다(제5조).

○ 재무제표는 공익법인의 특수성으로 인해 일반기업의 필수 재무제표(재무상태표, 손익계산서, 자본변동표, 현금흐름표, 주석)와 상이하다.

○ 공익법인은 운영성과표를 사용하여 일반기업의 손익계산서를 대신한다

− 공익사업을 수행하는 특성상 공익목적사업의 활동 내역을 사업수행비용을 통해 비교적 상세하게 표현하는 운영성과표가 영업이익, 당기순이익 등의 경영성과를 측정하는 손익계산서에 비해 적합하다.

○ 재무제표 구성항목 중 자본변동표와 현금흐름표는 제외된다

− 공익법인의 순자산은 주주간의 거래가 없어 일반기업에 비해 단순하여, 순자산에 대한 변동내역을 필수 재무제표가 아닌, 주석으로 공시하도록 한다 또한 공익법인은 수지계산서 및 자금계산서 등을 통해 현금흐름을 파악할 수 있기 때문에 공익법인의 재무제표 작성 비용과 노력을 경감하고자 현금흐름표의 작성을 의무화하지 않았다.

5. 공익법인의 특수성 반영

☐ 공익법인회계기준에 따라 회계처리 및 재무제표를 작성해야 하며 기준에서 정하지 아니한 사항은 일반기업회계기준에 따른다(제6조).

○ 공익법인회계기준에서는 공익법인의 회계처리에서 중요한 사항에 대한 원칙을 규정하고, 그 외 사항은 일반기업회계기준을 따르도록 규정한다. 공익법인회계기준에서는

공익법인의 재무제표 양식, 고유목적사업준비금 인식, 순자산의 구분, 수익·비용의 인식과 분류, 자산·부채의 평가 및 주석에 관한 내용을 규정한다.

○ 다수의 공익법인은 그동안 일반기업회계기준을 준용하여 재무제표를 작성하였기에 실무적인 부담을 최소화하기 위해 일반기업회계기준을 보조적으로 사용하도록 규정한다.

‒ 한국채택국제회계기준(K‒IFRS)은 상장기업들이 적용하도록 의무화 되어 있으며, 국제회계기준에 따라 재무제표를 작성할 경우 많은 전환비용과 노력을 수반하기 때문에 비교적 소규모인 공익법인에 도입하기에는 무리가 따른다. 또한, 현행 공익법인회계기준은 중소기업회계기준과 유사한 수준의 기준체계로 중소기업회계기준과 마찬가지로 본 기준에서 정하지 않은 사항은 일반기업회계기준을 따르도록 규정한다.

○ 공익법인 중 사업의 특수성에 따라 회계처리 및 재무제표 작성에 관하여 다른 법령에서 특별한 규정이 있는 경우(발생주의·복식부기)에는 이를 따르도록 규정한다.

‒ 교육기관은 「사립학교법」에 의해 「사학기관 재무·회계 규칙 및 특례규칙」을 적용하며, 의료기관은 「의료법」에 의해 「의료기관 회계기준 규칙」을 적용한다. 또한 공기업·준정부기관에 포함되는 「공익법인은 공기업·준정부기관 회계기준」을 적용한다.

제6조【다른 법령과의 관계 등】
① 공익법인의 회계처리 및 재무제표 작성에 관하여 이 기준에서 정하지 아니한 사항은 일반기업회계기준에 따른다.
② 제4조 제2항 및 제3항에 따른 공익법인의 회계처리 및 재무제표 작성에 관하여 다른 법령에서 특별한 규정이 있는 경우 외에는 이 기준에 따른다.

6. 공익법인회계기준 구성

공익법인회계기준은 위에서 언급한 기본원리에 따라 제정되었으며 총 5개의 장과 43개의 조문, 부칙과 별지 서식으로 구성된다.

〈표 Ⅰ-2〉 공익법인회계기준의 구성

구 분	내 용
제1장 총칙	제1조(목적)
	제2조(적용)
	제3조(보고실체)
	제4조(복식부기와 발생주의)
	제5조(재무제표)
	제6조(다른 법령과의 관계 등)
	제7조(회계정책, 회계추정의 변경 및 오류수정)
	제8조(재무제표의 구분·통합 표시)
	제9조(비교재무제표의 작성)
제2장 재무상태표	제10조(재무상태표의 목적과 작성단위)
	제11조(재무상태표 작성기준)
	제12조(유동자산)
	제13조(투자자산)
	제14조(유형자산)
	제15조(무형자산)
	제16조(기타비유동자산)
	제17조(유동부채)
	제18조(비유동부채)
	제19조(고유목적사업준비금)
	제20조(기본순자산)
	제21조(보통순자산)
	제22조(순자산조정)
제3장 운영성과표	제23조(운영성과표의 목적과 작성단위)
	제24조(운영성과표 작성기준)
	제25조(사업수익)
	제26조(기부금 등의 수익인식과 측정)
	제27조(사업비용)
	제28조(사업외수익)

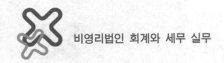

구 분	내 용
	제29조(사업외비용)
	제30조(공통수익 및 비용의 배분)
	제31조(고유목적사업준비금 전입액과 환입액)
	제32조(법인세비용)
제4장 자산·부채의 평가	제33조(자산의 평가기준)
	제34조(미수금, 매출채권 등의 평가)
	제35조(유형자산과 무형자산의 평가)
	제36조(유형자산의 재평가)
	제37조(유가증권의 평가)
	제38조(퇴직급여충당부채의 평가)
	제39조(공통자산·부채의 배분)
제5장 주석	제40조(주석의 정의)
	제41조(필수적 주석기재사항)
	제42조(선택적 주석기재사항)
	제43조(주석기재방법)
부칙	제1조(시행일)
	제2조(일반적 적용례)
	제3조(재무제표 작성 적용례)
	제4조(재무제표 작성 경과규정)
	제5조(소규모 공익법인의 한시적 단식부기 등 적용특례)
별지 제1호 서식	재무상태표
별지 제2호 서식	운영성과표

II. 공익법인회계기준 적용범위

1. 공익법인의 개념 및 범위

□ 공익법인회계기준에서 의미하는 공익법인이란 「법인세법」상 비영리법인으로서 「상속세 및 증여세법」 제16조 제1항의 법인*을 의미한다.

   * 종교·자선·학술 또는 그 밖의 공익을 목적으로 하는 사업을 하는 자

가. 「법인세법」 - 비영리법인

□ 「법인세법」상 비영리법인은 내국법인 중 다음에 해당하는 법인(「법인세법」 제1조 제2호)이다.

ㅇ 「민법」 제32조에 따라 설립된 법인

   – 「민법」은 법인을 영리법인과 비영리법인으로 구분하며 학술, 종교, 자선, 기예, 사교 기타 영리 아닌 사업을 목적으로 하는 주무관청의 허가를 받은 사단 또는 재단을 비영리법인으로 본다.

ㅇ 「사립학교법」이나 그 밖의 특별법에 따라 설립된 법인으로서 「민법」 제32조에 규정된 목적과 유사한 목적을 가진 법인

ㅇ 「국세기본법」 제13조 제4항에 따른 법인으로 보는 단체*

   * 예) 공익을 목적으로 출연(出捐)된 기본재산이 있는 재단으로서 등기되지 아니한 것 등

나. 「상속세 및 증여세법」 - 공익법인

□ 「상속세 및 증여세법」상 공익법인은 시행령 및 시행규칙에서 열거하고 있는 사업을 수행하는 법인으로 한정하여 보다 상세하게 규정하고 있다.

ㅇ 「상속세 및 증여세법 시행령」 제12조 및 동법 시행규칙 제3조에서 열거하고 있는 공익법인은 다음과 같다.

| 상속세 및 증여세법 시행령 제12조 【공익법인 등의 범위】 |

1. 종교의 보급 기타 교화에 현저히 기여하는 사업
2. 「초·중등교육법」 및 「고등교육법」에 의한 학교, 「유아교육법」에 따른 유치원을 설립·경영하는 사업
3. 「사회복지사업법」의 규정에 의한 사회복지법인이 운영하는 사업

4. 「의료법」에 따른 의료법인이 운영하는 사업

5. 「공익법인의 설립·운영에 관한 법률」의 적용을 받는 공익법인이 운영하는 사업

6. 예술 및 문화에 현저히 기여하는 사업 중 영리를 목적으로 하지 아니하는 사업으로서 관계 행정기관의 장의 추천을 받아 기획재정부장관이 지정하는 사업

7. 공중위생 및 환경보호에 현저히 기여하는 사업으로서 영리를 목적으로 하지 아니하는 사업

8. 공원 기타 공중이 무료로 이용하는 시설을 운영하는 사업

9. 「법인세법 시행령」 제36조 제1항 제1호 각목의 규정에 따른 지정기부금단체 등 및 「소득세법 시행령」 제80조 제1항 제5호에 따른 기부금대상민간단체가 운영하는 고유목적사업. 다만, 회원의 친목 또는 이익을 증진시키거나 영리를 목적으로 대가를 수수하는 등 공익성이 있다고 보기 어려운 고유목적사업을 제외한다.

10. 「법인세법 시행령」 제36조 제1항 제2호 다목에 해당하는 기부금을 받는 자가 해당 기부금으로 운영하는 사업. 다만, 회원의 친목 또는 이익을 증진시키거나 영리를 목적으로 대가를 수수하는 등 공익성이 있다고 보기 어려운 고유목적사업은 제외한다.

11. 제1호 내지 제5호·제7호 또는 제8호와 유사한 사업으로서 기획재정부령이 정하는 사업

│상속세 및 증여세법 시행규칙 제3조 【공익법인 등의 범위】│

시행령 제12조 제11호에서 "기획재정부령이 정하는 사업"이라 함은 다음 각 호의 어느 하나에 해당하는 것을 말함

1. 「산업기술혁신 촉진법」 제42조에 따라 허가받은 한국전자파연구원이 동법 제42조 제3항에 따라 운영하는 사업

2. 「중소기업진흥 및 제품구매촉진에 관한 법률」에 의한 중소기업진흥공단이 운영하는 사업으로서 같은 법 제74조 제1항 제20호에 따른 사업

3. 「한국과학기술원법」 기타 특별법에 의하여 설립되었거나 육성되는 법인이 운영하는 사업으로서 「공익법인의 설립·운영에 관한 법률 시행령」 제2조에 해당하는 사업

4. 「법인세법」 제24조 제2항 제4호 나목·마목, 같은 항 제5호부터 제7호까지 및 같은 법 시행규칙 별표 6의 3 제32호에 따른 기부금을 받은 자가 해당 기부금으로 운영하는 사업

5. 「여신전문금융업법」 제62조에 따른 여신전문금융업협회가 금융사고를 예방하기 위하여 같은 법 시행령 제6조의 13 제1항에 따른 영세한 중소신용카드가맹점의 신용카드 단말기 교체를 지원하는 사업

6. 「정보통신기반 보호법」 제16조에 따른 정보공유·분석센터로서 「민법」 제32조 및 「금융위원회 소관 비영리법인의 설립 및 감독에 관한 규칙」에 따라 설립된 비영리법인이 금융 분야의 주요 정보통신기반시설에 대한 침해사고 예방, 취약점의 분석·평가 등 금융 분야 정보통신기반시설을 보호하기 위하여 운영하는 사업

7. 「민법」 제32조에 따라 여성가족부장관의 허가를 받아 설립된 비영리법인이 외국 정부가 조성한 자금으로 일본군으로부터 직접적인 피해를 입은 자를 지원하기 위하여 운영하는 사업

8. 삭제

9. 삭제

10. 삭제
11. 「상공회의소법」에 의한 대한상공회의소가 「근로자직업능력 개발법」에 따라 운영하는 직업능력개발사업 및 「유통산업발전법」 제2조 제1호에 따른 유통산업을 지원하는 사업
12. 「중소기업협동조합법」에 따른 중소기업중앙회가 운영하는 중소기업연수사업, 중소기업상품전시사업(국외의 전시장 설립 및 박람회 참가사업을 포함한다) 및 중소기업글로벌지원센터(중소기업이 공동으로 이용하는 중소기업 지원시설만 해당한다)의 건립·운영사업
13. 「산업집적활성화 및 공장설립에 관한 법률」에 의한 산업단지관리공단 및 한국산업단지공단이 「사회복지사업법」에 의하여 운영하는 사회복지사업
14. 삭제
15. 「지역균형개발 및 지방중소기업 육성에 관한 법률」에 의한 지역중소기업종합지원센터가 운영하는 지방중소기업지원사업
16. 삭제
17. 「근로복지기본법」에 따른 근로복지진흥기금이 출연하여 설립한 비영리법인으로서 「민법」 제32조에 따라 주무부장관의 허가를 받아 설립된 영유아보육시설이 운영하는 사업
18. 「보험업법」 제175조에 따른 보험협회가 생명보험 사회공헌사업 추진을 위한 협약에 따라 사회공헌기금 등을 통하여 수행하는 사회공헌사업
19. 「노동조합 및 노동관계조정법」 제10조 제2항에 따른 총연합단체인 노동조합이 시행하는 노사상생협력증진에 관한 교육·상담 사업, 그 밖에 선진 노사문화 정착과 노사 공동의 이익증진을 위한 사업으로서 고용노동부장관이 정하는 사업

- 「상속세 및 증여세법」상 공익법인에 해당하지 않는 기관은 위에 열거되지 않은 국가기관사업, 정당, 조합법인, 영리기업의 사업자단체, 사내근로복지기금, 인가받지 아니한 유치원이 수행하는 사업, 공원묘원 및 납골당 등을 예로 들 수 있다.
○ 「법인세법」상 비영리법인의 경우 반드시 사회이익을 목적으로 하지 않아도 되는 반면, 「상속세 및 증여세법」상 공익법인은 공익을 사업 목적으로 하는 법인으로 제한하는 차이가 있다.

다. 「공익법인의 설립·운영에 관한 법률」 - 공익법인

□ 「공익법인의 설립·운영에 관한 법률」에 따른 공익법인은 사회일반의 이익에 이바지하기 위하여 학자금·장학금 또는 연구비의 보조나 지급, 학술·자선에 관한 사업을 목적으로 하는 법인으로 규정한다.
○ 「공익법인의 설립·운영에 관한 법률」은 「민법」을 보완하기 위한 특별법이면서, 「상속세 및 증여세법」상 공익법인 중 일정한 목적사업을 수행하는 공익법인으로 한정하

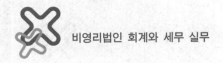

여 규정하고 있으므로 「공익법인의 설립·운영에 관한 법률」상 공익법인은 「상속세 및 증여세법」상 공익법인의 일부로 볼 수 있다.

〈그림 Ⅱ - 1〉 법률에 따른 공익법인 범위 비교

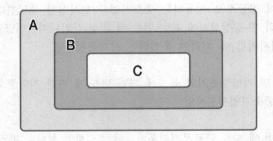

A : 「법인세법」 상 비영리법인
B : 「상속세 및 증여세법」 상 공익법인
C : 「공익법인의 설립·운영에 관한 법률」 상 공익법인

* 출처 : 국세청, 2018년 공익법인 세무안내

2. 공익법인 현황 및 공익법인회계기준 적용대상

가. 공익법인 현황

□ 국세통계연보에 따르면 2016년 기준 공익법인으로 등록된 법인 수는 총 33,888개이고 그 중 종교법인이 17,978개로 가장 큰 비중을 차지하고 있으며, 학술·장학, 사회복지, 교육 등의 순서로 구성되어 있다.

〈표 Ⅱ - 1〉 사업목적별 공익법인 현황   (단위 : 개)

	종교	사회복지	교육사업	학술·장학	예술문화	의료목적	기타	합 계
2012년	17,708	3,093	1,702	3,394	743	759	2,110	29,509
2013년	17,629	3,135	1,704	3,510	783	817	2,271	29,849
2014년	17,542	3,119	1,697	3,499	786	813	2,276	29,732
2015년	18,360	3,537	1,770	4,455	1,367	1,001	4,253	34,743
2016년	17,978	3,461	1.736	4,369	1,331	953	4,060	33,888

* 출처: 2017 국세통계연보

□ 공익법인은 「민법」 및 각종 개별법에 근거하여 설립되며, 각 유형별 회계기준은 <표
  Ⅱ-2>와 같다.

〈표 Ⅱ-2〉 공익법인 유형별 설립근거 및 회계기준 예시

유형	설립근거법	회계기준	비고
종교	「민법」, 기타특별법 등	「교회회계기준」(불교 등 회계기준 없음) 등	복식부기
사회복지	「사회복지사업법」 등	「사회복지법인 및 사회복지 시설 재무·회계규칙」 등	단식부기
교육	「사립학교법」 등	「사학기관 재무·회계 규칙 및 특례규칙」 등	복식부기 (유치원, 공립초·중등은 단식)
학술장학	「공익법인의 설립·운영에 관한 법률」 등	없음	–
예술문화	「문화예술진흥법」 등	없음	–
의료	「의료법」 등	「의료기관 회계기준 규칙」 등	복식부기

나. 공익법인회계기준 관련 규정

□ 공익법인 등에 적용되는 회계기준은 「상속세 및 증여세법」 제50조의 4, 「상속세 및
  증여세법 시행령」 제43조의 4에 따라 기획재정부에서 제정·고시하였다.

○ 공익법인회계기준 실무지침에서는 공익법인회계기준 제정에 대한 기본원리, 적용범
  위, 재무제표 개요 및 작성기준 등 주요 실무해설을 다루고 있다

〈그림 Ⅱ-2〉 공익법인회계기준 법적 체계도

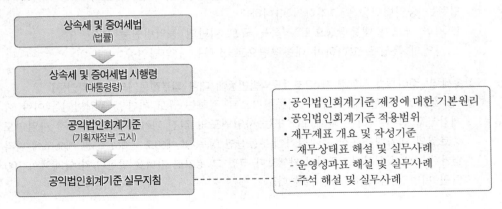

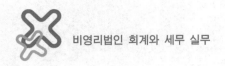

다. 공익법인회계기준 적용대상 공익법인

□ 「상속세 및 증여세법」 제50조 제3항에 따라 회계감사를 받는 공익법인 및 동법 제50
   조의 3에 따라 결산서류 등을 공시하는 공익법인이 공익법인회계기준 적용대상이다.

○ (회계감사) 직전 과세기간 또는 직전 사업연도 종료일의 총자산가액이 100억원 이상
   인 공익법인은 과세기간별 또는 사업연도별로 「주식회사의 외부감사에 관한 법률」
   제3조에 따른 감사인에게 회계감사를 받아야 한다.

○ (결산서류 공시) 해당 과세기간 또는 사업연도 종료일의 총자산가액이 5억원 이상 또
   는 수입금액이 3억원 이상인 공익법인은 과세기간 또는 사업연도 종료일부터 4개월
   이내에 국세청 홈페이지에 결산서류를 공시할 의무가 있다.

〈표 Ⅱ-3〉 사업목적별 의무공시 공익법인 현황 (단위 : 개)

	사회복지	교육사업	학술·장학	예술문화	의료목적	기타	합 계
2015년	2,068	1,614	2,214	517	969	1,203	8,585
2016년	2,160	1,639	2,318	577	982	1,317	8,993

* 출처: NPO가이드스타 23호 (2018년 2월호)

상속세 및 증여세법 제50조의 4 【공익법인등에 적용되는 회계기준】
① 공익법인등(사업의 특성을 고려하여 대통령령으로 정하는 공익법인등은 제외한다)은 제
   50조 제3항에 따른 회계감사의무 및 제50조의 3에 따른 결산서류 등의 공시의무를
   이행할 때에는 대통령령으로 정하는 회계기준을 따라야 한다.

상속세 및 증여세법 제50조 【공익법인등의 세무확인 및 회계감사의무】
③ 공익법인등은 과세기간별 또는 사업연도별로 「주식회사의 외부감사에 관한 법률」 제
   3조에 따른 감사인에게 회계감사를 받아야 한다. 다만, 다음 각 호의 어느 하나에 해
   당하는 공익법인등은 그러하지 아니하다.
   1. 자산 규모가 대통령령으로 정하는 규모 미만인 공익법인등
   2. 사업의 특성을 고려하여 대통령령으로 정하는 공익법인등

상속세 및 증여세법 시행령 제43조 【공익법인등에 대한 외부전문가의 세무확인등】
③ 법 제50조 제3항 제1호에서 "대통령령으로 정하는 규모 미만인 공익법인등"이란 회
   계감사를 받아야 하는 과세기간 또는 사업연도의 직전 과세기간 또는 직전 사업연도
   종료일의 대차대조표상 총자산가액(부동산인 경우 법 제60조·제61조 및 제66조에 따라
   평가한 가액이 대차대조표상의 가액보다 크면 그 평가한 가액을 말한다)의 합계액이 100
   억원 미만인 공익법인등을 말한다.

④ 법 제50조 제3항 제2호에서 "대통령령으로 정하는 공익법인등"이란 제12조 제1호 및 제2호의 사업을 영위하는 공익법인등을 말한다.

상속세 및 증여세법 제50조의 3 【공익법인등의 결산서류 등의 공시의무】
① 공익법인등(자산 규모, 사업의 특성 등을 고려하여 대통령령으로 정하는 공익법인등은 제외한다. 이하 이 조에서 같다)은 다음 각 호의 서류 등(이하 이 조에서 "결산서류 등"이라 한다)을 해당 공익법인등의 과세기간 또는 사업연도 종료일부터 4개월 이내에 대통령령으로 정하는 바에 따라 국세청의 인터넷 홈페이지에 게재하는 방법으로 공시하여야 한다.
  1. 재무상태표
  2. 운영성과표
  3. 기부금 모집 및 지출 내용
  4. 해당 공익법인등의 대표자, 이사, 출연자, 소재지 및 목적사업에 관한 사항
  5. 주식보유 현황 등 대통령령으로 정하는 사항

상속세 및 증여세법 시행령 제43조의 3 【공익법인등의 결산서류 등의 공시의무】
① 법 제50조의 3 제1항 각 호 외의 부분에서 "대통령령으로 정하는 공익법인등"이란 다음 각 호의 어느 하나에 해당하는 공익법인등을 말한다.
  1. 법 제50조의 3 제1항에 따른 결산서류 등(이하 이 조에서 "결산서류 등"이라 한다)의 공시대상 과세기간 또는 사업연도의 종료일 현재 재무상태표상 총자산가액(부동산인 경우 법 제60조·제61조 및 제66조에 따라 평가한 가액이 재무상태표상의 가액보다 크면 그 평가한 가액을 말한다)의 합계액이 5억원 미만인 공익법인등. 다만, 해당 과세기간 또는 사업연도의 수입금액과 그 과세기간 또는 사업연도에 출연받은 재산가액의 합계액이 3억원 이상인 공익법인등은 제외한다.
  2. 제12조 제1호의 사업을 영위하는 공익법인등

□ 「상속세 및 증여세법」상 공익법인 중 다음에 해당하는 경우 공익법인회계기준 적용대상에서 제외한다.

○ 종교의 보급 기타 교화에 현저히 기여하는 사업을 운영하는 종교법인 등은 사업의 특성을 고려하여 결산서류 등의 공시의무가 없어 공익법인회계기준 적용대상에서 제외한다.

○ 「의료법」에 따른 의료법인 또는 「사립학교법」에 따른 학교법인 등은 해당 근거법률에 따른 별도의 회계기준이 존재하며, 그 특수성을 인정하여 공익법인회계기준 적용대상에서 제외한다(상속세 및 증여세법 시행령 제43조의 4).

○ 복식부기와 발생주의에 따른 회계처리 및 재무제표 작성에 관하여 다른 법령에서 특

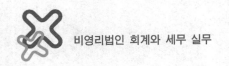
별한 규정이 있는 경우에는 해당 회계기준을 공익법인회계기준에 우선하여 적용하도록 적용 예외 규정을 두고 있다(공익법인회계기준 제6조).

- 공기업·준정부기관의 경우「공공기관의 운영에 관한 법률」에 따라「공기업·준정부기관 회계사무규칙」및「공기업·준정부기관 회계기준」에 따라 회계처리 하도록 되어있으므로 공익법인회계기준에 우선하여「공기업·준정부기관 회계기준」을 적용한다.

- 기타공공기관 중에서 관련 법령에 의해 별도의 회계기준이 있는 경제인문사회 연구기관, 과학기술분야 정부출연연구기관, 특정연구기관 등의 경우에도 공익법인회계기준에 우선하여 해당 회계기준을 적용한다.

- 이 밖에도 관련 법령에 따라 발생주의·복식부기를 기반으로 하는 회계기준을 별도로 마련한 경우 공익법인회계기준 적용대상에서 제외한다.

〔주의사항〕 공익법인회계기준 적용 대상의 판단

- 공익법인이 관련 법령에 근거하지 않고 일반기업회계기준, K-IFRS 등을 적용하여 재무제표 등을 작성하고 있는 경우 공익법인회계기준을 적용하는 것이 원칙
(공익법인회계기준은 일반기업회계기준이나 K-IFRS에서 언급하고 있지 않은 기부금, 순자산 등 공익법인 특성을 감안한 기준으로 이를 적용할 경우 공익법인의 재무상태 및 운영성과를 명확하게 표시하기에 적절함)
- 관련 법령 등에「공익법인법 시행령」에서와 같이 '기업회계의 원칙에 따라 처리한다.' 같은 규정의 경우 별도의 회계기준이라고 보기 어려움.

☐ 참고로, 공익법인회계기준 적용대상을 도식화하면 <그림 Ⅱ-3>과 같다.

〈그림 Ⅱ-3〉 공익법인회계기준 적용대상

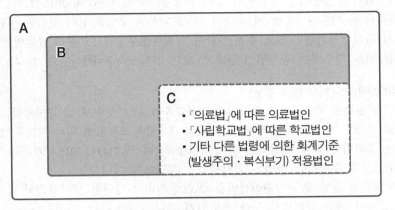

A : 상속세 및 증여세법 상 공익법인
B : 외부감사의무법인 또는 의무공시대상법인
　　→ 공인법인회계기준 적용대상
C : 공익법인회계기준 적용제외대상

☐ 소규모 공익법인의 경우 공익법인회계기준 적용 부담을 완화하기 위하여 한시적으로 단식부기를 적용 할 수 있다(공익법인회계기준 부칙 제5조).

○ 일정 조건을 만족하는 공익법인은 2018년 1월 1일 이후 최초로 개시하는 회계연도와 그 다음 회계연도에 단식부기 적용 허용 및 필수적 주석기재사항 생략이 가능하다

－ 2018년 1월 1일 이후 최초로 개시하는 회계연도의 직전 회계연도 종료일의 총자산가액의 합계액이 20억원 이하인 공익법인

－ 2018년 1월 1일부터 2018년 12월 31일까지의 기간 중에 신설되는 공익법인

라. 공익법인회계기준 적용대상 판단

☐ 각 공익법인이 공익법인회계기준을 적용해야 하는지에 대한 판단 시 쟁점이 될 수 있는 사항은 다음 2가지라고 할 수 있다.

○ 해당 법인이 「상속세 및 증여세법」에서 규정하는 공익법인인가?

○ 「상속세 및 증여세법」에서 규정하는 공익법인에 해당한다면 공익법인회계기준을 적용해야 하는가?

☐ 공익법인이 「상속세 및 증여세법」에서 규정하는 공익법인에 해당하는지에 대해서는 국세청 및 관할세무서에 관련 질의를 통해 해당 여부의 판단이 가능하다.

〔공익법인에 해당하는 경우〕
- 환경보호에 현저히 기여하는 사업으로서 영리를 목적으로 하지 아니하는 사업을 영위하는 법인은 상증법상 공익법인 등에 해당함(상속증여 - 5728, 2016.11.30.).
- 「박물관 및 미술관진흥법」에 의하여 시·도지사의 승인을 받아 설립한 사립박물관으로서 관계행정기관의 장의 추천을 받아 기획재정부장관으로부터 공익법인 등으로 지정을 받은 경우에는 공익법인 등으로 보는 것임(상속증여세과 - 72, 2014.3.31.).

〔공익법인에 해당하지 않는 경우〕
- 개인이 설립한 학교형태의 학력인정 평생교육시설은 「상속세 및 증여세법」 제48조 및 동법 시행령 제12조 제2호의 규정에 따라 초·중등교육법에 의한 학교를 설립·경영하는 공익법인 등에 해당하지 아니함(법령해석재산 - 21431, 2015.4.10.).
- 공원묘원을 운영하는 사업은 공익사업에 해당하지 아니함
  공원묘원의 운영 및 위탁관리사업을 주로 영위하는 재단법인은 「상속세 및 증여세법」의 규정에 의한 공익법인 등에 포함되지 아니함(재산 - 141, 2010.3.9.).

* 출처 : 2018년 공익법인 세무안내

□ 「상속세 및 증여세법」에서 규정하는 공익법인에 해당하는 경우, 공익법인회계기준 적용대상인지에 대해서는 기획재정부 또는 기획재정부로부터 공익법인회계기준의 운영에 관한 업무를 위탁받을 예정인 한국조세재정연구원 국가회계재정통계센터에 질의를 통해 해당 여부에 대한 판단이 필요하다.

Ⅲ. 재무제표 개요 및 작성기준

□ 공익법인 재무제표는 기말 현재 자산, 부채, 순자산을 보고하는 재무상태표와 일정 기간에 대한 운영성과를 보고하는 운영성과표 및 이에 대한 주석으로 구성된다

1장 재무제표 작성원칙

1. 재무제표 작성의 일반원칙

□ 구분표시

재무제표는 공익법인의 재무상태와 운영성과를 명확하게 나타낼 수 있도록 구분·표시 해야 한다. 재무상태표는 자산, 부채, 순자산으로 구분하고 중요성의 원칙에 따라 세부항목 으로 구분 표시한다

운영성과표는 회계연도의 모든 수익과 비용을 사업수익, 사업비용, 사업이익, 사업외수 익·비용, 고유목적사업준비금전입·환입액, 법인세비용차감전 당기운영이익, 법인세비용, 당기운영이익으로 구분하여 표시해야 한다

□ 비교표시

재무제표의 기간별 비교가능성을 제고하기 위하여 전기 재무제표상의 모든 계량정보를 당기와 비교하는 형식으로 표시해야한다 다만, 이 기준이 최초 적용되는 재무제표에 대하 여는 제9조에 따른 비교재무제표를 작성하지 아니할 수 있다

> 제9조 【비교재무제표의 작성】
> ① 재무제표의 기간별 비교가능성을 제고하기 위하여 전기 재무제표상의 모든 계량정보 를 당기와 비교하는 형식으로 표시한다
> ② 전기 재무제표상의 비계량정보가 당기 재무제표를 이해하는 데 관련된 경우에는 이 를 당기의 정보와 비교하여 주석으로 기재한다
>
> 〔부칙〕 제3조 【재무제표 작성 적용례】
> 이 기준이 최초 적용되는 재무제표에 대하여는 제9조에 따른 비교재무제표를 작성하지 아니할 수 있다.

□ **재무제표 계정 세분화**

공익법인회계기준은 재무상태표 및 운영성과표에 대하여 별지(제1호, 제2호) 서식을 참고하여 작성하도록 규정하고 있다. 다만, 공익법인이 필요하다고 판단되는 경우 중요한 항목에 대하여 세분화하여 재무제표에 표시하거나 주석으로 기재할 수 있다

(사례 1 - 1) 투자자산의 구분표시

<별지 제1호 서식에 따른 재무제표>

과　　목	금　액
투자자산	**1,000**
장기성예적금	400
장기투자증권	400
장기대여금	200

➡ <중요성에 따른 계정세분화 예시>

과목	금액
투자자산	**1,000**
장기성예적금	**400**
정기예금	300
기타금융상품	100
장기투자증권	**400**
매도가능증권	250
주식	100
출자금	50
기타유가증권	100
만기보유증권	150
장기대여금	**200**

제8조【재무제표의 구분·통합 표시】
중요한 항목은 재무제표의 본문 또는 주석에 그 내용을 가장 잘 나타낼 수 있도록 구분하여 표시한다.

제27조【사업비용】
④ 사업수행비용은 세부사업별로 추가 구분한 정보를 운영성과표 본문에 표시하거나 주석으로 기재할 수 있다
⑤ 사업수행비용, 일반관리비용, 모금비용에 대해서는 각각 다음 각 호와 같이 분배비용, 인력비용, 시설비용, 기타비용으로 구분하여 분석한 정보를 운영성과표 본문에 표시하거나 주석으로 기재한다 다만, 공익법인이 필요하다고 판단하는 경우에는 더 세분화된 정보를 운영성과표 본문에 표시하거나 주석으로 기재할 수 있다

2. 회계정책 및 회계추정의 변경과 오류수정

□ 회계정책의 선택과 적용

'회계정책'이란 회사가 재무보고목적으로 선택한 회계기준과 그 적용방법을 말한다. 공익법인회계기준에서 여러 회계정책 중 하나를 선택할 수 있도록 허용한 규정이 있는 경우복수의 회계정책 중 하나를 선택할 수 있다. 재무제표 작성 시 채택한 회계정책 및 회계추정은 비슷한 종류의 거래에도 동일하게 적용해야 한다.

제7조 【회계정책, 회계추정의 변경 및 오류수정】
① 재무제표를 작성할 때 채택한 회계정책이나 회계추정은 비슷한 종류의 사건 또는 거래의 회계처리에도 동일하게 적용한다.

□ 회계정책, 회계추정의 변경

'회계변경'이란 회계기준이나 법 개정, 경제 및 경영환경의 변화 등으로 기존에 채택하고 있는 회계정책이나 회계추정 방법을 다른 방법으로 변경하는 것을 말한다. 회계변경은 '회계정책의 변경'과 '회계추정의 변경'으로 구분된다.

〈그림 Ⅲ-1〉 회계변경의 회계처리

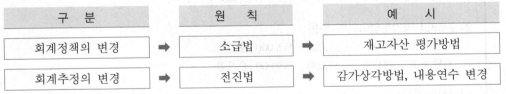

구 분	원 칙	예 시
회계정책의 변경	소급법	재고자산 평가방법
회계추정의 변경	전진법	감가상각방법, 내용연수 변경

'회계정책의 변경'이란 공익법인이 종전 재무제표의 작성에 적용하던 회계정책을 다른 회계정책으로 바꾸는 것을 말한다. 회계정책은 공익법인회계기준이 개정되어 기준에서 변경을 요구하거나, 회계정책의 변경을 반영한 재무제표가 신뢰성 있고 더 목적적합한 정보를 제공하는 경우에만 변경할 수 있다. 회계정책의 변경의 예로는 재고자산평가방법의 변경 등이 있다. 회계정책을 변경하는 경우에는 변경된 회계정책을 소급하여 적용하며 소급적용에 따른 수정사항을 반영하여 비교재무제표를 재작성한다. 다만, 회계정책의 변경에 따른 누적효과를 합리적으로 결정하기 어려운 경우에는 회계변경을 전진적으로 처리하여

그 효과가 당기와 당기 이후의 기간에 반영되도록 할 수 있다

(사례 1 - 2) 회계정책의 변경

A공익법인은 전통문화를 보전하기 위한 일환으로 전통문화상품몰을 운영하고 있다. 2x18년 A공익법인은 재고자산평가방법을 총평균법에서 선입선출법으로 변경하기로 하였다. 각 방법에 따른 재고자산의 기초, 기말 금액은 다음과 같다.

구 분	총평균법	선입선출법
기초	₩50,000	₩55,000
기말	₩48,000	₩57,000

해설

기초재고 + 매입 = 매출원가 + 기말재고

1) 기초잉여금의 변동
- 기초재고 : 50,000 → 55,000 : ₩5,000 증가함.

<2×17년 기준>

$$기초재고 + 매입 = 매출원가 - 5,000 + 기말재고 + 5,000$$

- 2×17.12.31. 기말재고가 ₩5,000 증가하였으므로 매출원가는 ₩5,000이 감소한다. 매출원가 감소에 따라 2×17년 말 잉여금은 ₩5,000 증가한다.

2) 2×18년 당기운영이익의 변동
- 기초재고 : 50,000 → 55,000 : ₩5,000 증가함.
- 기말재고 : 48,000 → 57,000 : ₩9,000 증가함.

<2×18년 기준>

$$기초재고 + 5,000 + 매입 = 매출원가 - 4,000 + 기말재고 + 9,000$$

- 2×18년 기초재고가 ₩5,000 증가하고, 2×18년 말 재고가 ₩9,000 증가하여 매출원가는 ₩4,000 감소한다. 이에 따라 당기운영이익은 ₩4,000 증가한다.

'회계추정의 변경'은 환경의 변화, 새로운 정보의 입수 또는 경험의 축적에 따라 회계적 추정치의 근거와 방법 등을 바꾸는 것을 말한다. 대손의 추정, 감가상각자산에 내재된 미래 경제적 효익의 예상되는 소비형태의 유의적인 변동(감가상각방법 변경), 감가상각자산의 내

용연수 또는 잔존가치의 추정 등이 포함된다. 회계추정을 변경하는 경우에는 전진적으로 회계처리하여 그 효과를 당기와 그 이후의 회계연도에 반영한다.

(사례 1 - 3) 회계추정의 변경

B공익법인은 2×18년에 건물 감가상각과 관련하여 다음과 같이 내용연수를 변경하였다. (건물은 2×16년 1월 1일 ₩20,000,000에 취득해서 20년 내용연수로 정액법으로 감가상각)

구 분	변경 전	변경 후
감가상각방법	정액법	정액법
내용연수	20년	22년
잔존가치	0	0

<2×18.12.31.>
(차) 감가상각비   900,000   (대) 감가상각누계액   900,000

해 설

내용연수의 변경은 회계추정의 변경에 해당하며, 이 경우 전진적으로 회계처리하여 당기와 그 이후의 회계연도에 반영한다.

1) 2×18.1.1.(기초) 장부금액

취득원가   ₩20,000,000
감가상각누계액   (20,000,000 － 0) ÷ 20 × 2   (2,000,000)
장부금액   ₩18,000,000

2) 2×18년 감가상각비
18,000,000 ÷ 20(잔존내용연수)* = ₩900,000
 * 총 내용연수가 22년으로 변경되었으므로 현재 건물 구입 후2년 지난 시점의 잔존내용연수 (22년－2년)를 고려하여 계산한다.

제7조 【회계정책, 회계추정의 변경 및 오류수정】
② '회계정책의 변경'이란 재무제표의 작성에 적용하던 회계정책을 다른 회계정책으로 바꾸는 것을 말한다.
③ 이 기준에서 변경을 요구하거나, 회계정책의 변경을 반영한 재무제표가 신뢰성 있고 더 목적적합한 정보를 제공하는 경우에만 회계정책을 변경할 수 있다.

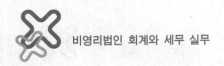
④ '회계추정의 변경'이란 환경의 변화, 새로운 정보의 입수 또는 경험의 축적에 따라 회계적 추정치의 근거와 방법 등을 바꾸는 것을 말한다. 이 경우 회계추정에는 대손의 추정, 감가상각자산에 내재된 미래 경제적 효익의 예상되는 소비형태의 유의적인 변동, 감가상각자산의 내용연수 또는 잔존가치의 추정 등이 포함된다.

⑤ 변경된 회계정책은 소급하여 적용하며 소급적용에 따른 수정사항을 반영하여 비교재무제표를 재작성한다.

⑥ 회계추정의 변경은 전진적으로 회계처리하여 그 효과를 당기와 그 이후의 회계연도에 반영한다.

□ 오류수정

'오류수정'이란 전기 또는 그 이전 회계연도의 재무제표에 포함된 회계오류를 당기에 발견하여 수정하는 것을 말한다. 회계오류는 회계기준을 잘못 적용하였거나 계산 실수, 판단의 잘못, 부정, 과실 또는 사실의 누락 등으로 인해 발생한다. 당기에 발견한 전기 또는 그 이전 회계연도의 오류는 당기 운영성과표에 사업외손익 중 전기오류수정손익으로 보고한다. 다만, 전기 또는 그 이전 회계연도에 발생한 중대한 오류의 수정은 비교재무제표를 재작성하여 반영한다. 중대한 오류는 재무제표의 신뢰성을 심각하게 손상할 수 있는 매우 중요한 오류를 말한다.

〈그림 Ⅲ-2〉 오류수정에 대한 회계처리

구 분		원 칙
중대한 오류	➡	소급법(잉여금조정)
중대하지 않은 오류	➡	전진법(당기손익)

(사례 1-4) 전기오류수정이익

2×17년 1월 1일 3년 만기 정기예금(이자율 3%, 만기 일시지급, 단리기준)에 1억원을 예치하였다.

2×17년 결산 시 정기예금의 이자수익을 인식하지 않았다.

2×18년 결산 시 2×17년 이자수익을 인식하지 않았다는 것을 확인하고 오류를 수정하였다. 해당 오류는 중대한 오류사항이 아니다.

<2×18.12.31.>			
(차) 미수수익	3,000,000	(대) 전기오류수정이익	3,000,000[1]
1) 100,000,000 × 3%			
(차) 미수수익	3,000,000	(대) 이자수익	3,000,000[2]
2) 100,000,000 × 3%			

제7조 【회계정책, 회계추정의 변경 및 오류수정】
⑦ '오류수정'이란 전기 또는 그 이전 회계연도의 재무제표에 포함된 회계적 오류를 당기에 발견하여 수정하는 것을 말한다.
⑧ 당기에 발견한 전기 또는 그 이전 회계연도의 오류는 당기 운영성과표에 사업외손익중 전기오류수정손익으로 보고한다. 다만, 전기 또는 그 이전 회계연도에 발생한 중대한 오류의 수정은 비교재무제표를 재작성하여 반영한다. 중대한 오류는 재무제표의 신뢰성을 심각하게 손상할 수 있는 매우 중요한 오류를 말한다.

3. 공익법인회계기준 최초 적용

공익법인회계기준을 적용하지 않았던 공익법인이 공익법인회계기준을 최초로 적용하는 경우 소급해서 적용하거나 전진적으로 처리할 수도 있다. 소급적용은 처음부터 공익법인회계기준을 적용하였다고 가정하고 재무제표를 작성하는 것이며, 전진적으로 처리하는 것은 공익법인회계기준 적용시점 이전의 회계처리는 그대로 인정하고 당기 및 그 이후의 회계연도에만 공익법인회계기준에 따라 회계처리하는 것이다.

일반적으로 회계기준을 최초 적용하는 경우 소급해서 적용하는 것이 원칙이지만, 공익법인회계기준에서는 공익법인의 작성부담을 줄이기 위해 전진적으로 회계처리하는 것을 허용하였다.

다만, 여기서 주의할 사항은 공익법인회계기준을 적용한 회계연도 말에는 공익법인회계기준에서 인식을 요구하는 모든 자산과 부채를 재무제표에 인식하고, 동 기준에서 인식을 허용하지 않는 항목은 자산이나 부채로 인식하지 않는다는 점이다.

즉, 기존에 현금주의·단식부기를 적용하던 공익법인이 공익법인회계기준을 최초 적용한 경우 당기 중 취득한 자산(유형자산, 재고자산 등)뿐만 아니라 회계연도 말 시점에 공익법

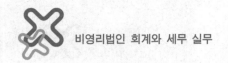
인이 지배하거나 소유한 자산을 누락하지 않고 재무상태표에 자산으로 계상해야 한다 이와 마찬가지로 회계연도 말 공익법인이 부담하는 부채의 경우에도 동일한 원칙이 적용된다. 이를 위해 현금주의·단식부기를 적용하던 공익법인의 경우 회계연도 초에 자산과 부채를 인식하는 기초재무제표를 작성하는 것이 바람직하다

〔주의사항〕소급적용 시 누적효과를 실무적으로 결정할 수 없는 경우

공익법인회계기준의 최초 채택 시 소급하여 적용하는 경우, 회계기준 적용에 따른 누적효과를 합리적으로 결정하기 어려운 경우에는 공익법인회계기준을 전진적으로 처리하여 그 효과가 당기와 당기 이후의 기간에 반영되도록 한다

 (사례 1 - 5) 공익법인회계기준 최초 적용 1 - 기초재무제표의 작성

A공익법인은 현금주의·단식부기를 사용하여 회계처리를 수행하고 있었다. 2×18년 1월 1일을 기준으로 공익법인회계기준을 적용하기로 하였다. A공익법인의 자산 및 부채현황 (2×18년 1월 1일 기준)은 다음과 같다.
- (자산) 현금 5억원
- (자산) 건물(취득원가 20억원, 취득일 2×13년 1월 1일, 내용연수 20년, 정액법, 기본재산으로 등재되어 공익법인의 임의대로 처분이 불가함)
- (부채) 퇴직금추계액 10,000,000

<2×18.1.1.>

(차) 현금및현금성자산	500,000,000	(대) 보통순자산	500,000,000
(차) 건물	2,000,000,000	(대) 기본순자산	2,000,000,000
(차) 보통순자산	500,000,000	(대) 감가상각누계액	500,000,000[1]

1) 2,000,000,000(취득원가) × 5/20(경과내용연수/전체내용연수)

| (차) 보통순자산 | 10,000,000 | (대) 퇴직급여충당부채[2] | 10,000,000 |

2) 퇴직급여충당부채는 회계연도 말 현재 모든 임직원이 일시에 퇴직할 경우 지급해야 하는 금액으로 자세한 사항은 재무상태표 해설 및 실무사례 참조

재무상태표

2×18.1.1. 현재

자산		부채	
현금	500,000,000	퇴직급여충당부채	10,000,000
건물	2,000,000,000	순자산	
감가상각누계액	(500,000,000)	기본순자산	2,000,000,000
		보통순자산	(10,000,000)

 해 설

현금주의·단식부기에서는 자산·부채를 인식하지 않았을 것이므로 2×18년 1월 1일 기준으로 공익법인의 자산·부채를 공익법인회계기준에 따라 인식한다. 자산·부채를 인식하면서 상대계정은 보통순자산(잉여금)으로 인식하되, 기본순자산에 해당하는 자산의 경우에는 상대계정을 기본순자산으로 인식한다.

(사례 1-6) 공익법인회계기준 최초 적용 2-1 - 소급적용

B공익법인은 발생주의·복식부기를 사용하여 회계처리를 수행하고 있었으나, 퇴직급여충당부채를 설정하지 않고 있었으며, 매도가능증권의 평가를 하지 않고 있었다. 2×18년 1월 1일 공익법인회계기준을 소급하여 적용하기로 결정하였다. 매도가능증권은 B공익법인의 기본순자산에 해당하는 자산이다.
- (자산) 매도가능증권 최초 취득원가 : 8억원
    2×18년 1월 1일 매도가능증권 공정가치 : 10억원
    2×18년 12월 31일 매도가능증권 공정가치 : 9억원
- (부채) 2×18년 1월 1일 퇴직금추계액 : 20,000,000
    2×18년 12월 31일 퇴직금추계액 : 22,000,000

<2×18.1.1.>

(차)	보통순자산	20,000,000	(대)	퇴직급여충당부채	20,000,000
(차)	매도가능증권	200,000,000	(대)	매도가능증권평가이익	200,000,000
				(순자산조정)	

재무상태표
2×18.1.1. 현재

자산		부채	
매도가능증권	1,000,000,000	퇴직급여충당부채	20,000,000
		순자산	
		기본순자산	800,000,000
		보통순자산	(20,000,000)
		순자산조정	200,000,000

<2×18.12.31.>

(차) 퇴직급여	2,000,000	(대) 퇴직급여충당부채	2,000,000
(차) 매도가능증권평가이익 (순자산조정)	100,000,000	(대) 매도가능증권	100,000,000

재무상태표
2×18.12.31. 현재

자산		부채	
매도가능증권	900,000,000	퇴직급여충당부채	22,000,000
		순자산	
		기본순자산	800,000,000
		보통순자산	(22,000,000)
		순자산조정	100,000,000

해 설

2×18년 1월 1일 기준으로 공익법인의 자산·부채를 공익법인회계기준에 따라 인식한다. 자산·부채를 인식하면서 상대계정은 기본순자산 및 보통순자산으로 인식하며, 매도가능증권의 평가손익은 순자산조정으로 인식한다.

B공익법인은 발생주의·복식부기를 사용하여 회계처리를 수행하고 있었으나, 퇴직급여충당부채를 설정하지 않고 있었으며, 매도가능증권의 평가를 하지 않고 있었다. 2×18년 1월 1일 공익법인회계기준을 전진적용하기로 결정하였다.
- (자산) 매도가능증권 최초 취득원가 : 8억원
　　　　매도가능증권 2×18년 1월 1일 공정가치 : 10억원
　　　　매도가능증권 2×18년 12월 31일 공정가치 : 9억원
- (부채) 2×18년 1월 1일 퇴직금추계액 : 20,000,000
　　　　2×18년 12월 31일 퇴직금추계액 : 22,000,000

<2×18.1.1.>

－ 회계처리 없음 －

재무상태표
2×18.1.1. 현재

자산		부채	
매도가능증권	800,000,000		
		순자산	
		기본순자산	800,000,000

<2×18.12.31.>

(차) 퇴직급여	22,000,000	(대) 퇴직급여충당부채	22,000,000
(차) 매도가능증권	100,000,000	(대) 매도가능증권평가이익	100,000,000[1]
		(순자산조정)	

1) 900,000,000 - 800,000,000

재무상태표
2×18.12.31. 현재

자산		부채	
매도가능증권	900,000,000	퇴직급여충당부채	22,000,000
		순자산	
		기본순자산	800,000,000
		보통순자산	(22,000,000)
		순자산조정	100,000,000

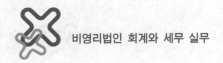

> **해 설**
>
> 기존의 회계처리는 인정하고 2×18년 12월 31일에 공익법인회계기준에 따라 자산·부채가
> 인식되도록 당기에 전체 효과를 반영한다.

〈부칙〉

제1조 (시행일) 이 기준은 2018년 1월 1일부터 시행한다.

제2조 (일반적 적용례) 이 기준은 이 기준 시행 이후 개시하는 회계연도부터 적용한다.

제3조 (재무제표 작성 적용례) 이 기준이 최초 적용되는 재무제표에 대하여는 제2조에
따른 비교재무제표를 작성하지 아니할 수 있다.

제4조 (재무제표 작성 경과규정) 이 기준은 공익법인이 원하는 경우 이 기준 시행 이전에
개시하는 회계연도에 적용할 수 있다.

2장　재무상태표 해설 및 실무사례

1. 재무상태표 작성기준

재무상태표는 회계연도 말 현재 공익법인이 보유하고 있는 자산과 부채, 그리고 순자산에 대한 정보를 제공하는 재무보고서로서, 공익법인이 정관상 목적사업을 지속적으로 수행할 수 있는 능력과 유동성 및 재무건전성에 대한 정보를 제공한다

〈그림 Ⅲ - 3〉 재무상태표 예시

재무상태표

제×기 20××년×월×일 현재
제×기 20××년×월×일 현재

공익법인명　　　　　　　　　　　　　　　　　　　　　　　　　　　　(단위 : 원)

과 목	당 기			전 기		
	통합	공익 목적사업	기타사업	통합	공익 목적사업	기타사업
자 산						
유동자산	×××	×××	×××	×××	×××	×××
비유동자산	×××	×××	×××	×××	×××	×××
투자자산	×××	×××	×××	×××	×××	×××
유형자산	×××	×××	×××	×××	×××	×××
무형자산	×××	×××	×××	×××	×××	×××
기타비유동자산	×××	×××	×××	×××	×××	×××
자 산 총 계	×××	×××	×××	×××	×××	×××
부 채						
유동부채	×××	×××	×××	×××	×××	×××
비유동부채	×××	×××	×××	×××	×××	×××
고유목적사업준비금	×××	×××	×××	×××	×××	×××
부 채 총 계	×××	×××	×××	×××	×××	×××

과 목	당 기			전 기		
	통합	공익 목적사업	기타사업	통합	공익 목적사업	기타사업
순자산						
기본순자산	×××	×××	×××	×××	×××	×××
보통순자산	×××	×××	×××	×××	×××	×××
순자산조정	×××	×××	×××	×××	×××	×××
순 자 산 총 계	×××	×××	×××	×××	×××	×××
부채 및 순자산 총계	×××	×××	×××	×××	×××	×××

□ 유동 · 비유동 구분

자산과 부채는 1년을 기준으로 유동항목과 비유동항목으로 구분한다. 회계연도 말부터 1년 이내에 현금화되거나 실현될 것으로 예상되는 자산은 유동자산으로 분류하고 그 외의 자산은 비유동자산으로 분류한다. 또한 회계연도 말로부터 1년 이내에 상환을 통하여 소멸할 것으로 예상되는 부채는 유동부채로 분류하고 그렇지 않은 부채는 비유동부채로 분류한다.

□ 유동성배열법

자산 및 부채 과목을 유동성이 높은 항목부터 먼저 표시하고 유동성이 낮은 것은 나중에 표시한다.

□ 총액인식

재무상태표의 자산, 부채, 순자산은 총액으로 표시해야 한다. 즉 각각의 항목에 대하여 따로 표시해야 하며, 서로 가감하여 순액으로 작성하지 않는다. 다만, 다른 기준에서 자산과 부채를 상계하도록 요구하는 경우에는 상계하여 표시할 수 있다.

□ 미결산항목 및 비망계정의 표시

가지급금과 가수금 등의 미결산항목이나 비망계정은 재무상태표에 자산이나 부채로 표시되면 안 된다. 가지급금은 공익법인에서 현금은 유출되었으나, 적절한 계정과목이나 금액이 확정되지 않은 경우 처리하는 임시계정이다. 가수금은 반대로 공익법인에 현금이 유입되었으나 처리할 계정과목이 명확하지 않은 경우 사용하는 임시계정이다. 가지급금과 가수금은 회계연도 말 결산시점에는 원인을 확인하여 적절한 계정과목으로 대체해야 한다.

제10조【재무상태표의 목적과 작성단위】
① 재무상태표는 회계연도 말 현재 공익법인의 자산, 부채 및 순자산을 표시함으로써 다음 각 호의 정보를 제공하는 것을 목적으로 한다.
  1. 공익법인이 정관상 목적사업을 지속적으로 수행할 수 있는 능력
  2. 공익법인의 유동성 및 재무건전성
② 재무상태표의 작성은 공익법인을 하나의 작성단위로 보아 통합하여 작성하되 공익목적사업부문과 기타사업부문으로 각각 구분하여 표시한다.

제11조【재무상태표 작성기준】
④ 자산, 부채 및 순자산은 다음 각 호에 따라 구분한다.
  1. 자산은 유동자산 및 비유동자산으로 구분하고, 비유동자산은 투자자산, 유형자산, 무형자산 및 기타비유동자산으로 구분한다.
  2. 부채는 유동부채, 비유동부채로 구분하며 고유목적사업준비금을 부채로 인식할 수 있다.
⑤ 자산과 부채는 유동성이 높은 항목부터 배열한다.
⑥ 자산과 부채는 상계하여 표시하지 않는다.

2. 자산

☐ (자산의 정의) 과거의 거래나 사건의 결과 현재 공익법인에 의해 지배되고 미래에 경제적 효익을 창출할 것으로 예상되는 자원을 말한다.

☐ (자산의 인식) 미래 경제적 효익이 공익법인에 유입될 가능성이 매우 높고, 그 원가를 신뢰성 있게 측정할 수 있을 때 재무상태표에 자산으로 인식한다.

☐ (자산의 평가) 재무상태표에 표시하는 자산 가액은 최초 취득 시의 취득원가를 기초로 한다. 다만, 교환, 현물출자, 증여 그 밖의 무상으로 취득한 자산은 취득 당시의 공정가치를 취득원가로 한다. 자산의 물리적 손상 또는 시장가치의 급격한 하락으로 인하여 자산의 회수가능가액이 장부금액에 중요하게 미달되는 경우에는 장부금액을 회수가능가액으로 조정하고, 그 차액을 당기 손상차손으로 반영한다.

□ (자산의 구분) 자산은 유동자산과 비유동자산으로 구분한다. 다음과 같은 자산은 유동자산으로 분류하며, 그 밖의 모든 자산은 비유동자산으로 분류한다.

(1) 사용의 제한이 없는 현금및현금성자산

(2) 정상적인 사업주기 내에 실현될 것으로 예상되거나 판매목적 또는 소비목적으로 보유하고 있는 자산

(3) 단기매매 목적으로 보유하는 자산

(4) (1)~(3) 외에 회계연도 말로부터 1년 이내에 현금화 또는 실현될 것으로 예상되는 자산

제11조【재무상태표 작성기준】

② 재무상태표 구성요소의 정의는 다음 각 호와 같다.

1. '자산'이란 과거의 거래나 사건의 결과로 현재 공익법인에 의해 지배되고 미래에 경제적 효익을 창출할 것으로 예상되는 자원을 말한다.

③ 자산과 부채는 각각 다음 각 호의 조건을 충족하는 경우에 재무상태표에 인식한다.

1. 자산: 해당 항목에서 발생하는 미래경제적 효익이 공익법인에 유입될 가능성이 매우 높고, 그 원가를 신뢰성 있게 측정할 수 있다.

④ 자산, 부채 및 순자산은 다음 각 호에 따라 구분한다.

1. 자산은 유동자산 및 비유동자산으로 구분하고, 비유동자산은 투자자산, 유형자산, 무형자산 및 기타비유동자산으로 구분한다.

---

1) 유동자산

□ 유동자산은 현금및현금성자산, 단기투자자산, 수취채권(매출채권 및 미수금), 재고자산 등 1년 이내에 현금화되거나 실현될 것으로 예상되는 자산이다.

〈그림 III-4〉 유동자산의 분류

구 분	내 용
유동자산	회계연도 말 기준으로 1년 이내 현금화 가능한 자산
현금및현금성자산	현금, 요구불예금, 현금성자산
단기투자자산	1년 이내 만기일이 도래하는 정기예·적금과 정형화된 금융상품, 단기적 자금운용 목적의 유가증권, 회수기한이 1년 이내 도래하는 대여금
매출채권/미수금	거래의 대가로 상대방으로부터 현금을 청구할 수 있는 권리

구 분	내 용
선급비용	선급한 비용 중 1년 이내 비용으로 인식되는 금액
미수수익	기간 경과에 따라 발생하는 당기 수익 중 미수액
선급금	재화 구입 등에 대하여 미리 지급한 금액
재고자산	판매를 위해 보유하는 자산 또는 고유목적사업활동에 투입될 소모품 형태로 존재하는 자산
미수법인세환급액	법인세 확정 전 미리 납부한 세액

제12조【유동자산】
① '유동자산'은 회계연도 말부터 1년 이내에 현금화되거나 실현될 것으로 예상되는 자산을 말한다.
② 유동자산에는 현금및현금성자산, 단기투자자산, 매출채권, 선급비용, 미수수익, 미수금, 선급금 및 재고자산 등이 포함된다.
③ 매출채권, 미수금 등에 대한 대손충당금은 해당 자산의 차감계정으로, 재고자산평가충당금은 재고자산 각 항목의 차감계정으로 재무상태표에 표시한다

(1) 현금및현금성자산

현금및현금성자산은 현금, 요구불예금, 현금성자산으로 구성된다. 현금은 통화(지폐, 주화)와 통화대용증권을 말한다. 통화대용증권이란 현금은 아니지만, 언제든지 즉시 현금화가 가능한 것으로 타인발행수표, 자기앞수표 등이 있다. 요구불예금은 입출금이 자유로운 보통예금, 당좌예금을 말한다. 현금성자산은 큰 거래비용 없이 현금으로 전환이 용이하고 이자율 변동에 따른 가치변동의 위험이 경미한 금융상품으로서 취득 당시 만기일(또는 상환일)이 3개월 이내이어야 한다.

〔주의사항〕 현금및현금성자산의 분류
• 요구불예금의 사용이 제한되어 있는 경우 장·단기 금융상품으로 분류하고 그 내용을 주석으로 기재해야 한다
• 현금성자산에 속하는 단기금융자산은 회계연도 말이 아닌 취득일로부터 3개월 이내 만기가 도래해야 한다.

📖 **(사례 2 - 1) 현금및현금성자산의 분류**

A공익법인은 2×18년 2월 1일 만기가 2×19년 1월 31일(1년 만기)인 정기예금 1억원을 가입하였다.(A공익법인은 12월말 결산법인이다.)

<2×18.2.1.>
(차) 단기금융상품   100,000,000   (대) 현금및현금성자산   100,000,000

<2×18.12.31.>

– 분개 없음 –

(본 예시에서는 정기예금에서 발생한 이자수익은 고려하지 않음)

해 설

단기금융상품은 취득일을 기준으로 현금및현금성자산 여부를 판단한다. 따라서 회계연도 말에 만기일까지 3개월 미만의 기간이 남았더라도 현금및현금성자산으로 재분류하지 않는다.

(2) 매출채권과 미수금

일반적으로 수취채권이란 재화의 판매나 용역의 제공 대가로 거래 상대방으로부터 현금을 청구할 수 있는 권리를 말한다. 이 중 주된 사업과 관련하여 재화를 판매하였거나 용역을 제공한 결과 발생한 수취채권을 매출채권이라고 한다. 이외의 유형자산 처분이나 배당 등 부차적인 거래로 인해 발생한 수취채권은 미수금으로 분류한다. 공익법인이 기부자로부터 신용카드 등 현금 이외의 결제수단으로 기부를 받는 경우 기부가 이루어진 시점은 기부자가 결제한 시점으로 볼 수 있다. 기부자가 결제한 시점에 기부행위가 종료되어 기부금수익은 실현되었지만 신용카드사로부터 결제대금이 입금되지 않았기 때문에 기부금수익을 인식하면서 신용카드사로부터 받아야 할 미수금을 계상해야 한다. 기부금 수령은 공익법인의 주된 사업 활동이지만 재화의 판매나 용역의 제공 대가로 발생하는 채권이 아니기 때문에 미수금으로 인식해야 한다.

〔주의사항〕 매출채권과 미수금의 유동성 분류

1년을 초과하여 회수될 것으로 예상되는 수취채권은 거래 성격에 따라 장기매출채권 또는 장기미수금으로 분류한다. 이 때 회계연도 말 현재 장기채권 중 1년 이내 실현될 부분은 유동자산으로 재분류해야 한다.

(사례 2 - 2) 미수금의 인식

XX기부자는 2×18년 12월 28일 A공익법인에 ₩100,000을 기부하였으며, 신용카드로 결제하였다. A공익법인은 해당 건에 대하여 2×19년 1월 5일 신용카드사로부터 신용카드 결제수수료 ₩1,000을 제외하고 ₩99,000을 통장으로 입금받았다.

<2×18.12.28. : 기부자 결제시점>

(차) 미수금	100,000	(대) 기부금수익	100,000

<2×19.1.5. : 신용카드사 입금일>

(차) 현금및현금성자산	99,000	(대) 미수금	100,000
지급수수료	1,000		

해설

신용카드로 기부하는 경우 이미 기부자의 기부행위가 발생하여 기부금수익은 인식되지만 카드사로부터 카드대금이 입금되지 않은 상태의 미수채권이 존재한다.

(3) 대손충당금

매출채권, 미수금, 대여금 등 유가증권을 제외한 금융자산의 원금이나 이자의 일부 또는 전부를 회수할 수 없게 된 경우, 대손추산액을 산출하여 대손충당금을 설정하고 기존 대손충당금 잔액과의 차이는 당기 비용으로 처리한다. 매출채권 등에 대한 대손충당금은 당해 매출채권 등의 채권과목에서 차감하는 형식으로 표시한다.

〈그림 Ⅲ - 5〉 대손충당금 표시 및 관련 손익

매출채권	1,000,000	➡	대손상각비 (사업비용)
(−) 대손충당금	(300,000)		
미수금	3,500,000		
(−) 대손충당금	(250,000)		
장기대여금	3,500,000	➡	기타의 대손상각비 (사업외비용)
(−) 대손충당금	(100,000)		

또한 매출채권과 미수금에 대해 발생한 대손상각비는 사업비용으로 처리하고, 기타 채권에 대한 대손상각비는 사업외비용으로 처리한다. 기 설정된 대손충당금 잔액이 회계연도 말 대손추산액보다 많은 경우 대손충당금환입이 발생하며, 매출채권과 미수

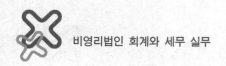

금은 사업비용의 부(−)의 금액으로 표시하고, 기타 채권은 사업외수익으로 표시한다

┃ 〔주의사항〕 신용카드 수수료의 회계처리 ┃

기부자가 신용카드를 이용하여 기부한 경우, 카드 대금이 입금될 때 기부자가 결제한 금액에서 신용카드 수수료를 제외한 금액이 입금된다. 이 때 발생하는 수수료는 대손상각비가 아닌 지급수수료계정으로 회계처리해야 한다.
* (사례 2-2) 미수금의 인식 회계처리 예시 참조

대손충당금은 합리적이고 객관적인 기준에 따라 산출한 대손추산액으로 설정하면 된다. 기말채권에 대한 대손충당금을 설정하는 방법에는 대표적으로 연령분석법, 채권잔액비례법 및 대손실적률법 등이 있다.

〈표 Ⅲ-1〉 대손추산액 계산방법 예시

구 분	설 명
연령분석법	채권의 경과일수에 따라 몇 개의 집단으로 분류하고 상이한 대손율을 적용하여 추산하는 방법
채권잔액비례법	전체 채권의 대손율을 추정하여 전체 채권에 동일한 대손율을 적용하는 방법
대손실적률법	채권에 대한 과거 대손율에 따라 대손추산액 추정

 (사례 2-3) 대손추산액의 계산

> B공익법인은 학자금대출사업을 운영하고 있다. 2×18년 12월 31일 기준 학자금관련 대여금은 총 ₩10,000,000이며, 보유한 대여금에 대하여 연령분석법을 활용해서 대손추산액을 계산하고자 한다.

해 설

만기경과일수에 따른 대손율을 추정한 후 각 그룹별 대손추산액을 추정한다.

경과일수	채권금액(A)	추정대손율(B)	대손추산액(A)×(B)
30일 이내	5,000,000	1%	50,000
1개월~2개월	3,000,000	5%	150,000
3개월~6개월	1,500,000	30%	450,000
6개월~1년	300,000	80%	240,000

경과일수	채권금액(A)	추정대손율(B)	대손추산액(A)x(B)
1년 이상	200,000	100%	200,000
합 계	10,000,000		1,090,000

 (사례 2 - 4) 대손 발생 시 회계처리

A공익법인의 2×17년 12월 31일 대여금 관련하여 대손충당금이 ₩40,000 계상되어 있다. 2×18년 5월 12일 ₩10,000의 대여금이 회수불가능하다고 판명되었다.

<2×18.5.12.>

(차) 대손충당금　　　　　　　　　10,000　(대) 대여금　　　　　　　　　10,000

해설

대손충당금 잔액(₩40,000)보다 회수불능채권(₩10,000)이 더 적을 때는 기 설정된 충당금과 채권을 상계한다.

 (사례 2 - 5) 대손처리한 매출채권 회수

A공익법인은 2×18년 6월 21일 회수불능으로 대손 처리한 대여금 중 ₩10,000을 현금으로 회수하였다.(사례 2 - 4 계속)

<2×18.6.21.>

(차) 대손충당금　　　　　　　　　10,000　(대) 대손충당금　　　　　　　　　10,000

해설

대손처리한 대여금을 회수한 경우 회수 금액만큼 대손충당금을 증가시킨다.

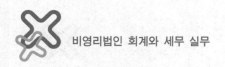

 (사례 2-6) 대손충당금의 설정

A공익법인이 2×18년 12월 31일 대손충당금 설정 대상 대여금은 ₩2,000,000이다. 대손추산방법으로 채권잔액비례법을 사용하여 설정률은 4%로 추정하였다.(사례 2-5 계속)

<2×18.12.31. : 회계연도 말>
(차) 기타의대손상각비   40,000   (대) 대손충당금   40,000*
*(2,000,000 × 4%) - (40,000 - 10,000 + 10,000)

해 설

회계연도 말 대손추산액(₩2,000,000×4%)이 결정되면 회계연도 말 현재 장부상 대손충당금 잔액(₩40,000 - ₩10,000 + ₩10,000)과의 차이를 기타의 대손상각비(₩40,000)로 추가 인식한다.

[2×18.12.31. 재무상태표]

대여금	₩2,000,000
(대손충당금)	(80,000)
	1,920,000

현 예시와 달리 회계연도 말 인식해야 할 대손추산액이 현 장부상 대손충당금 잔액보다 적은 경우 대손충당금을 환입(사업외수익)처리한다.

(차) 대손충당금   ×××   (대) 대손충당금환입   ×××

제34조【미수금, 매출채권 등의 평가】

① 원금이나 이자 등의 일부 또는 전부를 회수하지 못할 가능성이 있는 미수금, 매출채권 등은 합리적이고 객관적인 기준에 따라 대손추산액을 산출하여 대손충당금으로 설정하고, 기존 대손충당금 잔액과의 차이는 대손상각비로 인식한다.

② 미수금, 매출채권 등의 원금이나 이자 등의 일부 또는 전부를 회수할 수 없게 된 경우, 대손충당금과 상계하고, 대손충당금이 부족한 경우에는 그 부족액을 대손상각비로 인식한다.

③ 미수금과 매출채권에 대한 대손상각비는 사업비용(공익목적사업비용이나 기타사업비용 중 관련이 되는 것)의 대손상각비로, 그 밖의 채권에 대한 대손상각비는 사업외비용의 기타의대손상각비로 구분한다.

(4) 선급비용

선급비용은 미래 제공받을 용역에 대하여 미리 지불한 대가이다. 즉 일정계약에 따라 계속적으로 용역을 제공받는 경우, 대가를 선지급하였으나 용역제공기간이 경과하지 않은 부분에 대해서 비용으로 처리하지 않고 자산으로 인식한다. 보험료, 임차료, 광고료, 지급수수료 등에서 발생한다.

 (사례 2-7) 선급비용의 인식

A공익법인은 2×18년 11월 1일 1년치 건물 화재보험료 ₩120,000을 선지급하였다.

<2×18.11.1.>
(차) 선급비용   120,000   (대) 현금및현금성자산   120,000
<2×18.12.31. : 회계연도 말 >
(차) 보험료   20,000*   (대) 선급비용   20,000
*₩120,000 × 2/12

해 설

현금 지급 시 선급비용(자산)으로 계상한 후 회계연도 말에 당기 비용으로 인식해야 하는 부분만큼 비용 처리한다.

(5) 미수수익

이자수익, 임대수익 등과 같이 기간의 경과에 따라 일정하게 수익을 인식하는 경우에 발생한다. 이러한 수익은 대부분 일정기간이 종료되는 시점에 현금을 수령하는데, 현금의 회수시점이 회계연도 말 이후인 경우 회수 시점에 수익을 전액 인식하면 당기 발생한 수익분도 차년도에 인식하게 된다. 현금은 아직 수령하지 않았지만 발생주의에 따라 당기에 해당하는 수익을 인식하기 위하여 재무제표에 수익을 계상하면서 상대 자산계정으로 미수수익을 인식한다.

〔주의사항〕미수금과 미수수익의 구분

미수금은 이미 재화나 용역을 공급하고 그 거래로부터 지급받을 대가가 확정된 상태의 채권이다. 반면 미수수익은 상대방에게 제공해야 할 용역(의무이행)이 완료 되지 않은 상태에서 기간의 경과에 따라 당기에 인식해야 할 대가를 계상한 것으로 확정된 채권은 아니다.

(사례 2 - 8) 미수수익의 인식

A공익법인은 2×18년 4월 1일 은행에 1년 만기(2×19년 3월 31일) 정기예금 ₩1,000,000을 가입하였다. 이자는 연 4%로 만기시점에 수령한다.

<2×18.12.31. : 회계연도 말>

| (차) 미수수익 | 30,000 | (대) 이자수익 | 30,000* |

* ₩1,000,000 × 4% × 9/12

<2×19.3.31. : 만기일>

| (차) 현금및현금성자산 | 40,000 | (대) 미수수익 | 30,000 |
| | | 이자수익 | 10,000 |

해 설

2×18년 결산시점에 당해 발생한 9개월분 이자수익과 미수수익으로 계상한다. 만기일에 이자 수령할 때 결산시 계상하였던 미수수익을 제거한다.

(6) 선급금

공익법인의 사업활동과 관련된 재고자산을 구입하거나 용역 계약에 따라 사업비를 지급할 때 대금의 일부 또는 전부를 거래처에 선지급한 금액을 말한다.

〔주의사항〕선급금으로 분류할 수 없는 경우

다음의 경우 선급금으로 회계처리하지 않도록 주의해야 한다.
– 유형자산 취득을 위해 선지급한 금액: 건설중인자산
– 임차목적으로 지급한 보증금: 보증금(기타비유동자산)

(사례 2 - 9) 선급금의 인식

A공익법인은 다문화가정지원센터 사무실을 보증금 ₩50,000,000에 임차하였다. 2×18년 3월 1일 계약금으로 ₩10,000,000을 지급하였으며, 2×18년 5월 30일 입주시점에 나머지 잔금을 지불하였다.

<2×18.3.1.>

| (차) 선급금 | 10,000,000 | (대) 현금및현금성자산 | 10,000,000 |

<2×18.5.30.>

| (차) 임차보증금 | 50,000,000 | (대) 선급금 | 10,000,000 |
| | | 현금및현금성자산 | 40,000,000 |

해 설

계약시점에 지급한 계약금은 선급금으로 처리하고, 입주시점에 나머지 잔금을 지급하면서 선급금을 상계처리하고 임차보증금을 계상한다.

(7) 재고자산

① 개요

공익법인의 주된 사업활동 과정에서 판매 또는 서비스 제공을 위하여 보유하고 있는 상품·제품이나 제품 생산 과정에서 투입될 원재료·재공품 등을 말한다. 재고자산은 일반적으로 매입가격과 취득과정에서 정상적으로 발생하는 부대원가를 가산한 금액을 취득원가로 한다.

공익법인의 경우 개인이나 기업으로부터 기부받은 물건을 판매하거나 공익목적사업에 사용하는 경우가 있다. 이 경우 관련 물품은 재고자산으로 계상해야 하며, 취득원가는 기부받은 당시의 공정가치로 측정한다.

공정가치란 일반적으로 시장에서 거래되는 가격을 의미한다. 재고자산의 공정가치는 기부시점의 시장가격, 유사한 자산의 시장가격 등을 활용할 수 있다. 그러나 기부물품과 같이 시장가격이 존재하지 않는 경우 여러 가지 상황을 고려하여 공정가치를 합리적으로 추정할 수밖에 없다.

② 평가

재고자산은 취득원가와 순실현가능가치* 중 낮은 금액으로 평가한다.

* 순실현가능가치 = 예상판매가격 - 추가 원가(운임 등)와 판매비용

제품, 상품, 재공품은 순실현가능가치로 평가하지만 원재료의 경우 현재 시점에서 매입이나 재생산에 소요되는 금액인 현행대체원가를 사용한다. 만약 순실현가능가치가 취득원가보다 낮을 경우 평가손실(사업비용)을 인식하고 해당 금액만큼 재고자산평가충당금(재고자산의 차감계정)을 계상한다.

(사례 2 - 10) 재고자산의 평가

B공익법인의 2×18년 12월 31일 재고자산 제품X의 평가자료는 다음과 같다.

취득원가	순실현가능가치
₩1,000,000	₩800,000

<2×18.12.31.>

(차) 재고자산평가손실(사업비용) 200,000 (대) 재고자산평가충당금 200,000

재고자산	₩ 1,000,000
(재고자산평가충당금)	(200,000)

(8) 미수법인세환급액

미수법인세환급액은 당해 발생한 소득과 관련하여 법인세가 확정되기 이전에 미리 납부한 세액을 말하며, 선급법인세라는 계정과목을 사용해도 된다. 공익법인에서는 주로 이자소득과 배당소득에 대한 법인세 원천징수 시 발생한다. 원천징수된 법인세는 관련소득에 대하여 고유목적사업준비금을 설정하여 추후 법인세 신고 시 환급받을 수 있다.

(사례 2 - 11) 미수법인세환급액

장학재단인 B공익법인은 2×18년 9월 14일 정기예금에 대한 이자 ₩200,000 중 원천징수세액 ₩30,000을 제외한 ₩170,000을 지급받았다.

<2×18.9.14.>

(차) 현금및현금성자산 170,000 (대) 이자수익 200,000
　　　미수법인세환급액 30,000

<2×18.12.31.>

(차) 고유목적사업준비금전입액 200,000 (대) 고유목적사업준비금[*] 200,000
(*) 고유목적사업준비금은 고유목적사업이나 지정기부금에 사용하기 위해 손금으로 계상한 준비금으로 관련내용은 고유목적사업준비금 해설 및 실무사례 참조

<2×19.4.30.>

(차) 현금및현금성자산 30,000 (대) 미수법인세환급액 30,000

2) 비유동자산

□ 비유동자산은 회계연도 말로부터 1년 이내에 현금화가 되지 않는 자산으로 투자자산, 유형자산, 무형자산 등이 있다.

〈그림 Ⅲ－6〉 비유동자산의 분류

구 분	내 용
비유동자산	회계연도 말 기준으로 1년 이내 현금화되지 않는 자산
투자자산	장기투자 목적으로 보유하고 있는 자산으로 정기예·적금, 장기금융상품, 장기대여금 등
유형자산	장기적으로 사용하는 토지, 건물 등 물리적 형체가 있는 자산
무형자산	장기적으로 사용하는 지식재산권, 소프트웨어 등 형체가 없는 자산
기타비유동자산	임차보증금, 전세권, 전신전화가입권 등

제11조【재무상태표 작성기준】
④ 자산, 부채 및 순자산은 다음 각 호에 따라 구분한다.
　　1. 자산은 유동자산 및 비유동자산으로 구분하고, 비유동자산은 투자자산, 유형자산, 무형자산 및 기타비유동자산으로 구분한다.

（1）투자자산

투자자산은 1년 이상의 장기적 수익 획득 및 자금운용을 목적으로 보유하는 자산으로 금융상품, 유가증권, 대여금 등이 포함된다. 단기투자목적으로 보유하고 있거나 만기가 회계연도 말로부터 1년 이내 도래하는 자산은 단기투자자산으로 분류한다. 따라서 투자자산에 속하는 매도가능증권이나 만기보유증권 중 1년 이내에 실현되는 부분은 단기투자자산으로 분류해야한다.

투자자산은 <표 Ⅲ－2>와 같이 분류할 수 있으며, 재무제표 공시수준은 중요성의 관점에서 결정하면 된다. 그 성질이나 금액이 중요한 경우에는 그 내용을 나타낼 수 있는 적절한 계정과목을 사용하여 아래의 표 구분 수준보다 세분화하여 공시할 수 있다.

〈표 Ⅲ-2〉 투자자산의 분류

구 분	단기투자자산	투자자산	
금융상품	단기금융상품	장기성예적금 등 장기금융상품	
유가증권	단기매매증권 유동성만기보유증권	장기투자증권	매도가능증권
			만기보유증권
대여금	단기대여금	장기대여금	

제13조 【투자자산】
① '투자자산'이란 장기적인 투자 등과 같은 활동의 결과로 보유하는 자산을 말한다.
② 투자자산에는 장기성예적금, 장기투자증권과 장기대여금 등이 포함된다.

① 장·단기금융상품

기업이 여유자금 활용목적으로 보유하고 있는 금융상품으로 정기예금 및 적금 사용이 제한되어 있는 예금, 기타 정형화된 금융상품을 포함한다. 정형화된 금융상품에는 양도성예금증서(CD), 환매조건부채권(RP), CMA 등이 있다.

〈표 Ⅲ-3〉 금융상품의 계정분류

구 분	사용제한 및 만기	계정과목명
당좌예금, 보통예금	사용제한 없음	현금및현금성자산
	사용제한 1년 이내	단기투자자산
	사용제한 1년 이상	투자자산 (장기성예적금)
예·적금, 금융자산	만기가 취득일로부터 3개월 이내 도래	현금및현금성자산
	회계연도 말 현재 만기가 1년 이내 도래	단기투자자산
	회계연도 말 현재 만기가 1년 이후 도래	투자자산 (장기성예적금/장기투자증권)

② 유가증권

유가증권이란 재산권을 나타내는 증권을 말하며, 지분증권과 채무증권으로 구분할 수 있다. 지분증권이란 주식, 출자금 등 회사의 순자산에 대한 소유권을 나타내는 유가증권이며, 채무증권은 국채, 공채, 회사채 등의 채권으로 발행자에게 금전을 청구할 수 있는 권리이다.

공익법인은 일반적으로 주식이나 채권 등 유가증권을 보유하는 경우가 많지 않지만 학술장학재단 등에서는 최초 기본순자산으로 출연받았거나 여유자금 운용을 위한 투자목적으로 유가증권을 보유한 경우가 있다.

〈표 Ⅲ-4〉 총자산 대비 주식보유 비율(2016년 기준) (단위 : 억원)

구 분	사회복지	학술·장학	기타	문화
보유주식가액(A)	17,005	27,452	12,100	8,830
자산(B)	218,239	507,155	675,961	103,409
A/B	8%	5%	2%	9%

* 출처 : 한국가이드스타 도너비게이터 통계데이터를 바탕으로 연구진 작성

또한 유가증권은 취득목적과 보유의도 및 능력에 따라 단기매매증권, 매도가능증권, 만기보유증권으로 분류한다. 다만, 지분증권의 경우 만기가 존재하지 않기 때문에 만기보유증권으로 분류하지 않는다.

〈그림 Ⅲ-7〉 유가증권의 분류

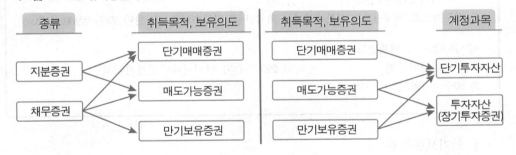

ⓐ 단기매매증권

단기매매증권은 주로 단기간 내 매매차익을 목적으로 취득한 유가증권으로서 매수와 매도가 적극적이고 빈번하게 이루어진다.

최초 인식 시점에는 공정가치로 측정한다. 이 때 수수료 등 거래원가는 취득원가에 가산하지 않고 비용처리 해야 한다. 또한 매 회계연도 말 보유하고 있는 단기매매증권은 공정가치로 평가하고, 이 때 발생하는 평가손익은 운영성과표에 단기매매증권평가손익으로 인식한다.

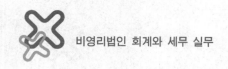
(사례 2 - 12) 단기매매증권

X공익법인은 단기차익을 목적으로 A증권을 보유하고 있으며 거래내역은 다음과 같다.

일자	매매내역	주당 공정가치	비고
2×18.10.25.	100주 취득	₩1,000	매매수수료 ₩200
2×18.11.14.	50주 처분	₩900	매매수수료 ₩200
2×18.12.31.		₩1,200	

<218.10.25. : 취득시점>

(차) 단기매매증권　　　　　　　100,000　　(대) 현금및현금성자산　　　　100,200
　　　지급수수료　　　　　　　　 200

해 설

매매수수료와 같은 거래원가는 취득원가에 가산하지 않고 비용으로 처리한다.

<2×18.11.14. : 처분시점>

(차) 현금및현금성자산　　　　44,800[1)]　　(대) 단기매매증권　　　　　　50,000
　　　단기매매증권처분손실　　 5,200
1) 실무적으로 거래원가는 처분가액에서 차감한 후 처분손익을 계산한다(50주×₩900－₩200)

<2×18.12.31. : 회계연도 말 평가>

(차) 단기매매증권　　　　　　　10,000　　(대) 단기매매증권평가이익　 10,000[2)]
2) 50주 × (₩1,200 － ₩1,000)

ⓑ 만기보유증권

　　만기가 확정된 채무증권으로서 상환금액이 확정되었거나 확정이 가능한 채무증권을
만기까지 보유할 적극적인 의도와 능력이 있는 경우에는 만기보유증권으로 분류한다.
최초 인식 시에는 공정가치로 측정하며 수수료 등 취득과 관련된 직접원가는 취득원가
에 가산해야 한다. 채무증권은 발행시의 유효이자율(시장이자율)과 표시이자율이 동일
한지 여부에 따라 액면발행, 할증발행, 할인발행으로 구분된다.

　　- 표시이자율 ＝ 유효이자율 : 액면발행
　　- 표시이자율 〉 유효이자율 : 할증발행
　　- 표시이자율 〈 유효이자율 : 할인발행

만기보유증권은 매 회계연도 말 상각후원가로 평가하며, 장부금액과 만기액면금액의 차이를 상환기간에 걸쳐 유효이자율법에 의하여 취득원가에 가감한다.

만기보유증권으로부터 회수할 수 있을 것으로 추정되는 금액이 상각후원가보다 작은 경우에는, 손상차손 인식을 고려해야 한다. 손상차손의 발생에 대한 객관적인 증거가 있는지는 보고기간종료일마다 평가하고 그러한 증거가 있는 경우에는 손상차손이 불필요하다는 명백한 반증이 없는 한, 회수가능액을 추정하여 손상차손을 인식하여야 한다. 손상차손금액은 당기손익에 반영한다. 손상징후에 대한 판단은 c. 매도가능증권 하단의 [참고] 문단을 참조하면 된다.

 (사례 2 – 13) 만기보유증권

> X공익법인은 2×17년 1월 1일 B회사가 발행한 액면가 ₩1,000,000인 사채(만기 3년, 표시 이자율 10%)를 만기보유목적으로 ₩951,963(유효이자율 12%)에 현금으로 취득하였다. 이자는 연 1회 12월 31일에 지급한다.

<2×17.1.1. : 취득시점>

(차) 만기보유증권	951,963	(대) 현금및현금성자산	951,963

해 설

유효이자율(12%)이 표시이자율(10%)보다 높기 때문에 할인발행되었다.

<2×17.12.31. : 회계연도 말>

(차) 현금및현금성자산	100,000[2]	(대) 이자수익	114,236[1]
만기보유증권	14,236[3]		

해 설

유효이자 114,236원(951,963 × 12%)과 표시이자 100,000원(1,000,000 × 10%)의 차이만큼 채무증권의 장부금액을 조정한다.

<2×18.12.31. : 회계연도 말>

(차) 현금및현금성자산	100,000[5]	(대) 이자수익	115,944[4]
만기보유증권	15,944[6]		

<2×19.12.31. : 만기일>

(차) 현금및현금성자산	100,000[8]	(대) 이자수익	117,857[7]
만기보유증권	17,857[9]		
(차) 현금및현금성자산	1,000,000	(대) 만기보유증권	1,000,000

일 자	유효이자 (장부금액×12%)	표시이자 (액면가×10%)	장부금액 조정 (유효이자－표시이자)	장부금액
2×17.1.1.				₩951,963
2×17.12.31.	₩114,236[1]	₩100,000[2]	₩14,236[3]	966,199
2×18.12.31.	115,944[4]	100,000[5]	15,944[6]	982,143
2×19.12.31.	117,857[7]	100,000[8]	17,857[9]	1,000,000
합계	348,037	300,000	48,037	

ⓒ 매도가능증권

단기매매증권이나 만기보유증권으로 분류되지 아니하는 유가증권은 매도가능증권으로 분류한다. 매도가능증권은 최초 인식 시 공정가치로 측정하며 수수료 등 취득과 직접 관련된 거래원가를 포함한다.

매도가능증권은 매 회계연도 말에 공정가치로 평가해야한다. 공정가치 변동에 따른 손익은 당기손익이 아닌 순자산조정으로 인식한다. 이러한 평가손익 누적액은 해당 유가증권을 처분하는 시점 또는 손상차손을 인식하는 시점에 당기손익으로 재분류된다. 시장성 없는 지분증권의 공정가치를 신뢰성 있게 측정할 수 없는 경우 취득원가로 평가한다.

매도가능증권은 매 회계연도 말 손상발생에 대한 객관적인 증거가 발생하였는지 평가해야 한다. 그리고 그러한 증거가 있는 경우 손상차손이 불필요하다는 명백한 반증이 없는 한, 회수가능액을 추정하여 손상차손을 인식하여야 한다. 손상차손금액은 당기손익에 반영한다. 만약 매도가능증권에 대한 미실현보유손익(평가손익)이 순자산조정에 남아있는 경우, 손상차손을 인식하는 시점에 일괄하여 당기손익에 반영해야한다. 공정가치가 하락했다고 해서 손상 발생의 증거가 되진 않으며, 일반기업회계기준에서는 손상이 발생한 객관적인 증거로써 다음과 같은 상황을 예시하고 있다.

〔참고〕 유가증권의 손상 징후 판단

일반기업회계기준

6.A8 다음의 경우는 손상차손이 발생하였다는 객관적인 증거가 될 수 있다.

(1) 은행법에 의해 설립된 금융기관으로부터 당좌거래 정지처분을 받은 경우, 청산 중에 있거나 1년 이상 휴업 중인 경우, 또는 완전자본잠식 상태에 있는 경우와 같이 유가증권발행자의 재무상태가 심각하게 악화된 경우

(2) 이자 지급과 원금 상환의 지연과 같은 계약의 실질적인 위반이나 채무불이행이 있는 경우

(3) 채무자 회생 및 파산에 관한 법률에 의한 회생절차개시의 신청이 있거나 회생절차가 진행 중인 경우와 같이, 유가증권발행자의 재무적 곤경과 관련한 경제적 또는 법률적인 이유 때문에 당초의 차입조건의 완화가 불가피한 경우

(4) 유가증권발행자의 파산가능성이 높은 경우

(5) 과거에 그 유가증권에 대하여 손상차손을 인식하였으며 그 때의 손상사유가 계속 존재하는 경우

(6) 유가증권발행자의 재무상태가 악화되어 그 유가증권이 시장성을 잃게 된 경우

(7) 표시이자율 또는 유효이자율이 일반적인 시장이자율보다 비정상적으로 높거나 낮은 채무증권(예: 후순위채권, 정크본드)을 법규나 채무조정협약 등에 의해 취득한 경우

(8) 기업구조조정촉진법에 의한 관리절차를 신청하였거나 진행 중인 경우

(9) 기타 (1) 내지 (8)의 경우에 준하는 사유

6.A9 유가증권이 상장 폐지되어 시장성을 잃더라도 그것이 반드시 손상차손의 증거가 되지는 않는다. 또한, 발행자의 신용등급이 하락한 사실 자체가 손상차손의 증거가 되지는 않지만 다른 정보를 함께 고려하는 경우에는 손상차손의 증거가 될 수 있다.

〔주의사항〕 투자증권의 분류

- 단기투자증권은 만기가 1년 이내 또는 1년 이내에 처분예정인 채무증권, 지분증권 및 기타 단기투자증권을 포함하며, 장기투자증권은 만기가 1년 이상 또는 1년 이후에 처분예정인 채무증권, 지분증권 및 기타장기투자증권을 포함한다.
- 수익증권은 신탁재산에 대한 수익권을 균등하게 분할하여 표시하고 있는 증권을 말함. 수익증권은 지분증권으로 분류함. 투자신탁의 계약기간이 3개월 이하인 초단기수익증권(MMF를 포함한다) 중 큰 거래비용이 없고 가치변동위험이 중요하지 않은 수익증권은 현금 및 현금성자산으로 처리한다.
- 장·단기 분류의 적정성은 회계연도 말마다 재검토해야 한다.

 (사례 2 - 14) 매도가능증권의 취득

B공익법인은 2×18년 10월 25일 A증권을 100주 취득하고 매도가능증권으로 분류하였다. A증권에 대한 공정가치는 다음과 같다.

일자	내역	주당 공정가치	비고
2×18.10.25.	100주 취득	₩1,000	매매수수료 ₩200
2×18.12.31.		₩1,200	

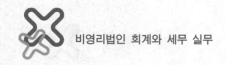

일자	내역	주당 공정가치	비고
2×19.12.31.		₩900	
2×20.5.1.	100주 처분	₩1,100	

<2×18.10.25. : 취득 시점>
(차) 매도가능증권　　　　　100,200　　(대) 현금및현금성자산　　　　100,200

해 설
단기매매증권과 달리 매매수수료와 같은 거래원가는 취득원가에 가산한다.

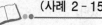 (사례 2-15) 매도가능증권의 평가

B공익법인은 2×18년 회계연도 말 결산을 수행중이다.(사례 2-14 계속)

<2×18.12.31. : 회계연도 말>
(차) 매도가능증권　　　　　19,800　　(대) 매도가능증권평가이익　　　19,800[1]
　　　　　　　　　　　　　　　　　　　　　(순자산조정)
1) (₩1,200 × 100) - 100,200

해 설
평가손익은 순자산조정에 반영한다.

 (사례 2-16) 매도가능증권의 처분

2×20년 5월 1일 A증권을 모두 처분하였다.(사례 2-15 계속)

<2×20.5.1. : 처분 시점>
(차) 현금및현금성자산　　　110,000　　(대) 매도가능증권　　　　　　90,000
　　　　　　　　　　　　　　　　　　　　　매도가능증권평가손실　　10,200[2]
　　　　　　　　　　　　　　　　　　　　　(순자산조정)
　　　　　　　　　　　　　　　　　　　　　매도가능증권처분이익　　　9,800

2) 2×19.12.31. 인식한 평가손실   10,200

[참고] (차) 매도가능증권평가이익   19,800   (대) 매도가능증권   30,000
         (순자산조정)
         매도가능증권평가손실   10,200
         (순자산조정)

 해 설

매도가능증권 처분 시 매도가능증권평가손익 누적액을 당기손익으로 대체한다.

제37조【유가증권의 평가】
① 유가증권은 취득한 후 만기보유증권, 단기매매증권, 그리고 매도가능증권 중의 하나로 분류한다.
② 유가증권의 평가는 일반기업회계기준에 따른다. 다만, 매도가능증권에 대한 미실현 보유손익은 순자산조정으로 인식하고 당해 유가증권에 대한 순자산조정은 그 유가증권을 처분하거나 손상차손을 인식하는 시점에 일괄하여 당기손익에 반영한다.

③ 장 · 단기대여금

거래상대방에게 계약에 의하여 빌려준 자금에 대한 채권이다. 회수기한에 따라 1년 이내 회수되는 대여금은 단기대여금으로 그 외의 대여금은 장기대여금으로 구분한다.

〔주의사항〕 장기대여금의 유동성대체

단기대여금은 결산일을 기준으로 회수기간이 1년 미만 남은 채권이다. 만약 당초 대여기간이 1년을 초과하더라도 기간이 경과하여 회계연도 말 기준 1년 이내 회수일이 도래하는 경우 단기대여금으로 계정재분류해야 한다. 분할상환 약정이 있는 장기대여금은 회계연도 말 기준 회수기간이 1년 이내 도래하는 부분은 단기대여금으로 분류한다.

(2) 유형자산
① 개요

유형자산은 재화의 생산이나 용역의 제공, 타인에 대한 임대, 또는 자체적으로 사용할 목적으로 보유하는 물리적 형체가 있는 자산으로 토지, 건물, 구축물, 기계장치 등이 있다.

유형자산의 취득원가는 자산을 취득하기 위하여 취득시점에 지급한 구입가격 또는 제작원가와 자산을 가동하는 데 필요한 장소와 상태에 이르게 하는 데 직접 관련되는 원가를 포함한다.

> ▌〔주의사항〕유형자산의 취득부대원가 ▌
>
> 유형자산의 취득과 직접 관련된 취득세, 등록세와 같은 제세공과금은 유형자산의 취득원가에 포함된다.

유형자산의 종류는 <표 Ⅲ-5>과 같으며, 공익법인의 특성을 반영하여 과목을 신설하거나 통합할 수 있다.

〈표 Ⅲ-5〉 유형자산 과목 예시

종류(계정명)	감가상각 여부	유형자산의 예
토지	×	대지, 임야, 전답 등 포함
건물	○	건물과 냉난방, 조명 등 건물부속설비 포함
구축물	○	옥외주차장, 담장, 내부 인테리어비용 등
기계장치	○	기계장치·운송설비와 기타의 부속설비 등
차량운반구	○	승용자동차 등
기타유형자산	△	비품 : 복사기, 책상, 의자, 컴퓨터 등 예술작품, 유물
건설중인자산	×	유형자산을 취득하기 위하여 지출한 계약금 및 중도금

② 감가상각

감가상각은 유형자산의 감가상각대상금액(취득원가-잔존가치)을 사용하는 기간 동안 합리적인 방법을 이용하여 각 회계기간에 배분하는 절차이다. 감가상각방법은 정액법, 정률법, 연수합계법, 생산량비례법이 있으며 각 자산의 경제적 효익이 소멸되는 형태를 고려하여 상각방법을 선택해야 한다. 감가상각누계액(감가상각비 누적액)은 자산에서 차감하는 형식으로 기재한다

> ▌〔주의사항〕감가상각 제외 ▌
>
> 토지, 전시·교육·연구 등의 목적으로 보유중인 예술작품이나 유물 등은 경제적 효익이 감소하지 않으므로 감가상각하지 않는다.

(사례 2 - 17) 감가상각방법

> C공익법인은 2×18년 1월 1일 기계장치를 ₩1,000,000에 취득하였다. 기계장치의 내용연수는 5년 잔존가치는 ₩100,000이다.

① 정액법 : 자산의 내용연수에 걸쳐 균등하게 감가상각비를 인식하는 방법

감가상각비 : (취득가액 - 잔존가치) ÷ 내용연수

→ *(1,000,000 - 100,000) ÷ 5 = 180,000* (매년 동일 금액 상각)

② 정률법 : 가속상각의 한 방법으로 초기에 많은 금액을 감가상각비로 인식

(상각률 40%로 가정)

감가상각비 : (취득원가 - 감가상각누계액) × 40%

→ *2018 감가상각비 : 1,000,000 × 40% = 400,000*

 2019 감가상각비 : (1,000,000 - 400,000) × 40% = 240,000

③ 연수합계법 : 가속상각의 한 방법으로 초기에 많은 금액을 감가상각비로 인식

감가상각비 : (취득가액 - 잔존가치) × (각 연도 초 잔존내용연수/내용연수합계)

→ *2018 감가상각비 : (1,000,000 - 100,000) × (5/15*) = 300,000*

 * 1+2+3+4+5 = 15

④ 생산량비례법 : 생산량에 비례하여 자산이 소비된다는 것을 전제로 감가상각비를 인식

(총예정생산량 500개, 2018년 생산량 100개로 가정)

감가상각비 : (취득가액 - 잔존가치) × (매년 생산량/총예정생산량)

→ *2018 감가상각비 : (1,000,000 - 100,000) × (100/500) = 180,000*

③ 자본적지출과 수익적지출

유형자산을 취득하여 사용하는 중에도 여러 가지 비용이 발생할 수 있다. 이러한 비용을 취득원가에 가산할 것인지 발생한 시점의 비용으로 처리할 것인지 결정이 필요하다. 만약 지출의 효과가 생산능력 증대, 내용연수 연장, 상당한 원가절감 또는 품질향상을 가져오는 경우 자본적지출로 보아 유형자산의 장부금액에 가산하여 미래 기간에 걸쳐 비용(감가상각비)으로 배분한다. 그러나 이러한 지출이 본래의 능률 유지, 원상회복, 수선유지를 위해 발생하였다면 발생한 기간의 비용(수선유지비)으로 처리한다.

> **(사례 2 - 18) 자본적지출 및 수익적지출**

<자본적지출>

2×18년 건물 내 엘리베이터와 냉난방시설공사를 위해 ₩8,000,000을 지출하였다.

(차) 건물	8,000,000	(대) 현금및현금성자산	8,000,000

<수익적지출>

2×18년 건물에 파손된 유리의 대체비로 ₩2,000,000을 지출하였다.

(차) 수선유지비	2,000,000	(대) 현금및현금성자산	2,000,000

제14조【유형자산】

① '유형자산'이란 재화를 생산하거나 용역을 제공하기 위하여, 또는 타인에게 임대하거나 직접 사용하기 위하여 보유한 물리적 형체가 있는 자산으로 1년을 초과하여 사용할 것으로 예상되는 자산을 말한다.

② 유형자산에는 토지, 건물, 구축물, 기계장치, 차량운반구와 건설중인 자산 등이 포함된다.

③ 유형자산의 감가상각누계액과 손상차손누계액은 유형자산 각 항목의 차감계정으로 재무상태표에 표시한다.

④ 유형자산을 폐기하거나 처분하는 경우 그 자산을 재무상태표에서 제거하고 처분금액과 장부금액의 차액을 유형자산처분손익으로 인식한다.

제35조【유형자산과 무형자산의 평가】

① 유형자산과 무형자산의 취득원가는 구입가격 또는 제작원가와 자산을 가동하기 위하여 필요한 장소와 상태에 이르게 하는 데 직접 관련되는 원가를 포함한 금액을 말한다.

② 최초 인식 후에 유형자산과 무형자산의 장부금액은 다음 각 호에 따라 결정한다.

　1. 유형자산: 취득원가(자본적 지출을 포함한다. 이하 이 조에서 같다)에서 감가상각누계액과 손상차손누계액을 차감한 금액

　2. 무형자산: 취득원가에서 상각누계액과 손상차손누계액을 차감한 금액

③ 취득원가에서 잔존가치를 차감하여 결정되는 유형자산의 감가상각대상금액과 무형자산의 상각대상금액은 해당 자산을 사용할 수 있는 때부터 내용연수에 걸쳐 배분하여 상각한다.

④ 유형자산과 무형자산의 내용연수는 자산의 예상 사용기간이나 생산량 등을 고려하여 합리적으로 결정한다.

⑤ 유형자산의 감가상각방법과 무형자산의 상각방법은 다음 각 호에서 자산의 경제적 효익이 소멸되는 형태를 반영한 합리적인 방법을 선택하여 소멸형태가 변하지 않는

한 매기 계속 적용한다.
1. 정액법
2. 정률법
3. 연수합계법
4. 생산량비례법
⑥ 전시·교육·연구 등의 목적으로 보유중인 예술작품 및 유물과 같은 역사적 가치가 있는 유형자산은 일반적으로 시간이 경과하더라도 가치가 감소하지 않으므로 감가상각을 적용하지 아니한다.

④ 재평가

유형자산은 최초인식 이후 공정가치를 신뢰성 있게 측정할 수 있는 경우 재평가를 할 수 있다. 이 경우 재평가일의 공정가치에서 이후의 감가상각누계액과 손상차손누계액을 차감한 재평가금액을 장부금액으로 한다. 유형자산을 재평가할 때, 재평가 시점의 총장부금액에서 기존의 감가상각누계액을 제거하여 자산의 순장부금액이 재평가금액이 되도록 수정한다. 재평가 결과 장부금액이 증가하는 경우 그 차액만큼 재평가이익(순자산조정)을 인식하고, 감소하는 경우 그 차액을 재평가손실(당기손익)로 처리한다.

 (사례 2-19) 재평가의 적용 (1) - 공정가치의 상승

A공익법인은 2×18년 1월 1일 내용연수 5년, 잔존가치 0원인 건물 ₩1,000,000을 취득하였다. 감가상각은 정액법으로 하며 2×18년 12월 31일 건물의 공정가치가 ₩1,200,000으로 상승하여 재평가를 수행하였다.

<2×18.12.31.>
(1) 감가상각

(차) 감가상각비	200,000[1]	(대) 감가상각누계액	200,000

1) (1,000,000 - 0) ÷ 5

(2) 유형자산 재평가

(차) 건물	200,000[2]	(대) 재평가이익	400,000[4]
감가상각누계액	200,000[3]	(순자산조정)	

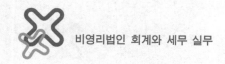
구분	재평가 전	재평가 후	비고
건　물	₩1,000,000	₩1,200,000 …	₩200,000 증가[2]
감가상각누계액	(200,000) ➡		₩200,000 감소[3]
장부금액	800,000	1,200,000 …	₩400,000 증가[4]

 해 설

유형자산을 재평가 할 때 기존의 감가상각누계액을 전액 제거(₩200,000 감소)하고, 재평가이익은 순자산조정으로 처리한다.

(사례 2-20) 재평가의 적용 (2) - 공정가치의 하락

A공익법인은 2×19년 12월 31일 건물의 공정가치가 ₩400,000으로 하락하여 해당 건물에 대해 재평가를 실시하였다.(사례 2-19 계속)

<2×19.12.31.>
(1) 감가상각

(차) 감가상각비　　　　　　　　300,000[1]　(대) 감가상각누계액　　　　　　300,000
1) (1,200,000 - 0) ÷ 4

해 설

감가상각은 전기말 재평가금액을 기초로 수행한다. 재평가 시점의 공정가치를 새로운 취득원가로 보고 이후의 감가상각을 처리하는 것이다.

(2) 재평가 조정

(차) 감가상각누계액　　　　　300,000[3]　(대) 건물　　　　　　　　　800,000[2]
　　재평가이익　　　　　　　400,000[4]
　　(순자산조정)
　　재평가손실　　　　　　　100,000[4]
　　(당기손익)

구분	재평가 전	재평가 후	비고
건　물	₩1,200,000	₩400,000 …	₩800,000 감소[2]
감가상각누계액	(300,000) ➡		₩300,000 감소[3]
장부금액	900,000	400,000 …	₩500,000 감소[4]

과거에 재평가로 인한 순자산조정의 잔액이 있는 경우 그 금액을 한도로 재평가감소액을 순자산조정에서 차감한 후, 나머지 잔액을 재평가 손실로 당기손익에 반영한다.

반대로 과거에 운영성과표에 사업외비용으로 인식한 재평가손실이 있다면 그 금액을 한도로 재평가증가액을 운영성과표에 사업외수익으로 인식한 후, 나머지 잔액을 재평가이익(순자산조정)에 반영한다.

〔참고〕 유형자산의 공정가치

- 공정가치란 시장에서 거래되는 가격을 의미한다.
- 시장가격이 없는 경우에는 동일 또는 유사 자산의 현금거래로부터 추정할 수 있는 실현가능액이나 전문적 자격이 있는 평가인의 감정가액을 사용할 수 있다.
- 토지에 대한 개별공시지가 또는 건물이나 차량 등에 대한 지방세 시가표준액 등정부의 각종 고시금액이나 시장의 객관적인 시세표 등이 공정가치와 대체로 유사하다고 판단되는 경우 이를 재평가액으로 사용할 수 있다.
  ➡ 다만, 공정가치와 대체로 유사한지에 대하여는 재평가대상 자산의 금액적 중요성 등 종합적인 상황을 고려하여 판단해야 한다.

제36조【유형자산의 재평가】

① 최초 인식 후에 공정가치를 신뢰성 있게 측정할 수 있는 유형자산은 재평가를 할 수 있다. 이 경우 재평가일의 공정가치에서 이후의 감가상각누계액과 손상차손누계액을 차감한 재평가금액을 장부금액으로 한다.

② 유형자산을 재평가할 때, 재평가 시점의 총장부금액에서 기존의 감가상각누계액을 제거하여 자산의 순장부금액이 재평가금액이 되도록 수정한다.

③ 유형자산의 장부금액이 재평가로 인하여 증가된 경우에 그 증가액은 순자산조정으로 인식한다. 그러나 동일한 유형자산에 대하여 이전에 운영성과표에 사업외비용으로 인식한 재평가감소액이 있다면 그 금액을 한도로 재평가증가액만큼 운영성과표에 사업외수익으로 인식한다.

④ 유형자산의 장부금액이 재평가로 인하여 감소된 경우에 그 감소액은 운영성과표에 사업외비용으로 인식한다. 그러나 그 유형자산의 재평가로 인해 인식한 순자산조정의 잔액이 있다면 그 금액을 한도로 재평가감소액을 순자산조정에서 차감한다.

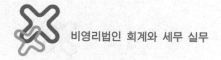

⑤ 손상

물리적 손상 및 시장가치의 급격한 하락 등으로 인해 유형자산의 손상 징후가 있다고 판단되는 경우 자산의 회수가능액을 추정해야한다. 자산의 회수가능액이 장부금액에 중요하게 미달되는 경우 장부금액을 회수가능액으로 조정하고 그 차액은 손상차손 계정을 사용하여 당기손익으로 인식해야 한다.

⑥ 처분

유형자산을 처분할 경우, 처분금액과 장부금액의 차이를 당기손익으로 인식한다. 다만, 재평가와 관련하여 인식한 재평가이익(순자산조정)이 있다면, 처분 시 당기손익으로 인식해야 한다.

 (사례 2 - 21) 유형자산의 처분

2×17년 12월 31일 재평가를 수행하였으며, 2x17년 12월 31일 기계장치의 공정가치는 ₩40,000이었다.(재평가 후 취득원가 ₩40,000 잔존내용연수는 2년, 정액법 적용) B공익법인의 기계장치 관련 재평가이익(순자산조정)은 ₩10,000이다. B공익법인은 2×18년 7월 1일 사용하고 있던 기계장치를 ₩60,000에 처분하였다.

<2×18.7.1.>

(차) 감가상각비	10,000[1]	(대) 감가상각누계액	10,000

1) 40,000 ÷ 2 × 6/12

(차) 현금및현금성자산	60,000	(대) 기계장치	40,000
감가상각누계액	10,000	유형자산처분이익	40,000
재평가이익	10,000		
(순자산조정)			

해설

처분시점까지의 감가상각비를 먼저 인식한다. 이후 처분손익에 대한 회계처리를 수행하며, 재평가이익이 있는 경우 유형자산처분이익으로 실현시킨다.

(3) 무형자산

① 개요

무형자산은 재화를 생산하거나 용역을 제공하기 위하여, 또는 타인에게 임대하거나 직접사용하기 위하여 보유한 물리적 형체가 없는 비화폐성자산을 말한다. 무형자산은 사업상 비슷한 성격과 용도를 가진 종류별로 분류하여 표시하며, 대표적인 무형자산은 지식재산권, 개발비, 컴퓨터소프트웨어, 광업권, 임차권리금 등이 있다.

② 상각

무형자산의 상각방법은 자산의 경제적 효익이 소멸되는 형태를 반영한 합리적인 방법을 선택하여 소멸형태가 변하지 않는 한 매기 계속 적용한다. 상각방법은 정액법, 정률법, 연수합계법, 생산량비례법 중 선택할 수 있다. 상각누계액은 재무제표에 총액으로 표시 하지 않고 취득원가에서 직접 차감한 잔액으로 표시한다

〔주의사항〕 무형자산상각비의 분류

공익법인회계기준은 비용의 성격에 따라 분배비용, 인력비용, 시설비용, 기타비용으로 구분하여 기재하도록 규정하고 있다. 무형자산상각비는 무형자산의 성격에 따라 시설비용 또는 기타비용으로 분류할 수 있다. 공익법인 시스템 설비 등의 상각비는 시설비용으로 구분하고 그 외의 경우에는 기타비용으로 분류한다.

제15조 【무형자산】
① '무형자산'이란 재화를 생산하거나 용역을 제공하기 위하여, 또는 타인에게 임대하거나 직접 사용하기 위하여 보유한 물리적 형체가 없는 비화폐성자산을 말한다.
② 무형자산에는 지식재산권, 개발비, 컴퓨터소프트웨어, 광업권, 임차권리금 등이 포함된다.
③ 무형자산은 상각누계액과 손상차손누계액을 취득원가에서 직접 차감한 잔액으로 재무상태표에 표시한다.
④ 무형자산을 처분하는 경우 그 자산을 재무상태표에서 제거하고 처분금액과 장부금액의 차액을 무형자산처분손익으로 인식한다.

(4) 기타비유동자산

투자자산, 유형자산, 무형자산에 속하지 않는 비유동자산을 말한다. 임차보증금, 전세권, 전신전화가입권 등의 보증금과 장기매출채권, 장기선급비용 등의 항목이 있다.

〈표 Ⅲ-6〉 기타비유동자산 예시

계정명	상세내역
임차보증금	타인의 부동산 또는 동산을 월세 등의 조건으로 사용하기 위하여 지급하는 보증금
전세권	전세금을 지급하고 타인의 부동산을 그 용도에 따라 사용·수익한 후 그 부동산을 반환하고 전세금의 반환을 받는 권리
전신전화가입권	특정한 전신 또는 전화를 소유·사용하는 권리

3. 부채

☐ (부채의 정의) 부채란 과거의 거래나 사건의 결과로 현재 공익법인이 부담하고 있고 미래에 자원이 유출되거나 사용될 것으로 예상되는 의무이다. 만약, 구호사업을 운영하고 있는 복지재단이 구호활동에 사용할 의료소모품을 외상으로 구매한 경우 '과거의 사건'은 의료소모품을 구입한 행위로 볼 수 있다. 의료소모품 구입에 따라 복지재단은 이에 대한 대가를 지불할 의무가 발생한다. 이러한 '의무'가 매입채무이며, '유출될 자원'은 지급해야 할 대금이다.

〈그림 Ⅲ-8〉 부채 정의에 대한 사례

정 의		사 례
과거 거래나 사건	➡	구호사업을 위한 의료소모품 구입
공익법인의 부담		매입채무
자원의 유출 또는 사용		대금의 지급

☐ (부채의 인식) 부채는 해당 의무를 이행하기 위하여 경제적 자원이 유출될 가능성이 매우 높고, 의무의 이행에 소요되는 금액을 신뢰성 있게 측정할 수 있을 때 재무제표에 부채로 인식한다.

☐ (부채의 구분) 부채는 유동부채, 비유동부채, 고유목적사업준비금으로 구분하여 재무상태표에 표시하며, 유동부채와 비유동부채는 1년을 기준으로 구분된다. 유동부채는

회계연도 말로부터 1년 이내에 상환 등을 통하여 소멸할 것으로 예상되는 부채이고 그 외의 모든 부채는 비유동부채이다. 여기서 주의해야 할 점은 부채의 발생시점이 아닌 회계연도 말 시점을 기준으로 유동, 비유동을 구분하는 것이다. 고유목적사업준비금을 부채로 인식하는 경우 유동부채, 비유동부채로 구분하지 않고 별도로 표시해야 한다.

제11조【재무상태표 작성기준】
② 재무상태표 구성요소의 정의는 다음 각 호와 같다.
　　2. '부채'란 과거의 거래나 사건의 결과로 현재 공익법인이 부담하고 있고 미래에 자원이 유출되거나 사용될 것으로 예상되는 의무를 말한다.
③ 자산과 부채는 각각 다음 각 호의 조건을 충족하는 경우에 재무상태표에 인식한다.
　　2. 부채: 해당 의무를 이행하기 위하여 경제적 자원이 유출될 가능성이 매우 높고, 의무의 이행에 소요되는 금액을 신뢰성 있게 측정할 수 있다.
④ 자산, 부채 및 순자산은 다음 각 호에 따라 구분한다.
　　2. 부채는 유동부채, 비유동부채로 구분하며 고유목적사업준비금을 부채로 인식할 수 있다.

---

1) 유동부채

□ 유동부채는 회계연도 말로부터 1년 이내에 만기가 도래하는 부채로 매입채무, 미지급금, 미지급비용, 선수금, 선수수익, 예수금 등이 있다.

〈그림 Ⅲ-9〉 유동부채의 분류

구 분	내 용
유동부채	회계연도 말 기준으로 1년 이내 만기가 도래하는 부채
매입채무/미지급금	거래의 대가로 상대방에게 현금 등을 지급해야 할 의무
미지급비용	기간경과에 따라 비용을 인식하였으나, 아직 현금을 지급하지 않은 경우
선수금	상품이나 용역을 제공하기 전에 미리 대가를 수령한 경우
선수수익	현금은 수령하였으나 차기 이후 기간 경과에 따라 인식할 수익
예수금	일시적으로 보관하고 있는 현금

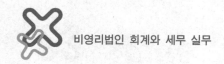
제17조 【유동부채】
① '유동부채'는 회계연도 말부터 1년 이내에 상환 등을 통하여 소멸할 것으로 예상되는 부채를 말한다.
② 유동부채에는 단기차입금, 매입채무, 미지급비용, 미지급금, 선수금, 선수수익, 예수금과 유동성장기부채 등이 포함된다

(1) 매입채무와 미지급금

매입채무는 외상매입금, 지급어음 등 공익법인의 주된 사업과 관련하여 발생하는 채무이다. 매입채무는 보통 1년 이내에 소멸되며, 회계연도 말로부터 1년 이후에 상환될 경우 장기매입채무(비유동부채)로 구분해야 한다.

미지급금은 주된 사업 외의 거래나 계약에 따라 발생한 확정된 채무 중 아직 지불하지 못한 채무이다. 주로 차량, 비품 등의 외상구입대금, 미정산된 용역대금 등을 표시할 때 사용된다.

(2) 미지급비용

미지급비용은 일정기간 동안 계속적으로 발생하는 용역과 관련하여 당해 이미 제공된 용역에 대하여 지급기한이 도래하지 않아 비용을 지급하지 못한 경우 사용되는 계정이다. 발생주의 원칙에 따라 당해 기간 경과분에 대해서 비용으로 인식하고 상대계정으로 미지급비용을 계상한다. 미지급급여, 미지급이자비용, 신용카드 대금, 미지급임차료 등이 있다. 실무적으로 제공받은 재화나 용역에 대하여 세금계산서를 수취한 경우 미지급금으로 그 외의 미지급한 경비 등은 미지급비용으로 처리하면 된다

 (사례 2-22) 미지급비용

A공익법인은 2×18년 10월 1일 은행으로부터 ₩20,000,000을 1년간 차입하였다. 이자율은 연 12%이며, 만기 시점에 이자를 일시 지급하기로 한다.

<2×18.12.31. : 회계연도 말>
(차) 이자비용   600,000[1)]   (대) 미지급비용   600,000
1) 20,000,000 × 12% × 3/12

(3) 선수금

상품, 제품 및 용역을 제공하기 전에 대가의 일부 또는 전부를 수령한 경우 해당 금액을 부채(선수금)로 계상한다.

(사례 2 - 23) 선수금

A공익법인은 공연장 대관사업을 진행하고 있다. 2×18년 9월 30일 B회사로부터 대관 계약금 ₩1,000,000을 수령하였다. 대관일은 2×18년 11월 1일로 대관일에 잔금을 완납받았다 (잔금 ₩2,000,000).

<2×18.9.30.>
(차) 현금및현금성자산	1,000,000	(대) 선수금	1,000,000

해설

인식한 선수금은 대관이 이루어지는 시점(2×18.11.1.)에 감소처리하고 수익으로 인식한다.

<2×18.11.1.>
(차) 현금및현금성자산	2,000,000	(대) 대관료수익	3,000,000
선수금	1,000,000		

(4) 선수수익

대가를 이미 수령하였으나 용역제공이 일정기간 동안 지속되어 수령액의 일부가 차기 이후에 속할 때 회계연도 말 이 금액을 선수수익으로 계상하고, 차년도에 수익으로 인식한다. 선급비용에 대응되는 개념으로서 이연수익으로 볼 수 있다

[주의사항] 선수금과 선수수익 차이점

선수금은 계약금, 중도금과 같이 제품이나 용역 등을 미래에 제공하기로 하고 먼저 수령한 대가를 말한다. 반면 선수수익은 일정기간에 걸쳐 제공되는 용역계약과 관련하여 미리 받은 대가 중 기간이 미경과 되어 수익으로 실현되지 못한 부분을 의미한다. 선수수수료, 선수임대료 등이 있다.

(사례 2 - 24) 선수수익의 인식

> A공익법인은 2×18년 10월 1일 소유하고 있는 건물 일부를 임대하고 1년 임대료 ₩12,000,000을 모두 수령하였다.

<2×18.10.1.>
(차) 현금및현금성자산   12,000,000   (대) 선수수익   12,000,000
<2×18.12.31. 결산시점>
(차) 선수수익   3,000,000*   (대) 임대수익   3,000,000
*₩12,000,000 × 3/12

해 설

현금 수령 시 선수수익(부채)으로 계상한 후 결산시점에 경과된 부분만큼 수익이 발생하였으므로 수익으로 대체한다.

(5) 예수금

예수금은 사내에 일시적으로 보관하였다가 다시 지출되는 자금으로 4대 보험에 대한 원천징수예수금 및 부가 세예수금 등이 있다.

① 원천징수예수금

종업원으로부터 발생하는 예수금으로 소득세의 원천징수, 국민연금·건강보험료 등 4대 보험을 원천징수 할 때 발생한다. 공익법인은 종업원에 급여를 지급할 때 해당금액을 공제하고 지급하였다가 납부시기에 이를 납부한다.

(사례 2 - 25) 원천징수예수금

> A공익법인은 직원급여 ₩63,000,000 중 소득세와 4대 보험 예수금 ₩3,000,000을 차감하고 지급하였다.

<급여 지급일>
(차) 급여   63,000,000   (대) 현금및현금성자산   60,000,000
                                              예수금   3,000,000

<소득세 및 4대보험 납부일>

(차) 예수금	3,000,000	(대) 현금및현금성자산	3,000,000

② 부가가치세예수금과 대급금

공익법인의 고유목적사업은 일반적으로 부가가치세 면세대상이다. 그러나 「부가가치세법」상 열거된 면세대상사업에 포함되지 않는 과세대상사업을 추가로 영위할 경우 납세의무가 발생한다.

부가가치세예수금(부채)은 과세사업의 재화나 용역을 제공할 때 발생하는 부가가치세 매출세액을 처리하는 계정으로 수익과 별도로 예수금 계정으로 인식하였다가 부가가치세 신고·납부 시점에 일괄 납부한다.

부가가치세대급금(자산)은 재화나 용역을 구입할 때 징수당한 부가가치세 매입세액으로 제공받은 재화나 용역이 과세사업과 관련된 경우에 한해서 공제받을 수 있다. 관련 사업이 면세대상사업일 경우 관련 취득자산의 원가로 계상해야 한다.

부가가치세 신고시 부가가치세예수금과 부가가치세대급금은 서로 상계하여 처리하며, 부가가치세예수금이 많은 경우 부가가치세납부세액이 되고 부가가치세대급금이 많은 경우 부가가치세환급세액이 된다.

(사례 2 - 26) 부가가치세예수금

A공익법인은 임대사업을 통해 수익사업을 영위하고 있다. A법인은 2×18년 4월 1일 임대료를 받고 ₩5,500,000(부가세 포함) 세금계산서를 발행하였다.

<2×18.4.1.>

(차) 현금및현금성자산	5,500,000	(대) 임대수익	5,000,000
		부가가치세예수금	500,000

(사례 2 - 27) 부가가치세대급금

A공익법인은 2×18년 4월 5일 건물관리비 ₩1,100,000(부가세 포함)을 지급하였다. 2×18년 7월 25일 확정신고를 하며 부가가치세를 납부하였다.

<2×18.4.5.>

(차)	관리비	1,000,000	(대)	현금및현금성자산	1,100,000
	부가가치세대급금	100,000			

해 설

만약 위의 사례가 면세사업에서 발생한 경우; ₩1,100,000 전액 비용으로 계상한다.

<2×18.7.25.>

(차)	부가가치세예수금	500,000	(대)	부가가치세대급금	100,000
				현금및현금성자산	400,000

〈그림 Ⅲ - 10〉 부가세예수금과 대급금

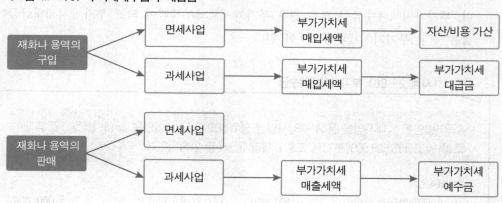

2) 비유동부채

□ 비유동부채에는 회계연도 말로부터 1년 이후에 만기가 도래하는 차입금, 지출 시기나 금액이 불확실한 충당부채, 퇴직급여충당부채 등이 있다.

〈그림 Ⅲ-11〉 비유동부채의 분류

구 분	내 용
비유동부채	회계연도 말 기준으로 1년 이후 만기가 도래하는 부채
차입금	금융기관 등 타인으로부터 조달한 자금
충당부채	지급 시기나 금액이 불확실한 부채
퇴직급여충당부채	회계연도 말 현재 모든 임직원이 퇴직할 경우 지급해야 할 금액

제18조 【비유동부채】
① '비유동부채'란 유동부채를 제외한 모든 부채를 말하며, 고유목적사업준비금을 부채로
   인식하는 경우에는 유동부채와 고유목적사업준비금을 제외한 모든 부채를 말한다.
② 비유동부채에는 장기차입금, 임대보증금과 퇴직급여충당부채 등이 포함된다.

(1) 차입금

차입금은 기업운영에 필요한 자금을 은행이나 금융기관 등의 외부로부터 빌리고 일
정기간 후에 상환하기로 한 채무를 말한다. 상환기한이 회계연도 말로부터 1년 이내
인 경우 단기차입금(유동부채)으로 그 이외의 경우는 장기차입금으로 분류한다.
장기차입금의 구분 기준은 회계연도 말로부터 1년 이내에 상환기일이 도래하는지 여
부로 판단한다. 따라서 계약기간 당시 장기차입금이었다 하더라도 시간이 경과하여
상환기일이 회계연도 말로부터 1년 이내 도래하는 경우 유동성장기부채(유동부채)로
대체해야 한다.

(2) 충당부채

충당부채는 지출시기 또는 금액이 불확실한 부채이다. 과거사건이나 거래의 결과에
의한 현재의무로서 그 의무를 이행하기 위하여 자원이 유출될 가능성이 매우 높고
금액을 신뢰성 있게 추정할 수 있는 경우 재무제표에 충당부채로 인식한다. 충당부채
에는 소송충당부채, 복구충당부채 등이 있다.
충당부채 중 위의 요건을 만족하지 못해 부채로 인식될 수 없는 경우를 우발부채라고
한다. 우발부채는 의무를 이행하기 위한 자원의 유출가능성이 거의 없는 경우를 제외
하고 주석에 관련 사항을 공시해야 한다.

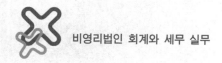
〈표 Ⅲ-7〉 충당부채와 우발부채 비교

자원유출가능성 \ 금액추정가능성	신뢰성 있게 추정 가능	추정 불가능
매우 높음	충당부채	우발부채 주석공시
어느정도 있음	우발부채 주석공시	우발부채 주석공시
거의 없음	공시하지 않음	공시하지 않음

〈그림 Ⅲ-12〉 충당부채와 우발부채의 인식요건

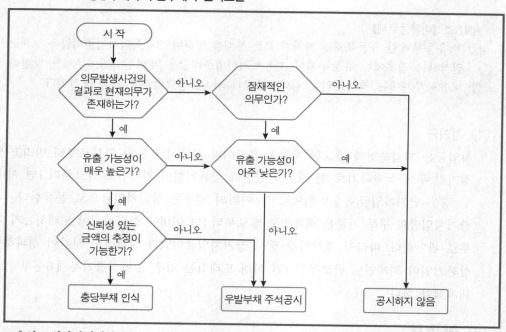

* 출처 : 일반기업회계기준

（사례 2-28） 충당부채

A공익법인은 2×18년 C회사가 제기한 손해배상청구 소송의 피고로 재판을 받고 있으며 책임이 있는지의 여부에 대해 원고와 다투고 있다. 2×18년 재무제표가 제출되는 시점까지 법률전문가는 A공익법인이 법적의무를 지지 않을 가능성이 매우 높다고 조언하였다. 그러나 2×19년 재무제표를 작성할 때 1심은 패소하였고, 2심 진행중에 있다. 법률전문가는 소송이 불리하게 진행되어 회사가 법적의무를 부담할 가능성이 매우 높다고 조언하였다. 소송가액은 2억원이다.

<2×18.12.31. 회계연도 말>

- 분개없음 -

해설

현재의무가 존재하지 않으므로 충당부채를 인식하지 않지만 우발부채로 해당 내용을 주석으로 공시해야 한다. 계류중인 소송사건의 경우 자원의 유출가능성이 거의 없더라도 그 내용을 주석에 기재해야 한다 (일반기업회계기준 14장 문단 14.21)

<2019.12.31. 회계연도 말>

(차) 충당부채전입액　　　200,000,000　　(대) 충당부채　　　　　　　200,000,000

해설

법적 의무가 존재하고, 자원이 유출될 가능성이 매우 높으므로 재무제표에 충당부채를 인식한다.

(3) 퇴직급여충당부채

퇴직급여충당부채는 회계연도 말 현재 모든 임직원이 일시에 퇴직할 경우 지급해야 하는 퇴직금(퇴직금추계액)을 말한다. 퇴직금추계액은 「근로기준법」 및 「근로자퇴직급여 보장법」을 적용하여 계산하거나 공익법인에 퇴직금 관련 별도규정이 있는 경우 이에 따라 계산하면 된다. 법에서 규정하고 있는 퇴직금추계액은 최저한의 개념으로 공익법인의 별도 규정이 최저지급기준에 미달하는 경우 법에 따른 퇴직금금액을 지급해야 한다.

① 퇴직급여충당부채

퇴직급여충당부채는 「근로기준법」 등 또는 회사 내부규정에 따라 계산한 금액 중 큰 금액으로 설정한다. 당기 말에 추계한 금액과 추계 전 퇴직급여충당부채 장부금액의 차이만큼 퇴직급여(당기비용)를 인식한다.

 (사례 2-29) 퇴직금추계액

2×18년 12월 31일 현재 A공익법인에 다음의 종업원들이 재직하고 있으며, A공익법인은 근로기준법 등에 따라 퇴직금을 산출하고 있다.

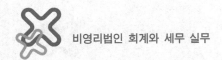
종업원 명	입사일	직전 3개월 총급여
김XX	2×13.1.1.	₩9,200,000
이YY	2×14.10.1.	₩7,360,000

<「근로기준법」 등에 따른 퇴직금추계액 산식>

퇴직금추계액 = 평균임금* × 30일 × (재직일수/365)

* 평균임금 : 추계일 이전 3개월 동안 근로자에게 지급된 임금총액 ÷ 총 일수

종업원 명	입사일	3개월 총급여	평균임금[1]	재직일수[2]	퇴직금추계액[3]
김XX	2×13.1.1.	₩9,200,000	₩100,000	2,191일	₩18,008,219
이YY	2×14.10.1.	₩7,360,000	₩80,000	1,553일	₩10,211,507

1) 3개월 총급여 ÷ 92 (31+30+31)
2) 입사일 ~ 퇴직금추계액 산정기준일 (입사일 ~ 2×18.12.31.)
3) 평균임금 × 30일 × (재직일수/365일)

 (사례 2 - 30) 퇴직금지급 및 퇴직급여충당부채의 설정

2×17년 12월 31일 퇴직급여충당부채(퇴직금추계액)는 ₩150,000,000이다. 2×18년 중 퇴직자가 발생하여 퇴직금을 ₩30,000,000 지급하였고, 2×18년 12월 31일 퇴직금추계액은 ₩160,000,000이었다.

<2×18년 중 종업원 퇴직 시점>

(차) 퇴직급여충당부채　　　　30,000,000　　(대) 현금및현금성자산　　　　30,000,000

해 설

종업원 퇴직으로 인해 2×17년 말 퇴직급여충당부채 1.5억원에서 0.3억원 감소하였다.

<2×18.12.31.>

(차) 퇴직급여　　　　40,000,000　　(대) 퇴직급여충당부채　　　　40,000,000

－ 2×18년 퇴직급여 = ₩160,000,000 － (₩150,000,000 － ₩30,000,000)
　　　　　　　　　　　= ₩40,000,000

해 설

2×18년 말 퇴직금추계액 1.6억원에서 현재 퇴직급여충당부채 잔액 1.2억원의 차이만큼 퇴직급여(비용)를 인식한다.

｜(참고) 퇴직금 관련 법령 ｜

[근로기준법]

제2조 【정의】

① 이 법에서 사용하는 용어의 뜻은 다음과 같다.

6. "평균임금"이란 이를 산정하여야 할 사유가 발생한 날 이전 <u>3개월 동안에 그 근로자에게 지급된 임금의 총액을 그 기간의 총일수로 나눈 금액</u>을 말한다. 근로자가 취업한 후 3개월 미만인 경우도 이에 준한다.

[근로자퇴직급여 보장법]

제8조 【퇴직금제도의 설정 등】

① 퇴직금제도를 설정하려는 사용자는 계속근로기간 1년에 대하여 30일분 이상의 평균임금을 퇴직금으로 퇴직 근로자에게 지급할 수 있는 제도를 설정하여야 한다.

② 퇴직연금제도

퇴직연금제도는 사용자로 하여금 매월 또는 매년 사외의 금융기관에 적립 운용하도록 하고, 종업원이 퇴직 후 연금으로 받을 수 있도록 하는 제도이며 확정기여형(DC: Defined Contribution)과 확정급여형(DB: Defined Benefit)로 구분된다. 확정기여형 퇴직연금은 사용자가 금융기관에 납입하는 금액이 확정되어 있는 제도이다. 확정급여형 퇴직연금은 근로자가 퇴직시 지급받는 퇴직급여액이 확정되어 있는 제도이다. 따라서 금융기관의 운용 성과에 따라 사용자가 납입해야 할 금액이 변동된다.

〈표 Ⅲ-8〉 연금제도의 비교

구 분	확정기여형	확정급여형
납입주체	사용자 or 근로자	사용자
운용 책임(위험부담)	근로자	사용자
기여금(납입금)	확정	변동(운용수익률 등의 변동)
연금급여	운영실적에 따라 변동	확정

확정기여형을 선택한 경우 회사가 납부해야 할 기여금을 납입한 후에는 추가적인 의무가 없으므로 퇴직급여충당부채, 퇴직연금운용자산 등을 설정할 필요가 없다. 다만 해당 회계기간에 대하여 공익법인이 납부하여야 할 부담금을 퇴직급여(비용)로 인식하고, 미납부액이 있는 경우 미지급비용(부채)으로 인식해야 한다.

(사례 2 - 31) 확정기여형 퇴직연금제도

A공익법인은 확정기여형 퇴직연금에 가입하고 있으며 2×18년 12월 28일 회사부담금 ₩5,000,000을 납부하였다.

<2×18.12.28.>

(차) 퇴직급여　　　　　　　　5,000,000　　(대) 현금및현금성자산　　　　5,000,000

<퇴직 시점>

－ 분개없음 －

(확정기여형 연금제도는 납입 후 의무 없음)

확정급여형의 경우 연금운용에 대한 위험이 회사에 있으므로 퇴직연금운용자산을 퇴직급여충당부채에서 차감하는 형식으로 표시한다 또한, 퇴직연금운용자산의 구성 내역은 주석으로 기재해야 한다

〔주의사항〕확정급여형 퇴직연금제도 가입 시 퇴직금추계액 산정

확정급여형 퇴직연금제도를 운영하면 근로자의 퇴직률과 임금인상률을 고려한 미래 지급 예상액을 퇴직급여충당부채로 계상하는 것으로 오해하는 경우가 있다 그러나 퇴직연금제도는 근로자의 퇴직금 지급을 위한 재원 운용 방식일 뿐 퇴직금추계액 산정과 관련이 없다 퇴직금 추계액은 회계연도 말 모든 임직원이 일시에 퇴직하였을 때 지급해야할 금액으로 동일하다

제38조【퇴직급여충당부채의 평가】

① 퇴직급여충당부채는 회계연도 말 현재 모든 임직원이 일시에 퇴직할 경우 지급하여야 할 퇴직금에 상당하는 금액으로 한다.

② 확정기여형퇴직연금제도를 설정한 경우에는 퇴직급여충당부채 및 관련 퇴직연금운용자산을 인식하지 않는다. 다만 해당 회계기간에 대하여 공익법인이 납부하여야 할 부담금을 퇴직급여(비용)로 인식하고, 미납부액이 있는 경우 미지급비용(부채)으로 인식한다.

③ 확정급여형퇴직연금제도와 관련하여 별도로 운용되는 자산은 하나로 통합하여 '퇴직연금운용자산'으로 표시하고, 퇴직급여충당부채에서 차감하는 형식으로 표시한다 퇴직연금운용자산의 구성내역은 주석으로 기재한다

3) 고유목적사업준비금

「법인세법」 제29조에서는 고유목적사업이나 지정기부금에 사용하기 위해 고유목적사업 준비금을 비용으로 계상한 경우 손금에 산입할 수 있도록 하고 있다. 회계적 관점에서 원칙적으로 고유목적사업준비금전입액 및 고유목적사업준비금을 비용과 부채로 인정하기에는 어려운 측면이 있다. 그러나 공익법인회계기준은 실무적 관행을 고려하여 고유목적사업준비금전입액과 고유목적사업준비금을 각각 비용과 부채로 인식할 수 있도록 규정하였다.

> 〔주의사항〕고유목적사업준비금 회계처리 방식의 변경
>
> 공익법인회계기준 도입 전 잉여금 처분으로 고유목적사업준비금을 인식하였던 공익법인도 공익법인회계기준 적용에 따라 고유목적사업준비금을 부채로 인식할 수 있다. 이 경우 회계 정책의 변경으로 보아 소급하여 적용해야 한다.

고유목적사업준비금을 부채로 인식할 경우 고유목적사업준비금전입액(당기비용)을 계상하면서 상대계정으로 고유목적사업준비금(부채)을 인식한다. 고유목적사업준비금은 유동부채, 비유동부채로 구분하지 않고 별도로 표시해야 한다.

이 규정은 선택사항으로 고유목적사업준비금을 「법인세법」 상 신고조정으로 처리하고 있는 공익법인의 경우 적용하지 않아도 된다. 다만, 신고조정은 잉여금 처분을 통해 고유목적사업준비금을 설정하므로 이에 대한 보충정보를 제공하기 위하여 주석으로 잉여금처분계산서를 제공해야 한다.

〔사례 2 - 32〕 결산조정 고유목적사업준비금 (법인세법 상 수익사업 수익이 모두 기타사업부문에서 발생한 경우)

A공익법인은 수익사업의 소득금액 ₩1,000,000이 발생하였다. A공익법인은 해당 금액을 고유목적사업준비금으로 설정하였다.

1) 고유목적사업준비금의 설정

‑ 기타사업부문 ‑

(차) 고유목적사업준비금전입액 *1,000,000*   (대) 고유목적사업준비금   *1,000,000*

〔재무상태표〕

과목	공익목적사업	기타사업
부채		
고유목적사업준비금	0	1,000,000

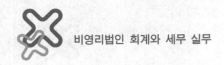
〔운영성과표〕

과 목	공익목적사업	기타사업
고유목적사업준비금전입액	0	1,000,000

2) 고유목적사업준비금을 고유목적사업에 사용하기 위해 공익목적사업부문으로 전출

- 기타사업부문 -

(차) 고유목적사업준비금　1,000,000　(대) 현금및현금성자산　1,000,000

- 공익목적사업부문 -

(차) 현금및현금성자산　1,000,000　(대) 고유목적사업준비금　1,000,000

〔재무상태표〕

과목	공익목적사업	기타사업
부채		
고유목적사업준비금	1,000,000	0

3) 기타사업부문에서 전입받은 고유목적사업준비금의 사용

- 공익목적사업부문 -

(차) 고유목적사업준비금　1,000,000　(대) 고유목적사업준비금환입액　1,000,000
　　　사업수행비용　1,000,000　　　현금및현금성자산　1,000,000

〔운영성과표〕

과 목	공익목적사업
사업비용	×××
사업수행비용	1,000,000
고유목적사업준비금환입액	1,000,000

(사례 2-33) 결산조정 고유목적사업준비금 (법인세법 상 수익사업 수익이 기타사업부문과 공익목적사업부문에서 모두 발생한 경우)

A공익법인은 수익사업의 소득금액 ₩1,000,000이 발생하였다. 수익사업 소득금액 중 ₩800,000은 기타사업부문에서, ₩200,000은 공익목적사업부문에서 발생하였다. A공익법인은 해당금액을 고유목적사업준비금으로 설정하였다.

1) 고유목적사업준비금 설정
① 공익목적사업부문에서 발생한 소득금액
　　₩200,000
② 기타사업부문에서 발생한 소득금액
　　₩800,000

[공익목적사업부문]

(차) 고유목적사업준비금전입액 200,000
　　　(대) 고유목적사업준비금　 200,000

[기타사업부문]

(차) 고유목적사업준비금전입액 800,000
　　　(대) 고유목적사업준비금　 800,000

〔재무상태표〕

과목	공익목적사업	기타사업
부채		
고유목적사업준비금	200,000	800,000

〔운영성과표〕

과 목	공익목적사업	기타사업
고유목적사업준비금전입액	200,000*	800,000

2) 고유목적사업준비금 전출
① 공익목적사업부문에서 발생한 소득금액
　　₩200,000
　　　　－ 분개없음 －
② 기타사업부문에서 발생한 소득금액
　　₩800,000

[기타사업부문]

(차) 고유목적사업준비금　　　 800,000
　　　(대) 현금및현금성자산　　 800,000

[공익목적사업부문]

(차) 현금및현금성자산　　　　 800,000
　　　(대) 고유목적사업준비금　 800,000

〔재무상태표〕

과목	공익목적사업	기타사업
부채		
고유목적사업준비금	1,000,000	0

해설

기타사업부문의 고유목적사업준비금이 공익목적사업부문으로 전출되어 공익목적사업부문의 고유목적사업준비금이 ₩1,000,000이 됨.

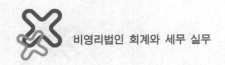

3) 고유목적준비금 사용

[공익목적사업부문]

(차) 고유목적사업준비금　　　1,000,000　　(대) 고유목적사업준비금환입　1,000,000
　　　사업수행비용　　　　　　1,000,000　　　　　현금및현금성자산　　　　1,000,000

〔운영성과표〕

과 목	공익목적사업
사업비용	
사업수행비용	1,000,000
고유목적사업준비금환입액	1,000,000

 (사례 2 - 34) 고유목적사업준비금(신고조정)

<2×18.12.31. 회계연도 말>

– 분개없음 –

<2×19.3.30. 잉여금 처분일>

(차) 잉여금　　　　　　　　　1,000,000　　(대) 적립금　　　　　　　　1,000,000
　　　　　　　　　　　　　　　　　　　　　　　　(고유목적사업준비금)

잉여금처분계산서
2×17년 1월 1일부터 2×17년 12월 31일까지
2×18년 1월 1일부터 2×18년 12월 31일까지

XX재단　　처분예정일 2×19년 3월 25일　　처분확정일 2×19년 3월 30일　　(단위: 원)

과목	당기		전기	
미처분잉여금				
전기이월미처분잉여금				
당기운영이익				
임의적립금 등 이입액				
고유목적사업준비금환입				
잉여금처분액				
고유목적사업준비금전입	1,000,000			
차기이월미처분잉여금				

> ▌(참고) 고유목적사업준비금의 손금산입 ▐

1) 설정방법
① 결산조정방법
　　결산조정방법이란 고유목적사업준비금으로 손금산입하고자 하는 금액을 운영성과표에
　　비용으로 계상하고 이에 상당하는 금액을 재무상태표에 부채로 계상하는 방법을 말한다.
　　원칙적으로 고유목적사업준비금은 결산조정방법에 의하여 손금에 산입하여야 한다.
② 신고조정방법
　　「주식회사의 외부감사에 관한 법률」 제3조 규정에 의한 감사인의 회계감사를 받는 비영
　　리내국법인은 고유목적사업준비금을 신고조정(세무조정계산서에만 표시함으로써 손금
　　산입되는 방식)에 의하여 손금산입할 수 있다. 단 이 경우에는 이익잉여금처분계산서에
　　서 당해 준비금을 이익처분하여야 한다.

　　「주식회사의 외부감사에 관한 법률」 제3조 【감사인】
　　① 제2조에 따라 감사를 실시하는 감사인은 다음과 같다. 다만, 연결재무제표 또는 대
　　　통령령으로 정하는 주권상장법인의 재무제표를 감사하는 감사인은 다음 각 호의 감
　　　사인 중에서 대통령령으로 정한다. <개정 2013.5.28.>
　　　1. 「공인회계사법」 제23조에 따른 회계법인(이하 "회계법인"이라 한다)
　　　2. 「공인회계사법」 제41조에 따라 설립된 한국공인회계사회(이하 "한국공인회계사
　　　　회"라 한다)에 총리령으로 정하는 바에 따라 등록을 한 감사반(이하 "감사반"이
　　　　라 한다)

2) 고유목적사업준비금 사용방법
　　법인이 손금에 산입한 고유목적사업준비금은 그 준비금을 손금에 산입한 사업연도종료
　　일 이후 5년이 되는 날까지 고유목적사업 또는 지정기부금으로 지출 또는 사용하여야 한
　　다. 위 기간 내에 사용하지 못한 준비금은 소득금액 계산에 있어 익금산입하여 법인세를
　　추가납부하여야 한다.

제19조 【고유목적사업준비금】
① 고유목적사업준비금이란 법인세법 제29조에 따라 고유목적사업이나 지정기부금에
　사용하기 위해 미리 비용으로 계상하면서 동일한 금액으로 인식한 부채계정으로 유
　동부채와 비유동부채로 구분하지 않고 별도로 표시한다.
② 제1항은 고유목적사업준비금을 부채로 인식하는 경우에 한하여 적용한다.

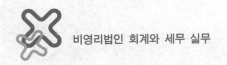

4. 순자산

순자산이란 자산총액에서 부채총액을 차감한 잔여 금액으로 기본순자산, 보통순자산, 순자산조정으로 구분한다.

> 제11조 【재무상태표 작성기준】
> ① 재무상태표에는 회계연도 말 현재 공익법인의 모든 자산, 부채 및 순자산을 적정하게 표시한다. 〔별지 제1호 서식 참조〕
> ② 재무상태표 구성요소의 정의는 다음 각 호와 같다.
>   3. '순자산'이란 공익법인의 자산 총액에서 부채 총액을 차감한 잔여 금액을 말한다.
> ④ 자산, 부채 및 순자산은 다음 각 호에 따라 구분한다.
>   3. 순자산은 기본순자산, 보통순자산, 순자산조정으로 구분한다.

(1) 기본순자산

기본순자산에 해당하는 자산은 사용이나 처분에 영구적인 제약이 있어 주무관청 등의 허가가 필요한 재산을 말한다. 비영리 민간단체 또는 설립등기 전 기관과 같이 주무관청이 존재하지 않는 공익법인이라도 실질적으로 사용이나 처분에 영구적 제약이 있는 자산은 기본순자산으로 구분해야 한다.

공익법인회계기준 도입 전 공익법인의 재무제표를 살펴보면 다양한 방식으로 순자산을 구분하고 있다. 사회복지법인 중 일부는 영리법인의 자본항목과 동일한 계정과목을 사용하여 구분하고 학술·장학재단 중 일부는 영리법인의 자본항목과 순자산의 개념을 혼용하여 순자산을 표시한다. 또한 일부 공익법인의 경우 용어는 상이하지만 공익법인의 순자산 개념을 사용하여 순자산을 구분하는 단체들도 있다.

이와 같이 공익법인회계기준을 도입하기 전 공익법인은 각기 다르게 순자산을 정의하고 구분하고 있는데, 공익법인회계기준에서 의미하는 기본순자산은 자본금, 출연기본금, 기본재산, 사용제한 순자산, 영구적 제약이 있는 순자산 등 기존 명칭에 관계없이 사용이나 처분에 영구적 제약이 있는 자산이 해당된다.

〈표 Ⅲ-9〉 순자산 구분현황 예시

공익법인 유형	순자산의 구분
사회복지	자본금, 자본잉여금, 기타포괄손익누계액, 이익잉여금
	기본재산, 기금재산, 공익신탁금, 적립금, 이월금
	기본재산, 일시제약순자산, 운영차액
학술·장학	기본순자산, 사용제한순자산, 보통순자산
	자본금(기본재산/보통재산), 이익잉여금
	기본금, 기타포괄손익누계액, 이익잉여금
	기본순자산, 사용제한 순자산
문화	출연금(기본재산), 장학적립금, 기타적립금, 이익잉여금
	자본금(기본재산), 이익잉여금
	자본금(기본재산), 기타포괄손익누계액, 이익잉여금

(*) 2016회계연도 공익법인 감사보고서 참조

〔주의사항〕 기본재산과 기본순자산

• 공익법인의 재산은 「공익법인 설립 운영에 관한 법률」 제11조와 동법 시행령 제16조에 따라 기본재산과 보통재산으로 구분된다. 이러한 구분은 법인의 사후관리를 위해 구분하는 것으로 회계상 개념은 아니다. 따라서 공익법인의 기본재산이 기본순자산에 해당한다고 할 수 있으나, 기본순자산과 기본재산이 정확히 일치하지 않을 수 있다.

• 기본순자산에 해당하는 자산을 평가하는 경우 정관상의 기본재산 가액은 변경하지 않아도 된다. 정관상의 기본재산 가액은 주무부처와의 협의를 통해 변경여부가 결정되는 사항으로 회계상의 평가만으로 변경할 수 있는 사항이 아니다. 참고로, 공익법인회계기준에서는 기본순자산에 해당하는 자산 평가에 따른 평가손익을 순자산조정에 별도로 반영하도록 하였다.

(사례 2-35) 기본순자산

1) A공익법인은 설립 당시 XX회사의 주식 200주 ₩300,000,000(1주당 ₩1,500,000)을 기본순자산으로 출연받았다.

(차) 매도가능증권　　　300,000,000　　(대) 기본순자산　　　300,000,000

2) A공익법인은 목적사업의 운영에 어려움을 겪어 출연받은 주식 중 20주를 보통순자산으로 편입하여 공익목적사업에 사용하도록 주무관청의 허가를 받았다.

(차) 기본순자산　　　30,000,000　　(대) 보통순자산　　　30,000,000

> **(참고) 법률상 사용 또는 처분에 제약이 있는 재산에 대한 예시**
>
> [공인법인의 설립·운영에 관한 법률]
> 제11조【재산】
> ① 공익법인의 재산은 대통령령으로 정하는 바에 따라 기본재산과 보통재산으로 구분한다
>
> [공인법인의 설립·운영에 관한 법률 시행령]
> 제16조【재산의 구분】
> ① 공익법인의 재산 중 다음 각 호의 1에 해당하는 재산은 기본재산으로 한다
>   1. 설립시 기본재산으로 출연한 재산
>   2. 기부에 의하거나 기타 무상으로 취득한 재산 다만, 기부 목적에 비추어 기부재산으로 하기 곤란하여 주무관청의 승인을 얻은 것은 예외로 한다
>   3. 보통재산 중 총회 또는 이사회에서 기본재산으로 편입할 것을 의결한 재산
>   4. 세계잉여금 중 적립금
>
> [사회복지사업법]
> 제23조【재산 등】
> ② 법인의 재산은 보건복지부령으로 정하는 바에 따라 기본재산과 보통재산으로 구분하며 기본재산은 그 목록과 가액을 정관에 적어야 한다.
>
> [사회복지사업법 시행규칙]
> 제12조【재산의 구분 및 범위】
> ① 법 제23조의 규정에 의한 법인의 기본재산은 다음 각호에 해당하는 재산으로 하고 그 밖의 재산은 보통재산으로 한다.
>   1. 부동산
>   2. 정관에서 기본재산으로 정한 재산
>   3. 이사회의 결의에 의하여 기본재산으로 편입된 재산
> ② 제1항의 규정에 의한 기본재산은 다음 각호와 같이 목적사업용 기본재산과 수익용 기본재산으로 구분한다. 다만, 제13조 제2항의 규정에 해당하는 법인에 있어서는 이를 구분하지 아니할 수 있다.
>   1. 목적사업용 기본재산: 법인이 사회복지시설 등을 설치하는데 직접 사용하는 기본재산
>   2. 수익용 기본재산: 법인이 그 수익으로 목적사업의 수행에 필요한 경비를 충당하기 위한 기본재산

기본순자산에 해당하는 자산은 공익법인의 사업운영에 재정적 기초가 되며 임의로 사용변경 및 처분할 수 없도록 제약을 받는다. 다만 주무관청 등의 허가에 따라 기본재산의 일부가 보통재산으로 편입되는 경우 보통순자산으로 변경할 수 있다 이 경우 특정 용도에

사용하기 위한 목적으로 편입하면 별도의 적립금으로 구분하고 그렇지 않은 경우 잉여금으로 분류한다.

(참고)

[공익법인의 설립·운영에 관한 법률]

제11조【재산】

③ 공익법인은 기본재산에 관하여 다음 각 호의 어느 하나에 해당하는 경우에는 <u>주무관청의 허가를 받아야 한다.</u> <개정 2016.5.29.>

  3. 기본재산의 운용수익이 감소하거나 기부금 또는 그 밖의 수입금이 감소하는 등 대통령령으로 정하는 사유로 <u>정관에서 정한 목적사업의 수행이 현저히 곤란하여 기본재산을 보통재산으로 편입하려는 경우</u>

[공인법인의 설립·운영에 관한 법률 시행령]

제18조의2【기본재산의 보통재산으로의 편입】

① 법 제11조 제3항 제3호에서 "기본재산의 운용수익이 감소하거나 기부금 또는 그 밖의 수입금이 감소하는 등 대통령령으로 정하는 사유"란 다음 각 호의 어느 하나에 해당하는 사유를 말한다.

  1. 기본재산의 운용수익이 감소한 경우

  2. 기부금 등 무상으로 취득한 재산이 감소한 경우

  3. 회비수입이 감소한 경우

  4. 법 제4조 제3항에 따른 수익사업의 수익이 감소한 경우

  5. 그 밖에 제1호부터 제4호까지에 준하는 사유로 보통재산이 고갈된 경우

제20조【기본순자산】

① '기본순자산'이란 사용이나 처분에 '영구적 제약'이 있는 순자산을 말한다.

② '영구적 제약'이란 법령, 정관 등에 의해 사용이나 처분시 주무관청 등의 허가가 필요한 경우를 말한다.

(2) 보통순자산

보통순자산은 법인의 운영활동, 자산의 처분 및 기타 손익거래에서 발생한 이익 중 사내 유보된 금액을 의미하며 잉여금과 적립금으로 나눌 수 있다. 적립금은 정관 및 이사회 결의 등에 의하여 사업의 확장이나 시설투자 등 미래 특정 용도로 사용하기 위하여 유출하지 않고 사내에 유보된 준비금 및 임의적립금 등이다.

> 제21조 【보통순자산】
> ① '보통순자산'이란 '기본순자산'이나 '순자산조정'이 아닌 순자산을 말한다.
> ② '보통순자산'은 잉여금과 적립금으로 구분하고, 적립금은 미래 특정 용도로 사용하기 위하여 적립해두는 준비금이나 임의적립금 등이 해당한다.

(3) 순자산조정

순자산조정은 순자산의 가감 성격항목으로서 매도가능증권평가손익, 유형자산재평가이익 등이 포함된다. 즉, 유형자산을 공정가치 평가함에 따라 발생하는 재평가이익과 매도가능증권을 공정가치 평가하여 발생하는 평가손익은 미실현손익으로서 당기손익에 반영하지 않고 별도의 자본항목인 순자산조정으로 인식한다. 이러한 미실현손익은 미래에 수익이 실현되는 시점에 당기손익으로 재분류한다.

〈표 Ⅲ-10〉 순자산조정의 예시

종 류	내 용
재평가이익	유형자산을 재평가한 경우, 유형자산의 장부금액이 재평가로 인하여 증가하는 경우가 발생한다. 이 때 재평가이익을 당기손익으로 인식하지 않고 순자산조정 항목으로 인식한다.
매도가능증권 평가손익	회계연도 말 공정가치로 평가하는 매도가능증권의 장부금액과 공정가치의 차액을 당기손익으로 인식하지 않고 순자산조정항목으로 분류한다.

 (사례 2-36) 기본순자산으로 분류된 매도가능증권의 평가

> B공익법인은 2×18년 5월 6일에 C회사 주식 100주를 기본순자산으로 기부받았다. 기부를 받은 당시 공정가치는 ₩5,000,000이며, 2×18년 12월 31일 해당 주식의 공정가치는 ₩5,500,000이 되었다.

<2×18.5.6.>
(차) 매도가능증권   5,000,000   (대) 기본순자산   5,000,000

<2×18.12.31.>
(차) 매도가능증권   500,000   (대) 매도가능증권평가이익   500,000[1]
                                     (순자산조정)

1) ₩5,500,000 − ₩5,000,000

매도가능증권은 공익법인회계기준에 따라 매년 말 공정가치로 평가한다. 다만, 평가손익은
기본순자산이 아닌 순자산조정에 반영함에 따라서 기본순자산 금액은 변동이 없다

제22조 【순자산조정】
'순자산조정'이란 순자산 가감성격의 항목으로서 매도가능증권평가손익, 유형자산재평
가이익 등이 포함된다.

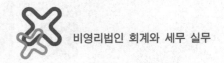

| 3장 | 운영성과표 해설 및 실무사례 |

1. 운영성과표 작성기준

운영성과표는 해당 회계연도의 모든 수익과 비용을 표시하는 재무제표로서 공익법인의 사업 수행에 따른 성과 및 결과를 평가하는데 유용한 정보를 제공한다. 운영성과표에 보고되는 수익과 비용은 일정시점의 금액이 아니라 일정기간 동안의 금액을 의미한다.

〈그림 Ⅲ-13〉 운영성과표 예시

운영성과표

제×기 20××년×월×일부터 20××년×월×일까지
제×기 20××년×월×일부터 20××년×월×일까지

공익법인명 (단위 : 원)

과　　　　　목	당 기			전 기		
	통합	공익 목적사업	기타사업	통합	공익 목적사업	기타사업
사업수익	×××	×××	×××	×××	×××	×××
기부금수익	×××	×××	－	×××	×××	－
보조금수익	×××	×××	－	×××	×××	－
회비수익	×××	×××	－	×××	×××	－
투자자산수익	×××	×××	－	×××	×××	－
매출액	×××	×××	－	×××	×××	－
……	×××	×××	－	×××	×××	－
사업비용	×××	×××	×××	×××	×××	×××
사업수행비용	×××	×××	－	×××	×××	－
○○사업수행비용	×××	×××	－	×××	×××	－
△△사업수행비용	×××	×××	－	×××	×××	－
……	×××	×××	－	×××	×××	－
일반관리비용	×××	×××	－	×××	×××	－
모금비용	×××	×××	－	×××	×××	－
……	×××	－	×××	×××	－	×××
사업이익(손실)	×××	×××	×××	×××	×××	×××

과 목	당 기			전 기		
	통합	공익목적사업	기타사업	통합	공익목적사업	기타사업
사업외수익	×××	×××	×××	×××	×××	×××
유형자산손상차손환입	×××	×××	×××	×××	×××	×××
유형자산처분이익	×××	×××	×××	×××	×××	×××
전기오류수정이익	×××	×××	×××	×××	×××	×××
……	×××	×××	×××	×××	×××	×××
사업외비용	×××	×××	×××	×××	×××	×××
기타의 대손상각비	×××	×××	×××	×××	×××	×××
유형자산손상차손	×××	×××	×××	×××	×××	×××
유형자산처분손실	×××	×××	×××	×××	×××	×××
유형자산재평가손실	×××	×××	×××	×××	×××	×××
전기오류수정손실	×××	×××	×××	×××	×××	×××
……	×××	×××	×××	×××	×××	×××
고유목적사업준비금전입액	×××	×××	×××	×××	×××	×××
고유목적사업준비금환입액	×××	×××	×××	×××	×××	×××
법인세비용차감전 당기운영이익(손실)	×××	×××	×××	×××	×××	×××
법인세비용	×××	×××	×××	×××	×××	×××
당기운영이익(손실)	×××	×××	×××	×××	×××	×××

□ **발생주의 원칙**

운영성과표에서 모든 수익과 비용은 발생주의 원칙에 따라 거래와 사건이 발생한 기간에 표시한다. 발생주의란 현금의 유출입과 관계없이 거래가 발생한 시점에 재무제표에 인식하는 방법이다. 즉, 외상으로 물건을 구입 할 때 현금의 지급여부와 관계없이 구입시점에 재무제표에 인식하게 된다. 이렇게 발생주의에 의해 수익과 비용을 인식하는 경우 현금주의에 비해 일정기간 동안의 운영성과를 보다 정확하게 보고할 수 있게 된다.

□ **수익·비용의 분류**

수익과 비용은 발생 원천에 따라 명확하게 분류하고, 수익항목과 관련되는 비용항목이

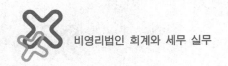

있는 경우 대응하여 표시한다. 공익법인 운영에 따라 어떤 원천에서 수익이 발생하고, 어떤 목적 및 기능을 달성하기 위해 비용으로 사용되는지 구분표시가 중요하다.

□ 총액인식

수익과 비용은 총액으로 기록하고 수익과 비용을 직접 상계해서 순액으로 표시하지 않는다. 예를 들어, 이자수익과 이자비용이 동시에 발생하는 경우 이를 순액으로 상계해서 차액만을 이자수익이나 이자비용으로 표시해서는 안 된다. 다만, 다른 기준에서 수익과 비용을 상계하도록 요구하는 경우에는 상계하여 표시할 수 있다. 외환차익과 외환차손과 같이 동일 또는 유사한 성격으로서 중요하지 않은 차익과 차손이 반복적으로 발생하는 경우 이를 서로 상계하여 표시할 수 있다.

제23조【운영성과표의 목적과 작성단위】
① 운영성과표는 해당 회계연도의 모든 수익과 비용을 표시함으로써 다음 각 호의 정보를 제공하는 것을 목적으로 한다.
　1. 공익법인의 사업 수행 성과
　2. 관리자의 책임 수행 정도
② 운영성과표의 작성은 공익법인을 하나의 작성단위로 보아 통합하여 작성하되 공익목적사업부문과 기타사업부문으로 각각 구분하여 표시한다.

제24조【운영성과표 작성기준】
① 운영성과표에는 그 회계연도에 속하는 모든 수익 및 이에 대응하는 모든 비용을 적정하게 표시한다. 〔별지 제2호 서식 참조〕
② 운영성과표는 다음 각 호에 따라 작성한다.
　1. 모든 수익과 비용은 그것이 발생한 회계연도에 배분되도록 회계처리한다. 이 경우 발생한 원가가 자산으로 인식되는 경우를 제외하고는 비용으로 인식한다.
　2. 수익과 비용은 그 발생 원천에 따라 명확하게 분류하고, 수익항목과 이에 관련되는 비용항목은 대응하여 표시한다.
　3. 수익과 비용은 총액으로 표시한다.
　4. 운영성과표는 다음 각 목과 같이 구분하여 표시한다.
　　가. 사업수익
　　나. 사업비용
　　다. 사업이익(손실)
　　라. 사업외수익
　　마. 사업외비용

바. 고유목적사업준비금을 부채로 인식하는 경우 고유목적사업준비금전입액
사. 고유목적사업준비금을 부채로 인식하는 경우 고유목적사업준비금환입액
아. 법인세비용차감전 당기운영이익(손실)
자. 법인세비용
차. 당기운영이익(손실)

□ 운영성과표 구조

〈표 Ⅲ-11〉 운영성과표 구조

운영성과표	
과 목	설 명
사업수익	공익목적사업과 기타사업의 결과 경상적으로 발생하는 자산의 증가 또는 부채의 감소로 기부금수익, 보조금수익, 회비수익 등이 있음
(-) 사업비용	공익목적사업과 기타사업의 결과 경상적으로 발생하는 자산의 감소 또는 부채의 증가로 사업수행비용, 일반관리비용, 모금비용 등이 있음
= 사업이익(손실)	
(+) 사업외수익	사업수익이 아닌 수익 또는 차익으로 유형·무형자산처분이익, 유형·무형자산손상차손환입, 전기오류수정이익 등이 있음
(-) 사업외비용	사업비용이 아닌 비용 또는 차손으로 유형·무형자산처분손실, 유형·무형자산손상차손, 유형자산재평가손실 등이 있음
(-) 고유목적사업준비금전입액*	공익법인이 「법인세법」에 따라 수익사업부문에서 발생한 소득 중 일부를 고유목적사업부문이나 지정기부금에 지출하기 위하여 적립한 금액을 의미함
(+) 고유목적사업준비금환입액*	고유목적사업준비금이 「법인세법」에 따라 수익사업부문에서 고유목적사업부문에 전출되어 목적사업에 사용되었거나 미사용되어 임의 환입된 금액을 의미함
= 법인세비용차감전 당기운영이익(손실)	

운 영 성 과 표	
과 목	설 명
(-) 법인세비용	일반기업회계기준에 따른 법인세비용 또는 중소기업 회계처리 특례에 따른 법인세비용
= 당기운영이익(손실)	

* 고유목적사업준비금을 부채로 인식하는 경우

2. 사업수익

사업수익은 공익목적사업과 기타사업의 결과 경상적으로 발생하는 자산의 증가 또는 부채의 감소를 말하며, 공익목적사업수익과 기타사업수익으로 구분하여 표시하여야 한다.

> 제25조【사업수익】
> ① '사업수익'은 공익목적사업과 기타사업의 결과 경상적으로 발생하는 자산의 증가 또는 부채의 감소를 말한다.
> ② 사업수익은 공익목적사업수익과 기타사업수익으로 구분하여 표시한다.
> ③ 공익목적사업수익은 공익법인의 특성을 반영하여 기부금수익, 보조금수익, 회비수익 등으로 구분하여 표시한다.
> ④ 기타사업수익은 공익법인이 필요하다고 판단하는 경우에는 그 구분정보를 운영성과표 본문에 표시하거나 주석으로 기재할 수 있다.
> ⑤ 이자수익 또는 배당수익과 처분손익 등이 공익목적사업 활동의 주된 원천이 되는 경우에는 사업수익에 포함한다.

공익목적사업수익은 공익법인의 특성을 반영하여 기부금수익, 보조금수익, 회비수익, 투자자산수익 등으로 구분하여 표시한다.

1) 기부금수익

기부금은 기부자의 자발적인 의사로 반대급부 없이 공익법인에 출연하는 금전이나 물품을 의미한다. 기부금수익에는 「기부금품의 모집 및 사용에 관한 법률」에 따라 모집하는 기부금과 기타 법령에 의한 기부금, 기부금 성격의 회비 등이 포함된다.

① 기부금의 수익인식시점

재화 및 용역서비스 제공 등에 따른 반대급부로 인식하는 수익과는 달리 기부금은 현금이나 현물을 기부받는 경우 실제 기부를 받는 시점에 수익으로 인식한다. 기부금은 약정을 하더라도 실제 기부로 이어지지 않는 경우가 많이 발생하기 때문에 기부약정을 하는 시점에 수익인식을 할 수 없다.

기부금은 실제 기부를 받는 시점에 수익을 인식하지만, 최근 현금 이외의 다양한 결제수단으로 기부하는 경우가 많아 수익인식 시점을 추가로 고려할 필요가 있다. 기부자가 가상계좌, CMS, 지로, 신용카드 등의 납부방법으로 기부를 하는 경우 기부자의 기부 결제시점과 공익법인에 현금이 입금되는 시점에 차이가 발생하게 된다. 기부 결제는 기부자가 기부의사를 밝히고 기부금을 납부했거나 기부금 출금을 요청했거나, 신용카드를 결제(승인일)한 것을 의미한다. 이 경우 기부자가 기부 결제하는 시점에 실제 기부가 이루어졌다고 볼 수 있으므로, 현금이 입금되지 않았더라도 기부 결제 시점에 기부금수익을 인식한다. 기부금 약정과는 달리 기부라는 행위는 완료되었고, 단지 납부방법의 차이에 따라 현금 입금이 늦어지는 것이라고 볼 수 있기 때문이다. 다만, 기부자의 기부금 이체 여부가 확실치 않아 결제된 기부금이 공익법인에 입금될지에 대한 판단이 어려운 경우에는 실제 현금이 입금된 시점에 기부금 수익을 인식하는 것이 바람직하다.

〈표 Ⅲ - 12〉 기부금 납부방법에 따른 입금시점 예시

No	기부금 납부수단	납부 방법	결제정산 데이터 수령 시점(PG*로부터)	현금입금시점
1	가상계좌	후원자 직접납부	납부즉시(실시간)	납부 후 4영업일
2	CMS(정기)	자동 출금	출금 후 1영업일	출금 후 1영업일
3	지로	후원자 직접납부	납부 후 2영업일	납부 후 2영업일
4	CMS즉시출금	기관대리승인요청	출금 즉시	출금 후 3영업일
5	신용카드(즉시)	기관대리승인요청	출금 즉시	결제 후 4영업일
6	신용카드(일시)	후원자 직접승인	결제 즉시	결제 후 4영업일
7	신용카드 (정기 자동이체)	자동이체	결제 후 1영업일	결제 후 4영업일
8	페이코결제	후원자 직접승인	결제 즉시	결제 후 3영업일
9	카카오페이	후원자 직접승인	결제 즉시	결제 후 7영업일

* PG(Payment Gateway) : 중간 지불 결제 사업자

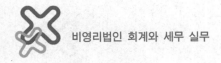

② 현물기부금의 공정가치 평가

공익법인에서 현물을 기부 받는 경우에 수익금액을 공정가치로 측정하여 인식해야
한다. 공정가치란 합리적인 판단력과 거래 의사가 있는 독립된 당사자 사이의 거래에
서 자산이 교환되거나 부채가 결제될 수 있는 금액을 말하는 것으로, 해당 물품의 시
장가격이 있는 경우 그 금액이 될 수 있으며, 시장가격이 없는 경우 유사한 물품의
시장가격을 공정가치의 추정치로 볼 수 있다.

〈표 Ⅲ-13〉 현물기부자산의 공정가치 평가 예시

현물 기부자산 종류	공정가치 평가방법
유형자산	공시지가, 감정평가 등
유가증권	시장가격, 감정평가 등
재고자산, 기타물품	시장가격, 유사한 자산의 시장가격 등

③ 기부금이 기본순자산에 해당하는 경우

기부금 등이 기본순자산에 해당하는 경우에는 사업수익으로 인식하지 않고 기본순자
산의 증가로 인식한다. 기본순자산으로 분류되는 기부금은 일시에 거액의 기부금을
받는 경우를 예로 들 수 있는데, 기부금이 기본순자산으로 분류되면 해당 기부금의
사용과 처분에 제약이 존재하는 것이므로 해당 기부금을 수익으로 인식하는 것은 공
익법인의 운영성과를 명확히 나타내지 못하는 것으로 볼 수 있다. 따라서 기부받은
자산이 기본순자산으로 분류되는 경우에는 사업수익으로 인식하지 않고 기본순자산
의 증가로 인식하는 것이다.

 (사례 3-1) 기부금수익 - 수익인식시점

B공익법인은 2×18년 12월 1일 A기관으로부터 1억원 기부약정을 받았다. 실제 기부는 2개
월 뒤에 하기로 하였다.
B공익법인은 2×19년 2월 1일 A기관으로부터 1억원을 기부받았다.

<2×18.12.1.>

－ 회계처리 없음 －

<2×19.2.1.>

(차) 현금및현금성자산	100,000,000	(대) 기부금수익	100,000,000

(사례 3 - 2) 기부금수익 - 재능기부의 수익인식 여부

B공익법인은 2×18년 12월 1일 2천만원 상당의 공익법인홍보영상제작을 광고제작자로부터 무상으로 재능기부받기로 하였다.

<2×18.12.1.>

– 회계처리 없음 –

(사례 3 - 3) 기부금의 기본순자산 인식

B공익법인은 2×18년 11월 1일 10억원의 건물을 현물 기부받으며, 해당 건물을 기본재산으로 등재하여 주무부처의 허가 없이는 처분에 제약이 있다.

<2×18.11.1.>

(차) 건물　　　　　　　　1,000,000,000　　(대) 기본순자산　　　　　1,000,000,000

④ 기부금수익의 세부 분류

　기부금수익은 「기부금품의 모집 및 사용에 관한 법률」에 따라 모집하는 기부금과 기타 법령에 의한 기부금, 사회복지공동모금회 등 모금기관으로부터 배분받은 기부금, 기부금 성격의 회비 등이 포함되는데 각각의 기부금의 용도나 사용에 대해 달리 규정하고 있는 사항들이 있으므로 공익법인의 필요에 따라 기부금수익의 하위로 세분화하여 표시할 수 있다.

〔주의사항〕 재능기부의 수익인식

현금이나 현물이 아닌 재능이나 서비스를 기부받는 경우에는 이러한 재능이나 서비스에 대한 가치를 합리적으로 산정하는 것이 불가능하기 때문에 기부금수익으로 인식할 수 없다

(참고) 「기부금품의 모집 및 사용에 관한 법률」

제12조 【기부금품의 사용】

① 모집된 기부금품은 제13조에 따라 모집비용에 충당하는 경우 외에는 모집목적 외의 용도로 사용할 수 없다. 다만, 다음 각 호의 어느 하나에 해당하면 대통령령으로 정하는 바에 따라 등록청의 승인을 받아 등록한 모집목적과 유사한 용도로 사용할 수 있다.

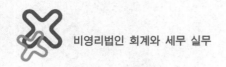
1. 기부금품의 모집목적을 달성할 수 없는 경우
2. 모집된 기부금품을 그 목적에 사용하고 남은 금액이 있는 경우

제13조【모집비용 충당비율】

모집자는 모집된 기부금품의 규모에 따라 100분의 15 이내의 범위에서 대통령령으로 정하는 비율을 초과하지 아니하는 기부금품의 일부를 기부금품의 모집, 관리, 운영, 사용, 결과보고 등에 필요한 비용에 충당할 수 있다.

(참고)「사회복지공동모금회법」

제25조【재원의 사용 등】

① 공동모금재원은 사회복지사업이나 그 밖의 사회복지활동에 사용한다.
④ 기부금품 모집과 모금회의 관리·운영에 필요한 비용은 바로 앞 회계연도 모금총액의 100분의 10의 범위에서 이사회의 의결을 거쳐 사용할 수 있다.
⑤ 공동모금재원의 관리·운용 방법 및 예산·회계 등에 필요한 사항은 정관으로 정한다.

제26조【기부금 등의 수익인식과 측정】

① 현금이나 현물을 기부 받을 때에는 실제 기부를 받는 시점에 수익으로 인식한다.
② 현물을 기부 받을 때에는 수익금액을 공정가치(합리적인 판단력과 거래 의사가 있는 독립된 당사자 사이의 거래에서 자산이 교환되거나 부채가 결제될 수 있는 금액을 말한다. 이하 같다)로 측정한다.
③ 납부가 강제되는 회비 등에 대해서는 발생주의에 따라 회수가 확실해지는 시점에 수익을 인식할 수 있다.
④ 기부금 등이 기본순자산에 해당하는 경우 사업수익으로 인식하지 않고 기본순자산의 증가로 인식한다.

2) 보조금수익

① 보조금수익의 회계처리

정부나 지방자치단체 및 공공기관 등으로부터 지급받는 보조금은 사업을 지원하기 위해 직접적인 반대급부 없이 지급받는 것을 의미한다.

기부란 자선사업이나 공공사업을 돕기 위하여 돈이나 물건 따위를 대가 없이 제공하는 것을 의미하고, 「기부금품의 모집 및 사용에 관한 법률」에서는 기부금품을 환영금품, 축하금품, 찬조금품 등 명칭이 어떠하든 반대급부 없이 취득하는 금전이나 물품으로 정의하고 있다.

따라서 정부나 지방자치단체 및 공공기관으로부터 지급받는 보조금은 공익법인이 정부외 기관 및 개인으로부터 수령하는 기부금과 실질적인 측면에서 차이가 없다. 그러므로 정부나 지방자치단체 및 공공기관으로부터 지급받는 보조금은 일반기업회계기준의 정부보조금 회계처리를 준용하는 것이 아니라 공익법인회계기준 제26조에 따라 '기부금 등'으로 보아 기부금과 동일하게 회계처리를 해야 한다.

〔주의사항〕 보조금수익의 회계처리

정부나 지방자치단체 및 공공기관으로부터 지급받는 보조금을 일반기업회계기준의 정부보조금 회계처리를 준용하여 비용과 상계하는 경우 공익법인의 운영성과표에서 많은 비용 항목이 상계되어 공익법인의 운영성과에 대해 왜곡된 정보가 제공될 수 있다.

② 보조금의 수익인식시점

보조금도 기부금과 동일하게 현금이나 현물을 지급 받을 때에는 실제 받는 시점에 수익으로 인식하여야 하고, 해당 보조금이 기본순자산에 해당하는 경우에는 사업수익으로 인식하지 않고 기본순자산의 증가로 인식해야 한다.

③ 보조금수익의 구분표시

수익으로 인식하는 경우에 보조금으로 지급받은 것을 표시하기 위하여 기부금수익으로 인식하는 것이 아니라 보조금수익이라는 별도의 계정으로 인식해야한다. 또한 보조금수익은 정부나 지방자치단체로부터 직접 지급받는 보조금만 해당되는 것이 아니라 공공기관 등을 통해 간접적으로 지급받는 보조금도 보조금수익으로 인식해야 한다.

〈그림 Ⅲ - 14〉 직접 지급받는 보조금 및 간접적으로 지급받는 보조금

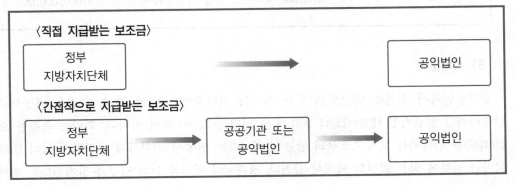

〔주의사항〕 간접보조금

정부나 지방자치단체로부터 직접 받지 않고 공공기관을 통해 간접적으로 지급받는 보조금도 보조금수익에 해당됨으로 누락하지 않아야 한다.

〈표 Ⅲ - 14〉 공익법인회계기준과 일반기업회계기준의 보조금 회계처리 비교

보조금 구분	공익법인회계기준	일반기업회계기준
자산취득관련	수익인식	관련자산의 차감표시
자산(기본순자산)취득관련	기본순자산 인식	
수익관련	수익인식	수익인식
비용보전	수익인식	수익인식 또는 비용차감

(사례 3 - 4) 보조금수익

> 2×18년 12월 1일 정부로부터 1억원의 운영자금과 지방자치단체로부터 건물(공정가치 10억원)을 보조금으로 받기로 계약을 체결하였다. 2×19년 1월 2일 1억원의 운영자금을 실제로 지급받았다. 2×19년 3월 10일 건물을 지급받았고, 이 건물은 사용이나 처분에 주무관청의 허가 등 제약이 있는 자산이다.

<2×18.12.1.>

－ 분개없음 －

<2×19.1.2.>

(차) 현금및현금성자산　　100,000,000　　(대) 보조금수익　　100,000,000

<2×19.3.10.>

(차) 건물　　1,000,000,000　　(대) 기본순자산　　1,000,000,000

3) 회비수익

공익법인에서 회원을 대상으로 받는 회비는 회비수익으로 처리한다. 회원을 대상으로 발생하지만 일반적인 매출(재화나 용역 제공) 거래는 회비수익이 아니다. 회비는 특정한 요건(회원)을 만족하는 대상으로부터 받는 수익이라는 점에서 기부금과 차이점이 있다. 또한 회비는 납부에 따른 회원의 혜택이 있거나, 정관이나 회칙에 의해 납부가 강제된다는 점에

서도 기부금과 다소 차이가 있다.

① 회비의 수익인식시점

납부가 강제되는 회비 등의 경우에는 기부금수익과 달리 발생주의에 따라 회수가 확실해지는 시점에 수익을 인식할 수 있다.

② 회비수익과 기부금수익의 구분

회원으로부터 받는 회비이지만 납부에 따른 혜택이 없거나, 납부가 강제되지도 않고, 기부금영수증을 발급해주는 경우에는 명목상 회비일 뿐 기부금과 동일한 성격이므로 기부금수익으로 인식하여야 한다. 이에 따라 후원회원의 정기후원회비는 그 실질 성격에 따라 회비수익이 아니라고 판단 될 경우 기부금수익으로 인식해야 한다.

기부금 성격의 회비를 기부금수익으로 인식하는 경우 공익법인이 필요하다고 판단되는 경우에 기부금수익의 하위로 일반기부금, 회원으로부터의 기부금 등으로 세분화하여 구분표시 할 수 있다.

〈그림 Ⅲ - 15〉 기부금수익, 회비수익 구분

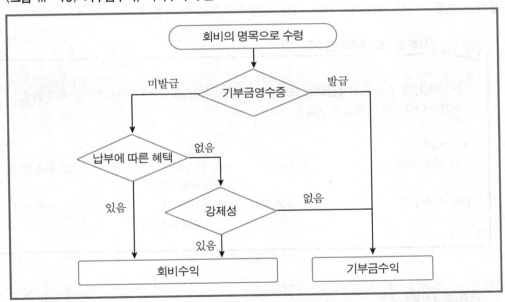

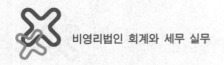
제26조【기부금 등의 수익인식과 측정】
③ 납부가 강제되는 회비 등에 대해서는 발생주의에 따라 회수가 확실해지는 시점에 수
익을 인식할 수 있다.

4) 투자자산수익

투자자산에서 발생하는 수익(이자수익, 배당수익 등)이 공익목적사업활동의 주된 원천이
되는 경우에는 이를 사업수익으로 분류한다. 이자수익, 배당수익 등이 공익목적사업활동의
주된 원천이 되는 경우에도 사업외수익으로 인식하여 공익법인 사업을 명확하게 보여주지
못하는 점을 고려하여 이자수익, 배당수익 등이 주된 원천이 되는 경우에는 사업수익으로
분류하도록 하였다.

예를 들어 공익법인에서 거액의 예치금을 금융기관에 예치하고 예치금에서 발생하는 이
자수익으로 공익사업을 운영하는 경우 또는 주식을 보유하고 있고 해당 주식에서 발생하
는 배당금으로 공익사업을 운영하는 경우 예치금에서 발생하는 이자수익이나 주식에서 발
생하는 배당수익은 사업외수익이 아닌 사업수익으로 인식한다.

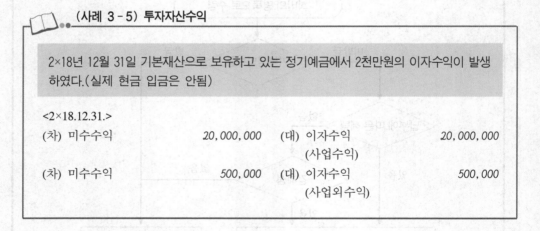

〈사례 3 - 5〉 투자자산수익

2×18년 12월 31일 기본재산으로 보유하고 있는 정기예금에서 2천만원의 이자수익이 발생
하였다.(실제 현금 입금은 안됨)

<2×18.12.31.>
(차) 미수수익   20,000,000   (대) 이자수익   20,000,000
                                         (사업수익)

(차) 미수수익   500,000   (대) 이자수익   500,000
                                         (사업외수익)

제25조【사업수익】
⑤ 이자수익 또는 배당수익과 처분손익 등이 공익목적사업활동의 주된 원천이 되는 경
우에는 사업수익에 포함한다.

5) 매출액

공익법인의 주된 사업활동에서 발생한 제품, 상품, 용역 및 임대수익 등의 총매출액에서 매출할인, 매출환입, 매출에누리 등을 차감한 금액이다.

3. 사업비용

사업비용은 공익목적사업과 기타사업의 결과 경상적으로 발생하는 자산의 감소 또는 부채의 증가를 말하며, 사업비용은 공익목적사업비용과 기타사업비용으로 구분하여 표시하여야 한다.

공익목적사업비용은 활동의 성격에 따라 사업수행비용, 일반관리비용, 모금비용으로 구분하여 표시한다.

또한, 사업수행비용, 일반관리비용, 모금비용에 대해서는 분배비용, 인력비용, 시설비용, 기타비용으로 구분한 정보를 운영성과표 본문에 표시하거나 주석으로 기재해야 한다

> **제27조【사업비용】**
> ① '사업비용'은 공익목적사업과 기타사업의 결과 경상적으로 발생하는 자산의 감소 또는 부채의 증가를 말한다.
> ② 사업비용은 공익목적사업비용과 기타사업비용으로 구분하여 표시한다
> ③ 공익목적사업비용은 활동의 성격에 따라 다음 각 호와 같이 사업수행비용, 일반관리비용, 모금비용으로 구분하여 표시한다

1) 사업비용의 기능별 구분

(1) 사업수행비용

사업수행비용은 공익법인이 추구하는 본연의 임무나 목적을 달성하기 위해 수혜자, 고객, 회원 등에게 재화나 용역을 제공하는 활동에서 발생하는 비용을 말한다 즉, 공익법인의 공익목적활동(국내·외 아동지원, 복지관 운영, 장학사업, 예술전시회 등)을 수행함에 있어 발생하는 비용을 의미한다.

> **〔주의사항〕모금사업을 하는 공익법인의 모금활동**
>
> 사회복지공동모금회 등 모금을 주된 사업으로 하는 공익법인의 경우 모금활동이 주된 사업이지만, 모금활동에서 발생하는 비용은 사업수행비용이 아닌 모금비용으로 인식하는 것이 적절하다.

사업수행비용은 세부사업별로 추가 구분한 정보를 운영성과표 본문에 표시하거나 주석으로 기재할 수 있다 공익법인이 수행하고 있는 사업의 종류별로 관련된 비용의 구분이 가능하고 공익법인이 필요하다고 판단되는 경우에 세부사업별로 구분한 정보를 기재할 수 있다.

〈표 Ⅲ-15〉세부사업을 구분한 주석 작성 예시   (단위 : 원)

구 분	분배비용	인력비용	시설비용	기타비용	합계
사업수행비용	7,500,000	5,000,000	4,500,000	3,000,000	20,000,000
예술창작지원사업	4,500,000	2,500,000	1,000,000	1,000,000	9,000,000
예술교육사업	2,000,000	1,000,000	1,500,000	500,000	5,000,000
연극센터운영사업	1,000,000	1,500,000	2,000,000	1,500,000	6,000,000

(2) 일반관리비용

일반관리비용은 기획, 인사, 재무, 감독 등 공익법인의 제반 관리활동에서 발생하는 비용을 말한다. 급여, 퇴직급여, 복리후생비, 임차료, 감가상각비, 무형자산상각비, 세금과공과, 광고선전비, 대손상각비 등이 포함되며, 사업수행활동이나 모금활동과 관련되지 않는 비용을 일반관리비용으로 분류한다.

(3) 모금비용

모금비용은 모금 홍보(모금 홍보 영상 제작, 거리 모금 활동 등), 모금 행사(후원의 밤, 자선 행사 등), 기부자 리스트 관리(기부금처리 및 영수증 발행, 기부자관리시스템 유지 등), 모금 고지서 발송(모금 고지서 제작, 우편료 등) 등의 모금활동에서 발생하는 비용을 의미하며 이외에도 모금과 관련이 있는 활동에서 발생하는 비용은 모금비용으로 인식한다.

신규 기부자나 기존 기부자 등 기부자의 구분에 따라 모금비용이 결정되는 것이 아니라 공익법인이 수행하는 활동이 모금활동이라면 모금활동에서 발생하는 비용은 모금비용으로 인식해야 한다.

다만, 「기부금품의 모집 및 사용에 관한 법률」에서 의미하는 모집비용과 「공익법인회계기준」에서 모금비용의 용어가 유사하여 오해가 있을 수 있어, 공익법인이 필요하다고 판단되는 경우에는 모금비용을 세분화하여 표시 할 수 있다. 세분화의 방법은 각 공익법인의 판단에 따라 필요한 계정으로 할 수 있다. 예를 들어 기부금품법에 의한 모집비용과 기타 모금비용, 혹은 신규 기부자 모금비용과 기존 기부자 모금비용 등 공익법인의 필요에 따라 세분화를 결정할 수 있다.

(사례 3-6) 사업비용 구분

A공익법인은 국내복지사업부, 국제구호사업부, 모금사업부, 행정지원실의 부서로 구성되어있다.

2×18년 국내복지사업에 직접적으로 30,000,000원을 사용하였고, 국제구호사업에 직접적으로 20,000,000원을 사용하였다.

각 부서의 인원은 국내복지사업부 10명, 국제구호사업부 5명, 모금사업부 4명, 행정지원실 3명이고, 각 인원은 모두 연봉 30,000,000원의 동일한 임금을 받고 있다.

A공익법인은 건물의 한 개 층을 임차하여 사용하고 있으며 4개의 부서는 각각 동일한 면적을 사용하고 있다.(임차료는 연간 12,000,000원)

국내복지사업부에서는 복지사업과 관련한 출장으로 인해 여비교통비가 4,000,000원 발생하였고, 모금사업부에서는 모금활동을 위한 홍보포스터 제작으로 3,000,000원을 사용하였다.

- 사업수행비용 : 510,000,000[1]
- 일반관리비용 : 93,000,000[2]
- 모금비용 : 126,000,000[3]
  1) 30,000,000 + 20,000,000 + (30,000,000 × 15명) + (12,000,000 × 2/4) + 4,000,000
     = 510,000,000
  2) (30,000,000 × 3명) + (12,000,000 × 1/4) = 93,000,000
  3) (30,000,000 × 4명) + (12,000,000 × 1/4) + 3,000,000 = 126,000,000

〔주의사항〕 공익사업 홍보도 모금활동에 해당하는지?

공익법인의 후원회원을 모집하거나, 기부금을 모집하기 위한 홍보활동은 모금활동으로 보아 관련된 비용은 모금비용으로 인식하는 것이 적절하다.

다만 후원회원 모집이나, 기부금을 모집 등 모금활동이 아닌 홍보활동에서 발생하는 비용은 일반관리비용이나 사업수행비용 등으로 구분할 수 있다.

(4) 기타사업비용

공익법인이 공익목적활동 이외에 기타사업을 수행하는 경우 사업과 관련한 비용은 기타사업비용으로 구분하여 표시한다. 기타사업비용의 표시 방법은 기타사업의 유형에 따라 다양하게 표시할 수 있다. 일반적으로 기타사업은 영리기업의 사업과 유사하므로 매출원가, 판매관리비 등으로 구분표시할 수 있으며, 공익법인의 필요에 따라 기타사업의 정보를 유용하게 표시할 수 있는 표시방법을 사용할 수 있다.

> **〔주의사항〕 사업비용의 분류**
>
> 기타사업비용은 기타사업에서 발생한 비용을 계상하는 것이므로 공익목적사업에서는 발생할 수 없다. 반대로 기타사업에서는 공익목적사업 운영에 따라 발생하는 사업수행비용, 일반관리비용, 모금비용이 발생할 수 없다.

제27조 【사업비용】

② 사업비용은 공익목적사업비용과 기타사업비용으로 구분하여 표시한다.

③ 공익목적사업비용은 활동의 성격에 따라 다음 각 호와 같이 사업수행비용, 일반관리비용, 모금비용으로 구분하여 표시한다.

  1. '사업수행비용'은 공익법인이 추구하는 본연의 임무나 목적을 달성하기 위해 수혜자, 고객, 회원 등에게 재화나 용역을 제공하는 활동에서 발생하는 비용을 말한다.
  2. '일반관리비용'은 기획, 인사, 재무, 감독 등 제반 관리활동에서 발생하는 비용을 말한다.
  3. '모금비용'은 모금 홍보, 모금 행사, 기부자 리스트 관리, 모금 고지서 발송 등의 모금활동에서 발생하는 비용을 말한다.

2) 사업비용의 성격별 구분

(1) 분배비용

분배비용은 공익법인이 수혜자 또는 수혜단체에 직접 지급하는 비용으로 장학금, 지원금 등을 포함한다. 수혜자나 수혜단체는 공익목적사업을 통해 지원을 받게 되는 개인 및 단체를 의미한다. 분배비용은 공익법인의 사업수행목적으로 직접 지급하게 되는 것을 의미하므로 일반관리비용이나 모금비용에서는 발생할 수 없고 사업수행비용에서만 발생할 수 있다.

장학금이나 지원금 등을 현금으로 지급하는 것뿐만 아니라 현물의 형태로 지원하는 것도 분배비용으로 인식해야 한다.

분배비용의 다른 예로 사회복지공동모금회와 같이 공동모금을 통한 기부금수익을 다른 공익법인 단체에 배부하는 경우를 들 수 있다.

┃〔주의사항〕 분배비용의 개념 ┃

분배비용은 공익목적사업을 위해 직접 현금이나 현물을 지급하는 경우에 사용되는 계정이므로 기타사업부문에서는 발생할 수 없다

 (사례 3 - 7) 분배비용

> 2×18년 10월 1일 장학사업을 위해 10명의 학생을 선발하여 개인당 1,000,000원의 장학금을 지급하였다. 2×18년 12월 1일 사회복지사업의 일환으로 5,000,000원의 쌀을 구입하여 독거노인 등 생활이 어려운 사람을 찾아 지급하였다.

<2×18.10.1.>
(차) 사업수행비용(분배비용)   10,000,000   (대) 현금및현금성자산   10,000,000
<2×18.12.1.>
(차) 재고자산   5,000,000   (대) 현금및현금성자산   5,000,000
(차) 사업수행비용(분배비용)   5,000,000   (대) 재고자산   5,000,000

(2) 인력비용

인력비용은 공익법인에 고용된 인력과 관련된 비용으로서 급여, 상여금, 퇴직급여, 복리후생비, 교육훈련비 등을 포함한다. 아래에 설명하는 것은 예시이므로 아래의 항목에 해당하지 않더라도 고용된 인력과 관련된 비용은 인력비용으로 분류한다.

① **급여** : 임직원에게 지급하는 봉급 및 각종 수당을 의미함.

② **퇴직급여** : 퇴직급여충당부채 설정 시 발생하는 비용 계정임.

③ **복리후생비** : 의료비 및 건강검진비, 기념품비, 행사지원비, 문화여가비, 사회보험 회사부담금(국민연금, 건강보험, 산재보험, 고용보험 등)을 의미함.

④ **교육훈련비** : 임직원을 대상으로 하는 교육을 위해 지출하는 비용을 의미함.

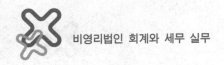

 (사례 3 - 8) 인력비용

> A공익법인은 국내복지사업부, 국제구호사업부, 모금사업부, 행정지원실의 부서로 구성되
> 어있다.
> 각 부서의 인원은 국내복지사업부 10명, 국제구호사업부 5명, 모금사업부 4명, 행정지원
> 실 3명이고, 각 인원은 모두 월급 2,500,000원의 동일한 임금을 받고 있다.
> 2×18년 10월 31일 10월 급여를 지급하였다.

<2×18.10.31.>
(차) 사업수행비용(인력비용) 37,500,000   (대) 현금및현금성자산   37,500,000
(차) 모금비용(인력비용)   10,000,000   (대) 현금및현금성자산   10,000,000
(차) 일반관리비용(인력비용)   7,500,000   (대) 현금및현금성자산   7,500,000
* 원천세 및 예수금 등은 고려하지 않음.

(3) 시설비용

시설비용은 공익법인의 운영에 사용되는 토지, 건물, 구축물, 차량운반구 등 시설과
관련된 비용으로서 감가상각비, 지급임차료, 시설보험료, 시설유지관리비 등을 포함
한다. 아래에 설명하는 것은 예시이므로 아래의 항목에 해당하지 않더라도 공익법인
의 운영에 사용되는 시설과 관련된 비용은 시설비용으로 분류한다

① **감가상각비** : 유형자산의 감가상각대상금액을 자산의 내용연수에 걸쳐 체계적으로
배분하여 인식한 금액을 의미함.

② **지급임차료** : 임대차 계약에 의한 토지, 건물, 시설 등의 임차료를 의미함.

③ **시설보험료** : 건물, 구축물 등 시설에 대한 화재보험 및 차량운반구에 대한 보험
등 시설과 관련한 보험료를 의미함.

④ **시설유지관리비** : 건물, 구축물, 차량운반구 등 시설의 상태를 유지하기 위하여 경
상적으로 소요되는 비용을 의미함.

⑤ **무형자산상각비** : 시설과 관련된 무형자산(전산시스템 등)의 상각대상금액을 자산의
내용연수에 걸쳐 체계적으로 배분하여 인식하는 금액을 의미함.

〔주의사항〕 시설유지관리비의 범위

시설유지에 따라 발생하는 전기세, 수도세, 가스 및 관련 제세공과금(재산세, 자동차세 등)은
시설유지관리비에 포함한다.

(4) 기타비용

기타비용은 분배비용, 인력비용, 시설비용 이외 비용으로서 여비교통비, 소모품비, 지급수수료, 용역비, 업무추진비, 회의비, 대손상각비 등을 포함한다.

① 여비교통비 : 국내출장 및 해외출장 여비 등을 의미함.

② 소모품비 : 소모용 물품 등을 구입하기 위하여 지출하는 비용을 의미함.

③ 지급수수료 : 업무대행수수료, 법정수수료 등 외부에 지급하는 수수료를 의미함.

④ 용역비 : 특정 과제수행이나 조사, 연구 및 행사 운영·진행 등을 위해 외부와 용역계약을 체결하고 지급하는 비용을 의미함.

⑤ 업무추진비 : 사업추진에 소요되는 접대비, 업무협의, 간담회 등 공익법인의 업무운영을 위해 소요되는 비용을 의미함.

⑥ 대손상각비 : 회수가 불확실한 금융자산에 대해 합리적이고 객관적인 기준에 따라 산출한 대손추산액을 대손충당금으로 설정하면서 이에 대한 상대계정으로 대손상각비를 인식함. 미수금과 매출채권에 대한 대손상각비를 의미함.

⑦ 무형자산상각비 : 시설과 관련되지 않은 무형자산(지식재산권, 개발비 등)의 상각대상금액을 자산의 내용연수에 걸쳐 체계적으로 배분하여 인식하는 금액을 의미함.

제27조 【사업비용】

⑤ 사업수행비용, 일반관리비용, 모금비용에 대해서는 각각 다음 각 호와 같이 분배비용, 인력비용, 시설비용, 기타비용으로 구분하여 분석한 정보를 운영성과표 본문에 표시하거나 주석으로 기재한다 다만, 공익법인이 필요하다고 판단하는 경우에는 더 세분화된 정보를 운영성과표 본문에 표시하거나 주석으로 기재할 수 있다

1. '분배비용'은 공익법인이 수혜자 또는 수혜단체에 직접 지급하는 비용으로 장학금, 지원금 등을 포함한다.

2. '인력비용'은 공익법인에 고용된 인력과 관련된 비용으로서 급여, 상여금, 퇴직급여, 복리후생비, 교육훈련비 등을 포함한다.

3. '시설비용'은 공익법인의 운영에 사용되는 토지, 건물, 구축물, 차량운반구 등 시설과 관련된 비용으로서 감가상각비, 지급임차료, 시설보험료, 시설유지관리비 등을 포함한다.

4. '기타비용'은 분배비용, 인력비용, 시설비용 외의 비용으로서 여비교통비, 소모품비, 지급수수료, 용역비, 업무추진비, 회의비, 대손상각비 등을 포함한다. 이 경우 각 공익법인의 특성에 따라 금액이 중요한 기타비용 항목은 별도로 구분하여 운영성과표 본문에 표시하거나 주석으로 기재한다

⑥ 기타사업비용을 인력비용, 시설비용, 기타비용으로 구분하여 분석한 정보는 운영성

> 과표 본문에 표시하거나 주석으로 기재하여야 하며 그 외 공익법인이 필요하다고
> 판단하는 구분정보에 대해서는 운영성과표 본문에 표시하거나 주석으로 기재할 수
> 있다.

4. 사업외수익

사업외수익은 사업수익이 아닌 수익 또는 차익으로서 유형·무형자산처분이익, 유형·무형자산손상차손환입, 전기오류수정이익 등으로 한다.

① 유형·무형자산처분이익 : 유형·무형자산의 처분금액이 장부금액보다 많아서 발생하는 이익 금액을 의미함.

② 유형·무형자산손상차손환입 : 유형·무형자산의 회수가능액의 변동으로 인해 과거 인식한 손상차손을 환입하는 경우 그 금액을 의미함.

③ 전기오류수정이익 : 오류수정이란 전기 또는 그 이전 회계연도의 재무제표에 포함된 회계적 오류를 당기에 발견하여 수정하는 것을 말하며, 이러한 오류수정을 통해 당기 운영이익이 증가하게 되는 경우 전기오류수정이익으로 인식함. 다만 전기 또는 그 이전 회계연도에 발생한 중대한 오류의 수정은 비교재무제표를 재작성하여 반영함 여기서 중대한 오류란 재무제표의 신뢰성을 심각하게 손상할 수 있는 매우 중요한 오류를 의미함.

④ 외환차익 : 외화자산의 회수 또는 외화부채의 상환시에 발생하는 차익으로 외화자산·부채 인식시의 환율과 외화자산의 회수 또는 외화부채의 상환시의 환율과의 차이로 인해 발생함.

⑤ 외화환산이익 : 결산일에 화폐성외화자산 또는 화폐성외화부채를 환산하는 경우 환율의 변동으로 인하여 발생하는 이익을 의미함.

화폐성자산·부채는 확정되었거나 확정 가능한 화폐금액으로 받을 자산, 지급할 부채를 의미함.

〈표 Ⅲ-16〉 화폐성자산·부채 및 비화폐성자산·부채 예시

화폐성자산·부채	비화폐성자산·부채
(자산) 현금및현금성자산, 매출채권, 미수금, 대여금, 만기보유증권	(자산) 선급비용, 재고자산, 유형자산, 무형자산
(부채) 차입금, 매입채무, 미지급금, 사채	(부채) 선수금, 예수금, 선수수익

⑥ 이자수익 : 투자자산에서 발생하는 이자수익 중 공익목적사업의 주된 원천이 되지 않는 이자수익을 의미함.

⑦ 배당수익 : 투자자산에서 발생하는 배당수익 중 공익목적사업의 주된 원천이 되지 않는 배당수익을 의미함.

(사례 3-9) 외환차익·외화환산이익

2×18년 12월 1일 외국에서 상품을 1,000USD 수입하여 외화 매입채무가 발생하였다.
(환율 1USD = 1,200원)
2×18년 12월 31일 환율 1USD = 1,180원
2×19년 1월 10일 외화 매입채무를 원화로 결제하였다.(환율 1USD = 1,150원)

<2×18.12.1.>
(차) 상품   1,200,000   (대) 매입채무   1,200,000

<2×18.12.31.>
(차) 매입채무   20,000   (대) 외화환산이익   20,000[1]
1) (1,200-1,180) × 1,000

<2×19.1.10.>
(차) 매입채무   1,180,000   (대) 현금및현금성자산   1,150,000
                                              외화차익   30,000[2]
2) (1,180-1,150) × 1,000

〔주의사항〕 이자·배당 수익의 분류

이자·배당수익 등 투자자산에서 발생하는 수익이 공익목적사업의 주된 원천이 되는 경우에는 사업수익에 포함되며, 공익목적사업의 주된 원천이 되지 않는 경우에는 사업외수익으로 인식한다.

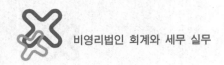
제28조【사업외수익】
사업외수익은 사업수익이 아닌 수익 또는 차익으로서 유형·무형자산처분이익, 유형·무형자산손상차손환입, 전기오류수정이익 등으로 한다.

5. 사업외비용

사업외비용은 사업비용이 아닌 비용 또는 차손으로서 유형·무형자산처분손실, 유형·무형자산손상차손, 유형자산재평가손실, 기타의 대손상각비, 전기오류수정손실 등으로 한다.

① 유형·무형자산처분손실 : 유형·무형자산의 처분대가가 장부금액보다 적어서 발생하는 손실 금액을 의미함.

② 유형·무형자산손상차손 : 자산의 진부화 및 시장가치의 급격한 하락 등으로 인하여 자산의 회수가능액이 장부금액에 중요하게 미달하게 되어 손상을 인식하는 경우 그 차액을 의미함.

③ 유형자산재평가손실 : 유형자산의 장부금액이 재평가로 인하여 감소된 경우에 그 감소액을 의미함.

④ 기타의 대손상각비 : 회수가 불확실한 금융자산에 대해 합리적이고 객관적인 기준에 따라 산출한 대손추산액을 대손충당금으로 설정하면서 이에 대한 상대계정으로 대손상각비를 인식함. 미수금과 매출채권 이외의 채권에 대한 대손상각비를 의미함.

⑤ 전기오류수정손실 : 오류수정이란 전기 또는 그 이전 회계연도의 재무제표에 포함된 회계적 오류를 당기에 발견하여 수정하는 것을 말하며, 이러한 오류수정을 통해 당기 운영이익이 감소하게 되는 경우 전기오류수정손실로 인식함. 다만 전기 또는 그 이전 회계연도에 발생한 중대한 오류의 수정은 비교재무제표를 재작성하여 반영함

⑥ 외환차손 : 외화자산의 회수 또는 외화부채의 상환시에 발생하는 차손으로 자산·부채 인식시의 환율과 외화자산의 회수 또는 외화부채의 상환시의 환율과의 차이로 인해 발생함.

⑦ 외화환산손실 : 결산일에 화폐성외화자산 또는 화폐성외화부채를 환산하는 경우 환율의 변동으로 인하여 발생하는 손실을 의미함.

제29조 【사업외비용】
사업외비용은 사업비용이 아닌 비용 또는 차손으로서 유형·무형자산처분손실, 유형·무형자산손상차손, 유형자산재평가손실, 기타의 대손상각비, 전기오류수정손실 등으로 한다.

6. 고유목적사업준비금 전입액·환입액

고유목적사업준비금전입액이란 공익법인이 「법인세법」에 따라 수익사업부문에서 발생한 소득 중 일부를 고유목적사업부문이나 지정기부금에 지출하기 위하여 적립한 금액을 말한다.

공익법인이 고유목적사업준비금을 부채로 인식하기로 결정한 경우 고유목적사업준비금 전입액을 운영성과표에 비용으로 인식하고, 재무상태표에 부채로 인식해야 한다.

〔주의사항〕 구분회계와 고유목적사업준비금

공익목적사업 중 「법인세법」상 수익사업이 존재하여 해당 수익 중 고유목적사업준비금을 전입하는 경우에는 공익목적사업에서 고유목적사업준비금전입액이 발생할 수 있다.

고유목적사업준비금환입액이란 고유목적사업준비금이 「법인세법」에 따라 수익사업부문에서 고유목적사업부문에 전출되어 목적사업에 사용되었거나 미사용되어 임의환입된 금액을 말한다. 관련 예시는 고유목적사업준비금 사례 참조

제31조 【고유목적사업준비금 전입액과 환입액】
① '고유목적사업준비금전입액'이란 공익법인이 법인세법에 따라 수익사업부문에서 발생한 소득 중 일부를 고유목적사업부문이나 지정기부금에 지출하기 위하여 적립한 금액을 말한다. 이에 상응하여 동일한 금액을 부채에 '고유목적사업준비금'이라는 과목으로 인식한다.
② '고유목적사업준비금환입액'이란 고유목적사업준비금이 법인세법에 따라 수익사업부문에서 고유목적사업부문에 전출되어 목적사업에 사용되었거나 미사용되어 임의환입된 금액을 말한다.
③ 제1항과 제2항의 내용은 고유목적사업준비금을 부채로 인식하는 경우에 한하여 적용한다.

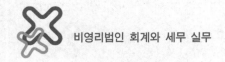

7. 법인세비용

공익법인이 법인세를 부담하는 경우에는 일반기업회계기준 제22장 법인세회계와 제31장 중소기업 회계처리 특례의 법인세 회계처리를 고려하여 회계정책을 개발하여 인식한다.

일반기업회계기준의 법인세회계를 따라 자산·부채의 세무기준액과 장부금액의 차이인 일시적 차이에 대하여 이연법인세를 인식하는 방법을 적용할 수 있으며, 중소기업 회계처리 특례에 따라 「법인세법」 등에 의하여 납부하여야 할 금액을 법인세비용으로 계상할 수도 있다.

> ┃〔주의사항〕구분회계와 법인세비용 ┃
>
> 공익목적사업 중 「법인세법」상 수익사업이 있는 경우에는 공익목적사업에서도 법인세비용이 발생할 수 있다.

> 제32조【법인세비용】
> 공익법인이 법인세를 부담하는 경우에는 일반기업회계기준 제22장 '법인세회계'와 제31장 '중소기업 회계처리 특례'의 법인세 회계처리를 고려하여 회계정책을 개발하여 회계처리한다.

8. 자산손상

자산의 진부화 및 시장가치의 급격한 하락 등으로 인하여 자산의 회수가능액이 장부금액에 중요하게 미달되는 경우에는 장부금액을 회수가능액으로 조정하고 그 차액을 손상차손으로 처리한다.

회수가능액은 순공정가치와 사용가치 중 큰 금액으로 하는데, 순공정가치는 합리적인 판단력과 거래 의사가 있는 독립된 당사자 사이의 거래에서 자산의 매각으로부터 수취할 수 있는 금액에서 처분부대원가를 차감한 금액을 의미하며, 사용가치는 자산에서 창출될 것으로 기대되는 미래 현금흐름의 현재가치를 의미한다. 예를 들어 건물이라고 하면 부동산시장의 해당 건물 매매가액에서 매매시 필요한 부수적인 비용(부동산수수료 등)을 차감한 금액을 순공정가치라고 볼 수 있으며, 해당 건물을 임대하여 향후 벌어들일 수 있는 임대료수익의 현재가치를 사용가치로 볼 수 있다.

손상차손을 인식한 이후 수정된 장부금액에서 잔존가치를 차감한 금액을 잔여내용연수에 걸쳐 체계적인 방법으로 배분해야 하므로, 손상차손을 인식한 후에 감가상각액 또는 상각액을 조절해야 한다.

   또한, 과거에 인식하였던 자산의 손상차손이 더 이상 존재하지 않거나 감소된 경우, 자산의 회수가능액이 장부금액을 초과하는 금액을 손상차손환입으로 인식한다. 다만, 손상차손환입으로 증가된 장부금액은 과거에 손상차손을 인식하기 전 장부금액의 감가상각 또는 상각 후 잔액을 초과할 수 없다. 최초 손상차손을 인식한 금액만큼 환입할 수 있는 것이 아님을 주의해야 한다.

 (사례 3 – 10) 손상차손

> 2×17년 1월 1일 내용연수 20년인 10억원의 건물(잔존가액 0원, 정액법)을 구입하였다.
> 2×18년 12월 31일 건물에 손상징후가 발생하여 회수가능액이 7억 2천만원으로 하락하여 손상차손을 인식하였다.(잔존내용연수 및 잔존가액은 변동이 없다고 가정)
> 2×20년 12월 31일 인식한 손상징후가 해소되어 회수가능액이 7억 5천만원으로 회복되어 손상차손환입을 인식하였다.

<2×17.1.1.>
(차) 건물   1,000,000,000   (대) 현금및현금성자산   1,000,000,000

<2×17.12.31.>
(차) 감가상각비   50,000,000[1)]   (대) 감가상각누계액   50,000,000
1) 1,000,000,000 ÷ 20년 = 50,000,000

<2×18.12.31.>
(차) 감가상각비   50,000,000   (대) 감가상각누계액   50,000,000
(차) 유형자산손상차손   180,000,000[2)]   (대) 손상차손누계액   180,000,000
2) 900,000,000(순장부금액) - 720,000,000(공정가치) = 180,000,000

<2×19.12.31.>
(차) 감가상각비   40,000,000[3)]   (대) 감가상각누계액   40,000,000
3) 720,000,000 ÷ 18년(잔존내용연수) = 40,000,000

<2×20.12.31.>
(차) 감가상각비   40,000,000   (대) 감가상각누계액   40,000,000
(차) 손상차손누계액   110,000,000   (대) 유형자산손상차손환입   110,000,000[4)]
4) 750,000,000 - 640,000,000(순장부금액) = 110,000,000

해 설

손상차손환입액

= Min[손상전 장부금액의 감가상각 후 잔액[*], 회수가능액] – 유형자산장부금액

= Min[₩800,000,000, ₩750,000,000] – 640,000,000

= 110,000,000

(*) 손상전 장부금액의 감가상각 후 잔액

: 1,000,000,000 – (1,000,000,000 × 4/20) = 800,000,000

제33조 【자산의 평가기준】

③ 이 기준에서 별도로 정하는 경우를 제외하고는 자산의 진부화 및 시장가치의 급격한 하락 등으로 인하여 자산의 회수가능액이 장부금액에 중요하게 미달되는 경우에는 장부금액을 회수가능액으로 조정하고 그 차액을 손상차손으로 처리한다. 이 경우 회수가능액은 다음 제1호와 제2호 중 큰 금액으로 한다.

1. 순공정가치: 합리적인 판단력과 거래 의사가 있는 독립된 당사자 사이의 거래에서 자산의 매각으로부터 수취할 수 있는 금액에서 처분부대원가를 차감한 금액

2. 사용가치: 자산에서 창출될 것으로 기대되는 미래 현금흐름의 현재가치

④ 과거 회계연도에 인식한 손상차손이 더 이상 존재하지 않거나 감소하였다면 자산의 회수가능액이 장부금액을 초과하는 금액은 손상차손환입으로 인식한다. 다만, 손상차손환입으로 증가된 장부금액은 과거에 손상차손을 인식하기 전 장부금액의 감가상각 또는 상각 후 잔액을 초과할 수 없다.

1. 주석 해설 및 실무사례

주석이란 재무제표 본문의 전반적인 이해를 돕는 일반사항에 관한 정보, 재무제표 본문에 표시된 항목을 구체적으로 설명하거나 세분화하는 정보, 재무제표 본문에 표시할 수 없는 회계사건 및 그 밖의 사항으로 재무제표에 중요한 영향을 미치거나 재무제표의 이해를 위하여 필요하다고 판단되는 정보를 추가하여 기재하는 것을 말한다.

공익법인회계기준은 제41조에서 15개의 필수적 주석기재사항을 명시하고 있으며 일부 개별 조항에서도 주석기재를 요구하고 있다. 아래의 사례는 필수적 주석기재사항 중 설명이 필요한 일부 주석에 대하여 설명하고 있다. 따라서 재무제표를 작성할 때에는 아래의 주석뿐 아니라 모든 필수적 주석기재사항을 모두 작성해야 한다.

가. 사용이 제한된 현금및현금성자산

사용이 제한된 현금및현금성자산의 상세내역 및 제한 사유를 주석으로 기재해야 한다. 사용이 제한된 현금및현금성자산에는 기본재산 등과 같이 주무관청의 허가 없이 사용이나 처분이 불가능한 자산뿐 아니라 차입금 담보, 당좌개설 보증금 등의 사유로 인해 사용이 제한된 자산도 포함된다.

> 〔주의사항〕 사용이 제한된 현금및현금성자산의 작성범위
>
> 현금및현금성자산이 아니더라도 사용의 제한이 있는 모든 금융상품을 포함하여 작성한다. 현금및현금성자산 이외 사용이 제한된 금융상품 등을 포함하여 주석을 작성하는 경우 사용이 제한된 금융상품으로 주석명칭을 변경해서 작성이 가능하다.

(사례 4 - 1)

A공익법인은 다음과 같은 금융자산을 보유하고 있다.					
종류	금융기관명	금액(원)	비고		
보통예금	XX은행	1,000,000	기본재산	…	①

종류	금융기관명	금액(원)	비고		
	YY은행	5,000,000		…	②
	ZZ은행	2,000,000	지급보증 담보제공	…	③
정기예금	XX은행	3,000,000		…	④
	ZZ은행	2,000,000	차입금 담보	…	⑤
ELS	OO증권	5,000,000	기본재산	…	⑥
yy주식	㈜ yy	3,000,000		…	⑦

〔주석작성방법〕

A공익법인이 보유하고 있는 금융자산 중 ①,③,⑤,⑥은 기본재산, 담보 등으로 인해 사용이 제한되어 있으므로 해당 자산의 상세내역에 대하여 주석으로 기술해야 한다.

〔주석예시〕

당기말 및 전기말 현재 사용이 제한된 금융상품 등의 내역은 다음과 같습니다.

(단위: 원)

계정과목	종류	금융기관명	금 액		사용 제한 내용
			당기말	전기말	
단기투자자산	보통예금	XX은행			기본재산
	보통예금	ZZ은행			지급보증 담보제공
	ELS	OO증권			기본재산
	소 계				
장기투자자산	정기예금	ZZ은행			차입금 담보
	소 계				
합 계					

나. 현물기부의 내용

공익법인이 기부받은 현물자산의 정보를 주석으로 기재해야 한다. 해당 주석은 계정과목 별로 합산해서 공시하고, 주요 기부자산이나 기부자의 경우에 한하여 추가적인 정보를 제공하면 된다.

(사례 4 - 2)

당기 중 현물로 기부받은 자산의 내역은 다음과 같습니다.

(단위: 원)

내 역	금 액	기부자
토 지	200,000,000	㈜AA
건 물	100,000,000	㈜AA
차량운반구	30,000,000	㈜XX자동차

다. 특수관계인과의 중요한 거래의 내용

공익법인회계기준은 「상속세 및 증여세법」 제2조 제10호에서 규정하고 있는 자를 특수관계인으로 본다. 공익법인은 공시대상 회계기간 내에 발생한 중요한 특수관계자 거래에 대하여 거래내역을 공시해야 한다. 또한 공익법인회계기준에서 지정한 특수관계자 외의 공익법인의 판단에 따라 특수관계자로 판단되는 경우 자율적으로 추가하여 공시할 수 있다

(사례 4 - 3)

(1) 당기 중 특수관계자와의 거래내역은 다음과 같습니다.

(단위: 원)

특수관계자 구분	특수관계자명	수 익		비 용	
		당기	전기	당기	전기
기타	YY법인*	–	–	5,000,000	–

* YY법인은 이사회를 구성하는 다수의 임원이 겸직하고 있는 기관입니다.

(2) 당기말 및 전기말 현재 특수관계자에 대한 채권·채무 내역은 다음과 같습니다.

(단위: 원)

특수관계자 구분	특수관계자명	채 권		채 무	
		당기말	전기말	당기말	전기말
출연법인	㈜XX	–	–	20,000,000	–

(3) 당기 및 전기 주요경영진에 대한 보상내역은 다음과 같습니다

(단위: 원)

구 분	당기	전기
단기종업원급여	200,000,000	300,000,000
퇴직급여	40,000,000	30,000,000
합 계	240,000,000	330,000,000

라. 총자산 또는 사업수익금액의 10% 이상에 해당하는 거래의 거래내역

해당 주석은 정보이용자들에게 공시대상 회계기간 중에 발생한 중요한 거래에 대하여 정보를 제공하는 것을 목적으로 한다. 공시대상 회계연도의 총자산 또는 사업수익금액의 10% 이상에 해당하는 거래에 대한 거래처명, 거래금액, 계정과목 등을 작성한다.

〔주의사항〕 총자산 또는 사업수입금액의 10% 이상인 특수관계인과의 거래의 공시

특수관계인과의 거래가 총자산 또는 사업수익금액의 10% 이상에 해당하더라도 '특수관계인과의 중요한 거래의 내용'에 기재한 경우 해당 거래는 이 주석에서 제외한다

(사례 4-4)

B공익법인의 2×18년 재무제표 상 총자산 규모는 50억원이고, 사업수익금액은 10억원이다. 다음은 B공익법인의 거래내역 일부이다.

날짜	거래처명	적요	금액(원)
2×18.2.15.	㈜AA	공연장 대관료	20,000,000
2×18.2.15.	㈜AA	입장권판매대행수수료	2,000,000
2×18.3.20.	㈜BB	공연장 대관료	10,000,000
2×18.3.20.	㈜BB	부대설비대여료	3,000,000
2×18.3.20.	㈜BB	입장권판매대행수수료	1,000,000
2×18.4.6.	CC재단	배분사업비	(50,000,000)
2×18.5.31.	㈜AA	공연장 대관료	25,000,000
2×18.5.31.	㈜AA	부대설비대여료	10,000,000
2×18.5.31.	㈜AA	입장권판매대행수수료	3,000,000
2×18.7.8.	㈜DD	연습실대관료	1,000,000
2×18.7.14.	㈜DD	공연장대관료	2,000,000

날짜	거래처명	적요	금액(원)
2×18.9.22.	CC재단	배분사업비	(60,000,000)
2×18.10.2.	㈜AA	공연장 대관료	25,000,000
2×18.10.2.	㈜AA	부대설비대여료	15,000,000
2×18.10.2.	㈜AA	입장권판매대행수수료	3,000,000

〔주석작성방법〕

거래처별 거래금액을 살펴보면 다음 표와 같다.

(단위: 원)

거래처명	금 액
㈜AA	103,000,000
㈜BB	14,000,000
CC재단	(110,000,000)
㈜DD	3,000,000

㈜AA와 CC재단은 거래금액 총합이 사업수익금액의 10%(1억원)을 초과하므로 주석에 공시해야 한다. 또한 중요성 판단의 기준은 당기 자산 또는 사업수익금액으로 전년도 공시대상이었더라도 올해 중요성에 미달하면 공시하지 않아도 된다. 즉, ㈜AA와 CC재단은 2×18년 공시대상이지만 2×19년에 거래가 총자산 또는 사업수익금액의 10%를 초과하지 않는다면, 2×19년에는 공시하지 않아도 된다.

〔주석예시〕

단일 거래처로부터 발생한 거래규모가 총자산 또는 사업수익금액의 10% 이상인 주요 거래처는 다음과 같습니다.

(1) 당기

(단위: 원)

거래처명	계정과목	거래금액	거래내용
㈜AA	매출액	103,000,000	대관료수익 등
CC재단	사업수행비용	110,000,000	배분사업비

(2) 전기

(단위: 원)

거래처명	계정과목	거래금액	거래내용
㈜AA	매출액	92,000,000	대관료수익 등
XXX	기부금수익	100,000,000	기부자 현물기부

> (참고) 「상속세 및 증여세법」

제2조 【정의】

10. "특수관계인"이란 본인과 친족관계, 경제적 연관관계 또는 경영지배관계 등 대통령령으로 정하는 관계에 있는 자를 말한다. 이 경우 본인도 특수관계인의 특수관계인으로 본다.

> (참고) 「상속세 및 증여세법 시행령」

제2조의 2 【특수관계인의 범위】

① 법 제2조 제10호에서 "본인과 친족관계, 경제적 연관관계 또는 경영지배관계 등 대통령령으로 정하는 관계에 있는 자"란 본인과 다음 각 호의 어느 하나에 해당하는 관계에 있는 자를 말한다. <개정 2014.2.21., 2016.2.5.>

1. 「국세기본법 시행령」 제1조의2 제1항 제1호부터 제4호까지의 어느 하나에 해당하는 자(이하 "친족"이라 한다) 및 직계비속의 배우자의 2촌 이내의 혈족과 그 배우자
2. 사용인(출자에 의하여 지배하고 있는 법인의 사용인을 포함한다. 이하 같다)이나 사용인 외의 자로서 본인의 재산으로 생계를 유지하는 자
3. 다음 각 목의 어느 하나에 해당하는 자
   가. 본인이 개인인 경우: 본인이 직접 또는 본인과 제1호에 해당하는 관계에 있는 자가 임원에 대한 임면권의 행사 및 사업방침의 결정 등을 통하여 그 경영에 관하여 사실상의 영향력을 행사하고 있는 기획재정부령으로 정하는 기업집단의 소속 기업[해당 기업의 임원(「법인세법 시행령」 제20조 제1항 제4호에 따른 임원과 퇴직 후 5년이 지나지 아니한 그 임원이었던 사람으로서 사외이사가 아니었던 사람을 말한다. 이하 같다)을 포함한다]
   나. 본인이 법인인 경우: 본인이 속한 기획재정부령으로 정하는 기업집단의 소속 기업(해당 기업의 임원을 포함한다)과 해당 기업의 임원에 대한 임면권의 행사 및 사업방침의 결정 등을 통하여 그 경영에 관하여 사실상의 영향력을 행사하고 있는 자 및 그와 제1호에 해당하는 관계에 있는 자
4. 본인, 제1호부터 제3호까지의 자 또는 본인과 제1호부터 제3호까지의 자가 공동으로 재산을 출연하여 설립하거나 이사의 과반수를 차지하는 비영리법인
5. 제3호에 해당하는 기업의 임원이 이사장인 비영리법인
6. 본인, 제1호부터 제5호까지의 자 또는 본인과 제1호부터 제5호까지의 자가 공동으로 발행주식총수 또는 출자총액(이하 "발행주식총수 등"이라 한다)의 100분의 30 이상을 출자하고 있는 법인
7. 본인, 제1호부터 제6호까지의 자 또는 본인과 제1호부터 제6호까지의 자가 공동으로 발행주식총수 등의 100분의 50 이상을 출자하고 있는 법인
8. 본인, 제1호부터 제7호까지의 자 또는 본인과 제1호부터 제7호까지의 자가 공동으로 재산을 출연하여 설립하거나 이사의 과반수를 차지하는 비영리법인

② 제1항 제2호에서 "사용인"이란 임원, 상업사용인, 그 밖에 고용계약관계에 있는 자를 말한다.

③ 제1항 제2호 및 제39조 제1항 제5호에서 "출자에 의하여 지배하고 있는 법인"이란 다음 각 호의 어느 하나에 해당하는 법인을 말한다.
1. 제1항 제6호에 해당하는 법인
2. 제1항 제7호에 해당하는 법인
3. 제1항 제1호부터 제7호까지에 해당하는 자가 발행주식총수 등의 100분의 50 이상을 출자하고 있는 법인

(참고) 「국세기본법 시행령」

제1조의 2 【특수관계인의 범위】
① 법 제2조 제20호 가목에서 "혈족·인척 등 대통령령으로 정하는 친족관계"란 다음 각 호의 어느 하나에 해당하는 관계(이하 "친족관계"라 한다)를 말한다.
1. 6촌 이내의 혈족
2. 4촌 이내의 인척
3. 배우자(사실상의 혼인관계에 있는 자를 포함한다)
4. 친생자로서 다른 사람에게 친양자 입양된 자 및 그 배우자·직계비속
5. 본인이 「민법」에 따라 인지한 혼인 외 출생자의 생부나 생모(본인의 금전이나 그 밖의 재산으로 생계를 유지하는 사람 또는 생계를 함께하는 사람으로 한정한다)

마. 기본순자산의 취득원가와 공정가치

기본순자산은 공익법인 설립과 운영의 기초가 되는 자산이다. 즉, 공익법인의 재무건전성과 지속가능성을 판단하기 위한 핵심자산으로 볼 수 있다 그러나 재무제표 상 특정 자산이 기본순자산에 해당하는지 그리고 해당 자산의 장부금액이 공정가치로 평가된 금액인지 여부를 한눈에 파악하기는 쉽지 않다. 해당 주석에서 기본순자산에 해당하는 자산의 취득원가, 공정가치 정보를 제공함으로써 정보이용자에게 공익법인의 기본순자산에 대한 정보를 일목요연하게 보여줄 수 있다.

기본순자산은 사용이나 처분에 영구적인 제약이 있어 주무관청 등의 허가가 필요한 자산으로 「공익법인 설립 운영에 관한 법률」에 따른 기본재산과 일치하지 않을 수 있다는 점을 유의해야 한다. 기본재산은 공익법인의 사후관리를 위해 구분하는 기준으로서 회계상 개념은 아니기 때문이다.

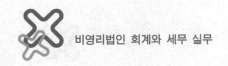
주석을 작성하기 위하여 기본순자산에 해당하는 자산의 공정가치 평가를 별도로 수행할 필요는 없다. 재무제표에 공정가치로 평가한 자산은 공정가치 정보를 제공하고 취득원가로 평가한 자산은 취득원가 부분만 작성하면 된다.

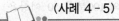 **(사례 4 - 5)**

A공익법인의 2×18년 회계연도 말 현재 기본순자산은 다음과 같다.

구 분	취득원가	기말평가금액
정기예금	10,000,000	10,000,000
주식A	30,000,000	35,000,000
토지	200,000,000	평가하지 않음
건물	100,000,000	평가하지 않음

〔주석예시〕

A공익법인의 당기말 현재 기본순자산의 취득원가와 공정가치는 다음과 같습니다. 유형자산은 취득 이후 재평가하지 않고 취득원가로 인식하고 있습니다.

(단위: 원)

구 분	취득원가	공정가치
정기예금	10,000,000	10,000,000
주식A	30,000,000	35,000,000
토지	200,000,000	평가하지 않음
건물	100,000,000	평가하지 않음

바. 순자산의 변동에 관한 사항

해당 주석은 회계연도 말 공익법인의 순자산 크기와 일정기간 동안의 변동 내용을 포괄적이고 체계적으로 보여줄 수 있다. 순자산 변동에 관한 사항을 작성 할 때에는 재무상태표 및 운영성과표와 연계하여 작성해야 하며 작성 시 유의 사항은 다음과 같다

1) 당기초 금액은 전년도 자산변동에 관한 사항 주석 당기말 금액으로 작성한다

2) 전기말 보고금액이 전기오류수정, 회계정책변경 등으로 인해 변동된 경우, 당기 이전의 손익효과를 구분 기재하여 수정후 순자산 금액을 산출한다.
   - 공익법인회계기준은 동 기준을 최초 적용하는 재무제표에 대하여 전진법 또는 소급법을 선택 적용하도록 규정하고 있다. 전진법을 적용하는 경우에는 전기 변동내역은 작성하지 않고 당기초 순자산부터 분류체계에 맞게 분류하여 작성하면 된다

3) 보통순자산에서 기본순자산으로 편입되는 경우, 기본순자산 증가와 보통순자산 감소를 동시에 기재한다 당기에 지급받은 기부금이나 보조금 등이 기본순자산으로 분류되는 경우 기본순자산의 증감에 인식한다.

4) 당기운영손익에 따른 순자산변동내역은 보통순자산의 잉여금에 반영한다
   - 해당 금액은 운영성과표의 당기운영이익(손실) 금액과 일치해야한다.

5) 매도가능증권평가이익이나 유형자산재평가이익 등 운영성과표에 반영되지 않는 손익은 순자산조정 항목에 반영한다.

6) 기초 금액에서 기중 순자산변동내역을 반영하여 당기말 금액을 작성한다
   - 이 때, 기본순자산, 보통순자산, 순자산조정 금액은 재무상태표상 기말금액과 일치해야 한다.

〈그림 Ⅲ - 16〉 재무제표와 순자산의 변동에 관한 사항의 관계

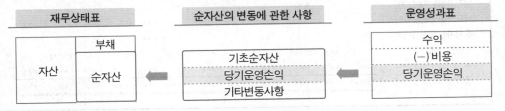

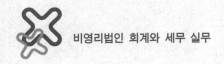
(사례 4 - 6)

A공익법인의 2×18회계연도 당기와 전기의 순자산 변동내역은 다음과 같습니다.

(단위: 원)

과 목	통합				공익목적사업부문				기타사업부문			
	기본순자산	보통순자산 적립금	보통순자산 잉여금	순자산 조정	기본순자산	보통순자산 적립금	보통순자산 잉여금	순자산 조정	기본순자산	보통순자산 적립금	보통순자산 잉여금	순자산 조정
전기초	×××	×××	×××	×××	×××	×××	×××	×××	×××	×××	×××	×××
회계정책변경누적효과	(×××)	(×××)	(×××)	(×××)	(×××)	(×××)	(×××)	(×××)	(×××)	(×××)	(×××)	(×××)
전기오류수정	(×××)	(×××)	(×××)	(×××)	(×××)	(×××)	(×××)	(×××)	(×××)	(×××)	(×××)	(×××)
수정후 순자산	×××	×××	×××	×××	×××	×××	×××	×××	×××	×××	×××	×××
기본순자산증감	×××		(×××)		×××		(×××)		×××		(×××)	
당기운영이익(손실)			×××				×××				×××	
매도가능증권평가이익				×××				×××				×××
유형자산재평가이익				×××				×××				×××
적립금 전입		×××	(×××)			×××	(×××)			×××	(×××)	
…	×××	×××	×××	×××	×××	×××	×××	×××	×××	×××	×××	×××
전기말	×××	×××	×××	×××	×××	×××	×××	×××	×××	×××	×××	×××
당기초[1]	×××	×××	×××	×××	×××	×××	×××	×××	×××	×××	×××	×××
회계정책변경누적효과	(×××)	(×××)	(×××)	(×××)	(×××)	(×××)	(×××)	(×××)	(×××)	(×××)	(×××)	(×××)
전기오류수정	(×××)	(×××)	(×××)	(×××)	(×××)	(×××)	(×××)	(×××)	(×××)	(×××)	(×××)	(×××)
수정후 순자산[2]	×××	×××	×××	×××	×××	×××	×××	×××	×××	×××	×××	×××
기본순자산증감[3]	×××		(×××)		×××		(×××)		×××		(×××)	
당기운영이익(손실)[4]			×××				×××				×××	
매도가능증권평가이익[5]				×××				×××				×××
유형자산재평가이익[6]				×××				×××				×××
적립금 전입		×××	(×××)			×××	(×××)			×××	(×××)	
…	×××	×××	×××	×××	×××	×××	×××	×××	×××	×××	×××	×××
당기말[6]	×××	×××	×××	×××	×××	×××	×××	×××	×××	×××	×××	×××

사. 유형자산 재평가차액의 누적금액

유형자산 재평가차액은 유형자산 재평가 수행으로 발생한 총 누적손익을 말한다. 또한 자산 별로 재평가액 추정방법을 함께 기재한다.

 (사례 4 - 7)

〔주석예시〕

A공익법인의 2×18회계연도 말 현재 보유하고 있는 유형자산의 재평가차액은 다음과 같습니다.

(단위: 원)

자산종류	재평가추정방법	재평가 전 장부금액 (A)[*]	재평가금액 (B)	평가 증감 (B-A)
토지	개별공시지가	200,000,000	350,000,000	150,000,000
건물	감정평가	100,000,000	180,000,000	80,000,000
유형자산 합계		300,000,000	530,000,000	230,000,000

(*) 재평가 전 장부금액은 재평가한 시점의 평가전 장부금액을 의미한다.

아. 유가증권의 취득원가와 공정가치의 비교

공익법인회계기준은 단기매매증권, 매도가능증권을 공정가치로 평가하여 재무제표에 계상하도록 규정하고 있다. 따라서 특별한 사유가 있지 않는 한 공정가치 금액과 장부금액은 동일하며, 만약 금액이 다를 경우 그 사유도 주석에 함께 공시해야 한다.

단기매매증권의 평가손익은 운영성과표에 당기비용으로 반영되며 매도가능증권의 평가손익은 재무상태표의 순자산조정에 반영한다. 다만, 공익법인에서 이연법인세회계를 적용하고 있는 경우 매도가능증권의 평가손익은 법인세효과로 인해 재무상태표 상의 금액과 평가손익 금액(예시의 B-A)이 다를 수 있다.

(사례 4-8)

〔주석예시〕

A공익법인의 2×18회계연도 말 보유하고 있는 유가증권의 내역은 다음과 같습니다.

(1) 지분증권

(단위: 원)

계정명	회사명	주식수	취득원가 (A)	공정가치	장부금액 (B)	평가손익 (B-A)
단기매매증권	㈜AA*1)	20주	1,500,000	1,200,000	1,200,000	(300,000)
매도가능증권	㈜BB*1)	10주	1,500,000	1,750,000	1,750,000	250,000
	㈜CC*2)	30주	5,000,000		5,000,000	—

*1) 지분증권의 공정가치는 회계연도 말 현재의 종가로 측정하였습니다.
*2) 해당 주식은 비상장주식으로 합리적인 공정가액을 산정할 수 없어 취득원가로 평가하고 있습니다.

(2) 채무증권

(단위: 원)

계정명	만기일	종목명	취득원가 (A)	공정가치	장부금액 (B)	평가손익 (B-A)
매도가능증권	2×19.2.25.	ELB	2,000,000	2,016,000	2,016,000	16,000

자. 사업비용의 성격별 구분

공익법인회계기준은 제27조 제5항에 따라 사업수행비용, 일반관리비용, 모금비용에 대하여 분배비용, 인력비용, 시설비용, 기타비용으로 구분하여 표시하도록 규정하고 있다. 이 정보는 공익법인의 선택에 따라 주석으로 기재하거나 운영성과표 본문에 표시할 수 있다. 또한 공익법인이 더 필요하다고 판단하는 경우 더 세분화된 정보를 구분하여 기재할 수 있다.

(사례 4-9)

A공익법인은 국내복지사업부, 국제구호사업부, 모금사업부, 행정지원실의 부서로 구성되어있다.

2×18년 국내복지사업의 일환으로 청소년교육복지센터에 30,000,000원을 지급하였고, 국제구호사업팀은 빈민아동을 대상으로 구호물품 20,000,000원을 지원하였다.

각 부서의 인원은 국내복지사업부 10명, 국제구호사업부 5명, 모금사업부 4명, 행정지원실 3명이고, 각 인원은 모두 연봉 30,000,000원의 동일한 임금을 받고 있다.

A공익법인은 건물의 한 개 층을 임차하여 사용하고 있으며 4개 부서는 각각 동일한 면적을 사용하고 있다.(임차료는 연간 12,000,000원)

국내복지사업부에서는 복지사업과 관련한 출장으로 인해 여비교통비가 4,000,000원 발생하였고, 모금사업부에서는 모금활동을 위한 홍보포스터 제작으로 3,000,000원을 사용하였다.

〔주석예시〕

A공익법인의 운영성과표에는 사업비용이 기능별로 구분되어 표시되어 있습니다 이를 다시 성격별로 구분한 내용은 다음과 같습니다.

(단위: 원)

	분배비용	인력비용	시설비용	기타비용	합계
공익목적사업비용	50,000,000	660,000,000	12,000,000	7,000,000	729,000,000
사업수행비용	50,000,000[1]	450,000,000[2]	6,000,000[3]	4,000,000[4]	510,000,000
일반관리비용	–	90,000,000[2]	3,000,000[3]		93,000,000
모금비용	–	120,000,000[2]	3,000,000[3]	3,000,000[4]	126,000,000
기타사업비용	–	–	–	–	–
합계	50,000,000	660,000,000	12,000,000	7,000,000	729,000,000

1) 30,000,000(청소년교육복지센터지급) + 20,000,000(빈민아동 구호물품지원)

2) 사업수행비용 : 30,000,000 × 15명(국내복지사업부 10명 + 국제구호사업부 5명)
일반관리비용 : 30,000,000 × 3명(행정지원실 3명)
모금비용 : 30,000,000 × 4명(모금사업부 4명)

3) 사업수행비용 : 12,000,000 × 2/4
일반관리비용, 모금비용 : 12,000,000 × 1/4

4) 사업과 관련된 여비교통비 : 사업수행비용(기능별), 기타비용(성격별)
모금과 관련된 홍보포스터제작비 : 모금비용(기능별), 기타비용(성격별)

차. 퇴직연금운용자산의 구성내역

공익법인회계기준 제38조 제3항에 따라 확정급여형퇴직연금제도와 관련하여 별도로 운용되는 자산에 대하여 그 구성내역을 주석으로 공시해야 한다

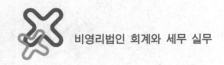
 (사례 4 - 10)

〔주석예시〕

A공익법인의 퇴직연금운용자산의 구성내역은 다음과 같습니다.

(단위: 원)

구 분	당기말	전기말
정기예금	30,000,000	40,000,000
매도가능증권	90,000,000	76,000,000
기타	90,000,000	60,000,000
합 계	210,000,000	176,000,000

제25조【사업수익】

④ 기타사업수익은 공익법인이 필요하다고 판단하는 경우에는 그 구분정보를 운영성과표 본문에 표시하거나 주석으로 기재할 수 있다

제38조【퇴직급여충당부채의 평가】

③ 확정급여형퇴직연금제도와 관련하여 별도로 운용되는 자산은 하나로 통합하여 '퇴직연금운용자산'으로 표시하고, 퇴직급여충당부채에서 차감하는 형식으로 표시한다 퇴직연금운용자산의 구성내역은 주석으로 기재한다

제40조【주석의 정의】

'주석'이란 재무제표 본문(재무상태표, 운영성과표를 말한다)의 전반적인 이해를 돕는 일반사항에 관한 정보, 재무제표 본문에 표시된 항목을 구체적으로 설명하거나 세분화하는 정보, 재무제표 본문에 표시할 수 없는 회계사건 및 그 밖의 사항으로 재무제표에 중요한 영향을 미치거나 재무제표의 이해를 위하여 필요하다고 판단되는 정보를 추가하여 기재하는 것을 말한다.

제41조【필수적 주석기재사항】

공익법인은 이 기준의 다른 조항에서 주석으로 기재할 것을 요구하거나 허용하는 사항 외에 다음 각 호의 사항을 주석으로 기재한다

1. 공익법인의 개황 및 주요사업 내용
2. 공익법인이 채택한 회계정책(자산·부채의 평가기준 및 수익과 비용의 인식기준을 포함한다)
3. 사용이 제한된 현금및현금성자산의 내용
4. 차입금 등 현금 등으로 상환하여야 하는 부채의 주요 내용

5. 현물기부의 내용
6. 제공한 담보·보증의 주요 내용
7. 특수관계인(상속세 및 증여세법 제2조 제10호의 정의에 따른다)과의 중요한 거래의 내용
8. 총자산 또는 사업수익금액의 10% 이상에 해당하는 거래에 대한 거래처명, 거래금액, 계정과목 등 거래 내역
9. 회계연도 말 현재 진행 중인 소송 사건의 내용, 소송금액, 진행 상황 등
10. 회계정책, 회계추정의 변경 및 오류수정에 관한 사항
11. 기본순자산의 취득원가와 공정가치를 비교하는 정보에 관한 사항
12. 순자산의 변동에 관한 사항
13. 유형자산 재평가차액의 누적금액
14. 유가증권의 취득원가와 재무제표 본문에 표시된 공정가치를 비교하는 정보
15. 그 밖에 일반기업회계기준에 따라 주석기재가 요구되는 사항 중 공익법인에 관련성이 있고 그 성격이나 금액이 중요한 사항

제42조【선택적 주석기재사항】
이 기준과 일반기업회계기준에서 요구하는 주석기재사항 외에도 재무제표의 유용성을 제고하고 공정한 표시를 위하여 필요한 정보는 재무제표 작성자의 판단과 책임하에서 자발적으로 주석을 기재할 수 있다 예를 들어, 공익법인이 내부관리목적으로 복수의 구분된 단위로 회계를 하는 경우 각 회계단위별로 작성된 재무제표의 전부 또는 일부를 주석으로 기재할 수 있다

제43조【주석기재방법】
주석기재는 재무제표 이용자의 이해와 편의를 도모하기 위하여 다음 각 호에 따라 체계적으로 작성한다.
1. 재무제표상의 개별항목에 대한 주석 정보는 해당 개별항목에 기호를 붙이고 별지에 동일한 기호를 표시하여 그 내용을 설명한다
2. 하나의 주석이 재무제표상 둘 이상의 개별항목과 관련된 경우에는 해당 개별항목 모두에 주석의 기호를 표시한다
3. 하나의 주석에 포함된 정보가 다른 주석과 관련된 경우에도 해당되는 주석 모두에 관련된 주석의 기호를 표시한다

5장 기타 재무제표 작성 원칙

1. 공익목적사업부문과 기타사업부문의 구분

공익법인의 재무상태표와 운영성과표는 공익목적사업부문과 기타사업부문으로 구분하여 표시해야 한다. 공익법인은 공익활동을 하기 위한 목적으로 설립된 법인이며 공익활동의 수행 결과를 재무상태표와 운영성과표에 명확히 나타내기 위해 공익목적사업부문과 기타사업부문을 구분하여 표시한다고 볼 수 있다.

〈그림 Ⅲ-17〉 재무제표 작성단위 및 구분회계

재무상태표			운영성과표		
통합	공익목적	기타	통합	공익목적	기타
자산 =	자산 +	자산	사업수익 (-)사업비용 사업이익 =	사업수익 (-)사업비용 사업이익 +	사업수익 (-)사업비용 사업이익
부채 =	부채 +	부채	사업외수익 (-)사업외비용 고유목적사업준비금전입액 고유목적사업준비금환입액 법인세차감전당기운영이익 =	사업외수익 (-)사업외비용 고유목적사업준비금전입액 고유목적사업준비금환입액 법인세차감전당기운영이익 +	사업외수익 (-)사업외비용 고유목적사업준비금전입액 고유목적사업준비금환입액 법인세차감전당기운영이익
순자산 =	순자산 +	순자산	법인세비용 당기운영이익 =	법인세비용 당기운영이익 +	법인세비용 당기운영이익

공익법인은 공익목적으로 수행할 사업을 정관에 기재하고 있으므로, 정관에 기재 된 공익목적사업과 관련된 자산·부채 및 수익·비용을 구분하여 공익목적사업부문으로 표시하고, 그 외 사업과 관련된 자산·부채 및 수익·비용은 기타사업부문으로 표시한다.

「법인세법」에서는 수익사업과 수익사업이 아닌 그 밖의 사업을 구분하여 기록하도록 규정하고 있다. 「법인세법」의 수익사업 구분 기준과 공익법인회계기준에서 의미하는 공익목적사업부문과 기타사업부문의 구분 기준은 별개로 보아 판단하는 것이 중요하다.

「법인세법」상 수익사업으로 열거된 사업이지만 공익목적사업으로 수행하는 사업의 경우 공익법인회계기준에 따라 공익목적사업부문으로 구분하여 표시해야 하며 이러한 사업의 예시로는 문화·예술 전시사업, 연주회 등 공익을 목적으로 하는 사업의 입장료 수익 등이 있다. 이러한 사업은 「법인세법」상 수익사업이지만 공익법인회계기준 상 공익목적사업부문으로 구분한다.

다만, 공익목적사업부문과 기타사업부문의 구분은 중요성 판단에 따라 구분할 수 있다. 여기서 중요성이란 회계항목이 정보로 제공되기 위한 최소한의 요건을 의미하며, 만약 기타사업부문을 구분하지 않아 정보이용자의 판단이나 의사결정에 영향을 미친다면 기타사업부문의 구분표시가 필요하다고 할 수 있다. 기타사업의 구분이 정보이용자의 판단이나 의사결정에 영향을 미치지 않는 중요하지 않은 정보라고 판단되는 경우 구분하여 표시하지 않을 수 있다.

> **〔주의사항〕 공익목적사업부문과 기타사업부문의 구분**
> • 정관에 기재된 사업이라 하더라도 공익목적활동으로 볼 수 없는 사업의 경우에는 공익목적사업부문이 아닌 기타사업부문으로 구분해야 한다.
> • 공익목적활동의 부수적으로 발생하는 사업이더라도 기념품판매, 카페운영, 금융소득 창출을 위한 적극적인 금융자산 투자(단순 은행예금 거치 예외) 등은 공익목적사업부문이 아닌 기타사업부문으로 구분하는 것이 바람직하다.

2. 공통 자산·부채, 수익·비용의 배분

공익법인의 재무제표는 공익목적사업부문과 기타사업부문으로 구분하여 표시하여야 한다. 따라서 공익법인의 자산·부채, 수익·비용을 공익목적사업부문과 기타사업부문으로 구분하여 표시하여야 하는데 공익목적사업과 기타사업으로 각각 구분되는 자산·부채, 수익·비용의 경우에는 구분 표시가 명확할 수 있으나 공익목적사업과 기타사업에 공통으로 관련이 있는 경우에는 구분이 어려울 수 있다.

자산·부채, 수익·비용의 구분을 위해 공익법인은 합리적인 배분기준을 설정하여야 하며, 그 배분기준은 일관되게 적용하여야 한다. 합리적인 배분기준은 시설면적, 사용빈도, 업무시간 등이 그 예시가 될 수 있다. 공익법인회계기준에서 의미하는 합리적인 배분기준은 「법인세법」에서 의미하는 배분기준과는 상이한 것으로, 「법인세법」에 따라 구분을 하고 있는 경우 조정이 필요할 수 있다.

또한 운영성과표에서 사업비용을 사업수행비용, 일반관리비용, 모금비용으로 분류하도록 하고 있다. 이 경우에도 사업수행과 일반관리, 모금활동 중 복수의 활동에 관련이 있는 수익·비용이 있는 경우 활동별로 사업수행비용, 일반관리비용, 모금비용으로 구분하여야 한다.

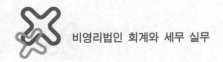

비영리법인 회계와 세무 실무

 (사례 5 - 1) 공통자산 · 부채 배분

A공익법인은 2×18년 12월 31일 현재 3층 건물을 하나 보유하고 있는데 건물의 3층은 공익목적사업을 위해 공익법인이 직접 사용하고 있으며, 나머지 1, 2층은 외부에 임대하고 있다.
건물의 장부금액은 30억원이며 감가상각누계액은 9억원이다.

〔재무상태표〕

	통합	공익목적사업	기타사업
...			
건물	3,000,000,000	1,000,000,000	2,000,000,000
(-)감가상각누계액	(900,000,000)	(300,000,000)	(600,000,000)
...			

해 설

3층 건물의 사용 면적 기준으로 1/3은 공익목적사업으로, 2/3는 기타사업으로 구분한다.

 (사례 5 - 2) 공통수익 · 비용 배분

A공익법인은 2×18년 12월 31일 현재 3층 건물을 하나 보유하고 있는데 건물의 3층은 공익목적사업을 위해 공익법인이 직접 사용하고 있으며, 나머지 1, 2층은 임대하고 있다. 건물의 장부금액은 30억원이며 감가상각누계액은 9억원이다. 건물의 내용연수는 20년이며 정액법으로 상각(잔존가치 없음)하고 있다. 공익법인이 직접 사용하고 있는 3층의 면적 중 2/5는 국내아동복지사업에 사용하고 있으며 1/5는 운영지원에 사용하며, 2/5는 모금지원에 사용하고 있다.
현재 공익법인의 직원은 10명이며 모든 직원은 개인당 연 30,000,000원의 급여를 지급받고 있다. 6명은 국내아동복지사업부, 2명은 운영지원부, 2명은 모금지원부에 배정되어 있다. 운영지원부 2명은 공익목적사업과 기타사업(임대사업)을 함께 관리하고 있으며 연간 업무시간 비중은 공익목적사업 80%, 기타사업(임대사업) 20%이다.
또한 국내아동복지사업부 6명중 2명은 모금지원부 업무를 같이 수행하고 있으며 2명의 업무시간 비중은 국내아동복지사업 70%, 모금지원 30%이다.

〔운영성과표〕

	통합	공익목적사업	기타사업
…			
사업수행비용	182,000,000	182,000,000	–
인력비용[1]	162,000,000	162,000,000	–
시설비용[2]	20,000,000	20,000,000	–
일반관리비용	58,000,000	58,000,000	
인력비용[3]	48,000,000	48,000,000	
시설비용[2]	10,000,000	10,000,000	
모금비용	98,000,000	98,000,000	–
인력비용[1]	78,000,000	78,000,000	–
시설비용[2]	20,000,000	20,000,000	–
기타사업비용	112,000,000	–	112,000,000
인력비용[3]	12,000,000	–	12,000,000
시설비용[2]	100,000,000	–	100,000,000
…			

해 설

1) 사업수행비용과 모금비용의 인력비용 배분
   사업수행비용 : (30,000,000 × 4명) + (30,000,000 × 2명 × 70%) = 162,000,000
   모금비용 : (30,000,000 × 2명) + (30,000,000 × 2명 × 30%) = 78,000,000
2) 시설비용(감가상각비) 배분
   전체 건물 감가상각비 : 3,000,000,000 × 1/20 = 150,000,000
   사업수행비용 : 150,000,000 × 1/3(공익목적사업비율) × 2/5(국내아동복지사업부 사용비율)
   　　　　　　　 = 20,000,000
   일반관리비용 : 150,000,000 × 1/3(공익목적사업비율) × 1/5(운영지원부 사용비율)
   　　　　　　　 = 10,000,000
   모금비용 : 150,000,000 × 1/3(공익목적사업비율) × 2/5(모금지원부 사용비율)
   　　　　　 = 20,000,000
   기타사업비용 : 150,000,000 × 2/3(기타사업비율) = 100,000,000
3) 일반관리비용과 기타사업비용 인력비용 배분
   일반관리비용 : 30,000,000 × 2명 × 80% = 48,000,000
   기타사업비용 : 30,000,000 × 2명 × 20% = 12,000,000

제30조【공통수익 및 비용의 배분】
어떤 수익과 비용항목이 복수의 활동에 관련되는 경우에는 해당 수익과 비용의 성격에 따라 투입한 업무시간, 관련 시설면적, 사용빈도 등 합리적인 배분기준에 따라 활동 간에 배분하며, 그 배분기준은 일관되게 적용하여야 한다.

제39조【공통자산·부채의 배분】
어떤 자산 또는 부채 항목이 복수의 활동에 관련되는 경우에는 관련 시설면적, 사용빈도 등 합리적인 배분기준에 따라 활동 간에 배분하고, 그 배분기준은 일관되게 적용하여야 한다.

3. 통합재무제표 작성 및 내부거래 제거

가. 통합재무제표 작성 의의

공익법인회계기준은 공익목적사업부문과 기타사업부문으로 구분하여 재무제표를 작성하고 하나의 작성단위로 보아 통합한 재무제표도 작성하도록 규정하고 있다. 각 부문별 회계정보뿐만 아니라 공익법인 전체의 재무상태나 운영성과에 대한 정보를 제공함으로써 기부자 등 이해관계자들이 다양한 회계 정보를 활용할 수 있도록 하였다.

통합재무제표를 작성할 때에는 공익목적사업부문과 기타사업부문 간에 발생한 내부 거래는 모두 제거해야 한다. 사업부문의 재무제표에는 사업부문 간 거래에 따라 발생한 채권·채무나 수익·비용 거래도 계상되지만, 재무제표 통합 시 이를 제거하지 않으면 회계거래가 중복 계상되어 재무제표를 왜곡하는 요인으로 작용하기 때문이다.

통합재무제표는 사업 부문 간의 내부거래 제거로 인하여 각 부문 재무제표의 단순 합산금액과 다를 수 있으며 이러한 내용은 공익법인의 선택에 따라 주석사항으로 공시할 수 있다.

나. 내부거래의 제거

내부거래 제거란 공익목적사업부문과 기타사업부문 간의 거래를 제거하는 것을 말한다. 내부거래의 제거 유형에는 1) 채권·채무의 상계 제거, 2) 수익·비용의 상계제거가 있다.

A공익법인은 장애인 후원결연사업을 진행하고 있다. 이 사업과 관련하여 B회사와 용역을 체결하고 용역계약에 따라 용역대금의 20%인 ₩1,000,000을 선급하였다. 계약금 지급 시 일시적으로 자금이 부족하여 기타사업의 여유자금으로 미리 지급하였다.

＜공익목적사업부문＞
(차) 현금및현금성자산   1,000,000   (대) 차입금   1,000,000

＜기타사업부문＞
(차) 대여금   1,000,000   (대) 현금및현금성자산   1,000,000

＜기말 내부거래 제거＞
(차) 차입금   1,000,000   (대) 대여금   1,000,000

➡ 공익목적사업부문과 기타사업부문 사이의 차입금과 대여금은 통합관점에서 채권 채무 관계가 성립하지 않기 때문에 서로 상계하여 제거한다

다. 주요 내부거래 유형

공익법인의 재무제표 작성 시 주로 발생하는 내부거래 유형은 다음과 같다

1) 일상적인 거래에 따라 일시적으로 발생하는 채권·채무

소모품의 공동 구입, 공동 사용 사무실 임차료 지급 등의 거래가 발생하였으나, 업무 편의를 위해 한 사업부문에서 일괄 취득 또는 지급함에 따라 사업부문 간의 미지급금·미수금, 선수금·선급금 등의 채권·채무가 발생할 수 있다. 통합재무제표 작성 시에는 이러한 사업부문 간 채권·채무 금액은 제거해야 한다.

2) 일시적 자금거래

사업운영 시 일시적으로 자금이 부족하여 타사업 부문의 자금을 이용한 경우 발생한다 통합재무제표에서는 동일 실체 내의 채권·채무관계가 성립할 수 없으므로 자금을 빌린 사업부문의 차입금(부채)과 자금을 제공한 사업부문의 대여금(자산)을 제거한다.

3) 공익목적사업에서 기타사업 자본금으로의 출자

공익목적사업부문에서 사용하고 있는 재산을 기타사업의 자본금으로 출자하는 경우 공익목적사업부문은 기타사업투자금(자산)을 기타사업부문은 기타사업자본금(순자산)을 계상

한다. 통합재무제표 작성 시에는 해당 거래를 제거하여 표시해야 한다. 이 경우 계정과목명은 공익법인의 선택에 따라 다른 명칭으로 변경할 수 있다.

> **(참고)「법인세법 시행규칙」제76조 제3항**
>
> 제76조【비영리법인의 구분경리】
> ③ 비영리법인이 기타의 사업에 속하는 자산을 수익사업에 지출 또는 전입한 경우 그 자산가액은 자본의 원입으로 경리한다. 이 경우 자산가액은 시가에 의한다.

> **〔주의사항〕기타사업자본금과 수익사업출자금**
>
> 기타사업자본금은 공익목적사업부문에서 기타사업부문으로의 전입을 의미하므로「법인세법」의 구분경리에 따른 수익사업출자금과 일치하지 않을 수 있다.

4) 타기금 전출금·전입금

내부관리 목적으로 회계를 구분하여 관리하는 경우 발생할 수 있는 타기금전출금(비용)과 타기금전입금(수익)은 내부거래로 통합재무제표 작성 시 제거해야 한다.

라. 재무제표 작성방법

재무제표를 공시할 때, 공익목적사업과 기타사업을 구분한 재무제표와 사업 간의 내부거래를 제거하여 통합한 재무제표도 함께 표시해야 한다. 이 때 내부거래를 제거하면 공시된 재무제표 상의 공익목적사업과 기타사업을 단순 합산한 금액은 통합재무제표의 금액과 다를 수 있다.

 (사례 5-4) 재무제표 작성방법

A공익법인은 2×18년 12월 28일 공익목적사업과 기타사업에 모두 사용할 사무용품을 ₩2,000,000에 외상으로 구입하였다. 사무용품은 공익목적사업 수행부서에서 ₩1,500,000, 기타사업 수행부서에서 ₩500,000 씩 사용할 예정이며, 업무의 편의를 위하여 공익목적사업에서 한꺼번에 구매하였다.

해 설
① 2×18.12.31 공익목적사업부문은 외부에 지급해야할 ₩2,000,000의 미지급금이 있다.
② 사무용품 중 ₩500,000은 기타사업부문에서 사용하므로 기타사업부문에서 공익목적사업부문에 ₩500,000을 지급해야 한다.

(기타사업: ₩500,000 미지급금, 공익목적사업: 미수금 ₩500,000)

③ 단순합산 결과, 공익법인 전체 미수금 ₩500,000과 미지급금 ₩2,500,000이 계상된다.

	단순합계 (A+B)	공익목적사업 (A)	기타사업 (B)
자산			
미수금	③ ₩500,000	② ₩500,000	
부채			
미지급금	③ ₩2,500,000	① ₩2,000,000	② ₩500,000

④ 공익법인 통합관점에서 미지급금 ₩2,000,000이 외부와의 거래에 의해 발생하였다. 미지급금 ₩500,000과 미수금 ₩500,000은 사업부문 간 내부 거래에 불과하므로 해당 거래를 제거한다.

⑤ 공익법인 통합재무제표에는 미지급금 ₩2,000,000만이 계상되었음을 알 수 있다.

	통합 (A+B+C)	내부거래 (C)	공익목적사업 (A)	기타사업 (B)
자산				
미수금	0	④ (₩500,000)	② ₩500,000	
부채				
미지급금	⑤ ₩2,000,000	④ (₩500,000)	① ₩2,000,000	② ₩500,000

4. 주요 결산 사례모음

발생주의·복식부기의 공익법인회계기준을 적용하면서 현금주의·단식부기에서는 발생하지 않았던 결산 조정사항이 발생하게 된다. 이러한 결산조정사항의 예시는 다음과 같다.

가. 대손충당금

 (사례 5 - 5) 대손충당금의 설정

2×18년 12월 31일 대손충당금 설정 대상 대여금은 ₩2,000,000이다. 대손추산방법으로 채권잔액비례법을 사용하며 설정률은 4%로 추정하였다. 기말 대손충당금 설정 전 대손충당금은 ₩30,000이 계상되어 있었다.

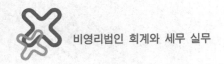

<2×18.12.31.>
(차) 기타의대손상각비   50,000   (대) 대손충당금   50,000*
* (2,000,000 × 4%) - 30,000

나. 감가상각비

 (사례 5 - 6) 감가상각비의 인식

A공익법인은 2×18년 1월 1일 건물을 ₩1,000,000,000에 취득하였다. 건물의 내용연수는 20년, 잔존가치는 ₩1,000,000이며, 감가상각방법은 정액법을 선택하였다.

<2×18.12.31.>
(차) 감가상각비   49,950,000*   (대) 감가상각누계액   49,950,000
* (1,000,000,000 - 1,000,000) ÷ 20

다. 미수수익

 (사례 5 - 7) 미수수익의 인식

A공익법인은 2×18년 4월 1일 은행에 1년 만기(2×19년 3월 31일) 정기예금 ₩1,000,000을 가입하였다. 이자는 연 4%로 만기시점에 수령한다.

<2×18.12.31.>
(차) 미수수익   30,000*   (대) 이자수익   30,000*
* ₩1,000,000 × 4% × 9/12

라. 미지급비용

(사례 5-8) 미지급비용의 인식

A공익법인은 2×18년 10월 1일 은행으로부터 ₩20,000,000을 1년간 차입하였다. 이자율은 연 12%이며, 원금 상환일에 이자를 일시 지급하기로 한다.

<2×18.12.31.>
(차) 이자비용   600,000*   (대) 미지급비용   600,000
* 20,000,000 × 12% × 3/12

마. 퇴직급여충당부채

(사례 5-9) 퇴직급여충당부채의 설정

A공익법인의 2×18년 12월 31일 퇴직급여충당부채 설정 전 퇴직급여충당부채는 ₩150,000,000이다. 2×18년 12월 31일 퇴직금추계액은 ₩160,000,000이다.

<2×18.12.31.>
(차) 퇴직급여   10,000,000   (대) 퇴직급여충당부채   10,000,000

바. 외화환산

(사례 5-10) 외화환산의 인식

2×18년 12월 1일 해외에서 상품을 외화(1,000USD)로 구매하여 외화 매입채무가 발생하였다. 대금의 결제기한은 2×19년 1월 10일이다.(2×18년 12월 1일 환율 1USD = 1,200원)
2×18년 12월 31일 환율 1USD = 1,180원

<2×18.12.1.>
(차) 상품   1,200,000   (대) 매입채무   1,200,000

<2×18.12.31.>
(차) 매입채무   20,000   (대) 외화환산이익   20,000*

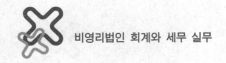

* USD 1,000 × (1,200 – 1,180)

사. 유동성대체

 (사례 5-11) 유동성대체

A공익법인은 2×16년 10월 23일 ₩10,000,000 만기 3년 정기예금에 가입하였다. 2×18년 12월 31일 기준, 만기가 1년 이내 도래한다.

<2×16.10.23.>

(차) 장기금융상품　　　　　　　10,000,000　(대) 현금및현금성자산　　　10,000,000

<2×18.12.31.>

(차) 단기금융상품　　　　　　　10,000,000　(대) 장기금융상품　　　　　10,000,000

아. 유가증권 공정가치평가

 (사례 5-12) 매도가능증권 평가

A공익법인은 2×18년 10월 25일 A증권을 100주 취득하고 매도가능증권으로 분류하였다. B증권에 대한 공정가치는 다음과 같다.

일자	내역	주당 공정가치	비고
2×18.10.25.	100주 취득	₩1,000	매매수수료 ₩200
2×18.12.31.		₩1,200	

<2×18.10.25.>

(차) 매도가능증권　　　　　　　100,200　(대) 현금및현금성자산　　　100,200

해설

단기매매증권과 달리 매매수수료와 같은 거래원가도 취득원가에 가산한다.

<2×18.12.31.>

| (차) 매도가능증권 | 19,800 | (대) 매도가능증권평가이익 | 19,800[1) |
| | | (순자산조정) | |

1) (₩1,200 × 100) - 100,200

자. 임시계정 정리

(사례 5 - 13) 임시계정 정리

A공익법인은 2×18년 12월 1일 직원의 출장 관련하여 ₩1,000,000을 선지급하였다. 직원은 출장에서 ₩900,000을 사용하였고, 출장에서 복귀 후(2×18년 12월 15일) ₩100,000을 반납하였다.

<2×18.12.1.>

| (차) 가지급금 | 1,000,000 | (대) 현금및현금성자산 | 1,000,000 |

<2×18.12.15.>

| (차) 여비교통비 | 900,000 | (대) 가지급금 | 1,000,000 |
| 현금및현금성자산 | 100,000 | | |

차. 내부거래

(사례 5 - 14) 채권 · 채무 상계 제거

A공익법인은 장애인 후원결연사업을 진행하고 있다. 이 사업과 관련하여 B회사와 용역을 체결하고 용역계약에 따라 용역대금의 20%인 ₩1,000,000을 선급하였다. 계약금 지급 시 자금이 부족하여 기타사업의 여유자금으로 미리 지급하였다.

<공익목적사업부문>

| (차) 현금및현금성자산 | 1,000,000 | (대) 차입금 | 1,000,000 |

<기타사업부문>

| (차) 대여금 | 1,000,000 | (대) 현금및현금성자산 | 1,000,000 |

<기말 내부거래 제거>

| (차) 차입금 | 1,000,000 | (대) 대여금 | 1,000,000 |

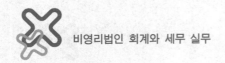
부록 1 단식부기 · 현금주의와 복식부기 · 발생주의 비교

1. 회계의 구분

□ 기장 방식에 따른 분류: 단식부기와 복식부기

회계주체의 경제활동 내용을 장부에 기록, 정리하는 행위를 부기라고 하며, 기장 방식은 단식부기와 복식부기로 구분된다.

단식부기는 거래의 내용을 현금 등 한 가지 대상의 변동내역을 기록, 정리하는 방법이다. 현금의 유입과 유출에 따라 거래를 기록하는 가계부가 대표적인 예이며 기업에서 작성되는 단식부기 회계보고서에는 세입·세출 결산서가 있다.

이와 달리 복식부기란 거래의 양쪽측면을 모두 고려하여 기록하는 방법이다. 거래의 원인과 결과를 파악하여 각각 장부의 차변(좌측)과 대변(우측)에 기록한다. 동일한 금액을 양측에 기록하기 때문에 자동검증이 가능하며 거래의 성격을 파악하기 용이하다. 복식부기에 의해 작성되는 재무제표에는 재무상태표, 운영성과표가 있다.

– 재무상태표 : 일정시점의 재무상태에 대한 정보 제공
– 운영성과표 : 일정기간 동안의 운영성과에 대한 정보 제공

〈표 1〉 거래의 8요소

구 분	차 변	대 변
자산	증가	감소
부채	감소	증가
순자산	감소	증가
수익/비용	비용발생	수익발생

(사례) 단식부기와 복식부기

사무실 책상 구입 1,000,000원을 현금으로 지출하였다.

〔단식부기〕

세출 - 시설비 – 자산취득비 1,000,000

〔복식부기〕

(차) 비　품　　　　　1,000,000　　　(대) 현　금　　　　　1,000,000

➡ 해당 거래는 비품을 구입하기 위해(원인) 현금이 지출(결과)되었다. 이를 복식부기로 나타내면 비품의 증가 1,000,000원은 자산증가이므로 차변에, 현금의 감소 1,000,000원은 자산 감소이므로 대변에 기록한다.

□ 인식기준에 따른 분류: 현금주의와 발생주의

인식이란 거래의 결과를 자산, 부채, 수익, 비용 등으로 재무제표에 기록하는 것을 의미하며, 현금주의와 발생주의로 구분할 수 있다.

현금주의란 현금을 수취하거나 지급한 시점에 거래를 인식하는 방법이다. 즉, 물건을 구입하였으나 아직 현금을 지급하지 않은 경우 거래로 인식하지 않는다.

발생주의란 현금의 유출입과 관계없이 거래가 발생한 시점에 재무제표에 인식하는 방법이다. 즉, 외상으로 물건을 구입 할 때 현금의 지급여부와 관계없이 구입시점에 재무제표에 인식하게 된다. 이러한 회계처리방식은 정보이용자가 재무제표를 통해 향후 어느 정도의 현금유입과 유출이 발생할 지 유추할 수 있는 이점이 있다.

2. 유형별 회계처리 비교

□ 수익의 인식과 기록

단식부기 · 현금주의에서는 회계실체에 현금이 유입되는 시점에 수입을 인식한다 반면에 복식부기 · 발생주의에서는 현금이 유입되기 전이라도 수익을 인식하는 경우가 있으며 반대로 현금이 유입되더라도 그 시점에 수익으로 인식하지 않는 경우가 있다

첫 번째 사례는 현금이 유입되었지만 그 시점에 수익으로 인식하지 않는 경우이다

(사례 1−1) 수익의 인식 − 선수금, 선수수익

A공익법인은 전시장을 보유하고 있으며, 개인작가나 단체를 대상으로 대관사업을 운영하고 있다. 2×18년 12월 28일 B회사에게 2×19년 1월 4일 전시장을 대관하기로 하고 대관료 30만원을 현금으로 받았다.

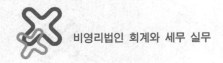

① 단식부기 · 현금주의

2×18년 12월 28일에 현금이 입금되었으므로 2×18년 수입으로 인식한다.

날짜	내용	수입	지출
2×18. 12. 28.	대관료	300,000	

② 복식부기 · 발생주의

실제 B회사가 전시장을 사용한 시점은 2×19년 1월 4일이다. 복식부기 · 발생주의에 따르면 현금의 유입과 관계없이 이와 같은 경제적 사건이 발생한 시점에 수익으로 인식한다. 먼저, 현금을 받은 시점에는 현금 증가(차변)의 상대계정으로 선수금(대변)을 인식한다.

 2×18.12.28.　　　(차) 현금　　　　　　300,000　　(대) 선수금　　　　　　300,000

이 거래는 2×18년 재무제표에 다음과 같이 나타난다.

재무상태표

A공익법인		2×18.12.31.		(단위: 원)
Ⅰ. 자산		Ⅱ. 부채		
현금	300,000	선수금		300,000
		Ⅲ. 순자산		

이후, 2×19년 1월 4일 거래가 발생하면 수익을 인식(대변)하면서 선수금을 감소(차변)시킨다.

 2×19.1.4.　　　(차) 선수금　　　　　　300,000　　(대) 대관료수익　　　　　300,000

이 거래를 2×19년 재무제표에 나타내면 다음과 같다.

재무상태표			**운영성과표**	
A공익법인 2×19.12.31. 현재 (단위: 원)			A공익법인 2×19.1.1.부터 2×19.12.31.까지 (단위: 원)	
Ⅰ. 자산	Ⅱ. 부채		Ⅰ. 사업수익	
현금 300,000			대관료수익	300,000
	Ⅲ. 순자산			

동일한 거래이지만 단식부기 · 현금주의로 회계처리하는 경우 2×18년 수입으로 보고되고 복식부기 · 발생주의로 회계처리하는 경우 2×19년 수익으로 처리되었음을 알 수 있다. 이처럼 회계제도의 변경에 따라 수익의 귀속시기가 달라질 수 있으므로 특히 연말 연초에

발생하는 거래에 대해서는 손익의 기간귀속 배분에 주의를 기울여야 한다.

두 번째 사례는 현금이 유입되지 않았으나 수익으로 인식하는 경우이다.

(사례 1-2) 수익의 인식 - 미수금, 미수수익
X기부자는 2×18년 12월 28일 A공익법인에 100만원을 기부하였으며, 신용카드로 결제하였다. A공익법인은 PG사로부터 2×19년 1월 4일 수수료 1만원을 제외한 99만원을 입금받았다.

① 단식부기·현금주의

현금을 받은 2×19년 1월 4일에 수입으로 인식하게 된다.

날짜	내용	수입	지출
2×19.1.4.	기부금	1,000,000	
2×19.1.4.	신용카드수수료		10,000

② 복식부기·발생주의

현금이 입금되지 않았더라도 기부자가 결제하는 시점에 실제 기부가 이루어졌다고 볼 수 있으므로, 2×18년 12월 28일 수익으로 인식해야 한다. 이 때 현금이 유입되기 전이기 때문에 기부금수익을 인식(대변)하면서 상대계정으로 미수금을 사용한다.

2×18.12.28.　　(차) 미수금　　　　1,000,000　　(대) 기부금수익　　　1,000,000

이 거래는 2×18년 재무제표에 다음과 같이 반영된다.

재무상태표		
A공익법인	2×18.12.31. 현재 (단위: 원)	
Ⅰ. 자산		Ⅱ. 부채
미수금	1,000,000	
		Ⅲ. 순자산

운영성과표	
A공익법인 2×18.1.1.부터 2×18.12.31.까지 (단위: 원)	
Ⅰ. 사업수익	
기부금수익	1,000,000

2×19년 1월 4일 PG사로부터 현금이 입금되면 현금의 증가(차변)와 신용카드 수수료비용의 발생(차변)을 인식하고 미수금을 감소시키는 분개를 한다.

2×19.1.4.　　(차) 현금　　　　990,000　　(대) 미수금　　　1,000,000
　　　　　　　　　　지급수수료　　　10,000

재무상태표		운영성과표	
A공익법인 　2×19.12.31. 현재 (단위: 원)		A공익법인 2×19.1.1.부터 2×19.12.31.까지 (단위: 원)	
Ⅰ. 자산	Ⅱ. 부채	Ⅰ. 사업수익	
현금 　　990,000		Ⅱ. 사업비용	
	Ⅲ. 순자산	지급수수료	10,000

사례 2의 경우 사례 1과 반대로 단식부기·현금주의에서는 2×19년 수입이지만, 복식부기·발생주의에서는 2×18년 수익으로 처리하는 것을 확인할 수 있다.

〈표 2〉 복식부기·발생주의 개념이 적용된 수익 관련 계정

계 정 명	내　　　　용
선수금, 선수수익	현금이 유입되었으나 수익이 발생하지 않은 경우
미수금, 미수수익	수익은 발생하였으나 아직 현금 유입이 없는 경우

□ 비용의 인식과 기록

　단식부기·현금주의에 의하면 현금이 유출된 시점에 유출된 현금을 모두 지출로 회계처리한다. 그러나 복식부기·발생주의제도를 따르면 현금이 유출되더라도 비용으로 인식하지 않는 경우가 있다.

> (사례 2-1) 비용의 인식 － 선급금, 선급비용
> C공익법인은 사고 및 화재에 대비하여 건물 화재보험에 가입하였다 보험기간은 2×18년 7월 1일부터 2×19년 6월 30일까지이며, 2×18년 7월 1일 보험료 100만원 전액을 선납하였다.

① 단식부기·현금주의

　현금이 유출된 2×18년 7월 1일 시점에 100만원이 모두 지출처리되어, 2×18년 손익에 반영된다.

날짜	내용	수입	지출
2×18.7.1.	보험료		1,000,000

② 복식부기 · 발생주의

2×18년 7월 1일에 보험료를 전액 납부하였다 할지라도 전액을 비용으로 인식하지 않는다

〈그림 1〉 보험료의 귀속

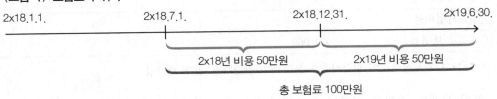

<그림 1>과 같이 2×18년 말 보험기간이 경과한 부분은 2×18년 비용으로, 미경과한 부분은 2×19년 비용으로 인식해야 한다. 회계처리방법은 현금 지급 시점에 선급비용으로 자산 계상한 후 회계연도 말에 당기분만 비용으로 인식한다.

| 2×18.7.1. | (차) 선급비용 | 1,000,000 | (대) 현금 | 1,000,000 |
| 2×18.12.31. | (차) 보험료 | 500,000 | (대) 선급비용 | 500,000 |

실무적으로는 대부분 현금이 유출된 시점에 모두 비용으로 회계처리한 후 결산시점 수정분개를 통해 미경과분만큼 비용을 감소(대변)시키면서 선급비용(차변)을 인식한다.

| 2×18.7.1. | (차) 보험료 | 1,000,000 | (대) 현금 | 1,000,000 |
| 2×18.12.31. | (차) 선급비용 | 500,000 | (대) 보험료 | 500,000 |

위의 거래는 2×18년 재무제표에 다음과 같이 나타난다

<table>
<tr><td colspan="2" align="center">재무상태표</td><td colspan="2" align="center">운영성과표</td></tr>
<tr><td colspan="2">A공익법인　2×18.12.31. 현재 (단위: 원)</td><td colspan="2">A공익법인 2×18.1.1.부터 2×18.12.31.까지 (단위: 원)</td></tr>
<tr><td>Ⅰ. 자산</td><td>Ⅱ. 부채</td><td colspan="2">Ⅰ. 사업수익</td></tr>
<tr><td>선급비용　500,000</td><td></td><td colspan="2">Ⅱ. 사업비용</td></tr>
<tr><td></td><td>Ⅲ. 순자산</td><td>보험료</td><td>500,000</td></tr>
</table>

2×19년 보험 기간이 경과하면 선급비용을 감소시키고(대변) 비용을 인식(차변)한다.

| 2×19.6.30. | (차) 보험료 | 500,000 | (대) 선급비용 | 500,000 |

위의 거래는 2×19년 재무제표에 다음과 같이 표시된다

운영성과표

A공익법인	2×18.1.1.부터 2×18.12.31.까지	(단위: 원)
Ⅰ. 사업수익		
Ⅱ. 사업비용		
보험료	500,000	

* 2×18년 재무상태표의 선급비용은 보험료 기간경과로 인해 제거됨

위의 사례와 반대로 현금이 유출되지 않았지만 비용으로 인식하는 경우도 있다

(사례 2-2) 비용의 인식 - 미지급금, 미지급비용
C공익법인은 종업원 급여를 익월 10일에 지급하고 있다. 2×18년 12월 31일 결산시점 현재 12월분 급여는 지급되지 않은 상태이며 2×19년 1월 10일에 지급될 예정이며, 지급 예정 총액은 3천만원이다.

① 단식부기 · 현금주의

2×18년 결산시점까지 현금이 유출되지 않았기 때문에 2×18년에는 어떠한 손익도 발생하지 않는다.

② 복식부기 · 발생주의

2×18년 12월 종업원들이 근로를 제공하였기 때문에 현금이 유출되지 않았다 하더라도 12월 근로제공분에 대한 비용을 인식해야 한다. 이 때 현금이 아직 유출되지 않았기 때문에 비용을 인식(차변)하면서 상대계정으로 미지급비용(대변) 계정을 사용한다.

2×18.12.31. (차) 급여 30,000,000 (대) 미지급비용 30,000,000

위의 거래를 2×18년 재무제표에 표시하면 다음과 같다

재무상태표		**운영성과표**	
A공익법인 2×18.12.31. 현재 (단위: 원)		A공익법인 2×18.1.1.부터 2×18.12.31.까지 (단위: 원)	
Ⅰ. 자산	Ⅱ. 부채	Ⅰ. 사업수익	
	미지급비용 30,000,000	Ⅱ. 사업비용	
	Ⅲ. 순자산	급여	30,000,000

이후, 2×19년 1월 10일 급여를 지급하는 시점에서 미지급비용을 감소시키는 분개를 한다.

2×19.1.10.　　(차) 미지급비용　　30,000,000　　(대) 현금　　　　30,000,000

이처럼 복식부기·발생주의에 따라 회계처리하면 현금이 유출되는 시점이 2×19년일지라도 2×19년 손익에 미치는 영향은 없다.

위의 두 사례처럼 복식부기·발생주의에 따라 회계처리하면 단식부기·현금주의에 따른 회계처리와 비용의 귀속시기가 달라지는 경우가 있다. 따라서 복식부기·발생주의로 전환하는 경우 비용이 발생한 사업연도에 귀속될 수 있도록 주의를 기울여야 한다.

〈표 3〉 복식부기·발생주의 개념이 적용된 비용 관련 계정

계 정 명	내　　　　　용
선급금, 선급비용	현금이 유출되었으나 그 시점의 비용으로 인식하지 않는 경우
미지급금, 미지급비용	아직 현금 유출이 없으나 비용은 인식하는 경우

□ 자산의 취득 및 관리

유형자산은 일반 소모품과 달리 취득하면 한 회계기간을 초과하여 사용하며, 사용기간 동안 수익창출에 기여한다. 복식부기·발생주의 회계원칙에 따르면 유형자산 취득금액은 수익비용 대응 원칙에 따라 경제적 효익이 지속되는 사용기간 동안 배분하여 비용으로 인식해야 한다.

(사례 3-1) 자산의 취득
A공익법인은 가출청소년보호사업을 운영하고 있다. 보호센터 마련을 위하여 2×15년 1월 1일 현금 10억원을 지급하고 건물을 취득하였다. 해당 건물은 향후 20년간 사용이 가능할 것으로 보인다.

① 단식부기·현금주의
유형자산 취득을 위해 지급한 금액 전부 2×15년 지출이 된다.

② 복식부기·발생주의
해당 건물은 20년 간 사용할 예정에 있다. 복식부기·발생주의로 회계처리하는 경우 건물 구입 시에 자산으로 인식한 후, 사용예상기간인 20년 동안 비용으로 배분한다. 이처럼 자산을 사용기간 동안 배분하는 절차를 감가상각이라고 한다.

아래의 표를 참고하면, 두 구분방식이 확연히 다른 방식으로 비용을 인식하고 있음을 알수 있다.

〈표 4〉현금주의와 발생주의에 따른 비용인식 시점

구분	2×15년	2×16년	2×17년	2×18년	2×19년	2×20년	2×21년	⋯	2×34년
현금주의	10억원								
발생주의	0.5억원	0.5억원	0.5억원	0.5억원	0.5억원	0.5억원	0.5억원	0.5억원	0.5억원

* 감가상각방법은 정액법 가정

복식부기·발생주의에서는 매년 발생하는 감가상각비는 다음과 같이 회계처리한다.

2×15.12.31.　　(차) 감가상각비　　50,000,000　　(대) 감가상각누계액　50,000,000

이 때, 감가상각비 상대계정으로 감가상각누계액계정을 사용하는 것은 유형자산의 최초 취득원가는 얼마인지, 현재까지 감가상각 한 금액은 얼마인지 등에 대한 정보를 제공하기 위함이다. 위 거래와 관련하여 2×15년 재무제표를 살펴보면 다음과 같다.

재무상태표		**운영성과표**	
A공익법인 2×15.12.31. 현재 (단위: 원)		A공익법인 2×15.1.1.부터 2×15.12.31.까지 (단위: 원)	
Ⅰ. 자산	Ⅱ. 부채	Ⅰ. 사업수익	
건물 1,000,000,000		Ⅱ. 사업비용	
감가상각누계액 (50,000,000)	Ⅲ. 순자산	감가상각비	50,000,000
장부금액 950,000,000			

재무상태표에는 자산 측면에 취득가액인 10억원과 현재까지 감가상각한 금액 0.5억원 그리고 취득가액에서 감가상각한 금액을 차감한 9.5억원이 표시되어 있고 운영성과표에는 당해 배분된 감가상각비 0.5억원이 비용으로 표시되어 있음을 알 수 있다

유형자산을 사용기간 중 처분하는 경우에도 단식부기·현금주의와 복식부기·발생주의의 회계처리 방식이 다르다.

> (사례 3-2) 자산의 처분
> (사례 3-1) 계속
> 2×18년 12월 31일 A공익법인은 가출청소년보호사업이 확대되어 보호센터를 확장이전하려고 한다. 이를 위해 2×15년 1월 1일 취득한 건물을 9억원에 처분하였다.

① 단식부기·현금주의

처분금액 9억원을 2×18년 수입으로 인식하게 된다.

② 복식부기·발생주의

장부금액과 처분가액의 차이만 손익으로 인식한다.

〈표 5〉 복식부기·발생주의에 따른 재무제표 상 건물 장부금액

날짜	취득가 (A)	감가상각누계액 (C)	장부가 (A)－(C)	연도별 감가상각비(B)
2×15.1.1.	1,000,000,000			
2×15.12.31.	1,000,000,000	50,000,000	950,000,000	50,000,000
2×16.12.31.	1,000,000,000	100,000,000	900,000,000	50,000,000
2×17.12.31.	1,000,000,000	150,000,000	850,000,000	50,000,000
2×18.12.31.	1,000,000,000	200,000,000	800,000,000	50,000,000

*(C)=(B)누적액

2×18년 12월 31일 기준 자산 10억원 중 비용(감가상각비)으로 배분된 금액은 2억원, 남아 있는 장부금액은 8억원이다. 2×18년 말 현재 A공익법인은 아직 비용처리하지 않은 8억원(장부금액)과 처분가액 9억원의 차이인 1억원만큼 유형자산처분이익으로 인식하게 된다. 이를 분개로 나타내면 다음과 같다.

2×18.12.31. (차) 현금   900,000,000   (대) 건물   1,000,000,000
　　　　　　　 감가상각누계액 200,000,000   유형자산처분이익 100,000,000

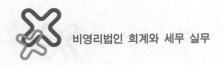

부록 2 공익법인회계기준과 일반기업회계기준 비교

구 분	공익법인회계기준	일반기업회계기준
목적	• 「상속세 및 증여세법」 제16조 제1항에 따른 공익법인 등의 회계처리 및 재무제표를 작성하는 데 적용되는 기준 제시	• 「주식회사의 외부감사에 관한 법률」의 적용대상기업 중 한국채택국제회계기준에 따라 회계처리하지 아니하는 기업의 회계와 감사인의 감사에 통일성과 객관성을 부여하기 위하여 동 기업의 회계처리 및 보고에 관한 기준을 정함.
법적근거	• 「상속세 및 증여세법」 제50조의 4 및 동법 시행령 제43조의 4	• 「주식회사의 외부감사에 관한 법률」 제13조 제1항 제2호 및 동법 시행령 제7조의 3
적용대상	• 「상속세 및 증여세법」 제50조 제3항에 따라 회계감사를 받는 경우 및 결산서류 등을 공시하는 공익법인	• 「주식회사의 외부감사에 관한 법률」의 적용대상기업 중 한국채택국제회계기준에 따라 회계처리하지 아니하는 기업
적용제외	• 발생주의와 복식부기에 따른 공익법인의 회계처리 및 재무제표 작성에 관하여 다른 법령에서 특별한 규정이 있는 경우에는 이 기준 적용대상에서 제외	–
재무제표 구성요소	• 재무상태표 • 운영성과표 • 주석	• 재무상태표 • 손익계산서 • 현금흐름표 • 자본변동표 • 주석
재무제표 구분회계	• 공익법인을 하나의 작성단위로 보아 통합하여 작성하되, 공익목적사업부문과 기타사업부문으로 각각 구분하여 표시	–
사업비용 (영업비용) 표시방법	• 사업비용은 공익목적사업비용과 기타사업비용으로 구분표시 • 공익목적사업비용은 사업수행비용, 일반관리비용, 모금비용으로 구분표시	• 영업비용을 매출원가와 판매관리비로 구분표시

구 분	공익법인회계기준	일반기업회계기준
자본의 분류	• 기본순자산 • 보통순자산 　– 적립금 　– 잉여금 • 순자산조정	• 자본금 • 자본잉여금 • 자본조정 • 기타포괄손익누계액 • 이익잉여금(결손금)
고유목적사업 준비금	• 「법인세법」 제29조에 따라 고유목적 사업이나 지정기부금에 사용하기 위 해 미리 비용으로 계상하면서 동일한 금액을 부채로 계상 가능 • 유동부채와 비유동부채로 구분하지 않고 별도표시	• 고유목적사업준비금은 개념체계상 부 채의 정의를 충족하지 못하므로 부채 인식 불가
기부금 수익	• 현금이나 현물을 기부 받을 때에는 실 제 기부를 받는 시점에 수익으로 인식 • 기부금 등이 기본순자산에 해당하는 경우 사업수익으로 인식하지 않고 기 본순자산의 증가로 인식	–
법인세비용	• 일반기업회계기준 법인세회계와 중소 기업회계처리특례의 법인세 회계처리 를 고려하여 회계처리	• 「법인세법」 등 법령에 의하여 각 회계 연도에 부담할 법인세에 이연법인세 변동액을 가감하여 산출
유형자산 감가상각 제외	• 전시·교육·연구 등의 목적으로 보 유중인 예술작품 및 유물과 같은 역사 적 가치가 있는 유형자산은 일반적으 로 시간이 경과하더라도 가치가 감소 하지 않으므로 감가상각을 적용하지 않음.	–
유형자산 재평가	• 최초 인식 후에 공정가치를 신뢰성 있 게 측정할 수 있는 유형자산은 재평가 를 할 수 있음. • 유형자산의 장부금액이 재평가로 인 하여 증가된 경우에 그 증가액은 순자 산조정으로 인식함. 그러나 동일한 유 형자산에 대하여 이전에 운영성과표 에 사업외비용으로 인식한 재평가감 소액이 있다면 그 금액을 한도로 재평 가증가액만큼 운영성과표에 사업외수 익으로 인식	• 인식시점 이후에는 원가모형이나 재 평가모형 중 하나를 회계정책으로 선 택하여 적용 • 유형자산의 장부금액이 재평가로 인 하여 증가된 경우에 그 증가액은 기타 포괄손익으로 인식함. 그러나 동일한 유형자산에 대하여 이전에 당기손익 으로 인식한 재평가감소액이 있다면 그 금액을 한도로 재평가증가액만큼 당기손익으로 인식 • 유형자산의 장부금액이 재평가로 인하

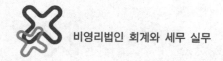

구　분	공익법인회계기준	일반기업회계기준
	• 유형자산의 장부금액이 재평가로 인하여 감소된 경우에 그 감소액은 운영성과표에 사업외비용으로 인식함 그러나 그 유형자산의 재평가로 인해 인식한 순자산조정의 잔액이 있다면 그 금액을 한도로 재평가감소액을 순자산조정에서 차감	여 감소된 경우에 그 감소액은 당기손익으로 인식함. 그러나 그 유형자산의 재평가로 인해 인식한 기타포괄손익의 잔액이 있다면 그 금액을 한도로 재평가감소액을 기타포괄손익에서 차감
투자유가증권 평가	• 만기보유증권은 상각후원가로 평가 • 단기매매증권은 공정가치로 평가하여 당기손익으로 인식 • 매도가능증권은 공정가치로 평가하여 순자산조정으로 인식	• 만기보유증권은 상각후원가로 평가 • 단기매매증권은 공정가치로 평가하여 당기손익으로 인식 • 매도가능증권은 공정가치로 평가하여 기타포괄손익으로 인식

비영리조직회계기준

(한국회계기준원 회계기준위원회, 의결 2017.7.20.)

〈목 차〉

제20조(비유동부채)

제21조(제약없는순자산)

제22조(제약있는순자산)

제23조(구분된 순자산의 명칭, 순서 및 세분)

제3장 운영성과표

제24조(운영성과표의 목적과 작성단위)

제25조(운영성과표 작성기준)

제26조(사업수익)

제27조(기부금 등의 수익인식과 측정)

제28조(정부보조금의 수익인식)

제29조(사업비용)

제30조(공통비용 배분)

제31조(사업외수익)

제32조(사업외비용)

제33조(법인세비용)

제34조(제약없는순자산의 증가(감소))

제35조(제약있는순자산의 증가(감소))

제36조(순자산의 증가(감소))

제4장 현금흐름표

제37조(현금흐름표의 목적과 작성단위)

제38조(현금흐름표 작성기준)

제39조(사업활동 현금흐름)

제40조(사업활동 현금흐름의 표시방법)

제41조(투자활동 현금흐름)

제42조(재무활동 현금흐름)

제5장 자산 · 부채의 평가

제43조(자산의 평가기준)

제1장 총 칙

제1조【목적】비영리조직회계기준(이하 '이 기준'이라 한다)의 목적은 비영리조직이 일반목
   적 재무제표를 작성하는 데 적용하는 기준을 제시하는 것이다

제2조【적용】이 기준은 법인격 유무에 관계없이 영리를 목적으로 하지 않고 사회 전체의
   이익이나 공동의 이익을 목적으로 하는 모든 형태의 비영리조직에 적용한다

제3조【보고실체】이 기준에 따라 재무제표를 작성할 때에는 비영리조직 전체를 하나의
   보고실체로 하여 작성한다.

제4조【복식부기와 발생주의】① 이 기준에 따라 재무제표를 작성할 때에는 복식부기회계
   와 발생주의회계를 적용한다.

   ② '복식부기'란 비영리조직의 자산, 부채, 순자산의 증감 및 변화과정과 그 결과를
   계정과목을 통하여 대변과 차변으로 구분하여 이중기록·계산이 되도록 하는 부기
   형식을 말한다.

   ③ '발생주의'란 현금의 수수와는 관계없이 수익은 실현되었을 때 인식하고 비용은
   발생되었을 때 인식하는 개념으로서 기간손익을 계산할 때 경제가치량의 증가나 감
   소의 사실이 발생한 때를 기준으로 수익과 비용을 인식하는 것을 말한다

제5조【재무제표 작성의 목적】이 기준에 따라 비영리조직이 재무제표를 작성하는 목적은
   이를 외부에 보고하여 기부자, 회원, 채권자, 비영리조직에 자원을 제공하는 그 밖의
   주체(예: 보조금을 제공하는 정부) 등의 의사결정에 유용한 정보를 제공하여, 이들 이해
   관계자들이 비영리조직이 제공한 서비스, 이러한 서비스를 지속적으로 제공할 수 있
   는 가능성, 비영리조직의 관리자들이 수탁책임을 적절하게 수행하였는지 등을 평가
   할 때 도움을 주는 데 있다.

제6조【재무제표】① 이 기준에서 재무제표는 다음 각 호의 서류로 구성된다

   1. 재무상태표
   2. 운영성과표
   3. 현금흐름표
   4. 제1호부터 제3호까지의 서류에 대한 주석

   ② 비영리조직이 수지계산서를 작성하고 있는 경우에는 현금흐름표를 작성하지 않
   음에 따라 소실되는 정보의 양이 중요하지 않다면 수지계산서로 현금흐름표를 갈음
   할 수 있다. 이 경우에 수지계산서란 수입과 지출의 결과를 집계한 표를 말한다

제7조【회계정책의 결정】이 기준에서 특별히 정하지 않는 거래나 사건의 인식과 측정, 재

무제표 표시, 주석 기재에 대해서는 일반기업회계기준에 따라 회계정책을 결정한다
제8조【회계정책, 회계추정의 변경 및 오류】 ① 재무제표를 작성할 때 채택한 회계정책이나 회계추정은 비슷한 종류의 사건이나 거래의 회계처리에도 동일하게 적용한다.
② '회계정책의 변경'이란 재무제표의 작성에 적용하던 회계정책을 다른 회계정책으로 바꾸는 것을 말한다. 이 경우에 회계정책의 변경에는 재고자산의 단위원가결정방법 변경 등이 포함된다.
③ 이 기준에서 회계정책의 변경을 요구하거나, 회계정책의 변경을 반영한 재무제표가 신뢰성 있고 더 목적적합한 정보를 제공하는 경우에만 회계정책을 변경할 수 있다.
④ '회계추정의 변경'이란 환경의 변화, 새로운 정보의 입수, 경험의 축적에 따라 회계적 추정치의 근거와 방법 등을 바꾸는 것을 말한다. 이 경우에 회계추정에는 대손의 추정, 재고자산의 진부화 여부에 대한 판단과 평가, 충당부채의 추정, 감가상각자산에 내재된 미래경제적 효익의 예상되는 소비형태의 유의적인 변동, 감가상각자산의 내용연수나 잔존가치의 추정 등이 포함된다.
⑤ 변경된 회계정책은 소급하여 적용하며 소급적용에 따른 수정사항을 반영하여 비교재무제표를 재작성한다
⑥ 회계추정의 변경은 전진적으로 회계처리하여 그 효과를 당기와 당기 이후의 기간에 반영한다.
⑦ '오류수정'이란 전기나 그 이전 회계연도의 재무제표에 포함된 회계적 오류를 당기에 발견하여 수정하는 것을 말한다.
⑧ 당기에 발견한 전기나 그 이전 회계연도의 오류는 당기 운영성과표에 사업외손익 중 전기오류수정손익으로 보고한다. 다만, 전기 이전 기간에 발생한 중대한 오류의 수정은 자산, 부채, 순자산의 기초금액에 반영한다. 비교재무제표를 작성하는 경우에 중대한 오류의 영향을 받는 회계기간의 재무제표항목은 재작성한다 중대한 오류는 재무제표의 신뢰성을 심각하게 손상할 수 있는 매우 중요한 오류를 말한다.
제9조【재무제표의 구분·통합 표시】 ① 중요한 항목은 재무제표의 본문이나 주석에 그 내용을 가장 잘 나타낼 수 있도록 구분하여 표시한다.
② 재무제표 표시와 관련하여 재무제표 본문과 주석에 적용하는 중요성 기준은 서로 다를 수 있다. 예를 들어, 재무제표 본문에는 통합하여 표시한 항목일지라도 주석에는 이를 구분하여 표시할 만큼 중요한 항목이 될 수 있다. 이러한 경우에는 재무제표 본문에 통합 표시한 항목의 세부 내용을 주석으로 기재한다
③ 이 기준에서 재무제표의 본문이나 주석에 구분 표시하도록 정한 항목일지라도 그

성격과 금액이 중요하지 아니한 항목은 성격이나 기능이 유사한 항목에 통합하여 표시할 수 있고, 주석의 구분 표시도 생략할 수 있다.

제10조【비교재무제표의 작성】① 재무제표의 기간별 비교가능성을 높이기 위하여 전기 재무제표의 모든 계량정보를 당기와 비교하는 형식으로 표시한다.

② 전기 재무제표의 비계량정보가 당기 재무제표를 이해하는 데 관련되는 경우에는 이를 당기 정보와 비교하여 주석으로 기재한다.

제2장 재무상태표

제11조【재무상태표의 목적과 작성단위】① 재무상태표의 목적은 특정 시점에서 비영리조직의 자산, 부채, 순자산에 대한 정보를 제공하는 것이다.

② 재무상태표는 비영리조직 전체를 하나의 재무제표 작성단위로 보아 작성하고 비영리조직 전체의 자산, 부채, 순자산의 내용과 금액을 표시하여야 한다. 다만, 비영리조직의 특성과 필요에 따라 재무상태표에 고유목적사업부문과 수익사업부문별로 열을 구분하고, 자산, 부채, 순자산의 금액을 각 열에 배분하는 방식으로 표시할 수 있다. [적용사례의 사례 5 참조]

제12조【재무상태표 작성기준】① 재무상태표에는 회계연도 말 현재의 모든 자산, 부채, 순자산을 적정하게 표시하여야 한다. [적용사례의 사례 1 참조]

② 재무상태표 구성요소의 정의는 다음 각 호와 같다.

1. '자산'이란 과거의 거래나 그 밖의 사건의 결과로 현재 비영리조직에 의해 지배되고 미래에 경제적 효익을 창출할 것으로 예상되는 자원을 말한다.

2. '부채'란 과거의 거래나 그 밖의 사건의 결과로 현재 비영리조직이 부담하고 있고 미래에 자원이 유출되거나 사용될 것으로 예상되는 의무를 말한다.

3. '순자산'이란 비영리조직의 자산 총액에서 부채 총액을 차감한 잔여 금액을 말한다.

③ 자산과 부채는 각각 다음 각 호의 조건을 충족하는 경우에 재무상태표에 인식한다.

1. 자산: 해당 항목에서 발생하는 미래경제적 효익이 비영리조직에 유입될 가능성이 매우 높고, 그 원가를 신뢰성 있게 측정할 수 있다.

2. 부채: 해당 의무를 이행하기 위하여 경제적 자원이 유출될 가능성이 매우 높고, 의무의 이행에 소요되는 금액을 신뢰성 있게 측정할 수 있다.

④ 자산, 부채, 순자산은 다음 각 호에 따라 구분한다.

1. 자산은 회계연도 말부터 1년 이내에 현금화되거나 실현될 것으로 예상되면 유동

자산으로, 그 밖의 경우에는 비유동자산으로 구분하고, 유동자산과 비유동자산은 다음 각 목과 같이 구분한다.

　가. 유동자산: 당좌자산, 재고자산

　나. 비유동자산: 투자자산, 유형자산, 무형자산, 기타비유동자산

2. 부채는 회계연도 말부터 1년 이내에 상환 등으로 소멸할 것으로 예상되면 유동부채로, 그 밖의 경우에는 비유동부채로 구분한다.

3. 순자산은 제약없는순자산과 제약있는순자산으로 구분한다.

⑤ 자산과 부채는 유동성이 높은 항목부터 배열한다.

⑥ 자산과 부채는 상계하여 표시하지 않는다.

제13조【당좌자산】 ① '당좌자산'이란 재고자산에 속하지 않는 유동자산을 말한다.

② 당좌자산에는 현금및현금성자산, 단기투자자산, 매출채권, 선급비용, 미수수익, 미수금, 선급금 등이 포함된다.

③ 매출채권, 미수금 등에 대한 대손충당금은 해당 자산에서 차감하는 형식으로 재무상태표에 표시한다.

제14조【재고자산】 ① '재고자산'이란 통상적인 사업과정에서 판매하기 위하여 보유하거나 생산과정에 있는 자산과 생산이나 용역 제공 과정에 투입될 자산을 말한다.

② 재고자산에는 상품, 제품, 재공품, 원재료와 저장품 등이 포함된다.

③ 재고자산평가충당금은 재고자산 각 항목에서 차감하는 형식으로 재무상태표에 표시한다.

제15조【투자자산】 ① '투자자산'이란 장기적인 투자 등과 같은 활동의 결과로 보유하는 자산을 말한다.

② 투자자산에는 장기성예금, 투자유가증권, 장기대여금 등이 포함된다.

③ 투자유가증권은 국공채, 회사채, 수익증권, 주식으로 구분하여 재무상태표 본문에 표시하거나 주석으로 기재한다.

제16조【유형자산】 ① '유형자산'이란 재화를 생산하거나 용역을 제공하기 위하여, 또는 타인에게 임대하거나 직접 사용하기 위하여 보유한 물리적 형체가 있는 자산으로 1년을 초과하여 사용할 것으로 예상되는 자산을 말한다.

② 유형자산에는 토지, 건물, 구축물, 기계장치, 차량운반구, 건설중인자산 등이 포함된다.

③ 유형자산의 감가상각누계액과 손상차손누계액은 유형자산 각 항목에서 차감하는 형식으로 재무상태표에 표시한다.

④ 유형자산을 폐기하거나 처분하는 경우에 그 자산을 재무상태표에서 제거하고 처분금액과 장부금액의 차액을 유형자산처분손익으로 인식한다.

제17조【무형자산】① '무형자산'이란 재화를 생산하거나 용역을 제공하기 위하여, 또는 타인에게 임대하거나 직접 사용하기 위하여 보유한 물리적 형체가 없는 비화폐성자산을 말한다.

② 무형자산에는 지식재산권, 개발비, 컴퓨터소프트웨어, 광업권, 임차권 등이 포함된다.

③ 무형자산은 상각누계액과 손상차손누계액을 취득원가에서 직접 차감한 잔액으로 재무상태표에 표시한다.

④ 무형자산을 처분하는 경우에 그 자산을 재무상태표에서 제거하고 처분금액과 장부금액의 차액을 무형자산처분손익으로 인식한다.

제18조【기타비유동자산】① '기타비유동자산'이란 투자자산, 유형자산, 무형자산에 속하지 않는 비유동자산을 말한다.

② 기타비유동자산에는 임차보증금, 장기선급비용, 장기미수금 등이 포함된다.

제19조【유동부채】① '유동부채'란 회계연도 말부터 1년 이내에 상환 등으로 소멸할 것으로 예상되는 부채를 말한다.

② 유동부채에는 단기차입금, 매입채무, 미지급비용, 미지급금, 선수금, 선수수익, 예수금, 유동성장기부채 등이 포함된다.

제20조【비유동부채】① '비유동부채'란 유동부채를 제외한 모든 부채를 말한다.

② 비유동부채에는 장기차입금, 임대보증금, 퇴직급여충당부채 등이 포함된다.

③ 확정급여형퇴직연금제도와 관련하여 별도로 운용되는 자산은 하나로 통합하여 '퇴직연금운용자산'으로 표시하고, 퇴직급여충당부채에서 차감하는 형식으로 재무상태표에 표시한다. 퇴직연금운용자산의 구성내역은 주석으로 기재한다.

제21조【제약없는순자산】 '제약없는순자산'이란 기부자(보조금을 제공하는 정부 등을 포함한다. 이하 같다)나 법령에 의해 사용이나 처분이 제약되지 않은 순자산을 말한다.

제22조【제약있는순자산】 '제약있는순자산'이란 기부자나 법령에 의해 사용이나 처분이 제약된 순자산을 말한다. 기부자나 법령에 의해 사용이나 처분이 제약되는 경우는 다음과 같다.

1. 특정 비용을 집행하는 데에만 사용하거나, 투자자산에 투자하여 특정 기간 보유하거나, 경제적 내용연수가 유한한 유형자산을 취득하여 그 내용연수에 걸쳐 보유하거나 사용해야 하는 경우 등(즉, 일시제약이 있는 경우). 이 경우에 기부자나 법령에

의해 명시된 용도로 사용하거나 일정 기간이 경과하면 제약이 소멸된다.

2. 토지를 취득하여 영구적으로 보유하여 특정 목적에 사용하거나, 투자자산에 투자하여 영구적으로 보유하여야 하는 경우 등(즉, 영구제약이 있는 경우)

제23조【구분된 순자산의 명칭, 순서 및 세분】① 관행과 여건을 고려할 때 필요하다고 판단하는 경우에는 제약없는순자산, 제약있는순자산 대신에 다른 명칭을 사용할 수 있다. 이 경우에는 각 명칭별로 제약의 유무와 성격에 관한 설명을 주석으로 기재한다.

② 구분된 순자산은 제약없는순자산, 제약있는순자산의 순으로 배열한다. 다만, 관행과 여건을 고려할 때 필요하다고 판단하는 경우에는 그 반대의 순서로 배열할 수도 있다.

③ 제1항과 제2항에 따라 구분된 순자산은 더 세분하여 그 정보를 재무상태표 본문에 표시하거나 주석으로 기재할 수 있다. 예를 들어, 다음 각 호와 같이 할 수 있다.

1. 제약있는순자산을 일시제약순자산과 영구제약순자산으로 구분하여 재무상태표 본문에 표시하거나 주석으로 기재할 수 있다. 이 경우에는 제1항을 준용하여 다른 명칭을 사용할 수 있다.

2. 비영리조직의 의사결정기구가 자율적으로 제약하는 순자산에 관한 정보를 제약없는순자산 내에서 추가로 구분하여 재무상태표 본문에 표시하거나 주석으로 기재할 수 있다.

제3장 운영성과표

제24조【운영성과표의 목적과 작성단위】① 운영성과표의 목적은 순자산의 변화를 초래하는 거래와 사건의 영향 및 상호관계, 각종 활동이나 서비스 제공을 위한 자원의 사용 등에 대한 유용한 정보를 제공하는 것이다.

② 운영성과표는 비영리조직 전체를 하나의 재무제표 작성단위로 보아 작성한다. 다만, 비영리조직의 특성과 필요에 따라 운영성과표에 고유목적사업부문과 수익사업부문별로 열을 구분하고, 수익과 비용의 금액을 각 열에 배분하는 방식으로 표시할 수 있다. [적용사례의 사례 6 참조]

제25조【운영성과표 작성기준】① 운영성과표에는 그 회계연도에 속하는 모든 수익 및 이에 대응하는 모든 비용과 그 밖의 순자산 증감을 적정하게 표시하여야 한다. [적용사례의 사례 2 참조]

② 운영성과표는 다음 각 호에 따라 작성한다.

1. 모든 수익, 비용, 그 밖의 순자산 증감은 그것이 발생한 회계연도에 배분되도록 회계처리한다. 이 경우에 발생원가가 자산으로 인식되는 경우를 제외하고는 비용으로 인식한다.

2. 수익, 비용, 그 밖의 순자산 증감은 그 발생 원천에 따라 명확하게 분류하고, 수익항목과 이에 관련되는 비용항목은 대응하여 표시한다.

3. 수익, 비용, 그 밖의 순자산 증감은 총액으로 표시한다.

4. 운영성과표는 다음 각 목과 같이 구분하여 표시한다.

　　가. 사업수익

　　나. 사업비용

　　다. 사업이익(손실)

　　라. 사업외수익

　　마. 사업외비용

　　바. 제약없는순자산의 증가(감소)

　　사. 제약있는순자산의 증가(감소)

　　아. 순자산의 증가(감소)

　　자. 기초 순자산

　　차. 기말 순자산

제26조【사업수익】① '사업수익'은 고유목적사업과 그에 부수되는 수익사업의 결과 경상적으로 발생하는 순자산의 증가를 말한다.

② 사업수익은 고유목적사업수익과 수익사업수익으로 구분하여 표시한다.

③ 고유목적사업수익은 비영리조직의 업종별 특성을 반영하여 기부금수익, 보조금수익, 회비수익, 등록금수익, 공연수익, 환자진료수익 등으로 구분하여 표시한다.

④ 수익사업수익은 더 상세하게 구분하여 표시할 것이 요구되지 않지만 비영리조직이 필요하다고 판단하는 경우에는 그 구분정보를 주석으로 기재할 수 있다.

⑤ 투자자산에서 발생하는 이자수익이나 배당수익, 평가손익과 처분손익이 고유목적사업활동의 주된 원천이 되는 경우에는 사업수익에 포함한다. 다만, 해당 손익으로 인해 제약있는순자산의 금액이 변경되는 경우에는 제약있는순자산의 증가(감소)로 인식한다.

제27조【기부금 등의 수익인식과 측정】① 현금이나 현물을 기부받을 때에는 실제 기부를 받는 시점에 수익으로 인식한다.

② 현물을 기부받을 때에는 수익금액을 공정가치로 측정한다.

③ 실제 받지 않았더라도 납부가 강제되는 회비 등은 회수가 확실해지는 시점에 수익을 인식한다.

④ 기부자가 기부금의 사용에 제약을 가한 경우에는 사업수익으로 인식하지 않고 제약있는순자산의 증가로 인식한다.

제28조【정부보조금의 수익인식】정부보조금에 제약이 없는 경우에 해당 정부보조금은 사업수익으로 인식한다. 정부보조금에 제약이 있는 경우에는 제약있는순자산의 증가로 인식한다.

제29조【사업비용】① '사업비용'은 고유목적사업과 그에 부수되는 수익사업의 결과 경상적으로 발생하는 순자산의 감소를 말한다.

② 사업비용은 고유목적사업비용과 수익사업비용으로 구분하여 표시한다.

③ 고유목적사업비용은 기능별, 성격별로 구분한다.

④ 고유목적사업비용을 기능별로 구분한다는 것은 다음 각 호와 같이 사업수행비용, 일반관리비용으로 구분하는 것을 말한다.

1. '사업수행비용'은 비영리조직이 추구하는 본연의 임무나 목적을 달성하기 위해 수혜자, 고객, 회원 등에게 재화나 용역을 제공하는 활동에서 발생하는 비용을 말한다.

2. '일반관리비용'은 기획, 인사, 재무, 감독 등 제반 관리활동에서 발생하는 비용과 모금비용을 말한다. '모금비용'은 모금 행사, 기부자 명단 관리, 모금 고지서 발송 등과 같은 모금활동에서 발생하는 비용을 말하며, 중요한 경우에는 일반관리비용과 별도로 구분하여 표시할 수 있다.

⑤ 고유목적사업비용을 성격별로 구분한다는 것은 다음 각 호와 같이 인력비용, 시설비용, 기타비용으로 구분하는 것을 말한다.

1. '인력비용'은 비영리조직에 고용된 인력과 관련된 비용으로서 급여, 상여금, 퇴직급여, 복리후생비, 교육훈련비 등을 포함한다.

2. '시설비용'은 비영리조직의 운영에 사용되는 토지, 건물, 구축물, 차량운반구 등 시설과 관련된 비용으로서 감가상각비, 지급임차료, 시설보험료, 시설유지관리비 등을 포함한다.

3. '기타비용'은 인력비용, 시설비용 외의 비용으로서 여비교통비, 소모품비, 수도광열비, 제세공과금, 지급수수료, 용역비, 업무추진비, 회의비, 대손상각비 등을 포함한다. 이 경우에 사회복지기관이 저소득층, 노인, 장애인 등 수혜자들에게 지급하는 지원금, 학술장학기관이 저소득층 학생 등 수혜자들에게 지급하는 장학금, 의료기관이 지출하는 재료비(약품비와 진료재료비) 등 각 비영리조직의 특성에 따라

금액이 중요한 기타비용 항목은 별도로 구분하여 운영성과표 본문에 표시하거나 주석으로 기재한다

⑥ 고유목적사업비용은 기능별로 구분한 비용을 운영성과표 본문에 표시하고 각 구분비용에 대해 다시 성격별로 구분하여 분석한 정보를 주석으로 기재한다

⑦ 제6항을 적용할 때 제4항이나 제5항에 따라 구분된 각 비용을 더 상세하게 구분한 비용정보를 적절히 운영성과표 본문에 추가하여 표시하거나 그 주석에 추가하여 기재할 수 있다. 예를 들어, 사업수행비용은 세부사업별로 추가 구분한 정보를 운영성과표 본문에 표시하거나 주석으로 기재할 수 있다

⑧ 수익사업비용은 더 상세하게 구분하여 표시할 것이 요구되지 않지만 비영리조직이 필요하다고 판단하는 경우에는 그 구분정보(예: 매출원가, 판매비와관리비 등)를 주석으로 기재할 수 있다 수익사업비용을 인력비용, 시설비용, 기타비용으로 구분하여 분석한 정보는 주석으로 기재한다

제30조【공통비용 배분】 어떤 비용항목이 복수의 활동에 관련되는 경우에는 활동 간에 비용을 배분한다. 이 경우에 다음 각 호와 같이 비영리조직의 사업성격과 운영방법에 맞추어 합리적인 배분기준을 수립하여 일관되게 적용한다.

1. 인력비용은 해당 인력이 각 활동별로 투입한 업무시간에 기초하여 배분한다

2. 시설비용은 각 활동별로 관련되는 시설 면적이나 사용빈도를 직접적으로 구분할 수 있다면 그 면적과 사용빈도기준에 따라 배분하며, 직접적으로 구분할 수 없다면 다른 적절한 배분기준을 수립하여 적용한다.

3. 기타비용은 각 활동별 인력비용이나 시설비용에 대체로 비례하는 항목들은 그 기준에 따라 배분하며 그 밖에는 다른 적절한 배분기준을 수립하여 적용한다.

제31조【사업외수익】 ① '사업외수익'은 사업수익이 아닌 수익을 말한다.

② 사업외수익에는 이자수익, 배당수익, 투자자산 평가이익과 처분이익, 유형·무형자산손상차손환입, 유형·무형자산처분이익 등을 포함한다. 다만, 다음 각 호의 경우에는 사업외수익에 포함하지 않는다.

1. 투자자산에서 발생하는 이자수익이나 배당수익, 평가이익과 처분이익이 고유목적사업활동의 주된 원천이 되기 때문에 제26조 제5항에 따라 사업수익에 포함한 경우

2. 투자자산에서 발생하는 이자수익이나 배당수익, 평가이익과 처분이익으로 인해 제약있는순자산의 금액이 변경되기 때문에 제약있는순자산의 증가로 인식하는 경우

③ 유형자산재평가이익은 사업외수익에 포함한다. 다만, 해당 재평가이익으로 인해 제약있는순자산의 금액이 변경되는 경우에는 제약있는순자산의 증가로 인식한다.

제32조 【사업외비용】 ① '사업외비용'은 사업비용이 아닌 비용을 말한다.

② 사업외비용은 이자비용, 투자자산 평가손실과 처분손실, 유형・무형자산손상차손, 유형・무형자산처분손실 등을 포함한다. 다만, 다음의 경우에는 사업외비용에 포함하지 않는다.

1. 투자자산에서 발생하는 평가손실과 처분손실이 고유목적사업활동의 주된 원천에 영향을 주기 때문에 제26조 제5항에 따라 사업수익에 반영된 경우

2. 투자자산에서 발생하는 평가손실과 처분손실로 인해 제약있는순자산의 금액이 변경되기 때문에 제약있는순자산의 감소로 인식하는 경우

③ 유형자산재평가손실은 사업외비용에 포함한다. 다만, 해당 재평가손실로 인해 제약있는순자산의 금액이 변경되는 경우에는 제약있는순자산의 감소로 인식한다.

제33조 【법인세비용】 비영리조직이 법인세를 부담하는 경우에는 일반기업회계기준 제22장 '법인세회계'와 제31장 '중소기업 회계처리 특례'의 법인세 회계처리를 고려하여 회계정책을 개발하여 회계처리한다.

제34조 【제약없는순자산의 증가(감소)】 ① 제약없는순자산의 증가(감소)는 다음 제1호에서 제2호를 차감하여 계산한다.

1. 사업수익, 사업외수익을 합한 수익 합계금액

2. 사업비용, 사업외비용을 합한 비용 합계금액

② 관행과 여건을 고려할 때 필요하다고 판단하는 경우에는 제약없는순자산의 증가(감소) 대신 '당기순이익(손실)'이라는 명칭을 사용할 수 있다.

제35조 【제약있는순자산의 증가(감소)】 제약있는순자산의 증가(감소)는 사용이나 처분에 제약이 있는 기부금수익, 투자자산 이자수익・배당수익, 투자자산 평가손익・처분손익, 유형자산재평가손익과 제약해제순자산 등을 포함한다. 제약있는순자산에 대한 제약이 사업수행에 따라 해제되거나 시간경과에 따라 해제되는 경우에는 이를 제약있는순자산에서 차감하고 같은 금액을 그 성격에 따라 당해 연도 사업수익이나 사업외수익으로 인식하며, 그 제약해제순자산의 내용과 금액, 사업수익이나 사업외수익의 항목 중 어디에 표시했는지를 주석으로 기재한다.

제36조 【순자산의 증가(감소)】 제약없는순자산의 증가(감소)와 제약있는순자산의 증가(감소)를 합하여 순자산의 증가(감소)로 표시한다.

제4장 현금흐름표

제37조【현금흐름표의 목적과 작성단위】 ① 현금흐름표의 목적은 일정 기간에 걸쳐 현금의 유입과 유출에 대한 정보를 제공하는 것이다.

② 현금흐름표는 비영리조직 전체를 하나의 재무제표 작성단위로 보아 작성한다. 다만, 비영리조직의 특성과 필요에 따라 현금흐름표에 고유목적사업부문과 수익사업부문별로 열을 구분하고, 현금흐름 금액을 각 열에 배분하는 방식으로 표시할 수 있다. [적용사례의 사례 7, 8 참조]

제38조【현금흐름표 작성기준】 ① 현금흐름표에는 그 회계연도에 속하는 현금의 유입과 유출내용을 적정하게 표시하여야 한다.

② 현금흐름표는 현금흐름을 사업활동, 투자활동, 재무활동 현금흐름으로 구분하여 표시하고, 이 세 가지 활동의 순현금흐름에 기초의 현금을 가산하여 기말의 현금을 산출하는 형식으로 표시한다. [적용사례의 사례 3, 4 참조]

제39조【사업활동 현금흐름】 ① 사업활동은 투자활동이나 재무활동에 속하지 아니하는 모든 거래와 사건을 포함한다.

② 사업활동 현금유입에는 제약 없는 기부금 수입 보조금 수입, 회비 수입, 등록금 수입, 투자자산 수입, 공연 수입, 환자진료 수입, 수익사업 수입 등이 포함된다.

③ 사업활동 현금유출에는 인력비용 지출, 시설비용 지출, 기타비용 지출, 수익사업 비용 지출 등이 포함된다.

제40조【사업활동 현금흐름의 표시방법】 ① 사업활동 현금흐름은 직접법이나 간접법으로 표시한다.

② '직접법'이란 현금을 수반하여 발생한 수익이나 비용 항목을 총액으로 표시하되, 현금유입액은 원천별로 현금유출액은 용도별로 분류하여 표시하는 방법을 말한다.

③ '간접법'이란 제약없는순자산의 증가(감소)[또는 당기순이익(손실)]에 현금의 유출이 없는 비용 등을 가산하고 현금의 유입이 없는 수익 등을 차감하며, 사업활동으로 인한 자산·부채의 변동을 가산하거나 차감하여 표시하는 방법을 말한다.

1. '현금의 유출이 없는 비용 등'이란 현금의 유출이 없는 비용, 투자활동과 재무활동으로 인한 비용을 말한다.

2. '현금의 유입이 없는 수익 등'이란 현금의 유입이 없는 수익, 투자활동과 재무활동으로 인한 수익을 말한다.

3. '사업활동으로 인한 자산·부채의 변동'이란 사업활동과 관련하여 발생한 유동자

산·유동부채의 증가나 감소를 말한다.

제41조【투자활동 현금흐름】① '투자활동'이란 현금의 대여와 회수활동, 투자자산·유형
자산·무형자산의 취득과 처분활동 등을 말한다.

② 투자활동 현금유입에는 투자자산·유형자산·무형자산의 처분 등이 포함된다.

③ 투자활동 현금유출에는 투자자산·유형자산·무형자산의 취득 등이 포함된다.

제42조【재무활동 현금흐름】① '재무활동'이란 현금의 차입 및 상환, 제약 있는 기부금
수입 등 부채와 제약있는순자산에 영향을 미치는 거래를 말한다.

② 재무활동 현금유입에는 제약 있는 기부금 수입 단기차입금·장기차입금의 차입
등이 포함된다.

③ 재무활동 현금유출에는 단기차입금·장기차입금의 상환 등이 포함된다.

제5장 자산·부채의 평가

제43조【자산의 평가기준】① 자산은 최초에 취득원가로 인식한다.

② 교환, 증여, 그 밖에 무상으로 취득한 자산은 공정가치(합리적인 판단력과 거래 의사
가 있는 독립된 당사자 사이의 거래에서 자산이 교환되거나 부채가 결제될 수 있는 금액을
말한다. 이하 같다)를 취득원가로 한다.

③ 이 기준에서 별도로 정하는 경우를 제외하고는 자산의 진부화, 시장가치의 급격
한 하락 등으로 인하여 자산의 회수가능액이 장부금액에 중요하게 미달되는 경우에
는 장부금액을 회수가능액으로 조정하고 그 차액을 손상차손으로 처리한다. 이 경우
에 회수가능액은 다음 제1호와 제2호 중 큰 금액으로 한다.

1. 순공정가치: 합리적인 판단력과 거래 의사가 있는 독립된 당사자 사이의 거래에서
   자산의 매각으로부터 수취할 수 있는 금액에서 처분부대원가를 차감한 금액

2. 사용가치: 자산에서 창출될 것으로 기대되는 미래 현금흐름의 현재가치

④ 과거 회계연도에 인식한 손상차손이 더 이상 존재하지 않거나 감소하였다면 자산
의 회수가능액이 장부금액을 초과하는 금액은 손상차손환입으로 인식한다. 다만, 손
상차손환입으로 증가된 장부금액은 과거에 손상차손을 인식하기 전 장부금액의 감
가상각이나 상각 후 잔액을 초과할 수 없다.

제44조【매출채권, 미수금 등의 평가】① 원금이나 이자 등의 일부나 전부를 회수하지 못
할 가능성이 있는 매출채권, 미수금 등은 합리적이고 객관적인 기준에 따라 대손추산
액을 산출하여 대손충당금으로 설정하고, 기존 대손충당금 잔액과의 차이는 대손상

각비로 인식한다.

② 매출채권, 미수금 등의 원금이나 이자 등의 일부나 전부를 회수할 수 없게 된 경우에는 대손충당금과 상계하고, 대손충당금이 부족한 경우에는 그 부족액을 대손상각비로 인식한다.

③ 매출채권의 대손은 사업비용(대손상각비)으로 분류한다. 고유목적사업과 관련된 미수금의 대손은 사업비용(대손상각비)으로 분류하고, 수익사업과 관련된 미수금의 대손은 사업외비용(기타의 대손상각비)으로 분류한다. 그 밖의 채권의 대손은 사업외비용(기타의 대손상각비)으로 분류한다.

제45조【유형자산과 무형자산의 평가】① 유형자산과 무형자산의 취득원가는 구입가격이나 제작원가와 의도하는 방식으로 자산을 가동하는 데 필요한 장소와 상태에 이르게 하는 데 직접 관련되는 원가를 포함한 금액을 말한다.

② 최초 인식 후에 유형자산과 무형자산의 장부금액은 다음 각 호에 따라 결정한다.

1. 유형자산: 취득원가(자본적 지출을 포함한다. 이하 이 조에서 같다)에서 감가상각누계액과 손상차손누계액을 차감한 금액

2. 무형자산: 취득원가에서 상각누계액과 손상차손누계액을 차감한 금액

③ 취득원가에서 잔존가치를 차감하여 결정되는 유형자산의 감가상각대상금액과 무형자산의 상각대상금액은 해당 자산을 사용할 수 있는 때부터 내용연수에 걸쳐 배분하여 상각한다.

④ 유형자산과 무형자산의 내용연수는 자산의 예상 사용기간이나 생산량 등을 고려하여 합리적으로 결정한다.

⑤ 유형자산의 감가상각방법과 무형자산의 상각방법은 다음 각 호에서 자산의 경제적 효익이 소멸되는 형태를 반영한 합리적인 방법을 선택하여 소멸형태가 변하지 않는 한 매기 계속 적용한다.

1. 정액법

2. 정률법

3. 연수합계법

4. 생산량비례법

⑥ 전시·교육·연구 등의 목적으로 보유중인 예술작품, 유물과 같은 역사적 가치가 있는 유형자산은 일반적으로 시간이 경과하더라도 가치가 감소하지 않으므로 감가상각을 적용하지 아니한다.

제46조 【유형자산의 재평가】 ① 최초 인식 후에 공정가치를 신뢰성 있게 측정할 수 있는 유형자산은 재평가를 할 수 있다. 이 경우에 재평가일의 공정가치에서 이후의 감가상 각누계액과 손상차손누계액을 차감한 재평가금액을 장부금액으로 한다.

② 유형자산을 재평가할 때, 재평가 시점의 총장부금액에서 기존의 감가상각누계액 을 제거하여 자산의 순장부금액이 재평가금액이 되도록 수정한다.

③ 재평가를 실시하여 발생한 재평가차액은 운영성과표에 사업외수익이나 사업외비 용으로 인식한다. 다만, 재평가차액으로 인해 제약있는순자산의 금액이 변경되는 경 우에는 운영성과표에 제약있는순자산의 증가(감소)로 인식한다.

④ 재평가차액 누적금액은 재무상태표상 해당 순자산 분류(제약없는순자산, 제약있는 순자산) 내에서 세부항목으로 별도 표시하거나 주석으로 기재한다.

제47조 【투자유가증권의 평가】 ① 신뢰성 있는 공정가치를 쉽게 얻을 수 있는 투자유가증 권은 공정가치로, 그렇지 않은 투자유가증권은 취득원가로 평가한다.

② 공정가치로 평가된 투자유가증권에 대해서는 재무제표 본문에 표시된 공정가치 를 취득원가와 비교하는 정보를 주석으로 기재한다. 이 경우에 제15조 제3항에 따라 구분된 국공채, 회사채, 수익증권, 주식 별로 공정가치를 취득원가와 비교하는 정보 를 주석으로 기재한다.

제48조 【퇴직급여충당부채의 평가】 ① 퇴직급여충당부채는 재무상태표일 현재 전임직원 이 일시에 퇴직할 경우에 지급하여야 할 퇴직금에 상당하는 금액으로 한다.

② 확정기여형퇴직연금제도를 설정한 경우에는 퇴직급여충당부채와 관련 퇴직연금 운용자산을 인식하지 않는다. 다만, 해당 회계기간에 대하여 비영리조직이 납부하여 야 할 부담금을 퇴직급여(비용)로 인식하고, 미납부액이 있는 경우에는 미지급비용(부 채)으로 인식한다.

제6장 주석

제49조 【주석의 정의】 '주석'이란 재무제표 본문[재무상태표, 운영성과표, 현금흐름표(또 는 이에 갈음하는 수지계산서)를 말한다]의 전반적인 이해를 돕는 일반사항에 관한 정 보, 재무제표 본문에 표시된 항목을 구체적으로 설명하거나 세분화하는 정보 재무제 표 본문에 표시할 수 없는 회계사건 그 밖의 사항으로 재무제표에 중요한 영향을 미치거나 재무제표의 이해를 위하여 필요하다고 판단되는 정보를 재무제표 본문에 추가하여 기재하는 것을 말한다.

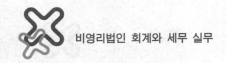

제50조【필수적 주석기재사항】비영리조직은 이 기준의 다른 조항에서 주석으로 기재할 것을 요구하거나 허용하는 사항 외에 다음 각 호의 사항을 주석으로 기재한다

1. 비영리조직의 개황, 주요사업 내용
2. 비영리조직이 채택한 회계정책(자산·부채의 평가기준, 수익과 비용의 인식기준을 포함 한다)
3. 순자산에 제약이 있는 경우에 그 성격
4. 질권 등이 설정된 현금및현금성자산의 내용
5. 차입금 등 현금 등으로 상환하여야 하는 부채의 주요 내용
6. 현물기부의 내용
7. 제공하거나 제공받은 담보·보증의 주요 내용
8. 특수관계인(법인세법 시행령 제87조의 정의에 따른다)과의 중요한 거래의 내용
9. 회계연도 말 현재 진행 중인 소송 사건의 내용, 소송금액, 진행 상황 등
10. 그 밖에 일반기업회계기준에서 정하는 주석기재사항 중 비영리조직에 관련성이 있고 그 성격이나 금액이 중요한 사항

제51조【선택적 주석기재사항】이 기준에서 요구하는 주석기재사항 외에도 재무제표의 유용성을 제고하고 공정한 표시를 위하여 필요한 정보는 재무제표 작성자의 판단으로 주석에 기재할 수 있다 예를 들어, 비영리조직이 감독목적이나 내부관리목적으로 복수의 구분된 단위로 회계를 하는 경우에 각 회계단위별로 작성된 재무제표의 전부나 일부를 주석으로 기재할 수 있으며 제약있는순자산을 일시제약순자산과 영구제약순자산으로 구분한 정보와 제약있는순자산의 변동을 일시제약순자산의 변동과 영구제약순자산의 변동으로 구분한 정보를 주석으로 기재할 수 있다

제52조【주석기재방법】주석기재는 재무제표 이용자의 이해와 편의를 도모하기 위하여 다음 각 호에 따라 체계적으로 작성한다

1. 재무제표의 개별항목에 대한 주석 정보는 해당 개별항목에 기호를 붙이고 주석에 동일한 기호를 표시하여 그 내용을 설명한다
2. 하나의 주석이 재무제표의 둘 이상의 개별항목과 관련된 경우에는 해당 개별항목 모두에 주석의 기호를 표시한다
3. 하나의 주석에 포함된 정보가 다른 주석과 관련된 경우에도 해당되는 주석 모두에 관련된 주석의 기호를 표시한다

부 칙 〈2017.7.20.〉

제1조【시행일】이 기준은 2018년 1월 1일 이후 최초로 시작되는 회계연도부터 적용하되 조기적용할 수도 있다. 이 기준을 조기 적용하는 경우에는 그 사실을 공시한다

제2조【경과규정】이 기준은 소급적용한다. 다만, 이 기준의 모든 요구사항에 대한 소급적용의 영향을 실무적으로 결정할 수 없는 경우에는 이 기준을 실무적으로 적용할 수 있는 최초 회계기간까지만 소급적용한다. 그 최초 회계기간은 당기일 수도 있으며 이 경우에는 당기초부터 전진적용한다.

※적용사례: 재무제표 양식의 예시

[사례 1] 재무상태표
[사례 2] 운영성과표
[사례 3] 현금흐름표_직접법
[사례 4] 현금흐름표_간접법
[사례 5] 재무상태표_고유목적사업부문과 수익사업부문별로 열을 구분하는 방식
[사례 6] 운영성과표_고유목적사업부문과 수익사업부문별로 열을 구분하는 방식
[사례 7] 현금흐름표_직접법_고유목적사업부문과 수익사업부문별로 열을 구분하는 방식
[사례 8] 현금흐름표_간접법_고유목적사업부문과 수익사업부문별로 열을 구분하는 방식

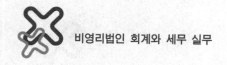

〔사례 1〕재무상태표

재 무 상 태 표

제×기 20××년×월×일 현재
제×기 20××년×월×일 현재

비영리조직명 (단위 : 원)

과 목	당 기		전 기	
자 산				
유동자산		×××		×××
당좌자산		×××		×××
현금및현금성자산	×××		×××	
단기투자자산	×××		×××	
매출채권	×××		×××	
(－) 대손충당금[1]	(×××)		(×××)	
선급비용	×××		×××	
미수수익	×××		×××	
미수금	×××		×××	
(－) 대손충당금[1]	(×××)		(×××)	
선급금	×××		×××	
……	×××		×××	
재고자산		×××		×××
상품	×××		×××	
제품	×××		×××	
재공품	×××		×××	
원재료	×××		×××	
저장품	×××		×××	
……	×××		×××	
비유동자산		×××		×××
투자자산		×××		×××
장기성예금	×××		×××	

과 목	당 기	전 기
투자유가증권	×××	×××
국공채	×××	×××
회사채	×××	×××
수익증권	×××	×××
주식	×××	×××
장기대여금	×××	×××
......	×××	×××
유형자산	×××	×××
토지	×××	×××
건물	×××	×××
(−) 감가상각누계액[1]	(×××)	(×××)
구축물	×××	×××
(−) 감가상각누계액[1]	(×××)	(×××)
기계장치	×××	×××
(−) 감가상각누계액[1]	(×××)	(×××)
차량운반구	×××	×××
(−) 감가상각누계액[1]	(×××)	(×××)
건설중인자산	×××	×××
......	×××	×××
무형자산	×××	×××
지식재산권	×××	×××
개발비	×××	×××
컴퓨터소프트웨어	×××	×××
광업권	×××	×××
임차권	×××	×××
......	×××	×××
기타비유동자산	×××	×××
임차보증금	×××	×××
장기선급비용	×××	×××
장기미수금	×××	×××
......	×××	×××
자 산 총 계	×××	×××

과 목	당 기	전 기
부 채		
유동부채	×××	×××
단기차입금	×××	×××
매입채무	×××	×××
미지급비용	×××	×××
미지급금	×××	×××
선수금	×××	×××
선수수익	×××	×××
예수금	×××	×××
유동성장기부채	×××	×××
......	×××	×××
비유동부채	×××	×××
장기차입금	×××	×××
임대보증금	×××	×××
퇴직급여충당부채	×××	×××
(−) 퇴직연금운용자산[*1]	(×××)	(×××)
......	×××	×××
부 채 총 계	×××	×××
순 자 산[*3]		
제약없는순자산[*2]	×××	×××
제약있는순자산[*2]	×××	×××
순 자 산 총 계	×××	×××
부채 및 순자산 총계	×××	×××

*1 매출채권, 미수금에 대한 대손충당금, 유형자산에 대한 감가상각누계액, 퇴직급여충당부채에 대한 퇴직연금운용자산 등을 차감하는 형식으로 표시하는 경우에는 순장부금액을 재무상태표 본문의 해당 항목에 추가로 표시할 수 있다.

예시	차감하는 형식으로 표시	
	방법①	방법②
매출채권	×××	×××
대손충당금	(×××)	(×××) ×××

*2 비영리조직회계기준 제23조 제1항에 따르면 비영리조직은 관행과 여건을 고려할 때 필요하다고 판단할 경우에는 제약없는순자산, 제약있는순자산 대신 다른 명칭을 사용할 수 있고 제23조 제3항에 따르면 구분된 순자산을 더 세분하여 재무상태표 본문에 표시하거나 주석으로 기재할 수 있다예를 들어, 다음과 같이 재무상태표 본문에 각 순자산분류에 대해 표준명칭과 다른 명칭을 사용하고 구분된 순자산을 더 세분한 경우에는 각 명칭별로 제약의 유무와 성격에 관한 설명을 주석으로 기재한다

순자산	
기본금과 적립금	×××
기본금	×××
적립금	×××
이익잉여금	×××
순자산총계	×××

〈주석기재 예시〉

주석 YY. 순자산 구성
1. 재무상태표의 순자산에 표시된 기본금과적립금 이익잉여금은 각각 '제약있는순자산'과 '제약없는순자산'을 나타내며, 다음과 같이 기부자나 법령에 의해 가해진 사용과 처분에 관한 제약의 유무와 정도에 따라 구분됩니다.
   (1) 기본금: 영구적으로 보유하여 특정 목적에 사용하여야 하며 처분을 할 수 없는 순자산
   (2) 적립금: 사용목적이나 사용기간 등에 제약이 있으며 동 목적이 충족되거나 기간이 경과되면 처분이 가능한 순자산
   (3) 이익잉여금: 사용과 처분에 관한 제약이 없는 순자산

*3 비영리조직이 순자산 구성항목을 더 세분하고자 할 경우에는 다음의 예와 같이 그 내용을 주석으로 기재하거나 재무상태표 본문에 직접 표시한다

〈주석기재 예시〉

※ 비영리조직이 기본 순자산 구성항목의 명칭을 위 *2와 같이 사용한다고 가정한다.

주석 YY. 순자산 구성, 계속
2. 기본금, 적립금, 이익잉여금 별로 세부항목과 그 금액은 다음과 같습니다.
   (1) 기본금
      ① 설립자기본금: 비영리조직 설립자가 출연한 재산으로서 영구적으로 보유하여 특정 목적에 사용하여야 하며 처분을 할 수 없는 순자산

② 원금보존기본금: 기부자가 기부한 재산으로서 영구적으로 투자하여 그 원금을 보존하여야 하며 처분을 할 수 없는 순자산(그 투자수익에는 사용과 처분 제약이 없음)

(2) 적립금

① 투자적립금: 기부자가 기부한 재산으로서 일정기간 동안 투자하여 그 원금을 보존하여야 하며 그 기간이 경과한 후에는 처분할 수 있는 순자산

② 시설적립금: 기부자가 기부한 시설(경제적 내용연수가 유한한 유형자산)로서 경제적 내용연수 동안 사용하여야 하며 내용연수 동안 처분이 불가능한 순자산

(3) 이익잉여금

① 임의적립금: 비영리조직 이사회의 결의로 연구, 장학, 건축, 퇴직 등 특정 목적에의 사용을 위해 내부 유보된 순자산

② 기타이익잉여금

순자산 구분	금액
기본금과 적립금	×××
기본금	×××
설립자기본금	×××
원금보존기본금	×××
적립금	×××
투자적립금	×××
시설적립금	×××
이익잉여금	×××
임의적립금	×××
기타이익잉여금	×××

〔사례 2〕 운영성과표

운 영 성 과 표

제×기 20××년×월×일부터   20××년×월×일까지
제×기 20××년×월×일부터   20××년×월×일까지

비영리조직명   (단위 : 원)

과 목	당 기	전 기

제약없는순자산의 변동

사업수익		×××		×××
고유목적사업수익	×××		×××	
기부금수익	×××		×××	
보조금수익	×××		×××	
회비수익	×××		×××	
등록금수익	×××		×××	
투자자산 관련 손익[1]	×××		×××	
공연수익	×××		×××	
환자진료수익	×××		×××	
......	×××		×××	
수익사업수익	×××		×××	
사업비용[2]		×××		×××
고유목적사업비용	×××		×××	
사업수행비용	×××		×××	
○○사업수행비용	×××		×××	
△△사업수행비용	×××		×××	
......	×××		×××	
일반관리비용[3]	×××		×××	
수익사업비용[4]	×××		×××	
사업이익(손실)		×××		×××
사업외수익		×××		×××
이자수익	×××		×××	

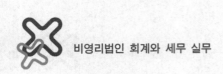
과 목	당 기	전 기
배당수익	×××	×××
투자자산평가이익	×××	×××
투자자산처분이익	×××	×××
유형자산손상차손환입	×××	×××
유형자산처분이익	×××	×××
유형자산재평가이익[5]	×××	×××
무형자산손상차손환입	×××	×××
무형자산처분이익	×××	×××
외환차익	×××	×××
외화환산이익	×××	×××
……	×××	×××
사업외비용	×××	×××
이자비용	×××	×××
기타의 대손상각비	×××	×××
투자자산평가손실	×××	×××
투자자산처분손실	×××	×××
유형자산손상차손	×××	×××
유형자산처분손실	×××	×××
유형자산재평가손실[5]	×××	×××
무형자산손상차손	×××	×××
무형자산처분손실	×××	×××
외환차손	×××	×××
외화환산손실	×××	×××
……	×××	×××
제약없는순자산의 증가(감소)	×××	×××
(또는 당기순이익(손실))		
제약있는순자산의 변동		
기부금수익	×××	×××
이자수익	×××	×××
배당수익	×××	×××
투자자산평가손익	×××	×××
투자자산처분손익	×××	×××
유형자산재평가손익	×××	×××

과 목	당 기	전 기
제약해제순자산	×××	×××
……	×××	×××
제약있는순자산의 증가(감소)	×××	×××
순자산의 증가(감소)	×××	×××
기초 순자산	×××	×××
기말 순자산	×××	×××

*1 투자자산수익(이자수익과 배당수익), 투자자산 평가손익과 처분손익을 포함하며 고유목적사업활동의 주된 원천이 되는 경우에 한하여 사업수익으로 표시한다 이러한 구분내용을 운영성과표 본문에서 표시하거나 주석으로 기재할 수 있다

*2 사업비용의 기능별 구분과 성격별 구분에 관한 매트릭스형태의 정보를 아래와 같이 주석으로 기재한다

〈주석기재 예시〉

주석 YY. 사업비용의 성격별 구분

운영성과표에는 사업비용이 기능별로 구분되어 표시되어 있습니다 이를 다시 성격별로 구분한 내용은 다음과 같습니다.

	인력비용	시설비용	기타비용	합계
고유목적사업비용	×××	×××	×××	×××
사업수행비용	×××	×××	×××	×××
일반관리비용	×××	×××	×××	×××
수익사업비용	×××	×××	×××	×××
합계	×××	×××	×××	×××

*3 모금비용이 중요하지 않은 비영리조직은 일반관리비용에 통합하여 표시하고, 모금비용이 중요한 비영리조직은 일반관리비용과 별도로 구분하여 표시할 수 있다

*4 비영리조직회계기준 제29조 제8항에 따라 수익사업비용을 더 상세하게 구분한 정보를 주석으로 기재할 수 있다. 예를 들어, 수익사업비용을 매출원가와 판매비와관리비로 구분하여 주석으로 기재할 수 있다

*5 유형자산재평가이익(손실)은 재평가차액으로 인해 제약있는순자산의 금액이 변경되지 않는 경우에 사업외수익(비용)으로 표시한다

*6 비영리조직의 여건(제약있는순자산이 없음)에 따라서는 위 운영성과표에서 음영으로 표시된 부분은 운영성과표에 표시할 필요가 없다

*7 비영리조직이 법인세를 부담하는 경우에는 비영리조직회계기준 제33조에 따라 회계처리하고, 운영성과표에 법인세비용을 별도로 표시한다

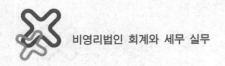

〔사례 3〕 현금흐름표_직접법

현 금 흐 름 표 (직접법)

제×기 20××년×월×일부터   20××년×월×일까지
제×기 20××년×월×일부터   20××년×월×일까지

비영리조직명   (단위 : 원)

과 목	당 기	전 기
사업활동 현금흐름	×××	×××
사업활동 현금유입	×××	×××
제약 없는 기부금 수입	×××	×××
보조금 수입	×××	×××
회비 수입	×××	×××
등록금 수입	×××	×××
투자자산 수입[1]	×××	×××
공연 수입	×××	×××
환자진료 수입	×××	×××
......	×××	×××
수익사업 수입	×××	×××
사업활동 현금유출	×××	×××
인력비용 지출	×××	×××
시설비용 지출	×××	×××
기타비용 지출	×××	×××
......	×××	×××
수익사업비용 지출	×××	×××
투자활동 현금흐름	×××	×××
투자활동 현금유입	×××	×××
투자자산 처분	×××	×××
유형자산 처분	×××	×××
무형자산 처분	×××	×××
......	×××	×××

과　　　　목	당 기	전 기
투자활동 현금유출	×××	×××
투자자산 취득	×××	×××
유형자산 취득	×××	×××
무형자산 취득	×××	×××
……	×××	×××
재무활동 현금흐름	×××	×××
재무활동 현금유입	×××	×××
제약 있는 기부금 수입	×××	×××
단기차입금 차입	×××	×××
장기차입금 차입	×××	×××
……	×××	×××
재무활동 현금유출	×××	×××
단기차입금 상환	×××	×××
장기차입금 상환	×××	×××
……	×××	×××
현금의 증가(감소)	×××	×××
기초의 현금	×××	×××
기말의 현금	×××	×××

*1 투자자산으로부터 유입되는 이자와 배당금 수입을 말한다.

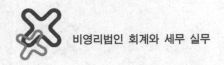
〔사례 4〕 현금흐름표_간접법

현 금 흐 름 표 (간접법)

제×기 20××년×월×일부터 20××년×월×일까지
제×기 20××년×월×일부터 20××년×월×일까지

비영리조직명 (단위 : 원)

과 목	당 기	전 기
사업활동 현금흐름	×××	×××
제약없는순자산의 증가(감소)[1]	×××	×××
현금의 유출이 없는 비용 등의 가산	×××	×××
대손상각비	×××	×××
감가상각비	×××	×××
투자자산평가손실	×××	×××
투자자산처분손실	×××	×××
유형자산처분손실	×××	×××
유형자산재평가손실	×××	×××
……	×××	×××
현금의 유입이 없는 수익 등의 차감	×××	×××
제약해제순자산	×××	×××
투자자산평가이익	×××	×××
투자자산처분이익	×××	×××
유형자산처분이익	×××	×××
유형자산재평가이익	×××	×××
……	×××	×××
사업활동으로 인한 자산·부채의 변동	×××	×××
매출채권의 감소(증가)	×××	×××
선급비용의 감소(증가)	×××	×××
미수수익의 감소(증가)	×××	×××
미수금의 감소(증가)	×××	×××
선급금의 감소(증가)	×××	×××
매입채무의 증가(감소)	×××	×××
미지급비용의 증가(감소)	×××	×××
미지급금의 증가(감소)	×××	×××

과　　　　　　목	당 기	전 기
선수금의 증가(감소)	×××	×××
선수수익의 증가(감소)	×××	×××
예수금의 증가(감소)	×××	×××
……	×××	×××
투자활동 현금흐름	×××	×××
투자활동 현금유입	×××	×××
투자자산 처분	×××	×××
유형자산 처분	×××	×××
무형자산 처분	×××	×××
……	×××	×××
투자활동 현금유출	×××	×××
투자자산 취득	×××	×××
유형자산 취득	×××	×××
무형자산 취득	×××	×××
……	×××	×××
재무활동 현금흐름	×××	×××
재무활동 현금유입	×××	×××
제약 있는 기부금 수입	×××	×××
단기차입금 차입	×××	×××
장기차입금 차입	×××	×××
……	×××	×××
재무활동 현금유출	×××	×××
단기차입금 상환	×××	×××
장기차입금 상환	×××	×××
……	×××	×××
현금의 증가(감소)	×××	×××
기초의 현금	×××	×××
기말의 현금	×××	×××

*1 비영리조직회계기준 제34조 제2항에 따라 운영성과표에서 '당기순이익(손실)'이라는 명칭을 사용한 경우에는 이에 따른다.

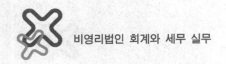

〔사례 5〕 재무상태표_고유목적사업부문과 수익사업부문별로 열을 구분하는 방식

재 무 상 태 표

제×기 20××년×월×일 현재
제×기 20××년×월×일 현재

비영리조직명 (단위 : 원)

과　목	당　기			전　기		
	전체	고유목적사업	수익사업	전체	고유목적사업	수익사업
자　산						
유동자산	×××	×××	×××	×××	×××	×××
당좌자산	×××	×××	×××	×××	×××	×××
현금및현금성자산	×××	×××	×××	×××	×××	×××
단기투자자산	×××	×××	×××	×××	×××	×××
매출채권	×××	×××	×××	×××	×××	×××
(−) 대손충당금[1]	(×××)	(×××)	(×××)	(×××)	(×××)	(×××)
선급비용	×××	×××	×××	×××	×××	×××
미수수익	×××	×××	×××	×××	×××	×××
미수금	×××	×××	×××	×××	×××	×××
(−) 대손충당금[1]	(×××)	(×××)	(×××)	(×××)	(×××)	(×××)
선급금	×××	×××	×××	×××	×××	×××
……	×××	×××	×××	×××	×××	×××
재고자산	×××	×××	×××	×××	×××	×××
상품	×××	×××	×××	×××	×××	×××
제품	×××	×××	×××	×××	×××	×××
재공품	×××	×××	×××	×××	×××	×××
원재료	×××	×××	×××	×××	×××	×××
저장품	×××	×××	×××	×××	×××	×××
……	×××	×××	×××	×××	×××	×××
비유동자산	×××	×××	×××	×××	×××	×××

과　목	당　기			전　기		
	전체	고유 목적사업	수익사업	전체	고유 목적사업	수익사 업
투자자산	×××	×××	×××	×××	×××	×××
장기성예금	×××	×××	×××	×××	×××	×××
투자유가증권	×××	×××	×××	×××	×××	×××
국공채	×××	×××	×××	×××	×××	×××
회사채	×××	×××	×××	×××	×××	×××
수익증권	×××	×××	×××	×××	×××	×××
주식	×××	×××	×××	×××	×××	×××
장기대여금	×××	×××	×××	×××	×××	×××
……	×××	×××	×××	×××	×××	×××
유형자산	×××	×××	×××	×××	×××	×××
토지						
건물	×××	×××	×××	×××	×××	×××
(−) 감가상각누계액[1]	(×××)	(×××)	(×××)	(×××)	(×××)	(×××)
구축물	×××	×××	×××	×××		×××
(−) 감가상각누계액[1]	(×××)	(×××)	(×××)	(×××)	(×××)	(×××)
기계장치	×××	×××	×××	×××	×××	×××
(−) 감가상각누계액[1]	(×××)	(×××)	(×××)	(×××)	(×××)	(×××)
차량운반구	×××	×××	×××	×××	×××	×××
(−) 감가상각누계액[1]	(×××)	(×××)	(×××)	(×××)	(×××)	(×××)
건설중인자산	×××	×××	×××	×××	×××	×××
……	×××	×××	×××	×××	×××	×××
무형자산	×××	×××	×××	×××	×××	×××
지식재산권	×××	×××	×××	×××	×××	×××
개발비	×××	×××	×××	×××	×××	×××
컴퓨터소프트웨어	×××	×××	×××	×××	×××	×××
광업권	×××	×××	×××	×××	×××	×××
임차권	×××	×××	×××	×××	×××	×××
……	×××	×××	×××	×××	×××	×××
기타비유동자산	×××	×××	×××	×××	×××	×××
임차보증금	×××	×××	×××	×××	×××	×××
장기선급비용	×××	×××	×××	×××	×××	×××
장기미수금	×××	×××	×××	×××	×××	×××

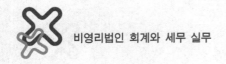

과 목	당 기			전 기		
	전체	고유 목적사업	수익사업	전체	고유 목적사업	수익사 업
......	×××	×××	×××	×××	×××	×××
자 산 총 계	×××	×××	×××	×××	×××	×××
부 채						
유동부채	×××	×××	×××	×××	×××	×××
단기차입금	×××	×××	×××	×××	×××	×××
매입채무	×××	×××	×××	×××	×××	×××
미지급비용	×××	×××	×××	×××	×××	×××
미지급금	×××	×××	×××	×××	×××	×××
선수금	×××	×××	×××	×××	×××	×××
선수수익	×××	×××	×××	×××	×××	×××
예수금	×××	×××	×××	×××	×××	×××
유동성장기부채	×××	×××	×××	×××	×××	×××
......	×××	×××	×××	×××	×××	×××
비유동부채	×××	×××	×××	×××	×××	×××
장기차입금	×××	×××	×××	×××	×××	×××
임대보증금	×××	×××	×××	×××	×××	×××
퇴직급여충당부채	×××	×××	×××	×××	×××	×××
(−) 퇴직연금운용자산[1]	(×××)	(×××)	(×××)	(×××)	(×××)	(×××)
......	×××	×××	×××	×××	×××	×××
부 채 총 계	×××	×××	×××	×××	×××	×××
순 자 산[3]						
제약없는순자산[2]	×××	×××	×××	×××	×××	×××
제약있는순자산[2]	×××	×××	×××	×××	×××	×××
순 자 산 총 계	×××	×××	×××	×××	×××	×××
부채 및 순자산 총계	×××	×××	×××	×××	×××	×××

*1 매출채권, 미수금에 대한 대손충당금, 유형자산에 대한 감가상각누계액, 퇴직급여충당부채에 대한 퇴직연금운용자산 등을 차감하는 형식으로 표시하는 경우에는 순장부금액을 재무상태표 본문의 해당 항목에 추가로 표시할 수 있다.

예시	차감하는 형식으로 표시	
	방법①	방법②
매출채권	×××	×××
대손충당금	(×××)	(×××) ×××

*2 비영리조직회계기준 제23조 제1항에 따르면 비영리조직은 관행과 여건을 고려할 때 필요하다고 판단할 경우에는 제약없는순자산, 제약있는순자산 대신 다른 명칭을 사용할 수 있고 제23조 제3항에 따르면 구분된 순자산을 더 세분하여 재무상태표 본문에 표시하거나 주석으로 기재할 수 있다. 예를 들어, 다음과 같이 재무상태표 본문에 각 순자산분류에 대해 표준명칭과 다른 명칭을 사용하고 구분된 순자산을 더 세분한 경우에는 각 명칭별로 제약의 유무와 성격에 관한 설명을 주석으로 기재한다.

	전체	고유목적사업	수익사업
순자산			
기본금과 적립금	×××	×××	×××
기본금	×××	×××	×××
적립금	×××	×××	×××
이익잉여금	×××	×××	×××
순자산총계	×××	×××	×××

〈주석기재 예시〉

주석 YY. 순자산 구성
1. 재무상태표의 순자산에 표시된 기본금과적립금 이익잉여금은 각각 '제약있는순자산'과 '제약없는순자산'을 나타내며, 다음과 같이 기부자나 법령에 의해 가해진 사용과 처분에 관한 제약의 유무와 정도에 따라 구분됩니다.
   (1) 기본금: 영구적으로 보유하여 특정 목적에 사용하여야 하며 처분을 할 수 없는 순자산
   (2) 적립금: 사용목적이나 사용기간 등에 제약이 있으며 동 목적이 충족되거나 기간이 경과되면 처분이 가능한 순자산
   (3) 이익잉여금: 사용과 처분에 관한 제약이 없는 순자산

*3 비영리조직이 순자산 구성항목을 더 세분하고자 할 경우에는 다음의 예와 같이 그 내용을 주석으로 기재하거나 재무상태표 본문에 직접 표시한다.

〈주석기재 예시〉
※ 비영리조직이 기본 순자산 구성항목의 명칭을 위 *2와 같이 사용한다고 가정한다.

주석 YY. 순자산 구성, 계속
2. 기본금, 적립금, 이익잉여금 별로 세부항목과 그 금액은 다음과 같습니다.
    (1) 기본금
        ① 설립자기본금: 비영리조직 설립자가 출연한 재산으로서 영구적으로 보유하여 특정 목적에 사용하여야 하며 처분을 할 수 없는 순자산
        ② 원금보존기본금: 기부자가 기부한 재산으로서 영구적으로 투자하여 그 원금을 보존하여야 하며 처분을 할 수 없는 순자산(그 투자수익에는 사용과 처분 제약이 없음)
    (2) 적립금
        ① 투자적립금: 기부자가 기부한 재산으로서 일정기간 동안 투자하여 그 원금을 보존하여야 하며 그 기간이 경과한 후에는 처분할 수 있는 순자산
        ② 시설적립금: 기부자가 기부한 시설(경제적 내용연수가 유한한 유형자산)로서 경제적 내용연수 동안 사용하여야 하며 내용연수동안 처분이 불가능한 순자산
    (3) 이익잉여금
        ① 임의적립금: 비영리조직 이사회의 결의로 연구, 장학, 건축, 퇴직 등 특정 목적에의 사용을 위해 내부 유보된 순자산
        ② 기타이익잉여금

	전체	고유목적사업	수익사업
기본금과 적립금	×××	×××	×××
기본금	×××	×××	×××
설립자기본금	×××	×××	×××
원금보존기본금	×××	×××	×××
적립금	×××	×××	×××
투자적립금	×××	×××	×××
시설적립금	×××	×××	×××
이익잉여금	×××	×××	×××
임의적립금	×××	×××	×××
기타이익잉여금	×××	×××	×××

〔사례 6〕 운영성과표_고유목적사업부문과 수익사업부문별로 열을 구분하는 방식

운 영 성 과 표

제×기 20××년×월×일부터   20××년×월×일까지
제×기 20××년×월×일부터   20××년×월×일까지

비영리조직명   (단위 : 원)

과 목	당 기			전 기		
	전체	고유목적사업	수익사업	전체	고유목적사업	수익사업
제약없는순자산의 변동						
사업수익	×××	×××	×××	×××	×××	×××
기부금수익	×××	×××	–	×××	×××	–
보조금수익	×××	×××	–	×××	×××	–
회비수익	×××	×××	–	×××	×××	–
등록금수익	×××	×××	–	×××	×××	–
투자자산 관련 손익[*1]	×××	×××	–	×××	×××	–
공연수익	×××	×××	–	×××	×××	–
환자진료수익	×××	×××	–	×××	×××	–
……	×××	×××	–	×××	×××	–
사업비용[*2]	×××	×××	×××[*4]	×××	×××	×××[*4]
사업수행비용	×××	×××	–	×××	×××	–
○○사업수행비용	×××	×××	–	×××	×××	–
△△사업수행비용	×××	×××	–	×××	×××	–
……	×××	×××	–	×××	×××	–
일반관리비용[*3]	×××	×××	–	×××	×××	–
사업이익(손실)	×××	×××	×××	×××	×××	×××
사업외수익	×××	×××	×××	×××	×××	×××
이자수익	×××	×××	×××	×××	×××	×××
배당수익	×××	×××	×××	×××	×××	×××
투자자산평가이익	×××	×××	×××	×××	×××	×××

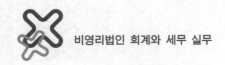
과 목	당 기			전 기		
	전체	고유 목적사업	수익사업	전체	고유 목적사업	수익사업
투자자산처분이익	×××	×××	×××	×××	×××	×××
유형자산손상차손환입	×××	×××	×××	×××	×××	×××
유형자산처분이익	×××	×××	×××	×××	×××	×××
유형자산재평가이익[5]	×××	×××	×××	×××	×××	×××
무형자산손상차손환입	×××	×××	×××	×××	×××	×××
무형자산처분이익	×××	×××	×××	×××	×××	×××
외환차익	×××	×××	×××	×××	×××	×××
외화환산이익	×××	×××	×××	×××	×××	×××
……	×××	×××	×××	×××	×××	×××
사업외비용	×××	×××	×××	×××	×××	×××
이자비용	×××	×××	×××	×××	×××	×××
기타의 대손상각비	×××	×××	×××	×××	×××	×××
투자자산평가손실	×××	×××	×××	×××	×××	×××
투자자산처분손실	×××	×××	×××	×××	×××	×××
유형자산손상차손	×××	×××	×××	×××	×××	×××
유형자산처분손실	×××	×××	×××	×××	×××	×××
유형자산재평가손실[5]	×××	×××	×××	×××	×××	×××
무형자산손상차손	×××	×××	×××	×××	×××	×××
무형자산처분손실	×××	×××	×××	×××	×××	×××
외환차손	×××	×××	×××	×××	×××	×××
외화환산손실	×××	×××	×××	×××	×××	×××
……	×××	×××	×××	×××	×××	×××
제약없는순자산의 증가(감소) (또는 당기순이익(손실))	×××	×××	×××	×××	×××	×××
제약있는순자산의 변동						
기부금수익	×××	×××	×××	×××	×××	×××
이자수익	×××	×××	×××	×××	×××	×××
배당수익	×××	×××	×××	×××	×××	×××
투자자산평가손익	×××	×××	×××	×××	×××	×××

과목	당기			전기		
	전체	고유 목적사업	수익사업	전체	고유 목적사업	수익사업
투자자산처분손익	×××	×××	×××	×××	×××	×××
유형자산재평가손익	×××	×××	×××	×××	×××	×××
제약해제순자산	×××	×××	×××	×××	×××	×××
......	×××	×××	×××	×××	×××	×××
제약있는순자산의 증가(감소)	×××	×××	×××	×××	×××	×××
순자산의 증가(감소)	×××	×××	×××	×××	×××	×××
기초 순자산	×××	×××	×××	×××	×××	×××
기말 순자산	×××	×××	×××	×××	×××	×××

*1 투자자산수익(이자수익과 배당수익), 투자자산 평가손익과 처분손익을 포함하며 고유목적사업활동의 주된 원천이 되는 경우에 한하여 사업수익으로 표시한다 이러한 구분내용을 운영성과표 본문에서 표시하거나 주석으로 기재할 수 있다

*2 사업비용의 기능별 구분과 성격별 구분에 관한 매트릭스형태의 정보를 아래와 같이 주석으로 기재한다

〈주석기재 예시〉

주석 YY. 사업비용의 성격별 구분
운영성과표에는 사업비용이 기능별로 구분되어 표시되어 있습니다 이를 다시 성격별로 구분한 내용은 다음과 같습니다.

	인력비용	시설비용	기타비용	합계
고유목적사업비용	×××	×××	×××	×××
사업수행비용	×××	×××	×××	×××
일반관리비용	×××	×××	×××	×××
수익사업비용	×××	×××	×××	×××
합계	×××	×××	×××	×××

*3 모금비용이 중요하지 않은 비영리조직은 일반관리비용에 통합하여 표시하고, 모금비용이 중요한 비영리조직은 일반관리비용과 별도로 구분하여 표시할 수 있다

*4 비영리조직회계기준 제29조 제8항에 따라 수익사업비용을 더 상세하게 구분한 정보를 주석으로 기재할 수 있다. 예를 들어, 수익사업비용을 매출원가와 판매비와관리비로 구분하여 주석으로 기재할 수

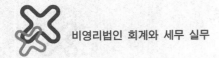
있다.

*5 유형자산재평가이익(손실)은 재평가차액으로 인해 제약있는순자산의 금액이 변경되지 않는 경우에 사업외수익(비용)으로 표시한다

*6 비영리조직의 여건(제약있는순자산이 없음)에 따라서는 위 운영성과표에서 음영으로 표시된 부분은 운영성과표에 표시할 필요가 없다

*7 비영리조직이 법인세를 부담하는 경우에는 비영리조직회계기준 제3조에 따라 회계처리하고, 운영성과표에 법인세비용을 별도로 표시한다

〔사례 7〕현금흐름표_직접법_고유목적사업부문과 수익사업부문별로 열을 구분하는 방식

현 금 흐 름 표 (직접법)

제×기 20××년×월×일부터 20××년×월×일까지
제×기 20××년×월×일부터 20××년×월×일까지

비영리조직명 (단위 : 원)

과 목	당 기			전 기		
	전체	고유 목적사업	수익사업	전체	고유 목적사업	수익사업
사업활동 현금흐름	×××	×××	×××	×××	×××	×××
사업활동 현금유입	×××	×××	×××	×××	×××	×××
제약 없는 기부금 수입	×××	×××	×××	×××	×××	×××
보조금 수입	×××	×××	×××	×××	×××	×××
회비 수입	×××	×××	×××	×××	×××	×××
등록금 수입	×××	×××	×××	×××	×××	×××
투자자산 수입[1]	×××	×××	×××	×××	×××	×××
공연 수입	×××	×××	×××	×××	×××	×××
환자진료 수입	×××	×××	×××	×××	×××	×××
……	×××	×××	×××	×××	×××	×××
수익사업 수입	×××	×××	×××	×××	×××	×××
사업활동 현금유출	×××	×××	×××	×××	×××	×××
인력비용 지출	×××	×××	×××	×××	×××	×××
시설비용 지출	×××	×××	×××	×××	×××	×××
기타비용 지출	×××	×××	×××	×××	×××	×××
……	×××	×××	×××	×××	×××	×××
수익사업비용 지출	×××	×××	×××	×××	×××	×××
투자활동 현금흐름	×××	×××	×××	×××	×××	×××
투자활동 현금유입	×××	×××	×××	×××	×××	×××
투자자산 처분	×××	×××	×××	×××	×××	×××
유형자산 처분	×××	×××	×××	×××	×××	×××
무형자산 처분	×××	×××	×××	×××	×××	×××

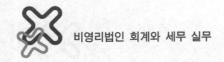

과 목	당 기			전 기		
	전체	고유 목적사업	수익사업	전체	고유 목적사업	수익사업
……	×××	×××	×××	×××	×××	×××
투자활동 현금유출	×××	×××	×××	×××	×××	×××
투자자산 취득	×××	×××	×××	×××	×××	×××
유형자산 취득	×××	×××	×××	×××	×××	×××
무형자산 취득	×××	×××	×××	×××	×××	×××
……	×××	×××	×××	×××	×××	×××
재무활동 현금흐름	×××	×××	×××	×××	×××	×××
재무활동 현금유입	×××	×××	×××	×××	×××	×××
제약 있는 기부금 수입	×××	×××	×××	×××	×××	×××
단기차입금 차입	×××	×××	×××	×××	×××	×××
장기차입금 차입	×××	×××	×××	×××	×××	×××
……	×××	×××	×××	×××	×××	×××
재무활동 현금유출	×××	×××	×××	×××	×××	×××
단기차입금 상환	×××	×××	×××	×××	×××	×××
장기차입금 상환	×××	×××	×××	×××	×××	×××
……	×××	×××	×××	×××	×××	×××
현금의 증가(감소)	×××	×××	×××	×××	×××	×××
기초의 현금	×××	×××	×××	×××	×××	×××
기말의 현금	×××	×××	×××	×××	×××	×××

*1 투자자산으로부터 유입되는 이자와 배당금 수입을 말한다.

〔사례 8〕 현금흐름표_간접법_고유목적사업부문과 수익사업부문별로 열을 구분하는 방식

현 금 흐 름 표 (간접법)

제×기 20××년×월×일부터   20××년×월×일까지
제×기 20××년×월×일부터   20××년×월×일까지

비영리조직명 (단위 : 원)

과 목	당 기			전 기		
	전체	고유 목적사업	수익사업	전체	고유 목적사업	수익사업
사업활동 현금흐름	×××	×××	×××	×××	×××	×××
제약없는순자산의 증가(감소)[1]	×××	×××	×××	×××	×××	×××
현금의 유출이 없는 비용 등의 가산	×××	×××	×××	×××	×××	×××
대손상각비	×××	×××	×××	×××	×××	×××
감가상각비	×××	×××	×××	×××	×××	×××
투자자산평가손실	×××	×××	×××	×××	×××	×××
투자자산처분손실	×××	×××	×××	×××	×××	×××
유형자산처분손실	×××	×××	×××	×××	×××	×××
유형자산재평가손실	×××	×××	×××	×××	×××	×××
……	×××	×××	×××	×××	×××	×××
현금의 유입이 없는 수익 등의 차감	×××	×××	×××	×××	×××	×××
제약해제순자산	×××	×××	×××	×××	×××	×××
투자자산평가이익	×××	×××	×××	×××	×××	×××
투자자산처분이익	×××	×××	×××	×××	×××	×××
유형자산처분이익	×××	×××	×××	×××	×××	×××
유형자산재평가이익	×××	×××	×××	×××	×××	×××
……	×××	×××	×××	×××	×××	×××
사업활동으로 인한 자산·부채의 변동	×××	×××	×××	×××	×××	×××
매출채권의 감소(증가)	×××	×××	×××	×××	×××	×××
선급비용의 감소(증가)	×××	×××	×××	×××	×××	×××
미수수익의 감소(증가)	×××	×××	×××	×××	×××	×××
미수금의 감소(증가)	×××	×××	×××	×××	×××	×××
선급금의 감소(증가)	×××	×××	×××	×××	×××	×××
매입채무의 증가(감소)	×××	×××	×××	×××	×××	×××
미지급비용의 증가(감소)	×××	×××	×××	×××	×××	×××
미지급금의 증가(감소)	×××	×××	×××	×××	×××	×××
선수금의 증가(감소)	×××	×××	×××	×××	×××	×××

과 목	당 기			전 기		
	전체	고유목적사업	수익사업	전체	고유목적사업	수익사업
선수수익의 증가(감소)	×××	×××	×××	×××	×××	×××
예수금의 증가(감소)	×××	×××	×××	×××	×××	×××
……	×××	×××	×××	×××	×××	×××
투자활동 현금흐름	×××	×××	×××	×××	×××	×××
투자활동 현금유입	×××	×××	×××	×××	×××	×××
투자자산 처분	×××	×××	×××	×××	×××	×××
유형자산 처분	×××	×××	×××	×××	×××	×××
무형자산 처분	×××	×××	×××	×××	×××	×××
……	×××	×××	×××	×××	×××	×××
투자활동 현금유출	×××	×××	×××	×××	×××	×××
투자자산 취득	×××	×××	×××	×××	×××	×××
유형자산 취득	×××	×××	×××	×××	×××	×××
무형자산 취득	×××	×××	×××	×××	×××	×××
……	×××	×××	×××	×××	×××	×××
재무활동 현금흐름	×××	×××	×××	×××	×××	×××
재무활동 현금유입	×××	×××	×××	×××	×××	×××
제약 있는 기부금 수입	×××	×××	×××	×××	×××	×××
단기차입금 차입	×××	×××	×××	×××	×××	×××
장기차입금 차입	×××	×××	×××	×××	×××	×××
……	×××	×××	×××	×××	×××	×××
재무활동 현금유출	×××	×××	×××	×××	×××	×××
단기차입금 상환	×××	×××	×××	×××	×××	×××
장기차입금 상환	×××	×××	×××	×××	×××	×××
……	×××	×××	×××	×××	×××	×××
현금의 증가(감소)	×××	×××	×××	×××	×××	×××
기초의 현금	×××	×××	×××	×××	×××	×××
기말의 현금	×××	×××	×××	×××	×××	×××

*1 비영리조직회계기준 제34조 제2항에 따라 운영성과표에서 '당기순이익(손실)'이라는 명칭을 사용한 경우에는 이에 따른다.

비영리조직회계기준 해설서
(한국회계기준원 조사연구실, 2017.7.20.)

목 차

I. 배경 및 제정 경과

1. 사회적 요구

□ 비영리조직의 공익사업활성화와 이를 뒷받침하는 건전한 기부문화 조성을 위해서는 비영리조직의 회계투명성 제고가 필요하다는 사회적 인식이 확산되면서, 모든 비영리조직에 일반적으로 적용될 수 있는 통일된 비영리조직회계기준이 제정되어야 한다는 사회적 요구가 높아짐.

○ 작성되는 비영리조직 재무제표가 기업재무제표에 익숙한 일반 정보이용자에게 쉽게 이해될 수 있고, 서로 다른 비영리조직들간에 비교가능하도록 할 필요성

  – 일반적으로 비영리조직은 감독기관에 대해 투명한 재무보고를 하는 데 관심과 노력을 집중하는 경향이 있는바, 이와 같이 재무보고 목적이 감독목적에만 치우치게 되면 그 수단으로 극도로 상세한 예·결산자료와 명세서 등이 활용되는 경우가 많고 재무제표를 활용하더라도 감독목적에 맞추어 개조하는 경우가 많아 일반 기부자들의 눈높이에 최적화된, 쉽고 유익한 정보를 생산하기가 어려워짐.

  – 그러나 일반 정보이용자들은 비영리조직이 예산에 맞게 비용을 집행하였는지 시시콜콜 따지기 보다는, 기부금을 고유목적사업에 효율적이고 효과적으로 사용하고 있는지, 앞으로도 계속해서 사업을 지속할 재무적 역량을 갖고 있는지 등 보다 큰 그림에서의 회계정보를 요구하므로, 감독만을 위한 재무보고를 넘어서서 비영리조직에 자금을 제공하는 일반 기부자를 포함한 다양한 이해관계자들이 쉽게 이해하고 활용할 수 있는 재무정보가 생산될 수 있도록 제도적 대전환이 필요해짐.

  – 따라서 비영리조직의 재무보고는 여러 이해관계자들의 정보수요를 공통적으로 충족시킬 수 있는 필요최소한의 기본'정보'를 체계적이고 이해 가능한 방식으로 제공하는데 초점을 맞출 필요

2. 제정 경과

□ 회계기준원은 위와 같은 사회적 요구에 부응하기 위해 비영리조직회계기준 제정작업에 착수하고 다음과 같이 제정작업을 진행

(1) 회계선진화포럼

☐ 회계학회 주최로 열린 회계선진화포럼에서 회계기준원은 비영리조직회계기준제정
　의 기본방향을 제시('13년 3월)

(2) 비영리조직회계기준제정팀 조직

☐ 회계기준원 내 비영리조직회계기준 제정을 전담하는 팀을 신설('13년 4월)

(3) 회계기준자문위원회 자문

☐ 회계기준원의 자문기구인 회계기준자문위원회에 안건을 상정하여 의견을 구함('13년
　5월).

(4) 2013년 투명회계 심포지엄 – 비영리조직의 회계투명성

☐ 한국회계학회와 한국공인회계사회가 공동으로 주최한 '2013년 투명회계 심포지엄'에
　서 회계기준원의 기준제정 관점을 제시('13년 5월)

(5) 업종별 현장방문

☐ 비영리조직회계기준의 본격적인 개발에 앞서 각 업종별로 대표적 기관의 현장을 방
　문하여 업종별 회계실무와 이슈를 파악하고 의견을 청취

(6) 비영리조직회계기준전문위원회

☐ 정보이용자, 업종별 작성자, 회계감사인, 학계 등을 망라하여 총 13인으로 구성된 비
　영리조직회계기준전문위원회를 조직하고, 회계기준원이 마련한 비영리조직회계기준
　시안에 대해 논의하기 위해 수 차례 대면회의를 개최함.

(7) 현장테스트

☐ 전문위원회 회의에서 일부 제안에 대해 실무적용가능성이 있는지 우려가 제기됨에
　따라 사회복지기관과 문화재단을 방문하여 적용가능성을 테스트

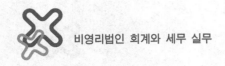
(8) 비영리조직회계기준 기초안 발표

□ 회계기준원 개원14주년 기념세미나에서 비영리조직회계기준 기초안 발표('13년 8월)

(9) 회계기준위원회 심의

□ 회계기준위원회는 비영리조직회계기준 기초안에 대한 주요 이해관계자로부터의의 견수렴결과를 고려하여 공개초안을 심의하고 의결('13년 10월, 11월)

(10) 비영리조직회계기준 공개초안 발표

□ 비영리조직회계기준 공개초안을 발표하여 일반이해관계자들을 대상으로 '14년 1월까 지 의견조회실시('13년 11월)

o 특히, 국제개발협력민간협의회(KCOC)가 주최한 '비영리조직 일반회계기준 제정을 위 한 간담회'에서 비영리단체 참석자들을 대상으로 공개초안 설명을 하고 의견을 수렴 ('13년 11월)

(11) 자체 연구보고서 발간

□ 연구보고서 제34호 '비영리조직 회계기준 제정의 기본원칙에 관한 연구' 발간('14년 1월)

(12) 외부수탁 연구보고서 발간

□ 보건복지부로부터 수탁한 연구용역의 결과물로 연구보고서 '사회복지법인 및 사회복 지시설 재무회계 투명화·효율화 제고방안' 발간('15년 9월)

(13) 회계기준위원회 재심의

□ 공개초안에 대해 일반이해관계자들로부터 접수된 의견을 검토·반영하여 비영리조직회계 기준 제정안을 마련한 후 이를 회계기준위원회에 재심의('14년 5월, '16년 4월, 10월, 11월)

(14) 의결 및 공표

□ 회계기준위원회가 '17.5월에 심의·의결, '17.6월에 추가 보고를 거쳐 비영리조직회계 기준을 최종의결('17년 7월)

Ⅱ. 해외사례

Ⅱ-1. 국가별 비교

	미국	영국	캐나다	호주	일본	독일
일반적 비영리회계 기준 존재 여부	○	○	○	○	일반기준은 없으며 종류 별로 산재 -공익법인 -NPO법인 -사회복지법인 -학교법인 -종교법인 등	일반기준은 없으며 업종 별 지침 존재
일반적 비영리회계 기준 명칭	재무회계 기준 958 (FASB ASC* 958) * Accounting Standards Codification	재무보고 기준 102 (FRS* 102) * Financial Reporting Standard	캐나다 공인회계사회 편람 제3편 (CICA Handbook: PartⅢ)	호주회계기준 (AASs*) * Australian Accounting Standards		
회계기준 구성	영리기업 회계기준 바탕 + 비영리조직 특수기준 추가	영리기업 회계기준 바탕 + 비영리조직 특수기준 추가	영리기업 회계기준 바탕 + 비영리조직 특수기준 추가 * 바탕이 되는 영리기업회계 기준으로는 다음 중 하나 선택 가능: -IFRS (PartⅠ) -비상장 기업기준 (PartⅡ)	영리기업 회계기준 바탕 + 비영리조직 특수기준 추가 * 바탕이 되는 영리기업회계기준으로는 다음 중 하나 선택 가능: -IFRS (AASs) -비상장 기업기준 (AASs - Reduced Disclosure Requirements)	민간에서 제정된 NPO법인회계기준('10년)의 경우 명시적 참조규정은 없지만 영리기업 회계기준에 바탕을 두고 있는 것으로 보이며 다음과 같은 비영리조직 특수 기준 추가 -고유목적사업과 비고유목적사업의 구분 -비영리조직의 특수거래 -사업비와 관리비의 구분	–

	미국	영국	캐나다	호주	일본	독일
회계기준 제정기구	재무회계 기준위원회 (FASB) Financial Accounting Standards Board	재무보고 위원회(FRC) Financial Reporting Council	회계기준 위원회(AcSB) Accounting Standards Board	호주회계 기준위원회 (AASB) Australian Accounting Standards Board	종류별로 각기 다른 주체가 제정 * NPO법인회계기준은 민간협의체인 NPO법인회계기준협의회가 제정	업종별 지침은 독일회계사회가 제정
재무제표 종류	-재무상태표 -활동계산서 (Statement of Activities) × -현금흐름표	-재무상태표 -포괄손익 계산서 -자본변동표 -현금흐름표	-재무상태표 -운영계산서 (Statement of Operations) -순자산변동표 -현금흐름표	-재무상태표 -포괄손익 계산서 -자본변동표 -현금흐름표	-대차대조표 -활동계산서 ↑ NPO법인 회계기준	-

□ 각국의 '비영리조직'에 대한 정의

국가	용어와 출처	정의
미국	비영리실체 (Not-for-Profit Entity) (Master Glossary of Accounting Standards Codification)	비영리실체는 다음의 특징을 보유함: a. 자원제공자가 유의적인 금액의 자원을 기부하며, 자원제공자는 이에 준하는 금전적인 보상을 기대하지 않음. b. 이윤목적의 재화판매나 용역제공이 아닌 다른 사업목적을 갖고 있음. c. 영리기업과 같은 소유지분은 존재하지 않음. 이러한 정의에 명백하게 부합되지 않는 실체들은 다음과 같음: a. 투자자 소유 실체 b. 그 실체의 소유자, 회원이나 참여자등에게 배당, 원가할인혜택 또는 기타 경제적혜택을 직접적으로 그리고 비례적으로 제공하는 실체 (예: 상호보험회사, 신용협동조합, 농장 및 농촌전기협동조합, 종업원급여제도)

국가	용어와 출처	정의
영국	공익실체 public benefit entity (Glossary of FRS 102)	실체의 주목적은 일반대중이나 지역사회 또는 사회적 혜택을 위하여 재화나 용역을 제공하는데 있으며, 자본을 제공받는 경우 그 목적은 주주나 회원들에게 재무적인 보상을 제공하는 것이 아니라 그 실체의 주목적을 지원하는 데 있음. 공익실체가 되려면, 실체의 목적이 대중전체의 혜택일 필요는 없음. 예를 들면, 비록 사회전체적으로 간접적인 혜택을 동시에 받을 수 있지만, 다수의 공익실체는 특정집단의 직접적인 혜택을 위해 존재함. 여기서 중요한 사항은 실체의 주목적이 무엇인지와 그 실체가 경제적인 혜택을 투자자들에게 제공하기 위해서 존재하는 것은 아니라는 것임. 상호보험회사, 기타상호협동조합, 클럽과 같은 조직은 그들의 소유자, 회원이나 참여자들에게 배당이나 기타경제적혜택을 직접적으로 그리고 비례적으로 제공하므로 공익실체에 해당하지 않음.
캐나다	비영리조직 not-for-profit organizations (CICA Handbook)	조직은 일반적으로 이전가능한 소유지분을 가지고 있지 않으며, 사회, 교육, 전문업, 종교, 건강, 자선이나 기타 비영리목적으로만 설립되어 운영됨. 비영리조직의 회원, 기부자, 기타자원제공자는 조직으로부터 금전적인 보상을 직접적으로 받지 않음.
호주	비영리실체 not-for-profit entity (AASB 102 Inventories)	주목적이 이윤창출이 아닌 실체. 비영리실체는 단일의 실체이거나 지배실체와 각 종속실체로 구성된 집단일 수 있음.

II-2. 특기사항

1. 미국

□ '87년 감가상각에 관한 회계기준 제정을 필두로, '93년에 비영리조직의 기부금 수익 인식기준 및 재무제표 작성과 표시 회계기준이 제정되었고 '95년에 비영리조직 보유 투자자산 회계처리기준 등이 제정됨.

○ 현행 US GAAP(Accounting Standards Codification; ASC)상 비영리조직회계기준은 일반기 준인 영리기업회계기준에 추가되는 특정산업기준(a specific industry guidance)의 하나 (ASC 958)로서 규정되어 있음.

○ 미국 비영리조직 특수기준의 주요 예는 다음과 같음.

> – 재무제표 범위와 표시: 재무상태표, 활동계산서, 현금흐름표
> – 기부금 수익인식
> – 고정자산 감가상각
> – 보유투자자산의 측정 및 평가손익의 회계처리:
> • 공정가치 측정. 단, 공정가치를 구할 수 없는 주식은 예외
> • 평가손익은 원칙적으로 제약 없는 순자산의 증가(감소)로 회계처리

2. 영국

□ '13년 3월에 영리기업회계기준(일반기준)과 비영리조직회계기준(특수기준)을 한데 묶 은 회계기준(FRS 102)을 새로 제정하였고 '15년 1월 1일부터 시행

○ FRS 102가 근간으로 하고 있는 영리기업회계기준은 비상장기업(IFRS 미적용기업)에 적용되는 기준임.

○ FRS 102 내에서 비영리조직에만 적용되는 특수기준은 'PBE'라는 문단으로 별도 표시

□ 영국 비영리조직 특수기준의 주요 예는 다음과 같음.

- 저리대여금(concessionary loans): 공정가치 또는 현금수수액으로 측정
- 사회복지목적으로 보유하고 있는 부동산(Property held for the provision of social benefits): 투자부동산이 아닌 유형자산으로 분류
- 비영리조직간 합병: 상황에 따라 매수법(acquisition method) 또는 기부취득(donations of assets)으로 회계처리
- 자산손상: 사용목적 자산의 회수가능액 산정 시 사용가치(value in use, 현금흐름평가치) 대신 용역잠재력평가치(a service potential driven valuation) 사용 가능
- 자금제공약정(funding commitment): 비영리조직이 무조건적으로 자금제공약정을 한 경우 부채 인식
- 기부·증여 등 비교환거래로부터의 수익인식

□ 일부 업종의 경우 관련 정부기관이나 위원회가 제정한 업종별 회계기준에 대해 영국 재무보고위원회(Financial Reporting Council, FRC)가 검토하고 인증

① (자선단체) 자선단체의 회계 및 보고에 관한 실무지침서[Accounting And Reporting By Charities: Statement Of Recommended Practice applicable to charities preparing their accounts in accordance with the Financial Reporting Standard applicable in the UK and Republic of Ireland (FRS 102) (effective 1 January 2015)]

- 정부기관인 자선단체위원회(Charity Commission)가 제정한 회계기준으로서 관련 법규에서는 자선단체에게 실무지침서(SORP)에 따라 재무제표를 작성하도록 요구

  * 동 실무지침서에서 규정하는 업종별 회계기준은 영국재무보고위원회가 제정한 일반적 회계기준(UK GAAP)에 추가 또는 보완하는 지침의 성격을 지님(동 실무지침서 문단 3).

〈실무지침서 도입부 일부 발췌〉

3. The introduction to each module identifies the section(s) in FRS 102 relevant to the issues addressed by that module. This SORP provides guidance on how to apply FRS 102 to charity accounts and it should be noted that in the hierarchy established in accounting standards, FRS 102 requirements and legal requirements take precedence over the SORP. Therefore should an update to FRS 102 or a change in relevant legislation be made after the publication of this SORP, any of the provisions of this SORP that conflict with the updated FRS 102 or relevant legislation cease to have effect.

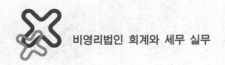

- 영국재무보고위원회가 인증하였으며, 실무지침서 서두에서 그러한 인증이 있었음을 다음과 같이 밝힘.

"영국재무보고위원회는 실무지침서가 동 위원회의 실무규약을 따랐고, 회계실무에서 수용될 수 없는 원칙을 담고 있지 않으며 영국재무보고위원회가 제정한 회계기준과 상충되지도 않는다고 결론을 내렸다."

〈실무지침서 서문 발췌〉

Financial Reporting Council's statement on the charities SORP (FRS 102)

The aim of the Financial Reporting Council (FRC) is to promote high-quality corporate governance and reporting to foster investment. In relation to accounting standards applicable in the UK and Republic of Ireland the FRC's overriding objective is to enable users of accounts to receive high-quality understandable financial reporting proportionate to the size and complexity of the entity and users' information needs. In particular industries or sectors, clarification of aspects of those standards may be needed in order for the standards to be applied in a manner that is relevant and provides useful information to users of financial statements in that industry or sector.

Such clarification is issued in the form of Statements of Recommended Practice (SORPs) by bodies recognised for this purpose by the FRC. The Charity Commission and the Office of the Scottish Charity Regulator (OSCR) in their role as the joint SORP-making body have confirmed that it shares the FRC's aim of high-quality financial reporting and has been recognised by the FRC for the purpose of issuing SORPs for charities.

In accordance with the FRC's *Policy and Code of Practice on SORPs* the FRC carried out a limited scope review of the SORP focusing on those aspects relevant to the financial statements.

On the basis of its review, the FRC has concluded that the SORP has been developed in accordance with the FRC's *Policy and Code of Practice on SORPs* and does not appear to contain any fundamental points of principle that are unacceptable in the context of present accounting practices or to conflict with an accounting standard.

22 May 2014
Financial Reporting Council

- 위 자선단체 실무지침서(SORPs for Charities)에서는 다음의 재무제표 작성을 요구하고 있음.

- 재무활동계산서(Statement of Financial Activities)
- 대차대조표(Balance Sheet)
- 현금흐름표(Statement of Cash Flow)
- 주석(Notes)

② (대학) 고등교육회계 실무지침서[Statement Of Recommended Practice: Accounting for further and higher education (March 2014, Universities UK)]

- 대학회계실무자, 회계전문가, 관련협회, 감독기구, 영국회계기준제정기구 등이 참여한 고등교육실무지침위원회(FE/HE SORP Board)가 제정
  * 동 실무지침서에서 규정하는 업종별 회계기준은 영국재무보고위원회가 제정한 일반적 회계기준(UK GAAP)에 추가 또는 보완하는 지침의 성격을 지님(동 실무지침서 서문 및 도입부).

〈실무지침서 서두 일부 발췌〉

Foreword

This Statement of Recommended Practice (SORP), reflects the changes to UK Generally Accepted Accounting Practice (GAAP) following the issue of FRS 100, 101 and 102 which will be effective for financial years beginning on or after 1 January 2015. As previously, the SORP combines the requirements of institutions of both further and higher education throughout the United Kingdom, reflecting the collaboration between the key stakeholders – Further and Higher Education funding and regulatory bodies, sector representative bodies, and accounting practitioners – all of whom are represented on the FE / HE SORP Board. (이하 생략)

1: INTRODUCTION AND SCOPE

1.4 Institutions following this SORP must apply all requirements under FRS 102 'The Financial Reporting Standard' applicable in the UK and the Republic of Ireland', relevant legislation and accounts directions from the Funding Bodies applicable to the reporting institution. When an update to FRS 102, relevant legislation or accounts direction is issued after publication of the most recent edition of this SORP, any of the provisions of the SORP that conflict with the updated FRS 102, accounts direction or relevant legislation will cease to have effect. This SORP is drafted on the basis of UK accounting standards which the SORP Board believes are appropriate for institutions.

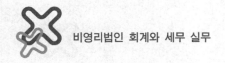

－영국재무보고위원회가 인증하였으며 실무지침서 도입부에서 그러한 인증이 있었음을 다음과 같이 밝힘.

"영국재무보고위원회는 지침서가 동 위원회의 실무규약을 따랐고, 회계실무에서 수용될 수 없는 원칙을 담고 있지 않으며 영국재무보고위원회가 제정한 회계기준과 상충되지도 않는다고 결론을 내렸다."

〈실무지침서 도입부 일부 발췌〉

FRC STATEMENT

FRC's Statement on the Statement of Recommended Practice - Accounting for Further and Higher Education

The aim of the Financial Reporting Council (FRC) is to promote high-quality corporate governance and reporting to foster investment. In relation to accounting standards applicable in the UK and Republic of Ireland the FRC's overriding objective is to enable users of accounts to receive high-quality understandable financial reporting proportionate to the size and complexity of the entity and users' information needs. In particular industries or sectors, clarification of aspects of those standards may be needed in order for the standards to be applied in a manner that is relevant and provides useful information to users of financial statements in that industry or sector.

Such clarification is issued in the form of Statements of Recommended Practice (SORPs) by bodies recognised for this purpose by the FRC. The FE/HE SORP Board has confirmed that it shares the FRC's aim of high-uality financial reporting and has been recognised by the FRC for the purpose of issuing SORPs for further and higher education institutions.

In accordance with the FRC's *Policy and Code of Practice on SORPs* the FRC carried out a limited scope review of the SORP focusing on those aspects relevant to the financial statements.

On the basis of its review, the FRC has concluded that the SORP has been developed in accordance with the FRC's *Policy and Code of Practice on SORPs and does not appear to contain any fundamental points of principle that are unacceptable in the context of present accounting practices or to conflict with an accounting standard.*

26 March 2014
Financial Reporting Council

- 위 대학 실무지침서(SORPs for Universities)에서는 다음의 재무제표 작성을 요구하고 있음.
  - 주요 회계정책과 추정기법 보고서(Statement of principal accounting policies and estimation techniques)
  - 포괄손익계산서(Statement of Comprehensive Income)
  - 적립금변동표(Statement of Changes in Reserves)
  - 대차대조표(Balance Sheet)
  - 현금흐름표(Statement of Cash Flow)
  - 주석(Notes)

3. 캐나다

□ '10년 9월에 비영리조직회계기준의 체제를 재정비
○ 비영리조직이 다음 둘 중 하나의 회계기준을 선택하여 적용할 수 있도록 함.
  - 비영리조직에만 적용되는 특수기준(캐나다공인회계사회편람 제3편)을 적용하되, 동 특수기준에서 별도로 정하고 있지 않는 사항에 대해서는 비상장기업회계기준(캐나다공인회계사회편람 제2편)을 적용하는 경우
    * 따라서 비영리조직특수기준 그 자체로서는 완비(stand-alone)된 회계기준이 아님.
  - 국제회계기준(IFRS, 캐나다공인회계사회편람 제1편)을 적용하는 경우
    * 비영리조직특수기준(캐나다공인회계사회편람 제3편)은 적용할 수 없음.

□ 캐나다 비영리조직 특수기준의 주요 예는 다음과 같음.

- 무형자산
- 금융상품(Financial Instruments):
  - '매도가능(Available For Sale)' 분류 삭제. 따라서 평가손익은 순자산변동표가 아닌 운영계산서에 표시
  - 비영리조직의 선택에 따라 모든 금융상품을 취득 후 공정가치로 평가 가능. 비영리조직이 그러한 선택을 하지 않는 경우, 시장성 있는 채권은 상각후원가로 평가하는 것이 원칙이며, 시장성 있는 주식은 공정가치로 평가하는 것이 원칙
- 거래원가: 상각후원가로 측정되는 금융상품의 취득원가에 가산
※ 과거에는 비영리조직의 선택에 따라 현금흐름표를 작성하지 않을 수도 있었으나 '10년 9월 기준 재정비를 통해 현금흐름표 작성이 의무화됨.

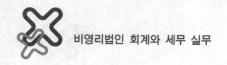

4. 호주

☐ '10년 6월에 비영리조직회계기준의 체제를 재정비

○ 호주 GAAP은 두 개의 층으로 구성

    - **Tier 1:** 호주회계기준**(Australian Accounting Standards)**

        * 국제회계기준(IFRS)을 수용하였으며 비영리조직에만 적용되는 특수기준을 추가

        ** 상장기업에 의무적용. 비상장기업과 비영리조직에는 선택적용

    - **Tier 2:** 호주회계기준-주석사항 경감

                (Australian Accounting Standards- Reduced Disclosure Requirements)

        * 국제회계기준(IFRS)을 바탕으로 하되 일부 주석기재사항을 경감

        ** 비상장기업과 비영리조직에 적용 가능

○ 호주 GAAP이 두 개의 층으로 구성되었지만 별도 set의 기준이 각각 존재하는 것은 아니며, 국제회계기준**(IFRS)**을 바탕으로 하는 하나의 회계기준체제 내에 주석기재경감에 관한 특별규정과 비영리조직 특수기준을 '**Aus**'라는 문단으로 별도 표시하여 추가

○ 비영리조직이 다음 둘 중 하나의 회계기준을 선택하여 적용할 수 있도록 함.

    - (기본) **Tier 2:** 비상장기업회계기준(주석기재 경감된 IFRS) + 비영리조직특수기준

    - (선택) **Tier 1:** 국제회계기준(IFRS) + 비영리조직특수기준

○ 호주 비영리조직 특수기준의 주요 예는 다음과 같음.

> -자산손상: 사용목적 자산의 회수가능액 산정 시 사용가치(value in use, 현금흐름평가치) 대신 상각대체원가(Depreciated Replacement Cost) 사용
> -무상으로 배포하기 위해 보유하고 있는 재고자산(Inventories held for distribution): 저가법을 적용하지 않고 취득원가로 평가

5. 일본

☐ 통일된 비영리조직회계기준은 없으며 비영리조직종류별로 회계기준이 산재해 있는 바, 그 현황은 다음과 같음.

	공익법인 (사단, 재단)	NPO법인	사회복지법인	학교법인	종교법인
기준명	공익법인 회계기준	NPO법인 회계기준	사회복지법인 회계기준	학교법인 회계기준	종교법인 회계지침
제정주체	정부 (내각부 공익인정 등위원회)	민간협의체 (NPO법인 회계기준협의회)	정부 (후생노동성)	정부 (문부과학성)	일본공인회계사회
재무제표	대차대조표 순재산증감계산서 현금흐름표	대차대조표 활동계산서	대차대조표 사업활동계산서 자금수지계산서	대차대조표 사업활동수지 계산서 자금수지계산서	대차대조표 순자산증감계산서 수지계산서

○ (NPO법인 회계기준) NPO법인회계기준은 법률에 의해 강제 적용되는 회계기준이 아니며 비영리조직의 선택에 따라 적용
  - 정부가 회계기준을 책정하면 NPO법인에 필요 이상의 지도적 효과를 미칠 우려가 있어 회계기준의 책정은 민간의 자주적인 대처에 맡겨야 한다는 인식이 있었기 때문에 정부가 나서지 않고 민간협의체(NPO법인회계기준협의회)에 의해 제정
  - 핵심내용은 다음과 같음.

> - 작은 단체도 무리 없이 적용할 수 있도록 배려
> - 현물 기부와 봉사 등 비영리특유의 현상을 반영
> - 기존의 '수지계산서'에서 '활동계산서'로 양식이 변경
> - 비용에 대해서는 '사업비'와 '관리비'로 구분하도록 요구
> - 복식부기 기반의 발생주의 회계를 적용

6. 독일

☐ 일반적으로 적용되는 비영리조직회계기준은 없으며 법률상 의무가 없어 실제 비영

리조직의 재무제표 공시도 제대로 이루어지고 있지 않는 실정임 다만 대형 비영리조직은 자율적으로 재무제표를 공시하기도 하는데 통일된 회계기준이 없어 조직간 비교가능성이 낮음.

○ 강제성이 있는 것은 아니지만 다음과 같이 독일회계사회가 제정한 업종별 회계지침이 있음.

　– 재단과 신탁의 재무보고[Financial reporting by foundations and trusts (IDW RS HFA 5)]

　– 비법인협회의 재무보고[Financial reporting by unincorporated associations (IDW RS HFA 14)]

　– 모금활동조직의 재무보고[Specifics in financial reporting by fund raising organisations (IDW RS HFA 21)]

7. 국가별 개선작업

□ 여러 국가에서 비영리조직회계기준에 대한 재정비 작업이 진행 중

① (미국) '11년 11월 미국재무회계기준위원회(FASB)는 비영리자문위원회(Not-for-Profit Advisory Committee; NAC)의 권고를 받아 들여 비영리조직회계기준 개선작업에 착수

　– 전면 개정은 아니며 일부 측면에 국한된 개선 작업으로서 '16년 8월 비영리조직의 재무제표 표시 기준을 개정(Accounting Standards Update; ASU No. 2016-14)하였고, 보조금 및 계약의 수익 인식에 대한 개정작업이 진행 중

② (캐나다) '12~13년에 비영리조직회계기준에 대하여 일부 개정작업을 하였고, '17.2월 '비영리조직회계기준 개선' 공개초안을 발표

③ (호주) 현재 수익 관련 국제회계기준인 IFRS 15에 관한 비영리조직 특수기준 마련을 하고 있는 중

④ (일본) 현재 업종별로 산재된 비영리조직회계기준을 하나로 통합하기 위한 움직임이 있음.

　– '13.7월 일본공인회계사회(JICPA)는 '비영리조직의 회계시스템 구축을 위해'라는 제목의 연구보고서를 발표

　– '17.5월 일본공인회계사회(JICPA)는 '비영리조직회계기준 개발을 위한 개별 논점 정리-고정자산의 감액' 공개초안을 발표

Ⅲ. 비영리조직회계기준 제정에 대한 기본접근방법

Ⅲ-1. 일반목적 재무제표

1. 현황

□ 현재 비영리조직의 재무제표 작성목적이 감독기관에 대한 제출용도에 치중되어 있으며, 감독기관은 비영리조직의 재무제표 작성을 돕기 위하여 개별적으로 규칙을 제정하여 비영리조직에게 제공하고 있으므로 일반목적의 재무제표는 실제 작성되지 아니하는 실정임.

구분	회계규칙	근거법률
사학기관	사학기관 재무·회계 규칙에 대한 특례규칙	사립학교법
사회복지기관	사회복지법인 및 사회복지시설 재무·회계 규칙	사회복지사업법
의료기관	의료기관 회계기준 규칙	의료법
학술장학기관	N/A	공익법인의 설립·운영에 관한 법률[1]
문화예술단체[2]	N/A	N/A
종교단체(기독교)	교회회계와 재무처리기준[3]	N/A

[1] 학자금·장학금 지급, 학술 및 자선에 관한 사업을 목적으로 하는 법인을 '공익법인'으로 규정(제2조). 동법 시행령에서는 동 시행령에서 특별히 규정하는 경우를 제외하고는 기업회계의 원칙에 따라 처리하도록 회계원칙을 설정(제22조)

[2] '12년 문화부가 예술경영지원센터와 공동으로 외부전문가에게 관련 회계기준연구용역을 의뢰하여 최종보고서를 접수하였으나 아직 정부차원에서의 회계기준 발표는 없는 실정임

[3] 한국기독교교회협의회가 제정하였으며('13.11.18.), 비영리조직회계기준 공개초안(회계기준원, '13.11.14.)과 유사한 내용을 포함

○ 상속세및증여세법에서 위와 같은 비영리조직(동법에서는 '공익법인'이라 칭함)이 국세청 인터넷 홈페이지에 표준화된 양식에 따라 작성된 결산서류(재무상태표와 운영성과표를 포함)를 공시하고 일반인이 그 결과를 열람할 수 있도록 제도를 규정하고 있는바,

   – 이 제도에 따라 공시되는 재무제표는 관할 감독기관의 정보수요에 구속되는 것이 아니므로 일반목적 재무제표에 가까운 성격을 지닌다고 볼 수도 있음.

   – 그러나, 세법에 규정된 제도이므로 세무당국의 정보수요에 치중한 측면(예: 고유목적사업 재무제표와 수익사업 재무제표를 별도 작성 고유목적사업준비금과 그 전입액의 인식)이 있어 완전한 형태의 일반목적 재무제표라 하기 어려움.

2. 회계기준위원회의 제정관점

□ 회계기준위원회의 비영리조직회계기준 제정목적은 일반목적의 재무보고도 함께 이루어지도록 하기 위해 모든 비영리조직에 공통적으로 적용 가능한 회계기준을 제시하는 데 있음(제1조, 제2조, 제5조).

○ 현행의 비영리조직 재무보고는 감독기관이나 정보분석력이 있는 고액기부자의 정보수요를 충족시키는데 치중되어 있지만, 비영리조직에 금전을 대여하거나, 재화나 용역을 공급하거나, 소액기부금이나 회비를 납부하거나, 심지어 비영리조직 취직에 관심이 있는 이 등 여러 종류의 이해관계자들도 재무정보의 이용자가 될 수 있으므로,

   – 이들 이해관계자들의 정보수요를 공통적으로 충족시킬 수 있는 필요 최소한의 기본정보를 체계적이고 이해 가능한 방식으로 제공하는데 초점을 맞춘 일반목적 재무보고 또한 필요

○ 비영리조직의 활동내용을 하나에서부터 열까지 세세하게 보고하는 재무보고는 일반정보이용자에게 유용한 정보가 되기 어려우며, 대신 재무보고가 일반정보이용자에게 비영리조직 활동의 전반적인 그림(overall picture)을 그려 주면서 중요사항을 강조(highlight)하는 식으로 간단명료화 될 필요

○ 간단명료한 정보를 제공하기 위해서는 자산, 부채, 순자산, 수익, 비용 등에 관한 정보를 적절한 수준에서 합리적 기준을 갖고 분류(classify)·통합(aggregate)하고 구분(disaggregate)하는 것이 필요

○ 일반목적의 재무보고를 추가로 요구하는 것이므로 일반정보이용자의 정보수요와 회계실무에서의 작성비용 간에 적절한 균형달성 필요

   – 작성자 입장에서는 추가비용만 들고 효익은 얻지 못한다는 불만이 있을 수 있으나,

일반목적 재무보고를 통해 재무정보 전달의 범위를 넓히고 효과성을 증진할 수 있
는 효익이 있음도 고려할 필요

3. 해외사례

□ 미국, 영국, 캐나다, 호주의 경우 모든 종류의 비영리조직에 적용되는 일반회계기준이
존재하는바, 이들 기준은 일반목적 재무제표 작성을 전제로 하고 있음(위 Ⅱ-1 참조).

Ⅲ-2. 조직전체에 대한 재무제표

1. 현황

□ 많은 비영리조직이 회계단위를 구분하여 재무제표를 작성하고 있는바, 감독기관의
감독목적이나 비영리조직 내부관리목적으로는 활용도가 있으나 일반목적의 재무보
고시 회계단위를 구분할 경우 오히려 정보이용자의 혼란을 가중시킬 수 있음.
ㅇ 예를 들어 사립대학은 '법인회계 – 학교회계 – 수익사업회계'로 구분, 사회복지기관은
'법인회계 – 시설회계 – 수익사업회계'로 구분
ㅇ 사립대학의 경우 사학기관 재무·회계 규칙에 대한 특례규칙(제36조~제38조)에서 모
든 회계단위를 아우르는 대학 전체의 '종합재무제표' 작성에 관한 규정을 두고 있으
나, 감독기관(교육부)에 제출되는 결산서에는 포함되지 않아(동규칙 제42조) 실제 종합
재무제표 작성이 강제되지는 않음

2. 회계기준위원회의 제정관점

□ 감독목적 재무보고에서 비영리조직 내 회계단위가 복수로 구분되는 것은 존중될 필
요가 있지만, 일반목적 재무보고에서는 비영리조직 전체에 대한 재무제표를 제공함
으로써 일반정보이용자의 이해가능성과 비영리조직간 비교가능성을 제고시킬 수 있
음(제3조).
ㅇ 필요하다면 기존에 구분된 회계단위별 재무보고 정보도 영리기업의 부문별공시와 마찬

가지로 비영리조직의 일반목적 재무보고에서 주석으로 기재될 수 있을 것임(제51조).
- 영리기업의 경우에는 회계단위를 구분하지는 않지만 내부적인 관리회계 영역에서 사업부별 예산관리 및 사업부별 성과관리 등을 지속적으로 이용하고 있으며 재무회계 영역에서도 사업부별 재무상태와 성과내역을 재무제표의 주석을 이용하여 표시하고 있음.

○ 실무적으로 동일한 비영리조직 내 회계단위별로 적용되는 회계처리 기준이 상이(복식부기 기반의 발생주의회계 vs 단식부기 기반의 현금주의회계)할 수 있으므로 상이한 기준에 따라 작성된 회계단위별 재무제표를 합산하는 방식이 아니라, 원천 재무자료를 통합하여 단일보고단위의 재무제표를 작성할 수 있도록 기술적인 노력이 필요함

○ 다만, 세무신고목적을 고려할 때 전통적으로 회계실무에서는 고유목적사업과 수익사업 구분을 중요시 해 왔기에, 이에 대해서는 뒤에서 별도로 고려하기로 함(아래 IV-5의 4 참조).

3. 해외사례

□ 미국, 영국, 캐나다, 호주의 비영리조직회계기준도 비영리조직 전체에 대해 재무제표 작성을 요구하고 있음(위 II-1 참조).

III-3. 복식부기 기반의 발생주의회계

1. 현황

□ 사회복지기관의 경우 관련 법규상 복식부기가 의무화되지 아니하여 단식부기를 기반으로 현금주의에 따라 결산업무를 수행하는 기관이 많으며, 종교단체(기독교)의 경우 복식부기를 기반으로 회계기준이 마련되어 있으나 실무에서 널리 적용되지 않고 있는 실정임

○ 비교적 간단한 업무프로세스를 가지고 영세한 규모로 운영되는 비영리조직의 경우 쉽고 간편하다는 점과 비영리회계의 특수성을 이유로 단식부기를 선호할 수 있으나
- 조직이 일정 규모를 초과할 경우 단식부기 기반에서 생산되는 재무정보는 관리목적(부외자산 관리, 채권채무 관리, 적절한 기간손익 확인 등)상으로도 한계가 있음.

2. 회계기준위원회의 제정관점

□ 재무제표 공시에 의한 재무보고를 위해서는 복식부기 기반의 발생주의회계 채택이 필요함(**제4조**).

3. 해외사례

□ 미국, 영국, 캐나다, 호주, 일본(NPO법인 회계기준)의 비영리조직회계기준도 복식부기 기반의 발생주의회계 적용을 요구(위 Ⅱ-1 참조)

Ⅲ-4. 재무제표 종류와 명칭 통일

1. 현황

□ 각 업종별로 작성하는 재무제표의 종류가 서로 상이하여 업종간 재무제표의 비교가 능성이 원천적으로 어려움.

ㅇ 같은 성격의 재무제표라 하더라도 명칭과 포맷 등이 상이

사학기관	사회복지법인	의료기관	종교단체*	학술장학기관	공익법인 (상증법)
대차대조표 운영계산서 자금계산서 부속명세서 주기, 주석	대차대조표 수지계산서 기타부속명세서	대차대조표 손익계산서 기본금변동계산서 현금흐름표	재무상태표 운영성과표 현금흐름표 주석	대차대조표 손익계산서	재무상태표 운영성과표

* 교회회계와 재무처리기준(한국기독교교회협의회, '13.11.18.)

2. 회계기준위원회의 제정관점

□ 재무상태표, 운영성과표, 현금흐름표, 주석으로 통일할 필요(**제6조**)

ㅇ 영리기업이 재무상태표, 손익계산서, 자본변동표, 현금흐름표를 작성하는 것과 일관됨.

- 당기순이익이라는 '단일의 경영성과측정치'가 중요성을 갖는 영리기업과 달리 비영리조직의 경우 '고유목적사업활동의 내용'이 중요하므로 손익계산서라는 명칭 대신에 '운영성과표'가 더 적절하며,
- 자본의 구성이 다양한 영리기업과 달리 비영리조직의 경우 순자산 구성이 상대적으로 단순하며 순자산별 변동내용을 운영성과표에 함께 나타낼 수 있으므로 비영리조직에서 자본변동표는 불필요함

○ 재무제표의 명칭 통일은 재무제표 이용자 입장에서 비교가능성을 확보할 수 있는 중요한 사항이므로 일반목적 재무보고 시 재무제표의 명칭통일은 필수

○ 모든 비영리조직에 대해 현금흐름표가 요구되어야 하는지에 대해서는 별도 논의가 필요(아래 Ⅳ-2 참조)

3. 해외사례

□ 미국의 비영리조직회계기준은 비영리조직에 대해 재무상태표, 활동계산서(손익계산서와 순자산변동표가 융합된 성격), 현금흐름표 작성을 요구(위 Ⅱ-1 참조)

○ 영국, 캐나다, 호주의 비영리조직회계기준은 이에 더해 순자산변동표(자본변동표) 작성을 요구

○ 일본의 NPO법인 회계기준은 현금흐름표 작성을 요구하지 않음.

Ⅲ-5. 기업회계기준 바탕 위에 비영리조직회계 특수성 가미

1. 현황

□ 관련 회계규칙을 정하는 법규에서 기업회계기준을 참조하는 경우로는 공익법인의 설립·운영에 관한 법률 시행령(제22조)과 의료기관 회계기준 규칙(재무제표세부작성방법고시 I-2-(1))이 있고, 그 외 법규에서는 기업회계기준을 명시적으로 참조하고 있지 않음

○ 기업회계기준을 명시적으로 참조하고 있지 않더라도 자산, 부채, 수익, 비용에 관한 회계처리 중 많은 부분이 사실상 기업회계기준에 기초하고 있음.

2. 회계기준위원회의 제정관점

□ 비영리조직회계기준에서는 '비영리조직의 재무제표 작성 및 표시에 관한기준과 비영
리조직 회계에서 특별히 고려되어야 할 사항'*에 대해서만 자세한 기준을 규정하고,

o 그 외 자산, 부채, 수익, 비용의 인식과 측정에 관한 회계처리는 대략적인 원칙(발생주의,
손상 등)만 제시하고 구체적인 회계처리방법은 기업회계기준을 참조(cross-reference)하
도록 함(제7조).

* 아래 'Ⅳ. 주요 논점별 해설'에서 다루어짐.

o 다만, 비영리조직회계기준을 적용하는 비영리조직이 실제 기업회계기준을 참조해야
할 필요성을 최소화하도록 가능한 자세하게 규정

o 현행 기업회계기준은 기업의 상장여부 및 외부감사여부에 따라3층으로 구분되어 있
는바, 비영리조직회계기준에서는 이 중 일반기업회계기준을 참조하도록 함.

기업회계기준	적용대상
한국채택국제회계기준(K-IFRS)	상장기업
일반기업회계기준	외부감사 의무 있는 비상장기업
중소기업회계기준	외부감사 의무 없는 비상장기업

- 비영리회계실무에서는 오래전부터 기업회계기준을 참고하는 것이 관행이었는바,
IFRS 도입이전의 기업회계기준을 계승한 일반기업회계기준을 비영리조직회계기준
에서 참조함으로써 실무부담을 최소화할 수 있음.
- IFRS는 자본시장이 국제화됨에 따라 상장기업 재무제표의 국제적 비교가능성을
제고하고 자본조달비용을 절감하기 위해 채택되었는바, 비영리조직의 경우 그러한
유인이 미미한데다 IFRS 적용에 따른 실무부담이 과도할 우려가 있음.
- 중소기업회계기준은 회계역량이 상대적으로 부족한 중소기업들의 부담을 경감하
는데 초점을 맞춘 기준인바, 규모가 큰 비영리조직들이 참조하여 적용하기에는 부
적합함.

3. 해외사례

□ 미국, 영국, 캐나다, 호주의 비영리조직회계기준도 기업회계기준을 바탕으로 하되 비
영리조직회계의 특수성을 반영(위 Ⅱ-1 참조)

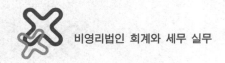

ㅇ 영국, 캐나다, 호주의 경우 기본 바탕이 되는 기업회계기준을 '비상장기업회계기준'으로 설정

- 다만, 캐나다와 호주는 비영리조직이 IFRS를 채택할 수 있도록 허용

III-6. 조문식 회계기준

1. 현황

□ 기업회계기준(중소기업회계기준 제외)은 기업에 일어날 수 있는 모든 유형의 거래와 사건에 대한 회계처리를 상세하게 다루기 위해 각 주제(예: 유형자산, 리스 등)별로 분절된 기준서(한국채택국제회계기준 제×××호) 또는 장(일반기업회계기준 제××장)을 만들어 설명식으로 기준을 제시

ㅇ '03년 3월에 회계기준원이 발표한 '비영리조직의 재무제표 작성과 표시 지침서도 설명식으로 기준을 제시

- 결론도출근거 및 재무제표예시를 포함하여 총 79페이지로 구성

- 비영리조직에서 일어나는 거래와 사건의 유형이 영리기업에 비하면 단순하다는 점을 고려할 때 불필요한 내용이 많고 지나치게 분량이 많아 오히려 이해가능성을 저해하는 것으로 지적됨.

2. 회계기준위원회의 제정관점

□ 비영리조직회계기준을 조문식으로 제정

ㅇ 설명식 보다는 조문식이 더 간단명료하게 기준을 제시할 수 있음.

ㅇ 비영리조직 재무제표 작성자들은 관련 법규등에서 제시한 조문식 회계규칙에 익숙하므로 비영리조직회계기준도 조문식으로 제정된다면 이들의 회계기준 이해도를 높일 수 있을 것으로 기대

Ⅳ. 주요 논점별 해설

Ⅳ-1. 회계기준 적용대상 비영리조직의 범위

1. 현황

□ 일반적으로 이해되는 비영리조직의 범위와 각종 법률에서 정의하는 비영리조직의 범위들 간에는 차이가 존재

(1) 일반적 정의

□ 비영리조직(또는 비영리단체, 비영리기관)은 소유주나 주주를 위해서 자본의 이익을 추구하지 않는 대신에 그 자본으로 어떠한 목적을 달성하는 조직으로서 다음 두 가지 유형으로 나눌 수 있음(출처: 위키백과).

① 영리를 목적으로 하지 않고, 또한 사회 전체의 이익을 목적으로 하는 단체
   – 조직 예: 사회적지원활동단체, 학교·병원·간호시설·직업훈련시설·묘지 등의 운영단체 등
   – 법인 예: 재단법인, 사단법인, 학교법인, 사회복지법인, 직업훈련법인, 종교법인 등
     * 단, 실질적으로 공동의 이익을 목적으로 하는 동창회·사업자단체 등에 대해서도, 공익성을 주장하여 재단법인·사단법인 등으로 된 사례도 다수 존재

② 영리를 목적으로 하지 않고, 공동의 이익을 목적으로 하는 단체
   – 조직 예: 동창회, 동호회, 사업자단체 등
   – 법인 예: 중간법인(中間法人), 의료법인, 사업조합 등

(2) 민법 - 비영리법인

□ 학술, 종교, 자선, 기예, 사교 기타 영리 아닌 사업을 목적으로 하는 사단 또는 재단으로서 주무관청의 허가를 얻고 그 주된 사무소의 소재지에서 설립등기를 함으로써 성립한 법인(제32조와 제33조)

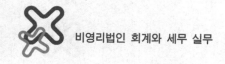

(3) 법인세법 - 비영리법인

☐ 다음 중 하나에 해당하는 내국법인(제1조 제2호)

① 민법 제32조에 따라 설립된 법인

② 사립학교법이나 그 밖의 특별법에 따라 설립된 법인으로서 민법 제32조에 규정된 목적과 유사한 목적을 가진 법인(대통령령으로 정하는 조합법인 등이 아닌 법인으로서 그 주주·사원 또는 출자자에게 이익을 배당할 수 있는 법인은 제외)

③ 국세기본법 제13조에 따른 법인으로 보는 단체

- 법인이 아닌 사단, 재단, 그 밖의 단체 중 주무관청의 허가 또는 인가를 받아 설립되어 법령에 따라 주무관청에 등록하였지만 법인으로 등기는 되지 아니한 것
- 법인이 아닌 사단, 재단, 그 밖의 단체 중 주무관청의 허가·인가·등록도 필하지는 않았지만 소정의 요건을 충족하고 대표자나 관리인이 관할 세무서장에게 신청하여 승인을 받은 것

(4) 상속세및증여세법 - 공익법인

☐ 다음 중 하나의 사업을 영위하는 법인(동법시행령 제12조)

공익유형	설립근거법
교육	사립학교법 등
학술·장학	공익법인의 설립·운영에 관한 법률
사회복지	사회복지사업법
의료	의료법
문화예술	문화예술진흥법
종교	민법, 기타 특별법 등

o 상속세및증여세법에서는 사업연도 종료일로부터 4개월 이내에 국세청 인터넷 홈페이지에 스스로 결산서류(재무상태표와 운영성과표를 포함)를 공시하고 일반인이 그 결과를 열람할 수 있도록 제도화(제50조의 3, '07년말 신설)

o 동법에서는 결산서류공시의무가 있는 공익법인(이하 '공시의무 공익법인'이라 함)을 다음으로 한정(동법시행령 제43조의 3)

- 재무상태표상 자산총액이 5억원 이상인 법인
- 총수입금액과 출연재산가액 합계가 3억원 이상인 법인

– 종교사업을 영위하는 공익법인은 제외

❗ 참고자료

※ '15년말 현재 공익법인은 총 34,743개(출처: 2016 한국 공익법인 연감, 한국가이드스타)

	종교	사회복지	교육	학술장학	문화	의료	기타	합계
ⓐ 가동 법인수	18,360	3,537	1,770	4,455	1,367	1,001	4,253	34,743
ⓑ 공시 법인수	–	2,068	1,614	2,214	517	969	1,203	8,585
비율(ⓑ÷ⓐ)	0%	58%	91%	50%	38%	97%	28%	25%

(5) 공익법인의 설립·운영에 관한 법률 – 공익법인

☐ 재단법인이나 사단법인으로서 사회 일반의 이익에 이바지하기 위하여학자금·장학
금 또는 연구비의 보조나 지급, 학술, 자선에 관한 사업을 목적으로 하는 법인(제2조)

❗ 각 법률에 따른 비영리조직의 범위 비교

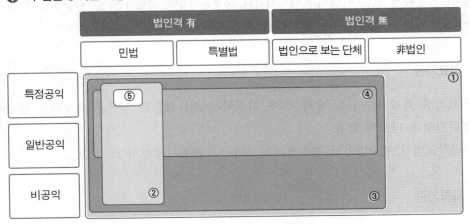

① 일반적 정의
② 민법상 비영리법인
③ 법인세법상 비영리법인
④ 상속세및증여세법상 공익법인
⑤ 공익법인의 설립·운영에 관한 법률상 공익법인

2. 원칙

□ 이번에 제정된 비영리조직회계기준은 종류에 관계없이 모든 비영리조직에 공통적으로 적용되는 일반원칙을 수립하는데 의의가 있음을 고려할 때, 특정 법률의 정의에 얽매일 필요 없이 비영리 특성을 갖는 모든 조직이 적용할 수 있도록 하는 것이 바람직하므로 회계기준 적용대상 비영리조직의 범위를 '일반적 정의'에 근거하여 설정(제 2조)

Ⅳ-2. 현금흐름표 작성 여부

1. 현황

□ 현금흐름표는 일정 기간에 걸쳐 현금의 유입과 유출에 대한 정보를 제공하는 것을 목적으로 하는 재무제표로서 관련 법규에 회계규칙이 있고 그 회계규칙에 재무제표 범위가 정해져 있는 비영리조직(사학기관, 사회복지법인, 의료기관) 중 현금흐름표 작성이 요구되는 비영리조직은 의료기관 뿐임.

(1) 의료기관

□ 의료기관 회계기준 규칙 별지 제4호 서식에서 현금흐름표 양식을 제시하고 있는바 영리기업과 다르지 않음.

○ 사립학교법상 학교법인의 부속병원의 경우 '자금수지계산서'로 갈음.

(2) 사학기관

□ 현금흐름표는 아니지만 이와 유사한 재무제표로서 '자금계산서'를 작성

○ 자금수입예산 및 자금지출예산이 실제의 자금수입 및 자금지출의 내용과 명백하게 대비되도록 표시하는 재무제표

○ '자금'이라 함은 현금, 예금, 수표 및 우편환 등을 말함.

  * 사학기관 재무·회계 규칙에 대한 특례규칙의 별지 제3호 서식에서 자금계산서 양식을 제시

(3) 사회복지법인

□ 단식부기 기반의 현금주의회계에 의한 손익계산서와 현금흐름표가 융합된 형태의 재
  무제표로서 '수지계산서'를 작성

 ο 사회복지법인 및 사회복지시설 재무·회계 규칙에서 대차대조표와 함께 작성할 것을
  요구하고 있으나 복식부기를 사용하는 경우로만 한정하고 있어 **단식부기를 사용할**
  경우 작성이 불필요

 ο 실제로 대부분의 사회복지법인은 수지계산서를 작성하고 있지 않음.
   * 사회복지법인 및 사회복지시설 재무·회계 규칙의 별지 제3호 서식에서 수지계산서 양식을 제시

2. 유사재무제표 – 수지계산서

(1) 정의

□ 수입과 지출의 계산 결과를 집계한 표로서 손익계산서와 유사한 개념으로 사용되고
  있으나, 수지계산서는 일반적으로 수지장기에 의한 단식부기방식에 따라 수입과 지
  출을 표시하고, 이에 따라 비영리법인 등이 주로 이용하고 있는 계산서임(국세청 용어
  사전).

 ο 용어 및 다음의 점에서 차이가 있기는 하지만 기본적으로는 위에서 언급한 수지계산
  서(사회복지법인), 자금계산서(사학기관), 자금수지계산서(학교법인 부속병원)가 모두 이
  에 해당

  – 자금계산서(사학기관)와 자금수지계산서(학교법인 부속병원)는 예산액과 결산액을 비
   교하여 그 증감액을 표시

  – 관련 회계규칙에서 제시하는 각각의 양식은 다음과 같음.

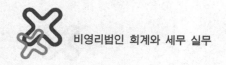

사회복지기관
수지계산서
(201×년 ×월 ×일부터 201×년 ×월 ×일까지)

과목	금액
I. 수입	
재산수입	
기본재산수입	
재산매각대	
사업수입	
과년도수입	
보조금수입	
정부보조금	
후원금	
차입금	
이월금	
잡수입	
물품매각대	
예금이자	
잡수입	
수입합계	
II. 지출	
사무비	
인건비	
물건비	
……	
제세공과금	
차량비	
재산조성비	
시설비	
재산관리비	
수익사업비	
과년도지출	
상환금	
사업비	
잡지출	
예비비	
지출합계	
III. 당기잉여금	

사학기관

자금계산서

(201×년 ×월 ×일부터 201×년 ×월 ×일까지)

1. 자금수입

과목	예산액	결산액	증감액
등록금수입			
등록금수입			
수강료수입			
기부수입			
기부금수입			
국고보조금수입			
교육부대수입			
입시수수료수입			
증명·사용료수입			
기타교육부대수입			
교육외수입			
예금이자수입			
기타교육외수입			
수익재산수입			
투자와기타자산수입			
투자자산수입			
투자유가증권매각대			
······			
기타자산수입			
임차보증금회수			
······			
······			
고정자산매각수입			
유형고정자산매각수입			
무형고정자산매각수입			
유동부채입금			
단기차입금			
고정부채입금			
장기차입금			
기타고정부채			
합계			
미사용전기이월자금			
자금수입총계			

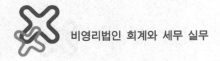

2. 자금지출

과목	예산액	결산액	증감액
보수			
교원보수			
직원보수			
관리운영비			
시설관리비			
일반관리비			
운영비			
연구·학생경비			
연구비			
학생경비			
입시관리비			
교육외비용			
지급이자			
기타교육외비용			
투자와기타자산지출			
투자자산지출			
투자유가증권매입대			
……			
기타자산지출			
임차보증금지출			
……			
……			
고정자산매입비			
유형고정자산매입지출			
무형고정자산취득비			
유동부채상환			
단기차입금상환			
고정부채입금상환			
장기차입금상환			
기타고정부채상환			
합계			
미사용차기이월자금			
자금지출총계			

○ 수지계산서에는 복식부기 손익계산서의 수익과 비용에 해당하는 수입과 지출뿐만 아니라 고정자산(투자자산, 유·무형자산) 매각과 취득, 차입금 차입과 상환으로부터 발생하는 수입과 지출도 포함하기 때문에, 복식부기하의 손익계산서와 현금흐름표가 융합된 것에 비유될 수 있음.

  – 다만, 각 업종별로 작성이 요구되는 재무제표 범위에 따라 수지계산서가 손익계산서를 갈음하는 것으로 보기도 하고 현금흐름표를 갈음하는 것으로 보기도 함

  – 즉, 사회복지법인의 경우 복식부기 사용시 대차대조표와 수지계산서 작성이 요구되므로 손익계산서에 대응하는 개념으로 해석되며 사학기관과 학교법인 부속병원의 경우 운영계산서나 손익계산서가 별도로 작성되므로 자금계산서(사학기관)와 자금수지계산서(학교법인 부속병원)가 현금흐름표에 대응하는 개념으로 해석됨

(2) 현금흐름표와의 차이

□ 수지계산서의 수입과 지출을 현금흐름표의 현금유입과 현금지출에 대응하는 개념으로 보면, 표시되는 개별 항목 측면에서는 수지계산서와 현금흐름표 간에 근본적인 차이는 없음.

  * 현금흐름표 양식은 비영리조직회계기준 적용사례 참조

□ 다만, 현금흐름표에 있는 다음의 정보가 수지계산서에는 표시되지 않음

① 사업활동 현금유입 및 현금유출의 각 합계액과 그 순액

② 투자활동 현금유입 및 현금유출의 각 합계액과 그 순액

③ 재무활동 현금유입 및 현금유출의 각 합계액과 그 순액

④ 기초 현금에서 당기 현금의 증감액을 가감한 기말 현금

(3) 실무관행

□ 사회복지기관이나 사학기관 외에도 다수의 비영리조직이 실무편의성 때문에 재무보고 용도로 수지계산서를 작성하고 있는바, 비영리조직회계기준의 실무수용성을 높이기 위해서는 현금흐름표 작성을 요구하는 대신 수지계산서로 갈음할 수 있도록 해야 한다는 의견이 있음.

3. 원칙

☐ 영리기업과 마찬가지로 비영리조직의 경우에도 재무상태와 운영성과를 나타내는 재무제표에 더하여 현금의 유출입에 관한 정보를 제공하는 재무제표가 일반정보이용자에게 제공된다면 의사결정에 유용한 정보를 제공할 수 있으므로, 원칙적으로 현금흐름표 작성을 요구하고 영리기업과 마찬가지로 비영리조직이 직접법과 간접법 중에서 선택할 수 있도록 함(제6조, 제37조, 제40조).

☐ 현금흐름표는 다른 재무제표와 같이 사용되는 경우 순자산의 변화, 재무구조(유동성과 지급능력 포함), 그리고 변화하는 상황과 기회에 적응하기 위하여 현금흐름의 금액과 시기를 조절하는 능력을 평가하는 데 유용한 정보를 제공함

☐ 직접법과 간접법에 의한 현금흐름표는 다음과 같은 차이가 있음.

① (직접법) 사업활동으로 인한 현금을 증가시키는 개별 수익항목에서 현금을 감소시키는 개별 비용항목을 차감하여 사업활동으로 인한 현금흐름을 구하는 방법
  - 직접법에 의하여 사업활동으로 인한 현금흐름을 구하기 위해서는 발생주의 손익계산서 대신 현금주의 손익계산서를 이용

② (간접법) 사업활동으로 인한 현금흐름을 운영성과표의 제약없는순자산의 증감또는 당기순이익)에서 사업현금흐름과 관련이 없는 손익항목을 제거하고, 사업활동과 관련된 자산 및 부채의 순증감액을 가감하여 구하는 방법
  - 사업현금흐름과 관련이 없는 손익항목으로는 현금의 유입과 유출이 없는 손익(감가상각비 등)과 투자 및 재무활동과 관련된 손익(투자자산처분손익, 부채상환손익 등)이 있음.

☐ (수지계산서 허용) 다만, 아직 우리나라 비영리회계실무에서 특히 소규모 비영리조직들은 현금흐름표가 아직 생소하여 작성에 부담을 느끼고 있는 것이 현실이므로,

○ 이들이 정보소실(사업활동, 투자활동, 재무활동 현금유출입에 대한 합계정보 등)로 인한 비용과 실무편익을 함께 고려하여 수지계산서로써 현금흐름표를 갈음할 수 있도록 허용할 필요(제6조)

Ⅳ-3. 순자산 구분 – 재무상태표

1. 현황

□ 비영리조직 마다 순자산을 구분하여 표시하는 방법이 제각각

ㅇ 영리기업의 순자산 구분표시방법을 답습하여 '자본금 – 자본잉여금 – 이익잉여금'으로 구분하여 표시하는 경우

ㅇ 비영리조직 각각의 규제환경에 맞추거나 스스로 선택한 방법에 따라 구분 표시하는 경우

  * (예) 사학기관은 '출연기본금 – 원금보존적립금 – 임의적립금 – 운영차액'으로 구분하여 표시

2. 원칙

□ 제약의 유무에 따라 순자산을 다음과 같이 두 가지로 구분(제12조, 제21조~제22조)

> ① 제약이 없는 순자산
> ② 제약이 있는 순자산: 기부자나 법령에 의해 사용이나 처분이 제약된 순자산으로서 기부자나 법령이 명시한 용도로 사용하거나 일정기간이 경과함으로써 제약이 소멸되거나 영구적으로 소멸되지 않는 순자산. 이는 다시 제약의 성격에 따라 다음 두 가지로 세분화될 수 있음.
> ⅰ 일시적 제약이 있는 순자산: 특정 비용을 집행하는 데에만 사용하거나, 투자자산에 투자하여 특정기간 보유하거나, 경제적 내용연수가 유한한 유형자산을 취득하여 그 내용연수 동안 보유·사용하여야 하는 등의 제약이 있는 경우
> ⅱ 영구적 제약이 있는 순자산: 토지를 취득하여 영구적으로 보유하여 특정 목적에 사용하거나, 투자자산에 투자하여 영구적으로 보유하여야 하는 등의 제약이 있는 경우

ㅇ 기부금이나 보조금·지원금 등을 받을 때 이를 제공한 자나 관련 법률에 의해 사용 및 처분에 제약이 가해지는 경우가 있는바, 이에 관한 정보는 비영리조직이 단기적인 공익사업 수요에 적시성 있게 대처할 능력이 얼마나 있는지, 장기적인 공익사업을 안정적으로 수행할 능력이 확보되어 있는지 등을 정보이용자에게 알릴 수 있어 유용

3. 적용방법

□ 순자산을 위와 같이 두 가지 '성격'으로 구분한다는 원칙 아래 실무적으로는 다음과 같이 융통성 있게 적용할 수 있을 것임(제23조).

(1) 명칭

□ 제약이 없는 순자산과 제약이 있는 순자산을 각각 '제약없는순자산, 제약있는순자산' 으로 명명하는 것을 모범실무(best practice)로 제시하되, 비영리조직의 기존관행을 고려하여 다르게 명명하는 것도 가능하도록 허용

○ 예를 들어, 제약없는순자산을 '이익잉여금'으로, 제약있는순자산을 '기본금'이나 '적립금' 등으로 명명하는 것도 가능

○ 다만, 모범실무와 다르게 명명할 경우 그 내용을 주석으로 기재하는 것이 필요

○ 최소한 순자산에 대해서는 '순자산'이라는 명칭으로 통일할 필요가 있으며, '자본'과 같은 다른 명칭으로 사용할 수 없도록 하는 것이 최소한의 비교가능성 제고를 위해 바람직

(2) 순서

□ 순자산의 두 가지 구분을 나열하는 순서는 '제약없는순자산 – 제약있는순자산'으로 하는 것을 모범실무로 제시하되, 비영리조직의 기존관행을 고려하여 반대순서로 나열하는 것도 허용

○ 예를 들어, '기본금(또는 적립금) – 이익잉여금' 순으로 나열하는 것도 가능

(3) 세분

□ 비영리조직의 필요에 따라서는 각 구분 내에서 추가적인 계정 구분을 하여 재무제표 본문에 표시하거나 주석으로 기재하는 것이 가능

○ 예를 들어, 제약있는순자산을 제약의 성격에 따라 '일시제약순자산'과 '영구제약순자산'으로 세분하여 재무제표 본문에 표시하거나 주석으로 기재하는 것이 가능이 경우에 '일시제약순자산'과 '영구제약순자산'에 대해서도 비영리조직의 기존관행을 고려하여 다르게 명명하는 것이 가능(예: 일시제약순자산을 '적립금'으로, 영구제약순자산을 '기본금'으로 표시)

○ 또 예를 들어, 기본금(영구제약순자산)을 설립자기본금, 원금보존기본금 등으로 추가 구분하여 재무제표 본문에 표시하거나 주석으로 기재하는 것이 가능

○ 제약없는순자산의 경우, 비영리조직의 의사결정기구가 자율적으로 제약을 가한 순자산에 관한 정보를 추가로 구분하여 본문표시 또는 주석기재 가능

　－ 예를 들어, 임의연구적립금, 임의장학적립금 등으로 정보를 세분해서 본문표시 또는 주석기재할 수 있음.

IV-4. 기능별 비용보고 - 운영성과표

1. 현황

☐ 비영리조직은 영리기업처럼 단일의 성과지표(당기순이익)를 산출해 내는 것이 중요한 것이 아니라, 고유목적사업에 대한 활동노력과 그 성과에 관한 정보(**service efforts and accomplishments**), 즉 비용집행내용을 공시하는 것이 더 중요

○ 비영리조직의 감독관청은 통제를 용이하게 할 목적으로 비영리조직이 예산수립시 사용할 계정과목을 성격별*로 구분하여 제시하는 것이 일반적인바, 현행 비영리회계실무에서는 결산을 할 때에도 그러한 예산계정과목에 따라 하는 것이 관행이므로, 비영리조직의 활동노력과 그 성과에 관한 정보가 충실하게 제공되지 못하고 있는 실정

　* (성격별 비용구분) 급여, 교육훈련비, 임차료, 지급수수료 등과 같이 지급되는 비용 자체의 성격에 따른 비용구분을 말함. 일반적으로 비영리조직의 감독관청은 '관－항－목' 순으로 세부화된 계정과목을 제시함(예: 사무비－인건비－급여)

　－ 일반정보이용자의 관점에서는 비영리조직이 순수 고유목적사업을 수행하는데 지출되는 비용과 이를 지원하는 활동(일반관리활동 및 모금활동)에 지출되는 비용을 구분하는 정보, 즉 기능별* 비용구분 정보를 얻을 경우 비영리조직의 **효율성과 효과성**을 판단하여 의사결정을 하는데 유용한 정보가 되므로 이러한 정보를 필요로 함.

　　* (기능별 비용구분) 비영리조직의 고유목적사업활동(또는 기능)을 사업수행활동, 일반관리활동, 모금활동으로 구분하고 지급되는 비용이 그 중 어떠한 활동과 직접 또는 간접적으로 관련되어 있는지를 결정하여 각 활동별로 분류한 비용구분을 말함(아래 IV-5의 4에서는 수익사업비용도 기능별 비용구분의 하나로 추가).

○ 현재 각 업종별로 관련 회계규칙에서 정하고 있는 고유목적사업의 비용계정과목표를 비교하면 다음과 같음.

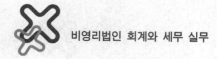

사립대학	사회복지법인	의료기관
사학기관 재무·회계 규칙에 대한 특례규칙	사회복지법인 및 사회복지시설 재무·회계규칙	의료기관 회계기준 규칙, 재무제표 세부작성방법 고시
보수 　교원보수 　직원보수 관리운영비 　시설관리비 　　건축물관리비 　　…… 　　보험료 　　리스·임차료 　　…… 　일반관리비 　　여비교통비 　　…… 　　제세공과금 　　지급수수료 　운영비 　　복리후생비 　　교육훈련비 　　업무추진비 　　…… 　감가상각비 연구·학생경비 　연구비 　학생경비 　　장학금 　　…… 　입시관리비	사무비 　인건비 　업무추진비 　운영비 　　여비 　　…… 　　제세공과금 　　…… 재산조성비 　시설비 　　시설비 　　자산취득비 　　시설장비유지비 사업비 　운영비 　　…… 　　수용기관경비 　　직업재활비 　　…… 　교육비 　　수업료 　　…… 　　급식비 　○○사업비 　　의료재활사업비 　　…… 　　교육재활사업비 　　직업재활사업비 　　……	인건비 　급여 　퇴직급여 재료비 　약품비 　진료재료비 　급식재료비 관리운영비 　복리후생비 　여비교통비 　…… 　감가상각비 　…… 　대손상각비 　……

2. 원칙

□ 비영리조직의 고유목적사업과 관련된 비용은 아래와 같이 최소한 '사업수행비용'과 '지원비용'은 서로 구분하며, 지원비용 중에서도 '모금비용'이 중요한 부분을 차지한 다면 '일반관리비용'과 별도로 구분하여 정보를 제공(아래 괄호안에 병기된 영문명칭은 미국회계기준에서 제시한 것임)(제29조)

① 사업수행비용(program service expense): 비영리조직이 추구하는 본연의 임무 나 목적을 달성하기 위해 수혜자, 고객, 회원 등에게 재화나 용역을 제공하는 활동에 서 발생하는 비용

② 지원비용(supporting activities expense): 사업수행과 직접 관련되어 있지는 않 지만 이를 지원하는 활동에서 발생하는 비용

- 일반관리비용(management and general activities expense): 기획, 인사, 재무, 감독 등 제반 관리활동에서 발생하는 비용

- 모금비용(fund-raising activities expense): 모금행사, 기부자리스트관리, 모 금고지서 발송 등의 모금활동에서 발생하는 비용

3. 적용방법

□ 사업수행비용과 지원비용을 서로 구분한다는 원칙 아래 실무적으로는 다음과 같이 융통성 있게 적용할 수 있을 것임(제29조).

(1) 2구분 또는 3구분

□ 원칙적으로 '사업수행비용 – 일반관리비용(모금비용 포함)'으로 2구분을 하되, 모금비 용 금액의 중요성이 있는 비영리조직인 경우 비용을 '사업수행비용 – 일반관리비용 – 모금비용'으로 3구분

(2) 세분

□ 비영리조직의 필요에 따라서는 사업수행비용 내에서 세부사업별로 계정구분을 하여 재무제표 본문에 표시하거나 주석으로 기재하는 것이 가능

ㅇ 예를 들어, 각 업종별로 다음과 같이 사업수행비용 세분이 가능할 수 있음.

문화예술단체	사립대학	사회복지기관	의료기관	종교단체	학술장학기관
• 공연 • 전시 　　⋮	• 강의 • 연구 • 환자진료 • 학생서비스 　　⋮	• 여성복지 • 노인복지 • 장애인복지 　　⋮	• 환자진료 • 연구 　　⋮	• 목회 • 교육 • 자선 　　⋮	• 멘토링 • 배움터지원 • 글로벌장학 　　⋮

(3) 보완적 정보

☐ 위 '현황'에서 언급한 바와 같이 현행 비영리회계실무에서는 비용을 성격별로 상세하게 구분하여 표시하는 것이 일반적인 관행임. 따라서 기능별로 구분된 비용에 추가하여 성격별로 구분된 비용 정보도 함께 제공(주석으로 기재)한다면 정보이용자가 비영리조직의 활동내용을 더 입체적으로 이해할 수 있는 장점이 있음. 따라서 성격별로 최소한 다음 세 가지로 구분된 비용정보도 함께 제공하도록 요구할 필요가 있음.

> ① 인력비용: 급여, 상여금, 퇴직급여, 복리후생비, 교육훈련비 등
> ② 시설비용: 감가상각비, 지급임차료, 시설보험료, 시설유지관리비 등
> ③ 기타비용: 여비교통비, 소모품비, 수도광열비, 지급수수료, 회의비, 대손상각비 등

○ 현행 비영리회계실무에서 제공되는 성격별 비용구분은 지나치게 상세하여 일반정보이용자에게는 유용성이 떨어지며 오히려 정보과다로 인하여 이해가능성을 저하시킬 수 있으므로 위와 같이 비용항목들을 적절한 수준으로 묶어서(aggregation) 표시하는 것이 정보의 관련성을 더 높일 수 있음.

○ 다만, 비영리조직의 필요에 따라서는 인력비용, 시설비용, 기타비용 보다 더 세분화된 계정구분을 하여 정보를 제공하는 것이 가능

○ 예를 들어, 각 비영리조직의 특수성에 따라 기타비용 중 다음 항목이 중요한 부분을 차지하는 경우가 있는바, 이를 별도로 분리하여 적절한 항목명칭(예: 고유활동비용, 직접사업비용)을 부여하여 표시하는 것이 가능하며 권장됨.

　　- 사회복지기관: 저소득층, 노인, 장애인 등 수혜자들에게 지급하는 지원금 등

　　- 학술장학기관: 저소득층 학생 등 수혜자들에게 지급하는 장학금 등

　　- 의료기관: 재료비(약품비, 진료재료비 등)

(4) 재무제표 본문표시 vs 주석기재

□ 결국 기능별 비용구분(사업수행비용 – 일반관리비용 – 모금비용)과 성격별 비용구분(인력
비용 – 시설비용 – 기타비용)에 관한 정보가 함께 제공되어야 하는데,

ㅇ 기능별 비용구분이 일반정보이용자에게 더 유용한 정보라고 보여 지므로 이를 재무
제표 본문에 표시하고, 성격별 비용구분은 주석으로 기재하는 것을 원칙으로 함.

ㅇ 위 기준에 따라 기능별 비용구분과 성격별 비용구분에 관한 정보를 제공하려면 사실
상 다음과 같은 매트릭스가 주석으로 기재되어야 함(아래 예시에서는 모금비용이 중요하
여 일반관리비용과 구분되어 표시되는 경우를 가정함).

	인력비용	시설비용	기타비용	합계
사업수행비용	×××	×××	×××	×××
일반관리비용	×××	×××	×××	×××
모금비용	×××	×××	×××	×××
합계	×××	×××	×××	×××

* 위 표는 비영리조직의 고유목적사업에서 발생하는 비용에 대해서만 표시하고 있으며(수익사업에서
발생하는 비용을 함께 고려할 경우에는 Ⅳ-5의 4 참조)

(5) 공통비용 배분

□ 어떤 비용항목이 하나의 특정 활동에만 직접 관련된 경우에는 비용구분이 용이하지
만, 복수의 활동에 관련되는 경우에는 활동 간 비용배분이 필요할 수 있음(제30조).

ㅇ (가상의 공통비용 배분 예)

– 사회복지기관이 노인에게 지급하는 지원금은 해당 프로그램의 사업수행활동과 직
접 관련되므로 전액 사업수행비용으로 분류

– 사회복지지관의 한 직원이 노인에게 지원금을 지급하고 안부를 살피기 위해 가가
호호 방문을 하는 것을 주된 업무로 하지만 당해 기관의 경리업무와 모금업무도
함께 하는 경우, 당해 직원의 인건비는 사업수행비용, 일반관리비용, 모금비용 간에
배분되어야 함.

– 어떤 지역의 사회복지기관이 지역 내 노인들을 위한 특별건강검진 프로그램을 마
련하고 노인들의 검진참여를 독려하기 위해 각 개인에게 우편물을 발송하면서 후
원금 모집을 위해 지로납부용지를 함께 첨부한 경우, 동 우편물 발송에 관련된 비
용은 사업수행비용과 모금비용 간에 배분되어야 함.

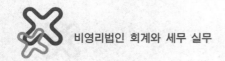

○ (공통비용 배분기준) 공통비용을 여러 활동들 간에 배분하기 위해서는 각 비영리조직의 사업성격 및 운영방법에 맞추어 합리적인 배분기준을 수립하여 일관되게 적용하는 것이 중요

- 인력비용: 당해 인력이 각 활동별로 투입한 업무시간에 기초하여 배분하는 것이 적절하며, 이를 위해서는 적절한 수준에서의 업무시간기록자료를 만들어 관리하는 것이 필요

- 시설비용: 각 활동별로 관련되는 시설 면적이나 사용빈도가 직접적으로 구분될 수 있다면 그 면적이나 사용빈도 기준에 따라 배분하며, 직접적으로 구분될 수 없다면 다른 적절한 배분기준을 수립할 필요(예: 각 활동별 인력비용에 비례하여 배분)

- 기타비용: 각 활동별 인력비용이나 시설비용에 대체로 비례하는 항목들은 그 기준에 따라 배분하며 그 외에는 다른 적절한 배분기준을 수립할 필요

4. 적용 예

□ 위에서 제시한 원칙과 모범실무를 실제 재무제표 사례에 적용한 결과 예상되는 변화는 다음과 같음(아래 예시에서는 모금비용이 중요하여 일반관리비용과 구분되어 표시되는 경우를 가정함).

* 법률에 의해 요구되는 것은 아니지만 자율적으로 일반목적 재무제표를 작성하여 외부회계감사를 받는 한 사회복지기관의 재무제표 사례

현행 재무제표 (손익계산서)	새 원칙 적용	운영성과표 (기능별 분류)
⋮		⋮
II. 사업비용[*1]		II. 사업비용
국내사업비[*2]	사업수행비용으로 통합	**고유목적사업비용**　　필수 본문표시 사항
해외사업비[*2]		**사업수행비용**　　　필수 본문표시 사항
북한사업비[*2]		국내사업비
선교사업비[*2]		해외사업비　　선택적 본문표시 또
후원개발사업비[*2]	모금비용으로 명칭 변경	북한사업비　　는 주석기재 사항
기획홍보사업비[*2]	일반관리비용에 포함	선교사업비
		기타사업비
급여	일반관리비용으로 통합	**일반관리비용**　　필수 본문표시 사항
복리후생비		**모금비용**　　　　필수 본문표시 사항
업무추진비		
여비		사업수행비용, 일반관리비용, 모금비용을
수용비[*3]	일반관리비용과 모금비용으로 배분	각각 성격별로 구분한 정보를 아래와 같이 주석으로 기재
제세공과금	일반관리비용으로 통합	
차량유지비		
건물유지관리비		
수도광열비		
감가상각비		
지급수수료		
기타사업비	사업수행비용에 포함	
현물기부원가[*4]	사업수행비용에 포함	

	인력 비용	시설 비용	기타 비용	합계
사업수행비용	×××	×××	×××	×××
일반관리비용	×××	×××	×××	×××
모금비용	×××	×××	×××	×××
합계	×××	×××	×××	×××

*1 손익계산서에서 고유목적사업과 수익사업을 별개의 열로 구분하여 각 항목별로 금액을 구분 표시
*2 관련 인건비와 경비를 포함하고 있음. 그러나 관련 감가상각비는 포함하고 있지 않음. 왜냐하면 사업수행을 하는 개별 사회복지시설의 회계에서 유형자산 취득 즉시 비용-처리하고 감가상각을 하지 않기 때문임.
*3 모금활동 관련 자동이체수수료, 우편료, 행정수수료와 일반 소모품비용 등
*4 현물기부금수입(Gift-In-Kind)에 대응하는 비용

○ 비용항목들을 사업수행비용, 일반관리비용, 모금비용으로 분류하고 각 분류의 합계를 표시
○ 복수의 기능과 관련된 비용항목(위 예에서는 수용비)을 각 기능에 배분
○ 사업수행비용, 일반관리비용, 모금비용을 성격별(인력비용, 시설비용, 기타비용)로 구분한 정보를 주석으로 기재
  – 일반관리비용의 경우 현행 재무제표에 이미 상세하게 표시되어 있으므로 이를 적절히 분류하기만 하면 됨.
  – 사업수행비용과 모금비용의 경우 성격별 비용구분 정보를 별도로 생산할 필요
□ 일반정보이용자의 관점에서 성격별 비용보고와 기능별 비용보고의 정보유용성을 가상사례를 통하여 비교하면 다음과 같음(아래 예시에서는 모금비용이 중요하여 일반관리비용과 구분되어 표시되는 경우를 가정함).
○ (가상사례)

배경정보
일반상황
–사회복지법인 A와 B는 매년 동일한 금액의 기부금을 받아 사회복지사업을 운영하며 똑같이 3명의 직원이 사업에 종사
–사회복지법인 A와 B는 똑같이 두 종류의 사업(노인복지, 장애인복지)을 수행

인력
–사회복지법인 A에서는 1명의 직원이 사업수행을 도맡아서 하고(노인복지사업과 장애인복지사업을 균등한 비율로 수행), 나머지 직원 2명은 각각 일반관리업무와 모금업무를 전담
–사회복지법인 B에서는 1명의 직원이 사업수행을 도맡아서 함(노인복지사업과 장애인복지사업을 균등한 비율로 수행). 그리고 다른 직원 1명은 노인복지사업수행과 일반관리업무를 반반씩 하고, 나머지 직원 1명도 장애인복지사업수행과 모금업무를 반반씩 함.
–직원 3명의 연봉은 각각 4,000원으로 동일

시설
–사회복지법인 A와 B는 매년 건물임차료로 6,000원을 지출
–사회복지법인 A는 노인복지관과 장애인복지관을 위한 건물임차료로 각각 2,000원씩을 지출하고 일반관리 및 모금업무를 위한 사무실임차료로 2,000원을 지출. 일반관리와 모금업무 간에 임차료가 균등하게 배분된다고 가정
–사회복지법인 B는 노인복지관과 장애인복지관을 위한 건물임차료로 각각 3,500원과 1,500원을 지출하고 일반관리 및 모금업무를 위한 사무실임차료로 1,000원을 지출. 일반관리와 모금업무 간에 임차료가 균등하게 배분된다고 가정

복지지원금
-사회복지법인 A와 B는 매년 복지지원금으로 매년 4,000원을 지출
-사회복지법인 A는 노인과 장애인들에게 지원금으로 각각 2,000원씩을 지급
-사회복지법인 B는 노인과 장애인들에게 지원금으로 각각 1,000원과 3,000원을 지급

복지강좌
-사회복지법인 A와 B는 매년 노인과 장애인들을 대상으로 복지강좌를 시행하는바 총 4,000원을 지출
-사회복지법인 A는 노인복지강좌를 시행하기 위해 강사료로 3,000원을 지출하고 장애인복지강좌를 시행하기 위해 강사료로 1,000원을 지출
-사회복지법인 B는 노인복지강좌를 시행하기 위해 강사료로 1,000원을 지출하고 장애인복지강좌를 시행하기 위해 강사료로 3,000원을 지출

비용보고방식 비교

성격별 비용보고

비용[1]	A법인	B법인
인력비용	12,000	12,000
시설비용	6,000	6,000
복지지원금	4,000	4,000
복지강좌비	4,000	4,000
총계	26,000	26,000

→

기능별 비용보고[2]

비용	A법인	B법인
사업수행비용		
노인복지	9,000	9,500
장애인복지	7,000	11,500
소계	**16,000**	**21,000**
일반관리비용	**5,000**	**2,500**
모금비용	**5,000**	**2,500**
총계	26,000	26,000

[1] 실제 재무제표에서는 인력비용을 급여와 퇴직급여로 구분하는 등 성격별로 더 세분화하여 비용을 표시하는 경우가 많지만 여기서는 편의상 축약된 형태로 제시하기로 함

[2] 기능별 비용은 다음과 같이 산정됨.

A법인	인력비용	시설비용	복지지원금	복지강좌비	합계
사업수행비용					
노인복지	2,000	2,000	2,000	3,000	9,000
장애인복지	2,000	2,000	2,000	1,000	7,000
소계	4,000	4,000	4,000	4,000	16,000
일반관리비용	4,000	1,000	-	-	5,000
모금비용	4,000	1,000	-	-	5,000
총계	12,000	6,000	4,000	4,000	26,000

B법인	인력비용	시설비용	복지지원금	복지강좌비	합계
사업수행비용					
노인복지	4,000	3,500	1,000	1,000	9,500
장애인복지	4,000	1,500	3,000	3,000	11,500
소계	8,000	5,000	4,000	4,000	21,000
일반관리비용	2,000	500	-	-	2,500
모금비용	2,000	500	-	-	2,500
총계	12,000	6,000	4,000	4,000	26,000

□ 비영리조직이 기능별 비용보고를 할 경우 일반정보이용자들은 다음과 같은 정보혜택을 얻을 것으로 기대

○ 비영리조직의 비용을 사업수행활동, 일반관리활동, 모금활동으로 나누어 표시함으로써 일반정보이용자 관점에서 비영리조직의 사업이 얼마나 효율적·효과적으로 이루어지는지를 평가하는데 도움을 줌.

　– 일반정보이용자들은 상대적으로 사업수행활동에 더 많은 비용이 지출될 때 그 비영리조직의 사업이 효율적이라고 판단하는 경향이 있음.

○ 통일된 형식의 기능별 보고를 통해 비영리조직 간에 비교가 가능해지고 이에 근거하여 일반정보이용자는 어느 비영리조직에 기부를 할 것인지 결정할 수 있음.

　– 위 가상사례에서 성격별 비용보고는 A법인과 B법인 간에 아무런 차이도 보여주지 못하므로 일반정보이용자에게 유용하지 못함.

　– 그러나 기능별 비용보고를 통해 일반정보이용자들은 B법인이 사업수행활동에 상대적으로 더 많은 비용을 지출하기 때문에 더 효율적인 기관이라고 판단할 수 있게 되고 이에 근거하여 B법인에 기부를 하기로 결정할 수 있음.

　　* 재무제표에 표시된 비용만으로 절대적으로 확신하기는 어렵겠지만 B법인의 경우 더 많은 인력이 사업수행활동에 투입되므로 그 만큼 더 많은 복지서비스를 제공하고 있다고 기대해 볼 수는 있음

　– 기부의사가 있는 어떤 일반정보이용자가 노인복지사업과 장애인복지사업 중 어느 하나에 더 관심이 크다고 가정한다면, 재무제표에 표시된 각 사업비용의 비중을 고려함으로써 어떤 비영리조직에 기부를 할 것인지 결정할 수 있음

　　* 위 가상사례에서 B법인은 상대적으로 장애인복지사업에 더 많은 비용을 지출하고 있는데, 예를 들어 C법인은 상대적으로 노인복지사업에 더 많은 비용을 지출한다는 것이 재무제표를 통해서 확인된다면 노인복지사업에 관심이 더 있는 잠재적 기부자는 C법인에 기부를 하고자 할 것임.

Ⅳ-5. 운영성과표 구조

1. 순자산 구분별로 수익과 비용을 집계

(1) 원칙

□ 제약없는순자산과 제약있는순자산 각 구분별로 수익과 비용을 표시하며(각 구분간 대체 포함), 각각 '제약없는순자산의 변동, 제약있는순자산의 변동'으로 명명함(제25조).
  ○ 각 구분별 수익과 비용의 순합계액은 '제약없는순자산의 증가(감소), 제약있는순자산의 증가(감소)'로 표시함.
   * 위 'Ⅳ-3. 순자산 구분 – 재무상태표'에 따르면 재무상태표에서 제약있는순자산을 다시 세분하여 '일시제약순자산'과 '영구제약순자산'으로 표시할 수 있다고 하였는바, 이 경우 운영성과표상 수익과 비용을 집계할 때에도 동일한 방식으로 세분화하여 표시할 수 있음

(2) 적용방법

□ 제약있는순자산이 없는 비영리조직은 제약없는순자산의 변동 내용만을 표시할 수 있음
  ○ 비영리조직회계기준에서 요구하는 운영성과표는 성격상 기존 비영리회계실무에서 작성되는 손익계산서(모든 수익과 비용의 순합계액을 '당기순이익(손실)로 표시')와 유사하므로,
   – 이러한 실무관행과의 연계성을 높이기 위해 제약없는순자산의 증가(감소)는 제약있는순자산이 있는지 여부에 관계없이 '당기순이익(손실)'이라는 이름으로 표시할 수 있도록 허용함(제34조).

2. 일시제약이 해제된 순자산의 표시

(1) 원칙

□ 제약이 해제된 순자산이 있는 경우에는 그 성격에 따라 당해 연도 운영성과표의 '제약없는순자산의 변동' 부분에서 사업수익이나 사업외수익의 일부로 직접 반영(제35조)
  ○ 이 때 제약이 해제된 순자산이 사업수익이나 사업외수익 내 어떤 항목에 포함되면 별도로 표시되지 않기 때문에 정보이용자가 그러한 내용을 파악하기 어려울 것이므로 해당 정보를 주석에 기재

(2) 적용방법

□ 제약이 해제된 순자산 자체가 당해 연도 사업수익이나 사업외수익의 성격을 지니게 될 것이므로 이를 사업수익, 사업외수익과 별도로 표시할 경우 오히려 재무제표의 이해가능성과 목적적합성을 해칠 수 있으므로 그 성격에 따라 당해 연도 사업수익이나 사업외수익에 반영

○ 예를 들어, X1년에 학술장학기관이 기부자로부터 X2년 장학금 지급에 사용한다는 제약 아래 기부금 10억을 받았다고 가정할 경우(즉, 일시제약순자산이 10억 증가하였다고 가정할 경우)

─ 본래 성격을 고려할 때 X2년 일시제약이 해제되면서 장학금 지급재원으로 사용가능하게 되어 사실상 X2년의 기부금수익이 되므로 '사업수익'으로 표시하는 것이 더 목적적합한 정보가 될 수 있음.

─ 만약 동 학술장학기관이 X1년에 받은 일시제약 기부금을 일시적으로 은행에 예치하였고 기부자가 X1년 발생한 예금이자에 대해서도 동일한 일시제약을 가하였다면, 동 이자수익은 X2년 일시제약이 해제되면서 X2년의 '사업외수익(이자수익)'으로 표시하는 것이 더 목적적합한 정보가 될 수 있음.

○ 일시제약순자산 뿐만 아니라 영구제약순자산이 해제되는 경우도 실무적으로 배제할 수 없음.

─ 예를 들어, 회계기준원은 주식회사의 외부감사에 관한 법률 시행령에 따라 법정기금을 적립해야 하는데 이는 성격상 영구제약순자산에 해당

─ 만약 동 법률시행령이 개정되어 기존에 적립된 법정기금의 전부 또는 일부가 사용가능하게 된다면 영구제약순자산이 해제되는 것으로 보는 것이 타당

○ 한편, 제약있는순자산이 해제되어 그 성격에 따라 당해 연도 운영성과표의 '제약없는순자산의 변동' 부분에서 사업수익이나 사업외수익의 일부로 직접 반영된다면, 이에 상응하여 '제약있는순자산의 변동' 부분에서는 동일한 금액을 차감하여 표시하여야 함.

─ 위 'Ⅳ-3. 순자산 구분 ─ 재무상태표'와 'Ⅳ-5. 운영성과표 구조 1. 순자산 구분별로 수익과 비용을 집계'에 따르면 재무상태표에서 제약있는순자산을 다시 세분하여 '일시제약순자산'과 '영구제약순자산'으로 표시할 수 있고 운영성과표상 수익과 비용을 집계할 때에도 동일한 방식으로 세분화하여 표시할 수 있다고 하였는바 이 경우 운영성과표에서 제약이 해제된 순자산을 차감할 때에도 '일시제약순자산'과 '영구제약순자산' 각각에 대해서 표시할 수 있음.

3. 사업과 사업외 항목 구분

(1) 현황

□ 재무제표를 작성하는 많은 비영리조직들이 수익과 비용을 사업항목과 사업외항목으로 분류하여 표시하는 관행에 익숙

ㅇ 작성자가 분류를 하기 위해서는 작성부담이 있을 수 있으나 정보이용자에게는 유용한 정보가 될 수 있음.

(2) 원칙

□ 수익과 비용을 사업항목과 사업외항목으로 분류하여 표시(**제25조, 제26조, 제29조, 제31조, 제32조**)

ㅇ 수익의 경우 기부금, 보조금, 회비, 등록금, 공연수익, 환자진료수익 등은 사업수익으로, 예금이자, 유형자산처분이익, 투자자산처분이익 등은 사업외수익으로 분류

– 유가증권 투자가 많은 학술장학재단의 경우 투자자산수익(이자수익 및 배당수익)이나 평가이익·처분이익이 고유목적사업활동의 주된 원천이라고 할 수 있다면 사업수익에 포함

ㅇ 비용의 경우 사업수행비용과 지원비용(일반관리비용, 모금비용)은 사업비용으로, 이자비용과 유형자산처분손실 등은 사업외비용으로 분류

4. 고유목적사업과 수익사업의 구분

(1) 현황

□ 비영리조직의 회계와 관련된 각종 법규*에서 공통적으로 고유목적사업과 수익사업 구분경리를 요구하고 있으며, 회계 관행도 이에 맞추어 오랫동안 유지되어 옴.

* 공익법인 설립·운영에 관한 법률 시행령 제23조 제1항, 법인세법 제113조 제1항, 사학기관 재무·회계 규칙에 대한 특례규칙 제2조 제3항, 사회복지법인 및 사회복지시설 재무·회계 규칙 제6조 제1항

ㅇ 정보이용자에게 혼란을 주지 않으면서도 추가적인 정보를 제공할 수 있으며 작성자 입장에서도 세무신고를 할 때 그 정보를 편리하게 이용할 수 있는 장점이 있음.

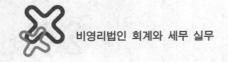

(2) 원칙

□ 수익사업에서 발생하는 수익과 비용은 각각 하나로 합산하여 사업수익과 사업비용 내에 별도로 표시(제26조, 제29조)

(3) 적용방법

□ 위 'Ⅳ-4. 기능별 비용보고'에서 비영리조직의 고유목적사업활동(또는 기능)을 사업수행활동, 일반관리활동, 모금활동으로 구분하고 이에 따라 비용을 구분(사업수행비용 – 일반관리비용 – 모금비용*)하는 것을 기능별 비용구분이라고 설명하였는데, 수익사업활동을 별도의 활동으로 보고 이에 추가하는 것이 바람직

* 원칙적으로 모금비용은 일반관리비용에 통합하여 표시하되 금액이 중요한 경우 별도로 구분하여 표시

○ 운영성과표상 사업수익을 크게 고유목적사업수익과 수익사업수익으로 나누어 표시 (제26조)

– 고유목적사업수익은 다시 업종별 특성을 반영하여 기부금수익, 보조금수익, 회비수익 등으로 적절하게 구분하여 표시

– 수익사업수익은 더 이상의 구분정보가 요구되지 않지만 비영리조직이 필요하다고 판단하는 경우 구분정보를 주석으로 기재할 수 있도록 허용할 필요

  * 예를 들어, 임대료수익과 기타수익으로 구분하는 정보를 주석으로 기재할 수 있음

○ 운영성과표상 사업비용을 크게 고유목적사업비용과 수익사업비용으로 나누어 표시 (제29조)

– 고유목적사업비용은 다시 사업수행비용, 일반관리비용(모금비용* 포함)으로 구분하여 표시

  * 모금비용의 금액이 중요할 경우 별도로 구분하여 표시

– 수익사업비용은 더 이상의 구분정보를 표시할 것이 요구되지 않지만, 고유목적사업비용과 마찬가지로 성격별 비용(인력비용 – 시설비용 – 기타비용)으로 분석한 정보를 주석으로 기재하도록 요구할 필요 따라서 수익사업이 있는 비영리조직인 경우 최소한 다음의 정보를 재무제표 주석으로 기재할 것이 요구되며 그 보다 더 상세한 정보*는 자율적으로 주석기재할 수 있음(아래 예시에서는 모금비용이 중요하여 일반관리비용과 구분되어 표시되는 경우를 가정함).

	인력비용	시설비용	기타비용	합계
고유목적사업비용	×××	×××	×××	×××
사업수행비용	×××	×××	×××	×××
일반관리비용	×××	×××	×××	×××
모금비용	×××	×××	×××	×××
수익사업비용	×××	×××	×××	×××
합계	×××	×××	×××	×××

* 예를 들어, 영리기업과 마찬가지로 매출원가와 판매비와관리비로 구분한 정보를 주석으로 기재할 수 있음.

5. 법인세비용의 표시

(1) 현황

□ 많은 비영리조직은 법인세를 부담하지 않으나, 수익사업을 영위하는 일부 비영리조직이 법인세를 부담하는 경우가 있음.

(2) 원칙

□ 법인세를 부담하는 경우에는 일반기업회계기준 제22장 '법인세회계'와 제31장 '중소기업 회계처리 특례'*의 법인세 회계처리를 고려하여 회계정책을 개발하여 회계처리함(제33조).

　* (문단31.12) 이연법인세 회계를 적용하지 않고, 법인세비용을 법인세법 등의 법령에 의하여 납부하여야 할 금액으로 할 수 있음.

○ 법인세비용이 비영리조직에서 차지하는 중요성을 고려하여 일반기업회계기준 제22장 '법인세회계'와 제31장 '중소기업 회계처리 특례'의 법인세회계처리 둘 중 하나를 선택할 수 있도록 함.

　– 법인세비용은 다른 비용에 포함하여 표시하는 것이 아니라 별도 항목으로 표시함.

(3) 적용 예

□ 법인세를 부담하나, 법인세비용이 당해 비영리조직에서 중요하지 않다고 보아 일반기업회계기준 제31장 '중소기업 회계처리 특례'에 따라 회계처리한 경우의 재무제표 표시

재무상태표	운영성과표	현금흐름표(간접법)
자산	사업수익	**사업활동현금흐름**
유동자산	사업비용	제약없는순자산의 증감
선급법인세 ×××	사업이익	현금유출이 없는 비용의 가산
...	사업외수익	현금유입이 없는 수익의 차감
자산총계	사업외비용	사업활동 자산부채의 변동
부채	법인세비용 ×××	
유동부채	**제약없는순자산의 증감**	선급법인세의 감소(증가) ×××
미지급법인세 ×××	**제약있는순자산의 증감**	...
...	**순자산의 증감**	미지급법인세의 증가(감소) ×××
부채총계	**기초순자산**	...
순자산	**기말순자산**	**투자활동현금흐름**
제약없는순자산		**재무활동현금흐름**
제약있는순자산		**현금의 증감**
순자산총계		**기초의 현금**
부채 및 순자산 총계		**기말의 현금**

Ⅳ-6. 기타 표시 · 인식 · 측정 기준

1. 현금기부금 수익인식 기준

(1) 현황

☐ 현행 회계실무에서는 대체로 기부금, 보조금, 회비 등을 현금주의에 따라 인식

○ 상대방에게 재화나 용역을 제공하고 그 대가로서 수입을 얻는 영리기업과 달리 비영리조직은 기부자 등으로부터 무상으로 수입을 얻기 때문에 영리기업과 같은 발생주의회계를 적용할 필요를 느끼지 못하는 경우가 많음.

(2) 원칙

☐ 기본적으로 현행 회계실무의 현금주의 수익인식을 인정하되, 납부가 강제되는 회비 등에 대해서는 발생주의에 따라 회수가 확실해 지는 시점에 수익을 인식하고 그에 상응하는 미수금을 인식(제27조)

○ 기부자가 기부약정을 한 경우에도 발생주의에 따른 수익 인식을 고려할 수 있으나, 자발적 약정은 후속적으로 번복이 가능할 수도 있음을 감안할 때 미래에 현금이 유입

될 가능성이 높다는 합리적 확신을 가지기는 어려울 것이므로, 기부약정에 대해서는 발생주의에 따른 수익인식기준을 적용하지 않고 실제 현금이 유입될 때 수익으로 인식함.

2. 비현금기부금 수익인식 기준

(1) 현황

□ 현행 회계실무에서는 현물이나 서비스의 형태로 기부를 받을 경우 그 인식여부나 측정기준에 있어 다양성이 존재
○ 현물기부의 예로는 사회복지기관이 바자회에 내놓을 물품을 직원이나 지역주민으로부터 기증받는 경우가 있음.
○ 서비스기부의 예로는 사회복지기관에 제공하는 일반인의 무료봉사활동(일반인 서비스기부)과 언어치료사가 사회복지기관의 언어치료강좌에서 무료로 강의를 하는 경우(전문가 서비스기부) 등이 있음.

(2) 원칙

□ 현물을 기부 받을 때에는 그 공정가치로 수익을 인식하며 서비스를 기부받을 때에는 수익을 인식하지 아니함(제27조).
○ '공정가치'는 합리적인 판단력과 거래의사가 있는 독립된 당사자 사이의 거래에서 자산이 교환되거나 부채가 결제될 수 있는 금액을 말함.
○ 일반인의 무료봉사활동은 서비스기부에 해당하며 비영리조직에게 효익을 주는 것임이 명확하지만 그 가치를 충분히 신뢰성 있게 측정하기가 어려우므로 수익인식 대상에서 제외하는 것이 바람직
  - 비교적 측정이 용이하다고 판단되는 회계사, 의사, 전기기사, 목수 등 전문가로부터 제공받는 전문용역의 경우에 한하여 서비스기부를 수익으로 인식하는 대안을 고려하였으나, 실무에서 전문용역의 경우에도 신뢰성 있는 가치의 측정이 어렵다는 의견과 성격상 일반인의 자원봉사와 구분할 수 없으므로 측정의 대상이 아닌 비재무적 정보라는 의견이 많아 수익인식대상에서 제외함.

〈현금 및 비현금 기부금 수익인식기준 요약〉

구분	인식시점
현금및현금성자산	기부받은 시점
기타자산(현물기부) ☞ 공정가치로 측정	
회비(비강제)	
회비(강제)	권리발생 시점

* 서비스기부의 경우 수익인식 대상에서 제외

3. 유·무형자산 (감가)상각

(1) 현황

□ 대부분의 비영리조직은 기업회계의 원칙과 일관되게 유·무형자산에 대해 감가상각을 실시

○ 그러나 일부 비영리조직은 유·무형자산 취득과 동시에 비용처리를 함으로써 부외자산을 갖고 있는 경우가 있음.

(2) 원칙

□ 유·무형자산에 대해 감가상각을 실시(제45조)

○ 전시·교육·연구 등의 목적으로 보유중인 예술작품 및 유물과 같은 역사적 가치가 있는 자산은 일반적으로 시간이 경과하더라도 가치가 감소하지 않으므로 예외적으로 감가상각을 인식하지 아니함.

4. 유형자산 재평가

(1) 현황

□ 공익법인의 설립·운영에 관한 법률 시행령(제24조), 사학기관 재무·회계 규칙에 대한 특례규칙(제31조) 등에서 유형자산 재평가의 근거가 마련되어 있음

○ 실무적으로 얼마나 많은 비영리조직들이, 얼마나 자주 유형자산을 재평가 하는지는 파악된 바 없음.

(2) 원칙

☐ 기업회계기준에서 유형자산 재평가를 허용하고 있는바, 기왕에 비영리조직 관련 법령에서 재평가를 허용하고 있는 상황에서 기업회계와 달리 기준을 설정할 이유는 없음. 따라서 비영리조직에 대해서도 유형자산 재평가를 허용(제46조)

(3) 적용방법

☐ 다만, 기업회계기준에 따르면 재평가 회계정책을 선택할 경우 공정가치를 주기적으로 업데이트할 의무를 부담해야 하는데, 회계처리능력이 상대적으로 낮은 비영리조직에 대해서도 이러한 의무를 지우는 것은 지나칠 수 있음. 또한 관련 법규에서 임의적 재평가를 허용하고 있음에도 불구하고 회계기준이 엄격한 주기적 재평가를 요구할 경우 비영리조직이 과도한 부담 때문에 사실상 법규에 따른 재평가를 선택하지 못하는 부작용이 발생할 수 있음. 따라서 비영리조직이 필요하다고 판단하는 시점에 재평가를 할 수 있도록 재량 부여

○ 재평가를 실시하여 발생한 재평가차액은 제약있는순자산의 금액이 변경되게 하지 않는 한 사업외수익(비용)에 포함
  - 일정 기간에 발생한 재평가차액은 운영성과표 본문에 별도로 표시
  - 재평가차액 누적금액은 재무상태표상 해당 순자산 분류(제약없는순자산, 제약있는순자산) 내에서 세부항목으로서 별도 표시하거나 주석으로 기재

○ 비영리조직이 임대를 목적으로 보유하는 토지와 건물은 성격상 '투자부동산'에 해당
  - 국제회계기준에 따르면 감가상각 없이 공정가치로 평가할 수도 있음
  - 위 'Ⅲ-5'에서 언급한 바와 같이 비영리조직회계기준에서는 일반기업회계기준을 참조하기로 하였는바, 일반기업회계기준에서는 투자부동산에 관한 별도 기준을 두고 있지 않아 유형자산의 하나로 처리되나, 유형자산을 재평가하는 회계정책을 선택할 경우 공정가치로 평가할 수 있음.

○ 비영리조직의 유형자산 재평가에 대해 주기적인 업데이트를 요구하지 않고 필요하다고 판단하는 시점에 재평가를 할 수 있도록 재량을 부여할 경우 손익조작의 위험이 있다는 우려가 있을 수 있음.
  - 그러나 비영리조직은 영리기업처럼 단일의 성과지표(당기순이익)를 산출해 내는 것이 중요한 것이 아니라, 고유목적사업에 대한 활동노력과 그 성과에 관한 정보(service efforts and accomplishments), 즉 비용집행내용을 공시하는 것이 더 중요

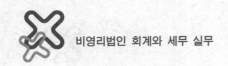

하고, 일반적으로 비영리조직의 수익과 비용은 균형을 이루는 것이 이상적이라고 이해됨을 고려할 때 유형자산 재평가를 이용하여 손익을 조작할 유인이나 실익이 없다고 사료됨.

5. 투자유가증권 표시

(1) 현황

□ 일반적으로 비영리조직이 주식이나 채권 등 투자유가증권을 보유하는 경우가 많지는 않지만, 학술장학기관이나 사학기관 등에서는 상당한 금액의 투자유가증권을 보유하는 경우가 있음.

○ 사학기관 재무·회계 규칙에 대한 특례규칙([별표 2] 대차대조표 계정과목 명세표)에서는 투자목적으로 소유하는 주식, 사채, 국공채 등을 '투자유가증권'의 과목으로 통합하여 표시하도록 함.

    – 아울러 아래와 같이 주식과 채권으로 구분하여 상세내역을 공시하는 투자유가증권 명세서를 작성하도록 함(동 규칙 제40조 제1항 제8호).

[별지 제4의 6호 서식(나)]

투자유가증권명세서

(단위 : 원)

구분	종목	보유목적 (취득사유)	1주의 금액	주수	취득가액	시가	시가차액	비고
주식								
	계							
공사채 국채 지방채	종목			액면가액	취득가액	시가	시가차액	비고
	계							
	합계							

(2) 원칙

□ 투자유가증권을 국공채, 회사채, 수익증권, 주식으로 구분하는 정보를 재무상태표 본

문에서 표시하거나 주석으로 기재(제15조)

ㅇ 유동성과 위험 면에서 성격이 다른 투자유가증권을 구분하는 정보가 제공된다면 일
반정보이용자의 의사결정에 유용한 정보가 될 수 있음.

ㅇ 투자유가증권 보유금액이 크지 않는 비영리조직에 대해서도 위와 같은 투자유가증권
구분정보를 재무상태표 본문에서 구분할 것을 요구한다면 정보효익은 크지 않은데
비해 복잡성만 더 늘어나 일반정보이용자의 이해가능성을 저해할 수 있으므로,

— 비영리조직이 자신의 상황에 맞추어 재무상태표 본문표시와 주석기재 중에서 선택
할 수 있도록 하는 것이 바람직

6. 투자유가증권 평가

(1) 현황

□ 비영리조직이 주식, 채권, 수익증권에 투자하고 있는 경우 취득 후 평가를 취득원가
로 하는 조직이 있는가 하면 공정가치로 하는 조직도 있음.

① 사립대학: 상장·비상장 여부를 불문하고 공정가치(시가)로 평가(사학기관 재무·회계
규칙에 대한 특례규칙 제33조)

② 학술장학재단: 취득원가평가 회계정책을 채택하는 경우와 공정가치평가 회계정책을
채택하는 경우로 나뉨.

— 공익법인의 설립·운영에 관한 법률 시행령 제24조(재산의 평가)에서는 다음과 같
이 규정

> 공익법인의 모든 재산의 평가는 취득당시의 시가에 의한다. 다만, 재평가를 실시한 재산은
> 재평가액으로 한다.

— 위 규정의 원칙에 충실하고자 하는 학술장학기관은 취득원가평가 회계정책을 채택

* 투자유가증권이 최초 출연받은 기본재산인 경우 공정가치로 평가한다면 법률상 그 기본재산
가액이 변하게 되는데, 공익법인의 설립·운영에 관한 법률(제11조 제2항)에 따르면 기본재산
목록과 평가액은 정관기재사항이고 그 평가액이 변동하면 정관도 지체없이 변경하여야 하기
때문에 실무적으로 그러한 번잡함을 회피하기 위한 이유도 있음.

— 위 규정의 예외 규정을 적용하여 재평가를 하고자 하는 학술장학기관은 공정가치
평가 회계정책을 채택

* 기업회계기준(일반기업회계기준 문단6.30)에서 투자유가증권을 원칙적으로 공정가치로 평가

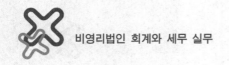
하도록 요구하고 있기 때문에 이를 참조한 경우임

(2) 원칙

□ 시장성 있는 투자유가증권 등 신뢰성 있는 공정가치를 용이하게 얻을 수 있는 투자유
가증권은 공정가치로, 그렇지 않은 투자유가증권은 취득원가로 평가(제47조)

○ 일반정보이용자에게는 공정가치가 가장 관련성이 높은 정보이므로 이를 용이하게 얻
을 수 있음에도 불구하고 취득원가로 평가할 이유는 없음.

○ 다만, 일반적으로 비영리조직이 영리기업에 비해 회계처리역량이 낮다는 점을 고려할
때, 신뢰성 있는 공정가치를 용이하게 얻을 수 없는 투자유가증권(예: 비상장주식)의 경
우 공정가치 결정을 위해 추가로 노력을 투입함에 따르는 비용이 일반정보이용자에
게 제공될 정보효익을 초과할 가능성이 높으므로 예외적으로 취득원가로 평가하는
것을 허용할 필요

(3) 적용방법

□ 재무제표 본문에 표시된 공정가치를 취득원가와 비교하는 정보를 다음과 같이 주석
으로 기재하도록 하여 정보유용성을 배가시킴.

	공정가치	취득원가	재무상태표 표시금액
국공채		×××	×××
공정가치 평가분	×××	×××	×××
취득원가 평가분		×××	×××
회사채		×××	×××
공정가치 평가분	×××	×××	×××
취득원가 평가분		×××	×××
수익증권		×××	×××
공정가치 평가분	×××	×××	×××
취득원가 평가분		×××	×××
주식		×××	×××
공정가치 평가분	×××	×××	×××
취득원가 평가분		×××	×××
투자유가증권 합계		×××	×××
공정가치 평가분	×××	×××	×××
취득원가 평가분		×××	×××

7. 고유목적사업준비금과 그 전입액

(1) 현황

□ 세법(법인세법 제29조)에 따르면 비영리조직이 고유목적사업이나 지정기부금에 지출하기 위하여 고유목적사업준비금을 재무제표상 비용으로 계상할 경우 손금으로 인정되어 과세소득이 감소함.

○ 따라서 많은 비영리조직들이 고유목적사업준비금전입액을 재무제표상 비용으로 표시하고자 하는 유인이 있음.

○ 이는 순전히 세무신고 목적상 비용으로 표시되는 항목일 뿐이며, 일반적으로 인정된 회계 원칙상으로는 비용이 아님.

○ 재무제표에 고유목적사업준비금전입액을 비용으로 표시하지 않더라도 이익잉여금처분의 형식을 취하여 신고조정을 통해 세법상 손금산입도 가능하나, 이익잉여금처분계산서를 별도로 작성하고 외부회계감사를 받아야 하는 부담이 있음(법인세법 제61조 제1항).[1]

(2) 원칙

□ 재무제표에 인식하지 않음

○ 회계기준위원회는 고유목적사업준비금과 그 전입액을 재무제표에 각각 부채와 비용으로 인식하는 회계실무가 오랜 관행임을 인지하고 일반목적 재무보고가 세무신고에도 용이하게 활용될 수 있도록 한다는 취지에서 이러한 관행을 수용할 것을 고려하였으나 다음의 이유로 수용하지 않기로 결정함

 - 세법과 실무관행을 고려하여 예외를 두기보다, 개념체계의 재무제표의 요소, 인식 등의 개념에 맞게 제정되는 것이 바람직.

 - 고유목적사업준비금과 고유목적사업준비금전입액은 재무회계개념체계상 각각 부채[*1]와 비용[*2]의 정의에 부합하지 않음.

   [*1] 과거사건의 결과로 미래에 자원의 유출 또는 사용이 예상되는 의무
   [*2] 재화나 용역을 제공함에 따라 발생하는 자산의 유출이나 사용 또는 부채의 증가

---

1) 제61조(준비금의 손금 계상 특례) ① 내국법인이 「조세특례제한법」에 따른 준비금을 세무조정계산서에 계상하거나 「주식회사의 외부감사에 관한 법률」 제3조에 따른 감사인의 회계감사를 받는 비영리내국법인이 제29조에 따른 고유목적사업준비금을 세무조정계산서에 계상한 경우로서 그 금액에 상당하는 금액이 해당 사업연도의 이익처분에 있어서 그 준비금의 적립금으로 적립되어 있는 경우 그 금액은 손금으로 계상한 것으로 본다.

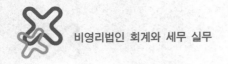

8. 정부보조금

(1) 현황

□ 중앙정부나 지방정부로부터 보조금을 지급받는 경우 예외 없이 사업수익으로 회계처리하는 비영리조직이 있는가 하면, 기업회계기준을 준용하여 회계처리함으로써 일정한 정부보조금은 사업수익으로 인식하지 않는 비영리조직이 있음.

○ 일반기업회계기준 제17장에서는 정부보조금을 다음과 같은 유형으로 나누어 각기 다른 회계처리방법을 제시

– (자산관련보조금) 관련 자산을 취득하는 시점에서 관련 자산의 차감계정으로 회계처리하고 그 자산의 내용연수에 걸쳐 상각금액과 상계

* 비영리조직이 유형자산 취득을 조건으로 받는 정부보조금에 대해 이 기준을 적용할 경우 당해 유형자산의 내용연수에 걸쳐 감가상각비와 상계하므로 사업수익을 인식하지 않게 됨.

– (수익관련보조금) 원칙적으로 당기손익에 반영하되, 특정의 비용을 보전할 목적으로 지급되는 경우에는 당기손익에 반영하지 않고 특정의 비용과 상계처리

* 비영리조직이 예컨대 연구직원 인건비에 사용하는 조건으로 받는 정부보조금에 대해 이 기준을 적용할 경우 당해 인건비 발생시점에 상계처리하므로 사업수익을 인식하지 않게 됨.

(2) 원칙

□ 비영리조직이 중앙정부나 지방정부로부터 받는 보조금에 대해서는 정부보조금에 관한 기업회계기준(일반기업회계기준 제17장)의 적용을 배제하며, 원칙적으로 모든 유형의 정부보조금을 사업수익으로 회계처리(제28조)

○ 정부보조금이 비영리조직의 중요한 재원이 되는 경우가 많은데 위와 같이 정부보조금에 관한 기업회계기준을 적용하면 사업수익은 물론 그와 관련된 사업비용(위 예에서 감가상각비와 연구인건비)도 계상이 되지 않기 때문에 비영리조직의 활동 노력과 성과가 과소표시되는 문제 발생

○ 다만, 정부보조금에 일시제약이나 영구제약이 있는 경우에는 사업수익이 아니라 제약있는순자산의 증가로 회계처리

– 예를 들어, 비영리조직이 정부보조금을 받아 토지를 취득한 후 당해 토지를 영구적으로 보유할 의무가 있다면, 당해 정부보조금을 받는 시점에 제약있는순자산(더 세분할 경우에는 영구제약순자산)의 증가로 처리

- 예를 들어, 비영리조직이 정부보조금을 받아 건물을 취득한 후 당해 건물을 내용연수동안 보유할 의무가 있다면, 당해 정부보조금을 받는 시점에 제약있는순자산(더 세분할 경우에는 일시제약순자산)의 증가로 처리
- 예를 들어, 비영리조직이 정부보조금을 받아 일정기간 예금에 투자한 후 장학금으로 지급할 의무가 있다면, 당해 정부보조금을 받는 시점에 제약있는순자산(더 세분할 경우에는 일시제약순자산)의 증가로 처리

Ⅳ-7. 주석기재

1. 현황

□ 비영리조직이 작성하는 감독목적 재무제표에는 주석이 없음
○ 대신 투자유가증권, 유·무형자산, 장·단기차입금 등 주요 자산과 부채에 대한 상세내용을 기재한 부속명세서를 첨부

2. 원칙

□ 비영리조직회계기준에서 주석기재사항을 규정(제49조~제52조)
○ 위 Ⅲ-1에서 밝힌 바와 같이 비영리조직회계기준은 일반정보이용자에게 비영리조직 활동의 전반적인 그림을 그려 주면서 중요사항을 강조(highlight)하는 식으로 간단명료화 된 일반목적 재무제표를 제공하는데 적용되는 기준을 제시하는 데 목적이 있음
  - 재무제표 항목에 대한 설명정보[1], 상세구분정보[2] 및 분석정보[3] 등을 주석으로 기재하면 정보이용자가 재무제표를 이해하는 데 도움이 되는 정보를 제공할 수 있음
    [1] (설명정보의 예) 순자산 분류를 모범실무(제약없는순자산-제약있는순자산)와 다르게 명명할 경우 그 내용을 주석으로 기재
    [2] (상세구분정보의 예) ① 순자산의 각 분류(제약없는순자산, 제약있는순자산)별로 세부항목을 주석으로 기재 ② 투자유가증권을 국공채, 회사채, 수익증권, 주식으로 구분한 정보를 주석으로 기재, ③ 고유목적사업비용 중 사업수행비용을 세부사업별로 구분한 정보를 주석으로 기재
    [3] (분석정보의 예) 고유목적사업비용의 기능별 구분정보를 성격별로 재차 분석한 정보
  - 비영리조직의 개황이나 주요사업내용을 주석으로 기재할 경우 정보이용자가 재무제표 전반을 이해하는데 도움을 줄 수 있음.

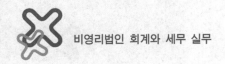
- 재무제표 본문에 표시되지 않은 거래나 회계사건으로서 재무제표에 중요한 영향을 미치는 사항에 관한 정보를 주석으로 기재하면 재무제표의 한계를 보완하는 정보를 제공할 수 있음.

  * 예를 들어, 계류중인 소송이나 담보·보증제공에 관한 내용을 주석으로 기재

제 **7** 장

공공기관의 회계와 세무

공동기업의 회계와 세무

제 1 절

공공기관의 회계

1-1. 공공기관의 운영에 관한 법률

　2007년 4월 1일부터 시행된 「공공기관의 운영에 관한 법률」은 「정부투자기관 관리기본법」과 「정부산하기관 관리기본법」을 폐지하면서 제정된 법률로서 공공기관의 자율책임경영체제 확립을 통해 공공기관의 대국민 서비스 증진에 기여할 수 있도록 하기 위하여 공공기관의 범위 설정과 유형구분 및 평가·감독 시스템 등 공공기관의 운영에 관하여 필요한 사항을 정하고 있다.

　동법에서 규정하는 주요 내용은 다음과 같다.

1. 공공기관의 지정 및 구분(법 제4조 내지 제6조)
   공공기관 운영을 위한 기본적인 체제를 마련하기 위하여 법률에 따라 직접 설립되고 정부가 출연을 하였거나, 정부로부터 재정적 지원을 받은 기관 등을 공공기관으로 지정한다.

2. 공공기관운영위원회의 설치 및 구성(법 제8조 내지 제10조)
   공공기관의 지정 및 구분에 관한 사항 등을 심의·의결하기 위하여 기획재정부장관 소속하에 공공기관운영위원회를 둔다.

3. 공공기관에 대한 경영공시 의무화 등(법 제11조 및 제12조)
   공공기관의 투명한 운영을 도모하기 위하여 공공기관은 경영목표 및 운영계획, 결산서, 임원 현황 등에 관한 사항을 인터넷 홈페이지를 통하여 공시하도록 하고, 이와 별도로 기획재정부장관은 각 공공기관의 주요 경영공시사항을 표준화하여 통합공시할 수 있도록 한다.

4. 공기업 및 준정부기관의 이사회 설치 및 해임요청(법 제17조 및 제22조)
   공기업 및 준정부기관의 경영목표와 예산 및 운영계획 등에 관한 사항을 심의·의결하기 위하여 이사회를 두도록 하고, 이사회는 기관장이 법령 등 위반행위나 직무를 게을리 한 경우 주무기관의 장에게 기관장의 해임 등 필요한 조치를 요청할 수 있도록 한다.

5. 공기업 및 준정부기관의 임원 임면 절차(법 제24조 내지 제37조)

공기업 및 준정부기관 임원 임면의 객관성·공정성을 확보하기 위하여, 공기업의 장은 비상임이사 등으로 구성되는 임원추천위원회가 복수로 추천하여 공공기관운영위원회의 심의·의결을 거친 사람 중에서 주무기관의 장의 제청으로 대통령이 임명하도록 하고, 준정부기관의 장은 임원추천위원회가 복수로 추천한 사람 중에서 주무기관의 장이 임명하도록 하며, 그 밖에 비상임이사 및 감사의 임명도 임원추천위원회의 추천 및 공공기관운영위원회의 심의·의결을 거치도록 한다.

6. 공기업 및 준정부기관의 경영실적 평가(법 제48조)

공기업 및 준정부기관의 경영 효율을 높이기 위하여 기획재정부장관은 경영목표 및 공기업·준정부기관이 제출한 경영실적보고서 등을 기초로 공기업 및 준정부기관의 경영실적을 평가하고, 평가 결과 경영실적이 부진한 공기업·준정부기관의 기관장 또는 상임이사의 해임을 건의하거나 요구할 수 있도록 한다.

1-2. 공공기관의 지정

기획재정부장관은 국가·지방자치단체가 아닌 법인·단체 또는 기관으로서 다음의 어느 하나에 해당하는 기관을 공공기관으로 지정할 수 있다(공공기관의 운영에 관한 법률 제4조).

1. 다른 법률에 따라 직접 설립되고 정부가 출연한 기관
2. 정부지원액1)(법령에 따라 직접 정부의 업무를 위탁받거나 독점적 사업권을 부여받은 기관의 경우에는 그 위탁업무나 독점적 사업으로 인한 수입액을 포함한다)이 총수입액2)의 2분의 1을 초과하는 기관

---

1) 총수입액 중 다음 각 호에 해당하는 금액의 합계액을 말한다(동법 시행령 제3조).
  1. 출연금, 보조금 등 정부로부터 이전받은 수입액 및 「부담금관리기본법」에 따른 부담금 등 법령상 강제규정에 따라 민간 등으로부터 이전받은 수입액
  2. 법령에 당해 기관의 업무로 규정되어 있거나 법령에 규정된 위탁근거에 따라 위탁받은 업무로 인한 수입액 또는 법령에 규정되어 있거나 법령의 근거에 따라 부여된 독점적 사업으로 인한 수입액. 이 경우 수입액은 수수료·입장료·사용료·보험료·기여금·부담금 등 그 명칭에 불구하고 위탁업무 또는 독점적 사업으로 인한 모든 수입액을 말한다.
  3. 제1호 및 제2호의 운용으로 발생한 부대수입액
  본 절에서 총수입액, 정부지원액, 자체수입액은 최근 3개년간의 결산기준 재무제표를 기초로 3개년 평균으로 한다(동법 시행령 제6조).

3. 정부가 100분의 50 이상의 지분을 가지고 있거나 100분의 30 이상의 지분을 가지고 임원 임명권한 행사 등을 통하여 해당 기관의 정책 결정에 사실상 지배력을 확보하고 있는 기관
4. 정부와 제1호 내지 제3호의 어느 하나에 해당하는 기관이 합하여 100분의 50 이상의 지분을 가지고 있거나 100분의 30 이상의 지분을 가지고 임원 임명권한 행사 등을 통하여 해당 기관의 정책 결정에 사실상 지배력을 확보[3]하고 있는 기관
5. 제1호 내지 제4호의 어느 하나에 해당하는 기관이 단독으로 또는 두 개 이상의 기관이 합하여 100분의 50 이상의 지분을 가지고 있거나 100분의 30 이상의 지분을 가지고 임원 임명권한 행사 등을 통하여 해당 기관의 정책 결정에 사실상 지배력을 확보하고 있는 기관
6. 제1호 내지 제4호의 어느 하나에 해당하는 기관이 설립하고, 정부 또는 설립 기관이 출연한 기관

---

2) 당해 기관이 사업을 수행하거나 정부·지방자치단체 및 민간 등으로부터 지원을 받아 획득한 수입액과 이에 파생하여 발생한 수입액 중 미래 상환의무가 있는 금액 등을 제외한 것으로서 동법 시행령 별표 1에 따라 산정된 금액을 말한다(동법 시행령 제2조).

〔별표 1〕
1. 총수입액은 제2호의 기준액에서 제3호를 제외하고 제4호를 합하여 산출한다.
2. 기준액 : 발생주의에 기초한 결산기준 손익계산서의 대변에 계상된 금액의 합계액
3. 기준액 중 총수입액에서 제외되는 금액
   가. 현재와 미래의 현금흐름과 무관한 수입액 : 대손충당금 등 평가성 충당금의 환입액, 고유목적사업 준비금 등 세무상 목적의 준비금 환입액 등
   나. 정부자금 또는 민간자금을 수혜자에게 전달해 주는 역할을 수행하는 기관이 손익계산서에 정부자금액 또는 민간자금액을 계상한 경우 이에 해당하는 금액
   다. 그 밖에 가목 및 나목에 상당한 수입액으로서 운영위원회가 기관의 실질적인 수입액이 아니라고 인정한 금액
4. 기준액 외에 총수입액에 포함되는 금액 : 제3조 제1호의 수입액 중 대차대조표에 계상된 금액(출자금은 제외하며 당해 연도 유입액에 한한다)

3) 사실상 지배력 확보의 기준은 다음 각 호의 어느 하나에 해당하는 경우를 말한다(동법 시행령 제4조).
1. 최대지분을 보유하고 지분의 분산도로 보아 주주권 등의 행사에 따른 기관 지배가 가능한 경우
2. 법령 또는 정관에 따라 당해 기관의 기관장 또는 이사회 구성원의 과반수의 임명(승인·제청 등을 포함한다)에 관여하는 경우
3. 법령 또는 정관에 따라 당해 기관의 예산 또는 사업계획 등을 승인하는 경우

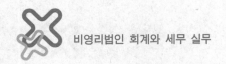

그러나 위의 규정에도 불구하고 다음의 기관은 공공기관으로 지정할 수 없다.

1. 구성원 상호 간의 상호부조·복리증진·권익향상 또는 영업질서 유지 등을 목적으로 설립된 기관
2. 지방자치단체가 설립하고, 그 운영에 관여하는 기관
3. 「방송법」에 따른 한국방송공사와 「한국교육방송공사법」에 따른 한국교육방송공사

1-3. 공공기관의 구분 및 지정

기획재정부장관은 공공기관을 다음의 구분에 따라 지정한다(공공기관의 운영에 관한 법률 제5조 제1항, 동법 시행령 제7조 제1항).

1. 공기업·준정부기관 : 직원 정원, 수입액 및 자산규모가 다음 기준에 해당하는 공공기관
   ① 직원 정원 : 300명 이상
   ② 수입액(총수입액을 말한다) : 200억원 이상
   ③ 자산규모 : 30억원 이상
2. 기타공공기관 : 제1호에 해당하는 기관 이외의 기관

다만, 위에도 불구하고 기획재정부장관은 다른 법률에 따라 책임경영체제가 구축되어 있거나 기관 운영의 독립성, 자율성 확보 필요성이 높은 기관 등 다음의 기준에 해당하는 공공기관은 기타공공기관으로 지정할 수 있다(공공기관의 운영에 관한 법률 제5조 제2항, 동법 시행령 제7조의 2 제1항).

1. 다른 법률에 따라 책임경영체제가 구축되어 있는 기관으로서 다음의 어느 하나에 해당하는 기관
   가. 「국립대학병원 설치법」에 따른 국립대학병원 또는 「국립대학치과병원 설치법」에 따른 국립대학치과병원
   나. 「서울대학교병원 설치법」에 따른 서울대학교병원 또는 「서울대학교치과병원 설치법」에 따른 서울대학교치과병원

다. 「공공보건의료에 관한 법률」에 따른 공공보건의료기관

라. 그 밖에 다른 법률에 따라 별도의 책임경영체제가 구축되어 있다고 기획재정부장관이 인정하는 기관

2. 기관 운영의 독립성, 자율성 확보 필요성이 높은 기관으로서 다음의 어느 하나에 해당하는 기관

가. 공공기관이 출연 또는 출자하여 설립한 교육기관

나. 법무·준사법 업무, 합의·조정 업무나 국제규범이 적용되는 업무 등을 수행하는 기관

다. 민간기업과의 경쟁을 고려해 자율경영 필요성이 높은 기관

라. 연구개발을 주된 목적으로 하는 기관

마. 그 밖에 가목부터 라목까지의 규정에 따른 기관과 유사한 기관으로서 기관 운영의 독립성과 자율성 확보의 필요성이 높다고 기획재정부장관이 인정하는 기관

3. 그 밖에 기획재정부장관이 필요하다고 인정하는 기관으로서 법 제8조에 따른 공공기관운영위원회(이하 "운영위원회"라 한다)의 심의·의결을 거쳐 정하는 기관

기획재정부장관은 매 회계연도 개시 후 1개월 이내에 공공기관을 새로 지정하거나, 지정을 해제하거나, 구분을 변경하여 지정한다. 다만, 회계연도 중이라도 다음의 구분에 따라 공공기관을 새로 지정하거나, 지정을 해제하거나, 구분을 변경하여 지정할 수 있다(공공기관의 운영에 관한 법률 제6조).

1. 제4조 제1항 각 호의 요건에 해당하는 기관이 신설된 경우 : 신규 지정

2. 공공기관으로 지정된 기관이 민영화, 기관의 통합·폐지·분할 또는 관련 법령의 개정·폐지 등에 따라 이 법의 적용을 받을 필요가 없게 되거나 그 지정을 변경할 필요가 발생한 경우 : 지정 해제 또는 구분 변경 지정

	대분류		중분류	
공기업	- 직원 정원4)이 300인 이상 - 자체수입액5)이 총수입액의 2분의 1 이상	시장형 공기업	- 자산규모6)가 2조원 이상 - 총수입액 중 자체수입액이 85% 이상인 공기업	
		준시장형 공기업	시장형 공기업이 아닌 공기업	

---

4) 공공기관 지정 직전연도 연말기준 직원 정원

5) 다음 각 호의 수입을 합한 금액을 말하며 정부출연금, 정부보조금, 부담금 등은 제외한다(동법 시행령 제5조).

대분류		중분류	
준정부기관	– 직원 정원이 300인 이상 – 공기업이 아닌 공공기관	기금관리형 준정부기관	「국가재정법」에 따라 기금을 관리하 거나 기금의 관리를 위탁받은 준정 부기관
		위탁집행형 준정부기관	기금관리형 준정부기관이 아닌 준정 부기관
기타 공공기관	공기업과 준정부기관을 제외한 기관(기관의 성격 및 업무 특성 등을 고려하여 기 타공공기관 중 일부를 연구개발을 목적으로 하는 기관 등으로 세분하여 지정할 수 있음)		

이러한 분류와 달리 납입자본금이 존재하지 않는 기관으로서 출연금 등을 받아 설립된 공기업·준정부기관을 '출연형기관'이라 하고 납입자본금이 존재하고 자본금이 주식으로 분할되거나 증권의 형태로 발행된 공기업·준정부기관을 '출자형기관'이라 분류하기도 한다.

이렇게 공기업·준정부기관과 기타공공기관의 요건에 따라 기획재정부는 매년 초 공공기관 지정 고시를 한다. 2024년 지정된 공공기관은 327개이고 공기업 32개(시장형 14개, 준시장형 18개), 준정부기관 55개(기금관리형 12개, 위탁집행형 43개), 기타공공기관 240개이다.

1-4. 공공기관의 경영공시

공공기관은 다음 각 호의 사항을 공시하여야 한다. 다만, 주무기관의 장이 국가안보를 위하여 필요하다고 인정하여 기획재정부장관과 협의하여 일부를 공시하지 아니할 수 있다. 경영공시 사항은 최근 5년간의 자료를 게시·비치하여야 하며 결산서는 사업연도 종료 후 90일 이내에, 이외의 사항은 해당 사유가 발생한 때마다 지체 없이 게시·비치하여야 한다

---

1. 고유목적사업 수입액 : 당해 기관의 설립근거법 또는 정관에 명시된 사업의 수행에 따라 직접 발생한 수입으로서 별표 2에 따라 산정된 금액
2. 기타사업 수입액 : 당해 기관의 설립근거법 또는 정관에 명시되지 않은 사업의 수행에 따라 발생한 수입으로서 별표 2에 따라 산정된 금액
3. 사업 외 수입액 : 일시적인 자금 운용에 따른 이자수입 등 제1호 및 제2호에 규정된 사업의 수행에 부대하여 발생한 수입으로서 별표 2에 따라 산정된 금액
6) 최근연도 결산기준 재무제표를 기초로 산정

(공공기관의 운영에 관한 법률 제11조, 동법 시행령 제15조).

1. 경영목표와 예산 및 운영계획
2. 결산서
3. 임원 및 운영인력 현황(임원의 성별, 임직원의 성별 임금 현황, 근로자의 고용형태 현황 및 비정규직 근로자의 정규직 전환비율을 포함한다)
4. 인건비 및 복리후생비 예산과 집행 현황(이 경우 각종 수당 등을 항목별로 공시하여야 한다)
5. 자회사·출자회사·재출자회사와의 거래내역 및 인력교류 현황(최근 5년간 퇴임하거나 퇴직한 임직원의 자회사·출자회사·재출자회사 취업 현황을 포함한다)
6. 제13조 제2항의 규정에 따라 실시된 고객만족도 조사 결과
7. 제36조 제1항에 따른 감사나 감사위원회 감사위원의 직무수행실적 평가 결과
8. 제48조의 규정에 따른 경영실적 평가결과(공기업·준정부기관에 한한다)
9. 정관·사채원부 및 이사회 회의록
10. 감사 또는 감사위원회의 감사보고서(지적사항 및 처분요구사항과 그에 대한 조치 계획을 포함한다)
11. 주무기관의 장의 공공기관에 대한 감사결과(지적사항 및 처분요구사항과 그에 대한 조치 계획을 포함한다)
12. 「감사원법」 제31조(변상책임의 판정 등)부터 제34조의 2(권고 등)까지의 규정에 따라 변상책임 판정, 징계·시정·개선 요구 등을 받거나 「국정감사 및 조사에 관한 법률」 제16조(감사 또는 조사결과에 대한 처리)의 규정에 따라 시정요구를 받은 경우 그 내용과 그에 대한 공공기관 등의 조치 사항
13. 징계제도 관련 정보 및 징계처분 결과 등을 포함한 징계운영 현황
14. 소송 현황, 법률자문 현황, 소송대리인 및 고문변호사 현황
15. 「국가재정법」 제9조의 2에 따라 국회에 제출된 중장기재무관리계획 중 기관별 중장기재무관리계획
16. 그 밖에 공공기관의 경영에 관한 중요한 사항으로서 기획재정부장관이 운영위원회의 심의·의결을 거쳐 공시하도록 요청한 사항

공공기관은 상기의 사항을 인터넷 홈페이지를 통하여 공시하여야 하고, 사무소에 필요한 서류를 비치하여야 한다. 또한 공시된 사항에 대한 열람이나 복사를 요구하는 자에 대하여 이를 열람하게 하거나 그 사본이나 복제물을 내주어야 한다.

또한 기획재정부장관은 각 공공기관이 공시하는 사항 중 주요 사항을 별도로 표준화하고 이를 인터넷 사이트에 통합하여 공시할 수 있다(공공기관의 운영에 관한 법률 제12조).

2 공공기관의 회계기준

2016년 12월 20일 세법 개정시 상속세 및 증여세법 제50조의 4가 신설되어 공익법인[7]에 적용되는 회계기준이 도입되었으며, 동 개정규정은 2018년 1월 1일 이후 개시하는 사업연도부터 적용한다. 따라서 외부회계감사의무(상속세 및 증여세법 제50조 제3항) 및 결산서류 등의 공시의무(상속세 및 증여세법 제50조의 3)가 있는 공익법인에 해당하는 공공기관은 신설된 '공익법인회계기준'을 적용하여 회계처리를 하여야 한다.

다만, 발생주의 회계원칙에 따른 복식부기 방식의 회계기준을 다른 법령에서 규정하고 있는 공공기관의 경우에는 해당 회계기준을 공익법인회계기준에 우선하여 적용하므로 공익법인회계기준은 적용되지 않는다(공익법인회계기준 제6조). 따라서 이미 '공기업·준정부기관 회계기준'을 적용하고 있는 공기업과 준정부기관의 경우에는 해당 회계기준을 적용하면되고, 기타공공기관의 경우에는 회계기준이 소관 법령 등에서 존재하는지 여부에 따라 공익법인회계기준의 적용 여부를 판단하여야 한다.

공익법인회계기준을 적용하는 기타공공기관의 경우는 '제4장 제5절 5. 공익법인 등의 회계기준 적용의무'를 참조하기 바라며, 이하에서는 '공기업·준정부기관 회계기준'을 적용받는 공공기관에 대하여 서술한다.

2-1. 회계연도

공기업·준정부기관의 회계연도는 정부의 회계연도에 따른다(공공기관의 운영에 관한 법률 제38조).

2-2. 회계기준

공기업·준정부기관의 회계는 경영성과와 재산의 증감 및 변동 상태를 명백히 표시하기

---

7) 공익법인이란 종교·자선·학술 또는 그 밖의 공익을 목적으로 하는 사업을 하는 자를 말하며, 구체적인 범위는 '제4장 제2절 1. 상속세 및 증여세 과세가액 불산입 요건'을 참조한다.

위하여 그 발생 사실에 따라 발생한 시점에 복식부기 방식으로 회계처리한다(공공기관의 운영에 관한 법률 제39조, 공기업·준정부기관 회계사무규칙 제4조).

공기업·준정부기관의 회계처리에 필요한 사항을 규정하기 위하여 「공공기관의 운영에 관한 법률」 제39조 제3항에 의하여 기획재정부령으로 「공기업·준정부기관 회계사무규칙」을 제정하였으며, 동 규칙 제19조에 의하여 세부 처리기준을 마련하기 위하여 「공기업·준정부기관 회계기준」을 제정하였다.

공기업·준정부기관이 준수하여야 할 회계기준을 정리하면 다음과 같다.

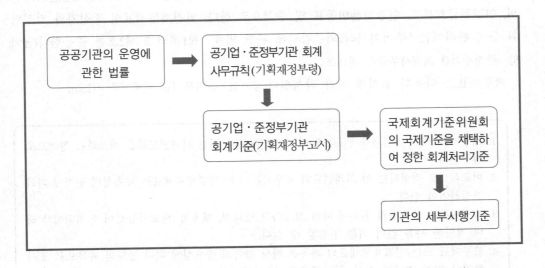

「공기업·준정부기관 회계사무규칙」 제2조를 살펴보면, 공기업·준정부기관의 회계처리에 관하여 규칙 및 이 기준에서 정하지 아니한 사항은 「주식회사의 외부감사에 관한 법률」 제5조 제1항 제1호에 따른 「국제회계기준위원회의 국제기준을 채택하여 정한 회계처리기준」을 따를 것을 규정하고 있으며, 「공기업·준정부기관 회계기준」 제10조에서는 기관장은 규칙 및 이 기준의 시행에 필요한 사항을 세부기준으로 정하여 시행하도록 하고 있다. 또한 기관장은 기관의 업무의 특성 및 재무건전성 확보, 그 밖의 불가피한 사유가 있는 경우에는 주무기관의 장을 거쳐 기획재정부장관의 승인을 받아 이 기준에서 정하는 내용과 다른 내용의 회계처리원칙 등을 정할 수 있도록 하고 있다. 단, 공기업·준정부기관이 관리·운용하는 「국가재정법」 제5조 제1항에 따라 설치된 기금의 회계처리는 이 규칙에서 특별히 정한 사항을 제외하고는 이 규칙을 적용하지 않음에 유의한다(공기업·준정부기관 회계사무규칙 제2조 제4항).

3 세부 회계처리방법

3-1. 재무제표 및 작성원칙

재무제표는 재무상태표, 손익계산서 또는 포괄손익계산서, 현금흐름표, 자본변동표 및 주석으로 한다. 연결재무제표는 연결재무상태표, 연결손익계산서 또는 연결포괄손익계산서, 연결현금흐름표, 연결자본변동표 및 주석으로 한다. 연결재무제표의 작성자와 작성범위 등에 관하여는 「주식회사의 외부감사에 관한 법률」 제1조의 2 제2호를 준용한다(공기업ㆍ준정부기관 회계사무규칙 제16조).

재무제표는 다음의 원칙에 따라 작성한다(공기업ㆍ준정부기관 회계기준 제2조).

---

1. 재무제표 또는 연결재무제표는 당해 회계연도분과 직전 회계연도분을 비교하는 형식으로 작성한다.
2. 비교식으로 작성되는 양 회계연도의 재무제표 또는 연결재무제표는 계속성의 원칙에 따라 작성하여야 한다.
3. 계정과목은 중요성의 원칙에 따라 설정하고 명료성, 계속성, 비교가능성이 유지되어야 하며 정당한 사유 없이 이를 변경할 수 없다.
4. 재무제표 또는 연결재무제표의 과목은 해당 항목의 중요성에 따라 별도의 과목으로 표시하거나 다른 과목과 신설, 통ㆍ폐합할 수 있다. 이 경우 제3호를 준용한다.

3-2. 구분회계

공기업ㆍ준정부기관은 그 설립에 관한 법률 또는 그 밖의 법령에서 회계단위를 구분하도록 정한 경우에는 재원의 원천 또는 목적사업별 등으로 구분하여 회계처리하고, 구분회계 사이의 내부거래 및 미실현손익을 제거한 후 이를 통합한 결산서를 작성하여야 한다. 이 경우 구분된 회계단위별 경영성과 및 재무현황을 주석으로 기재한다(공기업ㆍ준정부기관 회계사무규칙 제12조).

그러나 공기업ㆍ준정부기관이 관리ㆍ운용하는 기금은 따로 결산서를 작성하여야 하며 상기의 통합 결산서 작성 대상에서 제외하여야 한다.

　공기업·준정부기관은 회계를 총괄하기 위하여 본사에 총괄회계부서를 두고, 본사와 지점 사이의 거래는 본사·지점계정으로 회계처리한다.

3-3. 재무상태표

3-3-1. 작성원칙

　재무상태표 또는 연결재무상태표는 공기업·준정부기관의 재무상태를 명확히 보고하기 위하여 보고기간 종료일 현재의 자산, 부채 및 자본으로 구분한다. 자산, 부채 및 자본은 총액에 따라 기재함을 원칙으로 하고, 자산의 항목과 부채 또는 자본의 항목을 상계함으로써 그 전부 또는 일부를 재무상태표 등에서 제외하여서는 아니 된다(공기업·준정부기관 회계기준 제40조).

3-3-2. 자산의 분류

　자산은 유동자산과 비유동자산으로 구분하며, 유동자산은 공기업·준정부기관이 정상영업주기 내에 실현될 것으로 예상하거나 정상영업주기 내에 판매하거나 소비할 의도가 있는 자산, 주로 단기매매목적으로 보유하는 자산, 보고기간 종료일로부터 1년 이내에 실현될 것으로 예상하는 자산 및 현금이나 현금성자산으로서 사용에 대한 제한기간이 보고기간 종료일로부터 1년 이상이 아닌 자산을 말한다. 다만, 유동자산으로 분류한 금액 중 1년 이내에 실현되지 않을 금액은 주석으로 기재한다.

　공기업·준정부기관 중 금융업을 영위하는 기관의 경우 유동자산과 비유동자산으로 구분하지 않고 유동성 순서에 따라 표시할 수 있다(공기업·준정부기관 회계기준 제41조).

3-3-3. 부채의 분류

　부채는 유동부채와 비유동부채로 구분하며, 유동부채는 정상영업주기 내에 결제될 것으로 예상하는 부채, 주로 단기매매목적으로 보유하는 부채, 보고기간 종료일로부터 1년 이내에 결제하기로 되어 있는 부채 및 보고기간 종료일로부터 1년 이상 부채의 결제를 연기할 수 있는 무조건의 권리를 가지고 있지 않는 부채를 말한다.

공기업·준정부기관 중 금융업을 영위하는 기관의 경우 유동부채와 비유동부채로 구분하지 않고 유동성 순서에 따라 표시할 수 있다(공기업·준정부기관 회계기준 제42조).

3-3-4. 자본의 분류

(1) 출자형 기관

공기업·준정부기관의 회계처리기준으로 국제회계기준 등이 도입됨에 따라 2011년 12월 29일 개정고시를 통해 출자형기관의 자본 분류를 통합하고 세부 계정과목을 정비하였다(공기업·준정부기관 회계기준 제43조).

---

1. 자본은 납입자본, 이익잉여금(또는 결손금) 및 기타자본구성요소 등으로 구분하여 표시하고 비지배지분을 별도로 표시한다.
2. 납입자본은 자본금과 기본재산, 주식발행초과금 등을 말한다. 이 중 자본금은 정부지분자본금과 비정부지분자본금을 말하며 기본재산은 설립시 기본재산으로 출연한 재산 또는 이익잉여금 중 총회 또는 이사회에서 기본재산으로 편입할 것을 의결한 재산을 말한다.
3. 이익잉여금(또는 결손금)은 이익준비금, 기타법정적립금, 임의적립금, 미처분이익잉여금(미처리결손금)을 말한다.
4. 기타자본구성요소는 기타자본잉여금, 기타포괄손익누계액, 자기주식 등을 포함한다.

---

(2) 자본의 전입 및 감자

잉여금의 전부 또는 일부를 자본금으로 전입하거나, 자본금을 감자하는 경우에는 기획재정부장관과 협의하여야 한다. 전입 및 감자 절차는 다른 법령에 특별한 규정이 있는 경우 외에는 「상법」의 주식회사편을 준용한다(공기업·준정부기관 회계기준 제63조).

3-4. 손익계산서 등

손익계산서 또는 포괄손익계산서와 연결손익계산서 또는 연결포괄손익계산서는 공기업·준정부기관의 경영성과를 명확히 보고하기 위하여 그 회계기간에 속하는 모든 수익과 이에 대응하는 모든 비용 및 총포괄손익을 적정하게 구분표시하여야 하며 그것이 발생한 기간에 정당하게 배분되도록 처리하여야 한다. 다만, 수익은 실현시를 기준으로 계상하고 미실현수익은 당기의 손익계산에 산입하지 않음을 원칙으로 한다(공기업·준정부기관 회계기준 제45조, 제46조, 제47조).

특히, 정부 또는 지방자치단체가 직접 추진하여야 할 사업을 법령의 규정에 따라 공기업·준정부기관에게 위탁 또는 대행한 경우, 공기업·준정부기관이 지급받은 사업비 등은 집행하는 시점에 발생되는 비용과 대응하여 사업수익으로 인식한다(공기업·준정부기관 회계기준 제48조). 또한 공기업·준정부기관이 「사내근로복지기금법」에 따라 사내근로복지기금에 출연한 출연금은 영업비용으로 인식한다(공기업·준정부기관 회계기준 제49조).

3-5. 현금흐름표 등

현금흐름표 또는 연결현금흐름표는 공기업·준정부기관의 현금흐름을 나타내는 표로서 현금의 변동내용을 명확하게 보고하기 위하여 당해 회계기간에 속하는 현금의 유입과 유출내용을 적정하게 표시하여야 한다.

현금흐름표는 영업활동으로 인한 현금흐름, 투자활동으로 인한 현금흐름, 재무활동으로 인한 현금흐름으로 구분하여 표시하고, 이에 외화로 표시된 현금의 환율변동효과와 기초의 현금을 가산하여 기말의 현금을 산출하는 형식으로 표시한다(공기업·준정부기관 회계기준 제51조, 제52조).

3-6. 자본변동표 등

자본변동표 또는 연결자본변동표는 자본의 크기와 그 변동에 관한 정보를 제공하는 재무보고서로서, 공기업·준정부기관의 자본의 변동에 대한 포괄적인 정보를 제공하여야 한다.

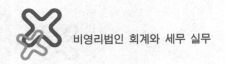
공기업·준정부기관의 자본변동표 등은 납입자본, 이익잉여금(또는 자치단체결손금) 및 기타자본구성요소 등의 각 항목별로 기초잔액, 변동사항, 기말잔액을 표시한다(공기업·준정부기관 회계기준 제53조, 제54조).

3-7. 주 석

주석은 재무제표의 일부분으로서 정보이용자에게 충분한 회계정보를 제공하기 위하여 채택한 주요한 회계정책 및 과목의 세부내역과 재무제표에 중대한 영향을 미치는 사항을 설명한 것을 말한다. 따라서 공기업·준정부기관이 다른 법령의 특별한 규정에 따라 규칙이나 이 기준과 다르게 적용한 경우에는 그 차이 내역, 순자산 및 당기손익에 미치는 영향을 주석으로 기재한다(공기업·준정부기관 회계기준 제56조).

3-8. 이익잉여금처분계산서의 주석

이익잉여금처분계산서는 이익잉여금의 처분사항을 명확히 보고하기 위하여 이월이익잉여금의 총변동사항을 주석으로 공시하여야 한다. 결손금처리계산서는 결손금의 처리사항을 명확히 보고하기 위하여 이월결손금의 총변동사항을 주석으로 공시하여야 한다(공기업·준정부기관 회계기준 제57조).

이익잉여금의 처분은 다음의 순서에 따른다. 다만, 관계법령에 따로 규정된 경우에는 그러하지 아니하다(공기업·준정부기관 회계기준 제67조).

1. 이익준비금
2. 기타의 법정적립금
3. 배당금
4. 임의적립금
5. 차기이월잉여금

특히 공기업·준정부기관의 수익사업 중 「법인세법」상 과세대상 수익에 대하여는 고유목적사업준비금을 적립할 수 있다. 기업·준정부기관이 적립 또는 환입하는 고유목적사업 준비금은 이익잉여금처분계산서상의 처분으로 한다. 다만, 다른 법령의 특별한 규정이 있는 경우는 비용 또는 수익으로 계상할 수 있다(공기업·준정부기관 회계기준 제50조).

3-9. 대손상각 및 대손충당금

기관장은 채무자가 국가·지방자치단체인 채권을 제외하고 외상매출금, 받을어음, 미수금 및 미수수익과 이와 비슷한 채권, 장기성매출채권 등에 대하여 대손충당금을 적립하여야 한다(공기업·준정부기관 회계사무규칙 제11조).

또한 기관장은 다음의 어느 하나에 해당하는 경우에는 소멸시효가 완성되기 전이라도 해당 채권을 대손(貸損)처리하여야 한다(공기업·준정부기관 회계사무규칙 제10조). 이때 연대채무자 또는 보증인 등 채무를 이행하여야 할 자가 따로 있는 경우에는 제1호부터 제3호까지를 적용하지 아니한다.

1. 채무자인 법인이 해산하거나 그 사업을 중지하여 재개(再開)의 가능성이 없다고 판단되는 경우에 강제집행에 드는 비용과 다른 우선변제채권의 합계액이 압류할 수 있는 재산의 가액을 초과하는 경우
2. 채무자인 법인에 대하여 가지는 채권이「채무자 회생 및 파산에 관한 법률」에 따른 회생계획인가의 결정 또는 파산선고에 따라 회수불능으로 확정된 경우
3. 채무자가 사망한 경우에 강제집행에 드는 비용과 다른 우선변제채권의 합계액이 그 상속재산의 가액을 초과하는 경우
4. 추심에 드는 비용이 채권액을 초과하는 경우

3-10. 국고보조금·출연금 등 정부보조금

공기업·준정부기관이 정부 또는 지방자치단체(이하 '정부 등'이라 한다)로부터 수령하는 국고보조금 및 출연금 등 정부보조금과 위탁사업비(이하 '정부보조금 등'이라 한다)를 받는 경우 다음에 따라 처리한다(공기업·준정부기관 회계기준 제44조).

1. 정부보조금 등으로 취득한 자산은 다음 각 목의 형식 중 하나만 선택하여 표시하여야 하며, 복수의 형식을 사용하여 표시할 수 없다.
   가. 취득자산에서 차감하는 형식
   나. 부채로 표시하는 형식
2. 정부보조금 등으로 취득한 자산에 관한 손익은 다음 각 목에 따라 인식한다.
   가. 제1호 가목에 따라 표시한 경우 : 해당 자산의 내용연수에 걸쳐 상각금액과 상계하는 방식
   나. 제1호 나목에 따라 표시한 경우 : 해당 자산의 내용연수에 걸쳐 상각금액만큼 당기손익으로 인식하는 방식
3. 정부보조금 등으로 취득한 관계기업투자지분에 대해 평가손실 및 손상차손이 발생하는 경우, 자산에 관한 손익은 다음 각 목에 따라 인식한다.
   가. 제1호 가목에 따라 표시한 경우 : 해당 자산의 평가손실 및 손상차손 금액과 상계하는 방식
   나. 제1호 나목에 따라 표시한 경우 : 해당 자산의 평가손실 및 손상차손 금액만큼 당기손익으로 인식하는 방식
4. 정부보조금 등으로 취득한 자산을 처분하는 경우에는 처분한 금액 중 해당 자산의 취득에 사용한 정부보조금 등의 잔액을 처분손익에 합산한다.
5. 다음 각 호 중 하나에 해당하는 경우에는 정부 등으로부터 받은 금액을 수익으로 인식하고 관련 비용과 상계하지 않는다.
   가. 정부가 위탁한 사업 또는 관계법령 등에서 정한 목적을 수행하기 위하여 정부보조금 등을 받는 경우
   나. 정부 정책에 따라 정부가 해당 사업의 비용 또는 손실을 보상하는 경우

공기업·준정부기관이 정부 등 제3자로부터 받은 정부보조금 등이 회계기간 내에 집행되지 않은 금액이 있거나 집행된 후 잔액이 있는 경우에는 다음 각 호의 하나에 해당되면서 비용으로 인식되지 않은 경우에는 보조금 등을 받았을 때 선택한 방법(취득자산에서 차감하는 형식 혹은 부채로 표시하는 형식)에 따라 표시한다.

4   외부감사

공기업·준정부기관은 회계연도가 종료된 때에는 지체 없이 그 회계연도의 결산서를 작성하고, 감사원규칙이 정하는 바에 따라 감사반이나 회계법인을 선정하여 회계감사를 받아야 한다(공공기관의 운영에 관한 법률 제43조).

회계감사를 실시할 수 있는 공인회계사와 회계법인의 선정 기준 및 회계감사의 절차, 감사원의 결산감사에 관하여 필요한 사항은 「공공기관의 회계감사 및 결산감사에 관한 규칙」(감사원규칙 제352호)으로 정하고 있다.

또한 공기업·준정부기관에 대한 회계감사를 수행하는 감사인은 감사원규칙으로 정한 「공공감사기준」(감사원규칙 제137호) 등 일반적으로 인정된 감사기준에 따라 감사를 수행하여야 한다.

5   결산서의 제출

공기업은 기획재정부장관에게, 준정부기관은 주무기관의 장에게 다음 연도 3월 15일까지 감사를 받은 결산서에 다음 각 호의 서류를 첨부하여 각각 제출하고, 4월 10일까지 승인을 받아 결산을 확정하여야 한다. 다만, 주주총회나 출자자총회 등 사원총회가 있는 공기업·준정부기관의 경우에는 사원총회에서 결산을 의결·확정한다(공공기관의 운영에 관한 법률 제43조, 공기업·준정부기관 회계사무규칙 제14조·제15조, 공기업·준정부기관 회계기준 제55조).

> 1. 재무제표(회계감사인의 감사의견서를 포함한다)와 그 부속서류
> 2. 그 밖에 결산의 내용을 명확히 하기 위하여 필요한 서류

기획재정부장관과 주무기관의 장은 매년 5월 15일까지 확정된 공기업·준정부기관의 결산 내용을 기재한 결산서 등을 감사원에 제출하여야 한다. 감사원은 그 공기업·준정부기관 중 「감사원법」 제22조(필요적 검사사항) 제1항 제3호의 규정에 따른 법인과 그 밖에 감사

원규칙으로 정하는 공기업·준정부기관의 결산서 등을 검사하고, 그 결과를 7월 10일까지 기획재정부장관에게 제출하여야 한다. 기획재정부장관은 결산서 등에 감사원의 검사 결과를 첨부하여 이를 국무회의에 보고하고, 7월 31일까지 국회에 제출하여야 한다(공공기관의 운영에 관한 법률 제43조).

❶ 공기업·준정부기관의 결산보고

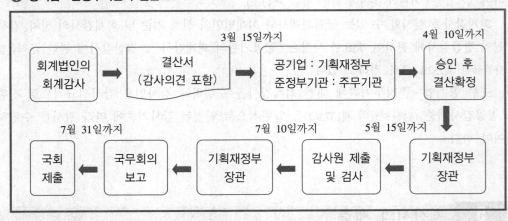

6-1. 지방정부의 공기업 유형

지방공기업유형		출자비율	출자형태	규제 법률
직영형		100%	정부조직과 유사	지방공기업법, 감사원법
공단형		100%		지방공기업법, 감사원법
공사형	전액 출자형	100%		지방공기업법, 감사원법
	과반수 출자형	50% 이상	민관공동출자형태 (주식발행)	지방공기업법, 감사원법, 상법
공사형 및 공단형 이외의 출자 및 출연법인		10% 이상	민관공동출자형태 (주식회사형태)	지방자치단체 출자·출연 기관의 운영에 관한 법률, 감사원법, 상법

　지방공기업은 지방자치단체의 업무 중에 기업적 성격이 강한 업무를 별도의 조직을 통해 국민에게 전달하기 위해 설립한 조직이라고 할 수 있다. 「지방공기업법」에서는 지방공기업을 '지방자치단체가 직접 설치·경영하는 기업'이라고 표현하고 있으며, 「지방공기업법」의 적용을 받는 사업으로 지방직영기업, 지방공사, 지방공단을 규정하고 있다.

　지방공기업은 지방자치단체의 일반행정조직이나 지방자치단체장 산하의 외청형태로 지방자치단체가 직접 경영하거나 별도의 독립적 법인을 설립하여 간접관리하는 방식으로 운영하기도 하는데, 「지방공기업법」에서 전자를 지방직영기업이라고 하며, 후자를 지방공사와 지방공단으로 구분하고 있다. 지방공사는 지방자치단체가 자본금의 50% 이상을 출자하여 설립한 법인으로서, 50%를 초과하지 않는 범위 내에서 민간의 출자가 인정되고 있다. 반면에 지방공단은 지방자치단체가 전액 출자한 경우를 말한다.

　과거 「지방공기업법」 제77조의 3부터 제77조의 7에서는 민관공동출자사업에 대해 규정을 하고 있었으나, 2014년 3월 24일 「지방자치단체 출자·출연기관의 운영에 관한 법률」이 제정됨에 따라 해당 규정이 삭제되고 관련 내용은 「지방자치단체 출자·출연기관의 운영에 관한 법률」에서 규정을 하고 있다.

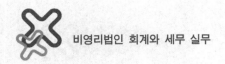

지방자치단체 출자·출연기관의 운영에 관한 법률 (약칭: 지방출자출연법)
〔법률 제17389호, 2020.6.9.〕

제1조 (목적) 이 법은 지방자치단체가 출자(出資)하거나 출연(出捐)하여 설립한 기관의 운영에 필요한 사항을 정하여 그 기관의 경영을 합리화하고 운영의 투명성을 높임으로써 지역주민에 대한 서비스 증진에 이바지함을 목적으로 한다.

제2조 (적용 대상 등) ① 이 법은 지방자치단체가 설립하고 제5조에 따라 지정·고시된 출자기관 또는 출연기관(이하 "출자·출연 기관"이라 한다)에 대하여 적용한다. 이 경우 출자기관은 지방자치단체의 지분(대통령령으로 정하는 방법과 산정 기준에 따라 계산한 것을 말한다. 이하 같다)이 100분의 10 이상인 경우를 말한다.

② 이 법은 다음 각 호의 어느 하나에 해당하는 기관에 대해서는 적용하지 아니한다.

1. 「지방공기업법」 제2조, 같은 법 제3장 및 제4장에 따른 다음 각 목의 지방공기업

   가. 지방직영기업

   나. 지방공사

   다. 지방공단

2. 「공공기관의 운영에 관한 법률」 제6조에 따라 기획재정부장관이 지정한 공공기관

3. 지방자치단체와 지방자치단체 소속 공무원을 회원으로 하면서 지방자치단체 간 발전과 지방자치단체 소속 공무원의 복리증진 등을 목적으로 설립한 기관

4. 「민법」에 따른 사단법인

③ 지방자치단체의 지분이 100분의 50 미만인 출자기관에 대해서는 제9조, 제10조의 3, 제11조, 제12조, 제14조, 제15조, 제15조의 2, 제15조의 3, 제16조, 제17조, 제17조의 2, 제17조의 3, 제18조 제3항·제4항, 제19조 및 제22조 제1항을 적용하지 아니한다. 다만, 다음 각 호의 어느 하나에 해당하는 경우에는 예외로 한다.

1. 지방자치단체가 최대지분을 보유하고 지분의 분산도(分散度)로 보아 주주권 등의 행사에 따른 기관 지배가 가능한 경우

2. 지방자치단체가 법령, 조례 또는 정관에 따라 해당 기관의 기관장 또는 이사회 구성원의 과반수의 임명(승인·제청 등을 포함한다)에 관여하는 경우

3. 지방자치단체가 법령, 조례 또는 정관에 따라 해당 기관의 예산 또는 사업계획을 승인하는 경우

④ 제3항 본문에도 불구하고 지방자치단체의 지분이 100분의 25 이상인 출자기관에 대해서는 제9조, 제12조, 제15조의 2 및 제15조의 3을 적용한다.

⑤ 출자·출연 기관에 대하여 다른 법률에 특별한 규정이 있는 경우를 제외하고는 이 법에서 정하는 바에 따른다.

6-2. 지방공기업의 회계

6-2-1. 지방공기업 회계의 관련 법규

(1) 지방공기업법

지방자치단체가 직접 설치·경영하거나 법인을 설립하여 경영하는 기업의 회계에 관해서는 「지방공기업법」에 관련 규정을 두고 있으며, 「지방공기업법」의 입법 취지는 '기업원리의 도입을 골자로 하는 「지방공기업법」을 제정하여 기업운영에 자주성을 부여하고 독립채산 및 기업회계제도를 채택하여 경영을 합리화함으로써 지방자치단체 주민에게 좀더 넓고 향상된 기업적 서비스를 제공'함에 있다.

(2) 지방자치법

지방공기업의 회계는 일차적으로 「지방공기업법」의 적용을 받지만 「지방공기업법」의 적용대상에서 제외되는 지방공기업은 「지방자치법」이나 「지방재정법」에 따라 회계처리를 하고 있다. 「지방자치법」 제7장에서는 재무에 관하여 재정운영의 기본원칙, 예산과 결산, 수입과 지출, 재산 및 공공시설 등에 관하여 규정을 두고 있다.

(3) 지방재정법

「지방재정법」은 지방재정운영과 관련된 사항을 연구 및 개발하여 시행할 수 있도록 하는 한편, 예산편성 전에 재정투융자사업을 심사하도록 하고 있다. 지방재정의 건전한 운영을 위하여 행정안전부장관이 지방자치단체의 재정진단을 할 수 있도록 하였으며, 예산의 원칙과 종류, 예산의 편성지침과 내용, 예산의 의결, 예산의 집행, 결산, 수입사무기관, 수입절차, 지출사무기관, 지출원인행위, 지출의 절차, 계약원칙 등 지방자치단체의 예산관리의 기초를 제공하고 있다.

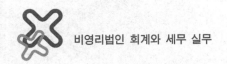

6-2-2. 지방공기업의 회계 중 중요 내용

(1) 지방공기업 회계의 원칙

지방공기업의 회계는 기업회계기준을 원칙적으로 적용하도록 하기 때문에 지방공기업의 조직형태에 따라 그 회계의 기준이 달라지지 않는 특징을 갖고 있다.

① 복식부기의 원칙

지방공기업은 그 사업에 관한 거래에 대해서는 복식부기(정규부기)의 원칙에 따라 작성하도록 하고 있다.

② 손익거래와 자본거래의 구분 원칙

지방공기업은 손익거래와 자본거래를 명확히 구분해야 한다. 지방공기업의 경영활동을 통해서 발생되는 거래가 손익거래라 한다. 자본거래는 다른 조직이나 일반회계 또는 다른 특별회계로부터의 출자금, 국고보조금 등에 의해서 자본이 직접 증가하는 경우를 말한다. 손익거래와 자본거래를 명확히 구분하는 것은 기업회계의 일반적인 원칙으로 대차대조표와 손익계산서를 작성하는데 반드시 필요한 원칙이다.

③ 계속성의 원칙

계속성의 원칙이란 정당한 사유 없이 회계처리의 원칙과 절차를 변경하여서는 안 된다는 것이다.

④ 안전성의 원칙

지방공기업은 그 사업의 재무적 기초를 견고히 하기 위해 건전한 회계처리를 해야 한다.

(2) 발생주의와 독립채산제

지방공기업은 경영의 성과 및 재무상태를 명백히 하기 위하여 재산의 증감 및 변동을 그 발생의 사실에 따라 회계처리하도록 하고 있다. 또한 지방공기업은 그 특별회계에 있어서의 경비는 당해 기업의 수입으로 충당하도록 함으로써 독립채산을 지키도록 하고 있다.

(3) 연도소득구분

지방공기업의 수익의 연도소속은 실현주의의 원칙에 따라 그 수익을 조사결정한 날이 속하는 연도로 한다. 다만, 이에 의할 수 없는 경우에는 그 원인이 되는 사실이 있는 기간이 속하는 연도로 한다. 그리고 비용의 연도소속은 발생주의의 원칙에 따라 지급을 수반하는 비용에 대하여는 채무가 확정된 날이 속하는 연도로 하며, 감가상각비에 대하여는 감가상각을 행하여야 할 날이 속하는 연도로 한다. 다만, 보험료·임차료 등의 경우에는 보험·임차 등의 지출의 발생원인이 되는 사실이 있는 기간이 속하는 연도로 한다.

지방공기업의 자산 등의 증감 또는 이동의 연도소속의 원칙은 다음과 같다.

① 유형자산 및 재고자산에 대하여는 그 취득·인도·대체 또는 폐기가 있은 날이 속하는 연도
② 무형자산에 대하여는 그 취득·양도·상각 또는 소멸이 있은 날이 속하는 연도
③ ① 및 ②의 규정에 의한 자산의 증감 또는 이동에 수반하는 채권·채무에 대하여는 그 채권·채무의 사실이 발생한 날이 속하는 연도
④ 부채 및 자본의 증감에 대하여는 현금의 수납·지급 및 대체가 있은 날 또는 채권·채무 발생의 원인이 되는 사실을 확인한 날이 속하는 연도

제 2 절

공공기관의 세무

1 법인세법

아래에 서술하는 내용은 공공기관의 「법인세법」상 중요 문제점을 요약하여 정리한 것으로 공공기관의 수익사업과 비수익사업의 구분, 정부출연금의 과세문제, 구분경리, 고유목적사업준비금, 계산서, 지출증빙 등에 대한 보다 자세한 내용은 '제2장 법인세법'을 참조하기 바란다.

1-1. 국가 등의 납세의무 및 원천징수

내국법인 중 국가 및 지방자치단체(지방자치단체조합8)을 포함한다. 이하 '국가 등'이라 한다)에 대하여는 법인세를 부과하지 아니한다(법인세법 제3조 제2항). 즉, 국가 등은 그 자신이 과세주체에 해당하므로 과세주체인 자기 자신에게 조세를 부과하는 것은 의미가 없다. 따라서 국가 등에 귀속한 소득에 대하여는 법인세를 과세하지 아니하며 국가 등은 납세의무 없는 법인이 된다.

이에 따라 설치 및 운영주체가 국가 또는 지방자치단체인 기금운용수입에 대하여는 법인세 납세의무가 없다. 예를 들어, 「학술진흥 및 학자금대출신용보증 등에 관한 법률」에 의하여 설치된 학자금 대출신용보증기금을 운용함에 따라 발생되는 소득 또는 국민연금관리공단이 보건복지부로부터 위탁받은 국민연금기금을 관리 · 운용하여 발생하는 소득은 궁극적으로 국가 등에 귀속됨을 전제로 하여 발생한 소득이므로 법인세 등이 과세되지 않는다 (재법인 – 154, 2005.9.30., 서면1팀 – 400, 2004.3.16.).

---

8) 인지세법 기본통칙 6-0…4 【지방자치단체조합의 의의】

"지방자치단체조합"이란 2개 이상의 지방자치단체가 하나 또는 둘 이상의 사무를 공동으로 처리할 필요가 있을 때에 규약을 정하여 해당 지방의회의 의결을 거쳐 시 · 도지사 또는 행정안전부장관의 승인을 얻어 설립되는 법인을 말한다.

또한, 법률의 규정에 의하여 국가로부터 위탁받아 별도로 구분하여 관리하는 자금에 귀속되는 이자소득에 대하여는 원천징수의무가 없다.

그러나 국가 등이 납세의무 없는 법인이라 하더라도 원천징수의무는 발생한다. 단, 원천징수불이행가산세는 부과하지 않는다(국세기본법 제47조의 5 제3항 제3호).

 | 중요 예규 및 판례 |

사전 - 2020 - 법령해석법인 - 1197, 2020.12.24.
국토교통부가 AA병원을 설치한 후 관리·운영을 비영리의료법인에게 위탁하고, 해당 병원에서 발생하는 수익과 비용이 국토교통부에 귀속되는 경우 AA병원에서 발생한 소득에 대해서는 「법인세법」 제3조 제2항에 따라 법인세를 납부할 의무가 없는 것임.

사전 - 2020 - 법령해석법인 - 0377, 2020.11.16.
비영리법인이 「노인복지법」 제23조의 2에 따라 지방자치단체로부터 위탁받은 노인 일자리사업을 수행하고 해당사업에서 발생하는 손익이 실질적으로 지방자치단체에 귀속되는 경우, 해당 사업에서 발생한 소득은 「법인세법」 제3조 제2항에 따라 법인세 과세대상에 해당하지 아니하는 것임.

서면 - 2016 - 법인 - 3265, 2016.6.13.
비영리법인이 국가로부터 위탁받은 위험물 검사용역 사업을 영위하면서 위·수탁협약에 따라 해당 사업에서 발생한 손익이 실질적으로 국가에 귀속될 경우, 해당 사업에 대해서는 「법인세법」 제2조 제3항에 따라 법인세가 과세되지 아니하는 것으로 해당 법인은 같은 법 제113조의 규정에 따라 자산·부채 및 손익을 그 수익사업에 속하는 것과 수익사업이 아닌 그 밖의 사업에 속하는 것을 각각 다른 회계로 구분하여 기록하여야 하는 것임.

법인 - 335, 2010.4.8.
비영리내국법인이 지방자치단체와 체육시설 관리 및 운용(이하 "위탁사업"이라 함)에 대한 위·수탁 계약을 체결하여 동 위탁사업에서 발생하는 모든 손익이 지방자치단체에 귀속되고 해당 비영리내국법인은 그 위탁사업 대행에 대한 대가로 별도의 성과금을 지급받는 경우 지방자치단체에 귀속되는 위탁사업 수입금액에 대하여는 「법인세법」 제2조 제3항에 따라 법인세 납세의무가 없는 것이나, 위탁사업대행에 따른 대가로 지방자치단체로부터 지급받는 성과금은 같은 법 제3조 제3항에 따라 해당 비영리내국법인의 법인세 과세대상 수익사업 소득에 해당하는 것임.

서면2팀 - 944, 2007.5.16.

질 의

「부가가치세법 시행령」 제38조 제3항의 개정으로 국립대학도 부동산임대 및 그에 따라 법인세 의무가 있는지 여부

〔갑설〕 부동산임대 및 도소매업에 대한 수익사업은 법인세를 신고함.

〔을설〕 부가가치세만 개정되고 「법인세법」은 개정내용이 없으므로 법인세는 종전처럼 납세의무가 없음.

회 신

귀 질의의 경우, 당해 대학이 「법인세법」 제2조 제3항에 규정하는 '국가 및 지방단체(지방자치단체조합을 포함)'에 해당하는지 여부가 불분명하나, 내국법인 중 국가 및 지방자치단체(지방자치단체조합을 포함한다)에 대하여는 법인세를 부과하지 아니하는 것임.

서면2팀 - 888, 2007.5.10.

「지방자치법」에 의한 지방자치단체가 소유하는 자산에 대해 위수탁계약을 체결하여 관리·운영업무를 수탁받아 동 시설을 운영하면서 발생한 수익이 사실상 지방자치단체에 귀속되는 경우에는 「법인세법」 제2조 제3항의 규정에 의하여 법인세를 부과하지 아니하는 것임.

재법인 - 154, 2005.9.30.

「학술진흥 및 학자금대출신용보증 등에 관한 법률」에 의하여 설치된 학자금 대출신용보증기금을 운용함에 따라 발생되는 소득에 대해서는 「법인세법」 제2조 제3항의 규정에 의하여 법인세를 부과하지 아니하는 것이며, 이 경우 동 기금의 관리·운용사무를 위탁받은 한국주택금융공사는 「부가가치세법 시행령」 제8조 제2항의 규정에 의하여 교육인적자원부장관에게 부여된 고유번호를 사용하여 동 기금을 관리·운용할 수 있는 것임.

서면1팀 - 400, 2004.3.16., 서이 46013 - 11094, 2003.6.3. 외 다수

법률의 규정에 의하여 국가로부터 위탁받아 별도로 구분하여 관리하는 자금에 귀속되는 이자소득에 대하여는 「법인세법」 제1조에 의거 원천징수의무가 없음.

서이 46013 - 11179, 2003.6.20., 법인 46013 - 923, 1995.4.4.

「법인세법」 제1조 제4항의 규정에 의하여 법인세 납세의무가 없는 정부관리기금이 채권 또는 증권을 이자계산기간 중에 매입한 후 이자를 수령하는 경우 정부관리기금이 보유한 기간 동안에 발생한 이자에 대하여는 「법인세법」 제39조에 의한 원천징수의무가 없는 것이며, 동 기금이 보유하고 있는 채권 등을 이자수령 전에 중도매각하는 경우에는 매매과정에서 세법상의 원천징수가 있었던 것으로 의제하지 아니하는 것임.

서이 46013 - 11094, 2003.6.2.

1. 중소기업진흥공단이 산업자원부로부터 농공단지진흥자금의 관리·운용을 위탁받아 금융기관에 예치함으로써 발생되는 이자소득이 국가에 귀속되는 경우, 동 이자소득에 대하여는「법인세법」제2조 제3항 및 동법 시행령 제111조 제1항 제1호의 규정에 따라 원천징수하지 않는 것이며,

2. 중소기업진흥공단이 국가로부터 위탁받아 운용하는 것이 아니고 신용보증기금 등으로부터 대출받아 운용하는「신용보증재원자금」을 금융기관에 예치함으로써 발생하는 이자는「법인세법」제73조에 따라 원천징수해야 하는 것임.

서이 46013 - 10505, 2003.3.13.

전력산업기반기금은「전기사업법」제48조에 따라 정부가 설치하고 당해 기금의 운용·관리 주체는「전기사업법」제52조에 따라 산업자원부장관이므로(전기사업법에 따라 한국전력공사 전력연구원장에게 업무의 일부를 위탁한 경우 포함) 당해 기금의 운용소득은 국가에 귀속되는 것으로 보아야 할 것임. 따라서, 동 기금은 국가에 대하여 법인세를 부과하지 않도록 한「법인세법」제2조 제3항의 규정에 따라 법인세가 과세되지 아니하므로 원천징수대상이 되지 아니하는 것임.

서이 46013 - 11851, 2002.10.9.

서울특별시립직업전문학교설치및운영에관한조례에 의하여 재단법인 한국□□□□개발원이 수탁·운영하는 서울특별시립○○직업전문학교가 서울특별시로부터 받은 운영비 등을 은행에 예치하여 발생하는 이자소득이 서울특별시 세입에 귀속되는 경우에는 당해 이자소득에 대하여「법인세법」제2조 제3항의 규정에 따라 법인세를 부과하지 아니하는 것이며, 같은 법 시행령 제111조 제1항 제1호의 규정에 의하여 원천징수대상 이자소득에 포함하지 아니하는 것임.

1-2. 정부출자기관 등의 기업업무추진비 한도

정부출자기관 등은 독과점적 지위에 있기 때문에 일반 경쟁체제하에 있는 민간기업에 비해 접대의 필요성이 상대적으로 적은 바, 다음의 법인은「법인세법」제25조 제4항의 규정에 의하여 각 사업연도의 소득금액 계산에 있어서 손금에 산입하는 기업업무추진비의 한도금액은 동조 동항 본문의 규정에 의한 금액의 100분의 70에 상당하는 금액으로 한다(조

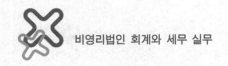
세특례제한법 제136조 제2항, 동법 시행령 제130조 제3항·제4항).

> 1. 정부가 100분의 20 이상을 출자한 법인. 다만, 「공공기관의 운영에 관한 법률」 제5조에 따른 공기업·준정부기관이 아닌 상장법인은 제외
> 2. 상기 제1호에 따른 법인이 최대주주로서 출자한 법인

| 중요 예규 및 판례 |

법규법인 2014 - 424, 2014.11.21.
사업연도 종료일 현재 정부출자기관에 해당하는 내국법인의 접대비는 「법인세법」 제25조 제1항 각 호의 금액을 합한 금액의 100분의 70을 한도로 손금 산입함.

법인 - 2108, 2008.8.22.
정부가 100분의 20 이상을 출자한 정부출자기관인 법인(KAMCO)이 최대주주로서 출자한 법인은 각 사업연도 소득금액 계산상 손금에 산입하는 접대비 금액을 계산함에 있어 「조세특례제한법」 제136조 제2항의 규정을 적용하는 것임.

서면2팀 - 1227, 2004.6.15.
지방자치단체가 100분의 20 이상을 출자한 법인은 일반법인의 접대비 한도액의 70%에 상당하는 금액을 한도로 하는 정부출자기관에 해당함.

제도 46012 - 11717, 2001.6.26.
정부투자기관이 최대주주인 법인은 일반내국법인 접대비 한도액의 70%로 제한되며, 생산된 전력을 한국전력거래소를 통해 한국전력공사에 판매하는 것은 특수관계자와의 거래에서 발생한 수입금액에 해당함.

법인 46012 - 2458, 2000.12.27.
1. 법인이 「조세특례제한법」 제136조 제2항의 적용대상인지의 여부는 사업연도 종료일 현재의 상황을 기준으로 판단하는 것이며,
2. 「법인세법」 제25조의 규정을 적용함에 있어서 사업연도 중에 특수관계가 소멸한 경우에도 당해 사업연도에 특수관계자와 거래한 수입금액에 대하여는 동법 동조 제1항 제2호 단서의 규정을 적용하는 것으로서, 이 경우 수입금액은 동법 시행령 제40조 제1항의 규정에 의한 기업회계기준에 의하여 계산한 매출액을 말하는 것임.

> **법인 46012 - 1745, 2000.8.11.**
> 내국법인이 사업연도 중에 「조세특례제한법」 제136조 제2항 제3호의 '정부투자기관 등이 출자한 법인'으로 변경된 경우 당해 사업연도의 소득금액 계산시 손금에 산입하는 접대비는 동법 동조 동항의 규정에 의한 금액으로 하는 것임.

1-3. 공공기관의 수익사업과 비수익사업의 구분

공공기관이 수행하는 사업에 대한 「법인세법」상 수익사업 여부에 대한 구분기준은 명확하게 정의된 바가 없다. 일반적으로 공공기관의 수익사업은 자유경쟁체제하에 있는 영리법인의 사업과는 성격이 다르게 운영되고 있어 수익사업과 비수익사업을 구분하기가 용이하지 않다. 즉, 공급되는 재화나 용역이 타사와의 경쟁 없이 독점적으로 공급되고 가격도 상당히 비탄력적이며 수익을 목적으로 공급되지 않는 경우도 있다.

따라서 동 사업들의 성격이 과연 「법인세법」상 수익사업인지 여부는 공공기관별, 사업별로 각각 판단하여야 할 것이다. 따라서 새롭게 시작하는 사업뿐만 아니라 계속사업에 대하여도 반드시 법인세법상 과세소득 여부와 부가가치세법상 과세사업 여부에 대한 심도 있는 검토가 필요할 것이다. 이에 대한 자세한 사항은 '제2장 제1절 수익사업의 범위'를 참조하기 바란다.

1-4. 정부출연금 및 국고보조금 등의 과세소득 여부

공공기관은 정부출연금 또는 국고보조금 등으로 수령하는 수입액이 거의 매년 발생되는데 이에 대한 「법인세법」상 과세소득 여부에 대한 문제가 발생할 수 있다. 고유목적사업을 위하여 수령하는 금액은 「법인세법」상 과세가 되지 않으나 수익사업에 사용되는 금액(수익사업 손실보전, 수익사업용 자산 취득 목적 등)에 대한 과세 여부가 논쟁이 되어 왔으나 최근 예규를 정비하여 정부출연금이나 국고보조금에 대하여는 수익사업소득으로 보지 않고 이를 재원으로 수익사업에 지출한 금액은 수익사업의 손금으로 인정하고 있다. 이에 대한 자세한 내용은 '제2장 제1절 수익사업의 범위'를 참조하기 바란다.

또한 목적사업에서 수령하게 되는 정부출연금 등은 법인세 과세문제는 발생하지 않으나 증여세 과세문제가 발생할 수 있는데 「상속세 및 증여세법」 제46조에 의하여 국가 등으로부터 증여받은 재산의 가액은 비과세가 되므로 「상속세 및 증여세법」상 사후관리 규정도 적용되지 않는다.

1-5. 제3자로부터의 자산수증에 대한 상속세 및 증여세법상 사후관리

공공기관이 목적사업을 위하여 무상으로 수증받은 재산에 대하여는 법인세가 과세되지 않고 증여세가 과세되는 것이 원칙이다. 그러나 수증자인 공공기관이 「상속세 및 증여세법」 상 공익법인 등에 해당된다면 증여받은 재산은 과세가액에서 불산입되고 동 재산을 목적 사업에 사용하도록 하는 사후관리 규정이 적용된다. 이에 대한 자세한 내용은 '제4장 상속세 및 증여세법'을 참조하기 바란다.

1-6. 공공기관이 혁신도시 등으로 이전하는 경우 법인세 등 감면

「혁신도시 조성 및 발전에 관한 특별법」 제2조 제2호에 따른 이전공공기관이 본점 또는 주사무소를 같은 법 제2조 제3호에 따른 혁신도시 또는 「세종특별자치시 설치 등에 관한 특별법」에 따른 세종특별자치시로 이전하기 위하여 「혁신도시 조성 및 발전에 관한 특별 법」 제2조 제6호의 종전부동산을 2026년 12월 31일까지 양도함으로써 발생하는 양도차익 에 대해서는 해당 양도차익에서 양도일이 속하는 사업연도의 직전 사업연도 종료일 현재 「법인세법」 제13조 제1항 제1호에 따른 이월결손금을 뺀 금액의 범위에서 대통령령으로 정하는 바에 따라 계산한 금액을 해당 사업연도의 소득금액을 계산할 때 익금에 산입하지 아니할 수 있다. 이 경우 해당 금액은 양도일이 속하는 사업연도 종료일 이후 5년이 되는 날이 속하는 사업연도부터 5개 사업연도의 기간 동안 균분한 금액 이상을 익금에 산입하여 야 한다.

「수도권정비계획법」 제6조 제1항 제2호에 따른 성장관리권역에 본사가 소재하는 이전공 공기관이 2018년 12월 31일까지 혁신도시로 본사를 이전하는 경우, 이전공공기관은 과세 연도별로 제1호의 금액에 제2호의 비율을 곱하여 산출한 금액에 상당하는 소득에 대하여 이전일 이후 이전공공기관에서 최초로 소득이 발생한 과세연도(이전일부터 5년이 되는 날이 속하는 과세연도까지 소득이 발생하지 아니한 경우에는 이전일부터 5년이 되는 날이 속하는 과세연도)와 그 다음 과세연도의 개시일부터 2년 이내에 끝나는 과세연도까지는 법인세의 전액을, 그 다음 2년 이내에 끝나는 과세연도에는 법인세의 100분의 50에 상당하는 세액을 감면한다.

---

1. 해당 과세연도의 과세표준에서 토지·건물 및 부동산을 취득할 수 있는 권리의 양도차익 및 대통령령으로 정하는 소득을 뺀 금액
2. 해당 과세연도의 혁신도시로 이전한 본사 근무인원이 법인 전체 근무인원에서 차지하는 비율

동 감면은 국가균형발전을 위한 공공기관의 혁신도시 이전 지원을 위하여 2012년 1월 1일 신설된 것으로 보다 자세한 것은 관련 조문을 참조하기 바란다(조세특례제한법 제62조). 이때 고유목적사업준비금과 중복 적용되지 않으므로 주의하여야 한다.

2 부가가치세법

2-1. 부가가치세 면세

국가 등 및 공공기관의 부가가치세에 대한 보다 자세한 내용은 '제3장 부가가치세법'을 참조하기 바라며, 아래에는 중요사항의 핵심내용만을 서술한다.

2-1-1. 국가 등이 공급하는 재화 또는 용역

국가 등이 공급하는 재화 또는 용역으로 다음의 용역을 제외하고는 면세를 적용한다(부가가치세법 제26조 제1항 제19호, 동법 시행령 제46조, 동법 시행규칙 제35조).

1. 「우정사업 운영에 관한 특례법」에 따른 우정사업조직이 제공하는 다음 각 목의 용역
   ① 「우편법」 제1조의 2 제3호의 소포우편물을 방문접수하여 배달하는 용역
   ② 「우편법」 제15조 제1항에 따른 「우편법 시행규칙」 제25조 제1항 제10호에 따른 우편주 문판매 용역
2. 「철도의 건설 및 철도시설 유지관리에 관한 법률」에 따른 고속철도에 의한 여객운송용역
3. 부동산임대업, 도매 및 소매업, 음식점업·숙박업, 골프장 및 스키장 운영업, 기타 스포츠 시설 운영업. 다만, 다음 각 목의 어느 하나에 해당하는 경우는 제외한다.
   ① 국방부 또는 「국군조직법」에 따른 국군이 「군인사법」 제2조에 따른 군인, 「군무원인사 법」 제3조 제1항에 따른 일반군무원, 그 밖에 이들의 직계존속·비속 등 기획재정부령 으로 정하는 사람에게 제공하는 소매업, 음식점업·숙박업, 기타 스포츠시설 운영업 (골프 연습장 운영업은 제외한다) 관련 재화 또는 용역
   ② 국가, 지방자치단체 또는 지방자치단체조합이 그 소속 직원의 복리후생을 위하여 구내 에서 식당을 직접 경영하여 음식을 공급하는 용역
   ③ 국가 또는 지방자치단체가 「사회기반시설에 대한 민간투자법」에 따른 사업시행자로부 터 같은 법 제4조 제1호 및 제2호의 방식에 따라 사회기반시설 또는 사회기반시설의 건설용역을 기부채납받고 그 대가로 부여하는 시설관리운영권
4. 다음 각 목의 어느 하나에 해당하는 의료보건 용역
   ① 「국민건강보험법」 제41조 제4항에 따라 요양급여의 대상에서 제외되는 다음의 진료용역
   　가. 쌍꺼풀수술, 코성형수술, 유방확대·축소술(유방암 수술에 따른 유방 재건술은 제 외한다), 지방흡인술, 주름살제거술, 안면윤곽술, 치아성형(치아미백, 라미네이트와 잇몸성형술을 말한다) 등 성형수술(성형수술로 인한 후유증 치료, 선천성 기형의 재건수술과 종양 제거에 따른 재건수술은 제외한다)과 악안면 교정술(치아교정치 료가 선행되는 악안면 교정술은 제외한다)
   　나. 색소모반·주근깨·흑색점·기미 치료술, 여드름 치료술, 제모술, 탈모치료술, 모 발이식술, 문신술 및 문신제거술, 피어싱, 지방융해술, 피부재생술, 피부미백술, 항 노화치료술 및 모공축소술
   ② 「부가가치세법 시행령」 제35조 제5호에 해당하지 아니하는 동물의 진료용역

2-1-2. 정부업무대행단체가 제공하는 재화 또는 용역

정부업무를 대행하는 단체가 공급하는 일부의 재화 또는 용역에 대하여는 부가가치세를 면제한다(조세특례제한법 제106조 제1항 제6호). 보다 자세한 내용은 '제3장 부가가치세법'을 참조하기 바란다.

2-1-3. 국가 등 또는 공익단체에 무상으로 공급하는 재화 또는 용역

국가 등 또는 공익단체에 무상으로 공급하는 재화 또는 용역에 대해서는 면세를 적용한다(부가가치세법 제26조 제1항 제20호).

공익단체의 범위는 다음과 같다(부가가치세법 시행령 제47조).

> ① 주무관청의 허가 또는 인가를 받거나 주무관청에 등록된 단체로서 「상속세 및 증여세법 시행령」 제12조 각 호의 어느 하나에 해당하는 사업을 하는 단체
> ② 공익사업을 위하여 주무관청의 승인을 얻어 금품을 모집하는 단체는 제1항의 규정에 해당하지 아니하는 경우에도 「부가가치세법」 제26조 제1항 제20호를 적용할 때에는 공익단체로 본다.

 | 중요 예규 및 판례 |

사전 - 2020 - 법령해석부가 - 0452, 2020.5.28.
지방자치단체가 「해수욕장의 이용 및 관리에 관한 법률」 제2조 제2호에 따른 해수욕장 내에 이용자 편의시설로서 샤워 및 탈의시설을 조성하여 운영하며 이용객들로부터 시설 사용료를 징수하는 경우 한국표준산업분류상 해수욕장 운영업에 해당되므로 「부가가치세법」 제26조 제1항 제19호에 따라 부가가치세가 면제되는 것임.

사전 - 2020 - 법령해석부가 - 0025, 2020.2.3.
사업자가 국가정책사업인 '수도권 주택공급 계획'에 따라 「공공주택 특별법」에 따른 행복주택 건설사업을 추진함에 있어 해당 사업의 승인조건으로 새로운 공공시설을 신축하여 지방자치단체에 기부채납하고 이에 상응하는 대가를 받지 아니하는 경우 해당 기부채납은 「부가가치세법」 제26조 제1항 제20호에 따라 부가가치세가 면제되는 것임.

서면 - 2018 - 법령해석부가 - 2849, 2018.11.1.
한국환경공단(이하 "수탁자")이 환경부장관(이하 "위탁자")으로부터 순환자원정보센터 설치 및 구축·운영사업을 위탁받아 수행하며 순환자원정보센터의 전자입찰서비스를 이용하는 이용자로부터 이용수수료를 받는 경우로서 해당 이용수수료 전액을 위탁자의 수입으로 하고 사업계획과 예산집행계획·정산에 대하여 위탁자의 승인을 받으며 사업에 필요한 예산을 모두 위탁자의 부담으로 하는 등 해당 사업이 위탁자의 명의와 계산으로

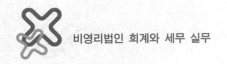

수행되는 것으로 볼 수 있는 경우 해당 전자입찰서비스 용역의 공급에 대하여는 「부가가치세법」 제26조 제1항 제19호 및 같은 법 시행령 제46조에 따라 부가가치세가 면제되는 것임.

3 상속세 및 증여세법

상속세 또는 증여세 과세가 제외되는 재산은 '과세가액 불산입 재산'과 '비과세 재산'으로 구분된다. 과세가액 불산입 재산이란 상속세 또는 증여세 과세대상 재산 중에서 일정요건을 만족시킬 경우 과세가액에 산입하지 아니하는 것인 데 반하여 비과세 재산이란 상속세 또는 증여세의 과세를 원천적으로 배제하는 것이다.

「상속세 및 증여세법」 제46조에서는 국가 또는 지방자치단체로부터 증여받은 재산의 가액은 과세가액 불산입과 달리 조건이나 사후관리가 필요 없이 항상 증여세가 부과되지 않는 비과세 재산으로 규정하고 있으며, 동법 제12조에서는 국가 등 및 공공단체(지방자치단체조합, 공공도서관·공공박물관 또는 이와 유사한 것)가 받은 유증 또는 상속재산에 대하여 상속세를 비과세하고 있다(상속세 및 증여세법 제12조 제1호 및 제7호, 동법 시행령 제8조 제1항).

보다 자세한 내용은 '제4장 상속세 및 증여세법'을 참조하기 바란다.

 | 중요 예규 및 판례 |

서면 - 2020 - 법인 - 2185, 2020.11.30.
「공공기관의 운영에 관한 법률」에 따른 공공기관의 경우에도 「상속세 및 증여세법 시행령」 제12조 각 호 어느 하나에 해당하는 사업을 하는 경우에만 공익법인에 해당하는 것임. 정부로부터 허가 또는 인가를 받은 학술연구단체, 장학단체, 기술진흥단체와 문화·예술단체 및 환경보호운동단체(이하 '학술연구단체 등')은 舊 「법인세법 시행령」(2018.2.13. 대통령령 제28640호로 개정된 것) 부칙 제16조 및 「상속세 및 증여세법 시행령」 제12조에 따라 2020년 12월 31일까지 공익법인에 해당하는 것이나, 귀 법인이 정부로부터 허가 또는 인가를 받은 학술연구단체 등에 해당하는지 여부는 학술연구단체 등으로 허가 또는 인가 여부, 정관상 목적사업, 단체의 조직, 실제 활동상황 등에 따라 사실판단할 사항임.

서면 - 2018 - 상속증여 - 1151, 2018.11.1.
구 「법인세법」 제24조 제2항 제7호에 따른 법정기부금단체 중 공공기관 등은 「상속세 및 증여세법 시행령」 제12조 제11호에 따른 공익법인에 해당됨.

서면 - 2018 - 상속증여 - 1170, 2018.10.17.
공익법인이 「공공기관의 운영에 관한 법률」 제4조에 따라 기획재정부장관이 지정한 공공기관으로부터 출연받은 재산에 대해서는 「상속세 및 증여세법」 제50조의 2에 따른 전용계좌 개설·사용의무가 있는 것임.

4 지방세법

4-1. 취득세·등록면허세의 국가 등에 대한 비과세

국가·지방자치단체·지방자치단체조합·외국정부 및 주한국제기구의 취득 및 등기·등록에 대하여는 취득세 및 등록면허세를 부과하지 아니하며, 국가·지방자치단체 또는 지방자치단체조합에 귀속 또는 기부채납(사회기반시설에 대한 민간투자법 제4조 제3호의 규정에 의한 방식으로 귀속되는 경우를 포함)을 조건으로 취득하는 부동산에 대하여도 취득세 및 등록면허세를 부과하지 아니한다. 다만, 대한민국 정부기관의 취득 및 등기·등록에 대하여 과세하는 외국정부의 취득 및 등기·등록에 대하여는 그러하지 아니하다(지방세법 제9조 제1항·제2항 및 제26조 제1항).

| 중요 예규 및 판례 |

부동산세제과 - 849, 2019.10.29.
해당 규정이 기부채납의 상대방을 국가 등으로 규정하고 있을 뿐 취득자(납세의무자)와 기부채납자가 같아야 한다고 범위를 한정하고 있지 않고, 해당 담보신탁이 기부채납 약정의 효력을 변화시키지 않았고, 산업단지 준공 후 도로 등 기반시설이 국가 및 지자체에 귀속된 점을 고려할 때, 비과세 적용이 가능함.

서울세제 - 13367, 2019.9.23.

사업시행자가 인허가관청으로부터 사업시행인가를 득하고, 무상귀속 될 구체적인 토지의 위치와 면적 등을 확정한 상태에서 그 이후에 취득하는 토지 중 무상귀속이 예정된 토지는 취득세 비과세 대상에 해당한 것으로 판단되나, 다만, 도시 및 주거환경정비법에 따라 정비사업의 시행으로 용도 폐지되는 국가등 소유의 정비기반시설을 무상양도 받는 조건으로 국가 등에 무상귀속하는 경우에는 「지방세법」 제9조 제2항에 따른 비과세 대상에 해당하지 아니하므로, 이에 해당하는지 여부는 과세관청이 객관적인 사실관계 등을 종합적으로 검토하여 최종 결정하게 됨.

지방세운영과 - 453, 2019.2.22.

「지방세법」 제9조 제1항(법률 제12153호, 2014.1.1. 개정)에서 다른 법률에서 국가 또는 지방자치단체로 의제된 법인은 국가 또는 지방자치단체에서 제외하도록 규정하고 있으므로, 한국철도시설공단이 「철도산업발전기본법」에 따라 국가업무를 대행하고 국가로 의제되었다 하더라도 「지방세법」상 "국가"에 해당하지 않으므로 「지방세법」 제26조에 따른 면허분 등록면허세의 비과세 대상에 해당하지 않음.

조심 2018지0526, 2018.8.1.

이 건 토지 중 쟁점토지는 신설할 정비기반시설의 신설도로에 재편입되는 것으로 예정되었고, 이 건 정비사업이 준공인가됨에 따라 쟁점토지를 포함한 이 건 기반시설이 처분청에 귀속되었으므로 「지방세법」 제9조 제2항에 따라 취득세 등을 비과세하는 것이 타당함.

지방세운영 - 3254, 2011.7.8.

질 의

국가 등에 귀속을 조건으로 취득하는 부동산이 「사회기반시설에 대한 민간투자법」 제4조 제3호에 따른 방식인 경우, 취득하는 부동산이 반드시 사회기반시설에 해당되어야 취득세 비과세 대상인지 여부

회 신

가. 「지방세법」 제9조 제2항에서 국가, 지방자치단체 또는 지방자치단체조합에 귀속 또는 기부채납(「사회기반시설에 대한 민간투자법」 제4조 제3호에 따른 방식으로 귀속되는 경우를 포함한다)을 조건으로 취득하는 부동산 및 「사회기반시설에 대한 민간투자법」 제2조 제1호 각 목에 해당하는 사회기반시설에 대하여는 취득세를 부과하지 아니한다고 규정하고 있고, 「사회기반시설에 대한 민간투자법」 제4조 본문에서 민

간투자사업은 다음 각 호의 1에 해당하는 방식으로 추진하여야 한다고 규정하는 한편, 제3호는 사회기반시설의 준공 후 일정기간 동안 사업시행자에게 당해 시설의 소유권이 인정되며 그 기간의 만료시 시설소유권이 국가 또는 지방자치단체에 귀속되는 방식이라고 규정하고 있음.

나. 위 규정 '귀속 또는 기부채납을 조건으로 취득하는 부동산'이란 귀속 또는 기부채납의 시기, 용도 등을 충족했는지 여부와는 상관없이 국가 등에 귀속에 대한 의사표시를 하고 국가 등이 이에 대하여 승낙의 의사표시가 있는 이후에 취득하는 부동산을 의미한다(대법원 2005.5.12. 선고, 2003다43346 판결)고 할 것이고, 귀속 또는 기부채납에 「사회기반시설에 대한 민간투자법」 제4조 제3호에 따른 방식으로 귀속되는 경우를 포함한다'고 함은 준공 후 바로 국가에 소유권이 귀속되는 형식의 같은 조 제1호 및 제2호에 따른 추진방식뿐만 아니라, 준공 후 일정기간 사업시행자에게 시설의 소유권이 인정되고, 기간만료시 소유권이 국가 등에 귀속되는 형식인 제3호의 추진방식까지 포함한다는 의미의 사업시행 추진방식에 관한 내용이라고 할 것이므로, 같은 조 제3호의 방식으로 국가 등에 귀속되더라도 당해 부동산이 반드시 사회기반시설이어야 하는 것은 아니므로, 귀문과 같이 사회기반시설이 아닌 음식점이라고 하더라도 부동산이면 족하고 부동산을 국가 등에 공여함에 있어 경제적 이익을 취득할 목적이 있었다고 하더라도 부동산이 귀속 또는 기부채납의 형식으로 되어 있고, 국가 등이 이를 승낙하는 채납의 의사표시를 한 이후에 취득하는 경우에는 위 규정 취득세 비과세 대상에 해당된다(대법원 2006.1.26. 선고, 2005두14998 판결 참조)고 할 것이지만, 이에 해당되는지 여부는 당해 과세권자가 사실관계 등을 조사하여 최종 판단할 사항임.

세정-319, 2008.1.22.
최초 도심재개발사업 시행인가 당시 기부채납의 대상이 되는 공공시설용지의 위치나 면적 등이 구체적으로 확정된 상태에서 변경된 사업시행자가 기부채납의 대상이 되는 공공시설용지를 전 사업시행자로부터 취득한 후 지방자치단체에 기부채납한 경우라면 기부채납을 조건으로 취득하는 부동산에 해당되어 취득세·등록세의 비과세대상이라 판단되나 이에 해당하는지 여부는 과세권자가 사실확인하여 판단할 사항임.

지방세심사 2007-784, 2007.12.26.
사업시행인가를 받아 토지를 무상으로 귀속시킬 예정이라 하더라도 취득당시부터 기부채납을 조건으로 취득한 것이 아니므로 취득세 등 과세대상임.

세정-5522, 2007.12.21.
국가나 지방자치단체가 아닌 농업기반공사 등에 주택건설사업계획 승인조건을 이행하기

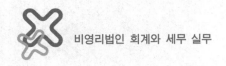

위하여 기부채납을 조건으로 취득하는 부동산은 취·등록세 비과세대상이 아님.

세정 - 5281, 2007.12.10.
스페인어 및 스페인문화 확산을 목적으로 설립 예정인 주한 세르반테스 문화원이 대한민국과 스페인 간 문화협정상의 문화기관으로서 스페인 외교부에 부속된 공공기관이라면 당해 문화원용 부동산에 대하여는 스페인정부기관 명의로 취득·소유하는 경우에 한하여 지방세를 과세하지 아니하는 것이나, 스페인이 대한민국정부기관이 취득·소유하는 부동산에 대하여 과세하는 경우에는 비과세되지 아니함.

세정 - 4984, 2007.11.22.
주택건설사업계획 승인시 승인조건에 따라 도시계획도로를 개설하여 관리청에 무상귀속시킬 목적으로 취득한 토지 중 도시계획도로에 편입되는 토지는 취득세와 등록세 비과세대상임.

세정 - 3450, 2007.8.24.
법인이 주택건설사업계획승인을 신청하여 아파트주변 도시계획 도로부지에 대해 기부채납하는 조건으로 사업계획승인을 받은 다음 조건을 이행하기 위해 토지를 취득한 경우 취·등록세 비과세대상임.

세정 - 3337, 2007.8.21.
국가 등에 기부채납하고자 취득하는 부동산으로서 취득세와 등록세가 비과세되기 위해서는 취득당시 공공시설용지로 사용될 토지의 위치나 면적이 특정되고 기부자(취득인)와 국가 등이 기부채납에 대한 합의를 한 경우에 한하는 것(대법원 2005.5.12. 선고, 2003다43346 참조)이라 할 것으로, 귀 문의 경우 기부채납 대상의 목적물로 특정된 상태의 토지를 기부채납 합의조건으로 취득한 경우라면 이를 취득하는 과정에서 사업시행자 명의로 기부채납이 되었다 하더라도 취득세와 등록세의 비과세대상에 해당된다고 봄이 타당하다고 사료되나, 이에 해당되는지 여부는 기부채납 합의 여부 등 사실관계를 과세권자가 확인하여 판단할 사항이라 하겠음.

세정 - 191, 2007.2.12.
갑이 소유한 토지 중 일부를 국가에 기부채납하기로 하여 건축허가를 받았으나 사정상 갑이 건축을 하지 못하고 을이 승계취득한 후 취득신고시 갑이 건축허가를 받을 당시 부여된 조건을 변경함이 없이 건축공사를 이행할 것을 신고하였다면 을이 갑으로부터 취득한 토지 중 갑이 이미 기부채납하기로 한 토지는 을이 기부채납을 조건으로 취득한 토지에 해당된다 할 것이므로 취득세의 비과세대상이 된다 할 것이나, 귀문의 경우가 이에 해당되는지 여부는 과세권자가 사실관계를 확인하여 판단할 사항임.

세정 – 2715, 2006.7.3.

1. 「지방세법」 제106조 제2항에서 국가·지방자치단체 또는 지방자치단체 조합에 귀속 또는 기부채납을 조건으로 취득하는 부동산에 대하여는 취득세를 부과하지 아니한다고 규정하고 있음.
2. 대한주택공사가 택지개발사업을 시행하면서 학교용지나 공공청사 용지 등을 조성한 후 해당 기관에 매각하기 위하여 취득하는 경우에는 상기 규정에 의한 취득세 등의 비과세 대상이 되지 아니함.

세정 – 2463, 2006.6.15.

군 비상대기자 숙소를 건축하여 기부채납하기로 합의각서를 체결한 후 그 조건을 이행 하기 위하여 건축하여 취득한 군 비상대기자 숙소는 취득세와 등록세의 비과세대상임.

세정 – 493, 2006.2.3.

취득세와 등록세의 비과세대상은 당해 사업승인 이후에 취득하는 토지만이 기부채납 조건 으로 취득하는 부동산에 해당되는 것(대법원판례 2003다43346, 2005.5.12. 참조)이므로 주택 건설사업계획에 국가 등에 기부채납하겠다는 조건을 붙여 주택건설사업계획 승인을 받은 이후에 그 조건에 명시된 기부채납의무를 이행하기 위하여 부득이 취득하는 부동산은 취득 세와 등록세의 비과세대상이 되는 것이나, 귀문의 경우가 이에 해당되는지 여부는 과세권 자가 주택건설사업계획승인서 등을 검토하여 판단할 사항임.

세정 – 2283, 2004.8.2.

국가·지방자치단체 등에 귀속 또는 기부채납을 조건으로 취득하는 부동산에 대해 취득 세를 비과세받기 위해서는 취득일 이전에 국가·지방자치단체 등으로부터 귀속 또는 기 부채납승낙을 받아야 하고 취득일 이후 귀속 또는 기부채납승낙을 받는 경우는 취득세가 비과세되지 않음.

세정 – 124, 2004.2.20.

토지를 취득 후 지방자치단체에 기부채납을 한 경우라면 토지 취득당시에는 기부채납을 조건으로 취득하는 것이 아니므로 기 납부한 취득세 등이 환부되지 아니함.

세정 13407 – 409, 2003.5.19.

부동산을 취득한 후 '취득시점'이 아닌 '등기시점'에서 지방자치단체에 '기부채납'이 결 정된 경우 취득세는 비과세되지 않으나 등록세는 비과세대상임.

세정 13407-524, 2002.6.5.
동물원 부대시설을 건설해 지방자치단체 등에 해당하지 않는 '광역시 도시개발공사'에
기부채납하는 경우에는 취득세 비과세대상이 아님.

세정 13420-218, 2002.3.7.
「지방세법」 제106조 제1항의 규정 등에 의하여 외국정부에 대하여는 취득세·등록세·
재산세·종합토지세·도시계획세·공동시설세·사업소세를 비과세하나, 대한민국 정부
기관의 재산에 대하여 부과하는 외국정부의 재산에 대하여는 비과세하지 아니하는 것이므
로, 주한○○대사관이 직원주거용으로 부동산을 취득하는 경우 ○○이 주○○대한민국
대사관의 직원주택 구입시 취득세, 계약세, 교역수속비를 면제해 주고 등기비와 인지대
만 부과한 사실을 볼 때 우리의 경우도 「지방세법」상의 상호주의에 의거, 등록세와 인지
세만 부과함이 마땅하며, 등록세액을 과세표준으로 하여 부과되는 지방교육세에 관해서
는 ○○의 경우 지방교육세 세목이 없고 외교관계에 관한 비엔나협약 제34조의 규정에
서 외교관의 경우 부동산에 관하여 부과되는 등기세, 법원의 수수료, 담보세, 인지세만
을 인정함을 볼 때 과세하지 않음이 타당함.

세정 13430-712, 2000.6.8.
취득·등록세에 대해 외국의 국내법상 비과세·감면규정 없는 경우도 향후 한국정부에
대해 비과세·감면하겠다는 약속서한을 한국 외교통상부에 제출하면 '상호주의'적용 가
능함.

4-2. 과밀억제권역 안 취득 등 중과 예외

다음의 어느 하나에 해당하는 부동산을 취득하는 경우의 취득세는 지방세법 제11조 제1
항의 표준세율의 100분의 300에서 중과기준세율의 100분의 200을 뺀 세율을 적용한다. 다
만, 「수도권정비계획법」 제6조에 따른 과밀억제권역(「산업집적활성화 및 공장설립에 관한 법
률」을 적용받는 산업단지는 제외)에 설치가 불가피하다고 인정되는 업종으로서 대도시 중과
제외 업종(지방세법 시행령 제26조)에 속하는 정부출자법인 또는 정부출연법인(국가나 지방자
치단체가 납입자본금 또는 기본재산의 100분의 20 이상을 직접 출자 또는 출연한 법인만 해당)이
경영하는 사업에 직접 사용할 목적으로 부동산을 취득하는 경우의 취득세는 제11조에 따
른 해당 세율을 적용한다(지방세법 제13조 제2항, 동법 시행령 제26조 제1항 제8호).

1. 대도시에서 법인을 설립(휴면(休眠)법인을 인수하는 경우를 포함)하거나 지점 또는 분사 무소를 설치하는 경우 및 법인의 본점·주사무소·지점 또는 분사무소를 대도시 밖에서 대도시로 전입(「수도권정비계획법」 제2조에 따른 수도권의 경우에는 서울특별시 외의 지역에서 서울특별시로의 전입도 대도시로의 전입으로 본다)함에 따라 대도시의 부동산을 취득(그 설립·설치·전입 이후의 부동산 취득을 포함한다)하는 경우
2. 대도시(「산업집적활성화 및 공장설립에 관한 법률」을 적용받는 유치지역 및 「국토의 계획 및 이용에 관한 법률」을 적용받는 공업지역은 제외)에서 공장을 신설하거나 증설함에 따라 부동산을 취득하는 경우

4-3. 대도시지역 내 법인등기 등의 중과 예외

다음 중 어느 하나에 해당하는 등기를 할 때에는 그 세율을 「지방세법」 제28조 제1항 제1호 및 제6호에 규정한 해당 세율의 100분의 300으로 한다. 다만, 「수도권정비계획법」 제6조에 따른 과밀억제권역(「산업집적활성화 및 공장설립에 관한 법률」을 적용받는 산업단지는 제외)에 설치가 불가피하다고 인정되는 정부출자법인 또는 정부출연법인(국가나 지방자치단체가 납입자본금 또는 기본재산의 100분의 20 이상을 직접 출자 또는 출연한 법인만 해당)이 영위하는 사업에 대하여는 그러하지 아니하다(지방세법 제28조 제2항, 동법 시행령 제26조 제1항 제8호).

1. 대도시에서 법인을 설립(설립 후 또는 휴면법인을 인수한 후 5년 이내에 자본 또는 출자액을 증가하는 경우를 포함한다)하거나 지점이나 분사무소를 설치함에 따른 등기
2. 대도시 밖에 있는 법인의 본점이나 주사무소를 대도시로 전입(전입 후 5년 이내에 자본 또는 출자액이 증가하는 경우를 포함한다)함에 따른 등기. 이 경우 전입은 법인의 설립으로 보아 세율을 적용한다.

보다 자세한 사항은 '제5장 지방세법, 지방세특례제한법'을 참조하기 바란다.

| 중요 예규 및 판례 |

지방세심사 2007 - 664, 2007.11.26.

다큐멘터리 등 공익성과 공공성을 담보하는 방송프로그램의 제작지원 등을 통하여 방송콘텐츠 진흥에 기여함을 목적으로 하는 재단법인의 설립등기는 등록세 중과대상에 해당되지 아니함.

세정 - 4969, 2007.11.22.

가. 「지방세법」 제138조 제1항 본문 및 같은 법 시행령 제101조 제1항 제31호에서 법 제288조 제2항의 규정에 의한 문화예술단체…가 그 설립목적을 위하여 수행하는 사업에 대하여는 등록세 중과대상에서 제외한다고 규정하고 있고, 같은 법 제288조 제2항에서 정부로부터 허가 또는 인가를 받거나 「민법」 외의 법률에 의하여 설립 또는 그 적용을 받는 문화예술단체…가 그 고유업무에 직접 사용하기 위하여 취득하는 부동산에 대하여는 취득세와 등록세를 면제한다고 규정하고 있는 한편,

나. 「문화예술진흥법」 제2조 제1항 및 제3호에서 '문화예술'이란 문학, 미술(응용미술 포함), 음악, 무용, 연극, 영화, 연예, 국악, 사진, 건축, 어문 및 출판을, '문화시설'이란 공연, 전시, 문화 보급, 문화 전수 등 문화예술 활동에 지속적으로 이용되는 시설을 말한다고 규정하고 있음.

다. 지방세가 면제되는 문화예술단체의 범위에 대하여 지방세법령에서 구체적으로 명시하고 있지 아니하므로 그 법인이나 단체의 정관상 목적사업·예산 및 사업실적 등을 고려하여 개별적으로 판단하되, 문화예술의 사업이 부수업무 또는 지원업무가 아닌 「주된 사업」이어야 하며 주된 사업의 판단은 당해 법인이나 단체의 정관상 목적사업과 관련하여 사업실적 및 예산의 사용용도 등에 있어 그 비율이 높은 사업을 주된 사업으로 판단하여야 할 것(대법원 1995.5.23. 선고, 94누7515 참조)으로,

라. 정관 및 2007년도 사업계획서상 공연시설 건립 및 운영사업, 지역별 차세대 복합문화센터 건립 및 운영사업, 사회적 소외계층 등의 복지향상을 위한 문화예술 진흥사업 등을 목적으로 하여 문화관광부로부터 설립허가를 받은 재단법인 해비치 사회공헌 문화재단은 「지방세법」 제288조 제2항 소정의 문화예술단체에 해당되는 것으로 봄이 타당하다고 판단되므로, 당해 법인의 대도시 내 설립등기에 대하여는 등록세 중과대상에서 제외되는 것으로 봄이 타당함.

세정 - 2139, 2006.5.26.

신용보증기금이 국가 또는 지방자치단체가 납입자본금의 100분의 20 이상을 직접 출자한 정부출자법인에 해당되는 경우 지점설치 후 5년 이내에 취득하여 등기하는 부동산은

등록세의 중과세대상이 아님.

지방세심사 2000 - 533, 2000.6.27.
대도시 내 등록세 중과제외대상인 '정부출자법인'이란 국가 또는 지방자치단체가 납입
자본금의 20% 이상을 출자한 법인을 말함.

4-4. 조세특례제한법상 지방세 면제

과거 「조세특례제한법」 제119조, 제120조에서는 공기업의 일부 사업활동에 대해서 정책
상의 목적에 의하여 등록면허세, 취득세 등을 감면 또는 면제하고 있으며, 이 경우 「지방세
법」 제28조 제2항·제3항 및 제13조 제2항의 대도시 지역 내 법인등기 등의 3배 중과세율
을 적용하지 아니하였다. 그러나 지방세와 관련된 감면 조항인 제119조부터 제121조까지
는 2014년 12월 31일 조세특례제한법 개정시 삭제되었고 관련 내용은 지방세특례제한법으
로 이관되었다.

보다 자세한 사항은 '제5장 지방세법, 지방세특례제한법'을 참조하기 바란다.

제**3**절

기금의 성격과 세무

1   기금의 개요

　기금이란 국가가 특정한 목적을 위해 특정한 자금을 신축적으로 운용할 필요가 있을 때에 한해 법률로써 설치되는 특정 자금을 말한다. 기금은 일반회계나 특별회계와는 달리 세입·세출 예산에 의하지 아니하고 예산과는 별도로 운용될 수 있다. 따라서 기금은 국회의 직접적인 통제를 받지 아니한다(국가재정법 제5조). 또한, 정부의 출연금 또는 법률에 따른 민간부담금을 재원으로 하는 기금은 아래 열거된 법률(별표2)에서 별도로 정하는 경우가 아니면 설치할 수 없다.

〔별표 2〕(2023.8.8. 개정)
　기금설치 근거법률(제5조 제1항 관련)

> 1. 고용보험법
> 2. 공공자금관리기금법
> 3. 공무원연금법
> 4. 공적자금상환기금법
> 5. 과학기술기본법
> 6. 관광진흥개발기금법
> 7. 국민건강증진법
> 8. 국민연금법
> 9. 국민체육진흥법
> 10. 군인복지기금법
> 11. 군인연금법
> 12. 근로복지기본법
> 13. 금강수계 물관리 및 주민지원 등에 관한 법률
> 14. 삭제 <2021.12.21.>
> 15. 기술보증기금법
> 16. 낙동강수계 물관리 및 주민지원 등에 관한 법률

17. 남북협력기금법
18. 농림수산업자 신용보증법
19. 농수산물유통 및 가격안정에 관한 법률
20. 농어가 목돈마련저축에 관한 법률
21. 「농어업재해보험법」
22. 대외경제협력기금법
23. 문화예술진흥법
24. 「방송통신발전 기본법」
25. 보훈기금법
26. 복권 및 복권기금법
27. 사립학교교직원 연금법
28. 사회기반시설에 대한 민간투자법
29. 산업재해보상보험법
30. 「무역보험법」
31. 「신문 등의 진흥에 관한 법률」
32. 신용보증기금법
33. 「농업·농촌 공익기능 증진 직접지불제도 운영에 관한 법률」
34. 「양곡관리법」
35. 「수산업·어촌 발전 기본법」
36. 「양성평등기본법」
37. 영산강·섬진강수계 물관리 및 주민지원 등에 관한 법률
38. 예금자보호법(예금보험기금채권상환기금에 한한다)
39. 「산업기술혁신 촉진법」
40. 외국환거래법
41. 「원자력 진흥법」
42. 응급의료에 관한 법률
43. 임금채권보장법
44. 자유무역협정 체결에 따른 농어업인 등의 지원에 관한 특별법
45. 장애인고용촉진 및 직업재활법
46. 전기사업법
47. 「정보통신산업 진흥법」
48. 「주택도시기금법」
49. 「중소기업진흥에 관한 법률」
50. 지역신문발전지원 특별법
51. 청소년기본법
52. 축산법
53. 삭제 <2010.12.27.>
54. 한강수계 상수원수질개선 및 주민지원 등에 관한 법률

55. 한국국제교류재단법
56. 「한국농어촌공사 및 농지관리기금법」
57. 한국사학진흥재단법
58. 한국주택금융공사법
59. 「영화 및 비디오물의 진흥에 관한 법률」
60. 독립유공자예우에 관한 법률
61. 삭제 <2009.3.5>
62. 「방사성폐기물 관리법」
63. 「국가유산보호기금법」
64. 「석면피해구제법」
65. 「범죄피해자보호기금법」
66. 「국유재산법」
67. 「소상공인 보호 및 지원에 관한 법률」
68. 「공탁법」
69. 자동차손해배상 보장법
70. 국제질병퇴치기금법
71. 「기후위기 대응을 위한 탄소중립·녹색성장 기본법」

한편, 기금은 예산과 구별된다. 국가고유의 일반적 재정활동에 초점을 둔 예산과 달리 기금은 국가의 특정목적사업을 위해 특정자금을 운용하며 출연금·부담금 등을 주요재원으로 하고, 특정수입과 지출의 연계가 강하며, 합목적성 차원에서 상대적으로 자율성과 탄력성이 강하다는 점 등에서 예산과 차이가 있다. 그러나 기금도 국가재정운영의 일부분으로 국회의 심의·의결을 거쳐서 기금설치와 운영 계획 수립, 결산 등이 이루어진다는 점에서 예산과 동일하다.

국가재정회계는 경리를 단일조직에서 행하는지 또는 독립조직에서 행하는지에 따라 일반회계와 특별회계로 구분한다.

일반회계는 재정의 본원적 수입인 조세를 세입으로 하고 주로 국가의 존립과 유지를 위한 기본적 경비를 세출로 하며, 특별회계는 국가가 특별한 사업을 행하는 경우, 특정자금을 보유하고 있으며 그 운용을 행하는 경우, 특정세입으로써 특정세출에 충당하며 일반의 세입·세출과 구분하여 경리할 필요가 있는 경우에 제반 법률9)에 의하여 설정된다.

기금의 운용에 관한 사항은 국가재정법 제4장 기금 편을 참조하기 바란다.

---

9) 「교도작업의 운영 및 특별회계에 관한 법률」 등 17개 법률을 말한다. <국가재정법 별표 1>

2 기금에 대한 세법의 내용

세법상 기금 관련 규정은 다음과 같다.

해당 법령	법령의 내용	설 명
「법인세법 시행령」 제3조 제1항 제8호	비수익사업 범위	예금보험기금 등을 통한 사업을 비수익사업 범위에 포함
「법인세법 시행규칙」 제18조 제1항 (삭제, 2018.3.21.)	일반기부금 단체 범위	2020.12.31.까지 기술신용보증기금 등을 일반기부금 대상 단체로 봄. (2021.1.1. 이후 재지정신청 필요)
「법인세법 시행령」 제53조 제4항 제1호 다목	지급이자 손금불산입	법령에 의해 설치된 기금에서 차입한 금액은 지급이자 손금불산입 대상 차입금에서 제외
「법인세법 시행령」 제56조 제1항 제3호	고유목적사업준비금	법령에 의해 설치된 기금은 고유목적사업준비금을 설정할 수 있는 법인으로 보는 단체에 포함
「법인세법 시행령」 제61조·제63조	대손충당금, 구상채권상각충당금	신용보증기금 등은 대손충당금(구상채권상각충당금) 설정률 적용시 금융기관에 해당
「법인세법 시행령」 제111조	원천징수 대상소득의 범위	법인으로 보는 단체인 기금에 한하여 원천징수의무 규정이 다름.

3 세법의 주요 해석 사례

현행 세법상 기금에 대한 세법상 인격의 구분, 납세의무 등에 대한 명확한 규정은 없으나, 「법인세법 시행령」 제56조에서 기금에 대하여 '법인이 아닌 단체'로의 취급을 전제로 하는 규정을 두고 있다. 그러나 과세관청은 '기금'의 세법상 취급(세법상 인격의 구분, 사업자번호의 부여, 소득 귀속 등)에 대하여 다소 일률적이지 않은 해석을 하고 있는 바, 납세의무 등을 이행하기에 앞서 상당한 주의가 요구된다.

그 동안의 주요 해석사례를 요약하면 다음과 같다.

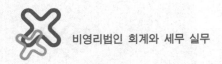
- 대법원 2017두52290(2017.10.31.) : 부실채권정리기금은 국세기본법 제13조 제1항 제2호의 공익을 목적으로 기본재산이 있는 재단으로서 등기되지 아니한 것에 해당되어 법인세법상 비영리내국법인에 해당
- 법규과－150(2008.1.9.) : 산업기반신용보증기금은 법인격 없는 단체에 해당함.
- 재법인－154(2005.9.30.) : 기금을 국가로 보고, 국가(교육부) 고유번호 사용 가능
- 서면2팀－1197(2005.7.25.) : 기금을 국가로 보고, 법인으로 운용할지는 운용주체가 결정
- 재법인－391(2005.6.4.) : 기금을 국가가 아닌 세법상 인격체로 취급
- 서면2팀－491(2005.4.4.) : 기금 수탁관리자와 기금은 특수관계자임.
- 서이 46013－11169(2003.6.17.) : 기금은 법인격 없는 단체인 경우에 한해 원천징수대상 아님.
- 서이 46013－11065(2003.5.28.) : 기금은 기금명의의 고유번호를 부여받아야 원천징수 면제되나, 국가 고유번호 사용 가능
- 서이 46013－10958(2003.5.13.) : 기금은 고유번호를 부여받아야 원천징수 면제됨.
- 법인 46012－109(1998.1.14.) : 기금은 당연 의제 법인임(재단).
- 법인 22601－1571(1990.7.28.) : 기금의 수입이자는 국가 귀속으로 법인세 과세대상 아님.

 | 중요 예규 및 판례 |

기획재정부 법인세제과－644, 2018.5.26.

기술보증기금이 기본재산으로 출연받는 출연금은 「법인세법」 제3조 제3항에 따른 비영리내국법인의 수익사업에서 생기는 소득에 해당하지 아니하는 것임.

대법 2017두52290, 2017.10.31.

(심리불속행기각)부실채권정리기금은 국세기본법 제13조 제1항 제2호의 공익을 목적으로 기본재산이 있는 재단으로서 등기되지 아니한 것에 해당되어 법인세법상 비영리내국법인에 해당하며, 무상으로 받은 자산의 가액은 법인의 재무구조 개선을 위하여 아무런 대가나 보상 없이 받게 된 자산의 가액을 의미한다고 봄이 상당함.

법규법인 2009－433, 2010.1.14.

 질의

〔사실관계〕

- 신용보증기금은 「신용보증기금법」에 따라 설립된 비영리법인으로 기본재산은 정부의 출연금, 금융기관의 출연금, 기업의 출연금 등의 재원으로 조성됨(신용보증기금법 제6조 제1항).

➡ 상기 출연금은 「국가회계법」에 따라 재정운영표상 비교환수익으로 회계처리하여야 함.

• 신용보증기금은 종전에는 기업회계기준을 적용하였으나, 2009.1.1.부터 시행되는 「국가회계법」상 "기금관리주체"로서 「국가회계기준에 관한 규칙」*에 따라 재무제표(재정상태표, 재정운영표, 순자산변동표)를 작성해야 함.

* 국가회계기준에 관한 규칙 : 기획재정부령 제60호, 2009.3.19. 제정

〔질의내용〕

• 신용보증기금이 2009.1.1.부터 시행되는 「국가회계법」을 적용받는 경우

〔질의1〕 정부관리기금과 동일한 법을 적용받는 국가회계실체로서 국가사무를 수행하고 있는 것으로 보아 법인세가 부과되지 않는 "국가"에 해당하는지 여부

회신

위 세법해석 사전답변 신청의 사실관계에 대한 답변내용은 다음과 같음.

귀 질의 1)의 경우, 「신용보증기금법」에 따른 신용보증기금(이하 "신용보증기금"이라 함)은 「법인세법」 제2조 제3항의 국가 및 지방자치단체에 해당하지 아니하는 것임.

법규과 – 150, 2008.1.9.

「사회기반시설에 대한 민간투자법」 제30조 규정에 의한 산업기반신용보증기금은 「국세기본법」 제13조 제4항의 규정에 의한 법인으로 보는 법인격이 없는 단체('법인으로 보는 단체')에 해당하는 것임.

재법인 – 154, 2005.9.30. ☜ 서면2팀 – 1197, 2005.7.25. 재질의 회신

「학술진흥 및 학자금대출신용보증 등에 관한 법률」에 의하여 설치된 학자금 대출신용보증기금을 운용함에 따라 발생되는 소득에 대해서는 「법인세법」 제2조 제3항의 규정에 의하여 법인세를 부과하지 아니하는 것이며, 이 경우 동 기금의 관리·운용사무를 위탁받은 한국주택금융공사는 「부가가치세법 시행령」 제8조 제2항의 규정에 의하여 교육인적자원부장관에게 부여된 고유번호를 사용하여 동 기금을 관리·운용할 수 있는 것임.

서면2팀 – 1197, 2005.7.25.

「학술진흥 및 학자금대출신용보증 등에 관한 법률」에 의거 설치된 '학자금대출신용보증기금'이 수령하는 보증수수료 및 이자소득은, 「법인세법」 제3조 및 같은 법 시행령 제2조 단서의 규정에 의하여 법인세 비과세대상으로 열거되어 있지 않으며, 학자금신용보증기금의 관리 운용은 해당 기금을 법인으로 하여 운용하거나 별도의 위탁관리를 하면서 기금회계로 구분 운용할 것인지에 대하여는 운용주체가 결정할 수 있는 것임.

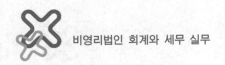
재법인 - 391, 2005.6.4.

부실채권정리기금이 유동화전문회사에 유동화자산을 양도하고 그 대가로 현금과 함께 후순위채권을 인수하는 경우 후순위채권의 취득가액은 「법인세법 시행령」 제72조 제1항 제5호의 규정에 의한 시가에 의하는 것임.

서면2팀 - 491, 2005.4.4.

「금융기관부실자산 등의 효율적 처리 및 한국자산관리공사의 설립에 관한 법률」에 의해 설립된 한국자산관리공사와 같은 법 제38조에 의해 설치된 부실채권정리기금은 「법인세법 시행령」 제87조 제1항 제1호 규정의 특수관계자에 해당하는 것임.

서이 46013 - 11169, 2003.6.17.

「법인세법 시행령」 제111조 제2항 제12호의 규정에 의하여 「기금관리기본법」의 적용을 받는 기금(법인 또는 「국세기본법」 제13조의 규정에 의하여 법인으로 보는 단체에 한함)에서 발생하는 이자소득(채권 등의 이자 등은 제외)은 원천징수대상 소득에 해당하지 아니하는 것임.

서이 46013 - 11065, 2003.5.28.

「공무원연금법」 제74조에 따라 공무원연금관리공단이 관리·운용하는 공무원연금기금이 「국세기본법」 제13조(관할세무서장의 승인에 의하여 법인으로 보는 단체)에 해당하는 경우, 동 기금에서 발생하는 이자소득(채권 등 이자소득 제외)에 대하여 원천징수를 면제받기 위해서는 관할세무서장으로부터 기금명의의 고유번호를 부여받아야 함.

한편, 법률에 따라 기금의 관리·운용주체가 당해 기금의 관리·운용만을 목적으로 설립되고, 실제로 당해 기금의 관리·운용사업만을 하는 경우에는 동 기금과 관리·운용주체가 동일하다고 볼 수 있으므로 기왕에 관리·운영주체에 부여된 사업자등록번호 또는 고유번호를 기금에게 부여된 고유번호로 보는 것임.

서이 46013 - 10958, 2003.5.13.

「중소기업진흥 및 제품구매 촉진에 관한 법률」 제45조에 따라 중소기업진흥공단이 운용·관리하는 중소기업진흥 및 산업기반기금이 「국세기본법」 제13조에 따라 관할세무서장의 승인에 의하여 '법인으로 보는 단체'에 해당하는 경우, 동 기금에 대한 이자소득(채권 등 이자소득 제외)에 대하여 원천징수를 면제받기 위해서는 관할세무서장으로부터 기금명의의 고유번호를 부여받아야 하는 것임.

서이 46013 - 10673, 2003.4.1.

사립학교교직원연금기금이 「국세기본법」 제13조에 따라 관할세무서장의 승인에 의하여

'법인으로 보는 단체'에 해당하는 경우

① 동 기금에 대한 이자소득(채권 등 이자소득 제외)에 대하여 원천징수를 면제받기 위해서는 관할세무서장으로부터 별도의 고유번호, 즉 기금명의의 고유번호를 부여받아야 하나,

② 동 기금과 관리·운영주체인 사립학교교직원연금관리공단이 동일한 경우(사립학교 교직원연금관리공단이 동 기금의 관리·운영만을 하기 위하여 설립된 경우를 말함)에는 기왕에 관리·운영주체에 부여된 사업자등록번호 또는 고유번호를 기금에게 부여된 고유번호로 보는 것임.

공기업·준정부기관 회계사무규칙
[시행 2022.7.1.] [기획재정부령 제919호, 2022.7.1., 일부개정]

제1조 【목적】 이 규칙은 「공공기관의 운영에 관한 법률」 제39조 제3항에 따라 공기업·준정부기관의 회계처리원칙 등에 필요한 사항을 규정함을 목적으로 한다.

제2조 【다른 법령과의 관계 등】 ① 「공공기관의 운영에 관한 법률」(이하 "법"이라 한다) 제5조에 따른 공기업·준정부기관의 회계처리에 관하여 다른 법령에 특별한 규정이 있는 경우 외에는 이 규칙에서 정하는 바에 따른다.

② 공기업·준정부기관의 장(이하 "기관장"이라 한다)은 해당 공기업·준정부기관의 업무의 특성 및 재무건전성 확보, 그 밖에 불가피한 사유가 있는 경우에는 기획재정부장관의 승인을 받아 이 규칙에서 정하는 내용과 다른 내용의 회계처리원칙 등을 정할 수 있다. <개정 2010.12.20.>

③ 기관장이 제2항에 따른 승인을 요청할 때에는 주무기관의 장을 거쳐야 한다.

④ 공기업·준정부기관이 관리·운용하는 기금(「국가재정법」 제5조 제1항에 따라 설치된 기금만 말한다. 이하 같다)의 회계처리에 관하여는 이 규칙에서 특별히 정한 사항 외에는 이 규칙을 적용하지 아니한다.

⑤ 공기업·준정부기관의 회계처리에 관하여 이 규칙에서 정하지 아니한 사항은 「주식회사의 외부감사에 관한 법률」 제5조 제1항 제1호의 회계처리기준을 따른다. <개정 2010.12.20., 2022.7.1.>

제3조 【공기업·준정부기관의 지정·해제 등】 ① 법 제6조에 따라 공기업·준정부기관으로 새로 지정되거나 재지정된 기관은 지정된 날이 속하는 회계연도에는 이 규칙에도 불구하고 지정 당시 적용되던 법령이나 해당기관의 회계 관련 규정이 정하는 바에 따른다. 다만, 지정된 날이 속하는 회계연도에 대한 결산은 이 규칙을 따른다.

② 공기업·준정부기관이 법 제6조에 따라 공기업·준정부기관에서 해제되거나 기타공공기관으로 변경 지정된 때에는 해제 또는 변경된 날이 속하는 회계연도에 대한 결산은 이 규칙을 적용하지 아니한다.

제4조 【회계원칙】 공기업·준정부기관의 경영활동에서 발생하는 경제적 거래 등은 발생한 시점을 기준으로 복식부기 방식으로 회계처리하여야 한다.

제5조【회계담당】 ① 기관장은 회계에 관한 업무를 총괄적으로 수행하기 위하여 회계책임 자를 임명하여야 하며 각 회계단위별로 다음 각 호의 회계담당을 둔다.

1. 수입에 관한 업무를 담당하는 수입담당

2. 지출에 관한 업무를 담당하는 지출담당

3. 지출원인행위에 관한 업무를 담당하는 지출원인행위담당

4. 일상경비에 관한 업무를 담당하는 일상경비취급담당

5. 유가증권을 관리하는 유가증권관리담당

6. 물품관리에 관한 업무를 담당하는 물품관리담당

7. 재고자산·고정자산 및 기타자산을 관리하는 각 자산관리담당

② 제1항 각 호에 따른 회계담당 중 수입담당과 지출담당 간, 지출담당과 지출원인행 위담당 간에는 겸직할 수 없다. 다만, 해외사무소인 경우와 정원이 너무 적은 경우 등 겸직이 불가피한 경우에는 그러하지 아니하다.

③ 기관장은 필요하다고 인정하면 소속직원으로 하여금 제1항에 따른 회계담당의 사 무 전부를 대리하게 하거나 그 일부를 분장하게 할 수 있다.

제6조【지급금의 지출】 ① 지급금은 채권자(공사·제조 또는 구매계약을 이행하기 위하여 하도급계약을 체결한 경우에는 채권자가 지명하는 하도급자를 포함한다)가 지정하는 금융회사 등의 예금계좌 또는 체신관서의 우편대체계좌에 입금(이하 이 조에서 "채 권자계좌입금"이라 한다)하는 방법으로 지급하여야 한다. 다만, 다음 각 호의 어느 하나에 해당하는 지출의 경우에는 채권자계좌입금이 아닌 방법으로 지급할 수 있다.

<개정 2010.12.20.>

1. 인건비·여비·일상경비 및 경상적 경비를 지출하는 경우

2. 건당 5만원(부가가치세를 포함한다) 미만을 지출하는 경우

3. 그 밖에 채권자계좌입금의 방법에 따라 지급하는 것이 특별히 곤란하다고 인정되 는 경우

② 제1항 각 호의 어느 하나에 해당하는 지출의 경우 현금으로 지급하여야 할 특별한 사유가 있는 경우 외에는 수표 또는 「여신전문금융업법」에 따른 신용카드로 지급하 여야 한다.

③ 지급금은 채권자가 공기업·준정부기관에 지급을 청구한 날부터 14일 이내에 지 급하여야 한다. 다만, 불가피한 사유로 지급이 불가능하여 그 사유를 채권자에게 알 린 경우에는 그러하지 아니하다.

제7조【일상경비의 지급】 ① 기관장은 업무의 성격상 현금으로 지급하지 아니하면 업무수

행에 지장을 줄 우려가 있는 경우에는 필요한 자금을 일상경비로 지급할 수 있다. 이 경우 그 사유를 적고 주기적으로 집행의 적정성을 확인하여야 한다.

② 제1항에 따른 일상경비의 범위는 다음 각 호와 같다.

1. 외국에서 지급하는 경비

2. 교통이나 통신이 불편한 지역에서 지급하는 경비

3. 사무소의 일상적 경비와 여비로서 500만원 한도의 경비

4. 사무소에서 필요한 부식물의 매입경비

5. 사무소직영의 공사·제조 또는 조립에 필요한 경비로서 2천만원 한도의 경비

6. 업무추진비

7. 증인·감정인 등에게 지급하는 경비

8. 사례금

9. 법령에 따른 시료 구입비 및 시험조사 수수료

③ 제1항에 따른 자금은 다음 각 호의 기준에 따라 지급하여야 한다.

1. 사무소의 일상적 경비는 매 1개월분 범위의 금액을 예정하여 지급할 것. 다만, 외국에서 지급하는 경비, 교통이나 통신이 불편한 지역에서 지급하는 경비 또는 지급장소가 일정하지 아니한 사무소의 경비는 사무의 필요에 따라 3개월분 범위의 금액을 지급할 수 있다.

2. 수시로 지출하는 비용은 그 금액을 예정하여 사무에 지장이 없는 범위에서 가능하면 나누어 지급할 것

제8조【선금의 지급】① 기관장은 운임, 용선료, 여비, 공사·제조·용역계약 등의 대가로서 그 성질상 미리 지급하지 아니하면 사무 또는 사업에 지장을 줄 우려가 있는 경우에는 미리 지급할 수 있다.

② 제1항에 따라 미리 지급할 수 있는 경비는 다음 각 호와 같다. <개정 2010.12.20.>

1. 외국에서 직접 구입하는 기계·도서·표본 또는 실험용 재료의 대가

2. 정기간행물의 대가

3. 토지 또는 건물의 임대료와 용선료

4. 운임

5. 봉급 기준일에 전출 또는 출장이 있거나 비상출동 또는 기동훈련에 참가하거나 휴가를 받을 자에게 지급하는 급여

6. 국가 및 지방자치단체와 다른 공기업·준정부기관에 지급하는 경비

7. 외국에서 연구 또는 조사에 종사하는 자에게 지급하는 경비

8. 교통이 불편한 장소에서 근무하는 자 또는 선박승무원에게 지급하는 급여와 금융회사 등의 예금계좌를 통하여 급여를 지급하기 위하여 금융회사 등에 입금하는 급여

9. 업무 등의 위탁에 필요한 경비

10. 보조금 또는 부담금

11. 사례금

12. 공기업·준정부기관이 매수하거나 수용하는 토지 또는 그 토지상에 있는 물건의 대금·보상금 또는 이전료

13. 계약금액이 3천만원 이상인 공사 또는 제조와 계약금액이 500만원 이상인 용역의 경우 계약금액의 100분의 70을 초과하지 아니하는 금액

14. 공기업·준정부기관이 초청한 외국인에게 국내에서 지급하는 경비

③ 제2항 제8호에 따라 금융회사 등의 예금계좌를 통하여 급여를 지급하기 위하여 금융회사 등으로 입금하는 급여는 급여지급일 전 3일 이내에 할 수 있다. <개정 2010.12.20.>

④ 제2항 제13호에 따른 경비를 미리 지급할 때에는 계약체결 후 계약상대자의 청구를 받은 날부터 14일 이내에 지급하여야 한다. 다만, 불가피한 사유로 지급이 불가능하여 그 사유를 계약상대자에게 문서로써 통지한 경우에는 그러하지 아니하다.

제9조【개산급의 지급】① 기관장은 운임, 용선료, 여비, 공사·제조·용역계약 등의 대가로서 그 성질상 개괄적인 계산으로 지급하지 아니하면 사무 또는 사업에 지장을 줄 우려가 있는 경우에는 이를 개괄적으로 계산하여 지급할 수 있다.

② 제1항에 따라 개괄적으로 계산하여 지급할 수 있는 경비는 다음 각 호와 같다.

1. 여비, 업무추진비 또는 사무소운영비

2. 국가에 지급하는 경비

3. 보조금 또는 부담금

4. 「산업재해보상보험법」에 따라 지급하는 요양비

5. 재해구호 및 복구에 드는 경비

제10조【채권의 대손처리】① 기관장은 다음 각 호의 어느 하나에 해당하는 경우에는 소멸시효가 완성되기 전이라도 해당 채권을 대손(貸損)처리하여야 한다.

1. 채무자인 법인이 해산하거나 그 사업을 중지하여 재개(再開)의 가능성이 없다고 판단되는 경우에 강제집행에 드는 비용과 다른 우선변제채권의 합계액이 압류할 수 있는 재산의 가액을 초과하는 경우

2. 채무자인 법인에 대하여 가지는 채권이 「채무자 회생 및 파산에 관한 법률」에 따

른 회생계획인가의 결정 또는 파산선고에 따라 회수불능으로 확정된 경우

3. 채무자가 사망한 경우에 강제집행에 드는 비용과 다른 우선변제채권의 합계액이 그 상속재산의 가액을 초과하는 경우

4. 추심에 드는 비용이 채권액을 초과하는 경우

② 연대채무자 또는 보증인 등 채무를 이행하여야 할 자가 따로 있는 경우에는 제1항 제1호부터 제3호까지를 적용하지 아니한다.

제11조 【대손충당금의 적립】 기관장은 외상매출금, 받을 어음, 미수금 및 미수수익과 이와 비슷한 채권, 장기성매출채권 등에 대하여 대손충당금을 적립하여야 한다. 이 경우 대손추산액을 산정할 때에 채무자가 국가·지방자치단체인 채권액은 제외한다.

제12조 【구분회계】 ① 기관장은 각 공기업·준정부기관의 설립에 관한 법률, 그 밖의 법령에서 회계단위를 구분하도록 정한 경우에는 재원의 원천 또는 목적사업별 등으로 구분하여 회계처리하고, 구분회계 사이의 내부거래 및 미실현손익을 제거한 후 이를 통합한 결산서를 작성하여야 한다. 이 경우 구분된 회계단위별 경영성과 및 재무현황을 주석으로 기재한다.

② 공기업·준정부기관이 관리·운용하는 기금에 대하여 공기업·준정부기관은 관계법령에서 정하는 바에 따라 따로 결산서를 작성하여야 한다. 이 경우 기금의 결산서는 제1항에 따른 통합 결산서 작성 대상에서 제외한다.

③ 기관장은 회계를 총괄하기 위하여 본사에 총괄회계부서를 두고, 본사와 지점 사이의 거래는 본사·지점계정으로 회계처리한다.

제13조 【결산의 수행】 ① 기관장은 해당 공기업·준정부기관의 재무제표를 작성할 책임이 있다. <신설 2022.7.1.>

② 기관장은 회계연도가 끝난 후 지체 없이 그 회계연도의 결산서를 작성하여야 한다. <개정 2022.7.1.>

③ 기관장은 결산을 할 때 해당 회계연도의 경영성과와 재무상태를 명확하게 표시할 수 있도록 하여야 한다. <개정 2022.7.1.>

④ 공기업·준정부기관의 회계단위는 총계정원장의 설치부서로 한다. <개정 2022.7.1.>

⑤ 결산은 각 회계단위별로 실시하고 본사의 총괄회계단위에서 총괄하여 결산서를 작성한다. <개정 2022.7.1.>

제14조 【결산서 제출】 ① 공기업·준정부기관은 법 제43조 제1항에 따라 회계감사인에게 결산서를 제출한 경우 공기업은 기획재정부장관에게, 준정부기관은 주무기관의 장에게 해당 결산서를 지체 없이 제출하여야 한다. <신설 2022.7.1.>

② 법 제43조 제2항 제2호에 따른 그 밖에 결산의 내용을 명확하게 하기 위하여 필요한 서류는 다음 각 호의 서류로 한다. <개정 2010.12.20., 2022.7.1.>

1. 결산총평

2. 사업실적분석보고서

3. 예비비사용 및 예산전용 명세서

4. 그 밖에 결산의 내용을 명확하게 하기 위하여 필요한 서류로서 기획재정부장관이

　정하는 서류

③ 공기업·준정부기관은 법 제43조 제2항에 따라 확정한 결산서를 확정한 날부터 10일 이내에 기획재정부장관에게 제출하여야 한다. 다만, 법 제43조 제2항에 따라 기획재정부장관에게 결산서를 제출하여 승인을 받은 공기업은 제외한다. <개정 2010.12.20., 2022.7.1.>

④ 기획재정부장관 및 주무기관의 장은 법 제43조 제2항에 따라 제출받은 결산서에 대하여 공인회계사나 회계법인의 감사의견을 고려하여 그 적정성을 검토하고 회계의 투명성 및 신뢰성을 확보하기 위하여 필요하다고 인정되면 해당 기관장에게 수정을 요구할 수 있다. 이 경우 기관장은 정당한 사유가 없는 한 이에 응하여야 한다. <개정 2010.12.20., 2022.7.1.>

제15조【결산총평】 결산총평은 결산서의 내용을 요약하고 결산결과를 분석함으로써 공기업·준정부기관의 재무상태 및 경영성과의 결과에 관하여 종합적인 평가정보가 제공될 수 있도록 다음 각 호의 사항이 포함되어야 한다. <개정 2010.12.20.>

1. 공기업·준정부기관의 조직구조와 경영목표

2. 재무상태 및 경영성과에 대한 분석·평가

3. 재무제표 또는 연결재무제표가 이 규칙에 따라 적정하게 작성되었는지에 관한 사항

4. 결산이 신뢰성 있게 작성되었는지에 관한 사항

5. 그 밖에 기획재정부장관이 정하는 서류

제16조【재무제표 및 연결재무제표와 그 부속서류】 ① 재무제표는 재무상태표, 손익계산서 또는 포괄손익계산서, 현금흐름표, 자본변동표 및 주석(이익잉여금처분계산서 또는 결손금처리계산서를 포함한다)으로 한다.

② 연결재무제표는 연결재무상태표, 연결손익계산서 또는 연결포괄손익계산서, 연결현금흐름표, 연결자본변동표 및 주석(註釋, 이익잉여금처분계산서 또는 결손금처리계산서를 포함한다)으로 한다.

③ 제2항에 따른 연결재무제표의 작성자와 작성범위 등에 관하여는 「주식회사의 외

부감사에 관한 법률」제2조 제3호를 준용한다. <개정 2022.7.1.>

④ 제1항과 제2항에 따른 재무제표와 연결재무제표의 부속서류의 종류·서식 및 작성방법 등은 기획재정부장관이 정한다.

[전문개정 2010.12.20.]

제17조 삭제 <2010.12.20.>

제18조【정보통신매체 등을 통한 결산서 제출】① 기획재정부장관은 공기업·준정부기관의 회계처리와 결산서의 원활한 제출 및 재무상태 분석 등을 위하여 정보통신매체 및 프로그램 등을 개발하여 사용하게 할 수 있다. <개정 2010.12.20.>

② 기관장은 법 제43조 제2항에 따른 결산서를 정보통신매체 및 프로그램을 이용하여 전송하는 방법으로 제출할 수 있다. <개정 2010.12.20.>

제19조【세부 처리기준】① 이 규칙의 시행에 필요한 사항은 기획재정부장관이 정하여 고시한다. <개정 2010.12.20.>

② 기관장은 제1항에 따라 기획재정부장관이 정하여 고시한 범위에서 이 규칙의 시행에 필요한 세부 사항을 정할 수 있다. <개정 2010.12.20.>

제20조【국가회계제도심의위원회의 심의】「국가회계법」에 따른 국가회계제도심의위원회는 기획재정부장관의 자문에 응하여 국가와 공기업·준정부기관의 회계제도의 연계에 관한 사항을 심의 할 수 있다. <개정 2010.12.20.>

제21조【내부통제】① 기관장은 회계처리의 적정 여부와 재무제표의 신뢰성을 평가하기 위하여 내부통제를 하여야 한다.

② 기관장은 제1항에 따른 내부통제를 하기 위하여 내부통제책임자를 임명하여야 하며, 내부통제를 위하여 필요한 절차와 방법을 정하여야 한다.

③ 기관장은 직원의 정원 또는 자산의 규모 등을 고려하여 불가피한 경우에는 내부통제책임자와 회계책임자를 겸직하게 할 수 있다.

제22조【회계교육의 실시】① 기획재정부장관은 법 제39조 및 제43조에 따른 공기업·준정부기관의 회계 및 결산업무와 관련하여 회계관계직원의 업무전문성 등을 향상시키기 위하여 교육을 실시할 수 있다. <개정 2010.12.20., 2022.7.1.>

② 기획재정부장관은 필요하다고 인정하는 경우 제1항에 따른 교육을 관련 전문교육기관 또는 단체에 의뢰하여 실시할 수 있다. <신설 2022.7.1.>

③ 기관장은 소속 회계관계직원의 교육훈련 수요를 조사하고 회계관계직원이 해당 교육훈련에 참여할 수 있도록 해야 한다. <신설 2022.7.1.>

④ 기획재정부장관 또는 기관장은 교육훈련에 참여하는 회계관계직원이 교육훈련의

목적을 효과적으로 달성할 수 있도록 교육훈련 상황을 지도·감독해야 한다. <신설 2022.7.1.>

부칙 〈제919호, 2022.7.1.〉

이 규칙은 공포한 날부터 시행한다.

공기업·준정부기관 회계기준

[시행 2022.2.8.] [기획재정부고시 제2022-5호, 2022.2.8., 일부개정]

제1장 총칙

제1조【목적】 이 기준은 「공기업·준정부기관 회계사무규칙」(이하 "규칙"이라 한다) 제19조 제1항에 따라 공기업·준정부기관의 회계처리원칙 등과 관련한 세부사항을 정함을 목적으로 한다.

제2조【재무제표 등의 작성원칙】 ① 재무제표 또는 연결재무제표는 다음 각 호의 원칙에 따라 작성한다.

1. 재무제표 또는 연결재무제표는 당해 회계연도 분과 직전 회계연도분을 비교하는 형식으로 작성한다.

2. 비교식으로 작성되는 양 회계연도의 재무제표 또는 연결재무제표는 계속성의 원칙에 따라 작성하여야 한다.

3. 계정과목은 중요성의 원칙에 따라 설정하고 명료성, 계속성, 비교가능성이 유지되어야 하며 정당한 사유 없이 이를 변경할 수 없다.

4. 재무제표 또는 연결재무제표의 과목은 해당항목의 중요성에 따라 별도의 과목으로 표시하거나 다른 과목과 신설, 통·폐합할 수 있다. 이 경우 제3호를 준용한다.

② 연결재무제표 작성대상인 종속회사의 재무제표는 규칙 및 이 기준에 따라 작성하여야 한다.

③ 재무제표 및 연결재무제표와 부속명세서의 서식, 계정과목의 설정 및 분류는 기획재정부장관이 따로 정한다.

제3조【내부통제】 기관장은 규칙 제21조에서 규정한 내부통제를 위하여 다음 각 호의 사항이 포함되도록 필요한 절차와 방법을 갖추어야 한다.

1. 회계정보의 식별·측정·분류·기록 및 보고방법에 관한 사항

2. 회계정보의 오류 통제 및 부정 방지 사항

3. 회계정보의 주기적 점검 및 조정 등 내부검증에 관한 사항

4. 회계장부(자기테이프·디스켓 그 밖의 정보보존장치를 포함한다)의 관리방법과 위조·변조·훼손 및 파기의 방지 방안

5. 임·직원의 업무분장과 책임에 관한 사항

6. 그 밖에 신뢰성 있는 회계정보의 작성 및 보고를 위하여 필요한 사항

제4조【회계관계업무의 위임】① 기관장은 회계업무를 수행하기 위하여 필요하다고 인정하는 때에는 회계에 관한 사무를 그 소속직원에게 위임할 수 있다.

② 제1항에 따른 회계에 관한 사무의 위임은 기관장이 그 소속부서에 설치된 직을 지정함으로써 이에 갈음할 수 있다.

제5조【회계관계직의 임면통보】회계관계직의 임면이 있는 때에는 거래점 등 관계기관에 그 사실을 즉시 통보하고 필요한 조치를 취하여야 한다.

제6조【회계관계직원의 책임】① 회계관계직원은 법령 기타 관계 규정이 정하는 바에 따라 성실하게 그 직분에 따른 회계처리를 하여야 한다.

② 회계관계직원의 책임에 관하여는 「회계관계직원 등의 책임에 관한 법률」이 정하는 바에 따른다.

제7조【회계관계직원의 재정보증】① 회계관계직원은 재정보증 없이는 그 직무를 담당하게 할 수 없다.

② 제1항의 회계관계직원의 범위 및 기타 재정보증에 관하여 필요한 사항은 세부기준으로 정하되 상임이사는 위임전결규정이 정하는 바에 따라 회계관계직원으로 본다.

제8조【회계관계직원의 직인사용등】① 규칙 제5조에 따른 회계책임자는 회계업무를 처리함에 있어서 그 업무 또는 직무를 표시하는 인장(이하 직인이라 한다)을 사용할 수 있다.

② 직인의 비치, 규격, 내용, 보관, 관리, 대장관리 기타 직인의 사용절차 등에 관한 사항은 기관장이 정한다.

제9조【회계서류의 보관 등】① 회계서류의 보관, 열람, 보존, 편철, 대출 및 복사에 관하여는 기관장이 정한다.

② 제1항에 따른 회계서류의 보존기간은 「공공기관의 기록물 관리에 관한 법률 시행규칙」에 정한 바를 준용한다.

제10조【세부기준 및 결산지침】① 기관장은 규칙 및 이 기준의 시행에 필요한 사항을 세부기준으로 정하여 시행한다.

② 기관장은 기획재정부장관이 시달한 결산지침을 기준으로 다음 각 호의 사항을 포함한 자체결산지침을 작성하여 결산일 15일전까지 각 회계단위에 시달하여야 한다.

1. 회계단위별 결산일정

2. 결산에 관한 기준과 원칙 및 제 규정

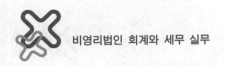

3. 결산정리에 관련되는 사항

4. 기타 결산에 필요한 사항

제 2 장 회계장표

제11조【거래의 처리】모든 거래는 전표에 따라 처리하여야 한다.

제12조【장표의 양식】장표의 양식과 규격은 세부기준으로 정한다.

제13조【전산화에 따른 회계장표의 생략】① 회계업무의 전산화에 따라 이 장에 의한 장표의 비치 등을 생략할 수 있다.

② 제1항에 따라 장표의 비치를 생략한 경우에도 감독기관이나 이해관계자의 요구가 있으면 회계장표와 동일한 대용장표를 신속히 제공할 수 있는 필요한 조치를 취하여야 한다.

③ 제1항에 따라 생략할 수 있는 장표의 종류는 세부기준으로 정한다.

제14조【전표의 내용】① 전표에는 계정과목을 표시하여야 한다.

② 전표의 합계금액은 이를 정정하지 못한다.

제15조【전표의 대용】결의서 또는 증거서류는 전표로 대용할 수 있으며 전표의 대용범위는 세부기준으로 정한다. 이 경우 결의서 및 증빙서의 서식에는 전표의 기능이 포함되어야 한다.

제16조【회계장부의 종류】① 회계장부는 주요부와 보조부로 구분한다.

② 주요부는 분개장과 총계정원장으로 하고 보조부는 각 계정원장 및 명세장으로 한다. 다만, 전표 및 일계표를 일자순으로 철하여 분개장에 갈음할 수 있다.

제17조【기장사무의 분리】① 주요부와 보조부는 그 기장사무의 담당자를 달리하여야 한다.

② 장부의 기장사무와 현금출납사무 또는 물품출납사무는 그 담당자를 달리하여야 한다.

③ 제1항 및 제2항의 경우 회계단위의 규모, 업무의 성질에 따라서 예외로 할 수 있다.

제18조【장부의 기재요령】장부의 기입, 마감, 폐쇄, 갱신, 이월, 오기정정, 검열요령 등에 관하여는 세부기준으로 정한다.

제19조【증빙서류의 범위】① 증빙서류는 거래사실의 경위를 입증하며 기장의 증거가 되는 서류로서 그 범위는 이 기준 제21조 각 호의 서류를 말한다.

② 제1항에 따라 정하지 아니한 증빙서라 할지라도 특히 필요하다고 인정되는 경우에는 이를 증빙서류로 첨부하여야 한다.

③ 증빙서류의 부기증명을 요하는 사항은 관계증빙서류의 여백에 주기하고 날인한다.

④ 증빙서는 원본으로 구비하여야 한다. 다만, 원본에 따르기 곤란한 경우에는 그 사본으로 갈음하고, 원본대조자가 이에 확인표시를 하여야 한다.

제20조【증빙서류의 생략】① 오기정정 또는 결산시 계정간 대체 등과 같이 단순히 계산적 조작의 필요에 따라 발생한 준거래에 있어서는 그 전표로써 증빙서에 갈음할 수 있다. 이 경우에는 전표의 적요란에 그 사유 및 산출 내역을 기재하여야 한다.

② 급여대장, 인부사역부 등 지출에 필요한 증빙서류를 첨부하기 곤란한 경우에는 지출결의서의 적요란에 대조필로써 갈음할 수 있다.

제21조【증빙서류의 작성】증빙서류는 다음 각 호에 따라여 작성하여야 한다.

1. 지출결의서

   가. 지출결의서의 지출금액은 정정하지 못한다.

   나. 적요란에는 지급의 뜻, 공사명, 품명 및 수량, 산출내역, 부분급 내용과 지급회수, 선급금 및 개산금의 표시 등 필요한 사항을 명기하여야 한다.

2. 영수증서

   가. 정당한 채권자가 지출결의서의 영수란에 기명날인 또는 채권자 및 지출금액을 명백히 한 사유서, 이 경우에 채권자가 사업자인 경우에는 「부가가치세법」 제16조에 따른 세금계산서 또는 「소득세법」 제163조에 따른 계산서, 「여신전문금융업법」에 따른 신용카드의 매출전표

   나. 채권자 또는 채권자가 지명하는 자가 지정하는 예금계좌 또는 우편대체계좌에 입금함으로써 지급하는 경우에는 금융기관이 발행하는 입금증명 또는 체신관서가 발행하는 영수증을 가목에 따른 영수증서로 본다.

   다. 신용카드를 사용하는 사업체에 지급하는 접대성경비는 원칙적으로 신용카드를 사용하여야 하며 카드이용대금의 결제에 따른 영수증서는 위 나목에 따른 경우와 같다.

3. 청구서

   가. 청구서의 합계금액은 정정하지 못한다.

   나. 청구서의 명세는 계약서 등 다른 관계서류의 명세와 일치하여야 한다.

4. 계약서

   가. 계약서의 합계금액은 정정하지 못한다.

   나. 계약서와 그 부속서류는 그 내용이 서로 부합되어야 한다.

5. 기타 증빙서류

   기타 증빙서류 및 그 작성에 관하여 필요한 사항은 세부기준으로 정한다.

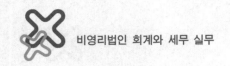

제3장 금전회계

제22조【금전출납의 범위】 ① 금전은 현금, 예금, 수표 및 우편환증서를 말한다.

② 당일로 현금화 할 수 있는 어음과 기타 유가증권 등 제 증서도 금전에 준하여 처리한다.

제23조【금전수납사무의 대행】 기관장은 금융기관 또는 체신관서를 지정하여 금전의 수납에 관한 사무를 대행하게 할 수 있다.

제24조【출납마감】 ① 출납의 마감시간은 업무종료 전 일정한 시간을 정하여 공시하여야 한다.

② 출납 마감 후에는 원칙적으로 출납을 하지 아니한다. 다만, 부득이한 경우에는 기관장이 정하는 바에 따라 취급할 수 있다.

제25조【현금보관의 금지】 ① 전도금의 지급잔액과 마감 후의 수입현금을 제외하고는 현금을 보관하여서는 아니 된다.

② 제1항의 규정에도 불구하고 공기업·준정부기관의 업무특성으로 인하여 부득이한 경우에는 현금보관에 관한 사항을 세부기준으로 정하여 운용할 수 있다.

제26조【금전의 과부족처리】 ① 금전의 부족을 발견하였을 때에는 가지급으로 처리하고 그 원인을 조사하여야 한다.

② 제1항의 가지급 처리 후 1월이 경과하여도 그 원인을 발견하지 못한 때에는 취급자가 즉시 변상조치를 하여야 한다.

③ 금전의 과여를 발견하였을 때에는 가수금으로 처리하고 그 원인을 조사하여야 한다.

④ 제3항의 가수금 처리 후 3월이 경과하여도 그 내용이 판명되지 아니한 때에는 영업외수익으로 처리한다.

제27조【수표 및 어음행위】 수표 및 어음의 금액은 정정할 수 없다.

제28조【수입사무의 분리】 납입의 고지 등 징수결정을 하는 징수사무의 담당자와 징수결정액을 수납하는 수납사무의 담당자를 달리하여야 한다.

제29조【수입금의 징수】 수입금을 징수 결정하고자 할 때에는 수입결의서에 따라야 하며 납입의무자에게 납입고지서를 발부하여야 한다. 다만, 다음 각 호의 경우에는 수입결의서 및 납입고지서에 따르지 아니하고 수납할 수 있다.

1. 위약금 및 해약금
2. 변상금
3. 과태료

4. 반납금

5. 이자수입 및 배당수입

6. 기타 관계법령 및 계약 등에 의한 확정수입

제30조【수입금의 수납】① 기관장은 수입금을 수납하는 경우에는 현금·체신관서 또는 「은행법」의 적용을 받는 금융기관이 발행한 자기앞수표·국고수표에 따라 수납하도록 하여야 한다. 다만, 기관장이 따로 정하는 경우에는 그러하지 아니하다.

② 기관장은 납입기한이 정하여진 수입금을 납입 고지하는 때에는 납입개시 5일전에 납입고지서를 발행하여야 한다.

③ 납입고지서의 납입기한은 특별한 사유가 있는 경우를 제외하고는 고지일 부터 15일 이내로 한다. 이 경우 납입기한이 공휴일에 해당하는 때에는 그 공휴일의 다음날을 납입기한으로 한다.

④ 납입기한이 경과하여도 납입하지 아니하는 납입의무자에 대하여는 납입기한 경과 후 7일 이내에 독촉장을 발부하여야 한다. 다만, 기관장이 따로 정하는 경우에는 그러하지 아니하다.

제31조【과오납금처리】수입금이 과오납된 사실을 확인하였을 때에는 지체없이 수입금에서 환급조치를 취하여야 한다.

제32조【장기미납금의 처리】수차례의 독촉장을 발부한 후에도 수입금이 납부되지 아니한 경우에는 체납자 또는 재정보증인의 재산상황을 조사하여 제소 등 필요한 조치를 취하여야 한다. 다만, 시효가 완성되었거나 규칙 제10조 제1항의 규정에 해당되는 경우에는 그러하지 아니하다.

제33조【지출원인행위의 준칙】지출원인행위는 배정된 예산범위내에서 하여야 한다.

제34조【지출원인행위결의서의 작성】① 지출원인행위를 할 때에는 지출원인행위결의서를 작성하여야 한다. 다만, 지출원인행위결의서에 따르기 곤란한 경우에는 내부결재 문서로서 이에 갈음할 수 있다.

② 비용예산중 다음 각 호의 경비는 지출원인행위결의서 작성을 생략할 수 있다.

1. 공공요금, 제세공과금, 인건비, 여비, 협회비

2. 법령, 규정 등 일정한 기준에 의한 경비

3. 기타 정례적인 확정경비

제35조【지출원인행위의 증감취소】지출원인행위자는 계약의 해제, 계약금액의 변경 등으로 인하여 그 지출원인행위액을 취소하거나 증감하고자 할 때에는 당초의 지출원인행위를 소급하여 취소 또는 정정하지 아니하고 따로 지출원인행위 취소결의서 또는

지출원인행위 증감결의서를 작성하여야 한다.

제36조【일상경비】 ① 규칙 제7조에 따른 일상경비를 지급한 때에는 가지급금으로 처리하고 일상경비 취급담당의 정산보고에 따라 가지급금을 정리하여야 한다.

② 일상경비 취급담당은 지급 받은 일상경비에 대하여 특별히 정한 경우를 제외하고는 지출담당에 준하여 그 업무를 처리하여야 한다.

③ 일상경비 취급담당은 매월말까지 전도금 정산보고서를 관계증빙서와 같이 지출담당에게 제출하여야 한다. 다만, 기관장은 회계처리에 지장이 없다고 인정되는 경우 전도금정산보고서 제출기한을 공기업·준정부기관의 실정에 맞게 따로 세부기준으로 정하여 운영할 수 있다.

제37조【선급금 및 개산금의 지급】 지출담당은 선급금 및 개산급의 지급에 따른 업무가 완료되면 지체없이 정산하고, 선급과 개산급을 정리하여야 한다.

제38조【잔액조회】 지출담당은 매월말에 거래점의 잔액증명을 받아 예금원장과 대조하여야 한다.

제4장 회계

제39조【재무상태표 등】 ① 재무상태표 또는 연결재무상태표(이하 "재무상태표 등"이라 한다)는 공기업·준정부기관의 재무상태를 명확히 보고하기 위하여 보고기간 종료일 (재무상태표 작성 기준일을 말한다. 이하 같다) 현재의 자산, 부채 및 자본을 적정하게 표시하여야 한다.

제40조【재무상태표 등의 작성기준】 ① 재무상태표 등은 자산, 부채 및 자본으로 구분한다.

② 자산과 부채는 유동성의 정도에 따라 항목을 구분하여 작성한다. 유동성이란 현금으로 전환되기 용이한 정도를 말한다.

③ 자산, 부채 및 자본은 총액에 따라 기재함을 원칙으로 하고, 자산의 항목과 부채 또는 자본의 항목을 상계함으로써 그 전부 또는 일부를 재무상태표 등에서 제외하여서는 아니 된다.

제41조【자산의 분류】 ① 자산은 유동자산과 비유동자산으로 구분하며, 유동자산은 공기업·준정부기관이 정상영업주기 내에 실현될 것으로 예상하거나 정상영업주기 내에 판매하거나 소비할 의도가 있는 자산, 주로 단기매매목적으로 보유하는 자산, 보고기간 종료일로부터 1년 이내에 실현될 것으로 예상하는 자산 및 현금이나 현금성자산으로서 사용에 대한 제한 기간이 보고기간 종료일로부터 1년 이상이 아닌 자산을 말

한다. 다만, 유동자산으로 분류한 금액 중 1년 이내에 실현되지 않을 금액은 주석으로 기재한다.

② 공기업·준정부기관 중 금융업을 영위하는 기관의 경우 유동자산과 비유동자산으로 구분하지 않고 유동성 순서에 따라 표시할 수 있다.

제42조【부채의 분류】① 부채는 유동부채와 비유동부채로 구분하며, 유동부채는 정상영업주기 내에 결제될 것으로 예상하는 부채, 주로 단기매매목적으로 보유하는 부채, 보고기간 종료일로부터 1년 이내에 결제하기로 되어 있는 부채 및 보고기간 종료일로부터 1년 이상 부채의 결제를 연기할 수 있는 무조건의 권리를 가지고 있지 않는 부채를 말한다.

② 공기업·준정부기관 중 금융업을 영위하는 기관의 경우 유동부채와 비유동부채로 구분하지 않고 유동성 순서에 따라 표시할 수 있다.

제43조【자본의 분류】① 자본은 납입자본, 이익잉여금(또는 결손금) 및 기타자본구성요소 등으로 구분하여 표시하고 비지배지분을 별도로 표시한다.

② 납입자본은 자본금과 기본재산, 주식발행초과금 등을 말한다. 이중 자본금은 정부지분자본금과 비정부지분자본금을 말하며 기본재산은 설립시 기본재산으로 출연한 재산 또는 이익잉여금 중 총회 또는 이사회에서 기본재산으로 편입할 것을 의결한 재산을 말한다.

③ 이익잉여금(또는 결손금)은 이익준비금, 기타법정적립금, 임의적립금, 미처분이익잉여금(미처리결손금)을 말한다.

④ 기타자본구성요소는 기타자본잉여금, 기타포괄손익누계액, 자기주식 등을 포함한다.

제44조【정부보조금 등의 처리】공기업·준정부기관이 정부 또는 지방자치단체(이하 '정부 등'이라 한다)로부터 국고보조금 및 출연금 등 정부보조금과 제48조의 위탁사업비(이하 '정부보조금 등'이라 한다)를 받는 경우 다음 각 호에 따라 처리한다.

1. 정부보조금 등으로 취득한 자산은 다음 각 목의 형식 중 하나만 선택하여 표시하여야 하며, 복수의 형식을 사용하여 표시할 수 없다.

　가. 취득자산에서 차감하는 형식

　나. 부채로 표시하는 형식

2. 정부보조금 등으로 취득한 자산에 관한 손익은 다음 각 목에 따라 인식한다.

　가. 제1호 가목에 따라 표시한 경우 : 해당 자산의 내용연수에 걸쳐 상각금액과 상계하는 방식

　나. 제1호 나목에 따라 표시한 경우 : 해당 자산의 내용연수에 걸쳐 상각금액만큼

당기손익으로 인식하는 방식.

3. 정부보조금 등으로 취득한 관계기업투자지분에 대해 평가손실 및 손상차손이 발생하는 경우, 자산에 관한 손익은 다음 각 목에 따라 인식한다.

　　가. 제1호 가목에 따라 표시한 경우: 해당 자산의 평가손실 및 손상차손 금액과 상계하는 방식

　　나. 제1호 나목에 따라 표시한 경우: 해당 자산의 평가손실 및 손상차손 금액만큼 당기손익으로 인식하는 방식

4. 정부보조금 등으로 취득한 자산을 처분하는 경우에는 처분한 금액 중 해당 자산의 취득에 사용한 정부보조금 등의 잔액을 처분손익에 합산한다.

5. 다음 각 호 중 하나에 해당하는 경우에는 정부 등으로부터 받은 금액을 수익으로 인식하고 관련 비용과 상계하지 않는다.

　　가. 정부가 위탁한 사업 또는 관계법령 등에서 정한 목적을 수행하기 위하여 정부보조금 등을 받는 경우

　　나. 정부 정책에 따라 정부가 해당 사업의 비용 또는 손실을 보상하는 경우

제44조의 2【잔여 정부보조금 등의 처리】공기업·준정부기관이 정부 등 제3자로부터 받은 정부보조금 등이 다음 각 호의 하나에 해당되면서 비용으로 인식되지 않은 경우에는 제44조 제1호에서 선택한 방식으로 표시한다.

　　가. 회계기간 내에 집행되지 않은 금액

　　나. 집행된 후 잔액

제44조의 3【위탁자산의 처리】공기업·준정부기관이 정부 등 제3자로부터 관리·처분 등의 목적으로 위탁받은 자산은 제44조 제1호에서 선택한 방식으로 표시한다.

제44조의 4【기능조정 등의 처리】공공기관의 운영에 따른 법률 제14조의 규정에 의해 기능조정 등이 발생한 경우 다음과 같이 회계처리한다. 다만, 권한 및 자산·부채의 거래가 민간 시장에서 이루어지는 경우(민영화, 민간지분취득 등)는 대상에서 제외한다.

1. 이관기관의 자산부채는 피이관기관의 재무제표를 기준으로 하여 인식하고, 동일한 분류를 적용하도록 하여야 한다. 단 서로 다른 계정체계를 적용하는 경우에는 적절한 분류의 변경이 가능하다.

2. 이관기관의 자산과 부채는 피이관기관의 연결장부가액으로 측정한다.

3. 기능조정 등의 거래에서 이관 순자산과 이관대가의 차이는 다음 각 목에 따라 인식한다.

가. 이관기관 : 이관받은 자산·부채에 대해 직접 대응 가능한 자본항목이 있는 경우 직접 인식하며, 대응 불가능한 경우에는 기타자본 항목으로 조정

나. 피이관기관 : 이관되는 자산·부채에 대해 직접 대응 가능한 자본항목이 있는 경우 직접 이전하며, 대응 불가능한 경우에는 기타자본 항목으로 조정

제45조【손익계산서 등】손익계산서 또는 포괄손익계산서와 연결손익계산서 또는 연결포괄손익계산서(이하 "손익계산서 등"이라 한다)는 공기업·준정부기관의 경영성과를 명확히 보고하기 위하여 그 회계기간에 속하는 모든 수익과 이에 대응하는 모든 비용 및 총포괄손익을 적정하게 표시하여야 한다.

제46조【손익계산서 등의 작성기준】모든 수익과 비용은 그것이 발생한 기간에 정당하게 배분되도록 처리하여야 한다.

제47조【손익계산서 등의 기본구조】손익계산서 등은 공기업·준정부기관의 당기 경영성과를 명확히 이해할 수 있도록 구분하여 표시하여야 한다.

제48조【위탁사업비의 인식】정부 또는 지방자치단체가 직접 추진하여야 할 사업을 법령의 규정에 따라 공기업·준정부기관에게 위탁 또는 대행한 경우, 공기업·준정부기관이 지급받은 사업비 등은 집행하는 시점에 발생되는 비용과 대응하여 사업수익으로 인식한다.

제49조【사내근로복지기금 출연금】공기업·준정부기관이 「근로복지기본법」에 따라 사내근로복지기금에 출연한 출연금은 영업비용으로 인식한다..

제50조【고유목적사업준비금】① 공기업·준정부기관의 수익사업 중 법인세법상 과세대상 수익에 대하여는 고유목적사업준비금을 적립할 수 있다.
② 공기업·준정부기관이 적립 또는 환입하는 고유목적사업준비금은 이익잉여금처분계산서상의 처분으로 한다. 다만, 다른 법령의 특별한 규정이 있는 경우는 비용 또는 수익으로 계상할 수 있다.

제51조【현금흐름표 등】현금흐름표 또는 연결현금흐름표(이하 "현금흐름표 등"이라 한다)는 공기업·준정부기관의 현금흐름을 나타내는 표로서 현금의 변동내용을 명확하게 보고하기 위하여 당해 회계기간에 속하는 현금의 유입과 유출내용을 적정하게 표시하여야 한다.

제52조【현금흐름표 등의 구분표시】현금흐름표 등은 영업활동으로 인한 현금흐름, 투자활동으로 인한 현금흐름, 재무활동으로 인한 현금흐름으로 구분하여 표시하고, 이에 외화로 표시된 현금의 환율변동 효과와 기초의 현금을 가산하여 기말의 현금을 산출하는 형식으로 표시한다.

제53조【자본변동표 등】자본변동표 또는 연결자본변동표(이하 "자본변동표 등"이라 한다)는 자본의 크기와 그 변동에 관한 정보를 제공하는 재무보고서로서, 공기업・준정부기관의 자본의 변동에 대한 포괄적인 정보를 제공하여야 한다.

제54조【자본변동표 등의 구분】공기업・준정부기관의 자본변동표 등은 납입자본, 이익잉여금(또는 결손금) 및 기타자본구성요소 등의 각 항목별로 기초잔액, 변동사항, 기말잔액을 표시한다.

제55조【결산총평】규칙 제15조에 따른 결산총평은 다음 각 호의 사항을 포함하여야 한다.
1. 공기업・준정부기관의 조직구조와 주요업무
2. 공기업・준정부기관의 경영목표와 결과
3. 당해 회계연도의 경영상태 요약 및 직전 회계연도 요약
4. 수익・비용・시설투자・장기부채 등 주요 항목에 대한 비교분석
5. 재무제표가 규칙 및 이 기준에 따라 적정하게 작성되었는지에 관한 사항
6. 결산이 신뢰성있게 작성되었는지에 관한 사항
7. 기타 공기업・준정부기관 경영 전반에 관한 객관적 평가・분석

제56조【주석】① 주석은 재무제표의 일부분으로서 정보이용자에게 충분한 회계정보를 제공하기 위하여 채택한 주요한 회계정책 및 과목의 세부내역과 재무제표에 중대한 영향을 미치는 사항을 설명한 것을 말한다.

② 공기업・준정부기관이 다른 법령의 특별한 규정에 따라 규칙이나 이 기준과 다르게 적용한 경우에는 그 차이 내역, 순자산 및 당기손익에 미치는 영향을 주석으로 기재한다.

제57조【이익잉여금처분계산서의 주석】① 이익잉여금처분계산서는 이익잉여금의 처분사항을 명확히 보고하기 위하여 이월이익잉여금의 총변동사항을 주석으로 공시하여야 한다.

② 결손금처리계산서는 결손금의 처리사항을 명확히 보고하기 위하여 이월결손금의 총변동사항을 주석으로 공시하여야 한다.

제58조【부속명세서】① 부속명세서는 재무제표에 표시된 과목에 대한 세부내역을 명시할 필요가 있을 때 추가적인 정보를 제공하기 위한 것을 말한다.

② 공기업・준정부기관의 작성하여야 할 부속명세서의 종류와 서식은 기획재정부장관이 따로 정한다.

제59조【기자재취득을 위한 사전검토】기관장은 개당 취득가격(임차의 경우에는 월임차료를 말한다)이 미화 5천불이상이거나 품목별 1회 취득 총가격이 미화 5만불이상의 외

국산기기 및 장비(이하 "기자재"라 한다)를 취득(임차를 포함한다)하고자 하는 경우에는 규격의 적정성, 운용대책, 국산대체여부 및 경쟁성 유무 등에 관하여 사전검토를 하여야 한다. 다만, 다음 각 호의 어느 하나에 해당하는 기자재의 경우에는 그러하지 아니하다.

1. 차관협정에 따라 제작자가 특별히 지정된 기자재
2. 플랜트 건설에 직접 사용되는 기자재
3. 사용중인 기자재를 유지 보수하기 위하여 취득하는 물품
4. 「공기업·준정부기관 계약사무규칙」 제4조 제1항 본문에 따라 구매하는 경우

제60조【유형자산의 처분결정】 유형자산을 처분하고자 할 때에는 당해 유형자산에 대하여 불용 결정을 하여야 한다.

제61조【권리보존】 유형자산은 그 권리보존을 위하여 당해 자산의 관리담당이 소유권 기타의 권리에 대하여 등기·인증 등 필요한 절차를 취하여야 한다.

제62조【보험의 가입】 유형자산에 대하여는 보험에 가입하여야 한다. 다만, 토지 또는 기관장이 보험에 가입할 필요가 없다고 인정하는 유형자산은 그러하지 아니할 수 있다.

제63조【자본금의 전입 및 감자】 ① 잉여금의 전부 또는 일부를 자본금으로 전입하거나, 자본금을 감자하는 경우에는 기획재정부장관과 협의하여야 한다.

② 제1항에 따른 전입 및 감자 절차는 다른 법령에 특별한 규정이 있는 경우 외에는 「상법」의 주식회사편을 준용한다.

제64조【결산정리】 ① 결산에 앞서 자산·부채 및 자본과 손익에 관련되는 항목 중 결산에 필요한 사항을 정리하여야 한다.

② 결산 시에는 연도이월이 불가피한 사항을 제외하고는 모든 미결산계정을 정리하여야 한다.

③ 회계단위간의 거래는 내부이익을 공제하고 미달거래를 정리하여 결산을 실시한다.

제65조【불확정채권·채무의 정리】 불확정채권은 귀속의 사유가 확정되지 아니하는 한 계상하지 아니하고, 불확정채무는 면책의 사유가 확정되지 아니하는 한 계상하여야 한다.

제66조【장부의 마감 및 이월】 ① 결산정리후의 총계정원장에 따라 시산표를 작성하고 제 장부를 마감한다.

② 결산정리후의 총계정원장의 각 잔액은 신 장부에 이월한다.

제67조【미처분이익잉여금의 처분】 미처분이익잉여금은 다음의 순서에 따라 처분한다. 다만, 관계법령에 따로 규정된 경우에는 그러하지 아니하다.

1. 이익준비금

2. 기타의 법정적립금
3. 배당금
4. 임의적립금
5. 차기이월이익잉여금

제 5 장 해외사무소의 회계

제68조 【적용범위】 공기업·준정부기관의 해외사무소, 해외주재원(이하 "해외사무소"라 한다)의 회계에 관하여는 본장에서 특별히 정한 것을 제외하고는 다른 장의 정하는 바에 따른다.

제69조 【임시해외사무소등의 회계처리】 해외사무소의 설치가 임시적이거나 별도의 회계단위로 처리하는 것이 곤란하다고 인정되는 때에는 본사에 해외계정을 설치하여 운용할 수 있다.

제70조 【잠정보고】 해외사무소는 보고 등의 지연으로 본사의 회계처리에 지장이 없도록 하여야 한다. 다만, 부득이한 경우에는 보고 기한 내에 추정 또는 잠정보고에 따르며 이 경우에는 거래 또는 장부의 마감이 끝나는 대로 즉시 보고하여야 한다.

제71조 【증빙서류·장표의 보관 및 보존】 ① 해외사무소의 장표 및 증빙 서류는 본사에서 집중 관리한다. 다만, 당해 지역의 거래의 관습·물품 등의 조달실적 기타 참고하기 위하여 필요한 경우에는 사본을 비치할 수 있다.

② 기관장은 전산시스템을 통해 본사에서 자금집행 등을 통제할 수 있는 경우에는 증빙서류를 해외사무소에 보관할 수 있다. 다만, 이 경우에는 주기적으로 증빙서류의 적정성을 확인해야 하며, 감독기관이나 이해관계자의 요구가 있으면 증빙서류를 대체할 수 있는 자료를 신속히 제공할 수 있는 필요한 조치를 취하여야 한다.

제72조 【자금의 집행】 ① 해외사무소의 자금은 비목별 또는 성질별로 교부한다.

② 제1항의 자금은 기관장이 미리 승인한 범위 내에서 전용할 수 있다.

③ 제1항의 자금 중 임차료와 잡금은 현지환율이 변동되어 부족액이 발생한 경우에 한하여 초과 집행할 수 있다. 이 경우 부족액은 즉시 본사에 보고하고 자금을 교부받아 정산 처리하여야 한다.

제73조 【자금의 차입】 ① 해외사무소의 운영상 필요에 따라 현지에서 자금을 차입하고자 할 때에는 미리 기관장의 승인을 얻어야 한다. 다만, 연초에 한하여 자금사정으로 송금이 지연되는 경우에는 다음 각 호의 경비를 전년도 예산에 준하여 현지에서 일시

차입을 할 수 있다. 이 경우 소장은 지체없이 이를 본사에 보고하여야 한다.

1. 직원 및 잡급직원(현지고용원)의 보수

2. 임차료

3. 업무추진에 필요한 경비

② 제1항의 경우에 있어서는 자금수령 즉시 차입금을 변제하고 그 결과를 본사에 보고하여야 한다.

제74조【정산환율】① 전도자금은 미화를 기준하여 정산하여야 하며 미화이외의 현지화폐지불액에 대하여는 이동평균환율에 따라 환산한 미화를 정산액으로 한다.

② 이동평균환율은 계산단위기간을 1월 또는 1분기로 하되 매 송금시마다 환전한 현지 화폐액의 월 또는 분기간 총액을 전월 또는 전분기 잔액과 합하여 미화합계액으로 나눈 수치로 한다.

제75조【고정자산 현황보고】① 소장은 매월 구입한 고정자산의 현황을 연2회(상·하반기말)본사에 보고하여야 한다.

② 본사의 해외사무소 담당부서의 장은 제1항의 보고에 의거 그 종류별로 고정자산 대장에 기록 정리한다.

제76조【감가상각】해외사무소의 고정자산의 감가상각은 본사에서 처리한다.

제77조【재검토기한】기획재정부장관은 「훈령·예규 등의 발령 및 관리에 관한 규정」에 따라 이 고시에 대하여 2019년 1월 1일 기준으로 매 3년이 되는 시점(매 3년째의 12월 31일까지를 말한다)마다 그 타당성을 검토하여 개선 등의 조치를 하여야 한다.

부칙 〈제2022-5호, 2022.2.8.〉

제1조【시행일】이 고시는 공포한 날부터 시행한다.

제8장

학교법인과 산학협력단의 회계와 세무

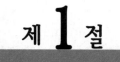

제1절

학교법인의 회계

1　학교의 의의

우리나라 학교교육과 학교에 대하여 간략하게 살펴보고 이하에서는 사립학교를 중심으로 서술하고자 한다.

1-1. 의무교육과 학교교육

의무교육은 6년의 초등교육 및 3년의 중등교육으로 하며 모든 국민은 의무교육을 받을 권리를 가진다(교육기본법 제8조). 학교교육은 유아교육·초등교육·중등교육 및 고등교육을 실시하기 위하여 학교를 두며 학교의 종류와 학교의 설립·경영 등 학교교육에 관한 기본적인 사항은 따로 법률로 정하도록 하고 있다(교육기본법 제9조).

1-2. 학교 설립 주체에 따른 구분

① **국립학교** : 국가가 설립·경영하는 학교
② **공립학교** : 지방자치단체가 설립·경영하는 학교
　　　　　　　설립주체에 따라 다시 도립학교 또는 시립학교로 구분
③ **사립학교** : 학교법인 등이 설립·경영하는 학교

1-3. 설립근거법에 따른 구분

설립근거법	학교의 종류
유아교육법 제2조	유치원
초·중등교육법 제2조	1. 초등학교·공민학교 2. 중학교·고등공민학교 3. 고등학교·고등기술학교 4. 특수학교 5. 각종학교
고등교육법 제2조	1. 대학 2. 산업대학 3. 교육대학 4. 전문대학 5. 방송대학·통신대학·방송통신대학 및 사이버대학 6. 기술대학 7. 각종학교

2 학교와 학교법인

2-1. 학교법인의 의의

학교법인이란 사립학교만을 설치·경영함을 목적으로 일정한 재산을 출연하고 「사립학교법」 제10조 제1항 각 호의 사항을 기재한 정관을 작성하여 「사립학교법」에 의거하여 교육부장관의 허가를 받아 설립한 비영리교육법인을 말한다(사립학교법 제2조 제2호, 제10조 제1항).

재단법인은 일정한 기준의 재산을 출연하여야 하고 관할청의 인가를 받아야 설립할 수 있는 바, 학교법인은 각급 학교의 설치기준에 따라 일정한 재산을 출연하여 설립된다는 점에서 볼 때, 특별법인 「사립학교법」의 규정에 따라 성립한 「민법」상의 재단법인에 속한다.

앞에서 살펴본 바와 같이 학교는 설립 주체별로 국·공립학교와 사립학교로 나누어 볼 수 있는데, 국·공립학교는 국가와 지방자치단체에 의하여 운영되므로, 학교법인은 사립학교만을 설치·경영한다.

2-2. 사립학교의 개념

사립학교란 학교법인, 공공단체 외의 법인 또는 그 밖의 기타 사인(私人)이 설치한 학교로서 「유아교육법」 제2조 제2호와 「초·중등교육법」 제2조 및 「고등교육법」 제2조에 따른 학교를 말한다(사립학교법 제2조 제1호).

따라서 사립학교는 「사립학교법」에 의하여 설립된 '학교법인'과 공공단체 외의 법인(학교법인을 제외) 또는 사인(私人)인 '사립학교 경영자'만이 설치·경영할 수 있다(사립학교법 제2조 제2호, 제3호).

2-3. 학교법인이 아니면 설립할 수 없는 학교

사립학교는 학교법인 이외의 법인이나 사인(私人)도 설치할 수 있으나, 다음에 해당하는 사립학교는 학교법인이 아니면 설치·경영할 수 없다. 다만, 「초·중등교육법」 제52조 제2항의 규정에 의하여 산업체가 그 고용근로청소년의 교육을 위하여 중학교 또는 고등학교를 설치·경영하는 경우에는 예외로 규정하고 있다(사립학교법 제3조).

① 초등학교·중학교·고등학교·특수학교·대학
② 산업대학·사이버대학·전문대학·기술대학
③ 대학, 산업대학, 전문대학 또는 기술대학에 준하는 각종학교

2-4. 관할청

관할청별로 지도와 감독을 받는 학교는 다음과 같다(사립학교법 제4조).

특별시·광역시·도 교육감	교육부장관
사립의 초등학교·중학교·고등학교·고등기술학교·고등공민학교·특수학교·유치원 및 이들에 준하는 각종학교	사립의 대학·산업대학·사이버대학·전문대학·기술대학 및 이들에 준하는 각종학교
상기의 사립학교를 설치·경영하는 학교법인 또는 사립학교경영자	상기의 사립학교를 설치·경영하는 학교법인
	상기의 사립학교와 기타의 사립학교를 아울러 설치·경영하는 학교법인

2-5. 학교법인의 설립

2-5-1. 재산의 출연

학교법인은 그 설치·경영하는 사립학교에 필요한 시설·설비와 당해 학교의 경영에 필요한 재산을 갖추어야 한다(사립학교법 제5조). 이러한 사립학교에 필요한 시설·설비와 재산에 관한 기준은 「고등학교 이하 각급 학교 설립·운영 규정」 및 「대학설립·운영 규정」을 참조하기 바란다.

2-5-2. 정관의 작성

다음의 사항을 기재한 정관을 작성하여 교육부장관의 허가를 받아야 한다(사립학교법 제10조).

1. 목적
2. 명칭
3. 설치·경영하고자 하는 사립학교의 종류와 명칭
4. 사무소의 소재지
5. 자산 및 회계에 관한 사항
6. 임원의 정원 및 그 임면에 관한 사항
7. 이사회에 관한 사항
8. 수익사업을 경영하고자 할 때에는 그 사업의 종류, 그 밖에 사업에 관한 사항

9. 정관 변경에 관한 사항
  10. 해산에 관한 사항
  11. 공고에 관한 사항과 그 방법
  12. 그 밖에 이 법에 따라 정관에 적어야 할 사항

    학교법인의 설립당초의 임원은 정관으로 정하여야 하며 임원의 정원 및 그 임면에 관한 사항(제6호)을 정함에 있어서 기술대학을 설치·경영하는 학교법인의 경우에는 사립학교법 시행령이 정하는 바에 의하여 산업체에 근무하는 자를 임원으로 포함하여야 한다. 또, 해산에 관한 사항(제10호)을 정함에 있어서 잔여재산의 귀속자에 관한 규정을 두고자 할 때에는 그 귀속자는 학교법인이나 기타 교육사업을 경영하는 자 중에서 선정되도록 하여야 한다.

    학교법인은 일정한 재산을 출연한 자의 출연의사를 보호하고 그 명예를 기리기 위하여 다음의 사항을 정관에 기재할 수 있다(사립학교법 제10조의 2). 또한 학교법인의 설립 이후 「대학설립·운영 규정」 제7조 제1항 및 「고등학교 이하 각급 학교 설립·운영 규정」 제13 조 제1항에 따라 확보하여야 하는 수익용 기본재산의 10% 이상에 상당하는 금액 이상의 재산을 출연하거나 기부한 자에 대하여도 당사자의 의사에 따라 다음 각 호의 사항을 정관에 기재할 수 있다(사립학교법 시행령 제4조의 2).

    1. 출연자의 성명 및 생년월일
    2. 출연재산의 명세와 평가기준·금액
    3. 출연자의 출연의사

    학교법인의 정관변경은 이사정수의 3분의 2 이상의 찬성에 의한 의결을 거쳐야 하고 정관을 변경한 경우에는 교육부장관이 정하여 고시하는 서류를 갖추어 14일 이내에 교육부장관에게 보고하여야 한다. 보고를 받은 교육부장관은 변경된 사항이 법령에 위반된다고 판단하면 30일 이내에 해당 학교법인에 시정 또는 변경을 명할 수 있으며 시정 또는 변경 명령을 받은 학교법인은 지체 없이 이를 시정하거나 변경하고, 그 사실을 교육부장관에게 보고하여야 한다(사립학교법 제45조).

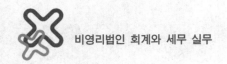
2-5-3. 학교법인의 설립허가신청

학교법인의 설립허가신청서에는 다음의 서류를 첨부하여야 한다(사립학교법 시행령 제4조).

1. 설립취지서
2. 정관
3. 재산목록
4. 재산출연증서
5. 재산출연자의 인감증명서 또는 「본인서명사실 확인 등에 관한 법률」 제2조 제3호에 따른 본인서명사실확인서
6. 재산의 소유권증명(건물등기부등본 및 토지등기부등본 외의 것)
7. 재산의 평가조서
8. 재산의 수익조서
9. 임원의 이력서
10. 임원의 신원진술서
11. 임원의 취임승낙서
12. 임원의 가족관계등록부 증명서
13. 임원상호 간의 관계에 있어서 「사립학교법」 제21조 제2항 및 동법 동조 제4항의 규정에 저촉되지 아니함을 입증하는 각서
14. 수익사업을 하는 경우에는 설립 후 3년간의 사업계획서(예산서 첨부)

제3호의 재산목록은 기본재산과 보통재산으로 구분하여 작성하되, 기본재산은 교육용 기본재산과 수익용 기본재산으로 구분하여야 한다.

제7호의 재산평가조서에는 「감정평가 및 감정평가사에 관한 법률」에 의한 감정평가업자의 감정평가서를 첨부하여야 한다.

제8호의 재산수익조서에는 공인된 감정평가기관의 수익증명 또는 수익을 증명할 수 있는 기관의 증빙서류를 첨부하여야 한다.

2-5-4. 설립등기

학교법인은 그 주된 사무소의 소재지에서 설립등기를 함으로써 성립한다(사립학교법 제12조). 따라서 학교법인은 설립허가를 받은 때에는 3주일 내에 다음 등기사항을 등기하여야 한다.

1. 목적
2. 명칭
3. 사무소
4. 설립허가의 연월일
5. 존립시기나 해산사유를 정한 때에는 그 시기 또는 사유
6. 자산의 총액
7. 출자의 방법을 정한 때에는 그 방법
8. 이사의 성명 · 주소

2-5-5. 재산이전의 보고

등기한 학교법인은 지체 없이 재산출연을 증빙할 수 있는 등기부등본 및 금융기관의 증명서 등 다음의 서류를 첨부하여 관할청에 재산출연결과를 보고하여야 한다(사립학교법 제8조의 2, 동법 시행령 제3조의 2).

1. 재산목록
2. 출연증서
3. 인감증명
4. 금융기관의 증명서

2-5-6. 준용규정

「민법」 제47조 · 제48조 · 제50조부터 제52조까지, 제52조의 2, 제53조, 제54조 및 제55조 제1항의 규정은 학교법인의 설립에 이를 준용한다(사립학교법 제13조).

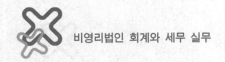

2-6. 학교법인의 수익사업

2-6-1. 수익사업의 개시

학교법인의 고유목적사업이란 그가 설치한 각급 학교를 경영하는 일상적인 업무를 통칭하는 개념이다. 따라서 학교법인의 수익사업을 제외한 통상적인 경영활동은 학교법인의 고유목적사업에 속한다고 할 수 있다.

학교법인은 사립학교를 설치·경영하기 위하여 설립한 비영리교육법인이지만, 그가 설치한 사립학교의 교육에 지장이 없는 범위 안에서 그 수익을 사립학교의 경영에 충당하기 위하여 수익을 목적으로 하는 사업을 할 수 있다. 단, 이때에는 지체 없이 다음의 사항을 전국을 보급대상으로 하는 일간신문 또는 인터넷 홈페이지 등에 공고하여야 하며 사립학교의 경영에 관한 회계와 구분하여 별도 경리하여야 한다(사립학교법 제6조, 동법 시행령 제3조).

1. 사업의 명칭과 그 사무소의 소재지
2. 사업의 종류
3. 사업경영에 관한 자본금
4. 사업경영의 대표자의 성명·주소
5. 사업의 시기 및 그 기간
6. 그 밖에 필요한 사항

2-6-2. 수익사업의 정지명령

관할청은 수익사업을 하는 학교법인에 다음에 해당하는 사유가 있다고 인정할 때에는 당해 학교법인에 대하여 그 사업의 정지를 명할 수 있다(사립학교법 제46조).

① 해당 학교법인이 당해 사업으로부터 생긴 수익을 그가 설치한 사립학교의 경영 외의 목적에 사용하였을 때
② 해당 사업을 계속하는 것이 그 학교법인이 설치·경영하는 사립학교의 교육에 지장을 줄 때

2-7. 학교법인의 법인세 납세의무

국가 및 지방자치단체는 법인세 납세의무가 없으며, 비영리내국법인은 수익사업에서 생기는 소득에 대하여 법인세 납세의무가 있다(법인세법 제3조 제2항, 제4조 제3항). 그러나 「유아교육법」에 따른 유치원, 「초·중등교육법」 및 「고등교육법」에 따른 학교, 「경제자유구역 및 제주국제자유도시의 외국교육기관 설립·운영에 관한 특별법」에 따른 외국교육기관(정관 등에 따라 잉여금을 국외 본교로 송금할 수 있거나 실제로 송금하는 경우는 제외한다), 「제주특별자치도 설치 및 국제자유도시 조성을 위한 특별법」에 따라 설립된 비영리법인이 운영하는 국제학교와 「평생교육법」 제31조 제4항에 따른 전공대학 형태의 평생교육시설 및 같은 법 제33조 제3항에 따른 원격대학 형태의 평생교육시설에서 해당 법률에 따른 교육과정에 따라 제공하는 교육서비스업은 「법인세법」상 수익사업의 범위에 속하지 아니하는 바, 그 수입금에 대하여 법인세 납세의무가 없다(법인세법 시행령 제3조 제1항 제3호).

즉, 사립학교를 운영하는 학교법인의 경우, 수익사업에서 발생하는 소득에 한하여 법인세 납세의무가 있으며, 설치 및 운영주체가 국가 또는 지방자치단체인 국·공립학교의 경우에는 법인세 납세의무가 없다.

보다 자세한 설명은 본 장의 '제2절 학교법인의 세무'에서 서술한다.

2-8. 해산명령

교육부장관은 학교법인에 다음에 해당하는 사유가 있다고 인정할 때에는 당해 학교법인에 대하여 해산을 명할 수 있다. 이러한 학교법인의 해산명령은 다른 방법으로는 감독의 목적을 달성할 수 없을 때 또는 관할청이 시정 지시한 후 6월이 경과하여도 이에 응하지 아니한 때에 한하여야 한다(사립학교법 제47조).

① 설립허가조건에 위반한 때
② 목적의 달성이 불가능한 때

3　조직의 이원화

3-1. 조직의 구분

학교법인의 조직은 크게

① 사립학교를 설치·경영할 목적으로 존재하는 법인조직과
② 그가 설치·경영하는 학교조직

으로 구분된다.

조직의 이원화는 학교법인만이 갖고 있는 특수성으로 이해해야 한다. 학교법인은 다른 일반 비영리법인과는 달리 조직이 둘로 구분되어 교육이라는 하나의 고유목적을 수행하고 있는 것이다. 따라서, 「사립학교법」상 법인과 학교조직으로 구분하여 운영되고 있는 것은 법률적으로 업무가 나누어졌을 뿐 실제로는 동일한 목적을 유기적으로 수행하기 위한 하나의 조직으로 이해해야 한다.

3-2. 법인의 장과 학교의 장

법인의 장, 즉 이사장은 학교법인을 대표하고 「사립학교법」과 정관에 규정된 직무를 수행하며, 그 밖에 학교법인 내부의 사무를 총괄하도록 하고 있다(사립학교법 제19조 제1항). 반면, 학교의 장은 대외적으로 학교를 대표하는 법적 지위를 가지며, 내부적으로 교무를 총괄하고, 민원처리를 책임지며, 소속 교직원을 지도·감독하고, 학생을 교육한다(초·중등교육법 제20조, 고등교육법 제15조 제1항).

즉, 법인의 이사장은 법인을 대표해서 정관이 정한 목적의 범위 내에서 권리와 의무의 주체가 되는 반면, 학교의 장은 학교의 고유기능에 한하여 학교를 대표하는 법적 지위만을 갖는 것이다.

4 재 산

4-1. 재산의 구분

학교법인의 회계는 그가 설치·경영하는 학교에 속하는 회계와 법인의 업무에 속하는 회계로 구분하여 관리하여야 한다. 또한 학교법인의 재산은 기본재산과 보통재산으로 나누어지며, 기본재산은 다시 교육용 기본재산과 수익용 기본재산으로 구분하여야 한다(사립학교법 시행령 제4조 제2항).

4-1-1. 기본재산

학교법인의 재산 중 기본재산은 다음과 같다(사립학교법 시행령 제5조 제1항).

> 1. 부동산
> 2. 정관에 의하여 기본재산으로 되는 재산
> 3. 이사회의 결의에 의하여 기본재산에 편입되는 재산
> 4. 학교법인에 속하는 회계의 매년도 세계잉여금 중 적립금

한편, 학교는 일정규모의 수익용 기본재산을 확보하여야 하는데, 「초·중등교육법」에 의하여 설립된 초·중·고등학교와 「고등교육법」에 의한 대학의 경우로 나누어 보면 다음과 같다.

(1) 초·중·고등학교

연간 학교회계 운영수익총액의 2분의 1 이상에 해당하는 가액의 수익용 기본재산을 확보하여야 하며 수익용 기본재산은 그 총재산의 가액을 기준으로 연간 수익이 발생하여야 한다(고등학교 이하 각급학교설립·운영 규정 제13조).

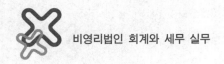

(2) 대 학

연간 학교회계 운영수익총액 중 학생의 등록금 및 수강료 수입에 해당하는 가액의 수익용기본재산을 확보하되, 대학의 경우 300억 원, 전문대학의 경우 200억 원, 대학원 대학의 경우 100억 원 이상의 수익용 기본재산을 확보하여야 한다. 수익용 기본재산은 그 총액에 한국은행이 발표하는 전년도의 예금은행 가중평균금리 중 저축성 수신 금리를 곱하여 산출한 금액 이상의 연간 수익이 발생하여야 한다(대학설립·운영 규정 제7조).

다만, 국가가 출연하여 설립한 학교법인이 설립·경영하는 대학에 국가가 그 대학 연간 학교회계 운영수익총액의 2.8% 이상을 지원하는 경우에는 해당 학교법인은 수익용 기본재산을 확보한 것으로 본다.

4-1-2. 보통재산

학교법인의 자산 중 기본재산 이외의 재산은 보통재산으로 한다(사립학교법 시행령 제5조 제2항). 법인의 보통재산은 그 사용자의 구분에 따라 법인용 재산과 학교용 재산으로 구분한다(사학기관 재무·회계 규칙 제42조).

① 법인용 재산 : 법인에서 직접 사용하는 일반사무용 재산
② 학교용 재산 : 학교에서 직접 사용하는 일반사무용 재산과 기타 학교에 소속되는 보통재산

4-2. 기본재산의 처분 등

4-2-1. 기본재산의 매도·증여·교환·용도변경 및 담보제공

학교법인이 그 기본재산을 매도·증여·교환·용도변경하거나 담보에 제공하고자 할 때 또는 의무의 부담이나 권리의 포기를 하고자 할 때에는 관할청의 허가를 받아야 한다. 다만, 다음의 경미한 사항은 이를 관할청에 신고하여야 한다. 다만, 허가를 받지 아니할 목적으로 학교법인의 기본재산을 분할하거나 법·이 영 또는 관계법령에 위반되는 경우에는 그러하지 아니하다(사립학교법 제28조, 동법 시행령 제11조 제5항).

① 「대학설립·운영 규정」 제7조 제1항 및 「사이버 대학 설립·운영 규정」 제7조 제1항에 따른 수익용 기본재산을 확보한 대학 또는 산업대학을 경영하는 학교법인이 수익 증대를 목적으로 다른 수익용 기본재산으로 대체취득하기 위하여 수익용 기본재산을 매도 또는 교환하는 경우

② 「공익사업을 위한 토지 등의 취득 및 보상에 관한 법률의 규정」에 의한 협의 또는 수용에 의하여 기본재산을 처분하는 경우(손실보상금을 당해 기본재산의 용도와 동일하게 사용하는 경우에 한한다)

③ 기본재산의 매도·증여 등의 가액이 5천만 원 미만(대학 또는 산업대학을 경영하는 학교법인의 경우 20억 원 미만)인 경우

④ 대학·산업대학·사이버대학 또는 전문대학을 경영하는 학교법인이 교비회계·부속병원회계 및 일반업무회계(교비회계등)의 회계별로 기본금(총자산에서 총부채를 뺀 순자산으로서 법인 및 학교에 계속적으로 투입·운용되는 기본적자산의 가액)에 대한 총 차입금(차입하고자 하는 차입금을 포함)의 비율(차입비율)이 각각 30퍼센트 미만인 범위에서 금융기관으로부터 차입하는 경우

⑤ 대학·산업대학·사이버대학 또는 전문대학을 경영하는 학교법인이 「한국사학진흥재단법」 제17조에 따른 사학진흥기금에서 융자받는 경우

⑥ 수익용기본재산에 전세권을 설정하는 경우

⑦ ④부터 ⑥까지에 해당하지 않는 경우로서 의무의 부담 또는 권리의 포기가액이 다음의 어느 하나에 해당하는 경우

  ㉮ 대학·산업대학·사이버대학 또는 전문대학을 경영하는 학교법인 : 의무의 부담 또는 권리의 포기가액이 20억 원 미만인 경우. 이 경우 의무의 부담가액은 해당 부담가액을 포함하여 다음의 어느 하나에 해당하는 경우이어야 한다.

    1) 교비회계등의 의무의 부담가액 총 합계액이 200억 원 미만인 경우

    2) 교비회계등의 회계별 차입비율이 각각 30퍼센트 미만인 경우

  ㉯ ㉮ 외의 학교법인 : 의무의 부담 또는 권리의 포기가액이 5천만 원 미만인 경우

한편, 「초·중등교육법」 제10조 및 「고등교육법」 제11조의 규정에 의한 수업료 그 밖의 납부금(입학금·학교운영지원비를 말함)을 받을 권리와 「사립학교법」 제29조 제2항의 규정에 의하여 별도 계좌로 관리되는 수입에 대한 예금채권은 압류하지 못한다(사립학교법 제28조 제3항).

4-2-2. 처분할 수 없는 재산의 범위

학교교육에 직접 사용되는 학교법인의 재산 중 다음에 해당하는 것은 매도하거나 담보에 제공할 수 없다. 다만, ① 교육환경의 개선을 위하여 교지의 전부와 교육용 기본시설의 일부를 확보한 후 학교를 이전하는 경우로서 이전으로 용도가 폐지되는 재산의 경우와 ② 교육환경의 개선을 위하여 교지의 전부와 교육용 기본시설의 일부를 확보한 후 학교 간 통폐합(본교와 분교 간 통폐합을 포함)하려는 경우로서 통폐합으로 용도가 폐지되는 재산 ③ 교육·연구의 경쟁력 강화 및 특성화를 위하여 학교법인 간에 교환의 방법으로 처분하는 재산 그리고 ④ 공공 또는 교육·연구의 목적으로 교육용 기본재산을 국가, 지방자치단체 또는 연구기관에 무상으로 귀속하는 재산 ⑤ 그 밖에 학생 수의 감소 등 교육여건의 변화를 고려하여 매도하거나 담보로 제공해도 교육에 지장을 주지 않는 경우로서 교육부장관이 정하여 고시하는 기준에 해당하는 재산의 경우에는 학교법인이 매도하거나 담보로 제공할 수 없는 재산에서 제외한다(사립학교법 시행령 제12조 제1항).

---

1. 교지
2. 교사(강당을 포함한다)
3. 체육장(실내체육장을 포함한다)
4. 실습 또는 연구시설
5. 기타 교육에 직접 사용되는 시설·설비 및 교재·교구

4-2-3. 잔여재산의 귀속

학교법인이 정관에 해산에 따른 잔여재산(殘餘財産)의 귀속자에 관한 규정을 두려는 경우 그 귀속자는 학교법인이나 그 밖에 교육사업을 경영하는 자 중에서 선정되도록 하여야 한다. 해산한 학교법인의 잔여재산은 합병 및 파산의 경우를 제외하고는 교육부장관에 대한 청산종결 신고가 있은 때에 정관으로 지정한 자에게 귀속된다(사립학교법 제35조).

그럼에도 불구하고 학교법인의 임원 또는 해당 학교법인이 설립한 사립학교를 경영하는 자 등이 이 법 또는 교육 관계 법령을 위반하여 해당 학교법인이 관할청으로부터 회수 등 재정적 보전(補塡)을 필요로 하는 시정요구를 받았으나 이를 이행하지 아니하고 해산되는 경우 정관으로 지정한 자가 다음의 어느 하나에 해당하는 경우에는 그 지정이 없는 것으로 본다.

1. 해산한 학교법인의 설립자나 임원 또는 이들과 「민법」 제777조의 친족관계인 사람이 학교 법인 해산일을 기준으로 10년 이내의 기간 중 정관으로 지정한 자 또는 정관으로 지정한 자가 설립한 사립학교의 다음의 어느 하나에 해당하는 보직에 있거나 있었던 경우
   가. 대표자
   나. 임원
   다. 대학(「고등교육법」 제2조 각 호의 학교)의 총장 또는 부총장
   라. 초등학교·중학교·고등학교(「초·중등교육법」 제2조 각 호의 학교)의 교장 또는 교감
   마. 「유아교육법」 제2조 제2호에 따른 유치원의 원장 또는 원감
2. 정관으로 지정한 자의 임원 또는 정관으로 지정한 자가 설립한 사립학교를 경영하는 자 등이 이 법 또는 교육 관계 법령을 위반하여 정관으로 지정한 자가 관할청으로부터 회수 등 재정적 보전을 필요로 하는 시정요구를 받았으나 이를 이행하지 아니한 경우

처분되지 아니한 재산 중 대학교육기관을 설치·경영하는 학교법인의 재산은 「한국사학 진흥재단법」 제17조 제2항에 따른 사학진흥기금의 청산지원계정에 귀속되고, 사립의 초등 학교·중학교·고등학교·고등기술학교·고등공민학교·특수학교·유치원 및 이들에 준 하는 각종학교를 설치·경영하는 학교법인의 재산은 해당 지방자치단체에 귀속된다.

지방자치단체는 지방자치단체에 귀속된 재산을 사립학교 교육의 지원을 위하여 다른 학 교법인에 양여·무상대부 또는 보조금으로 지급하거나 그 밖의 교육사업에 사용한다.

청산지원계정에 귀속된 재산은 「한국사학진흥재단법」에 따른 한국사학진흥재단이 관리 하고, 지방자치단체에 귀속된 재산은 해당 시·도 교육감이 관리하되, 처분을 할 때에는 시·도 교육감은 교육부장관의 동의를 미리 받아야 한다.

5 회계기준과 회계구분

5-1. 회계기준

「사립학교법」 제33조에 의하여 학교법인의 회계규칙, 기타 예산 또는 회계에 관하여 필요한 사항은 교육부장관이 정하도록 되어 있으며, 이에 따라 「사학기관 재무·회계 규칙」, 「사학기관 재무·회계 규칙에 대한 특례규칙」이 제정되었다. 즉, 법인과 학교의 회계처리는 「사학기관 재무·회계 규칙」과 「사학기관 재무·회계 규칙에 대한 특례규칙」을 준거하도록 규정하고 있다.[1]

2016년 12월 20일 세법 개정시 상속세 및 증여세법 제50조의 4가 신설되어 공익법인에 적용되는 공익법인회계기준이 도입되었으나, 사립학교법에 따른 학교법인, 국립대학법인 서울대학교 및 인천대학교는 적용대상에서 제외된다(상속세 및 증여세법 시행령 제43조의 4 제2항, 동법 시행규칙 제14조의 4).

「사학기관 재무·회계 규칙」 및 「사학기관 재무·회계 규칙에 대한 특례규칙」의 내용 및 적용 대상에 대하여 간략하게 살펴보면 다음과 같다.

구 분	사학기관 재무·회계 규칙	사학기관 재무·회계 규칙에 대한 특례규칙
적용 대상	① 학교법인·공공단체 이외의 법인과 이들이 설치·경영하는 학교 ② 사인이 설치·경영하는 학교	① 사립의 대학·산업대학·전문대학 및 이에 준하는 각종학교 ② 이를 설치·경영하는 학교법인
적용 범위		① 학교의 교비회계와 법인의 일반업무회계에 관하여 이 규칙에 규정한 것을 제외하고는 사학기관 재무·회계 규칙을 적용 ② 학교의 부속병원회계는 일반적으로 인정되는 의료법인의 병원회계에 준하여 계리하고, 법인의 수익사업회계는 일반적으로 인정되는 기업회계에 준함.

---

1) 「초·중등교육법」에 의한 국·공립의 초등학교·중학교·고등학교 및 특수학교의 경우에는 「국립 유치원 및 초·중등학교 회계규칙」에 준거하도록 하고 있다(국립 유치원 및 초·중등학교 회계규칙 제1조).

구 분	사학기관 재무·회계 규칙	사학기관 재무·회계 규칙에 대한 특례규칙
내 용	재무와 회계의 운영에 관하여 필요한 사항	예산·회계 및 결산에 관한 사항
순 서	사학기관 재무·회계 규칙에 대한 특례규칙은 사학기관 재무·회계 규칙에 대한 특례를 규정한 것으로서, 동 특례규칙에 규정된 경우에는 특례규칙이 규칙보다 우선한다.	

5-2. 회계의 구분

학교법인의 회계는 본 절의 '3. 조직의 이원화'에서 설명한 바와 같이 법인회계와 학교회계로 구분된다.

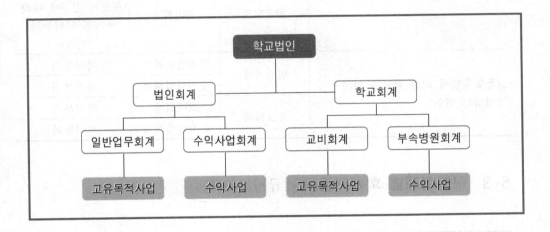

학교법인이 수익사업을 영위하는 경우에는 자산·부채 및 손익을 당해 수익사업에 속하는 것과 수익사업이 아닌 기타의 사업에 속하는 것을 각각 별개의 회계로 구분하여 경리하여야 한다(사립학교법 제6조 제4항).

학교법인의 고유목적사업회계는 법인의 일반업무회계와 학교의 교비회계가 이에 속하며, 「법인세법」상 수익사업회계는 법인의 수익사업회계와 부속병원회계가 이에 속한다.

「사학기관 재무·회계 규칙」에서는 학교에 속하는 회계와 법인의 업무에 속하는 회계는 복식부기에 의하고 다만, 그 규모와 실정에 따라 법인의 업무에 속하는 회계와 유치원은 단식부기에 의할 수 있다(사학기관 재무·회계 규칙 제27조). 또한 「사학기관 재무·회계 규칙에 대한 특례규칙」에서도 복식부기를 원칙으로 하고 있다(사학기관 재무·회계 규칙에 대한 특례규칙 제15조).[2] 이는 법인의 수익사업회계는 일반기업회계기준에 의하고, 학교의 부속병원회계는 의료법인의 병원회계에 의하도록 하고 있기 때문이다.

따라서 상기의 내용을 정리하면 다음과 같다.

학교법인	구 분		회계처리
유아교육법 및 초·중등교육법에 의한 학교를 설치·경영하는 법인	법인회계	일반업무회계	복식부기 (규모와 실정에 따라 법인의 업무회계는 단식부기 가능)
		수익사업회계	복식부기
	학교회계	교비회계	복식부기 (규모와 실정에 따라 유치원 단식부기 가능)
고등교육법에 의한 학교를 설치·경영하는 법인	법인회계	일반업무회계	복식부기
		수익사업회계	복식부기
	학교회계	교비회계	복식부기
		부속병원회계	복식부기

5-3. 구분회계별 회계기준(특례규칙 제2조)

구분회계		회계기준
법인회계	일반업무회계	사학기관 재무·회계 규칙 및 사학기관 재무·회계 규칙에 대한 특례규칙
	수익사업회계	일반적으로 인정되는 기업회계기준
학교회계	교비회계	사학기관 재무·회계 규칙 및 사학기관 재무·회계 규칙에 대한 특례규칙
	부속병원회계	일반적으로 인정되는 의료법인의 병원회계

---

2) 국립 유치원의 유치원회계와 국립 초등학교·중학교·고등학교 및 특수학교의 학교회계는 복식부기 방식으로 처리한다(국립 유치원 및 초·중등학교 회계규칙 제5조).

5-4. 회계연도

학교법인의 회계연도는 그가 설치·경영하는 사립학교의 학년도에 따르도록 하고 있을 뿐 구체적인 날짜는 명시하고 있지 않다(사립학교법 제30조). 그러나 「유아교육법」, 「초·중등교육법」 및 「고등교육법」에 의한 유치원 및 학교의 학년도는 매년 3월 1일에 시작하여 다음 해 2월 말일까지이므로(유아교육법 제12조 제1항, 초·중등교육법 제24조 제1항 및 고등교육법 제20조), 매년 3월 1일부터 다음 해 2월 말일까지가 학교법인의 회계연도가 된다.

5-5. 예산·결산서의 제출

학교법인은 매 회계연도 개시 전에 예산을, 매 회계연도 종료 후에는 결산을 관할청에 보고하고 공시하여야 한다.

5-5-1. 예산 및 결산서의 제출과 외부회계감사

학교법인이 예산 및 결산을 관할청에 보고하고 공시함에 있어서는 예산의 경우에는 매 회계연도 개시 5일 이전에, 결산의 경우에는 매 회계연도 종료 후 3월 이내에 하여야 한다(사립학교법 제31조 제1항, 동법 시행령 제14조 제1항).

관할청은 학교법인이 결산서를 제출할 때에 당해 학교법인의 감사 전원이 서명·날인한 감사보고서를 첨부하게 해야 하며, 이 경우 대학교육기관을 설치·경영하는 학교법인(지정외부감사대상 학교법인은 제외)은 직접 선임한 학교법인과 독립된 공인회계사 또는 회계법인의 감사보고서 및 부속서류(제4조 제1항 제1호에 따른 학교의 교비회계 결산은 제외)를 첨부하여야 한다(사립학교법 제31조 제4항 및 제5항).

사립학교법 시행령 제14조의 2 (지정외부감사대상 학교법인 및 지정외부감사인)에서 정하는 절차와 기준에 따라 교육부장관이 선정한 대학교육기관을 설치·경영하는 학교법인은 결산서를 제출할 때에 다음에 따른 외부감사인의 외부감사보고서 및 부속서류(제4조 제1항 제1호에 따른 학교의 교비회계 결산은 제외한다)를 첨부하여야 한다.

1. 연속하는 4개 회계연도 : 대학교육기관을 설치·경영하는 학교법인이 직접 선임한 학교법인과 독립한 외부감사인
2. 제1호에 따른 회계연도 다음 연속하는 2개 회계연도 : 교육부장관이 지정하는 외부감사인. 이 경우 동일한 외부감사인으로 지정한다.

이때 교육부장관이 지정하는 외부감사인을 해당 회계연도 이후 최초로 도래하는 회계연도의 외부감사인으로 선임할 수 없다(사립학교법 제31조 제6항).

학교법인은 학교법인의 업무에 속하는 회계와 학교에 속하는 회계의 예산서(「사학기관 재무·회계 규칙」 및 「사학기관 재무·회계 규칙에 대한 특례규칙」에 따른 부속명세서를 포함한다)를 매 회계연도 개시 5일 전까지 당해 학교의 인터넷 홈페이지에 게재하여 1년간 공개하여야 한다(사립학교법 시행령 제14조 제4항).

또한, 학교법인은 학교법인의 업무에 속하는 회계와 학교에 속하는 회계의 결산서(「사학기관 재무·회계 규칙」 및 「사학기관 재무·회계 규칙에 대한 특례규칙」에 따른 부속명세서와 감사보고서를 포함한다)를 매 회계연도 종료 후 3월 안에 당해 학교의 인터넷 홈페이지에 게재하여 1년간 공개하여야 한다(사립학교법 시행령 제14조 제5항).

5-5-2. 지정외부감사와 감리

교육부장관은 다음의 학교법인 중에서 외부감사인의 외부감사보고서 및 부속서류를 첨부해야 하는 학교법인을 선정해야 한다(사립학교법 시행령 제14조의 2).

1. 선정하는 날이 속하는 해의 전년도 2월 말일 현재 합산재무상태표[학교에 속하는 회계(학교법인이 설치·경영하는 대학교육기관이 둘 이상인 경우 각각의 회계를 모두 합한 것으로 한다)와 일반업무회계를 하나의 회계단위로 작성한 표를 말한다]의 총자산가액이 1천억 원 이상인 학교법인
2. 선정하는 날이 속하는 해의 전년도 4월 1일 현재 학교법인이 설치·경영하는 대학교육기관의 총재학생 수(학교법인이 설치·경영하는 대학교육기관이 둘 이상인 경우 각각의 대학교육기관의 재학생 수를 모두 합한 것으로 한다)가 2천명 이상인 학교법인
3. 그 밖에 외부감사인을 부당하게 교체하는 등 교육부장관이 정하여 고시(교육부고시 제2022-25호, 2022.10.7., 제정)하는 사유에 해당하는 학교법인

교육부장관은 매년 2월 15일(선정기준일)까지 상기의 선정을 마치고, 그 결과를 지체 없이 선정된 학교법인(지정외부감사대상학교법인)에 통지해야 한다. 그럼에도 불구하고 교육부장관은 다음의 어느 하나에 해당하는 학교법인을 지정외부감사대상학교법인으로 선정하지 않을 수 있다.

1. 선정기준일을 기준으로 4년 이내에 법 제31조의 2 제1항에 따른 감리 결과 법 제28조 제1항 또는 제2항이나 제29조 제6항을 위반한 사실이 발견되지 않은 학교법인
2. 그 밖에 대학교육기관의 종류와 경영 상황 등을 고려하여 지정외부감사대상학교법인으로 선정하기 어려운 사정이 있다고 인정되는 경우 등 교육부장관이 정하여 고시하는 사유에 해당하는 학교법인

교육부장관은 외부감사인 중에서 신청을 받아 법 제31조 제5항 제2호에 따른 외부감사인을 지정해야 한다. 지정을 받으려는 자는 선정기준일 3개월 전까지 교육부장관이 정하여 고시하는 신청서류를 교육부장관에게 제출해야 한다.

교육부장관은 특별한 사정이 없는 한 매년 선정기준일까지 지정을 마치고, 그 결과를 지체 없이 지정외부감사대상학교법인 및 지정외부감사인에게 각각 통지해야 한다.

교육부장관은 다음의 어느 하나에 해당하는 자를 지정외부감사인으로 지정하지 않을 수 있다.

1. 감사보고서에 기재해야 할 사항을 기재하지 않았거나 거짓으로 기재한 혐의로 공소가 제기된 자
2. 특별한 사유 없이 기간 내에 감사계약을 체결하지 않은 자
3. 제14조의 3 제3항 제1호의 회계감사기준 또는 같은 항 제2호의 회계기준을 위반한 혐의가 인정되어 금융위원회에 통보된 자
4. 지정외부감사인신청서를 허위로 작성한 자
5. 그 밖에 외부감사인의 지위를 이용하여 감사대상자에게 부당한 비용 부담을 요구하는 경우 등 교육부장관이 정하여 고시하는 사유에 해당하는 자

교육부장관은 지정외부감사대상학교법인으로 선정하려는 학교법인과 지정외부감사인으로 지정하려는 외부감사인에게 선정기준일 4주 전까지 그 선정 또는 지정 예정 사실을

각각 문서로 통지해야 한다. 다만, 지정외부감사대상학교법인이나 지정외부감사인을 신속하게 선정하거나 지정할 필요가 있는 경우에는 그 기간을 단축할 수 있다.

선정 또는 지정 예정 사실을 통지받은 학교법인이나 외부감사인은 통지받은 날부터 2주 이내에 교육부장관에게 의견을 제출할 수 있으며, 교육부장관은 그 의견에 타당한 이유가 있는 경우 그 의견을 반영할 수 있다.

> 지정외부감사인 지정 통지를 받은 지정외부감사대상학교법인은 선정기준일부터 2주 이내에 지정외부감사인과 감사계약을 체결해야 한다. 다만, 다음의 어느 하나에 해당하는 경우에는 지정외부감사인을 다시 지정해 줄 것을 교육부장관에게 요청할 수 있다.

> 1. 지정외부감사인이 「공인회계사법」 제33조나 그 밖의 법령에 따라 해당 지정외부감사대상학교법인의 외부감사인이 될 수 없는 경우
> 2. 지정외부감사인이 특별한 사유 없이 선정기준일부터 2주 이내에 감사계약을 체결하지 않은 경우 등 교육부장관이 정하여 고시하는 사유에 해당하는 경우

교육부장관은 지정외부감사인 재지정 요청이 타당하다고 인정되는 경우에는 지정외부감사인을 다시 지정할 수 있다. 교육부장관은 지정외부감사인을 다시 지정한 경우에는 그 사실을 해당 지정외부감사대상학교법인과 새로 지정된 지정외부감사인에게 각각 통지해야 한다.

감사계약을 체결한 학교법인은 감사계약을 체결한 날부터 2주 이내에 감사계약서 사본을 교육부장관에게 제출해야 한다.

교육부장관은 외부감사인 지정에 관한 업무를 「한국사학진흥재단법」에 따른 한국사학진흥재단에 위탁한다. 이 외에 지정외부감사대상학교법인의 선정 절차, 지정외부감사인의 지정 절차나 그 밖에 지정외부감사대상학교법인의 선정 또는 지정외부감사인의 지정에 필요한 세부사항은 교육부장관이 정하여 고시(교육부고시 제2022 - 25호, 2022.10.7.)한다.

교육부장관이 외부감사보고서 및 부속서류에 대한 감리를 실시하는 경우는 다음과 같다 (사립학교법 시행령 제14조의 3, 제14조의 4).

1. 법 제31조 제4항에 따라 학교법인이 제출한 결산서에 대하여 법 제33조에 따른 회계규칙을 준수하였는지를 심사한 결과 이를 위반한 사실이 인정되는 경우
2. 계량적 분석 또는 무작위 표본 추출 등 교육부장관이 정하는 바에 따라 감리대상으로 선정된 경우
3. 국가기관으로부터 대학교육기관을 설치·경영하는 학교법인의 회계관련 법령 위반사실을 통보받은 경우

    교육부장관은 감리를 위하여 필요한 경우에는 외부감사보고서등을 제출한 외부감사인에 대하여 자료의 제출, 의견의 진술 및 보고를 하게 할 수 있다. 교육부장관은 감리 결과 외부감사보고서등을 제출한 외부감사인이 다음의 어느 하나에 해당하는 기준을 위반한 혐의가 있다고 인정되는 경우에는 그 외부감사인의 명단과 해당 내용을 금융위원회에 통보해야 한다.

1. 「주식회사 등의 외부감사에 관한 법률」 제16조에 따른 회계감사기준
2. 학교법인의 회계감사와 관련하여 교육부장관이 금융위원회와 협의하여 고시(교육부고시 제2023-18호, 2023.6.1.)로 정하는 기준

    통보를 받은 금융위원회는 그 외부감사인에 대하여 「공인회계사법」 제39조 제1항 또는 제48조 제2항에 따라 등록취소, 업무정지 또는 징계를 하는 경우에는 그 내용을 교육부장관에게 통보해야 한다.

    이 외의 감리의 범위·방법 등에 관하여 필요한 사항은 교육부장관이 금융위원회와 협의하여 정하고 이를 고시(교육부고시 제2019-214호, 2020.1.1.)한다.

    교육부장관은 법 제31조의 2 제2항에 따라 외부회계감사에 대한 감리 업무를 다음의 어느 하나에 해당하는 법인 또는 단체에 위탁할 수 있다.

1. 「주식회사 등의 외부감사에 관한 법률」 제2조 제7호 가목에 따른 회계법인
2. 한국사학진흥재단

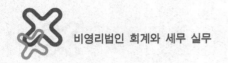

5-5-3. 결산서류의 작성

결산은 다음의 서류에 의한다(사학기관 재무·회계 규칙에 대한 특례규칙 제39조, 제41조).

> 1. 자금계산서
> 2. 재무상태표 및 재무상태표 부속명세서
> 3. 운영계산서 및 운영계산서 부속명세서
> 4. 합계잔액시산표
> 5. 결산 부속서류 : 이사회 회의록 사본, 대학평의원회 자문내용 사본 및 등록금심사위원회 회의록 사본(학교회계의 결산인 경우에 한한다), 감사보고서(별지 제9호 서식), 합산재무제표, 기타 결산과 관련하여 필요한 서류

5-5-4. 결산서의 작성일정

이사장 및 학교의 장은 매 회계연도 종료 후 법인회계 및 학교회계의 결산서를 작성하여 각각 이사회에 제출해야 한다. 이사회는 작성된 결산서를 심의·확정하고 이사장은 확정된 결산서를 매 회계연도 종료 후 3개월 이내에 교육부장관에게 제출해야 한다(사학기관 재무·회계 규칙에 대한 특례규칙 제42조).

5-6. 교비회계와 부속병원회계의 세입·세출

학교회계는 교비회계(校費會計)와 부속병원회계(부속병원이 있는 경우로 한정)로 구분할 수 있고, 교비회계는 등록금회계와 비등록금회계로 구분하며, 각 회계의 세입·세출에 관한 사항은 대통령령으로 정한다(사립학교법 제29조).

법인과 학교의 모든 수입은 각각 세입세출예산에 편입하여야 하며, 이를 직접 사용하지 못한다. 다만, 입찰보증금·계약보증금 등 보관금과 잡종금의 경우에는 그러하지 아니하다(사학기관 재무·회계 규칙 제6조).

다음은 교비회계와 부속병원회계의 세입과 세출로 규정된 것으로 세입과 세출로 규정되지 않은 항목은 세입과 세출이 되지 못하므로 반드시 구분경리시 참조하여야 한다(사립학교법 시행령 제13조).

5-6-1. 교비회계의 세입 및 세출

교비회계의 세입	교비회계의 세출
① 법령 또는 학칙에 의하여 학교가 학생으로부터 징수하는 입학금·수업료 및 입학수업료 ② 학사관계 각종증명수수료 ③ 학교시설의 사용료 및 이용료 ④ 다른 회계로부터 전입되는 전입금 ⑤ 학생의 실험실습에서 생기는 생산품 등의 판매대금 ⑥ 교비회계의 운용과정에서 생기는 이자수입 ⑦ 교육용 기자재 등의 불용품 매각수입 ⑧ 교비회계의 세출에 충당하기 위한 차입금, 학교가 학교교육에 사용할 목적으로 받은 기부금 ⑨ 기타 학교법인의 수입으로서 다른 회계에 속하지 아니하는 수입	① 학교운영에 필요한 인건비 및 물건비 ② 학교교육에 직접 필요한 시설·설비를 위한 경비 ③ 교원의 연구비, 학생의 장학금, 교육지도비 및 보건체육비 ④ 교비회계의 세출에 충당하기 위한 차입금의 상환원리금 ⑤ 기타 학교교육에 직접 필요한 경비

교비회계에 속하는 수입이나 재산은 다른 회계에 전출·대여하거나 목적 외로 부정하게 사용할 수 없다. 다만, 다음의 어느 하나에 해당하는 경우에는 그러하지 아니하다(사립학교법 제29조).

> 1. 차입금의 원리금을 상환하는 경우
> 2. 공공 또는 교육·연구의 목적으로 교육용 기본재산을 국가, 지방자치단체 또는 연구기관에 무상으로 귀속하는 경우. 다만, 대통령령으로 정하는 기준을 충족하는 경우로 한정한다.

학교법인의 차입금에 대하여 「사학기관 재무·회계 규칙」 제8조에서는 학교법인이 그 운영상의 불가피한 사유가 있을 경우에는 확실한 상환재원이 있는 때에 한하여 당해 법인의 업무에 속하는 회계와 당해 법인이 설치·경영하는 학교에 속하는 회계에 충당하기 위한 일시 차입 또는 장기 차입을 할 수 있다고 규정되어 있다. 다만, 일시 차입은 그 연도 안에 상환하여야 하며, 학교법인이 상기의 차입을 하고자 할 때에는 그 학교법인의 이사장이 다음의 서류를 갖추어 미리 관할청의 허가를 받아야 한다.

> 1. 차입금액, 차입처 및 차입사유를 기재한 서류
> 2. 상환방법 및 상환계획을 기재한 서류
> 3. 이사회 회의록사본

5-6-2. 부속병원회계의 세입 및 세출

부속병원회계의 세입	부속병원회계의 세출
① 진료수입 ② 일반업무회계로부터 전입되는 전입금 ③ 부속병원회계의 운용과정에서 생기는 이자수입 ④ 부속병원회계의 세출에 충당하기 위한 차입금 ⑤ 기타 부속병원 운영에 따른 제수입	① 부속병원 운영에 필요한 인건비 ② 부속병원 관리·운영과 진료에 필요한 물건비 ③ 부속병원에 직접 필요한 시설·설비를 위한 경비 ④ 교비회계 또는 일반업무회계로의 전출금 ⑤ 부속병원의 세출에 충당하기 위한 차입금의 상환원리금 ⑥ 기타 부속병원 운영에 필요한 경비

5-7. 재무제표 작성기준 및 종류

고유목적사업회계와 수익사업회계는 그 작성기준을 달리하고 있기 때문에 경영성과를 표시하는 재무제표도 그 유형을 달리한다.

구 분	고유목적사업회계		수익사업회계	
	법인일반회계	학교교비회계	법인수익회계	부속병원회계
회계처리 기준	사학기관 재무·회계 규칙 사학기관 재무·회계 규칙에 대한 특례규칙		일반기업회계기준	일반적으로 인정되는 의료법인의 병원회계*
재무제표의 종류	1. 재무상태표 2. 운영계산서 3. 자금계산서 4. 종합(합산)재무제표		1. 재무상태표 2. 손익계산서 3. 현금흐름표 4. 자본변동표 5. 연결(결합)재무제표	1. 재무상태표 2. 손익계산서 3. 기본금변동계산서 4. 현금흐름표

구 분	고유목적사업회계		수익사업회계	
	법인일반회계	학교교비회계	법인수익회계	부속병원회계
기 타	재무제표 부속명세서		재무제표 부속명세서	재무제표 부속명세서

* 「의료법」 제62조에 따라 의료기관의 개설자가 준수해야 하는 의료기관 회계기준은 보건복지부령으로 정한 「의료기관 회계기준 규칙」으로 하며, 동 규칙의 제2조에 해당하는 의료기관은 동 규칙을 준수해야 한다.

6 재무제표의 작성

6-1. 회계원칙 및 재무제표

6-1-1. 회계원칙

이사장 및 학교의 장은 다음의 원칙에 따라 회계를 처리하고 재무제표를 작성해야 한다 (사학기관 재무·회계 규칙에 대한 특례규칙 제15조).

> 1. 회계처리는 복식부기원리에 따라야 한다.
> 2. 회계처리는 신뢰할 수 있도록 객관적인 자료와 증거에 의하여 공정하게 처리해야 한다.
> 3. 재무제표의 양식 및 과목과 회계용어는 이해하기 쉽도록 표시해야 한다.
> 4. 회계처리의 방법은 기간별 비교가 가능하도록 매기 계속하여 적용하고, 정당한 사유 없이 이를 변경하여서는 안 된다.
> 5. 회계처리 및 재무제표 작성에 있어서 과목은 그 중요성에 따라 실용적인 방법에 의하여 결정해야 한다.

6-1-2. 재무제표

재무제표는 자금계산서, 재무상태표 및 운영계산서로 하며 이를 이용하는 자에게 충분한 회계정보를 제공할 수 있도록 필요한 부속명세서를 작성하고, 주기 및 주석을 하여야

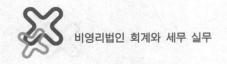
한다(사학기관 재무·회계 규칙에 대한 특례규칙 제16조).

6-1-3. 종합재무제표

종합재무제표 및 합산재무제표는 법인회계 및 학교회계를 하나의 회계단위로 하여 종합적인 자금수지·재무상태 및 운영수지가 적정하게 파악되도록 작성하여야 한다. 따라서 종합재무제표 및 합산재무제표는 법인 및 학교의 개별 재무제표를 합산한 후 내부의 수입 및 지출과 내부의 채권 및 채무를 각각 상계하여 작성한다(사학기관 재무·회계 규칙에 대한 특례규칙 제36조, 제37조, 제38조).

종합재무제표 및 합산재무제표는 다음과 같다.

구 분	종합재무제표	합산재무제표
내 용	법인 및 학교의 모든 회계를 합한 것	법인회계 및 학교회계만을 합한 것
관련 서류	1. 종합자금계산서 2. 종합재무상태표 3. 종합운영계산서	1. 합산자금계산서 2. 합산재무상태표 3. 합산운영계산서

6-2. 자금계산서

이사장 및 학교의 장은 당해 회계연도의 활동에 따른 모든 자금수입예산 및 자금지출예산이 실제의 자금수입 및 자금지출의 내용과 명백하게 대비되도록 자금계산을 하여야 한다(사학기관 재무·회계 규칙에 대한 특례규칙 제18조).

일반적인 영리기업의 경우 자금계산에 있어서는 실제의 현금흐름만을 계산하면 되는 것이나, 학교법인의 경우 자금계산은 당해 회계연도의 활동에 따른 모든 자금수입예산과 지출예산이 실제의 자금수입과 지출에 명백하게 대비되도록 자금계산을 하여야 한다.

6-2-1. 자금계산의 방법

자금계산은 자금수입란과 자금지출란을 구분하여 계정과목별로 계산하며, 자금수입 및 자금지출은 이를 상계해서는 안 되며, 자금계산서는 자금예산서와 대비하여 작성하므로 운영계산서 항목 중 예산항목이 아닌 것은 자금계산서의 표시대상이 아니다(예를 들어, 고정자산처분손익, 외환차손익 등). 또한, 예산항목 중 재무상태표 항목과 관련한 자금수입과 자금지출은 실제자금수입액과 지출액으로 각각 표시하여야 한다.

자금수입의 계산은 당해 회계연도에 실현된 자금수입을 예산항목과 미사용전기이월자금으로 구분하여 작성하며 자금지출의 계산은 당해 회계연도에 실현된 자금지출을 예산항목과 미사용차기이월자금으로 구분하여 작성한다(사학기관 재무·회계 규칙에 대한 특례규칙 제20조).

여기서 미사용전기이월자금은 전기말 재무상태표상의 유동자산금액 및 유동부채 중 예산항목을 제외한 금액과의 차이로 한다. 미사용차기이월자금의 계산은 당기말 재무상태표상의 유동자산금액 및 유동부채 중 예산항목을 제외한 금액과의 차이로 한다(사학기관 재무·회계 규칙에 대한 특례규칙 제21조).

6-2-2. 자금계산서 양식

자금계산서 양식은 다음과 같다(사학기관 재무·회계 규칙에 대한 특례규칙 별지 제3호 서식).

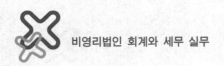

[별지 제3호 서식] (2016.4.20. 개정)

자금계산서

(. . 부터 . . 까지)

1. 수 입 (단위: 원)

과 목			① 예산액	② 결산액	③ 증감액 (②-①)	④ 비고
관	항	목				
미사용 전기이월 자금		⑤ 전기이월자금(⑥-⑨)				
	1100 기초유동 자산	⑥ 계				
		⑦ 1110 유동자금				
		⑧ 1120 기타유동자산				
	2100 기초유동 부채	⑨ 계				
		⑩ 2120 예수금				
		⑪ 2130 선수금				
		⑫ 2140 기타유동부채				
	⑬ 자금수입총계					

2. 지 출 (단위: 원)

과 목			예산현액				⑤ 결산 액	⑥ 증감액	⑦ 비고
관	항	목	① 예산액	② 예비비 사용액	③ 전용 증감액 (△)	④ 차감액 (①+②± ③)			
미사용 차기이월 자금		⑧ 차기이월자금(⑨-⑫)							
	1100 기말유동 자산	⑨ 계							
		⑩ 1110 유동자금							
		⑪ 1120 기타유동자산							
	2100 기말유동 부채	⑫ 계							
		⑬ 2120 예수금							
		⑭ 2130 선수금							
		⑮ 2140 기타유동부채							
	⑯ 자금지출총계								

210mm×297mm[백상지(80g/㎡)]

6-2-3. 자금계산서 계정과목

계정과목을 「사학기관 재무·회계 규칙에 대한 특례규칙」 별표 1에 따라 구분하면 다음과 같다.

(1) 수입항목

과목			적용회계		해설
관	항	목	법인 회계	학교 회계	
등록금 및 수강료수입	등록금수입	학부입학금	×	○	대학 신입생(편입생 포함)으로부터 받는 입학금
		대학원입학금	×	○	대학원 신입생(편입생 포함)으로부터 받는 입학금
		학부수업료	×	○	대학생으로부터 받는 수업료 (계절학기 수업료 포함)
		대학원수업료	×	○	대학원생으로부터 받는 수업료 (계절학기 수업료 포함)
	수강료수입	단기수강료	×	○	특별강좌·평생교육강좌개설 등의 단기교육 수강료 (계절학기 수업료 제외)
전입 및 기부수입	전입금수입	경상비전입금	×	○	법인으로부터 인건비, 관리·운영비, 연구·학생경비 등 경상비용으로 받는 전입금
		법정부담전입금	×	○	법인으로부터 학교의 교직원에 대한 각종 법정부담금(연금·의료보험 등)으로 받는 전입금
		자산전입금	×	○	학교가 법인으로부터 토지 및 건축물이 아닌 자산을 전입하거나 토지 및 건축물이 아닌 자산을 취득할 목적으로 받는 현금
		부속병원전입금	○	○	학교 또는 법인이 의과대학·치과대학 및 한의과대학 등의 부속병원으로부터 전입받는 금액

과목			적용회계		해설
관	항	목	법인회계	학교회계	
전입 및 기부수입	전입금수입	특별회계전입금	○	○	특별회계기관으로부터 받는 전입금
		교내전입금	×	○	교내 다른 회계 조직으로부터 받는 전입금(교내전출금과 대응)
		수익사업전입금	○	×	수익사업회계로부터 받는 전입금
		등록금회계전입금	×	○	비등록금회계가 등록금회계로부터 받는 전입금 ※ 건축적립금 적립액과 차입원리금 상환액으로 세목 구분
	기부금수입	일반기부금	○	○	기증자가 기부금의 용도를 지정하지 않은 일반기부금
		지정기부금	○	○	기증자가 기부금의 용도를 지정한 기부금(연구기부금 수입은 제외한다)
		연구기부금	○	○	외부 연구기관 및 기업 등으로부터 연구·개발 목적으로 받는 기부금
	국고보조금수입		○	○	정부나 지방자치단체로부터 받는 보조금
		교육부	○	○	교육부로부터 지원받는 보조금 ※ 세목에서 국가장학금지원금과 기타지원금으로 구분
		기타국고지원	○	○	교육부 외 기타 정부 부처로부터 받는 보조금
		지방자치단체	○	○	지방자치단체로부터 지원받는 보조금
	산학협력단 및 학교기업 전입금	산학협력단 전입금	×	○	산학협력단으로부터 받는 전입금
		학교기업 전입금	×	○	학교기업으로부터 받는 전입금
교육부대수입	입시수수료수입		×	○	입시관리비와 대응
		입학 원서대	×	○	입학원서 판매대금
		수험료	×	○	입시지원자로부터 받는 수험료수입
	증명·사용료수입	증명료	×	○	졸업증명서 등 증명서를 발급하고 받는 각종 수수료수입

과목			적용회계		해설
관	항	목	법인 회계	학교 회계	
교육부대 수입	증명·사용료 수입	대여료 및 사용료	×	○	강당·교실·기계·기구 등 학교시설 물을 대여하고 받는 이용료와 복사 기·학교버스 등 학교시설의 이용자로 부터 받는 사용료(임대보증금수입은 임대보증금수입에 계상하고, 법인의 수익용 재산 임대료수입은 잡수입에 계상한다)
	기타교육 부대수입	논문심사수입	×	○	학생 논문지도 및 논문심사료 수입(논 문심사료와 대응)
		실습수입	×	○	실험·실습 등의 결과로 인한 부산물 의 매각수입 또는 실험용역수입
		기타교육부대수입	×	○	그 밖의 교육부대수입
교육외수입	예금이자 수입	예금이자	○	○	각종 예금이자수입(수익용 기본재산인 예금이자수입을 포함한다)
	기타교육외 수입	잡수입	○	○	연구간접비·위약금·보험금수입 등 의 잡수입
	수익재산 수입		○	×	법인회계의 수익재산수입(수익사업회 계로 별도 독립되어 정리되는 수입 외 의 수입)
		임대료수입	○	×	수익용 토지 및 건물 등 재산을 임대하 고 받는 임대료 수입(보증금은 임대보 증금수입에 계상한다)
		배당금수입	○	×	수익을 목적으로 주식 등에 투자하여 받는 배당금 등
		임·농·수산물 수입	○	×	수익용 재산으로 보유하고 있는 임 야·농장 등으로부터 생산된 임산물· 농산물·수산물의 판매대금
		기타수익재산수입	○	×	그 밖의 수익용 기본재산수입
투자와기타 자산수입	투자자산 수입	투자유가증권 매각대	○	○	채권·주식 등의 유가증권 실제 매각 금액(장부가액이 아님)

과목			적용회계		해설
관	항	목	법인 회계	학교 회계	
투자와기타 자산수입	투자자산 수입	출자금 회수	○	×	수익사업 계정의 출자금 또는 투자금을 회수한 금액
		학교기업투자자산 회수	×	○	학교가 학교기업으로부터 회수한 투자 금액
		기타투자자산수입	○	○	그 밖의 투자자산의 회수금액
	기타자산 수입	전신·전화보증금 회수	○	○	예치한 전신·전화보증금을 회수한 금액
		임차보증금 회수	○	○	토지, 건물, 기계·기구 등을 임차할 때 예치한 임차보증금을 회수한 금액
		장기대여금 회수	○	○	대여했던 장기대여금을 당기에 회수한 금액
		수익용예금 인출	○	×	학교법인이 수익용 기본재산으로 관리하고 있는 신탁예금의 인출
		기타자산수입	○	○	그 밖의 자산의 매각 또는 회수금액
	원금보존 기금인출 수입		○	○	※ 예산편성(유동자금화)을 필요로 함
		원금보존연구기금 인출	○	○	원금보존연구기금 중에서 인출하여 예산편성하는 금액
		원금보존건축기금 인출	○	○	원금보존건축기금 중에서 인출하여 예산편성하는 금액
		원금보존장학기금 인출	○	○	원금보존장학기금 중에서 인출하여 예산편성하는 금액
		원금보존기타기금 인출	○	○	원금보존기타기금 중에서 인출하여 예산편성하는 금액
	임의기금 인출수입		○	○	※ 예산편성(유동자금화)을 필요로 함
		임의연구기금인출	○	○	임의연구기금 중에서 인출하여 예산편성하는 금액
		임의건축기금인출	○	○	임의건축기금 중에서 인출하여 예산편성하는 금액
		임의장학기금인출	○	○	임의장학기금 중에서 인출하여 예산편성하는 금액

과목			적용회계		해설
관	항	목	법인 회계	학교 회계	
투자와기타 자산수입	임의기금 인출수입	임의퇴직기금인출	○	○	임의퇴직기금 중에서 인출하여 예산편 성하는 금액
		임의특정목적기금 인출	○	○	임의특정목적기금 중에서 인출하여 예 산편성하는 금액
고정자산 매각수입	유형고정자산 매각수입	토지 매각대	○	○	토지(교육용 및 수익용을 포함한다)의 매각대금 총액(장부가액이 아님)
		건물 매각대	○	○	건물(교육용 및 수익용을 포함한다)의 매각대금 총액(장부가액이 아님)
		구축물 매각대	○	○	구축물(교육용 및 수익용을 포함한다) 의 매각대금 총액(장부가액이 아님)
		기계 · 기구 매각대	○	○	기계 · 기구(교육용 및 수익용을 포함한 다)의 매각대금 총액(장부가액이 아님)
		집기비품 매각대	○	○	집기비품(교육용 및 수익용을 포함한 다)의 매각대금 총액(장부가액이 아님)
		차량운반구 매각대	○	○	차량(교육용 및 수익용을 포함한다)의 매각대금 총액(장부가액이 아님)
		도서 매각대	○	○	도서의 매각대금 총액(장부가액이 아님)
		유물 매각대	×	○	유물의 매각대금 총액(장부가액이 아님)
	무형고정자산 매각수입	무형 고정자산 매각대	○	○	특허권 · 광업권 등과 같은 권리자산의 매각대금 총액(상각액은 제외한다)
유동부채 입금	단기차입금	단기차입금 차입	○	○	상환기간이 1년 미만인 차입금의 차입
고정부채 입금	장기차입금	장기차입금 차입	○	○	상환기간이 1년 이상인 차입금의 차입 (외화장기차입금을 포함한다)
		차관도입	○	○	외국으로부터의 차관도입에 따른 원화 입금액
		학교채 매각	×	○	학부형과 학생에게 매각한 학교채수입
	기 타 고정부채	임대보증금수입	○	○	토지 · 건물 · 기계 등을 임대하고 받는 각종 보증금수입

과목			적용회계		해설
관	항	목	법인회계	학교회계	
		기타고정부채수입	○	○	그 밖의 장기부채 발생으로 인한 자금 수입
기본금	출연기본금	설립자기본금	○	×	설립자 및 이사장, 학교법인의 특수관계자가 출연한 재산
		법인	×	○	토지와 건축물에 상당하는 기본금 (설치학교와 대응)
미사용 전기이월 자금	전기이월자금		○	○	기초 유동자산－기초 유동부채 ※ 전기 말 자금계산서의 차기이월 자금과 일치
미사용 전기이월 자금	기초유동자산	유동자금	○	○	기초 재무상태표상의 유동자금 총액
		기타 유동자산	○	○	기초 재무상태표상의 기타유동자산 총액
	기초유동부채	예수금	○	○	기초 재무상태표상의 예수금 총액
		선수금	○	○	기초 재무상태표상의 선수금 총액
		기타유동부채	○	○	기초 재무상태표상의 기타유동부채 총액
자금수입 총계			○	○	

비고 : 1. 적용회계란의 ○표는 그 계정과목이 해당 회계의 적용 대상임을 표시하고, ×표는 그 계정과목이 해당 회계의 적용 대상이 아님을 표시한 것임.
　　　 2. 자금수입총계는 자금지출총계와 일치해야 함.

(2) 지출항목

과목			적용회계		해설
관	항	목	법인회계	학교회계	
보수	교원보수	교원급여	×	○	교원의 정액급여(인건비성 연구보조비를 포함하되, 정액수당은 제외한다)
		교원상여금	×	○	교원의 상여금
		교원각종수당	×	○	초과강의료·정액수당·정근수당·식대보조비·학생지도비 등 교원의 각종 수당

과목			적용회계		해설
관	항	목	법인 회계	학교 회계	
보수	교원보수	교원법정부담금	×	○	교원에 대한 연금부담금 및 의료보험 부담금 등
		시간강의료	×	○	정규 교육과정의 강의를 담당하는 강 사에게 지급하는 각종 강의료
		특별강의료	○	○	비정규 교육과정의 강의(강연)를 담당 하는 강사에게 지급하는 강의료
		교원퇴직금	×	○	「사립학교교직원 연금법」에 따른 퇴 직급여 외의 퇴직금
		조교인건비	×	○	유급조교(장학조교는 제외한다)에게 지 급하는 급여·상여금·각종 수당·법 정부담금 및 퇴직금
	직원보수	직원급여	○	○	직원의 정액급여
		직원상여금	○	○	직원의 상여금
		직원각종수당	○	○	정액수당·정근수당·식대보조비 등 직원의 각종 수당
		직원법정부담금	○	○	직원 연금부담금 및 의료보험부담금 등
		임시직인건비	○	○	임시직 직원의 급여·상여 및 각종 수당
		임금	○	○	일용 인부의 임금
		직원 퇴직금	○	○	「사립학교교직원 연금법」에 따른 퇴 직급여 외의 퇴직금
관리·운영비	시설 관리비	건축물관리비	○	○	건축물의 보수 및 유지·관리비
		장비관리비	○	○	공구, 비품, 기계·기구류의 수선 및 수리비
		조경관리비	○	○	조경·운동장 및 구축물 그 밖의 시설 물의 유지·보수비
		박물관관리비	×	○	박물관 및 유물관리에 지출하는 각종 비용
		시설 용역비	○	○	청소·경비 등 시설용역 비용
		보험료	○	○	건축물·시설물·동산 등의 재해보험료

과목			적용회계		해설
관	항	목	법인 회계	학교 회계	
관리·운영비	시설 관리비	리스·임차료	○	○	토지·건물·기계기구 등의 리스료 및 임차료
		기타시설관리비	○	○	그 밖의 시설의 유지·관리에 드는 비용
	일반 관리비	여비 교통비	○	○	교직원의 국내외 출장여비 및 교통비
		차량 유지비	○	○	차량 유지에 드는 유류비·수리비 등 (다만, 보험료는 보험료에 계상하고, 자동차세는 각종 세금·공과금에 계상한다)
		소모품비	○	○	일반소모품 등의 구입비용(복사용지·프린트용지·간행물구독료 등 각종 사무용품비)
		인쇄·출판비	○	○	각종 서식 및 유인물의 인쇄비와 제본비
		난방비	○	○	난방 등에 드는 연료구입비 등
		전기·수도료	○	○	전기·수도요금
		통신비	○	○	전신·전화·우편요금 등의 통신비
		각종 세금·공과금	○	○	법인 및 학교가 부담해야 할 각종 세금·공과금, 각종 협회비 및 자동차세
		지급 수수료	○	○	면허·허가·인가·등록 및 각종 증명 등의 발급신청에 드는 수수료
	운영비	복리 후생비	○	○	교직원의 복리후생을 위하여 지출하는 현물식사대(급여 시 지급하는 식대수당은 제외한다)와 의복·개인장비 등 각종 복리후생비
		교육·훈련비	○	○	교직원의 교육·훈련에 지출하는 비용
		일반 용역비	○	○	감사·세무·감정 등 일반 용역에 지출하는 비용
		기관장 업무 추진비	○	○	기관장(이사장 및 총장)의 업무 추진에 특별히 드는 비용
		상임이사 업무 추진비	○	×	상임이사의 업무 추진에 특별히 드는 비용

과목			적용회계		해설
관	항	목	법인 회계	학교 회계	
관리·운영비	운영비	기타 업무 추진비	○	○	기관장 및 상임이사를 제외한 교직원의 업무 추진에 특별히 드는 비용
		홍보비	○	○	신문 공고, 홍보용 책자, 기념품 등의 홍보용품 제작 경비
		회의비	○	○	각종 회의에 지출하는 비용
		행사비	○	○	입학식·졸업식·개교기념식 등의 행사에 지출하는 비용
		선교비	○	○	종교계 법인 및 학교의 선교활동비
		기타 운영비	○	○	그 밖의 운영비
연구·학생경비	연구비	연구비	×	○	교원 및 직원 연구비
		연구 관리비	×	○	연구용 도서 구입, 연구결과 보고서 출판 등에 지출하는 각종 비용
	학생경비	교외장학금	○	○	기부금 수입 등 외부 재원으로 지급하는 장학금
		교내장학금	○	○	(등록금회계) 등록금 재원으로 지급하는 장학금 (비등록금회계) 적립금, 적립이자 등의 재원으로 지급하는 장학금
		실험 실습비	×	○	실험·실습교육에 지출하는 각종 비용 (실험실습 기자재 구입비는 기계·기구 매입비에 계상한다)
		논문 심사료	×	○	논문심사에 드는 비용(논문심사수입과 대응)
		학생 지원비	×	○	교내신문 발행, 교내방송, 대학지 발간, 학생서클보조 및 학생행사보조 등 학생지원 및 복지를 위하여 지출하는 각종 비용
		기타 학생경비	×	○	그 밖의 학생경비
	입시관리비		×	○	입시수수료 수입과 대응
		입시수당	×	○	입학시험관리 담당 교직원의 수당

과목			적용회계		해설
관	항	목	법인회계	학교회계	
연구·학생경비	입시관리비	입시경비	×	○	입학시험에 드는 소모품비·수수료·인쇄비·광고료·임차료·식사비 등의 비용
교육외비용	지급이자	지급이자	○	○	차입금·차관 등에 대한 이자 지급액
	기타교육 외 비용	잡손실	○	○	예측하지 못한 교육 외 특별비용
전출금	전출금	경상비전출금	○	×	법인이 학교의 인건비, 관리·운영비, 학생경비, 연구비 등으로 전출하는 금액
		법정부담전출금	○	×	법인이 학교의 교직원에 대한 각종 법정부담금(연금·의료보험 등)으로 전출하는 금액
		자산 전출금	○	×	법인이 학교에게 토지 및 건축물이 아닌 자산을 전출하거나 토지 및 건축물이 아닌 자산을 취득할 목적으로 전출하는 현금
		부속병원전출금	○	×	법인이 의과대학·치과대학 및 한의과대학의 운영을 위해 부담하는 각종 전출금
		특별회계전출금	○	○	특별회계로 전출하는 전출금
		교내 전출금	×	○	교내의 다른 회계 조직에 전출하는 금액(교내전입금과 대응)
		비등록금회계전출금	×	○	등록금회계에서 비등록금회계로 전출하는 금액 ※ 건축적립금 적립액과 차입원리금 상환액으로 세목 구분
	산학협력단 및 학교기업 전출금	산학협력단전출금	○	○	법인회계 또는 학교회계에서 산학협력단 회계로 전출하는 금액
		학교기업전출금	○	○	법인회계 또는 학교회계에서 학교기업회계로 전출하는 금액

과목			적용회계		해설
관	항	목	법인회계	학교회계	
예비비	예비비	예비비	○	○	예측할 수 없는 경비의 지출에 충당하기 위한 예산상의 유보재원 (예비비를 사용할 때에는 예비비의 예산을 빼서 해당 과목에 늘린다)
투자와기타 자산지출	설치학교	대학	○	×	법인회계에서 대학에 토지 및 건축물 취득 목적으로 출연하는 현금 및 예금
		전문대학	○	×	법인회계에서 전문대학에 토지 및 건축물 취득 목적으로 출연하는 현금 및 예금
		원격대학	○	×	법인회계에서 원격대학에 토지 및 건축물 취득 목적으로 출연하는 현금 및 예금
		유·초·중·고교	○	×	법인회계에서 유·초·중·고교에 토지 및 건축물 취득 목적으로 출연하는 현금 및 예금
		부속병원	○	×	법인회계에서 부속병원에 토지 및 건축물 취득 목적으로 출연하는 현금 및 예금
	투자자산지출	투자유가증권매입대	○	○	채권·주식 등 투자유가증권의 매입대금
		출자금지출	○	×	수익사업 및 수익을 목적으로 출자하는 금액
		부속병원투자지출	○	×	부속병원에 투자하는 금액(부속병원 계상금액 제외)
		학교기업투자지출	×	○	학교가 학교기업에 기본금(출자금)으로 투자하는 금액
		기타투자자산지출	○	○	그 밖의 투자자산의 투자액
	기타자산지출	전신·전화보증금지출	○	○	전신 및 전화를 이용하기 위하여 지급하는 보증금
		임차보증금지출	○	○	토지, 건물, 기계·기구 등의 임차보증금 지급액

과목			적용회계		해설
관	항	목	법인 회계	학교 회계	
투자와기타 자산지출	기타자산지출	장기대여금지출	○	○	대여기간이 1년 이상인 장기대여금의 대여
		수익용예금예치	○	×	학교법인이 수익용 기본재산으로 보유하고 있는 신탁예금의 예치
		기타자산지출	○	○	그 밖의 자산의 취득 지출액
	원금보존기금 적립	원금보존연구기금 적립	○	○	원금보존연구기금으로 별도 적립하는 금액
		원금보존건축기금 적립	○	○	원금보존건축기금으로 별도 적립하는 금액
		원금보존장학기금 적립	○	○	원금보존장학기금으로 별도 적립하는 금액
		원금보존특정목적 기금적립	○	○	원금보존특정목적기금으로 별도 적립하는 금액
	임의기금적립	임의연구기금적립	○	○	임의연구기금으로 별도 적립하는 금액
		임의건축기금적립	○	○	임의건축기금으로 별도 적립하는 금액
		임의장학기금적립	○	○	임의장학기금으로 별도 적립하는 금액
		임의퇴직기금적립	○	○	임의퇴직기금으로 별도 적립하는 금액
		임의특정목적기금 적립	○	○	임의특정목적기금으로 별도 적립하는 금액
	유형고정자산 매입지출		○	○	고정자산을 취득하기 위하여 예산(자금)이 수반될 때에는 자금 항목이나, 기증 등과 같이 자금이 수반되지 않는 고정자산 증가는 자금 항목이 아닌 재무상태표 증가 항목임
		토지매입비	○	○	토지를 매입하기 위하여 지출하는 대금과 그 부대비용
		건물매입비	○	○	건물을 매입하기 위하여 지출하는 대금과 그 부대비용
		구축물매입비	○	○	구축물을 설치하기 위하여 지출하는 대금과 그 부대비용

과목			적용회계		해설
관	항	목	법인회계	학교회계	
투자와기타 자산지출	유형고정자산 매입지출	기계·기구매입비	○	○	기계 및 기구 등의 구입대금과 그 부대비용
		집기비품매입비	○	○	비품 및 집기 등의 구입대금과 그 부대비용
		차량운반구매입비	○	○	차량구입비와 그 부대비용(취득세·등록세 등)
		도서 구입비	○	○	도서관 비치용 도서구입비와 부대비용(각 부서의 간행물 구독료는 소모품비에 계상한다)
투자와기타 자산지출	유형고정자산 매입지출	박물관유물구입비	×	○	박물관 유물의 구입대금과 그 부대비용
		건설 가계정	○	○	건축물 등의 건설기간 중 공사비·설계비·인허가비·설계용역비 등 (완공 후 해당 과목으로 대체한다)
	무형고정자산 취득비	무형고정자산 취득비	○	○	특허권·광업권 등과 같은 권리자산의 취득대금
유동부채 상환	단기차입금 상환	단기차입금상환	○	○	단기차입금의 실제상환액(장부가액이 아님)
고정부채 상환	장기차입금 상환	장기차입금상환	○	○	장기차입금의 실제상환액(외화차입금의 경우 상환차손익을 포함한 금액으로 하되, 장부가액이 아님)
		차관상환	○	○	차관 실제상환액(상환차손익을 포함한 금액, 장부가액이 아님)
		학교채상환	×	○	학교채의 상환액
	기타고정부채 상환	임대보증금환급	○	○	임대기간의 종료로 부채로 받아 둔 임대보증금을 환급하는 금액
		장기미지급금상환	○	○	상환기간이 1년 이상인 장기미지급금의 상환금액
		기타고정부채의 상환	○	○	그 밖의 고정부채의 상환액

과목			적용회계		해설
관	항	목	법인회계	학교회계	
미사용 차기 이월자금	차기이월자금		○	○	당기말 유동자산－당기말 유동부채 (다음 회계연도 전기이월자금과 일치해야 함)
	기말 유동자산	유동자금	○	○	기말 재무상태표상의 유동자금 총액
		기타 유동자산	○	○	기말 재무상태표상의 기타유동자산 총액
	기말 유동부채	예수금	○	○	기말 재무상태표상의 예수금
		선수금	○	○	기말 재무상태표상의 선수금
		기타 유동부채	○	○	기말 재무상태표상의 그 밖의 유동부채 총액
자금지출 총계			○	○	

비고 : 1. 적용회계란의 ○표는 그 계정과목이 해당 회계의 적용 대상임을 표시하고, ×표는 그 계정과목이 해당 회계의 적용 대상이 아님을 표시한 것임.
    2. 자금지출 총계는 자금수입 총계와 일치해야 함.

6-3. 재무상태표

이사장 및 학교의 장은 법인 및 학교의 재무상태표 기준일 현재의 재무상태가 적정하게 파악될 수 있도록 재무상태표를 작성하여야 한다(사학기관 재무·회계 규칙에 대한 특례규칙 제22조).

6-3-1. 재무상태표 작성방법

재무상태표는 자산·부채 및 기본금으로 구분하고, 자산은 유동자산, 투자와 기타자산 및 고정자산으로, 부채는 유동부채 및 고정부채로, 기본금은 출연기본금·적립금·기본금 조정 및 운영차액으로 각각 구분한다.

기간이 1년 미만인 자산 및 부채는 이를 각각 유동자산 및 유동부채로 구분하고, 1년 이상인 자산 및 부채는 이를 각각 고정자산 및 고정부채로 구분함을 원칙으로 한다.

자산, 부채 및 기본금은 그 과목을 상계하거나 그 일부를 재무상태표에서 제외해서는 안 된다(사학기관 재무·회계 규칙에 대한 특례규칙 제24조).

6-3-2. 재무상태표의 형식

재무상태표 양식은 다음과 같다(사학기관 재무·회계 규칙에 대한 특례규칙 별지 제4호 서식).

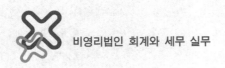

〔별지 제4호 서식〕 (2023.5.31. 개정)

재무상태표

(당기: . . 현재)
(전기: . . 현재)

1. 자산

(단위: 원)

과 목		① 당기말		② 전기말	
관·항	목	금 액		금 액	
		목	관·항	목	관·항
③ 자산총계					

2. 부채 및 기본금

(단위: 원)

과 목		① 당기말		② 전기말	
관·항	목	금 액		금 액	
		목	관·항	목	관·항
④ 부채 및 기본금 총계					

작성방법

1. 본 서식은 법인(학교)의 자산, 부채, 기본금현황을 보여주는 재무보고서로서 보고식 작성방법을 따른다.

2. 학교의 자산은 재무상태표를 작성하는 시점을 기준으로 1년 이내에 현금화가 가능한지 여부 및 특정 사용목적 제한 여부에 따라 유동자산·투자와기타자산 및 고정자산으로 구분하여 작성합니다.

3. 법인(학교)의 부채는 결산일로부터 1년 이내에 상환해야 하는가의 여부에 따라 유동부채 및 고정부채로 구분하여 작성하고, 기본금은 학교가 소유한 총자산에서 총부채를 제외한 순자산으로 출연기본금·적립금·기본금조정 및 운영차액으로 구분하여 작성합니다.

4. ①란은 당해연도 결산액이며 ②란은 전년도 결산액을 적습니다.

5. ③란의 자산총계는 ④란의 부채 및 기본금 총계와 일치해야 합니다.

210㎜×297㎜[백상지(80g/ ㎡)]

6-3-3. 기본금과 기본재산의 관계

기업회계기준과 달리, 사립대학 회계의 재무상태표 작성시에는 '기본금'계정이 사용되는데, 기본금은 출연기본금·적립금·기본금조정 및 운영차액으로 구분한다. 기본금의 증감은 기본재산의 증감과 관련이 있다. 기본재산에 대하여는 본 절의 '4-1-1. 기본재산'에서 서술하고 있으므로 참조하기 바란다.

출연재산으로 인하여 기본재산이 증가한 때에는 그 증가한 자산가액만큼을 기본금의 증가로 대체한다(사학기관 재무·회계 규칙에 대한 특례규칙 제25조).

6-3-4. 적립금의 적립 및 사용

대학교육기관의 장 및 대학교육기관을 설치·경영하는 학교법인의 이사장은 교육시설의 신축·증축 및 개수·보수, 학생의 장학금 지급 및 교직원의 연구 활동 지원 등에 충당하기 위하여 필요한 적립금을 적립할 수 있다. 다만, 등록금회계로부터의 적립은 해당 연도 건물의 감가상각비 상당액을 교육시설의 신축·증축 및 개수·보수 목적으로 적립하는 경우에 한한다(사립학교법 제32조의 2).

적립금은 원금보존적립금과 임의적립금으로 구분하고, 성격에 따라 연구적립금·건축적립금·장학적립금·퇴직적립금 및 그 밖에 구체적인 목적을 정하여 적립하는 특정목적적립금으로 구성한다.

적립금은 기금으로 예치하여 관리하고, 그 적립목적에 한하여 사용하여야 한다. 다만, 등록금회계에서 비등록금회계로 전출된 적립금 상당액을 제외한 적립금은 다음 각 호의 어느 하나에 따라 법인에 투자할 수 있다.

> 1. 적립금의 2분의 1 한도에서 「자본시장과 금융투자업에 관한 법률」 제4조 제2항 각 호에 따른 증권의 취득
> 2. 적립금의 10분의 1 한도에서 해당 대학교육기관의 소속 교원 또는 학생이 개발한 신기술 또는 특허 등으로 창업한 「벤처기업육성에 관한 특별법」에 따른 벤처기업에 대한 투자

이사장과 학교의 장은 사립학교법 제32조의 2에 따른 적립금을 적립하는 경우에는 자금예산서 및 자금계산서의 지출란에 자금지출로 계상하고 적립금을 사용하려는 경우에는 자

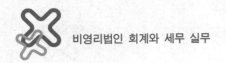
금예산서 및 자금계산서의 비등록금회계 수입 및 지출에 계상하여 사용한다(사학기관 재무·회계 규칙에 대한 특례규칙 제26조).

이사장과 학교의 장은 「사립학교법」 제32조의 2 제4항에 따라 적립금의 투자결과를 교육부장관에게 보고하는 경우에는 매년 다음 각 호의 사항이 포함된 서류를 해당 연도의 5월 31일까지 교육부장관에게 제출하여야 한다(사학기관 재무·회계 규칙에 대한 특례규칙 제26조의 2).

---

1. 투자법인의 명칭
2. 투자법인과의 관계
3. 투자원금
4. 해당 연도의 2월 말일을 기준으로 한 투자자산의 평가액

6-3-5. 재무상태표 계정과목

계정과목을 「사학기관 재무·회계 규칙에 대한 특례규칙」 별표 2에 따라 구분하면 다음과 같다.

(1) 자산

과목			적용회계		해설
관	항	목	법인회계	학교회계	
유동자산	유동자금	현금	○	○	자금출납부서에서 관리·보관하는 현금(일반 업무부서의 소액현금 전도액을 포함한다)
		예금	○	○	금융기관에 예치된 각종 예금
	기타 유동자산	단기대여금	○	○	상환기간 1년 미만인 다른 회계조직 등에 대한 일시적 대여금
		선급금	○	○	물품 및 용역구입비용 등의 선지급액
		미수금	○	○	일반적 거래의 미수채권

과 목			적용회계		해 설
관	항	목	법인 회계	학교 회계	
유동자산	기타 유동자산	가지급금	○	○	액수나 과목이 확정되지 아니한 각종 비용의 선지급액(소액현금은 현금에 계상한다)
		선급법인세	○	○	예금이자 등에 대한 금융기관의 원천징수세액 중 차후 환급이 되는 법인세
		받을 어음	○	○	일반적 거래에서 발생한 어음상의 채권
		기타유동자산	○	○	회수가능기간이 1년 미만인 그 밖의 유동자산
투자와 기타자산	설치학교	대학	○	×	대학회계에 투입되어 있는 법인일반회계의 투자액(토지·건축물)
		전문대학	○	×	전문대학회계에 투입되어 있는 법인일반회계의 투자액(토지·건축물)
		원격대학			원격대학에 투입되어 있는 법인 일반회계의 투자액
		유·초·중·고교	○	×	유·초·중·고교회계에 투입되어 있는 법인일반회계의 투자액
		부속병원	○	×	부속병원에 투입되어 있는 법인 회계의 투자액
	투자자산	투자유가증권	○	○	투자목적으로 소유하는 주식, 사채 및 국공채 등
		출자금	○	×	투자목적으로 소유하는 회사 외의 투자액
		부속병원투자	○	○	부속병원에 투자하는 금액
		학교기업투자	×	○	학교가 학교기업에 투자하는 금액
		등록금회계	×	○	비등록금 회계 재원으로 구입한 고정자산을 등록금 회계로 전출한 금액
		기타투자자산	○	○	그 밖의 각종 투자자산
	기타자산	전신전화보증금	○	○	전신전화 사용하기 위해 지급하는 보증금
		임차보증금	○	○	부동산 등의 임차보증금

과 목			적용회계		해 설
관	항	목	법인 회계	학교 회계	
투자와 기타자산	기타자산	장기대여금	○	○	상환기간 1년 이상인 각종 대여금
		수익용예금	○	×	학교법인이 수익용 기본재산으로 관리 하고 있는 신탁예금
		기타자산	○	○	그 밖의 자산
	원금보존 기금	원금보존연구 기금	○	○	연구장려 등을 위하여 원금보존으로 별도로 예치한 자금 등
		원금보존건축 기금	○	○	건축비용 충당을 위하여 원금보존으 로 별도로 예치한 자금 등
		원금보존장학 기금	○	○	장학금 지급을 위하여 원금보존으로 별도로 예치한 자금 등
		원금보존특정 목적기금	○	○	학교발전 등을 위하여 원금보존으로 별도로 예치한 자금 등
	임의기금	임의연구기금	○	○	연구장려 등을 위하여 임의로 별도 예치한 자금
		임의건축기금	○	○	건축비용 충당을 위하여 임의로 별 도 예치한 자금
		임의장학기금	○	○	장학금 지급을 위하여 임의로 별도 예치한 자금
		임의퇴직기금	○	○	퇴직금 지급을 위하여 임의로 별도 예치한 자금
		임의특정목적 기금	○	○	학교발전 등을 위하여 임의로 별도 예치한 자금
고정자산	유형고정자산	토지	○	○	대지·임야·전·답·잡종지 등
		건물	○	○	건물 및 냉난방·보일러 및 기타 건물 부속설비
		구축물	○	○	저수지·정원설비·굴뚝, 각종 토목설 비 또는 공작물 등
		기계기구	○	○	기계장치 및 각종 기구
		집기비품	○	○	내용연수 1년 이상인 집기비품 및 상당 한 가치 이상의 전산프로그램 등
		차량운반구	○	○	자동차 및 기타의 운반구

과 목			적용회계		해 설
관	항	목	법인 회계	학교 회계	
고정자산	유형고정자산	도서	○	○	도서비치용도서(일반 부서의 간행물 제외)
		박물관 유물	×	○	박물관의 각종 유물
		건설가계정	○	○	건축물 공사기간 중의 공사비, 설계비, 인·허가비 설계용역비 등 지급액(완공 후 해당 고정자산과목으로 대체한다)
	무형고정자산	무형고정자산	○	○	특허권, 실용신안권·상표권·광업권· 어업권 등 각종 무형고정자산
	자산총계		○	○	

비고 : 1. 적용회계란의 ○표는 그 계정과목이 당해 회계의 적용대상임을, ×표는 그 계정과목이 당해 회계의 적용대상이 아님을 표시한 것임.
　　　 2. 자산총계는 부채 및 기본금총계와 일치하여야 함.

(2) 부채 및 기본금

과 목			적용회계		해 설
관	항	목	법인 회계	학교 회계	
유동부채	단기차입금	단기차입금	○	○	상환기간 1년 미만 차입금
	예수금	일반예수금	○	○	급여지급시 공제하는 연금, 의료보험 등 일시적 예수액
		각종세금 예수 금	○	○	갑근세 원천징수액 등 일시적인 각종 세금 예수금
		특별회계예수금	○	○	특별회계로부터 예수한 금액
		기타예수금	○	○	그 밖의 일시예수금
	선수금	등록금선수금	×	○	해당 회계연도 개시 전에 수납된 등록 금 등
		학교채선수금	×	○	학교채 청약금(미발행 금액)
		기타선수금	×	○	그 밖의 선수금

---

3) 학교법인의 경우 출연기본금은 추가출연에 의하여 증가될 수는 있으나, 감자와 같은 형식을 거쳐 감소될 수는 없다. 즉, 출연기부금은 학교법인의 설립시 출연기부금 금액 또는 그 이상의 금액만 가능하다.

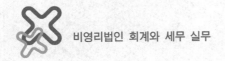

과 목			적용회계		해 설
관	항	목	법인회계	학교회계	
유동부채	기타유동부채	미지급금	○	○	일반적 거래에서 발생한 미지급채무 및 비용
		가수금	○	○	송금자나 입금내역이 밝혀지지 않은 지로계좌 등의 입금액(결산시 해당 과목으로 대체)
		지급어음	○	○	일반적 매입거래 대가로 발행한 어음 금액
		기타유동부채	○	○	상환기간 1년 미만인 그 밖의 부채
고정부채	장기차입금	장기차입금	○	○	상환기간 1년 초과 차입금(외화 장기차입금을 포함)
		차관	○	○	각종 차관의 미상환 잔액
		학교채	×	○	학교채 미상환액
	기타고정부채	임대보증금	○	○	부동산 등 임대하고 받는 보증금
		장기미지급금	○	○	지급기한 1년 초과 미지급금
		기타고정부채	○	○	상환기간 1년 초과 그 밖의 부채
감가상각누계액	감가상각누계액	건물감가상각누계액	○	○	건물에 대한 감가상각 누계액
		구축물감가상각누계액	○	○	구축물에 대한 감가상각 누계액
		기계기구감가상각누계액	○	○	기계기구에 대한 감가상각 누계액
		집기비품감가상각누계액	○	○	집기비품에 대한 감가상각 누계액
		차량운반구감가상각누계액	○	○	차량운반구에 대한 감가상각 누계액
		도서감가상각누계액	○	○	도서에 대한 감가상각 누계액
사용수익권	사용수익권	사용수익권	○	○	BTO방식으로 준공된 건물의 운영권에 대한 회계처리(건물 차감계정이며 권리 제공기간에 거쳐 상각함)

과 목			적용회계		해 설
관	항	목	법인 회계	학교 회계	
기본금	출연기본금[3)	설립자기본금	○	×	학교 설립시 출연한 금액
		법인	×	○	토지 및 건축물에 상당하는 기본금
		기타기본금	○	○	고정자산에 상당하는 기본금(토지, 건축물을 제외한 유·무형고정자산)
	원금보존 적립금		○	○	원금보존기금과 대응
		원금보존연구 적립금	○	○	원금보존연구기금에 대응된 운영 차액 대체액
		원금보존건축 적립금	○	○	원금보존건축기금에 대응된 운영 차액 대체액
		원금보존장학 적립금	○	○	원금보존장학기금에 대응된 운영 차액 대체액
		원금보존특정 목적적립금	○	○	원금보존특정목적기금에 대응된 운영 차액 대체액
	임의적립금		○	○	임의기금과 대응
		재평가적립금	○	○	자산재평가로 인한 평가차익에 대응된 회계상 적립금(자금항목이 아님)
		임의연구적립금	○	○	임의연구기금에 대응된 운영차액 대체액
		임의건축적립금	○	○	임의건축기금에 대응된 운영차액 대체액
		임의장학적립금	○	○	임의장학기금에 대응된 운영차액 대체액
		임의퇴직적립금	○	○	임의퇴직기금에 대응된 운영차액 대체액
		임의특정목적적 립금	○	○	임의특정목적기금 등에 대응된 운영차 액 대체액
	기본금조정	투자유가증권 평가손익	○	○	당기의 운용결과로 볼 수 없는 투자유 가증권 평가손익 등의 미실현 보유손 익(이익은 +, 손실은 -로 표시)

과 목			적용회계		해 설
관	항	목	법인 회계	학교 회계	
기본금	기본금조정	기금평가손익	○	○	당기의 운용결과로 볼 수 없는 기금평가손익 등의 미실현 보유손익(이익은 +, 손실은 -로 표시)
		비등록금회계	×	○	비등록금 회계 재원으로 구입한 고정자산을 등록금 회계로 전입받은 금액
	운영차액	전기이월운영차액	○	○	전기이월운영차액(전기재무상태표의 운영차액과 일치해야 함)
		당기운영차액	○	○	당기운영차액(운영계산서상의 당기운영차액과 일치해야 함)
부채와 기본금총계			○	○	

비고 : 1. 적용회계란의 ○표는 그 계정과목이 당해 회계의 적용대상임을, ×표는 그 계정과목이 당해 회계의 적용대상이 아님을 표시한 것임.
　　　 2. 부채 및 기본금총계는 자산총계와 일치하여야 함.

6-3-6. 재무상태표의 부속명세서

재무상태표의 부속명세서는 다음과 같다(사학기관 재무·회계 규칙에 대한 특례규칙 제40조). 이사장 및 학교의 장은 결산에 관한 상세한 정보의 제공을 위하여 다음의 규정된 서류 외에 모든 계정과목에 관한 부속명세서를 작성·비치하여야 한다.

1. 별지 제4호의 2 서식(1)에 의한 현금 및 예금명세서
2. 별지 제4호의 2 서식(2)에 의한 수표출납명세서
3. 별지 제4호의 3 서식에 의한 선급금명세서
4. 별지 제4호의 4 서식에 의한 가지급금명세서
5. 별지 제4호의 5 서식에 의한 선급법인세명세서
6. 별지 제4호의 6 서식에 의한 받을어음명세서
7. 별지 제4호의 7 서식(1)에 의한 투자와 기타자산명세서
8. 별지 제4호의 7 서식(2)에 의한 투자유가증권명세서
8의 2. 별지 제4호의 7 서식(3)에 따른 적립기금 유가증권 투자명세서
8의 3. 별지 제4호의 7 서식(4)의 적립기금 특수관계법인 유가증권 투자명세서

9. 별지 제4호의 8 서식(1)에 따른 유형고정자산 명세서

9의 2. 별지 제4호의 8 서식(2)에 따른 무형고정자산 명세서

10. 별지 제4호의 9 서식에 의한 단기(장기)차입금명세서

11. 별지 제4호의 10 서식에 의한 미지급금명세서

12. 별지 제4호의 11 서식에 의한 가수금명세서

13. 별지 제4호의 12 서식(1)에 의한 지급어음명세서

14. 별지 제4호의 12 서식(2)에 의한 어음출납명세서

15. 별지 제4호의 13 서식에 의한 차관(외화장기차입금)명세서

16. 별지 제4호의 14 서식에 의한 학교채명세서

17. 별지 제4호의 15 서식에 따른 적립금명세서

17의 2. 별지 제4호의 16 서식에 따른 미사용 차기이월자금 내역 및 사용계획 명세서

18. 기타 필요한 명세서

6-4. 운영계산서

이사장 및 학교의 장은 당해 회계연도의 운영수익 및 운영비용의 내용이 적정하게 파악될 수 있도록 운영계산을 해야 한다(사학기관 재무·회계 규칙에 대한 특례규칙 제27조).

6-4-1. 운영계산서의 작성방법

구 분		설 명
운영수익		당해 회계연도의 운영수익을 계정과목별로 구분하여 계산
운영비용	운영비용	당해 회계연도의 운영비용을 계정과목별로 구분하여 계산
	기본금대체액	해당 회계연도 중의 각종 기금 적립 등 비운영지출에 대응한 각종 적립금 대체액으로 표시
	당기운영차액	운영수익과 운영비용을 일치시키기 위한 차액

6-4-2. 운영계산서의 형식

운영계산서 양식은 다음과 같다(사학기관 재무·회계 규칙에 대한 특례규칙 별지 제5호 서식).

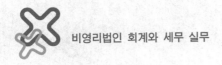
〔별지 제5호 서식〕(2016.4.20. 개정)

운영계산서

[당기: . . 부터 . . 까지
  전기: . . 부터 . . 까지]

1. 운영수익 (단위: 원)

과 목		① 당 기		② 전 기	
관·항	목	금 액		금 액	
		목	관·항	목	관·항
③ 운영수익 총계					

2. 운영비용 (단위: 원)

구분	과 목			① 당 기		② 전 기	
	관	항	목	목	관·항	목	관·항
운영비용							
	④ 운영비용 합계						
기본금 대체액	⑤ 제적립금대체액						
	⑥ 운영차액대체액						
⑦ 당기운영차액							
비 용 총 계							

작성방법

1. ①란은 당해연도 결산액이며 ②란은 전년도 결산액을 적습니다.
2. ⑤란 및 ⑥란은 기금적립액 및 기금인출액을 각각 적습니다.
3. ⑦란의 당기운영차액은 ③란의 운영수익 총계에서 ④란의 운영비용 합계액과 ⑤란의 제적립금대체액을 빼고, ⑥란의 운영차액대체액을 더한 금액을 적습니다.

210mm×297mm[백상지(80g/ m²)]

6-4-3. 운영계산서 계정과목

계정과목을 「사학기관 재무·회계 규칙에 대한 특례규칙」 별표 3에 따라 구분하면 다음과 같다.

(1) 운영수익

과 목			적용회계		해 설
관	항	목	법인 회계	학교 회계	
등록금 및 수강료수입	등록금수입	학부입학금	×	○	대학신입생(편입생 포함)으로부터 받는 입학금
		대학원입학금	×	○	대학원신입생(편입생 포함)으로부터 받 는 입학금
		학부수업료	×	○	대학생으로부터 받는 수업료(계절학기 수업료 포함)
		대학원수업료	×	○	대학원생으로부터 받는 수업료(계절학 기 수업료 포함)
	수강료	단기수강료	×	○	특별강좌·평생교육강좌개설 등의 단 기교육수강료(계절학기 수업료 제외)
전입 및 기 부수입	전입금수입	경상비전입금	×	○	법인으로부터 인건비, 관리운영비, 연 구의 경상비용으로 받는 전입금
		법정부담 전입금	×	○	법인으로부터 학교의 교직원에 대한 각종 법정부담금(연구·의료 보험 등) 으로 받는 전입금
		자산전입금	×	○	학교가 법인으로부터 토지 및 건축물 이 아닌 자산을 전입하거나 토지 및 건 축물이 아닌 자산을 취득할 목적으로 받는 현금
		부속병원전입금	○	○	학교나 법인이 의과대학, 치과대학, 한 의과대학 등의 부속병원으로부터 전입 받는 금액
		특별회계전입금	○	○	특별회계기관으로부터 받는 전입금

과 목			적용회계		해 설
관	항	목	법인회계	학교회계	
전입 및 기부수입	전입금수입	교내전입금	×	○	교내 다른 회계조직(특별회계 제외)으로부터 받는 전입금
		수익사업전입금	○	×	수익사업회계로부터 받는 전입금
		등록금회계전입금	×	○	비등록금회계가 등록금회계로부터 받는 전입금 ※건축적립금 적립액과 차입원리금 상환액으로 세목구분
	기부금수입	일반기부금	○	○	기증자가 기부금의 용도를 지정하지 아니한 일반기부금
		지정기부금	○	○	기증자가 기부금 용도를 지정한 기부금
		연구기부금	○	○	외부연구기관 및 기업 등으로부터 연구개발목적으로 받는 기부금
		현물기부금	○	○	토지, 건축물, 실험기자재, 유물 등의 수증품을 시가로 평가한 금액
	국고보조금	교육부	○	○	교육부로부터 지원받는 보조금 ※ 세목에서 국가장학금지원금과 기타 지원금으로 구분
		기타국고지원	○	○	교육부 외 기타 정부부처로부터 받는 보조금
		지방자치단체	○	○	지방자치단체로부터 지원받는 보조금
	산학협력단 및 학교기업 전입금	산학협력단 전입금	×	○	산학협력단으로부터 받는 전입금
		학교기업전입금	×	○	학교기업으로부터 받는 전입금
교육부대수입	입시수수료수입	입학원서대	×	○	입학원서 판매대금
		수험료	×	○	입시지원자로부터 받는 수험료수입
	증명·사용료수입	증명료	×	○	졸업증명서 등 증명을 발급하고 받는 각종 수수료수입

과 목			적용회계		해 설
관	항	목	법인 회계	학교 회계	
교육부대 수입	증명·사용 료수입	대여·사용료	×	○	강당, 교실, 기계, 기구 등 학교시설물을 대여하고 받는 이용료와 복사기, 학교버스 등 학교시설의 이용자로부터 받는 사용료(임대보증금 수입은 임대보증금 수입에, 법인의 수익용 재산 임대료 수입은 잡수입에 각각 계상)
	기타 교육 부대수입	논문심사료수입	×	○	학생 논문지도 및 논문심사료 수입
		실습수입	×	○	실험·실습 등의 결과로 인한 부산물의 매각수입 또는 용역수입
		기타교육부대 수입	×	○	그 밖의 교육부대수입
교육 외 수입	예금이자 수입	예금이자	○	○	각종 예금의 이자수입(수익용 기본재산인 예금의 이자수입 포함)
	기타교육 외 수입	잡수입	○	○	연구간접비, 위약금, 보험금수입 등 잡수입
		외화환산이익	○	○	외화자산 및 부채의 환율변동에 의한 이익(회수 및 상환에 따른 이익은 외환차익에 계상)
		외환차익	○	○	외화자산 회수금액이 장부가액을 초과하는 경우의 초과금액 및 외화부채 상환액이 장부가액을 미달하는 경우의 미달금액(자금계산서에는 회수 및 상환액의 총계를 원인과목에 계상한다)
		투자유가증권 처분이익	○	○	투자유가증권 매각시 장부가액을 초과하는 금액
		고정자산처분 이익	○	○	고정자산 매각시 장부가액을 초과하는 금액(자금계산서에는 매각액 총계를 원인과목에 계상함)
		전기오류수정 이익	○	○	이전 회계연도에 발생한 잘못된 회계처리에 대한 오류수정이익

과 목			적용회계		해 설
관	항	목	법인 회계	학교 회계	
교육 외 수입	수익재산 수입	임대료수입	○	×	수익용 토지, 건물 등 재산을 임대하고 받는 임대료수입(임대보증금은 임대보 증금 수입에 계상한다)
		배당금수입	○	×	수익을 목적으로 주식 등에 투자하여 그로부터 받는 배당금
		임농수산물 수입	○	×	수익용 재산으로 보유하고 있는 임야· 농장 등으로부터 생산된 임농수산물 판 매대금
		기타수익, 재산수입	○	×	그 밖의 수익용 기본재산수입
운영수익총계			○	○	

비고 : 1. 적용회계란의 ○표는 그 계정과목이 당해 회계의 적용대상임을, ×표는 그 계정과목이 당해
　　　　 회계의 적용대상이 아님을 표시한 것임.
　　　 2. 운영수익총계는 비용총계와 일치하여야 함.

(2) 운영비용

과 목			적용회계		해 설
관	항	목	법인 회계	학교 회계	
보수	교원보수	교원급여	×	○	교원의 정액급여(인건비성 연구보조비 포함, 정액수당 제외)
		교원상여금	×	○	교원의 상여금(기성회 연구보조비 포함)
		교원각종수당	×	○	초과강의료, 정액수당, 정근수당, 식대 보조비·학생지도비 등 교원의 각종 수당
		교원법정부담금	×	○	교원에 대한 연금부담금 및 의료보험 부담금
		시간강의료	×	○	정규 교육과정 강의 담당하는 강사에 게 지급하는 각종 강의료

과 목			적용회계		해 설
관	항	목	법인 회계	학교 회계	
보수	교원보수	특별강의료	○	○	비정규 교육과정 강의(강연) 담당하는 강사에게 지급하는 강의료
		교원퇴직금	×	○	사립학교교원연금법에 따른 퇴직급여 외 퇴직금
		조교인건비	×	○	유급조교(장학조교 제외)에게 지급하는 급여·상여금 및 각종 수당·법정부담금 및 퇴직금
	직원보수	직원급여	○	○	직원 정액급여
		직원상여금	○	○	직원상여금
		직원각종수당	○	○	정액수당, 정근수당·식대보조비 등 직원의 각종 수당
		직원법정부담금	○	○	직원 연금부담금 및 의료보험부담금
		임시직인건비	○	○	임시직 직원의 급여·상여 및 각종 수당
		임금	○	○	일용 인부에 대한 임금
		직원퇴직금	○	○	사립학교교원연금법에 따른 퇴직급여 외의 퇴직금
관리 운영비	시설관리비	건축물관리비	○	○	건물의 보수 및 유지관리비
		장비관리비	○	○	공구, 비품, 기계·기구류의 수선수리비
		조경관리비	○	○	조경, 운도장 및 구축물 등 그 밖의 시설물의 유지보수비
		박물관관리비	×	○	박물관 및 유물관리에 지출하는 제비용
		시설용역비	○	○	청소, 경비 등 시설용역에 대한 비용
		보험료	○	○	건축물, 시설물, 동산 등에 대한 재해보험료
		리스·임차료	○	○	토지, 건물, 기계기구 등의 리스료 및 임차료
		기타 시설관리비	○	○	기타 시설의 유지관리에 소요되는 비용
	일반관리비	여비교통비	○	○	교직원의 국내외 출장여비 및 교통비

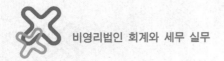

과 목			적용회계		해 설
관	항	목	법인 회계	학교 회계	
관리 운영비	일반관리비	차량유지비	○	○	차량유지에 소요되는 유류비, 수리비 등 (보험료는 보험료에 자동차세는 제세· 공과금에 각각 계상)
		소모품비	○	○	일반소모품 등의 구입비용(복사용지· 프린트용지·간행물구독료 등 각종 사 무용품비)
		인쇄·출판비	○	○	각종 서식 및 유인물의 인쇄비, 제본비
		난방비	○	○	난방 등에 소요되는 연료구입비
		전기·수도료	○	○	전기, 수도 요금
		통신비	○	○	전신, 전화, 우편요금 등 통신비
		각종세금·공 과금	○	○	법인 및 학교가 부담해야 할 제세공과 금 및 각종 협회비 및 자동차세
		지급수수료	○	○	면허·허가·인가 등록 및 제증명 등 의 발급신청에 소요되는 수수료
	운영비	복리후생비	○	○	교직원 복리후생 위하여 지출하는 현 물식사대(급여시 지급하는 식대수당을 제외)와 피복·개인장구 등 제반 복리 후생비
		교육훈련비	○	○	교직원 교육·훈련에 지출하는 비용
		일반용역비	○	○	감사, 세무, 감정 등 일반용역에 지출하 는 비용
		기관장 업무추 진비	○	○	기관장(이사장 및 총장)의 업무추진에 특별히 드는 비용
		상임이사 업무 추진비	○	×	상임이사의 업무 추진에 특별히 드는 비용
		기타 업무 추 진비	○	○	기관장 및 상임이사를 제외한 교직원 의 업무 추진에 특별히 드는 비용
		홍보비	○	○	신문공고, 홍보용 책자, 기념품 등의 홍 보용품제작 경비
		회의비	○	○	각종 회의에 지출하는 비용

과 목			적용회계		해 설
관	항	목	법인 회계	학교 회계	
관리 운영비	운영비	행사비	○	○	입학식, 졸업식, 개교기념식 등의 행사에 지출하는 비용
		선교비	○	○	종교계 법인 및 학교의 선교활동비
		기타운영비	○	○	그 밖의 운영비
	감가상각비		○	○	※ 운영계산서에만 해당됨
		유형고정자산 감가상각비	○	○	유형고정자산의 해당 회계연도 감가상각액
		무형고정자산 감가상각비	○	○	무형고정자산의 해당 회계연도 감가상각액
연구학생 경비	연구비	연구비	×	○	교원 및 직원 연구비
		연구관리비	×	○	연구용도서 구입, 연구결과보고서의 출판 등에 지출하는 각종 비용
	학생경비	교외장학금	○	○	기부금 수입 등 외부재원으로 지급하는 장학금
		교내장학금	○	○	(등록금회계) 등록금재원으로 지급하는 장학금 (비등록금회계) 적립금 및 적립이자, 수입이자 등의 재원으로 지급하는 장학금
		실험실습비	×	○	실험, 실습교육에 지출하는 제비용(실험·실습 기자재 구입비는 기계·기구 매입비에 계상)
		논문심사료	×	○	논문심사에 소요되는 비용(논문심사료 수입과 대응)
		학생지원비	×	○	교내신문 발행, 교내방송, 대학지 발간, 학생서클보조 및 학생행사보조 등 학생지원 및 복지 위해 지출하는 제비용
		기타학생경비	×	○	그 밖의 학생경비
	입시관리비	입시수당	×	○	입학시험 관리담당 교직원에게 지급하는 수당

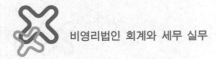

과 목			적용회계		해 설
관	항	목	법인 회계	학교 회계	
연구학생 경비	입시관리비	입시경비	×	○	입학시험에 소요되는 소모품비, 수수료, 인쇄비, 광고료, 임차료, 식사비 등의 비용
교육 외 비용	지급이자	지급이자	○	○	차입금, 차관 등에 대한 이자지급액
	기타 교육 외 비용	잡손실	○	○	예측하지 못한 교육 외 특별비용
		외화환산손실	○	○	외화자산 및 부채의 환율변동에 의한 손실(회수 및 상환에 따른 손실은 외환 차손에 계상)
		외환차손	○	○	외화자산 회수금액이 장부가액을 미달 하는 경우 미달금액 및 외화부채 상환 금액이 장부가액을 초과하는 경우 초 과금액(자금계산서에는 회수 및 상환 금액의 총계를 계상)
		투자유가증권 처분손실	○	○	투자유가증권 매각대금이 장부가액을 미달할 경우 미달금액
		고정자산처분 손실	○	○	고정자산의 매각대금이 장부가액에 미 달할 경우 미달금액(자금계산서에는 매각액 총계를 계상함)
		고정자산폐기 손실	○	○	고정자산의 폐기에 의한 손실
		전기오류수정 손실	○	○	이전 회계연도에 발생한 잘못된 회계 처리에 대한 오류수정손실
전출금	전출금	경상비전출금	○	×	법인이 학교의 인건비, 관리운영비, 학 생경비, 연구비 등으로 전출하는 금액
		법정부담전출금	○	×	법인이 학교의 교직원에 대한 각종 법 정부담금(연금, 의료보험 등)으로 전출 하는 금액
		자산전출금	○	×	법인이 학교에게 토지 및 건축물이 아 닌 자산을 전출하거나 토지 및 건축물 이 아닌 자산을 취득할 목적으로 전출 하는 현금

과 목			적용회계		해 설
관	항	목	법인 회계	학교 회계	
전출금	전출금	부속병원전출금	○	×	법인이 의과대학·치과대학 및 한의과 대학의 운영을 위해 부담하는 각종 전 출금
		특별회계전출금	○	○	특별회계로 전출하는 전출금
		교내전출금	×	○	교내의 다른 회계조직에 전출하는 금액
		비등록금회계 전출금	×	○	등록금회계에서 비등록금회계로 전출 하는 금액 ※ 건축적립금 적립액과 차입원리금 상환액으로 세목 구분
	산학협력단 및 학교기업 전출금	산학협력단 전 출금	○	○	법인회계 또는 학교회계에서 산학협력 단회계로 전출하는 금액
		학교기업 전출 금	○	○	법인회계 또는 학교회계에서 학교기업 회계로 전출하는 금액
운영비용합계			○	○	
기본금 대체액			○	○	
	각종 적립금 대체액		○	○	각종 적립기금에 상당하는 운영차액의 대체액
운영차액 대체액			○	○	각종 적립금 인출에 따른 적립금 운영 차액으로의 대체액
당기운영차액			○	○	
	당기 운영차액		○	○	운영수익 총계-운영비용 합계-각종 적 립금 대체액+운영차액 대체액(기본금 대 체액을 각종 적립금 대체액으로 변경)
비용총계			○	○	

비고 : 1. 적용회계란의 ○표는 그 계정과목이 당해 회계의 적용대상임을, ×표는 그 계정과목이 당해
　　　　 회계의 적용대상이 아님을 표시한 것임.
　　　 2. 비용총계는 운영수입 총계와 일치하여야 함.

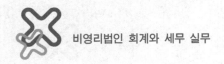
6-4-4. 운영계산서의 부속명세서

운영계산서의 부속명세서는 다음과 같다(사학기관 재무·회계 규칙에 대한 특례규칙 제40조).

> 1. 별지 제1호의 5 서식에 의한 등록금명세서
> 2. 별지 제5호의 2 서식에 의한 전입금명세서
> 3. 별지 제5호의 3 서식에 의한 예비비사용액명세서
> 4. 별지 제5호의 4 서식에 따른 고정자산 감가상각비 명세서
> 5. 기타 필요한 명세서

7 자산·부채의 평가

7-1. 자산의 평가기준

재무상태표에 표시하는 자산의 가액은 당해 자산의 취득원가를 기초로 하여 계상함을 원칙으로 한다. 그러나 당해 자산의 취득을 위하여 통상적으로 소요되는 가액과 비교하여 현저하게 저렴한 가액으로 취득한 자산 또는 증여받은 자산의 평가는 취득원가에 불구하고 취득하거나 증여받은 때의 시가로 평가한다.

여기서 시가라 함은 「감정평가 및 감정평가사에 관한 법률」에 따른 감정평가에 따르는 것을 원칙으로 하되, 토지의 경우에는 「부동산 가격공시에 관한 법률」 제10조에 따른 개별공시지가에 따를 수 있다(사학기관 재무·회계 규칙에 대한 특례규칙 제30조).

7-2. 자산재평가

이사장 및 학교의 장은 보유자산의 장부가액을 시가에 적합하게 하기 위하여 자산의 재평가를 할 수 있다. 이때 자산의 재평가방법 및 재평가차액 등의 회계처리에 관한 사항은

「자산재평가법」의 규정을 준용하되, 토지는 「자산재평가법」 사학기관 재무·회계 규칙에 대한 특례규칙 제30조 제3항의 규정에 의한 공시지가 또는 개별토지의 가격에 의하여 자체적으로 평가할 수 있다(사학기관 재무·회계 규칙에 대한 특례규칙 제31조).

7-3. 대손상각 등

이사장 및 학교의 장은 법인회계 및 학교회계의 자산 중 회수불가능한 것으로 추정되는 부실채권이나 사용이 불가능한 고정자산이 있는 경우에는 이사회의 승인을 받아 대손상각하거나 폐기할 수 있다. 다만, 취득가액이 500만원 미만인 고정자산의 경우에는 이사회의 승인을 받지 않고 폐기할 수 있다(사학기관 재무·회계 규칙에 대한 특례규칙 제32조).

7-4. 유가증권 및 투자유가증권의 평가

재무상태표 기준일 현재의 투자유가증권은 시가로 평가하여야 한다. 투자유가증권을 시가로 평가하는 경우에 발생하는 평가손익은 기본금 조정을 통하여 처분 이전까지 미실현손익으로 회계처리하고, 처분하였을 때에는 투자유가증권 처분손익으로 기재한다(사학기관 재무·회계 규칙에 대한 특례규칙 제33조).

7-5. 감가상각

법인회계 및 학교회계에 속하는 고정자산에 대해서는 기존에 감가상각을 하지 아니하였으나, 2009년 12월 22일 「사학기관 재무·회계 규칙에 대한 특례규칙」이 개정되어 2010년 3월 1일부터 감가상각을 하도록 하였다. 다만, 토지, 박물관의 유물 및 건설 중인 고정자산에 대해서는 감가상각을 하지 아니한다. 고정자산에 대한 감가상각은 정액법을 적용하고 고정자산별 감가상각 내용연수는 사학기관 재무·회계 규칙에 대한 특례규칙 별표 4에 따른다. 유형고정자산의 감가상각비는 해당 감가상각누계액으로 표시하고, 무형고정자산의 감가상각비는 해당 무형고정자산에서 직접 차감하여 표시한다. 그 해 감가상각비 상당액은 그 해 건축적립금에 적립할 수 있다(2009.12.22. 신설). 동 개정규정은 이 규칙 시행 후

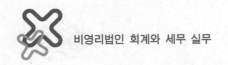

별표 4에 따른 고정자산의 내용연수가 경과하지 아니한 유형고정자산에 대하여 해당 연도분 감가상각부터 적용한다(사학기관 재무·회계 규칙에 대한 특례규칙 제34조).

〔별표 4〕 (2009.12.22. 신설)

고정자산별 감가상각 내용연수(제34조 제2항 관련)

유형고정자산		
구 분	내용연수	구조 또는 자산명
건축물 1	40년	철골·철근콘크리트조, 철근콘크리트조, 석조, 연와석조, 철골조의 모든 건물(부속설비를 포함한다)과 구축물
건축물 2	20년	연와조, 블록조, 콘크리트조, 토조, 토벽조, 목조, 목골모르타르조, 그 밖의 조의 모든 건물(부속설비를 포함한다)과 구축물
연구기자재	5년	교육, 연구 및 실험, 실습용으로 사용되는 기자재
기계 비품	5년	연구 기자재를 제외한 기계장치, 각종 기구 및 각종 집기비품(실험연구용 시설 및 기계 포함, 단 실습용 선박 및 항공기는 12년을 적용함)
차량운반구	5년	자동차 및 그 밖의 운반구
소프트웨어	5년	전산 프로그램 등
도서	5년	도서 단, 계약기간에 따른 해외저널, 학술데이터베이스의 전자적 구독 등은 사용기간으로 함
무형고정자산		
1	5년	영업권, 디자인권, 실용신안권, 상표권
2	10년	특허권, 어업권, 해저광물자원, 개발법에 따른 채취권, 유료도로관리권, 수리권, 전기가스공급시설이용권, 공업용수도시설이용권, 수도시설이용권, 열공급시설이용권
3	20년	광업권, 전신전화전용시설이용권, 전용측선이용권, 하수종말처리장시설관리권, 수도시설관리권
4	50년	댐 사용권

7-6. 외화자산 및 외화부채의 환산 등

　　외화자산 및 외화부채는 재무상태표 기준일 현재 한국은행이 고시한 환율로 환산한다. 이 경우에 발생하는 환산차액은 외화환산손실 또는 외화환산이익의 과목으로 운영계산서에 계상한다. 외화자산 및 외화부채의 회수 또는 상환으로 인하여 발생하는 장부가액과 실제회수액 또는 실제상환액과의 차액은 외환차익 또는 외환차손의 과목으로 운영계산서에 계상한다(사학기관 재무ㆍ회계 규칙에 대한 특례규칙 제35조).

제 **2** 절

학교법인의 세무

1 법인세법

1-1. 학교법인의 법인세 납세의무

「유아교육법」에 따른 유치원, 「초·중등교육법」 및 「고등교육법」에 따른 학교, 「경제자유구역 및 제주국제자유도시의 외국교육기관 설립·운영에 관한 특별법」에 따라 설립된 외국교육기관(정관 등에 따라 잉여금을 국외 본교로 송금할 수 있거나 실제로 송금하는 경우는 제외), 「제주특별자치도 설치 및 국제자유도시 조성을 위한 특별법」에 따라 설립된 비영리법인이 운영하는 국제학교, 「평생교육법」 제31조 제4항에 따른 전공대학 형태의 평생교육시설 및 같은 법 제33조 제3항에 따른 원격대학 형태의 평생교육시설에서 해당 법률에 따른 교육과정에 따라 제공하는 교육서비스업은 법인세의 납세의무가 없다(법인세법 시행령 제3조 제1항 제3호).

그러나 이외 「법인세법」 제4조 제3항에 열거된 수익사업에 해당하는 경우에는 각 사업연도 소득에 대한 법인세의 납세의무가 있다. 학교법인이 정관 또는 규칙으로 특정 사업의 수입에 대하여 고유목적사업의 수입으로 규정하고 있다고 해도 「법인세법」 제4조 제3항에 규정한 사업에 해당되면 과세소득으로 보아 법인세가 과세된다. 즉, 학교법인의 고유목적사업인 학교회계에 속하는 소득이라 하더라도 「법인세법」상 수익사업에 해당하면 법인세를 과세한다.

또한, 학교법인이 해산하는 때에는 잔여재산은 합병 및 파산의 경우를 제외하고는 관할지방자치단체 또는 다른 학교법인 등에게 귀속되어 청산소득이 발생하지 아니하므로, 청산소득에 대한 납세의무는 없다.

보다 자세한 내용은 '제2장 법인세법'을 참조하기 바란다.

1-1-1. 수익사업과 수입의 범위

학교법인의 수익사업과 비수익사업의 구분은 당해 사업 또는 수입의 성질을 기준으로 하여 구분한다(법인세법 기본통칙 4 – 3…3). 학교법인의 수입금액 중 수익사업과 비수익사업에 속하는 것을 예시하면 다음과 같다.

(1) 수익사업에 속하는 것

① 학교법인의 임야에서 발생한 수입과 임업수입
② 학교 부설연구소의 원가계산 등의 용역수입
③ 학교에서 전문의를 고용하여 운영하는 의료수입
④ 교육훈련에 따른 수수료수입
⑤ 학교법인이 직영으로 매점을 운영하는 경우(서면3팀 – 2317, 2006.9.28.)
⑥ 학교법인의 정기간행물 발간사업. 다만, 특별히 정해진 법률상의 자격을 가진 자를 회원으로 하는 법인이 그 대부분을 소속회원에게 배포하기 위하여 주로 회원의 소식, 기타 이에 준하는 내용을 기사로 하는 회보 또는 회원명부(이하 '회보 등'이라 한다) 발간사업과 학술, 종교의 보급, 자선, 기타 공익을 목적으로 하는 법인이 그 고유목적을 달성하기 위하여 회보 등을 발간하고 이를 회원 또는 불특정다수인에게 무상으로 배포하는 것으로서 통상 상품으로 판매되지 아니하는 것은 제외한다.
⑦ 학교법인의 광고수입
⑧ 학교법인의 학교직영 구내식당 운영(법인 1264.21 – 751, 1984.2.28.)
⑨ 학교법인이 기숙사를 운영하면서 수령하는 기숙사비(서면2팀 – 1592, 2007.8.31.)

(2) 비수익사업에 속하는 것

① 일시적인 저작권의 사용료로 받는 인세수입
② 업무와 직접 관계없이 타인으로부터 무상으로 받은 자산가액

| 중요 예규 및 판례 |

사전 - 2023 - 법규법인 - 0277, 2023.7.21.

학교법인이 사립학교에 시설비·교육비·장학금 또는 연구비로 사용되는 기부금을 수령하는 경우 기부금 영수증(「법인세법 시행규칙」[별지 제63호의 3 서식])의 '❷기부금 단체'는 사립학교가 되고 '기부금 수령인'은 학교법인이 되며, '❸기부금 모집처(언론기관 등)'는 적지 않는 것임.

서면 - 2022 - 법인 - 3796, 2023.4.18.

「법인세법 시행령」 제3조 제2항을 적용함에 있어 비영리내국법인에 해당하는 학교법인이 법령 또는 정관에 규정된 고유목적사업을 수행하기 위하여 해당 법인에 소속된 교사에게 사택으로 제공한 부동산은 "고유목적사업에 직접 사용한 유형자산"에 해당하는 것이며, 해당 부동산이 처분일 현재 3년 이상 계속하여 법령 또는 정관에 규정된 고유목적사업에 직접 사용되었는지 여부는 사용현황 등 제반사항을 고려하여 사실판단할 사항임.

서면 - 2021 - 법규법인 - 5867, 2022.1.25.

[질 의]

〔사실관계〕

• 학교법인 **학원은 19**년 *월 「사립학교법」에 따라 교육부장관의 허가를 받아 설립된 비영리법인으로, 대학교, 중·고등학교 및 유치원을 설치·경영하고 있음.

〔질의요지〕

• 학교법인이 법인령 §39①1호바목에 따른 '법률에 따라 등록된 기관'에 해당하는지 여부

  * '법률에 따라 등록된 기관' 중 일정 요건을 충족한 것으로서 국세청장의 추천 및 기재부장관이 지정 고시한 단체는 10% 손금산입 한도 기부금단체에 해당

[회 신]

학교법인은 「법인세법 시행령」 제39조 제1항 제1호 바목에 따른 '법률에 따라 등록된 기관'에 해당하지 않는 것임.

사전 - 2021 - 법령해석법인 - 0743, 2021.6.11.

[질 의]

〔사실관계〕

• A법인은 연구소, 부속병원, ○○사업본부, ○○○대학교 등 4개의 사업부로 이루어진

법인이며,

- 사업부 중 ○○○대학교는 「고등교육법」에 따라 설립된 학교로서, 「법인세법 시행령」 제39조 제1항 제1호 다목에 따라 지정기부금 단체 요건을 충족하나
- A법인은 지정기부금단체 요건을 충족하지 못하며,
- 4개의 사업부 외에 별도의 행정지원 부서가 있고, 행정지원 부서들은 4개 사업부의 회계, 인사, 예산 등의 행정 지원업무를 수행하고 있음.

〔질의내용〕

• 내국법인이 4개의 사업부로 조직되어 있고, 그 중 하나의 사업부가 「고등교육법」에 따른 학교인 경우 해당 내국법인을 지정기부금 단체로 볼 수 있는지 여부

[회신]

귀 사전답변 신청의 사실관계와 같이, 내국법인이 4개의 사업부로 조직되어 있고, 그 중 하나의 사업부가 '「고등교육법」에 따른 학교'라 하더라도 해당 내국법인은 「법인세법 시행령」 제39조 제1항 제1호 다목의 '「고등교육법」에 따른 학교'로 볼 수 없는 것임.

서면 - 2019 - 법인 - 0993, 2020.6.1.

[질의]

〔사실관계〕

• 질의법인은 초, 중, 고등, 대학교를 설치·경영하는 학교법인이며, 학교법인과 설치학교는 각각 사업자등록이 되어 있음.
- 회계는 법인의 업무에 속하는 법인회계와 학교에 속하는 교비회계로 구분되어 있음.
• 학교가 아닌 학교법인에 직접 현금을 기부하고자 상담을 요청한 기부자가 있어 소득공제와 관련된 기부금영수증 발급에 관해 정확하게 안내하고 기부금 모집을 적극 추진하고자 함.

〔질의내용〕

(질의1) 학교법인의 수익용기본재산에 편입할 목적으로 기부금을 수령할 경우 기부금 구분(코드)은.
(질의2) 학교법인의 운영비(회의비, 법률용역비, 집기구입비, 급여 등)에 사용할 목적으로 기부금을 수령할 경우 기부금 구분(코드)은.
(질의3) 학교교육에 사용할 목적의 기부금을 학교법인이 수령할 경우 기부금영수증은 학교법인이 아닌 기부금을 전입받은 학교의 사업자등록번호로 발급하는 것인지.

[회신]

귀 질의 1, 2의 경우 학교법인은 「법인세법」 제24조 제3항 제4호 가목 및 같은 법 시행령

제39조 제1항 제1호 다목에 해당되지 않는 것임.

귀 질의 3의 경우 학교법인이 사립학교에 '시설비 · 교육비 · 장학금 또는 연구비' 및 '고유목적사업비'로 사용되는 기부금을 수령하는 경우 기부금영수증(「법인세법 시행규칙」[별지 제63호의 3 서식]) '② 기부금 단체'란의 사업자등록번호는 학교의 사업자등록번호를 기재하는 것임.

사전 - 2016 - 법령해석법인 - 0292, 2016.8.16.

학교법인이 임대사업에 사용하던 부동산의 양도로 인하여 발생하는 수입은 법인세가 과세되는 것임. 다만, 동 부동산 양도소득에 대해서는 소득금액의 전액을 고유목적사업준비금으로 손금에 산입할 수 있으며, 손금으로 계상한 고유목적사업준비금은 5년 이내에 고유목적사업에 사용하여야 하는 것임.

법인 - 1358, 2009.12.3.

학교법인이 처분일 현재 고유목적사업에 3년 이상 사용하지 않은 고정자산을 처분함으로 인하여 생기는 수입은 수익사업에서 생기는 소득에 해당함.

서면2팀 - 1287, 2008.6.24.

「초 · 중등교육법」에 의해 감독관청의 인가를 받아 설립한 외국인학교를 경영하는 사업은 「법인세법 시행령」 제2조 제1항 제3호의 규정에 의하여 수익사업에서 제외되는 것임.

서면2팀 - 1652, 2007.9.7.

학교법인이 계약에 의해 의료법인에 용역을 제공하고 받은 대가는 비영리법인의 수익사업에 해당하는 것임.

서면2팀 - 2225, 2006.11.1.

비영리법인인 신학대학교가 3년 이상 사용한 학생 기숙사용 아파트를 양도한 경우 부동산의 처분으로 인하여 생기는 수입은 법인세가 과세되지 아니함.

서면3팀 - 2317, 2006.9.28.

1. 사립학교가 직영으로 매점을 운영하는 경우 부가가치세 과세 여부와 관련하여서는 관련 조세법령과 「부가가치세법 기본통칙」 12 - 37 - 2 【공익단체의 계속적 수익사업】 및 질의회신사례(서면3팀 - 2269, 2005.12.13.)를 참고하기 바람.

2. 귀 질의와 같이 학교법인이 매점을 직영으로 운영하는 경우에는 「법인세법」 제3조 제2항 제1호 및 동법 시행령 제2조 제1항의 규정에 의한 수익사업의 범위에 해당하는 것이므로 법인세 과세표준과 세액을 신고하여야 하는 것이며, 질의와 관련한 조세법

령 등을 참고하기 바람.

서면2팀 - 1575, 2006.8.24.

질의

「고등교육법」에 의한 대학교에서 창업관련 교과목인 '서비스 및 소자본 창업', 'E-Business'를 전공과목으로 학생들에게 교육하고 있으며, 중소기업청의 '대학 창업강좌 지원계획'에 의하여 교과과정당 800만 원(총 1,600만 원)의 지원금을 받아 전액 교과과정에 대한 강사료 및 실습비 등으로 사용하는 바, 당해 중소기업청의 교과과정 지원금이 수익사업에 해당하는지 여부에 대하여 질의함.

회신

귀 질의의 경우 교육서비스업 중 「고등교육법」에 의한 학교를 경영하는 사업은 「법인세법 시행령」 제2조 제1항 제3호의 규정에 의하여 수익사업에서 제외되는 것이며, 「부가가치세법」 제13조 제2항 제4호 규정에 의거 국고보조금 및 공공보조금은 과세표준에 포함하지 아니하는 것임.

서면2팀 - 863, 2006.5.16., 서면2팀 - 698, 2004.4.2.

사립학교가 교육용 기본재산으로 3년 이상 교육사업에 직접 사용된 부동산이 공공용지로 수용됨에 따라 관할청의 허가를 받아 처분하는 경우 수익사업에서 생기는 소득으로 보지 아니함.

서면2팀 - 341, 2006.2.14.

학교법인이 수익사업회계에 속하는 임대용 부동산을 비영리사업회계로 전출한 행위가 명목뿐인 경우로서 당해 재산을 수익사업에 계속 사용하는 경우 그 전출이 없는 것으로 보는 것임.

서면2팀 - 313, 2006.2.7.

질의

사립학교를 운영하는 법인이 30년간 고유목적사업(교육사업)에 사용하던 운동장을 교육부의 사전승인을 받아 수익사업인 주상복합건물을 신축하여 분양하고자 함.

질의 1. 고유목적사업에 3년 이상 계속 사용하던 토지에 주상복합건물을 신축하여 분양하는 것이 수익사업에서 발생한 소득인지 아니면 고정자산 처분소득인지 여부에 대하여 질의함.

질의 2. 비수익사업에서 수익사업으로 전출하는 사업용지의 자본원입시 가액과 수익사업의 원가를 자본원입시 시가로 하는지 아니면 장부가액으로 하는지 여부에

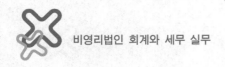

대하여 질의함.

회신

귀 질의와 같이 고유목적사업에 3년 이상 계속 사용하던 토지에 주상복합건물을 신축하여 분양하는 것은 수익사업에서 생기는 소득에 해당하는 것이며, 사립학교법인이 고유목적사업(교육사업)에 사용하던 운동장을 주상복합건물의 건축용지로 사용하기 위해 수익사업에 전입하는 경우, 당해 자산가액은 「법인세법 시행규칙」 제76조 제3항에 의하여 수익사업에 대한 자본의 원입으로 경리하고, 이 경우 자산가액은 시가에 의하는 것임.

서면2팀 - 125, 2006.1.16.
학교법인의 수익사업용 부동산을 양도하는 경우 법인세를 신고·납부하여야 하는 것임.

서면2팀 - 1219, 2005.7.27.
대학교 산하단체인 비영리법인이 교육서비스인 인터넷방송강의 대가로 인한 계속적인 수입은 원격대학을 경영하는 사업에 해당하지 아니하므로 수익사업에 해당함.

서면2팀 - 979, 2005.7.1.
학교법인의 토지에 영리법인이 건물을 신축한 후 일정기간 무상 사용하는 조건으로 기부하는 경우 동 건물의 건축비용을 사용기간에 안분하여 학교법인의 임대료수입으로 계상하여야 하며 부가가치세가 과세되는 것임.

서면2팀 - 2218, 2004.11.2.
국립대학이 「산업교육진흥 및 산학협력촉진에 관한 법률」에 의하여 별도로 설립한 산학협력단은 비영리법인에 해당하므로 수익사업은 법인세 과세대상임.

서이 46012 - 10302, 2001.10.5.
사립대학을 운영하는 학교법인이 「청소년기본법」에 의한 청소년수련시설을 설치·운영하고 그 이용자로부터 수련비용 등을 받는 사업은 수익사업에 해당함.

1-2. 학교법인의 과세소득 계산

학교법인의 일반업무회계 및 교비회계는 고유목적사업이므로 그 수입금액은 원칙적으로 과세대상이 아니다. 그러나 그 수입금액 중 「법인세법」 제4조 제3항에서 규정하고 있는 수익사업에서 발생한 수입이 있는 경우에는 법인세가 과세된다. 학교회계의 수입금액도 마찬가지로 「법인세법」상의 수익사업에서 생긴 소득금액으로 인정되는 소득이 있는 경우에는 그 소득은 유형별로 구분하여 이를 학교법인의 수익사업소득과 합산하여 세무조정계산에 반영한 후 법인세 과세표준 신고기한까지 납세지 관할세무서에 제출해야 한다.

즉, 법인회계와 학교회계의 수익사업에서 발생한 수입을 각각 별도로 계산하지 않고, 합산하여 과세소득을 계산하게 된다.

1-3. 수익사업의 구분경리

학교법인은 다음과 같이 구분경리하여야 한다. 구분경리에 대한 일반적인 사항은 '제2장 제3절 구분경리'를 참조하기 바란다.

① 학교에 속하는 회계 : 교비회계와 부속병원회계
② 법인의 업무에 속하는 회계 : 일반업무회계와 수익사업회계

1-4. 고유목적사업준비금

1-4-1. 고유목적사업준비금의 개요

학교법인은 「초·중등교육법」 및 「고등교육법」에 의한 교육기관인 설치학교를 운영하는 것이 고유목적사업이다. 학교법인이 설치학교의 운영비 조달을 위하여 수익사업을 영위하는 경우, 수익사업에서 발생한 소득에 대하여 법인세 납세의무를 가진다. 그러나 수익사업소득에 대하여 영리내국법인과 동일하게 법인세를 과세한다면 공익성이 있는 비영리내국법인이 고유목적사업 등에 사용할 재원 중 일부가 국가 등에 귀속되어 공익사업을 수행하는 데 있어 장애가 될 수 있을 것이다.

이러한 이유로, 그 수익사업에서 발생된 소득의 전부 또는 일부를 향후 고유목적사업에 충당하기 위하여 고유목적사업준비금을 손금에 계상한 경우 일정금액 범위 내에서 이를 손금으로 산입하여 고유목적사업 등에 사용할 재원을 비영리내국법인 내에 유보할 수 있도록 하였다.

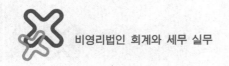

다만, 손금으로 계상한 사업연도의 종료일 이후 5년 내에 이를 고유목적사업에 사용하지 않을 경우 5년이 되는 날이 속하는 사업연도에 익금산입함과 동시에 미사용 잔액에 대한 이자상당액을 법인세에 가산하여 납부하여야 한다.

한편, 고유목적사업준비금을 손금에 산입하기 위해서는 법인의 장부에 손금으로 계상하여야 하는 것이 원칙이지만, 외부감사를 받는 학교법인의 경우 잉여금처분에 의한 신고조정으로 손금에 산입할 수 있다.

비영리법인의 고유목적사업준비금에 대한 일반적인 사항은 '제2장 제4절 고유목적사업준비금'에서 상술하고 있으므로, 본 장에서는 학교법인의 고유목적사업준비금과 관련하여 주의해야 할 점을 살펴보기로 한다.

1-4-2. 고유목적사업준비금의 손금산입

(1) 손금산입 한도

「사립학교법」에 의한 학교법인은 2025년 12월 31일 이전에 끝나는 사업연도까지 수익사업소득금액의 100%에 대하여 고유목적사업준비금을 설정할 수 있다(법인세법 제29조, 조세특례제한법 제74조).

(2) 손금산입 한도초과액의 처리

고유목적사업준비금 설정가능한도를 초과하여 계상한 고유목적사업준비금은 손금불산입해야 하며, 그 이후의 사업연도에 설정가능한도를 미달하게 설정한 경우에도 손금으로 추인할 수 없다. 다만, 한도초과되어 손금불산입된 고유목적사업준비금을 환입하여 수익으로 계상한 경우에는 이월익금으로 보아 이를 익금불산입한다(법인세법 기본통칙 29－56…3).

(3) 고유목적사업준비금의 사용

손금으로 계상한 고유목적사업준비금을 고유목적사업 등에 지출하는 경우에는 그 금액을 먼저 계상한 사업연도의 고유목적사업준비금부터 차례로 상계해야 한다. 이 경우 직전 사업연도 종료일 현재의 고유목적사업준비금의 잔액을 초과하여 해당 사업연도의 고유목적사업 등에 지출한 금액이 있는 경우, 그 금액은 그 사업연도에 계상할 고유목적사업준비금에서 지출한 것으로 본다(법인세법 제29조 제3항).

한편, 「조세특례제한법」 제74조 제1항 제1호의 규정을 적용받는 학교법인(사립학교법에 의한 학교법인, 산업교육진흥 및 산학연협력촉진에 관한 법률에 따른 산학협력단 및 평생교육법에 따른 원격대학 형태의 평생교육시설을 운영하는 민법 제32조에 따른 비영리법인, 서울대학교 및 발전기금, 인천대학교 및 발전기금)이 수익사업회계에 속하는 자산을 비영리사업회계에 전입한 경우에는 일반 비영리법인과 다르게 전입하는 시점에 비영리사업에 지출한 것으로 보도록 하고 있다(법인세법 시행규칙 제76조 제4항). 그러나 최근 대법원 판례(대법 2012두690, 2013.3.28.)에 따르면 전입하는 시점에 지출한 것으로 보는 것이 아니라 실제 목적사업에 지출하는 시점에 준비금을 사용한 것으로 보도록 판시하고 있어 학교법인입장의 에서는 세법에 맞는 준비금 사용·관리가 필요할 것으로 보인다.

1-5. 대학재정건전화를 위한 과세특례

1-5-1. 수익용 기본재산의 양도차익 과세이연

「고등교육법」에 따른 학교법인이 수익용 기본재산을 양도하고 양도일부터 1년 이내에 다른 수익용 기본재산을 취득하는 경우, 보유하였던 수익용 기본재산을 양도하여 발생하는 양도차익에서 다음의 금액을 해당 사업연도의 소득금액을 계산할 때 익금에 산입하지 아니할 수 있다. 여기서 수익용 기본재산이란 「대학설립·운영 규정」 제7조에 따른 수익용 기본재산 중 토지와 건축물을 말하며, 양도일부터 1년 이내에 다른 수익용 기본재산을 취득하는 경우에는 종전 수익용 기본재산 처분일이 속하는 사업연도가 종료된 후 다른 수익용 기본재산을 취득하는 경우를 포함한다(조세특례제한법 제104조의 16 제1항, 동법 시행령 제104조의 16 제1항 내지 제4항).

> 익금불산입 대상 금액 = (1) × (2)
> (1) 처분하는 수익용 기본재산의 처분가액 − (장부가액 + 직전 사업연도 종료일 현재 「법인세법」 제13조 제1항 제1호에 따른 이월결손금)
> (2) 처분하는 수익용 기본재산의 처분가액 중 취득하는 수익용 기본재산의 취득가액이 차지하는 비율(100% 한도). 단, 수익용 기본재산 양도일이 속하는 사업연도의 종료일까지 다른 수익용 기본재산을 취득하지 아니한 경우 취득하는 수익용 기본재산의 가액은 취득 예정인 자산의 가액으로 할 수 있음.

상기 익금불산입한 금액은 양도일이 속하는 사업연도 종료일 이후 3년이 되는 날이 속하는 사업연도부터 3개 사업연도의 기간에 균등액 이상을 익금에 산입하여야 하며, 학교법인이 다른 수익용 기본재산을 취득하지 아니하는 경우에는 해당 사유가 발생한 날이 속하는 사업연도의 소득금액 계산시 상기 익금불산입 금액 전액(취득예정 자산가액보다 낮은 가액의 자산을 취득한 경우에는 실제 취득가액을 기준으로 계산한 익금불산입 대상 금액을 초과하는 금액)을 익금에 산입한다. 또한, 이 경우 당해 과세연도의 과세표준신고시 관련 이자상당액을 가산하여 법인세로 납부하여야 하며, 당해 세액은 「법인세법」 제64조에 의하여 납부하여야 할 세액으로 본다(조세특례제한법 제104조의 16 제2항, 동법 시행령 제104조의 16 제5항).

한편, 수익용 기본재산의 양도차익에 대해 과세특례를 적용받으려는 학교법인은 수익용 기본재산의 양도일이 속하는 사업연도의 과세표준신고와 함께 양도차익명세 및 분할익금명세서를 납세지 관할세무서장에게 제출하여야 하며, 종전 수익용 기본재산 양도일이 속하는 사업연도의 종료일까지 다른 수익용 기본재산을 취득하지 아니하여 익금불산입 금액 계산시 취득하는 수익용 기본재산의 가액을 취득 예정인 자산의 가액을 적용한 후 수익용 기본재산을 취득하는 때에는 취득일이 속하는 사업연도의 과세표준신고와 함께 취득완료보고서를 납세지 관할세무서장에게 제출하여야 한다(조세특례제한법 제104조의 16 제3항, 동법 시행령 제104조의 16 제6항 및 제7항).

1-5-2. 출연금액의 손금산입

한편, 「고등교육법」에 따른 학교법인이 발행주식총수의 100분의 50 이상을 출자하여 설립한 법인이 해당 법인에 출자한 학교법인에 출연하는 금액은 다음의 금액을 한도로 손금에 산입한다(조세특례제한법 제104조의 16 제4항).

손금산입 한도 = (1) 해당 사업연도 소득금액 − (2) 결손금 및 기부금

(1) 해당 사업연도 소득금액 : 「법인세법」 제24조에 따른 기부금을 손금산입하기 전의 소득금액

(2) 결손금 및 기부금 : 「법인세법」 제13조 제1항 제1호에 따른 결손금 합계액 및 동법 제24조에 따른 기부금(학교법인 출연금은 제외)의 합계액

(앞쪽)

과세 연도	.·-· .·.·	양도차익명세 및 분할익금산입조정명세서

1. 대상법인

① 법 인 명		② 사업자등록번호	
③ 대표자 성명		④ 업 종	
⑤ 본점 소재지		(전화번호 :)	

2. 양도자산내역

⑥ 자산명	⑦ 자 산 소재지	⑧ 면 적(㎡) 수 량(개)	⑨ 양도일자	⑩ 양도가액	⑪ 취득가액	⑫ 양도차익 (⑩−⑪)	⑬ 이월 결손금

3. 익금불산입 및 분할익금산입 조정

익금불산입		분 할 익 금 산 입 (계 획)									
⑭ 사 업 연 도	⑮ 금 액	1차 연도		2차 연도		3차 연도		4차 연도		5차 연도	
		⑯연도	⑰금액	⑱연도	⑲금액	⑳연도	㉑금액	㉒연도	㉓금액	㉔연도	㉕금액

「조세특례제한법 시행령」

[ ]제30조 제11항
[ ]제43조의4 제7항
[ ]제44조의4 제7항
[ ]제79조의3 제8항
[ ]제79조의6 제6항
[ ]제79조의8 제8항   에 따라 양도차익명세 및 분할익금산입조정명세서
[ ]제79조의9 제8항   를 제출합니다.
[ ]제79조의10 제9항
[ ]제104조의16 제6항
[ ]제116조의35 제10항
[ ]제116조의37 제8항

년 월 일

제출인 :   (서명 또는 인)

세무서장 귀하

※ 자산양도계약서사본 1부는 제출하지 않고 해당 법인이 보관해야 합니다.

210mm×297mm[백상지(80g/㎡) 또는 중질지(80g/㎡)]

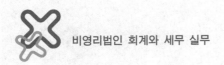

(뒤쪽)

작 성 방 법

1. ④업종란은 전환사업의 업종으로서 「조세특례제한법」 제6조 제3항에 따른 업종을 적습니다.
2. ⑥자산명란은 사업에 직접 사용되는 유형·무형고정자산을 적습니다.
3. ⑪취득가액란은 장부가액을 적습니다.
4. ⑬란의 이월결손금은 「법인세법」 제13조 제1호에 따른 이월결손금을 적습니다.
5. ⑮익금불산입금액란은 각각 다음의 구분에 따른 금액을 적습니다.
   가. 사업전환 무역조정지원기업에 대한 과세특례, 보육시설용 토지 등의 양도차익에 대한 과세특례, 공익사업을 위한 수용등에 따른 공장이전에 대한 과세특례, 중소기업의 공장이전에 대한 과세특례, 대학재정건전화를 위한 과세특례 및 기회발전특구로 이전하는 기업에 대한 과세특례: 다음 계산식에 따라 계산한 금액을 적습니다.

$$[양도차익(⑫)-이월결손금(⑬)] \times \frac{아래의\ 표의\ 구분에\ 따른\ 가액*}{양도가액(⑩)}$$

구　분	가　액*
·사업전환 무역조정지원기업에 대한 과세특례 (「조세특례제한법 시행령」 제30조)	전환사업용고정자산의 취득(예정)가액
·보육시설용 토지 등의 양도차익에 대한 과세특례 (「조세특례제한법 시행령」 제79조의6 제6항)	신규보육시설 취득(예정)가액
·공익사업을 위한 수용등에 따른 공장이전에 대한 과세특례 (「조세특례제한법 시행령」 제79조의8)	지방 공장의 취득(예정)가액
·중소기업의 공장이전에 대한 과세특례 (「조세특례제한법 시행령」 제79조의9)	신규 공장의 취득(예정)가액
·공익사업을 위한 수용등에 따른 물류시설이전에 대한 과세특례 (「조세특례제한법 시행령」 제79조의10)	지방물류시설의 취득(예정)가액
·대학재정건전화를 위한 과세특례 (「조세특례제한법 시행령」 제104조의16)	수익용재산취득(예정)가액
·기회발전특구로 이전하는 기업에 대한 과세특례 (「조세특례제한법 시행령」 제116조의37)	신규 사업용 부동산의 취득(예정)가액

   나. 자가물류시설의 양도차익에 대한 법인세 과세특례(「조세특례제한법 시행령」 제43조의4 제7항) 및 합병에 따른 중복자산의 양도에 대한 과세특례(「조세특례제한법 시행령」 제44조의4, 제116조의35) : ⑫양도차익 － ⑬이월결손금
   다. 행정중심복합도시 내 공장의 지방이전에 대한 과세특례(「조세특례제한법 시행령」 제79조의3 제8항)

$$[양도차익(⑫) － 이월결손금(⑬)] \times \frac{지방공장취득\ (예정)가액}{양도가액(⑩)} \times (1 - \frac{지방공장면적-기존\ 공장면적의\ 100분의\ 120}{기존\ 공장면적의\ 100분의\ 120})$$

〔별지 제64호의 15 서식〕 (2022.3.18. 개정)

취 득 완 료 보 고 서

보고인	①상 호 또 는 법 인 명		②사업자등록번호	
	③대 표 자 성 명		④생 년 월 일	
	⑤주 소 또 는 본 점 소 재 지			(☎ :)

보 고 내 용

⑥양 도 일		⑦취 득 일	

⑧ 취 득 가 액	합 계	토 지	건 축 물

⑨취 득 자 산 명 세

자 산 명	소 재 지	면적·수량	취 득 일	취 득 가 액

⑩ 양 도 가 액	합 계	토 지	건 축 물

⑪양 도 자 산 명 세

자 산 명	소 재 지	면적·수량	양 도 일	양 도 가 액	취 득 가 액

「조세특례제한법 시행령」 제104조의 16 제7항에 따라 취득완료 되었음을 보고합니다.

년 월 일

보고인 (서명 또는 인)

세무서장 귀하

※ 구비서류 : 없 음

수수료
없 음

210㎜×297㎜(신문용지 54g/㎡)

│ 중요 예규 및 판례 │

서면 - 2022 - 법규법인 - 1059, 2023.5.30.,
서면 - 2022 - 법규법인 - 3344, 2023.5.18.
「사립학교법」에 따른 사립학교가 「법인세법」 제24조 제2항 제1호 라목에 따른 기부금을 금전외의 자산으로 받는 경우 해당 자산의 취득가액은 「법인세법 시행령」 제72조 제2항 제7호에 따라 취득당시 시가로 하는 것임.

서면 - 2021 - 법규법인 - 4607, 2022.10.31.,
기획재정부 법인세제과 - 447, 2022.10.26.
내국법인이 사립학교의 시설비·교육비·장학금 또는 연구비로 사용목적을 한정하여 「사립학교법」 제2조 제2호에 따른 학교법인에 지출한 기부금이 실제 사립학교의 시설비·교육비·장학금 또는 연구비로 사용된 경우는 「법인세법」 제24조 제2항 제1호 라목에 따른 기부금에 해당하는 것임. 이 경우, 학교법인이 캠퍼스 건축비 및 캠퍼스 정보시스템 건축비로 사용한 금액은 사립학교의 시설비·교육비·장학금 또는 연구비로 사용된 경우에 해당하는 것임. 다만, 학교법인이 「대학설립·운영규정」 제7조 제1항에 따른 수익용기본재산을 확보하는데 사용한 금액 및 학교법인의 인건비·관리운영비 등으로 사용한 금액은 사립학교의 시설비·교육비·장학금 또는 연구비로 사용된 경우에 해당하지 않는 것임.

기획재정부 법인세제과 - 71, 2021.2.3.
「사립학교법」에 따른 학교법인이 수익사업회계에 속하는 자산을 비영리사업회계에 전입한 경우에는 「법인세법 시행규칙」 제76조 제4항에 따라 이를 비영리사업에 지출한 것으로 하는 것이나, 해당 자산을 계속하여 수익사업에 사용하는 경우 등 비영리사업회계에 명목상으로 전입한 것으로 볼 수 있는 경우에는 「법인세법 시행규칙」 제76조 제4항을 적용할 수 없는 것임.

서면 - 2019 - 법령해석법인 - 0344, 2020.11.19.
「고등교육법」에 따른 학교법인이 100% 출자하여 설립한 A법인이 다시 100% 출자하여 B법인을 설립한 후 해당 학교법인이 A법인으로부터 B법인의 주식을 전부 인수하여 B법인이 학교법인의 완전자법인이 되는 경우, B법인이 해당 학교법인에 출연하는 금액에 대하여는 「조세특례제한법」 제104조의 16 제4항에 따른 과세특례를 적용할 수 없는 것임.

사전 - 2018 - 법령해석법인 - 0261, 2019.2.15.

「사립학교법」에 따른 학교법인이 교육용 기본재산으로서 양도일 현재 3년 이상 계속하여 법령 또는 정관에 규정된 고유목적사업에 직접 사용하지 아니한 고정자산을 처분하는 경우에는 「법인세법」 제3조 제2항 제5호의 따라 법인세가 과세되는 것임.

사전 - 2018 - 법령해석법인 - 0624, 2018.12.6.

서울◇◇◇학교 학부모협회 한국 분사무소가 내국법인으로부터 수령한 기부금을 서울◇◇◇학교 시설물 증축을 위하여 사용하는 경우 해당 기부금은 「법인세법」 제24조 제2항 제4호 가목에 따른 법정기부금에 해당하는 것임.

서면 - 2017 - 법인 - 1142, 2017.9.14.

1. 귀 질의1의 경우 내국법인이 수익사업에 사용되는 토지 및 건물을 「사립학교법」에 따른 사립학교(학교법인이 수령하여 사립학교에 전출처리 하는 경우 포함)에 시설비·교육비·장학금 또는 연구비에 충당할 목적으로 출연하는 경우에는 「법인세법」 제24조 제2항의 규정에 따라 법정기부금으로 보는 것임.

2. 귀 질의2와 관련하여, 질의의 사실관계가 「법인세법」 제24조 제2항 규정의 법정기부금에 해당하는 경우 기존 회신사례(재법인 46012 - 149, 1993.9.7.)를 참고하기 바람.

※ 재법인 46012 - 149, 1993.9.7.

   법인이 사립학교법에 의한 사립학교(또는 학교법인)에 시설비·교육비·연구비로 지출한 출연금은 학교법인과 출연자간 특수관계 유무에 관계없이 조세감면규제법 제49조 제2항 제6호의 규정에 의하여 손금산입되는 것이며, 출연금이 금전 이외의 자산인 경우에는 법인세법 시행령 제41조 제1항 및 법인세법 시행규칙 제16조의 2 규정에 의한 가액을 출연가액으로 보며 또한 학교법인은 법인세법 시행령 제28조의 규정에 따라 동 출연가액을 당해 자산의 취득가액으로 하여 자산계상하는 것임.

대법 2012두690, 2013.3.28.

학교법인이 수익사업회계에 속하던 자산을 비영리사업회계로 전출할 당시부터 자산을 수익사업에 사용할 목적이었고, 그 후 실제 자산을 수익사업에 사용한 경우에는 구 「법인세법」 제29조의 입법취지에 비추어 볼 때 수익사업회계에 속하던 자산을 비영리사업회계로 전출하였다는 이유만으로는 이를 손금에 산입할 수 없음.

조심 2009서4297, 2010.3.10.

고등학교를 독립적인 법인으로 보기 어려우므로 고등학교가 납부하지 아니한 지급명세서제출불성실가산세를 학교법인에게 과세한 처분은 정당함.

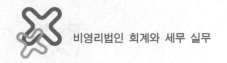

비영리법인 회계와 세무 실무

서면2팀 - 2289, 2007.12.17., 서이 46012 - 10843, 2003.4.22.

질 의

사립학교법인이 수익사업용 임대건물을 고유목적사업으로 전출하고자 할 경우, 고유목적사업준비금의 사용 여부 및 고유목적사업준비금의 사용에 해당될 경우 사용금액에 대하여 질의함.

회 신

「사립학교법」에 의한 학교법인이 수익사업회계에 속하는 자산을 비영리사업 회계에 전출한 경우에는 이를 비영리사업에 지출한 것으로 보아 「법인세법」 제29조 제2항의 규정을 적용하는 것이며, 수익사업에 사용하던 자산을 비수익사업에 전출하는 경우에는 고유목적사업 사용금액은 당해 자산의 시가상당액을 기준으로 「법인세법 기본통칙」 113 - 156…3 제2항의 규정을 적용하는 것임.

서면2팀 - 811, 2006.5.11.

비영리내국법인이 수익사업에 사용하던 임대용 부동산의 처분으로 인하여 발생한 수입을 「법인세법」 제29조 제1항의 규정에 의하여 고유목적사업준비금을 손금으로 계상한 후 이를 다시 고유목적사업의 기본재산으로 편입한 경우에는 손금에 산입한 고유목적사업준비금을 고유목적사업에 사용한 것으로 볼 수 없는 것임.

서면2팀 - 339, 2006.2.14.

「사립학교법」에 의한 학교법인이 처분일 현재 3년 이상 계속하여 고유목적사업에 직접 사용하지 아니한 부동산을 양도하는 경우에는 「법인세법」 제3조 제2항 제5호의 규정에 의하여 각 사업연도 소득에 대한 법인세가 과세되는 것이므로 법인세과세표준신고를 이행하여야 하며, 이때 발생한 소득에 대하여는 동법 제29조 제1항 제4호의 규정에 의하여 고유목적사업준비금을 손금에 산입할 수 있는 것임.

서면2팀 - 2071, 2005.12.15.

「사립학교법」에 의한 학교법인이 수익사업회계(건설업)에서 설정한 고유목적사업준비금을 동법 시행령 제13조의 규정에 의하여 일반업무회계로 전출하고 이를 부속병원회계에서 전입받아 「법인세법 시행규칙」 제29조의 2에서 규정하는 의료기기 등 고정자산을 취득한 금액은 「법인세법 시행령」 제56조 제6항의 규정에 의하여 고유목적사업준비금을 사용 또는 지출한 것으로 보는 것이며, 이 경우 당해 의료기기 등의 취득금액은 동법 시행령 제56조 제9항의 규정에 의하여 의료발전회계로 구분경리하여야 하는 것임.

서면2팀 - 1469, 2005.9.12., 법인 46012 - 372, 2000.2.9.

질의

「사립학교법」에 의한 학교법인으로서 학교에 속하는 회계(교비회계와 부속병원회계), 법인의 업무에 속하는 회계(일반업무회계)로 구분경리하고 있으며 법인이 부속병원의 설립을 위하여 차입금이 발생하였는 바, 부속병원 설립시 법인회계에 차입금을 계상하고 부속병원회계에 자산을 출자하는 형태로써 부속병원에서 자금을 전출받아 법인회계에서 차입금을 상환하는 경우와 부속병원 설립시 부속병원회계에 자산과 부채를 모두 출자하는 형태로써 부속병원에서 차입금을 상환하는 경우 등 각각의 경우에 동 차입금의 상환이 고유목적사업준비금의 사용에 해당하는지 여부에 대하여 질의함.

회신

귀 질의의 경우 비영리내국법인이 「법인세법」 제29조 및 동법 시행령 제56조의 고유목적사업준비금의 손금산입 규정을 적용하는 경우에 당해 법인의 수익사업의 회계에 속하는 차입금을 상환하는 금액은 이를 고유목적사업에 지출 또는 사용한 것으로 보지 아니하는 것임.

제도 46012 - 11605, 2005.6.20.

「법인세법 시행령」 제56조 제6항 제3호에서 규정하는 의료업을 영위하는 비영리내국법인의 범위에 「사립학교법」에 의하여 설립된 학교법인이 운영하는 대학병원이 포함되는 것임.

재법인 - 81, 2005.1.30.

학교법인의 소유토지에 일정기간 사용 후 기부되는 건물에 대하여 학교법인은 사용수익기간 동안 안분한 금액을 임대수입으로 하여 고유목적사업준비금을 설정할 수 있으나 동 준비금을 사용한 것으로 보지 않음.

서면2팀 - 2072, 2004.10.11.

학교법인이 기존병원의 매각과 관련하여 지급받은 선수금을 신축병원의 건축비로 지출한 금액은 의료발전회계로 구분경리하면 고유목적사업에 지출 또는 사용한 것으로 봄.

서이 46012 - 11600, 2003.9.3.

「사립학교법」에 의한 학교법인이 의료업 및 기타수익사업을 함께 영위시, 부속병원에 속하는 고정자산 취득을 위해 지출하는 금액은 그 손금산입된 고유목적사업준비금에서 지출 또는 사용하는 것으로 볼 수 있음.

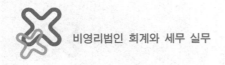
> **감심 2002 - 45, 2002.4.2.**
> 당해 사업연도의 수익사업에서 발생한 소득금액을 당해 사업연도에 고유목적사업 등에 직접 지출하는 경우에는 당해 사업연도에 고유목적사업준비금을 계상하여 지출한 것으로 보아 지출한 사업연도의 손금에 산입하여야 함.
>
> **법인 46012 - 2543, 1999.7.6.**
> 「사립학교법」에 의한 학교법인이 고유목적사업인 교사를 신축하기 위하여 대출받은 차입금의 이자를 고유목적사업준비금에서 지급한 금액은 고유목적사업에 지출 또는 사용한 것으로 보는 것임.

2 부가가치세법

2-1. 교육용역에 대한 부가가치세 면제

부가가치세가 면세되는 교육용역은 주무관청의 허가 또는 인가를 받거나 주무관청에 등록 또는 신고된 학교·학원·강습소·훈련원·교습소 또는 그 밖의 비영리단체나 「청소년활동진흥법」 제10조 제1호에 따른 청소년수련시설에서 학생·수강생·훈련생·교습생 또는 청강생에게 지식·기술 등을 가르치는 것으로 한다. 다만, 「체육시설의 설치·이용에 관한 법률」 제10조 제1항 제2호의 무도학원과 「도로교통법」 제2조 제32호의 자동차운전학원에서 가르치는 것은 제외한다(부가가치세법 제26조 제1항 제6호, 동법 시행령 제36조).

또한, 면세하는 교육용역의 공급에 필수적으로 부수되는 용역 또는 교육용역 제공시 필요한 교재·실습자재·기타 교육용구의 대가를 수강료 등에 포함하여 받거나, 별도로 받는 때에는 주된 용역인 교육용역에 부수되는 용역 또는 재화로서 부가가치세를 면제한다(부가가치세법 기본통칙 26 - 36…1).

그러나 정부의 인·허가를 받지 않은 상태에서 제공한 교육용역은 면세되는 교육용역이 아니므로 부가가치세가 과세된다.

보다 자세한 내용은 '제3장 부가가치세법'을 참조하기 바란다.

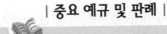

사전 - 2021 - 법령해석부가 - 0016, 2021.4.1.

국립대학교가 체육시설을 설치하여 통계청장이 고시하는 한국표준산업분류(통계청 고시 제2017 – 13호)에 규정된 '종합 스포츠시설 운영업(91131)을 영위하는 경우 「부가가치세법」 제26조 제1항 제19호에 따라 부가가치세가 면제되지 아니하는 것임.

다만, 국립대학교가 학교시설에서 초등정규교과인 초등학생 생존수영 교육용역을 공급하고 교육내용 및 과정에 대하여 주무관청으로부터 실질적인 관리 및 감독을 받는 경우 같은 법 제26조 제1항 제6호 및 같은 법 시행령 제36조 제1항에 따라 부가가치세가 면제되는 것임.

서면 - 2020 - 부가 - 6079, 2021.1.8.

「체육시설의 설치·이용에 관한 법률」에 따라 신고한 체육교습소에서 아이들에게 이론·지식·기술 등 교육을 주된 용역으로 공급하면서 체육시설을 부수적으로 이용하게 하고 그 대가를 받는 경우에는 부가가치세가 면제되는 것임.

사전 - 2019 - 법령해석부가 - 0727, 2019.12.20.

「민법」 제32조 및 「문화체육관광부 및 문화재청 소관 비영리법인의 설립 및 감독에 관한 규칙」(이하 "문광부규칙") 제4조에 따라 지방자치단체로부터 허가를 받아 설립된 비영리법인 구로스포츠클럽(이하 "스포츠클럽")이 회원들에게 배드민턴, 축구 등 스포츠 강습용역을 제공하고 그 대가로 강습비 및 가입비를 받는 경우로서 문광부규칙에 교육기관 등에 대한 구체적인 시설 및 설비의 기준을 정하고 있지 않으며, 해당 교육용역에 대하여 주무관청으로부터 허가·인가 또는 승인을 받은 사실이 없거나 주무관청에 신고·등록하여 관련법령에 따라 주무관청의 지휘·감독을 받은 사실이 없는 경우에는 해당 교육용역은 「부가가치세법」 제26조 제1항 제6호 및 같은 법 시행령 제36조 제1항에 따라 부가가치세가 면제되는 교육용역에 해당하지 아니하는 것임.

또한, 스포츠클럽이 볼링장 등 체육시설을 신축, 매입 또는 임차하여 이용자들로부터 시설이용료를 받는 경우 해당 이용료는 「부가가치세법」 제4조에 따른 부가가치세 과세대상에 해당하는 것임.

사전 - 2019 - 법령해석부가 - 0244, 2019.5.31.

「평생교육법」 제33조 제2항 및 같은 법 시행령 제49조에 따라 원격평생교육시설을 갖추고 해당 시설의 운영규칙을 첨부하여 교육감에게 신고한 사업자가 해당 운영규칙에 따라 온라인 강의 등의 교육용역을 제공하는 경우 「부가가치세법」 제26조 제1항 제6호에 따라 부가가치세가 면제되는 것이며 해당 온라인 강의 등과 이를 수강할 수 있는 단말기를 하나의 공급단위로 하여 함께 공급하는 경우로서 해당 단말기를 독립적으로 활용이 가능한 경우에는 온라인 강의등(교육용역)은 면세, 단말기는 같은 법 제9조에 따라 부가가치세가 과세되는 것임.

부가 - 1052, 2012.10.15.

사업자가 정부의 허가 또는 인가를 받은 학교 내에서 당해 학교의 학생을 대상으로 학교장의 책임하에 시설·수입금액 관리·교육과정·정원 등에 관한 일정한 요건을 갖추어 제공하는 교육용역에 대하여는 「부가가치세법 시행령」 제30조의 규정에 의한 교육용역의 범위에 포함되어 부가가치세가 면제되는 것임.

부가 - 457, 2011.5.3.

질의

〔사실관계〕

• 본 법인이 수행하는 사업은 초·중·고등학교에서 당해 학교의 학생을 대상으로 학교장이 정하는 당해 교육에 대해여 방과 후 학교사업에 참여하고 있음.

• 즉, 당사는 "방과후학교" 교육용역 사업을 운영하고 있는데 "방과후학교"란 학교장의 책임하에 진행되는 것으로, 학교장과 당사가 협의를 통해 학교장이 구성한 강의과목, 강의계획 및 커리큘럼에 맞춰 우수한 강사진 파견, 교육교재, 학력평가, 인터넷을 통한 강의수강 등 프로그램을 지원하며, 수강료는 학교에서 학생들에게 일괄적으로 취합하여 당사에 지급하고 있음.

• 해당 사업의 경우 교육청으로부터 인·허가사항이 없다는 답변을 받았고 사업자등록은 면세사업자로 등록이 되어 있음.

〔질의사항〕

• 상기 교육사업의 부가가치세 면제 여부

회신

귀 질의의 경우 기존 해석사례(서면3팀 - 1158, 2008.6.10.)를 참조하기 바람.

➡ 참고 : 서면3팀 - 1158, 2008.6.10.

　사업자가 정부의 허가 또는 인가를 받은 학교 내에서 당해 학교의 학생을 대상으로 학교장의 책임하에 시설·수입금액관리·교육과정·정원 등에 관한 일정한 요건을 갖추어 제공하는 교육용역에 대하여는 「부가가치세법 시행령」 제30조의 규정에 의한 교육용역의 범위에 포함되어 부가가치세가 면제되는 것임.

서면3팀 - 2539, 2007.9.10.

정부의 인가를 받은 사립학교가 학교시설인 수영장에서 학생 외의 일반인에게 수영교습
용역을 제공하고 받는 대가에 대하여는 「부가가치세법」 제7조 제1항의 규정에 의하여
부가가체세가 과세되는 것임.

서면3팀 - 1881, 2006.8.24.

「사립학교법」 제10조의 규정에 의하여 설립된 학교법인이 사업자로부터 「사회기반기설
에 대한 민간투자법」 제4조 제1호의 방식을 준용하여 건설된 학교시설의 소유권을 이전
받고 그 대가로 당해 사업자에게 일정기간 동안 동 시설의 관리운영권을 부여하는 경우
「부가가치세법」 제7조 제1항의 규정에 의하여 부가가치세가 과세되는 것임.

감심 2002 - 45, 2002.4.2.

학교법인이 학생용 식당을 임대하고 임차인으로부터 받은 장학금은 임대용역의 대가로
서 부가가치세가 과세됨.

서삼 46015 - 10372, 2002.3.7.

국립대학교의 기초과학연구소에서 제공하는 용역은 부가가치세 면제대상임.

➡ 참고 : 부가 46015-317, 2000.2.3.
「정부조직법」 제4조 및 지방자치단체의 조례에 의하여 설립 · 운영되는 기관은 '국가 또는 지
방자치단체에서 직영하는 기관'으로 보아야 함. (이하 생략)

부가 46015 - 3276, 2000.9.21.

「지방자치법」 제104조 및 「고등교육법」 제28조 규정에 의하여 설립된 ○○대학교부설
도시과학연구원이 제공하는 도시설계용역은 「부가가치세법」 제12조 제1항 제17호의 규
정에 의하여 부가가치세가 면제되는 것임.

국심 2000전1006, 2000.7.14.

학교법인이 해수욕장 내에 신축한 수련관이 교육용 재산으로서 교육목적 사용이 주용도
이고 일반인 등에 대한 임대는 부수적이므로 임대 않은 일수와 그 면적에 의해 면세비율을
산정, 공통매입세액 안분계산함.

대법 97누5978, 1997.8.29.

학교법인 산하 병원인 의료기관이 작업 환경측정용역 제공대가를 실비로 받는 것은 공
익목적단체가 고유사업목적 위해 실비로 공급하는 용역으로서 면세됨.

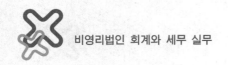

2-2. 학교구내식당의 음식용역공급에 대한 부가가치세 면제

「초·중등교육법」 제2조 및 「고등교육법」 제2조에 따른 학교의 경영자가 학생의 복리후생을 목적으로 해당 사업장 등의 구내에서 식당을 직접 경영하여 공급하거나 「학교급식법」 제4조 각 호의 어느 하나에 해당하는 학교의 장의 위탁을 받은 학교급식공급업자가 동법 제15조에 따른 위탁급식의 방법으로 해당 학교에 직접 공급하는 음식용역에 대하여는 2026년 12월 31일까지 공급한 것에 대해서 부가가치세를 면세한다(조세특례제한법 제106조 제1항 제2호).

이 경우 부가가치세가 면세되는 학교급식공급업자는 「소득세법」 제78조의 규정에 의한 사업장현황신고(부가가치세 과세사업을 겸영하는 학교급식공급업자인 경우에는 부가가치세법 제48조 및 동법 제49조의 규정에 의한 부가가치세 예정신고 및 확정신고)를 할 때에 위탁급식을 공급받는 학교의 장이 확인한 위탁급식공급가액증명서를 사업장 관할세무서장에게 제출하여야 한다(조세특례제한법 시행령 제106조 제13항).

조세특례제한법 기본통칙 106-0…4 【공장 등 구내식당의 부가가치세 면제】
「조세특례제한법」 제106조 제1항 제2호에서 '경영자'라 함은 공장 등 사업장과 각급 학교의 경영자들이 비용을 공동으로 부담하여 하나의 구내식당을 직접 경영하거나 종업원 단체 또는 학생단체가 직접 경영하는 경우의 해당 사업자를 포함하며, '사업장 등의 구내'라 함은 사업장 등과 떨어져 있더라도 해당 사업과 관련되는 기숙사·하치장 등 시설의 구내를 포함하는 것으로 한다.

| 학교급식법 |

제4조 【학교급식대상】
학교급식은 대통령령이 정하는 바에 따라 다음 각 호의 어느 하나에 해당하는 학교 또는 학급에 재학하는 학생을 대상으로 실시한다.
1. 「유아교육법」 제2조 제2호에 따른 유치원. 다만, 대통령령으로 정하는 규모 이하의 유치원은 제외한다.
2. 「초·중등교육법」 제2조 제1호부터 제4호까지의 어느 하나에 해당하는 학교
3. 「초·중등교육법」 제52조의 규정에 따른 근로청소년을 위한 특별학급 및 산업체부설 중·고등학교
4. 「초·중등교육법」 제60조의 3에 따른 대안학교
5. 그 밖에 교육감이 필요하다고 인정하는 학교

제15조【학교급식의 운영방식】

① 학교의 장은 학교급식을 직접 관리·운영하되, 「유아교육법」 제19조의 3에 따른 유치원운영위원회 및 「초·중등교육법」 제31조의 규정에 따른 학교운영위원회의 심의·자문을 거쳐 일정한 요건을 갖춘 자에게 학교급식에 관한 업무를 위탁하여 이를 행하게 할 수 있다. 다만, 식재료의 선정 및 구매·검수에 관한 업무는 학교급식 여건상 불가피한 경우를 제외하고는 위탁하지 아니한다.

② 제1항의 규정에 따라 의무교육기관에서 업무위탁을 하고자 하는 경우에는 미리 관할청의 승인을 얻어야 한다.

③ 제1항의 규정에 따른 학교급식에 관한 업무위탁의 범위, 학교급식공급업자가 갖추어야 할 요건 그 밖에 업무위탁에 관하여 필요한 사항은 대통령령으로 정한다.

 | 중요 예규 및 판례 |

서면 - 2023 - 법규부가 - 1211, 2024.2.26.

귀 서면질의의 경우 기획재정부 해석(재부가 - 151, 2024.2.21.)을 참조하기 바람.

〔참조 : 기획재정부 부가가치세제과 - 151, 2024.2.21.〕

유치원의 경영자가 관계 법령에 따라 원아에게 직접 제공하는 음식용역은 부가가치세가 면제되는 용역에 해당하는 것임.

서면 - 2016 - 법령해석부가 - 4995, 2016.12.14.

국립대학교 소비자생활협동조합이 학교 내에서 구내식당 외에 프랜차이즈 가맹음식점을 운영하는 경우 해당 음식용역에 대하여는 부가가치세가 면제되지 아니하는 것임.

부가 - 111, 2012.2.1.

사립학교에서 구내식당을 직접 경영하거나 또는 위탁경영하는 경우 학생을 대상으로 공급하는 음식용역에 한하여 부가가치세가 면제되고, 교직원 및 선생님에게 공급하는 음식용역은 부가가치세가 과세되는 것임.

부가 - 1019, 2011.8.30.

「식품위생법 시행령」에 따라 위탁급식영업의 신고를 한 사업자가 「학교급식법」 제4조 각 호의 어느 하나에 해당하는 학교의 장과 학교급식에 대한 위탁계약을 체결하고 학교급식과정 중 조리, 운반, 배식 등의 용역을 해당 학교에 제공하는 경우, 해당 학교의 학생을 대상으로 제공하는 음식용역(식사류로 한정함)은 「조세특례제한법」 제106조 제1항

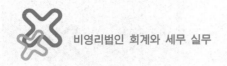

제2호에 따라 면세되는 것임.

서삼 46015 - 10779, 2003.5.13.

학교급식공급자가 위탁급식방법으로 학교에 직접 공급하는 음식용역(식사류에 한한다)은 부가가치세가 면제되나, 그 대상은 '학생'에 한함.

귀 질의의 경우에는 유사사례(부가 46015 - 821, 2000.4.14., 부가 46015 - 2764, 1999.9.9.)를 참고하기 바람.

서삼 46015 - 10531, 2003.4.1.

「초·중등교육법」 제2조 및 「고등교육법」 제2조의 규정에 의한 학교의 경영자가 학생의 복리후생을 목적으로 당해 사업장 등의 구내에서 식당에서 직접 경영(각급 학교의 경영자들이 비용을 공동으로 부담하여 하나의 구내식당을 직접 경영하거나 학생단체가 직접 경영하는 경우를 포함한다)하여 공급하는 경우에 있어서 동 식당에서 패스트푸드류(치킨류, 햄버거류, 커피, 음료)의 음식용역을 공급하는 경우에도 「조세특례제한법」 제106조 제1항 제2호의 규정에 의하여 부가가치세가 면제되는 것임.

제도 46015 - 10129, 2001.3.20.

학교급식공급업자가 급식시설을 신축하여 학교에 무상으로 사용할 조건으로 기부채납하는 것은 재화의 공급에 해당하므로 「부가가치세법」 제6조 제1항의 규정에 의하여 부가가치세가 과세되는 것임.

부가 46015 - 78, 2001.1.9.

교직원, 재학생 및 조합직원을 조합원으로 하는 임의단체인 소비조합이 학교 내 구내식당을 운영하는 경우에도 「조세특례제한법」 제106조 제1항 제2호의 경영자의 범위에 포함되어 부가가치세가 면제되는 것임.

부가 46015 - 821, 2000.4.14.

「학교급식법」 제4조 각 호의 1에 해당하는 학교장의 위탁을 받은 학교급식공급자가 동법 제10조의 규정에 의한 위탁급식의 방법(학교 안에 학교급식을 위한 시설과 설비를 갖추지 못한 학교의 경우 학교급식공급업자와 계약을 통하여 학교급식을 위한 시설의 설치·운영을 위탁하거나, 조리·가공한 식품을 운반하여 위탁급식을 실시)으로 당해 학교에 직접 공급하는 음식용역(식사류에 한한다)은 「조세특례제한법」 제106조 제1항 제2호의 규정에 의하여 부가가치세가 면제되는 것이나, 학생을 대상으로 공급하는 식사류에 한하는 것임.

3-1. 교육목적 출연재산의 상속세 및 증여세 과세가액 불산입

「초·중등교육법」 및 「고등교육법」에 의한 학교, 「유아교육법」에 따른 유치원을 설립·경영하는 사업을 영위하는 자에게 출연한 재산의 가액은 상속세 및 증여세 과세가액에 산입하지 아니한다. 그러나 교육을 명분으로 하여 탈세의 수단으로 악용되는 사례를 방지하기 위하여 과세가액에 불산입하기 위한 일정요건 및 사후관리 조항을 두고 있다(상속세 및 증여세법 제16조, 제48조). 이에 대한 상세한 내용은 '제4장 상속세 및 증여세법'을 참조하기 바란다.

3-2. 조세특례제한법상 과세가액 불산입 계산

학교법인이 「사립학교법」 제35조의 2의 규정에 의하여 해산함에 있어서 그 잔여재산의 전부 또는 일부를 동조의 규정에 의한 잔여재산처분계획서에서 정한 자에게 2006년 12월 31일 이전에 귀속시키는 경우 당해 학교법인에 대하여는 증여세를 부과하지 않는다(조세특례제한법 제81조의 2). 동 조항은 2006년 「조세특례제한법」 개정시(법률 제8146호, 2006.12.30.) 일몰기한 연장 없이 폐지되었다. 그러나 학교법인의 잔여재산을 이전(환원)받은 자에 대하여는 증여세가 부과된다.

| 중요 예규 및 판례 |

서면법규법인 - 3576, 2024.8.22.
비영리 외국법인이 A재단으로부터 국내에 있는 부동산을 출연받은 경우로서, 해당 비영리 외국법인이 「상속세 및 증여세법 시행령」 제12조 제9호 및 「법인세법 시행령」 제39조 제1항 제1호 바목에 해당하는 경우에는 「상속세 및 증여세법」 제48조 제1항에 따라 그 출연받은 재산의 가액은 증여세 과세가액에 산입하지 않는 것이며, 귀 법인이 이에 해당하는지 여부는 구체적인 사실판단사항임.

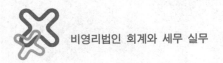

서면 – 2020 – 법령해석재산 – 1673, 2021.10.22.

질의

학교법인이 장래 학교건물의 신축을 목적으로 수익사업의 운용소득 중 일부를 법인 소속 중학교의 교비회계로 전출한 것이 운용소득의 직접 공익목적사업 사용에 해당하는지.

회신

서면질의 신청의 사실관계와 같이, 학교법인이 학교건물을 신축하기 위해 운용소득 중 일부를 교비회계로 전출한 사실만으로는 「상속세 및 증여세법 시행령」 제38조 제6항에 따른 운용소득의 사용으로 보지 않는 것임. 공익법인의 운용소득에 관한 직접공익목적사업에 사용한 시기의 판정에 관해서는 기존 해석사례(서이 46012 – 10126, 2003.1.17. ; 서일 46014 – 10050, 2001.8.31.)를 참고하기 바람.

〔참조 : 서이 46012–10126, 2003.1.17.〕
귀 질의 2의 경우는 상속세 및 증여세법 시행령 제38조 제6항 및 우리센터의 질의 회신문(서일 46014 – 10050, 2001.8.31.)을 참고하기 바람.

〔참조 : 서일 46014–10050, 2001.8.31.〕
상속세 및 증여세법 제48조 제2항 제4호의 2 및 같은법 시행령 제38조 제5항·제6항의 규정에 의하여 공익법인등이 출연받은 재산을 수익용 또는 수익사업용으로 운용하여 얻은 소득은 그 소득이 발생한 과세기간 또는 사업연도 종료일로부터 1년 이내에 100분의 70이상을 직접공익목적사업에 사용하여야 하는 것이며, 운용소득으로 정관상 고유목적사업의 수행에 직접 사용하는 재산을 신축하는 경우 직접공익목적사업에 사용한 시기는 공사비를 지급한 때를 말하는 것임.

서면 – 2018 – 상속증여 – 2617, 2018.10.17.
공익법인등은 「상속증여세법」 제50조의 4에 따라 제50조 제3항에 따른 회계감사의무 및 제50조의 3에 따른 결산서류등의 공시의무를 이행할 때 「공익법인회계기준」을 따라야 합니다. 다만, 사업의 특성을 고려하여 「초·중등교육법」 제2조 및 제60조의 2에 따른 외국인학교는 「공익법인회계기준」을 따라야 하는 공익법인등에서 제외하는 것임.

서면 – 2018 – 상속증여 – 1451, 2018.9.18.
출연받은 재산을 해당 직접공익목적사업에 효율적으로 사용하기 위하여 주무관청의 허가를 받아 다른 공익법인 등에 출연하는 경우에는 직접 공익목적사업에 사용한 것으로 보는 것임.

서면 - 2018 - 법인 - 1454, 2018.8.30.

질의

〔사실관계〕

- 질의법인은 대학원대학교와 중·고등학교를 같이 운영하는 학교법인으로 주무관청의
  분할승인을 얻어 대학원대학교(신설)와 중·고등학교(존속)를 분할할 예정으로
  * 질의법인은「사립학교법」에 따른 학교법인에 해당
    - 질의법인은 신설학교법인의 고유목적사업으로 직접 사용할 교육용부동산(토지, 건축물 등)
      과 수익사업용 부동산(임대사업)*을 기부(출연)할 예정임.
  * 출연받은 자산으로부터 얻은 수익은 사립학교의 교육비·장학금 및 연구비로 사용

〔질의내용〕

- 학교법인이 분할하여 신설하는 학교법인에 수익용 자산 등을 기부(출연)하는 경우 토
  지등 양도소득세를 신고·납부하여야 하는지 여부

회신

내국법인이 토지 및 건물 등을 「사립학교법」에 따른 학교법인에 기부(출연)하는 경우에
는 「법인세법」 제55조의2 규정을 적용하지 않는 것임.

서면 - 2017 - 법인 - 3459, 2018.5.21.

귀 질의의 1, 2의 경우 학교법인은 「법인세법」 제24조 제2항 제4호 가목의 「사립학교법」
에 따른 사립학교 및 같은 법 제24조 제2항 제4호 나목의 비영리 교육재단에 해당하지
아니하는 것임.

귀 질의의 3, 4, 5의 경우 내국법인이 「사립학교법」에 따른 사립학교(학교법인이 수령하
여 사립학교에 전출처리 하는 경우 포함)에 시설비·교육비·장학금 또는 연구비로 지정
하여 지출하고 기부금영수증을 발급받아 보관하는 경우에는 「법인세법」 제24조 제2항
에 따른 법정기부금에 해당하는 것임.

기획재정부 부가가치세제과 - 441, 2017.8.31.

1. 사업자가 지방자치단체와의 위·수탁협약에 의해 정신건강복지센터(「정신건강증진
   및 정신질환자 복지서비스 지원에 관한 법률」 제15조 및 관련 조례에 따라 설치) 또는
   고혈압·당뇨병등록교육센터(「지역보건법」 제11조·제30조, 「보건의료기본법」 제41조
   및 관련 조례에 따라 설치)를 운영하고, 동 위탁용역의 제공 대가로 지방자치단체로부터
   지급받는 사업비 및 운영경비(지급 재원은 보건복지부의 기금 및 지방자치단체의 시·도비
   등)는 「부가가치세법」 제29조 제5항 제4호에 따라 부가가치세 과세표준에서 제외되는
   "재화 또는 용역의 공급과 직접 관련되지 아니하는 국고보조금과 공공보조금"에 해당하
   지 않는 것임.

2. 「의료법」 제33조 제2항 제4호에 따라 학교법인이 개설한 대학 부속 병원(「정신건강증진 및 정신질환자 복지서비스 지원에 관한 법률」 제3조 제5호 나목에 따른 정신의료기관인 정신건강의학과 운영)이 그 고유의 사업목적을 위하여 지방자치단체의 위탁에 의해 지역 보건소 내에 설치된 위 정신건강복지센터에서 정신질환자 예방 및 정신건강 증진사업, 정신질환자 발견 및 등록 등을 실비로 수행하는 경우에는 「부가가치세법」 제26조 제1항 제18호 및 같은 법 시행령 제45조 제1호에 따라 부가가치세가 면제되는 것임.

3. 「산업교육진흥 및 산학연협력촉진에 관한 법률」 제25조에 따라 설립된 산학협력단이 지방자치단체의 위탁에 의해 지역 보건소 내에 설치된 위 고혈압·당뇨병등록교육센터에서 고혈압·당뇨병 환자 등록관리사업, 고혈압·당뇨병 예방관리 교육 및 홍보 등을 수행하고 그 대가를 받는 경우에는 「부가가치세법」 제11조 제1항에 따라 부가가치세가 과세되는 것임.

재산 - 63, 2009.1.8.

「고등교육법」 제2조 규정에 의한 학교와 「초·중등교육법」 제2조 규정에 의한 학교(이하 "초·중·고"라 한다) 모두를 설치·경영하는 학교법인이 초·중·고에 대하여 「주식회사의 외부감사에 관한 법률」 제3조에 따른 감사인에게 회계감사를 받지 아니한 경우 당해 법인은 「상속세 및 증여세법 시행령」 제13조 제5항 규정의 성실공익법인에 해당하지 아니하며, 해당 사업연도에 대하여는 「상속세 및 증여세법」 제50조 제1항의 규정에 따라 외부전문가의 세무확인을 받아야 하고, 이 경우 2007 사업연도 분은 2008 사업연도 종료일부터 2월 이내에 외부전문가의 세무확인을 받아야 하는 것임.

재산 - 3956, 2008.11.25.

질 의

〔질의내용〕

학생들로부터 재화와 용역을 제공하고 받는 학교의 등록금은 「상속세 및 증여세법」상 출연재산, 매각대금 및 운용소득이 아니기 때문에 등록금의 수입이나 교육사업비로 지출하기 위하여 사용하는 계좌는 「상속세 및 증여세법」 제50조의 2 제1항에서 규정하고 있는 공익법인 등의 전용계좌로 보지 말아야 하는 것인지 아니면 「상속세 및 증여세법」 제50조의 2 제2항에서 규정하는 전용계좌외거래명세서 작성, 보관대상인지 여부 및 모두 아니라면 그 사유는.

회 신

「고등교육법」 제2조에서 규정하는 학교를 경영하는 「사립학교법」 제10조에 따라 설립된 학교법인이 학생들로부터 등록금을 받기 위하여 사용하는 계좌와 등록금을 교육사업비로 지출하기 위하여 사용하는 계좌는 「상속세 및 증여세법」 제50조의 2 【공익법인 등의 전용계좌의 개설·사용 의무】의 규정이 적용되지 아니하는 것임.

서면4팀 - 1899, 2006.6.21.

학교법인이 고유목적에 사용하기 위하여 이자소득금액을 다시 정기예금으로 적립한 금액은 직접 공익목적사업 외에 사용한 것으로 보아 증여세를 과세하지 않음.

서면4팀 - 1184, 2006.4.28., 서면4팀 - 970, 2006.4.14.

1. 학교법인이 「사립학교법」 제35조의 2의 규정에 의하여 해산함에 있어서 그 잔여재산의 전부 또는 일부를 동법 동조의 규정에 의한 잔여재산처분계획서에서 정한 자에게 2006년 12월 31일 이전에 귀속시키는 경우 당해 학교법인에 대하여는 「상속세 및 증여세법」 제48조 제2항의 규정을 적용하지 아니함. 다만, 학교법인의 잔여재산을 무상으로 이전받은 자에 대하여는 증여세가 부과되는 것임.

2. 부동산을 증여받은 경우 그 증여재산 취득시기는 「상속세 및 증여세법 시행령」 제23조 제1항 제1호의 규정에 의하여 소유권이전등기접수일이 되는 것임.

서면4팀 - 578, 2006.3.15.

학교법인이 수익사업용 공장을 신축하기 위하여 주무부장관의 허가를 받아 금융기관에게 차입한 금전으로 공장을 신축한 후 수익사업에서 발생한 운용소득으로 상환하는 경우 직접 공익목적사업에 사용한 것으로 봄.

서일 46014 - 11270, 2002.9.27., 재산상속 46014 - 795, 2000.6.30.

공익법인에 재산을 출연한 자가 공익법인이 사업을 종료한 때의 잔여재산을 무상으로 이전받은 경우 증여세가 과세되는 것이며, 이 경우 증여재산은 「상속세 및 증여세법」 제60조 내지 제66조의 규정에 의하여 평가하는 것임. 또한, 그 이전받은 재산을 국가 등에 양도하는 경우 양도소득세가 과세되는 것임.

서일 46014 - 10965, 2002.7.24.

공익법인이 출연받은 재산을 차입금(수익사업의 회계에 속하는 차입금 포함) 상환에 사용한 경우, 직접 공익목적사업에 사용한 것으로 볼 수 없어 증여세 과세대상임.

제도 46014 - 10231, 2001.3.23.

국내 학교법인이 재학 중인 학생의 학문의 질을 높이기 위하여 외국에 소재하는 대학과 매년 일정인원의 재학생을 학비감면 등의 혜택을 받는 조건으로 수학시킨다는 내용의 협약을 맺고, 그 대가로 외국대학의 기숙사 신축비용을 분담하는 것은 증여로 보지 아니하는 것이며, 당해 지출된 비용은 학교법인이 직접 공익목적사업에 사용한 금액으로 보는 것임.

재산상속 46014-795, 2000.6.30.
소규모 영세학교법인이 해산하면서 잔여재산을 그 출연자 등에게 귀속시키는 경우 재산귀속자에게 증여세 과세됨.

재삼 46014-1544, 1999.8.13.
학교법인이 재산을 출연받아 그 출연받은 날로부터 3년 이내에 직접 공익목적사업에 사용하지 아니하는 경우에는 학교법인에게 증여세가 과세되는 것임. 다만, 3년 이내에 사용하는 것이 법령상 또는 행정상의 부득이한 사유 등으로 인하여 장기간을 요하는 사실을 당해 학교법인의 주무부장관이 인정한 경우로서 그 사실을 「상속세 및 증여세법 시행령」 제41조의 규정에 의한 출연재산명세서 등의 제출과 함께 세무서장에게 보고한 경우에는 그러하지 아니하는 것임.

재삼 46014-174, 1996.1.23.
학교법인이 현금을 출연받아 금융기관에 예치하고 그 이자수입금액을 직접 공익목적사업에 사용하지 아니하고 목표금액까지 복리투자예금하는 경우 증여세 부과됨.

3-3. 출연자 등의 이사취임 금지 위반에 따른 가산세

3-3-1. 가산세 부과 요건

출연자 또는 그의 특수관계인이[출연자(재산출연일 현재 당해 공익법인 등의 총출연재산가액의 100분의 1에 상당하는 금액과 2천만 원 중 적은 금액을 출연한 자를 제외한다)와 동법 시행령 제2조의 2 제1항 각호의 관계에 있는 자] 다음에 해당하는 경우 가산세를 부과한다(상속세 및 증여세법 제48조 제8항, 제78조 제6항).

① 이사 현원(이사 현원이 5인에 미달하는 경우에는 5인으로 본다)의 5분의 1을 초과하여 이사가 되거나(최소 1명은 취임을 허용),
② 당해 학교법인의 임직원(이사를 제외)으로 되는 경우

3-3-2. 가산세 부과 내용

세무서장 등은 상기 「상속세 및 증여세법」 제48조 제8항의 규정에 의한 이사수를 초과하는 이사가 있거나, 임·직원이 있는 경우 그 사람과 관련하여 지출된 '직접경비 또는 간접경비'에 상당하는 금액 전액을 매년 당해 공익법인 등이 납부할 세액에 가산하여 부과한다 (상속세 및 증여세법 제78조 제6항).

지출된 '직접경비 또는 간접경비'라 함은 해당 이사 또는 임·직원을 위하여 지출된 급료, 판공비, 비서실 운영경비 및 차량유지비 등을 말하며, 이 경우 이사의 취임시기가 다른 경우에는 나중에 취임한 이사에 대한 분부터, 취임시기가 동일한 경우에는 지출경비가 큰 이사에 대한 분부터 가산세를 부과한다(상속세 및 증여세법 시행령 제80조 제10항).

이때 의료기관의 의사, 학교의 교직원(교직원 중 직원은 「사립학교법」 제29조에 따른 학교에 속하는 회계로 경비를 지급하는 직원만 해당한다), 아동복지시설의 보육사, 도서관의 사서, 박물관·미술관의 학예사, 사회복지시설의 사회복지사 자격을 가진 자, 「국가과학기술 경쟁력 강화를 위한 이공계지원 특별법」 제2조 제3호에 따른 연구기관의 연구원으로서 기획재정부령으로 정하는 연구원과 관련된 경비는 제외한다.

상기 「상속세 및 증여세법 시행령」 제80조 제10항(대통령령 제20621호, 2008.2.22.)은 개정된 내용으로서, 개정 전 구 시행령에서는 직원의 범위에서 '학교의 교사'만 제외함에 따라 출연자 또는 그와 특수관계에 있는 자가 학교의 교장, 교감, 학장 및 총장으로 재직하는 경우 관련 직접 또는 간접경비가 전액 가산세 대상에 해당하였다. 그러나 직원의 범위를 '학교의 교사(초·중등교육법 제19조에 의하면 교직원을 교원과 직원으로 구분하고 다시 교원에는 교장, 교감, 교사로 구분한다)'에서 '학교의 교직원(고등교육법 제14조에 의하면 교직원은 교원, 직원, 조교를 의미하며, 교원은 총장, 학장, 교수, 부교수, 조교수로 구분한다)'으로 시행령이 개정됨에 따라 출연자 또는 그와 특수관계에 있는 자가 학교의 교장, 교감, 학장 및 총장으로 재직하는 경우 관련 직접 또는 간접경비는 가산세 대상에 해당하지 아니한다.

4 소득세법

4-1. 학교운영권 사례에 따른 과세

학교법인의 이사장이 이사장의 지위와 권리·의무를 포기하고 그 지위 등을 타인에게 승계받을 수 있도록 하는 데 대한 대가로 수수하는 금품은 「소득세법」 제21조 제1항 제17호에서 규정한 기타소득 중 사례금에 해당하는 것으로 본다.[4]

따라서 원천징수의무자는 당해 지급금액에서 동법 시행령 제202조에 의한 필요경비로서 당해 원천징수의무자가 확인할 수 있는 금액을 공제한 금액에 원천징수세율(20%)을 적용하여 원천징수하여야 한다. 동 소득금액은 「소득세법」 제70조 제1항 및 제76조 제1항의 규정에 의하여 종합소득세 과세표준 확정신고 및 납부를 하여야 한다.

소득세법 기본통칙 21-0…5 【알선수수료 등의 소득구분】

② 「소득세법」 제21조 제1항 제17호에 규정하는 사례금에는 다른 소득에 속하지 아니하는 것으로서 다음 각 호의 것을 포함한다.

1. 의무 없는 자가 타인을 위하여 사무를 관리하고 그 대가로 지급받는 금품. 다만, 그 의무 없는 자가 타인을 위하여 실지로 지급한 비용의 청구액은 제외한다.
2. 근로자가 자기의 직무와 관련하여 사용자의 거래선 등으로부터 지급받는 금품. 이 경우 「상속세 및 증여세법」의 규정에 의하여 증여세가 과세되는 것은 제외한다.
3. 재산권에 관한 알선수수료 외의 계약 또는 혼인을 알선하고 지급받는 금품

 | 중요 예규 및 판례 |

조심 2011부2702, 2012.3.16.

학교운영권을 넘겨주기로 하고 받는 대가로 기타소득 중 사례금으로 봄이 타당하고, 이를 지급하는 때에 원천징수·납부하고 동 금액에 대한 원천징수영수증을 교부하여야 하는 것임.

부산고법 2011누2019, 2011.12.14.

기타소득의 사례금은 사무처리 또는 역무의 제공 등과 관련하여 사례의 뜻으로 지급되

---

4) 단, 대가의 수수가능 여부에 대한 법률적 검토는 논외로 한다.

는 금품을 의미하고, 돈은 임원 교체를 통한 학교법인의 운영권 인수라는 사무 또는 역무 처리의 대가로 지급된 것으로서 사례금에 해당하며, 원천징수의무자인 개인에 대한 지급 조서 제출의무 면제규정이 없으므로 부과처분은 적법함(국승).

서면1팀 - 1148, 2006.8.22., 서면1팀 - 1123, 2006.8.17. 외 다수
학교법인 이사장인 거주자가 학교법인 운영권을 타인에게 넘겨주고 받는 대가는 「소득 세법」 제21조 제1항 제17호에 규정한 기타소득 중 '사례금'에 해당하는 것임.

서면1팀 - 701, 2006.5.30.
학교법인 이사인 거주자가 학교법인 운영권을 타인에게 넘겨주고 받는 대가는 「소득세법」 제21조 제1항 제17호에 규정한 기타소득 중 '사례금'에 해당하는 것이며, 동 기타소득인 사 례금을 지급하는 경우 원천징수대상 기타소득금액은 동법 시행령 제202조의 규정에 의 하여 당해 지급금액에서 이에 대응하는 필요경비(당초 학교법인 운영권을 취득하기 위해 직접 지출한 비용 포함)로 당해 원천징수의무자가 확인할 수 있는 금액을 공제한 금액을 말하는 것임.

소득 46011 - 10064, 2001.1.27.
학교법인 이사장인 거주자가 이사장으로서의 지위와 권리·의무를 포기하고 그 지위 등 을 타인이 승계받을 수 있도록 하여 주는 데 대한 대가로 수수하는 금품은 「소득세법」 제21조 제1항 제17호에 규정한 기타소득 중 '사례금'에 해당하는 것이므로, 「소득세법」 제70조 제1항 및 동법 제76조 제1항의 규정에 의하여 종합소득세과세표준확정신고 및 납부를 하여야 하는 것임.

4-2. 연구비에 대한 소득구분

대학에서는 교수 등이 지급받는 연구비 명목의 대가에 대한 소득구분 문제가 발생한다. 이에 따라 개인소득세율이 달라지므로 원천징수의무자는 항상 연구비 소득의 성격을 명확 히 규명하여 원천징수를 하여야 한다. 관련 법령, 통칙 및 행정해석을 통하여 소득을 구분 해 보면 다음과 같다.

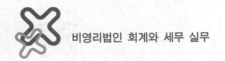

연구주체	내 용	소득구분
대학 (중앙관리)	교수가 연구용역 제공의 대가로 받는 금액(고용관계에 따른 근로제공과 관련 없이 외부에 제공하는 연구용역 대가)	연구활동비·연구수당 등 명칭 여하에 불구하고 기타소득으로 과세(교육과학기술부·학술진흥재단·과학재단 등에 지원받는 연구비 포함)(소득세법 제21조 제1항 제19호 다목). 대학이 자체 연구관리비 규정에 따라 대학에서 연구비를 관리하는 경우에 교수가 제공하는 연구용역(소득세법 시행령 제41조 제13항)
	연구목적의 고용관계 없는 연구보조원 등이 받는 인건비	연구소와 고용관계 없는 대학생 또는 다른 대학교 등 소속교수 등이 연구업무를 수행하고 받는 금액은 기타소득으로 과세(소득세법 제21조 제1항 제19호)
	연구소에서 연구목적으로 고용한 연구원 등이 받는 인건비	급여·수당·장학금 등 명칭 여하에 불구하고 근로소득으로 과세(소득세법 제20조) 〈고용관계 여부 판단기준〉 업무에 대한 거부를 할 수 있는지, 시간적·장소적 제약을 받는지, 업무수행과정에서 구체적 지시를 받는지, 복무규정의 준수의무가 있는지에 따라 종합적으로 판단(소득 46011–2004, 1996.7.12.)
	대학의 교직원이 지급받는 직무발명보상금	대학의 교직원이 퇴직 전에 지급받는 직무발명보상금은 근로소득으로 과세. 다만, 퇴직 후에 지급받는 직무발명보상은 기타소득으로 구분함(소득세법 제20조 제1항 제5호, 동법 제21조 제1항 제22호의 2) 〈직무발명보상금의 범위〉 ① 발명진흥법 제2조 제2호에 따른 종업원등이 같은 호에 따른 사용자등으로부터 받는 보상금 ② 대학의 교직원이 소속 대학에 설치된 산업교육진흥 및 산학연협력촉진에 관한 법률 제25조에 따른 산학협력단으로부터 같은 법 제32조 제1항 제4호에 따라 받는 보상금
교수 등 개인 (개별관리)	대학이 연구계약을 체결하고 대가를 수령한 경우	기업으로부터 받은 연구용역대가 총액에서 대학이 연구간접경비로 공제하고 교수에게 지급하는 금액을 사업소득으로 과세(소득세법 제19조 제1항 제13호, 소득 46011–219, 2000.2.11.)
	학술연구용역 및 기술연구용역을 제공하고 지급받는 연구비	소득세 비과세(통칙 19–33…1)

연구주체	내 용	소득구분
교수 등 개인 (개별관리)	교수 등 개인이 연구계약을 체결하고 대가를 직접 수령한 경우	기업으로부터 받은 연구용역대가 총액이 사업소득으로 과세(소득세법 제19조 제1항 제13호, 동법 시행령 제33조)

한편, 근로소득 중 「유아교육법」, 「초·중등교육법」 및 「고등교육법」에 따른 학교 및 이에 준하는 학교(특별법에 따른 교육기관을 포함한다)의 교원이 받는 연구보조비 또는 연구활동비 중 월 20만원 이내의 금액에 대해서는 실비변상적인 성질의 급여로 소득세를 과세하지 아니한다(소득세법 시행령 제12조 제12호).

소득세법 기본통칙 19-33…1 【연구개발업 적용례】

① 교수·기타 전문지식인 등(이하 '교수 등'이라 한다)이 독립된 자격으로 자기책임하에 학술연구용역 및 기술연구용역(계약 등에 의하여 그 대가를 받고 연구개발용역을 제공하는 사업을 제외한다)을 제공하고 지급받는 연구비에 대하여는 「소득세법 시행령」 제33조의 규정에 의하여 소득세가 과세되지 아니한다.

② 교수 등이 독립된 자격으로 자기의 책임하에 연구용역을 제공하지 아니하고 타인의 연구사업수행을 보조하고 월정액의 급여 또는 수당을 받는 경우에는 「소득세법 시행령」 제33조에 규정하는 연구 및 개발업에 해당하지 아니한다.

 │ 중요 예규 및 판례 │

사전-2020-법령해석소득-0564, 2020.8.7.

질 의

〔사실관계〕
• 질의자인 산학협력단은 대학부설 연구소를 중앙관리하며, 그 연구소의 연구원은 수행하는 연구비에서 자문료를 지급받음.
 - 연구소의 연구원이 질의 산학협력단 명의로 수주한 연구용역에 참여하여 연구용역을 수행하고 산학협력단으로부터 연구용역의 대가를 지급받음.

〔질의내용〕
• 대학 부설 연구소 소속의 계약교수가 대학교 산학협력단이 수주한 연구용역사업에 참여하여 용역을 제공하고 산학협력단으로부터 지급받는 금전의 소득구분

고용관계나 이와 유사한 계약에 의하여 종속적인 관계에서 근로를 제공하고 지급받는 대가는「소득세법」제20조의 규정에 의한 근로소득에 해당하고, 고용관계 없이 독립된 자격으로 계속적으로 용역을 제공하고 일의 성과에 따라 지급받는 수당·기타 유사한 성질의 금액은 같은 법 제19조에 의하여 사업소득에 해당하는 것이며, 일시적으로 용역을 제공하고 지급받는 수당·기타 유사한 성질의 금액은 같은 법 제21조에 의한 기타소득에 해당하는 것으로, 본 사례가 어느 경우에 해당하는지 여부는 사실관계를 종합하여 사실 판단할 사항임.

조심 2020서0058, 2020.5.28.

쟁점산학협력단은 이 사건 기술양수인 등으로부터 기술이전대가를 지급받아 청구인에게 ○○○대학교 직무발명보상금 산정기준내규에 따라 쟁점금액을 기술이전 성과보상금으로서 지급한 것으로 나타나는바, 이는 대학의 교직원이 소속 대학에 설치된 산학협력단으로부터「산업교육진흥 및 산학연협력촉진에 관한 법률」제32조 제1항 제4호에 따라 받는 보상금으로서 직무발명보상금에 해당하는 것으로 판단된다.

서면 - 2016 - 소득 - 3085, 2016.4.26.

귀 질의의 경우, 귀 대학이 학술지원사업을 위해 후원회에서 조성한 후원금이나 특정△△에서 제공하는 지원금을 기부금으로 받아 교비에 포함시켜 이를 예산으로 연구과제를 공모한 후에 연구과제 수행자로 선정된 소속 교수에게 해당 연구비를 지급하였으나, 귀 대학이 자체 연구비관리규정을 마련하지 않아 해당 연구비에 대한 관리나 정산을 하지 않은 경우에는 해당 교수에게 지급한 연구비는「소득세법」제20조 제1항 제1호에 따른 근로소득에 해당하는 것임.

소득 - 254, 2011.3.21.

대학교수가 대학과 관계없이 독립된 자격으로 계약 등에 의하여 그 대가를 받고 계속·반복적으로 연구용역을 제공하는 경우에는 사업서비스업에 포함되나 이에 해당하는지 여부는 사실관계를 종합하여 판단할 사항임.

서면1팀 - 1347, 2007.10.4.

산학협력단으로부터 연구목적의 고용관계 없이 일시적으로 연구용역을 제공하고 지급받는 대가는 기타소득에 해당함.

서면1팀 - 9, 2007.1.4.

대학이 연구주체가 되어 연구개발용역을 위탁받아 연구비를 직접 관리(중앙관리)하는 경우 교수가 연구활동의 대가로 받는 금액은 기타소득, 연구원이 받는 금액은 근로소득에 해당함.

서면1팀 - 425, 2006.4.3.
초·중등 교육기관의 교원이 받는 월 20만 원 이내 금액인 비과세되는 연구보조비에는 육성회가 없는 경우의 국고나 학교재단으로부터 지급받는 교과지도비·보전수당·가산금 등의 연구보조비가 포함됨.

서면1팀 - 978, 2005.8.17.
1. 교수 등이 연구용역 제공의 대가로 연구시설확충 등 목적으로 설립된 학술진흥재단으로부터 고용관계에 따른 근로제공과 관련 없이 지급받는 금액은 그 명칭 여하에 불구하고 「소득세법」 제21조 제1항 제19호의 '기타소득'에 해당하는 것임.
2. 또한, 대학이 연구주체가 되어 외부로부터 연구개발용역을 위탁받아 연구비를 직접 관리하는 경우로서, 고용관계에 따른 근로제공과 관련 없이 교수가 연구활동의 대가로 지급받는 금액은 연구활동비·연구수당 등 그 명칭 여하에 불구하고 '기타소득'에 해당하는 것이며, 연구목적으로 고용된 교수 등이 고용관계에 따른 근로제공과 관련하여 연구용역을 제공하고 지급받는 대가는 「소득세법」 제20조의 근로소득에 해당하는 것임.

서일 46011 - 10382, 2003.3.27., 서면1팀 - 975, 2007.7.10.
대학교수들이 대학과 관련 없이 독립적으로 비영리법인과의 계약 등에 의해 그 대가를 받고 연구 및 개발용역을 제공하는 사업에 해당하는 경우에는 '사업서비스업'에 해당함.

소득 46011 - 219, 2000.2.11.
1. 특별법에 의하여 설립된 사관학교 등 대학이 민간단체와 학술연구용역계약을 체결하고 대가를 수령하는 경우로서 교수 등 개인이 연구주체가 되어 연구비를 개별관리하는 경우에는 당해 민간단체로부터 받은 연구용역대가 총액에서 대학이 연구간접경비로 공제하고 교수에게 지급하는 금액을 「소득세법」 제19조 제1항 제11호의 규정에 의한 사업소득으로 보는 것이며,
2. 대학이 연구주체가 되어 연구비를 직접 중앙관리하는 경우에는 교수가 연구용역 제공의 대가로 받는 금액은 연구활동비·연구수당 등 명칭 여하에 불구하고 「소득세법」 제21조 제1항 제19호의 규정에 의한 기타소득으로 보는 것임.

5 지방세법

5-1. 부동산에 대한 취득세와 재산세 등 면제

「초·중등교육법」 및 「고등교육법」에 따른 학교, 「경제자유구역 및 제주국제자유도시의 외국교육기관 설립·운영에 관한 특별법」 또는 「기업도시개발 특별법」에 따른 외국교육기 관을 경영하는 자가 해당 사업에 사용하기 위하여 취득하는 부동산(조세특례제한법 시행령 제18조의 2에 따른 기숙사는 제외)에 대하여는 취득세를 2024년 12월 31일까지 면제한다(지방 세특례제한법 제41조 제1항).

그러나 「초·중등교육법」 및 「고등교육법」에 의한 각종 학교를 경영하는 자가 타인명의 로 취득한 경우는 과세대상이며(지방세특례제한법 운영예규 41-2), 취득세 감면대상이 되는 외국교육기관을 경영하는 자에는 개인사업자도 포함한다(지방세특례제한법 운영예규 41-3).

또한 학교법인이 동 부동산을 다음과 같이 사용하는 경우에는 그 해당 부분에 대하여 면제된 취득세를 추징한다.

> 1. 해당 부동산을 취득한 날부터 5년 이내에 수익사업에 사용하는 경우
> 2. 정당한 사유 없이 그 취득일부터 3년이 경과할 때까지 해당 용도로 직접 사용하지 아니하 는 경우
> 3. 해당 용도로 직접 사용한 기간이 2년 미만인 상태에서 매각·증여하거나 다른 용도로 사 용하는 경우

여기에서 정당한 사유란 학교법인이 부동산을 취득한 후 당해 용도에 직접 사용하지 못 한 사유가 행정관청의 사용금지 등 외부적인 사유로 인한 것이거나, 고유목적에 사용하기 위한 정상적 노력을 다하였음에도 불구하고 시간적인 여유가 없거나 기타 객관적인 사유 로 부득이 목적사업에 사용할 수 없는 경우를 말한다(세정-659, 2006.2.14., 대법 2001두3921, 2003.7.25. 외 다수).

학교등이 과세기준일 현재 해당 사업에 직접 사용하는 부동산(해당 사업에 직접 사용할 건 축물을 건축 중인 경우와 건축허가 후 행정기관의 건축규제조치로 건축에 착공하지 못한 경우의 건 축 예정 건축물의 부속토지를 포함)에 대해서는 재산세(「지방세법」 제112조에 따른 부과액을 포

함) 및 「지방세법」 제146조 제3항에 따른 지역자원시설세를 각각 2024년 12월 31일까지 면제한다. 다만, 수익사업에 사용하는 경우와 해당 재산이 유료로 사용되는 경우의 그 재산 및 해당 재산의 일부가 그 목적에 직접 사용되지 아니하는 경우의 그 일부 재산에 대해서는 면제하지 아니한다.

상기 내용에도 불구하고 「고등교육법」 제4조에 따라 설립된 의과대학(한의과대학, 치과대학 및 수의과대학을 포함)의 부속병원이 의료업에 직접 사용하기 위하여 취득하는 부동산에 대해서는 2024년 12월 31일까지 취득세의 100분의 30(감염병전문병원의 경우에는 100분의 40)을, 과세기준일 현재 의료업에 직접 사용하는 부동산에 대해서는 재산세의 100분의 50(감염병전문병원의 경우에는 100분의 60)을 각각 경감한다.

5-2. 교육용 재산에 대한 재산세 면제

「교육기본법」에 의하여 학교를 설치·경영하는 자가 학생들의 실험·실습용으로 사용하기 위하여 취득하는 차량·기계장비·항공기·입목 및 선박에 대하여는 취득세를, 과세기준일 현재 학생들의 실험·실습용으로 직접 사용하는 항공기와 선박에 대하여는 재산세를 각각 2024년 12월 31일까지 면제한다. 다만, 취득일부터 1년 이내에 정당한 사유 없이 해당 학교의 실험·실습용으로 직접 사용하지 아니하는 경우와 2년 이상 그 용도에 직접 사용하지 아니하고 매각·증여하거나 다른 용도로 사용하는 경우에는 면제된 취득세를 추징한다(지방세특례제한법 제42조 제2항).

5-3. 학교법인의 등록면허세 면제

학교 등이 그 사업에 직접 사용하기 위한 면허에 대한 등록면허세를 면제하고, 학교 등에 대한 주민세 사업소분(연면적에 대해 부과되는 세액으로 한정) 및 종업원분을 각각 2024년 12월 31일까지 면제한다. 다만, 수익사업에 관계되는 대통령령으로 정하는 주민세 사업소분 및 종업원분은 면제하지 아니한다(지방세특례제한법 제41조 제3항).

여기서 "수익사업에 관계되는 대통령령으로 정하는 주민세 사업소분 및 종업원분"이란 수익사업에 제공되고 있는 사업소와 종업원을 기준으로 부과하는 주민세 사업소분과 종업원분을 말한다. 이 경우 면제대상 사업과 수익사업에 건축물이 겸용되거나 종업원이 겸직

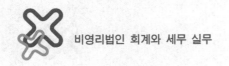
하는 경우에는 주된 용도 또는 직무에 따른다(지방세특례제한법 시행령 제18조 제4항).

「사립학교법」에 따른 학교법인과 국가가 국립대학법인으로 설립하는 국립학교의 설립 등기, 합병등기 및 국립대학법인에 대한 국유재산이나 공유재산의 양도에 따른 변경등기 에 대해서는 등록면허세를, 그 학교에 대해서는 주민세 사업소분을 각각 2024년 12월 31일 까지 면제한다(지방세특례제한법 제41조 제5항).

5-4. 지방대학법인의 수익용기본재산 취득세 등 경감

「지방대학 및 지역균형인재 육성에 관한 법률」에 따른 지방대학을 경영하는 자(지방대학 법인)가 「대학설립·운영 규정」 제7조 제1항에 따른 수익용기본재산으로 직접 사용(임대하 는 경우를 포함)하기 위하여 취득하는 다음의 어느 하나에 해당하는 부동산에 대해서는 취 득세의 100분의 50을 경감하고(제2호의 경우 매각대금의 범위 내로 한정), 과세기준일 현재 해 당 용도에 직접 사용하는 부동산에 대해서는 재산세 납세의무가 최초로 성립한 날부터 5년 간 재산세의 100분의 50을 경감한다(제2호의 경우 매각대금의 범위 내로 한정). 다만, 해당 부 동산을 취득한 날부터 2년 이내에 매각·증여하거나 다른 용도로 사용하는 경우에는 경감 된 취득세를 추징한다. 이는 지방대학의 재정력 및 경쟁력 강화를 위하여 2024년 1월 1일 이후 납세의무가 성립하는 경우부터 적용한다.

1. 해당 지방대학법인의 수익용기본재산인 토지 위에 2024년 1월 1일부터 2026년 12월 31일 까지의 기간 동안 신축 및 소유권 보존등기를 경료한 건축물
2. 해당 지방대학법인이 2024년 1월 1일부터 2026년 12월 31일까지 수익용기본재산인 토지 를 매각한 경우로서 그 매각일부터 3년 이내에 취득하는 건축물 및 그 부속토지

 | 중요 예규 및 판례 |

서울세제 - 3241, 2019.3.7.
지방자치단체가 주차장 부족문제를 해결하기 위해 질의 법인과 주차장 운영관리에 따른 협약 체결시 학교부설 주차장을 주간에는 학교주차장으로 사용하고 야간(19:00~익일 08:00)에는 사용되지 않는 일부 주차장에 한하여 거주자우선주차구역으로 무료로 제공

한다면, 이용실태의 본질에 있어서 학교부설 주차장으로 이용되고 있다고 볼 수 있어 이를 다른 용도로 사용되거나 수익사업에 이용되고 있다고도 볼 수 없어 취득세 및 재산세 면제대상에 해당한다고 판단됨.

조심 2018지1198, 2018.12.5.

위 규정에 따른 추정이 배제되는 "정당한 사유"란 그 취득한 부동산을 고유업무에 사용하지 못한 사유가 행정관청의 사용금지·제한 등 외부적인 사유로 인한 것이거나 또는 내부적으로 토지를 고유업무에 사용하기 위하여 정상적인 노력을 하였음에도 불구하고 시간적인 여유가 없거나 기타 객관적인 사유로 인하여 부득이 고유업무에 사용할 수 없는 경우를 말하는 것이고, 부동산의 취득자가 그 자체의 자금사정이나 수익상의 문제 등으로 취득한 부동산을 고유업무에 직접 사용하는 것이 지연되거나 포기한 경우에는 이에 해당하지 않는다(대법원 2003.12.12. 선고, 2003두9978 판결, 같은 뜻임)고 할 것이고, 토지를 고유업무에 직접 사용하기 위한 건축 등의 공사를 하였다고 하더라도 그것만으로는 고유업무에 직접 사용하기 위한 준비단계에 불과하여 당해 토지를 현실적으로 고유업무에 직접 사용하였다고 볼 수 없다고 할 것(대법원 2009.3.12. 선고, 2006두11781 판결, 같은 뜻임)이며, '직접 사용'이라 함은 현실적으로 목적사업에 직접 사용하는 경우를 뜻하는 것으로서 목적사업에 직접 사용하기 위하여 준비를 하고 있는 경우까지 포함한다고 볼 수 없다(대법원 1993.6.8. 선고, 92누14809 판결 참조)할 것임.

조심 2018지0214, 2018.8.6.

청구법인은 인사, 조직 및 재정 등의 측면에서 국가로부터 독립되어 국가 또는 지방자치단체라 볼 수 없고, 다른 법률에서 국가 또는 지방자치단체로 의제된 법인도 아닌 점 등에 비추어 청구법인의 이 건 부동산 취득이 비과세 대상으로 보기 어려움.

조심 2018지0223, 2018.6.12.

청구법인이 운영하는 국제학교는「지방세특례제한법」제41조 제1항에서 규정하고 있는 "학교등"에 해당하고「초·중등교육법」제2조 제5호에서 규정하고 있는 각종학교에 해당하는 것이므로 처분청이 이 건 주민세(재산분, 종업원분)를 부과한 처분은 잘못이 있다고 판단됨.

대법 2017두42378, 2017.7.27.

지방세특례제한법 제41조 제1항에 정한 '초·중등교육법에 따른 학교를 경영하는 자'는 부동산 취득 당시 초·중등교육법이 정하는 바에 따라 적법한 설립인가를 받은 자를 의미할 뿐 향후 초·중등교육법에 따라 설립인가를 받아 학교를 경영할 예정인 자는 포함되지 않는다고 해석되므로 원고의 이 사건 건물의 취득은 지방세특례제한법 제41조에 따

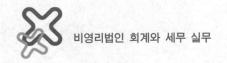

라 그 취득세가 면제된다고 할 수 없음.

지방세심사 2008 - 10, 2008.1.28.
학교법인이 소유하고 있는 토지상에 교육시설을 설치하기 위하여 준비 중에 있고 자연학습체험장 등으로 사용하는 경우 사업에 직접 사용하는 토지에 해당되지 아니함.

지방세심사 2007 - 503, 2007.10.1.
병원을 운영하는 학교법인이 간호사의 숙소 등으로 사용하기 위하여 병원 구외에 소재하는 부동산을 취득한 경우 취득세 등의 비과세대상이 아님.

지방세심사 2007 - 153, 2007.3.26.
학교법인의 고유목적사업용 재산을 산학협력차원에서 벤처기업이 임차하여 사용하는 경우 교육용에 직접 사용하고 있는 것으로 볼 수 없음.

지방세심사 2006 - 31, 2006.2.27.
학교법인이 일부를 식당, 이발소 등을 민간 사업자에게 위탁운영하고, 각 시설 이용요금도 시중가격보다 저렴하며 임대수입도 기숙사의 시설관리비 등으로 사용한 사실이 입증된 점 등으로 볼 때, 이 부동산은 후생복지시설로서 교육사업에 사용되는 것으로 보아야 함.

세정 - 659, 2006.2.14.
학교법인이 취득한 토지가 사용 유예기간을 초과한 경우 정당한 사유란 행정관청의 사용금지·제한이나 정상적인 노력에도 불구하고 객관적인 사유로 부득이 목적사업에 사용할 수 없는 경우를 의미함.

세정 - 511, 2006.2.3.
대학의 의과대학부속병원을 학교법인이 직접 경영하는 경우, 동 대학 내에 장례학과가 설치되어 있고 장례식장 운영과 실제 등에 대한 강의시간 편성 및 이에 따른 장례학과 학생들의 실습실로 사용되고 있다면 이는 학교의 필수부대시설인 교육용 부동산으로 보아 취득세 등의 비과세대상이 됨.

세정 - 315, 2006.1.25.
일반 중고등학교를 운영하는 학교법인이 폐교된 초등학교를 교육청으로부터 매입한 후 특성화 중학교로 허가받아 운영하던 중 그 사용일부터 2년 이내에 별도 학교법인으로 분리하여 교육용 기본재산으로 증여한 경우, 증여받은 법인이 특성화 중학교로 계속 사용하고 있다면 이는 그 사용일로부터 2년 이상 그 용도에 직접 사용하지 아니하고 매각(증여)한 정당한 사유가 있다 할 것임.

지방세심사 2005-442, 2005.9.26., 지방세심사 2005-114, 2005.5.2.

학교법인이 취득한 건축물 중 일부를 후생복지시설로 제3자에게 위탁운영하고 임대료 등을 받은 경우 수익사업에 사용한 것으로 보아 비과세한 취득세 등을 추징함.

지방세심사 2005-148, 2005.5.30.

장례식장을 실비수준을 초과한 사용료를 받고 운영하고 있고, 학생들의 실습장으로서의 역할을 인정할 만한 증빙자료가 부족하여 수익사업으로 보아 취득세 등을 부과함.

지방세심사 2005-130, 2005.5.2.

학교법인이 매각대금을 교육용 기본재산인 교사신축비로 충당할 것을 전제로 출연받아 취득한 부동산은 취득세 등 비과세대상에 해당하지 않음.

지방세심사 2005-94, 2005.4.6.

학교법인이 학교용 부동산을 취득한 후 취득일로부터 2년 이내에 교육감의 허가를 받고 매각하여 그 매각대금을 학교신축비용에 충당한 경우 취득세 등이 비과세되지 않음.

지방세심사 2005-32, 2005.2.3.

학교법인이 불특정다수인이 이용하는 골프연습장을 운영하면서 간헐적으로 학생들의 골프실습장으로 사용하고 있는 경우는 수익사업으로 보아 취득세를 부과함.

세정-337, 2005.1.20.

학교법인이 부동산을 취득한 후 뷰티건강관리학과, 무용학과, 체육학부 등 학과운영을 위한 실험실습실 등으로 사용하기 위하여 그 부동산에 비만관리센터, 뷰티센터, 운동처방센터 등을 설치한 후 일반회원을 모집하여 회비를 받는 경우 학교사업에 직접 사용하는 것으로 볼 수 없음.

지방세심사 2004-396, 2004.12.29.

학교법인이 교육용 기본재산으로 사용하기 위하여 토지를 취득한 후 학생들의 실습장 및 학생들의 통근버스 및 자가학생들의 주차장으로 사용하고 있는 경우 학교용에 직접 사용하고 있는 토지라고 보아야 하므로 처분청에서 이 사건 취득세 등을 부과 고지한 것은 잘못이 있음.

지방세심사 2004-173, 2004.6.28.

학교법인이 취득한 건축물 중 일부를 제3자에게 구내식당용으로 위탁운영하도록 하고 임대료 등을 받는 경우, 교육사업에 직접 사용하기 위하여 취득하고 그 사업목적에 직접 사용하고 있는 것이라고 볼 수 없음.

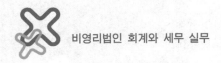
지방세심사 2004 - 127, 2004.5.31.
수도권에서는 지방대학의 대학원 설치를 할 수 없어서 부득이 취득세 등 비과세를 적용받은 부동산을 매각한 경우에도, 취득 후 본래의 용도에 사용하지 않고 매각한 경우에 해당되므로 취득세 등을 신고 납부하여야 함.

지방세심사 2004 - 83, 2004.3.29.
학교법인이 학교설립허가 장애요인을 알고 부동산을 취득하여 비과세 유예기간 내에 그 장애요인을 해소시키지 못한 것은 교육사업용으로 사용하지 못한 정당한 사유에 해당하지 않음.

지방세심사 2004 - 84, 2004.3.29.
교육사업에 직접 사용되고 있지 않고 직접 사용하기 위한 준비를 하고 있는 기간에는 재산세 부과대상임.

세정 - 79, 2004.2.17.
학교법인이 「중소기업창업지원법」에 의하여 창업보육센터사업자로 지정을 받고 학교 구내에 창업보육센터로 직접 사용하기 위하여 부동산을 취득한 경우 취득세 감면대상임.

지방세심사 2003 - 136, 2003.6.30.
학교법인이 교정 내에 신축한 '동문회관'이 회의실 등에서 예식장 및 동문회사무실로 사용되는 경우, 학교용에 직접 사용하는 것으로 볼 수 없음.

지방세심사 2003 - 60, 2003.3.24.
대학교기숙사의 구내식당, 문구점 등을 타인에게 위탁관리·운영하도록 하고, 그 건축비의 일부와 학교발전기부금을 받는 경우, '임대사업용'으로서 재산세 등 비과세대상 아님.

지방세심사 2003 - 46, 2003.3.24.
학교법인이 기부금으로 신축한 학교건물을 그 기부자의 수익사업에 사용하도록 한 경우, 교육사업에 직접 사용하는 것으로 볼 수 없어 취득세 등 비과세대상 아님.

지방세심사 2002 - 82, 2002.2.25.
학교법인이 학교회관 신축부지를 공원용지에서 해제하기 위해 대체공원용지로 취득한 토지의 경우, 취득·등록세 비과세대상인 '교육용에 사용 위해' 취득한 토지에 해당하지 않음.

지방세심사 2000 - 906, 2000.12.26.
학교법인이 취득한 부동산을 임대하여 그 수익금 전액을 학생들의 장학금으로 사용해도 수익사업용으로서 비과세된 취득세 등 추징됨.

지방세심사 99 - 386, 1999.6.30.
지방중소도시에 소재한 대학이 외국인 교수 유치위해 사택용 아파트를 취득해 외국인 교수에게 무상 제공하는 경우 당해 아파트가 학교 구외에 위치해 있어도 학교법인이 목적사업에 사용하는 부동산으로서 취득세 등 비과세대상임.

사학기관 외부감사인 지정 등에 관한 고시

[시행 2022.10.7.] [교육부고시 제2022－25호, 2022.10.7., 제정]

제1조【목적】이 고시는 「사립학교법」 제31조 제5항 및 같은 법 시행령 제14조의 2에 따라 교육부장관이 지정하는 외부감사인의 외부감사보고서 및 부속서류를 첨부해야 하는 학교법인을 선정하고 외부감사인을 지정하는 데 필요한 세부적 사항을 정함을 목적으로 한다.

제2조【정의】이 고시에서 사용하는 용어의 정의는 다음과 같다.

1. "총 자산가액"은 「사립학교법 시행령」(이하 "영"이라 한다) 제14조의 2 제1항 제1호에 따른 합산재무상태표 상 자산총계를 말한다. 이 경우 「유아교육법」 제2조 제2호에 따른 유치원과 「초ㆍ중등교육법」 제2조에 따른 학교의 회계 상 자산가액은 제외한다.

2. "재학생 수"는 사학기관이 설치ㆍ경영하는 모든 대학교육기관의 총 재학생 수(대학원을 포함한다)로서 「고등교육법 시행령」 제4조의 8 및 「교육관련기관의 정보공개에 관한 특례법」 제6조 제1항에 따라 대학교육기관의 장이 교육부장관에게 보고하는 재학생 수를 모두 합한 것을 말한다.

3. "지정외부감사대상학교법인"이라 함은 영 제14조의 2 제1항 각 호의 학교법인 중 교육부장관이 선정한 학교법인을 말한다.

제3조【지정외부감사대상학교법인 선정】① 교육부장관은 영 제14조의 2 제1항 제3호에 따라 다음 각 호에 해당하는 학교법인을 지정외부감사대상학교법인으로 선정할 수 있다.

1. 영 제14조의 2 제1항 제1호 및 제2호의 요건 중 어느 하나에 해당하지 않으나 선정기준일 기준 4년 이내에 감리(「사립학교법」(이하 "법"이라 한다) 제31조의 2 제1항에 따른 감리를 말한다. 이하에서 이와 같다)를 받고 그 감리 결과 법 제28조 제1항 또는 제2항이나 제29조 제6항을 위반한 사실이 발견되었거나 그 밖의 중대한 위반 사실이 발견된 학교법인. 이 경우 지정외부감사대상학교법인 선정 여부에 대한 객관적인 판단을 위해 「사학기관 외부회계감사 감리에 관한 고시」에 따른 사학기관 회계감리위원회의 자문 의견에 따를 수 있다.

2. 학교법인과 관련된 회계 부정 등으로 인해 선정기준일이 속하는 회계연도와 그 직전 회계연도에 다음 각 목에 해당하게 된 학교법인

　　가. 회계 부정 등으로 인해 학교법인 임원 취임의 승인취소(법 제20조의 2에 따른 것을 말한다)가 되거나 대학의 장 또는 교·직원 등이 중징계(법 제54조 제3항 및 제70조의 5 제3항에 따라 관할청이 징계의결을 요구한 경우에 한한다) 처분을 받은 경우

　　나. 학교법인의 임원 및 직원, 대학의 교·직원 등의 회계 부정 사실이 법원의 판결 또는 관할청의 감사 등에 의하여 명백히 확인된 경우

3. 학교법인의 이사회 또는 대학의 장이 선정기준일이 속하는 해의 전년도 11월 15일까지 교육부장관에게 지정외부감사대상학교법인으로 선정해줄 것을 요청하는 학교법인

4. 학교법인의 감사가 학교법인의 재산 상황과 회계 관련 사항을 감사한 결과 부정하거나 불비한 점을 발견하여 선정기준일이 속하는 해의 전년도 11월 15일까지 교육부장관에게 보고한 경우 그 학교법인

5. 선정기준일이 속하는 회계연도 또는 그 직전 회계연도에 유효한 감사계약을 외부감사인 지정을 회피할 목적으로 해제하는 등 외부회계감사에 성실히 임하지 않았다고 볼 사정이 있는 학교법인

② 교육부장관은 영 제14조의 2 제3항 제1호에 따른 감리 결과 법 제28조 제1항 또는 제2항이나 제29조 제6항을 위반한 사실이 발견되지 않은 학교법인을 지정외부감사대상학교법인으로 선정하지 않을지 여부에 대한 객관적인 판단을 위해 「사학기관 외부회계감사 감리에 관한 고시」에 따른 사학기관 회계감리위원회의 자문 의견에 따를 수 있다.

③ 교육부장관은 영 제14조의 2 제3항 제2호에 따라 다음 각 호의 학교법인은 지정외부감사대상학교법인으로 선정하지 않을 수 있다.

1. 영 제14조의 2 제1항 각 호의 요건을 충족함에도 재정 여력이 불충분하거나 일시적 경영상 어려움으로 인해 지정외부감사를 실시하기 어려운 객관적인 사정이 있는 학교법인

2. 선정기준일이 속한 회계연도가 시작하기 전에 외부감사인과 2개 회계연도 이상의 감사계약을 체결하여 선정기준일이 속한 회계연도의 다음 회계연도까지 유효한 경우 그 계약의 당사자인 학교법인. 단, 이 경우 선정을 1개 회계연도에 한하여 유예할 수 있다.

3. 선정기준일이 속한 회계연도 또는 그 직전 회계연도에 교육부, 감사원 등 국가기관으로부터 감사 등을 받았거나 그 대상인 학교법인, 단, 그 감사의 결과 제3조 제1항 제2호 각 목의 요건에 해당하게 된 학교법인은 제외한다.

④ 교육부장관은 매년 지정외부감사대상학교법인 선정과 외부감사인 지정 절차를 원활하게 진행하기 위해 별지 제1호 서식에 따라 학교법인의 외부감사인 선임 현황 등 기초자료를 조사할 수 있다.

⑤ 교육부장관은 제도의 원활한 운영을 위해 매 회계연도별로 선정하는 지정외부감사대상학교법인의 수를 일정 수 이하로 제한하고 해당 수만큼의 지정외부감사대상학교법인을 선정할 수 있다.

⑥ 교육부장관은 선정기준일이 속한 회계연도에 지정외부감사대상학교법인으로 선정하여야 할 학교법인임에도 제5항에 따른 회계연도별 선정 학교법인 수의 제한으로 인해 선정되지 않은 학교법인에 대해서는 그 다음 회계연도로 선정을 유예할 수 있다.

⑦ 교육부장관은 제5항에 따라 매 회계연도별로 지정외부감사대상학교법인을 선정할 때 다음 각 호에 따른 선정 우선 순위를 고려할 수 있다. 이 때 선정 우선 순위를 정하는 세부적인 방식은 별표에 따른다.

1. 직전 회계연도에 선정하여야 할 학교법인임에도 불구하고 선정이 유예된 학교법인 우선 선정

2. 제3조 제1항 각호에 따라 선정 대상이 되는 학교법인 우선 선정

3. 선정기준일이 속하는 회계연도의 직전 회계연도 말 총 자산가액이 큰 학교법인 우선 선정

제4조【지정외부감사인 신청 절차 등】 ① 영 제14조의 2 제5항에 따라 지정을 받으려는 외부감사인이 매년 작성하여 제출해야 하는 신청 자료는 별지 제2호 서식과 같다.

② 교육부장관은 영 제14조의 2 제7항 제5호에 따라 선정기준일에 다음 각 호의 요건에 해당하는 감사인은 지정외부감사인으로 지정하지 않을 수 있다.

1. 다음 각 목의 어느 하나에 해당하는 사유로 금융위원회로부터 업무정지 이상의 조치를 받고 해당 조치가 확정 전이거나 확정된 후 만 1년이 도과하지 않은 감사인

가. 영 제14조의 3 제3항에 따라 교육부장관이 회계감사기준 등의 위반 혐의를 금융위원회에 통보한 경우

나. 「상속세 및 증여세법 시행령」 제43조의 3 제3항에 따라 기획재정부장관이 회계감사기준 등의 위반 사실을 금융위원회에 통보한 경우

다. 「주식회사등 외부감사에 관한 법률」 제29조 제3항에 따라 증권선물위원회가

금융위원회에 업무정지 이상의 조치를 건의한 경우

라. 「공인회계사법」 제48조 제3항에 따라 한국공인회계사회가 금융위원회에 징계를 요구한 경우

2. 법 제31조 제4항 및 「주식회사등 외부감사에 관한 법률」 제23조 제1항에 따른 감사보고서에 기재하여야 할 사항을 기재하지 아니하거나 거짓으로 기재한 혐의로 해당 감사인에 대하여 공소가 제기되어 공소가 진행 중이거나 형의 만료일이 도래하지 않은 감사인

3. 「주식회사등 외부감사에 관한 법률」 제25조 제1항에 따른 사업보고서 또는 같은 조 제5항에 따른 수시보고서에 거짓으로 기재 또는 표시한 사항이 있거나 보고하여야 할 사항을 빠뜨려 금융위원회가 정하는 조치를 받은 후 1년이 경과하지 않은 감사인

4. 직전 회계연도에 교육부장관으로부터 지정외부감사인으로 지정받은 후 해당 지위를 이용하여 감사대상자에게 감사와 무관한 비용을 요구하거나 과도한 감사 보수를 요구했다고 볼 객관적인 사정이 있는 감사인

5. 직전 회계연도에 교육부장관으로부터 외부감사인 지정 사실을 통보받은 날부터 2주(재지정 요청에 따른 지정인 경우 4주) 이내에 특별한 사유 없이 해당 학교법인과 감사계약을 체결하지 아니한 감사인

6. 고의로 제1항에 따른 지정외부감사인신청서를 허위로 작성하여 교육부장관이 통보한 후 1년이 경과하지 않은 감사인

7. 직전 회계연도에 「사학기관 외부회계감사 감리에 관한 고시」 제5조 제1호를 위반하여 교육부장관에게 감리조서 등 자료의 제출, 의견의 진술 또는 보고의 의무를 이행하지 않은 감사인

③ 교육부장관은 제1항에 따라 감사인이 제출한 신청 자료에 흠결이 있는 경우 보완을 요구할 수 있다.

④ 교육부장관은 학교법인에 대한 전문 감사 능력을 갖춘 외부감사인을 지정외부감사인으로 지정하여야 한다. 이를 위해 외부감사인이 「공인회계사법」 제41조에 따라 설립된 한국공인회계사회가 실시하는 사학기관에 대한 감사실무교육(이하 "실무교육"이라 한다)을 이수한 실적을 고려할 수 있다.

⑤ 제1항에 따라 지정을 신청한 외부감사인은 지정받은 학교법인의 외부감사를 담당할 업무수행이사(감사반의 경우 외부감사에 참여한 3인 이상의 구성원)가 제1항에 따른 신청서를 제출한 해의 11월 1일 기점으로 과거 2년 이내에 실무교육을 이수하

였거나 제1항에 따른 신청서를 제출한 해의 11월 1일이 속하는 회계연도의 직전 회계연도 종료일(법 제30조에 따라 학교법인의 회계연도 종료일인 2월 말일을 의미한다. 이하에서 이와 같다)부터 과거 4년 이내에 학교법인에 대한 회계감사에 참여한 실적이 있어야 한다.

⑥ 교육부장관은 지정을 신청한 외부감사인의 학교법인에 대한 전문 감사 능력을 다음 각 호의 기준에 따라 판단하여 지정 우선 순위를 정할 수 있다. 이 때 지정 우선 순위에 대해 한국공인회계사회의 의견을 들을 수 있다.

1. 제1항에 따른 신청서를 제출한 해의 11월 1일부터 과거 2년 이내에 현재 소속된 공인회계사가 실무교육을 이수한 실적

2. 제1항에 따른 신청서를 제출한 해의 11월 1일이 속하는 회계연도의 직전 회계연도 종료일로부터 과거 4년 이내 회계연도에 법 제31조 제5항에 따른 학교법인에 대한 회계감사 실적

제5조【학교법인별 지정외부감사인 지정 절차】① 교육부장관은 매 회계연도에 선정한 지정외부감사대상학교법인별로 적합한 외부감사인을 지정하여야 한다. 이 경우 제3조 제7항에 따른 학교법인 선정 우선 순위와 제4조 제6항에 따른 외부감사인 지정 우선 순위를 고려할 수 있다.

② 교육부장관은 지정외부감사대상학교법인이 지정외부감사를 실시하여야 하는 연속하는 2개 회계연도 중 두 번째 회계연도에는 법 제31조 제5항 제2호에 따라 첫 번째 회계연도와 동일한 외부감사인을 지정하여야 한다. 이 경우 영 제14조의 2에 따른 학교법인 선정 및 외부감사인 지정 절차를 거치지 않을 수 있다.

③ 영 제14조의 2 제8항에 따라 선정 또는 지정 예정 사실을 통지받은 학교법인과 감사인은 통지 내용에 이견이 없는 경우 영 제14조의 2 제2항에 따른 선정 통지 및 영 제14조의 2 제6항에 따른 지정 통지 전에도 감사계약을 체결할 수 있다. 이 경우 체결한 감사계약은 영 제14조의 2 제10항에 따라 체결한 감사계약으로 본다.

④ 학교법인 또는 감사인이 영 제14조의 2 제9항 또는 제10항에 따라 교육부장관에게 의견 제출 또는 재지정요청을 하는 경우에는 다음 각 호에 따른 신고서 및 서류를 제출하여야 한다.

1. 영 제14조의 2 제9항에 따른 의견 제출 : 별지 제3호 서식

2. 영 제14조의 2 제10항에 따른 재지정 요청 : 별지 제4호 서식

⑤ 교육부장관은 영 제14조의 2 제10항 제2호에 따라 지정외부감사대상학교법인이 다음 각 호의 어느 하나에 해당하는 사유로 재지정요청을 하는 경우에는 그 요청을

고려하여 지정외부감사인을 다시 지정할 수 있다.

1. 지정외부감사인이 영 제14조의 2 제7항 각호 또는 제4조 제2항의 각호에 따른 지정 제외 요건에 해당하는 경우

2. 보수 등 계약조건에 대한 지정회계감사 대상 학교법인 및 그 관계인과 지정외부감사인 간의 이견이 큰 경우 등 감사계약 체결이 어려운 경우

3. 지정외부감사인이 선정기준일이 속한 회계연도 및 그 직전 회계연도의 해당 학교법인 또는 해당 학교법인이 설치·운영 중인 산학협력단의 외부감사인인 경우

4. 지정외부감사인의 소속 구성원이 해당 학교법인의 임원 또는 기금운용심의위원회(설치학교를 포함한다) 등의 위원인 경우

5. 지정외부감사인이 「공인회계사법」 제43조 제1항에 따른 직업윤리에 관한 규정에 위반될 우려가 있는 등 그 밖에 해당 학교법인 등의 감사인이 되는 것이 적절하지 않은 사정이 있는 경우

제6조【감사보수 적정화】① 교육부장관은 지정외부감사인의 감사보수 적정화를 위해 「주식회사 등의 외부감사에 관한 법률」 및 「공인회계사법」에 따라 한국공인회계사회가 정한 표준 감사시간을 안내하고 활용할 수 있다.

② 교육부장관은 매년 학교법인과 지정외부감사인 간의 감사계약이 체결된 후 감사보수 등 주요계약 조건을 공개할 수 있다.

제7조【시행계획의 안내】영 제14조의 2 제15항에 따라 외부감사인 지정 업무를 위탁 수행하는 한국사학진흥재단은 매년 외부감사인 지정의 구체적인 사항을 포함하는 시행계획을 수립하여 학교법인들과 한국공인회계사회에 안내하여야 한다. 이 때 한국공인회계사회는 시행계획을 회원인 감사인들에게 안내하여야 한다.

제8조【재검토기한】교육부장관은 이 고시에 대하여 「훈령·예규 등의 발령 및 관리에 관한 규정」에 따라 2022년 9월 1일 기준으로 매 3년이 되는 시점(매 3년째의 8월 31일까지를 말한다)마다 그 타당성을 검토하여 개선 등의 조치를 하여야 한다.

부 칙 〈제2022-25호, 2022.10.7.〉

제1조【시행일】이 고시는 고시한 날부터 시행한다.

제2조【경과조치】개정된 「사립학교법」 제31조 제5항부터 제7항까지의 공포일 이전에 외부감사인과 2개 회계연도 이상의 감사계약을 체결하여 제3조 제3항 제2호 본문의 요건을 충족하는 학교법인에 대해서는 제3조 제3항 제2호 단서의 규정에도 불구하고 외부감사인의 지정을 해당 감사계약 종료 시까지 유예할 수 있다.

사학기관 외부회계감사 유의사항

[시행 2023.6.1.] [교육부고시 제2023－18호, 2023.6.1., 일부개정]

제1조【목적】이 고시는 「사립학교법」 제31조 제4항 및 같은 법 시행령 제14조의 3 제3항 제2호에 따라 대학교육기관 및 대학교육기관을 설치·경영하는 학교법인에 대한 외부회계감사(이하 "사학기관 외부회계감사"라 한다)를 수행하면서 확인하여야 하는 기준을 규정함을 목적으로 한다.

제2조【정의】이 고시에서 사용하는 용어의 정의는 다음과 같다.

1. "외부 감사인"이란 「사립학교법」(이하 "법"이라 한다) 제31조 제4항에 따른 사학기관 외부회계감사 업무를 수행하는 자를 말한다.

2. "내부 감사인"이란 법 제14조 제1항에 따른 학교법인 임원인 감사를 말한다.

3. "감사반"이라 함은 「공인회계사법」 제7조에 따라 등록된 공인회계사 3인 이상이 「주식회사의 외부감사에 관한 법률 시행규칙」 제2조에 따라 한국공인회계사회에 등록한 조직을 말한다.

4. "수감 사학기관(이하 '수감기관')"이란 법 제31조 제4항에 따라 외부회계감사를 받는 대학교육기관 및 대학교육기관을 설치·경영하는 학교법인을 말한다.

5. "감사보고서"란 법 제31조 제4항에 따라 내부 감사인이 결산에 대해 의견을 표명한 보고서를 말한다.

6. "감사증명서"라 함은 외부 감사인이 결산에 대한 감사를 실시한 후 그에 대한 의견을 표명한 보고서를 말한다.

제3조【유의사항의 준수】외부 감사인은 사학기관 외부회계감사 업무를 수행할 때에 이 고시를 준수하여야 한다. 다만, 이 고시에서 규정하고 있지 않은 사항에 대해서는 「주식회사의 외부감사에 관한 법률」 제5조에 따른 회계감사기준에 따른다.

제4조【외부 감사인의 자격기준】수감기관은 감사의 독립성과 객관성을 유지·확보하기 위하여 경력, 자질, 기타 사항을 참작하여 감사를 효과적으로 수행할 수 있는 자를 외부감사인으로 정한다. 다만, 「공인회계사법」 제21조 및 제33조에 따라 직무가 제한되는 회계법인, 감사반 또는 공인회계사는 제외한다.

제5조【외부감사인의 의무】① 외부감사인은 외부감사인의 직무를 규율하는 「공인회계사

법」, 「공인회계사 윤리기준 및 회계감사기준」 등 관계 규정이 정하는 바에 따라 감사를 수행한다.

② 외부감사인이 재무제표에 대한 감사를 수행하는 과정에서 수감기관의 회계와 관련하여 중대하고 명백한 위법 사실을 알게 된 때에는 이를 즉시 내부감사인에게 서면으로 통보하여야 한다.

제6조【적용 범위】이 유의사항은 「사립학교법」 제29조 제1항에서 규정한 학교법인의 회계와 학교에 속하는 회계의 결산에 따른 재무제표 및 그 외 사항에 대한 외부감사 시 적용되며, 그 대상은 다음 각 호와 같다.

1. 자금계산서
2. 대차대조표
3. 운영계산서
4. 합산자금계산서
5. 합산대차대조표
6. 합산운영계산서
7. 「사학기관 재무 · 회계규칙에 대한 특례규칙」에 따른 부속명세서
8. 제7조의 재무제표 감사 외 확인 사항

제7조【재무제표 감사 외 확인사항】① 외부 감사인은 재무제표 감사 외에 수감기관의 법규 위반 및 부정 사항을 다음 각 호와 같이 확인하여야 한다.

1. 관할청의 허가 없이 기본재산을 매도 · 증여 · 교환 · 용도변경 · 담보제공 또는 의무부담이나 권리포기를 하였는지 여부
2. 교비회계 수입 또는 지출 처리 시 다음 각 목의 어느 하나에 해당하는지 여부
   가. 「사립학교법 시행령」 제13조 제1항에 따라 교비회계에 세입되어야 할 자금을 다른 회계에서 세입처리하였는지 여부
   나. 교비회계의 자금을 「사립학교법 시행령」 제13조 제2항에 따른 세출 범위 외의 용도로 지출하였는지 여부
3. 재산 취득 시 등기 · 등록 기타 권리확보에 필요한 절차를 이행하였는지 여부
4. 수감기관이 결산 상 보유한 계좌 내역과 금융기관을 통해 조회한 계좌 내역이 일치하는지 여부
5. 이월금 구분(사고 · 명시 · 기타이월)이 적정한지 여부
6. 공사 · 제조 · 구매 · 용역 또는 그 밖의 계약이 수의계약인 경우 「국가를 당사자로 하는 계약에 관한 법률 시행령」 제26조에 의한 수의계약 사유에 해당하는지 여부

7. 등록금회계에서 감가상각비 범위안에서 적립하는지 여부

8. 적립금의 2분의 1을 초과하여 주식 또는 파생상품 등에 투자하는지 여부

9. 등록금 선수금을 선집행한 사실이 있는지 여부

10. 그 밖에 외부감사인이 필요하다고 인정하는 중요사항

② 외부 감사인은 제1항 각 호의 법규 위반 및 부정 사항에 대해 확인한 과정 및 결과를 별지 제1호 및 제2호 서식에 작성한 후 별지 제3호 서식의 감사증명서에 첨부하여야 한다.

③ 외부감사인은 제1항 각 호의 법규 위반 및 부정 사항과 관련하여 학교법인의 경영진에 대한 질의, 관련 인허가기관이나 규제기관과의 왕복문서 검사, 내부감사인 면담 및 내부감사보고서 열람을 통해 확인할 수 있다.

제8조【중요한 재무정보의 표시】 ① 수감기관은 별지 제4호 서식 상에 열거된 중요한 재무정보를 별지 제3의4호 서식에 따라 작성하고 외부감사인에게 제공하여야 한다. 단, 수감기관이 동 재무정보를 외부감사인에게 제출을 거부 또는 지연하는 경우 외부감사인은 감사증명서(별지 제3호 서식)에 그 사실을 기재한다.

② 외부감사인은 수감기관이 제공한 중요한 재무정보의 적정성을 감사하여야 한다.

③ 별지 제4호 서식의 특수관계자는 다음 각 호 중 하나에 해당하는 자를 의미한다.

1. 학교법인의 설립시 임원 또는 출연자이거나 현재 법인의 임원 또는 대학의 장으로 있는 자

2. 제1호 해당하는 자의 배우자, 직계 존·비속 및 형제자매

3. 제1호에 해당하는 자가 지배하거나 혹은 중요한 영향력을 행사할 수 있는 지분을 보유하고 있는 해당 법인

제9조【감사증명서의 제출】 외부감사인은 별지 제3호 서식에 의거 감사증명서를 작성하고 재무제표 감사 외 확인사항(별지 제1호 및 제2호 서식)을 첨부하여 결산서를 심의·의결하는 이사회 개최 전까지 수감 사학기관에 제출하여야 한다. 단, 제2호 서식은 위반사항이 있는 경우에만 제출한다.

제10조【감사증명서의 공개】 학교법인 이사장 또는 학교의 장은 별지 제3호 서식의 감사증명서에 재무제표(별지 제3의1호부터 제3의4호까지의 서식) 및 재무제표 감사 외 확인사항(별지 제1호 및 제2호 서식)을 첨부하여 「사립학교법 시행령」 제14조 제5항에 따른 결산서 공개 시 함께 교육부 장관이 정하는 바에 따라 공개하여야 한다.

제11조【감사 계약에 관한 사항】 수감기관은 매 회계연도 개시일로부터 4개월 이내에 외부감사인을 선임하여 감사계약을 체결하고, 체결 후 14일 이내에 별지 제5호 서식의

감사계약 체결보고서를 관할청에 제출하여야 한다.

제12조【재검토 기한】교육부장관은 이 고시에 대하여 2018년 7월 1일 기준으로 매 3년이 되는 시점(매 3년째의 6월 30일까지를 말한다)마다 그 타당성을 검토하여 개선 등의 조치를 하여야 한다.

부 칙 〈제2023-18호, 2023.6.1.〉

제1조【시행일】이 고시는 발령한 날부터 시행한다.

사학기관 외부회계감사 감리에 관한 고시

[시행 2020.1.1.] [교육부고시 제2019-214호, 2020.1.1., 일부개정]

제1장 총칙

제1조【목적】이 고시는「사립학교법」제31조 제4항 및 같은 법 시행령 제14조의 2 제5항에 따라 감리의 범위·방법 등 사학기관 외부회계감사에 대한 감리(이하 "감리") 시행에 관하여 필요한 세부적 사항을 정함을 목적으로 한다.

제2조【정의】이 규정에서 사용하는 용어의 정의는 다음과 같다.

1. "외부감사인"이란「사립학교법」제31조 제4항에 따른 사학기관 외부회계감사 업무를 수행하는 자를 말한다.
2. "수감 사학기관"이란「사립학교법」제31조 제4항에 따라 외부회계감사를 받는 대학교육기관 및 대학교육기관을 설치·경영하는 학교법인을 말한다.

제2장 감리업무에 관한 사항

제3조【감리의 범위】외부감사인 및 수감 사학기관에 대한 감리의 범위는 다음 각 호로 한다.

1. 외부감사인이 감사 수행 시 회계감사기준 및「사학기관 외부회계감사 유의사항」을 준수하였는지 여부
2. 수감 사학기관이「사립학교법」제31조 제1항에 따라 제출한 재무제표 및 부속명세서를「사립학교법」제33조에 따른 회계규칙 등을 준수하여 작성하였는지 여부
3. 수감 사학기관이「사학기관 외부회계감사 유의사항」제7조 제1항 각 호의 사항을 준수하였는지 여부

제4조【감리의 방법】① 감리대상이 선정되면 외부감사인의 감사조서 및 수감 사학기관의 결산자료 등을 분석하는 서면감리를 실시한다.

② 서면감리 후 현장에서 관계자 면담, 추가 결산자료 검토 및 실사 등의 방법을 통하여 제3조에 따른 감리 범위 내의 사항 및 서면감리 시 도출된 특이사항을 확인한다.

제5조 【보고·조사 등】 교육부장관은 감리 수행을 위하여 필요한 경우에는 다음 각 호의 방법에 의한 보고 등을 하게할 수 있다.

1. 「사립학교법 시행령」 제14조의 2 제2항에 따른 공인회계사 또는 회계법인에 대한 자료의 제출, 의견의 진술 및 보고의 요구

2. 「사립학교법」 제48조 및 제70조에 따른 수감 사학기관에 대한 자료의 제출, 의견의 진술 및 보고의 요구

제6조 【감리결과의 처리】 ① 교육부장관은 감리 시행 후 발견된 사항을 외부감사인 및 수감 사학기관에 통지한다.

② 외부감사인 및 수감 사학기관은 제1항에 따라 통지받은 사항에 대하여 교육부장관이 정하는 기한 내에 의견제출을 할 수 있다. 단, 의견제출기한은 발견 사항의 성격을 고려하여 상당한 기간을 정하여야 한다.

③ 교육부장관은 외부감사인에 대한 감리결과를 「사립학교법 시행령」 제14조의 2 제3항의 규정에 따라 처리한다.

④ 교육부장관은 감리를 시행한 결과 수감 사학기관의 위반사항을 확인한 경우 다음 각 호의 조치를 할 수 있다. 다만, 제2호와 관련하여 추가 조사가 필요한 경우에는 해당 수감 사학기관에 대하여 「사립학교법」 제48조 및 제70조에 따라 처리 할 수 있다.

1. 단순 오류 등의 경미한 사항은 현장 감리 중에 시정토록 자체개선 조치

2. 법령위반 등 중대한 사항은 자체개선 및 재발 방지 대책을 마련하여 그 결과를 보고하도록 조치

제3장 사학기관 회계감리위원회에 관한 사항

제7조 【자문기구의 설치】 「사립학교법」 제31조의 2 제2항에 따른 감리 업무를 전문적이고 효율적으로 수행하기 위하여 교육부장관은 자문기구인 사학기관 회계감리위원회(이하 "위원회"라 한다)를 둔다.

제8조 【기능】 위원회는 감리와 관련된 다음 각 호의 사항에 대한 자문을 수행한다.

1. 감리 수행 결과에 관한 사항

2. 제6조에 의하여 제출된 의견 처리에 관한 사항

3. 「사립학교법 시행령」 제14조의 2 제3항에 따라 금융위원회에 통보해야 할 사항

4. 기타 감리업무의 공정한 운영을 위하여 교육부장관이 필요하다고 인정하는 사항

제9조 【위원회의 구성 등】 ① 위원회는 다음 각 호의 1에 해당하는 자로서 위원장 1명을

포함한 9인 이내의 위원으로 구성한다.

1. 교육부 사학기관 외부회계감사 및 감리 업무 담당 과장 2인

2. 사학기관 외부회계감사 및 감리에 관한 전문성이 있는 공인회계사 2인

3. 사학기관 회계·재정에 관한 전문 지식 및 실무경험이 있는 자 2인

4. 사학기관 또는 회계감사에 대한 전문지식을 가진 변호사 1인

5. 교육에 관한 학식과 경험이 풍부한 자 2인

② 위원장은 제1항 각 호의 위원 중에서 호선한다.

③ 제1항 제2호부터 제5호까지의 위원의 임기는 2년으로 하되, 연임할 수 있다.

④ 제1항 제1호에 따른 위원은 별도의 선임절차 없이 당연히 위원이 된다.

제10조【위원의 직무】① 위원장은 위원회를 대표하고 위원회의 업무를 총괄한다.

② 위원장이 부득이한 사유로 그 직무를 수행할 수 없을 때에는 위원장이 지명하는 위원이 그 직무를 대행한다. 단, 제9조 제1항 제1호에 따른 위원은 직무대행자로 지정할 수 없다.

제11조【위원의 결격사유】다음 각 호의 어느 하나에 대항하는 사람은 위원회의 위원이 될 수 없다.

1. 대한민국 국민이 아닌 자

2. 금치산자 또는 한정치산자

3. 국가공무원법 제33조 각 호의 결격사유 중 어느 하나에 해당하는 자

제12조【회의】① 위원회는 제8조 각 호의 사항에 대한 자문이 필요한 경우 소집되며, 재적위원의 과반수 출석 시 개최가 성립된다.

② 회의를 개최할 때에는 회의의 일시·장소 및 목적사항 등을 기재한 서면과 안건을 회의개최 3일전까지 각 위원에게 송부하여야 한다. 다만, 긴급을 요하는 경우에는 그러하지 아니할 수 있다.

제13조【수당】회의에 참석하는 외부위원에 대하여는 예산의 범위 안에서 수당 여비 및 그 밖에 필요한 경비를 지급할 수 있다.

제14조【재검토기한】교육부장관은 이 고시에 대하여「훈령·예규 등의 발령 및 관리에 관한 규정」에 따라 2020년 1월 1일 기준으로 매 3년이 되는 시점(매 3년째의 12월 31일까지를 말한다)마다 그 타당성을 검토하여 개선 등의 조치를 하여야 한다.

부 칙 〈제2019-214호, 2020.1.1.〉

제1조【시행일】이 고시는 발령한 날부터 시행한다.

사학기관 재무·회계 규칙

[시행 2022.4.27.] [교육부령 제265호, 2022.4.27., 타법개정]

제 1 장 총칙

제1조 【목적】 이 규칙은 「사립학교법」(이하 "법"이라 한다) 제32조·제33조 및 제51조 단서의 규정에 의하여 학교법인·공공단체이외의 법인(이하 "법인"이라 총칭한다)과 이들이 설치·경영하는 학교 및 사인이 설치·경영하는 학교(이하 "학교"라 총칭한다)의 재무와 회계의 운영에 관하여 필요한 사항을 규정함을 목적으로 한다. <개정 1987.2.6., 2005.9.27.>

제2조 【통칙】 법인과 학교의 재무와 회계에 관하여는 법과 동법시행령(이하 "시행령"이라 한다)에 규정된 경우를 제외하고는 이 규칙에 의한다. <개정 1987.2.6.>

제3조 【정의】 이 규칙에서 "학교"라 함은 법 제2조 제1항에 규정한 학교를 말한다. <개정 1987.2.6.>

제4조 【재무와 회계운영의 기본원칙】 법인과 학교의 재무와 회계는 건전하게 운영하여야 하며 국가의 정책과 사회의 공공기관으로서의 의무와 그 설립목적에 반하여서는 아니된다.

제5조 【관할청】 법인과 학교의 재무와 회계에 관한 관할청은 법 제4조의 규정에 의한다. <개정 1982.5.28., 2000.8.31.>

[제목개정 2000.8.31.]

제6조 【수입의 직접 사용금지】 법인과 학교의 모든 수입은 각각 세입세출예산에 편입하여야 하며, 이를 직접 사용하지 못한다. 다만, 입찰보증금·계약보증금 등 보관금과 잡종금의 경우에는 그러하지 아니하다. <개정 2000.8.31.>

제7조 【자금의 관리】 ① 법인과 학교는 자금집행계획을 수립하고 그 수입된 세입금을 수개로 분할하여 사업의 진도에 따르는 자금집행시기에 만기가 되도록 법률에 따라 금융을 업으로 하는 은행 등 또는 「한국교직원공제회법」에 따른 한국교직원공제회(이하 "금융회사"라 한다)에 예치해야 한다. <개정 2011.2.9., 2020.6.10.>

② 제1항에서 "예치"란 금융회사에 예금·적금 또는 신탁을 하거나 금융회사가 발행

하거나 지급을 보증한 어음이나 그 밖의 채무증서를 매입하는 것을 말한다. <개정 1982.5.28., 2011.2.9.>

[전문개정 1975. 5. 31.]

제8조【차입금】① 학교법인은 그 운영상의 불가피한 사유가 있을 경우에는 확실한 상환 재원이 있는 때에 한하여 당해법인의 업무에 속하는 회계와 당해법인이 설치·경영 하는 학교에 속하는 회계에 충당하기 위한 일시차입 또는 장기차입을 할 수 있다. 다만, 일시 차입은 그 연도안에 상환하여야 한다.

② 제1항의 규정에 의한 차입을 하고자 할 때에는 그 학교법인의 이사장이 다음 각호 의 서류를 갖추어 미리 관할청의 허가를 받아야 한다. <개정 1987.2.6., 2000.8.31.>

1. 차입금액, 차입처 및 차입사유를 기재한 서류

2. 상환방법 및 상환계획을 기재한 서류

3. 이사회 회의록사본

[전문개정 1982.5.28.]

제9조【출납폐쇄기간】법인과 학교의 출납은 회계연도 종료후 20일이 되는 날에 폐쇄한다.

제 2 장 예산과 결산

제10조【세입 세출의 정의】1회계연도의 모든 수입을 세입으로 하고 모든 지출을 세출로 한다.

제11조【예산총계주의 원칙】수입과 지출은 모두 예산에 편입하여야 한다.

제12조【예산편성 요령】① 법인의 이사장은 제4조에 규정한 취지에 따라 매회계연도 개 시 2월이전에 그 법인과 학교의 예산편성요령을 정하여야 한다.

② 삭제 <1999.1.29.>

제13조 삭제 <1982.5.28.>

제14조 삭제 <1999.1.29.>

제15조【예산서에 첨부되어야 할 서류】① 법인의 업무에 속하는 회계의 예산에는 다음 각 호의 서류가 첨부되어야 한다. <개정 1976.1.7., 1982.5.28., 2019.9.17.>

1. 예산총칙

2. 수입지출예산명세서

3. 전년도 부채명세서(차입금을 포함한다)

4. 직원의 보수(수당을 포함한다) 일람표

5. 지난 연도 미수액 조서

6. 추정 대차 대조표

7. 삭제 <1999.1.29.>

8. 전년도 대차 대조표

9. 전년도 손익계산서(제27조 단서의 규정에 의하여 단식부기에 의하는 경우에는 전년도 수지계산서)

10. 기구와 정원일람표

11. 이사회관계 회의록의 사본

② 학교의 예산에는 제1항 제1호 내지 제5호와 제10호 및 제11호의 서류와 학급편성표 및 학년별 학과별학생수조서가 첨부되어야 한다. <개정 1976.1.7.>

제15조의 2 【예산과목의 구분】 ① 법인의 업무에 속하는 회계와 학교에 속하는 회계의 예산과목의 구분은 별표 1부터 별표 4까지에 따른다. 다만, 「유아교육법」 제2조 제2호에 따른 유치원의 경우 학교에 속하는 회계의 예산과목 구분은 별표 5 및 별표 6에 따른다. <개정 2017.2.24.>

② 교육감은 지역의 실정·특색과 관할 학교 및 유치원의 운영 실태 등을 고려하여 별표 3부터 별표 6까지에 따른 예산과목 구분의 전부 또는 일부를 조정할 수 있다. <개정 2017.2.24.>

[본조신설 2011.2.9.]

제16조 【예산편성절차】 ① 법인의 업무에 속하는 회계의 예산은 이사장이 편성하여 매회계연도개시 10일전까지 이사회의 의결을 받아야 한다. <개정 2011.2.9.>

② 학교에 속하는 회계의 예산은 당해학교의 장이 편성하여 매회계연도 개시 1월전까지 당해학교법인의 이사장에게 제출하여야 한다. 이 경우 고등학교이하 각급학교의 학교운영지원비에 관한 예산편성에 있어서는 당해 학교의 학부모회의 의견을 들어야 한다. <개정 1987.2.6., 2000.8.31.>

③ 이사장은 제2항에 따라 제출받은 예산안을 회계연도 개시 10일전까지 이사회의 의결을 받아 학교의 장에게 송부하여야 한다. <개정 1987.2.6., 2011.2.9.>

[전문개정 1982.5.28.]

제17조 【준예산】 ① 법인이 설치·경영하는 학교 및 당해법인의 업무에 속하는 회계의 예산이나 사인이 설치·경영하는 학교에 속하는 회계의 예산이 회계연도 개시전까지 확정되지 아니하는 때에는 법인이 설치·경영하는 학교 및 당해법인의 경우에는 법인의 이사장이, 사인이 설치·경영하는 학교의 경우에는 학교의 장이 각각 관할청에

그 사유를 보고하고 법인의 업무에 속하는 회계의 예산은 법인의 이사장이, 학교에 속하는 회계의 예산은 학교의 장이 예산이 성립되는 때까지 다음의 경비를 전년도 예산에 준하여 집행할 수 있다. <개정 1987.2.6., 2000.8.31.>

1. 교직원의 보수
2. 학교교육에 직접사용되는 필수적 경비
3. 학교시설의 유지관리비
4. 법률상 지급의무가 있는 경비

② 당해연도의 예산이 확정된 때에는 제1항의 규정에 의하여 집행된 예산은 그 확정된 예산에 의하여 집행된 것으로 본다.

[전문개정 1982.5.28.]

제18조【추가경정예산】이사장과 학교의 장은 예산확정후 생긴 사유로 인하여 이미 성립된 예산에 변경을 가할 필요가 있는 때에는 제16조의 규정에 의한 절차에 준하여 추가경정예산을 편성할 수 있다. 다만, 회계연도중에 용도가 지정되고 전액이 교부 또는 기탁된 경비는 추가경정예산의 성립 이전에 이를 사용할 수 있으며, 이는 동일 회계연도내의 차기 추가경정예산에 계상하여야 한다. <개정 2000.8.31.>

[전문개정 1982.5.28.]

제19조【예비비】① 법인은 예측할 수 없는 예산외의 지출 또는 예산초과지출에 충당하기 위하여 예비비로서 상당하다고 인정되는 금액을 법인의 업무에 속하는 회계와 학교에 속하는 회계의 세출예산에 계상하여야 한다. <개정 2000.8.31.>

② 제1항의 예비비의 사용에 관하여는 법인에 있어서는 이사장이, 학교에 있어서는 학교의 장이 결정한다. <개정 1976.1.7., 1999.1.29.>

제20조【성립전 예산의 집행금지】① 이 규칙에 의한 절차에 따라 성립한 예산이 아니면 이를 집행하지 못한다. <개정 1987.2.6.>

② 추가경정예산의 절차를 밟지 아니하고는 기정예산을 초과하여 집행하지 못한다. <개정 1982.5.28.>

제21조【예산의 목적외 사용금지】① 법인의 업무에 속하는 회계의 세출예산은 목적외에 이를 사용하지 못한다. <개정 1982.5.28.>

② 학교에 속하는 회계의 세출예산은 이를 목적외에 사용하지 못하며 교비회계에서는 다른 회계에 전출하지 못한다. <개정 1982.5.28.>

③ 제1항 및 제2항의 규정에 불구하고 동일 예산 관내의 항간 또는 목간에 예산의 과부족이 있는 경우에는 상호 전용할 수 있다. <개정 2000.8.31.>

④ 법인의 이사장 또는 학교의 장이 제3항의 규정에 의하여 전용을 할 때에는 이사장은 이를 그 이사회에, 학교의 장은 이를 당해법인의 이사장에게 각각 보고하여야 한다. <개정 1982.5.28., 1987.2.6., 2000.8.31.>

제22조【세출예산의 이월 및 계속】 ① 법인의 업무에 속하는 회계와 학교에 속하는 회계의 세출예산중 경비의 성질상 해당 연도 내에 지출을 끝내지 못할 것이 예측되는 경비와 불가피한 사유로 그 연도 내에 지출하지 못한 경비는 다음 연도 예산에 이월 계상하고 그 사유를 명확하게 적어 사용할 수 있다. <개정 1982.5.28., 2019.9.17., 2021.6.30.>

② 법인의 이사장과 학교의 장은 공사나 제조 기타 사업으로서 그 완성이 2년이상을 요하는 것에 대하여는 그 소요경비의 총액과 연도별 금액을 계속비로서 2년이상에 걸쳐 지출할 수 있다. <개정 2019.9.17.>

제22조의 2【적립금의 적립 및 사용 등】 ① 법인의 이사장과 학교의 장은 노후교실의 개축·증축 등을 위한 건축적립금 기타 관할청이 특히 필요하다고 인정하는 적립금(이하 "적립금"이라 한다)을 적립할 수 있다. 이 경우 적립금의 적립 및 사용계획을 사전에 관할청에 보고하여야 한다.

② 적립금은 그 상당액을 기금으로 예치하여 관리하여야 한다. 다만,「고등교육법」제2조 각 호에 해당하는 사립학교에서는 적립금의 2분의 1 한도에서 「자본시장과 금융투자업에 관한 법률」 제4조 제2항 각 호에 따른 증권을 취득할 수 있다. <개정 2007.12.28., 2010.2.4.>

③ 적립금은 그 적립목적에 한하여 사용하여야 한다.

④ 관할청은 해당 법인과 학교의 재정상태 등을 고려하여 적립금의 적립여부·규모 및 적립기간 등에 관하여 필요한 조치를 할 수 있다. 이 경우 교육부장관이 정하는 기준이 있는 경우에는 그에 따라야 한다. <개정 2017.2.24., 2021.6.30.>

[본조신설 2000.8.31.]

[제목개정 2007.12.28.]

제23조【결산】 ① 법인의 업무에 속하는 회계와 학교에 속하는 회계의 세입·세출의 결산은 다음 각호에 의하여 확정한다. <개정 1982.5.28.>

1. 결산서는 매회계연도 종료후 40일이내에 작성하여 당해법인의 이사장에게 제출하여야 한다. 이 경우에 그 결산서에는 감사의 감사보고서가 첨부되어야 한다.

2. 결산은 이사회의 의결을 얻어야 한다.

3. 이사회는 매회계연도 종료후 55일까지 결산을 심의·확정하여야 한다.

② 법인의 업무에 속하는 회계의 세입·세출결산서는 예산과목과 동일구분에 의하여 작성된 계산서 및 그 부속서류로 한다. <개정 1982.5.28.>

③ 학교에 속하는 회계의 세입·세출결산서는 예산과목과 동일구분에 의하여 작성하되 다음 각호의 사항을 명확히 하여야 한다. <개정 1982.5.28., 2019.9.17.>

1. 수입과 지출에 있어서의 예산액·결산액 및 비교증감대비액

2. 불용액에 있어서는 수입총액, 지출총액 및 수입총액에서 지출총액을 뺀 나머지 금액

④ 법인의 업무에 속하는 회계와 학교에 속하는 회계의 세입·세출결산서에는 결손처분액조서·미수액조서·차입금명세서·채무확정액조서 및 예비비사용액조서를 각각 그 붙임표로 작성하여야 한다. <개정 1982.5.28., 2011.2.9., 2019.9.17.>

⑤ 고등학교 이하 각급 학교에 속하는 학교의 세입·세출결산서에는 재무보고서를 첨부할 수 있다. <신설 2010.2.4., 2012.1.6.>

⑥ 제5항에 따른 재무보고서의 작성에 관하여는 「교육비특별회계 회계기준에 관한 규칙」 제3조부터 제36조까지의 규정을 준용한다. 이 경우 "시·도교육청"은 "학교"로 본다. <신설 2010.2.4.>

제24조【예산과 결산의 제출 등】 ① 법인이 시행령 제14조의 규정에 의하여 예산과 결산을 제출할 경우에는 그 이사장이 당해 법인과 그가 설치·경영하는 각급학교의 각 예산·결산을 함께 해당관할청(수개의 각급학교를 설치·경영하는 경우에는 그 각급학교의 각 해당관할청을 포함한다)에 각각 제출한다. <개정 2000.8.31.>

② 제1항의 예산 및 결산을 시행령 제14조에 규정한 기간안에 해당관할청에 제출하지 못한 경우에는 그 사유를 지체없이 해당관할청에 보고하여야 한다. <개정 1976.1.7., 2000.8.31.>

③ 관할청은 제2항의 규정에 의한 보고를 받은 때에는 실지감사 또는 조사등에 의하여 적절한 조치를 취하여야 한다. <개정 1976.1.7., 2000.8.31.>

④ 삭제 <2006.8.2.>

⑤ 삭제 <2006.8.2.>

[제목개정 2005.9.27.]

제3장 회계

제1절 총칙

제25조【수입기관과 지출명령기관】① 법인과 학교의 수입기관·지출명령기관은 각각 그 법인의 이사장과 학교의 장으로 한다.

② 제1항에서 규정한 자를 수입에 있어서는 세입징수자, 지출에 있어서는 지출명령자라 한다. <개정 1976.1.7.>

③ 제2항의 세입징수자 및 지출명령자는 세입징수 또는 지출명령에 관한 그 직무를 각각 소속직원에게 위임할 수 있다. <개정 1976.1.7.>

제26조【수입과 지출의 집행기관】① 법인과 학교에는 그 수입과 지출의 집행기관으로 각각 수입원과 지출원을 둔다.

② 제1항의 수입원과 지출원은 각각 그 법인의 이사장과 학교의 장이 임면한다. 다만, 학교의 규모에 따라서 수입원과 지출원을 동일인으로 할 수 있다. <개정 1976.1.7.>

제26조의 2【유치원 회계기관의 겸직】법인이 아닌 사립학교경영자가 설치·경영하는 유치원 중 「교육관련기관의 정보공개에 관한 특례법」 제5조의 2에 따라 매년 10월에 공시된 정보를 기준으로 「유아교육법 시행령」 제23조 제2항에 해당하는 유치원의 경우에는 제25조 제2항에 따른 세입징수자가 제26조 제1항에 따른 수입원의 직무를 겸할 수 있고, 제25조 제2항에 따른 지출명령자가 제26조 제1항에 따른 지출원의 직무를 겸할 수 있다.

[본조신설 2020.4.1.]

제27조【회계의 방법】학교에 속하는 회계와 법인의 업무에 속하는 회계는 복식부기에 의한다. 다만, 그 규모와 실정에 따라 법인의 업무에 속하는 회계와 유치원은 단식부기에 의할 수 있다.

[전문개정 2010.2.4.]

제2절 수입

제28조【수입금 징수】① 모든 수입은 세입징수자(제25조 제3항의 규정에 의하여 세입징수에 관한 직무의 위임을 받은 자를 포함한다. 이하 같다)가 아니면 징수하지 못한다.

② 학교의 세입징수자는 납부의무자에게 기일을 정하여 문서로써 납입의 고지를 하

여야 한다. 다만, 수입원에게 즉시 납입시키는 경우에는 구술로 이를 할 수 있다.

제29조【수입금의 수납】① 모든 수입금의 수납은 이를 금융회사에서 취급하게 하는 경우를 제외하고는 수입원이 아니면 수납하지 못한다. <개정 2011.2.9.>

② 수입원이 수납한 수납금은 수납한 날에 금융회사에 예입하여야 한다. <개정 2011.2.9.>

제30조【지난 연도 수입과 반납금여입】① 출납이 완결된 연도에 속하는 수입은 모두 현년도의 세입에 편입하여야 한다.

② 지출된 세출의 반납금은 각각 그 지출된 세출의 과목에 여입할 수 있다. 그러나 출납폐쇄후의 반납금은 현년도 수입금으로 처리하여야 한다.

[제목개정 2019.9.17.]

제31조【과오납의 반환】과오납된 수입금은 수입한 세입에서 직접 반환한다.

제3절 지출

제32조【지출의 원칙】① 지출은 지출명령이 있는 것에 한하여 지출원이 행한다.

② 제1항의 지출명령은 예산의 범위안에서 하여야 한다. <개정 1976.1.7.>

제33조【지출의 방법】① 지출은 금융회사의 수표로 하는 방법, 금융회사의 예금계좌에 입금하는 방법 또는 전산망을 통한 자금 이체의 방법으로 한다. <개정 2010.2.4., 2011.2.9.>

② 지출원은 상용의 소액지출을 위하여 100만원이하의 현금을 보관할 수 있다. <개정 1977.12.17., 1982.5.28.>

제34조【지출의 특례】① 지출할 때에 선금급 및 개산급을 할 수 있는 경비의 범위는 다음과 같다. <개정 2011.2.9.>

1. 선금급을 할 수 있는 경비

　가. 사례금

　나. 부담금, 보조금

　다. 시험, 연구 또는 조사의 수임인에 대하여 지급하는 경비

　라. 정기간행물의 대가

　마. 외국에서 직접 구입하는 물품비

　바. 외국에서 연구 또는 조사에 종사하는 자에 대하여 지급하는 급여

　사. 소속직원중 특별한 사정이 있는 자에 대한 급여의 일부

　　아. 기타 경비의 성질상 선금급을 하지 아니하면 사무 또는 사업에 지장을 초래할
　　　우려가 있는 경비
　2. 개산급을 할 수 있는 경비
　　가. 여비 및 업무추진비(직책급업무추진비만 해당한다)
　　나. 소송비용
　　다. 국가 또는 지방자치단체의 기관 기타 공공단체에 대하여 지급하는 경비
　　라. 부담금·보조금
② 고등학교이하 각급학교의 교비회계에 속하는 경비중 도급경비로서 지급할 수 있
는 경비의 범위는 다음 각호와 같다. <신설 2000.8.31.>
1. 일반운영비
2. 여비
3. 기타 관할청이 정하는 경비
[전문개정 1982.5.28.]

제4절 계약

제35조【계약의 원칙】① 예정가격이 「국가를 당사자로 하는 계약에 관한 법률 시행령」
　제26조 제1항 제5호가목에 따른 금액을 초과하는 공사·제조·구매·용역 또는 그
　밖의 계약을 체결하려는 경우에는 일반경쟁에 부쳐야 한다. <개정 2005.9.27.,
　2011.2.9.>
　②「국가를 당사자로 하는 계약에 관한 법률 시행령」 제23조 제1항 제1호·제6호·
　제9호 또는 제10호에 해당하거나 제3항의 규정에 의하여 수의계약에 의할 수 있는
　경우에는 지명경쟁에 의할 수 있다. <신설 2000.8.31., 2005.9.27.>
　③「국가를 당사자로 하는 계약에 관한 법률 시행령」 제26조 제1항 각호의 1에 해당
　하는 경우에는 수의계약에 의할 수 있다. <신설 2000.8.31., 2005.9.27.>
　[전문개정 1999.1.29.]
제36조【계약담당자】① 계약담당자는 각각 그 법인의 이사장과 학교의 장으로 한다.
　② 제1항의 계약담당자는 계약규모에 따라 그 계약체결에 관한 사무를 소속직원에게
　위임할 수 있다. <개정 1976.1.7.>
　③ 계약은 계약담당자(제2항의 규정에 의하여 계약체결에 관한 사무의 위임을 받은
　자를 포함한다. 이하 같다)가 체결한다. <개정 1976.1.7.>

제37조【계약서의 작성】① 계약금액이 「국가를 당사자로 하는 계약에 관한 법률 시행령」 제49조 제1호의 규정에 의한 금액을 초과하는 경우에는 계약서를 작성하여야 한다. <개정 1982.5.28., 1999.1.29., 2005.9.27.>

② 제1항의 계약서에는 계약담당자가 기명날인하여야 한다. <개정 1976.1.7.>

③ 제1항의 규정에 의한 계약서를 작성하지 아니하고 계약을 하는 경우 관련서류의 제출·비치에 관하여는 「국가를 당사자로 하는 계약에 관한 법률 시행규칙」 제50조의 규정을 준용한다. <신설 2000.8.31., 2005.9.27.>

제38조【보증금】① 계약담당자는 경쟁입찰에 참가하고자 하는 자로 하여금 입찰보증금을 납부하게 하여야 한다. 이 경우 입찰보증금의 금액·납부방법 등에 관하여는 「국가를 당사자로 하는 계약에 관한 법률 시행령」 제37조 제1항 및 제2항의 규정을 준용한다. <개정 2005.9.27.>

② 계약담당자는 계약을 체결하고자 하는 자로 하여금 계약보증금을 납부하게 하여야 한다. 이 경우 계약보증금의 금액·납부방법 등에 관하여는 「국가를 당사자로 하는 계약에 관한 법률 시행령」 제50조 제1항 내지 제3항 및 제7항의 규정을 준용한다. <개정 2005.9.27.>

③ 계약담당자가 공사계약을 체결하고자 하는 경우에는 계약을 체결하고자 하는 자로 하여금 계약이행의 보증을 하게 하여야 한다. 이 경우 계약이행의 보증방법 등에 관하여는 「국가를 당사자로 하는 계약에 관한 법률 시행령」 제52조 제1항의 규정을 준용한다. <개정 2005.9.27.>

④ 제1항에 따른 입찰보증금의 전부 또는 일부의 면제에 관하여는 「국가를 당사자로 하는 계약에 관한 법률 시행령」 제37조 제3항을, 제2항에 따른 계약보증금의 전부 또는 일부의 면제에 관하여는 같은 시행령 제50조 제6항을 준용한다. <개정 2005.9.27., 2011.2.9.>

[전문개정 2000.8.31.]

제39조【직영공사】① 법인과 학교의 각종공사는 그 법인의 이사장과 학교의 장의 결정에 따라 이를 직영할 수 있다.

② 제1항의 공사를 할 때에는 작업일지와 자재수급부·임금지급명세표 등을 비치하여 정확하게 기록하고 그 집행·관리 및 감독은 전문기술자로 하여금 담당하게 해야 한다. <개정 1976.1.7., 2021.6.30.>

제40조【검사조서의 작성】① 법인과 학교는 공사·제조 또는 물품구입등의 대가를 지급할 경우에 그 대가가 「국가를 당사자로 하는 계약에 관한 법률 시행령」 제56조 제1호

의 규정에 의한 금액을 초과하는 때에는 계약상대자의 계약이행을 확인하기 위하여 계약서·설계서 기타 관계서류에 의하여 이를 검사하거나 소속직원 또는 전문기관으로 하여금 필요한 검사를 하게 하여야 한다. <개정 2005.9.27.>

② 제1항의 규정에 의하여 검사를 하는 자는 검사조서를 작성하여야 한다. 다만, 「국가를 당사자로 하는 계약에 관한 법률 시행령」 제56조 제2호 또는 제3호에 해당하는 경우에는 검사조서의 작성을 생략할 수 있다. <개정 2000.8.31., 2005.9.27.>

[전문개정 1999.1.29.]

제5절 감사

제41조【감사】① 법인의 감사는 당해법인과 학교에 대하여 법 제19조 제4항의 규정에 의한 감사를 매년 1회이상 실시하여야 한다. 이 경우 고등학교 이하 각급학교에 속하는 학교의 세입·세출 예산중 학교운영지원비에 관하여는 학부모회의 의견을 들어야 한다. <개정 2000.8.31.>

② 법인의 이사장은 학교의 장과 수입원 및 지출원이 사망하거나 바뀐 때에는 그 관장에 속하는 수입·지출·재산·물품 및 현금등의 관리상황을 감사로 하여금 감사하게 하여야 한다. <개정 2019.9.17.>

③ 제2항의 감사에는 전임자가 참관하여야 하며 전임자가 참관할 수 없는 경우에는 그 전임자가 정한 대리인이나 법인의 이사장이 관계직원 중에서 선정한 참관인을 감사에 참관하게 하여야 한다. <개정 1976.1.7., 2019.9.17.>

④ 감사는 제1항 내지 제3항의 규정에 의하여 감사를 한 때는 감사보고서를 작성하여 당해법인의 이사장에게 보고하여야 하며 특히 필요하다고 인정되는 사항은 관할청에 보고하여야 한다. <개정 2000.8.31.>

⑤제4항의 감사보고서에는 감사와 피감사자 또는 참관인이 각각 기명·날인하여야 한다. <개정 1976.1.7., 2019.9.17.>

제 4 장 재산

제42조【재산의 구분】시행령 제5조 제2항에 규정한 법인의 보통재산은 그 사용자의 구분에 따라 이를 다음과 같이 법인용 재산과 학교용 재산으로 구분한다.

1. 법인용 재산

법인에서 직접 사용하는 일반사무용 재산

　2. 학교용 재산

　　학교에서 직접 사용하는 일반사무용 재산과 기타 학교에 소속되는 보통재산

제43조【재산의 관리자】법인의 모든 재산의 관리책임자는 이사장이 된다. 다만, 학교에 속하는 교육용 기본재산과 학교용 보통재산의 운용 책임자는 학교의 장이 된다.

제44조【등기등의 절차】법인이 재산을 취득한 때에는 그 법인의 이사장은 지체없이 등기·등록 기타 권리확보에 필요한 절차를 이행하여야 한다.

제45조【증자보고】고등학교이하 각급학교에 속하는 학교를 설치·경영하는 법인이 기본재산을 매수·기부채납·신축·증축에 의하거나 기타의 원인에 의하여 취득한 때에는 지체없이 다음 각호의 서류를 첨부하여 관할청에 증자보고서를 제출하여야 한다. <개정 1987.2.6., 2000.8.31.>

　1. 증자재산목록

　2. 등기·등록 기타 권리확보에 관한 증빙서(주권인 경우에는 명의서환 사실을 증명하는 서류)

　3. 이사회 회의록사본

제46조【소유권의 이전】법인이 법 제28조와 시행령 제11조의 규정에 의하여 관할청의 허가를 받아 그 재산을 처분한 때에는 처분대금을 완수하지 아니하고는 당해재산의 소유권을 이전하지 못한다. <개정 2000.8.31.>

제 5 장 물품

제47조【물품의 범위】이 규칙에서 "물품"이라 함은 현금·유가증권 및 부동산 이외의 것으로서 다음 각호의 비품과 소모품을 말한다. <개정 1987.2.6., 1999.1.29.>

　1. 비품

　　품질·형상의 변동없이 비교적 장기간 사용할 수 있는 물품

　2. 소모품

　　사용함으로써 소모되거나 파손되기 쉬운 물품과 공작물 기타 물품의 구성부분으로서 소모되거나 파손되기 쉬운 물품

제48조【물품의 관리자와 출납원】① 법인과 학교의 물품관리자는 그 법인의 이사장과 학교의 장으로 한다.

　② 제1항의 물품관리자는 필요에 따라 소속직원중에서 분임물품관리자를 지정하여

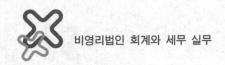

그 소관에 속하는 물품관리에 관한 사무를 위임할 수 있다. <개정 1976.1.7.>

③ 물품관리자(전항의 분임물품관리자를 포함한다. 이하 같다)는 물품의 출납과 보관을 위하여 소속직원중에서 물품출납원을 지정하여야 한다.

제49조【물품의 관리의무】물품관리자·물품출납원 및 물품사용자는 선량한 관리자로서의 주의와 의무를 다하여야 한다.

제50조【물품의 관리】① 물품관리자는 물품출납의 사유가 생겼을 때에는 그 물품출납원에게 그 출납을 명한다.

② 물품출납원은 물품관리자의 명령이 없이는 물품을 출납하지 못한다.

③ 제2항의 출납명령은 각 해당 수급부에 결재날인함으로써 행한다. <개정 1976.1.7.>

④ 물품관리자는 2년마다 정기적으로 학년도 말을 기준으로 재물조사를 실시하여야 한다. <신설 2000.8.31.>

제51조【불용품의 처리】① 법인과 학교의 물품중 그 사용이 불능하거나 수리하여 다시 사용할 수 없게 된 물품에 대한 불용의 결정은 각각 그 물품관리자가 한다.

② 제1항의 규정에 의한 불용품을 매각한 경우의 그 대금은 당해법인 또는 학교의 세입예산에 편입시켜야 한다. <개정 1976.1.7.>

제 6 장 장부와 서식

제52조【법인의 사무소에 비치할 장부와 서류】① 법 제32조에 따라 법인의 사무소에 비치할 장부와 서류는 다음 각 호와 같다. <개정 1987.2.6., 2000.8.31., 2011.2.9.>

1. 재산목록 및 그 권리에 관한 증빙서류

2. 대차대조표·손익계산서 및 그 부속서류(정규부기의 경우에 한한다)

3. 수입·지출총괄부

4. 법인과 학교의 예산결산서

5. 금융회사와의 거래실적 입증서류

6. 기타 이 규칙에서 정하는 서류로서 법인에 해당하는 서류

② 법인의 이사장은 그 법인의 사업체의 관리자와 학교의 장으로 부터 매월말 현재의 수입·지출보고서와 재산증감보고서를 받아 제1항 제3호와 제4호의 해당총괄부에 각각 그 보고사항을 기록하여 재산과 재무의 현황을 상시 파악하여야 한다. <개정 1976.1.7.>

제53조【학교에 비치할 장부와 서류】학교에는 다음 각 호의 장부와 서류를 비치한다. <개

정 1987.2.6., 2000.8.31., 2011.2.9.>

1. 재산대장(교육용 재산)과 도면
2. 비품수급부와 소모품수급부
3. 징수대장
4. 수입부
5. 금전출납부와 세출내역부
6. 수입·지출외 현금출납부·보관물수급부 및 유가증권수급부
7. 금융회사와의 거래실적 입증서류
8. 기타 이 규칙에서 정하는 서류로서 학교에 해당하는 서류

제53조의 2 【증빙서류 및 장부의 보존】 ① 법인의 이사장은 제52조 제1항 각호에 규정된 장부와 서류를, 학교의 장은 제53조 각호에 규정된 장부와 서류를 각각 5년간 보존하여야 한다.

② 제1항의 규정에 의한 장부 및 서류의 내용을 전산화하는 경우에는 따로 장부 및 서류를 작성·비치하지 아니할 수 있다. 이 경우 전산화한 사항중 장부에 해당하는 사항은 이를 출력하여 이를 디스켓 또는 자기테이프 등과 함께 제1항의 규정에 의한 보존기간까지 보관하여야 한다.

[본조신설 2000.8.31.]

제53조의 3 【지정정보처리장치에 의한 재무·회계의 처리】 고등학교 이하 각급 학교의 교비회계에 속하는 예산·결산 및 회계 업무는 교육부장관이 지정하는 정보처리장치로 처리하여야 한다. 다만, 법 제43조 제1항에 따른 국가 또는 지방자치단체의 보조금(인건비 및 학교운영비에 한정한다)을 받지 않는 다음 각 호의 어느 하나에 해당하는 각종학교 또는 외국인유치원은 그렇지 않다. <개정 2013. 3. 23., 2019.2.25.>

1. 「초·중등교육법」 제2조 제5호에 따른 각종학교
2. 「유아교육법」 제16조 제1항에 따른 외국인유치원

[본조신설 2010.2.4.]

제54조 【각종서식】 이 규칙에서 정하는 법인과 학교의 각종 장부와 서류는 별지 제1호 서식부터 별지 제49호의 2 서식까지에 따른다. 다만, 이 규칙에서 정하지 아니한 장부와 서류의 서식은 법인과 학교에서 적합하게 작성하여 사용한다. <개정 1987.2.6., 2011.2.9.>

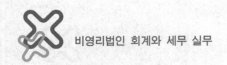

제7장 보칙

제55조【채무보증 금지】학교는 채무에 대한 보증을 하지 못한다.

제56조 삭제 <1999.1.29.>

제57조【회계관계직원의 책임】법인과 학교의 수입·지출·물품 및 재산의 수급·보관 또는 관리를 담당한 직원(이하 "회계관계직원"이라 한다)은 선량한 관리자로서의 주의 의무를 다하지 못하여 손해를 끼쳤을 때에는 그 정도에 따라 각각 변상의 책임을 진다. <개정 2011.2.9.>

제58조【사무의 인계인수】① 회계관계직원이 바뀐 때에는 인계자(전임자)는 발령일부터 5일이내에 그 사무를 인수자(후임자)에게 인계하여야 한다. <개정 2019.9.17.>
② 인계자는 예금잔액증명서를 첨부하고 인계할 장부와 증명서류 등의 목록을 각각 3통씩 작성하여 인계인수자가 각각 연서날인한 후 각자 1통씩 보관하고 1통은 인계 인수보고서에 첨부하여 법인의 이사장에게 제출해야 한다. 이 경우 학교에 있어서는 학교의 장을 거쳐 제출해야 한다. <개정 2021.6.30.>

제59조【준용】제12조 제1항, 제16조 제2항, 제21조 제4항, 제23조 제1항 제1호·제3호, 제24조 제1항, 제41조 제2항부터 제5항까지 및 제58조 제2항은 법인이 아닌 사립학 교경영자에게 준용한다. 이 경우 "이사장"과 "이사회"는 각각 "사립학교경영자"로, "감사"는 "사립학교경영자가 지정하는 사람"으로 본다.
[전문개정 2011.2.9.]

제60조【위임】이 규칙에 규정하지 아니한 재무와 회계에 관한 사항은 법인의 이사장과 학교의 장이 정한다. <개정 1987.2.6.>

제61조【규제의 재검토】교육부장관은 제53조의 3 본문에 따른 교육부장관이 지정하는 정보처리장치에 의한 재무·회계의 처리 의무에 대하여 2022년 3월 1일을 기준으로 3년마다(매 3년이 되는 해의 기준일과 같은 날 전까지를 말한다) 그 타당성을 검토하여 개선 등의 조치를 해야 한다.
[본조신설 2022.4.27.]

부 칙 〈제265호, 2022.4.27.〉
(규제 재검토기한 설정 등을 위한 7개 법령의 일부개정에 관한 교육부령)

이 규칙은 공포한 날부터 시행한다.

사학기관 재무 · 회계 규칙에 대한 특례규칙

[시행 2023.6.1.] [교육부령 제303호, 2023.5.31., 일부개정]

제1장 총칙

제1조 【목적】 이 규칙은 제2조의 규정에 의한 사립학교 및 이를 설치 · 경영하는 학교법인의 특성에 맞는 예산 · 회계 및 결산에 관한 사항을 정하기 위하여 사학기관재무 · 회계규칙에 대한 특례를 규정함을 목적으로 한다.

제2조 【적용범위등】 ① 이 규칙은 사립의 대학 · 산업대학 · 전문대학 · 사이버대학 및 이에 준하는 각종학교(이하 "학교"라 한다)와 이를 설치 · 경영하는 학교법인(이하 "법인"이라 한다)에 대하여 적용한다. <개정 1999.1.29., 2014.3.6.>

② 학교의 교비회계(이하 "학교회계"라 한다)와 법인의 일반업무회계(이하 "법인회계"라 한다)에 관하여 이 규칙에 규정한 것을 제외하고는 사학기관재무 · 회계규칙을 적용한다.

③ 학교의 부속병원회계는 일반적으로 인정되는 의료법인의 병원회계에 준하여 회계처리를 하고, 법인의 수익사업회계는 일반적으로 인정되는 기업회계에 준하여 회계처리를 한다. <개정 2018.5.29.>

제3조 【정의】 이 규칙에서 사용하는 용어의 정의는 다음과 같다. <개정 2023.5.31.>

1. "자금"이라 함은 현금 · 예금 · 수표 및 우편환등을 말한다.

2. "재무상태표기준일"이라 함은 일정시점의 재무상태를 파악하기 위한 기준일을 말한다. 이 경우 재무상태표에서 기준일을 따로 정한 때를 제외하고는 회계연도의 말일을 말한다.

3. "전기말"이라 함은 전 회계연도의 말일을 말한다.

4. "기말"이라 함은 당해회계연도의 말일을 말한다.

5. "자금수입"이라 함은 자금의 증가를 말한다.

6. "자금지출"이라 함은 자금의 감소를 말한다.

7. "운영수익"이라 함은 자산의 감소나 부채의 증가를 수반하지 아니하는 자산의 증가를 말한다.

8. "운영비용"이라 함은 자산의 증가나 부채의 감소를 수반하지 아니하는 자산의 감소를 말한다.

9. "자금예산"이라 함은 1회계연도의 모든 자금수입의 원천과 모든 자금지출의 용도를 명시한 자금수지예정계산서를 말한다.

10. "기본금"이라 함은 총자산에서 총부채를 뺀 순자산으로서 법인 및 학교에 계속적으로 투입·운용되는 기본적자산의 가액을 말한다.

11. "적립금"이라 함은 연구적립금 등 특정한 경영목적을 달성하기 위하여 예치하는 자금으로서 기금등에 대응하는 적립액을 말한다.

제 2 장 예산

제4조【예산편성요령】① 법인의 이사장(이하 "이사장"이라 한다)과 학교의 장은 예산안 편성 전까지 각각 법인회계 및 학교회계의 예산편성요령을 정하여야 한다. <개정 2023.5.31.>

② 교육부장관은 법인회계 및 학교회계의 예산편성에 관하여 특히 필요한 사항이 있는 경우에는 당해회계연도 개시 70일전까지 그 사항을 통보하여야 한다. <개정 2001.1.31., 2008.3.4., 2013.3.23.>

③ 이사장 및 학교의 장은 전년도 추정결산등의 합리적 자료를 기초로 하여 예산을 편성하여야 한다.

제5조【예산총계주의】수입예산 및 지출예산은 모두 예산에 포함시켜야 하며 수입예산과 지출예산을 상계하거나 그 일부를 예산에서 제외하여서는 아니된다.

제6조【예산의 확정 및 제출 등】① 이사장 및 학교의 장은 법인회계 및 학교회계의 예산안을 편성하여 각각 이사회에 제출해야 한다. 이 경우 이사장은 학교전출금 등 학교회계에 관계되는 예산안의 편성내역을 학교의 장에게 통지해야 한다.

② 이사회는 제1항에 따라 편성된 예산안을 심의·확정해야 한다.

③ 이사장은 제2항에 따라 확정된 법인회계 및 학교회계의 예산을 매 회계연도 개시 5일 전까지 교육부장관에게 제출해야 한다.

[전문개정 2023.5.31.]

제7조【준예산】① 이사장은 회계연도 개시전까지 법인회계 및 학교회계의 예산이 확정되지 아니한 때에는 그 사유를 관할청에 보고하고, 법인회계의 예산은 이사장이, 학교회계의 예산은 학교의 장이 예산이 성립될 때까지 다음 각호의 경비를 전년도 예산

에 준하여 집행할 수 있다.

1. 교원 및 직원의 보수

2. 학교시설의 유지관리비

3. 법령에 의하여 지급의무가 있는 경비

4. 기타 학교교육에 직접 사용되는 필수적 경비

② 제1항의 규정에 의하여 집행된 예산은 당해연도의 예산이 확정되면 그 확정된 예산에 의하여 집행된 것으로 본다.

제8조【추가경정예산】① 이사장 및 학교의 장은 예산이 확정된 후에 발생한 사유로 인하여 이미 확정된 예산의 변경이 필요한 경우에는 추가경정예산을 편성하여 이사회에 제출할 수 있다.

② 이사장은 법인회계 또는 학교회계의 추가경정예산이 확정된 때에는 그 확정된 날부터 15일 이내에 이를 교육부장관에게 제출하여야 한다. <개정 1999.1.29., 2001.1.31., 2008.3.4., 2013.3.23.>

제9조【예산의 내용】① 예산의 내용은 예산총칙과 자금예산으로 한다.

② 예산총칙에는 다음 각호의 사항을 명시하여야 한다.

1. 자금예산의 규모

2. 예산편성의 기본방침

3. 주요사업계획의 개요

4. 장기차입금의 한도액

5. 일시차입금의 한도액

6. 기타 예산집행에 관하여 필요한 사항

③ 자금예산은 별지 제1호 서식의 자금예산서(추가경정자금예산의 경우에는 별지 제2호 서식의 추가경정자금예산서)에 의하여 작성하되 제10조 제1항 제2호 및 동조 제2항 제3호의 규정에 의한 예산부속명세서에 의하여 목별 계산의 기초를 명백히 하여야 한다.

제10조【예산의 부속서류】① 법인회계의 예산부속서류는 다음 각호와 같다. <개정 2016.4.20., 2021.1.6.>

1. 이사회 회의록 사본

2. 예산부속명세서

　　가. 별지 제1호의 2 서식에 의한 전기말추정미수금명세서

　　나. 별지 제1호의 3 서식에 의한 전기말추정차입금명세서

다. 별지 제1호의 7 서식의 적립금 운용계획서(명세서)

라. 기타 예산목별 명세서

② 학교회계의 예산부속서류는 다음 각호와 같다. <개정 2009.12.22., 2014.3.6., 2016.4.20., 2021.1.6.>

1. 이사회 회의록 사본, 「사립학교법」 제29조 제4항 제1호에 따른 대학평의원회의 자문 내용 사본 및 등록금심의위원회 회의록 사본

2. 별지 제1호의 4 서식에 의한 학년별·학과별학생수명세서

3. 예산부속명세서

　　가. 별지 제1호의 2 서식에 의한 전기말추정미수금명세서

　　나. 별지 제1호의 3 서식에 의한 전기말추정차입금명세서

　　다. 별지 제1호의 5 서식에 의한 등록금명세서

　　라. 별지 제1호의 6 서식에 의한 인건비명세서

　　마. 별지 제1호의 7 서식의 적립금 운용계획서(명세서)

　　바. 기타 예산목별 명세서

제11조【예산집행의 내부통제】 이사장 및 학교의 장은 예산을 편성하는 자와 집행하는 자를 분리하여 운영하고, 적정한 내부통제에 따라 예산을 집행하여야 한다.

제12조【예산의 목적외 사용금지】 이사장 및 학교의 장은 자금예산을 초과하여 지출하거나 자금예산이 정한 목적외에 이를 사용할 수 없다.

제13조【예산의 전용】 ① 이사장 및 학교의 장은 동일 관내의 항간 또는 목간에 예산의 과부족이 있는 경우에는 상호 전용할 수 있다. 다만, 예산총칙에서 전용을 제한한 과목 및 예산편성과정에서 삭감된 과목으로는 전용하여서는 아니된다.

② 이사장 및 학교의 장이 제1항의 규정에 의하여 예산을 전용한 경우에는 이사회에 이를 보고하여야 한다.

제14조【예산편성의 예외】 법인의 수익사업회계 및 학교의 부속병원회계는 변동예산으로 편성할 수 있다.

제 3 장 회계

제1절 회계원칙 및 재무제표

제15조【회계원칙】 이사장 및 학교의 장은 다음의 원칙에 따라 회계를 처리하고, 재무제

표를 작성하여야 한다.

1. 회계처리는 복식부기원리에 따라야 한다.
2. 회계처리는 신뢰할 수 있도록 객관적인 자료와 증거에 의하여 공정하게 처리하여야 한다.
3. 재무제표의 양식 및 과목과 회계용어는 이해하기 쉽도록 표시하여야 한다.
4. 회계처리의 방법은 기간별 비교가 가능하도록 매기 계속하여 적용하고, 정당한 사유없이 이를 변경하여서는 아니된다.
5. 회계처리 및 재무제표 작성에 있어서 과목은 그 중요성에 따라 실용적인 방법에 의하여 결정하여야 한다.

제16조【재무제표】① 재무제표는 자금계산서·재무상태표 및 운영계산서로 한다. <개정 2023.5.31.>

② 재무제표는 이를 이용하는 자에게 충분한 회계정보를 제공할 수 있도록 필요한 부속명세서를 작성하고, 주기 및 주석을 하여야 한다.

제17조【계정과목】① 법인회계 및 학교회계의 계정과목 및 그 내용은 별표 1의 자금계산서 계정과목 명세표, 별표 2의 재무상태표 계정과목 명세표 및 별표 3의 운영계산서 계정과목 명세표로 한다. <개정 2009.12.22., 2023.5.31.>

② 별표 1 내지 별표 3에서 규정한 계정과목외에 그 성질이나 금액이 중요한 경우에는 계정과목을 추가할 수 있다. 이 경우 계정과목의 추가는 해당 관·항·목 체계의 범위안에서 하여야 한다.

제2절 자금계산서

제18조【자금계산의 원칙】이사장 및 학교의 장은 당해회계연도의 활동에 따른 모든 자금수입예산 및 자금지출예산이 실제의 자금수입 및 자금지출의 내용과 명백하게 대비되도록 자금계산을 하여야 한다.

제19조【자금계산서】제18조의 규정에 의한 자금계산은 별지 제3호 서식의 자금계산서에 의한다.

제20조【자금계산의 방법】① 자금계산은 자금수입란과 자금지출란을 구분하여 계정과목별로 계산하며, 자금수입 및 자금지출은 이를 상계하여서는 아니된다.

② 제1항의 규정에 의한 자금수입의 계산은 당해 회계연도에 실현된 자금수입을 예산항목과 미사용전기이월자금으로 구분하여 작성한다.

③ 제1항의 규정에 의한 자금지출의 계산은 당해 회계연도에 실현된 자금지출을 예산항목과 미사용차기이월자금으로 구분하여 작성한다.

제21조【미사용이월자금】 ① 제20조 제2항의 규정에 의한 미사용전기이월자금의 계산은 전기말 재무상태표상의 유동자산금액 및 유동부채중 예산항목을 제외한 금액과의 차이로 한다. <개정 2023.5.31.>

② 제20조 제3항의 규정에 의한 미사용차기이월자금의 계산은 당기말 재무상태표상의 유동자산금액 및 유동부채중 예산항목을 제외한 금액과의 차이로 한다. <개정 2023.5.31.>

제3절 재무상태표 〈개정 2023.5.31.〉

제22조【재무상태표 작성의 원칙】 이사장 및 학교의 장은 법인 및 학교의 재무상태 기준일 현재의 재무상태가 적정하게 파악될 수 있도록 재무상태표를 작성하여야 한다. <개정 2023.5.31.>

[제목개정 2023.5.31.]

제23조【재무상태표】 제22조의 규정에 의한 재무상태표의 작성은 별지 제4호 서식에 의한다. <개정 2023.5.31.>

[제목개정 2023.5.31.]

제24조【재무상태표의 작성방법】 ① 재무상태표는 자산·부채 및 기본금으로 구분하고, 자산은 유동자산·투자와기타자산 및 고정자산으로, 부채는 유동부채 및 고정부채로, 기본금은 출연기본금·적립금·기본금조정 및 운영차액으로 각각 구분한다. <개정 2016.4.20., 2023.5.31.>

② 기간이 1년 미만인 자산 및 부채는 이를 각각 유동자산 및 유동부채로 구분하고, 기간이 1년 이상인 자산 및 부채는 이를 각각 고정자산 및 고정부채로 구분함을 원칙으로 한다.

③ 자산·부채 및 기본금은 그 과목을 상계하거나 그 일부를 재무상태표에서 제외하여서는 아니된다. <개정 2023.5.31.>

[제목개정 2023.5.31.]

제25조【기본금의 증감】 이사장 및 학교의 장은 출연재산으로 인하여 기본재산이 증가한 때에는 그 증가한 자산가액 만큼을 기본금의 증가로 대체한다.

[전문개정 2009.12.22.]

제26조 【적립금의 적립 및 사용】 ① 이사장과 학교의 장은 「사립학교법」 제32조의 2에 따른 적립금을 적립하는 경우에는 자금예산서 및 자금계산서의 지출란에 자금지출로 계상한다. <개정 2014.3.6.>

② 삭제 <2014.3.6.>

③ 삭제 <2014.3.6.>

④ 이사장과 학교의 장은 적립금을 사용하려는 경우에는 자금예산서 및 자금계산서의 비등록금회계 수입 및 지출에 계상하여 사용한다. <개정 2014.3.6.>

제26조의 2 【투자결과의 보고 시기 및 방법】 이사장과 학교의 장은 「사립학교법」 제32조의 2 제4항에 따라 적립금의 투자결과를 교육부장관에게 보고하는 경우에는 매년 다음 각 호의 사항이 포함된 서류를 해당 연도의 5월 31일까지 교육부장관에게 제출하여야 한다.

1. 투자법인의 명칭

2. 투자법인과의 관계

3. 투자원금

4. 해당 연도의 2월 말일을 기준으로 한 투자자산의 평가액

[본조신설 2018.5.29.]

제4절 운영계산서

제27조 【운영계산의 원칙】 이사장 및 학교의 장은 당해회계연도의 운영수익 및 운영비용의 내용이 적정하게 파악될 수 있도록 운영계산을 하여야 한다.

제28조 【운영계산서】 제27조의 규정에 의한 운영계산은 별지 제5호 서식의 운영계산서에 의한다.

제29조 【운영계산의 방법】 ① 운영수익의 계산은 당해회계연도의 운영수익을 계정과목별로 구분하여 계산한다.

② 운영비용의 계산은 당해회계연도의 운영비용·기본금대체액 및 당기운영차액으로 구분하여 계산한다. 이 경우 운영비용은 계정과목별로 표시한다.

③ 제2항에 따른 기본금대체액은 해당 회계연도 중의 각종 기금 적립 등 비운영지출에 대응한 각종 적립금 대체액으로 표시한다. <개정 2014.3.6.>

④ 제2항의 규정에 의한 당기운영차액은 운영수익과 운영비용을 일치시키기 위한 차액을 말한다.

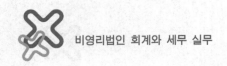

제5절 자산·부채의 평가

제30조【자산의 평가기준】① 재무상태표에 표시하는 자산의 가액은 당해자산의 취득원가를 기초로 하여 계상함을 원칙으로 한다. <개정 2023.5.31.>

② 당해자산의 취득을 위하여 통상적으로 소요되는 가액과 비교하여 현저하게 저렴한 가액으로 취득한 자산 또는 증여받은 자산의 평가는 제1항의 규정에 불구하고 취득하거나 증여받은 때의 시가로 평가한다.

③ 제2항에 따른 시가는「감정평가 및 감정평가사에 관한 법률」에 따른 감정평가에 따르는 것을 원칙으로 하되, 토지의 경우에는「부동산 가격공시에 관한 법률」제10조에 따른 개별공시지가에 따를 수 있다. <개정 2021.1.6.>

제31조【자산재평가에 대한 특례】① 이사장 및 학교의 장은 보유자산의 장부가액을 시가에 적합하게 하기 위하여 자산의 재평가를 할 수 있다.

② 자산의 재평가방법 및 재평가차액등의 회계처리에 관한 사항은「자산재평가법」의 규정을 준용하되, 토지는 제30조 제3항의 규정에 의한 공시지가 또는 개별토지의 가격에 의하여 자체적으로 평가할 수 있다. <개정 2005.9.27.>

제32조【대손상각등】이사장 및 학교의 장은 법인회계 및 학교회계의 자산 중 회수불가능한 것으로 추정되는 부실채권이나 사용이 불가능한 고정자산이 있는 경우에는 이사회의 승인을 받아 대손상각하거나 폐기할 수 있다. 다만, 취득가액이 500만원 미만인 고정자산의 경우에는 이사회의 승인을 받지 않고 폐기할 수 있다. <개정 2021.1.6.>

제33조【투자유가증권의 평가 등】① 재무상태표 기준일 현재의 투자유가증권은 시가로 평가하여야 한다. <개정 2009.12.22., 2023.5.31.>

② 제1항에 따른 투자유가증권을 시가로 평가하는 경우에 발생하는 평가손익은 기본금 조정을 통하여 처분 이전까지 미실현손익으로 회계처리하고, 처분하였을 때에는 투자유가증권 처분손익으로 기재한다. <개정 2014.3.6.>

③ 삭제 <2014.3.6.>

④ 제1항 및 제2항은 유동자산에 속하는 유가증권의 경우에 이를 준용한다. <개정 2014.3.6.>

[제목개정 2014.3.6.]

제34조【감가상각】① 법인회계 및 학교회계에 속하는 고정자산에 대해서 감가상각을 한다. 다만, 토지, 박물관의 유물 및 건설 중인 고정자산에 대해서는 감가상각을 하지 아니한다. <개정 2009.12.22.>

② 고정자산에 대한 감가상각은 정액법을 적용한다. <개정 2009.12.22.>

③ 고정자산별 감가상각 내용연수는 별표 4에 따른다. <신설 2009.12.22.>

④ 제2항 및 제3항에 따라 한 유형고정자산의 감가상각비는 해당 감가상각 누계액으로 표시하고, 무형고정자산의 감가상각비는 해당 무형고정자산에서 직접 차감하여 표시한다. <신설 2009.12.22.>

⑤ 그 해 감가상각비 상당액은 그 해 건축적립금에 적립할 수 있다. <신설 2009.12.22.>

제35조【외화자산 및 외화부채의 환산등】① 외화자산 및 외화부채는 재무상태표 기준일 현재 한국은행이 고시한 환율로 환산한다. <개정 2023.5.31.>

② 제1항의 경우에 발생하는 환산차액은 외화환산손실 또는 외화환산이익의 과목으로 운영계산서에 계상한다.

③ 외화자산 및 외화부채의 회수 또는 상환으로 인하여 발생하는 장부가액과 실제회수액 또는 실제상환액과의 차액은 외환차익 또는 외환차손의 과목으로 운영계산서에 계상한다.

제6절 종합재무제표등

제36조【종합재무제표등의 작성원칙】종합재무제표 및 합산재무제표는 법인회계 및 학교회계를 하나의 회계단위로 하여 종합적인 자금수지·재무상태 및 운영수지가 적정하게 파악되도록 작성하여야 한다.

제37조【종합재무제표등의 구성】① 종합재무제표는 법인 및 학교의 모든 회계를 합한 것으로 다음 각호의 서류로 구성된다. <개정 2023.5.31.>

1. 별지 제6호 서식(1)에 의한 종합자금계산서

2. 별지 제6호 서식(2)에 의한 종합재무상태표

3. 별지 제6호 서식(3)에 의한 종합운영계산서

② 합산재무제표는 법인회계 및 학교회계만을 합한 것으로 다음 각호의 서류로 구성된다. <개정 2023.5.31.>

1. 별지 제7호 서식(1)에 의한 합산자금계산서

2. 별지 제7호 서식(2)에 의한 합산재무상태표

3. 별지 제7호 서식(3)에 의한 합산운영계산서

제38조【종합재무제표등의 작성방법】종합재무제표 및 합산재무제표는 법인 및 학교의 개

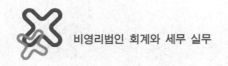

별 재무제표를 합산한 후 내부의 수입 및 지출과 내부의 채권 및 채무를 각각 상계하여 작성한다.

제 4 장 결산

제39조【결산의 내용】결산은 다음 각호의 서류에 의한다. <개정 2023.5.31.>

1. 자금계산서
2. 재무상태표 및 재무상태표 부속명세서
3. 운영계산서 및 운영계산서 부속명세서
4. 별지 제8호 서식의 합계잔액시산표
5. 결산 부속서류

제40조【재무상태표 부속명세서등】① 재무상태표의 부속명세서는 다음 각호와 같다. <개정 2009.12.22., 2014.3.6., 2016.4.20., 2019.9.17., 2021.1.6., 2023.5.31.>

1. 별지 제4호의 2 서식(1)에 의한 현금및예금명세서
2. 별지 제4호의 2 서식(2)에 의한 수표출납명세서
3. 별지 제4호의 3 서식에 의한 선급금명세서
4. 별지 제4호의 4 서식에 의한 가지급금명세서
5. 별지 제4호의 5 서식에 의한 선급법인세명세서
6. 별지 제4호의 6 서식에 의한 받을어음명세서
7. 별지 제4호의 7 서식(1)에 의한 투자와기타자산명세서
8. 별지 제4호의 7 서식(2)에 의한 투자유가증권명세서

8의 2. 별지 제4호의 7 서식(3)에 따른 적립기금 유가증권 투자 명세서

8의 3. 별지 제4호의 7 서식(4)의 적립기금 특수관계법인 유가증권 투자명세서

9. 별지 제4호의 8 서식(1)에 따른 유형고정자산 명세서

9의 2. 별지 제4호의 8 서식(2)에 따른 무형고정자산 명세서

10. 별지 제4호의 9 서식에 의한 단기(장기)차입금명세서
11. 별지 제4호의 10 서식에 의한 미지급금명세서
12. 별지 제4호의 11 서식에 의한 가수금명세서
13. 별지 제4호의 12 서식(1)에 의한 지급어음명세서
14. 별지 제4호의 12 서식(2)에 의한 어음출납명세서
15. 별지 제4호의 13 서식에 의한 차관(외화장기차입금)명세서

16. 별지 제4호의 14 서식에 의한 학교채명세서

17. 별지 제4호의 15 서식에 따른 적립금 명세서

17의 2. 별지 제4호의 16 서식에 따른 미사용 차기이월자금 내역 및 사용계획 명세서

18. 기타 필요한 명세서

② 운영계산서의 부속명세서는 다음 각호와 같다. <개정 2009.12.22., 2016.4.20.>

1. 별지 제1호의 5 서식에 의한 등록금명세서

2. 별지 제5호의 2 서식에 의한 전입금명세서

3. 별지 제5호의 3 서식에 의한 예비비사용액명세서

4. 별지 제5호의 4 서식에 따른 고정자산 감각상각비 명세서

5. 기타 필요한 명세서

③ 이사장 및 학교의 장은 결산에 관한 상세한 정보의 제공을 위하여 제1항 및 제2항에 규정된 서류외에 모든 계정과목에 관한 부속명세서를 작성·비치하여야 한다.

[제목개정 2023.5.31.]

제41조【결산 부속서류】제39조 제5호의 규정에 의한 결산 부속서류는 결산과 관련한 다음 각호의 서류로 한다. <개정 2009.12.22., 2014.3.6.>

1. 이사회 회의록 사본

2. 「사립학교법」 제31조 제3항 제1호에 따른 대학평의원회의 자문 내용 사본 및 등록금심의위원회 회의록 사본(학교회계의 결산인 경우에 한한다)

3. 별지 제9호 서식에 의한 감사보고서

4. 합산재무제표

5. 기타 결산과 관련하여 필요한 서류

제42조【결산서의 작성·제출 등】① 이사장 및 학교의 장은 매 회계연도 종료 후 법인회계 및 학교회계의 결산서를 작성하여 각각 이사회에 제출해야 한다.

② 이사회는 제1항에 따라 작성된 결산서를 심의·확정해야 한다.

③ 이사장은 제2항에 따라 확정된 결산서를 매 회계연도 종료 후 3개월 이내에 교육부장관에게 제출해야 한다.

[전문개정 2023.5.31.]

부 칙 〈제303호, 2023.5.31.〉

이 규칙은 2023년 6월 1일부터 시행한다.

산학협력단의 회계와 세무

1 산학협력단의 의의

「산업교육진흥 및 산학연협력촉진에 관한 법률」은 산업교육을 진흥하고 산학연협력을 촉진하여 교육과 연구의 연계를 기반으로 산업사회의 요구에 따르는 창의적인 산업인력을 양성하며, 효율적인 연구개발체제를 구축하고, 나아가 산업발전에 필요한 새로운 지식·기술을 개발·보급·확산·사업화함으로써 지역사회와 국가의 발전에 이바지함을 목적으로 제정되었다(산업교육진흥 및 산학연협력촉진에 관한 법률 제1조). 이러한 산학연협력에 관한 업무를 수행하기 위하여 대학은 학교규칙으로 정하는 바에 따라 대학에 산학연협력에 관한 업무를 관장하는 조직을 둘 수 있다(산업교육진흥 및 산학연협력촉진에 관한 법률 제25조).

한편, 산업교육기관 또는 산학협력단은 학생과 교원의 현장실습교육과 연구에 활용하고, 산업교육기관에서 개발된 기술을 민간부문에 이전하여 사업화를 촉진하기 위하여 특정 학과 또는 교육과정과 연계하여 직접 물품의 제조·가공·수선·판매, 용역의 제공 등을 하는 부서인 학교기업을 둘 수 있다. 또한 산학협력단은 주식회사인 기술지주회사를 설립할 수 있으며 기술지주회사는 주식회사 또는 유한회사 형태의 자회사를 설립할 수 있다(산업교육진흥 및 산학연협력촉진에 관한 법률 제36조의 2, 제36조의 3).

2 산학협력단의 설립과 운영

2-1. 산학협력단의 설립

산학협력단은 설립 주체인 학교법인과는 구분되는 별도의 법인으로 하여야 한다. 따라서, 산학협력단은 주된 사무소의 소재지에서 설립 목적, 명칭, 주된 사무소의 소재지, 단장의 성명 및 주소, 공고의 방법을 포함하여 설립등기함으로써 성립한다. 또한, 산학협력단의 명칭에는 해당 학교명이 반드시 포함되어야 한다(산업교육진흥 및 산학연협력촉진에 관한 법률 제25조, 동법 시행령 제19조).

2-2. 정관의 작성

대학의 장은 산학협력단을 설립하려면 다음의 사항이 포함된 정관을 작성하여야 한다(산업교육진흥 및 산학연협력촉진에 관한 법률 제26조).

1. 목적
2. 명칭
3. 주된 사무소의 소재지
4. 업무와 그 집행에 관한 사항
5. 재산과 회계에 관한 사항
6. 하부조직의 설치에 관한 사항
7. 단장, 연구원 및 직원의 임면에 관한 사항
8. 단장의 직무대행에 관한 사항
9. 정관의 변경에 관한 사항
10. 해산에 관한 사항
11. 공고의 방법에 관한 사항
12. 교직원의 직무발명 권리의 산학협력단 승계 및 그에 따른 수익의 외국교육기관(제2조 제2호 다목에 따른 외국교육기관에 한정한다) 사용 등에 관한 사항

2-3. 산학협력단의 업무

산학협력단은 다음의 업무를 수행하여야 한다(산업교육진흥 및 산학연협력촉진에 관한 법률 제27조, 동법 시행령 제20조).

1. 산학연협력계약의 체결 및 이행
2. 산학연협력사업과 관련한 회계의 관리
3. 지식재산권의 취득 및 관리에 관한 업무
4. 대학의 시설 및 운영의 지원
5. 기술의 이전과 사업화 촉진에 관한 업무
6. 직무발명과 관련된 기술을 제공하는 자 및 이와 관련된 연구를 수행하는 자에 대한 보상
7. 산업교육기관의 교원과 학생의 창업지원 및 기업가정신 함양 촉진 등에 관한 업무
8. 그 밖에 산학연협력과 관련한 사항으로서 다음 각 호의 업무. 다만, 산학협력단은 산학협력단의 연구원과 직원의 수, 사무소 위치 등을 고려하여 정관에서 정하는 바에 따라 ⑧부터 ⑪까지의 사항의 전부 또는 일부를 산학협력단의 업무로 하지 아니할 수 있다.
   ① 대학 내 산학연협력 총괄 기획·조정
   ② 삭제 <2014.6.30.>
   ③ 산학연협력을 통한 학생의 취업 지원
   ④ 해당 대학 안에 설치·운영 중인 「중소기업창업 지원법」 제53조에 따른 창업보육센터와 이에 입주한 기업 등에 대한 지원
   ⑤ 해당 대학 안에 설치된 「벤처기업육성에 관한 특별조치법」 제2조 제5항에 따른 실험실공장에 대한 지원
   ⑥ 산학연협력 수요 및 활동에 대한 정보의 수집·제공 및 홍보
   ⑦ 산학연협력사업 관련 업무 담당자에 대한 교육·훈련
   ⑧ 산학연협력과 관련하여 해당 대학의 소속 교직원이 소유하거나 소속 교직원과 그 외의 자가 공동으로 소유하는 지식재산권의 수탁관리
   ⑨ 해당 대학과 법 제37조 제1항에 따른 협력연구소(이하 "협력연구소"라 한다) 간의 상호 협력 활동 지원
   ⑩ 「산업기술단지 지원에 관한 특례법」 제2조 제1호에 따른 산업기술단지 안에 해당 대학의 전부 또는 일부가 포함되어 있는 경우 산업기술단지 안에 포함된 대학의 교지(校地) 안에 입주한 기업과 연구소 등에 대한 지원
   ⑪ 그 밖에 해당 대학의 교지 안에 설치·운영되는 기업과 연구소 등에 대한 지원

2-4. 산학협력단의 수입과 지출

산학협력단의 수입과 지출에 대해서는 법에서 열거하고 있는 바, 그 내용은 다음과 같다 (산업교육진흥 및 산학연협력촉진에 관한 법률 제31조 및 제32조, 동법 시행령 제21조 및 제23조).

산학협력단의 수입	산학협력단의 지출
① 국가나 지방자치단체로부터의 출연금 및 보조금	① 산학협력단의 관리·운영비
② 산학연협력계약에 따른 수입금, 유가증권, 그 밖에 재산적 가치가 있는 물건	② 산학연협력계약의 이행에 필요한 경비
③ 산학연협력 성과에 따른 수익금, 유가증권, 그 밖에 재산적 가치가 있는 물건	③ 대학의 시설·운영 지원비
④ 산학연협력에 관하여 접수한 기부금품	④ 산학협력단 수입의 ②~⑦까지의 재원 수입에 기여한 교직원 및 학생에 대한 보상금
⑤ 국·공립대학 또는 산학협력단이 설치한 학교기업으로부터의 운영 수입금	⑤ 국·공립대학 또는 산학협력단이 설치한 학교기업의 운영비
⑥ 기술지주회사로부터의 배당 및 그 밖의 수익금	⑥ 기술지주회사에 대한 출자
⑦ 그 밖에 이자수입 등 다음의 수입금 • 이자수입 • 다른 대학이나 산업체등이 활용하여 지급하는 해당 산학협력단 소유의 연구시설 및 장비와 실험·실습시설 및 장비의 사용료	⑦ 협의회 등의 사업비 및 운영 지원비 ⑧ 그 밖에 산학연협력과 관련되어 필요하다고 인정되는 다음의 경비 • 지적재산권의 취득 및 관리에 필요한 경비 • 기술의 이전 및 사업화 촉진에 필요한 경비 등 • 산업교육진흥 및 산학연협력촉진에 관한 법률 시행령 제20조 각 호의 규정에 의한 업무의 수행에 필요한 경비

2-5. 산학협력단의 해산

산학협력단이 해산하는 경우 남은 재산은 해당 학교의 설립·경영자에게 귀속한다. 이 경우 학교법인에 귀속하는 남은 재산은 「사립학교법」 제29조 제2항에 따른 교비회계에 편입한다. 다만, 제2조 제2호 다목에 따른 외국교육기관의 경우 「사립학교법」 제29조 제2항에 따른 교비회계에 상응하는 회계에 편입한다(산업교육진흥 및 산학연협력촉진에 관한 법률 제25조 제5항).

2-6. 준용규정

산학협력단의 능력, 주소, 등기, 재산목록, 이사, 해산 및 청산에 관하여는 「민법」 제34조부터 제36조까지, 제50조부터 제52조까지, 제53조, 제54조, 제55조 제1항, 제59조 제2항, 제61조, 제65조 및 제81조부터 제95조까지를 준용하며, 산학협력단의 청산인에 관하여는 같

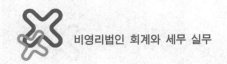

은 법 제59조 제2항, 제61조 및 제65조를 준용한다(산업교육진흥 및 산학연협력촉진에 관한 법률 제25조 제6항).

3 산학협력단의 회계

3-1. 회계기준

「산업교육진흥 및 산학연협력촉진에 관한 법률 시행령」 제27조 제4항에 의하여 산학협력단의 회계처리 및 재무제표 작성에 관하여 필요한 세부사항은 교육부장관이 정하여 고시하도록 되어 있으며, 이에 따라 「산학협력단회계처리규칙」이 제정되었다.

동 규정의 적용범위는 「산업교육진흥 및 산학협력촉진에 관한 법률」 제25조에 따라 설립한 대학의 산학협력단의 예산·회계·결산을 보고하기 위한 재무제표를 작성하는 경우에 적용하며 동 규칙에서 정하지 아니한 사항은 「일반기업회계기준」, 「사학기관 재무·회계 규칙에 대한 특례규칙」의 순서에 따라 준용한다(산학협력단회계처리규칙 제2조).

한편, 「산업교육진흥 및 산학연협력촉진에 관한 법률」 제36조 및 「학교기업의 설치·운영에 관한 규정」에 의하여 산업교육 기관이 설치·운영하는 학교기업은 「학교기업회계처리규칙」을 준거하여야 하며, 동 규칙에서 정하지 아니한 사항은 「기업회계기준」, 「사학기관 재무·회계 규칙에 대한 특례규칙」, 「산학협력단회계처리규칙」의 순서에 따라 준용한다(학교기업회계처리규칙 제2조 제2항).

3-2. 예산 및 결산서의 제출과 감사

산학협력단장은 매 회계연도 개시 전에 예산을, 매 회계연도 종료 후에는 결산을 학교의 장을 경유하여 한국사학진흥재단의 장에게 제출하여야 하고 한국사학진흥재단의 장은 제출된 예산이나 결산에 대하여 산학협력단별, 학교유형별, 예산항목별 특성 등을 분석하여 교육부장관에게 제출하여야 한다.

3-2-1. 예산서의 제출 시기 및 방법

산학협력단의 단장은 매 회계연도 개시 20일 전까지 산학협력단의 정관에서 정한 예산 심의기구의 심의를 거쳐 산학협력단회계의 예산안을 학교의 장에게 제출하여야 하며, 학교의 장은 매 회계연도 개시 10일 전까지 이를 확정하여야 한다(산학협력단회계처리규칙 제6조). 산학협력단의 단장은 제1항에 의하여 심의·확정된 산학협력단의 예산서(부속서류를 포함)를 매 회계연도 개시 5일 전까지 당해 학교의 인터넷 홈페이지에 게재하여 1년간 공개하여야 하며, 산학협력단의 단장은 매 회계연도 개시 5일 이전까지 확정된 산학협력단의 예산을 학교의 장을 경유하여 한국사학진흥재단의 장에게 제출하여야 하고, 한국사학진흥재단의 장은 제출된 예산에 대하여 산학협력단별, 학교유형별, 예산항목별 특성 등을 분석하여 교육부장관에게 제출하여야 한다(산학협력단회계처리규칙 제6조).

3-2-2. 결산서의 제출 시기 및 방법

산학협력단의 단장은 매 회계연도 종료 후 50일 이내에 다음 각 호의 서류가 첨부된 결산서를 작성하여 학교의 장에게 제출하여 심의·확정하여야 한다(산학협력단회계처리규칙 제36조).

1. 재무제표
2. 재무상태표 부속명세서 : 현금성자산 및 단기금융상품명세서, 단기매매금융자산명세서, 매출채권명세서, 미수금명세서, 선급금명세서, 재고자산명세서, 장기금융상품명세서, 장기투자금융자산 및 출자금명세서, 유형자산명세서, 무형자산명세서, 특정기금명세서, 매입채무명세서, 미지급금명세서, 선수금명세서, 충당부채명세서, 기본금명세서, 기타 필요한 명세서
3. 운영계산서 부속명세서 : 산학협력 연구 및 교육운영 수익명세서, 지식재산권 수익명세서 지원금수익명세서, 기부금수익명세서, 간접비수익명세서, 유·무형자산(감가)상각비 명세서, 기타 필요한 명세서
4. 결산부속서류 : 정관상의 결산심의기구 회의록 사본, 감사보고서, 기타 결산과 관련하여 필요한 서류

산학협력단의 단장은 확정된 산학협력단의 결산서를 학교의 장을 경유하여 매 회계연도 종료 후 3월 이내에 한국사학진흥재단의 장에게 제출하여야 하며, 한국사학진흥재단의 장

은 제출된 결산에 대하여 산학협력단별, 학교유형별, 예산항목별 특성 등을 분석하여 교육부장관에게 제출하여야 한다. 회계장부 및 증빙서류를 5년간 보존하여야 한다(산학협력단회계처리규칙 제36조, 제40조).

3-2-3. 외부감사

학교의 장은 법 시행령 제30조의 규정에 의하여 소속직원 또는 외부전문가 등으로 하여금 산학협력단의 재산현황 및 회계운영에 대하여 매년 1회 이상 감사하게 하여야 한다. 단, 「사립학교법」 제31조 제4항, 「국립대학의 회계 설치 및 재정 운영에 관한 법률」 제22조 제2항의 규정에 따라 별도로 외부감사인의 감사증명서를 제출해야 하는 학교의 산학협력단은 외부감사인의 감사증명서를 제출하여야 한다(산업교육진흥 및 산학연협력촉진에 관한 법률 시행령 제30조, 산학협력단회계처리규칙 제37조).

3-3. 회계원칙

산학협력단의 회계는 그 수입과 지출, 재산의 증감 및 변동 상태가 명백히 나타나도록 다음 각 호의 원칙에 따른다(산학협력단회계처리규칙 제15조).

1. 산학협력단의 소관에 속하는 모든 수입 및 지출은 이를 산학협력단의 회계에 계상하여야 한다.
2. 회계처리 및 보고는 신뢰할 수 있도록 객관적인 자료와 증거에 의하여 공정하게 처리하여야 한다.
3. 재무제표의 양식 및 계정과목과 회계용어는 이해하기 쉽도록 간단 명료하게 표시하여야 한다.
4. 중요한 회계방침과 계정과목 및 금액에 관하여는 그 내용을 재무제표상에 충분히 표시하여야 한다.
5. 회계처리에 관한 기준 및 추정은 기간별 비교가 가능하도록 매기 계속하여 적용하고 정당한 사유 없이 이를 변경하여서는 아니 된다.
6. 회계처리와 재무제표 작성에 있어서 계정과목과 금액은 그 중요성에 따라 실용적인 방법에 의하여 결정하여야 한다.
7. 회계처리는 거래의 실질과 경제적 사실을 반영할 수 있어야 한다.

3-4. 재무제표

산학협력단의 재무제표는 재무상태표, 운영계산서, 현금흐름표로 하며, 다만 산학협력단장이 필요하다고 인정되는 경우에 운영차익처분계산서(또는 운영차손처리계산서)를 추가적으로 작성할 수 있다. 재무제표는 당해 회계연도와 직전 회계연도를 비교하는 형식으로 작성하여야 한다. 또한, 재무제표의 이해를 위해 필요한 명세서는 부속명세서로 작성할 수 있다(산학협력단회계처리규칙 제16조).

산학협력단의 계정과목 및 그 세부 내용은 「산학협력단회계처리규칙」 별표 1의 재무상태표 계정과목명세표, 별표 2의 운영계산서 계정과목명세표, 별표 3의 현금흐름표 계정과목명세표로 한다(산학협력단회계처리규칙 제17조). 한편 별표 1 내지 별표 3의 계정과목 중 그 성질이나 금액이 중요하지 아니한 것은 유사한 계정과목에 통합하여 기재할 수 있으며, 계정과목을 정하지 아니한 것으로서 그 성질이나 금액이 중요한 경우에는 그 내용을 가장 잘 나타낼 수 있는 계정과목으로 구분하여 기재한다(산학협력단회계처리규칙 제18조).

3-4-1. 재무상태표 작성기준

재무상태표는 산학협력단의 재무상태를 명확히 보고하기 위하여 재무상태표일 현재의 모든 자산, 부채 및 기본금을 적정하게 표시하여야 한다(산학협력단회계처리규칙 제19조).

재무상태표는 자산, 부채, 기본금으로 구분하고, 기본금은 출연기본금, 적립금 및 운영차익으로 각각 구분한다. 자산과 부채는 재무상태표일로부터 1년을 기준으로 하여 유동자산 또는 비유동자산, 유동부채 또는 비유동부채로 구분하며, 유동자산은 당좌자산과 재고자산으로 구분하고, 비유동자산은 투자자산, 유형자산, 무형자산, 기타 비유동자산으로 구분한다.

자산, 부채 및 기본금은 총액에 의하여 기재함을 원칙으로 하고, 자산의 항목과 부채 또는 기본금의 항목을 상계함으로써 그 전부 또는 일부를 재무상태표에서 제외하여서는 아니 된다(산학협력단회계처리규칙 제20조).

산학협력단의 운영차익에서 향후 특정용도에 사용하기 위하여 연구적립금, 건축적립금, 장학적립금, 기타 적립금과 같이 각종 적립금을 적립할 수 있으며, 적립금에 대해서는 특정 기금을 금융기관에 별도로 예치하여 관리하여야 하며 예치된 기금은 투자자산의 연구기금, 건축기금, 장학기금, 기타 기금 등의 과목으로 기재한다. 기금을 예치한 산학협력단 단장이 기금을 사용하고자 하는 경우에는 관련기금에서 먼저 인출하여 사용하여야 하며, 적립금은 정관상의 예·결산자문기구의 심의를 받아 적립목적에 맞게 사용하여야 한다(산학협력단회계처리규칙 제21조, 제22조).

3-4-2. 운영계산서의 작성기준

운영계산서는 산학협력단의 운영성과를 명확히 보고하기 위하여 그 회계기간에 속하는 모든 수익과 이에 대응하는 모든 비용을 적정하게 표시하여야 한다(산학협력단회계처리규칙 제23조).

모든 수익과 비용은 그것이 발생한 기간에 정당하게 배분되도록 처리하여야 하며, 수익은 동 수익이 실현된 시기를 기준으로, 비용은 동 비용이 발생한 시기를 기준으로 계상함을 원칙으로 한다. 다만, 산학협력단회계처리규칙이 별도로 규정한 경우에는 그에 따른다.

수익과 비용은 그 발생원천에 따라 명확히 분류하고 각 수익항목과 이에 관련되는 비용항목을 대응 표시하여야 하며, 총액에 의하여 기재함을 원칙으로 하고 그 수익항목과 비용항목을 직접 상계함으로써 그 전부 또는 일부를 운영계산서에서 제외하여서는 아니 된다.

운영계산서는 산학협력수익, 지원금수익, 간접비수익, 전입 및 기부금수익, 산학협력비, 지원금사업비, 간접비사업비, 일반관리비, 운영외수익, 운영외비용, 학교회계전출금, 당기운영차익(또는 당기운영차손)으로 구분하여 표시한다(산학협력단회계처리규칙 제24조).

산학협력단 회계의 운영수익은 다음의 기준에 따라 인식한다(산학협력단회계처리규칙 제25조).

1. 산업체 등으로부터 연구 및 개발을 의뢰받아 이를 수행함으로써 발생하는 수익은 동 연구 및 개발이 제공되는 기간 동안 용역제공의 진행에 따라 인식한다.
2. 계약학과 및 계약에 의한 직업교육훈련과정을 설치 및 운영하거나 산업 자문 등의 용역을 제공함에 따라 발생한 수익은 동 용역이 제공되는 기간 동안 용역제공의 진행에 따라 인식한다.
3. 특허권 및 상표권 등과 같은 지식재산권 및 노하우를 이전함에 따라 발생한 수익은 잔금 청산일 또는 매입자의 사용가능일 중 빠른 날에 인식한다.
4. 특허권 및 상표권 등과 같은 지식재산권 및 노하우를 대여 또는 사용하게 함으로써 발생한 수익은 동 지식재산권 및 노하우를 대여 또는 사용하는 기간 동안 용역제공의 진행에 따라 인식한다.
5. 지원금 수익은 연구·개발·교육 등의 진행에 따라 인식한다.
6. 기부금의 수익은 기부금 및 기부금품을 수령한 날에 인식한다.

3-4-3. 현금흐름표의 작성기준

현금흐름표는 산학협력단의 현금의 변동내역을 명확하게 보고하기 위하여 당해 회계기간에 속하는 현금의 유입과 유출에 대한 정보를 적정하게 표시하여야 한다(산학협력단회계처리규칙 제26조).

현금흐름표는 현금흐름을 운영활동, 투자활동 및 재무활동으로 구분하여 표시하고, 이세 가지 현금활동의 순 현금흐름에 기초의 현금을 가산하여 기말의 현금을 산출하는 형식으로 표시한다. 현금흐름표상의 현금의 유입과 유출은 현금의 구성항목 간 이동을 포함하지 아니하고 기중 증가와 감소를 서로 상계하지 아니하며 각각 총액으로 기재한다. 또한, 현금흐름표상의 동일한 거래의 현금흐름이 두 가지 이상의 활동과 관련되는 경우에는 각활동별 현금으로 구분하여 표시한다(산학협력단회계처리규칙 제27조).

3-5. 자산 · 부채의 평가

3-5-1. 자산의 평가기준

재무상태표에 기재하는 자산의 가액은 당해 자산의 취득원가를 기초로 계상함을 원칙으로 하며, 교환 · 현물출자 · 증여 기타 무상으로 취득한 자산의 가액은 공정가액을 취득원가로 한다. 다만, 당해 자산의 취득을 위하여 통상적으로 소요되는 가액과 비교하여 현저하게 저렴한 가액으로 취득한 자산의 평가는 취득원가에 불구하고 취득한 때의 공정가액으로 한다(산학협력단회계처리규칙 제28조).

3-5-2. 유가증권의 평가

산학협력단 회계의 단기매매금융자산 공정가치로 평가하되 평가손익은 당기의 운영외손익으로 한다. 단, 장기투자금융자산과 지배권을 목적으로 보유하고 있는 기술지주회사 주식의 경우에는 평가손익을 계상하지 아니한다(산학협력단회계처리규칙 제29조).

3-5-3. 재고자산의 평가

산학협력단의 재고자산은 제조원가 또는 매입가액에 부대비용을 가산하고 이에 개별법, 선입선출법, 평균법을 적용하여 산정한 취득원가를 재무상태표 가액으로 한다(산학협력단 회계처리규칙 제30조).

3-5-4. 대손상각 등

산학협력단의 단장은 회수가 불확실하여 대손이 예상되는 부실채권이 있는 경우에는 합리적이고 객관적인 기준에 따라 대손충당금을 설정하며, 대손충당금의 표시는 당해 채권 과목에서 차감하는 형식으로 기재한다. 불가능하거나 기타 사유로 인하여 유·무형자산의 공정가액이 취득원가보다 하락한 경우에는 이를 공정가액으로 평가하거나 폐기할 수 있다 (산학협력단회계처리규칙 제31조).

3-5-5. 감가상각 등

토지 및 건설 중인 자산을 제외한 유형자산은 당해 자산의 내용연수 기간 동안 정액법에 따라 감가상각하여야 하며, 무형자산은 취득원가를 내용연수 동안 정액법에 따라 상각한 다. 유형자산에 대한 감가상각비는 감가상각누계액의 과목으로 당해 자산에서 차감하는 형식으로 기재하고, 무형자산에 대한 상각비는 당해 자산에서 직접 차감한다(산학협력단회 계처리규칙 제32조).

3-5-6. 부채의 평가기준

재무상태표에 기재하는 부채의 가액은 산학협력단이 부담하는 채무액으로 계상함을 원칙으로 한다(산학협력단회계처리규칙 제33조).

3-5-7. 외화자산 및 외화부채의 환산

화폐성 외화자산 및 화폐성 외화부채는 재무상태표일 현재의 기준환율 및 재정환율로 환산한 가액을 재무상태표 가액으로 한다. 비화폐성 외화자산 및 비화폐성 외화부채는 원칙적으로 당해 자산을 취득하거나 당해 부채를 부담한 당시의 기준환율 및 재정환율로 환산한 가액을 재무상태표 가액으로 한다.

화폐성 외화자산 및 화폐성 외화부채의 환산으로 발생하는 손익은 외화환산이익 또는 외화환산손실의 과목으로 당기 처리하며 당기손익으로 계상하며, 화폐성 외화자산 및 화폐성 외화부채의 회수 또는 상환으로 인하여 발생하는 손익은 외환차익 또는 외환차손의 과목으로 처리하며 당기손익으로 계상한다(산학협력단회계처리규칙 제34조).

3-5-8. 회계변경과 오류수정

회계정책을 변경하는 경우에는 변경된 새로운 회계정책을 소급 적용하여 그 누적효과를 전기이월운영차익 또는 전기이월운영차손에 반영한다. 다만, 회계정책의 변경에 따른 누적효과를 합리적으로 결정하기 어려운 경우에는 회계변경을 전진적으로 처리하여 그 효과가 당기와 당기 이후의 기간에 반영되도록 할 수 있다.

회계추정을 변경하는 경우에는 전진적으로 처리하여 그 효과를 당기와 당기 이후의 기간에 반영한다.

한편, 당기에 발견한 전기 또는 그 이전기간의 오류는 당기 운영계산서의 운영외수익 또는 운영외비용에 반영하여 전기오류수정이익 또는 전기오류수정손실의 과목으로 처리한다. 다만, 전기 또는 그 이전기간에 발생한 중대한 오류의 수정은 전기이월운영차익이나 전기이월운영차손에 반영하고, 관련 계정잔액을 수정한다(산학협력단회계처리규칙 제35조).

---

4 산학협력단의 세무

4-1. 법인세법

「산업교육진흥 및 산학연협력촉진에 관한 법률」 제25조의 규정에 의하여 산학연협력에 관한 업무(동법 제27조)를 수행하는 산학협력단은 동법 제25조 제2항에 따라 학교법인과는 별도의 법인으로 설립하며, 동법 동조 제5항에서 산학협력단이 해산하는 경우 잔여재산은 해당 학교의 설립·경영자에게 귀속하며, 이 경우 학교법인에 귀속하는 잔여재산은 「사립학교법」 제29조 제2항에 따른 교비회계에 편입한다고 규정하고 있다. 따라서 영리법인과 달리 지분에 의하여 이익의 배당 또는 잉여금을 분배하지 아니하는 법인으로서 「법인세법」상 비영리법인에 해당하며, 수익사업에서 생기는 소득에 대하여 법인세 납세의무가 있다.

일반적인 비영리법인의 「법인세법」상 규정은 '제2장 법인세법'을 참조하기 바라며, 여기서는 산학협력단이 「법인세법」상 비영리법인으로서 받을 수 있는 조세지원을 살펴보기로 한다.

4-1-1. 고유목적사업준비금

「산업교육진흥 및 산학연협력촉진에 관한 법률」에 의한 산학협력단은 「법인세법」상 비영리법인에 해당하므로 수익사업에서 발생하는 소득에 대해서 고유목적사업준비금을 설정할 수 있다. 고유목적사업준비금에 대한 일반적인 사항은 '제2장 제4절 고유목적사업준비금'에서 상술하고 있으므로, 본 절에서는 산학협력단의 고유목적사업준비금과 관련하여 주의해야 할 점을 살펴보기로 한다.

고유목적사업준비금의 손금산입 한도는 일반 비영리법인의 경우 수익사업소득금액의 50%를 설정할 수 있는데 비하여 산학협력단은 2025년 12월 31일 이전에 끝나는 사업연도까지 소득 전액을 준비금으로 손금에 산입할 수 있다(조세특례제한법 제74조 제1항 제1호, 법인세법 제29조).

4-1-2. 기부금 단체

구 「법인세법 시행령」 제39조 제1항 제1호 아목에서 언급하는 기획재정부령이 정하는 지정기부금단체 등의 범위에는 「산업교육진흥 및 산학연협력촉진에 관한 법률」에 의한 산학협력단이 포함되어 있었으나(구, 법인세법 시행규칙 제18조 제1항 별표 6의 2), 2018년 2월 13일 시행령 개정에 따라 2020.12.31.까지만 지정기부금단체로 인정되는 것으로 변경되었으며, 2021.1.1. 이후에는 재지정 신청이 필요하게 되었다(자세한 내용은 '제2장 제2절 기부금' 참조).

따라서, 영리법인이 2020.12.31.까지 산학협력단에 지출하는 기부금은 지정기부금으로 인정되어 소득금액(결손금과 법정기부금 차감 후의 금액)의 10%의 한도 내에서 손금으로 인정된다. 2021.1.1. 이후에는 해당 산학협력단이 지정기부금 단체로 재지정되는 경우에 한하여 지정기부금으로 인정된다.

그러나 「산업교육진흥 및 산학연협력촉진에 관한 법률」에 의한 산학협력단에 시설비·교육비·장학금 또는 연구비로 지출하는 기부금은 특례기부금에 해당하는 금액으로, 동 금액이 당해 사업연도 소득금액(결손금 차감 후 금액)의 50%의 한도 내에서 손금으로 인정된다(법인세법 제24조 제2항).

4-2. 소득세법

4-2-1. 비과세소득

종업원의 직무와 관련된 우수발명으로서 대학의 교직원 또는 대학과 고용관계가 있는 학생이 소속 대학에 설치된 「산업교육진흥 및 산학연협력촉진에 관한 법률」에 따른 산학협력단으로부터 동법 제32조에 따라 받는 보상금(산학협력단의 재원 수입에 기여한 교직원 및 학생에 대한 보상금) 중 「발명진흥법」 제2조 제2호에 따른 직무발명으로 받는 보상금에 대하여는 연 700만원 내에서 근로소득(퇴직 전에 지급받는 분)과 기타소득(퇴직 후에 지급받는 분)을 과세하지 아니한다. 같은 과세기간에 비과세되는 근로소득과 기타소득이 동시에 발생한 경우에는 근로소득에서 비과세를 선적용한다(소득세법 제12조 제3호 어목 및 제5호 라목, 동법 시행령 제17조의3 및 제18조 제2항).

4-2-2. 기부금 단체

일반기부금의 범위에는 「법인세법 시행령」 제39조 제1항에서 언급하는 기부금이 포함되는 바, 거주자의 부동산임대소득, 사업소득 및 산림소득금액의 계산시 「산업교육진흥 및 산학연협력촉진에 관한 법률」에 의한 산학협력단에 2020.12.31.까지 지출하는 기부금은 소득금액(결손금과 법정기부금 차감 후의 금액)의 30%(2011년 1월 1일부터 지출하는 분부터 적용)의 범위 내에서 필요경비로 인정되는 일반기부금에 해당한다(소득세법 제34조 제3항, 동법 시행령 제80조). 2021.1.1. 이후에는 해당 산학협력단이 일반기부금 단체로 재지정되는 경우에 한하여 일반기부금으로 인정된다.

그러나 「산업교육진흥 및 산학연협력촉진에 관한 법률」에 의한 산학협력단에 시설비·교육비·장학금 또는 연구비로 지출하는 기부금은 「법인세법」 제24조 제2항 제1호에 따른

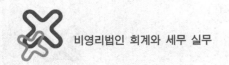

기부금에 해당하는 금액으로, 당해 사업연도 소득금액(결손금 차감 후 금액)의 한도 내에서 전액 손금으로 인정된다(소득세법 제34조 제2항).

4-3. 부가가치세법

종교 · 자선 · 학술 · 구호 · 그 밖의 공익을 목적으로 하는 단체가 공급하는 재화 또는 용역으로서, 학술 및 기술 발전을 위하여 학술 및 기술의 연구와 발표를 주된 목적으로 하는 단체(이하 "학술등 연구단체"라 함)가 그 연구와 관련하여 실비 또는 무상으로 공급하는 재화 및 용역에 대하여는 부가가치세를 면제한다. 다만, 「산업교육진흥 및 산학연협력 촉진에 관한 법률」에 따라 설립된 산학협력단이 제공하는 연구용역의 경우 산학연협혁 활성화 및 대학 연구비 관리의 투명성 제고를 위하여 2013년 12월 31일까지 제공하는 것에 한하여 한시적으로 면제 한다(부가가치세법 제26조 제1항 제18호, 동법 시행령 제45조 제2호).

또한, 사업자가 특수관계인에게 사업용 부동산의 임대용역을 무상으로 제공하는 경우에는 용역의 공급으로 보지만 「산업교육진흥 및 산학연협력촉진에 관한 법률」 제25조에 따라 설립된 산학협력단과 같은 법 제2조 제2호 다목의 대학 간 사업용 부동산의 임대용역 및 「공공주택 특별법」 제4조 제1항 제1호부터 제4호까지의 규정에 해당하는 자와 같은 항 제6호에 따른 부동산투자회사 간 사업용 부동산의 임대용역은 그러한 용역의 공급에서 제외한다(부가가치세법 제12조 및 동법 시행령 제26조 제2항).

4-4. 상속세 및 증여세법

「산업교육진흥 및 산학연협력촉진에 관한 법률」에 의하여 설립된 산학협력단에게 출연한 재산의 가액은 상속세 및 증여세 과세가액에 산입하지 아니하고 사후적인 규제 및 관리 규정을 적용한다(상속세 및 증여세법 제16조, 제48조). 또한 산학협력단은 일정요건의 주식을 발행주식총수 등의 5%를 초과하여 취득할 수 있다(상속세 및 증여세법 제48조 제2항, 동법 시행령 제37조 제6항). 이에 대한 상세한 내용은 '제4장 상속세 및 증여세법'을 참조하기 바란다.

4-5. 지방세법

「산업교육진흥 및 산학연협력촉진에 관한 법률」제25조에 따라 설립·운영하는 산학협력단이 그 고유업무에 직접 사용하기 위하여 취득하는 부동산에 대하여는 취득세의 100분의 75를, 과세기준일 현재 그 고유업무에 직접 사용하는 부동산에 대하여는 재산세의 100분의 75를 2026년 12월 31일까지 각각 경감한다(지방세특례제한법 제42조 제3항).

또한, 산학협력단에 대하여는 2014년 12월 31일까지 주민세 사업소분 및 종업원분을 면제한다. 다만, 수익사업에 제공되고 있는 사업소와 종업원을 기준으로 부과하는 주민세 사업소분(연면적에 대하여 부과되는 세액으로 한정함) 및 종업원분은 면제하지 아니한다. 이 경우 면제대상 사업과 수익사업에 건축물이 겸용되거나 종업원이 겸직하는 경우에는 주된 용도 또는 직무에 따른다.

 | 중요 예규 및 판례 |

서면 – 2021 – 법령해석법인 – 7020, 2021.12.23.

질 의

〔사실관계〕
• A법인은 '04년 산업교육진흥 및 산학협력 촉진을 위해 설립된 비영리법인임.
• 내부규정에 따라, 교원 등이 대학교내에 창업을 하는 경우
 – 창업법인 또는 대표자가 성공부담금으로 창업법인의 주식 △% 등을 A법인에 납입하여야 함.
• 한편, 해당 창업법인에게는 주식회사 설립지원·벤처기업 경영지원 및 기술지원·교내 연구실의 사업장 활용·정보통신망 시설지원 등이 이루어짐.

〔질의요지〕
• A법인의 성공부담금이 50% 손금산입 한도 기부금(舊 법정기부금)에 해당하는지 여부

회 신

창업기업 등이 경영지원 및 기술지원, 교내 연구실 사용 등의 대가로 산학협력단에 일정 금원 등('성공부담금')을 납입하는 경우「법인세법」제24조 제2항 제1호 라목 6)에 따른 기부금에 해당하지 않는 것이나, 성공부담금이 이에 해당하는지 여부는 지출경위 등을 고려하여 사실판단할 사항임.

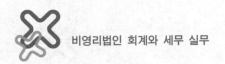

기획재정부 재산세제과 – 1077, 2021.12.14.

질의

기술지주회사의 자회사 지분요건 위반 시 산학협력단에 대한 증여세 과세방법

회신

「상속세 및 증여세법 시행령」(2016.2.5. 대통령령 제26960호로 개정된 것) 제37조 제6항 제3호에 따른 요건 위반 이후에 산학협력단이 「상속세 및 증여세법」(2015.12.15. 법률 제13557호로 개정된 것) 제48조 제2항 제2호에 따라 내국법인의 의결권 있는 발행주식총수 등의 100분의 5(성실공익법인등에 해당하는 경우에는 100분의 10) 초과부분을 취득하는데 사용한 재산의 가액이 증여세가 과세되는 증여재산가액이 되는 것임.

서면 – 2020 – 법령해석부가 – 4281, 2020.10.20.

대학교 산학혁렵단이 한강 수질과 특정 벌레의 발생원인 규명 및 어업피해영향을 조사·연구하는 용역(이하 "조사·연구용역")을 의뢰받아 벌레 표본수집, 서식지 정보 분석, 한강 수질 과거 자료 수집 등을 통하여 용역을 공급하고 대가를 받는 경우 해당 조사·연구용역은 「부가가치세법」 제26조 제1항 제15호 및 같은 법 시행령 제42조 제2호 나목에 따른 학술 또는 기술연구용역에 해당하지 아니하는 것임.

서면 – 2019 – 법인 – 3918, 2020.7.14.

비영리법인인 산학협력단이 재화 또는 용역제공 등에 대한 대가관계 없이 한국산업기술진흥원으로부터 무상으로 지원받은 정부출연금은 수익사업에서 생긴 소득에 해당하지 아니하는 것임.

사전 – 2020 – 법령해석부가 – 0151, 2020.2.27.

「산업교육진흥 및 산학연협력촉진에 관한 법률」 제25조에 따른 산학협력단이 한국국제협력단이 발주하는 문화유산 보존 및 복원 사업의 수행자로 선정되어 해당 사업과 관련된 기술자들에게 기술교육 용역을 공급하는 경우 「부가가치세법」 제26조 제1항 제6호 및 같은 법 시행령 제36조 제1항에 따라 부가가치세가 면제되는 것이며, 해당 교육용역의 공급에 대하여 「법인세법」 제121조에 따라 계산서를 발급하여야 하는 것임.

서면 – 2018 – 부가 – 1038, 2018.4.27.

산학협력단이 제공하는 교육용역은 부가가치세법 시행령 제36조에 따라 부가가치세가 면제되는 것이며, 이에 필수적으로 부수되는 재화 또는 용역의 공급 또한 부가가치세법 제14조에 따라 부가가치세가 면제되는 것임.

서면 – 2016 – 법령해석법인 – 4643, 2016.12.14.
수익사업을 영위하는 비영리법인 지점이 수익의 일부를 고유목적사업을 영위하는 비영리법인 본점에 전출하는 경우에는 고유목적사업준비금을 고유목적사업에 사용한 것으로 볼 수 없는 것임.

부가가치세과 – 969, 2014.12.8.
「산업교육진흥 및 산학연협력촉진에 관한 법률」에 따라 설립된 산학협력단이 2013년 12월 31일까지 연구용역 계약을 체결하여 연구용역을 개시한 분에 대해서는 부가가치세가 면제되는 용역으로 보는 것이며, 「같은 법 시행령」 제42조 제2호 나목에 의거 부가가치세를 면제하는 용역인지 여부는 사실 판단할 사항임.

법규법인 2013 – 82, 2013.3.27.
신설되는 산학협력단(B)의 설립 및 운영 지원을 고유목적사업 중 하나로 하는 산학협력단(A)이 수익사업에서 발생한 소득을 산학협력단(B)에 출연하는 경우 해당 출연금액은 「법인세법」 제29조에 따라 손금에 산입한 고유목적사업준비금을 고유목적사업 등에 지출한 것으로 보는 것임.

재산 – 52, 2011.1.25.
「상속세 및 증여세법」 제48조 제2항 제2호의 규정에 의하여 공익법인 등이 출연받은 재산으로 내국법인의 의결권 있는 발행주식 총수 등의 100분의 5(성실공익법인 등의 경우는 100분의 10)를 초과하여 취득하는데 사용하는 경우에는 증여세를 부과하는 것이나 「산업교육진흥 및 산학협력촉진에 관한 법률」에 따른 산학협력단이 취득한 「벤처기업 육성에 관한 특별조치법」에 따른 신기술창업전문회사의 주식 등으로서 「상속세 및 증여세법 시행령」 제37조 제6항 각 호의 요건을 모두 갖춘 경우에는 그러하지 아니하는 것임.

소득 – 704, 2010.6.18.
대학에 설치된 산학협력단이 소속대학 교원의 직무관련 발명에 대한 특허 등록 전에 교원에게 지급하는 보상금은 비과세되는 기타소득에 해당하지 아니함.

부가 – 718, 2009.5.26.
주관기관인 ○○대학 산학협력단이 정부출연금을 지원받아 참여기업과 공동기술개발을 수행하고 개발된 기술개발결과물 중 정부출연금 지분에 상당하는 부분을 주관기관에 귀속시킨 후, 참여기업으로부터 정액의 기술료를 받고 당해 주관기관이 소유한 기술결과물의 소유권을 이전하는 것은 「부가가치세법」 제1조의 규정에 의한 부가가치세 과세대상에 해당하는 것임.

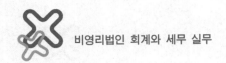

서면3팀 – 439, 2008.2.27., 재부가 – 265, 2006.11.29.

질 의

2006.2.9. 대통령령 제19330호에 의하여 개정된 「부가가치세법 시행령」 제37조 제1호의 2와 관련하여 산학협력단이 제공하는 연구용역의 면세범위와 관련하여 산학협력단이 「산업교육진흥 및 산학협력에 관한 법률」 제27조에 규정하는 업무를 제공하는 경우 당 해 용역에 대하여 부가가치세가 면제되는 것인지, 「부가가치세법 시행규칙」 제11조의 3 제3항의 규정에 의한 학술·기술연구용역에 해당되는 경우에만 부가가치세가 면제 되는지의 여부

회 신

산학협력단이 그 고유의 목적사업으로 제공하는 모든 연구용역에 대하여 부가가치세가 면제됨.

서면2팀 – 146, 2008.1.22.

법인이 「법인세법」 제24조 제2항 제4호의 「산업교육진흥 및 산학협력촉진에 관한 법률」 에 의한 산학협력단에 시설비·교육비·장학금 또는 연구비로 지출하는 기부금은 법정 기부금에 해당하는 것이며, 「법인세법 시행령」 제19조 제15호의 「산업교육진흥 및 산학 협력촉진에 관한 법률」 제8조의 규정에 따라 교육기관이 당해 법인과의 계약에 의하여 채용을 조건으로 설치·운영하는 직업교육훈련과정·학과 등의 운영비는 당해 법인의 각 사업연도의 소득금액계산에 있어 이를 손금에 산입하는 것이므로, 이에 해당하는지 여부는 실지내용에 따라 사실판단할 사항임.

서면1팀 – 1347, 2007.10.4.

산학협력단에서 연구수행 및 계약체결의 주체가 되어 연구비를 직접 관리하는 경우로서 연구원에게 지급하는 인건비는 연구원 등이 연구목적의 고용관계나 이와 유사한 계약에 의하여 근로를 제공하고 지급받는 대가는 그 지급방법이나 명칭 여하를 불구하고 「소득 세법」 제20조의 규정에 의하여 근로소득에 해당하는 것이며, 연구목적의 고용관계 없이 일시적으로 연구용역을 제공하고 지급받는 대가는 같은 법 제21조 제1항의 규정에 의한 기타소득에 해당하는 것임.

서면4팀 – 1988, 2007.6.27.

산학협력단이 학교로부터 현금을 출연받아 금융기관에 예금하여 수입하는 이자소득으 로 공익법인의 고유목적사업에 직접 사용하는 경우 그 금액은 직접 공익목적사업에 사 용한 것으로 봄.

서면1팀 - 1115, 2006.8.14.

〔상황〕

- 산학협력단은 연구관련 업무와 관련하여 대학교 소속교원이 연구 및 기타업무에 대한 보상으로 협력단에서 인건비를 지급시 기타소득 처리함.

- 협력단 설립 전에는 특허권 관련 보상금 지급은 대학교에서 이루어졌으며 직무발명에 다른 보상금으로 보아 기타소득 비과세 처리하였으나, 산학협력단의 설립으로 교수가 취득한 특허권의 소유권이 산학협력단으로 이전되고 교수로부터 특허권을 승계받은 산학협력단은 기업체에 기술을 이전하면서 받은 수익 중 70%를 인센티브로 교수에게 지급하며 본 특허권관련 수익이 들어올 때마다 동일비율로 계속 지급됨.

질 의

특허권 이전과 관련하여 인센티브가 대학교에서 지급될 때에는 직무발명 보상금으로 보아 기타소득 비과세 처리하였으며, 동 업무가 산학협력단으로 이관된 상황에서 특허권의 이전에 따라 산학협력단에서 대학교 소속 교원에게 지급한 인센티브를 비과세 소득으로 할 수 있는지 여부

회 신

종업원이 「발명진흥법」에 의한 직무발명을 하고 이에 대하여 관련법에 의해 특허권 등록을 한 이후 사용자에게 승계하거나 전용실시권을 설정하고 사용자로부터 지급받는 직무발명 보상금은 「소득세법」 제12조 제5호 라목의 규정에 의한 비과세 기타소득에 해당하는 것이나, 귀 질의의 경우 종업원에 해당하지 않는 자에게 지급하는 인센티브는 이에 해당하지 아니하는 것임.

지방세심사 2006 - 146, 2006.4.24.

대학교와 별도로 설립된 산학협력단은 사업소세 종업원할 신고납부대상임.

서면2팀 - 1976, 2005.12.5.

산학협력단이 국가연구개발사업의 관리 등에 관한 규정에 의하여 정부 또는 국가기관과 연구개발협약을 체결하고 연구개발에 소요되는 비용을 주관연구기관의 자격으로 국가로부터 출연금의 형태로 지급받아 이를 세부연구기관에 용역제공 등에 대한 대가관계 없이 지급하는 경우 동 출연금에 대하여는 「법인세법」 제121조의 규정에 의한 계산서 작성·교부의무가 없는 것이므로, 연구용역의 대가관계에 의하여 지급되는 것인지 여부에 대하여는 사실판단하여야 하는 것임.

서면3팀 - 1748, 2005.10.11.

「산업교육진흥 및 산학협력촉진에 관한 법률」 제25조에 의하여 설립된 산학협력단이 영리목적 유무에 불구하고 사업상 독립적으로 재화 또는 용역을 공급하는 경우에는 부가가치세를 거래징수하여 납부할 의무가 있고, 면세 여부는 「부가가치세법」 제12조 및 「조세특례제한법」 제106조의 규정에 따라 개별적으로 판단할 사항이며, 과세사업과 관련된 매입세액은 「부가가치세법」 제17조의 규정에 의거 공제받을 수 있는 것임.

서면3팀 - 1673, 2005.9.30.

「산업교육진흥 및 산학협력촉진에 관한 법률」 제25조에 의하여 국립대학에 별도 법인으로 설립된 산학협력단은 「부가가치세법」 제12조 제1항 제17호에 규정하는 '국가'에 해당하지 아니하는 것임.

서면2팀 - 1219, 2005.7.27.

「부가가치세법 시행령」 제30조에서 규정하는 정부의 허가 또는 인가를 받은 학교 및 기타 비영리단체의 인터넷 수강생에게 지식·기술 등을 가르치는 교육용역은 동법 제12조의 규정에 의하여 부가가치세가 면제되는 것이며, 대학교 산하단체인 산학협력단이 교육서비스인 인터넷 방송강의 대가로 인한 계속적인 수입은 「법인세법 시행령」 제2조 제1항 제3호에서 규정하는 수익사업에서 제외되는 '원격대학을 경영하는 사업'에 해당되지 않으므로 같은 법 제60조 제1항에 의하여 각 사업연도 소득금액에 대한 법인세과세표준 등의 신고를 하여야 하는 것임.

서면2팀 - 2218, 2004.11.2.

국립대학이 「산업교육진흥 및 산학협력촉진에 관한 법률」에 의하여 별도로 설립한 산학협력단은 국가기관이 아닌 별도의 「법인세법」 제1조 제2호 규정에 의한 비영리법인에 해당하는 것이므로, 당해 법인이 영위하는 수익사업에서 생기는 소득에 대하여는 법인세가 과세되는 것임.

산학협력단회계처리규칙

[시행 2021.1.26.] [교육부 고시 제2021-5호, 2021.1.26. 일부개정]

제1장 총 칙

제1조【목적】이 규칙은 「산업교육진흥 및 산학연협력촉진에 관한 법률」(이하 "법"이라 한다) 제33조 및 동법 시행령 제24조, 제27조 및 제28조에 따라 동법의 적용을 받는 산학협력단의 회계처리와 재무제표작성 및 보고에 객관성과 통일성을 부여하기 위하여 필요한 사항을 정함을 목적으로 한다.

제2조【적용범위】① 이 규칙은 법 제25조에 따라 설립한 산학협력단의 예산·회계·결산을 보고하기 위한 재무제표를 작성하는 경우에 적용한다.

② 이 규칙에서 정하지 아니한 사항은 다음 각 호의 순서에 따라 준용한다.

1. 일반기업회계기준
2. 사학기관재무·회계규칙에 대한 특례규칙

제3조【정의】이 규칙에서 사용하는 용어의 정의는 다음과 같다.

1. 현금흐름표상의 "기초현금" 및 "기말현금"은 현금 및 현금성 자산, 단기금융상품을 말한다.
2. "취득원가"라 함은 자산의 구입가액 또는 제작원가와 당해 자산의 취득 목적으로 사용할 수 있도록 준비하는 데 직접 지출된 모든 비용을 말한다.
3. "공정가액"이라 함은 합리적인 판단력과 거래의사가 있는 독립된 당사자간에 거래될 수 있는 교환가격을 말한다.
4. "감가상각"이라 함은 유형자산의 취득원가를 그 자산의 내용연수 동안 체계적인 방법에 의하여 각 회계기간의 비용으로 배분하는 것을 말한다.
5. "상각"이라 함은 무형자산의 취득원가를 그 자산의 내용연수 동안 체계적인 방법에 의하여 각 회계기간의 비용으로 배분하는 것을 말한다.
6. "내용연수"라 함은 유형자산 및 무형자산의 예상사용기간을 말한다.
7. "회계연도"는 법 제30조에 따라 그 해 3월 1일부터 다음 해 2월 말일로 한다.

제 2 장 예 산

제4조【예산편성요령】① 산학협력단의 단장은 매 회계연도 개시 2월 전까지 산학협력단 회계의 예산편성요령을 정하여야 한다.

② 교육부장관은 산학협력단 회계의 예산편성에 관하여 특히 필요한 사항이 있는 경우에는 당해 회계연도 개시 70일 전까지 그 사항을 통보하여야 한다.

③ 산학협력단의 단장은 전년도 추정결산 등의 합리적 자료를 기초로 하여 예산을 편성하여야 한다.

④ 산학협력단의 단장은 산학협력단 예산을 초과하여 지출할 필요가 있는 경우 변동 예산을 편성할 수 있다.

제5조【예산총계주의】수입예산 및 지출예산은 모두 예산에 포함시켜야 하며 수입예산과 지출예산을 상계하거나 그 일부를 예산에서 제외하여서는 아니 된다.

제6조【예산의 확정 및 제출】① 산학협력단의 단장은 매 회계연도 개시 20일 전까지 산학협력단의 정관에서 정한 예산심의기구의 심의를 거쳐 산학협력단회계의 예산안을 학교의 장에게 제출하여야 하며, 학교의 장은 매 회계연도 개시 10일 전까지 이를 확정하여야 한다.

② 산학협력단의 단장은 제1항에 의하여 심의ㆍ확정된 산학협력단의 예산서(「산학협력단회계처리규칙」 제10조에 따른 부속서류를 포함한다)를 매 회계연도 개시 5일 전까지 당해 학교의 인터넷 홈페이지에 게재하여 1년간 공개하여야 한다.

③ 산학협력단의 단장은 매 회계연도 개시 5일 이전까지 확정된 산학협력단의 예산을 학교의 장을 경유하여 한국사학진흥재단의 장에게 제출하여야 한다.

④ 한국사학진흥재단의 장은 제3항에 따라 제출된 예산에 대하여 산학협력단별, 학교유형별, 예산항목별 특성 등을 분석하여 교육부장관에게 제출하여야 한다.

제7조【준예산】① 산학협력단의 단장은 회계연도 개시 전까지 산학협력단회계의 예산이 확정되지 아니한 때에는 그 사유를 학교의 장을 경유하여 교육부장관에게 보고하고, 산학협력단회계의 예산이 성립될 때까지 다음 각 호의 경비를 전년도 예산에 준하여 집행할 수 있다.

1. 교직원의 보수
2. 계약에 의한 학교시설의 유지관리비
3. 법령에 의하여 지급의무가 있는 경비
4. 산학협력계약의 이행에 필요한 경비

5. 기타 산학협력단의 업무수행에 직접 사용되는 필수적 경비

② 제1항에 따라 집행된 예산은 당해 연도의 예산이 확정되면 그 확정된 예산에 의하여 집행된 것으로 본다.

제8조【추가경정예산】① 산학협력단의 단장은 예산이 확정된 후에 발생한 사유로 인하여 이미 확정된 예산의 변경이 필요한 경우에는 예산심의기구의 심의를 거쳐 추가경정예산을 편성하여 학교의 장에게 제출하여야 하며, 학교의 장은 이를 확정하여야 한다.

② 산학협력단의 단장은 회계연도 중에 용도가 지정되고 전액이 교부 또는 기탁된 경비는 추가경정예산의 성립 이전에 이를 사용할 수 있으며, 이는 동일회계연도 내의 추가경정예산에 계상하여야 한다.

③ 산학협력단의 단장은 산학협력단 회계의 추가경정예산이 확정된 때에는 그 확정된 날부터 15일 이내에 이를 학교의 장을 경유하여 한국사학진흥재단의 장에게 제출하여야 한다.

④ 한국사학진흥재단의 장은 제3항에 따라 제출된 추가경정예산에 대하여 예산의 특성 등을 분석하여 교육부장관에게 제출하여야 한다.

⑤ 산학협력단의 단장은 제1항에 의한 추가경정예산을 그 확정된 날부터 15일 내에 제6조 제2항의 규정에 의하여 공개하여야 한다.

제9조【예산의 내용】① 예산의 내용은 예산총칙과 현금예산으로 한다.

② 예산총칙에는 다음 각 호의 사항을 명시하여야 한다.

1. 현금예산의 규모
2. 예산편성의 기본방침
3. 주요사업계획의 개요
4. 기타 예산집행에 관하여 필요한 사항

③ 현금예산은 별지 제1호 서식의 현금예산서(추가경정현금예산의 경우에는 별지 제2호 서식의 추가경정현금예산서)에 의하여 작성한다.

제10조【예산의 부속서류】산학협력단회계의 예산부속서류는 정관에서 정한 예산심의기구 회의록 사본으로 한다.

제11조【예산집행의 내부통제】산학협력단의 단장은 산학협력단의 예산을 편성하는 자와 집행하는 자를 분리하여 운영하고, 적정한 내부통제에 따라 예산을 집행하여야 한다.

제12조【예산의 목적 외 사용금지】산학협력단의 단장은 산학협력단 예산이 정한 목적 외에 이를 사용할 수 없다.

제13조【예산의 전용】산학협력단의 단장은 산학협력단회계의 동일 관내의 항간 또는 목

간에 예산의 과부족이 있는 경우에는 상호 전용할 수 있다. 다만, 예산총칙에서 전용을 제한한 과목 및 예산심의과정에서 삭감된 과목으로 전용하여서는 아니 된다.

제14조【국가 지원금의 집행】국가 또는 지방자치단체로부터 지원받은 출연·보조금의 집행은 「국가를 당사자로 하는 계약에 관한 법률」 또는 「사학기관재무회계규칙」 제35조·제37조·제38조·제40조의 규정을 준용한다.

제 3 장 회 계

제1절 회계원칙과 재무제표

제15조【회계원칙】산학협력단의 회계처리는 다음 각 호의 원칙에 따른다.

1. 산학협력단의 소관에 속하는 모든 수입 및 지출은 이를 산학협력단의 회계에 계상하여야 한다.

2. 회계처리 및 보고는 신뢰할 수 있도록 객관적인 자료와 증거에 의하여 공정하게 처리하여야 한다.

3. 재무제표의 양식 및 계정과목과 회계용어는 이해하기 쉽도록 간단·명료하게 표시하여야 한다.

4. 중요한 회계방침과 계정과목 및 금액에 관하여는 그 내용을 재무제표상에 충분히 표시하여야 한다.

5. 회계처리에 관한 기준 및 추정은 기간별 비교가 가능하도록 매기 계속하여 적용하고 정당한 사유 없이 이를 변경하여서는 아니 된다.

6. 회계처리와 재무제표 작성에 있어서 계정과목과 금액은 그 중요성에 따라 실용적인 방법에 의하여 결정하여야 한다.

7. 회계처리는 거래의 실질과 경제적 사실을 반영할 수 있어야 한다.

제16조【재무제표 및 부속명세서】① 산학협력단의 재무제표는 재무상태표, 운영계산서, 현금흐름표로 한다. 다만, 산학협력단장이 필요하다고 인정하는 경우에 운영차익처분계산서(또는 운영차손처리계산서)를 추가적으로 작성할 수 있다.

② 재무제표는 당해 회계연도와 직전 회계연도를 비교하는 형식으로 작성하여야 한다.

③ 재무제표의 이해를 위해 필요한 명세서는 부속명세서로 작성할 수 있으며, 그 내용은 이 규칙 제38조에 따른다.

제17조【재무제표의 계정과목】산학협력단회계의 계정과목 및 그 내용은 별표 1의 재무상태표 계정과목명세표, 별표 2의 운영계산서 계정과목명세표, 별표 3의 현금흐름표 계

정과목명세표로 한다.

제18조【계정과목의 통합 및 구분표시】① 별표 1부터 별표 3까지의 계정과목 중 그 성질이나 금액이 중요하지 아니한 것은 유사한 계정과목에 통합하여 기재할 수 있다.

② 별표 1부터 별표 3까지에서 계정과목을 정하지 아니한 것으로서 그 성질이나 금액이 중요한 경우에는 그 내용을 가장 잘 나타낼 수 있는 계정과목으로 구분하여 기재한다.

제2절 재무상태표

제19조【재무상태표】① 재무상태표는 산학협력단의 재무상태를 명확히 보고하기 위하여 재무상태표일 현재의 모든 자산, 부채 및 기본금을 적정하게 표시하여야 한다.

② 재무상태표의 양식은 별지 제3호 서식에 의한다.

제20조【재무상태표 작성기준】① 재무상태표는 자산, 부채 및 기본금으로 구분하고, 기본금은 출연기본금, 적립금 및 운영차익으로 각각 구분한다.

② 자산과 부채는 재무상태표일로부터 1년을 기준으로 하여 유동자산 또는 비유동자산, 유동부채 또는 비유동부채로 구분한다. 또한 유동자산은 당좌자산과 재고자산으로 구분하고, 비유동자산은 투자자산, 유형자산, 무형자산, 기타 비유동자산으로 구분한다.

③ 자산, 부채 및 기본금은 총액에 의하여 기재함을 원칙으로 하고, 자산의 항목과 부채 또는 기본금의 항목을 상계함으로써 그 전부 또는 일부를 재무상태표에서 제외하여서는 아니 된다.

제21조【적립금의 적립】산학협력단의 단장은 산학협력단의 운영차익에서 향후 특정용도에 사용하기 위하여 다음 각 호와 같이 각종 적립금을 적립할 수 있다.

1. 연구적립금
2. 건축적립금
3. 장학적립금
4. 기타적립금

제22조【적립금에 대한 기금의 예치 및 사용】① 산학협력단의 단장은 특정기금을 금융기관에 별도로 예치하여 관리하여야 하며 예치된 기금은 투자자산의 연구기금, 건축기금, 장학기금, 기타기금 등의 과목으로 기재한다.

② 제1항의 규정에 따라 기금을 예치한 산학협력단의 단장이 기금을 사용하고자 하

는 경우에는 관련기금에서 먼저 인출하여 사용하여야 한다.

③ 적립금은 정관상의 예·결산심의기구의 심의를 받아 적립목적에 맞게 사용하여야 한다.

제3절 운영계산서

제23조【운영계산서】① 운영계산서는 산학협력단의 운영성과를 명확히 보고하기 위하여 그 회계기간에 속하는 모든 수익과 이에 대응하는 모든 비용을 적정하게 표시하여야 한다.

② 운영계산서의 양식은 별지 제4호 서식에 의한다.

제24조【운영계산서 작성기준】① 모든 수익과 비용은 그것이 발생한 기간에 정당하게 배분되도록 처리하여야 하며, 수익은 동 수익이 실현된 시기를 기준으로, 비용은 동 비용이 발생한 시기를 기준으로 계상함을 원칙으로 한다. 다만, 이 규칙에서 따로 정한 경우에는 그에 따른다.

② 수익과 비용은 그 발생원천에 따라 명확히 분류하고 각 수익항목과 이에 관련되는 비용항목을 대응 표시하여야 한다.

③ 수익과 비용은 총액에 의하여 기재함을 원칙으로 하고 그 수익항목과 비용항목을 직접 상계함으로써 그 전부 또는 일부를 운영계산서에서 제외하여서는 아니 된다.

④ 운영계산서는 산학협력수익, 지원금수익, 간접비수익, 전입 및 기부금수익, 산학협력비, 지원금사업비, 간접비사업비, 일반관리비, 운영외수익, 운영외비용, 학교회계전출금, 당기운영차익(또는 당기운영차손)으로 구분하여 표시한다.

제25조【운영수익의 인식】① 산학협력단 회계의 운영수익 인식은 다음 각 호의 기준에 따른다.

1. 산업체 등으로부터 연구 및 개발을 의뢰받아 이를 수행함으로써 발생하는 수익은 동 연구 및 개발이 제공되는 기간 동안 용역제공의 진행에 따라 인식한다.

2. 계약학과 및 계약에 의한 직업교육훈련과정을 설치 및 운영하거나 산업 자문 등의 용역을 제공함에 따라 발생한 수익은 동 용역이 제공되는 기간 동안 용역제공의 진행에 따라 인식한다.

3. 특허권 및 상표권 등과 같은 지식재산권 및 노하우를 이전함에 따라 발생한 수익은 잔금청산일 또는 매입자의 사용가능일 중 빠른 날에 인식한다.

4. 특허권 및 상표권 등과 같은 지식재산권 및 노하우를 대여 또는 사용하게 함으로

써 발생한 수익은 동 지식재산권 및 노하우를 대여 또는 사용하는 기간 동안 용역 제공의 진행에 따라 인식한다.

5. 지원금 수익은 연구·개발·교육 등의 진행에 따라 인식한다.

6. 기부금의 수익은 기부금 및 기부금품을 수령한 날에 인식한다.

제4절 현금흐름표

제26조【현금흐름표】 ① 현금흐름표는 산학협력단 현금의 변동내역을 명확하게 보고하기 위하여 당해 회계기간에 속하는 현금의 유입과 유출에 대한 정보를 적정하게 표시하여야 한다.

② 현금흐름표의 양식은 별지 제5호 서식에 의한다.

제27조【현금흐름표의 구분표시 및 작성방법】 ① 현금흐름표는 현금흐름을 운영활동, 투자활동 및 재무활동으로 구분하여 표시하고, 이 세 가지 현금활동의 순 현금흐름에 기초의 현금을 가산하여 기말의 현금을 산출하는 형식으로 표시한다.

② 현금흐름표상의 현금의 유입과 유출은 현금의 구성항목 간 이동을 포함하지 아니하고 기중 증가와 감소를 서로 상계하지 아니하며 각각 총액으로 기재한다.

③ 현금흐름표상의 동일한 거래의 현금흐름이 두 가지 이상의 활동과 관련되는 경우에는 각 활동별 현금으로 구분하여 표시한다.

제5절 자산·부채의 평가

제28조【자산의 평가기준】 ① 재무상태표에 기재하는 자산의 가액은 당해 자산의 취득원가를 기초로 하여 계상함을 원칙으로 한다.

② 교환·현물출자·증여 기타 무상으로 취득한 자산의 가액은 공정가액을 취득원가로 한다.

③ 당해 자산의 취하여 통상적으로 소요되는 가액과 비교하여 현저하게 저렴한 가액으로 취득한 자산의 평가는 제1항의 규정에도 불구하고 취득한 때의 공정가액으로 한다.

제29조【유가증권의 평가】 산학협력단 회계의 단기매매금융자산 공정가치로 평가하되 평가손익은 당기의 운영외손익으로 한다. 단, 장기투자금융자산과 지배권을 목적으로 보유하고 있는 기술지주회사 주식의 경우에는 평가손익을 계상하지 아니한다.

제30조【재고자산의 평가】 산학협력단의 재고자산은 제조원가 또는 매입가액에 부대비용

을 가산하고 이에 개별법, 선입선출법, 평균법을 적용하여 산정한 취득원가를 재무상
태표 가액으로 한다.

제31조【대손상각 등】① 산학협력단의 단장은 회수가 불확실하여 대손이 예상되는 부실
채권이 있는 경우에는 합리적이고 객관적인 기준에 따라 대손충당금을 설정하며, 대
손충당금의 표시는 당해 채권과목에서 차감하는 형식으로 기재한다.

② 산학협력단의 단장은 사용이 불가능하거나 기타 사유로 인하여 유·무형자산의
공정가액이 취득원가보다 하락한 경우에는 이를 공정가액으로 평가하거나 폐기할
수 있다.

제32조【감가상각 등】① 토지 및 건설 중인 자산을 제외한 유형자산은 당해 자산의 내용
연수 기간 동안 정액법에 따라 감가상각하여야 한다.

② 무형자산은 취득원가를 내용연수 동안 정액법에 따라 상각한다.

③ 제1항의 유형자산에 대한 감가상각비는 감가상각누계액의 과목으로 당해 자산에
서 차감하는 형식으로 기재하고 제2항의 무형자산에 대한 상각비는 당해 자산에서
직접 차감한다.

제33조【부채의 평가기준】재무상태표에 기재하는 부채의 가액은 산학협력단이 부담하는
채무액으로 계상함을 원칙으로 한다.

제34조【외화자산 및 외화부채의 환산】① 화폐성 외화자산 및 화폐성 외화부채는 재무상
태표일 현재의 기준환율 및 재정환율로 환산한 가액을 재무상태표 가액으로 한다.

② 비화폐성 외화자산 및 비화폐성 외화부채는 원칙적으로 당해 자산을 취득하거나
당해 부채를 부담한 당시의 기준환율 및 재정환율로 환산한 가액을 재무상태표 가액
으로 한다.

③ 제1항의 경우에 발생하는 손익은 외화환산이익 또는 외화환산손실의 과목으로 처
리하며 당기손익으로 한다.

④ 화폐성 외화자산 및 화폐성 외화부채의 회수 또는 상환으로 인하여 발생하는 손
익은 외환차익 또는 외환차손의 과목으로 처리하며 당기손익으로 한다.

제35조【회계변경과 오류수정】① 회계정책을 변경하는 경우에는 변경된 새로운 회계정
책을 소급 적용하여 그 누적효과를 전기이월운영차익 또는 전기이월운영차손에 반
영한다. 다만, 회계정책의 변경에 따른 누적효과를 합리적으로 결정하기 어려운 경우
에는 회계변경을 전진적으로 처리하여 그 효과가 당기와 당기 이후의 기간에 반영되
도록 할 수 있다.

② 회계추정을 변경하는 경우에는 전진적으로 처리하여 그 효과를 당기와 당기 이후

의 기간에 반영한다.

③ 당기에 발견한 전기 또는 그 이전기간의 오류는 당기 운영계산서의 운영외수익 또는 운영외비용에 반영하여 전기오류수정이익 또는 전기오류수정손실의 과목으로 처리한다. 다만, 전기 또는 그 이전기간에 발생한 중대한 오류의 수정은 전기이월운영차익이나 전기이월운영차손에 반영하고, 관련 계정잔액을 수정한다.

제 4 장 결산 및 보고

제36조【결산서의 작성 및 제출】① 산학협력단의 단장은 매 회계연도 종료 후 60일 이내에 다음 각 호의 서류가 첨부된 결산서를 작성하여 산학협력단의 정관에서 정한 결산심의기구를 거쳐 학교의 장에게 제출하여 심의·확정하여야 한다.

1. 재무제표
2. 재무상태표 부속명세서
3. 운영계산서 부속명세서
4. 결산부속서류

② 산학협력단의 단장은 시행령 제28조 제4항에 따른 결산서를 학교의 장을 경유하여 매 회계연도 종료 후 3월 이내에 한국사학진흥재단의 장에게 제출하여야 한다.

③ 한국사학진흥재단의 장은 제2항에 따라 제출된 결산에 대하여 산학협력단별, 학교유형별, 예산항목별 특성 등을 분석하여 교육부장관에게 제출하여야 한다.

④ 산학협력단의 단장은 제1항에 따라 심의·확정된 산학협력단의 결산을 공개하여야 하며, 공개의 범위 및 방법은 교육부장관이 따로 정한다.

제37조【감사】① 학교의 장은 법 시행령 제30조의 규정에 의하여 소속직원 또는 외부전문가 등으로 하여금 산학협력단의 재산현황 및 회계운영에 대하여 매년 1회 이상 감사하게 하여야 한다. 단, 「사립학교법」 제31조 제4항, 「국립대학의 회계 설치 및 재정 운영에 관한 법률」 제22조 제2항의 규정에 따라 별도로 외부감사인의 감사증명서를 제출해야 하는 학교의 산학협력단은 외부감사인의 감사증명서를 제출하여야 한다.

② 교육부장관은 예산의 편성 및 집행에 대하여 관련 법령 위반 여부를 현장점검하고, 시정을 권고할 수 있다.

제38조【부속명세서】① 제36조 제1항 제2호에 따른 재무상태표 부속명세서는 다음 각 호의 서류로 한다. 다만, 해당 사항이 없는 부속명세서는 작성하지 아니한다.

1. 현금 및 현금성자산 및 단기금융상품명세서 [별지 제3호의 1 서식]

2. 단기매매금융자산명세서 [별지 제3호의 2 서식]

3. 매출채권명세서 [별지 제3호의 3 서식]

4. 미수금명세서 [별지 제3호의 4 서식]

5. 선급금명세서 [별지 제3호의 5 서식]

6. 재고자산명세서 [별지 제3호의 6 서식]

7. 간접비 지출내역서 [별지 제4호의 7 서식]

8. 장기금융상품명세서 [별지 제3호의 7 서식]

9. 장기투자금융자산 및 출자금명세서 [별지 제3호의 8 서식]

10. 유형자산명세서 [별지 제3호의 9 서식]

11. 무형자산명세서 [별지 제3호의 10 서식]

12. 특정기금명세서 [별지 제3호의 11 서식]

13. 매입채무명세서 [별지 제3호의 12 서식]

14. 미지급금명세서 [별지 제3호의 13 서식]

15. 선수금명세서 [별지 제3호의 14 서식]

16. 충당부채명세서 [별지 제3호의 15 서식]

17. 기본금명세서 [별지 제3호의 16 서식]

18. 기타 필요한 명세서

② 제36조 제1항 제3호에 따른 운영계산서 부속명세서는 다음 각 호의 서류로 한다. 다만, 해당 사항이 없는 부속명세서는 작성하지 아니한다.

1. 산학협력 연구 및 교육운영 수익명세서 [별지 제4호의 1 서식]

2. 지식재산권 수익명세서 [별지 제4호의 2 서식]

3. 지원금 수익명세서 [별지 제4호의 3 서식]

4. 기부금 수익명세서 [별지 제4호의 4 서식]

5. 간접비 수익명세서 [별지 제4호의 5 서식]

6. 유·무형자산(감가)상각비 명세서 [별지 제4호의 6 서식]

7. 기타 필요한 명세서

제39조【결산부속서류】제36조 제1항 제4호에 따른 결산부속서류는 다음 각 호의 서류로 한다.

1. 정관상의 결산심의기구 회의록 사본

2. 감사보고서

3. 기타 결산과 관련하여 필요한 서류

제 5 장 보 칙

제40조 【장부 및 증빙서류의 보존】 산학협력단의 단장은 회계 장부 및 증빙서류를 5년간 보존하여야 한다.

제41조 【재검토기한】 교육부장관은 이 고시에 대하여 「훈령·예규 등의 발령 및 관리에 관한 규정」에 따라 2020년 7월 1일 기준으로 매3년이 되는 시점(매 3년째의 6월 30일까지를 말한다)마다 그 타당성을 검토하여 개선 등의 조치를 하여야 한다.

부 칙 〈제2016-88호, 2016.1.29.〉

제1조 【2016년 회계연도 경과조치】 국공립대학의 2016년 회계연도는 1월 1일부터 2월 29일까지와 3월 1일부터 익년도 2월 28일까지로 구분한다. 단, 국공립대학의 경우 2016년 회계연도에는 제16조 제2항의 직전 회계연도와의 비교를 생략할 수 있다.

제2조 【회계연도의 예외】 제3조 제7호의 회계연도 정의에도 불구하고 다른 법에 의해 회계연도가 달리 정해진 산학협력단은 해당 법에 따른 회계연도를 사용할 수 있다.

부 칙 〈제2020-221호, 2020.3.18.〉

제1조 【2020년 회계연도 경과조치】 이 고시는 발령한 날부터 시행한다. 다만, [별표 2], [별지 제4호 서식]의 개정규정은 2021회계연도부터 적용하여 시행한다.

부 칙 〈제2021-5호, 2021.1.26.〉

이 고시는 발령한 날부터 시행한다. 다만, [별표 2], [별지 제4호 서식], [별지 제4호의 7 서식]의 개정규정은 2021회계연도부터 적용하여 시행한다.

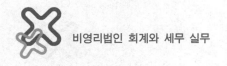

〔별표 1〕

재무상태표 계정과목명세표

1. 자 산

관	항	과 목 목	해 설
자		산	
Ⅰ. 유동자산			
1. 당좌자산			
		1) 현금및현금성자산	통화 및 통화대용증권, 현금으로 전환이 용이한 요구불예금과 만기가 3개월 이내인 단기금융상품
		2) 단기금융상품	단기적 자금운용 목적으로 재무상태표일로부터 기한이 1년 이내의 정기예금 등의 금융상품
		3) 단기매매금융자산	주식, 국채, 지방채, 공채, 사채 등과 같이 재산적 가치와 시장성이 있는 유가증권으로서 단기적 자금운용을 목적으로 소유하고 있는 것
		4) 매출채권	학교기업의 일반적 운영거래에서 발생한 외상매출금, 받을어음 등의 수취채권
		(대손충당금)	매출채권에 대한 회수불능 추정액
		5) 미수금	산학연협력계약과 운영외 거래(자산매각 등)로부터 발생한 수취채권
		(대손충당금)	미수금에 대한 회수불능 추정액
		6) 미수수익	당기에 발생하였지만 수취하지 않은 운영외수익
		7) 선급금	계약에 따라 미리 지급한 금액
		8) 선급비용	지급하였으나 당기가 아닌 차기의 비용에 해당되는 비용
		9) 선급법인세	이자, 배당소득 등에 대하여 원천 징수되어 선급한 법인세
		10) 부가세대급금	재화나 용역을 구입할 때 발생한 부가세
		11) 기타당좌자산	재무상태표일로부터 1년 이내에 회수가 가능한 기타당좌자산
2. 재고자산			
		1) 재고자산	학교기업 등에서 판매를 목적으로 보유 중인 자산
Ⅱ. 비유동자산			
1. 투자자산			
		1) 장기금융상품	자금운용 목적으로 재무상태표일로부터 기한이 1년 이상인 정기예금 등의 금융상품

과 목			해 설
관	항	목	
		2) 장기투자금융자산	유동자산에 속하지 아니하는 것으로 1년 이상 장기적 자금운용을 목적으로 소유하고 있는 국·공·사채, 주식 등의 유가증권(기부받은 주식이 있을 경우 이 계정에 집계)
		3) 출자금	기술지주회사, 학교기업 등 비상장된 수익사업체에 대한 출자액
		4) 기타투자자산	기타의 투자자산
	2. 유형자산		
		1) 토지	대지, 임야, 전답 등
		2) 건물	건물 및 건물부속설비
		3) 구축물	토목설비 또는 공작물 등
		4) 기계기구	기계장치, 실험실습장비, 운송설비와 기타의 부속설비
		5) 집기비품	책상, 사무용 비품 및 인테리어 설비 등
		6) 차량운반구	자동차 및 기타의 육상운반구 등
		7) 건설중인자산	유형자산인 건물의 건축을 위한 공사비, 설계비 등의 금액(완공 후 해당 유형자산 과목으로 대체)
		8) 기타유형자산	기타의 유형자산
		(감가상각누계액)	유형자산별로 토지 및 건설중인 자산을 제외한 유형자산에 대한 감가상각비 누계액을 기재하며, 당해 자산에서 차감형식으로 기재
	3. 무형자산		
		1) 지식재산권	산학협력단이 실시 또는 사용할 목적으로 일정기간 독점적·배타적으로 이용할 수 있는 권리로서 특허권·저작권·상표권 등의 취득에 소요되는 비용
		2) 개발비	신기술 등의 개발과 관련하여 발생한 비용
		3) 기타무형자산	기타의 무형자산
	4. 기타비유동자산		
		1) 연구기금	연구의 활성화를 위하여 별도로 예치한 기금으로서 기본금의 연구적립금 금액과 일치하여야 함.
		2) 건축기금	건축물의 신축 및 취득을 위하여 별도로 예치한 기금으로서 기본금의 건축적립금 금액과 일치하여야 함.
		3) 장학기금	장학금 재원을 조성하기 위하여 별도로 예치한 기금으로서 기본금의 장학적립금 금액과 일치하여야 함.

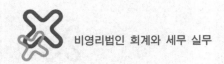

과 목			해 설
관	항	목	
		4) 기타기금	연구·건축·장학기금 이외의 특정목적을 달성하기 위하여 별도로 예치한 기금으로서 기본금의 기타적립금 금액과 일치하여야 함.
		5) 보증금	전세권, 전신전화가입권, 임차보증금 등
		6) 기타비유동자산	1)~5)를 제외한 기타의 비유동자산
	자 산 총 계		

2. 부채와 기본금

과 목			해 설
관	항	목	
부 채			
Ⅰ. 유동부채			
	1. 유동부채		
		1) 매입채무	학교기업의 일반적 운영거래에서 발생한 외상매입금 등의 지급채무
		2) 미지급금	산학연협력계약과 운영외 거래(자산취득 등)로부터 발생한 지급채무
		3) 선수금	계약에 따라 미리 받은 금액
		4) 예수금	일시적 제예수액
		5) 제세예수금	소득세, 4대 보험료 등 일시적 제세예수금
		6) 부가세예수금	재화나 용역의 공급시 거래상대방으로부터 징수한 부가세
		7) 미지급비용	당기에 발생하였지만 지급되지 아니한 비용
		8) 선수수익	수취하였으나 당기가 아닌 차기 이후에 속하는 수익
		9) 기타유동부채	기타의 유동부채
Ⅱ. 비유동부채			
	1. 비유동부채		재무상태표일로부터 1년 이내에 상환의무가 도래하지 않는 부채
		1) 임대보증금	장비 및 부동산 등을 임대하고 받은 보증금
		2) 퇴직급여충당부채	회계연도 말 현재 전직원이 일시에 퇴직할 경우 지급하여야 할 퇴직금에 상당하는 금액
		(퇴직연금운용자산)	확정급여형 퇴직연금제도에 가입한 금액으로 퇴직급여충당부채에

과 목			해 설
관	항	목	
			서 차감표시함.
		3) 고유목적사업준비금	고유목적사업이나 지정기부금에 지출하기 위해 비용으로 계상한 준비금
		4) 기타비유동부채	기타의 비유동부채
	부채총계		
기 본 금			
Ⅰ. 출연기본금			
	1. 출연기본금		
		1) 출연기본금	산학협력단의 기본금으로 출연된 금액
Ⅱ. 적립금			
	1. 적립금		
		1) 연구적립금	연구의 활성화를 위하여 별도로 적립한 금액으로서 투자자산의 연구기금과 일치하여야 함.
		2) 건축적립금	건축물의 신축 및 취득을 위하여 별도로 적립한 금액으로서 투자자산의 건축기금과 일치하여야 함.
		3) 장학적립금	장학금 재원을 조성하기 위하여 별도로 적립한 금액으로서 투자자산의 장학기금과 일치하여야 함.
		4) 기타적립금	연구·건축·장학기금 이외의 특정목적을 달성하기 위하여 별도로 적립한 금액으로서 투자자산의 기타기금과 일치하여야 함.
	2. 고유목적사업준비금		
		1) 고유목적사업준비금	고유목적사업준비금을 신고조정하는 경우 고유목적사업에 지출하기 위해 계상한 준비금
Ⅲ. 운영차익			
	1. 처분전운영차익		
		1) 전기이월운영차익	전기로부터 이월된 운영차익으로서 전기말 현재의 차기이월운영차익 금액과 일치하여야 함.
		2) 당기운영차익	운영계산서상 당기운영차익
	기본금총계		
부채와기본금총계			

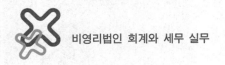

〔별표 2〕

운영계산서 계정과목명세서

1. 운영수익

과 목			해　　　설
관	항	목	
Ⅰ. 산학협력수익			
	1. 연구수익		대가성이 있는 연구용역수익 ※ 대가성 판단기준 : 결과물의 소유권을 산학협력단이 취득하면 대가성이 없는 것으로 판단할 수 있음.
		1) 정부연구수익	국가 및 지방자치단체로부터 받는 대가성이 있는 연구용역수익
		2) 산업체연구수익	산업체 등으로부터 받는 대가성이 있는 연구용역수익
	2. 교육운영수익		
		1) 교육운영수익	산학협력에 관련되는 수탁교육, 직업훈련과정, 계약학과 설치·운영 등 계약에 의한 교육운영수익
	3. 기술이전수익		
		1) 지식재산권이전수익	지식재산권의 대여 및 양도로 인하여 발생한 수익 단, 출원 중인 지식재산의 대여 및 양도로 인하여 발생한 수익을 포함함.
		2) 노하우이전수익	노하우의 대여 및 양도로 인하여 발생한 수익
	4. 설비자산사용료수익		
		1) 설비자산사용료수익	설치된 연구 및 실험실습시설·장비 등의 사용료
		2) 임대료수익	토지 및 건물 등을 임대하고 받는 임대료 수입
	5. 기타산학협력수익		
		1) 기타산학협력수익	기타의 산학협력사업수익(산업자문 등)
Ⅱ. 지원금수익			
	1. 연구수익		
		1) 정부연구수익	국가 및 지방자치단체로부터 받는 대가성이 없는 연구용역수익
		2) 산업체연구수익	산업체 등으로부터 받는 대가성이 없는 연구용역수익
	2. 교육운영수익		
		1) 교육운영수익	교육운영수익 중 산학협력수익에 속하지 아니하는 교육운영수익
	3. 기타지원금수익		

과 목			해 설
관	항	목	
		1) 기타지원금수익	기타의 지원금사업수익
Ⅲ. 간접비수익			
	1. 산학협력수익		
		1) 산학협력연구수익	산학협력 연구수익 중 간접비수익
		2) 산학협력교육운영수익	산학협력 교육운영수익 중 간접비수익
		3) 기타산학협력수익	기타산학협력수익 중 간접비수익
	2. 지원금수익		
		1) 지원금연구수익	지원금 연구수익 중 간접비수익
		2) 지원금교육운영수익	지원금 교육운영수익 중 간접비수익
		3) 기타지원금수익	기타지원금수익 중 간접비수익
Ⅳ. 전입및기부금수익			
	1. 전입금수익		
		1) 학교법인전입금	학교법인으로부터 받는 전입금
		2) 학교회계전입금	학교회계로부터 받는 전입금
		3) 학교기업전입금	학교기업으로부터 받는 전입금
		4) 기타전입금	기타 기관에서 전입되는 금액
	2. 기부금수익		
		1) 일반기부금	기증자가 기부금의 용도를 지정하지 아니한 기부금
		2) 지정기부금	기증자가 기부금의 용도를 지정한 기부금
Ⅴ. 운영외수익			
	1. 운영외수익		
		1) 이자수익	각종 예금의 이자수입
		2) 배당금수익	단기매매금융자산과 장기투자금융자산 중 투자주식, 출자금에 대한 배당이익
		3) 유가증권평가이익	단기매매금융자산의 평가로 인해 발생하는 이익
		4) 유가증권처분이익	단기매매금융자산 및 장기투자금융자산의 처분으로 인해 발생하는 이익
		5) 외환차익	화폐성 외화 자산·부채를 회수 또는 상환함에 따라 발생하는 이익

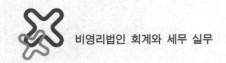
과 목			해 설
관	항	목	
		6) 외화환산이익	화폐성 외화 자산·부채를 환산하는 경우로서 환율의 변동으로 인하여 발생하는 이익
		7) 유형자산처분이익	유형자산의 처분으로 인해 발생하는 이익
		8) 대손충당금환입	매출채권, 미수금 등 채권에 대한 회수불능 추정계상액으로 기 계상한 충당금의 환입액
		9) 전기오류수정이익	과년도 과다집행 분이 회수 조치되는 등 전기 이전의 오류를 수정함에 따라 발생한 이익
		10) 고유목적사업준비금환입액	고유목적사업준비금을 사용하지 않고 환입하거나 고유목적사업준비금을 사용하기 위하여 환입하는 경우의 환입액
		11) 기타운영외수익	기타의 운영외수익
	운영수익총계		

2. 운영비용

과 목			해 설
관	항	목	
Ⅰ.산학협력비			
	1. 산학협력연구비		산학협력연구의 수행에 따라 발생하는 제 경비
		1) 인건비	산학협력연구의 수행과 관련하여 연구원에게 지급되는 인건비
		2) 학생인건비	산학협력연구의 수행과 관련하여 학사·석사·박사과정 학생에게 지급되는 인건비
		3) 연구시설·장비비	산학협력연구의 수행활동에서 발생하는 연구시설 및 연구장비 사용료(자산화하는 금액은 제외함)
		4) 연구활동비	산학협력연구의 수행활동에서 발생하는 연구활동비
		5) 연구재료비	산학협력연구의 수행활동에서 발생하는 연구재료비
		6) 연구수당	산학협력연구의 수행활동에서 발생하는 연구수당
		7) 위탁연구개발비	산학협력연구의 수행활동에서 발생하는 위탁연구개발비
	2. 교육운영비		산학협력교육과정(수탁교육, 직업훈련과정, 계약학과)의 운영에서 발생하는 비용
		1) 인건비	산학협력연구과정에서 발생하는 강의료, 수당 등
		2) 교육과정개발비	산학협력교육과정과 관련된 교재개발비 교육프로그램개발비 등
		3) 장학금	산학협력교육과정 이수학생에게 지원하는 장학금
		4) 실험실습비	산학협력교육과정 이수학생의 실험실습비

과 목			해 설
관	항	목	
		5) 기타교육운영비	인건비, 교육과정개발비, 장학금, 실험실습비 이외의 교육운영비
	3. 지식재산권비용		
		1) 지식재산권실시·양도비	지식재산권의 운영, 기술이전, 사업화촉진 및 이전에서 발생하는 경비, 단, 자산화하지 않는 지식재산권 관련비용은 포함됨.
		2) 산학협력보상금	기술이전 및 산업체 교육 등의 실질적인 산학협력을 통하여 취득한 수익 중 이에 적극적으로 기여한 교직원들에게 주는 인센티브(직무발명보상금 등)
	4. 학교시설사용료		
		1) 학교시설사용료	대학의 유·무형자산을 이용함에 따라 대학에 지급하는 비용
	5. 기타산학협력비		
		1) 기타산학협력비	기타 산학협력사업에 소요되는 비용
Ⅱ. 지원금사업비			지원금사업수행에서 발생하는 제 경비
	1. 연구비		지원금으로 수행하는 연구비
		1) 인건비	지원금으로 수행하는 연구와 관련하여 연구원에게 지급되는 인건비
		2) 학생인건비	지원금으로 수행하는 연구와 관련하여 학사·석사·박사과정 학생에게 지급되는 인건비
		3) 연구시설·장비비	지원금으로 수행하는 연구에서 발생하는 연구시설 및 연구장비 사용료(자산화하는 금액은 제외함)
		4) 연구활동비	지원금으로 수행하는 연구에서 발생하는 연구활동비
		5) 연구재료비	지원금으로 수행하는 연구에서 발생하는 연구재료비
		6) 연구수당	지원금으로 수행하는 연구에서 발생하는 연구수당
		7) 위탁연구개발비	지원금으로 수행하는 연구에서 발생하는 위탁연구개발비
	2. 교육운영비		지원금으로 집행하는 교육과정운영비
		1) 인건비	지원금으로 집행하는 교육과정에서 발생하는 강의료, 수당 등
		2) 교육과정개발비	지원금으로 집행하는 교육과정과 관련된 교재개발비, 교육프로그램개발비 등
		3) 장학금	지원금으로 집행하는 교육과정 이수 학생에게 지원하는 장학금
		4) 실험실습비	지원금으로 집행하는 교육과정 이수학생의 실험실습비
		5) 기타교육운영비	인건비, 교육과정개발비, 장학금, 실험실습비 이외의 교육운영비
	3. 기타지원금사업비		
		1) 기타지원금사업비	지원금사업비 중 연구비와 교육운영비를 제외한 기타비용
Ⅲ. 간접비사업비			간접비수익을 재원으로 지출하는 제 비용
	1. 인력지원비		
		1) 인건비	연구지원인력 및 행정지원 전담요원의 인건비

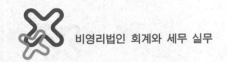

과 목		해 설
관 항	목	
	2) 연구개발능률성과급	연구자 및 지원인력에게 지급하는 능률성과급
	3) 연구개발준비금	연구원의 일시적 연구중단 등에 따라 연구 과제에 참여하지 않는 기간 동안의 급여 및 파견관련 경비
2. 연구지원비		
	1) 기관 공통비용	연구개발에 필요한 기관 공통경비
	2) 사업단 또는 연구단 운영비	사업단 또는 연구단의 운영경비
	3) 기반시설·장비구축 ·운영비	직접비에 계상되지 않은 연구개발 관련 기반시설 및 장비 운영비
	4) 연구실안전관리	연구실안전환경 조성에 관한 경비(안전교육비, 보험료 등)
	5) 연구보안관리비	연구개발과제보안을 위한 필요경비(보안장비구입비, 보안교육비 등)
	6) 연구윤리활동비	연구윤리 확립 및 연구부정행위 예방 등과 관련된 경비
	7) 연구활동지원금	연구활동을 지원하는 경비로 학술용 도서·전자정보 구입비, 실험실 운영 지원비, 학술대회 지원비 또는 논문 게재료 등 연구 개발기관의 장이 인정하는 비용
3. 성과활용지원비		
	1) 과학문화활동비	연구개발과제에 대한 홍보 등 과학기술문화 확산에 관련된 경비
	2) 지식재산권 출원·등록비	지식재산권의 출원, 등록, 유지 등에 필요한 경비 및 기술이전에 필요한 경비(단, 지식재산권으로 자산화된 금액은 제외함)
4. 기타지원비		
	1) 기타지원비	간접비수익을 재원으로 지출하는 기타의 지원비
Ⅳ. 일반관리비		
1. 일반관리비		
	1) 인건비	간접비수익 이외의 수익을 재원으로 하여 교직원에게 지급하는 급여, 제수당, 법정부담금 등
	2) 감가상각비	유형자산에 대한 감가상각비
	3) 무형자산상각비	무형자산에 대한 상각비
	4) 대손상각비	수취채권에 대한 회수불능추정 계상액
	5) 일반제경비	간접비수익 이외의 수익을 재원으로 하여 지급하는 기타의 일반관리비용
Ⅴ. 운영외비용		
1. 운영외비용		
	1) 유가증권처분손실	단기매매금융자산과 장기투자금융자산의 처분으로 인해 발생하는 손실

과 목			해 설
관	항	목	
		2) 유가증권평가손실	단기매매금융자산을 평가한 결과 발생한 평가손실액
		3) 외환차손	화폐성 외화 자산·부채를 회수 또는 상환함에 따라 발생하는 손실
		4) 외화환산손실	화폐성 외화 자산·부채를 환산하는 경우 환율의 변동으로 인하여 발생하는 손실
		5) 유형자산처분손실	유형자산의 처분으로 인해 발생하는 손실
		6) 전기오류수정손실	전기 이전의 오류를 수정함에 따라 발생한 손실
		7) 고유목적사업준비금전입액	고유목적사업준비금 전입시 계상하는 비용계정
		8) 기타운영외비용	기타 운영외비용
Ⅵ. 학교회계전출금			산학협력단에서 학교회계(국공립대학은 대학회계, 사립대학은 교비회계)로 대가성 없이 지원하는 금액
	운영비용합계		
	당기운영차익 (또는 당기운영차손)		운영수익총계 – 운영비용합계
	운영비용총계		

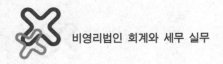

〔별표 3〕

현금흐름표 계정과목명세서

과 목			해 설
관	항	목	
Ⅰ. 현금유입액			
	1. 운영활동으로인한현금유입액		운영활동이란 투자활동이나 재무활동에 속하지 아니하는 거래와 사건을 모두 포함한 활동을 말함.
		1) 산학협력수익현금유입액	
		2) 지원금수익현금유입액	
		3) 간접비수익현금유입액	
		4) 전입및기부금수익현금유입액	
		5) 운영외수익현금유입액	
	2. 투자활동으로인한현금유입액		투자활동이란 비유동자산(투자자산, 유형자산, 무형자산 및 기타비유동자산)의 처분활동을 말함.
		1) 투자자산수입	
		2) 유형자산매각대	
		3) 무형자산매각대	
		4) 기타비유동자산수입	
	3. 재무활동으로인한현금유입액		재무활동이란 비유동부채와 기본금과 관련하여 재무의 변동을 가져오는 활동을 말함.
		1) 부채의차입	
		2) 기본금의조달	
Ⅱ. 현금유출액			
	1. 운영활동으로인한현금유출액		운영활동이란 투자활동이나 재무활동에 속하지 아니하는 거래와 사건을 모두 포함한 활동을 말함.
		1) 산학협력비현금유출액	
		2) 지원금사업비현금유출액	
		3) 간접비사업비현금유출액	
		4) 일반관리비현금유출액	

과 목			해 설
관	항	목	
		5) 운영외비용현금유출액	
		6) 학교회계전출금현금유출액	
	2. 투자활동으로인한현금유출액		투자활동이란 비유동자산(투자자산, 유형자산, 무형자산 및 기타비유동자산)의 취득활동을 말함.
		1) 투자자산지출	
		2) 유형자산취득지출	
		3) 무형자산취득지출	
		4) 기타비유동자산지출	
	3. 재무활동으로인한현금유출액		재무활동이란 비유동부채와 기본금과 관련하여 재무의 변동을 가져오는 활동을 말함.
		1) 부채의상환	
		2) 기본금의반환	
Ⅲ. 현금의증감			
Ⅳ. 기초의현금			
Ⅴ. 기말의현금			

※ 기재상의 주의
1. 현금흐름표의 현금은 재무상태표의 현금및현금성자산과 단기금융상품의 합으로 정의된다.

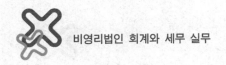

〔별지 제1호 서식〕

현 금 예 산 서

당기 20××년 ××월××일부터   20××년 ××월××일까지
전기 20××년 ××월××일부터   20××년 ××월××일까지

과 목			제 ×× (당) 기	제 ×× (전) 기	증감	산출근거
관	항	목				
I. 현금유입액						
	1. 운영활동으로 인한 현금유입액					
		1) 산학협력수익현금유입액				
		2) 지원금수익현금유입액				
		3) 간접비수익현금유입액				
		4) 전입및기부금수익현금유입액				
		5) 운영외수익현금유입액				
	2. 투자활동으로 인한 현금유입액					
		1) 투자자산수입				
		2) 유형자산매각대				
		3) 무형자산매각대				
		4) 기타비유동자산수입				
	3. 재무활동으로 인한 현금유입액					
		1) 부채의 차입				
		2) 기본금의 조달				
II. 현금유출액						
	1. 운영활동으로 인한 현금유출액					
		1) 산학협력비현금유출액				
		2) 지원금사업비현금유출액				
		3) 간접비사업비현금유출액				
		4) 일반관리비현금유출액				
		5) 운영외비용현금유출액				
		6) 학교회계전출금현금유출액				
	2. 투자활동으로 인한 현금유출액					
		1) 투자자산지출				

과		목	제 ×× (당) 기	제 ×× (전) 기	증감	산출근거
관	항	목				
		2) 유형자산취득지출				
		3) 무형자산취득지출				
		4) 기타비유동자산지출				
	3. 재무활동으로 인한 현금유출액					
		1) 부채의 상환				
		2) 기본금의 반환				
Ⅲ. 현금의 증감						
Ⅳ. 기초의 현금						
Ⅴ. 기말의 현금						

※ 기재상의 주의
1. 현금흐름표의 현금은 재무상태표의 현금및현금성자산과 단기금융상품의 합으로 정의된다.

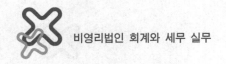

〔별지 제2호 서식〕

추가경정현금예산서

(． ． 부터 ． ． 까지)

과 목			추경예산액	본예산액	증감	산출근거
관	항	목				
Ⅰ. 현금유입액						
	1. 운영활동으로 인한 현금유입액					
		1) 산학협력수익현금유입액				
		2) 지원금수익현금유입액				
		3) 간접비수익현금유입액				
		4) 전입및기부금수익현금유입액				
		5) 운영외수익현금유입액				
	2. 투자활동으로 인한 현금유입액					
		1) 투자자산수입				
		2) 유형자산매각대				
		3) 무형자산매각대				
		4) 기타비유동자산수입				
	3. 재무활동으로 인한 현금유입액					
		1) 부채의 차입				
		2) 기본금의 조달				
Ⅱ. 현금유출액						
	1. 운영활동으로 인한 현금유출액					
		1) 산학협력비현금유출액				
		2) 지원금사업비현금유출액				
		3) 간접비사업비현금유출액				
		4) 일반관리비현금유출액				
		5) 운영외비용현금유출액				
		6) 학교회계전출금현금유출액				
	2. 투자활동으로 인한 현금유출액					
		1) 투자자산지출				

과		목	추경예산액	본예산액	증감	산출근거
관	항	목				
		2) 유형자산취득지출				
		3) 무형자산취득지출				
		4) 기타비유동자산지출				
	3. 재무활동으로 인한 현금유출액					
		1) 부채의 상환				
		2) 기본금의 반환				
Ⅲ. 현금의 증감						
Ⅳ. 기초의 현금						
Ⅴ. 기말의 현금						

※ 기재상의 주의
1. 현금흐름표의 현금은 재무상태표의 현금및현금성자산과 단기금융상품의 합으로 정의된다.

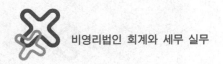

〔별지 제3호 서식〕

재무상태표

당기 20××년 ××월 ××일 현재
전기 20××년 ××월 ××일 현재

1. 자 산

과 목			제 ×× (당)기			제 ×× (전)기		
관	항	목	목	항	관	목	항	관
	자	산						
Ⅰ. 유동자산								
	1. 당좌자산								
		1) 현금및현금성자산						
		2) 단기금융상품						
		3) 단기매매금융자산						
		4) 매출채권						
		(대손충당금)						
		5) 미수금						
		(대손충당금)						
		6) 미수수익						
		7) 선급금						
		8) 선급비용						
		9) 선급법인세						
		10) 부가세대급금						
		11) 기타당좌자산						
	2. 재고자산								
		1) 재고자산						
Ⅱ. 비유동자산								
	1. 투자자산								
		1) 장기금융상품						
		2) 장기투자금융자산						
		3) 출자금						
		4) 기타투자자산						

과목			제 ×× (당)기			제 ×× (전)기		
관	항	목	목	항	관	목	항	관
		2. 유형자산						
		1) 토지						
		2) 건물						
		3) 구축물						
		4) 기계기구						
		5) 집기비품						
		6) 차량운반구						
		7) 건설중인자산						
		8) 기타유형자산						
		(감가상각누계액)						
		3. 무형자산						
		1) 지식재산권						
		2) 개발비						
		3) 기타무형자산						
		4. 기타비유동자산						
		1) 연구기금						
		2) 건축기금						
		3) 장학기금						
		4) 기타기금						
		5) 보증금						
		6) 기타비유동자산						
	자 산 총 계							

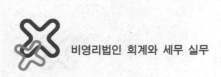
2. 부채와 기본금

과		목	제 ×× (당)기			제 ×× (전)기		
관	항	목	목	항	관	목	항	관
		부 채						
Ⅰ. 유동부채								
		1. 유동부채						
		1) 매입채무						
		2) 미지급금						
		3) 선수금						
		4) 예수금						
		5) 제세예수금						
		6) 부가세예수금						
		7) 미지급비용						
		8) 선수수익						
		9) 기타유동부채						
Ⅱ. 비유동부채								
		1. 비유동부채						
		1) 임대보증금						
		2) 퇴직급여충당부채						
		(퇴직연금운용자산)						
		3) 고유목적사업준비금						
		4) 기타비유동부채						
		부채총계						
		기 본 금						
Ⅰ. 출연기본금								
		1. 출연기본금						
		1) 출연기본금						
Ⅱ. 적립금								
		1. 적립금						
		1) 연구적립금						
		2) 건축적립금						

과 목			제 ×× (당)기			제 ×× (전)기		
관	항	목	목	항	관	목	항	관
		3) 장학적립금						
		4) 기타적립금						
	2. 고유목적사업준비금							
		1) 고유목적사업준비금						
Ⅲ. 운영차익								
	1. 처분전운영차익							
		1) 전기이월운영차익						
		2) 당기운영차익						
기본금총계								
부채와기본금총계								

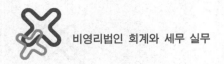

[별지 제3호의 1 서식]

현금및현금성자산 및 단기금융상품명세서

(단위 : 원)

계정	예금명	용도	예치금액	만기일	이자율	비고
현금및현금성자산						
	계					
단기 금융상품						
	계					
합계						

※ 기재상의 주의
 1. 현금및현금성자산은 현금으로 전환이 용이한 보통예금, 별단예금 등 요구불예금 및 만기가 3개월 이
    내인 정기예금, 적금 등 단기금융상품을 기재한다.
 2. 단기금융상품(단기적 자금운용 목적으로 한 1년 이내의 정기예금 등 금융상품)은 계좌별로「정기예금」,
    「정기적금」등의 과목으로 기재한다.
 3. 용도는 일시예치, 투자목적 등과 같이 예치의 목적을 간략히 기술한다.
 4. 각 대학에 따라 필요한 경우 서식의 일부를 조정하여 기재할 수 있다.

[별지 제3호의 2 서식]

단기매매금융자산명세서

(단위 : 원)

	종목	1주의금액	주수	취득원가	재무상태표가액	평가손익	비고
주식							
	계						
채무증권							
	계						
합계							

※ 기재상의 주의
 1. 주식의 종목은 ××회사 주식 등으로 기재하고, 채무증권의 종목은 사채의 경우는 보증사채, 무보증사채로 국·공채인 경우는 국민주택채권, 지하철공채 등으로 기재한다.
 2. 각 대학에 따라 필요한 경우 서식의 일부를 조정하여 기재할 수 있다.

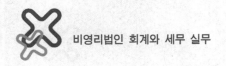

〔별지 제3호의 3 서식〕

매출채권명세서

(단위 : 원)

과목	거래처명	내역	금액	비고
외상매출금				
	계			
받을어음				
	계			
합계				

※ 기재상의 주의
 1. 내역은 거래처별로 ××매출 등 거래내역을 간략히 기재한다.
 2. 각 대학에 따라 필요한 경우 서식의 일부를 조정하여 기재할 수 있다.

미수금명세서

(단위 : 원)

거래처명	내역	금액	비고
합계			

※ 기재상의 주의
 1. 내역은 거래처별로 미수금 발생 내역을 간략히 기재한다.
 2. 각 대학에 따라 필요한 경우 서식의 일부를 조정하여 기재할 수 있다.

〔별지 제3호의 5 서식〕

선급금명세서

(단위 : 원)

거래처명	내역	금액	비고
합계			

※ 기재상의 주의
 1. 내역은 거래처별로 선급금 발생 내역을 간략히 기재한다.
 2. 각 대학에 따라 필요한 경우 서식의 일부를 조정하여 기재할 수 있다.

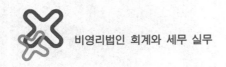

〔별지 제3호의 6 서식〕

재고자산명세서

(단위 : 원)

과목	기초잔액	당기증가액	당기출고액	장부잔액	평가손실	기말잔액	비고
합계							

※ 기재상의 주의
1. 장부잔액은 개별법, 선입선출법 또는 평균법을 적용하여 산정한 취득원가를 기재한다.
2. 기말잔액은 장부잔액에서 평가손실을 차감한 잔액을 기재한다.
3. 각 대학에 따라 필요한 경우 서식의 일부를 조정하여 기재할 수 있다.

〔별지 제3호의 7 서식〕

장기금융상품명세서

(단위 : 원)

예금명	용도	예치기관	예치금액	만기일	이자율	비고
정기예금						
정기적금						
...						
합계						

※ 기재상의 주의
1. 장기금융상품의 예금명은 만기가 1년 이상인 「정기예금」, 「정기적금」 등으로 기재한다.
2. 각 대학에 따라 필요한 경우 서식의 일부를 조정하여 기재할 수 있다.

〔별지 제3호의 8 서식〕

장기투자금융자산 및 출자금명세서

(단위 : 원)

	종목	1주의금액	주수	취득원가	재무상태표가액	평가손익	비고
주식							
	계						
	종목		액면가액	취득원가	재무상태표가액	평가손익	비고
출자금							
	계						
채무증권							
	계						
합계							

※ 기재상의 주의

 1. 주식의 종목은 ××회사 주식 등으로 기재하고, 채권의 종목은 사채의 경우는 보증사채, 무보증사채로
  국·공채인 경우는 국민주택채권, 지하철공채 등으로 기재한다.
 2. 각 대학에 따라 필요한 경우 서식의 일부를 조정하여 기재할 수 있다.

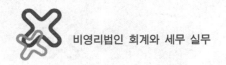

〔별지 제3호의 9 서식〕

유형자산명세서

(단위 : 원)

과목	기초잔액	당기증가액	당기감소액	기말잔액	감가상각누계액	미상각잔액	비고
합계							

※ 기재상의 주의
1. 유형자산을 재무상태표에 기재한 과목별로 구분하여 기재한다.
2. 기초잔액·당기증가액·당기감소액 및 기말잔액은 그 자산의 취득원가로 기재한다.
3. 자본적지출 또는 기타 특별한 사유에 의하여 취득원가의 수정이 있는 경우에는 그로 인한 당기증가액 또는 당기감소액을 당기증가액란 또는 당기감소액란에 괄호로 기재하고 증가의 사유를 비고란에 기재한다.
4. 기말잔액에서 감가상각누계액을 차감한 잔액을 미상각잔액란에 기재한다.
5. 각 대학에 따라 필요한 경우 서식의 일부를 조정하여 기재할 수 있다.

〔별지 제3호의 10 서식〕

무형자산명세서

(단위 : 원)

과목	취득원가	기초잔액	당기증가액	당기감소액	기말잔액	비고
합계						

※ 기재상의 주의
1. 무형자산에 대하여 재무상태표에 기재한 과목별로 구분하여 기재한다.
2. 자본적지출 또는 기타 특별한 사유에 의하여 취득원가의 수정이 있는 경우에는 그로 인한 당기증가액 또는 당기감소액을 당기증가액란 또는 당기감소액란에 괄호로 기재하고 증가의 사유를 비고란에 기재한다.
3. 각 대학에 따라 필요한 경우 서식의 일부를 조정하여 기재할 수 있다.

〔별지 제3호의 11 서식〕

특정기금명세서

(단위 : 원)

계정	용도	예치기관	예치금액	만기일	이자율	비고
연구기금						
건축기금						
장학기금						
기타기금						
합계						

※ 기재상의 주의
1. 특정기금에 대하여 재무상태표에 기재한 계정별로 구분하여 기재한다.
2. 각 대학에 따라 필요한 경우 서식의 일부를 조정하여 기재할 수 있다.

〔별지 제3호의 12 서식〕

매입채무명세서

(단위 : 원)

과목	거래처명	내역	금액	비고
외상매입금				
	계			
지급어음				
	계			
합계				

※ 기재상의 주의
1. 내역은 채무의 발생원인 내역을 간략히 기재한다.
2. 각 대학에 따라 필요한 경우 서식의 일부를 조정하여 기재할 수 있다.

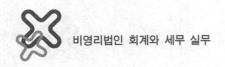

〔별지 제3호의 13 서식〕

미지급금명세서

(단위 : 원)

거래처명	내역	금액	비고
합계			

※ 기재상의 주의
 1. 내역은 채무의 발생원인 내역을 간략히 기재한다.
 2. 각 대학에 따라 필요한 경우 서식의 일부를 조정하여 기재할 수 있다.

〔별지 제3호의 14 서식〕

선수금명세서

(단위 : 원)

거래처명	내역	금액	비고
합계			

※ 기재상의 주의
 1. 내역은 선수금 발생내역을 간략히 기재한다.
 2. 각 대학의 산학협력단에 따라 필요한 경우 서식의 일부를 조정하여 기재할 수 있다.

〔별지 제3호의 15 서식〕

충당부채명세서

(단위 : 원)

구분	기초잔액	당기감소액	당기증가액	기말잔액	비고
퇴직급여충당부채					
합계					

※ 기재상의 주의
1. 동일 충당부채의 당기증가액과 당기감소액을 상계하지 아니하고 각각 기재한다.
2. 각 대학에 따라 필요한 경우 서식의 일부를 조정하여 기재할 수 있다.

〔별지 제3호의 16 서식〕

기본금명세서

(단위 : 원)

구분	기초잔액	당기감소액	당기증가액	기말잔액	비고
1. 출연기본금					
출연기본금					
2. 적립금					
연구적립금					
건축적립금					
장학적립금					
기타적립금					
고유목적사업준비금					
3. 처분전운영차익					
전기이월운영차익					
당기운영차익					
합계					

※ 기재상의 주의
1. 각 대학에 따라 필요한 경우 서식의 일부를 조정하여 기재할 수 있다.

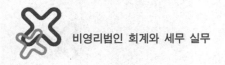

〔별지 제4호 서식〕

운영계산서

당기 20××년 ××월××일부터   20××년 ××월××일까지
전기 20××년 ××월××일부터   20××년 ××월××일까지

1. 운영수익

과 목			제 ××(당)기			제××(전)기		
관	항	목	목	항	관	목	항	관
Ⅰ. 산학협력수익								
	1. 연구수익							
		1) 정부연구수익						
		2) 산업체연구수익						
	2. 교육운영수익							
		1) 교육운영수익						
	3. 기술이전수익							
		1) 지식재산권이전수익						
		2) 노하우이전수익						
	4. 설비자산사용료수익							
		1) 설비자산사용료수익						
		2) 임대료수익						
	5. 기타산학협력수익							
		1) 기타산학협력수익						
Ⅱ. 지원금수익								
	1. 연구수익							
		1) 정부연구수익						
		2) 산업체연구수익						
	2. 교육운영수익							
		1) 교육운영수익						
	3. 기타지원금수익							
		1) 기타지원금수익						
Ⅲ. 간접비수익								

과 목			제 ××(당)기			제××(전)기		
관	항	목	목	항	관	목	항	관
	1.	산학협력수익						
		1) 산학협력연구수익						
		2) 산학협력교육운영수익						
		3) 기타산학협력수익						
	2.	지원금수익						
		1) 지원금연구수익						
		2) 지원금교육운영수익						
		3) 기타지원금수익						
Ⅳ. 전입및기부금수익								
	1.	전입금수익						
		1) 학교법인전입금						
		2) 학교회계전입금						
		3) 학교기업전입금						
		4) 기타전입금						
	2.	기부금수익						
		1) 일반기부금						
		2) 지정기부금						
		3) 현물기부금						
Ⅴ. 운영외수익								
	1.	운영외수익						
		1) 이자수익						
		2) 배당금수익						
		3) 유가증권평가이익						
		4) 유가증권처분이익						
		5) 외환차익						
		6) 외화환산이익						
		7) 유형자산처분이익						
		8) 대손충당금환입						

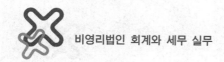
과목			제 ××(당)기			제××(전)기		
관	항	목	목	항	관	목	항	관
		9) 전기오류수정이익						
		10) 고유목적사업 준비금환입액						
		11) 기타운영외수익						
		운영수익총계						

2. 운영비용

과목			제 ××(당)기			제××(전)기		
관	항	목	목	항	관	목	항	관
Ⅰ. 산학협력수익								
	1. 산학협력연구비							
		1) 인건비						
		2) 학생인건비						
		3) 연구시설·장비비						
		4) 연구활동비						
		5) 연구재료비						
		6) 연구수당						
		7) 위탁연구개발비						
	2. 교육운영비							
		1) 인건비						
		2) 교육과정개발비						
		3) 장학금						
		4) 실험실습비						
		5) 기타교육운영비						
	3. 지식재산권비용							
		1) 지식재산권실시·양도비						
		2) 산학협력보상금						
	4. 학교시설사용료							

과 목			제 ××(당)기			제××(전)기		
관	항	목	목	항	관	목	항	관
		1) 학교시설사용료						
	5. 기타산학협력비							
		1) 기타산학협력비						
Ⅱ.지원금사업비								
	1. 연구비							
		1) 인건비						
		2) 학생인건비						
		3) 연구시설·장비비						
		4) 연구활동비						
		5) 연구재료비						
		6) 연구수당						
		7) 위탁연구개발비						
	2. 교육운영비							
		1) 인건비						
		2) 교육과정개발비						
		3) 장학금						
		4) 실험실습비						
		5) 기타교육운영비						
	3. 기타지원금사업비							
		1) 기타지원금사업비						
Ⅲ. 간접비사업비								
	1. 인력지원비							
		1) 인건비						
		2) 연구개발능률성과급						
		3) 연구개발준비금						
	2. 연구지원비							
		1) 기관 공통비용						
		2) 사업단 또는 연구단 운영비						

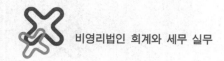

과 목			제 ××(당)기			제××(전)기		
관	항	목	목	항	관	목	항	관
		3) 기반시설·장비 구축·운영비						
		4) 연구실안전관리비						
		5) 연구보안관리비						
		6) 연구윤리활동비						
		7) 연구활동지원금						
	3. 성과활용지원비							
		1) 과학문화활동비						
		2) 지식재산권 출원·등록비						
	4. 기타지원비							
		1) 기타지원비						
Ⅳ. 일반관리비								
	1. 일반관리비							
		1) 인건비						
		2) 감가상각비						
		3) 무형자산상각비						
		4) 대손상각비						
		5) 일반제경비						
Ⅴ. 운영외비용								
	1. 운영외비용							
		1) 유가증권처분손실						
		2) 유가증권평가손실						
		3) 외환차손						
		4) 외화환산손실						
		5) 유형자산처분손실						
		6) 전기오류수정손실						
		7) 고유목적사업준비금전입액						
		8) 기타운영외비용						
Ⅵ. 학교회계전출금								

과 목			제 ××(당)기			제××(전)기		
관	항	목	목	항	관	목	항	관
		운영비용합계						
		당기운영차익 (또는 당기운영차손)						
		운영비용총계						

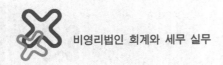

〔별지 제4호의 1 서식〕

산학협력 연구 및 교육운영 수익명세서

(단위 : 원)

과목	교부처	내역	금액	당기현금수령액	비고
합계					

※ 기재상의 주의
1. 과목은 운영계산서에 기재한 과목별로 구분하여 기재한다.
2. 교부처는 산업체, 국가, 지자체(광역과 기초로 별도 구분), 기타로 금액의 중요성에 따라 기재한다.
   - 민간재단·협회 등 비영리법인이나 단체일 경우에는 기타로 기재한다.
3. 내역은 지원금 사업명을 간략히 기재한다.
4. 각 대학에 따라 필요한 경우 서식의 일부를 조정하여 기재할 수 있다.

기술이전수익 명세서

(단위 : 원)

과목	거래처	내역	금액	비고
지식재산권이전수익				
소계				
노하우이전수익				
소계				
합계				

※ 기재상의 주의
1. 과목은 운영계산서에 기재한 계정과목별로 구분하여 기재한다.
2. 내역은 지식재산권 및 노하우 이전내역을 간략히 기재한다.
3. 출원 중인 지식재산권을 이전했을 경우에는 비고란에 '출원 중'이라고 기재한다.
4. 각 대학에 따라 필요한 경우 서식의 일부를 조정하여 기재할 수 있다.

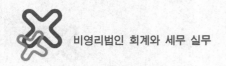

〔별지 제4호의 3 서식〕

지원금수익명세서

(단위 : 원)

과목	교부처	내역	금액	당기 현금수령액	비고
합계					

※ 기재상의 주의
1. 과목은 운영계산서에 기재한 과목별로 구분하여 기재한다.
2. 교부처는 산업체, 국가, 지자체(광역과 기초로 별도 구분), 기타로 금액의 중요성에 따라 기재한다.
   - 민간재단·협회 등 비영리법인이나 단체일 경우에는 기타로 기재한다.
3. 내역은 지원금 사업명을 간략히 기재한다.
4. 각 대학에 따라 필요한 경우 서식의 일부를 조정하여 기재할 수 있다.

〔별지 제4호의 4 서식〕

기부금수익명세서

(단위 : 원)

과목	기부처 또는 기부자	내역	금액	비고
합계				

※ 기재상의 주의
1. 과목은 운영계산서에 기재한 과목별로 구분하여 기재한다.
2. 기부자는 기부금을 기부한 기부자명을 기재한다.
3. 내역은 기부금 내역을 간략히 기재한다.
4. 각 대학에 따라 필요한 경우 서식의 일부를 조정하여 기재할 수 있다.

〔별지 제4호의 5 서식〕

간접비수익명세서

(단위 : 원)

과목	교부처	내역	금액	비고
산학협력수익				
지원금수익				
합계				

※ 기재상의 주의
1. 과목은 운영계산서에 기재한 과목별로 구분하여 기재한다.
2. 교부처는 산업체, 국가, 지자체(광역과 기초로 별도 구분), 기타로 금액의 중요성에 따라 기재한다.
   - 민간재단·협회 등 비영리법인이나 단체일 경우에는 기타로 기재한다.
3. 내역은 지원금 사업명을 간략히 기재한다.
4. 각 대학에 따라 필요한 경우 서식의 일부를 조정하여 기재할 수 있다.

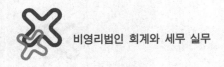

〔별지 제4호의 6 서식〕

유·무형자산(감가)상각비명세서

(단위 : 원)

구분	과목	취득원가	(감가)상각누계액				장부가액	비고
			기초금액	당기증가액	당기감소액	기말금액		
유형자산	건물							
	구축물							
	기계장치							
	―							
	소계							
무형자산	지식재산권							
	개발비							
	―							
	소계							
합계								

※ 기재상의 주의
1. 장부가액은 취득원가에서 기말 감가상각누계액을 차감한 금액으로 기재한다.
2. 각 대학에 따라 필요한 경우 서식의 일부를 조정하여 기재할 수 있다.

〔별지 제4호의 7 서식〕

간접비 지출내역서

(단위 : 원)

구 분	당기			전기		
	국가연구 개발사업	기타 사업	계	국가연구 개발사업	기타 사업	계
Ⅰ. 기초 간접비 재원 잔액						
Ⅱ. 간접비 수익(간접비계정 이체액)						
Ⅲ. 간접비 지출내역						
1. 인력지원비						
1) 연구지원인력 인건비						
2) 연구개발능률성과급						
3) 연구개발준비금						
2. 연구지원비						
1) 기관 공통비용						
2) 사업단·연구단 운영비						
3) 기반시설·장비 구축·운영비						
4) 연구실안전관리비						
5) 연구보안관리비						
6) 연구윤리활동비						
7) 연구활동지원금						
3. 성과활용지원비						
1) 과학문화활동비						
2) 지식재산권 출원·등록비						
4. 기타지원비						
1) 기타지원비						
5. 간접비 재원으로 취득한 자산						
1) 간접비 재원 취득자산						
Ⅳ. 간접비 학교회계전출금						
Ⅴ. 기말 간접비 재원 잔액(Ⅰ+Ⅱ-Ⅲ-Ⅳ)						

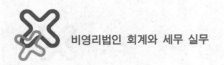

〔별지 제5호 서식〕

현금흐름표

당기 20××년 ××월××일부터   20××년 ××월××일까지
전기 20××년 ××월××일부터   20××년 ××월××일까지

과		목	제 ×× (당)기			제 ×× (전)기		
관	항	목	목	항	관	목	항	관
Ⅰ. 현금유입액								
	1. 운영활동으로 인한 현금유입액							
		1) 산학협력수익현금유입액						
		2) 지원금수익현금유입액						
		3) 간접비수익현금유입액						
		4) 전입및기부금수익현금유입액						
		5) 운영외수익현금유입액						
	2. 투자활동으로 인한 현금유입액							
		1) 투자자산수입						
		2) 유형자산매각대						
		3) 무형자산매각대						
		4) 기타비유동자산수입						
	3. 재무활동으로 인한 현금유입액							
		1) 부채의차입						
		2) 기본금의조달						
Ⅱ. 현금유출액								
	1. 운영활동으로 인한 현금유출액							
		1) 산학협력비현금유출액						
		2) 지원금사업비현금유출액						
		3) 간접비사업비현금유출액						
		4) 일반관리비현금유출액						
		5) 운영외비용현금유출액						
		6) 학교회계전출금현금유출액						
	2. 투자활동으로 인한 현금유출액							
		1) 투자자산지출						
		2) 유형자산취득지출						

과		목	제 ×× (당)기			제 ×× (전)기		
관	항	목	목	항	관	목	항	관
		3) 무형자산취득지출						
		4) 기타비유동자산지출						
	3. 재무활동으로 인한 현금유출액							
		1) 부채의상환						
		2) 기본금의반환						
Ⅲ. 현금의 증감								
Ⅳ. 기초의 현금								
Ⅴ. 기말의 현금								

※ 기재상의 주의
1. 현금흐름표의 현금은 재무상태표의 현금및현금성자산과 단기금융상품의 합으로 정의된다.

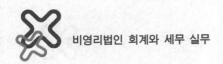

[별지 제6호 서식]

※(본 규칙 제16조에 의거 재무제표로 채택한 경우에 적용)

운영차익처분계산서

제 × 기 20××년××월××일 부터
20××년××월××일 까지
처분확정일 20××년××월××일

제 × 기 20××년××월××일 부터
20××년××월××일 까지
처분확정일 20××년××월××일

(단위 : 원)

과		목	제 ×× (당)기			제 ×× (전)기		
관	항	목	목	항	관	목	항	관
Ⅰ.처분전운영차익								
		1) 전기이월운영차익						
		2) 당기운영차익						
Ⅱ.적립금등이입액								
		1) 연구적립금이입액						
		2) 건축적립금이입액						
		3) 장학적립금이입액						
		4) 기타적립금이입액						
		5) 고유목적사업준비금이입액						
Ⅲ.합계(Ⅰ + Ⅱ)								
Ⅳ.운영차익처분액								
		1) 연구적립금적립액						
		2) 건축적립금적립액						
		3) 장학적립금적립액						
		4) 기타적립금적립액						
		5) 고유목적사업준비금설정액						
Ⅴ.차기이월운영차익(Ⅲ – Ⅳ)								

학교기업회계처리규칙

[시행 2019.8.18.] [교육부고시 제2019-190호, 2019.8.12., 일부개정]

제1장 총칙

제1조【목적】이 규칙은 산업교육진흥 및 산학연협력촉진에 관한 법률(이하 "법"이라 한다) 제36조의 규정과 같은 법 시행령 제38조 및 제39조에 의거하여 산업교육기관이 설립한 학교기업(이하 "학교기업"이라 한다)의 회계처리와 재무제표작성 및 보고에 객관성과 통일성을 부여하기 위하여 필요한 사항을 정함을 목적으로 한다.

제2조【적용범위】① 이 규칙은 학교기업의 회계처리와 예산·회계·결산을 보고하기 위한 재무제표를 작성하는 경우에 적용된다.

② 이 규칙에서 정하지 아니한 사항은 다음 각호의 순서에 따라 준용한다.

1. 상법 시행령 제15조 제3호에 따른 중소기업회계기준(이하 "중소기업회계기준"이라 한다)

2. 사학기관재무·회계규칙에대한특례규칙(이하 '특례규칙'이라 한다)

3. 산학협력단회계처리규칙

제3조【용어의 정의】이 규칙에서 사용하는 용어의 정의는 다음과 같다.

1. "학교기업회계"라 함은 법 제2조 제2호의 산업교육기관 또는 법 제25조 제1항에 따른 산학협력단의 회계에서 설치·운영하는 학교기업 회계단위를 말한다.

2. "합산"이라 함은 사립대학의 경우에는 대학회계의 단일성을 부여하기 위해 학교회계와 학교기업회계를 결합하거나 여러 가지의 학교기업 계정을 하나로 결합하기 위한 재무제표 작성방법을 말하며, 사립대학 이외의 경우에는 여러 개의 학교기업 계정을 하나로 결합하기 위한 재무제표 작성방법을 말한다.

제2장 예산

제4조【예산의 편성 및 집행 등】① 학교기업 예산의 편성, 심의, 집행 등에 관하여 필요한 사항은 국립 및 공립 초·중등학교회계규칙, 사학기관재무·회계규칙, 산학협력단회계처리규칙 및 특례규칙 등이 정한 바에 따른다.

② 학교기업의 예산은 학교기업별로 구분, 편성하되 합산한 예산서를 제출하여야 한다.

③ 학교기업의 예산은 변동예산으로 편성할 수 있다. 단, 사립대학의 경우에 학교기업에 대한 수익과 비용예산액(기준예산)은 교비회계에서 총액으로 표기하여 편성하며, 기타 예산편성에 관하여 필요한 사항은 교육부장관이 따로 정한다.

제 3 장 회 계

제1절 회계원칙 및 재무제표

제5조【재무제표 및 부속명세서】① 학교기업의 재무제표는 대차대조표, 운영계산서(또는 손익계산서) 및 현금흐름표로 한다. 다만, 학교의 장이 필요하다고 인정하는 경우에는 운영차익처분계산서(또는 운영차손처리계산서 또는 이익잉여금처분계산서 또는 결손금처리계산서)를 작성할 수 있다.

② 재무제표는 법 제36조에 의하여 학교기업별로 작성하여야 하며, 예산 및 결산 시 학교기업별 재무제표를 합산한 재무제표를 작성한다. 다만, 특례규칙을 적용받는 대학은 학교회계의 재무제표와 합산한 재무제표를 작성하여야 한다.

③ 재무제표는 당해 회계연도와 직전 회계연도를 비교하는 형식으로 작성하여야 한다.

④ 재무제표의 이해를 위해 필요한 명세서는 부속명세서로 작성할 수 있다.

제6조【재무제표의 계정과목】학교기업회계의 계정과목 및 그 내용은 중소기업회계기준에 준한다.

제7조【회계원칙, 계정과목의 통합 및 구분표시】회계원칙, 계정과목의 통합 및 구분표시는 중소기업회계기준에 준한다.

제2절 대차대조표

제8조【대차대조표】① 대차대조표는 학교기업의 재무상태를 명확히 보고하기 위하여 대차대조표일 현재의 모든 자산 부채 및 기본금을 적정하게 표시하여야 한다.

② 대차대조표의 양식은 중소기업회계기준 및 산학협력단회계처리규칙에 준한다.

제9조【대차대조표 작성기준】① 대차대조표는 자산, 부채 및 기본금으로 구분하고, 기본금은 출연기본금 및 운영차익으로 구분한다.

② 대차대조표의 기타 작성기준은 중소기업회계기준 및 산학협력단회계처리규칙에 준한다.

제3절 운영계산서

제10조【운영계산서】① 운영계산서는 학교기업의 운영성과를 명확히 보고하기 위하여 그 회계기간에 속하는 모든 수익과 이에 대응하는 모든 비용을 적정하게 표시하여야 한다.

② 운영계산서의 양식은 중소기업회계기준 및 산학협력단회계처리규칙에 준한다.

제11조【운영계산서의 작성기준】운영계산서의 작성기준은 중소기업회계기준 및 산학협력단회계처리규칙에 준한다.

제12조【수익인식기준】학교기업회계의 재화의 판매, 용역의 제공 및 이자·배당금·로열티 등 수익인식기준은 중소기업회계기준에 준한다.

제4절 현금흐름표

제13조【현금흐름표】① 현금흐름표는 학교기업의 자금의 변동내역을 명확하게 보고하기 위하여 당해 회계기간에 속하는 자금의 유입과 유출에 대한 정보를 적정하게 표시하여야 한다.

② 현금흐름표의 양식은 「별지 제1호」 서식에 의한다.

제14조【현금흐름표의 기본구조 및 표시방법】① 현금흐름표는 영업활동으로 인한 현금흐름, 투자활동으로 인한 현금흐름, 재무활동으로 인한 현금흐름으로 구분하여 표시하고, 이에 기초의 현금을 가산하여 기말의 현금을 산출하는 형식으로 표시한다. 현금흐름표에서 현금이라 함은 현금 및 현금성자산을 말한다.

② 영업활동으로 인한 현금흐름은 간접법으로 표시한다. 간접법이라 함은 당기순이익(또는 당기순손실)에 현금의 유출이 없는 비용 등을 가산하고 현금의 유입이 없는 수익 등을 차감하며, 영업활동으로 인한 자산·부채의 변동을 가감하여 표시하는 방법을 말한다.

③ 투자활동이라 함은 현금의 대여와 회수활동, 유가증권·투자자산·유형자산 및 무형자산의 취득과 처분활동 등을 말한다. 투자활동으로 인한 현금의 유입에는 대여금의 회수, 단기투자자·유가증권·투자자산·유형자산 및 무형자산의 처분 등이 포함된다. 투자활동으로 인한 현금의 유출에는 현금의 대여, 단기투자자산·유가증권·투자자산·유형자산 및 무형자산의 취득에 따른 현금유출로서 취득 직전 또는 직후의 지급액 등이 포함된다.

④ 재무활동이란 현금의 차입 및 상환활동, 기본금의 수령 등과 같이 부채 및 기본금 계정에 영향을 미치는 거래를 말한다. 재무활동으로 인한 현금유입에는 차입금의 차

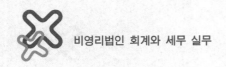

입 등이 포함되고, 재무활동으로 인한 현금유출에는 차입금의 상환 또는 자산의 취득에 따른 부채의 지급 등이 포함된다.

⑤ 현금의 유입과 유출내용에 대하여는 기중 증가 또는 기중 감소를 상계하지 아니하고 각각 총액으로 표시한다.

제5절 자산 · 부채의 평가

제15조【자산 · 부채의 평가기준】 자산 · 부채의 평가기준은 중소기업회계기준 및 산학협력단회계처리규칙에 준한다.

제 4 장 결산 및 보고

제16조【결산서의 작성 및 제출】 ① 학교기업의 장은 매 회계연도 종료 후 50일 이내에 다음 각호의 서류가 첨부된 학교기업의 결산서 작성을 종료하여야 한다.

　1. 재무제표

　2. 대차대조표 부속명세서

　3. 운영계산서 부속명세서

　4. 결산부속서류

② 산업교육기관의 장은 회계연도 종료 후 70일 이내에 학교기업의 결산을 심의 · 확정하여야 한다.

③ 산업교육기관의 장은 확정된 학교기업의 결산서를 매 회계연도 종료 후 3월 이내에 교육부장관에게 보고하여야 한다.

④ 산업교육기관의 장은 제2항의 규정에 의하여 심의 · 확정된 학교기업의 결산을 공개하여야 하며, 공개의 범위 및 방법은 교육부장관이 따로 정한다.

⑤ 재무제표의 작성 기준일은 2월 말일로 한다.

제17조【감사】 감사에 관한 사항은 산학협력단회계처리규칙 제37조에 준하여 적용한다.

제18조【부속명세서】 제16조 제1항 제2호 및 제3호의 규정에 의한 대차대조표와 운영계산서에 대한 부속명세서는 중소기업회계기준 및 산학협력단회계처리규칙에 준하며, 해당사항이 없는 부속명세서는 작성하지 아니한다.

제19조【결산부속서류】 제16조 제1항 제4호의 규정에 의한 결산부속서류는 다음 각호의 서류로 한다.

　1. 감사보고서(또는 감사증명서)

2. 기타 결산과 관련하여 필요한 서류

제5장 보 칙

제20조 【장부 및 증빙서류의 보존】 학교의 장은 회계 장부 및 증빙서류를 5년간 보존하여
　　야 한다.

제21조 【재검토기한】 교육부장관은 이 고시에 대하여 「훈령·예규 등의 발령 및 관리에
　　관한 규정」에 따라 2019년 7월 1일 기준으로 매3년이 되는 시점(매 3년째의 6월 30일까
　　지를 말한다)마다 그 타당성을 검토하여 개선 등의 조치를 하여야 한다.

부 칙 〈제2008-111호, 2008.8.1.〉

제1조 【시행일】 이 규칙은 교육과학기술부장관이 고시한 날부터 시행한다.

부 칙 〈제2014-39호, 2014.4.30.〉

이 규칙은 교육부장관이 고시한 날부터 시행한다.

부 칙 〈제2019-182호, 2019.5.27.〉

이 고시는 발령한 날부터 시행한다.

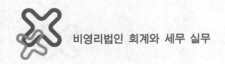

〔별지 제1호 서식〕 현금흐름표

현금흐름표

제×기 20××년×월×일부터　20××년×월×일까지
제×기 20××년×월×일부터　20××년×월×일까지

학교기업명 (단위 : 원)

과　　　목	당 기	전 기
영업활동으로 인한 현금흐름	×××	×××
당기순이익(손실)	×××	×××
현금의 유출이 없는 비용등의 가산	×××	×××
감가상각비	×××	×××
퇴직급여	×××	×××
현금의 유입이 없는 수익등의 차감	×××	×××
유형자산처분이익	×××	×××
영업활동으로 인한 자산·부채의 변동	×××	×××
매출채권의 감소(증가)	×××	×××
선급비용의 감소(증가)	×××	×××
재고자산의 감소(증가)	×××	×××
매입채무의 증가(감소)	×××	×××
미지급법인세의 증가(감소)	×××	×××
미지급비용의 증가(감소)	×××	×××
투자활동으로 인한 현금흐름	××× ×××	××× ×××
투자활동으로 인한 현금유입액	×××	×××
단기투자자산의 처분	×××	×××
유가증권의 처분	×××	×××
유·무형자산의 처분	×××	×××
투자활동으로 인한 현금유출액	×××	×××
현금의 단기대여	×××	×××
단기투자자산의 취득	×××	×××
유가증권의 취득	×××	×××
유·무형자산의 취득	×××	×××
개발비의 지급	×××	×××
재무활동으로 인한 현금흐름	×××	×××
재무활동으로 인한 현금유입액	×××	×××
단기차입금의 차입	×××	×××
장기차입금의 차입	×××	×××

과　　　　　목	당 기		전 기	
기본금의 수령	×××		×××	
재무활동으로 인한 현금유출액	×××		×××	
단기차입금의 상환	×××		×××	
장기차입금의 상환	×××		×××	
기본금의 반환	×××		×××	
현금의 증가(감소)		×××		×××
기초의 현금		×××		×××
기말의 현금		×××		×××

제9장

의료법인의 회계와 세무

제 1 절

의료법인의 회계

---

1 | 의료기관과 의료법인

1-1. 의료기관(의료법 제3조 및 제33조)

1-1-1. 정 의

의료기관은 의료인이 공중 또는 특정 다수인을 위하여 의료·조산의 업, 즉 의료업을 하는 곳을 말한다(의료법 제3조 제1항).

1-1-2. 의료기관의 종류

의료기관은 의원급 의료기관, 조산원, 병원급 의료기관으로 구분하는데 의원급 의료기관의 종류는 의원, 치과의원, 한의원으로 병원급 의료기관의 종류는 병원·치과병원·한방병원·요양병원·정신병원·종합병원으로 나눌 수 있다(의료법 제3조). 의료기관의 종류에 따른 시설·기준 및 규격, 의료기관의 안전관리시설기준, 기타 의료기관 및 요양병원의 운영에 관한 사항 및 의료기관의 종류에 따른 의료인 등의 정원기준 등에 관하여 필요한 사항은 「의료법 시행규칙」 별표 3, 별표 4를 참조하기 바란다(의료법 제36조, 동법 시행규칙 제34조).

1-1-3. 의료기관의 설립

의료기관을 개설할 수 있는 자는 다음과 같다(의료법 제33조 제2항).

1. 의사, 치과의사, 한의사 또는 조산사
2. 국가 또는 지방자치단체
3. 의료업을 목적으로 설립된 법인(이하 '의료법인'이라 한다)
4. 「민법」 또는 특별법에 의하여 설립된 비영리법인
5. 「공공기관의 운영에 관한 법률」에 따른 준정부기관, 「지방의료원의 설립 및 운영에 관한 법률」에 따른 지방의료원, 「한국보훈복지의료공단법」에 따른 한국보훈복지의료공단

이 경우 의사는 종합병원·병원·요양병원·정신병원 또는 의원을, 치과의사는 치과병원 또는 치과의원을, 한의사는 한방병원·요양병원 또는 한의원을, 조산사는 조산원만을 개설할 수 있다(의료법 제33조 제2항).

또한, 의원·치과의원·한의원 또는 조산원을 개설하고자 하는 자는 시장·군수·구청장에게 신고하여야 하며(의료법 시행규칙 제25조), 종합병원·병원·치과병원·한방병원·요양병원 또는 정신병원을 개설하고자 할 때에는 특별시장·광역시장·도지사 또는 특별자치도지사(이하 '시·도지사'라 한다)의 허가를 받아야 한다(의료법 시행규칙 제27조). 이때 신고 및 허가 관련 사항은 일반적으로 소재지 관할구청의 보건소에서 담당한다. 개설된 의료기관이 그 개설장소를 이전하거나 그 개설에 관한 신고 또는 허가사항 중 중요사항을 변경하고자 할 때에도 신고 또는 허가를 받아야 한다(의료법 시행규칙 제28조).

1-2. 의료법인(의료법 제48조 내지 제51조)

1-2-1. 정 의

'의료법인'이라 함은 「의료법」 제48조에 따라 의료업을 목적으로 설립된 법인으로 동법 제33조 제2항의 규정에 의하여 의료기관을 개설하여 의료업을 영위할 수 있다. 「의료법」 제48조에서는 동법에 의한 의료법인이 아니면 의료법인 또는 이와 유사한 명칭을 사용할 수 없도록 하고 있다(의료법 제48조).

의료법인에 대하여 의료법에 규정된 것 외에는 「민법」 중 재단법인에 관한 규정을 준용한다(의료법 제50조). 의료법인과 법 의료기관을 개설한 비영리법인은 의료업(법 제49조에 따라 의료법인이 하는 부대사업을 포함)을 할 때 공중위생에 이바지하여야 하며, 영리를 추구하여서는 아니 된다(의료법 시행령 제20조).

1-2-2. 설립허가

의료법인을 설립하고자 하는 자는 의료법인설립허가신청서에 정관과 그 밖의 서류를 갖추어 그 법인의 주된 사무소의 소재지를 관할하는 시·도지사의 허가를 받아야 한다(의료법 제48조, 동법 시행령 제19조, 동법 시행규칙 제48조).

의료법인은 「민법」제49조 내지 제52조의 규정에 의하여 법인설립등기 등의 등기를 완료한 때에는 각 등기를 완료한 날로부터 7일 내에 당해 등기보고서를 시·도지사에게 제출하여야 한다. 이 경우 시·도지사는 「전자정부법」에 따른 행정정보의 공동이용을 통하여 법인등기사항증명서를 확인하여야 한다(의료법 시행규칙 제50조).

1-2-3. 부대사업

의료법인은 그 법인이 개설하는 의료기관에서 의료업무를 행하는 외에 다음의 부대사업을 할 수 있다(의료법 제49조, 동법 시행령 제22조, 동법 시행규칙 제60조).

1. 의료인과 의료관계자 양성이나 보수교육
2. 의료나 의학에 관한 조사 연구
3. 「노인복지법」제31조 제2호에 따른 노인의료복지시설의 설치·운영
4. 「장사 등에 관한 법률」제29조 제1항에 따른 장례식장의 설치·운영
5. 「주차장법」제19조 제1항에 따른 부설주차장의 설치·운영
6. 의료업 수행에 수반되는 의료정보시스템(전자의무기록 및 전자처방전 작성·관리 시스템과 영상기록 저장·전송 시스템) 개발·운영 사업
7. 기타 다음 각 호의 환자 또는 의료법인이 개설한 의료기관 종사자 등의 편의를 위한 사업
   ① 휴게음식점영업, 일반음식점영업, 제과점영업, 위탁급식영업
   ② 소매업 중 편의점, 슈퍼마켓, 자동판매기영업 및 서점
   ③ 의류 등 생활용품 판매업 및 식품판매업(건강기능식품 판매업은 제외한다). 다만, 의료법인이 직접 영위하는 경우는 제외한다.
   ④ 산후조리업
   ⑤ 목욕장업
   ⑥ 의료기기 임대·판매업. 다만, 의료법인이 직접 영위하는 경우는 제외한다.
   ⑦ 숙박업, 여행업 및 외국인환자 유치업
   ⑧ 수영장업, 체력단련장업 및 종합체육시설업
   ⑨ 장애인보조기구의 제조·개조·수리업
   ⑩ 다음의 어느 하나에 해당하는 업무를 하려는 자에게 의료법인이 개설하는 의료기관의

건물을 임대하는 사업
가. 이용업 및 미용업
나. 안경 조제·판매업
다. 은행업
라. 의원급 의료기관 개설·운영(의료관광호텔에 부대시설로 설치하는 경우로서 진료
    과목이 의료법인이 개설하는 의료기관과 동일하지 아니한 경우로 한정한다)

의료법인이 위의 부대사업을 영위할 경우 부대사업으로 얻은 수익에 관한 회계는 의료법인의 다른 회계와 구분하여 계산하여야 한다(의료법 제49조).

1-2-4. 임원선임

의료법인에는 5명 이상 15명 이하의 이사와 2명의 감사를 두되, 보건복지부장관의 승인을 받아 그 수를 증감할 수 있다. 이사와 감사의 임기는 정관으로 정하되, 이사는 4년, 감사는 2년을 초과할 수 없다. 다만, 이사와 감사는 각각 연임할 수 있다.

이사회의 구성에 있어서 각 이사 상호 간에 「민법」 제777조에 규정된 친족관계에 있는 사람이 그 정수의 4분의 1을 초과해서는 아니 된다. 감사는 이사와 특별한 관계에 있는 사람이 아니어야 한다(의료법 제48조의 2).

누구든지 의료법인의 임원 선임과 관련하여 금품, 향응 또는 그 밖의 재산상 이익을 주고받거나 주고받을 것을 약속해서는 아니 된다(의료법 제51조의 2).

1-2-5. 재산의 증가 보고 및 기본재산 처분허가

의료법인은 매수(買受)·기부수령이나 그 밖의 방법으로 재산을 취득한 경우에는 재산을 취득한 날부터 7일 이내에 그 법인의 재산에 편입시키고 재산증가보고서와 서류를 첨부하여 시·도지사에게 제출하여야 한다(의료법 시행규칙 제53조).

의료법인이 기본재산을 매도·증여·임대 또는 교환하거나 담보로 제공하려는 경우에는 기본재산 처분허가신청서에 서류를 첨부하여 처분 1개월 전에 보건복지부장관 또는 시·도지사에게 제출하여야 한다.

1-2-6. 서류 및 장부의 비치

의료법인은 다음의 서류 및 장부를 해당 기간 동안 비치하여야 한다(의료법 시행규칙 제55조).

1. 재산목록(영구보관)
2. 정관(영구보관)
3. 임원 및 직원의 명부와 이력서(영구보관)
4. 이사회 회의록(영구보관)
5. 재산대장 및 부채대장(영구보관)
6. 보조금을 받은 경우에는 보조금관리대장(영구보관)
7. 수입·지출에 관한 장부 및 증빙서류(10년)
8. 업무일지(3년)
9. 주무관청 및 관계기관과 주고받은 서류(3년)

1-2-7. 설립허가의 취소

보건복지부장관 또는 시·도지사는 의료법인이 다음에 해당한 때에는 그 설립허가를 취소할 수 있다(의료법 제51조).

1. 정관으로 정하지 아니한 사업을 한 때
2. 설립된 날로부터 2년 이내에 의료기관을 개설하지 아니한 때
3. 의료법인이 개설한 의료기관이 「의료법」 제64조(개설허가의 취소)에 따라 개설허가를 취소당한 때
4. 보건복지부장관 또는 시·도지사가 감독을 위하여 내린 명령을 위반한 때
5. 법 제49조 제1항에 따른 부대사업 외의 사업을 한 때

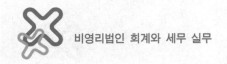

2 의료법인회계의 특징

2-1. 영리회계로서의 특징

「법인세법」 제4조 제3항 제1호에서는 통계청장이 고시하는 한국표준산업분류에 의한 각 사업 중 수입이 발생하는 것은 수익사업으로 분류하고 있다.

의료법인은 「의료법」에 근거하여 설립된 비영리법인이지만, 의료업 자체는 대가를 받고 서비스를 제공하는 영리 활동에 속하기 때문에 「법인세법」 제4조 제3항 제1호에 의한 수익사업으로 구분된다. 따라서 의료법인은 비영리법인이지만, 의료업 자체가 수익사업이므로 영리법인과 마찬가지로 기말의 재산상태를 측정하고, 기간별 성과계산을 하여야 한다. 또한 의료법인은 일반 비영리조직과는 달리 영리회계를 적용하여 감가상각을 실시하며, 발생주의를 적용하고 있다.

2-2. 비영리회계로서의 특징

의료법인은 「의료법 시행령」 제20조의 규정에 따라 영리를 추구하지 않는 비영리법인으로서 의료법인의 회계는 다음과 같은 특징을 가지고 있다.

① 법인의 구성원, 즉 주주가 없어 이익이 발생하더라고 이를 배당할 수 없으며, 발생한 이익은 사용인의 임금, 시설의 관리, 개선, 연구개발 등에만 사용되어야 한다.
② 의료법인은 비영리법인이기 때문에 자본이나 이익잉여금 처분이라는 절차가 없으므로, 자본변동표를 작성하지 않고 대신 기본금변동계산서를 작성한다.
③ 의료법인은 법인격이 있는 비영리내국법인이므로 고유목적사업준비금을 설정할 수 있다.
④ 의료법인은 수익사업을 영위하는 비영리법인에 해당하므로 구분경리 및 의료발전회계를 한다.

2-3. 공익법인회계기준 적용제외

2016년 12월 20일 법 개정시 「상속세 및 증여세법」 제50조의 4가 신설되어 공익법인에 적용되는 회계기준이 도입되었으나, 의료법에 따른 의료법인은 적용대상에서 제외된다(상속세 및 증여세법 시행령 제43조의 4 제2항). 대신 100병상 이상의 병원급 의료기관으로서 일정 규모 이상의 병원급 의료기관은 보건복지부 장관이 고시한 의료기관 회계기준을 준수하여야 한다(의료법 제62조).

3 │ 의료기관회계기준규칙

3-1. 의료기관 회계기준의 연혁

1970년대까지 병원회계는 명확한 회계규정이 없이 자의적으로 이루어져 왔다. 1981년 국민의료보험의 실시와 법인세 부과, 의료기관 활용의 증대 등으로 인해 병원협회 등이 주축이 되어 '병원회계준칙'이 최초로 제정되었으나, 이 또한 일반적으로 인정된 병원회계규정이라고 보기에는 미흡했다. 1990년대 들어서야 비로소 '병원회계처리지침(보건사회부 훈령 제590호, 1990.2.26.)'에 의거하여 병원협회가 작성한 '병원회계준칙'이 1990년 11월 보건사회부장관의 승인을 받아 본격적으로 시행되게 되었다.

그러나 '병원회계준칙'은 변화하는 의료환경을 제대로 반영하지 못하는 등 각종 문제점을 안고 있던 중, 결국 1998년 10월 보건복지부가 병원회계처리지침을 폐지함에 따라 그에 따른 결산보고의무도 함께 폐지되었다.

이후 의료기관은 대학병원회계처리준칙(2000.2.29.), 폐지된 병원회계준칙, 기업회계기준, 「법인세법」 등 병원별로 준거기준을 달리하여 재무제표를 작성하여 왔으나, 경영투명성 제고에 대한 사회적 요구 증가 및 합리적인 수가계약을 위한 의료기관 재무정보의 투명성이 끊임없이 제기되었고, 그로 인해 병원투명화에 대한 법제화가 필요하게 되었다.

결국, 2002년 3월 30일 「의료법」을 개정하여 의료기관회계기준 제정에 대한 법률적인 근거를 마련하였으며, 「의료법」 제49조의 2[1]의 규정에 근거하여 의료기관의 개설자가 준

---

1) 「의료법」이 전부개정(법률 제8366호, 2007.4.11. 공포·시행)됨에 따라 의료기관회계기준규칙은 「의

수하여야 하는 의료기관회계기준이 보건복지부령 제257호로 공시되었다. 또한, 2003년 12월 19일 「의료기관회계기준규칙」 제4조 제2항의 규정에 의하여 재무제표 세부작성방법이 보건복지부고시 제2003-78호에 의거 제정·고시되었다.

현재, 의료기관의 회계처리는 보건복지부령으로 의료기관회계기준규칙을 정하고 있으며, 이하에서는 의료기관회계기준규칙에 대하여 살펴보도록 한다.

3-2. 의료기관회계기준규칙의 개요

의료기관회계기준규칙은 의료기관회계의 투명성을 확보하기 위해 기업회계기준을 근거로 제정되었고, 재무제표의 명칭과 표시방법을 보건복지부고시에 의거 '재무제표세부작성방법'을 정하고 계정과목의 내용을 병원의 실정에 맞도록 조정·변경하였다.

3-2-1. 의료기관회계기준규칙의 준수대상

직전 회계연도 종료일 현재 100병상 이상의 병원급 의료기관으로서 다음에서 정하는 규모 이상의 병원급 의료기관 개설자는 회계를 투명하게 하기 위하여 의료기관 회계기준을 준수하여야 한다(의료법 제62조, 의료기관회계기준규칙 제2조).
1. 2022년 회계연도 : 300병상(종합병원의 경우에는 100병상) 이상의 병원급 의료기관
2. 2023년 회계연도 : 200병상(종합병원의 경우에는 100병상) 이상의 병원급 의료기관
3. 2024년 회계연도 이후 : 100병상 이상의 병원급 의료기관

3-2-2. 회계의 구분

병원의 개설자는 법인의 회계와 병원의 회계를 구분하여야 한다(의료기관회계기준규칙 제3조). 또한, 법인이 2 이상의 병원을 설치·운영할 경우에는 각 병원별로 회계를 구분하여야 한다. 따라서, 서울에 주사무소인 병원을 두고 있는 의료법인이 지방에 분사무소인 병원을 별도 운영하고 있다면, 서울의 병원(주사무소)과 지방의 병원(분사무소)의 결산 및 재무제표를 각각 작성한 후 이를 통합하여 재무제표를 작성하여야 한다.

료법」 제62조에 근거하게 되었으며, 그에 따른 의료기관회계기준규칙이 보건복지부령으로 고시됨.

3-2-3. 회계연도의 구분

병원의 회계연도는 정부의 회계연도에 따른다. 다만, 「사립학교법」에 따라 설립된 학교법인이 개설자인 병원의 회계연도는 동법 제30조의 규정에 의한 사립학교의 학년도에 따른다(의료기관회계기준규칙 제5조).

① 정부회계연도 : 1월 1일~12월 31일
② 학교법인의 회계연도 : 사립학교의 학년도(3월 1일~2월 28일(29일))

3-2-4. 재무제표의 종류

(1) 재무제표

병원의 회계기간 동안의 재무상태와 운영성과를 나타내기 위하여 작성하여야 하는 재무제표는 다음과 같다(의료기관회계기준규칙 제4조).

① 재무상태표
재무상태표는 재무상태표 작성일 현재의 자산·부채 및 자본에 관한 항목을 객관적인 자료에 따라 작성하여야 한다.

② 손익계산서
손익계산서는 회계기간에 속하는 모든 수익과 이에 대응하는 모든 비용을 객관적인 자료에 따라 작성하여야 한다.

③ 기본금변동계산서
기본금변동계산서는 기본금과 이익잉여금의 변동 및 수정에 관한 사항을 객관적인 자료에 따라 작성하여야 한다. 다만, 병원의 개설자가 개인인 경우는 제외한다.

④ 현금흐름표
현금흐름표는 당해 회계기간에 속하는 현금의 유입과 유출 내용을 객관적인 자료에 따라 작성하여야 한다. 다만, 병원의 개설자가 「사립학교법」에 따라 설립된 학교법인 또는 「지방공기업법」에 따라 설립된 지방공사인 경우에는 자금수지계산서로 이를 갈음할 수 있다.

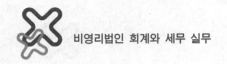

(2) 일반기업회계기준과의 비교

의료기관회계기준을 일반기업회계기준과 비교할 때, 필수 재무제표로 자본변동표 대신 기본금변동계산서를 작성하도록 하고 있고, 재무제표의 표시형식과 계정과목 명칭에 있어서 많은 차이가 있으며, 일부는 일반기업회계기준과 달리 규정된 것도 있다. 그리고 의료기관회계기준에 별도의 언급이 없는 부분에 대해서는 기업회계기준과 일반적으로 공정·타당하다고 인정되는 회계관행을 적용하도록 규정하고 있다(보건복지부고시 제2016-206호 'Ⅰ. 일반적 작성기준' 중 '2. 재무제표 및 부속명세서 작성원칙').

의료기관회계기준상의 재무제표를 일반기업회계기준에서 규정하고 있는 재무제표와 비교하여 보면 다음과 같다.

일반기업회계기준	의료기관회계기준	
	법인병원	개인병원
1. 재무상태표	1. 재무상태표	1. 재무상태표
2. 손익계산서	2. 손익계산서	2. 손익계산서
3. 현금흐름표	3. 기본금변동계산서	3. N/A
4. 자본변동표	4. 현금흐름표	4. 현금흐름표
5. 주석	5. 주기와 주석	5. 주기와 주석
	6. 주요부속명세서	6. 주요부속명세서
	① 의료미수금명세서(별지 제1호 서식)	① 의료미수금명세서(별지 제1호 서식)
	② 재고자산명세서(별지 제2호 서식)	② 재고자산명세서(별지 제2호 서식)
	③ 유형자산명세서(별지 제3호 서식)	③ 유형자산명세서(별지 제3호 서식)
	④ 감가상각누계액명세서(별지 제4호 서식)	④ 감가상각누계액명세서(별지 제4호 서식)
	⑤ 차입금명세서(별지 제5호 서식)	⑤ 차입금명세서(별지 제5호 서식)
	⑥ 진료과별·환자종류별 외래(입원)수익명세서(별지 제6호 서식)	⑥ 진료과별·환자종류별 외래(입원)수익명세서(별지 제6호 서식)
	⑦ 직종별 인건비명세서(별지 제7호 서식)	⑦ 직종별 인건비명세서(별지 제7호 서식)
	⑧ 진료과별·환자종류별 입원환자명세서(별지 제8호 서식)	⑧ 진료과별·환자종류별 입원환자명세서(별지 제8호 서식)
	⑨ 진료과별·환자종류별 외래환자명세서(별지 제9호 서식)	⑨ 진료과별·환자종류별 외래환자명세서(별지 제9호 서식)

3-3. 재무제표의 세부작성방법

의료기관회계기준규칙을 적용받는 병원이 재무제표 및 그 부속명세서를 작성하는 구체적인 기준은 다음과 같다(보건복지부고시 제2016-206호).

3-3-1. 일반적 작성기준

일반적 작성기준에서는 회계의 일반원칙과 재무제표 및 부속명세서의 작성원칙을 규정하고 있다.

(1) 회계의 일반원칙

회계의 일반원칙은 재무회계개념체계의 일반원칙을 인용하여 다음과 같이 제시하고 있다.

원 칙	내 용
신뢰성의 원칙	회계처리 및 보고는 신뢰할 수 있도록 객관적인 자료와 증거에 의하여 공정하게 처리하여야 한다.
명료성의 원칙	재무제표의 양식 및 과목과 회계용어는 이해하기 쉽도록 간단·명료하게 표시하여야 한다.
충분성의 원칙	중요한 회계방침과 회계처리기준·과목 및 금액에 관하여는 그 내용을 재무제표 상에 충분히 표시하여야 한다
계속성의 원칙	회계처리에 관한 기준 및 추정은 기간별 비교가 가능하도록 매기 계속하여 적용하고 정당한 사유 없이 이를 변경하여서는 아니된다.
중요성의 원칙	회계처리와 재무제표 작성에 있어서 과목과 금액은 그 중요성에 따라 실용적인 방법에 의하여 결정하여야 한다.
보수주의 원칙	회계처리과정에서 2 이상의 선택 가능한 방법이 있는 경우에는 재무적 기초를 견고히 하는 관점에 따라 처리하여야 한다.
실질존중의 원칙	회계처리는 거래의 실질과 경제적 사실을 반영할 수 있어야 한다.

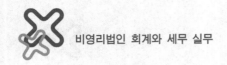

(2) 재무제표 및 부속명세서 작성원칙

재무제표 및 부속명세서의 작성원칙 역시 기업회계기준서를 인용하여 재무제표와 부속명세서의 작성방법을 규정하고 있다.

재무제표는 재무제표작성방법고시와 의료기관회계기준규칙에 따라 작성하되, 이 고시 및 동 규칙에 정하지 아니한 사항에 대해서는 의료기관회계기준규칙에 반하지 않는 범위 내에서 기업회계기준과 일반적으로 공정·타당하다고 인정되는 회계관행에 따라 처리한다.

구 분	내 용
재무제표의 범위	재무제표는 재무상태표, 손익계산서, 기본금변동계산서, 현금흐름표 및 주기와 주석으로 한다.
주기·주석 공시방법	재무제표에는 이를 이용하는 자에게 충분한 회계정보를 제공하도록 중요한 회계방침 등 필요한 사항에 대하여는 다음의 방법에 따라 주기 및 주석을 하여야 한다. ① 주기는 재무제표상의 해당 과목 다음에 그 회계사실의 내용을 간단한 자구 또는 숫자로 괄호 안에 표시 ② 주석은 재무제표상의 해당 과목 또는 금액에 기호를 붙이고 난외 또는 별지에 동일한 기호를 표시하여 그 내용을 간결 명료하게 기재 ③ 동일한 내용의 주석이 2 이상의 과목에 관련되는 경우에는 주된 과목에 대한 주석만 기재하고, 다른 과목의 주석은 기호만 표시함으로써 이를 갈음
재무제표의 형식	재무제표의 양식은 보고식을 원칙으로 하되, 당해 회계연도분과 직전 회계연도분을 비교하는 형식으로 작성하여야 한다.
부속명세서	기타 필요한 명세서는 부속명세서를 작성하여야 한다. 부속명세서의 예 : 의료미수금명세서, 재고자산명세서, 유형자산명세서, 감가상각누계액명세서, 차입금명세서, 진료과별·환자종류별 외래(입원)수익명세서, 직종별 인건비명세서

3-3-2. 세부 작성기준

(1) 재무상태표

① 재무상태표 작성기준

재무상태표의 작성기준은 기업회계기준서와 거의 동일하다.

기 준	내 용
구분표시	재무상태표는 종류별·성격별로 자산, 부채 및 자본으로 구분한다.
총액표시	자산, 부채 및 자본은 총액에 의하여 기재함을 원칙으로 하고, 자산의 항목과 부채 또는 자본의 항목을 상계함으로써 그 전부 또는 일부를 재무상태표에서 제외하여 서는 아니 된다.
1년 기준	유동자산 또는 고정자산, 유동부채 또는 고정부채로 구분하고 1년을 기준으로 하는 것을 원칙으로 한다.
유동성배열	재무상태표상 자산과 부채는 유동성이 높은 항목부터 배열함을 원칙으로 한다.
미결산항목	가지급금 또는 가수금 등의 미결산 항목은 그 내용을 나타내는 적절한 과목으로 기재하여야 한다.

② 재무상태표의 계정과목 분류

의료법인이 작성하게 되는 재무상태표상의 계정과목을 유동성배열기준에 따라 구분하면 다음과 같다. 계정과목별 설명은 본 절의 '4. 의료기관회계기준규칙에 의한 계정과목 해설'에서 상술하고자 한다.

구 분			계정과목
자 산	유동 자산	당좌자산	현금 및 현금등가물, 단기금융상품, 단기매매증권, 의료미수금, 단기대여금, 대손충당금, 미수금, 미수수익, 선급금, 선급비용, 선급제세, 본지점, 이연법인세자산, 기타의 당좌자산, 국고보조금
		재고자산	약품, 진료재료, 급식재료, 저장품, 의료부대물품
		기타 유동자산	기타유동자산
	비유동 자산	투자자산	장기금융상품, 투자유가증권, 장기대여금, 장기대여금대손충당금, 퇴직보험예치금, 보증금, 기타투자자산
		유형자산	토지, 건물, 구축물, 기계장치, 의료장비, 차량운반구, 공기

구 분		계정과목
		구비품, 기타유형자산, 건설중인 자산, 감가상각누계액, 국고보조금
	무형자산	영업권 및 산업재산권
	기타 비유동자산	이연법인세자산
부 채	유동부채	매입채무, 단기차입금, 미지급금, 선수금, 예수금, 미지급비용, 미지급제세, 유동성장기부채, 선수수익, 예수보증금, 단기부채성충당금, 임직원단기차입금, 이연법인세부채, 기타의 유동부채
	비유동부채	장기차입금, 외화장기차입금, 금융리스미지급금, 장기성매입채무, 퇴직급여충당금, 이연법인세부채, 임대보증금
	고유목적사업준비금	
	의료발전준비금	
자 본	기본금(기본재산)	법인기본금과 기타기본금
	잉여금 · 자본잉여금	자산재평가적립금, 기타 자본잉여금
	잉여금 · 기타포괄손익누계액	재평가잉여금, 해외사업환산손익
	잉여금 · 이익잉여금(결손금)	차기이월잉여금(결손금) 및 당기순이익(순손실)

③ 기업회계기준서와의 차이점

기업회계기준서와 의료기관회계기준규칙에서 각각 규정하고 있는 재무상태표의 가장 큰 차이점은 자본 부문이다.

기업회계상으로는 자본을 자본금, 자본잉여금, 자본조정, 기타포괄손익누계액 및 이익잉여금의 5개 대과목(이는 과거 일반기업회계기준에서의 분류방식으로 한국채택국제회계기준에서는 특별한 분류기준을 제시하고 있지는 않지만, 실무적으로는 전통적인 과거 방식을 많이 사용하고 있다)으로 구분하고 있는 반면, 의료기관회계기준에서는 기본금과 자본잉여금, 기타포괄손익누계액, 이익잉여금 4개의 대과목으로 구분한다(의료기관회계기준규칙 별지 제1호 서식 참조).

이를 비교하여 표시하면 다음과 같다.

기업회계기준서	의료기관회계기준	
	법 인	개 인
Ⅰ. 자본금 1. 보통주자본금 2. 우선주자본금 Ⅱ. 자본잉여금 1. 주식발행초과금 2. 기타자본잉여금 Ⅲ. 자본조정 1. 자기주식 Ⅳ. 기타포괄손익누계액 1. 자산재평가잉여금 2. 매도가능증권평가이익 3. 외화재무제표환산손익 Ⅴ. 이익잉여금 1. 법정적립금 2. 임의적립금 3. 미처분이익잉여금 (또는 미처리결손금)	Ⅰ. 기본금(기본재산) 1. 법인기본금 2. 기타기본금 Ⅱ. 자본잉여금 1. 자산재평가적립금 2. 기타자본잉여금 Ⅲ. 기타포괄손익누계액 1. 재평가잉여금 2. 해외사업환산손익 Ⅳ. 이익잉여금(결손금) 1. 차기이월잉여금(결손금) 2. 당기순이익(순손실)	총자산 – 총부채 = 자본 따라서 별도의 구분 없음.

(2) 손익계산서

① 손익계산서 작성기준

손익계산서를 작성하는 기준은 다음과 같다.

기 준	내 용
발생주의	모든 수익과 비용은 그것이 발생한 기간에 정당하게 배분되도록 처리하여야 한다. 다만, 수익은 실현시기를 기준으로 계상하고 미실현수익은 당기의 손익계산에 산입 하지 아니함을 원칙으로 한다.
수익비용대응	수익과 비용은 그 발생원천에 따라 명확하게 분류하고 각 수익항목과 이에 관련되는 비용항목을 대응 표시하여야 한다.
총액주의	수익과 비용은 총액에 의하여 기재함을 원칙으로 하고 수익항목과 비용항목을 직접 상계함으로써 그 전부 또는 일부를 손익계산서에서 제외하여서는 아니된다.
구분계산의 원칙	손익계산서는 의료이익(의료손실), 법인세차감전순이익(순손실), 법인세비용, 고유목적사업준비금설정전 당기순이익(손실), 고유목적사업준비금전입액, 고유목적사업준비금환입액 및 당기순이익(순손실)으로 구분 표시하여야 한다.

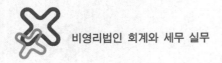

② 손익계산서의 계정과목 분류

손익계산서와 관련된 계정과목을 손익계산서 작성시의 배열대로 분류하면 다음과 같다.

구 분		계정과목
수 익	의료수익	입원수익, 외래수익 및 기타 의료수익
	의료외수익	의료부대수익, 이자수익, 배당금수익, 임대료수익, 단기매매증권처분이익, 단기매매증권평가이익, 연구수익, 외환차익, 외화환산이익, 투자자산처분이익, 유형자산처분이익, 대손충당금환입, 기부금수익, 잡이익, 자산수증이익, 채무면제이익, 보험차익 등
비 용	의료비용	인건비(급여, 제수당, 퇴직급여), 재료비(약품비, 진료재료비, 급식재료비) 및 관리운영비(세부과목은 '4. 의료기관회계기준규칙에 의한 계정과목 해설' 참조)
	의료외비용	의료부대비용, 이자비용, 기타의 대손상각비, 기부금, 단기매매증권처분손실, 단기매매증권평가손실, 연구비용, 외환차손, 외화환산손실, 투자자산처분손실, 유형자산처분손실, 재고자산감모손, 고유목적사업비, 잡손실 및 재해손실
	법인세비용	법인세법등의 법령에 의하여 당해 연도의 부담법인세와 법인세에 부가되는 세액합계에 당기 이연법인세 변동액을 가감하여 법인세비용을 산출한다. 다만, 학교법인병원·국립대학교병원 및 서울대학교병원 이외의 병원은 법인세부담액을 법인세비용으로 계상할 수 있다.

③ 기업회계기준서와의 차이점

기업회계기준서는 매출원가와 판매비와 일반관리비를 구분함으로써, 매출총이익(손실)과 영업이익(손실)으로 구분표시하게 되어 있다. 그러나 의료기관회계기준에서는 의료비용이 일반 기업의 매출원가 및 판매비와 일반관리비에 해당하므로 의료수익에서 의료비용을 차감하면 바로 영업이익(손실)에 해당하는 의료이익(손실)이 된다.

기업회계기준서	의료기관회계기준
Ⅰ. 매출액	Ⅰ. 의료수익
Ⅱ. 매출원가	Ⅱ. 의료비용
Ⅲ. 매출총이익(손실)	Ⅲ. 의료이익(손실)
Ⅳ. 판매비와 일반관리비	Ⅳ. 의료외수익
Ⅴ. 영업이익(손실)	Ⅴ. 의료외비용
Ⅵ. 영업외수익	Ⅵ. 법인세차감전순이익(손실)
Ⅶ. 영업외비용	
Ⅷ. 법인세차감전순이익(손실)	

(3) 기본금변동계산서

기본금변동계산서는 기본금, 자본잉여금, 기타포괄손익누계액, 이익잉여금, 이익잉여금처분액 및 차기이월이익잉여금으로 구분한다. 기본금변동계산서는 기본금과 이익잉여금의 변동 및 수정에 관한 사항을 나타내야 한다. 다만, 개인의료기관은 기본금(영리법인의 자본금)이 별도로 정해져 있지 않고, 발생이익이 모두 소유자의 몫이므로 기본금변동계산서를 작성하지 않는다.

제 (당)기 　년　월　일부터　　년　월　일까지
제 (당)기 　년　월　일부터　　년　월　일까지

(단위 : 원)

계정과목	제 (당)기	제 (전)기
	금 액	금 액
Ⅰ. 기본금		
1. 법인기본금		
2. 기타기본금		
Ⅱ. 자본잉여금		
1. 자산재평가적립금		
Ⅲ. 기타포괄손익누계액		
1. 재평가잉여금		
2. 해외사업환산손익		
Ⅳ. 이익잉여금		
1. 전기이월이익잉여금(결손금)		
2. 회계변경의 누적효과		
Ⅴ. 이익잉여금처분액		
1. 기본금대체액		
Ⅵ. 차기이월이익잉여금		

(4) 현금흐름표

현금흐름표는 영업활동으로 인한 현금흐름, 투자활동으로 인한 현금흐름, 재무활동으로 인한 현금흐름, 현금의 증가, 기초의 현금 및 기말의 현금으로 구분하여, 당해 회계기간에 속하는 현금의 유입과 유출내역을 작성하여야 한다.

다만, 병원의 개설자가 「사립학교법」에 따라 설립된 학교법인 또는 「지방공기업법」에 따라 설립된 지방공사인 경우에는 자금수지계산서로 이를 갈음할 수 있다.

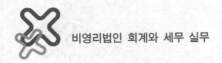
제 (당)기　년　월　일부터　　년　월　일까지
제 (당)기　년　월　일부터　　년　월　일까지

(단위 : 원)

계정과목	제 (당)기	제 (전)기
	금 액	금 액
Ⅰ. 영업활동으로 인한 현금흐름		
(1) 당기순이익(순손실)		
(2) 현금의 유출 없는 비용 등의 가산		
1. 감가상각비		
2. 퇴직급여		
(3) 현금의 유입 없는 수익 등의 차감		
1. 채무면제이익		
2. 외화환산이익		
(4) 영업활동으로 인한 자산부채의 변동		
1. 재고자산의 감소(증가)		
2. 매출채권의 감소(증가)		
Ⅱ. 투자활동으로 인한 현금흐름		
(1) 투자활동으로 인한 현금유입액		
1. 단기금융상품의 처분		
2. 토지의 처분		
(2) 투자활동으로 인한 현금유출액		
1. 현금의 단기대여		
2. 토지의 취득		
Ⅲ. 재무활동으로 인한 현금흐름		
(1) 재무활동으로 인한 현금유입액		
1. 단기차입금의 차입		
(2) 재무활동으로 인한 현금유출액		
1. 단기차입금의 상환		
Ⅳ. 현금의 증가(감소)(Ⅰ+Ⅱ+Ⅲ)		
Ⅴ. 기초의 현금		
Ⅵ. 기말의 현금		

3-4. 자산·부채의 평가

3-4-1. 증여받은 자산의 평가

해당 자산의 취득을 위하여 통상적으로 소요되는 가액과 비교하여 현저하게 저렴한 가격으로 취득 또는 증여받은 자산은 취득하거나 증여받은 때의 시가로 평가한다.

한편, 증여받은 자산의 시가는 「감정평가 및 감정평가사에 관한 법률」에 의한 감정평가액에 의함을 원칙으로 하되, 토지의 경우는 동법 제3조의 규정에 의한 당해 토지의 공시지가(당해 토지의 공시지가가 없는 경우는 동법 제9조의 규정에 의하여 산정한 개별토지의 가격)에 의할 수 있다.

3-4-2. 진료비청구액의 삭감

국민건강보험 등의 적용을 받아 진료비의 일부 또는 전부가 보험자단체에 의하여 지불되는 환자에 대하여 청구한 진료비의 일부가 삭감되는 경우에는 보험자단체의 심사가 완료되어 수납할 금액이 확정된 시점을 기준으로 하여 이미 계상된 의료미수금과 의료수익을 상계처리한다. 이 경우 의료수익 삭감액에 대한 세부내역을 주석으로 기재하여야 한다.

또한 삭감된 진료비 중 보험자단체에 이의신청하여 일부 또는 전부가 수납될 경우에는, 수납된 시점에 의료수익이 수납액만큼 발생한 것으로 회계처리한다. 따라서 이의신청시는 회계처리하지 않으며 이의신청 장부에 비망으로 기록한다.

3-4-3. 국고보조금의 처리방법

국립대학교병원이나 지방공사의료원 등의 공공병원이 적자보전이나 운영비보조 등 다음과 같은 수익적 지출에 충당하기 위해 국고보조금을 받았다면 의료외수익 중 기부금수입으로 처리한다.

① 지방자치단체에서 지방공사의료원이 의료급여환자를 많이 진료하여 적자가 발생할 경우 건강보험수가와의 수가차액을 보조해주는 경우
② 공공병원이 차관 등의 이자를 지불할 능력이 충분하지 않을 경우 지방자치단체에서 이자비용을 보조해 주는 경우

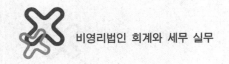

③ 기타 공공병원의 운영적자를 지방자치단체에서 보조해 주는 경우

한편, 공공병원들이 시설투자목적 등 자본적 지출에 충당할 목적으로 받은 국고보조금은 이를 취득자산에서 차감하는 형식으로 표시하고 당해 자산의 내용연수에 걸쳐 상각금액과 상계하며, 당해 자산을 처분하는 경우에는 그 잔액을 당해 자산의 처분손익에 차감 또는 부가한다.

3-5. 결산서의 제출

병원의 장은 매 회계연도 종료일부터 3월 이내에 다음의 서류를 첨부한 결산서를 보건복지부장관에게 제출하여야 한다(의료기관회계기준규칙 제11조). 또한 동 결산서는 납세지 관할세무서장에게도 사업연도 종료일부터 3월 이내에 제출하여야 한다(상속세 및 증여세법 시행령 제41조 제1항).

---

1. 재무상태표와 그 부속명세서
2. 손익계산서와 그 부속명세서
3. 기본금변동계산서(병원의 개설자가 개인인 경우 제외)
4. 현금흐름표

또한, 법인은 병원의 재무상태표와 손익계산서를 보건복지부장관이 정하는 인터넷 사이트에 공시하여야 하며 보건복지부장관은 결산서의 내용에 대하여 2015년 1월 1일을 기준으로 매 2년이 되는 시점(매 2년이 되는 해의 1월 1일 전까지를 말한다)마다 그 타당성을 검토하여 개선 등의 조치를 하여야 한다.

앞에서는 의료기관이 재무제표를 작성하는 기준과 재무상태표 및 손익계산서를 구성하는 계정과목에 대하여 간략하게 살펴보았다. 이제부터는 재무제표를 구성하는 각 계정과목별로 좀 더 자세하게 설명하고자 한다.

4-1. 재무상태표의 과목별 해설

재무상태표의 계정과목은 크게 자산과 부채 및 자본계정으로 나누어진다.

4-1-1. 자 산

(1) 유동자산

① 당좌자산

당좌자산이란 현금과 비교적 단기간 내에 현금화할 수 있는 유동자산을 말한다. 세부 계정과목에 대한 내용은 다음과 같다.

계정과목	해 설
현금 및 현금등가물	현금 및 타인발행수표 등 통화대용 증권과 당좌예금·보통예금 및 현금등가물을 포괄한다. 이 경우 현금등가물은 큰 거래비용 없이 현금전환이 용이하고 이자율 변동에 따른 가치변동위험이 중요하지 않은 유가증권 및 단기금융상품으로서 취득당시 만기(또는 상환일)가 3월 내에 도래하는 것을 말한다.
단기금융상품	금융기관이 취급하는 정기예금·정기적금·사용이 제한된 예금 및 기타 정형화된 상품 등으로 단기자금운용목적으로 소유 또는 기한이 1년 내 도래하는 것을 말한다.
단기매매증권	시장성 있는 회사채·국공채 등과 같은 유가증권으로 단기자금운용목적으로 소유한 것을 말한다.
의료미수금	가. 진료행위로 인하여 발생된 의료미수금, 받을어음, 부도어음 등 나. 의료미수금은 입원 중 발생하여 계상되는 재원미수금, 퇴원환자진료비·

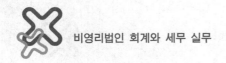
계정과목	해 설
	외래환자진료비·기타의료수익 중 미회수금액(청구분 및 본인부담금) 다. 재원미수금, 퇴원미수금, 외래미수금은 환자종류에 따라 보험, 급여(보호), 자보, 산재, 일반, 건강진단 등으로 분류
단기대여금	회수기간이 1년 이내 도래하는 대여금(임직원에게 대여한 1년 이내 회수 가능한 채권 등)을 말한다.
대손충당금	매출채권의 징수불능에 대비하여 설정한 평가성충당금을 말한다. 기업회계기준은 회수가 불확실한 채권은 합리적이고 객관적인 기준에 따라 산출한 대손추산액을 대손충당금으로 설정하도록 하고 있다. 대손추산액에서 대손충당금잔액을 차감한 금액을 대손상각비로 계상하면 된다. 이 경우 일반적 상거래에서 발생한 매출채권에 대한 대손상각비는 판매비와 관리비로 처리하고, 기타채권에 대한 대손상각비는 영업외비용으로 처리한다. 회수가 불가능한 채권에 대해서는 일단 대손충당금과 상계하고 대손충당금이 부족한 경우에는 그 부족액을 대손상각비로 처리한다. 일반적으로 대손충당금을 설정하는 기준으로는 과거 대손경험률, 채권의 연령분석 등의 방법 등이 있으며, 참고로 법인세법에서는 채권의 1%에 대하여 대손충당금을 설정할 수 있도록 하고 있다.
미수금	의료미수금을 제외한 모든 미수채권을 말한다. 즉, 의료용역과 직접적으로 관련이 없는 모든 활동에서 발생한 미회수채권이라 할 수 있다.
미수수익	이자, 임대료 등 당기에 속하는 수익 중 대금회수기일이 도래하지 않은 미수액을 말한다.
선급금	의료장비 등의 발주를 위해 선급한 금액을 말한다. 병원을 둘 이상 운영하는 법인이 본원과 분원간에 전도해 준 전도금(선급금)은 결산시 정산하여 해당 금액으로 처리하여야 한다.
선급비용	선급된 비용 중 1년 내에 비용으로 되는 것으로서 선급보험료·선급이자·선급리스료 등을 말한다. 예를 들어, 내년도에 지급하여야 할 보험료를 올해 미리 지급하였다면 선급보험료로 계상하였다가 내년도에 비용으로 대체하여야 할 것이다.
선급제세	의료수익이나 이자수입 중 원천징수된 세금과 중간예납한 세금 등을 말한다.
이연법인세자산	자산·부채가 회수·상환되는 미래기간의 과세소득을 감소시키는 효과를 가지는 일시적 차이 등
기타의 당좌자산	기타 다른 계정에 속하지 아니하는 당좌자산은 모두 기타의 당좌자산으로 한다.
국고보조금	자산취득을 위한 국고보조금에 대한 예금(현금) 차감계정

② 재고자산

재고자산은 진료나 병원운영을 위해 보관 중인 유형의 자산을 말한다. 재고자산은 영리법인에서도 가장 중요한 자산으로 구분된다. 특히 의약품이라는 특성상 의료기관에서 재고자산의 중요성은 별도로 언급할 필요가 없을 것이다. 따라서, 항상 재고자산의 입고와 출고에 대해서 정확한 파악을 하는 것이 중요하므로 의료기관회계기준에서는 재고자산에 대하여 결산시 부속명세서로서 재고자산명세서를 따로 작성하도록 하고 있다.

계정과목	해 설
약품	진료목적으로 보유하고 있는 일반약품, 주사약품, 마취약품, 마약, 소독약품, 약국재료 등을 말한다. 약품매입시 또는 대금결제시의 에누리·할인·할증·판매장려금 등은 약품매입액에서 차감하여 계상한다. 한편, 약국재료는 조제를 위한 약포장지·약병·연고튜브·약조 제기기·실험정보실재료 등 간접재료를 말한다.
진료재료	진료목적으로 보유하고 있는 각종 재료와 진료용구로서 1년 이내에 사용되는 재료를 말한다. 진료재료는 방사선재료, 검사재료, 수술재료, 치과재료, 의료소모품, 혈액, 동위원소재료 등으로 분류한다. 진료재료를 분류별로 설명하면 다음과 같다. • 방사선재료 : 진단방사선과의 방사선필름·현상약품·조영제·필름봉투 등 • 검사재료 : 임상검사과·병리과·기능검사실 등의 시약·초자류 등 • 수술재료 : 수술시 환자 체내에 삽입되는 심장판막·인공수정체·인공관절 등 • 치과재료 : 치과에서 치료시 사용하는 금·지경·석고·은·질렉스·징크세멘·수은 등 • 의료소모품 : 중앙공급실에서 공급하는 수술이나 처치용 소모품(붕대·거즈 등) 및 내구성 의료용 소도구(청진기, 혈압계, 감자류 등) • 동위원소재료 : 핵의학과의 동위원소(1년 내 사용분)·필름·시약·장갑·컵 등
급식재료	급식을 위한 채소류·육류·생선류·미곡류 등의 재료와 급식용구(접시, 수저 등)을 말한다.
저장품	약품, 진료재료 및 급식재료 이외의 사무·수선·청소·냉난방을 위한 저장품을 말한다. 사무용·관리용 사무용품(장부·각종 서식·인쇄물·문방구류), 기계부품 등 수선용 부품, 냉난방을 위한 유류, 인쇄물, 청소용구·청소용품 등 환경용품, 직원복리를 위한 제복·포상용 상품 등의 저장품으로 구분한다.
의료부대물품	의료부대수익을 위하여 보유하고 있는 장의용품, 매점용품 등을 말한다.

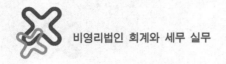
③ 기타유동자산

기타 다른 계정에 속하지 아니하는 유동자산을 말한다.

(2) 비유동자산

비유동자산이란 판매를 목적으로 하지 않고 사업에 사용할 목적으로 재무상태표일로부터 1년 이상 소유하거나 투자목적으로 가지고 있는 자산을 말한다. 비유동자산은 투자자산, 유형자산, 무형자산, 기타비유동자산으로 나뉜다.

① 투자자산

투자자산이란 말 그대로 투자목적으로 보유하는 자산이다. 즉, 기업의 여유자금을 1년 이상 장기투자목적으로 보유한 주식, 사채, 부동산 등을 말한다.

계정과목	해 설
장기금융상품	유동자산에 속하지 않는 자산으로서 금융상품 중 만기일이 1년 후에 도래하는 자산을 말한다.
투자유가증권	투자목적으로 보유하는 유동자산에 속하지 않는 자산을 말한다.
장기대여금	회수기간이 1년을 초과하는 장기성 대여금을 말한다.
장기대여금 대손충당금	장기대여금의 징수불능에 대비하여 설정한 평가성충당금을 말한다.
퇴직보험예치금	국민연금전환금과 퇴직보험예치금의 합이 퇴직급여충당금을 초과한 금액
보증금	전세보증금・전신전화가입보증금・영업보증금 등을 말한다.
기타 투자자산	콘도회원권・골프회원권・임차자산개량비 등 기타 다른 계정에 속하지 아니하는 투자자산을 말한다.

② 유형자산

계정과목	해 설
토지	병원이 보유하는 업무용·비업무용 토지를 말한다.
건물	병원이 보유하는 병동·관리동·직원숙소와 같은 일체의 건물과 전기·기관·난방·승강기·급배수·위생·기송관 등의 부속설비를 말한다.
구축물	굴뚝·문·울타리·옹벽·도로·정원 등과 같이 건물 및 부속설비 이외의 공작물이나 토목설비로서 토지에 고정되어 있는 시설을 말한다.
기계장치	전기설비·기계설비·냉동설비·주방설비(싱크대, 전기밥솥 등)·세탁설비 등의 기계장치를 말한다.
의료장비	환자진료를 위해 사용되는 의료기구나 용구(병실침대 포함)를 말한다.
차량운반구	승용차, 구급차와 기타의 육상운반구를 말한다.
공기구비품	내용연수가 1년 이상이고 구입가액이 상당액 이상인 일반가구류·전기가구류·사무용비품·병실용비품(상두대)·공구류·집기류·전자계산기 등을 말한다.
기타 유형자산	도서, 예술품(그림 등) 등 기타 유형자산에 속하지 아니하는 자산을 말한다.
건설 중인 자산	유형자산의 건설을 위해 투입된 재료비, 인건비, 경비, 도급금 등을 말한다.
감가상각누계액	유형자산에 대한 감가상각비의 누계액을 기재하며 당해 자산에서 차감형식으로 기재한다.
국고보조금	자산 취득을 위한 국고보조금에 대한 자산차감계정

③ 무형자산

무형자산이란 재화의 생산이나 용역의 제공 등에 사용할 목적으로 기업이 보유하고 있으며, 물리적 형체가 없지만 식별이 가능하고 기업이 통제하고 있으며, 미래 경제적 효익이 있는 자산을 말한다.

계정과목	해 설
영업권	합병, 영업양수 및 전세권 취득 등의 경우 유상으로 취득한 권리를 말한다.
산업재산권	특허권, 의장권, 상표권 등의 재산권을 말한다.

④ 기타비유동자산

계정과목	해 설
이연법인세자산	자산·부채가 회수·상환되는 미래기간의 과세소득을 감소시키는 효과를 가지는 일시적 차이 등

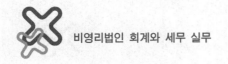
4-1-2. 부 채

부채는 타인에게 지급할 의무가 있는 채무를 말한다. 회계상 부채는 유동부채와 고정부채로 구분한다. 여기서 유동부채는 재무상태표일(결산일)로부터 1년 내에 지급해야 하는 의무를, 고정부채는 그 이후에 지급해야 하는 의무를 말한다.

(1) 유동부채

유동부채란 재무상태표일로부터 1년 이내에 상환의무가 있는 부채를 말한다. 대표적으로 매입채무, 단기차입금, 미지급금 등이 있다.

계정과목	해 설
매입채무	약품 등 재고자산매입대가의 미지급금을 말한다.
단기차입금	금융기관으로부터 차입한 1년 이내에 상환할 부채를 말한다.
미지급금	일반적 상거래 이외의 거래에서 발생한 1년 이내에 지급할 금액을 말한다.
선수금	일반적 상거래에서 발생한 선수금을 말한다.
예수금	거래상대방 또는 병원직원으로부터 원천징수하여 납부시까지 예수하고 있는 제세와 예수금을 말한다.
미지급비용	발생된 비용 중 미지급한 금액(미지급급여·미지급집세·미지급이자 등) 등을 말한다.
미지급제세	당기소득에 대해 납부할 법인세 등 기타 제세의 미지급액을 말한다.
유동성장기부채	장기부채 중 1년 이내에 상환할 부채를 말한다.
선수수익	현금으로 수령하였으나 차기 이후에 속하는 것(선수임차료·선수이자·선수수수료 등)을 말한다.
예수보증금	업무상 일시적으로 보관하는 보증금(입원보증금·하자보증금 등)을 말한다.
단기부채성충당금	1년 이내에 사용되는 부채성충당금(임직원의 상여금지급충당금·연월차수당충당금 등)을 말한다.
임직원단기차입금	임원이나 직원으로부터 일시적으로 차입한 금액(가수금)을 말한다.
이연법인세부채	자산·부채가 회수·상환되는 미래기간의 과세소득을 증가시키는 효과를 가지는 일시적 차이 등
기타의 유동부채	기타 다른 계정에 속하지 아니하는 유동부채를 말한다.

(2) 비유동부채

비유동부채란 재무상태표일로부터 1년 후에 상환의무가 도래하는 부채를 말한다. 대표적으로 장기차입금, 외화장기차입금 등이 있다.

계정과목	해 설
장기차입금	상환기일이 1년 이후에 도래하는 차입금을 말한다.
외화장기차입금	외화표시차입금으로서 상환기일이 1년 이후에 도래하는 차입금을 말한다.
금융리스미지급금	상환기일이 1년 이후에 도래하는 금융리스미지급금을 말한다.
장기성매입채무	지급기일이 1년 이후에 도래하는 매입채무를 말한다.
퇴직급여충당금	임직원이 일시에 퇴직할 경우에 지급할 금액으로 국민연금퇴직전환금 및 퇴직보험예치금을 차감하는 형식으로 기재한다.
이연법인세부채	일시적 차이로 인하여 법인세비용이 법인세법 등의 법령에 의해 납부할 세금을 초과하는 경우 초과금액을 말한다.
임대보증금	임대계약 등을 확실히 하기 위하여 1년 이상 보관하는 보증금을 말한다.

(3) 고유목적사업준비금

고유목적사업준비금이란 법인의 고유목적사업 또는 기부금에 지출하기 위하여 설정한 준비금이다.

(4) 의료발전준비금

의료발전준비금이란 의료법인이 고유목적사업준비금의 사용한 경우 설정하는 준비금을 말한다. 참고로 법인세법 시행규칙 제29조의 2에서는 의료업을 영위하는 비영리내국법인(의료법인)이 의료기기 등을 취득하기 위해 지출하는 금액과 연구개발사업을 위하여 지출하는 금액은 고유목적사업준비금의 사용액으로 인정하고 있다. 이때, 이러한 고유목적사업준비금 사용에 관한 규정을 적용받고자 하는 의료법인은 의료발전회계(고유목적사업준비금의 적립 및 지출에 관하여 다른 회계와 구분하여 독립적으로 경리하는 회계)를 다른 회계와 구분경리 해야 한다.

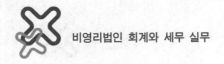

4-1-3. 자 본

의료법인의 자본은 크게 기본금(기본재산)과 자본잉여금, 기타포괄손익누계액, 이익잉여금으로 구분된다. 의료법인은 비영리법인이므로 주식을 발행할 수 없다. 따라서 영리법인의 주식과 관련된 계정과목은 없다. 참고로 의료법인의 자본은 배당이 불가능하나, 개인병원의 자본항목은 자산에서 부채를 차감한 잔액으로서 그 처분이나 인출에 제약이 없다.

(1) 자본(기본재산)

계정과목	해 설
법인기본금	병원설립을 위하여 출연한 금액을 말한다.
기타기본금	병원증축 등을 위해 출연한 금액 중 미등기금액 또는 이익잉여금의 기본금대체액(정부로부터 받는 출연금 포함)을 말한다.

(2) 자본잉여금

계정과목	해 설
자산재평가적립금	
기타자본잉여금	자본보존 목적의 자본잉여금을 말한다.

(3) 기타포괄손익누계액

계정과목	해 설
재평가잉여금	재평가되는 유형자산의 공정가치와 장부금액의 차이
해외사업환산손익	해외사업소의 외화자산 및 부채의 환산과정에서 발생하는 환산손익

(4) 이익잉여금(결손금)

계정과목	해 설
차기이월이익잉여금(결손금)	차기로 이월되는 잉여금(결손금)
당기순이익(순손실)	

4-2. 손익계산서의 과목별 해설

병원의 손익계산서 계정과목도 영리법인과 같다. 다만, 병원업종의 특성상 몇몇 계정과목은 영리법인의 계정과목명과 회계처리가 일부 상이할 뿐이다. 수익과목은 의료수익과 의료외수익, 비용과목은 의료비용 및 의료외비용으로 구분된다. 의료비용은 일반영리기업과 달리 인건비, 재료비, 관리운영비의 세 부분으로 구분된다.

4-2-1. 수익과목

(1) 의료수익

계정과목	해 설
입원수익	입원수익이란 입원환자 진료에 따른 제반 의료수익을 말한다. 이는 환자종류별로 보험·급여·산재·일반·자보수익 등으로 구분 가능하다. 사전에 정한 할인율에 따라 특정기관 및 개인에게 진료비를 에누리 또는 할인해 준 금액, 극빈환자 등을 위한 자선진료에 따른 무료 또는 감면액, 연구용환자에 대한 진료비감면액을 차감하여 계상한다. 또한, 의료수익감면은 진료비에누리(또는 진료비할인), 연구용환자감면 및 자선환자감면 등으로 구분하며, 그 내용은 다음과 같다. ① 진료비에누리 : 일정한 요건에 적합한 환자에 대하여 사전에 약정한 할인율에 따라 진료비의 일부 또는 전부를 감액하여 주는 것을 말한다. ② 진료비할인 : 진료비가 청구되어 의료미수금으로 계상되었으나 환자의 지불능력부족 등의 이유로 진료비의 일부 또는 전부를 감액하여 주는 것을 말한다. ③ 연구용환자나 자선환자에 대해 진료비를 일부 또는 전부를 감면해 주는 경우, 환자로부터 수납한 진료비만을 수익으로 계상한다.
외래수익	외래수익이란 외래환자진료에 따른 제반 의료수익으로 환자종류별로 구분 가능하다. 진료비의 에누리 등은 입원수익과 같은 방법으로 차감하여 계상한다.
기타 의료수익	기타 의료수익은 입원수익과 외래수익을 제외한 다음과 같은 수익들을 말한다. ① 건강진단수익 : 종합건강진단·신체검사·건강상담·예방접종 등에 따른 제반 수익 ② 수탁검사수익 : 타 병원으로부터 검사·촬영 등을 의뢰받아 발생한 수익 ③ 직원급식수익 : 병원의 주방시설을 이용하여 병원직원 및 내방객 등에게 식사를 제공하여 발생한 수익 ④ 제증명료수익 : 진단서 등의 발급에 따른 수익 ⑤ 구급차 운영수익 : 환자에게 구급차를 제공하여 발생한 수익 ⑥ 기타 수익 : 기타 다른 계정에 속하지 아니하는 의료수익(단, 금액적으로 중요한 경우 독립된 계정과목을 설정)

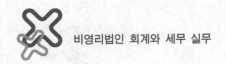

(2) 의료외수익

계정과목	해 설
의료부대수익	주된 의료사업 이외의 주차장 · 영안실 · 일반식당 · 매점 · 수퍼마켓 등의 부대사업을 직영하여 발생한 수익을 말한다. 시설직영수익 금액이 큰 경우에는 독립과목으로 계상한다.
이자수익	제예금 · 국공채 등의 이자 및 어음매입할인료 등의 수익을 말한다.
배당금수익	투자한 회사로부터의 배당금수익을 말한다.
임대료수익	병원건물 또는 시설(영안실, 식당 등)을 임대하여 발생한 수익을 말한다.
단기매매증권 처분이익	투자자산인 투자주식 · 투자사채의 처분에 따른 이익을 말한다. 매매수수료를 비롯한 처분에 소요된 비용은 처분가액에서 공제하여 계상한다.
단기매매증권 평가이익	투자자산인 투자주식 · 투자사채의 평가에 따른 이익을 말한다.
연구수익	연구중심병원으로 지정된 기관의 총 연구수익이나 연구중심병원이 아닌 기관에서 수행한 수탁연구수익, 의약품등의 안전성 · 유효성을 심의하기 위하여 병원에서 실시되는 임상시험 수익 등을 말하는 것으로 연구중심병원 연구수익, 수탁연구수익, 임상시험 수익, 기타연구수익 등이 있다. 1년 이상 진행되는 연구의 경우 진행기준에 따라 연구수익을 인식하여야 한다.
외환차익	외환의 매입 및 매각에 따라 발생하는 이익을 말한다.
외화환산이익	연도 말에 외화자산 또는 외화부채를 결산일 현재의 환율로 평가하여 발생하는 이익을 말한다.
투자자산처분 이익	투자자산의 처분시 처분가액이 장부가액(취득원가 – 감가상각누계액)보다 많아서 발생한 이익을 말한다.
유형자산처분 이익	유형자산의 처분시 처분가액이 장부가액(취득원가 – 감가상각누계액)보다 많아서 발생한 이익을 말한다.
대손충당금환입	초과 설정된 대손충당금의 환입에 따른 이익
기부금수익	공공병원이 정부 등으로부터 결손보전, 운영비보조목적으로 받은 보조금 또는 병원이 재화 및 용역의 제공 없이 제3자로부터 무상으로 받은 수입 등을 말한다.
잡이익	기타 다른 계정에 속하지 아니하는 의료외수익을 말한다.
자산수증이익	의료장비 등의 재산을 무상으로 증여받은 경우 증여자산의 가액을 계상
채무면제이익	채권자로부터 채무액을 면제받은 금액
보험차익	보험에 든 재고자산과 유형자산의 멸실 등의 사고시 수령한 보험금액이 자산가액보다 많은 경우의 이익

4-2-2. 비용과목

(1) 인건비

인건비는 급여, 제수당, 퇴직급여로 구분한다.

계정과목	해 설
급여	본봉·직책수당 등 명칭에 관계없이 근로의 대가로 지급하는 비용을 말한다. 급여는 의사급여·간호직급여·약무직급여·의료기사직급여·영양직급여·사무직급여·기술직급여·기능직급여·보조직급여 등으로 나누어 계상한다. ① 의사급여에는 전문의와 전공의급여, 간호직급여에는 간호사와 조산사, 간호조무사급여, 약무직급여에는 약사와 한약사급여, 의료기사직급여에는 의료기사 등의 급여, 영양직급여에는 영양사·조리사 등의 급여, 사무직급여에는 행정직원과 전산직원급여, 기술직급여에는 의공, 전기, 기계, 열관리, 환경관리 등 면허보유 기술자의 급여, 기능직급여에는 운전기사·교환원·경비원·목공·보일러공·미화원·세탁원 등의 급여, 보조직 급여에는 기사 및 기능사 자격이 없는 일용인력, 보조인력, 배식인력 등의 급여를 계상한다. ② 대학병원에서 의료활동의 대가로 임상교원에게 지급하는 본봉·진료수당·선택진료성과금 등의 급여를 말한다. ③ 대학병원의 경우 고유목적사업비(전출금)는 임상교원의 급여를 차감한 잔액을 계상한다.
제수당	급여 외 지급되는 각종 수당을 말한다.
퇴직급여	보수규정에 의한 퇴직급여계상액 또는 지급액(사학연금 또는 공무원연금 부담액 포함)을 말한다.

(2) 재료비

계정과목	해 설
약품비	환자의 진료를 위하여 실제로 소모된 약품비를 포함한다. 약품종류에 따라 일반약품비·주사약품비·마취약비·마약비·소독약품비·약국재료비 등으로 분류한다.
진료재료비	환자의 진료를 위하여 실제로 소모된 진료재료비를 말한다. 진료재료의 종류에 따라 방사선재료비·검사재료비·수술재료비·치과재료비·의료소모품비·혈액비·동위원소재료비·기타 재료비 등으로 분류한다.

계정과목	해 설
급식재료비	환자·환자보호자·병원직원 등을 위한 급식에 소모된 급식재료와 급식용구를 말한다.

한편, 재료 매입대금의 감액은 매입에누리(또는 매입할인)로 분류하고, 약품 등의 매입액에서 직접 차감하여 표시한다.

매입에누리는 일정기간의 거래수량이나 거래금액 또는 대금지불조건 등에 따라 약품 등의 매입대금 일부를 감액받는 것을 말하며, 매입할인은 약품, 진료재료 등의 매입과 관련하여 발생한 채무를 조기 변제함으로써 상대방으로부터 할인받는 금액을 말한다.

(3) 관리운영비

계정과목	해 설
복리후생비	직원복지후생을 위한 복지후생적인 비용을 말한다. 복리후생비는 그 성질에 따라 직원의료비, 병원이 부담하는 3대 보험료(건강보험부담금·고용보험부담금·산재보험료), 국민연금부담금, 단체활동비, 축조의금, 당숙직비, 직원피복비 등으로 구분한다.
여비교통비	출장여비규정에 의한 국내외 출장여비·업무활동을 위한 시내교통비·통근버스임차료·의사 등의 부임여비 및 이와 유사한 성질의 교통비를 말한다.
통신비	전신·전화·Fax·우편사서함 등 통신시설의 이용료 및 우편료를 말한다.
전기수도료	전력료와 상·하수도료를 말한다.
세금과공과	비용처리되는 재산세·종합토지세·주민세(균등할)·사업소세·공동시설세·도시계획세, 인지 및 증지비용, 대한병원협회 등 관련 단체에 납부하는 회비 등의 공과금을 말한다.
보험료	건물 및 의료장비에 대한 화재보험, 보증보험, 의료사고보험 등의 보험료(단, 차량보험은 제외)를 말한다.
환경관리비	소독용역비, 오물수거비, 쓰레기종량제봉투비 등을 말한다.
지급임차료	건물·시설·의료기기 등의 임차 및 리스비용을 말한다.
지급수수료	법률 및 경영업무를 위한 자문수수료, 경영진단·회계감사·세무조정 등에 대한 수수료, 등기비용, 송금수수료, 기타 소송비를 말한다.
수선비	유형자산의 수선유지를 위하여 외부수선업체에 지불한 금액과 수선을 위하여 소모된 수선용품비(단, 차량수선비는 차량비에 계상)를 말한다. 유형자산의 종류에 따라 의료장비수선비·건물수선비 등으로 구분한다.

계정과목	해 설
차량유지비	차량의 운영 및 유지에 드는 통행료·주차비·자동차세·차량면허세·책임 및 종합보험료·유류대·수선비 등을 말한다.
교육훈련비	직원의 교육 및 훈련을 위한 각종 세미나 및 연수참가비·외부강사의 강사료·직원의 해외교육비용·예비군 및 민방위훈련비 등을 말한다. 교육훈련비는 직종에 따라 의사교육훈련비·간호직원교육훈련비 등으로 구분한다.
도서인쇄비	연구용도서를 포함한 도서·잡지·신문의 구입 및 구독비용, 복사비 및 제규정·사내보·예산서·처방전·장표 등의 인쇄비용을 말한다.
접대비	업무와 관련하여 거래와 관계있는 자의 접대 및 사례비를 말한다.
행사비	병원장 취임식, 체육대회 등 각종 행사에 소요되는 비용을 말한다.
연료비	보일러 및 냉난방시설을 위한 가솔린, 중유, 가스 등의 비용(단, 차량유류대는 제외)을 말한다.
선교비	원목활동을 위한 비용(원목실 운영지원비 등)을 말한다.
의료사회사업비	부인암검진사업, 방역사업 및 의료계몽과 관련하여 발생하는 재료비, 출장비 등의 제반비용, 무의촌진료비, 채헌혈비 등(단, 연구용 및 자선진료감액은 해당 의료수익에서 차감하여 계상)을 말한다.
소모품비	장부, 제용지, 볼펜, 제서식 등의 사무용품비와 감가상각대상은 아니나 1년 이상 사용하는 비품 중 금액이 적어 비용처리되는 소모품비를 말한다.
자체연구비	병원의 자체연구 활동과 직접 관련이 있거나 합리적이고 일관성 있는 기준에 따라 그러한 활동에 배부될 수 있는 모든 지출(연구용 동물구입비, 외국운영비 포함)을 말한다.
감가상각비	유형자산에 대한 감가상각계산액을 말한다. 유형자산 종류에 따라 건물·구축물·기계장치·의료장비·차량운반구·공기구비품 등으로 구분한다.
무형자산상각비	창업비, 장기의 외화채권 또는 외화채무에서 발생한 임시거액의 평가차손(환율조정차)의 상각비 등을 말한다.
임차자산개량상각비	타인명의 자산에 가산된 자본적 지출에 대한 상각비를 말한다.
광고선전비	직원채용, 입찰, 기타 홍보를 위한 비용을 말한다.
대손상각비	의료미수금 등 채권에 대한 대손충당금전입금과 불량채권의 대손처리비용을 말한다.
피복침구비	환자에 제공된 피복침구의 소모금액, 환자 및 직원피복침구의 세탁에 따른 비누, 소독제 등의 비용(외주로 처리시는 외주용역비에 계상. 직원피복비는 복리후생비로 분류)을 말한다.
외주용역비	외부전문업체에 청소·세탁·시설관리·임상검사 등을 위탁하고 그 대가로 지불하는 비용을 말한다.

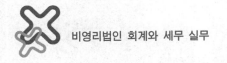

계정과목	해 설
잡비	각종 회의를 위한 다과비용 및 기타 상기 관리운영비에 해당되지 아니하는 비용을 말한다.
의료분쟁비용	의료사고 등 의료분쟁으로 인해 발생한 손해배상 또는 합의 비용 등의 금액

(4) 의료외비용

계정과목	해 설
의료부대비용	주된 의료사업 이외의 주차장·영안실·매점·일반식당·슈퍼마켓 등의 부대사업을 직영하여 발생한 비용을 말한다. 시설직영수익을 독립과목으로 계상한 경우에는 해당 비용도 독립과목으로 계상한다.
이자비용	장단기차입금 및 기타 채무에 대하여 지급한 이자 및 어음할인료를 말한다.
기타의 대손상각비	일반적 매출채권(의료미수금) 외 채권의 대손발생액을 말한다.
기부금	불우이웃돕기, 기타 외부기관에의 기부금 및 의연금 등을 말한다.
단기매매증권 처분손실	유가증권 처분시 취득가액이 처분가액보다 낮아서 발생한 손실을 말한다.
단기매매증권 평가손실	시장성 있는 유가증권의 시가가 현저히 저락하여 시가로 평가시 발생한 손실을 말한다.
연구비용	연구중심병원으로 지정된 기관의 총 연구비용이나 연구중심병원이 아닌 기관에서 수행한 수탁연구비용, 의약품 등의 안전성·유효성을 심의하기 위하여 병원에서 실시되는 임상시험으로 인해 발생한 비용 등을 말하는 것으로 연구중심병원 연구비용, 수탁연구비, 임상시험비, 기타 연구비 등이 있다. 1년 이상 진행되는 연구의 경우 진행기준에 따라 연구비용을 인식하여야 한다.
외환차손	외환채권의 회수 또는 외화부채의 변제시 환율변동에 따라 발생한 손실을 말한다.
외화환산손실	외화부채의 결산기말 원화환산액이 장부가액보다 많을 때의 차액을 말한다.
투자자산 처분손실	투자자산의 처분시 처분가액이 장부가액보다 낮아서 발생한 손실을 말한다.
유형자산 처분손실	유형자산의 처분시 처분가액이 장부가액보다 낮아서 발생한 손실을 말한다.
재고자산 감모손	재고자산의 실사결과 실사된 재고량이 장부상 수량보다 부족하여 손실처리할 금액을 말한다.
고유목적사업비	대학 및 학교법인의 고유목적사업을 위하여 전출한 금액을 말한다. 대학병원의 경우 임상교원의 급여와 연구보조비를 차감한 잔액을 계상한다.
잡손실	기타 다른 계정에 속하지 아니하는 의료외비용을 말한다.
재해손실	화재, 도난 등 우발적인 재해로 인한 손실을 말한다.

(5) 특별이익

종전에는 자산수증이익이나 채무면제이익, 보험차익을 특별이익으로 분류하였으나 2015년 12월 31일 재무제표 세무작성 방법이 개정(보건복지부고시 제2015-234호, 2015.12.31., 일부개정)되면서 특별이익은 삭제되고 특별이익에 해당하는 자산수증이익이나 채무면제이익, 보험차익이 의료외 수익으로 분류되었다.

(6) 특별손실

종전에는 재해손실 특별이익으로 분류하였으나 2015년 12월 31일 재무제표 세무작성 방법이 개정(보건복지부고시 제2015-234호, 2015.12.31., 일부개정)되면서 특별손실은 삭제되고 특별손실에 해당하는 재해손실은 의료외 비용으로 분류되었다.

(7) 법인세비용

계정과목	해 설
법인세비용 (소득세 등)	법인세 등에 의거 당기 과세소득에 대해 당기 부담할 법인세 및 부가되는 세액합계에 당기 이연법인세 변동액을 가감·산출된 금액을 말한다. 다만, 학교법인병원·국립대학교병원 및 서울대학교병원 이외의 병원은 법인세부담액을 법인세비용으로 계상할 수 있다.

(8) 고유목적사업 준비금 전입액

법인의 고유목적사업인 연구용 진료·건물증축·의료장비구입·대학운영 등을 위하여 준비금을 설정하여 결산서에 반영한 경우 준비금 전입액을 말한다.

(9) 고유목적사업 준비금 환입액

법인의 고유목적사업준비금 미사용액 및 의료발전준비금 환입액을 말한다.

제 2 절

의료법인의 세무

1 **법인세법**

1-1. 영리법인과 의료법인의 비교

의료법인을 포함한 비영리법인이 영위하는 의료업은 법인의 고유목적사업에 해당하지 만 「법인세법」상 수익사업으로 법인세가 과세되는 특징이 있다.

영리법인과 의료법인의 「법인세법」과 「상속세 및 증여세법」상 차이점을 비교하면 다음과 같다.

구 분			영리법인	의료법인
법 인 세 법	법인세 과세대상 소득	소득개념	포괄적 소득개념(모든 수익에 대해 과세)	제한적으로 열거된 소득에 대하여만 과세(의료업은 수익사업으로 과세됨)
		기부금수익, 자산수증 이익, 국고보조금 등	과세	대가성 없는 출연재산 성격인 경우 비과세
	법인세 과세특례	고유목적사업준비금	인정하지 않음.	설정한도 내 손금인정
		이자소득 과세특례	없음.	종합신고과세 또는 분리과세 중 선택 가능
	의무	장부의 작성·비치·보관의무	있음.	있음.
		구분경리	있음. (감면소득과 비감면 소득 구분 등)	있음. 수익사업과 비수익사업 구분, 의료발전회계 구분경리 선택 가능

구 분			영리법인	의료법인
상속세 및 증여세법	상속세 및 증여세 과세특례	출연재산에 대한 상속세 및 증여세 과세 여부	법인세 과세되므로 해당 사항 없음.	「의료법」에 따른 의료법인이 운영하는 사업에 출연한 재산은 상속세 및 증여세 과세가액 불산입됨.
	사후관리 의무	외부감사, 전용계좌개설 및 사용, 결산서류 공시의무	없음.	요건충족시 의무 있음.
		외부전문가의 세무확인 및 보고의무	없음.	출연받은 재산의 공익목적사업 사용 여부 등에 대한 외부전문가의 세무확인 의무 있음.
		출연재산 등에 대한 보고서 제출의무	없음.	상속세 및 증여세 과세가액 불산입분에 대한 출연재산보고 의무 있음.

1-2. 의료법인의 세무조정

의료법인의 법인세 신고를 위해서는 의료기관회계기준규칙의 내용과 「법인세법」 내용의 차이를 먼저 이해하여야 한다. 의료기관은 「의료법」에 의하여 이 규칙을 준수하여 회계처리를 하여야 하므로, 그 내용이 「법인세법」과 차이가 나면 세무조정을 통해 과세소득을 산출하여야 할 것이다. 이하에서는 의료법인의 법인세 신고를 위한 주요 항목별 세무조정 방법에 대하여 설명하고자 한다.

1-2-1. 의료수익

의료법인의 경우에도 영리법인처럼 수입금액의 파악이 중요하다. 그 중에서 수입금액의 귀속시기와 의료수익의 조정항목에 대하여 살펴보기로 한다.

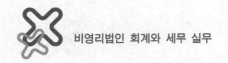

(1) 수익인식시기의 차이

① 의료기관회계기준규칙

재무회계개념체계에 의하면 수익 및 이득은 경제적 효익이 유입됨으로써 자산이 증가하거나 부채가 감소하고 그 금액을 신뢰성 있게 측정할 수 있을 때 인식하도록 되어 있으므로 수익의 인식시기는 실현기준과 가득기준의 두 가지 요건이 충족될 때이다. 재화나 용역의 제공으로 현금 또는 현금청구권이 발생하는 것을 교환거래라고 한다면 교환거래가 발생했을 때 수익이 실현된 것으로 본다(실현기준). 수익은 그 가득과정이 완료되어야 인식되며, 수익은 수익의 가득과정 동안 점진적이고 계속적으로 창출된다(가득기준). 병원의 환자에 대한 검사, 진료, 수술, 투약 등 의료서비스 제공의 매 단계는 수익의 가득과정이라고 할 수 있다.

현행 일반기업회계기준서 제16장에서는 용역으로 인한 수익은 용역제공거래의 성과를 신뢰성 있게 추정할 수 있을 때 진행기준에 따라 인식하도록 하고 있다. 즉, 다음의 조건이 모두 충족되는 경우에는 용역제공거래의 성과를 신뢰성 있게 추정할 수 있다고 보고 진행기준에 따라 인식하며, 아래의 조건 중 하나라도 충족하지 못하는 경우에는 진행기준을 적용하지 아니하고 발생한 비용 범위 내에서 회수가능한 금액을 수익으로 인식하도록 하고 있다.

㉠ 거래 전체의 수익금액을 신뢰성 있게 측정할 수 있다.
㉡ 경제적 효익의 유입 가능성이 매우 높다.
㉢ 진행률을 신뢰성 있게 측정할 수 있다.
㉣ 이미 발생한 원가 및 거래의 완료를 위하여 투입하여야 할 원가를 신뢰성 있게 측정할 수 있다.

더 나아가 「법인세법」에서는 병원의 진료수입에 대한 귀속시기는 권리의무가 확정되는 때를 기준으로 하도록 규정하고 있다.

② 법인세법

「법인세법」에서는 손익귀속시기를 익금과 손금의 권리의무가 확정된 때로 하도록 규정하고 있다(법인세법 제40조). 권리확정주의란 권리의 발생에서 소멸 사이의 기간 가운데 권리의 성질과 내용 등을 따져 적당한 시점을 소득의 실현 시점으로 본다는 것이다. 한편, 「법인세법」에서는 용역제공 등에 대하여 다음과 같이 구체적으로 손익귀속 사업연도를 규정하고 있다(법인세법 시행령 제69조).

㉠ 원칙적인 귀속 사업연도 : 건설·제조, 기타 용역(도급공사 및 예약매출을 포함)의 제공으로 인한 익금과 손금은 그 목적물의 건설 등의 착수일이 속하는 사업연도부터 그 목적물의 인도일이 속하는 사업연도까지 그 목적물의 건설 등을 완료한 정도("작업진행률")를 기준으로 하여 계산한 수익과 비용을 각각 해당 사업연도의 익금과 손금에 산입한다. 다만, 다음의 경우에는 그 목적물의 인도일이 속하는 사업연도의 익금과 손금에 산입할 수 있다.

1. 중소기업인 법인이 수행하는 계약기간이 1년 미만인 건설 등의 경우
2. 기업회계기준에 따라 그 목적물의 인도일이 속하는 사업연도의 수익과 비용으로 계상한 경우

㉡ 인도기준의 적용 : 다음 중 어느 하나에 해당하는 경우에는 용역제공을 완료한 날이 속하는 사업연도의 익금과 손금에 각각 산입한다.

1. 작업진행률을 계산할 수 없다고 인정되는 경우로서, 법인이 비치·기장한 장부가 없거나 비치·기장한 장부의 내용이 충분하지 아니하여 당해 사업연도 종료일까지 실제로 소요된 총공사비 누적액 또는 작업시간 등을 확인할 수 없는 경우
2. 법인세법 제51조의 2 제1항 각 호의 어느 하나에 해당(유동화전문회사 등)하거나 조세특례제한법 제104조의 31 제1항에 따른 법인(프로젝트금융투자회사)으로서 한국채택국제회계기준을 적용하는 법인이 수행하는 예약매출의 경우

따라서 원칙적으로 의료법인은 진료가 시작되는 날로부터 환자가 퇴원하는 날까지 의료용역 제공을 완료한 정도를 기준으로 수익을 인식하며, 당해 환자에 대한 사업연도 말까지의 총진료비누적액 및 총진료예상액을 계산하여 작업진행률을 산출함으로써 진행기준에 의하여 수입금액을 인식하여야 할 것이나, 현실적으로 개별환자에 대한 총진료예상액 계산이 어려울 경우 작업진행률 산출이 불가능할 것이므로, 이때에는 환자가 퇴원하는 날(의료용역 제공을 완료한 날)에 진료에 따른 수익을 인식하여야 할 것이다.

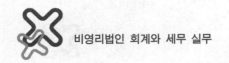

(2) 의료수익의 조정항목

① 의료수익의 삭감 및 환입에 대한 세무조정

「국민건강보험법」의 적용을 받는 환자의 진료비는 환자 본인이 진료비의 일부를 부담하고 잔액은 병원의 청구에 의하여 국민건강보험공단으로부터 지불받게 된다. 그러나 이 과정에서 병원의 진료수가 청구액에 대해 건강보험심사평가원이 진료비의 적정성 심사를 행한 후 병원과 건강보험공단에 이를 통보하고, 건강보험공단에서는 통보받은 내역에 의하여 병원에 수가를 지불한다. 따라서 진료비의 일부 또는 전부가 제3의 단체에 의하여 삭감되는 경우가 많이 발생한다.

기업회계상으로는 국민건강보험공단 등 제3의 단체에 대한 의료비 청구액의 삭감액에 대해서는 결산시 수익·비용대응의 원칙에 의하여 예상되는 삭감액을 추정하여 의료수익에서 차감하여야 한다. 여기서 수익·비용대응의 원칙이란 특정 거래와 관련하여 발생한 수익과 비용은 동일한 회계기간에 인식하는 것을 말한다(일반기업회계기준서 제16장 문단 실16.7).

그러나 의료기관회계기준규칙(보건복지부고시 제2016-206호 'Ⅱ. 세부 작성기준' 중 '3. 자산·부채의 평가')에서는 의료업계의 일반적인 회계처리 관행을 받아들여 국민건강보험 등 보험자 단체에 대한 의료비 청구액 중 일부가 삭감되는 경우에는 보험자 단체의 심사가 완료되어 수납할 금액이 확정된 시점을 기준으로 기 계상된 의료미수금과 의료수익을 상계하도록 하고, 삭감된 진료비 중 보험자 단체에 이의신청하여 일부 또는 전부가 수납될 경우에는 수납된 시점에 의료수익이 수납액만큼 발생한 것으로 회계처리하도록 하고 있다.

의료기관회계기준규칙에 의한 회계처리는 권리·의무확정주의에 의한 손익인식과 동일한 것으로 「법인세법」에서도 이와 동일하게 의료기관이 청구한 진료비의 일부를 국민건강보험공단에서 삭감하거나 동 삭감액 중 일부가 이의신청에 의해 수납되는 경우 삭감 또는 추가지급받는 금액은 삭감 또는 추가지급이 확정되는 날이 속하는 사업연도의 익금 또는 손금에 산입하도록 하고 있다(서면2팀-1542, 2004.7.21.).

따라서, 병원이 기말에 진료비 삭감액을 추정하여 수익·비용대응의 원칙에 의하여 수익에서 차감하는 회계처리하는 경우에는, 병원의 손익계산서에 반영한 삭감예상액을 익금산입하고 유보처분하는 세무조정을 하여야 할 것이나, 의료기관회계기준규칙에 따라 회계처리하는 경우에는 실제로 이루어져야 할 세무조정은 없다.

② 의료수익의 에누리와 할인액

진료비에누리는 병원이 일정한 요건에 맞는 환자에 대하여 사전에 정한 할인율에 따라 진료비의 일부 또는 전부를 감액해 주는 것이고, 진료비할인은 진료비 외상대금이 확정된 이후에 회수기일 이전에 회수하는 대가로 감액하여 주는 금액이지만 병원의 회계실무에서는 혼용하여 사용하고 있다.

의료기관회계기준규칙에서는 정상적이고 합리적인 범위 내의 자선환자감액, 병원직원 할인과 에누리, 기타 진료비 감액에 대하여는 의료수익의 감액으로 처리한다(보건복지부 고시 제2016－206호 'Ⅱ. 세부 작성기준' 중 '2. 손익계산서'). 한편, 「법인세법」에서도 정상적인 진료비의 에누리와 할인액에 대해서는 의료수익에서 직접 감액하도록 하고 있다(법인세법 시행령 제11조 제1호). 다만, 직원 등에 대한 할인에 대해서는 할인한 가격이 취득가액 이상이며 통상 일반 소비자에게 판매하는 가액에 비하여 현저하게 낮은 가액(시가와 직원과의 거래가액의 차이가 3억 원 이상이거나 시가의 5%에 상당하는 금액 이상인 경우)이 아닌 경우에는 에누리와 할인으로서 의료수익에서 직접 차감할 것이나, 이외의 경우에는 조세의 부담을 부당하게 감소시킨 것으로 보아 「법인세법」 제52조의 규정에 의한 부당행위계산의 부인이 적용되어야 할 것이다(법인세법 기본통칙 52－88…2).

1-2-2. 부대사업수익

의료법인이 본래의 고유목적사업인 의료서비스의 제공 외에 이 사업을 운영하기 위하여 부대사업을 벌이는 경우가 있다. 매점, 식당, 영안실, 주차장 등으로부터 발생하는 수입이 대표적인 예이다.

「법인세법」에서는 비영리법인이 한국표준산업분류에 의한 각 사업을 영위하여 수익이 발생할 경우 이를 과세소득으로 보고 있다(법인세법 제4조 제3항, 동법 시행령 제3조 제1항). 또한, 수익사업의 범위에 사업활동이 각 사업연도의 전기간에 걸쳐 계속하여 행하여지는 사업 외에 상당기간에 걸쳐 계속적으로 행하여지거나 정기적 또는 부정기적으로 상당횟수에 걸쳐 행하여지는 사업을 포함하도록 하고 있다(법인세법 시행규칙 제2조).

따라서, 의료법인의 진료용역과 더불어 부대사업으로서 행하는 임대업, 매점, 주차장 등을 운영함으로써 발생하는 소득은 모두 「법인세법」상 과세소득의 범위에 포함된다 할 수 있다.

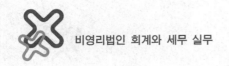

1-2-3. 기부금수익 · 자산수증이익 · 채무면제이익

의료법인은 타인으로부터 대가성 없이 기부나 증여를 받는 경우가 발생한다. 타인으로부터 무상으로 받은 자산의 가액을 통상 기부금수익 또는 자산수증이익으로, 채무의 면제 또는 소멸로 생기는 부채의 감소액은 채무면제이익으로 회계처리한다.

의료기관회계기준규칙에서는 기부금수익과 자산수증이익 및 채무면제이익을 의료외수익으로 구분하고 있다(보건복지부고시 제2016-206호 'Ⅱ. 세부 작성기준' 중 '2. 손익계산서'). 그러나 「법인세법」에서는 기부금수익, 자산수증이익 그리고 채무면제이익을 모두 같은 성질의 소득으로 보고 있다. 영리법인에서 발생하는 동 소득들은 모두 법인세 과세소득이다. 의료법인의 경우에도 이는 원칙적으로 익금에 해당할 것이나, 비영리법인의 특성상 사업과 직접적인 관련 없이 받은 것이라면 과세대상소득으로 보지 아니한다. 즉, 수익사업과 관련 없이 대가성 없는 순수한 증여는 비영리법인의 과세소득으로 열거하고 있지 않다.

한편, 비영리법인이 무상으로 받은 재산의 가액은 법인세가 과세되지 않는 반면, 상속세 및 증여세 과세대상에 해당한다. 그러나 의료법인은 「상속세 및 증여세법」상 공익법인으로 분류되므로 출연받은 재산에 대하여 증여세 과세가액에서 불산입되고 출연받은 재산의 운용사항 등을 사후관리받는다(상속세 및 증여세법 제48조, 동법 시행령 제38조).

1-2-4. 국고보조금

의료법인은 주로 병원을 운영하면서 발생한 결손금을 보전하거나 의료장비 취득을 지원하는 취지에서 국가 등으로부터 무상으로 국고보조금을 수령하고 있다.

현행 의료기관회계기준규칙에서는 국립대학교병원이나 지방공사의료원 등의 공공병원이 결손보전이나 운영비보조 등 수익적 지출에 충당하기 위해 국고보조금을 받았다면 '의료외수익' 중 기부금수입으로 처리하고, 이들 공공병원들이 시설투자목적 등 자본적 지출에 충당할 목적으로 출연금을 받은 경우에는 '기타기본금'으로 처리하도록 하고 있다(보건복지부고시 제2016-206호 'Ⅱ. 세부 작성기준' 중 '3. 자산·부채의 평가').

그렇다면 비영리법인인 의료법인이 수익사업인 의료사업을 영위하기 위하여 수령한 국고보조금의 과세 여부가 문제가 될 것이다. 보다 자세한 내용은 '제2장 제1절 수익사업의 범위'를 참조하기 바란다.

다만, 「법인세법」에서 내국법인이 사업용 유형자산의 취득 또는 개량목적으로 「보조금 관리에 관한 법률」의 규정에 의한 보조금을 지급받아 당해 목적에 지출하고 이에 상당하는 금액을 일시상각충당금(비상각자산을 취득한 경우에는 압축기장충당금)으로 설정한 경우에는 그 지급받은 국고보조금에 상당한 금액의 범위 안에서 당해 보조금을 지급받은 날이 속하는 사업연도의 손금에 산입할 수 있도록 하고 있다(법인세법 제36조). 일시상각충당금은 국고보조금을 일시에 과세하지 아니하고 그 고정자산의 전 내용연수에 걸쳐 감가상각비를 적게 계상하도록 함으로써 결과적으로는 과세를 잠시 이연하는 제도이다.

또한, 의료법인의 경우 고유목적사업준비금을 설정하여 과세를 이연하고 의료설비투자비용 등으로 사용하도록 하고 있다. 의료법인의 고유목적사업준비금과 관련한 내용은 본 절의 '1-3. 고유목적사업준비금과 의료발전회계'를 참조하기 바란다.

1-2-5. 인건비

병원이 지출한 비용 중에서 인건비가 차지하는 비율은 매우 높다. 따라서, 평소에 세법적으로 문제가 되는 사항을 구분하여 관리할 필요가 있다. 인건비의 계정과목은 재무보고를 위하여 급여, 제수당, 퇴직급여로 구분하여 관리하여야 한다(보건복지부고시 제2016-206호 'Ⅱ. 세부 작성기준' 중 '2. 손익계산서'). 또한 직종별 인건비명세서는 직종별(의사직, 간호직, 의료기사직 등)로 인건비를 구분하도록 되어 있으므로 동 명세서의 작성을 위해서는 이를 더 세분하여 관리할 필요가 있다.

(1) 일반적인 급여

급여는 의사급여·간호직급여·약무직급여·의료기사급여·영양직급여·사무직급여·기술직급여·기능직급여·보조직급여 등으로 구분하여 계상한다. 통상의 급여·상여 등 정기적인 급여는 원칙적으로 지급받는 자가 임원이든 사용인이든 구분 없이 손금으로 인정된다. 그러나 의료법인이 출연자 등 특수관계자인 임원이나 사용인에게 정당한 사유 없이 동일 직위에 있는 자보다 더 높은 보수를 지급한 경우에는 그 초과금액은 법인의 손금으로 보지 않는다(법인세법 시행령 제43조). 또한 비상근임원에게 지급하는 보수가 부당행위계산부인에 해당하거나, 임원에게 지급하는 상여금이 정관 등의 기준을 초과하는 경우 그 초과분에 대해서는 비용을 부인한다.

(2) 의과대학 교수에 대한 인건비의 회계처리

대학부속병원에서는 의사가 환자를 진료하는 동시에 교수의 신분으로 학생들을 가르치고 연구활동을 한다. 종전에는 대학병원의 교수들의 급여는 부속병원회계에서 학교회계(교비 또는 기성회비회계)로 보내진 전출금으로 학교회계에서 처리하였다. 이로 인하여 부속병원회계에는 대학병원의 교수 인건비가 전출금 계정에 포함되어 드러나지 않게 되는 현상이 발생하였다.

따라서, 현행 의료기관회계기준규칙에서는 교수급여에 대한 본봉·진료수당·선택진료성과금 등의 급여를 의료비용으로 계상하도록 하고 있다(보건복지부고시 제2016-206호 '별표 2. 손익계산서 과목분류 및 내용해설' 중 '(1) 인건비'). 즉, 수익비용대응의 원칙에 맞도록 당해 대학병원의 회계에서 직접 인건비로 처리하도록 하고 있는 것이다. 또한, 병원의 이익에서 교수급여를 제외시킨 금액만큼을 고유목적사업비(전출금)로 재단에 전출하도록 하고 있다.

1-2-6. 복리후생비

복리후생비는 직원복지후생을 위하여 지출하는 비용이다. 복리후생비는 그 성질에 따라 직원의료비, 병원이 부담하는 3대 보험료(건강보험부담금, 고용보험부담금, 산재보험료), 국민연금부담금, 단체활동비, 축·조의금, 당·숙직비, 직원피복비 등으로 구분된다. 임원과 사용인을 위하여 지출된 복리후생비는 「법인세법」상 전액 손금 인정된다. 임직원에게 제공되는 의료비 할인은 다음의 '1-2-8. 임직원에게 제공되는 의료비 할인'에서 살펴본다.

1-2-7. 의료사고보상금

의료기관의 특수한 상황으로 의료사고보상금이 있다. 의료기관이 의료사고보상금을 지급한 경우에는 적절한 계정과목을 설정하여 이를 비용을 처리하여야 한다. 현행 의료기관회계기준규칙에서는 의료사고 등 의료분쟁으로 인해 발생한 손해배상 또는 합의 비용 등의 금액은 의료분쟁비용으로 하여 의료수익으로 계상하도록 하고 있다(보건복지부고시 제2016-206호 '별표 2. 손익계산서 과목분류 및 내용해설' 중 '(3) 관리운영비').

「법인세법」은 법인이 임원 또는 사용인의 행위 등으로 인하여 타인에게 손해를 끼침으로써 법인이 손해배상금을 지출한 경우에는 그 손해배상금의 대상이 된 행위 등이 법인의 업무수행과 관련된 것이고, 또한 고의나 중과실로 인한 것이 아닌 경우에는 그 지출한 손해배상금은 각 사업연도의 소득금액계산상 손금에 산입하도록 하고 있다(법인세법 기본통칙

19 - 19…14).

　또한, 병원이 의료사고로 인한 손실을 예상하여 의료사고 손해배상보험 및 임직원 배상책임보험에 가입하는 경우가 있다. 세법에서는 임직원의 고의와 중과실 외의 업무상 행위로 인한 손해의 배상청구를 보험금의 지급사유로 하고 임직원을 피보험자로 하는 보험의 보험료는 근로소득으로 보지 않는다(소득세법 시행령 제38조).

　다만, 의료사고로 인해 의료기관과 환자의 보호자간 상호합의에 의해 지출한 비용(손해배상금, 위자료, 장례비 등)에 대해서는 손금산입 여부에 논란이 있을 수 있다. 선량한 관리자로서의 주의 책임을 다한 경우에 발생한 사고에 대한 손해배상금 등은 손금에 산입할 수 있겠으나, 사업자 또는 사용인이 업무와 관련하여 고의 또는 중대한 과실로 타인의 권리를 침해함으로써 지급되는 손해배상금 등은 손금으로 인정하지 않고 있다(소득 46011 - 1596, 1999.4.28.).

1-2-8. 임직원에게 제공되는 의료비 할인

(1) 의료법

　「의료법」상 의료법인이 임직원에게 복리를 목적으로 제공하는 의료비 할인은 제공 가능하다. 즉, 현행 「의료법」에서는 영리를 목적으로 할인 등의 행위를 금지하고 있으므로 영리 외의 임직원의 복리후생차원에서 제공되는 할인은 인정하여 주고 있다.

> **의료법 제27조 제3항**
>
> 누구든지 「국민건강보험법」 또는 「의료급여법」의 규정에 의한 본인부담금을 면제 또는 할인하는 행위, 금품 등을 제공하거나 불특정다수인에게 교통편의를 제공하는 행위 등 영리를 목적으로 환자를 의료기관 또는 의료인에게 소개·알선·유인하는 행위 및 이를 사주하는 행위를 하여서는 아니 된다. 다만, 환자의 경제적 사정 등 특정한 사정이 있어 개별적으로 관할 시장·군수·구청장의 사전승인을 얻은 경우, 「국민건강보험법」 제109조에 따른 가입자나 피부양자가 아닌 외국인환자를 유치하기 위한 경우에는 그러하지 아니하다.

> **보건복지가족부의 의료기관 진료비 할인에 대한 의료법 해석**
>
> 의료기관의 진료비 할인에 대해 의료법에서는 이를 명시적으로 금지하고 있지 않으므로 의료기관이 순수한 취지에서 진료비를 감면해 주는 것이 「의료법」 위반은 아니다. 다만, 다음의 행위 등은 「의료법」 등에 위반된다.

① 불순한 의도의 진료비 할인
② 「독점규제 및 공정거래에 관한 법률」에서 규정하고 있는 불공정 거래에 해당되는 진료비 할인
③ 의료기관 또는 의료인의 개별적인 진료비 할인 광고

(2) 법인세법상 부당행위계산부인 여부

의료법인이 특수관계자인 임직원에게 제공하는 의료비 할인금액은 「법인세법」상 부당행위계산부인의 문제가 발생할 수 있다. 「법인세법」에서는 법인이 특수관계자와의 거래로 인하여 그 법인의 소득에 대한 조세를 부당히 감소시킨 것으로 인정되는 경우에는 그 법인의 행위 또는 소득금액의 계산에 관계없이 소득금액을 계산할 수 있도록 하고, 조세를 부당하게 감소시킨 것으로 인정되는 경우로서 동법 시행령 제88조 제1항 제6호에서는 특수관계자에게 금전 기타 자산 또는 용역을 무상 또는 시가보다 낮은 이율·요율이나 임대료로 대부하거나 제공한 경우를 포함하고 있다. 따라서 의료법인이 임직원에게 의료용역을 제공하고 받는 대가가 시가보다 낮을 경우(시가와 임직원과의 거래가액의 차이가 3억 원 이상이거나 시가의 5%에 상당하는 금액 이상인 경우) 시가와 임직원으로부터 받는 대가와의 차이를 익금산입하고 이를 상여로 소득처분하며, 당해 소득처분금액은 임직원의 근로소득에 포함된다(서면2팀-1118, 2006.6.15.).

1-2-9. 무료진료의 가액

일반적으로 타인에게 대가 없이 재화나 용역 등을 제공하는 경우 이는 기부금 또는 기업업무추진비로 처리되어 손금 인정 한도 내의 금액만을 손금에 산입하나, 의료업을 영위하는 법인이 보건복지부장관이 정하는 무료진료권 또는 새마을진료권에 의하여 행한 무료진료의 가액 및 병원개설 허가조건에 따라 행하는 무료진료비는 전액 손금에 산입한다(법인세법 시행령 제19조 제13호, 동법 기본통칙 19-19…20).

이때, 손금으로 산입되는 비용으로는 무료진료에 따르는 인건비와 약품대 및 그 부대비용 등이 포함될 것이다.

상기에서 설명된 의료법인의 세무조정사항을 제외하고 의료법인이지만 비영리법인으로서 공통된 「법인세법」상 문제점들은 '제2장 법인세법'편에서 자세히 설명하고 있다.

조심 2024전2610, 2024.6.26.

기획재정부는 쟁점보상금에 대해 「법인세법」상 수익사업에서 발생한 소득에 해당하지 않는 것으로 유권해석(법인세제과-343, 2022.8.29.)하여 청구법인은 위 유권해석에 따라 쟁점보상금을 수익사업에서 발생한 수입금액에서 제외하여 2022사업연도 법인세를 신고하였고, 또한 기획재정부는 공통손금은 「법인세법 시행규칙」 제76조 제6항 제2호에 따라 수입금액에 비례하여 안분하여 소득금액을 계산하는 것으로 유권해석(법인세제과-586, 2023.10.12.)한바,

청구법인이 비수익사업을 영위하지 않으므로, 공통손금을 안분계산 할 수 없다는 주장은 타당하지 않은 점, 「법인세법」 제113조는 비영리법인이 수익사업을 영위하는 경우에는 자산·부채 및 손익을 당해 수익사업에 속하는 것과 수익사업이 아닌 그 밖의 사업에 속하는 것을 각각 별개의 회계로 구분하여 경리하도록 규정하고 있고, 같은 법 시행규칙 제76조에 따르면 공통되는 손금은 익금에 대응하는 것에 한하는 것으로 규정되어 있는바, 청구법인이 법인세 신고 시 「법인세법」 제4조 제3항에 따른 수익사업에서 생긴 소득에 해당하지 않는 것으로 보아 익금불산입으로 세무조정한 쟁점보상금의 경우, 그에 대응하는 개별손금은 직접 손금불산입하여야 하고, 특정한 비용이 수익사업 또는 비수익사업 중 어디에서 발생하였는지가 불분명한 경우에는 공통손금으로서 위 규정에 따른 구분계산의 방법에 따라 수익사업과 비수익사업으로 안분계산되어야 하는 점 등에 비추어, 청구주장은 받아들이기 어렵다고 판단됨.

사전-2024-법규법인-0215, 2024.7.11.

〔질의요지〕

• 비영리법인이 지자체로부터 위탁받아 관리·운영 중인 병원에서 발생하는 수익과 비용의 전부가 지자체에 귀속되는 경우
 - 해당 병원에서 발생하는 소득에 대한 법인세 신고·납부의무

회신

귀 세법해석 사전답변 신청의 경우, 기존의 해석사례(사전법령법인-1197, 2020.12.24.)를 참고하기 바람.

〔참고 : 사전-2020-법령해석법인-1197, 2020.12.24.〕

귀 세법해석 사전답변 신청의 사실관계와 같이, 국토교통부가 AA병원을 설치한 후 관리·운영을 비영리의료법인에게 위탁하고, 해당 병원에서 발생하는 수익과 비용이 국토

교통부에 귀속되는 경우 AA병원에서 발생한 소득에 대해서는 「법인세법」 제3조 제2항에 따라 법인세를 납부할 의무가 없는 것임.

기획재정부 법인세제과 – 586, 2023.10.12.

(쟁점1) 비영리법인의 수익사업과 비수익사업이 있는 경우 개별손금은 수익사업과 비수익사업에 각각 귀속시키고 공통손금은 「법인세법 시행규칙」 제76조 제6항 제2호에 따라 수익사업과 비수익사업이 동일한 업종이면 수입금액에 비례하여 안분하여 소득금액을 계산하는 것임. 또한 같은 조 제6항에 따라 수입금액에 비례하여 구분하는 것이 불합리한 경우에는 국세청장이 정하는 작업시간, 사용시간, 사용면적 등의 기준에 의하여 안분계산 할 수 있는 것임.

(쟁점2) 고유목적사업준비금은 「법인세법」 제29조 제1항에 따라 비영리법인이 각 사업연도의 결산을 확정할 때 고유목적사업준비금을 손금에 계상한 경우 그 계상한 고유목적사업준비금을 같은 조 제1항 각호의 구분에 따른 금액의 합계액의 범위에서 손금에 산입하는 것임. 또한 같은 조 제2항에 따라 감사인의 회계감사를 받는 비영리내국법인은 고유목적사업준비금으로 적립한 경우 그 금액을 결산을 확정할 때 손비로 계상한 것으로 보는 것임.

(쟁점3) 「국세기본법」 제48조 제1항 제2호에 따라 납세자에게 가산세가 감면되는 정당한 사유가 있는지는 구체적인 사안에 대해 사실판단할 사항임.

기획재정부 법인세제과 – 282, 2023.5.8.

의료업을 영위하는 비영리내국법인이 「감염병의 예방 및 관리에 관한 법률」 제70조에 따라 감염병관리기관의 지정 또는 격리소 등의 설치·운영으로 발생한 손실 등을 보상하기 위해 지급받은 손실보상금을 원천으로 지출한 비용의 손금산입 여부

(제1안) 손금산입 가능

(제2안) 손금산입 불가능

귀 질의의 경우 제2안이 타당함.

기획재정부 법인세제과 – 343, 2022.8.29.

의료업을 영위하는 비영리내국법인에 대하여 「감염병의 예방 및 관리에 관한 법률」 제70조에 따라 감염병관리기관의 지정 또는 격리소 등의 설치·운영으로 발생한 손실 등을 보상하기 위해 지급한 손실보상금은 「법인세법」 제4조 제3항에 따른 '수입사업에서 생기는 소득'에 해당하지 않는 것임.

사전 – 2019 – 법령해석법인 – 0125, 2019.4.3.

의료업을 영위하는 비영리내국법인이 지방자치단체로부터 부채상환, 결손보전 등에 사용할 목적으로 수령한 국고보조금은 「법인세법」 제3조 제3항 제1호(2018.12.24. 법률 제16008호로 개정되기 전의 것)에 따른 "수익사업에서 생기는 소득"에 해당하지 아니하는 것임.

서면 – 2016 – 법령해석법인 – 6066, 2017.10.19.

의료법인이 국가 또는 지자체로부터 병원 건물 또는 의료기기 등을 취득할 목적으로 수령한 국고보조금은 수익사업소득에 해당하지 아니하며, 해당 국고보조금을 수익사업에 지출 또는 전입한 경우에는 자본의 원입으로 처리하고, 해당 자금을 원천으로 취득한 병원 건물 또는 의료기기 등에 대한 감가상각비는 「법인세법」 제23조에 따라 손금산입

법인 – 574, 2009.5.13.

의료업을 영위하는 비영리법인이 해산등기 후 잔여재산을 청산하는 과정에서 자산과 부채를 다른 비영리내국법인에 출연함으로써 발생하는 양도소득은 청산소득에 해당하는 것이나, 비영리내국법인은 「법인세법」 제3조 제1항에 따라 청산소득에 대한 법인세 납세의무가 없는 것임. 다만, 비영리내국법인의 경우에도 같은 법 제55조의 2 제1항에서 규정하는 부동산 양도에 대하여는 토지 등 양도소득에 대한 법인세를 납부하여야 하는 것임.

법인 – 549, 2009.5.11.

〔질의〕

〔사실관계〕
• 개인 병원의 토지 및 건물을 출연하여 의료법인을 설립하면서, 의료법인 설립허가를 위해 설립등기 3개월 전에 당해 토지 및 건물을 감정평가함.

〔질의요지〕
• 토지 및 건물의 취득가액을 의료법인 설립등기 3개월 전에 감정평가한 가액으로 할 수 있는지 여부

〔회신〕

의료업을 영위하는 개인사업자로부터 토지 및 건물을 출연받아 설립된 비영리의료법인의 경우 출연받은 토지 및 건물의 취득가액은 출연일 현재의 시가로 하는 것이며, 시가가 불분명한 경우에는 「법인세법 시행령」 제89조 제2항 각호의 규정을 순차적으로 적용하여 계산한 금액으로 하는 것임.

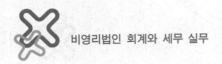

서면2팀 - 2311, 2006.11.10.
의료업을 영위하는 비영리법인이 병원건물을 임차하고 전세금과 월세를 지급하는 경우 자산의 임차료는 손비의 범위에 해당하고, 「법인세법 시행규칙」 제11조의 규정에 의하여 부동산 임차인이 부담한 전세금 및 임차보증금에 대한 매입세액으로서 당해 법인이 부담한 사실이 확인되는 경우에는 법인의 손금으로 산입할 수 있는 것임.

서면2팀 - 1118, 2006.6.15.
의료업을 영위하는 법인이 임직원에게 의료용역을 제공하고 본인부담금 일부를 경감하는 경우 경감금액은 익금에 산입되고 임직원의 근로소득에 포함되는 것임.

서면2팀 - 996, 2006.5.30.
의료업을 영위하는 법인이 저소득계층의 환자를 진료한 후 기부금단체로부터 해당 진료비를 대신 지급받은 경우에는 「법인세법」 제3조 및 동법 시행령 제2조의 규정에 의하여 비영리법인의 수익사업이므로 각 사업연도의 과세소득에 포함하는 것임.

서면2팀 - 786, 2006.5.9.
의료업을 영위하는 비영리내국법인(법인세법 시행령 제56조 제6항 제3호)의 범위에는 「사립학교법」에 의해 설립된 학교법인이 운영하는 대학병원이 포함됨.

서면2팀 - 472, 2006.3.7.
의료업을 영위하는 비영리법인이 「응급의료에 관한 법률」 제17조 및 「보조금의 예산 및 관리에 관한 법률」의 규정에 의하여 '응급의료기관 지원비' 등의 명목으로 국가 등으로부터 지원받는 국고보조금은 수익사업에서 발생된 소득에 해당하지 아니하는 것이며, 이 경우 당해 국고보조금을 수익사업 회계로 전출·사용하고 자본의 원입으로 경리한 의료기기 등 고정자산에 대하여는 「법인세법 시행령」 제26조의 규정에 의해 계산한 감가상각비를 손금에 산입할 수 있는 것임.

서면2팀 - 2164, 2005.12.26.
「의료법」에 의한 의료법인이 고유목적사업비로 지출하는 기부금은 지정기부금에 해당하는 것임.

서면1팀 - 1120, 2005.9.27.
1. 의료업을 영위하는 거주자가 「소득세법 시행령」 제98조의 특수관계 있는 자가 아닌 자에게 의료용역을 제공하고 당해 환자로부터 수령할 진료수입금액 중 환자 본인 부담금을 경감하여 줌으로써 그 지급받지 아니한 금액은 당해 거주자의 소득금액 계산

시 총수입금액에 산입하지 아니하는 것임.

2. 병원공사 관계자들에 대하여는 수령하지 아니한 진료수입금액은 그 경감목적 및 경위 등의 실질내용에 따라 「소득세법」 제35조의 규정에 의한 접대비로서 필요경비로 계산할 수 있는 것이나, 이 경우 당해 경감금액은 총수입금액에 산입하는 것임.

서면2팀 - 1651, 2004.8.9.

사회복지법인이 영위하는 의료업이 「사회복지사업법」에 의한 사회복지사업에 해당하지 아니하는 경우에는 「법인세법」상 비영리법인의 비수익사업에 해당하지 아니함.

서면2팀 - 1542, 2004.7.21.

의료기관이 국민건강보험공단에 청구한 진료비 중 일부를 삭감 또는 추가지급받은 경우 삭감 또는 추가지급이 확정된 날이 속하는 사업연도에 익금 또는 손금산입하는 것임.

서면2팀 - 181, 2004.2.9.

의료법인이 토지를 포함한 병원시설 등을 지방자치단체에 기부한 후 일정기간 동안 사용수익하기로 하는 경우 당해 자산의 장부가액은 사용수익기부자산에 해당하는 것으로, 사용수익기간에 따라 균등하게 안분한 금액을 손금에 산입하는 것임.

서이 46012 - 11829, 2003.10.23.

「의료법」에 의한 의료법인이 수익사업 외의 사업을 영위하는 경우 「법인세법」 제113조 제1항의 규정에 의하여 자산·부채 및 손익을 당해 수익사업에 속하는 것과 수익사업이 아닌 기타의 사업에 속하는 것을 각각 별개의 회계로 구분하여 경리하여야 하며, 동 법인이 고유목적사업을 위하여 타인으로부터 출연받은 기부금은 수익사업의 과세소득에 포함하지 아니하는 것임.

제도 46012 - 12681, 2001.8.16.

의료업 영위법인이 임직원 가족에게 의료용역을 제공하고 의료보험 본인부담금의 일부를 경감함으로써 과소계상된 익금은 익금산입하고 임직원의 근로소득으로 보는 것이며, 특정 거래처의 임직원에 대하여만 본인부담의료비의 일부를 경감해 준 경우, 익금산입하고 '접대비'로 봄.

법인 46012 - 941, 2000.4.12.

의료법인이 의과대학과의 교육협약에 의해 파견된 교수 등의 임상진료용역을 제공받고 교수 등에게 직접 지급하는 금액은 손금에 산입하며 근로소득 해당분은 원천징수해야 함.

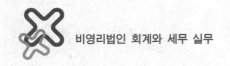

1-3. 고유목적사업준비금과 의료발전회계

「법인세법」은 비영리법인이 수익사업을 영위하더라도 목적사업의 원활한 운영을 위하여 고유목적사업준비금을 설정할 수 있도록 규정하고 있다. 고유목적사업준비금에 대한 일반적 사항은 '제2장 제4절 고유목적사업준비금'에서 살펴보았으므로 이하에서는 의료법인의 고유목적사업준비금에 대한 특수성을 살펴보기로 한다.

1-3-1. 고유목적사업준비금의 전입

(1) 회계처리

의료기관회계기준규칙에 의하면 고유목적사업준비금은 부채로 계상된다(보건복지부고시 제2016-206호 'Ⅱ. 세부 작성기준' 중 '1. 재무상태표'). 고유목적사업준비금은 각 병원이 결산 때 장부에 반영을 해야 인정된다. 다만, 「주식회사 등의 외부감사에 관한 법률」에 의해 감사인의 회계감사를 받는 비영리내국법인은 고유목적사업준비금을 잉여금처분에 의한 신고조정으로 손금산입할 수 있다(법인세법 제61조). 왜냐하면 기업회계기준에 의하면 준비금은 부채에 해당하지 않고 이익잉여금처분으로 처리해야 하기 때문이다.

(2) 고유목적사업준비금의 손금산입한도

비영리법인이 그 법인의 고유목적사업 또는 지정기부금에 지출하기 위하여 고유목적사업준비금을 비용으로 결산에 반영한 경우에는 일정한도 내에서 손금에 산입한다. 고유목적사업준비금의 손금산입 비율은 병원의 설립 주체에 따라 달라진다. 대상법인별로 고유목적사업준비금을 설정할 수 있는 한도를 요약하면 다음과 같다.

병원의 설립 주체	고유목적사업준비금의 설정한도
학교법인, 사회복지법인, 국립대학병원, 서울대학교병원, 서울대학교치과병원, 국립암센터, 지방의료원, 대한적십자사가 운영하는 병원, 국립중앙의료원(조세특례제한법 제74조 제1항)	금융소득금액 × 100% + 기타 수익사업소득 × 100%

병원의 설립 주체	고유목적사업준비금의 설정한도
의료법인, 사단법인, 재단법인 등 (법인세법 제29조 제1항)	금융소득금액 × 100% + 기타 수익사업소득 × 50%

　학교법인 등은 의료기관 중에서도 공공성이 더 큰 비영리법인임을 감안하여 고유목적사업준비금 한도특례를 주고 있다. 상기의 특례는 일몰시한이 연장되어 2025년 12월 31일까지 적용된다.

1-3-2. 고유목적사업준비금의 사용

　고유목적사업준비금은 고유목적사업에 사용하는 것이 원칙이다. 여기서 고유목적사업이란 당해 비영리법인의 정관 또는 법령에 규정된 설립목적을 직접 수행하는 사업으로서 수익사업에 해당하지 않는 사업을 말한다. 따라서 비영리내국법인이 수행하는 사업이 당해 비영리법인의 법령 또는 정관에 규정된 고유목적사업이라 하더라도 「법인세법 시행령」 제3조 제1항에서 규정한 수익사업에 해당하는 경우에는 해당 수익사업을 위하여 지출하는 금액은 고유목적사업에 사용한 것으로 보지 않는다.

　따라서, 의료법인은 「법인세법」상 수익사업을 영위하고 있으므로 고유목적사업준비금을 의료업의 운영비용 등으로 사용할 수는 없다. 그러나 이는 의료업 자체가 고유목적사업이자 세법상 수익사업에 해당함에 따라 고유목적사업준비금을 적립하고도 의료발전에 사용할 수 없는 문제점을 야기하게 된다. 따라서, 「법인세법」은 의료법인이 다음의 의료기기 등 고정자산을 취득하기 위하여 지출하는 금액, 의료 해외진출을 위하여 지출하는 금액 및 연구개발사업을 위하여 지출하는 금액에 대하여는 의료발전회계로 구분경리한 경우에 예외적으로 고유목적사업준비금을 사용한 것으로 보아 법인세의 과세를 이연할 수 있도록 하고 있다(법인세법 시행령 제56조 제6항 제3호 및 제10항, 동법 시행규칙 제29조의 2).

① 다음의 유형자산 및 무형자산을 취득하기 위하여 지출하는 금액
  - 병원 건물 및 부속토지
  - 의료기기법에 따른 의료기기
  - 보건의료기본법에 따른 보건의료정보의 관리를 위한 정보시스템 설비
  - 산부인과 병원·의원 또는 조산원을 운영하는 의료법인이 취득하는 「모자보건법」 제2조 제10호에 따른 산후조리원 건물 및 부속토지(2023.3.20. 이후 산후조리원 건물

및 부속토지를 취득하기 위해 지출하는 경우부터 적용)

② 의료 해외진출 및 외국인환자 유치 지원에 관한 법률 제2조 제1호에 따른 의료 해외
  진출을 위하여 다음의 용도로 지출하는 금액

  • 병원 건물 및 부속토지를 임차하거나 인테리어 하는 경우
  • 의료기기 또는 정보시스템 설비를 임차하는 경우

③ 다음의 연구개발사업을 위하여 지출하는 금액

  • 자체연구개발사업(조특령 별표 6의 1호 가목)
  • 위탁 및 공동연구개발사업(조특령 별표 6의 1호 나목)

2017년 2월 3일 시행령 개정시 의료법인의 해외진출을 지원하고자 해외 의료제공과 관련된 병원건물 등의 임차, 인테리비용 및 의료기기 리스료 등에 지출한 금액을 의료법인의 고유목적사업준비금 지출용도에 추가하였으며, 동 개정규정은 2017년 2월 3일 이후 고유목적사업준비금을 지출하는 분부터 적용한다.

1-3-3. 고유목적사업준비금의 회계처리

공인회계사의 외부감사를 받는 법인을 제외한 모든 비영리법인은 고유목적사업준비금을 결산에 반영하여야 한다. 또한, 의료법인이 의료기기 등 고정자산을 취득하기 위하여 지출하는 금액은 당해 법인의 선택에 따라 고유목적사업준비금을 사용한 것으로 경리할 수 있으며, 이 경우 반드시 의료기기 등에 지출하는 금액은 의료발전회계로 구분경리하여야 한다.

의료발전회계는 고유목적사업준비금의 적립 및 지출에 관하여 다른 병원회계와 구분하여 독립적으로 경리하는 회계를 말한다. 즉, 고유목적사업준비금 사용액의 사후관리를 목적으로 「법인세법」에서 요구하고 있는 구분경리이다. 이에 대한 「법인세법」상 처리방법은 다음과 같다(법인세법 기본통칙 29 – 56…6).

구 분	병원회계(수익사업)		의료발전회계	
	차 변	대 변	차 변	대 변
100 전입시	고유목적사업준비금 100 전입(손금)	고유목적사업준비금 100	–	–
100 구입시	자산 100 고유목적사업준비금 100	현금 100 의료발전준비금 100	자산(별도관리) 100	의료발전준비금 100

구 분	병원회계(수익사업)		의료발전회계	
	차 변	대 변	차 변	대 변
20 감가 상각시	감가상각비　20 의료발전준비금　20	감가상각누계액　20 의료발전준비금환입 20 (익금)	의료발전준비금　20	자산　20
50으로 처분시	현금　50 감가상각누계액 20 처분손실　30 의료발전준비금 80	자산　100 의료발전준비금환입 80 (익금)	의료발전준비금　80	자산　80

　의료법인의 의료기기 취득에 대한 고유목적사업 사용의제 규정은 의료업 시설투자를 촉진하기 위하여 의료법인에게 부여한 일종의 과세이연 혜택이므로 당해 의료법인의 선택에 의해 이를 고유목적준비금을 사용한 것으로 처리하거나 또는 고유목적사업준비금을 사용한 것으로 하지 않고 감가상각자산을 취득한 것으로 할 수 있다. 만약, 감가상각자산의 취득으로 처리하였다면 의료발전회계로 구분경리를 할 필요도 없이 수익사업회계에서 일반 유형자산의 취득으로서 내용연수에 따라서 감가상각을 하여야 한다(서이 46012－10360, 2002.2.28.).

　또한 「사립학교법」에 의한 학교법인이 기타 수익사업 및 부속병원에서 의료업을 동시에 영위하는 경우, 「법인세법 시행규칙」 제29조의 2에서 열거하고 있는 의료기기를 취득하기 위하여 기타 수익사업회계의 금액을 부속병원회계로 전출하는 경우 고유목적사업준비금 및 의료발전회계의 구분경리방법은 다음과 같을 것이다.

구 분	법인회계		학교회계	
	기타수익사업회계	일반업무회계	부속병원회계	의료발전회계
100 (전입)	고유목적사업준비금 전입　100(손금) /고유목적사업준비금 100	－	－	－
100 (자산 구입시)	고유목적사업준비금 100 /현금　100	현금　100 /고유목적사업준비금 수입　100 부속병원투자비 100 /현금　100	현금　100 /고유목적사업준비금주1) 　100 자산(의료기기)　100 /현금　100	자산(별도관리)　100 /의료발전준비금　100

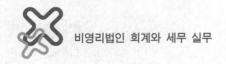

구 분	법인회계		학교회계	
	기타수익사업회계	일반업무회계	부속병원회계	의료발전회계
			고유목적사업준비금[주1] 100 /의료발전준비금 100	
20 (감가 상각시)	–	–	감가상각비 20 /감가상각누계액 20 의료발전준비금 20 /의료발전준비금환입 (익금) 20	의료발전준비금 20 /자산(의료기기) 20
50 (처분시)	–	–	현금 50 감가상각누계액 20 처분손실 30 /자산 100	의료발전준비금 80 /자산(의료기기) 80
			의료발전준비금 80 /의료발전준비금환입 (익금) 80	

주1) 기타수익사업회계에서 손비 처리된 고유목적사업준비금 설정금액이 같은 수익회계인 부속병원
회계에서 중복하여 손비 처리되지 않도록 의료발전준비금을 설정하여야 한다.

 | 중요 예규 및 판례 |

기준 – 2019 – 법령해석법인 – 0451, 2019.7.31
임대업과 의료업 등의 수익사업을 영위하는 비영리내국법인이 의료발전회계로 구분경리
하지 아니하고 의료기기 등 고정자산을 취득한 금액은 「법인세법 시행령」 제56조 제10항에
따라 고유목적사업에 지출한 비용으로 볼 수 없으며 고유목적사업과 임대업의 공통손금인
시설유지보수비, 세금과공과 등의 건물 관리운영비를 수익사업 손익계산서에 우선 계상
하고 각 부분의 재무제표를 완성 후 고유목적사업 부분으로 안분 계산된 금액은 고유목적
사업에 지출한 비용으로 볼 수 있는 것임.

서면 – 2018 – 법령해석법인 – 0972, 2019.5.15.
종교보급과 교화사업을 고유목적사업으로 하는 비영리법인인 종교단체가 수익사업인
출판업과 「조세특례제한법」 제74조 제4항에 따른 특례 대상 의료업을 함께 영위하는 경
우 해당 종교단체는 의료업에서 발생한 수익사업소득의 전액과 출판업에서 발생한 수익

사업소득의 100분의 50을 고유목적사업준비금으로 손금에 산입할 수 있으며, 해당 종교단체가 의료업 수익사업소득의 전액에 대하여 고유목적사업준비금을 설정한 경우, 해당 수익사업소득의 100분의 50에 해당하는 고유목적사업준비금은 본래의 고유목적사업인 종교보급 및 교화사업과 「법인세법 시행령」 제56조 제6항 제3호에 따른 의료기기 취득 등의 고유목적사업(이하 "의료목적사업")이나 지정기부금 지출에 제한 없이 사용할 수 있으나, 의료업 수익사업소득의 100분의 50을 초과하는 금액에 상당하는 고유목적사업준비금은 의료목적사업이나 지정기부금 지출에만 사용할 수 있는 것임.

서면 – 2016 – 법령해석법인 – 3048, 2016.12.7.
의료법인이 병원 건물이 아닌 별도의 주차장용 건물을 신축하기 위해 지출한 금액은 고유목적사업에 지출 또는 사용한 금액에 해당하지 않는 것임.

법인 – 1199, 2010.12.30.
고유목적사업준비금을 설정한 의료법인이 폐쇄된 병원건물을 입원실로 사용하기 위하여 보수공사를 하는 과정에서 지출된 금액이 「법인세법」 제29조에 따른 고유목적사업에 지출 또는 사용한 금액에 해당하는지 여부는 기존 회신사례(법인 – 753, 2010.8.9.)를 참고하기 바람.

법인 – 753, 2010.8.9.
「법인세법」 제29조에 따라 고유목적사업준비금을 손금에 산입하고 이를 의료발전회계로 구분하여 경리하는 의료법인이 병원건물을 취득하기 위하여 지출하는 금액은 「법인세법 시행령」 제56조 제6항 제3호에 따라 고유목적사업에 지출 또는 사용한 금액으로 보는 것이며, 이 경우 '기획재정부령이 정하는 고정자산의 취득'에는 병원건물에 대한 자본적 지출액을 포함하는 것임.

법인 – 278, 2010.3.24.
의료업 영위 비영리내국법인이 의료업에 종사하는 직원들을 위한 사택을 취득하는 경우 고유목적사업에 지출 또는 사용한 금액에 해당되지 않음.

법인 – 1000, 2009.9.15.
의료법에 의하여 설립된 비영리의료법인이 수행하는 생물학적 동등성 시험을 통하여 발생하는 소득은 고유목적사업준비금을 손금에 산입할 수 있음.

법인 – 800, 2009.7.14.
의료법인이 노인의료복지시설 중 노인요양시설 공사를 위하여 지출한 금액을 의료업에

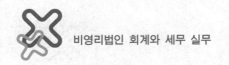

서 기 설정하고 있는 고유목적사업준비금의 사용으로 볼 수 없음.

서면2팀 - 111, 2008.1.17.

비영리내국법인이 수행하는 사업이 당해 비영리법인의 법령 또는 정관에 규정된 고유목적사업이라 하더라도「법인세법 시행령」제2조 제1항에 규정한 수익사업에 해당하는 경우에는 고정자산의 취득 등 동 수익사업을 위하여 지출하는 금액(의료법인의 의료기기 취득은 제외)은 고유목적사업에 사용한 것으로 보지 아니하는 것임.

서면2팀 - 957, 2007.5.17.

의료업을 영위하는 비영리내국법인이 병원 건물의 부속토지로 사용 중인 타인명의 토지를 토지 소유자로부터 단계적으로 분할 취득하는 경우에는 동 토지를 취득하는 시점마다 고유목적사업에 지출 또는 사용한 금액으로 보는 것이고, 기타의 수익사업(주차장)에 사용하던 토지를 병원 건물의 착공을 위해 병원회계로 당해 토지를 전입하는 때에는 그 전입하는 시점에서 고유목적사업에 지출 또는 사용한 금액으로 보는 것임.

서면2팀-2164, 2005.12.26.

귀 질의의 경우 법인이「의료법」에 의한 의료법인에 고유목적사업비로 지출하는 기부금은「법인세법 시행령」제36조 제1항 제1호 바목에 의한 지정기부금에 해당하는 것임.

서면2팀 - 477, 2005.3.31.

의료업을 영위하는 비영리내국법인이 결산시 고유목적사업준비금을 설정하지 아니한 경우 경정청구를 통하여 과소 계상한 준비금 상당액을 손금에 산입할 수 없음.

서면2팀 - 279, 2005.2.11.

의료법인이 금융리스로 취득한 의료기기를 자산으로 계상하고 이를 사업에 사용하는 경우 고유목적사업에 지출 또는 사용한 금액으로 봄.

서면2팀 - 2072, 2004.10.11.

학교법인이 기존 병원의 매각과 관련하여 지급받은 선수금을 신축병원의 건축비로 지출한 금액은 의료발전회계로 구분경리하면 고유목적사업에 지출 또는 사용한 것으로 봄.

서면2팀 - 898, 2004.4.27.

의료업을 영위하는 비영리내국법인이 '의료기기 등「법인세법 시행규칙」제29조의 2의 규정에 의한 고정자산'을 취득하기 위하여 지출하는 금액은 고유목적사업준비금에서 지출한 금액으로 보는 것이나, 동 규정에 의한 자산 외의 자산을 취득하기 위하여 지출하는 금액은 그러하지 아니하는 것임.

서이 46012 - 11600, 2003.9.3.

「사립학교법」에 의한 학교법인이 의료업 및 기타 수익사업을 함께 영위하는 경우 「조세특례제한법」 제74조의 규정에 의하여 수익에서 발생한 소득을 고유목적사업준비금으로 손금에 산입할 수 있는 것으로 당해 학교법인이 「법인세법 시행령」 제56조 제6항 및 제9항의 규정에 의하여 부속병원에 속하는 고정자산을 취득하기 위하여 지출하는 금액은 그 손금산입된 고유목적사업준비금에서 지출 또는 사용하는 것으로 볼 수 있는 것임.

법인 46012 - 117, 2002.2.27.

의료업을 영위하는 비영리내국법인이 「법인세법 시행규칙」 제29조의 2에 규정된 '의료기기 등을 취득하기 위하여 지출하는 금액'은 당해 법인의 '선택'에 의하여 동법 제29조의 규정에 의한 고유목적사업준비금 잔액을 사용하는 것으로 보아 의료발전준비금의 적립을 통한 의료발전회계로서 구분경리할 수 있는 것이며, 동 규정에 따라 고유목적사업준비금 잔액을 사용한 것으로 하여 의료기기를 취득한 법인이 동 의료기기에 대하여 「법인세법」 제23조의 규정에 의한 '감가상각비를 각 사업연도의 손금으로 계상'한 경우에는 감가상각비 상당액을 '의료발전준비금의 환입액'으로 하여 익금액에 산입하는 것임.

제도 46012 - 12671, 2001.8.16.

의료업을 영위하는 비영리내국법인이 「법인세법 시행규칙」 제29조의 2에서 정하는 의료기기 등의 고정자산을 취득하기 위하여 차입한 금액을 상환하는 것은 「법인세법 시행령」 제56조 제6항의 고유목적사업에 지출 또는 사용한 금액에 해당하지 아니하는 것임.

1-4. 의료법인의 조세특례제도

세법에는 경기부양이나 특정 산업의 장려 등 특별한 정책적 목적을 위하여 사업자가 납부할 세금을 감소시켜 주는 조세특례제도를 두고 있다. 의료법인에 적용되는 조세특례제도에는 투자단계에서의 투자세액공제와 경영단계에서의 세액감면 정도를 들 수 있다.

다만, 「조세특례제한법」은 동법에 따른 세액공제 및 세액감면이 모여 지나친 특혜가 되는 것을 막기 위하여 여러 지원조치가 동시에 적용될 경우에는 어느 하나만 선택할 수 있도록 하고 있다. 또한 이 법은 최저한세 제도를 두고 있다. 이 법에 따른 우대조치를 적용하기 전에 과세표준이 양수(+)인 이상 적어도 그 과세표준의 100분의 17[과세표준이 100억 원 초과 1천억 원 이하 부분은 100분의 12, 과세표준이 100억 원 이하 부분은 100분의 10,

중소기업의 경우에는 100분의 7(중소기업이 대통령령으로 정하는 바에 따라 최초로 중소기업에 해당하지 아니하게 된 경우에는 그 최초로 중소기업에 해당하지 아니하게 된 과세연도의 개시일부터 3년 이내에 끝나는 과세연도에는 100분의 8, 그 다음 2년 이내에 끝나는 과세연도에는 100분의 9로 한다)]을 세금으로 내도록 하고 있다(조세특례제한법 제132조 제1항).

1-4-1. 중소기업에 대한 특별세액감면

「조세특례제한법」에서는 2025년 12월 31일 이전에 끝나는 과세연도까지 「의료법」에 의한 의료기관을 운영하는 사업[의원·치과의원 및 한의원은 해당 과세연도의 수입금액(기업회계기준에 따라 계산한 매출액)에서 「국민건강보험법」 제47조에 따라 지급받는 요양급여비용이 차지하는 비율이 100분의 80 이상으로서 해당 과세연도의 종합소득금액이 1억원 이하인 경우에 한정]에 대하여 중소기업에 대한 특별세액감면을 적용할 수 있도록 하고 있다(조세특례제한법 제7조). 따라서 감면대상 업종에 해당하는 의료기관이 중소기업에 해당하면 세액감면을 받을 수 있다. 그러나 고유목적사업준비금과는 동시 적용이 불가하므로 이에 유의하여야 한다(법인세법 제29조 제8항).

중소기업에 대한 특별세액감면율은 지역과 규모나 업종에 따라 감면비율을 다르게 하고 있다.

구 분	본점소재지	감면율
의료업을 영위하는 소기업	수도권 내외 소재 불문	10%
의료업을 영위하는 중기업	수도권 외 소재	5%
	수도권 내 소재	없음

① '수도권'이란 「수도권정비계획법」 제2조 제1호에 의한 서울·인천광역시·경기도를 말한다. 참고로 2005년 개정세법에서는 내국법인의 본점 또는 주사무소가 「수도권정비계획법」 제2조의 수도권 안에 소재하는 경우에는 모든 사업장이 수도권 안에 소재하는 것으로 보아 감면비율을 적용하도록 하고 있다.

② 중소기업특별세액감면을 적용받을 수 있는 '중소기업'이란 의료업의 경우 매출액이 600억 원 이하인 법인을 말하며(중소기업기본법 시행령 별표 1), 위의 표에서 '소기업'은 당해 중소기업 중 매출액이 10억 원 미만인 법인을, '중기업'은 소기업을 제외한

중소기업을 가리킨다.

위의 감면율을 적용한 감면세액은 다음과 같이 계산하며, 다음 구분에 따른 감면한도가 적용된다.

(1) 감면세액

$$감면세액 = 법인세 \ 산출세액 \times \frac{감면대상 \ 소득}{과세표준}(100\% \ 한도) \times 감면율$$

(2) 감면한도

① 해당 과세연도의 상시근로자 수가 직전 과세연도의 상시근로자 수보다 감소한 경우
: 1억원에서 감소한 상시근로자 1명당 5백만원씩을 뺀 금액(해당 금액이 음수인 경우에는 영으로 함)
② 그 밖의 경우 : 1억원

1-4-2. 구 중소기업 등 투자세액공제

2020년 12월 29일 법 개정시 기업투자 활성화를 지원하기 위해 종전의 '중소기업 등 투자세액공제'와 '특정시설 투자세액공제 등'을 삭제하고 이를 통합하여 「조세특례제한법」 제24조 '통합투자세액공제'로 일원화하여 2021년 1월 1일 이후 과세표준을 신고하는 경우부터 적용하도록 하였다. 다만, 내국인이 2021년 12월 31일까지 투자를 완료하는 경우에는 종전의 '중소기업 등 투자세액공제' 규정을 적용받을 수 있으며, 이 경우 종전세액공제규정을 적용받는 내국인은 다른 공제대상 자산에 대하여 '통합투자세액공제' 규정을 적용받을 수 없다.

따라서 2022년 1월 1일 이후에는 「조세특례제한법」 제24조 '통합투자세액공제' 규정을 적용하여야 하며, 2021년 12월 31일까지 투자를 완료하는 경우에 한해 다음의 해설을 참고하기 바란다.

중소기업 및 중견기업 해당하는 의료법인이 2021년 12월 31일까지 사업용 자산, 판매시점정보관리시스템설비 및 정보보호시스템설비(중고품에 의한 투자는 제외한다)에 투자하는

경우에는 아래와 같이 당해 투자금액의 일정비율에 상당하는 금액을 그 투자를 완료한 날이 속하는 과세연도의 법인세에서 공제한다(조세특례제한법 제5조)[2]. 중견기업의 경우에는 해당 과세연도의 상시근로자 수가 직전 과세연도의 상시근로자 수보다 감소하지 아니한 경우에 한한다.

구 분	중소기업		중견기업	
	수도권	수도권 외	수도권	수도권 외
공제율	3%	3%	1%	2%

여기서 사업용 자산이란 해당 사업에 주로 사용하는 사업용 유형자산(토지와 조세특례제한법 시행규칙 별표 1의 건축물 등 사업용 유형자산은 제외한다)으로서 의료법인이 당해 사업에 주로 사용하는 의료기기[3]를 말한다.

사업용 자산 등에 대한 투자가 2개 이상의 과세연도에 걸쳐서 이루어지는 경우에는 당해 투자가 이루어지는 각 과세연도마다 당해 사업연도에 투자한 금액에 대하여 세액공제를 적용받을 수 있으며, 이 경우 각 과세연도별 투자금액은 다음과 같이 계산한다.

투자금액 = Max(①, ②) - (③ + ④)
① 총투자금액에 작업진행률(「법인세법 시행령」 제69조 제2항)에 의하여 계산한 금액
② 당해 과세연도까지 실제로 지출한 금액
③ 당해 과세연도 이전에 투자세액공제를 받은 투자금액
④ 투자세액공제를 적용받기 전에 투자한 분에 대하여 작업진행률에 의하여 계산한 금액

중소기업투자세액공제는 다른 투자세액공제(고용창출투자세액공제 등)와 중복하여 공제를

---

2) 2017년 12월 19일 법 개정시 고용창출투자세액공제 기본공제와 중소기업 투자세액공제를 통합하여 중소기업과 중견기업에 대한 투자세액공제 제도로 재설계하였다.

3) 구 「조세특례제한법 시행규칙」 제3조 제4호(2006.4.17. 재정경제부령 제504호로 개정되기 전)에서는 중소기업에 해당하는 의료기관이 당해 사업에 주로 사용하는 의료기기로서 렌트겐 또는 전자관을 사용하는 기기, 소독살균용 또는 수술용 기기, 조 제기기, 치과진료용 유닛, 광학검사기기 등의 의료기기에 한해 사업용 고정자산으로 열거하였으나, 2006년 4월 시행규칙 개정시 당해 조항은 삭제되어, 의료기관의 사업용 자산의 범위는 동조 제1호의 규정에 따라 토지나 건축물 등 조세특례제한법 시행규칙 별표 1의 자산을 제외한 자산으로 범위가 확대되었음.

할 수 없고 중소기업특별세액감면과도 중복하여 공제를 받을 수 없다(조세특례제한법 제127조). 또한 수도권과밀억제권역 안에서는 대체투자에 대해서만 공제를 받을 수 있는 등 공제가 배제되는 경우가 있으므로 이에 유의해야 한다(조세특례제한법 제130조).

1-4-3. 통합투자세액공제

의료법인이 사업용 유형자산(단, 토지와 건축물 등은 제외함), 연구·시험 및 직업훈련시설, 에너지절약 시설, 환경보전 시설, 근로자복지 증진 시설, 안전시설 및 기타 일부 업종별 사업용 자산(중고품 및 금융리스를 제외한 리스에 의한 투자는 제외함)에 투자하는 경우에는 기본공제 금액과 추가공제 금액을 합한 공제금액을 해당 투자가 이루어지는 과세연도의 법인세에서 공제한다(조세특례제한법 제24조).

공제요건 및 공제한도 등에 대한 자세한 내용은 '법인세 조정과 신고실무'를 참고하기 바란다.

┃중요 예규 및 판례┃

법인 - 1317, 2009.11.27.

질의

〔사실관계〕
• 질의법인은 의료업을 영위하는 비영리내국법인임.
• 비영리내국법인은 「법인세법」 및 「조세특례제한법」에 따른 감면 등을 적용받는 경우에는 고유목적사업준비금을 손금산입할 수 없음.
• 의료법인은 고유목적사업준비금을 의료발전준비금으로 계상한 후, 감가상각 또는 처분시점에 환입하도록 규정하여 감면효과가 없음.

〔질의내용〕
• 의료법인이 고유목적사업준비금 손금산입과 중소기업특별세액감면을 동시에 적용받을 수 있는지 여부

회신

비영리내국법인의 수익사업에서 발생한 소득에 대하여 「법인세법」 또는 「조세특례제한법」에 따른 비과세·면제, 준비금의 손금산입, 소득공제 또는 세액감면(세액공제를 제외함)을 적용받는 경우에는 「법인세법」 제29조 【고유목적사업준비금의 손금산입】 규정을

적용하지 아니하는 것으로, 귀 질의와 같이 의료업을 영위하는 비영리내국법인이 「조세특례제한법」 제7조【중소기업에 대한 특별세액감면】을 적용받는 경우에는 고유목적사업준비금을 손금에 산입하지 아니하는 것임.

서면1팀 - 1549, 2006.11.15.

의료업을 영위하는 거주자가 「여신전문금융업법」에 의한 시설대여업자 또는 「중소기업진흥 및 제품구매촉진에 관한 법률」에 의한 중소기업진흥공단 외의 자로부터 렌탈계약에 의하여 렌탈한 의료기기에 대하여는 「조세특례제한법」 제26조의 규정에 의한 임시투자세액공제를 받을 수 없는 것임.

서면2팀 - 1395, 2006.7.26.

임시투자세액공제대상인 사업용 고정자산의 범위에 해당하는 「의료법」에 의한 의료기관이 사업에 사용하는 의료기기는 2006.4.17. 이후부터 「조세특례제한법 시행규칙」 제3조 제1항 제1호의 규정을 적용하는 것이며, 이 경우에 중소기업만 대상으로 하는 것은 아님.

서면2팀 - 1746, 2005.11.2.

「의료법」에 의한 의료기관이 사업용 자산인 의료기기를 취득하였으나 공제감면을 받지 못한 세액은 경정청구기한 내에 결정 또는 경정을 청구할 수 있음.

서면2팀 - 1558, 2005.9.27.

「의료법」에 의한 의료기관을 운영하는 사업(의원·치과의원 및 한의원을 제외하며, 이하 '의료업'이라 한다)을 주된 사업으로 영위하는 법인이 「조세특례제한법 시행령」 제2조의 규정에 의한 중소기업의 요건을 충족하는 경우 「조세특례제한법」 제7조의 규정에 의한 중소기업특별세액감면 적용 등 일반적인 중소기업에 대한 조세지원과 동일한 적용을 받을 수 있는 것임.

재조예 - 111, 2005.2.5.

「의료법」에 의한 의료기관이 당해 사업에 주로 사용하기 위하여 의료기기를 취득하는 경우 이는 「조세특례제한법 시행규칙」 제3조 제1항 제1호의 규정에 의한 '사업용 자산'에 해당하는 것임.

의료법인은 비영리법인에 해당하며 「의료법」 제48조에서 의료법인의 설립에 대해 조건을 두고 있다. 현실적으로 의료법인의 설립은 기존의 개인사업 형태를 의료법인화하는 경우가 많으며 재산을 출연하여 의료법인을 설립하는 경우도 종종 있다.

의료법인을 설립할 때나 설립 후에 피상속인 유언에 따라 또는 상속받은 이들의 뜻에 따라 상속재산을 무상으로 의료법인에 출연하게 되는데, 현행 「상속세 및 증여세법」에서는 이러한 상속재산에 대해서는 일정요건을 갖추면 상속세 과세가액에서 불산입하고 사후관리 규정을 두게 된다.

또한, 의료법인의 증여받은 재산이 「법인세법」상 비과세되면 증여세 과세문제가 발생한다. 현행 법체계에서는 비영리법인 중 공익법인(의료법에 따른 의료법인이 운영하는 사업)이 받은 재산에 대해서는 증여세를 과세하지 않지만, 사후관리 요건을 위배하는 경우에는 증여세 또는 가산세를 추징하게 된다.

보다 자세한 내용은 '제4장 상속세 및 증여세법'을 참조하기 바란다.

 | 중요 예규 및 판례 |

서면 - 2021 - 법규법인 - 4818, 2022.1.18.
의료법인이 출연재산가액의 1% 상당액을 정관상 고유목적사업으로서 공익목적사업이자 수익사업에 해당하는 의료사업에 사용하는 경우 해당 금액은 「상속세 및 증여세법」 제48조 제2항 제7호의 직접 공익목적사업에 사용한 것으로 볼 수 없는 것임.

서면 - 2020 - 법인 - 2378, 2020.12.15.
「의료법」에 따른 요양병원을 운영하는 의료법인이 출연받은 재산을 정관상 고유목적사업인 요양병원의 건물로 직접 사용하는 경우 「상속세 및 증여세법」 제48조 제2항 제1호와 관련하여 직접 공익목적사업 등에 사용하는 경우에 해당하는 것임.

서면 - 2020 - 법인 - 0661, 2020.12.7.
「의료법」의 적용을 받는 의료법인인 공익법인이 「의료법」상 허용되지 않는 부대사업을 하기 위하여 당초 출연받은 재산을 다른 공익법인에게 출연하는 경우 해당 의료법인이 「상속세 및 증여세법 시행령」 제38조 제2항의 해당 직접 공익목적사업에 효율적으로 사

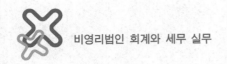
용하기 위한 것에 해당하지 않는 것임.

사전 - 2019 - 법령해석법인 - 0138, 2019.5.9.

의료법인이 「소득세법」 제70조의 2 제1호에 따른 성실신고확인대상사업자로부터 사업을 포괄적으로 양수하여 지점으로 등기한 경우 해당 의료법인이 「상속세 및 증여세법」 제50조 제3항에 따라 「주식회사 등의 외부감사에 관한 법률」 제2조 제7호에 따른 감사인의 감사를 받은 경우에는 「법인세법」(2018.12.24. 법률 제16008호로 개정되기 전의 것) 제60조의 2 제1항 단서에 따라 성실신고확인서를 제출하지 아니할 수 있음.

기획재정부 재산세제과 - 607, 2015.9.2.

의료법인이 출연받은 재산을 의료업에 운용한 경우로서 그 운용소득을 직접 공익목적사업에 사용하지 않은 경우 「상속세 및 증여세법」 제48조 제2항에 따라 증여세를 부과하는 것이며, 이 경우 같은 법 시행령 제40조 제1항 제2의 2호 계산식에서 '출연재산(직접 공익목적사업에 사용한 분을 제외한다)의 평가가액'은 출연받은 재산 중 의료업에 운용한 출연재산의 평가가액을 말하는 것임.

서면 - 2014 - 법령해석재산 - 21431, 2015.4.10.

「상속세 및 증여세법」 제48조 및 같은 법 시행령 제12조 제2호의 규정에 따라 초·중등교육법에 의한 학교를 설립·경영하는 공익법인 등이 출연받은 재산의 가액은 증여세 과세가액에 산입하지 아니하는 것으로 「평생교육법」 제31조 제2항에 따라 개인이 설립한 학교형태의 학력인정 평생교육시설은 위의 공익법인 등에 해당하지 아니함.

조심 2010구3122, 2011.5.17.

공익법인 사후관리규정의 입법취지가 공익법인이 출연받은 재산을 공익목적사업에 사용할 것을 조건으로 증여세를 면제하는 것이므로 사후관리대상은 증여세를 면제받은 재산에 한정해야 함.

재산 - 1255, 2009.6.23.

의료법인이 운용소득으로 정관상 고유목적사업에 직접 사용하는 의료시설을 취득하거나 취득에 사용된 차입금을 상환한 경우에는 운용소득을 직접 공익목적사업에 사용한 것으로 봄.

서면4팀 - 1109, 2008.5.6.

「상속세 및 증여세법」 제48조 제2항 제3호·제4호의 2 규정을 적용함에 있어 「의료법」의 규정에 의한 의료법인이 운용소득으로 정관상 고유목적사업에 직접 사용하는 의료시설 취득 및 병원확장에 사용된 차입금을 상환한 경우에는 동 운용소득을 직접 공익목적사업에 사용한 것으로 보는 것임.

부동산, 차량, 기계장치, 입목, 골프회원권 등을 취득 및 등기·등록할 때에는 취득세 등을 부담한다. 이에 대하여는 의료법인도 예외는 아니다.

그러나 일정 의료법인이 취득한 토지나 건물 등 부동산에 대한 취득세 그리고 부동산 보유에 따라 발생하는 재산세 등이 면제된다.

3-1. 취득세 등의 감면

「지방세특례제한법」에서는 다음의 법인(공공의료기관)이 고유업무에 직접 사용하기 위하여 취득하는 부동산에 대해서는 취득세의 100분의 50(감염병전문병원의 경우에는 100분의 60)을, 과세기준일 현재 그 고유업무에 직접 사용하는 부동산에 대해서는 재산세의 100분의 50(감염병전문병원의 경우에는 100분의 60)을 2024년 12월 31일까지 각각 경감한다(지방세특례제한법 제37조 제1항).

① 「서울대학교병원 설치법」에 따라 설치된 서울대학교병원
② 「서울대학교치과병원 설치법」에 따라 설치된 서울대학교치과병원
③ 「국립대학병원 설치법」에 따라 설치된 국립대학병원
④ 「암관리법」에 따라 설립된 국립암센터
⑤ 「국립중앙의료원의 설립 및 운영에 관한 법률」에 따라 설립된 국립중앙의료원
⑥ 「국립대학치과병원 설치법」에 따라 설립된 국립대학치과병원
⑦ 「방사선 및 방사성동위원소 이용진흥법」에 따라 설립된 한국원자력의학원

한편, 의료법에 따른 의료법인 등에게도 감면 혜택을 규정하고 있는 바 그 내용은 다음과 같다(지방세특례제한법 제38조, 제38조의 2).
① 「의료법」 제48조에 따라 설립된 의료법인이 의료업에 직접 사용하기 위하여 취득하는 부동산에 대해서는 2024년 12월 31일까지 취득세의 100분의 30(감염병전문병원의 경우에는 100분의 40)을, 재산세의 100분의 50(감염병전문병원의 경우에는 100분의 60)을 각각 경감한다.

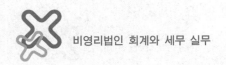

② 「고등교육법」제4조에 따라 설립된 의과대학(한의과대학, 치과대학 및 수의과대학을 포함한다)의 부속병원에 대하여는 주민세 사업소분(「지방세법」제81조 제1항 제2호에 따라 부과되는 세액으로 한정함) 및 종업원분을 2014년 12월 31일까지 면제한다.

③ 「민법」제32조에 따라 설립된 재단법인이 「의료법」에 따른 의료기관 개설을 통하여 의료업에 직접 사용할 목적으로 취득하는 부동산에 대해서는 취득세의 100분의 15(감염병전문병원의 경우에는 100분의 25)를, 과세기준일 현재 의료업에 직접 사용하는 부동산에 대해서는 재산세의 100분의 25(감염병전문병원의 경우에는 100분의 35)를 2024년 12월 31일까지 각각 경감한다. 다만, 종교단체의 경우에는 취득세의 100분의 30(감염병전문병원의 경우에는 100분의 40)을, 재산세의 100분의 50(감염병전문병원의 경우에는 100분의 60)을 2024년 12월 31일까지 각각 경감한다.

④ 「지방의료원의 설립 및 운영에 관한 법률」에 따라 설립된 지방의료원이 의료업에 직접 사용하기 위하여 취득하는 부동산에 대해서는 2024년 12월 31일까지 취득세 및 재산세의 100분의 75(감염병전문병원의 경우에는 100분의 85)를 각각 경감한다.

다만, 취득일로부터 1년 이내에 정당한 사유 없이 해당 용도로 직접 사용하지 아니하거나 또는 그 사용일로부터 2년 이상 직접 사용하지 아니하고 매각하거나 다른 용도로 사용하는 경우 그 해당 부분에 대하여는 감면된 취득세를 추징한다(지방세특례제한법 제178조). 보다 자세한 내용은 '제5장 지방세법, 지방세특례제한법'을 참고하기 바란다.

 | 중요 예규 및 판례 |

부동산세제과-2879, 2020.12.2.
의료법인이 운영하는 산후조리원이 쟁점규정의 감면대상에 해당하는지에 대해서 살펴보면,
- 산후조리원은 「의료법」상 의료업이 아닌 부대사업으로 규정하고 있으며, 「모자보건법」에서도 산후조리업을 급식·요양 등 일상생활에 필요한 편의를 제공하는 업으로 규정하고 있어, 의료법인에서 산후조리원을 운영한다 하여 이를 의료업에 직접 사용하는 범주에 포함하기는 어려워 보이는 점,
- 「의료법」상 의료업 외 부대사업에 해당하는 장례식장의 운영(행안부 세정 13407-783, 2002.8.23.), 의료나 의학에 관한 조사 연구(지방세운영-1455, 2012.5.10.), 노인복지시설(조심 2012지717, 2012.11.21.) 등으로 사용하는 경우에는 의료업에 직접 사용하는 것이 아니므로 쟁점규정의 적용 대상이 아니라고 판단하였던 점,

- 일반 산후조리원과 달리 의료법인에서 운영하는 산후조리원에 대해서만 감면을 지원할 경우 양자 간 과세 불형평이 발생하며, 양자 간 차이를 둘 합리적 이유가 없어 보이는 점 등을 종합적으로 감안할 때,
- 의료법인이 의료업과 산후조리원을 함께 운영하는 경우라 하더라도, 그 산후조리원에 대해서는 쟁점규정에 따른 의료업에 직접 사용한다고 볼 수 없으므로 감면대상에서 제외하여야 할 것임.

조심 2015지0902, 2015.8.28.

이상의 사실관계 및 관련 법령 등을 종합하여 살피건대, 「지방세특례제한법」 제38조 제1항에서 「의료법」 제48조에 따라 설립된 의료법인이 과세기준일 현재 의료업에 직접 사용하는 부동산에 대해서는 재산세를 면제하도록 규정하고 있고, 같은 법 제41조 제2항에서는 「고등교육법」에 따른 학교가 과세기준일 현재 해당 사업에 직접 사용하는 부동산에 대하여는 재산세 등을 면제하되, 수익사업에 사용하는 경우에 대하여는 면제하지 아니하는 것으로 규정하고 있는바, 청구법인은 「의료법」 제48조에 따라 설립된 의료법인이 아닌 「고등교육법」에 의한 학교법인에 해당할 뿐만 아니라, 이 건 토지는 학교법인인 청구법인이 수익사업을 위해 설치한 병원의 부속토지로서 이를 학교 용도에 직접 사용하는 부동산으로 보기도 어려우며, 영리를 목적으로 설립한 병원에서 학교법인의 간호학과 학생들이 간헐적으로 실습을 한다고 하여 이를 재산세 감면대상으로 보기 어려워 보이므로 처분청이 이 건 토지에 대하여 재산세 등을 부과·고지한 처분은 달리 잘못이 없다고 판단됨.

의료기관회계기준규칙

[시행 2021.3.5.] [보건복지부령 제72호, 2021.2.1., 일부개정]

제1조【목적】이 규칙은 「의료법」 제62조에 따라 의료기관의 개설자가 준수하여야 하는 의료기관 회계기준을 정함으로써 의료기관 회계의 투명성을 확보함을 목적으로 한다. 〈개정 2007.7.27.〉

제2조【의료기관 회계기준의 준수대상】① 「의료법」 제62조 제2항에 따라 의료기관 회계기준을 준수하여야 하는 의료기관의 개설자는 다음 각 호의 구분에 따른 병원급 의료기관(이하 "병원"이라 한다)의 개설자를 말한다. 〈개정 2007.7.27., 2011.2.10., 2021.2.1.〉

1. 2022년 회계연도 : 300병상(종합병원의 경우에는 100병상) 이상의 병원급 의료기관
2. 2023년 회계연도 : 200병상(종합병원의 경우에는 100병상) 이상의 병원급 의료기관
3. 2024년 회계연도 이후 : 100병상 이상의 병원급 의료기관

② 제1항에 따른 병상 수는 해당 병원의 직전 회계연도의 종료일을 기준으로 산정한다. 〈신설 2007.7.27.〉

제3조【회계의 구분】① 병원의 개설자인 법인(이하 "법인"이라 한다)의 회계와 병원의 회계는 이를 구분하여야 한다.

② 법인이 2 이상의 병원을 설치·운영하는 경우에는 각 병원마다 회계를 구분하여야 한다.

제4조【재무제표】① 병원의 재무상태와 운영성과를 나타내기 위하여 작성하여야 하는 재무제표는 다음 각 호와 같다. 〈개정 2015.12.31.〉

1. 재무상태표
2. 손익계산서
3. 기본금변동계산서(병원의 개설자가 개인인 경우를 제외한다)
4. 현금흐름표

② 제1항의 규정에 의한 재무제표의 세부작성방법은 보건복지부장관이 정하여 고시한다. 〈개정 2008.3.3., 2010.3.19.〉

제5조【회계연도】병원의 회계연도는 정부의 회계연도에 따른다. 다만, 「사립학교법」에 따라 설립된 학교법인이 개설자인 병원의 회계연도는 동법 제30조의 규정에 의한 사립학교의 학년도에 따른다. 〈개정 2007.7.27.〉

제6조【계정과목의 표시】제4조의 규정에 의한 재무제표는 이 규칙에서 정한 계정과목을

사용하여야 한다. 다만, 계정과목을 정하지 아니한 것은 그 성질이나 금액이 유사한 계정과목으로 통합하여 사용하거나 그 내용을 나타낼 수 있는 적절한 계정과목을 신설하여 사용할 수 있다.

제7조【재무상태표】① 재무상태표는 재무상태표 작성일 현재의 자산·부채 및 자본에 관한 항목을 객관적인 자료에 따라 작성하여야 한다. 〈개정 2015.12.31.〉

② 제1항에 따른 재무상태표는 별지 제1호 서식에 따른다. 〈개정 2015.12.31.〉

[제목개정 2015.12.31.]

제8조【손익계산서】① 손익계산서는 회계기간에 속하는 모든 수익과 이에 대응하는 모든 비용을 객관적인 자료에 따라 작성하여야 한다.

② 제1항의 규정에 의한 손익계산서는 별지 제2호 서식에 의한다.

제9조【기본금변동계산서】① 기본금변동계산서는 기본금과 이익잉여금의 변동 및 수정에 관한 사항을 객관적인 자료에 따라 작성하여야 한다.

② 제1항의 규정에 의한 기본금변동계산서는 별지 제3호 서식에 의한다.

제10조【현금흐름표】① 현금흐름표는 당해 회계기간에 속하는 현금의 유입과 유출내용을 객관적인 자료에 따라 작성하여야 한다. 다만, 병원의 개설자가「사립학교법」에 따라 설립된 학교법인 또는「지방공기업법」에 따라 설립된 지방공사인 경우에는 자금수지계산서로 이를 갈음할 수 있다. 〈개정 2007.7.27.〉

② 제1항의 규정에 의한 현금흐름표는 별지 제4호 서식에 의한다.

제11조【결산서의 제출 및 공시】① 병원의 장은 매 회계연도 종료일부터 3월 이내에 다음 각 호의 서류를 첨부한 결산서를 보건복지부장관에게 제출하여야 한다. 〈개정 2008.3.3., 2010.3.19., 2015.12.31.〉

1. 재무상태표와 그 부속명세서

2. 손익계산서와 그 부속명세서

3. 기본금변동계산서(병원의 개설자가 개인인 경우를 제외한다)

4. 현금흐름표

② 법인은 제1항 제1호 및 제2호에 따른 병원의 재무상태표와 손익계산서를 보건복지부장관이 정하는 인터넷 사이트에 공시하여야 한다. 〈신설 2015.12.31.〉

[제목개정 2015.12.31.]

제12조 삭제 〈2018.12.28.〉

부 칙〈보건복지부령 제72호, 2021.2.1.〉

이 규칙은 2021년 3월 5일부터 시행한다.

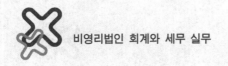

〔별지 제1호 서식〕(2015.12.31. 개정)

재무상태표

제 (당)기　　　년　　월　　일 현재
제 (전)기　　　년　　월　　일 현재

(단위 : 원)

계정과목	제　　(당)기 금액	제　　(전)기 금액
자산		
Ⅰ. 유동자산		
(1) 당좌자산		
1. 현금 및 현금성자산		
2. 단기금융상품		
⋮		
(2) 재고자산		
1. 약품		
2. 진료재료		
⋮		
Ⅱ. 비유동자산		
(1) 투자자산		
1. 장기금융상품		
2. 투자유가증권		
⋮		
(2) 유형자산		
1. 토지		
2. 건물		
⋮		
(3) 무형자산		
1. 영업권		
2. 창업비		
⋮		
(4) 기타 비유동자산		
(자산총계)		
부채		
Ⅰ. 유동부채		
1. 매입채무		
2. 단기차입금		
⋮		
Ⅱ. 비유동부채		

1. 장기차입금 2. 외화장기차입금 ⋮ Ⅲ. 고유목적사업준비금 Ⅳ. 의료발전준비금 (부채합계) 자본 Ⅰ. 기본금(기본재산) 1. 법인기본금 2. 기타기본금 Ⅱ. 자본잉여금 1. 자산재평가적립금 2. 기타자본잉여금 Ⅲ. 기타포괄손익누계액 1. 재평가잉여금 2. 해외사업환산손익 Ⅳ. 이익잉여금(결손금) 1. 차기이월잉여금(결손금) 2. 당기순이익(순손실) (자본총계) 부채와 자본총계		

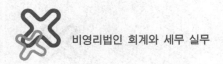

〔별지 제2호 서식〕 (2015.12.31. 개정)

손익계산서

제 (당)기　년　월　일부터　년　월　일까지
제 (전)기　년　월　일부터　년　월　일까지

(단위 : 원)

계정과목	제 (당)기	제 (전)기
	금액	금액
Ⅰ. 의료수익		
1. 입원수익		
2. 외래수익		
⋮		
Ⅱ. 의료비용		
(1) 인건비		
1. 급여		
2. 퇴직급여		
⋮		
(2) 재료비		
1. 약품비		
2. 진료재료비		
⋮		
(3) 관리운영비		
1. 복리후생비		
2. 여비교통비		
⋮		
Ⅲ. 의료이익(손실)		
Ⅳ. 의료외수익		
1. 의료부대수익		
2. 이자수익		
⋮		
Ⅴ. 의료외비용		
1. 의료부대비용		
2. 이자비용		
⋮		
Ⅵ. 법인세차감전순이익(순손실)		
Ⅶ. 법인세비용		
Ⅷ. 고유목적사업준비금설정전 당기순이익		
Ⅸ. 고유목적사업준비금전입액		
Ⅹ. 고유목적사업준비금환입액		
Ⅺ. 당기순이익(순손실)		

〔별지 제3호 서식〕(2015.12.31. 개정)

기본금변동계산서

제 (당)기 년 월 일부터 년 월 일까지
제 (전)기 년 월 일부터 년 월 일까지

(단위 : 원)

계정과목	제 (당)기		제 (전)기	
	금액		금액	
Ⅰ. 기본금				
1. 법인기본금				
2. 기타기본금				
Ⅱ. 자본잉여금				
1. 자산재평가적립금				
⋮				
Ⅲ. 기타포괄손익누계액				
1. 재평가잉여금				
2. 해외사업환산손익				
⋮				
Ⅳ. 이익잉여금				
1. 전기이월이익잉여금(결손금)				
2. 회계변경의 누적효과				
⋮				
Ⅴ. 이익잉여금 처분액				
1. 기본금대체액				
Ⅵ. 차기이월이익잉여금				

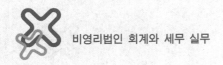

[별지 제4호 서식] (2015.12.31. 개정)

현금흐름표

제 (당)기 　년 　월 　일부터 　년 　월 　일까지
제 (전)기 　년 　월 　일부터 　년 　월 　일까지

(단위 : 원)

과목	제 (당)기	제 (전)기
	금액	금액
Ⅰ. 영업활동으로 인한 현금흐름		
(1) 당기순이익(순손실)		
(2) 현금의 유출없는 비용 등의 가산		
1. 감가상각비		
2. 퇴직급여		
⋮		
(3) 현금의 유입없는 수익 등의 차감		
1. 채무면제이익		
2. 외화환산이익		
⋮		
(4) 영업활동으로 인한 자산부채의 변동		
1. 재고자산의 감소(증가)		
2. 매출채권의 감소(증가)		
⋮		
Ⅱ. 투자활동으로 인한 현금흐름		
(1) 투자활동으로 인한 현금유입액		
1. 단기금융상품의 처분		
2. 토지의 처분		
⋮		
(2) 투자활동으로 인한 현금유출액		
1. 현금의 단기대여		
2. 토지의 취득		
⋮		
Ⅲ. 재무활동으로 인한 현금흐름		
(1) 재무활동으로 인한 현금유입액		
1. 단기차입금의 차입		
⋮		
(2) 재무활동으로 인한 현금유출액		
1. 단기차입금의 상환		
⋮		
Ⅳ. 현금의 증가(감소)(Ⅰ+Ⅱ+Ⅲ)		
Ⅴ. 기초의 현금		
Ⅵ. 기말의 현금		

재무제표 세부 작성방법 고시
[보건복지부 고시 제2016-206호, 2016.11.1. 개정]

Ⅰ. 일반적 작성기준

1. 회계의 일반원칙

가. 회계처리 및 보고는 신뢰할 수 있도록 객관적인 자료와 증거에 의하여 공정하게 처리하여야 한다.

나. 재무제표의 양식 및 과목과 회계용어는 이해하기 쉽도록 간단·명료하게 표시하여야 한다.

다. 중요한 회계방침과 회계처리기준·과목 및 금액에 관하여는 그 내용을 재무제표 상에 충분히 표시하여야 한다.

라. 회계처리에 관한 기준 및 추정은 기간별 비교가 가능하도록 매기 계속하여 적용하고 정당한 사유 없이 이를 변경하여서는 아니된다.

마. 회계처리와 재무제표 작성에 있어서 과목과 금액은 그 중요성에 따라 실용적인 방법에 의하여 결정하여야 한다.

바. 회계처리 과정에서 2 이상의 선택 가능한 방법이 있는 경우에는 재무적 기초를 견고히 하는 관점에 따라 처리하여야 한다.

사. 회계처리는 거래의 실질과 경제적 사실을 반영할 수 있어야 한다.

2. 재무제표 및 부속명세서 작성원칙

재무제표는 재무상태표, 손익계산서, 기본금변동계산서, 현금흐름표 및 주기와 주석으로 한다.

가. 재무제표는 이 고시와 의료기관회계기준규칙에 따라 작성하되 이 고시 및 동 규칙에 정하지 아니한 사항에 대해서는 의료기관회계기준규칙에 반하지 않는 범위 내에서

기업회계기준과 일반적으로 공정·타당하다고 인정되는 회계 관행에 따라 처리한다.

나. 재무제표는 당해 회계연도분과 직전 회계연도분을 비교하는 형식으로 작성하여야 한다.

다. 재무제표의 양식은 보고식을 원칙으로 한다.

라. 기타 필요한 명세서는 부속명세서를 작성하여야 한다.

마. 재무제표에는 이를 이용하는 자에게 충분한 회계정보를 제공하도록 중요한 회계방침 등 필요한 사항에 대하여는 다음의 방법에 따라 주기 및 주석을 하여야 한다.

  1) 주기는 재무제표상의 해당 과목 다음에 그 회계사실의 내용을 간단한 자구 또는 숫자로 괄호 안에 표시하는 방법으로 한다.

  2) 주석은 재무제표상의 해당 과목 또는 금액에 기호를 붙이고 난외 또는 별지에 동일한 기호를 표시하여 그 내용을 간결·명료하게 기재하는 방법으로 한다.

  3) 동일한 내용의 주석이 2 이상의 과목에 관련되는 경우에는 주된 과목에 대한 주석만 기재하고, 다른 과목의 주석은 기호만 표시함으로써 이를 갈음할 수 있다.

Ⅱ. 세부 작성기준

1. 재무상태표

가. 재무상태표 작성기준

1) 재무상태표는 자산, 부채 및 자본으로 구분한다.

2) 자산, 부채 및 자본은 총액에 의하여 기재함을 원칙으로 하고, 자산의 항목과 부채 또는 자본의 항목을 상계함으로써 그 전부 또는 일부를 재무상태표에서 제외하여서는 아니된다.

3) 자산과 부채는 1년을 기준으로 하여 유동자산 또는 비유동자산, 유동부채 또는 비유동부채로 구분하는 것을 원칙으로 한다.

4) 재무상태표에 기재하는 자산과 부채의 항목배열은 유동성배열법에 의함을 원칙으로 한다.

5) 가지급금 또는 가수금 등의 미결산 항목은 그 내용을 나타내는 적절한 과목으로 기재하여야 한다.

나. 자산의 계정과목구분

자산은 유동자산과 비유동자산으로 구분한다.

1) 유동자산은 당좌자산, 재고자산, 기타유동자산으로 구분한다.

　가) 당좌자산은 현금 및 현금성자산, 국고보조금, 단기금융상품, 단기매매증권, 의료미수금, 단기대여금, 대손충당금, 미수금, 미수수익, 선급금, 선급비용, 선급제세, 본지점, 이연법인세자산 및 기타의 당좌자산으로 구분한다.

　　(1) 의료미수금은 진료행위로 인하여 발생한 외상매출금과 받을어음으로 한다.

　　　① 입원환자 재원기간 중 발생한 미수금은 재원미수금, 퇴원환자로부터 발생한 미수금은 퇴원미수금, 외래환자로부터 발생한 미수금은 외래미수금, 기타의료수익의 미수금은 기타의료수익미수금으로 구분한다.

　　　② 의료미수금은 보험자단체 등의 청구미수금과 환자본인부담금미수액을 포함한다.

　　　③ 재원미수금 등은 환자종류에 따라 건강보험미수금, 의료급여미수금, 자동차보험미수금, 산재보험미수금, 일반환자미수금 및 건강검진미수금 등으로 구분할 수 있다.

　　(2) 미수금은 의료미수금을 제외한 미수채권 등을 말한다.

　나) 재고자산은 약품, 진료재료, 급식재료, 저장품, 의료부대물품으로 구분한다.

2) 비유동자산은 투자자산, 유형자산, 무형자산, 기타비유동자산으로 구분한다.

　가) 투자자산은 장기금융상품, 투자유가증권, 장기대여금, 장기대여금대손충당금, 퇴직보험예치금, 보증금 및 기타투자자산으로 구분한다.

　나) 유형자산은 토지, 건물, 구축물, 기계장치, 의료장비, 차량운반구, 공기구비품, 건설 중인 자산, 기타유형자산, 감가상각누계액 및 국고보조금으로 구분한다. 이 경우 유형자산 과목별로 감가상각방법, 내용연수 등을 주석으로 기재하여야 한다.

　　(1) 유형자산의 인식시점 이후에는 원가모형이나 재평가모형 중 하나를 회계정책으로 선택하여 유형자산 분류별로 동일하게 적용한다.

　다) 무형자산은 영업권 및 산업재산권으로 구분한다.

다. 부채의 계정과목구분

부채는 유동부채와 비유동부채로 구분한다.

1) 유동부채는 매입채무, 단기차입금, 미지급금, 선수금, 예수금, 미지급비용, 미지급제

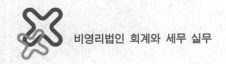
세, 유동성장기부채, 선수수익, 예수보증금, 단기부채성충당금, 임직원단기차입금, 이연법인세부채 및 기타의 유동부채로 구분한다.

2) 비유동부채는 장기차입금, 외화장기차입금, 금융리스미지급금, 장기성매입채무, 퇴직급여충당금, 이연법인세부채 및 임대보증금으로 구분한다.

3) 고유목적사업준비금을 결산서에 인식하는 경우 해당 고유목적사업준비금은 유동부채 및 비유동부채와는 별도로 구분하여 표시한다.

라. 자본의 계정과목구분

1) 법인병원 등은 자본을 기본금, 자본잉여금, 기타포괄손익누계액 및 이익잉여금(결손금)으로 구분한다.

　가) 기본금은 법인기본금과 기타 기본금으로 구분한다.

　나) 자본잉여금은 자본보존목적의 기타 자본잉여금으로 한다.

　다) 기타포괄손익누계액은 재평가잉여금과 해외사업환산손익 등으로 구분한다.

　라) 이익잉여금(결손금)은 차기이월잉여금(결손금) 및 당기순이익(순손실)으로 구분한다.

2) 개인병원은 자본금이라는 개념이 없고 총자산에서 총부채를 차감하면 자본이 되므로 이를 구분하지 아니한다.

마. 재무상태표 과목분류 및 내용해설은 별표 1과 같다.

2. 손익계산서

가. 손익계산서 작성기준

1) 모든 수익과 비용은 그것이 발생한 기간에 정당하게 배분되도록 처리하여야 한다. 다만, 수익은 실현시기를 기준으로 계상하고 미실현수익은 당기의 손익계산에 산입하지 아니함을 원칙으로 한다.

2) 수익과 비용은 그 발생원천에 따라 명확하게 분류하고 각 수익항목과 이에 관련되는 비용항목을 대응 표시하여야 한다.

3) 수익과 비용은 총액에 의하여 기재함을 원칙으로 하고 수익항목과 비용항목을 직접 상계함으로써 그 전부 또는 일부를 손익계산서에서 제외하여서는 아니된다.

4) 손익계산서는 의료이익(의료손실), 법인세차감전순이익(순손실), 법인세비용, 고유목적 사업준비금설정전 당기순이익(손실), 고유목적사업준비금전입액, 고유목적사업준비금 환입액 및 당기순이익(순손실)으로 구분 표시하여야 한다.

나. 수익과목 계정과목 구분

수익과목은 의료수익과 의료외수익으로 구분한다.

1) 의료수익은 입원수익, 외래수익 및 기타의료수익으로 구분하며 의료수익감면을 차감 한 후의 수익을 계상한다. 이 경우 의료수익감면에 대한 세부내역을 주석으로 기재하 여야 한다.

2) 의료수익감면은 진료비에누리(또는 진료비할인), 연구용환자감면 및 자선환자감면 등 으로 구분한다.

　가) 진료비에누리는 일정한 요건에 적합한 환자에 대하여 사전에 약정한 할인율에 따 라 진료비의 일부 또는 전부를 감액하여 주는 것을 말한다.

　나) 진료비할인은 진료비가 청구되어 의료미수금으로 계상되었으나 환자의 지불능력 부족 등의 이유로 진료비의 일부 또는 전부를 감액하여 주는 것을 말한다.

　다) 연구용환자나 자선환자에 대해 진료비를 일부 또는 전부를 감면해주는 경우, 환 자로부터 수납한 진료비만을 수익으로 계상한다.

3) 의료외수익은 의료부대수익, 이자수익, 배당금수익, 임대료수익, 단기매매증권처분이 익, 단기매매증권평가이익, 연구수익, 외환차익, 외화환산이익, 투자자산처분이익, 유 형자산처분이익, 대손충당금환입, 기부금수익, 잡이익, 자산수증이익, 채무면제이익 및 보험차익 등으로 구분한다.

　가) 의료부대수익은 주차장직영수익, 매점직영수익, 일반식당직영수익, 영안실직영수 익 및 기타 시설직영수입 등으로 구분할 수 있다. 이 경우 의료부대수익에 대한 세부내역을 주석으로 기재하여야 한다.

　나) 임대료수익은 임대한 병원시설에 따라 영안실임대수익 및 매점임대수익 등으로 구분할 수 있다.

　다) 연구수익은 연구가 1년 이상 진행되는 경우 진행기준에 따라 인식한다.

다. 비용과목 계정과목 구분

비용과목은 의료비용과 의료외비용으로 구분한다.

1) 의료비용은 인건비, 재료비 및 관리운영비로 구분한다.

  가) 인건비는 급여, 제수당 및 퇴직급여로 구분한다.

  나) 재료비는 약품비, 진료재료비 및 급식재료비로 구분하며 약품, 진료재료 등의 매입조건이나 대금지불조건 등에 따라 발생하는 매입대금의 감액은 매입에누리(또는 매입할인)로 분류하고, 약품 등의 매입액에서 직접 차감하여 표시한다.

    (1) 매입에누리는 일정기간의 거래수량이나 거래금액 또는 대금지불조건 등에 따라 약품 등의 매입대금일부를 감액받는 것을 말한다.

    (2) 매입할인은 약품, 진료재료 등의 매입과 관련하여 발생한 채무를 조기 변제함으로써 상대방으로부터 할인받는 금액을 말한다.

  다) 관리운영비는 복리후생비, 여비교통비, 통신비, 전기수도료, 세금과공과, 보험료, 환경관리비, 지급임차료, 지급수수료, 수선비, 차량유지비, 교육훈련비, 도서인쇄비, 접대비, 행사비, 연료비, 선교비, 의료사회사업비, 소모품비, 자체연구비, 감가상각비, 무형자산상각비, 임차자산개량상각비, 광고선전비, 대손상각비, 피복침구비, 외주용역비, 잡비 및 의료분쟁비용 등으로 구분한다.

    (1) 의료분쟁비용은 의료사고 보상금, 의료사고 처리수수료 등으로 구분할 수 있으며, 이에 대한 세부내역을 주석으로 기재하여야 한다.

2) 의료외비용은 의료부대비용, 이자비용, 기타의 대손상각비, 기부금, 단기매매증권처분손실, 단기매매증권평가손실, 연구비용, 외환차손, 외화환산손실, 투자자산처분손실, 유형자산처분손실, 재고자산감모손, 고유목적사업비, 잡손실 및 재해손실 등으로 구분한다.

  가) 의료부대비용은 주차장직영비용, 매점직영비용, 일반식당직영비용, 영안실직영비용 및 기타 시설직영비용 등으로 구분할 수 있다. 이 경우 의료부대비용에 대한 세부내역을 주석으로 기재하여야 한다.

    (1) 의료부대비용은 의료비용과 별도로 인건비, 재료비, 관리운영비 등으로 구분하고, 공통비용은 의료기관의 특성을 고려하여 합리적인 기준에 따라 배분한다.

      ① 인건비는 인력 수, 총 급여 및 투입시간 등의 기준으로 배분한다.

      ② 재료비는 재료의 투입량, 직접재료비, 사용면적(병실수), 사용인원 등의 기준으로 배분한다.

      ③ 관리운영비는 매출액, 점유면적, 서비스시간, 사용인원, 관련 유형자산 가액 등의 기준으로 배분한다.

  나) 학교법인병원·국립대학교병원 및 서울대학교병원에서 법인에 전출한 이익금은

고유목적사업비로 처리한다. 이 경우 고유목적사업비의 세부사용내역을 주석으로 기재하여야 한다.

다) 연구비용은 연구가 1년 이상 진행되는 경우 진행기준에 따라 인식한다.

3) 학교법인·국립대학교병원·서울대학교병원 또는 의료법인 등에서 이익금의 일부 또는 전부를 고유목적사업준비금으로 전입하기 위해 결산서에 반영하는 경우 해당 금액은 고유목적사업준비금전입액으로 처리하고, 고유목적사업준비금전입액은 의료비용 및 의료외비용과는 별도로 구분하여 표시한다. 이 경우 고유목적사업준비금의 세부사용내역을 주석으로 기재하여야 한다.

라. 법인세비용

법인세비용은 법인세법 등의 법령에 의하여 당해 연도의 부담법인세와 법인세에 부가되는 세액합계에 당기 이연법인세 변동액을 가감하여 법인세비용을 산출한다. 다만, 학교법인병원·국립대학교병원 및 서울대학교병원 이외의 병원은 법인세부담액을 법인세비용으로 계상할 수 있다.

마. 손익계산서 과목분류 및 내용해설은 별표 2와 같다.

3. 자산·부채의 평가

가. 증여받은 자산의 평가

1) 당해 자산의 취득을 위하여 통상적으로 소요되는 가액과 비교하여 현저하게 저렴한 가격으로 취득한 자산 또는 증여받은 자산은 취득하거나 증여받은 때의 시가로 평가한다.

2) 증여받은 자산의 시가는 「부동산가격공시 및 감정평가에 관한 법률」에 의한 감정평가액에 의함을 원칙으로 하되, 토지의 경우는 동법 제3조의 규정에 의한 당해 토지의 공시지가(당해 토지의 공시지가가 없는 경우는 동법 제9조의 규정에 의하여 산정한 개별 토지의 가격)에 의할 수 있다.

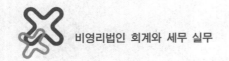

나. 진료비청구액의 삭감

1) 국민건강보험 등의 적용을 받아 진료비의 일부 또는 전부가 보험자단체에 의하여 지불되는 환자에 대하여 청구한 진료비의 일부가 삭감되는 경우에는 보험자단체의 심사가 완료되어 수납할 금액이 확정된 시점을 기준으로 하여 이미 계상된 의료미수금과 의료수익을 상계 처리한다. 이 경우 의료수익 삭감액에 대한 세부내역을 주석으로 기재하여야 한다.

2) 삭감된 진료비 중 보험자단체에 이의신청하여 일부 또는 전부가 수납될 경우에는 수납된 시점에 의료수익이 수납액만큼 발생한 것으로 회계처리한다. 따라서 이의신청 시는 회계처리하지 않으며 이의신청장부에 비망으로 기록한다.

다. 국고보조금의 처리방법

1) 국립대학교병원이나 지방공사의료원 등의 공공병원이 적자보전이나 운영비보조 등 다음과 같은 수익적 지출에 충당하기 위해 국고보조금을 받았다면 의료외수익 중 기부금수입으로 처리한다.

    가) 지방자치단체에서 지방공사의료원이 의료급여환자를 많이 진료하여 적자가 발생할 경우 건강보험수가와의 수가차액을 보조해주는 경우

    나) 공공병원이 차관 등의 이자를 지불할 능력이 충분하지 않을 경우 지방자치단체에서 이자비용을 보조해 주는 경우

    다) 기타 공공병원의 운영적자를 지방자치단체에서 보조해 주는 경우

2) 시설투자목적 등 자본적 지출에 충당할 목적으로 받은 국고보조금은 이를 취득자산에서 차감하는 형식으로 표시하고 당해 자산의 내용연수에 걸쳐 상각금액과 상계하며, 당해 자산을 처분하는 경우에는 그 잔액을 당해 자산의 처분손익에 차감 또는 부가한다.

4. 기본금변동계산서

기본금변동계산서는 기본금, 자본잉여금, 기타포괄손익누계액, 이익잉여금(결손금), 이익잉여금처분액 및 차기이월이익잉여금(결손금)으로 구분한다.

5. 현금흐름표

현금흐름표는 영업활동으로 인한 현금흐름, 투자활동으로 인한 현금흐름, 재무활동으로 인한 현금흐름, 현금의 증가, 기초의 현금 및 기말의 현금으로 구분한다.

6. 주석

가. 주석 작성기준

1) 주석은 재무상태표, 손익계산서, 기본금변동계산서 및 현금흐름표에 표시된 개별 항목과 상호 연결시켜 표시한다.
2) 주석은 일반적으로 다음 순서로 표시한다.
   가) 의료기관 회계기준을 준수하였다는 사실
   나) 의료기관회계기준규칙 제3조에 따른 회계 구분 내역
   다) 재무상태표, 손익계산서, 기본금변동계산서 및 현금흐름표에 표시된 항목에 대한 보충 정보

Ⅲ. 결 산

결산 시 작성하여야 하는 서류는 다음과 같다.
1. 재무상태표와 그 부속명세서
2. 손익계산서와 그 부속명세서
3. 기본금변동계산서(개인병원은 제외)
4. 현금흐름표
5. 주기와 주석

Ⅳ. 재무제표의 주요부속명세서

재무제표의 부속명세서로 작성하여야 하는 서류는 다음과 같다.

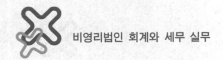
1. 의료미수금명세서(별지 제1호 서식과 같다)

2. 재고자산명세서(별지 제2호 서식과 같다)

3. 유형자산명세서(별지 제3호 서식과 같다)

4. 감가상각누계액명세서(별지 제4호 서식과 같다)

5. 차입금명세서(별지 제5호 서식과 같다)

6. 진료과별·환자종류별 외래(입원)수익명세서(별지 제6호 서식과 같다)

7. 직종별 인건비명세서(별지 제7호 서식과 같다)

8. 진료과별 환자종류별 입원환자 명세서(별지 제8호 서식과 같다)

9. 진료과별 환자종류별 외래환자 명세서(별지 제9호 서식과 같다)

Ⅴ. 재검토기한(신설 2010.2.9.)

이 고시는 「훈령예규 등의 발령 및 관리에 관한 규정」(대통령훈령 제334호)에 따라 이 고시에 대하여 2017년 1월 1일을 기준으로 매 3년이 되는 시점(매 3년째의 12월 31일까지를 말한다)마다 그 타당성을 검토하여 개선 등의 조치를 하여야 한다.

［별표 1］

재무상태표 과목분류 및 내용해설

■ **자산과목**

☐ **유동자산**

(1) 당좌자산	현금과 비교적 단기간 내에 현금화할 수 있는 유동자산
1. 현금 및 현금성자산	가. 현금 및 타인발행수표 등 통화대용증권과 당좌예금·보통예금 및 현금등가물을 포괄 나. 현금등가물은 큰 거래비용 없이 현금전환이 용이하고 이자율 변동에 따른 가치변동위험이 중요하지 않은 유가증권 및 단기금융상품으로서 취득당시 만기가 3월 내에 도래하는 것
2. 단기금융상품	금융기관이 취급하는 정기예금·정기적금·사용이 제한된 예금 및 기타 정형화된 상품 등으로 단기자금운용목적으로 소유 또는 기한이 1년내 도래하는 것
3. 단기매매증권	시장성 있는 회사채·국공채 등과 같은 유가증권으로 단기자금운용목적으로 소유한 것
4. 의료미수금	가. 진료행위로 인하여 발생된 의료미수금, 받을어음, 부도어음 등 나. 의료미수금은 입원 중 발생하여 계상되는 재원미수금, 퇴원환자진료비·외래환자진료비·기타의료수익 중 미회수금액(청구분 및 본인부담금) 다. 재원미수금, 퇴원미수금, 외래미수금은 환자종류에 따라 보험, 급여(보호), 자보, 산재, 일반, 건강진단 등으로 분류
5. 단기대여금	회수기간이 1년 이내 도래하는 대여금(임직원에게 대여한 1년 이내 회수가능한 채권 등)
6. 대손충당금	매출채권의 징수불능에 대비하여 설정한 평가성충당금
7. 미수금	의료미수금을 제외한 미수채권
8. 미수수익	이자, 임대료 등 당기에 속하는 수익 중 미수액
9. 선급금	의료장비 등의 발주를 위해 선급한 금액 ※ 병원을 둘 이상 운영하는 법인이 본원과 분원간에 전도해준 전도금(선급금)은 결산시 정산하여 해당 금액으로 처리
10. 선급비용	선급된 비용 중 1년 내에 비용으로 되는 것으로서 선급보험료·선급이자·선급리스료 등
11. 선급제세	의료수익이나 이자수입 중 원천징수된 세금과 중간예납한 세금 등

12. 본지점	
13. 이연법인세자산	자산·부채가 회수·상환되는 미래기간의 과세소득을 감소시키는 효과를 가지는 일시적 차이 등
14. 기타의 당좌자산	기타 다른 계정에 속하지 아니하는 당좌자산
15. 국고보조금	자산취득을 위한 국고보조금에 대한 예금(현금) 차감계정
(2) 재고자산	진료나 병원운영을 위해 보관 중인 유형의 자산
1. 약품	가. 진료목적으로 보유하고 있는 일반약품, 주사약품, 마취약품, 마약, 소독약품, 약국재료 등
	나. 약품매입시 또는 대금결제시의 에누리·할인·할증·판매장려금 등은 약품매입액에서 차감하여 계상
	다. 약국재료는 조제를 위한 약포장지·약병·연고튜브·약조제기기·실험정보실재료 등 간접재료
2. 진료재료	가. 진료목적으로 보유하고 있는 각종재료와 진료용구로서 1년 이내에 사용되는 재료
	나. 진료재료는 방사선재료, 검사재료, 수술재료, 치과재료, 의료소모품, 혈액, 동위원소재료 등으로 분류
	- 방사선재료 : 진단방사선과의 방사선필름·현상약품·조영제·필름봉투 등
	- 검사재료 : 임상검사과·병리과·기능검사실 등의 시약·초자류 등
	- 수술재료 : 수술시 환자체내에 삽입되는 심장판막·인공수정체·인공관절 등
	- 치과재료 : 치과에서 치료시 사용하는 금·지경·석고·은·질렉스·징크세멘·수은 등
	- 의료소모품 : 중앙공급실에서 공급하는 수술이나 처치용 소모품(붕대·거즈 등) 및 내구성 의료용소도구(청진기, 혈압계, 감자류 등)
	- 동위원소재료 : 핵의학과의 동위원소(1년 내 사용분)·필름·시약·장갑·컵 등
3. 급식재료	급식을 위한 채소류·육류·생선류·미곡류 등의 재료와 급식용구(접시, 수저 등)
4. 저장품	가. 약품, 진료재료 및 급식재료 이외의 사무·수선·청소·냉난방을 위한 저장품
	나. 사무용·관리용 사무용품(장부·각종서식·인쇄물·문방구류), 기계부품 등 수선용부품, 냉난방을 위한 유류, 인쇄물, 청소용구·청소용품 등 환경용품, 직원복리를 위한 제복·포상용 상품 등의 저

| | 장품으로 구분 |
| 5. 의료부대물품 | 의료부대수익을 위하여 보유하고 있는 장의용품, 매점용품 등 |

(3) 기타유동자산

| 1. 기타유동자산 | 기타 다른 계정에 속하지 아니하는 유동자산 |

□ 비유동자산

(1) 투자자산 — 투자목적으로 보유하는 자산

1. 장기금융상품	유동자산에 속하지 않는 자산으로서 금융상품 중 만기일이 1년 후에 도래하는 자산
2. 투자유가증권	투자목적으로 보유하는 유동자산에 속하지 않는 자산
3. 장기대여금	회수기간이 1년을 초과하는 장기성대여금
4. 장기대여금 대손충당금	장기대여금의 징수불능에 대비하여 설정한 평가성충당금
5. 퇴직보험 예치금	국민연금 전환금과 퇴직보험 예치금의 합이 퇴직급여 충당금을 초과한 금액
6. 보증금	전세보증금·전신전화가입보증금·영업보증금 등
7. 삭제	
8. 기타 투자자산	콘도회원권·골프회원권·임차자산개량비 등의 투자자산

(2) 유형자산

1. 토지	병원이 보유하는 업무용·비업무용 토지
2. 건물	병원이 보유하는 병동·관리동·직원숙소와 같은 일체의 건물과 전기·기관·난방·승강기·급배수·위생·기송관 등의 부속설비
3. 구축물	굴뚝·문·울타리·옹벽·도로·정원 등과 같이 건물 및 부속설비 이외의 공작물이나 토목설비로서 토지에 고정되어 있는 시설
4. 기계장치	전기설비·기계설비·냉동설비·주방설비(싱크대, 전기밥솥 등)·세탁설비 등의 기계장치
5. 의료장비	환자진료를 위해 사용되는 의료기구나 용구(병실침대 포함)
6. 차량운반구	승용차, 구급차와 기타의 육상운반구
7. 공기구비품	내용연수가 1년 이상이고 구입가액이 상당액 이상인 일반가구류·전기가구류·사무용비품·병실용비품(상두대)·공구류·집기류·전자계산기 등
8. 기타유형자산	도서, 예술품(그림 등) 등 기타 유형자산에 속하지 아니하는 자산
9. 건설중인 자산	유형자산의 건설을 위해 투입된 재료비, 인건비, 경비, 도급금 등

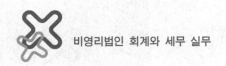
10. 감가상각 누계액	유형자산에 대한 감가상각비의 누계액을 기재하며 당해 자산에서 차감형식으로 기재
11. 국고보조금	자산취득을 위한 국고보조금에 대한 자산차감계정
(3) 무형자산	
1. 영업권	합병, 영업양수 및 전세권 취득 등의 경우 유상으로 취득한 권리
2. 산업재산권	특허권, 의장권, 상표권 등의 재산권
(4) 기타비유동자산	
1. 이연법인세자산	자산·부채가 회수·상환되는 미래기간의 과세소득을 감소시키는 효과를 가지는 일시적 차이 등

■ **부채과목**

□ 유동부채	1년 내에 상환해야 할 부채
1. 매입채무	약품 등 재고자산매입대가의 미지급금
2. 단기차입금	금융기관으로부터 차입한 1년 이내에 상환할 부채
3. 미지급금	일반적 상거래 이외의 거래에서 발생한 1년 이내에 지급할 금액
4. 선수금	일반적 상거래에서 발생한 선수금
5. 예수금	거래상대방 또는 병원직원으로부터 원천징수하여 납부시까지 예수하고 있는 제세와 예수금
6. 미지급비용	발생된 비용중 미지급한 금액(미지급급여·미지급집세·미지급이자 등) 등
7. 미지급제세	당기소득에 대해 납부할 법인세 등 기타 제세의 미지급액
8. 유동성 장기부채	장기부채 중 1년 이내에 상환할 부채
9. 선수수익	현금으로 수령하였으나 차기 이후에 속하는 것(선수임차료·선수이자·선수수수료 등)
10. 예수보증금	업무상 일시적으로 보관하는 보증금(입원보증금·하자보증금 등)
11. 단기부채성충당금	1년 이내에 사용되는 부채성충당금(임직원의 상여금지급충당금·연월차수당충당금 등)
12. 임직원단기 차입금	임원이나 직원으로부터 일시적으로 차입한 금액(가수금)
13. 이연법인세부채	자산·부채가 회수·상환되는 미래기간의 과세소득을 증가시키는 효과를 가지는 일시적 차이 등
14. 기타의 유동부채	기타 다른 계정에 속하지 아니하는 유동부채
□ 비유동부채	
1. 장기차입금	상환기일이 1년 이후에 도래하는 차입금
2. 외화장기 차입금	외화표시차입금으로서 상환기일이 1년 이후에 도래하는 차입금

3. 금융리스 미지급금	상환기일이 1년 이후에 도래하는 금융리스 미지급금
4. 장기성 매입채무	지급기일이 1년 이후에 도래하는 매입채무
5. 퇴직급여 충당금	임직원이 일시에 퇴직할 경우에 지급할 금액으로 국민연금 퇴직전환금, 퇴직보험 예치금을 차감하는 형식으로 기재
6. 이연법인세부채	자산·부채가 회수·상환되는 미래기간의 과세소득을 증가시키는 효과를 가지는 일시적 차이 등
7. 삭제	
8. 임대보증금	임대계약 등을 확실히 하기 위하여 1년 이상 보관하는 보증금

□ 고유목적사업준비금	법인의 고유목적사업 또는 기부금에 지출하기 위하여 설정한 준비금

□ 의료발전준비금	고유목적사업준비금의 사용

■ **자본과목**

□ 기본금(기본재산)	
1. 법인기본금	병원설립을 위하여 출연한 금액
2. 기타기본금	병원증축 등을 위해 출연한 금액 중 미등기금액 또는 이익잉여금의 기본금대체액(정부로부터 받는 출연금 포함)

□ 자본잉여금	
1. 자산재평가적립금	
2. 기타자본잉여금	자본보존 목적의 자본잉여금

□ 기타포괄손익누계액	
1. 재평가잉여금	재평가되는 유형자산의 공정가치와 장부금액과의 차이
2. 해외사업환산손익	해외사업소의 외화자산 및 부채의 환산과정에서 발생하는 환산손익

□ 이익잉여금(결손금)	
1. 차기이월 잉여금 (결손금)	차기로 이월될 잉여금(결손금)
2. 당기순이익(순손실)	

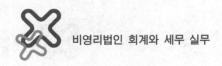
〔별표 2〕

손익계산서 과목분류 및 내용해설

■ 수익과목

□ 의료수익

1. 입원수익	① 입원환자 진료에 따른 제반 의료수익 ② 환자 종류별로 보험·급여·산재·일반·자보수익 등으로 구분 가능 ③ 사전에 정한 할인율에 따라 특정기관 및 개인에게 진료비를 에누리 또는 할인해 준 금액, 극빈환자 등을 위한 자선진료에 따른 무료 또는 감면액, 연구용환자에 대한 진료비감면액을 차감하여 계상
2. 외래수익	① 외래환자진료에 따른 제반 의료수익 ② 환자종류별로 구분 가능 ③ 진료비의 에누리 등은 입원수익과 같은 방법으로 차감하여 계상
3. 기타의료수익 －건강진단수익	종합건강진단·신체검사·건강상담·예방접종 등에 따른 제반수익
－수탁검사수익	타 병원으로부터 검사·촬영 등을 의뢰받아 발생한 수익
－직원급식수익	병원의 주방시설을 이용하여 병원직원 및 내방객 등에게 식사를 제공하여 발생한 수익
－제증명료수익	진단서 등의 발급에 따른 수익
－구급차 운영수익	환자에게 구급차를 제공하여 발생한 수익
－기타수익	기타 다른 계정에 속하지 아니하는 의료수익(단, 금액적으로 중요한 경우 독립된 계정과목을 설정)

□ 의료외수익

1. 의료부대수익	① 병원이 주된 의료사업 이외의 영안실·매점·슈퍼마켓 등의 부대사업을 직영하여 발생한 수익 ② 시설직영수익 금액이 큰 경우에는 독립과목으로 계상
2. 이자수익	제예금·국공채 등의 이자 및 어음매입할인료 등의 수익
3. 배당금수익	투자한 회사로부터의 배당금수익
4. 임대료수익	병원건물 또는 시설(영안실, 식당 등)을 임대하여 발생한 수익
5. 단기매매증권 처분이익	① 투자자산인 투자주식·투자사채의 처분에 따른 이익 ② 매매수수료를 비롯한 처분에 소요된 비용은 처분가액에서 공제하여 계상
6. 단기매매증권 평가이익	투자자산인 투자주식·투자사채의 평가에 따른 이익

7. 연구수익	
– 연구중심병원 연구수익 – 수탁연구수익 – 임상시험수익 – 기타연구수익	① 연구중심병원으로 지정된 기관의 총 연구수익 및 연구중심병원이 아닌 기관에서 수행한 수탁연구수익 ② 의약품 등의 안전성·유효성을 심의하기 위하여 병원에서 실시되 는 임상시험 수익 등 ③ 1년 이상 진행되는 연구의 경우 진행기준에 따라 연구수익을 인식 하여야 함
8. 외환차익	외환의 매입 및 매각에 따라 발생하는 이익
9. 외화환산이익	연도 말에 외화자산 또는 외화부채를 결산일 현재의 환율로 평가하여 발생하는 이익
10. 투자자산 처분이익	투자자산의 처분시 처분가액이 장부가액(취득원가 – 감가상각누계액) 보다 많아서 발생한 이익
11. 유형자산 처분이익	유형자산의 처분시 처분가액이 장부가액(취득원가 – 감가상각누계액) 보다 많아서 발생한 이익
12. 대손충당금환입	초과설정된 대손충당금의 환입에 따른 이익
13. 기부금수익	① 병원이 재화 및 용역의 제공 없이 제3자로부터 무상으로 받은 수입 등 ② 공공병원이 정부 등으로부터 결손보전 또는 운영비보조 목적으로 받은 보조금
14. 잡이익	기타 다른 계정에 속하지 아니하는 의료외수익
15. 자산수증이익	의료장비 등의 재산을 무상으로 증여받은 경우 증여자산의 가액을 계상
16. 채무면제이익	채권자로부터 채무액을 변제받은 금액
17. 보험차익	보험에 든 재고자산과 유형자산의 멸실 등의 사고시 수령한 보험금액 이 자산가액보다 많은 경우의 이익

■ **비용과목**

□ 의료비용

(1) 인건비

1. 급여	① 본봉·직책수당 등 명칭에 관계 없이 근로의 대가로 지급하는 비용 ② 의사급여·간호직급여·약무직급여·의료기사급여·영양직급여·사 무직급여·기술직급여·기능직급여·보조직급여 등으로 나누어 계상 ③ 의사급여에는 전문의와 전공의급여, 간호직급여에는 간호사와 조산 사, 간호조무사급여, 약무직급여에는 약사와 한약사급여, 의료기사

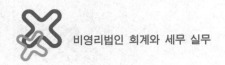

직급여에는 의료기사 등의 급여, 영양직급여에는 영양사·조리사 등의 급여, 사무직급여에는 행정직원과 전산직원급여, 기술직급여에는 의공, 전기, 기계, 열관리, 환경관리 등 면허보유 기술자의 급여, 기능직급여에는 운전기사·교환원·경비원·목공·보일러공·미화원·세탁원 등의 급여, 보조직급여에는 기사 및 기능사 자격이 없는 일용인력, 보조인력, 배식인력 등의 급여를 계상
④ 대학병원에서 의료 활동의 대가로 임상교원에게 지급하는 본봉·진료수당·선택진료성과금 등의 급여
⑤ 대학병원의 경우 고유목적사업비(전출금)는 임상교원의 급여를 차감한 전액을 계상

2. 제수당	급여 외 지급되는 각종 수당
3. 퇴직급여	보수규정에 의한 퇴직급여계상액 또는 지급액 (사학연금 또는 공무원연금 부담액 포함)

(2) 재료비

1. 약품비	① 환자의 진료를 위하여 실제로 소모된 약품비 포함 ② 약품종류에 따라 일반약품비·주사약품비·마취약비·마약비·소독약품비·약국재료비 등으로 분류
2. 진료재료비	① 환자의 진료를 위하여 실제로 소모된 진료재료비 ② 진료재료의 종류에 따라 방사선재료비·검사재료비·수술재료비·치과재료비·의료소모품비·혈액비·동위원소재료비·기타재료비 등으로 분류
3. 급식재료비	환자·환자보호자·병원직원 등을 위한 급식에 소모된 급식재료와 급식용구

(3) 관리운영비

1. 복리후생비	① 직원복지후생을 위한 복지후생적인 비용 ② 복리후생비는 그 성질에 따라 직원의료비, 병원이 부담하는 3대보험료(건강보험부담금·고용보험부담금·산재보험료), 국민연금부담금, 단체활동비, 축조의금, 당숙직비, 직원피복비 등으로 구분
2. 여비교통비	출장여비규정에 의한 국내외 출장여비·업무활동을 위한 시내교통비·통근버스임차료·의사 등의 부임여비 및 이와 유사한 성질의 교통비
3. 통신비	전신·전화·Fax·우편사서함 등 통신시설의 이용료 및 우편료
4. 전기수도료	전력료와 상·하수도료
5. 세금과공과	비용처리되는 재산세·종합토지세·주민세(균등할)·사업소세·공동

	시설세·도시계획세, 인지 및 증지비용, 대한병원협회 등 관련단체에 납부하는 회비 등의 공과금
6. 보험료	건물 및 의료장비에 대한 화재보험, 보증보험, 의료사고보험 등의 보험료(단, 차량보험은 제외)
7. 환경관리비	소독용역비, 오물수거비, 쓰레기종량제봉투비 등
8. 지급임차료	건물·시설·의료기기 등의 임차 및 리스비용
9. 지급수수료	법률 및 경영업무를 위한 자문수수료, 경영진단·회계감사·세무조정 등에 대한 수수료, 등기비용, 송금수수료, 기타소송비
10. 수선비	① 유형자산의 수선유지를 위하여 외부수선업체에 지불한 금액과 수선을 위하여 소모된 수선용품비(단, 차량수선비는 차량비에 계상) ② 유형자산의 종류에 따라 의료장비수선비·건물수선비 등으로 구분
11. 차량유지비	차량의 운영 및 유지에 드는 통행료·주차비·자동차세·차량면허세·책임 및 종합보험료·유류대·수선비 등
12. 교육훈련비	① 직원의 교육 및 훈련을 위한 각종 세미나 및 연수참가비·외부강사의 강사료·직원의 해외교육비용·예비군 및 민방위훈련비 등 ② 교육훈련비는 직종에 따라 의사교육훈련비·간호직원교육훈련비 등으로 구분
13. 도서인쇄비	연구용도서를 포함한 도서·잡지·신문의 구입 및 구독비용, 복사비 및 제규정·사내보·예산서·처방전·장표 등의 인쇄비용
14. 접대비	업무와 관련하여 거래와 관계 있는 자의 접대 및 사례비
15. 행사비	병원장 취임식, 체육대회 등 각종행사에 소요된 비용
16. 연료비	보일러 및 냉난방시설을 위한 가솔린, 중유, 가스 등의 비용(단, 차량유류대는 제외)
17. 선교비	원목활동을 위한 비용(원목실 운영지원비 등)
18. 의료사회사업비	부인암검진사업, 방역사업 및 의료계몽과 관련하여 발생하는 재료비, 출장비 등의 제반비용, 무의촌진료비, 채헌혈비 등(단, 연구용 및 자선진료감액은 해당 의료수익에서 차감하여 계상)
19. 소모품비	장부, 제용지, 볼펜, 제서식 등의 사무용품비와 감가상각 대상은 아니나 1년 이상 사용하는 비품 중 금액이 적어 비용처리되는 소모품비
20. 자체연구비	병원의 자체연구활동과 직접 관련이 있거나 합리적이고 일관성 있는 기준에 따라 그러한 활동에 배부될 수 있는 모든 지출(연구용 동물구입비 및 의국운영비 포함)
21. 감가상각비	① 유형자산에 대한 감가상각계산액 ② 유형자산종류에 따라 건물·구축물·기계장치·의료장비·차량운

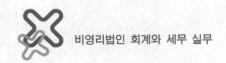

	반구·공기구비품 등으로 구분
22. 무형자산상각비	창업비, 장기의 외화채권 또는 외화채무에서 발생한 임시거액의 평가차손(환율조정차)의 상각비 등
23. 임차자산 개량상각비	타인명의 자산에 가산된 자본적 지출에 대한 상각비
24. 광고선전비	직원채용, 입찰, 기타 홍보를 위한 비용
25. 대손상각비	의료미수금 등 채권에 대한 대손충당금전입금과 불량채권의 대손처리 비용
26. 피복침구비	환자에 제공된 피복침구의 소모금액, 환자 및 직원피복침구의 세탁에 따른 비누, 소독제 등의 비용(외주로 처리시는 외주용역비에 계상. 직원피복비는 복리후생비로 분류)
27. 외주용역비	외부전문업체에 청소·세탁·시설관리·임상검사 등을 위탁하고 그 대가로 지불하는 비용
28. 잡비	각종 회의를 위한 다과비용 및 기타 상기 관리운영비에 해당되지 아니하는 비용
29. 의료분쟁비용	의료사고 등 의료분쟁으로 인해 발생한 손해배상 또는 합의 비용 등의 금액

□ 의료외비용

1. 의료부대비용	① 병원이 주된 의료사업 이외의 영안실·매점·슈퍼마켓 등의 부대사업을 직영하여 발생한 비용 ② 시설직영수익을 독립과목으로 계상한 경우에는 해당 비용도 독립과목으로 계상
2. 이자비용	장단기차입금 및 기타 채무에 대하여 지급한 이자 및 어음할인료
3. 기타의 대손상각비	일반적 매출채권(의료미수금)외 채권의 대손발생액
4. 기부금	불우이웃돕기, 기타 외부기관에의 기부금 및 의연금 등
5. 단기매매증권 처분손실	유가증권 처분시 취득가액이 처분가액보다 낮아서 발생한 손실
6. 단기매매증권 평가손실	시장성 있는 유가증권의 시가가 현저히 저락하여 시가로 평가시 발생한 손실
7. 연구비용	
− 연구중심병원 연구비용	① 연구중심병원으로 지정된 기관의 총 연구비용 및 연구중심병원이 아닌 기관에서 수행한 수탁연구비용 등

– 수탁연구비 – 임상시험비 – 기타연구비	② 의약품 등의 안전성·유효성을 심의하기 위하여 의료기관에서 실시되는 임상시험으로 인해 발생한 비용 ③ 연구비용은 1년 이상 진행되는 연구의 경우 진행기준에 따라 연구비용을 인식하여야 한다.
8. 외환차손	외환채권의 회수 또는 외화부채의 변제시 환율변동에 따라 발생한 손실
9. 외화환산 손실	외화부채의 결산기말 원화환산액이 장부가액보다 많을 때의 차액
10. 투자자산 처분손실	투자자산의 처분시 처분가액이 장부가액보다 낮아서 발생한 손실
11. 유형자산 처분손실	유형자산의 처분시 처분가액이 장부가액보다 낮아서 발생한 손실
12. 재고자산 감모손	재고자산의 실사결과 실사된 재고량이 장부상 수량보다 부족하여 손실처리할 금액
13. 삭제	
14. 고유목적사업비	① 대학 및 학교법인의 고유목적사업을 위하여 전출한 금액 ② 대학병원의 경우 임상교원의 급여와 연구보조비를 차감한 잔액을 계상
15. 잡손실	기타 다른 계정에 속하지 아니하는 의료외비용
16. 재해손실	화재, 도난 등 우발적인 재해로 인한 손실

□ 법인세비용

1. 법인세비용 (소득세 등)	법인세 등에 의거 당기과세소득에 대해 당기부담할 법인세 및 부가되는 세액합계에 당기이연법인세 변동액을 가감·산출된 금액

□ 고유목적사업 준비금 전입액

법인의 고유목적사업인 연구용진료·건물증축·의료장비구입·대학운영 등을 위하여 준비금을 설정하여 결산서에 반영한 경우 준비금 전입액

□ 고유목적사업 준비금 환입액

고유목적사업준비금 미사용분 및 의료발전준비금환입액

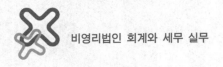

[별지 제1호 서식]

의료미수금명세서

(단위 : 원)

계 정 과 목	기초 잔액	당기 증가	당기 감소	삭감액	기말 잔액	대 손 충당금	비 고
1. 재원미수금 －보험미수금 －급여미수금 · · ·							충당금 설정률 등
2. 퇴원미수금 －보험미수금 · · ·							
3. 외래미수금 －보험미수금 · · ·							
계							

[별지 제2호 서식]

재고자산명세서

(단위 : 원)

계정과목	기초잔액	당기증가액	당기감소액	기말잔액	비　　고
1. 약품 　- 일반약품 　　· 　　· 　　·					재고자산 평가방법 등
2. 진료재료 　- 방사선재료 　- 검사재료 　　· 　　· 　　·					
3. 급식재료 4. 저장품 　- 사무용품 　　· 　　· 　　·					
5. 의료부대물품					
계					

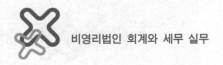

[별지 제3호 서식]

유형자산명세서

(단위 : 원)

계정과목	기초잔액	당기증가	당기감소	기말잔액	감가상각 누 계 액 (국고보조 금누계액)	비 고
1. 토지 2. 건물 – 건물 – 부속설비 3. 구축물 4. 기계장치 5. 의료장비 6. 차량운반구 7. 공기구비품 8. 건설중인 자산						감가상각 방법 등
계						
1. 국고보조금(토지) 2. 국고보조금건물 – 건물 – 부속설비 3. 국고보조금(구축물) 4. 국고보조금(기계장치) 5. 국고보조금(의료장비) 6. 국고보조금(차량운반구) 7. 국고보조금(공기구비품) 8. 국고보조금(건설중인 자산)						
계						

[별지 제4호 서식]

감가상각누계액명세서

(단위 : 원)

계정과목	취득원가	당기상각	상각누계	기말잔액
1. 유형자산 －건물 －구축물 　　· 　　· 　　·				
2. 무형자산 －영업권 　　· 　　· 　　·				
계				

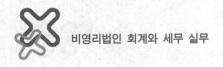

[별지 제5호 서식]

차입금명세서

(단위 : 원)

계정과목	차입처	종 류	기초 잔액	당기 증가	당기 상환	기말 잔액	이자율	비 고
(단기차입금) 1. 은행차입금 ─A은행 ─B은행 2. 유동성장기차입금 3. 기타차입채무 　· 　· 　·								
소계								
(장기차입금) 1. 은행차입금 2. 외화차입금								
소계								
합계								

※ 연도별 상환계획, 환율 등 기재

[별지 제6호 서식]

진료과별 · 환자종류별 외래(입원)수익명세서

(단위 : 원)

진료과	건강 보험	의료 급여	자동차 보 험	산재 보험	일반	기타	합계
내 과 일반외과 소아과 산부인과 신경정신과 이비인후과 · · ·							
응급실							
계							

주 : 외래(입원)수익명세서는 별도 구분하여 작성

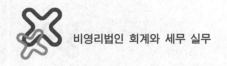

[별지 제7호 서식] (2010.2.9. 개정)

직종별 인건비명세서

(단위 : 원)

직종별	급여 및 제수당	퇴직급여	합 계	회계연도말 인력

1. 의사직
   – 전문의
   – 전공의
     ·
 2. 간호직
   – 간호사
   – 간호조무사
     ·
 3. 의료기사직
   – 방사선사
     ·
 4. 약무직
   – 약사
     ·
 5. 영양직
   – 영양사
   – 조리사
 6. 사무직
 7. 기술직4)
 8. 기능직5)
 9. 보조직6)				

계				

4) 기술직 : 의공기사, 전기기사, 열관리기사, 환경관리기사 등 전문 기사자격을 취득한 자
5) 기능직 : 운전기사, 교환원, 경비원, 목공, 보일러공 등의 기능업무를 수행하는 자
6) 보조직 : 기사 및 기능사 자격이 없는 일용인력, 보조인력, 배식인력 등

[별지 제8호 서식] (2008.1.15. 개정)

진료과별 · 환자종류별 입원환자 명세서

(단위 : 명)

진료과	건 강 보 험		의 료 급 여		자동차 보 험		산 재 보 험		일반		기타		합계	
	실인원	연인원	실인원	연인원	실인원	연인원	실인원	연인원	실인원	연인원	실인원	연인원	실인원	연인원
내 과														
일반외과														
소 아 과														
산부인과														
신경정신과														
이비인후과														
·														
·														
·														
응 급 실														
계														

주1 : 입원 실인원은 실제 입원수속 또는 퇴원수속을 한 환자수를 기재함.
주2 : 입원 연인원은 입원환자 또는 퇴원환자의 총재원 일수를 기재함.

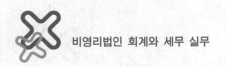

〔별지 제9호 서식〕(2008.1.15. 개정)

진료과별 · 환자종류별 외래환자 명세서

(단위 : 명)

진료과	초 진 환자수	환자 종류별 연 외래환자수						
		건강보험	의료급여	자동차 보 험	산재보험	일반	기타	합계
내　　과								
일반외과								
소 아 과								
산부인과								
신경정신과								
이비인후과								
· · ·								
응 급 실								
계								

주1 : 초진환자 수 – 병원 외래에서 처음으로 진료를 받으러 온 환자수를 기재함.
주2 : 연 외래환자 수 – 내원한 외래환자와 연간합계를 기재함.

제 10 장

사회복지법인의 회계와 세무

제 1 절

사회복지법인의 회계

1 정 의

1-1. 사회복지법인의 정의

사회복지법인이란 「사회복지사업법」 제2조에 규정된 '사회복지사업'을 행할 목적으로 동법 제16조에 의거하여 설립된 법인을 말한다(사회복지사업법 제2조). 따라서 이 법에 의한 사회복지법인이 아닌 자는 사회복지법인이라는 용어를 사용하지 못한다(사회복지사업법 제31조).

여기서 '사회복지사업'이란 다음의 법률에 따른 보호·선도 또는 복지에 관한 사업과 사회복지상담·부랑인 및 노숙인 보호·직업보도·무료숙박·지역사회복지·의료복지·재가복지·사회복지관운영·정신질환자 및 한센병력자 사회복귀에 관한 사업 등 각종 복지사업과 이와 관련된 자원봉사활동 및 복지시설의 운영 또는 지원을 목적으로 하는 사업을 말한다.

관련 법률은 다음과 같다.

> 1. 「국민기초생활보장법」
> 2. 「아동복지법」
> 3. 「노인복지법」
> 4. 「장애인복지법」
> 5. 「한부모가족지원법」
> 6. 「영유아보육법」
> 7. 「성매매방지 및 피해자보호 등에 관한 법률」
> 8. 「정신건강증진 및 정신질환자 복지서비스 지원에 관한 법률」
> 9. 「성폭력방지 및 피해자보호 등에 관한 법률」
> 10. 「입양특례법」
> 11. 「일제하 일본군위안부 피해자에 대한 보호·지원 및 기념사업 등에 관한 법률」

12. 「사회복지공동모금회법」
13. 「장애인·노인·임산부 등의 편의증진보장에 관한 법률」
14. 「가정폭력방지 및 피해자보호 등에 관한 법률」
15. 「농어촌주민의 보건복지증진을 위한 특별법」
16. 「식품등 기부 활성화에 관한 법률」
17. 「의료급여법」
18. 「기초연금법」
19. 「긴급복지지원법」
20. 「다문화가족지원법」
21. 「장애인연금법」
22. 「장애인활동 지원에 관한 법률」
23. 「노숙인 등의 복지 및 자립지원에 관한 법률」
24. 「보호관찰 등에 관한 법률」
25. 「장애아동 복지지원법」
26. 「발달장애인 권리보장 및 지원에 관한 법률」
27. 「청소년복지 지원법」
28. 「건강가정기본법」
29. 「북한이탈주민의 보호 및 정착지원에 관한 법률」
30. 「자살예방 및 생명존중문화 조성을 위한 법률」
31. 「장애인·노인 등을 위한 보조기기 지원 및 활용촉진에 관한 법률」

1-2. 사회복지시설의 정의

사회복지시설(이하 '시설'이라 한다)이라 함은 사회복지사업을 할 목적으로 설치된 시설을 말한다(사회복지사업법 제2조). 사회복지시설은 국가 또는 지방자치단체가 설치·운영할 수 있으며 필요한 경우 사회복지법인 또는 비영리법인에게 위탁하여 운영하게 할 수 있다(사회복지사업법 제34조).

사회복지관이란 지역사회를 기반으로 일정한 시설과 전문인력을 갖추고 지역주민의 참여와 협력을 통하여 지역사회의 복지문제를 예방하고 해결하기 위하여 종합적인 복지서비스를 제공하는 시설을 말한다(사회복지사업법 제2조).

국가 또는 지방자치단체 외의 자가 시설을 설치·운영하고자 하는 때에는 사회복지시설 설치·운영신고서(전자문서로 된 신고서를 포함)에 다음의 서류(전자문서를 포함)를 첨부하여 관할 시장·군수·구청장에게 제출하여야 한다(사회복지사업법 제34조, 동법 시행규칙 제20조).

1. 법인의 정관(법인에 한한다) 1부
2. 시설운영에 필요한 재산목록(소유를 증명할 수 있는 서류를 첨부하되, 시장·군수·구청장이 「전자정부법」 제36조 제1항에 따른 행정정보의 공동이용을 통하여 소유권에 대한 정보를 확인할 수 있는 경우에는 그 확인으로 첨부서류를 갈음한다. 다만, 국·공유 토지나 건물에 시설을 설치·운영하고자 하는 경우에는 그 사용권을 증명할 수 있는 서류로 갈음할 수 있다) 1부
3. 사업계획서 및 예산서 각 1부
4. 시설의 평면도(시설의 층별 및 구조별 면적 표시)와 건물의 배치도 각 1부

2 사회복지법인의 설립

2-1. 설립허가신청

사회복지법인을 설립하고자 하는 자는 법인설립허가신청서에 다음의 서류를 첨부하여 사회복지법인의 주된 사무소의 소재지를 관할하는 시장·군수·구청장을 거쳐 시·도지사의 허가를 받아야 한다(사회복지사업법 제16조, 동법 시행령 제8조 제1항).

설립허가신청시 함께 제출하여야 하는 서류는 다음과 같다(사회복지사업법 시행규칙 제7조).

1. 설립취지서 1부
2. 정관 1부
3. 재산출연증서 1부
4. 재산의 소유를 증명할 수 있는 서류(시·도지사가 「전자정부법」에 따른 행정정보의 공동이용을 통하여 소유권에 대한 정보를 확인할 수 있는 경우에는 그 확인으로 첨부서류를 갈음한다) 1부
5. 재산의 평가조서(「부동산 가격공시 및 감정평가에 관한 법률」에 따른 감정평가업자의 감정평가서를 첨부하되, 개별공시지가 확인서로 첨부서류에 대한 정보를 확인할 수 있는 경우에는 그 확인으로 첨부서류를 갈음한다. 이하 같다) 1부
6. 재산의 수익조서(수익용 기본재산을 갖춘 경우에 한하며, 공인된 감정평가기관의 수익증

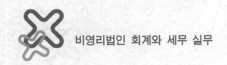
> 명 또는 수익을 증명할 수 있는 기관의 증빙서류를 첨부하여야 한다. 이하 같다) 1부
> 7. 임원의 취임승낙서 및 이력서 각 1부
> 8. 사회복지위원회나 지역사회복지협의체에서 받은 이사 추천서 1부
> 9. 임원 상호 간의 관계에 있어 「사회복지사업법」 제18조 제3항[1])의 규정에 저촉되지 아니
>   함을 입증하는 각서 1부
> 10. 「사회복지사업법」 제19조 제1항 각 호에서 규정하는 임원의 결격사유 중 어느 하나에
>   해당하지 않음을 입증하는 각서 1부
> 11. 설립 해당 연도 및 다음 연도의 사업계획서 및 예산서 각 1부

이때, 시장·군수·구청장이 법인설립허가신청서를 받은 때에는 자산에 관한 실지조사 결과와 사회복지법인설립의 필요성에 관한 검토의견을 첨부하여 시·도지사에게 송부하여야 한다(사회복지사업법 시행령 제8조 제2항).

허가받은 사회복지법인은 주된 사무소의 소재지에서 설립등기를 하여야 한다.

2-2. 정 관

(1) 정관의 작성

정관의 작성시에는 다음의 사항을 기재하여야 한다(사회복지사업법 제17조).

> 1. 목적
> 2. 명칭
> 3. 주된 사무소의 소재지
> 4. 사업의 종류
> 5. 자산 및 회계에 관한 사항
> 6. 임원의 임면 등에 관한 사항
> 7. 회의에 관한 사항
> 8. 수익을 목적으로 하는 사업이 있는 경우 그에 관한 사항
> 9. 정관의 변경에 관한 사항

---

1) 「사회복지사업법」 제18조 제3항
   이사회의 구성에 있어서 「사회복지사업법 시행령」 제9조에 의한 특별한 관계에 있는 자가 이사회 구성원의 5분의 1을 초과할 수 없다.

10. 존립시기와 해산사유를 정한 때에는 그 시기와 사유 및 남은재산의 처리방법
11. 공고 및 공고방법에 관한 사항

(2) 정관의 변경

정관을 변경하고자 하는 때에는 사회복지법인정관변경인가신청서에 다음의 서류를 첨부하여 시·도지사에게 제출하여야 한다(사회복지사업법 시행규칙 제8조). 이때, 정관의 기재사항 중 위 '11. 공고 및 그 방법에 관한 사항'을 제외하고는 시·도지사의 인가를 받아야 한다(사회복지사업법 시행규칙 제9조).

1. 정관의 변경을 결의한 이사회 회의록 사본 1부
2. 정관변경안 1부
3. 사업변경계획서, 예산서 및 재산의 소유를 증명할 수 있는 서류(사업의 변동이 있는 경우에 한한다) 각 1부
4. 재산의 평가조서 및 재산의 수익조서(사업의 변동이 있는 경우에 한한다) 각 1부

2-3. 재산의 출연 및 처분 등

사회복지법인은 사회복지사업의 운영에 필요한 재산을 소유하여야 한다. 사회복지법인의 재산은 기본재산과 보통재산으로 구분하고, 기본재산은 그 목록과 가액을 정관에 기재하여야 한다(사회복지사업법 제23조).

2-3-1. 기본재산의 구분 및 범위

기본재산에 해당하는 자산은 다음과 같으며, 그 밖의 재산은 보통재산으로 한다(사회복지사업법 시행규칙 제12조).

① 부동산
② 정관에서 기본재산으로 정한 재산
③ 이사회의 결의에 의하여 기본재산으로 편입된 재산

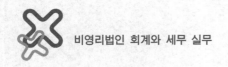

기본재산은 다시 목적사업용 기본재산과 수익용 기본재산으로 구분한다. 단, 시설의 설치·운영을 목적으로 하지 아니하고 사회복지사업을 지원하는 것을 목적으로 하는 법인은 이를 구분하지 아니할 수 있다.

① 목적사업용 기본재산 : 법인이 사회복지시설 등을 설치하는 데 직접 사용하는 기본재산
② 수익용 기본재산 : 법인이 그 수익으로 목적사업의 수행에 필요한 경비를 충당하기 위한 기본재산

2-3-2. 기본재산의 기준

사회복지법인은 다음의 구분에 따라 기본재산을 갖추어야 한다(사회복지사업법 시행규칙 제13조).

시설 구분	기본재산	세부사항
시설거주자를 보호하기 위한 시설	상시 10인 이상의 시설거주자를 보호할 수 있는 목적사업용 기본재산	① 법 제2조 제1호 각 목의 법률에에 의한 시설2) 및 사회복지관 : 법 제2조 제1호 각 목의 법률에 따른 시설 및 사회복지관의 설치기준에 해당하는 목적사업용 기본재산 ② 결핵 및 한센병 요양시설 : 입소정원에 $13.2m^2$를 곱한 시설면적 이상에 해당하는 목적사업용 기본재산
	법 제2조 제1호 각 목의 법령에서 10인 미만의 소규모시설을 따로 정하고 있는 경우	해당 법률에 의한 시설의 설치기준에 해당하는 목적사업용 기본재산
상기 외의 시설	당해 법인이 설치·운영하고자 하는 시설을 갖출 수 있는 목적사업용 기본재산	
시설의 설치·운영을 목적으로 하지 아니하고 사회복지사업을 지원하는 것을 목적으로 하는 법인	법인의 운영경비의 전액을 충당할 수 있는 기본재산	

2-3-3. 기본재산 처분 및 차입

사회복지법인은 기본재산에 관하여 다음의 사항이 발생하는 경우에는 시·도지사의 허가를 받아야 한다. 단, 기본재산에 관한 임대계약을 갱신하는 경우는 그러하지 아니하다(사회복지사업법 시행규칙 제14조, 제15조).

변동사항	첨부서류
① 매도·증여·교환·임대·담보 제공 또는 용도변경하고자 할 때	기본재산처분허가신청서에 다음의 서류를 첨부하여 주무관청에 제출하여야 한다. 1. 기본재산의 처분을 결의한 이사회 회의록 사본 1부 2. 처분하는 기본재산의 명세서 1부 3. 처분하는 기본재산의 감정평가서(교환의 경우에는 취득하는 재산의 감정평가서를 포함하며, 개별공시지가서 확인서로 첨부서류에 대한 정보를 확인할 수 있는 경우에는 그 확인으로 첨부서류를 갈음한다) 1부
② 일정금액(장기차입하고자 하는 금액을 포함한 장기차입금의 총액이 기본재산의 총액에서 차입당시의 부채총액을 공제한 금액의 100분의 5에 상당하는 금액) 이상을 1년 이상 장기차입하고자 할 때	장기차입허가신청서에 다음의 서류를 첨부하여 주무관청에 제출하여야 한다. 1. 이사회 회의록 사본 1부 2. 차입목적 또는 사유서(차입용도를 포함) 1부 3. 상환계획서 1부

2-3-4. 재산의 취득보고

사회복지법인이 매수·기부채납, 후원 등의 방법으로 재산을 취득한 때에는 지체 없이 이를 법인의 재산으로 편입 조치하여야 한다. 이 경우 법인은 그 취득사유, 취득재산의 종류·수량 및 가액을 매년 3월 31일까지 전년도의 재산취득상황을 시·도지사에게 보고하여야 한다(사회복지사업법 제24조, 동법 시행규칙 제16조).

---

2) 본 절의 '1-1. 사회복지법인의 정의'에서 열거된 법률

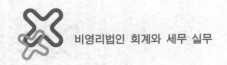

3 사회복지법인의 해산 및 합병

3-1. 설립허가의 취소

시·도지사는 사회복지법인이 다음에 해당할 때에는 기간을 정하여 시정명령을 하거나 설립허가를 취소할 수 있다. 다만, 제1호 또는 제7호에 해당하는 때에는 설립허가를 취소하여야 하며 그 외에 해당하여 설립허가를 취소하는 경우는 다른 방법으로 감독목적을 달성할 수 없거나 시정을 명한 후 6월 이내에 법인이 이를 이행하지 아니한 경우에 한한다(사회복지사업법 제26조).

---

1. 거짓이나 그 밖의 부정한 방법으로 설립허가를 받은 때
2. 설립허가 조건에 위반한 때
3. 목적달성이 불가능하게 된 때
4. 목적사업 외의 사업을 한 때
5. 정당한 사유 없이 설립허가를 받은 날부터 6월 이내에 목적사업을 개시하지 아니하거나 1년 이상 사업실적이 없을 때
6. 법인이 운영하는 시설에서 반복적 또는 집단적 성폭력범죄 및 학대관련범죄가 발생한 때
7. 법인 설립 후 기본재산을 출연하지 아니한 때
8. 「사회복지사업법」 제18조 제1항의 임원정수를 위반한 때
9. 「사회복지사업법」 제18조 제2항을 위반하여 이사를 선임한 때
10. 「사회복지사업법」 제22조에 따른 임원의 해임명령을 이행하지 아니한 때
11. 그 밖에 「사회복지사업법」 또는 동법에 의한 명령이나 정관을 위반한 때

3-2. 남은 재산의 처리

해산한 사회복지법인의 남은 재산은 정관이 정하는 바에 의하여 국가 또는 지방자치단체에 귀속된다. 이렇게 국가 또는 지방자치단체에 귀속된 재산은 사회복지사업에 사용하거나 유사한 목적을 가진 법인에게 무상으로 대부하거나 무상으로 사용·수익하게 할 수 있다. 다만, 해산한 법인의 이사 본인 및 그와 다음에 해당하는 특별한 관계에 있는 자가 이사로 있는 법인에 대하여는 그러하지 아니하다(사회복지사업법 제27조, 동법 시행령 제9조·

제10조의 6).

> 1. 출연자 또는 이사와 다음 각 목의 1에 해당하는 친족
>   가. 6촌 이내의 혈족
>   나. 4촌 이내의 인척
>   다. 배우자(사실상 혼인관계에 있는 자를 포함한다)
>   라. 친생자로서 다른 사람에게 친양자로 입양된 사람 및 그 배우자와 직계비속
> 2. 출연자 또는 이사의 사용인 그 밖에 고용관계에 있는 자(출연자 또는 이사가 출자에 의하여 사실상 지배하고 있는 법인의 사용인 그 밖에 고용관계에 있는 자를 포함)
> 3. 출연자 또는 이사의 금전 그 밖의 재산에 의하여 생계를 유지하는 자 및 그와 생계를 함께 하는 자
> 4. 출연자 또는 이사가 재산을 출연한 다른 법인의 이사

3-3. 법인의 합병

법인은 시·도지사의 허가를 받아 「사회복지사업법」에 의한 다른 법인과 합병할 수 있다. 다만, 주된 사무소가 서로 다른 시·도에 소재한 법인 간의 합병의 경우에는 보건복지부장관의 허가를 받아야 한다. 이때 합병 후 존속하는 법인 또는 합병에 의하여 설립된 법인은 합병에 의하여 소멸된 법인의 지위를 승계한다(사회복지사업법 제30조, 동법 시행령 제11조, 동법 시행규칙 제19조).

합병허가를 받고자 하는 때에는 법인합병허가신청서에 합병 후 존속하는 사회복지법인 또는 합병에 의하여 설립되는 사회복지법인의 정관과 다음의 서류를 첨부하여 시·도지사(주된 사무소가 서로 다른 시·도에 소재한 법인 간의 합병의 경우에는 보건복지부장관)에게 제출(전자문서에 의한 제출을 포함)하여야 한다.

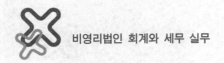

1. 합병 후 존속하는 법인
   가. 관계법인의 합병결의서·정관·재산목록 및 재무상태표 각 1부
   나. 정관변경안 1부
   다. 사업계획서·예산서 및 재산의 소유를 증명할 수 있는 서류 각 1부
   라. 재산의 평가조서 및 재산의 수익조서 각 1부
2. 합병에 의하여 새로이 설립되는 법인
   가. 합병취지서·재산목록 및 재무상태표 각 1부
   나. 합병 당해 연도 및 다음 연도의 사업계획서 및 예산서 각 1부
   다. 법인설립 신고시 제출되는 다음의 서류 각 1부
   • 정관 1부
   • 재산출연증서 1부
   • 재산의 소유를 증명할 수 있는 서류(시·도지사가 전자정부법에 따른 행정정보의 공동이용을 통하여 소유권에 대한 정보를 확인할 수 있는 경우에는 그 확인으로 첨부서류를 갈음한다) 1부
   • 재산의 평가조서(부동산 가격공시 및 감정평가에 관한 법률에 의한 감정평가업자의 감정평가서를 첨부하되, 개별공시지가 확인서로 첨부서류에 대한 정보를 확인할 수 있는 경우에는 그 확인으로 첨부서류를 갈음한다) 1부
   • 재산의 수익조서(수익용 기본재산을 갖춘 경우에 한하며, 공인된 감정평가기관의 수익증명 또는 수익을 증명할 수 있는 기관의 증빙서류를 첨부해야 한다) 1부
   • 임원의 취임승낙서 및 이력서 각 1부
   • 사회복지위원회나 지역사회복지협의체에서 받은 이사 추천서 1부
   • 임원 상호 간의 관계에 있어 「사회복지사업법」 제18조 제3항의 규정에 저촉되지 아니함을 입증하는 각서 1부

만약, 합병에 의하여 사회복지법인을 새로이 설립하고자 하는 경우에는 관계사회복지법인이 각각 5인씩 지명하는 설립위원이 정관의 작성 등 사회복지법인설립에 관한 사무를 공동으로 행하여야 한다.

4 사회복지법인의 수익사업

법인은 목적사업의 경비에 충당하기 위하여 필요한 때에는 법인의 설립목적 수행에 지장이 없는 범위 안에서 수익사업을 할 수 있으며 수익사업으로부터 생긴 수익은 법인 또는 그가 설치한 사회복지시설의 운영 외의 목적에 사용할 수 없다. 이때 수익사업에 관한 회계는 법인의 다른 회계와 구분하여 회계처리하여야 한다(사회복지사업법 제28조).

5 보조금

국가 또는 지방자치단체는 사회복지사업을 수행하는 자 중 다음과 같은 자에 대하여 필요한 비용의 전부 또는 일부를 보조할 수 있으며, 이러한 보조금은 그 목적 외의 용도에 사용할 수 없다(사회복지사업법 제42조, 동법 시행령 제20조).

① 사회복지법인
② 사회복지사업을 수행하는 비영리법인
③ 사회복지시설 보호대상자를 수용하거나 보육·상담 및 자립지원을 하기 위하여 사회복지시설을 설치·운영하는 개인

국가 또는 지방자치단체는 보조금을 받은 자가 다음의 경우에 해당할 때에는 이미 교부한 보조금의 전부 또는 일부의 반환을 명할 수 있다.

① 거짓이나 그 밖의 부정한 방법으로 보조금의 교부를 받은 때
② 사업목적 외의 용도에 보조금을 사용한 때
③ 「사회복지사업법」 또는 동법에 의한 명령을 위반한 때

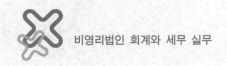
6 사회복지법인 및 사회복지시설 재무·회계 규칙

2016년 12월 20일 법 개정시 상속세 및 증여세법 제50조의 4가 신설되어 공익법인3)에 적용되는 공익법인회계기준이 도입되었으며, 동 개정규정은 2018년 1월 1일 이후 개시하는 사업연도부터 적용한다.

다만, 발생주의 회계원칙에 따른 복식부기 방식에 대해 다른 법령에 특별한 규정이 있는 경우 이를 공익법인회계기준에 우선하여 적용하기는 하나(공익법인회계기준 제6조), 사회복지법인의 경우는 사회복지법인사업법에서 회계는 단식부기에 의한다고 규정하고 있으므로 우선 적용하는 다른 법령으로 보기 어렵다(사회복지법인 및 사회복지시설 재무·회계 규칙 제23조).

따라서 회계감사의무(상속세 및 증여세법 제50조 제3항) 및 결산서류등의 공시의무(상속세 및 증여세법 제50조의 3)가 있는 공익법인에 해당하는 사회복지법인은 신설된 공익법인회계 기준을 적용하여 회계처리를 하여야 한다.

공익법인회계기준을 적용하는 사회복지법인의 경우는 '제4장 제5절 5. 공익법인 등의 회계기준 적용의무'를 참조하기 바라며, 이하에서는 사회복지사업법상 「사회복지법인 및 사회복지시설 재무·회계 규칙」에 대하여 서술한다.

6-1. 일반사항

「사회복지법인 및 사회복지시설 재무·회계 규칙」은 사회복지법인 및 사회복지시설의 재무·회계, 후원금관리 및 회계감사에 관한 사항을 규정하여 재무·회계, 후원금 관리 및 회계감사의 명확성·공정성·투명성을 기함으로써 사회복지법인 및 사회복지시설의 합리적인 운영에 기여함을 목적으로 한다(사회복지법인 및 사회복지시설 재무·회계 규칙 제1조).

---

3) 공익법인이란 종교·자선·학술 또는 그 밖의 공익을 목적으로 하는 사업을 하는 자를 말하며, 구체적인 범위는 '제4장 제2절 1. 상속세 및 증여세 과세가액 불산입 요건'을 참조한다.

6-1-1. 회계연도

법인 및 시설의 회계연도는 정부의 회계연도에 따른다. 다만, 「영유아보육법」 제2조에 따른 어린이집의 회계연도는 매년 3월 1일에 시작하여 다음 연도 2월 말일에 종료한다(사회복지법인 및 사회복지시설 재무·회계 규칙 제3조).

6-1-2. 원인 행위 발생 기준

법인의 수입 및 지출의 발생과 자산 및 부채의 증감·변동에 관하여는 그 원인이 되는 사실이 발생한 날을 기준으로 하여 연도소득을 구분한다. 다만, 그 사실을 발생한 날을 정할 수 없는 경우에는 그 사실을 확인한 날을 기준으로 하여 연도소득을 구분한다(사회복지법인 및 사회복지시설 재무·회계 규칙 제4조).

6-1-3. 회계의 구분

사회복지법인의 회계는 법인회계, 시설회계 및 수익사업회계로 구분된다(사회복지법인 및 사회복지시설 재무·회계 규칙 제6조).

① 법인회계 : 법인 업무전반에 관한 회계
② 시설회계 : 법인이 설치·운영하는 사회복지시설에 관한 회계
③ 수익사업회계 : 법인이 수행하는 수익사업에 관한 회계

6-1-4. 출납기한

1회계연도에 속하는 법인 및 시설의 세입·세출의 출납은 회계연도가 끝나는 날까지 완결하여야 한다(사회복지법인 및 사회복지시설 재무·회계 규칙 제5조).

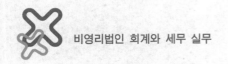

6-2. 예 산

1회계연도의 모든 수입을 세입으로 하고, 모든 지출을 세출로 하며 세입과 세출은 모두 예산에 계상하여야 한다(사회복지법인 및 사회복지시설 재무·회계 규칙 제7조, 제8조).

6-2-1. 예산편성지침

사회복지법인의 대표이사는 매 회계연도 개시 1월 전까지 그 법인과 시설의 예산편성지침을 정해야 하며, 사회복지법인 또는 사회복지시설의 소재지를 관할하는 시장·군수·구청장은 특히 필요하다고 인정되는 사항에 관하여는 예산편성지침을 정하여 매 회계연도 개시 2월 전까지 사회복지법인에 통보할 수 있다(사회복지법인 및 사회복지시설 재무·회계 규칙 제9조).

6-2-2. 예산의 편성 및 결정절차

사회복지법인의 대표이사 및 시설의 장은 법인회계, 시설회계, 수익사업회계로 구분한 회계별 예산을 편성하여 이사회의 의결(시설은 시설운영위원회 보고)을 거쳐 확정하고, 이를 매 회계연도 개시 5일 전까지 관할 시장·군수·구청장에게 제출(「사회복지사업법」 제6조의 2 제2항에 따른 정보시스템을 활용한 제출을 포함)하여야 한다.

시장·군수·구청장은 예산을 제출받은 때에는 20일 이내에 법인과 시설의 회계별 세입·세출명세서를 시·군·구의 게시판과 인터넷 홈페이지에 20일 이상 공고하고, 법인의 대표이사 및 시설의 장으로 하여금 당해 법인과 시설의 게시판과 인터넷 홈페이지에 20일 이상 공고하도록 하여야 한다. 이때, 공고는 「사회복지사업법」 제6조의 2 제2항에 따른 정보시스템에 게시하거나 「영유아보육법」 제49조의 2 제1항에 따라 공시하는 것으로 갈음할 수 있다(사회복지법인 및 사회복지시설 재무·회계 규칙 제10조).

6-2-3. 예산에 첨부하여야 할 서류

예산에는 다음의 서류가 첨부되어야 한다. 다만, 단식부기로 회계를 처리하는 경우에는 추정재무상태표와 추정수지계산서를 첨부하지 않을 수 있고, 국가·지방자치단체·법인 외의 자가 설치·운영하는 시설로서 거주자 정원 또는 일일평균 이용자가 20명 이하인 소규모 시설은 세입·세출명세서, 임직원 보수 일람표(노인장기요양기관의 경우만 해당함) 및 예산을 의결한 이사회 회의록 또는 예산을 보고받은 시설운영위원회 회의록 사본의 서류만을 첨부할 수 있으며, 「영유아보육법」 제2조에 따른 어린이집은 보건복지부장관이 정하는 바에 따른다(사회복지법인 및 사회복지시설 재무·회계 규칙 제11조).

1. 예산총칙
2. 세입·세출명세서
3. 추정재무상태표
4. 추정수지계산서
5. 임직원 보수 일람표
6. 예산을 의결한 이사회 회의록 또는 예산을 보고받은 시설운영위원회 회의록 사본

6-2-4. 예산의 목적 외 사용금지

법인회계 및 시설회계의 예산은 세출예산이 정한 목적 외에 이를 사용하지 못한다(사회복지법인 및 사회복지시설 재무·회계 규칙 제15조).

6-2-5. 세출예산의 이월

법인회계와 시설회계의 세출예산 중 경비의 성질상 당해 회계연도 안에 지출을 마치지 못할 것으로 예측되는 경비와 연도 내에 지출원인행위를 하고 불가피한 사유로 인하여 연도 내에 지출하지 못한 경비는 이사회의 의결 및 시설운영위원회에의 보고를 거쳐 다음 연도에 이월하여 사용할 수 있다. 다만, 법인이 설치·운영하는 시설인 경우에는 시설운영위원회에 사전 보고한 후 이사회의 의결을 거쳐야 한다(사회복지법인 및 사회복지시설 재무·회계 규칙 제17조).

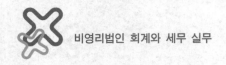
6-3. 결 산

6-3-1. 결산서의 작성 및 제출

사회복지법인의 대표이사 및 시설의 장은 법인회계와 시설회계의 세입·세출 결산보고 서를 작성하여 이사회의 의결 및 시설운영위원회에의 보고를 거친 후 다음 연도 3월 31일 까지 시장·군수·구청장에게 제출하여야 한다. 다만, 법인이 설치·운영하는 시설인 경우 에는 시설운영위원회에 보고한 후 법인 이사회의 의결을 거쳐 제출하여야 한다. 시장·군 수·구청장은 결산보고서를 제출받은 때에는 20일 이내에 법인 및 시설의 세입·세출 결 산서를 시·군·구 게시판과 인터넷 홈페이지에 20일 이상 공고하고, 법인의 대표이사 및 시설의 장으로 하여금 당해 법인과 시설의 게시판과 인터넷 홈페이지에 20일 이상 공고하 도록 하여야 한다. 단, 이러한 공고는 「사회복지사업법」 제6조의 2 제2항에 따른 정보시스 템에 게시하거나 「영유아보육법」 제49조의 2 제1항에 따라 공시하는 것으로 갈음할 수 있 다(사회복지법인 및 사회복지시설 재무·회계 규칙 제19조).

6-3-2. 결산보고서에 첨부하여야 할 서류

결산보고서에는 다음의 서류가 첨부되어야 한다. 다만, 단식부기로 회계를 처리하는 경 우에는 1.~3. 및 14.~23.의 서류만을 첨부할 수 있고, 소규모 시설의 경우에는 1. 및 17.의 서류(노인장기요양기관의 경우에는 1.~3. 및 16.~21.까지의 서류)만을 첨부할 수 있으며, 「영유 아보육법」 제2조에 따른 어린이집은 보건복지부장관이 정하는 바에 따른다(사회복지법인 및 사회복지시설 재무·회계 규칙 제20조).

---

1. 세입·세출결산서
2. 과목 전용조서
3. 예비비 사용조서
4. 재무상태표
5. 수지계산서
6. 현금 및 예금명세서
7. 유가증권명세서
8. 미수금명세서

---

9. 재고자산명세서
10. 그 밖의 유동자산명세서(제6호부터 제9호까지의 유동자산 외의 유동자산을 말한다)
11. 고정자산(토지·건물·차량운반구·비품·전화가입권)명세서
12. 부채명세서(차입금·미지급금을 포함한다)
13. 각종 충당금명세서
14. 기본재산수입명세서
15. 사업수입명세서
16. 정부보조금명세서
17. 후원금수입 및 사용결과보고서(전산파일을 포함한다)
18. 후원금 전용계좌의 입출금내역
19. 인건비명세서
20. 사업비명세서
21. 그 밖의 비용명세서(인건비 및 사업비를 제외한 비용을 말한다)
22. 감사보고서
23. 법인세 신고서(수익사업이 있는 경우만 해당한다)

즉, 위의 내용을 요약하면, 복식부기를 사용하는 경우의 주요재무제표는 세입·세출결산서, 대차대조표, 수지계산서, 기타 부속명세서 등이며, 단식부기를 사용하는 경우의 주요재무제표는 세입·세출결산서, 기타 부속명세서 등이다.

6-4. 회계

6-4-1. 수입 및 지출의 관리

사회복지법인의 대표이사와 사회복지시설의 장은 사회복지법인과 사회복지시설의 수입 및 지출에 관한 사무를 관리하여야 하며, 이때 수입 및 지출원인행위에 관한 사무를 각각 소속직원에게 위임할 수 있다(사회복지법인 및 사회복지시설 재무·회계 규칙 제21조).

법인과 시설에는 수입과 지출의 현금출납업무를 담당하게 하기 위하여 각각 수입원과 지출원을 둔다. 다만, 법인 또는 시설의 규모가 소규모인 경우에는 수입원과 지출원을 동일인으로 할 수 있다. 수입원과 지출원은 각각 그 법인의 대표이사와 시설의 장이 임면한다(사회복지법인 및 사회복지시설 재무·회계 규칙 제22조).

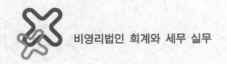
6-4-2. 회계의 방법

회계는 단식부기에 의한다. 다만, 법인회계와 수익사업회계에 있어서 복식부기의 필요가 있는 경우에는 복식부기에 의한다(사회복지법인 및 사회복지시설 재무·회계 규칙 제23조).

6-4-3. 장부의 종류

법인과 시설에는 다음의 회계장부를 둔다(사회복지법인 및 사회복지시설 재무·회계 규칙 제24조).

> 1. 현금출납부
> 2. 총계정원장
> 3. 재산대장
> 4. 비품관리대장

6-4-4. 수 입

모든 수입금의 수납은 이를 금융기관에 취급시키는 경우를 제외하고는 수입원이 아니면 수납하지 못한다. 수입원이 수납한 수입금은 그 다음 날까지 금융기관에 예입하여야 한다. 또한 수입금에 대한 금융기관의 거래통장은 회계별로 구분될 수 있도록 보관·관리하여야 한다(사회복지법인 및 사회복지시설 재무·회계 규칙 제25조).

출납이 완결한 연도에 속하는 수입, 기타 예산 외의 수입은 모두 현연도의 세입에 편입하여야 하며, 지출된 세출의 반납금은 각각 지출한 세출의 당해 과목에 다시 넣을 수 있다(사회복지법인 및 사회복지시설 재무·회계 규칙 제26조).

과오납된 수입금은 수입한 세입에서 직접 반환한다(사회복지법인 및 사회복지시설 재무·회계 규칙 제27조).

6-4-5. 지 출

지출은 지출사무를 관리하는 자 및 그 위임을 받아 지출명령이 있는 것에 한하여 지출원이

행하며, 지출명령은 예산의 범위 안에서 이루어져야 한다(사회복지법인 및 사회복지시설 재무·회계 규칙 제28조).

지출은 상용의 경비 또는 소액의 경비지출을 제외하고는 예금통장에 의하거나 「전자거래기본법」 제2조 제5호에 따른 전자거래로 행하여야 한다. 다만, 시설에 지원되는 국가 또는 지방자치단체의 보조금 지출은 보조금 결제 전용카드나 전용계좌를 이용하여야 한다. 지출원은 상용의 경비 또는 소액의 경비지출을 위하여 100만 원 이하의 현금을 보관할 수 있다(사회복지법인 및 사회복지시설 재무·회계 규칙 제29조).

선금지급할 수 있는 경비의 범위는 다음과 같다(사회복지법인 및 사회복지시설 재무·회계 규칙 제30조).

1. 외국에서 직접 구입하는 기계, 도서, 표본 또는 실험용재료의 대가
2. 정기간행물의 대가
3. 토지 또는 가옥의 임대료와 용선료
4. 운임
5. 소속직원 중 특별한 사정이 있는 자에 대하여 지급하는 급여의 일부
6. 관공서(「공공기관의 운영에 관한 법률」에 따른 공공기관 및 특별법에 의하여 설립된 특수법인 포함)에 대하여 지급하는 경비
7. 외국에서 연구 또는 조사에 종사하는 자에 대하여 지급하는 경비
8. 보조금
9. 사례금
10. 계약금액이 1천만 원 이상인 공사나 제조 또는 물건의 매입을 하는 경우에 계약금액의 100분의 50을 초과하지 아니하는 금액

추산지급할 수 있는 경비의 범위는 다음과 같다.

1. 여비 및 판공비
2. 관공서(「공공기관의 운영에 관한 법률」에 따른 공공기관 및 특별법에 의하여 설립된 특수법인 포함)에 대하여 지급하는 경비
3. 보조금
4. 소송비용

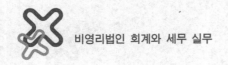
6-4-6. 후원금

사회복지법인의 대표이사와 시설의 장은 아무런 대가 없이 무상으로 받은 금품 기타의 자산(후원금)의 수입·지출 내용과 관리에 명확성이 확보되도록 해야 하며 시설거주자가 받은 개인결연후원금을 당해인이 정신질환 기타 이에 준하는 사유로 관리능력이 없어 시설의 장이 이를 관리하게 되는 경우에도 또한 같다. 이러한 후원금에 관한 영수증 발급, 수입 및 사용결과 보고, 그 밖에 후원금 관리 및 공개 절차 등에 필요한 사항은 「사회복지법인 및 사회복지시설 재무·회계 규칙」에서 다음과 같이 규정하고 있다(사회복지사업법 제45조, 사회복지법인 및 사회복지시설 재무·회계 규칙 제4장의 2).

(1) 후원금의 영수증 발급 등(사회복지법인 및 사회복지시설 재무·회계 규칙 제41조의 4)

① 사회복지법인의 대표이사와 사회복지시설의 장은 후원금을 받은 때에는 「소득세법 시행규칙」 제101조 제20호의 2에 따른 기부금영수증 서식 또는 「법인세법 시행규칙」 제82조 제7항 제3호의 3에 따른 기부금영수증 서식에 따라 후원금 영수증을 발급하여야 하며, 영수증 발급목록을 별도의 장부로 작성·비치하여야 한다.

② 사회복지법인의 대표이사와 사회복지시설의 장은 금융기관 또는 체신관서의 계좌입금을 통하여 후원금을 받은 때에는 법인명의의 후원금 전용계좌나 시설의 명칭이 부기된 시설장 명의의 계좌(후원금전용계좌)를 사용하여야 한다. 이 경우 후원자가 영수증 발급을 원하는 경우를 제외하고는 제1항에 따른 영수증의 발급을 생략할 수 있다.

③ 법인의 대표이사 및 시설의 장은 후원금을 받을 때에는 각각의 법인 및 시설별로 후원금전용계좌등을 구분하여 사용하여야 하며, 미리 후원자에게 후원금전용계좌등의 구분에 관한 사항을 안내하여야 한다.

④ 모든 후원금의 수입 및 지출은 후원금전용계좌등을 통하여 처리하여야 한다. 다만, 물품 형태의 후원금은 그러하지 아니하다.

(2) 후원금의 수입 및 사용내용 통보(사회복지법인 및 사회복지시설 재무·회계 규칙 제41조의 5)

사회복지법인의 대표이사와 사회복지시설의 장은 연 1회 이상 해당 후원금의 수입 및 사용내용을 후원금을 낸 법인, 단체 또는 개인에게 통보하여야 한다. 이 경우 사회복지법인이 발행하는 정기간행물 또는 홍보지 등을 이용하여 일괄 통보할 수 있다.

(3) 후원금의 수입·사용결과 보고 및 공개(사회복지법인 및 사회복지시설 재무·회계 규칙 제41조의 6)

① 사회복지법인의 대표이사와 사회복지시설의 장은 회계연도 종료 후 3월 31일까지 별지 결산보고서를 제출할 때에 별지 제19호 서식에 따른 후원금수입 및 사용결과보고서(전산파일을 포함한다)를 관할 시장·군수·구청장에게 제출(「사회복지사업법」 제6조의 2 제2항에 따른 정보시스템을 활용한 제출을 포함한다)하여야 한다.

② 시장·군수·구청장은 제1항에 따라 제출받은 후원금수입 및 사용결과보고서를 제출받은 날부터 20일 이내에 인터넷 등을 통하여 3개월 동안 공개하여야 하며, 법인의 대표이사 및 시설의 장은 해당 법인 및 시설의 게시판과 인터넷 홈페이지에 같은 기간 동안 공개하여야 한다. 다만, 후원자의 성명(법인 등의 경우는 그 명칭)은 공개하지 아니한다. 이 공개는 「사회복지사업법」 제6조의 2 제2항에 따른 정보시스템에 게시하는 것으로 갈음할 수 있다.

(4) 후원금의 용도 외 사용금지(사회복지법인 및 사회복지시설 재무·회계 규칙 제41조의 7)

사회복지법인의 대표이사와 사회복지시설의 장은 후원금을 후원자가 지정한 사용용도 외의 용도로 사용하지 못하며, 보건복지부장관은 후원자가 사용용도를 지정하지 아니한 후원금에 대하여 그 사용기준을 정할 수 있다. 후원금의 수입 및 지출은 예산의 편성 및 확정절차에 따라 세입·세출예산에 편성하여 사용하여야 한다.

6-5. 회계감사

시·도지사 또는 시장·군수·구청장은 다음의 어느 하나에 해당하는 경우 사회복지법인과 사회복지시설에 대하여 지방의회의 추천을 받아 「공인회계사법」 제7조에 따라 등록한 공인회계사 또는 「주식회사 등의 외부감사에 관한 법률」 제2조 제7호에 따른 감사인을 선임하여 회계감사를 실시할 수 있다(사회복지사업법 제51조, 사회복지사업법 시행규칙 제42조의 2).

1. 「사회복지사업법」 제40조 제1항 제4호에 따른 회계부정이나 불법행위 또는 그 밖의 부당
   행위 등이 발견된 경우
2. 「사회복지사업법」 제42조 제3항 제1호에 따라 거짓이나 그 밖의 부정한 방법으로 보조금
   을 받은 경우
3. 「사회복지사업법」 제42조 제3항 제2호에 따라 사업 목적 외의 용도에 보조금을 사용한
   경우
4. 「사회복지사업법」 또는 「사회복지사업법」에 따른 명령을 위반한 경우
5. 제42조 제4항에 따라 감사가 시장·군수·구청장에게 보고한 경우

공인회계사 또는 감사인의 추천 등 회계감사의 실시와 관련하여 필요한 사항은 해당 지
방자치단체의 조례로 정한다.

| 서울특별시 사회복지시설 설치 및 운영에 관한 조례 |

제8조 【지도·감독 등】 ① 시장은 수탁기관에 대하여 연 1회 이상 시설운영 전반에 대하여
지도·감독을 하며, 필요한 경우 그 업무에 관하여 보고 또는 서류의 제출을 요구하거나
검사하게 할 수 있고, 수탁자는 지도·감독 업무에 협조하여야 한다.
② 시장은 제1항의 검사결과 위탁사무의 처리가 위법 또는 부당하다고 인정될 때에는 수탁기
관에 대하여 시정요구 등 필요한 조치를 하여야 한다.
③ 시장은 제2항에 따른 시정요구 등 필요한 조치를 할 경우 문서로 수탁기관에 통보하고 사
전에 의견진술의 기회를 주어야 한다.
④ 시장은 사회복지시설이 매 사업연도마다 사업별로 결산서를 작성하여 시장이 지정한 「공인
회계사법」 제7조에 따라 등록한 공인회계사 또는 「주식회사 등의 외부감사에 관한 법률」 제2
조 제7호에 따른 감사인에 의한 회계감사를 받아 해당 사업연도 종료 후 3개월 이내에 시장에
게 제출하도록 하여야 한다. 이 경우 회계감사 실시에 필요한 사항은 시장이 따로 정한다.
⑤ 시장은 제4항의 회계감사 실시에 따른 수수료 등을 공인회계사 또는 감사인에게 예산의
범위에서 지급할 수 있다.

제2절

사회복지법인의 세무

1 법인세법

아래에는 사회복지법인의 주요 특수사항만을 언급하였고, 이외의 일반적인 비영리법인과 관련한 사항은 제2장부터 제7장까지를 참조하기 바란다.

1-1. 과세소득의 범위

다음에 열거된 사회복지사업은 「법인세법」상 비수익사업에 속하므로 동 사업과 관련하여 소득이 발생하더라도 법인세가 과세되지 않는다. 그러나 사회복지법인이 수행하는 동 사업 외의 소득에 대하여는 과세소득이 될 수 있으므로 주의를 요한다(법인세법 시행령 제3조 제1항 제4호).

보건업 및 사회복지 서비스업 중 다음의 어느 하나에 해당하는 사회복지시설에서 제공하는 사회복지사업
  가. 「사회복지사업법」 제34조에 따른 사회복지시설 중 사회복지관, 부랑인·노숙인 시설 및 결핵·한센인 시설
  나. 「국민기초생활보장법」 제15조의 2 제1항 및 제16조 제1항에 따른 중앙자활센터 및 지역자활센터
  다. 「아동복지법」 제52조 제1항에 따른 아동복지시설
  라. 「노인복지법」 제31조에 따른 노인복지시설(노인전문병원은 제외한다)
  마. 「노인장기요양보험법」 제2조 제4호에 따른 장기요양기관
  바. 「장애인복지법」 제58조 제1항에 따른 장애인복지시설 및 같은 법 제63조 제1항에 따른 장애인복지단체가 운영하는 「중증장애인생산품 우선구매 특별법」 제2조 제2항에 따른 중증장애인생산품 생산시설

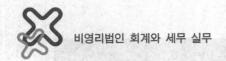
사. 「한부모가족지원법」 제19조 제1항에 따른 한부모가족복지시설

아. 「영유아보육법」 제10조에 따른 어린이집

자. 「성매매방지 및 피해자보호 등에 관한 법률」 제9조 제1항에 따른 지원시설, 제15조 제2항에 따른 자활지원센터 및 제17조 제2항에 따른 성매매피해상담소

차. 「정신건강증진 및 정신질환자 복지서비스 지원에 관한 법률」 제3조 제6호 및 제7호 에 따른 정신요양시설 및 정신재활시설

카. 「성폭력방지 및 피해자보호 등에 관한 법률」 제10조 제2항 및 제12조 제2항에 따른 성폭력피해상담소 및 성폭력피해자보호시설

타. 「입양특례법」 제20조 제1항에 따른 입양기관

파. 「가정폭력방지 및 피해자보호 등에 관한 법률」 제5조 제2항 및 제7조 제2항에 따른 가정폭력 관련 상담소 및 보호시설

하. 「다문화가족지원법」 제12조 제1항에 따른 다문화가족지원센터

거. 「건강가정기본법」 제35조 제1항에 따른 건강가정지원센터

보다 자세한 내용은 '제2장 제1절 수익사업의 범위'를 참조하기 바란다.

1-2. 일반기부금

「사업복지사업법」에 의한 사회복지법인 및 「영유아보육법」에 따른 어린이집에게 그 고유목적사업비로 지출하는 기부금은 「법인세법」 제24조 제3항 제1호에 따른 일반기부금에 해당한다(법인세법 제24조 제3항, 동법 시행령 제39조 제1항 제1호 가목, 나목).

또 다음 어느 하나에 해당하는 사회복지시설 또는 기관 중 무료 또는 실비로 이용할 수 있는 시설 또는 기관에 기부하는 금품의 가액도 일반기부금에 해당한다(법인세법 시행령 제39조 제1항 제4호). 다만, 2.에 따른 노인주거복지시설 중 양로시설을 설치한 자가 해당 시설의 설치·운영에 필요한 비용을 부담하는 경우 그 부담금 중 해당 시설의 운영으로 발생한 손실금(기업회계기준에 따라 계산한 해당 과세기간의 결손금)이 있는 경우에는 그 금액을 포함한다.

1. 「아동복지법」 제52조 제1항에 따른 아동복지시설

2. 「노인복지법」 제31조에 따른 노인복지시설 중 다음의 시설을 제외한 시설

 – 「노인복지법」 제32조 제1항에 따른 노인주거복지시설 중 입소자 본인이 입소비용

의 전부를 부담하는 양로시설·노인공동생활가정 및 노인복지주택
- 「노인복지법」 제34조 제1항에 따른 노인의료복지시설 중 입소자 본인이 입소비용의 전부를 부담하는 노인요양시설·노인요양공동생활가정 및 노인전문병원
- 「노인복지법」 제38조에 따른 재가노인복지시설 중 이용자 본인이 재가복지서비스에 대한 이용대가를 전부 부담하는 시설
3. 「장애인복지법」 제58조 제1항에 따른 장애인복지시설. 다만, 다음 각 목의 시설은 제외
- 비영리법인(「사회복지사업법」 제16조 제1항에 따라 설립된 사회복지법인을 포함) 외의 자가 운영하는 장애인 공동생활가정
- 「장애인복지법 시행령」 제36조에 따른 장애인생산품 판매시설
- 장애인 유료복지시설
4. 「한부모가족지원법」 제19조 제1항에 따른 한부모가족복지시설
5. 「정신건강증진 및 정신질환자 복지서비스 지원에 관한 법률」 제3조 제6호 및 제7호에 따른 정신요양시설 및 정신재활시설
6. 「성매매방지 및 피해자보호 등에 관한 법률」 제6조 제2항 및 제10조 제2항에 따른 지원시설 및 성매매피해상담소
7. 「가정폭력방지 및 피해자보호 등에 관한 법률」 제5조 제2항 및 제7조 제2항에 따른 가정폭력 관련 상담소 및 보호시설
8. 「성폭력방지 및 피해자보호 등에 관한 법률」 제10조 제2항 및 제12조 제2항에 따른 성폭력피해상담소 및 성폭력피해자보호시설
9. 「사회복지사업법」 제34조에 따른 사회복지시설 중 사회복지관과 부랑인·노숙인 시설
10. 「노인장기요양보험법」 제32조에 따른 재가장기요양기관
11. 「다문화가족지원법」 제12조에 따른 다문화가족지원센터
12. 「건강가정기본법」 제35조 제1항에 따른 건강가정지원센터
13. 「청소년복지 지원법」 제31조에 따른 청소년복지시설

보다 자세한 내용은 '제2장 제2절 기부금'을 참조하기 바란다.

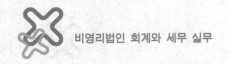
1-3. 고유목적사업준비금

「사업복지사업법」에 의한 사회복지법인은 2025년 12월 31일 이전에 종료하는 사업연도까지 「법인세법」 제29조의 규정을 적용함에 있어서 동법 동조 제1항 제2호의 규정에 불구하고 당해 법인의 수익사업에서 발생한 소득의 100%를 고유목적사업준비금으로 손금에 산입할 수 있다(조세특례제한법 제74조 제1항).

보다 자세한 내용은 '제2장 제4절 고유목적사업준비금'을 참조하기 바란다.

 | 중요 예규 및 판례 |

기획재정부 법인세제과 - 268. 2024.5.14.

〔질의내용〕

사회복지법인이 수익사업에서 발생한 소득의 50%를 고유목적사업준비금으로 손금산입한 경우, 해당 사회복지법인이 지급하는 인건비에 대해 법인령 §56⑪('인건비 제한규정')이 적용되는지

> (1안) 수익사업소득의 50% 이하를 손금에 산입하였으므로 적용되지 아니함.
> (2안) 사회복지법인에 대해서는 고유목적사업준비금 설정률과 관계없이 적용됨.

회신

귀 질의의 경우 제1안이 타당함.

서면 - 2022 - 법규법인 - 4422, 2023.7.11.

1. 사실관계

   질의법인은 사회복지사업 등을 영위하는 비영리법인임. 기부자는 본인을 피보험자 및 계약자로, 질의법인을 수익자로 하는 기부보험에 가입하였고, 쟁점보험의 약관에 따라 보험사고(기부자 사망) 발생 시 지급되는 사망보험금은 질의법인에게 지급되고, 중도 해지 시 지급되는 해약환급금은 기부자에 지급됨.

   질의법인은, 기부자가 납입하는 보험료에 대해 기부금영수증을 발급하지 않고 있으며, 별도의 회계처리도 하지 않고 있음.

2. 질의내용

   아래의 내용을 약관으로 하는 기부보험의 경우, 기부자가 매월 납부하는 보험료에

대해 기부금영수증을 발급할 수 있는지 여부
* 보험계약자는 기부자(피보험자), 수익자는 질의법인, 기부자의 사망 시 사망보험금은 수익자
  에게 지급되고 중도 해지 시 해약환급금은 기부자에게 지급

3. 답변내용
사회복지사업 등을 영위하는 비영리법인(이하 '기부금단체')과 기부금 약정을 체결한
자(이하 '기부자')가 기부자를 피보험자 및 보험계약자로 하고 보험수익자는 기부금
단체로 하며, 보험계약의 유지 및 중도해지, 수익자 변경, 해약환급금 수령 등의 권
한이 기부자에게 있는 보험에 가입한 경우, 기부자가 해당 보험에 납입하는 보험료
는 기부금영수증 발급대상에 해당하지 않는 것임.

서면 - 2022 - 원천 - 2765, 2023.2.27.

「조세특례제한법 시행령」 제27조 제3항에 열거된 사업 중 사회복지서비스업을 주된 사
업으로 영위하고, 「중소기업기본법」 제2조의 중소기업에 해당하는 경우, 해당 비영리법
인에게 근로를 제공하는 자는 중소기업 취업자에 대한 소득세 감면을 적용받을 수 있음.

서면 - 2021 - 법인 - 5037, 2022.1.6.

〔질의내용〕
사회복지법인이 전자출판물을 1년 구독권 형태로 기부받는 경우 기부금영수증 발행 여
부 및 발행 방법

〔답변내용〕
내국법인이 「법인세법」 제24조 제3항 제1호에 따른 지정기부금을 특수관계인이 아닌 자
에게 금전 외의 자산으로 제공하는 경우에는 해당 자산의 가액은 장부가액으로 하는 것
이며, 이 때 해당 기부금을 수령하는 지정기부금단체는 해당 장부가액을 기부금가액으
로 기부금을 지출한 법인에게 기부금영수증을 발급하여야 하는 것임.

사전 - 2021 - 법령해석법인 - 1214, 2021.10.26.

귀 사전답변 신청의 사실관계와 같이, 비영리내국법인이 「노인복지법」 제23조의 2 제2
항에 따라 국가 또는 지방자치단체(이하 "지방자치단체 등")로부터 노인일자리전담기관
의 운영 전부 또는 일부를 위탁받아 노인일자리사업을 수행하면서 그 사업에서 발생하
는 손익이 실질적으로 해당 지방자치단체 등에 귀속되는 경우, 해당 사업에서 발생한
소득은 「법인세법」 제3조 제2항에 따라 법인세 과세대상에 해당하지 않는 것임.

서면 - 2021 - 법인 - 1917, 2021.6.7.

질의

〔사실관계〕

• A사회복지관은 B사회복지법인이 ○○시 △△구로부터 위탁받아 운영하는 시설로 본
점으로 고유번호증을 발급받아 사회복지 사업을 수행하고 있음.

〔질의내용〕

• 사회복지관은 사회복지사업법에 의해 비영리법인이 위탁 운영하고 있음에도 불구하
고, 해당 사회복지관 소재지에 고유번호증을 등록시 「국세기본법」 제13조에 따른 '법
인으로 보는 단체'로 볼 수 있는지 여부

• 사회복지관 소재지에 '법인으로 보는 단체'로 고유번호증을 등록한 경우 납세협력의
무를 운영법인이 보고하는지 여부

회신

사회복지법인이 국가나 지방자치단체가 설치한 사회복지관을 수탁받아 운영하는 경우
해당 사회복지관 소재지에 사회복지법인의 지점으로 사업자등록하는 것이며, 사회복지
법인의 본점이 「상속세 및 증여세법」 제48조 및 제50조에서 제51조까지의 납세협력의
무를 이행하는 것임.

서면 - 2018 - 법인 - 1314, 2018.8.3.

「법인세법 시행령」 제36조 제1항 제1호 가목의 「사회복지사업법」에 따른 사회복지법인
은 별도로 기획재정부장관이 지정기부금단체로 지정하여 고시하지 않은 경우에도 지정
기부금단체에 해당하는 것임.

서면 - 2017 - 법인 - 0827, 2017.4.27.

비영리내국법인이 「장애인복지법」 제58조 제1항에 따른 장애인복지시설로서 같은 법
시행규칙 별표 4에 열거하고 있는 장애인 보호작업장을 운영하는 경우, 해당 사회복지
사업은 「법인세법 시행령」 제2조 제1항 제4호에 해당하여 수익사업에 해당하지 아니함.

서면2팀 - 1805, 2007.10.9.

비영리내국법인이 「노인복지법」에 의한 유료노인요양시설을 설치하고 노인을 입소시켜 급
식·요양 기타 일상생활에 필요한 편의를 제공하고 이에 소요되는 일체의 비용을 입소한
자로부터 수납하는 경우, 당해 노인복지시설 운영사업에서 발생한 소득은 「법인세법 시행
령」 제2조 제1항 제4호의 규정에 의해 비영리내국법인의 수익사업소득에서 제외되는 것임.

서면2팀 - 1376, 2006.7.20.

수익사업과 수익사업이 아닌 사회복지사업을 영위하는 비영리법인이 수익사업에 사용하던 자산을 사회복지사업에 전출하는 경우에는 당해 자산의 시가상당액을 기준으로 「법인세법 기본통칙」 113−156…3 제2항에 따라 상계처리하는 것이며, 수익사업에서 발생한 이익금 중 일부를 복지기금으로 지출하고자 하는 경우 세금계산서 교부대상이 아님.

서면2팀 - 751, 2006.5.4.

「법인세법 시행령」 제36조 제1항 제1호 가목에 「사회복지사업법」에 의한 사회복지법인에 대하여 당해 고유목적사업비로 지출하는 기부금은 지정기부금으로 규정하고 있으나 사회복지법인이 아닌 단체가 운영하는 아동복지시설은 지정기부금 단체에 해당되지 아니하는 것이며, 해당 아동복지시설에 지출하는 기부금이 「법인세법 시행규칙」 제18조 제2항 제2호의 규정에 의한 '불우이웃을 돕기 위하여 지출하는 기부금'에 해당하는 경우의 기부금은 「법인세법」 제24조 제1항에서 규정하는 지정기부금에 해당하는 것임.

서면2팀 - 543, 2005.4.12.

법인이 「사회복지사업법」 제33조에 의거 설립된 사회복지법인인 한국사회복지협의회에 고유목적사업비로 지출하는 기부금은 「법인세법 시행령」 제36조 제1항 제1호 가목의 규정에 의하여 지정기부금에 해당하는 것임.

서면2팀 - 271, 2005.2.11.

보건복지부의 '미신고 복지시설 종합관리대책'에 따라 지방자치단체장으로부터 조건부 신고시설 신고필증을 교부받은 시설은 「법인세법 시행령」 제36조 제1항 제1호 가목의 규정에 의한 사회복지법인에 해당하지 않으므로 지정기부금 단체에 해당하지 않는 것이나, 해당 시설에 지출하는 기부금이 「법인세법 시행규칙」 제18조 제2항 제2호의 규정에 의한 '불우이웃을 돕기 위하여 지출하는 기부금'에 해당하는 경우의 기부금은 「법인세법」 제24조 제1항에서 규정하는 지정기부금에 해당하는 것임.

서면2팀 - 1651, 2004.8.9.

홀트아동복지회가 영위하는 의료업이 「사회복지사업법」에 의한 사회복지사업에 해당하지 아니하는 경우에는 「법인세법 시행령」 제2조 제1항 제4호의 규정에 의한 '비영리법인의 비수익사업'에 해당하지 아니하는 것임.

재법인 - 384, 2004.7.2.

「사회복지사업법」 제2조 제1호에 규정된 법률(「영유아보육법」 등)에 의한 각종 복지사업과 이와 관련된 자원봉사활동 및 복지시설의 운용 또는 지원을 목적으로 하는 사업은

「법인세법 시행령」 제2조의 '「사회복지사업법」에 의한 사회복지사업'에 해당되어 법인세가 과세되지 않음. 그러나 귀 질의의 경우와 같이 「영유아보육법 시행령」에 정한 교육을 위탁받은 교육훈련시설이 교육을 실시하고 수강료를 받는 것은 수익사업에 해당되어 법인세가 과세되는 것임.

서면2팀 – 931, 2004.5.3.

「사회복지사업법」에 의하여 설립된 사회복지법인이 「노인복지법」 제32조 제1항 제3호에서 규정하는 유료양로시설을 설치하고 노인을 입소시켜 급식, 기타 일상생활에 필요한 편의를 제공하고 이에 소요되는 비용을 입소자로부터 수납하는 경우에는 「법인세법 시행령」 제2조 제1항 제4호의 규정에 의하여 법인세가 과세되지 아니하는 것이나, 별도의 부대시설 등을 운영함으로 인하여 생기는 소득에 대하여는 법인세가 과세되는 것임.

제도 46012 – 10910, 2001.5.2.

「의료보호법」 제2조의 규정에 의한 의료보호진료기관인 의료기관 및 약국 등이 의료보호대상자에게 행한 의료행위는 「법인세법 시행령」 제2조 제1항 제4호의 규정에 의한 '「사회복지사업법」에 의한 사회복지사업'에 해당하지 않는 것임.

2 부가가치세법

보건 및 사회복지 서비스업은 원칙적으로 「부가가치세법」상 과세대상 용역의 범위에 속한다(부가가치세법 시행령 제3조 제1항 제10호). 그러나 주무관청의 허가 또는 인가를 받거나 주무관청에 등록된 단체(종교단체의 경우에는 그 소속단체를 포함한다)로서 「상속세 및 증여세법 시행령」 제12조 각 호의 어느 하나에 따른 사업 또는 비영리법인의 사업으로서 종교·자선·학술·구호·사회복지·교육·문화·예술 등 공익을 목적으로 하는 사업을 하는 단체가 그 고유의 사업목적을 위하여 일시적으로 공급하거나 실비 또는 무상으로 공급하는 재화 및 용역은 부가가치세가 면제된다(부가가치세법 제26조 제1항 제18호, 동법 시행령 제45조, 동법 시행규칙 제34조).

사전 - 2020 - 법령해석부가 - 1144, 2020.12.14.

「민법」에 따라 지방자치단체의 허가를 받아 설립된 비영리 재단법인(이하 "법인")이 지방자치단체와 체결한 '청년정책 지원시스템 운영 업무대행 협약'에 따라 시스템 운영비, 인건비, 위탁수수료 등을 사업비로 지급받고 관련 업무를 수행하는 경우 해당 사업비는 업무대행 용역의 대가로서 「부가가치세법」 제11조에 따라 부가가치세가 과세되는 것이며 업무대행에 대한 대가를 사업종료 후 정산을 통하여 확정하기로 한 경우 같은 법 제16조 및 같은 법 시행령 제29조 제2항 제1호에 따라 역무의 제공이 완료되고 그 공급가액이 확정되는 때를 공급시기로 하여 법인이 같은 법 제32조에 따라 지방자치단체에 세금계산서를 발급하는 것임.

기준 - 2018 - 법령해석부가 - 0129, 2018.9.10.

주무관청의 허가를 받아 설립된 사회복지법인이 주무관청에 장애인직업재활시설로 신고된 장애인보호작업장을 운영하면서 직업재활훈련프로그램의 일환으로 그 고유의 사업목적을 위하여 실비로 공급하는 재화 또는 용역은 부가가치세가 면제되는 것임.

법규부가 2009 - 0121, 2009.4.23.

과세·면세사업을 겸영하는 사회복지법인이 그 고유의 사업목적을 위하여 북한으로 무상 반출하는 재화에 대하여 「부가가치세법」 제12조 제4항 및 같은 법 시행령 제47조에 따라 면세포기신고를 하고 부가가치세 영의 세율을 적용받는 경우에는 면세포기신고를 한 날부터 영세율이 적용되는 것이며, 면세포기신고서를 제출하기 전에 발생한 당해 무상 반출하는 재화와 관련된 매입세액은 공제받을 수 없는 것임.

서면3팀 - 3226, 2007.11.30.

주무관청의 허가를 받아 설립된 사회복지사업을 영위하는 비영리법인이 그 고유의 사업목적을 위하여 노인전문병원 등에 간병용역을 제공하고 그 대가를 실비로 지급받는 경우에는 「부가가치세법」 제12조 제1항 제16호 및 같은 법 시행령 제37조 제1호의 규정에 의하여 부가가치세가 면제되는 것임.

서면3팀 - 2177, 2007.8.1.

지방자치단체가 노인복지시설을 운영하면서 동 시설을 이용하는 노인에게 실비로 음식용역을 제공하는 경우에는 부가가치세가 면제되고, 국가 또는 지방자치단체 소유의 문예회관 시설의 일부인 극장, 음악당 및 기타 실연극을 공연하는 공연장을 계속·반복적으로 대여하고 받는 대가는 「부가가치세법」 제1조의 규정에 의하여 과세됨.

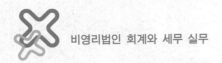

서면3팀 - 1949, 2007.7.11.

주무관청에 등록된 종교·자선·학술·구호 기타 공익을 목적으로 하는 단체가 그 고유의 사업목적을 위하여 일시적으로 공급하거나 실비 또는 무상으로 공급하는 재화 또는 용역은 동법 시행령 제37조의 규정에 의하여 부가가치세가 면제되는 것이나, 소유 부동산을 임대하고 대가를 받는 경우에는 「부가가치세법」 제7조에 의해 부가가치세가 과세되는 것임.

재부가 - 186, 2007.3.22.

지방자치단체가 「노인복지법」 제36조의 규정에 의거 노인여가복지시설을 설치하여 운영하면서 그 이용객으로부터 숙박시설 이용요금을 받는 경우 숙박업에 해당되어 「부가가치세법 시행령」 제38조 제3호의 규정에 의하여 부가가치세가 과세되는 것임.

서면3팀 - 620, 2006.3.30.

사회복지법인이 북한에 대하여 무상지원을 목적으로 도소매업체에서 물품을 구매한 후 수출업자와 계약을 통하여 운송서비스에 대한 대가를 지불하고 물품을 북한으로 무상으로 반출하는 경우, 북한에 무상으로 반출되는 재화에 대하여 면세포기를 하고 영세율을 적용받는 경우에는 매입세액의 공제가 가능함.

서면3팀 - 459, 2006.3.10.

「비영리민간단체지원법」에 의한 비영리민간단체가 공익사업을 위하여 주무관청의 승인을 얻어 금품을 모집하는 단체인 경우에는 공익단체로 보는 것이나, 이에 해당하는지는 사실판단할 사항이며, 「아동복지법」에 의한 아동복지시설은 공익단체에 포함되어 당해 단체에 무상으로 공급하는 재화 또는 용역에 대해서는 부가가치세를 면제하는 것임.

서면3팀 - 324, 2006.2.21.

「노인복지법」에 의한 실비노인요양시설로서 「사회복지사업법」 규정에 의거 사회복지법인으로 설립인가를 받아 보건복지부에서 매년 책정된 실비 기준 비용을 2분의 1은 노인에게 부과하고 2분의 1은 지방자치단체로부터 보조를 받아 운영하는 경우, 고유사업목적을 위하여 일시적으로 공급하거나 실비 또는 무상으로 공급하는 재화 및 용역은 부가가치세가 면제됨.

부가 46015 - 1786, 2000.7.26.

사회복지법인이 사회복지시설인 수영장을 장애인과 일반인에게 이용하게 하고 실비 또는 무상으로 그 대가를 받는 경우 면세됨.

보다 자세한 내용은 '제4장 상속세 및 증여세법'을 참조하기 바란다.

 | **중요 예규 및 판례** |

서면 – 2021 – 법인 – 1917, 2021.6.7.

질의

〔사실관계〕

• A사회복지관은 B사회복지법인이 ○○시 △△구로부터 위탁받아 운영하는 시설로 본 점으로 고유번호증을 발급받아 사회복지 사업을 수행하고 있음.

〔질의내용〕

• 사회복지관은 사회복지사업법에 의해 비영리 법인이 위탁 운영하고 있음에도 불구하 고, 해당 사회복지관 소재지에 고유번호증을 등록시 「국세기본법」 제13조에 따른 '법 인으로 보는 단체'로 볼 수 있는지 여부

• 사회복지관 소재지에 '법인으로 보는 단체'로 고유번호증을 등록한 경우 납세협력의 무를 운영법인이 보고하는지 여부

회신

사회복지법인이 국가나 지방자치단체가 설치한 사회복지관을 수탁받아 운영하는 경우 해당 사회복지관 소재지에 사회복지법인의 지점으로 사업자등록하는 것이며, 사회복지법 인의 본점이 「상속세 및 증여세법」 제48조 및 제50조에서 제51조까지의 납세협력의무를 이 행하는 것임.

사전 – 2021 – 법령해석법인 – 0323, 2021.4.7.

「사회복지사업법」에 의해 설립된 사회복지법인이 舊 「교육법」(1997.12.13. 법률 제5437호 로 폐지되기 전의 것) 제85조 제1항에 따라 특수학교의 설립을 인가받아 운영하면서 그 외 복지시설을 함께 운영하는 경우 해당 사회복지법인은 「상속세 및 증여세법」 제50조 제3항 단서 규정에 의해 회계감사를 받지 않아도 되는 것임.

서면 – 2020 – 법인 – 5536, 2020.12.30.

어린이집을 운영하는 사회복지법인은 「상속세 및 증여세법 시행령」 제12조 제3호 규정

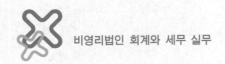
에 따라 공익법인에 해당하는 것으로, 공익법인이 「상속세 및 증여세법」 제50조 제1항에 해당하는 경우 외부전문가의 세무확인을 받아야 하는 것임.

서면 - 2020 - 법인 - 1285, 2020.11.19.

질의

〔사실관계〕

• 질의법인은 ○○시에 위치한 개인이 운영하는 아동복지시설로서 보조금과 기부금으로 운영하고 있음.
  - 사회복지사업법상 아동복지시설에 해당하고 수익사업은 없음.

〔질의내용〕

(질의1) 공익법인 등에 해당 여부

(질의2) 공익법인 출연재산 보고서 제출 의무 여부

(질의3) 지정기부금단체 의무이행 대상 여부

회신

귀 질의1의 경우 「사회복지사업법」의 규정에 의한 사회복지법인은 「상속세 및 증여세법 시행령」 제12조에 따라 공익법인 등에 해당하는 것임.

귀 질의2의 경우 공익법인 등이 재산을 출연받은 경우에는 그 출연받은 재산의 사용계획 및 진도에 관한 보고서를 「상속세 및 증여세법」 제48조 제5항에 따라 납세지 관할세무서장에게 제출해야 하는 것임.

귀 질의3의 경우 「법인세법 시행령」 제39조 제1항 제1호 각 목(마목은 제외)에 해당하는 단체는 같은 조 제5항에 따른 의무를 이행해야 하는 것임.

지방세특례제도과 - 796, 2020.4.8.

질의

舊 지방세특례제한법(2020.1.15. 법률 제16865호로 개정되기 이전의 것, 이하 "舊 지방세특례제한법"이라고 한다) 제22조 제1항에 따라 대통령령으로 정하는 사회복지사업을 목적으로 하는 단체의 범위를 한정적, 열거적 규정으로 볼 것인지, 예시적 규정으로 볼 것인지.

회신

• 舊 지방세특례제한법 제22조 제1항에서 「사회복지사업법」에 따라 설립된 사회복지법인과 양로원, 보육원, 모자원, 한센병자치료보호시설 등 대통령령으로 정하는 사회복지사업을 목적으로 하는 단체 및 한국한센복지협회(이하 이 조에서 "사회복지법인 등"이라 한다)가 해당 사업에 직접 사용하기 위하여 취득하는 부동산에 대해서는 취득세를 2019년 12월 31일까지 면제한다고 규정하면서,

- 舊 지방세특례제한법 시행령(2020.1.15. 대통령령 제30355호로 개정되기 이전의 것, 이하 "舊 지방세특례제한법 시행령"이라고 한다) 제10조 제1항에서 법 제22조 제1항 각 호 외의 부분 본문에서 "양로원, 보육원, 모자원, 한센병자 치료보호시설 등 대통령령으로 정하는 사회복지사업을 목적으로 하는 단체"란 다음 각 호의 요건을 모두 갖춘 법인(「법인세법」 제2조 제1호 및 제3호에 따른 내국법인 및 외국법인을 말한다), 법인 아닌 사단·재단, 그 밖의 단체를 말한다고 규정하고, 제1호에서 단체의 조직과 운영에 관한 규정(規程)을 가지고 대표자나 관리인을 선임하고 있을 것, 제2호에서 단체의 계산과 명의로 수익과 재산을 독립적으로 소유·관리하고 있을 것, 제3호에서 단체의 수익을 그 구성원에게 분배하지 아니할 것을 규정하고 있음.

• 위 규정에 대한 연혁을 살펴보면, 2014년 이전까지 舊 지방세특례제한법(2014.12.31. 법률 제12955호로 개정되기 이전의 것) 제22조 제1항에서 '양로원, 보육원, 모자원, 한센병자 치료보호시설 등 사회복지사업을 목적으로 하는 단체(이하 "사회복지단체"라고 함)'에 대하여 舊 지방세특례제한법 시행령(2014.12.31. 대통령령 제25958호로 개정되기 이전의 것)에서는 구체적인 범위를 규정하고 있지 아니하였는데,
  - 대법원(대법원 2013.2.14. 선고, 2012두24276 판결) 판례에서 '양로원, 보육원, 모자원, 한센병자 치료보호시설 등 사회복지사업을 목적으로 하는 단체'는 열거된 사회복지시설을 직접 운영하는 단체로 한정된다고 해석함이 상당하고, 열거된 사회복지시설을 직접 운영하는 단체가 아닌 이상 지방세 비과세요건 중 주체에 관한 요건을 충족하였다고 보기 어렵다고 판시하였고,
  - 종전 우리부 유권해석(지방세특례제도-708, 2014.6.20.)에서 舊 지방세특례제한법(2014.12.31. 법률 제12955호로 개정되기 이전의 것)에서 사회복지단체는 그 단체가 수행하는 업무의 성격, 설립목적, 감면규정의 취지 등을 종합적으로 판단하여야 할 것인바, 건강가정지원센터와 아이돌봄서비스 제공기관이 설사 사회복지적 성격을 갖는다고 하더라도 '양로원, 보육원, 모자원, 한센병자 치료보호시설 등' 열거한 사회복지시설을 직접 운영하기 위하여 설립된 단체가 아닌 이상 지방세 경감대상으로 볼 수 없다고 명시하고 있었다.

• 2015년 시행된 舊 지방세특례제한법 제22조 제1항에서 '양로원, 보육원, 모자원, 한센병자 치료보호시설 등 대통령령으로 정하는 사회복지사업을 목적으로 하는 단체'라고 개정하면서, 舊 지방세특례제한법 시행령 제10조 제1항에서 법 제22조 제1항 각 호 외의 부분 본문에서 "양로원, 보육원, 모자원, 한센병자 치료보호시설 등 대통령령으로 정하는 사회복지사업을 목적으로 하는 단체"란 다음 각 호의 요건을 모두 갖춘 법인(「법인세법」 제1조 제1호 및 제3호에 따른 내국법인 및 외국법인을 말한다), 법인 아닌 사단·재단, 그 밖의 단체를 말한다고 규정하면서, 제1호에서 단체의 조직과 운영에

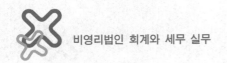

관한 규정(規程)을 가지고 대표자나 관리인을 선임하고 있을 것을, 제2호에서 단체의 계산과 명의로 수익과 재산을 독립적으로 소유·관리하고 있을 것을, 제3호에서 단체의 수익을 그 구성원에게 분배하지 아니할 것을 규정하게 되었는데,

- 위 개정 취지를 살펴보면, 사회복지단체에 관한 감면요건 규정을 신설하게 된 취지가 사회복지법인 이외의 사회복지법인을 목적으로 하는 단체에 대한 기준이 불분명하고, 해당 단체 설립 요건 등이 없어 개인 등이 임의로 단체를 구성하여 감면을 요청하는 등 사회복지사업을 목적으로 하는 단체의 인정 요건을 명확화하기 위하는 데에 있었고,

- 종전부터 우리부 유권해석과 대법원 판례에서 사회복지단체가 운영할 수 있는 사회복지사업을 '양로원·보육원·모자원·한센병자 치료보호시설'을 열거적 규정이라고 명시하여 운영되었던 것을, 舊 지방세특례제한법에서 그 구체적인 범위를 대통령령으로 위임하여, 舊 지방세특례제한법 시행령 개정으로 '양로원, 보육원, 모자원, 한센병자 치료보호시설' 이외에 사회복지사업법에 따른 모든 사회복지사업으로 확대하여 예시적 규정으로 개정하겠다는 취지를 특별히 찾아볼 수 없으며,

- 2020년 지방세특례제한법 개정 시에도 '양로원, 보육원, 모자원, 한센병자 치료보호시설 등'에 대한 감면요건을 대통령령으로 위임하고 각 호에 열거함으로써 그 범위가 확대되거나 축소된 것이 아닌, 사회복지단체에 대한 기준을 명확히 한 점임을 고려해볼 때,

- 舊 지방세특례제한법에서 규정한 사회복지단체에 대한 규정은 '양로원, 보육원, 모자원, 한센병자 치료보호시설'을 열거한 규정으로 보아야 하고, 사회복지단체가 이와 유사한 사회복지시설을 운영할 때 적용하는 것이 타당하다 할 것임.

• 따라서 舊 지방세특례제한법 제22조 제1항에 따라 대통령령으로 정하는 사회복지사업을 목적으로 하는 단체의 범위는 한정적, 열거적 규정으로 보아야 할 것임. 다만, 이는 질의 당시 사실관계를 바탕으로 판단한 해석으로서 추가 사실 확인 등 변동이 있을 시에는 해당 과세권자가 면밀한 조사를 통해 결정할 사안임.

서면4팀 – 1118, 2007.4.5.

「상속세 및 증여세법 시행령」 제12조 제3호의 규정에 의하여 「사회복지사업법」의 규정에 의한 사회복지법인은 공익법인에 해당하는 것이며, 당해 공익법인이 재산을 출연받아 그 출연받은 날부터 3년 이내에 직접 공익목적사업(직접 공익목적사업에 충당하기 위하여 수익용 또는 수익사업용으로 운영하는 경우를 포함)에 사용하는 경우에는 「상속세 및 증여세법」 제48조 제1항·제2항의 규정에 의하여 그 출연받은 재산의 가액은 증여세 과세가액에 산입하지 아니함.

사회복지법인 및 사회복지시설 재무·회계 규칙

[시행 2023.1.1.] [보건복지부령 제928호, 2022.12.28., 일부개정]

제1장 총칙

제1조【목적】이 규칙은 「사회복지사업법」 제23조 제4항, 제34조 제4항, 제45조 제2항 및 제51조 제2항에 따라 사회복지법인 및 사회복지시설의 재무·회계, 후원금관리 및 회계감사에 관한 사항을 규정하여 재무·회계, 후원금관리 및 회계감사의 명확성·공정성·투명성을 기함으로써 사회복지법인 및 사회복지시설의 합리적인 운영에 기여함을 목적으로 한다. <개정 2012.8.7., 2019.6.12.>

[전문개정 2005.7.15.]

제2조【재무·회계운영의 기본원칙】사회복지법인(이하 "법인"이라 한다) 및 사회복지시설(법인이 설치·운영하는 사회복지시설을 포함하며, 이하 "시설"이라 한다)의 재무·회계는 그 설립목적에 따라 건전하게 운영되어야 한다. <개정 2012.8.7.>

제2조의 2【다른 법령과의 관계】법인 및 시설의 재무 및 회계 처리에 관하여 다른 법령에 특별한 규정이 있는 경우를 제외하고는 이 규칙이 정하는 바에 따른다.

[본조신설 2012.8.7.]

제3조【회계연도】법인 및 시설의 회계연도는 정부의 회계연도에 따른다. 다만, 「영유아보육법」 제2조에 따른 어린이집의 회계연도는 매년 3월 1일에 시작하여 다음 연도 2월 말일에 종료한다. <개정 2012.8.7., 2015.12.24.>

제4조【회계연도 소속구분】법인 및 시설의 수입 및 지출의 발생과 자산 및 부채의 증감·변동에 관하여는 그 원인이 되는 사실이 발생한 날을 기준으로 하여 연도소속을 구분한다. 다만, 그 사실이 발생한 날을 정할 수 없는 경우에는 그 사실을 확인한 날을 기준으로 하여 연도소속을 구분한다. <개정 2012.8.7.>

제5조【출납기한】1회계연도에 속하는 법인 및 시설의 세입·세출의 출납은 회계 연도가 끝나는 날까지 완결하여야 한다. <개정 1993.12.27., 2012.8.7., 2015.12.24.>

[제목개정 1998.1.7.]

제6조【회계의 구분】① 이 규칙에서의 회계는 법인의 업무전반에 관한 회계(이하 "법인회

계"라 한다), 시설의 운영에 관한 회계(이하 "시설회계"라 한다) 및 법인이 수행하는 수
익사업에 관한 회계(이하 "수익사업회계"라 한다)로 구분한다.

② 법인의 회계는 법인회계, 해당 법인이 설치·운영하는 시설의 시설회계 및 수익사
업회계로 구분하여야 하며, 시설의 회계는 해당 시설의 시설회계로 한다.

[전문개정 2012.8.7.]

제6조의 2 【정보통신매체에 의한 재무·회계처리】① 법인 및 시설의 재무·회계는 컴퓨
터 회계프로그램으로 처리할 수 있다. <개정 2012.8.7.>

② 보건복지부장관은 법인 및 시설의 재무·회계업무의 효율성 및 투명성을 높이기
위하여 「사회복지사업법」 제6조의 2 제2항에 따른 정보시스템으로서 법인 및 시설의
재무회계를 처리하기 위한 정보시스템을 구축·운영할 수 있다. <신설 2012.8.7.>

③ 보건복지부장관, 시·도지사, 시장(「제주특별자치도 설치 및 국제자유도시 조성을 위
한 특별법」 제11조 제2항에 따른 행정시장을 포함한다. 이하 같다)·군수·구청장(자치구의
구청장을 말한다. 이하 같다)은 법인 또는 시설에 대하여 제2항에 따른 시스템을 사용
할 것을 권장할 수 있다. <신설 2012.8.7., 2015.12.24., 2018.3.30.>

④ 「사회복지사업법」 제42조에 따른 보조금을 받는 법인 및 시설과 보조금을 받지
아니하는 시설로서 「노인복지법」 제31조에 따른 노인복지시설 중 「노인장기요양보
험법」 제31조에 따라 장기요양기관으로 지정받은 시설(이하 "노인장기요양기관"이라
한다)은 제1항에 따른 컴퓨터 회계프로그램 중 보건복지부장관이 검증한 표준연계모
듈이 적용된 정보시스템 또는 제2항에 따른 정보시스템을 사용하여 재무·회계를 처
리하여야 한다. 다만, 보건복지부장관이 정하는 법인 및 시설은 그러하지 아니하다.
<신설 2012.8.7., 2018.3.30.>

⑤ 제1항에 따른 컴퓨터 회계프로그램 또는 제2항에 따른 시스템에 의하여 전자장부
를 사용하는 경우에는 제24조에 따른 회계장부를 둔 것으로 본다. <개정 2012.8.7.>

[본조신설 2005.7.15.]

제 2 장 예산과 결산

제1절 예산

제7조 【세입·세출의 정의】 1회계연도의 모든 수입을 세입으로 하고, 모든 지출을 세출로
한다.

제8조【예산총계주의원칙】 세입과 세출은 모두 예산에 계상하여야 한다.

[전문개정 1998.1.7.]

제9조【예산편성지침】 ① 법인의 대표이사는 제2조의 취지에 따라 매 회계연도 개시 1월 전까지 그 법인과 해당 법인이 설치·운영하는 시설의 예산편성 지침을 정하여야 한다. <개정 1998.1.7., 2012.8.7.>

② 법인 또는 시설의 소재지를 관할하는 시장·군수·구청장은 특히 필요하다고 인정되는 사항에 관하여는 예산편성지침을 정하여 매 회계연도 개시 2월전까지 법인 및 시설에 통보할 수 있다. <개정 1998.1.7., 2012.8.7., 2015.12.24.>

[제목개정 2012.8.7.]

제10조【예산의 편성 및 결정절차】 ① 법인의 대표이사 및 시설의 장은 예산을 편성하여 각각 법인 이사회의 의결 및 「사회복지사업법」 제36조에 따른 운영위원회 또는 「영유아보육법」 제25조에 따른 어린이집운영위원회(이하 "시설운영위원회"라 한다)에의 보고를 거쳐 확정한다. 다만, 법인이 설치·운영하는 시설인 경우에는 시설운영위원회에 보고한 후 법인 이사회의 의결을 거쳐 확정한다. <신설 2012.8.7.>

② 법인의 대표이사 및 시설의 장은 제1항에 따라 확정한 예산을 매 회계연도 개시 5일전까지 관할 시장·군수·구청장에게 제출(「사회복지사업법」 제6조의 2 제2항에 따른 정보시스템을 활용한 제출을 포함한다)하여야 한다. <개정 2009.2.5., 2012.8.7., 2015.12.24.>

③ 제1항에 따라 예산을 편성할 경우 법인회계와 시설회계의 예산은 별표 1부터 별표 4까지에 따른 세입·세출예산과목 구분에 따라 편성해야 한다. 다만, 다음 각 호의 시설은 각 호에서 정하는 바에 따라 편성한다. <개정 2009.2.5., 2010.3.19., 2012.8.7., 2018.3.30., 2022.12.28.>

1. 다음 각 목의 시설: 별표 5 및 별표 6에 따른 세입·세출예산과목 구분에 따라 편성
   가. 「사회복지사업법」 제34조의 5에 따른 사회복지관
   나. 「노인복지법」 제36조 제1항 제1호에 따른 노인복지관
   다. 「장애인복지법」 제58조 제1항 제2호에 따른 장애인 지역사회재활시설
   라. 「아동복지법」 제44조의 2에 따른 다함께돌봄센터
   마. 「아동복지법」 제52조 제1항 제8호에 따른 지역아동센터
   바. 그 밖에 보건복지부장관이 정하여 고시하는 시설

2. 「영유아보육법」 제2조에 따른 어린이집: 별표 7 및 별표 8에 따른 세입·세출예산 과목 구분에 따라 편성

3. 노인장기요양기관: 별표 9의 세입예산과목 구분 및 별표 10의 세출예산과목 구분에 따라 편성하되, 세출예산을 편성하는 때에는 「노인장기요양보험법」 제38조 제4항에 따라 장기요양급여비용 중 그 일부를 보건복지부장관이 정하여 고시하는 비율에 따라 인건비로 편성

4. 삭제 <2012.8.7.>

④ 시장·군수·구청장은 제2항에 따라 예산을 제출받은 때에는 20일 이내에 법인과 시설의 회계별 세입·세출명세서를 시(「제주특별자치도 설치 및 국제자유도시 조성을 위한 특별법」 제10조 제2항에 따른 행정시를 포함한다. 이하 같다)·군·구(자치구를 말한다. 이하 같다)의 게시판과 인터넷 홈페이지에 20일 이상 공고하고, 법인의 대표이사 및 시설의 장으로 하여금 해당 법인 및 시설의 게시판과 인터넷 홈페이지에 20일 이상 공고하도록 하여야 한다. <개정 2009.2.5., 2012.8.7., 2018.3.30.>

⑤ 제4항에 따른 공고는 「사회복지사업법」 제6조의 2 제2항에 따른 정보시스템에 게시하거나 「영유아보육법」 제49조의 2 제1항에 따라 공시하는 것으로 갈음할 수 있다. <개정 2015.12.24.>

[전문개정 1998.1.7.]

제11조【예산에 첨부하여야 할 서류】 ① 예산에는 다음 각 호의 서류가 첨부되어야 한다. 다만, 단식부기로 회계를 처리하는 경우에는 제1호·제2호·제5호 및 제6호의 서류만을 첨부할 수 있고, 국가·지방자치단체·법인 외의 자가 설치·운영하는 시설로서 거주자 정원 또는 일일평균 이용자가 20명 이하인 시설(이하 "소규모 시설"이라 한다)은 제2호, 제5호(노인장기요양기관의 경우만 해당한다) 및 제6호의 서류만을 첨부할 수 있으며, 「영유아보육법」 제2조에 따른 어린이집은 보건복지부장관이 정하는 바에 따른다. <개정 1993.12.27., 2012.8.7., 2018.3.30., 2019.9.27., 2020.1.7.>

1. 예산총칙

2. 세입·세출명세서

3. 추정재무상태표

4. 추정수지계산서

5. 임직원 보수 일람표

6. 예산을 의결한 이사회 회의록 또는 예산을 보고받은 시설운영위원회 회의록 사본

② 제1항 제2호부터 제5호까지의 서류는 별지 제1호 서식부터 별지 제4호 서식까지에 따른다. 다만, 노인장기요양기관의 장이 첨부해야 하는 제1항 제5호의 임직원 보수 일람표는 별지 제4호의 2 서식에 따른다. <개정 2018.3.30., 2020.1.7.>

제12조【준예산】회계연도 개시전까지 법인 및 시설의 예산이 성립되지 아니한 때에는 법인의 대표이사 및 시설의 장은 시장·군수·구청장에게 그 사유를 보고하고 예산이 성립될 때까지 다음의 경비를 전년도 예산에 준하여 집행할 수 있다. <개정 2012.8.7.>

1. 임·직원의 보수

2. 법인 및 시설운영에 직접 사용되는 필수적인 경비

3. 법령상 지급의무가 있는 경비

제13조【추가경정예산】① 법인의 대표이사 및 시설의 장은 예산성립후에 생긴 사유로 인하여 이미 성립된 예산에 변경을 가할 필요가 있을 때에는 제10조 및 제11조의 규정에 의한 절차에 준하여 추가경정예산을 편성·확정할 수 있다. 이 경우 노인장기요양기관의 장은 「노인장기요양보험법」 제38조 제4항에 따라 장기요양급여비용 중 그 일부를 보건복지부장관이 정하여 고시하는 비율에 따라 인건비로 편성하여야 한다. <개정 2012.8.7., 2018.3.30.>

② 법인의 대표이사 및 시설의 장은 추가경정예산이 확정된 날로부터 7일 이내에 이를 시장·군수·구청장에게 제출하여야 한다. <개정 2012.8.7.>

제14조【예비비】법인의 대표이사 및 시설의 장은 예측할 수 없는 예산외의 지출 또는 예산의 초과지출에 충당하기 위하여 예비비를 세출예산에 계상할 수 있다. <개정 2012.8.7.>

[전문개정 1999.3.11.]

제15조【예산의 목적외 사용금지】법인회계 및 시설회계의 예산은 세출예산이 정한 목적 외에 이를 사용하지 못한다.

제16조【예산의 전용】① 법인의 대표이사 및 시설의 장은 관·항·목간의 예산을 전용할 수 있다. 다만, 법인 및 시설(소규모 시설은 제외한다)의 관간 전용 또는 동일 관내의 항간 전용을 하려면 이사회의 의결 또는 시설운영위원회에의 보고를 거쳐야 하되, 법인이 설치·운영하는 시설인 경우에는 시설운영위원회에 보고한 후 법인 이사회의 의결을 거쳐야 한다. <개정 1998.1.7., 2012.8.7.>

② 제1항에도 불구하고 예산총칙에서 전용을 제한하고 있거나 이사회 및 시설 예산 심의과정에서 삭감한 관·항·목으로는 전용하여서는 아니 되며, 노인장기요양기관의 장은 예산을 전용하는 때에는 「노인장기요양보험법」 제38조 제4항에 따라 장기요양급여비용 중 그 일부를 보건복지부장관이 정하여 고시하는 비율에 따라 인건비로 편성하여야 한다. <신설 2012.8.7., 2018.3.30.>

③ 법인의 대표이사 및 시설의 장은 제1항에 따라 관·항 간 예산을 전용한 경우에는 관할 시장·군수·구청장에게 제19조 및 제20조에 따른 결산보고서를 제출할 때에 과목 전용조서를 첨부하여야 한다. <개정 2012.8.7.>

제17조【세출예산의 이월】법인의 대표이사 및 시설의 장은 법인회계와 시설회계의 세출예산중 경비의 성질상 당해회계연도안에 지출을 마치지 못할 것으로 예측되는 경비와 연도내에 지출원인행위를 하고 불가피한 사유로 인하여 연도내에 지출하지 못한 경비를 각각 이사회의 의결 및 시설운영위원회에의 보고를 거쳐 다음 연도에 이월하여 사용할 수 있다. 다만, 법인이 설치·운영하는 시설인 경우에는 시설운영위원회에 사전 보고한 후 법인 이사회의 의결을 거쳐야 한다. <개정 1998.1.7., 2012.8.7.>

제18조【특정목적사업 예산】① 법인의 대표이사 및 시설의 장은 완성에 수년을 요하는 공사나 제조 그밖의 특수한 사업을 위하여 2회계연도 이상에 걸쳐서 그 재원을 적립할 필요가 있는 때에는 회계연도마다 일정액을 예산에 계상하여 특정목적사업을 위한 적립금으로 적립할 수 있다. <개정 2012.8.7., 2017.2.14.>
② 적립금의 적립 및 사용 계획(변경된 계획을 포함한다)은 시장·군수·구청장에게 사전에 보고하여야 한다. <신설 2012.8.7.>
③ 적립금은 그 적립목적에만 사용해야 한다. 다만, 노인장기요양기관의 경우 「재난 및 안전관리 기본법」 제14조 제1항에 따른 대규모 재난으로 인하여 인건비 지급이 어려운 경우로서 보건복지부장관이 정하는 기준에 해당하는 때에는 관할 시장·군수·구청장의 승인을 받아 한시적으로 인건비로 사용할 수 있다. <개정 2021.9.30.>
④ 시장·군수·구청장은 법인 및 시설의 재정 상태 등을 고려하여 적립금의 적립 여부, 규모 및 적립기간 등에 관하여 필요한 조치를 할 수 있다. <신설 2012.8.7.>

제2절 결산

제19조【결산서의 작성 제출】① 법인의 대표이사 및 시설의 장은 법인회계와 시설회계의 세입·세출 결산보고서를 작성하여 각각 이사회의 의결 및 시설운영위원회에의 보고를 거친 후 다음 연도 3월 31일까지(「영유아보육법」 제2조에 따른 어린이집의 경우에는 5월 31일까지를 말한다) 시장·군수·구청장에게 제출(「사회복지사업법」 제6조의 2 제2항에 따른 정보시스템을 활용한 제출을 포함한다)하여야 한다. 다만, 법인이 설치·운영하는 시설인 경우에는 시설운영위원회에 보고한 후 법인 이사회의 의결을 거쳐 제출하여야 한다. <개정 2012.8.7., 2015.12.24.>

② 시장·군수·구청장은 제1항에 따라 결산보고서를 제출받은 때에는 20일 이내에 법인 및 시설의 세입·세출결산서를 시·군·구의 게시판과 인터넷 홈페이지에 20일 이상 공고하고, 법인의 대표이사 및 시설의 장으로 하여금 해당 법인 및 시설의 게시판과 인터넷 홈페이지에 20일 이상 공고하도록 하여야 한다. <신설 1998.1.7., 2009.2.5., 2012.8.7.>

1. 삭제 <2012.8.7.>

2. 삭제 <2012.8.7.>

③ 제2항에 따른 공고는 「사회복지사업법」 제6조의 2 제2항에 따른 정보시스템에 게시하거나 「영유아보육법」 제49조의 2 제1항에 따라 공시하는 것으로 갈음할 수 있다. <개정 2015.12.24.>

제20조【결산보고서에 첨부해야 할 서류】① 결산보고서에는 다음 각 호의 서류가 첨부되어야 한다. 다만, 단식부기로 회계를 처리하는 경우에는 제1호부터 제3호까지 및 제14호부터 제23호까지의 서류만을 첨부할 수 있고, 소규모 시설의 경우에는 제1호 및 제17호의 서류(노인장기요양기관의 경우에는 제1호부터 제3호까지 및 제16호부터 제21호까지의 서류)만을 첨부할 수 있으며, 「영유아보육법」 제2조에 따른 어린이집은 보건복지부장관이 정하는 바에 따른다. <개정 1993.12.27., 1998.1.7., 2012.8.7., 2015.12.24., 2019.9.27., 2020.1.7.>

1. 세입·세출결산서

2. 과목 전용조서

3. 예비비 사용조서

4. 재무상태표

5. 수지계산서

6. 현금 및 예금명세서

7. 유가증권명세서

8. 미수금명세서

9. 재고자산명세서

10. 그 밖의 유동자산명세서(제6호부터 제9호까지의 유동자산 외의 유동자산을 말한다)

11. 고정자산(토지·건물·차량운반구·비품·전화가입권)명세서

12. 부채명세서(차입금·미지급금을 포함한다)

13. 각종 충당금 명세서

14. 기본재산수입명세서(법인만 해당한다)

15. 사업수입명세서

16. 정부보조금명세서

17. 후원금수입 및 사용결과보고서(전산파일을 포함한다)

18. 후원금 전용계좌의 입출금내역

19. 인건비명세서

20. 사업비명세서

21. 그 밖의 비용명세서(인건비 및 사업비를 제외한 비용을 말한다)

22. 감사보고서

23. 법인세 신고서(수익사업이 있는 경우만 해당한다)

② 제1항 제1호부터 제3호까지의 서류는 별지 제5호 서식·별지 제5호의 2 서식부터 별지 제5호의 4 서식까지·별지 제6호 서식 및 별지 제7호 서식에 따르고, 제1항 제4호 및 제5호의 서류는 별지 제2호 서식 및 별지 제3호 서식에 따르며, 제6호부터 제17호까지의 서류는 별지 제8호 서식부터 별지 제19호 서식까지에 따르고, 제19호부터 제22호까지의 서류는 별지 제20호 서식부터 별지 제23호 서식까지에 따른다. 다만, 노인장기요양기관의 장이 첨부해야 하는 제1항 제19호의 인건비명세서는 별지 제4호의 2 서식에 따른다. <개정 2005.7.15., 2012.8.7., 2018.3.30., 2020.1.7.>

[제목개정 2020.1.7.]

제 3 장 회계

제1절 총칙

제21조【수입 및 지출사무의 관리】 ① 법인의 대표이사와 시설의 장은 법인과 시설의 수입 및 지출에 관한 사무를 관리한다.

② 법인의 대표이사와 시설의 장은 수입 및 지출원인행위에 관한 사무를 각각 소속 직원에게 위임할 수 있다.

제22조【수입과 지출의 집행기관】 ① 법인과 시설에는 수입과 지출의 현금출납업무를 담당하게 하기 위하여 각각 수입원과 지출원을 둔다. 다만, 법인 또는 시설의 규모가 소규모인 경우에는 수입원과 지출원을 동일인으로 할 수 있다.

② 제1항의 수입원과 지출원은 각각 그 법인의 대표이사와 시설의 장이 임면한다.

제23조【회계의 방법】 회계는 단식부기에 의한다. 다만, 법인회계와 수익사업회계에 있어

서 복식부기의 필요가 있는 경우에는 복식부기에 의한다.

[전문개정 1993.12.27.]

제24조【장부의 종류】① 법인 및 시설에는 다음의 회계장부를 둔다. <개정 1998.1.7.>

1. 현금출납부

2. 총계정원장

3. 삭제 <2012.8.7.>

4. 재산대장

5. 비품관리대장

6. 삭제 <2009.2.5.>

7. 삭제 <1998.1.7.>

8. 삭제 <1998.1.7.>

9. 삭제 <1998.1.7.>

10. 삭제 <1998.1.7.>

11. 삭제 <1998.1.7.>

12. 삭제 <1998.1.7.>

② 노인장기요양기관의 장이 제10조에 따른 예산을 기한 내에 제출하지 않은 경우에는 제1항 제1호 및 제2호에 따른 회계장부(해당 회계연도 1월부터 6월까지의 회계장부를 말한다)를 해당 회계연도 8월 15일까지 시장·군수·구청장에게 정보시스템을 사용하여 제출해야 한다. <신설 2018.3.30., 2020.1.7.>

③ 노인장기요양기관의 장이 제19조에 따른 결산보고서를 기한 내에 제출하지 않은 경우에는 제1항 제1호 및 제2호에 따른 회계장부(해당 회계연도의 다음 연도 1월부터 6월까지의 회계장부를 말한다)를 해당 회계연도의 다음 연도 8월 15일까지 시장·군수·구청장에게 정보시스템을 사용하여 제출해야 한다. <신설 2020.1.7.>

④ 제1항 제1호부터 제5호까지의 규정에 따른 회계장부는 별지 제24호 서식, 별지 제24호의 2 서식, 별지 제25호 서식, 별지 제25호의 2 서식 및 별지 제26호 서식부터 별지 제28호 서식까지에 따른다. <개정 2009.2.5., 2018.3.30., 2020.1.7.>

제2절 수입

제25조【수입금의 수납】① 모든 수입금의 수납은 이를 금융기관에 취급시키는 경우를 제외하고는 수입원이 아니면 수납하지 못한다.

② 수입원이 수납한 수입금은 그 다음날까지 금융기관에 예입하여야 한다. <개정 1998.1.7.>

③ 제1항 및 제2항의 규정에 의한 수입금에 대한 금융기관의 거래통장은 제6조의 규정에 의한 회계별로 구분될 수 있도록 보관·관리하여야 한다. <신설 1998.1.7.>

제26조【과년도 수입과 반납금 여입】① 출납이 완결한 연도에 속하는 수입 기타 예산외의 수입은 모두 현년도의 세입에 편입하여야 한다.

② 지출된 세출의 반납금은 각각 지출한 세출의 당해과목에 다시 넣을 수 있다. <개정 2019.9.27.>

제27조【과오납의 반환】과오납된 수입금은 수입한 세입에서 직접 반환한다.

제3절 지출

제28조【지출의 원칙】① 지출은 제21조의 규정에 의한 지출사무를 관리하는 자 및 그 위임을 받아 지출명령이 있는 것에 한하여 지출원이 행한다.

② 제1항의 지출명령은 예산의 범위안에서 하여야 한다.

제29조【지출의 방법】① 지출은 상용의 경비 또는 소액의 경비지출을 제외하고는 예금통장에 의하거나 「전자문서 및 전자거래 기본법」 제2조 제5호에 따른 전자거래로 행하여야 한다. 다만, 시설에 지원되는 국가 또는 지방자치단체의 보조금 지출은 보조금 결제 전용카드나 전용계좌를 이용하여야 한다. <개정 2009.2.5., 2012.8.7., 2012.8.31., 2015.12.24.>

② 제1항에도 불구하고 지출원은 상용의 경비 또는 소액의 경비를 지출할 수 있으며, 이를 위하여 100만원 이하의 현금을 보관할 수 있다. <개정 2009.2.5., 2012.8.7.>

③ 제1항 및 제2항에 따른 상용의 경비 또는 소액의 경비지출의 범위는 시·도지사가 정할 수 있다. <신설 2012.8.7.>

제30조【지출의 특례】① 선금지급할 수 있는 경비의 범위는 다음과 같다. <개정 2009.2.5., 2019.9.27.>

1. 외국에서 직접 구입하는 기계, 도서, 표본 또는 실험용재료의 대가
2. 정기간행물의 대가
3. 토지 또는 가옥의 임대료와 용선료
4. 운 임
5. 소속직원중 특별한 사정이 있는 자에 대하여 지급하는 급여의 일부

6. 관공서(「공공기관의 운영에 관한 법률」에 따른 공공기관 및 특별법에 의하여 설립된 특수 법인을 포함한다)에 대하여 지급하는 경비

7. 외국에서 연구 또는 조사에 종사하는 자에 대하여 지급하는 경비

8. 보조금

9. 사례금

10. 계약금액이 1천만원 이상인 공사나 제조 또는 물건의 매입을 하는 경우에 계약금 액의 100분의 50을 초과하지 아니하는 금액

② 추산지급할 수 있는 경비의 범위는 다음과 같다. <개정 2009.2.5., 2019.9.27.>

1. 여비 및 판공비

2. 관공서(「공공기관의 운영에 관한 법률」에 따른 공공기관 및 특별법에 의하여 설립된 특수 법인을 포함한다)에 대하여 지급하는 경비

3. 보조금

4. 소송비용

제4절 계약

제30조의 2 【계약의 원칙】 계약에 관한 사항은 「지방자치단체를 당사자로 하는 계약에 관한 법률」, 같은 법 시행령 및 같은 법 시행규칙을 준용한다. 다만, 국가·지방자치단체·법인 외의 자가 설치·운영하는 시설의 경우에는 그러하지 아니하다. <개정 2012.8.7., 2015.12.24.>

[전문개정 2009.2.5.]

제31조 【계약담당자】 ① 계약에 관한 사무는 각각 그 법인의 대표이사와 시설의 장이 처리한다.

② 법인의 대표이사와 시설의 장은 계약체결에 관한 사무를 소속직원에게 위임할 수 있다.

제32조 삭제 <2009.2.5.>

제33조 삭제 <2009.2.5.>

제34조 삭제 <2009.2.5.>

제35조 삭제 <2009.2.5.>

제36조 삭제 <2009.2.5.>

제37조 삭제 <2009.2.5.>

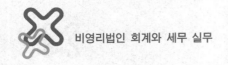
제37조의 2 삭제 <2009.2.5.>

제 4 장 물품

제38조【물품의 관리자와 출납원】① 법인의 대표이사와 시설의 장은 그 소관에 속하는 물품(현금 및 유가증권을 제외한 동산을 말한다. 이하 같다)을 관리한다. <개정 1998.1.7.>

② 법인의 대표이사와 시설의 장은 그 소관에 속하는 물품관리에 관한 사무를 소속 직원에게 위임할 수 있다.

③ 법인의 대표이사와 시설의 장(제2항의 규정에 의하여 위임을 받은 자를 포함한다. 이하 "물품관리자"라 한다)은 물품의 출납보관을 위하여 소속직원중에서 물품출납원을 지정하여야 한다.

제39조【물품의 관리의무】물품관리자 및 물품출납원은 선량한 관리자의 주의로써 사무에 종사하여야 한다.

제40조【물품의 관리】① 물품관리자는 물품을 출납하게 하고자 할 때에는 물품출납원에게 출납하여야 할 물품의 분류를 명백히 하여 그 출납을 명령하여야 한다.

② 물품출납원은 제1항의 규정에 의한 명령이 없이는 물품을 출납할 수 없다.

제40조의 2 【재물조사】법인의 대표이사와 시설의 장은 연 1회 그 관리에 속하는 물품에 대하여 정기적으로 재물조사를 실시하여야 하며, 필요하다고 인정하는 때에는 정기 재물조사외에 수시로 재물조사를 할 수 있다.

[본조신설 1998.1.7.]

제41조【불용품의 처리】① 법인과 시설의 물품관리자는 물품중 그 사용이 불가능하거나 수리하여 다시 사용할 수 없게 된 물품이 있을 때에는 그 물품에 대하여 불용의 결정을 하여야 한다.

② 제1항의 규정에 의한 불용품을 매각한 경우 그 대금은 당해법인 또는 시설의 세입예산에 편입시켜야 한다.

제 4 장의 2 후원금의 관리 〈신설 1998.1.7.〉

제41조의 2 【후원금의 범위등】① 법인의 대표이사와 시설의 장은 「사회복지사업법」 제45조에 따른 후원금의 수입·지출 내용과 관리에 명확성이 확보되도록 하여야 한다. 시설거주자가 받은 개인결연후원금을 당해인이 정신질환 기타 이에 준하는 사유로

관리능력이 없어 시설의 장이 이를 관리하게 되는 경우에도 또한 같다. <개정 1999.3.11., 2012.8.7.>

② 삭제 <1999.3.11.>

[본조신설 1998.1.7.]

제41조의 3 삭제 <1999.3.11.>

제41조의 4 【후원금의 영수증 발급 등】 ① 법인의 대표이사와 시설의 장은 후원금을 받은 때에는 「소득세법 시행규칙」 제101조 제20호의 2에 따른 기부금영수증 서식 또는 「법인세법 시행규칙」 제82조 제7항 제3호의 3에 따른 기부금영수증 서식에 따라 후원금 영수증을 발급하여야 하며, 영수증 발급목록을 별도의 장부로 작성·비치하여야 한다. <개정 2009.2.5., 2012.8.7.>

② 법인의 대표이사와 시설의 장은 금융기관 또는 체신관서의 계좌입금을 통하여 후원금을 받은 때에는 법인명의의 후원금전용계좌나 시설의 명칭이 부기된 시설장 명의의 계좌(이하 "후원금전용계좌등"이라 한다)를 사용하여야 한다. 이 경우 후원자가 영수증 발급을 원하는 경우를 제외하고는 제1항에 따른 영수증의 발급을 생략할 수 있다. <개정 2009.2.5.>

③ 법인의 대표이사 및 시설의 장은 후원금을 받을 때에는 각각의 법인 및 시설별로 후원금전용계좌등을 구분하여 사용하여야 하며, 미리 후원자에게 후원금전용계좌등의 구분에 관한 사항을 안내하여야 한다. <신설 2012.8.7.>

④ 모든 후원금의 수입 및 지출은 후원금전용계좌등을 통하여 처리하여야 한다. 다만, 물품 형태의 후원금은 그러하지 아니하다. <신설 2012.8.7.>

[전문개정 2005.7.15.]

[제목개정 2009.2.5.]

제41조의 5 【후원금의 수입 및 사용내용통보】 법인의 대표이사와 시설의 장은 연 1회 이상 해당 후원금의 수입 및 사용내용을 후원금을 낸 법인·단체 또는 개인에게 통보하여야 한다. 이 경우 법인이 발행하는 정기간행물 또는 홍보지등을 이용하여 일괄 통보할 수 있다.

[본조신설 1998.1.7.]

제41조의 6 【후원금의 수입·사용결과 보고 및 공개】 ① 법인의 대표이사와 시설의 장은 제19조 및 제20조에 따른 결산보고서를 제출할 때에 별지 제19호 서식에 따른 후원금수입 및 사용결과보고서(전산파일을 포함한다)를 관할 시장·군수·구청장에게 제출(「사회복지사업법」 제6조의 2 제2항에 따른 정보시스템을 활용한 제출을 포함한다)하여야 한다. <개정 2005.7.15., 2009.2.5., 2012.8.7., 2015.12.24.>

② 시장·군수·구청장은 제1항에 따라 제출받은 후원금수입 및 사용결과보고서를 제출받은 날부터 20일 이내에 인터넷 등을 통하여 3개월 동안 공개하여야 하며, 법인의 대표이사 및 시설의 장은 해당 법인 및 시설의 게시판과 인터넷 홈페이지에 같은 기간 동안 공개하여야 한다. 다만, 후원자의 성명(법인 등의 경우는 그 명칭)은 공개하지 아니한다. <신설 2005.7.15., 2009.2.5., 2012.8.7., 2015.12.24.>

③ 제2항에 따른 공개는 「사회복지사업법」 제6조의 2 제2항에 따른 정보시스템에 게시하는 것으로 갈음할 수 있다. <신설 2015.12.24.>

[본조신설 1998.1.7.]

[제목개정 2005.7.15.]

제41조의 7 【후원금의 용도외 사용금지】 ① 법인의 대표이사와 시설의 장은 후원금을 후원자가 지정한 사용용도외의 용도로 사용하지 못한다.

② 보건복지부장관은 후원자가 사용용도를 지정하지 아니한 후원금에 대하여 그 사용기준을 정할 수 있다. <신설 2012.8.7.>

③ 후원금의 수입 및 지출은 제10조의 규정에 의한 예산의 편성 및 확정절차에 따라 세입·세출예산에 편성하여 사용하여야 한다. <개정 2012.8.7.>

[본조신설 1998.1.7.]

제 5 장 감사

제42조 【감사】 ① 법인의 감사는 당해법인과 시설에 대하여 매년 1회 이상 감사를 실시하여야 한다.

② 법인의 대표이사는 시설의 장과 수입원 및 지출원이 사망하거나 경질된 때에는 그 관장에 속하는 수입, 지출, 재산, 물품 및 현금등의 관리상황을 감사로 하여금 감사하게 하여야 한다.

③ 제2항에 따른 감사를 실시할 때에는 전임자가 참관해야 하며, 전임자가 참관할 수 없으면 관계 직원 중에서 전임자의 전임자나 법인의 대표이사가 지정한 사람이 참관해야 한다. <개정 2019.9.27.>

④ 감사는 제1항 내지 제3항의 규정에 의하여 감사를 한 때는 감사보고서를 작성하여 당해법인의 이사회에 보고하여야 하며, 재산상황 또는 업무집행에 관하여 부정 또는 불비한 점이 발견된 때에는 시장·군수·구청장에게 보고하여야 한다.

⑤ 제4항의 감사보고서에는 감사가 서명 또는 날인하여야 한다. <개정 1998.1.7.>

제42조의 2【회계감사】① 시·도지사 또는 시장·군수·구청장은 법인 및 시설이 다음 각 호의 어느 하나에 해당하는 경우 회계감사를 실시할 수 있다.

1. 「사회복지사업법」제40조 제1항 제4호에 따른 회계부정이나 불법행위 또는 그 밖의 부당행위 등이 발견된 경우
2. 「사회복지사업법」제42조 제3항 제1호에 따라 거짓이나 그 밖의 부정한 방법으로 보조금을 받은 경우
3. 「사회복지사업법」제42조 제3항 제2호에 따라 사업 목적 외의 용도에 보조금을 사용한 경우
4. 「사회복지사업법」또는 「사회복지사업법」에 따른 명령을 위반한 경우
5. 제42조 제4항에 따라 감사가 시장·군수·구청장에게 보고한 경우

② 제1항에서 규정한 사항 외에 공인회계사 또는 감사인의 추천 등 회계감사의 실시와 관련하여 필요한 사항은 해당 지방자치단체의 조례로 정한다.

[본조신설 2019.6.12.]

제 6 장 보칙

제43조【사무의 인계·인수】① 회계사무를 담당하는 직원이 교체된 때에는 당해사무의 인계·인수는 발령일로부터 5일 이내에 행하여져야 한다. <개정 2012.8.7.>
② 인계자는 인계할 장부와 증빙서류 등의 목록을 각각 3부씩 작성하여 인계·인수자가 각각 서명 또는 날인한 후 각각 1부씩 보관하고, 1부는 이를 예금잔고증명과 함께 인계·인수보고서에 첨부하여 법인의 대표이사 및 시설의 장에게 제출하여야 한다. 이 경우 법인이 설치·운영하는 시설에 있어서는 시설의 장을 거쳐 제출하여야 한다. <개정 2012.8.7., 2015.12.24.>
제44조【시행세칙】이 규칙의 시행을 위하여 필요한 세부사항은 보건복지부장관이 정한다. <개정 1998.1.7., 2008.3.3., 2010.3.19.>
제45조 삭제 <2018.12.28.>

부 칙 〈제928호, 2022.12.28.〉

이 규칙은 2023년 1월 1일부터 시행한다.

별표

서식

[별지 제14호 서식] 부채명세서
[별지 제15호 서식] 제충당금명세서
[별지 제16호 서식] 기본재산수입명세서
[별지 제17호 서식] 사업수입명세서
[별지 제18호 서식] 정부보조금명세서
[별지 제19호 서식] 후원금수입 및 사용결과보고서
[별지 제20호 서식] 인건비명세서
[별지 제21호 서식] 사업비명세서
[별지 제22호 서식] (   )비용명세서
[별지 제23호 서식] 감사보고서
[별지 제24호 서식] 현금출납부(법인용)
[별지 제24호의 2 서식] 현금출납부(시설용)
[별지 제25호 서식] 총계정원장(법인용)
[별지 제25호의 2 서식] 총계정원장(시설용)
[별지 제26호 서식] 총계정원장보조부
[별지 제27호 서식] 재산대장
[별지 제28호 서식] 비품관리대장

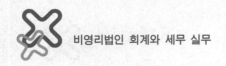

〔별표 1〕(2012.8.7. 개정)

법인회계 세입예산과목구분(제10조 제3항 본문 관련)

과 목					내 역
관		항		목	
01	재산수입	11	기본재산수입	111 임대료수입	부동산 임대수입
				112 배당 및 이자수입	소유주식배당수입, 예금이자수입
				113 재산매각수입	부동산매각수입
				114 기타수입	불용재산매각 등 그 밖의 재산수입
02	사업수입	21	사업수입	211 ○○사업수입	법인의 자체사업으로 얻어지는 수입 ※ 법인의 수익사업은 수익사업회계로 처리
03	과년도수입	31	과년도수입	311 과년도수입	전년도에 세입조정된 수입으로서 금년도에 수입으로 확정된 것
04	보조금수입	41	보조금수입	411 국고보조금	국가로부터 받은 경상보조금 및 자본보조금
				412 시·도 보조금	시·도로부터 받은 경상보조금 및 자본보조금
				413 시·군·구보조금	시·군·구로부터 받은 경상보조금 및 자본보조금
				414 기타 보조금	그 밖에 국가, 지방자치단체 및 사회복지사업 기금 등에서 공모사업 선정으로 받은 보조금
05	후원금수입	51	후원금수입	511 지정후원금	국내외 민간단체 및 개인으로부터 후원명목으로 받은 기부금·결연후원금·위문금·찬조금 중 후원목적이 지정된 수입
				512 비지정후원금	국내외 민간단체 및 개인으로부터 후원명목으로 받은 기부금·결연후원금·위문금·찬조금 중 후원목적이 지정되지 아니한 수입과 자선행사 등으로 얻어지는 수입
06	차입금	61	차입금	611 금융기관 차입금	금융기관으로부터의 차입금
				612 기타차입금	개인·단체 등으로부터의 차입금
07	전입금	71	전입금	711 다른 회계로부터의 전입금	수익사업회계 및 시설회계로부터의 전입금
08	이월금	81	이월금	811 전년도이월금	전년도 불용액으로서 이월된 금액

과 목					내 역
관		항		목	
09 잡수입		91 잡수입		812 전년도이월금 (후원금)	전년도 후원금에 대한 불용액으로서 이월된 금액
				813 ○○이월사업비	전년도에 종료되지 못한 ○○사업의 이월된 금액
				911 불용품매각대	비품·집기·기계·기구 등과 그 밖의 불용품의 매각대
				912 기타예금이자수입	기본재산예금 외의 예금이자 수입
				913 기타잡수입	그 밖의 재산매각수입, 변상금 및 위약금수입 등과 다른 과목에 속하지 아니하는 수입

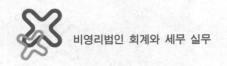

〔별표 2〕 (2015.12.24. 개정)

법인회계 세출예산과목구분(제10조 제3항 본문 관련)

과	목			내 역
관	항		목	
01 사무비	11 인건비	111	급여	법인 임·직원에 대한 기본 봉급(기말·정근수당 포함)
		112	제수당	법인 임·직원에 대한 상여금 및 제수당(직종·직급별로 일정액을 지급하는 수당과 시간외근무수당·야간근무수당·휴일근무수당 등) 및 기타 수당
		113	일용잡급	일급 또는 단기간 채용하는 임시직에 대한 급여
		115	퇴직금 및 퇴직적립금	법인 임·직원퇴직급여제도에 따른 퇴직급여 및 퇴직적립금(충당금)
		116	사회보험 부담금	법인 임·직원의 사회보험(국민연금, 국민건강보험, 고용보험, 산업재해보상보험 등) 부담금
		117	기타후생경비	법인 임·직원의 건강진단비·기타 복리후생에 소요되는 비용
	12 업무추진비	121	기관운영비	기관운영 및 유관기관과의 업무협의 등에 소요되는 제경비
		122	직책보조비	법인 임·직원의 직책수행을 위하여 정기적으로 지급하는 경비
		123	회의비	법인의 이사회·후원회 등 각종 회의의 다과비등에 소요되는 제경비
	13 운영비	131	여비	법인 임·직원의 국내·외 출장여비
		132	수용비 및 수수료	사무용품비·인쇄비·집기구입비(물건의 성질상 장기간사용 또는 고정자산으로 취급되는 집기류는 212목에 계상)·도서구입비·공고료·수수료·등기료·운송비·통행료 및 주차료·소규모수선비·포장비등
		133	공공요금	우편료·전신전화료·전기료·상하수도료·가스료 및 오물수거료
		134	제세공과금	법령에 의하여 지급하는 제세(법인세·자동차세등), 협회가입비, 화재·자동차보험료, 기타 보험료
		135	차량비	차량유류대·차량정비유지비·차량소모품비

과			목		내　역
관	항		목		
			136	연료비	보일러 및 난방시설연료비
			137	기타운영비	그 밖에 운영경비로 위에 분류되지 아니한 경비
02 재산조성비	21	시설비	211	시설비	시설 신·증축비 및 부대경비, 기타 시설비
			212	자산취득비	법인운영에 필요한 비품구입비, 토지·건물·기타 자산의 취득비
			213	시설장비유지비	건물 및 건축설비(구축물·기계장치)·공구·기구·비품수선비(소규모수선비는 132목에 계상) 기타 시설물의 유지관리비
03 사업비	31	일반사업비	311 · · ·	○○사업비 · · ·	법인에서 시설운영외의 지원사업 등을 하는 경우의 사업비 예 : 학자금지원·저소득층지원 등 사업별로 목을 설정함
04 전출금	41	전출금	411 · · ·	○○시설전출금 · · ·	법인이 유지·경영하는 시설에 대한 부담금을 시설별로 목을 설정함
			412	○○시설전출금 (후원금)	법인이 유지·경영하는 시설에 대한 부담금(후원금)을 시설별로 목을 설정
05 과년도지출	51	과년도지출	511	과년도지출	과년도미지급금 및 과년도사업비의 지출
06 상환금	61	부채상환금	611	원금상환금	차입금원금상환금
			612	이자지급금	차입금이자지급금
07 잡지출	71	잡지출	711	잡지출	법인이 지출하는 보상금·사례금·소송경비 등
08 예비비 및 기타	81	예비비 및 기타	811	예비비	예비비
			812	반환금	정부보조금 반환금

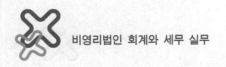

〔별표 3〕 (2012.8.7. 개정)

시설회계 세입예산과목구분(제10조 제3항 본문 관련)

과 목						내 역
관		항		목		
01	입소자부담금수입	11	입소비용수입	111	○○비용수입	입소자로부터 받는 보호에 소요되는 비용수입을 종류별로 목을 설정
02	사업수입	21	사업수입	211	○○사업수입	시설운영으로 인하여 발생되는 사업수입을 종류별로 목을 설정 예 : 입소자가 제작한 물품판매 수입
03	과년도수입	31	과년도수입	311	과년도수입	전년도에 세입조정된 수입으로서 금년도에 수입으로 확정된 것
04	보조금수입	41	보조금수입	411	국고보조금	국가로부터 받은 경상보조금 및 자본보조금
				412	시·도 보조금	시·도로부터 받은 경상보조금 및 자본보조금
				413	시·군·구 보조금	시·군·구로부터 받은 경상보조금 및 자본보조금
				414	기타 보조금	그 밖에 국가, 지방자치단체 및 사회복지사업 기금 등에서 공모사업 선정으로 받은 보조금
05	후원금수입	51	후원금수입	511	지정후원금	국내외 민간단체 및 개인으로부터 후원명목으로 받은 기부금·결연후원금·위문금·찬조금 중 후원목적이 지정된 수입
				512	비지정후원금	국내외 민간단체 및 개인으로부터 후원명목으로 받은 기부금·결연후원금·위문금·찬조금 중 후원목적이 지정되지 아니한 수입과 자선행사 등으로 얻어지는 수입
06	요양급여수입	61	요양급여수입	611	장기요양급여수입	노인장기요양보험급여 수입
07	차입금	71	차입금	711	금융기관 차입금	금융기관으로부터의 차입금
				712	기타차입금	개인·단체 등으로부터의 차입금
08	전입금	81	전입금	811	법인전입금	법인으로부터의 전입금(국가 및 지방자치단체의 보조금은 제외함)
				812	법인전입금 (후원금)	법인으로부터의 전입금(후원금)
09	이월금	91	이월금	911	전년도이월금	전년도 불용액으로서 이월된 금액

과 목					내 역
관		항		목	
10 잡수입		101 잡수입		912 전년도이월금 (후원금)	전년도에 후원금에 대한 불용액으로서 이월된 금액
				913 ○○ 이월사업비	전년도에 종료되지 못한 ○○사업의 이월된 금액
				1011 불용품매각대	비품·집기·기계·기구 등과 그 밖의 불용품의 매각대
				1012 기타예금이자수입	기본재산예금 외의 예금이자 수입
				1013 기타잡수입	그 밖의 재산매각수입, 변상금 및 위약금수입 등과 다른 과목에 속하지 아니하는 수입

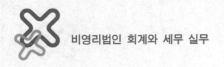

〔별표 4〕 (2019.9.27. 개정)

시설회계 세출예산과목 구분(제10조 제3항 본문 관련)

과 목					내 역
관		항		목	
01 사무비	11	인건비	111	급여	시설직원에 대한 기본 봉급(기말·정근수당 포함)
			112	제수당	시설직원에 대한 상여금 및 제수당(직종·직급별로 일정액을 지급하는 수당과 시간외근무수당·야간근무수당·휴일근무수당 등) 및 기타 수당
			113	일용잡급	일급 또는 단기간 채용하는 임시직에 대한 급여
			115	퇴직금 및 퇴직적립금	시설직원 퇴직급여제도에 따른 퇴직급여 및 퇴직적립금(충당금)
			116	사회보험 부담금	시설직원의 사회보험(국민연금, 국민건강보험, 고용보험, 산업재해보상보험 등)부담금
			117	기타후생경비	시설직원의 건강진단비·기타 복리후생에 소요되는 비용
	12	업무추진비	121	기관운영비	기관운영 및 유관기관과의 업무협의 등에 소요되는 제경비
			122	직책보조비	시설직원의 직책수행을 위하여 정기적으로 지급하는 경비
			123	회의비	후원회 등 각종 회의의 다과비등에 소요되는 제경비
	13	운영비	131	여비	시설직원의 국내·외 출장여비
			132	수용비 및 수수료	사무용품비·인쇄비·집기구입비(물건의 성질상 장기간사용 또는 고정자산으로 취급되는 집기류는 212목에 계상)·도서구입비·공고료·수수료·등기료·운송비·통행료 및 주차료·소규모수선비·포장비등
			133	공공요금	우편료·전신전화료·전기료·상하수도료·가스료 및 오물수거료
			134	제세공과금	법령에 의하여 지급하는 제세(자동차세 등), 협회가입비, 화재·자동차보험료, 기타 보험료

과 목			내 역
관	항	목	
		135 차량비	차량유류대·차량정비유지비·차량소모품비
		136 기타운영비	시설직원 상용피복비·급량비 등 운영경비로 위에 분류되지 아니한 경비
02 재산조성비	21 시설비	211 시설비	시설 신·증축비 및 부대경비, 그 밖에 시설비
		212 자산취득비	시설운영에 필요한 비품구입비, 토지·건물·그 밖에 자산의 취득비
		213 시설장비유지비	건물 및 건축설비(구축물·기계장치), 공구·기구, 비품수선비(소규모수선비는 132목에 계상) 그 밖의 시설물의 유지관리비
03 사업비	31 운영비	311 생계비	주식비, 부식비, 특별부식비, 장유비, 월동용 김장비
		312 수용기관경비	입소자를 위한 수용비(치약·칫솔·수건구입비 등)
		313 피복비	입소자의 피복비
		314 의료비	입소자의 보건위생 및 시약대
		315 장의비	입소자중 사망자의 장의비
		316 직업재활비	입소자의 직업훈련재료비
		317 자활사업비	입소자의 자활을 위한 기자재 구입비
		318 특별급식비	입소자의 간식, 우유등 생계외의 급식제공을 위한 비용
		319 연료비	보일러 및 난방시설연료비, 취사에 필요한 연료비
	32 교육비	321 수업료	입소자중 학생에 대한 수업료
		322 학용품비	입소자중 학생에 대한 학용품비
		323 도서구입비	입소자중 학생에 대한 도서구입비, 부교재비
		324 교통비	입소자중 학생에 대한 대중교통비
		325 급식비	입소자중 학생에 대한 학교급식비
		326 학습지원비	입소자중 학생에 대한 사교육비(피아노교습, 사설학원 수강 등)
		327 수학여행비	입소자중 학생에 대한 수학여행비
		328 교복비	입소자중 학생에 대한 교복비
		329 이미용비	입소자중 학생에 대한 이, 미용비

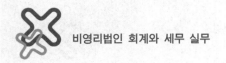

과 목					내 역
관		항		목	
		33	○○사업비	330 기타교육비	입소자중 학생에 대한 그 밖의 교육경비(학습재료 등)
				331 의료재활 사업비	입소자(재활·물리·작업·언어·청능)치료비, 수술비용, 의수족 등 장애인 보조기기 제작수리비 또는 입소자를 위한 의료재활 프로그램비용
				332 사회심리 재활사업비	입소자를 위한 사회심리재활 프로그램 운영비
				333 교육재활 사업비	입소자를 위한 교육프로그램운영비
				334 직업재활 사업비	입소자를 위한 직업재활프로그램 운영비
				335 ○○사업비 · · ·	의료재활, 직업재활, 교육재활 등 전문프로그램이 아닌 입소자를 위한 프로그램운영비(하계캠프, 방과 후 공부방 운영 등)
04	전출금	41	전출금	411 법인회계전출금	법인회계로의 전출금(보건복지부장관이 정하는 경우만 해당함)
05	과년도지출	51	과년도지출	511 과년도지출	과년도미지급금 및 과년도사업비의 지출
06		61	부채상환금	611 원금상환금	차입금원금상환금
				612 이자지불금	차입금이자지급금
07	잡지출	71	잡지출	711 잡지출	시설이 지출하는 보상금·사례금·소송경비 등
08	예비비 및 기타	81	예비비 및 기타	811 예비비	예비비
				812 반환금	정부보조금 반환금
09	삭제 <2018. 3.30.>				
10	삭제 <2018. 3.30.>				

〔별표 5〕(2012.8.7. 개정)

복지관 등 시설회계 세입예산과목 구분(제10조 제3항 제1호 관련)

과 목						내 역
관		항		목		
01	사업수입	11	사업수입	111	○○수입	시설에서 제공하는 각종 서비스의 이용자로부터 받은 수입을 종류별로 목을 설정
02	과년도수입	21	과년도수입	211	과년도수입	전년도에 세입조정된 수입으로서 금년도에 수입으로 확정된 것
03	보조금수입	31	보조금수입	311	국고보조금	국가로부터 받은 경상보조금 및 자본보조금
				312	시·도보조금	시·도로부터 받은 경상보조금 및 자본보조금
				313	시·군·구보조금	시·군·구로부터 받은 경상보조금 및 자본보조금
				314	기타보조금	그 밖에 국가, 지방자치단체 및 사회복지사업기금 등에서 공모사업 선정으로 받은 보조금
04	후원금수입	41	후원금수입	411	지정후원금	국내외 민간단체 및 개인으로부터 후원명목으로 받은 기부금·결연후원금·위문금·찬조금 중 후원목적이 지정된 수입
				412	비지정후원금	국내외 민간단체 및 개인으로부터 후원명목으로 받은 기부금·결연후원금·위문금·찬조금 중 후원목적이 지정되지 아니한 수입과 자선행사 등으로 얻어지는 수입
05	차입금	51	차입금	511	금융기관차입금	금융기관으로부터의 차입금
				512	기타차입금	개인·단체 등으로부터의 차입금
06	전입금	61	전입금	611	법인전입금	법인으로부터의 전입금(국가 및 지방자치단체의 보조금은 제외함)
				612	법인전입금(후원금)	법인으로부터의 전입금(후원금)
07	이월금	71	이월금	711	전년도이월금	전년도 불용액으로서 이월된 금액
				712	전년도이월금(후원금)	전년도 후원금에 대한 불용액으로서 이월된 금액
				713	○○이월사업비	전년도에 종료되지 못한 ○○사업의

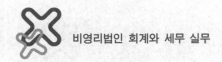
과 목						내 역
관		항		목		
08	잡수입	81	잡수입	811	불용품매각대	이월된 금액 비품·집기·기계·기구 등과 그 밖의 불용품의 매각대
				812	기타 예금이자수입	기본재산예금 외의 예금이자 수입
				813	기타잡수입	그 밖의 재산매각수입, 변상금 및 위약금수입 등과 다른 과목에 속하지 아니하는 수입

복지관 등 시설회계 세출예산과목 구분(제10조 제3항 제1호 관련)

과 목						내 역
관		항		목		
01	사무비	11	인건비	111	급여	시설직원에 대한 기본 봉급(기말·정근수당 포함)
				112	제수당	시설직원에 대한 상여금 및 제수당(직종·직급별로 일정액을 지급하는 수당과 시간외근무수당·야간근무수당·휴일근무수당 등) 및 기타 수당
				113	일용잡급	일급 또는 단기간 채용하는 임시직에 대한 급여
				115	퇴직금 및 퇴직적립금	시설직원 퇴직급여제도에 따른 퇴직급여 및 퇴직적립금(충당금)
				116	사회보험 부담금	시설직원의 사회보험(국민연금, 국민건강보험, 고용보험, 산업재해보상보험 등)부담금
				117	기타후생경비	시설직원의 건강진단비·기타 복리후생에 소요되는 비용
		12	업무추진비	121	기관운영비	기관운영 및 유관기관과의 업무협의 등에 소요되는 제경비
				122	직책보조비	시설직원의 직책수행을 위하여 정기적으로 지급하는 경비
				123	회의비	후원회 등 각종 회의의 다과비등에 소요되는 제경비
		13	운영비	131	여비	시설직원의 국내·외 출장 여비
				132	수용비 및 수수료	사무용품비·인쇄비·집기구입비(물건의 성질상 장기간사용 또는 고정자산으로 취급되는 집기류는 212목에 계상)·도서구입비·공고료·수수료·등기료·운송비·통행료 및 주차료·소규모수선비·포장비등
				133	공공요금	우편료·전신전화료·전기료·상하수도료·가스료 및 오물수거료
				134	제세공과금	법령에 의하여 지급하는 제세(자동차세 등), 협회가입비, 화재·자동차보험료, 기타 보험료

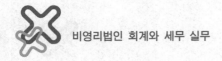
과 목						내 역
관		항		목		
				135	차량비	차량유류대·차량정비유지비·차량소모품비
				136	연료비	시설의 냉난방연료비(보일러, 냉난방기 등)
				137	기타운영비	시설직원 상용피복비·급량비 등 운영경비로 위에 분류되지 아니한 경비
02	재산조성비	21	시설비	211	시설비	시설 신·증축비 및 부대경비, 그 밖의 시설비
				212	자산취득비	시설운영에 필요한 비품구입비, 토지·건물·그 밖의 자산의 취득비
				213	시설장비 유지비	건물 및 건축설비(구축물·기계장치), 공구·기구, 비품수선비(소규모수선비는 132목에 계상) 그 밖의 시설물의 유지관리비
03	사업비	31	사업비	311	○○사업비	시설에서 이용자에게 제공하는 사업을 성격별·유형별로 구분하여 목으로 설정
04	과년도지출	41	과년도지출	411	과년도지출	과년도미지급금 및 과년도 사업비의 지출
05	상환금	51	부채상환금	511	원금상환금	차입금 원금상환금
				512	이자지급금	차입금 이자지급금
06	잡지출	61	잡지출	611	잡지출	시설이 지출하는 보상금, 사례금, 소송경비 등
07	예비비 및 기타	71	예비비 및 기타	711	예비비	예비비
				712	반환금	정부보조금 반환금

〔별표 7〕(2020.5.6. 개정)

어린이집 시설회계 세입예산과목 구분(제10조 제3항 제2호 관련)

과 목						내 역
관		항		목		
01	보육료	11	보육료	111	정부지원 보육료	만 0~5세아, 장애아, 다문화·맞벌이가구 등에 지원되는 보육료 및 카드수수료 환급금 등
				112	부모부담 보육료	보호자로부터 받은 보육료
02	수 익 자 부 담 수입	21	선택적 보육활동비	211	특별활동비	보호자가 부담하는 특별활동 비용
		22	기타 필요경비	221	기타 필요경비	보호자가 부담하는 입학준비금, 현장학습비, 차량운행비, 아침·저녁 급식비, 졸업앨범비 등 기타 필요경비
03	보조금 및 지원금	31	인건비 보조금	311	인건비 보조금	국가 및 지방자치단체로부터 받은 인건비(어린이집으로 지원되는 처우개선비 등을 포함한다)
		32	운영보조금	321	기관보육료	국가 및 지방자치단체가 보육비용의 일정 부분을 어린이집에 지원하는 보조금
				322	연장보육료	국가 및 지방자치단체가 연장보육 비용의 일정 부분을 어린이집에 지원하는 보조금
				323	공공형 운영비	국가 및 지방자치단체가 공공형 어린이집에 지원하는 운영 보조금
				324	그 밖의 지원금	국가 및 지방자치단체가 지원하는 급식·간식 재료비 및 냉난방비, 누리과정운영비 등
		33	자본 보조금	331	자본보조금	신증축비, 개·보수비, 장비비 등
04	전입금	41	전입금	411	전입금	법인, 단체, 개인 등 운영·경영자로부터의 운영지원금
		42	차입금	421	단기차입금	회계연도 내 상환을 원칙으로 시설 운영에 필요한 비용을 금융기관 등으로부터 일시 차입한 단기차입금
				422	장기차입금	시설 개·보수 등을 위해 금융기관 등으로부터 차입한 장기차입금
05	기부금	51	기부금	511	지정후원금	국내외 민간단체 및 개인으로부터

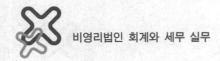

과 목					내 역
관		항		목	
				512 비지정후원금	후원명목으로 받은 기부금·결연후원금·위문금·찬조금 중 후원목적이 지정된 수입
					국내외 민간단체 및 개인으로부터 후원명목으로 받은 기부금·결연후원금·위문금·찬조금 중 후원목적이 지정되지 않은 수입과 자선행사 등으로 얻어지는 수입
06	적립금	61	적립금	611 적립금 처분 수입	적립금 및 퇴직적립금에서 이전받은 금액
07	과년도 수입	71	과년도 수입	711 과년도 수입	전년도 출납정리기간 이후에 납입된 수입
08	잡수입	81	잡수입	811 이자수입	금융기관에 예치한 예금의 이자수입
				812 그 밖의 잡수입	차량·물품 등 어린이집 재산 매각 수입, 변상금, 위약금 수입, 교육 외 수입(보증금 수입 등), 보육교사 실습비, 보험 수령액(만기환급금을 포함한다) 등
09	전년도 이월액	91	전년도 이월액	911 전년도 이월금	전년도 불용으로 이월된 금액
				912 전년도 이월사업비	전년도에 종료되지 못한 이월사업비

비고
결산을 하는 경우에는 예산에서 사용한 과목에 따른다.

[별표 8] (2020.5.6. 개정)

어린이집 시설회계 세출예산과목 구분(제10조 제3항 제2호 관련)

과 목					내 역
관		항		목	
100	인건비	110	원장인건비	111 원장급여	원장인건비 중 기본급 등
				112 원장수당	원장에게 지급하는 상여금과 제(諸)수당
		120	보육교직원인건비	121 보육교직원급여	보육교직원 인건비 중 기본급 등
				122 보육교직원수당	보육교직원에게 지급하는 상여금과 제(諸)수당
		130	기타인건비	131 기타 인건비	기타 일급 또는 단기 채용 임시·일용직 급여
		140	기관부담금	141 법정부담금	어린이집에서 부담하는 법정부담금(건강보험, 국민연금, 고용보험, 산업재해보상보험 등)
				142 퇴직금 및 퇴직적립금	어린이집에서 부담하는 퇴직급여 및 퇴직적립금
200	운영비	210	관리운영비	211 수용비 및 수수료	소모품 및 집기 구입비, 도서구입비, 인쇄비, 홍보물, 각종 사무용 및 교구 비품의 수선비, 수수료, 구급약품, 치료비, 대관·비품대여료, 협회비, 우편료, 광고료 등
				212 공공요금 및 제세공과금	세금 및 공과금, 안전공제회비, 전기료, 상·하수도료, 도시가스료, 자동차세, 각종 보험료(자동차·화재 등), 전신·전화료(통신비) 등
				213 연료비	보일러 및 난방시설연료비, 취사에 필요한 연료비
				214 여비	국내·외 출장여비
				215 차량비	차량 관련 유류대, 정비유지비, 소모품 등
				216 복리후생비	보육교직원 복리후생을 위한 현물·서비스 지급비(교직원 건강검진비·피복비·치료비·급량비 등)
				217 기타 운영비	그 밖에 운영경비로서 분류되지 않은 경비(건물임대료, 건물융자금이자 등)

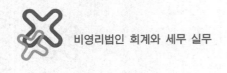

과 목						내 역
관		항		목		
300 보육 활동비		220	업무 추진비	221	업무추진비	어린이집 운영 및 유관 기관과 업무협의, 종무식 등 공식적인 업무추진에 소요되는 제반경비
				222	직책급	어린이집 원장의 직책수행을 위하여 정기적으로 지급하는 경비
				223	회의비	어린이집운영위원회, 부모회의 등 각종 회의 등에 소요되는 경비
		310	기본 보육활동비	311	교직원연수·연구비	교직원에게 지급하는 연수비 및 연구비
				312	교재·교구 구입비	보육 기자재, 도서 등 구입 및 제작비
				313	행사비	아동과 직접 관련되어 발생하는 각종 행사경비
				314	영유아복리비	영유아 건강 및 안전관련 비용(건강검진 비용 등)
				315	급식·간식 재료비	정규보육시간 내 제공되는 주·부식 재료 구입비 및 간식비
400 수익자 부담 경비		410	선택적 보육활동비	411	특별활동비지출	특별활동에 따라 지출하는 비용
		420	기타 필요경비	421	기타 필요경비 지출	입학준비금, 현장학습비, 차량운행비, 아침·저녁급식비, 졸업앨범비, 기타 필요경비
500 적립금		510	적립금	511	적립금	어린이집의 안정적인 기관운영 및 완성에 수년을 요하는 공사나 제조 등 특정목적사업을 위한 적립금
600 상환·반환금		610	차입금 상환	611	단기 차입금 상환	단기 차입금 원금 및 이자 상환액
				612	장기 차입금 상환	장기 차입금 원금 및 이자 상환액
		620	반환금	621	보조금 반환금	정부보조금 미사용분에 대한 반환금
				622	보호자 반환금	보호자 부담비 미사용분에 대한 반환금
				623	법인회계 전출금	법인에서 지원한 전입금과 연계하여 지출하는 법인회계로의 전출금
700 재산 조성비		710	시설비	711	시설비	시설 신·증축비 및 부대경비, 그 밖에 환경개선을 위한 개·보수비
				712	시설장비 유지비	시설, 장비 및 물품 등의 유지를 위한 수선경비
		720	자산	721	자산취득비	시설운영에 필요한 비품구입비, 노

과			목			내 역
관		항		목		
					구입비	후 업무용차량 교체 등 차량구입비 (차량할부금 포함), 그 외 자산 취득비
800	과년도 지출	810	과년도 지출	811	과년도 지출	과년도 미지급금 및 과년도 사업비의 지출(지출대상 부도 등 부득이한 경우에 한해 제한적으로 인정)
900	잡지출	910	잡지출	911	잡지출	보상금·사례금·소송경비 및 원단위 절사금 등
1000	예비비	1010	예비비	1011	예비비	예측할 수 없는 불가피한 지출소요

비고

결산을 하는 경우에는 예산에서 사용한 과목에 따른다.

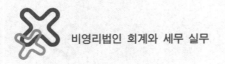

〔별표 9〕(2018.3.30. 신설)

노인장기요양기관의 세입예산과목 구분(제10조 제3항 제3호 관련)

과목						내 역
관		항		목		
01	입소자(이용자) 부담금 수입	11	입소(이용)비 용수입	112	본인부담금수입	장기요양급여비용 중 본인부담금
				113	식재료비수입	비급여대상 중 식재료비 수납 비용
				114	상급침실이용료	비급여대상 중 상급침실료
				115	이미용비	비급여대상 중 이용·미용비
				116	기타비급여수입	비급여대상 중 식재료비, 이용·미용비를 제외한 비급여
02	사업수입	21	사업수입	211	○○사업수입	시설운영으로 인하여 발생되는 사업수입을 종류별로 목을 설정(예: 입소자(이용자)가 제작한 물품 판매 수입)
03	과년도수입	31	과년도수입	311	과년도수입	전년도에 세입 조정된 수입으로서 금년도에 수입으로 확정된 것
04	보조금수입	41	보조금수입	411	국고보조금	국가로부터 받은 경상보조금 및 자본보조금
				412	시·도 보조금	시·도로부터 받은 경상보조금 및 자본보조금
				413	시·군·구 보조금	시·군·구로부터 받은 경상보조금 및 자본보조금
				414	기타 보조금	그 밖에 국가, 지방자치단체 및 사회복지사업 기금 등에서 공모사업 선정으로 받은 보조금
05	후원금수입	51	후원금수입	511	지정후원금	국내외 민간단체 및 개인으로부터 후원 명목으로 받은 기부금·결연후원금·위문금·찬조금 중 후원목적이 지정된 수입
				512	비지정후원금	국내외 민간단체 및 개인으로부터 후원 명목으로 받은 기부금·결연후원금·위문금·찬조금 중 후원목적이 지정되지 않은 수입과 자선행사 등으로 생긴 수입
06	요양 급여수입	61	요양 급여수입	611	장기요양 급여수입	노인장기요양보험급여 수입
				612	가산금 수입	노인장기요양보험 가산금 수입
07	차입금	71	차입금	711	금융기관	금융기관으로부터의 차입금

과		목				내 역
관		항		목		
					차입금	
				712	기타차입금	개인·단체 등으로부터의 차입금
08	전입금	81	전입금	811	법인전입금	법인으로부터의 전입금(국가 및 지방자치단체의 보조금은 제외한다)
				812	법인전입금 (후원금)	법인으로부터의 전입금(후원금)
				813	기타전입금	기타 법인, 개인 등 설치·운영자로부터의 운영지원금
				814	기타전입금 (후원금)	기타 법인, 개인 등 설치·운영자로부터의 운영지원금(후원금)
09	이월금	91	이월금	911	전년도이월금	전년도 불용액으로서 이월된 금액
				912	전년도이월금 (후원금)	전년도에 후원금에 대한 불용액으로서 이월된 금액
				913	전년도이월금 (식재료비)	전년도 식재료비수입에 대한 불용액으로서 이월된 금액
				914	○○ 이월사업비	전년도에 종료되지 못한 ○○ 사업의 이월된 금액
10	잡수입	101	잡수입	1011	불용품매각대	비품·집기·기계·기구 등과 그 밖의 불용품의 매각대
				1012	기타예금이자수입	기본재산예금 외의 예금이자 수입
				1013	직원식재료비수입	직원으로부터 수납하는 식재료비 수입
				1014	기타잡수입	그 밖의 재산매각수입, 변상금 및 위약금수입 등과 다른 과목에 속하지 않는 수입
11	적립금 및 준비금 (특별회계)	111	운영충당 적립금 및 환경개선준비금	1111	운영충당적립금	노인장기요양기관의 안정적인 기관운영을 위해 세출되어(911목) 적립된 금액(특별회계)
				1112	시설환경개선준비금	노인장기요양기관 입소자(이용자)에 대한 시설이미지 개선을 위해 세출되어(912목) 적립된 금액(특별회계)

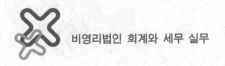

〔별표 10〕(2022.12.28. 개정)

노인장기요양기관의 세출예산과목 구분(제10조 제3항 제3호 관련)

과 목						내 역
관		항		목		
01	사무비	11	인건비	111	급여	시설직원에 대한 기본 봉급 (기말·정근수당을 포함한다)
				112	각종 수당	시설직원에 대한 상여금 및 각종 수당(직종·직급별로 일정액을 지급하는 수당과 시간외근무수당·야간근무수당·휴일근무수당 등) 및 그 밖의 수당
				113	일용잡급	일급 또는 단기간 채용하는 임시직에 대한 급여
				115	퇴직금 및 퇴직적립금	시설직원 퇴직급여제도에 따른 퇴직급여 및 퇴직적립금(충당금)
				116	사회보험 부담금	시설직원의 사회보험(국민연금, 국민건강보험, 고용보험, 산업재해보상보험 등)부담금
		12	업무추진비	121	기관운영비	기관운영 및 유관기관과의 업무 협의 등에 드는 각종 경비
				122	직책보조비	시설직원의 직책 수행을 위하여 정기적으로 지급하는 경비
				123	회의비	후원회 등 각종 회의의 다과비등에 소요되는 각종 경비
		13	운영비	131	여비	시설직원의 국내외 출장여비
				132	수용비 및 수수료	사무용품비·인쇄비·집기구입비(물건의 성질상 장기간 사용 또는 고정자산으로 취급되는 집기류는 212목에 계상)·도서구입비·공고료·수수료·등기료·운송비·통행료 및 주차료·소규모 수선비·포장비 등
				133	공공요금 및 각종 세금공과금	우편료·전신전화료·전기료·상하수도료·가스료 및 오물수거료 및 법령에 따라 지급하는 각종 세금(자동차세 등), 협회가입비, 화재·자동차보험료, 그 밖의 보험료

과 목				내 역
관	항	목		
		135	차량비	차량유류대 · 차량정비유지비 · 차량소모품비
		136	임차료	시설을 운영하는데 필요한 건물, 토지 등에 대하여 지불한 임차료
		137	기타운영비	시설직원 건강진단비, 그 밖의 복리후생에 드는 비용, 상용의류비, 급량비 등 운영경비로 위에 분류되지 않은 경비
02 재산조성비	21 시설비	211	시설비	시설 개보수 등으로 발생하는 비용 및 부대경비
		212	자산취득비	시설운영에 필요한 비품구입비, 토지 · 건물 그 밖에 자산의 취득비
		213	시설장비 유지비	건물 및 건축설비(구축물 · 기계장치), 공구 · 기구, 비품수선비(소규모수선비는 132목에 계상) 그 밖의 시설물의 유지관리비
03 사업비	31 운영비	311	생계비	주식비, 부식비, 특별부식비, 장유비, 월동용 김장비
		312	수용기관경비	입소자(이용자)를 위한 수용비(치약 · 칫솔 · 수건 구입비 등)
		314	의료비	입소자(이용자)의 보건위생 및 시약대(施藥代)
		315	장의비	입소자(이용자) 중 사망인을 위한 장의비
	33 ○○사업비	331	프로그램사업비	의료재활, 사회심리재활 등 입소자(이용자)를 위한 프로그램운영비
	34 복지용구취득비	341	대여용구 취득비	「노인장기요양법 시행령」 제9조에 따른 대여용 용구 취득비
		342	판매용구 취득비	「노인장기요양법 시행령」 제9조에 따른 판매용 용구 취득비
04 전출금	41 전출금	411	법인회계 전출금	법인회계로의 전출금 (보건복지부장관이 정하는 경우에만 해당한다)
		412	기타전출금	사회복지법인 이외의 법인, 개인 등 설치 · 운영자로의 전출금
05 과년도지출	51 과년도지출	511	과년도지출	과년도미지급금 및 과년도사업비의 지출

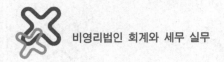

과 목						내 역
관		항		목		
06	상환금	61	부채상환금	611	원금상환금	차입금원금상환금
				612	이자지불금	차입금이자지급금
07	잡지출	71	잡지출	711	잡지출	시설이 지출하는 보상금·사례금·소송경비 등
08	예비비 및 기타	81	예비비 및 기타	811	예비비	예비비
				812	반환금	정부보조금 반환금
09	적립금 및 준비금	91	운영충당 적립금 및 환경개선준비금	911	운영충당 적립금	노인장기요양기관의 안정적인 기관운영을 위한 적립금(보건복지부장관이 정하는 경우에만 해당한다)
				912	시설환경 개선준비금	입소자(이용자)에 대한 시설이미지 개선을 위한 시설환경개선 준비금(보건복지부장관이 정하는 경우에만 해당한다)
10	적립금 및 준비금 지출 (특별회계)	101	운영충당 적립금 지출 및 환경개선준비금 지출	1011	운영충당 적립금 지출	세입계정으로 적립된 운영충당적립금(1111목) 중 노인장기요양기관의 안정적인 기관운영을 위해 지출한 비용(특별회계)
				1012	시설환경 개선준비금 지출	세입계정으로 적립된 시설환경개선준비금(1112목) 중 노인장기요양기관 입소자(이용자)에 대한 시설이미지 개선을 위해 지출한 비용(특별회계)

세 입 · 세 출 명 세 서

과 목			전년도 예산액	당해연도 예산액	증 감	산출근거
관	항	목				

210mm×297mm(일반용지 60g/㎡(재활용품))

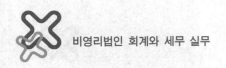

〔별지 제2호 서식〕(2009.2.5. 개정)

(추정)대 차 대 조 표

(년 월 일 현재)

과 목	금	액
Ⅰ. 자산		
1. 유동자산		000
(1) 당좌자산		000
현금 및 현금성자산	000	
받을 어음	000	
유가증권	000	
미수금	000	
(2) 재고자산		000
2. 비유동자산		000
(1) 투자자산		000
유가증권	000	
대여금	000	
(2) 유형자산		000
토 지	000	
건 물	000	
감가상각누계액	000	
기계기구류	000	
감가상각누계액	000	
(3) 무형자산		000
지상권	000	
전세권	000	
특허권	000	
(4) 기타비유동자산		000
임대보증금	000	
자 산 총 계		000
Ⅱ. 부채		
1. 유동부채		000
미지급금	000	
단기차입금	000	
예수금	000	
2. 비유동부채		000
장기차입금	000	
퇴직급여충당부채	000	
부채총계		000
Ⅲ. 자본		
1. 자본(기금)		000
2. 잉여금		000
적립금	000	
이월금	000	
자본총계		000
부채와 자본 총계		000

※ 기재 시 주의사항
　1. 과목은 설정에 맞도록 증감할 수 있다.
　2. 중요한 것은 각각 명세표를 첨부한다.
　3. 기금에 대하여는 설립당시의 원조금 또는 부채인수액을 기입한다.

〔별지 제3호 서식〕 (1998.1.7. 개정)

(추정)수 지 계 산 서

<table>
<tr><td></td><td colspan="2" align="right">(년 월 일부터
년 월 일까지)</td></tr>
<tr><td align="center">과 목</td><td align="center" colspan="2">금 액</td></tr>
<tr><td>Ⅰ. 수 입</td><td></td><td></td></tr>
<tr><td> 1. 재산수입</td><td></td><td align="center">000</td></tr>
<tr><td>   가. 기본재산수입</td><td align="center">000</td><td></td></tr>
<tr><td>   나. 재산매각대</td><td align="center">000</td><td></td></tr>
<tr><td> 2. 사업수입</td><td></td><td align="center">000</td></tr>
<tr><td> 3. 과년도수입</td><td></td><td align="center">000</td></tr>
<tr><td> 4. 보조금수입</td><td></td><td align="center">000</td></tr>
<tr><td>   가. 정부보조금</td><td align="center">000</td><td></td></tr>
<tr><td>   나. 후원금</td><td align="center">000</td><td></td></tr>
<tr><td> 5. 차입금</td><td></td><td align="center">000</td></tr>
<tr><td> 6. 전입금</td><td></td><td align="center">000</td></tr>
<tr><td> 7. 이월금</td><td></td><td align="center">000</td></tr>
<tr><td> 8. 잡수입</td><td></td><td align="center">000</td></tr>
<tr><td>   가. 물품매각대</td><td align="center">000</td><td></td></tr>
<tr><td>   나. 예금이자</td><td align="center">000</td><td></td></tr>
<tr><td>   다. 잡수입</td><td align="center">000</td><td></td></tr>
<tr><td align="center">수입합계</td><td></td><td align="center">000</td></tr>
<tr><td>Ⅱ. 지출</td><td></td><td></td></tr>
<tr><td> 1. 사무비</td><td></td><td align="center">000</td></tr>
<tr><td>   가. 인건비</td><td align="center">000</td><td></td></tr>
<tr><td>   나. 물건비</td><td align="center">000</td><td></td></tr>
<tr><td>   다. 수용비 및 수수료</td><td align="center">000</td><td></td></tr>
<tr><td>   라. 판공비</td><td align="center">000</td><td></td></tr>
<tr><td>   마. 공공요금</td><td align="center">000</td><td></td></tr>
<tr><td>   바. 제세공과금</td><td align="center">000</td><td></td></tr>
<tr><td>   사. 차량비</td><td align="center">000</td><td></td></tr>
<tr><td> 2. 재산조성비</td><td></td><td align="center">000</td></tr>
<tr><td>   가. 시설비</td><td align="center">000</td><td></td></tr>
<tr><td>   나. 재산관리비</td><td align="center">000</td><td></td></tr>
<tr><td> 3. 수익사업비</td><td></td><td align="center">000</td></tr>
<tr><td> 4. 전출금</td><td></td><td align="center">000</td></tr>
<tr><td>   가. ○○시설 전출금</td><td align="center">000</td><td></td></tr>
<tr><td>   나. ○○시설 전출금</td><td align="center">000</td><td></td></tr>
<tr><td> 5. 과년도 지출</td><td></td><td align="center">000</td></tr>
<tr><td> 6. 상환금</td><td></td><td align="center">000</td></tr>
<tr><td> 7. 사업비</td><td></td><td align="center">000</td></tr>
<tr><td> 8. 잡지출</td><td></td><td align="center">000</td></tr>
<tr><td> 9. 예비비</td><td></td><td align="center">000</td></tr>
<tr><td align="center">지출합계</td><td></td><td align="center">000</td></tr>
<tr><td>Ⅲ. 당기잉여금</td><td></td><td align="center">000</td></tr>
<tr><td colspan="3">※ 기재시 주의사항
  과목은 세입·세출예산의 과목과 동일하여야 한다.</td></tr>
</table>

3106-65일
87.5.29 승인

190mm×268mm
(신문용지 54g/㎡)

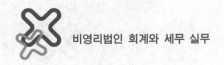

〔별지 제4호 서식〕(1998.1.7. 개정)

임·직원보수일람표

순위	직종 또는 직위(급)	성 명	본 봉	수 당			계	공제액	차감 지급액

3106-66일
87.5.29 승인

190mm×268mm
(신문용지 54g/m²)

〔별지 제4호의 2 서식〕(2018.3.30. 신설)

임직원 보수 일람표 (인건비명세서)

(앞쪽)

순번	직종	인건비 구분	성명	급여	각종 수당	일용잡급	퇴직금 및 퇴직적립금	사회보험 부담금	계
소계		직접 인건비 계							
		간접 인건비 계							
		총 인건비 계							

297mm×210mm[백상지(80g/㎡) 또는 중질지(80g/㎡)]

(뒤쪽)

		작성 요령		

○ 인건비의 종류

인건비의 종류(목)		내역
111	급여	시설직원에 대한 기본 봉급(기말·정근수당을 포함한다)
112	각종 수당	시설직원에 대한 상여금 및 각종 수당(직종·직급별로 일정액을 지급하는 수당과 시간외근무수당·야간근무수당·휴일근무수당 등) 및 그 밖의 수당
113	일용잡급	일급 또는 단기간 채용하는 임시직에 대한 급여
115	퇴직금 및 퇴직적립금	시설직원 퇴직급여제도에 따른 퇴직급여 및 퇴직적립금(충당금)
116	사회보험 부담금	시설직원의 사회보험(국민연금, 국민건강보험, 고용보험, 산업재해보상보험 등)부담금

○ 인건비 구분 기준

급여유형별로 아래 표(「장기요양급여 제공기준 및 급여비용 산정방법 등에 관한 고시」 제11조의 2 제1항)의 직종에 지출된 인건비를 직접 인건비로 보며, 그 외의 인건비를 간접 인건비로 본다.

급여 유형	직종
노인요양시설	간호(조무)사·물리(작업)치료사·사회복지사·요양보호사
노인요양공동생활가정	간호(조무)사·물리(작업)치료사·요양보호사
주·야간보호	간호(조무)사·물리(작업)치료사·사회복지사·요양보호사
단기보호	간호(조무)사·사회복지사·요양보호사
방문요양	요양보호사
방문목욕	요양보호사
방문간호	간호(조무)사·치과위생사

297mm×210mm[백상지(80g/㎡) 또는 중질지(80g/㎡)]

〔별지 제5호 서식〕(2009.2.5. 개정)

세 입 결 산 서 (법인용)

과 목			구 분	정부 보조금	법인 부담금	후원금	계
관	항	목					
			예산				
			결산				
			증감				
		합계	예산				
			결산				
			증감				
	합계		예산				
			결산				
			증감				
총계			예산				
			결산				
			증감				

210mm×297mm(일반용지 60g/m²(재활용품))

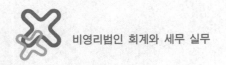
〔별지 제5호의 2_서식〕 (2009.2.5. 개정)

세 출 결 산 서 (법인용)

과 목			구 분	정부 보조금	법인 부담금	후원금	계
관	항	목					
			예산				
			결산				
			증감				
		합계	예산				
			결산				
			증감				
	합계		예산				
			결산				
			증감				
총계			예산				
			결산				
			증감				

210mm×297mm(일반용지 60g/m²(재활용품))

〔별지 제5호의 3 서식〕(2009.2.5. 개정)

세 입 결 산 서 (시설용)

과 목			구 분	정부 보조금	시설 부담금	후원금	계
관	항	목					
			예산				
			결산				
			증감				
		합계	예산				
			결산				
			증감				
	합계		예산				
			결산				
			증감				
총계			예산				
			결산				
			증감				

210mm×297mm(일반용지 60g/㎡(재활용품))

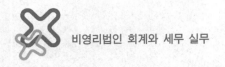

〔별지 제5호의 4 서식〕(2009.2.5. 개정)

세 출 결 산 서 (시설용)

과 목			구 분	보조금	시설부담금	후원금	계
관	항	목					
			예산				
			결산				
			증감				
			예산				
		합계	결산				
			증감				
	합계		예산				
			결산				
			증감				
총계			예산				
			결산				
			증감				

210mm×297mm(일반용지 60g/m²(재활용품))

〔별지 제6호 서식〕

<u>과 목 전 용 조 서</u>

과 목			전용 연월일	예산액 (1)	전용액 (2)	예산현액 (1+2=3)	지출액 (4)	불용액 (3-4)	전용 사유
관	항	목							

3106-68일
87.5.29 승인

190mm×268mm
(신문용지 54g/m²)

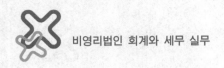

〔별지 제7호 서식〕

예 비 비 사 용 조 서

사용일자	금 액	사 유	사용내역	비 고

3106-69일
87.5.29 승인

190mm×268mm
(신문용지 54g/m²)

〔별지 제8호 서식〕(1998.1.7. 개정)

현 금 및 예 금 명 세 서

(년 월 일 현재)

구 분	예금종류	예치은행	계좌번호	전년도 이월액	현재잔액	비 고
현금 예금 . .						

31313-18711일
97.12.6 승인

210mm×297mm
(일반용지 60g/m²)

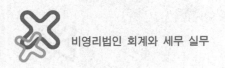

〔별지 제9호 서식〕 (1998.1.7. 개정)

유 가 증 권 명 세 서

년   월   일 현재

종 류	발행자	증서번호	액면가액	수 량	금 액	만기일자	비 고

31313-18811일
97.12.6 승인

210mm×297mm
(일반용지 60g/m²)

〔별지 제10호 서식〕

미수금명세서

과 목			예산액	세입 결정액	수입액	미수입액	산출기초
관	항	목					

3106-70일
87.5.29 승인

190mm×268mm
(신문용지 54g/m²)

[별지 제11호 서식] (1998.1.7. 개정)

재고자산명세서

년 월 일 현재

품명	용도	전년이월			당해연도수입			당해연도지출			연말이월			비고
		수량	단가	금액	수량	단가	금액	수량	단가	금액	수량	단가	금액	

297mm×210mm
(일반용지 60g/㎡)

주) 단가계산방법은 총평균법으로 하여야 한다.
31313-18911일 승인
97.12.6

〔별지 제12호 서식〕 (2020.1.7. 개정)

그 밖의 유동자산명세서

종 류	내 역	금 액	비 고

3106-72일
87.5.29 승인

190mm×268mm
(신문용지 54g/m²)

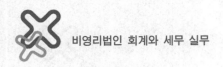

〔별지 제13호 서식〕

고정자산명세서

종 류	내 역	규 모	취득원가 또는 평가액	용 도	비 고

3106-73일
87.5.29 승인

190mm×268mm
(신문용지 54g/m²)

〔별지 제14호 서식〕

부채명세서

순 위	기채 연월일	적 요	금 액	채권자	상환 예정일	금 리 (%)	비 고

3106-74일
87.5.29 승인

190mm×268mm
(신문용지 54g/m²)

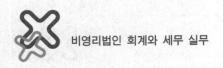
〔별지 제15호 서식〕 (2019.9.27. 개정)

각 종 충 당 금 명 세 서

과 목	전년도 이월액	당해연도 증가액	당해연도 감소액	현재잔액	비 고

3106-75일
87.5.29 승인

190mm×268mm
(신문용지 54g/㎡)

기 본 재 산 수 입 명 세 서

재산종류	수 량	평가액	수입액	산출기초	운영방법

3106-76일
87.5.29 승인

190mm×268mm
(신문용지 54g/m²)

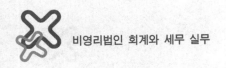
〔별지 제17호 서식〕

사 업 수 입 명 세 서

사업종류	내 역	금 액	산출내역	비 고

3106-77일
87.5.29 승인

190mm×268mm
(신문용지 54g/m²)

〔별지 제18호 서식〕(1998.1.7. 개정)

정부보조금명세서

수령일	보조구분	보조내역	금 액	보조기관	산출기초

31313-19011일
97.12.6 승인

210mm×297mm
(일반용지 60g/m²)

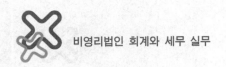

〔별지 제19호 서식〕(2015.12.24 개정)

후원금수입 및 사용결과보고서

기간 : 년 월 일부터
　　　 년 월 일까지

(앞 쪽)

1. 후원금 수입명세서

순번	발생일자	후원금종류	후원자구분	비영리법인구분	기타내용	모금자기관 여부	기부금단체여부	후원자	내역	금액	비고

2. 후원품 수입명세서

순번	발생일자	후원품종류	후원자구분	비영리법인구분	기타내용	모금자기관여부	기부금단체여부	후원자	내역	품명	수량/단위	상당금액	비고

3. 후원금 사용명세서

순번	사용일자	사용내역	금액	결연후원금품 여부	산출기준	비고

4. 후원품 사용명세서

순번	사용일자	사용내역	사용처	결연후원금품 여부	수량/단위	상당금액	비고

5. 후원금 전용계좌

금융기관 등의 명칭	계좌번호	계좌명의

210mm×297mm[백상지 80g/㎡]

작성 요령

○ 후원금의 종류 구분

후원금의 종류	내용
1. 민간단체 보조금품	국내 민간단체로부터 받은 보조금
2. 외원단체 보조금품	외국 민간원조단체로부터 받은 보조금품
3. 결연후원금품	아동·노인 등 시설거주자에 대한 결연후원금품
4. 법인임원 후원금품	법인 임원으로부터 받은 후원금품 및 찬조금품
5. 지역사회 후원금품	지역사회로부터 받은 위문금품 및 후원금품
6. 후원회 지원금품	법인의 후원회로부터 받은 지원금품
7. 자선모금품	자선바자회 등으로부터 얻어지는 수입금품
8. 기타 후원금품	행정기관의 시설위문금 등 후원금품

○ 후원자 구분

후원자 구분	내용	모금자 기관 여부	기부금단체 여부
1. 개인	개인	입력(Y/N)	입력안함
2. 영리법인	기업	입력(Y/N)	입력안함
3. 비영리법인	공익법인 등(종교법인, 학교법인, 의료법인, 사회복지법인, 기타*) → 비영리법인구분란에 기재 * 기타인 경우 그 내용을 기타내용에 기재	입력(Y/N)	입력(Y/N)
4. 민간단체	비영리단체, 외국민간원조단체, 민간단체 기타	입력(Y/N)	입력(Y/N)
5. 국가기관	입법기관·사법기관·행정기관(중앙행정기관 및 그 소속 기관, 지방자치단체)	입력안함	입력안함
6. 공공기관	공기업, 준정부기관, 그 밖의 공공기관	입력안함	입력안함
7. 소관법인	해당 시설을 설치·운영하는 법인 * 법인의 후원금이 전출금 형태로 시설에 전달	입력안함	입력안함

* 모금자 기관 : 「기부금품 모집 및 사용에 관한 법률」 제4조에 따라 기부금품 모집을 목적으로 행정안전부장관 또는 특별시장·광역시장·도지사·특별자치도지사에게 등록한 모금자(기관)

** 기부금단체 : 「소득세법 시행령」·「소득세법 시행규칙」에 따른 기부금대상 민간단체, 「법인세법 시행령」·「법인세법 시행규칙」에 따른 지정기부금단체 등

○ 후원받은 순서대로 계속 기록하여야 합니다.

○ 수입명세서의 내역란은 후원자의 후원용도·취지 등을 구체적으로 기재하여야 합니다.

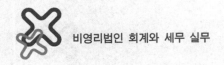

〔별지 제20호 서식〕

인 건 비 명 세 서

구 분	금 액	산 출 내 역	비 고

3106-80일
87.5.29 승인

190mm×268mm
(신문용지 54g/m²)

〔별지 제21호 서식〕

사 업 비 명 세 서

구 분	내 역	금 액	산 출 내 역	비 고

3106-81일
87.5.29 승인

190mm×268mm
(신문용지 54g/m²)

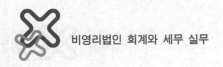

〔별지 제22호 서식〕

(   )비용명세서

구 분	내 역	금 액	산 출 내 역	비 고

3106-82일
87.5.29 승인

190mm×268mm
(신문용지 54g/m²)

〔별지 제23호 서식〕 (2009.2.5. 개정)

감 사 보 고 서

  본인 등은 「사회복지법인 재무·회계 규칙」 제20조 제1항에 따라 사회복지법인 ○○○의   . . .부터   . . .로 종결되는 회계연도의 업무집행 내용과 ○○회계에 속하는 수입과 지출에 관한 제반 증빙서류와 장부를 일반적인 감사기준에 따라 감사를 실시하였습니다.

  업무집행내용과 결산서의 각항은(다음에 지적된 사항을 제외하고는) 정확하였으며, 그 회계처리는 적정하였습니다.

(다 음)

년   월   일

사회복지법인   ○○○
감   사   (서명 또는 인)
감   사   (서명 또는 인)
사회복지법인 ○○○대표이사   귀하

31313-19211일
97.12.6 승인

210mm×297mm
(일반용지 60g/m²)

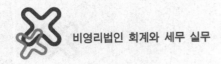
[별지 제24호 서식] (2005.7.15. 개정)

현 금 출 납 부 (법인용)

200 년 월

연월일	계정과목	적 요	수입금액	지출금액	차인잔액
		(전월누계)			
		(월계)			
		(누계)			

210mm×297mm(일반용지 60g/m²(재활용품))

(별지 제24호의 2 서식) (2005.7.15. 신설)

현 금 출 납 부 (시설용)

200 년 월 일

연월일	계정과목	적요 (전월누계)	수입금액	지출금액	차인잔액
		. . .			
		(월계)			
		(누계)			

210mm×297mm(일반용지 60g/m²(재활용품))

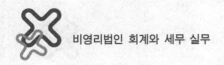
〔별지 제25호 서식〕(2005.7.15. 개정)

총 계 정 원 장 (법인용)

계정과목 :

계정명	연월일	적 요	수 입	지 출	차인잔액

210mm×297mm(일반용지 60g/m²(재활용품))

〔별지 제25호의 2 서식〕 (2005.7.15. 신설)

총 계 정 원 장 (시설용)

계정과목 :

계정명	연월일	적 요	수 입	지 출	차인잔액

210mm×297mm(일반용지 60g/m²(재활용품))

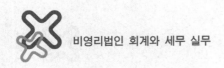

〔별지 제26호 서식〕

총 계 정 원 장 보 조 부

연월일	적 요	수 입			지 출			잔 액		
		계	현금	예금	계	현금	예금	계	현금	예금

3106-85일
87.5.29 승인

210mm×297mm
(인쇄용지(특급) 70g/m²)

[별지 제27호 서식]

재 산 대 장

1. 건 물

일련 번호	소재지	지 번	구 조	면적(m²)	평가액	취득연월일 및 취득원인	등기부상의 소유권 등기연월일	용 도	비 고

3106-86일
87.5.29 승인

268mm×190mm
(인쇄용지(특급) 70g/m²)

2. 토 지

일련 번호	소재지	지 번	지 목	면적(m²)	평가액	취득연월일 및 취득원인	등기부상의 소유권 등기연월일	용 도	비 고

268mm×190mm
(인쇄용지(특급) 70g/m²)

3. 유가증권

일련번호	종류	내역	수량	가액	취득연월일 및 취득원인	비고

268mm×190mm
(인쇄용지(특급) 70g/m²)

4. 무형고정자산

일련번호	종류	내역	수량	가액	취득연월일 및 취득원인	비고

268mm×190mm
(인쇄용지(특급) 70g/m²)

5. 기계·기구류

일련번호	종류	용도	명칭	형식	제조자	제조번호	수량	금액	비고

268mm×190mm
(인쇄용지(특급) 70g/m²)

6. 기채(부채)상황

일련번호	기채처(자)	기채액	금리	상환기일	주무관청허가 연월일 및 문서번호	기채사용	비고

268mm×190mm
(인쇄용지(특급) 70g/m²)

(별지 제28호 서식)

비품관리대장

결재		연월일	구 분	적 요	규격 및 단가	수 불			현재량	수령자인	비 고
						수량	단가	대여	처분			

268mm×190mm
(신문용지 54g/㎡)

제 11 장

종교법인의 회계와 세무

제 1 절

종교법인의 회계

1 종교법인의 의의 및 법인격

1-1. 종교법인의 의의

우리나라의 현행법상 '종교법인'에 대한 정의가 언급된 법규정은 존재하지 않으며 종교법인에 대한 기본법 또는 특별법도 별도로 제정되어 있지 않다. 다만, 「민법」 제32조에서학술, 종교, 자선, 기예, 사교, 기타 영리 아닌 사업을 목적으로 하는 사단 또는 재단은 주무관청의 허가를 얻어 이를 법인으로 할 수 있는 것으로 규정하고 있다.

이때 과거 종교법인은 문화관광부(행정권한의 위임 및 위탁에 관한 규정 제28조 제2항 제3호의 규정에 의해 특별시·광역시·도에 위임된 경우를 포함한다)에 의한 관리 또는 규제를 받도록 규정되었었으나 2008.12.31. 다음과 같이 개정되었다.

| 행정권한의 위임 및 위탁에 관한 규정 제28조(문화관광부 소관)(구법) |

② 문화관광부장관은 다음의 사항에 관한 권한을 특별시장·광역시장 및 도지사에게 위임한다.
3. 다음 각 목의 법인을 제외한 각종 종교관계 비영리법인의 설립허가·취소, 해산신고의 수리 그 밖의 지도·감독에 관한 권한. 다만, 활동범위가 3 이상의 특별시·광역시·도에 걸치는 법인의 설립허가·취소, 해산신고의 수리와 목적·명칭·사무소의 소재지(특별시·광역시·도를 달리하는 경우에 한한다)에 관한 정관변경 허가를 제외한다.
  가. 한국종교지도자협의회
  나. 한국불교종단협의회
  다. 불교중앙교원
  라. 한국불교태고종중앙회
  마. 대한불교천태종
  바. 대한불교진각종유지재단
  사. 한국기독교연합사업유지재단
  아. 한국기독교총연합
  자. 한국천주교중앙협의회

차. 성균관
카. 한국민족종교협의회
타. 원불교
파. 천도교유지재단

행정권한의 위임 및 위탁에 관한 규정 제30조(문화체육관광부 소관) (2008.12.31. 개정 후)
① 문화체육관광부장관은 「민법」 제32조에 따라 설립하였거나 설립하려는 문화체육관광부장관 소관의 비영리법인의 설립허가 및 그 취소, 정관변경허가, 해산신고의 수리, 그 밖의 지도·감독에 관한 권한을 특별시장·광역시장·도지사 또는 특별자치도지사(법인의 활동범위가 2개 이상의 특별시·광역시·도 또는 특별자치도에 걸치는 비영리법인의 경우에는 해당 법인의 주된 사무소가 소재하는 지역을 관할하는 특별시장·광역시장·도지사 또는 특별자치도지사를 말한다)에게 각각 위임한다. 다만, 다음 각 호의 어느 하나에 속하는 비영리법인은 제외한다.
1. 문화체육관광부장관이 정하여 고시하는 비영리법인
2. 체육, 미디어 또는 종교 분야가 아닌 법인으로서 활동범위가 3개 이상의 특별시·광역시·도 또는 특별자치도에 걸치는 비영리법인

1-2. 종교법인의 법인격

법인격을 지니고 있는 종교법인은 세법상 비영리법인이 되어 각종 세제혜택을 받게 되며, 법인격이 없는 사단·재단, 기타 단체인 경우에도 「국세기본법」 제13조에 규정된 법인으로 보는 단체에 해당할 경우에는 세법상 역시 비영리법인으로 의제되어 세제혜택을 받을 수 있다. 「국세기본법」 제13조에 규정된 법인으로 보는 단체의 범위와 요건은 '제13장 기타 비영리법인의 세무'를 참고하기 바란다.

다만, 주의할 사항은 재단법인 또는 사단법인의 형태를 갖춘 종교법인은 법인으로 인정받을 수 있으나, 재단법인 또는 사단법인의 형태를 띠고 있지 않은 개별교회 또는 사찰 등 종교단체의 경우에는 「국세기본법」 제13조 제2항의 규정에 의하여 관할세무서장에게 법인으로 보는 단체의 승인을 얻은 경우에 한하여 법인으로 의제된다는 점이다(징세－402, 2009.12.10., 법인 46012－1719, 2000.8.8. 참고). 따라서 종교법인이 수익사업을 영위할 경우 법인으로 의제되는 종교법인은 법인세 납세의무를 부담하나, 법인으로 의제되지 않는 종교단체는 거주자로 간주되어 소득세를 부담한다.

2 　종교법인의 설립

2-1. 설 립

앞에서 설명한 바와 같이 종교단체는 「민법」 제32조의 규정에 의하여 사단법인 또는 재단법인으로 설립등기를 함으로써, 법인으로서 그 목적에 반하지 않는 한 각종 공익사업도 전개할 수 있으며, 소유재산을 종교법인의 명의로 하여 영속적인 재산유지가 가능하며 각종 세제상의 혜택을 받을 수 있다.

설립 및 신고와 관련한 보다 자세한 내용은 '제1장 제4절 비영리법인의 설립절차'를 참조하기 바란다.

2-2. 종교법인의 법인세법상 설립신고 및 수익사업 개시신고

2-2-1. 법인세법상 설립신고

내국법인은 설립등기일로부터 2개월 이내에 납세지 관할세무서장에게 법인설립신고를 하여야 한다(법인세법 제109조 제1항).

따라서, 법인격을 지니고 있는 종교법인이나 「국세기본법」 제13조에 의한 법인으로 보는 단체에 해당할 경우에는 관할세무서에 법인설립신고를 하여야 하며, 법인설립신고를 한 경우에는 「법인세법」 제111조 제4항에 따라 별도의 사업자등록신청을 한 것으로 본다.

2-2-2. 수익사업 개시신고

종교단체가 신규로 수익사업을 영위하는 경우에는 「법인세법」 제111조 및 동법 시행령 제154조에 의하여 사업장마다 당해 사업의 개시일로부터 20일 이내에 납세지 관할세무서장에게 사업자등록을 해야 한다.

사업자등록증은 수익사업을 영위하는 비영리법인에 한하여 교부가 가능한 것이며, 고유번호등록증은 「부가가치세법 시행령」 제12조 제2항에 의하여 국가나 지방자치단체 등과

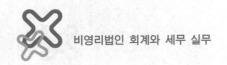

같이 부가가치세의 납세의무가 없는 사업자의 과세자료를 효율적으로 처리하기 위하여 사업자등록증에 준하는 고유번호를 부여하는 것이다. 따라서, 종교단체가 수익사업을 영위하지 않을 때에 종교법인은 고유번호 등록증을 교부받게 되나, 수익사업을 영위할 때에는 사업자등록을 해야 하는 것이다(법인세법 기본통칙 111 – 154…2, 111 – 154…3).

│ 중요 예규 및 판례 │

심사양도 2018 – 0025, 2018.5.11.
교회 소재지의 재산이 청구인 개인 명의로 등기되어 있고, 쟁점교회 양도 당시에는 '법인으로 보는 단체'로 승인을 받지 않았으므로 법인으로 보는 단체에 해당하지 아니함.

조심 2018서0315, 2018.4.10.
청구교회는 「국세기본법」 제13조 제1항과 같이 주무관청의 허가 또는 인가를 받아 설립되거나 법령에 따라 주무관청에 등록한 단체인 사실이 확인되지 아니하며, 같은 조 제2항과 같이 관할 세무서장에게 신청하여 법인으로 보는 단체로서 승인을 받은 사실도 확인되지 않는 점 등에 비추어 청구교회를 「소득세법」상 1거주자로 보아 양도소득세를 과세한 처분은 잘못이 없는 것으로 판단됨.

광주고등법원 2016누3788, 2016.10.13.
부동산 등기용 등록번호 부여절차에 관한 규정에 의하여 등록한 단체라는 사실만으로 주무관청에 허가를 받아 설립되거나 단체로서 등록된 것이 아니므로 국세기본법 제13조 제1항에 따른 법인으로 보는 단체에 해당하지 않음.

조심 2014광4245, 2015.9.11.
교회는 일반적으로 예배를 목적으로 하는 교인들로 구성된 사단으로서의 성격을 가지고 교회의 재산은 교인들의 총유에 속하며 교인들은 각 교회활동의 목적범위 내에서 총유권의 대상인 교회재산을 사용·수익할 수 있다 할 것이므로 청구교회를 법인격 없는 재단이 아니라 사단으로 봄이 타당하고, 「부동산등기법」에 따라 시장·군수로부터 부동산 등기용 등록번호를 부여받은 것은 「국세기본법」 제13조 제1항 제1호에서 규정하고 있는 주무관청의 등록에 해당하지 아니하는 것으로 보이며, 청구교회가 쟁점부동산 양도일 현재 「국세기본법」 제13조 제2항에 따라 법인으로 보는 단체로 승인을 받지 아니하여 청구교회는 1거주자로 보이는 점 등에 비추어 이 건 과세처분은 잘못이 없음.

심사 - 양도 - 2015 - 0037, 2015.6.2.

청구교회는 교인들로 구성된 사단으로서, 주무관청의 허가를 받아 설립된 것이 아니고, 법인으로 보는 단체로 신청하여 승인받은 바 없으므로 세법상 법인으로 볼 수 없으며, 청구교회가 배타적인 관리·처분권을 가지는 교회의 재산인 쟁점부동산을 재단법인의 재산으로 보아 취급할 수도 없음.

징세 - 402, 2009.12.10.

질의

〔사실관계〕

• 대한예수교장로회 △△△△교회는 2001.10월 교회명의로 부동산을 취득한 후 2008.4 월 양도함.

• △△△△교회는 문화관광부장관으로부터 설립 허가된 대한예수교장로회총회(대신)유지 재단 서울중앙노회에 소속되어 있으며, 의정부관할 관청에 종교단체로 등록되어 있음.

• 부동산은 담임목사 개인명의가 아닌 대한예수교장로회 △△△△교회 명의로 등기되어 있고 비영리법인으로 고유목적 의거하여 3년이상 사용하여 법인세가 과세되지 않는다고 보고 양도소득세를 무신고함.

• 당해 교회는 재단법인인 총회 및 노회에 연2회 정기노회를 통해 재정보고가 이루어졌으며 회계 등 모든 운영이 독립된 것이 아니고 시찰회비 및 노회비를 냈었음.

〔질의내용〕

• 대한예수교장로회총회(대신)유지재단이 법인인 경우에 소속된 교회들도 법인으로 보는 단체에 해당되는지.

회신

귀 질의의 경우, 재단법인인 종교단체와 정관, 회계 등 모든 운영이 독립된 것인지 여부는 구체적인 정황에 의해 사실판단하여야 하며,

재단법인인 종교단체와는 회계 등 모든 운영이 독립된 산하교회는 교의에 따르는 사람들을 교원으로 하는 단체로서 법인격 없는 사단으로 볼 수 있으므로 「국세기본법」 제13조 제2항 각 호의 요건을 갖춘 것으로서 대표자 또는 관리인이 관할세무서장에게 신청하여 승인을 얻지 아니한 경우에는 법인으로 보는 단체에 해당하지 않는 것임.

법인 - 1283, 2009.11.17.

질의

〔사실관계〕

• '종교 보급, 그 밖에 교화를 목적으로 「민법」 제32조에 따라 문화체육관광부장관 또는

지방자치단체의 장의 허가를 받아 설립한 비영리법인(그 소속단체 포함)'이 지정기부
금단체로 개정됨(법인세법 시행령 제36조 제1항 제1호 마목).

〔질의요지〕

1) 기존에 주문관청에 등록한 종교단체 등이 개정세법에 의하여 「민법」 제32조에 따라
   문화체육관광부장관 또는 지방자치단체의 장의 허가를 별도로 받아야 개정 규정이
   적용되는지 여부

2) 개정내용 중 괄호 안의 소속 단체라 함은 비영리법인이 직접 운영하는 단체를 뜻하는
   지, 독립채산제이더라도 해당 비영리법인의 소속이면 되는지 여부
   • 교파 총회가 주무관청에 등록되었다면 그 총회 등에 소속된 독립채산제인 개별교회
     의 포함 여부

3) 주무관청에 등록한 교파의 총회 또는 중앙회 등에 소속된 개별 종교단체가 연도 중
   법인으로 보는 단체로 승인받고 수익사업을 할 경우 법인세 과세표준 신고대상이 되
   는 소득의 귀속시점

〔회신〕

「국세기본법」 제13조 제2항에 따라 법인으로 보는 단체로 승인을 얻은 개별교회가 종교
의 보급, 그 밖에 교화를 목적으로 「민법」 제32조에 따라 문화체육관광부장관 또는 지방
자치단체의 장의 허가를 받아 설립한 비영리법인의 소속단체인 경우에는 「법인세법 시행령」
제36조 제1항 제1호 마목에 의하여 지정기부금단체에 해당됨.

「소득세법」상 거주자로 보던 법인격 없는 단체가 「국세기본법」 제13조 제2항의 규정에
의하여 관할세무서장으로부터 법인으로 보는 단체로 승인을 얻은 경우 동 단체의 최초
사업연도 개시일은 법인으로 보는 단체의 승인일로 하는 것임.

3 종교법인의 회계

3-1. 종교법인회계의 특수성

영리법인의 경우에는 기업 외부 및 내부에 많은 이해관계자를 지니고 있으며, 기업의 재
무상태와 경영성과는 재무보고 절차에 의하여 이해관계자에게 제공되므로 일관된 재무정

보를 제공하기 위하여 기업회계기준과 같은 일반적으로 인정된 회계원칙이 필요하다.

그러나 종교법인의 경우에는 일반적으로 인정된 회계원칙이 제정·시행되지 못하고 있다. 2016년 12월 20일 상속세 및 증여세법 개정으로 공익법인에 적용되는 회계기준이 새로이 도입되었으나, 종교법인은 적용대상에서 제외되었다.[1]

따라서, 현재까지 대부분 종교법인의 재무보고서는 전통적인 단식부기와 현금주의를 바탕으로 한 수지예산서 및 수지계산서가 중심이 되고 있는 실정이다.

3-1-1. 종교법인의 회계 및 예산의 특징

종교법인의 회계는 종교법인의 설립목적을 달성하기 위한 것이 근본적인 목적이므로 신자들로부터 헌금·기부금 등의 수입을 종교활동이라는 본연의 목적달성을 위해 합리적으로 배분하는 데 초점이 맞춰져 있다.

종교법인회계의 특징을 열거하면 다음과 같다.

① 이해관계자인 개인 또는 법인의 의사결정을 위하여 유용한 정보를 제공하는 것을 목적으로 하며, 그 기간은 영리법인과 마찬가지로 1년 단위의 회계주기를 적용한다.
② 신자들로부터 제공받은 경제적 자원의 사용·관리를 수탁받은 종교법인은 그 제공받은 자원의 합리적 배분 여부를 보고한다.
③ 대부분 종교회계는 예산에 기초한 단식부기에 의한 현금주의를 적용하고 있다.
④ 정부 및 비영리조직회계와 마찬가지로 일반회계와 특별회계를 설치하고 있다. 일반회계는 종교법인의 고유목적을 위한 일상적인 사업활동과 관련되는 회계를 말하며, 특별회계는 종교법인의 건축물을 신축하는 경우와 같이 장기간 수지가 발생하는 경우나 「법인세법」상 수익사업으로 규정된 특정사업을 별도로 운영하는 경우 또는 국가나 지방자치단체 등으로부터 보조금을 받아 특별사업을 영위하는 경우와 같이 특정목적을 달성하기 위해 설치하는 회계이다.
⑤ 종교법인의 회계는 예산에 의하여 운영되는 회계, 즉 예산주의 회계이다.

종교법인에서의 예산의 특징은 다음과 같다.

---

1) 종교법인은 상속세 및 증여세법상 회계감사(상속세 및 증여세법 제50조 제3항) 및 결산서류 등의 공시의무(상속세 및 증여세법 제50조의 3)가 없으므로 공익법인회계기준을 적용하지 않더라도 제재가 없음.

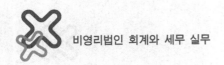
① 예산은 종교법인의 모든 활동계획의 재정적인 뒷받침이며 계수화된 자료이다.
② 예산의 편성은 일정기간(회계연도) 내의 종교법인의 설립목적에 부합한 활동에 필요한 자금의 지출액을 정하고, 그 재원이 될 수입액을 견적하는 작업이다.
③ 예산의 견적은 수입·지출의 계정과목별로 배열하여, 그 내역의 금액을 계통적으로 세워서 계상하고 수지 총액이 균형을 이루도록 조정한다.
④ 편성된 예산의 집행자는 지출예산 엄수의 책임이 요구된다. 예산은 예산집행 책임자의 책임범위를 정한 것으로, 이 테두리를 임의로 뛰어넘는 경우는 허용되지 않는다.
⑤ 예산은 결산서류를 감사하고 소기의 종교법인 활동성과를 효율적으로 달성하였는지 여부를 점검하고 평가하기 위한 기준이 된다.

3-1-2. 일반적인 회계처리 관습

앞에서도 언급한 바와 같이 현행법상 종교법인에 대하여 일반적으로 인정된 회계원칙이 제정된 것이 없다.
이하에서는 종교법인의 일반적인 회계처리 관습을 서술한다.

(1) 현금주의에 기초한 단식부기 회계처리

종교법인의 회계는 예산에 기초한 현금주의·단식부기에 따르고 있으므로 재무상태표의 작성이 거의 불가능하며 회계보고서는 세입·세출 예산결산서에 따른다.

(2) 감가상각 미수행

감가상각이란 취득원가를 내용연수에 걸쳐 배분하는 과정이다. 원칙적으로 자산구입시 자금지출은 구입시점에 발생하며, 구입시점을 제외하고는 그 이후에는 자금지출이 수반되지 않으므로, 감가상각은 유보된 자금 또는 투하자본의 회수라는 역할을 하게 된다.
따라서, 특정 자산으로 창출된 효익(수익)에 대응하는 비용(감가상각)을 내용연수에 걸쳐 대응시키는 과정을 통해 수익·비용대응의 원칙이 이루어져야 각 기간의 적절한 영업성과(이익)가 산출되는 것이다. 그러나 대부분의 종교단체들은 회계처리시 감가상각을 수행하고 있지 않은 실정이다.

(3) 기본금과 기본재산

종교법인회계에서는 이익을 목적으로 출자한 자본개념이 존재하지 아니한다. 그 대신 기본재산 또는 기본금, 순자산이라는 용어를 사용한다.

순자산이란 자산총액에서 부채총액을 차감한 잔액이다. 이때 자산은 시가가 아니라 취득원가인 역사적 원가로 평가되어 있기 때문에 순자산은 현재의 재정상태를 의미한다기보다는 명목상의 재산상태를 나타내는 기능만 하는 것이다.

기본금이란 재무상태표상의 자산에서 부채를 차감한 순자산의 일부이다. 기본금은 ① 설립기본금(설립시 설정된 금액) ② 기부자의 의사에 따라 영속적으로 유지되어야 할 지정된 자산금액(특정기본금) ③ 종교법인 규칙에 따라 정해진 의결기관에 의한 기본금으로서 전입 결정된 기본금(이입기본금)으로 구분할 수 있다.

다른 한편으로는 기본재산이 종교법인의 내부규정을 통해 정해지는 경우도 있다.

예를 들면, 기본재산은 ① 토지, 건물 등의 부동산 ② 공사채 등의 유가증권 ③ 영구보존 목적의 적립재산 ④ 기본재산으로 지정 기부된 금품 등으로서 법원에 등록된 재산으로 구성되며, 보통재산은 기본재산 이외의 재산을 의미하는 경우도 있다.

(4) 수익사업회계

종교법인이 「법인세법」상 수익사업을 운영할 경우 수익사업회계는 일반 영리법인이 적용받고 있는 기업회계기준에 의한 회계처리에 의하여 회계처리하는 것이 타당할 것으로 판단된다.

3-1-3. 회계기준의 필요성

종교단체는 사회성과 공공성의 기반 위에서 존치하고 활동한다.

따라서, 종교법인의 회계 역시 재정상의 효율적인 운영과 원활한 종교활동의 촉진을 위하여 독립된 경제주체로서 사회적 의무를 가지고 회계시스템이 운영되어야 하며, 회계시스템은 누구에게나 공정·타당하다고 인정되는 회계원칙 위에서 이루어져야 한다.

우리나라는 불교, 천주교, 기독교 등 오랜 역사를 지닌 종교단체가 다수 존재하고 있으나 오늘날까지 그 운영을 통제·관리할 수 있는 일반적인 회계기준이 존재하지 않고, 종교단체가 속한 단체의 관습에 따라 회계처리를 수행하고 있는 실정이다.

또한, 이러한 회계처리의 유효성 및 타당성 등에 대하여 외부회계전문가들로부터의 검

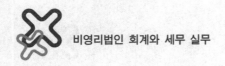
증절차 역시 수행되고 있지 못한 실정이다.

　우리나라의 종교단체에 비해 현재 미국 종교단체의 경우 비영리조직 일반에 대한 회계기준을 적용하고 있으며, 일본은 이와 별도로 종교법인 회계기준을 마련해 시행하고 있다.

　따라서, 종교단체의 수입·지출의 적정성에 대한 검증 및 통제, 나아가 종교자산의 보호·관리와 종교활동의 효율적인 촉진 등이 가능하도록 종교법인 회계기준이 조속히 마련되어야 할 것이다.

　참고로 대한예수교장로회총회에서 규정한 교회회계기준은 다음과 같다.

교회 회계 기준

제 1 장 총 칙

제1조【목적】기준(이하 교회회계기준을 말한다.)은 교회의 사업을 적절히 집행하는 데 관련된 예산과 회계 및 계약, 재산관리 감사를 규정하므로 재무관리를 확립하고, 전반적인 재정운영을 체계화하여 선교, 교육, 봉사를 균형 있게 운영, 투명하게 보고하여 회계정보의 유용성을 재고하는 데 그 목적이 있다.

제2조【적용범위】교회(총회 산하 지교회를 말한다.)의 경상수지와 자본수지를 회계처리함에 있어 대한예수교장로회 헌법과 해석서에 특별히 정한 규정을 제외하고 이 기준을 준수한다.

제3조【회계연도】교회의 회계연도는 매년 1월 1일부터 12월 31일까지로 한다.

제4조【회계관습의 존중】교회의 예산집행과 회계처리 및 감사 등에 관하여 이 규정에서 정의하는 것 이외에는 일반적으로 공정 타당하다고 인정되는 회계관습에 따른다.

제5조【용어의 정의】이 기준에서 사용하는 용어의 정의는 다음과 같다.

1. 1년 내라 함은 대차대조표일(결산일)로부터 1년 이내를 말한다.
2. 경상수지라 함은 회계기간에 발생한 교회의 일반적인 거래로 인한 현금수입 등과 비용지출을 말한다.
3. 자본수지라 함은 경상수지 이외에 발생한 교회의 특정한 목적의 자산, 부채 기금의 거래를 말한다.
4. 자금이라 함은 현금·예금·수표·어음 및 우편환을 말하며, 교회 내에 교회의 경상운영에 직접 쓸 수 있는 자금을 유동자금이라 하고, 그 외 목적에 따라 사용할 수 있는 자금을 고정자금이라 한다.
5. 대차대조표일이라 함은 일정시점의 재무상태를 파악하기 위한 기준일을 말한다(회계연도 말일).
6. 기초라 함은 전회계연도의 말일을 당기로 이월된 초일을 말한다.
7. 당기말이라 함은 당해 회계연도의 말일을 말한다.

8. 자금수입이라 함은 자금의 증가를 말한다.

9. 자금지출이라 함은 자금의 감소를 말한다.

10. 자금수지예산이라 함은 1회계연도의 자금수입의 원천과 모든 자금 지출의 용도를 명시한 자금수지예정계산서를 말한다.

11. 기본금이라 함은 총자산에서 부채를 차감한 순자산 중에서 교회에 계속적으로 투입 운용되는 기본적 자산의 가액을 말한다.

12. 적립금이라 함은 교회가 특별한 목적을 설정하여 적립한 자금의 상대계정을 말한다.

13. 일반적 거래라 함은 교회 사업목적을 위한 경상적 사업활동에서 발생되는 거래를 말한다.

14. 주석이란 재무제표를 해당과목 또는 금액에 기호를 붙이고, 난 외 또는 별지에 동일한 기호를 표시하여 그 내용을 간단명료하게 기재하는 방법이다.

15. 주기란 재무제표상의 해당 과목 다음에 그 회계 사실의 내용을 간단한 자구 또는 숫자로 괄호 안에 표시하는 방법이다.

16. 경상수지 차액이란 당기의 순자산 증가액을 말한다(수입 - 비용 등).

제6조【회계책임】

1. 회계 관련직은 선한 청지기로서 성실, 공정하게 직무에 임해야 한다.

2. 회계 관련직은 신원보증법에 의한 신원보증관계를 설정하여 봉사에 흠이 없게 한다

제7조【서류보존】 재무회계에 관한 장부 및 서류는 작성일이 속하는 사업연도로부터 5년간 보존함을 원칙으로 하고, 특별한 경우는 보존기간을 연장할 수 있다. 단, 재무제표는 영구보존하여야 한다.

제8조【수입의 직접 사용 금지】 교회의 모든 수입은 교회가 지정하는 교회 은행구좌에 입금하여야 하며 직접 사용하지 못한다.

제9조【회계연도 소속구분】 수입과 비용 등의 인식은 그 원인이 사실 발행한 날 또는 실현된 날을 기준으로 하여 연도 소속을 구분한다.

제 2 장 예 산

제1절 예산총칙

제10조【예산총계주의 원칙】 모든 거래는 예산에 나타내어야 하며 상계하여서는 아니 된다.

제11조【자금수지예산 편성요령】 총회장은 매 회계연도 개시 3월 전까지 교회 및 기관의

예산편성 지침을 시달하고, 이에 따라 교회의 당회는 예산편성 요령을 정하여야 한다.

제12조【자금수지예산의 결정】교회 예산요령이 정하여지면 예산위원회는 매 회계연도 개시 1월 전까지 예산안을 성안하여, 제직회와 공동위원회를 거쳐 매 회계연도 전 10일 전까지 확정한다.

제13조【자금수지예산의 내용】

1. 예산의 내용은 예산총칙과 자금수지예산으로 한다.

2. 예산총칙에는 다음사항을 명시한다.
   - 자금수지 예산규모
   - 예산편성 기본지침
   - 중요사업 계획개요
   - 기타 예산집행에 관한 필요사항

3. 자금수지예산은 서식 제5호에 의하여 작성하되, 세목별 계산기초를 명백히 하여야 한다.

제14조【예산의 구분】수입지출예산은 계정으로 구분하며 수입예산은 그 내용을 성질별 관·항·목으로 구분하고, 지출예산은 그 내용을 부서 조직별 구분에 의하여 기능별 성질별 관·항·목으로 구분한다.

제15조【계속비와 예비비】

1. 계속비는 완성에 수년도를 요하는 공사 및 연구개발 사업으로서 경비의 총액과 연부액을 정하여 미리 공동의회의 결의를 얻은 범위 내에서 수년에 걸쳐 지출할 수 있다. 단, 연한은 당해 회계연도부터 5년 이내로 한다.

2. 예비비는 예측할 수 없는 예산외 지출 또는 예산초과 지출에 충당하기 위한 것으로 교회는 예비비로서 상당하다고 인정하는 금액을 세출예산에 계상하여야 한다.

제16조【명시이월비】지출예산 중 경비의 성질상 연도 내에 그 지출을 끝내지 못할 것이 예측될 때에는 그 취지를 수입, 지출예산에 명시하여 미리 공동의회의 승인을 얻어 다음 연도로 이월하여 사용할 수 있다.

제2절 예산의 편성

제17조【예산안 편성지침 및 예산요구】

1. 교회 각 부서장은 매 회계연도 10월 30일까지 다음 연도에 실행할 중요계속 사업과 신규사업에 대한 사업운영계획서를 '재정부'에 제출하여야 하고, 재정부장은

당회 심의를 거쳐 예산 편성지침을 각 부서장에게 시달한다.

2. 각 부서장은 시달된 예산안 편성지침에 따라 다음 연도 수입지출예산, 계속비, 명시이월비에 대한 예산요구서를 작성하여 매 회계연도 11월 15일까지 재정부장에게 제출하여야 한다.

3. 예산요구서에는 예산의 편성 및 예산관리기법의 적용에 필요한 서류를 첨부하여야 한다.

4. 제3항의 예산요구서의 첨부서류는 다음의 서류를 붙여야 한다.
   ① 수입지출예산의 사항별 설명서와 각 목 설명서(서식 1-5호)
   ② 계속비의 사항 설명서(서식 1-8호)
   ③ 수입의 근거되는 보충설명서
   ④ 사업운영계획서(서식 1-1호)
   ⑤ 직종별 인건비 대비표(서식 1-1-1호)
   ⑥ 사용 가능 재원 명세서

5. 제3항의 규정에 의한 예산요구서 작성 방법에 있어서 수입지출예산에 사항별 설명서의 수입별 설명서는 추정금액 및 산출기초를, 지출에 있어서는 단위사업별 개요와 그 예산소요의 산출기초 및 예상되는 성과를 명백히 표시하여야 한다(서식 1-2호, 1-3호). 그리고 각 목별 명세서는 전전년도 결산액을 병기하고 예산요구액과 전년도 예산액을 그 증감액 및 증감률을 표시하여야 한다.

6. 예산관리기법의 적용 대상사업에 대하여는 건전한 예산정책개발을 위하여 사업특성에 따라 품목별예산, 성과주의예산, 계획예산, 목표관리예산, 영점기준예산, 사업지향성예산을 선별하여 적합한 기법을 적용하여야 한다.

제18조【예산총칙】예산총칙에는 제13조 제2항의 규정을 제외하고는 수입지출예산, 계속비, 명시이월비에 대한 총괄적 규정을 두는 외에 차입금의 한도, 기타 예산집행에 관한 필요한 사항을 규정하여야 한다.

제19조【예산편성】교회의 예산담당부서는 제17조에 의한 예산요구서를 기초로 하여 예산안을 편성, 공동회의의 승인을 받는다. 예산 내용은 예산총칙, 회계구분에 의한 수입지출예산, 계속비, 명시이월비, 임직원봉급표를 총칭하며 각 부서는 사업운영계획서를 붙여야 한다(서식 1-4호).

제20조【추가경정예산】교회의 각 부서장 및 재정부장은 예산성립 후에 생긴 사유로 인하여 이미 성립된 예산의 변경을 가할 필요가 있다고 인정될 때에는 추가경정 예산안을 편성하여 공동의회에 승인을 얻어야 한다(서식 1-6호).

제3절 예산의 집행

제21조【예산의 목적 외 사용금지와 예산이체】

    1. 교회의 각 부서장은 지출예산이 정한 목적 이외에 경비로 사용하거나 예산이 정한 각 조직, 관, 항에 상호 이용할 수 없다. 다만 조직 등의 변경 또는 폐지로 인하여 그 직무와 권한에 변동이 있을 때에는 제직회의 심의를 거쳐 그 예산을 상호이용 및 이체할 수 있다(서식 2-8-3호).

제22조【예산의 배정】 예산이 성립되면 각 부서장은 사업운영계획 및 이에 대한 수입지출 예산, 계속비의 예산배정 요구서를 재정부장에게 제출하여야 한다. 재정부장은 자금계획에 따라 예산배정계획을 수립하고 분기별로 예산에 의한 자금배정을 하여야 한다.

제23조【예산전용】

    1. 각 부서장은 동일 항 내의 목간 또는 세목간에 예산의 과부족이 생길 때에는 예산을 상호전용할 수 있다. 다만 예산총칙에서 전용을 제한한 과목과 예산편성심의 과정에서 정당한 사유로 삭감된 과목으로는 전용하지 못한다(서식 2-8-3호).

    2. 예산을 전용할 경우에는 상호전용을 할 과목별 금액, 이유를 명시한 서류를 제직회에 제출하여 심의를 받아야 한다.

제24조【세출 예산의 이월】

    1. 매 회계연도의 지출예산은 다음연도에 이월하여 사용할 수 없다. 다만 지출예산 중 명시이월비의 금액 또는 연도 내에 지출 원인 행위를 하고 불가피한 사유로 인하여 연도 내에 지출하지 못한 경비와 그 부대경비의 금액은 다음연도에 이월하여 사용할 수 있다(서식 1-7호).

    2. 계속비의 연도별 연부액 중 당해 연도에 지출하지 못한 금액은 제1항의 규정에도 불구하고 당해 계속비사업의 완성년도까지 재차로 이월하여 사용할 수 있다(서식 1-8호).

제25조【예비비의 관리 및 사용】

    1. 예비비는 재정부장이 관리하며 각 부서장은 예비비의 사용을 필요로 할 경우에 그 이유 금액과 추산기초를 명백히 한 내역을 제직회에 제출하여 승인을 받아야 한다(서식 2-8-1호).

    2. 재정부는 제1항의 예비비 사용을 해당부서에 배정하고 예비비 사용 내역을 공동의회에 보고하여야 한다(서식 2-8-2호).

제26조【예산통제】

1. 교회는 예산과 집행부서를 분리 운영하고 예산통제는 금전통제를 원칙으로 하되 필요에 따라 사업 관, 항, 목, 물량 단위로 통제할 수 있다. 예산의 통제시점은 발생주의로 함을 원칙으로 한다.

제27조【예산집행】

1. 예산집행자는 예산의 목적 및 관련 제규정을 준수하고, 예산과 실적을 분석하여 목적달성에 최선을 다하여야 한다.

2. 예산집행자는 매 월차 예산집행수지계산서(서식 2-3호)를 작성하여 제직회에 보고하여야 한다.

제28조【특정목적 사업예산】 공사나 기타 특별한 사업을 위하여 장기간 재원을 조달할 필요가 있을 때에는 일정액을 예산에 계상하여 특정사업적립금으로 적립할 수 있다.

제 3 장 회 계

제29조【일반원칙】 교회의 회계는 다음 각 호에 따라 처리하여야 한다.

1. 회계처리 및 보고는 신뢰할 수 있도록 객관적인 자료와 증거에 의하여 공정하게 처리하여야 한다.

2. 재무제표는 정규부기원칙에 따라 행하여 한다.

3. 재무제표는 표시될 자료와 정보는 진실한 것이어야 한다.

4. 회계처리과정에서 2가지 이상의 선택 가능한 방법이 있는 경우에는 재무적 기초를 공고히 하는 관점에 따라야 한다.

5. 회계처리와 과목금액은 충분히, 그리고 중요성에 따라서 실용적인 방법에 의하여 결정한다.

6. 재무제표의 양식 및 과목용어는 이해하기 쉽도록 간단명료하게 표시하여야 한다.

7. 회계처리기준 및 절차는 매기 계속하여 적용하고 정당한 사유 없이는 이를 변경하여서는 아니되며, 기간별 비교가 가능하도록 하여야 한다.

8. 교회수익사업회계는 기업회계 기준에 의하여 회계처리 한다.

제30조【재무제표 작성보고】

1. 제직회는 매 회계연도마다 재무제표를 작성하여 공동의회에 보고하여 승인을 받아야 한다.

2. 교회의 재무제표는 예산대수지계산서(서식 2-1호)와 대차대조표(서식 2-4호) 및 잉여금처분명세서(서식 2-5호), 순자산증감조정명세서(서식 2-6호), 동 부속명세

서(서식 2-4-1~16호)를 말한다.

3. 교회의 각 부장은 한 회기 동안 활동한 사업성과를 공동의회에 보고하여 헌금을 적절히 사용하였음을 알려야 한다.

4. 재무제표는 이를 이용하는 자에게 충분한 회계정보를 제공할 수 있도록 필요한 주기와 주석을 하여야 한다.

제31조【장부 및 전표와 결산서】회계상 필요한 장부와 전표 그리고 회계처리절차는 다음 과같이 구분한다.

1. 장부 : 현금출납장, 각 계정보조부, 총계정원장

2. 전표 : 입금전표(적색), 출금전표(청색), 대체입출전표(서식 4-1-3호)

3. 증빙 : 회계전표는 증빙에 의하여 작성되며, 증빙은 전표에 첨부하는 기초증거 자료가 된다.

4. 분개한 전표는 보조부에 계정별로 전기하는 기초자료로 한다.

5. 주계표(서식 4-1-4호)로 작성하여 총계정원장에 전기하여 회계처리를 검증한다.

6. 월말 및 기말에는 각 장부를 마감하여 월차 및 기말결산 절차를 행하여 예산 집행 상황 및 재무상태와 수지성과를 명백히 하기 위해 재무제표를 작성한다.

제32조【계정과목】계정과목은 서식 5호 예산대수지계산서 과목과 서식 2-4호 서식의 대차대조표 과목과 같다.

제33조【수입과 지출】

1. 금전의 보관 및 출납사무를 위하여 출납담당자를 지정한다.

2. 모든 금전출납은 집행부서에서 수입, 지출결의서를 작성하여야 한다.

3. 출납담당자는 수입, 지출결의서에 의하여 전표를 발행하고 장부를 기장한다. 지출 원인 행위는 배정된 예산 범위에서 행하며 지출증빙은 세법이 인정한 것이어야 하나 부득이 하다고 인정된 경우에는 지급증으로 가능할 수 있다.

제34조【예입】수납된 금전은 출납책임자가 인정하는 특별한 경우를 제외하고는 당일 중에 지정된 금융기관에 예입한다.

제35조【시제현금】회계는 매일의 소액현금 지출을 위하여 300,000원 이내의 현금을 보유할 수 있다.

제36조【현금대조】교회의 회계는 현금에 대하여 매일 현금출납 종료 후 잔액을 관계장부와 대조한다. 만일 금전의 과부족이 생길 경우에는 출납담당자는 회계의 지시를 받아야 한다.

제37조【은행거래】

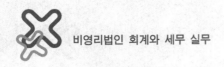

1. 은행과의 예금거래 및 기타거래의 개폐는 회계의 지시를 받아야 한다.
2. 모든 예금은 당회장의 인감으로 한다.

제38조【유가증권】유가증권의 취득, 대여 및 매각에 대하여는 제직회의 결의를 받아 행하여야 한다.

제39조【선급금와 개산금】

1. 선급 또는 개산으로 지급하지 아니하면 업무집행에 지장을 초래할 수 있는 경비는 선급금 또는 개산금으로 할 수 있으나 업무집행이 종료되는 즉시 정산하여야 한다.
2. 제1항의 선급금 및 개산금 경비는 별도로 정한다.

제40조【자금수지계산방법】

1. 자금수지계산은 자금수입의 부와 자금지출의 부로 구분하여 계정과목별로 계산하며, 자금수입과 자금지출은 총액으로 하고 이를 상계하여서는 아니된다.
2. 수입의 계산은 당해 회계연도에 실현된 자금수입을 계정과목별로 구분하고 미사용 전기이월자금을 합산한다. 미사용 전기이월자금이란 기초유동자금을 말한다. 지출의 계산은 당해 회계연도에 실현된 자금지출을 계정과목별로 구분하고 미사용 차기이월자금을 합산한다. 미사용 차기이월자금이란 기말유동자금을 말한다.

제41조【대차대조표】

1. 대차대조표는 자산, 부채, 기본금, 적립금, 경상수지차액으로 구분하고, 자산은 유동자금, 기타유동자산, 고정자금 및 투자자산과 유형자산으로 부채는 유동부채와 고정부채로 하되 분류기준은 일반적으로 인정된 회계관습에 따른다. 단, 교회 규모가 적을 때에는 대차대조표에 준한 재산 목록을 작성하여 갈음할 수 있다.
2. 대차대조표의 가액은 총액으로 하여야 하고, 상호 상계하여서는 아니되며 전부 또는 일부를 제외하여서는 아니된다.

제42조【자산의 평가】자산의 평가는 취득가액으로 한다. 증여받은 자산의 평가는 증여시 자산의 싯가로 평가하되 부동산의 싯가는 지방세법에 의한 과세싯가 표준액으로 한다. 집기 등 평가가 곤란한 것은 비망가액으로 평가할 수 있다.

제43조【대손상각】회수불능한 것으로 추정되는 부실채권이 있는 경우에는 당회의 승인을 얻어 대손 상각할 수 있다.

제44조【감가상각】교회에 귀속되는 고정자산에 대하여는 감가상각을 하지 아니하고, 그 자산의 기능이 소멸되어 폐기처분한 때에 당해 자산의 장부가액을 기준으로 자산의 감소와 기본금의 감소로 회계처리한다.

제45조【부채】모든 부채는 사실대로 빠짐없이 계상하여야 하며 장래의 지출이 확실히 추

산되거나, 지출 원인 행위가 이루어져 합리적으로 계상되는 채무는 부채로 계상하여 야 한다.

제46조【각종 적립금의 적립】

1. 교회는 특별한 목적 또는 재정운영상 필요할 때는 자금수지계산서의 지출의 부에 지출로 계상하고, 퇴직급여적립금 등 각종 적립금을 적립할 수 있다.
2. 교회는 재정운영상 필요할 때는 자금수지계산서 수입의 부에 당해 적립금의 인출 을 수입으로 계상하고, 적립금을 인출 사용할 수 있다.

제47조【기본금의 증가와 감소】

1. 교회는 고정 자산취득 또는 투자자산의 증가가 있을 때는 자산가액 상당액을 해당 자산 및 기본금의 증가로 계상한다.
2. 교회는 보유하고 있는 고정자산 및 투자 자산을 처분한 때는 그 자산의 가액을 해당 자산과 기본금의 감소로 계상하고, 자금수지 계산서 자본수입의 부에 고정자 산 처분수입으로 계산한다.

제48조【잉여금 처분】 대차대조표상 경상수지차액과 이월경상수지액은 순자산의 증가액 으로 공동의회의 승인을 받아 기본금의 전입, 차입상환금 또는 특정목적적립금 등으 로 처분하여야 한다.

제 4 장 계 약

제49조【계약의 원칙】 계약은 상호 대등한 입장에서 합의에 따라 체결하여야 하며, 계약 내용은 신의 성실원칙에 의하여 이행되어야 하므로 계약상 이익을 부당하게 제한하 는 특약 또는 조건을 정하여서는 아니된다.

제50조【계약방법】

1. 교회는 계약을 하는 경우, 지명경쟁 계약 또는 수의계약에 의한 경우를 제외하고 는 공고하여 일반경쟁에 붙여야 한다.
2. 지명경쟁에 붙일 사항
   가. 추정가격이 1억 원 이하인 공사 또는 제조인 경우
   나. 추정가격이 3천만 원 이하인 재산을 매각 또는 제조의 경우
   다. 예정임대·임차료의 총액이 3천만 원 이하인 물건을 임대·임차할 경우
3. 수의 계약에 붙일 사항
   가. 공사의 경우 추정가격이 5천만 원 이하일 경우

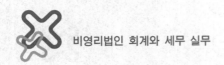

　　나. 물품의 제조·구매·용역 기타 계약의 경우 추정가격(임차 또는 임대의 경우에는 연액 또는 총액기준)이 2천만 원 이하인 경우

4. 제1항 내지 제3항의 규정에 불구하고 계약의 목적·성질 등에 비추어 일반경쟁계약에 의할 수 없거나 일반경쟁계약에 의한 것이 현저하게 불리하다고 인정되는 사유가 있는 경우에는 지명경쟁계약 또는 수의계약에 의할 수 있다.

5. 지명입찰일 경우 참가자를 최소한 3명 이상 지명하여 경쟁에 붙여야 한다.

6. 입찰공고는 교계 또는 일간신문에 공고를 하되 공고기간은 개찰기일의 전일부터 기산하여 10일 이전에 하여야 하고, 공사입찰의 경우에는 현장설명일 전일부터 기산하여 7일 이전에 공고하여야 한다. 그리고 긴급을 요하는 경우에는 개찰일 전 5일까지 공고할 수 있다. 단 지명입찰은 게시공고로 가능할 수 있다.

7. 유찰 시에는 2회 이상 재입찰하여야 한다. 다만 낙찰자가 없을 때와 낙찰자가 계약을 체결하지 아니할 때에는 수의 계약에 의할 수 있다.

8. 수의계약은 제1항 및 제6항의 단서의 경우와 제3항의 계약금액 이하인 경우로 계약을 하고자 할 때에는 2인 이상으로부터 견적서를 받아야 한다. 그러나 일상소모품으로 거래 단위 30만 원 이하는 견적서를 생략할 수 있다.

9. 모든 계약은 당회장 명의로 체결한다.

제51조 【경쟁입찰에 있어서 낙찰자 결정】 다음 각 호의 1의 기준에 해당하는 입찰자를 낙찰자로 한다.

1. 충분한 계약이행 능력이 있다고 인정되는 자로서 예정가격 이하 최저가격으로 입찰한다.

2. 입찰공고 또는 입찰설명서에 명기된 평가기준에 따라 교회에 가장 유리하게 입찰한 자

제52조 【계약서의 작성】 계약을 체결하고자 할 때에는 계약의 목적, 계약금액, 이행기간, 계약보증금, 위험부담, 지체상금, 기타 필요한 사항을 명백히 기재한 계약서를 작성하여야 한다. 다만 일정 계약금액 이하로 성질상 계약서의 작성이 필요하지 아니한 것은 이의 작성을 생략할 수 있다.

제53조 【예정가격 결정과 비치】

1. 계약담당자는 경쟁입찰에 붙일 사항의 가격을 당해 사항에 관한 규격서, 설계서 등에 의하여 결정하고, 그 예정가격을 밀봉하여 개찰 장소에 두어야 하며, 예정가격을 누설하여서는 안 된다.

2. 예정가격은 계약을 체결하고자 하는 총액으로 결정하여야 한다.

3. 예정가격의 결정기준은 다음과 같다.
   ① 적정한 거래로 형성된 경우 거래실제가격
   ② 특수성으로 인하여 거래실제가격이 없는 경우와 대량구매 거래실제가격이 적당하지 아니한 경우에는 원가계산에 의한 가격

제54조 【물가변동으로 인한 계약금액의 조정】 예정가격을 기준으로 계약을 체결한 경우 산출 내역에 포함되어 있는 품목의 가격변동으로 인하여 당초 예정가격에 비하여 가격이 10/100 이상 증감되었다고 인정될 때에는 거래실제가격을 조사하여 당해 계약 금액을 조정할 수 있다. 다만 계약의 이행기간 120일 미만인 경우에는 그리하지 아니한다.

제55조 【검사】 계약 담당자 또는 지명자는 계약 상대자가 계약이행을 완료할 때에는 계약서, 설계서, 기타 관계서류에 의하여 검사하고 이행여부를 확인하고 검사조서를 작성, 보고하여야 한다(서식 8호).

제56조 【하자보증금 및 검사】
   1. 하자보증금은 당해 공사의 준공검사 후 그 대가를 지급하기 전까지 납부하여야 한다.
   2. 계약상 하자담보 책임기간이 있는 경우에는 연 2회 이상 정기적으로 하자를 검사하여야 한다. 특히 전문적 지식 또는 기술을 필요로 한 경우에는 전문인에 의뢰하여 필요한 검사를 하게 할 수 있다.

제57조 【대가의 지급】 공사, 제조, 매입의 계약에 있어서 제52조 검사를 완료하고 검사조서를 작성할 경우에는 이에 의거하여 대가를 지급하여야 한다.

제58조 【준용】 계약상 제 보증금 및 지체상금과 기타 규정의 사항은 일반법적 관행에 따라 적용한다.

제 5 장 재산관리

제59조 【재산의 명의】 교회 부동산으로 등기, 등록, 기장(이하 '등재')되는 모든 재산은 유지재단 이사장 또는 교회의 당회장 명의로 한다.

제60조 【재산에 대한 결의】
   1. 교회의 부동산 등은 노회 유지재단 이사회 및 교회 당회에서 정하는 바에 따라 관리운영한다.
   2. 교회의 중요한 부동산의 처분내용의 변경 또는 기재 등 중요사항은 당회의 결의를

거쳐야 한다.

3. 기타 고정자산은 당회 결의를 거쳐 회계가 집행한다.

제61조【재산관리】

1. 교회의 모든 부동산(토지, 건물 등)은 노회유지재단 이사장의 책임 하에 관리하고, 기타 고정자산(집기비품, 차량, 투자 기타 자산)은 당회장 책임 하에 하여야 하며, 모든고정자산은 재산대장에 등재하여야 한다(서식 9-1호).

2. 고정자산은 다음 각 호에 의하여 적절히 관리하여야 한다.

가. 건물에 대하여는 화재보험에 필히 가입하여야 한다.

나. 부동산의 소유권 또는 전세권에 대하여는 소정의 등기를 하여야 한다.

다. 차량에 대하여는 종합보험에 가입하여야 한다.

라. 투자자산에 대하여는 수익성 및 안정성을 고려하여 적절히 운영하여야 한다.

제62조【재산관리대장 비치】

1. 재산대장은 다음과 같이 비치하여야 한다.

① 자산 총괄 대장

② 재산개별대장과 부서별 대장

③ 토지, 건물도면

④ 관련 권리증, 등본, 연도별 대장 및 부속서류

2. 집기비품은 부서별 품목별 일련번호를 부여하고, 비품대장에도 등재하여야 하며, 연 1회 이상 재고실사를 하여 보고하여야 한다.

3. 교회의 당회장 및 회계가 경질될 때에는 인계인수를 즉시 하여야 한다.

제63조【소모품 관리】소모품을 구입하였을 때에는 즉시 그 품목별, 규격별 수량 등 필요한 사항을 검사한 후 소모품 수불부에 기록정리하고 사용하여야 한다.

제64조【불용품】재산 중 노후, 훼손, 사용가치의 상실 또는 기타 불필요하다고 인정된 자산에 대하여는 재산관리 책임귀속에 따라 교회당회 결의를 거쳐 회계책임 하에 매각 또는 폐기처분 하여야 한다.

제65조【변상책임】보관담당자는 보관에 속하는 물품을 망실하거나 고의 또는 과실로 훼손케 하였을 때에는 적절한 가격으로 변상하여야 한다.

제 6 장 감 사

제66조【감사의 목적】교회의 회계와 업무의 감사 목적은 감사대상 재무제표가 교회의 재

무상태와 수지성과 및 재무정보를 교회의 회계기준에 따라 적정하게 표시함으로써 회계의 신뢰성을 재고하고, 이용자에게 교회실체에 대하여 올바른 판단을 할 수 있도록 함에 있다.

제67조 【감사인의 적격성】 감사인은 회계와 감사에 대한 경험이 있는 전문적인 지식과 기법을 구비한 자라야 한다.

제68조 【독립성과 신의, 성실】

1. 감사인은 독립의 정신을 견지하고 편견을 배제하고 감사를 공정하게 수행할 수 있어야 한다.

2. 감사인은 일반적으로 요구되고 있는 주의를 다하고, 감사 중 취득한 사항을 누설하거나 다른 목적에 이용하여서는 아니되며, 책임과 의무를 충실히 이행하여야 한다.

제69조 【감사계획】

1. 감사인은 감사를 조직적이고 효과적으로 수행하기 위하여 전반적인 감사계획과 세부 감사계획을 수립하여야 한다.

2. 계획에 따라 감사항목별로 내부통제제도, 거래기록 및 계정잔액에 대한 감사절차를 구체적으로 표시하여야 한다.

제70조 【감사절차】

1. 내부통제제도의 감사절차는 교회사업활동을 대표할 수 있는 다음의 중요거래 유형별로 내부통제제도의 파악, 검토, 평가절차로 구분하여 수행한다.
   • 현금과 예금거래
   • 수입과 매입거래
   • 고정자산 거래

2. 거래기록의 감사절차는 모든 거래가 허위나 누락이 없는 진실한 것이고, 또한 그 기록이 적정하게 처리되었나를 확인하기 위한 중요 거래의 조사를 말한다(거래의 개관을 통하여 비정상적 거래의 확인, 거래기록의 시사, 특수한 자와의 거래 등). 거래기록의 검사결과가 만족스럽지 못하다고 판단될 때에는 정사에 의하여 계정잔액 감사를 실시하거나 감사 수행의 계속 여부를 결정하여야 한다.

3. 계정잔액의 감사절차란 그 범위를 내부통제제도와 거래기록의 감사결과 평가에서 얻은 신뢰성, 중대성, 부정과 오류가 내포될 가능성 등을 고려하여 결정한다.

4. 계정잔액 감사 개요
   가. 전기와 당기의 기말잔액을 비교하고, 증감요인을 분석하여 계정잔액의 합리성을 검토한다.

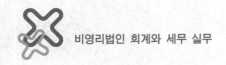

　　나. 계정마감이 적정한가를 검증한다.

　　다. 계정명세서를 검산하고 보조부 총계정원장 및 재무제표 해당금액과 일치한지를 대조 확인한다.

　　라. 결산마감 직전 후의 거액거래를 개관하여 분식거래의 포함 여부를 검토한다.

　　마. 계정잔액 실재성, 타당성 또는 합리성을 확인한다.

　　바. 대차대조표일과 감사보고일까지 발행한 거래와 사건 중에서 중대한 영향을 조사한다.

　　사. 회계처리방법과 재무제표 표시방법의 적절성을 검토한다.

　　아. 전기말 잔액의 이월의 적정성을 확인한다.

5. 계정잔액의 중요한 감사절차

　　가. 현금과 예금

　　　・현금과 예금잔액을 실사 또는 조회하여 그 실재성을 확인한다.

　　　・현금잔액에 포함된 통화대용증권(우표 및 기타)의 유효성을 검토한다.

　　　・관련 수입이자의 계상이 정확한지 검토한다.

　　나. 유가증권

　　　・보관중인 유가증권은 실사하고, 기중 증감내용이 적정한가를 검토한다.

　　　・수입이자와 배당금의 계산을 검증한다.

　　다. 기타 유동자산

　　　・채권에 대하여 회수 가능성을 조사하고 필요 시 직접 조회 확인한다.

　　라. 고정자산

　　　・고정자산의 실재성과 필요 시 소유권을 확인한다. 평가방법의 타당성 계속 적용여부를 검토한다.

　　　・취득가액 및 처분액의 타당성을 검토한다.

　　마. 부 채

　　　・명세서를 검토하여 적정한가 확인한 후 필요 시 직접 채권자에게 조회 확인한다.

　　　・증빙서를 검토한다.

　　　・지급이자 계산의 적정성을 검토한다.

　　　・우발채무가 있나를 검토한다.

　　바. 수 입

　　　・수입의 인식기준 및 기간귀속의 적정성을 검토 확인한다.

- 수입누락이 되었나 관계증빙을 검토 조사한다.
- 기간별로 비교 분석하여 수입의 개관을 한다.

사. 비용지출
- 계정분류의 적정성 검토와 비정상적인 거래에 대하여는 증빙 대조에 의하여 그 타당성을 검토한다.
- 항상 부정과 오류가 있을 수 있다는 가정 하에 중요하게 왜곡 표시되는 위험을 고려해야 한다.

제71조【감사조서】 감사조서는 감사인이 그의 감사의견 형성의 근거로서 수집 또는 작성한 감사증거 서류로서 합리적인 감사를 실시하였음을 대내외적으로 증명하기 위하여 보관하여야 한다.

제72조【감사보고서】
1. 감사를 종료한 날짜를 기준으로 하여 감사보고서의 형식 및 내용은 수신인, 감사범위문단, 감사의견문단, 감사보고일, 감사인의 서명 날인으로 구성하여 작성한다 (서식 6-1호).
2. 감사의견은 적정의견, 한정의견, 부적정의견 및 의견거절로 구분한다.
3. 지적사항이 있을 경우에는 시정계획을 첨부하여야 한다(서식 6-2호).

제73조【감사보고】 감사인(당회대표, 제직대표, 평신도대표)은 중간감사와 결산감사를 실시하여 결산보고와 감사보고를 공동의회에 보고함으로써 재무에 관한 제반업무를 신뢰할 수 있고 합법화를 기하도록 하여야 한다.

부 칙

제1조 이 기준은 총회에서 인준한 날로부터 발효한다(1987. 9.).
제2조 이 개정기준은 총회에서 인준한 날로부터 발효한다(1999. 9. 16).

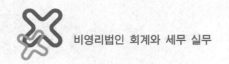
3-1-4. 종교법인의 재무제표

종교법인의 재무제표는 재무계산의 결과에 의하여 그 법인의 자금운용과 운영수지 및 재정상태를 명확하게 하여 보고를 목적으로 작성하는 회계보고서를 총칭한다. 이 중에서 가장 대표적인 회계보고서는 재무상태표와 수지계산서, 기금변동계산서(이익잉여금처분계산서), 자금운용계산서(예산결산서)이다.

(1) 재무상태표

재무상태표란 일정시점의 자산·부채·자본(자본을 기금으로 표시하는 경우도 있다)의 일람표를 말한다. 이는 종교단체의 재정상태를 표시하는 것으로 일반적인 영리기업의 재무상태표와는 다음과 같은 가장 큰 차이점이 있다.

> 사적 소유에 속하는 지분이 없으므로 배당이나 재산상의 편익을 기대할 수 없고, 따라서 지분의 가액 또는 그 누계액의 계산과 파악이 필요하지 않다.

영리기업의 재무상태표는 향후 출자지분에 비례한 이익 또는 잔여재산의 분배를 위하여 각 출자자의 투자금액 또는 지분의 가액과 그 누계액이 정확히 계산되고 파악되어야 한다.

그러나 종교법인은 사적 소유에 해당하는 지분이 존재하지 않으므로 헌납·기부자별로 지분을 산정할 필요가 없다. 이는 헌납·기부에 의해 지원된 재원은 당초부터 종교활동을 위해 일방적으로 소비·지출할 것으로 예정되었던 것이므로 반환을 요하는 것이 아니기 때문이다. 따라서, 영리기업의 자본이라는 항목 대신 기금으로 표시하고 있다.

참고적으로 대한예수교장로회(통합)에서 제정한 교회회계기준에 의한 재무상태표(서식 2-4호)를 제시하면 다음과 같다.

〔서식 2-4호〕

재 무 상 태 표(보고식)

당기 : 200 년 월 일

전기 : 200 년 월 일

교회 　　　　　　　　　　　　　　　　　　　　　　　　　　　　(단위 : 원)

과　　　　　　　목		당　기 금　액	전　기 금　액
1. 자산 10 유동자산 　100 유동자금			
	1001 현　　　　금(유동자금) 1002 예　　　　금(유동자금)		
11 기타유동자산 　110 기타유동자산			
	1101 유　가　증　권 1102 미　　수　　금 1103 외　상　매　출　금 1104 단　기　대　여　금 1105 가　지　급　금 1106 기　타　자　산 　　(유 동 자 산 합 계)		
12 고정자산 　120 고정자금			
	1201 장기성예금(고정자금) 1202 ○○적립예치금(고정자금)		
121 투자기타자산			
	1211 전　화　가　입　권 1212 투　자　유　가　증　권 1213 전　　세　　권 1214 장　기　대　여　금 1215 임　차　보　증　금 1216 기　타　투　자　자　산		
13 유형자산 　130 유형자산			
	1301 토　　　　　　지 1302 건　　　　　　물 1303 구　　축　　물 1304 차　량　운　반　구 1305 집　기　비　품 1306 건　설　중　인　자　산 　　(유 형 자 산 합 계) 　　자　산　총　계		

과 목		당 기		전 기	
		금 액		금 액	
2. 부채					
20 부채					
200 유동부채					
	2001 지 급 어 음				
	2002 미 지 급 금				
	2003 외 상 매 입 금				
	2004 단 기 차 입 금				
	2005 예 수 금				
	2006 선 수 금				
	2007 가 수 금				
	2008 기 타 유 동 부 채				
	(유 동 부 채 합 계)				
210 고정부채					
	2101 장 기 차 입 금				
	2102 퇴 직 급 여 충 당 금				
	2103 ○ ○ 특 별 충 당 금				
	2104 기 타 고 정 부 채				
	(고 정 부 채 합 계)				
	부 채 총 계				
3. 기금					
30 기본금					
300 기본금					
	3001 당 초 기 본 금				
	3002 지 정 기 본 금				
	3003 전 입 기 본 금				
31 적립금					
310 적립금					
	3101 퇴 직 급 여 적 립 금				
	3102 선 교 기 금 적 립 금				
	3103 장 학 기 금 적 립 금				
	3104 기 념 사 업 적 립 금				
32 잉여금(부족금)					
320 잉여금					
	3201 전기이월잉여금(부족금)				
	3202 당 기 잉 여 금 또는				
	경 상 수 지 차 액				
	기 금 총 계				
	부 채 및 기 금 총 계				

※ 10단위는 (관)이고, 100단위는 (항)이고, 1000단위는 (목)의 예산 과목임.

(2) 수지계산서

수지계산서는 예산상 수입·지출과 실제 결산상 수입·지출 간의 비교·분석을 위하여 작성하는 표로 실제 종교활동과 관련하여 직접적으로 발생하는 종교활동 수입과 지출, 자산관리와 관련된 자산관리수입 및 자산취득지출(자본수입, 자본지출), 인건비, 차입금상환을 위한 지출 등 활동에 따라 구분하여 작성한다.

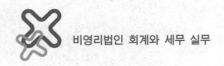

〔서식 2호〕

20   년도 예산대수지결산서

20   . 1. 1. ~ 20   . 12. 31.

교회

수입부

과 목		예 산 액	결 산 액	증 감	비 고
항	목				
(경상수입)					
(자본수입)					
당 기 자 금 수 입 계					
미사용전기이월자금 (기초유동자금)					
합 계					

지출부

과 목		예 산 액				결산액	증 감	비 고
항	목	당 초 예산액	예비비 사용액	전 용 증감액	현 액			
(경상지출)								
(자본지출)								
당 기 자 금 지 출 계								
미사용차기이월자금 (기말유동자금)								
합 계								

년   월차예산대수지결산서

교회

Ⅰ. 수입(경상수입, 자본수입)

(단위 : 원)

과	목	월 계		누 계		달 성 률	
항	목	결 산	예 산	결 산	예 산	결 산	예 산
11. 주일헌금	111 십 일 조 헌 금					%	%
	112						
수 입 총 계	①						

Ⅱ. 지출(경상지출, 자본지출)

(단위 : 원)

과	목	월 계		누 계		달 성 률	
항	목	결 산	예 산	결 산	예 산	결 산	예 산
110. 인 건 비	1101 교 역 자 생 활 비					%	%
	1102						
지 출 총 계	②						
수 지 차 액	③ ①-②						
전원이월현금	④						
현 금 잔 액	⑤ ③+④						

당기수지차액(경상수지차액 + 자본수지차액)

(3) 기금변동계산서(이익잉여금처분계산서)

기금변동계산서는 종교법인의 미처리기금(또는 잉여금)을 포함한다. 내용과 운영수지차액의 처분사항을 명확히 하고 그 변동사항을 표시·보고하기 위하여 작성하는 것이다. 이는 기업회계기준상 이익잉여금처분계산서와 같은 내용인 것이다.

잉 여 금 처 분 계 산 서

년　월　일부터　　　　년　　월　일부터
제 기　　　　　　　　제 기
　　년　월　일까지　　　　년　　월　일까지

처분확정일　년　월　일　　처분확정일　년　월　일

과　　　　목	제　　(말) 기		제　　(전) 기	
	금	액	금	액
Ⅰ. 당기말미처분잉여금				
1. 전기이월잉여금	× × ×		× × ×	
2. 전기손익수정이익	× × ×		× × ×	
3. 전기손익수정손실	× × ×		× × ×	
4. 수정 후 전기이월이익잉여금	× × ×		× × ×	
5. 당기경상수지 차액	× × ×	× × ×	× × ×	× × ×
Ⅱ. 임의적립금 등의 이입액				
1. ×××××××××× 적립액	× × ×		× × ×	
2. ×××××××××××××××	× × ×	× × ×	× × ×	× × ×
합　　　　　　　　　계		× × ×		× × ×
Ⅲ. 잉여금처분액				
1. 기본금대체액	× × ×		× × ×	
2. 선교기금적립금	× × ×		× × ×	
3. 장학기금적립금	× × ×		× × ×	
4. 시설적립금	× × ×	× × ×	× × ×	× × ×
Ⅳ. 차기이월잉여금		× × ×		× × ×

제 2 절

종교법인의 세무

종교법인(소속 단체 포함)은 「민법」 제32조에 의하여 사단법인 또는 재단법인으로 설립등기를 하거나 「국세기본법」 제13조에 의한 법인으로 보는 단체에 해당하는 경우 세법상 비영리법인에 해당한다. 종교의 보급 기타 교화에 현저히 기여하는 사업에 대해서는 일반적인 비영리법인에 비하여 세제상 많은 혜택이 주어지고 있다.

현재 신자수의 증가와 더불어 헌금액이나 기부액이 막대한 액수에 달하는 종교법인이 상당수에 이르고 있으며, 규모의 확대에 따라 각종 수익사업을 영위하고 있는 종교법인이 증가하고 있다.

따라서, 「법인세법」, 「상속세 및 증여세법」 등 종교법인이라 하더라도 반드시 지켜야 할 납세협력의무를 다하여야 할 것이다.

본 장에서는 중요 세목별로 종교법인에게만 적용되는 특수한 내용을 살펴보고, 이외의 비영리법인의 일반적인 내용은 제2장부터 제6장의 내용을 참조하기 바란다.

1 법인세법

1-1. 수익사업의 범위

영리법인은 각 사업연도의 소득과 청산소득에 대하여 법인세가 과세되나, 비영리법인은 청산소득은 과세되지 않고 각 사업연도의 소득금액에 대하여만 법인세가 과세된다(법인세법 제4조 제1항). 또, 비영리법인은 수익사업으로 열거된 소득만 각 사업연도의 소득금액에 속한다(법인세법 제4조 제3항, 동법 시행령 제3조 제1항 제7호). 이 외 「법인세법」 제55조의 2의 규정에 의한 토지 등 양도소득에 대한 법인세를 납부할 의무가 있다.

따라서 종교법인 역시 다음과 같이 수익사업으로 열거된 소득에 대하여만 법인세를 부담한다.

① 제조업, 건설업, 도·소매 및 소비자용품수리업, 부동산·임대 및 사업서비스업 등 수익이 발생하는 사업. 단, 주무관청에 등록된 종교단체가 공급하는 용역 중 「부가가치세법」 제26조 제1항 제18호의 규정에 의하여 부가가치세가 면제되는 용역을 공급하는 사업은 제외한다.

② 「소득세법」 제16조 제1항 각 호의 규정에 의한 이자·할인액 및 이익

③ 「소득세법」 제17조 제1항 각 호의 규정에 의한 배당 또는 분배금

④ 주식·신주인수권 또는 출자지분의 양도로 인하여 생기는 수입

⑤ 유형자산 및 무형자산(고유목적사업에 직접 사용하는 자산으로서 당해 자산의 처분일 현재 3년 이상 계속하여 고유목적사업(①의 수익사업 제외)에 직접 사용한 경우 제외)의 처분으로 인하여 생기는 수입(이 경우 당해 자산의 유지·관리 등을 위한 관람료·입장료수입 등 부수수입이 있는 경우에도 이를 고유목적사업에 직접 사용한 자산으로 본다). 만약, 비영리법인이 수익사업에 속하는 자산을 고유목적사업에 전입한 후 처분하는 경우에는 전입 시 시가로 평가한 가액을 그 자산의 취득가액으로 하여 처분으로 인하여 생기는 수입을 계산한다.

⑥ 「소득세법」 제94조 제1항 제2호 및 제4호에 따른 자산의 양도로 생기는 수입

⑦ ①부터 ⑥까지의 수익사업 외에 대가를 얻는 계속적 행위로 인하여 생기는 수입으로서 「소득세법」 제46조 제1항의 규정에 의한 채권 등(그 이자소득에 대하여 법인세가 비과세되는 것을 제외)을 매도함에 따른 매매익(채권 등의 매각익에서 채권 등의 매각손을 차감한 금액). 단, 「법인세법 시행령」 제2조 제1항 제8호에 규정된 금융 및 보험 관련 서비스업 중 수익사업에서 제외되는 사업에 귀속되는 채권 등의 매매익을 제외한다.

①에서 「부가가치세법」 제26조 제1항 제18호에서 규정하는 부가가치세가 면제되는 용역은 다음과 같다(법인세법 시행령 제3조 제1항 제7호, 부가가치세법 제26조 제1항 제18호, 동법 시행령 제45조 제1호·제3호, 동법 시행규칙 제34조).

1. 주무관청의 허가 또는 인가를 받거나 주무관청에 등록된 단체(종교단체의 경우에는 그 소속단체를 포함한다)로서 「상속세 및 증여세법 시행령」 제12조 각 호의 1에 규정하는 사업 또는 기획재정부령이 정하는 사업(비영리법인의 사업으로서 종교·자선·학술·구호·사회복지·교육·문화·예술 등 공익을 목적으로 하는 사업을 말한다)을 하는 단체가 그 고유의 사업목적을 위하여 일시적으로 공급하거나 실비 또는 무상으로 공급하는 용역
2. 「문화재보호법」의 규정에 의한 지정문화재(지방문화재를 포함하며, 무형문화재를 제외한다)를 소유 또는 관리하고 있는 종교단체(주무관청에 등록된 종교단체에 한정하되, 그 소속단체를 포함한다)의 경내지 및 경내지 안의 건물과 공작물의 임대용역

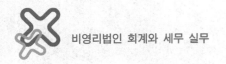
수익사업의 범위에 대한 보다 자세한 내용은 '제2장 법인세법'을 참조하기 바란다.

1-2. 비영리법인의 준용

법인세법상 종교법인과 관련한 중요 예규와 판례는 다음과 같다.

| 중요 예규 및 판례 |

1. 수익·비수익사업 구분 관련

수원지방법원 2022구합70613, 2024.6.26.
① 매점 수입금액은 원고에게 귀속되고, 원고는 장부의 거짓기장이나 소득 은폐하는 적극적 부정행위를 통해 매점 관련 법인세·부가세 포탈하였고, ② 후원금을 받고 신도들에게 DVD를 계속적·반복적으로 판매하여 수익을 얻었던바, DVD 판매는 법인세법상 수익사업에 해당하여 부가세 과세대상임.

조심 2023지4340, 2024.2.16.
청구법인은 자체 출판서적 온라인몰과 6개의 직영매장을 운영하면서 수익사업으로 기독교서적 출판 및 판매업을 영위하며 약 150~200억원의 연매출이 나타나는 반면, 실제 선교활동 등에 지출하는 금액은 이에 비하여 미미한 것으로 나타나고, 선교사업 내역, 선교사 명단, 산하 교회, 신앙교육 등 실제 종교·선교활동을 확인할 수 있는 구체적인 증빙은 제시되지 아니하므로 청구법인을 종교단체로 보기는 어렵다 할 것임.

청주지방법원 2023구합52180, 2024.1.18.
부동산 양도 당시 원고가 관할 세무서장에게 법인으로 보는 단체로 신청하여 승인받은 사실이 없으므로 국세기본법상 법인으로 보는 단체에 해당하지 않아 1거주자로 보아 양도소득세의 부과처분은 정당함.

서면-2019-법인-3361, 2019.10.31.
비영리내국법인인 종교단체가 상가를 임대하고 임대료를 수취하는 경우와 유형자산의 처분으로 인해 발생하는 수입은 「법인세법」 제4조 제3항 및 같은 법 시행령 제3조 제1항에 따라 수익사업에 해당하므로 법인세를 신고·납부할 의무가 있는 것임. 다만, 당해 유형자산의 처분일 현재 3년 이상 계속하여 법령 또는 정관에 규정된 고유목적사업(「법인세법 시행령」 제3조 제1항에 따른 수익사업은 제외)에 직접 사용한 유형자산을 양도하는 경우에는 수익사업에 해당하지 않는 것임.

서면 - 2018 - 법인 - 3526, 2019.1.10.

주무관청에 등록된 종교단체인 비영리법인이 자체 수입조성을 위하여 복합문화예술공연 장을 종교단체 및 그 밖의 기업·단체 등에게 대관하고 대관료를 수취하는 경우, 해당 사업은 「법인세법」 제3조 제3항 및 같은 법 시행령 제2조 제1항에 따라 수익사업에 해당 하는 것임. 다만, 해당 비영리법인이 공급하는 용역 중 「부가가치세법」 제26조 제1항 제 18호에 해당되어 부가가치세가 면제되는 경우에는 「법인세법 시행령」 제2조 제1항 제7 호에 따라 수익사업에서 제외하는 것으로 이에 해당하는지 여부는 사실판단 할 사항임.

사전 - 2017 - 법령해석법인 - 0340, 2017.7.27.

(질의1) 비영리내국법인인 교회가 처분일 현재 3년 이상 계속하여 정관에 규정된 고유 목적사업에 직접 사용하던 부동산을 처분하여 발생하는 수입에 대하여는 「법 인세법」 제3조 제3항 제5호 및 같은 법 시행령 제2조 제2항에 따라 법인세가 과세되지 않는 것으로 귀 사전답변 신청의 경우, 교회의 담임목사에게 사택으 로 제공한 부동산이 처분일 현재 교회의 고유목적사업에 직접 사용되었는지 여부는 매매계약조건, 사용현황 등 제반사항을 고려하여 사실판단할 사항임.

(질의2) 기존해석사례(재법인 - 435, 2010.6.3.)를 참조하기 바람.

※ 기획재정부 법인세제과 - 435, 2010.6.3.

법인세법 시행령 제36조 제1항 제1호 마목의 비영리법인 소속단체에 대한 같 은 동법 제29조의 고유목적사업준비금 손금산입은 동법 시행령 부칙(대통령령 제21302호, 2009.2.4) 제2조에 따라 2009.1.1 이후 개시하는 사업연도부터 적용 되는 것임.

(질의3) 「상속세 및 증여세법 시행령」 제12조에 따른 공익법인이 2011.3.31 전에 출연 받은 부동산의 처분에 따른 처분손익을 산정함에 있어 해당 부동산의 취득가 액은 「법인세법 시행령」(2011.3.31. 대통령령 제22812호로 개정되기 전의 것) 제 72조 제2항 제6호에 따라 취득당시의 시가로 하는 것임.

사전 - 2016 - 법령해석법인 - 0589, 2016.12.23.

「국세기본법」 제13조 제2항 및 제4항에 따른 법인으로 보는 단체에 해당하는 종교단체 가 정관에 규정된 고유목적사업을 수행하기 위하여 당해 단체에 소속되어 종교의 보급 기타 교화업무를 전업으로 하는 선교사에게 사택으로 제공한 부동산을 처분하는 경우 「법인세법」 제3조 제3항 제5호와 같은 법 시행령 제2조 제2항에 따라 각 사업연도 소득

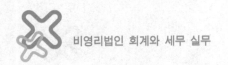

에 대한 법인세가 과세되지 않는 것이나, 귀 사전답변 신청의 경우 주택을 당해 단체의 정관에 규정된 사업을 전업으로 하는 선교사만이 이용하였는지 여부는 사실 판단할 사항이며, 위와 별도로 해당 주택(부수토지 포함)의 양도소득에 대해 같은 법 제55조의 2 제1항 제2호에 따라 양도소득에 100분의 10(미등기 양도의 경우 100분의 40)을 곱하여 산출한 세액을 법인세로 납부하여야 함.

서면 - 2016 - 법인 - 3196, 2016.5.24.
법인으로 보는 종교단체가 고정자산의 처분일 현재 3년 이상 계속하여 법령 또는 정관에 규정된 고유목적사업에 직접 사용하던 건축물 및 부속 토지를 양도함으로 인하여 생기는 수입에 대하여는 법인세법 제3조 제3항 제5호 및 같은법 시행령 제2조 제2항의 규정에 의하여 법인세가 부과되지 아니하는 것임.

법인 - 401, 2011.6.10.
교회가 정관에 규정된 고유목적사업인 복음전도사업과 무료급식사업에 3년 이상 직접 사용한 부동산을 처분하는 경우, 해당 부동산의 처분으로 생기는 수익은 「법인세법」 제3조에 따른 과세소득에 해당되지 않는 것이나, 해당 부동산이 실제 교회의 고유목적사업에 직접 사용되었는지 여부는 해당 사업의 운영현황 등 사실관계를 종합적으로 검토하여 판단하는 것임(법규과 - 722, 2011.6.9.).

서면2팀 - 697, 2007.4.20.
비영리법인에 해당하는 종교단체의 납골당 분양수입과 관리비수입은 수익사업에 해당하는 것임.

서면2팀 - 251, 2006.2.1.
종교시설의 부속토지를 양도하는 경우 종교시설의 사용내용에 따라 부속토지 양도차익의 과세 여부를 결정하는 것이며 부속토지가 아닌 종교법인의 토지를 나대지 상태로 양도하는 것은 고유목적으로 위한 사용에 해당하지 않는 것이므로 「법인세법 시행령」 제2조 제2항의 규정이 적용되지 않는 것임.

서면2팀 - 1665, 2005.10.18.
수익사업을 영위하지 않는 비영리법인(법인으로 보는 단체 포함한다)인 교회가 종교단체의 고유목적으로 사용하는 교회용 토지와 건물의 양도일 현재 3년 이상 계속하여 법령 또는 정관에 규정된 고유목적사업에 직접 사용한 고정자산의 처분으로 수입이 생기는 경우에는 법인세가 과세되지 아니하는 것임.

서면2팀 - 820, 2005.6.15.

교회가 3년 이상 보유한 토지를 신도들의 사후매장을 위한 묘지로 사용한다 하더라도 고유목적에 직접 필요하다고 볼 수 없으므로 당해 토지의 양도는 수익사업에 해당하는 것임.

서면2팀 - 681, 2004.4.1.

주무관청에 등록된 종교단체가 고유목적사업을 위한 훈련원을 신축하여 일부를 상가로 임대하는 경우에는 수익사업에 해당하여 법인세의 납세의무가 있음.

서면2팀 - 19, 2004.1.15.

주무관청에 등록된 종교단체가 고유의 사업목적을 위하여 일시적으로 공급하거나 실비 또는 무상으로 공급하는 등 부가가치세가 면제되는 용역을 공급하는 사업의 경우에는 법인세가 과세되지 아니함.

재법인 46012 - 169, 2001.9.25.

종교단체가 납골시설을 설치·운영하면서 실비로 받는 대가는 부가가치세가 면제되므로 수익사업에서 제외하나, 실비 이상의 대가를 받는 경우는 수익사업으로 봄.

소득 46011 - 1496, 1993.5.24.

거주자 또는 비영리법인이 심신수련도장을 운영하여 단전호흡, 기공 등을 교습하고 그 대가로 수련비 등을 받는 사업은 「소득세법 시행령」 제37조 제1항 제1호의 규정 및 「법인세법 시행령」 제2조 제3항 제3호의 규정에 의하여 소득세 또는 법인세가 과세되는 것이며, 종교단체에서 신도로부터 받는 천도의식비, 49제 의식비, 헌금은 「법인세법 시행령」 제2조의 수익사업에 해당하지 아니하는 것임.

2. 고유목적사업준비금 및 고유목적사업 지출 관련

사전 - 2017 - 법령해석법인 - 0044, 2018.2.6.

향교재단 소유의 농지를 문묘, 교육시설의 설치 등에 사용한 경우에는 「법인세법」 제3조 제3항 제5호 및 같은 법 시행령 제2조 제2항에 따른 고유목적사업에 직접 사용한 것에 해당하나, 향교재단이 소유하는 농지를 임대하거나 경작함에 따라 발생하는 수입을 고유목적사업에 사용하는 경우에 해당 농지는 고유목적사업에 직접 사용된 것으로 볼 수 없는 것임.

법인 - 1312, 2009.11.27.

법인으로 보는 단체로 승인받은 개별교회는 「법인세법」 제3조 제3항 제2호의 규정에 따른 이자소득으로서 같은 법 제73조에 따라 원천징수된 이자소득에 대하여는 법인세 과세표준과 세액을 관할 세무서장에게 신고할 수 있는 것이며, 동 개별교회가 같은 법 시행령 제36조 제1항 제1호의 단체에 해당하는 때에는 2009.1.1. 이후 개시하는 사업연도부터 같은 법 제29조에 따라 고유목적사업준비금을 손금에 산입할 수 있는 것임.

법인 - 571, 2009.5.13.
「국세기본법」 제13조 제2항에 따라 법인으로 보는 단체로 승인을 얻은 개별교회가 「법인세법 시행령」 제36조 제1항 제1호 마목의 규정에 의한 비영리법인의 소속단체인 경우에는 같은 법 제29조 및 제61조에 따라 고유목적사업준비금을 손금으로 계상할 수 있는 것임.

서면2팀 - 1434, 2007.8.1.
종교재단이 토지와 건물을 특수관계자가 아닌 대학법인에 무상임대하여 의과대학 부속병원으로 활용토록 한 경우 고유목적사업에 직접 사용한 고정자산에 해당하지 아니함.

서면4팀 - 2532, 2005.12.19.
종교법인, 법인으로 보는 종교단체 또는 개인 등이 운영하는 교회가 종교의 보급과 교화를 목적으로 사용하던 개인 소유지 토지·건물을 양도하는 경우 부동산의 소유자에게 양도소득세가 과세됨.

재법인 - 29, 2005.1.12.
당해 종교법인은 1993년 6월 21일 부동산을 취득하여 장로명의로 소유권이전등기를 경료하고 예배당으로 사용한 뒤 2003년 3월 18일 동 부동산에 대하여 당해 법인명의로 증여를 원인으로 한 소유권이전등기를 한 경우, 고정자산의 처분일 현재 고유목적사업에 사용된 기간은 당해 법인이 그 고정자산을 취득한 날부터 기산하는 것인데, 당해 고정자산을 증여로 취득한 경우에는 소유권이전등기일이 취득한 날이 되는 것임.

재재산 46014 - 280, 2001.11.20.
종교의 보급, 기타 교화업무를 전업으로 하는 교회의 부목사 또는 전도사가 교회로부터 제공된 사택을 3년 이상 사용한 경우, 당해 사택은 종교법인이 그 고유목적에 3년 이상 직접 사용한 토지 등에 해당함.

2-1. 종교단체가 공급하는 재화 또는 용역에 대한 면세 적용 여부

종교단체가 재화 또는 용역을 공급하는 경우 「부가가치세법」상 과세와 면세 중 어느 것에 해당하는지 여부를 살펴보면 다음과 같다.

주무관청의 허가 또는 인가를 받거나 주무관청에 등록된 단체(종교단체의 경우에는 그 소속단체를 포함)가 그 고유의 사업목적을 위하여 일시적으로 공급하거나 실비 또는 무상으로 공급하는 재화 및 용역에 대하여는 「부가가치세법」상 면세가 적용된다(부가가치세법 제26조 제1항 제18호, 동법 시행령 제45조 제1호, 상속세 및 증여세법 시행령 제12조 제1호).

즉, 종교단체가 공급하는 재화 또는 용역이 면세되기 위해서는 첫째, 주무관청의 허가 또는 인가를 받거나 주무관청에 등록된 단체(종교단체의 경우에는 그 소속단체를 포함)이어야 하며 둘째, 당해 단체의 고유의 사업목적을 위하여 공급하는 것이어야 하며 셋째, 일시적인 공급이거나 혹은 실비 또는 무상 공급이어야 하는 3가지 요건을 동시에 충족하여야 하며, 어느 한 요건이라도 충족되지 않으면 면세되지 않는 것이다.

따라서, 종교단체가 공급하는 재화 또는 용역이 유상으로 실비를 초과할 경우에는, 동 재화 또는 용역은 「부가가치세법」상 과세되는 재화 또는 용역에 해당하게 된다.

그러나, 종교단체가 다음과 같이 계속적으로 운영 관리하는 그 고유의 목적사업이 아닌 수익사업과 관련하여 공급하는 재화 또는 용역에 대하여는 면세하지 아니한다(부가가치세법 집행기준 26-45-1).

① 소유부동산의 임대 및 관리사업

단, 「문화유산의 보존 및 활용에 관한 법률」에 따른 지정문화유산 또는 「자연유산의 보존 및 활용에 관한 법률」에 따른 천연기념물등을 소유하거나 관리하고 있는 종교단체(주무관청에 등록된 종교단체로 한정하되, 그 소속단체를 포함한다)의 경내지(境內地) 및 경내지 안의 건물과 공작물의 임대용역에 대하여는 계속적으로 발생하는 경우에도 면세를 적용한다(부가가치세법 시행령 제45조 제3호).

여기서 경내지라 함은 종교단체가 불교단체인 경우 「전통사찰보존법」 제2조 제3호 및 동법 시행령 제3조의 규정에 의한 경내지를 말하며, 불교단체 이외의 종교단체인 경우에는 동법 동조 동호의 규정을 준용하여 사회통념에 따라 인정되는 토지를 말한

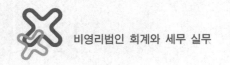

다(재무부 조법 1265.2－1031, 1983.9.28.).

② 자체기금 조성을 위하여 생활필수품, 고철 등을 공급하는 사업

2-2. 종교단체가 부속시설 운영시 과세 여부

종교단체가 어린이집, 유치원 등의 교육관련 부속시설을 운영하는 경우가 존재하는바 이와 관련된 「부가가치세법」상 규정을 검토하면 다음과 같다.

원칙적으로 교육용역을 제공하는 경우에는 부가가치세를 면제한다(부가가치세법 제26조 제1항 제6호). 교육용역의 경우에는 이를 공급받는 것이 소비에 해당된다고 볼 수 없으므로 면세로 규정하였으나, 면세되는 교육의 범위에 대하여는 엄격히 제한하고 있다.

부가가치세가 면세되는 교육용역은 주무관청의 허가 또는 인가를 받거나 주무관청에 등록 또는 신고된 학교・어린이집(「영유아보육법」 제10조에 따른 어린이집을 말하며, 같은 법 제24조 제2항 및 제3항에 따라 국공립어린이집이나 직장어린이집 운영을 위탁받은 자가 제공하는 경우를 포함한다), 학원, 강습소, 훈련원, 교습소 또는 그 밖의 비영리단체나 「청소년활동진흥법」 제10조 제1호에 따른 청소년수련시설, 「산업교육진흥 및 산학연협력촉진에 관한 법률」 제25조에 따른 산학협력단, 「사회적기업육성법」 제7조에 따라 인증받은 사회적 기업, 「과학관의 설립・운영 및 육성에 관한 법률」 제6조에 따라 등록한 과학관, 「박물관 및 미술관진흥법」 제16조에 따라 등록한 박물관 및 미술관, 「협동조합기본법」 제85조 제1항에 따라 설립인가를 받은 사회적 협동조합에서 학생, 수강생, 훈련생, 교습생 또는 청강생에게 지식, 기술 등을 가르치는 것으로 한다(부가가치세법 시행령 제36조 제1항).

이 경우 부가가치세가 면제되는 교육용역의 공급에 필수적으로 부수되는 용역의 공급은 면세용역의 공급에 포함된다. 또한, 교육용역 제공시 필요한 교재・실습자재・기타 교육용구의 대가를 수강료 등에 포함하여 받거나, 별도로 받는 때에는 주된 용역인 교육용역에 부수되는 재화 또는 용역으로서 면세한다(부가가치세법 기본통칙 26－36…1). 다만, 「체육시설의 설치・이용에 관한 법률」 제10조 제1항 제2호의 무도학원, 「도로교통법」 제2조 제30호의 자동차운전학원에서 가르치는 것은 제외한다(부가가치세법 시행령 제36조 제2항).

따라서, 종교단체가 설립한 학교(유치원 포함), 영유아보육시설(보육원, 놀이방 등) 등의 경우에도 주무관청의 허가 또는 인가를 얻었다면 「부가가치세법」상 면세되는 용역에 해당한다.

그러나 주무관청으로부터 설립을 허용받지 아니한 무허가 학교・학원 등은 면세되는 교육용역에 해당하지 아니하므로 이에 대하여는 「부가가치세법」상 과세되는 용역에 해당한다(국심 2006서1072, 2006.7.10.).

2-3. 종교단체가 공급받는 재화 또는 용역에 대한 면세 적용 여부

종교단체가 「부가가치세법」상 과세대상인 재화 또는 용역을 공급받을 경우에는 비록 종교단체가 면세사업자일 경우에도 부가가치세를 부담해야 한다.

즉, 종교단체가 재화 또는 용역을 공급받을 경우에는 종교단체가 과세사업자, 면세사업자 여부에 관계없이 제공받는 재화 또는 용역의 「부가가치세법」상 과세·면세대상 여부에 따라 부가가치세 부담 여부가 결정되는 것이다.

 │ 중요 예규 및 판례 │

서면 – 2019 – 법령해석부가 – 0048, 2020.1.23.
주무관청의 허가를 받아 설립된 이슬람교 종교단체가 할랄제품 생산업체의 신청에 따라 할랄제품 여부를 심사·인증하는 용역(이하 "심사·인증용역")을 제공하고 생산업체로부터 심사수수료 및 인증료(이하 "수수료")를 받는 경우 「부가가치세법」 제11조에 따라 부가가치세가 과세되는 것이나 해당 종교단체가 고유의 사업목적을 위하여 심사·인증용역을 실비로 공급하는 경우에는 같은 법 제26조 제1항 제18호에 따라 부가가치세가 면제되는 것으로 고유목적 사업인지 여부 및 수수료가 실비인지 여부는 구체적 사실에 따라 사실판단할 사항임.

조심 2019구2957, 2019.10.29.
포교원 운영자가 위패봉안등 신청자를 모집하여 수수료를 배분받는 행위는 영리를 목적으로 자기의 계산과 책임하에 계속적·반복적으로 행하는 활동을 통하여 사업소득을 얻는 행위로 보이는 점 등에 비추어 처분청이 청구인의 쟁점금액의 수수료수입금액에 대하여 청구인에게 이 건 부가가치세 및 종합소득세(추계결정)를 과세한 처분은 잘못이 없는 것으로 판단됨.

서면 – 2016 – 부가 – 4341, 2016.7.15.
주무관청에 등록된 종교·자선·학술·구호·그 밖의 공익을 목적으로 하는 단체가 그 고유의 사업목적을 위하여 일시적으로 공급하거나 실비 또는 무상으로 공급하는 재화 또는 용역에 대해서는 부가가치세를 면제함.

부가 – 564, 2009.4.21.
「법인세법 시행령」 제36조 제1항 제1호 마목의 비영리법인에 해당하는 종단에 소속되고, 「국세기본법」 제13조 제2항에 따라 법인으로 보는 단체로 승인을 받은 개별 사찰이 고유의 사업목적을 위하여 실비로 공급하는 재화 또는 용역은 「부가가치세법 시행령」 제37조 제1호에 따라 부가가치세가 면제되는 것이나, 공급하는 재화 또는 용역이 동 사찰의 고유의 사업목적을 위한 것인지 그 대가가 실비에 해당하는지 여부는 관련 사실을 종합적으로 고려하여 판단할 사항임.

서면3팀 - 810, 2007.3.15., 서면3팀 - 155, 2007.1.17.

「부가가치세법」 제22조의 매입세금계산서합계표 미제출 가산세는 부가가치세가 과세되는 사업을 영위하는 자에게 적용하는 것이며, 과세사업을 영위하지 아니하는 종교단체의 경우 동 가산세는 적용되지 아니함.

서면3팀 - 2032, 2005.11.14., 서면3팀 - 2387, 2005.12.29.

주무관청에 등록된 종교·자선·학술·구호, 기타 공익을 목적으로 하는 단체가 그 고유의 사업목적을 위하여 일시적으로 공급하거나 실비 또는 무상으로 공급하는 재화 또는 용역에 대하여는 「부가가치세법」 제12조 제1항 제16호 및 동법 시행령 제37조의 규정에 의하여 부가가치세가 면제되는 것이나, 공익을 목적으로 하는 단체가 그 고유의 목적사업이 아닌 계속적인 수익사업과 관련하여 재화 또는 용역의 공급하는 경우에는 부가가치세가 과세되는 것임.

재법인 46012 - 169, 2001.9.25.

주무관청에 등록된 종교단체가 납골시설을 설치·운영하고 그 시설 이용자에게 실비로 대가를 받은 경우에는 「부가가치세법」 제12조 제1항 제16호의 규정에 의하여 부가가치세가 면세되므로 「법인세법 시행령」 제2조 제1항 제7호의 규정에 의하여 수익사업에서 제외하는 것이나, 실비 이상의 대가를 받는 경우는 수익사업으로 보아야 함.

3 소득세법

3-1. 양도소득세 납세의무

양도소득세의 납세의무자는 「소득세법」상 열거된 과세대상자산을 양도함으로써 발생된 소득이 있는 법인 이외의 개인을 말한다. 따라서, 종교단체가 「국세기본법」 제13조에 규정된 법인으로 보는 단체에 해당하지 않아 거주자(개인)로 간주될 경우, 양도소득세 과세대상 자산을 양도할 경우에는 양도소득세 납세의무가 있는 것이다.

이때 양도라 함은 자산에 대한 등기 또는 등록에 관계없이 매도, 교환, 법인에 대한 현물출자 등으로 인하여 그 자산이 유상으로 사실상 이전되는 것을 말한다. 이 경우 부담부증여(배우자 간 또는 직계존비속 간의 부담부증여로서 상속세 및 증여세법 제47조 제3항 본문에 따라 수증자에게 인수되지 아니한 것으로 추정되는 채무액은 제외)에 있어서 증여자의 채무를 수증자가 인수하는 경우에는 증여가액 중 그 채무액에 상당하는 부분은 양도로 본다(소득세법 제88조 제1호, 같은 법 시행령 제151조 제3항).

 │ 중요 예규 및 판례 │

심사양도 2010 - 389, 2011.5.12.
재단법인인 종교단체와는 회계 등 모든 운영이 독립된 산하지역의 교회는 별도의 허가를 받아 세법상 재단으로 설립된 경우를 제외하고는 개인(거주자)으로 보는 것임(서면인터넷방문상담5팀 - 3083, 2007.11.26. 등 같은 뜻임).

서면4팀 - 2532, 2005.12.19.
「민법」 제32조의 규정에 의하여 설립된 종교법인, 「국세기본법」 제13조의 규정에 의한 법인으로 보는 종교단체 또는 개인 등이 운영하는 교회가 그 종교의 보급과 기타 교화를 목적으로 사용하던 개인 소유의 토지·건물을 양도하는 경우 동 부동산의 소유자에게 양도소득세가 과세되는 것임.

서면4팀 - 1145, 2005.7.7.
토지의 소유자가 목사 개인이거나 또는 토지의 소유자가 교회로서 「국세기본법」 제13조의 규정에 의한 법인으로 보는 단체에 해당하지 않은 개인인 경우 토지의 양도로 인하여 발생하는 소득에 대하여는 양도소득세가 과세되는 것임.

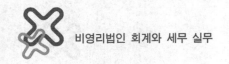

3-2. 종교인소득에 대한 소득구분

종교관련종사자가 종교의식을 집행하는 등 종교관련종사자로서의 활동과 관련하여 소속된 종교단체로부터 받은 소득(이하 "종교인소득"이라 함)은 기타소득으로 과세한다(소득세법 제21조 제1항 제26호).[2] 이때 종교단체는 다음 중 어느 하나에 해당하는 자 중 종교의 보급이나 교화를 목적으로 설립된 단체(그 소속 단체를 포함함)로서 해당 종교관련종사자가 소속된 단체(이하 "종교단체"라 함)를 말한다(소득세법 시행령 제41조 제15항).

① 「민법」 제32조에 따라 설립된 비영리법인
② 「국세기본법」 제13조에 따른 법인으로 보는 단체
③ 「부동산등기법」 제49조 제1항 제3호에 따라 부동산등기용등록번호를 부여받은 법인 아닌 사단·재단

종교인소득에는 종교관련종사자가 그 활동과 관련하여 현실적인 퇴직 이후에 종교단체로부터 정기적 또는 부정기적으로 지급받는 소득(현실적인 퇴직을 원인으로 종교단체로부터 지급받는 소득은 제외)을 포함하며(소득세법 시행령 제41조 제17항), 종교인소득 중 법령에 따른 본인 학자금, 식사 또는 식사대, 실비변상적 성질의 비용(일직료·숙직료, 여비, 종교활동비, 재해 관련 지급액), 출산·6세 이하 보육수당, 사택제공이익은 종교인소득(기타소득)으로 신고 시 과세대상에서 제외된다(소득세법 제12조 제5호 아목).

종교인소득은 기타소득으로 신고하는 것이 원칙이나, 근로소득으로 원천징수 하거나 과세표준확정신고를 한 경우에는 해당 소득을 근로소득으로 본다(소득세법 제21조 제4항). 따라서 종교단체는 소속 종교인에게 지급하는 종교인소득(또는 근로소득)에 대하여 원천징수 하여야 하며, 종교단체가 원천징수하지 아니한 경우 종교인은 다음 해 5월에 종교인소득에 대해 직접 종합소득세 과세표준확정신고 및 납부를 하여야 한다.

다만, 2018년 1월 1일부터 2019년 12월 31일까지 발생하여 지급하는 종교인소득에 대한 지급명세서의 경우에는 제출불성실 가산세 규정을 적용하지 않는다[소득세법 부칙(2015.12.15. 법률 제13558호) 제10조의 2].

종교단체는 소속 종교관련종사자에게 지급한 금액 및 물품(소득세법 제12조 제3호에 따른

---

2) 2015년 12월 15일 법 개정시 기타소득 중 사례금에 포함되었던 종교인소득을 기타소득 중 하나의 항목으로 법률에 명시하였으며, 동 개정규정은 2018년 1월 1일 이후 발생하는 소득분부터 적용한다.

비과세 근로소득·비과세 퇴직소득 및 같은 조 제5호 아목에 따른 비과세 종교인소득을 포함함)과 그 밖에 종교 활동과 관련하여 지출한 비용을 구분하여 기록·관리하여야 한다(소득세법 시행령 제41조 제16항).

4 상속세 및 증여세법

「상속세 및 증여세법」 제16조 제1항 및 동법 제17조 제1항에서는 종교·자선·학술, 기타 공익을 목적으로 하는 사업을 영위하는 자 또는 이를 목적으로 하는 신탁을 각각 공익법인, 공익신탁으로 규정하고 이들이 출연받은 상속·증여재산에 대하여 과세가액에 산입하지 않는 혜택을 주고 있다.

「상속세 및 증여세법 시행령」 제12조 제1호에서 종교의 보급, 기타 교화에 현저히 기여하는 사업은 주무관청의 허가 여부에 관계없이 「상속세 및 증여세법」상 공익사업에 해당하므로, 종교법인이 출연받은 재산의 가액은 상속세 및 증여세 과세가액에서 제외된다(상속세 및 증여세법 시행령 제12조 제1호, 재삼 46070-208, 1993.2.2.).

그러나 증여세 과세가액에서 제외된 증여재산에 대하여는 출연받은 재산의 사용계획 및 진도에 관한 보고서 제출의무가 존재하며, 출연받은 재산을 3년 이내에 직접 공익목적사업에 사용하지 않는 등 사후관리규정을 위반하면 증여세 및 가산세가 부과된다.

그러나 불특정다수인으로부터 출연받은 재산 중 출연자별로 출연받은 재산가액의 산정이 어려운 재산으로서 종교사업에 출연하는 헌금(부동산, 주식 또는 출자지분으로 출연하는 경우 제외)은 사후관리규정이 적용되지 않는다(상속세 및 증여세법 제48조 제2항 본문 단서, 동법 시행령 제38조 제1항).

보다 자세한 사항은 '제4장 상속세 및 증여세법'을 참조하기 바란다.

| 중요 예규 및 판례 |

서면 - 2023 - 상속증여 - 2769, 2023.11.29.

공익법인에 해당하는 종교법인이 출연받은 재산을 종교의 보급, 국내외 교육 선교 등 정관상 고유목적사업에 사용하는 경우 「상속세 및 증여세법」 제48조 제2항에 따라 직접 공익목적사업에 사용하는 것으로 보아 증여세를 과세하지 아니하나 이 때 공익법인이라 함은 주된 사무소가 국내에 소재하는 공익법인을 말하는 것임.

다만, 「상속세 및 증여세법」 제4조의 2 제1항 제2호의 규정에 따라 국외 소재의 비영리 법인(종교법인)이 국내에 있는 재산을 증여받은 경우에는 증여세를 납부할 의무가 있으며, 같은 법 제4조의 2 제6항 제3호의 규정에 따라 증여자는 비거주자인 수증자가 납부할 증 여세에 대하여 연대하여 납부할 의무가 있음.

[기존 해석사례 재산세과 - 72(2011.2.15.), 서면인터넷상담4팀 - 1050(2008.4.29.) 참조]

※ 재산세과 - 72, 2011.2.15.

〔요지〕

주된 사무소가 해외에 있는 종교단체는 증여세 과세가액 불산입대상 공익법인에 해당하 지 않고, 외국의 비영리법인에게 국내재산을 증여하는 경우 증여자에게 연대납부의무가 있는 것임.

〔회신〕

1. 공익법인 등에 해당하는 종교단체가 출연받은 재산을 종교의 보급 기타 교화 등 고유 목적사업에 사용하는 경우에는 「상속세 및 증여세법」 제48조의 규정에 의하여 출연 받은 재산에 대한 증여세를 과세하지 않는 것이나, 이 경우 공익법인 등으로 보는 종 교단체는 주된 사무소가 국내에 소재하는 경우를 말하는 것임.

2. 「상속세 및 증여세법」 제2조 제1항 제2호의 규정에 따라 외국에 소재하는 비영리법인 이 국내에 있는 재산을 증여받은 경우에는 증여세를 납부할 의무가 있는 것이며 또 한, 같은 법 제4조 제5항의 규정에 따라 증여자는 수증자가 납부할 증여세에 대하여 연대하여 납부할 의무를 지는 것이나 그 과세표준이 50만원 미만이면 증여세를 부과 하지 않는 것임.

※ 서면인터넷방문상담4팀 - 1050, 2008.4.29.

〔요지〕

공익법인이 출연받은 재산에 대하여 증여세 과세가액 불산입할 때, 공익법인이라 함은 주된 사무소가 국내에 소재하는 공익법인을 말하므로 국외소재 대학은 공익법인에 해당 하지 않으며, 수증자와 증여자는 증여세에 대하여 연대납부의무 있음.

〔회신〕
1. 「상속세 및 증여세법 시행령」 제12조 제2호의 규정에 의하여 「초·중등교육법」 및 「고등교육법」에 의한 학교를 설립·경영하는 사업을 영위하는 자는 공익법인에 해당하는 것이며, 이 때 공익법인은 주된 사무소가 국내에 소재하는 경우를 말하는 것임.
2. 「상속세 및 증여세법」 제16조·제48조, 같은 법 시행령 제12조 및 같은 법 시행규칙 제3조에서 규정한 공익법인 등에 해당하지 않는 비영리법인이 무상으로 취득한 재산은 같은 법 제2조 및 제4조의 규정에 의하여 증여세 과세대상임.
3. 수증자가 증여일 현재 비거주자인 경우에는 수증자가 「상속세 및 증여세법」 제4조 제4항 각 호의 1에 해당하지 아니하는 경우에도 증여자는 수증자가 납부할 증여세에 대하여 연대하여 납부할 의무를 지는 것이며, 증여자가 연대납세의무자로서 수증자의 증여세를 대신 납부하는 경우에는 재차증여세 해당하지 않는 것임.
4. 「상속세 및 증여세법」 제68조 및 제70조의 규정에 의하여 증여세 납세의무가 있는 자는 증여받은 날부터 3월 이내에 증여세 과세표준과 세액을 신고하고 납부하여야 하는 것임.

사전 - 2021 - 법규법인 - 1813, 2022.1.27.
종교의 보급, 그 밖에 교화를 목적으로 「민법」 제32조에 따라 문화체육관광부장관 또는 지방자치단체의 장의 허가를 받아 설립한 비영리법인은 「법인세법 시행령」 제39조 제1항 제1호 마목에 따른 비영리법인에 해당하는 것이며, 해당 비영리법인이 「상속세 및 증여세법 시행령」 제12조 제1호 또는 제9호에서 규정한 사업을 하는 경우 「상속세 및 증여세법」 제16조 제1항에 따른 공익법인에 해당하는 것임. 다만, 설립목적 및 운영사업, 설립근거법률, 설립허가권자 등을 고려하여 사실판단할 사항임.

서면 - 2020 - 법인 - 1858, 2020.12.15.
종교사업에 불특정다수인이 출연하여 출연자별로 출연받은 재산가액의 산정이 어려운 헌금(부동산·주식 또는 출자지분으로 출연하는 경우를 제외한다)의 경우에는 「상속세 및 증여세법」 제48조 제2항 단서 및 같은법 시행령 제38조 제1항의 규정에 의하여 사후관리대상 출연재산에서 제외하는 것인 바, 당해 헌금에 대하여는 같은법 제48조 제5항의 규정에 의한 출연받은 재산의 사용에 대한 계획 및 진도에 관한 보고서의 제출의무도 없는 것임.

사전 - 2018 - 법령해석재산 - 0693, 2019.4.23.
교회(공익법인)가 출연받은 부동산을 매각하고 그 매각대금으로 공익목적사업에 사용하고 있는 교회건물을 신축하면서 금융기관으로부터 차입한 금액을 상환한 경우 직접 공

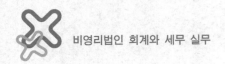

익목적사업의 사용여부는 기존 예규(재재산 – 322, 2008.2.25.)를 참조하기 바람.

※ 기획재정부 재산세제과 – 322, 2008.2.25.

상속세 및 증여세법 제48조 제2항의 규정을 적용함에 있어 종교단체가 공익목적사업에 사용하던 부동산의 매각대금 또는 헌금을 공익목적사업에 사용된 차입금의 상환에 사용하였다면 동 부동산의 매각대금 또는 헌금을 직접 공익목적사업에 사용한 것으로 보는 것임.

서면 – 2018 – 상속증여 – 1152, 2018.6.29.

질 의

〔사실관계〕

질의 교회는 교단에 등록되지 않은 독립교회임.

〔질의내용〕

(질의1) 질의 교회의 성도가 질의 교회에 차량 및 부동산을 증여할 경우 질의 교회에 증여세가 부과되는지.

(질의2) 질의 교회의 담임 목사가 질의 교회에 차량이나 부동산을 증여할 경우 질의 교회에 증여세가 부과되는지.

(질의3) 질의 교회가 「상속세 및 증여세법 시행령」 제12조 제1호에서 규정한 "종교의 보급 기타 교화에 현저히 기여하는 사업을 하는 자"에 해당하는지 여부

회 신

귀 질의의 경우 기존 해석사례(재산 – 852, 2010.11.17. ; 상속증여 – 439, 2014.11.12.)를 참고하기 바람.

※ 재산세과 – 852, 2010.11.17.

1. 「상속세 및 증여세법 시행령」 제12조 제1호의 규정에 의하여 "종교의 보급 기타 교화에 현저히 기여하는 사업"을 운영하는 종교단체는 공익법인 등에 해당하는 것이며, 이 경우 종교단체가 공익법인 등에 해당하는지 여부는 법인으로 등록했는지에 관계없이 당해 종교단체가 수행하는 정관상 고유목적사업에 따라 판단하는 것임.

2. 공익법인에 해당하는 종교단체가 재산을 출연 받아 그 출연 받은 날부터 3년 이내에 직접공익목적사업에 사용하는 경우에는 「상속세 및 증여세법」 제48조의 규정에 의하여 증여세가 과세되지 아니하는 것이며, 직접 공익목적사업에 사용하는 것이란 정관상 고유목적사업에 사용하는 것을 말하는 것임.

※ 상속증여세과 – 439, 2014.11.12.

귀 질의의 경우 기존 해석사례(재산 – 41, 2013.2.4.)를 참고하기 바람.

※ 재산세과-41, 2013.2.4.

3. 「상속세 및 증여세법」 제48조 제5항 및 같은 법 시행령 제41조 제1항의 규정에 따라, 재산을 출연받은 공익법인 등은 같은 법 시행규칙 제25조 제1항에서 정하는 「공익법인 출연재산 등에 대한 보고서」와 다른 법령에 따라 주무관청에 대차대조표 및 손익계산서를 제출하는 경우의 그 결산에 관한 서류를 사업연도 종료일부터 3월 이내에 납세지 관할 세무서장에게 제출하여야 하는 것이며, 제출하지 않는 경우에는 같은 법 제78조 제3항에 따라 가산세가 부과되는 것임.

재산-72, 2011.2.15.

1. 공익법인 등에 해당하는 종교단체가 출연받은 재산을 종교의 보급 기타 교화 등 고유목적사업에 사용하는 경우에는 「상속세 및 증여세법」 제48조의 규정에 의하여 출연받은 재산에 대한 증여세를 과세하지 않는 것이나, 이 경우 공익법인 등으로 보는 종교단체는 주된 사무소가 국내에 소재하는 경우를 말하는 것임.

2. 「상속세 및 증여세법」 제2조 제1항 제2호의 규정에 따라 외국에 소재하는 비영리법인이 국내에 있는 재산을 증여받은 경우에는 증여세를 납부할 의무가 있는 것이며 또한, 같은 법 제4조 제5항의 규정에 따라 증여자는 수증자가 납부할 증여세에 대하여 연대하여 납부할 의무를 지는 것이나 그 과세표준이 50만원 미만이면 증여세를 부과하지 않음.

재산-852, 2010.11.17.

- 「상속세 및 증여세법 시행령」 제12조 제1호의 규정에 의하여 "종교의 보급 기타 교화에 현저히 기여하는 사업"을 운영하는 종교단체는 공익법인 등에 해당하는 것이며, 이 경우 종교단체가 공익법인 등에 해당하는지 여부는 법인으로 등록했는지에 관계없이 당해 종교단체가 수행하는 정관상 고유목적사업에 따라 판단하는 것임.

- 공익법인에 해당하는 종교단체가 재산을 출연받아 그 출연받은 날부터 3년 이내에 직접 공익목적사업에 사용하는 경우에는 「상속세 및 증여세법」 제48조의 규정에 의하여 증여세가 과세되지 아니하는 것이며, 직접 공익목적사업에 사용하는 것이란 정관상 고유목적사업에 사용하는 것을 말하는 것임.

재산-213, 2009.9.14.

교회가 교인 등에게 대여기간 6개월 이상으로 매각대금을 대여하는 경우 정관상 고유목적사업의 수행에 직접 사용하는 자산을 취득하거나 수익용 또는 수익사업용 재산의 취득 및 운용에 사용하는 경우에 해당하지 아니함.

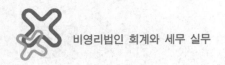

재산 - 1658, 2009.8.10.

단일교회의 경우 「상속세 및 증여세법 시행령」 제38조 제3항의 주무부장관은 종교단체 관련 업무의 지원사항을 관할하는 문화체육부장관임.

재산 - 1118, 2009.6.5.

출연자 1인 및 그와 「상속세 및 증여세법 시행령」 제26조 제4항에 규정된 특수관계에 있는 자가 출연한 재산가액의 합계액이 종교단체가 출연받은 총재산가액의 100분의 5 이상에 해당되지 아니하는 경우에는 같은 법 제50조의 규정에 의한 외부전문가의 세무확인을 받지 아니하여도 되는 것이며, 이 경우 총재산가액의 100분의 5 이상에 해당하는지 여부는 외부전문가의 세무확인을 받아야 하는 과세기간 또는 사업연도의 종료일 현재 대차대조표상 총자산가액(부동산의 경우 같은 법 제60조, 제61조 및 제66조의 규정에 의하여 평가한 가액이 대차대조표상의 가액보다 큰 경우에는 그 평가한 가액)의 합계액을 기준을 판단하는 것임.

서면4팀 - 592, 2008.3.7.

「상속세 및 증여세법」 제48조 제2항의 규정을 적용함에 있어 종교단체가 공익목적사업에 사용하던 부동산의 매각대금 또는 헌금을 공익목적사업에 사용된 차입금의 상환에 사용하였다면 동 부동산의 매각대금 또는 헌금을 직접 공익목적사업에 사용한 것으로 보는 것임.

서면4팀 - 577, 2008.3.6.

종교사업에 불특정다수인이 출연하여 출연자별로 출연받은 재산가액의 산정이 어려운 헌금(부동산·주식 또는 출자지분으로 출연하는 경우를 제외함)의 경우에는 「상속세 및 증여세법」 제48조 제2항 단서 및 동법 시행령 제38조 제1항의 규정에 의하여 사후관리대상 출연재산에서 제외하는 것인 바, 당해 헌금에 대하여는 같은 법 제48조 제5항의 규정에 의한 출연받은 재산의 사용에 대한 계획 및 진도에 관한 보고서의 제출의무도 없는 것이며, 이 경우 '헌금'이란 종교단체가 각각 교인들로부터 직접 출연받은 금전을 말하는 것임. 다만, 출연자별로 출연받은 재산가액의 산정이 가능한 헌금의 경우에는 그러하지 아니함.

서면4팀 - 63, 2008.1.9.

공익법인이 출연받은 재산을 3년 이내에 직접 공익목적사업에 사용하지 아니하여 증여세가 과세되는 경우 증여세 과세가액은 3년이 경과하는 날을 증여시기로 보아 평가한 가액으로 하는 것임.

서면4팀 – 3492, 2007.12.6.

종교단체가 공익법인 등에 해당하는지 여부는 법인으로 등록했는지에 관계없이 당해 종교단체가 수행하는 정관상 고유목적사업에 따라 판단하는 것임.

서면4팀 – 2999, 2007.10.18.

종교단체가 출연받은 금전을 출연자에게 반환하는 경우 공익목적사업 외에 사용한 것으로 보아 증여세가 과세되며, 반환받은 출연자는 그 반환받은 금전에 대하여 증여세 납세의무가 있음.

서면4팀 – 1278, 2006.5.4.

「상속세 및 증여세법」 제48조의 규정을 적용함에 있어 종교의 보급 및 교화에 현저히 기여하는 사업을 영위하는 교회가 출연받은 재산을 예배당 또는 담임목사의 사택으로 사용하는 경우에는 직접 공익목적사업을 수행하기 위하여 사용하는 것으로 보는 것이나, 당해 출연받은 재산을 부목사·전도사·선교사의 사택으로 사용하는 경우에는 직접 공익목적사업에 사용하는 것으로 보지 아니하는 것임.

다만, 당해 부목사 등의 사택이 교회의 경내에 소재한 경우로서 종교의 보급 기타 교화를 목적으로도 사용하는 경우에는 이를 직접 공익목적사업을 수행하기 위하여 사용하는 것으로 볼 수 있음.

서면4팀 – 982, 2006.4.17., 서면4팀 – 1668, 2005.9.16.

종교단체가 명의신탁한 재산을 명의신탁해지하여 실질소유자인 종교단체명의로 환원하는 경우에는 이를 증여로 보지 아니하나 이에 해당하는지 여부는 사실판단할 사항임.

서면4팀 – 60, 2006.1.16.

공익법인 등에 해당하는 종교단체가 단순히 단체의 대표자만 변경하여 부동산 소유자를 새로운 대표자 명의로 변경하는 경우에는 새로운 출연재산으로 보지 아니함.

서면4팀 – 1839, 2005.10.7.

종교단체가 출연받은 재산을 출연받은 날부터 6월 후에 출연자에게 반환한 경우 직접 공익목적사업 외에 사용한 것으로 보아 증여세가 과세됨.

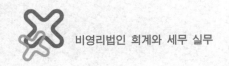
5　지방세법

「지방세법」 중 종교법인과 관련 있는 항목은 부동산의 취득과 관련된 취득세, 등록면허세와 부동산 보유시 발생하는 재산세 및 자동차세 등이 있다.

이와 관련한 구체적인 사항은 '제5장 지방세법, 지방세특례제한법'을 참조하기 바란다.

5-1. 취득세

5-1-1. 개 념

취득이라 함은 매매, 교환, 상속, 증여, 기부, 법인에 대한 현물출자, 건축, 개수, 공유수면의 매립, 간척에 의한 토지의 조성 등과 기타 이와 유사한 취득으로서 원시취득(수용재결로 취득한 경우 등 과세대상이 이미 존재하는 상태에서 취득하는 경우 제외), 승계취득 또는 유상·무상을 불문한 일체의 취득을 말하는 것으로, 취득자가 소유권이전등기·등록 등 완전한 내용의 소유권을 취득하는가의 여부에 관계없이 사실상의 취득행위(잔금지급, 연부금 완납 등) 그 자체를 말하는 것이다(지방세법 제6조 제1호).

5-1-2. 과세물건

「지방세법」상 취득세 과세물건 중 종교법인과 관련이 많은 물건은 다음과 같다(지방세법 제6조 제3호·제4호·제7호, 동법 시행령 제5조·제7조).

① 토지(「공간정보의 구축 및 관리 등에 관한 법률」에 따라 지적공부(地籍公簿)의 등록대상이 되는 토지와 그 밖에 사용되고 있는 사실상의 토지)

② 건축물(건축법 제2조 제1항 제2호의 규정에 의한 건축물. 이와 유사한 형태의 건축물을 포함한다)과 토지에 정착하거나 지하 또는 다른 구조물에 설치하는 레저시설, 저장시설, 도크시설, 접안시설, 도관시설, 급·배수시설, 에너지 공급시설 그 밖에 이와 유사한 시설(이에 부수되는 시설을 포함한다)

③ 차량 : 원동기를 장치한 모든 차량과 피견인차 및 궤도에 의하여 승객 또는 화물을 반송하는 모든 기구

5-1-3. 과세표준

취득세의 과세표준은 취득 당시의 가액으로 한다. 단, 연부로 취득하는 경우에는 연부금액(매회 사실상 지급되는 금액을 말하며, 취득금액에 포함되는 계약보증금을 포함한다)으로 한다(지방세법 제10조).

5-1-4. 종교 및 제사 단체에 대한 면제

토지나 건물 등의 부동산에 대하여는 원칙적으로 취득세가 과세되나 「지방세특례법」에서 감면규정으로 정하는 경우에는 취득세를 부과하지 않는 바, 이 중 종교법인과 관련된 사항은 다음과 같다.

종교단체 또는 향교가 종교행위 또는 제사를 목적으로 하는 사업에 직접 사용하기 위하여 취득하는 부동산에 대하여는 취득세를 면제한다(지방세특례법 제50조 제1항).

다만, 종중은 「지방세특례제한법」 제50조 제1항에서 말하는 「종교단체」에 해당되지 않는다(지방세특례제한법 운영예규 50 – 1).

취득세 비과세를 적용받는 법적 실체에 대하여 「지방세특례제한법」 제50조 제1항에서 종교단체 또는 향교로 규정하고 있으므로, 동 취득세 비과세 규정은 종교단체가 「법인세법」상 법인으로 간주되는 경우 또는 거주자(개인)로 간주되는 경우 모두 적용되는 규정이다.

「지방세특례제한법」 제50조에 종교 및 제사를 목적으로 하는 단체로 규정되어 있을 뿐, 등록 등의 규정이 존재하지 않으므로 사실상 종교활동을 영위하는 종교를 목적으로 하는 미등록단체라고 하더라도 종교용으로 직접 사용하기 위하여 취득하면 비과세대상에 해당한다(세정 – 779, 2005.5.21.).

종교용 부동산을 취득한 경우 당해 부동산이 종교용에 직접 사용하기 위한 부동산인지 여부로 비과세를 판단하는 것이며, 종교단체가 취득하는 경우이므로 종교단체 명의가 아닌 목사 개인명의로 취득한 건축물의 취득세 등은 비과세되지 않는다(세정 13407 – 1068, 2002.11.8.).

또한, 취득세 비과세분에 대하여도 농어촌특별세는 과세되지 아니한다(농어촌특별세법 시행령 제4조 제6항 제5호).

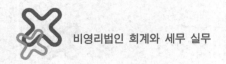

5-1-5. 추징사유

종교법인 또는 종교단체(개인)가 취득한 부동산이라도 공익사업이 아닌 다른 용도로 사용하는 경우에는 비과세된 취득세가 추징되는 바, 이는 다음과 같다(지방세특례제한법 제50조).

① 해당 부동산을 취득한 날부터 5년 이내에 수익사업에 사용하는 경우
② 정당한 사유 없이 그 취득일부터 3년이 경과할 때까지 해당 용도로 직접 사용하지 아니하는 경우
③ 해당 용도로 직접 사용한 기간이 2년 미만인 상태에서 매각·증여하거나 다른 용도로 사용하는 경우

또한, 당초 공익목적이 아닌 다른 용도로 사용시 비과세된 취득세 전액이 과세되는 것은 아니며, 비과세된 취득세 중 당초 공익목적이 아닌 다른 용도로 사용된 부분에 대하여만 비과세된 취득세가 추징되는 것이다.

5-2. 재산세

종교단체 또는 향교가 과세기준일 현재 해당 사업에 직접 사용(종교단체 또는 향교가 제3자의 부동산을 무상으로 해당 사업에 사용하는 경우를 포함함)하는 부동산에 대하여는 재산세(「지방세법」 제112조에 따른 부과액을 포함함) 및 「지방세법」 제146조 제3항에 따른 지역자원시설세를 각각 면제한다(지방세특례제한법 제50조 제2항). 이 경우 해당 사업에 직접 사용할 건축물을 건축 중인 경우와 건축허가 후 행정기관의 건축규제조치로 건축에 착공하지 못한 경우의 건축 예정 건축물의 부속토지를 포함한다(지방세특례제한법 시행령 제25조 제1항).
다만, 수익사업에 사용하는 경우와 해당 재산이 유료로 사용되는 경우의 그 재산 및 해당 재산의 일부가 그 목적에 직접 사용되지 아니하는 경우의 그 일부 재산에 대하여는 면제하지 아니한다.

5-3. 등록면허세 등

종교단체 또는 향교가 그 사업에 직접 사용하기 위한 면허에 대하여는 등록면허세를 면제하고, 해당 단체에 대하여는 주민세 사업소분(연면적에 따라 부과되는 세액으로 한정함) 및 종업원분을 각각 면제한다. 다만, 수익사업에 직접 제공되고 있는 사업소와 종업원을 기준으로 부과하는 주민세 사업소분(연면적에 따라 부과되는 세액으로 한정함)과 종업원분은 면제하지 아니하며, 면제대상 사업과 수익사업에 건축물이 겸용되거나 종업원이 겸직하는 경우에는 주된 용도 또는 직무에 따른다(지방세특례제한법 제50조 제3항).

"종교단체 또는 향교가 그 사업에 직접 사용하기 위한 면허"란 법 제50조 제1항에 따른 종교 및 제사를 목적으로 하는 단체가 그 비영리사업의 경영을 위하여 필요한 면허 또는 그 면허로 인한 영업 설비나 행위에서 발생한 수익금의 전액을 그 비영리사업에 사용하는 경우의 면허를 말한다(지방세특례제한법 시행령 제25조 제2항).

 | 중요 예규 및 판례 |

조심 2023지1647, 2024.2.26.
쟁점부동산의 현장사진에서 그 용도가 인성예절교육과 전통문화체험 등인 것으로 보이므로 이를 교회당·성당·불당 또는 그에 부수되는 시설(교육관 등)과 같이 종교의식에 직접적으로 사용되고 있다고 보기 어려운 점, 감면대상인 향교인 것으로도 확인되지 않는 점 등에 비추어 청구주장을 인정하기 어렵다 할 것임.

조심 2023지0536, 2023.10.16.
취득세 등의 면제대상이 되는 것은 종교의식·예배축전·종교교육·선교 등 종교목적으로 직접 사용되는 부동산에 한하는 것으로, 쟁점학습관은 자연체험을 학습하는 장소로서 그 목적이 종교용에 해당한다고 보기는 어려운 점, 소속 신도나 일반인의 휴양·위락 등의 용도로 사용하기 위하여 대관하는 것으로 보여지는 점 등에 비추어 처분청이 이 건 취득세 등을 부과한 처분은 달리 잘못이 없다고 판단됨.

조심 2022지0222, 2022.11.24.
쟁점부동산을 숙소로 사용한 선교사는 그 소속이 다양하여 청구법인의 목적사업을 수행함에 있어 필수불가결한 중추적 지위에 있다고 보기는 어렵고, 해외 파송 선교사들의 숙식장소로 제공하고 있다고 하더라도 이는 종교단체로서의 본질적 활동인 선교활동,

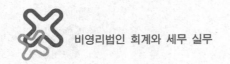
선교사 양성을 위한 교육 등에 직접적으로 또는 일상적으로 사용되었다고 하기 보다는 국내에 일시 체류하는 동안에 안정을 취하는 주거용 등의 부수적인 용도에 사용하는 것으로 보이는 점, 또한 일반신도들의 기도 모임으로 사용되었다고 하더라도 이는 일시적인 것으로 보이는 점 등에 비추어 청구주장을 받아들이기는 어려우므로 처분청이 이 건 재산세를 부과한 데에는 잘못이 없다고 판단됨.

조심 2020지1784, 2021.7.20.
청구법인의 주장처럼 쟁점부동산을 간헐적으로 체육대회나 여름 및 겨울 수련회 등의 기간 동안 사용하였다 하더라도 이는 연속적·영구적 사용이 아닌 간헐적·일시적 사용으로 이를 종교단체 고유의 목적에 직접 사용하는 경우로 인정하기는 어렵다고 할 것인 점 등에 비추어, 청구법인이 쟁점부동산을 취득일로부터 3년 이내에 종교용으로 직접 사용한 것으로 보기 어려움.

지방세특례제도과-642, 2021.3.15.
재단 총회 헌법(교리) 등에 따라 재산이 사실상 강제 편입되었다 하더라도 소유권 변동의 효력이 발생하였고, 계속 종교단체로서 그 목적에 사용한다 하더라도 교회가 취득한 후 2년이 되지 아니한 기간에 소속된 종교단체 유지재단에 명의신탁약정이 있더라도 그에 기반한 증여로 소유권이 이전된 이상, 소유자로서의 지위를 상실하였다고 할 것이므로 이후에는 해당 부동산의 소유자 또는 사실상 취득자의 지위에서 종교단체의 해당 사업에 직접 사용하고 있다고 볼 수 없다(대법원 2016.6.10. 선고, 2016두34707 판결 참조)할 것이므로,
- 「지방세특례제한법」 제50조 제1항 제3호의 '직접 사용한 기간이 2년 미만인 상태에서 증여'한 경우에 해당하여 취득세 감면세액 추징대상에 해당된다고 할 것임.

조심 2020지0067, 2020.9.9.
청구법인은 종교용도로 직접 사용하였던 이 건 건축물을 2019년도 재산세 과세기준일 (6.1.) 현재 철거중이었으므로 그 부속토지인 이 건 토지를 종교용도에 직접 사용하는 것으로 보아 재산세 등이 감면되어야 한다고 주장하나, 기존 건축물이 멸실된 경우 그 부속토지가 지방세특례제한법령에서 규정하는 감면대상 토지에 해당하기 위해서는 재산세 과세기준일(6.1.) 현재 건축물을 건축 중인 경우와 건축허가 후 행정기관의 건축규제 조치로 건축에 착공하지 못한 경우에 해당하여야 하는(조심 2019지3743, 2020.3.10. 결정, 같은 뜻임)바, 이 건 토지 지상의 이 건 건축물은 2019년 재산세 과세기준일(6.1.) 현재 철거중이었고, 청구법인은 새로운 종교용도 건축물 신축하기 위하여 처분청으로부터 2020.3.6. 건축허가는 받았으나, 이 건 심판청구일까지 착공을 하지 않은 점, 이 건

토지가 이 건 정비구역에 포함되어 있고, 이 건 정비사업이 조합과 처분청간의 갈등 등으로 지연되었다고 하더라도 그것은 행정기관의 건축규제조치로 건축에 착공하지 못한 경우로 보기는 어려운 점 등에 비추어 볼 때 이 건 토지가 2019년 재산세 과세기준일(6.1.) 현재 종교용도에 직접 사용중인 것으로 볼 수 없으므로 처분청이 이 건 재산세 등을 부과한 처분에는 달리 잘못이 없다고 판단된다.

서울세제 - 1418, 2020.1.28.

재산세 과세기준일 현재 종교사업에 직접 사용하는 부분과 수익사업 또는 유료로 사용되는 부분이 명확히 구분되고, 그러한 사실이 입증되는 경우라고 한다면 종교사업에 직접 사용하는 부분에 대하여는 재산세 면제대상으로 사료됨.

지방세특례제도과 - 2066, 2019.5.28.

종교단체가 해당 사업에 '직접 사용'한다는 의미는 해당 종교단체의 실제의 사용관계를 기준으로 객관적으로 판단하여야 할 것인바, 종교단체가 해당 부동산을 종교의식, 종교교육, 선교활동 등에 사용하는 경우가 아니거나 종교활동을 위해 반드시 있어야만 하는 필요불가결한 중추적인 지위에 있는 사람이 주거용으로 사용하는 경우가 아니라면 감면대상에서 제외된다고 판단되나, 이에 해당하는지 여부는 구체적인 사실관계를 해당 과세관청에서 확인하여 판단할 사항임.

조심 2018지3278, 2019.2.12.

「지방세특례제한법」 제50조 제2항에서 종교단체가 과세기준일 현재 해당 사업에 직접 사용하는 부동산에 대하여 재산세 등을 면제한다고 규정하고 있어서 정당한 사유의 존재 여부에 관계 없이 그 현황에 따라 과세여부를 결정하여야 하는 바, 청구인이 이 건 토지 인근 주민들의 반대로 이 건 건축물의 신축공사를 진행하지 못하고 있다고 하더라도 2018년도 재산세 과세기준일(6.1.) 현재 이 건 토지를 사실상 나대지로서 종교용으로 직접 사용하지 않고 있는 이상 이는 재산세 면제대상이 아니라 할 것이므로 처분청이 이 건 재산세 등을 부과한 처분은 달리 잘못이 없다고 판단된다.

조심 2018지0161, 2018.12.26.

이상의 사실관계 및 관련 법령 등을 종합하여, 먼저, 쟁점①에 대하여 살펴건대, 비영리사업자가 당해 부동산을 "그 사업에 사용"한다고 함은 현실적으로 당해 부동산의 사용용도가 비영리사업 자체에 직접 사용되는 것을 뜻하고, "그 사업에 사용"의 범위는 당해 비영리사업자의 사업목적과 취득목적을 고려하여 그 실제의 사용관계를 기준으로 객관적으로 판단하여야 할 것(대법원 2002.10.11. 선고, 2001두878 판결, 같은 뜻임)이고, 종교단체가 소유하고 있는 부동산 중 취득세 등이 비과세되는 부동산이라 함은 종교의식, 예배축전, 종교교육, 선교 등 종교목적으로 직접 사용되는 부동산에 한하는 것이라 할 것이며, 여기서 종교목적에 직접 사용되는 부동산이라 함은 최소한의 종교의식을 할 수 있는 시설을 갖추고 일시적이 아닌 정상적인 종교목적으로 사용되는 것으로 보아야 할 것(조심 2012지37, 2012.5.1. 같은 뜻임)인 바, 만일, 이와 같이 해석하지 않고 종교활동과 관련된 모든 부동산에 대하여 감면된다고 하면 그 범위가 지나치게 넓어져서, 종교단체가 그 부동산을 그 사업에 직접 사용하지 않는 경우 등에는 취득세 등을 부과하도록 규정한「지방세특례제한법」제50조 제1항 및 제2항의 규정은 실효성이 없어진다(조심 2014지355, 2014.3.27. 같은 뜻임) 할 것인 바,

청구법인은 쟁점지하주차장을 종교용도(65%)와 종교이외의 용도(35%)로 겸용하여 사용하고 있으므로 종교용도 이외로 사용하는 부분만 과세하여야 한다고 주장하나, 쟁점지하주차장 이용현황이 성직자·신자와 일반인을 따로 구분하여 사용하고 있지 않으며, 신자 등의 경우도 완전 무료가 아닌 2시간만 무료로 사용하고 있어 청구법인이 제출한 쟁점지하주차장의 출입기록집계표상의 유료·무료 주차시간 자료만으로는 이를 객관적인 증빙자료로 인정하기 어려운 점, 처분청이 쟁점지하주차장 등에 출장한 후 작성한 출장복명서 등에 의하면 불특정 다수인 일반인이 쟁점지하주차장을 사용하는 데 제한하는 내용이 없어 성직자·신자들만이 명백하게 쟁점지하주차장을 배타적으로 이용한다고 보기가 어려운 점 등에 비추어 보면, 청구법인이 쟁점지하주차장을 종교용으로 직접 사용한 것으로 보기 어렵고 수익사업에 사용한 것으로 보는 것이 타당하므로 처분청이 쟁점지하주차장에 대한 취득세 등을 추징한 처분은 달리 잘못이 없다고 판단된다.

(3) 다음으로 쟁점②에 대하여 살피건대, 청구법인은 이 건 건축물의 대지안의 공지가 사도에 해당하여 재산세 비과세 대상이라고 주장하나, 위 토지의 인근에 공공용 보도 등 공적인 통행로가 있어 위 토지가 일반인의 자유로운 통행을 위하여 제공할 목적으로 개설된 사도로 보기는 어렵다고 판단된다.

서울세제 - 14759, 2018.11.2.

• 귀문 질의1 : 수익사업에 해당하는지 여부에 대하여,「지방세특례제한법」제2조 제1항 제2호에서 "수익사업"에 대하여「법인세법」제3조 제3항에 따른 수익사업이라고 규정하면서 위 규정에서 부동산·임대 사업을 포함하고 있고,「법인세법시행령」제2조 제1항 제7호에서 종교단체의 임대사업은 수익사업의 범위에서 제외하고 있지 아니하며, 비영리사업자가 부동산을 그 사업에 직접 사용하는 것인지 아니면 수익사업에 사용하는 것인지의 여부는 당해 비영리사업자의 사업목적과 취득목적을 고려하여 그 실제의 사용관계를 기준으로 객관적으로 판단하여야 할 것(대법원 1996.1.26. 선고, 95

누13104 판결 ; 대법원 2006.1.13. 선고, 2004두9265 판결 등 참조)인바, 위와 같은 관련 법령 및 판례를 종합하면 종교단체가 감면부동산을 종교목적으로 직접 사용하지 아니하고 임대하여 임대수익이 발생하는 경우에는 수익사업에 해당하는 것으로 판단됨.

- 귀문 질의2 : 정당한 사유에 해당하는지 여부에 대하여, "정당한 사유"라 함은 입법 취지, 토지의 취득목적에 비추어 그 목적사업에 사용할 수 없는 법령상·사실상의 장애사유 및 장애정도, 목적사업에 사용하기 위한 진지한 노력을 다하였는지 여부, 행정관청의 귀책사유가 가미되었는지 여부 등을 아울러 참작하여 구체적인 사안에 따라 개별적으로 판단하여야 할 것이라고 해석(대법원 2002.9.4. 선고, 2001두229 판결 등 다수 같은 뜻임)하고 있음.

여기서 「상가건물임대차보호법」 제10조에 따라 상가 임대차계약기간 갱신여부가 문제가 될 수 있겠으나, 귀문의 경우 기존 임대차계약을 그대로 승계한 것에 그치지 아니하고 새로운 임대차계약 또는 갱신계약을 체결하여 계속하여 임대하는 경우는 단순히 임대인의 지위를 승계하였다고 보기 어렵고, 부동산을 취득할 당시 직접사용에 따른 장애사유(임대차관계 및 상가건물임대차보호법상 계약 갱신문제 등 존재)가 있음을 충분히 알 수 있었으며, 설령 몰랐다고 하더라도 이는 정당한 사유1) 로 인정하기 어렵다고 판단됨.

1) 이러한 경우까지 정당한 사유로 볼 경우에 기존 임대차가 존재한 부동산을 종교단체가 종교목적으로 취득하고 감면 받은 후에 「상가건물임대차보호법」에 따라 임대차 만료 후에 임차인으로부터 갱신요구를 받고 계속하여 갱신하게 된다면 해당 부동산은 사실상 종교용도로 직접사용하지 못하고 지속적으로 임대사업에 사용할 수밖에 없어서 종교목적에 사용하는 부동산에 대한 취득세 감면 입법취지에 부합하지 아니함.

다만, 이에 해당하는지 여부는 구체적이고 객관적인 사실관계 등을 종합적으로 검토하여 과세관청에서 최종 결정할 사안임.

지방세특례제도과 - 2615, 2018.7.27.

재산세 과세기준일 현재 도시개발사업 미완료로 인하여 종교목적 건축물을 착공하지 못한 경우, 재산세 과세기준일 현재 종교목적으로 직접 사용하지 않는 경우에 해당되므로 감면대상에서 제외됨.

서울세제 - 6299, 2018.5.14.

종교목적으로 취득한 부동산을 지방자치단체에 무상으로 임대하여 국공립어린이집으로 사용하는 경우 이는 지방세특례제한법 제50조 제1항 제2호의 "해당 용도로 직접 사용한 기간이 2년 미만인 상태에서 매각·증여하거나 다른 용도로 사용하는 경우"에 해당하므

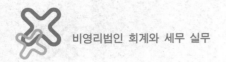

로 취득세 추징대상임.

서울세제 - 866, 2018.1.18.

질의

종교단체가 종교용 부동산을 취득하여 취득세를 면제 받은 후 해당 용도로 직접 사용한 기간이 2년 미만인 상태에서 소속된 유지재단에 증여하여 명의를 이전하였으나, 증여한 종교단체가 해당 부동산을 종교용도로 직접 사용하고 있는 경우 취득세 추징대상에 해당하는지 여부

회신

「지방세특례제한법」 제50조 제1항에서 종교단체 또는 향교가 종교행위 또는 제사를 목적으로 하는 사업에 직접 사용하기 위하여 취득하는 부동산에 대해서는 취득세를 면제하되, 해당 용도로 직접 사용한 기간이 2년 미만인 상태에서 매각·증여하거나 다른 용도로 사용하는 경우 취득세를 추징한다고 규정하고 있는바, 위 면제 및 추징 규정은 종교단체를 대상으로 하여 단체의 해당 사업에 직접 사용하기 위하여 취득하는 부동산에 대하여 취득세를 면제하도록 하면서도 매각·증여와 같이 유상 또는 무상으로 소유권이 이전된 경우를 추징사유의 하나로 규정하고 있는 점, 위 규정의 문언과 입법 취지 등을 종합하여 보면, 종교단체가 어느 부동산을 '그 용도에 직접 사용'한다고 함은 종교단체가 그 부동산의 소유자 또는 사실상 취득자의 지위에서 현실적으로 이를 종교단체의 업무 자체에 직접 사용하는 것을 의미한다고 봄이 타당하다(대법원 2015.3.26. 선고, 2014두43097 판결 ; 대법원 2016.6.10. 선고, 2016두34707 판결 등 참조) 할 것임.

귀 질의의 경우를 보면, 취득세 면제 요건의 구비 여부나 추징조항에 따른 추징사유의 존부는 특별한 사정이 없는 한 취득세 납세의무자별로 개별적으로 판단하여야할 것인바, 종교단체와 유지재단은 서로 독립적인 단체 또는 법인으로, 종교단체가 해당 부동산을 소속 유지재단에 증여한 경우에는 해당 부동산에 대한 소유자로서의 지위를 상실하였다고 봄이 타당하여 증여 이후에는 해당 부동산의 소유자 또는 사실상 취득자의 지위에서 종교단체의 해당 사업에 직접 사용하고 있다고 볼 수 없으므로, 종교단체가 그 사용일부터 2년 이내에 증여한 경우에는 추징사유가 발생하였다고 봄이 타당하고, 증여 후에도 종교단체가 해당 부동산을 직접 사용하고 있다 하더라도 달리 볼 것은 아니라고 판단됨.

다만, 이에 해당하는지 여부는 과세관청이 구체적이고 객관적인 사실관계 등을 종합적으로 검토하여 최종 결정할 사안임.

서울세제 - 10762, 2017.7.21.

- 「지방세특례제한법」제50조 제2항에서 종교단체 또는 향교가 과세기준일 현재 해당 사업에 직접 사용하는 부동산에 대해서는 재산세(「지방세법」제112조에 따른 부과액을 포함한다) 및 「지방세법」제146조 제2항에 따른 지역자원시설세를 각각 면제하되, 다만, 수익사업에 사용하는 경우와 해당 재산이 유료로 사용되는 경우의 그 재산 및 해당 재산의 일부가 그 목적에 직접 사용되지 아니하는 경우의 그 일부 재산에 대해서는 면제하지 아니한다고 규정하고 있음.

- 종교단체가 소속 교역자의 사택용으로 부동산을 사용한 경우에 이를 종교단체가 그 사업에 직접 사용하기 위하여 취득한 것으로 보아 「지방세특례제한법」제50조 제2항에 의하여 재산세 등을 감면하기 위해서는 적어도 그 교역자가 당해 종교단체의 필요 불가결한 중추적 지위에 있음을 요한다할 것인바, 교회 운영상 담임목사 외에 부목사가 필요하다 하더라도 일반적으로 부목사는 교회의 종교 활동에 필요불가결한 중추적인 지위에 있다고는 할 수 없으므로, 부목사의 사택으로 제공된 부동산은 교회의 목적 사업에 직접 사용되는 것이라고 할 수 없어 재산세 등 감면 대상에 해당하지 않는다고 판단됨(같은 취지 대법원 2009.5.28. 선고, 2009두4708 판결).

- 다만, 이에 해당하는지 여부는 과세관청이 구체적이고 객관적인 사실관계 등을 종합적으로 검토하여 최종 결정할 사안임.

서울세제 - 9837, 2017.7.6.

(질의 1) 「지방세법」제109조 제2항에서 국가, 지방자치단체 또는 지방자치단체조합이 1년 이상 공용 또는 공공용으로 사용하는 재산에 대하여는 재산세를 부과하지 아니하되, 다만, 유료로 사용하는 경우에는 재산세를 부과한다고 규정하고 있음. 여기서 재산세 비과세 대상인 '1년 이상 공용 또는 공공용으로 사용하는 재산'이란 행정주체가 직접 일반 공중의 공동사용에 제공한 재산이거나 직접적으로 행정주체 자신의 사용에 제공한 재산으로서(서울행정법원 2009구합19762, 2010.8.20.), 과세기준일 현재 1년 이상 계속하여 공용 또는 공공용으로 실제 사용하였거나 사용할 것이 계약서 등에 의하여 입증되는 경우(지방세법 기본통칙 109 - 1)를 말한다 할 것임. 영유아보육법 제10조에서 국가나 지방자치단체가 설치·운영하는 어린이집을 「국공립어린이집」, 각종 법인이나 단체(종교단체 포함) 등이 설치·운영하는 어린이집을 「법인·단체등어린이집」 등으로 구분하고 있음. 또한, 같은 법 제12조에서 국가나 지방자치단체는 국공립어린이집을 설치·운영하여야 한다고 규정하면서 같은 법 제24조 제2항 및 그 제2호에서 국가나 지방자치단체는 제12조에 따라 설치된 국공립어린이집을 국

가 또는 지방자치단체에 무상으로 사용하게 한 자에게 위탁하여 운영할 수 있다고 규정하고 있음. 따라서 구립어린이집은 영유아 및 가정의 복지 증진에 이바지함을 목적으로 한 영유아보육법에 따라 지방자치단체가 설치·운영(위탁운영 포함)하는 시설이고, 지방자치단체가 설치·운영하는 어린이집이 아닌 각종 법인이나 단체가 설치·운영하는 어린이집 등은 「구립어린이집」이라는 명칭을 사용하지 못할 것이므로, 지방자치단체가 설치·운영하는 구립어린이집은 「지방세법」 제109조 제2항에 따른 공용 또는 공공용 재산에 해당한다고 봄이 타당하여, 귀 질의와 같이 지방자치단체가 부동산을 대가없이 1년 이상 무상임차 받아 구립어린이집을 설치하고 지방자치단체 관리감독 하에 위탁운영 되는 경우에는 지방자치단체가 공용 또는 공공용으로 사용하는 재산에 해당하여 재산세가 비과세 되는 것으로 판단됨.

(질의 2) 질의 1)이 「지방세법」 제109조 제2항에 따라 비과세 되는 것으로 판단되므로 질의 2)에 대한 판단의 실익은 없으나, 가사, 구립어린이집의 위탁운영 방식을 지방자치단체가 직접 사용하지 아니한 것으로 볼 경우, 「지방세특례제한법」 제19조 제2항 및 그 제1호에서 해당 부동산 소유자가 과세기준일 현재 유치원 등에 직접 사용하는 부동산에 대해서는 재산세를 2018년 12월 31일까지 면제한다고 규정하고 있으므로, 결국 어린이집을 위탁운영 받은 부동산 소유자가 직접 사용하는 것이 되어 지방세특례제한법 제2항 및 그 제1호에 따라 부동산 소유자가 과세기준일 현재 유치원 등에 직접 사용하는 부동산에 해당하여 재산세가 면제된다 할 것임(같은 취지 지방세운영과-5459, 2009.12.24. 질의회신 참조). 다만, 이에 해당하는지 여부는 과세관청이 구체적이고 객관적인 사실관계 등을 종합적으로 검토하여 최종 결정할 사안임.

지방세운영-2606, 2011.6.6.

가. 「지방세법」상 종교 및 제사 단체에 대한 감면규정은 공공의 목적에 쓰이거나 공익적 성격을 갖추고 있는 부동산을 과세대상에서 제외함으로써 불특정다수인의 복리증진을 목적으로 하는 사업을 세제지원하고자 하는 입법취지라 할 것임.

나. "종중"이라 함은 선조분묘에 대한 관장, 친목과 상부상조, 종중후생 및 장학사업 등을 목적으로 하는 단체로 정의하고 있는 판례(대법원 90누7487, 1991.2.22.)를 비추어 볼 때, 종중소유의 제실 등이 제사목적에 일부 사용된다 하더라도 특정인 또는 특정 집단의 이익만을 위한 종중명의의 제실 및 그 부속토지는 취득세 감면대상에 해당하지 않는다고 판단됨.

감심 2010-107, 2010.11.4.

제1·2부동산을 주거목적으로 사용한 사람들은 청구인과 관련된 종교단체 소속 종교인, 신학생, 국내외 파견 선교사로 선교사를 제외한 나머지 사용자는 청구인의 선교활동 수행에 필요불가결한 중추적 지위에 있는 자로 보기가 어려운 점 ② 일부 선교사가 □□□□시 지역에 체류하는 동안 그들의 필요에 따라 이 사건 제1·2부동산을 임시 숙소 등으로 사용하였다 하더라도 이는 선교활동을 하면서 직접적 또는 일상적인 주거장소로 사용한 것이 아닌 □□□□시 체류기간 동안 일시적 휴식 또는 거주 공간으로 사용된 것으로 봄이 상당한 점 등을 고려하면 청구인이 이 사건 제1·2부동산을 종교활동에 직접 사용했다고 보기 어려움. 따라서, 이 사건 제1·2부동산이 선교활동 등 종교사업에 직접 사용되었다는 청구인의 주장은 받아들일 수 없다 할 것이고 「지방세법」 제107조 제1호, 제127조 제1항 제1호에 의한 취득세와 등록세 등의 비과세 대상에 해당되지 않음.

조심 2009지1136, 2010.10.8.

청구인이 서원을 가지고 있는 종중이라 할지라도 청구인을 종교 및 제사를 목적으로 하는 비영리공익사업자로 볼 수 없어 이 건 쟁점토지에 대한 재산세 등의 부과처분을 취소하여야 한다는 청구인의 주장은 받아들이기 어렵다 할 것임. 따라서, 처분청의 이 건 쟁점 토지에 대한 재산세 등의 부과처분은 잘못이 없는 것으로 판단됨.

조심 2009지1069, 2010.8.16.

청구인은 2007.7.6. 쟁점부동산을 취득하고서 종교사업에 사용한다 하여 취득세 및 등록세 등 비과세 적용을 받았으나, 2009.1.2. 쟁점부동산이 어린이 영어유치원으로 사용되고 있는 사실이 확인된 점, 이는 「지방세법」 제107조 및 제127조 본문 단서에서 규정하는 대통령령이 정하는 수익사업에 해당되거나 취득일 또는 등기일부터 3년 이내에 정당한 사유 없이 다른 용도에 사용하는 경우 등에 해당하는 점에 비추어, 처분청이 청구인에게 쟁점부동산의 취득세 및 등록세 등을 부과고지한 처분은 잘못이 없는 것으로 판단됨.

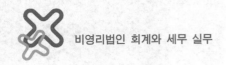
6 기타 세법

이하에서는 지금까지 검토한 중요 세목 이외 기타 세목 중 종교법인에게 적용 가능한 규정을 살펴보도록 한다.

6-1. 국세징수법상 압류금지

① 근거 법조항 : 「국세징수법」 제41조 압류금지재산
② 압류금지 대상 재산 : 제사·예배에 필요한 물건, 비석 또는 묘지

> 국세징수법 기본통칙 41-0…5 【제사 또는 예배에 필요한 물건】
> 법 제41조 제4호에서 '제사 또는 예배에 필요한 물건'이라 함은 체납자 또는 그 동거가
> 족의 제사 또는 예배에 실제로 사용되는 제구 등을 말하며, 단순히 상품 또는 골동품으
> 로서 소장하고 있는 것은 제외된다.

6-2. 개별소비세 면제

① 근거 법조항 : 「개별소비세법」 제18조 제1항 제5호, 동법 시행령 제32조, 동법 시행규칙 제12조
② 개별소비세 면제 대상 재산 : 외국으로부터 사원·교회 등에 기증되는 의식용품 또는 예배용품으로서 다음의 물품 – 탁자류·불기·화병·염주·다기·솥·교단·촛대·성찬용 각종기구·법의(가사를 포함한다)·예복·성포·성막과 베일
③ 기타 사항 : 개별소비세를 면제받고자 할 경우에는 문화체육관광부장관의 사실증명이 기재된 「개별소비세법 시행규칙」 별지 제22호 서식의 개별소비세면세용도물품증명신청서 및 동 증명서를 당해 물품을 판매 또는 반출할 때에(수입물품의 경우에는 그 수입신고시부터 수입신고수리 전까지) 관할세무서장 또는 세관장에게 제출하여 승인을 얻어야 한다.

6-3. 종합부동산세 과세특례

종단에 소속된 법인 또는 단체로서 종교의 보급 기타 교화를 목적으로 설립된 종교단체와 개별 향교가 소유한 주택 또는 토지 중 개별단체가 속하는 향교재단 또는 종교단체(종단)의 명의로 조세포탈을 목적으로 하지 아니하고 등기한 주택 또는 토지가 있는 경우, 대상주택 또는 대상토지를 실제 소유한 개별단체를 과세기준일 현재 각각 주택분 재산세 납세의무자 및 토지분 재산세 납세의무자로 보아 개별단체가 종합부동산세를 신고할 수 있다. 이 경우 대상주택 또는 대상토지는 종합부동산세의 과세에 한하여 개별단체의 소유로 본다(조세특례제한법 제104조의 13).

제12장

기타 비영리법인의 세무

1 의 의

사단이란 일정한 목적을 위해 결합하여 개개 구성원을 초월한 독립의 존재로서 활동하는 사람의 단체를 말한다. 사단으로서 법인이 된 것을 사단법인, 법인이 되지 않은 것을 법인 아닌 사단, 권리능력 없는 사단, 또는 인격 없는 사단이라고 한다. 사단법인과 법인 아닌 사단은 등기(登記)라는 형식에 의해 결정된다. 법인 아닌 사단이 존재하는 까닭은 사단법인의 설립에 허가주의를 취하고 있기 때문에 허가를 받지 못하면 법인 아닌 사단으로 될 수밖에 없고, 또는 사단의 구성원들이 행정관청의 감독과 같은 법적 규제를 회피하려고 하는 경우에 일부러 법인 아닌 사단으로 남기 때문이다.

법인 아닌 사단은 법인격은 없으나 사단이라는 점에서는 근본적으로 사단법인과 같으므로, 법인 아닌 사단에 대하여는 법인격을 전제로 하는 규정을 제외하고는 사단법인에 관한 규정이 준용된다. 다만, 그 재산귀속관계는 총유(總有)[1]가 된다(민법 제275조). 법인 아닌 사단은 부동산등기능력(부동산등기법 제30조)과 소송당사자능력(민사소송법 제52조)을 가진다.

법인 아닌 사단의 예로는 종중, 교회, 동·리와 자연부락, 제중, 복중, 친목계, 등록되어 있지 않은 사찰, 청산위원회 등이 있다.

〔참고〕 대법원 1992.7.10 선고, 92다2431
「민법」상의 조합과 법인격은 없으나 사단성이 인정되는 비법인사단을 구별함에 있어서는 일반적으로 그 단체성의 강약을 기준으로 판단하여야 하는바, 조합은 2인 이상이 상호간에 금전 기타 재산 또는 노무를 출자하여 공동사업을 경영할 것을 약정하는 계약관계에 의하여 성립하므로(민법 제703조) 어느 정도 단체성에서 오는 제약을 받게 되는 것이지만 구성원의 개인성이 강하게 드러나는 인적 결합체인 데 비하여 비법인사단은 구성원의 개인성과는 별개로 권리의무의 주체가 될 수 있는 독자적 존재로서의 단체적 조직을 가지는 특성이 있다 하겠는데 「민법」상 조합의 명칭을 가지고 있는 단체라 하더라

---

1) 총유란 법인이 아닌 사단 등이 집합체로서 물건을 소유하는 공동소유의 형태이다(민법 제275조).

도 고유의 목적을 가지고 사단적 성격을 가지는 규약을 만들어 이에 근거하여 의사결정 기관 및 집행기관인 대표자를 두는 등의 조직을 갖추고 있고, 기관의 의결이나 업무집행 방법이 다수결의 원칙에 의하여 행해지며, 구성원의 가입, 탈퇴 등으로 인한 변경에 관계없이 단체 그 자체가 존속되고, 그 조직에 의하여 대표의 방법, 총회나 이사회 등의 운영, 자본의 구성, 재산의 관리 기타 단체로서의 주요사항이 확정되어 있는 경우에는 비법인사단으로서의 실체를 가진다고 할 것이다.

한편, 재단이란 일정한 목적을 위하여 결합된 재산의 집단을 뜻한다. 재단은 크게 특별재산과 목적재산(공익·사회적 목적을 위하여 출연된 재산)으로 나뉘며, 목적재산은 관리를 위한 형식적 주체가 필요하며, (1) 신탁에 의한 방법, (2) 법인조직에 의한 것, (3) 권리능력이 없는 재단으로 구별된다. 이 중 권리능력 없는 재단이란 재단의 실체를 가지고 있으나 아직 법인격을 취득하지 못한 것을 말한다.

2 성립요건

법인 아닌 사단은 법인격이 없는 데서 오는 차이를 제외하고는 그 실질로 보아 사단법인에 가깝게 다루는 것이 적당하다. 그러므로 대표자와 총회 등 사단으로서의 조직을 갖추어야 하고(사단의 내부관계), 그 구성원의 변경과 관계없이 존속하여야 하며 사단법인의 정관에 상응하는 것이 있어야 한다(사단의 외부관계).

3 법률관계

재산관계에 관하여는 법인이 아닌 사단의 사원이 집합체로서 물건을 소유할 때는 총유(總有)로 하되 총유에 관하여는 사단의 정관 기타의 규약에 의하는 외에(민법 제275조[2]) 그

---

2) 「민법」 제275조【물건의 총유】
  ① 법인이 아닌 사단의 사원이 집합체로서 물건을 소유할 때에는 총유로 한다.
  ② 총유에 관하여는 사단의 정관 기타 계약에 의하는 외에 다음 2조의 규정에 의한다.

재산은 사원총회의 결의에 의하여 관리·처분되고 각 사원은 정관 기타의 규약에 좇아 총유물을 사용·수익할 수 있으며(민법 제276조[3]), 총유물에 관한 사원의 권리의무는 사원의 지위를 취득·상실함으로써 취득·상실하게 된다(민법 제277조[4]). 구성원(構成員)은 회원 기타 단체의 규칙으로 정한 이상의 책임을 지지 않는 것으로 되어 있다.

민사소송법 제52조[5]에 따라 그 밖의 사단의 대외적 교섭에 있어서도 사단의 규칙에 의하여 정해지는 대표기관에 의하여 대표되는 것은 사단법인의 경우와 동일하다.

부동산등기(不動産登記)에 관하여는 사단 자체를 등기권리자(登記權利者) 또는 등기의무자(登記義務者)로 한다(부동산등기법 제26조[6]). 법인 아닌 사단도 직접 사단의 명의로 등기할 수 있다. 법인 아닌 재단의 경우도 이와 같다.

4 사단과 조합의 차이

4-1. 조합의 개념

조합은 「민법」 제703조[7]부터 제724조에 따른 '조합', 「상법」 제78조[8]부터 제86조에 따른 '익

---

3) 「민법」 제276조【총유물의 관리, 처분과 사용, 수익】
   ① 총유물의 관리 및 처분은 사원총회의 결의에 의한다.
   ② 각 사원은 정관 기타의 규약에 좇아 총유물을 사용, 수익할 수 있다.
4) 「민법」 제277조【총유물에 관한 권리의무의 득상】
   총유물에 관한 사원의 권리의무는 사원의 지위를 취득상실함으로써 취득상실된다.
5) 「민사소송법」 제52조【법인이 아닌 사단 등의 당사자능력】
   법인이 아닌 사단이나 재단은 대표자 또는 관리인이 있는 경우에는 그 사단이나 재단의 이름으로 당사자가 될 수 있다.
6) 「부동산등기법」 제26조【법인 아닌 사단 등의 등기신청】
   ① 종중(宗中), 문중(門中), 그 밖에 대표자나 관리인이 있는 법인 아닌 사단(社團)이나 재단(財團)에 속하는 부동산의 등기에 관하여는 그 사단이나 재단을 등기권리자 또는 등기의무자로 한다.
   ② 제1항의 등기는 그 사단이나 재단의 명의로 그 대표자나 관리인이 신청한다.
7) 「민법」 제703조【조합의 의의】
   ① 조합은 2인 이상이 상호출자하여 공동사업을 경영할 것을 약정함으로써 그 효력이 생긴다.
   ② 전항의 출자는 금전 기타 재산 또는 노무로 할 수 있다.

명조합', 특별법에 따른 조합과 기타 사자조합(獅子組合 : 1명만이 이익을 보는 조합) 등이 있다.

「민법」상의 조합은 2인 이상이 상호 출자하여 공동사업을 경영하기로 약정하는 계약을 말하며, 「상법」상 익명조합이란 당사자의 일방(익명조합원)이 상대방(영업자)의 영업을 위하여 출자하고, 상대방은 그 영업으로 인한 이익을 분배할 것을 약정함으로써 그 효력이 생기는 계약을 말한다. 특별법상 조합은 각종 공동목적을 수행하기 위한 사단법인의 한 형태를 뜻한다.

4-2. 조합의 종류

4-2-1. 민법상의 조합

(1) 정 의

「민법」상의 조합이란 2인 이상이 상호출자하여 공동사업을 경영하기로 약정하는 계약을 뜻한다(민법 제703조~제724조).

(2) 조합의 법률적 성질

조합의 출자는 금전 및 그 밖의 재산·노무·신용 등 재산적 가치가 있으면 되고, 종류·성질에는 제한이 없다. 또한, 조합이 영위하는 사업의 종류·성질에도 제한이 없다.

조합의 계약은 조합원 각자가 서로 출자 또는 협력할 채무를 부담하므로 낙성(諾成)·유상(有償)·쌍무(雙務) 계약에 해당한다.

조합원이 출자한 재산은 조합의 재산이라 할지라도 조합이 법인격을 갖지 못하므로 조합원에게 그 재산이 귀속되며, 이를 총유(總有)9)와 공유(共有)10)의 중간형태인 합유(合有)11)

---

8) 「상법」 제78조 【의의】
  익명조합은 당사자의 일방이 상대방의 영업을 위하여 출자하고 상대방은 그 영업으로 인한 이익을 분배할 것을 약정함으로써 그 효력이 생긴다.

9) 「민법」 제275조 【물건의 총유】
  ① 법인이 아닌 사단의 사원이 집합체로서 물건을 소유할 때에는 총유로 한다.
  ② 총유에 관하여는 사단의 정관 기타 계약에 의하는 외에 다음 2조의 규정에 의한다.

10) 「민법」 제262조 【물건의 공유】
  ① 물건이 지분에 의하여 수인의 소유로 된 때에는 공유로 한다.

라 한다.

합유는 다음의 세 가지 특성을 지닌다(민법 제272조~제274조).

① 합유물의 처분, 변경과 보존 : 합유물을 처분 또는 변경함에는 합유자 전원의 동의가 있어야 한다. 그러나 보존행위는 각자가 할 수 있다.
② 합유지분의 처분과 합유물의 분할금지 : 합유자는 전원의 동의 없이 합유물에 대한 지분을 처분하지 못하며, 합유물의 분할을 청구할 수 없다.
③ 합유의 종료 : 합유는 조합체의 해산 또는 합유물의 양도로 인하여 종료한다.

(3) 조합원의 손익분배 및 채권·채무

조합의 사업으로 발생하는 손익은 조합원들에게 분배되는데, 조합계약에 특약이 있는 경우는 그 비율에 따른다. 다만, 손익배분에 대한 특약이 없는 경우 각 조합원의 출자가액에 비례하여 배분하는 것으로 하며, 그 비율은 이익과 손실에 공통된 것으로 추정한다(민법 제711조).

조합의 채권은 총조합원에게 합유적으로 귀속하며, 조합의 채무자는 그 채무와 조합원에 대한 채권과를 상계할 수 없다(민법 제715조[12]). 조합채무는 보통 조합 재산으로부터 변제되지만, 조합채권자는 직접으로 조합원의 개인 재산을 집행할 수도 있다. 또한, 조합채권자는 그 채권 발생 당시에 조합원의 손실부담의 비율을 알지 못한 때에는 각 조합원에게 균분하여 그 권리를 행사할 수 있다.

(4) 조합원의 탈퇴

조합원이 조합사업의 계속 중에 조합원으로서의 지위로부터 물러나는 것을 말한다. 조합원의 탈퇴는 비교적 자유로우며 조합의 존속 기간을 정하지 아니하거나 조합원의 종신까지 존속할 것을 정한 때에는 언제든지 탈퇴할 수 있으며 존속기간을 정한 때에도 부득

---

② 공유자의 지분은 균등한 것으로 추정한다.

11) 「민법」 제271조 【물건의 합유】
① 법률의 규정 또는 계약에 의하여 수인이 조합체로서 물건을 소유하는 때에는 합유로 한다. 합유자의 권리는 합유물 전부에 미친다.
② 합유에 관하여는 전항의 규정 또는 계약에 의하는 외에 다음 3조의 규정에 의한다.

12) 「민법」 제715조 【조합채무자의 상계의 금지】
조합의 채무자는 그 채무와 조합원에 대한 채권으로 상계하지 못한다.

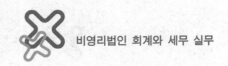

이한 사유가 있으면 탈퇴할 수 있다(민법 제716조[13]). 또한 조합원이 사망하거나 파산을 당하거나 금치산의 선고를 받은 경우와 정당한 사유가 있어 제명된 경우는 탈퇴한다(민법 제717[14]조와 제718조[15]). 탈퇴하면 조합원으로서의 자격은 잃게 되며 그 지분(持分)을 계산하고 금전으로 돌려받게 되는데(민법 제719조[16]), 탈퇴조합원이 부담할 채무액을 공제하지 않고서 환급액을 계산한 경우 탈퇴 이전의 채무는 면하지 못한다고 해석되고 있다.

4-2-2. 상법상의 익명조합

(1) 정 의

익명조합이란 당사자의 일방이 상대방의 영업을 위하여 출자하고 상대방은 그 영업으로 인한 이익을 분배할 것을 약정하는 계약을 통해서 성립하는 조합을 말한다.

(2) 익명조합의 대내적 효력(당사자 간의 관계)

① 익명조합원의 권리의무

　　㉠ 출자의무 : 출자의 목적은 금전 기타의 재산에 한한다. 신용이나 노무의 출자는 인

---

13) 「민법」 제716조 【임의탈퇴】
　　① 조합계약으로 조합의 존속기간을 정하지 아니하거나 조합원의 종신까지 존속할 것을 정한 때에는 각 조합원은 언제든지 탈퇴할 수 있다. 그러나 부득이한 사유 없이 조합의 불리한 시기에 탈퇴하지 못한다.
　　② 조합의 존속기간을 정한 때에도 조합원은 부득이한 사유가 있으면 탈퇴할 수 있다.
14) 「민법」 제717조 【비임의탈퇴】
　　제716조의 경우 외에 조합원은 다음 각 호의 어느 하나에 해당하는 사유가 있으면 탈퇴된다.
　　1. 사망
　　2. 파산
　　3. 성년후견의 개시
　　4. 제명(除名)
15) 「민법」 제718조 【제명】
　　① 조합원의 제명은 정당한 사유있는 때에 한하여 다른 조합원의 일치로써 이를 결정한다.
　　② 전항의 제명결정은 제명된 조합원에게 통지하지 아니하면 그 조합원에게 대항하지 못한다.
16) 「민법」 제719조 【탈퇴조합원의 지분의 계산】
　　① 탈퇴한 조합원과 다른 조합원 간의 계산은 탈퇴 당시의 조합재산상태에 의하여 한다.
　　② 탈퇴한 조합원의 지분은 그 출자의 종류 여하에 불구하고 금전으로 반환할 수 있다.
　　③ 탈퇴 당시에 완결되지 아니한 사항에 대하여는 완결 후에 계산할 수 있다.

정이 되지 않는다(상법 제79조, 제272조¹⁷⁾).

ⓛ 손실부담의무 :

- 비율은 원칙적으로 이익분배의 비율과 같은 것으로 추정한다(민법 제711조 제2 항¹⁸⁾).

- 손실이 그 출자액을 초과한 경우에도 특약이 없으면, 익명조합원은 이미 받은 이 익을 반환하거나 또는 증자할 의무를 부담하지 않는다(상법 제82조 제2항과 제3 항¹⁹⁾).

ⓒ 업무감시권 : 익명조합원은 유한책임사원의 감시권(상법 제277조²⁰⁾)을 준용한다.

ⓔ 출자가액반환청구권 : 익명조합원은 조합계약이 종료하는 때에 영업자에게 출자 가액반환을 청구할 수 있다. 영업자는 그 출자가 손실로 인하여 감소한 경우에는 그 잔액을 반환하면 된다(상법 제85조²¹⁾).

② 영업자의 의무

ⓤ 영업수행의무(선관주의의무)

---

17) 「상법」 제79조【익명조합원의 출자】
익명조합원이 출자한 금전 기타의 재산은 영업자의 재산으로 본다.
「상법」 제272조【유한책임사원의 출자】
유한책임사원은 신용 또는 노무를 출자의 목적으로 하지 못한다.

18) 「민법」 제711조【손익분배의 비율】
① 당사자가 손익분배의 비율을 정하지 아니한 때에는 각 조합원의 출자가액에 비례하여 이를 정한다.
② 이익 또는 손실에 대하여 분배의 비율을 정한 때에는 그 비율은 이익과 손실에 공통된 것으로 추정한다.

19) 「상법」 제82조【이익배당과 손실분담】
② 손실이 출자액을 초과한 경우에도 익명조합원은 이미 받은 이익의 반환 또는 증자할 의무가 없다.
③ 전 2항의 규정은 당사자 간에 다른 약정이 있으면 적용하지 아니한다.

20) 「상법」 제277조【유한책임사원의 감시권】
① 유한책임사원은 영업연도 말에 있어서 영업시간 내에 한하여 회사의 회계장부, 대차대조표, 기타의 서류를 열람할 수 있고 회사의 업무와 재산상태를 검사할 수 있다.
② 중요한 사유가 있는 때에는 유한책임사원은 언제든지 법원의 허가를 얻어 제1항의 열람과 검사를 할 수 있다.

21) 「상법」 제85조【계약종료의 효과】
조합계약이 종료한 때에는 영업자는 익명조합원에게 그 출자의 가액을 반환하여야 한다. 그러나 출자가 손실로 인하여 감소된 때에는 그 잔액을 반환하면 된다.

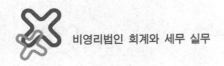
ⓛ 이익분배의무 : 익명조합원의 출자가 손실로 인하여 감소된 때에는 그 손실을 보전한 후가 아니면 이익배당을 청구하지 못한다(상법 제82조 제1항22)).

ⓒ 경업금지의무 : 영업자의 경업금지의무에 대하여는 학설의 대립은 있으나, 의무가 있다는 것이 통설이다. 익명조합원은 영업자의 경업금지의무에 대하여 개입권은 인정되지 않는다.

(3) 익명조합의 대외적 효력(당사자와 제3자의 관계)

① 영업자와 제3자의 관계 : 익명조합원은 제3자와의 관계에서 아무런 권리의무가 없으므로, 영업자에게만 법률관계가 귀속된다.

② 익명조합원과 제3자의 관계

ⓖ 익명조합원은 영업자의 행위에 관하여서는 제3자에 대하여 권리나 의무가 없다(상법 제80조).

ⓛ 익명조합원이 자기의 성명을 영업자의 상호 중에 사용하게 하거나 자기의 상호를 영업자의 상호로 사용할 것을 허락한 때에는 그 사용 이후의 채무에 대하여 영업자와 연대하여 변제할 책임이 있다(상법 제81조).

(4) 익명조합의 종료

① 당사자의 의사에 의한 해지(상법 제83조)

ⓖ 조합계약으로 조합의 존속기간을 정하지 아니하거나 어느 당사자의 종신까지 존속할 것을 약정한 때에는 각 당사자는 영업연도 말에 계약을 해지할 수 있다. 그러나 이 해지는 6월 전에 상대방에게 예고하여야 한다.

ⓛ 조합의 존속기간의 약정의 유무에 불구하고 부득이한 사정이 있는 때에는 각 당사자는 언제든지 계약을 해지할 수 있다.

② 법정사유에 의한 종료(상법 제84조)

ⓖ 영업의 폐지 또는 양도

ⓛ 영업자의 사망 또는 성년후견개시

ⓒ 영업자 또는 익명조합원의 파산

---

22) 「상법」 제82조【이익배당과 손실분담】
① 익명조합원의 출자가 손실로 인하여 감소된 때에는 그 손실을 보전한 후가 아니면 이익배당을 청구하지 못한다.

4-2-3. 민법상 조합과 상법상 익명조합의 비교

위에서 언급한 바와 같이 「민법」상의 조합과 「상법」상의 익명조합은 계약에 의하여 성립되는 공동기업의 형태라는 공통점을 가지고 있으나 다음과 같은 차이점도 존재한다.

구 분	민법상 조합	상법상 익명조합
출자물의 성격	금전 및 그 밖의 재산·노무·신용 등 재산적 가치 있는 것	금전 기타의 재산 (신용, 노무 출자 인정되지 않음)
재산의 소유형태	합유	영업자 소유
영업행위	조합원의 공동사업	영업자의 단독행위
관련 법 조항	민법 제703조~제724조	상법 제78조~제86조

4-2-4. 특별법상의 조합

특별법에 의하여 인정되는 조합은 각종 공동목적을 수행하기 위한 사단법인의 한 형태로 ① 공공사업의 수행을 위한 각종의 공공조합, ② 경제활동에 관한 사업수행을 위한 각종 협동조합, ③ 근로조건의 개선을 위한 근로자들의 노동조합, ④ 직원들의 상호부조를 위한 공제조합(共濟組合) 등이 있다. 그 밖에 특수한 조합으로서 특별지방자치단체인 지방자치단체조합과 공사단(公社團)으로서의 조합(예 : 농지개량조합) 등이 있다.

4-3. 조합과 사단의 차이

일정한 목적을 위하여 결집된 사람의 단체에는 사단(社團)과 조합(組合)이 있다. 사단과 조합의 구분은 엄격한 것은 아니며, 외형상 거의 유사하지만 그 밀집도(단체성)에 의하여 구분된다.

조합은 사단과 달리 단체로서의 단일성보다는 구성원의 개성이 강하게 표면에 나타나고 있으며 민법은 조합을 법인으로 하지 않고 구성원 사이의 일종의 계약관계로 규정하고 있다. 따라서 조합은 법인세법의 적용을 받는 단체가 아니고 소득세법의 적용대상이 된다. 다만, 노동조합, 협동조합 등과 같은 단체들은 명칭만 조합이지 실제로는 특례법에 의하여 설립하는 사단으로서의 실체를 가지는 것이다. 이를 좀 더 자세히 살펴보면 다음과 같다.

사단은 그 밀집도가 매우 높아 사단이라는 단체에 모든 행위가 귀속되며 구성원 개개인의 개성을 초월하여 개개인은 집단의 행위에 속하게 된다. 즉, 법률효과가 구성원에게 귀속되지 아니하고 구성원은 총회를 통하여 다수결로 사단의 운영에 참여할 수 있을 뿐이다. 또한, 단체의 자산이나 부채는 모두 단체에 귀속되므로 구성원은 자산에서 배당을 받거나 설비를 이용할 뿐이며, 단체의 채무에 대하여 책임이 귀속되지 않는다.

반면, 조합은 단체성이 약하여 구성원 개개인의 개성이 사단보다 더 강하게 나타난다. 단체의 행동은 구성원 전원에 의하여 대리권이 임명된 자에 의하여 행하여지고, 그 법률효과는 구성원 전원에게 귀속된다. 또한 단체의 자산과 부채가 구성원 모두에게 귀속된다는 점에서 사단과 다르다. 「민법」은 법인격 있는 단체로서 사단만을 규정하고 조합은 법인이 아닌 일종의 계약 또는 채무관계로 보고 있다(민법 제703조 이하).

어떠한 사람의 단체를 사단으로 보느냐 조합으로 보느냐는 입법상[23]의 문제일 뿐, 실질적으로는 조합이면서도 사단법인으로 인정되는 것이 있으며, 조합의 명칭을 가지면서도 실질적으로는 사단법인인 것도 있다. 합명회사·합자회사 등은 전자의 예이며, 노동조합·농업협동조합 등은 후자의 예이다.

---

23) 대법원 1999.6.25. 선고, 97누20854 판결

어떠한 인적 결합체가 공동사업체인 조합인지 비법인 사단인지 여부를 구별함에 있어서는 그 단체성의 강약을 기준으로 판단하여야 하는 것으로서 구체적으로는 고유의 목적을 가지고 사단적 성격을 가지는 규약을 만들어 이에 근거하여 의사결정기관 및 집행기관인 대표자를 두는 등의 조직을 갖추고 있고, 기관의 의결이나 업무집행방법이 다수결의 원칙에 의하여 행하여지며, 구성원의 가입, 탈퇴 등으로 인한 변경에 관계없이 단체 그 자체가 존속되고, 대표의 방법, 총회나 이사회 등의 운영, 자본의 구성, 재산의 관리 기타 단체로서의 주요사항이 확정되어 있는 경우에는 비법인 사단으로 보아야 할 것인 바(대법원 1992.7.10. 선고, 92다2431 판결 참조), 이 사건 계약자단체가 단체고유의 목적을 가지고, 의사결정기관인 총회와 운영위원회 및 집행기관인 대표자를 두는 등 일정한 조직을 갖추고 있으며, 기관의 의결이나 업무집행방법이 다수결의 원칙에 의하여 행하여지도록 되어 있는 점은 이를 인정하는 바이고, 한편 기록에 의하면 이 사건 토지 중 이 사건 오피스텔에 해당하는 지분의 등기부상 소유 명의나 이 사건 오피스텔의 건축주 명의는 원심 판시와 같이 이 사건 계약자단체의 구성원들 명의로 되어 있는 것이 아니라, 이 사건 계약자 단체의 대표인 원고 유○직 명의로 되어 있음을 알 수 있으므로, 이와 같은 사정들을 종합하여 보면 구성원이 이 사건 계약자단체로부터 탈퇴 또는 그 자격을 양도하는 것이 자유롭지 아니한 점이나 위 단체가 이 사건 건물의 신축·분양까지 비교적 단기간 존속할 것을 예상하고 있는 점을 감안하더라도 이 사건 계약자단체는 비법인 사단으로 봄이 옳다고 할 것이다.

5 법인격 없는 단체에 관한 세법의 내용

5-1. 국세기본법

5-1-1. 법인으로 보는 단체(국세기본법 제13조)

(1) 당연의제법인

법인이 아닌 사단, 재단, 그 밖의 단체 중 다음의 어느 하나에 해당하는 것으로서 수익을 구성원에게 분배하지 아니하는 것은 비영리법인으로 보아 「국세기본법」과 세법을 적용한다(국세기본법 제13조 제1항).

> ① 주무관청의 허가 또는 인가를 받아 설립되거나 법령에 따라 주무관청에 등록한 사단, 재단, 그 밖의 단체로서 등기되지 아니한 것
> ② 공익을 목적으로 출연(出捐)된 기본재산이 있는 재단으로서 등기되지 아니한 것

(2) 승인의제법인

당연의제법인 외의 법인 아닌 단체 중 다음의 요건을 모두 갖춘 것으로서 대표자나 관리인이 관할 세무서장에게 신청하여 승인을 받은 것도 법인으로 보아 「국세기본법」과 세법을 적용한다. 이 경우 해당 사단, 재단, 그 밖의 단체의 계속성과 동질성이 유지되는 것으로 본다(국세기본법 제13조 제2항).

> ① 사단, 재단, 그 밖의 단체의 조직과 운영에 관한 규정(規程)을 가지고 대표자나 관리인을 선임하고 있을 것
> ② 사단, 재단, 그 밖의 단체 자신의 계산과 명의로 수익과 재산을 독립적으로 소유·관리할 것
> ③ 사단, 재단, 그 밖의 단체의 수익을 구성원에게 분배하지 아니할 것

위에 따라 법인으로 보는 법인 아닌 단체는 그 신청에 대하여 관할 세무서장의 승인을 받은 날이 속하는 과세기간과 그 과세기간이 끝난 날부터 3년이 되는 날이 속하는 과세기간까지는 「소득세법」에 따른 거주자 또는 비거주자로 변경할 수 없다. 다만, 위의 요건을 갖추지 못하게 되어 승인취소를 받는 경우에는 그러하지 아니하다(국세기본법 제13조 제3항).

승인을 받으려는 법인이 아닌 단체의 대표자 또는 관리인은 다음의 사항을 적은 문서(별지 제6호 서식)를 관할 세무서장에게 제출하여야 한다(국세기본법 시행령 제8조).

---

① 단체의 명칭
② 주사무소의 소재지
③ 대표자 또는 관리인의 성명과 주소 또는 거소
④ 고유사업
⑤ 재산상황
⑥ 정관 또는 조직과 운영에 관한 규정
⑦ 그 밖에 필요한 사항

또한, 관할 세무서장은 법인 아닌 단체의 대표자 또는 관리인이 제출한 문서에 대하여 그 승인 여부를 신청일부터 10일 이내에 신청인에게 통지(별지 제6호의 2 서식)하여야 하며, 이에 따라 승인을 받은 법인 아닌 단체에 대해서는 승인과 동시에 「부가가치세법 시행령」 제8조 제2항에 따른 고유번호를 부여하여야 한다. 다만, 해당 단체가 수익사업을 하려는 경우로서 「법인세법」 제111조에 따라 사업자등록을 하여야 하는 경우에는 그러하지 아니하다.

승인을 받은 법인 아닌 단체가 「국세기본법」 제13조 제2항의 요건을 갖추지 못하게 되었을 때에는 관할 세무서장은 지체 없이 그 승인을 취소(별지 제6호의 3 서식)하여야 한다.

(3) 국세에 관한 의무

당연의제법인 또는 승인의제법인의 국세에 관한 의무는 그 대표자나 관리인이 이행하여야 한다. 법인으로 보는 단체는 국세에 관한 의무 이행을 위하여 대표자나 관리인을 선임하거나 변경한 경우에는 관할 세무서장에게 신고하여야 한다(국세기본법 제13조 제4항·제5항).

법인으로 보는 단체가 대표자 또는 관리인의 선임신고 또는 변경신고를 하려는 경우에는 대표자 또는 관리인(변경의 경우에는 변경 전 및 변경 후의 대표자 또는 관리인)의 성명과 주소 또는 거소, 그 밖에 필요한 사항을 적은 문서(별지 제6호의 4 서식)를 관할 세무서장에게 제출하여야 한다(국세기본법 시행령 제9조).

만약, 법인으로 보는 단체가 위와 같은 신고를 하지 아니한 경우에는 관할 세무서장은 그 단체의 구성원 또는 관계인 중 1명을 국세에 관한 의무를 이행하는 사람으로 지정할 수 있다. 이때, 관할 세무서장은 다음의 사항을 적은 문서(별지 제7호 서식)로 지체 없이 해당 법인으로 보는 단체에 통지하여야 한다(국세기본법 제13조 제6항, 동법 시행령 제9조의 2).

① 국세에 관한 의무를 이행하는 사람의 성명과 주소 또는 거소
② 지정 연월일
③ 지정 사유
④ 그 밖에 필요한 사항

국세기본법 집행기준 13-0…1【법인으로 보는 단체 등】
① 법인으로 보는 법인 아닌 단체는 당연히 법인으로 보는 단체와 신청과 승인에 의하여 법인으로 보는 단체로 구분된다.

구 분	요 건
당연히 법인으로 보는 단체 (법 제13조 ①)	법인이 아닌 사단, 재단, 그 밖의 단체 중 다음 각 호의 어느 하나에 해당하는 것으로서 수익을 구성원에게 분배하지 아니하는 것은 법인으로 보아 이 법과 세법을 적용한다. 1. 주무관청의 허가 또는 인가를 받아 설립되거나 법령에 따라 주무관청에 등록한 사단, 재단, 그 밖의 단체로서 등기되지 아니한 것 2. 공익을 목적으로 출연(出捐)된 기본재산이 있는 재단으로서 등기되지 아니한 것
신청과 승인에 의하여 법인으로 보는 단체 (법 제13조 ②)	당연히 법인으로 보는 사단, 재단, 그 밖의 단체 외의 법인 아닌 단체 중 다음 각 호의 요건을 모두 갖춘 것으로서 대표자나 관리인이 관할 세무서장에게 신청하여 승인을 받은 것도 법인으로 보아 이 법과 세법을 적용한다. 이 경우 해당 사단, 재단, 그 밖의 단체의 계속성과 동질성이 유지되는 것으로 본다. 1. 사단, 재단, 그 밖의 단체의 조직과 운영에 관한 규정(規定)을 가지고 대표자나 관리인을 선임하고 있을 것 2. 사단, 재단, 그 밖의 단체 자신의 계산과 명의로 수익과 재산을 독립적으로 소유·관리할 것 3. 사단, 재단, 그 밖의 단체의 수익을 구성원에게 분배하지 아니할 것

② 신청과 승인에 의해 법인으로 보는 단체는 그 신청에 대하여 관할 세무서장의 승인을 받은 날이 속하는 과세기간과 그 과세기간이 끝난 날부터 3년이 되는 날이 속하는 과세기간까지는 「소득세법」에 따른 거주자 또는 비거주자로 변경할 수 없다. 다만, 법 제13조 제2항 각 호의 요건을 갖추지 못하게 되어 승인취소를 받는 경우에는 그러하지 아니하다.

③ 법인으로 보는 법인 아닌 단체의 국세에 관한 의무는 그 대표자나 관리인이 이행하여야 한다.

국세기본법 기본통칙 13-0…1【법인격 없는 사단의 재산】
법인격 없는 사단의 사원이 집합체로서 물건을 소유할 때에는 총유로 보아 세법을 적용한다. (※총유물의 관리 및 처분은 사원총회의 결의에 의한다)

5-1-2. 연대납세의무(국세기본법 제25조)

공유물(共有物),[24) 공동사업[25) 또는 그 공동사업에 속하는 재산에 관계되는 국세 및 강제징수비는 공유자 또는 공동사업자가 연대하여 납부할 의무를 진다.

5-2. 소득세법

법인이 아닌 사단·재단 그 밖의 단체는 그 성격에 따라 다음의 3가지 경우로 구분된다.

① 법인으로 보는 경우
② 하나의 거주자(또는 비거주자)로 보는 경우
③ 공동사업으로 보는 경우

이 중 법인으로 보는 경우는 비영리법인으로서 법인세가 과세되며, 이 외의 경우에는 소

---

24) 「국세기본법 기본통칙」 25-0…1【공유물】
　　법 제25조 제1항에서 "공유물"이란 「민법」 제262조(물건의 공유)에 따른 공동소유의 물건을 말한다.

25) 「국세기본법 기본통칙」 25-0…2【공동사업】
　　"공동사업"이라 함은 그 사업이 당사자 전원의 공동의 것으로서, 공동으로 경영되고 따라서 당사자 전원이 그 사업의 성공 여부에 대하여 이해관계를 가지는 사업을 말한다.

득세가 과세된다.

5-2-1. 공동사업

(1) 의 의

　명시적으로 이익의 분배방법이나 분배비율이 정하여져 있지 아니하더라도 사실상 이익이 분배되는 경우에는 그 단체 등의 구성원이 공동으로 사업을 영위하는 것으로 본다. 즉, 공동소유자 또는 공동사업자별로 지분 또는 손익분배 비율에 따라 소득금액을 배분하고 그에 대하여 각각 소득세 납부 의무가 생기는 것이다(소득세법 제2조 제3항).

(2) 공동사업에 대한 납세의무

　소득세는 개인별로 각자의 소득에 대하여 누진세율에 의한 세액의 계산과 인적 공제가 이루어지므로 공동사업으로부터 생긴 소득이라 하더라도 그 소득금액을 연대하여 공동으로 납세의무를 지기가 어렵다. 따라서 공동사업에 관한 소득금액을 계산하는 때에는 편의상 그 공동사업장의 성질로 인하여 사업장단위로 공동사업장을 1거주자와 같이 보고 소득금액계산을 하나 납세의무는 각자의 손익분배비율에 따라 부담하게 되는 것으로 연대납세의무는 없는 것이다(소득세법 제2조의 2 제1항). 이는 일반적인 경우에 「국세기본법」 제25조 제1항 및 동법 제25조의 2에 따라 공유물, 공동사업 또는 당해 공동사업에 속하는 재산에 관계되는 국세 등은 공유자 또는 공동사업자가 연대하여 납부할 의무를 지는 것과 대조되는 특례규정이다.

　그러나 소득세법 제43조 제3항[26]에 따른 조세회피 목적의 공동사업에 해당되어 주된 공동사업자에게 합산과세되는 소득금액에 대하여는 주된 공동사업자 외의 특수관계인은 그의 손익분배비율에 해당하는 소득금액을 한도로 주된 공동사업자와 연대하여 납세의무를 지도록 하고 있다. 이는 합산과세되는 공동사업소득에 대하여는 주된 소득자와 합산대상 공동사업자 간에 연대납세의무를 부여함으로써 납세회피를 방지하기 위한 것이다.

---

26) 「소득세법」 제43조【공동사업에 대한 소득금액 계산의 특례】
　　③ 거주자 1인과 그의 대통령령으로 정하는 특수관계인이 공동사업자에 포함되어 있는 경우로서 손익분배비율을 거짓으로 정하는 등 대통령령으로 정하는 사유가 있는 경우에는 제2항에도 불구하고 그 특수관계인의 소득금액은 그 손익분배비율이 큰 공동사업자(손익분배비율이 같은 경우에는 대통령령으로 정하는 자로 한다. 이하 "주된 공동사업자"라 한다)의 소득금액으로 본다.

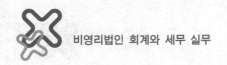

5-2-2. 1거주자로 보는 단체

「국세기본법」 제13조 제1항에 따른 법인 아닌 단체 중 같은 조 제4항에 따른 법인으로 보는 단체 외의 법인 아닌 단체는 국내에 주사무소 또는 사업의 실질적 관리장소를 둔 경우에는 1거주자로, 그 밖의 경우에는 1비거주자로 보아 소득세법을 적용한다.

다만, 다음의 어느 하나에 해당하는 경우에는 소득구분에 따라 해당 단체의 각 구성원별로 소득세 또는 법인세[해당 구성원이 「법인세법」에 따른 법인(법인으로 보는 단체를 포함)인 경우로 한정]를 납부할 의무를 진다(소득세법 제2조 제3항).

> ① 구성원 간 이익의 분배비율이 정하여져 있고 해당 구성원별로 이익의 분배비율이 확인되는 경우
> ② 구성원 간 이익의 분배비율이 정하여져 있지 아니하나 사실상 구성원별로 이익이 분배되는 것으로 확인되는 경우

상기에도 불구하고 해당 단체의 전체 구성원 중 일부 구성원의 분배비율만 확인되거나 일부 구성원에게만 이익이 분배되는 것으로 확인되는 경우에는 다음의 구분에 따라 소득세 또는 법인세를 납부할 의무를 진다.

> ① 확인되는 부분 : 해당 구성원별로 소득세 또는 법인세에 대한 납세의무 부담
> ② 확인되지 아니하는 부분 : 해당 단체를 1거주자 또는 1비거주자로 보아 소득세에 대한 납세의무 부담

5-3. 상속세 및 증여세법

「국세기본법」 제13조 제4항의 규정에 의하여 법인으로 보는 법인격이 없는 사단·재단 또는 그 밖의 단체는 비영리법인으로 보아 「상속세 및 증여세법」을 적용하도록 하고 있다.27) 그러므로 수증자가 내국비영리법인인 경우에는 모든 증여받은 재산에 대하여 증여

---

27) 「상속세 및 증여세법」 제4조의 2 【증여세 납부의무】

세를 납부하여야 하며, 수증자가 비거주자(본점 또는 주된 사무소가 국내에 없는 비영리법인)인 경우에는 증여받은 재산 중 국내에 있는 모든 재산에 대하여 증여세 납부의무가 생긴다. 다만, 증여재산에 대하여 수증자에게 소득세 또는 법인세 부과되는 때에는 증여세를 부과하지 않는다.28)

상속재산 중 피상속인이나 상속인이 종교·자선·학술 또는 그 밖의 공익을 목적으로 하는 사업을 하는 자(이하 "공익법인등"이라 한다)에게 출연한 재산의 가액으로서 신고기한(상속받은 재산을 출연하여 공익법인등을 설립하는 경우로서 부득이한 사유가 있는 경우에는 그 사유가 없어진 날이 속하는 달의 말일부터 6개월까지를 말한다)까지 출연한 재산의 가액은 상속세 과세가액에 산입하지 아니한다(상속세 및 증여세법 제16조 제1항).

또한, 상속재산 중 피상속인이나 상속인이 「공익신탁법」에 따른 공익신탁으로서 종교·자선·학술 또는 그 밖의 공익을 목적으로 하는 신탁29)을 통하여 공익법인 등에 출연하는 재산의 가액은 상속세 과세가액에 산입하지 아니한다(상속세 및 증여세법 제17조 제1항).

---

⑧ 법인격이 없는 사단·재단 또는 그 밖의 단체는 다음 각 호의 어느 하나에 해당하는 자로 보아 이 법을 적용한다.
  1. 「국세기본법」 제13조 제4항에 따른 법인으로 보는 단체에 해당하는 경우 : 비영리법인
  2. 제1호 외의 경우 : 거주자 또는 비거주자

28) 「상속세 및 증여세법」 제4조의 2 【증여세 납부의무】
  ① 수증자는 다음 각 호의 구분에 따른 증여재산에 대하여 증여세를 납부할 의무가 있다.
    1. 수증자가 거주자(본점이나 주된 사무소의 소재지가 국내에 있는 비영리법인을 포함한다. 이하 이 항에서 같다)인 경우 : 제4조에 따라 증여세 과세대상이 되는 모든 증여재산
    2. 수증자가 비거주자(본점이나 주된 사무소의 소재지가 외국에 있는 비영리법인을 포함한다. 이하 제6항과 제6조 제2항 및 제3항에서 같다)인 경우 : 제4조에 따라 증여세 과세대상이 되는 국내에 있는 모든 증여재산
  ③ 제1항의 증여재산에 대하여 수증자에게 「소득세법」에 따른 소득세 또는 「법인세법」에 따른 법인세가 부과되는 경우에는 증여세를 부과하지 아니한다. 소득세 또는 법인세가 「소득세법」, 「법인세법」 또는 다른 법률에 따라 비과세되거나 감면되는 경우에도 또한 같다.
29) 「상속세 및 증여세법 시행령」 제14조 【공익신탁의 범위 등】
  ① 법 제17조 제1항의 규정에 의한 공익신탁은 다음 각 호의 요건을 갖춘 것으로 한다.
    1. 공익신탁의 수익자가 제12조에 규정된 공익법인 등이거나 그 공익법인 등의 수혜자일 것
    2. 공익신탁의 만기일까지 신탁계약이 중도해지되거나 취소되지 아니할 것
    3. 공익신탁의 중도해지 또는 종료시 잔여신탁재산이 국가·지방자치단체 및 다른 공익신탁에 귀속될 것

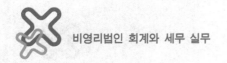

5-4. 법인세법

「법인세법」에서는 다음에 해당하는 법인에 대하여 비영리내국법인으로 보고 있으므로, 법인으로 보는 단체에 대하여 비영리법인으로 보고 「법인세법」을 적용한다.

> ① 「민법」 제32조에 따라 설립된 법인
> ② 「사립학교법」이나 그 밖의 특별법에 따라 설립된 법인으로서 「민법」 제32조에 규정된 목적과 유사한 목적을 가진 법인(대통령령으로 정하는 조합법인 등이 아닌 법인으로서 그 주주(株主)·사원 또는 출자자(出資者)에게 이익을 배당할 수 있는 법인은 제외한다)
> ③ 「국세기본법」 제13조 제4항에 따른 법인으로 보는 단체

비영리내국법인의 각 사업연도 소득은 법에서 열거하는 일정한 수익사업에서 발생한 소득으로 한다. 「법인세법」 적용에 대한 자세한 사항은 제2장을 참조하기로 한다.

 | 중요 예규 및 판례 |

1. 법인으로 보는 예규

서면 - 2018 - 법령해석기본 - 2447, 2018.9.11.
일시·우발적으로 발생한 소득을 분배한 것만으로 「국세기본법」 제13조 제2항 제3호의 '수익 분배'에 해당하지 아니하나 이에 해당하는지 여부는 정관·규약에 이익분배 방법이나 비율 등에 관한 구체적인 규정을 두고 있는지 여부 등을 종합적으로 고려하여 사실판단 할 사항임.

서면 - 2018 - 법령해석기본 - 2024, 2018.7.12.
「민간임대주택에 관한 특별법」 제2조 제11호에 따른 주택임대관리업자(관리사무소장 포함)는 「공동주택관리법」 제2조 제1항 제10호의 '관리주체'에 포함되므로 「국세기본법」 제13조 제2항의 '관리인'에 해당한다고 할 것임.

대법 2017두52306, 2017.10.31.
부실채권정리기금은 국세기본법 제13조 제1항 제2호의 공익을 목적으로 기본재산이 있는 재단으로서 등기되지 아니한 것에 해당되어 법인세법상 비영리내국법인에 해당함.

대구고법 2016누5489, 2016.12.23.

「국세기본법」 제13조 제2항 제3호가 정한 "단체의 수익을 구성원에게 분배하지 아니할 것"이라 함은 대상 단체가 "비영리단체에 해당할 것"을 가리킨다고 할 것인바, 비영리단체의 본질과 특성, 소득세법 시행령 상의 영리단체와 비영리단체의 구분에 따른 과세의 법리 등에 비추어 보면, 정관 또는 규약에 이익의 분배방법이나 분배비율에 관한 구체적인 규정을 두고 그에 따라 정기적으로 일관되게 이익을 분배하는 단체의 경우에만 단체의 수익을 구성원에게 분배하는 것이고, 그 외에 비정기적으로 특수한 경우에 관한 이익의 분배방법만을 정하고 있는 경우에는 단체의 수익을 구성원에게 분배하지 아니하는 것으로 봄이 타당함.

서면2팀 - 116, 2008.1.17.

「사회기반시설에 대한 민간투자법」 제30조의 규정에 의한 산업기반신용보증기금은 「국세기본법」 제13조 제4항의 규정에 의한 법인으로 보는 법인격이 없는 단체(법인으로 보는 단체)에 해당하는 것임.

국심 2005서1209, 2006.7.5.

재건축조합이 법인격 없는 사단으로서 「주택건설촉진법」에 의해 설립인가를 받아 설립되었다면 그 인가는 「국세기본법」 제13조의 인가에 해당하여 법인격이 없는 단체로 비영리법인에 해당함.

대법 2005두1343, 2005.7.8.

이 사건 주택조합을 「국세기본법」상의 '법인으로 보는 단체'로서 「법인세법」상의 비영리 내국법인으로 보는 이상, 이 사건 주택조합이 주체가 되어 재건축한 아파트를 제3자에게 일반분양하여 얻게 된 소득은 일단 비영리법인의 사업소득으로 귀속되어 법인세의 부과대상이 되는 것이므로, 이 사건 주택조합에게 이 사건 일반분양에 의하여 발생한 소득과 관련하여 법인세를 부과하는 것이 실질과세의 원칙에 위배된다고 볼 수는 없음. 따라서 이 점을 내세우는 상고이유의 주장도 받아들일 수 없음.

대법 2003두2656, 2005.6.10.

「국세기본법」상 법인으로 보는 법인격이 없는 단체는 「법인세법」상 비영리법인으로 취급되는 것이지만 「국세기본법」상 법인으로 보는 법인격이 없는 단체가 되기 위하여 별도로 비영리성의 요건을 갖추어야 하는 것은 아님.

서삼 46019 - 11505, 2003.9.23.

「비영리민간단체지원법」에 의해 주무관청에 등록한 단체는 법인으로 보는 단체에 해당함.

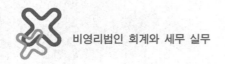

2. 법인으로 보지 않는 예규

서면 - 2018 - 법령해석기본 - 1900, 2019.5.21.

주택조합이 상가분양에서 발생한 수익금을 단체의 구성원이 부담하여야 할 주택건축비에 충당하는 것은 수익을 구성원에게 분배하는 것으로, 이 경우 해당 조합은 「국세기본법」 제13조 법인으로 보는 단체에 해당하지 아니하는 것임.

조심 2017서0110, 2018.7.5.

청구단체는 「사회단체신고에 관한 법률」에 따라 ○○○에 사회단체로 '신고'하여 '수리'된 단체일 뿐, 「국세기본법」 제13조의 제1항에서 규정하는 '주무관청의 허가 또는 인가를 받아 설립되거나 법령에 따라 주무관청에 등록한 단체'에는 해당되지 아니함.

서면 - 2017 - 법령해석기본 - 1257, 2017.6.30.

「국세기본법」 제13조에 따라 법인으로 보는 단체에 해당하기 위해서는 '수익을 구성원에게 분배하지 아니할 것'의 요건을 충족하여야 하는바 일반분양에서 발생한 수익을 구성원이 부담하여야 하는 사업비에 충당하는 것은 구성원에게 수익을 분배하는 것에 해당하여 위 요건에 위배됨.

조심 2016부1642, 2016.7.14.

청구종중은 처분청으로부터 「국세기본법」 제13조의 법인으로 보는 단체로 승인을 받은 사실이 없는 것으로 나타나는 점, 청구종중의 정관상 종중의 수익을 구성원에게 분배하지 아니한다는 내용이 없는 점 등에 비추어 청구종중은 「국세기본법」상 법인으로 보는 단체의 요건을 갖추지 못한 것으로 보이므로 쟁점토지 양도에 대하여 양도소득세를 부과한 처분은 잘못이 없음.

법인 - 255, 2012.4.9.

집합건물관리단은 법인으로 보는 단체에 해당하지 아니하고, 단체의 구성원이 공동으로 사업을 영위하는 것에 해당함.

법인 - 855, 2011.10.31.

「사립학교법」 제2조 제1항 및 「초·중등교육법」 제60조의 3에 따라 사인이 설립한 대안학교는 개인학교로서 법인이 아닌 사단·재단·기타 단체에 해당하지 않으므로, 「국세기본법」 제13조에 따른 「법인으로 보는 단체」에 해당하지 아니하는 것임.

소득 - 652, 2011.7.28.

주택조합이 대표자는 선임하였으나 이익분배방법이나 분배비율이 정해지지 않더라도 사실상 이익이 분배되는 경우에는 조합원의 공동사업으로 보아 분배되었거나 분배될 소득금액에 따라 각 조합원별로 소득세 납세의무를 지는 것임.

법규부가 2008 - 100, 2009.1.7.
사실관계와 같이 「신행정수도 후속대책을 위한 연기·공주지역 행정중심복합도시 건설을 위한 특별법」에 따른 행정중심복합도시 건설사업의 시행과 관련한 이주대책으로 한 국토지공사로부터 공동주택건설용지를 공급받은 거주자들이 당해 거주자들을 조합원으로 하여 세종주민아파트건축조합을 설립(법인등기는 하지 아니함)한 후, 주택건설업자와 공동주택 건설도급계약을 체결하여 건설된 공동주택에 대하여는 우선적으로 조합원에게 분양하고 잔여세대는 일반분양하여 조합운영 및 공사대금에 충당하고자 하는 경우, 당해 아파트건축조합은 「국세기본법」 제13조 제1항 및 제2항에 따른 "법인으로 보는 단체" 외의 단체로서 각자의 지분비율에 따라 사실상 이익이 분배되므로 「소득세법 시행규칙」 제2조에 따라 당해 조합의 구성원인 조합원이 공동으로 사업을 영위하는 것으로 보는 것임.

징세 - 3639, 2008.8.7.
「노인복지법」 제37조 제2항의 규정에 의하여 노인여가복지시설을 설치하고자 하는 자가 주무관청에 노인여가복지시설 설치신고를 하여 등록하는 것은 「국세기본법」 제13조 제1항에 규정한 "등록"에 해당되지 않는 것임.

재조세 - 715, 2007.6.11.
「변호사법」에 의하여 설립된 법무조합은 「국세기본법」 제13조 제1항 제1호의 규정에 의한 법인으로 보는 단체에 해당하지 아니함.

서면1팀 - 1104, 2005.9.20.
「산업발전법」에 의한 기업구조조정조합은 「국세기본법」 제13조에서 규정하는 법인으로 보는 단체에 해당하지 않음.

재소득 - 120, 2005.4.4.
「집합건물의 소유 및 관리에 관한 법률」의 규정에 의해 설립된 집합건물의 관리단은 「소득세법 시행규칙」 제2조의 규정에 의해 그 단체의 구성원이 공동으로 사업을 영위하는 것에 해당하므로, 부동산관리용역 등을 제공하고 받은 수익금은 사업소득의 총수입금액에 산입하는 것이며 또한, 집합건물의 관리유지 등을 위해 적립한 특별수선충당금은 당해 연도의 필요경비에 산입할 수 없는 것임.

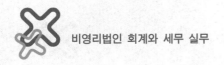

징세 - 5295, 2004.12.3.
「근로복지기본법」 제28조에 의하여 설립된 우리사주조합은 「국세기본법」 제13조에 의한 법인으로 보는 단체에 해당하지 아니함.

3. 법인으로 보는 단체의 납세의무이행, 승인신청 등

서면 - 2020 - 법인 - 5426, 2020.12.22.
아파트입주자대표회의는 「국세기본법」 제13조 제2항에 따른 법인으로 보는 단체로 승인받은 때부터 「법인세법」 제3조에 따라 그 소득에 대한 법인세를 납부할 의무가 있는 것임.

서울세제 - 5885, 2018.5.3.
「지방세법」 제13조 제1항에서 수도권정비계획법 제6조에 따른 과밀억제권역에서 대통령령으로 정하는 본점이나 주사무소의 사업용 부동산을 취득하는 경우의 취득세은 제11조 및 제12조의 세율에 중과기준세율의 100분의 200을 합한 세율을 적용한다고 규정하고 있고 같은 법 시행령 제25조에서 "대통령령으로 정하는 본점이나 주사무소의 사업용 부동산"이란 법인의 본점 또는 주사무소의 사무소로 사용하는 부동산과 그 부대시설용 부동산(기숙사, 합숙소, 사택, 연수시설, 체육시설 등 복지후생시설과 향토예비군 병기고 및 탄약고는 제외한다)을 말한다고 규정하고 있음.
지방세법상 법인이라 함은 민법상 법인, 상법상 법인, 특별법에 의하여 설립된 법인 등 영리법인과 비영리법인을 불문한 모든 법인이 해당되는 것이며, 법인격 없는 사단이나 재단, 종중 등은 여기의 법인에서 제외됨.
따라서 귀 질의와 같이 설립등기 되지 않은 법인으로 의제하는 단체는 지방세법 상 법인에 해당하지 않아 취득세 중과대상이 아니라고 판단됨.
다만, 이에 해당하는지 여부는 과세권자가 사실관계 등을 종합하여 최종 판단할 사안임.

서면 - 2016 - 법인 - 4066, 2016.9.9.
수익사업소득의 제외대상인 "비영리법인의 고유목적사업에 처분일 현재 3년 이상 사용한 고정자산의 처분수입"에서 사용여부를 판단할 때 법인으로 승인 받기 전에 취득한 부동산을 처분하는 경우 법인으로 보는 단체로 승인 받기 전부터 사실상 고유목적사업에 직접 사용한 때에는 고유목적사업에 직접 사용한 날부터 기산하여 3년을 적용하는 것임.

법인 - 516, 2011.7.26.
법인으로 보는 단체의 승인 및 승인취소는 관할 세무서장이 사실 판단할 사항임.

국심 2006서1530, 2006.6.30.
법인으로 보는 단체를 신청한 대표자가 당해 종단의 대표자인지가 불분명하므로 법인으로 보는 단체 승인 신청을 거부한 처분은 정당함.

서면4팀 - 946, 2005.6.15.
「국세기본법」 제13조 제1항의 규정에 의한 법인으로 보는 사단·재단 기타 단체 외의 법인격이 없는 단체 중 제2항 각 호의 요건을 갖춘 것으로서 대표자 또는 관리인이 동법 시행령 제8조에 의거 관할세무서장의 승인을 얻은 단체의 경우 이를 법인으로 보아 이 법과 세법을 적용하는 것이며, 부동산 등 양도소득세 과세대상 자산을 양도하는 단체가 「국세기본법」 제13조의 규정에 의한 법인으로 보는 단체 이외의 단체인 경우 그 단체가 대표자 또는 관리인이 선임되어 있고 이익의 분배방법 및 분배비율이 정하여져 있지 아니하면 「소득세법 시행규칙」 제2조의 규정에 의하여 그 단체를 하나의 거주자로 보아 양도소득세를 과세하는 것이나, 이익의 분배방법 및 분배비율이 정하여져 있으면 그 단체를 공동사업자로 보아 각 거주자별로 양도소득세를 과세하는 것임.

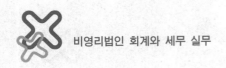
〔별지 제6호 서식〕 (2024.3.22. 개정)

법인으로 보는 단체의 승인신청서

(앞쪽)

접수번호		접수일		처리기간	10일
신청단체	명 칭			결성연월일	
	소재지				
	전화번호			전자우편주소	
대표자 또는 관리인	성 명			주민등록번호	
	주소 또는 거소				
	전화번호 (자택)		(휴대전화)	전자우편주소	
부동산등기용 등록번호			※ 부동산등기용 등록번호를 부여받은 경우에만 작성합니다.		
사업내용	고유사업				
	수익사업				

단체의 재산상황			
구 분	소재지(발행처)		가액
부 동 산			
유가증권 및 그 밖의 재산			
합 계			

주사무소 현황							
주사무소 구분 및 면적		※ 임대인 명세란 및 임대계약 명세란은 주사무소를 임차한 경우에만 작성합니다.					
		임대인 명세			임대계약 명세		
자기 소유	타인 소유	성명 (법인명)	사업자 등록번호	주민(법인) 등록번호	계약기간	보증금	월차임 (부가세 포함)
㎡	㎡						

신청인의 위임을 받아 대리인이 신청을 하는 경우 아래 사항을 적어 주시기 바랍니다.

대리인 인적사항	성 명		주민등록번호	
	주소 또는 거소			
	전화번호 (자택)	(휴대전화)	신청인과의 관계	

국세청이 제공하는 국세정보 수신동의 여부	[ ] 문자(SMS) 수신에 동의함(선택) [ ] 이메일 수신에 동의함(선택)

「국세기본법」 제13조 제2항 및 같은 법 시행령 제8조 제1항에 따라 위와 같이 신청합니다.

년   월   일

신청인   (서명 또는 인)

위 대리인   (서명 또는 인)

세무서장 귀하

첨부서류	1. 대표자 또는 관리인임을 입증할 수 있는 자료 1부 2. 정관 또는 조직과 운영에 관한 규정 1부 3. 임대차계약서 사본(주사무소를 임차한 경우만 해당합니다) 1부	수수료 없 음

210mm×297mm[백상지 80g/㎡(재활용품)]

처리절차

이 신청서는 아래와 같이 처리됩니다.

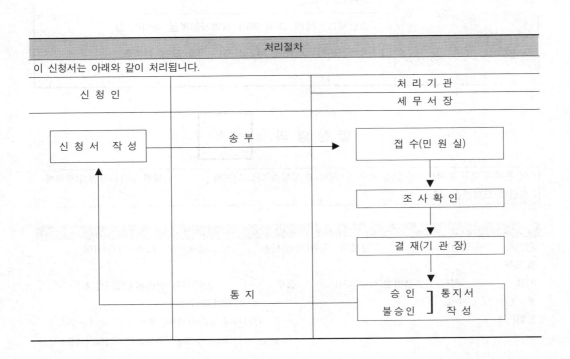

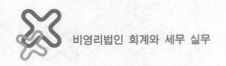

[별지 제6호의 2 서식] (2011.4.11. 개정)

행 정 기 관 명

수신자
(경유)

제 목 **법인으로 보는 단체의 승인 여부 통지**

귀 단체가 신청한 '법인으로 보는 단체'의 승인 여부를 아래와 같이 알려드립니다.

(근거 : 「국세기본법」 제13조 제2항 및 같은 법 시행령 제8조 제2항)

단 체 의 명 칭		
대 표 자 또 는 관 리 인	성 명	
	주소(거소)	
주 사 무 소 소 재 지		
결 성 연 월 일		. . .
사 업 내 용	고유사업	
	수익사업	
법인으로 보는 단체의 승인 여부	□승 인	□ 고유번호
		□ 「법인세법」 제111조에 따라 사업자등록을 하여야 함.
	□승인불가	□ 「국세기본법」 제13조 제2항 제( )호 요건 불충족
		( )

끝.

발 신 명 의   직인

이 통지에 대한 문의사항이 있을 때에는 ○○○과 담당자 ○○○(전화 :   )에게 연락하시면 친절하게 상담해 드리겠습니다.

기안자 직위(직급) 서명   검토자 직위(직급)서명   결재권자 직위 (직급)서명
협조자
시행   처리과−일련번호(시행일자)   접수   처리과명−일련번호(접수일자)
우   주소   /   홈페이지 주소
전화( )   전송( )   /   기안자의 공식전자우편주소   /   공개구분

210mm×297mm[일반용지 70g/m²(재활용품)]

〔별지 제6호의 3 서식〕 (2011.4.11. 개정)

행 정 기 관 명

수신자
(경유)

제 목 **법인으로 보는 단체의 승인 취소 통지**

　　　귀 단체에 대한 '법인으로 보는 단체의 승인'이 아래와 같은 이유로 취소되었음을 알려드립니다. (근거 : 「국세기본법」 제13조 제2항 및 같은 법 시행령 제8조 제4항)

단 체 의 　명 칭			고 유 번 호	
대표자 또는 관리인	성　　　명			
	주소(거소)			
주 사 무 소 소 재 지				
사 　업 　내 　용	고유사업			
	수익사업			
승 인 　취 소 　이 유	「국세기본법」 제13조 제2항 제(　)호　요건 불충족 (　　　　　　　　　　　　　　　　　　　　　)			

끝.

발 신 명 의　[직인]

이 통지에 대한 문의사항이 있을 때에는 ○○○과 담당자 ○○○(전화 :　　　)에게 연락하시면 친절하게 상담해 드리겠습니다.

기안자 직위(직급) 서명　　검토자 직위(직급)서명　　　결재권자 직위 (직급)서명
협조자
시행　　　처리과-일련번호(시행일자)　　접수　　　처리과명-일련번호(접수일자)
우　　주소　　　　　　　　　　　　　　　/　홈페이지 주소
전화( )　　　　　전송( )　　　　　/　기안자의 공식전자우편주소　　/　공개구분

210mm×297mm[일반용지 70g/m² (재활용품)]

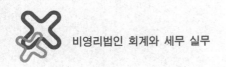

〔별지 제6호의 4 서식〕(2014.3.14. 개정)

법인으로 보는 단체의 대표자 등의 선임(변경)신고서

접수번호		접수일		처리기간 즉시

신고 단체	명 칭		고유번호 또는 사업자등록번호
	소재지		
	전화번호		전자우편주소

신고 내용	선임(변경)연월일		신고사유 [ ]최초선임 [ ]변 경
	최초 선임 (변경 전)	성명	주민등록번호
		주소 또는 거소	
	변경 후	성명	주민등록번호
		주소 또는 거소	

「국세기본법」 제13조 제5항 및 같은 법 시행령 제9조에 따라 위와 같이 신고합니다.

년   월   일

신고인   (서명 또는 인)

세무서장 귀하

첨부서류	없 음	수수료 없 음

210mm×297mm[백상지 80g/㎡(재활용품)]

〔별지 제7호 서식〕(2011.4.11. 개정)

행 정 기 관 명

수신자
(경유)

제 목 **법인으로 보는 단체의 국세에 관한 의무 이행자 지정 통지**

귀 단체의 '국세에 관한 의무 이행자'를 아래와 같이 지정하였음을 알려드립니다.

(근거 : 「국세기본법」 제13조 제6항 및 같은 법 시행령 제9조의 2)

단 체 의 명 칭		고 유 번 호	
주 사 무 소 소 재 지			
의 무 이 행 자	성　　　명	생 년 월 일	
	주소(거소)		
지 정 연 월 일	년　월　일		
지 정 사 유			

끝.

발 신 명 의　　　직인

이 통지에 대한 문의사항이 있을 때에는 ○○○과 담당자 ○○○(전화 :　　　　)에게 연락하시면 친절하게 상담해 드리겠습니다.

기안자 직위(직급) 서명　　　검토자 직위(직급)서명　　　결재권자 직위 (직급)서명
협조자
시행　　　　처리과–일련번호(시행일자)　　　접수　　　　처리과명–일련번호(접수일자)
우　　　주소　　　　　　　　　　　　　　　/ 홈페이지 주소
전화( )　　　　　　　전송( )　　　　　/ 기안자의 공식전자우편주소 / 공개구분

210mm×297mm[일반용지 70g/m²(재활용품)]

1 과세이론

1-1. 도관이론

도관이론이란 조합은 공동사업활동에 있어 배당, 이자, 자본이득을 투자나 사업활동의 대상으로부터 조합원에게 전달하여 주는 역할을 하는 것이므로 조합의 행위는 조합원들 각자에게 귀속될 뿐 조합에게 귀속되는 것이 아니라는 것이다. 그렇기 때문에 조합과 조합원들 양측에 세금을 부과함은 부당하며 납세의무자가 될 수 없다고 보는 이론이다.

1-2. 실체이론

조합 자체에 독립성을 부여하는 실체이론으로 재산을 중심으로 과세관계가 성립하여 조합과 조합원 모두 납세주체가 된다고 보는 이론이다. 이 이론상의 조합원은 법인의 주주와 같이 실체의 지분을 가지며 납세주체가 된다.

2 조합의 실체 인정 여부에 따른 단계별 과세문제

2-1. 조합의 결성 및 출자

도관이론은 조합은 조합원의 재산을 출자 받아 공동사업행위를 하더라도 이것이 조합원에 귀속되며 그 과정에서 생긴 재산 등도 조합원의 소유로 보기 때문에 조합의 결성 및 출자의 과정이 진행될 때 조합원에게 과세될 사항은 존재하지 않는다. 하지만 조합원이 조합의 출자과정에서 자기 지분을 초과해서 재산을 조합에 인도하는 경우 그 부분과 실제 자기 지분 부분만큼의 차이에는 양도소득세가 과세된다고 볼 수 있다.

반대로 실체이론에 따르면 조합자체에 독립성이 부여되며 조합과 조합원의 관계는 법인과 법인의 주주와 같은 관계이므로 조합과 조합원은 모두 납세주체가 된다고 하였다. 이 때 조합원들이 조합에 재산 등을 출자할 때 이 행위를 양도로 보아 출자 당시의 측정금액과 그 재산 등의 취득금액과의 차액에 대해서 개인의 경우 양도소득세가 과세되고 법인의 경우 법인세가 과세된다. 게다가 조합원이 출자하는 재산 등이 과세사업에 사용하던 자산인 경우 부가가치세 또한 과세되며 조합의 재산 취득시 취득세 또한 과세된다고 볼 수 있다.

2-2. 사업의 운영단계

도관이론에 따르면 조합은 단지 조합원의 활동에 대한 수입이 조합원에게 이동되는 수단에 불과하므로 사업의 운영단계에서도 조합에게 과세되는 것은 없고 조합이 사업을 영위하여 벌어들인 소득을 조합원에게 출자비율이나 손익분배비율에 따라 배분하면 그 배분된 소득을 조합원은 자신의 다른 소득과 합하여 소득세를 납부하는 것이다. 조합원이 조합결성시 출자했던 부동산을 처분하는 경우에는 그 부동산은 조합원의 재산이므로 조합원이 처분가액과 취득가액의 차액을 기준으로 양도소득세를 납부한다.

실체이론에 따르면 조합은 조합자체에 독립성을 가지고 있기 때문에 사업운영에 의해서 발생한 소득에 대해서 법인세나 소득세를 납부할 의무가 존재한다. 조합원의 출자로 취득한 부동산을 처분했을 시에는 조합이 그에 대한 납세의무가 존재하고 조합이 소득을 배분한 후에 조합원도 소득세의 납세의무가 존재한다.

2-3. 조합의 해산 및 청산

도관이론에 따르면 조합원이 출자했던 주식이나 부동산 등은 계속적으로 조합원의 소유이므로 조합의 해산이나 청산에 의해서 재산을 반환하는 경우에 과세문제가 대두되지 않는다. 하지만 부동산을 조합에 출자한 후 조합 해산시 재산을 처분한다면 처분가액과 재산

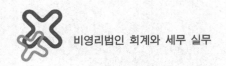

을 출자시가 아닌 실제 취득일 기준으로 양도차익을 계산하여야 한다.

실체이론에 의하면 조합의 해산 및 청산이 이루어질 때 세 가지의 과세문제가 대두될 수 있다. 우선 해산시 재산을 조합원에게 환원하게 되면 조합의 재산이 되었던 것을 처분하는 개념이므로 양도소득세가 과세되고 사업에 사용하였던 재산일 경우 부가가치세가 과세된다. 이때 양도차익은 조합에 재산을 출자하였을 때의 조합의 취득가액과 조합원에게 환원할 때의 처분가액을 기준으로 계산한다. 또한 조합원에게는 조합으로부터 다시 재산을 취득하는 개념이므로 취득세가 과세된다.

3 **조합에 대한 세법 내용**

3-1. 공동사업 과세특례

우리나라 세법상 조합의 납세의무에 대해서는 「국세기본법」 제13조에서는 법인으로 보는 단체의 범위를 정하고 있고 「소득세법」 제2조 제3항에서는 위의 「국세기본법」에서 법인 아닌 단체를 거주자로 보는 경우에 대해서 설명하고 있다. 또한 거주자로 보는 경우 이익이 분배되는 방법 등에 따라 그 단체 등의 구성원이 공동으로 사업을 영위하는 것으로 보고 있는데, 사업소득(부동산임대소득 포함)이 발생하는 공동사업장은 이를 1거주자로 보아 공동사업장의 소득금액을 계산한다. 이 계산된 공동사업장의 소득금액을 각 공동사업자별로 분배하고 각 공동사업자는 자신에게 분배된 소득금액을 자신의 종합소득에 합산한다. 이때 특수관계인의 경우 조세회피목적으로 공동사업을 영위하는 경우는 소득금액을 분배하여 과세하지 않고 예외적으로 합산과세한다.

┃ **소득세법 제43조 【공동사업에 대한 소득금액 계산의 특례】**┠────────────

① 사업소득이 발생하는 사업을 공동으로 경영하고 그 손익을 분배하는 공동사업[경영에 참여하지 아니하고 출자만 하는 대통령령으로 정하는 출자공동사업자(이하 "출자공동사업자"라 한다)가 있는 공동사업을 포함한다]의 경우에는 해당 사업을 경영하는 장소(이하 "공동사업장"이라 한다)를 1거주자로 보아 공동사업장별로 그 소득금액을 계산한다. (2009.12.31. 개정)

② 제1항에 따라 공동사업에서 발생한 소득금액은 해당 공동사업을 경영하는 각 거주자(출자공동사업자를 포함한다. 이하 "공동사업자"라 한다) 간에 약정된 손익분배비율(약정된 손

익분배비율이 없는 경우에는 지분비율을 말한다. 이하 "손익분배비율"이라 한다)에 의하여 분배되었거나 분배될 소득금액에 따라 각 공동사업자별로 분배한다. (2009.12.31. 개정)
③ 거주자 1인과 그의 대통령령으로 정하는 특수관계인이 공동사업자에 포함되어 있는 경우로서 손익분배비율을 거짓으로 정하는 등 대통령령으로 정하는 사유가 있는 경우에는 제2항에도 불구하고 그 특수관계인의 소득금액은 그 손익분배비율이 큰 공동사업자(손익분배비율이 같은 경우에는 대통령령으로 정하는 자로 한다. 이하 "주된 공동사업자"라 한다)의 소득금액으로 본다. (2012.1.1. 개정)

3-2. 당기순이익 과세특례

「조세특례제한법」 제72조 제1항에 열거된 조합법인은 결산재무제표상의 당기순이익을 과세표준으로 하여 과세를 하는 특례를 두고 있다.

│ 조세특례제한법 제72조 【조합법인 등에 대한 법인세 과세특례】├

① 다음 각 호의 어느 하나에 해당하는 법인의 각 사업연도의 소득에 대한 법인세는 2025년 12월 31일 이전에 끝나는 사업연도까지 「법인세법」 제13조 및 같은 법 제55조에도 불구하고 해당 법인의 결산재무제표상 당기순이익[법인세 등을 공제하지 아니한 당기순이익(當期純利益)을 말한다]에 「법인세법」 제24조에 따른 기부금(해당 법인의 수익사업과 관련된 것만 해당한다)의 손금불산입액과 같은 법 제25조에 따른 접대비(해당 법인의 수익사업과 관련된 것만 해당한다)의 손금불산입액 등 대통령령으로 정하는 손금의 계산에 관한 규정을 적용하여 계산한 금액을 합한 금액에 100분의 9[해당금액이 20억 원(2016년 12월 31일 이전에 조합법인간 합병하는 경우로서 합병에 따라 설립되거나 합병 후 존속하는 조합법인의 합병등기일이 속하는 사업연도와 그 다음 사업연도에 대하여는 40억 원을 말한다)을 초과하는 경우 그 초과분에 대해서는 100분의 12]의 세율을 적용하여 과세(이하 이 조에서 "당기순이익과세"라 한다)한다. 다만, 해당 법인이 대통령령으로 정하는 바에 따라 당기순이익과세를 포기한 경우에는 그 이후의 사업연도에 대하여 당기순이익과세를 하지 아니한다.
  1. 「신용협동조합법」에 따라 설립된 신용협동조합 및 「새마을금고법」에 따라 설립된 새마을금고 (2010.1.1. 개정)
  2. 「농업협동조합법」에 따라 설립된 조합 및 조합공동사업법인 (2010.1.1. 개정)
  3. 삭제 (1999.12.28.)
  4. 「수산업협동조합법」에 따라 설립된 조합(어촌계를 포함한다) 및 조합공동사업법인 (2016.12.20. 개정)
  5. 「중소기업협동조합법」에 따라 설립된 협동조합·사업협동조합 및 협동조합연합회 (2010.1.1. 개정)

6. 「산림조합법」에 따라 설립된 산림조합(산림계를 포함한다) (2010.1.1. 개정)
7. 「엽연초생산협동조합법」에 따라 설립된 엽연초생산협동조합 (2010.1.1. 개정)
8. 「소비자생활협동조합법」에 따라 설립된 소비자생활협동조합 (2010.1.1. 개정)

3-3. 재건축조합

2003년 6월 30일 이전에 「주택건설촉진법」(법률 제6852호로 개정되기 전의 것) 제44조 제1항에 따라 조합설립의 인가를 받은 재건축조합으로서 「도시 및 주거환경정비법」 제38조에 따라 법인으로 등기한 조합(전환정비사업조합)에 대해서는 「법인세법」 제3조에도 불구하고 전환정비사업조합 및 그 조합원을 각각 「소득세법」 제87조 제1항 및 같은 법 제43조 제3항에 따른 공동사업장 및 공동사업자로 보아 「소득세법」을 적용한다. 다만, 전환정비사업조합이 「법인세법」 제60조에 따라 해당 사업연도의 소득에 대한 과세표준과 세액을 납세지 관할 세무서장에게 신고하는 경우 해당 사업연도 이후부터는 그러하지 아니하다. 2003년 7월 1일 이후 설립한 정비사업조합과 재개발조합은 비영리내국법인으로 보아 법인세를 적용한다(조세특례제한법 제104조의 7).

다음의 어느 하나에 해당하는 조합(정비사업조합)에 대해서는 「법인세법」 제2조에도 불구하고 비영리내국법인으로 보아 「법인세법」(같은 법 제29조는 제외)을 적용한다.

> ① 「도시 및 주거환경정비법」 제35조에 따라 설립된 조합(전환정비사업조합을 포함)
> ② 「빈집 및 소규모주택 정비에 관한 특례법」 제23조에 따라 설립된 조합

정비사업조합이 「도시 및 주거환경정비법」 또는 「빈집 및 소규모주택 정비에 관한 특례법」에 따라 해당 정비사업에 관한 공사를 마친 후에 그 관리처분계획에 따라 조합원에게 공급하는 것으로서 종전의 토지를 대신하여 공급하는 토지 및 건축물(해당 정비사업의 시행으로 건설된 것만 해당)은 「부가가치세법」 제9조 및 제10조에 따른 재화의 공급으로 보지 아니한다.

정비사업조합이 관리처분계획에 따라 해당 정비사업의 시행으로 조성된 토지 및 건축물

의 소유권을 타인에게 모두 이전한 경우로서 그 정비사업조합이 납부할 국세 또는 강제징
수비를 납부하지 아니하고 그 남은 재산을 분배하거나 인도한 경우에는 그 정비사업조합
에 대하여 강제징수를 하여도 징수할 금액이 부족한 경우에만 그 남은 재산의 분배 또는
인도를 받은 자가 그 부족액에 대하여 제2차 납세의무를 진다. 이 경우 해당 제2차 납세의
무는 그 남은 재산을 분배 또는 인도받은 가액을 한도로 한다.

정비사업조합이 「도시 및 주거환경정비법」 또는 「빈집 및 소규모주택 정비에 관한 특례
법」에 따라 해당 정비사업에 관한 관리처분계획에 따라 조합원에게 종전의 토지를 대신하여
토지 및 건축물을 공급하는 사업은 「법인세법」 제4조 제3항에 따른 수익사업이 아닌 것으로
본다.

3-4. 동업기업 과세특례

동업기업(Partnership)이란 2명 이상이 금전이나 그 밖의 재산 또는 노무 등을 출자하여
공동사업을 경영하면서 발생한 이익 또는 손실을 배분받기 위하여 설립한 인적회사 성격이
있는 단체를 말한다. 여기서 인적회사란 대외적으로 동업자가 무한책임을 지고, 대내적으로
동업자가 사적자치에 의하여 경영활동을 수행하는 특성을 가진 회사를 말한다. 현행 「상법」
상 합명회사·합자회사는 인적회사에, 유한회사·주식회사는 물적회사에 해당한다. 동업기
업 과세특례(Partnership Taxation)란 동업기업을 도관으로 보아 동업기업에서 발생한 소득에
대해 동업기업 단계에서는 과세하지 않고, 이를 구성원인 동업자(파트너)에게 귀속시켜 동업
자별로 과세하는 제도이다. 다만, 동업기업을 소득계산 및 신고의 실체로 인정한다.

❶ '일반법인 과세'와 '동업기업 과세특례' 비교

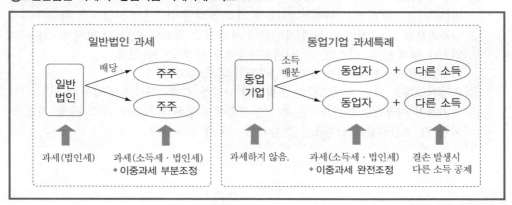

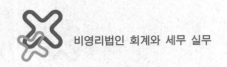

4 　재건축조합

재건축조합에 대한 쟁점은 크게 두 가지가 있다. 조합에 대해서는 조합을 조합원들의 공동사업 형태로 보아 과세할 것인지 아니면 조합 자체를 비영리법인으로 보아 법인세를 과세할 것인지에 대한 문제가 있고 조합원에 대해서는 재건축조합이 비영리법인으로 법인세에 대한 과세의무를 가질 때 조합원이 종전 부동산을 조합에 현물출자하면서 그에 대한 시기나 현물출자의 대상이 되는 토지 등의 평가방법에 대한 문제가 있다.

4-1. 재건축조합의 성격

과세관청에서는 재건축조합에 대하여 조합원들이 하는 공동사업으로 보아 조합원들에게 소득세를 부과하여 왔다. 하지만 조합이 조합규약을 가지고 있고 그에 따라 의사결정기관이나 집행기관을 두는 등의 단체로서의 형식을 갖추고 구성원의 가입이나 탈퇴에 따라 단체 존속 여부가 좌우되지 않는 등 단체로서의 특징으로 주무관청의 설립인가를 받아 설립되었다면 「국세기본법」 제13조 제1항 제1호에 해당하는 법인으로 보는 법인격이 없는 단체에 해당하여 비영리법인에 해당한다고 판단하였다.

> 소득세법 집행기준 2의 2-0-3 【공동사업자로 보는 재건축조합 등의 납세의무】
> ① 공동사업으로 보는 재건축 조합의 소득은 각 조합원을 공동사업자로 보아 해당 조합원이 그 출자지분 또는 이익분배비율에 따라 분배되거나 분배될 금액에 대하여 각각 납세의무를 지는 것이고, 이때 사인간의 계약 또는 합의에 따라 그 납세의무가 이전되거나 변경될 수 없으며, 그 실질소득자에게 납세의무가 있다.
> 　* 「도시 및 주거환경정비법」에 따른 정비사업조합은 법인임.
> ② 공동사업자로 보는 주택조합의 조합원이 납입한 건축공사비를 조합장 명의로 일시 예치하여 지급받는 이자소득은 각 조합원들에게 분배되어 각각 납세의무를 지는 것이며 각 조합원별로 금융소득 종합과세 여부를 판단한다.

법인 - 854, 2009.7.23.
「국세기본법」 제13조의 규정에 의하여 관할세무서장으로부터 승인을 얻은 법인으로 보는 단체는 비영리 내국법인으로 봄.

서이 46012 - 12030, 2003.11.26.
2003.6.30. 이전에 재건축조합 설립인가를 받고 법인으로 등기한 정비사업조합에 대하여는 종전과 같이 「소득세법」을 적용할 수 있도록 하고, 2003.7.1. 이후에 설립된 정비사업조합에 대하여는 비영리내국법인으로 의제하여 법인세법을 적용함.

4-2. 재건축조합 현물출자 관련 문제

과세관청은 재건축조합에 대한 현물출자시기나 현물출자한 재산의 평가방법에 대해서 다음 예규, 판례와 같이 판단하고 있다. 현물출자한 재산의 취득가액은 장부상 계상한 출자가액으로 하는 것이고, 이때 그 출자가액이 시가를 초과하는 경우에는 그 초과금액은 제외한다. 재건축조합원이 재건축 정비사업조합인 비영리법인에 토지를 현물출자하는 경우 토지의 취득가액이 불분명한 경우에는 현물출자일을 기준으로 감정평가한 가액으로 하는 것으로 판단하였다. 또한 재건축조합의 토지 취득시기는 주택조합설립인가일 또는 출자한 토지의 신탁등기접수일 중 빠른 날로 하고 있다.

기획재정부 재산세제과 - 1426, 2022.11.14.
재개발조합이 현물출자로 취득하는 토지의 취득시기에 대해 2020.11.24. 전이라도 관리처분계획인가일과 신탁 등기접수일 중 빠른 날로 볼 수 있는지에 대한 질의의 경우 기존 해석사례(재재산 - 1024, 2020.11.24.)를 참고하기 바람.
〔참조 : 기획재정부 - 재산세제과 - 1024, 2020.11.24.〕
재건축조합이 현물출자로 취득하는 토지의 취득시기는 관리처분계획인가일과 신탁등기

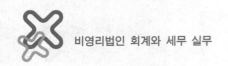

접수일 중 빠른 날로 하는 것이며, 회신일 이후 관리처분계획이 인가되는 분부터 적용하는 것임.

서면－2019－법령해석법인－2127, 2021.7.16.

정비사업조합이 수익사업의 손금으로 계상한 비수익사업의 손비를 손금불산입하는 경우, 비수익사업의 손비에 대한 소득처분은 '기타'로 하는 것이 타당함.

〔참조 : 기획재정부 법인세제과－319, 2021.7.8.〕

귀 질의의 경우 소득처분은 '기타'로 하는 것이 타당함.

재재산－571, 2009.3.23.

재건축조합원이 토지를 현물출자하는 경우 재건축조합의 토지 취득시기는 주택조합설립인가일 또는 출자한 토지의 신탁등기접수일 중 빠른 날임.

서면2팀－2055, 2007.11.9.

재건축조합이 현물출자에 의하여 취득한 자산의 취득가액은 장부상 계상한 출자가액(그 가액이 시가를 초과하는 경우 그 초과금액 제외)으로 하는 것임.

서면2팀－229, 2007.2.1.

재건축정비사업조합의 각 사업연도 소득금액 계산시 손금에 산입하는 토지 및 건물의 취득가액은 동 조합원으로부터 현물출자 받을 당시의 시가에 의하는 것임.

서면2팀－466, 2006.3.7.

재건축조합원이 재건축 정비사업조합인 비영리법인에 토지를 현물출자하는 경우 토지의 취득가액이 불분명한 경우에는 현물출자일을 기준으로 감정평가한 가액으로 하는 것임.

4-3. 재건축조합의 세무처리 행정해석

　주요 재건축조합관련 과세관청의 회신을 보면 「주택건설촉진법」을 적용받던 재건축조합이 「도시 및 주거환경정비법」을 적용받게 되어 법인으로 등기하고 정비사업조합으로 조합명이 변경된 경우 동 정비사업조합은 영리법인에 해당하는 것이며, 영리법인인 이 조합이 조합원에게 분양하는 것은 조합원의 출자금을 현물로 반환하는 것으로서 출자의 감소에 해당하는 것이고, 이 조합의 최초 사업연도 개시일인 설립등기일 전에 생긴 손익은 재건축조합의 소득세로, 설립등기일 이후에 생긴 손익은 조합의 법인세로 신고하여야 하는 것이나, 조합이 설립등기일 전에 생긴 손익을 조합으로 귀속시킨 것이 있는 경우에는 「법인세법 시행령」 제4조 제2항의 규정에 의하여 최초 사업연도의 기간이 1년을 초과하지 아니하는 범위 내에서 조합의 손익에 산입할 수 있는 것이며, 이 경우 최초 사업연도 개시일은 당해 조합에 귀속시킨 손익이 최초로 발생한 날로 하는 것이라고 회신하였다.

2003년 6월 30일 이전에 「주택건설촉진법」(법률 제6852호로 개정되기 전의 것을 말한다) 제44조 제1항에 따라 조합설립의 인가를 받은 재건축조합으로서 「도시 및 주거환경정비법」 제18조 규정에 따라 법인으로 등기한 조합에 대해서는 전환정비사업조합 및 그 조합원을 각각 「소득세법」 제87조 제1항 및 같은 법 제43조 제3항에 따른 공동사업장 및 공동사업자로 보아 「소득세법」을 적용한다. 다만, 전환정비사업조합이 「법인세법」 제60조에 따라 해당 사업연도의 소득에 대한 과세표준과 세액을 납세지 관할 세무서장에게 신고하는 경우 해당 사업연도 이후부터는 「소득세법」을 적용하지 않는다. 다만, 정비사업조합이 「도시 및 주거환경정비법」에 의하여 당해 정비사업에 관한 관리처분계획에 따라 조합원에게 종전의 토지를 대신하여 토지 및 건축물을 공급하는 사업은 「법인세법」 제4조 제3항의 규정에 의한 수익사업이 아닌 것으로 본다.

또한 정비사업조합이 「도시 및 주거환경정비법」에 따라 해당 정비사업에 관한 공사를 마친 후에 그 관리처분계획에 따라 조합원에게 공급하는 것으로서 종전의 토지를 대신하여 공급하는 토지 및 건축물은 「부가가치세법」 제9조 및 제10조에 따른 재화의 공급으로 보지 아니하며 정비사업조합이 관리처분계획에 따라 해당 정비사업의 시행으로 조성된 토지 및 건축물의 소유권을 타인에게 모두 이전한 경우로서 그 정비사업조합이 납부할 국세·가산금 또는 체납처분비를 납부하지 아니하고 그 남은 재산을 분배하거나 인도한 경우에는 그 정비사업조합에 대하여 체납처분을 집행하여도 징수할 금액이 부족한 경우에만 그 남은 재산의 분배 또는 인도를 받은 자가 그 부족액에 대하여 제2차 납세의무를 진다. 이 경우 해당 제2차 납세의무는 그 남은 재산을 분배 또는 인도받은 가액을 한도로 한다.

 | 중요 예규 및 판례 |

서면 - 2017 - 법인 - 1142, 2017.9.14.
도시개발법에 의하여 설립된 도시개발조합이 체비지를 매각하고 얻는 수입은 「법인세법」 제3조 제3항의 규정에 따라 법인세 과세대상인 수익사업에 해당하는 것임.

제 **3** 절

우리사주조합

「근로복지기본법」상 우리사주조합은 주식회사의 소속 근로자가 그 주식회사의 주식을 취득·관리하기 위하여 이 법에서 정하는 요건을 갖추어 설립한 단체를 말하고 우리사주란 주식회사의 소속 근로자 등이 그 주식회사에 설립된 우리사주조합을 통하여 취득하는 그 주식회사의 주식을 말한다(근로복지기본법 제2조).

우리사주제도는 근로자로 하여금 우리사주조합을 통하여 해당 우리사주조합이 설립된 주식회사의 주식을 취득·보유하게 함으로써 근로자의 경제·사회적 지위향상과 노사협력 증진을 도모함을 목적으로 한다.

우리사주조합을 설립하려는 주식회사의 소속 근로자는 우리사주조합원의 자격을 가진 근로자 2명 이상의 동의를 받아 우리사주조합설립준비위원회를 구성하여 근로복지기본법 시행령 제8조에 따라 우리사주조합을 설립할 수 있다. 이 경우 우리사주조합설립준비위원회는 우리사주조합의 설립에 대한 회사의 지원에 관한 사항 등 고용노동부령으로 정하는 사항을 미리 해당 회사와 협의하여야 한다. 우리사주조합의 설립 및 운영에 관하여 이 법에서 규정한 사항을 제외하고는 「민법」 중 사단법인에 관한 규정을 준용한다. 우리나라 조세정책상 우리사주제도를 활성화시키기 위한 세제지원이 존재한다.

내국법인이 우리사주조합에 출연하는 자사주의 장부가액 또는 금품은 손금으로 한다(법인세법 시행령 제19조 제16호). 법인이 그 임원 또는 직원을 위하여 지출한 복리후생비 중 우리사주조합의 운영비는 손금에 산입한다(법인세법 시행령 제45조). 내국법인의 종업원으로서 우리사주조합에 가입한 자가 해당 법인의 주식을 우리사주조합을 통하여 취득한 경우로서 그 조합원이 소액주주의 기준에 해당하는 경우 그 주식의 취득가액과 시가의 차액으로 인하여 받은 이익에 상당하는 가액은 증여세 비과세대상이다(상속세 및 증여세법 제46조).

│ 조세특례제한법 제88조의 4 【우리사주조합원 등에 대한 과세특례】│

① 「근로복지기본법」에 따른 우리사주조합원(이하 "우리사주조합원"이라 한다)이 우리사주를 취득하기 위하여 같은 법에 따른 우리사주조합(이하 "우리사주조합"이라 한다)에 출자하는 경우에는 해당 연도의 출자금액과 400만원(제16조 제1항 제3호에 따른 벤처기업 등의 우리사주조합원의 경우에는 1천500만원) 중 적은 금액을 해당 연도의 근로소득금액에서 공제한다.

② 「근로복지기본법」 제36조에 따른 우리사주조합기금에서 발생하거나 우리사주조합이 보유하고 있는 우리사주에서 발생하는 소득에 대해서는 소득세를 부과하지 아니한다.

③ 우리사주조합원이 「근로복지기본법」 제36조 제1항에 따라 해당 법인 등에 출연하거나 「자본시장과 금융투자업에 관한 법률」에 따른 증권시장 등에서 매입하여 취득한 우리사주를 우리사주조합을 통하여 배정받는 경우에는 소득세를 부과하지 아니한다.

④ 제3항에도 불구하고 우리사주조합원이 우리사주조합을 통하여 배정받은 우리사주가 해당 법인이 출연하거나 해당 법인의 출연금으로 취득한 것으로서 대통령령으로 정하는 한도를 초과하는 부분에 대해서는 소득세를 부과한다. 이 경우 「근로복지기본법」 제37조에 따라 당초 배정된 우리사주가 우리사주조합원으로부터 우리사주조합에 회수되어 이미 지난 과세기간에 속하는 근로소득에서 빼야 할 금액이 있는 경우 해당 우리사주조합원은 회수일이 속하는 과세기간의 근로소득세액에 대한 연말정산시 해당 근로소득에서 그 금액을 뺄 수 있다.

⑤ 우리사주조합원이 우리사주조합으로부터 배정받은 우리사주를 인출하는 경우에는 인출하는 우리사주에서 다음 각 호의 우리사주를 제외한 것(이하 이 조에서 "과세인출주식"이라 한다)에 대하여 대통령령으로 정하는 바에 따라 계산한 금액(이하 이 조에서 "인출금"이라 한다)을 「소득세법」 제20조에 따른 근로소득으로 보고 소득세를 부과한다. 이 경우 그 소득의 수입(收入) 시기는 그 우리사주의 인출일로 하고, 해당 법인은 인출금에 「소득세법」 제55조 제1항에 따른 세율을 적용하여 계산한 금액을 원천징수하여야 한다.

  1. 제1항에 따라 소득공제를 받지 아니한 출자금액으로 취득한 우리사주

  2. 제4항 전단에 따른 우리사주

  3. 잉여금을 자본에 전입함에 따라 우리사주조합원에게 무상으로 지급된 우리사주

⑥ 우리사주조합원의 과세인출주식에 대한 인출금의 경우 우리사주의 보유기간과 법인의 규모에 따라 다음 각 호의 구분에 따른 금액에 대해서는 소득세를 부과하지 아니한다. 이 경우 우리사주의 보유기간은 「자본시장과 금융투자업에 관한 법률」에 따른 증권금융회사(이하 이 조에서 "증권금융회사"라 한다)의 우리사주조합원별 계정에 의무적으로 예탁하여야 하는 기간의 종료일의 다음 날부터 인출한 날까지의 기간으로 한다. (개정 2010.6.8., 2015.12.15.)

  1. 중소기업의 경우 : 다음 각 목의 구분에 따른 금액

    가. 과세인출주식을 2년 이상 4년 미만 보유하는 경우 : 인출금의 100분의 50에 상당하는 금액

    나. 과세인출주식을 4년 이상 6년 미만 보유하는 경우 : 인출금의 100분의 75에 상당하는 금액

    다. 과세인출주식을 6년 이상 보유하는 경우 : 인출금의 100분의 100에 상당하는 금액

  2. 중소기업 외의 경우: 다음 각 목의 구분에 따른 금액

    가. 과세인출주식을 2년 이상 4년 미만 보유하는 경우 : 인출금의 100분의 50에 상당하는 금액

    나. 과세인출주식을 4년 이상 보유하는 경우 : 인출금의 100분의 75에 상당하는 금액

⑦ 우리사주조합원이 출연금을 우리사주 취득에 사용하지 아니하고 인출하는 경우에는 해당 금액(제1항에 따라 소득공제를 받지 아니한 것은 제외한다)을 제5항에 따른 인출금에 포함

한다.

⑧ 우리사주조합원이 우리사주조합에 출자하고 그 조합을 통하여 우리사주를 취득하는 경우 그 주식의 취득가액과 시가와의 차액에 대한 소득세 과세는 다음 각 호에 따른다.

　1. 출자금액이 400만원(제16조 제1항 제3호에 따른 벤처기업 등의 우리사주조합원의 경우에는 1천500만원) 이하인 경우에는 해당 차액에 대하여 과세하지 아니한다. (2010.1.1. 개정)

　2. 출자금액이 400만원(제16조 제1항 제3호에 따른 벤처기업 등의 우리사주조합원의 경우에는 1천500만원)을 초과하는 경우 그 초과금액으로 취득한 우리사주의 취득가액이 대통령령으로 정하는 가액(이하 이 항에서 "기준가액"이라 한다)보다 낮은 경우에는 해당 취득가액과 기준가액과의 차액에 대하여 근로소득으로 보아 과세한다.

⑨ 우리사주조합원이 우리사주조합을 통하여 취득한 후 증권금융회사에 예탁한 우리사주의 배당소득에 대해서는 다음 각 호의 요건을 갖춘 경우에 소득세를 과세하지 아니한다. 다만, 예탁일부터 1년 이내에 인출하는 경우 그 인출일 이전에 지급된 배당소득에 대해서는 인출일에 배당소득이 지급된 것으로 보아 소득세를 과세한다. (2010.6.8. 개정)

　1. 증권금융회사가 발급한 주권예탁증명서에 의하여 우리사주조합원이 보유하고 있는 우리사주가 배당지급 기준일 현재 증권금융회사에 예탁되어 있음이 확인될 것

　2. 우리사주조합원이 대통령령으로 정하는 소액주주(이하 이 조에서 "소액주주"라 한다)일 것

　3. 우리사주조합원이 보유하고 있는 우리사주의 액면가액의 개인별 합계액이 1천800만원 이하일 것

⑩ 「농업협동조합법」 제21조의 2, 제107조 제2항, 제112조 제2항, 제112조의 10 제2항 및 제147조와 「수산업협동조합법」 제22조의 2, 제108조, 제113조 및 제147조에 따라 출자지분을 취득한 근로자가 보유하고 있는 자사지분의 배당소득에 대해서는 다음 각 호의 요건을 갖춘 경우 소득세를 과세하지 아니한다. 다만, 취득일부터 1년 이상 보유하지 아니하게 된 자사지분의 경우에는 그 사유가 발생하기 이전에 받은 배당소득에 대하여 그 사유가 발생한 날에 배당소득이 지급된 것으로 보아 소득세를 과세한다. (2013.1.1. 개정)

　1. 근로자가 소액주주일 것

　2. 근로자가 보유하고 있는 자사지분의 액면가액의 개인별 합계액이 1천 800만 원 이하일 것

⑪ 원천징수의무자는 제9항 및 제10항에 따른 우리사주조합원 및 근로자의 배당소득에 대한 비과세명세서를 대통령령으로 정하는 바에 따라 원천징수 관할 세무서장에게 제출하여야 한다. (2010.1.1. 개정)

⑫ 우리사주조합원의 출연금의 소득공제, 배당소득 비과세, 인출한 우리사주에 대한 과세, 우리사주의 보유기간 계산 및 우리사주의 기장(記帳) 등에 관하여 필요한 사항은 대통령령으로 정한다.

⑬ 거주자가 우리사주조합에 지출하는 기부금(우리사주조합원이 지출하는 기부금은 제외한다. 이하 이 항에서 같다)은 제1호 및 제2호의 구분에 따른 금액을 한도로 하여 「소득세법」 제34조 제3항에 따라 필요경비에 산입하거나 「소득세법」 제59조의 4 제4항 각 호 외의 부분에 따라 종합소득산출세액에서 공제할 수 있고, 법인이 우리사주조합에 지출하는 기부금은 제3호의 금액을 한도로 하여 손금에 산입할 수 있다. (2020.12.29. 개정)

1. 거주자가 해당 과세연도의 사업소득금액을 계산할 때 해당 기부금을 필요경비에 산입하는 경우 : 다음 계산식에 따른 금액 (2020.12.29. 개정)

> 한도액 = [A − (B + C)] × 100분의 30
>
> A : 「소득세법」 제34조 제2항 제2호에 따른 기준소득금액
> B : 「소득세법」 제45조에 따른 이월결손금
> C : 「소득세법」 제34조 제2항에 따라 필요경비에 산입하는 기부금

2. 거주자가 해당 기부금에 대하여 해당 과세연도의 종합소득산출세액에서 공제하는 경우 : 다음 계산식에 따른 금액

> 한도액 = (A − B) × 100분의 30
>
> A : 종합소득금액(「소득세법」 제62조에 따른 원천징수세율을 적용받는 이자소득 및 배당소득은 제외한다)
> B : 「소득세법」 제59조의 4 제4항 제1호에 따른 기부금

3. 법인이 해당 과세연도의 소득금액을 계산할 때 해당 기부금을 손금에 산입하는 경우 : 다음 계산식에 따른 금액

> 한도액 = [A − (B + C)] × 100분의 30
>
> A : 「법인세법」 제24조 제2항 제2호에 따른 기준소득금액
> B : 이월결손금(다만, 「법인세법」 제13조 제1항 각 호 외의 부분 단서에 따라 각 사업연도 소득의 100분의 80을 한도로 이월결손금 공제를 적용받는 법인은 같은 법 제24조 제2항 제2호에 따른 기준소득금액의 100분의 80을 한도로 한다)
> C : 「법인세법」 제24조 제2항에 따라 손금에 산입하는 기부금(「법인세법」 제24조 제5항에 따라 이월하여 손금에 산입한 금액을 포함한다)

⑭ 우리사주조합원이 보유하고 있는 우리사주로서 다음 각 호의 요건을 갖춘 주식을 해당 조합원이 퇴직을 원인으로 인출하여 우리사주조합에 양도하는 경우에는 「소득세법」 제87조의 7에 따른 금융투자소득금액에 포함하지 아니한다. 다만, 그 양도차익이 3천만 원을 초과하는 경우 그 초과금액은 금융투자소득금액에 포함한다.

1. 우리사주조합원이 우리사주를 우리사주조합을 통하여 취득한 후 1년 이상 보유할 것
2. 우리사주조합원이 보유하고 있는 우리사주가 양도일 현재 증권금융회사에 1년 이상 예탁된 것일 것
3. 우리사주조합원이 보유하고 있는 우리사주의 액면가액 합계액이 1천 800만 원 이하일 것

제 4 절

사내 및 공동근로복지기금

1 의 의

「근로복지기본법」에 따른 사내근로복지기금제도는 사업주로 하여금 사업 이익의 일부를 재원으로 사내근로복지기금을 설치하여 효율적으로 관리·운영하게 함으로써 근로자의 생활안정과 복지증진에 이바지하게 함을 목적으로 한다(근로복지기본법 제50조). 2016년부터 시행된 공동근로복지기금은 둘 이상의 사업주가 공동으로 이익금의 일부를 출연하여 공동근로복지기금을 조성할 수 있다(근로복지기본법 제86조의 2). 사내·공동근로복지기금은 법인으로 하며 사업주는 직전 사업연도의 법인세 또는 소득세 차감 전 순이익의 100분의 5를 기준으로 복지기금협의회가 협의·결정하는 금액을 사내근로복지기금의 재원으로 출연할 수 있다(근로복지기본법 제61조). 반면 공동근로복지기금에는 이러한 기준없이 공동으로 이익금의 일부를 출연할 수 있다. 또 사업주 또는 사업주 외의 자는 상기 출연 외에 유가증권, 현금, 기금법인의 업무수행상 필요한 부동산과 정관에서 정한 재산을 출연할 수 있다.

기금법인은 법에 따라 그 수익금으로 다음의 사업을 시행할 수 있다(근로복지기본법 제62조).

① 주택구입자금등의 보조, 우리사주 구입의 지원 등 근로자 재산형성을 위한 지원
② 장학금·재난구호금의 지급, 그 밖에 근로자의 생활원조
③ 모성보호 및 일과 가정생활의 양립을 위하여 필요한 비용 지원
④ 기금법인 운영을 위한 경비지급
⑤ 근로복지시설로서 고용노동부령으로 정하는 시설에 대한 출자·출연 또는 같은 시설의 구입·설치 및 운영
⑥ 해당 사업으로부터 직접 도급받는 업체의 소속 근로자 및 해당 사업에의 파견근로자의 복리후생 증진
⑦ 「근로복지기본법」 제86조의 2 제1항에 따른 공동근로복지기금 지원
⑧ 근로자의 체육·문화활동의 지원
⑨ 근로자의 날 행사의 지원
⑩ 그 밖에 근로자의 재산 형성 지원 및 생활 원조를 위한 사업으로서 정관에서 정하는 사업

기금법인은 근로자의 생활안정 및 재산형성 지원을 위하여 필요하다고 인정되어 근로자가 주택을 신축·구입하거나 임차하는 경우, 우리사주 주식을 구입하는 경우, 근로자 생활안정을 위한 경우, 그 밖에 이에 준하는 사업으로 정관으로 정하는 경우에는 근로자에게 필요한 자금을 기본재산 중에서 대부할 수 있다.

2 설립과 사업

2-1. 기금설립준비위원회

사내근로복지기금법인을 설립하려는 경우에는 해당 사업 또는 사업장의 사업주가 기금법인설립준비위원회를 구성하여 설립에 관한 사무와 설립 당시의 이사 및 감사의 선임에 관한 사무를 담당하게 하여야 한다. 이 기금법인설립준비위원회는 법인이 성립함과 동시에 최초로 구성된 사내근로복지기금협의회로 본다.

2-2. 설립 절차

준비위원회는 대통령령으로 정하는 바에 따라 기금법인의 정관을 작성하여 고용노동부장관의 설립인가를 받아야 하며 최초로 작성한 정관은 준비위원회의 위원이 각각 서명하거나 기명날인하여야 한다. 기금법인은 복지기금협의회, 이사, 감사를 두어야 한다.

2-2-1. 복지기금협의회

복지기금협의회는 근로자와 사용자를 대표하는 같은 수의 위원으로 구성하며, 각 2명 이상 10명 이하로 한다. 근로자를 대표하는 위원은 근로자가 선출하고 사용자를 대표하는 위원은 해당 사업의 대표자와 그 대표자가 위촉하는 사람이 된다. 복지기금협의회는 사내근로복지기금 조성을 위한 출연금액의 결정, 이사 및 감사의 선임과 해임, 사업계획서 및 감사보고서의 승인, 정관의 변경, 사업 내의 다른 근로복지제도와의 통합운영 여부 결정, 기금법인의 합병 및 분할·분할합병 등을 결정한다.

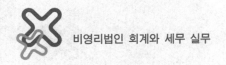

2-2-2. 이사 및 감사

기금법인에 근로자와 사용자를 대표하는 같은 수의 각 3명 이내의 이사와 각 1명의 감사를 둔다. 이사는 정관으로 정하는 바에 따라 기금법인을 대표하며, 기금법인의 관리·운영에 대한 사항, 예산의 편성 및 결산에 대한 사항, 사업보고서의 작성에 대한 사항, 정관으로 정하는 사항, 그 밖에 이사가 집행하도록 복지기금협의회가 협의·결정하는 사항에 대한 사무를 집행한다. 기금법인의 사무집행은 이사의 과반수로써 결정한다. 감사는 기금법인의 사무 및 회계에 관한 감사를 한다.

복지기금협의회의 위원, 이사 및 감사는 비상근(非常勤)·무보수로 한다. 사용자는 복지기금 협의회의 위원, 이사 및 감사에 대하여 기금법인에 관한 직무수행을 이유로 불이익한 처우를 하여서는 아니 되며 복지기금협의회의 위원, 이사 및 감사의 기금법인 업무수행에 필요한 시간에 대하여는 근로한 것으로 본다.

2-2-3. 기금의 출연

사업주는 직전 사업연도의 법인세 또는 소득세 차감 전 순이익의 100분의 5를 기준으로 복지기금협의회가 협의·결정하는 금액을 대통령령으로 정하는 바에 따라 사내근로복지기금의 재원으로 출연할 수 있다. 사업주 또는 사업주 외의 자는 복지기금협의회가 협의·결정하는 금액에 따른 출연 외에 유가증권, 현금, 그 밖에 기금법인의 업무수행상 필요한 부동산과 정관에서 정한 재산을 출연할 수 있다.

2-2-4. 기금의 설립인가 신청 및 등기, 성립

준비위원회는 기금법인 설립인가신청서에 다음의 서류를 첨부하여 고용노동부장관에게 제출하여야 한다.

> ① 정관
> ② 기금법인설립준비위원회 위원의 재직증명서나 그 밖에 신분을 증명하는 서류
> ③ 사내근로복지기금 출연확인서 또는 재산목록
> ④ 사업계획서 및 예산서
> ⑤ 그 밖에 고용노동부장관이 정하는 서류

준비위원회는 설립인가를 받았을 때에는 설립인가증을 받은 날부터 3주 이내에 기금법인의 주된 사무소의 소재지에서 기금법인의 설립등기를 하여야 하며, 기금법인은 설립등기를 함으로써 성립하고 해당 회사 사업의 폐지, 합병, 분할·분할합병으로 해산한다.

2-3. 기금의 복지사업

2-3-1. 기금의 사업

기금법인은 그 수익금으로 근로자 전체에게 혜택을 줄 수 있도록 하되, 저소득 근로자가 우대될 수 있도록 하면서 다음의 사업을 시행할 수 있다.

❗ 수익금을 이용한 목적사업

구 분	허용되는 경우	허용되지 않는 경우
근로자 주택구입· 임차자금 보조	• 무주택근로자를 대상으로 국민주택 규모 이하 주택 우선, 가급적 직장 주택조합과 연계하여 주택구입·임 차자금 지원 또는 대부 • 유주택자의 경우, 수혜자격, 지원한 도 등에 대한 기준을 정관에 엄격하 게 정하여야 함	• 전직원에게 일률적으로 '주택구입· 임대자금'의 명목으로 금품 지급
저소득근로자의 생활안정자금 대부	• 소정 자격요건(부양가족, 세대주 여 부 등 정관에서 자율적으로 결정)을 갖춘 저소득 근로자의 신청을 받아 심사 후 생활안정자금을 대부	• 자격요건과 관계없이 전직원을 대 상으로 생활안정자금명목으로 자 금대부 ※ 근로복지기금 지원사업의 지원금 으로 복지사업하는 경우 대부사 업은 허용되지 않음
장학금 지급, 대부	• 근로자와 그 자녀의 초·중·고· 대학교 등의 장학금, 입학금 지급, 대부	• 직원이 아닌 불우이웃 등에게 장 학금 지급
재난구호금 지급	• 천재지변이나 돌발사고(교통사고 등)을 당한 근로자에게 재난구호금을 지급 • 전 직원을 대상으로 코로나19 등 재 난극복 지원금 지급	• 회사에서 지급할 의무가 있는 재 난구호금

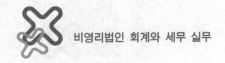

구 분	허용되는 경우	허용되지 않는 경우
모성보호 및 일과 가정 양립을 위한 비용지원	• 근로자지원프로그램(EAP)의 비용 지원 • 직원의 보육료 지원	
근로자의 날 행사지원	• 근로자의 날 행사운영비, 기념품지원	
체육·문화활동의 지원	• 연극, 영화, 공연, 스포츠게임 관람료 지원 • 문화상품권, 스포츠/레저장비 구입비 지원 • 헬스클럽, 수영장, 테니스장 등 체육시설 이용료지원 • 사내동호회 운영비 지원 등 실제 체육·문화활동에 소요된 경비 지원	• 전직원에게 일률적으로 '체력단련비' 또는 '복리후생비' 등의 명목으로 소정의 금품을 지급
근로자복지시설에 대한 출자·출연 또는 구입·설치 및 운영	• 기숙사, 사내구판장, 보육시설, 휴양콘도미니엄, 체육시설 등의 취득 및 운영지원 • 사내휴게실, 자판기, 구내식당 운영지원 • 소득세법 시행규칙 제15조의 2 제1항에 따른 사택의 운영	• 일반인을 대상으로 하는 사내구판장, 자판기, 구내식당의 운영지원 • 사원주택^{주1)} → • 사원주택[주1)] • 일반 아파트를 구입하여 기숙사로 활용하는 경우[주2)]
기타 근로자의 재산형성 및 생활원조를 위한 사업으로 정관이 정하는 사업	• 근로자의 직장 새마을금고 출자금 지원, 직장인 단체보험(보장성, 저축성 모두 가능)의 가입지원 • 경조비(축의금, 조의금, 재해위로금 등)의 지원 • 자녀학원비 지원 • 근로자 자신의 학원 수강료 지원 • 근로자의 사기진작을 위한 국·내외 시찰비 지원 • 근로자 및 가족의 의료비, 건강진단비 지원 • 휴양콘도미니엄 사용료 지원 • 회사 창립기념일 기념품 지급, 명절 선물, 상품권 지급 • 전 사원이 가입하고 있는 근로자 개인연금 지원	• 산재보험료, 의료보험료, 국민연금 부담금 등 관계법령에 따른 사용자의 부담비용 지원 • 업무수행과 관련된 학원 등의 수강료 지원 • 업무수행을 위한 출장비, 연수비 지원 • 통근버스 운영비 지원 • 사업운영을 위한 사용자의 필요경비 지원 • 자가 운전자만을 위한 차량정비금 지원 등 수혜자가 특정 근로자 계층에만 한정된 자원 • 전직원에게 일률적으로 '차량유류비' 명목으로 소정의 금품을 지급 • 사용자가 지급하여야 하는 퇴직금

구 분	허용되는 경우	허용되지 않는 경우
기타 근로자의 재산형성 및 생활원조를 위한 사업으로 정관이 정하는 사업	• 직원의 생일, 결혼기념일 기념품, 상품권 또는 축하금 지급 • 노조창립기념일 기념품 지원	지원 • 명예퇴직, 희망퇴직자들에 대한 퇴직위로금의 지급 • 퇴직자에 대한 전별금 지급, 생활안정자금 지급 • 결손가정, 장애인, 불우이웃돕기 성금 지급 • 전직원에게 일률적으로 '하계휴가비', '월동비' 명목으로 소정의 금품을 지급 • 우수부서, 우수사원 선발로 인한 포상금 지급 • 전직원에게 일률적으로 상조 예·적금 가입 및 적립 지원 • '근로자내일채움공제지원', '근로자청년내일채움공제지원', '근로자청년재직자내일채움공제지원' 사업의 근로자 적립금 지원 • 근로조건 또는 근로자의 업무수행과 관련하여 지급되는 직원 격려금, 포상금 • 직원이 직무수행 중 발생시킨 사고에 대한 민형사피의보상금, 과태료
우리사주 구입비 지원	• 우리사주조합을 통한 근로자의 우리사주구입비 사원 또는 내부 ※ 사내근로복지기금을 통한 우리사주구입지원지침 참조	• 우리사주조합과 관계없이 근로자로 하여금 자사 주식을 매입하도록 지원 • 우리사주조합이 없는 사업장에서의 자사 주식 매입 지원금 • 우리사주 조합운영비 지원

주1) 주택구입의 경우 수혜자가 소수에 제한된 반면 소요비용이 크며, 기금재원의 유동성이 매우 제한된다는 점에서 근로복지기본법 시행령 제51조에 따른 복지시설로 보기 어려우므로, 기금으로 사용할 수 없음.

주2) 기숙사는 건축법상 공동주택으로 공장 등의 종업원 등을 위하여 사용되는 것으로서 공동취사 등을 할 수 있는 구조이되 독립된 주거의 형태를 갖추지 아니한 것으로 규정되어 있는 바, 건축물대장상 공동주택(기숙사)로 등기가 되어 있어야 하므로 일반 아파트의 경우는 기숙사에 해당되지 않음.

* 사내 및 공동근로복지기금 실무 매뉴얼(고용노동부, 2022.). pp.43~44

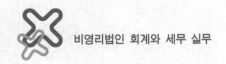

2-3-2. 기금의 부동산 소유

기금법인은 업무수행상 필요한 경우를 제외하고는 부동산을 소유할 수가 없는데 이때 업무수행상 필요한 경우는 기금법인의 운영 및 관리에 필요한 사무실과 그 부속시설의 소유, 근로복지시설로서 고용노동부령으로 정하는 시설에 대한 출자·출연 또는 같은 시설의 구입·설치 및 운영에 따른 근로복지시설의 소유, 사내근로복지기금에 기부되거나 출연된 부동산의 소유를 말한다. 다만, 위 목적을 위하여 기부되거나 출연된 경우를 제외하고는 기부받거나 출연받은 날부터 정당한 사유 없이 1년 이내에 법 제63조에 따른 사내근로복지기금의 운용방법으로 전환하지 아니하면 부동산을 소유할 수 없다.

2-3-3. 기금의 운용

사내근로복지기금은 다음의 방법으로 운용한다.

> ① 금융회사 등에의 예입 및 금전신탁
> ② 투자신탁 등의 수익증권 매입
> ③ 국가, 지방자치단체 또는 금융회사 등이 직접 발행하거나 채무이행을 보증하는 유가증권의 매입
> ④ 사내근로복지기금이 그 회사 주식을 출연받아 보유하게 된 경우에 기본재산의 100분의 20 범위에서 복지기금협의회가 정하는 금액 한도 내에서 그 보유주식 수에 따라 그 회사 주식의 유상증자에 참여
> ⑤ 「자본시장과 금융투자업에 관한 법률」에 따른 투자회사가 발행하는 주식의 매입
> ⑥ 「부동산투자회사법」에 따른 부동산투자회사가 발행하는 주식의 매입

3 사내근로복지기금의 회계처리

3-1. 기금관리회계와 목적사업회계로 구분

기금의 증식·대부사업을 관리하는 기금관리 회계와 기금의 고유목적사업(용도사업)을 관리하는 목적사업 회계로 구분하여 계리한다.

① **기금관리 회계** : 기금의 원금(기본재산)에 관한 사항을 계리, 기금의 증식사업은 물론 기금원금을 근로자에게 대부한 경우도 기금관리 회계에 편입
② **목적사업 회계** : 기금의 목적사업(용도)을 계리, 사내구판장, 근로자복지시설 운영 등에 관한 회계처리도 목적사업 회계에 포함

3-2. 회계처리

사내근로복지기금의 회계는 그 사업의 경영 성과와 재산 상태를 정확하게 파악할 수 있도록 기업회계의 원칙에 따라 처리한다. 일반적으로 사내근로복지기금의 회계연도는 사업주의 회계연도에 따르는데, 정관으로 달리 정한 경우에는 그러하지 아니하다. 기금은 차입을 할 수가 없으므로 용도사업에 충당할 재원이 마련된 후에 용도사업을 실시할 수 있다.

매 회계연도의 결산 결과 사내근로복지기금의 손실금이 발생한 경우에는 다음 회계연도로 이월하며, 잉여금이 발생한 경우에는 이월손실금을 보전한 후 사내근로복지기금에 전입한다.

기금법인은 다음의 서류를 작성하여야 하며, 작성일부터 5년간 이를 보관하여야 한다. 이 경우 그 서류를 전자문서로 작성·보관할 수 있다.

① 사업보고서
② 재무상태표
③ 손익계산서
④ 감사보고서

해당 연도 결산서는 재무상태표, 손익계산서 및 이익잉여금처분계산서 등을 내용으로 하여 작성하고, 그 내용을 명백하게 하기 위하여 필요한 부속명세서를 작성해야 한다.

4 사내근로복지기금의 세무

사내근로복지기금 운영에는 세법상의 혜택이 존재하는데 혜택을 받게 되는 대상을 기준으로 구분해 생각해보면, 기금을 설치한 기업에 대한 세제혜택, 사내근로복지기금 근로자에 대한 세제혜택, 사내복지기금에 대한 세제혜택이 있다. 이 중 기금을 설치한 기업에 대한 혜택은 2020년까지는 사내근로복지기금에 출연하는 금품의 경우 「법인세법」 제24조 제3항 제1호에 따른 지정기부금으로 인정되었으나 2021년부터는 「법인세법 시행령」 제19조 제22호에 따라 전액 손금으로 인정된다는 것이다. 이는 출연금이 세전순이익의 100분의 5를 초과하더라도 인정하는 것이다.

또한 근로자 입장에서는 근로자가 사내근로복지기금에서 지급받은 이재구호금품, 치료비, 교육비로서 사회통념상 인정되는 금품, 학자금 또는 장학금 기타 이와 유사한 금품, 기념품·축의금·부의금 기타 이와 유사한 금품으로서 통상 필요하다고 인정되는 금품, 무주택근로자가 건물의 총연면적이 $85m^2$ 이하인 주택(주택에 부수되는 토지로서 건물연면적의 5배 이내의 토지를 포함)을 취득 또는 임차하기 위하여 기금으로부터 증여받은 주택취득보조금 중 그 주택취득가액의 100분의 5 이하의 것과 주택임차보조금 중 전세가액의 100분의 10 이하의 금액 등에 대해서 증여세를 비과세하는 혜택이 있다.

사내근로복지기금 법인에 대한 혜택은 기금 출연금에 대한 증여세를 비과세하는 것, 법인의 고유목적사업준비금 계상시 이자소득 등의 손금산입, 사내근로복지기금의 설립 및 변경등기에 관한 등록세 및 교육세 면제해주는 혜택 등이 있다.

사전 – 2024 – 법규법인 – 0452, 2024.8.6.

「근로복지기본법」 제86조의 7에 따라 공동근로복지기금에 중간 참여하는 내국법인이 해당 기금에 출연하는 금품은 법인세법상 손금에 해당하는 것임.

사전 – 2023 – 법규법인 – 0884, 2024.3.21.

내국법인이 설립한 「근로복지기본법」 제50조에 따른 사내근로복지기금에 해당 내국법인이 출연한 자기주식의 가액은 「법인세법 시행령」 제19조 제22호에 따라 손금에 해당하는 것임.

서면 – 2023 – 법규법인 – 2092, 2024.1.4.

귀 서면질의의 경우, 기존 해석사례(재법인 – 3, 2024.1.2.)를 참조하기 바람.

〔참조 : 기획재정부 법인세제과 – 3, 2024.1.2.〕

「근로복지기본법」 제50조에 따른 사내근로복지기금에 출연하는 금품은 전액을 손금에 산입하는 것임.

서면 – 2020 – 상속증여 – 0597, 2020.5.26.

사내근로복지기금법인이 사내 근로자에게 지급하는 지원금이 치료비·학자금·장학금 기타 이와 유사한 금품에 해당하거나 기념품·축하금 등으로서 통상 필요하다고 인정되는 금품에 해당하는 경우에는 증여세가 비과세되는 것임.

기획재정부 법인세제과 – 228, 2020.2.7.

내국법인이 현금이 아닌 자기주식을 「조세특례제한법」 제8조의 3 제1항 제1호에 따른 협력중소기업의 사내근로복지기금에 출연하는 경우에도 같은 법 제100조의 32 제2항 제1호 다목에 따른 상생협력을 위하여 지출하는 금액으로 보는 것임.

내국법인으로부터 용역 등을 위탁받은 기업이 「조세특례제한법」 제8조의 3 제1항 제1호에 따른 협력중소기업에 해당하는 경우 내국법인이 동 기업의 사내근로복지기금에 출연하는 출연금은 「조세특례제한법」 제100조의 32 제2항 제1호 다목의 상생협력을 위하여 지출하는 금액에 해당하는 것이나, 「조세특례제한법 시행령」 제100조의 32 제14항 단서의 규정에 따라 내국법인과 동 사내근로복지기금이 「법인세법 시행령」 제2조 제5항에 따른 특수관계인에 해당하는 경우에는 제외하는 것임.

서면 – 2018 – 법령해석재산 – 3859, 2019.12.3.

무주택근로자가 「상속세 및 증여세법 시행령」 제35조 제4항 제6호에 따라 사내근로복지

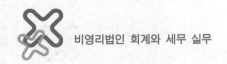
기금 및 공동근로복지기금으로부터 주택취득보조금을 증여받은 경우 무주택근로자는 공부상 용도 구분에 의한 주택뿐만 아니라 사실상 주거용으로 사용하고 있는 건물을 소유하지 않은 근로자임.

서면 – 2015 – 법령해석법인 – 1656, 2016.7.4.
내국법인이 다른 법인이 설립한 「근로복지기본법」에 따른 사내근로복지기금에 기부금을 지출하는 경우 해당 기부금은 「법인세법시행규칙」 별표 6의 2 제50호에 따른 지정기부금에 해당하는 것임.

재산세과 – 33, 2013.1.25.
「근로복지기본법」에 따른 사내근로복지기금이 같은 법의 관련규정에 따라 사업주 또는 사업주 외의 자로부터 출연받는 재산의 가액은 「상속세 및 증여세법」 제46조 제4호에 따라 증여세가 비과세되는 것임.

서면인터넷방문상담2팀 – 304, 2007.2.14.
「사내근로복지기금」에 의하여 설립된 사내근로복지기금이 「법인세법」 제29조의 규정에 의하여 손금으로 계상한 고유목적사업준비금을 당해 기금의 기본재산으로 편입한 경우에는, 고유목적사업에 지출 또는 사용한 것으로 보지 아니하는 것임.

서면2팀 – 2790, 2004.12.30.
「사내근로복지기금법」에 의거 설립된 동 기금이 「법인세법」 제29조 및 시행령 제56조 제6항의 규정에 의거 고유목적사업준비금을 기금에 전입한 경우 고유목적사업에 지출 또는 사용한 것으로 인정받기 위한 요건이 있는지 여부에 대하여 「사내근로복지기금법」과 사내복지기금설치운영준칙에 의한 근로자의 복지증진을 위한 용도로 기금에 전입하여야 하고 감독관청의 승인을 받아야 한다.

5 사내근로복지기금의 해산·합병·분할

기금법인은 해당 회사 사업의 폐지나 합병, 분할, 분할합병, 사업주의 공동근로복지기금의 조성 참여 또는 중간 참여 등으로 해산할 수 있다. 이 때 청산인은 그 사유를 명시하여 고용노동부장관에게 알려야 한다. 사업의 폐지로 인하여 해산한 기금법인의 재산은 대통령령으로 정하는 바에 따라 사업주가 해당 사업을 경영할 때에 근로자에게 미지급한 임금, 퇴직금, 그 밖에 근로자에게 지급할 의무가 있는 금품을 지급하는 데에 우선 사용하여야 하며, 잔여재산이 있는 경우에는 그 100분의 50을 초과하지 아니하는 범위에서 정관에서 정하는 바에 따라 소속 근로자의 생활안정자금으로 지원할 수 있다. 이에 따른 사용 후에 잔여재산이 있는 경우에는 그 잔여재산은 정관에서 지정한 자에게 귀속한다. 다만, 정관에서 지정한 자가 없는 경우에는 근로복지진흥기금에 귀속한다. 사업주의 공동근로복지기금의 조성 참여 또는 중간 참여로 해산한 기금법인의 재산은 해당 사업주가 참여한 공동근로복지기금법인에 귀속한다.

기금법인은 사업의 합병·양수 등에 따라 합병할 수 있는데 이 경우에는 합병계약서를 작성하여 복지기금협의회의 의결을 거친다. 합병계약서에 포함될 내용은 합병 전 각 기금법인의 재산과 합병 후 기금법인의 재산의 변동, 합병 대상인 각 기금법인의 근로자에 대한 합병 후 지원수준, 합병의 추진 일정, 그 밖에 합병에 관한 중요 사항이고 근로자에 대한 합병 후 지원수준이란 합병 전 각 기금법인의 근로자별 평균 기금잔액, 합병 후 사업주의 출연예정액 등을 고려하여 합병 후 3년을 초과하지 아니하는 범위에서 합병 전 각 기금법인의 근로자별로 달리 정할 수 있다.

기금법인의 합병으로 인하여 기금법인을 설립하는 경우에는 사업의 합병으로 인하여 설립되는 사업의 사업주가 준비위원회를 구성하여 기금법인의 설립절차를 거쳐야 한다. 또한 합병으로 인하여 존속하는 기금법인은 변경등기를, 소멸하는 기금법인은 해산등기를 하여야 한다. 합병의 효력은 합병으로 인하여 설립되는 기금법인의 설립등기 또는 존속하는 기금법인의 변경등기를 함으로써 생기며 합병으로 인하여 설립되거나 존속하는 기금법인은 합병으로 인하여 소멸되는 기금법인의 권리·의무를 승계한다.

기금법인은 합병과 마찬가지로 사업의 분할, 분할합병을 할 수 있다. 분할하는 경우에는 분할계획서를 작성하여 복지기금협의회의 의결을 거쳐야 하며 계획서에는 기금법인의 재산의 배분, 분할의 추진 일정, 그 밖의 분할에 관한 중요사항의 내용을 포함해야 한다. 분할합병의 경우에는 분할합병계약서를 작성하는데 이에는 기금법인 재산의 배분 및 합병에 따른 기금법인 재산의 변동, 분할합병 대상인 각 기금법인의 근로자에 대한 합병 후 지원수준, 분할합병의 추진 일정, 그 밖에 분할합병에 관한 중요 사항의 내용을 포함한다. 앞서 말한 기금법인의 재산의 배분을 할 때에는 원칙적으로 근로자 수를 기준으로 배분하되, 분할 전 사업별 사내근로복지기금 조성의 기여도 등을 고려하여 배분할 수 있다. 기금법인의 분할 등으로 인하여 기금법인을 설립하는 경우에는 사업의 분할·분할합병 등으로 인하여 설립되는 사업의 사업주가 준비위원회를 구성하여 기금법인의 설립절차를 거쳐야 하며,

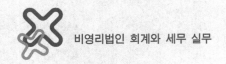

존속하는 기금법인은 변경등기를, 소멸하는 기금법인은 해산등기를 하여야 한다. 기금법인의 분할 등은 분할 등으로 인하여 설립되는 기금법인의 설립등기 또는 존속하는 기금법인의 변경등기를 함으로써 그 효력이 생긴다. 또한 분할 등으로 설립되거나 존속하는 기금법인은 분할계획서 또는 분할합병계약서에서 정하는 바에 따라 분할되는 기금법인의 권리·의무를 승계한다.

제5절
종 중

1 종중의 개요

1-1. 종중의 정의

대법원의 판례에 따르면 종중이란 공동선조의 분묘수호와 제사 및 종중원 상호 간의 친목 등을 목적으로 하는 자연발생적인 관습상의 종족집단체로서 종중이 되기 위해서 특별한 조직행위를 필요로 하지 않으며 그 공동선조의 후손 중 성년 이상의 성인은 당연히 그 구성원(종원)이 되는 것으로 정의할 수 있다.[30]

과거 종중의 구성원과 관련하여서는 관습법상 오랫동안 성인 남자만이 종중의 구성원이 될 수 있는 것으로 여겨져 왔으나 2005년 대법원은 판례를 통해 그러한 관습법을 더 이상 인정하지 않고 성년이 되면 남녀를 불문하고 종중의 구성원이 될 수 있는 것으로 판시하였다.

1-2. 종중의 법적인 지위

종중이라 함은 원래 공동선조의 후손 중 성년 이상의 남자를 종원으로 하여 구성되는 종족의 자연발생적 집단이므로 그 성립을 위하여 특별한 조직행위를 필요로 하는 것이 아니며, 다만 그 목적인 공동선조의 분묘수호, 제사봉행, 종원 상호 간의 친목을 위한 활동을 규율하기 위하여 규약을 정하는 경우가 있고, 또 대외적인 행위를 할 때에는 그 대표자를 정할 필요가 있는 것에 지나지 아니하며 반드시 특정한 명칭의 사용 및 서면화된 종중규약이 있어야 하거나 종중의 대표자가 계속하여 선임되어 있는 등 조직을 갖추어야 하는 것은 아니다.[31]

---

30) 대법원 2005.7.21. 선고, 2002다13850 판결

따라서 종중의 특성상 반드시 종중 규약이나 종중의 대표자가 있어야만 종중이 성립하는 것은 아니다. 그러나 종중의 성립과는 별도로 종중이 소송상의 당사자 능력을 갖는 비법인 사단으로서의 단체성을 인정하는 데 있어서는 종중의 규약이나 종중의 대표자 여부가 중요할 수 있는데 대법원 판례에 따르면 종중이 종중의 규약이나 관습에 따라 선출된 대표자 등에 의하여 대표되는 정도로 조직을 갖추고 지속적인 활동을 하고 있다면 비법인 사단으로서의 단체성을 인정할 수 있다고 하고 있다.

한편, 종중도 종중의 재산을 가질 수 있는데 종중 소유의 재산은 종중원의 총유에 속하는 것으로 일반적으로 그 재산의 관리 및 처분은 종중 규약이 정하는 바가 있으면 이에 따라야 하고 종중 규약이 없는 경우라면 종중 총회의 의결을 따라야 한다.

이때, 종중이 부동산 등의 재산을 가진 경우 법인격 없는 단체인 종중이 부동산을 종중의 명의로 등기할 수 있는가 하는 문제가 발생할 수 있다. 이러한 문제와 관련하여 「부동산 등기법」은 종중, 문중, 기타 대표자나 관리인이 있는 법인 아닌 사단이나 재단에 속하는 부동산의 등기에 관하여는 그 사단 또는 재단을 등기권리자 또는 등기의무자로 한다고 규정함으로써 이러한 문제를 해결해 주고 있다.

법인격 없는 종중이 부동산 등기용 등록번호를 부여받기 위해서는 관할 지방자치단체에 '부동산등기용 등록번호 부여신청서'를 제출하여야 하며, 이러한 신청서를 제출하는 경우에는 정관 기타 규약 1부와 대표자 또는 관리인임을 증명하는 서면 1부를 함께 제출하여야 한다.

2 종중에 대한 세법의 입장

2-1. 종중의 법인 여부

「국세기본법」 제13조는 법인이 아닌 사단이나 재단 그 밖의 단체가 법인으로 의제될 수 있는 요건에 대해서 규정을 하고 있는데 이 규정에 따르면 법인격 없는 사단이나 재단, 그 밖의 단체는 다음의 두 가지 경우에 세법상 법인으로 의제될 수가 있다.

첫째, ① 주무관청의 허가 또는 인가를 받아 설립되거나 법령에 따라 주무관청에 등록한

---

31) 대법원 1992.12.11. 선고, 92다18146 판결

사단, 재단, 그 밖의 단체로서 등기되지 아니하거나 ② 공익을 목적으로 출연(出捐)된 기본 재산이 있는 재단으로서 등기되지 아니한 단체가 수익을 구성원에게 분배하지 않는 경우에는 별도의 허가나 승인이 없어도 그 단체 등을 법인으로 의제하여 세법을 적용한다.

둘째, 위 첫째 외의 법인격 없는 단체의 경우에는 ① 사단, 재단, 그 밖의 단체의 조직과 운영에 관한 규정을 가지고 대표자나 관리인을 선임하고 있으며, ② 사단, 재단, 그 밖의 단체 자신의 계산과 명의로 수익과 재산을 독립적으로 소유·관리하고 ③ 사단, 재단, 그 밖의 단체의 수익을 구성원에게 분배하지 아니하는 경우로서 그 단체의 대표자나 관리인이 관할세무서장에게 신청하여 승인을 받은 경우에는 그 단체를 법인으로 보아 세법을 적용한다.

그리고 「국세기본법」에 의해 법인으로 보는 단체의 국세에 관한 의무는 그 대표자나 관리인이 이행을 하도록 하고 있다.

만일, 특정의 단체가 「국세기본법」에 의한 법인으로 보는 단체에 해당하지 못할 경우에는 그 단체는 「소득세법」에 따라 1거주자로 보아 「소득세법」을 적용한다(소득세법 제2조).

따라서, 종중이 세법상 법인에 해당하는지 아니면 거주자에 해당하는지는 「국세기본법」과 「소득세법」에 의해 판단될 수 있으므로, 종중이 「국세기본법」상 법인으로 의제될 수 있는 요건을 만족한다면 비영리법인으로 보아 「법인세법」을 적용하고, 그렇지 않은 경우에는 1거주자로 보아 「소득세법」을 적용하여야 할 것이다.

다만, 종중은 그 특성이 자연발생적인 집단으로서 주무관청의 허가 또는 인가를 받아 설립되거나 법령에 의해 주무관청에 등록한 사단, 재단, 그 밖의 단체는 아니기 때문에 종중이 「국세기본법」상 법인으로 의제되기 위해서는 국세기본법이 정한 요건을 갖추고 관할세무서장에게 신청하여 승인을 받아야 할 것이다.

종중이 「국세기본법」에 의하여 관할세무서장에게 신청하여 승인을 얻어 법인으로 의제되는 경우에는 「국세기본법」 제13조 제3항에 의해 관할세무서장의 승인을 받은 날이 속하는 과세기간과 그 과세기간이 끝난 날부터 3년이 되는 날이 속하는 과세기간까지는 「소득세법」에 따른 거주자 또는 비거주자로 변경할 수 없다.

만일, 어떤 종중이 세법상 거주자에 해당하였다가 「국세기본법」에 의해 관할세무서장으로부터 법인으로 승인을 받았다면 그 종중에 대한 세법의 적용은 법인 승인일 전일까지는 「소득세법」을, 승인일 이후에는 「법인세법」을 적용하여 납세의 의무를 이행해야 할 것이다(서면2팀-859, 2006.5.16.).

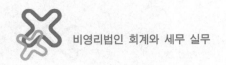

지방세법 운영예규 법107-4 【종중의 의미】
「지방세법」 제107조 제2항 제3호의 「종중」이라 함은 공동선조의 분묘수호와 제사 및 종중원 상호간의 친목을 목적으로 하는 자연 발생적인 종족 집단체를 말하며, 종중원 개인 명의로 등기된 종중재산은 같은 법 제120조 제1항의 규정에 의하여 신고한 경우에만 인정한다.

조세특례제한법 집행기준 77의 3-74-2 【개발제한구역 내의 종중 소유 토지】
개발제한구역 내의 종중 소유 토지 등을 매수청구 또는 협의매수를 통해 양도한 경우 종중은 해당 토지 등의 소재지에서 거주하는 거주자에 해당하지 않아 양도소득세 감면 규정을 적용받을 수 없다.

소득세법 집행기준 27-55-9 【1거주자로 보는 단체 등의 부동산임대업의 필요경비】
① 1거주자로 보는 종중이 부동산임대업을 경영하는 경우, 종중의 고유목적사업을 위하여 지출하는 비용(선영의 유지보수비 · 개축비 · 증축비 · 공사비 등)은 해당 부동산임대업에서 발생하는 총수입금액에 대응하는 필요경비에 해당하지 않는다.
② 1거주자로 보는 법인격 없는 단체가 그 대표자에게 지급하는 급여 · 상여 등은 해당 단체의 총수입금액에 대응하는 필요경비에 해당한다.

2-2. 종중에 관한 세무처리

2-2-1. 고유목적사업준비금의 설정

「법인세법」 제29조에 따르면 비영리내국법인은 수익사업에서 발생한 소득에 대해 고유목적사업준비금을 설정할 수 있다. 이때 비영리내국법인이라 함은 법인을 전제로 하고 있으며 법인격이 없이 법인으로 보는 단체의 고유목적사업준비금 설정은 「법인세법 시행령」 제56조 제1항에 해당하는 단체일 경우에만 가능하다.

「법인세법 시행령」 제56조 제1항에 따르면 고유목적사업준비금을 설정할 수 있는 법인으로 보는 단체는 「법인세법 시행령」 제39조 제1항 제1호에 해당하는 단체나 법령에 의하여 설치된 기금, 그리고 공동주택의 입주자대표회의 · 임차인대표회의 또는 이와 유사한 관리기구만 해당하므로 만일 종중이 법인격을 갖지 못하고 「국세기본법」에 의해서 법인으로 의제가 되었다면, 그 종중은 수익사업에서 발생하는 소득에 대해 고유목적사업준비금을 설정할 수 없다.

다만, 고유목적사업준비금과는 별도로 「국세기본법」에 의해 법인으로 보는 종중이 처분일 현재 3년 이상 계속하여 고유목적사업에 사용한 부동산을 처분하는 경우에는 「법인세법」 제4조 제3항 및 같은 법 시행령 제3조 제2항에 따라 법인세가 과세되지 않는다(서면 - 2020 - 법인 - 2292, 2020.8.31.외 다수).

2-2-2. 종중이 기부받은 자산

종중이 다른 종중으로부터 재산을 무상으로 이전받는 경우에는 증여에 해당하므로 증여세의 납세의무가 있다(재산 - 94, 2012.3.7.). 다만, 대종중 명의의 부동산을 매각하고 당해 매각대금을 소종중에게 분배하는 경우로서 이전받는 매각대금이 당초부터 이전받는 소종중의 재산 매각대금으로 확인되는 경우에는 증여에 해당하지 않는다(서면 - 2016 - 상속증여 - 4192, 2016.7.19., 재산 - 81, 2012.2.23.).

한편, 종중이 종중원으로부터 재산을 기부(증여)받는 경우에도 종중은 증여세를 납부할 의무가 있다(재산 - 648, 2010.8.27.).

2-2-3. 종중재산에 대한 세무상 처리

종중 소유의 부동산을 종중원의 명의로 명의신탁하였다가 종중 명의로 소유권을 환원하는 경우에는 증여세나 양도소득세가 과세되지 않는다(부동산거래 - 1064, 2010.8.16.).

한편, 종중의 재산을 처분하여 처분으로 발생한 소득을 종중원에게 분배하는 경우가 종종 있는데, 이럴 경우 종중의 재산처분과 종중원의 분배소득에 대한 세무처리가 문제가 될 수 있다. 관련 유권해석에 따르면 이러한 경우 종중이 소유부동산을 양도하고 양도소득이 발생하였다면 당해 종중을 하나의 거주자로 보아 양도소득세의 납세의무를 부여하고, 양도로 인하여 발생한 소득을 종중원에게 분배하는 경우에는 종중이 종중원에게 재산을 증여한 것으로 보아 증여받은 종중원이 증여세 납세의무를 가지게 된다(재산 - 1250, 2009.6.23.).

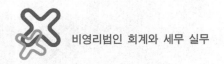

1. 종중의 법인 여부

조심 2020부1501, 2021.3.29.

청구종중은 2015.1.8. 법인으로 보는 단체의 승인신청서가 아니라 사업자등록신청서(개인사업자용)를 제출하여 1거주자에 해당하는 고유번호를 부여받은 사실이 확인되는 점 등에 비추어 처분청이 청구종중의 쟁점토지 양도에 대하여 청구종중을 법인으로 보는 단체가 아닌 1거주자로 보아 이 건 양도소득세를 부과한 처분은 잘못이 없는 것으로 판단된다.

조심 2016부1642, 2016.7.14.

청구종중은 처분청으로부터 「국세기본법」 제13조의 법인으로 보는 단체로 승인을 받은 사실이 없는 것으로 나타나는 점, 청구종중의 정관상 종중의 수익을 구성원에게 분배하지 아니한다는 내용이 없는 점 등에 비추어 청구종중은 「국세기본법」상 법인으로 보는 단체의 요건을 갖추지 못한 것으로 보이므로 쟁점토지 양도에 대하여 양도소득세를 부과한 처분은 잘못이 없음.

대법 2013두19479, 2014.1.15.

부동산 양도손익을 최초사업연도 기간이 1년을 초과되지 아니한 범위에서 사실상 법인에게 귀속시키고, 조세포탈의 우려가 있다고 볼 수 없을 경우 구 법인세법 시행령 제3조 제2항의 요건을 모두 충족한 것으로 보아 양도소득세 납세의무가 없으며, 처분일 현재 3년 이상 계속하여 고유목적사업에 직접 사용하여 비영리내국법인의 과세소득의 범위에서 제외됨.

국심 2005구39, 2005.5.

종중등록번호를 부여받아 부동산 등기, 사업자등록신청 등을 하였고 「국세기본법」에 의한 법인으로 보는 단체의 신청이나 승인이 없었으므로 당해 종중은 거주자로 판단함.

서삼 46019 - 10736, 2003.5.1.

귀 질의의 경우 기 질의회신문(징세 46101 - 42, 1996.1.5., 징세 46101 - 7879, 1992.9.29.)의 내용을 참고하기 바람.

➡ 참고 : 징세 46101 - 42, 1996.1.5.

1. 단체가 부동산에 관한 등기를 하기 위하여 「부동산 등기법」에 의하여 시장(구청장)·군수로부터 "부동산등기용 등록번호"를 부여받는 경우 이는 「국세기본법」 제13조 제1항 제1호

에 규정한 "주무관청에 등록"에 포함되지 아니함.

2. 「국세기본법」 제13조 제2항의 규정에 의하여 법인으로 보는 사단·재단 기타단체 외의 법 인격이 없는 단체 중 다음 각 호의 요건을 갖춘 것으로서 대표자 또는 관리인이 관할세무서 장에게 신청하여 승인을 얻은 것에 대하여도 이를 법인으로 보아 이 법과 세법을 적용하는 것이나 귀 질의 단체가 이에 해당하는지는 구체적 사실을 확인하여 판단할 사항임.

   1) 사단·재단 기타단체의 조직과 운영에 관한 규정을 가지고 대표자 또는 관리인을 선임 하고 있을 것

   2) 사단·재단 기타단체 자신의 계산과 명의로 수익과 재산을 독립적으로 소유·관리할 것

   3) 사단·재단 기타단체의 수익을 구성원에게 분배하지 아니할 것

심사부가 2002 - 2212, 2002.11.8.

종중의 대표자가 관할세무서장에게 법인으로 보는 단체의 승인을 신청하여 승인을 얻은 경우, 동 종중은 '법인으로 보는 단체'에 해당됨.

국심 2000서2651, 2001.1.29.

'종중의 소유재산'은 '종중원의 총유'로서 공유 또는 합유의 개념과 달라 이를 양수·도 또는 상속할 수 없고, '종중'은 「소득세법」상 1거주자로 보아 과세됨.

징세 46101 - 2733, 1995.9.12.

1. 귀 질의 경우 「국세기본법」 제13조 제1항 제1호에서 규정한 "법령에 의하여 주무관청 에 등록한 사단·재단 또는 기타 단체로써 등기되지 아니한 것"에 해당되지 않으나 같은 법 같은 조 제2항 각 호의 요건을 갖춘 종중으로서 대표자 또는 관리인이 관할 세무서장에게 신청하여 승인을 얻은 경우에는 법인으로 보는 것임.

2. 종중이 「국세기본법」 제13조 제2항 및 동법 시행령 제8조의 규정에 의하여 법인으로 승인을 받은 경우에는 같은 법 같은 조 제3항의 규정에 의하여 승인을 얻은 과세기간 과 그 과세기간 종료일로부터 3년이 되는 날이 속하는 과세기간까지는 거주자로 변경 할 수 없는 것이며, 종중이 거주자로 변경되지 않으면 「소득세법」 제1조 제3항의 규 정에 의한 거주자로서 「소득세법」의 적용을 받을 수 없는 것임.

2. 종중의 거래관련

사전 - 2024 - 법규법인 - 0375, 2024.6.27.

수익사업을 영위하지 아니하는 비영리내국법인이 「지적재조사에 관한 특별법」에 따른 경계의 확정으로 지적공부상의 면적이 감소되어 지급받은 수입에 대해 「법인세법」 제62 조의 2에 따라 "자산양도소득에 대한 신고특례"를 선택한 경우에는 「소득세법」 제92조 를 준용하여 계산한 과세표준에 같은 법 제104조 제1항 각호의 세율을 적용하여 계산한

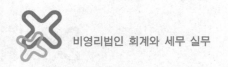

금액을 법인세로 납부하여야 하는 것이며, 이 경우 양도차익을 계산함에 있어 1985.1.1. 전에 취득한 자산의 취득가액은 「소득세법」(법률 제4803호, 1994.12.22. 개정) 부칙 제8조에 따라 1985.1.1.을 취득일로 하여 「소득세법 시행령」 제176조의 2 제2항부터 제4항까지 규정에 따른 가액으로 하는 것임.

사전 – 2023 – 법규법인 – 0887, 2024.3.27

1. 「국세기본법」 제13조에 따라 법인으로 보는 단체로 승인받은 종중(이하 "종중")이 선산으로 사용하던 임야를 처분(수용)하는 경우로서 처분일 이전부터 선산으로서의 기능을 상실하게 된 경우 해당 임야의 처분(수용)으로 생기는 소득은 고유목적사업에 사용하지 아니한 정당한 사유 여부에 불구하고 「법인세법」 제4조 제3항 제5호에 따라 수익사업에서 생기는 소득에 해당하나 해당 임야가 처분일 현재 3년 이상 계속하여 법령 또는 정관에 규정된 고유목적사업(수익사업은 제외)에 직접 사용된 경우에는 수익사업에서 생기는 소득에 해당하지 않는 것으로 해당 임야가 이에 해당하는지 여부는 이용현황 등을 종합적으로 고려하여 사실판단할 사항임.

2. 종중이 선산에 설치된 둘레석, 묘비석 등 유형자산을 철거함에 따라 보상금을 지급받는 경우로서 철거일까지 3년 이상 계속하여 법령 또는 정관에 규정된 고유목적사업(수익사업은 제외)에 직접 사용한 경우 해당 보상금 수입은 「법인세법」 제4조 제3항 제5호 단서 및 같은 법 시행령 제3조 제2항에 따라 수익사업에서 생기는 소득에서 제외되는 것이나 해당 유형자산이 이에 해당하는지 여부는 이용현황 등을 종합적으로 고려하여 사실판단할 사항임.

3. 종중이 묘지 등을 이전함에 따라 이전 보조비 등 보조금 명목으로 지급받는 금원은 「법인세법」 제4조 제3항에 따른 수익사업에서 생기는 소득에 해당하지 않는 것임.

사전 – 2023 – 법규재산 – 0078, 2023.10.23.

귀 세법해석 사전답변 신청의 경우, 기존 해석사례(서면상속증여–640, 2017.6.16.)를 참조하기 바람.

〔참조 : 서면–2017–상속증여–0640, 2017.6.16.〕

중종중 명의로 등기된 토지를 소종중 명의로 등기이전한 경우로서 그 이전된 토지가 당초부터 소종중의 소유임이 확인되는 경우에는 증여세가 과세되지 아니하는 것이나, 당초부터 중종중의 소유임이 확인되는 경우에는 증여세가 과세되는 것임. 해당 토지가 당초부터 소종중의 소유인지 또는 중종중의 소유인지 여부는 소종중 및 중종중의 회칙(규약) 및 회의록과 재산목록 등에 의거 해당 부동산의 사실상 소유자, 소유형태 등 구체적인 사실을 확인하여 판단할 사항임.

사전 - 2023 - 법규기본 - 0085, 2023.5.9.

「국세기본법」 제13조 제2항에 따라 법인으로 보는 단체 승인을 얻은 종중이 해당 종중 규약에 따라 그 일부 구성원들에게 사회통념상 인정되는 목적 및 범위 내에서 장학금, 경조사비, 경로위로금 등을 지급하는 경우는 「국세기본법」 제13조 제3항 단서 및 같은 영 제8조 제4항에서 정하는 법인으로 보는 단체 승인 취소 사유인 '수익금의 분배'에 해당하지 않는 것이나, 종중 회장 및 임원들에게 종중 선산 양도 기여에 따른 포상금 명목으로 사회통념상 과다한 금원을 지급하는 경우는 '수익금의 분배'에 해당하는 것임.

서면 - 2022 - 법인 - 4425, 2022.12.19.

비영리내국법인이 유형자산 및 무형자산을 처분하는 경우로서 해당자산을 처분일로부터 소급하여 3년 이상 중단 없이 고유목적사업에 직접 사용하지 않은 경우 해당자산의 처분손익은 「법인세법」 제4조 제3항 제5호에 따라 법인세가 과세되는 비영리내국법인의 수익사업에서 생기는 소득에 해당하는 것임.

서면 - 2022 - 법인 - 1065, 2022.5.27.

귀 서면질의의 경우 기존 질의 회신(서면법인-2352, 2018.12.13.)을 참조하기 바람.

〔참조 : 서면-2018-법인-2352, 2018.12.13.〕

비영리법인인 종중이 법인세를 신고·납부하는 경우 종중의 대표자가 거주자로서 「소득세법」 제105조 제1항에 따라 신고·납부한 양도소득세는 「법인세법」 제60조 제1항 또는 같은 법 제62조의 2 제7항에 따라 법인세로 신고·납부하는 경우 공제되는 기납부세액에 해당하지 않는 것임.

서면 - 2021 - 법인 - 5959, 2022.3.11.

〔질의내용〕

종중원 명의 농지를 종중이 설립한 농업회사법인에게로 명의를 변경하는 경우 자산수증이익에 해당되는지 여부

회신

내국법인이 타인으로부터 자산을 무상 증여받은 경우에는 「법인세법 시행령」 제89조에 따라 증여시점의 시가를 자산수증이익으로 보아 익금에 산입하는 것이며, 거래행위의 제반사항을 종합적으로 고려하여 사실 판단하기 바람.

서면 - 2021 - 상속증여 - 5584, 2022.1.4.

"증여"란 그 행위 또는 거래의 명칭·형식·목적 등과 관계없이 직접 또는 간접적인 방법으로 타인에게 무상으로 유형·무형의 재산 또는 이익을 이전(移轉)(현저히 낮은 대가

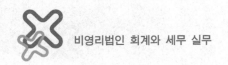

를 받고 이전하는 경우를 포함한다)하거나 타인의 재산가치를 증가시키는 것을 말하는 것으로 농지를 타인에게 증여한 것인지 명의신탁한 것인지 여부는 등기명의인과 종중과의 관계, 등기명의인 앞으로 등기가 경로된 경위, 그 토지의 규모와 관리상태 등을 고려하여 사실 판단할 사항임.

서면 – 2021 – 법인 – 2768, 2021.6.30.
귀 서면질의의 경우, 기존의 질의 회신 사례(서이 46012 – 10475, 2003.3.11.)를 참조하기 바람.

〔참조 : 서이 46012–10475, 2003.3.11.〕
국세기본법 제13조의 규정에 의해 법인으로 보는 단체로 승인받은 종중은 법인세법 시행령 제56조 제1항 각 호의 규정에 해당하지 아니하므로 같은법 제29조 제1항(1998.12.28. 법률 제5581호로 개정된 것)의 규정에 의해 고유목적사업준비금을 설정하여 손금에 계상할 수 없는 것이며, 당해 단체의 수익사업에서 발생한 소득을 같은법시행령 제36조 제3항에서 규정하는 고유목적사업비로 지출한 금액은 이를 지정기부금으로 보아 같은 법 제24조 제1항에서 규정한 금액의 범위내에서 각 사업연도에 손금에 산입하는 것임.

서면 – 2020 – 법인 – 2898, 2020.9.28.
종중이 법인으로 보는 단체로 승인받기 전 거주자로서 「소득세법」 제105조 제1항에 따라 예정신고·납부한 양도소득세는 법인으로 보는 단체로 승인을 받아 해당 양도손익에 대해 「법인세법」 제60조 제1항 또는 같은 법 제62조의 2 제7항에 따라 법인세로 신고·납부하는 경우 공제되는 기납부세액에 해당하지 않는 것임.

조심 2019광1961, 2019.10.15.
2018.4.2. 법인으로 보는 단체로 승인받은 청구종중의 최초사업연도 종료일은 2018.12.31. 이며, 쟁점양도차익은 그 발생일이 2017.7.21.로 당해 최초사업연도 종료일부터 역산하여 1년을 초과하므로 법인으로 보는 청구종중의 최초사업연도 손익에 산입될 수 없는 점에 비추어 처분청이 쟁점양도차익을 법인으로 보는 청구종중의 최초사업연도의 손익에 산입하고 쟁점양도소득세를 환급하여 달라는 경정청구를 거부한 쟁점거부처분은 달리 잘못이 없다고 판단된다.

서면 – 2023 – 상속증여 – 2937, 2024.4.16., 서면 – 2019 – 상속증여 – 0365, 2019.2.25.
대종중 명의의 부동산을 매각하고 해당 매각대금을 소종중에게 분배하는 경우로서 이전받는 매각대금이 당초부터 소종중 소유인 재산의 매각대금으로 확인되는 경우 이외에는 「상속세 및 증여세법」 제4조에 따라 증여세 과세대상에 해당하는 것임.

사전 – 2018 – 법령해석재산 – 0707, 2018.12.26.
종중원 명의로 등기된 토지를 종중 명의로 등기이전한 경우로서 그 이전된 토지가 당초부터 종중의 소유임이 확인되는 경우에는 증여세가 과세되지 아니하는 것이나 당초부터 종중원 소유임이 확인되는 경우에는 증여세가 과세되는 것임.

사전 – 2018 – 법령해석법인 – 0436, 2018.8.23.
「국세기본법」 제13조에 따라 법인으로 보는 단체로 승인받은 종중이 법인으로 승인받기 전에 종중 소유의 부동산을 양도한 경우, 해당 양도손익을 사실상 법인에 귀속시킨 것이 확인되며, 조세포탈의 우려가 없는 때에는 최초 사업연도의 기간이 1년을 초과하지 아니하는 범위 내에서 법인의 최초 사업연도의 손익에 해당 양도손익을 산입하여 법인세법에 따라 과세표준과 세액을 신고할 수 있는 것임. 다만, 종중이 법인세법에 따라 과세표준과 세액을 신고할 경우 해당 부동산이 실제 종중의 고유목적사업에 직접 사용되었는지 여부는 제반 상황을 고려하여 사실판단할 사항임.

서면 – 2017 – 상속증여 – 2409, 2017.9.18.
종중과 그 종중원은 별개의 수증자로 각각의 증여재산에 대하여 증여세가 부과되는 것이며, 증여재산의 취득시기는 상속세 및 증여세법 제32조 및 같은 법 시행령 제24조의 규정에 따름.

서면 – 2016 – 상속증여 – 6000, 2017.3.31.
종중재산의 매각대금을 무상으로 종중원들에게 분배하는 경우에는 그 분배한 대금에 대하여 종중원에게 증여세가 과세되는 것임.

재산 – 325, 2012.9.13.
종중재산인 토지가 수용되어 수령한 보상금을 종회원에게 분배·지급한 경우 그 지급금액에 대하여 증여세가 부과됨.

재산 – 94, 2012.3.7.
종중이 다른 종중으로부터 재산을 무상으로 이전받는 경우에는 증여에 해당하므로 증여세 납부의무가 있는 것임.

재산 – 81, 2012.2.23.
대종중 명의의 부동산을 매각하고 당해 매각대금을 소종중에게 분배하는 경우로서 이전받는 매각대금이 당초부터 이전받는 종중의 재산 매각대금으로 확인되는 경우에는 증여에 해당하지 않는 것임.

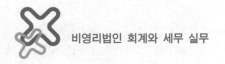

재산 - 609, 2011.12.26.

종중으로부터 재산을 증여받은 종 회원 개인은 증여세 납부의무가 있는 것임.

재산 - 287, 2011.6.15.

종중원 명의로 등기되어 있는 종중재산을 명의신탁 해지하여 실질소유자인 종중명의로 환원하는 때에는 그 등기원인과 상관없이 증여세가 과세되지 않음.

법인 - 150, 2011.2.25.

법인으로 승인을 받은 종중이 고정자산을 처분함으로 인하여 발생한 수입에 대하여는 법인세를 납부할 의무가 있는 것이나 3년 이상 계속하여 고유목적사업에 직접 사용한 고정자산인 경우 각 사업연도 소득에 대한 법인세가 과세되지 않음.

재산 - 800, 2010.10.28.

종중이 종중원으로부터 무상으로 토지를 이전받는 경우 종중은 증여세를 납부의무가 있으나, 종중원 명의로 등기되어 있는 종중재산을 명의신탁 해지하여 실질소유자인 종중명의로 환원하는 때에는 그 등기원인과 상관없이 증여세 과세되지 않음.

재산 - 697, 2010.9.15.

공익법인 등에 해당하지 않는 종중 단체 간에 재산을 증여하는 경우 증여받은 종중은 증여세 납세의무가 있음.

재산 - 648, 2010.8.27.

개인이 종중에 재산을 증여하는 경우 증여세가 과세되며, 이때 증여재산 공제는 적용되지 아니함.

부동산거래 - 1064, 2010.8.16.

[질 의]

종중명의로 납부해온 재산세 납세증명서만으로 종중명의로 실명 전환등기시 양도소득세를 면제받을 수 있는지 여부

[회 신]

「소득세법」 제88조 제1항에 따라 "양도"란 자산에 대한 등기 또는 등록과 관계없이 매도, 교환, 법인에 대한 현물출자 등으로 인하여 그 자산이 유상으로 사실상 이전되는 것을 말하는 것으로, 종중 소유 부동산을 종중원에게 명의신탁하였다가 종중으로 환원하는 것은 양도로 보지 아니하는 것이나, 해당 소유권이전등기가 신탁해지에 의한 것인지 또는 실질적인 증여나 양도에 의한 것인지는 구체적인 사실을 확인하여 판단하는 것임.

재산 - 1250, 2009.6.23.

타인으로부터 대가관계 없이 무상으로 재산을 취득한 자는 「상속세 및 증여세법」 제2조 및 제4조의 규정에 의하여 증여세를 납부할 의무가 있는 것이므로 종중재산을 매각하여 그 매각대금을 무상으로 종중원에게 분배하는 경우에는 그 분배한 대금에 대하여는 증여세가 과세되는 것이나, 대가관계가 확인되는 경우에는 그러하지 않는 것으로서, 귀 질의 경우가 이에 해당하는지 여부는 관련사실을 확인하여 판단할 사항임.

서면2팀 - 1399, 2006.7.27.

〔사실관계〕
• 종중이 수익사업(부동산임대)을 영위하고 법인세신고를 계속하여 옴.
• 법인세신고시 장부상 등재되어 있지 아니한 부외토지를 2006.6.6. 양도시 부외토지의 양도이기에 종중을 「소득세법」상 1거주자로 보아 양도소득세 예정신고납부한 경우

질의

〔질의 1〕 양도소득세 신고가 정당한지 여부
〔질의 2〕 부외토지의 취득가액의 적용방법 등

회신

1. (질의 1) 「법인세법」 제3조 제2항 제1호에서 규정하는 수익사업을 영위하는 비영리내국법인이 보유하고 있는 비수익사업용 토지를 양도하는 경우, 당해 토지에 대하여는 같은 법 제62조의 2에 의한 비영리내국법인의 자산양도소득에 대한 과세특례규정이 적용되지 아니하는 것임.

2. (질의 2) 비영리내국법인이 당해 토지를 양도하는 경우 1990.12.31. 이전에 취득한 토지의 취득가액은 장부가액과 1991.1.1. 현재 「상속세 및 증여세법」 제60조 및 같은 법 제61조 제1항 내지 제3항의 가액으로 평가한 가액 중 큰 금액으로 할 수 있는 것으로써, 이때 공시지가는 평가기준일 현재 고시된 가액에 의하는 것임.

3. 종중이 소유하는 토지의 비사업용 토지 해당 여부

서면2팀 - 1515, 2007.8.10.

종중이 소유한 임야(2005.12.31. 이전에 취득한 것에 한함)는 비사업용 토지에서 제외되는 것임.

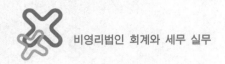

4. 지방세 관련

지방세운영과 - 2887, 2013.11.12

가. 「지방세특례제한법」 제50조 제1항에서 "종교 및 제사를 목적으로 하는 단체가 해당 사업에 사용하기 위하여 취득하는 부동산에 대하여는 취득세를 면제한다. 다만, 다음 각 호의 어느 하나에 해당하는 경우 그 해당 부분에 대해서는 면제된 취득세를 추징한다(각호생략)."라고 규정하고 있음.

나. "종중"이라 함은 선조 분묘에 대한 관장, 친목과 상부상조, 종중후생 및 장학사업 등을 목적으로 하는 단체로 정의하고 있는 판례(대법원 1991.2.22. 선고, 90누7487 판결) 등에 비추어 볼 때, 종중소유의 제실 등이 제사목적에 일부 사용된다고 하더라도, 선조의 분묘 수호와 봉제사 및 후손상호간의 친목도모를 목적으로 하는 '종중'은 취득세 감면대상인 '종교 및 제사를 목적으로 하는 단체'에 해당되지 아니한다고 할 것임.

다. 이와 같은 이유로 지방세관계법 기본통칙(지방세운영과-92, 2013.1.9.) "지방세특례제한법 50-1(종교 및 제사단체에 대한 면제)에서도 '종중은 「지방세특례제한법」 제50조 제1항에서 말하는 「종교 및 제사를 목적으로 하는 단체」에 해당되지 않는다.'고 규정하고 있음.

지방세운영 - 381, 2009.1.29.

공부상 개인명의 토지이나 사실상 종중이 90.5.31. 이전 소유한 농지 또는 임야일 경우라도 과세기준일부터 10일 이내에 증빙자료를 갖추어 신고하지 않은 경우라면 공부상 소유자가 재산세 납세의무자임.

지방세운영 - 1979, 2008.10.29.

특정 종중원들의 이익증진 내지 권리보호를 그 고유의 직접 목적으로 하는 법인에 해당되는 경우 공익사업을 목적으로 하는 비영리단체에 해당하지 않음.

조심 2008지1, 2008.6.25.

종중이 소유하고 선조들의 분묘를 관리한 관리지역 내의 임야에 해당되는데도 재산세 과세대상을 종합합산과세대상으로 구분한 것은 부당함.

세정 - 2716, 2007.7.13.

질의

종중원 명의의 임야를 증여의 형식으로 종중명의로 환원하는 등기를 할 경우 취득세 등의 납세의무가 성립되는지 여부

가. 「지방세법」 제104조 제8호에서 취득이란 매매, 교환, 상속, 증여, 기부(…) 등 기타 이와 유사한 취득으로서 원시취득, 승계취득 또는 유상·무상을 불문한 일체의 취득을 말한다고 규정하고 있고, 같은 법 제105조 제1항에서 취득세는 부동산·차량(…)의 취득에 대하여 당해 취득물건 소재지의 도에서 그 취득자에게 부과한다고 규정하고 있음.

나. 대법원 판례(98다12171, 1999.9.3.)에서 취득세는 재화의 취득행위라는 사실 자체를 포착하여 거기에 담세능력을 인정하여 부과하는 유통세의 일종이고, 취득세의 과세대상이 되는 부동산의 취득이란 당해 부동산 소유권 취득의 실질적 요건을 갖춤으로써 사실상 취득하는 일체의 경우를 말하는 것으로, 그 소유권을 취득함에 있어 반드시 소유권이전등기의 형식을 거치는 경우만을 말하는 것이 아니며, 명의신탁에 의하여 신탁자로부터 수탁자에게로 경료된 부동산에 관한 소유권이전등기를 그 해지를 원인으로 하여 말소하는 경우는 이로써 명의신탁에 의하여 대외관계에 있어서 수탁자에게 이전되었던 당해 부동산의 소유권이 다시 신탁자에게로 회복되어 신탁자는 그 소유권을 새로이 취득하는 것이라 할 것이므로, 이는 「지방세법」 제105조 제1항 및 제104조 제8호의 규정에서 말하는 부동산의 취득에 해당한다고 판시하고 있는바,

다. 귀 문의 경우 종중원 명의의 임야를 증여의 형식으로 종중 명의로 환원하는 등기를 하는 경우라면 이는 종중원 명의로 명의신탁된 임야에 대하여 명의신탁해지를 원인으로 원소유자인 종중에게 소유권이전등기를 하는 경우로 봄이 타당하다 하겠으므로 취득세와 등록세의 납세의무가 있는 것이고, 만일 명의신탁해지가 아닌 증여인 경우라 하더라도 수증자인 종중은 취득세와 등록세를 납부하여야 하는 것임.

행안부 82, 2007.4.18.
종중은 선조의 분묘에 대한 관장, 친목과 상부상조, 종중 후생 및 장학사업 등을 목적으로 하는 종중은 종교 및 제사를 목적으로 하는 비영리 공익사업자에 해당되지 아니함.

세정 - 2737, 2006.7.4.
종중원에게 명의신탁하였다가 해지하여 종중명의로 이전등기하는 경우에는 신탁재산의 이전하는 경우의 취득세 등의 비과세 대상이 되지 않는 것임.

세정 - 3082, 2005.10.6.
종중의 양도소득세할 주민세의 납세지는 업무를 주관하는 장소 등을 납세지로 지정받지 아니한 이상은 종중 대표자의 주소지임.

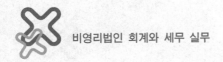

세정 - 554, 2005.5.3.
실질소유자는 종중임에도 불구하고 종업원명의로 등기되어 있는 경우에는 명의신탁에 해당된다고 볼 수 있고 이러한 명의신탁관계를 해지함으로써 종중명의로 등기시에는 취득세과세대상이 되는 것임.

세정 - 732, 2003.8.6.
종중 대표자 명의를 변경등기하는 경우는 형식적인 소유권의 취득으로 보아 취득세 납세의무가 없음.

제6절

공동주택 입주자대표회의

1 입주자대표회의의 개념

공동주택의 관리에 관한 사항을 정함으로써 공동주택을 투명하고 안전하며 효율적으로 관리할 수 있게 하여 국민의 주거수준 향상에 이바지함을 목적으로 하는 「공동주택관리법」에 따르면 '의무관리대상 공동주택'을 건설한 사업주체는 입주예정자의 과반수가 입주할 때까지 그 공동주택을 직접 관리하여야 하며, 입주예정자의 과반수가 입주하였을 때에는 입주자등에게 그 사실을 알리고 해당 공동주택을 자치관리하거나 주택관리업자에게 위탁하여 관리하도록 요구하게 된다(공동주택관리법 제5조, 제11조).

여기서 '의무관리대상 공동주택'이란 해당 공동주택을 전문적으로 관리하는 자를 두고 자치 의결기구를 의무적으로 구성하여야 하는 등 일정한 의무가 부과되는 공동주택으로서, 다음 중 어느 하나에 해당하는 공동주택을 말한다(공동주택관리법 제2조).

① 300세대 이상의 공동주택
② 150세대 이상으로서 승강기가 설치된 공동주택
③ 150세대 이상으로서 중앙집중식 난방방식(지역난방방식을 포함한다)의 공동주택
④ 「건축법」 제11조에 따른 건축허가를 받아 주택 외의 시설과 주택을 동일 건축물로 건축한 건축물로서 주택이 150세대 이상인 건축물
⑤ ①부터 ④까지에 해당하지 아니하는 공동주택 중 입주자등이 대통령령으로 정하는 기준에 따라 동의하여 정하는 공동주택

사업주체로부터 공동주택 관리에 대한 요구를 받은 입주자등은 그 요구를 받은 날부터 3개월 이내에 입주자를 구성원으로 하는 입주자대표회의를 구성하고, 그 공동주택의 관리방법을 결정(주택관리업자에게 위탁 관리하는 방법을 선택한 경우에는 그 주택관리업자의 선정을 포함한다)하여 이를 사업주체 또는 의무관리대상 전환 공동주택의 관리인에게 통지하고, 관할 시장·군수·구청장에게 신고하여야 한다(공동주택관리법 제11조).

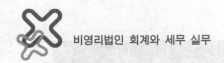

입주자대표회의는 4명 이상으로 구성하되, 동별 세대수에 비례하여 공동주택관리규약으로 정한 선거구에 따라 선출된 대표자로 구성한다. 이 경우 선거구는 2개동 이상으로 묶거나 통로나 층별로 구획하여 정할 수 있다. 입주자대표회의에는 회장, 감사 및 이사를 임원으로 둔다(공동주택관리법 제14조).

의무관리대상 공동주택의 관리주체는 관리비등의 징수·보관·예치·집행 등 모든 거래 행위에 관하여 장부를 월별로 작성하여 그 증빙서류와 함께 해당 회계연도 종료일부터 5년간 보관하여야 한다(공동주택관리법 제27조).

의무관리대상 공동주택의 관리주체는 「주식회사 등의 외부감사에 관한 법률」 제2조 제7호에 따른 감사인의 회계감사를 매년 1회 이상 받아야 한다. 다만, 다음의 구분에 따른 연도에는 그러하지 아니하다(공동주택관리법 제26조).

---

① 300세대 이상인 공동주택 : 해당 연도에 회계감사를 받지 아니하기로 입주자등의 3분의 2 이상의 서면동의를 받은 경우 그 연도
② 300세대 미만인 공동주택 : 해당 연도에 회계감사를 받지 아니하기로 입주자등의 과반수의 서면동의를 받은 경우 그 연도

회계감사를 받아야 하는 공동주택의 관리주체는 매 회계연도 종료 후 9개월 이내에 다음의 재무제표(회계처리기준은 국토교통부고시 제2023-300호, 2023.6.13.)에 대하여 회계감사를 받아야 한다(공동주택관리법 시행령 제27조).

---

① 재무상태표
② 운영성과표
③ 이익잉여금처분계산서(또는 결손금처리계산서)
④ 주석(註釋)

감사인은 관리주체가 회계감사를 받은 날부터 1개월 이내에 관리주체에게 감사보고서를 제출해야 한다. 또 회계감사 완료일부터 1개월 이내에 회계감사 결과를 해당 공동주택을 관할하는 시장·군수·구청장에게 제출하고 공동주택관리정보시스템에 공개하여야 한다. 관리주체는 감사보고서 등 회계감사의 결과를 제출받은 날부터 1개월 이내에 입주자대표회의

에 보고하고 해당 공동주택단지의 인터넷 홈페이지 및 동별 게시판에 공개하여야 한다.

회계감사의 감사인은 입주자대표회의가 선정하는데 이 경우 입주자대표회의는 시장·군수·구청장 또는 「공인회계사법」 제41조에 따른 한국공인회계사회에 감사인의 추천을 의뢰할 수 있으며, 입주자등의 10분의 1 이상이 연서하여 감사인의 추천을 요구하는 경우 입주자대표회의는 감사인의 추천을 의뢰한 후 추천을 받은 자 중에서 감사인을 선정하여야 한다.

<h2>2 입주자대표회의의 세법상의 지위</h2>

입주자대표회의가 세법상 비영리법인이 되기 위해서는 「국세기본법」 제13조 제2항에 따라 다음의 요건을 갖추고 대표자나 관리인이 관할세무서장에게 신청하여 승인을 받아야 한다.

---

① 사단, 재단, 그 밖의 단체의 조직과 운영에 관한 규정을 가지고 대표자나 관리인을 선임하고 있을 것
② 사단, 재단, 그 밖의 단체 자신의 계산과 명의로 수익과 재산을 독립적으로 소유·관리할 것
③ 사단, 재단, 그 밖의 단체의 수익을 구성원에게 분배하지 아니할 것

따라서, 입주자대표회의가 「국세기본법」상의 요건을 갖추고 관할세무서장의 승인을 받은 경우에는 「법인세법」상 비영리법인으로 의제되어 세무처리에 대해서 「법인세법」을 적용받게 되고 그렇지 못한 경우에는 세법상 1거주자가 되어 세무처리에 대해 「소득세법」을 적용받게 된다(대법원 2002두3348, 2004.7.9., 국심 1999서2370, 2000.4.18.).

입주자대표회의가 「국세기본법」에 의하여 관할세무서장에게 신청하여 승인을 얻어 법인으로 의제되는 경우에는 「국세기본법」 제13조 제3항에 의해 관할세무서장의 승인을 받은 날이 속하는 과세기간과 그 과세기간이 끝난 날부터 3년이 되는 날이 속하는 과세기간까지는 「소득세법」에 따른 거주자 또는 비거주자로 변경할 수 없다.

만일, 어떤 입주자대표회의가 세법상 거주자에 해당하였다가 「국세기본법」에 의해 관할세무서장으로부터 법인으로 승인을 받았다면 그 입주자대표회의에 대한 세법의 적용은 법인 승인일 전일까지는 「소득세법」을, 승인일 이후에는 「법인세법」을 적용하여 납세의 의무를 이행해야 할 것이다(서면2팀 – 859, 2006.5.16.).

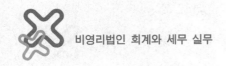

3 입주자대표회의에 관한 세무처리

3-1. 고유목적사업준비금 설정

「공동주택관리법」 제2조 제1항 제1호 가목에 따른 공동주택의 입주자대표회의·임차인 대표회의 또는 이와 유사한 관리기구가 「국세기본법」에 의해 법인으로 의제되어 「법인세법」상 비영리내국법인이 되는 경우 수익사업을 통해 발생하는 소득금액에 대해서 「법인세법」 제29조 및 같은 법 시행령 제56조에 의해 고유목적사업준비금을 설정할 수 있다(법인세법 시행령 제56조 제1항).

따라서, 입주자대표회의는 「법인세법」 제4조 제3항의 규정에 의한 수익사업에 대하여 「법인세법」 제60조의 규정에 따라 과세표준을 신고하여 법인세를 납부하거나 환급받을 수 있으며, 이자소득만 있는 비영리법인의 경우 「법인세법」 제62조 【비영리내국법인의 과세표준신고 특례】 규정에 의하여 과세표준 신고를 하지 않을 수도 있다(서면2팀 – 1018, 2006. 6.5.).

3-2. 입주자대표회의의 수익사업

입주자대표회의는 관리비 징수 외에도 재활용품 판매수익이나 아파트 내에 부착하는 광고물에 대하여 광고주를 모집하여 광고수익을 얻을 수도 있다. 이때, 이러한 판매수익이나 광고수익이 「법인세법」상 수익사업에 해당하는지 여부가 문제가 될 수 있는데, 과세관청은 이러한 수익에 대해 수익사업에 해당하는 것으로 해석하고 있다.

3-3. 부가가치세에 대한 처리

영리목적유무와 관계없이 사업상 독립적으로 재화 또는 용역을 공급하는 자는 「부가가치세법」상 납세의무자가 된다. 따라서 입주자대표회의도 사업상 독립적으로 부가가치세 과세대상이 되는 재화나 용역을 공급하는 경우에는 부가가치세를 납부할 의무가 발생한다.

다만, 공동주택의 관리주체가 「주택법」 제2조 제3호에 따른 공동주택 중 국민주택에 공급하는 일반관리용역·경비용역 및 청소용역과 공동주택의 관리주체가 「주택법」 제2조 제3호에 따른 공동주택 중 국민주택을 제외한 주택에 2025년 12월 31일까지 공급하는 일반관리용역·경비용역 및 청소용역은 부가가치세를 면제한다(조세특례제한법 제106조 제1항 및 동법 시행령 제106조 제6항).

면세와 관련된 「조세특례제한법」의 규정은 다음과 같다.

┃ 조세특례제한법 제106조 【부가가치세의 면제 등】┃

① 다음 각 호의 어느 하나에 해당하는 재화 또는 용역의 공급에 대해서는 부가가치세를 면제한다. 이 경우 제1호, 제4호의 2, 제5호, 제9호의 2 및 제12호는 2025년 12월 31일까지 공급한 것에만 적용하고, 제2호, 제3호 및 제4호의 5는 2026년 12월 31일까지 공급한 것에만 적용하며, 제8호 및 제8호의 2는 2014년 12월 31일까지 실시협약이 체결된 것에만 적용하고, 제8호의 3은 2015년 1월 1일부터 2025년 12월 31일까지 실시협약이 체결된 것에만 적용하며, 제9호는 2023년 12월 31일까지 공급한 것에만 적용하고, 제9호의 3은 2024년 12월 31일까지 공급한 것에만 적용한다.

4의 2. 「주택법」 제2조 제14호에 따른 관리주체(같은 호 가목은 제외한다. 이하 이 조에서 "관리주체"라 한다), 「경비업법」 제4조 제1항에 따라 경비업의 허가를 받은 법인(이하 이 조에서 "경비업자"라 한다) 또는 「공중위생관리법」 제3조 제1항에 따라 위생관리용역업의 신고를 한 자(이하 이 조에서 "청소업자"라 한다)가 「주택법」 제2조 제2호에 따른 공동주택 중 국민주택을 제외한 주택으로서 다음 각 목의 주택에 공급하는 대통령령으로 정하는 일반관리용역·경비용역 및 청소용역

가. 수도권을 제외한 「국토의 계획 및 이용에 관한 법률」 제6조 제1호에 따른 도시지역이 아닌 읍 또는 면 지역의 주택

나. 가목 외의 주택으로서 1호(戶) 또는 1세대당 주거전용면적이 135제곱미터 이하인 주택

4의 3. 관리주체, 경비업자 또는 청소업자가 「주택법」 제2조 제2호에 따른 공동주택 중 국민주택에 공급하는 대통령령으로 정하는 일반관리용역·경비용역 및 청소용역

┃ 조세특례제한법 시행령 제106조 【부가가치세 면제 등】┃

⑥ 법 제106조 제1항 제4호의 2부터 제4호의 4까지의 규정에서 "대통령령으로 정하는 일반관리용역·경비용역 및 청소용역"이란 다음 각 호에 해당하는 용역을 말한다.

1. 관리주체 또는 「노인복지법」 제32조 제1항 제3호에 따른 노인복지주택(이하 이 항에서 "노인복지주택"이라 한다)의 관리·운영자가 각각 공동주택 또는 노인복지주택에 공급하는 경비용역 및 청소용역과 다음 각 목에 해당하는 비용을 받고 제공하는 일반관리용역을 말한다.

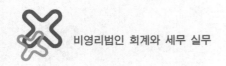

가. 「공동주택관리법 시행령」 제23조의 규정을 적용받는 공동주택의 경우: 같은 시행령 별표 2 제1호에 따른 일반관리비(그 관리비에 같은 법 시행령 별표 2 제2호부터 제10호까지에 따른 관리비 및 이와 유사한 비용이 포함되어 있는 경우에는 이를 제외한다)

나. 「공동주택관리법 시행령」 제23조의 규정을 적용받지 아니하는 공동주택 및 노인복지주택의 경우: 가목에 따른 일반관리비에 상당하는 비용

2. 경비업자가 공동주택 또는 노인복지주택에 공급하거나 관리주체 또는 노인복지주택의 관리·운영자의 위탁을 받아 공동주택 또는 노인복지주택에 공급하는 경비용역

3. 청소업자가 공동주택 또는 노인복지주택에 공급하거나 관리주체 또는 노인복지주택의 관리·운영자의 위탁을 받아 공동주택 또는 노인복지주택에 공급하는 청소용역

3-4. 무상으로 취득한 자산에 대한 증여세

「상속세 및 증여세법」상 공익법인에 해당하는 경우 동 공익법인에게 출연된 재산에 대해서는 상속세 과세가액 불산입이나 증여세 비과세가 적용된다. 따라서, 입주자대표회의가 무상으로 자산을 취득하는 경우 증여세 과세여부는 입주자대표회의의 「상속세 및 증여세법」상의 공익법인 여부에 달려 있다고 할 수 있다.

현행 「상속세 및 증여세법」상 입주자대표회의는 공익법인에 해당하지 않는 것으로 보이며 따라서 입주자대표회의가 타인으로부터 무상으로 자산을 취득하는 경우에는 증여세 과세대상이 된다(재재산-420, 2011.6.3., 서면4팀-828, 2004.6.9.).

 | 중요 예규 및 판례 |

서면 - 2023 - 상속증여 - 0081, 2023.12.13.

(질 의)

〔사실관계〕

• ○○○○○ 아파트는 ☆☆지역주택조합이 시행하여 2021.3.10. 사용승인을 득한 공동주택임(총 594세대 중 조합원 물량 538세대).

• ☆☆지역주택조합 해산총회시 조합 소유 휘트니스센터 건물을 입주자대표회의 명의로 무상 이전하기로 결의하고 2022.11.25. 소유권 이전함.

* 분양 당시 계획에 휘트니스센터는 없었으나 조합 측이 상가동 일부 호실에 마련

〔질의내용〕

• 조합 소유 휘트니스센터 건물을 입주자대표회의로 무상 이전하는 경우 증여세 과세여부

회신

귀 질의의 경우 기존 해석사례(재산-1561, 2009.07.27., 서면4팀-828, 2004.6.9.)를 참고하기 바람.

〔참고 : 상증, 재산세과-1561, 2009.7.27.〕

「상속세 및 증여세법」 제4조 제7항에 의한 비영리법인이 재산을 무상으로 이전받는 경우에는 같은 법 제2조 및 제4조의 규정에 의하여 증여세 납부의무가 있는 것임.

〔참고 : 상증, 서면인터넷방문상담4팀-828, 2004.6.9.〕

입주자들이 공동으로 이용할 수 있는 운동시설용 토지와 건물을 입주자 대표회의가 무상으로 취득한 경우 증여세 납부의무가 있는 것이나, 당초 분양가액에 포함된 경우에는 그러하지 않음.

서면-2023-법인-1206, 2023.5.18.

질의

공동주택관리법 제10조 및 같은 법 시행령 제7조에 따라 입주자대표회의와 임대사업자가 '주택관리업자의 직원인 관리소장에게 대표권을 부여'하는 것을 공동으로 결정한 경우라면, 관리소장 명의의 고유번호 발급이 가능한 지 여부

회신

귀 질의의 경우 기존 해석사례(서일 46011-10048, 2001.8.30., 제도 46011-10499, 2001.4.9.)를 참고하기 바람.

〔요지〕

위탁관리업체는 해당 아파트에 대한 대표권이 없으므로 위탁관리업체 직원인 아파트관리소장 명의의 고유번호는 부여받을 수 없음.

〔참고 : 서일 46011-10048, 2001.8.30.〕

공동주택의 관리업무만을 취급하는 주택관리업자는 동 주택관리기구의 대표권이 없으므로 주택관리업체의 직원인 관리소장 명의의 고유번호는 부여받을 수 없으며 입주자대표회의 회장명의로 고유번호를 신청하여 부여받아야 하는 것임. 그리고 자치관리의 경우 관리소장은 입주자대표회의가 임명하는 것으로 입주자대표회의 회장 또는 관리소장 명의의 고유번호를 부여할 수 있는 것임.

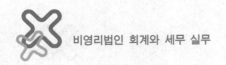

〔참고 : 제도 46011-10499, 2001.4.9.〕
관리소장명의로 개인 고유번호가 지정된 경우 기교부한 고유번호는 이번 고유번호 정비
대상이며, 임대아파트는 사업주체(건설시공사), 임대사업자, 주택관리업체의 사업자등록
번호를 그대로 사용하는 것으로, 신규입주분양아파트의 고유번호신청은 입주자대표회
의가 구성될 때까지 사업주체(건설시공사)의 사업자등록번호를 그대로 사용하는 것이나,
사업주체가 위탁관리회사에 위탁한 경우에는 위탁관리회사의 사업자등록번호를 그대로
사용하는 것임.

서면-2022-법인-1584, 2022.7.26.

〔질 의〕

집합건물관리단이 입주사들로부터 지정 주차대수 초과 주차료를 관리비에 부과하여 받
는 경우 법인세 과세대상인지 여부
* 입주사들의 입주면적 40평당 1대 무료 배정, 초과 주차료 1대당 월 8만원 부과

〔회 신〕

귀 서면질의의 경우, 기존의 질의 회신 사례(서면법령법인-4328, 2020.11.4.)를 참고하기
바람.

〔참고 : 서면-2019-법령해석법인-4328, 2020.11.4.〕
「집합건물의 소유 및 관리에 관한 법률」에 따라 설립된 집합건물 관리단이 건물 내의
주차장을 운영·관리하면서 주차장의 유지·보수 등 관리목적으로 입주민으로부터 실비
상당액의 주차비를 징수하는 경우 해당 주차비수입은 「법인세법」 제4조 제3항 및 같은 법
시행령 제3조의 수익사업에서 생기는 소득에 해당하지 않는 것이며 집합건물 관리단의 주
차장운영이 이에 해당하는지 여부는 사실판단 할 사항임.

사전-2021-법규법인-1320, 2022.1.19.
상가, 오피스텔, 아파트로 구성된 주상복합건물 중 아파트부분이 「공동주택관리법」 제2
조 제1항 제1호 가목의 「주택법」 제2조 제3호에 따른 공동주택인 경우 해당 아파트부분
의 입주자대표회의로서 「국세기본법」 제13조에 따른 법인으로 보는 단체는 「법인세법」
제29조 제1항 및 같은 법 시행령 제56조 제1항 제4호에 따라 고유목적사업준비금을 손
금에 산입할 수 있는 것임.

서면-2021-법령해석부가-2359, 2021.12.30.
분양을 목적으로 한 공동주택과 「공동주택관리법」 제2조 제1항 제20호에 따른 임대사업
자(이하 "임대사업자")가 임대하는 임대주택이 함께 있는 혼합주택단지 내의 임대주택에

서 발생하는 잡수입에 대한 부가가치세 납세의무자는 혼합주택단지 임대주택 관리규약에 따른 관리주체로서 자체 관리하여 임대사업자의 책임과 계산으로 재화나 용역을 공급하는 경우 임대사업자가 되는 것이고, 관리·운영을 포괄적으로 위탁받아 주택관리업자의 책임과 계산하에 재화나 용역을 공급하는 경우 주택관리업자가 되는 것임.

사전 - 2021 - 법령해석법인 - 0189, 2021.11.4.

[질의]

〔사실관계〕

• A법인은 법인세법상 고유목적사업준비금을 손금에 산입할 수 있는 단체에 해당하고
  - 「공동주택관리법」 제26조에 따라 매년 외부회계감사를 받고 있으며 해당 사업연도에 대한 이익잉여금을 처분할 때 공동주택 관리규약에 따라 '장기수선충당금', '관리비차감적립금' 등으로 적립하고 있음.

〔질의요지〕

• 고유목적사업준비금 상당액을 이익처분 할 때 '고유목적사업준비금'이 아닌 '장기수선충당금' 등의 명칭으로 적립하는 경우
  - 「법인세법」 제29조 제2항에서 규정하는 '고유목적사업준비금의 적립'으로 볼 수 있는지 여부

[회신]

「주식회사 등의 외부감사에 관한 법률」 제2조 제7호 및 제9조에 따른 감사인의 회계감사를 받는 비영리내국법인이 법인세 신고 시 고유목적사업준비금을 세무조정계산서에 계상하고 해당 사업연도의 이익처분을 할 때 그 금액 상당액을 공동주택 관리규약에 따라 고유목적사업에 지출할 목적으로 '장기수선충당금', '관리비차감적립금'등으로 적립하는 경우 해당 금액은 「법인세법」 제29조 제1항을 적용할 때 결산 확정 시 손비로 계상한 것으로 보는 것임.

사전 - 2021 - 법령해석법인 - 1516, 2021.10.22.

아파트입주자대표회의가 인근 고속도로 건설공사로 인한 소음 등의 피해보상 차원에서 건설회사로부터 업무와 직접 관계없이 무상으로 받는 피해보상금은 해당 아파트입주자대표회의의 비수익사업에 속하므로 법인세 과세대상에 해당하지 않는 것임.

서면 - 2021 - 법령해석법인 - 5038, 2021.9.29.

「집합건물의 소유 및 관리에 관한 법률」의 적용을 받는 오피스텔 관리단은 「법인세법 시행령」 제56조 제1항 제4호에 해당하지 않는 것임.

서면 - 2021 - 법인 - 1295, 2021.6.29.

질의

아파트입주자대표회의가 시행사로부터 하자보수종결 합의금 명목으로 취득한 상가에 대한 세무처리 방법

회신

비영리법인이 「법인세법」 제3조 제2항의 수익사업과 비영리사업을 겸영하는 경우에는 자산·부채 및 손익을 같은법 제113조 및 같은법 시행규칙 제76조의 규정에 의하여 구분경리하여야 하는 것이며, 수익사업에서 발생한 소득은 각 사업연도 소득에 대한 법인세 납세의무가 있는 것이나, 건물하자보수를 직접 수행하는 조건으로 수령한 금전 등을 수익사업에 해당하지 않는 고유목적사업의 수행에 직접 사용하는 경우에는 그러하지 않는 것임.

고유목적사업이라 함은 당해 비영리내국법인의 법령 또는 정관에 규정된 설립목적을 직접 수행하는 사업으로서 같은법 시행령 제2조 제1항의 규정에 해당하는 수익사업 외의 사업을 말하는 것임.

서면 - 2020 - 법인 - 3409, 2021.1.21

「국세기본법」 제13조에 따른 법인으로 보는 단체가 「법인세법 시행령」 제56조 제1항 제4호에 따라 공동주택의 입주자대표회의에 해당하는 경우 공동주택에서 기여한 수입에 대하여 「법인세법」 제29조에 따라 고유목적사업준비금을 손금에 산입할 수 있음.

서면 - 2020 - 법인 - 5426, 2020.12.22.

질의

- (질의 1) 공동주택 어린이집 임대료와 관련하여 질의법인이 발급하는 매출계산서의 공급받는 자 및 공급가액
- (질의 2) 어린이집 관련 임대수입금액(00백만원)의 법인세 귀속사업연도 및 신고금액

회신

귀 질의 1의 경우 기존 회신사례(서면1팀 - 1445, 2005.11.28.)를 참고하기 바람.

귀 질의 2의 경우 아파트입주자대표회의는 「국세기본법」 제13조 제2항에 따른 법인으로 보는 단체로 승인 받은 때부터 「법인세법」 제3조에 따라 그 소득에 대한 법인세를 납부할 의무가 있는 것임.

〔참고 : 서면인터넷방문상담1팀-1445, 2005.11.28.〕
공동주택을 위탁관리하는 경우 공동주택의 관리업무만을 취급하는 주택관리업체는 당해 공동주택관리기구의 대표권이 없으므로 동 주택관리업체의 관리소장 명의의 고유번호를 부여할 수 없으며, 입주자대표회의 회장 명의로 고유번호를 신청하여 부여받아야하는 것임.
또한, 입주자대표회의가 구성되지 아니한 경우에는 입주자대표회의가 구성될 때까지는 계산서 등의 발행 및 수취는 사업주체의 사업자등록번호를 사용하여야 하며, 다만 사업주체가 위탁관리회사에 위탁한 경우에는 위탁관리회사의 사업자등록번호를 사용하여야 함.

서면-2020-법령해석부가-0712, 2020.11.16.

「공동주택관리법」 제2조 제1항 제10호에 따른 관리주체가 입주자대표회의와 주택관리위수탁계약을 체결하여 「주택법」 제2조 제3호에 따른 공동주택 중 국민주택에 공급하는 경비용역 및 청소용역은 「조세특례제한법」 제106조 제1항 제4호의 3 및 같은 법 시행령 제106조 제6항 제1호에 따라 부가가치세가 면제되는 것이나 소독용역은 「부가가치세법」 제11조에 따라 부가가치세가 과세되는 것으로 해당 소독용역을 공급하는 경우에는 같은 법 제32조에 따라 계약상 공급을 받는 자에게 세금계산서를 발급하는 것이며 「공동주택관리법 시행령」 제23조 제1항 제10호의 위탁관리수수료에 인건비나 이윤이 포함되었는지 여부는 같은 법(소관:국토교통부)의 규정에 따르는 것임.

서면-2019-법인-4068, 2020.8.31.

질의

〔사실관계〕
• ****(주)(이하 '질의법인'이라 함)는 건물 및 주택관리업을 영위하고 있는 내국법인으로
  – 오피스텔 288세대, 상가 20세대와 지하3층부터 지하7층까지는 주차장으로 구성되어 있고, 주차장 사업을 수익사업으로 영위하고 있는 집합건물을 관리하고 있음.
〔질의내용〕
• 수익사업(주차장사업)을 영위하고 있는 집합건물관리단대표회의(법인으로 보는 단체로 승인받음)가 구분경리 하는 경우로써
  – (질의 1) 수익사업과 기타의 사업(집합건물 관리사업)관련 업무를 공동 수행하는 관리사무소 직원의 인건비 안분방법
  – (질의 2) 질의1에 대해 매출액 또는 개별손금액에 비례하여 안분하는 경우, 기타의 사업관련한 매출액과 손금액의 범위

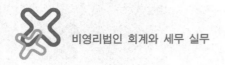

- (질의 3) 주차장의 화장실과 건물 공용부분을 청소하는 직원의 인건비가 공통손금에 해당하는지 여부
- (질의 4) 공동수도료 · 전기료, 엘리베이터 유지보수료, 공용수선유지비가 공통손금에 해당하는지 여부
- (질의 5) 질의 4가 공통손금에 해당하여 장기수선충당금을 사용하는 경우(실입주자가 부담하지 않는 경우), 사용금액을 공통손금으로 안분할 수 있는지 여부

회신

1. 귀 질의 1,2,3의 경우, 비영리내국법인이 수익사업(주차장사업 등)과 기타의 사업(집합건물 관리사업)을 겸영하는 경우 종업원에 대한 급여상당액(복리후생비, 퇴직금 및 퇴직급여충당금전입액을 포함한다)은 근로의 제공내용을 기준으로 구분하되, 근로의 제공이 주로 수익사업에 관련된 것인 때에는 이를 수익사업의 비용으로 하고 근로의 제공이 주로 비영리사업에 관련된 것인 때에는 이를 기타의 사업에 속한 비용으로 하는 것임.

2. 귀 질의 4의 경우, 법인은 손익을 수익사업에 속하는 것과 기타의 사업(집합건물 관리사업)에 속하는 것을 각각 다른 회계로 구분하여 경리하여야 하고, 수익사업과 기타의 사업에 공통되는 익금과 손금은 「법인세법 시행규칙」 제76조 제6항에 따라 구분 계산하여야 하는 것이나 귀 질의의 공용비용(공동수도료 · 전기료, 엘리베이터 유지보수료, 공용수선유지비 등)이 수익사업과 기타의 사업의 공통손금에 해당하는지 여부는 비용항목, 주차장 사업의 형태 · 운영방식 및 관리정도 등을 종합적으로 고려하여 사실판단할 사항임.

3. 귀 질의 5의 경우, 질의 4의 공용비용이 공통손금에 해당하는 경우에는 공통손금 중 장기수선충당금으로 사용한 비용에 대하여도 「법인세법 시행규칙」 제76조 제6항에 따라 구분 계산하는 것임.

서면 – 2019 – 법인 – 3575, 2020.6.19.

내국법인이 「국세기본법」 제13조에 따라 법인으로 보는 단체로 승인을 받은 아파트 입주자대표회의에 「법인세법 시행령」 제3조 제1항의 수익사업과 관련이 없는 아파트 관리비를 지급하고 계산서를 수취하여 매입처별계산서합계표로 제출한 경우 같은 법 제75조의 5 '증명서류 수취 불성실 가산세' 및 제75조의 8 '계산서 등 제출 불성실 가산세'가 적용되지 않는 것임.

서면 - 2020 - 상속증여 - 1265, 2020.4.13.

질의

입주자 대표회의가 시행사로부터 주택을 무상 이전받게 되는 경우 증여세가 과세되는지 여부

회신

귀 질의의 경우 기존 해석사례[재산 - 162(2011.3.30.), 서면상속증여 - 3893(2017.4.27.) 및 서면4팀 - 3064(2007.10.24.)]를 참고하기 바람.

〔참고 : 재산세과 - 162, 2011.3.30.〕

타인의 증여에 의하여 재산을 취득한 자는 「상속세 및 증여세법」 제2조 및 제4조의 규정에 의하여 증여세를 납부할 의무가 있는 것으로 건설사로부터 미분양 아파트를 사실상 무상으로 취득하는 경우에는 증여세가 과세되는 것임.

〔참고 : 서면 - 2016 - 상속증여 - 3893, 2017.4.27.〕

입주자들이 공동으로 이용할 수 있는 편의시설용 부동산을 입주자대표회의가 무상으로 취득한 경우 증여세 납부의무가 있는 것이나, 당초 분양가액에 포함된 경우에는 그러하지 않음.

〔참고 : 서면인터넷방문상담4팀 - 3064, 2007.10.24.〕

입주자들이 공동으로 이용할 수 있는 운동시설용 건물을 입주자들이 무상으로 취득한 경우에는 「상속세 및 증여세법」 제2조 및 제4조의 규정에 의하여 증여세 납부의무가 있는 것임. 다만, 당해 건물이 당초 분양당시 입주자들에게 사실상 분양된 경우로서 당해 건물에 상당하는 분양가액이 분양한 자의 수입금액을 구성하는 경우에는 그러하지 아니하며, 이에 해당하는지 여부는 구체적인 사실을 확인하여 판단할 사항임.

서면 - 2019 - 법령해석법인 - 2378, 2020.2.14.

분양을 목적으로 한 공동주택과 「공동주택관리법」 제2조 제1항 제20호에 따른 임대사업자가 임대하는 임대주택이 함께 있는 혼합주택단지를 관리하면서 발생하는 잡수입에 대한 법인세 납세의무자는 해당 잡수입을 배분받는 입주자대표회의와 임대사업자가 되는 것임.

기획재정부 조세법령운용과 - 553, 2019.5.1.

「국세기본법」 제13조 제2항, 같은 법 시행령 제8조 제1항 및 제3항 본문을 적용함에 있어 아파트 입주자대표회의의 회장 또는 관리사무소장은 법인 아닌 단체의 대표자 또는 관리인에 해당하는 것임.

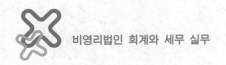

서면 - 2018 - 상속증여 - 3193, 2018.12.4.

타인의 증여에 의하여 재산을 취득한 자는 증여세를 납부할 의무가 있는 것이나, 이 경우 증여재산에 대하여 수증자에게 소득세 또는 법인세가 부과되는 경우에는 증여세가 부과되지 아니하는 것임. 또한 정신적 또는 재산상 손해배상의 대가로 받은 위자료에 대하여는 조세포탈의 목적이 있다고 인정할 경우를 제외하고는 이를 증여로 보지 아니하는 것인 바, 시공사로부터 수령한 손해배상금 또는 합의금이 이에 해당하는지 여부는 구체적인 사실을 확인하여 판단할 사항임.

서면 - 2017 - 법인 - 2509, 2018.7.18.

아파트입주자대표회의가 당해 아파트단지 내 주민공동시설을 입주자가 아닌 외부인에게 사용하게 하고 수취하는 이용료는 「법인세법」 제3조 제3항에 따라 법인세 과세대상인 수익사업에 해당하여 각 사업연도소득에 대한 법인세를 납부할 의무가 있으며, 수익사업에 속하는 손익과 기타의 사업(수익사업이 아닌 사업)에 속하는 손익을 「법인세법」 제113조 제1항 및 같은 법 시행령 제156조 제1항에 따라 각각 다른 회계로 구분하여 경리하는 것임.

사전 - 2018 - 법령해석법인 - 0053, 2018.7.3.

귀 서면질의의 경우, 기획재정부 해석(재법인 - 765, 2018.7.2.)을 참조하기 바람.

〔참조 : 기획재정부 법인세제과 - 765, 2018.7.2.〕

비영리법인인 아파트 입주자대표회의가 1차량을 초과하여 주차하는 세대에 아파트 관리비 외 주차장 유지 · 보수 등 관리목적으로 별도 징수하는 주차료는 「법인세법」 제3조 제3항 및 같은 법 시행령 제2조 제1항의 규정에 의한 수익사업에 해당하지 않는 것임.

서면 - 2017 - 법령해석부가 - 1183, 2017.12.7.

귀 서면질의의 경우, 기획재정부의 해석(재부가 - 631, 2017.12.4.)을 참조하기 바람.

〔참조 : 기획재정부 부가가치세제과 - 631, 2017.12.4.〕

공동주택의 입주자대표회의가 단지 내 주차장, 운동시설, 승강기 등 공동주택 부대시설을 운영 · 관리하면서 해당 시설을 입주자 및 외부인들이 이용하도록 하고 입주자들로부터 받는 실비상당액의 이용료는 부가가치세가 과세되지 아니하는 것이나, 외부인들로부터 받는 이용료에 대하여는 「부가가치세법」 제4조에 따라 부가가치세가 과세되는 것임.

서면 - 2016 - 법령해석부가 - 4534, 2016.12.21.

주택관리업자가 사업주체로부터 입주자대표회의가 구성되지 아니한 공공임대아파트에 대한 관리업무 만을 위탁받아 관리하고 있는 경우 주택관리업자는 해당 임대아파트의 대표권이 없으므로 주택관리업자의 직원인 관리소장 명의의 고유번호는 부여받을 수 없는 것임.

부가 - 1651, 2011.12.29.

아파트입주자대표회의가 이동통신회사에게 그 아파트의 옥상에 통신중계기를 설치하도록 하고 사용료를 받는 경우, 그 아파트입주자대표회의는 사업자등록을 하여야 하는 것이며, 세금계산서는 사업자등록이 된 사업자가 재화 또는 용역의 공급에 대하여 교부하는 것임.

징세 - 1324, 2011.12.23.

〔질의〕

〔질의 1〕 「주택법」에 따라 구성된 아파트입주자대표회의가 법인으로 보는 단체에 해당되는 경우 「국세기본법」 제13조 제1항을 적용하는지 아니면 같은 법 제13조 제2항을 적용하는지 여부

〔질의 2〕 「주택법」에 따라 구성된 아파트입주자대표회의가 「국세기본법」 제13조에 해당되지 아니하는 경우 세법 적용방법

〔회신〕

〔질의 1〕 질의1의 경우에는 기존예규(징세-564, 2009.6.17.)를 참조하기 바람.

〔참조 : 징세-564, 2009.6.17.〕

「주택법」 제43조 제3항에 의하여 입주자가 입주자대표회의를 구성하고 공동주택의 관리방법을 결정하여 관할시장·군수·구청장에게 신고하는 아파트입주자대표회의는 「국세기본법」 제13조 제1항 제1호에 해당되지 않는 것이나, 같은 법 같은 조 제2항의 각 호의 요건을 갖추어 대표자 또는 관리인이 관할세무서장에게 법인으로 보는 단체를 신청하여 승인을 얻은 경우에는 법인으로 보는 단체에 해당하는 것임.

〔질의 2〕 질의 2의 경우 기존해석사례(소득 46011-195, 2000.2.9., 서면3팀-2184, 2006.9.18.)를 참조하기 바람.

〔참조 : 소득 46011-195, 2000.2.9.〕

법인격 없는 단체로서 단체의 대표자 또는 관리인이 선임되어 있고 이익의 분배방법 및 비율이 정하여져 있지 아니하여 「소득세법 시행규칙」 제2조의 규정에 의하여 그 단체를 1거주자로 보는 경우에는 그 단체의 대표자 또는 관리인 명의로 고유번호를 부여하는 것임.

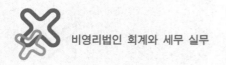

〔참조 : 서면3팀-2184, 2006.9.18.〕

1. 영리목적의 유무에 불구하고 사업상 독립적으로 재화 또는 용역을 공급하는 자는 「부가가치세법」 제2조 규정에 의하여 부가가치세를 납부할 의무가 있는 것이며, 아파트 의결기구인 입주자대표회의에서 아파트 내에 광고물을 부착하도록 하고 광고주로부터 대가를 받는 경우에는 부가가치세를 납부할 의무가 있는 것임.

2. 이 경우 「부가가치세법」 제5조 규정에 의하여 사업자등록을 하여야 하는 것이며, 이를 이행하지 아니하는 경우 가산세 등 불이익이 있는 것임.

재재산 - 420, 2011.6.3.

건설사 할인분양에 대한 피해보상 명목으로 입주자대표회의가 미분양된 아파트를 받은 경우 사실상 무상으로 취득하는 것이므로 증여세가 과세되는 것임.

법인 - 217, 2011.3.24.

「국세기본법」상 법인으로 보는 단체로 승인받은 아파트입주자대표회의가 당해 아파트 단지 내 보육시설을 임대하고 지급받는 임대료는 법인세 과세대상인 수익사업에 해당하는 것임.

부가 - 266, 2011.3.17.

고유번호를 부여받은 아파트입주자대표회의가 자기의 시설을 보육시설을 운영하는 자에게 임대하고 임대료를 받는 경우 당해 아파트입주자대표회의는 그 임대료에 대해 부가가치세 납세의무가 있음.

부가 - 1838, 2009.12.17.

공동주택의 입주자대표회의가 헬스장 등을 설치하여 실질적으로 관리운영하면서 입주자만이 배타적으로 사용하도록 하고 이용자들로부터 실비상당액의 회비를 받는 경우 부가가치세 납세의무가 없음.

부가 - 1105, 2009.8.4.

귀 질의에 대해서는 기 질의회신사례(재소비 46015 - 136, 2003.5.21.)를 참고하기 바람.

〔참고 : 재소비 46015 - 136, 2003.5.21.〕

「주택건설촉진법」 제3조 제4호에 의한 관리주체 중 주택관리업자 및 사업주체가 공급하는 같은 법 제3조 제3호에 의한 공동주택의 관리용역(조세특례제한법 시행령 제106조 제4항에 따른 일반관리비 등의 비용을 받고 제공하는 용역에 한한다)에 대하여는 「조세특례제한법」 제106조 제1항 제4호의 2 · 제4호의 3의 규정에 의하여 부가가치세가 면제됨. 이 경우 공동주택은 「건축법 시행령」 [별표 1]의 제2호 가목 내지 다목에서 규정하는 공동주택(아파트, 연립주택, 다세대주택)을 말하며, 「건축법 시행령」 [별표 1]의 제14호에서 규정하는 업무시설인 오피스텔(업무와 주거를 함께 할 수 있는 건축물로서 국토해양부장관이 고시하는 것을 말한다)은 공동주택의 범위에 해당하지 아니함.

조심 2009부1783, 2009.6.9.
비영리법인인 아파트입주자대표회의가 이동통신사로부터 아파트 내부 이동통신기지국 설치에 대한 대가를 수취한 경우 수익사업에 해당됨.

법인 - 648, 2009.5.29.
법인으로 보는 단체로 승인받은 아파트입주자대표회의가 광고물 설치장소로 아파트의 옥상을 임대하고 대가를 받는 경우 수익사업에 해당됨.

법인 - 2169, 2008.8.27.
법인으로 보는 단체로 승인받은 아파트입주자대표회의가 재활용품을 수집하여 매각하고 이에 대한 대가를 받는 경우 수익사업에 해당함.

서면3팀 - 1090, 2008.5.30.
「주택법」 제2조 제12호의 규정에 의한 관리주체가 「주택법」 제2조 제2호의 규정에 의한 공동주택에 공급하는 경비용역과 일반관리용역(조세특례제한법 시행령 제106조 제6항의 규정에 의한 비용을 받고 제공하는 용역)은 「조세특례제한법」 제106조 제1항 제4호의 2·제4호의 3 규정에 의하여 부가가치세가 면제되는 것이며, 이 경우 관리주체 및 공동주택 해당 여부와 일반관리비의 범위는 「주택법」의 규정에 의하는 것임.

서면2팀 - 859, 2006.5.16.
법인격 없는 단체가 관할세무서장으로부터 법인으로 승인을 받은 경우 승인일 전일까지는 「소득세법」을 적용하고 승인일 이후부터는 「법인세법」에 의한 납세의무가 있는 것임.

대법 2002두3348, 2004.7.9.
입주자대표회의가 아파트를 자치관리하기 위하여 구성한 아파트관리사무소를 1거주자로 보아 소득세를 과세함은 정당함.

서면4팀 - 828, 2004.6.9.
입주자들이 공동으로 이용하는 운동시설용 토지와 건물을 입주자 대표회의가 무상으로 취득한 경우 증여세 과세대상임.

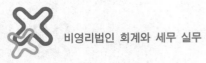

공동주택 회계처리기준

[시행 2023.6.13.] [국토교통부고시 제2023-300호, 2023.6.13., 일부개정]

제1장 총칙

제1조 【목적】 이 기준은 「공동주택관리법 시행령」 제27조 제2항 및 제3항에 따라 관리주체가 공동주택관리의 회계 업무를 공정하고 명확하게 처리하고 입주자와 사용자 등 이해관계자에게 유용한 재무적 정보를 제공하는 데 필요한 사항을 규정함을 목적으로 한다.

제2조 【용어의 정의】 이 기준에서 사용하는 용어는 「공동주택관리법」(이하 "법"이라 한다), 같은 법 시행령(이하 "영"이라 한다) 및 시행규칙(이하 이들을 통칭하여 "공동주택관리법령"이라 한다)에서 정하는 용어와 같다.

제3조 【회계연도】 공동주택의 회계연도는 매년 1월 1일부터 12월 31일까지로 한다.

제4조 【회계처리 원칙】 관리주체의 회계처리와 재무보고는 복식부기 방식과 발생주의 회계를 적용하여 다음 각 호의 일반원칙에 따라 처리하여야 한다. 다만, 관리외 수익은 공동주택단지에서 각 계정별로 발생주의 회계 또는 현금주의 회계를 선택하여 적용하되 매 회계연도마다 계속성을 유지하여야 한다.

1. 회계는 재무상의 자료를 일반적으로 인정된 회계원칙에 따라 처리하여야 한다.

2. 회계는 일반적으로 공정하다고 인정되는 회계관습에 따라 처리하여야 한다.

3. 회계처리와 보고는 신뢰할 수 있도록 객관적인 자료와 증거에 의하여 공정하게 처리하여야 한다.

4. 중요한 회계 방침과 회계처리기준·과목 및 금액에 대해서는 그 내용을 재무제표상에 충분히 표시하여야 한다.

5. 회계처리에 관한 기준과 추정은 기간별 비교가 가능하도록 기간마다 계속하여 적용하고 정당한 사유 없이 이를 변경해서는 안 된다.

6. 회계처리를 하거나 재무제표를 작성할 때 과목과 금액은 그 중요성에 따라 실용적인 방법을 통해 결정하여야 한다.

7. 회계처리는 거래의 사실과 경제적 실질을 반영할 수 있어야 한다.

제5조【회계담당자】① 관리주체는 회계에 관한 독립된 업무를 담당하기 위해 회계 단위별로 다음의 회계담당자를 두어야 한다.

1. 수입·지출에 관한 업무 : 수입·지출담당

2. 지출원인행위 및 계약에 관한 업무 : 지출원인행위담당 또는 계약담당

3. 재고자산, 유형자산, 물품 및 그 밖의 자산을 관리하는 업무 : 각 자산관리담당

② 회계담당자는 겸직할 수 없다. 다만, 직원의 과소 등으로 겸직이 불가피한 경우에는 그렇지 않다.

제6조【회계업무의 인계인수】회계업무의 인계인수를 할 때에는 인계자가 작성한 문서의 내용을 관리사무소장의 참관 하에 인계자·인수자가 확인하고 이름을 적은 후 도장을 찍어야 한다.

제7조【회계담당자의 책임】① 회계담당자는 공동주택관리법령 및 관리규약과 이 기준에서 정하는 바에 따라 성실하게 그 직분에 따른 회계처리를 하여야 한다.

② 회계담당자는 고의 또는 중대한 과실로 인하여 손해를 끼친 때에는 손해를 배상할 책임이 있다.

③ 현금 또는 물품을 출납·보관하는 사람이 그 보관에 속하는 현금 또는 물품을 망실·훼손하였을 경우 선량한 관리자의 주의를 게을리하지 않았음을 증명하지 못하였을 때에는 변상의 책임을 진다.

제8조【회계 업무 처리 직인】① 관리사무소장이 금융계좌 및 출납관련 회계 업무를 집행할 때에는 법 제64조 제5항에 따라 시장·군수 또는 구청장에게 신고한 직인을 사용한다.

② 회계담당자가 회계 업무를 처리할 때에는 해당 회계담당자가 이름을 쓰거나 도장을 찍어야 한다.

제9조【채권·채무의 소멸 시기】① 채권·채무의 회계처리상 소멸 시기는 민법 등 관계 법령에서 정하는 소멸시효에 따른다.

② 제1항에도 불구하고 다음 각 호의 어느 하나에 해당하는 경우에는 소멸시효가 완성되기 전이라도 입주자대표회의의 승인을 받아 해당 채권이 소멸한 것으로 처리할 수 있다.

1. 채무자의 소재가 불분명하고 압류할 수 있는 재산의 가격이 강제집행비용 및 우선채권의 합계액을 초과하지 않은 때

2. 채무자가 사망하고 그 상속재산의 가액이 강제집행비용 및 우선채권의 합계액을 초과하지 않은 때

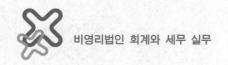

3. 채권액이 추심비용보다 소액일 때

4. 그 밖의 부득이한 사유가 있는 경우로서 입주자대표회의에서 의결한 때

제2장 회계장부와 전표

제10조【회계장부】① 관리주체는 다음 각 호의 장부를 갖추고 회계사실을 명확하게 기록·유지 및 보관하여야 한다.

1. 현금출납장

2. 총계정원장, 계정별원장

3. 관리비부과명세서

4. 세대별 관리비조정명세서

5. 물품관리대장(공구·기구대장, 비품대장, 저장품관리대장)

6. 그 밖의 지출증빙자료

② 제1항 각 호의 장부들을 전산으로 처리하는 경우에는 전산상 장부를 출력하여 보관함으로써 그 작성 및 보관을 갈음할 수 있다.

제11조【수기장부의 바르게 고침】수기로 작성한 장부는 다음 각 호에 따라 바르게 고친다.

1. 장부의 잘못 기록한 사항은 해당 부분을 붉은색으로 두 줄을 긋고 바로 고쳐야 한다.

2. 잘못 기록하여 공란으로 할 필요가 있을 때에는 해당 부분을 붉은색으로 두 줄을 긋고 '공란'이라 붉은색으로 적는다.

3. 장부가 전면 잘못 기록되었거나 공백인 때에는 제1호 및 제2호를 준용한다.

4. 금액은 하나의 행 중 일부가 잘못 기록되었더라도 그 행 전부를 바로 잡아야 한다.

5. 변경한 부분에는 변경 사유를 기재하고 변경한 사람이 도장을 찍어야 한다.

6. 고칠 때에는 약품 등을 사용하여 지워 없애거나 고쳐 적을 수 없다.

제12조【장부의 마감】① 회계장부의 마감은 다음 각 호에 따른다.

1. 현금출납장은 매일 마감한다.

2. 계정별 원장, 그 밖의 명세서는 매월 말에 마감한다.

3. 장부마감 시에는 미리 그 마감잔액을 관계 장부와 대조하여 확인하여야 한다.

4. 관리사무소장의 변경 시에는 인계인수일을 기준으로 각종 회계장부를 마감하여야 한다.

② 전산으로 회계처리하는 경우에는 매월 결산 처리 결과를 출력하여 관리사무소장

과 1명 이상의 입주자대표회의의 감사가 이름을 쓰거나 도장을 찍어 보관하여야 한다. 이 경우 감사는 예금잔고 증명과 관계 장부를 대조하여야 한다.

제13조【장부폐쇄 및 새로 바꿈】① 회계장부는 매 회계연도별로 결산 확정 시 폐쇄하며, 차기에 사용할 수 없다.

② 장부의 새로 바꿈은 회계연도 초에 행하고 회계연도의 기간 중에는 특별한 경우를 제외하고는 이를 새로 바꿀 수 없다.

③ 전산으로 회계처리하는 경우에는 월마감 및 연마감이 완료되면 같은 기간에 해당하는 전표의 입력을 할 수 없다.

제14조【장부의 이월】① 회계연도 말에 재무상태표 계정의 모든 잔액을 다음 회계연도 1일자의 새로운 장부에 이월한다.

② 제1항에 따라 이월하는 양이 많은 경우에는 한꺼번에 이월하고 신·구 장부를 같이 갖춰 두어야 한다.

제15조【장부 마감의 확인】① 관리사무소장은 매월 또는 수시로 회계담당자의 장부기입을 확인하여야 한다.

② 전산으로 회계처리를 하는 경우에는 1명 이상의 입주자대표회의의 감사와 관리사무소장이 매년 회계담당자가 연마감을 실시하였는지를 확인하여야 한다.

제16조【전표】① 모든 거래는 전표에 따라 처리한다.

② 전표는 입금 전표·출금 전표·대체 전표로 구분한다.

③ 결의서 또는 증빙서는 전표로 대용할 수 있다. 이 경우 결의서 및 증빙서의 서식에는 전표의 기능이 포함되어야 한다.

④ 전표는 임의로 수정·삭제 등 변경할 수 없다. 다만, 잘못 적은 사항의 수정 등 부득이하게 필요한 경우에는 다음 각 호의 절차에 따라 처리한다. 전산으로 회계처리하는 경우 또한 같다.

1. 당일 작성 및 입력된 전표는 업무 담당자가 변경할 수 있다.

2. 작성 및 입력된 전표를 다음 날 이후에 변경(역분개)할 경우에는 관리사무소장의 결재를 받는다.

3. 월별 마감 이후에 작성 및 입력된 전표를 변경(역분개)할 경우에는 위탁관리의 경우에는 주택관리업자, 자치관리의 경우에는 입주자대표회의(경리담당 동별 대표자나 유사한 업무를 수행하는 동별 대표자를 포함한다)의 결재를 받고 그러한 사실을 입주자대표회의의 감사에게 알려야 한다. 다만, 고지서가 이미 발급되어 배부된 경우 등 불가피한 경우에는 결재를 받아 다음 달 부과액에서 변경할 수 있다.

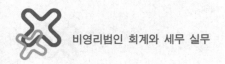
⑤ 전표의 합계금액은 변경하지 못한다. 그 밖의 기재사항에 잘못 적은 것을 바로 잡고자 할 때에는 반드시 관리사무소장이 도장을 찍어야 한다.

⑥ 전표에는 회계담당자와 관리사무소장이 이름을 쓰거나 도장을 찍어 매월 입금 전표와 출금 전표 및 대체전표를 함께 편철 보관하여야 한다.

제17조【증빙서류】 증빙서류는 거래사실의 경위를 입증하여 장부 기록의 증거가 되는 서류로서 특별한 사유로 증빙서류의 작성이 곤란한 경우를 제외하고는 다음 각 호에 따라 작성하여야 한다.

1. 지출결의서

　가. 지출결의서의 지출금액은 고치지 못한다.

　나. 참고란에는 지급의 뜻, 공사·용역명, 품명 및 수량, 산출명세, 부분급 내용과 지급횟수, 선급금 및 개산금의 표시 등 필요한 사항을 명확히 기록하여야 한다.

2. 영수증서

　가. 물품 또는 용역의 공급자가 지정하는 예금계좌 또는 우편대체계좌에 입금함으로써 지급하고 금융기관이 발행하는 입금증명 또는 우체국이 발행하는 영수증서를 보관한다.

　나. 부득이한 사유로 영수증을 받지 못하는 때에는 지급증으로 갈음할 수 있다.

3. 청구서

　가. 청구서의 합계금액은 고치지 못한다.

　나. 청구서와 그 부속서류는 그 내용이 서로 일치하여야 한다.

4. 계약서

　가. 계약서의 합계금액은 고치지 못한다.

　나. 계약서와 그 부속서류는 그 내용이 서로 일치하여야 한다.

5. 대조필 : 급여대장, 인부사역부 등 지출에 필요한 증빙서류를 붙이기 곤란한 경우에는 지출결의서의 참고란에 대조필로써 갈음할 수 있다.

6. 부기증명 : 증명서류와 부기증명을 필요로 하는 사항을 관계증빙서류의 여백에 빨간색으로 기록하고 도장을 찍어야 한다.

7. 적격증빙 : 모든 거래대금에 대한 증빙은 영수증 이외의 세금계산서, 직불·체크카드를 포함한 신용 카드 매출 전표, 현금영수증 등 적격증빙으로 수취하여야 한다. 다만, 거래금액이 3만원 이하로서 적격증빙 수취가 곤란한 경우 영수증으로 갈음할 수 있다.

제3장 수입 및 지출

제18조【수입금의 징수】 ① 관리주체가 관리비·사용료·장기수선충당금 등(이하 "관리비 등"이라 한다)의 수입금을 징수할 때는 수입결의서에 따라 다음 각 호에 근거한 납입 고지서를 발급하여야 한다.

1. 관리비부과명세서
2. 세대별 관리비조정명세서

② 수입금을 징수하는 때에는 고지금액 전액을 징수하는 것을 원칙으로 한다. 다만, 장기 체납관리비 등 부득이한 사유로 분할 징수하는 경우 미수연체료, 미수관리비, 납부금의 순위로 징수하며, 민법 제476조에 따라 전용부분에 지정변제충당을 할 수 있다.

③ 입주자와 사용자(이하 "입주자등"이라 한다)가 요청한 경우에는 인터넷의 전자우편 으로 납입고지서를 발부할 수 있다.

제19조【납입고지서의 변경금지】 ① 납입고지서의 기록사항 중 금액은 수정하거나 삭제할 수 없다.

② 납입고지서의 발행 후 기록사항의 오류가 발견되었을 때는 지체 없이 변경된 납 입고지서를 재발행하여야 한다.

제20조【장부정리】 관리비등의 수입금을 징수결정하고 납입고지서를 발급하였을 때에는 수입금징수부 및 그 밖의 필요한 장부에 부과명세 등을 기록하여 수입금 징수근거를 명백히 하여야 한다.

제21조【납입영수증의 보관】 수입금이 납입되었을 때에는 납입영수증 등의 관련 증빙서 류를 보관하여야 한다.

제22조【수입금의 취급 및 기장】 ① 모든 수입금은 지정 금융기관에서만 대행 수납하도록 한다.

② 회계담당자는 매일 수납된 수입금에 대하여 전산, 장부, 통장을 통해 확인하고 전 표처리하여야 한다.

제23조【금전의 보관】 ① 시재금의 지급잔액과 마감 후에 출납된 수입현금을 제외하고는 현금을 보관할 수 없다.

② 현금 시재액은 매일 관리사무소장의 검사 후 회계담당자가 금고에 보관하여야 한다.

제24조【수입금의 관리】 ① 관리주체는 관리비등을 지정 금융기관을 통해 수납 및 예치· 보관하여야 한다. 이때 장기수선충당금은 별도의 계좌로 예치·관리하여야 한다.

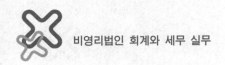

② 제1항의 예금통장은 회계담당자가 관리하되, 금고에 보관하여야 한다.

제25조【지출의 원칙】 지출은 물품 또는 용역 공급자 명의의 금융기관 계좌로 지급하여야 한다. 다만, 다음 각 호의 방법으로 지출하는 경우에는 그렇지 않다.

1. 여비 및 교통비를 지출하는 경우

2. 1건당 10만원 미만을 지출하는 경우

3. 신용 카드 또는 직불·체크 카드로 지출하는 경우

제26조【지출원인행위】 ① 지출원인행위는 배정된 예산의 범위에서 하여야 한다.

② 지출원인행위를 할 때는 지출원인행위결의서를 작성하여야 한다. 다만, 지출원인행위결의서를 작성하기 곤란한 경우에는 내부결재 문서로서 이를 갈음할 수 있다.

③ 비용예산 중 다음 각 호의 경비는 지출원인행위결의서 작성을 생략할 수 있다.

1. 공공요금, 제세공과

2. 인건비, 여비

3. 그 밖의 정례적인 확정 경비

④ 지출원인행위자는 계약의 해제, 계약금액의 변경 등으로 인하여 그 지출원인행위의 금액을 취소하거나 증액 또는 감액 조정을 하고자 할 때에는 당초의 지출원인행위를 소급하여 취소 또는 바르게 고치지 않고, 따로 지출원인행위 취소결의서 또는 지출원인행위 증감결의서를 작성하여야 한다.

제27조【지출원인행위 관계서류의 제출 및 심사】 ① 지출원인 행위자는 지출원인행위가 끝나면 지출원인행위 관계서류를 지출담당자에게 제출하여야 한다.

② 지출담당자는 지출원인행위자로부터 지출원인 관계서류를 받았을 때 이를 검토하여야 한다.

③ 제2항의 검토결과가 부적당한 때에는 관계서류를 지출원인행위자에게 반환하여 바르게 고치도록 요구하여야 한다.

제28조【지출에 대한 감사】 입주자대표회의 감사는 지출 업무의 적정성을 유지하기 위하여 분기별로 지출에 관한 증빙서를 감사하여야 한다.

제29조【예금잔고 관리】 관리사무소장과 감사는 매월 말일을 기준으로 다음달 초에 지정 금융기관으로부터 예금잔고 증명을 받아 관계 장부와 대조하여야 한다.

제 4 장 자산

제30조【자산의 관리】 ① 제5조 제1항 제3호에서 임명한 자산관리담당은 물품관리대장을

작성하여 보관하여야한다.

② 물품관리대장은 재무상태표의 계정과목별로 작성하여야 한다.

③ 물품관리대장을 작성할 때는 취득, 처분, 교환 등의 내용을 발생일자 순으로 정리하고, 관련 증빙서류와 함께 보관하여야한다.

제31조【재고자산의 범위】재고자산은 다음 각 호에 해당하는 물품을 말한다.

1. 연료용 유류

2. 소비성 공구

3. 수선용 자재

4. 보일러 청관제 등 재고약품

5. 그 밖의 재고물품

제32조【재고자산의 장부금액 결정】① 재고자산의 장부금액은 취득원가로 한다.

② 재고자산의 취득원가는 매입원가로서, 다음 각 호의 합계로 한다.

1. 취득에 직접적으로 관련된 원가

2. 정상적으로 발생한 기타원가

③ 매입과 관련된 할인, 에누리 및 그 밖의 유사한 항목은 매입원가에서 차감한다.

제33조【재고자산의 관리】① 재고자산은 적정수준을 정하여 관리의 합리화를 도모하여야 한다.

② 재고자산의 입고 및 출고에 관한 기록은 특별한 경우를 제외하고는 계속기록법에 따른다.

③ 재고자산의 출고가격산정은 선입선출법 또는 평균법에 따르되 계속성을 유지하여야 한다.

제34조【유형자산의 취득】① 관리주체가 승인된 예산 외의 유형자산을 취득하고자 하는 경우에는 입주자대표회의의 승인을 받아야 한다.

② 제1항의 승인을 요청하는 때에는 다음 각 호의 사항을 기록한 문서를 붙여야 한다.

1. 취득하고자 하는 유형자산의 명칭과 종류

2. 구입하고자 하는 사유

3. 예정가격 및 단가

4. 취득방법

5. 그 밖의 필요한 사항

제35조【유형자산의 장부금액 결정】① 유형자산의 장부금액은 취득원가로 한다.

② 유형자산의 취득원가는 다음 각 호의 합계로 한다.

1. 구입원가
2. 관리주체가 의도하는 방식으로 자산을 가동하는 데 필요한 장소와 상태에 이르게 하는 데 직접 관련되는 원가
③ 매입과 관련된 할인, 에누리 및 그 밖의 유사한 항목은 취득원가에서 차감한다.

제36조【유형자산의 감가상각】유형자산에 대한 감가상각은 다음 각 호에 따라 처리한다.
1. 내용연수는 자산으로부터 기대되는 미래 경제적 효익을 고려하여 입주자대표회의 의 의결로 정하되, 정당한 사유가 없는 한 이를 변경하여서는 안된다.
2. 감가상각 방법은 정액법으로 한다.
3. 잔존가치는 0으로 한다.
4. 감가상각비는 해당 유형자산을 취득한 시점부터 매기 인식한다.

제37조【유형자산 표시】유형자산은 취득원가에서 감가상각누계액을 차감하는 형식으로 재무상태표에 표시한다.

제38조【유형자산 제거】① 유형자산을 처분하거나, 영구적으로 폐기하여 미래 경제적 효익을 기대할 수 없게 될 때에는 재무상태표에서 제거한다.
② 유형자산의 폐기 또는 처분으로부터 발생하는 손익은 처분금액과 장부금액의 차액으로 결정하며, 운영성과표에서 당기손익으로 인식한다.

제39조【자산실사】① 관리사무소장은 매 회계연도 말일을 기준으로 하여 재고자산 및 유형자산을 실사하여야 한다.
② 재고자산 및 유형자산을 실사하는 경우에는 출납 업무와 관계없는 직원 중 관리사무소장이 지정하는 직원과 1명 이상의 입주자대표회의 감사 또는 입주자대표회의가 지정한 입주자가 참관할 수 있다.
③ 관리사무소장은 자산출납부에 자산실사 일자, 자산실사 참여자, 실사결과 등의 자산실사 내용을 기록하여 보관하여야 한다.

제40조【물품관리대장의 잔액관리】① 자산관리담당자는 매월 마감 시점의 장부상 재고자산 잔액과 재고자산 관리대장상의 잔액이 일치하도록 관리하여야한다.
② 자산관리담당자는 매년 마감시점의 장부상 유형자산 잔액과 유형자산 관리대장상의 잔액이 일치하도록 관리하여야 한다.

제 5 장 결산

제41조【결산】① 관리주체는 영 제26조 제3항에 따라 다음 각 호의 결산서를 작성하여

회계연도 종료 후 2개월 이내 입주자대표회의에 제출하여야 한다.

1. 재무상태표

2. 운영성과표

3. 이익잉여금처분계산서(또는 결손금처리계산서)

4. 주석

5. 세입·세출결산서

② 결산은 해당 연도의 회계처리 상태를 명확히 파악할 수 있도록 명료하게 하여야 한다.

③ 결산은 회계연도 말을 기준으로 실시하고 재무제표는 매월 작성한다.

④ 미확정채권은 귀속의 사유가 확정되지 않는 한 계상하지 않고 미확정채무는 면책의 사유가 확정되지 않는 한 계상하여야 한다.

제42조【결산서의 보관】① 제41조에 따라 결산을 수행할 경우, 작성된 결산서는 출력하여 편철하고 관리사무소장의 도장을 찍은 후 보관하여야 한다.

② 제1항에 따라 결산서를 보관할 경우 제29조의 예금잔액증명서 원본을 함께 첨부하여 보관하도록 한다.

제 6 장 재무제표

제43조【재무제표의 작성】① 관리주체는 영 제27조 제1항에 따라 다음의 재무제표를 작성하여야한다.

1. 재무상태표

2. 운영성과표

3. 이익잉여금처분계산서(또는 결손금처리계산서)

4. 주석

② 재무제표는 이해하기 쉽도록 간단하고 명료하게 표시하여야 하며, 이 기준에 예시된 별지 제1호부터 제7호까지의 서식 중 별지 제1호부터 제3호까지의 서식을 참조하여 작성한다. 다만, 예시된 명칭보다 내용을 잘 나타내는 계정과목명이 있을 경우에는 그 계정과목명을 사용할 수 있다.

③ 재무제표상의 각 항목은 총액에 따라 적는 것을 원칙으로 하고, 각 항목의 금액을 상계함으로써 그 전부 또는 일부를 재무제표에서 제외하여서는 아니된다.

④ 재무제표의 기간별 비교가능성을 높이기 위하여 전기 재무제표의 계량정보를 당

기와 비교하는 형식으로 표시하여야 한다.

⑤ 회계연도 중 계정이 재분류되어 비교가능성이 저하될 것으로 판단되는 항목은 별도로 표시하거나 주석에 기록하여 그 정보를 알 수 있게 하여야 한다. 다만, 금액적으로 중요하지 않은 내용은 표시하지 않을 수 있다.

제44조【재무상태표】① 재무상태표는 특정시점의 공동주택 관리사무소의 자산과 부채의 명세 및 상호관계 등 재무상태를 나타내는 재무제표로서 자산·부채 및 순자산으로 구분하여 표시한다.

② 자산은 유동자산과 비유동자산으로 구분하되, 회계연도 종료 후 1년 이내에 현금화되거나 실현될 것으로 예상되면 유동자산으로, 그 밖의 경우는 비유동자산으로 구분한다.

③ 부채는 유동부채와 비유동부채로 구분하되, 회계연도 종료 후 1년 이내에 상환 등을 통하여 소멸할 것으로 예상되면 유동부채로, 그 밖의 경우는 비유동부채로 구분한다.

④ 제2항 및 제3항에도 불구하고 장기수선충당예치금, 장기수선충당금 등 사용 시기를 특정할 수 없는 자산과 부채는 비유동자산과 비유동부채로 구분한다.

⑤ 순자산은 제 적립금과 미처분 이익잉여금으로 구분한다.

제45조【운영성과표】운영성과표는 회계기간 동안 관리주체가 공동주택관리서비스를 제공하거나 부대활동을 수행하기 위해 지출한 비용과 이를 위해 입주자등 및 제3자로부터 회수한 수익을 적정하게 표시하여야 한다.

제46조【관리손익】① 관리손익은 관리수익에서 관리비용을 차감한 금액으로 한다.

② 관리수익은 영 제23조 제1항의 관리비, 같은 조 제2항의 장기수선충당금, 같은 조 제3항의 사용료 등에 대한 고지를 통하여 입주자등에게 부과한 수익으로 한다.

③ 관리비용은 관리주체가 공동주택관리서비스를 제공함으로써 발생한 비용으로 영 제23조 제1항의 관리비, 같은 조 제2항의 장기수선충당금, 같은 조 제3항의 사용료 등의 합계액을 의미하며, 운영성과표상 공용관리비, 개별사용료 등으로 구분하여 표시한다.

④ 제3항의 장기수선비는 관리주체가 법 제30조 제1항에 따라 해당 주택의 소유자에게 부과하는 금액을 의미한다.

제47조【관리외손익】① 당기순이익은 관리손익에 관리외수익을 가산하고 관리외비용을 차감한 금액으로 한다.

② 관리외수익은 관리수익 외에 관리주체에게 유입되는 수익으로, 복리시설의 운영,

자치활동 등을 통하여 발생하는 수익과 경상적이고 반복적으로 발생하는 이자수익 등을 말하며, 입주자가 적립에 기여한 수익, 입주자와 사용자가 함께 적립에 기여한 수익으로 구분하여 표시한다.

③ 관리외비용은 입주자등에게 부과하지 않는 비용으로, 복리시설의 운영, 자치활동 등을 통하여 발생하는 비용을 말한다.

제48조【이익잉여금처분계산서】이익잉여금처분계산서는 이익잉여금의 처리사항을 다음 각 호와 같이 구분하여 표시한다.

1. 미처분이익잉여금
2. 이익잉여금이입액
3. 이익잉여금처분액
4. 차기이월이익잉여금

제49조【주석】① 다음 각 호의 사항을 주석으로 기재한다.

1. 단지 개요
   가. 아파트 소재지
   나. 사용검사일
   다. 관리면적
   라. 난방방식
   마. 관리방식
   바. 관리대상(세대수, 동수, 총 주택공급면적 등)
   사. 주요 부대시설 및 복리시설 현황
2. 관리비용 배부기준
3. 재무제표 작성 시 적용한 회계처리기준 및 관리외손익의 인식기준
4. 주요 보험 가입 명세
5. 주요 계약 체결 명세
6. 주요 계정 부속명세
   가. 제예금
   나. 유형자산
   다. 미지급금(미지급비용)
   라. 예수금
   마. 관리비예치금
   바. 그 밖의 주요 계정

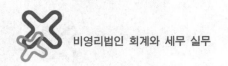

7. 주요 충당금 및 주요 적립금 등 사용 명세

8. 일반관리비 명세

9. 3개월 이상 연체된 미납관리비의 연체월별 금액(입주자등의 세대별 사용명세 및 연체자의 동·호수 등 기본권 침해의 우려가 있는 내용은 제외한다)

10. 계류 중인 중요한 소송사건

② 일반관리비 세부명세를 운영성과표에 일반관리비의 하위계정으로 표시한 경우에는 제1항 제8호의 일반관리비 명세는 주석으로 기록하지 않을 수 있다.

제 7 장 예산

제50조【예산편성】① 관리주체는 영 제26조 제1항에 따라 다음 회계연도에 관한 예산안을 매 회계연도 개시 1개월 전까지 입주자대표회의에 제출하여 승인을 받아야 하며 승인사항에 변경이 있는 때에는 변경승인을 받아야 한다.

② 관리주체가 입주자대표회의에 제출하는 세입세출예산에는 다음 서류를 첨부하여야 한다.

1. 세입세출예산 편성지침

2. 세입세출예산 사항별 설명서

3. 세입세출예산 총계표 및 순계표

4. 기타 재무의 상황과 세입세출예산의 내용을 명백히 할 수 있는 서류

③ 관리주체는 세입세출예산을 입주자대표회의에 제출한 후 부득이한 사유로 인하여 그 내용의 일부를 수정하고자 할 때에는 수정세입세출예산을 입주자대표회의에 제출할 수 있다.

제51조【세출예산 과목】① 세출예산은 장, 관, 항으로 단계별로 구분한다.

② 세출예산의 장은 관리기구운영비, 공동주택관리비, 공동사용료, 관리외 비용, 이익잉여금 등으로 구분하고 관 및 항은 재무상태표, 운영성과표 계정과목을 최대한 준용한다.

제52조【세입예산 과목】① 세입예산은 장, 관, 항으로 단계별로 구분한다.

② 세입예산의 장은 관리수익, 관리외 수익으로 구분하고 관 및 항은 재무상태표, 운영성과표 계정과목을 최대한 준용한다.

제53조【예산의 전용 및 이월】① 지출예산에 정하여진 예산액은 과목 간에 이를 전용할 수 없다. 다만, 부득이한 사유로 인하여 입주자대표회의의 승인을 받은 경우에는 그

러하지 아니하다.

② 예산은 다음 연도에 이월하여 사용할 수 없다. 다만, 이월 공사인 경우에는 그렇지 않다.

제54조【추가경정예산】영 제26조 제1항에 따라 예산이 성립된 후의 사업계획의 변경 또는 그 밖의 불가피한 사유로 이미 성립된 예산을 변경할 필요가 있을 때에는 추가경정세입세출예산을 편성할 수 있다. 이때에는 입주자대표회의의 변경승인을 받아야 한다.

제55조【예산불성립 시의 예산집행)① 예산이 부득이한 사유로 인하여 회계연도 시작 전까지 성립되지 아니한 때에는 관리주체는 해당 회계연도 예산안에 계상된 것은 전년도의 실적범위에서 집행할 수 있다. 다만, 다른 법령에 따라 최저임금 또는 그 밖의 비용요인이 인상됨으로 인하여 이를 반영하여야 하는 경우에는 그 반영된 금액은 실적범위 이내에 해당하는 것으로 간주한다.

② 제1항에 따라 집행된 예산은 해당 연도 예산이 성립되면 그 성립된 예산에 따라 집행된 것으로 본다.

제56조【세입·세출결산서 보고】① 관리주체는 매 분기 말일을 기준으로 하여 세입·세출결산서을 작성하여 입주자대표회의에 보고하여야 한다.

② 입주자대표회의는 제1항에 따른 보고서를 분석하고 그 결과를 입주자 및 사용자에게 공시하여야 한다.

제 8 장 행정사항

제57조【재검토기한】국토교통부장관은「훈령·예규 등의 발령 및 관리에 관한 규정」(대통령 훈령 334호)에 따라 이 고시에 대하여 2023년 7월 1일 기준으로 매 3년이 되는 시점(매 3년째의 12월 31일까지를 말한다)마다 그 타당성을 검토하여 개선 등의 조치를 하여야 한다.

부 칙 〈제2023-300호, 2023.6.13.〉

이 고시는 발령한 날부터 시행한다.

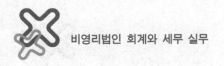
〔별지 제1호 서식〕

재무상태표

제00(당)기 : 20 년 12월 31일 현재
제00(전)기 : 20 년 12월 31일 현재

○○○아파트 관리사무소 (단위 : 원)

과 목	제00(당)기 금 액		제00(전)기 금 액	
자산				
Ⅰ.유동자산		0		0
1.당좌자산		0		0
1)현금	0		0	
2)예금	0		0	
3)미수관리비	0		0	
4)미부과관리비	0		0	
5)선급비용	0		0	
6)미수수익	0		0	
7)미수금	0		0	
8)가지급금	0		0	
9)부가가치세대급금	0		0	
10)선납법인세	0		0	
11)선납지방소득세	0		0	
12)기타당좌자산	0		0	
2.재고자산		0		0
1)연료성유류	0		0	
2)소비성공구	0		0	
3)수선용자재	0		0	
4)재고약품	0		0	
5)기타재고자산	0		0	
Ⅱ.비유동자산		0		0
1.투자자산		0		0
1)장기수선충당예치금	0		0	
2)퇴직급여충당예치금	0		0	
3)하자보수충당예치금	0		0	
4)기타의예치금	0		0	
5)기타투자자산	0		0	

○○○아파트 관리사무소   (단위 : 원)

과 목	제00(당)기		제00(전)기	
	금 액		금 액	
2.유형자산		0		0
1)토지	0		0	
2)건물	0		0	
건물감가상각누계액	(0)		(0)	
3)구축물	0		0	
구축물감가상각누계액	(0)		(0)	
4)기계장치	0		0	
기계장치감가상각누계액	(0)		(0)	
5)비품	0		0	
비품감가상각누계액	(0)		(0)	
6)차량운반구	0		0	
차량운반구감가상각누계액	(0)		(0)	
7)기타유형자산	0		0	
기타유형자산감가상각누계액	(0)		(0)	
3.기타비유동자산		0		0
1)전신전화가입권	0		0	
2)임차보증금	0		0	
3)기타의비유동자산	0		0	
자산 계		0		0
부채				
Ⅰ.유동부채		0		0
1.미지급금	0		0	
2.미지급비용	0		0	
3.예수금	0		0	
4.부가가치세예수금	0		0	
5.중간관리비예수금	0		0	
6.선수수익	0		0	
7.선수금	0		0	
8.선수수도료	0		0	
9.선수전기료	0		0	

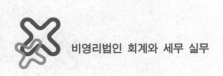

○○○아파트 관리사무소 (단위 : 원)

과 목	제00(당)기		제00(전)기	
	금 액		금 액	
10.선수난방비	0		0	
11.단기보증금	0		0	
12.가수금	0		0	
13.수선충당금	0		0	
14.연차수당충당금	0		0	
15.기타유동부채	0		0	
Ⅱ.비유동부채		0		0
1.관리비예치금	0		0	
2.퇴직급여충당부채	0		0	
3.하자보수충당부채	0		0	
4.장기수선충당금	0		0	
5.임대보증금	0		0	
6.기타비유동부채	0		0	
부채 계		0		0
순자산				
Ⅰ.적립금		0		0
1.예비비적립금	0		0	
2.공동체활성화단체지원적립금	0		0	
3.기타적립금	0		0	
Ⅱ.미처분이익잉여금		0		0
1.전기이월이익잉여금	0		0	
2.당기순이익	0		0	
순자산 계		0		0
부채와순자산 계		0		0

〔별지 제2호 서식〕

운영성과 표

제00(당)기 : 20　년 1월 1일부터 12월 31일까지
제00(전)기 : 20　년 1월 1일부터 12월 31일까지

○○○아파트 관리사무소 　　　　　　　　　　　　　　　　　　　　　(단위 : 원)

과　목	제00(당)기		제00(전)기	
	금　액		금　액	
Ⅰ.관리수익		0		0
1.관리비수익		0		0
2.상가관리비수익		0		0
관리비수익	0		0	
Ⅱ.관리비용		0		0
1.공용관리비		0		0
1)일반관리비		0		0
(1)인건비		0		0
급여	0		0	
제수당	0		0	
상여금	0		0	
퇴직금	0		0	
산재보험료	0		0	
고용보험료	0		0	
국민연금	0		0	
건강보험료	0		0	
식대 등 복리후생비	0		0	
(2)제사무비		0		0
일반사무용품비	0		0	
도서인쇄비	0		0	
여비교통비	0		0	
(3)제세공과금		0		0
공과금 중 전기료	0		0	
통신비	0		0	
우편료	0		0	
제세공과금 등	0		0	
(4)피복비		0		0
피복비	0		0	
(5)교육훈련비		0		0
교육훈련비	0		0	

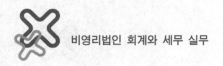

○○○아파트 관리사무소　　　　　　　　　　　　　　　　　　　　　　(단위 : 원)

과　　목	제00(당)기 금　액	제00(전)기 금　액
(6)차량유지비	0	0
연료비	0	0
수리비	0	0
보험료	0	0
기타차량유지비	0	0
(7)그밖의 부대비용	0	0
관리용품구입비	0	0
유형자산감가상각비	0	0
전문가자문비 등	0	0
잡비	0	0
2)청소비	0	0
청소비	0	0
3)경비비	0	0
경비비	0	0
4)소독비	0	0
소독비	0	0
5)승강기유지비	0	0
승강기유지비	0	0
6)지능형홈네트워크설비유지비	0	0
지능형홈네트워크설비유지비	0	0
7)수선유지비	0	0
수선비	0	0
시설유지비	0	0
안전점검비	0	0
재해예방비	0	0
8)위탁관리수수료	0	0
위탁관리수수료	0	0
2.개별사용료	0	0
1)난방비	0	0
난방비	0	0
2)급탕비	0	0
급탕비	0	0
3)가스사용료	0	0
가스사용료	0	0

○○○아파트 관리사무소　　　　　　　　　　　　　　　　　　　　　　（단위 : 원）

과　목	제00(당)기		제00(전)기	
	금　액		금　액	
4)전기료		0		0
전기료	0		0	
5)수도료		0		0
수도료	0		0	
6)정화조오물수수료		0		0
정화조오물수수료	0		0	
7)생활폐기물수수료		0		0
생활폐기물수수료	0		0	
8)입주자대표회의 운영비		0		0
입주자대표회의 운영비	0		0	
9)건물보험료		0		0
건물보험료	0		0	
10)선거관리위원회 운영비		0		0
선거관리위원회 운영비	0		0	
3.장기수선충당금		0		0
장기수선비	0		0	
Ⅲ.관리손익		0		0
Ⅳ.관리외수익		0		0
1.입주자기여수익		0		0
중계기임대수입	0		0	
어린이집임대수입	0		0	
장기수선충당예치금이자수입	0		0	
하자보수충당예치금이자수입	0		0	
기타의입주자기여수입	0		0	
2.공동기여수익		0		0
주차수입	0		0	
승강기수입	0		0	
운동시설사용수입	0		0	
독서실사용수입	0		0	
재활용품수입	0		0	
알뜰시장수입	0		0	
광고수입	0		0	
검침수입	0		0	
이자수입	0		0	

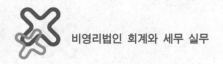

○○○아파트 관리사무소   (단위 : 원)

과　목	제00(당)기 금　액		제00(전)기 금　액	
연체료수입	0		0	
부과차익	0		0	
공동주택지원금수익	0		0	
고용안정사업수익	0		0	
기타의공동기여수익	0		0	
V.관리외비용		0		0
1.충당금전입이자비용		0		0
충당금전입이자비용	0		0	
2.시설운영비용		0		0
승강기운영비	0		0	
주차장운영비	0		0	
독서실운영비	0		0	
3.알뜰시장비용		0		0
알뜰시장비용	0		0	
4.재활용품비용		0		0
재활용품비용	0		0	
5.검침비용		0		0
검침비용	0		0	
6.공동주택지원금비용		0		0
공동주택지원금비용	0		0	
7.고용안정사업비용		0		0
고용안정사업비용	0		0	
8.부과차손		0		0
부과차손	0		0	
9.자치활동비		0		0
자치활동비	0		0	
10.차감관리비		0		0
경비비	0		0	
청소비	0		0	
11.기타의관리외비용		0		0
기타의관리외비용	0		0	
VI.당기순이익		0		0

〔별지 제3호 서식〕

이익잉여금처분계산서

제00(당)기 : 20 년 1월 1일부터 12월 31일까지

처분확정일 : 20 년 00월 00일

제00(전)기 : 20 년 1월 1일부터 12월 31일까지

처분확정일 : 20 년 00월 00일

○○○아파트 관리사무소   (단위 : 원)

과 목	제00(당)기		제00(전)기	
	금 액		금 액	
Ⅰ.미처분이익잉여금		0		0
전기이월이익잉여금	0		0	
당기순이익	0		0	
Ⅱ. 이익잉여금 이입액		0		0
기타 적립금	0		0	
합계(Ⅰ+Ⅱ)		0		0
Ⅲ. 이익잉여금처분액		0		0
예비비적립금	0		0	
공동체활성화단체지원적립금	0		0	
장기수선충당금	0		0	
기타적립금	0		0	
Ⅳ. 차기이월이익잉여금(Ⅰ+Ⅱ-Ⅱ)		0		0

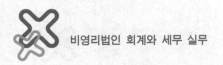

〔별지 제4호 서식〕

세입예산서

제00(당)기 : 20 년 1월 1일부터 12월 31일까지

(예산승인일: 20 년 00월 00일)

○○○아파트 관리사무소   (단위 : 원)

구 분	예산액	전년도예산액	비교증감	증감율
Ⅰ.관리수익	0	0	0	%
1.관리비수익	0	0	0	%
2.상가관리비수익	0	0	0	%
Ⅱ.관리외수익	0	0	0	%
1.이자수입	0	0	0	%
2.중계기임대수입	0	0	0	%
3.어린이집임대수입	0	0	0	%
4.주차수입	0	0	0	%
5.승강기수입	0	0	0	%
6.운동시설사용수입	0	0	0	%
7.독서실사용수입	0	0	0	%
8.재활용품수입	0	0	0	%
9.알뜰시장수입	0	0	0	%
10.광고수입	0	0	0	%
11.검침수입	0	0	0	%
12.연체료수입	0	0	0	%
13.기타	0	0	0	%
Ⅲ.세입합계	0	0	0	%

[별지 제5호 서식]

세입결산서

제00(당)기 : 20 년 1월 1일부터 12월 31일까지

○○○아파트 관리사무소

(단위 : 원)

구 분	당초예산	예산액	증감	결산액	차이액
Ⅰ.관리수익	0	0	0	0	0
1.관리비수익	0	0	0	0	0
2.상가관리비수익	0	0	0	0	0
Ⅱ.관리외수익	0	0	0	0	0
1.이자수입	0	0	0	0	0
2.중계기임대수입	0	0	0	0	0
3.어린이집임대수입	0	0	0	0	0
4.주차수입	0	0	0	0	0
5.승강기수입	0	0	0	0	0
6.운동시설사용수입	0	0	0	0	0
7.독서실사용수입	0	0	0	0	0
8.재활용품수입	0	0	0	0	0
9.알뜰시장수입	0	0	0	0	0
10.광고수입	0	0	0	0	0
11.검침수입	0	0	0	0	0
12.연체료수입	0	0	0	0	0
13.기타	0	0	0	0	0
Ⅲ.세입합계	0	0	0	0	0

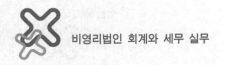

〔별지 제6호 서식〕

세출예산서

제00(당)기 : 20 년 1월 1일부터 12월 31일까지
(예산승인일: 20 년 00월 00일)

○○○아파트 관리사무소 (단위 : 원)

과 목	예산액		전년도예산액		비교증감		증감율	
I.관리비용		0		0		0		%
1.공용관리비		0		0		0		%
1)일반관리비	0		0		0		%	
(1)급여	0		0		0		%	
(2)제수당	0		0		0		%	
(3)상여금	0		0		0		%	
(4)퇴직금	0		0		0		%	
(5)산재보험료	0		0		0		%	
(6)고용보험료	0		0		0		%	
(7)국민연금	0		0		0		%	
(8)건강보험료	0		0		0		%	
(9)식대등복리후생비	0		0		0		%	
(10)일반사무용품비	0		0		0		%	
(11)도서인쇄비	0		0		0		%	
(12)여비교통비	0		0		0		%	
(13)통신료	0		0		0		%	
(14)우편료	0		0		0		%	
(15)제세공과금등	0		0		0		%	
(16)피복비	0		0		0		%	
(17)교육훈련비	0		0		0		%	
(18)차량유지비	0		0		0		%	
(19)관리용품구입비	0		0		0		%	
(20)회계감사비	0		0		0		%	
(21)잡비	0		0		0		%	
2)경비비	0		0		0		%	
3)청소비	0		0		0		%	
4)소독비	0		0		0		%	
5)승강기유지비	0		0		0		%	

○○○아파트 관리사무소 (단위 : 원)

과 목	예산액	전년도예산액	비교증감	증감율
6)난방비	0	0	0	%
7)급탕비	0	0	0	%
8)지능형홈네트워크설비유지비	0	0	0	%
9)수선유지비	0	0	0	%
10)위탁관리수수료	0	0	0	%
2.사용료등	0	0	0	%
1)공동전기료	0	0	0	%
2)공동수도료	0	0	0	%
3)공동가스료	0	0	0	%
4)공동난방비	0	0	0	%
5)공동급탕비	0	0	0	%
6)정화조오물수수료	0	0	0	%
7)생활폐기물수수료	0	0	0	%
8)입주자대표회의운영비	0	0	0	%
9)보험료	0	0	0	%
10)선거관리위원회운영경비	0	0	0	%
3.장기수선충당금	0	0	0	%
1)장기수선비	0	0	0	%
Ⅱ.관리외비용	0	0	0	%
1.장기수선충당금이자전입액	0	0	0	%
2.하자보수충당금이자전입액	0	0	0	%
3.승강기운영비용	0	0	0	%
4.주차장운영비용	0	0	0	%
5.공동체활성화비용	0	0	0	%
6.주민자치활성화비용	0	0	0	%
7.차감관리비	0	0	0	%
8.알뜰시장비용				
9.재활용품비용	0	0	0	%
10.검침비용	0	0	0	%
11.공동주택지원금비용				
12.고용안정사업비용				
13.부과차손	0	0	0	%

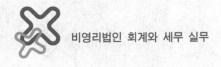
○○○아파트 관리사무소   (단위 : 원)

과 목	예산액	전년도예산액	비교증감	증감율
14.세무신고수수료	0	0	0	%
15.법인세등	0	0	0	%
16.기타의관리외비용	0	0	0	%
Ⅲ.이익잉여금	0	0	0	%
1.예비비적립금	0	0	0	%
2.공동체활성화단체지원적립금	0	0	0	%
3.기타적립금	0	0	0	%
Ⅳ.세출합계	0	0	0	0

[별지 제7호 서식]

세출결산서

제00(당)기 : 20 년 1월 1일부터 12월 31일까지

○○○아파트 관리사무소   (단위 : 원)

과 목	당초예산		예산액		증감		결산액		차이액	
Ⅰ.관리비용		0		0		0		0		0
1.공용관리비		0		0		0		0		0
1)일반관리비	0		0		0		0		0	
(1)급여	0		0		0		0		0	
(2)제수당	0		0		0		0		0	
(3)상여금	0		0		0		0		0	
(4)퇴직금	0		0		0		0		0	
(5)산재보험료	0		0		0		0		0	
(6)고용보험료	0		0		0		0		0	
(7)국민연금	0		0		0		0		0	
(8)건강보험료	0		0		0		0		0	
(9)식대등복리후생비	0		0		0		0		0	
(10)일반사무용품비	0		0		0		0		0	
(11)도서인쇄비	0		0		0		0		0	
(12)여비교통비	0		0		0		0		0	
(13)통신료	0		0		0		0		0	
(14)우편료	0		0		0		0		0	
(15)제세공과금등	0		0		0		0		0	
(16)피복비	0		0		0		0		0	
(17)교육훈련비	0		0		0		0		0	
(18)차량유지비	0		0		0		0		0	
(19)관리용품구입비	0		0		0		0		0	
(20)회계감사비	0		0		0		0		0	
(21)잡비	0		0		0		0		0	
2)경비비	0		0		0		0		0	
3)청소비	0		0		0		0		0	
4)소독비	0		0		0		0		0	
5)승강기유지비	0		0		0		0		0	
6)난방비	0		0		0		0		0	

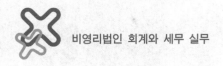

○○○아파트 관리사무소   (단위 : 원)

과 목	당초예산	예산액	증감	결산액	차이액
7)급탕비	0	0	0	0	0
8)지능형홈네트워크설비유지비	0	0	0	0	0
9)수선유지비	0	0	0	0	0
10)위탁관리수수료	0	0	0	0	0
2.사용료등	0	0	0	0	0
1)공동전기료	0	0	0	0	0
2)공동수도료	0	0	0	0	0
3)공동가스료	0	0	0	0	0
4)공동난방비	0	0	0	0	0
5)공동급탕비	0	0	0	0	0
6)정화조오물수수료	0	0	0	0	0
7)생활폐기물수수료	0	0	0	0	0
8)입주자대표회의운영비	0	0	0	0	0
9)보험료	0	0	0	0	0
10)선거관리위원회운영경비	0	0	0	0	0
3.장기수선충당금	0	0	0	0	0
1)장기수선비	0	0	0	0	0
Ⅱ.관리외비용	0	0	0	0	0
1.장기수선충당금이자전입액	0	0	0	0	0
2.하자보수충당금이자전입액	0	0	0	0	0
3.승강기운영비용					
4.주차장운영비용					
5.공동체활성화비용	0	0	0	0	0
6.주민자치활성화비용	0	0	0	0	0
7.차감관리비	0	0	0	0	0
8.알뜰시장비용					
9.재활용품비용	0	0	0	0	0
10.검침비용		0	0	0	0
11.공동주택지원금비용	0	0	0	0	0
12.고용안정사업비용	0	0	0	0	0
13.부과차손	0	0	0	0	0
14.세무신고수수료	0	0	0	0	0

○○○아파트 관리사무소 　　　　　　　　　　　　　　　　　　　　　　　(단위 : 원)

과 목	당초예산		예산액		증감		결산액		차이액	
15.법인세등	0		0		0		0		0	
16.기타의관리외비용	0		0		0		0		0	
Ⅲ.이익잉여금		0		0		0		0		0
1.예비비적립금	0		0		0		0		0	
2.공동체활성화단체지원적립금	0		0		0		0		0	
3.기타 적립금	0		0		0		0		0	
Ⅳ.세출합계		0		0		0		0		0

■ 저자소개

■ **변영선**
- 성균관대학교, 서울시립대 세무전문대학원
- 공인회계사, 세무사
- 국무총리 표창, 국세청장상, 행정안전부 장관상, 한국공인회계사회 회장상 수상
- 현) 삼일회계법인 비영리전문팀 팀장
- 현) 법무부 공익신탁 자문위원회, 기획재정부 적극행정위원회, 사회복지공동모금회 기획분과위원회, 대중소기업상생협력기금 운영위원회, 한국공인회계사회 사회공헌위원회 위원 외 다수
- 현) 한국가이드스타, 공익인권법재단 공감, 유한재단, 청년재단, 한국에이즈예방재단 감사 외 다수
- 전) 기획재정부 세제발전심의위원회, 기획재정부 공익법인회계기준심의위원회, 국민권익위원회 보상심의위원회, 국가인권위원회 보조금심사위원회, 서울시 감사위원회, 한국장학재단 기부금품운영위원회 위원 외 다수

■ **정미향**
- 숙명여자대학교
- 세무사
- 국세청장상 수상
- 현) 삼일회계법인 비영리전문팀 근무
- 현) 국세청 비영리법인 세법 교육 강사

개정증보판 **비영리법인 회계와 세무 실무**

2007년 1월 31일 초판 발행
2008년 6월 16일 2판 발행
2010년 6월 22일 3판 발행
2013년 2월 15일 4판 발행
2014년 6월 17일 5판 발행
2016년 8월 16일 6판 발행
2019년 3월 15일 7판 발행
2022년 2월 25일 8판 발행
2024년 12월 2일 9판 발행

저　　　자 **삼일회계법인**
　　　　　비영리전문팀

발 행 인 이 희 태
발 행 처 **삼일인포마인**
서울특별시 용산구 한강대로 273 용산빌딩 4층
등록번호 : 1995. 6. 26 제3-633호
전　　화 : (02) 3489-3100
F A X : (02) 3489-3141
I S B N : 979-11-6784-317-3　93320

저자협의
인지생략

♣ 파본은 교환하여 드립니다.　　　　　　　　　정가 100,000원